ENCICLOPEDIA HISPÁNICA

ENCICLOPEDIA HISPÁNICA

ENCYCLOPÆDIA BRITANNICA PUBLISHERS, INC.
BARCELONA, BUENOS AIRES, CARACAS, MADRID, MÉXICO, PANAMÁ, RÍO DE JANEIRO, SÃO PAULO.

I.S.B.N.: 0-85229-532-4

Este libro se produjo en los talleres de Rand McNally & Company, Versailles, Kentucky, Estados Unidos de América. Se imprimieron 30.000 ejemplares.

PRINTED IN THE UNITED STATES OF AMERICA
IMPRESO Y HECHO EN LOS ESTADOS UNIDOS DE AMÉRICA

DATAPEDIA

Naciones del mundo

Afganistán

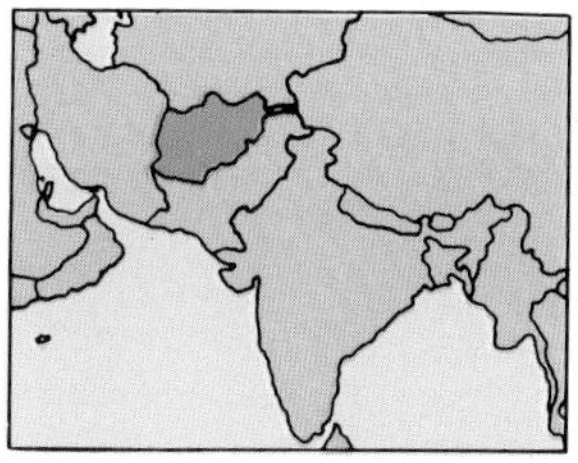

Nombre oficial: República Democrática de Afganistán.
Forma de gobierno: República popular con régimen de partido único.
Jefe del estado: Presidente del Consejo Revolucionario.
Jefe del gobierno: Primer ministro.
Capital: Kabul.
Lengua oficial: Dari, pashto.
Religión oficial: Islámica.
Moneda: Afganí (AF) = 100 puls (puli); cambio (2 oct. 1989) 1 dlr. EUA = 50,60 AF.

Área y población

Regiones	área km²	población estimada 1984
Este	74.240	1.923.081
Nordeste	77.468	1.442.099
Noroeste	131.005	2.368.323
Norte central	52.994	2.062.677
Oeste	198.649	1.554.500
Sur central	85.375	1.140.390
Sudeste	32.494	3.875.364
TOTAL	652.225	14.366.434[1]

Demografía

Población (1989): 14.825.000[2].
Densidad (1989): Personas por km² 22,7.
Índice de urbanización (1987): Urbana 18,1%; rural 81,9%.
Distribución por sexo[2] (1986): Varones 51,45%; mujeres 48,55%.
Estructura por edades (1986): Menos de 15, 46,1%; 15-29, 24,2%; 30-44, 14,8%; 45-59, 9,3%; 60-74, 4,3%; 75 y más, 1,3%.
Proyección demográfica: (2000) 24.501.000; (2010) 31.736.000.
Tiempo de duplicación: 23 años.
Composición étnica (1983): Pashtun 52,3%; tadzhik 20,3%; uzbekos 8,7%; hazara 8,7%; chahar aimak 2,9%; turcos 2,0%; baluchi 1,0; otros 4,1%.
Afiliación religiosa (1987): Musulmanes sunníes 74%; musulmanes chiitas 25%; otros 1%.
Principales ciudades (1988): Kabul 1.424.400; Qandahar 225.500; Herat 177.300; Mazar-e Sharif 130.600.
Tasa de natalidad por 1.000 habitantes (1987): 47,5 (media mundial 27,1).
Tasa de mortalidad por 1.000 habitantes (1987): 22,5 (media mundial 9,9).
Tasa de crecimiento por 1.000 habitantes (1987): 25,0 (media mundial 17,2).
Esperanza de vida al nacer (1987): Varones 40,6 años; mujeres 41,6 años.
Principales causas de muerte por 100.000 habitantes (1981-82): Tuberculosis 17.499 casos.

Economía nacional

Presupuesto (1984-85). Ingresos: 37.615.000.000 AF (impuestos 45,4%; ingresos no impositivos 54,6%). Gastos: 51.177.000.000 (1981-82; ministerios 50,0%; presupuesto para el desarrollo 31,9%; servicio de deuda exterior 13,9%; superávit 1,6%).
Turismo: Ingresos por visitantes (1986) 1.000.000 dlr. EUA; gastos de nacionales en el exterior (1987) 1.000.000 dlr. EUA.
Producción (Toneladas métricas excepto cuando se indique). Agricultura, silvicultura, pesca (1988): trigo 2.800.000, maíz 815.000, uva 510.000, arroz 482.000, cebada 300.000; ganadería (número de animales vivos): 17.000.000 ovejas, 3.600.000 reses, 2.800.000 cabras, 1.300.000 burros, 410.000 caballos, 265.000 camellos; madera (1987) 7.021.000 m³; pesca, capturas (1987) 1.500. Minas y canteras (1986): cobre 20.000; sal 10.000; yeso 3.000; barita 2.000. Industria manufacturera (por valor de la producción en afganís; 1981-82): productos alimenticios 3.762.000.000; textiles (de todo tipo) 2.770.000.000; productos químicos industriales (incluyendo fertilizantes) 751.000.000; impresos y publicaciones 539.000.000; cemento (toneladas métricas; 1988) 77.100. Construcción (en millones de afganís; 1985): 1.094. Producción energética (consumo): electricidad (kwh; 1987) 1.257.000.000 (1.257.000.000); carbón (toneladas métricas; 1987) 167.000 (167.000); productos petrolíferos (toneladas métricas: 1987) 6.000 (653.000); gas natural (m³; 1987) 2.989.000.000 (630.000.000).
Producto nacional bruto (1985): 3.520.000.000 dlr. EUA (230 dlr. EUA per cápita).

Estructura del producto nacional neto y de la población activa

	1985-86		1981-82	
	Valor (000.000 AF)[3]	% del valor total	Población activa[2]	% de la pobl. activa
Agricultura	65.100	64,8	2.194.770	57,3
Manufacturas, minería y servicios públicos	16.300	16,2	466.860	12,2
Construcción	4.000	4,0	48.880	1,3
Transportes y comunicaciones	3.100	3,1	65.650	1,7
Comercio	10.200	10,2	126.100	3,3
Administración pública	} 1.700	} 1,7	79.260	2,1
Servicios sociales			204.940	5,3
Otros			642.360	16,8
TOTAL	100.400	100,0	3.828.820	100,0

Deuda pública: (Externa, pendiente; 1988): 1.800.000.000 dlr. EUA.
Población económicamente activa[2]*:* (1985-86): Total 5.560.000; tasa de actividad de la población total 39,9% (tasas de participación [1985]: 10-59 años 43,1%; mujeres 7,9%; desempleados 3,0%).

Comercio exterior

Balanza comercial (precios corrientes)

	1982	1983	1984	1985	1986	1987
Millones AF	629	−5.941	−4.569	−32.252	−29.998	−17.917
% del total	0,9	7,5	5,4	36,4	30,8	25,7

Importaciones (1987): 866.000.000 dlr EUA (1981-82: vehículos 22,7%; productos petrolíferos 18,0%; azúcar 8,1%; tejidos de lino o ramina 7,9%; aceites animales y vegetales procesados 4,2%; té 4,0%). *Principales proveedores* (1987): URSS 38,9%; Japón 13,1%; China 6,8%; Corea del sur 6,7%; Alemania federal 2,7%; Pakistán 2,3%; Hong Kong 1,8%; Reino Unido 1,6%.
Exportaciones (1987): 511.600.000 dlr. EUA (gas natural 39,9%; frutos secos y nueces 25,1%; alfombras y tapetes 9,6%; lana y pieles 2,4%). *Principales clientes:* URSS 68,0%; India 6,9%; Alemania federal 4,5%; Reino Unido 2,1%.

Transportes y comunicaciones

Transportes. Ferrocarriles (1984): Longitud de vías 10 km. Carreteras (1986): longitud total 22.000 km (pavimentadas n.d.). Vehículos (1982-83): automóviles 31.000; camiones y autobuses 31.700. Marina mercante: n.d. Transporte aéreo (1987): pasajeros-km 174.676.000; carga tonelada métrica-km 8.093.000; aeropuertos (1989) 2.
Comunicaciones. Diarios (1988): número total 14; circulación total 150.800; circulación por 1.000 habitantes 10,4. Radio (1986): Número total de receptores 150.000 (1 por cada 93 personas). Televisión (1987): Número total de televisores 20.000 (1 por cada 709 personas). Teléfonos (1984): 31.200 (1 por cada 443 personas).

Educación y sanidad

Escolaridad (1980): Porcentaje de población de 25 y más años de edad sin escolarización formal 88,5%; enseñanza primaria incompleta 6,8%; primaria completa 0,3%; secundaria incompleta 1,2%; superior 3,2%. *Alfabetización:* (1985): Población total de 15 años y más alfabetizada 23,7%; varones 38,9%; mujeres 7,8%.
Sanidad (1987): Médicos 2.957 (1 por cada 4.797 personas); camas hospitalarias (1981-82) 6.875 (1 por cada 2.054 habitantes); tasa de mortalidad infantil por cada 1.000 nacidos vivos (1987) 175.
Alimentación (1979-81): Ingesta calórica diaria per cápita 2.055 (productos vegetales 90%, productos animales 10%); 91% de las necesidades mínimas recomendadas por la FAO.

Fuerzas armadas

Personal en servicio activo (1989): 55.000 (ejército 90,9%; fuerza aérea 9,1%). *Presupuesto de defensa en porcentaje del PNB* (1984): 9,9% (mundial 5,7%); gasto per cápita 23 dlr. EUA.

[1] El total incluye 2.615.000 nómadas no distribuidos por regiones. Los refugiados afganos en Pakistán y en Irán ascendían a más de 5.600.000 millones en 1988. [2] Basado únicamente en la población estable. [3] A los precios de 1978.

Albania

Nombre oficial: República Popular Socialista de Albania.
Forma de gobierno: República socialista de partido único.
Jefe del estado: Presidente del Presídium de la Asamblea Popular.
Jefe del Gobierno: Presidente del Consejo de Ministros.
Capital: Tirana
Lengua oficial: Tosco o albanés
Religión oficial: Ninguna
Moneda: Nuevo lek = 100 qindars; cambio (2 oct. 1989) 1 dlr. EUA = 6,20 leks.

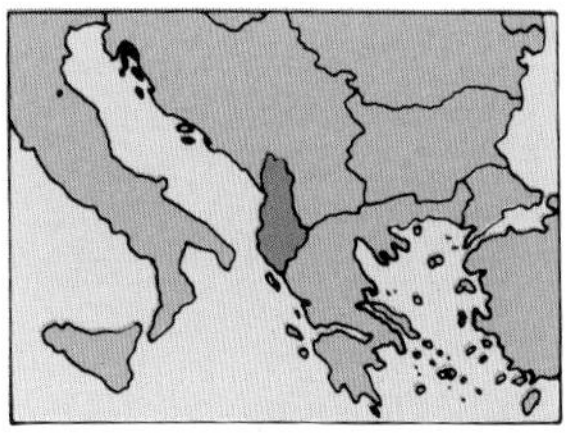

Área y población

Provincias	Capitales	área km^2	población estimada 1987
Berat	Berat	1.026	171.000
Dibër	Peshkopi	1.568	150.300
Durrës	Durrës	848	237.900
Elbasan	Elbasan	1.481	234.500
Fier	Fier	1.175	235.200
Gjirokastër	Gjirokastër	1.137	64.800
Gramsh	Gramsh	695	43.100
Kolonjë	Ersekë	805	24.000
Korçë	Korçë	2.181	212.500
Krujë	Krujë	607	103.700
Kukës	Kukës	1.331	99.100
Lezhë	Lezhë	479	58.900
Librazhd	Librazhd	1.013	70.800
Lushnjë	Lushnjë	712	127.700
Mat	Burrel	1.028	75.100
Mirditë	Rrëshnen	867	50.100
Përmet	Përmet	930	39.600
Pogradec	Pogradec	725	68.500
Pukë	Pukë	1.033	51.000
Sarandë	Sarandë	1.097	83.800
Shköder	Shköder	2.528	225.800
Skrapar	Çorovoda	775	45.900
Tepelenë	Tepelenë	817	50.000
Tiranë	Tirana	1.238	343.500
Tropojë	Bajram	1.043	44.500
Vlorë	Vlorë	1.609	171.400
TOTAL		28.748	3.082.700

Demografía

Población (1989): 3.197.000.
Densidad (1989): Personas por km^2 111,7.
Índice de urbanización (1989): Urbana 35,5%; rural 64,5%.
Distribución por sexo (1989): Varones 51,50%; mujeres 48,50%.
Estructura por edades (1985): Menos de 15, 35,8%; 15-29, 29,3%; 30-44, 17,0%; 45-59, 11,1%; 60-74, 5,3%; 75 y más, 1,5%.
Proyección demográfica: (2000) 3.987.000; (2010) 4.873.000.
Tiempo de duplicación: 34 años.
Composición étnica (1989): Albaneses 98,0%; griegos 1,8%; otros 0,2%.
Afiliación religiosa (1980): Musulmanes 20,5%; cristianos 5,4%; ateos 18,7%; sin afiliación 55,4%.
Principales ciudades (1987): Tirana 225.700; Durrës 78.700; Elbasan 78.300; Shkodër 76.300; Vlorë 67.600.
Tasa de natalidad por 1.000 habitantes (1987): 25,9 (media mundial 27,1).
Tasa de mortalidad por 1.000 habitantes (1987): 5,6 (media mundial 9,9).
Tasa de crecimiento por 1.000 habitantes (1987): 20,3 (media mundial 17,2).
Esperanza de vida al nacer (1986-87): Varones 68,7 años; mujeres 74,3 años.
Principales causas de muerte por 100.000 habitantes: n.d.; sin embargo, entre los problemas sanitarios más importantes se incluyen tuberculosis, hipertensión, alteraciones del hígado y el estómago; el paludismo y la sífilis, muy extendidas con anterioridad, están hoy prácticamente erradicadas.

Economía nacional

Presupuesto (1988). Ingresos: 9.500.000.000 leks (superavit de las empresas estatales 96,2%; otros 3,8%). Gastos: 9.450.000.000 leks (economía nacional 52,3%; servicios sociales y culturales 29,1%; defensa 16,9%; administración 1,7%).
Turismo (1986): Número de turistas 8.000; ingresos por visitantes, n.d.; gastos de nacionales en el exterior, n.d.
Producción (toneladas métricas, excepto cuando se indique). Agricultura, silvicultura, pesca (1987): trigo 550.000; maíz 410.000; frutas y verduras, excepto uva, 396.000; remolacha azucarera 338.000; patatas 142.000; uva 87.000; semillas de girasol 58.000; cebada 38.000; avena 30.000; aceitunas 30.000; tabaco 20.000; ganadería (número de animales vivos): 1.432.300 ovejas; 979.100 cabras; 671.900 reses; 214.400 cerdos; 113.200 mulos y borricos; 56.400 caballos; madera 2.330.000 m^3; pesca, capturas, 12.468. Minas y canteras (1986): minerales de ferroníquel 1.200.000; mineral de cromita 1.200.000; sal 70.000; cobre (contenido metálico) 17.600; níquel 9.600. Industria manufacturera (1985): cemento 848.000; aceites combustibles destilados 390.000; abonos nitrogenados y fosfatados 93.000; azúcar sin refinar 33.000; papel y cartón 22.200; aceite de oliva 7.000; vino 230.000 hectólitros; cerveza 140.000 hectólitros; cigarrillos 6.000.000.000 unidades; tejidos de algodón y lana 60.900.000 m^2. Construcción (1987) 13.863 unidades. Producción energética (consumo): Electricidad (kwh; 1987): 3.840.000.000 (3.190.000.000); carbón (toneladas métricas; 1987) 2.530.000.000 (2.530.000.000); petróleo crudo (barriles; 1987) 19.782.000 (19.782.000); productos petrolíferos (toneladas métricas; 1987) 1.205.000 (1.205.000); gas natural (m^3; 1987) 384.405.000 (384.405.000).
Producto nacional bruto (a precios corrientes de mercado; 1986): 2.800.000.000 dlr. EUA (930 dlr. EUA per cápita).

Estructura del producto nacional neto y de la población activa

	1987			
	Valor	% del valor total	Población activa[1]	% de la pobl. activa
Agricultura	—	33,3	190.300	24,1
Manufacturas, minería y servicios públicos	—	45,8	287.000	36,4
Construcción	—	6,4	77.800	9,9
Transportes y comunicaciones			39.600	5,0
Comercio	—	14,5	56.400	7,2
Administr. pública, defensa			95.300	12,1
Otros			41.800	5,3
TOTAL	—	100,0	788.200	100,0

Deuda pública (1985): 5.600.000.000 dlr. EUA[2].
Población económicamente activa (1983): Total 1.398.000; tasa de actividad de la población total 45,8% (tasas de participación: edades 15-64, 74,5; mujeres 41,6%; desempleados, n.d.).

Comercio exterior

Balanza comercial (precios corrientes)

	1981	1982	1983	1984	1985	1986
Millones leks	—	—	—	—	—	65
% del total	—	—	—	—	—	8,2

Importaciones (1986): 363.000.000 dlr. EUA (1987; combustibles y lubricantes minerales 28,2%; maquinaria y equipo de transporte 26,2%; productos químicos y afines 14,2%; alimentos y animales vivos 12,7%; bienes de consumo 6,5%). *Principales proveedores* (1982): URSS y países del Este de Europa 35,6%; países miembros de la Comunidad Económica Europea 28,7%; EUA 4,6%; Japón 2,8%.
Exportaciones (1986): 428.000.000 dlr. EUA (1987; minerales en bruto y piritas metalíferas 29,3%; combustibles minerales 27,1%; alimentos y preparados alimenticios 17,3%; electricidad 13,1%; combustible 11,0%). *Principales clientes* (1987): URSS y países del Este de Europa 53,3%; países miembros de la Comunidad Económica Europea 13,9%; China 6,1%; Japón 1,6%.

Transportes y comunicaciones

Transportes. Ferrocarriles (1988): Longitud de vías 509 km; pasajeros-km 661.600.000[3]; toneladas métricas-km carga 629.100. Carreteras (1988): Longitud total 16.700 km (pavimentadas 40%). Vehículos (1970): automóviles 3.500; camiones y autobuses 11.200. Marina mercante (1988): Barcos (100 toneladas brutas y más) 20; peso muerto total 79.940 toneladas. Transporte aéreo: Pasajeros, n.d.; carga, n.d.; aeropuertos (1989) con vuelos regulares 1.
Comunicaciones. Diarios (1987): Número total 2; circulación total 135.000; circulación por 1.000 habitantes. Radio (1987): Número total de receptores 500.000 (1 por cada 6,2 personas). Televisión (1988): Número total de televisores 246.200 (1 por cada 9,9 personas). Teléfonos, n.d.

Educación y sanidad

Escolaridad (1979). Porcentaje de población de 25 años y más: Con enseñanza primaria 74,7%; secundaria 20,9%; superior 4,4%. *Alfabetización:* (1989): Virtualmente el 100%.
Sanidad (1987): Médicos 6.308 (1 por cada 487 habitantes); camas hospitalarias 16.943 (1 por cada 182 habitantes); tasa de mortalidad infantil por cada 1.000 nacidos vivos 28,2.
Alimentación (1980-82): Ingesta calórica diaria per cápita 3.060 (productos vegetales 87%; productos animales 13%); 127% de las necesidades mínimas recomendadas por la FAO.

Fuerzas armadas

Personal en servicio activo (1988): 42.000 (ejército 75,0%; armada 7,9%; fuerza aérea 17,1%). *Presupuesto de defensa en porcentaje del PNB* (1987): 5,1% (mundial 5,4%); gasto per cápita 49 dlr. EUA.

[1] Sólo el sector estatal. [2] Total estimado a partir de 1949. [3] 1987.

Alemana, República Democrática

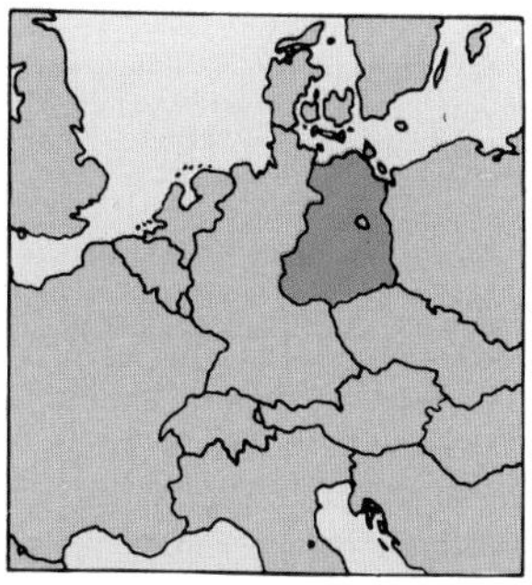

Nombre oficial: República Democrática Alemana.
Forma de gobierno: República unitaria de partido único con una cámara legislativa (Cámara Popular).
Jefe del estado: Presidente del Consejo de Estado.
Jefe del gobierno: Primer ministro.
Capital: Berlín.
Lengua oficial: Alemán.
Religión oficial: Ninguna.
Moneda: 1 marco de la República Democrática Alemana (M) = 100 pfennige; cambio (2 oct. 1989) 1 dlr. EUA = 1,87 M.

Área y población

Distritos	Capitales	área km²	población estimada 1988[1]
Berlín, capital	—	403	1.260.921
Cottbus	Cottbus	8.252	884.942
Dresde	Dresde	6.738	1.766.654
Erfurt	Erfurt	7.349	1.238.137
Francfort	Francfort	7.186	712.146
Gera	Gera	4.004	741.171
Halle	Halle	8.771	1.779.424
Karl-Marx-Stadt	Karl-Marx-Stadt	6.009	1.863.279
Leipzig	Leipzig	4.966	1.366.017
Magdeburgo	Magdeburgo	11.526	1.249.384
Neubrandenburg	Neubrandenburg	10.948	620.389
Potsdam	Potsdam	12.568	1.122.759
Rostock	Rostock	7.075	913.632
Schwerin	Schwerin	8.672	593.627
Suhl	Suhl	3.856	548.941
TOTAL		108.333	16.661.423

Demografía

Población (1989): 16.613.000.
Densidad (1989): Personas por km² 153,3.
Índice de urbanización (1987): Urbana 76,8%; rural 23,2%.
Distribución por sexo (1987): Varones 47,63%; mujeres 52,37%.
Estructura por edades (1987): Menos de 15, 19,3%; 15-29, 22,1%; 30-44, 19,7%; 45-59, 19,7%; 60-74, 11,9%; 75 y más, 8,3%.
Proyección demográfica: (2000) 16.457.000; (2010) 16.316.000.
Tiempo de duplicación: No es aplicable; población en descenso.
Composición étnica (1987): Alemanes 99,7%; otros 0,3%.
Afiliación religiosa (1987): Protestantes 47,0%; católicos 7,0%; sin afiliación y otros 46,0%.
Principales ciudades (1988): Berlín (Este) 1.260.921; Leipzig 549.230; Dresde 521.205; Karl-Marx-Stadt 313.238; Magdeburgo 289.778; Rostock 251.894.
Tasa de natalidad por 1.000 habitantes (1987): 13,6 (media mundial 27,1); (1986) hijos legítimos 65,5%; ilegítimos 34,5%.
Tasa de mortalidad por 1.000 habitantes (1987): 12,9 (media mundial 9,9).
Tasa de crecimiento por 1.000 habitantes (1987): −0,7 (media mundial 17,2).
Esperanza de vida al nacer (1986): Varones 69,5 años; mujeres 75,5 años.
Principales causas de muerte por 100.000 habitantes (1987): Enfermedades cardiovasculares 750,2; neoplasias malignas (cánceres) 209,2; enfermedades del sistema respiratorio 70,5; accidentes 42,0; enfermedades endocrinas y metabólicas 39,2.

Economía nacional

Presupuesto (1988). Ingresos: 291.180.400.000 M (ingresos de empresas estatales 69,0%; impuestos y gravámenes 7,1%; contribución a los seguros sociales 6,4%; contribución a los cuidados sanitarios 3,2%). Gastos: 291.005.400.000 M (desarrollo económico 33,8%; servicios sociales y sanitarios 18,2%; subsidios económicos y sostenimiento de los precios 17,0%; construcción de viviendas 5,6%; defensa 5,4%; educación 3,6%).
Turismo (1986): Entrada total de turistas 1.038.866.
Producción (toneladas métricas, excepto cuando se indique). Agricultura, silvicultura, pesca (1987): Patatas 12.227.617, remolacha azucarera 7.683.281, cebada 6.118.222, trigo 4.039.613, centeno 2.282.957, avena 636.771; ganadería (número de animales vivos; 1986): 12.502.600 cerdos, 5.720.500 reses, 2.655.900 ovejas, 50.719.300 pollos; madera comercial 10.605.000 m³; pesca, capturas 193.622. Minas y canteras (contenido metálico, excepto cuando se indique): Potasa (contenido en K_2O) 3.510.000, cobre 10.000; estaño 2.500; plata 1.200.000 onzas troy. Industria manufacturera (1987): Cemento 12.430.000; acero 8.243.000; fertilizantes 5.119.000; lingotes de hierro 2.755.000; plásticos y resinas sintéticas 1.061.000; papel 944.000; azúcar 895.000; ácido sulfúrico 867.000; sosa caústica 577.000; 1.479.000 aspiradoras; 1.240.000 receptores de radio; 1.075.000 frigoríficos; 723.100 televisores; 497.000 lavadoras. Construcción (m²; 1987): Residencial 6.957.000; no residencial, n.d. Producción energética (consumo): Electricidad (kwh; 1987) 114.180.000.000 (117.967.000.000); carbón (1987) 302.976.000 (310.390.000); petróleo crudo (barriles; 1987) 301.000.000 (154.067.000); productos petrolíferos (1987) 18.933.000 (14.383.000); gas natural (m³; 1987) 2.351.533.000 (8.165.249.000).
Producto nacional bruto (a precios corrientes de mercado; 1988): 207.648.000.000 dlr. EUA (12.430 dlr. EUA per cápita).

Estructura del producto nacional neto y de la población activa
1987

	Valor (000.000 M)	% del valor total	Población activa[2]	% de la pobl. activa
Agricultura	29.966	11,0	928.500	10,8
Industria, minería y servicios públicos	174.360[3]	64,2[3]	3.479.400	40,6
Construcción	19.690	7,3	568.900	6,6
Transportes y comunicaciones	14.300	5,3	632.700	7,4
Comercio	23.594	8,7	881.000	10,3
Servicios	—	—	2.080.200[4]	24,3[4]
Otros	9.500[5]	3,5[5]	—	—
TOTAL	271.410[6]	100,0	8.570.700	100,0

Deuda pública (externa, pendiente; 1987): 20.400.000.000 dlr. EUA.
Población económicamente activa (1987): Total 8.570.700[2]; tasa de actividad de la población total 51,4% (tasas de participación: 15-64 años, n.d.; mujeres 49,0%; desempleados, n.d.)

Comercio exterior

Balanza comercial (precios corrientes)

	1982	1983	1984	1985	1986	1987
Millones M	5.353	8.031	6.901	6.789	1.040	3.264
% del total	3,7	5,0	4,0	3,8	0,6	1,8

Importaciones (1987): 86.646.300.000 M (combustibles, minerales y metales no manufacturados 38,0%; maquinaria, equipos y equipos de transporte 34,1%; materiales industriales manufacturados y parcialmente manufacturados 13,1%; productos químicos y derivados 9,1%; bienes de consumo 5,7%).
Exportaciones (1987): 89.910.000.000 M (maquinaria, equipos y equipos de transporte 48,0%; combustibles, minerales y metales no manufacturados 16,7%; bienes de consumo 16,0%; productos químicos 12,5%; materiales industriales manufacturados 6,8%). *Principales clientes*[7]*:* URSS 38,8%; Checoslovaquia 8,1%; Alemania federal 7,1%; Polonia 5,6%; Hungría 5,2%; Bulgaria 3,2%.

Transportes y comunicaciones

Transportes. Ferrocarriles (1987): Longitud de vías 14.008 km; pasajeros-km 22.563.000.000; carga toneladas métricas-km 58.823.000.000. Carreteras (1987): Longitud total 122.214 km (pavimentadas n.d.). Vehículos (1987): Automóviles 3.600.450; camiones y autobuses 434.864. Marina mercante (1988): Barcos (100 toneladas brutas y más) 369; peso muerto total 1.800.325 toneladas. Transporte aéreo (1987): Pasajeros-km 2.846.000.000; toneladas métricas-km 78.800.000; aeropuertos (1989) con vuelos regulares 4.
Comunicaciones. Diarios (1987): Número total 39; circulación total 9.070.000; circulación por 1.000 habitantes 545. Radio (1988): Número total de receptores 6.758.500 (1 por cada 2,5 personas). Televisión (1988): Número total de receptores 6.199.300 (1 por cada 2,7 personas). Teléfonos (1987): 3.875.278 (1 por cada 4,3 personas).

Educación y sanidad

Escolaridad (1987): Porcentaje de población de 20 años y más: con enseñanza primaria, virtualmente el 100%; secundaria académica 16,0%; vocacional 75,0%; superior 9%. *Alfabetización* (1988): Población total de 15 años y más alfabetizada, virtualmente el 100%.
Sanidad (1987): Médicos 40.516 (1 por cada 411 habitantes); camas hospitalarias 167.612 (1 por cada 99 habitantes); tasa de mortalidad infantil por cada 1.000 nacidos vivos 8,7.
Alimentación (1984-86): Ingesta calórica diaria per cápita 3.800 (productos vegetales 64%, productos animales 36%); (1984) 145% de las necesidades mínimas recomendadas por la FAO.

Fuerzas armadas

Personal en servicio activo (1988): 172.000 (ejército 69,8%; armada 8,7%; fuerza aérea 21,5%). *Presupuesto de defensa en porcentaje del PNB* (1987): 7,3% (mundial 5,4%); gasto per cápita 870 dlr. EUA.

[1] Primeros de año. [2] Sólo empleados. [3] Incluye servicios públicos. [4] Incluye finanzas, administración pública y defensa. [5] Otras actividades materiales. [6] A los precios de 1985. [7] No se dispone de cifras separadas para las fuentes de importación ni los destinos de exportación.

Alemania, República Federal de

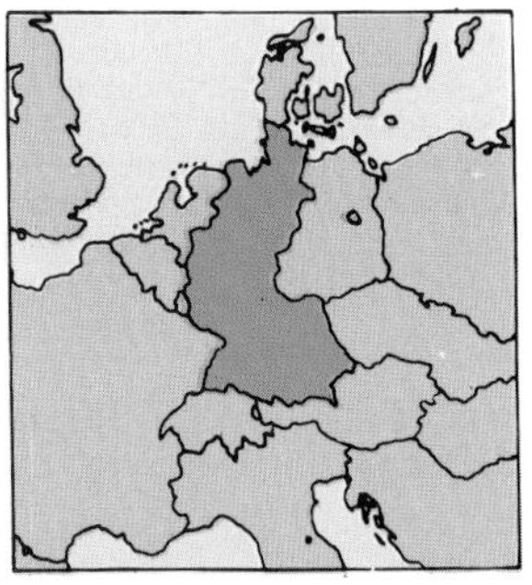

Nombre oficial: República Federal de Alemania.
Forma de gobierno: República federal multipartidista con dos cámaras legislativas.
Jefe del estado: Presidente.
Jefe del gobierno: Canciller.
Capital: Bonn (provisional).
Lengua oficial: Alemán.
Religión oficial: Ninguna.
Moneda: 1 marco alemán (DM) = 100 pfennige; cambio (2 oct. 1989) 1 dlr. EUA = 1,87 DM.

Área y población

Estados	Capitales	área km^2	población estimada 1988
Baden-Württemberg	Stuttgart	35.751	9.374.000
Baja Sajonia	Hannover	47.439	7.169.200
Baviera	Münich	70.553	10.989.600
Berlín (oeste)[1]	Berlín (oeste)	404	2.046.100
Bremen	Bremen	404	660.400
Hamburgo	Hamburgo	755	1.595.300
Hesse	Wiesbaden	21.114	5.541.200
Renania del Norte-Westfalia	Düsseldorf	34.068	16.789.700
Renania-Palatinado	Maguncia	19.848	3.640.100
Sarre	Saarbrücken	2.569	1.053.100
Schleswig-Holstein	Kiel	15.728	2.559.300
TOTAL		248.709[2]	61.418.000

Demografía

Población (1989): 61.131.000[3].
Densidad (1989): Personas por km^2 636,6.
Índice de urbanización (1985): Urbana 85,5%; rural 14,5%.
Distribución por sexos (1988): Varones 48,10%; mujeres 51,90%.
Estructura por edades (1987): Menos de 15, 14,6%; 15-29, 24,0%; 30-44, 20,1%; 45-59, 20,6%; 60-74, 13,6%; 75 y más 7,2%.
Proyección demográfica: (2000) 61.409.000; (2010) 61.663.000.
Tiempo de duplicación: n.d., población estable desde 1980.
Composición étnica (1987): Alemanes 93,2%; turcos 2,3%; yugoslavos 0,9%; italianos 0,8%; otras nacionalidades de la Comunidad Económica Europea 0,8%; griegos 0,4%.
Afiliación religiosa (1980): Cristianos 92,8%, de los cuales son protestantes 47,3% (incluyendo tradición luterana reformada 23,5%, tradición luterana 21,7%, tradición reformada 0,7%, otros 1,4%); católicos romanos 43,8%; católicos nuevoapostólicos (no romanos) 0,6%; ortodoxos 1,0%; otros cristianos 0,1%; no religiosos 3,7%; musulmanes 2,4%; ateos 0,9%; judíos 0,1%; otros 0,1%.
Principales ciudades: Berlín (oeste) 2.016.100; Hamburgo 1.593.600; Munich 1.188.800; Colonia 927.500; Essen 623.000; Francfort del Meno 618.500; Dortmund 583.600; Düsseldorf 563.400; Stuttgart 522.300; Bonn 276.500.
Tasa de natalidad por 1.000 habitantes (1988): 11,1 (media mundial 27,1); hijos legítimos 90,4%; ilegítimos 9,6%.
Tasa de mortalidad por 1.000 habitantes (1988): 11,2 (media mundial 9,9).
Tasa de crecimiento por 1.000 habitantes (1988): −0,2 (media mundial 17,2).
Esperanza de vida al nacer (1985-87): Varones 71,8 años; mujeres 77,4 años.
Principales causas de muerte por 100.000 habitantes (1987): Enfermedades cardiovasculares 560,4, de las que 142,4 corresponden a enfermedades cerebrovasculares y 130,4 a infarto de miocardio agudo; neoplasias malignas (cánceres) 272,3, de los que 62,9 corresponden a cánceres de estómago, colon y recto, y 38,8 a los de bronquios, pulmones y tráquea.

Economía nacional

Presupuesto (1988). Ingresos: 924.490.000.000 (contribuciones a la seguridad social 39,6%; impuestos indirectos 27,8%; impuestos directos 27,6%; otras transferencias actualizadas 2,7%; rentas de propiedades y empresas 2,2%). Gastos: 907.900.000.000 (transferencias actualizadas 43,0%; salarios 23,9%; bienes y servicios 21,2%; servicio de la deuda; subsidios 5,3%).
Turismo (1988)[4]: Ingresos por visitantes 15.054.000.000 dlr. EUA; gastos de nacionales en el exterior 44.311.000.000 dlr. EUA.
Producción (valor de producción en DM; 1987-88). Agricultura, silvicultura, pesca: Cereales 4.979.000.000, flores y plantas ornamentales 2.440.000.000, frutas 2.178.000.000, remolacha azucarera 2.019.000.000, uva para vino 1.706.000.000, semillas oleaginosas 951.000.000; ganadería (número de animales vivos) 22.589.000 cerdos; 15.023.000 reses; 72.035.000 aves de corral; madera (1987) 28.693.000 m^3; pesca, capturas 142.207, de las que 37.766 corresponden a bacalao del Atlántico, 30.866 a mejillón azul y 23.131 a salmón. Minas y canteras (toneladas métricas; 1988): Potasa 27.000.000; hierro 68.900; zinc 61.600; plomo 14.300. Industria manufacturera (valor añadido al factor costo en DM; 1987): Equipos industriales 243.720.000.000, del que 67.649.000.000 corresponde a equipos eléctricos y 59.068.000.000 a equipos de transporte; productos químicos (incluyendo medicamentos) 51.374.000.000; alimentos y bebidas 26.047.000.000; calculadoras y computadoras 16.759.000.000; plásticos y otros productos sintéticos 12.889.000.000; hierro y acero semiprocesados 11.308.000.000; textiles 10.999.000.000; productos de piedra y cerámica 9.799.000.000; muebles y otros productos de la madera 9.759.000.000; impresos 9.247.000.000; artículos metálicos 9.152.000.000; máquinas de oficina 8.191.000.000; productos de precisión mecánica y óptica 7.991.000.000; ropa 6.842.000.000; productos de goma 6.579.000.000. Construcción (1988): Residencial 2.978.000 m^2; no residencial 23.733.000 m^2; restauración y conversión 3.699.000 m^2. Producción energética (consumo): Electricidad (kwh; 1987) 415.812.000.000 (417.619.000.000), antracitas (1987) 82.380.000 (85.062.000); lignito (1988) 108.852.000 (110.697.000); petróleo crudo (barriles; 1987) 27.765.000 (489.730.000); productos petrolíferos (1987) 68.153.000 (102.472.000); gas natural (m^3; 1986) 15.871.000.000 (49.995.000.000).
Producto nacional bruto (a precios corrientes de mercado; 1987): 879.630.000.000 dlr. EUA (14.460 dlr. EUA per cápita).

Estructura del producto nacional neto y de la población activa

	1986		1985	
	Valor (000.000 DM)	% del valor total	Población activa	% de la pobl. activa
Agricultura	31.980	1,5	1.283.000	4,2
Minería	62.750	3,0	[4]	[4]
Industria	683.290	32,4	8.268.000[4]	27,0[4]
Construcción	110.370	5,2	1.712.000	5,6
Servicios públicos		—	479.000	1,6
Transporte y comunicaciones }	302.700	14,3	1.468.000	4,8
Comercio }			3.386.000	11,0
Finanzas }	599.050		837.700	2,7
Servicios }		28,4	4.426.000	14,4
Adminst. pública, defensa	276.600	13,1	4.202.000	13,7
Otros	44.200	2,1	4.582.300	15,0
TOTAL	2.110.940	100,0	30.644.000	100,0

Deuda pública (1989[5]): 483.720.000.000 DM.
Población económicamente activa (1988): Total 30.644.000; tasa de actividad de la población total (1986) 48,5% (tasas de participación: Edades 15-64 67,2%[6]; mujeres 39,7%; desempleados [1989] 7,5%).

Comercio exterior

Balanza comercial (precios corrientes)

	1983	1984	1985	1986	1987	1988
Millones DM	19.840	20.340	26.950	53.630	70.160	78.690
% del total	6,7	6,8	8,5	13,3	14,4	14,6

Importaciones (1988): 439.768.000.000 (maquinaria y equipos de transporte 29,2%, del que el 7,1% corresponde a equipo de transporte, el 7,8% a maquinaria eléctrica [sin incluir material de oficina], y el 4,2 a equipos de oficina; alimentos y bebidas 10,4%, del que el 3,2% corresponde a frutas y verduras, el 1,3% a carne y productos cárnicos y el 1,3 a café, té y especias; productos químicos 9,7%; combustibles minerales 7,6%; ropa y complementos 5,8%). *Principales proveedores:* Francia 12,1%; Países Bajos 10,3%; Italia 9,1%; Reino Unido 6,9%; EUA 6,6%.
Exportaciones (1988): 567.750.000.000 (maquinaria y equipos de transporte 48,1%, del que el 16,9% corresponde a equipos de transporte y el 8,4% a maquinaria eléctrica; productos químicos y derivados 13,6%, del que el 3,2% corresponde a productos químicos orgánicos y el 1,4% a medicamentos y fármacos). *Principales clientes:* Francia 12,6%; Reino Unido 9,3%; Italia 9,1%; Países Bajos 8,7%; EUA 8,0%; Bélgica-Luxemburgo 7,4%.

Transportes y comunicaciones

Transportes. Ferrocarriles (1988): Longitud de vías 66.821 km; pasajeros-km 44.208.000.000; carga toneladas métricas-km 61.180.000.000. Carreteras (1987): Longitud total 491.240 km (pavimentadas 99%). Vehículos (1988): Automóviles 28.878.200; camiones y autobuses 1.392.000. Marina mercante (1988): Barcos (100 toneladas brutas y más) 1.233; peso muerto total 4.994.457 toneladas. Transporte aéreo (1988): Pasajeros-km 34.006.300.000; carga toneladas métricas-km 3.469.500.000; aeropuertos (1989) con vuelos regulares 27.
Comunicaciones. Diarios (1987): Número total 356; circulación total 25.255.000; circulación por 1.000 habitantes 413. Radio (1988): Número total de receptores 26.892.000 (1 por cada 2,3 personas). Televisión (1988): Número total de televisores 23.742.000 (1 por cada 2,6 personas). Teléfonos (1988): 41.735.000 (1 por cada 1,5 personas).

Educación y sanidad

Escolaridad. Alfabetización (1989): Aproximadamente el 99%.
Sanidad (1988): Médicos 171.487 (1 por cada 357 habitantes); camas hospitalarias 673.687 (1 por cada 91 habitantes); tasa de mortalidad infantil por cada 1.000 nacidos vivos 8,3.
Alimentación (1984-86): Ingesta calórica diaria per cápita 3.475 (productos vegetales 62%, productos animales 38%); 129% de las necesidades mínimas recomendadas por la FAO.

Fuerzas armadas

Personal en servicio activo (1989): 494.300 (ejército 68,9%; armada 7,3%; fuerza aérea 21,4%; personal interservicio 2,3%). *Presupuesto de defensa en porcentaje del PNB* (1987): 3,0% (mundial 5,4%); gasto per cápita 560 dlr. EUA.

[1] Berlín (oeste) se encuentra bajo jurisdicción tripartita (Francia, Reino Unido, EUA) y sólo forma parte administrativamente de Alemania occidental. [2] 1987. [3] Excluidos unos 600.000 inmigrantes y refugiados acogidos a diversas situaciones legales, principalmente procedentes de la Europa oriental. [4] Los datos sobre minería se incluyen en industria. [5] Septiembre. [6] 1985.

Andorra

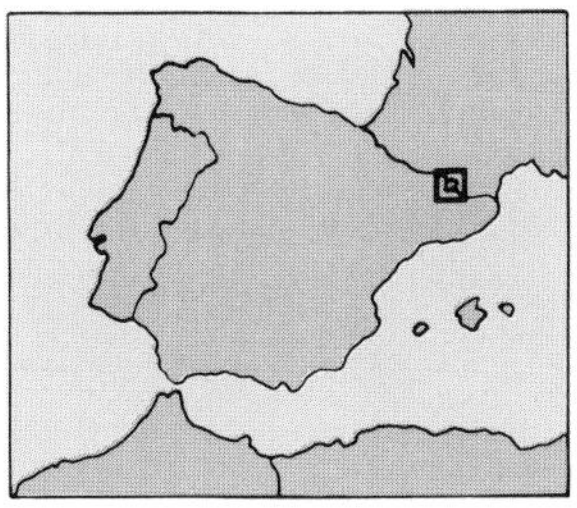

Nombre oficial: Principado de Andorra; Valles de Andorra.
Forma de gobierno: Co-principado con una cámara legislativa apartidista (Consejo General de los Valles).
Jefe del estado: Presidente de Francia y Obispo de Urgel, España.
Jefe del gobierno: Jefe ejecutivo.
Capital: Andorra la Vieja.
Lengua oficial: Catalán.
Religión oficial: Católica romana.
Moneda: Carece de moneda propia; circulan el franco francés y la peseta española. 1 franco (F) = 100 centimes; 1 peseta (Pta) = 100 céntimos; cambio (2 oct. 1989) 1 dlr. EUA = 6,36 F ó 119,00 Ptas.

Área y población

Parroquias	Capitales	área km²	población censo 1986
Andorra la Vella	Andorra la Vella	127[1]	18.463
Canillo	Canillo	191	1.153
Encamp	Encamp		5.766
La Massana	La Massana	65	3.229
Les Escaldes-Engordany	—	[1]	11.734
Ordino	Ordino	85	1.096
Sant Juliá de Loria	Sant Juliá de Loria	[1]	5.535
TOTAL		468	46.976

Demografía

Población (1989): 50.000.
Densidad (1989): Personas por km² 106,8.
Índice de urbanización (1986): Urbana 64,7%; rural 35,3%.
Distribución por sexo (1986): Varones 53,12%; mujeres 46,88%.
Estructura por edades (1986): Menos de 15, 19,0%; 15-29, 27,3%; 30-44, 26,4%; 45-59, 14,8%; 60-74, 9,4%; 75 y más, 3,1%.
Proyección demográfica[2]: (2000) 62.000; (2010) 75.000.
Tiempo de duplicación: 96 años.
Composición étnica (1986): Españoles 55,1%; andorranos 27,5%; franceses 7,4%; portugueses 4,1%; británicos 1,5%; otros 4,4%.
Afiliación religiosa (1980): Católicos 94,2%; judíos 0,4%; testigos de Jehová 0,3%; protestantes 0,2%; otros 4,9%.
Principales ciudades (1986): Andorra la Vella 15.639; Les Escaldes 11.955; Encamp 3.535.
Tasa de natalidad por 1.000 habitantes (1988): 11,7 (media mundial 27,1).
Tasa de mortalidad por 1.000 habitantes (1988): 4,2 (media mundial 9,9).
Tasa de crecimiento por 1.000 habitantes (1988): 7,5 (media mundial 17,2).
Esperanza de vida al nacer (1980): 70 años.
Principales causas de muerte por 100.000 habitantes: n.d.; sin embargo, los problemas sanitarios son los de un país desarrollado: enfermedades cardiovasculares, hipertensión, neoplasias malignas (cánceres).

Economía nacional

Presupuesto (1986). Ingresos: 6.655.098.711 Ptas (1983; arbitrios sobre bienes de consumo importados y gasolina 93,9%; ingresos adicionales derivados del impuesto del 3% sobre bebidas alcohólicas). Gastos: 6.655.098.711 Ptas (principalmente servicios administrativos y educación; Andorra carece virtualmente de gastos de defensa).
Turismo (1983): Ingresos por visitantes, n.d.; gastos de nacionales en el exterior, n.d.; número de turistas llegados, unos 10.000.000 anuales la mayoría de los cuales no hacen noche en el país; número de hoteles 235; número de habitaciones hoteleras (1987) 35.000.
Producción: Agricultura, silvicultura, pesca (1981): Papas o patatas 472 toneladas métricas; tabaco 264 toneladas métricas y cantidades desconocidas de heno, centeno, trigo sarraceno, aceitunas y uva; ganadería (número de animales vivos; 1982): 9.000 ovejas, 1.115 reses, 217 caballos. Minas y canteras: piedra para construcción, alumbre, hierro y plomo. Industria manufacturera: cerámica, cigarros y cigarrillos, bebidas alcohólicas (incluyendo anisete y brandy), ropa, joyería, textiles (incluyendo mantas y pañuelos de lana) y muebles de madera. Construcción (1984): Se autorizó la construcción de 90 edificios con un total de 83.834 m². Producción energética (consumo): Electricidad (kwh; 1988) 140.000.000 (340.000.000[3]); carbón, no produce (n.d.); petróleo crudo, no produce (n.d.); productos petrolíferos (toneladas métricas; 1986), no produce (95.349); gas natural, no produce (n.d.).
Producto nacional bruto (a precios corrientes de mercado; 1982): 340.000.000 dlr. EUA (9.000 dlr. EUA per cápita)[4].

Estructura de la población activa

	1986	
	Población activa	% de la pobl. act.
Agricultura y silvicultura	132	0,6
Minería	571	2,7
Manufacturas	957	4,5
Construcción	1.754	8,2
Servicios públicos	1.266	5,9
Transportes y comunicaciones	1.832	8,5
Comercio	5.777	26,9
Finanzas	1.281	6,0
Administración pública, defensa	650	3,0
Servicios sociales y hostelería	5.209	24,3
Otros	2.025	9,4
TOTAL	21.454	100,0

Deuda pública: n.d.
Población económicamente activa (1986): Total 21.484; tasa de actividad de la población total 46,8% (tasas de participación: edades 15-64 n.d.; mujeres n.d.; desempleados n.d.)

Comercio exterior

Balanza comercial (precios corrientes)

	1981	1982	1983	1984	1985	1986
Millones Pta	−28.090	−30.197	−32.011	−35.795	—	−71.871
% del total	94,8	91,5	91,6	92,1	—	96,9

Importaciones (1986): 74.312.755.085 Ptas, de las que 31.525.222.000 corresponden a Francia y 20.036.199.000 a España (incluye combustibles, alimentos, perfumes, ropa y receptores de radio y televisión)[5].
Exportaciones (1986): 2.325.252.000 Ptas, de las que 1.261.917.000 corresponden a Francia y 762.196.000 a España (incluye muebles de madera artesanía, cigarrillos, cigarros, artículos de cuero y electricidad).

Transportes y comunicaciones

Transportes. Ferrocarriles, ninguno; sin embargo, tanto los ferrocarriles franceses como los españoles tienen estaciones cerca de la frontera. Carreteras (1981): Longitud total 220 km (pavimentadas 55%). Vehículos (1986): Automóviles 25.000; camiones y autobuses 2.583. Marina mercante: barcos (100 toneladas brutas y más), ninguno. Aeropuertos con vuelos regulares, ninguno; el aeropuerto de la inmediata Seo de Urgel, España, tiene vuelos regulares diarios a Barcelona y Palma de Mallorca.
Comunicaciones. Diarios (1988): Número total 1; circulación total 4.000; circulación por 1.000 habitantes 81. Radio (1987): Número total de receptores 8.000 (1 por cada 5,8 personas). Televisión (1987): Número total de televisores 4.000 (1 por cada 12 personas). Teléfonos (1982): 17.719 (1 por cada 2,1 personas).

Educación y sanidad

Escolaridad, n.d.; sin embargo, la enseñanza es obligatoria hasta los 16 años. *Alfabetización* (1987): Población total alfabetizada (virtualmente 100%).
Sanidad. Médicos (1988): 112 (1 por cada 441 habitantes); camas hospitalarias 113 (1 por cada 437 habitantes); tasa de mortalidad infantil por cada 1.000 nacidos vivos (1987) 13,3.
Alimentación (1984-86)[6]: Ingesta calórica diaria per cápita 3.320 (productos vegetales 67%, productos animales 33%); 135% de las necesidades mínimas recomendadas por la FAO.

Fuerzas armadas

Personal en servicio activo (1982): Ninguno. La seguridad externa de Andorra depende de Francia y España; una fuerza policial de 100 hombres se ocupa de la seguridad interna. *Presupuesto de defensa en porcentaje del PNB* (1981): 0,0001% (mundial 19,0%).

[1] Andorra la Vella incluye Les Escaldes-Engordany y Sant Julià de Lòria. [2] Incluye un número importante de inmigrantes. [3] Aproximadamente 200.000.000 kwh de electricidad se importan de España. [4] Las fuentes principales del PNB son el comercio, el turismo (incluyendo deportes de invierno, ferias y festivales) y la banca (tiene cierta importancia como paraíso fiscal para inversiones y operaciones financieras extranjeras). [5] Al estar libres de impuestos, los artículos manufacturados importados son más baratos en Andorra que en los países limítrofes. En consecuencia, el contrabando sigue siendo una actividad secundaria rentable para algunas personas. [6] Valores compuestos derivados de datos alimentarios españoles y franceses.

Angola

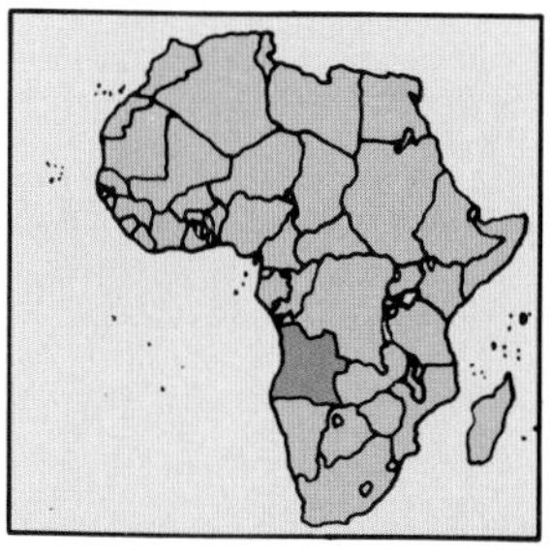

Nombre oficial: República Popular de Angola.
Forma de gobierno: República popular con una cámara legislativa (Asamblea Popular).
Jefe del estado y del gobierno: Presidente.
Capital: Luanda.
Lengua oficial: Portugués.
Religión oficial: Ninguna.
Moneda: 1 kwanza (Kw) = 100 lwei; cambio (5 oct. 1987) 1 dlr. EUA = 30,53 Kw.

Área y población

Provincias	Capitales	área km²	población estimada[1] 1987
Bengo	Caxito	31.371	162.000
Benguela	Benguela	31.788	735.000
Bié	Kuito	70.314	986.000
Cabinda	Cabinda	7.270	116.000
Huambo	Huambo	89.342	258.000
Huila	Lubango	34.274	1.333.000
Kuando Kubango	Menongue	75.002	857.000
Kuanza Norte	N'Dalatando	199.049	178.000
Kuanza Sul	Sumbe	24.190	487.000
Kunene	N'Giva	55.660	728.000
Luanda	Luanda	2.418	1.252.000
Lunda Norte	Lucapa	102.783	319.000
Lunda Sul	Saurino	45.649	153.000
Malanje	Malanje	97.602	873.000
Moxico	Lwena	223.023	291.000
Namibe	Namibe	58.137	81.000
Uige	Uige	58.698	619.000
Zaire	M'Banza Kongo	40.130	247.000
TOTAL		1.246.700	9.677.000[2]

Demografía

Población (1989): 9.739.000.
Densidad (1989): Personas por km² 7,8.
Índice de urbanización (1986): Urbana 30%; rural 70%.
Distribución por sexo (1989): Varones 51,11%; mujeres 48,89%.
Estructura por edades (1989): Menos de 15, 42,2%; 15-29, 27,5%; 30-44, 16,5%; 45-59, 9,5%; 60 y más, 4,3%.
Proyección demográfica: (2000) 13.207.000; (2010): 17.437.000.
Tiempo de duplicación: 26 años.
Composición étnica (1983): Oviumbundus 37,2%; mbundus 22,8%; kongos 13,2%; luimbes 5,4%; humbes y nyanekas 5,4%; chokwes 4,2%; luenas 3,4%; luchasis 2,4%; ambos 2,4%; lundas 1,2%; mbundus 1,2%; portugueses 0,5%; mulatos 0,5%; otros 0,2%.
Afiliación religiosa (1980): Cristianos afiliados 65,7%, del que el 55,1% corresponde a católicos, el 9,2% a protestantes; cristianos nominales 24,3%; credos tradicionales 9,5%; otros 0,5%.
Principales ciudades: Luanda (1988) 1.134.000; Huambo (1983) 203.000; Benguela (1983) 155.000; Lobito (1983) 150.000; Lubango (1984) 105.000.
Tasa de natalidad por 1.000 habitantes (1985-90): 47,2 (media mundial 27,1).
Tasa de mortalidad por 1.000 habitantes (1985-90): 20,2 (media mundial 9,9).
Tasa de crecimiento por 1.000 habitantes (1985-90): 27,0 (media mundial 17,2).
Esperanza de vida al nacer (1985-90): Varones 42,9 años; mujeres 46,1 años.
Principales causas de muerte por 100.000 habitantes (1973): Accidentes, intoxicaciones y actos de violencia 89,0; enfermedades infecciosas y parasitarias 73,2; enfermedades del sistema respiratorio 24,6; enfermedades del sistema circulatorio 19,2; neoplasias 6,5.

Economía nacional

Presupuesto (1988). Ingresos: 86.205.000.000 Kw (impuestos 41,2%; rentabilidad estatal de empresas mixtas 21,3%; préstamos 17,4%; otros 20,1%). Gastos: 86.205.000.000 Kw (defensa[3] y bienestar social 37,9%; servicios sociales 24,9%; desarrollo económico y social 15,9%; administración 12,5%; otros 8,8%).
Turismo: Ingresos por visitantes n.d.; gastos de nacionales en el exterior n.d.
Producción (toneladas métricas, excepto cuando se indique). Agricultura, silvicultura, pesca (1988): mandioca 1.980.000, caña de azúcar 330.000, plátanos 280.000, maíz 270.000, boniatos 180.000, mijo 60.000, frijoles o judías 40.000, aceite de palma 40.000, cacahuetes 20.000, café 15.000; ganadería (número de animales vivos): 3.400.000 reses, 975.000 cabras, 480.000 cerdos, 265.000 ovejas, 6.000.000 aves de corral; madera (1987): 5.139.000 m³; pesca, capturas (1987): 81.339. Minas y canteras (1988): Diamantes 240.000 quilates. Industria manufacturera (1986): ladrillos 297.700; carne fresca 87.000; pan 52.500; harina de maíz 41.700; harina de trigo 25.200; azúcar refinada 20.300; jabón 11.000; melaza 11.000; acero en bruto 7.000; zapatos de piel 295.000 pares; cerveza 5.830.000 hectólitros; fósforos 28.000.000 cajas. Construcción (valor en millones de Kw; 1986) residencial 608; no residencial 1.977. Producción energética (consumo): Electricidad (kwh; 1987) 1.800.000.000 (1.800.000.000); carbón no produce (insignificante); petróleo crudo (barriles; 1987) 126.148.000 (10.582.000); productos petrolíferos (1987) 1.260.000 (313.000); gas natural (m³; 1987) 154.000.000 (154.000.000).
Producto nacional bruto (a precios corrientes de mercado; 1984): 6.930.000.000 dlr. EUA (830 dlr. EUA per cápita).

Estructura del producto nacional bruto y de la población activa

	1982		1980	
	Valor (000.000 Kw)	% del valor total	Población activa	% de pobl. activa
Agricultura	16.408,2	13,9	26.720.000	71,8
Minería, Manufacturas	36.933,7	31,2		
Construcción	4.979,1	4,2		
Comercio, finanzas	15.022,4	12,7	361.000	9,7
Servicios públicos	685,1	0,6		
Transportes y comunicaciones	8.546,8	7,2		
Administr. pública, defensa, Servicios	37.292,0	31,5	686.000	18,5
Otros	−1.588,8[5]	−1,3[5]		
TOTAL	118.278,5	100,0	3.719.000	100,0

Deuda pública (externa, pendiente; 1987): 1.849.000.000 dlr. EUA.
Población económicamente activa (1985): Total 3.719.000; tasa de actividad de la población total 44,5% (tasas de participación: Edades 15-64, 71,8%; mujeres 39,7%; desempleados n.d.).

Comercio exterior

Balanza comercial (precios corrientes)

	1981	1982	1983	1984	1985	1986
Millones Kw	3.200	22.024	32.959	41.261	47.274	23.265
% del total	3,1	26,6	41,5	52,3	54,5	42,5

Importaciones (1986): 15.708.000.000 dlr. EUA (maquinaria y equipos eléctricos 25,6%; equipos de transporte 16,6%; productos químicos 8,0%; productos vegetales 7,4%; alimentos y bebidas 7,0%). *Principales proveedores:* Francia 12,1%; Brasil 11,5%; Portugal 9,9%; EUA 9,2%; Alemania Federal 7,8%; Países Bajos 7,6%.
Exportaciones (1986): 38.973.000.000 dlr. EUA (combustibles minerales 93,4%; productos vegetales 4,0%; productos animales 1,7%). *Principales clientes:* EUA 38,3%; España 10,9%; Brasil 8,1%; Países Bajos 5,8%; Portugal 4,1%; Reino Unido 2,7%; Francia 3,5%.

Transportes y comunicaciones

Transportes. Ferrocarriles (1988): Longitud de vías 2.798 km; pasajeros-km 326.000.000; carga transportada 1.720 toneladas métricas. Carreteras (1986): Longitud total 73.830 km (pavimentadas 51%). Vehículos (1984): Automóviles 56.625; camiones y autobuses 29.000. Marina mercante (1988): Barcos (100 toneladas brutas y más) 110; peso muerto total 121.912 toneladas. Transporte aéreo (1985)[4]: Pasajeros-km 975.000.000; carga toneladas métricas-km 33.900.000; aeropuertos (1989) con vuelos regulares 18.
Comunicaciones. Diarios (1984): Número total 4; circulación total 111.500; circulación por 1.000 habitantes 13,5. Radio (1988): Número total de receptores 435.000 (1 por cada 22 personas). Televisión (1988): Número total de televisores 40.541 (1 por cada 228 personas). Teléfonos (1987): 77.000 (1 por cada 122 personas).

Educación y sanidad

Escolaridad, n.d. *Alfabetización* (1980): Población total de más de 15 años alfabetizada 1.196.000 (alrededor del 28%); varones alfabetizados 771.000 (36,2%); mujeres alfabetizadas 425.000 (19,3%).
Sanidad (1986): Médicos 655 (1 por cada 13.489 habitantes); camas hospitalarias 13.145 (1 por cada 672 habitantes); tasa de mortalidad infantil por cada 1.000 nacidos vivos (1985-90) 137,0.
Alimentación (1985): Ingesta calórica diaria per cápita 1.969 (¿1979-81ñ productos vegetales 92%; productos animales 8%); (1984) 84% de las necesidades mínimas recomendadas por la FAO.

Fuerzas armadas

Personal en servicio activo (1989): 100.000 (ejército 91,5%; armada 1,5%; fuerza aérea 7,0%). *Presupuesto de defensa en porcentaje del PNB* (1984): 14,3% (mundial 5,7%); gasto per cápita 119 dlr. EUA.

[1] Estimaciones y proyecciones nacionales unificadas basadas en muestreos, censos parciales y análisis de estadísticas demográficas provinciales. [2] El desglose no se corresponde con el total a causa del redondeo. [3] Según estimaciones extraoficiales, defensa consumió en 1983 más del 60% del presupuesto. [4] Sólo la compañía aérea TAAG. [5] En 1988 había, ayudando a las fuerzas gubernamentales, alrededor de 50.000 soldados cubanos y varios cientos de asesores y técnicos del bloque soviético.

Antigua y Barbuda

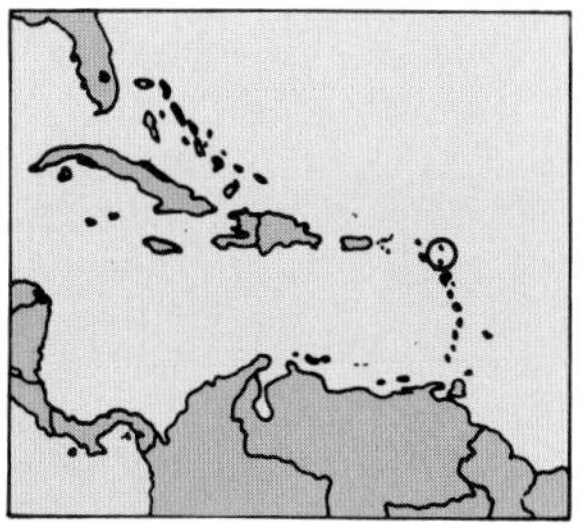

Nombre oficial: Antigua y Barbuda.
Forma de gobierno: Monarquía constitucional con dos cámaras legislativas (Senado y Cámara de Representantes).
Jefe del estado: Monarca británico representado por el gobernador general.
Jefe del gobierno: Primer ministro.
Capital: Saint John's.
Lengua oficial: Inglés.
Religión oficial: Ninguna.
Moneda: 1 dólar del Caribe oriental (EC$) = 100 centavos; cambio (2 oct. 1989) 1 dlr. EUA = 2,70 EC$.

Área y población

	área km²	población estimada 1986
Parroquias[1]		
Saint George	26,4	80.000
Saint John's	67,9	
Saint Mary	65,0	
Saint Paul	45,8	
Saint Peter	33,2	
Saint Philip	41,4	
Islas[1]		
Barbuda	160,6	1.500
Redonda	1,3	2
TOTAL	441,6	81.500

Demografía

Población (1989): 78.400.
Densidad (1989):Personas por km² 177,5.
Índice de urbanización (1985): Urbana 30,8%; rural 69,2%.
Distribución por sexo (1985): Varones 48,00%; mujeres 52,00%.
Estructura por edades (1985): Menos de 15, 37,2%; 15-29, 30,8%; 30-44, 12,8%; 45-59, 11,5%; 60-74, 6,4%; 75 y más, 1,3%.
Proyección demográfica: (2000) 86.000; (2010) 93.000.
Tiempo de duplicación: 76 años.
Composición étnica (1980): Negros 94,4%; mulatos 3,5%; blancos 1,3%; otros 0,8%.
Afiliación religiosa (1980): Anglicanos 44,5%; otros protestantes (principalmente moravos, metodistas y adventistas del Séptimo Día) 42,2%; católicos 10,2%; rastafarianos 0,7%; otros 2,4%.
Principales ciudades (1982): Saint John's 30.000; Codrington 1.200.
Tasa de natalidad por 1.000 habitantes (1987): 14,3 (media mundial 27,1).
Tasa de mortalidad por 1.000 habitantes (1987): 5,1 (media mundial 9,9).
Tasa de crecimiento por 1.000 habitantes (1987): 9,2 (media mundial 17,2).
Esperanza de vida al nacer (1987): Varones 70 años; mujeres 74 años.
Principales causas de muerte por 100.000 habitantes (1985): Neoplasias malignas (cánceres) 83,3; síndromes de hipersensibilidad 68,8; infarto agudo de miocardio 38,3; diabetes mellitus 27,8; neumonía 26,4; enfermedades de la circulación pulmonar y otros trastornos cardiacos 22,5.

Economía nacional

Presupuesto (1987). Ingresos: 165.900.000 EC$ (ingresos por impuestos 85,0%, del que el 28,0% corresponde a impuestos de consumo, el 21,0% a derechos de importación, el 11,9% a impuestos sobre la renta y el 6,9% a impuestos hoteleros; ingresos no impositivos 15,0%). Gastos: 160.900.000 EC$ (salarios del personal 24,9%; carga de la deuda pública 20,2%; sueldos 18,3%).
Turismo: Ingresos por visitantes (1988) 221.900.000 dlr. EUA; gastos de nacionales en el exterior (1987) 14.800.000 dlr. EUA.
Producción (toneladas métricas, excepto cuando se indique). Agricultura, silvicultura, pesca (1986): mangos (1988) 1.000, pepinos 329, limas 189, berenjenas 186, calabazas 177, batatas o camotes 166, zanahorias 135, algodón 30; ganadería (número de animales vivos; 1988): 18.000 reses, 13.000 ovejas; madera, n.d.; pesca (1987), capturas 2.400. Minas y canteras (1985): Grava 82.500. Industria manufacturera (valor de la producción en EC$; 1983): Ropa 24.000.000; colchones 4.500.000; cocinas 3.300.000; refrigeradores 1.700.000; ron 1.200.000; montaje de componentes electrónicos para reexportación. Construcción (1986): Solicitud total de edificios 879; valor bruto 80.700.000 EC$. Producción energética (consumo): Electricidad (kwh; 1987) 91.000.000 (91.000.000); carbón, no produce (sin consumo); petróleo crudo, no produce (insignificante); productos petrolíferos (1987), insignificante (88.000); gas natural, no produce (sin consumo).
Producto nacional bruto (a precios corrientes de mercado; 1987): 211.000.000 dlr. EUA (2.570 dlr. EUA per cápita).

Estructura del producto nacional bruto y de la población activa

	1987		1982	
	Valor (000.000 EC$)	% del valor total	Población activa[4]	% de la pobl. activa
Agricultura, pesca	29,3	4,7	2.090	9,0
Canteras	14,4	2,3	60	0,3
Industria	23,0	3,7	1.718	7,4
Construcción	73,1	11,7	2.577	11,1
Servicios públicos	22,4	3,6	340	1,5
Transportes y comunicaciones	100,9	16,2	2.575	11,1
Comercio, restaurantes y hoteles	156,3	25,0	5.201	22,4
Finanzas, bienes raíces	94,2	15,1	778	3,3
Administración pública, defensa	97,1	15,5	7.883	33,9
Servicios	46,6	7,5		
Otros	−32,7[6]	−5,2[6]	—	—
TOTAL	624,7[5]	100,0[5]	23.222	100,0

Deuda pública (externa, pendiente; 1987): 245.400.000 dlr. EUA.
Población económicamente activa (1985): Total 32.254; tasa de actividad de la población total 42,6% (tasas de participación: 16 años y más [1983] 56,2%; mujeres 40,1%; desempleados 21,1%).

Comercio exterior[8]

Balanza comercial (precios corrientes)

	1983	1984	1985	1986	1987
Millones de EC$	−266	−310	−395	−701	−573
% del total	57,5	62,0	72,1	82,3	77,5

Importaciones (1984): 356.100.000 EC$ (petrtóleo crudo y derivados 24,1%; maquinaria y equipos de transporte 21,8%, del que el 6,0% corresponde a piezas de vehículos a motor; alimentos y animales vivos 19,1%, del que el 5,4% corresponde a carne; productos químicos 6,4%). *Principales proveedores:* EUA 37,8%; Reino Unido 10,6%; estados miembros del Caricom 7,4%; Yugoslavia 3,9%; Canadá 3,4%.
Exportaciones (1984): 47.500.000 EC$ (artículos manufacturados diversos 37,8%; maquinaria y equipos de transporte 30,1%; combustibles minerales 11,5%; productos químicos 7,5%). *Principales clientes:* Estados miembros del Caricom, 38,2%; EUA 17,9%; Reino Unido 6,8%; otros países americanos 22,7%.

Transportes y comunicaciones

Transportes. Ferrocarriles[8]. Carreteras (1986): Longitud total 1.161 km (pavimentadas 33%). Vehículos (1986): Automóviles 11.188; camiones y autobuses 3.321. Marina mercante (1988): Barcos (100 toneladas brutas y más) 190; peso muerto total 555.070 toneladas. Transporte aéreo (1986)[9]: Llegadas de pasajeros 276.568, salidas de pasajeros 267.406; carga toneladas métricas-km, n.d.; aeropuertos (1989) con vuelos regulares 2.
Comunicaciones. Diarios (1988): Número total 1; circulación total 6.000; circulación por 1.000 habitantes 77. Radio (1988): Número total de receptores 22.618 (1 por cada 3,4 personas). Televisión (1988): Número total de televisores 27.000 (1 por cada 2,9 personas). Teléfonos (1984): 11.000 (1 por cada 6,8 personas).

Educación y sanidad

Escolaridad (1970): Porcentaje de la población total: sin escolarizar 15,0%; con enseñanza primaria 79,2%; secundaria 4,5%; superior 1,3%. *Alfabetización* (1985): Población total de 15 años y más alfabetizada 45.000 (90,0%).
Sanidad (1987): Médicos 48 (1 por cada 1.606 habitantes); camas hospitalarias (1986) 389 (1 por cada 196 habitantes); tasa de mortalidad infantil por cada 1.000 nacidos vivos 21,2.
Alimentación (1984-86): Ingesta calórica diaria per cápita 2.089 (productos vegetales 75%, productos animales 25%); 86% de las necesidades mínimas recomendadas por la FAO.

Fuerzas armadas

Personal en servicio activo (1986): Los 90 miembros de la fuerza de defensa forman parte del sistema de seguridad regional del Caribe Este. *Presupuesto de defensa en porcentaje del gasto del gobierno central:* 1,7%.

[1] Los órganos reales de los gobiernos locales son los consejos comunitarios. [2] Deshabitada. [3] A costo de los factores. [4] Asalariados autónomos únicamente. [5] El desglose no se corresponde con el total a causa del redondeo. [6] Menos los gastos por servicios bancarios imputados. [7] Las cifras de importación son c.i.f. (costo, seguro y flete); los de exportación son f.o.b. (franco a bordo). [8] Existen 78 km de vías privadas que no se utilizan en su mayor parte. [9] Aeropuerto Vere Bird.

Arabia Saudita

Nombre oficial: Reino de Arabia Saudita.
Forma de gobierno: Monarquía.
Jefe del estado: Rey.
Jefe de gobierno: Primer ministro.
Capital: El Riad.
Lengua oficial: Árabe.
Religión oficial: Islámica
Moneda: 1 riyal (SRls) = 100 halalah; cambio (2 oct. 1989) 1 dlr. EUA = 3,75 SRls.

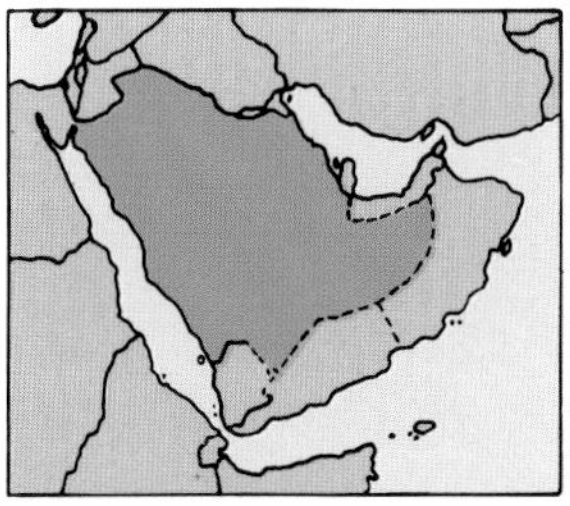

Área y población

Regiones / Distritos administrativos	Capitales	área km^2	población estimada 1986
al-Gharbiya (Occidental)	—	—	3.043.189
al-Baha	al-Baha	—	—
al-Madina	Medina (al-Madina)	—	—
Maka	La Meca (Maka)	—	—
al-Janubiya (Meridional)	—	—	625.017
Asir	Abha	—	—
Jizán	Jizán	—	—
Najran	Najran	—	—
al-Shamaliya (Septentrional)	—	—	679.476
al-Hudud al-Shamaliya (Fronteras Septentrionales)	Arar	—	—
al-Jawf	Sakaka	—	—
al-Qurayat	al-Nabk	—	—
Tabuk	Tabuk	—	—
al-Sharqiya (Oriental)	—	—	3.030.765
al-Sharqiya (Oriental)	al-Damam	—	—
al-Wusta (Central)	—	—	3.632.092
Haa	Haa	—	—
al-Qasim	Burayda	—	—
al-Riyad	El Riad (al-Riyad)	—	—
TOTAL		2.240.000	11.010.539

Demografía

Población (1989): 13.592.000.
Densidad (1989): Personas por km^2 6,1.
Índice de urbanización (1986): Urbana 73,3%; rural 26,7%.
Distribución por sexo (1986): Varones 59,71%; mujeres 40,29%.
Estructura por edades (1986): Menos de 15, 40,0%; 15-29, 26,2%; 30-44, 19,9%; 45-59, 8,6%; 60 y más, 5,3%.
Proyección demográfica: (2000) 20.686.000; (2010) 29.551.000.
Tiempo de duplicación: 21 años.
Composición étnica (1983): Sauditas 82,0%; yemeníes 9,6%; otros árabes 3,4%; otros 5,0%.
Afiliación religiosa (1980): Musulmanes (principalmente sunníes) 98,8%; cristianos 0,8%; otros 0,4%.
Principales ciudades (1980): El Riad 1.308.000[1]; Yida 1.500.000[2]; La Meca 550.000; Taif 300.000.
Tasa de natalidad por 1.000 habitantes (1986): 37,3 (media mundial 27,1).
Tasa de mortalidad por 1.000 habitantes (1986): 12,8 (media mundial 9,9).
Tasa de crecimiento por 1.000 habitantes (1986): 24,5 (media mundial 17,2).
Esperanza de vida al nacer (1986): Varones 54,8 años; mujeres 57,7 años.
Principales causas de muerte por 100.000 habitantes : n.d; sin embargo, entre las principales enfermedades se incluyen el cólera, meningitis cerebroespinal, fiebre amarilla, tifoideas, tuberculosis, infecciones pulmonares y asfixia.

Economía nacional

Presupuesto (1988-89). Ingresos: 105.300.000.000 SRls (ingresos por petróleo 69,8%) Gastos: 141.200.000.000 SRls (defensa y seguridad 35,5%; administración pública y otros gastos gubernamentales 17,7; desarrollo de los recursos humanos 16,6%; transportes y comunicaciones 6,7%).
Turismo (1987): Ingresos por visitantes 2.600.000.000 dlr. EUA; gastos de nacionales en el exterior 2.000.000.000 dlr. EUA. Peregrinos a La Meca del exterior (1988): 762.755.
Producción (toneladas métricas, excepto cuando se indique). Agricultura, silvicultura, pesca (1986-87): Trigo 2.653.000, dátiles 484.225, tomates 346.000, sandías 323.000, cebada 162.000, cebollas 78.000, calabazas, chayotes y calabacines 55.816, sorgo y mijo 48.000, berenjenas 21.432, papas o patatas 16.045, pepinos y pepinillos 15.000, legumbres 7.000; ganadería (número de animales vivos; 1988): 7.466.000 ovejas, 3.600.000 cabras, 417.000 camellos, 325.000 reses, 110.000 asnos, 69.000.000 aves de corral; pesca, capturas 45.000. Minas y canteras (1986): Yeso 300.000; cal 12.000. Industria manufacturera (1985): Cemento 10.167.000; metanol 1.287.000; varillas y barras de acero 948.000; etileno 927.900; urea 825.000; etilenglicol 310.000; etanol industrial 200.000; dicloruro de etileno 190.000; estireno 125.000; sosa caústica 125.000; nitrógeno 82.000; ácido cítrico 75.000; oxígeno 55.000; melamina 14.000. Construcción (valor añadido en SRls; 1987): 33.003.000.000. Producción energética (consumo): Electricidad (kwh; 1987): 37.100.000.000 (37.100.000.000); carbón, n.d. (n.d.) ; petróleo crudo (barriles; 1987) 1.440.060.000 (444.139.000); productos petrolíferos (1987) 62.124.000 (33.451.000); gas natural (m^3; 1987) 23.239.000.000 (23.239.000.000).
Producto nacional bruto (1986): 83.270.000.000 dlr. EUA (6.930 dlr. EUA per cápita).

Estructura del producto nacional bruto y de la población activa

	1987		1986	
	Valor (000.000 SRls)	% del valor total	Población activa	% de la pobl.activa
Agricultura	18.312	6,6	432.082	14,3
Minería	1.723	0,6	48.514	1,6
Sector petrolífero	63.393	23,0		
Industria	22.790	8,3	301.699	9.9
Construcción	35.600	12,9	567.619	18,7
Servicios públicos	681	0,2	101.577	3,3
Transportes y comunicaciones	22.087	8,0	210.128	6,9
Comercio	27.797	10,1	374.168	12,3
Finanzas	20.572	7,5	94.300	3,1
Administración pública, defensa	26.792	9,7	902.066	29,8
Servicios y otros	36.426	13,2		
Otros	−679[3]	−0,2[3]	—	—
TOTAL	275.494	100,0[4]	3.032.153	100,0[4]

Deuda pública : Ninguna.
Población económicamente activa (1986): Total 3.032.000; tasa de actividad de la población total 29,8% (tasas de participación: 15-64 años 51,5%; mujeres 3,2%).

Comercio exterior

Balanza comercial (precios corrientes)

	1982	1983	1984	1985	1986	1987
Millones SRls	152,0	42,7	30,1	20,2	8,2	11,6
% del total	25,6	15,6	12,8	11,3	5,9	7,1

Importaciones (1987): 75.312.600.000 SRls (maquinaria y accesorios 19,1%; productos alimenticios y tabaco 16,5%; equipos de transporte 13,5%; textiles y ropa 13,2%; metales y artículos metálicos 8,8%; productos químicos 4,2%; instrumentos científicos 4,1%). *Principales proveedores:* Japón 17,3%; EUA 15,3%; Reino Unido 7,8%; Alemania federal 7,7%; Italia 6,8%; Francia 5,3%; Corea del sur 4,9%; Taiwán 3,9%; Suiza 2,4%; Países Bajos 2,2%; Bélgica 1,7%; España 1,5%.
Exportaciones (1987): 86.879.000.000 SRls (petróleo crudo 94,3%; otros 5,7%). *Principales clientes:* Japón 22,1%; EUA 19,3%; Países Bajos 6,1%; Bahrein 4,9%; Singapur 4,9%; Taiwán 4,2%; Italia 4,0%; Brasil 3,5%; Corea del sur 3,1%; Francia 2,6%; España 2,4%; Reino Unido 1,5%; Alemania federal 1,3%.

Transportes y comunicaciones

Transportes. Ferrocarriles (1988): Longitud de vías 875 km; (1986): Pasajeros-km 92.300.000; carga toneladas métricas-km 470.080.000. Carreteras (1988): Longitud total 92.802 km (pavimentadas 36%). Vehículos (1987): Automóviles 2.245.042; camiones y autobuses 2.023.365. Marina mercante (1988): Barcos (100 toneladas brutas y más) 320; peso muerto total 3.802.471 toneladas. Transporte aéreo (1988): Pasajeros-km 14.935.000.000; carga toneladas métricas-km 489.900.000; aeropuertos (1989) con vuelos regulares 23.
Comunicaciones. Diarios (1987): Número total 11; circulación total 587.300; circulación por 1.000 habitantes 47. Radio (1988): Número total de receptores 3.997.459 (1 por cada 3,3 personas). Televisión (1988): Número total de televisores 3.750.000 (1 por cada 3,5 personas). Teléfonos (1988) 1.013.963 (1 por cada 13 personas).

Educación y sanidad

Escolaridad (1986). Porcentaje de la población de 25 años y más: sin escolarización formal 31,8%; con enseñanza primaria, secundaria o superior 68,2%. *Alfabetización* (1986): Población total de 15 años y más alfabetizada 3.862.439 (57,2%); varones alfabetizados 3.006.249 (69,7%); mujeres alfabetizadas 856.190 (35,1%).
Sanidad (1987): Médicos 12.907 (1 por cada 973 habitantes); camas hospitalarias 30.921 (1 por cada 406 habitantes); tasa de mortalidad infantil por cada 1.000 nacidos vivos 108,6.
Alimentación (1984-86): Ingesta calórica diaria per cápita 3.031 (productos vegetales 80%, productos animales 20%); 129% de las necesidades mínimas recomendadas por la FAO.

Fuerzas armadas

Personal en servicio activo (1989): 67.700 (ejército 57,8%, armada 11,0%, fuerza aérea 25,1%, fuerzas de defensa aérea 6,1%). *Presupuesto de defensa en porcentaje del PNB* (1987): 12,8% (mundo 5,4%); gasto per cápita 710 dlr. EUA.

[1] 1981 estimado. [2] 1983 estimado. [3] Derechos de importación menos cargas por servicios bancarios imputados. [4] El desglose no se corresponde con el total a causa del redondeo.

Argelia

Nombre oficial: República Argelina Democrática y Popular.
Forma de gobierno: Régimen de partido único con una cámara legislativa.
Jefe del estado y del gobierno: Presidente.
Capital: Argel.
Lengua oficial: Árabe.
Religión oficial: Islámica.
Moneda: 1 dinar argelino (DA) =100 centimes; cambio (2 oct. 1989) 1 dlr. EUA = 8,10 DA.

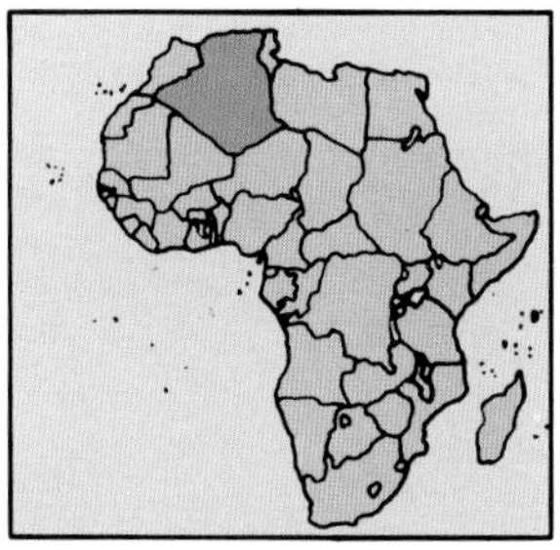

Población (censo de 1987[1])

Willayat	Población	Willayat	Población
Adrar	217.678	Mila	511.605
Aïn Drfla	537.256	Mostaganem	505.932
Annaba	455.888	M'Sila	604.693
Argel	1.690.191	Naâma	113.700
Batna	752.617	Orán	932.473
al-Bayadh	153.254	Ouargla	284.454
Béchar	185.346	al-Oued	376.909
Bejaïa	700.952	Oum el-Bouaghi	403.936
Biskra	430.202	Relizane	544.877
Blida	702.188	Saïda	235.494
Bordj Bou Arreridj	424.828	Sétif	1.000.694
Bouira	526.900	Sidi bel-Abbés	446.277
Boumerdes	650.975	Skikda	622.510
Constantina	664.303	Souk Ahras	296.077
Djelfa	494.494	Tamanrasset	95.822
Ech Chlef	684.192	al-Tarf	275.315
Ghardaïa	216.140	Tébessa	410.233
Guelma	353.309	Temouchent	274.990
Illizi	18.930	Tiaret	575.794
Jijel	472.312	Tindouf	16.428
Khenchela	246.541	Tipaza	620.151
Laghouat	212.388	Tissemsilt	228.120
Mascara	566.901	Tizi Ouzou	936.948
Médéa	652.863	Tlemcen	714.862
TOTAL			23.038.942

Demografía

Población (1989): 24.579.000. Área: 2.381.741 km^2.
Densidad (1989):Personas por km^2 10,3.
Índice de urbanización (1989): Urbana 49%; rural 51%.
Distribución por sexo (1986): Varones 49,7%; mujeres 50,3%.
Estructura por edades (1987): Menos de 15, 43,9%; 15-29, 28,0%; 30-44, 13,9%; 45-59, 8,4%; 60-74, 4,2%; 75 y más, 1,6%.
Proyección demográfica: (2000) 33.088.000; (2010) 40.413.000.
Tiempo de duplicación: 25 años.
Composición étnica (1983): Árabes 82,6%; beréberes 17,0%; franceses 0,1%; otros 0,3%.
Afiliación religiosa (1980): Musulmanes sunníes 99,1%; católicos 0,5%; otros 0,4%.
Principales ciudades (1987): Argel 1.483.000; Orán 590.000; Constantina 438.000; Annaba 310.000; Batna 182.000.
Tasa de natalidad por 1.000 habitantes (1987): 34,6 (media mundial 27,1); tasa de legitimidad, n.d.; sin embargo, el matrimonio es casi universal.
Tasa de mortalidad por 1.000 habitantes (1987): 7,0[2] (media mundial 9,9).
Tasa de crecimiento por 1.000 habitantes (1987): 27,6[2] (media mundial 17,2).
Esperanza de vida al nacer (1985): Varones 61,0 años; mujeres 64,1 años.
Principales enfermedades infecciosas por 100.000 habitantes (1984): sarampión 15,2; fiebres tifoideas 15,2; disentería 11,8.

Economía nacional

Presupuesto (1988-89). Ingresos: 114.700.000.000 DA (ingresos ordinarios 75,4%, hidrocarburos 24,6%). Gastos: 121.400.000.000 (gastos corrientes 59,2%; inversiones 40,3%).
Turismo (1986): Ingresos por visitantes 137.000.000 dlr. EUA; gastos de nacionales en el exterior 446.000.000 dlr. EUA.
Producción (toneladas métricas, excepto cuando se indique). Agricultura, silvicultura, pesca (1988): Trigo 1.150.000, papas o patatas 950.000, cebada 556.000, tomates 490.000, uva 460.000, naranjas 190.000, dátiles 182.000; ganadería (número de animales vivos): 4.325.000 ovejas, 3.570.000 cabras, 1.523.000[3] reses; madera (1987) 2.008.000 m^3; pesca, capturas (1987) 70.258. Minas y canteras (1987): Mineral de hierro 3.382.000; fosfatos 1.209.000; yesó 70.258; barita (1986) 66.000; zinc 17.000; plata (1986) 120.000 onzas troy. Industria manufacturera (1987): Cemento 7.541.000; harina y sémola 2.487.000; ladrillos 1.701.000; hierro en lingotes y ferroaleaciones 1.677.000; acero en bruto 1.477.000; aceites comestibles 304.000. Construcción (1981): Residencial 28.000 unidades. Producción energética (consumo): Electricidad (kwh; 1987) 13.400.000.000 (13.350.000.000); carbón (1987) 8.000 (1.108.000); petróleo crudo (barriles; 1987) 262.600.000 (176.970.000); Productos petrolíferos (1987) 37.378.000 (6.317.000); gas natural (m^3; 1987) 33.183.000.000 (16.874.000.000).
Producto nacional bruto (1987): 63.560.000.000 dlr. EUA (2.760 dlr. EUA per cápita).

Estructura del producto nacional bruto y de la población activa

	1986		1985	
	Valor (000.000 DA)	% del valor total	Población activa[3]	% de la pobl.activa
Agricultura	33.270	13,9	999.000	25,7
Petróleo y gas	40.890	17,0	595.000	15,3
Otras actividades mineras	1.020	0,4		
Industria	34.770	14,5		
Servicios públicos	3.260	1,4		
Construcción	41.225	17,2	670.000	17,3
Transportes y comunicaciones	12.465	5,2	202.000	5,2
Comercio	37.615	15,7	311.000	8,0
Servicios	11.570	4,8	1.107.000[5]	28,5[5]
Derechos aduaneros, impuestos sobre producción	23.750	9,9	—	—
TOTAL	239.835	100,0	3.884.000	100,0

Deuda pública (externa, pendiente; 1987): 19.240.000.000 dlr. EUA.
Población económicamente activa (1987): Total 4.204.460[4]; tasa de actividad de la población total 18,3%[4] (tasas de participación [1985]: 15-64 años 40,0%; mujeres 11,6%).

Comercio exterior

Balanza comercial (precios corrientes)

	1983	1984	1985	1986	1987	1988
Millones DA	14.686	18.672	15.073	−6.567	4.959	4.115
% del total	13,9	17,2	13,3	8,2	6,8	4,5

Importaciones (1988): 43.961.000.000 (equipos industriales 26,9%; alimentos y bebidas 24,1%; bienes de consumo 11,8%; materias primas 8,4%). *Principales proveedores* (1987): Comunidad Económica Europea 54,7%; América del norte 8,9%; Japón 7,3%; Europa del este 5,2%; países árabes 2,5%.
Exportaciones (1988): 48.075.000.000 DA (combustibles minerales y lubricantes 94,8%; materias primas 2,3%). *Principales clientes:* Comunidad Económica Europea 64,8%; América del norte 19,4%; Japón 1,7%; países árabes 1,7%; Europa del este 1,2%.

Transportes y comunicaciones

Transportes. Ferrocarriles (1987): Longitud de vías 3.761 km; pasajeros-km 1.972.000.000; carga toneladas métricas-km 2.937.000.000. Carreteras (1986): Longitud total 81.648 km (pavimentadas 59%). Vehículos (1985): Automóviles 712.700; camiones y autobuses 471.500. Marina mercante (1988): Barcos (100 toneladas brutas y más) 148; peso muerto total 1.052.551 toneladas. Transporte aéreo[5] (1986): Pasajeros-km 2.448.000.000; carga toneladas métricas-km 10.622.000; aeropuertos (1989) con vuelos regulares 24.
Comunicaciones. Diarios (1987): Número total 6; circulación total 1.082.000; circulación por 1.000 habitantes 47. Radio (1986): Número total de receptores 5.436.395 (1 por cada 4,2 personas). Televisión (1987): Número total de televisores 1.550.000 (1 por cada 15 personas). Teléfonos (1987): 769.000 (1 por cada 26 personas).

Educación y sanidad

Escolaridad (1971). Porcentaje de la población de 25 años y más: sin escolarización formal 84,4%; con enseñanza primaria 13,0%; secundaria 2,2%; superior 0,3%; desconocida 0,4% *Alfabetización* (1982): Población total de 15 años y más alfabetizada 4.753.000 (44,7%); varones alfabetizados 3.087.400 (57,3%); mujeres alfabetizadas 1.666.000 (31,7%).
Sanidad (1987): Médicos 17.760 (1 por cada 1.302 habitantes); camas hospitalarias 63.000 (1 por cada 367 habitantes); tasa de mortalidad infantil (1985) 64,1.
Alimentación (1984-86): Ingesta calórica diaria per cápita 2.687 (productos vegetales 88%, productos animales 12%); 112% de las necesidades mínimas recomendadas por la FAO.

Fuerzas armadas

Personal en servicio activo (1989): 138.000 (ejército 86,6%, armada 4,7%, fuerza aérea 8,7%). *Presupuesto de defensa en porcentaje del PNB* (1987): 3,0% (mundo 5,4%); gasto per cápita 5,4 dlr. EUA.

[1] 20 de marzo. [2] Población argelina únicamente. [3] 1987. [4] Sólo personas empleadas. [5] Tráfico internacional Air Algérie únicamente.

Argentina, República

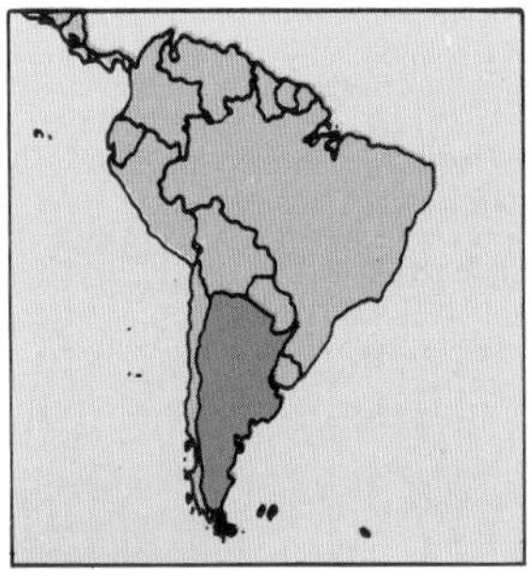

Nombre oficial: República Argentina.
Forma de gobierno: República presidencialista.
Jefe del estado y del gobierno: Presidente.
Capital: Buenos Aires[1].
Lengua oficial: Español.
Religión oficial: Católica.
Moneda: 1 austral (A)[2] = 1.000 pesos; cambio (2 oct. 1989) 1 dlr. EUA = 653,0 A.

Área y población

Provincias	Capitales	área km²	población estimada 1986
Buenos Aires	La Plata	307.571	12.226.000
Catamarca	San Fernando del Valle de Catamarca	100.967	230.000
Chaco	Resistencia	99.633	791.000
Chubut	Rawson	224.686	316.000
Córdoba	Córdoba	168.766	2.629.000
Corrientes	Corrientes	88.199	724.000
Entre Ríos	Paraná	78.781	968.000
Formosa	Formosa	72.066	338.000
Jujuy	San Salvador de Jujuy	53.219	487.000
La Pampa	Santa Rosa	143.440	231.000
La Rioja	La Rioja	89.680	183.000
Mendoza	Mendoza	148.827	1.344.000
Misiones	Posadas	29.801	690.000
Neuquén	Neuquén	94.078	315.000
Río Negro	Viedma	203.013	477.000
Salta	Salta	154.775	768.000
San Juan	San Juan	89.651	520.000
San Luis	San Luis	76.748	234.000
Santa Cruz	Río Gallegos	243.943	138.000
Santa Fe	Santa Fe	133.007	2.675.000
Santiago del Estero	Santiago del Estero	135.254	660.000
Tucumán	San Miguel de Tucumán	22.524	1.112.000
Otras entidades federales			
Distrito Federal	Buenos Aires	200	2.924.000
Tierra del Fuego, Antártida e Islas del Atlántico Sur	Ushuaia	21.263	50.000
TOTAL		2.780.092	31.030.000

Demografía

Población (1989): 32.425.000.
Densidad (1989): Personas por km² 11,7.
Índice de urbanización (1987): Urbana 85,3%; rural 14,8%.
Distribución por sexo (1985): Varones 49,61%; mujeres 50,39%.
Estructura por edades (1985) Menos de 15, 31,1%; 15-29, 23,0%; 30-44, 19,1%; 45-59, 14,5%; 60-74, 9,5%; 75 y más, 2,8%.
Proyección demográfica: (2000) 37.197.000; (2010) 41.507.000.
Tiempo de duplicación: 63 años.
Composición étnica (1986): Europeos 85%; mestizos, amerindios y otros 15%.
Afiliación religiosa (1984): Católicos 92,8%; otros 7,2%.
Principales ciudades (1980): Buenos Aires 2.922.829 (Gran Buenos Aires 9.766.004[3]); Córdoba 968.829; Rosario 875.664; La Plata 454.884.
Tasa de natalidad por 1.000 habitantes (1989): 20,0 (media mundial 27,1); (1982) hijos legítimos 67,5%; ilegítimos 29,8%; desconocidos 2,7%.
Tasa de mortalidad por 1.000 habitantes (1989): 9,0 (media mundial 9,9).
Tasa de crecimiento por 1.000 habitantes (1989): 11,0 (media mundial 17,2).
Esperanza de vida al nacer (1989): Varones 67,0 años; mujeres 74,0 años.
Principales causas de muerte por 100.000 habitantes (1982): Enfermedades cardiovasculares 361,4; cánceres 141,2; enfermedades respiratorias 43,7; accidentes 38,2.

Economía nacional

Presupuesto (1986). Ingresos: 15.179.000.000 (impuestos sobre seguridad social 25,2%; impuestos del consumo 20,8%; impuestos sobre ventas 15,2%; impuestos sobre propiedades 6,7%; impuestos sobre la renta 6,2%; derechos de importación 5,3%, derechos de exportación 5,3%). Gastos: 15.995.000.000 A (seguridad social y bienestar 32,3%; servicios económicos 18,1%; servicio de la deuda 7,8%; transporte y comunicaciones 7,8%, educación 6,0%, defensa 6,0%, sanidad 1,9%).
Turismo (1987): Ingresos por visitantes 614.000.000 dlr. EUA; gastos de nacionales en el exterior 894.000.000 dlr. EUA.
Producción (toneladas métricas, excepto cuando se indique). Agricultura, silvicultura, pesca (1988): Caña de azúcar 14.773.000, soya o soja 9.900.000, maíz 9.200.000, trigo 7.800.000, uvas 3.304.000, sorgo 3.204.000, semillas de girasol 2.915.000, papas o patatas 2.190.000, tomates 780.000; ganadería (número de animales vivos): 50.782.000 reses, 29.202.000 ovejas; madera (1987) 11.177.000 m³; pesca, capturas (1987) 559.394. Minas y canteras (1988): Uranio 208; plata 1.607.700 onzas troy; oro 31.508 onzas troy. Industria manufacturera (valor en 000 A; 1987): Hierro y acero 5.710.721; conducciones de hierro y acero 5.489.267; vehículos a motor 3.905.353; papel y productos de papel 1.384.180; azúcar refinada 466.481; cerveza 312.653. Construcción (autorizada; 1985): 10.606.800 m². Producción energética (consumo): Electricidad (kwh; 1987) 52.165.000.000 (52.338.000.000); carbón (1987) 373.000 (1.707.000); petróleo crudo (barriles; 1987) 157.270.000 (156.184.000); productos petrolíferos (1987) 19.525.000 (19.935.000); gas natural (m³; 1987) 16.863.119.000 (19.118.665.000).
Producto nacional bruto (1987): 74.490.000.000 dlr. EUA (2.370 dlr.EUA per cápita).

Estructura del producto nacional bruto y de la población activa

	1987[3]		1980	
	Valor (000.000 A)	% del valor total	Población activa	% de la pobl. activa
Agricultura	1.423	14,8	1.200.992	12,0
Minería	233	2,4	47.171	0,5
Industria	2.265	23,5	1.985.995	19,9
Construcción	357	3,7	1.003.175	10,1
Servicios públicos	476	4,9	103.256	1,0
Transportes y comunicaciones	1.131	11,7	460.476	4,6
Comercio	1.392	14,5	1.702.080	17,0
Finanzas	768	8,0	395.704	4,0
Administración pública, defensa } Servicios	1.587	16,5	2.399.039	24,0
Otros	—	—	691.302	6,9
TOTAL	9.632[3]	100,0	9.989.190	100,0

Deuda pública (externa, pendiente; 1987): 47.451.000.000 dlr. EUA.
Población económicamente activa (1987): Total 11.793.000; tasa de actividad de la población total 37,4% (tasas de participación: 15-64 años 59,3%; mujeres 27,0%; desempleados 5,2%).

Comercio exterior[4]

Balanza comercial (precios corrientes)

	1982	1983	1984	1985	1986	1987	1988
Millones A	4.834	37.495	184.60	2.937	2.225	468,7	1.948
% del total	19,7	30,0	23,2	41,3	21,0	—	—

Importaciones (1987)[5]: 12.929.238.000 dlr. EUA (maquinaria y equipos de transporte 32,7%, del que 10,0% corresponde a maquinaria y 5,7% a equipo de transporte; productos químicos 24,0%; petróleo y derivados 9,0%; productos de hierro y acero 4,9%; plásticos 4,2%). *Principales proveedores:* EUA 16,4%; Brasil 14,1%; Alemania federal 13,2%.
Exportaciones (1987)[5]: 13.580.254.000 dlr. EUA (cereales 18,4%; piensos para ganado 12,0%; aceites vegetales 9,6%; maquinaria y equipos de transporte 7,2%; hierro y acero 4,7%; carne 4,2%). *Principales clientes:* EUA 14,6%; Unión Soviética 10,1%; Países Bajos 9,7%; Brasil 8,5%.

Transportes y comunicaciones

Transportes. Ferrocarriles (1986): Longitud de vías 34.172 km; pasajeros-km 10.740.000.000[3]; carga toneladas métricas-km 9.504.000.000[3]. Carreteras (1986): Longitud total 211.369 km (pavimentadas 27%). Vehículos (1986): Automóviles 3.898.000; camiones y autobuses 1.434.700. Marina mercante (1988): Barcos (100 toneladas brutas y más) 451; peso muerto total 3.171.154 toneladas. Transporte aéreo (1988)[6]: Pasajeros-km 7.785.000.000; carga toneladas métricas-km 185.204.000; aeropuertos (1989) 66.
Comunicaciones. Diarios (1986): Número total 227; circulación total 2.748.400[7]; circulación por 1.000 habitantes 88[7]. Radio (1988): Número total de receptores 21.582.000 (1 por cada 1,5 personas). Televisión (1988): Número total de televisores 7.165.000 (1 por cada 4,5 personas). Teléfonos (1987): 3.654.702 (1 por cada 8,7 personas).

Educación y sanidad

Escolaridad (1980): Porcentaje de la población de 25 años y más: sin escolarización formal 6,0%; con enseñanza inferior a la primaria 32,0%; primaria 34,6%; secundaria 20,5%; superior 6,9%. *Alfabetización* (1980): Población total de 15 años y más alfabetizada 94,9%; varones alfabetizados 95,5%; mujeres alfabetizadas 94,4%.
Sanidad : Médicos (1984) 81.260 (1 por cada 370 habitantes); camas hospitalarias (1980) 151.568 (1 por cada 186 habitantes); tasa de mortalidad infantil por cada 1.000 nacidos vivos (1989) 32,0.
Alimentación (1984-86): Ingesta calórica diaria per cápita 3.191 (productos vegetales 68%, productos animales 32%); 136% de las necesidades mínimas recomendadas por la FAO.

Fuerzas armadas

Personal en servicio activo (1988): 95.000 (ejército 57,9%, armada 26,3%, fuerza aérea 15,8%). *Presupuesto de defensa en porcentaje del PNB* (1987): 1,4% (mundo 5,4%); gasto per cápita 35 dlr. EUA.

[1] Se ha previsto el traslado de la capital desde Buenos Aires a Viedma, en el norte de la Patagonia. [2] En vigor desde el 14 de junio de 1985, a razón de 1 austral (A) = 1.000 pesos ($a). [3] A precios de 1970. [4] Las cifras de importación son f.o.b. (franco a bordo) en la balanza comercial, y c.i.f. (costo, seguro y flete) para los artículos y asociados comerciales. [5] El desglose de artículos corresponde a 1986. [6] Sólo Aerolíneas Argentinas. [7] Sólo para 109 periódicos.

Australia

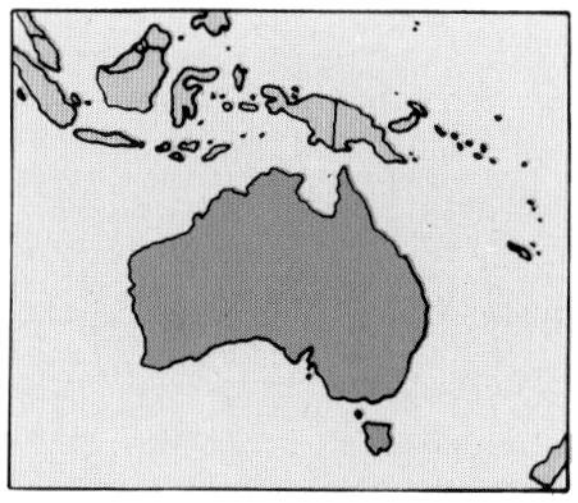

Nombre oficial: Comunidad de Australia.
Forma de gobierno: Estado federal parlamentario con dos cámaras legislativas.
Jefe del estado: Monarca británico representado por el gobernador general.
Jefe del gobierno: Primer ministro.
Capital: Canberra.
Lengua oficial: Inglés.
Religión oficial: Ninguna.
Moneda: 1 dólar australiano ($A) = 100 centavos; cambio (2 oct. 1989) 1 dlr. EUA = 2,08 $A.

Área y población

		área km2	población estimada 1988
Estados	**Capitales**		
Australia Meridional	Adelaida	984.000	1.408.000
Australia Occidental	Perth	2.525.500	1.543.900
Nueva Gales del Sur	Sydney	801.600	5.699.300
Queensland	Brisbane	1.727.200	2.742.900
Tasmania	Hobart	67.800	448.400
Victoria	Melbourne	227.600	4.260.300
Territorios			
Territorio de la Capital Australiana	Canberra	2.400	273.300
Territorio del Norte	Darwin	1.346.200	155.800
TOTAL		7.682.300	16.531.900

Demografía

Población (1989): 16.804.000.
Densidad (1989): Personas por km² 2,2.
Índice de urbanización (1981): Urbana 85,7%; rural 14,3%.
Distribución por sexo (1989): Varones 49,93%; mujeres 50,07%.
Estructura por edades (1989): Menos de 15, 22,1%; 15-29, 24,8%; 30-44, 23,0%; 45-59, 14,7%; 60-74, 11,1%; 75 y más, 4,3%.
Proyección demográfica: (2000) 19.476.000; (2010) 21.947.000
Tiempo de duplicación: 92 años.
Composición étnica (1983): Blancos 94,4%; asiáticos 2,1%; aborígenes 1,1%; otros 2,4%.
Afiliación religiosa (1981): Cristianos 76,4%, del que el 26,1% pertenece a la Iglesia anglicana de Australia, católicos 26,0% y otros protestantes 20,8% (Iglesia unitaria 4,9%; presbiterianos 4,4%; metodistas 3,4%), ortodoxos 2,9%; musulmanes 0,5%; judíos 0,4%; budistas 0,2%; sin afiliación religiosa 10,8%; otros 11,7%.
Principales ciudades (1987): Sydney 3.531.000; Melbourne 2.964.800; Brisbane 1.215.300; Perth 1.083.400; Adelaida 1.013.000; Newcastle 419.200.
Tasa de natalidad por 1.000 habitantes (1988): 14,9 (media mundial 27,1).
Tasa de mortalidad por 1.000 habitantes (1988): 7,3 (media mundial 9,9).
Tasa de crecimiento por 1.000 habitantes (1988): 7,6 (media mundial 17,2).
Esperanza de vida al nacer (1987): Varones 73,0 años; mujeres 79,5 años.
Principales causas de muerte por 100.000 habitantes (1987): enfermedades cardiovasculares 342,4; neoplasias malignas (cánceres) 174,0; enfermedades del sistema respiratorio 52,2.

Economía nacional

Presupuesto (1988-89). Ingresos: 87.481.000.000 $A (impuesto de utilidades 62,9%, del que el 51,6% corresponde a personas físicas, el 11,3% a compañías, y el 27,1% a consumo y a impuesto sobre ventas). Gastos: 82.013.000.000 $A (1985-86; seguridad social y bienestar 27,6%; transferencias a los gobiernos estatales 19,6%; sanidad 9,7%; intereses sobre la deuda pública 9,7%; defensa 9,5%; educación 7,2%; servicios públicos generales 6,9%; servicios económicos 6,3%; vivienda 2,0%; cultura y ocio 1,2%).
Turismo (1988): Ingresos por visitantes 2.801.000.000 dlr. EUA; gastos de nacionales en el exterior 2.965.000.000 dlr. EUA.
Producción (valor bruto en miles de $A, excepto cuando se indique). Agricultura, silvicultura, pesca (1987-88): Ganado sacrificado: Reses 3.054.200, ovejas y corderos 786.100, cerdos 522.600, lana 5.533.300; trigo 2.039.100, caña de azúcar 633.600, cebada 455.100, algodón 437.100, uva 337.900, avena 216.900, papas o patatas 198.700, manzanas 198.700, sorgo 183.100, naranjas 147.900, plátanos 123.400, tomates 121.500, arroz 118.500, peras 72.000, cebollas 62.300, champiñones 51.500, zanahorias 47.800, semillas de girasol 45.200, melocotones 43.700; ganadería (número de animales vivos; 1989): 162.639.000 ovejas, 22.223.000 reses, 2.595.000 cerdos, 55.000.000 aves de corral; madera (1987) 1.999.000 m³; pesca, capturas (1987) 157.100 toneladas métricas. Minas y canteras (toneladas métricas; 1987-88): mineral de hierro 101.987.000; bauxita 34.207.000; metales refinados: aluminio 1.004.000; zinc 310.189; plomo 201.317; cobre 182.446; estaño 563; oro 97.453 kg. Industria manufacturera (toneladas métricas; 1987-88): Cemento 6.150.000; acero en bruto 6.093.000; hierro en lingotes 5.455.000; superfosfato 3.194.000; hierro y acero en planchas 2.660.000; ácido sulfúrico 1.816.000; carne de vacuno 1.570.200; harina de trigo 1.265.000; azúcar refinada 718.000; plásticos y resinas 716.000; periódicos 401.066; carne de cordero 294.400; carne de carnero 293.200; carne de cerdo 285.800; planchas de yeso 72.520.000 m²; moquetas textiles 41.099.000 m²; ropa de algodón 39.410.000 m²; ropa de lana 10.633.000 m²; tejas de hormigón 16.344.000 m³; gasolina para automóviles 159.950.000 hectólitros; combustible para hornos 20.780.000 hectólitros. Construcción (edificios terminados, valor en miles de $A; 1987-88): Nuevas viviendas 9.511.800.000; modificaciones y ampliaciones de viviendas 1.395.800; no residenciales 8.962.400. Producción energética (consumo): Electricidad (kwh; 1987) 132.172.000.000 (132.172.000.000); carbón (toneladas métricas; 1987) 189.569.000 (85.579.000); petróleo crudo (barriles; 1987) 197.380.000 (189.777.000); productos petrolíferos (toneladas métricas; 1987) 26.912.000 (27.636.000); gas natural (m³; 1987) 15.806.000 (15.806.000).
Producto nacional bruto (a precios corrientes de mercado; 1987): 176.301.000.000 dlr. EUA (10.900 dlr. EUA per cápita).

Estructura del producto nacional bruto y de la población activa

	1987-88		1987	
	Valor (000.000 $A)	% del valor total	Población activa	% de la pobl. activa
Agricultura	12.244	4,7	404.000	5,3
Minería	12.658	4,9	99.400	1,3
Industria	45.437	17,6	1.151.400	15,0
Construcción	20.417	7,9	485.700	6,3
Servicios públicos	9.893	3,8	119.600	1,6
Transportes y comunicaciones	22.969	8,9	512.300	6,7
Comercio	36.115	14,0	1.408.000	18,3
Finanzas	51.023	19,8	766.700	10,0
Administración pública defensa	11.678	4,5	350.900	4,6
Servicios	43.503	16,9	1.775.200	23,1
Otros	−7.769[2]	− 3,0[2]	601.900[3]	7,8[3]
TOTAL	258.168	100,0	7.675.100	100,0

Deuda pública (1988): 88.700.000.000[4] $A.
Población económicamente activa (1987): Total 7.675.100; tasa de actividad de la población total 47,2% (tasas de participación: 15-64 años 71,2%; mujeres 39,9%; desempleados 7,8%).

Comercio exterior

Balanza comercial (precios corrientes)

	1982-83	1983-84	1984-85	1985-86	1986-87	1987-88
Millones A	1.331	720	614	−1.872	1.736	234
% del total	3,0	1,5	1,0	2,8	2,4	0,3

Importaciones (1987-88): 40.591.300.000 (1986-87; maquinaria 29,9%, del que el 6,9% corresponde a máquinas de oficina y equipos de proceso automático de datos; manufacturas básicas 16,4%; equipos de transporte 11%, del que el 7,3% corresponde a vehículos a motor terrestres; productos químicos y derivados 9,2%; combustibles minerales y lubricantes 4,6%; alimentos y animales vivos 4,3%; materiales crudos [no comestibles] excluyendo combustibles 2,9%; bebidas y tabaco 0,9%). *Principales proveedores:* EUA 21,0%; Japón 19,3%; Reino Unido 7,4%; Alemania federal 7,2%; Nueva Zelanda 4,3%.
Exportaciones (1987-88): 40.825.400.000 $A (materiales crudos excluyendo combustibles 27,7%, del que el 13,6% corresponde a minerales metalíferos y chatarra metálica; alimentos y animales vivos 22,3%; combustibles minerales y lubricantes 20,4%; fibras textiles 10,8%; petróleo y derivados 5,2%; maquinaria y equipos de transporte 7,3%). *Principales clientes:* Japón 26,1%; EUA 11,3%; Nueva Zelanda 5,3%; Hong Kong 4,7%; Corea del Sur 4,3%.

Transportes y comunicaciones

Transportes. Ferrocarriles[5] (1986): Longitud de vías 38.760 km; pasajeros-km 2.187.120.000[6]; carga toneladas métricas-km 48.357.000.000. Carreteras (1988): Longitud total 804.700 km (pavimentadas 50%). Vehículos (1986): Automóviles 8.770.899; camiones y autobuses 1.231.359. Marina mercante (1988): Barcos (100 toneladas brutas y más) 709; peso muerto total 3.648.909 toneladas. Transporte aéreo (1988): Pasajeros-km 26.208.000; carga toneladas métricas-km 3.855.000.000; aeropuertos (1989) con vuelos regulares 441.
Comunicaciones. Diarios (1983): Número total 61; circulación total 4.739.500; circulación por 1.000 habitantes 308. Radio (1988): Número total de receptores 7.168.358 (1 por cada 2,3 personas). Televisión (1985): Número total de televisores 6.000.000 (1 por cada 2,8 personas). Teléfonos (1985): 8.727.000 (1 por cada 1,8 personas).

Educación y sanidad

Escolaridad (1985). Porcentaje de población de 15 años y más: sin escolarización formal 0,4%; enseñanza primaria y secundaria 62,0%, del que el 11,4% corresponde a secundaria completa; postsecundaria, técnica u otro certificado/diploma 30,6%; universitaria 7,0%. *Alfabetización* (1980): Población total de 15 años y más alfabetizada 99,5%.
Sanidad (1987): Médicos (1986) 36.610 (1 por cada 438 habitantes); camas hospitalarias 87.586 (1 por cada 186 habitantes).
Alimentación (1984-86): Ingesta calórica diaria per cápita 3.326 (productos vegetales 65%, productos animales 35%); 125% de las necesidades mínimas recomendadas por la FAO.

Fuerzas armadas

Personal en servicio activo (1989): 69.600 (ejército 45,0%, armada 22,6%, fuerza aérea 32,4%). *Presupuesto de defensa en porcentaje del PNB* (1987): 2,5% (mundo 5,4%); gasto per cápita 310 dlr. EUA.

[1] Primeros de año. [2] Menos los gastos por servicios bancarios imputados. [3] Desempleados. [4] Deuda exterior neta. [5] Sólo ferrocarriles estatales. [6] 1978-1979.

Austria

Nombre oficial: República de Austria.
Forma de gobierno: República federal multipartido con dos cámaras legislativas.
Jefe del estado: Presidente.
Jefe del gobierno: Canciller.
Capital: Viena.
Lengua oficial: Alemán.
Religión oficial: Ninguna.
Moneda: 1 chelín (S) = 100 groschen; cambio (2 oct. 1989) 1 dlr. EUA = 13,18 S.

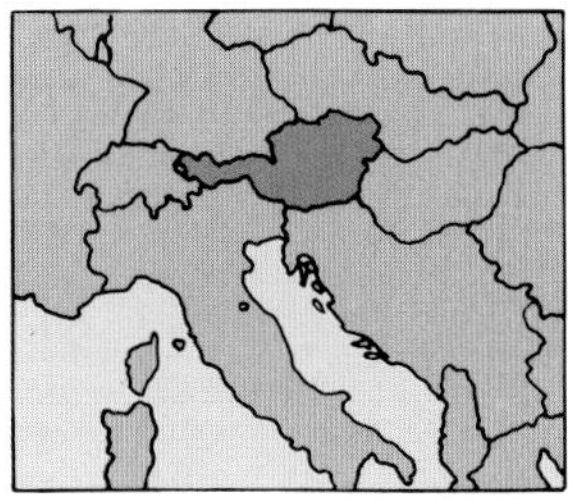

Área y población

Estados	Capitales	área km²	población estimada 1985
Burgenland	Eisenstadt	3.966	266.909
Kärnten	Klagenfurt	9.533	541.876
Niederösterreich	Sankt Pölten	19.174	1.425.842
Oberösterreich	Linz	11.980	1.294.220
Salzburgo	Salzburgo	7.154	461.879
Steiermark	Graz	16.387	1.180.967
Tirol	Innsbruck	12.647	609.754
Viena	—	415	1.479.841
Vorarlberg	Bregenz	2.601	314.444
TOTAL		83.857	7.575.732

Demografía

Población (1989): 7.603.000.
Densidad (1989): Personas por km² 90,7.
Índice de urbanización (1987): Urbana 55,0%; rural 45,0%.
Distribución por sexo (1988): Varones 47,60%; mujeres 52,40%.
Estructura por edades (1988) Menos de 15, 17,5%; 15-29, 24,3%; 30-44, 20,2%; 45-59, 17,6%; 60-74, 13,4%; 75 y más, 7%.
Proyección demográfica: (2000) 7.676.000; (2010) 7.583.000.
Tiempo de duplicación: No aplicable; la población es estable.
Composición étnica (Origen nacional, 1981): Austriacos 96,1%; yugoslavos 1,7%; turcos 0,8%; alemanes 0,5%; otros 0,9%.
Afiliación religiosa (1981): Católicos 84,3%; sin afiliación religiosa y ateos 6,0%; otros 9,7%.
Principales ciudades (1986): Viena 1.479.841[1]; Graz 241.437; Linz 204.799; Salzburgo 137.833; Innsbruck 117.011.
Tasa de natalidad por 1.000 habitantes (1987): 11,4 (media mundial 27,1); hijos legítimos 76,6%; ilegítimos 23,4%.
Tasa de mortalidad por 1.000 habitantes (1987): 11,2 (media mundial 9,9).
Tasa de crecimiento por 1.000 habitantes (1987): 0,2 (media mundial 17,2).
Esperanza de vida al nacer (1987): Varones 71,5 años; mujeres 78,1 años.
Principales causas de muerte por 100.000 habitantes (1987): Enfermedades del sistema circulatorio 592,1, de las que 204,7 son dolencias cardiacas isquémicas; neoplasias malignas (cánceres) 251,9; enfermedades cerebrovasculares 176,9; accidentes 54,6.

Economía nacional

Presupuesto (1987). Ingresos: 516.850.000.000 S (impuestos 90,6%, del que el 36,8% corresponde a contribuciones a la seguridad social y el 26,6% a impuestos internos sobre bienes y servicios; ingresos no fiscales 8,6%). Gastos: 593.950.000.000 (seguridad social y bienestar 46,5%; sanidad 12,5%; educación 9,7%: transportes y comunicaciones 6,8%; defensa 2,8%).
Turismo (1987): Ingresos por visitantes 7.604.000.000 dlr. EUA; gastos de nacionales en el exterior 4.516.000.000 dlr. EUA.
Producción (toneladas métricas, excepto cuando se indique). Agricultura, silvicultura, pesca (1987): Remolacha azucarera 2.128.000, maíz 1.685.000, trigo 1.451.000, cebada 1.179.000, papas o patatas 879.000, uva 310.000, centeno 309.000, manzanas 264.000, peras 106.000; ganadería (número de animales vivos) 3.947.000 cerdos, 2.589.000 reses, 14.504.000 pollos; madera (1984) 14.118.000. Minas y canteras (valor añadido en millones de S; 1985): Petróleo y gas natural 9,0; carbón 1,5; minerales metálicos 1,0; tierra y piedra 0,8. Industria manufacturera (valor añadido en millones de S; 1985): Maquinaria y equipos 54,5, del que 28,0 corresponde a eléctricos; metales básicos 26,6; bebidas y tabaco 22,2; productos químicos 19,2; equipos de transporte 17,1. Construcción (viviendas terminadas; 1987): residenciales 3.720.000 m²; no residenciales, n.d. Producción energética (consumo): Electricidad (kwh; 1987) 50.518.000.000 (44.908.000.000); carbón (toneladas métricas; 1986) 2.969.000 (7.850.000); petróleo crudo (barriles; 1986) 7.904.000 (53.531.000); productos petrolíferos (toneladas métricas; 1986) 7.764.000 (10.216.000); gas natural (m³; 1986) 1.114.660.000 (4.795.000.000).
Producto nacional bruto (a precios corrientes de mercado; 1987): 90.484.000.000 dlr. EUA (11.970 dlr. EUA per capita).

Estructura del producto nacional bruto y de la población activa

1987

	Valor (000.000 S)	% del valor total	Población activa	% de la pobl. activa
Agricultura	48.600	3,3	286.900	8,4
Minería }	396.760	26,8	14.700	0,4
Industria }			964.400	28,1
Construcción	99.650	6,7	281.500	8,2
Servicios públicos	49.240	3,3	40.600	1,2
Transportes y comunicaciones	86.280	5,8	221.900	6,5
Comercio	230.910	15,6	607.700	17,7
Finanzas, bienes raíces	235.050	15,9	196.300	5,7
Administración pública, defensa	217.260	14,7 }	779.300	22,7
Servicios	54.640	3,7 }		
Otros	63.170[2]	4,2	36.700[3]	1,1[3]
TOTAL	1.481.560	100,0	3.430.000	100,0

Deuda nacional (fin de año 1987): 698.550.000 dlr. EUA.
Población económicamente activa (1987): Total 3.430.000; tasa de actividad de la población total 45,3% (tasas de participación: 15-64 años 66,7%; mujeres 40,1%; desempleados 5,6%).

Comercio exterior

Balanza comercial (precios corrientes)

	1982	1983	1984	1985	1986	1987
Millones S	−53.460	−55.940	−55.950	−57.570	−47.480	−51.520
% del total	9,1	9,2	8,7	7,5	6,5	7,0

Importaciones (1987): 411.860.000.000 S (maquinaria y equipos de transporte 34,7%, del que el 9,8% corresponde a vehículos terrestres; maquinaria y aparatos eléctricos 6,3%; productos químicos y derivados 10,3%; ropa y accesorios del vestido 5,2%; textiles 4,6%; petróleo [todas las formas] 4,5%). *Principales proveedores:* Alemania federal 44,2%; Italia 9,4%; URSS 4,4%, Suiza 4,7%; Japón 4,4%; Francia 4,1%; EUA 3,5%.
Exportaciones (1987): 342.430.000.000 S (maquinaria y equipos de transporte 33,4%, del que el 7,0% corresponde a maquinaria y aparatos eléctricos y el 5,9% a maquinaria industrial y agrícola; productos químicos y afines 9,0%; hierro y acero 7,4%). *Principales clientes:* Alemania federal 34,8%; Italia 10,4%; Suiza 7,4%; Reino Unido 4,6%; Francia 4,3%; EUA 3,6%.

Transportes y comunicaciones

Transportes. Ferrocarriles (1987): Longitud de vías 6.638 km; pasajeros-km 7.362.900.000 ; carga toneladas métricas-km 11.004.000.000 . Carreteras (1987): Longitud total 107.503 km (pavimentadas 100%). Vehículos (1987): Automóviles 2.684.780; camiones y autobuses 221.139. Marina mercante (1988): Barcos (100 toneladas brutas y más) 32; peso muerto total 350.617 toneladas. Transporte aéreo (1987): Pasajeros-km 1.664.000.000; carga toneladas métricas-km 23.424.000; aeropuertos (1989) con vuelos regulares 6.

Comunicaciones. Diarios (1986): Número total 33; circulación total, 2.574.000 ; circulación por 1.000 habitantes, 340 . Radio (1988): Número total de receptores 4.698.980 (1 por cada 1,6 personas). Televisión (1988): Número total de televisores 2.688.000 (1 por cada 2,8 personas). Teléfonos (1988): 3.979.000 (1 por cada 1,9 personas).

Educación y sanidad

Escolaridad (1987). Porcentaje de la población total de 25 años y más: con enseñanza primaria 42,0%; secundaria 33,8%; secundaria superior 14,9%; postsecundaria 4,1%; universitaria 5,2%. *Alfabetización* (1986): Virtualmente el 100%.
Sanidad (1988): Médicos 20.502 (1 por cada 370 habitantes); camas hospitalarias 82.606 (1 por cada 92 habitantes); tasa de mortalidad infantil por cada 1.000 nacidos vivos (1987) 9.8.
Alimentación (1984-86): Ingesta calórica diaria per cápita 3.416 (productos vegetales 62%, productos animales 38%); (1984) 134% de las necesidades mínimas recomendadas por la FAO.

Fuerzas armadas

Personal en servicio activo (1988): 54.700 (ejército 91,4%, armada ninguno, fuerza aérea 8,6%). *Presupuesto de defensa en porcentaje del PNB* (1987): 1,2% (mundo 5,4%); gasto per cápita 191 dlr. EUA.

[1] 1987. [2] Impuesto sobre el valor añadido, más desechos de importación (143.630.000.000), menos cargos por servicios bancarios imputados (80.460.000.000 S). [3] Incluye 14.400 no definidos adecuadamente y 22.300 desempleados sin previo empleo.

Bahamas

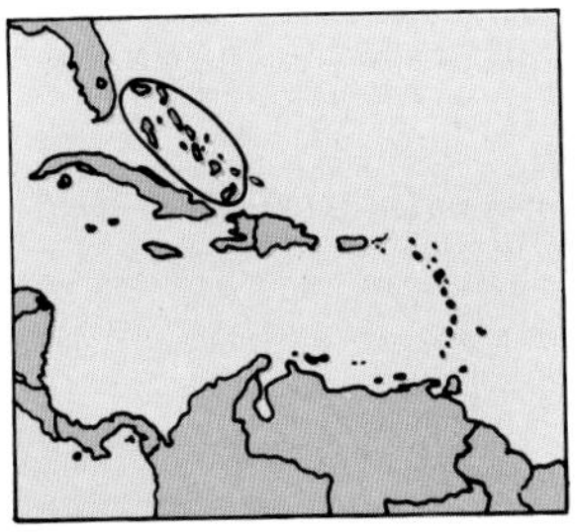

Nombre oficial: Comunidad de las Bahamas.
Forma de gobierno: Estado parlamentario con dos cámaras legislativas (Senado, Cámara de Asambleas).
Jefe del estado: Monarca británico representado por el gobernador general.
Jefe del gobierno: Primer ministro.
Capital: Nassau.
Lengua oficial: Inglés.
Religión oficial: Ninguna.
Moneda: 1 dólar bahameño (B$) = 100 centavos; cambio (10 marzo 1989) 1 dlr. EUA = 1 B$.

Área y población

Islas y grupos de islas[3]	Residencia del Comisionado[3]	área[1] km^2	población censo[2] 1980
Abaco, Gran y Pequeño Mores y cayos	Marsh Harbour	1.681	7.324
Acklins	Pompey Bay	497	616
Andros	Kemps Bay	5.957	8.397
Islas Berry	Nicolls Town	31	509
Biminis, Norte y Sur, Cayo Lobos y Cayo Sal	Alice Town	28	1.432
Cat	Arthur's Town	388	2.143
Cayo Largo	—	23	33
Crooked	Colonel Hill	218	517
Eleuthera, Harbour y Spanish Wells	Rock Sound	518	10.600
Exuma, Grande y Pequeña y cayos	George Town	290	3.672
Gran Bahama	Freeport	1.373	33.102
Inagua, Gran y Pequeña	Matthew Town	1.551	939
Long	Clarence Town	596	3.358
Mayaguana	Abraham's Bay	285	476
Nueva Providencia	Nassau	207	135.437
Ragged y cayos	Duncan Town	36	146
San Salvador y Cayo Rum	Cockburn Town	233	804
TOTAL		13.939[4]	209.505

Demografía

Población (1987)[2]: 245.000.
Densidad (1987): Personas por km^2 17,2
Índice de urbanización (1986): Urbana 54,1%; rural 45,9%.
Distribución por sexo (1980): Varones 48,77%; mujeres 51,23%.
Estructura por edades (1985): Menos de 15, 38,0%; 15-29, 27,9%; 30-44, 17,9%; 45-59, 10,5%; 60-74, 4,8%; 75 y más, 0,9%.
Proyección demográfica: (1990) 262.000; (2000) 327.000.
Tiempo de duplicación: 41 años.
Composición étnica (1980): Negros 72,3%; mestizos 14,2%; blancos 12,9%; otros 0,6%.
Afiliación religiosa (1980): Protestantes no anglicanos (en su mayoría baptistas y de la Iglesia de Dios [Anderson Ind.] 48,4%; católicos 25,5%; anglicanos 20,7%; otros 5,4%.
Principales ciudades (1980): Nassau 110.000; Freeport 25.423.
Tasa de natalidad por 1.000 habitantes (1984): 22,2 (media mundial 29,0).
Tasa de mortalidad por 1.000 habitantes (1984): 5,0 (media mundial 11,0).
Tasa de crecimiento por 1.000 habitantes (1984): 17,2 (media mundial 18,0).
Esperanza de vida al nacer (1980-85): Varones 66,9 años; mujeres 70,9 años.
Principales causas de muerte por 100.000 habitantes (1984): Enfermedades cardiovasculares 128,8; neoplasias malignas (cánceres) 102,2; accidentes, intoxicación y violencia 65,5.

Economía nacional

Presupuesto (1986). Ingresos: 384.935.000 B$ (ingresos por aranceles 57,6%; impuestos del timbre 8,0%; multas y decomisos 7,7%; impuestos por servicios 6,3%; licencias comerciales y profesionales 3,5%). Gastos: 399.677.000 B$ (educación 22,2%; sanidad 16,8%; intereses de la deuda pública 11,8%; administración general 10,3%; orden público 9,2%; obras públicas 8,5%; defensa 3,0%).
Turismo : Ingresos por visitantes (1986) 1.105.000.000 dlr. EUA; gastos de nacionales en el exterior (1984) 106.000.000 dlr. EUA.
Producción (toneladas métricas, excepto cuando se indique). Agricultura, silvicultura, pesca (1985): Caña de azúcar 230.000, tomates 9.000, plátanos 8.000, cebollas 2.000, maíz 1.000, legumbres 1.000; ganadería (número de animales vivos): 39.000 ovejas, 19.000 cerdos, 18.000 cabras, 4.000 reses, 1.000.000 pollos; madera 115.000 m^3; pesca, capturas 8.188, de las que 6.016 corresponden a langostinos, 644 a mero y 587 a caracolas. Minas y canteras (valor de la producción en miles de B$; 1986): Sal 11.600; aragonita 2.400. Industria manufacturera (valor de la producción en miles de B$; 1986[5]): Productos farmacéuticos 131.200, ron 13.300. Construcción (valor de los nuevos edificios en millones de B$; 1986)[6]: Residencial 88; no residencial 24. Producción energética (consumo): Electricidad (kwh; 1985) 854.000.000 (854.000.000); carbón (1985), no produce (insignificante); petróleo crudo (barriles; 1985), no produce (26.755.000); productos petrolíferos (1985) 2.930.000 (719.000); gas natural, no produce (sin consumo).
Producto nacional bruto (a precios corrientes de mercado; 1985): 1.670.000.000 dlr. EUA (7.140 dlr. EUA per cápita).

Estructura del producto nacional bruto y de la población activa

	1986		1980	
	Valor (000.000 B$)	% del valor total	Población activa	% de la pobl. activa
Agricultura	90	4,5	4.554	5,2
Minería	206	10,3	346	0,4
Industria			4.957	5,7
Servicios públicos			1.271	1,5
Construcción	61	3,1	6.675	7,7
Transportes y comunicaciones	219	10,9	6.176	7,1
Comercio	524	26,2	24.474	28,1
Finanzas	245	12,2	6.441	7,4
Administración pública, defensa	342	17,1	24.094	27,6
Otros	315	15,7	8.064[7]	9,3[7]
TOTAL	2.003[8]	100,0	87.052	100,0

Deuda pública (externa, pendiente; 1985): 190.200.000 dlr. EUA.
Población económicamente activa (1980): Total 87.052; tasa de actividad de la población total 41,6% (tasas de participación: 15-64 años 70,9%; mujeres 44,3%; desempleados [1987] 18,0%).

Comercio exterior

Balanza comercial (precios corrientes)

	1979	1980	1981	1982	1983	1984	1985
Millones B$	272	−2.536	−1.095	−1.814	−646	−705	−48
% del total	3,7	20,2	8,1	16,7	7,5	9,4	0,8

Importaciones (1985): 3.081.000.000 B$ (petróleo [en todas sus formas] 73,7%; maquinaria y equipos de transporte 6,5%; alimentos 5,0%). *Principales proveedores:* Nigeria 35,4%; EUA 27,3%; Angola 5,6%; Gabón 4,9%.
Exportaciones (1985): 3.033.000.000 (petróleo [en todas sus formas] 89,3%; reexportaciones no petrolíferas 1,3%; hormonas 1,0%; langostinos 0,6%, ron 0,5%). *Principales clientes:* EUA 84,9%; Canadá 6,2%; Puerto Rico 4,0%; Reino Unido 2,7%.

Transportes y comunicaciones

Transportes. Ferrocarriles, ninguno. Carreteras (1984): Longitud total 4.100 km (pavimentadas 40%). Vehículos (1984): Automóviles 88.000; camiones y autobuses 5.600. Marina mercante (1986): Barcos (100 toneladas brutas y más) 302; peso muerto total 10.600.356 toneladas. Transporte aéreo (1986)[9]: Pasajeros-km 394.000.000; carga toneladas métricas-km, n.d.; aeropuertos (1987) con vuelos regulares 21.
Comunicaciones. Diarios (1985): Número total 3; circulación total 31.500; circulación por 1.000 habitantes 136. Radio (1986): Número total de receptores 120.000 (1 por cada 2,0 personas). Televisión (1986): Número total de televisores 40.000 (1 por cada 5,9 personas). Teléfonos (1985): 97.468 (1 por cada 2,4 personas).

Educación y sanidad

Escolaridad (1970). Porcentaje de la población de 25 años y más: sin escolarización formal 6,7%; con enseñanza primaria únicamente 15,4%; secundaria 63,0%; postsecundaria o superior 14,9%. *Alfabetización* (1984): Población total de 15 años y más alfabetizada 125.000 (89,0%).
Sanidad : Médicos (1983) 218 (1 por cada 1.018 habitantes); camas hospitalarias (1985) 999[10] (1 por cada 235 habitantes); tasa de mortalidad infantil por cada 1.000 nacidos vivos (media 1982-84) 23,1.
Alimentación (1981-83): Ingesta calórica diaria per cápita 2.614 (productos vegetales 67%, productos animales 33%); (1983) 94% de las necesidades mínimas recomendadas por la FAO.

Fuerzas armadas

Personal en servicio activo (1986): 496[11]. *Presupuesto de defensa en porcentaje del PNB* (1984): 0,5% (mundo 5,9%); gasto per cápita 40 dlr. EUA.

[1] Sólo área de las islas individuales o grupos de islas. [2] *De jure.* [3] Las islas exteriores (todas y todos los grupos, con excepción de Nueva Providencia) están gobernadas por comisionados nombrados por el Gobierno central. [4] El total incluye 27 km^2 no considerados por el desglose. [5] Las operaciones de refinado de petróleo se interrumpieron en agosto de 1985. [6] Islas Nueva Providencia y Gran Bahama solamente. [7] Incluye 1.705 no definidos adecuadamente y 6.359 personas desempleadas que no han tenido primer empleo. [8] El desglose no se corresponde con el total a causa del redondeo. [9] Sólo Bahamasair. [10] Excluye dos clínicas privadas. [11] Todo personal paramilitar (guardacostas).

Bahrein

Nombre oficial: Estado de Bahrein.
Forma de gobierno: Monarquía (emirato) con un gobierno designado por el emir.
Jefe del estado: Emir.
Jefe del gobierno: Primer ministro.
Capital: Manama.
Lengua oficial: Árabe.
Religión oficial: Islámica.
Moneda: 1 dinar de Bahrein (BD) = 1.000 fils; cambio (2 oct. 1989) 1 BD = 2,65 dlr. EUA.

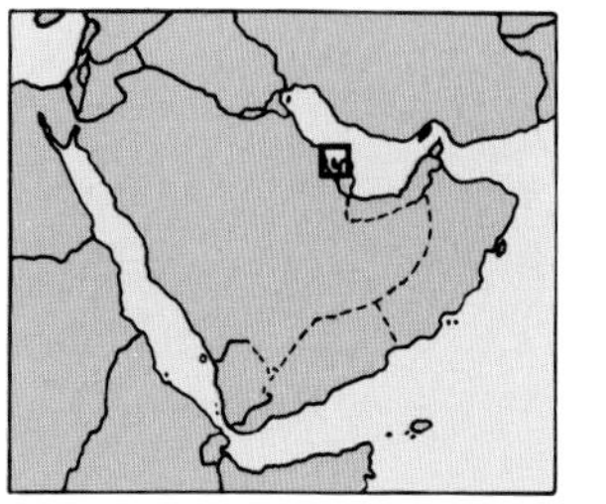

Área y población

	área[1] km²	población censo 1981
Regiones		
al-Gharbiya	156,0	14.503
al-Had	5,6	7.111
Jud Hafs	21,6	33.693
Manama	25,6	121.986
al-Muharraq	15,2	61.853
al-Rifa	291,6	28.150
al-Shamaliya	36,8	22.117
Sitrah	28,6	22.993
al-Wusta	35,2	16.776
Ciudades con régimen especial		
Hamad	13,1	—
Madinat Isa	12,4	21.275
Islas		
Hawar y otras	50,6	341
TOTAL	692,4[2]	350.798

Demografía

Población (1989): 488.500.
Densidad (1989): Personas por km² 705,5.
Índice de urbanización (1986): Urbana 87,7%; rural 17,3%.
Distribución por sexo (1988): Varones 58,00%; mujeres 40,00%.
Estructura por edades (1988): Menos de 15, 34,7%; 15-29, 25,6%; 30-44, 26,1%; 45-59, 9,8%; 60 y más, 3,8%.
Proyección demográfica: (2000) 503.000; (2010) 825.000.
Tiempo de duplicación: 23 años.
Composición étnica (1981): Árabes bahreiníes 67,9%; persas, indios y paquistaníes 24,7%; otros árabes 4,1%; europeos 2,5%; otros 0,8%.
Afiliación religiosa (1981): Musulmanes 85,0%; (1987: Chiitas 70,0% y sunníes 30,0%); cristianos 7,3%; otros 7,7%.
Principales ciudades (1987): Manama 146.994; al-Muharraq 75.579; Jud Hafs 46.741; al-Rifa 45.530; Madinat Isa 39.783.
Tasa de natalidad por 1.000 habitantes (1986): 36,8 (media mundial 27,1).
Tasa de mortalidad por 1.000 habitantes (1986): 5,8 (media mundial 9,9).
Tasa de crecimiento por 1.000 habitantes (1986): 31,0 (media mundial 17,2).
Esperanza de vida al nacer (1986): Varones 65,0 años; mujeres 68,4 años.
Principales causas de muerte por 100.000 habitantes (1987): Enfermedades cardiovasculares 112,5; accidentes y actos de violencia 29,5; neoplasias malignas (cánceres) 29,8; enfermedades respiratorias 19,7; enfermedades endocrinas, nutricionales y metabólicas 16,6; enfermedades del aparato digestivo 8,4; enfermedades infecciosas y parasitarias 5,0%; enfermedades del sistema nervioso 2,6%.

Economía nacional

Presupuesto (1988). Ingresos: 430.000.000 BD (dividendos de las empresas petrolíferas e ingresos de los campos petrolíferos 58,6%; ingresos por impuestos 27,0%; otros ingresos 11,2%). Gastos: 490.000.000 BD (1984; servicios públicos 12,9%; defensa 10,2%; educación 10,2%; sanidad 6,4% carreteras 6,3%; seguridad social y bienestar 2,3%).
Turismo : Ingresos por visitantes (1985) 94.000.000 dlr. EUA; gastos de nacionales en el exterior (1983) 66.000.000 dlr. EUA.
Producción (toneladas métricas, excepto cuando se indique). Agricultura, silvicultura, pesca (1988): Fruta, excluyendo melones, 49.000, dátiles 41.000, tomates 5.000, leche de vaca 5.000, huevos de gallina 4.750, berenjenas 3.000, cebollas 3.000, pepinos 1.000, sandías 1.000; ganadería (número de animales vivos): 16.000 cabras, 7.000 ovejas, 6.000 reses, 1.000.000 pollos; pesca, capturas (1987) 7.842. Industria manufacturera (barriles, 1987) combustóleos pesados 21.225.000; combustible para reactores 19.418.000; gasolina 12.785.000; queroseno 2.681.000; lubricante pesado destilado 1.161.000; bitumen 967.000; gas licuado de petróleo 296.000; metal alumínico 180.300; otras manufacturas incluyen metanol, plástico y productos del papel. Construcción (permisos emitidos; 1987): Residencial 7.207; no residencial 1.367. Producción energética (consumo): Electricidad (kwh; 1987) 3.020.000.000 (3.020.000.000); carbón, no produce (n.d.); petróleo crudo (barriles; 1987) 14.537.000 (88.499.000); productos petrolíferos (1987) 9.020.000 (725.000); gas natural (m³; 1987) 4.310.465.000 (4.310.461.000).
Producto nacional bruto (a precios corrientes de mercado; 1987): 4.160.000.000 dlr. EUA (9.994 dlr. EUA per cápita).

Estructura del producto nacional bruto y de la población activa

	1986			
	Valor (000.000 BD)	% del valor total	Población activa	% de la pobl. activa
Agricultura	20,6	1,5	3.654	2,0
Minería	226,4	16,4	6.374	3,5
Industria	170,8	12,3	14.364	7,8
Construcción	104,0	7,5	38.444	21,0
Servicios públicos	22,9	1,7	3.869	2,1
Transportes y comunicaciones	150,4	10,9	17.236	9,4
Comercio	103,4	7,5	24.634	13,5
Finanzas	282,3	20,4	7.693	4,2
Administración pública, defensa	250,8	18,1	—	—
Servicios	51,4	3,7	66.911	36,5
Otros	—	—	—	—
TOTAL	1.383,0	100,0	183.179	100,0

Deuda pública (externa, pendiente; 1987): 325.000.000 BD.
Población económicamente activa (1986): Total 183.179; tasa de actividad de la población total 44,1% (tasas de participación: 15-64 años 65,3%; mujeres 14,2%; desempleados [1987] 10,0%).

Comercio exterior[?]

Balanza comercial (precios corrientes)

	1982	1983	1984	1985	1986	1987
Millones BD	201	71	−16	−129	59,3	−101,0
% del total	7,6	3,0	0,7	5,8	3,5	5,4

Importaciones (1987): 885.000.000 BD (productos no petrolíferos 53,8%; productos petrolíferos 46,2%). *Principales proveedores:* Japón 14,1%; EUA 7,0%; Singapur 6,0%; Canadá 5,1% Emiratos Árabes Unidos 4,9%; Tailandia 3,4%; Reino Unido 3,2%.
Exportaciones (1986): 881.300.000 BD (productos petrolíferos 82,6; productos de aluminio 6,8%). *Principales clientes:* India 17,4%; Emiratos Árabes Unidos 16,5%; Japón 11,9%; Singapur 9,6%; Reino Unido 3,9%; EUA 2,6%; Arabia Saudita 2,2%.

Transportes y comunicaciones

Transportes. Ferrocarriles: ninguno. Carreteras (1987): Longitud total 293 km (pavimentadas n.d.). Vehículos (1986): Automóviles 81.872; camiones y autobuses 25.479. Marina mercante (1988): Barcos (100 toneladas brutas y más) 89; peso muerto total 67.891 toneladas. Transporte aéreo (1986)[4]: Pasajeros-km 1.418.000.000; carga toneladas métricas-km 36.000.000; aeropuertos (1989) con vuelos regulares 1.
Comunicaciones. Diarios (1987): Número total 5; circulación total 21.000 [5]; circulación por 1.000 habitantes 50[5]. Radio (1988): Número total de receptores 248.251 (1 por cada 1,7 personas). Televisión (1988): Número total de televisores 185.952 (1 por cada 2,3 personas). Teléfonos (1987): 121.578 (1 por cada 3,4 personas).

Educación y sanidad

Escolaridad (1981). Porcentaje de la población de 10 años y más: sin educación formal 27,2%; con conocimientos de lectura y escritura 26,3%; con enseñanza primaria 24,9%; secundaria 13,3%; superior 8,3%. *Alfabetización* (1986): Población total de 15 años y más alfabetizada 213.693 (75,1%); varones alfabetizados 145.761 (82,0%); mujeres alfabetizadas 67.932 (63,5%).
Sanidad (1987): Médicos (1985) 518 (1 por cada 819 habitantes); camas hospitalarias 1.612 (1 por cada 283 habitantes); tasa de mortalidad infantil por cada 1.000 nacidos vivos 56,6.

Fuerzas armadas

Personal en servicio activo (1988): 2.850 (ejército 80,7%, armada 12,3%, fuerza aérea 7,0%). *Presupuesto de defensa en porcentaje del PNB* (1987): 4,1% (mundo 5,4%); gasto per cápita 346 dlr. EUA.

[1] El área total incluye numerosas islas deshabitadas pequeñas y dependencias de Bahrein. [2] El desglose no se corresponde con el total a causa de redondeo. [3] Las cifras de importación son f.o.b. (franco a bordo) en la balanza comercial y c.i.f (costo, seguro y flete) para los artículos y los asociados comerciales. [4] Prorrateo de la cuarta parte de los vuelos internacionales de Gulf Air (administrada conjuntamente por los gobiernos de Bahrein, Omán, Katar y los Emiratos Árabes Unidos). [5] Circulación basada en tres diarios únicamente.

Bangladesh

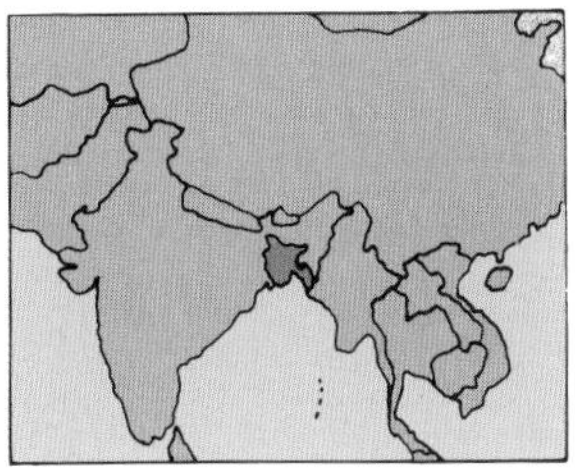

Nombre oficial: República Popular de Bangladesh.
Forma de gobierno: República parlamentaria con una cámara legislativa (Parlamento)[1].
Jefe del estado y del gobierno: Presidente.
Capital: Dhaka.
Lengua oficial: Bengalí.
Religión oficial: Islámica.
Moneda: 1 taka (Tk) = 100 paisa; cambio (2 oct. 1989) 1 dlr. EUA = 32,05 Tk.

Área y población

Divisiones[2]	Centros administrativos	área km2	población estimada 1989
Chittagong	Chittagong	45.415	28.607.000
Dhaka	Dhaka	30.772	33.217.000
Khulna	Khulna	33.574	21.713.000
Rajshahi	Rajshahi	34.237	26.753.000
TOTAL		143.998	110.290.000

Demografía

Población (1989):110.290.000.
Densidad (1989): Personas por km² 765,9.
Índice de urbanización (1987): Urbana 22,3%; rural 77,7%.
Distribución por sexo (1987): Varones 51,47%; mujeres 48,53%.
Estructura por edades (1985) Menos de 15, 44,3%; 15-29, 26,6%; 30-44, 15,2%; 45-59, 8,6%; 60 y más, 5,3%.
Proyección demográfica: (2000) 139.693.000; (2010) 167.633.000.
Tiempo de duplicación: 26 años.
Composición étnica (1983): Bengalíes 97,7%; biharíes 1,3%; tribales (chakma, garo, khasi, santal, etc.) 1,0%.
Afiliación religiosa (1981): Musulmanes 86,6%; hindúes 12,1; budistas 0,6%; cristianos 0,3%; otros 0,4%.
Principales ciudades (1987): Dhaka 4.470.000; Chittagong 1.750.000; Khulna 820.000; Rajshahi 380.000.
Tasa de natalidad por 1.000 habitantes (1988): 42,0 (media mundial 27,1).
Tasa de mortalidad por 1.000 habitantes (1988): 15,3 (media mundial 9,9).
Tasa de crecimiento por 1.000 habitantes (1988): 26,7 (media mundial 17,2).
Esperanza de vida al nacer (1988): Varones 51,3 años; mujeres 50,6 años.
Principales causas de muerte por 100 fallecimientos (1976): Enfermedades del sistema respiratorio 25,7, de los que 4,8 corresponden a tuberculosis; neoplasias malignas (cánceres) 19,8; enfermedades intestinales infecciosas 15,5; enfermedades del hígado y el riñón 11,4; enfermedades cardiovasculares 5,9; fiebres víricas 4,5; causas relacionadas con el parto 4,4; diabetes 3,6.

Economía nacional

Presupuesto (1987-88). Ingresos: 49.150.000.000 Tk (ingresos por impuestos 82,9%, del que el 33,1% corresponde a aranceles, el 20,3% a consumos, el 11,0% a impuestos sobre ventas, el 3,5% a impuestos de utilidades y el 3,1% a timbres [no judiciales]; dividendos y beneficios de instituciones financieras 9,4%; ingresos territoriales 1,4%). Gastos: 45.693.000.000 Tk (educación 20,3%; administración general 19,9%; defensa 16,8%; servicio de la deuda 11,3%; justicia y policía 8,7%; sanidad y control demográfico 6,3%; obras públicas 4,0%; agricultura 3,1%).
Turismo : Ingresos por visitantes (1987) 13.000.000 dlr. EUA; gastos de nacionales en el exterior 52.000.000 dlr. EUA.
Producción (toneladas métricas, excepto cuando se indique). Agricultura, silvicultura, pesca (1987-88): arroz con cáscara 15.738.000, caña de azúcar 7.093.000, trigo 1.031.000, yute 839.000, plátanos 673.000, legumbres 530.000, semillas oleaginosas 442.000, condimentos y especias 343.000, naranjas 250.000, mangos 158.000, piñas tropicales 143.000, tabaco en hoja 41.000, té 41.000; ganadería (número de animales vivos; 1987): 23.500.000 reses, 10.800.000 cabras, 1.900.000 búfalos, 1.130.000 ovejas, 22.000.000 patos, 69.000.000 pollos; madera (1987) 28.562.000 m³; pesca, capturas 837.000. Minas y canteras (1987): sal marina 500.000; piedra caliza industrial 22.082. Industria manufacturera (1987-88): fertilizantes químicos 1.408.000; manufacturas de yute 529.000; cemento 310.000; hierro y acero 212.067[3]; azúcar 175.000; papel de periódico 49.000; hilador de algodón 47.000; té 41.000; jabones y detergentes 40.000; planchas de vidrio 1.120.000[3] m²; fósforos 13.703.000 cajas; televisores 14.991 unidades, ventiladores eléctricos 145.000 unidades. Construcción, n.d. Producción energética (consumo): Electricidad (kwh; 1987): 5.895.000.000 (5.895.000.000); carbón (toneladas métricas; 1987), no produce (65.000); petróleo crudo (barriles; 1987) 183.000 (9.331.000); productos petrolíferos (1987); 848.000 (1.444.000) gas natural (m³; 1987) 3.907.141.000 (3.907.141.000).
Producto nacional bruto (a precios corrientes de mercado; 1987): 14.408.000.000 dlr. EUA (160 dlr. EUA per cápita).

Estructura del producto nacional bruto y de la población activa

	1987-88		1985-86	
	Valor (000.000 Tk)	% del valor total	Población activa	% de la pobl. activa
Agricultura	228.403	38,8	17.685.000	57,2
Minería, Industria	50.040	8,5	5.000	—
Construcción	34.602	5,9	3.059.000	9,9
Servicios públicos	4.995	0,8	649.000	2,1
Transportes y comunicaciones	61.971	10,5	45.000	0,1
Comercio	48.655	8,3	1.329.000	4,3
Finanzas	11.435	1,9	3.894.000	12,6
Administración pública, defensa	25.756	4,4	371.000	1,2
Servicios y otros	123.363	20,9	3.863.000	12,5
TOTAL	589.220	100,0	30.900.000	100,0[4]

Deuda pública (externa, pendiente; 1987): 8.851.000.000 dlr. EUA.
Población económicamente activa (1985-86): Total 30.900.000; tasa de actividad de la población total 30,4% (tasas de participación: más de 10 años, 45,6%; mujeres 8,2%; desempleados 1,1%).

Comercio exterior

Balanza comercial (precios corrientes)

	1983	1984	1985	1986	1987	1988
Millones Tk	−30.138	−40.882	−41.543	−47.222	−47.948	−39.386
% del total	45,8	46,4	42,6	46,9	46,6	32,5

Importaciones (1987-88): 91.588.200.000 Tk (maquinaria 12,4%; trigo 10,6%; medicinas 8,5%; aceite crudo 7,6%; aceites no combustibles ni comestibles 5,9%; petróleo refinado 4,6%; aceite de soya o soja 4,2%; equipos de transporte 3,8%; arroz 3,7%). *Principales proveedores:* Japón 11%; EUA 8,9%; Singapur 6,9%; Hong Kong 4,7%; Reino Unido 4,6%; India 4,5%; Francia 3,9%.
Exportaciones (1987-88): 44.161.100.000 Tk (prendas confeccionadas 36,1%; cuero y artículos de cuero 11,1%; camarones 10,7%; artículos de yute 9,2%; yute en bruto 6,0%; té 3,1%; hilados de yute 2,9%). *Principales clientes* : EUA 29,3%; Italia 8,9%; Reino Unido 5,9%; Japón 5,6%; Alemania federal 5,6%; Singapur 4,0%; Bélgica 3,5%.

Transportes y comunicaciones

Transportes. Ferrocarriles (1986-87): Longitud de vías 2.872 km; pasajeros-km 6.155.000.000; carga toneladas métricas-km 512.000.000. Carreteras (1986): Longitud total 102.564 km (pavimentadas 10%). Vehículos (1987): Automóviles 41.893; camiones y autobuses 25.202. Marina mercante (1988): Barcos (100 toneladas brutas y más) 289; peso muerto total 611.905 toneladas. Transporte aéreo (1988)[5]: Pasajeros-km 1.987.000.000; carga toneladas métricas-km 74.265.000; aeropuertos con vuelos regulares (1989) 7.
Comunicaciones. Diarios (1987): Número total 59; circulación total 848.000; circulación por 1.000 habitantes 8,1. Radio (1988): Número total de receptores 4.448.649 (1 por cada 24 personas). Televisión (1986-87): Número total de televisores 426.000 (1 por cada 244 personas). Teléfonos (1988): 187.650 (1 por cada 568 personas).

Educación y sanidad

Escolaridad (1981): Porcentaje de la población de 25 años y más: sin escolarización formal 70,4%; con enseñanza primaria 24,1%; secundaria 4,2%; postsecundaria 1,3%. *Alfabetización* (1985): Población total de 15 años y más alfabetizada 18.166.000 (33,1%); varones alfabetizados 12.272.000 (43,3%); mujeres alfabetizadas 5.894.000 (22,2%).
Sanidad (1987): Médicos 16.929 (1 por cada 6.219 habitantes); camas hospitalarias 33.038 (1 por cada 3.187 habitantes); tasa de mortalidad infantil (1988) 118,0.
Alimentación (1984-86): Ingesta calórica diaria per cápita 1.922 (productos vegetales 96%, productos animales 4%); (1984) 86% de las necesidades mínimas recomendadas por la FAO.

Fuerzas armadas

Personal en servicio activo (1988): 101.500 (ejército 88,7%, armada 7,4%, fuerza aérea 3,9%). *Presupuesto de defensa en porcentaje del PNB* (1987): 1,8% (mundo 5,4%); gasto per cápita 3 dlr. EUA.

[1] 30 escaños están reservados a las mujeres. [2] En 1984 se produjo la reorganización a nivel de distrito; cada división ha sido subdividida en el siguiente número de nuevos distritos: Chittagong 15; Dhaka 17; Khulna 16 y Rajshahi 16. [3] 1986-87. [4] El desglose no se corresponde con el total a causa del redondeo. [5] Sólo Bangladesh Biman.

Barbados

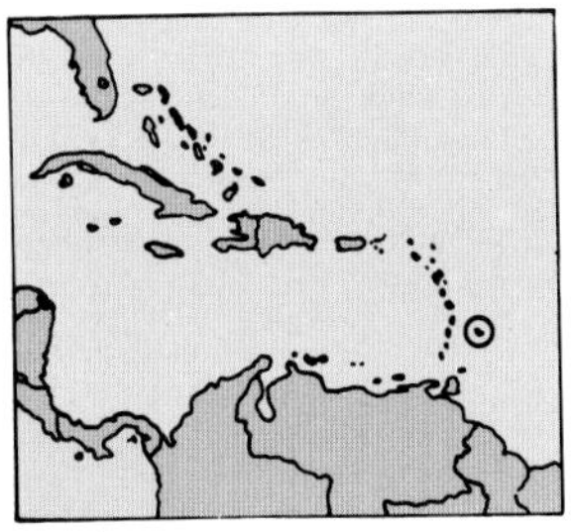

Nombre oficial: Barbados.
Forma de gobierno: Estado parlamentario con dos cámaras legislativas (Senado y Cámara de Asamblea).
Jefe del estado: Monarca británico representado por el gobernador general.
Jefe del gobierno: Primer ministro.
Capital: Bridgetown.
Lengua oficial: Inglés.
Religión oficial: Ninguna.
Moneda: 1 dólar de Barbados (BDS$) = 100 centavos; cambio (2 oct. 1989) 1 dlr. EUA = 2,01 (BDS$)

Área y población	área km²	población estimada 1980
Parroquias[1]		
Christ Church	57	40.790
St. Andrew	36	6.731
St. George	44	17.361
St. James	31	17.255
St. John	34	10.330
St. Joseph	26	7.211
St. Lucy	36	9.264
St. Michael[2]	39	99.953
St. Peter	34	10.717
St. Philip	60	18.662
St. Thomas	34	10.709
TOTAL	430[3]	248.983

Demografía

Población (1989): 255.000.
Densidad (1989): Personas por km² 593.
Índice de urbanización (1986): Urbana 40,3%; rural 59,7%.
Distribución por sexo (1987): Varones 47,85%; mujeres 52,15%.
Estructura por edades (1987): Menos de 15,·25,1%; 15-29, 29,3%; 30-44, 20,1%; 45-59, 10,9%; 60 y más, 14,6%.
Proyección demográfica: (2000) 262.000; (2010) 268.000.
Tiempo de duplicación: n.d.; excede los 100 años.
Composición étnica (1980): Negros 91,9%; blancos 3,3%; mulatos 2,6%; indios asiáticos 0,5%; otros 1,7%.
Afiliación religiosa (1980): Anglicanos 39,7%; otros protestantes 25,6% (principalmente metodistas, pentecostales y adventistas del Séptimo día); sin afiliación religiosa 17,5%; católicos 4,4%; otros 12,8%.
Principales ciudades (1985): Bridgetown 7.466 (área metropolitana [1986] 102.000); no pueden identificarse otras ciudades por no existir otros límites municipales.
Tasa de natalidad por 1.000 habitantes (1988): 14,7 (media mundial 27,1).
Tasa de mortalidad por 1.000 habitantes (1988): 8,7 (media mundial 9,9).
Tasa de crecimiento por 1.000 habitantes (1988): 6,0 (media mundial 17,2).
Esperanza de vida al nacer (1987): Varones 72,0 años; mujeres 76,0 años.
Principales causas de muerte por 100.000 habitantes (1984): Enfermedades cardiovasculares 364,7, de los que 129,0 corresponden a enfermedades cerebrovasculares, 101,2 a enfermedades de la circulación pulmonar y 54,8 a infartos de miocardio agudos; neoplasias malignas (cánceres) 142,1; diabetes mellitus 51,2.

Economía nacional

Presupuesto (1988-89). Ingresos: 882.4000.000 BDS$ (ingresos por impuestos 84,3%, del que el 20,8 corresponde a consumos, el 13,6% a derechos a la importación, el 13,0% a impuestos de utilidades individuales y el 11,5% a impuestos de compañías; ingresos no fiscales 16,5%). Gastos: 972.400.000 BDS$ (gasto corriente 80,3%, del que el 18,0% corresponde a educación, el 13,3% a servicios públicos generales, el 12,0% a servicios económicos, el 11,6% a sanidad, el 11,3% a cargos de la deuda, y el 1,8% a defensa; gasto de desarrollo l9,7%).
Turismo : Ingresos por visitantes (1988) 460.500.000 dlr. EUA; gastos de nacionales en el exterior 37.200.000 dlr. EUA.
Producción (toneladas métricas, excepto cuando se indique). Agricultura, silvicultura, pesca (1988): Caña de azúcar 80.300, zanahorias 2.908, batatas o camotes 2.478, ñames 1.365, coles 684, tomates 595, borra de algodón 102[4]; ganadería (número de animales vivos; 1987): 56.000 ovejas, 49.000 cerdos, 33.000 cabras, 17.000 reses; madera, n.d.; pesca, capturas (1987) 3.702. Industria manufacturera (valor añadido en miles de BDS$, 1988): alimentos, bebidas y tabaco (principalmente azúcar, melaza, ron, cigarrillos y cerveza) 102.800; productos metálicos y productos de ensamblaje (principalmente componentes electrónicos 31.800); productos textiles y ropa 31.700; papel y publicaciones 25.700. Construcción (valor de construcción; 1985) 282.400.000 BDS$. Producción energética (consumo): Electricidad (kwh; 1988) 450.000.000 (356.000.000[5]); carbón, no produce (sin consumo); petróleo crudo (barriles; 1988) 427.000 (1.819.000[5]); productos petrolíferos (1986) 228.000 (222.000); gas natural (m³; 1988) 35.000.000 (26.300.000[5]).
Producto nacional bruto (a precios corrientes de mercado; 1987): 1.358.000.000 dlr. EUA (5.330 dlr. EUA per cápita).

Estructura del producto nacional bruto y de la población activa	1988		1987	
	Valor (000 BDS$)	% del valor total	Población activa	% de la pobl. activa
Agricultura, pesca	171,9	5,6	9.200	7,7
Minería[6]	17,1	0,6	16.200	13,6
Industria	240,2	7,8		
Construcción	170,3	5,5	9.300	7,8
Servicios públicos[6]	84,8	2,7	2.100	1,8
Transportes y comunicaciones	226,6	7,3	6.800	5,7
Comercio, restaurantes	861,5	27,8	26.400	22,1
Finanzas	358,5	11,6	3.900	3,3
Administración pública, defensa	435,1	14,0	41.000	34,4
Servicios	99,2	3,2		
Otros	431,8[7]	13,9[7]	4.400	3,7
TOTAL	3.097,0	100,0	119.300	100,0[3]

Deuda pública (externa, pendiente; 1987): 501.000.000 dlr. EUA.
Población económicamente activa (1987): Total 119.300; tasa de actividad de la población total 47,1% (tasas de participación: 15-64 años,72,2%; mujeres 47,2%; desempleados [1988] 17,8%).

Comercio exterior

Balanza comercial (precios corrientes)	1983	1984	1985	1986	1987	1988
Millones BDS$	−499,0	−431,3	−402,7	−521,0	−628,2	−715,1
% del total	27,9	21,5	22,1	32,0	50,0	50,6

Importaciones (1988): 1.163.800 BDS$ (maquinaria, equipos de transporte y artículos eléctricos 23,1%; alimentos y bebidas 15,6%; productos químicos y afines 10,8%; combustibles minerales y lubricantes 9,5%). *Principales proveedores* : EUA 34,5%; Reino Unido 11,5%; Trinidad y Tabago 9,0%; otros países de la CEE 7,6%; Canadá 7,1%.
Exportaciones (1988): 354.200.000 BDS$ (productos nacionales 70,0%, del que el 16,3% corresponde a azúcar, el 12,1% a componentes eléctricos, el 8,6% a productos textiles y el 8,1% a productos químicos; reexportaciones 30,0%). *Principales clientes:* EUA 21,4%; Reino Unido 18,7%; CARICOM 15,8%; Canadá 3,5%.

Transportes y comunicaciones

Transportes. Ferrocarriles, ninguno. Carreteras (1986): Longitud total 1.642 km (pavimentadas 79%). Vehículos (1987): Automóviles 34.740; camiones y autobuses 7.332. Marina mercante (1988): Barcos (100 toneladas brutas y más) 38; peso muerto total 8.839 toneladas. Transporte aéreo (1988): Llegadas de pasajeros 634.200; salidas de pasajeros 629.500; carga descargada 8.832 toneladas métricas; cargada 5.190 toneladas métricas; aeropuertos (1989) con vuelos regulares 1.
Comunicaciones. Diarios (1988): Número total 2; circulación total 39.004; circulación por 1.000 habitantes 154. Radio (1988): Número total de receptores 222.700 (1 por cada 1,1 personas). Televisión (1988): Número total de televisores 65.800 (1 por cada 3,9 personas). Teléfonos (1986): 90.708 (1 por cada 2,8 personas).

Educación y sanidad

Escolaridad (1980). Porcentaje de la población de 25 años y más: sin escolarización formal 0,8%; con enseñanza primaria 63,5%; secundaria 32,3%; superior 3,3%. *Alfabetización* (1980): Población total de 15 años y más alfabetizada[8] 169.894 (98,0%); varones alfabetizados 78.022 (98,3%); mujeres alfabetizadas 91.872 (97,7%).
Sanidad (1984): Médicos 213 (1 por cada 1.183 habitantes); camas hospitalarias 2.143 (1 por cada 118 habitantes); tasa de mortalidad infantil por cada 1.000 nacidos vivos (1987-88) 19,4.
Alimentación (1984-86): Ingesta calórica diaria per cápita 3.181 (productos vegetales 72%, productos animales 28%); (1984) 129% de las necesidades mínimas recomendadas por la FAO.

Fuerzas armadas

Personal en servicio activo (1988): 154 (sólo componentes paramilitares navales y de guardacostas). *Presupuesto de defensa en porcentaje del PNB* (1986): 0,6% (mundo 5,5%); gasto per cápita 32 dlr. EUA.

[1] Las parroquias no tienen función administrativa local. [2] Incluye Bridgetown. [3] El desglose no se corresponde con el total a causa del redondeo. [4] 1989. [5] 1986. [6] En minería se excluye el gas natural, que queda integrado en servicios públicos. [7] Impuestos indirectos netos. [8] El nivel de alfabetización nacional basado únicamente en la asistencia a la escuela. La alfabetización funcional puede ser bastante más baja.

Bélgica

Nombre oficial: Reino de Bélgica.
Forma de gobierno: Monarquía constitucional con dos cámaras legislativas (Senado y Cámara de Representantes).
Jefe del estado: Monarca.
Jefe de gobierno: Primer ministro.
Capital: Bruselas.
Lengua oficial: Neerlandés, francés, alemán.
Religión oficial: Ninguna.
Moneda: 1 franco belga (BF) = 100 centimes; cambio (2 oct. 1989) 1 dlr. EUA = 39,34 BF.

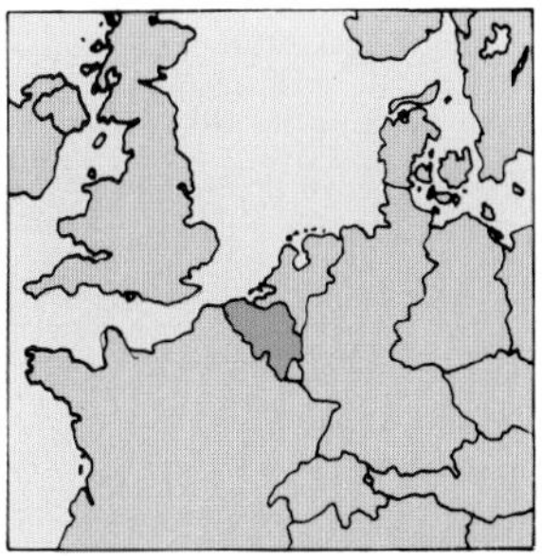

Área y población

Provincias	Capitales	área km^2	población estimada[1] 1986
Amberes	Amberes	2.867	1.587.450
Brabante	Bruselas	3.358	2.221.818
Flandes Occidental	Brujas	3.134	1.095.193
Flandes Oriental	Gante	2.982	1.328.779
Hainaut	Mons	3.787	1.271.649
Lieja	Lieja	3.862	992.068
Limburgo	Hasselt	2.422	736.982
Luxemburgo	Arion	4.441	226.452
Namur	Namur	3.665	415.326
TOTAL		30.518	9.875.717

Demografía

Población (1989): 9.878.000.
Densidad (1989): Personas por km^2 323,7.
Índice de urbanización (1985): Urbana 96,3%; rural 3,7%.
Distribución por sexo (1987): Varones 48,82%; mujeres 51,18%.
Estructura por edades (1986): Menos de 15, 18,4%; 15-29, 23,1%; 30-44, 21,1%; 45-59, 17,5%; 60-74, 13,5%; 75 y más, 6,4%.
Proyección demográfica: (2000) 9.918.000; (2010) 9.955.000.
Tiempo de duplicación : n.d.; supera los 100 años.
Composición étnica (1981): Belgas 91,1%; italianos 2,8%; marroquíes 1,1%; franceses 1,1%; neerlandeses 0,7%; turcos 0,6%; otros 2,6%.
Afiliación religiosa (1980): Católicos 91,8%; protestantes 3,5%; musulmanes 1,1%.
Principales ciudades (1986[1]): Bruselas 136.920[2] (970.346[3]); Amberes 476.004; Gante 232.620; Charleroi 208.938; Lieja 200.312.
Tasa de natalidad por 1.000 habitantes (1987): 11,9 (media mundial 27,1).
Tasa de mortalidad por 1.000 habitantes (1987): 10,7 (media mundial 9,9).
Tasa de crecimiento por 1.000 habitantes (1987): 1,2 (media mundial 17,7).
Esperanza de vida al nacer (1979-82): Varones 70,0 años; mujeres 76,8 años.
Principales causas de muerte por 100.000 habitantes (1986): Enfermedades cardiovasculares 464,3, de las que 116,6 corresponden a enfermedades cerebrovasculares; neoplasias malignas (cánceres) 275,9.

Economía nacional

Presupuesto (1988). Ingresos: 1.491.124.000.000 BF (impuestos directos 62,4%; valor añadido, timbre y derechos similares 26,1%; aranceles y consumos 7,1%). Gastos: 1.892.341.000.000 BF (departamentos gubernamentales 39,4%; deuda pública 21,6%; educación y cultura 15,1%; pensiones 10,3%; defensa 5,4%).
Turismo (1987): Ingresos por visitantes 980.000.000 dlr. EUA; gastos de nacionales en el exterior 3.886.000.000 dlr. EUA.
Producción (toneladas métricas, excepto cuando se indique). Agricultura, silvicultura, pesca (1987): Remolacha azucarera 5.425.200; papas o patatas 1.620.300, trigo 1.046.500, cebada 678.100, manzanas 245.000[4], tomates 179.000, avena 60.400, maíz 40.300, leche 3.777.000; ganadería (número de animales vivos): 5.880.800 cerdos, 2.950.200 reses, 133.100 ovejas, 23.100 caballos; madera 3.528.000 m^3; pesca, capturas 40.374, de las que 12.336 corresponden a platija (lenguado) europea, 8.792 a bacalao del Atlántico y 4.606 a arenque del Atlántico. Minas y canteras (1986): Cuarzo 275.000; barita 40.000. Industria manufacturera (valor añadido en millones de BF; 1986): Productos metálicos y maquinaria 316.700; alimentos, bebidas y tabacos 233.800; productos químicos 137.400; hierro en lingotes, acero y otros metales 64.800; papel, impresos y publicaciones 59.200; muebles y accesorios 50.200; textiles 46.000; materiales de construcción 40.800; ropa y calzado 34.000. Construcción (1985): Residencial 17.776.000 m^3; no residencial 22.422.000 m^3. Producción energética (consumo): Electricidad (kwh; 1987) 62.375.000.000 (60.257.000.000); carbón (1987) 4.386.000 (13.086.000); petróleo (barriles; 1987), ninguno (174.659.000); gas natural (m^3; 1987) 31.300.000 (7.865.000.000).

Producto nacional bruto (a precios corrientes de mercado; 1987): 112.009.000.000 dlr. EUA (11.360 dlr. EUA per cápita).

Estructura del producto nacional bruto y de la población activa
1987

	Valor (000.000 BF)	% del valor total	Población activa	% de la pobl. activa
Agricultura	110.643	2,1	100.384	2,4
Minería	20.380	0,4	781.772	19,0
Industria	1.115.498	22,1	205.495	5,0
Construcción	279.750	5,2	52.266	1,3
Servicios públicos	166.794	3,1	257.419	6,2
Transportes y comunicaciones	414.915	7,8	730.092	17,7
Comercio, Finanzas	1.788.651	33,6	321.461	7,8
Administración pública, defensa	1.555.011	29,2	1.262.823	30,6
Servicios				
Otros	−188.638[6]	−3,5[4]	414.334[4]	10,0[5]
TOTAL	5.323.004	100,0	4.126.046	100,0

Deuda pública (1988): 170.366.000.000 dlr. EUA.
Población económicamente activa (1987): Total 4.126.046; tasa de actividad de la población total 41,8% (tasas de participación: 15-64 años, n.d.; mujeres 41,0%; desempleados 10,0%).

Comercio exterior[3]

Balanza comercial (precios corrientes)

	1983	1984	1985	1986	1987	1988
Millones BF	−84.800	−107.600	−50.300	96.800	124.300	96.400
% del total	1,6	1,8	0,8	1,6	2,0	1,4

Importaciones (1987): 3.099.209.000.000 BF (maquinaria y equipos de transporte 29,4%, del que el 13,5% corresponde a vehículos terrestres y recambios; productos químicos 10,4%; combustibles minerales y lubricantes 9,3% del que el 6,6% corresponde a petróleo y productos petrolíferos y el 1,1% a gas natural; alimentos y animales vivos 8,8%; diamantes no industriales [gemas] 5,6%). *Principales proveedores:* Alemania federal 24,3%; Países Bajos 17,2%; Francia 15,7%; Reino Unido 7,8%; EUA 4,7%.
Exportaciones (1985): 3.093.069.000.000 (maquinaria y equipos de transporte 27,0%, del que el 11,5% corresponde a automóviles; productos químicos y derivados 12,6%, del que el 4,8% corresponde a plásticos; alimentos y animales vivos 9,0%; hierro y acero 7,2%; diamantes no industriales [gemas] 5,8%; hilados textiles y tejidos 5,6%; petróleo y productos petrolíferos 3,4%). *Principales clientes:* Francia 20,5%; Alemania federal 19,8%; Países Bajos 15,0%; Reino Unido 8,4%; EUA 6,4%.

Transportes y comunicaciones

Transportes. Ferrocarriles (1988): Longitud de vías[6] 3.959 km; pasajeros-km 6.372.000.000; carga toneladas métricas-km. 7.692.000.000. Carreteras (1987): Longitud total 128.139 km (pavimentadas 96%). Vehículos (1987): Automóviles 3.497.818; camiones y autobuses 312.510. Marina mercante (1988): Barcos (100 toneladas brutas y más) 344; peso muerto total 3.400.961 toneladas. Transporte aéreo (1987): Pasajeros-km 5.976.593.000; carga toneladas métricas-km 583.000.000; aeropuertos (1989) con vuelos regulares[4].
Comunicaciones. Diarios (1988): Número total 39; circulación total 1.930.000; circulación por 1.000 habitantes 195. Radio (1987): Número total de receptores 4.520.590 (1 por cada 2,2 personas). Televisión (1987): Número total de televisores 3.050.000 (1 por cada 3,2 personas). Teléfonos (1987): 4.719.273 (1 por cada 2,1 personas).

Educación y sanidad

Escolaridad (1977). Porcentaje de la población total de 25 años y más: con enseñanza inferior a secundaria 64,4%; secundaria baja 16,0%; secundaria superior 10,0%; vocacional 3,7%; escuela de magisterio 2,1%; universitaria 3,8%. *Alfabetización* (1988) Virtualmente el 100% alfabetizado.
Sanidad (1986): Médicos 29.776 (1 por cada 331 habitantes); camas hospitalarias 90.720 (1 por cada 109 habitantes); tasa de mortalidad infantil por cada 1.000 nacidos vivos (1987) 9,7.
Alimentación [4] (1984-86): Ingesta calórica diaria per cápita 3.850 (productos vegetales 58%, productos animales 42%); 140% de las necesidades mínimas recomendadas por la FAO.

Fuerzas armadas

Personal en servicio activo (1989): 92.400 (ejército 73,4%, armada 5,1%, fuerza aérea 21,5%). *Presupuesto de defensa en porcentaje del PNB* (1987): 3,0% (mundo 5,4%); gasto per cápita 422 dlr. EUA.

[1] 1 de enero. [2] (1987). [3] Región de Bruselas. [4] Incluye Luxemburgo. [5] Desempleados. [6] 1986.

Belice

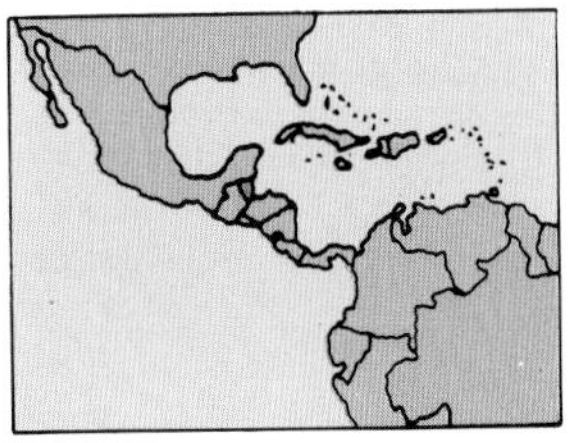

Nombre oficial: Belice.
Forma de gobierno: Monarquía constitucional con dos cámaras legislativas (Senado y Cámara de Representantes).
Jefe del estado: Monarca británico representado por el gobernador general.
Jefe del gobierno: Primer ministro.
Capital: Belmopan.
Lengua oficial: Inglés.
Religión oficial: Ninguna.
Moneda: 1 dólar de Belice (BZ$) = 100 centavos; cambio (2 oct. 1989) 1 dlr. EUA = 2,00 BZ$[1].

Área y población

Distritos	Capitales	área km2	población estimada 1987
Belice	Belice City	4.206	58.300
Cayo	San Ignacio	5.338	28.800
Corozal	Corozal	1.860	29.100
Orange Walk	Orange Walk	4.737	28.200
Stann Creek	Dangriga	2.176	17.300
Toledo	Punta Gorda	4.649	14.400
TOTAL		22.965[2]	176.100

Demografía

Población (1989): 185.000.
Densidad (1989): Personas por km^2 8,1
Índice de urbanización (1985): Urbana 50,0%; rural 50,0%.
Distribución por sexo (1987): Varones 50,66%; mujeres 49,34%.
Estructura por edades (1987): Menos de 15, 44,5%; 15-29, 28,9%; 30-44, 12,4%; 45-59, 7,5%; 60-74, 5,1%; 75 y más, 2,6%.
Proyección demográfica: (2000) 230.000; (2010) 270.000.
Tiempo de duplicación: 20 años.
Composición étnica (1980): Criollos (predominantemente negros) 39,7%; mestizos (hispano-indios) 33,1%; indios mayas 9,5%, del que el 2,7% son kekchi y el 7,6% garifuna (negro-indios caribeños); blancos 4,2%; indios orientales 2,1%; otros 3,8%.
Afiliación religiosa (1980): Católicos 61,7%; protestantes 28,9%, del que el 11,8% son anglicanos, el 6,0% metodistas, el 3,9% menonitas y el 3,0% adventistas del Séptimo día; bahai 2,5%; judíos 1,2%; otros cristianos 1,0%; otros 4,7%.
Principales ciudades (1986): Belice City 47.000; Orange Walk 9.900; Corozal 8.100; Dangriga 7.700; Belmopan 3.500.
Tasa de natalidad por 1.000 habitantes (1987): 38,7 (media mundial 27,1).
Tasa de mortalidad por 1.000 habitantes (1987): 3,9 (media mundial 9,9).
Tasa de crecimiento por 1.000 habitantes (1987): 34,8 (media mundial 17,2).
Esperanza de vida al nacer (1987): Varones 66,0 años; mujeres 71,0 años.
Principales causas de muerte por 100.000 habitantes (1986): Cardiopatía isquémica y enfermedades cardiopulmonares 113, 9; enfermedades del sistema respiratorio 71,0; accidentes 33,5; diabetes mellitus 25,8.

Economía nacional

Presupuesto (1988-89). Ingresos: 201.200.000 BZ$ (ingresos por impuestos 78,7%; del cual el 47,8% corresponde a aranceles y el 16,4% a impuestos sobre la renta; venta de acciones de la compañía telefónica 17,1%) Gastos: 162.800.000 BZ$ (gastos normales 81,1%; fondos para el desarrollo 18,7%).
Turismo (1987): Ingresos por visitantes 24.000.000 dlr. EUA; gastos de nacionales en el exterior 5.000.000.
Producción (toneladas métricas, excepto cuando se indique). Agricultura, silvicultura, pesca (1988): Caña de azúcar 789.000, naranjas 54.600, pomelos 30.500, plátanos 26.600, maíz 23.100, arroz 5.500, cocos 4.000, frijoles rojos 2.300, miel 220; ganadería (número de animales vivos): 50.000 reses, 26.000 cerdos, 1.000.000 pollos; madera (1987) 155.000 m^3; pesca, capturas (1987) 1.501, de las que 545 corresponden a peces marinos, 530 a langosta, 274 a langostinos y 149 a caracolas. Minas y canteras (1986): Piedra caliza 600.000; arena y grava 500.000. Industria manufacturera (1988): Azúcar 83.100; harina 44.500; melaza 23.500; fertilizantes 7.800; concentrados cítricos 42.500 hectólitros; cerveza 24.200 hectólitros; concentrado de pomelo 20.100 hectólitros; cigarrillos 94.400.000 unidades; prendas de vestir 3.696.000 unidades. Construcción (1984): Residencial 6.185 m^2; no residencial n.d. Producción energética (consumo): Electricidad (kwh; 1987-88) 80.300.000 (65.700.000); carbón, no produce (sin consumo); petróleo crudo, no produce (sin consumo); productos petrolíferos (1986), no produce (56.000); gas natural, no produce (sin consumo).
Producto nacional bruto (a precios corrientes de mercado; 1987): 219.000.000 dlr. EUA (1.250 dlr. EUA per cápita).

Estructura del producto nacional bruto y de la población activa

	1987		1983-84	
	Valor (000 BZ$)	% del valor total	Población activa[4]	% de la pobl. activa
Agricultura, pesca y recursos forestales	95.220	22,0	13.065	27,6
Minería	800	0,2	81	0,2
Industria	52.895	12,2	4.192	8,9
Construcción	26.810	6,2	1.994	4,2
Servicios públicos	13.693	3,2	611	1,3
Transportes y comunicaciones	46.254	10,7	2.035	4,3
Comercio	72.322	16,7	4.558	9,6
Finanzas	40.229	9,3	570	1,2
Administración pública, defensa	53.068	12,3	6.268	13,2
Servicios	45.910	10,6	7.326	15,5
Otros	–14.754[3]	–3,4[3]	6.625[4]	14,0[4]
TOTAL	432.447	100,0	47.325	100,0

Deuda pública (externa, pendiente; 1987): 113.000.000 dlr. EUA.
Población económicamente activa (1983-84): Total 47.325; tasa de actividad de la población total 29,6% (tasas de participación: 15-64 años [1980] 63,0%; mujeres 32,5%; desempleados [1987] 14,0%).

Comercio exterior

Balanza comercial (precios corrientes)

	1983	1984	1985	1986	1987	1988
Millones BZ$	–47,8	–50,2	–51,8	–37,5	–62,3	–80,8
% del total	13,3	11,9	11,9	9,2	13,6	14,4

Importaciones (1987): 287.150.000 BZ$ (artículos manufacturados 29,3%; alimentos 22,1%; maquinaria y equipos de transporte 21,0%; combustibles 13,2%; productos químicos 11,0%). *Principales proveedores:* EUA 58,2%; México 8,9%; Reino Unido 8,2%; Países Bajos 4,4%.
Exportaciones (1987): 198.720.000 BZ$ (exportaciones nacionales 87,5%, del que el 31,5% corresponde a azúcar, el 15,7% a ropa de vestir; el 12,4% a cítricos, y el 7,5% a plátanos; concentrado de pomelo 3,2%; reexportaciones 12,5%). *Principales clientes:* EUA 46,7%; Reino Unido 31,5%; México 9,7%; Canadá 3,5%; Jamaica 3,3%.

Transportes y comunicaciones

Transportes. Ferrocarriles, ninguno. Carreteras (1985): Longitud total 3.001 km (pavimentadas 13%). Vehículos (1984): Automóviles 3.707; camiones y autobuses 1.855. Marina mercante (1988): Barcos (100 toneladas brutas y más) 3; peso muerto total 805 toneladas. Transporte aéreo (1985)[5]: Llegadas de pasajeros 59.432; salidas de pasajeros 63.476 cargamento cargado 483 toneladas métricas-km; descargado 833 toneladas métricas. Aeropuertos (1989) con vuelos regulares 8.
Comunicaciones. Diarios, ninguno. Radio (1988): Número total de receptores 94.923 (1 por cada 1,9 personas). Televisión (1988): Número total de televisores 12.000 (1 por cada 15 personas). Teléfonos (1988): 9.674 (1 por cada 19 personas).

Educación y sanidad

Escolaridad (1980). Porcentaje de la población total de 25 años y más: sin escolarización formal 10,7%; con enseñanza primaria 75,3%; secundaria 11,7%; superior 2,3%. *Alfabetización* (1985): Población total de 15 años y más alfabetizada 85.000 (93%).
Sanidad (1987): Médicos 85 (1 por cada 2.061 habitantes); camas hospitalarias 583 (1 por cada 300 habitantes); tasa de mortalidad infantil por cada 1.000 nacidos vivos (media 1985-87) 21,0.
Alimentación (1984-86): Ingesta calórica diaria per cápita 2.585 (productos vegetales 74%, productos animales 26%); 114% de las necesidades mínimas recomendadas por la FAO.

Fuerzas armadas

Personal en servicio activo (1988): 715 (ejército 90,9%, brigada marítima 7,0%, brigada aérea 2,1%, tropas británicas 1.500). *Presupuesto de defensa en porcentaje del PNB* (1986): 1,8% (mundo 5,5%); gasto per cápita 21 dlr. EUA.

[1] El dólar de Belice está vinculado oficialmente al dólar de EUA. [2] El desglose no se corresponde con el total a causa del redondeo. [3] Menos cargos por servicios bancarios imputados. [4] Desempleados. [5] Sólo el aeropuerto internacional de Belice.

Benin

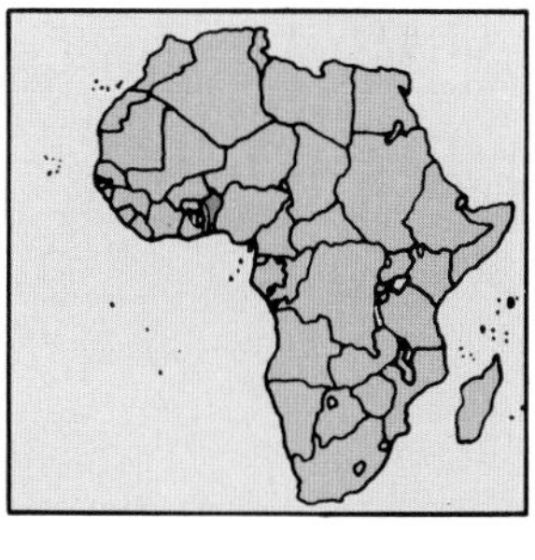

Nombre oficial: República Popular de Benin.
Forma de gobierno: República popular con partido único y una cámara legislativa (Asamblea Revolucionaria Nacional).
Jefe del estado y del gobierno: Presidente.
Capital[1]: Porto Novo (oficial); Cotonou (de facto).
Lengua oficial: Francés.
Religión oficial: Ninguna.
Moneda: 1 franco CFA (CFAF) = 100 centimes; cambio (2 oct. 1989) 1 dlr. EUA = 514,37 CFAF.

Área y población

Provincias	Capitales	área km²	población estimada 1987
Atacora	Natitingou	31.200	622.000
Atlantique	Cotonou	3.200	909.000
Borgou	Parakou	51.000	630.000
Mono	Lokossa	3.800	610.000
Quémé	Porto Novo	4.700	806.000
Zou	Abomey	18.700	731.000
TOTAL		112.600	4.308.000

Demografía

Población (1989): 4.592.000.
Densidad (1989): Personas por km² 40,8.
Índice de urbanización (1985): Urbana 19,0%; rural 81,0%.
Distribución por sexo (1985): Varones 49,11%; mujeres 50,89%.
Estructura por edades (1985): Menos de 15, 46,5%; 15-29, 25,7%; 30-44, 14,8%; 45-59, 8,5%; 60 y más, 4,5%.
Proyección demográfica: (2000) 6.561.000; (2010) 8.987.000.
Tiempo de duplicación: 22 años.
Composición étnica (1983): Fon 65,6%; bariba 9,7%; yoruba 8,9%; somba 5,4%; fulani 4,0%; otros 6,4%.
Afiliación religiosa (1980): Credos tradicionales 61,4%; cristianos 23,1%, del que el 18,5% es católico y el 2,8% protestante; musulmanes 15,2%.
Principales ciudades (1982): Cotonou 487.000; Porto Novo 208.000; Parakou 66.000; Abomey 54.000; Kandi 53.000.
Tasa de natalidad por 1.000 habitantes (1985-90): 50,5 (media mundial 27,1).
Tasa de mortalidad por 1.000 habitantes (1985-90): 19,0 (media mundial 9,9).
Tasa de crecimiento por 1.000 habitantes (1985-90): 31,5 (media mundial 17,2).
Esperanza de vida al nacer (1985-90): Varones 44,9 años; mujeres 48,1 años.
Principales causas de muerte por 100.000 habitantes (1977): Paludismo 227,7; enfermedades del sistema respiratorio 206,5.

Economía nacional

Presupuesto (1989). Ingesos: 75.266.000.000 CFAF (ingresos por impuestos 49,4%, del que el 30,5% corresponde a derechos de importación y el 8,9% a impuestos sobre la renta; ayudas, donaciones y subvenciones 19,5%; préstamos externos 16,6%; ingresos no impositivos 14,5%). Gastos: 103.646.000.000 CFAF (servicio de la deuda 16,6%; educación 15,5%; defensa 8,8%; administración general 6,1%; seguridad y servicios sociales 4,8%; sanidad 2,4%; gastos sin especificar 38,1%).
Turismo (1987): Ingresos por visitantes 8.000.000 dlr. EUA; gastos de nacionales en el exterior 3.000.000 dlr. EUA.
Producción (toneladas métricas, excepto cuando se indique). Agricultura, silvicultura, pesca (1987-88): Ñame 834.900, mandioca 570.000, maíz 267.300, mijo y sorgo 114.800, algodón para semilla 70.200, cacahuates 51.000, frijoles o judías 40.000, tomates 39.000, batatas o camotes 31.000, cocos 20.000, plátanos 13.000, naranjas 12.000; ganadería (número de animales vivos; 1987): 1.200.000 ovejas, 1.120.000 cabras, 950.000 reses, 620.000 cerdos, 23.000.000 pollos; madera 4.691.000 m³; pesca, capturas 41.903. Minas y canteras (1986): Sal marina 100. Industria manufacturera (1986): Cemento 321.000; carne 58.000; azúcar 52.000; fibra de algodón 37.456[2]. Construcción n.d. Producción energética (consumo): Electricidad (kwh; 1988) 200.000.000 ([1987] 137.700.000); carbón, no produce (n.d.); petróleo crudo (barriles; 1987) 2.565.000 (insignificante); productos petrolíferos (1987) no produce (118.000).
Producto nacional bruto (a precios corrientes de mercado; 1987): 1.315.000.000 dlr. EUA (300 dlr. EUA per cápita).

Estructura del producto nacional bruto y de la población activa

	1985		1986	
	Valor (000.000 CFAF)	% del valor total	Población activa	% de la pobl. activa
Agricultura	179.571	35,9	980.000	67,7
Minería e industria	46.699	9,3		
Servicios públicos	3.556	0,7	106.000	7,5
Construcción	23.423	4,7		
Comercio	96.500	19,3		
Transportes y comunicaciones	46.014	9,2		
Administración pública, defensa	38.841	7,8	359.000	24,8
Finanzas y servicios	38.293	7,7		
Otros	26.951	5,4		
TOTAL	499.848	100,0	1.447.000	100,0

Deuda pública (externa, pendiente; 1987): 929.000.000 dlr. EUA.
Población económicamente activa (1986): Total 1.447.000; tasa de actividad de la población total 34,5% (tasas de participación: 15-64 años, 60,2%; mujeres 35,6%; desempleados n.d.).

Comercio exterior[3]

Balanza comercial (precios corrientes)

	1983	1984	1985	1986	1987	1988
Millones CFAF	−86.681	−81.830	−100.477	−98.230	−61.230	−80.840
% del total	63,1	46,2	42,9	55,5	13,3	14,5

Importaciones (1984): 125.903.000.000 CFAF (artículos manufacturados 29,9%, del que el 8,2% corresponde a hilados y tejidos de aldogón y el 7,4% a productos químicos; productos alimenticios 17,2%, del que el 6,9% corresponde a cereales; bebidas y tabaco 14,8%; maquinaria y equipos de transporte 14,1%, del que el 5,8% corresponde a equipos eléctricos, el 4,6% a equipos no eléctricos y el 3,7% a equipos de transporte). *Principales proveedores* (1987): Francia 19,1%; Tailandia 13,0%; Corea del sur 6,3%; Japón 5,7%; Países Bajos 5,4%; India 4,5%; Alemania federal 3,7%; Costa de Marfil 3,0%; Hong Kong 2,7%.
Exportaciones (1984): 72.822.000.000 CFAF (energía 44,7%; algodón 19,9%; productos alimenticios 17,8%, del que el 13,2% corresponde a cacao en grano, el 3,3% a café y el 7,1% a aceite de palma y de semilla de palma; productos manufacturados 3,1%). *Principales clientes* (1987): Portugal 21,8%; EUA 12,6%; Alemania federal 10,5%; Italia 10,2%; Francia 8,7%; Rumania 4,8%; Reino Unido 3,9%.

Transportes y comunicaciones

Transportes. Ferrocarriles (1985): Longitud 580 km; pasajeros-km 137.600.000[4]; carga toneladas métricas-km 176.800.000[4]. Carreteras (1986): Longitud total 7.445 km (pavimentadas 11%). Vehículos (1985): Automóviles 2.740; camiones y autobuses 567. Marina mercante (1988): Barcos (100 toneladas brutas y más) 13; peso muerto total 4.760 toneladas. Transporte aéreo[5] (1988): Pasajeros-km 208.567.000; carga toneladas métricas-km 35.223.000; aeropuertos (1988) con vuelos regulares 5.
Comunicaciones. Diarios (1988): Número total 1; circulación total 10.000; circulación por 1.000 habitantes 2,3. Radio (1988): Número total de receptores 326.900 (1 por cada 14 personas). Televisión (1988): Número total de televisores 16.350 (1 por cada 272 personas). Teléfonos (1986): 15.492 (1 por cada 274 personas).

Educación y sanidad

Escolaridad (1979). Porcentaje de la población de 25 años y más: sin escolarización formal 89,2%; con enseñanza primaria 8,3%; secundaria parcial 1,4%; secundaria 0,8%; postsecundaria 9,3%. *Alfabetización* (1980): Población total de 15 años y más alfabetizada 530.000 (27,9%); varones alfabetizados 368.000 (39,8%); mujeres alfabetizadas 162.000 (16,6%).
Sanidad (1983): Médicos 238 (1 por cada 16.025 habitantes); camas hospitalarias (1982) 4.902 (1 por cada 749 habitantes); tasa de mortalidad infantil por cada 1.000 nacidos vivos (1985-90) 110,0.
Alimentación (1987): Ingesta calórica diaria per cápita 2.045 ([1984-86] productos vegetales 95%, productos animales 5%); (1984) 94% de las necesidades mínimas recomendadas por la FAO.

Fuerzas armadas

Personal en servicio activo (1988): 4.350 (ejército 87,4%, armada 4,6%, fuerza aérea 8,0%). *Presupuesto de defensa en porcentaje del PNB* (1986): 2,1% (mundo 5,5%); gasto per cápita 8 dlr. EUA.

[1] Porto Novo es la capital oficial establecida en la constitución, pero Cotonou, donde reside el presidente y la mayoría de los ministros, es la capital de facto. [2] Cifras de exportación. [3] Las cifras no incluyen las reexportaciones, no contabilizables, de artículos del mercado negro, con origen normalmente en Nigeria, que en 1981 ascendieron, según estimación, al 90% de las exportaciones reales de Benin. [4] 1984-85. [5] Air Afrique únicamente.

Bermudas

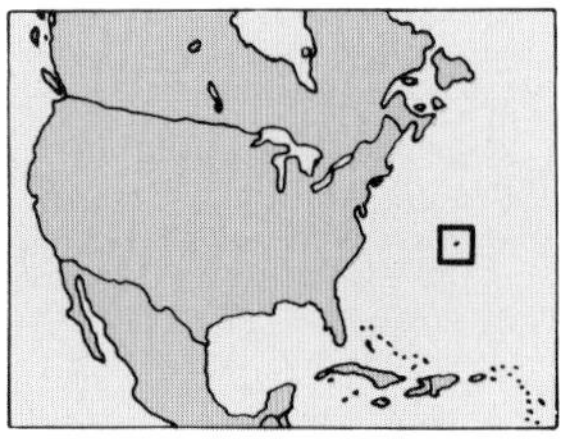

Nombre oficial: Bermudas.
Forma de gobierno: Colonia (Reino Unido) con dos cámaras legislativas (Senado y Cámara de la Asamblea).
Jefe del estado: Monarca británico representado por el gobernador.
Jefe del gobierno: Primer ministro.
Capital: Hamilton.
Lengua oficial: Inglés.
Religión oficial: Ninguna.
Moneda: 1 dólar de Bermudas (Ber$) = 100 cents; cambio (10 oct. 1988) 1 dlr. EUA = 1,00 Ber$.[1]

Área y población

	área km2	población estimada 1980
Municipios		
Hamilton	0,8	1.617
St. George	1,3	1.647
Parroquias		
Devonshire	4,9	6.843
Hamilton	5,2	3.784
Paget	5,2	4.497
Pembroke[2]	4,7	10.443
St. George's[3]	4,4	2.940
Sandys	4,9	6.255
Smith's	4,9	4.463
Southampton	5,7	4.613
Warwick	5,7	6.948
TOTAL	54,0 [4,5]	54.050[6]

Demografía

Población (1988): 58.300.
Densidad (1987):Personas por km² 1.080.
Índice de urbanización (1987): Urbana 100,0%; rural, ninguna.
Distribución por sexo (1985): Varones 48,81%; mujeres 51,19%.
Estructura por edades (1985) Menos de 15, 21,3%; 15-29, 24,6%; 30-44, 25,0%; 45-59, 16,1%; 60-74, 9,7%; 75 y más, 3,3%.
Proyección demográfica: (1990) 59.300; (2000) 64.500.
Tiempo de duplicación: 87 años.
Composición étnica (1980): Negros 61,3%; blancos 37,3%; otros 1,4%.
Afiliación religiosa (1980): Protestantes 72,5%, del que el 37,3% corresponde a anglicanos y el 16,3% a metodistas; católicos 13,8%; sin afiliación religiosa 7,8%; otros 5,9%.
Principales ciudades (1985): St. George 1.707; Hamilton 1.676.
Tasa de natalidad por 1.000 habitantes (1987): 15,1 (media mundial 26,0).
Tasa de mortalidad por 1.000 habitantes (1987): 7,5 (media mundial 9,9).
Tasa de crecimiento por 1.000 habitantes (1987): 8,0 (media mundial 16,1).
Esperanza de vida al nacer (1980): Varones 68,8 años; mujeres 76,3 años.
Principales causas de muerte por 100.000 habitantes (1985): Enfermedades cardiovasculares 397,0; neoplasias malignas (cánceres) 185,0; accidentes y actos de violencia 54,0; enfermedades del sistema respiratorio 26,0.

Economía nacional

Presupuesto (1987). Ingresos: 258.300.000 Ber$ (aranceles 41,2%; impuesto de asistencia hospitalaria 10,6%; impuesto de empleo 8,2%; impuesto sobre tierras 4,3%; impuesto de alojamiento hotelero 4,3%). Gastos: 263.100.000 Ber$ (obras públicas y agricultura[7] 24,8%; educación 16,9%; sanidad y servicios sociales 15,1%; policía 8,2%; turismo 8,0%).
Turismo (1987): Ingresos por visitantes 475.000.000 dlr. EUA; gastos de nacionales en el exterior, n.d.
Producción (toneladas métricas, excepto cuando se indique). Agricultura, silvicultura, pesca (1986): Pescado 5.230.000, verduras 3.700.000, leche 1.121.000, langostas 550.000, frutas 450.000, huevos 360.000, carne 166.000, flores 55.000[8]; ganadería (número de animales vivos): 3.000 cerdos, 1.000 reses, 1.000 caballos; madera n.d. Minas y canteras: Piedra caliza extraída para material de construcción. Industria manufacturera: entre las principales industrias se incluyen las de productos farmacéuticos, artículos electrónicos, elaboración de pescado, artesanía, trabajos en madera, pequeña construcción naval y textiles. Construcción (valor en Ber$; 1987): Residencial 13.300.000; no residencial 62.700.000. Producción energética (consumo): Electricidad (kwh; 1986) 400.000.000 (355.000.000); carbón, no produce (sin consumo); petróleo crudo, no produce (sin consumo); productos petrolíferos (1986), no produce (135.000); gas natural, no produce (sin consumo).
Producto nacional bruto (a precios corrientes de mercado; 1985-86): 1.184.000.000 dlr. EU (20.700 dlr. EUA per cápita).

Estructura del producto nacional bruto y de la población activa

	1978-79		1986	
	Valor (000 Ber$)	% del valor total	Población activa	% de la pobl. activa
Agricultura, pesca	2.900	0,7	383	1,1
Canteras	1.300	0,3		
Industria	19.500	4,4	1.112	3,3
Construcción	21.400	4,9	2.095	6,3
Servicios públicos	7.400	1,7	491	1,5
Transportes y comunicaciones	30.500	6,9	2.375	7,1
Comercio	143.900	32,8	11.872	35,5
Finanzas	96.600	22,0	4.337	13,0
Administración pública, defensa	35.800	8,2	4.109	12,3
Servicios	79.200	18,1	3.985	11,9
Otros	—	—	2.686	8,0
TOTAL	438.500	100,0	33.445	100,0

Deuda pública (externa, pendiente; 1986): Ninguna.
Población económicamente activa (1986): Total 33.445; tasa de actividad de la población total 58,3% (tasas de participación: 16-64 años [1980] 82,1%; mujeres 46,8%; desempleados registrados [1986] 0,1%).

Comercio exterior

Balanza comercial (precios corrientes)

	1980	1981	1982	1983	1984	1985
Millones Ber$	−274,7	−293,4	−334,1	−355,0	−373,5	−379,4
% del total	78,9	83,3	90,8	88,6	80,4	89,2

Importaciones (1985): 402.491.000 Ber$ (alimentos 16%, del que el 4,9% corresponde a carne y productos cárnicos; petróleo y productos petrolíferos 14,1%; maquinaria eléctrica, incluyendo aparatos y accesorios 8,4%; ropa 7,4%; equipos de transporte 6,0%; maquinaria no eléctrica 4,7%; productos farmacéuticos 4,4%). *Principales proveedores:* EUA 60,1%; Reino Unido 10,1%; Canadá 6,3%; Antillas Holandesas 5,8%.
Exportaciones (1985): 23.054.000 Ber$ (reexportaciones 98,4%, del que el 57,1% corresponde a fármacos y medicamentos, el 8,0% a efectos personales, el 5,2% a accesorios eléctricos, el 4,6% a libros e impresos y el 4,0% a accesorios electrónicos). *Principales clientes:* EUA 22,7%; Italia 22,0%; Canadá 9,5%; Reino Unido 6,9%; Hong Kong 6,4%.

Transportes y comunicaciones

Transportes. Ferrocarriles, ninguno. Carreteras (1986): Longitud total 240 km (pavimentadas 100%). Vehículos (1986): Automóviles y autobuses 17.852; camiones 2.768. Marina mercante (1987): Barcos (100 toneladas brutas y más) 105; peso muerto total 3.131.539 toneladas. Transporte aéreo (1986): Llegadas 558.993, salidas 559.782; mercancías descargadas 7.614 toneladas métricas; cargadas 590 toneladas métricas; aeropuertos (1988) con vuelos regulares 1.
Comunicaciones. Diarios (1986): Número total 1; circulación total 18.000; circulación por 1.000 habitantes 314. Radio (1986): Número total de receptores 100.000 (1 por cada 0,6 personas). Televisión (1987): Número total de televisores 67.000 (1 por cada 0,9 personas). Teléfonos (1984): 52.067 (1 por cada 1,1 personas).

Educación y sanidad

Escolaridad (1980): Porcentaje de la población total de 25 años y más: sin escolarización formal, con enseñanza primaria o secundaria incompleta 57,4%; secundaria completa 19,5%; superior completa 18,5%; otros 4,6%. *Alfabetización* (1980): Población total de 15 años y más alfabetizada 39,577 (96,9%); varones alfabetizados 19.026 (96,7%); mujeres alfabetizadas 20,551 (96,7%).
Sanidad (1986): Médicos 75 (1 por cada 765 habitantes); camas hospitalarias 261 (1 por cada 222 habitantes); tasa de mortalidad infantil por 1.000 nacidos vivos (media 1984-86) 10,6.
Alimentación (1983-85): Ingesta calórica diaria per cápita 2.530 (productos vegetales 59%, productos animales 41%); (1983) 107% de las necesidades mínimas recomendadas por la FAO.

Fuerzas armadas

Personal en servicio activo (1985): Británicos 700; estadounidenses (1987) 1.600.

[1] El dólar de Bermudas está a la par con el dólar de EUA. [2] Excluye el área y población de la ciudad de Hamilton. [3] Excluye el área y población de la ciudad de St. George. [4] El total general incluye 5,4 km² alquilados a EUA para bases militares. [5] El desglose no se corresponde con el total (menos el área de las bases militares) a causa del redondeo. [6] Excluye 10.918 visitas breves, 2.173 militares pertenecientes a las bases, 620 inmigrantes establecidos y los naturales de Bermudas residentes en el exterior. [7] Desglose basado únicamente en los seis primeros meses. [8] 1982.

Birmania (Myanmar)

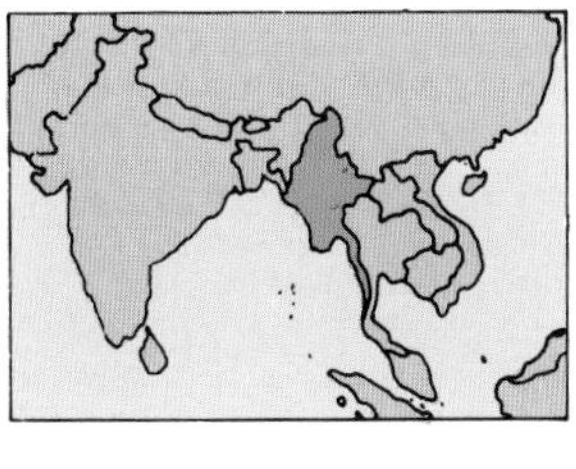

Nombre oficial: Unión de Myanmar.
Forma de gobierno: Régimen militar.
Jefe del estado y del gobierno: Presidente y Consejo para la Restauración de la Ley y el Orden.
Capital: Yangón (Rangún).
Lengua oficial: Birmano.
Religión oficial: Ninguna.
Moneda: 1 kyat Myanmar (K) = 100 pyas; cambio (2 oct. 1989) 1 dlr. EUA = 6,66 K.

Área y población

Divisiones	Capitales	área km²	población estimada 1983
Irawady (Ayeyarwady)	Bassein (Pathein)	35.138	4.994.061
Magwe (Magway)	Magwe (Magway)	44.820	3.243.166
Mandalay	Mandalay	37.024	4.577.762
Pegu (Bago)	Pegu (Bago)	39.404	3.799.791
Yangón	Rangún	10.171	3.965.916
Sagaing	Sagaing	94.625	3.862.172
Tenasserim (Tanintharyi)	Tavoy (Dawei)	43.343	917.247
Estados			
Chin	Hakha	36.019	368.949
Kachin	Myitkyina	89.041	904.794
Karen	Pa-an (Hpa-an)	30.383	1.055.359
Kayah	Loi-kaw	11.733	168.429
Mon	Moulmein (Mawlamyine)	12.297	1.680.157
Rakhine (Arakan)	Sittwe (Akyab)	36.778	2.045.559
Shan	Taunggyi	155.801	3.716.841
TOTAL		676.577	35.307.913[1]

Demografía

Población (1989): 40.810.000.
Densidad (1988): Personas por km² 60,3.
Índice de urbanización (1985): Urbana 23,9%; rural 76,1%.
Distribución por sexo (1987-88): Varones 49,59%; mujeres 50,41%.
Estructura por edades (1985): Menos de 15,41,2%; 15-29, 27,2%; 30-44, 15,3%; 45-59, 10,3%; 60-74, 5,0%; 75 y más, 1,0%.
Proyección demográfica: (2000) 51.129.000; (2010) 60.567.000.
Tiempo de duplicación: 33 años.
Composición étnica (1983): Birmanos 69,0%; shan 8,5%; karen 6,2%; rakhine 4,5%; mon 2,4%; chin 2,2%; kachin 1,4%; otros 5,8%.
Afiliación religiosa (1983): Budistas 89,4%; cristianos 4,9%; musulmanes 3,8%; religiones tribales 1,1%; hindúes 0,5%; otros 0,3%.
Principales ciudades (1983): Yangón (Rangún) 2.458.712; Mandalay 532.895; Moulmein 219.991; Pegu 150.447; Bassein 144.092.
Tasa de natalidad por 1.000 habitantes (1988): 30,5 (media mundial 27,1).
Tasa de mortalidad por 1.000 habitantes (1988): 9,6 (media mundial 9,9).
Tasa de crecimiento por 1.000 habitantes (1988): 20,9 (media mundial 17,2).
Esperanza de vida al nacer (1988): Varones 58,6 años; mujeres 62,1 años.
Principales causas de muerte por 100.000 habitantes (1978): Neumonía 16,1; enfermedades cardiacas 10,5; enteritis y otras enfermedades diarreicas 10,0; tuberculosis 9,4; neoplasias malignas (cánceres) 6,5; enfermedades cerebrovasculares 4,1; paludismo 3,5.

Economía nacional

Presupuesto (1988-89). Ingresos: 7.331.400.000 K (impuestos sobre bienes y servicios 34,0%; ingresos de empresas estatales 24,6%; aranceles 13,6%; impuestos sobre la renta y la propiedad 6,3%; impuestos sobre el uso de propiedades estatales 6,1%; ingresos de intereses 3,8%). Gastos: 6.461.800.000 K (agricultura, silvicultura y pesca 25,4%; defensa 18,5%; servicios públicos generales 13,3%; educación 11,7%; sanidad 7,3%; seguridad social y bienestar 6,1%).
Turismo (1987): Ingresos por visitantes 14.000.000 dlr. EUA; gastos de nacionales en el exterior 1.000.000 dlr. EUA.
Producción (toneladas métricas, excepto cuando se indique). Agricultura, silvicultura, pesca. (1988): Arroz 14.000.000, caña de azúcar 3.072.000, legumbres 732.000, cacahuates 559.000, maíz 300.000, mijo 250.000, trigo 241.000, plátanos machos 220.000, cebollas 192.000, semillas de sésamo 190.000, papas o patatas 133.000, mandioca 90.000, algodón para semilla 82.000, tabaco en hoja 56.000, ajo 42.000, yute 41.000; ganadería (número de animales vivos): 10.000.000 reses, 3.000.000 cerdos, 2.200,000 búfalos, 1.395.000 cabras y ovejas, 6.000.000 patos, 34.000.000 pollos; madera (1987) 19.427.000 m³; pesca, capturas (1987) 685.858, de las que 540.873 corresponden a zonas pesqueras marinas. Minas y canteras (1987-88): concentrado de cobre 50.800; yeso 22.700; barita 17.000; jade 13.500; concentrado de zinc 10.160; plomo refinado 6.000; concentrado de estaño 868; concentrado de tungsteno 496; plata refinada 450.000 onzas troy. Industria manufacturera (valor de la producción en millones de K; 1987-88): alimentos y bebidas 23.549,8; prendas de vestir 1.606,6; materias primas industriales 1.468,9; materiales de construcción 1.120,9; vehículos de transporte 719,0; bienes personales 327,8. Construcción[2] (unidades; 1987-88): Residenciales 1.193; no residenciales 1.483. Producción energética (consumo): Electricidad (kwh; 1987-88) 2.279.000.000 (1.664.000.000); carbón (1987) 81.000 (202.000); petróleo crudo (barriles; 1987) 7.141.000 (7.141.000); productos petrolíferos (1987) 614.000 (614.000); gas natural (m³; 1987) 1.136.400 (1.136.400).
Producto nacional bruto (1986): 7.450.000.000 dlr. EUA (200 dlr. EUA per cápita).

Estructura del producto nacional bruto y de la población activa

	1987-88			
	Valor (000.000 K)	% del valor total	Población activa	% de la pobl. activa
Agricultura	30.668,6	50,5	10.289.000	65,1
Minería	532,7	0,9	91.000	0,6
Industria	5.597,2	9,2	1.369.000	8,7
Construcción	977,2	1.6	265.000	1,7
Servicios públicos	281,6	0,5	20.000	0,1
Transportes y comunicaciones	2.438,7	4,0	518.000	3,3
Comercio	13.468,6	22,2	1.556.000	9.8
Finanzas	1.499,3	2,5	1.047.000	6,6
Administración pública, servicios	5.196,4	8,6		
Otros			658.000	4,1
TOTAL	60.660,3	100,0	15.813.000	100,0

Deuda pública (externa, pendiente; 1987): 4.257.000.000 dlr. EUA.
Población económicamente activa (1987-88): Total 15.813.000; tasa de actividad de la población total 41,0% (tasas de participación: 15-64 años, 64,2%; mujeres 35,5%; desempleados 4,3%).

Comercio exterior[3]

Balanza comercial (precios corrientes)

	1983	1984	1985	1986	1987	1988
Millones K	1.084,1	1.338,1	393,2	160,0	−173,5	−346,8
% del total	21,7	26,7	8,3	3,8	5,6	14,2

Importaciones (1987-88): 3.936.100.000 K (materias primas industriales 45,8%, maquinaria y equipamiento 37,7%, materiales de construcción 14,8%, utensilios y piezas de recambio 13,1%, equipos de transporte 8,5%, bienes de consumo 5,9%). *Principales proveedores:* Japón 50, 4%; CEE 19,5%; países del sudeste de Asia 8,0%; países de Europa del este 6,8%; China 2,4%.
Exportaciones (1987-88): 2.528.200.000 K (productos forestales 43,2%, productos agrícolas 31.8%, minerales y gemas 11,2%, productos animales y marinos 5,0%). *Principales clientes:* Países del sudeste de Asia 29,6%; CEE 12,4%; Japón 10,6%; India 6,8%; países africanos 5,7%; China 4,8%.

Transportes y comunicaciones

Transportes. Ferrocarriles (1987): Longitud de vías 3.137 km; pasajeros-km 4.356.000.000; carga toneladas métricas-km 552.000.000. Carreteras (1985-86): Longitud total 23.200 km (pavimentadas 17%). Vehículos (1985): Automóviles 35.000; camiones y autobuses 50.000. Marina mercante (1988): Barcos (100 toneladas brutas y más) 120; peso muerto total 412.508 toneladas. Transporte aéreo (1987-88): Pasajeros-km 214.471; carga toneladas métricas-km 2.146.000; aeropuertos (1989) con vuelos regulares 21.
Comunicaciones. Diarios (1987): Número total 6; circulación total 533.000; circulación por 1.000 habitantes 14. Radio (1988): Número total de receptores 800.000 (1 por cada 13 personas). Televisión (1988): Número total de televisores 67.500 (1 por cada 592 personas). Teléfonos (1987-88): 61.872 (1 por cada 624 personas).

Educación y sanidad

Escolaridad (1983). Porcentaje de la población de 25 años y más: sin escolarización formal 55.8%; con enseñanza primaria 39,4%; secundaria 4,6%; religiosa 0,1%; postsecundaria 0,1%. *Alfabetización* (1983): Población total de 15 años y más alfabetizada 16.472.494 (78,5%); varones alfabetizados 8.816.031 (85,8%); mujeres alfabetizadas 7.656.463 (71,6%).
Sanidad (1987-88): Médicos 11.076 (1 por cada 3.485 habitantes); camas hospitalarias 25.759 (1 por cada 1.498 habitantes); tasa de mortalidad infantil por cada 1.000 nacidos vivos (1988) 6,0%.
Alimentación (1984-86): Ingesta calórica diaria per cápita 2.592 (productos vegetales 95%, productos animales 5%); 120% de las necesidades mínimas recomendadas por la FAO.

Fuerzas armadas

Personal en servicio activo (1989): 200.000 (ejército 91,0%, armada 4,5%, fuerza aérea 4,5%). *Presupuesto de defensa en porcentaje del PNB* (1987): 3,0% (mundo 5,4%); gasto per cápita 7 dlr. EUA.

[1] Incluye 7.710 personas sin distribuir por área. [2] Sólo actividad de Construction Corporation. [3] Las cifras de importación son f.o.b. (franco a bordo) en la balanza comercial y c.i.f. (costo, seguro, flete) en artículos y asociados comerciales.

Bolivia

Nombre oficial: República de Bolivia.
Forma de gobierno: República unitaria y multipartidista con dos cámaras legislativas (Cámara de Senadores y Cámara de Diputados).
Jefe de estado y del gobierno: Presidente.
Capital: La Paz (administrativa); Sucre (judicial).
Lengua oficial: Español, aimara, quechua.
Religión oficial: Católica.
Moneda: 1 boliviano[1] ($b) = 100 centavos; cambio (2 oct. 1989) 1 dlr. EUA = 2,85 $b.

Área y población

Departamentos	Capitales	área km²	población estimada 1989
Beni	Trinidad	213.564	273.000
Chuquisaca	Sucre	51.524	489.000
Cochabamba	Cochabamba	55.631	1.079.000
La Paz	La Paz	133.985	2.367.000
Oruro	Oruro	53.588	453.000
Pando	Cobija	63.827	58.000
Potosí	Potosí	118.218	949.000
Santa Cruz	Santa Cruz	370.621	1.216.000
Tarija	Tarija	37.623	309.000
TOTAL		1.098.581	7.193.000

Demografía

Población (1989): 7.193.000.
Densidad (1989): Personas por km² 6,5.
Índice de urbanización (1987): Urbana 49,0%; rural 51,0%.
Distribución por sexo (1985): Varones 49,25%; mujeres 50,75%.
Estructura por edades (1985): Menos de 15, 43,4%; 15-29, 26,4%; 30-44, 15,7%; 45-59, 9,3%; 60-74, 4,4%; 75 y más, 0,8%.
Proyección demográfica: (2000) 9.837.000; (2010) 12.922.000.
Tiempo de duplicación: 24 años.
Composición étnica (1982): Mestizos 31,2%; quechuas 25,4%; aimaraes 16,9%; blancos 14,5%; otros 12,0%.
Afiliación religiosa (1980): Católicos 92,5%; bahaístas 2,6%; otros 4,9%.
Principales ciudades (1986): La Paz 1.033.48; Santa Cruz 457.619; Cochabamba 329.941; Oruro 184.101; Sucre 88.774.
Tasa de natalidad por 1.000 habitantes (1985-90): 43,5 (media mundial 27,1).
Tasa de mortalidad por 1.000 habitantes (1985-90): 14,2 (media mundial 9,9).
Tasa de crecimiento por 1.000 habitantes (1985-90): 29,3 (media mundial 17,2).
Esperanza de vida al nacer (1985-90): Varones 50,9 años; mujeres 55,4 años.
Principales causas de muerte por 100.000 habitantes: n.d.; sin embargo, las principales enfermedades son las del sistema respiratorio, infecciones gastrointestinales, sarampión, difteria, paludismo y tétanos.

Economía nacional

Presupuesto (1987). Ingresos: 1.026.878.000.000.000 $b (royalties sobre el petróleo 36,1%; impuestos internos 22,8%; aranceles 14,2%; royalties sobre el gas natural 13,2%). Gastos: 1.039.402.000.000.000 $b (servicios públicos 43,7%; transferencias y contribuciones 14,0%; servicio de deuda pública 12,0; materiales y equipos 11,8%; bienestar económico y social 11,3%).
Turismo (1987): Ingresos por visitantes 40.000.000 dlr. EUA; gastos de nacionales en el exterior 28.000.000 dlr. EUA.
Producción (toneladas métricas, excepto cuando se indique). Agricultura, silvicultura, pesca (1985): Caña de azúcar 2.730.000, papas o patatas 598.000, maíz 543.000, plátanos 450.000, mandioca 425.000, arroz 130.000, soya o soja 112.000, trigo 80.000, cebada 67.000, sorgo 62.000; ganadería (número de animales vivos): 9.500.000 ovejas, 5.380.000 reses, 2.300.000 cabras, 1.690.000 cerdos, 600.000 burros, 311.000 caballos; madera 1.379.000 m³; pesca, capturas 4.800. Minas y canteras (toneladas métricas de metal puro; 1987): zinc 36.300; plomo 8.200; antimonio 8.165; estaño 7.000; tungsteno 500; plata 118.193 kg; oro 1.213 kg. Industria manufacturera[2] (valor añadido en millones de $b; 1984). Productos alimenticios 997.100; metales no férricos 472.100; bebidas 268.300; productos textiles 131.900; productos químicos 120.000; petróleo refinado 105.700; calzado 67.900; imprenta y publicaciones 45.900. Construcción[3] (1985): viviendas residenciales 226. Producción energética (consumo): Electricidad (kwh; 1987) 1.520.000.000 (1.522.000.000); carbón (1987) no produce (sin consumo); petróleo crudo (barriles; 1987) 6.589.000 (7.400.000); productos petrolíferos (1987) 1.030.000 (1.021.000); gas natural (m³; 1987) 2.443.800.000 (323.200.000).
Producto nacional bruto (a precios corrientes de mercado; 1987): 4.150.000.000 dlr. EUA (570 dlr. EUA per cápita).

Estructura del producto nacional bruto y de la población activa

	1987		1986	
	Valor (000.000 $b)	% del valor total	Población activa[4]	% de la pobl. activa
Agricultura	25.489	23,3	841.903	49,0
Minería	11.013	10,1	61.256	3,6
Industria	11.837	10,8	150.146	8,7
Construcción	3.080	2,8	43.889	2,5
Servicios públicos	981	0,9	8.252	0,5
Transportes y comunicaciones	8.008	7,3	95.456	5,6
Comercio	13.805	12,6	132.241	7,7
Finanzas	15.179	13,9	15.077	0,9
Administración pública, defensa	15.056	13,7		
Servicios	4.609	4,2	369.682	21,5
Otros	467[5]	0,4[5]		
TOTAL	109.524	100,0	1.717.902	100,0

Deuda pública (externa, pendiente; 1987): 4.599.000.000 dlr. EUA.
Población económicamente activa (1987): Total 2.101.052; tasa de actividad de la población total 31,2% (tasas de participación: 15-64 años 54,5%, mujeres 23,6%; desempleados 21,5%).

Comercio exterior[6]

Balanza comercial (precios corrientes)

	1983	1984	1985	1986	1987	1988
Millones dlr. EUA	282,0	311,9	160,6	−36,9	−85,4	−99,2
% del total	23,0	27,4	14,8	3,2	7,0	9,0

Importaciones (1987): 776.000.000 dlr. EUA (bienes de capital 41,6, del que el 23,2% corresponde a bienes de capital para la industria y el 13,5% a equipos de transporte; materias primas 40,5%, del que el 31,6% corresponde a materias primas para la industria; bienes de consumo 16,1%, del que el 9,4% corresponde a bienes de consumo duraderos y el 6,7% a bienes de consumo no duraderos). *Principales proveedores:* Brasil 9,5%; EUA 8,2%; Argentina 5,9%; Japón 3,9%; Chile 3,0%; Alemania federal 2,6%; Perú 0,7%.
Exportaciones (1987) 569.793.000 dlr. EUA (gas natural 26,1%; estaño 12,0%; zinc 5,7%; plata 5,6%; antimonio 4,0%; café 2,0%; azúcar 1,5%; pieles 1,4%). *Principales clientes:* Argentina 45,6%; EUA 16,9%; Reino Unido 10,7%; Alemania federal 5,9%; Perú 4,2%; Brasil 3,4%; Bélgica 3,1%; Chile 2,9%; Suiza 1,2%.

Transportes y comunicaciones

Transportes. Ferrocarriles (1987): Longitud de vías 3.643 km; pasajeros-km 503.500.000; cargas toneladas métricas-km 503.100.000. Carreteras (1984): Longitud total 40.987 km (pavimentadas 4%). Vehículos (1987): Automóviles 78.160; camiones y autobuses 142.976. Marina mercante (1988): Barcos (100 toneladas brutas y más) 1; peso muerto total 15.765 toneladas. Transporte aéreo (1988): Pasajeros-km 1.011.000.000; carga toneladas métricas-km 23.694.000; aeropuertos (1988) con vuelos regulares 19.
Comunicaciones. Diarios (1984): Número total 13; circulación total 311.000; circulación por 1.000 habitantes 50. Radio (1988): Número total de receptores 3.939.068 (1 por cada 1,8 personas). Televisión (1988): Número total de televisores 447.467 (1 por cada 16 personas). Teléfonos (1986): 182.433 (1 por cada 37 personas).

Educación y sanidad

Escolaridad (1976). Porcentaje de la población de 25 años y más: sin escolarización formal 48,6%; con enseñanza primaria 28,5%; secundaria 17,9%, superior 5,0%. *Alfabetización* (1987): Población total de 15 años y más alfabetizada 2.540.593; varones alfabetizados 1.195.383 (65,9%); mujeres alfabetizadas 1.345.210 (65,8%).
Sanidad (1985): Médicos 4.032 (1 por cada 1.595 habitantes); camas hospitalarias (1984) 13.247 (1 por cada 472 habitantes); tasa de mortalidad infantil por cada 1.000 nacidos vivos 110,0.
Alimentación (1984-86): Ingesta calórica diaria per cápita 2.128 (productos vegetales 84%, productos animales 16%); 89% de las necesidades mínimas recomendadas por la FAO.

Fuerzas armadas

Personal en servicio activo (1988): 27.600 (ejército 72,5%, armada 13,0%, fuerza aérea 14,5%). *Presupuesto de defensa en porcentaje del PNB* (1987): 3,0% (mundo 5,4%); gasto per cápita 19 dlr. EUA.

[1] El 1 de enero de 1987 se introdujo una nueva moneda, el boliviano = 1.000.000 de pesos bolivianos viejos. [2] Instalaciones con 20 o más empleados. [3] Sólo patrocinadas por el gobierno nacional. [4] Sólo personas empleadas. [5] Incluye cargos por servicios bancarios imputados. [6] Las cifras de importación son f.o.b. (franco a bordo) en la balanza comercial y c.i.f. (costo, seguro y flete) para los artículos comerciales.

Botswana

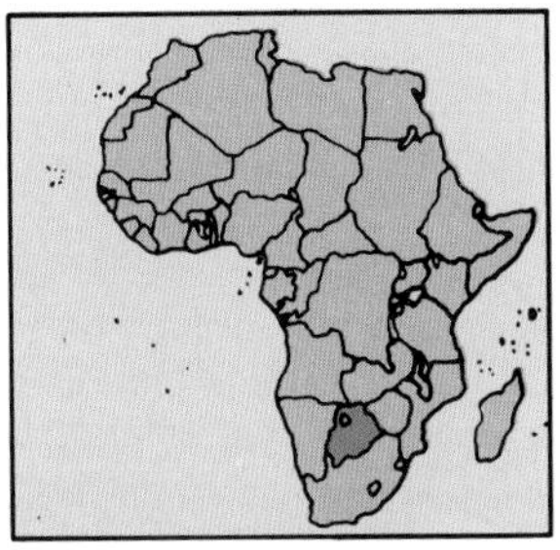

Nombre oficial: República de Botswana.
Forma de gobierno: República multipartidista con una asamblea legislativa (Asamblea Nacional).
Jefe del estado y del gobierno: Presidente.
Capital: Gaborone.
Lengua oficial: Tswana; inglés.
Religión oficial: Ninguna.
Moneda: 1 pula (P) = 100 thebe; cambio (2 oct. 1989) 1 dlr. EUA = 2,00 P.

Área y población

Distritos	Capitales	área km^2	población estimada 1984
Central	Serowe	147.730	379.500
Ghanzi	Ghanzi	117.910	23.900
Kgalagadi	Tsabong	106.940	30.400
Kgatleng	Mochudi	7.960	51.400
Kweneng	Molepolole	35.890	148.600
Noroccidental			
Chobe	Kasane	20.800	10.300
Ngamiland	Maun	109.130	79.100
Ngwaketse	Kanye	23.370	123.400
Nororiental	Masunga	5.120	40.000
Sudoriental	Ramotswa	1.780	42.000
Ciudades[1]			
Francistown	—	79	49.400
Gaborone	—	97	111.000
Jwaneng	—	100	42.600
Lobatse	—	30	25.700
Orapa	—	10	8.300
Selebi-Pikwe	—	50	46.500
TOTAL		576.630	1.205.300[2]

Demografía

Población (1989): 1.250.000.
Densidad (1989): Personas por km^2 2,1.
Índice de urbanización (1986): Urbana 21,7%; rural 78,3%.
Distribución por sexo (1986): Varones 47,60%; mujeres 52,40%.
Estructura por edades (1986): Menos de 15, 48,2%; 15-29, 25,9%; 30-44, 13,2%; 45-59, 7,4%; 60-74, 4,0%; 75 y más, 1,3%.
Proyección demográfica: (2000) 1.821.000: (2010) 2.536.000.
Tiempo de duplicación: 21 años.
Composición étnica (1983): Tswana 75,5%; shona 12,4%; san (bosquimanos) 3,4%; khoikhoin (hotentotes) 2,5%; ndebele 1,3%; otros 4,9%.
Afiliación religiosa (1980): Cultos tribales 48,7%; protestantes 26,6%; cristianos indígenas 11,8%; católicos 9,4%; otros cristianos 2,6%; otros 0,9%.
Principales ciudades (1988): Gaborone 111.000; Francistown 49.400; Selebi-Pikwe 46.500; Molepole 29.200; Serowe 28.300.
Tasa de natalidad por 1.000 habitantes (1985-90): 47,3 (media mundial 27,1).
Tasa de mortalidad por 1.000 habitantes (1985-90): 11,7 (media mundial 9,9).
Tasa de crecimiento por 1.000 habitantes (1985-90): 35,6 (media mundial 17,2).
Esperanza de vida al nacer (1985-90): Varones 55,5 años; mujeres 61,5 años.
Principales causas de muerte (como porcentaje de las muertes totales; 1977): Sarampión 16,3%; enfermedades cardiacas 8,4%; gripe y neumonía, 7,6%; enfermedades diarreicas 7,5%; neoplasias malignas (cánceres) 6,0%.

Economía nacional

Presupuesto (1988-89). Ingresos: 1.825.030 P (royalties de minerales y dividendos 72,7%; ingresos no fiscales 19,0%; aranceles y consumos 16,0%; otros impuestos de utilidades 8,6; ayudas exteriores 4,2). Gastos: 1.800.420.000 P (gastos recurrentes 48,2%; gastos de desarrollo 51,3% [gastos consolidados: servicios económicos 36,2%, servicios sociales 25,7%, servicios generales incluyendo defensa 25,1]).
Turismo: Ingresos por visitantes (1989) 49.000.000 dlr. EUA; gastos de nacionales en el exterior (1986) 21.000.000 dlr. EUA.
Producción (toneladas métricas, excepto cuando se indique). Agricultura, silvicultura, pesca (1988): Cereales 68.700[3] (de las que 62.000 corresponden a sorgo, 4.500 a maíz y 2.000 a mijo), verduras y melones 16.000, legumbres 14.000, frutas 11.000, raíces y tubérculos 7.000, algodón para siembra 3.000, semillas de algodón 2.000, cacahuates 1.000; ganadería (número de animales vivos): 2.350.000 reses, 1.100.000 cabras, 215.000 ovejas, 140.000 mulas y asnos, 25.000 caballos; madera (1984) 798.000 m^3; pesca, capturas (1984) 1.500. Minas y canteras (1987): Diamantes 15.49.359 quilates; níquel-cobre mate 46.967. Industria manufacturera (1984): Cerveza 155.000 hectolitros. Construcción (1984): Residencial 70.200 m^2; no residencial 80.700 m^2. Producción energética (consumo): Electricidad (kwh; 1987) 725.000.000 (621.000.000[4]); carbón (1987) 599.000 (n.d.); petróleo crudo, ninguno (n.d.); productos petrolíferos, ninguno (n.d.); gas natural, ninguno (n.d.).
Producto nacional bruto (1987): 1.175.000.000 dlr. EUA (1.030 dlr. EUA per cápita).

Estructura del producto nacional bruto y de la población activa

	1987-88		1984-85	
	Valor (000.000 P)	% del valor total	Población activa	% de la pobl. activa
Agricultura	95,6	2,9	159.134	43,2
Minería	1.435,0	43,9	8.999	2,5
Industria	163,3	5,0	8.954	2,4
Construcción	109,3	3,3	9.280	2,5
Servicios públicos	82,4	2,5	1.968	0,5
Transportes y comunicaciones	64,4	2,0	2.573	0,7
Comercio	624,2	19,1	15.670	4,3
Finanzas	200,1	6,1	3.038	0,8
Administración pública, defensa	478,9	14,7	65.153	17,7
Servicios	82,0	2,5	93.160	25,3
Otros	−66,7	−2,0		
TOTAL	3.268,5	100,0	367.949	100,0[2]

Deuda pública (externa, pendiente; 1988): 493.800.000 dlr. EUA.
Población económicamente activa (1984-85): Total 334.428; tasa de actividad de la población total 33,6% (tasas de participación: 15-64 años, 72,7%; mujeres 54,6%; desempleados [1981] 19,2%).

Comercio exterior[5]

Balanza comercial (precios corrientes)

	1983	1984	1985	1986	1987	1988
Millones P	11,6	93,6	469,5	483,3	1.326,8	984,1
% del total	0,8	5,7	20,0	17,6	33,2	23,6

Importaciones (1988): 2.302.000.000 P (alimentos, bebidas y tabaco 16,6%; maquinaria y artículos eléctricos 16,2%; vehículos y equipos de transporte 15,6%; productos químicos y del caucho 9,8%; metal y productos metálicos 9,3%; textiles y calzado 8,9; madera y papel 4,5%). *Principales proveedores:* CUSA (Unión Aduanera de África del Sur, que incluye Botswana, Lesotho, Namibia, Sudáfrica y Suazilandia) 78,8%; Reino Unido 2,2%; EUA 2,0%.
Exportaciones (1988): 1.449.600.000 P (diamantes 72,6%; cobre-níquel mate 15,6%; carne y productos cárnicos 3,6%). *Principales clientes:* Países europeos 90,5%, del que el 1,4% corresponde al Reino Unido; CUSA 4,4%; EUA 3,0%.

Transportes y comunicaciones

Transportes. Ferrocarriles (1986-87): Longitud de vías 708 km; número de pasajeros-km 257.000.000; carga toneladas métricas-km 1.116.000. Carreteras (1986): Longitud total 13.500 km (pavimentadas 15%). Vehículos (1987): Automóviles 17.131; camiones y autobuses 26.515. Marina mercante: ninguna. Transporte aéreo (1988[6]): Pasajeros-km 25.000.000; carga toneladas mé- tricas-km 121.000; aeropuertos (1989) con vuelos regulares 8.
Comunicaciones. Diarios (1989): Número total 1; circulación total 30.000; circulación por 1.000 habitantes 24. Radio (1988): Número total de receptores 149.031 (1 por cada 8,1 personas). Televisión (1988): Ninguna. Teléfonos (1987): 40.197 (1 por cada 29 personas).

Educación y sanidad

Escolaridad (1981). Porcentaje de la población de 25 años y más: sin escolarización formal 54,7%; con alguna enseñanza primaria 31,0%; primaria completa 9,4%; alguna secundaria 3,1%; secundaria completa 1,3%; postsecundaria 0,5%. *Alfabetización* (1985): Población total de 15 años y más alfabetizada 385.000 (70,8%); varones alfabetizados 179.000 (72,6%); mujeres alfabetizadas 206.000 (69,5%).
Sanidad: Médicos (1986) 156 (1 por cada 7.194 habitantes); camas hospitalarias (1984) 2.367 (1 por cada 442 habitantes); tasa de mortalidad infantil por cada 1.000 nacidos vivos (1985-90) 67,0.
Alimentación (1984-86): Ingesta calórica diaria per cápita 2.230 (productos vegetales 85%, productos animales 15%); 93% de las necesidades mínimas recomendadas por la FAO.

Fuerzas armadas

Personal en servicio activo (1989): 4.500 (ejército 100%, armada ninguno, la fuerza aérea está integrada en el ejército). *Presupuesto de defensa en porcentaje del PNB* (1987): 2,2% (mundo 5,4%); gasto per cápita 21 dlr. EUA.

[1]Excluido el sector gubernamental. [2]El desglose no se corresponde con el total a causa del redondeo. [3]1987-88. [4]1985. [5]Las cifras de importación son f.o.b. en la balanza comercial y c.i.f. en los artículos y asociados comerciales. [6]Sólo Air Botswana.

Brasil

Nombre oficial: República Federativa del Brasil.
Forma de gobierno: República federal multipartidista con dos cámaras legislativas (Senado Federal y Cámara de Diputados).
Jefe del estado y del gobierno: Presidente.
Capital: Brasilia.
Lengua oficial: Portugués.
Religión oficial: Ninguna.
Moneda: 1 cruzado (Cz$) = 100 centavos; cambio (10 oct. 1989) 1 dlr. EUA = 383,74 Cz$.

Área y población

		área km^2	población estimada 1988
Estados	**Capitales**		
Acre	Rio Branco	152.589	385.000
Algoas	Maceió	27.731	2.381.000
Amapá	Macapá	140.276	234.000
Amazonas	Manaus	1.564.445	1.887.000
Bahia	Salvador	561.026	11.396.000
Ceará	Fortaleza	148.016	6.207.000
Espírito Santo	Vitória	45.597	2.429.000
Goiás[1]	Goiânia	355.386	3.665.000
Maranhão	São Luis	328.663	4.978.000
Mato Grosso	Cuiabá	881.001	1.660.000
Mato Grosso do Sul	Campo Grande	350.548	1.729.000
Minas Gerais	Belo Horizonte	587.172	15.239.000
Pará	Belém	1.248.042	4.617.000
Paraiba	João Pessoa	56.372	3.146.000
Paraná	Curitiba	199.554	8.308.000
Pernambuco[2]	Recife	98.307	7.106.000
Piauí	Teresina	250.934	2.584.000
Rio Grande do Norte	Natal	53.015	2.244.000
Rio Grande do Sul	Pôrto Alegre	282.184	8.859.000
Río de Janeiro	Río de Janeiro	44.268	13.541.000
Rondônia	Pôrto Velho	243.044	862.000
Roraima	Boa Vista	230.104	116.000
Santa Catarina	Florianópolis	95.985	4.339.000
São Paulo	São Paulo	247.898	32.091.000
Sergipe	Aracaju	21.994	1.366.000
Tocantins[1]		286.706	1.100.000
Distrito Federal			
Distrito Federal	Brasilia	5.814	1.793.000
Áreas disputadas		5.294	—
TOTAL		8.511.965[5]	144.262.000

Demografía

Población (1988): 142.262.000.
Densidad (1988): Personas por km^2 16,9.
Índice de urbanización (1987): Urbana 74,2%; rural 25,8%.
Distribución por sexo (1987): Varones 49,90%; mujeres 50,10%.
Estructura por edades (1985): Menos de 15, 36,4%; 15-29, 28,9%; 30-44, 17,8%; 45-59, 10,3%; 60-74, 5,2%; 75 y más, 1,4%.
Proyección demográfica: (1990) 150.368.000; (2000) 179.487.000.
Tiempo de duplicación: 34 años.
Composición étnica (1980): Blancos brasileños 53,0%; mestizos 12,0%; negros 11,0%; japoneses 0,8%; indios autóctonos 0,1%; otros 1,1%.
Afiliación religiosa (1980): Católicos 87,8%; protestantes 6,2%, espiritistas afroamericanos 2,0%; espiritistas 1,7%; sin afiliación religiosa 1,0%; ateos 0,4%; budistas 0,3%; judíos 0,2%; otros 0,5%.
Principales ciudades (municipio; 1985)[4]: São Paulo 10.099.086 (15.280.375); Río de Janeiro 5.615.149 (10.217.269); Belo Horizonte 2.122.073 (3.059.727).
Tasa de natalidad por 1.000 habitantes (1985-90) 28,6 (media mundial 26,0).
Tasa de mortalidad por 1.000 habitantes (1985-90): 7,9 (media mundia 9,9).
Tasa de crecimiento por 1.000 habitantes (1985-90): 25,7 (media mundial 16,1).
Esperanza de vida al nacer (1985-90): Varones 62,3 años; mujeres 67,6 años.
Principales causas de muerte por 100.000 habitantes (1983): Enfermedades cardiovasculares 155,0; neoplasias malignas (cánceres) 61,8.

Economía nacional

Presupuesto (1987). Ingresos: 591.845.000.000 Cz$ (ingresos actualizados 69,8%; del que el 26,2% corresponde a impuestos sobre propiedades; el 18,4% a impuestos sobre bienes y servicios; el 7,1% a contribuciones a la seguridad social; el 3,0% a aranceles y el 24,3% a ingresos de desarrollo). Gastos: 591.845.000.000[5] Cz$ (administración y planificación 16,8%; transportes 14,2%; desarrollo regional 12,1%; educación y cultura 11,5%; bienestar social 11,0%; defensa nacional y seguridad pública 7,5%).
Turismo (1986): Ingresos por visitantes 1.527.000.000 dlr. EUA; gastos de nacionales en el exterior 1.464.000.000 dlr. EUA.
Producción (miles de toneladas métricas; 1986). Agricultura, silvicultura, pesca: Caña de azúcar 249.277, mandioca 25.542, maíz 20.510, soya o soja 13.335, naranjas 13.321, plátanos 7.563, trigo 5.433; ganadería (número de animales vivos): 128.900.000 reses, 33.000.000 cerdos, 18.473 ovejas, 5.500.000 caballos; madera (1985) 225.905.000 m^3; pesca, capturas 847, de las que 112 corresponden a crustáceos. Minas y canteras (valor en millones de cruzados; 1985): Mineral de hierro 5.748; estaño 3.199; granito 2.380; oro 2.211. Industria manufacturera (valor en millones de cruzados; 1980): Productos químicos 1.850; productos alimenticios 1.333; hierro y acero y otros metales elaborados 1.318; equipos de transporte 753; maquinaria eléctrica y no eléctrica 729; textiles 616. Construcción (nuevos edificios terminados; 1984): Residenciales 14.304.000 m^2; no residenciales 3.698.000 m^2. Producción energética (consumo): Electricidad (kwh; 1986) 211.779.000.000 (188.085.000.000); carbón (toneladas métricas; 1986) 7.391.000 (17.131.000); petróleo crudo (barriles; 1987) 206.720.000 (396.893.000); productos petrolíferos (toneladas métricas; 1986) 49.404.000 (44.173.000); alcohol[6] (hectólitros; 1986) 102.000.000 (84.600.000).
Producto nacional bruto (a precios corrientes de mercado; 1986): 250.520.000.000 dlr. EUA (1.810 dlr. EUA per cápita).

Estructura del producto nacional bruto y de la población activa

	1986		1985	
	Valor (000.000 dlr. EUA)	% del valor total	Población activa	% de la pobl. activa
Agricultura	31.793	9,3	15.190.393	28,5
Minería	2.846	0,8	8.686.592	16,3
Industria	90.355	26,5		
Construcción	20.032	5,9	3.097.386	5,8
Servicios públicos	8.164	2,4	—	—
Transportes y comunicaciones	17.504	5,1	1.916.009	3,6
Comercio	47.132	13,8	5.814.660	10,9
Administración pública, defensa	21.084	6,2	2.346.736	4,4
Finanzas, bienes raíces	56.563	16,6	14.438.558	27,1
Servicios	45.125	13,2		
Otros	—	—	1.746.602	3,3
TOTAL	340.598	100,0[4]	53.236.936	100,0[4]

Deuda pública (externa, pendiente; 1986): 82.522.800.000.
Población económicamente activa (1985): Total 50.098.494; tasa de actividad de la población total 41,9% (tasas de participación: 15-59 años 66,8%; mujeres 33,5%; desempleados [1987] 9,7%).

Comercio exterior[5]

Balanza comercial (precios corrientes)

	1982	1983	1984	1985	1986	1987
Millones dlr. EUA	780	6.470	13.089	12.486	8.349	11.161
% del total	2,0	17,3	32,0	32,2	22,9	27,0

Importaciones (1985): 14.332.000.000 dlr. EUA (petróleo crudo y productos petrolíferos 47,2%; productos químicos 11,3%; maquinaria no eléctrica 9,1%; productos alimenticios 7,4%, de los que el 5,7% corresponde a cereales; artículos eléctricos y electrónicos 5,6%). *Principales proveedores:* EUA 21,2%; Irak 12,7%; Nigeria 9,5%; Arabia Saudita 7,2%.
Exportaciones (1985) 25.639.000.000 dlr. EUA (metales [en todas sus formas] 11,3%, del que el 8,9% corresponde a hierro y acero; café 9,7%; petróleo crudo y productos petrolíferos 6,4%). *Principales clientes:* EUA 26,6%; Países Bajos 6,1%; Japón 5,4%; Alemania federal 5,0%; Italia 4,4%.

Transportes y comunicaciones

Transportes. Ferrocarriles (1985): Longitud de vías 29.777 km; pasajeros-km 16.362.000.000; carga toneladas métricas-km 99.863.000.000. Carreteras (1986): Longitud total 1.418.396 km (pavimentadas 9%). Vehículos (1986): Automóviles 10.516.000; camiones y autobuses 1.067.000. Marina mercante (1987): Barcos (100 toneladas brutas y más) 718; peso muerto total 10.437.858 toneladas. Transporte aéreo (1986): Pasajeros-km 24.423.000.000; carga toneladas métricas-km 1.226.000.000; aeropuertos (1988) con vuelos regulares 110.
Comunicaciones. Diarios (1986): Número total 279; circulación total 8.528.000; circulación por 1.000 habitantes 62. Radio (1986): Número total de receptores 50.540.000 (1 por cada 2,7 personas). Televisión (1987): Número total de televisores 36.000.000 (1 por cada 4,0 personas). Teléfonos (1986): 12.580.408 (1 por cada 11 personas).

Educación y sanidad

Escolaridad (1980). Porcentaje de población de 25 años y más: sin escolarización formal 32,9%; con enseñanza primaria incompleta 50,4%; primaria completa 4,9%; secundaria 6,9%; superior 5%. *Alfabetización* (1985)[7,9]: Población total de 15 años y más alfabetizada 66.255.000 (79,3%).
Sanidad (1981): 103.000 Médicos (1 por cada 1.200 habitantes); camas hospitalarias (1986) 492.519 (1 por cada 287 habitantes); tasa de mortalidad infantil por cada 1.000 nacidos vivos (1985-90) 63,2.
Alimentación (1984-86): Ingesta calórica diaria per cápita 2.644 (productos vegetales 86%, productos animales 14%); (1983) 106% de las necesidades mínimas recomendadas por la FAO.

Fuerzas armadas

Personal en servicio activo (1987): 295.700 (ejército 66,6%, armada 16,2%, fuerza aérea 17,2%). *Presupuesto de defensa en porcentaje del PNB* (1985): 1,0% (mundo 6,1%); gasto per cápita 17 dlr. EUA.

[1] Tocantins se creó en 1988 a partir del territorio septentrional de Goiás. [2] Incluye el antiguo territorio federal de Fernando de Noronha. [3] Incluye 2.680 km^2 en disputa entre Amazonas y Pará y 2.614 en disputa entre Ceará y Piauí. [4] La primera cifra se refiere a la población del municipio, y la segunda (entre paréntesis) al área metropolitana. [5] Los gastos de desarrollo igualan al 27,5% del total. [6] Combustible producido a partir de caña de azúcar. [7] Excluye la población rural de Acre, Amazonas, Pará, Rondônia, Amapá y Roraima. [8] Las cifras de importación son f.o.b. (franco a bordo) en la balanza comercial y c.i.f. (costo, seguro y flete) en los artículos comerciales. [9] Según estimación oficial, la alfabetización funcional de 1986 puede alcanzar entre la población total de más de 15 años un nivel del 42,0%.

Brunei

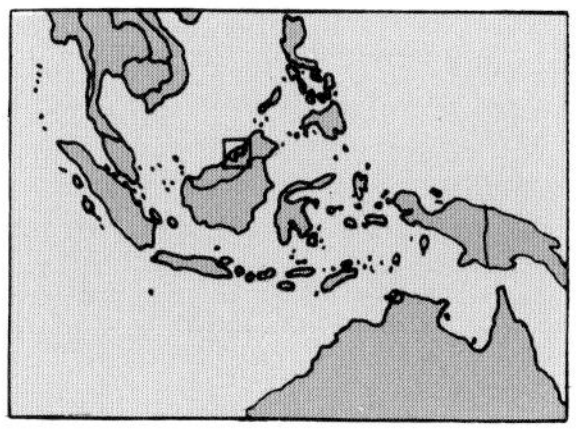

Nombre oficial: Negara Brunei Darusalam (Estado de Brunei, Morada de la Paz).
Forma de gobierno: Monarquía (sultanato).
Jefe del estado y del gobierno: Sultán.
Capital: Bandar Seri Begawan.
Lengua oficial: Malayo.
Religión oficial: Islámica.
Moneda: 1 dólar de Brunei (Br$) = 100 centavos; cambio (2 oct. 1989) 1 dlr. EUA = 1,96 Br$.

Área y población

Distritos	Centros	área km²	población estimada 1986
Belait	Kuala Belait	2.724	53.600
Brunei y Muara	Bandar Seri Begawan	571	136.100
Temburong	Bangar	1.304	8.500
Tutong	Tutong	1.166	28.100
TOTAL		5.765	226.300

Demografía

Población (1989): 251.000.
Densidad (1989): Personas por km² 43,5
Índice de urbanización (1981): Urbana 59,4%; rural 40,6%.
Distribución por sexo (1986): Varones 51,61%; mujeres 48,39%.
Estructura por edades (1986): Menos de 15, 36,7%; 15-29, 33,3%; 30-44, 18,3%; 45-59, 7,4%; 60-69, 2,3%; 70 y más, 2%.
Proyección demográfica: (2000) 341.000; (2010) 451.000.
Tiempo de duplicación: 29 años.
Composición étnica (1986): Malayos 68,8%; chinos 18,3%; otros indígenas 5,0%; otros 7,9%.
Afiliación religiosa (1982): Musulmanes 63,4%; budistas 14,0%; cristianos 9,7%; otros 12,9%.
Principales ciudades (1981): Bandar Seri Begawan 52.300[1]; Seria 23.511; Kuala Belait 19.281; Tutong 6.161.
Tasa de natalidad por 1.000 habitantes (1988): 28,3 (media mundial 27,1).
Tasa de mortalidad por 1.000 habitantes (1988): 3,9 (media mundial 9,9).
Tasa de crecimiento por 1.000 habitantes (1988): 24,4 (media mundial 17,2).
Esperanza de vida al nacer (1986): Varones 70,1 años; mujeres 72,7 años.
Principales causas de muerte por 100.000 habitantes (1986): Enfermedades cardiovasculares 32,7; neoplasias malignas (cánceres) 27,0; enfermedades cerebrovasculares 19,4; cuadros clínicos perinatales 15,9; neumonía 12,4; bronquitis, enfisema y asma 11,0; accidentes de vehículos a motor 11,1; tuberculosis 4,9; síntomas y otras condiciones poco definidas 268,0.

Economía nacional

Presupuesto (1986). Ingresos: 3.331.530.000 Br$ (impuestos indirectos 59,4%; propiedades públicas 36,7%[2]). Gastos: 2.720.370.000 Br$ (gastos para el desarrollo 13,9%; defensa 8,8%; educación 7,6%; obras públicas 5,7%; sanidad 3,4%).
Turismo (1986): Número de visitantes 6.578.
Producción (toneladas métricas, excepto cuando se indique). Agricultura, silvicultura, pesca (1988): Cocos 1.045.000[3], verduras y melones 9.000, frutas 6.000, huevos 2.270, arroz 2.000, mandioca 1.000, piñas tropicales 1.000; ganadería (número de animales vivos): 14.000 cerdos, 10.000 búfalos, 3.000 reses, 1.000 cabras, 2.000.000 pollos; madera (1987) 294.000 m³; pesca, capturas (1987) 2.652 Minas y canteras (1988): aparte de petróleo y gas natural (véase abajo), ninguno, excepto arena y grava para la construcción. Industria manufacturera (1986): Gasolina 125.000; combustible para motor diesel 58.000; gas natural licuado 40.000; nafta 18.000. Construcción (número de edificios terminados; 1984): Residenciales 195; no residenciales 5. Producción energética (consumo): Electricidad (kwh; 1987) 998.000.000 (998.000.000); carbón, no produce (sin consumo); petróleo crudo (barriles; 1987) 51.013.000 (n.d.); productos petrolíferos (1987) 623.000 (649.000); gas natural (m³; 1987) 821.646.000 (934.007.000).
Producto nacional bruto (a precios corrientes de mercado; 1986): 3.570.000.000 dlr. EUA (15.400 dlr. EUA per cápita).

Estructura del producto nacional bruto y de la población activa

1986	Valor (000.000 Br$)	% del valor total	Población activa	% de la pobl. activa
Agricultura	107,7	1,9	3.059	3,5
Minería } Industria }	2.920,2	50,6	6.006	7,0
Construcción	233.5	4,0	9.424	10,9
Servicios públicos	17,7	0,3	2.042	2,4
Transportes y comunicaciones	139,0	2,4	6.883	8,0
Comercio	666,8	11,5	8.022	9,3
Finanzas	379,5	6,6	4.330	5,0
Servicios	1.451,7	25,1	38.557	44,6
Otros	−142,7[4]	-2,5[4]	8.072[5]	9,3[5]
TOTAL	5.773,3[10]	100,0[6]	86.395	100,0

Deuda pública (externa, pendiente; 1988): Ninguna.
Población económicamente activa (1986): Total 86.395; tasa de actividad de la población total 37,8% (tasas de participación: 15-64 [1981] años 61,1%; mujeres [1981] 23,8%; desempleados 6,1%).

Comercio exterior

Balanza comercial (precios corrientes)

	1981	1982	1983	1984	1985	1986
Millones Br$	7.327	6.582	5.629	5.482	5.184	2.540
% del total	74,3	67,7	64,6	67,3	65,8	46,7

Importaciones (1986): 1.450.410.000 (maquinaria y equipos de transporte 38,0%; artículos manufacturados 21,1%; alimentos y animales vivos 14,4; artículos manufacturados diversos 10,6%; productos químicos 7,0%; bebidas y tabaco 5,9%; combustibles minerales 1,0%). *Principales proveedores:* Singapur 25,7%; Japón 17,7%; EUA 12,2%; Reino Unido 7,9%; Alemania federal 6,0%; Malasia 5,2%[7]; Países Bajos 3,3%; Tailandia 3,1,%; Australia 2,6%.
Exportaciones (1986): 3.990.100.000 (gas natural 52,9%; petróleo crudo 40,6%; productos petrolíferos 3,7%; otros 2,8%). *Principales clientes:* Japón 66,9%; Tailandia 8,1%; Corea del sur 7,4%; Singapur 6,7%; EUA 6,1%; Taiwán 1,7%.

Transportes y comunicaciones

Transportes. Ferrocarriles[8] (1988): Longitud de vías 19 km. Carreteras (1986): Longitud total 1.860 km (pavimentadas 50%). Vehículos (1986): Automóviles 84.527; camiones y autobuses 11.051. Marina mercante (1988): Barcos (100 toneladas brutas y más) 34; peso muerto total 345.001. Transporte marítimo (1986): Mercancías cargadas 18.620.000 toneladas métricas; descargadas 671.600 toneladas métricas. Transporte aéreo (1988): Pasajeros-km 333.000.000; carga toneladas métricas-km 5.978.000; aeropuertos (1989) con vuelos regulares 1.
Comunicaciones. Diarios (1987): Ninguno. Radio (1986): Número total de receptores 78.000 (1 por cada 3,0 personas). Televisión (1986): Número total de televisores 49.500[9] (1 por cada 4,7 personas). Teléfonos (1987): 39.534 (1 por cada 6,1 personas).

Educación y sanidad

Escolaridad (1981): Porcentaje de la población de 25 años y más: sin escolarización formal 32,1%; con enseñanza primaria 28,3%; secundaria 30,1%; postsecundaria y superior 9,4%. *Alfabetización* (1984): Población total de 15 años y más alfabetizada 108.900 (80,3%); varones alfabetizados 64.300 (86,5%); mujeres alfabetizadas 44.600 (72,8%).
Sanidad (1986): Médicos 171 (1 por cada 1.323 habitantes); camas hospitalarias 876 (1 por cada 258 habitantes); tasa de mortalidad infantil por cada 1.000 nacidos vivos 16,0.
Alimentación (1984-86): Ingesta calórica diaria per cápita 2.850 (productos vegetales 80%, productos animales 20%); 126% de las necesidades mínimas recomendadas por la FAO.

Fuerzas armadas

Personal en servicio activo (1989): 4.200[10] (ejército 80,9%, armada 11,9%, fuerza aérea 7,2%). *Presupuesto de defensa en porcentaje del PNB* (1983): 5,8% (mundo 6,1%); gasto per cápita 1.200 dlr. EUA.

[1] Estimado 1988. [2] En 1983, más del 98% de los ingresos del estado se derivó de las exportaciones de petróleo y gas. [3] 1985. [4] Cargo de servicios bancarios imputados. [5] Incluye desempleados. [6] El desglose no se corresponde con el total a causa del redondeo. [7] Sólo Malasia peninsular. [8] Propiedad privada. [9] Sólo aparatos en color. [10] Todos los servicios forman parte del ejército.

Bulgaria

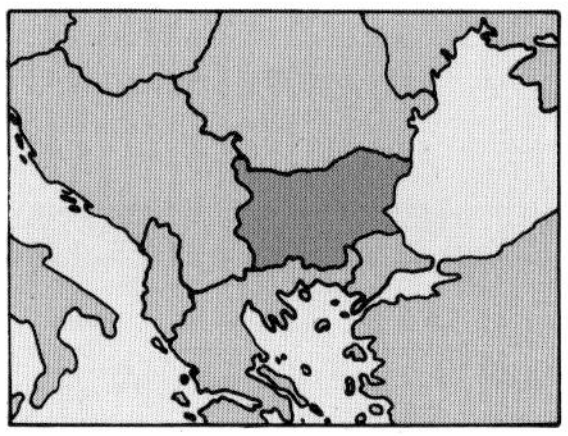

Nombre oficial: República Popular de Bulgaria.
Forma de gobierno: República socialista con asamblea legislativa unicameral (Asamblea Nacional).
Jefe del estado: Presidente del Consejo de Estado (presidente).
Jefe del gobierno: Presidente del Consejo de Ministros (primer ministro).
Capital: Sofía.
Lengua oficial: Búlgaro.
Religión oficial: Ninguna.
Moneda: 1 lev (leva) = 100 stotinki; cambio (2 oct. 1989) 1 leva = 0,82 dlr. EUA.

Área y población

Provincias	**Capitales**	área km²	población estimada 1988[1]
Burgas	Burgas	14.657	873.905
Khaskovo	Khaskovo	13.892	1.047.189
Lovech	Lovech	15.150	1.068.097
Mijaylovgrad	Mijaylovgrad	10.607	666.277
Plovdiv	Plovdiv	13.628	1.261.875
Razgrad	Razgrad	10.842	850.862
Sofiya	Sofía (Sofiya)	18.978	1.017.214
Varna	Varna	11.929	981.274
Municipio metropolitano			
Sofiya	Sofía (Sofiya)	1.311	1.209.562
TOTAL		110.994	8.976.255

Demografía

Población (1989): 8.987.000.
Densidad (1989): Personas por km² 81,0.
Indice de urbanización (1988): Urbana 66,4%; rural 33,6%.
Distribución por sexo (1988): Varones 49,44%; mujeres 50,56%.
Estructura por edades (1988): Menos de 15, 21,2%; 15-29, 20,4%; 30-44, 21,3%; 45-59, 18,8%; 60-74, 13,7%; 75 y más, 4,6%.
Proyección demográfica: (2000) 9.075.000; (2010) 9.155.000.
Tiempo de duplicación: no es aplicable, población estable.
Composición étnica (1987): Búlgaros 85,3%; turcos 8,5%; otros 6,2%.
Afiliación religiosa (1982): Ortodoxos orientales 26,7%; musulmanes 7,5%; protestantes 0,7%; católicos 0,5%; otros 0,1%; ateos 64,5%.
Principales ciudades (1987): Sofía 1.128.859; Plovdiv 356.596; Varna 305.891; Bargas 197.555; Ruse 190.450.
Tasa de natalidad por 1.000 habitantes (1987): 13,0 (media mundial 27,1).
Tasa de mortalidad por 1.000 habitantes (1987): 12,0 (media mundial 9,9).
Tasa de crecimiento por 1.000 habitantes (1987): 1,0 (media mundial 17,2).
Esperanza de vida al nacer (1984-86): Varones 68,6 años; mujeres 74,4 años.
Principales causas de muerte por 100.000 habitantes (1986): Enfermedades cardiovasculares 714,1; neoplasias malignas (cánceres) 164,5; enfermedades del sistema respiratorio 60,6; enfermedades del aparato digestivo 36,6; trastornos endocrinos y metabólicos 17,9.

Economía nacional

Presupuesto (1987). Ingresos: 20.672.800.000 leva (economía nacional 92,0%; otros 8,0%). Gastos: 20.662.800.000 leva (economía 46,4%; educación y sanidad 18,8%; seguridad social 18,0%; administración 15,1%.
Turismo (1987): Número de turistas llegados 7.593.637; ingresos por visitantes 354.000.000 dlr. EUA; gastos de nacionales en el exterior, n.d.
Producción (toneladas métricas, excepto cuando se indique). Agricultura, silvicultura, pesca (1987): Trigo 4.148.650, maíz 1.857.621, cebada 1.091.450, uva 942.643, tomates 827.505, remolacha azucarera 736.472, melones y sandías 361.964, manzanas 339.177, papas o patatas 315.727, tabaco 127.174; ganadería (número de animales vivos; 1988): 8.885.863 ovejas, 4.034.098 cerdos, 1.648.605 reses; madera 3.667.000 m³; pesca, capturas 110.543. Minas y canteras (1987): Mineral de hierro 1.850.000; plomo 95.000; cobre 75.000; zinc 68.000; manganeso 38.000. Industria manufacturera (1987): Cemento 5.494.000; acero en bruto 3.045.000; hierro en lingotes 1.706.000; fertilizantes 889.700; ácido sulfúrico 688.500; pulpa de madera y papel 540.500; plásticos y resinas sintéticas 322.114; esencia de lavanda 157.986; tabaco 129.858; tejidos de algodón 353.418.000 m; tejidos de lana 43.733.000 m; calzado de piel 25.041.000 pares; calzado de goma 8.725.000 pares; bebidas 6.596.000 hectólitros. Construcción (1987): Residencial 4.330.790 m². Producción energética (consumo): Electricidad (kwh; 1987): 43.470.000.000 (47.844.000.000); carbón (1987) 43.868.000 (43.848.000); petróleo crudo (barriles; 1987) 2.126.000 (97.442.000); productos petrolíferos (1987) 11.360.000 (12.943.000); gas natural (m³; 1988) 122.830.000 (5.592.734.000).
Producto nacional bruto (1988): 67.590.000.000 dlr. EUA (7.510 dlr. EUA per cápita).

Estructura del producto nacional neto y de la población activa
1987

	Valor (000.000 leva)	% del valor total	Población activa	% de la pobl. activa
Agricultura	3.712,1	13,1	824.255	20,1
Minería	107,9	0,4	25.846	0,6
Industria }	16.649,7	58,8	1.437.507	35
Servicios públicos }			58.495	1,4
Construcción	2.674,7	9,4	362.884	8,8
Transportes y comunicaciones	2.058,2	7,3	304.084	7,4
Comercio	2.499,8	8,8	367.653	8,9
Finanzas	—	—	23.222	0,6
Administración pública, defensa	—	—	57.874	1,4
Servicios	—	—	607.152	14,8
Otros	635,6[2]	2,2[2]	39.487	1,0
TOTAL	28.338,0	100,0	4.108.459	100,0

Deuda pública (externa, pendiente; 1987): 6.100.000.000 dlr. EUA.
Población económicamente activa (1985): Total 4.686.140; tasa de actividad de la población total 52,4% (tasas de participación: 15-64 años 75,7%; mujeres 47,7%; desempleados, n.d.).

Comercio exterior

Balanza comercial (precios corrientes)

	1982	1983	1984	1985	1986	1987
Millones de levas	—95,9	—148,5	145,0	327,1	—1.022,6	—265,3
% del total	0,4	0,6	0,6	1,2	3,6	1,0

Importaciones (1987): 14.067.000.000 leva (maquinaria y equipos 43,5%; combustibles, materias primas minerales y metales 32,4%; productos químicos y caucho 6,4%; bienes de consumo 5,4%; productos alimenticios 5,2%). *Principales proveedores:* URSS 57,3%; Alemania democrática 5,7%; Checoslovaquia 5,0%; Alemania federal 4,9%; Polonia 4,8%; Cuba 1,8%; Suiza 1,4%; Italia 1,2%; Japón 1,0%.
Exportaciones (1987): 13.802.000.000 leva (maquinaria y equipos 60,2%, del que el 29,3% corresponde a maquinaria; bienes de consumo 10,2%; combustibles, minerales y metales 8,8%; alimentos y bebidas 6,6%; tabaco 6,6%; productos químicos 3,7%; materiales de construcción 1,9%). *Principales clientes:* URSS 61,1%; Alemania democrática 5,5%; Checoslovaquia 4,9%; Polonia 4,3%; Libia 3,4%; Irán 2,9%.

Transportes y comunicaciones

Transportes. Ferrocarriles (1987): Longitud de vías 4.300 km; pasajeros-km 8.075.000.000; carga toneladas métricas-km 17.842.000.000. Carreteras (1987): Longitud total 37.908 km (pavimentadas 91%). Vehículos (1987): Automóviles 1.138.433; camiones y autobuses 588.600. Marina mercante (1988): Barcos (100 toneladas brutas y más) 201; peso muerto total 1.984.308 toneladas. Transporte aéreo (1987): Pasajeros-km 3.577.600; carga toneladas métricas-km 41.735.000; aeropuertos (1989) 13.
Comunicaciones. Diarios (1987): Número total 17; circulación total 2.834.000; circulación por 1.000 habitantes 316. Radio (1987): Número total de receptores 1.982.929 (1 por cada 4,5 personas). Televisión (1987): Número total de televisores 1.692.411 (1 por cada 5,3 personas). Teléfonos (1987): 2.073.271 (1 por cada 4,3 personas).

Educación y sanidad

Escolaridad (1983): Porcentaje de la población empleada: con certificado vocacional postsecundario 15,6%; escuela superior 4 años 7,5%. *Alfabetización* (1980): Población total de 15 años y más alfabetizada 95,5%.
Sanidad (1987): Médicos 27.107 (1 por cada 331 habitantes); camas hospitalarias 85.804 (1 por cada 105 habitantes); tasa de mortalidad infantil por cada 1.000 nacidos vivos 14,7.
Alimentación (1984-86): Ingesta calórica diaria per cápita 3.634 (productos vegetales 76%, productos animales 24%); (1984) 99% de las necesidades mínimas recomendadas por la FAO.

Fuerzas armadas

Personal en servicio activo (1988): 157.800 (ejército 72,9%, armada 5,6%, fuerza aérea 21,5%). *Presupuesto de defensa en porcentaje del PNB* (1987): 10,3% (mundo 5,4%); gasto per cápita 743 dlr. EUA.

[1] Enero. [2] Incluye otras actividades materiales.

Burkina Faso[1]

Nombre oficial: Burkina Faso.
Forma de gobierno: Régimen militar.
Jefe del estado y del gobierno: Presidente.
Capital: Uagadugu.
Lengua oficial: Francés.
Religión oficial: Ninguna.
Moneda: 1 franco CFA (CFAF) = 100 centimes; cambio (2 oct. 1989) 1 dlr. EUA = 317,90 CFAF.

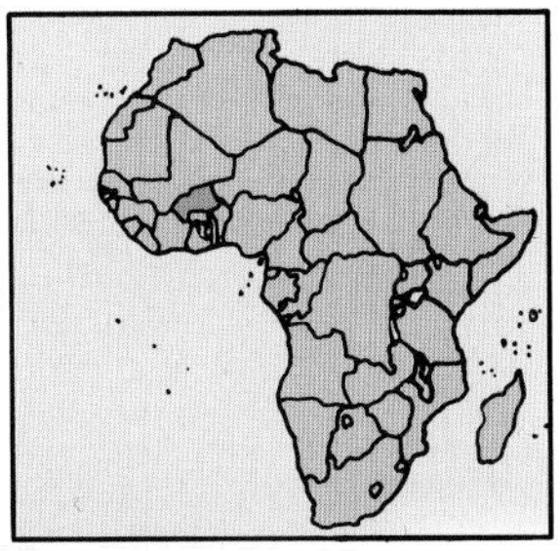

Área y población

Provincias	Capitales	área km²	población censo 1985
Bam	Kongoussi	4.017	162.575
Bazéga	Kombissiri	5.313	303.941
Bougouriba	Diébougou	7.087	220.895
Boulgou	Tenkodogo	9.033	402.236
Boulkiemde	Koudougou	4.138	365.223
Comoé	Banfora	18.239	249.967
Ganzourgou	Zorgho	4.087	195.652
Gnagna	Bogandé	8.600	229.152
Gourma	Fada N'Gourma	26.613	294.235
Houet	Bobo-Diulasso	16.472	581.722
Kadiogo	Uagadugu	1.169	459.826
Kénédougou	Orodara	8.307	139.973
Kossi	Nouna	13.177	332.960
Kouritenga	Koupéla	1.627	198.486
Mouhoun	Dédougou	10.442	288.735
Nahouri	Pô	3.843	105.509
Namentenga	Boulsa	7.755	198.890
Oubritenga	Ziniaré	4.693	304.265
Oudalan	Gorom Gorom	10.046	106.194
Passoré	Yako	4.078	223.830
Poni	Gaoua	10.361	235.480
Sanguie	Réo	5.165	217.277
Sanmatenga	Kaya	9.213	367.724
Sèno	Dori	13.473	228.905
Sissili	Léo	13.736	244.919
Soum	Djibo	13.350	186.812
Sourou	Tougan	9.487	268.108
Tapoa	Diapaga	14.780	158.859
Yatenga	Ouahigouya	12.292	536.578
Zoundwéogo	Manga	3.453	155.777
TOTAL		274.200	7.964.705

Demografía

Población (1989): 8.714.000.
Densidad (1989): Personas por km² 31,8.
Índice de urbanización (1986): Urbana 8,1%; rural 91,9%.
Distribución por sexo (1986): Varones 48.13%; mujeres 51,87%.
Estructura por edades (1986) Menos de 15, 48,3%; 15-29, 23,4%; 30-44, 13,4%; 45-59, 8,7%; 60-74, 4,7%; 75 y más, 1,5%.
Proyección demográfica: (2000) 11.675.000; (2010) 13.186.000.
Tiempo de duplicación: 24 años.
Composición étnica (1983): Mossi 47,9%; mande 8,8%; fulani 8,3%; lobi 6,9%; bobo 6,8%; senufo 5,3%; grosi 5,1%; gurma 4,8%; tuareg 3,3%; otros 2,8%.
Afiliación religiosa (1980): Creencias tradicionales 44,8%; musulmanes 43,0%; cristianos 12,2%, del que el 9,8% corresponde a católicos y el 2,4% a protestantes.
Principales ciudades (1985): Uagadugu 442.223; Bobo-Dioulasso 231.162; Koudougou 59.644; Ouahigouya 41.595; Banfora 16.843.
Tasa de natalidad por 1.000 habitantes (1985-90): 47,2 (media mundial 27,5).
Tasa de mortalidad por 1.000 habitantes (1985-90): 18,5 (media mundial 9,9).
Tasa de crecimiento por 1.000 habitantes (1985-90): 28,7 (media mundial 17,2).
Esperanza de vida al nacer (1985-90): Varones 45,6 años; mujeres 48,9 años.
Principales causas de muerte (porcentaje de casos de enfermedad consignados; 1984): Sarampión 39,6%; paludismo 12,4%; tétanos 5,7%; enfermedades diarreicas 5,3%.

Economía nacional

Presupuesto (1989). Ingresos: 100.533.000.000 CFAF (ingresos actualizados 90,4%, del que el 3,5% corresponde a aranceles de importación, 17,4% a impuesto sobre el valor añadido, el 13,0% a impuesto de utilidades personales y el 10,8% a impuesto de consumo; otros 9,6%). Gastos: 107.214.000.000 (gastos recurrentes 88,6%, del que el 18,4% corresponde a educación, el 16,8% a defensa, el 8,7% al servicio de la deuda, el 6,9% a sanidad y el 4,1% a seguridad social y bienestar; inversiones 11,4%).
Turismo: Ingresos por visitantes (1987) 7.000.000 dlr. EUA; gastos de nacionales en el exterior: 37.000.000 dlr. EUA.
Producción (toneladas métricas, excepto cuando se indique). Agricultura, silvicultura, pesca (1988): Sorgo 1.009.000, mijo 817.000, caña de azúcar 340.000, maíz 227.000, semillas de algodón 179.000, legumbres 174.000, cacahuetes 161.000, arroz 39.000, batatas o camotes 39.000, sésamo 9.000, mandioca 8.000; ganadería (número de animales vivos): 5.198.000 cabras, 2.972.000 ovejas, 2.809.000 reses, 21.000.000 pollos; madera 7.114.000 m³; pesca, capturas (1987) 7.000. Minas y canteras (1988): Manganeso 15.000; fosfatos 3.000. Industria manufacturera (1986): Harina 25.518; jabón 13.835; hilados de algodón 238; ruedas de bicicleta y motocicleta 526.100 unidades; motocicletas 52.800 unidades; calzado 890.000 pares; cerveza 389.269 hectólitros; bebidas refrescantes 128.644 hectólitros. Construcción (valor añadido en CFAF; 1983): 7.749.300.000. Producción energética (consumo): Electricidad (kwh; 1988) 144.700.000 (130.000.000); carbón, no produce (sin consumo); petróleo crudo, no produce (sin consumo); productos petrolíferos (1987) no produce (149.000); gas natural, no produce (sin consumo).
Producto nacional bruto (1987): 1.426.000.000 dlr. EUA (170 dlr. EUA per cápita).

Estructura del producto nacional bruto y de la población activa

	1986 Valor (000.000 CFAF)	1986 % del valor total	1985 Población activa	1985 % de la pobl. activa
Agricultura	186.840	47,2	3.480.000	85,9
Minería	90	0,1	182.000	4,5
Industria	56.900	14,4		
Construcción	4.800	1,2		
Servicios públicos	5.560	1,4		
Transportes y comunicaciones	19.780	5,0	389.000	9,6
Comercio	49.560	12,5		
Administración pública, defensa; Servicios	59.270	15,8		
Otros	5.890	1,5	—	—
TOTAL	395.580	100,0[2]	4.051.000	100,0

Deuda pública (externa, pendiente; 1985): 794.000.000 dlr. EUA.
Población económicamente activa: Total (1985) 4.051.000; tasa de actividad de la población total 51,0% (tasas de participación: más de 15 años 83,0%; mujeres 49,1%; desempleados, n.d.

Comercio exterior

Balanza comercial (precios corrientes)

	1982	1983	1984	1985	1986	1987
Millones CFAF	−70,82	−63,76	−51,92	−82,91	−80,25	−55,23
% del total	62,2	59,5	42,7	57,1	58,3	37,2

Importaciones (1987): 130.527.000.000 CFAF (maquinaria y equipos de transporte 27,2%, del que el 10,5% corresponde a equipos de transporte terrestres y el 4,7% a maquinaria no eléctrica; bienes manufacturados 26,1%; productos químicos 13,5%; productos petrolíferos 7,7%; cereales 5,7%; productos lácteos 3,8%; materias primas 3,4%; grasas y lubricantes 1,4%. *Principales proveedores:* Francia 32,2%; Costa de Marfil 25,9%; Italia 4,1%; Japón 4,1%; Países Bajos 4,0%; Alemania federal 3,9%.
Exportaciones (1987): algodón en rama 43,2%; artículos manufacturados 32,2%; maquinaria y equipos de transporte 9,7%; animales vivos 5,4%; productos alimenticios vegetales 2,7%. *Principales clientes:* Francia 39,8%; Túnez 3,8%; España 3,3%; Portugal 3,0%; Italia 3,0%; Bélgica-Luxemburgo 2,3%; Egipto 2,0%.

Transportes y comunicaciones

Transportes. Ferrocarriles (1984): Longitud de vías 550 km; pasajeros-km 679.790.000; carga toneladas métricas-km 469.675.000. Carreteras (1986): Longitud total 11.231 km (pavimentadas 12,0%). Vehículos (1983): Automóviles 21.182; camiones y autobuses 5.792. Marina mercante, ninguna. Transporte aéreo (1987): Pasajeros-km 213.706.000; carga toneladas métricas-km 36.119.000; aeropuertos (1989) con vuelos regulares 3.
Comunicaciones. Diarios (1988): Número total 2; circulación total 6.500; circulación por 1.000 habitantes 0,8. Radio (1986): 311.000 receptores (1 por cada 26 personas). Televisión (1988): 41.500 televisores (1 por cada 205 personas). Teléfonos (1986): 16.769 (1 por cada 483 personas).

Educación y sanidad

Escolaridad, n.d. *Alfabetización* (1985): Población total de 15 años y más alfabetizada 509.700 (13,2%); varones alfabetizados 392.100 (20,7%); mujeres alfabetizadas 119.900 (6,1%).
Sanidad: Médicos (1988) 280 (1 por cada 29.914 habitantes); camas hospitalarias (1984) 5.580 (1 por cada 1.359 habitantes); tasa de mortalidad infantil por cada 1.000 nacidos vivos (1985) 137,0.
Alimentación (1984-86): Ingesta calórica diaria per cápita 2.047 (productos vegetales 95%, productos animales 5%); (1984) 86% de las necesidades mínimas recomendadas por la FAO.

Fuerzas armadas

Personal en servicio activo (1989): 8.700 (ejército 97,7%, armada, ninguno, fuerza aérea 2,3%). *Presupuesto de defensa en porcentaje del PNB* (1987): 3,1% (mundo 5,4%); gasto per cápita 6 dlr. EUA.

[1] Denominado Alto Volta antes del 4 de agosto de 1984. [2] El desglose no se corresponde con el total a causa del redondeo.

Burundi

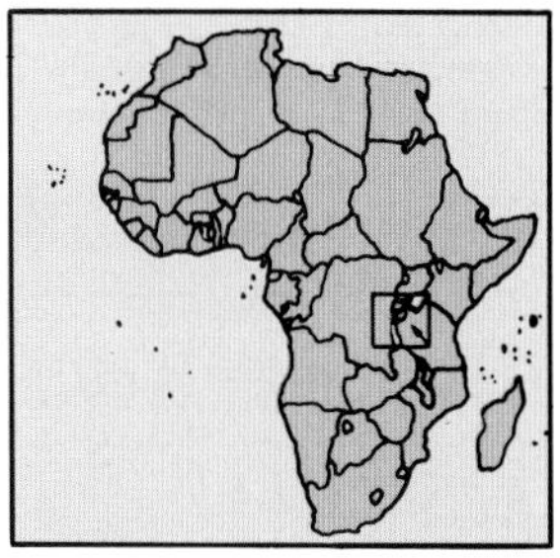

Nombre oficial: República de Burundi.
Forma de gobierno: Régimen militar[1].
Jefe del estado y del gobierno: Presidente (y presidente del Comité Militar de Salvación Nacional).
Capital: Bujumbura.
Lengua oficial: Rundi francés.
Religión oficial: Ninguna.
Moneda: 1 franco de Burundi (FBu) = 100 centimes; cambio (2 oct. 1989) 1 dlr. EUA = 156,67 FBu.

Área y población

Provincias	Capitales	área km²	población estimada[2] 1987
Bubanza	Bubanza	1.093	200.420
Bujumbura	Bujumbura	1.334	584.812
Bururi	Bururi	2.515	374.660
Cankuzo	Cankuzo	1.940	129.275
Cibitoke	Cibitoke	1.639	235.279
Gitega	Gitega	1.989	561.950
Karuzi	Karuzi	1.459	258.811
Kayanza	Kayanza	1.229	446.219
Kirundo	Kirundo	1.711	359.485
Makamba	Makamba	1.972	155.676
Muramvya	Muramvya	1.530	437.846
Muyinga	Muyinga	1.825	315.008
Ngozi	Ngozi	1.468	476.408
Rutana	Rutana	1.898	179.302
Ruyigi	Ruyigi	2.365	206.933
ÁREA TOTAL DE TIERRA		25.967	4.922.084
ÁREA DE MASAS DE AGUA INTERIORES		1.867	
ÁREA TOTAL		27.834	

Demografía

Población (1989): 5.287.000.
Densidad (1988): Personas por km² 203,6.
Índice de urbanización (1986): Urbana 7,5%; rural 92,3%.
Distribución por sexo (1986): Varones 48,60%; mujeres 51,40%.
Estructura por edades (1986): Menos de 15, 44,3%; 15-29, 28,2%; 30-44, 14,5%; 45-59, 7,9%; 60-74, 4,0%; 75 y más, 1,1%.
Proyección demográfica: (2000) 7.235.000; (2010) 9.500.000.
Tiempo de duplicación: 25 años.
Composición étnica (1983): Rundi 97,4%, del que el 81,9% son hutu y el 13,5% tutsi; pigmeos twa 1,0%; otros 1,6%.
Afiliación religiosa (1980): Cristianos 85,5%, del que el 78,3% corresponde a católicos y el 7,1% a protestantes; creencias tradicionales 13,5%; musulmanes 0,9%; otros 0,1%.
Principales ciudades (1986): Bujumbura 272.600; Gitega 95.300; Ngozi 20.000[3].
Tasa de natalidad por 1.000 habitantes (1986-87): 45,7% (media mundial 27,1).
Tasa de mortalidad por 1.000 habitantes (1986-87): 17,4 (media mundial 9,9).
Tasa de crecimiento por 1.000 habitantes (1986-87): 28,4 (media mundial 17,2).
Esperanza de vida al nacer (1986-87): Varones 46,9 años; mujeres 50,2 años.
Principales causas de muerte por 100.000 habitantes (1983)[4]: Sarampión 45,1; disentería bacilar 26,2; otras enfermedades diarreicas 7,9; paludismo 7,4; tuberculosis 2,6.

Economía nacional

Presupuesto (1989). Ingresos 29.678.900.000 FBu (aranceles 27,5%; consumos 16,7%; impuestos sobre la propiedad 8,3%; ingresos administrativos 7,7%; impuesto sobre la renta 7,1%). Gastos: 34.789.600.000 FBu (bienes y servicios 49,0%; subsidios y transferencias 19,7%; deuda pública 12,5%).
Turismo (1987): Ingresos por visitantes 35.000.000 dlr. EUA; gastos de nacionales en el exterior 18.000.000 dlr. EUA.
Producción (toneladas métricas, excepto cuando se indique). Agricultura, silvicultura, pesca (1987): Plátanos 1.440.000, batatas o camotes 615.000, mandioca 555.000, legumbres 353.000, sorgo 220.000, maíz 165.000, ñame y taros 129.000, cacahuates 80.000, mijo 62.000, café 34.000, arroz 20.000, trigo 15.000, caña de azúcar 7.000, frutos de palma 2.000, borra de algodón 2.000; ganadería (número de animales vivos): 865.000 cabras, 390.000 ovejas, 360.000 reses, 4.000.000 pollos; madera 3.849.000 m³; pesca, capturas (1986) 6.840. Minas y canteras (1986): turba 12.455; caolín 5.113; cal 160; oro 980 onzas troy. Industria manufacturera (1987): Cerveza 939.000 hectólitros; bebidas carbónicas 130.000 hectólitros; cigarrillos 271.000.000 unidades; mantas 342.000 unidades; calzado 398.000 pares. Construcción: n.d. Producción energética (consumo): Electricidad (kwh; 1987) 54.000.000 (129.000.000); carbón, no produce (n.d.); petróleo crudo, no produce (n.d.); productos petrolíferos (1987), no produce (49.000); gas natural, no produce (n.d.); turba (1987) 10.000 (10.000).
Producto nacional bruto (a precios corrientes de mercado; 1987): 1.205.000.000 dlr. EUA (240 dlr. EUA per cápita).

Estructura del producto nacional bruto y de la población activa

	1988		1979	
	Valor (000.000 FBu)[5]	% del valor total	Población activa	% de la pobl. activa
Agricultura	77.786,9	51,9	2.246.200	93,1
Minería	1.194,3	0,8	1.400	0,1
Industria			1.700	0,1
Construcción	13.812,0	9,2	36.700	1,5
Servicios públicos	5.458,1	3,6	14.700	0,6
Transportes y comunicaciones	3.972,5	2,6	6.400	0,2
Comercio	12.205,8	8,1	20.900	0,9
Finanzas	—	—	1.300	0,1
Administración pública, defensa	18.800,0	12,5	5.700	0,2
Servicios	2.071.8	1,4	75.000	3,1
Otros	15.148,0	10,1	3.100	0,1
TOTAL	149.963,3[6]	100,0[6]	2.413.100	100,0

Deuda pública (externa, pendiente; 1987): 718.000.000 dlr. EUA.
Población económicamente activa (1986): Total 2.653.951; tasa de actividad de la población total 55,5% (tasas de participación: 15-64 años 88,7%; mujeres 52,7%; desempleados, n.d.).

Comercio exterior[7]

Balanza comercial (precios corrientes)

	1983	1984	1985	1986	1987	1988
Millones FBu	−7.326	−5.930	−6.001	−864	−12.273	−7.136
% del total	32,7	18,0	18,0	2,2	37,0	16,6

Importaciones (1987): 25.465.000.000 FBu (artículos intermedios 37,3%; bienes de capital 35,6%; bienes de consumo 27,1%). *Principales proveedores:* Bélgica-Luxemburgo 17,7%; Alemania federal 17,6%; Irán 11,4%; Francia 10,4%; Japón 6,1%; Zambia 4,8%.
Exportaciones (1987): 8.870.000.000 FBu (café 80,9%; té 6,9%; algodón en rama 5,7%; cueros y pieles de animales 2,0%). *Principales clientes:* Alemania federal 31,6%; Bélgica-Luxemburgo 20,8%; Finlandia 7,3%; Países Bajos 5,8%; Francia 4,8%; EUA 3,5%; Italia 3,2%.

Transportes y comunicaciones

Transportes. Ferrocarriles, ninguno. Carreteras (1988): Longitud total 5.900 km (pavimentadas 7%). Vehículos (1987): Automóviles 9.892; camiones y otros vehículos 8.685. Marina mercante (1979): Barcos (100 toneladas brutas y más) 1; peso muerto total 385 toneladas. Transporte aéreo (1986): Llegadas de pasajeros 23.711; salidas 24.947; mercancía cargada 2.168 toneladas métricas; descargada 4.228 toneladas métricas; aeropuertos (1989) con vuelos regulares 2.
Comunicaciones. Diarios (1988): Número total 1; circulación total 20.000; circulación por 1.000 habitantes 3,9. Radio (1986): Número total de receptores 230.000 (1 por cada 21 personas). Televisión 1988): Número total de televisores 4.500 (1 por cada 1.180 personas). Teléfonos (1986): 7.910 (1 por cada 622 personas).

Educación y sanidad

Escolaridad, n.d. *Alfabetización* (1982): Población total de 10 años y más alfabetizada 991.600 (33,8%); varones alfabetizados 601.500 (42,8%); mujeres alfabetizadas 390.100 (25,7%).
Sanidad (1985): Médicos 178 (1 por cada 26.494 habitantes); camas hospitalarias 5.506 (1 por cada 857 habitantes); tasa de mortalidad infantil por cada 1.000 nacidos vivos (1986-87) 114.
Alimentación (1984-86): Ingesta calórica diaria per cápita 2.270 (productos vegetales 98%, productos animales 2%) 91% de las necesidades mínimas recomendadas por la FAO.

Fuerzas armadas

Personal en servicio activo (1989): 5.700 (ejército 96,5%, armada 0,9%, fuerza aérea 2,6%). *Presupuesto de defensa en porcentaje del PNB* (1987): 3,1% (mundo 5,4%); gasto per cápita 7 dlr. EUA.

[1] La constitución fue suspendida el 3 de septiembre de 1987. [2] 1 de enero. [3] 1982. [4] Los datos corresponden a cuatro provincias solamente. [5] Todos precios de 1986. [6] El desglose no se corresponde con el total a causa del redondeo. [7] Las cifras de importación son f.o.b. en la balanza comercial y c.i.f. en los artículos y asociados comerciales.

Bután

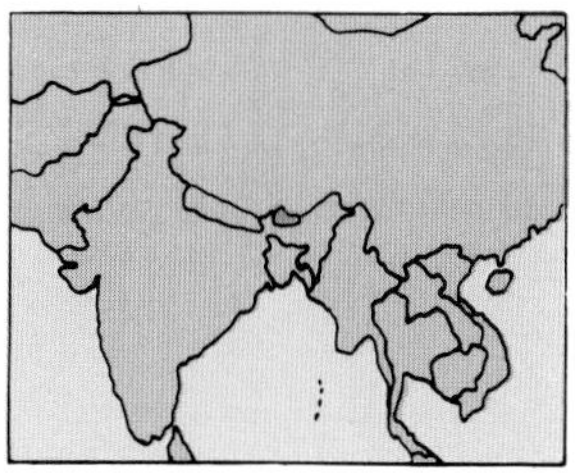

Nombre oficial: Reino de Bután.
Forma de gobierno: Monarquía constitucional[1] con una cámara legislativa (Asamblea Nacional).
Jefe del estado y del gobierno: Monarca (druk gyalpo)
Capital: Timbú.
Lengua oficial: Dzongkha (dialecto tibetano).
Religión oficial: Budismo mahayana.
Moneda: 1 ngultrum[2] (Nu) = 100 chetrum; cambio (2 oct. 1989) 1 dlr. EUA = 17,00 Nu.

Área y población

Distritos	Capitales	área[3] km²	población[4] estimada 1985
Bumthang	Jakar	2.990	23.900
Chirang	Damphu	800	108.800
Chhukha	Chhukha	—	—
Dagana	Dagana	1.400	28.400
Gasa	Gasa	5.180	16.900
Gaylegphug	Gaylegphug	2.640	111.300
Haa	Paro	2.140	16.700
Lhuntsi	Lhuntshi	2.910	39.600
Mongar	Mongar	1.830	73.200
Paro	Paro	1.500	45.600
Pema Gatsel	Pema Gatsel	380	37.100
Punakha	Punakha	860	16.700
Samchi	Samchi	2.140	172.100
Samdrup Jongkhar	Samdrup Jongkhar	2.340	73.100
Shemgang	Shemgang	2.540	44.500
Tashigang	Tashigang	4.260	177.700
Timbú	Timbú	1.620	58.700
Tongsa	Tongsa	1.470	26.000
Wangdi Phodrang	Wangdi Phodrang	3.000	47.200
TOTAL		47.000[5]	1.285.300[6]

Demografía

Población (1989): 1.408.000.
Densidad (1989): Personas por km² 30,0.
Índice de urbanización (1985): Urbana 13,1%; rural 86.9%.
Distribución por sexo (1987): Varones 50,98%; mujeres 49,02%.
Estructura por edades (1987): Menos de 15, 40,0%; 15-29, 26,6%; 30-44, 16,5%; 45-59, 10,6%; 60-74, 5,2%; 75 y más, 1,1%.
Proyección demográfica: (2000) 1.812.000; (2010) 2.266.000.
Tiempo de duplicación: 32 años.
Composición étnica (1983): Bhutia 63,5%; gurung 15,5%; assameses 13,2%; otros 8,8%.
Afiliación religiosa (1980): Budistas 62,5%; hindúes 24,6%; musulmanes 5,0%; otros 0,8%.
Principales ciudades (1985): Timbú 20.000; Phuntsholing 10.000[7].
Tasa de natalidad por 1.000 habitantes (1988): 8,3 (media mundial 27,1).
Tasa de mortalidad por 1.000 habitantes (1988): 16,7 (media mundial 9,9).
Tasa de crecimiento por 1.000 habitantes (1988): 21,6 (media mundial 17,2).
Esperanza de vida al nacer (1988): Varones 48,8 años; mujeres 47,3 años.
Principales causas de muerte por 100.000 habitantes (1987): n.d.; sin embargo, entre los principales problemas sanitarios se incluyen diarrea y disentería, infecciones del conducto respiratorio, helmintos, infecciones cutáneas, paludismo y deficiencias de la nutrición.

Economía nacional

Presupuesto (1987-88). Ingresos: 1.698.113.000 Nu (ayudas del gobierno indio 49,3%; fuentes internas 24,2%; ayudas de Naciones Unidas y otros organismos internacionales 20,0%; préstamos interiores 5,9%). Gastos: 2.019.567.000 Nu (industria y minería 16.5%; obras públicas 13,9%; energia 13,5%; educación 9,1%; agricultura 6,1%; finanzas 5,4%; correos y telecomunicaciones 4,0%; sanidad 3,9%).
Turismo (1987): Ingresos por visitantes 2.400.000 dlr. EUa; gastos de nacionales en el exterior, n.d.
Producción (toneladas métricas, excepto cuando se indique). Agricultura, silvicultura, pesca (1987): Maíz 85.000, arroz 85.000, naranjas 53.000, papas o patatas 50.000, trigo 19.000, caña de azúcar 12.000, pimientos y chiles 8.000, mijo 7.000, cebada 4.000, legumbres 4.000, manzanas 4.000; ganadería (número de animales vivos): 357.000 reses, 70.000 cerdos, 40.900 cabras, 36.400 ovejas, 218.000 aves de corral; madera (1984) 3.224.000 m³; pesca, capturas 1.000. Minas y canteras (1986): Dolomita 217.400; piedra caliza 172.000; yeso 24.800; pizarra 57.100 m². Industria manufacturera (valor en Nu; 1980-81): Productos destilados 47.000.000; cemento 36.000.000; productos químicos 19.000.000; alimentos elaborados 14.000.000; productos forestales 3.000.000. Construcción (número de edificios terminados; 1977-78): Residenciales 10; no residenciales (casas para huéspedes) 1. Producción energética (consumo): Electricidad (kwh; 1986) 21.000.000 (31.000.000); carbón (1986), no produce (1.000); petróleo crudo, no produce (n.d.); productos petrolíferos (1986), no produce (10.000); gas natural, no produce (n.d.).
Producto nacional bruto: (a precios corrientes de mercado; 1987): 201.000.000 dlr. EUA (150 dlr. EUA per cápita).

Estructura del producto nacional bruto y de la población activa

	1986		1984	
	Valor (000.000 Nu)	% del valor total	Población activa	% de la pobl. activa
Agricultura	1.373,8	51,3	580.000[8]	87,2
Minería	14,8	0,5		
Industria	96,0	3,6		
Construcción	234,4	8,7		
Comercio	290,1	10,8		
Servicios públicos	96,0	3,6	6.000[8]	0,9
Transportes y comunicaciones	68,8	2,6		
Finanzas	192,6	7,2		
Administración pública, defensa	355,1	13,3	23.000[8]	3,4
Otros	−43,3[9]	−1,6[9]	56.000[8]	8,5[10]
TOTAL	2.678,3	100,0	664.000	100,0

Deuda pública (externa, 1987): 40.700.000 dlr. EUA.
Población económicamente activa (1984): Total 664.000; tasa de actividad de la población total 52,7% (tasas de participación: 15-64 años 94,8%; mujeres 55,0%; desempleados 6,5%).

Comercio exterior

Balanza comercial (precios corrientes)

	1982-83	1983-84	1984-85	1985-86	1986-87	1987-88
Millones Nu	−487,1	−662,6	−644,8	−654,9	−802,5	−641
% del total	60,4	67,3	64,1	54,6	55,4	28,9

Importaciones (1981-82)[11]: 814.022.000 Nu (productos petrolíferos 12,6%; cereales 9,1%; productos de hierro y acero 8,2%; maquinaria eléctrica 6,1%; vehículos a motor 5,9%; tejidos 4,7%; azúcar y derivados 4,3%; electricidad 4,3%; productos de caucho 3,7%). *Principales proveedores* (1987-88): India 72.0%.
Exportaciones (1981-82)[11]: 380.006.100 Nu (madera y sus manufacturas 22,2%; frutas y verduras 18,2%; electricidad 11.0%; café, té y especias 10,7%; fertilizantes no elaborados 4,4%). *Principales clientes:* (1987-88): India 98,9%.

Transportes y comunicaciones

Transportes. Ferrocarriles: ninguno. Carreteras (1988): Longitud total 2.273 km (pavimentadas alrededor del 76%). Vehículos (1986): Automóviles 1.587; camiones y autobuses 916. Marina mercante, ninguna. Transporte aéreo (1986): Pasajeros-km 4.381.000; carga toneladas métricas-km, n.d.; aeropuertos (1989) con vuelos regulares 1.
Comunicaciones. Diarios, ninguno[12]. Radio (1988): Número total de receptores 21.555 (1 por cada 64 personas). Televisión (1983): Número total de televisores 200 (1 por cada 6.180 personas). Teléfonos (1986); 1.945 (1 por cada 75 personas).

Educaión y sanidad

Escolaridad, n.d. *Alfabetización* (1977): Población total de 15 años y más alfabetizada 124.000 (18,0%); varones alfabetizados 98.000 (31,0%); mujeres alfabetizadas 26.000 (9,0%).
Sanidad (1987): Médicos 138 (1 por cada 9.736 habitantes); camas hospitalarias 922 (1 por cada 1.457 habitantes); tasa de mortalidad infantil por cada 1.000 nacidos vivos (media 1988) 127,0.
Alimentación (1975-77): Ingesta calórica diaria per cápita 2.058 (productos vegetales 98%, productos animales 2%); 89% de las necesidades mínimas recomendadas por la FAO.

Fuerzas armadas

Personal en servicio activo (1988): unos 5.000 (ejército 100%).

[1] No existe constitución formal, sino una forma de monarquía constitucional. [2] La moneda india también es de curso legal; el ngultrum está a la par con la rupia india. [3] 7.000 km² no están incluidos en los totales del área de distritos. [4] Sólo rural. [5] Incluye el área de Chhukha. [6] Incluye la población urbana; incluye la población de Chhukha. [7] 1982. [8] Valor derivado. [9] Cargos bancarios imputados. [10] Incluye el 6,5% sin ocupación. [11] Sólo datos de comercio con India. [12] En Timbú se publica un semanario gubernamental en dzongkha, nepalés e inglés; circulación (1989) 10.500.

Cabo Verde

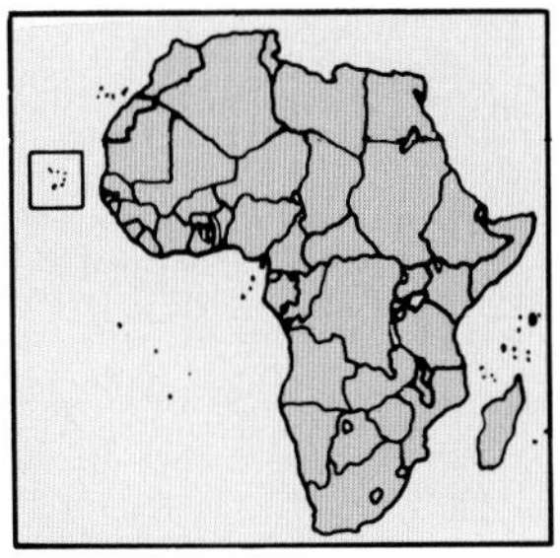

Nombre oficial: República de Cabo Verde.
Forma de gobierno: República unitaria con una cámara legislativa (Asamblea Nacional Popular).
Jefe del estado: Presidente.
Jefe de gobierno: Primer ministro.
Capital: Praia.
Lengua oficial: Portugués.
Religión oficial: Ninguna.
Moneda: 1 escudo (C.V. Esc) = 100 centavos; cambio (2 oct. 1989) 1 dlr. EUA = 82,21 C.V. Esc.

Área y población

Grupos de islas / Islas/Condados[1] / Condados	Capitales	área km²	población censo 1980
Islas de Sotavento		1.803	182.890
Brava	Nova Sintra	67	6.869
Fogo	São Filipe	476	30.194
Malo	Porto Inglés	269	4.076
Santiago		991	141.751
Praia	Praia	396	56.133
Santa Catarina	Assomada	243	39.672
Santa Cruz	Pedra Badejo	149	22.212
Tarrafal	Tarrafal	203	23.734
Islas de Barlovento		2.230	106.137
Boavista	Sal Rel	620	3.379
Sal	Santa María	216	5.836
Santo Antão		779	42.367
Paúl	Pombas	54	7.863
Porto Novo	Porto Novo	558	12.771
Ribeira Grande	Ponta do Sol	167	21.733
São Nicolau	Ribeira Brava	388	13.121
São Vicente	Mindelo	227	41.434
TOTAL		4.033	289.027

Demografía

Población (1989): 337.000.
Densidad (1989): Personas por km² 83,6.
Índice de urbanización (1980): Urbana 35,1%; rural 64,9%.
Distribución por sexo (1985): Varones 46,32%; mujeres 53,68%.
Estructura por edades (1985): menos de 15, 45,6%; 15-29, 31,8%; 30-44, 7,9%; 45-59, 8,0%; 60-74, 4,6%; 75 y más, 2,1%.
Proyección demográfica: (2000) 412.000; (2010) 489.000.
Tiempo de duplicación: 29 años.
Composición étnica (1986): Mestizos 71%; negros 28%; blancos 1%.
Afiliación religiosa (1985): Católicos 97,8%; protestantes y otros 2,2%.
Principales ciudades (1980): Praia 49.500[2]; Mindelo 36.746; São Filipe 4.370.
Tasa de natalidad por 1.000 habitantes (1987): 32,1 (media mundial 27,1).
Tasa de mortalidad por 1.000 habitantes (1987): 7,7 (media mundial 9,9).
Tasa de crecimiento por 1.000 habitantes (1987): 24,4 (media mundial 17,2).
Esperanza de vida al nacer (1987): Varones 63,0 años; mujeres 67,0 años.
Principales causas de muerte por 100.000 habitantes (1980): enteritis y otras enfermedades diarreicas 85,5; cardiopatías 51,9; enfermedades cerebrovasculares 45,7; neoplasias malignas (cánceres) 43,8; sarampión y otras enfermedades infecciosas y parasitarias 34,6; neumonía 27,2; bronquitis, enfisema y asma 20,4; avitaminosis y otras deficiencias nutricionales 14,5.

Economía nacional

Presupuesto. Ingresos (1987): 3.428.939.000 C.V. Esc (impuestos indirectos 38,2%, del que el 15,4% corresponde a derechos de importación; impuestos directos 21,2%, del que el 7,2% corresponde a impuestos de la industria; ingresos por petróleo 3,1%). Gastos (1984): 2.134.500.000 C.V. Esc (no se dispone de desglose).
Turismo: n.d.
Producción (toneladas métricas, excepto cuando se indique). Agricultura, silvicultura, pesca (1988): Caña de azúcar 16.000, legumbres 13.000, cocos 10.000, frutas excepto melones 10.000, maíz 8.000, batatas o camotes 6.000, verduras incluyendo melones 6.000, plátanos 5.000, mandioca 4.000, papas o patatas 3.000, dátiles 2.000; ganadería (número de animales vivos): 80.000 cabras, 70.000 cerdos, 13.000 reses; madera, n.d.; pesca, capturas (1987) 6.941, de las que 4.813 corresponden a atún. Minas y canteras (1986): Sal 9.710.000 C.V. Esc. Industria manufacturera (C.V. Esc.; 1987): Cigarros 232.253.000; harina 176.677.000; cacao en polvo 94.439.000[3]; pescado en conserva 78.401.000; pan 35.530.000[3]; bebidas alcohólicas 25.972.000; bebidas gaseosas 7.419.000 litros. Construcción (1982): Residencial 365.800.000 C.V. Esc.; no residencial 1.700.000 C.V. Esc. Producción energética (consumo): Electricidad (kwh; 1987) 30.890.482 (30.876.142); carbón, no produce (sin consumo); petróleo crudo, n.d. (n.d.); productos petrolíferos (1987) n.d. (11.000); gas natural, n.d. (n.d.).
Producto nacional bruto (a precios corrientes de mercado; 1987): 170.000.000 dlr. EUA (500 dlr. EUA per cápita).

Estructura del producto nacional bruto y de la población activa

	1986		1980	
	Valor (000.000 C.V. Esc.)	% del valor total	Población activa	% de la pobl. activa
Agricultura	2.151	20,6	22.144	33,2
Industria	552	5,3	1.871	2,8
Servicios públicos	294	2,8	336	0,5
Minería	50	0,5	535	0,8
Construcción	2.125	20,4	18.873	28,3
Transporte y comunicaciones	1.289	12,4	3.411	5,1
Administración pública, defensa	924	8,9	2.128	3,2
Comercio	2.568	24,6	3.930	5,9
Finanzas	369	3,5	226	0,4
Otros	101	1,0	13.156	19,8
TOTAL	10.423	100,0	66.610	100,0

Deuda pública (externa, pendiente; 1987): 120.000.000 dlr. EUA.
Población económicamente activa (1985): Total 121.000; tasa de actividad de la población total 37,1% (tasas de participación: 15-64 años 60,6%; mujeres 28,9%; desempleados 25,2%).

Comercio exterior

Balanza comercial (precios corrientes)

	1983	1984	1985	1986	1987	1988
Millones C.V. Esc.	−5.971	−6.799	−7.081	−8.240	−6.714	−7.416
% del total	92,1	94,1	87,1	92,1	85,6	93,8

Importaciones (1988): 7.652.000.000 C.V. Esc. (alimentos y bebidas 27,2%; maquinaria 16,0%; equipos de transporte 12,4%; productos minerales no metálicos 11,5%; metales 8,5%). *Principales proveedores:* Portugal 33,7%; Países Bajos 10,8%; Japón 5,8%; Alemania federal 5,2%; Brasil 5,0%; Suecia 4,9%.
Exportaciones (1988): 236.000.000 C.V. Esc. (plátanos 36,7%; atún congelado 30,5%; langostas 9,4%; atún en conserva 3,1%; azúcar refinada 3,0%). *Principales clientes* : Portugal 41,5%; España 30,3%; Francia 7,3%; Países Bajos 4,8%; Italia 4,3%.

Transportes y comunicaciones

Transportes. Ferrocarriles, ninguno. Carreteras (1984): Longitud total 2.250 km (pavimentadas 29%). Vehículos (1981): Automóviles 4.000; camiones y autobuses 1.343. Marina mercante (1988): Barcos (100 toneladas brutas y más) 35; peso muerto total 25.864 toneladas. Transporte aéreo (1985): Pasajeros-km 25.987.000; carga toneladas métricas-km 2.345.000; aeropuertos (1989) con vuelos regulares 8.
Comunicaciones. Diarios, ninguno. Radio (1986): Número total de receptores 50.000 (1 por cada 6,8 personas). Televisión (1985): Número total de televisores 500 (1 por cada 668 personas). Teléfonos (1985): 4.379 (1 por cada 76 personas).

Educación y sanidad

Escolaridad (1980). Porcentaje de la población de 25 años y más: sin escolarización formal o con enseñanza primaria incompleta 84,2%; con enseñanza primaria completa 12,4%; secundaria 1,7%; superior 0,5%; desconocido 1,2%. *Alfabetización* (1985): Población total de 15 años y más alfabetizada 73.500 (47,4%); varones alfabetizados 42.500 (61,4%); mujeres alfabetizadas 31.000 (38,6%).
Sanidad: Médicos (1984) 60 (1 por cada 5.440 habitantes); camas hospitalarias (1980) 632 (1 por cada 470 habitantes); tasa de mortalidad infantil por cada 1.000 nacidos vivos (1985) 76,5.
Alimentación (1984-86): Ingesta calórica diaria per cápita 2.729 (productos vegetales 88%, productos animales 12%); 116% de las necesidades mínimas recomendadas por la FAO.

Fuerzas armadas

Personal en servicio activo (1989): 1.250 (ejército 80,0%, armada 16,0%, fuerza aérea 4,0%). *Presupuesto de defensa en porcentaje del PNB* (1981): 12,1% (mundo 5,5%); gasto per cápita 43 dlr. EUA.

[1]Las áreas de islas y condados coinciden, excepto en Santiago y Santo Antão. [2]1985. [3]1986.

Camerún

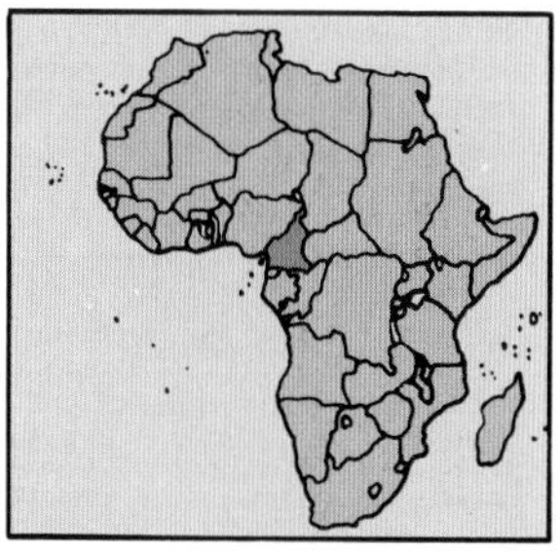

Nombre oficial: República Unida de Camerún.
Forma de gobierno: República con una cámara legislativa (Asamblea Nacional).
Jefe del estado y del gobierno: Presidente.
Capital: Yaoundé.
Lengua oficial: Francés; inglés.
Religión oficial: Ninguna.
Moneda: 1 franco CFA (CFAF) = 100 centimes; cambio (2 oct. 1989) 1 dlr. EUA = 317,90 CFAF.

Área y población

Provincias	Capitales	área km^2	población estimada 1984
Adamoua	Ngaoundéré	62.105	355.800
Centro	Yaoundé	69.035	1.764.400
Este	Bertoua	109.002	420.000
Extremo Norte	Maroua	32.316	1.400.000
Litoral	Douala	20.229	1.829.900
Noroeste	Bamenda	17.409	1.009.100
Norte	Garoua	67.686	508.200
Oeste	Bafoussam	13.883	1.197.700
Sudoeste	Buea	24.709	700.900
Sur	Ebolowa	47.137	356.400
AREA TOTAL DE TIERRA		463.511	9.542.400
ÁREA DE MASAS DE AGUA INTERIORES		1.947	
ÁREA TOTAL		465.458	

Demografía

Población (1989): 11.407.000.
Densidad (1989)[1]: Personas por km^2 24,6.
Índice de urbanización (1985): Urbana 42,4%; rural 57,6%.
Distribución por sexo (1986): Varones 49,90%; mujeres 50,10%.
Estructura por edades (1986) Menos de 15, 45,3%; 15-29, 24,9%; 30-44, 15,4%; 45-59, 8,9%; 60 y más, 5,6%.
Proyección demográfica: (2000) 15.387.000; (2010) 19.997.000.
Tiempo de duplicación: 27 años.
Composición étnica (1983): Fang 19,6%; bamileke y bamum 18,5%; doula, luanda y basa 14,7%; fulani 9,6%; tikar 7,4%; mandara 5,7%; maka 4,9%; chamba 2,4%; mbum 1,3%; hausa 1,2%; franceses 0,2%; otros 14,5%.
Afiliación religiosa (1980): Católicos 35%; protestantes 18%; animistas 25%; musulmanes 22%.
Principales ciudades (1985): Douala 852.700; Yaoundé 583.500; Nkongsamba 105.200; Maroua 100.200; Garoua 96.200.
Tasa de natalidad por 1.000 habitantes (1985-90): 41,6 (media mundial 27,1).
Tasa de mortalidad por 1.000 habitantes (1985-90): 15,6 (media mundial 9,9).
Tasa de crecimiento por 1.000 habitantes (1985-90): 26,0 (media mundial 17,2).
Esperanza de vida al nacer (1985-90): Varones 49,2 años; mujeres 53,0 años.
Principales causas de muerte por 100.000 habitantes: n.d.; sin embargo, entre los principales problemas sanitarios se incluyen sarampión, paludismo, tuberculosis, anemias, meningitis, obstrucción intestinal y hernia, avitaminosis y otras enfermedades por deficiencia nutricional.

Economía nacional

Presupuesto (1988-89). Ingresos: 600.000.000.000[2] CFAF (impuestos directos y asimilados 31,9%; impuestos indirectos 29,0%; royalties por petróleo 25,0%; aranceles 21,4%; registros e impuesto del timbre 6,0%; ingresos por servicios 4,3%). Gastos: 600.000.000.000 CFAF (gasto corriente 50,0%, del que el 11,1% corresponde a educación, el 7,6% a defensa, el 4% a sanidad, el 4% a administración y el 2,9% a finanzas).
Turismo: Ingresos por visitantes (1987) 47.000.000 dlr. EUA; gastos de nacionales en el exterior 150.000.000 dlr. EUA.
Producción (toneladas métricas, excepto cuando se indique). Agricultura, silvicultura, pesca (1987): Caña de azúcar 1.289.000, plátanos machos 986.000, mandioca 420.000, verduras y melones 420.000, ñames 400.000, mijo 400.000, maíz 380.000, café 370.000, papas o patatas 172.000, cacahuates 140.000, batatas o camotes 150.000, cacao 120.000, frijoles o judias 116.000, aceite de palma 98.000, arroz 123.000, plátanos 67.000, frutos de palma 35.000; ganadería (número de animales vivos): 4.400.000 reses, 2.450.000 cabras, 2.500.000 ovejas, 1.200.000 cerdos; madera 12.447.000 m^3; pesca, capturas 85.529. Minas y canteras (1986): Mármol 331.000; aluminio 83.810; puzolana 168.435; cal 78.260; mineral y concentrado de estaño 13,0. Industria manufacturera (1986): Cemento 779.328; aceite de palma 87.497; jabón 30.630; calzado 3.500.910 pares; madera aserrada 774.540 m^3; marisco 245.886 kg; cerveza 4.314.000 hectólitros; bebidas refrescantes 859.463 hectólitros. Construcción (1983): Residencial 230.400 m^2; no residencial 51.100 m^2. Producción energética (consumo): Electricidad (kwh; 1987) 2.392.000.000 (2.392.000.000); carbón (1987) 1.000 (1.000); petróleo crudo (barriles; 1987) 64.567.000 (16.137.000); productos petrolíferos (1987) 1.865.000 (1.805.000); gas natural, no produce (n.d.).
Producto nacional bruto (1987): 10.441.000.000 dlr. EUA (960 dlr. EUA per cápita).

Estructura del producto nacional bruto y de la población activa

	1984-85		1985	
	Valor (000.000 CFAF)	% del valor total	Población activa	% de la pobl. activa
Agricultura	790,4	20,6	2.900.871	74,0
Minería	629,7	16,4	1.793	0,1
Industria	422,4	11,0	174.498	4,5
Construcción	227,6	5,9	66.684	1,7
Servicios públicos	37,7	1,0	3.522	0,1
Transportes y comunicaciones	230,7	6,0	51.688	1,3
Comercio	564,6	14,7	154.014	3,9
Finanzas	455,3	11,9	8.009	0,2
Administración pública, defensa	248,8	6,5 }	292.922	7,5
Servicios	89,6	2,3 }		
Otros	142,1[2]	3,7[2]	263.634	6,7
TOTAL	3.838,9	100,0	3.917.635	100,0

Deuda pública (externa, pendiente; 1987): 2.785.000.000 dlr. EUA.
Población económicamente activa (1985): Total 3.958.000; tasa de actividad de la población total 40,1% (tasas de participación: 15-64 años 59,5%; mujeres 20,5%; desempleados n.d.).

Comercio exterior[3]

Balanza comercial (precios corrientes)

	1982	1983	1984	1985	1986	1987
Miles millones CFAF	−65,7	−94,8	−44,2	−140,8	−265,1	−228,3
% del total	9,2	11,3	4,8	17,9	32,8	32,1

Importaciones (1986): 590.439.000.000 CFAF (maquinaria y equipos de transporte 32,8%, del que el 13,5% corresponde a equipos de transporte y piezas para éstos y el 6,0% a hierro y acero; productos químicos y farmacéuticos 4,1%; hilados textiles 3,5%; malta 2,5%; cemento 0,9%). *Principales proveedores:* Francia 42,2%; Alemania federal 9,1%; Japón 7,6%; EUA 4,9%; Reino Unido 3,7%; Bélgica-Luxemburgo 3,4%; Países Bajos 2,7%.
Exportaciones (1986): 541.728.000.000 CFAF (petróleo crudo 35,6%; café 21,5%; cacao 16,1%; aluminio y derivados 4,1%; madera aserrada y en troncos 3,4%; hilados y tejidos de algodón 3,0%; pulpa y mantequilla de cacao 2,6%; caucho 1,1%; plátanos 1,0%). *Principales clientes:* Países Bajos 27,5%; Francia 20,6%; EUA 16,4%; Alemania federal 7,3%; Italia 5,7%; Nigeria 2,6%; Bélgica-Luxemburgo 1,2%: Japón 0,9%; Reino Unido 0,8%.

Transportes y comunicaciones

Transportes. Ferrocarriles (1986): Longitud de vías 1.173 km; pasajeros-km 432.000.000; carga toneladas métricas-km 756.000.000. Carreteras (1987): Longitud total 52.214 km (pavimentadas 6%). Vehículos (1986): Automóviles 86.800; camiones y autobuses 32.700. Marina mercante (1988): Barcos (100 toneladas brutas y más) 46; peso muerto total 71.802 toneladas. Transporte aéreo (1985): Pasajeros-km 580.000.000; carga toneladas métricas-km 111.000.000; aeropuertos (1989) con vuelos regulares 10.
Comunicaciones. Diarios (1988): Número total 1; circulación total 66.000; circulación por 1.000 habitantes 6,0. Radio (1988): Número total de receptores 1.006.581 (1 por cada 11 personas). Televisión (1988): Número total de televisores 5.000 (1 por cada 2.216 personas). Teléfonos (1987): 61.567 (1 por cada 179 personas).

Educación y sanidad

Escolaridad (1976): Porcentaje de la población de 15 años y más: sin escolarizar 51,1%; con enseñanza primaria 41,7%; con enseñanza posprimaria incompleta 0,2%; secundaria 5,7%; postsecundaria incompleta 0,3%; superior 0,2%; otros 0,8%. *Alfabetización* (1980): Población total de 15 años y más alfabetizada 2.344.100 (55,2%); varones alfabetizados 1.453.200 (70,2%); mujeres alfabetizadas 890.900 (41,0%).
Sanidad (1982): Médicos 604 (1 por cada 14.800 habitantes); camas hospitalarias (1984-85) 26.832 (1 por cada 377 habitantes); tasa de mortalidad infantil (1985-90) 94,0.
Alimentación (1987): Ingesta calórica diaria per cápita 2.068 (productos vegetales 95%, productos animales 5%); (1984) 90% de las necesidades mínimas recomendadas por la FAO.

Fuerzas armadas

Personal en servicio activo (1989): 1.600 (ejército 86,8%, armada 9,2%, fuerza aérea 4,0%). *Presupuesto de defensa en porcentaje del PNB* (1987; 1,9% (mundo 5,4%); gasto per cápita 24 dlr. EUA.

[1] Basado en superficie de tierra firme. [2] Incluye impuestos sobre importación menos cargas imputadas por servicio bancario. [3] Los datos de importación son f.o.b. (franco a bordo) en balanza comercial y c.i.f. (costo, seguro y flete) para artículos y asociados comerciales.

Canadá

Nombre oficial: Canadá.
Forma de gobierno: Estado federal con dos cámaras legislativas (Senado; Cámara de los comunes).
Jefe del estado: Monarca británico, representado por el gobernador general.
Jefe del gobierno: Primer ministro.
Capital: Ottawa.
Lengua oficial: Inglés; francés.
Religión oficial: Ninguna.
Moneda: 1 dólar canadiense (Can$) = 100 centavos; cambio (2 oct. 1989) 1 dlr. EUA = 1,18 Can$.

Área y población

Provincias	Capitales	área km²	población estimada[1] 1989
Alberta	Edmonton	644.390	2.423.200
Columbia Británica	Victoria	929.730	3.044.200
Manitoba	Winnipeg	548.360	1.083.300
Nueva Brunswick	Fredericton	72.090	717.600
Nueva Escocia	Halifax	52.840	885.700
Ontario	Toronto	891.190	9.546.200
Isla Príncipe Eduardo	Charlottetown	5.660	130.000
Quebec	Quebec	1.356.790	6.679.000
Saskátchewan	Regina	570.700	1.007.100
Terranova	Saint John's	371.690	
Territorios			
Territorios del Noroeste	Yellowknife	3.293.020	53.100
Territorio del Yukón	Whitehorse	478.970	25.700
ÁREA TOTAL DE TIERRA		9.215.430	26.164.200[2]
ÁREA DE MASAS DE AGUA INTERIORES		755.180	
ÁREA TOTAL		9.970.610	

Demografía

Población (1989): 26.189.000.
Densidad[3] (1989): Personas por km² 2,8.
Índice de urbanización (1985): Urbana 75,9%; rural 24,1%.
Distribución por sexo (1988): Varones 49,32%; mujeres 50,68%.
Estructura por edades[4] (1986): Menos de 15, 21,4%; 15-29, 26,8%; 30-44, 22,9%; 45-59, 14,9%; 60-74, 10,9%; 75 y más, 4,1%.
Proyección demográfica: (2000) 29.110.000; (2010) 32.047.000.
Tiempo de duplicación: 99 años.
Composición étnica (1986): Británicos 34,4%; franceses 25,7%; alemanes 3,6%; italianos 2,8%; ucranianos 1,7%; amerindios e inuktitut (esquimales) 1,5%; de orígenes múltiples y otros 27,5%.
Afiliación religiosa (1981): Católicos 46,5%; protestantes 41,2%; ortodoxos orientales 1,5%; judíos 1,2%; musulmanes 0,4%; hindúes 0,3%; sijs 0,3%; sin afiliación religiosa 7,4%; otros 1,2%.
Principales ciudades (áreas metropolitanas; 1986): Toronto 3.427.168; Montreal 2.921.357; Vancouver 1.380.729; Ottawa-Hull 819.263; Edmonton 785.465; Calgary 671.326; Winnipeg 625.304; Quebec 603.267.
Tasa de natalidad por 1.000 habitantes (1987): 14,4 (media mundial 27,1).
Tasa de mortalidad por 1.000 habitantes (1987): 7,2 (media mundial 9,9).
Tasa de crecimiento por 1.000 habitantes (1987): 7,2 (media mundial 17,2).
Esperanza de vida al nacer (1983-85): Varones 72,9 años; mujeres 79,8 años.
Principales causas de muerte por 100.000 habitantes (1986): Enfermedades cardiovasculares 313,2; neoplasias malignas (cánceres) 187,5; enfermedades del sistema respiratorio 59,0; accidentes y actos de violencia 54,3.

Economía nacional

Presupuesto (1988-89). Ingresos: 103.305.000.000 Can$ (impuesto sobre la renta personal 44,0%; impuestos sobre ventas 16,2%; impuesto sobre empresas 11,6% impuestos de consumo y derechos de importación 7,3%). Gastos: 132.250.000.000 Can$ (educación, sanidad y bienestar 44,9%; intereses de la deuda pública 24,2%; desarrollo económico 10,1%; defensa 8,4%).
Turismo (1988): Ingresos por visitantes 4.655.000.000 dlr. EUA; gastos de nacionales en el exterior 6.316.000.000 dlr. EUA.
Producción (ingresos agrícolas en efectivo en miles de Can$, excepto cuando se indique). Agricultura, silvicultura, pesca (1987): Trigo 26.342.100, cebada 14.382.100, maíz 7.007.500, semilla de colza 3.851.500, avena 2.995.200, papas o patatas 2.972.900, verduras 1.903.000, soya o soja 1.226.500, remolacha azucarera 959.000, linaza 787.600; ganadería (número de animales vivos; 1988): 12.061.000 reses, 10.847.000 cerdos, 679.000 ovejas, 116.000.000 aves de corral; madera 191.224.000 m³; pieles 4.661.945 unidades; pesca, capturas 1.571.603. Minas y canteras (toneladas métricas; 1988): Mineral de hierro 38.742.000; zinc 1.254.200; cobre 722.000; plomo 334.000; níquel 214.000; uranio 13.233; molibdeno 12.338; plata 1.527; oro 4.110.660 onzas troy. Industria manufacturera (toneladas métricas; 1988): Pulpa de madera 24.935.000[5]; acero en bruto 15.180.000; cemento 11.928.000; papel de periódicos 9.969.000; hierro en lingotes 9.492.000; ácido sulfúrico 3.898.000[6]; sosa cáustica 1.769.000[6]; caucho sintético 111.200[5]; vehículos terrestres a motor 1.635.014 unidades, de las que 809.887 unidades corresponden a automóviles y 825.127 unidades a camiones y autobuses; lavadoras y secadoras 830.520[6] unidades; refrigeradores 568.960[6] unidades; calzado 38.774.000[5] pares; cerveza 235.470.000[6] hectólitros. Construcción (permisos de construcción; 1987): Residencial 18.647.000.000 Can$; no residencial 11.899.000.000 Can$. Producción energética (consumo): Electricidad (kwh; 1987) 496.335.000.000 (452.379.000.000); carbón (toneladas métricas; 1987) 50.670.000 (61.207.000); petróleo crudo (barriles; 1987) 560.510.000 (475.114.500); productos petrolíferos (toneladas métricas; 1987) 78.395.000 (69.732.000); gas natural (m³; 1987) 85.391.000.000 (57.558.000.000).
Producto nacional bruto (1987): 390.052.000.000 dlr. EUA (15.080 dlr. EUA per cápita).

Estructura del producto nacional bruto y de la población activa

	1988		1987	
	Valor (000.000 Can$)	% del valor total	Población activa	% de la pobl. activa
Agricultura	13.885	3,5	644.000	4,9
Minería	23.751	6,0	201.000	1,5
Industria	78.117	19,7	2.231.000	17,0
Construcción	28.182	7,1	800.000	6,1
Servicios públicos	11.993	3,0	126.000	1,0
Transportes y comunicaciones	31.771	8,0	838.000	6,4
Comercio	48.109	12,2	2.292.000	17,5
Finanzas	58.387	14,8	1.338.000	10,2
Administración pública, defensa	23.794	6,0	4.556.000	34,7
Servicios	77.907	19,7		
Otros	—	—	96.000	0,7
TOTAL	395.896[7]	100,0	13.121.000[2]	100,0

Deuda pública (1988): 269.224.000.000 Can$.
Población económicamente activa (1987): Total 13.121.000; tasa de actividad de la población total 51,2% (tasas de participación: 15-64 años 75,1%; mujeres 43,4%; desempleados 8,8%).

Comercio exterior

Balanza comercial (precios corrientes)

	1983	1984	1985	1986	1987	1988
Miles millones de Can$	19,4	16,6	14,3	7,8	10,1	5,4
% del total	11,8	8,0	6,4	3,3	4,1	1,9

Importaciones (1987): 116.424.500.000 Can$ vehículos terrestres motorizados y piezas para los mismos 25,5%; alimentos, piensos, bebidas y tabaco 5,7%; productos químicos 5,4%; petróleo crudo 2,7%; metales no férricos 2,1%; hierro y acero 1,8%). *Principales proveedores:* EUA 68,0%; Japón 6,7%; Reino Unido 3,7%; Alemania federal 3,0%; Taiwán 1,7%; Corea del sur 1,6%; Francia 1,3%.
Exportaciones (1987): 121.413.500.000 Can$ (vehículos terrestres motorizados y piezas para los mismos 26,1%; materiales crudos 13,8%; del que el 4% corresponde a petróleo crudo y el 2% a gas natural; alimentos 8,5%, del que el 2,6% corresponde a trigo; papel de periódico 5%; madera 4,7%; pulpa de madera 4,5%; maquinaria industrial 2,8%). *Principales clientes:* EUA 75,6%; Japón 5,8%; Reino Unido 2,3%; Alemania federal 1,2%; China 1,2%.

Transportes y comunicaciones

Transportes. Ferrocarriles (1987): Longitud de vías 93.544 km; pasajeros-km 1.920.000.000; carga toneladas métricas-km 255.264.000.000. Carreteras (1986): Longitud total 280.251 km (pavimentadas 57%). Vehículos (1986): Automóviles 11.477.314; camiones y autobuses 3.212.132. Marina mercante (1988): Barcos (100 toneladas brutas y más) 1.225; peso muerto total 3.379.396 toneladas. Transporte aéreo (1988): Pasajeros-km 52.640.700.000; carga toneladas métricas-km 1.224.400.000; aeropuertos (1989) con vuelos regulares 61.
Comunicaciones. Diarios (1988): Número total 109; circulación total 5.520.000; circulación por 1.000 habitantes 213. Radio (1988): Número total de receptores 22.577.806 (1 por cada 1,2 personas). Televisión (1988): Número total de televisores 15.709.000 (1 por cada 1,7 personas). Teléfonos (1987): 20.126.000 (1 por cada 1,3 personas).

Educación y sanidad

Escolaridad (1981): Porcentaje de la población de 25 años y más: sin escolarización formal 2,0%; con menos de enseñanza primaria completa 14,2%; enseñanza primaria 9,5%; secundaria 39,6%; postsecundaria 34,7%, del que (graduados por niveles; 1986) 102.300 son de grado superior 4 años, 15.480 titulados master y 2.070 doctorados. *Alfabetización* (1975): Población total de 15 años y más alfabetizada 16.185.000 (95,6%); varones alfabetizados 8.003.000 (95,6%); mujeres alfabetizadas 8.182.000 (95,7%).
Sanidad (1987): Médicos 51.275 (1 por cada 467 habitantes); camas hospitalarias 171.928 (1 por cada 148 habitantes); tasa de mortalidad infantil por cada 1.000 nacidos vivos 7,3.
Alimentación (1984-86): Ingesta calórica diaria per cápita 3.425 (productos vegetales 66%, productos animales 34%); 129% de las necesidades mínimas recomendadas por la FAO.

Fuerzas armadas

Personal en servicio activo (1989): 89.000 (ejército 26,4%, armada 19,2%, fuerza aérea 27,2%, sin identificar por servicios 27,2%). *Presupuesto de defensa en porcentaje del PNB* (1987): 2,2% (mundo 5,4%); gasto per cápita 342 dlr. EUA.

[1] Abril. [2] El desglose no se corresponde con el total a causa del redondeo [3] Basado en áreas de tierra. [4] Se excluye a la población de 45.000 indios que habita en reservas y colonias. [5] 1987. [6] 1986. [7] A costo de factor en precios de 1981.

Centroafricana, República

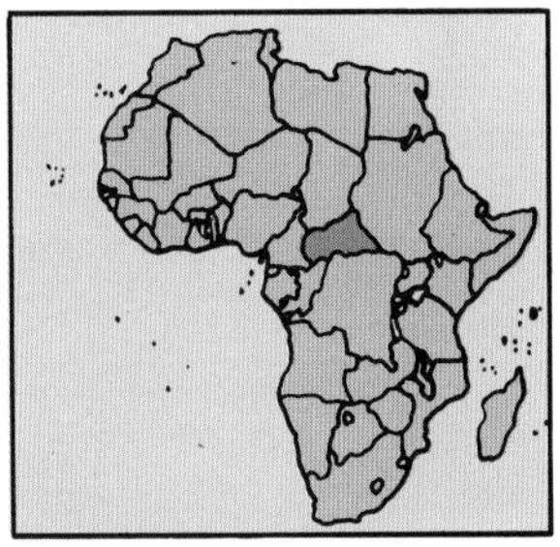

Nombre oficial: República Centroafricana.
Forma de gobierno: República unitaria de partido único con una cámara legislativa (Asamblea Nacional).
Jefe del estado y del gobierno: Presidente.
Capital: Bangui.
Lengua oficial: Francés.
Religión oficial: Ninguna.
Moneda: 1 franco CFA (CFAF) = 100 centimes; cambio (2 oct. 1989) 1 dlr. EUA = 317,90 CFAF.

Área y población

Prefecturas	Capitales	área km^2	población estimada 1985[1]
Bamingui-Bangoran	Ndélé	58.200	30.230
Bangui	Bangui	67	430.727
Basse-Kotto	Mobaye	17.604	193.368
Gribingui-Économique	Kaga-Bandoro	19.996	89.071
Haut-Mobomou	Obo	55.530	38.475
Haute-Kotto	Bria	86.650	54.821
Haute-Sangha	Berbérati	30.203	243.149
Kemo-Gribingui	Sibut	17.204	81.490
Lobaye	Mbaïki	19.235	167.241
Mbomou	Bangassou	61.150	138.283
Nana-Mambere	Bouar	26.600	205.410
Ombella-Mpoko	Bimbo	31.835	132.568
Ouaka	Bambari	49.900	225.460
Ouham	Bossangoa	50.250	280.397
Ouham-Pendé	Bozoum	32.100	250.001
Sangha-Économique	Nola	19.412	61.250
Vakaga	Birao	46.500	24.926
TOTAL		622.436	2.646.867

Demografía

Población (1989): 2.813.000.
Densidad (1989): Personas por km^2 4,5.
Índice de urbanización (1984): Urbana 33,2%; rural 66,8%.
Distribución por sexo (1985): Varones 47,84%; mujeres 52,16%.
Estructura por edades (1985): Menos de 15, 41,5%; 15-29, 25,8%; 30-44, 16,0%; 45-59, 10,4%; 60 y más, 6,3%.
Proyección demográfica: (2000) 3.566.000; (2010) 4.424.000.
Tiempo de duplicación: 28 años.
Composición étnica (1983): Banda 28,6%; baya (gbaya) 24,5%; ngbandi 10,6%; azande 9,8%; sara 6,9%; mbaka 4,3%; mbum 4,1%; kare 2,4%; franceses 0,1%; otros 8,7%.
Afiliación religiosa (1980): Protestantes 50,0%; católicos 33,1%; credos tradicionales 12,0%; musulmanes 3,2%; bahaístas 0,3%; otros 1,4%.
Principales ciudades (1988): Bangui 596.776; Bambari 52.092; Bouar 46.166; Berberati 45.432; Bossangoa 41.877.
Tasa de natalidad por 1.000 habitantes (1985-90): 44,3 (media mundial 27,1).
Tasa de mortalidad por 1.000 habitantes (1985-90): 19,7 (media mundial 9,9).
Tasa de crecimiento por 1.000 habitantes (1985-90): 24,6 (media mundial 17,2).
Esperanza de vida al nacer (1985-90): Varones 43,9 años; mujeres 47,1 años.
Principales causas de muerte (como porcentaje de casos de enfermedad; 1984): Paludismo 13,3%; disentería, enteritis y otras enfermedades intestinales 12,5%; enfermedades respiratorias 9,9%, del que el 2,7% corresponde a neumonía.

Economía nacional

Presupuesto (1988). Ingresos: 43.400.000.000 CFAF (1982; impuestos indirectos 52,4%, ingresos no fiscales 21,1%, impuestos directos 20,3%). Gastos: 58.150.000.000 CFAF (1982; educación y cultura 13,9%, defensa 8,3%, reembolso de la deuda pública 8,1%).
Turismo (1987): Ingresos por visitantes 5.000.000 dlr. EUA; gastos de nacionales en el exterior 33.000.000 dlr. EUA.
Producción (toneladas métricas, excepto cuando se indique). Agricultura, silvicultura, pesca (1988): Mandioca 400.000, ñames 202.000, cacahuates con cáscara 87.000, plátanos 86.000, plátanos machos 66.000, algodón para semilla 43.000, mijo 50.000, taro 60.000, maíz 64.000, semilla de algodón 21.000, borra de algodón 43.000, café 12.000, arroz 12.000, legumbres 7.000; ganadería (número de animales vivos): 2.224.000 reses, 1.135.000 cabras, 371.000 cerdos, 116.000 ovejas, 3.000.000 pollos; madera (1987) 3.443.000 m^3; pesca, capturas (1987) 13.000. Minas y canteras (1988): Diamantes 360.000 quilates, de los que 259.200 corresponden a calidad gema y 100.800 a industriales; oro 382 kg. Industria manufacturera (1986): Artículos de aluminio para el hogar 348; pinturas 541; cueros y pieles 452; calzado 321.209 pares; motocicletas 3.167 unidades; bicicletas 2.924 unidades; cerveza 318.706 hectólitros; bebidas refrescantes 61.248 hectólitros; cigarrillos 52.400.000 unidades. Construcción (1984): residencial 10.400 m^2, no residencial 16 unidades. Producción energética (consumo): Electricidad (kwh; 1987) 92.000.000 (92.000.000); carbón, no produce (n.d.); petróleo crudo, no produce (n.d.); productos petrolíferos (toneladas métricas; 1987), no produce (85.000); gas natural, no produce (n.d.).
Producto nacional bruto (1987): 912.000.000 dlr. EUA (330 dlr. EUA per cápita).

Estructura del producto nacional bruto y de la población activa

	1983			
	Valor (000.000 dlr EUA)	% del valor total	Población activa	% de la pobl. activa
Agricultura	148.350	43,8	869.000	67,8
Minería	8.000	2,3		
Industria	24.440	7,2	54.000	4,2
Construcción	9.080	2,7		
Servicios públicos	2.610	0,8		
Transportes y comunicaciones	14.210	4,2		
Comercio	73.110	21,6		
Finanzas	11.900	3,5	59.000	28,0
Administración pública, defensa	45.320	13,4		
Servicios	1.730	0,5		
TOTAL	338.750	100,0	1.282.000	100,0

Deuda pública (externa, pendiente; 1987): 520.000.000 dlr. EUA.
Población económicamente activa (1985): Total 1.282.000; tasa de actividad de la población total 49,8% (tasas de participación: más de 15 años [1975] 50,2%; mujeres 45,3%; desempleados, n.d.).

Comercio exterior

Balanza comercial (precios corrientes)

	1982	1983	1984	1985	1986	1987
Millones dlr. EUA	−16,1	−11,9	−9,4	−41,7	−40,4	−31,9
% del total	7,0	6,2	4,9	31,4	25,6	14,7

Importaciones (1988-89): 38.746.000.000 CFAF (alimentos 20,5%, productos químicos y plásticos 15,6%, combustibles y lubricantes 12,9%, maquinaria y equipos de transporte 12,7%, materiales de construcción 6,0%). *Principales proveedores:* Francia 44,1%, Camerún 7,2%; Alemania federal 5,9%; Japón 5,2%; Congo 2,7%; Países Bajos 2,5%; Bélgica-Luxemburgo 2,3%; EUA 2,0%; Zaire 1,6%.
Exportaciones: (1988-89): 20.262.000 CFAF (café 47,9%, diamantes 25,2%, madera 13,6%, tabaco 3,1%, algodón 1,2%). *Principales clientes:* Francia 53,3%; Bélgica-Luxemburgo 23,5%; Suiza 7,2%; Sudán 5,4%; España 3,0%; Zaire 1,6%; EUA 1,4%; Congo 1,0%; Italia 0,9%.

Transportes y comunicaciones

Transportes. Ferrocarriles: Ninguno. Carreteras (1986): Longitud total 20.278 km (pavimentadas 2%). Vehículos (1986): Automóviles 43.321; camiones y autobuses 20.000. Marina mercante: Barcos (100 toneladas brutas y más) ninguno. Transporte aéreo (1987)[4]: Pasajeros-km 132.791.000; carga toneladas métricas-km 36.119.000; aeropuertos (1989) con vuelos regulares 1.
Comunicaciones. Diarios (1988): Número total 1; circulación total 200. Radio (1986): Número total de receptores 125.000 (1 por cada 22 personas). Televisión (1983): Número total de televisores 1.400 (1 por cada 1.817 personas). Teléfonos (1985): 6.952 (1 por cada 380 personas).

Educación y sanidad

Escolaridad (1975). Porcentaje de la población de 15 años y más: sin escolarización formal 73,5%; con enseñanza primaria 22,8%; secundaria baja 3,0%; secundaria alta 0,6%; superior 0,1%. *Alfabetización* (1985): Población total de 15 años y más alfabetizada 40,2%; varones alfabetizados 53,3%; mujeres alfabetizadas 28,6%.
Sanidad (1984): Médicos 112 (1 por cada 22.997 habitantes); camas hospitalarias 3.774 (1 por cada 682 habitantes); tasa de mortalidad infantil por cada 1.000 nacidos vivos (1983) 142,0.
Alimentación (1984-86): Ingesta calórica diaria per cápita 1.940 (productos vegetales 90%, productos animales 10%); (1983) 91% de las necesidades mínimas recomendadas por la FAO.

Fuerzas armadas

Personal en servicio activo (1989): 3.800 (ejército 92,1%, armada, ninguno, fuerza aérea 7,9%). *Presupuesto de defensa en porcentaje del PNB* (1983): 1,9% (mundo 5,8%); gasto per cápita 7 dlr. EUA.

[1] Primeros de año. [2] Al costo de factor corriente. [3] El desglose no se corresponde con el total a causa del redondeo. [4] Sólo Air Afrique.

Colombia

Nombre oficial: República de Colombia.
Forma de gobierno: República unitaria multipartidista con dos cámaras legislativas (Senado; Cámara de Representantes).
Jefe del estado y del gobierno: Presidente.
Capital: Bogotá.
Lengua oficial: Español.
Religión oficial: Ninguna.
Moneda: 1 peso (Col$) = 100 centavos; cambio (2 oct. 1989) 1 dlr. EUA = 406,29 Col$.

Área y población

Comisariados	Capitales	área km^2	población censo 1985
Amazonas	Leticia	109.665	30.327
Guainía	Puerto Inirida	72.238	9.214
Guaviare	Guaviare	42.327	35.305
Vaupés	Mitú	65.268	18.935
Vichada	Puerto Carreño	100.242	13.770
Departamentos			
Antioquía	Medellín	63.612	3.888.067
Atlántico	Barranquilla	3.388	1.428.601
Bolívar	Cartagena	25.978	1.197.623
Boyacá	Tunja	23.189	1.097.618
Caldas	Manizales	7.888	838.094
Caquetá	Florencia	88.965	214.473
Cauca	Popayán	29.308	795.838
César	Valledupar	22.905	584.631
Chocó	Quibdó	46.530	242.768
Córdoba	Montería	25.020	913.636
Cundinamarca	Bogotá	22.623	1.382.360
Huila	Neiva	19.890	647.756
La Guajira	Riohacha	20.848	255.310
Magdalena	Santander	23.188	769.141
Meta	Villavicencio	85.635	412.312
Nariño	Pasto	33.268	1.019.098
Norte de Santander	Cúcuta	21.658	883.884
Quindío	Armenia	1.845	377.860
Risaralda	Pereira	4.140	625.451
Santander	Bucaramanga	30.537	1.438.226
Sucre	Sincelejo	10.917	529.059
Tolima	Ibagué	23.562	1.051.852
Valle	Cali	22.140	2.847.087
Intendencias			
Arauca	Arauca	23.818	70.085
Casanare	Yopal	44.640	110.253
Putumayo	Mocoa	24.885	119.815
San Andrés y Providencia	San Andrés	44	35.936
Distrito especial			
Bogotá		1.587	3.982.941
TOTAL		1.141.748	27.867.326

Demografía

Población (1989): 32.317.000.
Densidad (1989): Personas por km^2 28,3.
Índice de urbanización (1985): Urbana 67,2%; rural 32,8%.
Distribución por sexo (1989): Varones 49,65%; mujeres 50,35%.
Estructura por edades (1989): Menos de 15, 36,4%; 15-29, 30,4%; 30-44, 18,3%; 45-59, 8,8%; 60-74, 4,7%; 75 y más, 1,4%.
Proyección demográfica: (2000) 39.302.000; (2010) 45.298.000
Tiempo de duplicación: 34 años.
Composición étnica (1985): Mestizos 58,0%; blancos 20,0%; mulatos 14,0%; negros 4,0%; mezcla de negro-indios 3,0%; amerindios 1,0%.
Afiliación religiosa (1987): Católicos 95,0%; otros 5,0%.
Principales ciudades (1985): Bogotá 3.974.813; Medellín 1.418.554; Cali 1.323.944; Barranquilla 896.649; Cartagena 491.368.
Tasa de natalidad por 1.000 habitantes (1983-88): 27,9 (media mundial 26,0).
Tasa de mortalidad por 1.000 habitantes (1983-88): 7,4 (media mundial 9,9).
Tasa de crecimiento por 1.000 habitantes (1983-88): 20,5 (media mundial 17,2).
Esperanza de vida al nacer (1986): Varones 63,0 años; mujeres 67,0 años.
Principales causas de muerte por 100.000 habitantes (est. de 1986): Infarto de miocardio agudo 57,9; homicidio por arma de fuego 52,2; insuficiencia cardiaca 27,7.

Economía nacional

Presupuesto (1987). Ingresos: 1.208.960.000.000 Col$ (impuestos indirectos 49,1%, impuestos directos 21,2%, recursos crediticios 17,3%). Gastos: 853.386.000.000 Col$ (pagos por transferencias 36,8%, servicio de la deuda 22,8%, inversiones de capital 15,3%).
Turismo (1988): Ingresos 213.000.000 dlr. EUA; gastos 455.000.000 dlr. EUA.
Producción (toneladas métricas, excepto cuando se indique). Agricultura, (1988): Caña de azúcar 24.560.000, papas o patatas 2.520.000, plátanos machos 2.191.000, arroz 1.775.000, plátanos 1.300.000, mandioca 1.222.000, maíz 908.000, café (verde) 780.000; madera (1987) 17.831.000 m^3; pesca, capturas (1987) 58.662; ganadería (número de animales vivos; 1985) 24.307.000 reses, 2.652.000 ovejas, 2.586.000 cerdos. Minas y canteras (1988): Mineral de hierro 614.727; oro 933.008 onzas troy; plata 210.959 onzas troy. Industria manufacturera (valor añadido en millones de Col$; 1987): Alimentos procesados 261.048; bebidas 211.237; tejidos 146.168; productos químicos 111.493; maquinaria e instrumental eléctrico 91.045; equipos de transporte 65.279; acero básico 63.146; productos metálicos 53.578. Construcción (1988)[3]: residencial 6.063.739 m^2, no residencial 2.040.559 m^2. Producción energética (consumo): Electricidad (Kwh; 1987) 35.368.000.000 (35.368.000.000); carbón (1987) 14.594.000 (5.089.000); petróleo crudo (barriles; 1987) 137.536.000 (85.369.000); productos petrolíferos (1987) 10.559.000 (7.286.000); gas natural (m^3; 1987) 4.369.455.000 (4.369.455.000).
Producto nacional bruto (1987): 36.027.000.000 dlr. EUA (1.220 dlr. EUA per cápita).

Estructura del producto nacional bruto y de la población activa

	1988		1980	
	Valor (000.000 dlr. EUA)	% del valor total	Población activa	% de la pobl. activa
Agricultura	2.203.174	18,8	2.412.413	28,5
Minería	744.378	6,4	49.740	0,6
Industria	2.338.758	20,0	1.136.735	13,4
Construcción	675.924	5,8	242.191	2,9
Servicios públicos	273.914	2,3	44.233	0,5
Transportes y comunicaciones	958.684	8,2	352.623	4,2
Comercio	1.633.984	14,0	1.261.633	14,9
Finanzas	1.225.558	10,5	278.210	3,2
Administración pública, defensa	945.302	8,1	1.998.460	23,6
Servicios	503.254	4,3		
Otros	191.677	1,6	690.762	8,2[4]
TOTAL	11.694.607	100,0	8.467.000	100,0

Deuda pública (externa, pendiente; 1987): 13.828.000.000 dlr. EUA.
Población económicamente activa (1985): Total 9.558.000; tasa de actividad de la población total 34,3% (tasas de participación: 12 años y más 49,4%; mujeres 16,2%; desempleados 4,3%).

Comercio exterior

Balanza comercial (precios corrientes)

	1983	1984	1985	1986	1987	1988
Millones dlr. EUA	−1.390,7	−590,4	−179,9	1.537,6	735,0	505,4
% del total	18,4	7,9	2,5	17,7	8,6	5,3

Importaciones (1988): 5.005.260 dlr. EUA (maquinaria 24,0%, productos químicos 11,8%, equipos de transporte 10,6%, productos de hierro y acero 7,5%, productos plásticos 4,8%, petróleo crudo 3,7%). *Principales proveedores:* EUA 36,2%; Alemania federal 6,8%; Brasil 4,6%; México 4,1%; Francia 3,7%, Canadá 3,6%; Venezuela 3,5%.
Exportaciones (1988): 5.026.227.000 dlr. EUA (café 32,7%, petróleo crudo y productos petrolíferos 25,7%, frutas 5,1%, flores recién cortadas 3,8%, hierro y acero 3,5%; textiles 3,4%). *Principales clientes:* EUA 39,3%; Alemania federal 10,4%; Países Bajos 5,0%; Venezuela 4,4%; Francia 2,6%; Chile 2,4%.

Transportes y comunicaciones

Transportes. Ferrocarriles (1988): Longitud de vías (1987) 3.236 km; pasajeros-km 147.962.000; carga toneladas métricas-km 464.333.000. Carreteras (1986): Longitud total 106.218 km (pavimentadas 10%). Vehículos (1986): Automóviles 840.776; camiones y autobuses 391.433. Marina mercante (1988): Barcos (100 toneladas brutas y más) 97; peso muerto total 584.586 toneladas. Transporte aéreo (1987): Pasajeros-km 3.946.731.000; carga toneladas métricas-km 358.198.000; aeropuertos (1989) 69.
Comunicaciones. Diarios (1987): Número total 30; circulación total 1.861.500; circulación por 1.000 habitantes 61. Radio (1988): Número total de receptores 4.364.000 (1 por cada 7,3 personas). Televisión (1988): Número total de televisores 5.500.000 (1 por cada 5,6 personas). Teléfonos (1987): 2.438.201 (1 por cada 12 personas).

Educación y sanidad

Escolaridad (1985): Porcentaje de la población de 25 años y más: sin escolarizar 15,3%; con enseñanza primaria 50,1%; secundaria 25,4%; superior 6,8%; sin especificar 2,4%. *Alfabetización* (1985): Población total de 18 años y más alfabetizada 10.714.936 (69,1%).
Sanidad (1984): Médicos 23.250 (1 por cada 1.229 habitantes); camas hospitalarias (1983) 46.651 (1 por cada 612 habitantes); tasa de mortalidad infantil 46,0.
Alimentación (1984-86): Ingesta calórica diaria per cápita 2.550 (productos vegetales 85%, productos animales 15%); (1984) 111% de las necesidades mínimas recomendadas por la FAO.

Fuerzas armadas

Personal en servicio activo (1988): 86.300 (ejército 79,9%, armada 12,3%, fuerza aérea 7,8%). *Presupuesto de defensa en porcentaje del PNB* (1987): 1,1% (mundo 5,4%); gasto per cápita 12 dlr. EUA.

[1] No se añaden precisiones a efectos de redondeo. [2] El censo total ajustado es de 29.265.499. [3] Permisos de construcción concedidos a 11 ciudades. [4] Incluye desempleados sin empleo previo.

Comores, islas[1]

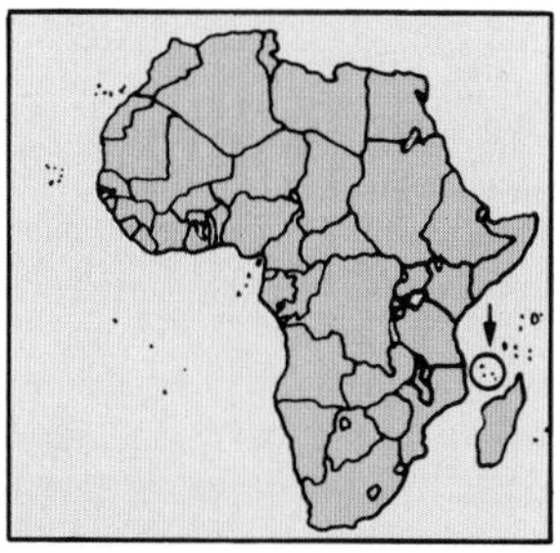

Nombre oficial: República Federal Islámica de las Comores.
Forma de gobierno: República federal islámica unipartidista con una cámara legislativa (Asamblea Federal).
Jefe del estado y del gobierno: Presidente.
Capital: Moroni.
Lengua oficial: Árabe; francés.
Religión oficial: Islámica.
Moneda: 1 franco comorano (CF) = 100 centimes; cambio (2 oct. 1989) 1 dlr. EUA = 317,90 CF.

Área y población

Gobernaciones/ Islas[2]	Capitales	área km²	población estimada 1989
Moli (Mohéli)	Fomboni	290	23.584
Ngazidja (Grande Comore)	Moroni	1.148	241.259
Ndzouani (Anjouan)	Mutsamudu	424	185.920
TOTAL		1.862	450.763

Demografía

Población (1989): 448.000.
Densidad (1989): Personas por km² 240,6.
Índice de urbanización (1986): Urbana 25,7%; rural 74,3%.
Distribución por sexo (1986): Varones 50,47%; mujeres 49,53%.
Estructura por edades (1986): Menos de 15, 46,0%; 15-29, 24,3%; 30-44, 14,8%; 45-59, 9,2%; 60 y más, 5,7%.
Proyección demográfica: (2000) 630.000; (2010) 841.000.
Tiempo de duplicación: 21 años.
Composición étnica (1980): Comoranos (mezcla de pueblos bantú, árabe y malgache) 96,9%; makuas (pueblo bantú del África Oriental) 1,6%; franceses 0,4%; otros 1,1%.
Afiliación religiosa (1980): Musulmanes sunní 99,7%; cristianos 0,2%; bahaístas 0,1%.
Principales ciudades (1980): Moroni 17.267; Mutsamudu 16.883; Domoni 7.147; Ouani 6.936; Tsembehou 6.578.
Tasa de natalidad por 1.000 habitantes (1987): 47,0 (media mundial 27,1).
Tasa de mortalidad por 1.000 habitantes (1987): 14,0 (media mundial 9,9).
Tasa de crecimiento por 1.000 habitantes (1987): 33,0 (media mundial 17,2).
Esperanza de vida al nacer (1987): Varones 53,0 años; mujeres 57,0 años.
Principales causas de muerte por 100.000 habitantes: n.d.; sin embargo, entre las enfermedades más importantes (1980) se incluyen paludismo (que afecta al 80% de la población adulta), tuberculosis, lepra y kwashiorkor (enfermedad debida a deficiencia nutricional).

Economía nacional

Presupuesto (1987). Ingresos: 13.709.600.000 CF (ingresos por impuestos 38,7%; del que el 17,3% corresponde a impuestos de consumo de artículos importados, el 5,2% a impuestos sobre bienes y servicios; el 35% a ayudas externas al desarrollo; el 15,2% a ayudas aplicadas a los ingresos actuales, y el 11,1% a ingresos no impositivos). Gastos: 21.037.000.000[5] (educación 25,1%; agricultura, silvicultura y pesca 18,0%; servicios públicos generales 12,4%; transporte y comunicación 11,6%; sanidad 7,3%; defensa 4,3%).
Turismo (1988): Ingresos por visitantes extranjeros 3.500.000 dlr. EUA; gastos por salida al extranjero 4.100.000 dlr. EUA.
Producción (toneladas métricas, excepto cuando se indique). Agricultura, silvicultura, pesca (1987): Mandioca 45.200; plátanos 51.800; cocos 47.000; legumbres 6.800, maíz 3.400; arroz 3.000; copra 1.000, clavos 669[6, 7]; vainilla 247[6, 7] ilang-ilang 60[6, 7]; ganadería (número de animales vivos): 96.000 cabras; 88.000 reses, 9.000 ovejas; madera m³, n.d.; pesca, capturas, 5.250; 4.000. Minas y canteras: Arena y grava para construcción local. Industria manufacturera (1987): artesanía, jabón, bebidas refrescantes, utensilios de aluminio para cocina y ropa. Construcción: n.d. Producción energética (consumo): Electricidad (kwh; 1987) 14.000.000 (14.000.000); carbón, no produce (sin consumo); petróleo crudo, no produce (sin consumo); productos petrolíferos (1985), no produce (16.000); gas natural, no produce (sin consumo).
Producto nacional bruto (a precios corrientes de mercado; 1986): 160.000.000 dlr. EUA (380 dlr. EUA per cápita).

Estructura del producto nacional bruto y de la población activa

	1987		1980	
	Valor (000.000 CF)	% del valor total	Población activa	% de la pobl. activa
Agricultura	18.745	33,8	53.063	53,3
Minería	—	—	62	0,1
Industria	6.518	11,8	3.946	4,0
Construcción	5.386	9,7	3.267	3,3
Servicios públicos	1.581	2,9	129	0,1
Transportes y comunicaciones	2.292	4,1	2.118	2,1
Comercio, restaurantes y hoteles	11.735[10]	21,2[10]	1.873	1,9
Finanzas, seguros	[10]	[10]	237	0,2
Administración pública,	9.121	16,5	2.435	2,5
defensa, servicios	[10]	[10]	4.646	4,7
Otros	—	—	27.687[11]	27,8[11]
TOTAL	55.378	100,0	99.463	100,0

Deuda pública (externa, pendiente; 1987): 187.700.000 dlr. EUA.
Población económicamente activa (1985): Total 117.216; tasa de actividad de la población total 29,6% (tasas de participación: 15-64 años 53,1%; mujeres 26,2%; desempleados [1986] 36,0%).

Comercio exterior [12]

Balanza comercial (precios corrientes)

	1983	1984	1985	1986	1987	1988
Millones CF	−5.680	−15.700	−9.433	−5.796	−12.075	−9.245
% del total	27,7	71,7	40,1	29,1	63,4	41,9

Importaciones (1988): 15.645.000.000 (arroz 15,6%, productos petrolíferos 6,8%, productos de hierro y acero 4,9%, cemento 4,5%, artículos no especificados 60,3%). *Principales proveedores:* Francia 55,4%; Botswana 6,5%; Bahrein 6,4%; Reunión 5,6%; Kenia 4,2%;.
Exportaciones (1988): 6.400.000.000 CF (vainilla 77,7%, ilang-ilang 11,6%, clavos 7,3%). *Principales clientes:* Francia 35,0%; EUA 18,0%; Mauricio 12,0%; Alemania federal 18,0%.

Transportes y comunicaciones

Transportes: Ferrocarriles, ninguno. Carreteras (1985): Longitud total 750 km (pavimentadas 53%). Vehículos (1983): Automóviles 3.600; camiones y autobuses 2.000. Marina mercante (1988): Barcos (100 toneladas brutas y más) 4; peso muerto total 1.456 toneladas. Transporte aéreo[13]: Llegadas y salidas de pasajeros 30.537; cargamento cargado y descargado 172 toneladas métricas; aeropuertos (1989) con vuelos regulares 3.
Comunicaciones: Diarios, ninguno. Radio (1987): Número total de receptores 100.000 (1 por cada 4,2 personas). Televisión: Número total de televisores, ninguno. Teléfonos (1983): 496 (1 por cada 740 personas).

Educación y sanidad

Escolaridad (1980). Porcentaje de la población total de 25 años y más: sin escolarización formal 56,7%; enseñanza en escuelas coránicas 8,3%; con enseñanza primaria 3,6%; secundaria 2,0%; superior 0,2%, no especificada 29,2%: *Alfabetización* (1980): Población total de 15 años y más alfabetizada 82.053 (46,3%); varones alfabetizados 46.586 (54,2%); mujeres alfabetizadas 35.467 (39,0%).
Sanidad (1984): Médicos 31 (1 por cada 12.237 habitantes); camas hospitalarias (1982) 813 (1 por cada 437 habitantes); tasa de mortalidad por cada 1.000 nacidos vivos (1987) 96,0.
Alimentación (1984-86)[14]: Ingesta calórica diaria per cápita 2.110 (productos vegetales 95%, productos animales 5%); 90% de las necesidades mínimas recomendadas por la FAO.

Fuerzas armadas

Personal en servicio activo (1988): 700-800 (ejército 100%). *Presupuesto de defensa en porcentaje del PNB* (1986): 1,9% (mundo 5,5%); gasto per cápita 6 dlr. EUA.

[1] Excluye Mayotte, «collectivité territoriale» (colectividad territorial) francesa, salvo indicación en contrario. [2] Los nombres de las islas en swahili comorano y francés, respectivamente. [3] A mediados de septiembre. [4] 1986. [5] De los cuales 10.748.000.000 CF son extrapresupuestarios. [6] Sólo exportaciones. [7] 1988. [8] Sólo el sector de la construcción. [9] Valores del índice de precios al consumo. [10] Comercio, restaurantes, hoteles, incluye la cifra de finanzas, seguros, servicios. [11] No está adecuadamente definido. [12] Cifras de exportación c.i.f. (costo, seguro y flete); cifras de importación f.o.b. (franco a bordo). [13] Air Comores únicamente. [14] Incluye Mayotte.

Congo, República Popular del

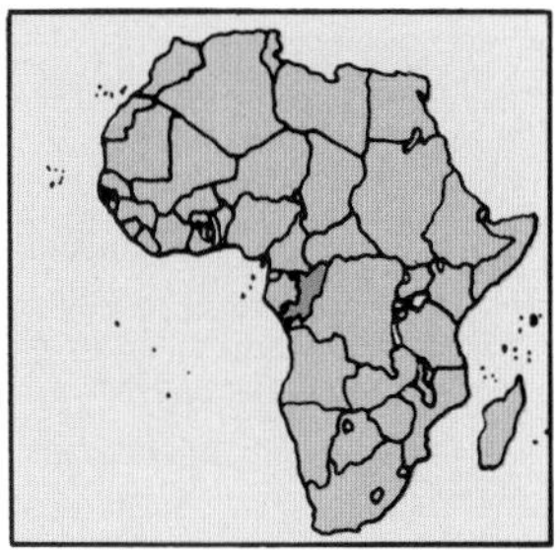

Nombre oficial: República Popular del Congo.
Forma de gobierno: República popular con un cuerpo legislativo (Asamblea Nacional Popular).
Jefe del estado: Presidente.
Jefe del gobierno: Presidente del comité central.
Capital: Brazzaville.
Lengua oficial: Francés.
Religión oficial: Ninguna.
Moneda: 1 franco CFA (CFAF) = 100 centimes; cambio (2 oct. 1989) 1 dlr. EUA = 317,90 CFAF.

Área y población		área km²	población censo 1984
Regiones	**Capitales**		
Bouenza	Madingou	12.260	150.603
Cuvette	Owando	74.850	135.744
Kouilou	Pointe-Noire	13.660	74.870
Lékoumou	Sibiti	20.950	68.287
Likouala	Impfondo	66.044	49.505
Niari	Loubomo	25.930[1]	110.003
Plateaux	Djambala	38.400	109.663
Pool	Kinkala	33.990	184.263
Sangha	Ouesso	55.800[2]	34.213
Municipios			
Brazzaville	—	65	585.812
Loubomo	—	12	49.134
Mossendjo	—	[1]	14.469
Nkayi	—	5	36.540
Ouesso	—	[2]	11.939
Pointe Noire	—	34	294.203
TOTAL		342.000	1.909.248

Demografía

Población (1989): 2.245.000.
Densidad (1989): Personas por km² 6,6.
Índice de urbanización (1984): Urbana 51,1%; rural 48,9%.
Distribución por sexo (1985): Varones 49,31%; mujeres 50,69%.
Estructura por edades (1985): Menos de 15, 43,6%; 15-29, 25,8%; 30-44, 15,6%; 45-59, 9,5%; 60-74, 4,6%; 75 y más, 0,9%.
Proyección demográfica: (2000) 3.318.000; (2010) 4.732.000.
Tiempo de duplicación: 26 años.
Composición étnica (1983): Kongo 51,5%; teke 17,3%; mboshi 11,5%; mbete 4,8%; punu 3,0%; sanga 2,7%; maka 1,8%; pigmeos 1,5%; otros 5,9%.
Afiliación religiosa (1980): Católicos 53,9%; protestantes 24,9%; cristianos africanos 14,2%; creencias tradicionales 4,8%; otros 2,2%.
Principales ciudades (1984): Brazzaville 596.200[3]; Pointe Noire 298.014[3]; Loubomo 49.134; Nkayi 36.540; Owando 16.021.
Tasa de natalidad por 1.000 habitantes (1985-90): 44,4 (media mundial 27,1).
Tasa de mortalidad por 1.000 habitantes (1985-90): 17,2 (media mundial 9,9).
Tasa de crecimiento por 1.000 habitantes (1985-90): 27,2 (media mundial 17,2).
Esperanza de vida al nacer (1985-90): Varones 46,9 años; mujeres 50,2 años.
Principales causas de muerte por 100.000 habitantes (casos consignados; 1986): Paludismo 2.823; diarrea 779; sarampión 443; anquilostomiasis 298; gonorrea 244.

Economía nacional

Presupuesto (1988). Ingresos: 284.000.000.000 CFAF (financiación exterior 44,7%; ingresos por petróleo 24,7%; impuestos internos 16,4%; aranceles 12,0%). Gastos: 284.000.000.000 (deuda pública 44,7%, administración 27,6%, transferencias 13,2%, inversión 11,3%).
Turismo (1987): Ingresos por visitantes 6.000.000 dlr. EUA; gastos de nacionales en el exterior 67.000.000 dlr. EUA.
Producción (toneladas métricas, excepto cuando se indique). Agricultura, silvicultura, pesca (1988): Mandioca, 700.000, caña de azúcar 400.000, piña tropical 114.000, plátanos machos 65.000, plátanos 32.000, aguacates 22.000, cacahuates 17.000, aceite de palma 16.000, ñame 15.000, maíz 9.000, café 2.000, cacao en grano 2.000; ganadería (número de animales vivos): 186.000 cabras, 70.000 reses, 64.000 ovejas; madera (1987) 2.614.000 m²; pesca, capturas (1987) 31.013. Minas y canteras (1987): Concentrado de zinc 2.300, plomo 1.400, oro 500 onzas Troy. Industria manufacturera (1985): Azúcar sin refinar 51.010; cemento 50.895; jabón 2.146; harina de trigo 1.048; cigarrillos 1.027; aceite de semillas 1.000; cerveza 881.667 hectólitros; bebidas refrescantes 279.000 hectólitros; vino 58.150 hectólitros; madera contrachapada 61.807 m³; calzado 1.121.000 pares. Construcción: n.d. Producción energética (consumo): Electricidad (kwh; 1987) 235.000.000 (288.000.000); carbón, no produce (n.d.); petróleo crudo (barriles; 1988) 49.355.000 ([1987] 3.813.000); productos petrolíferos (toneladas métricas; 1987) 506.000 (500.000 ton. métricas); gas natural (m³; 1987) 2.200.000.
Producto nacional bruto (a precios corrientes de mercado; 1987): 1.761.000.000 dlr. EUA (880 dlr. EUA per cápita).

Estructura del producto nacional bruto y de la población activa	1986		1985	
	Valor (000.000 CFAF)	% del valor total	Población activa	% de la pobl. activa
Agricultura	77.424	12,1	434.000	61,2
Minería	99.444	15,5		
Industria	61.277	9,6		
Construcción	38.806	6,1		
Servicios públicos	9.054	1,4	86.000	12,1
Transportes y comunicaciones	71.067	11,1		
Comercio, finanzas	104.377	16,3		
Administración pública, defensa	178.958	27,9	190.000	26,7
Servicios				
Otros				
TOTAL	640.407	100,0	710.000	100,0

Deuda pública (externa; 1987): 3.679.000.000 dlr. EUA.
Población económicamente activa (1985): Total 710.000; tasa de actividad de la población total 40,8% (tasas de participación: 15-64 años 69,4%; mujeres 39,3%; desempleados, n.d.).

Comercio exterior[4]

Balanza comercial (precios corrientes)	1981	1982	1983	1984	1985	1986
Millones CFAF	73,1	55,8	99,1	246,8	146,3	50,2
% del total	14,3	9,5	13,9	31,4	17,8	12,1

Importaciones (1985): 337.600.000.000 CFAF (maquinaria y equipos de transporte 35,4%, del que el 8,1% corresponde a maquinaria general; el 6% a maquinaria para industrias especiales; manufacturas básicas 26%; alimentación y animales vivos 16,4%, del que el 5,5% corresponde a pescado y conservas de pescado; el 4,7% a cereales; manufacturas metálicas 10,7%; productos químicos 8,4%. *Principales proveedores* (1987)[6]: Francia 52,6%; Reino Unido 6,9%; Italia 6,8%; Alemania federal 3,7%; Bélgica-Luxemburgo 3,6%.
Exportaciones (1985): 483.900.000.000 CFAF (petróleo crudo 90,1%; petróleo refinado 3,2%; madera y productos derivados 1,7%; diamantes 1,0%; azúcar 0,8%. *Principales clientes* (1987)[7]: EUA 45,0%; Francia 14,5%; Italia 8,8%; Alemania federal 7,6%; España 7,1%.

Transportes y comunicaciones

Transportes. Ferrocarriles (1986): Longitud de vías[3] 802 km; pasajeros-km 456.000.000; carga toneladas métricas-km 536.000.000. Carreteras (1985): 11.000 km (pavimentadas 5%). Vehículos (1982): Automóviles 30.500; camiones y autobuses 78.600. Marina mercante (1988): Barcos (100 toneladas brutas y más) 21; peso muerto total 10.840 toneladas. Transporte aéreo[8] (1987): Pasajeros-km 213.706.000; carga toneladas métricas-km 36.119.000; aeropuertos (1989) con vuelos regulares 6.
Comunicaciones. Diarios (1986): Número total 3; circulación total 24.000; circulación por 1.000 habitantes 11. Radio (1988): Número total de receptores 229.437 (1 por cada 9,4 personas). Televisión (1988): Número total de televisores 5.786 (1 por cada 375 personas). Teléfonos (1987): 19.239 (1 por cada 111 personas).

Educación y sanidad

Escolaridad[9] (1974). Porcentaje de la población de 15 años y más: con enseñanza secundaria 30%, del que el 37% corresponde a varones y el 23% a mujeres. *Alfabetización* (1985): Población total de 15 años y más alfabetizada 620.000 (62,9%); varones alfabetizados 332.000 (71,4%); mujeres alfabetizadas 288.000 (55,4%).
Sanidad (1988): Médicos 500 (1 por cada 4.334 habitantes); camas hospitalarias 3.787 (1 por cada 572 habitantes); tasa de mortalidad infantil por cada 1.000 nacidos vivos (1985-90) 73,0.
Alimentación (1987): Ingesta calórica diaria per cápita 2.441 ([1984-86] productos vegetales 93%, productos animales 7%); (1984-86) 117% de las necesidades mínimas recomendadas por la FAO.

Fuerzas armadas

Personal en servicio activo (1989): 8.800 (ejército 90,9%, armada 3,4%, fuerza aérea 5,7%). *Presupuesto de defensa en porcentaje del PNB* (1987): 4,6% (mundo 5,4%); gasto per cápita 51 dlr. EUA.

[1] Mossendjo está incluido con Niari. [2] Ouesso está incluido en Sangha. [3] 1985. [4] Las cifras de importación son c.i.f. (costo, seguro y flete) y las de exportación f.o.b. (franco a bordo). [5] Basado en datos incompletos que totalizan 144.600.000.000 CFAF. [6] Basado en datos incompletos que totalizan 277.100.000.000 CFAF. [7] Únicamente Air Afrique. [8] Para el municipio de Brazzaville únicamente.

Corea, República de

Nombre oficial: República de Corea.
Forma de gobierno: República unitaria con una asamblea nacional.
Jefe de estado: Presidente.
Jefe del gobierno: Primer ministro.
Capital: Seúl.
Lengua oficial: Coreano.
Religión oficial: Ninguna.
Moneda: 1 won (W) = 100 chon; cambio (2 oct. 1989) 1 dlr. EUA = 670 W.

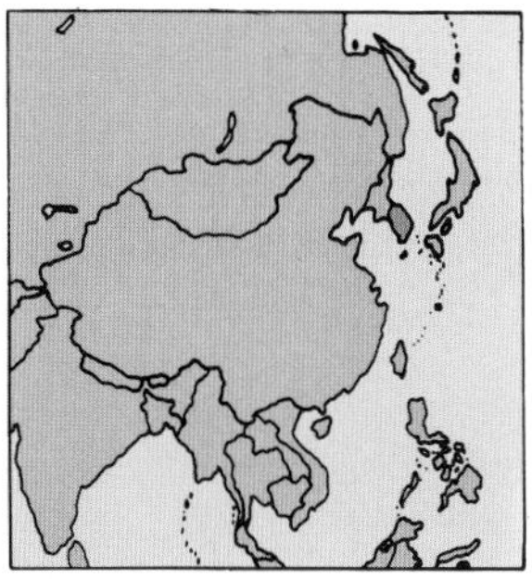

Área y población

Provincias	Capitales	área km²	población estimada 1989
Cheju-do	Cheju	1.825	505.000
Cholla-namdo	Kwangju	11.799	2.540.000
Cholla-pukto	Chonju	8.052	2.118.000
Chungchong-namdo	Taejon	8.851	3.008.000
Chungchong-pukto	Chongjiu	7.437	1.356.000
Kangwon-do	Chunchon	16.899	1.663.000
Kyonggi-do	Inchon[1]	10.867	5.466.000
Kyongsang-namdo	Masan	11.859	3.636.000
Kyongsang-pukto	Taegu[1]	19.442	2.846.000
Ciudades especiales			
Inchon-si	Inchon	208	1.604.000
Kwangjiu-si	Kwangju	501	1.165.000
Pusan-si	Pusan	436	3.754.000
Soul ukpyôlsi	Seúl	605	10.513.000
Taegu si	Taegu	456	2.206.000
TOTAL		99.237	42.380.000

Demografía

Población (1989): 42.380.000
Densidad (1989). Personas por km² 427,1.
Índice de urbanización (1987): Urbana 168,9%; rural 31,1%.
Distribución por sexo (1989): Varones 50,40%; mujeres 49,60%.
Estructura por edades (1985): Menos de 15, 30,6%; 15-29, 31,0%; 30-44, 19,4%; 45-59, 12,3%; 60-74, 5,4%; 75 y más, 1,3%.
Proyección demográfica: (2000) 46.617.000; (2010) 48.372.000.
Tiempo de duplicación: 56 años.
Composición étnica (1985): Coreanos 99,9%; otros 0,1%.
Afiliación religiosa (1985): Budistas 19,9%; protestantes 16,1%; católicos 4,6%; confucianos 1,2%, wonbulgyos 0,2%; chondogyos 0,1%; otros 0,5%; ninguna 57,4%.
Principales ciudades (1989): Seúl 10.513.000; Pusan 3.754.000; Taegu 2.206.000; Inchon 1.604.000; Kwangju 1.165.000.
Tasa de natalidad por 1.000 habitantes (1988): 18,6 (media mundial 27,1).
Tasa de mortalidad por 1.000 habitantes (1988): 6,2 (media mundial 9,9).
Tasa de crecimiento por 1.000 habitantes (1988): 12,45 (media mundial 17,2).
Esperanza de vida al nacer (1988): Varones 66,4 años; mujeres 72,6 años.
Principales causas de muerte por 100.000 habitantes (1985): enfermedades cardiovasculares 155,0; neoplasias malignas (cánceres) 73,5; accidentes, intoxicaciones y actos de violencia 56,5; enfermedades del sistema digestivo 43,9; enfermedades del sistema respiratorio 22,6.

Economía nacional

Presupuesto (1988). Ingresos: 17.541.900.000.000 W (impuestos internos 61,7%, sobretasa de defensa 13,9%, aranceles 12,4%, beneficios de monopolios 4,2%). Gastos: 17.541.900.000.000 W (defensa 32,8%; desarrollo económico y programas sociales 14,4%; educación 20,6%; administración 10,2%; ayuda a provincias 8,7%).
Turismo (1988): Ingresos por visitantes 3.265.000.000 dlr EUA; gastos de nacionales en el exterior 1.354.000.000 dlr. EUA.
Producción (toneladas métricas, excepto cuando se indique). Agricultura, silvicultura, pesca (1987): Arroz 7.596.000, coles 2.600.000, batatas o camotes, papas o patatas 647.000, manzanas 572.000, cebada 516.000, cebollas 400.000, mandarinas 380.000, ajos 280.000, soya o soja 257.000; ganadería (número de animales vivos): 4.281.000 cerdos, 2.386.000 reses, 166.000 cabras, 59.324.000 pollos; madera 6.849.000 m³; pesca, capturas 3.331.800. Minas y canteras (1987): Mineral de hierro 565.000; grafito 99.765; mineral de zinc 47.004; mineral de plomo 26.316; mineral de tungsteno 3.956. Industria manufacturera (1987): Cemento 25.946.000; hierro en lingotes 10.868.949; acero sin refinar 16.722.662.000; fertilizantes químicos 2.877.683; tejidos artificiales 2.624.355.000 m²; buques de carga construidos en acero 1.318.835 toneladas brutas; televisores 14.664.621 unidades; automóviles 777.894 unidades. Construcción (1987): Residencial 21.639.000 m²; no residencial 26.344.000 m². Producción energética (consumo): Electricidad (kwh; 1987) 82.250.000 (82.250.000); carbón (1987) 24.274.000 (41.911.000); petróleo crudo (barriles; 1987), no produce (211.207.000); productos petrolíferos (1987) 24.186.000 (23.598.000), gas natural (m³, 1987) no produce (2.256.000.000).
Producto nacional bruto (a precios corrientes de mercado, 1987): 112.947.000.000 dlr. EUA (2.690 dlr. EUA per cápita).

Estructura del producto nacional bruto y de la población activa

	1987			
	Valor (000.000.000 W)	% del valor total	Población activa	% de la pobl. activa
Agricultura	11.365,5	11,4	3.580.000	21,2
Minería	1.189,2	1,2	186.000	1,1
Industria	30.261,6	30,3	4.416.000	26,2
Construcción	8.158,2	8,2	920.000	5,4
Servicios públicos,	3.212,6	3,2	44.000	0,3
Transportes y comunicaciones	8.168,4	8,2	763.000	4,5
Comercio	13.153,2	13,2	3.611.000	21,4
Finanzas	10.810,6	10,8	680.000	4,0
Administración pública defensa	4.116,3	4,1 }	2.153.000	12,8
Servicios	3.423,1	3,4 }		
Otros	5.931,3	6,0	519.000[2]	3,1[2]
TOTAL	99.790,0	100,0	16.872.000	100,0

Deuda pública (externa, pendiente, 1987): 24.541.000.000 dlr. EUA.
Población económicamente activa (1989): Total 18.471.000; tasa de actividad de la población total 43,6% (tasas de participación: 15 años y más 61,0%; mujeres 41,1%; desempleados 2,3%).

Comercio exterior

Balanza comercial (precios corrientes)

	1983	1984	1985	1986	1987	1988
Millones EUA	−1.970	−1.380	−853	4.236	6.940	8.510
% del total	3,9	2,3	1,4	7,4	9,8	10,6

Importaciones (1987): 41.019.812.000 dlr. EUA (petróleo y derivados 11,3%, componentes electrónicos 6,2%, productos químicos orgánicos 5,1%, generadores 8,3%, plásticos 2,2%, maquinaria de abastecimiento eléctrico 2,2%).
Principales proveedores: Japón 33,3%; EUA 21,4%; Alemania federal 4,4%; Australia 3,1%; Malasia 2,6%; Canadá 2,6%; Arabia Saudita 2,3%; Indonesia 2,0%.
Exportaciones (1987): 47.280.928.000 dlr. EUA (equipos de transporte 10,8%, maquinaria eléctrica 8,9%, calzado 5,8%, tejidos 5,1%, hierro y acero laminados 1,6%, pesca 1,6%). *Principales clientes:* EUA 38,7%; Japón 17,8%; Hong Kong 4,7%; Canadá 3,1%; Alemania federal 4,2%; Reino Unido 3,2%, Arabia Saudita 2,2%, Singapur, 2,0%.

Transportes y comunicaciones

Transportes. Ferrocarriles (1987): Longitud de vías 6.340 km; pasajeros-km 24.457.000.000; carga toneladas métricas-km 13.061.000.000. Carreteras (1987): Longitud total 59.689 km (pavimentadas 57%). Vehículos (1987): Automóviles 844.350; camiones y autobuses 756.906. Marina mercante (1988): Barcos (100 toneladas brutas y más) 1.930, peso muerto total 11.524.125 toneladas. Transporte aéreo (1987): Pasajeros-km 14.496.000.000; carga toneladas métricas-km 1.654.200.000; aeropuertos (1989) con vuelos regulares 6.
Comunicaciones. Diarios (1986): Número total 26; circulación total 11.000.000; circulación por 1.000 habitantes 265. Radio (1988): Número total de receptores 958.516 (1 por cada 4,4 personas). Televisión (1987): Número total de televisores 8.643.235 (1 por cada 4,9 personas). Teléfonos (1988): 10.306.000 (1 por cada 4,1 personas).

Educación y sanidad

Escolaridad (1985). Porcentaje de la población de 25 años y más: sin escolarización formal 14,3%; con enseñanza primaria 46,2%; secundaria 24,8%; postsecundaria 10,9%. *Alfabetización* (1981): Población total de 15 años y más alfabetizada 13.191.432 (92,7 %); varones alfabetizados 6.937.242 (97,5%); mujeres alfabetizadas 6.254.190 (87,9%).
Sanidad (1987): Médicos 34.185 (1 por cada 1.216 habitantes); camas hospitalarias 85.327 (1 por cada 487 habitantes); tasa de mortalidad infantil por cada 1.000 nacidos vivos (1988) 25,0.
Alimentación (1984-86): Ingesta calórica diaria per cápita 2.876 (productos vegetales 88%, productos animales 12%); 121% de las necesidades mínimas recomendadas por la FAO.

Fuerzas armadas

Personal en servicio activo (1989): 650.000 (ejército 84,6%, armada 9,2%, fuerza aérea 6,2%. *Presupuesto de defensa en porcentaje del PNB* (1987): 5,8% (mundo 5,4%); gasto per cápita 133 dlr. EUA.

[1] Durante 1981-82, Inchon y Taegu fueron designadas, igualmente ciudades principales. [2] Desempleados.

Corea, República Popular Democrática de

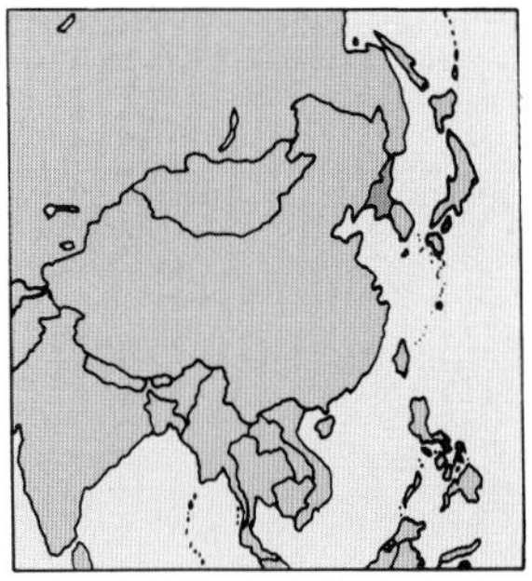

Nombre oficial: República Democrática Popular de Corea.
Forma de gobierno: República unipartidista con una cámara legislativa (Asamblea Suprema del Pueblo).
Jefe del estado: Presidente.
Jefe del gobierno: Primer ministro.
Capital: Pyongyang.
Lengua oficial: Coreano.
Religión oficial: Ninguna.
Moneda: 1 won = 100 chon; cambio (2 oct. 1989) 1 dlr. EUA = 0,97 won.

Área y población

		área[1] km^2	población estimada 1988
Provincias	**Capitales**		
Chagang-do	Kanggye	16.200	780.000
Hamgyong-namdo	Hamhung	19.200	1.315.000
Hamgyong-pukto	Chongjin	15.900	1.110.000
Hwanghae-namdo	Haeju	7.600	1.340.000
Hwanghae-pukto	Sariwon	8.600	1.060.000
Kangwon-do	Wonsan	10.700	1.030.000
Pyongan-namdo	Pyongsan	12.300	2.250.000
Pyongan-pukto	Sinuiju	12.000	1.760.000
Yanggang-do	Hyesan	14.100	435.000
Ciudades especiales			
Chongjin-si	—	1.900	385.000
Hamhung-si	—	800	530.000
Pyongyang-si	Pyongyang	1.800	1.275.000
Distrito especial			
Kaesong-chigu	Kaesong	1.200	289.000
TOTAL		122.400[2]	13.559.000

Demografía

Población (1989): 22.418.000.
Densidad (1989): Personas por km^2 183,2.
Indice de urbanización (1985): Urbana 62,0%; rural 38,0%.
Distribución por sexo (1985): Varones 49,58%; mujeres 50,42%.
Estructura por edades (1985): Menos de 15, 38,1%; 15-29, 29,4%; 30-44, 16,6%; 45-59, 9,9%; 60-74, 4,9%; 75 y más, 1,1%.
Proyección demográfica: (2000) 28.165.000; (2010) 33.115.000.
Tiempo de duplicación: 28 años.
Composición étnica (1983): Coreanos 99,8%; chinos 0,2%.
Afiliación religiosa (1980): Ateos o sin afiliación religiosa 67,9%; creencias tradicionales 15,6%; chondogyos 13,9%; budistas 1,7%; cristianos 0,9%
Principales ciudades (1981): Pyongyang 1.283.000; Hamhung-Hungnam 775.000; Chongjin 490.000; Kaesong 240.000; Wonsan 240.000.
Tasa de natalidad por 1.000 habitantes (1985-90): 28,9 (media mundial 27,1).
Tasa de mortalidad por 1.000 habitantes (1985-90): 5,4 (media mundial 9,9).
Tasa de crecimiento por 1.000 habitantes (1985-90): 23,5 (media mundial 17,2).
Esperanza de vida al nacer (1985-90): Varones 66,2 años; mujeres 72,7 años.
Principales causas de muerte por 100.000 habitantes : n.d.; sin embargo, entre las principales enfermedades se incluyen las endémicas (fiebres tifoideas, disentería, clonorquiasis [gusano del hígado], paragonimiasis [gusano del pulmón]), encefalitis, polimielitis, difteria, sarampión, tuberculosis bronquitis, neoplasias malignas (cánceres), enfermedades cardiacas hipertensivas e isquémicas y obstrucción y hernia intestinales.

Economía nacional

Presupuesto (1988). Ingresos: 31.852.000.000 wons (1984; impuesto sobre la facturación 55,0%, pagos de empresas estatales 30%). Gastos: 28.481.500.000 wons (1984; economía nacional 63,3%, asuntos sociales y culturales 20,0%, defensa 14,6%, otros 2,1%).
Turismo : n.d.
Producción (toneladas métricas, excepto cuando se indique). Agricultura, silvicultura, pesca (1988): Arroz 6.200.000, verduras 3.094.000, maíz 2.950.000, patatas 1.975.000, trigo 880.000, cebada 630.000, mijo 575.000, batata o camote 497.000, soja 445.000, legumbres 310.000, sorgo 201.000, peras 106.000, melocotones 95.000, tabaco 62.000, cebollas secas 44.000, algodón para siembra 16.000; ganadería (número de animales vivos) 3.100.000 cerdos, 1.250.000 reses, 372.000 ovejas, 285.000 cabras, 19.000.000 pollos; madera (1987) 4.649.000 m^3; pesca, capturas (1987) 1.800.000. Minas y canteras (1986): Mineral de hierro 8.500.000; magnesita 882.000; roca de fosfato 500.000; azufre 230.000; zinc 180.000; plomo (contenido metálico) 110.000; yeso 82.000; feldespato 40.000; grafito 25.000; plata 1.600.000 onzas troy; oro 160.000 onzas troy. Industria manufacturera (1987): Cemento 7.800.000; hierro en lingotes 5.800.000; fertilizantes químicos 4.000.000; acero sin refinar 4.300.000; semimanufacturas de acero 3.400.000; televisores 240.000 unidades[4]; productos cárnicos 235.000; máquinas herramientas 29.000 unidades; coches 20.000[3] unidades; tractores 24.000[3]; frigoríficos 10.000[3]; tejidos textiles 600.000.000 m. Construcción: n.d. Producción energética (consumo): Electricidad (kwh; 1987) 50.200.000 (50.200.000); carbón (1987) 52.500.000 (54.450.000); petróleo crudo (barriles, 1987) no produce (20.440.000); productos petrolíferos (1987) 2.650.000 (3.170.000); gas natural, no produce (n.d.).
Producto nacional bruto (1988): 20.000.000.000 dlr. EUA (910 dlr. EUA per cápita).

Estructura del producto nacional bruto y de la población activa

	1982			
	Valor (000.000 wons)	% del valor total	Población activa	% de la pobl. activa
Agricultura	—	—	3.276.000	44,1
Minería e industria	—	— }		
Construcción	—	— }	2.790.000	33,0
Servicios públicos	—	— }		
Transportes y comunicaciones	—	—	418.000	4,9
Comercio	—	— }		
Finanzas	—	— }		
Administración pública, defensa	—	— }	1.521.000	18,0
Servicios	—	— }		
Otros	—	— }		
TOTAL	11.800	100,0	8.455.000	100,0

Deuda pública (externa, pendiente; 1988): 2.500.000.000 dlr. EUA.
Población económicamente activa (1985): Total 9.084.000; tasa de actividad de la población total 44,6% (tasas de participación: 15-64 años 75,3%; mujeres 34,5%; desempleados, n.d.).

Comercio exterior

Balanza comercial (precios corrientes)

	1974	1976	1978	1979	1980	1981
Millones wons	−601	−176	−53	165	−256	−285
% del total	31,6	11,5	3,3	6,3	9,4	10,3

Importaciones (1987): 2.500.000.000 dlr. EUA (petróleo crudo, carbón y coque, maquinaria industrial y equipos de transporte [incluyendo camiones], productos químicos industriales, hilados, tejidos textiles y granos se encuentran entre las importaciones más destacadas). *Principales proveedores:* URSS 36,1%; Japón 13,2%; China 18,2%; países occidentales europeos 4,0%.
Exportaciones (1987): 1.800.000.000 dlr. EUA (minerales [incluyendo plomo, magnesita y zinc], productos metalúrgicos [hierro y acero, metales no férricos], cemento, productos agrícolas [incluyendo pescado, granos, frutas y verduras y tabaco] y artículos manufacturados [tejidos textiles, prendas de vestir], se encuentran entre las principales exportaciones). *Principales clientes:* URSS 43,6%; Japón 15,1%; China 13,4%; países occidentales europeos 4,3%; Australia 3,3%, Hong-Kong 3,1%.

Transportes y comunicaciones

Transportes. Ferrocarriles (1987): Longitud de vías 8.500 km; pasajeros-km, n.d. carga toneladas métricas-km, n.d. Carreteras (1987): Longitud total 22.000 km (pavimentadas 2%). Vehículos (1982): Automóviles 180.000. Marina mercante (1986): Barcos (100 toneladas brutas y más) 71; peso muerto total 615.292 toneladas. Transporte aéreo (1979): Pasajeros-km 84.000.000; carga toneladas métricas-km 2.000.000; aeropuertos (1989) con vuelos regulares 3.
Comunicaciones. Periódicos (1987): Número total 16; circulación total, 3.000.000[5]; circulación por cada 1.000 personas 140[5]. Radio (1987): Número total de receptores 3.697.153 (1 por cada 5,8 personas). Televisión (1987): Número total de televisores 214.983 (1 por cada 9 personas). Teléfonos (1983): 10.000 (1 por cada 2.000 personas).

Educación y sanidad

Escolaridad, n.d. *Alfabetización* (1979): 90%.
Sanidad (1987): Médicos 57.800 (1 por cada 370 habitantes); camas hospitalarias 289.000 (1 por cada 74 habitantes); tasa de mortalidad infantil por cada 1.000 nacidos vivos (1985-90) 24,0.
Alimentación (1984-86): Ingesta calórica diaria per cápita 3.199 (productos vegetales 92%, productos animales 8%); 128% de las necesidades mínimas recomendadas por la FAO.

Fuerzas armadas

Personal en servicio activo (1989): 1.040.000 (ejército 89,5%, armada 3,8%, fuerza aérea 6,7%). *Presupuesto de defensa en porcentaje del PNB* (1987): 22,4% (mundo 5,4%); gasto per cápita 270 dlr. EUA.

[1] Areas aproximadas. [2] El desglose no se corresponde con el total a causa del redondeo. [3] 1984. [4] 1986. [5] 4 diarios.

Costa de Marfil

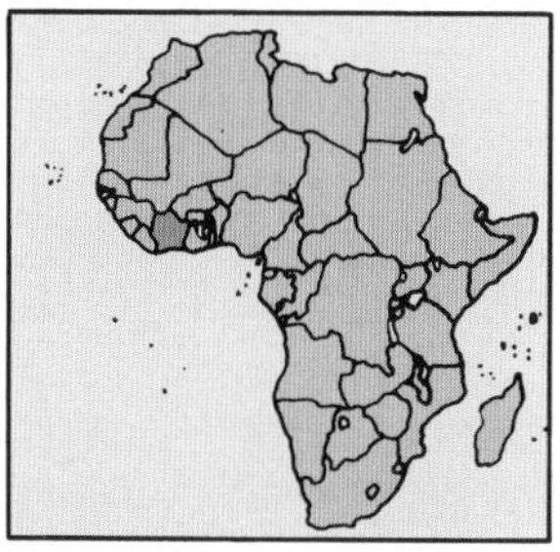

Nombre oficial: República de Côte d'Ivoire[1].
Forma de gobierno: República unipartidista con una cámara legislativa (Asamblea Nacional).
Jefe del estado y del gobierno: Presidente.
Capital[2]: Abidján (de facto; legislativa).
Capital designada: Yamoussoukro (de jure; administrativa).
Lengua oficial: Francés.
Religión oficial: Ninguna.
Moneda: 1 franco CFA (CFAF) = 100 centimes; cambio (2 oct. 1989) 1 dlr. EUA = 317,90 CFAF.

Área y población

Departamentos[3]	Capitales	área km²	población censo 1975
Abengourou	Abengourou	6.900	177.692
Abidján	Abidján	14.200	1.389.141
Aboisso	Aboisso	6.250	148.823
Adzopé	Adzopé	5.230	162.837
Agboville	Agboville	3.850	141.970
Biankouma	Biankouma	4.950	75.711
Bondoukou	Bondoukou	16.530	296.551
Bongouanou	Bongouanou	5.570	216.907
Bouaflé	Bouaflé	5.670	164.817
Bouaké	Bouaké	23.800	808.048
Bouna	Bouna	21.470	84.290
Boundiali	Boundiali	7.895	96.449
Dabakala	Dabakala	9.670	56.230
Daloa	Daloa	11.610	265.529
Danané	Danané	4.600	170.249
Dimbokro	Dimbokro	8.530	258.116
Divo	Divo	7.920	202.511
Ferkessedougou	Ferkessedougou	17.728	90.423
Gagnoa	Gagnoa	4.500	174.018
Guiglo	Guiglo	14.150	137.672
Issia	Issia	3.590	104.081
Katiola	Katiola	9.420	77.875
Korhogo	Korhogo	12.500	276.816
Lakota	Lakota	2.730	76.105
Man	Man	7.050	278.659
Mankono	Mankono	10.660	82.358
Odienné	Odienné	20.600	124.010
Oumé	Oumé	2.400	85.486
Sassandra	Sassandra	17.530	116.644
Séguéla	Séguéla	11.240	75.181
Soubré	Soubré	8.270	75.350
Tingréla	Tingréla	2.200	35.829
Touba	Touba	8.720	77.786
Zuénoula	Zuénoula	2.830	98.792
TOTAL		320.763	6.702.866

Demografía

Población (1989): 12.135.000.
Densidad (1989): Personas por km² 37,8.
Índice de urbanización (1986): Urbana 47,0%; rural 53,0%.
Distribución por sexo (1985): Varones 51,09%; mujeres 48,91%.
Estructura por edades (1985): Menos de 15, 45,1%; 15-29, 25,4%; 30-44, 15,6%; 45-59, 9,2%; 60-74, 4,0%; 75 y más, 0,7%.
Proyección demográfica: (2000) 19.289.000; (2010) 29.398.000.
Tiempo de duplicación: 21 años.
Composición étnica (1975): Akan 41,4%; kru 16,7%; voltaicos 15,7%; malinke 14,9%; mande meridional 10,2%; otros 1,1%.
Afiliación religiosa (1989): Animistas 60,0%; musulmanes 20,0%; católicos 15,0%; protestantes 5,0%.
Principales ciudades (1984): Abidján 1.850.000; Bouaké 220.000; Yamoussoukro 120.000; Gagnoa 93.500[4]; Daloa 59.500.
Tasa de natalidad por 1.000 habitantes (1989): 46,0 (media mundial 27,5).
Tasa de mortalidad por 1.000 habitantes (1989): 13,0 (media mundial 9,9).
Tasa de crecimiento por 1.000 habitantes (1989): 33,0 (media mundial 17,2).
Esperanza de vida al nacer (1989): Varones 52,0 años; mujeres 55,0 años.
Principales causas de muerte por 100.000 habitantes: n.d.; sin embargo, entre las enfermedades infecciosas más importantes se incluyen paludismo, disentería, frambesia, neumonía y lepra.

Economía nacional

Presupuesto (1989). Ingresos: 645.304.000.000 CFAF. Gastos: 645.304.000.000 CFAF.
Turismo (1987): Ingresos por visitantes 53.000.000 dlr. EUA; gastos de nacionales en el exterior 163.000.000 dlr. EUA.
Producción (toneladas métricas, excepto cuando se indique). Agricultura (1988): Ñame 2.452.000, caña de azúcar 1.500.000, mandioca 1.333.000, plátanos machos 1.076.000, cacao 680.000, arroz 597.000, cocos 500.000, maíz 448.000, piña tropical 265.000, aceite de palma 235.000, café 187.000, algodón 114.000; ganadería (número de animales vivos): ovejas 1.500.000, cabras 1.500.000, reses 960.000; madera (1987) 11.792.000 m³; pesca, capturas (1987) 102.453. Minas y canteras (1988): Diamantes 600.000 quilates. Industria manufacturera (1986): Cemento 770.000; cerveza 1.300.000 hectólitros; bebidas gaseosas 495.000 hectólitros; fibras sintéticas 5.000.000 metros. Construcción (en CFAF; 1984): 62.000.000.000. Producción energética (consumo): Electricidad (kwh; 1987) 2.200.000.000 (2.200.000.000); carbón, no produce (n.d.); petróleo crudo (barriles; 1987) 6.412 (13.077.000); productos petrolíferos (toneladas métricas; 1987) 1.709.000 (1.530.000).
Producto nacional bruto (1987): 8.262.000.000 dlr. EUA (750 dlr. EUA per cápita).

Estructura del producto nacional bruto y de la población activa

	1988		1985	
	Valor (000.000.000 CFAF)	% del valor total	Población activa	% de la pobl. activa
Agricultura	921[5]	31,1	2.452.000	60,5
Industria, construcción, minería y servicios públicos	599[5]	20,2	409.000	10,1
Comercio, finanzas, transportes y comunicaciones, administración pública, defensa y servicios	1.443[5]	48,7	1.192.000	29,4
TOTAL	2.963	100,0	4.053.000	100,0

Deuda pública (externa, pendiente; 1987): 8.450.000.000 dlr. EUA.
Población económicamente activa (1985): Total 4.053.000; tasa de actividad de la población total 41,3% (tasas de participación: 15-64 años 71,4%; mujeres 34,7%).

Comercio exterior[6]

Balanza comercial (precios corrientes)

	1982	1983	1984	1985	1986	1987
Miles millones CFAF	36,8	92,5	525,8	545,0	451,4	255,2
% del total	2,0	6,2	28,5	26,1	24,1	15,9

Importaciones (1987): 673.899.000.000 CFAF (maquinaria y equipos de transporte 21,3%, del que el 9,0% corresponde a maquinaria no eléctrica, el 8,5% a equipos de transporte y el 3,8% a maquinaria eléctrica; productos alimenticios 20,2%; petróleo crudo 15,0%; productos químicos 13,8%). *Principales proveedores:* Francia 31,7%; Nigeria 10,9%; Japón 5,5%; Italia 5,4%; Alemania federal 5,2%.
Exportaciones (1987): 929.143.000.000 CFAF (cacao 33,6%; café 12,7%; productos energéticos 10,9%; manteca de cacao 5,9%; algodón 2,8%; conservas de pescado 2,4%; productos químicos 2,3%; piñas tropicales 2,3%). *Principales clientes:* Países Bajos 16,9%; Francia 5,2%; EUA 10,5%; Italia 7,3%; Alemania federal 6,1%.

Transportes y comunicaciones

Transportes. Ferrocarriles (1987): Longitud de vías 549 km; pasajeros-km 857.800.000[7]; carga toneladas métricas-km 530.200.000[7]. Carreteras (1986): Longitud total 55.000 km (pavimentadas 9%). Vehículos (1984): Automóviles 182.956; camiones y autobuses 52.491. Marina mercante (1988): Barcos (100 toneladas brutas y más) 56; peso muerto total 149.337 toneladas. Transporte aéreo[8] (1988): Pasajeros-km 458.354.000; carga toneladas métricas-km 44.670.000; aeropuertos (1988) con vuelos regulares 15.
Comunicaciones. Diarios (1988): Número total 2; circulación total 130.000; circulación por 1.000 habitantes 11. Radio (1988): Número de receptores 1.477.736 (1 por cada 7,9 personas). Televisión (1988): Número total de televisores 625.000 (1 por cada 19 personas). Teléfonos (1980): 88.000 (1 por cada 97 personas).

Educación y sanidad

Escolaridad (1975). Porcentaje de la población de 6 años y más: sin escolarización formal 75,3%; con enseñanza primaria 17,3%; secundaria 5,1%; superior 0,5%. *Alfabetización* (1985): Población total de 15 años y más alfabetizada 57,3%.
Sanidad (1982): Médicos 502 (1 por cada 17.847 habitantes); camas hospitalarias 10.062 (1 por cada 891 habitantes); tasa de mortalidad infantil por cada 1.000 nacidos vivos (1989) 102.
Alimentación (1984-86): Ingesta calórica diaria per cápita 2.550 (productos vegetales 94%, productos animales 6%); 110% de las necesidades mínimas recomendadas por la FAO.

Fuerzas armadas

Personal en servicio activo (1989): 7.100 (ejército 77,5%, armada 9,8%, fuerza aérea 12,7%). *Presupuesto de defensa en porcentaje del PNB* (1987): 1,9% (mundo 5,4%); gasto per cápita 17 dlr. EUA.

[1] En 1986 el gobierno solicitó que la versión francesa del nombre se empleara como forma protocolaria oficial en todas las lenguas. [2] Yamoussoukro fue designada oficialmente capital en 1983, pero todavía no se ha completado la transferencia de funciones administrativas. [3] En 1985 se crearon quince nuevos departamentos, para los cuales no se dispone todavía de datos. [4] 1986. [5] Valor obtenido a partir del PNB total y el correspondiente porcentaje. [6] Importaciones c.i.f. (coste, seguro y flete); exportaciones f.o.b. (franco a bordo). [7] 1984. [8] Air Afrique únicamente.

Costa Rica

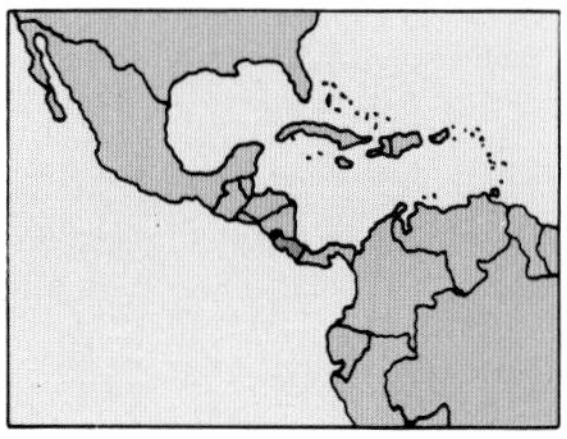

Nombre oficial: República de Costa Rica.
Forma de gobierno: República unitaria multipartidista con una cámara legislativa (Asamblea Legislativa).
Jefe del estado y del gobierno: Presidente.
Capital: San José.
Lengua oficial: Español.
Religión oficial: Católica.
Moneda: 1 colón costarricense (₡) = 100 céntimos; cambio (2 oct. 1989) 1 dlr. EUA = 82,45 ₡.

Área y población

Provincias	Capitales	área km²	población censo estimado 1988[1]
Alajuela	Alajuela	9.753	499.623
Cartago	Cartago	3.125	316.379
Guanacaste	Liberia	10.141	227.325
Heredia	Heredia	2.656	227.950
Limón	Limón	9.188	200.638
Puntarenas	Puntarenas	11.277	313.541
San José	San José	4.960	1.031.102
TOTAL		51.100	2.816.558

Demografía

Población (1989): 2.941.000.
Densidad (1989): Personas por km² 57,8.
Índice de urbanización (1987): Urbana 49,6%; rural 50,4%.
Distribución por sexo (1988): Varones 50,52%; mujeres 49,48%.
Estructura por edades (1988): Menos de 15, 36,5%; 15-29, 29,4%; 30-44, 18,5%; 45-59, 9,4%; 60-74, 4,9%; 75 y más, 1,3%.
Proyección demográfica: (2000) 3.711.000; (2010) 4.366.000.
Tiempo de duplicación: 28 años.
Composición étnica (1985): Europeos 87,0%; mestizos 7,0%; negros/mulatos 3,0%; asiáticos (en su mayoría chinos) 2,0%; amerindios 1,0%.
Afiliación religiosa (1987): Católicos 88,6%; otros (en su mayoría protestantes) 11,4%.
Principales ciudades (1984): San José 241.464; Limón 33.925; Alajuela 29.273; Puntarenas 28.390; Cartago 23.928.
Tasa de natalidad por 1.000 habitantes (1987): 28,9 (media mundial 27,1).
Tasa de mortalidad por 1.000 habitantes (1987): 3,8 (media mundial 9,9).
Tasa de crecimiento por 1.000 habitantes (1987): 25,1 (media mundial 17,2).
Esperanza de vida al nacer (1985-90): Varones 72,4 años; mujeres 77,0 años.
Principales causas de muerte por 100.000 habitantes (1986): Enfermedades cardiovasculares 109,2, de las que 55,6 corresponden a cardiopatías isquémicas, y 28,4 a enfermedad cerebrovascular; neoplasias malignas (cánceres) 79,2, de los que 19,3 corresponden a cáncer de estómago; enfermedades del sistema respiratorio 40,1; accidentes 30,9.

Economía nacional

Presupuesto (1988)[2]. Ingresos: 53.435.000.000 ₡ (derechos de importación y sobretasas sobre bienes no básicos y artículos de lujo 37,0%; impuestos sobre la renta personal 14,0%; impuestos generales sobre ventas 13,4%; derechos de exportación 9,1%; impuestos sobre el consumo 7,0%). Gastos: 54.864.900.000 ₡ (salarios 67,8%; transferencias del sector público 14,8%; deuda interna 8,3%; deuda externa 4,1%).
Turismo (1988): Ingresos por visitantes 164.000.000 dlr. EUA; gastos de nacionales en el exterior 72.000.000 dlr. EUA.
Producción (toneladas métricas, excepto cuando se indique). Agricultura, silvicultura, pesca (1988): Caña de azúcar 2.730.000, plátanos 1.050.000, arroz 194.000, café 195.000, plátano macho 120.000, maíz 105.000, naranjas 82.000, piña tropical 65.000, aceite de palma 58.000, cacao 4.000, otros productos incluyen flor cortada y plantas ornamentales cultivadas para exportación; ganadería (número de animales vivos): 2.360.000 reses, 238.000 cerdos, 6.000.000 pollos; madera (1987): 3.191.000 m³; pesca, capturas (1987) 20.000, de las que 8.670 corresponden a crustáceos. Minas y canteras (1987): oro 13.000 onzas troy. Industria manufacturera (valor añadido en millones de ₡; 1984): Productos alimenticios 9.836, bebidas alcohólicas y no alcohólicas 3.734; productos farmacéuticos y medicamentos 1.45; papel y productos derivados 1.341; accesorios para vestir 1.418; textiles 1.45. Construcción (edificios autorizados, 1985): Residencial 760.000 m²; no residencial 178.000 m². Producción energética (consumo): Electricidad (kwh; 1987) 2.930.000.000 (3.005.000.000); carbón, no produce (sin consumo); petróleo crudo (barriles; 1987), no produce (4.754.000); productos petrolíferos (1987) 557.000 (705.000); gas natural, no produce (sin consumo).
Producto nacional bruto (a precios corrientes de mercado; 1987): 4.299.000.000 dlr. EUA (1.590 dlr. EUA per cápita).

Estructura del producto nacional bruto y de la población activa

	1988[3]		1987	
	Valor (000.000 dlr. EUA[1])	% del valor total	Población activa	% de la pobl. activa
Agricultura	2.161,3	19,3	268.653	27,5
Minería	2.465,9 (Minería e Industria)	22,1 (Minería e Industria)	2.596	0,3
Industria			160.641	17,1
Construcción	461,2	4,1	58.665	6,0
Servicios públicos	339,8	3,0	11.599	1,2
Transportes y comunicaciones	873,8	7,8	39.667	4,1
Comercio	1.963,0	17,5	154.362	15,8
Finanzas	1.439,6	12,9	27.649	2,8
Administración pública y defensa	1.028,1	9,2	226.229 (Administración pública y defensa y Servicios)	23,1 (Administración pública y defensa y Servicios)
Servicios	461,6	4,1		
Otros	—	—	20.786	2,1
TOTAL	11.204,4	100,0	977.847	100,0

Deuda pública (externa, pendiente; 1987): 3.629.000.000 dlr. EUA.
Población económicamente activa (1987): Total 977.847; tasa de actividad de la población total 37,5% (tasas de participación: 15-69 años 59,5%; mujeres 27,6%; desempleados [1988] 5,6%).

Comercio exterior[4]

Balanza comercial (precios corrientes)

	1983	1984	1985	1986	1987	1988
Millones ₡	—411	814	—810	4.607	—5.685	3.541
% del total	0,6	0,9	0,8	3,8	3,8	1,8

Importaciones (1988): 106.832.000.000 ₡ (bienes primarios e intermedios 48,9%, bienes de consumo 22,3%, bienes de capital 20,5%, combustibles y lubricantes 4,4%). *Principales proveedores:* EUA 35,8%; Japón 10,6%; Alemania federal 5,6%; Guatemala 5,4%; Venezuela 5,1%.
Exportaciones (1988): 100.047.000.000 ₡ (exportaciones no tradicionales 46,3%, de las que 20,9% corresponde a tejidos, 24,9% a café y 19,7% a plátanos). *Principales clientes:* EUA 42,8%; Alemania federal 14,7%; Panamá 4,7%; Reino Unido 3,9%; Guatemala 3,4%.

Transportes y comunicaciones

Transportes. Ferrocarriles (1987): Longitud de vías 700 km; pasajeros-km 56.000.000; carga toneladas métricas-km 150.000.000. Carreteras (1988): Longitud total 35.357 km (pavimentadas 15%). Vehículos (1988): Automóviles 134.954; camiones y autobuses 89.641. Marina mercante (1988): Barcos (100 toneladas brutas y más) 25; peso muerto total 9.539 toneladas. Transporte aéreo (1986)[5]: Pasajeros-km 489.000.000; carga toneladas métricas-km 33.176.000; aeropuertos (1989) con vuelos regulares 8.
Comunicaciones. Diarios (1987): Número total 6; circulación total 307.800; circulación por 1.000 habitantes 110. Radio (1988): Número total de receptores 253.171 (1 por cada 11 personas). Televisión (1988): Número total de televisores 470.000 (1 por cada 6,1 personas). Teléfonos (1987): 408.755 (1 por cada 6,9 personas).

Educación y sanidad

Escolaridad (1984). Porcentaje de la población económicamente activa de 25 años y más: sin escolarización formal 8,3%; con enseñanza primaria incompleta 28,6%; con enseñanza primaria completa 26,3%; secundaria 22,6%; postsecundaria y superior 14,2%. *Alfabetización* (1984): Población total de 15 años y más alfabetizada 1.419.365 (92,6%); varones alfabetizados 702.045 (92,6%); mujeres alfabetizadas 717.320 (92,6%).
Sanidad (1984): Médicos 2.539 (1 por cada 1.011 habitantes); camas hospitalarias (1986) 7.382 (1 por cada 368 habitantes); tasa de mortalidad infantil por cada 1.000 nacidos vivos (1988) 14,7.
Alimentación (1984-86): Ingesta calórica diaria per cápita 2.781 (productos vegetales 83%, productos animales 17%); (1983) 124% de las necesidades mínimas recomendadas por la FAO.

Fuerzas armadas

Presupuesto de defensa en porcentaje del PNB (1987): 1,0% (mundo 5,4%); gasto per cápita 9 dlr. EUA. El ejército fue abolido oficialmente en 1948. Alrededor de 9.500 voluntarios con larga permanencia en el servicio forman 6.000 guardias civiles y 3.500 guardias rurales que se ocupan de actividades policiacas y paramilitares (1988).

[1] A precios de 1984. [2] El desglose no se corresponde con el total a causa del redondeo. [3] A precios de 1966. [4] Las cifras de importación son f.o.b. (franco a bordo) en la balanza comercial y c.i.f. (costo, seguro y flete) para los artículos y asociados comerciales. [5] LACSA (Líneas Aéreas Costarricenses) únicamente.

Cuba

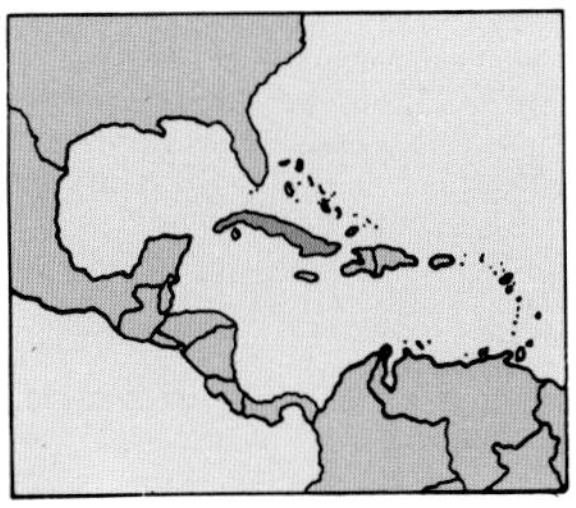

Nombre oficial: República de Cuba.
Forma de gobierno: República socialista unitaria con una cámara legislativa (Asamblea Nacional del Poder Popular).
Jefe del estado y del gobierno: Presidente.
Capital: Habana.
Lengua oficial: Español.
Religión oficial: Ninguna.
Moneda: 1 peso = 100 centavos; cambio (2 oct. 1989) 1 dlr. EUA = 0,81 pesos.

Área y población

Provincias	Capitales	área km²	población estimada[1] 1988
Camagüey	Camagüey	15.990	723.437
Ciego de Avila	Ciego de Avila	6.910	352.896
Cienfuegos	Cienfuegos	4.178	353.540
Ciudad de la Habana[2]	—	727	2.059.223
Granma	Bayamo	8.372	773.247
Guantánamo	Guantánamo	6.186	484.464
Holguín	Holguín	9.301	972.047
La Habana[3]	Habana	5.731	629.972
Las Tunas	Las Tunas	6.589	477.943
Matanzas	Matanzas	11.978	595.938
Pinar del Río	Pinar del Río	10.925	678.197
Sancti Spiritus	Sancti Spiritus	6.744	420.312
Santiago de Cuba	Santiago de Cuba	6.170	968.191
Villa Clara	Santa Clara	8.662	796.148
Municipio especial			
Isla de la Juventud	Nueva Gerona	2.398	70.646
TOTAL		110.861	10.356.201

Demografía

Población (1989): 10.540.000.
Densidad (1989): Personas por km² 95,1.
Índice de urbanización (1988): Urbana 72,3%; rural 27,7%.
Distribución por sexo (1988): Varones 50,35%; mujeres 49,65%.
Estructura por edades (1988): Menos de 15, 23,9%; 15-29, 31,4%; 30-44, 19,6%; 45-59, 13,5%; 60 y más, 11,6%.
Proyección demográfica: (2000) 11.844.000; (2010) 12.394.000.
Tiempo de duplicación: 61 años.
Composición étnica (1981): Blancos 66,0%; mulatos 21,9%; negros 12,0%; otros 0,1%.
Afiliación religiosa (1980): Sin afiliación religiosa 48,7%; católicos 39,6%; ateos 6,4%; protestantes 3,3%; espiritistas afroamericanos 1,6%; otros 0,4%.
Principales ciudades (1988): Habana 2.059.43; Santiago de Cuba 398.654; Camagüey 274.974; Holguín 218.148; Guantánamo 192.590.
Tasa de natalidad por 1.000 habitantes (1988): 17,9 (media mundial 27,1).
Tasa de mortalidad por 1.000 habitantes (1988): 6,5 (media mundial 9,9).
Tasa de crecimiento por 1.000 habitantes (1988): 11,4 (media mundial 17,2).
Esperanza de vida al nacer (1983-84): Varones 72,6 años; mujeres 76,1 años.
Principales causas de muerte por 100.000 habitantes (1986): enfermedades cardiovasculares 272,6[4], de las que 149,7 corresponden a cardiopatías isquémicas y 63,6 a enfermedades cerebrovasculares; neoplasias malignas (cánceres) 119,1; accidentes, actos de violencia y suicidios 73,8.

Economía nacional

Presupuesto (1987). Ingresos: 11.574.600.000 pesos. Gastos: 11.659.600.000 pesos (capital de producción 32,0%; educación y sanidad pública 23,6%; actividades sociales, culturales y científicas 15,7%; defensa, seguridad interna 11,1%; vivienda, servicios comunitarios 7,5%).
Turismo (1987): Ingresos por visitantes 101.000.000 dlr. EUA; gastos de nacionales en el exterior n.d.
Producción (millones de pesos, excepto cuando se indique). Agricultura, silvicultura, pesca (1987): Caña de azúcar 741, leche 319, forraje y ensilaje 249, carne 244, huevos 134, carne de cerdo 114, cereales 114, cítricos 101, tabaco 73, raíces y tubérculos 71, verduras 62, café 55, plátanos 44; madera 3.251.000 m³; pesca (capturas) 214.407, de las que 19.994 corresponden a crustáceos. Minas y canteras (toneladas métricas; 1988): cromita 60.000, níquel (contenido metálico del mineral) 34.000. Industria manufacturera (1988): alimentos procesados (excluidos el pescado y el azúcar refinada) 1.871; azúcar refinada 1.671; maquinaria no eléctrica 731; combustibles 616; bebidas alcohólicas y tabacos 450; productos químicos 439, bebidas alcohólicas y tabacos 450; productos textiles (excluidas ropas ya cortadas) 343. Construcción (1985): Residencial 4.819.000 m²; no residencial 1.803.000 m². Producción energética (consumo): Electricidad (kwh; 1988) 14.591.000.000 (14.541.000.000); carbón (1988), no produce (100.000); petróleo crudo (barriles; 1988) 4.623.000 (46.817.000[5]); productos petrolíferos (1986) 6.111.000 (9.886.000); gas natural (m³; 1988) 21.906.000 (26.191.000).
Producto nacional bruto (a precios corrientes de mercado; 1984): 26.920.000.000 dlr. EUA (2.960 dlr. EUA per cápita).

Estructura del producto nacional bruto y de la población activa

	1987			
	Valor (000.000 P)[2]	% del valor total	Población activa[5]	% de la pobl. activa
Agricultura	4.080	16,0	632.800	19,2
Industria[7]	11.286	44,1 }	726.900	22,1
Servicios públicos	660	2,6 }		
Construcción	2.136	8,3	314.100	9,5
Transportes y comunicaciones	2.045	8,0	225.300	6,8
Finanzas	—	—	20.600	0,6
Comercio	5.129	20,1	376.200	11,4
Administración pública	—	—	161.400	4,9
Servicios	—	—	792.800	24,0
Otros	220	0,9	49.100	1,5
TOTAL	25.556	100,0	3.299.200	100,0

Deuda pública (moneda fuerte para occidente): 6.400.000.000 dlr. EUA.
Población económicamente activa (1986): Total 4.342.280; tasa de actividad de la población total 42,4% (tasas de participación: 15-64 años 56,4%; mujeres 35,8%; desempleados [1982] 6,0%).

Comercio exterior[8]

Balanza comercial (precios corrientes)

	1982	1983	1984	1985	1986	1987
Millones de pesos	−597	−693	−1.745	−2.000	−2.275	−2.210
% del total	5,7	5,9	13,8	14,3	17,6	17,0

Importaciones (1987): 7.611.000.000 pesos (combustibles minerales y lubricantes 34,7%; maquinaria e instrumental no eléctrico 18,4%; equipos de transporte 7,8%; maquinaria e instrumental eléctricos 4,6%; cereales 4,1%). *Principales proveedores:* URSS 72,2%; Alemania democrática 4,5%; Checoslovaquia 2,5%; Bulgaria 2,4%; Rumania 2,4%.
Exportaciones (1987): 5.401.000.000 pesos (azúcar 73,8%; productos petrolíferos 6,7%; mineral de níquel 6,5%; cítricos 3,0%; productos de pescado 2,6%). *Principales clientes:* URSS 71,6%; Alemania democrática 5,2%; Bulgaria 3,1%; China 2,7%.

Transportes y comunicaciones

Transportes. Ferrocarriles (1988): Longitud de vías (1987)[9] 5.053 km; pasajeros-km 2.621.700.000; carga toneladas métricas-km 2.444.700.000. Carreteras (1985): Longitud total 34.000 km (pavimentadas 30%). Vehículos (1984): Automóviles 200.100; camiones y autobuses 164.500. Marina mercante (1988): Barcos (100 toneladas brutas y más) 412; peso muerto total 1.218.481 toneladas. Transporte aéreo: Pasajeros-km (1988) 2.720.000.000; carga toneladas métricas-km (1987) 39.200.000; aeropuertos con vuelos regulares (1989) 12.
Comunicaciones. Diarios (1986): Número total 17; circulación total 1.290.000; circulación por 1.000 habitantes 126. Radio (1988): Número total de receptores 3.434.903 (1 por cada 3,0 personas). Televisión (1988): Número total de televisores 2.069.345 (1 por cada 5,0 personas). Teléfonos (1987): 564.212 (1 por cada 18 personas).

Educación y sanidad

Escolaridad (1981). Porcentaje de la población de 25 años y más: sin escolarización formal y con alguna enseñanza primaria 39,6%; con enseñanza primaria completa 26,6%; secundaria 29,6%; superior 4,2%. *Alfabetización* (1980): Población total de 15 años y más alfabetizada 6.087.000 (91,1%); varones alfabetizados 3.101.000 (91,1%); mujeres alfabetizadas 2.986.000 (91,1%).
Sanidad (1987): Médicos 28.060 (1 por cada 369 habitantes); camas hospitalarias 58.695 (1 por cada 176 habitantes); tasa de mortalidad infantil por cada 1.000 nacidos vivos (1988) 11,9.
Alimentación (1984-86): Ingesta calórica diaria per cápita 3.107 (productos vegetales 78%, productos animales 22%); (1986) 128% de las necesidades mínimas recomendadas por la FAO.

Fuerzas armadas

Personal en servicio activo (1988): 180.500 (ejército 80,3%, armada 7,5%, fuerza aérea 12,2%)[10]. *Presupuesto de defensa en porcentaje del PNB* (1985): 5,4% (mundo 5,7%); gasto per cápita 158 dlr. EUA.

[1] 1 de enero. [2] Provincia contigua a la capital, la Habana. [3] Provincia que rodea la ciudad de la Habana por el este, sur y oeste. [4] Incluye infarto de miocardio agudo, enfermedad cardiaca isquémica y enfermedades vasculares pulmonares. [5] Sólo el sector estatal. [6] A precios corrientes de productores. [7] Incluye minería. [8] Las cifras de importación son c.i.f.; las de exportación son f.o.b. [9] La cifra excluye (1984) 7.878 km de ferrocarriles no públicos que sirven principalmente a las plantaciones o factorías de azúcar. [10] Las fuerzas soviéticas totalizan 8.000.

Chad

Nombre oficial: República del Chad.
Forma de gobierno: República unipartidista con un órgano asesor (Asamblea Consultiva Nacional).
Jefe del Estado y del Gobierno: Presidente.
Capital: N'Djamena.
Lengua oficial: Árabe; francés.
Religión oficial: Ninguna.
Moneda: 1 franco CFA (CFAF) = 100 centimes; cambio (2 oct. 1989) 1 dlr. EUA = 317,90 CFAF.

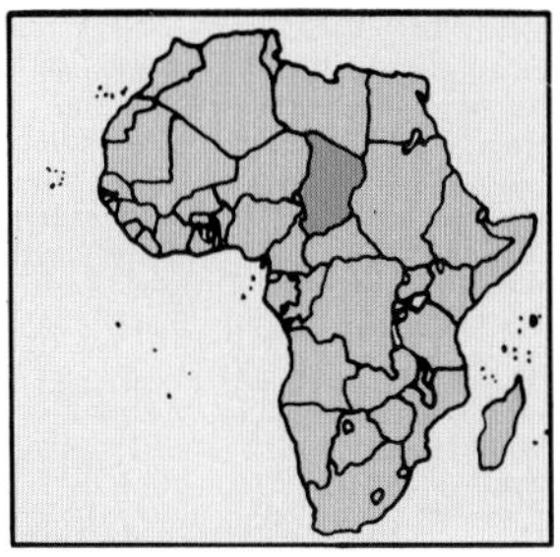

Área y población

Provincias	Capitales	área km^2	población estimada 1984
Batha	Ati	88.800	410.000
Biltine	Biltine	46.850	200.000
Borkou-Ennedi-Tibesti	Faya	600.350	103.000
Chari-Baguirmi	N'Djamena	82.910	719.000
Guéra	Mongo	58.950	234.000
Kanem	Mao	114.520	234.000
Lac	Bol	22.320	158.000
Logone Occidental	Moundou	8.695	324.000
Logone Oriental	Doba	28.035	350.000
Mayo-Kebbi	Bongor	30.105	757.000
Moyen-Sarh	Sarh	45.180	582.000
Ouaddaï	Abéché	76.240	411.000
Salamat	Am Timan	63.000	121.000
Tandjilé	Laï	18.045	341.000
TOTAL		1.284.000	4.944.000

Demografía

Población (1989): 5.538.000.
Densidad (1989): Personas por km^2 4,3.
Indice de urbanización (1986): Urbana 23,9%; rural 76,1%.
Distribución por sexo (1985): Varones 49,24%; mujeres 50,76%.
Estructura por edades (1985): Menos de 15, 42,5%; 15-29, 26,0%; 30-44, 15,8%; 45-59, 9,9%; 60-74, 4,9%; 75 y más, 0,9%.
Proyección demográfica (2000): 7.337.000; (2010) 9.491.000.
Tiempo de duplicación: 28 años.
Composición étnica (1983): Bagirmi, sara y kreish 30,5%; árabes sudánicos 26,1%; tubu 7,3%; mbum 6,5; masalit, maba y mimi 6,3%; tama 6,3%; mubi 4,2%; kanuri 2,3%; hausa 2,3%; masa 2,3%; kotoko 2,1%; otros 3,8%.
Afiliación religiosa (1980): Musulmanes 44,0%; cristianos 33,0%, del que el 21,0% corresponde a católicos y el 11,6% a protestantes; credos tradicionales 22,8%; otros 0,2%.
Principales ciudades (1986): N'Djamena 511.700; Sarh 100.000; Moundou 90.000; Abéché 71.000; Kélo 27.000[1].
Tasa de natalidad por 1.000 habitantes (1985-90): 44,2 (media mundial 27,1).
Tasa de mortalidad por 1.000 habitantes (1985-90): 19,5 (media mundial 9,9).
Tasa de crecimiento por 1.000 habitantes (1985-90): 24,7 (media mundial 12,2).
Esperanza de vida al nacer (1985-90): Varones 43,9 años; mujeres 47,1 años.
Principales causas de muerte por 100.000 habitantes: n.d.; sin embargo, entre las principales enfermedades se incluyen paludismo, enfermedad del sueño, lepra, enfermedades venéreas y tuberculosis.

Economía nacional

Presupuesto (1988). Ingresos: 17.900.000.000 CFAF (1984; impuestos indirectos 73,2%, del que el 60,1% corresponde a ingresos por aranceles; impuestos directos 21,7%). Gastos: 25.600.000.000 CFAF (1984; defensa 46,5%; educación 10,9%; proyectos comunitarios 9,1%; sanidad 3,8%).
Turismo (1987): Ingresos por visitantes 5.000.000 dlr. EUA; gastos de nacionales en el exterior, 35.000.000 dlr. EUA.
Producción (toneladas métricas, excepto cuando se indique). Agricultura, silvicultura, pesca (1988): mijo 690.000, mandioca 330.000, ñames 240.000, caña de azúcar 290.000, algodón para siembra 112.000, cacahuates 78.000, legumbres 60.000, maíz 47.000, batatas o camotes 46.000, dátiles 33.000, mangos 33.000, papas o patatas 18.000, cebollas 14.000, semillas de sésamo 12.000; ganadería (número de animales vivos): 4.060.000 reses; 2.245.000 cabras, 2.200.000 ovejas, 509.000 camellos, 3.000.000 pollos; madera (1987) 3.746.000 m^3; pesca, capturas (1987) 110.000. Minas y canteras: arcilla, natrón, tungsteno, bauxita y oro. Industria manufacturera (1988): Carne de vaca y tenera 53.000; azúcar refinado 27.000; pescado salado, seco o ahumado 20.000[3]; carne de cabra 8.000; harina de trigo 1.000[3]. Tejidos de algodón 13.075.000[3]; cerveza 130.000 hectólitros[3]; cigarrillos 259.000.000 unidades[3]. Construcción, n.d. Producción energética (consumo): Electricidad (kwh; 1987) 51.000.000 (51.000.000); carbón, no produce (n.d.); petróleo crudo, no produce (n.d.); productos petrolíferos (1986), no produce (67.000); gas natural, no produce (n.d.).
Producto nacional bruto (a precios corrientes de mercado, 1987): 805.000.000 dlr. EUA (150 dlr. EUA per cápita).

Estructura del producto nacional bruto y de la población activa

	1986		1985	
	Valor (000.000 drl. EUA)	% del valor total	Población activa	% de la pobl. activa
Agricultura	133.880	46,0	1.454.000	81,2
Minería	1.350	0,5		
Industria	25.220	8,7		
Construcción	4.870	1,7	93.000	5,2
Servicios públicos	1.370	0,5		
Transportes y comunicaciones	5.570	1,9		
Comercio	75.270	25,9		
Finanzas	38.380	13,2		
Administración pública, defensa	1.940	0,6	243.000	13,6
Servicios	2.940	1,0		
TOTAL	290.790	100,0	1.790.000	100,0

Deuda pública (externa, pendiente, 1987): 498.500.000 dlr. EUA.
Población económicamente activa (1985): Total 1.790.000; tasa de actividad de la población total 35,7% (tasas de participación: 15-64 años 57,5%; mujeres 21,7%; desempleados, n.d.).

Comercio exterior

Balanza comercial (precios corrientes)

	1983	1984	1985	1986	1987	1988
Millones CFAF	−31.793	−26.239	−41.205	−39.713	−48.277	−50.646
% del total	36,1	21,3	34,3	36,8	42,1	37,7

Importaciones (1988): 92.513.000.000 CFAF (1983; productos petrolíferos 16,8%; productos cereales 16,8%; productos químicos y farmacéuticos 11,5%; maquinaria y equipos de transporte 8,5%, del que el 7,3% corresponde a equipos de transporte; equipos eléctricos 5,7%; textiles 2,9%; azúcar sin refinar y refinado 2,3%). *Principales proveedores* (1987): Francia, 25,6%; Camerún 11,9%; Italia 5,3%; EUA 4,2%; Países Bajos 3,9%; Alemania federal 2,7%; Reino Unido 0,8%.
Exportaciones (1988): 41.867.000.000 (1983; algodón en rama 91,1%; ganado vivo y carne de bovino congelada 1,8%). *Principales clientes* (1983): Francia 9,3%; Alemania federal 8,1%; Camerún 4,3%; Bélgica-Luxemburgo, 3,4%; Reino Unido, 1,2%; España, 1,1%; Italia 0,8%.

Transportes y comunicaciones

Transportes. Ferrocarriles, ninguno. Carreteras (1983): Longitud total 40.000 km (pavimentadas 1%). Vehículos (1985): Automóviles 2.741; camiones y autobuses 14.000. Marina mercante: Barcos (100 toneladas brutas y más), ninguno. Transporte aéreo[6] (1987): Pasajeros-km 132.791.000; carga toneladas métricas km 36.119; aeropuertos (1989) con vuelos regulares 1.
Comunicaciones: Diarios (1987): Número total 1; circulación total 1.500; circulación por 1.000 habitantes 0,3. Radio (1988): Número total de receptores 268.000 (1 por cada 43 personas). Televisión, ninguna. Teléfonos (1987): 4.668 (1 por cada 1.114 personas).

Educación y sanidad

Escolaridad, n.d. *Alfabetización* (1980): Población total de 15 años y más alfabetizada 466.500 (17,8%); varones alfabetizados 459.700 (35,6%); mujeres alfabetizadas 6.800 (0,5%).
Sanidad: Médicos (1980) 94 (1 por cada 47.640 habitantes); camas hospitalarias (1978) 3.553 (1 por cada 1.190 habitantes); tasa de mortalidad infantil por cada 1.000 nacidos vivos (1985-90) 132.
Alimentación (1980-82): Ingesta calórica diaria per cápita 1.821 (productos vegetales 92%, productos animales 8%); 63% de las necesidades mínimas recomendadas por la FAO.

Fuerzas armadas

Personal en servicio activo (1989): 17.200 (ejército 98,8%, armada ninguno, fuerza aérea 1,2%). *Presupuesto de defensa en porcentaje del PNB* (1986): 3,5% (mundo 5,4%); gasto per cápita 6 dlr. EUA.

[1] 1979. [2] 1983. [3] Al coste de factor corriente. [4] En la capital únicamente. [5] Junio. [6] El aeropuerto de N'Djamena está infrautilizado a causa de la inestabilidad política y militar del Chad.

Checoslovaquia

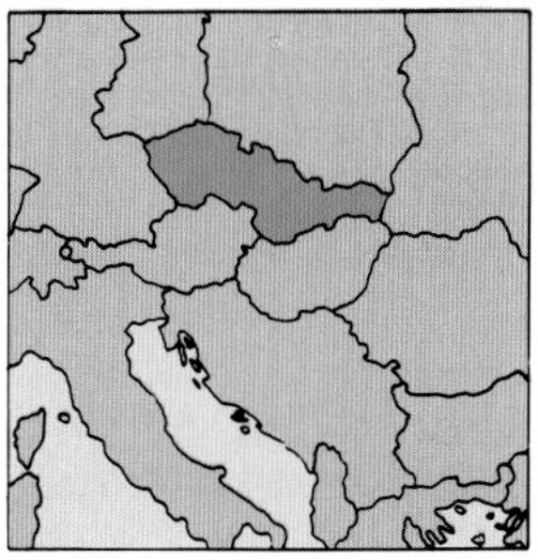

Nombre oficial: República Socialista Checoslovaca.
Forma de gobierno: República federal socialista con dos cámaras legislativas (Cámara del Pueblo; Cámara de las Naciones).
Jefe del estado: Presidente.
Jefe del gobierno: Primer ministro.
Capital: Praga.
Lengua oficial: Checo; eslovaco.
Religión oficial: Ninguna.
Moneda: 1 corona (Kcs) = 100 halra; cambio (2 oct. 1989) 1 dlr. EUA = 14,31 Kcs.

Área y población

Repúblicas / **Regiones**	**Capitales**	área km²	población estimada 1988[1]
República Socialista Checa	Praga		
Jihočeský	České Budějovice	11.345	696.097
Jihomoravský	Brno	15.028	2.057.645
Severočesk/y	Ústí nad Labem	7.819	1.188.452
Severomoravský	Ostrava	11.067	1.965.024
Stredočeský	Praga	10.994	1.126.255
Východočesk/y	Hradec Králové	11.240	1.241.249
Západočeský	Pizeň	10.875	869.996
República Socialista Eslovaca	Bratislava		
Stredoslovenský	Banská Bystrica	17.986	1.599.772
Východoslovenský	Košice	16.196	1.484.130
Západoslovenský	Bratislava	14.492	1.722.616
Ciudades capitales			
Bratislava	—	367	1.206.098
Praga	—	496	429.734
TOTAL		127.905	15.587.068

Demografía

Población (1989): 15.635.000.
Densidad (1989): Personas por km² 122.
Índice de urbanización (1988): Urbana 75,7%; rural 24,3%.
Distribución por sexo (1988): Varones 48,71%; mujeres 51,29%.
Estructura por edades (1988): Menos de 15, 23,9%; 15-29, 21,0%; 30-44, 22,9; 45-59, 15,7%; 60-74, 11,7%; 75 y más, 4,8%.
Proyección demográfica: (2000) 16.086.000; (2010) 16.456.000.
Tiempo de duplicación: n.d.; el crecimiento de la población es insignificante.
Composición étnica (1987): Checos 63,0%; eslovacos 31,6%; húngaros 3,8%; polacos 0,5%; alemanes 0,4%; ucranianos 0,3%; otros 0,3%.
Afiliación religiosa (1980): Católicos 65,6%; ateos 20,1%; Iglesia Checoslovaca 4,4%; Iglesia Evangelista de los Hermanos Checos 1,4%; otros 8,5%.
Principales ciudades (1989): Praga 1.211.106; Bratislava 435.499; Brno 389.992; Ostrava 330.314; Kosice 232.253.
Tasa de natalidad por 1.000 habitantes (1987): 13,8 (media mundial 27,1).
Tasa de mortalidad por 1.000 habitantes (1987): 11,5% (media mundial 9,9%).
Tasa de crecimiento por 1.000 habitantes (1987): 2,3 (media mundial 17,2).
Esperanza de vida al nacer (1987): Varones 67,5 años; mujeres 75,0 años.
Principales causas de muerte por 100.000 habitantes (1987): Enfermedades cardiovasculares 546,8; neoplasias malignas (cánceres) 208,0; enfisema, bronquitis y asma 60,9; accidentes, intoxicaciones y actos de violencia 66,6, del que 15,4 corresponde a suicidios; enfermedades del sistema digestivo 47,0.

Economía nacional

Presupuesto (1987). Ingresos: 383.732.000.000 (ingresos procedentes de las empresas 72,1%; impuestos 9,1%). Gastos: 382.151.000.000 (educación, sanidad, bienestar social y cultura 26,5%; economía nacional 24,8%; defensa 7,5%).
Turismo: Ingresos por visitantes (1987) 402.000.000 dlr. EUA; gastos de nacionales en el exterior 229.000.000 dlr. EUA.
Producción (toneladas métricas, excepto cuando se indique). Agricultura, silvicultura, pesca (1987): Remolacha azucarera 6.697.000, trigo 6.154.000, cebada 3.551.000, papas o patatas 3.072.000, maíz 1.160.000; ganadería (número de animales vivos): 7.235.000 cerdos, 5.044.000 reses, 1.075.000 ovejas, 47.984.000 pollos; madera 18.526.000 m³; pesca, capturas 20.736. Minas y canteras (1987): Mineral de hierro 1.798.000; cobre 24.762; zinc 736; plomo 19.800. Industria manufacturera (1988): Acero sin refinar 15.380.000; acero laminado 11.420.000; cemento 10.974.000; ácido sulfúrico 1.249.000; plásticos y resinas 1.191.000; fertilizantes químicos 873.450; tejidos de algodón 591.240.000 m; cerveza 22.670.000 hectólitros; otras bebidas alcohólicas 1.47.000 hectólitros; vehículos terrestres a motor 214.332 unidades. Construcción (1987): 4.223.000 m². Producción energética (consumo): Electricidad (kwh; 1987) 85.825.000.000 (89.246.000.000); carbón (1987) 126.072.000 (126.647.000); petróleo crudo (barriles; 1987) 997.000 (116.189.000); productos petrolíferos (1987) 13.248.000 (13.691.000); gas natural (m³; 1987) 783.000.000 (11.632.000.000).
Producto nacional bruto (a precios corrientes de mercado; 1988): 151.168.000.000 dlr. EUA (10.140 dlr. EUA per cápita.

Estructura del producto nacional bruto y de la población activa
1985

	Valor (000.000 CF)	% del valor total	Población activa	% de la pobl. activa
Agricultura	44.616	7,6	978.600	12,6
Minería e industria	351.060	59,8	2.913.609	37,4
Construcción	63.402	10,8	796.271	10,2
Servicios públicos	—	—	137.706	1,8
Transportes y comunicaciones	29.353	5,0	507.595	6,5
Comercio	96.277	16,4	906.655	11,6
Finanzas	—	—	[2]	[2]
Administración pública, defensa	—	—	177.393	2,3
Servicios	—	—	1.358.593[2]	17,4[2]
Otros	2.348[3]	0,4[3]	20.100[3]	0,3[3]
TOTAL	587.056	100,0	7.796.522	100,0[4]

Deuda pública (externa, pendiente; 1987): 5.900.000.000 dlr. EUA.
Población económicamente activa[5] (1987): 7.769.522; tasa de actividad de la población total 50,1% (tasas de participación: En edad laboral 88,2%; mujeres 46,1%; desempleados, n.d.).

Comercio exterior

Balanza comercial (precios corrientes)

	1983	1984	1985	1986	1987	1988
Millones Kcs	826	493	−505	3.672	−2.192	3.978
% del total	0,4	0,2	0,2	1,5	0,5	0,9

Importaciones (1988): 209.199.000.000 Kcs (maquinaria y equipos de transporte 35,7%, del que el 9,3% corresponde a maquinaria industrial, el 8,4% a maquinaria agrícola y de construcción y el 8,2% a equipos de transporte; combustible y otros productos energéticos 27,9%; bienes de consumo 8,4%; productos químicos 6,7%; alimentos y tabaco 5,9%). *Principales proveedores:* URSS 31,1%; Alemania democrática 9,4%; Polonia 8,2%; Alemania federal 8,1%; Austria 5,3%.
Exportaciones (1988): 213.177.000.000 Kcs (1987; maquinaria y equipos de transporte 58,1%, del que el 12,1% corresponde a maquinaria industrial y el 8,1% a vehículos terrestres a motor y piezas para los mismos; bienes de consumo 15,8%; productos químicos 5,9%; combustibles minerales y lubricantes 3,3%). *Principales clientes:* URSS 33,5%; Polonia 8,1%; Alemania federal 7,7%; Alemania democrática 6,9%; Hungría 4,2%; Austria 4,1%; Yugoslavia 3,2%; Bulgaria 2,5%.

Transportes y comunicaciones

Transportes. Ferrocarriles (1987): Longitud de vías 13.102 km; pasajeros-km 20.029.000.000; carga toneladas métricas-km 67.985.000.000. Carreteras (1988): Longitud total 73.601 km (pavimentadas 100%). Vehículos (1988): Automóviles 2.694.994; camiones y autobuses 425.174. Marina mercante (1988): Barcos (100 toneladas brutas y más) 18; peso muerto total 231.720 toneladas. Transporte aéreo (1987): Pasajeros-km 2.443.167; carga toneladas métricas-km 62.975.000; aeropuertos (1989) 14.
Comunicaciones. Diarios (1987): Número total 30; circulación total 4.372.000; circulación por 1.000 habitantes 280. Radio (1988): Número total de receptores 4.257.556 (1 por cada 3,7 personas). Televisión (1988): Número total de televisores 4.387.144 (1 por cada 3,6 personas). Teléfonos (1987): 3.838.000 (1 por cada 4,1 personas).

Educación y sanidad

Escolaridad (1980). Porcentaje de la población adulta: con menos de enseñanza primaria completa 1,2%; con enseñanza primaria y menos de secundaria completa 52,6%; secundaria completa 41,2%; superior 5,0%. *Alfabetización* (1980): Población total de 15 años y más alfabetizada 11.524.716 (99,6%); varones alfabetizados 5.525.860 (99,6%); mujeres alfabetizadas 5.998.856 (99,5%).
Sanidad (1988): Médicos 48.711 (1 por cada 312 habitantes); camas hospitalarias 155.082 (1 por cada 99 habitantes); tasa de mortalidad infantil por cada 1.000 nacidos vivos (1987) 13,1.
Alimentación (1984-86): Ingesta calórica diaria per cápita 3.473 (productos vegetales 66%; productos animales 34%); (1984) 132% de las necesidades mínimas recomendadas por la FAO.

Fuerzas armadas

Personal en servicio activo (1988): 197.000 (ejército 73,6%, armada ninguna, fuerza aérea 26,4%). *Presupuesto de defensa en porcentaje del PNB* (1987): 5,4% (mundo 5,9%); gasto per cápita 662 dlr. EUA.

[1] Finales de 1987. [2] Los servicios incluyen finanzas. [3] Incluye otras actividades en la esfera material. [4] El desglose no se corresponde con el total a causa del redondeo. [5] Excluye las mujeres con permiso maternal e incluye trabajadores en edad laboral, que es de 15-59 años para los hombres y 15-54 para las mujeres.

Chile

Nombre oficial: República de Chile.
Forma de gobierno: República presidencialista.
Jefe del estado y del gobierno: Presidente (general) asistido por una junta de cuatro miembros.
Capital: Santiago.
Lengua oficial: Español.
Religión oficial: Ninguna.
Moneda: 1 peso (Ch$) = 100 centavos; cambio (2 oct. 1989) 1 dlr. EUA = 268,71 Ch$.

Área y población		área[1] km^2	población estimada 1989
Regiones	**Capitales**		
Aisén del General Carlos Ibáñez del Campo	Coihaique	109.025	78.500
Antofagasta	Antofagasta	126.444	382.300
Araucanía	Temuco	31.858	782.600
Atacama	Copiapó	75.573	196.800
Biobío	Concepción	38.929	1.658.800
Coquimbo	La Serena	40.656	477.700
Libertador General Bernardo O'Higgins	Rancagua	16.365	641.100
Los Lagos	Puerto Montt	66.997	914.300
Magallanes y Antártida Chilena	Punta Arenas	132.034	155.300
Maule	Talca	30.302	827.400
Región Metropolitana de Santiago	Santiago	15.349	5.133.700
Tarapacá	Iquique	58.696	347.200
Valparaíso	Valparaíso	16.365	1.367.300
TOTAL		756.626[2]	12.961.000

Demografía

Población (1989): 12.961.000.
Densidad (1989): Personas por km^2 17,1.
Índice de urbanización (1987)[3]: Urbana 80,8%; rural 19,2%.
Distribución por sexo (1988)[4]: Varones 49,55; mujeres 50,45%.
Estructura por edades (1986): Menos de 15, 31,1%; 15-29, 28,6%; 30-44, 19,9%; 45-59, 12,1%; 60-74, 6,4%/ 75 y más, 2,0%[2].
Proyección demográfica: (2000) 15.272.000; (2010) 17.182.000.
Tiempo de duplicación: 44 años.
Composición étnica (1983): Mestizos 91,6%; indios (principalmente araucanos) 6,8%; otros (principalmente europeos) 1,6%.
Afiliación religiosa (1982): Católicos 80,7%; protestantes 6,1%; ateos y sin afiliación religiosa 12,8%; otros 0,2%.
Principales ciudades (1987): Gran Santiago 4.858.300; Viña del Mar 297.300; Concepción 294.400; Valparaíso 278.800; Talcahuano 231.400.
Tasa de natalidad por 1.000 habitantes (1986): 22,1 (media mundial 27,1).
Tasa de mortalidad por 1.000 habitantes (1986): 5,9 (media mundial 9,9).
Tasa de crecimiento por 1.000 habitantes (1986): 16,2 (media mundial 17,2).
Esperanza de vida al nacer (1985-90): Varones 68,1 años; mujeres 75,1 años.
Principales causas de muerte por 100.000 habitantes (1985): Enfermedades cardiovasculares 168,5; neoplasias malignas (cánceres) 104,4; enfermedades del sistema respiratorio 66,6; accidentes 24,3.

Economía nacional

Presupuesto (1986)[4]. Ingresos: 929.960.000.000 Ch$ (consumos 43,3%, ingresos no impositivos 20,6%, impuestos sobre la renta 11,6%, derechos de importación y exportación, 8,8%, contribuciones a la seguridad social 7,5%, impuesto del timbre 4,6%). Gastos: 969.300.000.000 Ch$ (Seguridad social y bienestar 38,0%, educación 12,5%, servicios públicos 12,5%, defensa 10,7%, servicios económicos 9,2%, sanidad 6,0%).
Turismo (1987): Ingresos por visitantes 173.000.000 dlr. EUA; gastos de nacionales en el exterior 351.000.000 dlr. EUA.
Producción (toneladas métricas, excepto cuando se indique). Agricultura, silvicultura, pesca (1988): Remolacha azucarera 2.487.000, trigo 1.734.000, papas o patatas 928.000, maíz 661.000, arroz, 162.000, avena 157.000, semilla de colza 123.000, cebada 82.000; ganadería (número de animales vivos): 6.540.000 ovejas, 3.371.000 reses. 1.360.000 cerdos; madera (1987) 16.448.000 m^2; pesca, capturas (1987) 4.814.000. Minería (1987): Mineral de hierro 6.822.536; cobre 1.418.000; manganeso 31.800; zinc 19.500; molibdeno 16.900; plata 448.500 kilogramos; oro 18.100 kilogramos. Industria manufacturera (1987): Cemento 1.500.300; celulosa 673.100; harina de pescado 469.400; planchas de hierro o acero 259.100; papel de periódico 184.500; bebidas gaseosas 3.954.000 hectólitros; neumáticos1.228.000 unidades; paneles de fibra prensada 14.578.500 m^2; vidrio plano 2.310.000 m^2. Construcción[5] (1985): Residencial 29.900; no residencial 93.800. Producción energética (consumo): Electricidad (kwh; 1987) 14.821.400.000 (14.821.400.000); carbón (1987) 1.562.000 (1.802.000); petróleo crudo (barriles, 1987) 9.893.000 (39.857.000); productos petrolíferos (1987) 4.413.000 (4.964.000); gas natural (m^3; 1987) 861.939.000 (861.939.000).
Producto nacional bruto (a precios corrientes de mercado; 1987): 16.468.000.000 dlr. EUA (1.310 dlr. EUA per cápita).

Estructura del producto nacional bruto y de la población activa	1987		1988[3]	
	Valor (000.000 Ch$)[6]	% del valor total	Población activa	% de la pobl. activa
Agricultura	38.308	9,6	682.700	14,8
Minería	31.525	7,9	129.800	2,8
Industria	82.804	20,8	758.400	16,4
Construcción	23.057	5,8	268.300	5,8
Servicios públicos	10.117	2,5	263.000	5,7
Transportes y comunicaciones	23.755	6,0		
Comercio	67.635	17,0	665.700	14,4
Finanzas			313.200	6,8
Administración pública, defensa	121.030	30,4	1.000 400	21,6
Servicios[7]				
Otros			543.500[8]	11,7[8]
TOTAL	396.231	100,0	4.625.000	100,0

Deuda pública (externa, pendiente; 1987): 15.536.000.000 dlr. EUA.
Población económicamente activa (1988): Total 4.625.000; tasa de actividad de la población total 36,3% (tasas de participación: 15-64 años [1986] 54,8%; mujeres [1986] 30,0%; desempleados 11,4%[9]).

Comercio exterior[10]

Balanza comercial (precios corrientes)	1983	1984	1985	1986	1987	1988
Millones dlr. EUA	1.320	953	1.473	1.620	1.704	2.822
% del total	20,8	15,0	24,1	23,7	20,1	25,0

Importaciones (1987): 4.023.300.000 dlr. EUA (bienes intermedios 55,4%; bienes de capital 24,4%; bienes de consumo 14,5%). *Principales proveedores* (1987): EUA 19,2%; Japón 9,6%; Brasil 9,4%; Alemania federal 8,3%; Argentina 4,0%; Venezuela 3,6%; Reino Unido 3,2%; España 2,9%.
Exportaciones (1987): 5.101.900.000 dlr. EUA (minería 53,8%, del que el 41,2% corresponde a cobre; frutas y verduras 11,8%; papel y productos derivados 7,2%; productos químicos y petrolíferos 2,0%). *Principales clientes:* EUA 22,4%; Japón 11,0%; Alemania federal 9,5%; Brasil 6,8%; Reino Unido 6,2%; Italia 5,4%; Francia 3,5%; Argentina 3,4%.

Transportes y comunicaciones

Transportes. Ferrocarriles (1987): Longitud de vías 8.107 km; pasajeros-km 1.174.000.000; carga toneladas métricas-km 1.601.000.000. Carreteras (1987): Longitud total 79.223 km (pavimentadas 13%). Vehículos (1987): Automóviles 660.000; camiones y autobuses 278.000. Marina mercante (1988): Barcos (100 toneladas brutas y más) 287; peso muerto total 912.717; carga toneladas. Transporte aéreo (1988): Pasajeros-km 2.440.000.000; carga toneladas métricas-km 464.836.000; aeropuertos (1989) con vuelos regulares 18.
Comunicaciones. Diarios (1987): Número total 33[11]; circulación total 1.145.000; circulación por 1.000 habitantes 91. Radio (1988): Número total de receptores 4.219.000 (1 por cada 3,0 personas). Televisión (1988): Número total de televisores 2.330.500 (1 por cada 5,5 personas). Teléfonos (1987): 815.086 (1 por cada 16 personas).

Educación y sanidad

Escolaridad (1982). Porcentaje de la población de 25 años y más: sin escolarización formal 9,4%; con enseñanza primaria 56,6%; secundaria 26,9%; superior 7,1%. *Alfabetización* (1988): Población total de 15 años y más alfabetizada 8.308.000 (94,3%); varones alfabetizados n.d.; mujeres alfabetizadas n.d.
Sanidad (1985): Médicos 12.334 (1 por cada 983 habitantes); camas hospitalarias 33.136 (1 por cada 372 habitantes); tasa de mortalidad infantil por cada 1.000 nacidos vivos (1987) 18,7.
Alimentación (1984-86): Ingesta calórica diaria per cápita 2.573 (productos vegetales 85%, productos animales 15%); 107% de las necesidades mínimas recomendadas por la FAO.

Fuerzas armadas

Personal en servicio activo (1989): 101.000 (ejército 56,4%, armada 28,7%, fuerza aérea 14,9%). *Presupuesto de defensa en porcentaje del PNB* (1987): 4,0% (mundo 5,4%); gasto per cápita 55 dlr. EUA.

[1] Excluye el territorio de Antártida Chilena y las zonas de aguas interiores. [2] El desglose no se corresponde con el total a causa del redondeo. [3] Septiembre. [4] Preliminar. [5] Sólo nuevas construcciones privadas. [6] En pesos constantes de 1977. [7] Servicios incluye restaurantes y hoteles. [8] Incluye 528.700 desempleados sin empleo previo. [9] Cuarto trimestre. [10] Las cifras de importación son f.o.b. (franco a bordo) en la balanza comercial y c.i.f. (costo, seguro, flete) en los artículos y asociados comerciales. [11] En septiembre de 1986 el gobierno prohibió varias publicaciones de la oposición.

China

Nombre oficial: República Popular de China.
Forma de gobierno: República popular unitaria con una cámara legislativa (Congreso Nacional Popular).
Jefe del estado: Presidente.
Jefe del gobierno: Primer ministro.
Capital: Pekín.
Lengua oficial: Chino mandarín.
Religión oficial: Ninguna.
Moneda: 1 yuan (Y) = 10 jiao = 100 fen; cambio (2 oct. 1989) 1 dlr. EUA = 3,72 Y.

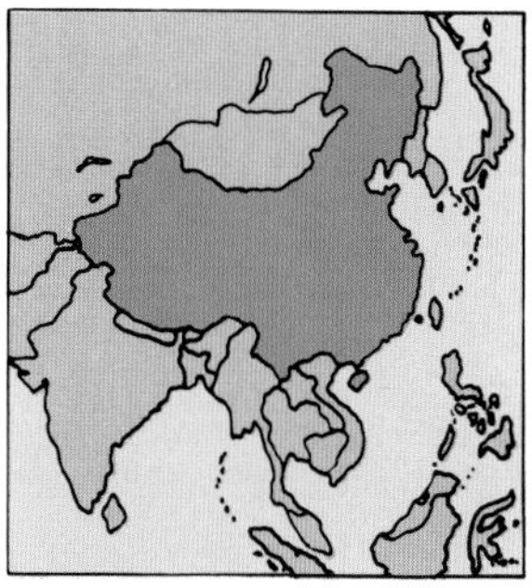

Área y población[1, 2]

Provincias	Capitales	área km²	población estimada 1988[3]
Anhui	Hefei	139.900	52.866.000
Fujian	Fuzhou	123.100	28.005.000
Gansu	Lanzhou	366.500	21.034.000
Guangdong	Guangzhou	231.400	58.321.000
Guizhou	Guiyang	174.000	30.514.000
Hainan	Haikou	34.300	6.151.000
Hebei	Shijiazhuang	202.700	56.958.000
Heilongjiang	Harbin	463.600	33.640.000
Henan	Zhengzhou	167.000	79.335.000
Hubei	Wuhan	187.500	50.581.000
Hunan	Changsha	210.500	57.826.000
Jiangsu	Nankín	102.600	63.480.000
Jiangxi	Nanchang	164.800	35.590.000
Jilin	Changchun	187.000	23.364.000
Liaoning	Shenyang	151.000	37.774.000
Qinghai	Xining	721.000	4.175.000
Shaanxi	Xian	157.100	30.882.000
Shandong	Jinan	153.300	78.895.000
Shanxi	Taiyuan	195.800	26.908.000
Sichuan	Chengdu	569.000	104.584.000
Yunnan	Kunming	436.200	35.130
Zhejiang	Hangzhou	101.800	41.212.000
Regiones autónomas			
Guangxi Zhuang	Nanning	220.400	20.536.000
Mongolia Interior	Hohhot	1.177.500	40.164.000
Ningxia Hui	Yinchuan	66.400	4.352.000
Tíbet	Lhasa	1.41.600	14.063.000
Xinjiang	Urumqi	1.646.900	2.079.000
Municipios			
Pekín	—	16.800	9.926.000
Shanghai	—	6.200	12.495.000
Tianjin	—	11.300	8.324.000
TOTAL		9.572.000[4]	1.069.164.000[5]

Demografía

Población (1989): 1.104.275.000.
Densidad (1989): Personas por km² 115,4.
Índice de urbanización (1988)[3]: Urbana 46,6%; rural 53,4%.
Distribución por sexo (1988)[3]: Varones 51,50%; mujeres 48,50%.
Estructura por edades (1987): Menos de 15, 28,8%; 15-29, 30,3%; 30-44, 20,0%; 45-59, 12,4%; 60-74, 6,9%; 75 y más, 1,6%.
Proyección demográfica: (2000) 1.309.799.000; (2010) 1.407.918.000.
Tiempo de duplicación: 50 años.
Composición étnica (1982): Han (chinos) 93,30%; zhuang 1,33%; hui 0,72%; uigur 0,59%; yi 0,54%; miao 0,50%; manchúes 0,43%; tibetanos 0,39%; mongoles, 0,34%; tuchia 0,28%; puyi 0,21%; coreanos 0,18%; tung 0,14%; vao 0,14%; pai 0,11% hani 0,11%; kazakos 0,09%; thai 0,08%; li 0,08%.
Afiliación religiosa (1980): Sin afiliación 59,2%; religiones autóctonas chinas 20,1%; ateos 12,0%; budistas 6,0%; musulmanes 2,4%; cristianos 0,2%.
Principales ciudades (1988)[3]: Shanghai 7.40.000; Pekín 6.710.000; Tianjin 5.540.000; Shenyang 4.370.000; Wuhan 3.570.000; Cantón 3.420.000.
Tasa de natalidad por 1.000 habitantes (1988): 21,0 (media mundial 27,1).
Tasa de mortalidad por 1.000 habitantes (1988): 6,9 (media mundial 9,9).
Tasa de crecimiento por 1.000 habitantes (1988): 14,4 (media mundial 17,2).
Esperanza de vida al nacer (1981): Varones 68,1 años; mujeres 71,0 años.
Principales causas de muerte por 100.000 habitantes (distribución en porcentaje; 1987)[6]: Enfermedades del sistema respiratorio 20,8%; enfermedades cardiovasculares 14,8%; neoplasias malignas (cánceres) 14,2%.

Economía nacional

Presupuesto (1989). Ingresos: 286.608.000.000 Y (impuestos 92,2%; fondos cobrados por proyectos de energía y transporte 7,4%). Gastos: 293.080.000.000 Y (construcción de capital 21,4%; cultura, educación y sanidad pública 17,5%; subsidios 14,0%; defensa 8,4%).
Turismo (1988): Ingresos por visitantes 2.247.000.000 dlr. EUA; gastos de nacionales en el exterior (1987) 387.000.000.
Producción (toneladas métricas, excepto cuando se indique). Agricultura, silvicultura, pesca (1988): Granos: arroz 172.365, trigo 87.505.000, maíz 73.820.000, sorgo 6.115.000, mijo 6.302.000, cebada 5.501.000; semillas oleaginosas: cacahuetes 5.855.000, colza 5.040.000, girasol 1.150.000. Ganadería (número de animales vivos): 334.862.000 cerdos, 102.655.000 ovejas, 77.894.000 cabras, 73.963.000 reses, 20.858.000 búfalos de agua, 10.691.000 caballos, 10.846.000 burros; madera (1987) 276.518 m³; pesca, capturas (1987) 9.346.42.000. Minas y canteras (1987): Metales (contenido metálico de los minerales): zinc 425.000, cobre 300.000, plomo 252.000, volframio 18.000, estaño 15.000, molibdeno 2.000; otros metales. Industria manufacturera (1988): Cemento 203.000.000; acero 59.180.000; fertilizantes químicos 17.670.000; papel 12.100.000; ácido sulfúrico 10.980.000; azúcar 4.550.000; bicicletas 41.220.000unidades; televisores 24.850.000 unidades. Construcción (1987): Residencial 919.765.000 m²; no residencial 188.596.000 m². Producción energética (consumo): Electricidad (kwh; 1987) 497.267.000.000 (497.267.000.000); carbón (1987) 927.965.000 (916.376.000); petróleo crudo (barriles; 1987) 929.42.000 (782.487.000); productos petrolíferos (1987) 78.739.000 (76.883.000); gas natural (m³; 1987) 14.014.992.000 (14.014.992.000).
Producto nacional bruto (a precios corrientes de mercado; 1987) 319.780.000.000 dlr. EUA (300 dlr. EUA per cápita).

Estructura del producto nacional[7] bruto y de la población activa

	1987		1988	
	Valor (000.000.000 Y)	% del valor total	Población activa (000)[8]	% de la pobl. activa
Agricultura	315,4	33,8	317.200	60,1
Minería	—	—	1.070	0,2
Industria	426,2	45,7	93.420	17,7
Construcción	61,7	6,6	24.190	4,6
Servicios públicos	—	—	5.400	1,0
Transportes y comunicaciones	34,9	3,7	13.730	2,6
Comercio	93,9	10,1	26.560	5,0
Finanzas	—	—	1.700	0,3
Administración pública, defensa	—	—	9.250	1,8
Servicios	—	—	20.290	3,8
Otros	—	—	15.020	2,8
TOTAL	932,1	100,0[10]	527.830	100,0[9]

Población económicamente activa (1987): Total 584.569.200.000; tasa de actividad de la población total 54,7% (tasas de participación: 15-64 años 76,8%; mujeres 49,7%; desempleados 2,0%[10]). Población urbana activa por sectores de empleo, 1978 (1987): Empresas explotadas por el estado 74.500.000 (96.540.000); colectivas 20.000.000 (34.880.000); trabajadores autónomos o empresas explotadas privadamente 150.000 (5.690.000).

Comercio exterior[10]

Balanza comercial (precios corrientes)

	1983	1984	1985	1986	1987	1988
Millones de Y	1.650	–3.480	–70.220	-41.310	-14.330	–11.470
% del total	1,9	2,9	22,3	16,0	4,6	3,1

Importaciones (1987): 43.240.000.000 Y (maquinaria y equipo de transporte 33,8%; industria textil, gomas y productos metálicos 22,5%; productos químicos 11,6%). *Principales proveedores:* Japón 23,3%; Hong Kong 19,5%; EUA 11,2%; Alemania federal 7,2%; Canadá 3,2%; Australia 3,1%.
Exportaciones (1987): 39.486.000.000 Y (productos textiles, gomas y productos metálicos 21,7%; productos de la industria ligera 15,9%; alimentos y animales vivos 12,1%). *Principales clientes:* Hong Kong 34,9%; Japón 16,2%; EUA 7,7%; Singapur 3,4%; Jordania 3,4%; URSS 3,2%; Alemania federal 3,1%; Zaire 1,8%; Países Bajos 1,5%; Italia 1,4%.

Transportes y comunicaciones

Transportes. Ferrocarriles (1988): Longitud de vías 64.960 km; pasajeros-km 326.000.000.000; carga toneladas métricas-km 987.600.000.000. Carreteras (1988)[3]: Longitud total 982.243 km (pavimentadas 83%). Vehículos (1987) Automóviles 1.114.622; camiones y autobuses 2.812.068. Marina mercante (1988): Barcos (100 toneladas brutas y más) 1.841; peso muerto total 19.359.663 toneladas. Transporte aéreo (1988): Pasajeros-km 13.300.000.000; carga toneladas métricas-km 740.000.000; aeropuertos (1989) con vuelos regulares 80.
Comunicaciones. Diarios (1986)[3]: Número total 222; circulación total, n.d.; circulación por 1.000 habitantes, n.d. Radio (1988): Número total de receptores 121.211.690 (1 por cada 4,6 personas). Televisión (1987): Número total de televisores 92.140.000 (1 por cada 12 personas). Teléfonos (1987): 8.057.000 (1 por cada 134 personas).

Educación y sanidad

Escolaridad (1982). Porcentaje de la población de 25 años y más: sin escolarizar 44,5%; con enseñanza primaria completa 32,7%; secundaria inferior completa 16,1%; secundaria superior completa 5,6%; postsecundaria 1,1%.
Alfabetización (1982): Población total de 15 años y más alfabetizada 609.283.011 (72,6%); varones alfabetizados 358.744.834 (83,5%); mujeres alfabetizadas 250.538.177 (61,2%).
Sanidad (1988): Médicos 1.618.000 (1 por cada 668 habitantes); camas hospitalarias 2.503.000 (1 por cada 432 habitantes); tasa de mortalidad infantil por cada 1.000 nacidos vivos 32,0.
Alimentación (1984-86): Ingesta calórica diaria per cápita 2.628 (productos vegetales 91%; productos animales 9%); 111% de las necesidades mínimas recomendadas por la FAO.

Fuerzas armadas

Personal en servicio activo (1989): 3.030.000 (ejército 75,9%, armada 8,6%, fuerza aérea 15,5%). *Presupuesto de defensa en porcentaje del PNB* (1987): 4,4% (mundo 5,4%); gasto per cápita 19 dlr. EUA.

[1] Los nombres de las provincias, regiones autónomas, municipios y capitales se citan en la trasliteración de Pinyin. [2] Excluidos los datos de Taiwán, Quemoy y Matsu. [3] Principios de año. [4] Incluye 11.900 km² que no constan por separado. [5] El total incluye funcionarios no asignados a división administrativa alguna. [6] Basado en una población rural de muestra. [7] Aplicación de los diferentes términos de la definición funcional en la economía de mercado. [8] Sólo empleados. [9] El desglose no se corresponde con el total a causa del redondeo. [10] Importaciones, c.i.f. (costo, seguro y flete); exportaciones, f.o.b. (franco a bordo).

Chipre

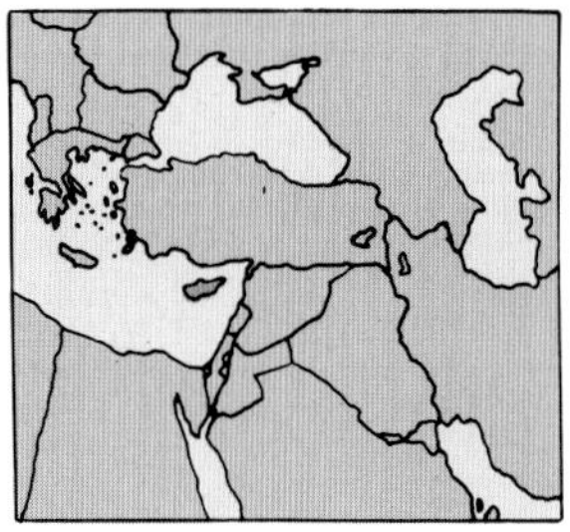

Área total: 9.251 km².
Población (1989): 733.000.
En la actualidad existen dos estados de facto: la República de Chipre, que ocupa los dos tercios meridionales de la isla, y la República Turca de Chipre Septentrional, proclamada en noviembre de 1983, que sólo fue reconocida por Turquía. A falta de datos unificados desde hace una década, se hace necesario consignar los disponibles por separado.

República de Chipre

Nombre oficial: República de Chipre.
Forma de gobierno: República unitaria con un parlamento unicameral.
Jefe del estado y del gobierno : Presidente.
Capital: Nicosia.
Lengua oficial: Griego; turco.
Moneda: 1 libra chipriota (£C) = 1.000 mils; cambio (2 oct. 1989) 1 £C = 2,03 dlr. EUA.

Área y población

Distritos	Capitales	área km²	población estimada 1989
Famagusta	Famagusta	—	29.100
Larnaca	Larnaca	1.121	91.500
Limassol	Limassol	1.393	158.400
Nicosia	Nicosia	—	234.200
Paphos	Paphos	1.396	49.500
TOTAL		5.896	562.700

(Bajo control gubernamental; incluye la zona neutral de Naciones Unidas y las áreas de bases de soberanía británica).

Demografía

Población (1989): 564.000.
Índice de urbanización (1982): Urbana 63,6%; rural 36,4%.
Estructura por edades (1987)[1]: Menos de 15, 25,4%; 15-29, 24,9%; 30-44, 21,3%; 45-64, 18,0%; 65 y más, 10,4%.
Proyección demográfica: (1990) 591.000; (2000) 732.000.
Composición étnica (1982): Griegos 99,2%; otros 0,8%.
Afiliación religiosa (1989): Predominantemente ortodoxos griegos.
Principales ciudades (1989): Nicosia 166.900; Limassol 120.000; Larnaca 53.600.
Tasa de natalidad por 1.000 habitantes (1988): 19,2 (media mundial 27,1).
Tasa de mortalidad por 1.000 habitantes (1988): 8,8 (media mundial 9,9).
Tasa de crecimiento por 1.000 habitantes (1988): 10,4 (media mundial 17,2).
Esperanza de vida al nacer (1983-87): Varones 73,9 años; mujeres 77,8 años.

Economía nacional

Presupuesto (1988). Ingresos: 377.300.000 £C (impuestos indirectos 48,0%; impuestos directos 35,3%). Gastos: 406.300.000 £C (salarios 45,2%; servicio de la deuda 19,2%).
Turismo: Ingresos por visitantes (1988) 782.000.000 dlr. EUA; gastos de nacionales en el exterior 136.000.000 dlr. EUA.
Producción (toneladas métricas, excepto cuando se indique). Agricultura (1988); Uva 200.000, papas o patatas 163.000, cebada 144.000, cítricos (principalmente pomelos) 122.000; ganadería (cabezas; 1986): 500.000 ovejas, 360.000 cabras, 221.000 cerdos. Industria manufacturera (1988): Cemento 867.000; vino 244.000 hectólitros; calzado 8.000.000 de pares. Producción energética: Electricidad (kwh; 1988) 1.667.000.000.
Producto nacional bruto (1987): 3.532.000.000 dlr. EUA (5.210 dlr. EUA per cápita).

Estructura del producto nacional bruto y de la población activa

	1988			
	Valor (000.000 £C)	% del valor total	Poblacion activa	% de la pobl. activa
Agricultura	144,2	7,3	36.000	13,8
Minería	6,9	0,3	900	0,3
Industria	306,5	15,5	46.500	17,8
Construcción	186,8	9,5	22.500	8,6
Servicios públicos	41,1	2,1	1.400	0,5
Transportes y comunicaciones	178,0	9,0	14.200	5,4
Comercio	391,9	19,8	53.300	20,4
Finanzas	272,3	13,8	12.900	4,9
Administración pública, defensa	239,2	12,1	45.200	17,3
Servicios	103,3	5,2		
Otros	106,3[2]	5,4[2]	28.100[3]	10,8[3]
TOTAL	1.976,5	100,0	261.000	100,0[4]

Comercio exterior

Importaciones (1988): 866.800.000 £C (bienes de consumo 20,4%; equipo de transportes 12,6%; petróleo y productos petrolíferos 9,0%). *Principales proveedores:* Reino Unido 13,9%; Japón 11,6%; Italia 10,3%.
Exportaciones (1988): 330.900.000 £C (ropa 22,5%; productos químicos y artículos de tocador 5,5%; calzado 5,0%; papas o patatas 4,9%). *Principales clientes:* Reino Unido 21,6%; Libia 8,7%; Grecia 8,3%.

Transportes y comunicaciones

Transportes. Carreteras (1988): Longitud total 9.186 km. Vehículos (1987): Automóviles 142.569; camiones y autobuses 54.500. Marina mercante (1988): Barcos (100 toneladas brutas y más) 1.352; peso muerto total 32.810.581 toneladas. Transporte aéreo (1987): Pasajeros-km 2.150.607.000; carga toneladas métricas-km 225.981.000; aeropuertos (1989) 1.
Comunicaciones. Diarios (1987): Número total 10; circulación total 85.550; circulación por 1.000 habitantes 157. Radio (1987): Número total de receptores 197.932 (1 por cada 2,7 personas). Televisión (1988): Número total de televisores 165.000 (1 por cada 3,4 personas). Teléfonos (1987): 272.200 (1 por cada 2 personas).

Educación y sanidad

Alfabetización (1987): Población de 15 años y más alfabetizada 94,5%.
Sanidad (1987): Médicos 1.195 (1 por cada 570 habitantes); camas hospitalarias 4.256 (1 por cada 160 habitantes); tasa de mortalidad infantil por cada 1.000 nacidos vivos (1988) 11,0.

República Turca de Chipre Septentrional

Nombre oficial: República Turca de Chipre Septentrional.
Capital: Lefkose (Nicosia).
Lengua oficial: Turco.
Religión oficial: Turca.
Moneda: 1 lira turca (LT) = 100 kurush; cambio (2 oct. 1989) 1 dlr. EUA = 2.230 LT.

Area y población

Distritos	Centros administrativos	área km²	población estimada 1987
Lefkose (Nicosia)	Lefkose	—	76.800
Gazimagosa (Famagusta)	Gazimagosa	—	62.584
Girne (Kyrenia)	Girne	640	25.651
TOTAL		3.355	165.035

Población (1989): 169.000.
Composición étnica (1985): Turcos 98,7%; otros 1,3%.
Presupuesto (1987). Ingresos: 106.067.500.000 LT (ayudas 25,4%; impuestos directos 24,7%; impuestos indirectos 20,6%). Gastos: 106.067.500.000 LT (gastos corrientes 79,1%, defensa 5,6%).

Estructura del producto nacional bruto y de la población activa

	1987		1985	
	Valor (000.000 LT)	% del valor total	Población activa	% de la pobl. activa
Agricultura	36.061	12,7	20.595	33,6
Industria	32.572	11,5	6.213	10,1
Construcción	22.686	8,0	4.454	7,3
Transportes y comunicaciones	20.450	7,2	4.004	6,5
Comercio	66.584	23,5	5.386	8,8
Finanzas	13.199	4,7	1.531	2,5
Bienes raíces	8.171	2,9	—	—
Administración pública	47.161	16,8	14.475	23,6
Servicios	15.319	5,4	4.641	7,6
Otros (aranceles)	21.627	7,6	—	—
TOTAL	283.848[4]	100,0[4]	61.299[5]	100,0

Importaciones (1987): 221.042.900 dlr. EUA (maquinaria y equipos de transporte 29,7%). *Principales proveedores:* Turquía 42,7%; Reino Unido 14,2%; Alemania federal 5,9%.
Exportaciones (1987): 55.119.900 dlr. EUA (alimentos y animales vivos 61,6%). *Principales clientes:* Reino Unido 66,5%; Turquía 14,3%.
Sanidad (1987): Médicos 219 (1 por cada 754 habitantes); camas hospitalarias 761 (1 por cada 217 habitantes); tasa de mortalidad infantil por cada 1.000 nacidos vivos 10,3.

[1] Incluye ajuste sobre datos atribuidos a la población del sector turco. [2] Menos cargos por servicios bancarios, derechos de importación y otros. [3] Incluye 7.400 desempleados y 7.700 trabajadores en el extranjero. [4] El desglose no se corresponde con el total a causa del redondeo. [5] Total del detalle disponible.

Dinamarca

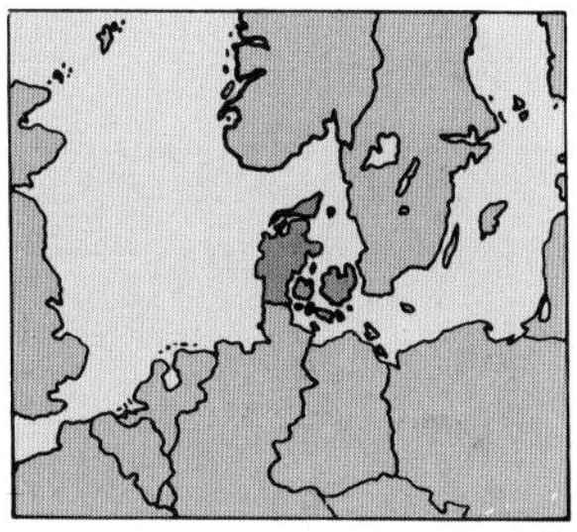

Nombre oficial: Reino de Dinamarca.
Forma de gobierno: Estado parlamentario; monarquía constitucional con una cámara legislativa (Folketing).
Jefe del estado: Monarca.
Jefe del gobierno: Primer ministro.
Capital: Copenhague.
Lengua oficial: Danés.
Religión oficial: Evangélica luterana.
Moneda: 1 corona (Dkr) = 100 øre; cambio (10 marzo 1989) 1 dlr. EUA = 7,24 Dkr.

Área y población[1]

		área km²	población estimada 1988
Condados	**Capitales**		
Århus	Århus	4.561	592.878
Bornholm	Rønne	588	46.526
Frederiksborg	Hillerød	1.347	340.218
Fyn	Odense	3.486	457.365
København	—	526	603.176
Nordjylland	Ålborg	6.173	483.724
Ribe	Ribe	3.131	218.347
Ringkøbing	Ringkøbing	4.853	266.960
Roskilde	Roskilde	891	215.605
Sønderjylland	Åbenrå	3.938	250.303
Storstrøm	Nykøbing	3.398	257.280
Vejle	Vejle	2.997	329.949
Vestjaelland	Sorø	2.984	283.142
Viborg	Viborg	4.122	231.028
Ciudades			
Copenhague (København)		88	467.810
Frederiksberg		9	85.404
TOTAL		43.093[2]	5.129.715

Demografía

Población (1989): 5.135.000.
Densidad (1989): Personas por km² 119,2.
Índice de urbanización (1986): Urbana 84,4%; rural 15,6%.
Distribución por sexo (1989): Varones 49,28%; mujeres 50,72%.
Estructura por edades (1989): Menos de 15, 17,3%; 15-29, 22,7%; 30-44, 22,7%; 45-59, 16,8%; 60-74, 13,6%; 75 y más, 6,9%.
Proyección demográfica: (2000) 5.176.600; (2010) 5.065.000.
Tiempo de duplicación: no aplicable; población estable.
Composición étnica (1989): Daneses 97,2%; otros escandinavos 0,4%; turcos 0,5%; yugoslavos 0,2%; otros 1,5%.
Afiliación religiosa (1987): Evangélicos luteranos 90,6%; católicos 0,5%; judíos 0,1%; otros 8,8%.
Principales ciudades (1986): Gran Copenhague 1.340.618[3]; Århus 195.152; Odense 137.286; Ålborg 113.650; Frederiksberg 85.404[3,4].
Tasa de natalidad por 1.000 habitantes (1988): 11,5 (media mundial 27,1).
Tasa de mortalidad por 1.000 habitantes (1988): 11,5 (media mundial 9,9).
Tasa de crecimiento por 1.000 habitantes (1988): 0,0 (media mundial 17,2).
Esperanza de vida al nacer (1986-87): Varones 71,8 años: mujeres 77,6 años.
Principales causas de muerte por 100.000 habitantes (1987): cardiopatía isquémica 319,8; neoplasias malignas (cánceres) 286,5; enfermedades cerebrovasculares 101,0.

Economía nacional

Presupuesto (1988). Ingresos: 258.113.000.000 Dkr (aranceles e impuesto de consumo 47,4%, impuestos sobre la renta y sobre propiedades 41,3%, otros 11,3%). Gastos: 257.596.000.000 Dkr (servicios sociales 26,3%, pagos de intereses 18,9%, educación 7,5%, defensa 5,2%, otros 42,1).
Turismo (1988): Ingresos por visitantes 2.423.000.000 dlr. EUA; gastos de nacionales en el exterior 3.087.000.000 dlr. EUA.
Producción (en millones de Dkr, excepto cuando se indique). Agricultura, silvicultura, pesca (valor añadido; 1988): Cerdo 13.512, leche 12.233, vaca 4.935, cebada 3.977, flores y plantas 2.279, trigo 2.199, pieles de visón 1.886, remolacha azucarera 1.176; madera (1987) 2.203.000 m³; pesca, capturas (1987) 1.695.718 toneladas métricas. Industria manufacturera (valor añadido; 1987): maquinaria no eléctrica 15.454; alimentación no cárnica 14.322; productos químicos industriales y de otro tipo 12.854; productos metálicos 9.693; metales procesados 7.929; maquinaria eléctrica 7.709; ladrillos, cemento y tejas 5.895. Construcción (1987): Residencial 2.932.000 m²; no residencial 5.967.000 m². Producción energética (consumo): Electricidad (kwh, 1988) 25.788.000.000; carbón (toneladas métricas, 1987) no produce (11.921.000); petróleo crudo (barriles; 1988) 36.315.000; productos petrolíferos (toneladas métricas, 1987) 7.325.000 (9.149.000); gas natural (m³, 1988) 2.271.000.000.
Producto nacional bruto (a precios corrientes de mercado; 1987): 76.640.000.000 dlr. EUA (15.010 dlr. EUA per cápita).

Estructura del producto nacional bruto y de la población activa

	1988		1986	
	Valor (000.000 Dkr)	% del valor total	Población activa	% de la pobl. activa
Agricultura	27.474	4,5	160.333	5,7
Minería	2.768	0,5	3.746	0,2
Industria	123.703	20,3	560.791	19,9
Construcción	37.751	6,2	197.367	7,0
Servicios públicos	10.006	1,6	17.475	0,6
Transportes y comunicaciones	51.192	8,4	194.046	6,9
Comercio	84.056	13,8	402.512	14,3
Finanzas	116.015	19,0	228.786	8,1
Administración pública, defensa	141.623	23,2	189.000	6,7
Servicios	33.308	5,5	817.191	29,0
Otros	18.471[5]	−3,0[5]	44.822	1,6
TOTAL	609.425	100,0	2.816.069	100,0

Deuda pública (finales de 1987): 412.856.000.000 Dkr.
Población económicamente activa (1986): Total 2.816.069; tasa de actividad de la población total 55,0% (tasas de participación: 15-64 años 80,7%; mujeres 45,8%; desempleados [1988] 8,7%.

Comercio exterior[6]

Balanza comercial (precios corrientes)

	1983	1984	1985	1986	1987	1988
Millones Dkr	−4.371	1.076	−3.560	−4.830	8.891	16.952
% del total	1,5	0,3	1,0	1,4	2,6	4,7

Importaciones (1988): 178.269.000.000 Dkr (bienes de consumo 24,1%; maquinaria y bienes de capital 11,5%; productos químicos y afines 9%; piezas de maquinaria 6,2%; combustibles y lubricantes 6,1%.) *Principales proveedores:* Alemania federal 23,2%; Suecia 12,3%; Reino Unido 7,1%; EUA 6,0%; Países Bajos 6,0%.
Exportaciones (1988): 187.381.900.000 Dkr (maquinaria e instrumentos 23,4%; productos agrícolas 15,5%, del que el 5,9% corresponde a cerdos vivos; productos químicos y afines 9,8%; equipos de transporte 4,9%; pescado y mariscos 4,8%). *Principales clientes:* Alemania federal 17,6%; Reino Unido 11,7%; Suecia 11,5%; Noruega 7,0%; EUA 5,8%.

Transportes y comunicaciones

Transportes. Ferrocarriles (1987): Longitud de vías 2.476 km; pasajeros km 4.787.000.000; carga toneladas métricas-km 1.680.000.000. Carreteras (1987): Longitud total 70.190 km (pavimentadas 100%). Vehículos (1987): Automóviles 1.587.419; camiones y autobuses 287.532. Marina mercante (1988): Barcos (100 toneladas brutas y más) 944; peso muerto total 6.332.880 toneladas. Transporte aéreo (1988): Pasajeros-km 3.556.000.000; carga toneladas métricas-km 129.193.000; aeropuertos (1989) con vuelos regulares 12.
Comunicaciones. Diarios (1988): Número total 46; circulación total 1.881.000; circulación por 1.000 habitantes 366. Radio (1986): Número total de receptores 2.188.232 (1 por cada 2,4 personas). Televisión (1988): Número total de televisores 1.932.336 (1 por cada 2,7 personas). Teléfonos (1987): 4.434.000 (1 por cada 1,2 personas).

Educación y sanidad

Escolaridad (1987). Porcentaje de la población de 25-66 años de edad: con enseñanza primaria 2,7%; secundaria 25,9%; profesional 45,3%; profesional avanzada 6,7%; graduados 5,7%; licenciados 3,8%; desconocida 9,9%. *Alfabetización* (1986): Virtualmente 100%.
Sanidad (1987): Médicos 13.144 (1 por cada 390 habitantes); camas hospitalarias 32.325 (1 por cada 159 habitantes); tasa de mortalidad infantil por cada 1.000 nacidos vivos 8,3.
Alimentación (1984-86): Ingesta calórica diaria per cápita 3.512 (productos vegetales 56%, productos animales 44%); (1983) 131% de las necesidades mínimas recomendadas por la FAO.

Fuerzas armadas

Personal en servicio activo (1989): 29.525 (ejército 53,8%, armada 24,4%, fuerza aérea 21,8%). *Presupuesto de defensa en porcentaje del PNB* (1987): 2,2% (mundo 5,4%); gasto per cápita 418 dlr. EUA.

[1] Excluye Groenlandia y las islas Feroe. [2] El desglose no se corresponde con el total a causa del redondeo. [3] 1988. [4] En el Gran Copenhague. [5] Incluye cargos por servicios bancarios imputados. [6] Las cifras de importaciones son f.o.b. para la balanza comercial y c.i.f. para los artículos y asociados comerciales.

Dominica

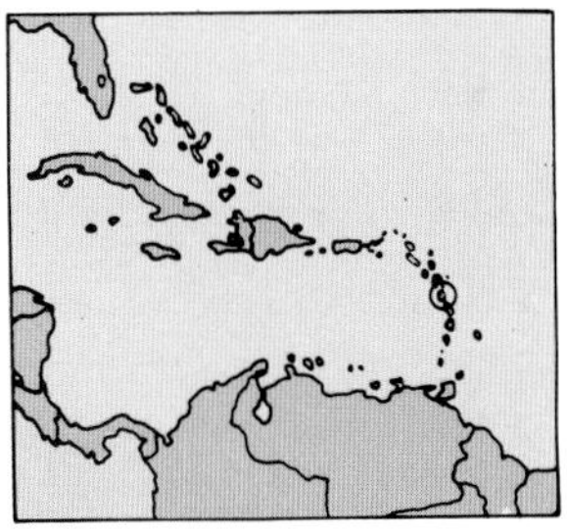

Nombre oficial: Comunidad de Dominica.
Forma de gobierno: República multipartidista con una cámara legislativa (Cámara de Asamblea[1]).
Jefe del estado: Presidente.
Jefe del gobierno: Primer ministro.
Capital: Roseau.
Lengua oficial: Inglés.
Religión oficial: Ninguna.
Moneda: 1 dólar del Caribe oriental (EC$) = 10 centavos; cambio (2 oct. 1989) 1 dlr. EUA = 2,70 EC$.

Área y población

Parroquias[2]	área km²	población censo 1981
St. Andrew	179	12.748
St. David	127	7.337
St. George	54	20.501
St. John	60	5.412
St. Joseph	119	6.606
St. Luke	10	1.503
St. Mark	10	1.921
St. Patrick	83	9.780
St. Paul	67	6.386
St. Peter	29	1.601
TOTAL	750[3]	73.795[4]

Demografía

Población (1989): 82.800.
Densidad (1989): Personas por km² 110,4.
Índice de urbanización: n.d.
Distribución por sexo (1981): Varones, 49,81%; mujeres 50,19%.
Estructura por edades (1981): Menos de 15, 39,8%; 15-29, 28,6%; 30-44, 11,9%; 45-59, 9,2%; 60-74, 7,4%; 75 y más, 3,1%.
Proyección demográfica: (2000) 92.000; (2010) 102.000.
Tiempo de duplicación: 52 años.
Composición étnica (1981): Negros 91,2%; razas mestizas 6,0%; amerindios 1,5%; blancos 0,5%; sin definir 0,6%; otros 0,2%.
Afiliación religiosa (1981): Católicos 76,9%; protestantes 15,5%, del que el 5% corresponde a metodistas, el 3,2% a adventistas del Séptimo Día y el 2,9% a pentecostales; otros 7,6%.
Principales ciudades (1987): Roseau (área urbana) 22.000; Portsmouth (área urbana) 5.000; Marigot 3.554[5]; St. Joseph 2.665[5].
Tasa de natalidad por 1.000 habitantes (1987): 19,1 (media mundial 27,1).
Tasa de mortalidad por 1.000 habitantes (1987): 5,6 (media mundial 9,9).
Tasa de crecimiento por 1.000 habitantes (1987): 13,5 (media mundial 17,2).
Esperanza de vida al nacer (1985-90): Varones 64,3 años; mujeres 68,6 años.
Principales causas de muerte por 100.000 habitantes (1984): Enfermedades cardiovasculares 197,8; neoplasias malignas (cánceres) 88,6; enfermedades del sistema respiratorio 27,9; alteraciones endocrinas y metabólicas 26,7; condiciones mal definidas 44,9.

Economía nacional

Presupuesto (1986-87). Ingresos: 112.400.000 EC$ (ingresos por impuestos 75,4%, del que el 26,8% corresponde a impuestos sobre comercio internacional, el 21,1% a impuestos sobre la renta, el 9,3% a derechos de importación y el 9,0% a impuestos sobre el consumo de productos nacionales). Gastos: 116.200.000 EC$ (gastos actualizados 73,1%, del que el 5,9% corresponde a cargos de la deuda pública; gastos de desarrollo 26,9%).
Turismo (1987): Ingresos por visitantes 11.000.000 dlr. EUA; gastos de nacionales en el exterior 3.000.000 dlr. EUA.
Producción (toneladas métricas, excepto cuando se indique). Agricultura, silvicultura, pesca (1987): plátanos 70.400[6], cosechas de raíces (principalmente taro y similares) 26.000, cocos 15.000, toronjas o pomelos 8.000, limas 6.000, naranjas 3.000, pepinos y pepinillos 3.000, cacao 429[7], café 366[7], flores 20[7]; ganadería (número de animales vivos): 9.000 cerdos, 6.000 cabras, 4.000 reses; madera, n.d.; pesca, capturas 366. Minas y canteras (1987): Piedra pómez y cenizas volcánicas 100.000. Industria manufacturera (1984): Jabones de coco 6.571[8]; planchas galvanizadas 2.739; carne de coco 789; aceite de coco comestible 6.600 hectolitros. Construcción: n.d. Producción energética (consumo): Electricidad (kwh; 1987) 19.000.000 (19.000.000); carbón, no produce (sin consumo); petróleo crudo, no produce (sin consumo); productos petrolíferos (1987), ninguno (13.000); gas natural, no produce (sin consumo).
Producto nacional bruto (1987): 115.000.000 dlr. EUA (1.440 dlr. EUA per cápita).

Estructura del producto nacional bruto y de la población activa

	1987		1981	
	Valor (000.000 EC$)[8]	% del valor total	Población activa	% de la pobl. activa
Agricultura	82,8	29,9	7.843	31,0
Minería	1,9	0,7	8	—
Industria	18,2	6,6	1.417	5,6
Construcción	14,8	5,4	2.306	9,1
Servicios públicos	7,5	2,7	245	1,0
Transportes y comunicación	38,4	13,9	914	3,6
Comercio, hoteles y restaurantes	31,8	11,5	1.613	6,3
Finanzas, bienes raíces y seguros	32,2	11,6	257	1,0
Administración pública, defensa	57,1	20,6 }	4.980	19,7
Servicios	2,6	1,0 }		
Otros	–10,8[9]	–3,9[9]	5.750[11]	22,7
TOTAL	276,7	100,0	25.333	100,0

Deuda pública (externa, pendiente; finales de 1987): 66.000.000 dlr. EUA.
Población económicamente activa (1981): Total 25.333; tasa de actividad de la población total 34,3% (tasas de participación: 15-64 años 61,7%; mujeres 34,1%; desempleados [1988] 10,0%).

Comercio exterior

Balanza comercial (precios corrientes)

	1982	1983	1984	1985	1986	1987
Millones de EC$	–62,2	–53,5	–81,6	–72,6	–33,5	–50,6
% del total	32,0	28,2	37,1	32,1	12,5	16,3

Importaciones (1985): 149.400.000 EC$ (maquinaria y equipos de transporte 22,5%, del que el 8,4% corresponde a vehículos terrestres y piezas para los mismos; alimentos 19,3%, del que el 5,9% corresponde a cereales y preparados de cereal; petróleo crudo y productos petrolíferos 10,1%; papel y productos de papel 6,9%. *Principales proveedores:* EUA 27,2%; Reino Unido 16,7%; Trinidad y Tabago 9,8%; Japón 7,4%; Santa Lucía 5,7%.
Exportaciones (1985): 76.800.000 EC$ (alimentos 54,3%, del que el 48,2% corresponde a plátanos; jabones de coco 25,0%). *Principales clientes:* Reino Unido 50,1%; Jamaica 14,7%; EUA 4,4%; Trinidad y Tabago 4,3%; Barbados 4,3%.

Transportes y comunicaciones

Transportes. Ferrocarriles, ninguno. Carreteras (1984): Longitud total 787 km (pavimentadas 60%). Vehículos (1983): Automóviles:2.713; camiones y autobuses 1.250. Marina mercante (1988): Barcos (100 toneladas brutas y más) 6; peso muerto total 4.218 toneladas. Transporte aéreo (1984): Llegadas de pasajeros 33.954; salidas de pasajeros 34.381; mercancías descargadas 196 toneladas métricas; mercancías cargadas 271 toneladas métricas; aeropuertos (1989) con vuelos regulares 2.
Comunicaciones. Diarios, ninguno. Radio (1988): Número total de receptores 34.575 (1 por cada 2,4 personas). Televisión[11]. Teléfonos (1985): 6.882 (1 por cada 11 personas).

Educación y sanidad

Escolaridad (1981). Porcentaje de la población de 25 años y más: sin escolarización formal 6,6%; con enseñanza primaria 80,6%; secundaria 11,1%; superior 1,7%. *Alfabetización* (1981): Población total de 15 años y más alfabetizada 42.100 (94,9%).
Sanidad (1987): Médicos 25 (1 por cada 3.248 habitantes); camas hospitalarias 189[12] (1 por cada 430 habitantes); tasa de mortalidad infantil por cada 1.000 nacidos vivos (media 1982-84) 16,3.
Alimentación (1984-86): Ingesta calórica diaria per cápita 2.649 (productos vegetales 84%, productos animales 16%); 109% de las necesidades mínimas recomendadas por la FAO.

Fuerzas armadas

Personal en servicio activo (1987): Ninguno[13].

[1] Incluye 10 escaños no electivos. [2] Dominica está dividida en 10 parroquias únicamente a efectos administrativos. El gobierno local lo ostentan los consejos de pueblos o ciudades. [3] El desglose no se corresponde con el total a causa del redondeo. [4] La población total, incluyendo los residentes establecidos, asciende a 74.785. [5] 1981. [6] 1988. [7] 1984. [8] 1987. [9] Menos cargos por servicios imputados. [10] Incluye 4.746 desempleados. [11] Parte de Dominica recibe servicio por cable. [12] Sólo en Roseau. [13] Una fuerza policial de 300 miembros tiene responsabilidades secundarias de defensa.

Dominicana, República

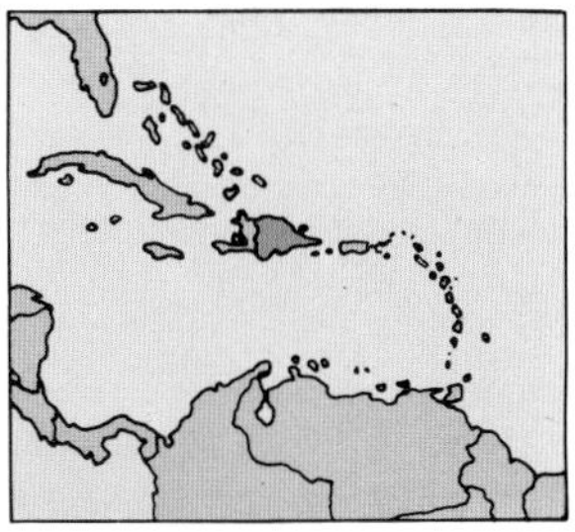

Nombre oficial: República Dominicana.
Forma de gobierno: República multipartidista con dos cámaras legislativas (Senado; Cámara de los Diputados).
Jefe del estado y del gobierno: Presidente.
Capital: Santo Domingo.
Lengua oficial: Español.
Religión oficial: Ninguna.
Moneda: 1 peso dominicano (RD$) = 100 centavos; cambio (2 oct. 1989) 1 dlr. EUA = 6,41 RD$.

Área y población

Provincias	Capitales	área km²	población estimada 1989
Azua	Azua	2.430	189.742
Bahoruco (Baoruco)	Neiba	1.376	86.739
Barahona	Barahona	2.528	151.294
Dajabón	Dajabón	890	63.656
Duarte	San Francisco de Macorís	1.292	259.817
El Seibo	El Seibo	1.659	96.879
Espaillat	Moca	1.000	180.919
Hato Mayor	Hato Mayor	1.330	77.255
Independencia	Jimaní	1.861	42.763
La Altagracia	Higüey	3.084	110.431
La Estrelleta	Elías Piña	1.788	72.122
La Romana	La Romana	541	162.430
La Vega	La Vega	2.373	300.838
María Trinidad Sánchez	Nagua	1.310	124.235
Monseñor Nouel	Bonao	1.004	123.884
Monte Cristi	Monte Cristi	1.989	92.002
Monte Plata	Monte Plata	2.179	173.525
Pedernales	Pedernales	967	18.758
Peravia	Baní	1.622	185.448
Puerto Plata	Puerto Plata	1.881	228.063
Salcedo	Salcedo	533	109.413
Samaná	Samaná	989	72.469
Sánchez-Ramírez	Cotuí	1.174	139.610
San Cristóbal	San Cristóbal	1.564	318.581
San Juan	San Juan	3.561	264.685
San Pedro de Macorís	San Pedro de Macorís	1.166	193.157
Santiago	Santiago de los Caballeros	3.122	688.770
Santiago Rodríguez	Sabaneta	1.020	61.121
Santo Domingo[1]	—	1.477	2.313.104
Valverde	Mao	570	110.657
TOTAL		48.443[2]	7.012.367

Demografía

Población (1989): 7.012.000.
Densidad (1989): Personas por km² 144,7.
Índice de urbanización (1986): Urbana 54,6%; rural 45,4%.
Distribución por sexo (1989): Varones 50,82%; mujeres 49,18%.
Estructura por edades (1989): Menos de 15, 38,2%; 15-29, 30,1%; 30-44, 17,3%; 45-59, 9,1%; 60-74, 4,3%; 75 y más, 1,0%.
Proyección demográfica: (2000) 8.621.000; (2010) 9.904.000.
Tiempo de duplicación: 28 años.
Composición étnica (1983): Mulatos 73%; blancos 16%; negros 11%.
Afiliación religiosa (1987): Católicos 91,9%; otros 8,1%.
Principales ciudades (1986): Santo Domingo 1.600.000; Santiago de los Caballeros 308.400; La Romana 101.350; San Pedro de Macorís 86.950.
Tasa de natalidad por 1.000 habitantes (1985-90): 31,3 (media mundial 27,1).
Tasa de mortalidad por 1.000 habitantes (1985-90): 6,8 (media mundial 9,9).
Tasa de crecimiento por 1.000 habitantes (1985-90): 24,5 (media mundial 17,2%).
Esperanza de vida al nacer (1985-90): Varones 63,9 años; mujeres 68,1 años.
Principales causas de muerte por 100.000 habitantes (1982): Enfermedades infecciosas y parasitarias 47,0; enfermedades de la circulación pulmonar 31,6; enfermedades del sistema respiratorio 29,4; cuadros patológicos mal definidos 96,3.

Economía mundial

Presupuesto (1988). Ingresos: 4.780.700.000 RD$ (ingresos por impuestos 81,4%, del que 34,5% corresponde a derechos de importación, el 17,6% a impuestos sobre la renta y el 15,7% a impuestos sobre bienes; ingresos no fiscales 10,5%). Gastos: 4.834.200.000 RD$ (administración 52,6%; educación 7,0%; defensa 5,8%; sanidad y bienestar 5,4%).
Turismo (1987): Ingresos por visitantes 500.000.000 dlr. EUA; gastos de nacionales en el exterior 90.000.000 dlr. EUA.
Producción (toneladas métricas, excepto cuando se indique). Agricultura (1987): Caña de azúcar 8.772.000, arroz sin cáscara 514.700, plátanos 400.000, tomates 173.100, bayas de café 134.300, frijoles o judías 52.200, cacao 38.700, tabaco en rama 28.700, algodón 7.400; ganadería (número de animales vivos): 2.637.000 cerdos, 2.058.000 reses; madera 982.000 m³; pesca, capturas 20.325. Minería (valor de la producción en millones de RD$; 1986): Oro 277; ferroníquel 253. Industria manufacturera (valor de la producción en millones de RD$; 1986): Productos alimenticios 1.515; bebidas alcohólicas 558; petróleo refinado 505; cigarrillos 215; cemento 158. Construcción (valor de construcción en millones de RD$; 1986): Residencial 288; no residencial 198. Producción energética (consumo): Electricidad (kwh; 1988) 3.460.000.000 (2.618.000.000); carbón, no produce (sin consumo); petróleo crudo (barriles; 1987), no produce (10.628.000); productos petrolíferos (1987) 1.382.000 (1.864.000).
Producto nacional bruto (1987): 4.930.000.000 dlr. EUA (730 dlr. EUA per cápita).

Estructura del producto nacional bruto y de la población activa

	1986		1981	
	Valor (000.000 dlr. EUA)[3]	% del valor total	Población activa	% de la pobl. activa
Agricultura	513,4	16,0	420.463	22,0
Minería	119,8	3,7	4.743	0,2
Industria	544,3	16,9	224.437	11,7
Construcción	221,8	6,9	80.850	4,3
Servicios públicos	62,1	1,9	13.891	0,7
Transportes y comunicaciones	257,4	8,0	40.470	2,1
Comercio	497,1	15,5	192.181	10,0
Finanzas, bienes raíces	351,2	10,9	22.369	1,2
Administración pública, defensa	335,3	10,4	363.125	18,9
Servicios	313,9	9,8		
Otros	—	—	552.859[4]	28,9[4]
TOTAL	3.216,3	100,0	1.915.388	100,0

Deuda pública (externa, pendiente; 1987): 2.938.000.000 dlr. EUA.
Población económicamente activa (1981): Total 1.915.388; tasa de actividad de la población total 33,9% (tasas de participación: 15-64 años 53,6%; mujeres 28,9%; desempleados [1987] 27,0%).

Comercio exterior

Balanza comercial (precios corrientes)

	1983	1984	1985	1986	1987	1988
Millones de RD$	−493,8	−389,0	−547,4	−544,1	−880,2	−717,9
% del total	23,9	18,3	27,0	27,4	38,2	28,7

Importaciones (1985): 1.293.100.000 RD$ (petróleo crudo y productos petrolíferos 33,2%; alimentos 13,4%; maquinaria 9,3%). *Principales proveedores:* EUA 35,2%; Venezuela 25,8%; México 7,9%; Japón 6,1%.
Exportaciones (1985): 735.200.000 RD$ (azúcar sin refinar 21,5%; ferroníquel 16,3%; aleaciones de oro 15,4%; café 11,7%; cacao 7,9%; tabaco en rama 2,4%). *Principales clientes:* EUA 68,9%; Países Bajos 7,2%; Puerto Rico 7,1%.

Transportes y comunicaciones

Transportes. Ferrocarriles (1987)[5]: Longitud de vías 1.654 km. Carreteras (1986): Longitud total 11.400 km (pavimentadas 49%). Vehículos (1985): Automóviles 99.952; camiones y autobuses 59.892. Marina mercante (1988): Barcos (100 tonelads brutas y más) 36; peso muerto total 78.081 toneladas. Transporte aéreo (1985)[6]: Pasajeros-km 206.124.000; carga toneladas métricas-km 3.020.000; aeropuertos (1989) 5.
Comunicaciones. Diarios (1988): Número total 8; circulación total 250.924; circulación por 1.000 habitantes 37. Radio (1988): Número total de receptores 1.141.000 (1 por cada 6,0 personas). Televisión (1988): Número total de televisores 556.000 (1 por cada 12 personas). Teléfonos (1987): 311.119 (1 por cada 22 personas).

Educación y sanidad

Escolaridad (1981). Porcentaje de la población de 25 años y más: sin escolarización formal 48,0%; con enseñanza primaria incompleta 31,7%; con enseñanza primaria completa 4,0%; secundaria 14,0%; superior 2,3%. *Alfabetización* (1985): Población total de 15 años y más alfabetizada 2.860.000 (77,3%); varones alfabetizados 1.447.000 (77,7%); mujeres alfabetizadas 1.413.000 (76,8%).
Sanidad (1985): Médicos 3.056 (1 por cada 2.100 habitantes); camas hospitalarias 6.511 (1 por cada 985 habitantes); tasa de mortalidad infantil por cada 1.000 nacidos vivos (1987) 70,0.
Alimentación (1984-86): Ingesta calórica diaria per cápita 2.464 (productos vegetales 87%, productos animales 13%); (1984) 109% de las necesidades mínimas recomendadas por la FAO.

Fuerzas armadas

Personal en servicio activo (1988): 20.800 (ejército 62,5%, armada 19,2%, fuerza aérea 18,3%). *Presupuesto de defensa en porcentaje del PNB* (1987): 1,4% (mundo 5,4%); gasto per cápita 10 dlr. EUA.

[1] Distrito Nacional. [2] El total incluye 163 km² de islas en aguas jurisdiccionales que no se muestran por separado. [3] A precios de 1970. [4] Incluye actividades sin definir adecuadamente (421.628) y desempleados (131.231). [5] Todo el tendido ferroviario sirve sólo a la industria azucarera, excepto en 142 km dedicados al transporte público. [6] Líneas aéreas CDA (Dominicana) únicamente.

Ecuador

Nombre oficial: República del Ecuador.
Forma de gobierno: República unitaria multipartidista con una cámara legislativa (Congreso Nacional).
Jefe del estado y del gobierno: Presidente.
Capital: Quito.
Lengua oficial: Español.
Religión oficial: Ninguna.
Moneda: 1 sucre (S/.) = 100 centavos; cambio (2 oct. 1989) 1 dlr. EUA = 584,86 S/.

Área y población

Regiones / Provincias	Capitales	área km^2	población estimada 1989
Costera			
El Oro	Machala	5.908	449.835
Esmeraldas	Esmeraldas	15.162	325.472
Guayas	Guayaquil	21.382	2.750.976
Los Ríos	Babahoyo	6.370	576.596
Manabí	Portoviejo	18.105	979.221
Oriental			
Morona-Santiago	Macas	26.418	95.753
Napo	Tena	52.318	181.160
Pastaza	Puyo	30.269	36.511
Zamora-Chinchipe	Zamora	18.394	68.164
Sierra			
Azuay	Cuenca	8.092	550.086
Bolívar	Guaranda	4.142	167.204
Cañar	Azogues	3.481	209.505
Carchi	Tulcán	3.744	148.922
Chimborazo	Riobamba	6.056	379.997
Cotopaxi	Latacunga	5.198	327.777
Imbabura	Ibarra	4.976	295.470
Loja	Loja	11.472	421.017
Pichincha	Quito	16.587	1.914.235
Tungurahua	Ambato	3.110	272.769
Territorio insular			
Islas Galápagos	Puerto Baquerizo Moreno	7.994	9.243
TOTAL		269.178	10.490.249[1]

Demografía

Población (1989): 10.490.000.
Densidad (1989): Personas por km^2 39,0.
Índice de urbanización (1988): Urbana 54,2%; rural 45,8%.
Distribución por sexo (1988): Varones 50,30%; mujeres 49,70%.
Estructura por edades (1988): Menos de 15, 41,1%; 15-29, 28,3%; 30-44, 16,4%; 45-64, 10,5%; 65 y más, 3,7%.
Proyección demográfica: (2000) 13.939.000; (2010) 17.403.000.
Tiempo de duplicación: 25 años.
Composición étnica (1980): Quechua 49,9%; mestizos 40,0%; blancos 8,5%; amerindios 1,6%.
Afiliación religiosa (1986): Católicos 93,5%; otros 6,5%.
Principales ciudades (1989): Guayaquil 1.699.375; Quito 1.233.865; Cuenca 218.490; Machala 158.798; Portoviejo 156.250.
Tasa de natalidad por 1.000 habitantes (1987): 35,4[2] (media mundial 27,1).
Tasa de mortalidad por 1.000 habitantes (1987): 7,6[2] (media mundial 9,9).
Tasa de crecimiento por 1.000 habitantes (1987): 27,8[2] (media mundial 17,2).
Esperanza de vida al nacer (1981): Varones 59,8 años mujeres 63,6 años.
Principales causas de muerte por 100.000 habitantes (1986): enfermedades cardiovasculares 83,1; enfermedades infecciosas y parasitarias 66,1; enfermedades respiratorias 63,6; accidentes, intoxicaciones y actos de violencia 63,1; neoplasias malignas (cánceres) 46,2.

Economía nacional

Presupuesto (1988). Ingresos: 402.604.000.000 S/. (ingresos por petróleo 40,3%, impuestos de producción y ventas 20,4%, derechos de importación 16,5%, impuestos sobre la renta 9,1%). Gastos: 468.334.400.000 S/. (servicios públicos 24,0%, servicio de la deuda 21,0%, educación 20,9%, transportes y comunicaciones 6,9%).
Turismo (1987): Ingresos por visitantes 167.000.000 dlr. EUA; gastos de nacionales en el exterior 165.000.000 dlr. EUA.
Producción (toneladas métricas, excepto cuando se indique). Agricultura, silvicultura, pesca (1987): Caña de azúcar 3.000.733, plátanos 2.386.503, arroz 780.776, fruto de palma 657.740[3], maíz 394.233, café 372.615, papas o patatas 353.920, cacao 57.529; ganadería (número de animales vivos): 4.160.000 cerdos, 3.847.000 reses, 2.100.000 ovejas, 42.000.000 pollos; madera 8.753.000 m^3; pesca, capturas 679.048. Minas y canteras (1988): Piedra caliza 4.200.000[3]; oro 96.500 onzas troy. Industria manufacturera (valor añadido en millones de S/.; 1987): Productos alimenticios 177.634, de los que 29.284 corresponden a bebidas (incluyendo licores); productos petrolíferos 147.509; textiles y prendas de vestir 57.189. Construcción (en S/.[4]; 1985): Residencial 31.391.900.000; no residencial 2.916.100.000. Producción energética (consumo): Electricidad (kwh; 1986) 5.301.000.000 (5.311.000.000); petróleo crudo (barriles; 1986) 103.749.000 (34.481.000); productos petrolíferos (1986) 4.541.000 (3.855.000); gas natural (m^3; 1986) 87.405.000 (87.405.000).
Producto nacional bruto (1987): 10.333.000.000 dlr. EUA (1.040 dlr. EUA per cápita).

Estructura del producto nacional bruto y de la población activa

	Valor (000.000 S/.) 1987	% del valor total 1987	Población activa 1987	% de la pobl. activa 1987
Agricultura	290.937	16,1	1.154.941	34,6
Minería	132.995	7,4	21.100	0,6
Industria	337.975	18,7	353.713	10,6
Construcción	88.959	4,9	238.118	7,1
Servicios públicos	7.416	0,4	18.204	0,6
Transportes y comunicaciones	176.259	9,7	154.314	4,6
Comercio	380.292	21,0	355.060	10,6
Finanzas	64.735	3,6	74.349	2,2
Administración pública, defensa	142.779	7,9	788.504 (Administración pública, defensa y Servicios)	23,6
Servicios	138.857	7,7		
Otros	47.171	2,6	181.815[5]	5,5[5]
TOTAL	1.808.375	100,0	3.340.118	100,0

Deuda pública (externa, pendiente; 1987): 9.026.000.000 dlr. EUA.
Población económicamente activa (1988): Total 3.444.368; tasa de actividad de la población total 33,8% (tasas de participación: 15-64 años 56,6%; mujeres 30,1%; desempleados [1982] 4,6%).

Comercio exterior[6]

Balanza comercial (precios corrientes)

	1983	1984	1985	1986	1987	1988
Millones dlr. EUA	971,6	1.124,3	1.285,9	603,4	232,2	674,8
% del total	28,0	27,8	30,4	16,0	6,1	18,2

Importaciones (1988): 713.525.000 dlr. EUA (materias primas industriales 41,3%, bienes de capital industrial 23,6%, equipos de transporte 14,5%, bienes de consumo 5,9%, combustibles y lubricantes 3,4%). *Principales proveedores:* EUA 25,9%; Japón 13,1%; Venezuela 8,1%; Alemania federal 8,0%; Brasil 6,4%; México 4,3%; Italia 3,7%.
Exportaciones (1988): 2.192.898.000 dlr. EUA (petróleo crudo 39,9%, crustáceos 17,7%, plátanos 13,6%, café 6,9%, productos petrolíferos 4,6%, cacao 3,5%. *Principales clientes:* EUA 54,8%; Alemania federal 3,5%; Singapur 3,0%; Panamá 2,8%; Perú 2,7%; Japón 2,4%; Taiwán 2,3%.

Transportes y comunicaciones

Transportes. Ferrocarriles (1987): Longitud de vías 965 km; pasajeros-km 20.901.000; carga toneladas métricas-km 5.597.000. Carreteras (1986): Longitud total 36.178 km (pavimentadas 16%). Vehículos (1986) Automóviles 256.812; camiones y autobuses 36.691. Marina mercante (1988): Barcos (100 toneladas brutas y más) 154; peso muerto total 608.977 toneladas. Transporte aéreo (1984): Pasajeros-km 893.000.000; carga toneladas métricas-km 42.600.000; aeropuertos (1989) 16.
Comunicaciones. Diarios (1985): Número total 7; circulación total 538.000; circulación por 1.000 habitantes 57. Radio (1988): Número total de receptores 2.987.341 (1 por cada 3,4 personas). Televisión (1987): Número total de televisores 600.000 (1 por cada 17 personas). Teléfonos (1987): 355.357 (1 por cada 28 personas).

Educación y sanidad

Escolaridad (1982). Porcentaje de la población de 125 años y más: sin escolarización formal 25,4%; con enseñanza primaria 34,1%; secundaria 7,9%; superior 7,6%. *Alfabetización* (1982): Población total de 15 años y más alfabetizada 3.914.694 (69,1%); varones alfabetizados 2.005.455 (86,8%); mujeres alfabetizadas 1.909.239 (56,9%).
Sanidad (1984): Médicos 11.000 (1 por cada 829 habitantes); camas hospitalarias 14.455 (1 por cada 590 habitantes); tasa de mortalidad infantil por cada 1.000 nacidos vivos 68,4.
Alimentación (1984-86): Ingesta calórica per cápita 2.058 (productos vegetales 82%, productos animales 18%); (1984) 90% de las necesidades mínimas recomendadas por la FAO.

Fuerzas armadas

Personal en servicio activo (1988): 40.000 (ejército 82,5%, armada 10,0%, fuerza aérea 7,5%). *Presupuesto de defensa en porcentaje del PNB* (1987): 2,6% (mundo 5,4%); gasto per cápita 25 dlr. EUA.

[1] El total incluye 330.336 personas que no aparecen en el desglose. [2] Excluye tribus indias nómadas. [3] 1986. [4] Construcciones autorizadas. [5] Incluye 155.323 personas desempleadas en busca de su primer trabajo. [6] Las cifras de importación son f.o.b. (franco a bordo) en la balanza comercial y c.i.f. (costo, seguro y flete) para los artículos y asociados comerciales.

Egipto

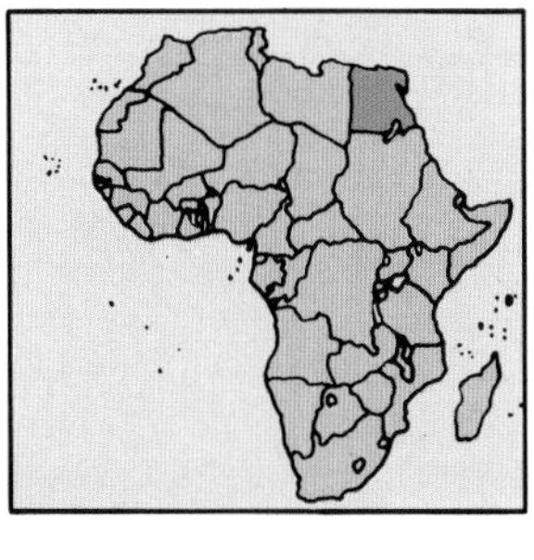

Nombre oficial: República Árabe de Egipto.
Forma de gobierno: República con una cámara legislativa (Asamblea Popular)[1].
Jefe del estado: Presidente.
Jefe del Gobierno: Primer ministro.
Capital: El Cairo.
Lengua oficial: Árabe.
Religión oficial: Islámica.
Moneda: 1 libra egipcia (LE) = 100 piastras = 1.000 millièmes; cambio (2 oct. 1989) 1 dlr. EUA = 2,57 LE.

Área y población

Regiones / Gobernaciones	Capitales	área km²	población censo 1986
Alto Egipto			
Asiut	Asiut	1.533	2.223.034
Asuán	Asuán	679	801.408
Bani Suwayf	Bani Suwayf	1.322	1.442.981
al-Fayum	al-Fayum	1.827	1.544.047
Giza	Giza	85.153	3.700.054
Kaná	Kaná	1.851	2.252.315
Al-Minya	al Minya	2.262	2.648.043
Suhay	Suhay	1.547	2.455.134
Bajo Egipto			
al-Bahira	Damanhur	10.130	3.257.168
al-Dakaliya	al-Mansura	3.471	3.500.470
Damieta	Damieta	589	741.264
al-Gharbiya	Tanta	1.942	2.870.960
Ismailía	—	1.442	544.427
Kafr al-Zayat	Kafr al-Zayat	3.437	1.800.129
al-Minufiya	Shabín al-Qawm	1.532	2.227.086
al-Qalyubiya	Benhá	1.001	2.514.244
al-Sharqiya	al-Zagazig	4.180	3.420.119
Desierto			
al-Bahr al-Ahmar	al-Ghurdaqa	203.685	90.491
Matruh	Marsá-Matruh	212.112	160.567
Sina al-Janubiya	al-Tur	33.140	28.988
Sina al-Shamaliya	al-Aris	27.574	171.505
al-Uadi al-Jadid	al-Jarya	376.505	113.838
Urbanas			
Alejandría	—	2.679	2.917.327
El Cairo	—	214	6.052.836
Port Said	—	72	399.793
Suez	—	17.840	326.820
TOTAL		997.739	48.205.049

Demografía

Población (1989): 51.748.000.
Densidad (1989): Personas por km² 51,9.
Índice de urbanización (1986): Urbana 43,9%; rural 56,1%.
Distribución por sexo (1989): Varones 51,09%; mujeres 48,91%
Estructura por edades (1986): Menos de 15, 41,8%; 15-29, 26,1%; 30-44, 16,2%; 45-59, 10,4%; 60-74, 4,7%; 75 y más, 0,8%.
Proyección demográfica: (2000) 65.452.000; (2010) 76.900.000.
Tiempo de duplicación: 23 años.
Composición étnica (1983): Egipcios 98,8%; otros 1,2%.
Afiliación religiosa (1986): Musulmanes sunníes 94,1%; cristianos 5,9%.
Principales ciudades (1986): El Cairo 6.052.836; Alejandría 2.917.327; Giza 1.670.800; Shubra al-Jaima 533.300; al-Mahala al-Kubra 385.300.
Tasa de natalidad por 1.000 habitantes (1986): 39,3 (media mundial 27,1).
Tasa de mortalidad por 1.000 habitantes (1986): 8,7 (media mundial 9,9).
Tasa de crecimiento por 1.000 habitantes (1986): 30,6 (media mundial 17,2).
Esperanza de vida al nacer (1986): Varones 59,0 años: mujeres 62,1 años.
Principales causas de muerte por 100.000 habitantes (1982): Enfermedades cardiovasculares 186,3; enfermedades infecciosas y parasitarias 168,9; enfermedades del sistema respiratorio 106,3; neoplasias malignas (cánceres) 21,8.

Economía nacional

Presupuesto (1988-89). Ingresos: 17.272.000.000 LE (impuestos de soberanía 71,4%, del que el 18,5% corresponde a aranceles y el 18,3% a impuestos de consumo; ingresos por petróleo y por tarifas del canal de Suez 6,3%). Gastos: 24.192.000.000 LE (servicio de la deuda 12,7%, administración 11,5%, defensa 10,2%; pensiones 4,9%).
Turismo: Ingresos por visitantes (1987) 1.586.000.000 dlr. EUA; gastos de nacionales en el exterior 52.000.000 dlr. EUA.
Producción (toneladas métricas, excepto cuando se indique). Agricultura, silvicultura, pesca (1988): Caña de azúcar 9.750.000, tomates 5.000.000, maíz 4.088.000; trigo 2.839.000, arroz 1.900.000, sandías 1.390.000, cebollas 650.000, mijo 578.000, dátiles 545.000, algodón (barra) 348.000; ganadería (número de animales vivos): 2.600.000 búfalos, 1.950.000 burros, 1.920.000 reses, 1.620.000 cabras, 1.165.000 ovejas, 70.000 camellos, 30.000.000 pollos; madera (1987) 2.105.000 m³; pesca, capturas (1987) 250.000. Minas y canteras (1986): Mineral de hierro 2.135.000; roca fosfática 1.162.000; sal 1.040.000. Industria manufacturera (1985-86): Cemento 7.612.000; fertilizantes nitrogenados 4.482.000; fertilizantes fosfatados 934.000; azúcar 773.000. Construcción (1985): Unidades residenciales 148.46. Producción energética (consumo): Electricidad (kwh; 1987) 32.500.000.000 (32.500.000.000); carbón (1987), n.d. (1.250.000); petróleo crudo (barriles; 1987) 327.800.000 (162.750.000); productos petrolíferos (1987) 21.382.000 (18.094.000); gas natural (m³; 1987) 4.342.000.000 (4.342.000.000).
Producto nacional bruto (1987): 36.028.000.000 dlr. EUA (710 dlr. EUA per cápita).

Estructura del producto nacional bruto y de la población activa

	1987-88[2]		1986	
	Valor (000.000 LE)	% del valor total	Población activa	% de la pobl. activa
Agricultura	8.903,0	20,7	5.160.500	42,7
Minería }	9.303,1	21,6	37.700	0,3
Industria }			1.872.400	15,5
Construcción	2.117,4	4,9	571.200	4,7
Servicios públicos	1.455,3	3,3	92.400	0,8
Transportes y comunicaciones	3.977,1	9,2	595.900	4,9
Comercio }	10.497,6	24,4	1.027.300	8,5
Finanzas }			121.900	1,0
Administración pública, defensa	4.893,7	11,4 }	2.616.000	21,6
Servicios	1.921,6	4,5 }		
Otros	—	—		
TOTAL	43.068,8	100,0	12.094.600	100,0

Deuda pública (externa, pendiente; 1987): 34.315.000.000 dlr. EUA.
Población económicamente activa (1986): Total 12.094.600; tasa de actividad de la población total 25,3% (tasas de participación: 15-64 años 41,5%; mujeres 14,6%).

Comercio exterior

Balanza comercial (precios corrientes)

	1982	1983	1984	1985	1986	1987
Millones de LE	−3.535,0	−4.223,4	−4.584,6	−3.676,3	−5.193,2	−4.477,7
% del total	44,7	48,4	51,0	41,4	55,8	42,4

Importaciones (1986-87): 8.051.432.000 (productos alimenticios 30,2%; maquinaria y equipos de transporte 25,2%; lubricantes, combustibles y minerales 8,0%; productos químicos 7,4%). *Principales proveedores:* EUA 17,9%; Alemania federal 10,4%; Francia 8,4%; Italia 7,5%; Japón 5,1%.
Exportaciones (1986-87) 2.053.959.000 (petróleo y productos petrolíferos 50,7%, algodón en rama 15,0%, hilados y tejidos de algodón 14,1%). *Principales clientes:* Italia 19,0%; Rumanía 12,0%; Reino Unido 10,7%; Japón 6,2%; Francia 6,0%; URSS 4,9%, Alemania federal 4,7%.

Transportes y comunicaciones

Transportes. Ferrocarriles (1985-86): Longitud de vías 5.355 km; pasajeros-km 28.350.500.000; carga toneladas métricas-km 2.927.000.000. Carreteras (1987): Longitud total 32.241 (pavimentadas 52%). Vehículos (1987): Automóviles 783.306; camiones y autobuses 371.699. Marina mercante (1988): Barcos (100 toneladas brutas y más) 431; peso muerto total 1.821.298 toneladas. Aguas interiores (1987): Canal de Suez, número de tránsitos 17.541; carga toneladas métricas-km 347.038.000. Transporte aéreo (1987): Pasajeros-km 4.464.000.000; carga toneladas métricas-km 114.576.000; aeropuertos (1989) 10.
Comunicaciones. Diarios (1986): Número total 17; circulación total 3.116.268[3]; circulación por 1.000 habitantes 65[3]. Radio (1987): Número total de receptores 13.669.209 (1 por cada 3,6 personas). Televisión (1987): Número total de televisores 3.860.000 (1 por cada 13 personas). Teléfonos (1987): 1.455.000 (1 por cada 34 personas).

Educación y sanidad

Escolaridad (1986). Porcentaje de la población de 10 años y más: sin educación formal 73,8%; con enseñanza primaria y secundaria 21,8%; superior 4,4%. *Alfabetización* (1986): Población total de 15 años y más alfabetizada 12.447.057 (44,9%); varones alfabetizados 8.101.831 (57,6%); mujeres alfabetizadas 4.345.226 (31,8%).
Sanidad (1984): Médicos 73.300 (1 por cada 616 habitantes); camas hospitalarias (1986) 94.534 (1 por cada 505 habitantes); tasa de mortalidad infantil por cada 1.000 nacidos vivos (1985) 70,5.
Alimentación (1984-86): Ingesta calórica diaria per cápita 3.313 (productos vegetales 92%, productos animales 8%); 130% de las necesidades mínimas recomendadas por la FAO.

Fuerzas armadas

Personal en servicio activo (1988): 445.000 (ejército 71,9%, armada 4,5%, fuerza aérea 23,6%). *Presupuesto de defensa en porcentaje del PNB* (1987): 9,2% (mundo 5,4%); gasto per cápita 113 dlr. EUA.

[1] Incluye 10 escaños no electivos. [2] A precios de 1986-87. [3] Basado en 12 diarios únicamente.

Emiratos Árabes Unidos

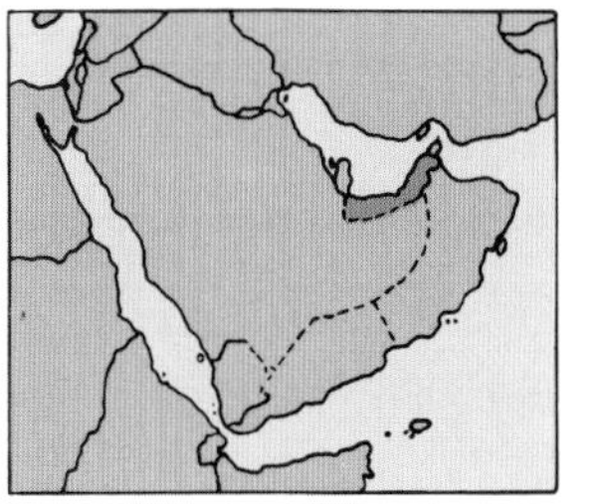

Nombre oficial: Emiratos Árabes Unidos.
Forma de gobierno: Monarquía; unión federal de siete emiratos con una cámara legislativa (Consejo Federal Nacional)[1].
Jefe del estado: Presidente.
Jefe del gobierno: Primer ministro.
Capital: Abú Dabi[2].
Lengua oficial: Árabe.
Religión oficial: Islámica.
Moneda: 1 dirham (Dh) = 100 fils; cambio (2 oct. 1989) 1 dlr. EUA = 3,67 Dh.

Área y población

Emiratos	Capitales	área km^2	población censo 1985
Abú Dabi	Abú Dabi	67.350	670.125
Aymán	Aymán	250	64.318
Dubai	Dubai	3.900	419.104
Fuyaira	Fuyaira	1.150	54.425
Ras al-Jaima	Ras al-Jaima	1.700	116.470
Sharya	Sharya	2.600	268.722
Um al-Qaiwain	Um al-Qaiwain	750	29.229
TOTAL		77.700	1.622.393

Demografía

Población (1989): 1.827.000.
Densidad (1989): Personas por km^2 23,5.
Índice de urbanización (1986): Urbana 86,6%; rural 13,4%.
Distribución por sexo (1986): Varones 67%; mujeres 32%.
Estructura por edades (1986): Menos de 15, 29,8%; 15-29, 25,1%; 30-44, 35,9%; 45-59, 7,6%; 60-74, 1,3%; 75 y más, 0,3%.
Proyección demográfica: (2000) 2.518.000; (2010) 3.371.000.
Tiempo de duplicación: 23 años.
Composición étnica (1983): Árabes 87,1%, del que el 30,7% corresponde a árabes de los Emiratos; paquistaníes e indios 9,1%; iraníes 1,7%; baluchi 0,8%; africanos 0,8%; británicos 0,2%; estadounidenses 0,1%; otros 0,2%.
Afiliación religiosa (1980): Musulmanes 94,9% (sunníes 80%, chiitas 20%); cristianos 3,8%; otros 1,3%.
Principales ciudades (1980): Dubai 266.000; Abú Dabi 243.000; Sharya 125.000; al-Ayn 102.000; Ras al-Jaima 42.000.
Tasa de natalidad por 1.000 habitantes (1986): 33,5 (media mundial 27,1).
Tasa de mortalidad por 1.000 habitantes (1986): 3,9 (media mundial 9,9).
Tasa de crecimiento por 1.000 habitantes (1986): 29,6 (media mundial 17,2).
Esperanza de vida al nacer (1986): Varones 68,4 años; mujeres 71,7 años.
Principales causas de muerte por 100.000 habitantes (1986)[3]: enfermedades cardiovasculares 68,0; accidentes e intoxicaciones 29,1; neoplasias malignas (cánceres) 22,5; anomalías congénitas 21,5; enfermedades respiratorias 14,6.

Economía nacional

Presupuesto (1987). Ingresos: 7.250.000.000 dlr. EUA (ingreso por petróleo 85,5%). Gastos: 9.000.000.000 (gasto corriente 64,4%, desarrollo 16,7%).
Turismo (1983): 16.351 habitaciones para turistas.
Producción (toneladas métricas, excepto cuando se indique). Agricultura, silvicultura, pesca (1988): Sandías y melones 73.000, tomates 65.000, dátiles 65.000, coles 27.000, calabazas y chayotes 19.000, berenjenas 16.000, coliflores 13.000, pepinos 9.000, limones y limas 7.000, mangos 3.000, pimientos verdes 3.000; ganadería (número de animales vivos) 825.000 cabras, 400.000 ovejas, 121.000 camellos, 48.000 reses, 5.000.000 pollos; pesca, capturas 85.410. Minas y canteras (1986): Cal 45.000; además de mármol, pizarra para aplicaciones cerámicas y agregados para el cemento. Industria manufacturera (1987): Cemento 5.100.000; aluminio 154.000; leche de vaca 12.000, carne de carnero y cordero 7.000; carne de cabra 5.000; carne de vaca y de ternera 3.000; azufre 1.460; mantequilla y manteca de leche de búfalo 299. Construcción (valor añadido en Dh; 1987): 7.435.000.000. Producción energética (consumo): Electricidad (kwh; 1987) 13.100.000.000 (13.100.000.000); carbón, no produce (n.d.); petróleo crudo (barriles; 1987) 526.388.000 (54.020.000); productos petrolíferos (1987) 12.026.000 (6.436.000); gas natural (m^3; 1987) 16.404.000.000 (13.529.000.000).
Producto nacional bruto (a precios corrientes de mercado; 1987): 22.827.000.000 dlr. EUA (15.680 dlr. EUA per cápita).

Estructura del producto nacional bruto y de la población activa

	1987		1986	
	Valor (000.000 Dh)	% del valor total	Población activa	% de la pobl. activa
Agricultura	1.435	1,7	44.124	5,0
Minería	32.473	38,0	18.100	2,0
Industria	7.904	9,2	57.029	6,4
Construcción	7.435	8,7	221.003	24,8
Servicios públicos	−376	−0,4	17.233	1,9
Transportes y comunicaciones	4.400	5,1	65.896	7,4
Comercio	9.614	11,2	121.278	13,6
Finanzas	9.812	11,5	27.831	3,1
Administración pública, defensa } Servicios	13.979	16,3	318.447	35,7
Otros	−1.136	−1,3	—	—
TOTAL	85.540	100,0	890.941	100,0[4]

Deuda pública (externa, pendiente; 1982): 1.117.000.000 dlr. EUA.
Población económicamente activa (1986): Total 891.000; tasa de actividad de la población total 53,2% (tasas de participación: 15-64 años 76,7%; mujeres 6,6%; desempleados n.d.).

Comercio exterior

Balanza comercial (precios corrientes)

	1982	1983	1984	1985	1986
Millones Dh	18.187	24.430	27.238	23.249	36.707
% del total	31,6	28,5	36,7	31,8	46,1

Importaciones (1986): 21.432.000.000 Dh (maquinaria y equipos de transporte 31,0%; manufacturas básicas 21,1%; alimentos y animales vivos 16,0; productos químicos 6,7%; combustibles minerales 4,9%; minerales en bruto 1,8%). *Principales proveedores* (1987): Japón 15,7%; Reino Unido 10,9%; Alemania federal 10,4%; EUA 8,6%; Francia 5,8%; Italia 5,3%; Bahrein 3,2%; Países Bajos 2,5%; Australia 2,4%; Singapur 1,7%; China 1,6%; Bélgica-Luxemburgo 1,5%; Suiza 1,4%; Arabia Saudita 1,0%; Tailandia 0,9%; Turquía 0,6%.
Exportaciones (1986): 58.139.000.000 Dh (petróleo crudo 89,6%; exportaciones no petrolíferas 10,4%). *Principales clientes* (1987): Japón 37,7%; EUA 5,0%; Omán 4,4%; Singapur 3,7%; Italia 3,4%; Corea del sur 3,4%; Francia 2,0%; Alemania federal 1,6%; Pakistán 1,2%; Reino Unido 1,1%; Australia 0,9%; Bangladesh 0,9%; Países Bajos 0,9%; Bélgica-Luxemburgo 0,3%; Bahrein 0,2%.

Transportes y comunicaciones

Transportes. Ferrocarriles: Ninguno. Carreteras (1984): Longitud total 4.360 km (pavimentadas [1981] 61%). Vehículos (1984): Automóviles 61.146; camiones y autobuses 16.618. Marina mercante (1988): Barcos (100 toneladas brutas y más) 241; peso muerto total 1.311.865 toneladas. Transporte aéreo (1988): Pasajeros-km 3.028.654.000; carga toneladas métricas-km 96.223.000; aeropuertos (1989) con vuelos regulares 5.
Comunicaciones. Diarios (1986): Número total 12; circulación total 291.000; circulación por 1.000 habitantes 174. Radio (1988): Número total de receptores 377.791 (1 por cada 4,7 personas). Televisión (1988): Número total de televisores 150.000 (1 por cada 12 personas). Teléfonos (1987): 403.601 (1 por cada 4,3 personas).

Educación y sanidad

Escolaridad, (1975). Porcentaje de la población de 25 años y más: sin escolarización formal 72,2%; con enseñanza primaria 5,2%; secundaria 16,6%; superior 6,0%. *Alfabetización* (1986): Población total de 15 años y más alfabetizada 858.149 (73,0%); varones alfabetizados 657.579 (74,9%); mujeres alfabetizadas 200.970 (64,8%).
Sanidad (1985): Médicos 2.361 (1 por cada 659 habitantes); camas hospitalarias 5.817 (1 por cada 267 habitantes); tasa de mortalidad infantil por cada 1.000 nacidos vivos (1986) 39,9.
Alimentación (1984-86): Ingesta calórica diaria per cápita 3.714 (productos vegetales 80%, productos animales 20%); 154% de las necesidades mínimas recomendadas por la FAO.

Fuerzas armadas

Personal en servicio activo (1988): 43.000 (ejército 93,0%, armada 3,5%, fuerza aérea 3,5%). *Presupuesto de defensa en porcentaje del PNB* (1986): 7,4% (mundo 5,5%); gasto per cápita 929 dlr. EUA.

[1] Todos los escaños por designación. [2] Provisional. [3] Emirato de Abú Dabi únicamente.
[4] El desglose no se corresponde con el total a causa del redondeo.

España

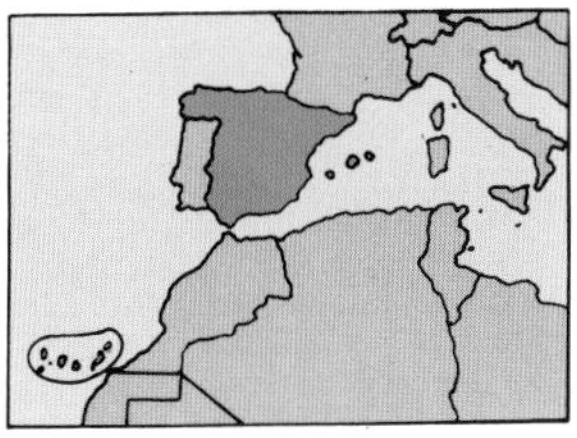

Nombre oficial: Reino de España.
Forma de gobierno: Monarquía constitucional con dos cámaras legislativas (Senado; Congreso de Diputados).
Jefe del estado: Rey.
Jefe del gobierno: Presidente.
Capital: Madrid.
Lengua oficial: Español.
Religión oficial: Ninguna.
Moneda: 1 peseta (Pta) = 100 céntimos; cambio (2 oct. 1989) 1 dlr. EUA = 119,00 Ptas.

Área y población

Comunidades autónomas	Capitales	área km²	población estimada 1988
Andalucía	Sevilla	87.268	6.823.517
Aragón	Zaragoza	47.650	1.208.474
Asturias	Oviedo	10.565	1.134.772
Baleares	Palma de Mallorca	5.014	673.351
Canarias	Santa Cruz de Tenerife-Las Palmas de Gran Canaria	7.242	1.453.330
Cantabria	Santander	5.289	527.887
Castilla-La Mancha	Toledo	79.230	1.693.068
Castilla-León	Valladolid	94.193	2.625.027
Cataluña	Barcelona	31.930	6.099.319
Extremadura	Mérida	41.602	1.097.801
Galicia	Santiago de Compostela	29.434	2.848.358
La Rioja	Logroño	5.034	258.805
Madrid	Madrid	7.995	4.925.005
Murcia	Murcia	11.317	1.015.187
Navarra	Pamplona	10.421	520.124
País Vasco	Vitoria	7.261	2.195.919
Valencia	Valencia	23.305	3.769.428
TOTAL		504.750	38.869.372
Enclaves en el norte de África			
Ceuta	—	18,5	126.784
Melilla	—	14,0	
Otros enclaves	—	0,66	—
TOTAL		504.783,16	38.869.156

Demografía

Población (1989): 39.159.000.
Densidad (1989): Personas por km² 77,6.
Índice de urbanización (1985): Urbana 75,8%; rural 24,2%.
Distribución por sexo (1988): Varones 49,10%; mujeres 50,90%.
Estructura por edades (1985): Menos de 15, 24,6%; 15-29, 24,2%; 30-44, 18,5%; 45-59, 16,8%; 60-74, 11,6%; 75 y más, 4,3%.
Proyección demográfica: (2000) 40.746.000; (2010) 41.194.000.
Tiempo de duplicación: n.d.; excede de 100 años.
Composición étnica (1984): Españoles 99,7%; otros 0,3%.
Afiliación religiosa (1980): Católicos 97,0%; protestantes 0,4%; sin afiliación religiosa y ateos 2,6%.
Principales ciudades (1987)[1]: Madrid 3.100.507; Barcelona 1.703.744; Valencia 732.491; Sevilla 655.435; Zaragoza 575.317.
Tasa de natalidad por 1.000 habitantes (1986): 11,2 (media mundial 27,1).
Tasa de mortalidad por 1.000 habitantes (1986): 7,9 (media mundial 9,9).
Tasa de crecimiento por 1.000 habitantes (1986): 3,3 (media mundial 17,2).
Esperanza de vida al nacer (1985-90): Varones 73,6 años; mujeres 79,7 años.
Principales causas de muerte por 100.000 habitantes (1985): Enfermedades cardiovasculares 363,3; neoplasias malignas (cánceres) 178,6; enfermedades del sistema respiratorio 74,8.

Economía nacional

Presupuesto (1985). Ingresos: 8.737.000.000.000 Pta. (impuestos indirectos 42,2%, impuestos sobre la renta personal 34,4%, impuestos directos sobre las empresas 11,4%). Gastos: 8.064.000.000.000 Pta. (transferencias corrientes 58,7%, sueldos y salarios 23,5%).
Turismo (1987): Ingresos por visitantes 14.760.000.000 dlr. EUA; gastos de nacionales en el exterior 1.938.000.000 dlr. EUA.
Producción (toneladas métricas, excepto cuando se indique). Agricultura, silvicultura, pesca (1985): Cebada 9.602.000, remolacha azucarera 7.908.000, uva 6.181.000, trigo 5.768.000, papas o patatas 5.739.000, maíz 3.555.000, naranjas 2.359.000, tomates 2.347.000, cebollas 1.104.000, manzanas 1.039.000, avena 503.000; ganadería (número de animales vivos): 17.777.000 ovejas, 14.000.000 cerdos, 4.954.000 reses, 2.800.000 cabras; madera 17.539.000 m³; pesca, capturas 1.393.362. Minas y canteras (contenido metálico en toneladas métricas; 1987): Mineral de hierro 2.244.000, zinc 231.600, plomo 78.840, cobre 11.160. Industria manufacturera (valor añadido en millones de Pta.; 1985): Maquinaria y equipos de transporte 1.673.999, del que 354.144 corresponden a equipo eléctrico y 350.144 a equipo de transporte; alimentos y bebidas 1.061.024; productos químicos 618.325; papel y productos de papel 364.622; textiles 246.202; productos de madera y corcho 228.207, del que 228.207 corresponden a muebles; ropa y calzado 226.018. Construcción (1987): Viviendas residenciales 200.775. Producción energética (consumo): Electricidad (kwh; 1987) 133.168.000.000 (131.635.000.000); carbón (1987) 34.953.000 (45.452.000); petróleo crudo (barriles; 1987) 12.310.000 (336.858.000); productos petrolíferos (1987) 41.426.000 (31.376.000); gas natural (m³; 1987) 687.009.000 (3.024.600.000).
Producto nacional bruto (1987): 233.417.000.000 dlr. EUA (6.010 dlr. EUA per cápita).

Estructura del producto nacional bruto y de la población activa

	1984		1985	
	Valor (000.000 Pta.)	% del valor total	Población activa	% de la pobl. activa
Agricultura	1.941.000	5,4	1.979.900	13,8
Minería	11.034.000	30,9	88.000	0,6
Industria			2.908.500	20,3
Servicios públicos	—	—	80.800	0,6
Construcción	2.860.000	8,0	1.187.400	8,3
Transportes y comunicaciones			673.000	4,7
Comercio	16.303.000	45,6	2.497.200	17,5
Finanzas			567.900	4,0
Servicios				
Administración pública, defensa	5.142.000	14,4	2.836.400	19,6
Otros	−1.567.000[2]	−4,4[2]	1.487.400[3]	10,4[3]
TOTAL	35.714.000	100,0[4]	14.306.600[4]	100,0

Deuda pública (1986): 12.611.300.000.000 Pta. (95.253.000.000 dlr. EUA).
Población económicamente activa (1987): Total 14.306.500; tasa de actividad de la población total 36,8% (tasas de participación: 16-64 años 58,6%; mujeres 33,0%; desempleados 20,5%).

Comercio exterior

Balanza comercial (precios corrientes)

	1983	1984	1985	1986	1987	1988
Millones de Pta.	−1.105,5	−588,3	−686,9	−814,5	−1.493,0	−1.954,7
% del total	16,3	7,2	7,7	9,7	15,1	17,2

Importaciones (1988): 7.039.512.000.000 Pta. (equipos de transporte 11,7%; productos agrícolas y alimenticios 10,1%; productos químicos 3,7%; instrumentos ópticos 3,0%). *Principales proveedores* (1987): Alemania federal 16,1%; Francia 12,8%; Italia 8,8%; EUA 8,3%; Reino Unido 7,0%.
Exportaciones (1988): 4.686.372.000.000 Pta. (equipos de transporte 17,2%; productos agrícolas y alimenticios 15,6%; productos químicos 3,0%). *Principales clientes:* Francia 18,8%; Alemania federal 12,0%; Reino Unido 9,5%; Italia 8,9%; EUA 8,2%.

Transportes y comunicaciones

Transportes. Ferrocarriles (1988): Longitud de vías 12.710 km; pasajeros-km 15.720.000.000; carga toneladas métricas-km 11.724.000.000. Carreteras (1987): Longitud total 318.022 km (pavimentadas 56%). Vehículos (1987): Automóviles 10.318.526; camiones y autobuses 1.864.475. Marina mercante (1988): Barcos (100 toneladas brutas y más) 2.343; peso muerto total 7.263.227 toneladas. Transporte aéreo (1987): Pasajeros-km 22.212.000.000; carga toneladas métricas-km 630.000.000; aeropuertos (1989) con vuelos regulares 30.
Comunicaciones. Diarios (1987): Número total 106; circulación total 2.970.000[5]; circulación por 1.000 habitantes 76[4]. Radio (1988): Número total de receptores 11.819.741 (1 por cada 3,4 personas). Televisión (1988): Número total de televisores 14.870.518 (1 por cada 2,6 personas). Teléfonos (1987): 15.476.776 (1 por cada 2,5 personas).

Educación y sanidad

Escolaridad (1981). Porcentaje de la población de 25 años y más: menos que enseñanza primaria 46,1%, del que el 34,5% corresponde a individuos analfabetos o sin escolarización formal; con enseñanza primaria 34,0%; secundaria baja 9,3%; secundaria alta 3,3%; superior 7,1%. *Alfabetización* (1983): Población total de 15 años y más alfabetizada 26.004.225 (92,8%); varones alfabetizados 12.950.282 (95,9%); mujeres alfabetizadas 13.053.943 (89,9%).
Sanidad: Médicos (1987) 135.406 (1 por cada 287 habitantes); camas hospitalarias (1986) 181.794 (1 por cada 213 habitantes); tasa de mortalidad infantil por cada 1.000 nacidos vivos (1985) 8,5.
Alimentación (1984-86): Ingesta calórica diaria per cápita 3.365 (productos vegetales 72%, productos animales 28%); 136% de las necesidades mínimas recomendadas por la FAO.

Fuerzas armadas

Personal en servicio activo (1988): 309.500 (ejército 75,0%, armada 14,5%, fuerza aérea 10,5%). *Presupuesto de defensa en porcentaje del PNB* (1987): 2,4% (mundo 5,4%); gasto per cápita 177 dlr. EUA.

[1] Corresponde a municipios, que pueden incluir zonas rurales, así como las urbanas propiamente dichas. [2] Impuestos de importación y cargos sobre servicios bancarios imputados. [3] Incluye 1.113.700 desempleados en busca del primer empleo. [4] El desglose no se corresponde con el total a causa del redondeo. [5] Sólo para 77 periódicos.

Estados Unidos de América

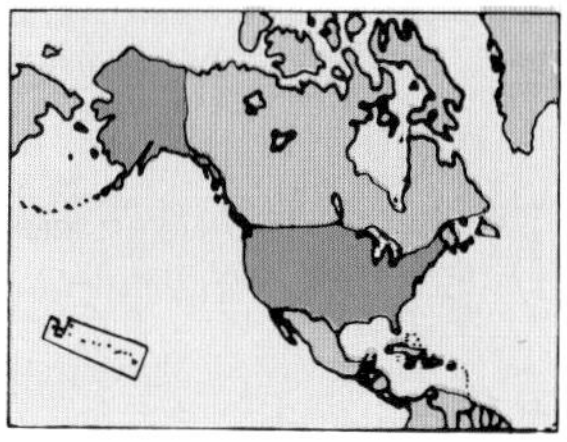

Nombre oficial: Estados Unidos de América.
Forma de gobierno: República federal con dos cámaras legislativas (Senado; Cámara de Representantes).
Jefe del estado y del gobierno: Presidente.
Capital: Washington D.C.
Lengua oficial: Inglés.
Religión oficial: Ninguna.
Moneda: 1 dólar (dlr. EUA) = 100 cents.; cambio (2 oct. 1989) 1 dlr. EUA = 0,62 £.

Área y población

Estados	Capitales	área[1] km²	población estimada 1989
Alabama	Montgomery	133.915	4.150.000
Alaska	Juneau	1.530.693	565.000
Arizona	Phoenix	295.259	3.649.000
Arkansas	Little Rock	137.754	2.414.000
California	Sacramento	411.047	28.607.000
Colorado	Denver	269.594	3.393.000
Carolina del Norte	Raleigh	136.412	6.602.000
Carolina del Sur	Columbia	80.582	3.507.000
Connecticut	Hartford	12.997	3.257.000
Dakota del Norte	Bismarck	183.117	664.000
Dakota del Sur	Pierre	199.730	708.000
Delaware	Dover	5.294	658.000
Florida	Tallahassee	151.939	12.535.000
Georgia	Atlanta	152.576	6.524.000
Hawaii	Honolulu	16.760	1.121.000
Idaho	Boise	216.430	1.013.000
Illinois	Springfield	149.885	11.599.000
Indiana	Indianápolis	94.309	5.542.000
Iowa	Des Moines	145.752	2.780.000
Kansas	Topeka	213.096	2.485.000
Kentucky	Frankfort	104.659	3.742.000
Louisiana	Baton Rouge	123.677	4.510.000
Maine	Augusta	86.156	1.203.000
Maryland	Annapolis	27.091	4.665.000
Massachusetts	Boston	21.455	5.863.000
Michigan	Lansing	251.493	9.266.000
Minnesota	St. Paul	224.329	4.298.000
Mississippi	Jackson	123.514	2.680.000
Missouri	Jefferson City	180.514	5.163.000
Montana	Helena	380.847	808.000
Nebraska	Lincoln	200.349	1.590.000
Nevada	Carson City	286.352	1.049.000
Nueva Hampshire	Concord	24.032	1.116.000
Nueva Jersey	Trenton	20.168	7.827.000
Nuevo México	Santa Fe	314.924	1.595.000
Nueva York	Albany	136.583	17.761.000
Ohio	Columbus	115.998	10.787.000
Oklahoma	Oklahoma City	181.185	3.285.000
Oregón	Salem	251.418	2.750.000
Pennsylvania	Harrisburg	119.251	11.844.000
Rhode Island	Providence	3.139	996.000
Tennessee	Nashville	109.152	4.933.000
Texas	Austin	691.027	17.451.000
Utah	Salt Lake City	219.887	1.750.000
Vermont	Montpelier	24.900	557.000
Virginia	Richmond	105.586	6.068.000
Virginia del Oeste	Charleston	62.758	1.871.000
Washington	Olympia	176.479	4.612.000
Wisconsin	Madison	171.496	4.803.000
Wyoming	Cheyenne	253.324	503.000
Distrito			
Distrito de Columbia		179	615.000
TOTAL		9.529.063	247.732.000[2]

Demografía

Población (1989): 248.777.000.
Densidad (1989): Personas por km² 26,1.
Índice de urbanización (1987): Urbana 76,7%; rural 23,3%.
Distribución por sexo (1988): Varones 48,71%; mujeres 51,29%.
Estructura por edades (1988): Menos de 15, 21,5%; 15-29, 24,2%; 30-44, 23,2%; 45-59, 14,2%; 60-74, 11,7%; 75 y más, 5,1%.
Proyección demográfica: (2000) 268.834.000; (2010) 283.174.000.
Tiempo de duplicación: 95 años.
Composición étnica (1988): Blancos 84,3%; negros 12,5%; otros 3,2%.
Afiliación religiosa (1987): Protestantes 49,1%; católicos 29,6%; otros 21,0%.
Principales ciudades (1988): Nueva York 7.746.352; Los Ángeles 3.402.342; Chicago 2.994.100; Houston 1.725.421; Filadelfia 1.657.285.
Tasa de natalidad por 1.000 habitantes (1989[3]): 16,0 (media mundial 27,1).
Tasa de mortalidad por 1.000 habitantes (1989[3]): 8,7 (media mundial 9,9).
Tasa de crecimiento por 1.000 habitantes (1989[3]): 7,3 (media mundial 17,2).
Esperanza de vida al nacer (1987): Varones 69,8 años; mujeres 77,1 años.
Principales causas de muerte por 100.000 habitantes (1989): Enfermedades cardiovasculares 381,1; neoplasias malignas (cánceres) 198,6; enfermedades del sistema respiratorio 64,5; accidentes 38,0.

Economía nacional

Presupuesto (1987). Ingresos: 973.510.000.000 dlr. EUA (impuestos sobre la renta 43,6%; impuestos y contribuciones a la seguridad social 36,7%; impuestos sobre empresas 11,4%). Gastos: 1.118.964.000.000 dlr. EUA (seguridad social y asistencia médica 28,5%; defensa 26,2%; intereses de la deuda 14,1%; garantía de ingresos 12,1%).
Turismo (1987): Ingresos por visitantes 14.778.000.000 dlr. EUA; gastos de nacionales en el exterior 20.496.000.000 dlr. EUA.
Producción (toneladas métricas, excepto cuando se indique). Agricultura, silvicultura, pesca (1988): Maíz 125.004.010, leche 66.010.000, trigo 49.294.440, soya o soja 41.875.630, caña de azúcar 25.530.340; ganadería (número de animales vivos): 98.994.000 reses, 42.845.000 cerdos, 10.774.000 ovejas, 10.720.000 caballos, 1.540.000.000 aves de corral; madera (1987) 524.282.000 m³; pesca, capturas 3.235.000. Minas y canteras (1988): Mineral de hierro 51.347.000; roca fosfatada 40.000.000; cobre 1.437.100. Industria manufacturera (1988): Acero sin refinar 99.924; papel y productos derivados 76.403.000; cemento 71.544.000; pulpa de madera 61.161.000; hierro en lingotes 55.745.000; ácido sulfúrico 42.775.000. Construcción (1988): Privada 328.700.000.000 dlr. EUA; federal, estatal y local 80.900.000.000 dlr. EUA. Producción energética (consumo): Electricidad (kwh; 1988) 2.701.000.000.000 (2.566.000.000.000); carbón (1988) 870.200.000 (799.800.000); petróleo crudo (barriles; 1988) 2.979.120.000 (4.920.000.000); productos petrolíferos (1988) 752.696.000 (865.987.000); gas natural (m³; 1988) 491.270.000.000 (510.840.000.000).
Producto nacional bruto : 4.880.600.000.000 dlr. EUA (19.860 dlr. EUA per cápita).

Estructura del producto nacional bruto y de la población activa

	1986			
	Valor (000.000.000 dlr EUA)	% del valor total	Población activa	% de la pobl. activa
Agricultura	94,9	2,1	3.546.000	2,9
Minería	85,4	1,9	721.000	0,6
Industria	863,6	18,9	19.403.000	15,7
Construcción	218,5	4,9	5.125.000	4,2
Servicios públicos	136,4	3,0	5.548.000[4]	4,5[4]
Transportes y comunicaciones	271,8	6,0		
Comercio	740,4	16,5	25.139.000	20,4
Finanzas	775,4	17,2	6.676.000	5,4
Administración pública, defensa	535,3	11,9	17.373.000	14,1
Servicios	793,5	17,6	25.600.000	20,7
Otros	−8,0[5]	−0,2[5]	14.247.000[6]	11,5[6]
TOTAL	4.497,2	100,0	123.378.000	100,0

Deuda pública (1987): 2.884.080.000.000 dlr. EUA.
Población económicamente activa (1988): Total 123.378.000; tasa de actividad de la población total 50,1% (tasas de participación: 16 años y más 65,2%; mujeres 44,5%; desempleados, 5,4%).

Comercio exterior

Balanza comercial (precios corrientes)

	1983	1984	1985	1986	1987	1988
Millones de dlr. EUA	−67,1	−112,5	−122,1	−144,3	−152,1	−138,4
% del total	14,3	20,4	22,0	24,3	23,0	17,7

Importaciones (1988): 460.209.000 dlr. EUA (maquinaria y equipos de transporte 42,8%; manufacturas básicas y varias 28,7%; combustibles minerales y lubricantes 8,8%; alimentos 4,4%). *Principales proveedores:* Japón 20,2%; Canadá 17,7%; Alemania federal 5,8%; Taiwán 5,4%; México 5,1%; Corea del sur 4,4%.
Exportaciones (1988): 321.813.106.000 dlr. EUA (maquinaria 29,7%; equipos de transporte 14,6%; manufacturas básicas y varias 15,7%; productos químicos y derivados 10,1%; alimentos 8,4%). *Principales clientes:* Canadá 21,5%; Japón 11,7%; México 6,4%; Reino Unido 5,7%; Alemania federal 4,4%.

Transportes y comunicaciones

Transportes. Ferrocarriles (1987): Longitud de vías 296.497 km. Carreteras (1987): Longitud total 6.243.340 km (pavimentadas 88%). Vehículos (1987): Automóviles 139.041.000; camiones y autobuses 41.948.000. Marina mercante (1988): Barcos (100 toneladas brutas y más) 6.442; peso muerto total 29.920.374 toneladas. Transporte aéreo (1988): aeropuertos (1988) con vuelos regulares 834.
Comunicaciones. Diarios (1988): Número total 1.643; circulación total (1988) 62.694.816; circulación por 1.000 habitantes 255. Radio (1988): Número total de receptores 515.496.140 (1 por cada 0,5 personas). Televisión (1988): Número total de televisores 195.795.300 (1 por cada 1,3 personas). Teléfonos (1987; líneas de acceso): 126.700.000 (1 por cada 1,9 personas).

Educación y sanidad

Alfabetización (1980): población total de 15 años y más alfabetizada 166.497.565 (95,5%); varones alfabetizados 79.161.126 (95,7%); mujeres alfabetizadas 87.336.439 (95,3%).
Sanidad (1987): Médicos 594.700 (1 por cada 410 habitantes); camas hospitalarias (1986) 1.283.000 (1 por cada 188 habitantes); tasa de mortalidad infantil por cada 1.000 nacidos vivos (1989[3]) 9,90.
Alimentación (1984-86): Ingesta calórica diaria per cápita 3.642 (productos vegetales 66%, productos animales 34%); 138% de las necesidades mínimas recomendadas por la FAO.

Fuerzas armadas

Personal en servicio activo (1989): 2.124.900 (ejército 36,1%, armada 27,5%, fuerza aérea 27,3%, marines 9,7%). *Presupuesto de defensa en porcentaje del PNB* (1984): 6,5% (mundo 4%); gasto per cápita 1.215 dlr. EUA.

[1] El área total, excluyendo los grandes lagos, es de 9.372.571 km². [2] El desglose no se corresponde con el total a causa del redondeo. [3] Sólo los primeros siete meses. [4] Incluye servicios públicos. [5] Discrepancia estadística. [6] Incluye 6.662.000 desempleados.

Etiopía

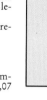

Nombre oficial: República Popular Democrática de Etiopía.
Forma de gobierno: República unitaria de partido único con una cámara legislativa (Shengo).
Jefe del estado y del gobierno: Presidente.
Capital: Addis Abeba.
Lengua oficial: Amárico.
Religión oficial: Ninguna.
Moneda: 1 birr (Br) = 100 cents; cambio (2 oct. 1989) 1 dlr. EUA = 2,07 Br.

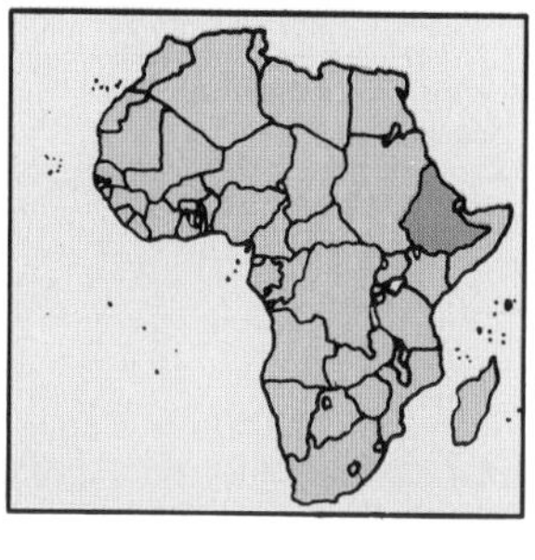

Área y población

Regiones	Capitales	área km²	población estimada 1989
Arsi	Asela	24.600	1.914.387
Bale	Goba	128.300	1.159.289
Eritrea[1]	Asmara	117.400	3.127.492
Gemu Gofa	Arba Minch	40.100	1.435.214
Gojam	Debre Markos	64.400	3.737.306
Gondar	Gondar	73.400	3.365.163
Hararge	Harer	254.800	4.792.517
Ilubabor	Metu	50.800	1.109.288
Kefa	Jima	53.000	2.819.441
Shewa[1]	Addis Abeba	85.500	11.044.928
Sidamo	Awasa	116.700	4.364.128
Tigray	Mekele	65.700	2.779.984
Welega	Nekemte	69.800	2.850.048
Welo	Dessié	79.000	4.193.583
TOTAL		1.223.500	48.696.078

Demografía

Población (1989): 48.898.000.
Densidad (1989): Personas por km² 40,0.
Índice de urbanización (1989): Urbana 10,8%; rural 89,2%.
Distribución por sexo (1989): Varones 49,95%; mujeres 50,05%.
Estructura por edades (1989): Menos de 15, 46,5%; 15-29, 22,8%; 30-44, 15,6%; 45-59, 8,9%; 60-74, 4,5%; 75 y más, 1,7%.
Proyección demográfica: (2000) 67.523.000 (90.570.000).
Tiempo de duplicación: 35 años.
Composición étnica (1983) (etnolingüística): Amhara 37,7%; galla 35,5%; tigrinya 8,6%; gurage 3,3%; ometo 2,7%; sidamo 2,4%; tigre 1,9%; afar 1,8%; somalíes 1,7%; otros 4,6%.
Afiliación religiosa (1980): Ortodoxos etíopes 52,5%; musulmanes 31,4%; creencias tradicionales 11,4%; otros cristianos 4,5%; otros 0,2%.
Principales ciudades (1985): Addis Abeba 1.495.266; Asmara 295.689; Dire Dawa 107.287; Gondar 88.344; Dessié 77.459.
Tasa de natalidad por 1.000 habitantes (1985-90): 43,7 (media mundial 27,1).
Tasa de mortalidad por 1.000 habitantes (1985-90): 23,6 (media mundial 9,9).
Tasa de crecimiento por 1.000 habitantes (1985-90): 20,1 (media mundial 17,2).
Esperanza de vida al nacer (1985): Varones 39,5 años; mujeres 42,6 años.
Principales causas de muerte por 100.000 habitantes (1977-78)[2]: Enfermedades infecciosas y parasitarias 24,0%; enfermedades gastrointestinales 17,6%; enfermedades alérgicas, endocrinas, metabólicas, nutricionales y cardiovasculares 14,9%; enfermedades del sistema respiratorio 9,9%.

Economía nacional

Presupuesto (1987-88). Ingresos: 2.920.000 Br (1984-85; impuestos 71,3%, del que el 27,3% corresponde a impuestos de utilidades y beneficios, el 14,6% a consumos, el 12,2% a derechos de importación y el 7,4% a derechos de exportación; ingresos no impositivos 28,7%). Gastos: 4.881.000.000 Br (1984-85; servicios generales 35,9%; desarrollo económico 31,3%, del que el 11,8% corresponde a agricultura y asentamientos; servicios sociales 15,6%, del que el 8,5% corresponde a educación y el 3,1% a sanidad pública; servicio de la deuda 5,6%).
Turismo (1987): Ingresos por visitantes 7.000.000 dlr. EUA; gastos de nacionales en el exterior (1984) 4.000.000 dlr. EUA.
Producción (toneladas métricas, excepto cuando se indique). Agricultura, silvicultura, pesca (1988): Caña de azúcar 1.700.000, maíz 1.650.000, sorgo 1.100.000, cebada 1.050.000, legumbres 987.000, trigo 825.000, ñame 240.000, papas o patatas 230.000, mijo 200.000, café 180.000, algodón para siembra 67.000; ganadería (número de animales vivos): 31.000.000 reses, 23.400.000 ovejas, 17.500.000 cabras, 7.040.000 caballos, mulas y burros, 1.060.000 camellos; madera (1987) 39.968.000 m³; pesca, capturas (1987) 4.000. Minas y canteras (1987): Cemento 250.000; sal 135.000; piedra caliza 225.000; oro 21.000 onzas troy, platino 150 onzas troy. Industria manufacturera (valor bruto en miles de Br[3]; 1985-86): alimentos y bebidas 796.300; textiles 376.200; cueros y zapatos 181.200; productos metálicos 120.200; cigarrillos 107.800; productos químicos 103.000; papel e impresos 91.600; productos minerales no metálicos 69.400. Construcción (autorizadas; 1981): Residencial 162.000 m²; no residencial 32.300 m², de los que 24.800 m² corresponden a comerciales. Producción energética (consumo): Electricidad (kwh; 1987) 810.000.000 (810.000.000); carbón, no produce (n.d.); petróleo crudo (barriles; 1987) n.d. (5.981.000); productos petrolíferos (1987) 761.000 (797.000); gas natural, n.d. (n.d.).
Producto nacional bruto (a precios corrientes de mercado; 1987): 5.537.000.000 dlr. EUA (120 dlr. EUA per cápita).

Estructura del producto nacional bruto y de la población activa

	1985-86		1985	
	Valor (000.000 Br)	% del valor total	Población activa	% de la pobl. activa
Agricultura	4.354,5	44,8	14.962.000	78,1
Minería	15,3	0,2	1.630.000	8,5
Industria	1.072,9	11,1		
Construcción	387,6	4,0		
Servicios públicos	109,9	1,1		
Transportes y comunicaciones	718,1	7,4	2.570.000	13,4
Comercio	1.036,3	10,7		
Finanzas	339,2	3,5		
Administración pública, defensa	781,6	8,0		
Servicios	887,3	7,1		
Otros	205,1	2,1		
TOTAL	9.707,6[4]	100,0	19.182.000	100,0

Deuda pública (externa, pendiente; 1987): 2.434.200.000 dlr. EUA.
Población económicamente activa (1987): Total 19.814.900; tasa de actividad de la población total 43,1% (tasas de participación: 15-64 años [1985] 73,5%; mujeres 35,2%; desempleados n.d.).

Comercio exterior

Balanza comercial (precios corrientes)

	1982	1983	1984	1985	1986	1987
Millones Br	−775,6	−980,4	−1.086,7	−1.367,0	−961,2	−1.124,7
% del total	31,7	37,0	38,6	49,8	34,3	43,3

Importaciones (1985-1986): 2.211.000.000 Br (alimentos y bebidas 24,0%; equipos de transporte por carretera 13,0%; maquinaria, incluyendo industria aérea, 12,4%; petróleo y productos petrolíferos 10,0%; productos químicos 3,9%). *Principales proveedores:* EUA 17,0%; URSS 16,1%; Alemania federal 10,7%; Italia 9,7%.
Exportaciones (1985-86): 924.000.000 Br (café 72,0%; cueros 11,9%; animales vivos 1,9%; legumbres 1,4%; semillas oleaginosas 0,9%).

Transportes y comunicaciones

Transportes. Ferrocarriles[5] (1986): Longitud de vías 781 km; pasajeros-km 350.000.000; carga toneladas métricas-km 125.000.000. Carreteras (1988): Longitud total 39.482 km (pavimentadas 26%). Vehículos (1988): Automóviles 41.512; camiones y autobuses 17.084. Marina mercante (1988): Barcos (100 toneladas brutas y más) 26; peso muerto total 94.142 toneladas. Transporte aéreo (1987): Pasajeros-km 558.333.000; carga toneladas métricas-km 103.848.000; aeropuertos (1989) con vuelos regulares 37.
Comunicaciones. Diarios (1988): Número total 3; circulación total 47.000; circulación por 1.000 habitantes 1,0. Radio (1988): Número total de receptores 8.700.258 (1 por cada 5,5 personas). Televisión (1988): Número total de televisores 70.000 (1 por cada 679 personas). Teléfonos (1987): 137.289 (1 por cada 341 personas).

Educación y sanidad

Escolaridad, n.d. *Alfabetización* (1980)[6]: Población total de 15 años y más alfabetizada 1.000.000 (4,8%); varones (9,3%); mujeres (0,5%).
Sanidad (1986-87): Médicos 1.241 (1 por cada 36.660 habitantes); camas hospitalarias 11.745 (1 por cada 3.873 habitantes); tasa de mortalidad infantil por cada 1.000 nacidos vivos (1985-90) 155,0.
Alimentación (1979-81): Ingesta calórica diaria per cápita 2.149 (productos vegetales 93%, productos animales 7%); (1984) 72% de las necesidades mínimas recomendadas por la FAO.

Fuerzas armadas

Personal en servicio activo (1989): 318.800[7] (ejército 96,2%, armada 0,6%, fuerza aérea 1,2%). *Presupuesto de defensa en porcentaje del PNB* (1987): 8,5% (mundo 5,4%); gasto per cápita 10 dlr. EUA.

[1] Eritrea incluye la administración de Aseb, y Shewa la región de Addis Abeba. [2] Porcentaje de fallecimientos en una población de muestra formada por pacientes hospitalizados. [3] A precios constantes de 1978-79. [4] El desglose no se corresponde con el total a causa del redondeo. [5] Incluye 100 km del Chemin de Fer Djibouti-Éthiopien (CDE) en Yibuti; excluye 306 km del Northern Ethiopia Railway, en desuso desde 1978. [6] Según informes, el analfabetismo adulto se ha reducido a alrededor del 37% en 1987. [7] En 1986, unos 2.200 asesores cubanos y de otros países del bloque soviético prestaban ayuda a las fuerzas gubernamentales.

Filipinas

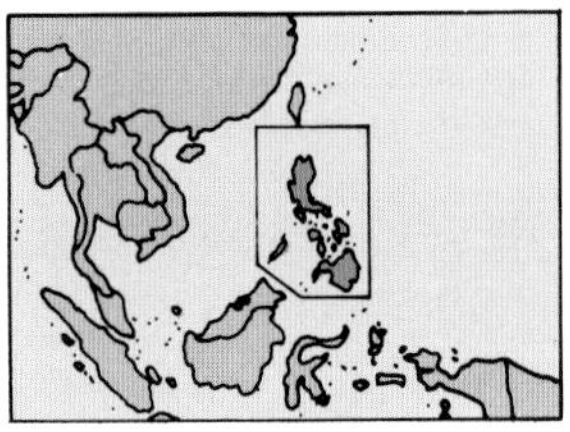

Nombre oficial: República de Filipinas.
Forma de gobierno: República unitaria con dos cámaras legislativas (Senado; Cámara de Representantes).
Jefe del estado y del gobierno: Presidente.
Capital: Manila.
Lengua oficial: Tagalo; inglés.
Religión oficial: Ninguna.
Moneda: 1 peso filipino (P) = 100 centavos; cambio (2 oct. 1989) 1 dlr. EUA = 21,76 P.

Área y población

Regiones	área km²	población estimada 1989
Bicol	17.633	4.293.000
Ilocos	21.568	4.212.000
Luzón Central	18.231	6.002.000
Mindanao Central	23.293	2.872.000
Mindanao Meridional	31.693	4.232.000
Mindanao Occidental	18.685	3.128.000
Mindanao Septentrional	28.328	3.528.000
Región Capital Nacional	636	7.768.000
Tagalog Meridional	46.924	7.797.000
Valle del Cagayán	36.403	2.778.000
Visayas Central	14.951	4.531.000
Visayas Occidental	20.223	5.466.000
Visayas Oriental	21.432	3.301.000
TOTAL	300.000	59.906.000

Demografía

Población (1989): 59.906.000.
Densidad (1989): Personas por km² 199,7.
Índice de urbanización (1987): Urbana 41,0%; rural 59,0%.
Distribución por sexo (1989): Varones 50,38%; mujeres 49,62%.
Estructura por edades (1984): Menos de 15, 39,0%; 15-29, 30,5%; 30-44, 17,0%; 45-59, 8,7%; 60-74, 4,0%; 75 y más, 0,8%.
Proyección demográfica: (2000) 76.094.000; (2010) 90.288.000.
Tiempo de duplicación: 25 años.
Composición étnica (por lengua materna; 1980): Tagalos 29,7%; cebuanos 24,2%; ilocanos 10,3%; hiligaynon ilongo 9,2%; bicol 5,6%; samar-leyte 4,0%; pampango 2,8%; pangasinan 1,8%; otros 12,5%.
Afiliación religiosa (1980): Católicos 84,1%; aglipayanos (Iglesia Filipina Independiente) 6,2%; musulmanes 4,3%; protestantes 3,9%; otros 1,5%.
Principales ciudades (1984): Manila 1.728.000; Quezón 1.326.000; Cebú 552.200; Caloocan 524.600; Makati 409.000.
Tasa de natalidad por 1.000 habitantes (1988): 35,9 (media mundial 27,1).
Tasa de mortalidad por 1.000 habitantes (1988): 7,8 (media mundial 9,9).
Tasa de crecimiento por 1.000 habitantes (1988): 28,1 (media mundial 17,2).
Esperanza de vida al nacer (1988): Varones 61,8 años; mujeres 65,5 años.
Principales causas de muerte por 100.000 habitantes (1984): neumonía 89,3; enfermedades cardiacas 61,0; tuberculosis 52,9; enfermedades vasculares 39,6; neoplasias malignas (cánceres) 30,2; diarrea 27,8; accidentes 16,8; desnutrición 13,4.

Economía nacional

Presupuesto (1987). Ingresos: 103.097.000.000 P (ingresos por impuestos 83,2%; impuestos no fiscales 16,8%). Gastos: 122.682.000.000 P (gastos actualizados 80,4%; inversiones 10,2%; préstamo neto/equidad 9,3%).
Turismo (1987): Ingresos por visitantes 459.000.000 dlr. EUA; gastos de nacionales en el exterior 88.000.000 dlr. EUA.
Producción (toneladas métricas, excepto cuando se indique). Agricultura, silvicultura, pesca (1988): Caña de azúcar 15.664.000, arroz 8.971.000, cocos 8.640.000, maíz 4.428.000, plátanos y plátanos machos 3.645.000, piña tropical 2.250.000, mandioca 1.785.000, copra 1.700.000, azúcar centrífuga 1.369.000, batatas o camotes 778.000; ganadería (número de animales vivos): 2.890.000 búfalos, 1.700.000 reses, 2.120.000 cabras, 7.580.000 cerdos, 60.000.000 pollos; madera (1987) 36.701.000 m³; pesca, capturas (1987) 1.988.718. Minas y canteras (1988): Mineral de níquel 532.898; cobre 218.202; cromita 182.242; plata 54.727 kilogramos; oro 32.486 kilogramos. Industria manufacturera (valor añadido en precios de productos en millones de P; 1986)[1]: Productos alimenticios 20.052; productos petrolíferos 14.173; bebidas 8.342; tabaco 6.250; productos químicos industriales 3.956; maquinaria eléctrica 3.896; papel y productos 3.238; textiles 2.924; fármacos 2.803. Construcción (autorizadas; 1985): Residencial 2.124.000 m²; no residencial 2.170.000 m². Producción energética (consumo): Electricidad (kwh; 1987) 23.852.000 (23.852.000); carbón (1987) 1.171.000 (2.094.000); petróleo (barriles, 1987) 2.105.000 (69.011.000); productos petrolíferos (1987) 7.938.000 (8.618.000); gas natural, n.d. (n.d.).
Producto nacional bruto (1987): 34.638.000.000 dlr. EUA (590 dlr. EUA per cápita).

Estructura del producto nacional bruto y de la población activa

	1985			
	Valor (000.000 CF)	% del valor total	Población activa	% de la pobl. activa
Agricultura	177.017	24,9	9.940.000	43,4
Minería	10.757	1,5	146.000	0,7
Industria	174.000	24,5	2.059.000	9,0
Construcción	28.092	3,9	759.000	3,3
Servicios públicos	17.333	2,4	81.000	0,4
Transportes y comunicaciones	42.027	6,9	946.000	4,1
Comercio	137.355	19,3	2.857.000	12,5
Finanzas			386.000	1,7
Servicios }	124.955	17,6	3.621.000	15,8
Otros			2.086.000[3]	9,1[3]
TOTAL	711.536	100,0	22.881.000	100,0

Deuda pública (externa, pendiente; 1987): 22.321.400.000 dlr. EUA.
Población económicamente activa (1987): Total 22.881.000; tasa de actividad de la población total 39,9% (tasas de participación: 15-64 años, 67,1%; mujeres 37,0%; desempleados 9,1%).

Comercio exterior[3]

Balanza comercial (precios corrientes)

	1983	1984	1985	1986	1987	1988
Millones de P	−28.566	−10.907	−8.113	−2.974	−22.368	−24.023
% del total	20,7	5,8	4,5	1,5	8,8	7,5

Importaciones (1987): 6.737.000 dlr. EUA (combustibles minerales y lubricantes 18,5%; materiales y accesorios para la fabricación de equipos eléctricos 11,4%; maquinaria no eléctrica 8,0%; maquinaria eléctrica 6,7%; metales básicos 6,3%; productos químicos inorgánicos 4,9%; equipos de transporte 2,2%; cereales 2,0%. *Principales proveedores:* EUA 22,0%; Japón 16,6%; Taiwán 5,5%; Kuwait 4,7%; Hong Kong 4,6%; Alemania federal 4,2%; Singapur 3,4%; Arabia Saudita 3,2%; China 3,1%; Australia 3,0%.
Exportaciones (1987): 5.720.000.000 dlr. EUA (dispositivos semiconductores 10,2%; ropa 9,9%; aceite de coco 6,7%; microcircuitos electrónicos 5,6%; metal de cobre 2,8%; crustáceos 2,7%; madera 2,7%). *Principales clientes:* EUA 34,5%; Japón 17,2%; Países Bajos 5,4%; Alemania federal 5,1%; Hong Kong 4,9%; Reino Unido 4,3%; Singapur 3,4%; Taiwán 2,5%.

Transportes y comunicaciones

Transportes. Ferrocarriles (1987): Longitud de vías 1.059 km; pasajeros-km 228.000.000; carga toneladas métricas-km 60.000.000. Carreteras (1987): Longitud total 157.810 km (pavimentadas 14%). Vehículos (1986): Automóviles 773.242; camiones y autobuses 110.192. Marina mercante (1988): Barcos (100 toneladas brutas y más) 1.483; peso muerto total 15.485.093 toneladas. Transporte aéreo[4] (1988): Pasajeros-km 8.653.000.000; carga toneladas métricas-km 274.095.000; aeropuertos (1988) con vuelos regulares 18.
Comunicaciones. Diarios (1984): Número total 25; circulación total 2.379.145; circulación por 1.000 habitantes 44. Radio (1986): Número total de receptores 7.500.000 (1 por cada 7,5 personas). Televisión (1988): Número total de televisores 6.700.000 (1 por cada 8,8 personas). Teléfonos (1986): 856.014 (1 por cada 65 personas).

Educación y sanidad

Escolaridad (1980). Porcentaje de la población de 25 años y más: sin graduación completa 11,7%; con enseñanza elemental 53,8%; secundaria 18,8%; escuela superior 15,2%; sin especificar 0,5%. *Alfabetización* (1980): Población total de 15 años y más alfabetizada 23.139.700 (88,7%); varones alfabetizados 12.772.200 (89,9%); mujeres alfabetizadas 12.367.500 (87,5%).
Sanidad (1982): Médicos 46.579 (1 por cada 1.090 habitantes); camas hospitalarias (1986) 89.171 (1 por cada 628 habitantes); tasa de mortalidad infantil por cada 1.000 nacidos vivos (1988) 45,0.
Alimentación (1984-86): Ingesta calórica diaria per cápita 2.354 (productos vegetales 90%, productos animales 10%); (1984) 104% de las necesidades mínimas recomendadas por la FAO.

Fuerzas armadas

Personal en servicio activo (1989): 112.000 (ejército 60,7%, armada 25,0%, fuerza aérea 14,3%). *Presupuesto de defensa en porcentaje del PNB* (1987): 1,3% (mundo 5,4%); gasto per cápita 7 dlr. EUA.

[1] Establecimientos fabricantes con 10 o más empleados. [2] Incluye desempleados. [3] Las cifras de importación son f.o.b. en la balanza comercial y c.i.f. para los artículos y asociados comerciales. [4] Sólo Philippines Airlines.

Finlandia

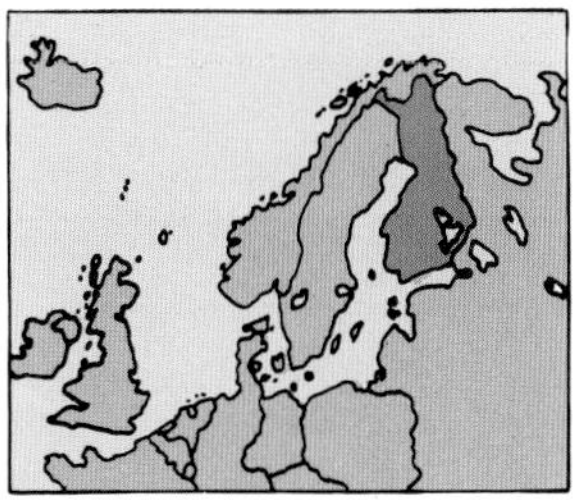

Nombre oficial: República de Finlandia.
Forma de gobierno: República parlamentaria multipartidista con una cámara legislativa (Eduskunta).
Jefe del estado: Presidente.
Jefe del gobierno: Primer ministro.
Capital: Helsinki.
Lengua oficial: Finés, sueco.
Religión oficial: Ninguna[1].
Moneda: 1 marco finés (Fmk) = 100 penni; cambio (2 oct. 1989) 1 dlr. EUA = 4,27 Fmk.

Área y población

Provincias	Capitales	área km²	población estimada 1987[2]
Åland (Ahvenanmaa)	Mariehamn (Mararianhamina)	1.527	23.908
Häme	Hämeenlinna	17.010	683.728
Keski-Suomi	Jyvaskyla	16.230	249.240
Kuopio	Kuopio	16.511	256.095
Kymi	Kouvola	10.783	336.076
Lappi	Rovaniemi	93.057	200.024
Mikkeli	Mikkeli	16.342	207.685
Oulu	Oulu	56.866	434.999
Pohjois-Karjala	Joensuu	17.782	176.367
Turku ja Pori	Turku	22.170	715.782
Uusimaa	Helsinki	9.898	1.226.365
Vaasa	Vaasa	26.447	444.315
AREA TERRITORIAL		304.623	4.954.584
AREA DE AGUAS INTERIORES		33.522	
AREA TOTAL		338.145	

Demografía

Población (1989): 4.960.000.
Densidad[3] (1989): Personas por km² 16,3
Índice de urbanización (1989): Urbana 61,8%; rural 38,2%.
Distribución por sexo (1988): Varones 48,45%; mujeres 51,55%.
Estructura por edades (1987): Menos de 15, 19,3%; 15-29, 22,0%; 30-44, 24,1%; 45-59, 16,8%; 60-74, 12,5%; 75 y más, 5,3%.
Proyección demográfica: (2000) 5.017.000; (2010) 4.982.000.
Tiempo de duplicación: n.d; la población es estable.
Composición étnica (etnolingüística; 1987): Finlandeses 93,6%; suecos 6,1%; otros 0,3%.
Afiliación religiosa (1987)[1]: Luteranos evangélicos 88,9%; ortodoxos finlandeses (griegos) 1,1%; sin afiliación religiosa 9,1%; otros 0,9%.
Principales ciudades (1989)[4]: Helsinki 491.182 (área metropolitana 990.189); Tampere 171.027; Espoo 168.349[5]; Turku 159.533; Vantaa 151.726[5].
Tasa de natalidad por 1.000 habitantes (1988): 12,8 (media mundial 27,1).
Tasa de mortalidad por 1.000 habitantes (1988): 9,9 (media mundial 9,9).
Tasa de crecimiento por 1.000 habitantes (1988): 2,9 (media mundial 17,2).
Esperanza de vida al nacer (1987): Varones 70,7 años; mujeres 78,7 años.
Principales causas de muerte por 100.000 habitantes (1986): Cardiopatía isquémica 285,5; neoplasias malignas (cánceres) 193,9; enfermedades cerebrovasculares 116,8; accidentes 47,0; neumonía 36,9; suicidios y autolesiones 26,6.

Economía nacional

Presupuesto (1988). Ingresos: 113.817.000.000 Fmk (ingresos por impuestos 81,4%, del que el 30,0% corresponde a impuestos sobre ventas, el 28,5% a impuestos de utilidades y sobre la propiedad, el 11,2% a consumos, el 3,5% a impuestos sobre vehículos; ingresos no impositivos 18,6%. Gastos: 113.816.000.000 Fmk (seguridad social 19,3%; educación 15,2%; transportes 8,8%; sanidad 8,6%; agricultura 7,3%; administración 6,5%; defensa 5,4%.
Turismo (1988): Ingresos por visitantes 1.018.000.000 dlr. EUA; gastos de nacionales en el exterior 1.892.000.000 dlr. EUA.
Producción (toneladas métricas, excepto cuando se indique). Agricultura, silvicultura, pesca (1988): Ensilado 3.580.000[6], cebada 1.612.000, remolacha azucarera 944.000, avena 857.000, papas o patatas 855.000, fresas 9.200; ganadería (número de animales vivos): 1.434.000 reses, 1.291.000 cerdos, 366.000 renos[6]; madera, 46.600.000 m³; pesca, capturas (1987) 159.300. Minas y canteras (1988): Mineral de hierro 556.000; concentrado de zinc 124.000. Industria manufacturera (valor añadido en millones de Fmk; 1986): Papel y productos derivados 10.565; alimentos, bebidas y tabaco 10.470; maquinaria no eléctrica 8.527; productos químicos y caucho y productos plásticos 7.857; artes gráficas 6.257; productos de la madera, incluyendo muebles, 5.088. Construcción (1988): Residencial 16.030.000.000 m³; no residencial 26.40.000.000 m³. Producción energética (consumo): Electricidad (kwh; 1988) 51.664.000.000 (59.061.000.000[6]); carbón (1987), no produce (5.239.000); petróleo crudo (barriles; 1987), no produce (78.438.000); productos petrolíferos (1988) 9.523.000 (10.180.000[5]); gas natural (m³; 1987), no produce (1.561.000.000).
Producto nacional bruto (a precios corrientes de mercado; 1987): 71.084.000.000 dlr. EUA (14.370 dlr. EUA per cápita).

Estructura del producto nacional bruto y de la población activa

	1988		1987	
	Valor (000.000 Fmk)	% del valor total	Población activa	% de la pobl. activa
Agricultura, pesca	11.530	3,0	218.000	8,4
Silvicultura	12.765	3,3	45.000	1,7
Minería	1.324	0,4	8.000	0,3
Industria	92.773	24,2	559.000	21,6
Servicios públicos	10.300	2,7	29.000	1,1
Construcción	33.659	8,8	206.000	8,0
Transportes y comunicaciones	30.764	8,0	187.000	7,2
Comercio	45.068	11,8	383.000	14,1
Finanzas, bienes raíces	68.280	17,8	180.000	7,0
Administración pública, defensa	65.402	17,1	129.000	5,0
Servicios	16.451[7]	4,3[7]	634.000	24,6
Otros	−5.414	−1,4	25.000[d]	1,0[8]
TOTAL	382.922	100,0	2.583.000	100,0

Deuda pública (fin febrero 1989): 56.675.000.000 Fmk.
Población económicamente activa (1987): Total 2.583.000; tasa de actividad de la población total 52,4% (tasas de participación: 15-64 años 76,5%; mujeres 47,1%; desempleados [1988] 4,5%).

Comercio exterior[9]

Balanza comercial (precios corrientes)

	1983	1984	1985	1986	1987	1988
Millones de Fmk	1.667	9.498	6.160	8.411	4.749	6.895
% del total	1,2	6,2	3,8	5,4	2,8	3,9

Importaciones (1988): 88.192.000.000 Fmk (materias primas y bienes de producción 54,4%, bienes de consumo 22,8%; bienes de inversión 18,8%). *Principales proveedores:* Alemania federal 16,9%; Suecia 13,3%; URSS 12,1%; Japón 7,4%; Reino Unido 6,8%.
Exportaciones (1988): 90.861.000.000 (papel, productos derivados y artes gráficas 33,4%; productos metálicos y maquinaria 31,0%; productos de la madera, incluyendo muebles, 8,2%). *Principales clientes:* URSS 14,9%; Suecia 14,1%; Reino Unido 13,0%; Alemania federal 10,8%; EUA 5,8%.

Transportes y comunicaciones

Transportes. Ferrocarriles (1988): Longitud de vías (1987) 8.936 km; pasajeros-km 3.200.900.000; carga toneladas métricas-km 7.816.000.000. Carreteras (1987): Longitud total 76.369 km (pavimentadas 54%). Vehículos (1989): Automóviles 1.795.908; camiones y autobuses 238.258. Marina mercante (1988): Barcos (100 toneladas brutas y más) 259; peso muerto total 810.888 toneladas. Transporte aéreo (1988): Pasajeros-km 4.034.000, carga toneladas métricas-km 107.924.000; aeropuertos (1989) 21.
Comunicaciones: Diarios (1988): Número total 103; circulación total 3.000.000; circulación por 1.000 habitantes 667. Radio (1988): Número total de receptores 4.922.000 (1 por cada 1,0 personas). Televisión (1988): Número total de televisores 1.851.000 (1 por cada 2,7 personas). Teléfonos (1987)[10]: 2.365.000 (1 por cada 2,1 personas).

Educación y sanidad

Escolaridad (1986). Porcentaje de la población de 15 años y más: con enseñanza secundaria alta incompleta 54,3%; enseñanza secundaria alta completa o vocacional 37,4%; postsecundaria incompleta 3,4%; subgraduados 1,6%; graduados 2,9%; posgraduados 0,3%; desconocido 0,1%. *Alfabetización* (1987): Virtualmente el 100% está alfabetizado.
Sanidad (1986): Médicos 10.889 (1 por cada 453 habitantes); camas hospitalarias 60.448 (1 por cada 81 habitantes); tasa de mortalidad infantil por cada 1.000 nacidos vivos 5,8.
Alimentación (1984-86): Ingesta calórica diaria per cápita 3.080 (productos vegetales 57%, productos animales 43%); 114% de las necesidades mínimas recomendadas por la FAO.

Fuerzas armadas

Personal en servicio activo (1989): 31.000 (ejército 89,7%, armada 4,5%, fuerza aérea 5,8%). *Presupuesto de defensa en porcentaje del PNB* (1986): 1,7% (mundo 5,5%); gasto per cápita 269 dlr. EUA.

[1] Las iglesias luterana y ortodoxa finlandesa (griega) gozan de reconocimiento especial. [2] 1 de enero. [3] Basado en área territorial solamente. [4] 1 de abril. [5] Pertenecen a la metrópoli de Helsinki. [6] 1987. [7] Cargos por servicios bancarios imputados (13.251.000.000) menos otros productores (7.837.000.000 Fmk). [8] Desempleados sin empleo anterior. [9] Las cifras de importación son f.o.b. en la balanza comercial y c.i.f. en los artículos y asociados comerciales. [10] Líneas principales.

Francia

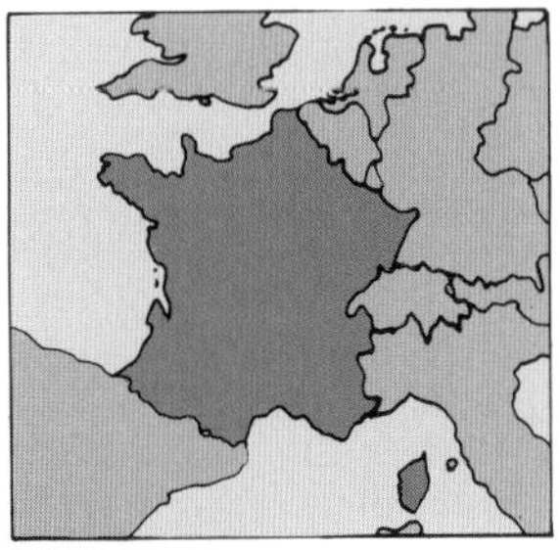

Nombre oficial: República Francesa.
Forma de gobierno: República con dos cámaras legislativas (Asamblea Nacional; Senado).
Jefe del estado: Presidente.
Jefe del gobierno: Primer ministro.
Capital: París.
Lengua oficial: Francés.
Religión oficial: Ninguna.
Moneda: 1 franco (F) = 100 centimes; cambio (2 oct. 1989) 1 dlr. EUA = 6,36 F.

Área y población

Regiones	área km²	población estimada 1988
Alsacia	8.280	1.613.900
Alta Normandía	12.318	1.710.500
Aquitania	41.309	1.190.000
Auvernia	26.013	1.328.300
Baja Normandía	17.589	1.385.300
Bretaña	27.209	2.772.900
Borgoña	31.582	1.613.900
Centro	39.151	2.347.500
Córcega	8.680	247.300
Champaña-Ardenas	25.606	1.360.000
Franco Condado	16.202	1.335.500
Île-de-France	12.011	10.319.700
Languedoc-Rosellón	27.376	2.079.900
Lemosín	16.962	732.000
Lorena	23.547	2.320.700
Midi-Pyrénées	45.349	2.377.300
Norte-Paso de Calais	12.413	3.925.000
País del Loira	32.082	3.054.500
Picardía	19.399	1.783.400
Poitou-Charentes	25.809	1.599.600
Provenza-Alpes-Costa Azul	31.400	4.148.200
Ródano-Alpes	43.698	5.205.000
TOTAL	543.965	55.750.300

Demografía

Población (1989): 56.107.000.
Densidad (1989): Personas por km² 103,1.
Índice de urbanización (1985): Urbana 73,4%; rural 26,6%.
Distribución por sexo (1988): Varones 48,72%; mujeres 51,28%.
Estructura por edades (1988): Menos de 15, 20,5%; 15-29, 23,0%; 30-44, 21,8%; 45-59, 16,0%; 60-74, 12,1%; 75 y más, 6,6%.
Proyección demográfica: (2000) 58.748.000; (2010) 61.256.000.
Tiempo de duplicación: n.d.; supera los 100 años.
Composición etnolingüística (1982): Franceses (lengua materna) 93,2%, de los cuales son bilingües un 2,7% de occitanos, un 2,3% de alemanes, un 1,0% de bretones y un 0,4% de catalanes; árabes 2,6%; otros 4,2%.
Afiliación religiosa (1980): Católicos 76,4%; otros cristianos 3,7%; ateos 3,4%; musulmanes 3,0%; otros 13,5%.
Principales ciudades (1982): París 2.165.892 (área metropolitana 10.210.059); Marsella 868.435 (1.47.901); Lyon 410.455 (1.533.305); Toulouse 344.917 (648.267); Niza 331.165 (865.492); Estrasburgo 247.068 (613.380); Nantes 237.789 (558.814); Burdeos 201.965 (843.411); Saint-Étienne 193.938 (547.729).
Tasa de natalidad por 1.000 habitantes (1988): 13,8 (media mundial 27,1).
Tasa de mortalidad por 1.000 habitantes (1988): 9,4 (media mundial 9,9).
Tasa de crecimiento por 1.000 habitantes (1988): 4,4 (media mundial 17,2).
Esperanza de vida al nacer (1984-86): Varones 71,3 años; mujeres 79,5 años.
Principales causas de muerte por 100.000 habitantes (1986): Neoplasias malignas (cánceres) 240,1; enfermedades cardiacas 207,8; otras enfermedades cardiovasculares 144,8.

Economía nacional

Presupuesto (1986). Ingresos: 997.000.000.000 F (impuesto sobre el valor añadido 47,2%, impuestos sobre la renta 23,2%, impuestos aduaneros 10,3%). Gastos: 1.030.819.000.000 F (educación 23,4%, sanidad y servicios sociales 18,9%, defensa 15,9%, administración 12,2%).
Turismo (1987): Ingresos por visitantes 12.008.000.000 dlr. EUA; gastos de nacionales en el exterior 8.618.000.000 dlr. EUA.
Producción (toneladas métricas, excepto cuando se indique). Agricultura, silvicultura, pesca (1988): Trigo 29.677.000 remolacha azucarera 28.606.000, maíz 13.996.000, cebada 10.086.000, uva 7.419.000, papas o patatas 6.344.000, semillas de colza 2.469.000, semillas de girasol 2.457.000, manzanas 2.357.000, avena 1.074.000, tomates 743.000, coliflores 568.000, zanahorias 515.000, melocotones 472.000, peras 355.000, centeno 276.000; ganadería (número de animales vivos): 21.100.000 reses, 12.577.000 cerdos, 10.360.000 ovejas, 1.150.000 cabras; madera (1987) 40.901.000 m³; pesca, capturas (1987) 843.714. Minas y canteras (1988): Mineral de hierro 2.927.000[1], sales de potasa 1.500.000, bauxita 877.200, zinc 31.320[1], plomo 2.520[1], oro 75.618 onzas troy. Industria manufacturera (1988): Cemento 25.272.000; acero sin refinar 18.900.000; hierro en lingotes 13.440.000; ácido sulfúrico 3.957.600; productos de caucho 558.360, de las que 54.924 corresponden a unidades de neumáticos[2]; aluminio 536.400; automóviles 3.138.000 unidades[2]. Construcción (unidades de viviendas; 1987) 254.000. Producción energética (consumo)[3]: Electricidad (kwh; 1987) 356.200.000.000 (326.500.000.000); carbón (1987) 19.077.000 (31.747.000); petróleo crudo (barriles; 1987) 23.719.000 (478.070.000); productos petrolíferos (1987) 62.043.000 (72.185.000); gas natural (m³; 1987) 3.662.400.000 (26.933.300).
Producto nacional bruto (a precios corrientes de mercado; 1987): 714.994.000.000 dlr. EUA (12.860 dlr. EUA per cápita).

Estructura del producto nacional bruto y de la población activa

1987	Valor (000.000 F)	% del valor total	Población activa	% de la pobl. activa
Agricultura	332.441	6,3	1.650.900	6,8
Minería }	915.831	17,3	68.300	0,3
Industria }			4.420.200	18,4
Construcción	287.096	5,4	1.521.900	6,3
Servicios públicos	245.586	4,7	210.000	0,9
Transportes y comunicaciones	315.948	6,0	1.371.200	5,7
Comercio	567.976	10,7	3.691.100	15,3
Finanzas	260.643	4,9	673.100	2,8
Administración pública, defensa	873.588	16,5	4.228.700	17,8
Servicios	1.258.149	23,8	3.394.800	14,1
Otros	231.441[4]	4,4[4]	2.854.100[5]	11,8[5]
TOTAL	5.288.699[6]	100,0	24.084.300	100,0

Deuda pública (interna; 1988): 988.800.000.000 F.
Población económicamente activa (1987): Total 24.084.300; tasa de actividad de la población total 43,3% (tasas de participación: 15-64 años 65,4[3]; mujeres 42,4%; desempleados 10,6%).

Comercio exterior

Balanza comercial (precios corrientes)

	1983	1984	1985	1986	1987	1988
Miles millones de F	–34,5	–19,7	–24,2	–3,0	–30,7	–32,8
% del total	2,3	3,0	1,3	0,2	1,7	1,6

Importaciones (1988): 1.053.406.000.000 F (maquinaria 26,3%; productos químicos 16,0%; productos agrícolas 12,3%; combustibles 8,1%, del que el 7,5% corresponde a petróleo y productos petrolíferos; equipos de transporte 9,9%, del que el 5,3% corresponde a automóviles). *Principales proveedores.* Alemania federal 19,7%; Italia 11,6%; Bélgica-Luxemburgo 9,1%; EUA 7,7%; Reino Unido 7,3%; Países Bajos 5,3%.
Exportaciones (1988): 963.262.000.000 F (maquinaria 24,5%; productos agrícolas 17,5%; productos químicos 16,3%; equipos de transporte 13,3%, del que el 6,6% corresponde a automóviles). *Principales clientes:* Alemania federal 16,4%; Italia 12,2%; Reino Unido 9,8%; Bélgica-Luxemburgo 9,0%; EUA 7,3%; Países Bajos 5,6%.

Transportes y comunicaciones

Transportes. Ferrocarriles (1988): Longitud de vías 34.676 km; pasajeros-km 63.250.000.000; carga toneladas métricas-km 52.287.000.000. Carreteras (1987): Longitud total 804.940 km (pavimentadas 92%). Vehículos (1987): Automóviles 21.970.000; camiones y autobuses 3.982.000. Marina mercante (1988): Barcos (100 toneladas brutas y más) 930; peso muerto total 6.854.064 toneladas. Transporte aéreo[7] (1988): Pasajeros-km 40.004.000.000; carga toneladas métricas-km 3.670.000; aeropuertos (1989) con vuelos regulares 69.
Comunicaciones. Diarios (1986): Número total 95; circulación total 11.369.000; circulación por 1.000 habitantes 205. Radio (1988): Número total de receptores 49.008.761 (1 por cada 1,1 personas). Televisión (1988): Número total de televisores 21.967.761 (1 por cada 1,1 personas). Teléfonos (1987): 33.357.900[8] (1 por cada 1,7 personas).

Educación y sanidad

Escolaridad (1974). Porcentaje de la población adulta empleada: con menos que enseñanza primaria completa 36,2%; con enseñanza primaria 30,4%; secundaria 21,0%; postsecundaria parcial 7,0%; graduación de 4 años 2,4%; postgraduados 2,8%. *Alfabetización* (1980): Población total alfabetizada 41.112.000 (98,8%); varones alfabetizados 19.933.000 (98,9%); mujeres alfabetizadas 21.179.000 (98,7%).
Sanidad (1986): Médicos 138.825 (1 por cada 399 habitantes); camas hospitalarias 722.378 (1 por cada 80 habitantes); tasa de mortalidad infantil por cada 1.000 nacidos vivos (1988) 7,7.
Alimentación (1984-86): Ingesta calórica diaria per cápita 3.273 (productos vegetales 63%, productos animales 37%); (1984) 130% de las necesidades mínimas recomendadas por la FAO.

Fuerzas armadas

Personal en servicio activo (1989): 466.300 (ejército 62,3%, armada 14,0%, fuerza aérea 20,2%, otros 3,1%). *Presupuesto de defensa en porcentaje del PNB* (1987): 4,0% (mundo 5,4%); gasto per cápita 626 dlr. EUA.

[1] Sólo contenido metálico. [2] 1987. [3] Todas las estadísticas de energía incluyen Mónaco. [4] Incluye impuestos sobre valor añadido, aranceles y cargos por servicios bancarios imputados. [5] Incluye 2.545.800 personas desempleadas y 250.800 miembros de las fuerzas armadas. [6] A precios de 1980. [7] Sólo Air France, UTA y Air Inter.

Gabón

Nombre oficial: República Gabonesa.
Forma de gobierno: República unitaria con una cámara legislativa (Asamblea Nacional).
Jefe del estado: Presidente.
Jefe del gobierno: Primer ministro.
Capital: Libreville.
Lengua oficial: Francés.
Religión oficial: Ninguna.
Moneda: 1 franco CFA (CFAF) = 100 centimes; cambio (2 oct. 1989) 1 dlr. EUA = 317,90 CFAF.

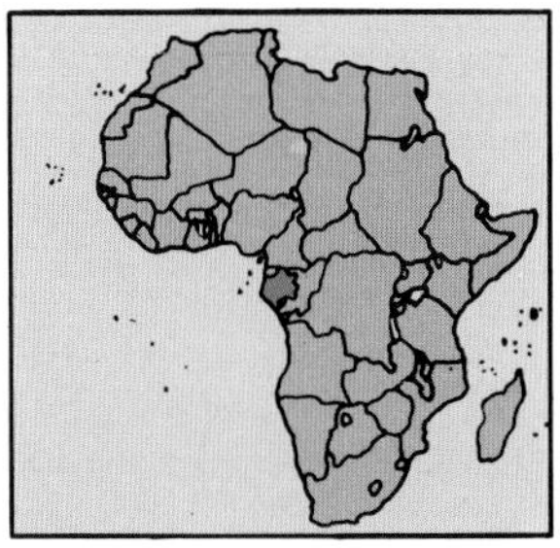

Área y población

Provincias	Capitales	área km²	población estimada[1] 1978
Estuaire	Libreville	20.740	359.000
Haut-Ogooué	Franceville	36.547	213.000
Moyen-Ogooué	Lambaréné	18.535	49.000
Ngounié	Mouila	37.750	118.000
Nyanga	Tchibanga	21.285	98.000
Ogooué-Ivindo	Makokou	46.075	53.000
Ogooué-Lolo	Koulamoutou	25.380	49.000
Ogooué-Maritime	Port-Gentil	22.890	194.000
Woleu-Ntem	Oyem	38.465	166.000
TOTAL		267.667	1.300.000[2]

Demografía

Población (1989)[1]: 1.245.000.
Densidad (1989): Personas por km² 4,7.
Índice de urbanización (1985): Urbana 40,9%; rural 59,1%.
Distribución por sexo (1985): Varones 49,14%; mujeres 50,86%.
Estructura por edades (1985): Menos de 15, 34,6%; 15-29, 24,4%; 30-44, 18,3%; 45-59, 13,3%; 60-74, 7,6%; 75 y más, 1,8%.
Proyección demográfica: (2000) 1.603.000; (2010) 1.978.000.
Tiempo de duplicación: 32 años.
Composición étnica (1983): Fang 35,5%; mpongwe 15,1%; mbete 14,2%; punu 11,5%; otros 23,7%.
Afiliación religiosa (1980): Cristianos 96,2%, del que el 65,2% corresponde a católicos, el 18,8% a protestantes y el 12,1% a indígenas africanos; religión tradicional 2,9%; musulmanes 0,8%; otros 0,1%.
Principales ciudades (1987): Libreville 352.000; Port-Gentil 164.000; Franceville 75.000.
Tasa de natalidad por 1.000 habitantes (1985-90): 38,8 (media mundial 27,1).
Tasa de mortalidad por 1.000 habitantes (1985-90): 16,4 (media mundial 9,9).
Tasa de crecimiento por 1.000 habitantes (1985-90): 22,4 (media mundial 17,2).
Esperanza de vida al nacer (1985-90): Varones 49,9 años; mujeres 53,2 años.
Principales causas de muerte por 100.000 habitantes; n.d.; sin embargo, entre las principales enfermedades se incluyen paludismo, sarampión, shigellosis (infección con disentería), tripanosomiasis y tuberculosis.

Economía nacional

Presupuesto (1988). Ingresos: 325.000.000.000 CFAF (impuestos indirectos 39,5%, del que el 26,8% corresponde a aranceles; impuestos sobre organizaciones petroleras y derechos del petróleo 20,9%; impuestos directos 17,5%). Gastos: 325.000.000.000 CFAF (gastos de personal 30,5%; bienes y servicios 20,6%; deuda pública 18,5%).
Turismo: Ingresos por visitantes (1987) 5.000.000 dlr. EUA; gastos de nacionales en el exterior 133.000.000 dlr. EUA.
Producción (toneladas métricas, excepto cuando se indique). Agricultura, silvicultura, pesca (1988): Raíces y tubérculos 415.000, mandioca 265.000, plátanos machos 180.000, caña de azúcar 155.000, maíz 10.000, cacahuates 9.000, plátanos 8.000, aceite de palma 3.800, cacao en grano 2.000, café 2.000; ganadería (número de animales vivos): 154.000 cerdos, 84.000 ovejas, 63.000 cabras, 9.000 reses, 2.000.000 pollos; madera (1987) 3.847.000 m³; pesca, capturas (1987) 20.900. Minas y canteras (1987): Manganeso 2.250.000; uranio 904. Industria manufacturera (1986): Cemento 210.000; harina 28.240; azúcar sin refinar 13.000; cerveza 820.000 hectólitros; bebidas refrescantes 480.000 hectólitros; cigarrillos 17.800.000 paquetes[3]; textiles 2.420.000.000 CFAF[3]. Construcción, n.d. Producción energética (consumo): Electricidad (kwh; 1987); 876.000 (876.000); petróleo crudo (barriles; 1987) 56.840.000 (7.800.000); productos petrolíferos (1983) 833.000 (642.000); gas natural (m³; 1987) 171.957.000 (171.957.000); madera para quemar y orujo (m³; 1985) 1.310.000 (1.310.000).
Producto nacional bruto (a precios corrientes de mercado; 1987): 2.890.000.000 dlr. EUA (2.750 dlr. EUA per cápita).

Estructura del producto nacional bruto y de la población activa

	1986		1983	
	Valor (000.000 CF)	% del valor total	Población activa[4]	% de la pobl. activa[4]
Agricultura, silvicultura, pesca	80.000	7,0	14.118	10,2
Minería	276.000	24,0	3.919	2,9
Industria	55.700	4,9	4.123	3,0
Construcción	103.000	9,0	13.154	9,5
Servicios públicos	26.200	2,3	5	5
Transportes y comunicaciones	60.000	5,2	5	5
Comercio	154.000	13,4	3.732	2,7
Finanzas	12.800	1,1	5	5
Administración pública, defensa	157.300	13,7	42.678	31,0
Servicios	131.000	11,4	5	5
Otros, incluyendo impuestos sobre importaciones	92.000	8,0	58.143[5]	40,7[5]
TOTAL	1.148.000	100,0	137.867	100,0

Deuda pública (externa, pendiente; 1987): 1.605.000.000 dlr. EUA.
Población económicamente activa (1985): Total 518.000; tasa de actividad de la población total 45,0% (tasas de participación: 15-64 años 68,2%; mujeres 38,4%; desempleados, n.d.).

Comercio exterior

Balanza comercial (precios corrientes)

	1982	1983	1984	1985	1986	1987
Millones de CFA	252.100	421.700	492.600	500.000	140.000	170.000
% del total	32,4	39	40,8	39,2	18,9	28,2

Importaciones (1987): 216.600.000.000 CFAF (maquinaria y equipos mecánicos 22,2%; alimentos y productos agrícolas 21,4%; equipos de transporte 16,2%; productos manufacturados 12,0%; metales y productos metálicos 11,2%; materiales de construcción, 4,2%; productos químicos 3,7%; productos de minería 1,6%). *Principales proveedores:* Francia 53,5%; EUA 7,7%;Alemania federal 4,7%; Japón 4,5%; Países Bajos 3,6%; Italia 3,0%; Reino Unido 2,9%; Bélgica-Luxemburgo 2,6%; Tailandia 1,7%.
Exportaciones (1987): 386.600.000.000 CFAF (petróleo crudo y productos petrolíferos 68,9%; madera 12,1%; mineral y concentrado de manganeso 8,4%; mineral y concentrado de uranio 6,2%). *Principales clientes:* Francia 36,4%; EUA 27,0%; España 11,4%; Países Bajos 4,5%; Japón 3,1%; Alemania federal 2,7%.

Transportes y comunicaciones

Transportes. Ferrocarriles (1987): Longitud de vías 670 km; pasajeros-km 19.000.000[6]; carga toneladas métricas-km 103.000.000[6]. Carreteras (1986): Longitud total 7.535 km (pavimentadas 8%). Vehículos (1985): Automóviles 16.093; camiones y autobuses 10.503. Marina mercante (1988): Barcos (100 toneladas brutas y más) 27; peso muerto total 29.276 toneladas. Transporte aéreo (1988)[7]: Pasajeros-km 417.553.000; toneladas métricas-km 27.193.000; aeropuertos (1989) con vuelos regulares 23.
Comunicaciones. Diarios (1984): Número total 2; circulación total 33.000; circulación por 1.000 habitantes 35. Radio (1988): Número total de receptores 103.326 (1 por cada 12 personas). Televisión (1988): Número total de televisores 37.200 (1 por cada 33 personas). Teléfonos (1983): 13.800 (1 por cada 81 personas).

Educación y sanidad

Escolaridad, n.d. *Alfabetización* (1978): Población total de 15 años y más alfabetizada 800.000 (77%); varones alfabetizados, n.d.; mujeres alfabetizadas, n.d.
Sanidad (1984): Médicos 565 (1 por cada 2.000 habitantes); camas hospitalarias 10.980 (1 por cada 103 habitantes); tasa de mortalidad infantil por cada 1.000 nacidos vivos (1985-90) 103,0.
Alimentación (1984-86): Ingesta calórica diaria per cápita 2.700 (productos vegetales 88%, productos animales 12%); (1984) 104% de las necesidades mínimas recomendadas por la FAO.

Fuerzas armadas

Personal en servicio activo (1988): 3.000 (ejército 63,3%, armada 16,7%, fuerza aérea 20,0%) sin incluir 600 soldados franceses. *Presupuesto de defensa en porcentaje del PNB* (1986): 4,8% (mundo 5,5%); gasto per cápita 141 dlr. EUA.

[1] La distribución de la población se basa en estimaciones del país, bastante más elevadas que las de fuentes externas (como las Naciones Unidas o el Banco Mundial), que sirven de base para la estimación de 1989. [2] El desglose no se corresponde con el total a causa del redondeo. [3] 1984. [4] Cifras gubernamentales oficiales para trabajadores asalariados únicamente, sin incluir los obreros agrícolas tradicionales; los trabajadores agrícolas (estimación de la FAO, 1986) ascendieron a 370.000 (71,0% de la población activa). [5] Los empleados de Servicios públicos, Transportes y comunicaciones, Finanzas y Servicios están incluidos en el apartado Otros. [6] 1986. [7] Air Gabón solamente.

Gambia

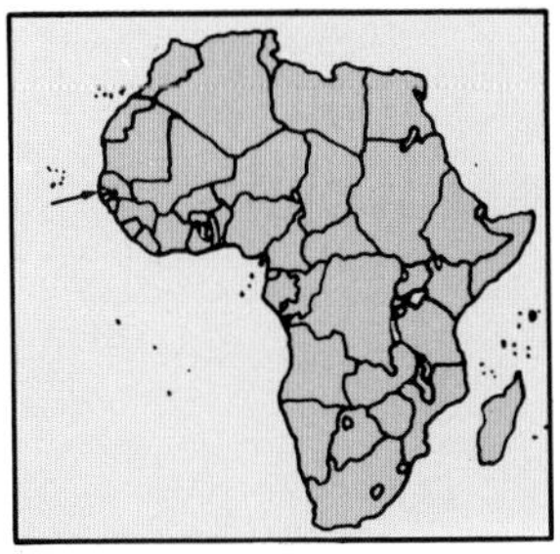

Nombre oficial: República de Gambia.
Forma de gobierno: República multipartidista con una cámara legislativa (Cámara de Representantes)[1].
Jefe del estado y del gobierno: Presidente.
Capital: Banjul.
Lengua oficial: Inglés.
Religión oficial: Ninguna.
Moneda: 1 dalasi (D) = 100 butut; cambio (2 oct. 1989) 1 dlr. EUA = 7,75 D.

Área y población

Divisiones	Capitales	área km²	población censo[2] 1983
Kombo Saint Mary[3]	Kanifing	76	101.504
Lower River	Mansakonko	1.618	55.263
MacCarthy Island	Kuntaur/ Georgetown	2.894	126.004
North Bank	Kerewan	2.256	112.225
Upper River	Basse	2.069	111.388
Western	Brikama	1.764	137.245
Ciudad			
Banjul	—	12	44.188[4]
TOTAL		10.689	687.817

Demografía

Población (1989): 835.000.
Densidad[5] (1988): Personas por km² 96,9.
Índice de urbanización (1985): Urbana 20,1%; rural 79,9%.
Distribución por sexo (1985): Varones 49,40%; mujeres 50,60%.
Estructura por edades (1986): Menos de 15, 44,6%; 15-29, 26,4%; 30-44, 15,2%; 45-59, 8,8%; 60 y más, 5,0%.
Proyección demográfica: (2000) 1.156.000; (2010) 1.554.000.
Tiempo de duplicación: 27 años.
Composición étnica (1983): Mandinga 40,4%; fulani 18,7%; wolof 14,6%; yola 10,3%; soninke 8,2%; otros 7,8%.
Afiliación religiosa (1983): Musulmanes 95,4%; cristianos 3,7%; creencias tradicionales y otros 0,9%.
Principales ciudades (áreas urbanas) (1986): Serekunda 102.600[3]; Banjul 44.188[4,6] (Gran Banjul 145.692)[4,6]; Brikama 24.300; Bakau 23.600[3]; Farafenni 10.168[6].
Tasa de natalidad por 1.000 habitantes (1985-90): 46,8 (media mundial 27,1).
Tasa de mortalidad por 1.000 habitantes (1985-90): 21,3 (media mundial 9,9).
Tasa de crecimiento por 1.000 habitantes (1985-90): 25,5 (media mundial 17,2).
Esperanza de vida al nacer (1985-90): Varones 41,4 años; mujeres 44,6 años.
Principales causas de muerte por 100.000 habitantes: n.d.; sin embargo, entre las enfermedades infecciosas más importantes se incluyen paludismo, infecciones gonocócicas y sífilis, lepra (enfermedad de Hansen), varicelas, esquistosomiasis, tétanos, tuberculosis y tripanosomiasis (enfermedad del sueño).

Economía nacional

Presupuesto (1986-87)[7]. Ingresos: 405.120.000 (ingresos por impuestos 92,1%, del que el 65,6% corresponde a derechos de importación e impuestos de consumo y el 10,4% a impuestos sobre la renta; ingresos no impositivos y ayuda exterior 7,9%). Gastos: 404.611.000 (educación y cultura 8,7%; sanidad y bienestar social 5,7%; obras públicas, comunicaciones 3,4%; agricultura 2,7%; gastos no especificados 79,5%).
Turismo: Ingresos por visitantes (1987) 36.000.000 dlr. EUA; gastos de nacionales en el exterior 3.000.000 dlr. EUA.
Producción (toneladas métricas, excepto cuando se indique). Agricultura, silvicultura, pesca (1987): Cacahuates con cáscara 110.000, mijo 74.000, arroz con cáscara 30.000, maíz 16.000, mandioca 6.000, legumbres (en su mayor parte habas) 4.000, aceite de palma 2.500, fruto de palma 2.000, algodón 1.000; ganadería (número de animales vivos): 300.000 reses, 200.000 cabras, 200.000 ovejas; pesca, capturas (1987) 14.376, de las que 2.700 corresponden a aguas interiores y 11.676 al océano Atlántico. Minas y canteras: se excavan depósitos de arena y grava para uso local. Industria manufacturera (valor de la producción en miles de D; 1982): alimentos elaborados, incluyendo aceite de cacahuate y de fruto de palma 62.878; bebidas 10.546; textiles 3.253; productos químicos y afines 1.031; productos no metálicos 922; impresos y publicaciones 358; cueros 150. Construcción, n.d. Producción energética (consumo): Electricidad (kwh; 1987) 44.000.000 (44.000.000); carbón, no produce (nulo); petróleo crudo, no produce (nulo); productos petrolíferos (1987), no produce (59.000); gas natural, no produce (nulo).
Producto nacional bruto (a precios corrientes de mercado; 1987): 177.000.000 dlr. EUA (220 dlr. EUA per cápita)

Estructura del producto nacional bruto y de la población activa

	1987-89[8]		1983	
	Valor (000.000 D)	% del valor total	Población activa	% de la pobl. activa
Agricultura	153,2	30,2	239.940	73,7
Minería	—	—	66	0.0
Industria	27,8	5,5	8.144	2,5
Construcción	17,7	3,5	4.373	1,3
Servicios públicos	1,6	0,3	1.233	0,4
Transportes y comunicaciones	44,5	8,8	8.014	2,5
Comercio	135,3	26,6	16.551	5,1
Finanzas	27,7	5,4	4.577	1,4
Administración pública	50,3	9,9	8.295	2,5
Servicios	7,4	1,5	9.381	2,9
Otros	42,3[9]	8,3[9]	25.049	7,7
TOTAL	507,8	100,0	325.623	100,0

Deuda pública (externa, pendiente; 1987): 272.900.000 dlr. EUA.
Población económicamente activa (1983): Total 325.623; tasa de actividad de la población total 47,3% (tasas de participación: 15-64 años 78,2%; mujeres 43,6%; desempleados n.d.).

Comercio exterior[10]

Balanza comercial (precios corrientes)

	1982	1983	1984	1985	1986	1987
Millones D	−122,7	−177,7	−191,6	−189,2	−497,0	−615,9
% del total	38,4	41,2	37,1	35,3	51,3	52,3

Importaciones (1987): 897.300 D (alimentos 28,1%; maquinaria y equipos de transporte 22,4%; artículos básicos manufacturados 20,9%; combustibles minerales y lubricantes 7,3%; productos químicos y afines 6,4%). *Principales proveedores:* Países de la CEE 52,9%, del que el 19,0% corresponde al Reino Unido, el 9,2% a Italia y el 7,5% a Alemania federal; EUA y Canadá 6,2%; China 5,5%; URSS y países de Europa oriental 4,8%.
Exportaciones (1987): 281.400 D (reexportaciones 58,1%; exportación de productos nacionales 41,9%, del que el 16,8% corresponde a aceite de cacahuate y el 14,3% a cacahuate con cáscara; pescado natural y preparado 5,3%. *Principales clientes:* Países de la CEE 44,3%, del que el 25,4% corresponde al Reino Unido y el 25,8% a otros países europeos occidentales.

Transportes y comunicaciones

Transportes. Ferrocarriles: Ninguno. Carreteras (1986): Longitud total 2.388 km (pavimentadas 21%). Vehículos (1986): Automóviles 5.200; camiones y autobuses 720. Marina mercante (1988): Barcos (100 toneladas brutas y más) 7; peso muerto total 5.098 toneladas. Transporte aéreo: Pasajeros, n.d.; carga n.d.; aeropuertos (1989) con vuelos regulares 1.
Comunicaciones. Diarios (1988) 1; circulación total 1.000; circulación por 1.000 habitantes 1,2. Radio (1988): Número total de receptores 110.000 (1 por cada 6,1 personas). Televisión: Ninguna. Teléfonos (1986): 3.600 (1 por cada 216 personas).

Educación y sanidad

Escolaridad (1973). Porcentaje de la población de 20 años y más: sin escolarización formal 90,8%; con enseñanza primaria 6,2%; secundaria 2,6%; superior 0,4%. *Alfabetización* (1985): Población total de 15 años y más alfabetizada 24,9%; varones alfabetizados 35,6%; mujeres alfabetizadas 15,1%.
Sanidad (1981): Médicos 66 (1 por cada 9.900 habitantes); camas hospitalarias 756 (1 por cada 865 habitantes); tasa de mortalidad infantil por cada 1.000 nacidos vivos (1985-90) 143,0.
Alimentación (1987): Ingesta calórica diaria per cápita 2.317 (productos vegetales 93%, productos animales 7%); (1984-86) 99% de las necesidades mínimas recomendadas por la FAO.

Fuerzas armadas

Personal en servicio activo (1989): 900. *Presupuesto de defensa en porcentaje del PNB* (1987): n.d. (mundo 5,4%).

[1] Incluye 5 escaños no electivos. [2] Preliminar. [3] Kombo Saint Mary incluye las áreas urbanas en rápido crecimiento de Serekunda y Bakau. [4] Kombo Saint Mary y la ciudad de Banjul forman el Gran Banjul. [5] Basado en el área de tierra, que es de 8.613 km². [6] 1983. [7] Excluidos ingresos y gastos de desarrollo. En 1986-87 los ingresos destinados al desarrollo fueron de 201.000.000 y procedieron de préstamos (68,07%) y ayudas exteriores (25,0%). [8] A precios constantes de mercado de 1977-78. [9] Impuestos indirectos menos subsidios. [10] Importaciones c.i.f. (costo seguro y flete) y exportaciones f.o.b.

Ghana

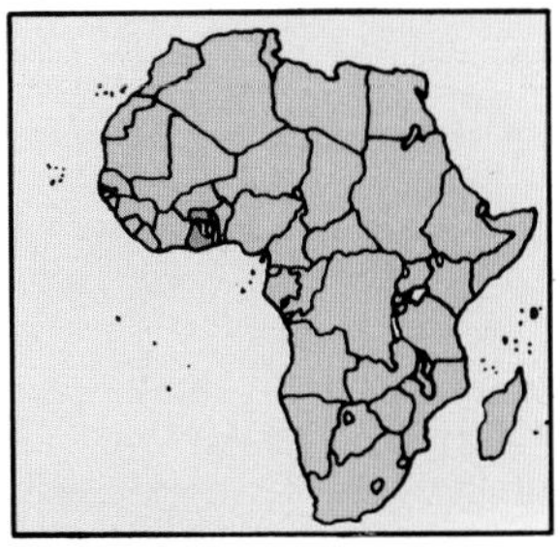

Nombre oficial: República de Ghana.
Forma de gobierno: Régimen militar.
Jefe de estado y del gobierno: Presidente del Consejo Provisional de Defensa Nacional.
Capital: Accra.
Lengua oficial: Inglés.
Religión oficial: Ninguna.
Moneda: 1 cedí (₵) = 100 pesewas; cambio (2 oct. 1989) 1 dlr. EUA = 321,38 ₵.

Área y población

Regiones	Capitales	área km^2	población estimada 1988[1]
Ashanti	Kumasi	24.389	2.308.100
Brong-Ahafo	Sunyani	39.557	1.332.200
Central	Cape Coast	9.826	1.262.200
Eastern	Koforidua	19.323	1.855.800
Greater Accra	Accra	3.245	1.580.000
Northern	Tamale	70.384	1.285.900
Upper East	Bolgatanga	8.842	853.200
Upper West	Wa	18.476	483.600
Volta	Ho	20.570	1.338.200
Western	Sekondi-Takoradi	23.921	1.278.300
TOTAL		238.533	13.577.500

Demografía

Población (1989): 14.566.000.
Densidad (1988): Personas por km^2 61,1.
Índice de urbanización (1985): Urbana 31,5 %; rural 68,5 %.
Distribución por sexo (1984): Varones 49,61 %; mujeres 50,39 %.
Estructura por edades (1985): Menos de 15, 45,0; 15-29, 26,4; 30-44, 14,6 %; 45-59, 8,1 %; 60-74, 4,1 %; 75 y más, 1,8 %.
Proyección demográfica: (2000) 20.418.000; (2010) 27.071.000.
Tiempo de duplicación: 23 años.
Composición étnica (etnolingüística; 1983): Akan 52,4 %; mossi 15,8 %; ewe 11,9 %; ga-adangme 7,8 %; gurma 3,3 %; yoruba 1,3 %; otros 7,5 %.
Afiliación religiosa (1980): Cristianos 62,6 %, del que el 27,9 % corresponde a protestantes, el 18,7 % a católicos y el 16,0 % a indígenas africanos; creencias tradicionales 21,4 %; musulmanes 15,7 %, del que el 7,9 % corresponde a ahmadiya; otros 0,3 %.
Principales ciudades (1988): Accra 949.100; Kumasi 385.200; Tamale 151.100; Tema 110.00; Sekondi-Takoradi 103.600.
Tasa de natalidad por 1.000 habitantes (1985-90): 44,3 (media mundial 27,1).
Tasa de mortalidad por 1.000 habitantes (1985-90): 3,1 (media mundial 9,9).
Tasa de crecimiento por 1.000 habitantes (1985-90): 1,2 (media mundial 17,2).
Esperanza de vida al nacer (1985-89): Varones 52,2 años; mujeres 55,8 años.
Principales causas de muerte por 100.000 habitantes: n.d.; sin embargo, entre las principales enfermedades infecciosas se incluyen paludismo, tuberculosis, lepra, tripanosomiasis (enfermedad del sueño) y oncocerciasis (ceguera de los pantanos).

Economía nacional

Presupuesto (1987-88). Ingresos: 111.046.000.000 ₵ (derechos de exportación sobre el cacao 24,3 %; impuestos sobre la renta 20,3 %, del cual 13,0 % de empresas y 7,3 % personal; derechos de importación 11,5 %; impuestos de consumo 7,5 %; ayudas y préstamos 5,4 %). Gastos: 102.125.600.000 ₵ (educación 26,5 %; servicio de la deuda 10,4 %; sanidad 9,3 %; seguridad y bienestar social 6,4 %; defensa 4,2 %).
Turismo (1987): Ingresos por visitantes 2.000.000 dlr. EUA; gastos de nacionales en el exterior 12.000.000 dlr. EUA.
Producción (toneladas métricas, excepto cuando se indique). Agricultura, silvicultura, pesca (1988): Raíces y tubérculos 6.815.000 (de las que 3.300 corresponden a mandioca, 1.200.000 a ñames y 1.116 a taro), cereales 995.000 (de las que 600.000 corresponden a maíz, 175.000 a sorgo, 300.000 a mijo y 95.000 a arroz), plátanos y plátanos machos 722.000; cacao 288.800, cacahuates 128.000, caña de azúcar 110.000, cocos 108.000, ajís 75.000, naranjas 35.000, limones 30.000, frutos de palma 30.000, legumbres 11.000; ganadería (número de animales vivos): 3.000.000 cabras, 2.500.000 ovejas, 1.300.000 reses, 750.000 cerdos, 12.000.000 pollos; madera (1987) 9.884.000 m^3; pesca, capturas (1987) 371.817 (de las que 87.984 corresponden a anchoas). Minas y canteras (1988): Bauxita 287.300; mineral de manganeso 230.900; oro 11.631,2 kg; diamantes 215.900 quilates. Industria manufacturera (1988): Queroseno, gasolina y combustible diesel 542.600; cemento 412.100; harina de trigo 95.215; torta, manteca y licor de cacao 19.327; margarina 3.205; varillas de hierro 1.336; pasta dentífrica 158; tela 22.700.000 metros; bebidas refrescantes 658.000 hectólitros[2]; cerveza 614.000 hectólitros; leche evaporada 275.000 hectólitros; helados 6.280 hectólitros; cigarrillos 1.831.000.000 unidades. Construcción (valor añadido en miles de ₵; 1985): 9.779.000. Producción energética (consumo): Electricidad (kwh; 1987) 4.758.000.000 (4.477.000.000); carbón (toneladas métricas; 1987), no produce (3.000); petróleo crudo (barriles; 1987), no produce (7.000.000); productos petrolíferos (toneladas métricas, 1987) 888.000 (899.000); gas natural, no produce (n.d.).
Producto nacional bruto (a precios corrientes de mercado; 1987): 5.328.000.000 dlr. EUA (390 dlr. EUA per cápita).

Estructura del producto nacional bruto y de la población activa

	1985		1981-82	
	Valor (000.000 ₵)[5]	% del valor total	Población activa[4]	% de la pobl. activa
Agricultura	377.480,9	50,6	3.310.967	59,4
Minería	13.629,6	1,8	26.828	0,5
Industria	73.719,9	9,9	588.418	10,5
Construcción	18.318,5	2,5	64.686	1,2
Servicios públicos	13.278,7	1,8	15.437	0,3
Transportes y comunicaciones	27.524,2	3,7	122.806	2,2
Comercio	137.962,7	18,5	792.147	14,2
Finanzas	19.249,5	2,5	27.475	0,5
Administración pública, defensa	54.122,6	7,3	97.548	1,7
Servicios	6.398,6	0,8	376.168	6,7
Otros	4.314,6[3]	0,6	157.624[4]	2,8[4]
TOTAL	745.999,8	100,00	5.580.104	100,0

Deuda pública (externa, pendiente; 1987): 2.237.000.000 dlr. EUA.
Población económicamente activa (1984): Total 5.580.104; tasa de actividad de la población total 45,4 % (tasas de participación: de más de 15 años 82,5 %; mujeres 51,2 %; desempleados 2,8 %).

Comercio exterior

Balanza comercial (precios corrientes)

	1982	1983	1984	1985	1986	1987
Millones	588,0	−85,0	637,1	−4.070,0	11.578,0	7.594,0
% del total	13,9	0,4	1,6	5,8	8,1	2,6

Importaciones (1985): 47.155.286.000 ₵(combustibles y lubricantes minerales 29,1 %; maquinaria y equipos de transporte 26,4 %; productos químicos 12,5 %; manufacturas básicas 10,7 %; alimentos y animales vivos 4,0 %; bebidas y tabaco 1,6 %). *Principales proveedores:* Reino Unido 25,1 %; Nigeria 22,5 %; Alemania Federal 11,4 %; Japón 6,0 %; EUA 5,8 %; Italia 3,3 %.
Exportaciones (1985): 33.489.805.000 ₵ (alimentos y animales vivos 67,3 %, del que el 59,4 % corresponde a cacao; oro 15,0 %; madera 4,2 %; mineral de manganeso 1,5 %, diamantes industriales 0,8 %.

Transportes y comunicaciones

Transportes. Ferrocarriles (1988): Longitud de vías 953 km; pasajeros-km 389.000.000; carga toneladas métricas-km 125.500.000. Carreteras (1985): Longitud total 28,300 km (pavimentadas 20 %). Vehículos (1984): Automóviles 52.864; camiones y autobuses 23.375. Marina mercante (1988): Barcos (100 toneladas brutas y más) 136; peso muerto total 122.465 toneladas. Transporte aéreo (1986): Pasajeros-km 271.021.000; carga toneladas métricas-km 33.703.000; aeropuertos (1989) con vuelos regulares 4.
Comunicaciones. Diarios (1987): Número total 4; circulación total 460.000; circulación por 1.000 habitantes 38. Radio (1987): Número total de receptores 2.920.000 (1 por cada 4,7 personas). Televisión (1987): Número total de televisores 175.000 (1 por cada 77 personas). Teléfonos (1987): 74.932 (1 por cada 179 personas).

Educación y sanidad

Escolaridad (1970). Porcentaje de la población total de 25 años y más: sin escolarización formal 60,4 %; con enseñanza primaria 7,1 %; intermedia 25,4 %; secundaria 3,5 %; profesional 2,9 %; superior 0,6 %. *Alfabetización* (1985): Población total de 15 años y más alfabetizada 3.835.000 (53,2 %); varones alfabetizados 2.261.000 (64,1 %); mujeres alfabetizadas 1.574.000 (42,8 %).
Sanidad: Médicos (1984) 1.900 (1 por cada 6.640 habitantes); camas hospitalarias (1981) 20.582 (1 por cada 563 habitantes); tasa de mortalidad infantil por cada 1.000 nacidos vivos (1985-90) 90,0.
Alimentación (1984-86): Ingesta calórica diaria per cápita 1.733 (productos vegetales 95 %, productos animales 5 %); 75 % de las necesidades mínimas recomendadas por la FAO.

Fuerzas armadas

Personal en servicio activo (1989): 11.600 (ejército, 86,2 %, armada 6,9 %, fuerza aérea 6,9 %). *Presupuesto de defensa en porcentaje del PNB* (1987): 0,9 % (mundo 5,4 %); gasto per cápita 3 dlr. EUA.

[1] Enero. [2] 1986. [3] Derechos de importación, menos cargos por servicios bancarios imputados. [4] Sólo desempleados.

Granada

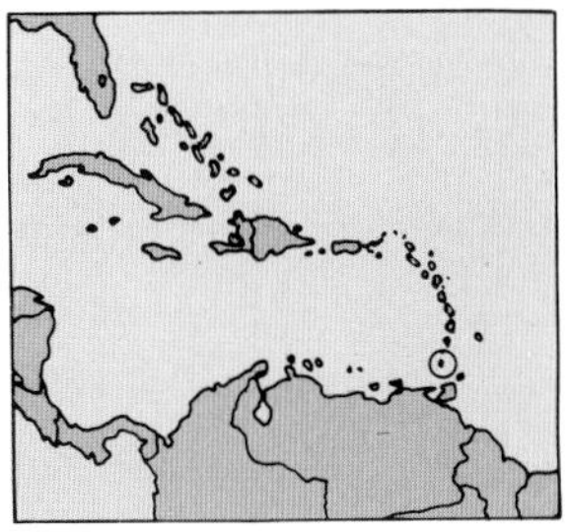

Nombre oficial: Granada.
Forma de gobierno: Monarquía constitucional con dos cámaras legislativas (Senado; Cámara de Representantes).
Jefe del estado: Monarca británico representado por el gobernador general.
Jefe del gobierno: Primer ministro.
Capital: St. George's.
Lengua oficial: Inglés.
Religión oficial: Ninguna.
Moneda: 1 dólar del Caribe oriental (EC$) = 100 cents; cambio (2 oct. 1989) 1 dlr. EUA = 2,70 EC$.

Área y población[1]

Parroquias	Capitales	área km²	población censo 1981
Carriacou	—	34	4.671
St. Andrew	—	91	22.425
St. David	—	47	10.195
St. George's	—	67	29.369
St. John	—	39	8.328
St. Mark	—	23	3.968
St. Patrick	—	44	10.132
TOTAL		345	89.088

Demografía

Población (1989): 96.600.
Densidad (1989): Personas por km² 280,0.
Índice de urbanización: n.d.
Distribución por sexo (1981): Varones 48,20%; mujeres 51,80%.
Estructura por edades (1985): Menos de 15, 35,1%; 15-29, 35,1%; 30-44, 12,4%; 45-59, 9,3%; 60-74, 6,2%; 75 y más, 2,1%.
Proyección demográfica: (2000) 112.000; (2010) 128.000.
Tiempo de duplicación: 28 años.
Composición étnica (1983): negros 84%; mestizos 12%; indios orientales 3%; blancos 1%.
Afiliación religiosa (1980): Católicos 64,4%; protestantes 34,5%, del que el 20,7% corresponde a anglicanos, el 3,1% a adventistas del Séptimo Día y el 2,1% a metodistas; otros 1,1%.
Principales ciudades (1986): St. George's 7.500; Gouyave 2.980[2]; Grenville 2.100[2]; Victoria 2.000[2].
Tasa de natalidad por 1.000 habitantes (1986): 32,5 (media mundial 27,1).
Tasa de mortalidad por 1.000 habitantes (1986): 7,2 (media mundial 9,9).
Tasa de crecimiento por 1.000 habitantes (1986): 25,3 (media mundial 17,2).
Esperanza de vida al nacer (1980-85): Varones 65,4 años; mujeres 69,4 años.
Principales causas de muerte por 100.000 habitantes (1981): Enfermedades cardiovasculares 186,3; neoplasias malignas (cánceres) 90,9; enfermedades endocrinas, nutricionales y metabólicas 48,3; enfermedades del sistema respiratorio 41,5; enfermedades gastrointestinales 31,4; condiciones mal definidas 158,3.

Economía nacional

Presupuesto (1987). Ingresos: 226.300.000 EC$ (fuentes internas 56,2%; préstamos y ayudas externas 43,8%). Gastos 226.300.000 EC$ (gasto corriente 64,6%, del que el 15,1% corresponde a servicio de la deuda, el 9,5% a educación y el 7,4% a sanidad y vivienda; gasto de desarrollo 35,4%, del que el 10,5% corresponde a mejoras de carreteras y puentes).
Turismo: Ingresos por visitantes (1988) 28.200.000 dlr. EUA; gastos de nacionales en el exterior (1987) 4.000.000 dlr. EUA.
Producción (toneladas métricas, excepto cuando se indique). Agricultura, silvicultura, pesca (1988): Plátanos 9.344, cocos 8.000, caña de azúcar 8.000, cítricos 4.000, raíces y tubérculos 4.000, nuez moscada 2.879, mangos 2.000, aguacates 2.000, cacao 1.402, guanábanas 709[3], nísperos 456[3], macís 332; ganadería (número de animales vivos): 17.000 ovejas, 11.000 cabras, 11.000 cerdos, 4.000 reses; madera, n.d.; pesca, capturas (1987): 4.881. Minas y canteras: Excavación de grava para usos locales. Industria manufacturera (1984): harina 4.770; ropa 1.400.000 EC$ en ventas de exportación; cerveza 9.400 hectólitros; malta 2.500 hectólitros; aceite comestible de coco 5.000 hectólitros; ron 1.900 hectólitros; otros productos incluyen pinturas, neumáticos recauchutados y bebidas gaseosas. Construcción[4]. Producción energética (consumo): Electricidad (kwh; 1987) 25.000.000 (25.000.000); carbón, no produce (sin consumo); petróleo crudo, no produce (sin consumo); productos petrolíferos (1987) no produce (22.000); gas natural, no produce (sin consumo).
Producto nacional bruto (a precios corrientes de mercado; 1987): 134.000.000 dlr. EUA (1.340 dlr. EUA per cápita).

Estructura del producto nacional bruto y de la población activa

	1987		1981[5]	
	Valor (000.000 EC$)	% del valor total	Población activa[7]	% de la pobl. activa
Agricultura	56,8	18,8	7.987	28,7
Canteras	1,1	0,4	75	0,3
Industria	16,2	5,4	1.566	5,6
Construcción	28,3	9,4	2.863	10,3
Servicios públicos	8,7	2,9	371	1,3
Transportes y comunicaciones	39,3	13,0	1.689	6,1
Comercio, restaurantes	60,9	20,2	3.902	14,0
Finanzas, bienes raíces	36,1	12,0	367	1,3
Administración pública, defensa	56,0	18,6	1.682	6,0
Servicios	12,0	4,0	2.566	9,2
Otros	−14,0[6]	−4,7[6]	4.779	17,2
TOTAL	301,4	100,0	27.847	100,0

Deuda pública (externa, pendiente; 1987): 66.800.000 dlr. EUA.
Población económicamente activa (1984): Total 46.000; tasa de actividad de la población total 48,0% (tasas de participación: 15-64 años, n.d.; mujeres, n.d.; desempleados [1987] 20-30%).

Comercio exterior[7]

Balanza comercial (precios corrientes)

	1983	1984	1985	1986	1987	1988
Millones dlr. EUA	−36,7	−37,8	−46,9	−54,4	−56,7	−59,6
% del total	49,2	51,0	51,2	48,8	47,1	47,8

Importaciones (1983): 55.600.000 dlr. EUA (manufacturas básicas 25,4%; alimentos 22,9%; maquinaria y equipos de transporte 11,1%; combustibles minerales 11,1%; productos químicos 7,8%). *Principales proveedores* (1986): EUA 25,6%; Reino Unido 16,9%; Trinidad y Tabago 13,4%; Canadá 7,9%; Japón 7,1%.
Exportaciones (1983): 18.920.000[8] dlr. EUA (exportaciones nacionales 97,4%, del que el 21,9% corresponde a frutas frescas, el 21,4% a cacao en grano, el 17,2% a nuez moscada, el 17,1% a plátanos, el 9,4% a ropa y el 4,0% a macís; reexportaciones 2,6%). *Principales clientes* (1986): Trinidad y Tabago 22,7%; Países Bajos 18,4%; Alemania federal 15,7%; EUA 4,0%.

Transportes y comunicaciones

Transportes. Ferrocarriles: ninguno. Carreteras (1986): Longitud total 1.000 km (pavimentadas 66%). Vehículos (1981): Automóviles 4.784; camiones y autobuses 981. Marina mercante (1988): Barcos (100 toneladas brutas y más) 2; peso muerto total 484 toneladas. Transporte aéreo (1982): Llegadas y salidas de pasajeros, n.d.; mercancía cargada 59 toneladas métricas-km; descargada 116; aeropuertos (1989) con vuelos regulares 2.
Comunicaciones. Diarios: Ninguno. Radio (1988): Número total de receptores 44.600 (1 por cada 2,4 personas). Televisión: Número total de televisores, n.d., Teléfonos (1988): 6.000 (1 por cada 18 personas).

Educación y sanidad

Escolaridad (1981). Porcentaje de la población de 25 años y más: sin escolarización formal 2,2%; con enseñanza primaria 87,8%; secundaria 8,5%; superior 1,5%. *Alfabetización* (1981): Población total de 15 años y más alfabetizada 46.000 (85,0%).
Sanidad (1987): Médicos 42 (1 por cada 2.462 habitantes); camas hospitalarias 360 (1 por cada 287 habitantes); tasa de mortalidad infantil por cada 1.000 nacidos vivos 15,9.
Alimentación (1984-86): Ingesta calórica diaria per cápita 2.409 (productos vegetales 81%, productos animales 19%); (1984) 98% de las necesidades mínimas recomendadas por la FAO.

Fuerzas armadas

Personal en servicio activo (1987):[9]. *Presupuesto de defensa en porcentaje del PNB:* n.d.; gasto per cápita, n.d.

[1] Granada está dividida en siete parroquias únicamente a efectos estadísticos. [2] 1979. [3] 1984. [4] Entre 1978 y 1987 sólo se construyeron 260 casas, de promoción pública. [5] Únicamente personas empleadas; incluye 5.932 trabajadores autónomos. [6] Menos cargos bancarios imputados. [7] Las cifras de importación son f.o.b. en la balanza comercial y c.i.f. para los artículos y asociados comerciales. [8] Exportaciones (1988): 32.500.000 dlr. EUA (nuez moscada 35,7%, plátanos 14,5%, cacao en grano 9,8%, macís 8,3%). [9] La fuerza policial incluye una unidad paramilitar de 80 miembros.

Grecia

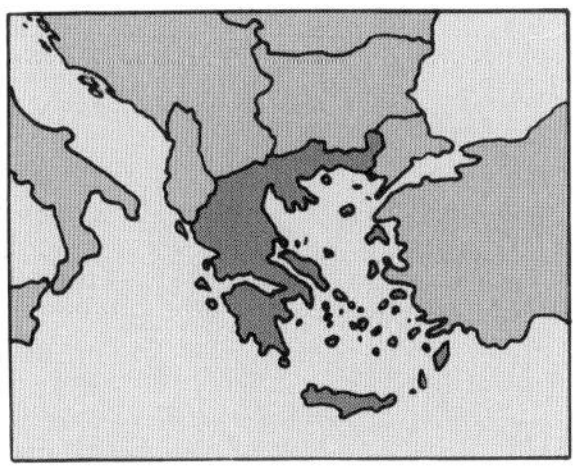

Nombre oficial: República Helénica.
Forma de gobierno: República unitaria multipartidista con una cámara legislativa (Cámara de Diputados).
Jefe del estado: Presidente.
Jefe del gobierno: Primer ministro.
Capital: Atenas.
Lengua oficial: Griego.
Religión oficial: Ortodoxa griega.
Moneda: 1 dracma (Dr) = 100 leptae; cambio (2 octubre 1989) 1 dlr. EUA = 164,49 Dr.

Área y población

Regiones[1]	área km^2	población censo 1981
Ática	3.808	3.369.424
Creta	8.336	502.165
Egeo Meridional	5.286	233.529
Egeo Septentrional	3.836	195.004
Epiro	9.203	324.541
Grecia Central	15.549	537.984
Grecia Occidental	11.350	655.262
Islas Jónicas	2.307	182.651
Macedonia Central	19.147	1.602.892
Macedonia Occidental	9.451	289.071
Macedonia Oriental y Tracia	14.157	575.210
Peloponeso	15.490	577.030
Tesalia	14.037	695.654
TOTAL	131.957	9.740.417

Demografía

Población (1989): 10.096.000.
Densidad (1989): Personas por km^2 76,5.
Índice de urbanización (1985): Urbana 57,7 %; rural 42,3 %.
Distribución por sexo (1986): Varones 49,20 %; mujeres 50,8 %.
Estructura por edades (1986): Menos de 15, 20,5 %; 15-29, 22,1 %; 30-44, 19,3 %; 45-59, 19,7 %; 60-74, 12,7 %; 75 y más, 5,7 %.
Proyección demográfica: (2000) 10.289.000; (2010) 10.346.000.
Tiempo de duplicación: n.d.; excede de 100 años.
Composición étnica (1983): Griegos 95,5 %; macedonios 1,5 %; turcos 0,9 %; albaneses 0,6 %; otros 1,5 %.
Afiliación religiosa (1980): Cristianos 98,1 %, del que el 97,6 % corresponde a ortodoxos griegos, el 0,4 % católicos y el 0,1 % a protestantes; musulmanes 1,5 %; otros 0,4 %.
Principales ciudades (1981): Atenas 885.737; Tesalónica 406.413; El Pireo 196.389; Patrás 142.163; Peristerion 140.858.
Tasa de natalidad por 1.000 habitantes (1987): 10,6 (media mundial 27,1).
Tasa de mortalidad por 1.000 habitantes (1987): 9,5 (media mundial 9,9).
Tasa de crecimiento por 1.000 habitantes (1987): 1,1 (media mundial 17,2).
Esperanza de vida al nacer (1980): Varones 72,2 años; mujeres 76,4 años.
Principales causas de muerte por 100.000 habitantes (1987): Neoplasias malignas (cánceres) 185,1; enfermedades cerebrovasculares 177,6; enfermedades de la circulación pulmonar y otras formas de enfermedades cardiacas 176,4; cardiopatía isquémica 108,9.

Economía nacional

Presupuesto (1988). Ingresos: 2.801.530.000.000 Dr (impuestos indirectos y de consumo 48,9 %; impuestos directos 22,0 %; Comunidad Europea 1,9 %). Gastos: 2.756.530.000.000 Dr (Ministerios 82,0 %; defensa 12,6 %; Comunidad Europea 2,9 %; policía y otros sectores 2,6 %).
Turismo (1987): Ingresos por visitantes 2.192.000.000 dlr. UEA; gastos de nacionales en el exterior 507.000.000 dlr. EUA.
Producción (toneladas métricas, excepto cuando se indique). Agricultura, silvicultura, pesca (1987): Maíz 2.370.000, trigo 2.147.000, tomates 1.921.000, remolacha azucarera 1.700.000, uva 1.500.000, aceitunas 1.100.000, papas o patatas 905.000, cebada 626.000, naranjas 461.000, algodón 168.000, cebollas 154.000, tabaco 145.000, arroz 114.000; ganadería (número de animales vivos): 11.412.000 ovejas, 5.000.000 cabras, 1.226.000 cerdos, 743.000 reses, 185.000 burros, 31.000.000 pollos; madera 2.945.000 m^3; pesca, capturas 135.072. Minas y canteras (1987)[2]: Bauxita 2.476.800; mineral de hierro 900.000[3]; mineral de zinc 22.500[3]; mineral de plomo 21.000[3]. Industria manufacturera (vaños añadido en Dr; 1987): Alimentos, bebidas y tabaco 190.160.000.000; textiles 177.440.000.000; productos químicos 117.620.000.000; ropa y calzado 72.190.000.000; papel e impresos 75.460.000.000; equipos de transporte 64.560.000.000. Construcción (m^3; 1987): Residencial 44.423.000; no residencial 68.349.000. Producción energética (consumo): Electricidad (kwh; 1987) 30.087.000.000 (30.702.000.000); carbón (toneladas métricas; 1987) 44.612.000 (44.425.000); petróleo crudo (barriles; 1987) 8.248.000 (110.170.000); productos petrolíferos (toneladas métricas; 1987) 15.144.000 (9.792.000); gas natural (m^3; 1987) 133.260.000 (133.260.000).
Producto nacional bruto (1987): 43.557.000.000 dlr. EUA (4.350 dlr. EUA per cápita).

Estructura del producto nacional neto y de la población activa

	1987			
	Valor (000.000 Dr)	% del valor total	Población activa[4]	% de la pobl. activa
Agricultura	875.000	15,8	975.700	24,1
Minería	100.400	1,8	26.100	0,6
Industria	971.000	17,5	750.100	18,5
Construcción	341.100	6,2	249.100	6,2
Servicios públicos	167.900	3,0	36.400	0,9
Transportes y comunicaciones	444.300	8,0	261.300	6,5
Comercio	893.100[4]	16,1[4]	612.400	15,1
Finanzas	[4]	[4]	149.700	3,7
Administriación pública, defensa	985.200	17,8	648.300	16,0
Servicios	447.800	8,1		
Otros	313.300[5]	5,7[5]	337.400[6]	8,3[6]
TOTAL	5.539,100	100,0	4.046.400	100.0[7]

Deduda pública (1985): 14.632.600.000 dlr. EUA.
Población económicamente activa (1987): Total 4.046.400; tasa de actividad de la población total 40,5 % (tasas de participación: (1985) 15-64 años 57,5 %; mujeres 36,6 %; desempleados 7,1 %).

Comercio exterior

Balanza comercial (precios corrientes)

	1982	1983	1984	1985	1986	1987	1988
Millones de Dr	−303,0	−356,6	−416,6	−621,2	−614,8	−688,4	−861,4
% del total	34,6	31,2	27,7	33,0	28,0	28,1	33,8

Importaciones (1988): 1.924.292.300.000 Dr (maquinaria y equipos de transporte 23,0 %, del que el 1,8 corresponde a equipos eléctricos; alimentos, bebidas y tabaco 16,8, del que el 6,3 % corresponde a productos cárnicos, el 2,6 % a leche y crema y el 1,0 % a pescado; petróleo crudo 9,2 %; productos químicos 9,3 %, del que el 2,9 % corresponde a plásticos y resinas y el 1,2 % a productos medicinales y farmacéuticos). *Principales proveedores:* Alemania federal 19,3 %; Italia 12,9 %; EUA 10,0 %; Francia 8,1 %; Países Bajos 7,2 %; Reino Unido 5,8 %; Japón 3,3 %; URSS 3,0 %).
Exportaciones (1988): 841.739.800.000 Dr (alimentos, bebidas y tabaco 27,8 %, del que el 3,0 % corresponde a tabaco, el 3,0 % a aceite de oliva y el 1,4 % a aceitunas; textiles 23,0 %; productos petrolíferos 8,2 %; pieles 1,9 %) . *Principales clientes:* Alemania federal 21,2 %; EUA 14,1 %; Italia 13,8 %; Reino Unido 8,6 %; Francia 7,4 %; Países Bajos 2,5 %.

Transportes y comunicaciones

Transportes. Ferrocarriles (1987): Longitud de vías 2.479 km; pasajeros-km 1.938.000.000; carga toneladas métricas-km 599.000.000. Carreteras (1985): Longitud total 103.306 km (pavimentadas 83 %). Vehículos (1989): Automóviles 1.526.863; camiones y autobuses 717.448. Marina mercante (1988): Barcos (100 toneladas brutas y más) 1.874; peso muerto total 39.718.620 toneladas. Transporte aéreo (1987): Pasajeros-km 7.140.000.000; carga toneladas métricas-km 114.096.000; aeropuertos (1989) con vuelos regulares 29.
Comunicaciones. Diarios (1987): Número total 142; circulación total 1.236.277[8]; circulación por 1.000 habitantes, n.d. Radio (1987): Número total de receptores 4.085.492 (1 por cada 2,4 personas). Televisión (1987): Número total de televisores 1.754.818 (1 por cada 5,7 personas). Teléfonos (1987): 4.122.300 (1 por cada 2,4 personas):

Educación y sanidad

Escolaridad (1981). Porcentaje de la población total de 25 años y más: sin escolarización formal (analfabetos) 11,4 %; con enseñanza primaria parcial 16,8 %; primaria completa 44,1 %; secundaria baja 6,0 % secundaria alta 13,5 %; postsecundaria parcial 2,5 %; graduados de instituciones de enseñanza superior 4,9 %. *Alfabetización* (1985): Población total de 14 años y más alfabetizada 7.209.500 (93,8 %); varones alfabetizados 3.555.000 (97,3 %); mujeres alfabetizadas 3.654.500 (90,6 %).
Sanidad (1987): Médicos (1985) 29.103 (1 por cada 341 habitantes); camas hospitalarias 51.745 (1 por cada 193 habitantes); tasa de mortalidad infantil por cada 1.000 nacidos vivos 12,6.
Alimentación (1984-86): Ingesta calórica diaria per cápita 3.688 (productos vegetales 75 %, productos animales 25 %); (1984) 149 % de las necesidades mínimas recomendadas por la FAO.

Fuerzas armadas

Personal en servicio activo (1988): 214.000 (ejército 79,7 %, armada 9,1 %, fuerza aérea 11,2 %). *Presupuesto de defensa en porcentaje del PNB* (1987): 6,2 % (mundo 5,4 %); Gasto per cápita 290 dlr. EUA.

[1] Nuevas regiones administrativas aprobadas por el gobierno griego el 19 de enero de 1987. [2] Contenido metálico. [3] 1986. [4] Comercio incluye finanzas. [5] Rentas inmobiliarias. [6] Incluye 286.200 desempleados. [7] El desglose no se corresponde con el total a causa del redondeo. [8] Sólo de 24 diarios.

Guatemala

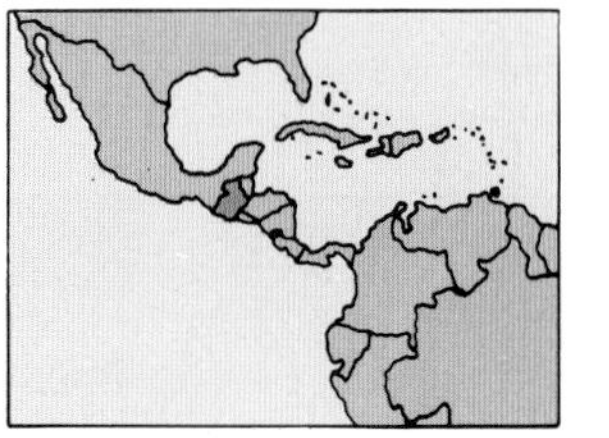

Nombre oficial: República de Guatemala.
Forma de gobierno: República con una cámara legislativa (Congreso de la República).
Jefe del estado y del gobierno: Presidente.
Capital: Ciudad de Guatemala.
Lengua oficial: Español.
Religión oficial: Ninguna.
Moneda: 1 quetzal (Q) = 100 centavos; cambio (2 oct. 1989) 1 dlr. EUA = 2,70 Q.

Área y población

Departamentos	Capitales	área km²	población estimada 1989
Alta Verapaz	Cobán	8.686	556.282
Baja Verapaz	Salamá	3.124	174.892
Chimaltenango	Chimaltenango	1.979	324.651
Chiquimula	Chiquimula	2.376	241.896
El Progreso	Progreso	1.922	104.057
Escuintla	Escuintla	4.384	510.733
Guatemala	Ciudad de Guatemala	2.126	1.908.085
Huehuetenango	Huehuetenango	7.400	671.441
Izabal	Puerto Barrios	9.038	306.244
Jalapa	Jalapa	2.063	181.383
Jutiapa	Jutiapa	3.219	339.293
Petén	Ciudad Flores	35.854	227.481
Quezaltenango	Quezaltenango	1.951	527.501
Quiché	Santa Cruz	8.378	539.669
Retalhuleu	Retalhuleu	1.856	225.241
Sacatepéquez	Antigua Guatemala	465	169.833
San Marcos	San Marcos	3.791	663.074
Santa Rosa	Cuilapa	2.955	256.850
Sololá	Sololá	1.061	227.406
Suchitepéquez	Mazatenango	2.510	342.765
Totonicapán	Totonicapán	1.061	280.908
Zacapa	Zacapa	2.690	155.711
TOTAL		108.889	8.935.395

Demografía

Población (1989): 8.935.000.
Densidad (1989): Personas por km² 82,1.
Índice de urbanización (1987): Urbana 36,4 %; rural 63,6 %.
Distribución por sexo (1987): Varones 50,54 %; mujeres 49,46 %.
Estructura por edades (1985): Menos de 15, 45,9 %; 15-29, 26,5 %; 30-44, 14,3 %; 45-59, 8,6 %; 60-74, 3,8 %; 75 y más, 0,9 %.
Proyección demográfica: (2000) 12.222.000; (2010) 15.827.000.
Tiempo de duplicación: 26 años.
Composición étnica (1983): Amerindios 55 %; ladinos (hispano/amerindios) 42 %; blancos o negros 3 %.
Afiliación religiosa (1986): Católicos 75 %; del que 25,0 % corresponde a católicos/sincretistas tradicionales; protestantes (en su mayoría fundamentalistas) 25 %.
Principales ciudades (1989): Ciudad de Guatemala 1.057.210; Quezaltenango 88.769; Escuintla 60.673; Mazatenango 37.837; Puerto Barrios 37.766.
Tasa de natalidad por 1.000 habitantes (1987): 36,5 (media mundial 27,1).
Tasa de mortalidad por 1.000 habitantes (1987): 9,5 (media mundial 9,9).
Tasa de crecimiento por 1.000 habitantes (1987): 27,0 (media mundial 17,2).
Esperanza de vida al nacer (1987): Varones 58,0 años; mujeres 62,0 años.
Principales causas de muerte por 100.000 habitantes (1981): Enfermedades infecciosas y parasitarias 211,5; enfermedades del sistema respiratorio 145,7 de las 112,4 corresponden a neumonía; enfermedades cardiovasculares 57,2; desnutrición 45,3; homicidios y actos violentos 35,1; estados patológicos mal definidos 72,6.

Economía nacional

Presupuesto (1985). Ingresos 2.229.100.000 Q (ingresos por impuestos 78,0 %, del que el 21,5 % corresponde a impuesto sobre el valor añadido, el 18,0 % a impuestos sobre la renta y el 16,9 % a derechos de importación; ingresos no impositivos 12,5 %; ayudas 9,4 %. Gastos: 2.584.000.000 Q (gastos corrientes 80,3 %; gastos de desarrollo 19,7 %).
Turismo (1988): Ingresos por visitantes 124.000.000 dlr. EUA; gastos de nacionales en el exterior (1987) 33.000.000 dlr. UEA.
Producción (toneladas métricas, excepto cuando se indique). Agricultura, silvicultura, pesca (1988): Caña de azúcar 7.000.000, maíz 1.217.000, plátanos 470.000, café 162.000, algodón para siembra 125.000, frijoles o judías 86.000, cardamomo 12.800[1], aceite de verbena 987 hectolitros[2]; ganadería (número de animales vivos) 2.140.000 reses, 875.000 cerdos, 660.000 ovejas; madera (1987) 7.184.000 m³; pesca, capturas (1987) 2.425 de las que 1.145 corresponden a crustáceos. Minas y canteras. Piedra caliza (1986) 900.000; antimonio (contenido metálico, 1987) 1.900. Industria manufacturera (valor añadido en millones de Q; 1985): productos alimenticios 334; fármacos 138; bebidas 106; textiles 178; productos del caucho 47. Construcción (valor de puja en millones de Q; 1985)[3]; Residencial 37,6; no residencial 13,8. Producción energética (consumo): Electricidad (kwh; 1987) 1.770.000.000 (1.770.000.000); carbón, no produce (sin consumo); petróleo crudo (barriles, 1987) 1.319.000 (4.464.000); productos petrolíferos (1987) 557.000 (864.000); gas natural, no produce (sin consumo).
Producto nacional bruto (1987): 6.839.000.000 dlr. EUA (810 dlr. EUA per cápita).

Estructura del producto nacional bruto y de la población activa

	1985			
	Valor[6] (000.000 dlr. EUA)	% del valor total	Población activa	% de la pobl. activa
Agricultura	803,2	25,6	1.365.251	49,8
Minería	8,8	0,3	2.735	0,1
Industria	487,5	15,5	334.107	12,2
Construcción	67,0	2,1	94.672	3,5
Servicios públicos	73,0	2,3	10.558	0,4
Transportes y comunicaciones	230,5	7,3	51.904	1,9
Comercio	772,5	24,6	357.279	13,0
Finanzas, bienes raíces	285,9	9,1	30.699	1,1
Administración pública, defensa	215,4	6,9 }	394.807	14,4
Servicios	195,7	6,2 }		
Otros	—	—	96.051	3,6
TOTAL	3.139,5	100.0[5]	2.740.061	100,0

Deuda pública (externa, pendiente; 1987): 2.345.000.000 dlr. EUA. *Población económicamente activa* (1986-87): Total 2.740.061; tasa de actividad de la población total 33,6 % (tasas de participación: 15-64 años 59,2 %; mujeres 24,5 %; desempleados [1987] 11,7 %)[6].

Comercio exterior[7]

Balanza comercial (precios corrientes)

	1983	1984	1985	1986	1987	1988
Millones Q	134,9	−43,8	−22,5	227,8	−355,2	−339,8
% del total	6,0	1,9	1,1	11,5	15,4	13,7

Importaciones (1988): 1.557.000.000 Q, maquinaria, equipos y herramientas 22,2 %, bienes de consumo 18,1 %, petróleo 7,1 %, materiales de construcción 5,9 %). *Principales proveedores* (1987): EUA 40,5 %; Japón 6,5 %; Alemania federal 5,9 %; México 5,8 %; El Salvador 5,0 %.
Exportaciones (1988): 1.073.400.000 Q (café 36,0 %, azúcar 7,3 %, plátanos 7,1 %, productos químicos 6,9 %, cardamomo 3,5 %). *Principales clientes* (1987): EUA 50,7 %; Alemania federal 6,6 %; El Salvador 6,2 %; 4,8 %; Costa rica 3,3 %.

Transportes y comunicaciones

Transportes. Ferrocarriles (1987)[8]: Longitud de vías 903 km; pasajeros-km 49.914.000; carga toneladas métricas-km 74.517.000. Carreteras (1986): Longitud total 17.300 km (pavimentadas 17 %). Vehículos (1983): Automóviles 188.100; camiones y autobuses 58.500. Marina mercante (1988): Barcos (100 toneladas brutas y más) 5; peso muerto total 6.450 toneladas. Transporte aéreo (1987)[9]: Pasajeros-km 154.700.000; carga toneladas métricas-km 11.388.000; aeropuertos (1989) con vuelos regulares 3.
Comunicaciones. Diarios (1986): Número total 9; circulación total 225.500[10]; circulación por 1.000 habitantes 28. Radio (1988): Número total de receptores 407.473 (1 por cada 21 personas). Televisión (1988): Número total de televisores 475.000 (1 por cada 18 personas). Teléfonos (1985): 128.179 (1 por cada 63 personas).

Educación y sanidad

Escolaridad (1981). Porcentaje de la población total de 25 años y más: sin escolarización formal 52,9 %; con enseñanza primaria 34,5 %; secundaria incompleta 7,1 %; secundaria completa y superior 2,1 %; desconocido 3,4 %. *Alfabetización* (1985): Población total de 15 años y más alfabetizada 3.079.000 (55,0 %); varones alfabetizados 1.790.000 (62,6 %); mujeres alfabetizadas 1.289.000 (47,1 %).
Sanidad: Médicos (1984) 3.544 (1 por cada 2.256 habitantes); camas hospitalarias (1985) 9.575 (1 por cada 822 habitantes); tasa de mortalidad infantil por cada 1.000 nacidos vivos (1988) 65,0.
Alimentación (1984-86): Ingesta calórica diaria per cápita 2.297 (productos vegetales 92 %, productos animales 8 %); (1984) 105 % de las necesidades mínimas recomendadas por la FAO.

Fuerzas armadas

Personal en servicio activo (1988): 42.050 (ejército 95,1 %, armada 2,9 %, fuerza aérea 2,0 %). *Presupuesto de defensa en porcentaje del PNB* (1987): 1,5 % (mundo 5,4 %); gasto per cápita 12 dlr. EUA.

[1] Sólo exportación. [2] 1985. [3] Construcciones autorizadas en el área metropolitana de la ciudad de Guatemala. [4] A precios de 1985 [5] El detalle no cuadra a causa del redondeo. [6] Basado en empleados con derecho a la seguridad social [7] Las cifras de importación son f.o.b. (franco a bordo) en la balanza comercial y c.i.f. (costo, seguro y flete) para los artículos y asociados comerciales. [8] Sólo ferrocarriles de Guatemala. [9] Sólo líneas aéreas Aviateca. [10] Cinco periódicos únicamente.

Guinea

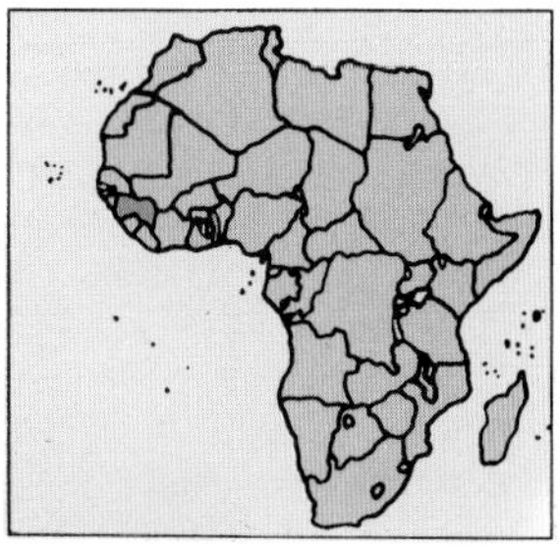

Nombre oficial: República de Guinea.
Forma de gobierno: República presidencialista.
Jefe del estado y del gobierno: Presidente.
Capital: Conakry.
Lengua oficial: Francés.
Religión oficial: Ninguna.
Moneda: 1 franco de Guinea[1] (GF) = 100 cauris; cambio (30 sept. 1989) 1 dlr. EUA = 615,00 GF.

Área y población

Regiones	Capitales	área km²	población censo 1983
Beyla	Beyla	17.452	161.347
Boffa	Boffa	5.003	141.719
Boké	Boké	10.053	225.207
Conakry	Conakry	308	705.280
Coyah	Coyah	5.576	134.190
Dabola	Dabola	6.000	97.986
Dalaba	Dalaba	3.400	132.802
Dinguiraye	Dinguiraye	11.000	133.502
Faranah	Faranah	12.400	142.923
Forécariah	Forécariah	4.265	116.464
Fria	Fria	2.175	70.413
Gaoual	Gaoual	11.500	135.657
Guéckédou	Guéckédou	4.157	204.757
Kankan	Kankan	18.400	229.861
Kérouané	Kérouané	7.950	106.872
Kindia	Kindia	8.828	216.052
Kissidougou	Kissidougou	8.872	183.236
Koubia	Koubia	1.480	98.053
Koundara	Koundara	5.500	94.216
Kouroussa	Kouroussa	12.035	136.926
Labé	Labé	2.520	253.214
Lélouma	Lélouma	2.150	138.467
Lola	Lola	4.219	106.654
Macenta	Macenta	8.710	193.109
Mali	Mali	8.800	210.889
Mamou	Mamou	6.160	190.525
Mandiana	Mandiana	12.950	136.317
Nzérékoré	Nzérékoré	3.781	216.355
Pita	Pita	4.000	227.912
Siguiri	Siguiri	19.750	209.164
Télimélé	Télimélé	8.080	243.256
Tougué	Tougué	6.200	113.272
Yomou	Yomou	2.183	74.417
TOTAL		245.857	5.781.014

Demografía

Población (1989): 6.705.000.
Densidad (1989): Personas por km² 27,3.
Índice de urbanización (1986): Urbana 70,6%; rural 23,7%.
Distribución por sexo (1986): Varones 49,51%; mujeres 50,49%.
Estructura por edades (1985): Menos de 15, 43,1%; 15-29, 26,2%; 30-44, 16,2%; 45-59, 9,6%; 60-74, 4,2%; 75 y más, 0,7%.
Proyección demográfica: (2000) 8.829; (2010) 11.451.000.
Tiempo de duplicación: 28 años.
Composición étnica (1983): Fulani 38,6%; malinke 23,2%; susu 11,0%; kissi 6,0%; kpelle 4,6%; otros 16,6%.
Afiliación religiosa (1988): Musulmanes 85,0%; credos tradicionales 5,0%; cristianos 1,5%; otros 0,1%.
Principales ciudades (1983): Conakry 705.280; Kankan 88.760; Labé 65.439; Kindia 55.904.
Tasa de natalidad por 1.000 habitantes (1985-90): 46,6 (media mundial 27,1).
Tasa de mortalidad por 1.000 habitantes (1985-90): 21,9 (media mundial 9,9).
Tasa de crecimiento por 1.000 habitantes (1985-90): 24,7 (media mundial 17,2).
Esperanza de vida al nacer (1985-90): Varones 40,6 años; mujeres 43,8 años.
Principales causas de muerte por 100.000 habitantes: n.d.; sin embargo, entre las principales enfermedades se incluyen paludismo, enfermedades venéreas, tuberculosis infecciones intestinales, sarampión y esquistosomiasis.

Economía nacional

Presupuesto (1989). Ingresos. 322.100.000.000 GF (ingresos internos 51,7%, del que un 28,8% corresponde al sector minero; ingresos externos 48,3% del que 24,0% corresponde a préstamos para inversión, 11,9% a incentivos a la inversión, 9,9% a créditos al déficit, 2,5% a cesiones al déficit). Gastos: 381.999.000.000 (gastos de capital 43,8%; deuda pública 24,3%; personal 16,2%; provisión de servicios 13,2%; subsidios 2,2%).
Turismo: n.d.
Producción (toneladas métricas, excepto cuando se indique). Agricultura, silvicultura, pesca (1987): Raíces y tubérculos 663.000 (de las que 500.000 corresponden a mandioca y 61.000 a ñames), arroz 470.000, verduras y melones 420.000, plátanos machos 350.000, caña de azúcar 225.000, cítricos 163.000, plátanos 107.000, cacahuates 75.000, legumbres 45.000, maíz 45.000, frutos de palma 35.000, taro 32.000, piñas tropicales 20.000, cocos 15.000, café 15.000, huevos 13.860; ganadería (número de animales vivos): 1.800.000 reses, 460.000 ovejas, 460.000 cabras, 50.000 cerdos, 13.000.000 pollos; madera 4.445.000 m³; pesca, capturas 30.000. Minas y canteras (1988): Bauxita 16.300.000; alúmina 570.000; diamantes gema 200.000 quilates. Industria manufacturera (valor de la producción en miles de GS; 1985): Hierro ondulado y en planchas 571.081; plásticos 462.242; productos del tabaco 375.154; cemento 326.138; impresos 216.511; zumos de frutas 75.763; cerveza 69.934; fósforos 22.449. Construcción, n.d. Producción energética (consumo): Electricidad (kwh; 1987) 500.000.000 (500.000.000); carbón, no produce (n.d.); petróleo crudo, no produce (n.d.); productos petrolíferos (1985) no produce (291.000); gas natural, no produce (n.d.).
Producto nacional bruto (a precios corrientes de mercado; 1986): 1.523.000.000 dlr. EUA (240 dlr. EUA per cápita).

Estructura del producto nacional bruto y de la población activa

	1985		1983	
	Valor (000.000 GS)[2]	% del valor total	Población activa	% de la pobl. activa
Agricultura	745	44,7	2.236.000	76,6
Minería	376	22,6	268.000	9,4
Industria	21	1,3		
Construcción	51	3,1		
Servicios públicos	13	0,8		
Transportes y comunicaciones	30	1,8	342.000	12,0
Comercio	310	18,6		
Finanzas; Administración pública, defensa	77	4,6		
Servicios	42	2,5		
TOTAL	1.665	100,0	2.846.000	100,0

Deuda pública (externa, pendiente; 1987): 1.616.200.000 dlr. EUA.
Población económicamente activa (1985): Total 2.846.000; tasa de actividad de la población total 46,8% (tasas de participación: 15-74 años, 76,2; mujeres [1981] 40,8%; desempleados n.d.).

Comercio exterior[4]

Balanza comercial (precios corrientes)

	1983	1984	1985	1986	1987	1988
Millones dlr.EUA	123	94	111	104	116	57
% del total	13,9	9,7	11,0	10,3	11,0	5,5

Importaciones (1988): 491.200.000 dlr EUA (bienes intermedios 43,9%, bienes de capital 17,0%, productos petrolíferos 13,7%, productos alimentarios 12,8%, bienes de consumo 12,6%). *Principales proveedores* (1987)[5]: Francia 31,4%; EUA 8,4%; Bélgica-Luxemburgo 7,9%; Alemania federal 5,7%; Italia 5,1%; España 4,8%.
Exportaciones (1988): 548.100.000 dlr. EUA (bauxitas alúminas 78,1%; diamantes 10,8%; oro 4,5%; café 3,1%; pescado 0,6%). *Principales clientes*[5]*:* EUA 18,8%; España 10,4%; Alemania federal 9,5%; Italia 9,1%; Bélgica-Luxemburgo 8,4%; Camerún 6,4%.

Transportes y comunicaciones

Transportes. Ferrocarriles (1986): Longitud de vías 940 km. Carreteras (1988): Longitud total 28.400 km (pavimentadas 4%). Vehículos (1982): Automóviles 9.948; camiones y autobuses 9.992. Marina mercante (1988): Barcos (100 toneladas brutas y más) 19; peso muerto total 2.927 toneladas. Transporte aéreo (1986): Pasajeros-km 28.764.000; carga toneladas métricas-km 2.458.000; aeropuertos (1989) con vuelos regulares 2.
Comunicaciones. Diarios (1988): Ninguno. Radio (1988): Número total de receptores 200.000 (1 por cada 31 personas). Televisión (1988): Número total de televisores 50.000 (1 por cada 566 personas). Teléfonos (1981): 15.800 (1 por cada 310 personas).

Educación y sanidad

Escolaridad, n.d. *Alfabetización* (1985): Población total de 15 años y más alfabetizada 874.000 (28,3%); varones alfabetizados 603.000 (39,7%); mujeres alfabetizadas 271.000 (17,2%).
Sanidad (1988): Médicos 672 (1 por cada 9.732 habitantes); camas hospitalarias 3.382 (1 por cada 1.934 habitantes); tasa de mortalidad infantil por cada 1.000 nacidos vivos (1980-85) 159.
Alimentación (1984-86): Ingesta calórica diaria per cápita 1.282 (productos vegetales 96%, productos animales 4%); 77% de las necesidades mínimas recomendadas por la FAO.

Fuerzas armadas

Personal en servicio activo (1989): 9.900 (ejército 85,9%, armada 6,0%, fuerza aérea 8,1%). *Presupuesto de defensa en porcentaje del PNB* (1984): 3,1% (mundo 5,7%); gasto per cápita 10 dlr. EUA.

[1] El franco de Guinea (GF) fue sustituido a la par por el syli de Guinea (GS) en enero de 1986, depreciándose su valor en el 92,5% en términos de moneda extranjera. El tipo de cambio que figura para el franco de Guinea es únicamente el oficial; el tipo para operaciones públicas es el 11,8% más bajo. [2] Las provincias de Boké y Faranah fueron integradas en otras por decreto presidencial en enero de 1988. [3] El desglose no se corresponde con el total a causa del redondeo. [4] Importaciones c.i.f. (costo, seguro, flete); exportaciones f.o.b. (franco a bordo). [5] El desglose no incluye el comercio con el bloque del este (en su mayoría con la U.R.S.S.) ni las importaciones de petróleo.

Guinea-Bissau

Nombre oficial: República de Guinea-Bissau.
Forma de gobierno: República unipartidista con una cámara legislativa (Asamblea Popular Nacional).
Jefe del estado y del gobierno: Presidente.
Capital: Bissau.
Lengua oficial: Portugués.
Religión oficial: Ninguna.
Moneda: 1 peso de Guinea-Bissau (PG) = 100 centavos; cambio (2 oct. 1989) 1 dlr. EUA = 650 PG.

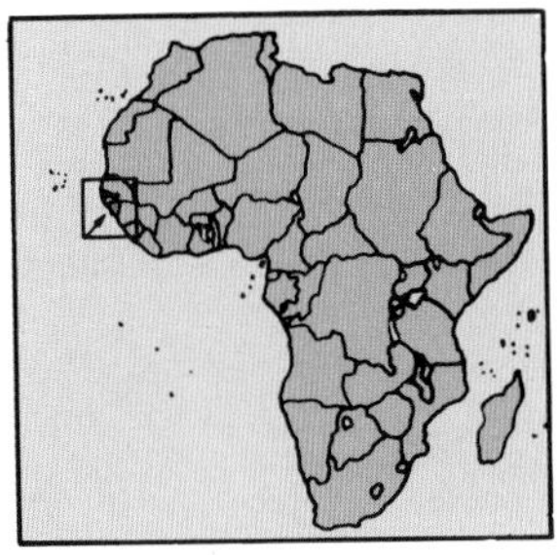

Área y población

Regiones	Capitales	área km²	población censo[1] 1979
Bafatá	Bafatá	5.981	115.656
Biombo[2]	Bissau	840	51.796
Bolama	Bolama	2.624	25.449
Cacheu	Cacheu	5.175	127.514
Gabú	Gabú	9.150	103.683
Oio	Farim	5.403	131.271
Quinara	Fulacunda	3.138	35.567
Tombali	Catió	3.736	55.088
Sector autónomo			
Bissau		78	107.281
TOTAL		36.125	753.305

Demografía

Población (1989): 953.000.
Densidad (1989): Personas por km² 26,4.
Índice de urbanización (1986): Urbana 27,8%; rural 72,2%.
Distribución por sexo (1986): Varones 48,34%; mujeres 51,66%.
Estructura por edades (1985): Menos de 15, 42,9%; 15-29, 25,6%; 30-44, 15,7%; 45-59, 10,2%; 60-74, 4,7%; 75 y más, 0,9%.
Proyección demográfica: (2000) 1.200.000; (2010) 1.480.000.
Tiempo de duplicación: 33 años.
Composición étnica (1979): Balante, 27,2%; fulani 22,9%; malinke 12,2%; mandyako 10,6%; pepel 10,0%; otros 17,1%.
Afiliación religiosa (1986): Creencias tradicionales 65%; musulmanes 30%; cristianos 5%.
Principales ciudades (1979): Bissau (1988) 125.000; Bafatá 13.429; Gabú 7.803; Mansoa 5.390; Catió 5.179.
Tasa de natalidad por 1.000 habitantes (1985-90): 40,8 (media mundial 27,1).
Tasa de mortalidad por 1.000 habitantes (1985-90): 20,0 (media mundial 9,9).
Tasa de crecimiento por 1.000 habitantes (1985-90): 20,8 (media mundial 17,2).
Esperanza de vida al nacer (1985-90): Varones 43,4 años; mujeres 46,6 años.
Principales causas de muerte por 100.000 habitantes: n.d.; sin embargo, entre las enfermedades más importantes se encuentran tuberculosis, tos ferina, fiebres tifoideas, disentería bacilar y amebiasis, paludismo, neumonía e infecciones meningocócicas.

Economía nacional

Presupuesto (1987). *Ingresos:* 34.596.000.000 (ayuda al exterior 64,9%; ingresos por impuestos 64,9%, del que 10,6% corresponden a impuestos de consumo, 9,8% a derechos de exportación; ingresos no impositivos 12,5%). *Gastos:* 48.822.000.000 (asuntos económicos 40,0%, del que 20,1% corresponde a agricultura, silvicultura, pesca y 25,5% a servicios públicos generales).
Turismo: n.d.; sin embargo, se está urbanizando la isla de Bubaque con fines turísticos, con 110 habitaciones en 1979; en Bissau se iniciaron, en 1985, los trabajos de construcción de un hotel de 180 habitaciones.
Producción (toneladas métricas, excepto cuando se indique). Agricultura, silvicultura, pesca (1988): Arroz 145.000, raíces y tubérculos (batatas o camotes y mandioca) 40.000, frutas 42.000, sorgo 35.000, cacahuates 30.000, cocos 25.000, plátanos machos 25.000, mijo 25.000, verduras 20.000, maíz 15.000, frutos de palma 11.000, caña de azúcar 6.000, copra 5.000; algodón 5.000; ganadería (número de animales vivos): 340.000 reses, 290.000 cerdos, 210.000 cabras, 205.000 ovejas, 1.000.000 pollos; madera (1987) 563.000 m³; pesca, capturas (1987) 3.500 de las que 947 corresponden a crustáceos. Minas y canteras, n.d.; sin embargo, a fines de la década de 1980 se llevaban a cabo prospecciones de bauxita, petróleo y fosfatos. Industria manufacturera (en millones de PG; 1982): Bebidas 143,7, de los que 122,3 corresponden a cerveza y 16,5 a naranjada y limonada; ropa 14,0, aceite de cacahuate 7,0; aceite de palma 2,4. Construcción (en millones de PG; 1982): Edificios totales 2,5. Producción energética (consumo): Electricidad (kwh; 1987) 14.000.000 (14.000.000); carbón, no produce (n.d.); petróleo crudo, no produce; productos petrolíferos (1987) no produce (39.000); gas natural, no produce (n.d.).
Producto nacional bruto (1987): 152.000.000 dlr. EUA (170 dlr. EUA per cápita).

Estructura del producto nacional bruto y de la población activa

	1986		1979	
	Valor (000.000 Esc[4])	% del valor total	Población activa	% de la pobl. activa
Agricultura	14.774	51,5	153.069	71,9
Minería	416	1,4	162	0,1
Industria			2.905	1,4
Construcción	525	1.8	1.667	0,8
Servicios públicos	624	2,2	162	0,1
Transportes y comunicaciones	117	0.4	2.372	1,1
Comercio	5.121	17,8	5.085	2,4
Finanzas	1.288	4,5	162	0,1
Administración pública, defensa	4.452	15,5		
Servicios	1.398	4,9	26.194	12,3
Otros	—	—	21.232[5]	10,0[5]
TOTAL	28.715	100,0	213.010	100,0

Deuda pública (externa, pendiente; 1987): 293.800.000 dlr. EUA.
Población económicamente activa (1988): Total 279.081; tasa de actividad de la población total 30,0% (tasas de participación: 15-64 años [1979] 41,0%; mujeres 3,6%; desempleados n.d.).

Comercio exterior

Balanza comercial (precios corrientes)

	1981	1982	1983	1984	1985	1986
Millones PG	−1.334,1	−1.500,8	−1.227,5	−42,7	−51,4	−43,1
% del total	56,0	61,1	63,2	55,1	68,9	69,2

Importaciones (1985): 63.000.000 de dlr EUA (alimentos, bebidas) tabacos 23,3%; petróleo crudo y productos petrolíferos 12,5%; otros 64,2%. *Principales proveedores* (1987): Portugal 20,1%; Italia 14,1%; Países Bajos 9,6%; Tailandia 6,8%; Suecia 6,2%; Francia 5,0%; Japón, 5,0%.
Exportaciones (1985): 11.600.000 (anacardos 47,4%; peces y crustáceos 27,6%; cacahuate 16,4%; frutos de palma 8,6%; productos de la madera 3,4%). *Principales clientes* (1987): Portugal 42,2%; Francia 17,2%; Bélgica-Luxemburgo 8,7%; Países Bajos 7,8%; Alemania federal 7,4%; Italia 4,1%; España 3,6%.

Transportes y comunicaciones

Transportes. Ferrocarriles: Ninguno. Carreteras (1983): Longitud total 5.058 km (pavimentadas 8,0%). Vehículos (1982): Vehículos a motor privados 4.100. Marina mercante (1988): Barcos (100 toneladas brutas y más) 17; peso muerto total 2.843 toneladas. Transporte aéreo (1985): Pasajeros-km 9.000.000; carga toneladas métricas-km 1.000.000; aeropuertos (1989) con vuelos regulares 1.
Comunicaciones. Diarios (1986): Número total 1; circulación total 6.000; circulación por 1.000 habitantes 7,0. Radio (1988): Número total de receptores 31.200 (1 por cada 34 personas). Televisión: Ninguna. Teléfonos (1986): 3.000 (1 por cada 297 personas).

Educación y sanidad

Escolaridad (1979). Porcentaje de la población total de 7 años y más: sin escolarización formal o sabiendo leer y escribir 90,4%; con enseñanza primaria 7,9%; secundaria 1,0%; técnica 0,5%; superior 0,2%. *Alfabetización* (1985): Población total de 15 años y más alfabetizada 157.000 (31,4%); varones alfabetizados 112.000 (46,2%); mujeres alfabetizadas 45.000 (17,3%).
Sanidad: Médicos (1985) 122 (1 por cada 7.164 habitantes); camas hospitalarias (1983) 1.593 (1 por cada 526 habitantes); tasa de mortalidad infantil por cada 1.000 nacidos vivos (1985-90) 132,0.
Alimentación (1984-86): Ingesta calórica diaria per cápita 2.278 (productos vegetales 93%, productos animales 7%); 84% de las necesidades mínimas recomendadas por la FAO.

Fuerzas armadas

Personal en servicio activo (1989): 7.200 (ejército 94,4%, armada 4,2%, fuerza aérea 1,4%). *Presupuesto de defensa en porcentaje del PNB* (1987): 3,3% (mundo 5,4%); gasto per cápita 4 dlr. EUA.

[1] Preliminar. [2] La región de Biombo excluye la ciudad homónima. [3] Cifras de producción de los tres primeros trimestres. [4] Esc es abreviatura de escudo portugués. [5] No definido con precisión.

Guinea Ecuatorial

Nombre oficial: República de Guinea Ecuatorial.
Forma de gobierno: República unitaria unipartidista con una cámara legislativa (Asamblea Nacional).
Jefe del estado y del gobierno: Presidente.
Capital: Malabo.
Lengua oficial: Español.
Religión oficial: Ninguna.
Moneda[1]: 1 franco CFA (CFAF) = 100 centimes; cambio (2 oct. 1989) 1 dlr. EUA = 317,90 CFAF.

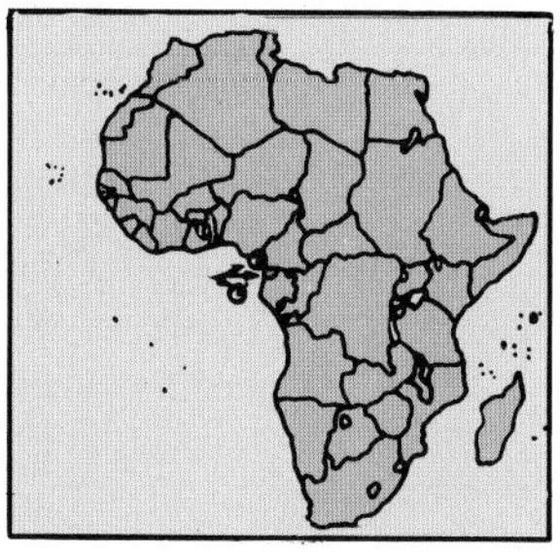

Área y población

Regiones / Provincias	área km^2	población 1983
Insular	2.034	59.196
Annobón	17	2.006
Bioko Norte	776	46.221
Bioko Sur	1.241	10.969
Continental	26.017	240.804
Centro-Sur	9.931	52.393
Kie-Ntem	3.943	70.202
Litoral	6.665	66.370
Wele-Nzas	5.478	51.839
TOTAL	28.051	300.000

Demografía

Población (1989): 343.000.
Densidad (1989): Personas por km^2 12,2.
Índice de urbanización (1986): Urbana 60,7%; rural 39,3%.
Distribución por sexo (1985): Varones 48,98%; mujeres 51,02%.
Estructura por edades (1985): Menos de 15, 38,1%; 15-29, 26,0%; 30-44, 17,7%; 45-59, 11,5%; 60-74, 5,6%; 75 y más, 1,1%.
Proyección demográfica: (2000) 447.000; (2010) 567.000.
Composición étnica (1983): Fang 72,0%; bubi 14,7%; duala 2,7%; ibibio 1,3%; maka 1,3%; otros 8,0%.
Afiliación religiosa (1980): Cristianos (en su mayoría católicos) 88,8%; credos tradicionales 4,6%; ateos 1,4%; musulmanes 0,5%; otros 0,2%; sin afiliación 4,5%.
Principales ciudades (1983): Malabo 15.253; Ela-Nguema 6.179; Bata 5.633; Campo Yaunde 5.199; Los Ángeles 4.079.
Tasa de natalidad por 1.000 habitantes (1985-90): 42,4 (media mundial 27,1).
Tasa de mortalidad por 1.000 habitantes (1985-90): 19,0 (media mundial 9,9).
Tasa de crecimiento por 1.000 habitantes (1985-90): 23,4 (media mundial 17,2).
Esperanza de vida al nacer (1985-90): Varones 42,4 años; mujeres 45,6 años.
Principales causas de muerte por 100.000 habitantes: n.d.; sin embargo, entre las principales enfermedades se incluyen paludismo (que afecta a alrededor del 60% de la población), cólera, lepra, tripanosomiasis (enfermedad del sueño) y enfermedades producidas por la ingestión de agua (especialmente gastrointestinales).

Economía nacional

Presupuesto (1988). Ingresos: 7.147.000.000 CFAF (ingresos fiscales 77,1%; otros ingresos 22,9%). Gastos: 7.894.000.000 CFAF (gasto actualizado 76,4%; inversiones 23,6%).
Turismo (1987): El turismo es una de las prioridades gubernamentales, pero sigue estando infradesarrollado.
Producción (toneladas métricas, excepto cuando se indique). Agricultura, silvicultura, pesca (1987): Raíces y tubérculos 91.000 (de las que 56.000 corresponden a mandioca y 35.000 a batatas o camotes), plátanos 19.000, frutas excluyendo melones 19.000, cocos 8.000, café 7.000, cacao en grano 7.000, aceite de palma 5.200 frutos de palma 3.000; ganadería (número de animales vivos) 36.000 ovejas, 8.000 cabras, 5.000 cerdos, 4.000 reses, 160.000 pollos; madera 607.000 m^3; pesca, capturas 4.000. Minas y canteras: n.d. detalle; embargo, además de canteras para materiales de construcción, hay localizados depósitos de mineral de hierro, plomo, zinc, manganeso y molibdeno; también se han localizado trazas de oro, diamantes y minerales radiactivos. Industria manufacturera (1986): Aceite de palma 5.100. Construcción, n.d. Producción energética (consumo): Electricidad (kwh; 1987) 17.000.000 (17.000.000); carbón, no produce (n.d.); petróleo crudo[2], no produce (n.d.); productos petrolíferos (1985), no produce (25.000); gas natural, no produce (n.d.).
Producto nacional bruto (a precios corrientes de mercado; 1988): 145.000.000 dlr. EUA (430 dlr. EUA per cápita).

Estructura del producto nacional bruto y de la población activa

	Valor (000.000 CFAF) 1986	% del valor total 1986	Población activa 1983	% de la pobl. activa 1983
Agricultura	20.548	59,5	86.500	85,7
Industria	326	0,9	900	0,9
Construcción	3.126	9,1	1.000	1,0
Servicios públicos	728	2,1	—	—
Transportes y comunicaciones	697	2,6	—	—
Comercio	1.740	5,0	2.600	2,6
Finanzas			—	—
Administración pública, defensa }	7.175	20,8	7.400	7,3
Servicios }			2.500	2,5
Otros			—	—
TOTAL	34.540	100,0	100.900	100,0

Deuda pública (externa, pendiente; 1987): 174.900.000 dlr. EUA.
Población económicamente activa (1983): Total 100.900; tasa de actividad de la población total 33,6% (tasas de participación: 15 años y más, n.d.; mujeres, n.d.; desempleados n.d.).

Comercio exterior

Balanza comercial (precios corrientes)

	1985	1986	1987	1988
Millones CFAF	−3.825	−6.823	−3.435	−3.166
% del total	15,6	22,2	12,9	11,7

Importaciones (1984): 8.048.000.000 CFAF (maquinaria y equipos de transporte 25,4%, del que el 16,7% corresponde a vehículos a motor y repuestos; combustibles y lubricantes 20,1%; alimentos y animales vivos 19,4%, del que el 5,1% corresponde a pescado; artículos manufacturados 11,0%, del que el 6,2% corresponde a maquinaria e instrumental). *Principales proveedores:* España 30,2%; Francia 23,6%; Italia 14,6%; Países Bajos 4,8%; Alemania federal 4,1%; Bélgica-Luxemburgo 3,0%; China 2,4%; EUA 1,9%; Japón 1,7%; Noruega 1,5%; Reino Unido 1,1%; Suiza 0,9%.
Exportaciones (1984): 7.546.000.000 (alimentos y animales vivos 57,0%, de los que el 42,4% corresponde a cacao; madera 19,4%; combustibles y lubricantes 19,5%; manufacturas 2,8%). *Principales clientes* (1985): Países Bajos 37,6%; España 31,5%; Alemania federal 16,4%; Italia 5,0%; Francia 2,2%; Suiza 1,4%; Portugal 1,3%; Bélgica-Luxemburgo 0,7%; Grecia 0,3%.

Transportes y comunicaciones

Transportes. Ferrocarriles: Ninguno. Carreteras (1986): Longitud total 2.721 km (pavimentadas [1982] 12%). Vehículos (1979): Automóviles 4.000; camiones y autobuses 3.000. Marina mercante (1988): Barcos (100 toneladas brutas y más) 2; peso muerto total 6.700 toneladas. Transporte aéreo (1985): Pasajeros-km 7.000.000; carga toneladas métricas-km 1.000.000; aeropuertos (1989) con vuelos regulares 2.
Comunicaciones. Diarios (1986): Número total 2; circulación total 1.000; circulación por 1.000 habitantes 3,1. Radio (1988): Número total de receptores 96.541 (1 por cada 3,5 personas). Televisión (1988): Número total de televisores 2.500 (1 por cada 134 personas). Teléfonos (1982): 1.366 (1 por cada 220 personas).

Educación y sanidad

Escolaridad, n.d. *Alfabetización* (1985): Población total alfabetizada, alrededor del 31%; varones alfabetizados 46%; mujeres alfabetizadas 17%.
Sanidad: Médicos (mediados década 1980) 5 (1 por cada 61.000 habitantes); camas hospitalarias (1982) 3.200 (1 por cada 89 habitantes); tasa de mortalidad infantil por cada 1.000 nacidos vivos (1985-90) 137.
Alimentación (últimos datos): Ingesta calórica diaria per cápita 2.230; 68% de las necesidades mínimas recomendadas por la FAO.

Fuerzas armadas

Personal en servicio activo (1989): 1.400 (ejército 78,6%, armada 7,2%, fuerza aérea 7,2%). *Presupuesto de defensa en porcentaje del PNB* (1981): 1,8% (mundo 5,8%); gasto per cápita 9 dlr. EUA.

[1] Con fecha 1 de enero de 1985, Guinea Ecuatorial se convirtió en miembro de la zona monetaria de los países francófonos, sustituyendo el franco CFA a la unidad monetaria anterior, el ekwele (EK, plural bipkwele), devaluándose este último de forma efectiva en el 82%. [2] Las zonas petroleras potenciales de las aguas jurisdiccionales de Guinea Ecuatorial totalizan 13.450 km^2.

Guyana

Nombre oficial: República Cooperativa de Guyana.
Forma de gobierno: República unitaria multipartidista con una cámara legislativa (Asamblea Nacional)[1].
Jefe del estado: Presidente.
Jefe del gobierno: Primer ministro.
Capital: Georgetown.
Lengua oficial: Inglés.
Religión oficial: Ninguna.
Moneda: 1 dólar guyanés (G$) = 100 cents; cambio (2 oct. 1989) 1 dlr. EUA = 30 G$.

Área y población

Regiones administrativas	área km²	población censo 1980
Región 1 (Barima/Waini)	—	18.297
Región 2 (Pomeroon/Supenaam)	—	42.268
Región 3 (Essequibo Islands/ West Demerara)	—	104.747
Región 4 (Demerara/Mahaica)	—	318.952
Región 5 (Mahaica/Berbice)	—	53.862
Region 6 (East Berbice/Corentyne)	—	152.517
Región 7 (Cuyuni/Mazaruni)	—	14.142
Región 8 (Potaro/Siparuni)	—	4.265
Región 9 (Upper Takutu/ Upper Essequibo)	—	13.051
Región 10 (Upper Demerara/Berbice)	—	36.518
TOTAL	215.000[2]	758.619

Demografía

Población (1989): 754.000.
Densidad (1989): Personas por km² 3,5.
Índice de urbanización (1987): Urbana 31,1%; rural 68,9%.
Distribución por sexo (1985): Varones 50,16%; mujeres 49,84%.
Estructura por edades (1985): Menos de 15, 37,5%; 15-29, 31,9%; 30-44, 15,8%; 45-59, 8,8%; 60-74, 4,8%; 75 y más, 1,2%.
Proyección demográfica: (2000) 809.000; (2010) 868.000.
Tiempo de duplicación: 35 años[3].
Composición étnica (1983): Indios asiáticos 51,2%; negros (africanos y bosquimanos) 29,4%; mulatos 13,1%; amerindios 4,0%, del que el 2,8% corresponde a caribes y el 1,1% a arawak; portugueses 0,8%; chinos 0,5%; otros 1,0%.
Afiliación religiosa (1980): Cristianos 52,0%, del que el 34,0% corresponde a protestantes (incluyendo anglicanos 16,0%) y el 18,0% a católicos; hindúes 34,4%; musulmanes 9,0%; creencias tradicionales 2,2%; otros 2,4%.
Principales ciudades (1985): Georgetown 200.000; Linden 35.000; New Amsterdan 25.000; Corriverton 13.718[4]; Rose Hall 5.311[4].
Tasa de natalidad por 1.000 habitantes (1985-90): 25,0 (media mundial 27,1).
Tasa de mortalidad por 1.000 habitantes (1985-90): 5,0 (media mundial 9,9).
Tasa de crecimiento por 1.000 habitantes (1985-90): 20,0 (media mundial 17,2).
Esperanza de vida al nacer (1985-90): Varones 67,3 años; mujeres 72,3 años.
Principales causas de muerte por 100.000 habitantes (1984): Enfermedades cardiovasculares 163,5, de las que 63,8 corresponden a enfermedades cerebrovasculares; enfermedades del sistema digestivo 59,7; accidentes y actos de violencia 45,6; enfermedades del sistema respiratorio 32,2.

Economía nacional

Presupuesto (1988). Ingresos: 1.844.400.000 G$ (ingresos por impuestos 79,5%, del que el 18,4% corresponde a impuestos sobre consumo, el 14,1% a impuestos sobre empresas y el 8,0% a impuestos sobre la renta; ayudas externas 10,9%; ingresos no impositivos 9,5%). Gastos: 3.919.100.000 G$ (gastos actualizados 72,6%, del que el 41,8% corresponde a amortización de la deuda; gastos de desarrollo 27,4%).
Turismo: Ingresos por visitantes (1987) 24.000.000 dlr. EUA; gastos de nacionales en el exterior (1983) 11.000.000 dlr. EUA.
Producción (toneladas métricas, excepto cuando se indique). Agricultura, silvicultura, pesca (1988): Azúcar sin refinar 172.700, arroz 132.100, cocos 45.000, raíces y tubérculos 31.000, plátanos machos 25.000, plátanos 18.000; ganadería (número de animales vivos): 210.000 reses, 185.000 cerdos, 120.000 ovejas, 15.000.000 pollos; madera 125.000 m³; pesca, capturas 41.617[5]. Minas y canteras (1988): Bauxita 1.300.000[3], de las que 400.800 corresponden a bauxita calcinada; oro 18.800 onzas troy, diamantes 4.200 quilates. Industria manufacturera (1985): ron 179.000 hectólitros; cerveza 80.000 hectólitros; cigarrillos 467.000.000 unidades; otros productos, incluidos ropa y productos farmacéuticos. Construcción: n.d. Producción energética (consumo): Electricidad (kwh; 1987) 385.000.000 (385.000.000); carbón, no produce (sin consumo); petróleo crudo, no produce (sin consumo); productos petrolíferos (1987), no produce (330.000); gas natural, no produce (sin consumo).
Producto nacional bruto (a precios corrientes de mercado; 1987): 310.000.000 dlr. EUA (380 dlr. EUA per cápita).

Estructura del producto nacional bruto y de la población activa

	1988		1980	
	Valor (000.000 dlr. EUA)	% del valor total	Población activa	% de la pobl. activa
Agricultura, pesca	1.085	26,2	50.316	20,4
Minería	360	8,7	9.669	3,9
Industria	312[6]	7,5[6]	28.980	11,8
Construcción	246	6,0	7.024	2,8
Servicios públicos	6	6	2.850	1,2
Transportes y comunicaciones	299	7,2	9.412	3,8
Comercio	290	7,0	15.231	6,2
Finanzas	250	6,1	2.944	1,2
Administración pública, defensa	633	15,3	29.948	12,1
Servicios	125	3,0	29.295	11,9
Otros	538[7]	13,0[7]	61.002	24,7
TOTAL	4.138	100,0	246.671	100,0

Deuda pública (externa, pendiente; 1987): 874.000.000 dlr. EUA.
Población económicamente activa (1987): Total 270.074; tasa de actividad de la población total 35,7% (tasas de participación: 15-64 años, 60,4%; mujeres 29,9%; desempleados [1986] 39,9%).

Comercio exterior[8,9]

Balanza comercial (precios corrientes)

	1983	1984	1985	1986	1987	1988
Millones dlr. EUA	–170,8	–13,6	–178,1	–49,8	–218,6	157,4
% del total	13,1	0,8	9,2	2,5	4,4	3,5

Importaciones (1985): 1.053.500.000 dlr. EUA (combustibles y lubricantes 44,3%; bienes de capital 17,8%, bienes de consumo 10,3%). *Principales proveedores:* EUA 29,9%; Reino Unido 12,6%; Japón 4,5%; Trinidad y Tabago 3,4%; países americanos no especificados 21,9%.
Exportaciones (1985): 875.400.000 dlr. EUA (bauxita calcinada 34,4%; azúcar 31,2%; bauxita desecada 11,6%; arroz 3,2%; crustáceos 2,0%; madera 2,0%). *Principales clientes:* Reino Unido 34,5%; EUA 22,9%; Canadá 9,7%; Alemania federal 5,0%; Alemania democrática 3,8%.

Transportes y comunicaciones

Transportes. Ferrocarriles (1985): Longitud de vías 109 km; pasajeros-km, ninguno; carga toneladas métricas-km, n.d. Carreteras (1985): Longitud total 8.890 km (pavimentadas 9%). Vehículos (1985): Automóviles 25.541; camiones y autobuses 7.648. Marina mercante (1988): Barcos (100 toneladas brutas y más) 75; peso muerto total 13.261 toneladas. Transporte aéreo (1985): Pasajeros-km 168.000.000; carga toneladas métricas-km 12.000.000; aeropuertos (1989) con vuelos regulares 1.
Comunicaciones. Diarios (1988): Número total 1; circulación total 58.000; circulación por 1.000 habitantes 77. Radio (1988): Número total de receptores 307.500 (1 por cada 2,3 personas). Televisión (1988): Número total de televisores 40.000 (1 por cada 19 personas). Teléfonos (1987): 30.311 (1 por cada 25 personas).

Educación y sanidad

Escolaridad (1980). Porcentaje de la población total de 25 años y más: sin escolarización formal 8,1%; con enseñanza primaria 72,8%; secundaria 17,3%; superior 1,8%. *Alfabetización* (1985): Población total de 15 años y más alfabetizada 453.000 (95,9%); varones alfabetizados 230.000 (97,0%); mujeres alfabetizadas 223.000 (94,8%).
Sanidad (1987): Médicos 142 (1 por cada 5.307 habitantes); camas hospitalarias (1985) 3.666 (1 por cada 206 habitantes); tasa de mortalidad infantil por cada 1.000 nacidos vivos 44,0.
Alimentación (1984-86): Ingesta calórica diaria per cápita 2.456 (productos vegetales 89%, productos animales 11%); 108% de las necesidades mínimas recomendadas por la FAO.

Fuerzas armadas

Personal en servicio activo (1989): 5.450 (ejército 91,7%, armada 2,8%, fuerza aérea 5,5%). *Presupuesto de defensa en porcentaje del PNB* (1985): 9,3% (mundo 5,7%); gasto per cápita 32 dlr. EUA.

[1] Incluye 12 escaños no elegidos popularmente. [2] Estimado; no se dispone de datos estadísticos. [3] La emigración neta iguala prácticamente a la tasa de crecimiento natural. [4] 1980. [5] 1987. [6] Industria incluye Servicios públicos. [7] Impuestos indirectos excepto subsidios. [8] Las cifras de importación son c.i.f. (costo, seguro y flete) y las de exportación son f.o.b. (franco a bordo). [9] Las estadísticas de comercio son difíciles de evaluar debido a la extensión del contrabando.

Haití

Nombre oficial: República de Haití.
Forma de gobierno: Régimen militar.
Jefe del estado y del gobierno: Presidente.
Capital: Puerto Príncipe.
Lengua oficial: Criollo; francés.
Religión oficial: Ninguna.
Moneda: 1 gourde (G) = 100 centimes; cambio (2 oct. 1989) 1 dlr. EUA = 5,00 G.

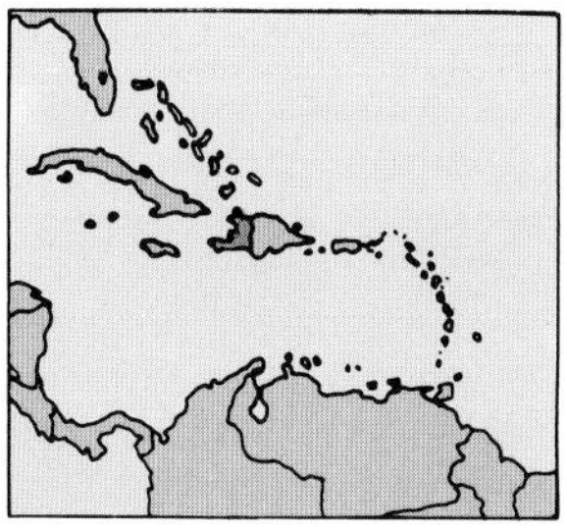

Área y población		área km²	población estimada 1987
Departamentos	**Capitales**		
Artibonite	Gonaïves	4.532	789.019
Centre	Hinche	3.700	393.217
Grande Anse	Jérémie	3.284	514.962
Nord	Cabo Haitiano	2.045	602.336
Nord-Est	Fort Liberté	1.752	197.669
Nord-Ouest	Port-de-Paix	2.330	320.632
Ouest	Puerto Príncipe	4.649	1.808.274
Sud	Les Cayes	2.894	526.420
Sud-Est	Jacmel	2.215	379.273
TOTAL		27.400[1]	5.531.802[2]

Demografía

Población (1989): 5.520.000.
Densidad (1989): Personas por km² 201,5.
Índice de urbanización (1987): Urbana 26,0%; rural 74,0%.
Distribución por sexo (1982): Varones 48,48%; mujeres 51,52%.
Estructura por edades (1982): Menos de 15, 39,2%; 15-29, 26,9%; 30-44, 15,6%; 45-59, 10,0%; 60-74, 5,4%; 75 y más, 2,9%.
Proyección demográfica: (2000) 6.338.000; (2010) 7.187.000.
Tiempo de duplicación: 33 años.
Composición étnica (1985): Negros 95,0%; mulatos 4,9%; blancos 0,1%.
Afiliación religiosa (1982): Católicos 80,3[3]%; protestantes 15,8%, del que el 9,7% corresponde a baptistas y el 3,6% a pentecostales; otros 3,9%.
Principales ciudades (1987): Puerto Príncipe 472.895; Cabo Haitiano 72.161; Gonaïves 37.034; Les Cayes 35.829; Pétionville 35.333[4].
Tasa de natalidad por 1.000 habitantes (1987): 34,0 (media mundial 27,1).
Tasa de mortalidad por 1.000 habitantes (1987): 13,0 (media mundial 9,9).
Tasa de crecimiento por 1.000 habitantes (1987): 21,0 (media mundial 17,2).
Esperanza de vida al nacer (1987): Varones 54,0 años; mujeres 56,0 años.
Principales causas de muerte por 100.000 habitantes (1982)[5]: Enfermedades infecciosas y parasitarias 46,0, de las que 13,1 corresponden a tuberculosis; enfermedades cardiovasculares 11,9; enfermedades relacionadas con la desnutrición 8,5; enfermedades del sistema respiratorio 8,3; alteraciones endocrinas y metabólicas 8,0; condiciones mal definidas 115,2.

Economía nacional

Presupuesto (1986-87). Ingresos: 1.262.300.000 G (ingresos por impuestos 78,8%, del que el 21,8% corresponde a consumo, el 18,2% a derechos de importación y el 14,1% a impuestos generales sobre ventas; ingresos no impositivos 13,2%; ayudas externas 8,0%). Gastos: 1.959.300.000[6,7] G (bienes y servicios 48,0%; salarios y sueldos 35,7%).
Turismo (1987): Ingresos por visitantes 93.000.000 dlr. EUA; gastos de nacionales en el exterior 47.000.000 dlr. EUA.
Producción (toneladas métricas, excepto cuando se indique). Agricultura, silvicultura, pesca (1988): Caña de azúcar 3.000.000, mangos 355.000, batatas o camotes 300.000, plátanos machos 275.000, plátanos 230.000, maíz 145.000, arroz 103.000, sorgo 90.000, frijoles o judías 48.000, naranjas 31.000, café 31.000, sisal 5.000, cacao 5.000; ganadería (número de animales vivos) 1.549.000 reses, 1.200.000 cabras, 900.000 cerdos; madera (1987): 6.207.000 m³; pesca, capturas (1987) 8.050. Minas y canteras (1986-87): Piedra caliza 246.000. Industria manufacturera (1988-89): Cemento 271.000; harina 104.900; aceites esenciales (principalmente amyris, nerolí y vetiver) 167; cigarrillos 957.000.000 unidades; artículos ensamblados para reexportación (valor de la producción en millones de G) 1.478, de los que 591 corresponden a prendas de vestir, 281 a transformadores y conmutadores, 225 a equipos deportivos y juguetes y 60 a aparatos eléctricos. Construcción, n.d. Producción energética (consumo): Electricidad (kwh; 1988-89) 557.000.000 (339.000.000); carbón, no produce (sin consumo); petróleo crudo, no produce (sin consumo); productos petrolíferos (1987), no produce (191.000); gas natural, no produce (sin consumo).
Producto nacional bruto (a precios corrientes de mercado; 1987): 2.41.000.000 dlr. EUA (360 dlr. EUA per cápita).

Estructura del producto nacional bruto y de la población activa	1986		1988	
	Valor (000.000 dlr. EUA)	% del valor total	Población activa	% de la pobl. activa
Agricultura	606	32,7	1.184.804	50,4
Minería	2	0,1	17.635	0,8
Industria	286	15,4	115.498	4,9
Construcción	112	6,0	22.423	1,0
Servicios públicos	17	0,9	2.912	0,1
Transportes y comunicaciones	32	1,7	16.599	0,8
Comercio	324	17,5	260.708	11,0
Finanzas, bienes raíces	187	10,1	3.577	0,1
Administración pública, defensa	73	3,9	115.453	4,9
Servicios	216	11,6		
Otros	—	—	610.693[8]	26,0[8]
TOTAL	1.856[1]	100,0[1]	2.350.302	100,0

Deuda pública (externa, pendiente; 1987): 673.000.000 dlr. EUA.
Población económicamente activa (1988): Total 2.350.302; tasa de actividad de la población total 42,2% (tasas de participación: 15-64 años, 66,3%; mujeres 40,9%; desempleados [1987], datos no oficiales, 60,0%).

Comercio exterior [9]

Balanza comercial (precios corrientes)	1983-84	1984-85	1985-86	1986-87	1987-88	1988-89
Millones G	−1.080,2	−1.113,2	−866,9	−808,4	−755,1	−544,4
% del total	33,0	33,0	30,9	27,3	28,1	18,5

Importaciones (1988-89): 1.742.000.000 G (alimentos y animales vivos 20,2%; maquinaria y equipos de transporte 19,0%; manufacturas básicas 15,2%; productos petrolíferos 14,0%; productos químicos 9,3%). *Principales proveedores* (1986-87): EUA 45,6%; zona del Caribe 13,6%; Japón 6,9%; Canadá 6,0%; Francia 4,9%.
Exportaciones (1988-89): 1.197.600.000 G (artículos ensamblados para reexportación [incluyendo electrónica, equipos deportivos y prendas de vestir] 54,5%; café 17,2%; agave y cordel 2,0%; aceites esenciales 2,0%; cacao 1,6%). *Principales clientes* (1986-87): EUA 52,7%; Italia 12,2%; Francia 11,0%; Bélgica 8,1%; zona del Caribe 5,0%.

Transportes y comunicaciones

Transportes. Ferrocarriles (1986)[10]. Carreteras (1985): Longitud total 3.700 km (pavimentadas 17%). Vehículos (1985): Automóviles 34.669; camiones y autobuses 11.658. Marina mercante (1988): Barcos (100 toneladas brutas y más) 2; peso muerto total 170 toneladas. Transporte aéreo (1983)[11]: Llegadas 248.444, salidas 265.226; mercancía descargada 12.819 toneladas métricas, cargada 14.496 toneladas métricas; aeropuertos (1989) con vuelos regulares 2.
Comunicaciones. Diarios (1988): Número total 4; circulación total 44.500; circulación por 1.000 habitantes 8,2. Radio (1988): Número total de receptores 131.900 (1 por cada 41 personas). Televisión (1988): Número total de televisores 25.000 (1 por cada 218 personas). Teléfonos (1986): 82.000 (1 por cada 65 personas).

Educación y sanidad

Escolaridad (1982). Porcentaje de la población total de 25 años y más: sin escolarización formal 76,9%; con enseñanza primaria 15,2%; secundaria 7,2%; superior 0,7%. *Alfabetización* (1986): Población total de 15 años y más alfabetizada 1.365.200 (41,5%); varones alfabetizados 699.800 (44,0%); mujeres alfabetizadas 665.400 (39,2%).
Sanidad (1985): Médicos 803 (1 por cada 6.539 habitantes); camas hospitalarias 4.956 (1 por cada 1.060 habitantes); tasa de mortalidad infantil por cada 1.000 nacidos vivos (1987) 108,0.
Alimentación (1984-86): Ingesta calórica diaria per cápita 1.902 (productos vegetales 94%, productos animales 6%); 84% de las necesidades mínimas recomendadas por la FAO.

Fuerzas armadas

Personal en servicio activo (1989): 7.400 (ejército 94,6%, armada 3,4%, fuerza aérea 2,0%). *Presupuesto de defensa en porcentaje del PNB* (1987): 1,8% (mundo 5,4%); gasto per cápita 7 dlr. EUA.

[1] El desglose no se corresponde con el total a causa del redondeo. [2] Cálculo preliminar; el total revisado desciende a 5.382.800. [3] Alrededor del 90% de los católicos son, además, practicantes del vudú. [4] Cifra del descenso preliminar de 1982. [5] Sólo instalaciones de sanidad pública. [6] Haití es uno de los principales destinatarios de organismos de ayuda internacional. Hasta el 75% de su presupuesto está financiado por donantes extranjeros. [7] Únicamente gastos actualizados. [8] Incluye 48.909 personas no definidas adecuadamente y 561.784 desempleadas. [9] Las cifras de importación son c.i.f.; las cifras de exportación son f.o.b. en la balanza comercial y c.i.f. para los artículos y asociados comerciales. [10] El único ferrocarril existente es de propiedad privada y se emplea para el transporte de la caña de azúcar. [11] Sólo el aeropuerto de Puerto Príncipe.

Honduras

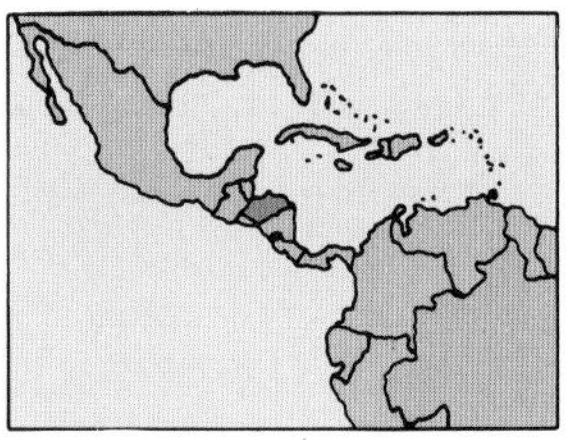

Nombre oficial: República de Honduras.
Forma de gobierno: República multipartidista con una cámara legislativa (Congreso Nacional).
Jefe del estado y del gobierno: Presidente.
Capital: Tegucigalpa.
Lengua oficial: Español.
Religión oficial: Ninguna.
Moneda: 1 lempira (L) = 100 centavos; cambio (2 oct. 1989) 1 dlr. EUA = 2,00 L.

Área y población

Departamentos	Centros administrativos	área km²	población estimada 1988
Atlántida	La Ceiba	4.251	237.180
Colón	Trujillo	8.875	146.224
Comayagua	Comayagua	5.196	238.790
Copán	Santa Rosa de Copán	3.203	218.864
Cortés	San Pedro Sula	3.954	644.807
Choluteca	Choluteca	4.211	293.260
El Paraíso	Yuscarán	7.218	255.400
Francisco Morazán	Tegucigalpa	7.946	797.611
Gracias a Dios	Puerto Lempira	16.630	34.159
Intibucá	La Esperanza	3.072	123.512
Islas de la Bahía	Roatán	261	21.553
La Paz	La Paz	2.331	105.996
Lempira	Gracias	4.290	175.450
Ocotepeque	Nueva Ocotepeque	1.680	74.286
Olancho	Juticalpa	24.351	282.018
Santa Bárbara	Santa Bárbara	5.115	277.995
Valle	Nacaome	1.565	119.889
Yoro	Yoro	7.939	329.845
TOTAL		112.088	4.376.839

Demografía

Población (1989): 4.530.000.
Densidad (1989): Personas por km^2 40,4.
Índice de urbanización (1988): Urbana 40,0%; rural 60,0%.
Distribución por sexo (1988): Varones 49,59%; mujeres 50,41%.
Estructura por edades (1986): Menos de 15, 46,0%; 15-29, 27,2%; 30-44, 14,0%; 45-59, 7,9%; 60-74, 3,9%; 75 y más, 1,0%.
Proyección demográfica: (2000) 6.203.000; (2010) 7.828.000.
Tiempo de duplicación: 23 años.
Composición étnica (1987): Mestizos 89,9%; indios 6,7%; indios (incluyendo caribeños) 2,1%; blancos 1,3%.
Afiliación religiosa (1987): Católicos 94,6%; otros 5,4%.
Principales ciudades (1988): Tegucigalpa 551.606[1]; San Pedro Sula 279.356; La Ceiba 68.289; El Progreso 55.523; Choluteca 53.799.
Tasa de natalidad por 1.000 habitantes (1987): 39,0 (media mundial 27,1).
Tasa de mortalidad por 1.000 habitantes (1987): 8,0 (media mundial 9,9).
Tasa de crecimiento por 1.000 habitantes (1987): 31,0 (media mundial 17,2).
Esperanza de vida al nacer (1985-90): Varones 61,9 años; mujeres 66,1 años.
Principales causas de muerte por 100.000 habitantes (1982): Enfermedades infecciosas y parasitarias 71,4; accidentes y actos de violencia 55,3; enfermedades cardiovasculares 53,8; enfermedades del sistema respiratorio 29,1; condiciones mal definidas 161,8.

Economía nacional

Presupuesto (1987). Ingresos: 3.448.800.000 L (ingresos corrientes 64,1%, del que 22,6% corresponde a ingresos no fiscales, el 11,3% a impuestos sobre producción y comercio interior, el 10,0% a derechos a la importación y el 8,6% a impuesto de utilidades individuales; ingresos por desarrollo 35,9%). Gastos: 3.448.800.000 L (gasto corriente 65,5%; servicio de la deuda 16,1% gastos de desarrollo 15,4%).
Turismo (1987): Ingresos por visitantes 26.000.000 dlr. EUA; gastos de nacionales en el exterior 30.000.000 dlr. EUA.
Producción (toneladas métricas, excepto cuando se indique). Agricultura, silvicultura, pesca (1988): Caña de azúcar 2.800.000, plátanos 1.030.000, maíz 505.000, plátanos machos 180.000, café 90.000, arroz 57.000; ganadería (número de animales vivos): 2.824.000 reses, 600.000 cerdos; madera (1987) 5.637.000 m^3; pesca, capturas (1987) 13.500, de las que 5.330 corresponden a langosta y 3.240 a camarones. Minas y canteras (1987): Piedra caliza 500.000[2]; plomo 20.000; plata 2.000.000 onzas troy. Industria manufacturera (1987): Cemento 445.800; azúcar sin refinar 189.600; barras de acero 16.600; aceite de palma 72.000; cerveza 544.600 hectólitros; ron 189.600 hectólitros; cigarrillos 2.091.000.000 unidades. Construcción (1987-88)[3]. Residencial 236.000 m^2; no residencial 128.000 m^2. Producción energética (consumo): Electricidad (kwh; 1987) 1.779.100.000 (1.466.700.000); carbón, no produce (sin consumo); petróleo crudo (barriles; 1987), no produce (1.906.000); productos petrolíferos (1987) 237.000 (522.000); gas natural, no produce (sin consumo).
Producto nacional bruto (a precios corrientes de mercado; 1987): 3.627.000.000 dlr. EUA (780 dlr. EUA per cápita).

Estructura del producto nacional bruto y de la población activa

	1985		1987	
	Valor (000.000 L)	% del valor total	Población activa	% de la pobl. activa
Agricultura	1.529	19,0	624.200	52,5
Minería	118	1,5	3.800	0,3
Industria	1.030	12,8	163.100	13,7
Construcción	383	4,8	51.800	4,4
Servicios públicos	133	1,6	4.400	0,4
Transportes y comunicaciones	483	6,0	46.700	3,9
Comercio	952	11,8	114.300	9,0
Finanzas, bienes raíces	1.069	13,3	13.500	1,1
Administración pública, defensa	433	5,4		
Servicios	930	11,6	168.100	14,1
Otros	983[4]	12,2		
TOTAL	8.043	100,0	1.189.900	100,0

Deuda pública (externa, pendiente; 1987): 2.681.000.000 dlr. EUA.
Población económicamente activa (1984): Total 1.256.349; tasa de actividad de la población total 29,7% (tasas de participación: 15-64 años, 53,6%; mujeres 16,7%; desempleados [1987] 27,0%).

Comercio exterior[5]

Balanza comercial (precios corrientes)

	1982	1983	1984	1985	1986	1987
Millones L	77,8	−101,7	−170,7	−78,2	124,7	−10,4
% del total	3,0	3,6	5,6	2,5	3,8	0,3

Importaciones (1987): 1.797.300.000 L (maquinaria y equipos de transporte 23,1%, manufacturas básicas 21,1%, combustibles minerales 11,6%, productos alimenticios 9,9%). *Principales proveedores:* EUA 39,0%; Japón 11,4%; Venezuela 5,9%; México 3,9%; Países Bajos 3,6%.
Exportaciones (1987): 1.616.100.000 dlr. (café 39,8%, plátanos 24,7%, camarones y langostas 5,6%, madera 4,3%, alimentos congelados 2,8%). *Principales clientes:* EUA 54,0%; Alemania federal 11,5%; Japón 6,0%; Italia 5,9%; Bélgica 3,7%.

Transportes y comunicaciones

Transportes. Ferrocarriles (1987): Longitud de vías 1.004 km; pasajeros, n.d.; carga, n.d. Carreteras (1987): Longitud total 17.947 km (pavimentadas 12%). Vehículos (1987): Automóviles 77.556; camiones y autobuses 17.078. Marina mercante (1987): Barcos (100 toneladas brutas y más) 587; peso muerto total 873.015 toneladas. Transporte aéreo (1985)[6]: Pasajeros-km 390.500.000; carga toneladas métricas-km 14.285.000; aeropuertos (1987) con vuelos regulares 9.
Comunicaciones. Diarios (1987): Número total 7; circulación total 218.000; circulación por 1.000 habitantes 51. Radio (1988): Número total de receptores 1.847.000 (1 por cada 2,4 personas). Televisión (1988): Número total de televisores 140.000 (1 por cada 31 personas). Teléfonos (1987): 53.858 (1 por cada 79 personas).

Educación y sanidad

Escolaridad (1983). Porcentaje de la población total de 25 años y más: sin escolarización formal 33,5%; con enseñanza primaria incompleta 51,3%; secundaria incompleta 4,3%; secundaria completa 7,6%; superior 3,3%. *Alfabetización* (1985): Población total de 15 años y más alfabetizada 1.381.000 (59,5%); varones alfabetizados 706.000 (60,7%); mujeres alfabetizadas 675.000 (58,4%).
Sanidad (1987): Médicos 2.228 (1 por cada 2.100 habitantes); camas hospitalarias 5.708 (1 por cada 820 habitantes); tasa de mortalidad infantil por cada 1.000 nacidos vivos 69,0.
Alimentación (1984-86): Ingesta calórica diaria per cápita 2.078 (productos vegetales 87%, productos animales 13%); (1984) 98% de las necesidades mínimas recomendadas por la FAO.

Fuerzas armadas

Personal en servicio activo (1988): 18.700 (ejército 81,9%, armada 6,4%, fuerza aérea 11,7%). *Presupuesto de defensa en porcentaje del PNB* (1987): 3,7% (mundo 5,4%); gasto per cápita 28 dlr. EUA.

[1] Distrito Central (Tegucigalpa y Comayagüela). [2] 1986. [3] Solamente Tegucigalpa, San Pedro Sula y La Ceiba. [4] Incluye los impuestos indirectos netos. [5] Las cifras de importación son f.o.b. (franco a bordo) en la balanza comercial y c.i.f. (costo, seguro, flete) para los artículos y asociados comerciales. [6] Sólo líneas aéreas TAN y SAHSA.

Hong Kong

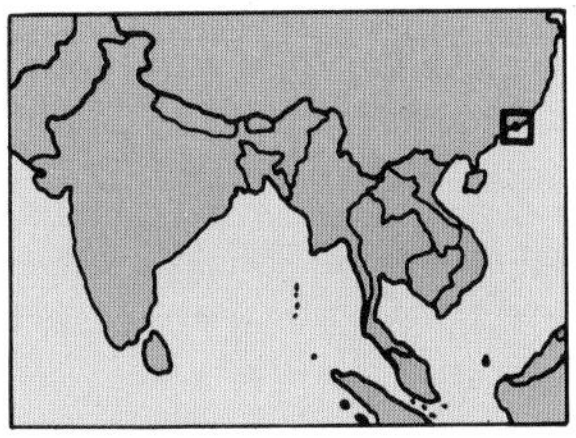

Nombre oficial: Hong Kong.
Forma de gobierno: Colonia (Reino Unido) con tres consejos asesores nominados (Consejo Ejecutivo, Consejo Legislativo y Consejo Urbano).
Jefe del estado: Monarca británico.
Jefe del gobierno: Gobernador
Capital: Ninguna[1].
Lengua oficial: Chino; inglés
Religión oficial: Ninguna.
Moneda: 1 dólar de Hong Kong (HK$) = 100 cents; cambio (2 oct. 1989) 1 dlr. EUA = 7,8 HK$.

Área y población	área[2] km²	población[3] censo 1986
Distritos		
Hong Kong Island	78,7	1.175.860
Kowloon	42,2	2.301.691
New Territories	923,7	1.881.166
Marine	—	37.280
TOTAL	1.044,6	5.395.997

Demografía

Población (1989): 5.754.000.
Densidad (1989): Personas por km² 5.508,3
Índice de urbanización (1988): Urbana 100%.
Distribución por sexo (1988): Varones 51,33%; mujeres 48,67%.
Estructura por edades[3] (1988): Menos de 15, 22,1%; 15-29, 28,1%; 30-44, 23,8%; 45-59, 13,7%; 60-74, 9,5%; 75 y más, 2,8%.
Proyección demográfica: (2000) 6.624.000; (2010) 7.528.000.
Tiempo de duplicación: 82 años.
Composición étnica (1987): Chinos 97,0%; filipinos 0,7%; británicos 0,3%; otros 2,0%.
Afiliación religiosa (1988): Predominantemente budistas y taoístas; algunos cristianos, musulmanes e hindúes.
Principales ciudades: En Hong Kong no existen límites municipales.
Tasa de natalidad por 1.000 habitantes (1988): 13,4 (media mundial 27,1%).
Tasa de mortalidad por 1.000 habitantes (1988): 4,9 (media mundial 9,9).
Tasa de crecimiento por 1.000 habitantes (1988): 8,5 (media mundial 17,2 años).
Esperanza de vida al nacer (1988): Varones 74,0 años; mujeres 80,0 años.
Principales causas de muerte por 100.000 habitantes (1988): Neoplasias malignas (cánceres) 143,1; enfermedades cardiovasculares 141,3; enfermedades del sistema respiratorio 82,9; accidentes 28,1; enfermedades del sistema genitourinario 22,1; enfermedades gatrointestinales 19,5

Economía nacional

Presupuesto (1988-89 est.). Ingresos: 61.070.000.000 HK$ (impuestos sobre ingresos y beneficios 38,9%; impuestos indirectos 26,5%, del que el 13,4% corresponde a derechos de espectáculos y del timbre y el 7,1% a consumos; ingresos por capital 13,3%). Gastos: 62.590.600.000 HK$ (educación 17,6%; transportes y obras públicas 13,7%; servicios generales 13,1%; vivienda 12,3%; ley y orden 11,7%; sanidad 9,3%; cultura 6,1%; seguridad social 5,8%).
Turismo (1988): Ingresos por visitantes 4.273.000.000 dlr. EUA; gastos de nacionales en el exterior, n.d.
Producción (toneladas métricas, excepto cuando se indique). Agricultura, silvicultura, pesca (1988): Verduras 132.000, frutas y frutos secos 2.020, leche 2.000, otros cultivos 1.590; ganadería (número de animales vivos): 630.000 cerdos[4], 740 reses, 7.000.000 pollos; madera (1987) 186.000 m³; pesca (1987), capturas 228.094. Minas y canteras (1988): Arcilla y caolín 61.888; feldespato 11.050. Industria manufacturera (valor añadido en HK$; 1986): Accesorios de vestido 14.540.000.000; textiles 10.990.000.000; productos plásticos 6.196.000.000; maquinaria eléctrica y electrónica 4.489.000.000; productos metálicos fabricados 4.221.000.000; ediciones y material impreso 2.735.000.000. Construcción (valor en HK$; 1988): Residencial 1.260.000 m²; no residencial 2.400.000 m². Producción energética (consumo): Electricidad (kwh; 1987) 23.753.000.000 (22.391.000.000); carbón (1987), no produce (8.010.000); productos petrolíferos (1987), no produce (3.220.000); gas natural (m³; 1986), no produce (231.239.000).
Producto nacional bruto (a precios corrientes de mercado; 1988): 54.567.000.000. dlr. EUA (9.600 dlr. EUA per cápita).

Estructura del producto nacional bruto y de la población activa
1987

	Valor (000.000 HK$)	% del valor total	Población activa	% de la pobl. activa
Agricultura	1.358	0,4	41.700	1,5
Minería	273	0,1	1.000	0,1
Industria	76.615	21,0	932.000	34,0
Construcción	16.015	4,4	220.500	8,0
Servicios públicos	9.667	2,6	18.100	0,7
Transportes y comunicaciones	30.052	8,2	233.300	8,5
Comercio	80.489	22,0	639.000	23,4
Finanzas	80.446	22,0	172.500	6,3
Administración pública, defensa y servicios	51.764	14,2	470.800	17,2
Otros	18.694	5,1	7.300	0,3
TOTAL	365.328	100,0	2.736.200	100,0

Deuda pública: n.d.
Población económicamente activa (1988): Total 2.772.600; tasa de actividad de la población total 48,8% (tasas de participación: 15 años y más 64,4%; mujeres 48,0%; desempleados 1,7%).

Comercio exterior

Balanza comercial (precios corrientes)

	1983	1984	1985	1986	1987	1988
Millones HK$	−14.743	−1.929	−3.733	575	86	−5.717
% del total	4,4	0,4	0,8	0,1	—	0,6

Importaciones (1988): 498.797.940.845 HK$ (maquinaria y equipos de transporte 28,8%, del que el 10,5% corresponde a maquinaria eléctrica y a equipos de telecomunicaciones el 6,6%; hilados textiles y tejidos 12,6%; productos químicos y derivados 9,0%; accesorios 6,4%; alimentos y animales vivos 6,3%; aparatos fotográficos, relojes de pulsera y pared 5,5%). *Principales proveedores:* China 31,2%; Japón 18,6%; Taiwán 8,9%; EUA 8,3%; Corea del sur 5,3%; Singapur 3,7%; Reino Unido 2,6%; Alemania federal 2,6%.
Exportaciones (1988): 217.663.882.242[5] HK$ (accesorios y utensilios de vestido 30,9%; maquinaria y equipos de transporte 25,3%, del que el 8,0% corresponde a equipos de telecomunicación; maquinaria eléctrica 8,0%; aparatos fotográficos, relojes de pulsera y pared 8,9%; hilados textiles y tejidos 7,1%). *Principales clientes:* EUA 33,4%; China 17,5%; Alemania federal 7,4%; Reino Unido 7,1%; Japón 5,3%; Canadá 2,7%; Singapur 2,4%.

Transportes y comunicaciones

Transportes. Ferrocarriles (1988): Longitud de vías 34 km²; pasajeros-km 2.364.000.000; carga toneladas métricas-km 72.000.000. Carreteras (1988): Longitud total 1.434 km (pavimentadas 100%). Vehículos (1988): Automóviles 182.621; camiones y autobuses 118.405. Marina mercante (1988): Barcos (100 toneladas brutas y más) 394; peso muerto total 12.352.110 toneladas. Transporte aéreo (1988): Pasajeros llegados 6.623.231, salidos 6.812.109; aeropuertos (1989) con vuelos regulares 1.
Comunicaciones. Diarios (1987): Número total 68; circulación total 3.189.000[6]; circulación por 1.000 habitantes 602[6]. Radio (1988): Número total de receptores 2.750.000 (1 por cada 2,1 personas). Televisión (1987): Número total de televisores 1.357.000 (1 por cada 4,1 personas). Teléfonos (1988): 2.893.000 (1 por cada 2,0 personas).

Educación y sanidad

Escolaridad (1986). Porcentaje de la población total de 25 años y más: Sin escolarizar 18,4%; con enseñanza primaria 35,6%; secundaria primer ciclo 15,5%; secundaria segundo ciclo 18,4%; matriculación 4,4%; tercer ciclo sin doctorado 2,7%; tercer ciclo con doctorado 5,0%. *Alfabetización* (1985): Población total de 15 años y más alfabetizada 3.668.000 (88,1%); varones alfabetizados 2.040.000 (94,7%); mujeres alfabetizadas 1.628.000 (80,9%).
Sanidad (1988): Médicos 5.380 (1 por cada 1.056 habitantes); camas hospitalarias 24.560 (1 por cada 231 habitantes); tasa de mortalidad infantil por cada 1.000 nacidos vivos 7,4.
Alimentación (1984-86): Ingesta calórica diaria per cápita 2.779 (productos vegetales 70%, productos animales 30%); (1984) 118% de las necesidades mínimas recomendadas por la FAO.

Fuerzas armadas

Personal en servicio activo (1988): 8.500[7] (ejército 88,7%, armada 8,2%, fuerza aérea, 3,1%). *Presupuesto de defensa en porcentaje del PNB* (1984): 0,6% (mundo 5,9%); gasto per cápita 39 dlr. EUA.

[1] Victoria ha sido considerada durante algún tiempo como la capital por ser la sede de la administración británica de esta colonia. [2] Excluye la superficie de las represas. [3] Excluye transeúntes y refugiados vietnamitas. [4] Excluye los cerdos que no se sacrifican en mataderos. [5] Excluye las reexportaciones, valoradas en 275.405.293.406 HK$. [6] Treinta y cinco periódicos solamente. [7] Fuerzas británicas con algún personal local enrolado en la armada.

Hungría

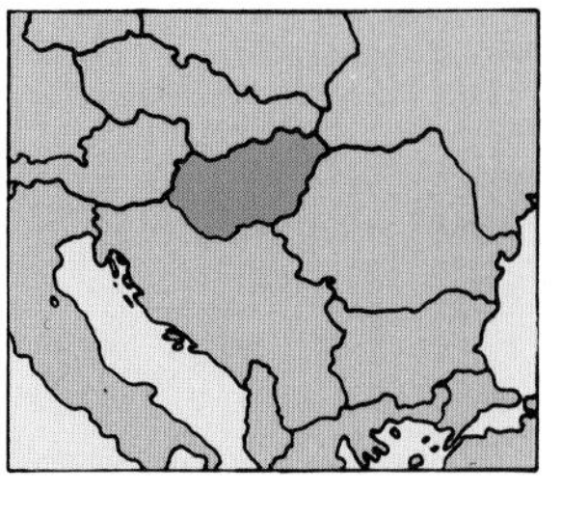

Nombre oficial: República Húngara.
Forma de gobierno: República unitaria multipartidista con una cámara legislativa (Asamblea Nacional).
Jefe del estado: Presidente.
Jefe del gobierno: Primer ministro.
Capital: Budapest.
Lengua oficial: Húngaro.
Religión oficial: Ninguna.
Moneda: 1 forint (Ft) = 100 filler; cambio (2 oct. 1989) 1 dlr. EUA = 59,89 Ft.

Área y población

Condados	Capitales	área km²	población estimada[1] 1989[1]
Bács-Kiskun	Kecskemét	8.362	552.000
Baranya	Pécs	4.487	434.000
Békés	Bekéscsaba	5.632	413.000
Borsod-Abaúj-Zemplén	Miskolc	7.247	772.000
Csongrád	Szeged	4.263	456.000
Fejér	Székesfehérvár	4.373	426.000
Györ-Sopron	Györ	4.012	426.000
Hajdú-Bihar	Debrecen	6.211	550.000
Heves	Eger	3.637	336.000
Komárom	Tatabánya	2.251	320.000
Nógrád	Salgótarján	2.544	227.000
Pest	Budapest[2]	6.394	989.000
Somogy	Kaposvár	6.036	348.000
Szabolcs-Szatmár	Nyiregyháza	5.938	564.000
Szolnok	Szolnok	5.607	427.000
Tolna	Szekszárd	3.704	262.000
Vas	Szombathely	3.337	276.000
Veszprém	Veszprém	4.689	387.000
Zala	Zalaegerszeg	3.784	310.000
Capital			
Budapest[2]		525	2.115.000
TOTAL		93.033	10.590.000

Demografía

Población (1989): 10.580.000.
Densidad (1989): Personas por km² 113,8.
Índice de urbanización (1989): Urbana 59,5%; rural 40,5%.
Distribución por sexo (1989): Varones 48,22%; mujeres 51,78%.
Estructura por edades (1989): Menos de 15, 20,8%; 15-29, 19,6%; 30-49, 29,2%; 50-59, 11,7%; 60 y más, 18,7%.
Proyección demográfica: (2000) 10.396.000; (2010) 10.231.000.
Durante el período intercensos 1970-80, la tasa de crecimiento anual era del 0,2%; sin embargo, la población va decreciendo desde 1980.
Composición étnica (nacionalidad; 1987): Magiares 96,6%; alemanes 1,6%; eslovacos 1,1%; otros 0,7%.
Afiliación religiosa (1986): Cristianos 86,3%, del que el 62,4% corresponde a católicos y el 23,4% a protestantes; ortodoxos 0,5%; judíos 0,8%; sin afiliación religiosa y ateos 12,9%.
Principales ciudades (1989)[1]: Budapest 2.115.000; Debrecen 220.000; Miskolc 208.000; Szeged 189.000; Pécs 183.000.
Tasa de natalidad por 1.000 habitantes (1988): 11,7 (media mundial 27,1).
Tasa de mortalidad por 1.000 habitantes (1988): 13,1 (media mundial 9,9).
Tasa de crecimiento por 1.000 habitantes (1988): −1,4 (media mundial 17,2).
Esperanza de vida al nacer (1987): Varones 65,7 años; mujeres 73,7 años.
Principales causas de muerte por 100.000 habitantes (1988): Enfermedades cardiovasculares 653,1; neoplasias malignas (cánceres) 273,6.

Economía nacional

Presupuesto (1987). Ingresos: 760.600.000.000 Ft (pagos de las empresas 61,7%, impuesto de facturación 16,1%, impuesto sobre la renta personal 10,4%). Gastos: 795.000.000.000 Ft (gastos de organismos presupuestarios 30,5%, bienestar social y sanidad 19,5%, tareas económicas 19,0%, suplemento a precios de consumo 8,4%).
Turismo (1988): Ingresos por visitantes 913.670.000 dlr. EUA; gastos de nacionales en el exterior 742.900.000 dlr. EUA.
Producción (toneladas métricas, excepto cuando se indique). Agricultura, silvicultura, pesca (1988): Trigo 6.962.000, maíz 6.027.000, remolacha azucarera 4.504.000, cebada 1.168.000, papas o patatas 887.000, semillas de girasol 705.000, centeno 245.000; ganadería (número de animales vivos): 8.327.000 cerdos, 2.216.000 ovejas, 1.690.000 reses, 64.000.000 pollos; madera 6.665.000 m³; pesca, capturas 36.759.000. Minas y canteras (1988): Bauxita 12.906.404; dolomita 1.200.000; mineral de manganeso 110.803. Industria manufacturera (1988): Cemento 3.873.000; acero sin refinar 3.583.000; acero laminado 2.790.000; hierro en lingotes 2.093.000; fertilizantes químicos 922.000; aluminio 873.232; tejidos de algodón 311.000.000 m²; calzado de cuero 32.600.000 pares; motores diesel 22.505 unidades; autobuses y camiones 13.043 unidades. Construcción (1987): Residencial 4.643.000 m². Producción energética (consumo): Electricidad (kwh; 1987) 29.749.000.000 (40.362.000.000); carbón (1987) 22.844.000 (25.515.000); petróleo crudo (barriles; 1987) 12.805.000 (55.775.000); productos petrolíferos (1987) 8.253.000 (8.428.000); gas natural (m³; 1987) 6.506.000.000 (10.969.000.000).
Producto nacional bruto (1988): 91.648.000.000 dlr. EUA (8.650 dlr. EUA per cápita).

Estructura del producto nacional bruto y de la población activa

	1987[3] Valor (000.000 Ft)	1987[3] % del valor total	1988 Población activa	1988 % de la pobl. activa
Agricultura	162,1	19,5	911.500	18,8
Minería e industria	305,0	36,7	1.497.200	30,9
Construcción	57,3	6,9	345.400	7,1
Servicios públicos	11,6	1,4	79.600	1,6
Transportes y comunicaciones	74,8	9,0	400.000	8,3
Comercio	79,8	9,6	519.700	10,7
Servicios	128,8	15,5	1.041.900	21,5
Otros[4]	11,6	1,4	49.500	1,0
TOTAL	831,0	100,0	4.844.800	100,0[5]

Deuda pública (externa, pendiente; 1989): 17.500.000.000 dlr. EUA.
Población económicamente activa (1988): Total 4.844.800; tasa de actividad de la población total 45,7% (tasas de participación; en edad laboral [1986] 78,4%; mujeres 45,8%; desempleados, n.d.).

Comercio exterior

Balanza comercial (precios corrientes)

	1983	1984	1985	1986	1987	1988
Miles mill. de Ft	15,0	30,0	14,5	—19,4	—11,8	31,6
% del total	2,0	3,8	1,7	2,3	1,2	3,2

Importaciones (1988): 472.500.000.000 Ft (maquinaria y equipos de transporte 28,8%; productos semiacabados 25,5%; materias primas y materiales básicos 13,4%; combustible y energía eléctrica 13,1%; artículos de consumo industrial 11,7%; productos agrícolas y alimenticios 7,5%). *Principales proveedores:* URSS 25,0%; Alemania federal 13,9%; Austria 7,2%; Alemania democrática 6,4%; Checoslovaquia 5,1%; Polonia 4,1%; Italia 3,2%; Yugoslavia 2,9%.
Exportaciones (1988): 504.100.000.000 Ft (maquinaria y equipos de transporte 33,4%, del que el 6,5% corresponde a piezas de repuesto; alimentos y productos agrícolas 20,7%; productos semiacabados 19,4%; artículos de consumo industrial 15,9%). *Principales clientes:* URSS 27,6%; Alemania federal 11,0%; Austria 5,7%; Checoslovaquia 5,4%; Alemania democrática 5,3%; Italia 4,2%; Polonia 3,3%; EUA 3,0%; Yugoslavia 2,8%.

Transportes y comunicaciones

Transportes. Ferrocarriles (1988): Longitud de vías 13.150 km; pasajeros-km 11.512.000.000; carga toneladas métricas-km 21.057.000.000. Carreteras (1988): Longitud total 29.701 km (pavimentadas 99%). Vehículos (1988): Automóviles 1.789.600; camiones y autobuses 218.744. Marina mercante (1988): Barcos (100 toneladas brutas y más) 15; peso muerto total 108.015 toneladas. Transporte aéreo[6] (1988): Pasajeros-km 1.344.000.000; carga toneladas métricas-km 11.638.000; aeropuertos (1989) 4.
Comunicaciones. Diarios (1987): Número total 29; circulación total 3.078.731; circulación por 1.000 habitantes 290. Radio (1987): Número total de receptores 6.092.939 (1 por cada 1,7 personas). Televisión (1987): Número total de televisores 4.214.949 (1 por cada 2,5 personas). Teléfonos (1987): 1.609.465 (1 por cada 6,6 personas).

Educación y sanidad

Escolaridad (1984). Porcentaje de la población total de 7 años y más: sin escolarización formal 1,3%; con enseñanza primaria 65,5%; secundaria 27,1%; superior 6,1%. *Alfabetización* (1984): Población total de 15 años y más alfabetizada 8.269.850 (98,9%); varones alfabetizados 3.934.250 (99,2%); mujeres alfabetizadas 4.335.600 (98,6%).
Sanidad (1988): Médicos (1987) 30.924 (1 por cada 343 habitantes); camas hospitalarias 104.832 (1 por cada 101 habitantes); tasa de mortalidad infantil por cada 1.000 nacidos vivos 15,8.
Alimentación (1984-86): Ingesta calórica diaria per cápita 3.540 (productos vegetales 64%, productos animales 36%); (1984) 132% de las necesidades mínimas recomendadas por la FAO.

Fuerzas armadas

Personal en servicio activo (1988): 99.000 (ejército 77,8%, fuerza aérea 22,2%).
Presupuesto de defensa en porcentaje del PNB (1987): 5,2% (mundo 5,4%); gasto per cápita 427 dlr. EUA.

[1] 1 de enero. [2] Budapest tiene *status* de condado autónomo. El área y la población de la ciudad están excluidos del condado más extenso (Pest), cuya administración le corresponde. [3] En precios de 1980. [4] Otras actividades materiales. [5] El desglose no se corresponde con el total a causa del redondeo. [6] Únicamente las líneas aéreas Maler.

India

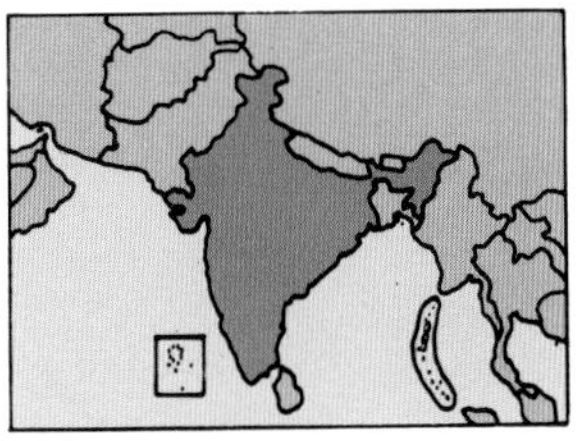

Nombre oficial: República de la India.
Forma de gobierno: República federal multipartidista con dos cámaras legislativas (Consejo de los Estados [1]; Cámara del Pueblo [2]).
Jefe del estado: Presidente.
Jefe del gobierno: Primer ministro.
Capital: Nueva Delhi.
Lengua oficial: Hindi; inglés.
Religión oficial: Ninguna.
Moneda: 1 rupia (Rs) = 100 paisa; cambio (2 oct. 1989) 1 dlr. EUA = 17,00 Rs.

Área y población

Estados	Capitales	área km^2	población censo 1981
Andhra Pradesh	Hyderabad	275.068	53.549.673
Arunachal Pradesh	Itanagar	83.743	631.839
Assam	Dispur	78.438	19.896.843[3]
Bengala Occidental	Calcuta	88.752	54.580.647
Bihar	Patna	173.877	69.914.734
Goa	Panaji	3.702	1.007.749
Gujarat	Gandhinagar	196.024	34.085.799
Haryana	Chandigarth	44.212	12.922.618
Himachal Pradesh	Shimla	55.673	4.280.818
Jammu y Cachemira	Sirinagar	101.387[4]	5.987.389
Karnataka	Bangalore	191.791	37.135.714
Kerala	Trivandrum	38.863	25.453.680
Madhya Pradesh	Bhopal	443.446	52.178.844
Maharashtra	Bombay	307.690	62.784.171
Manipur	Imphal	22.327	1.420.953
Meghalaya	Shillong	22.429	1.335.819
Mizoram	Aizawl	21.081	493.757
Nagaland	Kohima	16.579	774.930
Orissa	Bubaneshwar	155.707	26.370.271
Panjab	Chandigarh	50.362	16.788.915
Rajasthan	Jaipur	342.239	34.261.862
Sikkim	Gangtok	7.096	316.385
Tamil Nadu	Madrás	130.058	48.408.077
Tripura	Agartala	10.486	2.053.058
Uttar Pradesh	Lucknow	294.411	110.862.013
Territorios			
Chandigarh	Chandigarh	114	451.610
Dadra y Nagar Haveli	Silvassa	491	103.676
Daman y Diu	Daman	112	78.981
Delhi	Delhi	1.483	6.40.406
Islas Andamán y Nicobar	Port Blair	8.249	188.741
Laquedivas	Kavaratti	32	40.249
Pondicherry	Pondicherry	492	604.471
TOTAL		3.166.414[4]	685.184.692

Demografía

Población (1989): 835.812.000.
Densidad (1988)[4]: Personas por km^2 264,0.
Índice de urbanización (1986-91): Urbana 27,5%; rural 72,5%.
Distribución por sexo (1985): Varones 51,74%; mujeres 48,26%.
Estructura por edades (1985): Menos de 15, 36,8%; 15-29, 27,8%; 30-44, 17,2%; 45-59, 11,4%; 60-74, 5,7%; 75 y más, 1,1%.
Proyección demográfica: (2000) 1.042.530.000; (2010) 1.225.305.000.
Tiempo de duplicación: 33 años.
Composición étnica (lingüística; 1971): Hindi 28,1%; telugu 8,2%; bengalí 8,1%; marathi 7,6%; tamil 6,9%; urdu 5,2%; gujarati 4,7%; malayalam 4,0%; kannada 3,9%; oriya 3,6%; bhojpuri 2,6%; punjabí 2,5%; asamés 1,6%; chhattisgarhi 1,2%; magadhi 1,2%; mathili 1,1%; otros 9,5%.
Afiliación religiosa (1981)[5]: Hindúes 82,64%; musulmanes 11,35%; cristianos 2,43%; sikhs 1,97%; budistas 0,71%; jainistas 0,48%; zoroastrianos 0,01%.
Principales ciudades (1981)[5]: Gran Bombay 8.243.405: Delhi 4.884.234; Calcuta 3.305.006; Madrás 3.276.622; Bangalore 2.476.355.
Tasa de natalidad por 1.000 habitantes (1987): 32,0 (media mundial 27,1).
Tasa de mortalidad por 1.000 habitantes (1987): 10,8 (media mundial 9,9).
Tasa de crecimiento por 1.000 habitantes (1987): 21,2 (media mundial 17,2).
Esperanza de vida al nacer (1986-91): Varones 58,1 años; mujeres 59,1 años.
Principales causas de muerte por 100.000 habitantes (sólo áreas rurales; 1986)[6]: Senilidad 22,4%; enfermedades infecciosas y parasitarias 15,8%; enfermedades del sistema respiratorio 14,3%; enfermedades pediátricas 10,5%; enfermedades cardiovasculares 9%; enfermedades gastrointestinales 7,7%.

Economía nacional

Presupuesto (1989-90). Ingresos: 748.240.000.000 Rs (ingresos por impuestos 68,0%, del que el 30,3% corresponde a consumos, el 23,9% a aranceles y el 6,4% a impuestos de compañías; ingresos no fiscales 32,0%, del que el 10,7% corresponde a devengos por intereses). Gastos: 821.610.000.000 Rs; defensa 15,8%; servicios sociales 5,7%).
Turismo: Ingresos por visitantes (1987) 1.455.000.000 dlr. EUA; gastos de nacionales en el exterior (1983) 302.000.000 dlr. EUA.
Producción (toneladas métricas, excepto cuando se indique)l Agricultura, silvicultura, pesca (1985-86): Arroz 161.600, frutas y vegetales 87.930, trigo 83.300, legumbres 50.660, caña de azúcar 44.660, condimentos y especias 27.460, cacahuates 23.210, algodón 21.200, sorgo 17.910, colza y mostaza 12.040, té 9.700, yute 9.010, mijo 6.780, tabaco 4.280, caucho 2.440, café 2.120; ganadería (número de animales vivos): 193.000.000 reses, 105.000.000 cabras, 72.000.000 búfalos de agua, 51.684.000 ovejas, 1.390.000 camellos; madera (1987) 254.263.000 m^3; pesca, capturas (1987) 2.893.436. Minas y canteras (1988): Carbón 188.000.000; piedra caliza 61.000.000; mineral de hierro 54.000.000. Industria manufacturera (1987-88): motores eléctricos 3.900.000 u.; motos y motocicletas 1.541.000 u.; máquinas de coser 327.000 u.; vehículos comerciales 119.600 u.; tejidos de algodón 10.700.000.000 m. Construcción (valor en Rs; 1984): Residencial 7.010.000.000; no residencial 40.730.000.000. Producción energética (consumo): Electricidad (kwh; 1987) 217.500.000.000 (217.486.000.000); carbón (1987) 185.355.000 (183.301.000); petróleo crudo (barriles, 1987) 229.079.000 (360.544.000); productos petrolíferos (1987) 37.134.000 (38.893.000); gas natural (m^3; 1987) 6.241.000.000 (6.241.000.000).
Producto nacional bruto (a precios corrientes de mercado; 1987) 241.305.000.000 dlr. EUA (300 dlr. EUA per cápita).

Estructura del producto nacional bruto y de la población activa

	1987-88		1981[5]	
	Valor (000.000.000 Rs)	% del valor total	Población activa	% de la pobl. activa
Agricultura	836,2	32,2	153.015.000	62,5
Minería	61,7	2,4	1.264.000	0,5
Industria	487,0	18,8	25.143.000	10,3
Construcción	161,5	6,2	3.656.000	1,5
Servicios públicos	25,5	1,0	974.000	0,4
Transportes y comunicaciones	138,1	5,3	6.069.000	2,5
Comercio	355,5	13,7	12.165.000	5,0
Finanzas, bienes raíces	199,8	7,7	1.764.000	0,7
Administración pública, defensa	162,2	6,2	—	—
Servicios	168,7	6,5	18.557.000	7,6
Otros	—	—	22.089.100[10]	9,0
TOTAL	2.596,2	100,0	244.605.000	100,0

Deuda pública (externa, pendiente; 1987): 37.325.000.000 dlr. EUA.
Población económicamente activa (1981)[5]: Total 244.605.000; tasa de actividad de la población total 36,8% (tasas de participación: 15 años y más 57,4%; mujeres 26,0%; desempleados [1987] 10,7%).

Comercio exterior[7]

Balanza comercial (precios corrientes)

	1983	1984	1985	1986	1987	1988
Millones Rs	–34.733	–47.235	–63.693	–54.149	–47.352	–53.696
% del total	15,8	18,0	21,8	18,4	13,9	12,7

Importaciones (1987-88): 223.990.000.000 Rs (petróleo crudo y productos petrolíferos 18,2%; maquinaria no eléctrica 12,9%; perlas, piedras preciosas y semipreciosas [en su mayoría diamantes] 9%; hierro y acero 5,7%; maquinaria eléctrica 5,0%; elementos y componentes químicos 4,7%; aceites comestibles 4,1%. *Principales proveedores:* Alemania federal 9,7%; Japón 9,5%; EUA 9,0%; Reino Unido 8,1%; Bélgica 6,3% Arabia Saudita 6,2%; URSS 5,7%; Francia 3,6%.
Exportaciones (1978-88): 157.412.000.000 Rs (perlas, piedras preciosas y semipreciosas y joyería 16,6%; confección de vestidos 11,4%; maquinaria, equipos de transporte y metales manufacturados 9,1%; cuero y manufacturas del cuero 7,3%; tejidos de algodón 6,8%; té y maté 3,8%; hierro 3,4%. *Principales clientes:* EUA 18,5%; URSS 12,5%; Japón 10,3%; Alemania federal 6,7%; Reino Unido 6,6%; Bélgica 3,1%; Francia 2,4%; Arabia Saudita 1,9%.

Transportes y comunicaciones

Transportes. Ferrocarriles (1988): Longitud de vías 62.000 km;pasajeros-km 269.000.000.000; carga toneladas métricas-km 231.000.000.000. Carreteras (1984-85): Longitud total 1.772.000 km (pavimentadas 47%). Vehículos (1987): Automóviles 1.628.000; camiones y autobuses 1.214.000. Marina mercante (1988): Barcos (100 toneladas brutas y más) 797; peso muerto total 9.922.847. Transporte aéreo (1987): Pasajeros-km 10.658.000.000; carga toneladas métricas-km 645.400.000; aeropuertos (1989) con vuelos regulares 95.
Comunicaciones. Diarios (1986): Número total 1.802; circulación total 16.731.000[8]; circulación por 1.000 habitantes 23[8]. Radio (1988): Número total de receptores 53.937.000 (1 por cada 15 personas). Televisión (1988): Número total de televisores 13.200.000 (1 por cada 62 personas). Teléfonos (1987): 4.420.000 (1 por cada 180 personas).

Educación y sanidad

Escolaridad: n.d. *Alfabetización* (1981): Población total de 15 años y más alfabetizada 168.900.000 (40,8%).
Sanidad: Médicos (1986) 318.000 (1 por cada 2.471 habitantes); camas hospitalarias (1986) 695.000 (1 por cada 1.130 habitantes); tasa de mortalidad infantil por cada 1.000 nacidos vivos (1987) 95,0.
Alimentación (1984-86): Ingesta calórica diaria per cápita 2.204 (productos vegetales 94%, productos animales 6%); 100% de las necesidades mínimas recomendadas por la FAO.

Fuerzas armadas

Personal en servicio activo (1989): 1.260.000 (ejército 87,3%, armada 3,7%, fuerza aérea 8,8%, guardacostas 0,2%). *Presupuesto de defensa en porcentaje del PNB* (1987): 3,9% (mundo 5,4%); gasto per cápita 12 dlr. EUA.

[1] Incluye 13 escaños no electivos. [2] Incluye 2 escaños no electivos. [3] Estimada; estado sin censar. [4] Excluye 120.849 km^2 de territorio reivindicado por India como parte de Jammu y Cachemira. [5] Excluye Assam. [6] Desglose en porcentaje basado en 18.262 fallecimientos registrados en 1.160 poblaciones con centros sanitarios primarios dispersas por todo el país. [7] Las cifras de importación son f.o.b. en la balanza comercial y c.i.f. para los artículos y asociados comerciales. [8] 1983.

Indonesia

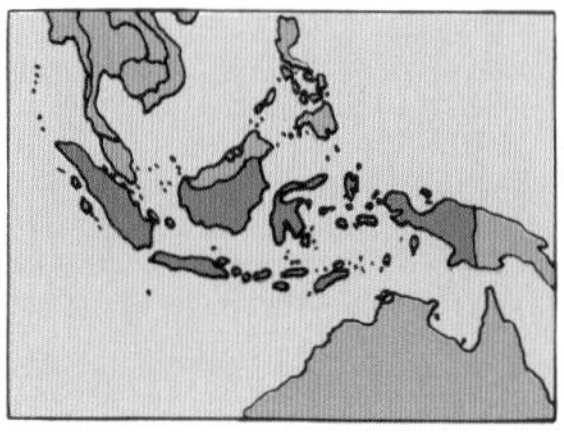

Nombre oficial: República de Indonesia.
Forma de gobierno: República unitaria multipartidista con dos cámaras legislativas (Cámara de Representantes del Pueblo[1]; Asamblea Consultiva Popular[2]).
Jefe del estado y del gobierno: Presidente.
Capital: Yakarta.
Lengua oficial: Indonesio bahasa (malayo).
Religión oficial: Monoteísmo.
Moneda: 1 rupia indonesia (Rp) = 100 sen; cambio (2 oct. 1989) 1 dlr. EUA = 1.788,00 Rp.

Área y población

		área km^2	población estimada 1988
Distritos metropolitanos	**Capitales**		
Yakarta Raya	Yakarta	590	8.860.600
Provincias			
Bali	Denpasar	5.561	2.766.000
Bengkulu	Bengkulu	21.168	1.068.000
Irian Jaya	Jayapura	421.981	1.506.200
Jambi	Jambi	44.924	1.954.600
Jawa Barat	Bandung	46.300	33.084.700
Jawa Tengah	Semarang	34.206	27.961.700
Jawa Timur	Surabaya	47.922	32.606.700
Kalimantan Barat	Pontianak	146.760	3.043.600
Kalimantan Selatan	Banjarmasin	37.660	2.409.700
Kalimantan Tengah	Palangkaraya	152.600	1.230.300
Kalimantan Timur	Samarinda	202.440	1.722.500
Lampung	Tanjung Karang	33.307	6.845.100
Maluku	Ambon	74.505	1.741.800
Nusa Tenggara Barat	Mataram	20.177	3.172.500
Nusa Tenggara Timur	Kupang	47.876	3.277.000
Riau	Pakanbaru	94.562	2.810.000
Sulawesi Selatan	Ujung Pandang	72.781	6.968.200
Sulawesi Tengah	Palu	69.726	1.663.200
Sulawesi Tenggara	Kendari	27.686	1.243.000
Sulawesi Utara	Menado	19.023	2.442.100
Sumatera Barat	Padang	49.778	3.888.500
Sumatera Selatan	Palembang	103.688	5.875.200
Sumatera Utara	Medan	70.787	10.132.300
Timor Timur	Dili	14.874	681.300
Distritos autónomos especiales			
Aceh	Banda Aceh	55.392	3.215.400
Yogyakarta	Yogyakarta	3.169	3.046.500
TOTAL		1.919.443	175.216.700

Demografía

Población (1989): 177.046.000.
Densidad (1989): Personas por km^2 92,2.
Índice de urbanización (1985): Urbana 26,2%; rural 73,8%.
Distribución por sexo (1985): Varones 49,77%; mujeres 50,23%.
Estructura por edades (1985) Menos de 15, 39,4%; 15-29, 27,2%; 30-44, 16,9%; 45-59, 10,8%; 60-74, 4,7%; 75 y más 1,0%.
Proyección demográfica: (2000) 214.410.000; (2010) 246.102.000.
Tiempo de duplicación: 44 años.
Composición étnica (etnolingüística; 1980): Javaneses 40,1%; sundaneses 15,3%; indonesios bahasa 12,0%; madureses 4,8%; otros 27,8%.
Afiliación religiosa (1985): Musulmanes 86,9%; cristianos 9,6%, del que el 3,1% corresponde a católicos; hindúes 1,9%; budistas 1,0%; otros 0,6%.
Principales ciudades (1985): Yakarta 7.829.000; Surabaya 2.345.000; Medan 2.110.000; Bandung 1.633.000; Semarang (1984) 1.077.000.
Tasa de natalidad por 1.000 habitantes (1988): 27,2 (media mundia. 27,1).
Tasa de mortalidad por 1.000 habitantes (1988): 11,1 (media mundial 9,9).
Tasa de crecimiento por 1.000 habitantes (1988): 16,1 (media mundial 17,2).
Esperanza de vida al nacer (1988): Varones 54,9 años; mujeres 57,7 años.
Principales causas de muerte por 100.000 habitantes: n.d.; sin embargo, entre las enfermedades más importantes se incluyen tuberculosis, paludismo, disentería, cólera y peste.

Economía nacional

Presupuesto (1988-89 est.). Ingresos: 28.963.600.000.000 Rp (royalties de la producción energética 30,6%, ayuda al desarrollo 24,7%, impuesto sobre el valor añadido 16,5%, impuesto sobre la renta 13,0%, consumos 4,6%, ingresos no fiscales 4,3%). Gastos: 28.963.600.000.000 Rp (servicio de la deuda 36,8%, desarrollo 30,7%, servicio civil 16,6%, subsidios para las regiones autónomas 10,0%).
Turismo (1987): Ingresos por visitantes 803.000.000 dlr. EUA; gastos de nacionales en el exterior 494.000.000 dlr. EUA.
Producción (toneladas métricas, excepto cuando se indique). Agricultura, silvicultura, pesca (1987): Arroz 38.676.000, caña de azúcar 21.764.000, mandioca 13.700.000, maíz 4.800.000, batatas o camotes 2.200.000, aceite de palma 1.698.000, copra 1.400.000, caucho 1.000.000; ganadería (número de animales vivos) 12.900.000 cabras, 6.470.000 reses, 5.300.000 ovejas, 2.994.000 búfalos; madera 160.085.000 m^3; pesca, capturas 2.609.700. Minas y canteras (1987): Mineral de níquel 1.936.576; bauxita 612.670; mineral de cobre[3] 234.246; mineral de hierro[3] 148.958; mineral de estaño[3] 25.889; plata 2.635.000 kg. Industria manufacturera (1987): Cemento 11.860.607; fertilizantes 6.476.425; papel 121.489; hilados de algodón 162.069 balas; cerveza 827.870 hectólitros; cigarrillos 14.186.129.000 unidades. Producción energética (consumo): Electricidad (kwh; 1987) 34.810.000.000 (34.810.000.000); carbón (1987) 1.730.000 (2.914.000); petróleo crudo (barriles; 1987) 488.436.000 (240.027.000); productos petrolíferos (1987) 28.566.000 (23.792.000); gas natural (m^3; 1987) 27.669.000.000 (6.493.000.000).
Producto nacional bruto (1987): 76.766.000.000 dlr. EUA (450 dlr. EUA per cápita).

Estructura del producto nacional bruto y de la población activa

	1987		1986	
	Valor (000.000 Rp)	% del valor total	Población activa	% de la pobl. activa
Agricultura	29.208,2	25,5	37.644.472	53,6
Minería	15.044,6	13,1		
Industria	15.952,0	13,9	5.605.971	8,0
Construcción	6.087,4	5,3		
Servicios públicos	1.018,5	0,9		
Transportes y comunicaciones	7.405,4	6,5		
Comercio	19.251,8	16,8	9.756.404	13,9
Finanzas, bienes raíces	6.901,8	6,0	5.182.039	7,4
Administración pública, defensa	8.911,8	7,8 }	10.018.096	14,3
Servicios	4,737,0	4,1 }		
Otros	—	—	1.985.930	2,8
TOTAL	114.518,5	100,0[4]	70.192.912	100,0

Deuda pública (externa, pendiente; 1987): 41.284.000.000 dlr. EUA.
Población económicamente activa (1986): Total 70.192.912; tasa de actividad de la población total 41,6% (tasas de participación: 15-64 años 68,1%; mujeres 39,4%; desempleados 2,6%).

Comercio exterior

Balanza comercial (precios corrientes)

	1983	1984	1985	1986	1987	1988
Millones dlr. EUA	6.545	9.508	9.430	5.249	5.625	7.419
% del total	18,3	27,7	34,0	21,5	19,6	23,5

Importaciones (1988): 13.248.500.000 dlr. EUA (maquinaria 38,5%, productos químicos 19,2%, combustibles minerales 9,1%, metales básicos 7,2%, alimentos y animales vivos 6,7%). *Principales proveedores:* Japón 25,6%; EUA 13,1%; Singapur 6,8%.
Exportaciones (1988): 19.218.500.000 dlr. EUA (petróleo y productos petrolíferos 26,3%, gas natural 13,7%, caucho 5,9%. *Principales clientes:* Japón 41,7%; EUA 16,0%; Singapur 8,6%.

Transportes y comunicaciones

Transportes. Ferrocarriles (1988): Longitud de vías 6.583 km (1986) pasajeros-km 7.332.000.000; (1986) carga toneladas métricas-km 1.452.000.000. Carreteras (1986): Longitud total 219.791 km (pavimentadas 39%). Vehículos (1988): Automóviles 1.191.231; camiones y autobuses 1.284.278. Marina mercante (1988): Barcos (100 toneladas brutas y más) 1.736; peso muerto total 2.956.574 toneladas. Transporte aéreo (1988): Pasajeros-km 13.824.000.000; carga toneladas métricas-km 436.176.000; aeropuertos (1989) 134.
Comunicaciones. Diarios (1986): Número total 97; circulación total 3.048.635; circulación por 1.000 habitantes 18. Radio (1988): Número total de receptores 21.785.492 (1 por cada 8,0 personas). Televisión (1988): Número total de televisores 7.112.469 (1 por cada 24 personas). Teléfonos (1987): 890.117 (1 por cada 193 personas).

Educación y sanidad

Escolaridad (1985). Porcentaje de la población total de 25 años y más; sin enseñanza formal 30,3%; enseñanza primaria incompleta 32,2%; con enseñanza primaria 22,8%; secundaria parcial 6,4%; secundaria 7,1%; superior 1,20%. *Alfabetización* (1985): Población total de 15 años y más alfabetizada 79.197.000 (74,1%); varones alfabetizados 41.450.000 (83,0%); mujeres alfabetizadas 33.708.000 (65,4%).
Sanidad (1986): Médicos 20.768 (1 por cada 8.010 habitantes); camas hospitalarias 111.300 (1 por cada 1.495 habitantes); tasa de mortalidad infantil por cada 1.000 nacidos vivos (1988) 83,0.
Alimentación (1984-86): Ingesta calórica diaria per cápita 2.513 (productos vegetales 97%, productos animales 3%); 117% de las necesidades mínimas recomendadas por la FAO.

Fuerzas armadas

Personal en servicio activo (1989): 285.000 (ejército 75,4%, armada 15,8%, fuerza aérea 8,8%). *Presupuesto de defensa en porcentaje del PNB* (1987): 2,1% (mundo 5,4%); gasto per cápita 8 dlr. EUA.

[1] Incluye 100 escaños no electivos reservados para los militares. [2] Incluye los 500 miembros de la Cámara de Representantes del Pueblo más otros 500 delegados. [3] Concentrados. [4] El desglose no se corresponde con el total a causa del redondeo.

Irak

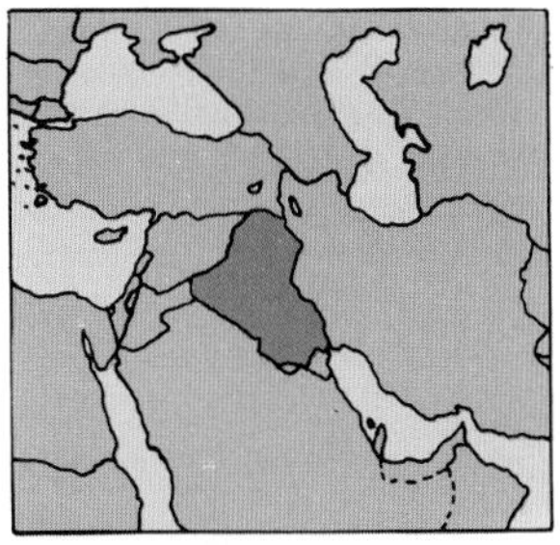

Nombre oficial: República de Irak.
Forma de gobierno: República unitaria unipartidista con una cámara legislativa (Asamblea Nacional).
Jefe del estado y del gobierno: Presidente.
Capital: Bagdad.
Lengua oficial: Árabe
Religión oficial: Islámica
Moneda: 1 dinar iraquí (ID) = 1.000 fils; cambio (2 oct. 1989) 1 ID = 3,23 dlr. EUA.

Área y población

Provincias	Capitales	área[1] km^2	población estimada 1985
al-Anbar	al-Ramadi	138.501	820.690
Babil	al-Hilla	6.468	1.109.574
Bagdad	Bagdad	734	3.841.268
al-Basra	Basora	19.070	872.176
Dhi Qar	al-Nasiriya	12.900	921.066
Diyala	Baqubah	19.076	961.073
Karbala	Karbala	5.034	469.282
Maysan	al-Amara	16.072	487.448
al-Muthanna	al-Samawa	51.740	315.815
al-Nayaf	al-Nayaf	28.824	590.078
Ninawa	Mosul	37.323	1.479.430
al-Qadisiya	ad-Diwaniya	8.153	559.805
Sala al-Din	Tikrit	24.751	726.138
al-Tamim	Kirkuk	10.282	601.219
Wasit	al-Kut	17.153	564.670
Regiones autónomas kurdas			
Dahuk	Dahuk	6.553	293.304
Irbil	Irbil	14.471	770.439
as-Sulaymaniyah	Sulaymaniya	17.023	951.723
EXTENSION TERRITORIAL		434.128	16.335.198
AGUAS INTERIORES		924	
EXTENSION TOTAL		435.052	

Demografía

Población (1989): 17.215.000.
Densidad[2] (1989): Personas por km^2 39,7.
Índice de urbanización (1987): Urbana 70,2%; rural 29,8%.
Distribución por sexo (1987): Varones 51,40%; mujeres 48,60%.
Estructura por edades (1986): Menos de 15, 45,3%; 15-29 28,4%; 30-44, 13,6%; 45-59, 7,6%; 60-74, 3,8%; 75 y más, 1,3%.
Proyección demográfica :(2000) 24.023.000; (2010) 30.932.000.
Tiempo de duplicación : 23 años.
Composición étnica (1983): Árabes 77,1%; kurdos 19,0%; turcos 1,4%; persas 0,8%; asirios 0,8%; otros 0,9%.
Afiliación religiosa (1980): Musulmanes 95,8% (del que el 53,5% corresponde a chiitas y el 42,3% a sunníes); cristianos 3,5%; otros 0,7%.
Principales ciudades (1985): Bagdad 3.844.600[3]; Basora 616.700; Mosul 570.926; Irbil 33.903; Sulaymaniya 279.424.
Tasa de natalidad por 1.000 habitantes (1986): 45,1 (media mundial 27,1).
Tasa de mortalidad por 1.000 habitantes (1986): 8,6 (media mundial 9,9).
Tasa de crecimiento por 1.000 habitantes (1986): 36,5 (media mundial 17,2).
Esperanza de vida al nacer (1986): Varones 61,0 años; mujeres 64,5 años.
Principales causas de muerte por 100.000 habitantes (1975): cardiopatías (excepto isquémica) 69,9; accidentes (de todo tipo) 27,6; neumonía 27,2; neoplasias malignas (cánceres) 19,6; sin embargo, durante los primeros años de la década de 1980 se produjo un gran número de bajas de guerra y una elevada incidencia de tracoma, gripe, sarampión, tos ferina y tuberculosis.

Economía nacional

Presupuesto (1987): Ingresos 8.170.000.000 ID (1981; ingresos por petróleo y empresas públicas 88,5%, impuesto sobre ventas 7,7%, impuesto sobre la renta 1,3%). Gastos: 9.970.000.000 ID (1981; servicios económicos 44,9%, defensa 24,0%, gobierno local 8,3%, seguridad interna 5,2%, sanidad 4,6%, educación 2,9%).
Turismo (1987): Ingresos 40.000.000 dlr. EUA; gastos n.d.
Producción (toneladas métricas, excepto cuando se indique). Agricultura, silvicultura, pesca (1987): Cebada 743.000, trigo 722.000, tomates 675.000, sandías 520.000, uva 450.000, pepinos y pepinillos 350.000, melones 350.000, dátiles 344.000, naranjas 175.000, berenjenas 170.000, papas o patatas 120.000; ganadería (número de animales vivos): 8.700.000 ovejas, 1.500.000 reses, 1.400.000 cabras, 425.000 mulas y asnos, 140.000 búfalos, 55.000 camellos, 75.000.000 pollos; madera 143.000 m^3; pesca, capturas 20.500. Minas y canteras (1986): Azufre elemental 600.000; yeso 300.000. Industria manufacturera (valor añadido en millones de ID; 1986): Productos químicos industriales 541,1; cerámica y vidrio 193,1; maquinaria y equipos de transporte 118,9, de los que 54,6 corresponden a maquinaria eléctrica y 17,6 a equipos de transporte; productos alimenticios 99,6; textiles 76,0; tabaco 38,9; bebidas 36,8; productos metálicos 23,3. Construcción (1985): Residencial, autorizados 11.521.000 m^2; no residencial, autorizados 1.176.000 m^2. Producción energética (consumo): Electricidad (kwh; 1987) 22.860.000.000 (22.860.000.000); carbón, no produce (n.d.); petróleo crudo (barriles; 1987) 743.300.000 (124.100.000); productos petrolíferos (1987) 13.420.000 (7.620.000); gas natural (m^3; 1987) 3.716.000.000 (991.000).
Producto nacional bruto (1987): 40.700.000.000 dlr. EUA (2.420 dlr. EUA per cápita).

Estructura del producto nacional bruto y de la población activa

	1987		1986	
	Valor (000.000 ID)	% del valor total	Población activa	% de la pobl. activa
Agricultura	2.208,0	17,9	1.193.170	27,7
Minería	3.453,1	28,1	62.096	1,4
Industria	1.215,1	9,9	386.809	9,0
Construcción	1.056,7	8,6	521.013	12,1
Servicios públicos	237,5	1,9	34.179	0,8
Transportes y comunicaciones	941,8	7,7	260.237	6,0
Comercio	1.667,2	13,5	329.704	7,7
Finanzas	1.527,3	12,4	50.043	1,2
Administración pública, defensa	—	—	1.470.090	34,1
Servicios	—	—		
Otros	—	—	—	—
TOTAL	12.306,7	100,0	4.307.341	100,0

Deuda pública (externa, pendiente; 1987): 60.000.000.000 dlr. EUA.
Población económicamente activa (1986): Total 4.307.341; tasa de actividad de la población total 26,9% (tasas de participación: 15 años y más 50,6%; mujeres 18,2%; desempleados [1984] 0,9%).

Comercio exterior[4]

Balanza comercial (precios corrientes)

	1982	1983	1984	1985	1986	1987
Millones ID	−11.304	−2.381	282	966	−1.124	2.006
% del total	35,6	10,8	1,3	4,4	6,9	12,5

Importaciones (1987): 7.015.000.000 dlr EUA (1986; maquinaria y equipos de transporte 39,8%; artículos manufacturados 27,1%; alimentos y materias primas agrícolas 15,5%; productos químicos o farmacéuticos 7,5%). *Principales proveedores:* Turquía 14,8%; EUA 10,7%; Alemania federal 7,3%; Reino Unido 7,0%; Japón 6,2%; Francia 5,8%; Brasil 5,2%; Yugoslavia 4,6%; Rumania 4,6%; Italia 4,1%.
Exportaciones: (1987): 9.021.000.000 dlr. EUA (combustible y otras fuentes de energía 99,0%; alimentos y materias primas agrícolas 1,0%). *Principales clientes:* Brasil l6,5%; Italia 12,2%; Francia 10,2%; Turquía 7,5%; Japón 6,9%; España 6,7%; Yugoslavia 6,4%; EUA 5,3%; Alemania federal 4,1%.

Transportes y comunicaciones

Transportes. Ferrocarriles (1986): Longitud de vías (1987) 2.439 km; pasajeros-km 1.005.000.000; carga toneladas métricas-km 1.294.000.000. Carreteras (1986): Longitud total 33.238 km (pavimentadas 72%). Vehículos (1986): Automóviles 491.800; camiones y autobuses 246.700. Marina mercante (1988) Barcos (100 toneladas brutas y más) 135; peso muerto total 1.675.923 toneladas. Transporte aéreo (1984): Pasajeros-km 1.200.000.000; carga toneladas métricas-km 52.000.000; aeropuertos (1987) 3.
Comunicaciones. Diarios (1987): Número total 6; circulación total 328.000; circulación por 1.000 habitantes 21. Radio (1987): Número total de receptores 3.222.300 (1 por cada 5,3 personas). Televisión (1987): Número total de televisores 972.000 (1 por cada 18 personas). Teléfonos (1985): 886.133 (1 por cada 17 personas).

Educación y sanidad

Escolaridad, n.d. *Alfabetización:* (1984): Población total de 15 años y más alfabetizada 2.815.895 (45,9%); varones alfabetizados 2.034.011 (65,9%); mujeres alfabetizadas 781.884 (26,0%).
Sanidad: Médicos (1984) 4.428 (1 por cada 3.324 habitantes); camas hospitalarias (1985) 27.756 (1 por cada 552 habitantes); tasa de mortalidad infantil por cada 1.000 nacidos vivos (1986) 63,3.
Alimentación (1984-86): Ingesta calórica diaria per cápita 2.907 (productos vegetales 88%, productos animales 12%); (1984) 121% de las necesidades mínimas recomendadas por la FAO.

Fuerzas armadas

Personal en servicio activo (1989): 1.000.000 (ejército 95,5%, armada 0,5%, fuerza aérea 4,0%). *Presupuesto de defensa en porcentaje del PNB* (1986): 32,0% (mundo 5,4%); gasto per cápita l.060 dlr. EUA.

[1] Excluyendo la zona neutral Irak-Arabia Saudita. [2] Basada únicamente en la extensión territorial. [3] 1987. [4] Las cifras de importación son f.o.b. (franco a bordo) en la balanza comercial y c.i.f. (costo, seguro y flete) para los artículos y asociados comerciales.

Irán

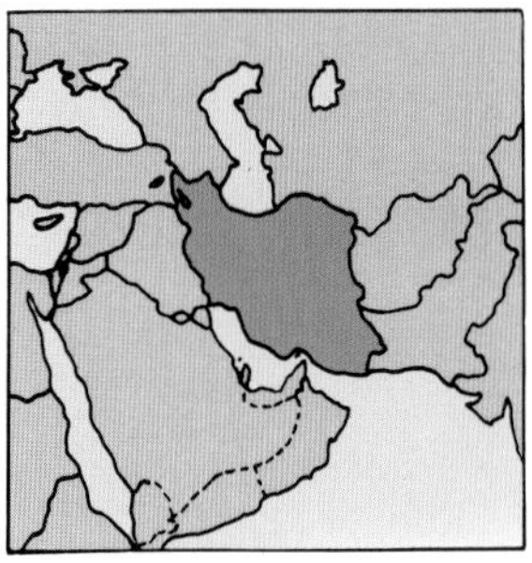

Nombre oficial: República islámica de Irán.
Forma de gobierno: República islámica unitaria con una cámara legislativa (Asamblea Consultiva Islámica).
Jefe del estado: Presidente.
Jefe del gobierno: Primer ministro.
Capital: Teherán.
Lengua oficial: Farsi (persa).
Religión oficial: Islámica.
Moneda: 1 rial (Rls) = 100 dinares; cambio (2 oct. 1989) 1 dlr. EUA = 72,25 Rls.

Área y población

Provincias	Capitales	área km^2	población estimada 1986
Azerbaiján-e Gharbi	Orumiye	38.850	1.971.677
Azerbaiján-e Sharqi	Tabriz	67.102	4.114.084
Baktaran	Baktaran	23.667	1.462.965
Boyer Ahmad-e Kohkiluye	Yasuj	14.261	411.828
Bushehr	Bushehr	27.653	612.183
Chahar Mahal-e Bakhtiari	Shahr Kord	14.870	631.179
Isfahán	Isfahán	104.650	3.294.916
Fars	Shiraz	133.298	3.193.769
Gilan	Rasht	14.709	2.081.037
Hamadán	Hamadán	19.784	1.505.826
Hormozgan	Bandar Abás	66.871	762.206
Ilam	Ilam	19.044	382.091
Jurasánt	Mashad	313.337	5.280.605
Juzistán	Ahvaz	67.282	2.681.978
Kerman	Kerman	179.916	1.622.958
Kurdistán	Sananday	24.998	1.078.415
Luristán	Jurramabad	28.803	1.367.029
Markazi	Arak	30.020	1.082.109
Mazandarán	Sari	47.375	3.419.346
Semnan	Semnan	90.039	417.035
Sistan-e Baluchistán	Zahedan	181.578	1.197.059
Teherán	Teherán	28.994	8.712.087
Yazd	Yazd	70.011	574.028
Zanjan	Zanjan	36.398	1.588.600
ÁREA TERRITORIAL TOTAL		1.643.510	
AGUAS INTERIORES		4.686	
AREA TOTAL		1.648.196	49.445.010

Demografía

Población (1989): 54.333.000.
Densidad (1989): Personas por km^2 33,1.
Índice de urbanización (1986): Urbana 54,3; rural 45,7%.
Distribución por sexo (1986): Varones 51,13%; mujeres 48,87%.
Estructura por edades (1984-85): Menos de 15, 43,4%; 15-29, 26,0%; 30-44, 16,0%; 45-59, 9,3%; 60-74, 1,9%; 75 y más, 3,4%.
Proyección demográfica: (2000) 73.801.000; (2010) 93.553.000.
Tiempo de duplicación: 21 años.
Composición étnica (1983): Persas 45,6%; azerbaijanos 16,8%; kurdos 9,1%; gilaki 5,3%; luris 4,3%; mazandarani 3,6%; baluchi 2,3%; árabes 2,2%; baktyari 1,7%; turcos 1,5%; armenios 0,5%; otros 7,1%.
Afiliación religiosa (1987): Musulmanes 98,8% (chiitas 91,0%, sunníes 7,8%); otros 1,2%.
Principales ciudades (1986): Teherán 6.042.584; Mashad 1.463.508; Isfahán 986.753; Tabriz 971.472; Shiraz 848.289.
Tasa de natalidad por 1.000 habitantes (1985-90): 42,4 (media mundial 27,1).
Tasa de mortalidad por 1.000 habitantes (1985-90): 8,0 (media mundial 9,9).
Tasa de crecimiento por 1.000 habitantes (1985-90): 34,4 (media mundial 17,2).
Esperanza de vida al nacer (1985-90): Varones 65,0 años; mujeres 65,6 años.
Principales causas de muerte por 100.000 habitantes (1985-86, est.): Enfermedades cardiovasculares 223,7; accidentes y suicidios 134,6; enfermedades pediátricas 73,8; neoplasias malignas (cánceres) 62,8; enfermedades del sistema respiratorio 56,9; enfermedades gastrointestinales 30,6; enfermedades cerebrovasculares 28,1.

Economía nacional

Presupuesto (1987-88). Ingresos: 3.970.800.000.000 Rls (petróleo y gas 46,1%, impuestos 28,7%). Gastos: 3.970.800.000.000 (gastos corrientes 74,7%, del cual gastos de guerra 17,6%).
Turismo (1987): Ingresos por visitantes 26.000.000 dlr. EUA; gastos 400.000.000 dlr. EUA.
Producción (toneladas métricas, excepto cuando se indique). Agricultura, silvicultura, pesca (1987): Trigo 7.960.000, remolacha azucarera 4.000.000, cebada 2.500.000, papas o patatas 2.210.000, arroz con cáscara 1.960.000, uva 1.350.000, caña de azúcar 1.150.000, sandías 960.000; ganadería (número de animales vivos): 34.500.000 ovejas, 13.600.000 cabras, 8.350.000 reses, 1.800.000 burros, 316.000 caballos, 100.000.000 pollos; madera 6.789.000 m^3; pesca, capturas 150.000. Minas y canteras (1988): Mineral de hierro 2.800.000[1]; mineral de cobre 420.000; mineral de cromo 65.000; manganeso 60.000; zinc y plomo 60.000. Industria manufacturera (valor en Rls, 1984-85): Maquinaria 281.300.000.000; productos químicos 240.000.000.000; textiles 219.700.000.000; hierro y acero 135.688.000.000[2]; alimentos procesados 131.100.000.000. Construcción (1984): Residencial 20.991.000 m^2; no residencial 1.830.000 m^2. Producción energética (consumo): Electricidad (kwh; 1987) 37.910.000.000 (37.910.000.000); carbón (1987) 1.240.000 (1.440.000); petróleo crudo (barriles; 1987) 828.175.000 (212.137.000); productos petrolíferos (1987) 25.600.000 (29.195.000); gas natural (m^3; 1987) 15.807.000.000 (15.807.000.000).
Producto nacional bruto (1987): 93.500.000.000 dlr. EUA (1.800 dlr. EUA per cápita).

Estructura del producto nacional bruto y de la población activa

	1985-86		1986	
	Valor (000.000 Rls)	% del valor total	Población activa	% de la pobl. activa
Agricultura	2.927,6	19,1	3.190.761	24,5
Minería	1.493,6	9,8	32.370	0,2
Industria	1.174,3	7,7	1.451.330	11,1
Construcción	1.020,2	6,7	1.206.264	9,2
Servicios públicos	113,7	0,7	91.044	0,7
Transportes y comunicaciones	1.138,1	7,4	630.546	4,8
Comercio	3.040,5	19,9	[4]	0,9
Finanzas / Administración pública, defensa / Servicios	4.397,7	28,7	3.164.041[4]	23,4[4]
Otros	—	—	3.274.644	25,1
TOTAL	15.305,8[3]	100,0	13.041.000	100,0[3]

Población económicamente activa (1986): Total 13.041.000; tasa de actividad de la población total 26,4% (tasas de participación [1985]: 15-64 años 50,1%; mujeres 16,7%; desempleados [1986] 2,5%).

Comercio exterior

Balanza comercial (precios corrientes)

	1982	1983	1984	1985	1986	1987
Millones Rls	4.964	218	812	2.066	−1.425	1.919
% del total	18,2	0,6	2,7	8,2	8,1	9,7

Importaciones (1987): 8.981.000.000 Rls (maquinaria y equipos de transporte 37,6%, alimentos y animales vivos 14,3%, productos químicos 12,2%). *Principales proveedores:* Alemania federal 19,4%; Japón 12,9%; Reino Unido 6,6%; Italia 6,2%; Turquía 5,3%; URSS 4,4%; Países Bajos 3,5%; Australia 3,1%.
Exportaciones (1987): 10.900.000.000 Rls (petróleo y productos petrolíferos 98,4%). *Principales clientes:* EUA 14,6%; Japón 13,1%; Italia 8,8%; Países Bajos 8,1%; India 6,0%; Turquía 5,8%; España 5,6%; Rumanía 5,5%; Francia 5,3%; Alemania federal 4,2%.

Transportes y comunicaciones

Transportes. Ferrocarriles (1984-85): Longitud de vías 4.567 km; pasajeros-km 2.526.000.000; carga toneladas métricas-km 3.861.000.000. Carreteras (1987): Longitud total 139.368 km (pavimentadas 48%). Vehículos: Automóviles (1984) 2.246.143; camiones y autobuses (1987) 440.000. Marina mercante (1988): Barcos (100 toneladas brutas y más) 375; peso muerto total 7.939.315 toneladas. Transporte aéreo (1986): Pasajeros-km 5.411.666.000; carga toneladas métricas-km 685.860.000; aeropuertos (1988) 13.
Comunicaciones. Diarios (1987): Número total 17; circulación total 640.000[5]; circulación por 1.000 habitantes 13,2[5]. Radio (1988): Número total de receptores 11.093.164 (1 por cada 4,7 personas). Televisión (1988): Número total de televisores 2.250.000 (1 por cada 23 personas). Teléfonos (1987): 2.078.593 (1 por cada 25 personas).

Educación y sanidad

Escolaridad (1976). Porcentaje de la población total de 10 años y más: sin escolarización formal 16,1%; con enseñanza coránica 10,7%; primaria 43,0%; secundaria 23,7%; superior 6,4%; con certificación no consignada 0,1%. *Alfabetización* (1986): Población total de 15 años y más alfabetizada 61,8%; varones alfabetizados 71,0%; mujeres alfabetizadas 52,1%).
Sanidad (1987): Médicos 6.918 (1 por cada 2.992 habitantes); camas hospitalarias (1986) 70.184 (1 por cada 704 habitantes); tasa de mortalidad infantil por cada 1.000 nacidos vivos 108,1.
Alimentación (1978-80): Ingesta calórica diaria per cápita 2.912 (productos vegetales 90%, productos animales 10%); 130% de las necesidades mínimas recomendadas por la FAO.

Fuerzas armadas

Personal en servicio activo (1988): 604.500 (cuerpo de guardia revolucionaria 41,3%, ejército 50,5%, armada 2,4%, fuerza aérea 5,8%). *Presupuesto de defensa en porcentaje del PNB* (1985): 7,9% (mundo 5,7%); gasto per cápita 477 dlr. EUA.

[1] 1986. [2] 1983-84. [3] El desglose no se corresponde con el total a causa del redondeo. [4] Servicios incluye comercio. [5] Circulación basada en tres diarios solamente.

Irlanda

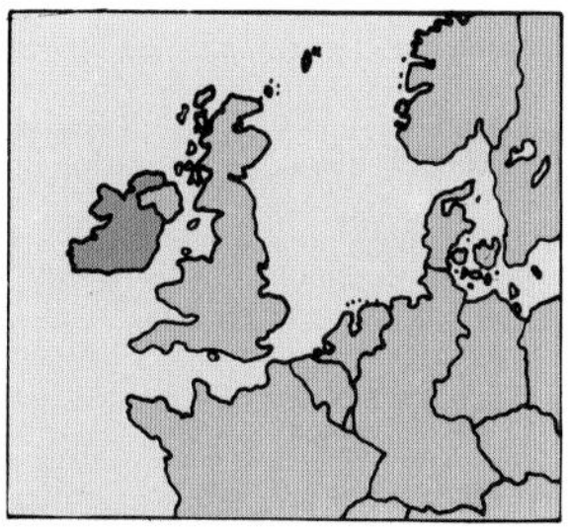

Nombre oficial: Irlanda[1]
Forma de gobierno: República unitaria multipartidista con dos cámaras legislativas (Senado; Cámara de Representantes).
Jefe del estado: Presidente.
Jefe del gobierno: Primer ministro.
Capital: Dublín.
Lengua oficial: Irlandés; inglés.
Religión oficial: Católica.
Moneda: 1 libra irlandesa (I£) = 100 peniques nuevos; cambio (2 oct. 1989) 1 I£ = 1,43 dlr. EUA.

Área y población	área km²	población censo 1986
Provincias		
Condados		
Connacht	17.122	431.409
Galway[2]	5.940	178.552
Leitrim	1.525	27.035
Mayo	5.398	115.184
Roscommon	2.463	54.592
Sligo	1.796	56.046
Leinster	19.633	1.852.649
Carlow	896	40.988
Dublín[2]	922	1.021.449
Kidare	1.694	116.247
Kikenny	2.062	73.186
Laoighis	1.719	53.284
Longford	1.044	31.496
Louth	823	91.810
Meath	2.336	103.881
Offaly	1.998	59.835
Westmeath	1.763	63.379
Wexford	2.351	102.552
Wicklow	2.025	94.542
Munster	24.127	1.020.577
Clare	3.188	91.344
Cork[2]	7.460	412.735
Kerry	4.701	124.159
Limerick[2]	2.686	164.569
Tipperary North Riding	1.996	59.522
Tipperary South Riding	2.258	77.097
Waterford[2]	1.838	91.151
Ulster	8.012	236.008
Cavan	1.891	53.965
Donegal	4.830	129.664
Monaghan	1.291	52.379
AREA TERRITORIAL TOTAL	68.895[3]	3.540.643
AGUAS INTERIORES	1.390	
AREA TOTAL	70.285	

Demografía

Población (1989): 3.515.000.
Densidad (1989): Personas por km² 51,0.
Índice de urbanización (1985): Urbana 57,0%; rural 43,0%.
Distribución por sexo (1986): Varones 49,97%; mujeres 50,03%.
Estructura por edades (1986): Menos de 15, 28,9%; 15-29, 24,7%; 30-44, 18,8; 45-59, 12,8; 60-74, 10,7; 75 y más, 4,1.
Proyección demográfica: (2000) 3.447.000; (2010) 3.387.000.
Tiempo de duplicación: 92 años.
Composición étnica (1981): Más del 94% de nacionalidad irlandesa.
Afiliación religiosa (1981): Católicos 93,1%; Iglesia de Irlanda (anglicanos) 2,8%; presbiterianos 0,4%; otros 3,7%.
Principales ciudades[4] (1986): Dublín 502.749; Cork 133.571; Limerick 56.279; Galway 47.104; Waterford 39.529.
Tasa de natalidad por 1.000 habitantes (1988): 15,3 (media mundial 27,1).
Tasa de mortalidad por 1.000 habitantes (1988): 8,9 (media mundial 9,9).
Tasa de crecimiento por 1.000 habitantes (1988): 6,4 (media mundial 17,2).
Esperanza de vida al nacer (1985-90): Varones 71,5 años; mujeres 76,9 años.
Principales causas de muerte por 100.000 habitantes (1987): Enfermedades cardiovasculares 424,8; neoplasias malignas (cánceres) 195,3; neumonía 48,6.

Economía nacional

Presupuesto (1988). Ingresos: 7.035.000.000 I£ (impuestos de utilidades 38,5%, impuesto sobre el valor añadido 23,7%, impuestos de consumo 20,1%). Gastos: 8.183.000.000 I£ (servicios de la deuda 30,9%, bienestar social 24,1%, educación 15,2%, sanidad 14,5%, defensa 4,2%).
Turismo (1987): Ingresos por visitantes 811.000.000 dlr. EUA; gastos de nacionales en el exterior 814.000.000 dlr. EUA.
Producción (toneladas métricas, excepto cuando se indique). Agricultura, silvicultura, pesca (1987): Remolacha azucarera 1.623.000, cebada 974.000, papas o patatas 424.000, trigo 266.000, avena 45.000, leche 53.620.000 hectólitros; ganadería (número de animales vivos; 1988): 5.636.700 reses, 4.991.200 ovejas, 961.200 cerdos; madera: 1.245.000 m³; pesca, capturas 247.430. Minas y canteras (1986): Yeso 284.200; mineral de zinc 177.000[5]; mineral de plomo 33.800[5]. Industria manufacturera (valor añadido en I£; 1986): Metales 1.984.700.000; alimentos 1.624.800.000; productos químicos 891.800.000; productos minerales no metálicos 341.500.000; papel, impresos y ediciones 305.200.000; textiles 154.300.000. Construcción (1985): Residencial 2.265.000 m². Producción energética (consumo): Electricidad (kwh; 1986) 12.307.000.000 (12.307.000.000); carbón 54.000 (2.307.000); petróleo crudo (barriles; 1986), no produce (10.880.000); productos petrolíferos (1986) 1.431.000 (4.325.000); gas natural (m³; 1986) 1.590.600.000 (1.589.600.000).
Producto nacional bruto (1987): 21.761.000.000 dlr. EUA (6.030 dlr. EUA per cápita).

Estructura del producto nacional bruto y de la población activa

	1987			
	Valor (000.000 I)	% del valor total	Población activa	% de la pobl. activa
Agricultura	1.874	10,6	168.000	12,7
Minería			8.800	0,7
Industria	6.584	37,3	235.600	17,9
Construcción			98.100	7,4
Serivicios públicos			15.000	1,1
Transportes y comunicaciones	3.250	18,4	71.200	5,4
Comercio			212.200	16,1
Administración pública, defensa	1.185	6,7	[6]	[6]
Servicios	4.774	27,0	298.600[6]	22,6[6]
Finanzas			85.100	6,4
Otros			126.800[7]	9,6[7]
TOTAL	17.667	100,0	1.319.200[8]	100,0[8]

Deuda pública (1987): 40.960.800.000 dlr. EUA.
Población económicamente activa (1987): Total 1.319.200; tasa de actividad de la población total 37,2%) tasas de participación 15-64 años 59,9%; mujeres 30,9%; desempleados 19,0%).

Comercio exterior[9]

Balanza comercial (precios corrientes)	1983	1984	1985	1986	1987	1988
Millones I	—420	—15,3	312	1.164	2.004	2.576
% del total	2,9	0,1	1,6	6,6	10,6	11,7

Importaciones (1987): 9.155.207.000 I£ (maquinaria y equipos de transporte 33,5%; productos químicos 12,3%; petróleo y productos petrolíferos 5,6%; productos alimenticios 5,6%; textiles 3,7%; productos de papel 3,3%; hierro y acero 1,7%). *Principales proveedores:* Reino Unido 41,6%; EUA 17,0%; Alemania federal 8,4%; Francia 4,4%; Japón 4,3%.
Exportaciones (1987): 10.723.498.000 I£ (maquinaria y equipos de transporte 31,4%, del que el 15% corresponde a máquinas de oficina y el 4,3% a maquinaria eléctrica; alimentos 15,8%, del que el 7,1% corresponde a carne y el 5,8% a productos lácteos). *Principales clientes:* Reino Unido 28,4%; Alemania federal 11,2%; Francia 9,3%; EUA 7,8%.

Transportes y comunicaciones

Transportes. Ferrocarriles (1987): Longitud de vías 2.953 km; pasajeros-km 1.201.900.000; carga toneladas métricas-km 563.100.000. Carreteras (1987): Longitud total 92.303 km (pavimentadas 94%). Vehículos (1986): Automóviles 711.087; camiones y autobuses 106.285. Marina mercante (1988): Barcos (100 toneladas brutas y más) 169; peso muerto total 172.821 toneladas. Transporte aéreo (1987): Pasajeros-km 2.736.000.000; carga toneladas métricas-km 84.120.000; aeropuertos (1989) 6.
Comunicaciones (1988). Diarios (1987): Número total 7; circulación total 712.000; circulación por 1.000 habitantes 200. Radio: Número total de receptores 2.112.863 (1 por cada 1,7 personas). Televisión: Número total de televisores 937.397 (1 por cada 3,8 personas). Teléfonos (1985): 942.000 (1 por cada 3,8 personas).

Educación y sanidad

Escolaridad (1981). Porcentaje de la población total de 25 años y más: con enseñanza primaria 52,3%; secundaria 23,3%; postsecundaria parcial 16,5%; universitaria o de institución similar 7,9%. *Alfabetización* (1987): Virtualmente el 100% de la población está alfabetizada.
Sanidad (1984): Médicos 5.180 (1 por cada 681 habitantes); camas hospitalarias (1986) 27.634[10] (1 por cada 128 habitantes); tasa de mortalidad infantil por cada 1.00 nacidos vivos (1987) 7,4.
Alimentación (1984-86): Ingesta calórica diaria per cápita 3.692 (productos vegetales 62%, productos animales 38%); (1984) 153% de las necesidades mínimas recomendadas por la FAO.

Fuerzas armadas

Personal en servicio activo (1988): 13.200 (ejército 87,8%, armada 6,1%, fuerza aérea 6,1%). *Presupuesto de defensa en porcentaje del PNB* (1986): 1,9% (mundo 5,5%); gasto per cápita 130 dlr. EUA.

[1] Según establece la constitución, la ley de la República de Irlanda de 1948 aporta el precedente para esta fórmula más amplia del nombre oficial; sin embargo, según fuentes oficiales, no se ha modificado el uso de «Ireland» como nombre en inglés del estado. [2] Incluye los municipios de los condados. [3] El desglose no se corresponde con el total a causa del redondeo. [4] Municipios de los condados. [5] Sólo contenido metálico. [6] Servicios incluye administración pública y defensa. [7] Incluye 40.400 desempleados. [8] El desglose no se corresponde con el total a causa del redondeo. [9] Las cifras de importación son f.o.b. (franco a bordo) en la balanza comercial y c.i.f. (costo, seguro y flete) para los artículos y asociados comerciales. [10] Incluye 10.758 camas usadas por pacientes psiquiátricos internos a largo plazo.

Islandia

Nombre oficial: República de Islandia.
Forma de gobierno: República unitaria multipartidista con una cámara legislativa[1].
Jefe del estado: Presidente.
Jefe del gobierno: Primer ministro.
Capital: Reikiavik.
Lengua oficial: Islandés.
Religión oficial: Evangélica luterana.
Moneda: 1 corona (ISK) = 100 aurar; cambio (2 oct. 1989) 1 dlr. EUA = 60,96 ISK.

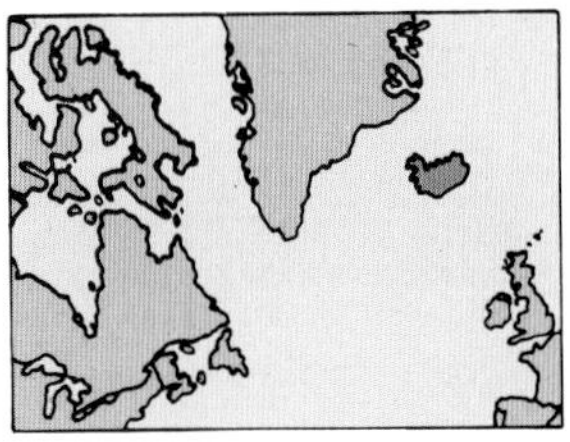

Área y población

Regiones[2]	Centros administrativos	área km^2	población estimada 1988
Austurland	Egilsstadhir	22.490	13.167
Höfudhborgarsvoedhi	Reikiavik	1.920[3]	141.938[3]
Nordhurland eystra	Akureyri	21.680	26.075
Nordhurland vestra	Saudhárkrókur	12.880	10.551
Sudhurland	Selfoss	24.990[3]	20.096
Sudhurnes	Keflavik		14.949
Vestfirdhir	Isafjördhur	9.520	10.097
Vesturland	Borgarnes	9.520	14.817
TOTAL		103.000	251.690

Demografía

Población (1989): 252.000.
Densidad (1989): Personas por km^2 2,4.
Índice de urbanización (1988): Urbana 90,3%; rural 9,7%.
Distribución por sexo (1988): Varones 50,24%; mujeres 49,76%.
Estructura por edades (1988): Menos de 15, 25,0%; 15-29, 25,9%; 30-44, 21,6%; 45-59, 13,1%; 60-74, 9,9%; 75 y más, 4,5%.
Proyección demográfica: (2000) 268.000; (2010) 277.000.
Tiempo de duplicación: 69 años.
Composición étnica (1988): Islandeses 96,3%; otros europeos 1,6%; otros 2,1%.
Afiliación religiosa (1988): Luteranos 97%; católicos 0,9%; otros 2,1%.
Principales ciudades (1988): Reikiavik 95.799 (área urbana 140.265); Kópavogur 15.535[4]; Hafnarfjördhur 14.197[4]; Akureyri 13.969; Keflavík 7.322.
Tasa de natalidad por 1.000 habitantes (1987): 17,1 (media mundial 27,1); hijos legítimos 49,9%; ilegítimos 50,1%.
Tasa de mortalidad por 1.000 habitantes (1987): 7,0 (media mundial 9,9).
Tasa de crecimiento por 1.000 habitantes (1987): 10,1 (media mundial 17,2).
Esperanza de vida al nacer (1986-87): Varones 75,0 años; mujeres 80,1 años.
Principales causas de muerte por 100.000 habitantes (1987): Enfermedades cardiacas y cardiovasculares 324,8; neoplasias malignas (cánceres) 178,0; enfermedades respiratorias 71,1.

Economía nacional

Presupuesto (1988). Ingresos: 64.590.000.000 ISK (impuestos indirectos 79,6%, de los cuales el 46,1% corresponde a impuestos sobre ventas y el 9,8% a derechos de importación; impuestos directos 14,6%). Gastos: 71.970.000.000 (sanidad, seguridad social y bienestar 42,0%; servicios económicos 19,4%; educación y cultura 16,6%).
Turismo (1988): Ingresos por visitantes 108.800.000 dlr. EUA; gastos de nacionales en el exterior 230.200.000 dlr. EUA.
Producción (toneladas métricas, excepto cuando se indique). Agricultura, silvicultura, pesca (1988): Cultivos forrajeros 3.643.000[5], leche 103.000, papas o patatas 17.006[5]; ganadería (número de animales vivos): 586.900 ovejas, 70.800 reses, 63.500 caballos; pesca, capturas (1988) 1.703.200, de los cuales 916.100 corresponden a capelanes, 360.600 a bacalao, 87.600 a arenques y 27.900 a langostas, camarones y moluscos. Minas y canteras (1988): Diatomita 25.000. Industria manufacturera (1986): alimentos, bebidas y tabaco 11.774; productos metálicos elaborados 2.609; artes gráficas 2.140; productos de madera y muebles 1.558; productos minerales no metálicos 1.418. Construcción (1987): Residencial 47.230 m^3; no residencial 10.850 m^3. Producción energética (consumo): Electricidad (kwh; 1980) 4.417.000.000 (3.781.000.000[5]); carbón (1987), no produce (60.000); petróleo crudo, no produce (sin consumo); productos petrolíferos (1987), no produce (527.000); gas natural, no produce (sin consumo).
Producto nacional bruto (1987): 4.083.000.000 dlr. EUA (16.670 dlr. EUA per cápita).

Estructura del producto nacional bruto y de la población activa

	1988		1987	
	Valor (000.000 ISK)	% del valor total	Población activa	% de la pobl. activa
Agricultura	13.300[6]	5,4[6]	7.013	5,3
Pesca y elaboración	39.800	16,2	16.788	12,7
Industria	29.500[6]	12,0[6]	18.479	14,0
Construcción	18.700	7,6	12.338	9,3
Servicios públicos	16.200	6,6	1.146	0,9
Transportes y comunicaciones	20.900	8,5	8.591	6,5
Comercio	33.000	13,4	20.752	15,7
Finanzas, bienes raíces			9.760	7,4
Administración, defensa	97.200	39,5	23.355	17,6
Servicios			8.194	6,2
otros	−22.400	− 9,1	5.843	4,4
TOTAL	245.971	100,0	132.259	100,0

Deuda pública (externa, pendiente; 1988): 1.434.000.000 dlr. EUA.
Población económicamente activa (1987): Total 132.259; tasa de actividad de la población total 53,8% (tasas de participación: 15-64 años, n.d.; mujeres [1984] 39,5%; desempleados [1988] 0,7%).

Comercio exterior[8]

Balanza comercial (precios corrientes)

	1983	1984	1985	1986	1987	1988
Millones ISK	−90	−789	−356	3.356	−2.617	−1.050
% del total	0,2	1,6	0,5	3,9	2,4	0,8

Importaciones (1988): 68.971.000.000 ISK (barcos 8,5%; vehículos a motor 8,4%; combustibles y lubricantes 5,8%; vestidos 5,4%; equipos y maquinaria eléctrica 4,8%; metales elaborados 4,3%). *Principales proveedores:* Alemania federal 14,2%; Dinamarca 9,2%; Noruega 9,1%; Suecia 8,7%; Reino Unido 8,2%.
Exportaciones (1988): 61.674.000.000 ISK (pescado y productos derivados, 71,1%, del que el 26,3% corresponde a pescado congelado, el 16,4% a pescado en salazón y el 7,8% a langostas y camarones; aluminio refinado 10,7%). *Principales clientes:* Reino Unido 23,3%; EUA 13,6%; Alemania federal 10,3%; Portugal 8,5%; Japón 7,6%.

Transportes y comunicaciones

Transportes. Ferrocarriles: Ninguno. Carreteras (1987): Longitud total 11.373 km (pavimentadas 15%). Vehículos (1987): Automóviles 120.456; camiones y autobuses 13.102. Marina mercante (1988): Barcos (100 toneladas brutas y más) 396; peso muerto total 148.307 toneladas. Transporte aéreo (1988)[9]: Pasajeros-km 2.353.000; carga toneladas métricas-km 28.070.000; aeropuertos (1989) con vuelos regulares 31.
Comunicaciones. Diarios (1987): Número total 6; circulación total 126.900; circulación por 1.000 habitantes 516. Radio (1988): Número total de receptores 153.264 (1 por cada 1,6 personas). Televisión (1988): Número total de televisores 76.250 (1 por cada 3,3 personas). Teléfonos (1987): 113.000 (1 por cada 2,2 personas).

Educación y sanidad

Escolaridad, n.d. *Alfabetización* (1985): 99,9%.
Sanidad (1986): Médicos 632 (1 por cada 385 habitantes); camas hospitalarias 2.835 (1 por cada 86 habitantes); tasa de mortalidad infantil por cada 1.000 nacidos vivos 6,1.
Alimentación (1984-86): Ingesta calórica diaria per cápita 3.146 (productos vegetales 54%, productos animales 46%); (1984) 116% de las necesidades mínimas recomendadas por la FAO.

Fuerzas armadas

Islandia no tiene fuerzas armadas nacionales; la seguridad exterior está garantizada por la Fuerza de Defensa de Islandia, patrocinada por la OTAN y con personal estadounidense en número no superior a 3.100 (armada 58,1%, fuerza aérea 41,9%). Existe un servicio nacional de guardacostas de unos 125 hombres.

[1] En la práctica consta de dos cuerpos legislativos separados: Cámara Alta y Cámara Baja. [2] Las regiones tienen autoridad administrativa limitada. [3] Incluye Sudhurnes. [4] Dentro del área urbana de Reikiavik. [5] 1987. [6] La agricultura incluye alimentos elaborados no procedentes de la pesca. [7] Incluye 588 desempleados. [8] Las cifras de importación son f.o.b. (franco a bordo) en la balanza comercial y c.i.f. (costo, seguro, flete) para los artículos y asociados comerciales. [9] Sólo Icelandair.

Israel

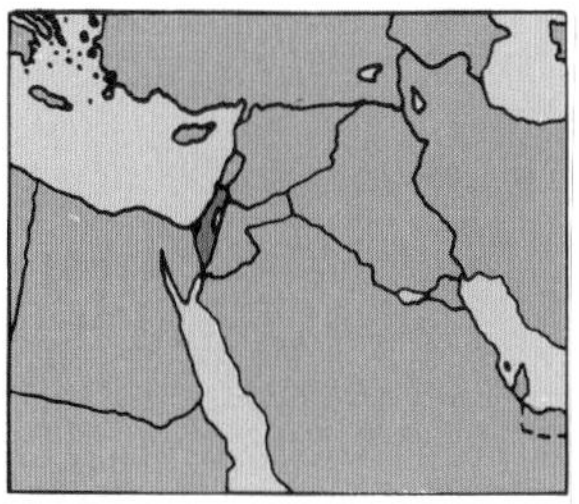

Nombre oficial: Estado de Israel.
Forma de gobierno: República multipartidista con una cámara legislativa (Knesset).
Jefe del estado: Presidente.
Jefe del gobierno: Primer ministro.
Capital: Jerusalén (proclamada el 23 de enero de 1950 y sede del gobierno, pendiente de reconocimiento por la comunidad internacional, a causa del contencioso arabe-israelí).
Lengua oficial: Hebreo; árabe.
Religión oficial: Ninguna.
Moneda: 1 nuevo siclo israelí (NIS) = 100 agorot; cambio (2 oct. 1989) 1 dlr. EUA = 2,0 NIS.

Área y población

Distritos	Capitales	área[1] km²	población estimada 1988
Central	Ramla	1.242	927.900
Haifa	Haifa	854	600.600
Jerusalén	Jerusalén	557	532.500
Norte	Tiberias	3.490	732.400
Sur	Beersheba	14.387	525.700
Tel Aviv	Tel Aviv-Yafo	170	1.027.200
TOTAL		20.700	4.346.300

Demografía[1]

Población (1989): 4.563.000.
Densidad[2] (1989): Personas por km² 220,4.
Índice de urbanización (1986): Urbana 89,4%; rural 10,6%.
Distribución por sexo (1986): Varones 49,89%; mujeres 50,11%.
Estructura por edades (1986): Menos de 15, 32,4%; 15-29, 24,6%; 30-44, 19,1%; 45-59, 11,6%; 60-74, 8,9%; 75 y más, 3,4%.
Proyección demográfica[3]: (2000) 5.490.000; (2010) 6.508.000.
Tiempo de duplicación: 44 años.
Composición étnica (1983): Judíos 82,0%; árabes 16,8%; otros 0,2%.
Afiliación religiosa (1988): Judíos 82,5%; Musulmanes (en su mayoría sunníes) 13,9%; cristianos 2,3%; drusos y otros 1,8%.
Principales ciudades (1986): Jerusalén 457.700; Tel Aviv-Yafo 322.800; Haifa 224.600; Holon 138.800; Bat Yam 131.200.
Tasa de natalidad por 1.000 habitantes (1988): 22,6 (media mundial 27,1).
Tasa de mortalidad por 1.000 habitantes (1988): 6,6 (media mundial 9,9).
Tasa de crecimiento por 1.000 habitantes (1988): 16,0 (media mundial 17,2).
Esperanza de vida al nacer (1985): Varones 73,5 años; mujeres 77,0 años.
Principales causas de muerte por 100.000 habitantes (1985): Cardiopatías 273,5; neoplasias malignas (cánceres) 118,5; enfermedades respiratorias 46,2.

Economía nacional

Presupuesto (1988-89). Ingresos: 53.088.000.000 NIS (1987-88; préstamos internos 25,1%; impuestos sobre la renta y la propiedad 27,7%; préstamos externos 18,0%; impuestos sobre el valor añadido 13,1%; impuestos sobre ventas 5,3%). Gastos: 53.088.000.0000 NIS (1987-88; servicio de la deuda 27,8%; defensa 20,9%; tipos de interés 16,6%; sanidad 13,7%).
Turismo (1987): Ingresos por visitantes 1.347.000.000 dlr. EUA; gastos de nacionales en el exterior 998.000.000 dlr. EUA.
Producción (toneladas métricas, excepto cuando se indique). Agricultura, silvicultura, pesca (1988): Naranjas 700.000, tomates 236.000, trigo 211.000, papas o patatas 199.300, aceitunas 122.000, manzanas 107.000, plátanos 82.000, uva 82.000; ganadería (número de animales vivos): 321.000 reses, 280.000 ovejas, 128.000 cabras, 23.000.000 pollos; madera (1987) 118.000 m³; pesca, capturas (1987) 28.500. Minas y canteras (1988): Roca fosfática 2.548.000; potasa 2.070.000; ácido fosfórico 175.000; bromina y sus compuestos 120.000; periclasa 44.000. Industria manufacturera (1988): Cemento 2.326.000; harina de trigo 528.000; ácido sulfúrico 163.600; polietileno 94.305; cartón, 71.087; papel 60.257; sulfato amónico 40.855; hilados de algodón 13.543; vino 1.699.500 hectólitros. Construcción (1988): Residencial 2.778.000 m³; no residencial 1.337.000 m³. Producción energética (consumo): Electricidad (kwh; 1987) 17.491.000.000 (17.132.000.000); carbón (1987), no produce (3.397.000); petróleo crudo (barriles; 1987) 102.000 (51.700.000); productos petrolíferos (1987) 6.477.000 (6.084.000); gas natural (m³; 1987) 41.003.000 (41.003.000).
Producto nacional bruto (1987): 29.803.000.000 dlr. EUA (4.370 dlr. EUA per cápita).

Estructura del producto nacional bruto y de la población activa

	1987		1988	
	Valor (000.000 NIS)	% del valor total	Población activa	% de la pobl. activa
Agricultura	2.020	5,0	66.800	4,3
Industria, minería	8.661	21,4	321.500	20,7
Construcción	2.153	5,3	73.800	4,8
Servicios públicos	953	2,4	14.500	0,9
Transportes y comunicaciones	3.191	7,9	94.800	6,1
Comercio	5.284	13,1	206.700	13,3
Finanzas; Servicios públicos y comunitarios; Servicios, otros	18.228	45,0	774.900	49,8
TOTAL	40.490	100,0[3]	1.553.000	100,0[3]

Deuda pública (externa, pendiente; 1987): 16.767.000.000 dlr. EUA.
Población económicamente activa (1988)[4]: Total 1.553.000; tasa de actividad de la población total 34,4% (tasas de participación: 15 años y más 51,4%; mujeres 39,6%; desempleados 6,4%).

Comercio exterior

Balanza comercial (precios corrientes)

	1985	1986	1987	1988
Millones dlr. EUA	−2.426	−1.939	−3.441	−3.220
% del total	15,5	11,2	16,9	14,2

Importaciones (1988): 12.959.700.000 dlr EUA (diamantes, 20,3%; bienes de inversión 15,2%; combustibles y lubricantes 8,2%). *Principales proveedores:* EUA 16,6%; Bélgica y Luxemburgo 15,2%; Alemania federal 11,3%; Reino Unido 9,3%; Suiza 9,0%; Irlanda 6,1%; Francia 4,2%.
Exportaciones (1988): 9.739.300.000 dlr. EUA (maquinaria 29,1%; diamantes 29,1%; productos químicos 21,7%; textiles 7,6%; alimentos, bebidas y tabaco 5,4%; caucho y plásticos 2,8%; minerales 2,7%). *Principales clientes:* EUA 30,7%; Reino Unido 7,9%; Japón 6,7%; Alemania federal 5,4%; Hong Kong 5,2%; Países Bajos 4,7%; Bélgica y Luxemburgo 4,0%; Francia 3,9%.

Transportes y comunicaciones

Transportes. Ferrocarriles (1986-87): Longitud de vías 528 km; pasajeros-km 173.400.000; carga toneladas métricas-km 983.600.000. Carreteras (1987): Longitud total 12.823 km (pavimentadas 100%). Vehículos (1987): Automóviles 696.712; camiones y autobuses 140.352. Marina mercante (1988): Barcos (100 toneladas brutas y más) 66; peso muerto total 655.627 toneladas. Transporte aéreo[5] (1988): Pasajeros-km 7.284.000.000; carga toneladas métricas-km 648.000.000; aeropuertos (1989) con vuelos regulares 5.
Comunicaciones. Diarios (1988): Número total 28; circulación total 1.611.000; circulación por 1.000 habitantes 357. Radio (1988): Número total de receptores 2.054.610 (1 por cada 2,2 personas). Televisión (1988): Número total de televisores 655.000 (1 por cada 6,9 personas). Teléfonos (1988): 2.065.000 (1 por cada 2,2 personas).

Educación y sanidad

Escolaridad (1982). Porcentaje de la población total de 25 años y más: sin escolarización formal 9,7%; con enseñanza primaria 30,6%; secundaria 36,6%; postsecundaria, vocacional y superior 23,1%. *Alfabetización* (1983): Población total de 15 años y más alfabetizada 2.542.403 (91,8%); varones alfabetizados 1.312.258 (95,0%); mujeres alfabetizadas 1.230.145 (88,7%).
Sanidad: Médicos (1986) 11.895 (1 por cada 345 habitantes); camas hospitalarias 27.399 (1 por cada 159 habitantes); tasa de mortalidad infantil por cada 1.000 nacidos vivos (1988) 10,0.
Alimentación (1984-86): Ingesta calórica diaria per cápita 3.037 (productos vegetales 79%, productos animales 21%); 119% de las necesidades mínimas recomendadas por la FAO.

Fuerzas armadas

Personal en servicio activo (1988): 141.000 (ejército 73,7%, armada 6,4%, fuerza aérea 19,9%). *Presupuesto de defensa en porcentaje del PNB* (1987): 16,6% (mundo 5,4%); gasto per cápita 1.247 dlr. EUA.

[1] *De jure;* incluye la población de Jerusalén este y unos 25.000 israelíes residentes que habitan los territorios ocupados. [2] Excluye la orilla occidental, la franja de Gaza, los altos del Golán y Jerusalén este. [3] El desglose no se corresponde con el total a causa del redondeo. [4] Excluye a las fuerzas armadas e incluye a los israelíes en territorios ocupados. [5] Sólo El Al.

Italia

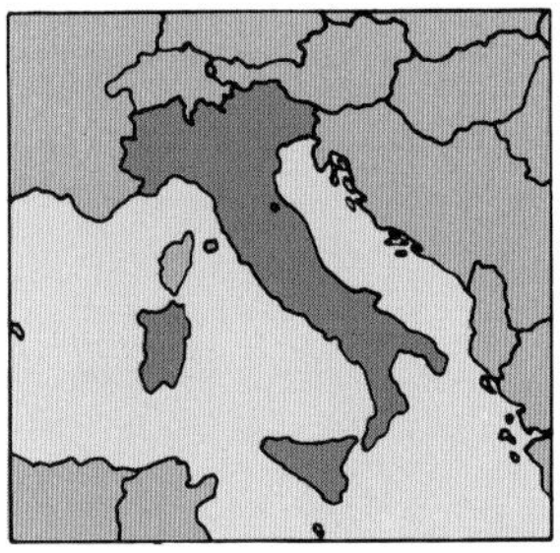

Nombre oficial: República Italiana.
Forma de gobierno: República bicameral (Senado; Cámara de Diputados).
Jefe del estado: Presidente.
Jefe del gobierno: Primer ministro.
Capital: Roma.
Lengua oficial: Italiano.
Religión oficial: Ninguna; se suprimió la oficialidad del catolicismo en 1985.
Moneda: 1 lira (Lit) = 100 centesimi; cambio (2 oct. 1989) 1 dlr. EUA = 1.372 Lit.

Area y población

Regiones	Capitales	área km^2	población estimada 1988
Abruzos	L'Aquila	10.794	1.257.988
Apulia	Bari	19.348	4.042.996
Basilicata	Potenza	9.992	621.506
Calabria	Catanzaro	15.080	2.146.724
Campania	Nápoles	13.595	5.731.426
Cerdeña	Cagliari	24.090	1.651.218
Emilia-Romaña	Bolonia	22.123	3.924.199
Friuli-Venecia Julia	Trieste	7.845	1.210.242
Lacio	Roma	17.203	5.137.270
Liguria	Génova	5.418	1.749.572
Lombardía	Milán	23.857	8.886.402
Marcas	Ancona	9.693	1.428.557
Molise	Campobasso	4.438	334.680
Piamonte	Turín	25.399	4.377.229
Sicilia	Palermo	25.709	5.141.343
Toscana	Florencia	22.992	3.568.308
Trentino-Alto Adigio	Bolzano	13.618	881.986
Umbría	Perugia	8.456	818.226
Valle de Aosta	Aosta	3.262	114.325
Véneto	Venecia	18.364	4.374.911
TOTAL		301.277	57.399.108

Demografía

Población (1989): 57.436.000.
Densidad (1989): Personas por km^2 190,6.
Indice de urbanización (1988): Urbana 67,6%; rural 33,0%.
Distribución por sexo (1988): Varones 48,58%; mujeres 51,42%.
Estructura por edades (1988): Menos de 15, 17,8%; 15-29, 24,1%; 30-44, 20,1%; 45-59, 18,6%; 60-74, 13,5%; 75 y más, 5,9%.
Proyección demográfica: (2000) 57.554.000; (2010) 56.489.000.
Composición étnica (etnolingüística; 1983): Italianos, 94,1%; sardos 2,7%; retios 1,3%; otros 1,9%.
Afiliación religiosa (1980): Católicos 83,2%; sin afiliación religiosa 13,6%; ateos 2,6%; otros 0,6%.
Principales ciudades (1988): Roma 2.817.227; Milán 1.478.505; Nápoles 1.200.958; Turín 1.025.390; Palermo 728.843; Génova 722.026; Bolonia 427.240; Florencia 421.299; Catania 372.212; Bari 358.906.
Tasa de natalidad por 1.000 habitantes (1987): 9,6 (media mundial 27,1).
Tasa de mortalidad por 1.000 habitantes (1987): 9,3 (media mundial 9,9).
Tasa de crecimiento por 1.000 habitantes (1987): 0,3 (media mundial 17,2).
Esperanza de vida al nacer (1983): Varones 71,4 años; mujeres 78,1 años.
Principales causas de muerte por 100.000 habitantes (1986): Enfermedades cardiovasculares 421,4; neoplasias malignas (cánceres) 236,7; enfermedades del sistema respiratorio 66,9; enfermedades gastrointestinales 52,4.

Economía nacional

Presupuesto (1987). Ingresos: 394.034.000.000.000 Lit (impuestos sobre seguridad social 35,9%; impuestos de utilidades 33,4%, del cual individual 26,5%, corporativo 6,9%, impuestos sobre el valor añadido y el consumo 20,7%, impuestos sobre propiedades 1,5%). Gastos: 438.323.000.000.000 Lit (seguridad social y bienestar 40,2%, servicio de la deuda 24,4%, sanidad 11,0, educación y cultura 9,3%, transportes y comunicaciones 7,3%, defensa nacional 3,7%).
Turismo (1987): Ingresos por visitantes 12.174.000.000 dlr. EUA; gastos de nacionales en el exterior 4.536.000.000 dlr. EUA.
Producción (toneladas métricas, excepto cuando se indique). Agricultura, silvicultura, pesca (1987): Remolacha azucarera 14.951.700, uva 11.650.000, trigo 9.359.100, maíz 5.761.900, tomates 4.766.300, papas o patatas 2.463.100, aceitunas 2.902.500, manzanas 2.143.000, cebada 1.707.900, naranjas 1.415.000, melocotones 1.191.600, arroz 1.043.000; ganadería (número de animales vivos): 9.799.000 ovejas, 9.278.000 cerdos, 8.819.000 reses, 112.000.000 pollos; madera 9.122.000 m^3; pesca, capturas 554.464. Minas y canteras (1988): Sal de roca 3.601.381; potasa 1.576.616; feldespato 1.363.700; amianto 94.549; barita 77.061; zinc 72.107; magnesio 65.525; plomo 28.259. Industria manufacturera (1987): Cemento 38.220.000[1]; acero sin refinar 23.664.000[1]; hierro en lingotes 11.568.000; fertilizantes químicos 6.764.285; ácido sulfúrico 4.358.692; plásticos y resinas 2.662.000; sosa cáustica 1.216.200; textiles y ropa 224.311; vino 76.987.000 hectólitros[2]; cerveza 11.502.571 hectólitros; aceite de oliva 6.428.000 hectólitros; 3.141.102 vehículos terrestres a motor de los que 1.912.232 son automóviles, 1.033.890 motocicletas y ciclomotores y 194.980 camiones y autobuses. Construcción (edificios terminados en 1986): Residenciales 64.068.212 m^3; comerciales, industriales y otros 58.809.987 m^3. Producción energética (consumo): Electricidad (kwh; 1987) 198.292.000.000 (221.438.000.000); carbón (1987) 22.927.000 (22.916.000); petróleo crudo (barriles; 1987) 26.782.000 (516.120.000); productos petrolíferos (1987) 75.901.000 (88.421.000); gas natural (m^3; 1987) 14.597.600.000 (35.437.200.000).
Producto nacional bruto (a precios corrientes de mercado; 1987): 596.995.000.000 dlr. EUA (10.420 dlr. EUA per cápita).

Estructura del producto nacional bruto y de la población activa

	1987			
	Valor (000.000.000 Lit)	% del valor total	Población activa	% de la pobl. activa
Agricultura	39.448	4,0	2.169.000	9,1
Minería	26.369	2,7	227.000	1,0
Industria	201.265	20,5	4.639.000	19,5
Construcción	53.465	5,4	1.849.000	7,8
Servicios públicos	49.875	5,1	—	—
Transportes y comunicaciones	58.976	6,0	1.148.000	4,8
Comercio	190.491	19,4	4.465.000	18,7
Finanzas	110.112	11,2	793.000	3,3
Administración pública, defensa	118.048	12,0 }	5.696.000	23,9
Servicios	120.997	12,3 }		
Otros	13.549[3]	1,4[3]	2.833.000	11,9[4]
TOTAL	982.595	100,0	23.819.000	100,0

Deuda pública (1987): 678.200.000.000 dlr. EUA.
Población económicamente activa (1987): Total 23.819.000; tasa de actividad de la población total 41,5% (tasas de participación: 14-64 años 59,1%; mujeres 36,3%; desempleados 11,9%).

Comercio exterior

Balanza comercial (precios corrientes)

	1983	1984	1985	1986	1987	1988
Miles millones de Lit	−2.689	−10.807	−6.614	6.592	−6.533	−1.012
% del total	2,4	4,0	2,2	2,3	2,2	0,3

Importaciones (1987): 161.596.642.000.000 Lit (maquinaria y equipos de transporte 29,4%, del que el 11,1% corresponde a equipos de transporte y el 6,2% a maquinaria de precisión; productos químicos 16,1%; alimentos y animales vivos 8,4%; metales y metales semielaborados 8,0%; petróleo crudo 7,1%; productos petrolíferos refinados 4,0%). *Principales proveedores:* Alemania federal 21,1%; Francia 14,6%; Países Bajos 5,6%; EUA 5,3%; Reino Unido 5,2%; Suiza 4,8%.
Exportaciones (1987): 150.454.325.000.000 Lit (maquinaria distinta de la de transporte 28,6%; productos químicos 10,8%; equipos de transporte 10,8%, del que el 4,4% corresponde a automóviles y el 0,7% a tractores y equipos para la construcción; ropa y accesorios del vestido 7,5%, del que el 3,9% corresponde a zapatos; metales y metales elaborados 6,8%; productos petrolíferos 3,9%). *Principales clientes:* Alemania federal 18,6%; Francia 16,3%; EUA 9,6%; Reino Unido 7,4%; Suiza 4,7%.

Transportes y comunicaciones

Transportes. Ferrocarriles (1987): Longitud de vías 19.563[2] km; pasajeros-km 41.395.000.000; carga toneladas métricas-km 18.427.000.000. Carreteras (1985): Longitud total 301.577 km (pavimentadas 100%). Vehículos (1986): Automóviles 23.342.000; camiones y autobuses 1.918.800. Marina mercante (1988): Barcos (100 toneladas brutas y más) 1.583; peso muerto total 11.867.321 toneladas. Transporte aéreo (1988)[5]: Pasajeros-km 15.636.000; carga toneladas métricas-km 1.044.800.000; aeropuertos (1989) 36.
Comunicaciones. Diarios (1987): Número total 99; circulación total 6.931.500[6]; circulación por 1.000 habitantes 121[6]. Radio (1988): Número total de receptores 14.817.197 (1 por cada 3,9 personas). Televisión (1988): Número total de televisores 14.605.448 (1 por cada 3,9 personas). Teléfonos (1987): 28.052.228 (1 por cada 2,0 personas).

Educación y sanidad

Escolaridad, n.d. *Alfabetización* (1985): Población total de 15 años y más alfabetizada 38.421.342 (97,0%); varones alfabetizados 18.767.897 (97,9%); mujeres alfabetizadas 19.653.445 (96,3%).
Sanidad (1986): Médicos 245.116 (1 por cada 233 habitantes); camas hospitalarias 450.377 (1 por cada 127 habitantes); tasa de mortalidad infantil por cada 1.000 nacidos vivos 9,8.
Alimentación (1984-86): Ingesta calórica diaria per cápita 3.494 (productos vegetales 73%, productos animales 27%); (1984) 140% de las necesidades mínimas recomendadas por la FAO.

Fuerzas armadas

Personal en servicio activo (1988): 386.000 (ejército 68,7%, armada 12,4%, fuerza aérea 18,9%). *Presupuesto de defensa en porcentaje del PNB* (1987): 2,5% (mundo 5,4%); gasto per cápita 320 dlr. EUA.

[1] 1988. [2] 1986. [3] Cargos bancarios imputados menos derechos indirectos a la importación. [4] Desempleados. [5] Sólo Alitalia. [6] Corresponde a 66 periódicos solamente.

Jamaica

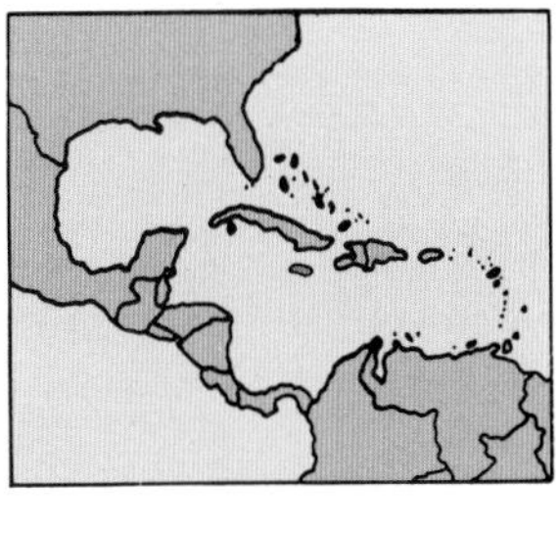

Nombre oficial: Jamaica.
Forma de gobierno: Monarquía constitucional bicameral (Senado; Cámara de Representantes).
Jefe del estado: Monarca británico, representado por el gobernador general.
Jefe del gobierno: Primer ministro.
Capital: Kingston.
Lengua oficial: Inglés.
Religión oficial: Ninguna.
Moneda: 1 dólar jamaicano (J$) = 100 centavos; cambio (2 oct. 1989) 1 dlr. EUA = 5,48 J$.

Área y población

Parroquias	Capitales	área km²	población estimada[1] 1988
Clarendon	May Pen	1.196	214.600
Hanover	Lucea	450	65.100
Kingston	[2]	22	[2]
Manchester	Mandeville	830	158.200
Portland	Port Antonio	814	77.100
Saint Andrew	[2]	431	646.400[2]
Saint Ann	Saint Ann's Bay	1.213	147.200
Saint Catherine	Spanish Town	1.192	354.000
Saint Elizabeth	Black River	1.212	144.500
Saint James	Montego Bay	595	150.900
Saint Mary	Port Maria	611	111.700
Saint Thomas	Morant Bay	743	85.400
Trelawny	Falmouth	875	73.200
Westmorland	Savanna-la-Mar	807	126.800
TOTAL		10.991	2.355.100

Demografía

Población (1989): 2.376.000.
Densidad (1989): Personas por km² 216,2.
Índice de urbanización (1987): Urbana 49,6%; rural 50,4%.
Distribución por sexo (1988): Varones 49,75%; mujeres 50,25%.
Estructura por edades (1988): Menos de 15, 34,9%; 15-29, 31,5%; 30-44, 14,8%; 45-59, 9,2%; 60-74, 6,2%; 75 y más, 3,4%.
Proyección demográfica: (2000) 2.602.000; (2010) 2.826.000.
Tiempo de duplicación: 40 años.
Composición étnica (1983): Negros 76,3%; afroeuropeos 15,1%; indios orientales y afroorientales 3,4%; blancos 3,2%; otros 2,0%.
Afiliación religiosa (1982): Protestantes (en su mayoría anglicanos, baptistas y adventistas del Séptimo Día) 55,9%; católicos 5,0%; agnósticos o ateos 17,7%; religión no declarada 11,2%; otros 10,2%.
Principales ciudades (1982): Kingston 104.041[3] (área metropolitana 524.638); Spanish Town 89.097; Portmore 73.400; Montego Bay 70.265.
Tasa de natalidad por 1.000 habitantes (1988): 22,7 (media mundial 27,1).
Tasa de mortalidad por 1.000 habitantes (1988): 5,2 (media mundial 9,9).
Tasa de crecimiento por 1.000 habitantes (1988): 17,5 (media mundial 17,2).
Esperanza de vida al nacer (1985): Varones 68,1 años; mujeres 72,6 años.
Principales causas de muerte por 100.000 habitantes (1982): Enfermedades cerebrovasculares 80,5; cardiopatía isquémica 77,4; neoplasias malignas (cánceres) 75,3; hipertensión 29,7; diabetes mellitus 23,5.

Economía nacional

Presupuesto (1988-89). Ingresos: 6.020.300.000 J$ (ingresos por impuestos 81,2%, del que el 33,6% corresponde a impuestos sobre la renta, el 20,2% a impuestos sobre consumos y el 10,9% a derechos de timbre; ingresos no fiscales 9,8%). Gastos: 8.199.000.000 J$ (gastos actualizados 60,9%, del que el 21,8% corresponde a intereses de la deuda; gastos de desarrollo 39,1%).
Turismo: Ingresos por visitantes (1988) 525.400.000 dlr. EUA; gastos de nacionales en el exterior (1987) 32.000.000 dlr. EUA.
Producción (toneladas métricas, excepto cuando se indique). Agricultura, silvicultura, pesca (1987): Caña de azúcar 1.982.000, cocos 180.000, ñames 176.000, plátanos 50.900, naranjas 42.000, plátanos machos 28.000, tomates 16.000, cacao 8.060, pimientos 2.390, tabaco 2.000, café 1.660; ganadería (número de animales vivos): 440.000 cabras, 290.000 reses, 246.000 cerdos; madera 153.000 m³; pesca, capturas 10.621. Minas y canteras (valor de producción en millones de J$; 1987): Bauxita 1.274; alúmina 1.274; yeso 8. Industria manufacturera (valor de producción en millones de J$; 1987): Cerveza 431; azúcar 427; cigarrillos 334; bebidas gaseosas 259; carnes de aves de corral 254; harina 180. Construcción (sólo sector privado): Residencial terminada (1983) 54.500 m²; no residencial iniciada (1986) 13.600 m². Producción energética (consumo): Electricidad (kwh; 1987) 2.385.000.000 (2.385.000.000); carbón, no produce (sin consumo); petróleo crudo (barriles; 1987), no produce (6.964.000); productos petrolíferos (1987) 820.000 (1.763.000); gas natural, no produce (sin consumo).
Producto nacional bruto (a precios corrientes de mercado; 1987): 2.256.000.000 dlr. EUA (960 dlr. EUA per cápita).

Estructura del producto nacional bruto y de la población activa

	1988			
	Valor (000.000 J$)	% del valor total	Población activa	% de la pobl. activa
Agricultura	988	5,7	261.100	24,3
Minería	1.567	9,0	6.200	0,6
Industria	3.741	21,4	131.100	12,2
Construcción	1.618	9,3	48.900	4,5
Servicios públicos	486	2,8	} 40.700	3,8
Transportes y comunicaciones	1.426	8,2	}	
Comercio	3.739	21,4	135.000	12,6
Administración pública, defensa	1.529	8,7	74.100	6,9
Finanzas, bienes raíces	3.065	17,5	} 167.800	15,6
Servicios	809	4,6	}	
Otros	−1 496[4]	−8,6[4]	210.200[5]	19,5[5]
TOTAL	17.472	100,0	1.075.100	100,0

Deuda pública (externa, pendiente; 1987): 3.511.000.000 dlr. EUA.
Población económicamente activa (1987): Total 1.079.200; tasa de actividad de la población total 42,1% (tasas de participación: 14-64 años 75,2%; mujeres 46,3%; desempleados [1988] 18,9%).

Comercio exterior[6]

Balanza comercial (precios corrientes)

	1983	1984	1985	1986	1987	1988
Millones J$	−1.071,2	−1.103,8	−2.417,5	1.370,6	−2.254,2	−2.837,6
% del total	27,8	16,5	28,4	17,3	24,0	25,5

Importaciones (1988): 7.852.000.000 J$ (materias primas 48,9%, de las que el 13,5% corresponde a combustible; bienes de capital 31,7%, de los que el 13,6% corresponde a maquinaria y el 9,5% a materiales de construcción; artículos de consumo 19,4%). *Principales proveedores:* EUA 48,0%; Canadá 7,3%; Reino Unido 6,9%; Venezuela 4,6%; Japón 3,5%.
Exportaciones (1988): 4.519.000.000 J$ (alúmina 37,8%, prendas de vestir 15,4%; bauxita 12,9%; azúcar sin refinar 10,9%; plátanos 1,9%; ron 1,7%; café 1,3%). *Principales clientes:* EUA 33,5%; Reino Unido 14,3%; Canadá 13,1%; Países Bajos 7,6%; Trinidad y Tabago 3,1%.

Transportes y comunicaciones

Transportes. Ferrocarriles (1986): Longitud de vías 294 km; pasajeros-km 67.368.000; carga toneladas métricas-km 170.502.000. Carreteras (1985): Longitud total 12.360 km (pavimentadas 39%). Vehículos (1988): Automóviles 52.886; camiones y autobuses 23.032. Marina mercante (1988): Barcos (100 toneladas brutas y más) 12; peso muerto total 12.317 toneladas. Transporte aéreo (1988)[7]: Pasajeros-km 1.935.000.000; carga toneladas métricas-km 22.645.000; aeropuertos (1989) con vuelos regulares 6.
Comunicaciones. Diarios (1988): Número total 2; circulación total 89.400; circulación por 1.000 habitantes 38. Radio (1988): Número total de receptores 907.060 (1 por cada 2,6 personas). Televisión (1988): Número total de televisores 387.000 (1 por cada 6,1 personas). Teléfonos (1988): 170.410 (1 por cada 14 personas).

Educación y sanidad

Escolaridad (1982). Porcentaje de la población total de 25 años y más: sin escolarización formal 3,2%; con enseñanza primaria parcial 79,8%; secundaria parcial 15,0%; secundaria completa y superior 2,0%. *Alfabetización* (1980): Población total de 14 años y más alfabetizada 1.100.600 (88,6%); varones alfabetizados 542.600 (88,2%); mujeres alfabetizadas 558.000 (89,1%).
Sanidad (1984): Médicos (1988)[8] 367 (1 por cada 6.421 habitantes); camas hospitalarias 5.698 (1 por cada 414 habitantes); tasa de mortalidad infantil por cada 1.000 nacidos vivos (1987) 18,0.
Alimentación (1984-86): Ingesta calórica diaria per cápita 2.581 (productos vegetales 86%, productos animales 14%); (1984) 115% de las necesidades mínimas recomendadas por la FAO.

Fuerzas armadas

Personal en servicio activo (1988): 2.500 (ejército 88,0%, armada 6,0%, fuerza aérea 6,0%). *Presupuesto de defensa en porcentaje del PNB* (1987): 1,1% (mundo 5,4%); gasto per cápita 12 dlr. EUA.

[1] Enero. [2] La sección Half Way Tree, de Saint Andrew, administra conjuntamente esta parroquia y la de Kingston. [3] Kingston incluida en Saint Andrew. La ciudad de Kingston es adyacente a la parroquia del mismo nombre. [4] Menos cargos por servicios imputados. [5] Incluye 203.000 desempleados. [6] Las cifras de importación son f.o.b. en la balanza comercial y c.i.f. para los artículos y asociados comerciales. [7] Sólo Air Jamaica. [8] Sólo médicos dependientes del estado.

Japón

Nombre oficial: Japón.
Forma de gobierno: Monarquía constitucional con una dieta nacional bicameral (Cámara de Consejeros; Cámara de Representantes).
Jefe del estado: Emperador.
Jefe del gobierno: Primer ministro.
Capital: Tokio.
Lengua oficial: Japonés.
Religión oficial: Ninguna.
Moneda: 1 yen (Y) = 100 sen; cambio (2 oct. 1989) 1 dlr. EUA = 139,52 Y.

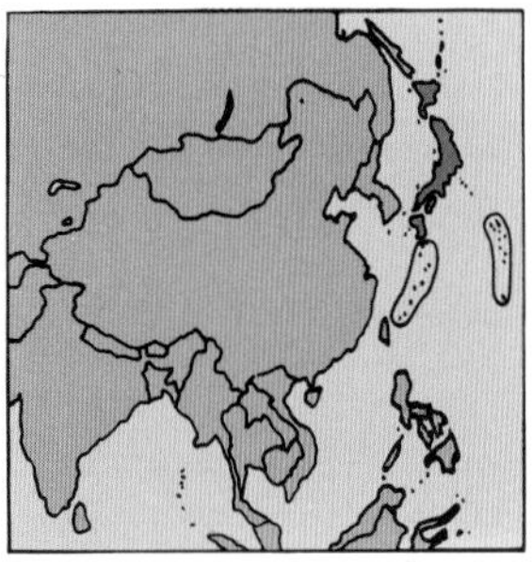

Área y población

		área km²	población estimada[1] 1988
Regiones			
Chubu		66.777	20.858.000
Chugoku		31.789	7.776.000
Hokkaido		83.520	5.671.000
Kanto		30.217	25.976.000
Kinki		26.592	10.748.000
Kyushu		42.164	13.318.000
Ryukyu		2.255	1.213.000
Shikoku		18.808	4.223.000
Tohoku		66.912	9.749.000
Metrópolis			
Tokio[2]	Tokio	2.166	11.890.000
Prefecturas urbanas			
Kioto[3]	Kioto	4.613	2.605.000
Osaka[3]	Osaka	1.869	8.751.000
TOTAL		377.835[4,5]	122.783.000

Demografía

Población (1989): 123.120.000.
Densidad (1989): Personas por km² 325,8.
Índice de urbanización (1985): Urbana 76,7%; rural 23,3%.
Distribución por sexo (1989): Varones 49,16%; mujeres 50,84%.
Estructura por edades (1989): Menos de 15, 19,0%; 15-29, 21,6%; 30-44, 22,4%; 45-59, 20,1%; 60-69, 9,2%; 70 y más, 7,7%.
Proyección demográfica (2000): 129.380.000; (2010) 131.990.000.
Tiempo de duplicación: n.d.; excede de 100 años.
Composición étnica (1988): Japoneses 99,4%; otros (principalmente coreanos) 0,6%.
Afiliación religiosa (1987): La mayoría de los japoneses se considera afiliada tanto al shintoísmo (89,5%), como al budismo (76,4%).
Principales ciudades (1988): Tokio 8.323.699; Yokohama 3.151.087; Osaka 2.644.691; Nagoya 2.147.677; Sapporo 1.621.418; Kioto 1.474.507.
Tasa de natalidad por 1.000 habitantes (1989): 11,0 (media mundial 27,1).
Tasa de mortalidad por 1.000 habitantes (1989): 6,0 (media mundial 9,9).
Tasa de crecimiento por 1.000 habitantes (1989): 4,0 (media mundial 17,2).
Esperanza de vida al nacer (1988): Varones 75,9 años; mujeres 82,1 años.
Principales causas de muerte por 100.000 habitantes (1987): Neoplasias malignas (cánceres) 163,5; enfermedades cardiacas 117,9; enfermedades cerebrovasculares 101,2; neumonía y bronquitis 44,6.

Economía nacional

Presupuesto (1989)[6]. Ingresos: 414.194.000.000.000 Y (impuestos sobre la renta 30,1%; impuestos sobre empresas 23,3%; obligaciones públicas 11,8%; impuesto sobre herencias 4,6%; impuesto sobre licores y tabaco 4,5%; derechos de timbre 3,1%; impuesto sobre transacción de valores 1,8%). Gastos: 60.414.194.000.000 Y (transferencias a los gobiernos locales 22,2%; seguridad social 19,8%; deuda nacional 19,3%; obras públicas 6,5%; pensiones 3,1%; cooperación económica 1,2%; control alimentario 0,7%).
Turismo (1988): Ingresos por visitantes 2.893.000.000 dlr. EUA; gastos de nacionales en el exterior 18.682.000.000 dlr. EUA.
Producción (toneladas métricas, excepto cuando se indique). Agricultura, silvicultura, pesca (1988): Arroz 12.419.000, papas o patatas 4.000.000, remolacha azucarera 3.760.000, caña de azúcar 3.760.000, naranjas mandarinas 2.800.000, rábanos 2.655.000, coles 1.650.000, coles chinas 1.420.000, batatas o camotes 1.400.000, cebollas 1.294.000, pepinos 1.050.000; ganadería (número de animales vivos): 11.725.000 cerdos, 4.667.000 reses (de las que 2.017.000 son vacas lecheras), 41.000 cabras, 29.000 ovejas, 22.000 caballos, 334.000.000 pollos y aves de corral; madera (1987) 67.767.000 m³; pesca, capturas (1987) 12.465.000. Minas y canteras (1986): Piedra caliza 162.368.000; cal viva 6.617.000; yeso 6.400.000; dolomita 3.953.000; arcilla refractaria 1.004.150; pirofilita 310.300[7]; zinc 147.211[7]; hierro 131.400[7]. Industria manufacturera (1987): Acero sin refinar 98.513.000; acero semiterminado 92.440.000; productos de acero laminados en caliente 77.597.000; hierro en lingotes 73.418.000; cemento 71.551.000; flejes de acero laminados en frío 19.850.000; pulpa de papel 9.733.000. Construcción (área de suelo iniciada; 1987): Residencial 123.703.000 m²; no residencial 237.46.000 m², de los que 21.040.000 m² corresponden a gubernamentales y públicos y 216.186.000 m² a la propiedad privada. Producción energética (consumo): Electricidad (kwh; 1987) 698.970.000.000 (698.970.000.000); carbón (1987) 13.049.000 (102.512.000); petróleo crudo (barriles; 1987) 4.500.000 (1.147.000.000) productos petrolíferos (toneladas métricas; 1987) 134.820.000; gas natural (m³; 1987) 2.092.000.000 (41.865.000.000).
Producto nacional bruto (a precios corrientes de mercado; 1989): 1.843.000.000 dlr. EUA (15.030 dlr. EUA per cápita).

Estructura del producto nacional bruto y de la población activa

	1987		1988	
	Valor (000.000.000 Y)	% del valor total	Población activa	% de la pobl. activa
Agricultura	9.335,2	3,0	4.740.000	7,7
Minería	1.184,3	0,4	70.000	0,1
Industria	107.927,8	34,8	14.540.000	23,6
Construcción	21.986,4	7,1	5.600.000	9,1
Servicios públicos	8.734,7	2,6	310.000	0,5
Transportes y comunicaciones	18.150,5	5,8	3.530.000	5,7
Comercio	46.608,5	15,0	13.890.000	22,5
Finanzas	49.434,9	15,9	2.360.000	3,8
Administración pública, defensa	12.675,8	4,1	1.940.000	3,1
Servicios	52.062,3	16,8	12.840.000	20,8
Otros	−17.588,0[8]	−5,7[8]	1.840.000[9]	3,0[9]
TOTAL	310.512,4	100,0[5]	61.660.000	100,0[5]

Deuda pública (1988): 1.240.700.000.000 dlr. EUA.
Población económicamente activa (1988): Total 61.660.000; tasa de actividad de la población total 50,2% (tasas de participación: 15-64 años, 72,5%; mujeres 40,1%; desempleados 2,5%).

Comercio exterior[10]

Balanza comercial (precios corrientes)

	1983	1984	1985	1986	1987	1988
Miles mill. de Y	7.373	10.674	13.238	15.519	12.174	11.903
% del total	11,8	20,9	18,7	28,2	22,4	21,3

Importaciones (1988): 24.007.000.000.000 Y (alimentos 15,5%, de los que el 5,6% corresponde a pescado; maquinaria y equipos 14,2%; petróleo crudo y productos petrolíferos 13,8%; productos químicos 7,9%; textiles 5,7%; metales no férricos 5,0%; metales y chatarra 4,5%; madera 3,8%; carbón 2,9%). *Principales proveedores:* EUA 22,4%; Corea del sur 6,3%; Australia 5,5%; China 5,3%.
Exportaciones (1988): 33.928.000.000.000 Y (vehículos a motor 18,4%; máquinas de oficina 6,9%; hierro y acero 5,8%; productos químicos 5,3%, de los que el 1,5% corresponde a materiales plásticos; equipos científicos y ópticos 4,1%; magnetófonos 2,9%).
Principales clientes: EUA 33,8%; Alemania federal 6,0%; Corea del sur 5,8%; Taiwán 5,4%; Hong Kong 4,4%; Reino Unido 3,9%; China 3,6%.

Transportes y comunicaciones

Transportes. Ferrocarriles (1987): Longitud de vías 25.776 km; material rodante (1985) locomotoras 3.177, vagones de pasaje 46.192, vagones de carga 40.951; pasajeros transportados 19.414.000.000; pasajeros-km 341.136.000.000; carga toneladas métricas-km 20.304.000.000. Carreteras (1987): Longitud total 1.098.900 km (pavimentadas 65%). Vehículos (1987): Automóviles 28.653.692; camiones 19.091.587; autobuses 232.516. Marina mercante (1988): Barcos (100 toneladas brutas y más) 9.804; peso muerto total 48.413.587 toneladas. Transporte aéreo (1988): Pasajeros transportados 58.516.000; pasajeros-km 83.724.000.000; carga toneladas métricas-km 4.182.000.000; aeropuertos (1988) con vuelos regulares 65. Desglose del tráfico nacional de pasajeros por medios de transporte (1987): Automóviles 44,1%; ferrocarril 37,1%; autobuses 11,1%; aviones 4,1%; barcos 0,6%.
Comunicaciones: Diarios (1988): Número total 124; circulación total 71.172.000; circulación por 1.000 habitantes 584. Radio (1988): Número total de receptores 96.702.506 (1 por cada 1,3 personas). Televisión (1988): Número total de televisores 30.250.000 (1 por cada 4,1 personas). Teléfonos (1985): 66.636.000 (1 por cada 1,8 personas).

Educación y sanidad

Escolaridad (1980). Porcentaje de la población total de 15 años y más: sin escolarización 0,3%; con enseñanza primaria y secundaria baja 38,5%; secundaria alta 38,0%; colegios mayores y escuelas técnicas 5,7%; universitarios y posgraduados 8,0%; cursando estudios 9,5%. *Alfabetización* (1989): Población total de 15 años y más alfabetizada, prácticamente el 100%.
Sanidad (1987): Médicos 183.129 (1 por cada 668 habitantes); dentistas 66.797 (1 por cada 1.830 habitantes); enfermeras 333.040 (1 por cada 367 habitantes); farmacéuticos 135.990 (1 por cada 899 habitantes); matronas 24.056 (1 por cada 5.082 habitantes); camas hospitalarias 1.582.000 (1 por cada 77 habitantes), de las que el 72,9% corresponde a medicina general, el 22,2% a mental, el 3,3% a tuberculosis y el 1,6% a otros; tasa de mortalidad infantil por cada 1.000 nacidos vivos (1989) 5,0.
Alimentación (1984-86): Ingesta calórica diaria per cápita 2.858 (productos vegetales 79%, productos animales 21%); 122% de las necesidades mínimas recomendadas por la FAO.

Fuerzas armadas

Personal en servicio activo (1989): 247.000 (ejército 63,6%, armada 17,8%, fuerza aérea 18,6%). *Presupuesto de defensa en porcentaje del PNB* (1987): 1,0% (mundo 5,4%); gasto per cápita 198 dlr. EUA.

[1] 1 de octubre de 1987. [2] Parte de la región geográfica de Kanto. [3] Parte de la región geográfica de Kinki. [4] Estudio de 1987; incluye los lagos Naka y Towada. [5] El desglose no se corresponde con el total a causa del redondeo. [6] Presupuesto inicial. [7] 1987. [8] Derechos de importación y discrepancia estadística, menos los cargos bancarios imputados. [9] Incluye 1.730.000 desempleados. [10] Las cifras de importación son f.o.b. en la balanza comercial y c.i.f. para los artículos y asociados comerciales.

Jordania

Nombre oficial: Reino Hachemí de Jordania.
Forma de gobierno: Monarquía constitucional con dos cámaras legislativas (Senado; Cámara de Diputados).
Jefe del estado: Monarca.
Jefe de gobierno: Primer ministro.
Capital: Amán.
Lengua oficial: Árabe.
Religión oficial: Islámica.
Moneda: 1 dinar jordano (JD) = 1.000 fils; cambio (2 oct. 1989) 1 JD = 1,00 dlr. EUA.

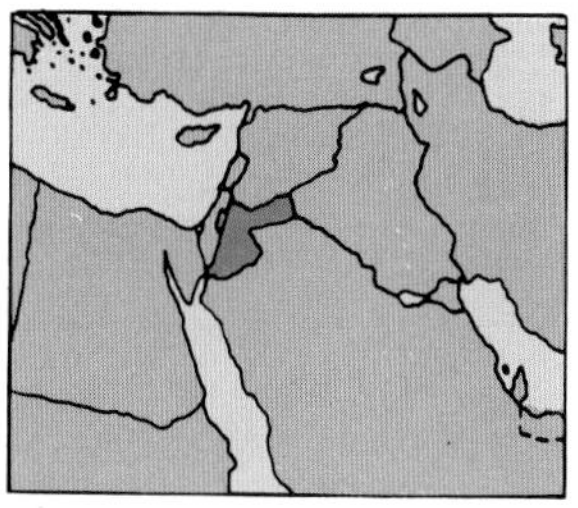

Área y población

Gobernaciones	Capitales	área km^2	población estimada 1988[1]
Amán	Amán	—	1.248.580
al-Balqa	al-Salt	—	207.500
Irbid	Irbid	—	728.200
al-Karak	al-Karak	—	128.450
Maan	Maan	—	104.550
al-Mafraq	al-Mafraq	—	105.450
al-Tafila	al-Tafila	—	44.270
Zarqa	Zarqa	—	434.000
TOTAL		88.947	3.001.000

Demografía

Población (1989): 3.059.000.
Densidad (1989): Personas por km^2, 34,4.
Índice de urbanización (1986): Urbana 69,6%; rural 30,4%.
Distribución por sexo (1986): Varones 52,31%; mujeres 47,69%.
Estructura por edades (1986): Menos de 15, 48,1%; 15-29, 27,4%; 30-44, 12,5%; 45-59, 8,0%; 60-74, 3,1%; 75 y más, 0,9%.
Proyección demográfica: (2000) 4.583.000; (2010) 6.620.000.
Tiempo de duplicación: 19 años.
Composición étnica (1983): Árabes 99,2%; circasianos 0,5%; armenios 0,1%; turcos 0,1%; kurdos 0,1%.
Afiliación religiosa (1980): Musulmanes sunníes 93,0%; cristianos 4,9%; otros 2,1%.
Principales ciudades (1986[1]): Amán 900.000; Zarqa 306.500; Irbid 161.690; al Rusayfah 65.560[2]; al-Salt 42.690[2].
Tasa de natalidad por 1.000 habitantes (1986): 34,7 (media mundial 27,1).
Tasa de mortalidad por 1.000 habitantes (1986): 5,8 (media mundial 9,9).
Tasa de crecimiento por 1.000 habitantes (1986): 28,9 (media mundial 17,2).
Esperanza de vida al nacer (1986): Varones 65,0 años; mujeres 68,8 años.
Principales causas de muerte por 100.000 habitantes: n.d.; sin embargo, entre las enfermedades más importantes se incluyen tuberculosis, fiebres tifoideas y paratíficas, salmonella, hepatitis y disentería; la sífilis no venérea está muy extendida en la región desértica meridional.

Economía nacional

Presupuesto (1989). Ingresos: 913.100.000 JD (1986; préstamos y ayudas exteriores 37,0%; impuestos indirectos 31,2%, del que el 13,8% corresponde a derechos de importación, el 6,6% a consumos y el 5,3% a otros derechos; impuestos directos 7,2%). Gastos: 1.035.400.000 (1986; administración financiera 26,6%; defensa 20,8%; desarrollo económico 19,8%; bienestar social 11,3%; seguridad interna 5,5%; comunicaciones y transportes 2,3%).
Turismo (1988): Ingresos por visitantes 621.000.000 dlr. EUA; gastos de nacionales en el exterior 480.000.000 dlr. EUA.
Producción (toneladas métricas, excepto cuando se indique). Agricultura, silvicultura, pesca (1988): Tomates 200.000, cítricos 121.000, trigo 80.000, pepinos 68.000, papas o patatas 62.000, sandías 60.000, berenjenas 57.000, cebada 40.000, chayotes 34.000, aceitunas 30.000, pimientos verdes 28.000, uva 22.000, coliflores 20.000, legumbres 15.000; ganadería (número de animales vivos): 1.40.000 ovejas, 460.000 cabras, 29.000 reses, 14.000 camellos, madera (1987) 10.000 m^3; pesca, capturas (1987) 70. Minas y canteras (1987): mineral de fosfato 5.666.000; potasa 1.203.200. Industria manufacturera (1987): Cemento 2.371.600; ácidos químicos 1.400.000; fertilizantes 604.000; acero 217.000; forraje 44.600[2]; detergentes 27.600[2]; tubos metálicos 12.500[2]; cigarrillos 4.000.400.000 unidades; baterías de líquido 55.400[2] unidades; bebidas alcohólicas 5.320.000 litros. Construcción (1986): Residencial 1.709.300 m^2; no residencial 557.300 m^2. Producción energética (consumo): Electricidad (kwh; 1987) 3.486.000 (3.122.000.000); carbón, no produce (n.d.); petróleo crudo (barriles; 1987) 183.000 (18.287.000); productos petrolíferos (1987) 2.307.000 (2.793.000); gas natural, no produce (n.d.).
Producto nacional bruto (a precios corrientes de mercado; 1987): 4.370.000.000 dlr. EUA (1.540 dlr. EUA per cápita).

Estructura del producto nacional bruto y de la población activa

	1987		1986	
	Valor (000.000 JD)	% del valor total	Población activa	% de la pobl. activa
Agricultura	123,2	7,3	32.666	6,2
Minería	64,4	3,8	5.944	1,1
Industria	246,9	14,6	31.438	6,0
Construcción	101,3	6,0	56.070	10,7
Servicios públicos	48,1	2,9	2.858	0,5
Transportes y comunicaciones	188,6	11,2	44.880	8,6
Comercio	269,8	16,0	54.933	10,5
Finanzas }			17.257	3,3
Administración pública, defensa }	644,0	38,2 }	278.147	53,1
Servicios }				
TOTAL	1.686,3	100,0	524.193	100,0

Deuda pública (externa, pendiente; 1987): 3.518.000.000 dlr. EUA.
Población económicamente activa (1986): Total 524.200; tasa de actividad de la población total 19,6% (tasas de participación: 15 años y más 39,0%; mujeres 10,9%; desempleados 4,3%).

Comercio exterior

Balanza comercial (precios corrientes)[3]

	1982	1983	1984	1985	1986	1987
Millones JD	–878	–893	–781	–763	–594	–667
% del total	52,9	61,0	45,7	55,1	53,7	57,3

Importaciones (1987): 915.545.000 JD (maquinaria y equipos de transporte 20,3%; manufacturas básicas 18,5%; combustibles minerales y lubricantes 17,1%, del que el 13,0% corresponde a petróleo crudo; alimentos y animales vivos 17,0%; productos químicos 10,0%; artículos fabricados diversos 9,6%). *Principales proveedores:* Irak 10,8%; EUA 10,2%; Arabia Saudita 8,4%; Alemania federal 7,7%; Reino Unido 6,4%; Japón 6,1%; Italia, 5,1%; Turquía, 3,8%; Francia 3,7%; Países Bajos 3,0%; Bélgica 2,5%.
Exportaciones (1987): 248.773.000 JD (productos químicos 28,1%; fertilizante de fosfato 24,5%; potasa 11,3%; manufacturas básicas 10,8%; verduras, frutas y nueces 8,0%). *Principales clientes:* Irak 24,1%; Arabia Saudita 10,5%; India 8,9%; Egipto 5,4%; Pakistán 4,1%; Italia 3,7%; Kuwait 3,5%; Indonesia 3,2%; Japón 3,0%; Siria 2,9%; Polonia 2,8%; Rumania 2,6%.

Transportes y comunicaciones

Transportes. Ferrocarriles (1987): Longitud de vías 658 km; tráfico de pasajeros 31.304; carga toneladas métricas km 1.262.000.000[4]. Carreteras (1987[4]): Longitud total 5.625 km (pavimentadas 73%). Vehículos (1986): Automóviles 158.892; camiones y autobuses 73.469. Marina mercante (1988): Barcos (100 toneladas brutas y más) 4; peso muerto total 47.710 toneladas. Transporte aéreo (1988): Pasajeros-km 3.926.835.000; carga toneladas métricas-km 201.539.000; aeropuertos (1989) con vuelos regulares 3.
Comunicaciones. Diarios (1987): Número total 5; circulación total 185.000; circulación por 1.000 habitantes 65,0. Radio (1988): Número total de receptores 1.100.000 (1 por cada 2,7 personas). Televisión (1988): Número total de televisores 250.000 (1 por cada 12 personas). Teléfonos (1987): 343.743[5] (1 por cada 10 personas).

Educación y sanidad

Escolaridad (1979). Porcentaje de la población total de 14 años y más: sin escolarización formal 47,9%; con enseñanza primaria 19,8%; secundaria 26,4%; superior 5,9%. *Alfabetización* (1986): Población total de 15 años y más alfabetizada 1.451.100 (79,4%); varones alfabetizados 761.900 (81,7%); mujeres alfabetizadas 689.200 (73,9%).
Sanidad (1986): Médicos 3.114 (1 por cada 881 habitantes); camas hospitalarias 5.246 (1 por cada 523 habitantes); tasa de mortalidad infantil por cada 1.000 nacidos vivos 48,6.
Alimentación (1984-86): Ingesta calórica diaria per cápita 2.498 (productos vegetales 89%, productos animales 11%); 120% de las necesidades mínimas recomendadas por la FAO.

Fuerzas armadas

Personal en servicio activo (1988): 82.250 (ejército 86,8%, armada 0,3%, fuerza aérea 12,9%). *Presupuesto de defensa en porcentaje del PNB* (1987): 13,9% (mundo 5,4%); gasto per cápita 235 dlr. EUA.

[1] Fin de año. [2] 1986. [3] Incluye reexportaciones. [4] 1985. [5] Líneas principales.

Kampuchea

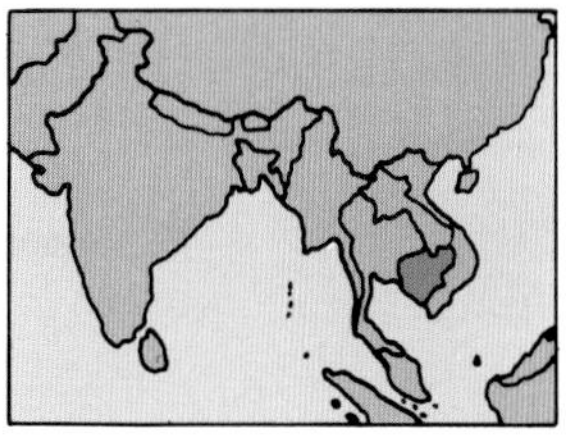

Nombre oficial: Estado de Kampuchea[1].
Forma de gobierno: República popular unipartidista con una cámara legislativa (Asamblea Nacional).
Jefe del estado; Presidente, Consejo de Estado.
Jefe del gobierno: Presidente del Consejo de Ministros (Primer ministro).
Capital: Phnom Penh.
Lengua oficial: Jmer.
Religión oficial: Budismo.
Moneda: 1 riel = 100 sen; cambio (2 oct. 1989) 1 dlr. EUA = 150,00 riels.

Área y población

Provincias	Capitales	área km^2	población censo 1981
Batdambang	Batdambang	19.184	719.000
Kampong Cham	Kampong Cham	9.799	1.070.000
Kampong Chhnang	Kampong Chhnang	5.521	221.000
Kampong Saom	Kampong Saom	68	53.000
Kampong Spoe	Kampong Spoe	7.017	340.000
Kampong Thum	Kampong Thum	27.602[2]	379.000
Kampot	Kampot	6.008	354.000
Kandal	-	3.812	720.000
Kaok Kong	Krong Kaok Kong	11.161	25.000
Kracheh	Kracheh	11.094	157.000
Mondol Kiri	Senmoronom	14.288	16.000
Phnom Penh	Phnom Penh	46	329.000
Pouthisat	Pouthisat	12.692	175.000
Preah Vihear	Phnum Tbeng Meanchey	[2]	70.000
Prey Veng	Prey Veng	4.883	672.000
Rotanokiri	Lumphat	10.782	45.000
Siemreab	Siemreab	16.457	477.000
Stoeng Treng	Stoeng Treng	11.092	39.000
Svay Rieng	Svay Rieng	2.966	392.000
Takev	Takev	3.563	531.000
AREA DE TERRITORIO TOTAL		177.987	6.684.000
AGUAS INTERIORES		3.048	
AREA TOTAL		181.035	

Demografía

Población (1989): 8.055.000
Densidad[3](1989): Personas por km² 44,5.
Índice de urbanización (1985): Urbana 10,8%; rural 89,2%.
Distribución por sexo (1985): Varones 49,73%; mujeres 50,27%.
Estructura por edades (1985): Menos de 15, 32,5%; 15-29, 33,5%; 30-44, 19,6%; 45-59, 9,8%; 60-74, 4,0%; 75 y más, 0,6%.
Proyección demográfica: (2000) 10.046.000; (2010) 11.539.000.
Tiempo de duplicación: 28 años.
Composición étnica (1983): Jmeres 88,1%; chinos 4,6%; vietnamitas 4,6% (aunque es posible que la reciente inmigración vietnamita haya elevado este porcentaje incluso hasta el 8%); otros 2,7%.
Afiliación religiosa (1980): Budistas 88,4%; musulmanes 2,4%; otros 9,2%.
Principales ciudades (1971): Phnom Penh 750.000[4]; Kampong Cham 34.706; Kampong Chhnang 15.813; Kratie 14.765; Pursat 14.736; Svay Rieng 13.766.
Tasa de natalidad por 1.000 habitantes (1988): 40,9 (media mundial 27,1).
Tasa de mortalidad por 1.000 habitantes (1988): 16,4 (media mundial 9,9).
Tasa de crecimiento por 1.000 habitantes (1988): 24,5 (media mundial 17,2).
Esperanza de vida al nacer (1988): Varones 47,3 años; mujeres 50,2 años.
Principales causas de muerte por 100.000 habitantes (sólo fallecimientos registrados; 1966): Tuberculosis 154; accidentes, excepto los de tráfico 111; paludismo 55; neumonía 51.

Economía nacional

Presupuesto: La ausencia, desde mediados de los años 1970, de una base económica interna imponible o de exportaciones generadoras de ingresos, ha dejado a Kampuchea sin presupuestos generales centrales, aparte de la dispersa ayuda exterior y la gestión de subvenciones al desarrollo.
Turismo: Ninguno.
Producción (toneladas métricas, excepto cuando se indique): Agricultura, silvicultura, pesca (1988): Arroz 1.600.000, raíces y tubérculos 169.000, de las cuales mandioca 112.000, maíz 100.000, batatas o camotes 42.000, frijoles o judías 40.000, caucho 24.500[5], tabaco 10.000; ganadería (número de animales vivos): 1.950.000 reses, 1.500.000 cerdos, 700.000 búfalos, 6.000.000 pollos; madera 5.545.000 m^3; pesca, capturas (1987) 74.000. Minas y canteras (1986): Sal 40.000. Industria manufacturera (1987): Cemento 50.000; caucho 28.000; carne de cerdo 24.000; carne de vaca y ternera 17.000; madera aserrada 47.000 m^3; tableros contrachapados 2.000 m^3; cigarrillos 4.100.000.000 unidades. Construcción: n.d. Producción energética (consumo): Electricidad (kwh; 1987) 162.800.000 (162.800.000); carbón, n.d. (n.d.); petróleo crudo, n.d. (n.d.); productos petrolíferos (toneladas métricas; 1987), no produce (160.000); gas natural, n.d. (n.d.).
Producto nacional bruto (a precios corrientes de mercado; 1981): 600.000.000 dlr. EUA (90 dlr. EUA per cápita).

Estructura del producto nacional bruto y de la población activa

	1966		1985	
	Valor (000.000 riels)	% del valor total	Población activa	% de la pobl. activa
Agricultura	13.100	40,9	2.613.000	72,5
Minería e industria	3.300	10,3	989.000	27,5
Construcción	1.700	5,3		
Servicios públicos	400	1,3		
Transportes y comunicaciones	700	2,2		
Comercio	7.300	22,8		
Administración pública defensa	3.900	12,2		
Servicios	1.600	5,0		
TOTAL	32.000	100,0	3.602.000	100,0

Deuda pública (1987): 508.000.000 dlr. EUA.
Población económicamente activa (1985): Total 3.602.000; tasa de actividad de la población total 49,5% (tasas de participación: 15-64 años 71,4%; mujeres 40,5%; desempleados, n.d.).

Comercio exterior

Balanza comercial (precios corrientes)

	1980	1981	1982	1983	1984	1985
Millones dlr. EUA	—	-60	—	-96	-98	-105
% del total	—	41,1	—	88,2	87,1	80,9

Importaciones (1985):117.176.000 dlr. EUA (maquinaria y equipos de transporte 36,9%, del que corresponde a equipo de transporte el 10,9%; petróleo y derivados 30,2%; tejidos de algodón 3,6%; tejidos sintéticos 2,5%; hilados de algodón 2,3%; manufacturas básicas 1,5%; productos químicos 1,2%). *Principales proveedores:* URSS 93,5%; Japón 1,5%; Francia 1,1%; Australia 1,1%; Reino Unido 0,6%.
Exportaciones (1985): 12.355 dlr. EUA (caucho 82,9%; manufacturas básicas 5,1%; artículos manufacturados varios 3,0%). *Principales clientes:* URSS 88,2%: EUA 2,9%; Japón 2,9%.

Transportes y comunicaciones

Transportes. Ferrocarriles (1986): Longitud de vías 612 km; pasajeros-km 54.000.000[6], carga toneladas métricas-km 10.000.000[6]. Carreteras (1986): Longitud total 13.351 km (pavimentadas 20%). Vehículos (1981): Automóviles 700; camiones y autobuses 1.800. Marina mercante (1988): Barcos (100 toneladas brutas y más) 3; peso muerto total 3.558 toneladas. Transporte aéreo (1977): Pasajeros-km 42.000.000; carga toneladas métricas-km 400.000; aeropuertos (1989) con vuelos regulares 1.
Comunicaciones. Diarios (1984): Número total 10; circulación total, n.d. Radio (1988): Número total de receptores 753.038 (1 por cada 10 personas). Televisión (1988): Número total de televisores 48.605 (1 por cada 141 personas). Teléfonos (1981): 7.315 (1 por cada 790 personas).

Educación y sanidad

Escolaridad: n.d. *Alfabetización* (1980): Población total de 15 años y más alfabetizada 48,0%.
Sanidad (1984): Médicos 200 (1 por cada 36.000 habitantes); camas hospitalarias 16.200 (1 por cada 441 habitantes); tasa de mortalidad infantil por cada 1.000 nacidos vivos (1988) 129.
Alimentación (1984-86): Ingesta calórica diaria per cápita 2.170 (productos vegetales 95%, productos animales 5%); (1984) 95% de las necesidades mínimas recomendadas por la FAO.

Fuerzas armadas

Personal en servicio activo (1989): 49.300[7]. *Presupuesto de defensa en porcentaje del PNB:* n.d.; gasto per cápita, n.d.

[1] Kampuchea Democrática (DK), cuyo liderazgo actual se autodenomina Gobierno de Coalición de Kampuchea Democrática y está formado por el Frente de Liberación Nacional del Pueblo Jmer, el DK (Jmeres Rojos) y la organización presidida por Norodom Sihanouk, sigue teniendo asiento en la ONU.[2] El área de Preah Vihear está incluida en Kampong Thum. [3] Basada en el área territorial. [4] 1987. [5] 1986. [6] 1981. [7]Excluidos, en junio de 1989, alrededor de 65.000 soldados vietnamitas y 55.000 de las fuerzas de oposición.

Katar

Nombre oficial: Estado de Katar.
Forma de gobierno: Monarquía constitucional islámica; la legislación del estado se basa en la ley islámica.
Jefe del estado y del gobierno: Emir.
Capital: Doha.
Lengua oficial: Árabe.
Religión oficial: Islámica.
Moneda: 1 riyal de Katar (QR) = 100 dirhams; cambio (2 oct. 1989) 1 dlr. EUA = 3,64 QR.

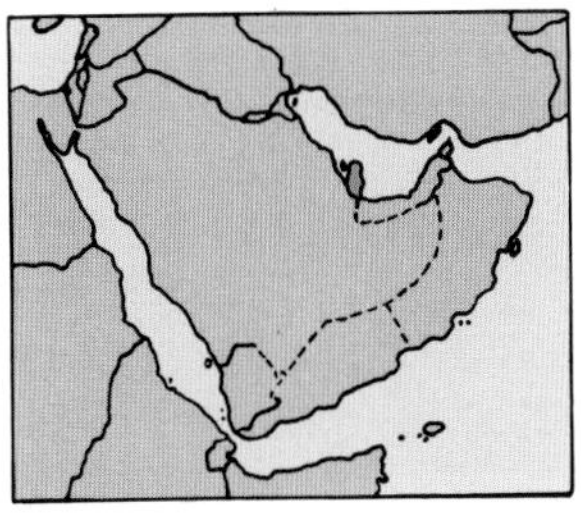

Área y población

Municipios[1]	área km²	población[1] censo 1986
Doha	—	217.294
al-Guwayriya	—	1.629
Jerlan al-Batna	—	2.727
al-Jumayliya	—	7.217
al-Jawr	—	8.993
al-Rayón	—	91.996
al-Shamal	—	4.380
Um al-Silal	—	11.161
al-Wakra	—	23.682
TOTAL	11.337	369.079

Demografía

Población (1989): 427.000.
Densidad (1989): Personas por km² 37,7.
Índice de urbanización (1986): Urbana 88,3%; rural 11,7%.
Distribución por sexo (1986): Varones 67,15%; mujeres 32,85%.
Estructura por edades (1986): Menos de 15, 27,8%; 15-29, 29,3%; 30-44, 32,3%; 45-59, 8,6%; 60 y más, 2,0%.
Proyección demográfica: (2000) 600.000; (2010) 758.000.
Tiempo de duplicación: 29 años.
Composición étnica (1983): Sudasiáticos 34%; kataris 20%; otros árabes 25%; iraníes 16%; otros 5%.
Afiliación religiosa (1980): Musulmanes 92,4% (en su mayoría sunníes); cristianos 5,9%; hindúes 1,1%; bahaístas 0,2%; otros 0,4%.
Principales ciudades (1986): Doha 217.294; Musayid 40.000[2].
Tasa de natalidad por 1.000 habitantes (1987): 30,4 (media mundial 27,1).
Tasa de mortalidad por 1.000 habitantes (1987): 2,4 (media mundial 9,9).
Tasa de crecimiento por 1.000 habitantes (1987): 28,0 (media mundial 17,2).
Esperanza de vida al nacer (1986): Varones 65,2 años; mujeres 67,6 años.
Principales causas de muerte por 100.000 habitantes (1986): Enfermedades cardiovasculares 50,0; heridas e intoxicaciones 41,0; neoplasias (incluidas neoplasias benignas) 20,4; determinadas condiciones originadas en el período perinatal 14,0; enfermedades del sistema respiratorio 10,6; enfermedades endocrinas, nutricionales y metabólicas y desarreglos del sistema inmunitario 6,9; enfermedades gastrointestinales 6,1; signos, síntomas y condiciones mal definidos 29,4.

Economía nacional

Presupuesto (1988-89). Ingresos: 6.335.800.000 QR (petróleo crudo 85,0%). Gastos: 12.242.500.000 QR (1987-88; sueldos y salarios 34,3%; proyectos de desarrollo de la capital del Estado 22,6%, del que el 4,6% corresponde a electricidad y agua, el 4,4% a viviendas y edificios públicos, el 2,2% a educación, el 2,1% a comunicaciones y transportes, el 0,9% a servicios sociales y el 0,8% a sanidad).
Turismo (1986): Ingresos y gastos, n.d.; número total de turistas alojados en los hoteles 106.730.
Producción (toneladas métricas, excepto cuando se indique). Agricultura, silvicultura, pesca (valor de producción en miles de QR; 1986): verduras y otros productos excepto cereales 74.237, forraje 68.144, frutas y dátiles 21.116, cereales 1.455; ganadería (número de animales vivos): 118.692 ovejas, 68.000 cabras, 18.637 camellos, 7.713 reses, 2.415 ciervos; madera, n.d.; pesca, capturas (1987) 2.678. Minas y canteras (1986): Piedra caliza 1.300.000; también se extraen arcilla, arena y yeso para usos locales. Industria manufacturera (1986): Urea 746.892; amoniaco 658.328; barras de acero para refuerzos 493.000; etileno 258.349; cemento 165.895; clinker 151.243; azufre 44.734. Construcción (1986): Residencial 391.400 m²; no residencial 167.600 m². Producción energética (consumo): Electricidad (kwh; 1987) 4.420.000.000 (4.420.000.000); carbón, no produce (n.d.); petróleo crudo (barriles; 1987) 102.700.000 (10.700.000); productos petrolíferos (1987) 2.104.000 (544.000); gas natural (m³; 1987) 4.724.000.000 (4.724.000.000).
Producto nacional bruto (a precios corrientes de mercado; 1987): 4.129.000.000 dlr. EUA (12.360 dlr. EUA per cápita).

Estructura del producto nacional bruto y de la población activa

	1987		1986	
	Valor (000.000 QR)	% del valor total	Población activa	% de la pobl. activa
Agricultura	241	1,3	6.283	3,1
Minería	5.630	30,9	4.807	2,4
Industria	1.847	9,9	13.914	6,9
Construcción	1.066	5,9	40.523	20,1
Servicios públicos	359	1,9	5.266	2,6
Transportes	412	2,2	7.357	3,6
Comercio	1.172	6,3	21.964	10,9
Finanzas	1.958	10,6	3.157	1,6
Administración pública, defensa; Servicios	5.875	31,6	96.466	47,8
Otros	—	—	2.040[3]	1,0[3]
TOTAL	18.580	100,0	201.777	100,0

Deuda pública: Ninguna.
Población económicamente activa (1986): Total 201.800; tasa de actividad de la población total 54,7% (tasas de participación: 15 años y más 75,5%; mujeres 9,8%; desempleados, 1,0%).

Comercio exterior

Balanza comercial (precios corrientes)

	1982	1983	1984	1985	1986	1987
Millones QR	9.307	6.703	8.015	7.130	2.730	3.224
% del total	39,6	38,7	48,6	46,2	25,4	28,7

Importaciones (1987): 4.127.900.000 QR (maquinaria y equipos de transporte 40,4%, productos manufacturados 17,2%; alimentos y animales vivos 17,1%, productos químicos 6,3%, bebidas y tabaco 1,9%). *Principales proveedores:* Japón 16,3; Reino Unido 16,0%; EUA 11,9%; Alemania federal 7,2%; Italia 4,9%; Francia 4,3%; Arabia Saudita 2,7%; Países Bajos 2,5%.
Exportaciones (1987): 7.44.000.000 QR (1985; petróleo crudo 91,1%, gas licuado y otras exportaciones no petrolíferas 8,9%). *Principales clientes:* Japón 38,5%; Singapur 13,1%; Italia 8,4%; Brasil 4,6%; Australia 2,8%; Países Bajos 2,0%; Reino Unido 1,1%; China 0,9%.

Transportes y comunicaciones

Transportes. Ferrocarriles: Ninguno. Carreteras (1986): Longitud total 1.080 km (pavimentadas, n.d.). Vehículos (1986): Automóviles 131.044; camiones y autobuses 3.710. Marina mercante (1988): Barcos (100 toneladas brutas y más) 65; peso muerto total 463.385 toneladas. Transporte aéreo[4] (1988): Pasajeros-km 1.418.000.000; carga toneladas métricas-km 36.000.000; aeropuertos (1989) con vuelos regulares 1.
Comunicaciones. Diarios (1986): Número total 5; circulación total 51.500; circulación por 1.000 habitantes 147. Radio (1988): Número total de receptores 160.205 (1 por cada 2,5 personas). Televisión (1988): Número total de televisores 160.000 (1 por cada 2,5 personas). Teléfonos (1986): 115.471 (1 por cada 3,4 personas).

Educación y sanidad

Escolaridad (1986). Porcentaje de la población total de 25 años y más: sin enseñanza formal 53,2%, del que el 27,9% son analfabetos; con enseñanza primaria 9,9%; preparatoria (secundaria baja) 10,1%; secundaria 13,3%; postsecundaria 13,3%. *Alfabetización* (1986): Población total de 15 años y más alfabetizada 201.743 (74,7%); varones alfabetizados 149.980 (76,8%); mujeres alfabetizadas 51.753 (72,5%).
Sanidad (1986): Médicos 514 (1 por cada 781 habitantes); camas hospitalarias 915 (1 por cada 403 habitantes); tasa de mortalidad infantil por cada 1.000 nacidos vivos 37,4.
Alimentación: Ingesta calórica diaria per cápita, n.d.

Fuerzas armadas

Personal en servicio activo (1989): 7.000 (ejército 85,7%, armada 10,0%, fuerza aérea 4,3%). *Presupuesto de defensa en porcentaje del PNB* (1985): 46,9% (mundo 5,7%); gasto per cápita 6.700 dlr. EUA.

[1] La población total excluye 2.784 kataris residentes en el extranjero. [2] 1983. [3] Desempleados.
[4] Prorrateo de una cuarta parte del tráfico internacional de Gulf Air.

Kenia

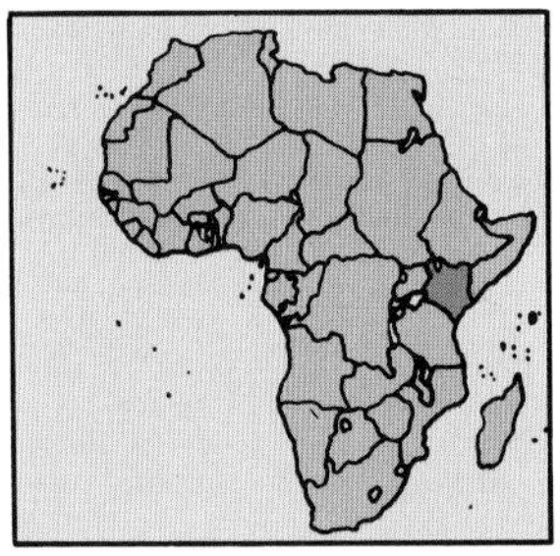

Nombre oficial: República de Kenia.
Forma de gobierno: República unitaria unipartidista con una cámara legislativa (Asamblea Nacional)[1].
Jefe del estado y del gobierno: Presidente.
Capital: Nairobi.
Lengua oficial: Swahili; inglés.
Religión oficial: Ninguna.
Moneda: 1 chelín keniata (K Sh) = 100 cents.; cambio (2 oct. 1989) 1 dlr. EUA = 21,51 K Sh.

Área y población

Provincias	Sedes provinciales	área km²	población estimada 1989
Central	Nyeri	13.176	3.550.300
Coast	Mombasa	83.603	2.064.600
Eastern	Embu	159.891	4.192.700
North Eastern	Garissa	126.902	611.400
Nyanza	Kisumu	16.162	4.173.800
Rift Valley	Nakuru	173.868	5.128.500
Western	Kakamega	8.360	2.732.300
Área especial			
Nairobi		684	1.429.000
ÁREA TERRITORIAL TOTAL		571.416	23.882.600
AGUAS INTERIORES		11.230	
ÁREA TOTAL		582.646	

Demografía

Población (1989): 23.883.000.
Densidad[2] (1989): Personas por km² 41,8.
Índice de urbanización (1985): Urbana 19,7%; rural 80,3%.
Distribución por sexo (1989): Varones 49,88%; mujeres 40,12%.
Estructura por edades (1989): Menos de 15, 51,2%; 15-29, 26,1%; 30-44, 12,7%; 45-59, 6,6%; 60-74, 2,9%; 75 y más, 0,5%.
Proyección demográfica: (2000) 37.505.000; (2010) 56.629.000.
Tiempo de duplicación: 17 años.
Composición étnica (1979): Kenianos 98,8% (kikuyu 20,9%, luhya 13,8%, luo 12,8%, kamba 11,3%, kalenjin 10,8%, otros kenianos 29,2%); otros 1,2%.
Afiliación religiosa (1980): Cristianos 73,0%, del que el 26,5% corresponde a protestantes y el 26,4% a católicos; indígenas africanos 17,6%; ortodoxos 25%; creencias tradicionales 18,9%; musulmanes 6,0%; otros 2,1%.
Principales ciudades (1984): Nairobi 1.162.000[3]; Mombasa 425.600; Kisumu 167.100; Nakuru 101.700; Machakos 92.300[4].
Tasa de natalidad por 1.000 habitantes (1985-90): 53,9 (media mundial 27,1).
Tasa de mortalidad por 1.000 habitantes (1985-90): 11,9 (media mundial 9,9).
Tasa de crecimiento por 1.000 habitantes (1985-90): 42,0 (media mundial 17,2).
Esperanza de vida al nacer (1985-90): Varones 56,5 años; mujeres 60,5 años.
Principales causas de muerte por 100.000 habitantes: n.d.; sin embargo, entre las enfermedades infecciosas más importantes se incluyen paludismo, gastroenteritis, enfermedades venéreas, disentería, tracoma, amebiasis y esquistosomiasis.

Economía nacional

Presupuesto (1988-89). Ingresos: 36.860.000.000 K Sh (impuestos indirectos 58,9%, de los cuales el 30,6% corresponde a impuestos sobre ventas y el 23,4% a aranceles e impuestos de consumo; impuestos directos 28,0%; ayudas 18,5%; ingresos no impositivos 7,8%). Gastos: 49.166.000.000 K Sh (gastos recurrentes 71,4%; gastos de desarrollo 28,6%).
Turismo (1987): Ingresos por visitantes 355.000.000 dlr. EUA; gastos de nacionales en el exterior 21.000.000 dlr. EUA.
Producción (toneladas métricas, excepto cuando se indique). Agricultura, silvicultura, pesca (1987): Caña de azúcar 4.000.000, maíz 1.900.000, papas o patatas 730.000, mandioca 540.000, batatas o camotes 380.000, plátanos machos 286.000, trigo 185.000, piña tropical 203.000, té 160.000, plátanos 146.000, sorgo 130.000, café 109.000, cocos 72.000, mijo 50.000, agave 40.000, algodón para siembra 36.000, semillas de algodón 24.000, tomates 22.000, cebada 18.000, anacardos 12.000, copra 5.000, semillas de girasol 5.000; ganadería (número de animales vivos) 9.500.000 reses, 8.300.000 cabras, 7.200.000 ovejas; madera 35.180.000 m³; pesca, capturas 131.181, de las que el 94,8% corresponde a peces de agua dulce. Minas y canteras (1986): Piedra caliza 2.069.020, cenizas de sosa 237.650; sal 100.379; espato flúor 50.851; corindón (rubí) 66 kilogramos. Industria manufacturera (1986): Cemento 1.178.000; azúcar 368.836; harina de trigo 303.800; jabón 29.957; telas 81.597; cerveza 2.926.330 hectólitros; agua mineral 1.759.620 hectólitros; pintura 5.701 hectólitros; bebidas alcohólicas 5.509 hectólitros. Construcción (1986): Residencial 136.000 m²; no residencial 180.000 m². Producción energética (consumo): Electricidad (kwh; 1987) 2.629.000.000 (2.805.000.000); carbón (1987) 92.000 (91.000); petróleo crudo (barriles; 1986), no produce (15.360.000); productos petrolíferos (1987) 1.989.000 (1.287.000).
Producto nacional bruto (a precios corrientes de mercado; 1987): 7.500.000.000 dlr. EUA (340 dlr. EUA per cápita).

Estructura del producto nacional bruto y de la población activa

	1987		1985	
	Valor (000.000 K Sh)	% del valor total	Población activa[5]	% de la pobl. activa
Agricultura	35.210,2	26,6	240.900	20,5
Minería	265,4	0,2	4.800	0,4
Industria	13.111,2	9,9	158.800	13,5
Construcción	6.265,4	4,7	49.900	4,3
Servicios públicos	2.049,8	1,6	17.700	1,5
Transportes y comunicaciones	7.036,0	5,3	55.700	4,7
Comercio	16.536,4	11,7	89.700	7,6
Finanzas	16.235,6	12,3	53.400	4,6
Administración pública, defensa	17.083,4	12,9	158.600	13,5
Servicios	4.167,6	3,2	344.900	29,4
Otros	15.333,0[6]	11,6[6]	—	—
TOTAL	132.294,0	100,0	1.174.400	100,0

Deuda pública (externa, pendiente; 1987): 4.482.400.000 dlr. EUA.
Población económicamente activa (1985): Total 8.389.000; tasa de actividad de la población total 41,3% (tasas de participación: 15-64 años, n.d.; mujeres [1981] 33,5%; desempleados, n.d.).

Comercio exterior[7]

Balanza comercial (precios corrientes)

	1983	1984	1985	1986	1987	1988
Millones K Sh	−2.514	−3.511	−4.609	−3.271	−9.063	−11.137
% del total	8,8	10,2	12,6	7,7	22,3	22,6

Importaciones (1987): 28.635.870.000 K Sh (maquinaria y equipos de transporte 34,4%, petróleo crudo 19,8%, productos químicos 17,8%, productos manufacturados 14,1%, alimentos y animales vivos 4,0%). *Principales proveedores:* Reino Unido 16,9%; Japón 10,9%; Alemania federal 8,2%; EUA 7,1%; Francia 6,8%; Italia 3,4%; Países Bajos 2,9%; India 1,3%.
Exportaciones (1987): 15.787.850.000[8] K Sh (café [sin tostar] 25,8%, té 21,7%, productos petrolíferos 13,3%, verduras y frutas 10,2%, maíz 2,6%, pieles 2,2%). *Principales clientes:* Reino Unido 16,9%; Alemania federal 9,7%; Uganda 8,8%; Países Bajos 7,2%; EUA 5,4%.

Transportes y comunicaciones

Transportes. Ferrocarriles (1986): Longitud de vías 2.654 km; pasajeros-km 679.960.000; carga toneladas métricas-km 1.827.900.000. Carreteras (1986): Longitud total 54.300 km (pavimentadas 12%). Vehículos (1987): Automóviles 133.335; camiones y autobuses 110.806. Marina mercante (1988): Barcos (100 toneladas brutas y más) 28; peso muerto total 4.841 toneladas. Transporte aéreo[9] (1988): Pasajeros-km 753.976.000; carga toneladas métricas-km 99.921.000; aeropuertos (1989) con vuelos regulares 16.
Comunicaciones. Diarios (1986): Número total 5; circulación total 280.000; circulación por 1.000 habitantes 13. Radio (1988): Número total de receptores 1.815.000 (1 por cada 12 personas). Televisión (1988): Número total de televisores 192.000 (1 por cada 11 personas). Teléfonos (1987): 316.050 (1 por cada 70 personas).

Educación y sanidad

Escolaridad (1979). Porcentaje de la población total de 25 años y más: sin escolarización formal 58,6%; con enseñanza primaria 32,2%; secundaria parcial 7,9%; secundaria completa y superior 1,3%. *Alfabetización* (1985): población total de 15 años y más alfabetizada 5.758.000 (59,2%); varones alfabetizados 3.311.000 (69,6%); mujeres alfabetizadas 2.447.000 (49,2%).
Sanidad (1985): Médicos 2.752 (1 por cada 7.387 habitantes); camas hospitalarias 30.936 (1 por cada 657 habitantes); tasa de mortalidad infantil por cada 1.000 nacidos vivos (1984) 92.
Alimentación (1984-86): Ingesta calórica diaria per cápita 2.140 (productos vegetales 92%, productos animales 8%); (1984-86) 93% de las necesidades mínimas recomendadas por la FAO.

Fuerzas armadas

Personal en servicio activo (1989): 23.600 (ejército 80,5%, armada 4,7%, fuerza aérea 14,8%). *Presupuesto de defensa en porcentaje del PNB* (1987): 2,4% (mundo 5,4%); gasto per cápita 8 dlr. EUA.

[1] Incluye 14 escaños no electivos. [2] Únicamente área territorial. [3] 1989. [4] 1983. [5] Únicamente personas empleadas. [6] Impuestos indirectos excepto subsidios y cargos por servicios bancarios imputados. [7] Las cifras de importación son f.o.b. (franco a bordo) en la balanza comercial y c.i.f. (costo, seguro y flete) para los artículos y asociados comerciales. [8] Incluye 629.670.000 K Sh procedentes de reexportaciones. [9] Sólo Kenya Airways.

Kiribati

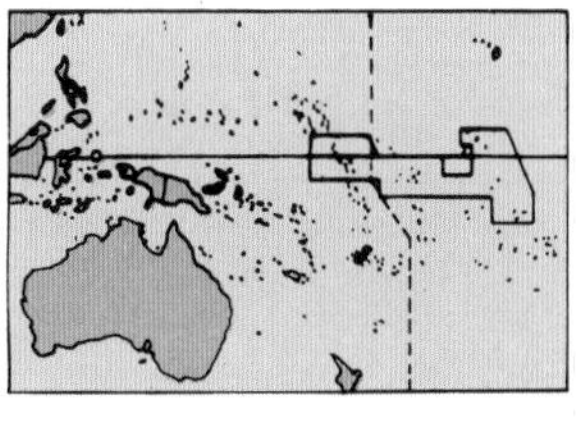

Nombre oficial: República de Kiribati.
Forma de gobierno: República unitaria con una cámara legislativa (Cámara de la Asamblea).
Jefe del estado y del gobierno: Presidente.
Capital: Baikiri, en el atolón Tarawa.
Lengua oficial: Inglés.
Religión oficial: Ninguna.
Moneda: 1 dólar australiano ($A) = 100 centavos; cambio (2 oct. 1989) 1 dlr. EUA = 1,29 $A.

Área y población

Grupos de Islas / Islas	Capitales	área[1] km²	población estimada 1988
Grupo Gilbert	Baikiri Islet	285	65.366
Abaiang	Tuarabu	17	4.689
Abemama	Kariatebike	27	3.170
Aranuka	Takaeang	12	1.050
Arorae	Roreti	9	1.563
Banaba	Anteeren	6	50
Beru	Taubukinberu	18	2.887
Butaritari	Butaritari	13	3.866
Kuria	Tabontebike	15	1.126
Maiana	Tebangetua	17	2.287
Makin	Makin	8	1.900
Marakei	Rawannawi	14	2.873
Nikunau	Rungata	19	2.199
Nonouti	Teuabu	20	3.133
Onotoa	Buariki	16	2.048
Tabiteuea North	Utiroa	26	3.378
Tabiteuea South	Buariki	12	1.409
Tamana	Bakaka	5	1.468
Tarawa North	Abaokoro	15	3.437
Tarawa South	Bairiki	16	22.833
Grupo Line	Kiritimati	535	2.815
Septentrional		432	—
Kiritimati (Christmas)	London	388	1.861
Tabuaeran (Fanning)	Paelau	34	473
Teraina (Washington)	Washington	10	481
Meridional (Caroline, Flint, Malden, Starbuck, Vostok)		103	—
Grupo Phoenix (Birnie, Enderbury, Kanton [Canton], McKean, Manra [Sydney], Nikumaroro [Gardner], Orona [Hull], Rawaki [Phoenix])	Kanton	29	26
TOTAL		849	68.207

Demografía

Población (1989): 69.600.
Densidad[2] (1989): Personas por km² 95,9.
Índice de urbanización (1985): Urbana 33,4%; rural 66,6%.
Distribución por sexo (1985): Varones 49,56%; mujeres 50,44%.
Estructura por edades (1985)[3]: Menos de 15, 38,9%; 15-29, 29,9%; 30-44, 16,1%; 45-59, 9,3%; 60-74, 4,9%; 75 y más, 0,9%.
Proyección demográfica: (2000) 87.000; (2010) 108.000.
Tiempo de duplicación: 30 años.
Composición étnica (1985): I-kiribati 96,1%; mixtos (parte i-kiribati y otros) 2,6%; tuvaluanos 0,7%; europeos 0,4%; otros 0,2%.
Afiliación religiosa (1985)[3]: Católicos 52,6%; protestantes kiribati (congregacionales) 40,9%l bahaístas 2,4%; adventistas del Séptimo Día 1,4%; otros 2,7%.
Principales ciudades (1988): Tarawa Urbana 22.833.
Tasa de natalidad por 1.000 habitantes (1988): 31,3 (media mundial 27,1).
Tasa de mortalidad por 1.000 habitantes (1988): 8,1 (media mundial 9,9).
Tasa de crecimiento por 1.000 habitantes (1988): 23,2 (media mundial 17,2).
Esperanza de vida al nacer (1981-85): Varones 50,6 años; mujeres 55,6 años.
Principales causas de muerte por 100.000 habitantes: n.d.; sin embargo, entre las principales causas se incluyen gripe, diarrea, enfermedades de la piel, conjuntivitis, enfermedades dentales, enfermedades del oído, infecciones parasitarias y varicela.

Economía nacional

Presupuesto (1988): 24.947.000 $A (ingresos no impositivos 46,0%; ingresos impositivos 28,4%, del que el 9,4% corresponde a derechos de importación y el 4,9% a impuesto sobre la renta; ingresos para el desarrollo 25,6%). Gastos: 21.434.000 $A (educación 16,1%; desarrollo 15,9%; sanidad 13,0%; recursos naturales 7,3%; comunicaciones 7,0%; obras públicas 6,6%).
Turismo (1987): ingresos por visitantes 1.000.000 dlr. EUA; gastos de nacionales en el exterior, n.d.
Producción (toneladas métricas, excepto cuando se indique). Agricultura, silvicultura, pesca (1987): Cocos 90.000, raíces y tubérculos 13.000 (de las que 3.000 corresponden a taro), copra 12.000, verduras y melones 5.000, plátanos, 4.000; ganadería (número de animales vivos): 10.000 cerdos, 191.000 pollos[4]; pesca, capturas 43.868. Minas y canteras: Ninguna[5]. Industria manufacturera (1988): Copra 14.406; otros productos importantes son pescado elaborado, artículos de repostería, ropa y artículos de artesanía. Producción energética (consumo): Electricidad (kwh; 1988) 6.740.000 (6.647.000); carbón, no produce (n.d.); petróleo crudo, no produce (n.d.); productos petrolíferos (1986) no produce (6.000); gas natural, no produce (n.d.).
Producto nacional bruto (a precios corrientes de mercado; 1987): 32.000.000 dlr. EUA (480 dlr. EUA per cápita).

Estructura del producto nacional bruto y de la población activa

	1988		1985	
	Valor (000 $A)	% del valor total	Población activa	% de la pobl. activa
Agricultura	13.320	29,6	19.200[6]	72,9
Minería	—	—	14	0,1
Industria	762	1,7	132	0,5
Construcción	2.200	4,9	440	1,7
Servicios públicos	770	1,7	232	0,9
Transportes y comunicaciones	6.100	13,6	1.050	4,0
Comercio	5.500	12,2	1.127	4,3
Finanzas	2.990	6,7	93	0,4
Administración pública, defensa	9.840	21,9	1.601	6,1
Servicios	1.148	2,6	1.802	6,8
Otros	2.300	5,1	646[7]	2,5
TOTAL	44.930	100,0	26.337	100,0[8]

Deuda pública (externa, pendiente; 1985): 10.000.000 dlr. EUA.
Población económicamente activa (1985): Total 26.337; tasa de actividad de la población total 41,2% (tasas de participación: 15 años y más 67,8%; mujeres 36,1%; desempleados 2,4%).

Comercio exterior

Balanza comercial (precios corrientes)

	1983	1984	1985	1986	1987	1988
Miles $A	−15.603	-8.421	−15.525	−18.956	−22.274	-21.515
% del total	66,1	25,3	56,2	79,2	79,5	61,7

Importaciones (1988): 28.185.000 $A (alimentos 28,7%; maquinaria y equipos de transporte 27,2%, productos manufacturados 20,2%, combustibles minerales 10,5%, bebidas y tabacos 5,6%; productos químicos 4,9%, materias primas 2,0%). *Principales proveedores:* Australia 43,8%; Viti (Fidji) 15,3%; Japón 10,9%; China 5,2%; Nueva Zelanda 4,9%; EUA 4,8%; Hong Kong 2,9%.
Exportaciones (1988): 6.670.000 $A (copra 63,0%, pescado y preparados de pescado 24,3%, reexportaciones 12,3%). *Principales clientes:* Países Bajos 69,3%; Viti (Fidji) 23,2%; EUA 4,2%; Tonga 2,5%.

Transportes y comunicaciones

Transportes. Carreteras (1988): Longitud total 640 km (pavimentadas 5%). Vehículos (1985): Automóviles 307; camiones y autobuses 130. Marina mercante (1988); Barcos (100 toneladas brutas y más) 7; peso muerto total 2.841 toneladas. Transporte aéreo (1986): Pasajeros-km 9.953.000, carga toneladas métricas-km 47.000; aeropuertos (1989) con vuelos regulares 17.
Comunicaciones. Diarios: Ninguno. Radio (1988): Número total de receptores 10.000 (1 por cada 6,8 personas). Televisión: Ninguna. Teléfonos (1987): 1.400 (1 por cada 48 personas).

Educación y sanidad

Escolaridad (1985)[3]. Porcentaje de la población total de 25 años y más: sin escolarizar 5,8%; con menos que enseñanza primaria completa 56,1%; primaria 22,3%; secundaria incompleta 15,3%; secundaria 0,5%. *Alfabetización* (1985): Población total de 15 años y más alfabetizada 90%.
Sanidad (1986): Médicos 16 (1 por cada 4.094 habitantes); camas hospitalarias 283 (1 por cada 231 habitantes); tasa de mortalidad infantil por cada 1.000 nacidos vivos (1988) 110.
Alimentación (1984-86): Ingesta calórica diaria per cápita 2.936 (productos vegetales 91%; productos animales 9%); (1983) 117% de las necesidades mínimas recomendadas por la FAO.

[1] Incluye las islas deshabitadas. [2] La densidad está basada solamente en las áreas insulares habitadas (726 km²). [3] Población indígena únicamente, que constituye el 98,7% del total. [4] 1982. [5] La explotación de las minas de fosfatos en Banaba (Ocean Island) cesó en 1979. [6] Incluye 18.719 personas que se dedican a la agricultura o pesca de subsistencia. [7] Incluye 627 desempleados. [8] El desglose no se corresponde con el total a causa del redondeo.

Kuwait

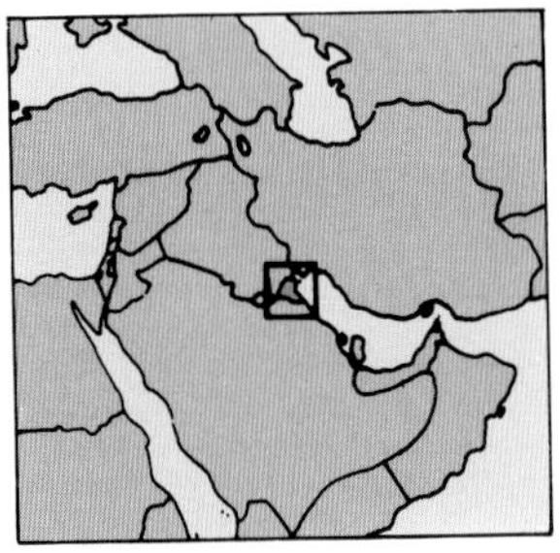

Nombre oficial: Estado de Kuwait.
Forma de gobierno: Monarquía constitucional con una cámara parlamentaria (Asamblea Nacional)[1].
Jefe del estado: Emir.
Jefe del gobierno: Primer ministro.
Capital: Kuwait.
Lengua oficial: Árabe.
Religión oficial: Islámica.
Moneda: 1 dinar kuwaití (KD) = 1.000 fils; cambio (2 oct. 1989) 1 KD = 3,38 dlr. EUA.

Área y población

Gobernaciones	Capitales	área km^2	población estimada 1987
al-Ahmadí	al-Ahmadí	5.138	345.783
al-Yahara	al-Yahara	11.324	329.588
Capital	Kuwait	98	160.860
Hawalli	Hawalli	358	1.036.337
Islas[2]		900	—
TOTAL		17.818	1.872.568

Demografía

Población (1989): 2.048.000.
Densidad (1989): Personas por km^2 114,9.
Índice de urbanización (1986): Urbana 90,1%; rural 9,9%.
Distribución por sexo (1988): Varones 56,65%; mujeres 43,35%.
Estructura por edades (1986): Menos de 15, 37,4%; 15-29, 27,9%; 30-44, 23,9%; 45-59, 8,6%; 60-74, 1,8%; 75 y más, 0,4%.
Proyección demográfica: (2000) 2.841.000; (2010) 3.516.000.
Tiempo de duplicación: 24 años.
Composición étnica (1985): Árabes kuwaitíes 40,1%; árabes no kuwaitíes 37,9%; asiáticos 21,0%; europeos 0,7%; otros 0,3%.
Afiliación religiosa (1980): Musulmanes 91,5% (sunníes alrededor del 80%, chiitas aproximadamente 20%); cristianos 6,4%; otros 2,1%.
Principales ciudades (1985): as-Salimiyah 153.220; Hawalli 145.215; al-Yahara 111.165; al-Farwaniya 68.665; Kuwait 44.224.
Tasa de natalidad por 1.000 habitantes (1988): 26,2 (media mundial 27,1).
Tasa de mortalidad por 1.000 habitantes (1988): 2,2 (media mundial 9,9).
Tasa de crecimiento por 1.000 habitantes (1988): 24,0 (media mundial 17,2).
Esperanza de vida al nacer (1986): Varones 70,3 años; mujeres 73,0 años.
Principales causas de muerte por 100.000 habitantes (1987): Enfermedades cardiovasculares 73,6; accidentes, intoxicaciones y actos de violencia 31,4; neoplasias malignas (cánceres) 25,5; enfermedades del sistema respiratorio 16,5; enfermedades endocrinas, nutricionales y metabólicas 6,9; enfermedades infecciosas y parasitarias 6,7; enfermedades gastrointestinales 4,9; enfermedades del sistema nervioso 1,3.

Economía nacional

Presupuesto (1988-89). Ingresos: 2.054.000.000 KD (ingresos por petróleo 87,1%, cargas por servicios 9,2%, aranceles 3%). Gastos: 3.194.800.000 KD (sueldos y salarios 27,7%, proyectos de construcción 23,7%, educación 9,6%, defensa 9,5%, bienes y servicios 8,3%, obras públicas 7,5%, sanidad 6,8%).
Turismo (1987): Ingresos por visitantes 100.000.000 dlr. EUA; gastos de nacionales en el exterior 205.000.000 dlr. EUA.
Producción (toneladas métricas, excepto cuando se indique). Agricultura, silvicultura, pesca (1988): Tomates 39.000, pepinos y pepinillos 24.000, berenjenas 19.000, cebollas 2.000, calabazas y calabacines 1.000, ajos 1.000; ganadería (número de animales vivos): 300.000 ovejas, 26.000 reses, 20.000 cabras, 8.000 camellos, 8.000.000 pollos; pesca, capturas 6.384. Minas y canteras (1985): Azufre 202.377; asfalto 945.000 barriles. Industria manufacturera (1988): Urea 832.000; harina 135.101; pan 78.878; salvado 37.085; sal 31.783; piensos para el ganado 17.188; sosa cáustica licuada 16.191; cloruro gaseoso 14.352; grasas y aceites 12.367; tubos de amianto 9.323; galletas 2.332; detergentes 2.018; ácido clorhídrico 778.400 galones; hidrógeno gaseoso 4.170.000 m^3; hormigón 91.516 m^3; clorhidrato sódico 22.687 m^3; acumuladores (baterías) 959 unidades. Construcción (1988): Residencial 4.717.000 m^2; no residencial 279.000 m^2. Producción energética (consumo): Electricidad (kwh; 1985) 18.400.000.000 (18.400.000.000); carbón, no produce (sin consumo); petróleo crudo (barriles; 1987) 445.126.000 (213.394.000); productos petrolíferos (1987) 27.913.000 (4.561.000); gas natural (m^3; 1987) 5.122.837.000 (9.871.000.000).
Producto nacional bruto (a precios corrientes de mercado; 1987): 29.472.000.000 dlr. EUA (14.870 dlr. EUA per cápita).

Estructura del producto nacional bruto y de la población activa

	1987		1986	
	Valor (000.000 KD)	% del valor total	Población activa	% de la pobl. activa
Agricultura	62,4	1,1	13.718	1,9
Minería (sector petrolero)	2.233,2	40,8	7.544	1,1
Industria	792,1	14,5	53.613	7,5
Construcción	166,8	3,0	130.471	18,3
Servicios públicos	−58,4	−1,1	7.819	1,1
Transportes y comunicaciones	257,9	4,7	39.401	5,5
Comercio	386,4	7,1	80.141	11,3
Finanzas	419,5	7,7	22.252	3,1
Administración pública, defensa	517,0	9,4	356.640	50,1
Servicios	701,3	12,8		
TOTAL	5.478,2	100,0	711.599	100,0[3]

Deuda pública: ninguna.
Población económicamente activa (1988[4]): Total 698.918; tasa de actividad de la población total 38,1% (tasas de participación [1986]: 15 años y más 63,5%; mujeres 20,6%; desempleados 1,9%).

Comercio exterior

Balanza comercial (precios corrientes)

	1983	1984	1985	1986	1987	1988
Millones KD	1.224,5	1.590,7	1.367,2	389,9	854,0	505,4
% del total	22,2	28,0	27,7	10,2	22,4	14,5

Importaciones (1988): 1.492.300.000 KD (1986; maquinaria y equipos de transporte 38,6%, artículos manufacturados 19,1%, alimentos y animales vivos 16,7%, otras manufacturas 15,9%, productos químicos 5,9%). *Principales proveedores:* Japón 14,4%; EUA 14,3%; Alemania federal 8,9%; Reino Unido 8,2%; Italia 6,4%; Francia 6,0%.
Exportaciones (1988): 1.997.700 KD (1984; petróleo crudo 49,7%; petróleo refinado 37,1%). *Principales clientes:* Japón 18,3%; Italia 9,6%; Países Bajos 8,5%; Taiwán 7,0%; Pakistán 5,0%; EUA 4,6%; Singapur 3,4%; Francia 2,7%.

Transportes y comunicaciones

Transportes. Ferrocarriles: Ninguno. Carreteras (1988): Longitud total 3.871 km (pavimentadas 100%). Vehículos (1988): Automóviles 424.554; camiones y autobuses 115.361. Marina mercante (1988): Barcos (100 toneladas brutas y más) 206; peso muerto total 1.010.974 toneladas. Transporte aéreo (1988): Pasajeros-km 3.369.901.000; carga toneladas métricas-km 338.235.000; aeropuertos (1989) con vuelos regulares 1.
Comunicaciones. Diarios (1987): Número total 7; circulación total 418.000; circulación por 1.000 habitantes 223. Radio (1988): Número total de receptores 1.100.000 (1 por cada 1,8 personas). Televisión (1988): Número total de televisores 800.000 (1 por cada 2,4 personas). Teléfonos (1986): 310.132 (1 por cada 5,9 personas).

Educación y sanidad

Escolaridad (1985). Porcentaje de la población total de 15 años y más: sin escolarización formal 44,4%; con enseñanza primaria 9,2%; secundaria parcial 19,6%; secundaria completa 18,2%; superior 8,6%. *Alfabetización* (1986): población total de 15 años y más alfabetizada 856.146 (75,1%); varones alfabetizados 539.058 (78,7%); mujeres alfabetizadas 317.088 (69,6%).
Sanidad (1987): Médicos 2.799 (1 por cada 669 habitantes); camas hospitalarias 5.503[5] (1 por cada 340 habitantes); tasa de mortalidad infantil por cada 1.000 nacidos vivos (1986) 34,2.
Alimentación (1984-86): Ingesta calórica diaria per cápita 3.076 (productos vegetales 75%, productos animales 25%); 127% de las necesidades mínimas recomendadas por la FAO.

Fuerzas armadas

Personal en servicio activo (1988): 20.300 (ejército 78,8%, armada 10,3%, fuerza aérea 10,9%). *Presupuesto de defensa en porcentaje del PNB* (1987): 5,2% (mundo 5,4%); gasto per cápita 714 dlr. EUA.

[1] El parlamento fue disuelto el 3 de julio de 1986; incluye 50 miembros elegidos y (en sus escaños más recientes) 14 miembros de oficio del Gabinete. [2] Islas Bubian 863 km^2 y Warba 37 km^2. [3] El desglose no se corresponde con el total a causa del redondeo. [4] Marzo. [5] Sólo hospitales estatales.

Laos

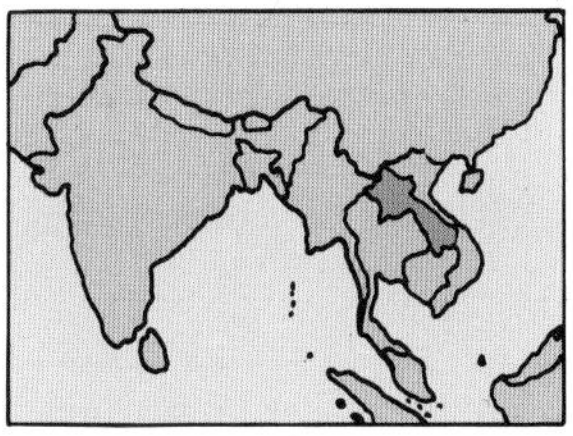

Nombre oficial: República Democrática Popular de Laos.
Forma de gobierno: República popular unitaria de partido único con una cámara legislativa (Asamblea Suprema del Pueblo).
Jefe del estado: Presidente.
Jefe del gobierno: Primer ministro.
Capital: Vientiane.
Lengua oficial: Lao.
Religión oficial: Ninguna.
Moneda: 1 nuevo kip (KN) = 100 at; cambio (2 oct. 1989) 1 dlr. EUA = 583,00 KN.

Área y población

Provincias	Capitales	área km²	población censo 1985
Attapu	Attapu	—	69.631
Bokeo	Houayxay	—	54.925
Bolikhamxay	Pakxan	—	122.300
Champasak	Pakxé	—	403.041
Houaphan	Xam Nua	—	209.921
Khammouan	Thakhek	—	213.462
Louang Namtha	Louang Namtha	—	97.028
Louangphrabang	Louangphrabang	—	295.475
Oudomxay	Xay	—	187.115
Phôngsali	Phongsali	—	122.984
Saravan	Saravan	—	187.515
Savannakhét	Savannakhét	—	543.611
Vientiane	Vientiane	—	264.277
Xaignabouri	Xaignabouri	—	223.611
Xékong	Thong	—	50.909
Xiangkhoang	Phônsavan	—	161.589
Municipios			
Vientiane		—	377.409
TOTAL		236.800	3.584.803

Demografía

Población (1989): 3.936.000.
Densidad (1989): Personas por km² 16,6.
Índice de urbanización (1987): Urbana 16,0%; rural 84,0%.
Distribución por sexo (1987): Varones 49,02%; mujeres 50,98%.
Estructura por edades (1985): Menos de 15, 42,8%; 15-29, 26,4%; 30-44, 16,2%; 45-59, 9,6%; 60-74, 4,3%; 75 y más, 0,7%.
Proyección demográfica: (2000) 4.964.000; (2010) 6.016.000.
Tiempo de duplicación: 33 años.
Composición étnica (1983): Lao 67,1%; palaung-wa 11,9%; thai 7,9%; miao (hmong) y man (Yaos) 5,2%; mon-jmer 4,6%; otros 3,3%.
Afiliación religiosa (1980): Budistas 57,8%; cultos tribales 33,6%; cristianos 1,8%, del que el 0,8% corresponde a católicos y el 0,2% a protestantes; musulmanes 1,0%; ateos 1,0%; cultos populares chinos 0,9%; sin afiliación 3,8%; otros 0,1%.
Principales ciudades (1975): Vientiane 377.409[1]; Savannakhét 53.000; Pakxé 47.000; Louangphrabang 46.000.
Tasa de natalidad por 1.000 habitantes (1988): 41,0 (media mundial 27,1).
Tasa de mortalidad por 1.000 habitantes (1988): 16,2 (media mundial 9,9).
Tasa de crecimiento por 1.000 habitantes (1988): 24,8 (media mundial 17,2).
Esperanza de vida al nacer (1988): Varones 47,3 años; mujeres 50,3 años.
Principales causas de muerte por 100.000 habitantes: n.d.; sin embargo, durante la década de 1970, entre los problemas sanitarios más importantes del país se incluían paludismo, gripe, disentería y neumonía.

Economía nacional

Presupuesto (1986). Ingresos: 14.127.000.000 KN (empresas estatales 87,3%, impuestos del sector privado 12,7%). Gastos: 24.979.000.000 KN (gasto corriente 48,7%, del que el 18,6% corresponde a pagos y salarios; gastos de capital 51,3%, del que el 21,4% corresponde a transportes y comunicaciones).
Turismo (1982): Número total de turistas 29.000.
Producción (toneladas métricas, excepto cuando se indique). Agricultura, silvicultura, pesca (1988): Arroz 1.400.000, batatas o camotes 118.000, caña de azúcar 105.000, mandioca 88.000, papas o patatas 53.000, piña tropical 45.000, cebollas 45.000, melones 37.000, maíz 36.000, naranjas 33.000; ganadería (número de animales vivos): 1.520.000 cerdos, 1.050.000 búfalos de agua, 590.000 reses, 74.000 cabras, 6.000.000 pollos; madera 4.313.000 m³; pesca, capturas 20.000. Minas y canteras (1988): Yeso 100.000; sal de roca 10.000; estaño (contenido metálico) 502. Industria manufacturera (1986): Alimentos para animales domésticos 5.000; cemento 5.000; detergente 2.500; productos de plástico 191; textiles 97.900 m²; vestidos 883.000 unidades; artículos cerámicos 87.000; cigarrillos 16.000.000 paquetes; neumáticos y tubos de caucho 883.000 unidades; cerveza y bebidas refrescantes 26.000 hectólitros; salsa de pescado 2.300 hectólitros. Construcción. n.d. Producción energética (consumo): Electricidad (kwh; 1987) 1.100.000.000 (365.000.000); carbón (1981) (1.000); petróleo crudo n.d. (n.d.); productos petrolíferos (1987), no produce (69.000); gas natural n.d. (n.d.).
Producto nacional bruto (a precios corrientes de mercado; 1987): 551.000.000 dlr. EUA (140 dlr. EUA per cápita).

Estructura del producto nacional bruto y de la población activa

	1984		1983	
	Valor (000.000 KN[2])	% del valor total	Población activa	% de la pobl. activa
Agricultura	49.216	67,7	1.491.000	74,0
Industria / Minería	7.743[2]	10,6[2]		
Construcción	2.804	3,9		
Servicios públicos	[2]	[2]		
Transportes y comunicaciones	1.460	2,0	523.000	26,0
Comercio	6.675	9,2		
Finanzas / Administración pública, defensa / Servicios	4.826	6,6		
TOTAL	72.724	100,0	2.014.000	100,0

Deuda pública (externa pendiente; 1987): 736.000.000 dlr. EUA.
Población económicamente activa (1985): Total 2.014.000; tasa de actividad de la población total 48,9% (tasas de participación: 15-64 años 84,2%; mujeres 45,3%; desempleados, n.d.).

Comercio exterior

Balanza comercial (precios corrientes)

	1983	1984	1985	1986	1987	1988
Millones dlr. EUA	−66,8	−36,7	−45,0	−55,9	−170	−188
% del total	56,7	61,9	54,2	66,0	63,4	64,4

Importaciones (1988): 240.000.000 dlr. EUA (entre las importaciones más destacadas se incluyen cereales, otros productos alimenticios, productos petrolíferos, maquinaria agrícola y general, y equipos de transporte). *Principales proveedores* (1987): Tailandia 45,7%; Japón 19,2%; Reino Unido 3,5%; Suecia 2,7%; Indonesia 2,3%; Alemania federal 2,2%; Suiza 2,1%; Italia 1,3%.
Exportaciones (1988): 52.000.000 dlr. EUA (electricidad 50,1%; madera 29,3%; cafe 17,2%; estaño 3,4%). *Principales clientes*: China 40,8%; Tailandia 22,7%; Francia 8,7%; Japón 5,9%; Reino Unido 4,7%; EUA 3,8%; Suecia 2,1%; Dinamarca 1,7%; Hong Kong 1,3%.

Transportes y comunicaciones

Transportes. Ferrocarriles: Ninguno. Carreteras (1987): Longitud total 27.527 km (pavimentadas 31%). Vehículos (1987): Automóviles 15.800; camiones y autobuses (1984) 5.068. Marina mercante: Ninguna. Transporte aéreo (1985): Pasajeros-km 9.000.000; carga toneladas métricas-km 1.000.000; aeropuertos (1989) con vuelos regulares 7.
Comunicaciones. Diarios (1985): Número total 3, circulación total (1983) 12.500; circulación por 1.000 habitantes 3,6. Radio (1987): Número total de receptores 367.000 (1 por cada 10 personas). Televisión (1987): Número total de televisores 32.000 (1 por cada 118 personas). Teléfonos (1985): 8.136 (1 por cada 450 personas).

Educación y sanidad

Escolaridad, n.d. *Alfabetización* (1985): Población total de 15 años y más alfabetizada 83,9%; varones alfabetizados 92,0%; mujeres alfabetizadas 75,8%.
Sanidad (1985): Médicos 558 (1 por cada 6.495 habitantes); camas hospitalarias 9.815 (1 por cada 369 habitantes); tasa de mortalidad infantil por cada 1.000 nacidos vivos (1988) 109,0.
Alimentación (1984-86): Ingesta calórica diaria per cápita 2.190 (productos vegetales 90%, productos animales 10%); (1984) 100% de las necesidades mínimas recomendadas por la FAO.

Fuerzas armadas

Personal en servicio activo (1989): 55.500 (ejército 94,6%, armada 1,8%, fuerza aérea 3,6%). *Presupuesto de defensa en porcentaje del PNB* (1984): 10,5% (mundo 5,7%); gasto per cápita 16 dlr. EUA.

[1] 1984. [2] A precios constantes de 1982. [3] Industria incluye servicios públicos.

Lesotho

Nombre oficial: Reino de Lesotho.
Forma de gobierno: Monarquía asistida por un Consejo Militar[1].
Jefe del estado: Rey[1].
Jefe del gobierno: Presidente del Consejo Militar.
Capital: Maseru.
Lengua oficial: Sotho; inglés.
Religión oficial: Cristianismo.
Moneda: 1 loti (plural maloti [M]) = 100 lisente; cambio (2 oct. 1989) 1 dlr. EUA = 2,69 M.

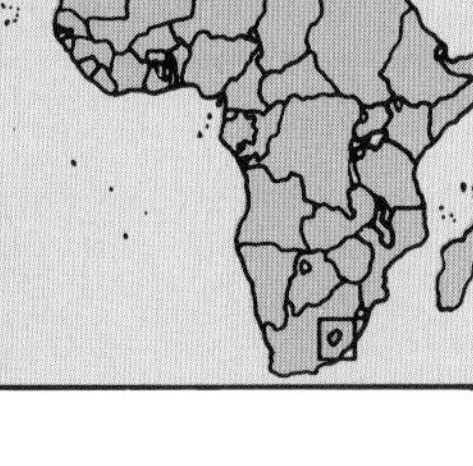

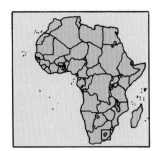

Área y población		área km²	población censo 1987
Distritos	**Capitales**		
Berea	Teyateyaneng	2.222	199.600
Butha-Buthe	Butha-Buthe	1.767	103.000
Leribe	Hlotse	2.828	264.600
Mafeteng	Mafeteng	2.119	200.600
Maseru	Maseru	4.279	319.100
Mohale's Hoek	Mohale's Hoek	3.530	168.600
Mokhotlong	Mokhotlong	4.075	76.600
Qacha's Nek	Qacha's Nek	2.349	65.600
Quthing	Quthing	2.916	113.200
Thaba-Tseka	Thaba-Tseka	4.270	106.800
TOTAL		30.355	1.617.700

Demografía

Población (1989); 1.715.000.
Densidad (1989): Personas por km² 56,5.
Índice de urbanización (1986): Urbana 16,0%; rural 84,0%.
Distribución por sexo (1986): Varones 48,57%; mujeres 51,43%.
Estructura por edades (1985): Menos de 15, 42,3%; 15-29, 25,9%; 30-44, 16,2%; 45-59, 9,9%; 60-74, 4,7%; 75 y más, 1,0%.
Proyección demográfica: (2000) 2.282.000; (2010) 2.958.000.
Tiempo de duplicación: 27 años.
Composición étnica (1983): Sotho 99,7%; otros 0,3%.
Afiliación religiosa (1980): Católicos 43,5%; protestantes (principalmente evangélicos de Lesotho) 29,8%; anglicanos 11,5%; otros cristianos 8,0%; creencias tribales 6,2%; otros 1,0%.
Principales ciudades (1986): Maseru 106.100; Maputsoe 15.823[2]; Teyateyaneng 8.589[2].
Tasa de natalidad por 1.000 habitantes (1985-90): 40,8 (media mundial 27,1).
Tasa de mortalidad por 1.000 habitantes (1985-90): 12,4 (media mundial 9,9).
Tasa de crecimiento por 1.000 habitantes (1985-90): 28,4 (media mundial 17,2).
Esperanza de vida al nacer (1985-90): Varones 48,3 años; mujeres 54,3 años.
Principales causas de muerte por 100.000 habitantes: n.d.; sin embargo, entre las enfermedades más importantes se incluyen paludismo, fiebres tifoideas y enfermedades infecciosas y parasitarias.

Economía nacional

Presupuestos (1988-89). Ingresos: 385.000.000 M (ingresos por impuestos 92.7%, del que el 50,2% corresponde a aranceles, el 16,9% a impuesto sobre ventas, el 8,1% a impuestos sobre empresas y el 3,6% a impuesto sobre la renta; ayudas 7,3%). Gastos: 482.700.000 M (gasto recurrente 66%, del que el 28,8% corresponde a emolumentos personales, el 7,6% a pagos de intereses, el 5,4% a subsidios y transferencias y el 24,2% a otros bienes y servicios; gasto de capital 34,0%).
Turismo (1987): Ingresos por visitantes 10.400.000 dlr. EUA; gastos de nacionales en el exterior 6.000.000 dlr. EUA.
Producción (toneladas métricas, excepto cuando se indique). Agricultura, silvicultura, pesca (1988): Maíz 95.000, sorgo 31.000, verduras y melones 26.000, trigo 19.000, legumbres 15.000, frutas 15.000, raíces y tubérculos 6.000, guisantes 3.779[2], frijoles o judías 1.502[2]; ganadería (número de animales vivos): 1.440.000 ovejas, 1.030.000 cabras, 525.000 mulos y asnos, 126.000 reses, 119.000 caballos, 72.000 cerdos, 1.000.000 pollos; madera (1987) 553.000 m³; pesca, capturas (1987) 17. Minas y canteras (1986): Diamantes 2.100.000 M. Industria manufacturera (valor añadido total; 1986): 59.200.000 M; alimentos y bebidas 60,7%; tejidos y cuero 14,7%; productos de hierro y acero 5,3%; productos químicos 4,8%; impresos y publicaciones 4,5%; mobiliario 3,4%. Construcción (valor añadido total; 1986) 57.500.000 M. Producción energética (consumo): Electricidad (kwh; 1987) 1.000.000 (n.d.); carbón, no produce (n.d.); petróleo, no produce (n.d.); gas natural, no produce (n.d.).
Producto nacional bruto (a precios corrientes de mercado; 1987): 591.000.000 dlr. EUA (360 dlr. EUA per cápita).

Estructura del producto nacional bruto y de la población activa

	1987		1985	
	Valor (000.000 M)	% del valor total	Población activa	% de la pobl. activa
Agricultura	118,3	16,3	474.171	66,2
Minería	1,9	0,3	6.446	0,9
Industria	78,3[3]	10,8[3]	19.339	2,7
Construcción	65,9	9,1	31.516	4,4
Servicios públicos	6,0	0,8	1.433	0,2
Transportes y comunicaciones	14,6	2,0	5.014	0,7
Comercio	105,6	14,5	22.204	3,1
Finanzas	83,4	11,5	3.581	0,5
Administración pública, defensa	82,5	11,3	17.907	2,5
Servicios	61,3	8,4	126.780	17,7
Otros	109,1[4]	15,0[4]	7.879	1,1
TOTAL	726,9	100,0	716.270	100,0

Deuda pública (externa, pendiente; 1987): 237.000.000 dlr. EUA.
Población económicamente activa (1985): Total 716.270; tasa de actividad de la población total 45,7% (tasas de participación: 15-64 años 79,8%; mujeres 45,5%; desempleados n.d.).

Comercio exterior[5]

Balanza comercial (precios corrientes)

	1981	1982	1983	1984	1985	1986	1987
Millones M	−405,9	−528,1	−594,0	−684,5	−746,9	−834,6	−830,5
% del total	82,5	87,1	89,9	89,5	88,2	87,8	81,4

Importaciones (1987): 1.053.790.000 M (artículos manufacturados [excluyendo productos químicos, maquinaria y equipos de transporte] 37,4%, del que el 8,4% corresponde a ropa, el 3,6% a mantas y el 3,3% a calzado; alimentos y animales vivos 18,9%, del que el 5,9% corresponde a cereales [en todas sus formas] y el 2,6% a azúcar [en todas sus formas]; maquinaria y equipos de transporte 17,0%, del que el 3,5% corresponde a camiones y furgonetas; productos petrolíferos 8,6%). *Principales proveedores* (1981): Unión Aduanera de África del Sur 97,1%; Comunidad Económica Europea 1,5%.
Exportaciones (1987): 94.660.000 M (1981; diamantes 42,1%; alimentos y animales vivos 10,3%; paraguas, escobas, cepillos y cestería 8,1%; mohair 8,0%; vehículos terrestres 3,1%; calzado 3,0%). *Principales clientes* (1981): Unión Aduanera de África del Sur 46,7%; Suiza 41,8%; Alemania federal 7,0%.

Transporte y comunicaciones

Transportes. Ferrocarriles (1987): Longitud de vías 2 km. Carreteras (1987): Longitud total 4.250 km (pavimentadas 12%). Vehículos (1982): Automóviles 5.129; camiones y autobuses 11.962. Marina mercante: Barcos (100 toneladas brutas y más), ninguno. Transporte aéreo (1987): Pasajeros-km 10.960.000; carga toneladas métricas-km 1.225.000; aeropuertos (1988) con vuelos regulares 14.
Comunicaciones. Diarios (1985): Número total 3; circulación total 44.000; circulación por 1.000 habitantes 28. Radio (1988): Número total de receptores 45.821 (1 por cada 36 personas). Televisión (1987): Número total de televisores 1.500 (1 por cada 1.085 personas). Teléfonos (1985): 13.738 (1 por cada 117 personas).

Educación y sanidad

Escolaridad (1976). Porcentaje de la población total de 10 años y más: sin educación formal 28,8%; con enseñanza primaria 64,6%; secundaria 2,3%; superior 0,6%. *Alfabetización* (1985): Población total de 15 años y más alfabetizada 655.400 (73,6%); varones alfabetizados 273.800 (62,4%); mujeres alfabetizadas 381.600 (84,5%).
Sanidad (1982): Médicos 114 (1 por cada 12.265 habitantes); camas hospitalarias 2.300 (1 por cada 608 habitantes); tasa de mortalidad infantil por cada 1.000 nacidos vivos (1985-90) 100.
Alimentación (1984-86): Ingesta calórica diaria per cápita 2.296 (productos vegetales 93%, productos animales 7%); (1984) 103% de las necesidades mínimas recomendadas por la FAO.

Fuerzas armadas

Personal en servicio activo (1988): 2.000[6]. *Presupuesto de defensa en porcentaje del PNB* (1986): 2,4% (mundo 5,4%); gasto per cápita 15 dlr. EUA.

[1] Tras un golpe militar, en enero de 1986, se concentraron todos los poderes ejecutivos y legislativos en el rey, asistido por un Consejo Militar de seis miembros y un Consejo de Ministros. La constitución de independencia de 1966, que había sido suspendida en 1970 y reinstaurada en 1983, quedó nuevamente suspendida a raíz de dicho golpe. [2] 1986. [3] Incluye artesanía. [4] Impuestos indirectos menos cargos por servicios bancarios imputados. [5] Las cifras de importación son f.o.b. en la balanza comercial y c.i.f. para los artículos y asociados comerciales. [6] Fuerza de Defensa Real de Lesotho.

Líbano

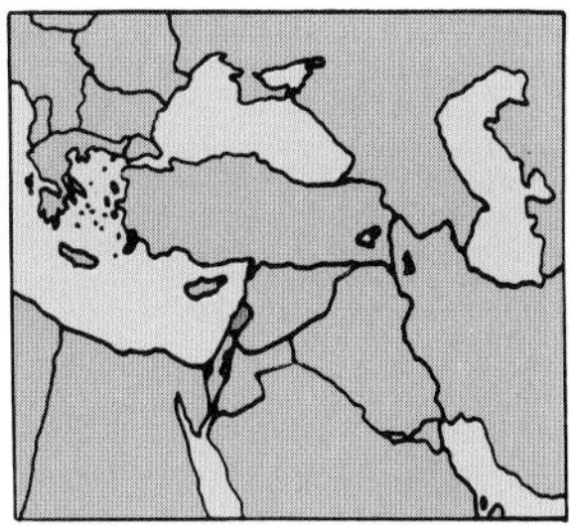

Nombre oficial: República del Líbano.
Forma de gobierno: República multipartidista con una cámara legislativa (Asamblea Nacional[1]).
Jefe del estado: Presidente.
Jefe del gobierno: Primer ministro.
Capital: Beirut.
Lengua oficial: Árabe.
Religión oficial: Ninguna.
Moneda: 1 libra libanesa (LL) = 100 piastras; cambio (2 oct. 1989) 1 dlr. EUA = 459,15 LL.

Área y población

Gobernaciones	Capitales	área km²	población estimada 1970
Bayrut	Beirut (Bayrut)	18	474.870
al-Biqa	Zahla	4.280	203.520
Yabal Lubnan	Babda	1.950	833.055
al-Janub	Sidón (Sayda)	2.001	249.945
al-Shamai	Trípoli (Tarabulus)	1.981	364.935
TOTAL		10.230	2.126.325

Demografía

Población (1989): 2.897.000.
Densidad (1989): Personas por km² 283,2.
Índice de población (1986): Urbana 80,8%; rural 19,2%.
Distribución por sexo (1986): Varones 48,36%; mujeres 51,64%.
Estructura por edades (1986): Menos de 15, 37,0%; 15-29, 29,5%; 30-44, 14,7%; 45-59, 10,9%; 60-74, 6,1%; 75 y más, 1,8%.
Proyección demográfica: (2000) 3.603.000; (2010) 4.170.000.
Tiempo de duplicación: Durante el período prebélico de 1970-75, la tasa media de crecimiento era del 2,6%; sin embargo, desde 1976, el continuo desplazamiento de la población como consecuencia de la guerra civil ha convertido en algo altamente problemático determinar tanto el tamaño absoluto como los principales componentes del cambio poblacional (nacimientos, muertes, migración).
Composición étnica (1983): Libaneses 82,6%; palestinos 9,6%; armenios 4,9%; sirios, kurdos y otros 2,9%.
Afiliación religiosa: No existen datos oficiales posteriores al censo de 1932, en el que los cristianos (predominantemente católicos maronitas) tenían una ligera mayoría; se cree que, en la actualidad, la ostentan los musulmanes, pero su margen es muy incierto. Una estimación extraoficial (1984-1986) indicaba la siguiente distribución de los principales grupos religiosos: Musulmanes chiitas 41%; cristianos maronitas 16%; musulmanes sunníes 27%; drusos 7%; ortodoxos griegos 5%; católicos griegos 3%; cristianos armenios n.d.; otros 1,0%.
Principales ciudades (1985): Trípoli 500.000; Beirut 200.000[2]; Zahla 200.000; Sidón (Sayda) 100.000; al-Nabatiya 100.000.
Tasa de natalidad por 1.000 habitantes (1989): 28 (media mundial 27,1).
Tasa de mortalidad por 1.000 habitantes (1989): 7 (media mundial 9,9).
Tasa de crecimiento por 1.000 habitantes (1989): 21,6 (media mundial 17,2).
Esperanza de vida al nacer (1986): Varones 64,7 años; mujeres 68,8 años.
Principales causas de muerte por 100.000 habitantes: Dolencias cardiacas y enfermedades gastrointestinales, incluyendo fiebres tifoideas y disentería; las principales causas de mortalidad en la última década han sido los actos de violencia y las acciones bélicas.

Economía nacional

Presupuesto (1989). Ingresos: 130.000.000.000 LL (1986; impuestos de utilidades 49,6%; aranceles 31,5%). Gastos: 219.500.000.000 LL (servicio de la deuda interna 30,2%; defensa 20,7%).
Turismo (1980): Número de turistas llegados 135.548.
Producción (toneladas métricas, excepto cuando se indique). Agricultura, silvicultura, pesca (1988): Naranjas 248.000, papas o patatas 210.000, uva 159.000, tomates 132.000, manzanas 80.000, pepinos 77.000, limones y limas 36.000, sandías 32.000, plátanos 23.000, cebollas 29.000, coles 22.000, trigo 19.000, berenjenas 19.000, zanahorias 9.000, coliflores 8.000, remolacha azucarera 4.000; ganadería (número de animales vivos): 470.000 cabras, 141.000 ovejas, 52.000 reses, 12.000.000 pollos; madera (1987) 493.000 m³; pesca, capturas (1987) 1.800. Minas y canteras (1985): Sal 6.000, yeso 3.000. Industria manufacturera (1984): Cemento 800.000; harina de trigo 190.000[3]; papel y cartulina 45.000; cal viva 20.000. Construcción (1981): 5.863.000 m². Producción energética (consumo): Electricidad (kwh; 1987) 4.600.000.000 (4.630.000.000); carbón, n.d. (sin consumo); petróleo crudo (barriles; 1987), n.d. (9.160.000); productos petrolíferos (1987) 1.150.000 (2.495.000); gas natural, no produce (n.d.).
Producto nacional bruto (a precios corrientes de mercado; 1985): 1.800.000.000 dlr. EUA (690 dlr. EUA per cápita).

Estructura del producto nacional bruto y de la población activa

	1984		1986	
	Valor (000.000 LL)	% del valor total	Población activa	% de la pobl. activa
Agricultura	814,0	8,4	132.211	19,1
Minería	—	—	694	0,1
Industria	1.277,0	13,2	123.647	17,8
Construcción	331,2	3,4	43.357	6,2
Servicios públicos	516,4	5,3	6.668	1,0
Transportes y comunicaciones	741,4	7,6	48.242	7,0
Finanzas	1.218,0	12,5	24.224	3,5
Comercio	2.722,6	28,0	114.706	16,5
Administración pública, defensa	1.060,2	10,9		
Servicios	1.036,5	10,7		
Otros	—	—	200.063	28,8
TOTAL	9.717,3	100,0	693.812	100,0

Deuda pública (externa, pendiente; 1987): 236.200.000 dlr. EUA.
Población económicamente activa (1986): Total 693.812; tasa de actividad de la población total 25,1% (tasas de participación: 15 años y más 39,9%; mujeres 21,7%; desempleados [1987] 25-50%).

Comercio exterior

Balanza comercial (precios corrientes)

	1982	1983	1984	1985	1986	1987
Millones LL	−9.890	−12.461	−13.987	−25.581	−59.090	−269.311
% del total	48,5	69,0	64,9	61,8	60,6	50,4

Importaciones (1987): 402.027.000.000 LL (1982; bienes de consumo 40,0%; maquinaria y equipos de transporte 35,0%; productos petrolíferos 20,0%). *Principales proveedores:* Italia 10,7%; Turquía 8,5%; Francia 8,1%; Alemania federal 5,9%; EUA 5,5%; Rumanía 4,7%; Arabia Saudita 4,5%.
Exportaciones (1987): 132.716.000.000 LL (1985; joyería 10,2%; vestidos 5,2%; productos farmacéuticos 4,9%; productos metálicos 4,8%). *Principales clientes:* Arabia Saudita 8,7%; Suiza 7,6%; Jordania 6,0%; Kuwait 5,4%; EUA 5,2%.

Transportes y comunicaciones

Transportes. Ferrocarriles (1988): Longitud de vías 417 km; pasajeros-km 8.570.000; carga toneladas métricas-km 42.010.000. Carreteras (1987): Longitud total 7.370 km (pavimentadas 85%). Vehículos (1982): Automóviles 473.372; camiones y autobuses 49.560. Marina mercante (1988): Barcos (100 toneladas brutas y más) 201; peso muerto total 634.525 toneladas. Transporte aéreo[4] (1988): Pasajeros-km 891.854.000; carga toneladas métricas-km 24.735.000; aeropuertos (1989) con vuelos regulares 1.
Comunicaciones. Diarios (1986): Número total 39; circulación total 572.734; circulación por 1.000 habitantes 211[5]. Radio (1988): Número total de receptores 2.198.450 (1 por cada 1,3 personas). Televisión (1988): Número total de televisores 838.037 (1 por cada 3,4 personas). Teléfonos (1987): 150.400 (1 por cada 18,4 personas).

Educación y sanidad

Escolaridad (1970). Porcentaje de la población total de 25 años y más: sin escolarización formal 45,6%; sabe leer y escribir 35,6%; con enseñanza primaria incompleta 28,5%; con enseñanza primaria completa 10,8%; secundaria incompleta 7,1%; secundaria completa 4,9%; superior 3,1%. *Alfabetización* (1985): Población total de 15 años y más alfabetizada 1.325.000 (77,0%); varones alfabetizados 715.000 (85,7%); mujeres alfabetizadas 610.000 (68,9%).
Sanidad (1986): Médicos 3.509 (1 por cada 771 habitantes); camas hospitalarias 11.400 (1 por cada 263 habitantes); tasa de mortalidad infantil por cada 1.000 nacidos vivos 49,2.
Alimentación (1979-81): Ingesta calórica diaria per cápita 2.995 (productos vegetales 84%, productos animales 16%); (1983) 120% de las necesidades mínimas recomendadas por la FAO.

Fuerzas armadas

Personal en servicio activo (1989): Fuerzas armadas nacionales libanesas 22.300 (ejército 94,2%, armada 2,2%, fuerza aérea 3,6%); fuerzas militares regulares exteriores incluyen: fuerzas de pacificación de la ONU 5.500, ejército sirio 30.000. Principales facciones civiles armadas incluyen: cristianos maronitas (Fuerzas Libanesas [Falange]) 35.000, musulmanes chiítas (pro-sirias) 15.000, drusos (Partido Socialista Progresista) 12.000, Organización para la Liberación de Palestina 9.800, musulmanes chiítas (Hezbollah pro-Irán [Partido de Dios]) 15.000. *Presupuesto de defensa en porcentaje del PNB* (1983): 8,2% (mundo 5,8%); gasto per cápita 161 dlr. EUA.

[1] De 99 diputados elegidos en 1972 los miembros que sobreviven nombraron a los dos nuevos presidentes en 1989. [2] 1989. [3] 1983. [4] Sólo vuelos internacionales. [5] Sólo para veinte periódicos.

Liberia

Nombre oficial: República de Liberia.
Forma de gobierno: República multipartidista con dos cámaras legislativas (Senado; Cámara de Representantes).
Jefe del estado y del gobierno: Presidente.
Capital: Monrovia.
Lengua oficial: Inglés.
Religión oficial: Ninguna.
Moneda: 1 dólar liberiano (L$) = 100 cents; cambio (2 oct. 1989) 1 dlr. EUA = 1,00 L$.

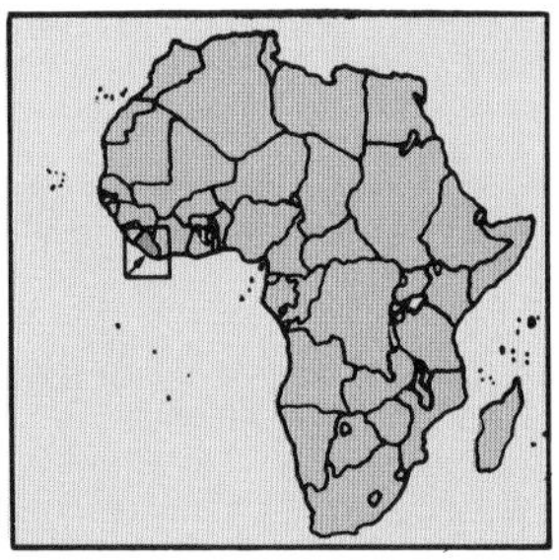

Área y población

Condados	Capitales	área km²	población censo 1986
Bong	Gbarnga	8.099	268.100
Grand Bassa	Buchanan	8.759	166.900
Grand Cape Mount	Robertsport	5.827	83.900
Grand Gedeh	Zwedru	17.029	109.000
Grand Kru[1]	Barclayville	[2]	[2]
Lofa	Voinjama	19.360	261.000
Margibi[3]	Kakata	3.263	104.000
Maryland	Harper	5.351[2]	137.700[2]
Montserrado	Bensonville	2.740	582.400
Nimba	Saniquillie	12.043	325.700
Sinoe	Greenville	10.254	65.400
Territorios			
Bomi	Tubmanburg	1.955	67.300
Rivercess	Rivercess City	4.385	39.900
TOTAL		99.067[4]	2.221.300[5]

Demografía

Población (1989): 2.508.000.
Densidad (1989): Personas por km² 25,3.
Índice de urbanización (1985): Urbana 39,5%; rural 60,5%.
Distribución por sexo (1985): Varones 50,69%; mujeres 49,31%.
Estructura por edades (1984): Menos de 15, 43,2%; 15-29, 28,2%; 30-44, 14,7%; 45-59, 7,7%; 60-74, 4,4%; 75 y más, 1,8%.
Proyección demográfica: (2000) 3.596.000; (2010) 4.989.000.
Tiempo de duplicación: 22 años.
Composición étnica (1984): Kpelle 19,4%; bassa 13,8%; grebo 9,0%; gio 7,8%; kru 7,3%; mano 7,1%; otros 35,6.
Afiliación religiosa (1984): Cristianos 67,7%; musulmanes 13,8%; creencias tradicionales y otros 18,5%.
Principales ciudades (1984): Monrovia 421.058[6]; Buchanan 23.999; Congo Town 21.495; Yekepa 14.189; Tubmanburg 14.089.
Tasa de natalidad por 1.000 habitantes (1985-90): 45,0 (media mundial 27,1).
Tasa de mortalidad por 1.000 habitantes (1985-90): 13,3 (media mundial 9,9).
Tasa de crecimiento por 1.000 habitantes (1985-90): 31,7 (media mundial 17,2).
Esperanza de vida al nacer (1985-90): Varones 53,0 años; mujeres 56,0 años.
Principales causas de muerte por 100.000 habitantes[7] (1985): Complicaciones del embarazo 632,6[6]; paludismo 79,8; neumonía 64,2; anemia 50,2; malnutrición 23,4; sarampión 12,7.

Economía nacional

Presupuesto (1988). Ingresos: 208.200.000 L$ (derechos de importación y consulares 33,9%; impuestos sobre renta y beneficios 28,9; impuestos de consumo 13,5; ingresos no impositivos 12,2%). Gastos: 330.800.000 L$ (gastos actualizados 91,1%, del que el 34,1%,corresponde a salarios, el 13,1% a intereses por deuda pública, el 7,8% a bienes y servicios y el 5,1% a subsidios y ayudas; gastos de desarrollo 8,9%).
Turismo: Ingresos por visitantes (1986) 6.000.000 dlr. EUA; gastos de nacionales en el extranjero, n.d.
Producción (toneladas métricas, excepto cuando se indique). Agricultura, silvicultura, pesca (1988): Mandioca 310.000, arroz 279.000, caña de azúcar 225.000, caucho natural 85.000; plátanos 80.000, plátanos machos 33.000, café verde 20.000; batatas o camotes 18.000, ñames 18.000, naranjas 7.000, piñas tropicales 7.000, cacao en grano 5.000; ganadería (número de animales vivos) 240.000 ovejas, 235.000 cabras, 140.000 cerdos, 42.000 reses, 4.000.000 pollos; madera (1987) 5.640.000 m³; pesca, capturas (1987) 18.731.000. Minas y canteras (1988): Mineral de hierro 12.770.000; diamantes 350.000 quilates; oro 20.229[8] onzas troy. Industria manufacturera (1986): Cemento 96.350; aceite de palma 35.000, cigarrillos 91.235.200 unidades; bebidas refrescantes 115.092 hectólitros; cerveza 105.547 hectólitros. Construcción, n.d. Producción energética (consumo): Electricidad (kwh; 1987) 825.000.000 (825.000.000); carbón, no produce (n.d.); petróleo crudo (barriles; 1985), no produce (4.764.000); productos petrolíferos (1987) no produce (207.000); gas natural, no produce (n.d.).
Producto nacional bruto (a precios corrientes de mercado; 1987): 1.030.000.000 dlr. EUA (440 dlr. EUA per cápita).

Estructura del producto nacional bruto y de la población activa

	1985		1984	
	Valor (000.000 L$)[9]	% del valor total	Población activa	% de la pobl. activa
Agricultura	138,9	19,4	481.177	71,9
Minería	137,0	19,2	17.500	2,6
Industria	58,7	8,2	10.699	1,6
Construcción	26,9	3,8	4.072	0,6
Servicios públicos	16,5	2,3	2.878	0,4
Transportes y comunicaciones	50,9	7,1	13.986	2,1
Comercio	51,4	7,2	46.850	7,0
Finanzas	105,9	14,8	2.117	0,3
Administración pública, defensa	115,3	16,1 }	61.168	9,2
Servicios	34,0	4,7 }		
Otros	−20,3[10]	−2,8[10]	28.883	4,3
TOTAL	715,2	100,0	669.330	100,0

Deuda pública (externa, pendiente; 1987): 1.152.000.000 dlr. EUA.
Población económicamente activa (1984): Total 669.330; tasa de actividad de la población total 31,8% (tasas de participación: 15-64 años 64,7%[11]; mujeres 31,2%[11]; desempleados 12,5%).

Comercio exterior

Balanza comercial (precios corrientes)

	1982	1983	1984	1985	1986	1987
Millones L$	107,4	73,8	137,6	189,4	201	115,9
% del total	12,7	9,4	17,1	27,8	33,1	17,9

Importaciones (1987): 490.900.000 L$ (petróleo y productos petrolíferos 17,3%; industrias básicas 17,0%; maquinaria y equipos de transporte 16,9%; alimentos y animales vivos 15,2%). *Principales proveedores* (1985): EUA 25,9%; Alemania federal 9,8%; Japón 8,4%; Reino Unido 7,4%; Países Bajos 6,5%; España 2,5%; Bélgica-Luxemburgo 2,5%; China 2,3%; Dinamarca 2,1%.
Exportaciones (1987): 375.000.000 L$ (mineral de hierro 58,1%; caucho 23,8%; troncos y tablas 9,5%; diamantes 2,9%; café 2,6%; cacao 1,6%). *Principales clientes* (1985): Alemania federal 32,3%; EUA 19,2%; Italia 15,8%; Francia 8,9%; Bélgica-Luxemburgo 5,9%; Países Bajos 4,4%; España 4,0%; Reino Unido 1,0%; Japón 0,5%.

Transportes y comunicaciones

Transportes. Ferrocarriles[12] (1987): Longitud de vías 490 km; carga toneladas métricas-km 2.549.000.000. Carreteras (1987): Longitud total 8.064 km (pavimentadas 9%). Vehículos (1984): Automóviles 12.747; camiones y autobuses 8.288. Marina mercante (1988): Barcos (100 toneladas brutas y más) 1.507; peso muerto total 93.987.093 toneladas. Transporte aéreo (1980): Pasajeros-km 17.000.000; carga toneladas métricas-km 100.000; aeropuertos (1989) con vuelos regulares 2.
Comunicaciones. Diarios (1987): Número total 7; circulación total 23.000[13]; circulación por 1.000 habitantes 9,8[13]. Radio (1988): Número total de receptores 565.964 (1 por cada 4,4 personas). Televisión (1988): Número total de televisores 43.000 (1 por cada 55 personas). Teléfonos (1988): 8.736 (1 por cada 278 personas).

Educación y sanidad

Escolaridad. Porcentaje de población de 25 años y más: sin graduación 87,1%; primaria incompleta 4,8%; primaria completa 5,1%; superior 1,5%. *Alfabetización* (1984): Población total de 15 años y más alfabetizada 273.670 (22,4%); varones alfabetizados 164.059 (27,4%); mujeres alfabetizadas 109.611 (18,4%).
Sanidad (1983): Médicos 221 (1 por cada 9.324 habitantes); camas hospitalarias (1981) 3.000 (1 por cada 653 habitantes); tasa de mortalidad infantil por cada 1.000 nacidos vivos (1985-90) 87,0.
Alimentación (1984-86): Ingesta calórica diaria per cápita 2.357 (productos vegetales 93%, productos animales 7%); 100% de las necesidades mínimas recomendadas por la FAO.

Fuerzas armadas

Personal en servicio activo (1989): 5.800 (ejército 91,4[14], armada 8,6%). *Presupuesto de defensa en porcentaje del PNB* (1987): 3,8% (mundo 5,4%); gasto per cápita 17 dlr. EUA.

[1] Nuevo condado creado con los territorios de Kru Coast y Sasstown y parte del condado de Maryland. [2] Cifras correspondientes a Grand Kru incluidas en Maryland. [3] Nuevo condado creado con los territorios de Marshall y Gibi. [4] El desglose no se corresponde con el total a causa del redondeo. [5] Incluye 10.000 personas no registradas. [6] 1984. [7] Tasas de morbididad de pacientes hospitalizados. [8] 1986. [9] A precios actualizados de factor. [10] Cargos por servicios bancarios imputados. [11] 1985. [12] Sólo para el transporte de mineral de hierro. [13] Para cuatro periódicos únicamente. [14] En el ejército se incluye el personal de la fuerza aérea.

Libia

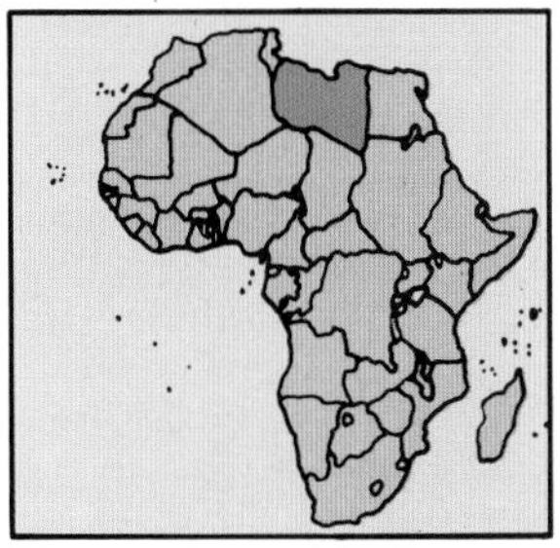

Nombre oficial: Yamahiriya Árabe Libia Popular y Socialista.
Forma de gobierno: Estado socialista con una cámara legislativa (Congreso General del Pueblo).
Jefe del estado[1]*:* Muamar al-Gadafi.
Jefe del gobierno: Secretario general del Comité General del Pueblo (primer ministro).
Capital: Trípoli[2].
Lengua oficial: Árabe.
Religión oficial: Islámica.
Moneda: 1 dinar libio (LD) = 1.000 dirhams; cambio (2 oct. 1989) 1 dinar libio = 3,33 dlr. EUA.

Área y población

Regiones	Capitales	área km^2	población censo 1984
Aydabiya	Aydabiya	—	100.547
Awbari	Awbari	—	48.701
al-Aziziya	al-Aziziya	—	85.068
Bengazi	Bengazi	—	485.386
Derna	Derna	—	105.031
al-Fata	al-Marj	—	102.763
Gadamés	Gadamés	—	52.247
Garyán	Garyán	—	117.073
al-Khums	al-Khums	—	149.642
al-Kufra	al-Kufra	—	25.139
Misrata	Misurata	—	178.295
Murzuq	Murzuq	—	42.294
Nigat al-Khums	Zuwara	—	181.584
Sabha	Sabha	—	76.171
Sawfajin	Banú Walid	—	45.195
al-Shati	Birak	—	46.749
Sirte	Sirte	—	110.996
Tarabulus	Trípoli (Tarabulus)	—	990.697
Tarhuna	Tarhuna	—	84.640
Tubruq	Tubruk	—	94.006
al-Yabal al-Ajdar	al-Bayda	—	120.662
Yafran	Yafran	—	73.420
al-Zawiya	al-Zawiya	—	220.075
Ziltan	Ziltan	—	101.107
TOTAL		1.775.500	3.637.488

Demografía

Población (1989): 4.080.000.
Densidad (1989): Personas por km^2 2,3.
Índice de urbanización (1985): Urbana 64,5%; rural 35,5%.
Distribución por sexo (1985): Varones 52,72%; mujeres 47,28%.
Estructura por edades (1985): Menos de 15, 45,0%; 15-29, 25,6%; 30-44, 17,2%; 45-59, 8,4%; 60-74, 3,2%; 75 y más, 0,6%.
Proyección demográfica: (2000) 5.559.000; (2010) 6.517.000.
Tiempo de duplicación: 20 años.
Composición étnica (1983): Árabes libios 83,8%; egipcios y tunecinos 6,9%; beréberes 5,2%; otros 4,1%.
Afiliación religiosa (1982): Musulmanes sunníes 97,0%; otros 3,0%.
Principales ciudades (1981): Trípoli 858.500; Bengazi 367.600; Misurata 116.900.
Tasa de natalidad por 1.000 habitantes (1985-90): 43,9 (media mundial 27,1).
Tasa de mortalidad por 1.000 habitantes (1985-90): 9,4 (media mundial 9,9).
Tasa de crecimiento por 1.000 habitantes (1985-90): 34,5 (media mundial 17,2).
Esperanza de vida al nacer (1985-90): Varones 59,1 años; mujeres 62,5 años.
Principales causas de muerte por 100.000 habitantes: n.d.; sin embargo, entre las principales enfermedades se encuentran tracoma, tuberculosis, paludismo y disentería.

Economía nacional

Presupuesto (1989). Ingresos y gastos: 1.174.000.000 LD ([1987] gastos de desarrollo 34,5%, comercio 33,7%, gasto corriente 30,5%).
Turismo (1984): Ingresos por visitantes 4.000.000 dlr. EUA; gastos de nacionales en el exterior (1986) 213.000.000 dlr. EUA.
Producción (toneladas métricas, excepto cuando se indique). Agricultura, silvicultura, pesca (1988): Tomates 212.000, trigo 193.000, sandías 147.000, aceitunas 128.000, papas o patatas 115.000, dátiles 102.000, cebada 99.000, cebollas 91.000, naranjas 76.000, almendras 12.600; ganadería (número de animales vivos): 5.750.000 ovejas, 965.000 cabras, 215.000 reses, 185.000 camellos; madera (1987): 637.000 m^3; pesca, capturas (1987) 8.000. Minas y canteras (1985): Yeso 180.000; sal 12.000. Industria manufacturera (1987): Cemento 2.700.000; urea 668.300; amoniaco 495.000; metanol 495.000; etileno 247.500; asfalto 150.000; acero sin refinar 10.000. Construcción (valor bruto en LD; 1982): Residencial 127.051.000; no residencial 200.877.000. Producción energética (consumo): Electricidad (kwh; 1987) 14.260.000.000 (14.260.000.000); carbón (1987) no produce (2.000); petróleo crudo (barriles; 1988) 370.099.000 ([1987] 55.649.000); productos petrolíferos (1987) 6.200.000 (4.637.000); gas natural (m^3; 1987) 4.428.000.000 (3.564.000.000).
Producto nacional bruto (a precios corrientes de mercado; 1987): 22.326.000.000 dlr. EUA (5.500 dlr. EUA per cápita).

Estructura del producto nacional bruto y de la población activa

	1986		1985	
	Valor (000.000 LD)	% del valor total	Población activa	% de la pobl. activa
Agricultura	338	3,9	178.000	16,8
Minería	3.287	38,3	24.500	2,3
Industria	456	5,3	112.000	10,5
Construcción	973	11,3	256.500	24,2
Servicios públicos	111	1,3	25.500	2,4
Transportes y comunicaciones	446	5,2	93.000	8,7
Comercio	516	6,0	41.000	3,9
Finanzas'	573	6,7	13.000	1,2
Administración pública, defensa	1.232	14,4	69.000	6,5
Servicios }			183.500	17,3
Otros }	650	7,6	66.000	6,2
TOTAL	8.582	100,0	1.062.000	100,0

Deuda pública (externa, pendiente; 1985): 1.177.000.000 dlr. EUA.
Población económicamente activa (1985): Total 1.062.000; tasa de actividad de la población total 29,3% (tasas de participación: edad laboral, n.d.; mujeres 9,4%; desempleados, n.d.).

Comercio exterior

Balanza comercial (precios corrientes)

	1983	1984	1985	1986	1987	1988
Millones LD	4.881	2.564	4.591	1.253	398	22
% del total	24,6	3,2	28,5	12,3	3,4	0,2

Importaciones (1982): 7.175.000.000 LD (maquinaria y equipos de transporte 36,8%; bienes de consumo 27,1%; alimentos y animales vivos 14,2%). *Principales proveedores* (1987): Italia 19,3%; Alemania federal 8,9%; Reino Unido 6,3%; Francia 4,2%; sin especificar 56,8%.
Exportaciones (1987): 6.148.000.000 dlr. EUA (petróleo crudo 95,8%). *Principales clientes:* Italia 38,7%; Alemania federal 18,8%; España 13,3%; URSS 7,7%; Francia 7,0%.

Transportes y comunicaciones

Transportes. Ferrocarriles: Ninguno. Carreteras (1987): Longitud total 19.300 km (pavimentadas 56%). Vehículos (1988): Automóviles 428.000; camiones y autobuses 216.000. Marina mercante (1988): Barcos (100 toneladas brutas y más) 107; peso muerto total 1.463.243 toneladas. Transporte aéreo[3] (1987): Pasajeros-km 1.477.000.000; carga toneladas métricas-km 3.501.000; aeropuertos (1989) con vuelos regulares 11.
Comunicaciones. Diarios (1988): Número total 1; circulación total 40.000; circulación por 1.000 habitantes 10. Radio (1988): Número total de receptores 1.007.141 (1 por cada 3,9 personas). Televisión (1988): Número total de televisores 294.884 (1 por cada 13 personas). Teléfonos (1987): 500.000 (1 por cada 7,8 personas).

Educación y sanidad

Escolaridad (1973). Porcentaje de la población total de 25 años y más: sin escolarización formal (analfabetos) 72,7%; saben leer y escribir 18,8%; con enseñanza primaria incompleta 18,8%; primaria completa 3,5%; secundaria 4,0%; superior 1,0%. *Alfabetización* (1985): Población total de 10 años y más alfabetizada 2.701.446 (74,4%); varones alfabetizados 1.666.170 (85,0%); mujeres alfabetizadas 1.035.276 (62,0%).
Sanidad (1984): Médicos 5.272 (1 por cada 690 habitantes); camas hospitalarias (1982) 16.051 (1 por cada 207 habitantes); tasa de mortalidad infantil por cada 1.000 nacidos vivos (1986) 85,0.
Alimentación (1984-86): Ingesta calórica diaria per cápita 3.611 (productos vegetales 83%, productos animales 17%); 153% de las necesidades mínimas recomendadas por la FAO.

Fuerzas armadas

Personal en servicio activo (1989): 85.000 (ejército 64,7%, armada 9,4%, fuerza aérea 25,9%). *Presupuesto de defensa en porcentaje del PNB* (1987): 11,1% (mundo 5,4%); gasto per cápita 799 dlr. EUA.

[1]No existe título oficial formal. [2]Hun, cerca del oasis de Al-Jufur, a 650 km de Trípoli, fue designada como futura capital en 1986; al no poderse llevar a cabo el proyecto, una segunda ciudad, Surt (Sidra), sobre el golfo del Sirte, fue nombrada capital en septiembre de 1988. El XX aniversario de la revolución, el 1 de septiembre de 1989, se celebraría en las tres ciudades en una efectiva descentralización del estado. [3]Lybian Arab Airlines.

Liechtenstein

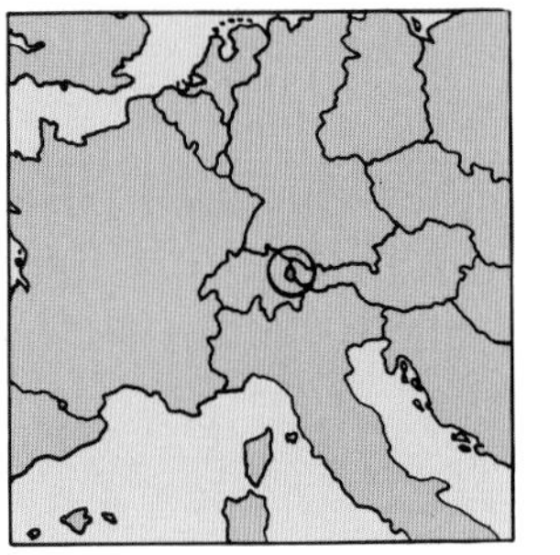

Nombre oficial: Principado de Liechtenstein.
Forma de gobierno: Monarquía constitucional con una cámara legislativa (Dieta).
Jefe del estado: Príncipe.
Jege del gobierno: Jefe del gobierno.
Capital: Vaduz.
Lengua oficial: Alemán.
Religión oficial: Ninguna.
Moneda: 1 franco suizo (Sw F) = 100 centimes; cambio (2 oct. 1989) 1 dlr. EUA = 1,62 Sw F.

Área y población	área km^2	población estimada[1] 1989
Municipios		
Balzers	19,6	3.581
Eschen	10,3	2.933
Gamprin	6,1	934
Mauren	7,5	2.767
Planken	5,3	299
Ruggell	7,4	1.443
Schaan	26,8	4.883
Schellenberg	3,5	745
Triesen	26,4	3.329
Triesenberg	29,8	2.348
Vaduz	17,3	4.919
TOTAL	160,0	28.181

Demografía

Población (1989): 28.300.
Densidad (1989): Personas por km^2 176,9.
Índice de urbanización: n.d.
Distribución por sexo (1989): Varones 48,94%; mujeres 51,06%.
Estructura por edades (1989): Menos de 15, 19,5%; 15-29, 26,3%; 30-44, 25,3%; 45-59, 15,3%; 60-74, 9,6%; 75 y más, 4,0%.
Proyección demográfica: (2000) 32.400; (2010) 36.700.
Tiempo de duplicación: n.d.; supera los 100 años.
Composición étnica (1989): Naturales de Liechtenstein 63,9%; suizos 15,7%; austriacos 7,7%; alemanes 3,7%; otros 9,0%.
Afiliación religiosa (1989): Católicos 87,3%; protestantes 8,1%; otros 4,6%.
Principales ciudades (1989): Vaduz 4.919; Schaan 4.883.
Tasa de natalidad por 1.000 habitantes (1988): 14,8 (media mundial 27,1).
Tasa de mortalidad por 1.000 habitantes (1988): 6,9 (media mundial 9,9).
Tasa de crecimiento por 1.000 habitantes (1988): 7,9 (media mundial 17,2).
Esperanza de vida al nacer (1980-84): Varones 77,6 años; mujeres 82,6 años.
Principales causas de muerte por 100.000 habitantes (1987): Enfermedades cardiovasculares 221,4, de las que 174,2 corresponden a enfermedades cardiacas (incluyendo cardiopatía isquémica, 65,3); neoplasias malignas (cánceres) 152,4; accidentes, intoxicaciones y actos de violencia 40,0; enfermedades del sistema respiratorio 18,1.

Economía nacional

Presupuesto (1987). Ingresos: 338.215.000 Sw F (impuestos e intereses 70,5%; correos, teléfonos y telégrafos 18,1%; otras fuentes de ingresos incluyen impuestos sobre ganancias de capital en bienes raíces e impuestos sobre fallecimiento y propiedades). Gastos: 323.077.000 Sw F (asuntos financieros 44,2%; educación 14,0%; correos, teléfonos y telégrafos 13,1%; asuntos sociales 9,7%).
Turismo (1988): 71.633 turistas llegados; ingresos por visitantes, n.d., gastos de nacionales en el exterior, n.d.
Producción (toneladas métricas, excepto cuando se indique). Agricultura, silvicultura, pesca (1986): Maíz ensilado 29.400, leche 13.339, papas o patatas 1.194, cebada 480, trigo 360; ganadería (número de animales vivos; 1988): 6.029 reses, 3.119 cerdos, 2.328 ovejas; madera (1986-87) 13.194 m^3. Minas y canteras: n.d. Industria manufacturera (1987): Crema batida 1.573; yogur 53; queso 9; vino 539,7 hectólitros; la manufactura de precisión a pequeña escala incluye objetivos ópticos, microscopios, equipos electrónicos y bombas de alto vacío; también son importantes las manufacturas metálicas. Construcción (1987): Residencial 193.510 m^3; no residencial 328.797 m^3. Producción energética (consumo): Electricidad (kwh; 1986) 43.371.000 (182.414.000); carbón (1986), no produce (86); productos petrolíferos (1986), no produce (51.457); gas natural (1896), no produce (2.493).
Producto nacional bruto (a precios corrientes de mercado; 1985): alrededor de 450.000.000 dlr. EUA (alrededor de 16.500 dlr. EUA per cápita).

Estructura del producto nacional bruto y de la población activa

	1980		1988	
	Valor (000.000 Sw F.)	% del valor total	Población activa	% de la pobl. activa
Agricultura	—	—	338	2,5
Minería	—	—	70	0,5
Industria	—	—	4.618	33,8
Construcción	—	—	1.128	8,3
Servicios públicos	—	—	163	1,2
Transportes y comunicaciones	—	—	408	3,0
Comercio	—	—	1.606	11,8
Finanzas	—	—	923	6,8
Administración pública, defensa	—	—	639	4,7
Servicios	—	—	3.666	26,8
Otros	—	—	99	0,7
TOTAL	876.000	100,0	13.658	100,0[2]

Deuda pública: Ninguna.
Población económicamente activa (1988[3]): Total 13.658; tasa de actividad de la población total 48,5% (tasas de participación: 15-64 años 68,5%; mujeres 34,4%; desempleados 0,2%).

Comercio exterior

Balanza comercial (precios corrientes)

	1982	1983	1984	1985	1986	1987
Millones de Sw F	523,5	560,7	625,4	755,6	761,6	737,6
% del total	39,3	41,6	41,8	46,4	44,4	42,0

Importaciones (1987): 509.071.000 Sw F (maquinaria y equipos de transporte 32,2%; productos metálicos 14,5%; piedra caliza, cemento y otros materiales de construcción 8,7%; productos químicos 5,7%; metales sin refinar y semielaborados 5,4%; alimentos, bebidas y tabaco 1,9%, del que el 0,5% corresponde a frutas y verduras; madera y corcho 1,1%). *Principales proveedores:* n.d.
Exportaciones (1987): 1.246.651.000 Sw F (maquinaria y equipos de transporte 48,3%; productos metálicos 19,9%; otros artículos terminados 18,9%; productos químicos 6,4%; piedra caliza, cemento y otros materiales de construcción 4,5%). *Principales clientes:* Países de la Comunidad Económica Europea 38,2%; Suiza 22,4%; otros países de la Asociación Europea de Libre Comercio 6,5%.

Transportes y comunicaciones

Transportes. Ferrocarriles (1987): Longitud de vías 18,5 km; tráfico de pasajeros y carga, n.d. Carreteras (1986): Longitud total 323 km. Vehículos (1988): Automóviles 15.889; camiones y autobuses 1.801. Marina mercante: Ninguna. Transporte aéreo: Ninguno.
Comunicaciones. Diarios (1987): Número total 2; circulación total 15.000; circulación por 1.000 habitantes 546. Radio (1987): Número total de receptores 9.381 (1 por cada 2,9 personas). Televisión (1987): Número total de televisores 8.875 (1 por cada 3,1 personas). Teléfonos (1986): 26.529 (1 por cada 1 persona).

Educación y sanidad

Escolaridad (1980): Población con 25 años o más: sin escolarizar 0,2%; primaria y secundaria primer ciclo 47,6%; secundaria segundo ciclo y vocacional 41,0%; postsecundaria incompleta 6,6%; universitaria 4,6%. *Alfabetización:* virtualmente el 100%.
Sanidad: Médicos (1987) 29 (1 por cada 950 habitantes); camas hospitalarias (1985) 100 (1 por cada 269 habitantes); tasa de mortalidad infantil por cada 1.000 nacidos vivos (1982-86) 15,4.
Alimentación (1984-86)[4]: Ingesta calórica diaria per cápita 3.425 (productos vegetales 61%, productos animales 39%); (1983) 129% de las necesidades mínimas recomendadas por la FAO.

Fuerza armadas

Personal en servicio activo: Ninguno. *Presupuesto de defensa en porcentaje del PNB:* Ninguno.

[1] 1 de enero. [2] El desglose no se corresponde con el total a causa del redondeo. [3] 31 de diciembre. [4] Cifras derivadas de las estadísticas correspondientes a Suiza y Austria.

Luxemburgo

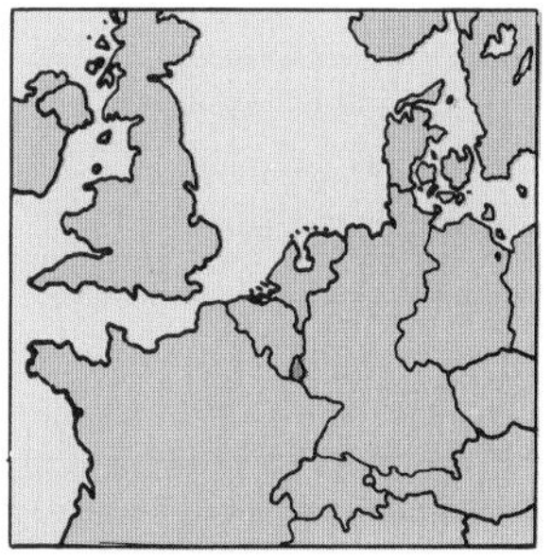

Nombre oficial: Gran Ducado de Luxemburgo.
Forma de gobierno: Monarquía constitucional con dos cámaras legislativas (Consejo de Estado y Cámara de los Diputados).
Jefe del estado: Gran Duque.
Jefe del gobierno: Primer ministro.
Capital: Luxemburgo.
Lengua oficial: Francés; alemán.
Religión oficial: Ninguna.
Moneda: 1 franco luxemburgués (LFr.) = 100 centimes; cambio (2 oct. 1989) 1 dlr. EUA = 38,34 LFr.

Área y población

Distritos / **Cantones**	área km²	población estimada 1986[1]
Diekirch	1.157	54.420
Clervaux	332	9.710
Diekirch	239	22.390
Redange	267	10.500
Vlanden	54	2.790
Wiltz	265	9.030
Grevenmacher	525	40.030
Echternach	186	10.990
Grevenmacher	211	16.910
Remich	128	12.130
Luxemburgo	904	272.250
Capellen	199	28.790
Esch	243	112.250
Luxemburgo (ciudad y término)	238	113.570
Mersch	224	17.640
TOTAL	2.586	366.700

Demografía

Población (1989): 377.000.
Densidad (1989): Personas por km² 145,8.
Índice de urbanización (1985): Urbana 77,6%; rural 22,4%.
Distribución por sexo (1987): Varones 48,61%; mujeres 51,39%.
Estructura por edades (1985): Menos de 15, 17,3%; 15-29, 23,6%; 30-44, 21,9%; 45-59, 19,0%; 60-74, 12,6%; 75 y más, 5,6%.
Proyección demográfica: (2000) 378.000; (2010) 376.000.
Tiempo de duplicación: n.d.; población estable.
Composición étnica (1987): Luxemburgueses 73,8%; portugueses 8,1%; italianos 5,4%; franceses 3,3%; alemanes 2,3%; otros 4,8%.
Afiliación religiosa (1980); Católicos 93,0%; protestantes 1,3%; otros 5,7%.
Principales ciudades[2] (1986): Luxemburgo 76.640; Esch-sur-Alzette 23.720; Differdange 16.000; Dudelange 14.060; Pétange 11.590.
Tasa de natalidad por 1.000 habitantes (1988): 12,2 (media mundial 27,1).
Tasa de mortalidad por 1.000 habitantes (1988); 10,2 (media mundial 9,9).
Tasa de crecimiento por 1.000 habitantes (1988): 2,0 (media mundial 17,2).
Esperanza de vida al nacer (1985-87): Varones 70,6 años; mujeres 77,9 años.
Principales causas de muerte por 100.000 habitantes (1987): Enfermedades cardiovasculares 518,5, de las que 175,6 corresponden a enfermedades cerebrovasculares y 169,4 a enfermedad cardiaca isquémica; neoplasias malignas (cánceres) 275,8; accidentes y suicidios 70,7, de las que 20,0 corresponden a suicidios.

Economía nacional

Presupuesto (1989). Ingresos: 89.319.047.000 LFr. (impuestos de utilidades y consumos 55,5%; aranceles 12,1%). Gastos: 89.249.900.000 (seguridad social 17,3%; educación 10,8%; transportes 9,3%; administración 7,5%; servicio de la deuda 3,2%; defensa 2,8%).
Turismo: Número de turistas llegados 682.801
Producción (toneladas métricas, excepto cuando se indique). Agricultura, silvicultura, pesca (1987): Cebada 60.208, trigo 31.711, papas o patatas 22.522, avena 21.656; ganadería (número de animales vivos) 217.254 reses, 74.944 cerdos; madera (1986) 326.500 m³. Minas y canteras (1986): Minerales metálicos, ninguno; arena y grava 677.058, piedra 546.670, yeso 420.000. Industria manufacturera (1987): Productos de acero laminados 3.480.731; lingotes y fundiciones de acero 3.301.860; hierro en lingotes 2.305.100; productos cárnicos 21.869, de los cuales 14.189 corresponden a carne de vaca y ternera y 7.680 a carne de cerdo; vino 142.643 hectólitros. Construcción (1985): Residencial y semirresidencial 309.979 m²; no residencial 234.554 m². Producción energética (consumo): Electricidad (kwh; 1987) 1.036.332.000 (3.968.635.000); carbón (1987), no produce (197.724); petróleo crudo, no produce (n.d.); productos petrolíferos (1987), no produce (1.321.704); gas natural (m³; 1987), no produce (407.726.000).
Producto nacional bruto (a precios corrientes de mercado; 1987): 5.805.000.000 dlr. EUA (15.860 dlr. EUA per cápita).

Estructura del producto nacional bruto y de la población activa

	1986		1987	
	Valor (000.000 LFr)	% del valor total	Población activa	% de la pobl. activa
Agricultura	6.570	2,6	5.137	3,2
Minería	250	0,1	62	0,1
Industria	70.220	27,8	29.638	18,7
Construcción	14.150	5,6	13.931	8,8
Servicios públicos	5.300	2,1	933	0,6
Transportes y comunicaciones	14.400	5,7	10.515	6,6
Comercio	38.900	15,4	32.702	20,7
Finanzas	34.100	13,5	15.977	10,1
Administración pública, defensa	30.820	12,2	42.317 (Administración pública, defensa y Servicios)	26,8 (Administración pública, defensa y Servicios)
Servicios	37.890	15,0		
Otros	—	—	6.888[3]	4,4[3]
TOTAL	252.600	100,0	158 100	100,0

Deuda pública (1988): 415.000.000 dlr. EUA.
Población económicamente activa (1987): Total 158.100; tasa de actividad de la población total 42,6% (tasas de participación: 15-64 años 61,0%; mujeres 35,3%; desempleados 2,5%).

Comercio exterior

Balanza comercial (precios corrientes)

	1983	1984	1985	1986	1987	1988
Millones LFr.	−16.492	−14.503	−9.093	−13.390	−24.530	−20.549
% del total	6,9	4,7	2,6	3,9	7,0	5,2

Importaciones (1988): 206.905.000.000 LFr. (productos metálicos, maquinaria y equipos de transporte 46,0%, del que el 17,2% corresponde a maquinaria eléctrica y el 10,0% a equipos de transporte; productos minerales 9,8%; productos químicos 8,9%; alimentos, bebidas y tabaco 8,4%). *Principales proveedores:* Bélgica 37,3%; Alemania federal 31,5%; Francia 11,9%; Países Bajos 4,7%; EUA 2,3%; Italia 2,1%.
Exportaciones (1988): 186.356.000.000 LFr. (productos metálicos, maquinaria y equipos de transporte 58,6%, del que el 10,8% corresponde a maquinaria eléctrica; materias plásticas y manufacturas de caucho 13,9%; alimentos, bebidas y tabaco 5,4%; hilados textiles, tejidos y productos derivados 5,2%; productos químicos 4,9%). *Principales clientes:* Alemania federal 27,2%; Bélgica 17,6%; Francia 16,5%; Reino Unido 6,0%; Países Bajos 5,6%; EUA 4,8%; Italia 4,8%.

Transportes y comunicaciones

Transportes. Ferrocarriles (1988): Longitud de vías 272 km; pasajeros-km 276.000.000; carga toneladas métricas-km 636.000.000. Carreteras (1988): Longitud total 5.085 km (pavimentadas 99%). Vehículos (1988): Automóviles 177.011; camiones y autobuses 16.776. Marina mercante: Barcos (100 toneladas brutas y más) 1; peso muerto total, toneladas, 1.731. Transporte aéreo (1987): Pasajeros llegados 459.714; salidos 466.622; carga embarcada y desembarcada 886.062.000 toneladas métricas; aeropuertos (1989) con vuelos regulares 1.
Comunicaciones. Diarios (1987): Número total 6; circulación total 130.000; circulación por 1.000 habitantes 365. Radio (1988): Número tótal de receptores 229.375 (1 por cada 1,6 personas). Televisión (1987): Número total de televisores 91.500 (1 por cada 4,0 personas). Teléfonos (1987): 161.682 (1 por cada 2,3 personas).

Educación y sanidad

Escolaridad, n.d. *Alfabetización* (1988): Virtualmente el 100%.
Sanidad (1987): Médicos 666 (1 por cada 557 habitantes); camas hospitalarias 4.661 (1 por cada 80 habitantes); tasa de mortalidad infantil por cada 1.000 nacidos vivos 9,4.
Alimentación (1984-86): Ingesta calórica diaria per cápita[4] 3.850 (productos vegetales 58%, productos animales 42%); (1984) 140% de las necesidades mínimas recomendadas por la FAO.

Fuerzas armadas

Personal en servicio activo (1988): 800 (ejército 100%). *Presupuesto de defensa en porcentaje del PNB* (1987): 0,8% (mundo 5,4%); gasto per cápita 200 dlr. EUA.

[1] 1 de enero. [2] Del registro del país. [3] Incluye 3.600 desempleados. [4] Cifras correspondientes a Bélgica-Luxemburgo.

Macao

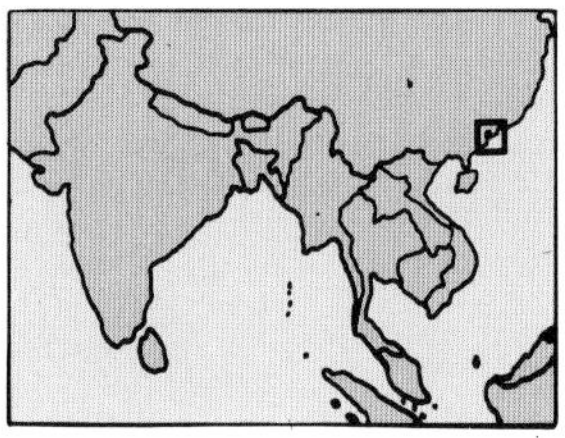

Nombre oficial: Macao.
Forma de gobierno: (*Status* político) Territorio portugués de ultramar.
Jefe del estado y del gobierno: Gobernador (designado).
Capital: Macao.
Lengua oficial: Portugués.
Religión oficial: Católica.
Moneda: 1 pataca[1] = 100 avos; cambio (5 oct. 1987) 1 dlr. EUA = 8,04 patacas.

Área y población

Distritos / Parroquias	Capital	área km²	población estimada 1986
Islas		10,9	10.200
Nossa Senhora Carmo (Taipa)	—	3,8	6.500
São Francisco Xavier (Coloane)	—	7,1	3.700
Macao	Macao	6,1	416.200
Nossa Senhora Fátima	—	—	—
Santo António	—	—	—
São Lázaro	—	—	—
São Lourenço	—	—	—
Sé	—	—	—
Zona marítima	—	—	—
TOTAL		16,9[2]	426.400

Demografía

Población (1989): 484.000.
Densidad (1989): Personas por km² 28.639.
Índice de urbanización (1981): Urbana 94,9%[3].
Distribución por sexo (1987): Varones 51,78%; mujeres 48,22%.
Estructura por edades (1987): Menos de 15, 22,0%; 15-29, 35,2%; 30-44, 25,4%; 45-59, 8,9%; 60-74, 6,3%; 75 y más, 2,2%.
Proyección demográfica: (2000) 819.000; (2010) 1.169.000.
Tiempo de duplicación: 49 años.
Composición étnica (nacionalidades) (1981): Chinos 73,5%; portugueses 20,3%; británicos 0,9%; otros 5,3%.
Afiliación religiosa (1984): Budistas y taoístas 69,9%; católicos 6,2%; sin afiliación religiosa 14,1%; otros 9,8%.
Principales ciudades (1986): Macao 416.200.
Tasa de natalidad por 1.000 habitantes (1987): 17,6 (media mundial 27,1).
Tasa de mortalidad por 1.000 habitantes (1987): 3,1 (media mundial 9,9).
Tasa de crecimiento por 1.000 habitantes (1987): 14,5 (media mundial 17,2).
Esperanza de vida al nacer (1985-87): Varones 75,0 años; mujeres 80,0 años.
Principales causas de muerte por 100.000 habitantes (1987): Enfermedades cardiovasculares 113,6; neoplasias malignas (cánceres) 63,0; enfermedades del sistema respiratorio 34,2; heridas e intoxicaciones 20,2; enfermedades del sistema digestivo 13,5; enfermedades endocrinas y metabólicas 11,2; enfermedades infecciosas y por parásitos 10,5; enfermedades del sistema genitourinario 10,2.

Economía nacional

Presupuesto (1987): Ingresos 2.339.290.000 patacas (ingresos procedentes del juego 29,9%; impuestos directos 19,8%; impuestos indirectos 18,1%). Gastos: 2.339.290.000 patacas (pagos recurrentes 56,8%; pagos de capital 31,7%; gastos de organismos autónomos 11,5%).
Turismo (1987): Número de turistas llegados 5.100.461.
Producción (toneladas métricas, excepto cuando se indique). Agricultura, silvicultura, pesca (1987): Uva 5.000, huevos 618; ganadería (número de animales vivos): 3.000 reses, 6.000 cerdos, 1.000.000 patos; pesca, capturas 3.517. Minas y canteras (1982): Granito 656.920. Industria manufacturera (producción en millones de patacas; 1985): prendas de vestir 2.836,8; textiles 1.330,6; productos plásticos diversos 523,1; productos metálicos 306,5; aparatos eléctricos 159,0; productos de cuero 118,0; alimentos 108,9. Construcción (1986): Residencial 294.300 m²; no residencial 375.000 m². Producción energética (consumo): Electricidad (kwh; 1987) 616.000.000 (656.000.000); carbón (1987), no produce (no consume); petróleo crudo (barriles; 1981), no produce (2.559); productos petrolíferos (1987), no produce (314.000); gas natural, no produce (n.d.).

Estructura de la población activa

	1981	
	Población activa	% de la pobl. activa
Agricultura	7.551	5,9
Minería	71	0,1
Industria	56.304	44,2
Construcción	9.937	7,8
Servicios públicos	876	0,7
Transportes y comunicaciones	5.776	4,5
Comercio	23.102	18,1
Finanzas	2.191	1,7
Administración pública	4.056	3,2
Servicios	15.190	11,9
Otros	2.305[4]	1,8[4]
TOTAL	127.359	100,0[2]

Producto nacional bruto (a precios corrientes de mercado; 1987): 2.262.000.000 dlr. EUA (5.210 dlr. EUA per cápita).

Comercio exterior

Balanza comercial (precios corrientes)

	1982	1983	1984	1985	1986	1987
Millones patacas	38,5	250,3	919,4	1.002	1.312	2.216,4
% del total	0,4	2,3	6,7	7,5	8,2	10,9

Deuda pública (a largo plazo, externa; 1985): 91.000.000 dlr. EUA.
Población económicamente activa (1981): Total 127.359; tasa de actividad de la población total 42,7% (tasas de participación: 10 años y más 61,5%; mujeres 37,1%; desempleados 2,4%).

Importaciones (1987): 9.017.166.000 patacas (materiales industriales no elaborados 66,8%; artículos de consumo no comestibles 12,4%; bienes de capital 10,6%; alimentos y bebidas 5,9%; combustibles y lubricantes 4,3%). *Principales proveedores:* Hong Kong 38,9%; China 21,3%; Japón 9,9%; Comunidad Económica Europea 6,9%; EUA 4,9%.
Exportaciones (1987): 11.233.528.000 patacas (textiles y prendas de vestir 73,5%; juguetes 9,9%; flores artificiales 2,4%; electrónica 2,3%; artículos de cuero 1,9%). *Principales clientes:* EUA 33,4%; Hong Kong 15,5%; Alemania federal 12,5%; Francia 9,6%; Reino Unido 7,0%; China 3,8%; Japón 2,2%; Australia 1,7%.

Transportes y comunicaciones

Transportes. Ferrocarriles: Ninguno. Carreteras (1984): Longitud total 90 km (pavimentadas 100%). Vehículos (1987): Automóviles 20.391; camiones y autobuses 4.099. Marina mercante (1986): Barcos 581[5]; peso muerto total 22.689 toneladas. Transporte aéreo: Ninguno.
Comunicaciones. Diarios (1986): Número total 14; circulación total 242.000; circulación por 1.000 habitantes 568. Radio (1988): Número total de receptores 150.000 (1 por cada 3 personas). Televisión (1988): Número total de televisores 80.000 (1 por cada 5,6 personas). Teléfonos (1987): 68.956 (1 por cada 6,3 personas).

Educación y sanidad

Escolaridad (1981). Porcentaje de la población económicamente activa de 10 años y más: sin escolarización formal 13,8%; con enseñanza primaria 22,6%; secundaria parcial 27,2%; secundaria completa 20,5%; postsecundaria parcial 13,0%; superior 2,9%. *Alfabetización* (1981): Población total de 10 años y más alfabetizada 127.359 (61,3%); varones alfabetizados 80.102 (76,4%); mujeres alfabetizadas 47.257 (46,2%).
Sanidad (1987): Médicos 518 (1 por cada 831 habitantes); camas hospitalarias 1.242 (1 por cada 350 habitantes), tasa de mortalidad infantil por cada 1.000 nacidos vivos 6,9.
Alimentación (1984-86): Ingesta calórica diaria per cápita 2.205 (productos vegetales 73%, productos animales 27%), 96% de las necesidades mínimas recomendadas por la FAO.

Fuerzas armadas

Personal en servicio activo (1988): La guarnición portuguesa ha sido sustituida por una fuerza paramilitar de 1.800 hombres reclutados únicamente entre los residentes chinos.

[1] La pataca flota libremente con respecto al dólar de Hong Kong y tiene una paridad de 1,03 patacas 1,00 HK$. [2] El desglose no se corresponde con el total a causa del redondeo. [3] El 5,1% de la población de Macao vive en sampanes y otros barcos. [4] En su mayor parte, desempleados en busca de su primer empleo. [5] Todos los barcos registrados, incluyendo gabarras, remolcadores, casinos flotantes, sampanes y dragas, pero excluyendo las gabarras utilizadas como restaurantes y para recreo.

Madagascar

Nombre oficial: República Democrática de Madagascar.
Forma de gobierno: República multipartidista con una cámara legislativa (Asamblea Nacional Popular).
Jefe del estado: Presidente.
Jefe del gobierno: Primer ministro.
Capital: Antananarivo.
Lengua oficial: Malgache; francés.
Religión oficial: Ninguna.
Moneda: 1 franco malgache (FMG) = 100 centimes; cambio (2 oct. 1989) 1 dlr. EUA = 1.458 FMG.

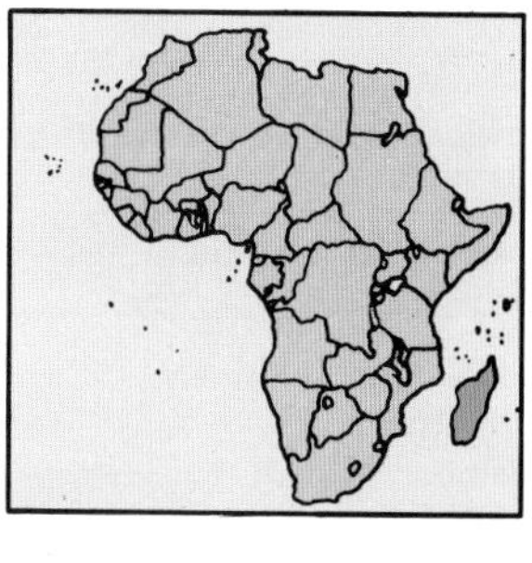

Área y población

Provincias	Capitales	área km^2	población estimada 1985
Antananarivo	Antananarivo	58.283	3.195.800
Antsiranana	Antsiranana	43.046	689.800
Fianarantsoa	Fianarantsoa	102.373	2.209.700
Mahajanga	Mahajanga	150.023	1.075.300
Toamasina	Toamasina	71.911	1.444.700
Toliara	Toliara	161.405	1.396.700
TOTAL		587.041	10.012.000

Demografía

Población (1989): 11.602.000
Densidad (1989): Personas por km^2 19,8.
Índice de urbanización (1986): Urbana 22,4%; rural 77,6%.
Distribución por sexo (1985): Varones 49,61%; mujeres 50,39%.
Estructura por edades (1986): Menos de 15, 44,2%; 15-29, 25,3%; 30-44, 15,5%; 45-59, 9,5%; 60-74, 4,6%; 75 y más, 0,9%.
Proyección demográfica: (2000) 16.562.000; (2010) 22.594.000.
Tiempo de duplicación: 22 años.
Composición étnica (1983): Malgaches 98,9%, del que el 26,6% corresponde a merina, el 14,9% a betsimisaraka, el 11,7% a betsileo, el 7,4% a tsimihety y el 6,4% a sakalava; antandroy 5,3%; comorianos 0,3%; indios y paquistaníes 0,2%; franceses 0,2%; chinos 0,1%; otros 0,3%.
Afiliación religiosa (1980): Cristianos 51,0%, del que el 26,0% corresponde a católicos y el 22,8% a protestantes; creencias tradicionales 47,0%; musulmanes 1,7%; otros 0,3%.
Principales ciudades (1980): Antananarivo 662.000[1]; Toamasina 95.505; Fianarantsoa 83.250; Mahajanga 80.881.
Tasa de natalidad por 1.000 habitantes (1985-90): 45,7 (media mundial 27,1).
Tasa de mortalidad por 1.000 habitantes (1985-90): 14,0 (media mundial 9,9).
Tasa de crecimiento por 1.000 habitantes (1985-90): 31,7 (media mundial 17,2).
Esperanza de vida al nacer (1985-90): Varones 52,0 años; mujeres 55,0 años.
Principales causas de muerte por 100.000 habitantes: n.d.; sin embargo, entre las principales enfermedades se incluyen paludismo, lepra y tuberculosis.

Economía nacional

Presupuesto (1988). Ingresos: 497.919.516 FMG (1987; impuestos 80,2%; otros conceptos 19,8%). Gastos: 577.002.323 FMG (1987; gasto actualizado 77,3% del que el 12,3% corresponde a educación, el 7,5% a defensa, el 4,2% a sanidad, el 1,8% a agricultura y el 0,7% a obras públicas).
Turismo (1987): Ingresos por visitantes 10.000.000 dlr. EUA; gastos de nacionales en el exterior 21.000.000 dlr. EUA.
Producción (toneladas métricas, excepto cuando se indique). Agricultura, silvicultura, pesca (1988): Mandioca 2.200.000, arroz 2.100.000, caña de azúcar 2.000.000, batatas o camotes 472.000, papas o patatas 268.000, plátanos 260.000, mangos 193.000, maíz 150.000, naranjas 83.000, cocos 82.000, café 81.000, piñas 52.000, algodón para semilla 46.000, cacahuates 32.000, agave 20.000; ganadería (número de animales vivos): 10.600.000 reses, 1.400.000 cerdos, 1.080.000 cabras, 611.000 ovejas, 21.000.000 pollos; madera (1987) 7.250.000 m^3; pesca, capturas (1987) 63.589. Minas y canteras (1987): Concentrado de cromita 99.800; sal 30.000; grafito 16.300; mica 3.300; oro 130 onzas troy. Industria manufacturera (1987): azúcar sin refinar 101.216; cemento 44.490; jabón 14.563; aceites vegetales 7.956; cigarrillos 2.669; tabaco de mascar 878; cerveza 240.257 hectólitros. Construcción (1986)[2]: Residencial 19.700 m^2; no residencial 5.700 m^2. Producción energética (consumo); Electricidad (kwh; 1987) 504.000.000 (504.000.000); carbón (1987), no produce (17.000); petróleo crudo (barriles; 1987), no produce (1.833.000); productos petrolíferos (1987) 230.000 (255.000); gas natural, no produce (n.d.).
Producto nacional bruto (a precios corrientes del mercado; 1987): 2.172.000.000 dlr. EUA (200 dlr. EUA per cápita).

Estructura del producto nacional bruto y de la población activa

	1986		1985	
	Valor (000.000 dlr. EUA)	% del valor total	Población activa	% de la pobl. activa
Agricultura	966	42,3	3.125.000	79,5
Industria	278	12,2		
Minería				
Construcción, Servicios públicos	117	5,1	248.000	6,3
Transportes y comunicaciones				
Comercio				
Finanzas, Servicios	922	40,4	556.000	14,2
Administración pública, defensa				
TOTAL	2.283	100,0	3.929.000	100,0

Deuda pública (externa, pendiente; 1987): 3.113.000.000 dlr. EUA.
Población económicamente activa (1985); Total 3.929.000; tasa de actividad de la población total 39,3% (tasas de participación: 15-64 años 74,9%; mujeres 44,2%; desempleados [1986] 0,6%).

Comercio exterior[3]

Balanza comercial

	1981	1982	1983	1984	1985	1986
Miles mill. de FMG	−37,8	−19,3	−25,0	15,1	−39,1	26,7
% del total	18,1	8,2	9,9	4,1	9,7	6,7

Importaciones (1987): 413.377.400.000[4] (productos químicos 14,9%; maquinaria 14,2%; petróleo crudo 9,9%; vehículos y accesorios 8,7%; productos metálicos 7,3%; equipos eléctricos 4,2%; textiles 2,23%). *Principales proveedores:* Francia 30,6%; EUA 9,0%; Alemania federal 8,7%; Japón 3,5%; Italia 3,1%; Reino Unido 3,0%; Países Bajos 3.0%.
Exportaciones: 348.025.000.000 FMG (café 27,9%; vainilla 25,6%; azúcar 5,4%; clavo y aceite de clavo 4,0%; productos petrolíferos 1,5%). *Principales clientes:* Francia 32,4%; EUA 20,2%; Japón 10,7%; Alemania federal 8,7%; Reunión 3,8%; Italia 3,6%; Países Bajos 2,6%; Reino Unido 2,6%.

Transportes y comunicaciones

Transportes. Ferrocarriles (1987): Longitud de vías 883 km; pasajeros-km 205.000.000; carga toneladas métricas-km 201.000.000. Carreteras (1987): Longitud total 18.610 km (pavimentadas 30%). Vehículos (1986): 21.860; camiones y autobuses 14.542. Marina mercante (1988); Barcos (100 toneladas brutas y más) 77; peso muerto total 117.212 toneladas. Transporte aéreo (1987): Pasajeros-km 422.566.000; carga toneladas métricas 38.031.000; aeropuertos (1989) con vuelos regulares 51.
Comunicaciones: Diarios (1988): Número total 5; circulación total 138.000; circulación por 1.000 habitantes 12. Radio (1988): Número total de receptores 2.108.000 (1 por cada 5,3 personas). Televisión (1988): Número total de televisores 100.000 (1 por cada 112 personas). Teléfonos (1987): 46.377 (1 por cada 239 personas).

Educación y sanidad

Escolaridad: n.d. *Alfabetización* (1985): Población total de 15 años y más alfabetizada 3.778.000 (67,5%); varones alfabetizados 2.004.000 (73,7%); mujeres alfabetizadas 1.774.000 (61,6%).
Sanidad (1982): Médicos 1.233 (1 por cada 7.451 habitantes); camas hospitalarias 20.800 (1 por cada 442 habitantes); tasa de mortalidad infantil por cada 1.000 nacidos vivos (1985-90) 120.
Alimentación (1987): Ingesta calórica diaria per cápita 2.417 (productos vegetales 92%, productos animales 8%); (1984) 106% de las necesidades mínimas recomendadas por la FAO.

Fuerzas armadas

Personal en servicio activo (1989): 21.100 (ejército 95.2%, armada 2,4%, fuerza aérea 2.4%). *Presupuesto de defensa en porcentaje del PNB* (1987): 2,4% (mundo 5,4%); gasto per cápita 4 dlr. EUA.

[1] 1985. [2] A costo de factor. [3] Las cifras de importación son f.o.b. en la balanza comercial y c.i.f. para los artículos y asociados comerciales. [4] Excluye el oro y los equipamientos militares.

Malasia

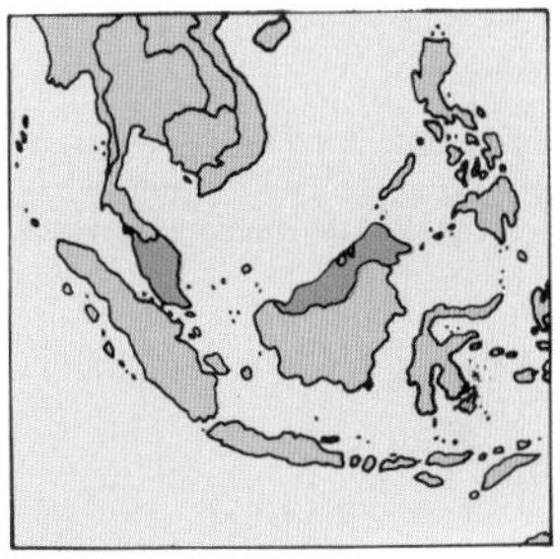

Nombre oficial: Malasia.
Forma de gobierno: Monarquía constitucional con dos cámaras legislativas (Senado[1]; Cámara de Representantes).
Jefe del estado: Yang di-Pertuan Agong.
Jefe del gobierno: Primer ministro.
Capital: Kuala Lumpur.
Lengua oficial: Malayo.
Religión oficial: Islámica.
Moneda: 1 ringgit o dólar malayo (M$) = 100 cents; cambio (2 oct. 1989) 1 dlr. EUA = 2,69 M$.

Área y población

Regiones / Estados	Capitales	área km^2	población estimada 1985
Malasia Oriental	Kota Kinabalu	73.620	1.322.000[2]
Sabah	Kuching	124.449	1.550.000
Sarawak			
Malasia Occidental	Johor Baharu	18.985	1.963.600
Johor	Alor Setar	9.425	1.325.700
Kedah	Kota Baharu	14.931	1.116.400
Kelantan	Melaka	1.650	548.800
Melaka	Seremban	6.643	679.000
Negeri Sembilan	Kuantan	35.965	978.100
Pahang	Ipoh	21.005	2.107.800
Perak	Kangar	795	175.600
Perlis	Pinang	1.031	1.087.000
Pinang	Shah Alam	7.956	1.830.800
Selangor	Kuala Terengganu	12.955	683.900
Terengganu			
Territorio federal			
Kuala Lumpur		243	1.158.200
Labuan		91	[2]
ÁREA TOTAL TERRITORIAL		329.758	16.527.800
AGUAS INTERIORES		684	
ÁREA TOTAL		330.442	

Demografía

Población (1989): 17.421.000.
Densidad (1989: Personas por km^2 52,8.
Índice de urbanización: (1985): Urbana 38,2%; rural 61,8%.
Distribución por sexo (1987): Varones 50,39%; mujeres 49,61%.
Estructura por edades (1986): Menos de 15, 37,8%; 15-29, 29,2%; 30-44, 17,5%; 45-59, 9,8%; 60-74, 4,5%; 75 y más 1,2%.
Proyección demográfica: (2000) 21.485.000; (2010) 24.363.000.
Tiempo de duplicación: 29 años.
Composición étnica (1987): Malayos 60,9%; chinos 30,4%; indios 8,2%; otros 0,5%.
Afiliación religiosa (1980): Musulmanes 52,9%; budistas 17,3%; cultos populares chinos 11,6%; hindúes 7,0%; cristianos 6,4%; otros 4,8%.
Principales ciudades (1980): Kuala Lumpur 1.103.200[3]; Ipoh 293.849; Pinang 248.241; Johor Baharu 246.395; Petaling Jaya 207.805.
Tasa de natalidad por 1.000 habitantes (1988): 29,3 (media mundial 27,1).
Tasa de mortalidad por 1.000 habitantes (1988): 4,9 (media mundial 9,9).
Tasa de crecimiento por 1.000 habitantes (1988): 24,4 (media mundial 17,2).
Esperanza de vida al nacer (1988): Varones 68,9 años; mujeres 72,7 años.
Principales causas de muerte por 100.000 habitantes (1981)[4]: Cardiopatías 29,1; enfermedades infecciosas y parasitarias 19,2; neoplasias malignas (cánceres) 18,6; enfermedades cerebrovasculares 14,4; neumonía 10,6.

Economía nacional

Presupuesto (1989). Ingresos: 22.742.000.000 M$ (ingresos no impositivos 33,8%; impuesto sobre la renta 31,5%; derechos de importación 11,8%; impuestos de consumo 7,0%). Gastos: 22.286.000.000 M$ (servicios sociales 28,6%; servicio de la deuda 26,9%; seguridad 16,2%; administración 10,8%; servicios económicos 8,8%; pagos de transferencias 4,7%).
Turismo (1987): Ingresos por visitantes 717.000.000 dlr. EUA; gastos de nacionales en el exterior 1.272.000.000 dlr. EUA.
Producción (toneladas métricas, excepto cuando se indique). Agricultura (1988): Aceite de palma 5.000.000, arroz 1.725.000, caucho 1.610.000, cacao 204.000, piñas tropicales 143.600, pimienta 17.500; ganadería (número de animales vivos): 2.258.000 cerdos, 625.000 reses, 347.000 cabras, 220.000 búfalos, 99.000 ovejas, 57.000.000 pollos; madera 33.600.000 m^3; pesca, capturas 932.500. Minas y canteras (1988): Bauxita 360.798; mineral de hierro 131.821; concentrados de cobre 91.500; concentrados de estaño 28.866. Industria manufacturera (1986): Cemento 3.176.000; aceite de palma procesado 2.255.000; productos de hierro y acero 362.000; pintura 37.062.000 litros; madera contrachapada 503.000; neumáticos 3.846.000 unidades; televisores 863.000 unidades; acondicionadores de aire 337.000 unidades; vehículos terrestres a motor 153.000 unidades. Construcción (viviendas terminadas; 1986)[5]: Residencial 8.809.100 m^2; no residencial 959.000 m^2. Producción energética (consumo): Electricidad (kwh; 1987) 17.387.000.000 (17.364.000.000); carbón (1987) no produce (475.000); petróleo (barriles, 1987) 185.348.000 (55.176.000); productos petrolíferos (1987) 7.064.000 (9.407.000); gas natural (m^3; 1987) 12.227.000.000 (4.479.000.000).
Producto nacional bruto (1987): 29.556.000.000 dlr. EUA (1.800 dlr. EUA per cápita).

Estructura del producto nacional bruto y de la población activa

	1988			
	Valor (000.000 M$)[6]	% del valor total	Población activa[7]	% de la pobl. activa
Agricultura	13.790	21,1	1.899.800	31,2
Minería	6.944	10,6	37.200	0,6
Industria	15.781	24,2	999.200	16,4
Construcción	2.098	3,2	356.400	5,9
Servicios públicos	1.203	1,8	[9]	[9]
Transportes y comunicaciones	4.311	6,6	261.200	4,3
Comercio	6.905	10,6	[9]	[9]
Finanzas	5.678	8,7	211.600	3,5
Administración pública, defensa	7.845	12,0	844.300	13,9
Servicios	1.442	2,2	1.473.200[9]	24,2[9]
Otros	−659[8]	−1,0[8]	—	—
TOTAL	65.338	100,0	6.082.900	100,0

Deuda pública (externa, pendiente; 1987): 19.065.000.000 dlr. EUA.
Población económicamente activa (1988): Total 6.622.200; tasa de actividad de la población total 39,0% (tasas de participación; 15 años y más [1985] 58,8%; mujeres [1980] 33,6%; desempleados 8,1%).

Comercio exterior[10]

Balanza comercial (precios corrientes)

	1983	1984	1985	1986	1987	1988
Millones M$	5.028	8.954	10.664	10.480	11.864	16.048
% del total	8,3	13,1	16,2	17,1	17,1	17,0

Importaciones (1987): 31.983.000.000 M$ (válvulas y tubos 17,8%; productos petrolíferos 5,0%; acero laminado 2,4%; granos 2,1%; petróleo crudo 1,5%; remolacha y caña de azúcar 1,0%). *Principales proveedores:* Japón 21,7%; EUA 18,7%; Singapur 14,8%; Reino Unido 4,3%; Alemania federal 4,2%; Australia 4,1%.
Exportaciones (1987): 45.176.000.000 M$ (válvulas y tubos 15,3%; petróleo crudo 13,9%; troncos y tablas aserrados 13,0%; caucho natural 8,7%; aceite de palma 7,2%; gas natural licuado 3,9%). *Principales clientes:* Japón 19,5%; Singapur 18,2%; EUA 16,6%; Corea del sur 5,3%; Países Bajos 3,5%; Alemania federal 3,4%.

Transportes y comunicaciones

Transportes. Ferrocarriles (1986): Longitud de vías 2.222 km; pasajeros-km 1.524.000.000[11]; carga toneladas métricas-km 1.332.000.000[11]. Carreteras (1987): Longitud total 39.069 km (pavimentadas 80%). Vehículos (1987): Automóviles 1.504.208; camiones y autobuses 338.980. Marina mercante (1988): Barcos (100 toneladas brutas y más) 499; peso muerto total 2.265.811 toneladas. Transporte aéreo (1988): Pasajeros-km 8.592.000.000; carga toneladas métricas-km 385.944.000; aeropuertos (1989) con vuelos regulares 38.
Comunicaciones. Diarios (1985): Número total 42; circulación total 1.670.000[12]; circulación por 1.000 habitantes 109[12]. Radio (1988): Número total de receptores 7.090.979 (1 por cada 2,4 personas). Televisión (1987): Número total de televisores 1.658.566[13] (1 por cada 10 personas). Teléfonos (1987): 1.500.507 (1 por cada 11 personas).

Educación y sanidad

Escolaridad (1980): Porcentaje de la población total de 25 años y más: sin escolarización formal 36,6%; con enseñanza primaria 42,1%; secundaria 19,4%; superior 1,9%. *Alfabetización* (1980): Población total de 15 años y más alfabetizada 5.719.358 (72,6%); varones alfabetizados 3.195.031 (82,2%); mujeres alfabetizadas 2.524.327 (63,2%).
Sanidad: Médicos (1987) 5.794 (1 por cada 2.853 habitantes); camas hospitalarias (1986) 32.960 (1 por cada 489 habitantes); tasa de mortalidad infantil por cada 1.000 nacidos vivos (1988) 24,0.
Alimentación (1984-86): Ingesta calórica diaria per cápita 2.723 (productos vegetales 84%; productos animales 16%); 121% de las necesidades mínimas recomendadas por la FAO.

Fuerzas armadas

Personal en servicio activo (1989): 114.500 (ejército 78,6%, armada 10,9%, fuerza aérea 10,5%). *Presupuesto de defensa en porcentaje del PNB* (1987): 3,2% (mundo 5,4%); gasto per cápita 57 dlr. EUA.

[1] Incluye 43 escaños no electivos. [2] Incluye el territorio federal de Labuan. [3] 1985. [4] Sólo fallecimientos médicamente certificados. [5] Resultados del estudio del Banco Central sobre cuatro ciudades principales: Kuala Lumpur, Shah Alam, Kelang y Seberang Prai. [6] A precios constantes de 1978. [7] Sólo personas empleadas. [8] Incluye derechos de importación y cargos por servicios bancarios. [9] Servicios incluye servicios públicos y comercio. [10] Las cifras de importación son f.o.b. en la balanza comercial y c.i.f. para los artículos y asociados comerciales. [11] Malasia peninsular y Singapur; 1988. [12] 1984. [13] Licencias.

Malawi

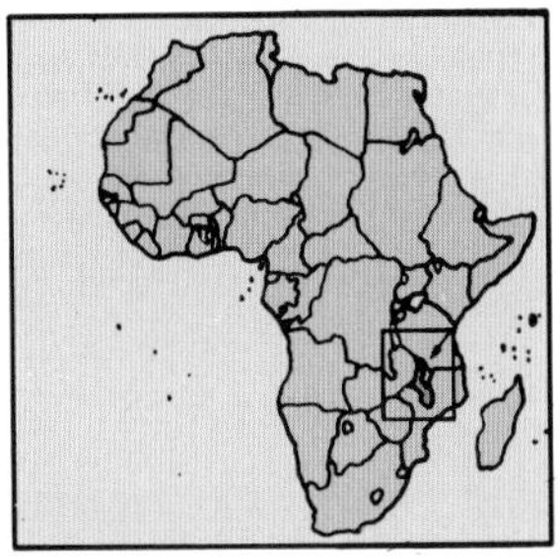

Nombre oficial: República de Malawi.
Forma de gobierno: República unipartidista con una cámara legislativa (Asamblea Nacional).
Jefe del estado y del gobierno: Presidente.
Capital: Lilongwe.
Lengua oficial: Inglés.
Religión oficial: Ninguna.
Moneda: 1 kwacha (MK) = 100 tambala; cambio (2 oct. 1989) 1 dlr. EUA = 2,74 MK.

Área y población

Regiones / Distritos	Capitales	área km²	población censo 1987
Central	Lilongwe	35.592	3.116.038
Dedza	Dedza	3.624	410.847
Dowa	Dowa	3.041	322.112
Kasungu	Kasungu	7.878	322.854
Lilongwe	Lilongwe	6.159	986.411
Mchinji	Mchinji	3.356	248.161
Nkhotakota	Nkhotakota	4.259	157.083
Ntcheu	Ntcheu	3.424	359.618
Ntchisi	Ntchisi	1.655	120.697
Salima	Salima	2.196	188.255
Septentrional	Mzuzu	26.931	907.121
Chitipa	Chitipa	3.504	96.842
Karonga	Karonga	2.955	147.096
Mzimba	Mzimba	10.430	432.437
Nkhata Bay	Nkhata Bay	4.090	136.044
Rumphi	Rumphi	5.952	94.702
Meridional	Blantyre	31.753	3.959.448
Blantyre	Blantyre	2.012	587.893
Chikwawa	Chikwawa	4.755	319.781
Chiradzulu	Chiradzulu	767	210.736
Machinga	Machinga	5.964	514.569
Mangochi	Mangochi	6.272	495.876
Mulanje	Mulanje	3.450	638.326
Mwanza	Mwanza	2.295	121.267
Nsanje	Nsanje	1.942	201.311
Thyolo	Thyolo	1.715	431.539
Zomba	Zomba	2.580	438.150
ÁREA TERRITORIAL TOTAL		94.276[1]	
AGUAS INTERIORES		24.208	
TOTAL		118.484	7.982.607

Demografía

Población (1989): 8.515.000[2].
Densidad[3] (1989): Personas por km² 90,3.
Índice de urbanización (1987): Urbana 11,0%; rural 89,0%.
Distribución por sexo (1987): Varones 48,61%; mujeres 51,39%.
Estructura por edades (1987): Menos de 15, 47,8%; 15-29, 25,6%; 30-44, 14,4%; 45-59, 8,1%; 60-74, 3,5%; 75 y más, 0,6%.
Proyección demográfica: (2000) 12.201.000; (2010) 16.573.000.
Tiempo de duplicación: 21 años.
Composición étnica (1983): Maravi (incluyendo nyanja, chewa, tonga y tumbuka) 58,3%; lomwe 18,4%; yao 13,2%; ngoni 6,7%; otros 3,4%.
Afiliación religiosa (1980): Cristianos 64,5%, del que el 33,7% corresponde a protestantes y el 27,6% a católicos; creencias tradicionales 19,0%; musulmanes, 16,2%; otros 0,3%.
Principales ciudades (1987): Blantyre 402.500; Lilongwe 220.300; Mzuzu 115.000.
Tasa de natalidad por 1.000 habitantes (1985-90): 53,0 (media mundial 27,1).
Tasa de mortalidad por 1.000 habitantes (1985-90): 20,0 (media mundial 9,9).
Tasa de crecimiento por 1.000 habitantes (1985-90): 33,0 (media mundial 17,2).
Esperanza de vida al nacer (1985-90): Varones 46,3 años; mujeres 47,7 años.
Principales causas de muerte por 100.000 habitantes[4] (1983): Enfermedades infecciosas y parasitarias 56,0, de las que 17,4 corresponden a sarampión, 13,7 a paludismo y 11,4 a enfermedades diarreicas; neumonía 17,5; desnutrición 15,9; anemia, 12,1.

Economía nacional

Presupuesto (1988-89). Ingresos: 681.750.000 MK (ingresos recurrentes 85,0%, del que el 30,5% corresponde a sobretasas y el 12,0% a derechos de importación). Gastos: 967.510.000 MK (gastos recurrentes 72,4%, del que el 18,0% corresponde al servicio de la deuda y el 17,1% a salarios; gastos de desarrollo 27,6%).
Turismo (1987): Ingresos por visitantes 7.000.000 dlr. EUA; gastos de nacionales en el exterior 7.000.000 dlr. EUA.
Producción (toneladas métricas, excepto cuando se indique). Agricultura (1988): Caña de azúcar 1.700.000, maíz 1.455.000, papas o patatas 278.000, cacahuates 192.000, mandioca 135.000, plátanos machos 114.000; plátanos 81.000, frijoles o judías 77.000, tabaco 56.000, té 35.000, sorgo 22.000; ganadería (número de animales vivos): 1.000.000 reses, 950.000 cabras, 210.000 cerdos, 210.000 ovejas; madera (1987) 6.946.000 m³; pesca, capturas (1987) 88.588. Minas y canteras (1986): Piedra caliza 110.000; cemento 69.000. Industria manufacturera (1986): Azúcar sin refinar 163.800; té 31.900; cerveza 627.000 hectolitros; cigarrillos 874.000.000 unidades; mantas 616.000 unidades. Construcción (valor en MK; 1988); 5.740.000. Producción energética (consumo): Electricidad (kwh; 1987) 578.000.000 (527.000.000); carbón (1987) no produce (26.000); productos petrolíferos (1987) no produce (134.000).
Producto nacional bruto (1987): 1.43.000.000 dlr. EUA (160 dlr. EUA per cápita).

Estructura del producto nacional bruto y de la población activa

	1988		1985	
	Valor (000.000 MK)	% del valor total	Población activa[5]	% de la pobl. activa
Agricultura	319,9	36,4	2.502.000	81,4
Minería	—	—		
Industria	102,7	11,7		
Construcción	37,9	4,3		
Servicios públicos	19,6	2,2	206.000	6,7
Transportes y comunicaciones	50,1	5,7		
Comercio	110,3	12,5		
Finanzas	93,7	10,7		
Administración pública	127,9	14,6	366.000	11,9
Servicios	38,7	4,4		
Otros	—22,3[5]	—2,5[5]		
TOTAL	878,5[6]	100,0	3.074.000	100,0

Deuda pública (externa, pendiente; 1987): 1.155.000.000 dlr. EUA.
Población económicamente activa (1985): Total 3.074.000; tasa de actividad de la población total 44,3% (tasas de participación: 15-64 años 74,3%; mujeres 42,6%; desempleados 1,0%[7]).

Comercio exterior[8]

Balanza comercial (precios corrientes)

	1983	1984	1985	1986	1987	1988
Millones MK	—30,5	211,7	118,3	175,5	222,7	139,4
% del total	3,7	34,2	16,3	23,4	22,1	10,1

Importaciones (1987): 655.900.000 MK (manufacturas básicas 41,0%; maquinaria y equipos 18,9%; artículos de consumo 10,5%; equipos de transporte 9,2%; materiales de construcción 4,8%). *Principales proveedores:* Sudáfrica 34,6%; Reino Unido 20,1%; Japón 5,6%; Zimbabwe 5,6%; Alemania federal 5,6%.
Exportaciones (1987): 617.151.000 (tabaco 62,1%; azúcar 10,5%; té 10,1%). *Principales clientes:* Reino Unido 23,5%; Sudáfrica 10,5%; Países Bajos 10,2%; Alemania federal 9,4%.

Transportes y comunicaciones

Transportes. Ferrocarriles (1987): Longitud de vías 829 km; pasajeros-km 102.939.000; carga toneladas métricas-km 98.469.000. Carreteras (1985): Longitud total 12.215 km (pavimentadas 21%). Vehículos (1986): Automóviles 15.339; camiones y autobuses 15.755. Marina mercante (1987): Barcos (100 toneladas brutas y más) 1; peso muerto total 300 toneladas. Transporte aéreo (1988): Pasajeros-km 86.896.000; carga toneladas métricas-km 9.616.000; aeropuertos (1989) con vuelos regulares 4.
Comunicaciones. Diarios (1985): Número total 2; circulación total 32.000; circulación por 1.000 habitantes 4,5. Radio (1988); Número total de receptores 1.907.200 (1 por cada 4,3 personas). Televisión (1988): Número total de televisores, n.d. Teléfonos (1987): 46.879 (1 por cada 172 personas).

Educación y sanidad

Escolaridad (1987). Porcentaje de la población total de 25 años y más: sin escolarización formal 54,9%; con enseñanza primaria 41,7%; secundaria y superior 3,4%. *Alfabetización* (1985): Población total de 15 años y más alfabetizada 1.555.000 (41,2%).
Sanidad: Médicos (1984) 262 (1 por cada 27.094 habitantes); camas hospitalarias (1986) 12.119 (1 por cada 600 habitantes); tasa de mortalidad infantil por cada 1.000 nacidos vivos (1985-90) 150,0.
Alimentación (1984-86): Ingesta calórica diaria per cápita 2.372 (productos vegetales 96%, productos animales 4%); (1984-86) 102% de las necesidades mínimas recomendadas por la FAO.

Fuerzas armadas

Personal en servicio activo (1989): 7.250 (ejército 96,5%, armada 1,4%, fuerza aérea 2,1%). *Presupuesto de defensa en porcentaje del PNB* (1987): 1,4% (mundo 5,4%:); gasto per cápita 2 dlr. EUA.

[1]El desglose no se corresponde con el total a causa del redondeo. [2]Excluye refugiados, cuyo número se estima entre 700.000 y 840.000. [3]Basada en área territorial. [4]Según informe sobre pacientes internos fallecidos en hospitales. [5]Menos cargos por servicios bancarios imputados. [6]A precios de 1978. [7]Registrados. [8]Las cifras de importación son f.o.b. en la balanza comercial y c.i.f. para los artículos y asociados comerciales; las reexportaciones están incluidas en la balanza comercial y excluidas de los artículos y asociados comerciales.

Maldivas

Nombre oficial: República de Maldivas.
Forma de gobierno: República con una cámara legislativa (Consejo del Pueblo).
Jefe del estado y del gobierno: Presidente.
Capital: Male.
Lengua oficial: Divehi.
Religión oficial: Islámica.
Moneda: 1 rufiyaa maldiva (Rf) = 100 laaris; cambio (2 oct. 1989) 1 dlr. EUA = 9,01 Rf.

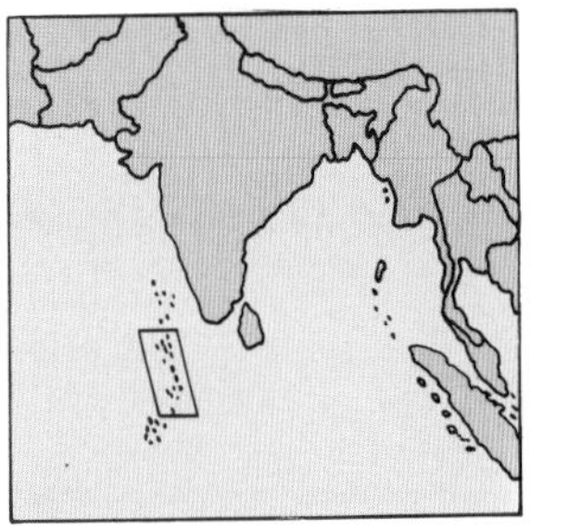

Área y población[1]

Atolones administrativos	Capitales	área km²	población censo 1985
Haa-Alifu	Dhidhdhoo	—	9.891
Haa-Dhaalu	Nolhivaranfaru	—	10.848
Shaviyani	Farukolhu Funadhoo	—	7.529
Noonu	Manadhoo	—	6.874
Raa	Ugoofaaru	—	9.516
Baa	Eydhafushi	—	6.945
Lhaviyani	Naifaru	—	6.402
Kaafu	Male	—	54.908
Alifu	Mahibadhoo	—	7.695
Vaavu	Felidhoo	—	1.423
Meemu	Muli	—	3.493
Faafu	Magoodhoo	—	2.148
Dhaalu	Kudahuvadhoo	—	3.576
Thaa	Veymandhoo	—	6.942
Laamu	Hithadhoo	—	7.158
Gaafu-Alifu	Viligili	—	6.081
Gaafu-Dhaalu	Thinadhoo	—	8.870
Gnyaviyani	Foah Mulah	—	6.189
Seenu	Hithadhoo	—	14.965
TOTAL		298	181.453

Demografía

Población (1989): 209.000.
Densidad (1989): Personas por km² 701,3.
Índice de urbanización (1985): Urbana 25,5%; rural 74,5%.
Distribución por sexo (1986): Varones 51,84%; mujeres 48,16%.
Estructura por edades (1985): Menos de 15, 44,4%; 15-29, 27,0%; 30-44, 13,5%; 45-59, 11,2%; 60 y más, 3,9%.
Proyección demográfica: (2000) 300.000; (2010) 350.000.
Tiempo de duplicación: 23 años.
Composición étnica: La mayoría es principalmente de extracción sinalesa y dravídica; también se advierten las influencias árabe, africana y negrito.
Afiliación religiosa: Virtualmente el 100% son musulmanes sunníes.
Principales ciudades (1985): Male 46.334.
Tasa de natalidad por 1.000 habitantes (1988): 44,1 (media mundial 27,1).
Tasa de mortalidad por 1.000 habitantes (1988): 12,8 (media mundial 9,9).
Tasa de crecimiento por 1.000 habitantes (1988): 40,7 (media mundial 18,0).
Esperanza de vida al nacer (1987): Varones 58,0 años; mujeres 59,0 años.
Principales causas de muerte por 100.000 habitantes: n.d.; sin embargo, las enfermedades transmitidas a través del agua (incluyendo gastroenteritis, cólera y fiebres tifoideas) constituyen los principales problemas sanitarios, además del paludismo, chigellosis, filariasis, lepra y tuberculosis.

Economía nacional

Presupuesto (1988). Ingresos: 335.700.000 Rf (ingresos no impositivos 33,1%; derechos de importación 24,6%; ayudas externas 20,3%; impuestos sobre ventas y consumo 14,1%). Gastos: 470.600.000 Rf (transporte y comunicaciones 21,9%; viviendas e instalaciones para la comunidad 17,3%; servicios públicos generales 14,9%; educación 11,4%; orden público y seguridad 7,6%; agricultura 5,7%; combustible y energía 4,3%; sanidad 3,5%).
Turismo (1987): Ingresos por visitantes 39.000.000 dlr. EUA; gastos de nacionales en el exterior 5.000.000 dlr. EUA.
Producción (toneladas métricas, excepto cuando se indique). Agricultura, silvicultura, pesca (1988): Verduras y melones 18.000, cocos 12.000, raíces y tubérculos 9.000 (incluyendo mandioca, batatas o camotes y ñames), frutas 8.000; pesca, capturas (1987) 46.880, de las que 32.049 corresponden a bonito y 7.123 a atún. Minas y canteras: Coral para materiales de construcción. Industria manufacturera: Sin detalles; sin embargo, entre las principales industrias se incluyen la construcción y reparación de barcos, hilados de fibras de corteza de coco y tejido de alfombras, procesado de coco y pescado, lacados, confección de prendas de vestir y trabajos de artesanía. Construcción, n.d. Producción energética (consumo): Electricidad (kwh; 1987) 13.000.000 (13.000.000); carbón, no produce (n.d.); productos petrolíferos (1987), no produce (26.000); gas natural, no produce (n.d.).
Producto nacional bruto (a precios corrientes de mercado; 1987): 58.000.000 dlr. EUA (300 dlr. EUA per cápita).

Estructura del producto nacional bruto y de la población activa

	1988		1985	
	Valor (000 Rf)[2]	% del valor total	Población activa	% de la pobl. activa
Agricultura[3]	79.800	10,3	15.443	29,5
Minería	13.900	1,8	643	1,3
Industria }	43.600	5,7	11.559	22,1
Servicios públicos }			504	1,0
Construcción	63.800	8,3	2.563	4,9
Transportes y comunicaciones	40.800	5,3	3.327	6,3
Comercio	128.700	16,7	5.434	10,4
Finanzas			418	0,8
Administración pública, defensa }	400.600	51,9 }	10.431	20,0
Servicios }				
Otros }			1.941	3,7
TOTAL	771.200	100,0	52.263	100,0

Deuda pública (externa, pendiente; 1987): 61.800.000 dlr. EUA.
Población económicamente activa (1985): Total 52.263; tasa de actividad de la población total 28,8% (tasas de participación: 15-64 años [1977] 78,3%; mujeres 21,7%; desempleados, n.d.).

Comercio exterior[4]

Balanza comercial (precios corrientes)

	1983	1984	1985	1986	1987	1988
Millones de dlr. EUA	−38.283	−30.850	−24.864	−33.459	−47.932	−54.977
% del total	58,7	46,7	35,1	40,5	43,8	40,7

Importaciones (1987): 86.570.000 dlr. EUA (alimentos, bebidas y tabaco 14,3%; manufacturas básicas 9,7%; maquinaria y equipos de transporte 9,1%; combustibles minerales 5,9%; artículos manufacturados varios 4,6%; productos químicos 3,2%). *Principales proveedores:* Japón 16,5%; Reino Unido 5,8%; Alemania federal 3,9%.
Exportaciones (1987): 30.768.000 dlr. EUA (bonito fresco 32,3%; bonito desecado 7,4%; pescado en salazón 3,2%). *Principales clientes:* Japón 3,6%; EUA 2,0%; Suiza 1,0%.

Transportes y comunicaciones

Transportes. Ferrocarriles: n.d. Carreteras: Longitud total, n.d. Vehículos (1987): Automóviles 401; camiones 234. Marina mercante (1988): Barcos (100 toneladas brutas y más) 41; peso muerto total 165.425 toneladas. Transporte aéreo (1985): Pasajeros llegados 123.609; salidos 122.315; mercancía cargada 343 toneladas métricas; descargada 2.391 toneladas métricas; aeropuertos (1989) con vuelos regulares 2.
Comunicaciones. Diarios (1987): Número total 2; circulación total, n.d. Radio (1988): Número total de receptores 22.044 (1 por cada 9,2 personas). Televisión (1988): Número total de televisores 4.640 (1 por cada 44 personas). Teléfonos (1985): 2.485 (1 por cada 75 personas).

Educación y sanidad

Escolaridad (1977). Porcentaje de la población total de 25 años y más: sin escolarización formal o sin aprobar el curso 80,2%; con enseñanza primaria normal 15,1%; secundaria normal 3,9%; postsecundaria 0,1%; superior 0,1%; sin especificar 0,6%. *Alfabetización* (1982): Población total de 15 años y más alfabetizada 62.365 (81,1%); varones alfabetizados 31.896 (80,2%); mujeres alfabetizadas 30.469 (82,0%).
Sanidad (1985): Médicos 23 (1 por cada 7.957 habitantes); camas hospitalarias[5] 121 (1 por cada 1.512 habitantes); tasa de mortalidad infantil por cada 1.000 nacidos vivos (1987) 49,9.
Alimentación (1979-81): Ingesta calórica diaria per cápita 1.983 (productos vegetales 91%, productos animales 9%); 90% de las necesidades mínimas recomendadas por la FAO.

Fuerzas armadas

Personal en servicio activo: Maldivas mantiene una sola fuerza de seguridad, compuesta por unos 700-1.000 hombres, que desempeña labores militares y policiales.

[1] Maldivas está dividida en 19 distritos administrativos correspondientes a grupos de atolones; la disposición que aparece aquí es de norte a sur; el área total excluye 89.702 km² cubiertos por las mareas. [2] A precios de 1985. [3] Principalmente pesca. [4] Las cifras de importación son f.o.b. (franco a bordo) en la balanza comercial y c.i.f. (costo, seguro y flete) para los artículos y asociados comerciales. [5] En establecimientos estatales únicamente.

Malí

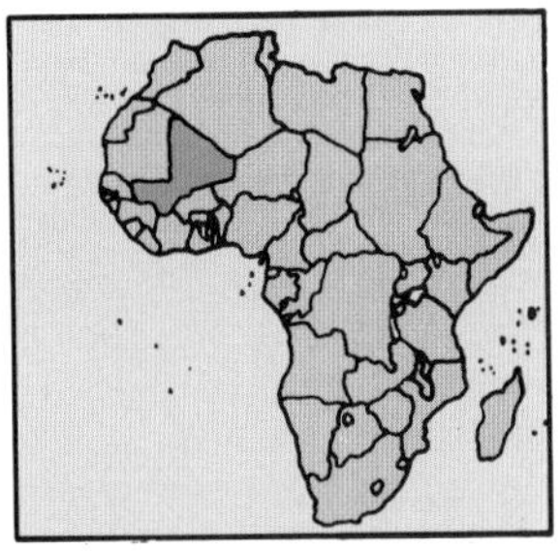

Nombre oficial: República de Malí.
Forma de gobierno: República unitaria unipartidista con una cámara legislativa (Asamblea Nacional).
Jefe del estado y del gobierno: Presidente.
Capital: Bamako.
Lengua oficial: Francés.
Religión oficial: Ninguna.
Moneda: 1 franco CFA (CFAF)[1] = 100 cemtimes; cambio (2 oct. 1989) 1 dlr. EUA = 317,90 CFAF.

Área y población

Regiones	Capitales	área km^2	población censo 1987
Gao	Gao	321.996	383.734
Kayes	Kayes	197.760	1.058.575
Koulikoro	Koulikoro	89.833	1.180.260
Mopti	Mopti	88.752	1.261.383
Ségou	Ségou	56.127	1.328.250
Sikasso	Sikasso	76.480	1.308.828
Tombouctou[2]	Tombouctou	408.977	453.032
Distrito			
Bamako	Bamako	267	646.163
TOTAL		1.240.192	7.620.225

Demografía

Población (1989): 7.911.000.
Densidad (1989): Personas por km^2 6,4.
Índice de urbanización (1987): Urbana 20,3%; rural 79,7%.
Distribución por sexo (1987): Varones 48,99%; mujeres 51,01%.
Estructura por edades (1985): Menos de 15, 46,2%; 15-29, 25,7%; 30-44, 14,9%; 45-59, 8,6%; 60-74, 3,9%; 75 y más, 0,7%.
Proyección demográfica: (2000) 9.535.000; (2010) 11.299.000.
Tiempo de duplicación: 24 años.
Composición étnica (1983): Bambara 31,9%; fulani 13,9%; senoufo 12,0%; soninke 8,8%; tuaregs 7,3%; songhai 7,2%; malinke 6,6%; dogon 4,0%; dyula 2,9%; bobo 2,4%; árabes 1,2%; otros 1,8.
Afiliación religiosa (1983): Musulmanes 90%; creencias tradicionales 9%; cristianos 1%.
Principales ciudades (1987): Bamako 646.163; Ségou 88.877; Mopti 73.979; Sikasso 73.050; Gao 54.874.
Tasa de natalidad por 1.000 habitantes (1989): 49,0 (media mundial 27,1).
Tasa de mortalidad por 1.000 habitantes (1989): 20,0 (media mundial 9,9).
Tasa de crecimiento por 1.000 habitantes (1989): 29,0 (media mundial 17,2).
Esperanza de vida al nacer (1989): Varones 44,0 años; mujeres 47,0 años.
Principales causas de muerte por 100.000 habitantes: n.d.; morbilidad ([casos de enfermedad notificados] porcentaje de todas las enfermedades consignadas; 1985): Paludismo 62,1%; sarampión 10,3%; amebiasis 10,3%; sífilis e infecciones gonocócicas 4,8%; gripe 4,9%.

Economía nacional

Presupuesto (1989). Ingresos: 218.357.000.000 CFAF (1986; impuestos indirectos 35,8%; impuestos directos 16,3%, aranceles 15,4%, arrastre de ingresos de años fiscales anteriores 9,7%). Gastos: 275.491.000.000 CFAF (1986; defensa 18,7%, educación 12,6%, asuntos exteriores 3,3%, comercio y finanzas 2,9%).
Turismo (1987): Ingresos por visitantes 16.000.000 dlr. EUA; gastos de nacionales en el exterior 25.000.000 dlr. EUA.
Producción (toneladas métricas, excepto cuando se indique). Agricultura, silvicultura, pesca (1988): Mijo 1.276.000, verduras 245.000, caña de azúcar 220.000, maíz 211.000, arroz 190.000, semillas de algodón 187.000, algodón para siembra 142.000, mandioca 73.000, lino 71.000, cacahuates 60.000, legumbres 57.000, batatas o camotes 57.000, ñame 13.000, frutas 12.000, trigo 2.000, tabaco 1.000; ganadería (número de animales vivos): 5.500.000 ovejas, 5.500.000 cabras, 4.738.000 reses, 550.000 burros, 241.000 camellos, 62.000 caballos, 60.000 cerdos, 15.000.000 pollos; madera (1987) 5.201.000 m^3; pesca, capturas (1987) 55.702. Minas y canteras (1987): Piedra caliza 25.000, sal 3.000, oro 700 kg. Industria manufacturera (1988): Fibra de algodón 70.000[3]; carne de vaca y ternera 65.000, bebidas refrescantes 43.700[4], carne de cabra, conejo y cordero 26.000, cemento 26.000, azúcar 20.000, cuero 10.000, melaza 8.400, cerveza 9.500[5] hectólitros. Construcción, n.d. Producción energética (consumo): Electricidad (kwh; 1987) 204.000.000 (204.000.000); carbón, no produce (n.d.); petróleo crudo, no produce (n.d.); productos petrolíferos (1987), no produce (121.000); gas natural, no produce (n.d.).
Producto nacional bruto (a precios corrientes de mercado; 1987): 1.576.000.000 dlr. EUA (200 dlr. EUA per cápita).

Estructura del producto nacional bruto y de la población activa

	1986 Valor (000.000.000 CFAF)	1986 % del valor total	1985 Población activa	1985 % de la pobl. activa
Agricultura	281,5	55,3	2.174.000	83,7
Minería	7,7	1,5		
Industria	40,1	7,9		
Construcción	22,8	4,5	60.000	2,3
Servicios públicos	6,7	1,3		
Transportes y comunicaciones	24,0	4,7		
Comercio	66,4	13,0		
Finanzas	8,2	1,6	364.000	14,0
Administración pública, defensa	42,1	8,3		
Servicios	—	—		
Otros	9,6	1,9		
TOTAL	509,1	100,0	2.598.000	100,0

Deuda pública (externa, pendiente; 1988): 2.100.000.000 dlr. EUA.
Población económicamente activa (1985): Total 2.598.000; tasa de actividad de la población total 32,1% (tasas de participación: 15-64 años 42,6%; mujeres 16,8%; desempleados 1,3%).

Comercio exterior

Balanza comercial (precios corrientes)

	1983	1984	1985	1986	1987	1988
Miles mill. CFAF	−71,7	−71,5	−131,7	−100,5	−70,2	−79,0
% del total	36,3	28,6	45,4	41,4	31,0	33,0

Importaciones (1988): 159.000.000.000 dlr. EUA (maquinaria, aperos y equipos de transporte 26,8%; productos petrolíferos 16,5%; productos alimenticios 13,1%; materiales de construcción 9,4%; productos químicos y farmacéuticos 8,2%). *Principales proveedores* (1987): Francia 24,7%; Costa de Marfil 21,8%; Alemania federal 7,7%; Italia 5,0%; Senegal 4,2%; España 3,6%; Países Bajos 3,5%; Bélgica y Luxemburgo 2,7%; EUA 2,3%; Hong Kong 2,3%.
Exportaciones (1988): 80.100.000.000 dlr. EUA (1986; algodón crudo y productos de algodón 36,8%; animales vivos 25%; cacahuates 3,8%; pescado salado, desecado y ahumado 1,9%). *Principales clientes* (1986): Francia 11,2%; Reino Unido 9,5%; Alemania federal 7,7%; Marruecos 7,6%; Bélgica-Luxemburgo 5,7%; Argelia 5,7%; Portugal 5,6%; España 5,0; Países Bajos 4,4%; Reunión 4,1%; Túnez 3,1%.

Transportes y comunicaciones

Transportes. Ferrocarriles (1987): Longitud de vías 646 km; pasajeros-km 772.765.000; carga toneladas métricas-km 429.334.000. Carreteras (1987): Longitud total 18.000 km (pavimentadas 8%). Vehículos (1987): Automóviles 29.436; camiones y autobuses 7.556. Marina mercante: Barcos (100 toneladas brutas y más), ninguno. Transporte aéreo (1983): Pasajeros-km 110.000.000; carga toneladas métricas-km 600.000; aeropuertos (1989) con vuelos regulares 2.
Comunicaciones. Diarios (1988): Número total 1; circulación total (1985) 40.000; circulación por 1.000 habitantes (1985) 4,9. Radio (1988): Número total de receptores 132.515 (1 por cada 59 personas). Televisión (1988): Número total de televisores 900 (1 por cada 8.642 personas). Teléfonos (1986): 13.000 (1 por cada 580 personas).

Educación y sanidad

Escolaridad (1976). Porcentaje de la población total de 25 años y más: Sin escolarización formal 95,4%; con enseñanza primaria 3,8%; secundaria 0,6%; postsecundaria y superior 0,2%. *Alfabetización* (1980): Población total de 15 años y más alfabetizada 361.800 (10,1%); varones alfabetizados 329.200 (18,6%); mujeres alfabetizadas 32.600 (1,8%).
Sanidad (1983): Médicos 349 (1 por cada 20.474 habitantes); camas hospitalarias 4.215 (1 por cada 1.695 habitantes); tasa de mortalidad infantil por cada 1.000 nacidos vivos (1989) 159.
Alimentación (1984-86): Ingesta calórica diaria per cápita 2.021 (productos vegetales 93%, productos animales 7%); 68% de las necesidades mínimas recomendadas por la FAO.

Fuerzas armadas

Personal en servicio activo (1989): 7.300 (ejército 94,5%, fuerza aérea 5,5%).
Presupuesto de defensa en porcentaje del PNB (1985): 2,5% (mundo 5,7%); gasto per cápita 5 dlr. EUA.

[1] En junio de 1984, el franco de Malí (MF) fue sustituido por el franco CFA a razón de 1 franco CFA = 2 francos de Malí; puede que los datos anteriores a dicha fecha estén consignados en francos de Malí. [2] Se estima que la región de Tombouctou es la diferencia entre el área total consignada y el resto de las regiones. [3] 1986. [4] 1985. [5] 1983. [6] Zonas urbanas, estimadas.

Malta

Nombre oficial: República de Malta.
Forma de gobierno: República unitaria multipartidista con una cámara legislativa (Cámara de Representantes).
Jefe del estado: Presidente.
Jefe del gobierno: Primer ministro.
Capital: La Valletta.
Lengua oficial: Maltés, inglés.
Religión oficial: Católica.
Moneda: 1 lira maltesa (Lm) = 100 cents = 1.000 mils, cambio[1] (2 oct. 1989) 1 Lm = 2,86 dlr. EUA.

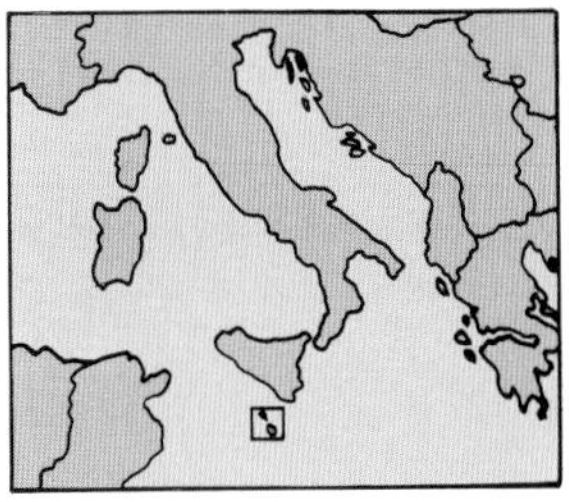

Área y población

Regiones de empadronamiento[3]	área km²	población estimada[2] 1988
Gozo y Comino	70	25.162
Inner Harbour	15	101.043
Northern	78	32.083
Outer Harbour	32	99.320
South Eastern	53	43.179
Western	69	44.849
TOTAL	316[4]	345.636

Demografía

Población (1989): 349.000.
Densidad (1989): Personas por km² 1.104,4.
Índice de urbanización (1985): Urbana 85,3%; rural 14,7%.
Distribución por sexo (1989): Varones 49,29%; mujeres 50,71%.
Estructura por edades (1988): Menos de 15, 23,9%; 15-29, 22,5%; 30-44, 24,2%; 45-59, 14,9%; 60-74, 10,6%; 75 y más, 3,9%.
Proyección demográfica: (2000) 368.000; (2010) 380.000.
Tiempo de duplicación: 98 años.
Composición étnica (1980): Malteses 95,7%; británicos 2,1%; otros 2,2%.
Afiliación religiosa (1980): Católicos 97,3%; anglicanos 1,2%; otros 1,5%.
Principales ciudades (1988): Birkirkara 20.490; Qormi 18.586; Hamrun 13.632; Sliema 13.604; La Valletta 9.239.
Tasa de natalidad por 1.000 habitantes (1987): 15,4 (media mundial 27,1).
Tasa de mortalidad por 1.000 habitantes (1987): 8,4 (media mundial 9,9).
Tasa de crecimiento por 1.000 habitantes (1987): 7,0 (media mundial 17,2).
Esperanza de vida al nacer (1987): Varones 72,5 años; mujeres 77,0 años.
Principales causas de muerte por 100.000 habitantes (1987): Enfermedades cardiovasculares 533,2; neoplasias malignas (cánceres) 155,8; enfermedades del sistema respiratorio 46,8; endocrinas, nutricionales y metabólicas de la sangre y de la hemopoyesis 21,5; accidentes, intoxicaciones y actos de violencia 18,0; enfermedades gastrointestinales 16,8.

Economía nacional

Presupuesto (1988). Ingresos: 254.492.000 Lm (seguro nacional y contribuciones del Banco Central 53,2%; aranceles e impuestos de consumo 21,5%; impuestos sobre la renta 18,4%; licencias y tarifas 4,8%). Gastos: 223.540.000 Lm (beneficios del seguro nacional 32,1%; sanidad 11,8%; educación 9,9%; defensa 4,0%; servicio de la deuda 3,1%).
Turismo (1987): Ingresos por visitantes 363.000.000 dlr. EUA; gastos de nacionales en el exterior 102.000.000 dlr. EUA.
Producción (valor añadido en Lm, excepto cuando se indique). Agricultura, silvicultura, pesca (1983): Verduras 7.912.000 (de las que 2.751.000 corresponden a tomates, 387.000 a melones y 223.000 a cebollas), cereales 2.417.000 (de las que 929.000 corresponden a trigo y 333.000 a cebada), frutas 1.900.000 (de las que 731.000 corresponden a cítricos y 553.000 a cerezas), papas o patatas 1.617.000; ganadería (número de animales vivos; 1988): 95.000 cerdos, 9.000 reses, 5.000 ovejas, 1.000.000 pollos; pesca, capturas (1987) 1.003. Minas y canteras (1986): Canteras 869.400. Industria manufacturera (1986): Textiles y accesorios del vestido 38.973.000, de las que 30.319.200 corresponden a ropa, 3.964.600 a textiles y 4.689.300 a calzado; maquinaria y equipos de transporte 25.902.900; alimentos y bebidas 24.949.800; impresos y publicaciones 8.539.500; madera, corcho y muebles 5.364.000; tabaco y derivados 3.729.800; plásticos 2.141.500; productos químicos 1.873.100. Construcción (1986) 13.549.300. Producción energética (consumo): Electricidad (kwh; 1987) 944.000.000 (944.000.000); carbón (toneladas métricas; 1987), no produce (182.000); petróleo crudo, no produce (n.d.); productos petrolíferos (toneladas métricas; 1985), no produce (301.000); gas natural, no produce (n.d.).
Producto nacional bruto (1987): 1.444.000.000 dlr. EUA (4.010 dlr. EUA per cápita).

Estructura del producto nacional bruto y de la población activa

1987	Valor (000 Lm)	% del valor total	Población activa	% de la pobl. activa
Agricultura	21.429	4,3	3.203	2,5
Industria	136.427	27,5	35.857	28,1
Minería }	21 051	4,3	887	0,7
Construcción }			5.849	4,6
Servicios públicos	5	5	1.866	1,5
Transportes y comunicaciones	30.204	6,1	8.952	7,0
Comercio	70.847	14,3	11.984	9,4
Finanzas	62.782	12,7	4.49	3,3
Administración pública, defensa	110.981[5]	22,4[5] }	49.094	38,5
Servicios	41.729	8,4 }		
Otros	—	—	5.630	4,4
TOTAL	495.450	100,0	127.551[6]	100,0[6]

Deuda pública (1986): 164.138.000 dlr. EUA.
Población económicamente activa (1987): Total 127.551; tasa de actividad de la población total 37,0% (tasas de participación: 15-64 años, n.d.; mujeres 24,9%; desempleados 4,4%).

Comercio exterior[7]

Balanza comercial (precios corrientes)

	1983	1984	1985	1986	1987	1988
Millones Lm	−128,1	−149,1	−114,1	−167,6	−184,3	−168,1
% del total	28,9	29,1	21,8	31,7	30,6	26,3

Importaciones (1988): 447.247.000 Lm (artículos manufacturados, maquinaria y equipos de transporte 47,3%, del que el 37,2% corresponde a maquinaria y equipos de transporte; artículos semifacturados 23,4%; alimentos y animales vivos 10,4%; productos y derivados químicos 7,8%; combustibles minerales 4,5%; materiales no combustibles 2,0%; bebidas y tabacos 2,0%). *Principales proveedores:* Italia 22,3%; Reino Unido 17,9%; Alemania federal 14,8%; EUA 9,5%; Francia 5,0%; Países Bajos 2,9%; Australia 0,4%.
Exportaciones (1988): 235.921.000 Lm (artículos manufacturados, maquinaria y equipos de transporte 76,2%, del que 35,5% corresponde a maquinaria y equipos de transporte; artículos semielaborados 10,6%; reexportaciones 7,9%; alimentos y animales vivos 2,1%; bebidas y tabacos 1,1%; productos y derivados químicos 1,1%, materiales no combustibles 0,8%). *Principales clientes:* Alemania federal 27,1%; Reino Unido 13,2%; EUA 11,2%; Libia 6,2%; Bélgica 3,1%.

Transportes y comunicaciones

Transportes. Ferrocarriles: Ninguno. Carreteras (1987): Longitud total 1.385 km (pavimentadas 93%). Vehículos (1987): Automóviles 86.298; camiones y autobuses 18.546. Marina mercante (1988): Barcos (100 toneladas brutas y más) 356; peso muerto total 4.518.532 toneladas. Transporte aéreo (1987): Pasajeros-km 636.000.000; carga toneladas métricas-km 5.184.000; aeropuertos (1989) con vuelos regulares 1.
Comunicaciones. Diarios (1989): Número total 3; circulación total 67.000; circulación por 1.000 habitantes 192. Radio (1988): Número total de receptores 106.704 (1 por cada 3,2 personas). Televisión (1988): Número total de televisores 131.957 (1 por cada 2,6 personas). Teléfonos (1988): 162.770 (1 por cada 2,1 personas).

Educación y sanidad

Escolaridad, n.d. *Alfabetización* (1985): Población total de 15 años y más alfabetizada 250.419 (96%); varones alfabetizados 121.899 (96,2%); mujeres alfabetizadas 128.520 (95,9%).
Sanidad (1988): Médicos 710 (1 por cada 489 habitantes); camas hospitalarias 3.217 (1 por cada 108 habitantes); tasa de mortalidad infantil por cada 1.000 nacidos vivos (1987) 7,3.
Alimentación (1984-86): Ingesta calórica diaria per cápita 2.878 (productos vegetales 72%, productos animales 28%); 103% de las necesidades mínimas recomendadas por la FAO.

Fuerzas armadas

Personal en servicio activo (1988): 751 (ejército 100%). *Presupuesto de defensa en porcentaje del PNB* (1987): 1,5% (mundo 5,4%); gasto per cápita 70 dlr. EUA.

[1]La lira maltesa está vinculada a las monedas de varios asociados comerciales principales. [2]1 de enero. [3]Malta carece de subdivisiones administrativas de primer orden; los datos consignados corresponden a las regiones censales. [4]El desglose no se corresponde con el total a causa del redondeo. [5]Administración pública y defensa incluyen servicios públicos. [6]Únicamente desempleados. [7]Los datos de importaciones son f.o.b. (franco a bordo) en la balanza comercial y los de la exportación son c.i.f. (costo, seguro, flete) para artículos y asociados comerciales.

Marruecos

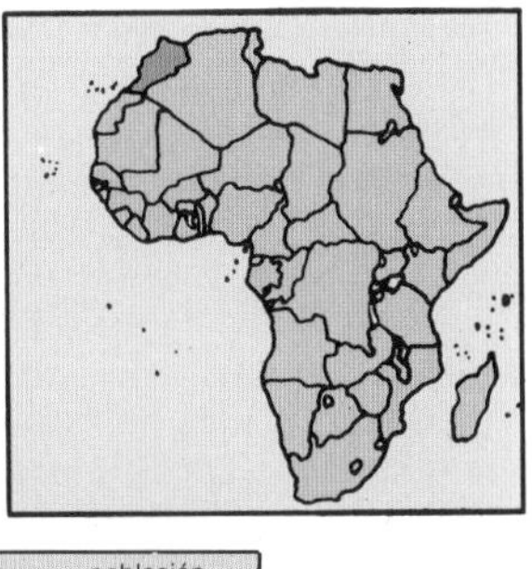

Nombre oficial: Reino de Marruecos.
Forma de gobierno: Monarquía constitucional con una cámara legislativa (Cámara de Representantes).
Jefe del estado: Rey.
Jefe del gobierno: Primer ministro.
Capital: Rabat.
Lengua oficial: Árabe.
Religión oficial: Islámica.
Moneda: 1 dirham marroquí (DH) = 100 francos marroquíes; cambio (2 oct. 1989) 1 dlr. EUA = 8,46 DH.

Área y población[1]

Provincias	Capitales	área km²	población estimada 1985
Agadir	Agadir	5.910	700.000
Alhucemas	Alhucemas	3.550	347.000
Azilal	Azilal	10.050	412.000
Béni Mellal	Béni Mellal	7.075	812.000
Ben Slimane	Ben Slimane	2.760	193.000
Boulemane	Boulemane	14.395	145.000
Essaouira	Essaouira	6.335	421.000
Fez	Fez	5.400	933.000
Figuig	Figuig	55.990	108.000
Guelmim	Guelmim	28.750	150.000
Ifrane	Ifrane	3.310	111.000
al-Jadida	al-Jadida	6.000	863.000
al-Kelaa des Srarhna	al-Kelaa Srarhna	10.070	644.000
Kénitra	Kénitra	4.745	833.000
Khémisset	Khémisset	8.305	447.000
Khénifra	Khénifra	12.320	411.000
Khouribga	Khouribga	4.250	501.000
Marrakech	Marrakech	14.755	1.425.000
Meknés	Meknés	3.995	704.000
Nador	Nador	6.130	704.000
Ouarzazate	Ouarzazate	41.550	603.000
Oujda	Oujda	20.700	895.000
al-Rachidia	al-Rachidia	59.585	472.000
Safi	Safi	7.285	793.000
Settat	Settat	9.750	757.000
Sidi Kacem	Sidi Kacem	4.060	569.000
Tánger	Tánger	1.195	509.000
Tan-Tan	Tan-Tan	17.295	54.000
Taounate	Taounate	5.585	581.000
Taroudannt	Taroudannt	16.460	621.000
Tata	Tata	25.925	107.000
Taza	Taza	15.020	679.000
Tetuán	Tetuán	6.025	800.000
Tiznit	Tiznit	6.960	353.000
Xauen (Chefchaouen)	Xauen (Chefchaouen)	4.350	343.000
Prefecturas			
Ain Chok-Hay Hassani	—	1.615	375.000
Ain Sebaa-Hay Mohammadi	—		509.000
Ben Msik-Sidi Othmane	—		813.000
Casablanca-Anfa	—		1.019.000
Mohammadia-Znata	—		188.000
Rabat	—	1.275	610.000
Salé	—		513.000
Skhirate-Temara	—		164.000
TOTAL		458.730	23.191.000

Demografía

Población (1989): 24.530.000[1].
Densidad (1989)[1]: Personas por km² 53,5.
Índice de urbanización (1987)[1]: Urbana 44,8%; rural 55,2%.
Distribución por sexo (1987)[2]: Varones 50,0%; mujeres 49,90%.
Estructura por edades (1987): Menos de 15, 41,2%; 15-29, 28,6%; 30-44, 14,8%; 45-59, 9,4%; 60-74, 4,3%; 75 y más 1,7%.
Proyección demográfica: (2000) 31.407.000; (2010) 36.973.000.
Tiempo de duplicación: 27 años.
Composición étnica (1983): Árabes-beréberes 99,5%; otros 0,5%.
Afiliación religiosa (1982): Musulmanes (principalmente sunníes) 98,7%; cristianos 1,1%.
Principales ciudades (1984): Casablanca 2.600.000; Fez 852.000; Rabat 556.000.
Tasa de natalidad por 1.000 habitantes (1985-90): 35,3 (media mundial 27,1).
Tasa de mortalidad por 1.000 habitantes (1985-90): 9,7 (media mundial 9,9).
Tasa de crecimiento por 1.000 habitantes (1985-90): 25,6 (media mundial 17,2).
Esperanza de vida al nacer (1985-90): Varones 59,1 años; mujeres 62,5 años.
Principales causas de muerte (porcentaje de muertes totales; 1985)[3]: Enfermedades cardiovasculares 16,1%; enfermedades infecciosas y parasitarias 11,2%; accidentes 9,6%; enfermedades infantiles 8,1%.

Economía nacional

Presupuesto (1989). Ingresos: 67.662.000.000 DH (impuestos indirectos 43,7%, impuestos directos 29,4%, aranceles 21,8%). Gastos: 74.627.000.000 DH (administración 46,0%, servicio de la deuda 26,7%, inversiones 18,6%).
Turismo (1987): Ingresos 1.000.000.000 dlr. EUA; gastos 100.000.000 dlr. EUA.
Producción (toneladas métricas, excepto cuando se indique). Agricultura, silvicultura, pesca (1987): Remolacha azucarera 2.750.000, trigo 2.427.000, cebada 1.543.000, naranjas 656.000, papas o patatas 560.000; ganadería (número de animales vivos): 16.135.660 ovejas, 5.806.900 cabras, 3.177.540 reses; madera 2.030.000 m³; pesca, capturas 491.000. Minas y canteras (1987): Roca fosfática 21.300.000; mineral de hierro 210.200; barita 143.500; sal 118.800. Industria manufacturera (1987): Cemento 3.982.000; productos de trigo 2.202.900; azúcar refinado 685.880; alfombras 1.666.036 m². Construcción (valor añadido en DH; 1987): 6.853.547.000. Producción energética (consumo): Electricidad (kwh; 1987) 7.120.000.000 (7.120.000.000); carbón (1987) 760.000 (1.570.000); petróleo crudo (barriles; 1987) 182.400 (33.894.000); productos petrolíferos (1987) 3.976.000 (4.177.000); gas natural (m³; 1987) 86.107.000 (86.107.000).
Producto nacional bruto (1987): 14.213.000.000 dlr. EUA (620 dlr. EUA per cápita).

Estructura del producto nacional bruto y de la población activa

	1987		1982	
	Valor (000.000 DH)	% del valor total	Población activa	% de la pobl. activa
Agricultura	23.991,6	16,5	2.351.629	39,2
Minería	4.812,3	3,3	63.360	1,1
Industria	35.662,7	24,5	930.615	15,5
Construcción	7.370,4	5,1	437.464	7,3
Servicios públicos	4.270,8	2,9	22.465	0,4
Transportes y comunicaciones	10.352,9	7,1	140.981	2,3
Comercio	24.448,0	16,8	498.130	8,3
Finanzas	4.808,0	3,3		
Administración pública, defensa	17.711,0	12,2	532.803	8,9
Servicios	16.658,0	11,4	474.109	7,9
Otros	−4.533,0	−3,1	547.704[4]	9,1[4]
TOTAL	145.552,7	100,0	5.999.260	100,0

Deuda pública (externa, pendiente; 1987): 18.468.000.000 dlr. EUA.
Población económicamente activa (1982): Total 5.999.260; tasa de actividad de la población total 29,6% (tasas de participación: 15-64 años, 48,9%; mujeres 19,7%; desempleados 10,7%).

Comercio exterior[5]

Balanza comercial (precios corrientes)

	1983	1984	1985	1986	1987	1988
Millones DH	−8.173	−12.190	−13.454	−9.201	−8.707	−6.035
% del total	22,2	24,2	23,6	17,1	15,7	9,3

Importaciones (1987): 35.270.700.000 DH (bienes de capital 20,9%; petróleo crudo 15,1%; artículos de consumo 11,6%; alimentos, bebidas y tabaco 11,3%; sulfuro 5,9%). *Principales proveedores:* Francia 21,8%; EUA 9,1%; España 8,8%.
Exportaciones (1987): 23.390.000.000 DH (alimentos, bebidas y tabaco 27,1%; fosfatos 13,2%; ácido fosfático 15,3%; ropa 10,0%). *Principales clientes:* Francia 29,5%; España 6,8%; Alemania federal 6,2%; India 5,5%.

Transportes y comunicaciones

Transportes. Ferrocarriles (1987): Longitud de vías 1.893 km; pasajeros-km 2.069.000.000; carga toneladas métricas-km 4.725.000.000. Carreteras (1987): Longitud total 59.171 km (pavimentadas 47%). Vehículos (1987): Automóviles 554.059; camiones y autobuses 255.149. Marina mercante (1988): Barcos (100 toneladas brutas y más) 335; peso muerto total 595.015 toneladas. Transporte aéreo (1987): Pasajeros-km 2.218.181.000; carga toneladas métricas-km 50.931.000; aeropuertos (1989) 15.
Comunicaciones. Diarios (1987): Número total 11; circulación total 305.000[6]; circulación por 1.000 habitantes 13,8. Radio (1988): Número total de receptores 4.395.059 (1 por cada 5,4 personas). Televisión (1987): Número total de televisores 1.206.000 (1 por cada 19,2 personas). Teléfonos (1987): 342.740 (1 por cada 68 personas).

Educación y sanidad

Escolaridad (1982). Porcentaje de la población total de 25 años y más; sin educación formal 47,8%; con enseñanza primaria parcial 47,8%; secundaria parcial 3,8%; superior 0,6%; sin especificar 2,3%. *Alfabetización* (1980): Población total de 15 años y más alfabetizada 70,7%; varones alfabetizados 82,4%; mujeres alfabetizadas 58,7%.
Sanidad (1987): Médicos 4.908 (1 por cada 4.725 habitantes); camas hospitalarias 25.254[7] (1 por cada 918 habitantes); tasa de mortalidad infantil por cada 1.000 nacidos vivos (1985-90) 82,0.
Alimentación (1984-86): Ingesta calórica diaria per cápita 2.863 (productos vegetales 93%, productos animales 7%); (1984) 118% de las necesidades mínimas recomendadas por la FAO.

Fuerzas armadas

Personal en servicio activo (1989): 192.500 (ejército 88,3%, armada 3,4%, fuerza aérea 8,3%). *Presupuesto de defensa en porcentaje del PNB* (1987): 7,1% (mundo 5,4%); gasto per cápita 46 dlr. EUA.

[1] Excluye Sahara occidental. [2] Incluye Sahara occidental. [3] Unicamente población urbana. [4] Unicamente desempleados sin empleo previo. [5] Las cifras de importación son f.o.b. en la balanza comercial y c.i.f. para los artículos y asociados comerciales. [6] Para 8 periódicos sólo. [7] Únicamente hospitales públicos.

Mauricio

Nombre oficial: Mauricio.
Forma de gobierno: Monarquía constitucional con una cámara legislativa (Asamblea Legislativa).
Jefe del estado: Monarca británico representado por el gobernador general.
Jefe del gobierno: Primer ministro.
Capital: Port Louis.
Lengua oficial: Inglés.
Religión oficial: Ninguna.
Moneda: 1 rupia mauriciana (Mau Re; plural Mau Rs) = 100 cents; cambio (2 oct. 1989) 1 dlr. EUA = 15,53 Mau Rs.

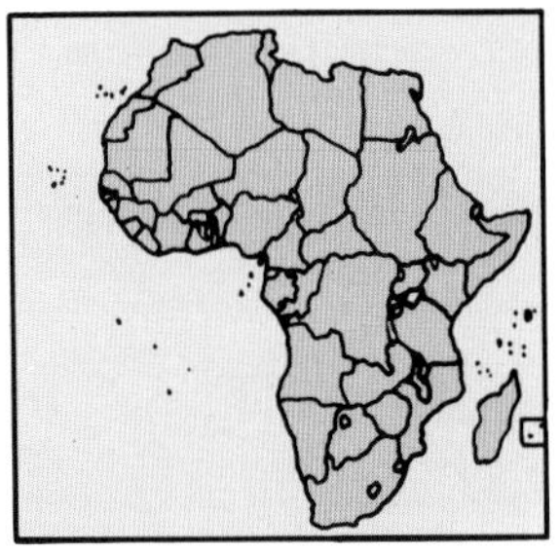

Área y población

Islas / Distritos	área km^2	población estimada[1] 1988
Mauricio	1.865	1.019.624
Black River	259	40.124
Flacq	298	115.842
Grand Port	260	98.915
Moka	231	65.021
Pamplemousses	179	96.834
Plaines Wilhems	203	314.111
Port Louis	43	139.038
Rivière du Rampart	148	87.050
Savanne	245	62.689
Rodrigues	104	36.743
Agelega } Saint Brandon }	71	500
TOTAL	2.040[2]	1.056.867

Demografía

Población (1989): 1.061.000.
Densidad (1989): Personas por km^2 520,1.
Índice de urbanización (1988)[3]: Urbana 41,2%; rural 58,8%.
Distribución por sexo (1988): Varones 50,09%; mujeres 49,91%.
Estructura por edades (1987)[3]: Menos de 15, 30,6%; 15-29, 30,3%; 30-44, 20,8%; 45-59, 10,6%; 60-74, 6,3%; 75 y más, 1,4%.
Proyección demográfica: (2000) 1.177.000; (2010) 1.294.000.
Tiempo de duplicación: 60 años.
Composición étnica (etnolingüística; 1983): Criollos 55,5%; indios 39,6%; europeos 3,8%; chinos 0,6%; otros 0,5%.
Afiliación religiosa (1983)[3]: Hindúes 52,5%; católicos 25,7%; musulmanes 12,9%; protestantes 4,4%; budistas 0,4%; otros 4,1%.
Principales ciudades (1988): Port Louis 139.038; Beau Bassin-Rose Hill 93.016; Curepipe 64.687; Quatre Bornes 64.668; Vacoas-Phoenix 55.464.
Tasa de natalidad por 1.000 habitantes (1987): 18,2 (media mundial 27,1).
Tasa de mortalidad por 1.000 habitantes (1987): 6,6 (media mundial 9,9).
Tasa de crecimiento por 1.000 habitantes (1987): 11,6 (media mundial 17,2).
Esperanza de vida al nacer (1982-84): Varones 64,4 años; mujeres 71,2 años.
Principales causas de muerte por 100.000 habitantes (1987): Enfermedades cardiovasculares 289,7; enfermedades del sistema respiratorio 50,4; neoplasias malignas (cánceres) 53,8; lesiones e intoxicación 48,6.

Economía nacional

Presupuesto (1987-88): Ingresos: 6.120.000.000 Mau Rs (ingresos por impuestos 72,8%, del que el 43,8% corresponde a derechos de importación y del timbre y el 9,9% a derechos de exportación; impuestos sobre la renta 11,2%). Gastos: 5.745.000.000 Mau Rs (servicio de la deuda pública 40,7%; servicios sociales 29,5%, del que el 12,5% corresponde a educación, artes y cultura, el 8,7% a seguridad social y el 7,3% a sanidad).
Turismo (1987): Ingresos por visitantes 138.000.000 dlr. EUA; gastos de nacionales en el exterior 51.000.000 dlr. EUA.
Producción (toneladas métricas, excepto cuando se indique). Agricultura, silvicultura, pesca (1987): Caña de azúcar 6.231.000, té verde 39.917, papas o patatas 15.535, plátanos 7.920, té negro 7.000, tomates 6.825, maíz 3.865, coles 3.000, cebollas 2.000, cacahuates 2.000, tabaco 903; ganadería (número de animales vivos): 95.000 cabras, 38.000 reses, 10.000 cerdos, 7.000 ovejas; madera 33.000 m^3; pesca, capturas 18.004. Industria manufacturera (valor añadido en millones de Mau Rs; 1986): Textiles, vestido y calzado 1.241; alimentos elaborados (incluyendo azúcar) 665; bebidas alcohólicas, no alcohólicas y tabaco 162; productos y derivados químicos 144; productos metálicos 109. Construcción (1987): Residencial 363.000 m^2; no residencial 205.000 m^2. Producción energética (consumo): Electricidad (kwh; 1986) 518.000.000 (518.000.000); carbón (1986), no produce (56.000); petróleo crudo, no produce (sin consumo); productos petrolíferos (1986), no produce (232.000); gas natural, no produce (sin consumo).
Producto nacional bruto (a precios corrientes de mercado; 1987): 1.524.000.000 dlr. EUA (1.470 dlr. EUA per cápita).

Estructura del producto nacional bruto y de la población activa

	1988			
	Valor (000.000 Mau Rs[4])	% del valor total	Población activa[5]	% de la pobl. activa
Agricultura	2.852	13,6	44.800	17,1
Minería	27	0,1	200	0,1
Industria	5.533	26,3	104.600	40,0
Construcción	1.080	5,1	9.000	3,5
Servicios públicos	510	2,4	3.600	1,4
Transportes y comunicaciones	2.280	10,8	10.500	4,0
Comercio	3.120	14,8	12.700	4,9
Finanzas	2.648	12,6	—	—
Administración pública, defensa	2.125	10,1 }	55.200	21,1
Servicios	890	4,2 }		
Otros	—	—	20.700	7,9
TOTAL	21.065	100,0	261.300	100,0

Deuda pública (externa, pendiente; 1987): 545.000.000.
Población económicamente activa (1987): Total 426.400; tasa de actividad de la población total 42,9% (tasas de participación: 15-64 años 69,8%; mujeres 34,2%; desempleados 11,0%).

Comercio exterior[6]

Balanza comercial (precios corrientes)

	1982	1983	1984	1985	1986	1987
Millones Mau Rs	−330,0	−161,6	−482,8	−1.101,8	310,5	−1.438,0
% del total	4,0	1,8	4,5	7,3	1,7	6,2

Importaciones: (1987): 13.042.000.000 Mau Rs (artículos manufacturados clasificados principalmente por material 40,0%, maquinaria y equipos de transporte 22,1%, alimentos 11,3%, combustibles minerales y lubricantes 7,5%, productos químicos 6,4%, materiales crudos no comestibles excluyendo combustibles 3,1%, aceites y grasas animales y vegetales 1,1%). *Principales proveedores:* Francia 13,0%; Japón 9,8%; Sudáfrica 8,5%; Reino Unido 8,1%; Hong Kong 6,3%; Alemania federal 5,6%; China 5,3%.
Exportaciones (1987): 11.604.000.000 Mau Rs (ropa 48,1%, azúcar 37,1%, relojes de pulsera y pared 2,9%, diamantes y gemas sintéticas 1,6%, hilados textiles y tejidos 1,2%, pescado y derivados 1,1%, té 0,8%). *Principales clientes:* Reino Unido 35,0%; Francia 26,5%; EUA 14,6%; Alemania federal 7,8%; Italia 2,5%; Canadá 2,4%; Reunión 2,3%.

Transportes y comunicaciones

Transportes. Ferrocarriles: Ninguno. Carreteras (1986): Longitud total 1.783 km (pavimentadas 92%). Vehículos (1987): Automóviles 24.365; camiones y autobuses 6.178. Marina mercante (1988): Barcos (100 toneladas brutas y más) 33; peso muerto total 223.422 toneladas. Transporte aéreo (1987): Pasajeros-km 1.179.364.000; carga toneladas métricas-km 141.560.000; aeropuertos (1989) con vuelos regulares 2.
Comunicaciones. Diarios (1988): Número total 8; circulación total 90.000; circulación por 1.000 habitantes 86. Radio (1988): Número total de receptores 250.948 (1 por cada 4,2 personas). Televisión (1988): Número total de televisores 128.111 (1 por cada 8,2 personas). Teléfonos (1987): 66.883[3] (1 por cada 15 personas).

Educación y sanidad

Escolaridad (1983). Porcentaje de la población total de 25 años y más: sin enseñanza formal 24,4%; con enseñanza primaria incompleta 28,1%; con enseñanza primaria 23,2%; con enseñanza secundaria incompleta 13,1%; con enseñanza secundaria 7,7%; superior 3,6%; otros 0,1%. *Alfabetización* (1983)[3]: Población total de 15 años y más alfabetizada 501.262 (81,8%); varones alfabetizados 267.835 (89,0%); mujeres alfabetizadas 233.427 (74,8%).
Sanidad (1987): Médicos 801 (1 por cada 784 habitantes); camas hospitalarias 2.857 (1 por cada 364 habitantes); tasa de mortalidad infantil por cada 1.000 nacidos vivos 23,7.
Alimentación (1987): Ingesta calórica diaria per cápita 2.680 ([1984-86] productos vegetales 89%, productos animales 11%); (1984) 121% de las necesidades mínimas recomendadas por la FAO.

Fuerzas armadas

Personal en servicio activo: Ninguno; sin embargo, la seguridad interna está garantizada por una unidad especial de policía móvil integrada por 800 hombres. *Presupuesto de defensa en porcentaje del PNB* (1987): 0,8% (mundo 5,4%); gasto per cápita 3 dlr. EUA.

[1] 1 de enero. [2] El desglose no se corresponde con el total a causa del redondeo. [3] Isla de Mauricio únicamente. [4] A costo de factor. [5] Personas empleadas en establecimientos con 10 o más empleados en nómina. [6] Las cifras de importación son f.o.b. (franco a bordo) en la balanza comercial y c.i.f. (costo, seguro y flete) para los artículos y asociados comerciales.

Mauritania

Nombre oficial: República Islámica de Mauritania.
Forma de gobierno: Régimen militar.
Jefe del estado y del gobierno: Presidente, asistido por el Comité Militar de Salvación Nacional.
Capital: Nouakchott.
engua oficial: Árabe; francés.
Religión oficial: Islámica.
Moneda: 1 ouguiya mauritano (UM) = 5 khoums; cambio (2 oct. 1989) 1 dlr. EUA = 83,62 UM.

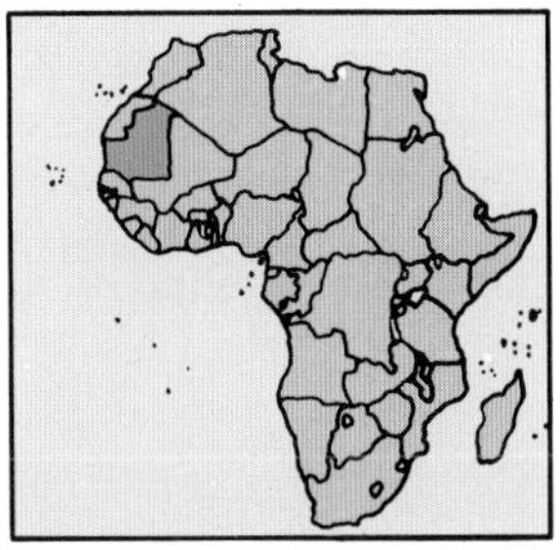

Área y población

Regiones	Capitales	área km²	población estimada[1] 1987
Adrar	Atar	36.000	160.000
al-Asaba	Kifa	215.300	70.000
Brakna	Aleg	37.100	169.000
Dahkiet Nouadhibou	Nouadhibou	30.000	33.000
Gorgol	Kaédi	14.000	188.000
Guidimaka	Selibaby	10.000	115.000
Hodh al-Chargui	Néma	166.000	267.000
Hodh al-Gharbi	'Ayoun el-Atroûs	57.000	140.000
Tagant	Tidjikdja	93.000	80.000
Thchiri	Akjoujt	49.000	26.000
Tiris Zemmour	Fdérik	255.300	37.000
Trarza	Rosso	67.000	249.000
Distrito			
Nouakchott	Nouakchott	1.000	285.000
TOTAL		1.030.700	1.819.000

Demografía

Población (1989): 1.946.000.000.
Densidad (1989): Personas por km² 1,9.
Índice de urbanización (1987): Urbana 34,0%; rural 66,0%[2].
Distribución por sexo (1985): Varones 49,48%; mujeres 50,52%.
Estructura por edades (1985): Menos de 15, 46,4%; 15-29, 26,0%; 30-44, 14,6%; 45-59, 8,4%; 60-74, 3,9%; 75 y más, 0,7%.
Proyección demográfica: (2000) 2.673.000; (2010) 3.616.000.
Tiempo de duplicación: 26 años.
Composición étnica (1983): Moros 81,5%; wolof 6,8%; tukulor 5,3%; soninke 2,8%; fulani 1,1%; otros 2,5%.
Afiliación religiosa (1980): Musulmanes 99,4%; cristianos 0,4%; otros 0,2%.
Principales ciudades (1987): Nouakchott 600.000; Kaédi 32.000; Nouadhibou 30.000; Zouérate 17.500.
Tasa de natalidad por 1.000 habitantes (1985-90): 46,2 (media mundial 27,1).
Tasa de mortalidad por 1.000 habitantes (1985-90): 19,0 (media mundial 9,9).
Tasa de crecimiento por 1.000 habitantes (1985-90): 27,2 (media mundial 17,2).
Esperanza de vida al nacer (1989): Varones 43,0 años; mujeres 48,0 años.
Principales causas de muerte por 100.000 habitantes (casos notificados de enfermedad; 1984): enteritis y diarrea 10.566; conjuntivitis 7.080; paludismo 2.897; escarlatina 2.476; sarampión 714,0; varicela 306,4.

Economía nacional

Presupuesto (1989). Ingresos: 22.000.000.000 UM (ingresos por impuestos 59,1%; ayudas y préstamos 40,9%). Gastos: 22.000.000.000 UM (desarrollo rural 37,0%; minería 20,0%; desarrollo de la tierra 18,0%; desarrollo industrial 8,5%).
Turismo: Ingresos por visitantes (1986) 7.000.000 dlr. EUA; gastos de nacionales en el exterior (1983) 22.000.000 dlr. EUA.
Producción (toneladas métricas, excepto cuando se indique). Agricultura, silvicultura, pesca (1988): Mijo 89.000, legumbres 28.000, arroz 15.000, verduras (incluyendo melones) 15.000, raíces y tubérculos 6.000, de los que 2.000 corresponden a batatas o camotes, cacahuates 2.000; ganadería (número de animales vivos): 4.100.000 ovejas, 3.200.000 cabras, 1.250.000 reses, 810.000 camellos, 166.000 caballos y burros, 4.000.000 pollos; madera (1987) 12.000 m³; pesca, capturas (1987) 99.300. Minas y canteras (1987): Mineral de hierro (peso bruto) 9.108.000; yeso 19.422. Industria manufacturera (1988): Leche 96.000; carne 41.000, de las que 19.000 corresponden a vaca y ternera frescas, 6.000 a carnero y cordero frescos y 5.000 a cabra; pieles y cueros 4.308; queso 1.759; mantequilla 647. Construcción (1984): 42.478 m². Producción energética (consumo): Electricidad (kwh; 1987) 120.000.000 (120.000.000); carbón (1987), no produce (6.000); petróleo crudo, no produce (n.d.); productos petrolíferos (1987), 832.000 (938.000), gas natural, no produce (n.d.).
Producto nacional bruto (a precios corrientes de mercado; 1987): 816.000.000 dlr. EUA (440 dlr. EUA per cápita).

Estructura del producto nacional bruto y de la población activa

	1986[3] Valor (000.000 UM)	% del valor total	1985 Población activa	% de la pobl. activa
Agricultura	13.001	35,3	389.000	66,0
Minería	5.402	14,7	59.000	10,0
Industria	1.475	4,0		
Servicios públicos, Construcción	2.575	7,0		
Transportes y comunicaciones	3.273	8,9	142.000	24,0
Comercio y finanzas	6.618	17,9		
Administración pública, defensa, Servicios, Otros	4.518	12,2		
TOTAL	36.862	100,0	590.000	100,0

Deuda pública (externa pendiente; 1987): 1.868.000.000 dlr. EUA.
Población económicamente activa (1985): Total 590.000; tasa de actividad de la población total 31,2% (tasas de participación: 15-64 años 55,7%; mujeres 21,0%; desempleados, [1988] 50,0%).

Comercio exterior

Balanza comercial (precios corrientes)

	1981	1982	1983	1984	1985	1986
Millones UM	1.178	−530	4.969	7.877	13.129	11.581
% del total	4,9	2,1	18,4	27,0	29,4	29,2

Importaciones (1986): 14.009.000.000 UM (1983; alimentos 22,9%, petróleo crudo y productos petrolíferos 18,7%, maquinaria 9,1%, bienes de consumo 7,9%, transporte 2,6%). *Principales proveedores* (1987): Francia 34,5%; Argelia 15,4%; España 12,1%; Alemania federal 8,3%; China 6,3%; EUA 3,4%; Países Bajos 3,3%; Italia 2,7%; Senegal 2,3%; Costa de Marfil 1,8%; Japón 1,5%; Tailandia 1,1%; Reino Unido 0,9%; Suecia 0,8%.
Exportaciones (1986): 25.950.000.000 UM (pescado 59,2%, mineral de hierro 40,8%). *Principales clientes:* Japón 31,3%; Italia 14,4%; Francia 12,5%; Bélgica 10,9%; España 6,1%; Rumania 4,1%; Reino Unido 3,8%; Costa de Marfil 3,5%; Argelia 2,1%; Alemania federal 1,9%; Camerún 1,8%; EUA 1,4%; Portugal 1,1%; Senegal 0,6%.

Transportes y comunicaciones

Transportes. Ferrocarriles (1988): Longitud de vías 689 km; pasajeros-km 7.000.000; carga toneladas métricas-km 6.142.000.000. Carreteras (1988): Longitud total 8.150 km (pavimentadas 17%). Vehículos (1985): Automóviles 15.017; camiones y autobuses 2.188. Marina mercante (1988): Barcos (100 toneladas brutas y más) 112; peso muerto total 19.616 toneladas. Transporte aéreo[6] (1988): Pasajeros-km 208.567.000; carga toneladas métricas-km 35.223.000; aeropuertos (1989) con vuelos regulares 12.
Comunicaciones. Diarios(1988): Número total 1; circulación total, n.d. Radio (1988): Número total de receptores 233.196 (1 por cada 8,1 personas). Televisión (1988): Número total de televisores 1.100 (1 por cada 1.722 personas). Teléfonos (1985): 5.200 (1 por cada 337 personas).

Educación y sanidad

Escolaridad, n.d. *Alfabetización* (1985): Población adulta total alfabetizada 28%.
Sanidad (1984): Médicos 170 (1 por cada 9.547); camas hospitalarias 1.325 (1 por cada 1.225 habitantes); tasa de mortalidad infantil por cada 1.000 nacidos vivos (1985-90) 127,0.
Alimentación (1984-86): Ingesta calórica diaria per cápita 2.283 (productos vegetales 68%, productos animales 32%); 99% de las necesidades mínimas recomendadas por la FAO.

Fuerzas armadas

Personal en servicio activo (1989): 11.000 (ejército 96,5%, armada 3,2%, fuerza aérea 2,3%). *Presupuesto de defensa en porcentaje del PNB* (1987): 4,2% (mundo 5,4%); gasto per cápita 20 dlr. EUA.

[1] 1 de enero. [2] 1977. [3] A precios constantes de 1982. [4] Únicamente Nouakchott. [5] 1984. [6] Incluye parte del tráfico de Air Afrique.

México

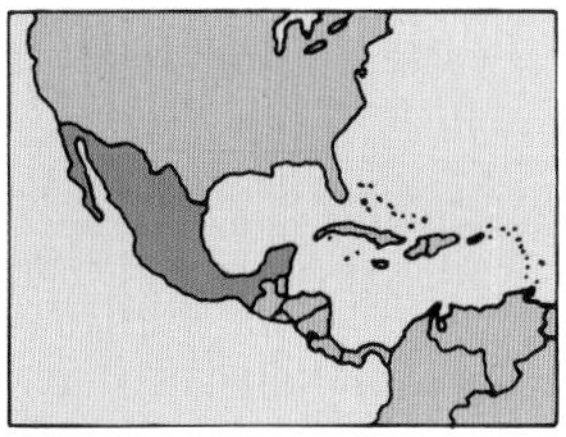

Nombre oficial: Estados Unidos Mexicanos.
Forma de gobierno: República federal con dos cámaras legislativas (Senado; Cámara de Diputados).
Jefe del estado y del gobierno: Presidente.
Capital: México.
Lengua oficial: Español.
Religión oficial: Ninguna.
Moneda: 1 peso (Mex$) = 100 centavos; cambio (2 oct. 1989) 1 dlr EUA = 2.598 Mex$.

Área y población

Estados	Capitales	área km^2	población estimada 1989
Aguascalientes	Aguascalientes	5.471	702.615
Baja California	Mexicali	69.921	1.408.774
Baja California Sur	La Paz	73.475	327.389
Campeche	Campeche	50.812	613.133
Chiapas	Tuxtla Gutiérrez	74.211	2.559.463
Chihuahua	Chihuahua	244.938	2.253.975
Coahuila	Saltillo	149.982	1.937.209
Colima	Colima	5.191	426.225
Durango	Durango	123.181	1.402.782
Guanajuato	Guanajuato	30.491	3.593.210
Guerrero	Chilpancingo	64.281	2.604.947
Hidalgo	Pachuca	20.813	1.847.259
Jalisco	Guadalajara	80.836	5.269.826
México	Toluca	21.355	12.013.044
Michoacán	Morelia	59.928	3.424.235
Morelos	Cuernavaca	4.950	1.288.875
Nayarit	Tepic	26.979	857.359
Nuevo León	Monterrey	64.924	3.202.434
Oaxaca	Oaxaca	93.952	2.669.120
Puebla	Puebla	33.902	4.139.609
Querétaro	Querétaro	11.449	976.548
Quintana Roo	Chetumal	50.212	414.301
San Luis Potosí	San Luis Potosí	63.068	2.055.364
Sinaloa	Culiacán	58.328	2.425.006
Sonora	Hermosillo	182.052	1.828.390
Tabasco	Villahermosa	25.267	1.322.613
Tamaulipas	Ciudad Victoria	79.384	2.294.680
Tlaxcala	Tlaxcala	4.016	676.446
Veracruz	Jalapa	71.699	6.798.109
Yucatán	Mérida	38.402	1.327.298
Zacatecas	Zacatecas	73.252	1.259.407
Distrito federal			
Distrito federal	—	1.479	10.355.347
TOTAL		1.958.201	84.274.992

Demografía

Población (1989): 84.275.000.
Densidad (1989): Personas por km^2 43,0.
Índice de urbanización (1987): Urbana 69,6%; rural 30,4%.
Distribución por sexo (1989): Varones 50,13%; mujeres 49,87%.
Estructura por edades (1989): Menos de 15, 36,5%; 15-29, 31,5%; 30-44, 17,2%; 45-59, 9,1%; 60-74, 4,4%; 75 y más 1,3%.
Proyección demográfica: (2000) 100.039.000; (2010) 116.663.000.
Tiempo de duplicación: 26 años.
Composición étnica (1981): Mestizos 55,0%; amerindios 29,0%; blancos 15,0%; negros 0,5%; otros 0,5%.
Afiliación religiosa (1980): Católicos 92,6%; protestantes (incluyendo evangélicos) 3,3%; judíos 0,1%; otros 0,9%; sin afiliación 3,1%.
Principales ciudades (1980): México 8.831.079; Guadalajara 1.626.152; Ciudad Netzahualcóyotl 1.341.230; Monterrey 1.090.009; Puebla 835.759; León 593.002; Juárez 544.496; Tijuana 429.500; Mérida 400.142; Chihuahua 385.603.
Tasa de natalidad por 1.000 habitantes (1987): 34,3 (media mundial 27,1).
Tasa de mortalidad por 1.000 habitantes (1987): 5,1 (media mundial 9,9).
Tasa de crecimiento por 1.000 habitantes (1987): 29,2 (media mundial 17,2).
Esperanza de vida al nacer (1988): Varones 67,8 años; mujeres 73,9 años.
Principales causas de muerte por 100.000 habitantes (1983): Enfermedades cardiovasculares 95,7; accidentes 79,8; enfermedades del sistema respiratorio 65,6; enfermedades infecciosas y parasitarias 63,8.

Economía nacional

Presupuesto (1987). Ingresos: 81.787.500.000.000 Mex$ (impuestos de utilidades 31,7%, ingresos procedentes de la compañía petrolera estatal 26,8%, impuestos sobre el valor añadido 17,2%, derechos de importación 6,9%, impuestos de uso 5,9%, consumos 5,5%). Gastos: 207.806.200.000.000 Mex$ (amortización e intereses de la deuda pública 70,1%, educación pública 6,4%, desarrollo comercial e industrial 1,9%).
Turismo (1987): Ingresos por visitantes 3.497.000.000 dlr. EUA; gastos de nacionales en el exterior 2.361.000.000 dlr. EUA.
Producción (toneladas métricas, excepto cuando se indique). Agricultura, silvicultura, pesca (1988): Caña de azúcar 41.500.000, maíz 11.800.000, sorgo 5.500.000, trigo 3.700.000, naranjas 1.942.000, tomates 1.494.000, plátanos 1.080.000, frijoles o judías 1.075.000, papas o patatas 960.000, mangos 780.000, limones y limas 681.000, uva 560.000; ganadería (número de animales vivos; 1985): 31.200.000 reses, 16.500.000 cerdos, 10.500.000 cabras, 6.160.000 caballos, 6.000.000 ovejas; madera (1987) 21.947.000 m^3; pesca, capturas (1987) 1.419.168, de las que 477.076 corresponden a sardinas y 161.268 a anchoas. Minas y canteras (metales por contenido metálico; 1988): Mineral de hierro 5.599.310; zinc 288.150; cobre 250.030; plomo 175.650; manganeso 150.400; plata 2.548; oro 8,09. Industria manufacturera (valor añadido en millones de Mex$; 1986): Maquinaria y equipos de transporte 952.700; alimentos y bebidas 838.000; productos químicos 538.200; materiales impresos y editados 274.000; textiles 268.400; productos metálicos 251.500. Construcción (valor bruto de nuevas construcciones en millones de Mex$; 1985): Residencial 154.835; no residencial 168.096. Producción energética (consumo): Electricidad (kwh; 1987) 104.791.000.000 (102.866.000.000); carbón (1987) 11.137.000 (10.528.000); petróleo crudo (barriles; 1987) 919.979.000 (429.713.000); productos petrolíferos (1987) 66.533.000 (65.530.000); gas natural (m^3; 1987) 22.849.000.000 (22.895.000.000).
Producto nacional bruto (1987): 149.395.000.000 dlr. EUA (1.820 dlr. EUA per cápita).

Estructura del producto nacional bruto y de la población activa

	1988		1987	
	Valor (000.000 dlr. EUA)	% del valor total	Población activa	% de la pobl. activa
Agricultura	35.905,5	9,0	7.060.500	25,8
Minería	15.442,8	3,9	636.600	2,3
Industria	104.809,9	26,4	3.194.200	11,7
Construcción	15.967,4	4,0	1.620.300	5,9
Servicios públicos	4.607,0	1,2	144.800	0,5
Transportes y comunicaciones	30.052,5	7,6	847.000	3,1
Comercio	108.778,1	27,4	2.166.800	7,9
Finanzas	28.355,8	7,1	511.000	1,9
Administración pública, defensa } Servicios	59.323,5	14,9	3.035.700	11,1
Otros	−5.668,9[1]	−1,5[1]	8.107.100[2]	29,8[2]
TOTAL	397.573,6	100,0	27.324.000	100,0

Deuda pública (externa, pendiente; 1987): 82.771.000.000 dlr. EUA.
Población económicamente activa (1987): Total 27.234.000; tasa de actividad de la población total (tasas de participación: 15-64 años 57,2%[3]; mujeres 27,8%[3]; desempleados 9,7%[2]).

Comercio exterior

Balanza comercial (precios corrientes)

	1983	1984	1985	1986	1987	1988
Millones Mex$	1.708,6	2.162,2	2.249,1	3.178,3	11.794,1	4.635,0
% del total	48,1	36,0	24,6	18,7	25,6	5,2

Importaciones (1988): 18.905.500.000 Mex$ (productos metálicos, maquinaria y equipos 44,1%, del que el 8,6% corresponde a equipos de transporte; productos químicos 9,7%; productos agrícolas sin procesar 6,5%). *Principales proveedores* (1987): EUA 64,4%; Alemania federal 6,8%; Japón 6,5%; Canadá 2,9%; Francia 2,8%.
Exportaciones (1988): 20.657.000.000 Mex$ (petróleo crudo 28,5%; productos metálicos, maquinaria y equipos 25,7%, del que el 9,5% corresponde a piezas para automóviles y el 7,2% a automóviles y camiones; productos químicos 6,8%; alimentos procesados y bebidas 4,8%). *Principales clientes:* EUA 64,5%; Japón 6,5%; Francia 2,4%; Alemania federal 1,6%; Canadá 1,5%; Reino Unido 1,5%; Israel 1,1%.

Transportes y comunicaciones

Transportes. Ferrocarriles (1989): Longitud de vías 26.299 km; pasajeros-km 5.900.000.000; carga toneladas métricas-km 41.700.000.000. Carreteras (1989): Longitud total 235.431 km (pavimentadas 50%). Vehículos (1985): Automóviles 5.195.273; camiones y autobuses 2.167.000. Marina mercante (1988): Barcos (100 toneladas brutas y más) 659; peso muerto total 1.985.347 toneladas. Transporte aéreo[5] (1988): Pasajeros-km 14.868.000.000; carga toneladas métricas-km 125.052.000; aeropuertos (1989) 78.
Comunicaciones. Diarios (1986): Número total, más de 392; circulación total, 11.256.000; circulación por 1.000 habitantes, 142. Radio (1988): Número total de receptores 16.311.000 (1 por cada 5,1 personas). Televisión (1986): Número total de televisores 9.500.000 (1 por cada 8,7 personas). Teléfonos (1989): 9.579.000 (1 por cada 8,8 personas).

Educación y sanidad

Escolaridad (1988). Porcentaje de la población total de 15 años y más: alfabetizada 49.318.000 (92,9%); varones alfabetizados[6] 20.400.000 (92,3%); mujeres alfabetizadas[6] 20.400.000 (88,3%).
Sanidad: Médicos (1983) 74.640 (1 por cada 1.001 habitantes); camas hospitalarias (1984) 72.000 (1 por cada 1.060 habitantes); tasa de mortalidad infantil por cada 1.000 nacidos vivos (1988) 46,6.
Alimentación (1983-84): Ingesta calórica diaria per cápita 3.148 (productos vegetales 83%, productos animales 17%); 135% de las necesidades mínimas recomendadas por la FAO.

Fuerzas armadas

Personal en servicio activo (1989): 141.000 (ejército 74,6%, armada 19,8%, fuerza aérea 5,6%). *Presupuesto de defensa en porcentaje del PNB* (1987): 0,5% (mundo 5,4%); gasto per cápita 9 dlr. EUA.

[1] Cargo por servicios bancarios imputados. [2] Incluye 153.000 desempleados sin empleo anterior y 7.954.100 no definidos adecuadamente. [3] 1980. [4] 1986. [5] Todo el tráfico regular de las líneas aéreas Mexicana y Aero México. [6] 1985.

Micronesia, Estados Federados de

Nombre oficial: Estados Federados de Micronesia.
Forma de gobierno: República federal en libre asociación con los Estados Unidos, con una cámara legislativa (Congreso Nacional)[1].
Jefe del estado y del gobierno: Presidente.
Capital: Kolonia.
Lengua oficial: Ninguna.
Religión oficial: Ninguna.
Moneda: 1 dlr. EUA = 100 cents; cambio (2 oct. 1989) 1 £ = 1,62 dlr. EUA.

Área y población	área Km^2	población censo 1985
Estados		
Islas principales		
Kosrae	109,6	6.462
Kosrae Island	109,6	6.462
Pohnpei	345,2	27.871
Pohnpei Island	334,1	24.788
Truk	127,2	46.159
Moen Islands	18,1	14.218
Yap	118,9	10.948
Yap Island	100,2	6.951
TOTAL	701,4[2]	91.440

Demografía

Población (1989): 105.000.
Densidad (1989): Personas por km^2 149,7.
Índice de urbanización (1980): Urbana 19,4%; rural 80,6%.
Distribución por sexo (1980): Varones 51,12%; mujeres 48,88%.
Estructura por edades (1980): Menos de 15, 46,4%; 15-29, 26,8%; 30-44, 12,6%; 45-59, 8,5%; 60-74, 4,5%; 75 y más, 1,2%.
Proyección demográfica: (2000) 128.000; (2010) 146.000.
Tiempo de duplicación: 26 años.
Composición étnica (1980): Truk 41,1%; ponape 25,9; mortlock 8,3%; kosrae 7,4%; yap 6,0%; ulithi o wolea 4,0%; pingelap o mokil 1,2%, truk occidentales 1,0%; palau 0,4%, filipinos 0,2%; otros 4,5%.
Afiliación religiosa: El cristianismo es la tradición religiosa predominante; los kosrae, ponape y truk son en su mayoría protestantes; los yap, católicos.
Principales ciudades (1980): Moen 10.351; Tol 6.705; Kolonia 6.306[3].
Tasa de natalidad por 1.000 habitantes (1985): 30,6 (media mundial 27,1).
Tasa de mortalidad por 1.000 habitantes (1985)[4]: 3,6 (media mundial 9,9).
Tasa de crecimiento por 1.000 habitantes (1985): 27,0 (media mundial 17,2).
Esperanza de vida al nacer (1985)[4]: Varones 64,0 años; mujeres 68,1 años.
Principales causas de muerte por 100.000 habitantes (1985)[4]: Enfermedades del sistema cerebrovascular 85,7; enfermedades infecciosas importantes 39,6, de las que 14,3 corresponden a enfermedades intestinales y 8,9 a septicemia; neumonía, gripe y tuberculosis 29,7; neoplasias malignas y benignas (cánceres) 23,1; homicidios, suicidios y accidentes 22,0.

Economía nacional

Presupuesto (1986). Ingresos: 51.189.000 dlr. EUA (Departamento del Interior de Estados Unidos 75,7%, impuestos interiores y otras fuentes de ingresos locales 19,5%, otras ayudas y fondos del programa federal de Estados Unidos 4,8%). Gastos: n.d.
Turismo (1986): Número de visitantes 6.538.
Producción (toneladas métricas, excepto cuando se indique). Agricultura, silvicultura, pesca (1987): n.d.; sin embargo, entre las principales cosechas de Micronesia se incluyen cocos (de los que se producen más de 4.000 toneladas de copra), frutos del árbol del pan, mandioca, batatas o camotes y una variedad de frutas tropicales (incluyendo plátanos); la ganadería comprende principalmente cerdos y aves de corral; pesca, capturas 3.634, de las que 600 corresponden a atún. Minas y canteras: Únicamente se extraen arena y agregados para la construcción local. Industria manufacturera: n.d., aunque la copra es el producto principal y también es importante la manufactura individual de artesanía y artículos personales (ropa, alfombras, lanchas, etc.). Construcción: n.d. Producción energética (consumo): Electricidad[6] (kwh; 1987) 169.000.000 (169.000.000); carbón, no produce (n.d.); petróleo crudo, no produce (n.d.); productos petrolíferos (1984), no produce (50.000[6]); gas natural, no produce (n.d.).
Producto nacional bruto (a precios corrientes de mercado; 1988): 130.000.000 dlr. EUA (1.500 dlr. EUA per cápita).

Estructura del producto nacional bruto y de la población activa	1983		1980	
	Valor (000.000 dlr. EUA)	% del valor total	Población activa	% de la pobl. activa
Agricultura	44,9	42,2	197	2,0
Comercio	12,7	11,9	864	8,8
Administración pública	31,5	29,6	1.765	18,0
Industria			115	1,2
Construcción y minería			945	9,6
Transportes, comunicaciones y servicios públicos }	17,4	16,3	472	4,8
Finanzas }			121	1,2
Servicios			3.086	31,5
Otros			2.233[7]	22,8[7]
TOTAL	106,5	100,0	9.798	100,0[2]

Deuda pública (externa, pendiente): n.d.
Población económicamente activa (1982): Total 9.798; tasa de actividad de la población total 13,4% (tasas de participación: más de 16 años 26,1%; mujeres 29,8%; desempleados 17,1%).

Comercio exterior

Balanza comercial (precios corrientes)	1981	1982	1983	1984	1985	1986
Millones dlr. EUA	–	–	–54,94	–35	–37,5	–41,9
% del total	–	–	88,4	90,1	89,9	90,2

Importaciones (1986): 44.199.000 dlr. EUA (alimentos, bebidas y tabaco 45,7%, bienes manufacturados 30,3%, maquinaria y equipos de transporte 14,2, productos químicos 8,2). *Principales proveedores:* EUA 41,2%; Japón 30,1%; Región del Pacífico Sur 16,0%; Australia 9,2%.
Exportaciones (1986): 2.300.000 dlr. EUA (principalmente copra, aunque también se exportan pimienta negra, artículos de artesanía y unos cuantos productos marinos). *Principales clientes:* EUA; Japón.

Transportes y comunicaciones

Transportes. Ferrocarriles: Ninguno. Carreteras (1987). Longitud total 226 (pavimentadas 17%). Vehículos: Automóviles, camiones y autobuses, n.d. Marina mercante, n.d. Transporte aéreo, n.d.; aeropuertos (1989) con vuelos regulares 4.
Comunicaciones. Diarios (1985): No hay periódicos de propiedad privada. Radio (1988): Número total de receptores 17.500 (1 por cada 5,8 personas). Televisión (1987): Número total de televisores 1.125 (1 por cada 87 personas). Teléfonos (1986): 1.556 (1 por cada 61 personas).

Educación y sanidad

Escolaridad (1980): Porcentaje de la población total de 25 años y más: sin escolarización formal 24,8%; con enseñanza primaria parcial 38,2%; con enseñanza primaria completa 11,7%; secundaria parcial 7,7%; secundaria completa 9,6%; superior 8,0%. *Alfabetización* (1980): Población total de 15 años y más alfabetizada 30.074 (76,7%); varones alfabetizados 13.710 (67,0%); mujeres alfabetizadas 16.364 (87,2%).
Sanidad (1985): Médicos 36[8] (1 por cada 2.540 habitantes); camas hospitalarias 325 (1 por cada 280 habitantes); tasa de mortalidad infantil por cada 1.000 nacidos vivos (1987) 23,3[4].
Alimentación: Ingesta calórica diaria per cápita, n.d.

Fuerzas armadas

Estados Unidos se ocupa de la seguridad externa.

[1] El 3 de noviembre de 1986, Estados Unidos dio por terminado de forma unilateral el fideicomiso que las Naciones Unidas le habían confiado sobre los Estados Federados de Micronesia, dando así comienzo al *status* político de libre asociación. El Consejo de Tutela de las Naciones Unidas ha reconocido la terminación del fideicomiso, pero no así el Consejo de Seguridad, que también participó en la creación del fideicomiso. [2] El desglose no se corresponde con el total a causa del redondeo. [3] 1985. [4] Para fallecimientos registrados únicamente. [5] Incluye otras islas de la Micronesia geográfica [6] Incluye el área que comprendía anteriormente el Territorio en Fideicomiso de EUA de las Islas del Pacífico. [7] Incluye 1.673 desempleados.[8] Excluye funcionarios médicos.

Mongolia

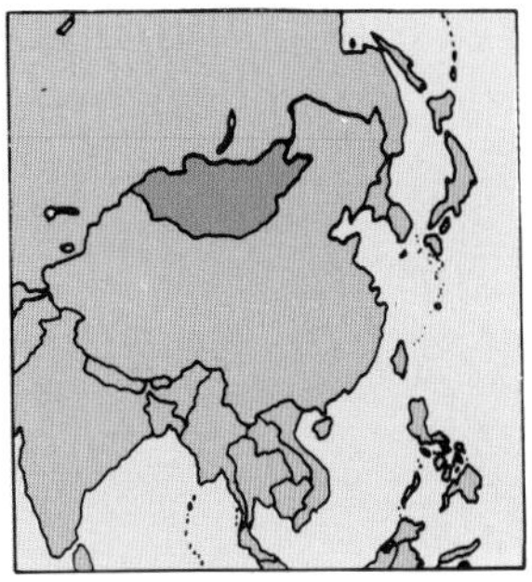

Nombre oficial: República Popular Mongola.
Forma de gobierno: República unipartidista unitaria con una cámara legislativa (Gran Jural del Pueblo).
Jefe del estado: Presidente del Presidium del Gran Jural del Pueblo.
Jefe del gobierno: Primer ministro.
Capital: Ulan Bator.
Lengua oficial: Khalhka mongol.
Religión oficial: Ninguna.
Moneda: 1 tugrik = 100 mongos; cambio (2 oct. 1989) 1 dlr. EUA = 5,43 tugriks.

Área y población

Provincias	Capitales	área km²	población estimada 1986
Arhangay	Tsetserleg	55.000	85.800
Bayanhongor	Bayanhongor	116.000	87.900
Bayan-Olgiy	Olgiy	46.000	71.100
Bulgan	Bulgan	49.000	48.000
Dornod	Choybalsan	123.500	70.800
Dornogovi	Saynshand	111.000	49.600
Dundgovi	Mandalgov	78.000	45.400
Dzavhan	Uliastay	82.000	91.500
Govi-Altay	Altay	142.000	64.000
Hentiy	Ondorhaan	82.000	63.000
Hovd	Hovd	76.000	76.000
Hovsgol	Moron	101.000	99.900
Omnogovi	Dalandzadgad	165.000	36.900
Ovorhangay	Arvayheer	63.000	95.600
Selenge	Suhbaatar	42.000	81.500
Suhbaatar	Baruun-urt	82.000	49.300
Tov	.Dzuunmod	81.000	94.700
Uvs	Ulaangom	69.000	84.100
Municipios autónomos			
Darhan	—	200	74.000
Erdene	—	800	45.400
Ulan Bator	—	2.000	500.200
TOTAL		1.566.500	1.914.700

Demografía

Población (1989): 2.096.000.
Densidad (1989): Personas por km² 1,3.
Índice de urbanización (1987): Urbana 52,0%; rural 48,0%.
Distribución por sexo (1987): Varones 50,05%; mujeres 49,95%.
Estructura por edades (1985): Menos de 15, 42,7%; 15-29, 26,2%; 30-44, 16,1%; 45-59, 9,7%; 60-74, 4,4%; 75 y más, 0,9%.
Proyección demográfica: (2000) 2.778.000; (2010) 3.590.000.
Tiempo de duplicación: 23 años.
Composición étnica (1979): Mongoles khalkha 77,5%; kazakos 5,3%; mongoles dörbed 2,8%; bayad 2,0%; mongoles buriatos 1,9%; mongoles dariganga 1,5%; otros 9,0%.
Afiliación religiosa: Aunque existe libertad formal de cultos, o de propaganda antirreligiosa, todas las prácticas religiosas tradicionales (budismo lamaísta, shamanismo, islamismo y otras) se han atenuado ampliamente durante el siglo XX; no existen datos fiables sobre la situación actual.
Principales ciudades (1986): Ulan Bator 528.000; Darhan 74.000; Erdene 45.400.
Tasa de natalidad por 1.000 habitantes (1988): 38,8 (media mundial 27,1).
Tasa de mortalidad por 1.000 habitantes (1988): 7,9 (media mundial 9,9).
Tasa de crecimiento por 1.000 habitantes (1988): 30,9 (media mundial 17,2).
Esperanza de vida al nacer (1988): Varones 61,7 años; mujeres 65,8 años.
Principales causas de muerte por 100.000 habitantes: n.d.; sin embargo, entre las principales enfermedades se incluyen brucelosis, helmintiasis, disentería bacilar y amebiasis, enteritis y otras enfermedades diarreicas, meningitis, tracoma y tuberculosis. Se informa que el tifus, la difteria y la poliomielitis aguda, muy extendidos anteriormente, han sido erradicados.

Economía nacional

Presupuesto (1989). Ingresos: 6.970.000.000 tugriks (impuestos sobre facturación 63,5%, deducciones de beneficios 29,3%, contribuciones a los seguros sociales 3,5%, impuesto sobre la renta 0,7%). Gastos: 6.970.000.000 tugriks (economía 45,2%, servicios sociales y culturales 39,6%, defensa 12,2%, administración y otros 3,0%).
Turismo (1983): Número de turistas 170.000; ingresos por visitantes, n.d.; gastos de nacionales en el exterior, n.d.
Producción (toneladas métricas, excepto cuando se indique). Agricultura, silvicultura, pesca (1988): Trigo 672.000, papas o patatas 102.700, cebada 100.000, verduras 55.000, avena 50.000; ganadería (número de animales vivos): 13.234.000 ovejas, 4.388.000 cabras, 2.526.000 reses, 2.047.000 caballos, 120.000 cerdos; madera (1987) 2.390.000 m³; pesca, capturas (1987) 380. Minas y canteras (1985): Feldespato 787.000; cobre 120.000. Industria manufacturera (1988): Cemento 502.100; harina 196.300; pan 70.000; carne 59.500; lana 10.400[2]; papel 1.200[2]; muebles 31.600.000 tugriks[2]; tela de lana 2.200.000 m²; zapatos de piel 3.500.000[2] pares; pieles de oveja y cabra 2.840.000 m². Construcción (1987): Residencial 373.000 m²; no residencial 174.000 m². Producción energética (consumo): Electricidad (kwh; 1987) 3.153.000.000 (3.223.000.000); carbón (1987) 7.765.000 (7.224.000); petróleo crudo, no produce (n.d.); productos petrolíferos (1987), no produce (803.000); gas natural, no produce (n.d.).
Producto nacional bruto (1986): 3.620.000 dlr. EUA (1.820 dlr. EUA per cápita).

Estructura del producto material neto y de la población activa

1987	Valor	% del valor total	Población activa	% de la pobl. activa
Agricultura	—	18,8	561.200	59,3
Minería e industria	—	33,7	101.000	10,7
Construcción	—	} 6,7	30.700	3,2
Servicios públicos	—	}	20.500	2,2
Transportes y comunicaciones	—	11,5	41.500	4,4
Comercio	—	27,2	45.300	4,8
Servicios[3]	—	—	115.200	12,2
Otros	—	2,1[4]	30.600	3,2
TOTAL	—	100,0	946.000	100,0

Deuda pública (1985): 4.396.000.000 dlr. EUA.
Población económicamente activa (1987): Total 946.000; tasa de actividad de la población total 47,5% (tasas de participación [1985]: 15-64 años 82,2%; mujeres 45,5%; desempleados, n.d.).

Comercio exterior

Balanza comercial (precios corrientes)

	1982	1983	1984	1985	1986	1987
Millones dlr. EUA	−220	−305	−230	−388	−452	−445
% del total	17,0	20,7	18,1	22,7	22,8	22,5

Importaciones (1987): 1.213.000.000 dlr. EUA (maquinaria y equipos 32,2%; combustibles, minerales y metales 30,8%; bienes de consumo 18,4%; productos alimenticios 10,4%; productos químicos, fertilizantes y caucho 8,2%). *Principales proveedores:* URSS y países socialistas 98,3%; países capitalistas 1,7%.
Exportaciones (1987): 768.000.000 dlr. EUA (materias primas y productos alimenticios 40,2%; minerales y metales 39,5%; bienes de consumo 15,8%; productos químicos y afines 4,5%). *Principales clientes:* URSS y países socialistas 95,9%; países capitalistas 4,1%.

Transportes y comunicaciones

Transportes. Ferrocarriles (1987): Longitud de vías 1.815 km; pasajeros-km 487.000.000; carga toneladas métricas-km 6.180.000.000. Carreteras (1987): Longitud total 49.200 km (pavimentadas 2%). Vehículos: n.d. Marina mercante: Barcos (100 toneladas brutas y más), ninguno. Transporte aéreo (1987): Pasajeros-km 229.000.000; carga toneladas métricas-km 8.100.000; aeropuertos (1989) con vuelos regulares 1.
Comunicaciones. Diarios (1987): Número total 2; circulación total 179.000; circulación por 1.000 habitantes 90,0. Radio (1987): Número total de receptores 212.000 (1 por cada 9,4 personas). Televisión (1987): Número total de televisores 111.000 (1 por cada 18 personas). Teléfonos (1987): 55.000 (1 por cada 36 personas).

Educación y sanidad

Escolaridad (1979). Porcentaje de la población total de 10 años y más: con enseñanza primaria 48,0%; secundaria parcial 29,7%; secundaria completa 9,5%; formación profesional 7,0%; superior parcial y completa 5,8%. *Alfabetización* (1980): Población total de 15 años y más alfabetizada 849.000 (89,5%); varones alfabetizados 443.000 (93,4%); mujeres alfabetizadas 406.000 (85,5%).
Sanidad (1987): Médicos 5.000 (1 por cada 403 habitantes); camas hospitalarias 22.600 (1 por cada 88 habitantes); tasa de mortalidad infantil por cada 1.000 nacidos vivos (1988) 65-75.
Alimentación (1984-86): Ingesta calórica diaria per cápita 2.830 (productos vegetales 70%, productos animales 30%); 116% de las necesidades mínimas recomendadas por la FAO.

Fuerzas armadas

Personal en servicio activo (1989): 21.500 (ejército 97,7%; armada, ninguna; fuerza aérea 2,3%). *Presupuesto de defensa en porcentaje del PNB:* n.d.; ayuda militar extranjera estimada (1986) 600.000 dlr. EUA; gasto per cápita n.d.

[1] 1988. [2] 1987. [3] Servicios incluye Finanzas, Administración pública y Defensa. [4] Otras actividades materiales.

Mozambique

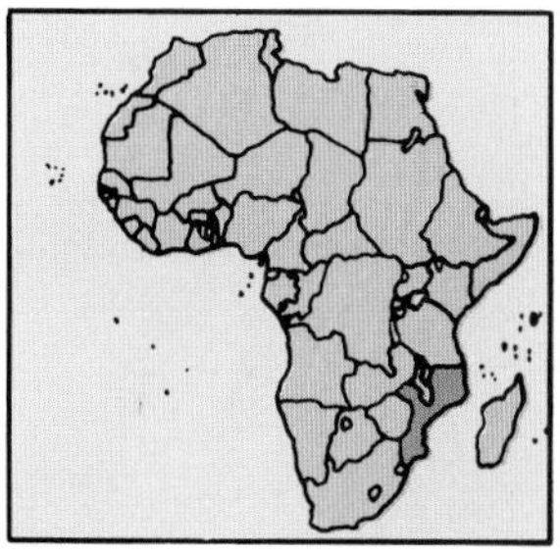

Nombre oficial: República Popular de Mozambique.
Forma de gobierno: República popular con una cámara legislativa (Asamblea Popular)[1].
Jefe del estado y del gobierno: Presidente.
Capital: Maputo.
Lengua oficial: Portugués.
Religión oficial: Ninguna.
Moneda: 1 metical (Mt., plural meticais) = 100 centavos; cambio (2 oct. 1989) 1 dlr. EUA = 808,00 Mt.

Área y población

Provincias	Capitales	área[1] km²	población estimada[2] 1989
Cabo Delgado	Pemba	82.625	1.189.920
Gaza	Xai-Xai	75.709	1.221.841
Inhambane	Inhambane	68.615	1.254.379
Manica	Chimoio	61.661	800.704
Maputo	Maputo	25.756	583.926
Nampula	Nampula	81.606	3.027.916
Niassa	Lichinga	129.055	651.259
Sofala	Beira	68.018	1.337.723
Tete	Tete	100.724	1.052.175
Zambézia	Quelimane	105.008	3.137.229
Ciudad			
Maputo	—	602	1.069.727
ÁREA TERRITORIAL TOTAL		799.379	15.326.799
AGUAS INTERIORES		13.000	
ÁREA TOTAL		812.379	

Demografía

Población (1989): 15.293.000.
Densidad[3] (1989): Personas por km² 19,1.
Índice de urbanización (1980): Urbana 13,2%; rural 86,8%.
Distribución por sexo (1986): Varones 48,81%; mujeres 51,19%.
Estructura por edades (1980): Menos de 15, 44,4%; 15-29, 26,7%; 30-44, 15,9%; 45-59, 8,7%; 60-74, 3,6%; 75 y más, 0,7%.
Proyección demográfica: (2000) 20.463.000; (2010) 26.131.000.
Tiempo de duplicación: 26 años.
Composición étnica (1983): Makua 47,3%; tsonga 23,3%; malawi 12%; shona 11,3%; yao 3,8%; swahili 0,8%; makonde 0,6%; portugueses 0,2%; otros 0,7%.
Afiliación religiosa (1980): Creencias tradicionales 47,8%; cristianos 38,9%, del que el 31,4% corresponde a católicos; musulmanes 13,0%; otros 0,3%.
Principales ciudades (1989): Maputo 1.069.727; Beira 291.604; Nampula 197.379.
Tasa de natalidad por 1.000 habitantes (1985-90): 45,0 (media mundial 27,1).
Tasa de mortalidad por 1.000 habitantes (1985-90): 18,5 (media mundial 9,9).
Tasa de crecimiento por 1.000 habitantes (1985-90): 26,5 (media mundial 17,2).
Esperanza de vida al nacer (1985-90): Varones 44,4 años; mujeres 48,1 años.
Principales causas de muerte por 100.000 habitantes (casos certificados por cada 100.000 personas; 1980): Sarampión 227,4; tuberculosis 55,9; hepatitis vírica 19,2; lepra 13,8; cólera 4,6; tétanos 4,5.

Economía nacional

Presupuesto (1987). Ingresos: 68.601.000.000 Mt. (1986; impuestos indirectos 42,8%, impuestos directos 31,0%; beneficios de las empresas estatales 10,8%). Gastos: 84.795.000.000 (1986; educación 16,8%, sanidad 6,6%).
Turismo: n.d.
Producción (toneladas métricas, excepto cuando se indique). Agricultura, silvicultura, pesca (1988): Mandioca 3.370.000, caña de azúcar 570.000, cocos 420.000, maíz 334.000, sorgo 131.000, plátanos 82.000, cacahuates 65.000; ganadería (número de animales vivos): 1.360.000 reses, 375.000 cabras, 119.000 cerdos, 160.000 ovejas, 21.000.000 pollos; madera (1987) 15.279.000 m³; pesca, capturas (1987) 36.117. Minas y canteras (1985): Sal marina 28.000; cal hidráulica 10.000; bauxita 5.037; bentonita 361; cobre 118[4]; granate 1.500 kg. Industria manufacturera (valor añadido en Mt.[5]; 1987): productos alimenticios 13.088.600; productos elaborados de pescado 12.436.000; textiles 10.471.900; tabaco 8.479.000; maquinaria y equipos de transporte 6.992.100, de las que 3.289.000 corresponden a equipos eléctricos; ropa y calzado 5.888.700; bebidas alcohólicas 3.689.000; productos químicos 2.521.800. Construcción (1974): Residencial 247.000 m²; no residencial 121.000. Producción energética (consumo): Electricidad (kwh; 1987) 500.000.000 (830.000.000); carbón (1987) 43.000 (63.000); petróleo crudo (1987), no produce[6] (3.960.000); productos petrolíferos (1987) no produce (254.000); gas natural, no produce (sin consumo).
Producto nacional bruto (1987): 2.135.000.000 dlr. EUA (150 dlr. EUA per cápita).

Estructura del producto nacional bruto y de la población activa

	1986[5]		1980	
	Valor (000.000 Mt.)	% del valor total	Población activa	% de la pobl. activa
Agricultura	25.000	44,5	4.754.831	83,8
Minería / Industria	14.800	26,3	346.794	6,1
Construcción	6.200	11,0	42.121	0,7
Servicios públicos	—	—	[7]	[7]
Transportes y comunicaciones	4.600	8,2	77.025	1,4
Comercio y finanzas			112.244	2,0
Administración pública, defensa / Servicios	5.600 (Comercio y finanzas a Otros)	10,0 (Comercio y finanzas a Otros)	243.449[7]	4,3[7]
Otros			94.826	1,7
TOTAL	56.200	100,0	5.671.290	100.0

Deuda pública (externa, pendiente; 1987)[8]: 1.224.000.000 dlr. EUA.
Población económicamente activa (1980): Total 5.671.290; tasa de actividad de la población total 48,6% (tasas de participación: 15 años y más 87,3%; mujeres 52,4%; desempleados, 1,7%).

Comercio exterior

Balanza comercial (precios corrientes)

	1981	1982	1983	1984	1985	1986
Millones Mt.	−18.392	−22.918	−20.286	−18.843	−18.989	−18.739
% del total	48,1	57,0	65,7	70,6	69,4	74,6

Importaciones (1987): 625.073.000 Mt. (productos alimenticios 37,6%, bienes de capital 18,9%, maquinaria y piezas de repuesto 14,7%, petróleo crudo y productos derivados 10,0%, productos químicos 4,9%, metales 4,4%). *Principales proveedores:* Italia 13,6%; Sudáfrica 12,1%; EUA 10,1%; URSS 8,8%; Francia 5,7%; Japón 5,5%.
Exportaciones (1987): 97.025.000 Mt. (camarones 38,7, anacardos 32,0%, algodón 7,0%; azúcar 3,1%, copra 3,0%, cítricos 2,6%, langosta 2,0%). *Principales clientes:* EUA 16,67%; Japón 15,4%; Alemania democrática 8,7%; España 7,0%; URSS 6,2%.

Transportes y comunicaciones

Transportes. Ferrocarriles (1987): Longitud de vías (1986) 3.512 km; pasajeros-km 104.600.000; carga toneladas métricas-km 303.300.000. Carreteras (1986): Longitud total 26.095 km (pavimentadas 20%). Vehículos (1981): Automóviles 99.400; camiones y autobuses 24.700. Marina mercante (1988): Barcos (100 toneladas brutas y más) 106; peso muerto total 27.810 toneladas. Transporte aéreo (1988): Pasajeros-km 389.639.000; carga toneladas métricas-km 44.937.000; aeropuertos (1989) con vuelos regulares 2.
Comunicaciones. Diarios (1988): Número total 2; circulación total 81.000; circulación por 1.000 habitantes 5,4. Radio (1988): Número total de receptores 479.361 (1 por cada 31 personas). Televisión (1988): Número total de televisores 35.000 (1 por cada 425 personas). Teléfonos (1987): 62.615 (1 por cada 235 personas).

Educación y sanidad

Escolaridad (1980). Porcentaje de la población total de 25 años y más: sin escolarización formal 80,7%; con enseñanza primaria 18,2%; secundaria 0,9%; superior 0,2%. *Alfabetización* (1985): población total de 15 años y más alfabetizada 1.270.389 (16,6%); varones alfabetizados 743.101 (20%); mujeres alfabetizadas 527.288 (13,3%).
Sanidad (1987): Médicos 327 (1 por cada 44.392 habitantes); camas hospitalarias 11.671 (1 por cada 1.244 habitantes); tasa de mortalidad infantil por cada 1.000 nacidos vivos (1985-90) 141,0.
Alimentación (1984-86): Ingesta calórica diaria per cápita 1.607 (productos vegetales 96%, productos animales 4%); 69% de las necesidades mínimas recomendadas por la FAO.

Fuerzas armadas

Personal en servicio activo (1989): 65.000 (ejército 92,3%, armada 1,2%, fuerza aérea 6,5%). *Presupuesto de defensa en porcentaje del PNB* (1987): 8,4% (mundo 5,4%); gasto per cápita 7 dlr. EUA.

[1] El área total corresponde a las provincias. [2] 1 de enero. [3] Densidad basada en el área territorial. [4] Sólo contenido metálico. [5] A precios de 1980. [6] La inestabilidad interna y la falta de divisas extranjeras han provocado la detención total de la producción de derivados del petróleo y la importación de petróleo crudo. [7] Servicios incluye servicios públicos. [8] Incluye deuda privada externa a largo plazo no garantizada por el gobierno.

Namibia

Nombre oficial: África del Sudoeste/Namibia.
Forma de gobierno: Dependencia de Sudáfrica sin órgano legislativo.
Jefe del estado y del gobierno: Administrador general[1].
Capital: Windhoek.
Lengua oficial: Afrikaans; inglés.
Religión oficial: Ninguna.
Moneda: 1 rand (R) = 100 cents; cambio (2 oct. 1989) 1 dlr EUA = 2,69 R.

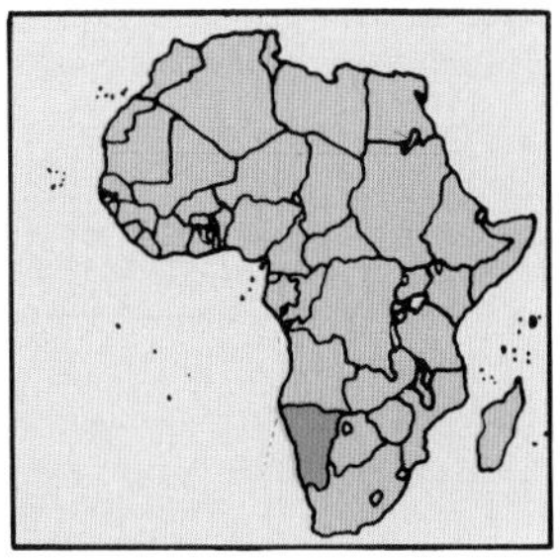

Área y población[2]

Distritos magistrales	Capitales	área km^2	población estimada[3] 1987
Bethanien	Bethanien	18.004	3.000
Boesmanland	Tsumkwe	18.468	3.000
Caprivi Oos	Katima Mulilo	11.533	44.000
Damaraland	Khorixas	46.560	28.000
Gobabis	Gobabis	41.447	25.000
Grootfontein	Grootfontein	26.520	25.000
Hereroland-Oos	Otjinene	51.949	22.000
Hereroland-Wes	Okakarara	16.500	18.000
Kaokoland	Opuwo	58.190	20.000
Karasburg	Karasburg	38.116	11.000
Karibib	Karibib	13.230	10.000
Kavango	Rundu	50.955	122.000
Keetmanshoop	Keetmanshoop	38.302	20.000
Lüderitz	Lüderitz	53.063	16.000
Maltahöhe	Maltahöhe	25.573	6.000
Mariental	Mariental	47.689	24.000
Namaland	Gibeon	21.120	15.000
Okahandja	Okahandja	17.640	15.000
Omaruru	Omaruru	8.425	6.000
Otjiwarongo	Otjiwarongo	20.550	19.000
Outjo	Outjo	38.722	10.000
Owambo	Ondangwa	51.800	520.000
Rehoboth	Rehoboth	14.182	33.000
Swakopmund	Swakopmund	44.697	18.000
Tsumeb	Tsumeb	16.420	22.000
Windhoek	Windhoek	33.489	129.000
TOTAL		823.144	1.184.000

Demografía

Población (1989): 1.270.000.
Densidad (1989): Personas por km^2 1,5.
Índice de urbanización (1987): Urbana c. 25%; rural c. 75%.
Distribución por sexo (1985): Varones 49,35%; mujeres 50,65%.
Estructura por edades (1985): Menos de 15, 45,1%; 15-29, 25,9%; 30-44, 15,3%; 45-59, 8,7%; 60-74, 4,1%; 75 y más, 0,9%.
Proyección demográfica: (2000) 1.667.000; (2010) 2.134.000.
Tiempo de duplicación: 23 años.
Composición étnica (1989): Ovambo 49,8%; kavango 9,3%; herero 7,5%; damara 7,5%; blancos 6,4%; nama 4,8%; otros 14,7%.
Afiliación religiosa (1981): Luteranos 51,2%; católicos 19,8%; neerlandeses reformados 6,1%, anglicanos 5,0%, otros 17,9%.
Principales ciudades (1988): Windhoek 114.500; Swakopmund 15.500; Rundu 15.000; Rehoboth 15.000; Keetmanshoop 14.000.
Tasa de natalidad por 1.000 habitantes (1985-90): 44,0 (media mundial 27,1).
Tasa de mortalidad por 1.000 habitantes (1985-90): 12,2 (media mundial 9,9).
Tasa de crecimiento por 1.000 habitantes (1985-90): 31,8 (media mundial 17,2).
Esperanza de vida al nacer (1985-90): Varones 55 años; mujeres 57,5 años.
Principales causas de muerte por 100.000 habitantes: n.d.; sin embargo, entre las principales enfermedades se encuentran paludismo, tuberculosis y tripanosomiasis (enfermedad del sueño).

Economía nacional

Presupuesto (1988-89). Ingresos: 1.865.400.000 R (aranceles e impuestos de consumo 21,0%, ayudas de Sudáfrica 16,05%, impuestos sobre ventas generales 11,0%). Gastos: 1.945.300.000 R (finanzas 14,7%, defensa nacional 11,3%, transportes 7,4%, educación 6,3%, sanidad y bienestar 4,9%).
Turismo (1981): Ingresos por visitantes 45.960.000 dlr. EUA; gastos de nacionales en el exterior, n.d.
Producción (toneladas métricas, excepto cuando se indique). Agricultura, silvicultura, pesca (1988): Raíces y tubérculos 245.000, maíz 48.000, mijo 43.000, frutas 33.000, verduras y melones 28.000, sorgo 7.000, legumbres 7.000, lana 1.848[4], pieles de karakul 770.627 unidades[5]; ganadería (número de animales vivos): 2.050.000 reses, 6.400.000 ovejas; pesca, capturas 519.518, de las que 376.627 corresponden a anchoas, 65.336 a sardinas sudafricanas, 34.068 a caballas y 30.531 a merluza. Minas y canteras (1988): Diamantes 938.000 quilates, la mayoría de calidad gema; cobre 42.200; plomo 44.400; zinc 65.200; uranio 3.600; oro 195 kilogramos; plata 108 kilogramos. Industria manufacturera (producción bruta en millones de R; 1976): Alimentos y bebidas 140,8; productos metálicos 34,2; productos de madera 6,6; productos químicos 3,6; impresos y ediciones 2,4; otros 12,4. Construcción (valor de los edificios terminados en millones de R; 1984): Residencial 19,4; no residencial 11,5. Producción energética (consumo): Electricidad (kwh; 1986) 692.000.000 (n.d.); carbón, no produce (n.d.); petróleo crudo, no produce (n.d.); gas natural, no produce (n.d.).
Producto nacional bruto (1988): 1.600.000.000 dlr. EUA (1.300 dlr. EUA per cápita).

Estructura del producto nacional bruto y de la población activa

	1988		1981	
	Valor (000.000 R)	% del valor total	Población activa	% de la pobl. activa
Agricultura	469,3	12,5	71.402	35,0
Minería	1.051,8	28,1	15.515	7,6
Industria	174,3	4,7	8.017	3,9
Construcción	94,8	2,5	17.654	8,6
Servicios públicos	82,8	2,2	1.922	0,9
Transportes y comunicaciones	249,5	6,7	9.615	4,7
Comercio	449,4	12,0	22.253	10,9
Finanzas }	250,8	6,7	3.764	1,8
Servicios }			22.417	11,0
Administración pública, defensa	745,9	19,9	31.079	15,2
Otros	174,7	4,7	360	0,2
TOTAL	3.743,3	100,0	203.998	100,0[6]

Deuda pública (externa, pendiente; 1984): 352.000.000 dlr. EUA.
Población económicamente activa (1984): Total 310.000; tasa de actividad de la población total 27% (tasas de participación: 15-64, 56%; mujeres 20,4%[7]; desempleados 15%).

Comercio exterior

Balanza comercial (precios corrientes)

	1982	1983	1984	1985	1986	1987
Millones R	−97,4	−68,1	−82,9	324,2	511,7	97,0
% del total	4,6	3,5	3,6	11,3	14,8	2,8

Importaciones (1986): 1.479.300.000 R (alimentos y otros productos de consumo 33,5%; combustible 27,5%; equipos de transporte y otros bienes de capital 25,5%). *Principales proveedores:* Sudáfrica (75-100%).
Exportaciones (1986): 1.991.000.000 R (minerales 82,6%, del que el 30,9% corresponde a diamantes; productos agrícolas 7,7%, del que el 4,1% corresponde a ganado y el 0,9% a pieles de karakul). *Principales clientes:* EUA 25%; Sudáfrica 19%; Japón 15%.

Transportes y comunicaciones

Transportes. Ferrocarriles[8] (1988): Longitud de vías 2.383 km; (1983) carga toneladas métricas-km 4.900.000.000. Carreteras (1986): Longitud total 55.088 km (pavimentadas 9,0%[9]). Número de vehículos de motor registrados (1986): 103.715. Marina mercante: Barcos (100 toneladas brutas y más), ninguno. Transporte aéreo (1987-88[10]): Tráfico de pasajeros 318.222; tráfico de carga 2.200 toneladas métricas[4]; aeropuertos (1989) con vuelos regulares 7.
Comunicaciones. Diarios (1988): Número total 3; circulación total 8.700; circulación por 1.000 habitantes 7,0. Radio (1987): Número total de receptores 220.000 (1 por cada 5,8 personas). Televisión (1987-88): Número total de televisores 29.072 (1 por cada 42 personas). Teléfonos (1986): 69.273 (1 por cada 17 personas).

Educación y sanidad

Escolaridad (1977). Porcentaje de la población activa: sin escolarización formal 59,8%; estudios primarios 33,2%; secundarios 5,0%; superiores 2,0%. *Alfabetización* (1985): Población total de 15 años y más alfabetizada 474.000 (72,5%); varones alfabetizados 239.000 (74,2%); mujeres alfabetizadas 235.000 (70,8%).
Sanidad (1988): Médicos 281 (1 por cada 4.450 habitantes); camas hospitalarias 7.540 (1 por cada 166 habitantes); tasa de mortalidad infantil por cada 1.000 nacidos vivos (1985-90) 106.
Alimentación (1979-81): Ingesta calórica diaria per cápita 2.197 (productos vegetales 77%, productos animales 23%); 96% de las necesidades mínimas recomendadas por la FAO.

Fuerzas armadas

Personal en servicio activo[11] (1989): Ninguno. *Presupuesto de defensa en porcentaje del PNB* (1984): 7,7% (mundo 5,9%); gasto per cápita 113 dlr. EUA.

[1] La antigua Asamblea Nacional (1985-89) se disolvió el 24 de febrero de 1989 y transfirió sus responsabilidades a un administrador general nombrado por Sudáfrica para el período de transición a la independencia. La Asamblea Constituyente de 12 miembros, elegida entre el 7 y el 11 de noviembre de 1989, tiene la responsabilidad exclusiva sobre la redacción de la nueva constitución. [2] Excluye el área y la población de Walvis Bay (que forma parte de Sudáfrica), administrada como parte de África del Sudoeste/Namibia hasta 1977. [3] 1 de enero. [4] 1984. [5] 1987. [6] El desglose no se corresponde con el total a causa del redondeo. [7] Solamente sector formal. [8] Transferido desde la administración sudafricana a la Namibian National Transport Corp. en julio de 1988. [9] 1985. [10] Dos grandes aeropuertos únicamente. [11] Se supone que la South West Africa Territory Force (SWATF) se ha desarticulado; durante el período de transición permanecerán en el país 1.500 soldados sudafricanos y 4.470 de las Naciones Unidas.

Naúru

Nombre oficial: República de Naúru.
Forma de gobierno: República con una cámara legislativa (Parlamento).
Jefe del estado y del gobierno: Presidente.
Capital: Yaren[1].
Lengua oficial: Nauruano.
Religión oficial: Ninguna.
Moneda: 1 dólar australiano ($A) = 100 cents; cambio (10 marzo 1989) 1 dlr. EUA = 1,31 $A.

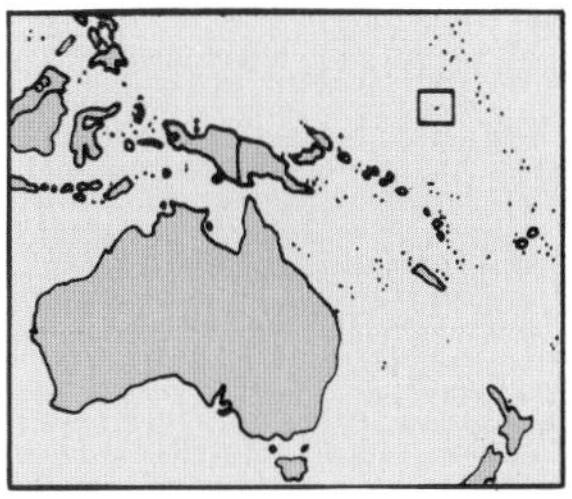

Área y población	área km[2]	población censo[2] 1983
Distritos		
Aiwo	1,1	812[3]
Anabar	1,5	226
Anetan	1,0	265
Anibare	3,1	87
Baitsi	1,2	363
Boe	0,5	578
Buada	2,6	467
Denigomodu	0,9	2.600[3]
Ewa	1,2	269
Ijuw	1,1	132
Meneng	3,1	1.024
Nibok	1,6	338
Uaboe	0,8	272
Yaren	1,5	559
TOTAL	21,2	8.043[4]

Demografía

Población (1987): 8.100.
Densidad (1987): Personas por km² 382,1.
Índice de urbanización (1985): Urbana 100%.
Distribución por sexo[5] (1981): Varones 51,30%; mujeres 48,70%.
Estructura por edades[5] (1981): Menos de 15, 43,8%; 15-24, 23,0%; 25-34, 13,7%; 35-44, 8,2%; 45-55, 6,1%; 55-64 3,1%; 65 y más, 2,1%.
Proyección demográfica: (1990) 8.200; (2000) 8.600.
Tiempo de duplicación: n.d.; supera los 100 años[6].
Composición étnica (1983): Nauruanos 61,7%; naturales de otras islas del Pacífico 26,5%; asiáticos 8,5%; blancos 3,3%.
Afiliación religiosa (1980): Iglesia protestante nauruana (congregacionista) 54,5%; católicos 24,0%; cultos populares chinos 8,4%; anglicanos 3,1%; budistas 1,7%; bahaístas 1,7%; sin afiliación religiosa 6,6%.
Principales ciudades: Ninguna.
Tasa de natalidad por 1.000 habitantes (1983): 31,2 (media mundial 29,0).
Tasa de mortalidad por 1.000 habitantes (1983): 5,8 (media mundial 11,0).
Tasa de crecimiento por 1.000 habitantes (1983): 25,4 (media mundial 18,0).
Esperanza de vida al nacer[5] (1976-81): Varones 48,9 años; mujeres 62,1 años.
Principales causas de muerte por 100.000 habitantes (1976-81)[5,7]: Accidentes, suicidios y actos de violencia 116,0; enfermedades cardiovasculares 89,0; enfermedades gastrointestinales 53,0; neoplasmas malignos (cánceres) 38,0; enfermedades infecciosas y parasitarias 33,0.

Economía nacional

Presupuesto (1985-86). Ingresos: 103.946.100 $A[8] (no se dispone de desglose). Gastos: 76.782.500 $A (no se dispone de desglose).
Turismo: Ingresos por visitantes, n.d.; gastos de nacionales en el exterior, n.d.
Producción (toneladas métricas, excepto cuando se indique). Agricultura, silvicultura, pesca (1985): Cocos 2.000; se producen volúmenes no comerciales de plátanos, piñas tropicales y verduras, pero la mayoría de los productos alimenticios y bebidas es de importación; ganadería (número de animales vivos): 2.000 cerdos; madera, no produce; pesca, capturas, n.d. (únicamente para consumo local). Minas y canteras (1985): Roca fosfática 1.508.000. Industria manufacturera, ninguna. Construcción (1977): 65 unidades. Producción energética (consumo): Electricidad (kwh; 1985) 28.000.000 (28.000.000); carbón, no produce (n.d.); petróleo crudo, no produce (n.d.); productos petrolíferos (1985), no produce (41.000); gas natural, no produce (n.d.).
Producto nacional bruto (a precios corrientes de mercado; 1984): 160.000.000 dlr. EUA (20.000 dlr. EUA per cápita).

Estructura del producto nacional bruto y de la población activa

	1982		1981	
	Valor (000.000 $A)	% del valor total	Población activa	% de la pobl. activa
Agricultura	—	—	—	—
Minería	—	—	—	—
Industria	—	—	—	—
Construcción	—	—	—	—
Servicios públicos	—	—	—	—
Transportes y comunicaciones	—	—	—	—
Comercio	—	—	—	—
Finanzas	—	—	—	—
Servicios	—	—	—	—
Administración pública, defensa	—	—	—	—
Otros	—	—	—	—
TOTAL	100	100,0	4.769[9]	100,0

Deuda pública (externa, pendiente): Ninguna.
Población económicamente activa[5] (1981): Total 1.758; tasa de actividad de la población total 35,2% (tasas de participación: 15 años y más 61,5%; mujeres, n.d.; desempleados, n.d.).

Comercio exterior

Balanza comercial (precios corrientes)

	1978	1979	1980	1981	1982	1983
Millones $A	42,9	66,8	81,6	61,9	—	98,6
% del total	65,4	75,9	59,2	67,5	—	57,4

Importaciones (1979): 10.600.000 $A (alimentos, combustibles, agua, maquinaria para la industria del fosfato y materiales de construcción). *Principales proveedores:* Australia 58,0%; Reino Unido, Nueva Zelanda y Japón.
Exportaciones (1979): 77.400.000 $A (fosfato 100%). *Principales clientes:* 61,3%; Nueva Zelanda 22,5%; Filipinas 15,2%; Corea del sur 1,0%.

Transportes y comunicaciones

Transportes. Ferrocarriles (1985): Longitud de vías 5 km; (1983-84) tráfico de pasajeros, n.d.; carga toneladas métricas-km 6.820.000. Carreteras (1985): Longitud total 19 km (pavimentadas 100%). Vehículos (1984): Automóviles, camiones y autobuses 1.788. Marina mercante (1986): Barcos (100 toneladas brutas y más) 8; peso muerto total 93.391 toneladas. Transporte aéreo (1982): Pasajeros-km 238.000.000; carga toneladas métricas-km 1.600.000; aeropuertos (1987) con vuelos regulares 1.
Comunicaciones. Diarios: Ninguno; 1 bimensual; circulación total 750; circulación aproximada por 1.000 habitantes 95. Radio (1985): Número total de receptores 4.000 (1 por cada 2,1 personas). Televisión: No hay emisiones; sin embargo, las cintas de video son muy populares. Teléfonos (1979): 1.500 (1 por cada 5,3 personas).

Educación y sanidad

Escolaridad: n.d. *Alfabetización* (1979): Población total de 15 años y más alfabetizada 99,0%.
Sanidad (1980): Médicos 11 (1 por cada 700 habitantes); camas hospitalarias 200 (1 por cada 40,0 habitantes); tasa de mortalidad infantil por cada 1.000 nacidos vivos (1981) 31,2.
Alimentación (1978-80): Ingesta calórica diaria per cápita 3.202 (productos vegetales 64%, productos animales 36%); 120% de las necesidades mínimas recomendadas por la FAO.

Fuerzas armadas

Personal en servicio activo (1985): Naúru carece de establecimientos militares. La defensa está garantizada por Australia, aunque no existe compromiso formal al efecto. Hay una fuerza policial formada por unos 57 nauruanos.

[1] Sede del Gobierno. [2] Preliminar. [3] Incluye expatriados y sus descendientes. [4] El total incluye a 51 nauruanos que no pueden cumplimentar los formularios de censo; no distribuibles por distritos. [5] Población nauruana únicamente. [6] La elevada tasa de crecimiento natural de la población se está reduciendo por la emigración. [7] Media del período. De los 191 fallecimientos durante seis años, las causas específicas principales por número real fueron: accidentes de circulación 31; hepatitis vírica 17; cuadro cerebrovascular agudo 16; diabetes mellitus 11; ahogados 9; cirrosis 8; diabetes 6. [8] En su mayoría de exportaciones de fosfatos. [9] La economía nauruana depende en gran medida de la mano de obra inmigrante contratada, empleada principalmente en la producción de fosfato. En 1981, los nauruanos constituían sólo el 36,9% de la estructura de empleo (la mayoría trabajaba en el sector administrativo-estatal); la mano de obra extranjera contratada, como porcentaje de la población activa, incluía I-kiribati 26,7%, tuvaluanos 17,0%, chinos 8,0%, filipinos 3,6% y otros 7,8%. En 1981, el estado daba empleo a 1.700 personas, y Nauru Phosphate Corporation a 2.832.

Nepal

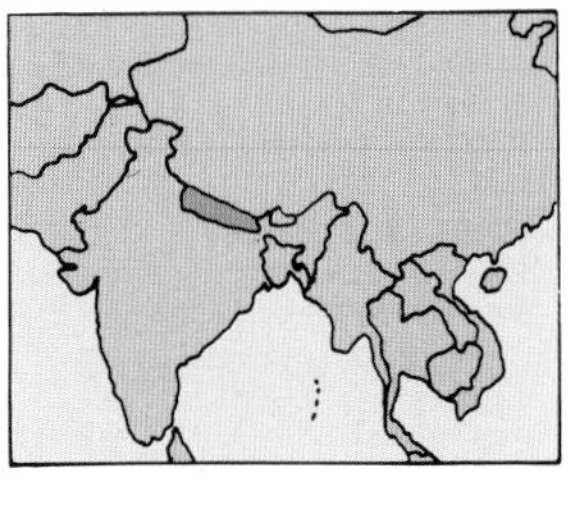

Nombre oficial: Reino de Nepal.
Forma de gobierno: Monarquía constitucional con una cámara legislativa (Panchayat Nacional).
Jefe del estado: Rey.
Jefe del gobierno: Primer ministro.
Capital: Katmandú.
Lengua oficial: Nepalés.
Religión oficial: Ninguna.
Moneda: 1 rupia nepalesa (NRs) = 100 paisa (pice); cambio (2 oct. 1989) 1 dlr. EUA = 24 Nrs.

Área y población

Regiones en desarrollo / Regiones geográficas	Capitales	área km²	población censo 1981
Centro	Katmandú	27.410	4.909.357
Bagmati		9.428	1.782.439
Janakpur		9.669	1.688.115
Narayani		8.313	1.438.803
Este	Dhankuta	28.456	3.708.923
Koshi		9.669	1.423.624
Mechi		8.196	932.625
Sagarmatha		10.591	1.352.674
Lejano oeste	Dipayal	19.539	1.320.089
Mahakali		6.989	525.178
Seti		12.550	794.911
Medio oeste	Surkhet	42.378	1.955.611
Bheri		10.545	836.402
Karnali		21.351	242.486
Rapti		10.482	876.723
Oeste	Pokhara	29.398	3.128.859
Dhawalagiri		8.148	453.462
Gandaki		12.275	1.107.569
Lumbini		8.975	1.567.828
TOTAL		147.181	15.022.839

Demografía

Población (1989): 18.452.000
Densidad (1989): Personas por km² 125,4.
Índice de urbanización (1987): Urbana 8,3%; rural 91,7%.
Distribución por sexo (1988): Varones 51,52%; mujeres 48,48%.
Estructura por edades (1986): Menos de 15, 42,2%; 15-29, 25,6%; 30-44, 17,3%; 45-59 10,0%; 60-74, 4,2%; 75 y más, 0,7%.
Proyección demográfica: (2000) 23.176.000; (2010) 27.807.000.
Tiempo de duplicación: 28 años.
Composición étnica (1981): Nepaleses 58,4%; bihari (incluyendo maithili y bhojpuri) 18,7%; tharu 3,6%; tamang 3,5%; newar 3,0%; otros 12,8%.
Afiliación religiosa (1981): Hindúes 89,5%; budistas 5,3%; musulmanes 2,7%; jainistas 0,1%; otros 2,4%.
Principales ciudades (1981): Katmandú 235.160; Biratnagar 93.544; Lalitpur 79.875; Bhaktapur 48.472; Pokhara 46.642.
Tasa de natalidad por 1.000 habitantes (1988): 39,3 (media mundial 27,1).
Tasa de mortalidad por 1.000 habitantes (1988): 14,6 (media mundial 9,9).
Tasa de crecimiento por 1.000 habitantes (1988): 24,7 (media mundial 17,2).
Esperanza de vida al nacer (1988): Varones 54,4 años; mujeres 51,6 años.
Principales causas de muerte por 100.000 habitantes: n.d.; sin embargo, entre las principales enfermedades se incluyen paludismo, tuberculosis, cólera y fiebres tifoideas.

Economía nacional

Presupuesto (1987-88). Ingresos: 9.848.000.000 NRs (impuestos sobre bienes y servicios 38,7%; aranceles 21,0%; impuesto de utilidades 9,9%; intereses sobre préstamos 9,0%; impuestos de registro 6,5%; ingresos por tierras 6,0%; servicios gubernamentales 5,2%). Gastos: 15.187.700.000 (servicios económicos 47,9%; servicios sociales 23,6%; reembolso de préstamos 9,9%; defensa 5,4%; administración general 4,8%).
Turismo: Ingresos por visitantes (1988) 28.000.000 dlr. EUA; gastos de nacionales en el exterior (1987) 35.000.000 dlr. EUA.
Producción (toneladas métricas, excepto cuando se indique). Agricultura, silvicultura, pesca (1988): Arroz 2.787.000, maíz 890.000, caña de azúcar 816.000, trigo 745.000, papas o patatas 566.000, mijo 160.000, legumbres 153.000, cebada 24.000, yute 16.000, tabaco 5.000; ganadería (número de animales vivos): 6.374.000 reses, 5.125.000 cabras, 2.900.000 búfalos, 833.000 ovejas, 479.000 cerdos; madera 16.479.000 m³; pesca, capturas (1987) 10.716. Minas y canteras (1985-86): Piedra caliza 167.789; magnesita 63.190; talco 8.780; granate (1984-85) 27.300 kg. Industria manufacturera (1986-87): Cemento 151.631; azúcar 24.565; jugos de yute 18.239; jabón 11.460; té 1.112; madera contrachapada 2.438.000 m²; cigarrillos 5.600.000.000 unidades; calzado 121.000 pares. Construcción: n.d. Producción energética (consumo): Electricidad (kwh; 1987) 538.000.000 (549.000.000), carbón (1987), no produce (85.000); productos petrolíferos (1987), no produce (178.000), gas natural, no produce (sin consumo).
Producto nacional bruto (a precios corrientes de mercado; 1987): 2.836.000.000 dlr. EUA (160 dlr. EUA per cápita).

Estructura del producto nacional bruto y de la población activa

	1985-86 Valor (000.000 NRs)	1985-86 % del valor total	1981 Población activa	1981 % de la pobl. activa
Agricultura	29.603	58,0	6.244.289	91,1
Minería	139	0,3	971	[1]
Industria	2.271	4,4	33.029	0.5
Construcción	3.223	6,3	2.022	[1]
Servicios públicos	197	0,4	3.013	[1]
Transportes y comunicaciones	3.087	6,0	7.424	0,1
Comercio	1.901	3,7	109.446	1,6
Finanzas	3.674	7,2	9.850	0,1
Servicios	3.562	7,0	313.570	4,6
Otros	3.421[2]	6,7[2]	127.272[3]	1,9[3]
TOTAL	51.078	100,0	6.850.886	100,0[4]

Deuda pública (externa, pendiente; 1987): 9.848.000.000 dlr. EUA.
Población económicamente activa (1986): Total 7.760.155; tasa de actividad de la población total 45,5% (tasas de participación: 15-64 años 82,5%; mujeres 34,7%; desempleados [1980] 5,5%).

Comercio exterior[5]

Balanza comercial (precios corrientes)

	1983	1984	1985	1986	1987	1988
Millones NRs	−5.064,2	−4.411,4	−5.048,0	−6.275,7	−7.659,6	−10.780
% del total	65,0	51,1	46,3	51,0	52,8	54,6

Importaciones (1986-87): 11.020.300.000 NRs (artículos básicos manufacturados 29,5%; maquinaria y equipos de transporte 22,9%; productos químicos 12,5%; combustibles minerales 11,3%; alimentos y animales vivos, principalmente para alimentación 10,4%; artículos manufacturados diversos 6,8%; materiales crudos, excepto combustibles 4,2%). *Principales proveedores:* India 42,5%; Japón 16,5%; Corea del sur 5,1%; Singapur 3,7%; China 3,3%; Alemania federal 3,0%.
Exportaciones (1986-87): 3.059.200.000 (manufacturas básicas 34,5%; alimentos y animales vivos, en su mayor parte para alimentación 22,7%; maquinaria, equipos de transporte y otros artículos manufacturados 22,3%; materiales crudos excepto combustibles 16,6%; aceites minerales y vegetales 3,9%). *Principales clientes* (1985-86): India 40,3%; EUA 27,3%; Alemania federal 7,6%; Singapur 7,3%; Reino Unido 3,6%; URSS 2,3%.

Transportes y comunicaciones

Transportes. Ferrocarriles (1986-87): Longitud de vías 53 km; pasajeros transportados 1.673.000; carga transportada 19.000 toneladas métricas. Carreteras (1986-87): Longitud total 6.306 km (pavimentadas 44%). Vehículos (1978): Automóviles 14.201; camiones y autobuses 9.988. Marina mercante: Ninguna. Transporte aéreo[6] (1987): Pasajeros-km 336.000.000; carga toneladas métricas-km 5.892.000; aeropuertos (1989) con vuelos regulares 5.
Comunicaciones. Diarios (1986-87): Número total 59; circulación total, n.d.; circulación por 1.000 habitantes, n.d. Radio (1986): Número total de receptores 2.012.000 (1 por cada 8,5 personas). Televisión (1988): Número total de televisores 27.000 (1 por cada 667 personas). Teléfonos (1987): 25.606 (1 por cada 686 personas).

Educación y sanidad

Escolaridad (1981). Porcentaje de la población total de 25 años y más: sin escolarización formal 41,2%; con enseñanza primaria 29,4%; secundaria 22,7%; superior 6,8%. *Alfabetización* (1981): Población total de 15 años y más alfabetizada 1.822.718 (20,7%); varones alfabetizados 1.425.241 (31,9%); mujeres alfabetizadas 397.477 (9,2%).
Sanidad (1987): Médicos 863 (1 por cada 20.356 habitantes); camas hospitalarias 3.842 (1 por cada 4.572 habitantes); tasa de mortalidad infantil por cada 1.000 nacidos vivos (1988) 127.
Alimentación (1984-86): Ingesta calórica diaria per cápita 2.050 (productos vegetales 93%, productos animales 7%); (1983) 92% de las necesidades mínimas recomendadas por la FAO.

Fuerzas armadas

Personal en servicio activo (1986): 35.000 (ejército 100%). *Presupuesto de defensa en porcentaje del PNB* (1984): 1,2% (mundo 5,4%); gasto per cápita 2 dlr. EUA.

[1] Menos del 0,05%. [2] Incluye impuestos indirectos. [3] Incluye actividades no adecuadamente definidas. [4] El desglose no se corresponde con el total a causa del redondeo. [5] Las cifras de importación son f.o.b. (franco a bordo) en la balanza comercial y c.i.f. (costo, seguro y flete) para los artículos y asociados comerciales. [6] Sólo vuelos internacionales.

Nicaragua

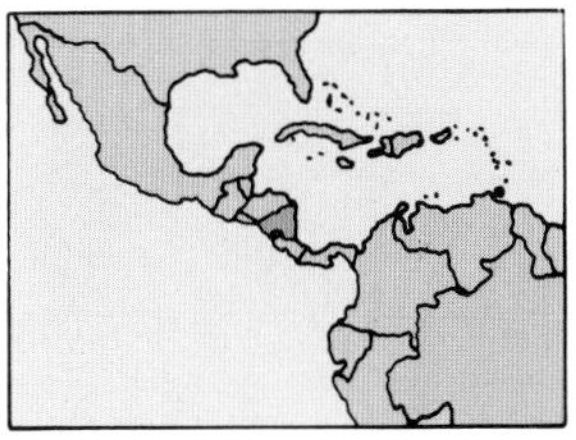

Nombre oficial: República de Nicaragua.
Forma de gobierno: República unitaria multipartidista con una cámara legislativa (Asamblea Nacional).
Jefe del estado y del gobierno: Presidente.
Capital: Managua.
Lengua oficial: Español.
Religión oficial: Ninguna.
Moneda: 1 córdoba (C$) = 100 centavos; cambio (2 oct. 1989) 1 dlr. EUA = 22.000 C$[1].

Área y población

Zonas / Departamentos	Capitales	área[2] km^2	población estimada 1985
Región I	Estelí	7.849	389.768
Región II	León	9.862	631.977
Región III	Managua	3.432	979.363
Región IV	Jinotepe	4.905	609.024
Región V	Juigalpa	24.129	337.304
Región VI	Matagalpa	16.569	465.555
Zonas especiales			
Región Autónoma del Atlántico Norte	Rosita	32.139	116.384
Región Autónoma del Atlántico Sur	Bluefields	15.346	60.702
Zona especial III	San Carlos	6.418	31.517
ÁREA TERRITORIAL TOTAL		120.349	3.621.594
AGUAS INTERIORES		10.351	
ÁREA TOTAL		130.700	

Demografía

Población: 3.745.000.
Densidad (1989)[3]: Personas por km^2 31,1.
Índice de urbanización (1988): Urbana 59,2%; rural 40,8%.
Distribución por sexo (1988): Varones 50,07%; mujeres 49,93%.
Estructura por edades (1988): Menos de 15, 46,2%; 15-29, 27,5%; 30-44, 14,7%; 45-59, 7,3%; 60-74, 3,5%; 75 y más, 0,8%.
Proyección demográfica: (2000) 5.261.000; (2010) 6.824.000.
Tiempo de duplicación: 21 años.
Composición étnica (1985): Mestizos (español/indio) 77,0%; blancos 10,0%; negros 9,0%; amerindios 4,0%.
Afiliación religiosa (1987): Católicos 88,3%; otros (en su mayoría baptistas, moravos y pentecostales) 11,7%.
Principales ciudades (1985): Managua 682.111; León 100.982; Granada 88.636; Masaya 74.946; Chinandega 67.792.
Tasa de natalidad por 1.000 habitantes (1988): 41,8 (media mundial 27,1).
Tasa de mortalidad por 1.000 habitantes (1988): 8,0 (media mundial 9,9).
Tasa de crecimiento por 1.000 habitantes (1988): 33,8 (media mundial 17,2).
Esperanza de vida al nacer (1988): Varones 60,0 años; mujeres 62,0 años.
Principales causas de muerte por 100.000 habitantes (1984): Accidentes, intoxicaciones y actos de violencia 81,9%; enfermedades cardiovasculares 54,3%; enfermedades infecciosas y parasitarias 43,9%; neoplasias malignas (cánceres) 28,5%.

Economía nacional

Presupuesto. Ingresos: 163.900.000.000 C$ (ingreso 82,9%, del que el 30,1% corresponde a impuestos de consumo, el 14,1% a impuestos sobre la renta, y el 9,0% a impuestos generales sobre ventas; ingresos no impositivos 8,7%). Gastos: 228.037.000.000 C$ (gasto actualizado 91,8%, gastos de desarrollo 8,2%).
Turismo: Ingresos por visitantes (1988) 1.800.000 dlr. EUA; gastos de nacionales en el exterior 5.400.000 dlr. EUA.
Producción (toneladas métricas, excepto cuando se indique). Agricultura, silvicultura, pesca (1988): Caña de azúcar 2.233.000, maíz 278.000, sorgo 250.000, plátanos 110.000, arroz 104.000[4], plátanos machos 85.000[4], semilla de algodón 82.000, frijoles o judías 67.000, naranjas 56.000, café 41.000, sésamo 3.100, tabaco 2.100; ganadería (número de animales vivos) 1.200.000 reses, 745.000 cerdos, madera 3.770.000 m^3; pesca, capturas (1987) 4.893, de las que 2.907 corresponden a crustáceos. Minas y canteras (1988): Oro 28.300 onzas troy. Industria manufacturera (valor añadido en millones de C$; 1988)[5]: Alimentos procesados 1.556; bebidas 1.204; productos metálicos 694; textiles 640; productos y derivados químicos 572; prendas de vestir 285; productos del tabaco 247. Construcción (edificios acabados en 1988): 41.600 m^3. Producción energética (consumo): Electricidad (kwh; 1988) 1.120.000.000 (952.000.000); carbón, no produce (sin consumo); petróleo crudo (barriles; 1987), no produce (3.665.000); productos petrolíferos (1987) 429.000 (650.000); gas natural, no produce (sin consumo).
Producto nacional bruto (a precios corrientes de mercado; 1987): 2.959.000.000 dlr. EUA (830 dlr. EUA per cápita).

Estructura del producto nacional bruto y de la población activa

	1988		1987	
	Valor (000.000 C$)[6]	% del valor total	Población activa	% de la pobl. activa
Agricultura	4.580	23,6	365.200	32,4
Minería	96	0,5	3.000	0,3
Industria	4.106	21,1	90.500	8,0
Construcción	694	3,6	16.800	1,5
Servicios públicos	477	2,5	7.800	0,7
Transportes y comunicaciones	1.154	5,9	20.900	1,8
Comercio	3.503	18,0	94.600	8,4
Finanzas, bienes raíces	1 432	7,4	18.700	1,7
Administración pública, defensa	2.496	12,9	77.400	6,9
Servicios	876	4,5	148.500	13,2
Otros	—	—	282.900[7]	25,1[7]
TOTAL	19.414	100,0	1.126.300	100,0

Deuda pública (externa, pendiente; 1987): 6.150.000.000 dlr. EUA.
Población económicamente activa (1987): Total 1.126.300; tasa de actividad de la población total 32,2% (tasas de participación: 15-64 años [1980] 54,0%; mujeres [1980] 21,6%; desempleados 25,0%).

Comercio exterior[8]

Balanza comercial (precios corrientes)

	1983	1984	1985	1986	1987	1988
Millones dlr. EUA	−375,1	−439,8	−592,7	−661,4	−538,0	−482,6
% del total	30,3	36,3	49,6	60,2	47,3	50,6

Importaciones (1988): 807.000.000 dlr. EUA (artículos primarios e intermedios para la industria 20,1%, petróleo crudo y derivados 15,0%, bienes de capital para la industria 14,1%, equipos de transporte 13,8%, bienes de consumo perecederos 12,8%). *Principales proveedores:* Países del bloque socialista 39,5%; CEE 19,5%; MCCA 7,6%.
Exportaciones (1988): 235.700.000 dlr. EUA (café 35,9%; algodón 22,5%; carne 8,2%; plátanos 6,2%, oro 5,6%). *Principales clientes:* CEE 42,4%; países del bloque socialista 12,8%; MCCA 7,6%.

Transportes y comunicaciones

Transportes. Ferrocarriles (1985): Longitud de vías (1986) 344 km; pasajeros-km 25.500.000; carga toneladas métricas-km 68.000.000. Carreteras (1988): Longitud total 14.997 km (pavimentadas 10%). Vehículos (1986): Automóviles 46.184; camiones y autobuses 30.535. Marina mercante (1986): Barcos (100 toneladas brutas y más) 23; peso muerto total 18.191 toneladas. Transporte aéreo (1985): Pasajeros llegados 126.972; pasajeros salidos 134.471; carga descargada 3.384 toneladas métricas; cargada 2.595 toneladas métricas; aeropuertos (1989) con vuelos regulares, n.d.
Comunicaciones. Diarios (1987): Número total 4; circulación total 218.500; circulación por 1.000 habitantes 62. Radio (1988): Número total de receptores 883.400 (1 por cada 4,1 personas). Televisión (1988): Número total de televisores 210.000 (1 por cada 17 personas). Teléfonos (1986): 43.900 (1 por cada 77 personas).

Educación y sanidad

Escolaridad, n.d. *Alfabetización* (1983): Población total de 25 años y más alfabetizada 88,0%.
Sanidad (1988): Médicos (1987) 2.086 (1 por cada 1.678 habitantes); camas hospitalarias 4.762 (1 por cada 761 habitantes); tasa de mortalidad infantil por cada 1.000 nacidos vivos 74,0.
Alimentación (1979-81): Ingesta calórica diaria per cápita 2.188 (productos vegetales 84%, productos animales 16%); (1984) 108% de las necesidades mínimas recomendadas por la FAO.

Fuerzas armadas

Personal en servicio activo (1989): 80.000 (ejército 91,9%, armada 4,4%, fuerza aérea 3,7%). *Presupuesto de defensa en porcentaje del PNB* (1985): 17,2% (mundo 5,7%); gasto per cápita 1.597 dlr. EUA.

[1] Introducido en febrero de 1988 con cambio 1 córdoba nuevo = 1000 córdobas viejos. [2] Para los departamentos y el distrito nacional se muestra el área de terreno únicamente; el área total (tierra y agua) sólo aparece en el total general. [3] Basado en la superficie de tierra firme. [4] 1987. [5] A precios de 1983. [6] A precios de 1980. [7] En su mayor parte trabajadores irregularmente empleados. [8] Las cifras sobre importación son f.o.b. (franco a bordo) en la balanza comercial y c.i.f. (costo, seguro y flete) para artículos y socios comerciales.

Níger

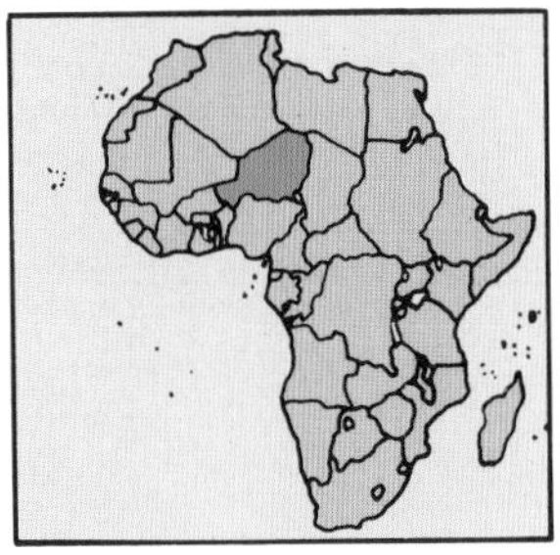

Nombre oficial: República de Níger.
Forma de gobierno: Gobierno militar con un consejo consultivo (Consejo de Desarrollo Nacional[1]).
Jefe del estado y del gobierno: Presidente, conjuntamente con el Consejo Supremo Militar.
Capital: Niamey.
Lengua oficial: Francés.
Religión oficial: Ninguna.
Moneda: 1 franco CFA (CFAF)[1] = 100 centimes; cambio (10 oct. 1988) 1 dlr. EUA = 316,13 CFAF.

Área y población

Departamentos	Capitales	área km²	población censo 1988[2]
Agadez	Agadez	634.209	174.000
Diffa	Diffa	140.216	203.000
Dosso	Dosso	31.002	876.000
Maradi	Maradi	38.581	1.243.000
Niamey	Niamey	90.293	1.585.000
Tahoua	Tahoua	106.677	1.234.000
Zinder	Zinder	145.430	1.298.000
TOTAL		1.186.408	6.613.000

Demografía

Población (1988): 6.937.000.
Densidad (1988): Personas por km² 8.
Índice de urbanización (1988): Urbana 21,1%; rural 78,9%.
Distribución por sexo (1985): Varones 49,53%; mujeres 50,47%.
Estructura por edades (1985): Menos de 15, 46,7%; 15-29, 25,6%; 30-44, 14,9%; 45-59, 8,0%; 60-74, 3,9%; 75 y más, 0,9%.
Proyección demográfica: (1990) 7.366.000; (2000) 10.083.000.
Tiempo de duplicación: 26 años.
Composición étnica (1983): Hausa 52,0%; zerma 14,7%; fulani 10,4%; kanuri 8,7%; songhai 8,1%; tuaregs 3,0%; franceses 0,1%; otros 3,0%.
Afiliación religiosa (1983): Musulmanes sunni 97,5%; otros 2,5%.
Principales ciudades (1983): Niamey 399.100; Zinder 82.800; Maradi 65.100; Tahoua 41.900.
Tasa de natalidad por 1.000 habitantes (1980-85): 51,0 (media mundial 29,0).
Tasa de mortalidad por 1.000 habitantes (1980-85): 22,9 (media mundial 11,0).
Tasa de crecimiento por 1.000 habitantes (1980-85): 28,1 (media mundial 18,0).
Esperanza de vida al nacer (1980-85): Varones 40,9 años; mujeres 44,1 años.
Principales causas de muerte por 100.000 habitantes (1976): Paludismo 317; sarampión 229; meningitis 145; otras enfermedades importantes son disentería bacilar y amebiasis, fiebres tifoideas, enteritis y otras enfermedades diarreicas, tuberculosis del sistema respiratorio y bronquitis.

Economía nacional

Presupuesto (1987). Ingresos: 198.073.000.000 CFAF (ayuda externa 32,5%; nueva deuda 27,4%; derechos de importación y exportación 16,6%; consumos 9,6%; impuestos de utilidades personales 7,2%). Gastos: 162.400.000.000 CFAF (gastos de capital 46,7%; administración 33,2%, del que el 10,6% corresponde a educación, el 4,8% a sanidad y el 2,6% a defensa; deuda nacional 20,1%).
Turismo (1986): Ingresos por visitantes 7.600.000 dlr. EUA; gastos de nacionales en el exterior 13.000.000 dlr. EUA.
Producción (toneladas métricas, excepto cuando se indique). Agricultura, silvicultura, pesca (1986): Mijo 1.383.000, sorgo 360.000, legumbres 313.000, raíces y tubérculos 232.000, verduras y melones 159.000, caña de azúcar 110.000, cebollas 120.000, arroz 75.000, cacahuates 42.000, maíz 6.000, algodón 5.000, trigo 5.000, tabaco en hoja 1.000; ganadería (número de animales vivos): 7.500.000 cabras, 3.500.000 ovejas, 3.300.000 reses, 507.000 burros, 415.000 camellos, 292.000 caballos; madera (1985) 3.920.000 m³; pesca, capturas 2.350. Minas y canteras (1986): Uranio 3.108. Industria manufacturera (1982): Cemento 16.000; jabón 6.600; bebidas 101.000 hectólitros; cerveza 97.000 hectólitros. Construcción (1980): 75.937.000.000 CFAF. Producción energética (consumo): Electricidad (kwh; 1986) 156.000.000 (287.000.000); carbón (1986) 50.000 (50.000); petróleo crudo, no produce (n.d.); productos petrolíferos (1986) no produce (180.000); gas natural, no produce (n.d.).
Producto nacional bruto (a precios corrientes de mercado; 1986): 1.690.000.000 dlr. EUA (260 dlr. EUA per cápita).

Estructura del producto nacional bruto y de la población activa

1985	Valor (000.000 CFAF)	% del valor total	Población activa	% de la pobl. activa
Agricultura	298.200	45,2	2.849.000	88,9
Minería	51.700	7,8		
Industria	25.900	3,9		
Construcción	18.600	2,8		
Servicios públicos	13.700	2,1		
Transportes y comunicaciones	28.300	4,3	354.000	11,1
Comercio y finanzas	82.500	12,5		
Administración pública, defensa	55.400	8,4		
Servicios	56.900	8,6		
Otros	28.500	4,3		
TOTAL	659.700	100,0[3]	3.203.000	100,0

Deuda pública (externa, pendiente; 1986): 1.026.200.000 dlr. EUA.
Población económicamente activa (1985): Total 3.203.000; tasa de actividad de la población total 52,4% (tasas de participación: 15-64 años 89,7%; mujeres 47,4%; desempleados, n.d.).

Comercio exterior[4]

Balanza comercial (precios corrientes)

	1978	1979	1980	1981	1982	1983
Millones CFAF	−5.200	−2.800	−5.900	−14.900	−55.500	−9.392
% del total	3,9	1,5	2,4	5,7	19,8	4,0

Importaciones (1984): 124.620.000.000 CFAF (productos alimenticios 28,6%, del que el 12,2% corresponde a cereales y el 3,7% a azúcar; productos petrolíferos 11,0%; productos químicos 10,8%; maquinaria no eléctrica 10,0%; hilados y tejidos de algodón 3,9%). *Principales proveedores:* Francia 32,8%; Nigeria 31,7%; EUA 4,6%; Costa de Marfil 4,2%; Alemania federal 3,6%; Japón 2,9%.
Exportaciones (1984): 119.495.000.000 CFAF (uranio 77,8%; productos alimenticios 15,3%, del que el 5,2% corresponde a verduras y el 9,2% a animales vivos). *Principales clientes:* Francia 51,4%; Japón 17,4%; Nigeria 10,6%; Alemania federal 5,9%; España 3,3%.

Transportes y comunicaciones

Transportes. Ferrocarriles (1984): Ninguno[5]. Carreteras (1985): Longitud total 19.000 km (pavimentadas 17%). Vehículos (1984): Automóviles 23.102; camiones y autobuses 9.052. Transporte aéreo (1986)[6]: Pasajeros-km 237.571.000; carga toneladas métricas-km 38.455.000; aeropuertos (1988) con vuelos regulares 1.
Comunicaciones. Diarios (1987): Número total 1; circulación total 5.000; circulación por 1.000 habitantes 0,7. Radio (1986): Número total de receptores 300.000 (1 por cada 22 personas). Televisión (1987): Número total de televisores 25.000 (1 por cada 280 personas). Teléfonos (1985): 11.824 (1 por cada 563 personas).

Educación y sanidad

Escolaridad (1977): Porcentaje de la población total de 25 años y más: sin escolarización formal 91,1%; con enseñanza primaria 8,4%; secundaria 0,3%; superior 0,2%. *Alfabetización* (1980): Población total de 15 años y más alfabetizada 278.000 (9,8%); varones alfabetizados 195.000 (14,0%); mujeres alfabetizadas 83.000 (5,8%).
Sanidad: Médicos (1980) 136 (1 por cada 40.209 habitantes); camas hospitalarias 3.261 (1 por cada 1.633 habitantes); tasa de mortalidad infantil por cada 1.000 nacidos vivos (1980-85) 146,0.
Alimentación (1984-86): Ingesta calórica diaria per cápita 2.349 (productos vegetales 93%, productos animales 7%); (1983) 97% de las necesidades mínimas recomendadas por la FAO.

Fuerzas armadas

Personal en servicio activo (1988): 3.300 (ejército 97,0%, fuerza aérea 3,0%). *Presupuesto de defensa en porcentaje del PNB* (1985): 0,8% (mundo 6,1%); gasto per cápita 2 dlr. EUA.

[1] La legislatura (Asamblea Nacional) fue suspendida en 1974. El Consejo Nacional de Desarrollo asumió, en 1983, el papel de asamblea constituyente. Por referéndum del 14 de junio de 1987 se aprobó una carta nacional (constitución) restableciendo parte del control civil. [2] de jure. [3] El desglose no se corresponde con el total a causa del redondeo. [4] Las cifras de importación son f.o.b. en la balanza comercial y c.i.f. para los artículos y asociados comerciales. [5] Níger es país cofundador de la Organización Benin-Níger para Ferrocarriles y Transporte, que actualmente sólo opera en Benin, pero que tiene la intención de ampliar los servicios de ferrocarril desde la costa, en Cotonou, Benin, hasta Dosso y, en una segunda fase, hasta Niamey, Níger. [6] Air Afrique.

Nigeria

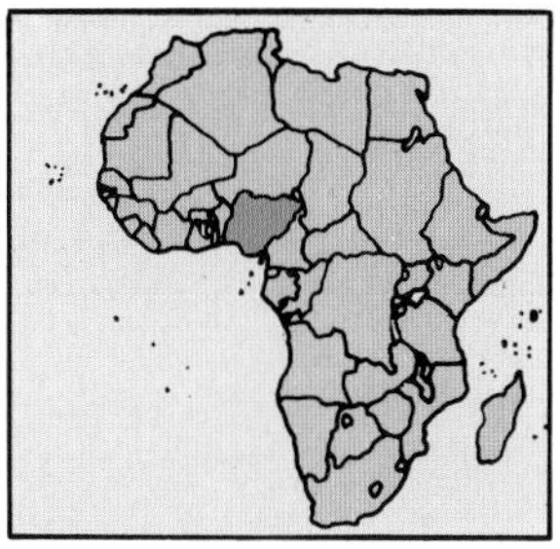

Nombre oficial: República Federal de Nigeria.
Forma de gobierno: República federal.
Jefe del estado y del gobierno: Presidente.
Capital: Lagos[1] (capital designada: Abuja).
Lengua oficial: Inglés.
Religión oficial: Ninguna.
Moneda: 1 naira (N) = 100 kobo; cambio (2 oct. 1989) 1 dlr. EUA = 7,33 N.

Área y población

Estados	Capitales	área km^2	población estimada 1989
Akwa Ibom	Uyo	[2]	5.215.000
Anambra	Enugu	17.675	7.403.800
Bauchi	Bauchi	64.605	5.004.900
Bendel	Benin City	35.500	5.066.000
Benue	Makurdi	45.174	4.996.100
Borno	Maiduguri	116.400	6.170.500
Cross River	Calabar	27.237[2]	1.944.700
Gongola	Yola	91.390	5.363.100
Imo	Owerri	11.850	7.560.300
Kaduna	Kaduna	70.245[3]	3.403.400
Kano	Kano	43.285	11.887.800
Katsina	Katsina	[3]	5.033.200
Kwara	Ilorin	66.869	3.512.800
Lagos	Ikeja	3.345	4.345.400
Niger	Minna	65.037	2.222.700
Ogun	Abeokuta	16.762	3.192.700
Ondo	Akure	20.959	5.619.200
Oyo	Ibadan	37.705	10.722.700
Plateau	Jos	58.030	4.144.900
Rivers	Port-Harcourt	21.850	3.540.500
Sokoto	Sokoto	102.535	9.343.300
Territorio de la capital federal		7.315	279.800
TOTAL		923.768	115.973.000

Demografía

Población (1989): 111.973.000.
Densidad (1989): Personas por km^2 125,5.
Índice de urbanización (1985): Urbana 31,1%; rural 69,0%.
Distribución por sexo (1986): Varones 49,46%; mujeres 50,54%.
Estructura por edades (1986): menos de 15, 46,7%; 15-29, 26,1%; 30-44, 14,9%; 45-59, 8,2%; 60 y más 4,1%.
Proyección demográfica: (2000) 166.012.000; (2010) 224.314.000.
Tiempo de duplicación: 21 años.
Composición étnica (1983): Hausa 21,3%, yoruba 21,3%; igbo (ibo) 18,0%; fulani 11,2%; ibibio 5,6%; kanuri 4,2%; edo 3,4%; tiv 2,2%; ijaw 1,8%; bura 1,7%; nupe 1,2%; otros 8,1%.
Afiliación religiosa (1980): Musulmanes 45,0%; protestantes 26,3%; católicos 12,1%; indígenas africanos 10,6%; creencias tradicionales 5,6%; otros 0,4%.
Principales ciudades (1989): Lagos 1.274.000; Ibadán 1.201.000; Ogbomosho 612.800; Kano 565.800; Oshogbo 400.300.
Tasa de natalidad por 1.000 habitantes (1985-90): 49,8 (media mundial 27,1).
Tasa de mortalidad por 1.000 habitantes (1985-90): 15,6 (media mundial 9,9).
Tasa de crecimiento por 1.000 habitantes (1985-90): 34,2 (media mundial 17,2).
Esperanza de vida al nacer (1985-90): Varones 48,8 años; mujeres 52,2 años.
Principales causas de muerte por 100.000 habitantes: n.d.; entre las principales enfermedades se incluyen paludismo, tuberculosis, tripanosomiasis, oncocerciasis y lepra.

Economía nacional

Presupuesto (1989). Ingresos 29.414.000 N ([1986] ingresos por petróleo 58,1%; derechos de importación 12,2%; fondos especiales 10,6%). Gastos: 30.107.000.000 N (gastos recurrentes 69,1%; gastos de capital 30,9%).
Turismo (1986): Ingresos por visitantes 78.000.000 dlr. EUA; gastos de nacionales en el exterior 38.000.000 dlr. EUA.
Producción (toneladas métricas, excepto cuando se indique). Agricultura, silvicultura, pesca (1987): Sorgo 5.182.000, ñames 4.951.000, mijo 3.905.000, mandioca 1.486.000, maíz 1.202.000, plátanos machos 1.701.000, caña de azúcar 852.000, aceite de palma 840.000, frijoles o judías 688.000, frutos de palma 353.000, caucho 180.000, melones 145.000, cocos 141.000, trigo 139.000, soya o soja 107.000; ganadería (número de animales vivos): 26.328.000 cabras, 13.160.000 ovejas, 12.169.000 reses; madera 95.524.000 m^3; pesca, capturas 248.964. Minas y canteras (1986): Piedra caliza 1.850.000; mármol 1.482.000, metal de estaño 1.000.000. Industria manufacturera (valor añadido en precios de productores, millones de N; 1983): Bebidas y tabaco 768,2; equipos de transporte 754,2 de los que 734,4 corresponden a vehículos a motor; productos alimenticios 654,5; textiles 538,6; productos químicos 465,0, de los que 95,0 corresponden a fármacos y medicinas; productos de caucho 62,5. Construcción (viviendas terminadas; 1982) 31.038. Producción energética (consumo): Electricidad (kwh; 1987) 9.905.000.000 (9.805.000.000); carbón (1987) 145.000 (100.000); petróleo crudo (barriles, 1987) 454.240.000 (50.313.000); productos petrolíferos (1987) 6.450.000 (7.867.000); gas natural (m^3; 1987) 3.700.000 (3.700.000).
Producto nacional bruto (1987): 39.533.000.000 dlr. EUA (370 dlr. EUA per cápita).

Estructura del producto nacional bruto y de la población activa

	1985			
	Valor (000.000 N[2])	% del valor total	Población activa	% de la pobl. activa
Agricultura	24.379,1	37,2	20.866.000	57,8
Minería	13.026,2	19,9	144.000	0,4
Industria	4.216,2	6,4	6.570.000	18,2
Construcción	1.995,6	3,1	433.000	1,2
Servicios públicos	395.7	0,6	72.000	0,2
Transportes y comunicaciones	1.880,7	2,9	217.000	0,6
Comercio	12.595,8	19,2	5.776.000	16,0
Finanzas	1.562,2	2,4		
Administración pública, defensa	2.929,0	4,5	2.022.000	5,6
Servicios	2.486,5	3,8		
TOTAL	65.467,0	100,0	36.100.000	100,0

Deuda pública (1987): 26.057.000.000 dlr. EUA.
Población económicamente activa (1984): Total 33.708.000; tasa de actividad de la población total 36,1% (tasas de participación: 15-64 años 58,2%; mujeres [1983] 31,9%; desempleados [registrados] 0,5%.

Comercio exterior

Balanza comercial (precios corrientes)

	1982	1983	1984	1985	1986	1987
Millones N	−1.523	−540	2.604	4.049	3.043	15.401
% del total	8,5	3,5	16,7	22,0	21,8	35,2

Importaciones (1986): 5.469.700.000 N (maquinaria y equipos de transporte 46,0%; bienes manufacturados 19,3% [principalmente productos de hierro y acero, textiles y productos de papel]; productos químicos 13,2%; alimentos 9,8%; combustibles minerales 0,6%). *Principales proveedores* (1985): Reino Unido 19,8%; EUA 13,4%; Alemania federal 11,8%; Francia 8,3%; Japón 7,4%; Italia 3,8%.
Exportaciones (1986): 8.513.000.000 N (petróleo crudo 97,2%; otras exportaciones importantes incluyen cacao, caucho y frutos de palma). *Principales clientes* (1985): EUA 18,1%; Italia 16,4%; Francia 16,2%; Países Bajos 12,2%; Alemania federal 7,4%; España 5,7%.

Transportes y comunicaciones

Transportes. Ferrocarriles (1987): Longitud de vías 3.505 km; pasajeros-km 2.717.632.000[4]; carga toneladas métricas-km 827.400.000[4]. Carreteras (1984): Longitud total 124.000 km (pavimentadas 48%). Vehículos (1981): Automóviles 262.550; camiones y autobuses 90.731. Marina mercante (1988): Barcos (100 toneladas brutas y más) 220; peso muerto total 851.930 toneladas. Transporte aéreo[5] (1987): Pasajeros-km 1.631.613.000; carga toneladas métricas-km 37.232.000; aeropuertos (1989) 14.
Comunicaciones. Diarios (1988): Número total 26; circulación total 1.704.000[6]; circulación por 1.000 habitantes 15,2[6]. Radio (1988): Número total de receptores 9.557.866 (1 por cada 12 personas). Televisión (1988): Número total de televisores 5.600.000 (1 por cada 20 personas). Teléfonos (1986): 265.000 (1 por cada 397 personas).

Educación y sanidad

Escolaridad, n.d. *Alfabetización* (1985): Población total de 15 años y más alfabetizada 20.208.000 (42,4%); varones alfabetizados 12.551.000 (53,8%); mujeres alfabetizadas 7.657.000 (31,5%).
Sanidad (1985): Médicos 14.757 (1 por cada 6.900 habitantes); camas hospitalarias 89.177 (1 por cada 1.142 habitantes); tasa de mortalidad infantil por cada 1.000 nacidos vivos (1985-90) 105,3.
Alimentación (1984-86): Ingesta calórica diaria per cápita 2.114 (productos vegetales 97%, productos animales 3%); (1984) 86% de las necesidades mínimas recomendadas por la FAO.

Fuerzas armadas

Personal en servicio activo (1989): 94.500 (ejército 84,7%, armada 5,3%, fuerza aérea 10,0%). *Presupuesto de defensa en porcentaje del PNB* (1987): 0,8% (mundo 5,4%); gasto per cápita 2 dlr. EUA.

[1] Actualmente está en proyecto el traslado, en 1990, de la capital de Lagos a Abuja, en el territorio de la capital federal. [2] El área de Akwa Ibom se incluye en Cross River. [3] El área de Katsina se incluye en Kaduna. [4] 1985. [5] Sólo Nigeria Airways. [6] Sólo 17 periódicos.

Noruega

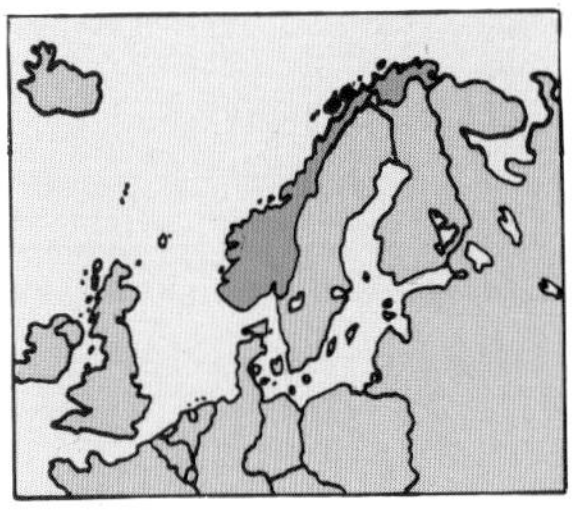

Nombre oficial: Reino de Noruega.
Forma de gobierno: Monarquía constitucional con una cámara legislativa (Parlamento).
Jefe del estado: Rey.
Jefe del gobierno: Primer ministro.
Capital: Oslo.
Lengua oficial: Noruego.
Religión oficial: Luterana evangélica.
Moneda: 1 corona noruega (NKr) = 100 øre; cambio (2 oct. 1989) 1 dlr. EUA = 6,92 NKr.

Área y población

Condados	Capitales	área[1] km²	población estimada 1989[2]
Akershus	—	4.917	410.671
Aust-Agder	Arendal	9.212	96.660
Buskerud	Drammen	14.927	224.457
Finnmark	Vardø	48.637	74.045
Hedmark	Hamar	27.388	186.870
Hordaland	Bergen	15.634	408.106
Møre og Romsdal	Molde	15.104	238.422
Nordland	Bodø	38.327	239.975
Nord-Trøndelag	Steinkjer	22.463	126.905
Oppland	Lilehammer	25.260	182.603
Oslo	Oslo	454	455.632
Østfold	Moss	4.183	237.992
Rogaland	Stavanger	9.141	333.392
Søgn og Fjørdane	Leikanger	18.634	106.408
Sør-Trøndelag	Trondheim	18.831	249.731
Telemark	Skien	15.315	163.395
Troms	Tromsø	25.954	146.804
Vest-Agder	Kristiansand	7.281	143.424
Vestfold	Tønsberg	2.216	196.046
TOTAL		323.878	4.221.538[3]

Demografía

Población (1989): 4.228.000.
Densidad (1989): Personas por km² 13,0.
Índice de urbanización (1985): Urbana 72,8%; rural 27,2%.
Distribución por sexo (1988): Varones 49,45%; mujeres 50,55%.
Estructura por edades (1988): Menos de 15, 19,1%; 15-29, 23,4%; 30-44, 22,0%; 45-59, 14,3%; 60-74, 14,4%; 75 y más, 6,8%.
Proyección demográfica: (2000) 4.427.000; (2010) 4.615.000.
Tiempo de duplicación: n.d.; supera los 100 años.
Composición étnica (por ciudadanía; 1988): Noruegos 97,0%; daneses 0,4%; británicos 0,3%; suecos 0,3%; paquistaníes 0,2%; estadounidenses 0,2%; vietnamitas 0,1%; otros 1,5%.
Afiliación religiosa (1980): Luteranos 87,9%; sin afiliación 3.2%; otros 8,9%.
Principales ciudades (1989): Oslo 455.632; Bergen 211.214; Trondheim 136.629; Stavanger 97.093; Baerum 88.752.
Tasa de natalidad por 1.000 habitantes (1988): 13,7 (media mundial 27,1).
Tasa de mortalidad por 1.000 habitantes (1988): 10,7 (media mundial 9,9).
Tasa de crecimiento por 1.000 habitantes (1988): 3,0 (media mundial 17,2).
Esperanza de vida al nacer (1987): Varones 72,8 años; mujeres 79,6 años.
Principales causas de muerte por 100.000 habitantes (1987): Cardiopatía isquémica 280,6; neoplasias malignas (cánceres) 230,2; enfermedades cerebrovasculares 129,9.

Economía nacional

Presupuesto (1989). Ingresos 272.296.000.000 NKr (cuotas de la seguridad social 27,1%; impuesto sobre el valor añadido 24,3%; impuestos sobre intereses y dividendos 14,3%; impuesto sobre la renta 7,8%; impuestos sobre ingresos y actividades relacionados con el petróleo 6,1%). Gastos: 225.257.000.000 NKr (seguridad y bienestar social 25,7%; servicio de la deuda 6,7%; sanidad 7,7%).
Turismo (1988): Ingresos por visitantes 1.444.000.000 dlr. EUA; gastos de nacionales en el exterior 3.406.000.000 dlr. EUA.
Producción (toneladas métricas, excepto cuando se indique). Agricultura, silvicultura, pesca (1987): Cebada 500.000, avena 400.000, papas o patatas 360.000; ganadería (número de animales vivos; 1986): 2.350.000 ovejas, 965.000 reses, 742.000 cerdos; madera 10.540.000 m³; pesca, capturas 1.869.388, de las que 343.506 corresponden a arenques, 269.775 a bacalao, 193.647 a bacaladilla, 143.388 a capelán, 41.000 a gambas y camarones. Minas y canteras (1987)[4]: Mineral de hierro 2.044.000, titanio 27.000[5], zinc 22.200, cobre 21.960. Industria manufacturera (valor añadido en millones de NKr; 1987): Maquinaria y equipos 26.426, de las que 5.613 corresponden a equipos eléctricos y 5.175 a equipos de transporte; papel y derivados 11.785; productos alimenticios 10.120; productos químicos 9.594; madera y productos derivados 5.588. Construcción (1985): Residencial 4.408.000 m²; no residencial 2.709.000 m². Producción energética (consumo): Electricidad (kwh; 1987) 103.810.000.000 (103.431.000.000); carbón (1987) 399.000; petróleo crudo (barriles; 1987) 372.990.000 (70.813.000); productos petrolíferos (1987) 9.179.000 (8.424.000); gas natural (m³; 1987) 29.462.000.000 (1.561.000.000).
Producto nacional bruto (1987): 71.420.000.000 dlr. EUA (7.110 dlr. EUA per cápita).

Estructura del producto nacional bruto y de la población activa

	1986			
	Valor (000.000 NKr)	% del valor total	Población activa	% de la pobl. activa
Agricultura	18.558	3,7	134.000	6,1
Minería	19.938	4,0	24.000	1,1
Industria	85.905	17,1	337.000	15,4
Construcción	33.610	6,7	166.000	7,6
Servicios públicos	14.654	2,9	21.000	1,0
Transportes y comunicaciones	37.188	7,4	176.000	8,1
Comercio	53.452	10,6	376.000	17,2
Finanzas	58.009	11,5	166.000	7,6
Administración pública, defensa	86.850	17,3		
Servicios	33.421	6,7	783.000[6]	35,9[6]
Otros	60.717[7]	12,1[7]		
TOTAL	502.302	100,0	2.183.000	100,0

Deuda pública (1987): 26.525.000.000 dlr. EUA.
Población económicamente activa (1988): Total 2.183.000; tasa de actividad de la población total 51,8% (tasas de participación: 15-64 años [1987] 79,1%; mujeres 4,5%; desempleados 3,2%).

Comercio exterior

Balanza comercial (precios corrientes)

	1983	1984	1985	1986	1987	1988
Millones NKr	35.569	43.764	41.498	−12.403	−3.645	−2.976
% del total	15,6	16,6	13,8	4,4	1,2	1,0

Importaciones (1988): 151.107.000.000 NKr (maquinaria y equipos de transporte 28,3%, del que el 5,8% corresponde a vehículos terrestres; metales y productos metálicos 11,8%, del que el 3,5% corresponde a hierro y acero; materias primas 11,3%, del que el 3,6% corresponde a combustibles; productos alimenticios 5,5%, del que el 1,6% corresponde a frutas y verduras). *Principales proveedores* (1987): Suecia 18,8%; Alemania federal 15,5%; Reino Unido 9,0%; Dinamarca 7,7%.
Exportaciones (1988): 146.652.000.000 NKr (combustibles y productos combustibles 36,5%, del que el 22,7% corresponde a petróleo crudo y el 10,7% a gas natural; metal y productos metálicos 18,1%, del que el 4% corresponde a hierro y acero; maquinaria y equipos de transporte 10,1%; productos alimenticios 8,1%, del que el 6,9% corresponde a pescado y productos derivados). *Principales clientes* (1987): Reino Unido 26,6%; Alemania federal 15,3%; Suecia 11,0%; Países Bajos 7,3%.

Transportes y comunicaciones

Transportes. Ferrocarriles (1987): Longitud de vías 4.219 km; pasajeros-km 2.186.700.000; carga toneladas métricas-km 2.822.000.000. Carreteras (1987): Longitud total 86.805 km (pavimentadas 68%). Vehículos (1987): Automóviles 1.623.137; camiones y autobuses 280.070. Marina mercante (1988): Barcos (100 toneladas brutas y más) 2.078; peso muerto total 15.235.060 toneladas. Transporte aéreo (1987): Pasajeros-km 8.827.846.000; carga toneladas métricas-km 908.617.000; aeropuertos (1989) 49.
Comunicaciones. Diarios (1987): Número total 84; circulación total 2.268.000; circulación por 1.000 habitantes 540. Radio (1988): Número total de receptores 3.285.188 (1 por cada 1,3 personas). Televisión (1988): Número total de televisores 1.465.858 (1 por cada 2,9 personas). Teléfonos (1985): 2.578.812 (1 por cada 1,6 personas).

Educación y sanidad

Escolaridad (1985). Porcentaje de la población total de 16 años y más: con primer ciclo de enseñanza secundaria 49,8%; segundo ciclo de enseñanza secundaria 37,2%; superior 13,0%. *Alfabetización* (1988): virtualmente el 100%.
Sanidad (1987): Médicos (1986) 9,443 (1 por cada 441 habitantes); camas hospitalarias 24.442 (1 por cada 171 habitantes); tasa de mortalidad infantil por cada 1.000 nacidos vivos 8,4.
Alimentación (1983-87): Ingesta calórica diaria per cápita 3.219 (productos vegetales 63%, productos animales 37%); (1984) 121% de las necesidades mínimas recomendadas por la FAO.

Fuerzas armadas

Personal en servicio activo (1988): 35.800 (ejército 53,1%, armada 19,6%, fuerza aérea 25,4%). *Presupuesto de defensa en porcentaje del PNB* (1987): 3,4% (mundo 5,4%); gasto per cápita 664 dlr. EUA.

[1] Excluye Svalbard y Jan Mayen (63.080 km²). [2] 1 de enero. [3] Incluye la población noruega de Svalbard y Jan Mayen censada como residente en municipios del continente. [4] Contenido metálico únicamente. [5] 1986. [6] Incluye 49.336 desempleados. [7] Incluye cargos por servicios bancarios imputados y diversos impuestos al consumo y a la importación.

Nueva Zelanda

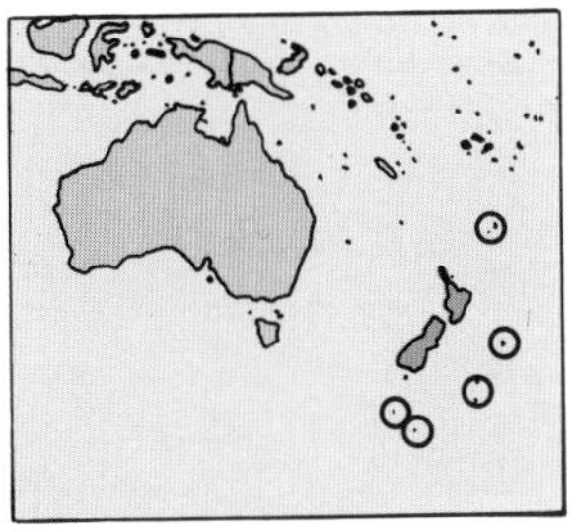

Nombre oficial: Nueva Zelanda.
Forma de gobierno: Monarquía constitucional con una cámara legislativa (Cámara de Representantes).
Jefe de estado: Monarca británico representado por el gobernador general.
Jefe de gobierno: Primer ministro.
Capital: Wellington.
Lengua oficial: Inglés; maorí.
Religión oficial: Ninguna.
Moneda: 1 dólar neozelandés ($NZ) = 100 cents; cambio (2 oct. 1989) 1 dlr. EUA = 2,75 $NZ.

Área y población

Áreas estadísticas[1]	área km²	población censo 1986
Isla Norte		
Auckland Central	5.578	889.225
Auckland Meridional-Bahía de Plenty	36.881	518.721
Bahía de Hawke	11.283	150.744
Costa Oriental	10.908	48.364
Northland	12.646	127.558
Taranaki	9.724	108.979
Wellington	27.751	598.024
Isla Sur		
Canterbury[2]	43.230	431.421
Marlborough	10.989	38.087
Nelson	17.530	81.160
Otago	36.801	186.142
Southland[3]	28.905	104.817
Westland	15.289	23.842
TOTAL	267.515	3.307.084

Demografía

Población (1989): 3.371.000.
Densidad (1989): Personas por km² 12,6.
Índice de urbanización (1987): Urbana 83,7%; rural 16,3%.
Distribución por sexo (1989): Varones 49,44%; mujeres 50,56%.
Estructura por edades (1989): Menos de 15, 23,1%; 15-29, 25,9%; 30-44, 21,7%; 45-59, 14,3%; 60-74, 10,7%; 75 y más, 4,3%.
Proyección demográfica: (2000) 3.584.000; (2010) 3.789.000.
Tiempo de duplicación: 89 años.
Composición étnica (1986): Europeos 82,2%; maoríes 9,2%; polinesios de las islas del Pacífico 2,9%; otros y sin especificar 5,7%.
Afiliación religiosa (1986): Anglicanos 25,7%; presbiterianos 18,0%; católicos 15,2%; metodistas 4,7%; sin afiliación 16,4%; otros 21,4%.
Principales ciudades (1988): Manukau 185.800; Christchurch 167.700; Auckland 149.500; Wellington 136.000; Waitemata 100.700.
Tasa de natalidad por 1.000 habitantes (1988): 17,3 (media mundial 27,1).
Tasa de mortalidad por 1.000 habitantes (1988): 8,2 (media mundial 9,9).
Tasa de crecimiento por 1.000 habitantes (1988): 9,1 (media mundial 17,2).
Esperanza de vida al nacer (1987): Varones 71,8 años, mujeres 77,8 años.
Principales causas de muerte por 100.000 habitantes (1986): Enfermedades cardiovasculares 381,6, de las que 223,9 corresponden a cardiopatía isquémica; neoplasias malignas (cánceres) 189,8; enfermedades del sistema respiratorio 86,7%; accidentes 62,2; enfermedades del aparato digestivo 23,0%; enfermedades metabólicas 16,3%.

Economía nacional

Presupuesto (1988-89). Ingresos: 25.529. 100.000 $NZ (impuesto sobre la renta 59,9%, impuesto sobre bienes y servicios 16,5%, intereses y beneficios 9,8%, impuesto sobre las ventas 7,0%). Gastos: 25.568.500.000 $NZ (servicios sociales 35,4%; servicio de la deuda e inversiones 17,9%; sanidad 14,2%; educación 13,6%; administración 10,3%).
Turismo (1987): Ingresos 934.000.000 dlr. EUA; gastos 734.000.000 dlr. EUA.
Producción (toneladas métricas, excepto cuando se indique). Agricultura, silvicultura, pesca (1988): Fruta 691.000, cebada 356.100, papas o patatas 290.000, trigo 206.000, maíz 136.900, avena 64.000; ganadería (número de animales vivos): 64.600.000 ovejas, 8.058.000 reses, 1.301.000 cabras; 414.000 cerdos; madera (1987) 9.341.000 m³; pesca, capturas (1987) 430.705. Minas y canteras (1986): Piedra caliza 2.422.800; serpentina 22.362; plomo 5.000; mineral de hierro 4.685; oro 1.265. Industria manufacturera (valor añadido en miles de $NZ; 1985-86): Alimentos 2.170.135; maquinaria 1.618.825; papel 1.207.880; textiles 911.462; productos metálicos manufacturados 811.017; derivados de la madera 707.513; productos químicos 569.468; caucho y plásticos 418.268. Construcción (miles de $NZ; 1988-89): Residencial 2.088.600; no residencial 1.443.800. Producción energética (consumo): Electricidad (kwh; 1987) 27.030.000.000 (27.030.000.000); carbón (toneladas métricas; 1987) 2.118.000 (1.818.000); petróleo crudo (barriles; 1987) 9.286.000 (24.243.000); productos petrolíferos (toneladas métricas; 1987) 2.724.000 (2.635.000); gas natural (m³; 1987) 3.547.000.000 (3.547.000.000).
Producto nacional bruto (1987): 27.131.000.000 dlr. EUA (8.230 dlr. EUA per cápita).

Estructura del producto nacional bruto y de la población activa

	1986-87		1986	
	Valor (000.000 $NZ)	% del valor total	Población activa	% de la pobl. activa
Agricultura	4.328	8,1	161.640	10,4
Minería	527	1,0	5.997	0,4
Industria	11.192	21,0	316.206	19,7
Construcción	2.682	5,0	102.039	6,3
Servicios públicos	1.882	3,5	15.732	1,0
Transportes y comunicaciones	4.122	7,7	110.982	6,9
Comercio	9.437	19,0	292.131	18,2
Finanzas	10.128	17,7	122.943	7,6
Administración pública, defensa; Servicios; Otros	8.619	16,1	357.735	22,2
Otros	467[4]	0,9[4]	123.207[5]	7,7[5]
TOTAL	53.382	100,0	1.608.612	100,0

Deuda pública (externa, pendiente; 1988): 19.200.000.000 dlr. EUA.
Población económicamente activa (1986): Total 1.608.612; tasa de actividad de la población total 49,3% (tasas de participación: 15-64 años 74,6%; mujeres 41,7%; desempleados 3,6%).

Comercio exterior

Balanzacomercial (precios corrientes)

	1983	1984	1985	1986	1987	1988
Millones $NZ	1.181,8	1.386,2	636,4	578,6	927,9	3.114,0
% del total	7,9	7,8	2,8	2,6	4,0	13,2

Importaciones (1988-89): 11.402.400.000 $NZ (maquinaria 29,8%; equipos de transporte 9,9%; combustibles minerales 5,6%; hierro, acero y metales no férricos 5,5%; textiles, ropa y calzado 4,0%; petróleo crudo 3,9%). *Principales proveedores:* Australia 21,4%; Japón 17,6%; EUA 16,0%; Reino Unido 9,5%; Alemania federal 5,6%.
Exportaciones (1988-89): 14.907.200.000 $NZ (alimentos y animales vivos 40,4%; lana 13,0%; derivados de la madera 7,7%; pieles y cuero 5,5%; aluminio 5,2%; maquinaria 3,7%; productos químicos 3,3%). *Principales clientes:* Japón 16,7%; Australia 16,7%; EUA 14,7%; Reino Unido 8,5%; China 3,5%; Alemania federal 2,4%; Corea del sur 2,3%.

Transportes y comunicaciones

Transportes. Ferrocarriles (1987): Longitud de vías 4.332 km; pasajeros-km 458.160.000; carga toneladas métricas-km 3.192.000.000. Carreteras (1987): Longitud total 93.130 km (pavimentadas 55%). Vehículos (1988): Automóviles 1.393.326; camiones y autobuses 305.208. Marina mercante (1988): Barcos (100 toneladas brutas y más) 133; peso muerto total 378.113 toneladas. Transporte aéreo (1988): Pasajeros-km 10.728.000.000; carga toneladas métricas-km 334.800.000; aeropuertos (1889) 36.
Comunicaciones. Diarios (1986): Número total 32; circulación total 1.055.000; circulación por 1.000 habitantes 324. Radio (1987): Número total de receptores 3.053.146 (1 por cada 1,1 personas). Televisión (1987): Número total de televisores 978.460 (1 por cada 3,5 personas). Teléfonos (1987): 2.315.000 (1 por cada 1,4 personas).

Educación y sanidad

Escolaridad (1987). Porcentaje de la población total de 25 años y más: con enseñanza primaria y algún curso de secundaria 51,9%; secundaria 35,8%; superior 6,9%; no especificada 5,4%. *Alfabetización* (1987): virtualmente el 100%.
Sanidad (1987): Médicos 6.390 (1 por cada 522 habitantes); camas hospitalarias 30.645 (1 por cada 111 habitantes); tasa de mortalidad infantil por cada 1.000 nacidos vivos 10,0.
Alimentación (1984-86): Ingesta calórica diaria per cápita 3.405 (productos vegetales 56%, productos animales 44%; 129% de las necesidades mínimas recomendadas por la FAO.

Fuerzas armadas

Personal en servicio activo (1988): 12.800 (ejército 46,9%, armada 20,3%, fuerza aérea 32,8%). *Presupuesto de defensa en porcentaje del PNB* (1987): 2,2% (mundo 5,4%); gasto per cápita 228 dlr. EUA.

[1] Las áreas estadísticas no tienen entidad administrativa; en los casos apropiados se han incluido las islas adyacentes y terrenos ganados al mar. [2] Incluye el condado de Chatham Island. [3] Incluye el condado de Stewart Island. [4] Incluye derechos de importación y cargos por servicios bancarios imputados. [5] Incluidos 109.101 desempleados.

Omán

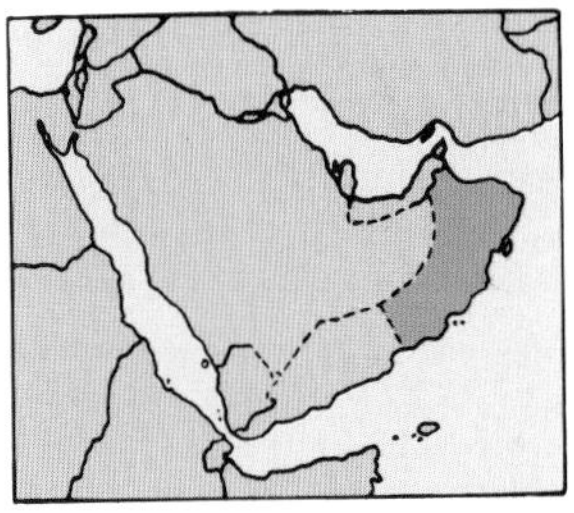

Nombre oficial: Sultanato de Omán.
Forma de gobierno: Monarquía con un consejo ejecutivo nombrado por el sultán.
Jefe del estado y del gobierno: Sultán.
Capital: Mascate.
Lengua oficial: Árabe.
Religión oficial: Islámica.
Moneda: 1 rial omaní (RO) = 1.000 baizas; cambio (2 oct. 1989) 1 dlr. EUA = 2,63 RO.

Área y población

Áreas administrativas	Centros[3]	área[1] km²	población[2] estimada 1987
al-Batina	al-Rustaq Suhar	—	—
al-Dajiliya	Nizwa, Samail	100.000	—
al-Janubiya	Salala	—	—
Mascate	Mascate	2.000	—
Musandam	Jashab	—	—
al-Sarqiya	Ibra, Sur	—	—
al-Zahira	al-Buraymi, Ibri	300.000	1.413.000

Demografía

Población (1989): 1.422.000.
Densidad (1989): Personas por km² 4,7.
Índice de urbanización (1986): Urbana 9,2%; rural 90,8%.
Distribución por sexo (1986): Varones 57,31%; mujeres 42,69%.
Estructura por edades (1986): Menos de 15, 39,8%; 15-29, 22,2%; 30-44, 25,7%; 45-59, 8,5%; 60-74, 2,9%; 75 y más, 0,9%.
Proyección demográfica: (2000) 2.057.000; (2010) 2.882.000.
Tiempo de duplicación: 33 años.
Composición étnica (1984): Árabes omaníes 77%; indios 15%; paquistaníes (principalmente baluchi) 3,5%; bengalíes 2,5%; otros 2%.
Afiliación religiosa (1984): Musulmanes 86%; hindúes 13%; otros 1%.
Principales ciudades (1982): Mascate 85.000; Nizwa 10.000; Salala 10.000.
Tasa de natalidad por 1.000 habitantes (1986): 44,2 (media mundial 27,1).
Tasa de mortalidad por 1.000 habitantes (1986): 13,0 (media mundial 9,9).
Tasa de crecimiento por 1.000 habitantes (1986): 31,2 (media mundial 17,2).
Esperanza de vida al nacer (1986): Varones 53,7 años; mujeres 56,0 años.
Principales causas de muerte por 100.000 habitantes (casos de enfermedad registrados; 1987): Gripe 7.615; paludismo 1.160; varicela 1.098; parotiditis 390; disentería 288; disentería bacilar 185; tuberculosis 46.

Economía nacional

Presupuesto (1989). Ingresos: 1.162.700.000 RO (ingresos por petróleo 77,8%, ingresos por gas 4,2%, otros 18,0%). Gastos: 1.570.300 RO (1988; defensa 36,3%, servicios económicos 22,4%, servicios públicos generales 13,6%, educación 10,1%, sanidad 5,0%).
Turismo (1987): Ingresos por visitantes 44.000.000[4] dlr. EUA; gastos de nacionales en el exterior, n.d.
Producción (toneladas métricas, excepto cuando se indique). Agricultura, silvicultura, pesca (1988): Verduras y melones 226.000, dátiles 80.000, plátanos 30.000, mangos 16.000, sandías 12.000, cebollas 10.000, tabaco en hoja 2.000, trigo 1.000, papas o patatas 1.000; ganadería (número de animales vivos): 712.000 cabras, 218.000 ovejas, 136.000 reses, 2.000.000 pollos; pesca, capturas 115.011. Minas y canteras (1986): Arena y grava 7.514.000; piedra 2.875.000; mármol 44.000; cobre 18.000. Industria manufacturera: Entre los principales productos se incluyen bloques y solados de cemento, muebles, productos de aluminio, cable eléctrico, bujías, utensilios para el hogar, fertilizantes y productos de fibra de vidrio. Construcción (1987): Número de permisos residenciales 3.025; no residenciales 328. Producción energética (consumo): Electricidad (kwh; 1987) 3.793.000.000 (3.793.000.000); carbón, no produce (sin consumo); petróleo crudo (barriles; 1987) 212.500.000 (15.400.000); productos petrolíferos (1987) 6.883.000 (5.363.000); gas natural (m³; 1987) 2.178.000.000 (2.178.000.000).
Producto nacional bruto (1987): 7.668.000.000 dlr. EUA (5.760 dlr. EUA per cápita).

Estructura del producto nacional bruto y de la población activa

	1987		1986	
	Valor (000.000 RO)	% del valor total	Población activa	% de la pobl. activa
Agricultura	105,4	3,5	108.800	23,3
Minería	1.413,0	47,4	9.700	2,1
Industria	111,5	3,7	5.100	1,1
Construcción	137,0	4,6	128.500	27,5
Servicios públicos	43,5	1,5	500	0,1
Transportes y comunicaciones	97,7	3,3	6.300	1,3
Comercio	327,3	11,0	123.600	26,4
Finanzas	267,1	8,9	7.800	1,7
Administración pública, defensa	509,9	17,1	77.400	16,5
Servicios	40,4	1,4		
Otros	−70,3[5]	−2,4[5]	—	—
TOTAL	2.982,5	100,0	467.700	100,0

Deuda pública (externa, pendiente; 1985): 2.474.000.000.
Población económicamente activa (1986): Total 467.700; tasa de actividad de la población total 35,7% (tasas de participación: 15-64 años 60,9%; mujeres, 7,5%; desempleados, n.d.).

Comercio exterior

Balanza comercial (precios corrientes)

	1983	1984	1985	1986	1987	1988
Millones RO	606,4	578,3	628,3	175,9	751,2	396,0
% del total	26,0	23,3	22,4	8,8	34,0	18,0

Importaciones (1988): 900.000.000 RO (maquinaria y equipos de transporte 33,5%; artículos manufacturados 21,6%; alimentos y animales vivos 17,4%; artículos manufacturados varios 10,9%; productos químicos 5,6%; bebidas y tabaco 1,9%). *Principales proveedores:* Emiratos Árabes Unidos 21,0%; Japón 16,8%; Reino Unido 13,3%; EUA 8,8%; Alemania federal 5,2%; Italia 4,1%.
Exportaciones (1988): 1.296.000.000 RO (petróleo crudo 88,0%; alimentos y animales vivos 1,9%; frutas y verduras 0,3%). *Principales clientes:* Emiratos Árabes Unidos 46,4%; Taiwán 7,7%; Reino Unido 5,8%; Arabia Saudita 4,6%; EUA 4,6%; Australia 3,6%.

Transportes y comunicaciones

Transportes. Ferrocarriles: Ninguno. Carreteras (1987): Longitud total 20.749 km (pavimentadas 20%). Vehículos (1987): Particulares 120.368; comerciales 106.096. Marina mercante (1988): Barcos (100 toneladas brutas y más) 32; peso muerto total 16.399 toneladas. Transporte aéreo (1988)[6]: Pasajeros-km 1.418.000.000; carga toneladas métricas-km 36.000.000; aeropuertos (1989) con vuelos regulares 6.
Comunicaciones. Diarios (1987): Número total 3; circulación total 30.000; circulación por 1.000 habitantes 22. Radio (1988): Número total de receptores 888.300 (1 por cada 1,6 personas). Televisión (1988): Número total de televisores 1.000.033 (1 por cada 1,4 personas). Teléfonos (1987): 79.929 (1 por cada 17 personas).

Educación y sanidad

Escolaridad, n.d. *Alfabetización* (1979): Población total de 6 años y más alfabetizada 38%; varones alfabetizados 55%; mujeres alfabetizadas 20%.
Sanidad (1987): Médicos 1.243 (1 por cada 1.071 habitantes); camas hospitalarias 4.016 (1 por cada 331 habitantes); tasa de mortalidad infantil por cada 1.000 nacidos vivos (1986) 110,5.

Fuerzas armadas

Personal en servicio activo (1989): 25.500 (ejército 78,4%, armada 9,8%, fuerza aérea 11,8%); tropas extranjeras 3.700. *Presupuesto de defensa en porcentaje del PNB* (1987): 23,3% (mundo 5,4%); gasto per cápita 1.235 dlr. EUA.

[1] No se ha realizado un estudio detallado del área del sultanato de Queen. [2] El censo no ha sido establecido nunca en Omán; el total ofrecido es una estimación extraoficial. A efectos de planificación, el gobierno omaní utiliza una estimación de 2.000.000, de 1985. [3] Los centros de las áreas son capitales administrativas. [4] Ingresos hoteleros. [5] Menos cargos por servicios bancarios imputados. 1985. [6] Una cuarta parte de los vuelos internacionales de Gulf Air.

Países Bajos

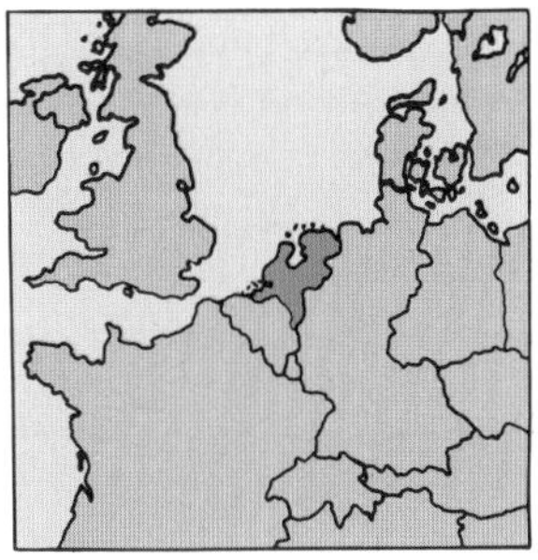

Nombre oficial: Reino de los Países Bajos.
Forma de gobierno: Monarquía constitucional con dos cámaras legislativas (Primera Cámara; Segunda Cámara).
Jefe del estado: Monarca.
Jefe del gobierno: Primer ministro.
Capital: Amsterdam (sede del gobierno, La Haya).
Lengua oficial: Neerlandés (holandés).
Religión oficial: Ninguna.
Moneda: 1 florín (f.) = 100 cents; cambio (2 oct. 1989) 1 dlr. EUA = 2,12 f.

Área y población

Provincias	Capitales	área km²	población estimada 1988[1]
Drenthe	Assen	2.654	436.586
Flevoland	Lelystad	1.422	193.739
Frisia	Leeuwarden	3.353	599.104
Güeldres	Arnhem	5.011	1.783.610
Groningen	Groningen	2.346	556.757
Limburgo	Maastricht	2.170	1.095.424
Brabante Septentrional	's-Hertogenbosch	4.946	2.156.280
Holanda Septentrional	Haarlem	2.665	2.352.888
Overijssel	Zwolle	3.339	1.009.997
Utrecht	Utrecht	1.331	965.229
Zelanda	Middelburg	1.792	355.501
Holanda Meridional	La Haya	2.908	3.208.414
ÁREA TERRITORIAL TOTAL		33.937	14.714.948
AGUAS INTERIORES		7.926	
ÁREA TOTAL		41.863	

Demografía

Población (1989): 14.846.000.
Densidad[2] (1989): Personas por km² 434,4.
Índice de urbanización (1988): Urbana 88,4%; rural 11,5%.
Distribución por sexo (1988): Varones 49,43%; mujeres 50,57%.
Estructura por edades (1988): Menos de 15, 18,5%; 15-29, 25,4%; 30-44, 23,3%; 45-59, 15,8%; 60-74, 11,8%; 75 y más, 5,2%.
Proyección demográfica: (2000) 15.719.000; (2010) 15.743.000.
Tiempo de duplicación: n.d.; el crecimiento natural y la emigración neta están casi equilibrados.
Composición étnica (por nacionalidades; 1988): Neerlandeses 96,0%; turcos 1,1%; marroquíes 0,9%; alemanes 0,3%; otros 1,7%.
Afiliación religiosa (1986): Católicos 36,0%; Iglesia Reformada Neerlandesa 18,5%; iglesias reformadas 8,4%; otros 4,5%; sin afiliación 32,6%.
Principales ciudades (1988): Amsterdam 691.738; Rotterdam 574.299; La Haya 444.312; Utrecht 230.373; Eindhoven 191.002.
Tasa de natalidad por 1.000 habitantes (1988): 12,6 (media mundial 27,1).
Tasa de mortalidad por 1.000 habitantes (1988): 8,4 (media mundial 9,9).
Tasa de crecimiento por 1.000 habitantes (1988): 4,2 (media mundial 17,2).
Esperanza de vida al nacer (1987): Varones 73,5 años; mujeres 80,1 años.
Principales causas de muerte por 100.000 habitantes (1987): Neoplasias malignas (cánceres) 236,4, de los que 56,9 corresponden a cáncer de pulmón; enfermedades cardiacas isquémicas 163,3; enfermedades cerebrovasculares 78,7; accidentes, intoxicaciones y actos de violencia 36,9.

Economía nacional

Presupuesto (1988). Ingresos: 156.834.000.000 f. (impuestos sobre la renta y sobre empresas 38,3%; impuestos sobre el valor añadido 23,2%; impuestos sobre el consumo y sobre la importación 7,1%; royalties sobre el gas natural 2,9%). Gastos: 179.266.000.000 f. (educación y cultura 18,8%, seguridad social y sanidad pública 16,3%, servicio de la deuda 12,4%, defensa 7,8%, transporte 7,4%).
Turismo (1987): Ingresos por visitantes 2.666.000.000 dlr. EUA; gastos de nacionales en el exterior 6.362.000.000 dlr. EUA.
Producción (toneladas métricas, excepto cuando se indique). Agricultura, silvicultura, pesca (1988): remolacha azucarera 6.923.000, papas o patatas 6.742.000, verduras y melones 3.011.000, trigo 827.000; ganadería (número de animales vivos): 13.934.000 cerdos, 4.710.000 reses, 1.169.000 ovejas; madera (1987) 1.156.000 m³; pesca, capturas (1987) 435.209. Industria manufacturera (valor de las ventas en millones de f.; 1986): Productos alimenticios 70.000; fibras sintéticas 36.300; maquinaria eléctrica 24.000; productos petrolíferos 14.600; equipos de transporte 12.500. Construcción (1985): Residencial 36.616.000 m³; no residencial 49.968.000 m³. Producción energética (consumo): Electricidad (kwh; 1987) 68.411.000.000 (72.034.000.000); carbón (toneladas métricas; 1987) no produce (11.455.000); petróleo crudo (barriles; 1987) 29.406.000 (350.600.000); productos petrolíferos (toneladas métricas; 1987) 54.448.000 (28.277.000); gas natural (m³; 1987) 82.499.000.000 (49.438.000.000).
Producto nacional bruto (a precios corrientes de mercado; 1987): 173.357.000.000 dlr. EUA (11.860 dlr. EUA per cápita).

Estructura del producto nacional bruto y de la población activa

	1987 Valor (000.000 f.)	% del valor total	Población activa	% de la pobl. activa
Agricultura	17.130	4,3	292.300	4,5
Minería	15.440	3,8	12.900	0,2
Industria	80.540	20,0	1.107.300	16,9
Construcción	24.310	6,0	380.400	5,8
Servicios públicos	8.700	2,2	51.100	0,8
Transportes y comunicaciones	28.430	7,1	354.200	5,4
Comercio	70.140	17,4	1.073.400	16,4
Finanzas	174.260	43,3	557.200	8,5
Administración pública, defensa	—	— }	2.023.600	30,8
Servicios	—	— }		
Otros	−16.550	−4,1	706.800	10,8
TOTAL	402.400	100,0	6.559.100	100,0

Deuda pública (1987): 131.049.000.000 dlr. EUA.
Población económicamente activa (1987): Total 6.559.100; tasa de actividad de la población total 44,7% (tasas de participación: 15-64 años 64,4%; mujeres 37,4%; desempleados 9,6%).

Comercio exterior

Balanza comercial (precios corrientes)

	1983	1984	1985	1986	1987	1988
Millones f.	16.076	20.978	21.469	20.386	13.201	17.647
% del total	4,6	5,3	5,0	5,5	3,6	4,5

Importaciones (1988): 196.349.000.000 f. (maquinaria y equipos de transporte 27,8%, del que el 7,6% corresponde a equipos de transporte; alimentos, bebidas y tabaco 13,6%; productos químicos 10,8% combustibles minerales 9,3%; metales y productos metálicos 7,6%; textiles 6,7%; materias primas, aceites y grasas 6,3%). *Principales proveedores:* Alemania federal 26,3%; Bélgica-Luxemburgo 14,7%; Reino Unido 7,7%; EUA 7,6%; Francia 7,6%.
Exportaciones (1988): 203.729.000.000 f. (maquinaria y equipos de transporte 20,9%, del que el 5,4% corresponde a equipos de transporte; alimentos, bebidas y tabaco 20,0%; productos químicos 18,9%; combustibles minerales 8,5%; metales y productos metálicos 6,7%; textiles 4,5%). *Principales clientes:* Alemania federal 26,2%; Bélgica-Luxemburgo 14,7%; Francia 10,8%; Reino Unido 10,8%; Italia 6,4%.

Transportes y comunicaciones

Transportes. Ferrocarriles (1988): Longitud de vías 2.809 km; pasajeros-km 9.396.000.000[3]; carga toneladas métricas-km 3.000.000.000[3]. Carreteras (1988): Longitud total 115.413 km (pavimentadas 87%). Vehículos (1987): Automóviles 5.118.000; camiones y autobuses 477.000. Marina mercante[4] (1988): Barcos (100 toneladas brutas y más) 1.265, peso muerto total 4.698.468 toneladas. Transporte aéreo (1987): Pasajeros-km 22.027.396.000; carga toneladas métricas-km 1.731.064.000; aeropuertos (1989) 4.
Comunicaciones. Diarios (1986): Número total 43; circulación total 4.579.000; circulación por 1.000 habitantes 315. Radio (1987): Número total de receptores 12.146.299 (1 por cada 1,2 personas). Televisión (1987): Número total de televisores 4.703.000 (1 por cada 3,2 personas). Teléfonos (1986): 9.080.000 (1 por cada 1,6 personas).

Educación y sanidad

Escolaridad (1985). Porcentaje de la población[5] de 25-64 años: con enseñanza primaria 16,7%; secundaria 61,8%; superior 20,0%; otros 1,5%. *Alfabetización* (1988): Virtualmente el 100%.
Sanidad (1988): Médicos 37.144 (1 por cada 396 habitantes); camas hospitalarias 94.000 (1 por cada 157 habitantes); tasa de mortalidad infantil por cada 1.000 nacidos vivos (1988) 6,8.
Alimentación (1984-86): Ingesta calórica diaria per cápita 3.258 (productos vegetales 62%, productos animales 38%); (1983) 129% de las necesidades mínimas recomendadas por la FAO.

Fuerzas armadas

Personal en servicio activo (1988): 106.100 (ejército 62,2%, armada 16,1%, fuerza aérea 17,1%; otros[6] 4,6%). *Presupuesto de defensa en porcentaje del PNB* (1987): 3,1% (mundo 5,4%); gasto per cápita 447 dlr. EUA.

[1] Estimación al 1 de enero; incluye 1.419 personas sin municipio fijo de residencia. [2] Basado en el área territorial solamente. [3] 1987. [4] Incluye las Antillas holandesas y Aruba. [5]Población económicamente activa(4.612.000) únicamente. [6] Incluye 3.900 policías militares.

Pakistán

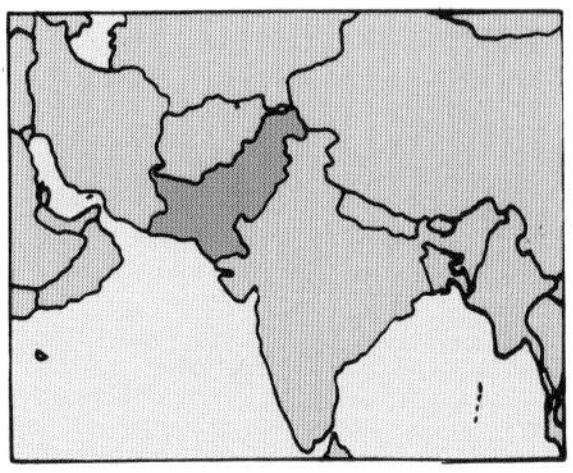

Nombre oficial: República Islámica de Pakistán.
Forma de gobierno: República federal con dos cámaras legislativas (Senado; Asamblea Nacional).
Jefe del estado: Presidente.
Jefe del gobierno: Primer ministro.
Capital: Islamabad.
Lengua oficial: Urdu.
Religión oficial: Islámica.
Moneda: 1 rupia paquistaní (PRs) = 100 paisa; cambio (2 oct. 1989) 1 dlr. EUA = 21,32 PRs.

Área y población

Provincias	Capitales	área[1] km²	población estimada 1983[2]
Beluchistán	Quetta	347.188	4.611.000
Frontera del Noroeste	Peshawar	74.522	11.658.000
Panjab	Lahore	205.345	50.460.000
Sind	Karachi	140.913	20.312.000
Áreas tribales			
Federalmente administradas		27.221	2.329.000
Área de la capital federal			
Islamabad		906	359.000
TOTAL		796.095	89.729.000

Demografía

Población (1989): 118.820.000[2].
Densidad (1989): Personas por km² 149,3.
Índice de urbanización (1987): Urbana 32,0%; rural 68,0%.
Distribución por sexo (1987): Varones 51,37%; mujeres 48,63%.
Estructura por edades (1987): Menos de 15, 46,0%; 15-29, 24,6%; 30-44, 14,0%; 45-59, 9,3%; 60-74, 4,8%; 75 y más, 1,3%.
Proyección demográfica: (2000) 162.467.000; (2010) 205.472.000.
Tiempo de duplicación: 21 años.
Composición étnica (lingüística; 1981): Punjabi 48,2%; pashto 13,1%; sindhi 11,8%; saraiki 9,8%;urdu 7,6%; otros 9,5%.
Afiliación religiosa (1981): Musulmanes 96,7%; cristianos 1,6%; hindúes 1,5%; otros 0,2%.
Principales ciudades (1981): Karachi 5.208.100; Lahore 2.952.700; Faisalabab 1.104.200; Rawalpindi 806.000; Hyderabad 795.000.
Tasa de natalidad por 1.000 habitantes (1988): 46,5 (media mundial 27,1).
Tasa de mortalidad por 1.000 habitantes (1988): 12,4 (media mundial 9,9).
Tasa de crecimiento por 1.000 habitantes (1988): 34,1 (media mundial 17,2).
Esperanza de vida al nacer (1988): Varones 56,8 años; mujeres 56,8.
Principales causas de muerte por 100.000 habitantes (distribución porcentual; 1987): paludismo 18,2%; enfermedades infantiles 12,1%; enfermedades del sistema digestivo 9,8%; enfermedades del sistema respiratorio 9,2%; infección del tracto intestinal 7,7%.

Economía nacional

Presupuesto (1988-89). Ingresos: 134.993.900.000 PRs (impuestos indirectos 63,3%; impuestos sobre la propiedad y de empresas 18,3%; impuestos directos 9,7%; ingresos de la administración civil 3,4%). Gastos: 165.558.700.000 PRs (defensa 30,0%; servicio de la deuda pública 28,7%; desarrollo 13,5%; ayudas a provincias 11,0%; administración 3,6%; servicios sociales 3,5%; subsidios 2,5%).
Turismo (1987): Ingresos por visitantes 171.000.000 dlr. EUA, gastos de nacionales en el exterior 248.000.000 dlr. EUA.
Producción (toneladas métricas excepto cuando se indique). Agricultura, silvicultura, pesca (1987-88): Caña de azúcar 31.239.000, trigo 12.926.000, arroz 3.271.000, semillas del algodón (1986-87) 2.639.800, maíz 1.513.000, algodón 1.128.000, tabaco 69.000; ganadería (número de animales vivos): 33.000.000 cabras, 27.500.000 ovejas, 17.200.000 reses, 14.000.000 búfalos, 1.000.000 camellos, 150.400.000 aves de corral; madera (1987) 21.855.000 m³; pesca, capturas (1987) 427.760. Minas y canteras (1987-88): Piedra caliza 5.705.000; sal de roca 321.000; yeso 320.000; aragonita/mármol 168.000; sílice 128.000; arcilla refractaria 99.000; arcilla para porcelana 32.000; barita 12.000; cromita 8.000. Industria manufacturera (1987-88): Cemento 5.219.000; fertilizantes químicos 2.156.300, de las que 1.491.600 corresponden a urea; azúcar refinado 1.541.600; productos químicos 214.300; papel y cartulina 75.300; textiles de yute 53.500; textiles de algodón 206.671.000 m²; bebidas 419.592.000 botellas; cigarrillos 31.592.000.000 unidades; bicicletas 502.000 unidades; ventiladores 75.600 unidades; máquinas de coser 63.300 unidades. Construcción (valor en PRs; 1984): Residencial 8.490.000.000; no residencial 14.579.000.000. Producción energética (consumo): Electricidad kwh; 1987) 33.475.000.000 (33.475.000.000); carbón (1987) 2.419.000 (3.218.000); petróleo crudo (barriles; 1987) 15.098.000 (42.510.000); productos petrolíferos (1987) 4.943.000 (7.838.000); gas natural (m³; 1987) 10.121.000.000 (10.121.000.000).
Producto nacional bruto (1987): 36.211.000.000 dlr. EUA (350 dlr. EUA per cápita).

Estructura del producto nacional bruto y de la población activa

	1987-88		1984-85	
	Valor (000.000 PRs)	% del valor total	Población activa	% de la pobl. activa
Agricultura	135.991	22,3	14.054.000	48,7
Minería	14.029	2,3	47.000	0,1
Industria	108.060	17,7	3.800.000	13,2
Construcción	39.242	6,4	1.556.000	5,4
Servicios públicos	13.974	2,3	192.000	0,7
Transportes y comunicaciones	48.504	8,0	1.445.000	5,0
Comercio	98.611	16,2	3.207.000	11,1
Finanzas	40.473	6,7	245.000	0,8
Administración pública, defensa	58.565	9,6	3.077.000	10,7
Servicios	51.923	8,5		
Otros	—	—	1.249.000[3]	4,3[3]
TOTAL	609.372[4]	100,0	28.872.000	100,0

Deuda pública (externa, pendiente; 1987): 13.150.000.000 dlr. EUA.
Población económicamente activa (1987-88): Total 30.520.000; tasa de actividad de la población total 29,4% (tasas de participación [1984-85]: 15-64 años 50,6%; mujeres 9,4%; desempleados [1987-88] 3,0%).

Comercio exterior[5]

Balanza comercial (precios corrientes)

	1983	1984	1985	1986	1987	1988
Millones PRs	−23.475	−38.927	−42.029	−28.214	−19.938	−27.036
% del total	22,5	35,1	32,5	18,3	12,1	14,2

Importaciones (1987-88): 111.382.000.000 PRs (maquinaria no eléctrica 17,6%; aceites minerales 16,2%; productos químicos 9,3%; equipos de transporte 8,6%; aceites comestibles 7,0%; hierro y acero 3,5%; maquinaria y aparatos eléctricos 3,3%). *Principales proveedores:* Japón 15,2%; EUA 11,2%; Alemania federal 7,9%; Kuwait 7,2%; Reino Unido 6,8%; Arabia Saudita 5%; Francia 4,4%; China 3,5%; Malasia 3,4%; Corea del sur 3,0%.
Exportaciones (1987-88): 78.445.000.000 PRs (algodón en bruto 13,7%; hilados de algodón 10,9%; arroz 8,2%; cuero 6,4%; alfombras de lana 5,7%; tejidos sintéticos 4,4%). *Principales clientes:* Japón 11,3%; EUA 11,0%; Alemania federal 7,0%; Reino Unido 6,8%; Italia 5,8%; Arabia Saudita 5,0%; Hong Kong 3,5%; Francia 3,2%.

Transportes y comunicaciones

Transportes. Ferrocarriles (1987-88): Longitud de vías 12.620 km; pasajeros-km 17.000.000.000; carga toneladas métricas-km 7.800.000.000. Carreteras (1987-88): Longitud total 110.128 km (pavimentadas 52%). Vehículos (1987): Automóviles 540.835; camiones y autobuses 158.895. Marina mercante (1988): Barcos (100 toneladas brutas y más) 73; peso muerto total 526.234 toneladas. Transporte aéreo (1987-88): Pasajeros-km 7.707.486.000; carga toneladas métricas-km 360.191.000; aeropuertos (1989) con vuelos regulares 32.
Comunicaciones. Diarios (1987): Número total 125; circulación total 1.321.331; circulación por 1.000 habitantes 12. Radio (1988): Número total de receptores 9.775.297 (1 por cada 11 personas). Televisión (1988): Número total de televisores 1.508.657 (1 por cada 73 personas). Teléfonos (1987): 679.370 (1 por cada 159 personas).

Educación y sanidad

Escolaridad (1981). Porcentaje de la población total de 25 años y más: sin escolarización formal 78,9%; con enseñanza primaria parcial 8,7%; secundaria parcial 10,5%; postsecundaria 1,9%. *Alfabetización* (1981): Población total de 15 años y más alfabetizada 11.938.790 (25,6%); varones alfabetizados 8.709.162 (36,0%); mujeres alfabetizadas 3.229.628 (15,2%).
Sanidad (1988): Médicos (1987) 51.020 (1 por cada 2.176 habitantes); camas hospitalarias 64.471 (1 por cada 1.783 habitantes); tasa de mortalidad infantil por cada 1.000 nacidos vivos 108,0.
Alimentación (1984-88): Ingesta calórica diaria per cápita 2.244 (productos vegetales 89%, productos animales 11%); 93% de las necesidades mínimas recomendadas por la FAO.

Fuerzas armadas

Personal en servicio activo (1989): 520.000 (ejército 92,3%, armada 2,9%, fuerza aérea 4,8%). *Presupuesto de defensa en porcentaje del PNB* (1987): 6,5% (mundo 5,4%); gasto per cápita 20 dlr. EUA.

[1] Excluye la zona de Jammu y Cachemira ocupada por Pakistán. [2] Las estimaciones provinciales excluyen, y las de 1989 incluyen a los refugiados y residentes afganos en la zona de Jammu y Cachemira ocupada por Pakistán. [3] Incluye desempleados. [4] A costo de factor. [5] Las cifras de importación son f.o.b. (franco a bordo) en la balanza comercial y c.i.f. (costo, seguro y flete) para los artículos y asociados comerciales.

Panamá

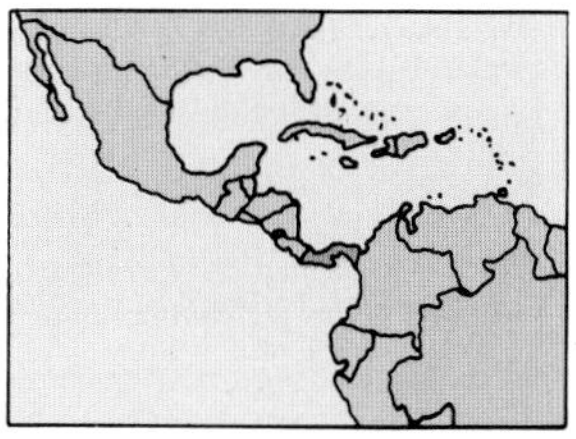

Nombre oficial: República de Panamá.
Forma de gobierno: República multipartidista con una cámara legislativa (Asamblea Legislativa).
Jefe del estado y del gobierno: Presidente.
Capital: Ciudad de Panamá.
Lengua oficial: Español.
Religión oficial: Ninguna.
Moneda: 1 balboa (B) = 100 cents; cambio (2 oct. 1989) 1 dlr. EUA = 1,00 B.

Área y población

Provincias	Capitales	área km^2	población estimada 1988
Bocas del Toro	Bocas del Toro	8.917	79.596
Chiriquí	David	8.758	367.664
Coclé	Penonomé	5.035	167.312
Colón	Colón	4.961	165.995
Darién	La Palma	16.803	39.633
Herrera	Chitré	2.427	102.856
Los Santos	Las Tablas	3.867	81.688
Panamá	Ciudad de Panamá	12.022	1.062.887
Veraguas	Santiago	11.086	212.951
Territorio especial			
Comarca de San Blas	El Porvenir	3.206	41.419
AREA TOTAL		77.082	2.322.001

Demografía

Población (1989): 2.370.400.
Densidad (1989): Personas por km^2 30,7.
Índice de urbanización (1987): Urbana 51,9%; rural 48,1%.
Distribución por sexo (1985): Varones 50,97%; mujeres 49,03%.
Estructura por edades (1986): Menos de 15, 37,0%; 15-29, 29,5%; 30-44, 17,2%; 45-59, 9,6%; 60-74, 5,2%; 75 y más, 1,5%.
Proyección demográfica: (2000) 2.893.000; (2010) 3.324.000.
Tiempo de duplicación: 32 años.
Composición étnica (1985): Mestizos 62,0%; negros 14,0%; blancos 10,0%; amerindios 6.0%; mulatos 5,0%; otros 3.0%.
Afiliación religiosa (1985): Católicos 84,0%; protestantes 4,8%; musulmanes 4,5%; bahaístas 1.1%; hindúes 0,3%; otros 5,3%.
Principales ciudades (1989): Ciudad de Panamá 435.458; San Miguelito 252.560; Colón 58.479; David 49.472[1].
Tasa de natalidad por 1.000 habitantes (1987): 27.0 (media mundial 27,1).
Tasa de mortalidad por 1.000 habitantes (1987): 5,0 (media mundial 9,9).
Tasa de crecimiento por 1.000 habitantes (1987): 22,0 (media mundial 17,2).
Esperanza de vida la nacer (1985-90): Varones 70,2 años; mujeres 74,1 años.
Principales causas de muerte por 100.000 habitantes (1986): Enfermedades cardiovasculares 115,3, de las que 46,0 corresponden a cardiopatías isquémicas y 39,5 a enfermedades cerebrovasculares; neoplasias malignas (cánceres) 52,1; accidentes 35,0; enfermedades del sistema respiratorio 33,9.

Economía nacional

Presupuesto (1988): Ingresos: 610.500.000 B (impuestos directos 38,0%, de los que el 32,2% corresponde a impuestos sobre la renta; impuestos indirectos 34,5%, de los que el 14,3% corresponde a impuestos sobre ventas). Gastos: 875.600 B (educación 28,8%; pagos de la deuda interior 18,3%; asuntos internos y justicia 14,6%; sanidad 9,8%; servicio de la deuda externa 4,4%).
Turismo: Ingresos por visitantes (1988) 168.000.000 dlr. EUA; gastos de nacionales en el exterior (1987) 65.000.000 dlr. EUA.
Producción (toneladas métricas, excepto cuando se indique). Agricultura, silvicultura, pesca (1988): Caña de azúcar, 1.600.000, plátanos 900.000, arroz 166.000, maíz 97.000, naranjas 36.000, tomates 32.000, plátanos machos 30.000, café 13.000; ganadería (número de animales vivos): 1.502.000 reses, 240.000 cerdos; madera (1987) 2.047.000 m^3; pesca, capturas (valor de producción en B; 1986): camarones 47.895.000, langostas 6.421.000, peces 4.216.000. Minas y canteras (1987): Piedra caliza 294.000[2]; sal 17.100. Industria manufacturera (valor de producción en millones de B; 1987): Alimentos elaborados y bebidas 809, de los que 159 corresponden a carne preparada, 95 a productos marinos, 94 a productos lácteos, 67 a cereales molidos y 60 a productos de panadería; petróleo refinado 236; papel y derivados 167. Construcción (valor de construcción en millones de B; 1986):Residencial 118; no residencial 34. Producción energética (consumo): Electricidad (kwh; 1987) 2.902.000.000 (2.902.000.000); carbón (1987), no produce (5.000); petróleo crudo (barriles; 1987), no produce (9.529.000); productos petrolíferos (1987) 1.159.000 (735.000).
Producto nacional bruto (a precios corrientes de mercado; 1987); 5.128.000.000 dlr. EUA (2.240 dlr. EUA per cápita).

Estructura del producto nacional bruto y de la población activa

	1984[4]		1985	
	Valor (000.000 B)[3]	% del valor total	Población activa[4]	% de la pobl. activa
Agricultura	196,9	11,2	199.200	30,4
Minería	1,9	0,1	400	0,1
Industria	141,3	8,0	62.200	9,5
Construcción	36,3	2,1	22.400	3,4
Servicios públicos	73,5	4,2	9.400	1,4
Transportes y comunicaciones	503,7	28,6	37.200	5,7
Comercio	174,2	9,9	97.400	14,8
Finanzas, bienes raíces	270,4	15,3	23.700	3,6
Administración pública, defensa	262,6	14,9	187.300	28,5
Servicios	151,5	8,6		
Otros	−50,1[5]	−2,8[5]	17.000	2,6
TOTAL	1.762,2	100,0[6]	656.200	100,0

Deuda pública (externa, pendiente; 1987); 3.722.000.000 dlr. EUA.
Población económicamente activa (1987): Total 770.472[7]; tasa de actividad de la población total 32,3% (tasas de participación: 15-69 años [1983] 57,6%; mujeres [1986] 31,5%; desempleados 11,6%).

Comercio exterior

Balanza comercial (precios corrientes)

	1983	1984	1985	1986	1987	1988
Millones B	−948,2	−1.000,3	−903,4	−754,2	−784,7	−393,6
% del total	59,6	64,4	57,4	51,9	53,6	41,3

Importaciones (1987): 1.221.100.000 B (bienes de capital 16,3%; petróleo crudo 14,4%; productos alimenticios 9,3%; sin especificar 60,0%). *Principales proveedores:* EUA 14,4%; Zona Franca Colón 11,8%; México 8,9%; Japón 7,4%; Venezuela 4,0%.
Exportaciones (1987): 339.000.000 B (plátanos 25,3%; camarones 19,2%; café 5,3%; azúcar 5,0%; prendas de vestir 4,7%. *Principales clientes:* EUA 64,5%; Alemania federal 5,9%; Costa Rica 5,7%; Puerto Rico 2,6%; Italia 2,5%.

Transportes y comunicaciones

Transportes. Ferrocarriles: Longitud de vías (1988) 240 km; pasajeros transportados 46.895[9]. Carreteras (1986): Longitud total 9.719 km (pavimentadas 33%). Vehículos (1986): Automóviles 134.339; camiones y autobuses 46.454. Marina mercante (1988): Barcos (100 toneladas brutas y más) 5.022; peso muerto total 71.476.002 toneladas. Tráfico por el Canal de Panamá (1988); Tránsitos transoceánicos 12.234; carga 154.011.780 toneladas métricas. Transporte aéreo (1986): Pasajeros-km 505.174.000; carga toneladas métricas-km 9.261.000; aeropuertos (1989) con vuelos regulares 6.
Comunicaciones. Diarios (1988): Número total 4; circulación total 99.000; circulación por 1.000 habitantes 43. Radio (1986): Número total de receptores 900.000 (1 por cada 2,5 personas). Televisión (1988): Número total de televisores 476.000 (1 por cada 4,9 personas). Teléfonos (1987): 239.995 (1 por cada 9,3 personas).

Educación y sanidad

Escolaridad (1980). Porcentaje de la población total de 25 años y más: sin escolarización formal 17.4%; con enseñanza primaria incompleta 27,3%; primaria completa 23,4%; secundaria 23,5%; superior 8,4%. *Alfabetización* (1985): Población total de 15 años y más alfabetizada 1.204.000 (88,2%); varones alfabetizados 618.000 (89,0%); mujeres alfabetizadas 586.000 (86,7%).
Sanidad (1987): Médicos 2.722 (1 por cada 836 habitantes); camas hospitalarias 7.798 (1 por cada 292 habitantes); tasa de mortalidad infantil por cada 1.000 nacidos vivos 23,2.
Alimentación (1984-86): Ingesta calórica diaria per cápita 2.439 (productos vegetales 81%, productos animales 19%); 106% de las necesidades mínimas recomendadas por la FAO.

Fuerzas armadas

Personal en servicio activo (1989): 4.400 (ejército 79,5%, armada 9,1%, fuerza aérea 11.4%). Fuerzas estadounidenses en la antigua Zona del Canal 10.700. *Presupuesto de defensa en porcentaje del PNB* (1987): 2,0% (mundo 5,4%); gasto per cápita 46 dlr. EUA.

[1] 1980. [2] 1985. [3] A precios de 1970. [4] Sólo personas empleadas. [5] Cifra neta de servicios bancarios imputados y tarifas de importación. [6] El desglose no se corresponde con el total a causa del redondeo. [7] Excluye las zonas indígenas, la antigua Zona Libre y viviendas institucionales. [8] Las cifras de importación son f.o.b. (franco a bordo) en la balanza comercial y c.i.f. (costo, seguro y flete) para los artículos y asociados comerciales. Se excluye la Zona Libre de Colón. [9] Ferrocarriles Nacionales Chiriquí únicamente; 1987.

Papúa Nueva Guinea

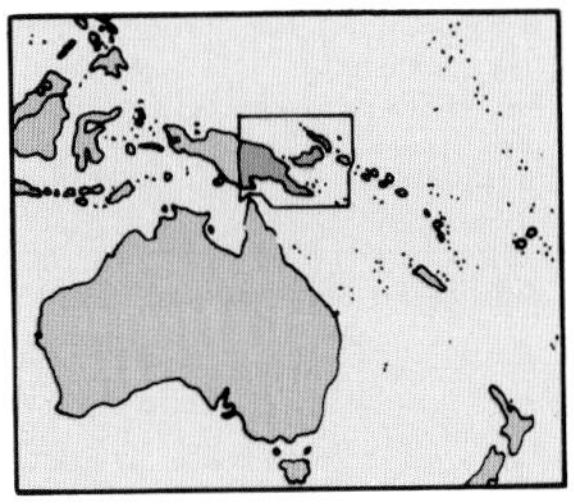

Nombre oficial: Papúa Nueva Guinea.
Forma de gobierno: Monarquía constitucional unicameral (Parlamento Nacional).
Jefe del estado: Monarca británico representado por el Gobernador general.
Jefe del gobierno: Primer ministro.
Capital: Port Moresby.
Lengua oficial: Inglés.
Religión oficial: Ninguna.
Moneda: 1 kina (K) = 100 toea; cambio (2 oct. 1989) 1 dlr. EUA = 0,86 K.

Área y población

Provincias	Centros administrativos	área km²	población estimada 1989[1]
Central	Central	29.500	132.200
Chimbu	Kundiawa	6.100	191.100
Eastern Highlands	Goroka	11.200	326.800
East New Britain	Rabaul	15.500	149.100
East Sepik	Wewak	42.800	269.800
Enga	Wabag	12.800	190.300
Gulf	Kerema	34.500	72.900
Madang	Madang	29.000	256.200
Manus	Lorengau	2.100	29.700
Milne Bay	Samaral	14.000	152.200
Morobe	Lae	34.500	392.900
Distrito de la Capital Nacional	Port Moresby	240	166.100
New Ireland	Kavieng	9.600	78.200
Northern	Popondetta	22.800	93.500
North Solomons	Buka	9.300	155.600
Southern Highlands	Mendi	23.800	273.000
Western	Daru	99.300	97.600
Western Highlands	Mount Hagen	8.500	322.500
West New Britain	Kimbe	21.000	114.400
West Sepik	Vanimo	36.300	128.800
TOTAL		462.840	3.592.900[2]

Demografía

Población (1989): 3.592.900.
Densidad (1989): Personas por km² 7,8.
Índice de urbanización (1985): Urbana 14,3%; rural 85,7%.
Distribución por sexo (1985): Varones 52,09%; mujeres 47,91%.
Estructura por edades (1985): Menos de 15, 41,6%; 15-29, 27,5%; 30-44, 16,0%; 45-59, 9,3%; 60-74, 4,5%; 75 y más, 1,0%[3].
Proyección demográfica: (2000) 4.568.000; (2010) 5.692.000.
Tiempo de duplicación: 27 años.
Composición étnica (1983): Papúes de Nueva Guinea 84,0%; melanesios de Nueva Guinea 15,0%; otros 1,0%.
Afiliación religiosa (1980): Protestantes 58,4%; católicos 32,8%; anglicanos 5,4%; creencias tradicionales 2,5%; bahaístas 0,6%; otros 0,3%.
Principales ciudades (1987): Port Moresby 152.100; Lae 79.600; Madang 24.700; Wewak 23.300; Goroka 21.800.
Tasa de natalidad por 1.000 habitantes (1988): 38,0 (media mundial 27,1).
Tasa de mortalidad por 1.000 habitantes (1988): 11,9 (media mundial 9,9).
Tasa de crecimiento por 1.000 habitantes (1988): 26,1 (media mundial 17,2).
Esperanza de vida al nacer (1988): Varones 53,4 años; mujeres 55,0 años.
Principales causas de muerte por 100.000 habitantes (1984): neumonía 27,6; enfermedades perinatales 10,9; paludismo 9,3; diarreas 9,0; meningitis 7,7; tuberculosis 6,7.

Economía nacional

Presupuesto (1989). Ingresos: 963.400.000 K (ayudas externas 20,9%, derechos de importación 19,5%, impuestos sobre la renta personal 16,6%, ingresos no impositivos 12,3%, impuestos de consumo 9,8%). Gastos: 1.016.300.000 K (administrativos 43,0%, transferencias a gobiernos provinciales 25,8%, pago de intereses 6,9%, trabajo de capital 6,8%).
Turismo (1987): Ingresos por visitantes 17.000.000 dlr. EUA; gastos de nacionales en el exterior 2.000.000 dlr. EUA.
Producción (toneladas métricas, excepto cuando se indique). Agricultura, silvicultura, pesca (1987): Plátanos 967.000, cocos 900.000, batatas o camotes 476.000, caña de azúcar 232.000, taro 187.000, ñames 177.000, copra 150.000, aceite de palma 139.000, mandioca 107.000, frutos de palma 58.400, café 52.000, cacao 34.000, piñas tropicales 11.000, té 9.000; ganadería (número de animales vivos): 1.500.000 cerdos, 123.000 reses, 17.000 cabras, 3.000.000 pollos; madera 8.231.000 m³; pesca, capturas 15.563. Minas y canteras (1987): Cobre 217.700; plata 61.056 kg; oro 33.250 kg. Industria manufacturera (valor añadido en K; 1985): Alimentos, bebidas y tabaco 162.558.000; metales, productos metálicos, maquinaria y equipos 47.493.000; madera y productos derivados 29.807.000. Construcción (valor; 1986): Residencial 19.369.000 K; no residencial 55.675.000 K. Producción energética (consumo): Electricidad (kwh, 1987) 1.797.000.000 (1.797.000.000); carbón (1987), no produce (1.000); petróleo crudo (barriles, 1987), no produce (n.d.); productos petrolíferos (1987), no produce (760.000); gas natural, no produce (n.d.).
Producto nacional bruto (1987): 2.555.000.000 dlr. EUA (730 dlr. EUA per cápita).

Estructura del producto nacional bruto y de la población activa

	1986		1980	
	Valor (000.000 K)	% del valor total	Población activa	% de la pobl. activa
Agricultura	833,7	33,9	564.500	77,0
Minería	294,4	12,0	4.300	0,6
Industria	221,3	9,0	14.000	1,9
Construcción	87,1	3,5	21.600	2,9
Servicios públicos	35,6	1,4	2.800	0,4
Transportes y comunicaciones	84,5	3,4	17.400	2,4
Comercio	193,8	7,9	25.100	3,4
Finanzas	165,8	6,7	4.500	0.6
Administración pública, defensa	170,6	6,9	77.100	10,5
Servicios	262,0	10,6		
Otros	112,8	4,6	1.500	0,2
TOTAL	2.461,6	100,0[3]	732.800	100,0[3]

Deuda pública (externa, pendiente; 1987): 1.471.000.000.
Población económicamente activa (1980): Total 732.800; tasa de actividad de la población total 24,6% (tasas de participación: 10 años y más 35,2%; mujeres 39,8%; desempleados 12,8%[4]).

Comercio exterior[5]

Balanza comercial (precios corrientes)

	1983	1984	1985	1986	1987	1988
Millones K	−138,0	−64,7	35,9	−45,0	174,4	214,7
% del total	9,2	3,9	2,0	2,7	8,3	9,4

Importaciones (1986): 902.069.000 K (maquinaria y equipos de transporte 34,1%; alimentos y animales vivos 18,0%; manufacturas básicas 16,5%; combustibles minerales, lubricantes y materiales afines 10,4%). *Principales proveedores:* Australia 40,4%; Japón 17,7%; EUA 9,5%; Singapur 6,2%; Reino Unido 3,4%; Alemania federal 2,8%.
Exportaciones (1986):1.013.776.000 K (oro 39,8%; mineral y concentrados de cobre 15,6%; café 13,5%; madera aserrada 10,3%; cacao en grano 5,6%; aceite de palma 2,4%; copra 1,5%). *Principales clientes:* Alemania federal 34,4%; Japón 25,6%; Australia 14,9%; Corea del Sur 6,1%; Reino Unido 4,5%; EUA 3,3%; España 2,1%.

Transportes y comunicaciones

Transportes. Ferrocarriles: Ninguno. Carreteras (1986): Longitud total 19.736 km (pavimentadas 6%). Vehículos (1986): Automóviles 18.748; camiones y autobuses 30.497. Marina mercante (1988): Barcos (100 toneladas brutas y más) 82; peso muerto total 46.259 toneladas. Transporte aéreo (1987): Pasajeros-km 492.000.000; carga toneladas métricas-km 9.684.000; aeropuertos (1989) con vuelos regulares 177.
Comunicaciones. Diarios (1988): Número total 1; circulación total 32.000; circulación por 1.000 habitantes 9,1. Radio (1988): Número total de receptores 229.504 (1 por cada 15 personas). Televisión (1985): Número total de televisores 230.000 (1 por cada 14 personas). Teléfonos (1987): 72,104 (1 por cada 48 personas).

Educación y sanidad

Escolaridad (1980): Porcentaje de la población total de 25 años y más: sin escolarización formal 82,6%; con enseñanza primaria parcial 8,2%; primaria completa 5,0%; secundaria parcial 4,2%. *Alfabetización* (1980): Población total de 15 años y más alfabetizada 757.500 (42,3%); varones alfabetizados 490.100 (52,4%); mujeres alfabetizadas 267.400 (31,3%).
Sanidad: Médicos (1987) 283 (1 por cada 11.904 habitantes); camas hospitalarias (1984) 14.661 (1 por cada 222 habitantes); tasa de mortalidad infantil por cada 1.000 nacidos vivos (1988) 60,0.
Alimentación (1980-82): Ingesta calórica diaria per cápita 2.074 (productos vegetales 90%, productos animales 10%); (1984) 82% de las necesidades mínimas recomendadas por la FAO.

Fuerzas armadas

Personal en servicio activo (1986): 3.200 (ejército 90,6%, armada 6,3%, fuerza aérea 3,1%). *Presupuesto de defensa en porcentaje del PNB* (1986): 1,5% (mundo 5,5%); gasto per cápita 12 dlr. EUA.

[1] *De jure.* [2] Incluye no ciudadanos. [3] El desglose no se corresponde con el total a causa del redondeo. [4] 1977; en seis centros urbanos. [5] Las cifras de importación son f.o.b. (franco a bordo) en la balanza comercial y c.i.f. (costo, seguro, flete) para los artículos y asociados comerciales.

Paraguay

Nombre oficial: República del Paraguay.
Forma de gobierno: República bicameral (Senado, Cámara de Diputados).
Jefe del estado y del gobierno: Presidente.
Capital: Asunción.
Lengua oficial: Español.
Religión oficial: Católica.
Moneda: 1 guaraní (G) = 100 céntimos; cambio[1] (2 oct. 1989) 1 dlr. EUA = 1.257 G.

Área y población

Regiones / Departamentos	Capitales	área km^2	población estimada 1989
Occidental		246.925	71.500
Alto Paraguay	Fuerte Olimpio	45.982	11.000
Boquerón	Dr. Pedro P. Peña	46.708	18.300
Chaco	Mayor Pablo Lagerenza	36.367	400
Nueva Asunción	General Eugenio A. Garay	44.961	300
Presidente Hayes	Pozo Colorado	72.907	41.500
Oriental		159.827	4.085.800
Alto Paraná	Ciudad del Este	14.895	358.700
Amambay	Pedro Juan Caballero	12.933	83.800
Asunción	Asunción	117	567.700
Caaguazú	Coronel Oviedo	11.474	427.000
Caazapá	Caazapá	9.496	134.700
Canendiyú	Salto del Guairá	14.667	108.700
Central	Asunción	2.465	751.300
Concepción	Concepción	18.051	178.500
Cordillera	Caacupé	4.948	233.600
Guairá	Villarrica	3.846	183.800
Itapúa	Encarnación	16.525	358.600
Misiones	San Juan Bautista	9.556	97.800
Ñeembucú	Pilar	12.147	88.500
Paraguarí	Paraguarí	8.705	244.700
San Pedro	San Pedro	20.002	268.400
TOTAL		406.752	4.157.300

Demografía

Población (1989): 4.157.000.
Densidad (1989): Personas por km^2 10,2.
Índice de urbanización (1986): Urbana 43,9%; rural 56,1%.
Distribución por sexo (1987): Varones 50,62%; mujeres 49,38%.
Estructura por edades (1987): Menos de 15, 40,7%; 15-29, 28,7%; 30-44, 17,1%; 45-59, 8,1%; 60-74, 4,3%; 75 y más, 1,1%.
Proyección demográfica: (2000) 5.538.000; (2010) 6.928.000.
Tiempo de duplicación: 25 años.
Composición étnica (1980): Mestizos (hispano-guaraníes) 90,8%; amerindios 3,0%; alemanes 1,7%; otros 4,5%.
Afiliación religiosa (1980): Católicos 96,0%; protestantes 2,1%; otros 1,9%.
Principales ciudades (1985): Asunción 567.678; San Lorenzo 123.737; Ciudad del Este 116.758; Encarnación 64.324; Concepción 62.577.
Tasa de natalidad por 1.000 habitantes (1985-90): 34,9 (media mundial 27,1).
Tasa de mortalidad por 1.000 habitantes (1985-90): 6,6 (media mundial 9,9).
Tasa de crecimiento por 1.000 habitantes (1985-90): 28,3 (media mundial 17,2).
Esperanza de vida al nacer (1985-90): Varones 63,7 años; mujeres 68,6 años.
Principales causas de muerte por 100.000 habitantes (1984): Enfermedades cardiovasculares 95,7; enfermedades infecciosas y parasitarias 40,5; enfermedades del sistema respiratorio 31,4; neoplasias malignas (cánceres) 25,6.

Economía nacional

Presupuesto (1988). Ingresos: 255.465.100.000 G (impuestos interiores sobre bienes y servicios 36,7%; impuesto sobre la renta 16,2%; impuesto sobre ventas 10,5%; aranceles 7,5%; fondos de pensiones 4,4%; impuesto sobre bebidas alcohólicas 3,5%; impuestos sobre bienes raíces 3,1%). Gastos: 228.586.700.000 G (deuda pública 21,8%; defensa 14,3%; educación 13,7%; ministerio del interior 9,0%; sanidad pública 3,7%; obras públicas 3,2%).
Turismo (1987): Ingresos por visitantes 121.000.000 dlr. EUA; gastos de nacionales en el exterior 50.000.000 dlr. EUA.
Producción (toneladas métricas, excepto cuando se indique). Agricultura, silvicultura, pesca (1988): Mandioca 3.891.000, caña de azúcar 3.382.000, soya o soja 1.407.000, maíz 1.200.000, algodón para semilla 537.000, plátanos 420.000, naranjas 360.000, borra de algodón 150.000, batatas o camotes 113.000; ganadería (número de animales vivos): 7.780.000 reses, 2.108.000 cerdos, 16.000.000 pollos; madera (1987) 8.439.000 m^3; pesca, capturas (1987) 10.000. Minas y canteras (1986): Piedra caliza 180.000; caolín 55.000, yeso 6.000. Industria manufacturera (1987): Cemento 269.200; carne de vaca y ternera 118.000[2]; azúcar 104.236; pieles 13.863; aceite de palo 8.128; aceite de coco comestible 3.619; pulpa de coco 2.040; tejidos de algodón 6.175.000 metros; bebidas no alcohólicas 1.292.100 hectólitros; cerveza 917.980 hectólitros; alcohol 39.410 hectólitros[3]; cigarrillos 56.711.000 cajas; fósforos 9.159.000 cajas[4]. Construcción (1985): Residencial 60.800 m^2; no residencial 163.200 m^2. Producción energética (consumo): Electricidad (kwh 1987) 2.825.000.000 (2.835.000.000); carbón, no produce (sin consumo); petróleo crudo (barriles; 1987), no produce (1.534.000); productos petrolíferos (1987) 199.000 (507.000); gas natural, no produce (sin consumo).
Producto nacional bruto (1987): 3.923.000.000 dlr. EUA (1.000 dlr. EUA per cápita).

Estructura del producto nacional bruto y de la población activa

	1986		1982	
	Valor (000.000 G)	% del valor total	Población activa	% de la pobl. activa
Agricultura	498.900	27,2	445.518	42,9
Minería	8.300	0,5	1.406	0,1
Industria	296.000	16,1	124.658	12,0
Construcción	110.100	6,0	69.900	6,7
Servicios públicos	44.800	2,4	2.605	0,3
Transportes y comunicaciones	80.100	4,4	30.524	2,9
Comercio	489.800	26,7	85.961	8,3
Finanzas / Administración pública, defensa / Servicios / Otros	305.700	16,7		
Finanzas / Administración pública, defensa / Servicios			174.228	16,8
Otros			86.444	8,3
TOTAL	1.833.800[4]	100,0	1.039.258[4]	100,0

Deuda pública (externa, pendiente; 1987): 2.218.000.000 dlr. EUA.
Población económicamente activa (1982): Total 1.039.258; tasa de actividad de la población total 51,5% (tasas de participación: 15-64 años 57,5%; mujeres 19,7%; desempleados 4,6%).

Comercio exterior

Balanza comercial (precios corrientes)

	1983	1984	1985	1986	1987	1988
Millones G	−26.519	−42.316	−75.892	−150.210	−115.975	28.520
% del total	23,5	21,7	28,2	44,9	21,8	4,5

Importaciones (1988): 494.749.000 dlr. EUA (maquinaria y equipos de transporte 40,4%, del que el 9,7% corresponde a equipos de transporte; combustibles y lubricantes 18,6%; tabaco y bebidas 10,1%; productos químicos y farmacéuticos 8,0%; hierro y acero 4,0%). *Principales proveedores:* Brasil 30,4%; Argentina 11,9%; EUA 10,1%; Argelia 7,5%; Japón 7,4%; Reino Unido 7,0%.
Exportaciones (1988): 509.843.000 dlr. EUA (fibras de algodón 41,1%; soya o soja 30,2%; carne 7,9%; madera aserrada 3,1%; aceite vegetal 1,8%, del que el 0,7% corresponde a aceite de coco; tabaco 1,2%; aceites esenciales 0,9%. *Principales clientes:* Brasil 22,9%; Países Bajos 13,3%; Suiza 7,6%; Argentina 6,6%; Alemania federal 3,8%; EUA 3,7%; España 3,0%.

Transportes y comunicaciones

Transportes. Ferrocarriles (1980): Longitud de vías (1987) 441 km; pasajeros-km 22.400.000; carga toneladas métricas-km 34.400.000. Carreteras (1985): Longitud total 14.783 km (pavimentadas 13%). Vehículos (1985) Automóviles 84.986; camiones y autobuses 41.986. Marina mercante (1988): Barcos (100 toneladas brutas y más) 39; peso muerto total 44.272 toneladas. Transporte aéreo (1988): Pasajeros-km 872.687.000; carga toneladas métricas-km 6.153.000; aeropuertos (1989) con vuelos regulares 1.
Comunicaciones. Diarios (1987): Número total 4; circulación total 123.000; circulación por 1.000 habitantes 32. Radio (1988): Número total de receptores 752.852 (1 por cada 5,4 personas). Televisión (1988): Número total de televisores 350.000 (1 por cada 12 personas). Teléfonos (1987): 100.120 (1 por cada 42 personas).

Educación y sanidad

Escolaridad (1982). Porcentaje de la población total de 25 años y más: sin escolarización formal 13,6%; con enseñanza primaria 64,7%; secundaria 15,5%; superior 3,4%; sin especificar 2,8%. *Alfabetización* (1982): Población total de 15 años y más alfabetizada 1.534.810 (85,7%); varones alfabetizados 782.560 (88,7%); mujeres alfabetizadas 752.250 (82,9%).
Sanidad: Médicos (1984) 2.453 (1 por cada 1.458 habitantes); camas hospitalarias (1987) 2.850 (1 por cada 1.459 habitantes); tasa de mortalidad infantil por cada 1.000 nacidos vivos (1985-90) 48,9.
Alimentación (1984-86): Ingesta calórica diaria per cápita 2.843 (productos vegetales 81%, productos animales 19%); 123% de las necesidades mínimas recomendadas por la FAO.

Fuerzas armadas

Personal en servicio activo (1989): 16.000 (ejército 78,1%; armada 15,6%, fuerza aérea 6,3%. *Presupuesto de defensa en porcentaje del PNB* (1987): 1,0% (mundo 5,4%); gasto per cápita 11 dlr. EUA.

[1] Tipo de cambio libre. [2] 1986. [3] 1984. [4] El desglose no se corresponde con el total a causa del redondeo.

Perú

Nombre oficial: República del Perú.
Forma de gobierno: República unitaria multipartidista con dos cámaras legislativas (Senado; Cámara de Diputados).
Jefe del estado y del gobierno: Presidente.
Capital: Lima.
Lengua oficial: Español; quechua.
Religión oficial: Católica.
Moneda: 1 inti (I/.) = céntimos = 1.000 soles; cambio (5 oct. 1989) 1 dlr. EUA = 5.725 I/.

Área y población

Departamentos	Capitales	área km^2	población estimada 1989
Amazonas	Chachapoyas	41.297	327.000
Ancash	Huaraz	36.669	967.000
Apurímac	Abancay	20.550	368.000
Arequipa	Arequipa	63.528	937.000
Ayacucho	Ayacucho	44.181	562.000
Cajamarca	Cajamarca	34.930	1.246.000
Cusco	Cusco	76.329	1.021.000
Huancavelica	Huancavelica	21.079	374.000
Huánuco	Huánuco	33.897	596.000
Ica	Ica	21.251	531.000
Junín	Huancayo	41.296	1.088.000
La Libertad	Trujillo	23.241	1.212.000
Lambayeque	Chiclayo	13.737	908.000
Lima	Lima	33.821	6.511.000
Loreto	Iquitos	379.025	638.000
Madre de Dios	Puerto Maldonado	78.403	48.000
Moquegua	Moquegua	15.709	131.000
Pasco	Cerro de Pasco	24.233	277.000
Piura	Piura	36.403	1.454.000
Puno	Puno	72.382	1.010.000
San Martín	Moyobamba	52.309	445.000
Tacna	Tacna	15.232	203.000
Tumbes	Tumbes	4.732	140.900
Ucayali	Pucallpa	100.831	224.000
Provincia constitucional			
Callao	Callao	148	575.000
TOTAL		1.285.216[1]	21.792.000[1]

Demografía

Población (1989): 21.792.000.
Densidad (1989): Personas por km^2 17,0.
Índice de urbanización (1988): Urbana 68,8%; rural 31,2%.
Distribución por sexo (1988): Varones 50,37%; mujeres 49,63%.
Estructura por edades (1985): Menos de 15, 40,5%; 15-29, 28,2%; 30-44, 16,3%; 45-59, 9,5%; 60-74, 4,5%; 75 y más 1,0%.
Proyección demográfica: (2000) 27.952.000.000; (2010) 33.479.000.
Tiempo de duplicación: 28 años.
Composición étnica (1981): Quechuas 47,1%; mestizos 32,0%; blancos 12,0%; aimaraes 5,4%; amerindios de la selva 1,7%; otros 1,8%.
Afiliación religiosa (1984): Católicos 92,4%; otros 7,6%.
Principales ciudades (1988): Lima 5.493.900; Arequipa 591.700; Callao 560.000; Trujillo 491.000; Chiclavo 394.800; Piura 297.200.
Tasa de natalidad por 1.000 habitantes (1989) 35,5 (media mundial 27,1).
Tasa de mortalidad por 1.000 habitantes (1989): 8,7 (media mundial 9,9).
Tasa de crecimiento por 1.000 habitantes (1989): 24,8 (media mundial 17,2).
Esperanza de vida al nacer (1989): Varones 69,8 años; mujeres 64,7 años.
Principales causas de muerte por 100.000 habitantes (1983): Enfermedades respiratorias 111,0; enfermedades infecciosas y parasitarias 101,1; enfermedades cardiovasculares 59,7; accidentes, intoxicaciones y actos de violencia 30,7; neoplasias malignas (cánceres) 30,3.

Economía nacional

Presupuesto (1987). Ingresos: 66.788.000 I/. (impuesto sobre combustibles 38,9%; impuesto sobre el comercio exterior 21,4%; impuestos sobre la renta 19,7%; impuestos sobre bienes y servicios 11,9%; ingresos no impositivos 6,7%). Gastos: 133.896.000.000 I/. (gastos actualizados 69,1%, del que el 23,1% corresponde a sueldos, el 16,3% a pagos por transferencia, el 15,9% a defensa y el 9,8% a pago de intereses; amortización de la deuda pública 16,9%).
Turismo (1987): Ingresos por visitantes 393.000.000 dlr. EUA; gastos de nacionales en el exterior 383.000.000 dlr. EUA.
Producción (toneladas métricas, excepto cuando se indique). Agricultura, silvicultura, pesca (1988): Caña de azúcar 6.200.000; papas o patatas 1.960.000, arroz 1.080.000, maíz 880.000, mandioca 441.000, plátanos machos 415.000, algodón para semilla 280.400, café 103.000; ganadería (número de animales vivos) 13.300.000 ovejas, 3.900.000 reses, 1.400.000 cerdos, 52.000.000 pollos; madera (1987): 7.735.000 m^3; pesca, capturas (1987) 4.583.600. Minas y canteras (1988): Mineral de hierro 2.750.000; zinc 485.429; cobre 298.332; plomo 149.037; plata 1.551. Industria manufacturera (1987): Cemento 2.584.000; harina de trigo 890.828; pienso 674.525; azúcar refinado 560.000; ácido sulfúrico 211.780; aceites comestibles 154.980; urea 99.148; vehículos a motor 13.088 unidades. Construcción (valor añadido en miles de I/.; 1985): Edificios 9.753.500[2]. Producción energética (consumo): Electricidad (kwh; 1987) 14.195.000.000 (14.195.000.000); carbón (1987) 150.000 (140.000); petróleo crudo (barriles; 1987) 64.841.000 (64.908.000); productos petrolíferos (1987) 8.340.000 (6.348.000); gas natural (m^3; 1987) 734.146.000 (734.146.000).
Producto nacional bruto (1987): 29.682.000.000 dlr. EUA (1.430 dlr. EUA per cápita).

Estructura del producto nacional bruto y de la población activa

	1987		1988	
	Valor (000 I/.)	% del valor total	Población activa	% de la pobl. activa
Agricultura	80.359,7	10,6	2.507.500	34,8
Minería	20.540,4	2,7	172.900	2,4
Industria	171.143,0	22,5	742.200	10,3
Construcción	54.438,6	7,2	259.400	3,6
Servicios públicos	7.432,0	1,0	21.600	0,3
Transportes y comunicaciones	40.412,2	5,3	317.100	4,4
Comercio	153.525,3	20,2	1.080.800	15,0
Finanzas	86.278,6	11,3	180.100	2,5
Servicios[3]	146.036,4	19,2	1.923.900	26,7
TOTAL	760.166,2	100,0	7.205.500	100,0

Deuda pública (externa, pendiente; 1987): 12.485.000.000.
Población económicamente activa (1988): Total 7.205.500; tasa de actividad de la población total 33,9% (tasas de participación: 15 años y más 56,2%; mujeres [1981] 25,4%; desempleados [1986] 8,2%.

Comercio exterior

Balanza comercial (precios corrientes)

	1982	1983	1984	1985	1986	1987
Millones I/	457,8	1.845,0	5.206,6	17.914,2	6.439	2.161
% del total	11,0	22,7	31,2	37,5	10,2	2,5

Importaciones (1987): 3.068.000.000 dlr. EUA (materias primas e intermedias 45,9%; bienes de capital industrial 19,8%; artículos de consumo 13,0%; maquinaria y equipos de transporte 8,9%). *Principales proveedores:* EUA 18,4%; Alemania federal 7,6%; Japón 6,8%; Brasil 5,3%; Argentina 4,9%; Colombia 2,9%; Canadá 2,7%.
Exportaciones (1987): 2.605.000.000 (cobre 19,8%; petróleo y derivados 10,5%; plomo 9,6%; zinc 9,0%; harina de pescado 8,8%; textiles 8,0%; café 5,5%). *Principales clientes:* EUA 20,8%; Japón 6,2%; Reino Unido 3,3%; Brasil 3,2%; Alemania federal 2,7%; URSS 2,5%; Venezuela 2,2%.

Transportes y comunicaciones

Transportes. Ferrocarriles (1987): Longitud de vías 3.451 km; pasajeros-km 517.030.000; carga toneladas métricas-km 1.018.414.000. Carreteras (1986): Longitud total 69.942 km (pavimentadas 11%). Vehículos (1987): Automóviles 377.424; camiones y autobuses 233.389. Marina mercante (1988): Barcos (100 toneladas brutas y más) 621; peso muerto total 896.866 toneladas. Transporte aéreo (1987): pasajeros-km 2.543.809.000; carga toneladas métricas-km 306.761.000; aeropuertos (1989) 24.
Comunicaciones. Diarios (1985): Número total 66; circulación 1.121.900[4]; circulación por 1.000 habitantes 57[4]. Radio (1988): Número total de receptores 4.374.255 (1 por cada 4,9 personas). Televisión (1987): Número total de televisores 1.600.000 (1 por cada 13 personas). Teléfonos: (1986): 628.643 (1 por cada 32 personas).

Educación y sanidad

Escolaridad (1981). Porcentaje de la población total de 25 años y más: sin escolarización formal 20,1%; con menos que enseñanza primaria 33,2%; con primaria 21,1%; secundaria 20,8%; superior 4,8%. *Alfabetización* (1988): Población total de 15 años y más alfabetizada (87,0%); varones alfabetizados (93,5%); mujeres alfabetizadas (79,9%).
Sanidad (1987): Médicos 20.198 (1 por cada 1.026 habitantes); camas hospitalarias (1986) 32.326 (1 por cada 625 habitantes); tasa de mortalidad infantil por cada 1.000 nacidos vivos (1989) 83,3.
Alimentación (1984-86): Ingesta calórica per cápita 2.192 (productos vegetales 88%, productos animales 12%); 92% de las necesidades mínimas recomendadas por la FAO.

Fuerzas armadas

Personal en servicio activo (1989): 120.000 (ejército 66,7%, armada 20,8%, fuerza aérea 12,5%). *Presupuesto de defensa en porcentaje del PNB* (1987): 4,9% (mundo 5,4%); gasto per cápita 106 dlr. EUA.

[1] El desglose no se corresponde con el total a causa del redondeo. [2] Incluye nuevas construcciones y reparaciones. [3] Servicios incluye administración pública, defensa y otros. [4] Circulación parcial.

Polonia

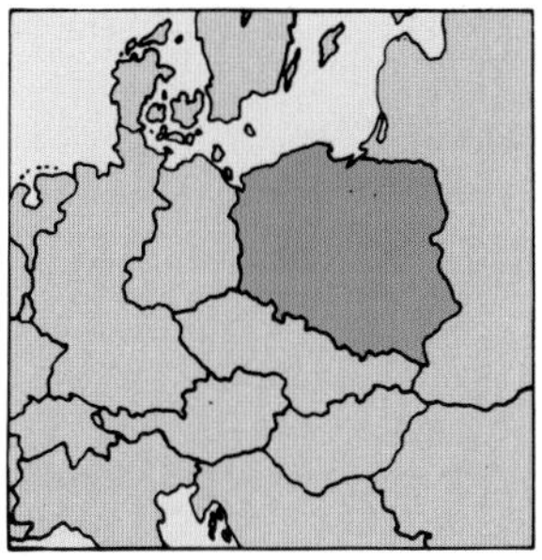

Nombre oficial: República Popular Polaca.
Forma de gobierno: República socialista unitaria unipartidista con una cámara legislativa (Sejm).
Jefe del estado: Presidente.
Jefe del gobierno: Primer ministro.
Capital: Varsovia.
Lengua oficial: Polaco.
Religión oficial: Ninguna.
Moneda: 1 zloty (Zl) = 100 groszy; cambio (10 marzo 1989) 1 dlr. EUA = 557,08 Zl.

Área y población

Provincias	Capitales	área km^2	población estimada 1987
Biala Podlaska	Biata Podiaska	5.348	299.700
Bialystok	Biafystok	10.055	676.200
Bielsko	Bielsko Biala	3.704	878.800
Bydgoszcz	Bydgoszcz	10.349	1.090.400
Ciechanów	Ciechanow	6.362	420.200
Cracovia	Cracovia	3.254	1.214.400
Czestochowa	Czestochowa	6.182	769.500
Chelm	Chetm	3.866	242.500
Elbląg	Elbląg	6.103	469.600
Gdańsk	Gdańsk	7.394	1.411.200
Gorzow	Gorzow Wielkopolski	8.484	486.700
Jelenia Góra	Jelenia Góra	4.378	512.200
Kalisz	Kalisz	6.512	700.400
Katowice	Katowice	6.650	3.946.100
Kielce	Kielce	9.211	1.112.600
Konin	Konin	5.139	461.300
Koszalin	Koszalin	8.470	494.200
Krosno	Krosno	5.702	479.600
Legnica	Legnica	4.037	496.600
Leszno	Leszno	4.154	378.200
Lodz	Lodz	1.523	1.149.700
Lomza	Lomza	6.684	340.600
Lublin	Lublin	6.792	991.500
Nowy Sącz	Nowy Sącz	5.576	673.600
Olsztyn	Olsztyn	12.327	732.600
Opole	Opole	8.535	1.020.100
Ostrotęka	Ostrotęka	6.498	387.200
Pita	Pita	8.205	469.400
Piotkrow	Piotkrów Trybunalski	6.266	636.500
Plock	Plock	5.117	511.400
Poznań	Poznań	8.151	1.308.300
Przemyśl	Przemyśl	4.437	398.100
Radom	Radom	7.294	733.400
Rzeszow	Rzeszow	4.397	697.500
Siedlce	Siedlce	8.499	639.800
Sieradz	Sieradz	4.869	402.600
Skierniewice	Skierniewice	3.960	411.500
Slupsk	Slupsk	7.453	400.100
Suwalki	Suwalki	10.490	454.200
Szczecin	Szczecin	9.981	951.000
Tarnobrzeg	Tarnobrzeg	6.283	584.000
Tarnow	Tarnow	4.151	646.900
Toruń	Toruń	5.348	645.800
Varsovia	Varsovia	3.788	2.422.000
Walbrzych	Walbrzych	4.168	738.100
Wloctawek	Wloctawek	4.402	427.100
Wroclaw	Wroclaw	6.287	1.118.800
Zamośí	Zamośí	6.980	489.200
Zielona Góra	Zielona Góra	8.868	650.400
TOTAL		312.683	37.571.800

Demografía

Población (1988): 37.864.000.
Densidad (1988): Personas por km^2 121,1.
Índice de urbanización (1987): Urbana 60,5%; rural 39,5%.
Distribución por sexo (1987): Varones 48,77%; mujeres 51,23%.
Estructura por edades (1987): Menos de 15, 25%; 15-29, 22,1%; 30-44, 22,0%; 45-59, 16,1%; 60-74, 10,1%; 75 y más 4,0%.
Proyección demográfica: (2000) 38.257.000; (2010) 39.866.000.
Composición étnica (1986): Polacos 98,7%; ucranianos 0,6%; otros 0,7%.
Afiliación religiosa (1986): Católicos 94,2%; otros 5,8%.
Principales ciudades (1987): Varsovia 1.664.700; Lodz 847.400; Cracovia 744.000.
Tasa de natalidad por 1.000 habitantes (1986): 17,0 (media mundial 26,0).
Tasa de mortalidad por 1.000 habitantes (1986): 10,1 (media mundial 9,9).
Tasa de crecimiento por 1.000 habitantes (1986): 6,9 (media mundial 16,1).
Esperanza de vida al nacer (1985): Varones 66,8 años; mujeres 75,1 años.
Principales causas de muerte por 100.000 habitantes (1986): Enfermedades cardiovasculares 515,4; neoplasias malignas (cánceres) 181,8.

Economía nacional

Presupuesto (1986). Ingresos: 4.898.600.000.000 Zl (impuesto sobre facturación 30,8%, impuesto sobre empresas estatales 30,7%). Gastos: 4.952.500.000.000 Zl (economía 46,1%, educación 13,1%, sanidad 12,2%, defensa 9,1%).
Turismo (1986): Ingresos 103.000.000 dlr. EUA; gastos 186.000.000 dlr. EUA.
Producción (toneladas métricas, excepto cuando se indique). Agricultura (valor añadido en millones de Zl; 1986): Papas o patatas 297.262, trigo 188.673, cultivos industriales 174.216, centeno 131.647, cebada 111.707; ganadería (número de animales vivos; 1987): 18.949.000 cerdos, 10.019.000 reses; madera 24.296.000 m^3; pesca, 645.200. Minas y canteras (1987): Cobre 390.000; zinc 177.000; plomo 89.000; mineral de hierro 6.300. Industria manufacturera (valor añadido en miles de millones de Zl; 1986): Maquinaria y equipos de transporte 1.537,8; textiles 684,3; alimentos 641,9; productos químicos 355,1. Construcción (1985): 13.182.000 m^2. Producción energética (consumo): Electricidad (millones de kwh; 1986) 140.294 (148.131); carbón (miles de toneladas métricas; 1986) 261.798 (227.483); petróleo crudo (barriles; 1986) 1.224.000 (1.327.600); productos petrolíferos (1986) 14.298.000 (17.500.000); gas natural (millones de m^3; 1986) 5.436 (12.960).
Producto nacional bruto (1986): 259.524.000.000 dlr. EUA (6.929 dlr. EUA per cápita).

Estructura del producto nacional bruto y de la población activa

	1986			
	Valor (000.000 Zl)	% del valor total	Población activa	% de la pobl. activa[1]
Agricultura	1.650,2	15,4	5.058.900	28,1
Minería }	5.060,9	47,3	518.700	2,9
Industria }			4.388.100	24,3
Servicios públicos	133,8	1,3	216.200	1,2
Construcción	1.378,9	12,9	1.316.500	7,3
Transportes y comunicaciones	667,0	6,2	1.023.200	5,7
Comercio	1.708,3	16,0	1.476.600	8,2
Finanzas	—	—	444.400	2,5
Administración pública, defensa	—	—	275.500	13,4
Servicios	—	—	2.409.100	1,5
Otros	98,0	0,9	877.600[1]	4,9[1]
TOTAL	10.697[1]	100,0	18.004.800	100,0

Deuda pública (externa, pendiente; 1986): 35.200.400.000 dlr. EUA.
Población económicamente activa (1987): Total 18.004.800; tasa de actividad de la población total 47,9% (tasas de participación: 15-64 años 82,5%; mujeres 45,7%).

Comercio exterior

Balanza comercial (precios corrientes)

	1980	1981	1982	1983	1984	1985	1986
Miles mill. Zl	−6,4	−7,5	82,2	90,0	126,2	96,1	151,6
% del total	5,8	7,7	4,5	4,4	5,0	2,9	7,2

Importaciones (1986): 1.964.020.000.000 Zl (maquinaria y equipos de transporte 34,4%; combustibles y electricidad 21,7%; productos químicos 12,4%; productos de hierro y acero 8,9%; artículos de consumo 8,3%). *Principales proveedores:* URSS 38,5%; Alemania federal 9,8%; Checoslovaquia 6,3%; Alemania democrática 5,9%; Yugoslavia 3,7%.
Exportaciones (1986): 2.115.637.000.000 Zl (maquinaria y equipos de transporte 42,6%; combustibles y electricidad 13,0; productos químicos 10,0%; metales 7,8%; alimentos 7,0%). *Principales clientes:* URSS 27,6%; Alemania federal 9,4%; Checoslovaquia 6,3%; Alemania democrática 4,9%; Reino Unido 3,5%; Yugoslavia 3,2%.

Transportes y comunicaciones

Transportes. Ferrocarriles (1986): Longitud de vías 26.848 km; pasajeros-km 48.525.500.000; carga toneladas métricas-km 120.712.000.000. Carreteras (1986): Longitud total 254.000 km (pavimentadas 61%). Vehículos (1986): Automóviles 3.961.953; camiones y autobuses 912.984. Marina mercante (1987): Barcos (100 toneladas brutas y más) 715; peso muerto total 3.452.269 toneladas. Transporte aéreo (1986): Pasajeros-km 2.196.000.000; carga toneladas métricas-km 12.048.000; aeropuertos (1987) 12.
Comunicaciones. Diarios (1986): Número total 45; circulación total 7.480.000. Radio (1987): Número total de receptores 10.512.000 (1 por cada 3,5 personas). Televisión (1987): Número total de televisores 9.692.000 (1 por cada 3,9 personas). Teléfonos (1986): 4.218.000 (1 por cada 8,5 personas).

Educación y sanidad

Escolaridad (1978). Porcentaje de la población total de 25 años y más: sin escolarización formal 2,8%; con enseñanza primaria incompleta 12,7%; con enseñanza primaria 44,9%; secundaria 33,9%; superior 5,7%. *Alfabetización* (1983): Población total de 15 años y más alfabetizada 27.352.000 (99,2%).
Sanidad (1987): Médicos 75.473 (1 por cada 498 habitantes); camas hospitalarias 247.276 (1 por cada 152 habitantes); tasa de mortalidad infantil por cada 1.000 nacidos vivos (1986) 17,3.
Alimentación (1984-86): Ingesta calórica diaria per cápita 3.298 (productos vegetales 67%, productos animales 33%); (1983) 127% de las necesidades mínimas recomendadas por la FAO.

Fuerzas armadas

Personal en servicio activo (1987): 394.000 (ejército 74,9%, armada 4,8%, fuerza aérea 20,3%). *Presupuesto de defensa en porcentaje del PNB* (1985): 6,0% (mundo 6,1%); gasto per cápita 393 dlr. EUA.

[1] Empleados en el extranjero en su mayor parte.

Portugal

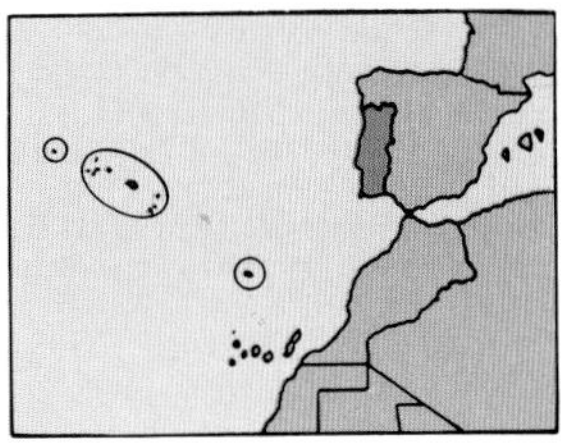

Nombre oficial: República Portuguesa.
Forma de gobierno: Estado parlamentario con una cámara legislativa (Asamblea de la República).
Jefe del estado: Presidente.
Jefe del gobierno: Primer ministro.
Capital: Lisboa.
Lengua oficial: Portugués.
Religión oficial: Ninguna.
Moneda: 1 escudo (Esc) = 100 centavos; cambio (2 oct. 1989) 1 dlr. EUA = 158,96 Esc.

Área y población

		área km²	población estimada 1988[1]
Portugal continental			
Distritos	**Capitales**		
Aveiro	Aveiro	2.808	665.500
Beja	Beja	10.225	177.700
Braga	Braga	2.673	771.400
Bragança	Bragança	6.608	184.700
Castelo Branco	Castelo Branco	6.675	223.700
Coimbra	Coimbra	3.947	446.500
Évora	Evora	7.393	174.300
Faro	Faro	4.960	341.200
Guarda	Guarda	5.518	196.200
Leiria	Leiria	3.515	435.900
Lisboa	Lisboa	2.761	2.126.400
Oporto	Oporto	2.395	1.670.600
Portalegre	Portalegre	6.065	137.500
Santarém	Santarém	6.747	460.600
Setúbal	Setúbal	5.064	779.600
Viana do Castelo	Viana do Castelo	2.255	266.400
Vila Real	Vila Real	4.328	262.900
Viseu	Viseu	5.007	423.300
Región autónoma de Azores[2]	Ponta Delgada	2.247	254.200
Región autónoma de Madeira	Funchal	794	271.400
TOTAL		92.389[2]	10.270.000

Demografía

Población (1989): 10.372.000.
Densidad (1989): Personas por km² 112,3.
Índice de urbanización (1981): Urbana 29,6%; rural 70,4%.
Distribución por sexo (1988): Varones 48,30%; mujeres 51,70%.
Estructura por edades (1987): Menos de 15, 22,7%; 15-29, 24,6%; 30-44, 18,8%; 45-59, 16,5%; 60-74, 12,6%; 75 y más, 4,8%.
Proyección demográfica: (2000) 10.773.000; (2010) 11.123.000.
Composición étnica (nacionalidades; 1988): Portugueses 99,1%; caboverdianos 0,3%; brasileños 0,1%; españoles 0,1%; otros 0,2%.
Afiliación religiosa (1981): Cristianos 96,0%, del que el 94,5% corresponde a católicos, el 0,6% a protestantes y el 0,9% a otros cristianos (principalmente católicos apostólicos y testigos de Jehová); sin afiliación 3,8%; judíos 0,1%; musulmanes 0,1%.
Principales ciudades (1986): Lisboa 829.600; Oporto 347.300; Amadora 95.518[4].
Tasa de natalidad por 1.000 habitantes (1987): 11,5 (media mundial 27,1).
Tasa de mortalidad por 1.000 habitantes (1987): 8,4 (media mundial 17,2).
Tasa de crecimiento por 1.000 habitantes (1987): 3,1 (media mundial 17,2).
Esperanza de vida al nacer (1984-87): Varones 70,0 años; mujeres 76,9 años.
Principales causas de muerte por 100.000 habitantes (1988): Enfermedades cardiovasculares 386,1, de las que 217,1 corresponden a enfermedades cerebrovasculares y 74,2 a cardiopatías isquémicas; neoplasias malignas (cánceres) 155,7; enfermedades respiratorias 35,5.

Economía nacional

Presupuesto (1987). Ingresos: 1.119.115.000.000 Esc (impuestos indirectos 64,1%; impuestos directos 26,0%; rentas de propiedades 5,2%). Gastos: 1.835.526.000.000 Esc (educación 13,1%; sanidad 10,2%; defensa 6,8%; administración 6,2%; obras públicas 4,0%).
Turismo (1987): Ingresos por visitantes 2.148.000.000 dlr. EUA; gastos de nacionales en el exterior 421.000.000 dlr. EUA.
Producción (toneladas métricas, excepto cuando se indique). Agricultura, silvicultura, pesca (1988): Uva 1.400.000, tomates 865.000, papas o patatas 795.000, maíz 663.000, trigo 401.000, arroz 151.000, aceitunas 149.000, avena 76.000, corcho 109.262[5]; ganadería (número de animales vivos): 5.220.000 ovejas, 2.800.000 cerdos, 1.387.000 reses; madera 9.420.000 m³; pesca, capturas 395.250. Minas y canteras (1987): Piritas de cobre 279.061; caolín 56.992; tungsteno 2.011. Industria manufacturera (valor de la producción en millones de Esc; 1988): Fibras de algodón y sintéticas 225.387; petróleo refinado 163.986; ropa 117.154; tejidos de punto 95.792; vehículos a motor 95.738; productos lácteos 77.599; hierro y acero 62.398; cemento 51.927; bebidas alcohólicas 42.601. Construcción (1987): Residencial 5.896.276 m²; no residencial 1.596.816 m². Producción energética (consumo): Electricidad (kwh; 1987) 20.101.000.000 (23.126.000.000); carbón (1987) 254.000 (2.759.000); petróleo crudo (barriles; 1987), no produce (58.017.000); productos petrolíferos (1987) 6.485.000 (6.566.000); gas natural, no produce (n.d.).
Producto nacional bruto (1987): 29.555.000.000 dlr. EUA (2.890 dlr. EUA per cápita).

Estructura del producto nacional bruto y de la población activa

	1987			
	Valor (000.000 Esc)	% del valor total	Población activa	% de la pobl. activa
Agricultura	427.700	8,2	975.500	20,6
Minería }	1.496.800	28,8	26.900	0,6
Industria }			1.081.000	22,8
Construcción	300.600	5,8	377.000	8,0
Servicios públicos	178.700	3,4	35.400	0,8
Comercio	1.019.000	19,6	615.100	13,0
Administración pública, defensa	558.800	10,8 }	976.000	20,6
Servicios }		}		
Transportes y comunicaciones }	1.218.500	3,4	179.900	3,8
Finanzas }			135.300	2,8
Otros }			329.600[6]	7,0
TOTAL	5.200.100	100,0	4.731.700	100,0

Deuda pública (1987): 29.028.500.000 dlr. EUA.
Población económicamente activa (1987): Total 4.731.700; tasa de actividad de la población total 46.0% (tasas de participación: 15-64 años 67,4%; mujeres 42,0%; desempleados 7,0%).

Comercio exterior

Balanza comercial (precios corrientes)

	1983	1984	1985	1986	1987	1988
Millones Esc	−308.700	−291.700	−213.700	−255.500	−457.800	−580.000
% del total	23,3	16,1	9,9	9,4	15,2	16,0

Importaciones (1988): 2.414.592.000.000 Esc (maquinaria y equipos de transporte 37,0%, del que el 15,2 corresponde a vehículos terrestres; petróleo crudo 8,5%; hierro y acero 4,3%; productos químicos 3,8%). *Principales proveedores:* Alemania federal 13,7%; España 13,5%; Francia 11,5%; Italia 9,3%; Reino Unido 8,2%; Países Bajos 4,8%.
Exportaciones (1988): 1.531.728.000.000 Esc (ropa 26,3%; maquinaria y equipos de transporte 20,1%, del que el 4,8% corresponde a vehículos terrestres; calzado 8,0%; productos de papel 7,6%; madera y derivados 7,0%[7]; productos y derivados químicos 1,8%). *Principales clientes:* Francia 15,4%; Alemania federal 14,7%; Reino Unido 14,2,%; España 11,4%.

Transportes y comunicaciones

Transportes. Ferrocarriles (1987). Longitud de vías 3.607 km; pasajeros-km 5.907.065.000; carga toneladas métricas-km 1.614.742.000. Carreteras (1981): Longitud total 51.953 km (pavimentadas 86%). Vehículos (1987): Automóviles 2.571.457; camiones y autobuses 189.822. Marina mercante (1988): Barcos (100 toneladas brutas y más) 306; peso muerto total 1.581.646 toneladas. Transporte aéreo (1987)[8]: Pasajeros-km 4.980.000.000; carga toneladas métricas-km 136.044.000; aeropuertos (1989) 20.
Comunicaciones. Diarios (1986): Número total 30; circulación total 859.315[9]; circulación por 1.000 habitantes 84[9]. Radio (1987): Número total de receptores 2.172.573 (1 por cada 4,7 personas). Televisión (1987): Número total de televisores 1.618.000 (1 por cada 6,4 personas). Teléfonos (1987): 2.089.684 (1 por cada 4,9 personas).

Educación y sanidad

Escolaridad (1981). Porcentaje de la población total de 25 años y más: sin escolarización formal 4,4%; con enseñanza primaria 76,2%; secundaria 19,0%; postsecundaria 0,1%; superior 0,3%. *Alfabetización* (1985): Población total de 15 años y más alfabetizada 6.567.000 (84,0%); varones alfabetizados 3.288.000 (88,8%); mujeres alfabetizadas 3.279.000 (79,7%).
Sanidad (1988): Médicos 26.381 (1 por cada 388 habitantes); camas hospitalarias 48.838 (1 por cada 209 habitantes); tasa de mortalidad infantil por cada 1.000 nacidos vivos (1987) 10,0.
Alimentación (1984-86): Ingesta calórica diaria per cápita 3.134 (productos vegetales 80%, productos animales 20%); (1983) 124% de las necesidades mínimas recomendadas por la FAO.

Fuerzas armadas

Personal en servicio activo (1988): 73.900 (ejército 59,5%, armada 22,1%, fuerza aérea 18,4%). *Presupuesto de defensa en porcentaje del PNB* (1987): 3,2% (mundo 5,4%); gasto per cápita 110 dlr. EUA.

[1] 1 de enero. [2] Comprende tres distritos que no se muestran por separado. [3] Incluye 404 km² de aguas interiores. [4] 1981. [5] 1986. [6] Principalmente desempleados. [7] Más de la mitad se compone de productos de corcho. [8] TAP únicamente. [9] Para 28 periódicos únicamente.

Puerto Rico

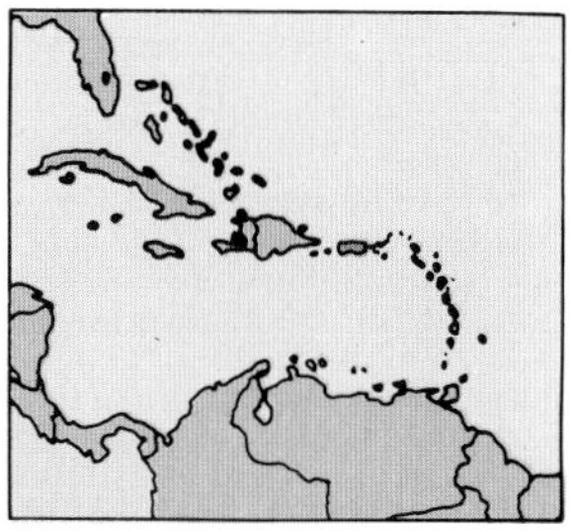

Nombre oficial: Estado Libre Asociado de Puerto Rico.
Forma de gobierno: Comunidad con autogobierno, asociada a Estados Unidos, con dos cámaras legislativas (Senado; Cámara de Representantes).
Jefe del estado: Presidente de los Estados Unidos.
Jefe del gobierno: Gobernador.
Capital: San Juan.
Lengua oficial: Español; inglés.
Religión oficial: Ninguna.
Moneda: 1 dólar EUA (dlr. EUA) = 100 cents; cambio (2 oct. 1989) 1 dlr. EUA = 0,62 £.

Población estimada 1984

Municipio	Población	Municipio	Población
Adjuntas	18.900	Juncos	27.000
Aguada	32.400	Lajas	21.300
Aguadilla	55.000	Lares	28.000
Agunas Buenas	23.000	Las Marías	8.600
Aibonito	22.500	Las Piedras	23.100
Añasco	24.400	Loíza	24.600
Arecibo	87.000	Luquillo	15.400
Arroyo	18.200	Manatí	38.000
Barceloneta	19.600	Maricao	6.700
Barranquitas	22.800	Maunabo	11.800
Bayamón	202.500	Mayagüez	101.000
Cabo Rojo	35.000	Moca	29.900
Caguas	121.100	Morovis	21.900
Camuy	26.200	Naguabo	21.300
Canóvanas	32.400	Naranjito	25.100
Carolina	165.700	Orocovis	20.900
Cataño	25.900	Patillas	17.900
Cayey	43.300	Peñuelas	20.200
Ceiba	15.100	Ponce	190.900
Ciales	17.200	Quebradillas	19.700
Cidra	29.600	Rincón	112.400
Coamo	32.200	Río Grande	37.700
Comerío	18.400	Sabana Grande	21.100
Corozal	29.600	Salinas	26.600
Culebra	1.300	San Germán	34.200
Dorado	26.700	San Juan	428.900
Fajardo	32.200	San Lorenzo	33.300
Florida	7.600	San Sebastián	36.100
Guánica	18.800	Santa Isabel	19.500
Guayama	40.300	Toa Alta	33.400
Guayanilla	21.000	Toa Baja	77.700
Guaynabo	85.100	Trujillo Alto	50.800
Gurabo	25.000	Utuado	34.600
Hatillo	30.400	Vega Alta	30.000
Hormigueros	15.200	Vega Baja	48.800
Humacao	52.400	Vieques	7.800
Isabela	38.200	Villalba	22.500
Jayuya	15.000	Yabucoa	31.400
Juana Díaz	43.600	Yauco	39.200
ÁREA TOTAL	9.104km^2	TOTAL	3.270.000

Demografía

Población (1989): 3.308.000.
Densidad (1989): Personas por km^2 363,4.
Índice de urbanización (1985): Urbana 70,7%; rural 29,3%.
Distribución por sexo (1985): Varones 48,68%; mujeres 51,32%.
Estructura por edades (1980): Menos de 15, 31,6%; 15-29, 26,5%; 30-44, 18,4%; 45-59, 12,3%; 60-74, 8,3%; 75 y más, 2,9%.
Proyección demográfica: (2000) 3.389.000; (2010) 3.465.000.
Tiempo de duplicación: 57 años.
Composición étnica (1980): Blancos 80,0%; negros 20,0%.
Afiliación religiosa (1984): Católicos 85,3%; protestantes 4,7%; otros 10,0%.
Principales ciudades (municipios; 1986): San Juan 431.227; Bayamón 211.616; Ponce 190.679; Carolina 162.888; Caguas 126.298.
Tasa de natalidad por 1.000 habitantes (1986): 19,4 (media mundial 22,1).
Tasa de mortalidad por 1.000 habitantes (1986): 7,1 (media mundial 9,9).
Tasa de crecimiento por 1.000 habitantes (1986): 12,3 (media mundial 17,2).
Esperanza de vida al nacer (1985-90): Varones 71,5 años; mujeres 78,4 años.
Principales causas de muerte por 100.000 habitantes (1985): Enfermedades cardiovasculares 262,5, de las que 102,1 corresponden a cardiopatías isquémicas y 64,2 a enfermedades de la circulación pulmonar; neoplasias malignas (cánceres) 106,1; enfermedades del sistema respiratorio 78,6.

Economía nacional

Presupuesto (1985-86). Ingresos: 4.624.000.000 dlr. EUA (impuestos sobre la renta 34,9%; impuesto de consumo 20,1%; impuesto sobre propiedades 3,2%; otros ingresos 41,8%). Gastos: 4.288.000.000 dlr. EUA (ayudas y subvenciones 51,0%; servicios personales 28,3%; servicio de la deuda 6,4%; otros 14,3%).
Turismo (1987): Ingresos por visitantes 866.000.000 dlr. EUA; gastos de nacionales en el exterior 591.000.000 dlr. EUA.
Producción (valor de la producción en millones de dlr. EUA, excepto cuando se indique). Agricultura, silvicultura, pesca (1987): Leche 182, aves de corral 65, café 65, carne de vacuno 52, carne de cerdo 47, frutas 38, huevos 25, azucar 23; ganadería (número de animales vivos): 583.000 reses, 210.000 cerdos; madera, n.d.; pesca, capturas (1987) 1.191 toneladas métricas. Minas y canteras (1984): Piedra 28. Industria manufacturera (ingresos netos en millones de dlr. EUA; 1987): Productos químicos 3.758; maquinaria y equipos eléctricos 1.330; productos alimenticios 981; equipos profesionales y científicos 670; maquinaria y equipos no eléctricos 435; ropa 422. Construcción (nuevas edificaciones autorizadas; 1985): Residencial 1.798.000 m^2; no residencial 41.000 m^2. Producción energética (consumo): Electricidad (kwh; 1987) 13.757.000.000 (13.757.000.000); carbón (toneladas métricas; 1987), no produce (200.000); petróleo crudo (barriles; 1987), no produce (35.200.000); productos petrolíferos (toneladas métricas; 1987) 4.800.000 (5.940.000); gas natural, no produce (sin consumo).
Producto nacional bruto (a precios corrientes de mercado; 1987): 18.472.000.000 dlr. EUA (5.520 dlr. EUA per cápita).

Estructura del producto nacional bruto y de la población activa

	1987		1988	
	Valor (000.000 dlr. EUA)	% del valor total	Población activa	% de la pobl. activa
Agricultura	372,1	1,6	33.000	3,2
Industria	9.388,5	39,7	157.000	15,0
Minería / Construcción	408,3	1,7		
Construcción			49.000	4,7
Servicios públicos	—	—	12.000	1,2
Servicios públicos / Transportes y comunicaciones	1.872,4	7,9		
Transportes y comunicaciones			36.000	3,4
Comercio	3.503,0	14,8	169.000	16,1
Finanzas, bienes raíces	3.090,6	13,1	33.000	3,2
Administración pública, defensa	2.629,4	11,1	396.000	37,8
Servicios	2.154,7	9,1		
Otros	226,5	1,0	161.000[1]	15,4[1]
TOTAL	23.645,5	100,0	1.046.000	100,0

Deuda pública (externa, pendiente; 1987): 10.030.000.000 dlr. EUA.
Población económicamente activa (1988): Total 1.046.000; tasa de actividad de la población total 31,7% (tasas de participación: 16-64 años 51,3%; mujeres 37,5%; desempleados 15,4%).

Comercio exterior

Balanza comercial (precios corrientes)

	1983	1984	1985	1986	1987	1988
Mill. dlr. EUA	−466	−690	925	1.472	1.354	1.327
% del total	2,7	3,3	4,4	6,8	5,9	5,3

Importaciones (1988): 11.859.106.000 dlr. EUA (metales y productos metálicos 20,3%; alimentos 13,2%, productos químicos 12,9%; fibras y productos textiles 4,7%; madera, papel e impresos 3,6%). *Principales proveedores:* EUA 66,8%; Japón 4,9%; Venezuela 3,0%; Brasil 1,7%.
Exportaciones (1988): 13.185.929.000 dlr. EUA (productos químicos 36,7%; metales y productos metálicos 17,7%; alimentos 16,1%; fibras y productos textiles 4,7%). *Principales clientes:* EUA 88,1%; República Dominicana 2,4%; Islas Vírgenes estadounidenses 1,2%; Venezuela 0,8%.

Transportes y comunicaciones

Transportes. Ferrocarriles (1988)[2]: Longitud de vías 96 km. Carreteras (1986): Longitud total 9.351 km (pavimentadas 87%). Vehículos (1987): Automóviles 1.297.098; camiones y autobuses 257.554. Marina mercante, n.d. Transporte aéreo (1987-88): Llegadas 3.830.693; salidas 3.868.674; mercancías cargadas y descargadas 166.411 toneladas métricas; aeropuertos (1989) con vuelos regulares 8.
Comunicaciones. Diarios (1988): Número total 4; circulación total 473.000; circulación por 1.000 habitantes 143. Radio (1986): Número total de receptores 2.000.000 (1 por cada 1,6 personas). Televisión (1987): Número total de televisores 830.000 (1 por cada 4,0 personas). Teléfonos (1985): 830.000 (1 por cada 4,0 personas).

Educación y sanidad

Escolaridad (1987). Porcentaje de la población total de 25 años y más: con enseñanza primaria parcial 47,8%; secundaria parcial 12,7%; secundaria completa 21,1%; superior 18,4%. *Alfabetización* (1980): Población total de 15 años y más alfabetizada 1.948.151 (89,1%); varones alfabetizados 935.553 (89,7%); mujeres alfabetizadas 1.012.598 (88,5%).
Sanidad (1984): Médicos 7.560 (1 por cada 433 habitantes); camas hospitalarias 12.493 (1 por cada 262 habitantes); tasa de mortalidad infantil por cada 1.000 nacidos vivos (1986) 13,7.
Alimentación: Ingesta calórica diaria per cápita, n.d.

Fuerzas armadas

Personal en servicio activo (1986): 3.600 personal estadounidense.

[1] Desempleados. [2] Ferrocarril de propiedad privada, únicamente para el transporte de caña de azúcar.

Reino Unido

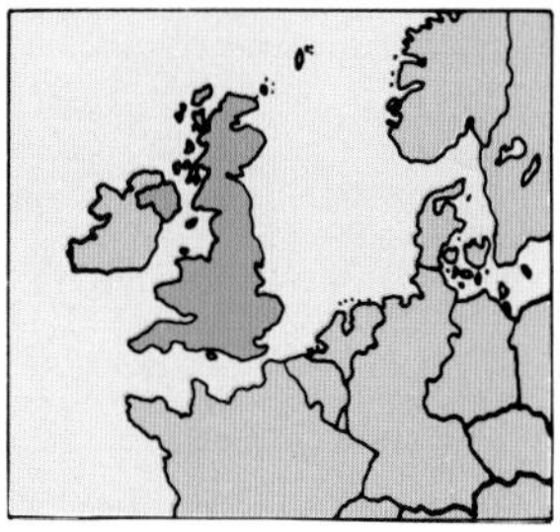

Nombre oficial: Reino Unido de Gran Bretaña e Irlanda del Norte.
Forma de gobierno: Monarquía constitucional con dos cámaras legislativas (Cámara de los Lores; Cámara de los Comunes).
Jefe del estado: Soberano.
Jefe del gobierno: Primer ministro.
Capital: Londres.
Lengua oficial: Inglés.
Religión oficial: Ninguna.
Moneda: 1 libra esterlina (£) = 100 peniques nuevos; cambio (2 oct. 1989) 1 £ = 1,62 dlr. EUA.

Área y población

	Población estimada 1986
Países	
Condados	
Inglaterra	47.406.700
Avon	951.200
Bedfordshire	525.900
Berkshire	740.600
Buckinghamshire	621.300
Cambridgeshire	642.400
Cheshire	951.900
Cleveland	554.500
Cornwall[1]	453.100
Cumbria	486.900
Derbyshire	918.700
Devon	1.010.000
Dorset	648.600
Durham	598.700
East Sussex	698.000
Essex	1.521.800
Gloucestershire	522.200
Gran Londres	6.770.400
Gran Manchester	2.580.100
Hampshire	1.537.000
Hereford & Worcester	665.100
Hertfordshire	986.800
Humberside	846.500
Isle of Wight	126.900
Kent	1.510.500
Lancashire	1.381.300
Leicestershire	879.400
Lincolnshire	574.600
Merseyside	1.456.800
Norfolk	736.200
Northamptonshire	561.800
Northumberland	300.900
North Yorkshire	705.800
Nottinghamshire	1.007.800
Oxfordshire	578.000
Shropshire	396.500
Somerset	452.300
South Yorkshire	1.295.600
Staffordshire	1.027.500
Suffolk	635.100
Surrey	1.000.400
Tyne and Wear	1.135.800
Warwickshire	484.200
West Midlands	2.624.300
West Sussex	700.000
West Yorkshire	2.052.400
Wiltshire	550.900
Irlanda del Norte	1.575.200
Escocia	5.112.100[3]
Regiones	
Borders	102.100
Central	272.100
Dumfries and Galloway	147.000
Fife	344.600
Grampian	502.900
Highland	200.600
Lothian	743.700
Strathclyde	2.332.500
Tayside	393.800
Áreas Insulares[2]	72.700
(TOTAL)	2.836.200[3]
Gales	
Condados	
Clwyd	402.800
Dyfed	343.200
Gwent	443.100
Gwynedd	236.300
Mid Glamorgan	534.700
Powys	113.300
South Glamorgan	399.500
West Glamorgan	363.200
TOTAL	56.930.200

Demografía

Población (1989): 57.218.000.
Densidad (1989): Personas por km^2 234,4.
Índice de urbanización (1985): Urbana 91,5%; rural 8,5%.
Distribución por sexo (1989): Varones 48,77%; mujeres 51,23%.
Estructura por edades (1989): Menos de 15, 18,9%; 15-29, 23,4%; 30-44, 20,7%; 45-59, 16,4%; 60-74, 13,8%; 75 y más 6,8%.
Proyección demográfica: (2000) 58.958.000; (2010) 59.778.000.
Tiempo de duplicación: supera los 100 años.
Composición étnica (1986): Blancos 94,2%; indios asiáticos 1,4%; caribeños 1,0%; paquistaníes 0,8%; otros y sin especificar 2,6%.
Afiliación religiosa (1980): Cristianos 86,9%, del que el 56,8% corresponde a anglicanos, el 13,1% a católicos, el 7,0% a presbiterianos, el 4,3% a metodistas y el 1,4% a baptistas; otros 13,1.
Principales ciudades (1987): Gran Londres 6.770.000; Birmingham 998.000; Glasgow 716.000; Leeds 709.000; Sheffield 532.000; Liverpool 476.000.
Tasa de natalidad por 1.000 habitantes (1988): 13,8 (media mundial 27,1).
Tasa de mortalidad por 1.000 habitantes (1988): 11,1 (media mundial 9,9).
Tasa de crecimiento por 1.000 habitantes (1988): 2,7 (media mundial 17,2).
Esperanza de vida al nacer (1984-86): Varones 71,7 años; mujeres 77,5 años.
Principales causas de muerte por 100.000 habitantes (1987): Enfermedades cardiovasculares 544,1; neoplasias malignas (cánceres) 278,9; enfermedades del sistema respiratorio 116,3; enfermedades gastrointestinales 35,1; accidentes 37,4; enfermedades del sistema endocrino 18,5.

Economía nacional

Presupuesto (1988-89). Ingresos: 128.200.000.000 £ (impuestos sobre gastos 37,4%; impuesto sobre la renta 32,8%; impuesto sobre empresas 15,4%). Gastos: 114.225.000.000 £ (beneficios de la seguridad social 38,9%; defensa 16,8%; servicio sanitario nacional 15,4%; interés de la deuda 16,0%; educación y ciencia 2,6%).
Turismo (1987): Ingresos por visitantes 10.229.000.000 dlr. EUA; gastos de nacionales en el exterior 11.898.000.000 dlr. EUA.
Producción (toneladas métricas, excepto cuando se indique). Agricultura, silvicultura, pesca (1987): Trigo 11.800.000, cebada 9.100.000, remolacha azucarera 7.467.000, papas o patatas 6.788.000, nabos y rutabagas 3.855.000[4], semilla de colza 1.300.000; ganadería (número de animales vivos): 38.701.000 ovejas, 12.158.000 reses, 7.942.000 cerdos; madera 5.204.000 m^3; pesca, capturas 954.730. Minas (1987): Mineral de hierro 262.700; zinc 5.600; plomo 4.300; estaño 3.900; plomo 4.300. Industria manufacturera (ventas totales en millones de £; 1987): Vehículos a motor y piezas para los mismos 13.970; equipos aeroespaciales 8.305; equipos electrónicos de proceso de datos y telecomunicaciones 4.314; aparatos de radio y artículos electrónicos 3.146. Construcción (valor en £; 1987): Residencial 6.745.000.000; no residencial 12.321.000.000. Producción energética (consumo): Electricidad (kwh; 1987) 300.247.000.000 (311.882.000.000); carbón (1987) 104.435.000 (117.187.000); petróleo crudo (barriles; 1987) 878.100.000 (511.200.000); gas natural (m^3; 1987) 52.082.000.000 (63.973.000.000).
Producto nacional bruto (a precios corrientes de mercado; 1987): 592.946.000.000 dlr. EUA (10.430 dlr. EUA per cápita).

Estructura del producto nacional bruto y de la población activa

	1988		1987	
	Valor (000.000 £)	% del valor total	Población activa	% de la pobl. activa
Agricultura	5.625	1,4	592.000	2,1
Minería	21.845[5]	5,5[5]	208.000	0,8
Industria	93.433	23,7	5.398.000	19,4
Construcción	25.745	6,5	1.559.000	5,6
Servicios públicos	[5]	[5]	285.000	1,0
Transportes y comunicaciones	28.657	7,3	1.503.000	5,4
Comercio	55.131	14,0	5.061.000	18,1
Finanzas	76.992	19,5	2.610.000	9,4
Administración pública, defensa	62.260	15,8	2.358.000	8,4
Servicios	25.785	6,5	5.417.000	19,4
Otros	−867[6]	0,2[6]	2.905.000[6]	10,4[6]
TOTAL	394.606	100,0	27.896.000	100,0

Deuda pública (marzo 1987): 190.650.000.000 £.
Población económicamente activa (1988): Total 28.164.000; tasa de actividad de la población total 49,4% (tasas de participación: 15-64 años 74,6[7]%; mujeres 42,1[7]%; desempleados 8,3%).

Comercio exterior

Balanza comercial (precios corrientes)

	1983	1984	1985	1986	1987	1988
Millones £	−5.403	−8.594	−6.527	−13.255	−14.177	−24.937
% del total	4,3	5,8	4,0	8,3	8,2	13,3

Importaciones (1988): 106.412.900.000 £ (maquinaria y equipos de transporte 37,6%; productos químicos 8,8%; alimentos y animales vivos 8,5%; hilados y tejidos 3,4%; papel y cartón 3,4%; petróleo y derivados 3,3%; metales no férricos 2,4%). *Principales proveedores:* Alemania federal 16,6%; EUA 10,1%; Francia 8,8%; Países Bajos 7,8%; Japón 6,1%; Italia 5,5%.
Exportaciones (1988): 81.476.200.000 £ (maquinaria y equipos de transporte 39,1%; productos químicos 13,9%; petróleo y derivados 10,6%; manufacturas minerales no metálicas 3,6%). *Principales clientes:* EUA 12,9%; Alemania federal 11,7%; Francia 10,2%; Países Bajos 6,8%.

Transportes y comunicaciones

Transportes. Ferrocarriles (1987): Longitud de vías 38.464 km; pasajeros-km 32.160.000.000; carga toneladas métricas-km 14.472.000.000. Carreteras (1987): Longitud total 352.295 km (pavimentadas 100%). Vehículos (1988): Automóviles 18.432.000; camiones y autobuses 2.731.000. Marina mercante (1988): Barcos (100 toneladas brutas y más) 2.142; peso muerto total 11.113.525 toneladas. Transporte aéreo (1987): Pasajeros-km 59.196.000.000; carga toneladas métricas-km 2.068.224.000; aeropuertos (1989) con vuelos regulares 47.
Comunicaciones. Diarios (1989): Número total 124; circulación total 25.159.000[8]; circulación por 1.000 habitantes 443[8]. Radio (1987): Número total de receptores 57.456.832 (1 por cada 1 persona). Televisión (1987): Número total de licencias 18.953.000 (1 por cada 3 personas). Teléfonos (1984): 29.517.991 (1 por cada 1,9 personas).

Educación y sanidad

Escolaridad (1981). Porcentaje de la población total de 25 años y más: con enseñanza primaria o secundaria únicamente 89,7%; postsecundaria parcial 4,8%; bachiller o grado equivalente 4,9%; grado universitario superior 0,6%. *Alfabetización* (1987): Población total alfabetizada 100%.
Sanidad (1985): Médicos 92.172 (1 por cada 611 habitantes); camas hospitalarias (1986) 410.000 (1 por cada 138 habitantes); tasa de mortalidad infantil por cada 1.000 nacidos vivos (1988) 8,8.
Alimentación (1984-86): Ingesta calórica diaria per cápita 3.218 (productos vegetales 65%, productos animales 35%); 128% de las necesidades mínimas recomendadas por la FAO.

Fuerzas armadas

Personal en servicio activo (1989): 311.650 (ejército 49,9%, armada 20,7%, fuerza aérea 29,4%). *Presupuesto de defensa en porcentaje del PNB* (1987): 4,7% (mundo 5,4%); gasto per cápita 556 dlr. EUA.

[1] Incluye las islas de Scilly (16 km^2; población 1.900), administradas por separado. [2] Incluye tres grupos de islas (Orkney, 1.002 km^2 y 19.300 habitantes; Shetland 1.470 y 22.400; Western Isles, 2.976 y 31.000) administrados por separado. [3] El desglose no se corresponde con el total a causa del redondeo. [4] 1986. [5] Minería incluye servicios públicos. [6] Desempleados. [7] 1987. [8] 1986.

Ruanda

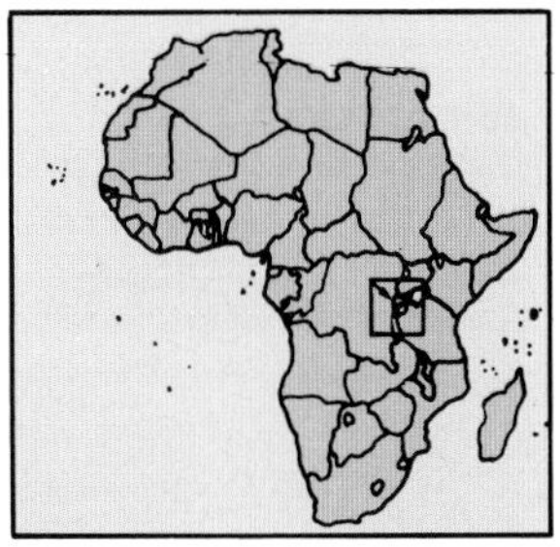

Nombre oficial: República de Ruanda.
Forma de gobierno: República con una cámara legislativa (Consejo de Desarrollo Nacional).
Jefe del estado y del gobierno: Presidente.
Capital: Kigali.
Lengua oficial: Ruanda; francés.
Religión oficial: Ninguna.
Moneda: 1 franco ruandés (RF); cambio (2 oct. 1989) 1 dlr. EUA = 80,25 RF.

Área y población

Prefecturas	Capitales	área km²	población estimada 1983
Butare	Butare	1.830	682.500
Byumba	Byumba	4.987	623.600
Cyangugu	Cyangugu	2.226	343.500
Gikongoro	Gikongoro	2.192	401.900
Gisenyi	Gisenyi	2.395	566.400
Gitarama	Gitarama	2.241	706.200
Kibungo	Kibungo	4.134	420.200
Kibuye	Kibuye	1.320	500.600
Kigali	Kigali	3.251	825.400
Ruhengeri	Ruhengeri	1.762	581.200
TOTAL		26.338	5.661.400[1]

Demografía

Población (1989): 6.989.000.
Densidad (1989): Personas por km² 265,4.
Índice de urbanización (1985): Urbana 6,2%; rural 93,8%.
Distribución por sexo (1985): Varones 49,41%; mujeres 50,59%.
Estructura por edades (1985): Menos de 15, 48,4%; 15-29, 26,3%; 30-44, 13,6%; 45-59, 8,0%; 60-74, 3,5%; 75 y más, 0,2%.
Proyección demográfica: (2000) 2.144.000; (2010) 13.556.000.
Tiempo de duplicación: 21 años.
Composición étnica (1983): Hutu 90%; tutsi 9%; twa 1%.
Afiliación religiosa (1988): Católicos 65%; protestantes 9%; musulmanes 9%; sistemas de credos tradicionales 17%.
Principales ciudades (1978): Kigali 156.700[2]; Butare 21.691; Ruhengeri 16.025; Gisenyi 12.436.
Tasa de natalidad por 1.000 habitantes (1985-90): 51,0 (media mundial 27,1).
Tasa de mortalidad por 1.000 habitantes (1985-90): 17,1 (media mundial 9,9).
Tasa de crecimiento por 1.000 habitantes (1985-90): 33,9 (media mundial 17,2).
Esperanza de vida al nacer (1985-90): Varones 46,9 años; mujeres 50,2 años.
Principales causas de muerte por 100.000 habitantes[3] (1984): Complicaciones del embarazo, parto y lesiones durante éste 192,4; enfermedades infecciosas y parasitarias (incluyendo paludismo, fiebres tifoideas, tripanosomiasis ¿enfermedad del sueñoñ, neumonía, tuberculosis del sistema respiratorio, disentería bacilar y amebiasis, difteria, infección meningocócica y poliomielitis aguda) 11,8; enfermedades gastrointestinales 10,3; enfermedades cerebrovasculares 10,1; accidentes, intoxicaciones y actos de violencia 5,2.

Economía nacional

Presupuesto (1988-89). Ingresos: 27.500.000.000 RF (1984; derechos de importación y exportación 39,6%, impuestos sobre bienes y servicios 25,3%, impuestos de utilidades 18,1%, e impuestos sobre la propiedad 1,9%). Gastos: 27.500.000.000 RF (1987; educación 19,9%, reembolso de la deuda 16,6%, defensa 8,9% infraestructura 6,6%, sanidad 4,6%, agricultura 1,1%.
Turismo (1987): Ingresos por visitantes 7.000.000 dlr. EUA; gastos de nacionales en el exterior 15.000.000 dlr. EUA.
Producción (toneladas métricas, excepto cuando se indique). Agricultura, silvicultura, pesca (1988): Plátanos machos 2.140.000, raíces y tubérculos 1.435.000 (de las que 800.000 corresponden a batatas o camotes, 390.000 a mandioca y 183.000 a papas o patatas), cereales 279.000 (de las que 177.000 corresponden a sorgo y 88.000 a maíz), café 42.000, té 8.000, tabaco 3.000; ganadería (número de animales vivos): 1.200.000 cabras, 660.000 reses, 360.000 ovejas, 92.000 cerdos; madera (1987) 5.842.000 m³; pesca, capturas (1987) 1.630. Minas y canteras (1986): Casiterita (mineral de estaño) 1.158; volframita (mineral de tungsteno) 280; oro 220 onzas troy. Industria manufacturera (1987): Cemento 57.073; minerales en planchas 9.598; jabón de lavar 5.354; azúcar 3.368; cerveza 91.767.000 botellas; limonada 63.452.000 botellas; calzado 327.000 pares. Construcción (1981): Residencial 59.600 m²; no residencial 34.400 m². Producción energética (consumo): Electricidad (kwh; 1987) 108.470.000 (150.250.000); carbón no produce (n.d.); productos petrolíferos (1987), no produce (118.000); gas natural (m³; 1987) 897.000 (897.000).
Producto nacional bruto (a precios corrientes de mercado; 1987): 2.008.000.000 dlr. EUA (310 dlr. EUA per cápita).

Estructura del producto nacional bruto y de la población activa

	1984		1983	
	Valor (000.000 RF)	% del valor total	Población activa	% de la pobl. activa
Agricultura	79.090	44,6	2.827.000	92,3
Minería	620	0,4		
Industria	32.090	18,1		
Construcción	7.460	4,2	95.000	3,1
Servicios públicos	430	0,2		
Transportes y comunicaciones	2.840	1,6		
Comercio	27.140	15,3		
Finanzas	6.560	3,7		
Administración pública, defensa	20.370	11,5	141.000	4,6
Servicios				
Otros	790	0,4		
TOTAL	177.390	100,0	3.063.000	100,0

Deuda pública (externa, pendiente; 1987): 544.400.000 dlr. EUA.
Población económicamente activa (1985): Total 3.063.000; tasa de actividad de la población total 50,5% (tasas de participación: 15-64 años 89,4%; mujeres 48,6%; desempleados n.d.).

Comercio exterior

Balanza comercial (precios corrientes)

	1983	1984	1985	1986	1987	1988
Millones RF	−6.542	−4.912	−7.840	−4.860	−10.562	−11.403
% del total	22,3	14,5	22,9	12,9	37,1	40,7

Importaciones (1988): 28.280.000.000 RF (1985; maquinaria y equipos de transporte 21,6%, del que el 11,4% corresponde a equipos de transporte y el 4,8% a equipos eléctricos; combustibles minerales y lubricantes 15,2%; alimentos, bebidas y tabacos 15,2%; textiles, ropa y calzado 7,4%). *Principales proveedores* (1987): Kenia 22,3%; Japón 13,9%; Francia 9,8%; Bélgica-Luxemburgo 11,0%; Alemania Federal 9,8%; Países Bajos 4,9%; Italia 3,8%; China 2,2%; Reino Unido 1,5%.
Exportaciones (1988): 8.291.000.000 RF (café 78,9%; té 13,1%). *Principales clientes* (1987): Alemania federal 50,6%; Países Bajos 8,4%; Francia 8,3%; Reino Unido 5,1%; Italia 3,6%; Bélgica-Luxemburgo 3,5%; Kenia 3,3%.

Transportes y comunicaciones

Transportes. Ferrocarriles: Ninguno. Carreteras (1987): Longitud total 12.070 km (pavimentadas 7%). Vehículos (1987): Automóviles 7.109; camiones y autobuses 10.026. Marina mercante: Ninguna. Transporte aéreo (1984): Llegadas 46.029; salidas 46.586; mercancía cargada 13.120 toneladas métricas; mercancía descargada 11.864 toneladas métricas; aeropuertos (1989) con vuelos regulares 2.
Comunicaciones. Diarios (1984): Número total 1; circulación total por 1.000 habitantes, n.d. Radio (1988): Número total de receptores 411.735 (1 por cada 16 personas). Televisión: Ninguna. Teléfonos (1987): 10.181 (1 por cada 652 personas).

Educación y sanidad

Escolaridad (1978). Porcentaje de la población total de 25 años y más: Sin escolarización formal 76,9%; con enseñanza primaria parcial 16,8%; primaria completa 4,0%; secundaria parcial y completa 2,0%; formación profesional parcial y superior 0,3%. *Alfabetización* (1980): Población total de 15 años y más alfabetizada 1.295.900 (49,4%); varones alfabetizados 798.800 (62,2%); mujeres alfabetizadas 497.100 (37,2%).
Sanidad (1984): Médicos 177[5] (1 por cada 33.170 habitantes); camas hospitalarias 9.046 (1 por cada 649 habitantes); tasa de mortalidad infantil por cada 1.000 nacidos vivos (1985-90) 122,0.
Alimentación (1984-86): Ingesta calórica diaria per cápita 1.881 (productos vegetales 97%, productos animales 3%); 80% de las necesidades mínimas recomendadas por la FAO.

Fuerzas armadas

Personal en servicio activo (1989): 5.200 (ejército 96,2%; armada, ninguna; fuerza aérea 3,8%). *Presupuesto de defensa en porcentaje del PNB* (1987): 2,0% (mundo 5,4%); gasto per cápita 6 dlr. EUA.

[1] El desglose no se corresponde con el total a causa del redondeo. [2] 1981. [3] Sólo en hospitales. [4] Las importaciones son f.o.b. (franco a bordo) en la balanza comercial y c.i.f. (costo, seguro, flete) para los artículos y asociados comerciales. [5] Excluye los médicos extranjeros.

Rumania

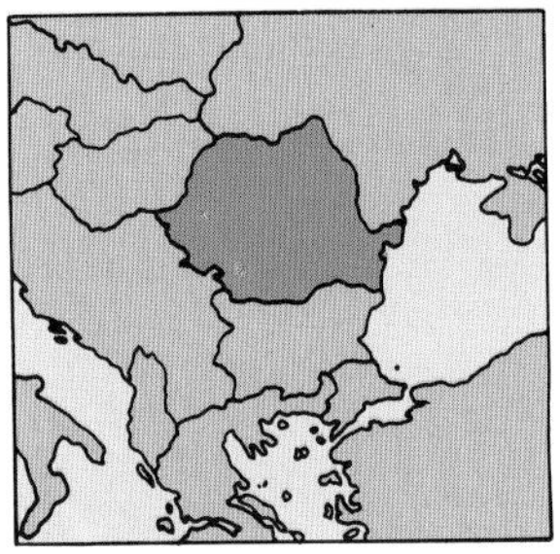

Nombre oficial: República de Rumania.
Forma de gobierno: República[1].
Jefe del estado: Presidente.
Jefe del gobierno: Primer ministro.
Capital: Bucarest.
Lengua oficial: Rumano.
Religión oficial: Ninguna.
Moneda: 1 leu (plural lei) = 100 bani; cambio (2 oct. 1989) 1 dlr. EUA = 8,79[2] lei.

Área y población

Distritos	Capitales	área km²	población estimada 1987
Alba	Alba Iulia	6.231	425.903
Arad	Arad	7.652	504.556
Arges	Piteşti	6.801	671.954
Bacău	Bacău	6.606	717.946
Bihor	Oradea	7.535	657.707
Bistriţa-Năsăud	Bistriţa	5.305	322.501
Botosani	Botosani	4.965	460.211
Brăila	Brăila	4.724	400.832
Brăşov	Brăşov	5.351	695.160
Buzău	Buzău	6.072	522.685
Caraş-Severin	Resita	8.503	407.402
Călăraşi	Călăraşi	5.074	347.312
Cluj	Cluj-Napoka	6 650	740.929
Constanză	Constanză	7.055	726.059
Covasna	Sfîntu-Gheorghe	3.705	233.049
Dimboviţa	Tirgovişte	4.036	563.621
Dolj	Craiova	7.413	771.971
Galaţi	Galaţi	4.425	635.425
Giurgiu	Giurgiu	3.636	325.150
Gorj	Tîrgu Tiu	5.641	380.582
Harguiţa	Miercurea-Ciuc	6.610	359.205
Hunedoara	Deva	7.016	559.619
Ialomiţa	Slobozia	4.449	304.809
Iaşi	Iaşi	5.469	793.369
Maramureş	Baia Mare	6.215	546.035
Mehedinţi	Drobeta-Turnu-Severin	4.900	327.309
Mureş	Tîrgu Mureş	6.696	616.401
Neamţ	Piatra Neamţ	5.890	570.204
Olt	Slatina	5.507	531.323
Prahova	Ploieşti	4.694	868.779
Sălaj	Zalău	3.850	412.227
Satu Mare	Satu Mare	4.405	267.517
Sibiu	Sibiu	5.422	507.850
Suceava	Suceava	8.555	685.661
Teleorman	Alexandria	5.760	504.623
Timiş	Timişoara	8.692	731.667
Tulcea	Tulcea	8.430	269.808
Vaslui	Vaslui	5.297	457.699
Vîlcea	Rîmnicu Vilcea	5.705	427.059
Vrancea	Focşani	4.863	390.055
Municipio			
Bucarest	Bucarest	1.695	2.298.256
TOTAL		237.500	22.940.430

Demografía

Población (1989): 23.168.000.
Densidad (1989): Personas por km² 97,5.
Índice de urbanización (1986): Urbana 50,6%; rural 49,4%.
Distribución por sexo (1987): Varones 49,34%; mujeres 50,66%.
Estructura por edades (1985): Menos de 15, 24,6%; 15-29, 22,6%; 30-44, 19,6%; 45-59, 18,8%; 60-74, 10,7%; 75 y más 3,7%.
Proyección demográfica: (2000) 24.409.000; (2010) 25.595.000.
Composición étnica (1987): Rumanos 89,1%; húngaros 7,8%; otros 3,1%.
Afiliación religiosa (1986): Ortodoxos rumanos 70,0%; ortodoxos griegos 10,0%; musulmanes 1,0%; ateos 7,0%; otros 3,0%; sin afiliación 9,0%.
Principales ciudades (1986): Bucarest 2.014.400[3].; Brasov 351.500; Constanza 327.700; Timisoara 325.300; Iasi 313.000.
Tasa de natalidad por 1.000 habitantes (1985): 15,8 (media mundial 29,0).
Tasa de mortalidad por 1.000 habitantes (1985): 10,9 (media mundial 11,0).
Tasa de crecimiento por 1.000 habitantes (1985): 4,9 (media mundial 18,0).
Esperanza de vida al nacer (1982-84): Varones 67,0 años; mujeres 72,6 años.
Principales causas de muerte por 100.000 habitantes (1984): Enfermedades cardiovasculares 603,7; neoplasias malignas (cánceres) 128,4.

Economía nacional

Presupuesto (1989). Ingresos: 423.473.500.000 lei (impuestos sobre transacciones comerciales 55,1%; seguridad social estatal 13,4%; cuota sobre beneficios de empresas estatales 13,0%; impuesto sobre la renta 12,0%). Gastos: 423.473.500.000 lei (economía nacional 43,3%; servicios sociales 25,3%; defensa 2,8%).
Turismo (1986): Ingresos por visitantes 178.000.000 dlr. EUA; gastos de nacionales en el exterior 57.000.000 dlr. EUA.
Producción (toneladas métricas, excepto cuando se indique). Agricultura (1987): Maíz 18.377.600, trigo y centeno 9.726.700, papas o patatas 7.571.900, remolacha azucarera 7.149.100, verduras 6.718.800; ganadería (número de animales vivos): 18.793.000 ovejas, 15.224.000 cerdos, 7.182.000 reses; madera 24.629.000 m³; pesca, capturas 264.371. Minas y canteras (1987): Mineral de hierro 2.281.000; bauxita 555.000; plomo y zinc 74.000[4]. Industria manufacturera (1987): Acero sin refinar 13.885.000; cemento 12.435.000; acero laminado 9.675.000; fertilizantes 3.198.000; plásticos y caucho sintético 638.653. Construcción (1985): 8.591.000 m². Producción energética (consumo): Electricidad (kwh; 1987) 73.090.000.000 (76.190.000.000); carbón (1987) 47.300.000 (52.600.000); petróleo crudo (barriles; 1987) 76.561.000 (196.657.000); productos petrolíferos (1987) 22.909.000 (14.109.000); gas natural (m³; 1987) 38.919.000.000 (40.952.000.000).
Producto nacional bruto (1988): 148.048.000.000 dlr. EUA (6.400 dlr. EUA per cápita).

Estructura del producto nacional neto y de la población activa
1987

	Valor (000.000 lei)	% del valor total	Población activa	% de la pobl. activa
Agricultura	127.100	15,9	3.066.500	28,6
Minería, industria y servicios públicos	499.500	62,5	4.008.800	37,4
Construcción	59.100	7,4	793.200	7,4
Transportes y comunicaciones	48.000	6,0	739.600	6,9
Comercio	[5]	[5]	632.400	5,9
Administración pública, defensa	—	—	53.600	0,5
Servicios	—	—	1.275.500	11,9
Otros	65.500[5]	8,2[5]	150.000	1,4
TOTAL	799.200	100,0	10.718.600	100,0

Deuda pública (externa, pendiente; 1989): No existe.
Población económicamente activa (1987): Total 10.718.600; tasa de actividad de la población total 46,7% (tasas de participación ¿1985ñ: 15 años y más 61,8%; mujeres 45,9%; desempleados n.d.).

Comercio exterior

Balanza comercial (precios corrientes)

	1981	1982	1983	1984	1985	1986	1987
Millones lei	3.031	26.987	34.379	67.300	43.934	31.550	44.700
% del total	0,9	9,8	12,4	17,3	12,9	8,4	14,4

Importaciones (1987): 133.000.000.000 lei (combustibles minerales 53,5%; maquinaria 28,4%; productos químicos 5,0%). *Principales proveedores:* URSS 25,9%; Egipto 12,0%; Irán 6,9%; Alemania democrática 6,7%; Polonia 6,3%; China 4,4%; Alemania federal 3,8%.
Exportaciones (1987): 177.700.000.000 lei (maquinaria y equipos de transporte 37,6%; combustibles 23,2%; productos químicos 8,6%). *Principales clientes:* URSS 24,2%; Italia 6,9%; Alemania federal 6,3%; EUA 6,2%; Alemania democrática 4,8%; Francia 4,3%; Egipto 4,0%; Polonia 4,0%.

Transportes y comunicaciones

Transportes. Ferrocarriles (1987): Longitud de vías 11.275 km; pasajeros-km 33.506.000.000; carga toneladas métricas-km 78.074.000.000. Carreteras (1986): Longitud total 72.799 km (pavimentadas 64%). Vehículos (1980): Automóviles 250.000; camiones y autobuses 130.000. Marina mercante (1988): Barcos (100 toneladas brutas y más) 462; peso muerto total 5.356.547 toneladas. Transporte aéreo (1988): Pasajeros-km 3.852.000.000; carga toneladas métricas-km 63.000.000; aeropuertos (1989) 15.
Comunicaciones. Diarios (1987): Número total 36; circulación total 3.113.400; circulación por 1.000 habitantes 137. Radio (1987): Número total de receptores 3.150.000 (1 por cada 7,3 personas). Televisión (1987): Número total de televisores 3.801.000 (1 por cada 6,0 personas). Teléfonos (1985): 1.962.681 (1 por cada 11 personas).

Educación y sanidad

Escolaridad (1977). Porcentaje de la población total de 25 años y más: con enseñanza primaria 55,6%; secundaria 39,8%; postsecundaria 4,6%. *Alfabetización* (1983): 95,8%.
Sanidad (1987): Médicos 41.059 (1 por cada 559 habitantes); camas hospitalarias 214.253 (1 por cada 107 habitantes); tasa de mortalidad infantil por cada 1.000 nacidos vivos (1986) 25,6.
Alimentación (1984-86): Ingesta calórica diaria per cápita 3.358 (productos vegetales 76%, productos animales 24%); 127% de las necesidades mínimas recomendadas por la FAO.

Fuerzas armadas

Personal en servicio activo (1988): 179.500 (ejército 78,0%, armada 4,2%, fuerza aérea 17,8%). *Presupuesto de defensa en porcentaje del PNB* (1987): 5,2% (mundo 5,4%); gasto per cápita 332 dlr. EUA.

[1] En diciembre de 1989 un movimiento popular y militar derribó el régimen comunista de Nicolae Ceausescu. [2] Tipo no comercial. [3] 1987. [4] 1986. [5] Incluye comercio y otras actividades materiales.

Salomón, Islas

Nombre oficial: Islas Salomón.
Forma de gobierno: Monarquía constitucional con una cámara legislativa (Parlamento Nacional).
Jefe del estado: Monarca británico representado por el gobernador general.
Jefe del gobierno: Primer ministro.
Capital: Honiara.
Lengua oficial: Inglés.
Religión oficial: Ninguna.
Moneda: 1 dólar de las Islas Salomón (SI$) = 100 cents.; cambio (2 oct. 1989) 1 dlr. EUA = 2,37 SI$.

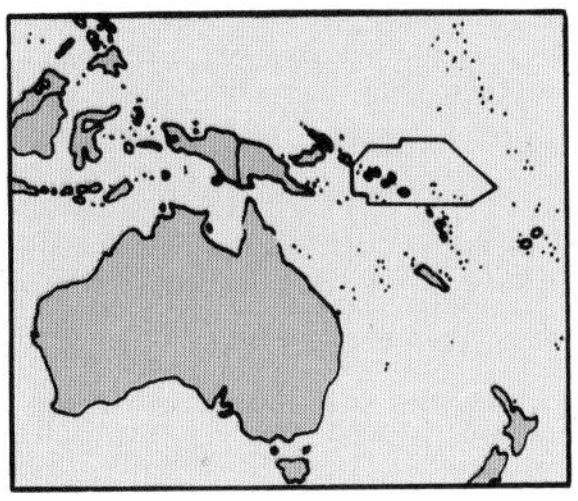

Área y población

Provincias	Capitales	área km²	población censo 1989
Central Islands	Tulagi	1.286	22.233
Guadalcanal	Honiara	5.336	46.550
Isabel	Buala	4.136	16.749
Makira	Kira Kira	3.188	22.152
Malaita	Auki	4.225	84.410
Temotu	Santa Cruz	865	16.303
Western	Gizo	9.312	68.140
Territorio de la capital			
Honiara	—	22	31.060
TOTAL		28.370	307.597

Demografía

Población (1989): 308.000.
Densidad (1989): Personas por km² 10,9.
Índice de urbanización (1986): Urbana 15,7%; rural 84,3%.
Distribución por sexo (1986): Varones 51,76%; mujeres 48,24%.
Estructura por edades (1986): Menos de 15, 47,3%; 15-29, 25,7%; 30-44, 13,9%; 45-59, 8,1%; 60 y más 4,9%.
Proyección demográfica: (2000) 448.000; (2010) 595.000.
Tiempo de duplicación: 20 años.
Composición étnica (1986): Melanesios 94,2%; polinesios 3,7%; de otras islas del Pacífico 1,4%; europeos 0,4%; asiáticos 0,2%; otros 0,1%.
Afiliación religiosa (1986): Cristianos 96,7%, del que el 77,5% corresponde a protestantes y el 19,2% a católicos; bahaistas 0,4%; creencias tradicionales 0,2%; otros y sin afiliación 2,7%.
Principales ciudades (1986)[1]: Honiara 30.499; Gizo 3.727; Auki 3.262; Kira Kira 2.585; Buala 1.913.
Tasa de natalidad por 1.000 habitantes (1988): 44,5 (media mundial 27,1).
Tasa de mortalidad por 1.000 habitantes (1988): 9,9 (media mundial 9,9).
Tasa de crecimiento por 1.000 habitantes (1988): 34,6 (media mundial 17,2).
Esperanza de vida al nacer (1988): Varones 49,3 años; mujeres 59,3 años.
Principales causas de muerte por 100.000 habitantes: n.d.; sin embargo, entre las principales enfermedades se incluyen paludismo, tuberculosis y lepra[2].

Economía nacional

Presupuesto (1988). Ingresos: 120.000.000 SI$ (ayuda externa 31,3%, derechos de importación 29,2%; impuestos sobre la renta 19,6%; derechos de exportación 9,7%, ingresos no impositivos 7,8%). Gastos: 138.260.000 SI$ (educación 22,4%; agricultura 17,2%; transportes y comunicaciones 12,9%; transferencias a provincias 9,7%; servicios públicos generales 8,3%; orden público 7,2%; sanidad 6,2%).
Turismo (1987): Ingresos por visitantes 2.000.000 dlr. EUA; gastos de nacionales en el exterior 3.000.000 dlr. EUA.
Producción (toneladas métricas, excepto cuando se indique). Agricultura, silvicultura, pesca (1988): Cocos 200.000, batatas o camotes 51.000, copra 29.272, taro 25.000, ñames 20.000, aceite de palma 15.227, arroz 6.000, fruto de palma 3.172; ganadería (número de animales vivos): 52.000 cerdos, 13.927 reses; madera 290.500 m³; pesca, capturas 41.913. Minas y canteras (1987): Oro 4.000 onzas troy. Industria manufacturera (1986): Pescado elaborado 44.042; sémola de arroz 2.282; madera aserrada 37.400 m³; otras industrias importantes son las de jabón y tabaco, tejidos, tallas en madera, productos de fibra de vidrio, construcciones navales y cuero. Construcción (valor bruto en SI$; 1980): Residencial 1.858.000; no residencial 693.000. Producción energética (consumo): Electricidad (kwh; 1987) 30.000.000 (30.000.000); carbón, no produce (n.d.); productos petrolíferos (1987), no produce (44.000); gas natural, no produce (n.d.).
Producto nacional bruto (a precios corrientes de mercado; 1987): 123.000.000 dlr. EUA (420 dlr. EUA per cápita).

Estructura del producto nacional bruto y de la población activa

	1986			
	Valor (000.000 SI$)	% del valor total	Población activa[4]	% de la pobl. activa
Agricultura	108,3	43,3	18.031	46,0
Minería	−2,6	−1,0	703	1,8
Industria	10,1	4,0	2.273	5,8
Construcción	11,4	4,6	2.206	5,6
Servicios públicos	2,6	1,0	426	1,1
Transportes y comunicaciones	13,0	5,2	2.014	5,1
Comercio	18,9	7,5	3.300	8,4
Finanzas	14,6	5,8	550	1,4
Administración pública, defensa / Servicios	48,0	19,2	9.378	23,9
Otros	26,1	10,4	329	0,8
TOTAL	250,4	100,0	39.210	250,4

Deuda pública (externa, pendiente; 1986): 85.000.000 dlr. EUA.
Población económicamente activa (1986): Total 39.214[4]; tasa de actividad de la población total 13,7% (tasas de participación: 14 años y más 24,9%; mujeres 25,6%; desempleados, n.d.).

Comercio exterior

Balanza comercial (precios corrientes)

	1982	1983	1984	1985	1986	1987
Millones SI$	−929	592	34.725	1.142	10.562	−6.646
% del total	0,8	0,4	17,2	0,6	4,8	2,5

Importaciones (1987): 134.944.000 SI$ (maquinaria y equipos de transporte 29,1%; artículos manufacturados 20,5%; alimentos 15,0%; combustibles minerales y lubricantes 14,7%; productos químicos 6,7%). *Principales proveedores:* Australia 41,4%; Japón 19,1%; Singapur 9,2%; Nueva Zelanda 7,9%; Reino Unido 4,4%; China 3,5%; EUA 2,9%; Hong Kong 2,4%; Papúa Nueva Guinea 1,9%.
Exportaciones (1987): 128.298.000 SI$ (productos de pescado 41,0%; productos de madera 29,0%; copra 8,0%; cacao en grano 7,4%; productos de aceite de palma 5,9%). *Principales clientes:* Japón 35,6%; Reino Unido 13,8%; Tailandia 12,2%; Corea del sur 6,0%; EUA 5,3%; Alemania federal 4,2%; Australia 3,7%; Viti 2,7%; Bélgica 2,2%; Países Bajos 2,0%; Puerto Rico 2,0%.

Transportes y comunicaciones

Transportes. Ferrocarriles: Ninguno. Carreteras[4] (1987): Longitud 2.100 km (pavimentadas 8%). Vehículos (1986): Automóviles 1.350; camiones y autobuses 1.708. Marina mercante (1988): Barcos (100 toneladas brutas y más) 36; peso muerto total 6.797 toneladas. Transporte aéreo (1984)[5]: Pasajeros-km 11.027.000; carga toneladas métricas-km 37.000; aeropuertos (1989) con vuelos regulares 17.
Comunicaciones. Diarios[6] (1987): Ninguno. Radio (1988): Número total de receptores 65.000 (1 por cada 4,6 personas). Televisión (1986): Ninguna. Teléfonos (1987): 4.983 (1 por cada 58 personas).

Educación y sanidad

Escolaridad (1978)[7]. Porcentaje de la población total de 25 años y más: sin escolarización 44,4%; con enseñanza primaria 46,2%; secundaria 6,8%; superior 2,6%. *Alfabetización* (1976): Población total de 15 años y más alfabetizada 55.500 (54,1%); varones alfabetizados 33.600 (62,4%); mujeres alfabetizadas 21.900 (44,9%).
Sanidad (1986): Médicos 38 (1 por cada 7.402 habitantes); camas hospitalarias 1.479 (1 por cada 190 habitantes); tasa de mortalidad infantil por cada 1.000 nacidos vivos (1988) 74,0.
Alimentación (1984-86): Ingesta calórica diaria per cápita 2.163 (productos vegetales 89%, productos animales 11%); 80% de las necesidades mínimas recomendadas por la FAO.

Fuerzas armadas

Personal en servicio activo: No hay fuerzas militares, aunque una fuerza policial de 475 miembros se ocupa de garantizar la seguridad interna.

[1] Poblaciones en distritos. [2] Los casos consignados de estas enfermedades en 1986 fueron: Paludismo 72.108, tuberculosis 337 y lepra 260. [3] Sólo perceptores de salarios. [4] Incluye 800 km de carreteras privadas, por lo general para uso de las plantaciones. [5] Solair únicamente. [6] En 1985 había dos semanarios con una circulación conjunta de 6.700 ejemplares. [7] Población indígena únicamente.

Salvador, El

Nombre oficial: República de El Salvador.
Forma de gobierno: República con una cámara legislativa (Asamblea Legislativa).
Jefe del estado y del gobierno: Presidente.
Capital: San Salvador.
Lengua oficial: Español.
Religión oficial: Ninguna[1].
Moneda: 1 colón (₡) = 100 centavos; cambio (2 oct. 1989) 1 dlr. EUA = 5,00 ₡[2].

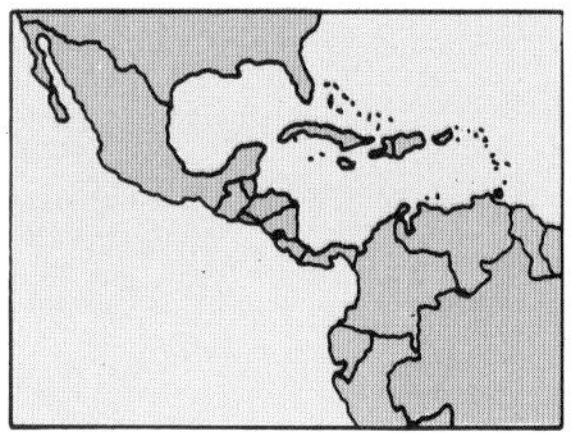

Área y población

Departamentos	Capitales	área km²	población estimada 1985
Ahuachapán	Ahuachapán	1.240	271.990
Cabañas	Sensuntepeque	1.104	199.229
Cuscatlán	Cojutepeque	756	222.389
Chalatenango	Chalatenango	2.017	256.688
La Libertad	Nueva San Salvador	1.653	440.030
La Paz	Zacatecoluca	1.224	278.719
La Unión	La Unión	2.074	346.087
Morazán	San Francisco (Gotera)	1.447	235.632
San Miguel	San Miguel	2.077	480.486
San Salvador	San Salvador	886	1.094.249
San Vicente	San Vicente	1.184	220.630
Santa Ana	Santa Ana	2.023	490.367
Sonsonate	Sonsonate	1.226	364.075
Usulután	Usulután	2.130	437.325
TOTAL		21.041	5.337.896[3]

Demografía

Población (1989): 5.138.000.
Densidad (1989): Personas por km² 244,2.
Índice de urbanización (1987): Urbana 47,7%; rural 52,3%.
Distribución por sexo (1986): Varones 49,31%; mujeres 50,69%.
Estructura por edades (1986): Menos de 15, 45,8%; 15-29, 26,2%; 30-44, 13,8%; 45-59, 8,8%; 60-74, 4,4%; 75 y más, 1,0%.
Proyección demográfica: (2000) 6.739.000; (2010) 8.491.000.
Tiempo de duplicación: 26 años.
Composición étnica (1986): Mestizos (blancos e indios) 90,0%; indios 5,0%; blancos 5,0%.
Afiliación religiosa (1987): Católicos 92,6%; otros 7,4%.
Principales ciudades (1985): San Salvador 462.652; Santa Ana 137.879; Mejicanos 91,465; San Miguel 88.520; Delgado 67.684.
Tasa de natalidad por 1.000 habitantes (1987): 37,0 (media mundial 27,1).
Tasa de mortalidad por 1.000 habitantes (1987): 10,0 (media mundial 9,9).
Tasa de crecimiento por 1.000 habitantes (1987): 27,0 (media mundial 17,2).
Esperanza de vida al nacer (1987): Varones 56 años; mujeres 61 años.
Principales causas de muerte por 100.000 habitantes (1984): Homicidios y otros actos de violencia 67,3; enfermedades cardiovasculares 63,9; enfermedades infecciosas y parasitarias 60,0; accidentes 45,0; cuadros patológicos mal definidos 115,9.

Economía nacional

Presupuesto (1988)[4]. Ingresos: 3.176.000.000 ₡ (impuestos indirectos 56,7%, del que el 22,3% corresponde a impuestos generales sobre ventas y el 13,6% a impuestos sobre el consumo; impuestos directos 23,3%, del que el 17,7% corresponde a impuestos sobre la renta; impuestos sobre el desarrollo 11,5%). Gastos: 3.428.000.000 ₡ (gasto corriente 81,2%; gasto del desarrollo 9,9%; amortización de la deuda 8,9%).
Turismo: Ingresos por visitantes (1987) 20.000.000 dlr. EUA; gastos de nacionales en el exterior (1985) 89.000.000 dlr. EUA.
Producción (valor añadido en millones de ₡, excepto cuando se indique). Agricultura, silvicultura, pesca (1988): Café 1.656, maíz 354, avicultura 190, frijoles o judías 153, caña de azúcar 139, maicillo (variedad de mijo) 97, algodón 57, arroz 54, plátanos 36 toneladas métricas; ganadería (número de animales vivos): 1.144.000 reses, 442.000 cerdos, 3.000.000 pollos; madera 66; pesca 120. Minas y canteras (1987): Cantidades muy limitadas de oro, plata y piedra caliza. Industria manufacturera (1988): Productos alimenticios 1.700; bebidas 710; productos petrolíferos 357; textiles 286; productos químicos 261; productos no metálicos 235; productos de tabaco 202; ropa y calzado 176. Construcción (1988): Residencial privada 255; no residencial privada 191; pública total 270. Producción energética (consumo): Electricidad (kwh; 1987) 1.971.000.000 (1.672.000.000); carbón, no produce (sin consumo); petróleo (barriles; 1987), no produce (4.618.000); productos petrolíferos (toneladas métricas; 1987) 539.000 (490.000); gas natural, no produce (sin consumo).
Producto nacional bruto (a precios corrientes de mercado; 1987): 4.220.000.000 dlr. EUA (850 dlr. EUA per cápita).

Estructura del producto nacional bruto y de la población activa

	1988		1980	
	Valor (000.000 dlr. EUA)	% del valor total	Población activa	% de la pobl. activa
Agricultura	3.572	13,1	636.617	40,0
Minería	46	0,2	4.394	0,3
Industria	4.695	17,3	247.621	15,5
Construcción	715	2,6	80.089	5,0
Servicios públicos	562	2,1	9.681	0,6
Transportes y comunicaciones	1.197	4,4	65.593	4,1
Comercio	8.856	32,5	256.086	16,1
Finanzas, bienes raíces	2.252	8,3	15.863	1,0
Administración pública, defensa	2.506	9,2 }	250.158	15,7
Servicios	2.799	10,3 }		
Otros	—	—	27.251	1,7[5]
TOTAL	27.200	100,0	1.593.353	100,0

Deuda pública (externa, pendiente; 1987): 1.597.000.000 dlr. EUA.
Población económicamente activa (1980): Total 1.593.353; tasa de actividad de la población total 35,4% (tasas de participación: 15-64 años 62,4%; mujeres 34,8%; desempleados [1987] 33%).

Comercio exterior[6]

Balanza comercial (precios corrientes)

	1983	1984	1985	1986	1987	1988
Millones ₡	−337,4	−650,2	−665,5	−899,8	−2.015,6	−2.052,8
% del total	8,2	15,3	16,1	10,6	25,4	25,6

Importaciones (1988): 5.034.900.000 ₡ (productos químicos 16,1%; equipos de transporte 10,8%; maquinaria y equipos 10,0%; productos metálicos 8,8%; petróleo crudo 8,0%). *Principales proveedores* (1987): EUA 36,4%; Guatemala 12,9%; Mexico 9,1%; Venezuela 6,8%; Japón 6,3%.
Exportaciones (1988): 2.982.000.000 ₡ (café 58,4%; azúcar sin refinar 3,2%; productos farmacéuticos 2,9%; crustáceos 2,7%; cajas de cartón 2,0%). *Principales clientes* (1987): EUA 44,7%; Alemania federal 17,2%; Guatemala 12,3%; Costa Rica 5,4%; Japón 4,3%.

Transportes y comunicaciones

Transportes. Ferrocarriles (1986): Longitud de vías 602 km; pasajeros-km 4.996.000; carga toneladas métricas-km 24.385.300. Carreteras (1987): Longitud total 12.164 km (pavimentadas 14%). Vehículos (1987): Automóviles 138.276; camiones y autobuses 23.381. Marina mercante (1988): Barcos (100 toneladas brutas y más) 14; peso muerto total 3.318 toneladas. Transporte aéreo (1988)[7]: Pasajeros-km 838.000.000; carga toneladas métricas-km 6.457.000; aeropuertos (1989) con vuelos regulares 1.
Comunicaciones. Diarios (1988): Número total 6; circulación total 327.000; circulación por 1.000 habitantes 65. Radio (1988): Número total de receptores 1.936.789 (1 por cada 2,6 personas). Televisión (1988): Número total de televisores 425.000 (1 por cada 12 personas). Teléfonos (1987): 136.185 (1 por cada 36 personas).

Educación y sanidad

Escolaridad (1980). Porcentaje de la población total de 10 años y más: Sin escolarización formal 30,2%; con enseñanza primaria 60,7%; secundaria 6,9%; superior 2,3%. *Alfabetización* (1980): Población total de 15 años y más alfabetizada 1.771.431 (69,0%); varones alfabetizados 880.908 (73,2%); mujeres alfabetizadas 890.523 (65,3%).
Sanidad (1985): Médicos 1.649 (1 por cada 2.891 habitantes); camas hospitalarias 4.224 (1 por cada 1.129 habitantes); tasa de mortalidad infantil por cada 1.000 nacidos vivos (1987) 88,0.
Alimentación (1979-81): Ingesta calórica diaria per cápita 2.155 (productos vegetales 88%, productos animales 12%); (1984) 94% de las necesidades mínimas recomendadas por la FAO.

Fuerzas armadas

Personal en servicio activo (1989): 56.000 (ejército 71,5%, armada 2,3%, fuerza aérea 3,9%, fuerzas paramilitares 22,3%). *Presupuesto de defensa en porcentaje del PNB* (1987): 3,9% (mundo 5,4%); gasto per cápita 36 dlr. EUA.

[1] Aunque no es oficial, el catolicismo goza de un reconocimiento especial en la constitución. [2] Tipo oficial; a finales de 1989 la mayor parte de las transacciones comerciales se realizaban según un nuevo tipo flotante no oficial (2 oct. 1989 [1 dlr. EUA = 6,40 C]). [3] Población *de jure*. [4] Excluye la ayuda externa de EUA. [5] En su mayoría desempleados en busca de su primer empleo. [6] Cifras de importación, c.i.f.; de exportación, f.o.b. [7] Líneas aéreas TACA (sólo vuelos regulares).

Samoa Occidental

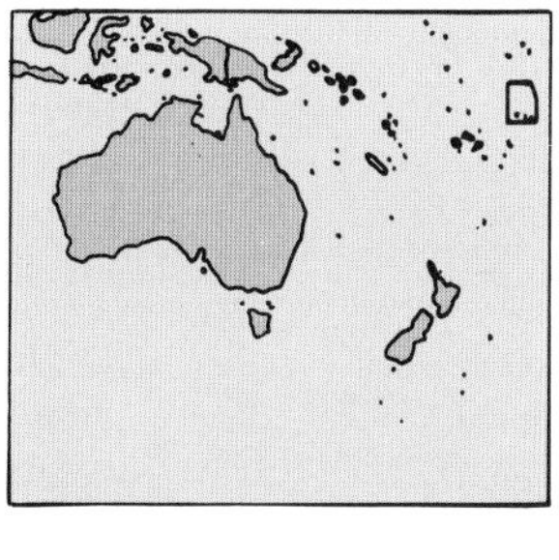

Nombre oficial: Estado Independiente de Samoa Occidental.
Forma de gobierno: Monarquía[1] constitucional con una cámara legislativa (Asamblea Legislativa).
Jefe del estado: Jefe del estado.
Jefe del gobierno: Primer ministro.
Capital: Apia.
Lengua oficial: Samoano; inglés.
Religión oficial: Ninguna.
Moneda: 1 tala (WS$, plural tala)= 100 sene; cambio (2 oct. 1989) 1 dlr. EUA = 2,23 WS$.

Área y población

Islas / Distritos políticos	área km²	población censo 1981
Savali	1.707	45.900
Faasaleleaga		11.876
Gagaemauga		6.643
Gagaifomauga		5.304
Palauli		9.234
Satupaitea		5.391
Vaisigano		7.452
Upolu	1.119	110.449
Aana		20.288
Aiga-i-le-Tai		3.960
Atua		19.837
Tuamasaga		64.845
Vaa-o-Fonoti		1.519
TOTAL	2.831[2]	156.349[3]

Demografía

Población (1989): 163.000.
Densidad (1989): Personas por km² 57,6%.
Índice de urbanización (1981): Urbana 21,2%; rural 78,8%.
Distribución por sexo (1986): Varones 52,0%; mujeres 48,0%.
Estructura por edades (1981): Menos de 15, 44,2%; 15-29, 29,1%; 30-44, 12,2%; 45-59, 9,0%; 60-74, 3,8%; 75 y más, 1,6%.
Proyección demográfica: (2000) 173.000; (2010) 183.000.
Tiempo de duplicación: 27 años.
Composición étnica (1982): Samoanos (polinesios) 88%; euronesios 10%; europeos 2%.
Afiliación religiosa (1981): Congregacionistas 47,3%; católicos 21,7%; metodistas 16,2%; iglesia de los Santos del Último día 8,3%; otros 6,5%.
Principales ciudades (1981): Apia 33.170.
Tasa de natalidad por 1.000 habitantes (1988): 33,1 (media mundial 27,1%).
Tasa de mortalidad por 1.000 habitantes (1985): 26 (media mundial 9,9).
Tasa de crecimiento por 1.000 habitantes (1985): 26,0 (media mundial 17,2).
Esperanza de vida al nacer (1986): Varones 62,6 años; mujeres 65,6 años.
Principales causas de muerte por 100.000 habitantes[4] (1985): Enfermedades cardiovasculares 42,0; neoplasias malignas (cánceres) 18,2; enfermedades del sistema respiratorio 13,2; infecciones y enfermedades parasitarias 8,8; diabetes mellitus 5,6.

Economía nacional

Presupuesto (1987). Ingresos: 145.100.000 WS$ (ingresos corrientes 58,1%, del que el 47,4% corresponde a impuestos y el 10,7% a ingresos no fiscales; ayudas exteriores 28,5%; préstamos internos 13,4). Gastos: 100.300.000 WS$ (gasto de capital 53,3%; gasto corriente 46,7%, del que el 9,7% corresponde a educación y el 9,1% a servicios económicos; sanidad 7,1%).
Turismo (1987): Ingresos por visitantes 9.000.000 dlr. EUA; gastos de nacionales en el exterior, 2.000.000 dlr. EUA.
Producción (toneladas métricas, excepto cuando se indique). Agricultura, silvicultura, pesca (1988): Cocos 200.000, taro 40.000, plátanos 23.000, copra 14.000, papayas 12.000, mangos 6.000, piñas tropicales 6.000, aguacates 2.000, cacao 1.000, leche 1.000; ganadería (número de animales vivos): 65.000 cerdos, 27.000 reses, 1.000.000 pollos; madera (1987) 131.000 m³; pesca, capturas (1987) 3.400. Minas y canteras, n.d. Industria manufacturera (1985): Aceite de coco 11.766, harina de copra 6.098, copra 2.731, madera aserrada 21.000 metros cúbicos, planchas de madera contrachapada 1.061 metros cúbicos[5]; otros productos que incluyen crema de coco, bebidas, productos de tabaco, productos de aluminio, bloques de hormigón, artesanía y kava. Construcción (permisos concedidos en WS$; 1985): Residencial 2.114.400; comercial, industrial y otros 5.430.500. Producción energética (consumo): Electricidad (kwh; 1987) 46.000.000 (46.000.000); carbón, no produce (n.d.); petróleo crudo, no produce (n.d.); productos petrolíferos (1987), no produce (37.000).
Producto nacional bruto (1987): 93.000.000 dlr. EUA (560 dlr. EUA per cápita).

Estructura del producto nacional bruto y de la población activa

	1972		1981	
	Valor (000.000 WS$)	% del valor total	Población activa	% de la pobl. activa
Agricultura	66.200	31,2	25.050	60,4
Minería	9.400[6]	4,4[6]	9	—
Industria	31.400	14,8	757	1,8
Construcción	4.000	1,9	2.279	5,5
Servicios públicos	3.000	1,4	447	1,1
Transportes y comunicaciones	11.800	5,6	1.353	3,3
Comercio	39.000	18,4	1.821	4,4
Finanzas	20.600	9,7	1.305	3,1
Administración pública, defensa y servicios gubernamentales	18.900	8,9	1.842	4,4
Otros servicios }	7.900	3,7	6.374	15,4
Otros }			269	0,6
TOTAL	212.200	100,0	41.506	100,0

Deuda pública (externa, pendiente; 1987):71.800.000 dlr. EUA.
Población económicamente activa (1981): Total 41.506; tasa de actividad de la población total 26,5% (tasas de participación: 15-64 años 48,6%; mujeres 15,0%).

Comercio exterior[7]

Balanza comercial (precios corrientes)

	1983	1984	1985	1986	1987	1988
Millones WS$	−45.719	−48.024	−66.772	−72.388	−94.240	−111.729
% del total	45,5	39,5	46,9	60,6	65,4	64,0

Importaciones (1987): 131.010.000 WS$ (1983; alimentos 21,3%, maquinaria 21,0%, productos petrolíferos 18,4%, artículos manufacturados diversos 7,4%, productos químicos 5,9%, aceites y grasas animales 0,5%). *Principales proveedores:* Nueva Zelanda 33,8%; Australia 16,2%; Japón 10,5%; Reino Unido 4,9%; EUA 4,7%; Singapur 2,9%.
Exportaciones (1987): 24.968 WS$ (1986; aceite de coco 29,3%, taro 19,4%, cacao 14,3%, crema de coco 12,6%, copra y harina de copra 7,6%, cigarrillos 3,1%, madera 2,7%). *Principales clientes:* Nueva Zelanda 54,2%; EUA 15,3%; Australia 13,6%; Alemania federal 9,3%; Japón 5,1%.

Transportes y comunicaciones

Transportes. Ferrocarriles: Ninguno. Carreteras (1987): Longitud total[8] 2.085 km (pavimentadas 19%). Vehículos (1985): Automóviles 1.757; camiones y autobuses 2.593. Marina mercante (1988): Barcos (100 toneladas brutas y más) 6; peso muerto total 34.751 toneladas. Transporte aéreo: Pasajeros, n.d.; carga, n.d.; aeropuertos (1989) con vuelos regulares 3.
Comunicaciones. Diarios: Ninguno. Radio (1988): Número total de receptores 71.854 (1 por cada 2,3 personas). Televisión (1985): Número total de televisores 5.000 (1 por cada 32 personas). Teléfonos (1987): 7.000 (1 por cada 23 personas).

Educación y sanidad

Escolaridad (1981). Porcentaje de la población total de 25 años y más: Con enseñanza primaria parcial 16,5%; primaria completa 24,5%; secundaria parcial 52,1%; secundaria completa 3,1%; superior 2,0%; sin registrar 1,8%. *Alfabetización* (1981): virtualmente 100%.
Sanidad (1988): Médicos 44 (1 por cada 3.685 habitantes); camas hospitalarias (1987) 682 (1 por cada 236 habitantes); tasa de mortalidad infantil por cada 1.000 nacidos vivos 50,0.
Alimentación (1984-86): Ingesta calórica diaria per cápita 2.463 (productos vegetales 81%, productos animales 19%); 108% de las necesidades mínimas recomendadas por la FAO.

Fuerzas armadas

No mantiene fuerzas armadas; Nueva Zelanda es responsable de la defensa.

[1] Según establece la constitución, el actual jefe del estado, jefe supremo HH Malietoa Tanumafili II, tiene cargo vitalicio. A su muerte dejará de existir funcionalmente la monarquía y los futuros jefes de estado serán elegidos por la Asamblea Legislativa. [2] Incluye 5 km² de islas deshabitadas. [3] Preliminar. [4] Sólo registradas. [5] 1984. [6] Incluye silvicultura y pesca. [7] Las cifras de importación son f.o.b. en la balanza comercial y c.i.f. para los artículos y asociados comerciales. [8] La longitud total incluye 1.180 km de carreteras de plantaciones.

San Cristóbal y Nieves

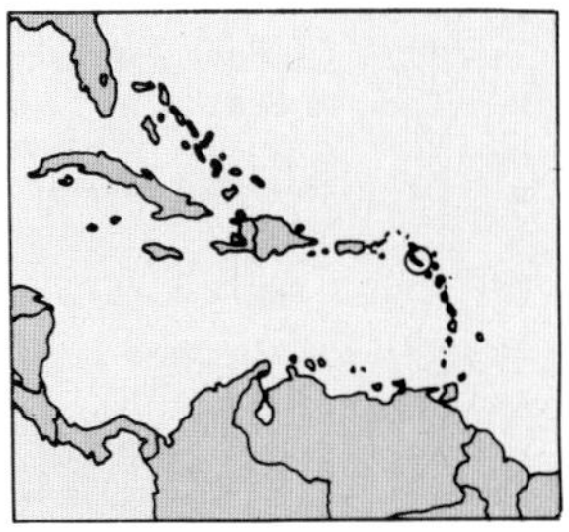

Nombre oficial: Federación de San Cristóbal y Nieves[1].
Forma de gobierno: Monarquía constitucional con una cámara legislativa (Asamblea Nacional[2]).
Jefe del estado: Monarca británico representado por el Gobernador general.
Jefe del gobierno: Primer ministro.
Capital: Basseterre.
Lengua oficial: Inglés.
Religión oficial: Ninguna.
Moneda: 1 dólar del Caribe oriental (EC$) = 100 cents; cambio (2 oct. 1989) 1 dlr. EUA = 2,70 EC$.

Área y población

Islas[3]	Capitales	área km²	población estimada 1986
Nieves	Charlestown	93,2	9.600
San Cristóbal	Basseterre	176,2	34.100
TOTAL		269,4	43.700

Demografía

Población (1989): 44.100.
Densidad (1989): Personas por km² 163,7.
Índice de urbanización (1985): Urbana 45,0%; rural 55,0%.
Distribución por sexo (1986): Varones 50,34%; mujeres 49,66%.
Estructura por edades (1984): Menos de 15, 34,3%; 15-29, 30,3%; 30-44, 13,7%; 45-59, 9,1%; 60-74, 9,1%; 75 y más, 3,5%.
Proyección demográfica: (2000) 44.000; (2010) 45.000.
Tiempo de duplicación: 54 años.
Composición étnica (1985): Negros 90,5%; mestizos 5,0%; indo-pakistaníes 3,0%; blancos 1,5%.
Afiliación religiosa (1985): Protestantes 76,4%, del que el 36,2% corresponde a anglicanos y el 32,3% a metodistas; católicos 10,7%; otros 12,9%.
Principales ciudades (1985): Basseterre 18.500; Charlestown 1.700.
Tasa de natalidad por 1.000 habitantes (1987): 23,2 (media mundial 27,1).
Tasa de mortalidad por 1.000 habitantes (1987): 10,3 (media mundial 9,9).
Tasa de crecimiento por 1.000 habitantes (1987): 12,9 (media mundial 17,2).
Esperanza de vida al nacer (1987): Varones 63,0 años; mujeres 67,0 años.
Principales causas de muerte por 100.000 habitantes (1984): Enfermedades cardiovasculares 462,7, de las que 175,4 corresponden a enfermedades cerebrovasculares; neoplasias malignas (cánceres) 114,0; enfermedades del sistema respiratorio 41,7; enfermedades infecciosas y parasitarias 35,1; condiciones mal definidas 142,5.

Economía nacional

Presupuesto (1987). Ingresos: 138.200.000 EC$ (ingresos corrientes 52,8%, del cual el 31,6% corresponde a ingresos por impuestos y el 21,2% a ingresos no impositivos; ingresos sobre el desarrollo 47,2%). Gastos: 138.200.000 EC$ (gastos corrientes 50,3%; gastos de desarrollo 49,7%).
Turismo (1987): Ingresos por visitantes 47.000.000 dlr. EUA; gastos de nacionales en el exterior 3.000.000 dlr. EUA.
Producción (toneladas métricas, excepto cuando se indique). Agricultura, silvicultura, pesca (1988): Caña de azúcar 300.000, cocos 2.000, frutas 2.000, verduras 1.000, cacahuates 23[4], algodón 16[4]; ganadería (número de animales vivos): 15.000 ovejas, 10.000 cerdos, 10.000 cabras, 7.000 reses; madera, n.d.; pesca, capturas 1.500[4]. Minas y canteras: Extracción de arena para usos locales. Industria manufacturera (1987): Azúcar sin refinar (1988) 25.600; melaza 8.800; agua oxigenada 37.100 hectólitros; bebidas alcohólicas 13.790 hectólitros; zapatos 23.800 pares[5]; otras manufacturas incluyen ropas y componentes electrónicos. Construcción, n.d. Producción energética (consumo): Electricidad (kwh; 1987) 42.500.000. (36.000.000); carbón, no produce (sin consumo); petróleo crudo, no produce (sin consumo), productos petrolíferos (1987), no produce (18.000); gas natural, no produce (sin consumo).
Producto nacional bruto (a precios corrientes de mercado; 1987): 80.000.000 dlr. EUA (1.700 dlr. EUA per cápita).

Estructura del producto nacional bruto y de la población activa

	1987 Valor (000.000 EC$)	1987 % del valor total	1984 Población activa[7]	1984 % de la pobl. activa
Agricultura	21,9	9,4	4.380	29,6
Minería	0,5	0,2	—	—
Industria	33,4	14,4	2.170	14,7
Construcción	18,0	7,7	400	2,7
Servicios públicos	4,6	2,0	1.030	7,0
Transportes y comunicaciones	29,2	12,5	450	3,0
Comercio, restaurantes	53,4	23,0	940	6,3
Finanzas, bienes raíces	31,1	13,4	280	1,9
Administración pública, defensa	44,6	19,2	4.700	31,7
Servicios	10,2	4,4		
Otros	−14,4[7]	−6,2[7]	460	3,1
TOTAL	232,5	100,0	14.810	100,0

Deuda Pública (externa, pendiente; finales de 1987): 22.000.000 dlr. EUA.
Población económicamente activa (1980): Total 17.125; tasa de actividad de la población total 39,5% (tasas de participación: 15-64 años 69,5%; mujeres 41,0%; desempleados[8]).

Comercio exterior[9]

Balanza comercial (precios corrientes)

	1982	1983	1984	1985	1986	1987
Millones EC$	−69,0	−88,9	−85,7	−85,9	−110,7	−141,4
% del total	40,4	47,2	44,1	42,2	46,5	48,8

Importaciones (1984): 140.100.000 EC$ (alimentos 19,7%, del que el 4,7% corresponde a cereales y preparados de cereales; petróleo crudo y productos petrolíferos 9,9%; maquinaria y aparatos eléctricos 9,6%; ropa 7,1%; equipos de transporte 5,5%). *Principales proveedores:* EUA 39,4%; países de la CEE 18,1%; países del CARICOM 16,4%.
Exportaciones (1984): 54.400.000 EC$ (azúcar 56,8%; maquinaria y aparatos eléctricos 10,9%; ropa 10,3%; calzado 6,5%; bebidas 4,9%). *Principales clientes:* EUA 44,0%; países de la CEE 20,4%; países del CARICOM 9,2%.

Transportes y comunicaciones

Transportes. Ferrocarriles (1987): Longitud de vías 58 km[10]. Carreteras (1987): Longitud total 305 km (pavimentadas 41%). Vehículos (1985): Automóviles 3.540; camiones y autobuses 690. Marina mercante (1988): Barcos (100 toneladas brutas y más) 1; peso muerto total 550 toneladas. Transporte aéreo: Pasajeros llegados (1987) 98.263; pasajeros salidos (1982) 52.410; carga manipulada, n.d.; aeropuertos (1987) con vuelos regulares 2
Comunicaciones. Diarios (1988): Ninguno. Radio (1988): Número total de receptores 22.800 (1 por cada 1,9 personas). Televisión (1988): Número total de televisores 7.000 (1 por cada 6,3 personas). Teléfonos (1988): 4.000 (1 por cada 11 personas).

Educación y sanidad

Escolaridad (1980). Porcentaje de la población total de 25 años y más: Sin escolarización formal 1,1%; con enseñanza primaria 29,6%; secundaria 67,2%; superior 2,1%. *Alfabetización* (1985): 90,0%.
Sanidad (1987): Médicos 22 (1 por cada 2.000 habitantes); camas hospitalarias 258 (1 por cada 171 habitantes); tasa de mortalidad infantil por cada 1.000 nacidos vivos (1987) 35,0[11].
Alimentación (1984-86): Ingesta calórica diaria per cápita 2.349 (productos vegetales 75%, productos animales 25%); 97% de las necesidades mínimas recomendadas por la FAO.

Fuerzas armadas

Personal en servicio activo (1987): El país mantiene una fuerza policial y una fuerza voluntaria reducida de defensa.

[1] Los nombres oficialmente aceptables del país, en sus formas abreviada y completa, son San Cristóbal y Nieves y Federación de San Cristóbal y Nieves. [2] Incluye 4 escaños no electivos. [3] La subdivisión en parroquias responde únicamente a criterios estadísticos. [4] 1987. [5] 1986. [6] Sólo personas empleadas. [7] Menos cargos por servicios bancarios imputados. [8] Salarios medios pagados a los trabajadores de la industria azucarera. [9] Las cifras de importación son c.i.f. (costo, seguro y flete); las de exportación son f.o.b. (franco a bordo), incluyendo reexportaciones. [10] Ferrocarril ligero que sirve a la industria azucarera de San Cristóbal. [11] Estimado.

San Marino

Nombre oficial: Serenísima República de San Marino.
Forma de gobierno: República unitaria multipartidista con una cámara legislativa (Gran Consejo General).
Jefe del estado y del gobierno: Dos capitanes regentes.
Capital: San Marino.
Lengua oficial: Italiano.
Religión oficial: Ninguna.
Moneda: 1 lira italiana (Lit) = 100 centesimi; cambio (2 oct. 1989) 1 dlr. EUA = 1,372 Lit.

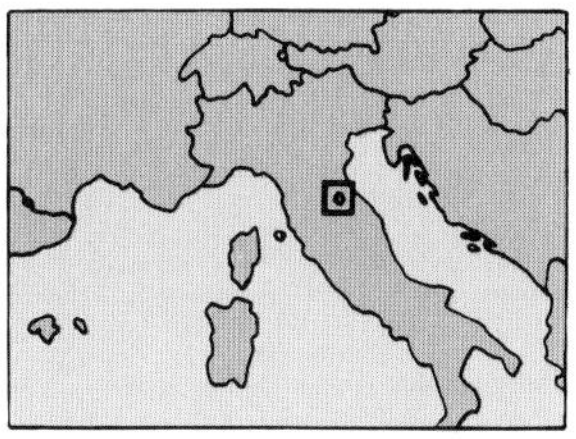

Área y población

Castillos	Capitales	área km^2	población estimada 1989[1]
Acquaviva	Acquaviva	4,86	1.167
Borgo Maggiore	Borgo	9,01	4.602
Città	San Marino	7,09	4.178
Chiesanuova	Chiesanuova	5,46	729
Domagnano	Domagnano	6,62	1.914
Faetano	Faetano	7,75	736
Fiorentino	Fiorentino	6,56	1.529
Montegiardino	Montegiardino	3,31	581
Serravalle/Dogano	Serravalle	10,53	7.107
TOTAL		61,19[2]	22.543

Demografía

Población (1989): 22.860.
Densidad (1989): Personas por km^2 373,6.
Índice de urbanización (1989): Urbana 90,1%; rural 9,9%.
Distribución por sexo (1989): Varones 49,86%; mujeres 50,14%.
Estructura por edades (1989): Menos de 15, 17%; 15-29, 25,5%; 30-44, 21,8%; 45-59, 18,4%; 60-74, 12,5%; 75 y más, 4,8%.
Proyección demográfica: (2000) 24.200; (2010) 25.500.
Tiempo de duplicación: No es aplicable; el crecimiento natural de la población es inapreciable, con una media de sólo el 0,2% durante 1984-88.
Composición étnica (1989)[1]: Naturales de San Marino 85,8%; italianos 13,8%; otros 0,4%.
Afiliación religiosa (1980): Católicos 95,2%; sin afiliación 3,0%; otros 1,8%.
Principales ciudades (1989): Serravalle/Dogano 4.638; San Marino 2.371; Borgo Maggiore 2.135; Murata 1.346; Domagnano 945.
Tasa de natalidad por 1.000 habitantes (1984-88): 9,5 (media mundial 27,1).
Tasa de mortalidad por 1.000 habitantes (1984-88): 7,6 (media mundial 9,9).
Tasa de crecimiento por 1.000 habitantes (1984-88): 1,9 (media mundial 17,2).
Esperanza de vida al nacer (1980-85): Varones 70,7 años; mujeres 76,2 años.
Principales causas de muerte por 100.000 habitantes (1984-88): Enfermedades cardiovasculares 318,8; neoplasias malignas (cánceres) 262,0; accidentes, actos de violencia y suicidios 53,3.

Economía nacional

Presupuesto (1989). Ingresos: 259.275.000.000 Lit (principalmente procedente de la venta de sellos, del turismo y los aranceles [cobrados por Italia y pagados como subsidios]). Gastos: 259.275.000.000 Lit ([3] finanzas y planificación económica 31,0%; asuntos internos 11,3%; sanidad y seguridad social 9,0%; educación y cultura 7,1%; obras públicas 6,3%).
Turismo: Número de turistas (1988) 2.917.061; ingresos por visitantes (1983) 56.454.000 dlr. EUA; gastos de nacionales en el exterior, n.d.
Producción (toneladas métricas, excepto cuando se indique). Agricultura, silvicultura, pesca[3]: Trigo 4.400; uva 700; cebada 500; ganadería (número de animales vivos; 1988): 1.441 reses, 1.326 cerdos, 610 ovejas. Industria manufacturera (1988): Carnes elaboradas 581.945 kg, de los que 346.125 kg corresponden a carne de vaca, 158.242 kg a carne de cerdo y 69.765 kg a carne de ternera; leche 1.292.171 litros; queso 82.683 kg; mantequilla 14.958 kg; yogur 11.198 kg; otros productos importantes incluyen textiles, cemento, papel, cueros, ladrillos, cerámica, baldosas, sellos de correos, joyas de oro y plata, pinturas, caucho sintético y muebles. Construcción (nuevas unidades terminadas; 1988): Residencial 134; no residencial 77. Producción energética (consumo): Toda la energía eléctrica se importa desde Italia a través de la red, consumo n.d.; carbón (toneladas métricas; 1988), no produce (n.d.); petróleo crudo (barriles; 1987), no produce (n.d.); productos petrolíferos (toneladas métricas; 1988), no produce (n.d.); gas natural (m^3; 1988), no produce (n.d.).
Producto nacional bruto (a precios corrientes de mercado; 1987): 188.000.000 dlr. EUA (8.590 dlr. EUA per cápita).

Estructura de la población activa (1987)

	Población activa	% de la pobl. activa
Agricultura	335	2,8
Industria	4.257	35,1
Construcción y servicios públicos	891	7,4
Transportes y comunicaciones	165	1,4
Comercio	1.823	15,0
Finanzas y seguros	239	2,0
Servicios	741	6,1
Administración pública, defensa	1.957	16,1
Otros	1.715[4]	14,1[4]
TOTAL	12.123	100,0

Deuda pública: n.d.
Población económicamente activa (1989): Total 12.123; tasa de actividad de la población total 53,3% (tasas de participación: 15-64 años [1986] 71,2%; mujeres 31,4%; desempleados 5,5%).

Comercio exterior

Balanza comercial: n.d. San Marino e Italia forman una sola área aduanera; no hay disponibles cifras independientes para San Marino.
Importaciones (1988): Artículos manufacturados de todo tipo, petróleo y oro. *Principales proveedores:* Italia.
Exportaciones (1988): Vino, trigo, artículos de lana, muebles, madera, cerámica, piedra para construcción, productos lácteos, carne y sellos de correos. *Principales clientes:* Italia.

Transportes y comunicaciones

Transportes. Ferrocarriles: Ninguno (la estación de ferrocarril más próxima se encuentra en Rímini, Italia, a 27 km al nordeste). Carreteras (1987): Longitud total 237 km. Vehículos (1989[1]): Automóviles 18.304; camiones y autobuses 1.851. Marina mercante (barcos de 100 toneladas brutas y más): Ninguna. Transporte aéreo: Aeropuertos con vuelos regulares, ninguno; sin embargo, hay un helipuerto que presta servicio de pasaje y carga entre San Marino y Rímini, Italia, durante los meses de verano.
Comunicaciones. Diarios (1989): Ninguno; sin embargo, existen varios periódicos de publicación menos frecuente; la circulación total del más antiguo de ellos, «Il Nuovo Titano», es de 1.300 ejemplares; circulación por 1.000 habitantes 57,1. Radio (1988): Número total de receptores 12.535 (1 por cada 1,8 personas). Televisión (1987): Número total de televisores 6.608 (1 por cada 3,4 personas). Teléfonos (1987): 14.200 (1 por cada 1,6 personas).

Educación y sanidad

Escolaridad (1989[1]). Porcentaje de la población adulta activa: Con alfabetización básica o enseñanza primaria 32,4%; secundaria 34,3%; postsecundaria parcial 27,5%; grado superior 5,8%. *Alfabetización* (1986): Población total de 15 años y más alfabetizada 18.135 (98,0%); varones alfabetizados 8.957 (98,2%); mujeres alfabetizadas 9.178 (97,7%).
Sanidad: Médicos (1987) 60 (1 por cada 375 habitantes); camas hospitalarias 149 (1 por cada 151 habitantes); tasa de mortalidad infantil por cada 1.000 nacidos vivos (1984-88) 13,0.
Alimentación (1984-86): Ingesta calórica diaria per cápita 3.694 (productos vegetales 73%, productos animales 27%); (1984) 139% de las necesidades mínimas recomendadas por la FAO.

Fuerzas armadas

Personal en servicio activo (1987): Ninguno[5]. *Presupuesto de defensa en porcentaje del presupuesto nacional* (1987): 0,9% (mundo 5,4%); gasto per cápita (1987) 82 dlr. EUA.

[1] Enero. [2] El desglose no se corresponde con el total a causa del redondeo. [3] Principios de la década de 1980. [4] Incluye 661 desempleados. [5] Una fuerza de seguridad pública de unos 50 miembros de 16-55 años perfectamente capacitados constituye una milicia que se ocupa de la defensa.

Santa Lucía

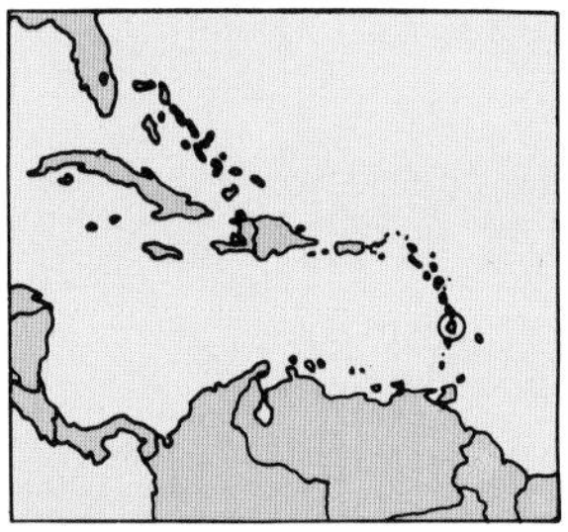

Nombre oficial: Santa Lucía.
Forma de gobierno: Monarquía constitucional con dos cámaras legislativas (Senado; Cámara de la Asamblea).
Jefe del estado: Monarca británico, representado por el gobernador general.
Jefe del gobierno: Primer ministro.
Capital: Castries.
Lengua oficial: Inglés.
Religión oficial: Ninguna.
Moneda: 1 dolar del Caribe oriental (EC$) = 100 cents; cambio (2 oct. 1989) 1 dlr. EUA = 4,37 EC$.

Área y población

Distritos[1]	Capitales	área km²	población estimada 1986
Anse-la-Raye	Anse-la-Raye	46,9	6.111
Canaries	Canaries		2.566
Castries	Castries	79,5	52.868
Choiseul	Choiseul	31,3	7.995
Dennery	Dennery	69,7	11.874
Gros Islet	Gros Islet	101,5	12.503
Laborie	Laborie	37,8	8.483
Micoud	Micoud	80,0	14.678
Soufrière	Soufrière	50,5	8.972
Vieux Fort	Vieux Fort	43,8	13.479
TOTAL		616[2]	139.529

Demografía

Población (1989): 150.000.
Densidad (1989): Personas por km² 243,0.
Índice de urbanización (1982): Urbana 52,1%; rural 47,9%.
Distribución por sexo (1986): Varones 48,54%; mujeres 51,46%.
Estructura por edades (1986): Menos de 15, 44,5%; 15-29, 27,7%; 30-44, 11,3%; 45-59, 8,5%; 60-74, 5,8%; 75 y más, 2,2%.
Proyección demográfica: (2000) 175.000; (2010) 201.000.
Tiempo de duplicación: 34 años.
Composición étnica (1985): Negros 87,0%; mestizos 9,1%; indios orientales 2,6%; blancos 1,3%.
Afiliación religiosa (1980): Católicos 85,6%; protestantes 11,4%, del que el 4,3% corresponde a adventistas del Séptimo Día y el 2,7% a anglicanos; otros 3,0%.
Principales ciudades (1986)[3]: Castries 52.868; Vieux Fort 13.479.
Tasa de natalidad por 1.000 habitantes (1987): 26,9 (media mundial 27,1).
Tasa de mortalidad por 1.000 habitantes (1987): 6,6 (media mundial 9,9).
Tasa de crecimiento por 1.000 habitantes (1987): 20,3 (media mundial 17,2).
Esperanza de vida al nacer (1986): Varones 68,0 años; mujeres 74,8 años.
Principales causas de muerte por 100.000 habitantes (1986): Enfermedades cardiovasculares 203,5, de las que 111,1 corresponden a cardiopatías isquémicas, 50,9 a enfermedad cerebrovascular y 38,0 a hipertensión.

Economía nacional

Presupuesto (1987-88). Ingresos: 220.800.000 EC$ (impuestos sobre el comercio internacional 34,1%; impuestos sobre bienes y servicios 22,6%; impuestos sobre la renta 21,2%; ayudas 12,7%; ingresos no tributarios 8,3%). Gastos: 219.000.000 EC$ (gasto corriente 77,1%; gastos de desarrollo 27,9%).
Turismo (1987): Ingresos por visitantes 78.400.000 dlr. EUA; gastos de nacionales en el exterior 52.000.000 dlr. EUA.
Producción (toneladas métricas, excepto cuando se indique). Agricultura, silvicultura, pesca (1988): Plátanos 133.700, mangos 46.000, cocos 31.000, plátanos machos 2.000, batatas o camotes 1.000, tomates 305[4], naranjas 282[4], coles 183[4], jengibre 127[4], cacao en grano 52[5]; ganadería (número de animales vivos): 15.000 ovejas, 13.000 reses, 12.000 cerdos, 12.000 cabras; madera, n.d.; pesca, capturas 900[6]. Minas y canteras: Extracción de arena para construcción local y piedra pómez. Industria manufacturera (valor de la producción en miles de EC$; 1986): Derivados del papel y cajas de cartón 41.210[7]; bebidas alcohólicas y tabaco 14.483; prendas de vestir 13.477; bebidas no alcohólicas 8.468; componentes eléctricos 5.730[7]; copra 5.566; el almacenamiento y transbordo de petróleo es también importante. Construcción (edificaciones autorizadas; 1987): Residencial 17.300 m²; no residencial 10.140 m². Producción energética (consumo): Electricidad (kwh; 1987) 74.000.000 (74.000.000); carbón, no produce (sin consumo); petróleo crudo, no produce (sin consumo); productos petrolíferos (toneladas métricas; 1987), no produce (41.000); gas natural, no produce (sin consumo).
Producto nacional bruto (a precios corrientes de mercado; 1987): 196.000.000 dlr. EUA (1.370 dlr. EUA per cápita).

Estructura del producto nacional bruto y de la población activa

	1987[8]		1989	
	Valor (000.000 EC$)	% del valor total	Población activa	% de la pobl. activa
Agricultura	64,1	14,4	13.000	29,7
Minería	2,7	0,6		
Industria	35,0	7,9	2.600	5,9
Construcción	36,1	8,1	1.500	3,4
Servicios públicos	18,5	4,2	15.800	36,1
Transportes y comunicaciones	42,7	9,6		
Comercio	104,4	23,4		
Finanzas	46,0	10,3		
Administración pública, defensa	98,4	22,1		
Servicios	20,7	4,6		
Otros	−23,1[10]	−5,2[10]	10.900[11]	24,9[11]
TOTAL	445,5	100,0	43.800	100,0

Deuda pública (externa, pendiente; 1987): 37.200.000 dlr. EUA.
Población económicamente activa (1980): Total 42.200; tasa de actividad de la población total 37,2% (tasas de participación: 15-64 años 69,9%; mujeres 39,1%; desempleados [1989] 20,0%).

Comercio exterior[12]

Balanza comercial (precios corrientes)

	1982	1983	1984	1985	1986	1987
Millones EC$	−206,0	−160,2	−190,9	−197,0	−194,0	−272,2
% del total	47,8	38,4	42,5	41,2	30,2	39,5

Importaciones (1987): 480.800.000 EC$ (productos básicos y diversos 35,4%; productos alimenticios 20,3%; combustibles minerales 6,2%). *Principales proveedores* (1986): EUA 34,1%; Reino Unido 15,9%; Trinidad y Tabago 7,8%; Japón 6,9%; Canadá 3,1%.
Exportaciones (1987): 208.600.000 EC$ (plátanos 71,2%; prendas de vestir 14,0%; derivados del papel 9,1%). *Principales clientes*[13] (1986): Reino Unido 70,5%; EUA 11,3%; Trinidad y Tabago 2,9%; Barbados 2,7%.

Transportes y comunicaciones

Transportes. Ferrocarriles: Ninguno. Carreteras (1986): Longitud total 747 km (pavimentadas 79%). Vehículos (1984): Automóviles 7.049; camiones y autobuses 2.084. Marina mercante (1988): Barcos (100 toneladas brutas y más) 7; peso muerto total 2.070 toneladas. Transporte aéreo (1987): Llegadas 161.253; salidas 163.029; mercancía descargada 1.591 toneladas; cargada 2.593; aeropuertos (1989) con vuelos regulares 2.
Comunicaciones. Diarios: Ninguno. Radio (1988): Número total de receptores 99.100 (1 por cada 1,5 personas). Televisión (1986): Número total de televisores 5.000 (1 por cada 28 personas). Teléfonos (1986): 14.104 (1 por cada 10 personas).

Educación y sanidad

Escolaridad (1980). Porcentaje de la población total de 25 años y más: Sin escolarización formal 17,5%; con enseñanza primaria 74,4%; secundaria 6,8%; superior 1,3%. *Alfabetización* (1985): Superior al 90%.
Sanidad (1987): Médicos 54 (1 por cada 2.636 habitantes); camas hospitalarias 501 (1 por cada 284 habitantes); tasa de mortalidad infantil por cada 1.000 nacidos vivos 20,4.
Alimentación (1984-86): Ingesta calórica diaria per cápita 2.499 (productos vegetales 77%, productos animales 23%); 103% de las necesidades mínimas recomendadas por la FAO.

Fuerzas armadas

Personal en servicio activo (1987):[14].

[1] Santa Lucía se divide en 10 distritos únicamente con fines estadísticos. [2] El total redondeado incluye la Central Forest Reserve, deshabitada, de 76,4 km². [3] Poblaciones correspondientes a los distritos. [4] 1983. [5] 1986. [6] 1987. [7] 1985. [8] Al coste de los factores. [9] Asalariados y trabajadores por cuenta propia. [10] Menos cargos por servicios bancarios imputados. [11] Desempleados. [12] Importaciones c.i.f. (costo, seguro y flete); exportaciones f.o.b. (franco a bordo); c.i.f. en artículos y asociados comerciales. [13] Sólo para las exportaciones de productos nacionales. [14] El cuerpo de policía, de 489 miembros, cuenta con una unidad paramilitar con entrenamiento especial.

San Vicente y las Granadinas

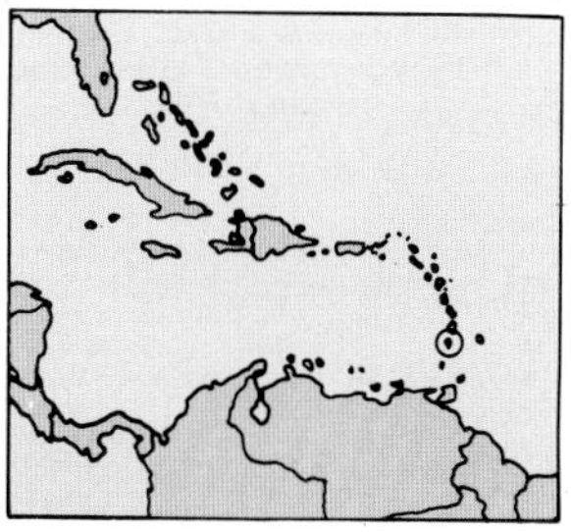

Nombre oficial: San Vicente y las Granadinas.
Forma de gobierno: Monarquía constitucional con una cámara legislativa (Cámara de la Asamblea[1]).
Jefe del estado: Monarca británico representado por el gobernador general.
Jefe del gobierno: Primer ministro.
Capital: Kingstown.
Lengua oficial: Inglés.
Religión oficial: Ninguna.
Moneda: 1 dólar del Caribe oriental (EC$) = 100 cents; cambio (2 oct. 1989) 1 dlr. EUA = 2,70 EC$.

Área y población

Divisiones censales[2]	área km²	población estimada 1985
Isla de San Vicente		
Barrouallie	36,8	5.370
Bridgetown	18,6	7.780
Calliaqua	30,6	20.063
Chateaubelair	80,0	7.026
Colonarie	34,7	8.298
Georgetown	57,5	7.476
Kingstown (ciudad)	4,9	19.028
Kingstown (suburbios)	16,6	9.908
Layou	28,7	6.339
Marriaqua	24,3	9.671
Sandy Bay	13,7	3.299
Granadinas de San Vicente		
Granadinas Meridionales	19,4	2.882
Granadinas Septentrionales	23,3	5.449
TOTAL	389,3[3]	112.589

Demografía

Población (1989): 114.000.
Densidad (1989): Personas por km² 292,8.
Índice de urbanización[4] (1988): Urbana 25,7%; rural 74,3%.
Distribución por sexo (1988): Varones 48,44%; mujeres 51,56%.
Estructura por edades (1985): Menos de 15, 37,4%; 15-29, 32,7%; 30-44, 14,9%; 45-59, 7,5%; 60-74, 5,6%; 75 y más, 1,9%.
Proyección demográfica: (2000) 129.000; (2010) 145.000.
Tiempo de duplicación: 37 años.
Composición étnica (1983): Negros 74,0%; mulatos 19,0%; blancos 3,0%; amerindios/negros 2,0%; indios orientales 2,0%.
Afiliación religiosa (1980): Protestantes 77,3%, del que el 36,0% corresponde a anglicanos, el 20,4% a metodistas, el 4,1% a adventistas del Séptimo Día y el 3,9% a hermanos de Plymouth; católicos 19,3%; otros 3,4%.
Principales ciudades (1987): Kingstown 18.830.
Tasa de natalidad por 1.000 habitantes (1987): 25,0 (media mundial 27,1).
Tasa de mortalidad por 1.000 habitantes (1987): 6,0 (media mundial 9,9).
Tasa de crecimiento por 1.000 habitantes (1987): 19,0 (media mundial 17,2).
Esperanza de vida al nacer (1987): Varones 68,0 años; mujeres 74,0 años.
Principales causas de muerte por 100.000 habitantes (1987): Enfermedades cardiovasculares 236,1, de los que 85,8 corresponden a cardiopatías, 76,0 hipertensión y 66,2 a enfermedades cerebrovasculares; neoplasias malignas (cánceres) 50,1; actos de violencia 35,8; trastornos endocrinos y metabólicos 32,2.

Economía nacional

Presupuesto (1987). Ingresos: 113.400.000 EC$ (ingresos por impuestos 77,7%, del que el 40,7% corresponde a derechos de importación y el 21,3% a impuestos sobre la renta, beneficios y ganancias de capital; ingresos no fiscales 16,9%; ayudas 5,2%). Gastos: 108.200.000 EC$ (servicios económicos 22,6%; educación 18,2%; servicios públicos generales 17,7%; sanidad 12,8%; policía y defensa 6,7%).
Turismo: Ingresos por visitantes (1987) 35.000.000 dlr. EUA; gastos de nacionales en el exterior (1986) 8.000.000 dlr. EUA.
Producción (toneladas métricas, excepto cuando se indique). Agricultura, silvicultura, pesca (1987): Plátanos 63.600[5], diversas variedades de taro 7.500; batatas o camotes 4.600, tanias[6] 2.900, plátanos machos 2.800, jengibre 668, maranta 161, otras frutas importantes son las guanábanas, guayabas y papayas; ganadería (número de animales vivos): 14.000 ovejas, 8.000 reses, 7.000 cerdos; madera, n.d.; pesca, capturas 129. Minas y canteras: Arena y grava para usos locales. Industria manufacturera (1984): Harina 24.100; cigarrillos 20.000.000 unidades; ron 4.960 hectólitros;[7] otros productos incluyen, bebidas carbonatadas, cerveza, prendas de vestir, lanchas y componentes electrónicos. Construcción (área de suelo proyectado; 1987) 87.400 m². Producción energética (consumo): Electricidad (kwh; 1987) 43.300 (35.000.000); carbón, no produce (sin consumo); petróleo crudo, no produce (sin consumo); productos petrolíferos (1987), no produce (14.000); gas natural, no produce (sin consumo).
Producto nacional bruto (1987): 121.000.000 dlr. EUA (1.070 dlr. EUA per cápita).

Estructura del producto nacional bruto y de la población activa

	1987[8]		1980	
	Valor (000.000 EC$)	% del valor total	Población activa	% de la pobl. activa
Agricultura	63,3	20,8	8.928	25,7
Minería	0,9	0,3	108	0,3
Industria	25,2	8,3	1.781	5,1
Construcción	31,8	10,5	3.549	10,2
Servicios públicos	12,7	4,2	402	1,2
Transportes y comunicaciones	58,5	18,6	1.882	5,4
Comercio	40,0	13,2	2.566	7,4
Finanzas	32,4	10,7	351	1,0
Administración pública, defensa	47,3	15,6 }	7.579	21,8
Servicios	7,3	2,4 }		
Otros	−13,6[9]	−4,5[9]	7.593[10]	21,9[10]
TOTAL	303,7[3]	100,0[3]	34.739	100,0

Deuda pública (externa, pendiente; 1987): 36.000.000 dlr. EUA.
Población económicamente activa (1980): Total 34.739; tasa de actividad de la población total 35% (tasas de participación: más de 15 años 60,9%; mujeres 36,1%; desempleados [1988] 30,0%).

Comercio exterior[11]

Balanza comercial (precios corrientes)

	1982	1983	1984	1985	1986	1987
Millones de	−88,8	−79,1	−62,2	−43,1	−63,2	−125,1
% del total	33,8	26,3	17,7	11,2	15,5	30,7

Importaciones (1987): 264.600.000 EC$ manufacturas básicas y diversas 35,3%; maquinaria y equipos de transporte 19,7%; alimentos 19,0%; productos químicos y derivados 13,3%; combustibles minerales 6,2%. *Principales proveedores:* EUA 35,5%; Reino Unido 17,8%; Trinidad y Tabago 11,1%; Canadá 4,7%; Barbados 3,8%.
Exportaciones (1987): 139.500.000 EC$ (plátanos 38,0%; harina 12,0%; diversas variedades de taro 8,1%; batatas o camotes 4,3%; tanias[6] 3,2%). *Principales clientes:* Reino Unido 39,1%; Trinidad y Tabago 21,8%; EUA 15,0%; Santa Lucía 5,5%; Antigua y Barbuda 3,5%.

Transportes y comunicaciones

Transportes. Ferrocarriles: Ninguno. Carreteras (1986): Longitud total 745 km (pavimentadas 58%). Vehículos (1987): Automóviles 4.946; camiones y autobuses 2.407. Marina mercante (1988): Barcos (100 toneladas brutas y más) 237; peso muerto total 1.420.136 toneladas. Transporte aéreo (1987): Llegadas de pasajeros 81.635, salidas 82.396; aeropuertos (1989) con vuelos regulares 4.
Comunicaciones. Diarios: Ninguno. Radio (1988): Número total de receptores 58.190 (1 por cada 2,0 personas). Televisión (1988): Número total de televisores 10.000 (1 por cada 11 personas). Teléfonos (1985): 8.520 (1 por cada 13 personas).

Educación y sanidad

Escolaridad (1980). Porcentaje de la población total de 25 años y más: Sin escolarización formal 2,4%; con enseñanza primaria 88,0%; secundaria 8,2%; superior 1,4%. *Alfabetización* (1983): Población total de 15 años y más alfabetizada 54.000 (85,0%).
Sanidad: Médicos (1987) 39 (1 por cada 2.874 habitantes); camas hospitalarias 350 (1 por cada 320 habitantes); tasa de mortalidad infantil por cada 1.000 nacidos vivos (media 1985-87) 22,7.
Alimentación (1984-86): Ingesta calórica diaria per cápita 2.776 (productos vegetales 87%, productos animales 13%); 115% de las necesidades mínimas recomendadas por la FAO.

Fuerzas armadas

Personal en servicio activo (1987): Parte de la fuerza policial, de 489 miembros, recibe entrenamiento con fines defensivos. *Presupuesto de defensa en porcentaje del PNB:* n.d.

[1] Incluye seis escaños no electivos. [2] Sólo con fines estadísticos y electorales; no existen subdivisiones administrativas civiles. [3] El desglose no se corresponde con el total a causa del redondeo. [4] Urbana, definida como Kingstown y sus suburbios. [5] 1988. [6] Variedad de taro. [7] 1986. [8] A costo de factor. [9] Menos cargos por servicios bancarios imputados. [10] Sin definir adecuadamente. [11] Importaciones c.i.f.; exportaciones f.o.b.

São Tomé y Príncipe

Nombre oficial: República Democrática de São Tomé y Príncipe.
Forma de gobierno: República con una cámara legislativa (Asamblea Nacional Popular).
Jefe del estado y del gobierno: Presidente asistido por el primer ministro[1].
Capital: São Tomé.
Lengua oficial: Portugués.
Religión oficial: Católica.
Moneda: 1 dobra (Db) = 100 centimos; cambio (2 oct. 1989) 1 dlr. EUA = 106,35 Db.

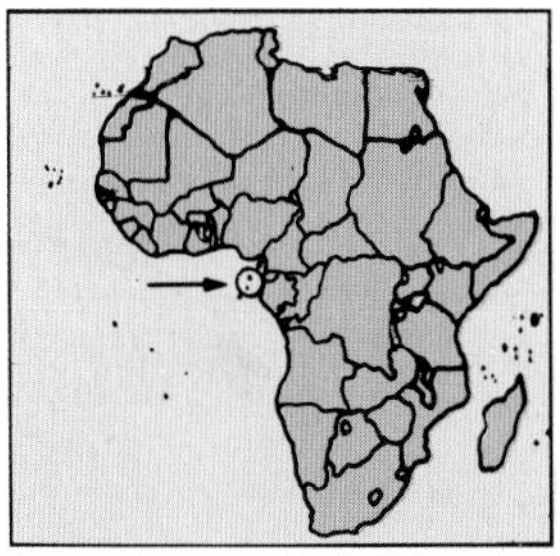

Área y población		área km²	población estimada 1984
Islas **Distritos**	**Capitales**		
Príncipe	São António	142	5.671
Pagué	Príncipe	142	5.671
São Tomé		859	98.693
Aqua Grande	São Tomé	17	34.997
Cantagaio	Santana	119	11.270
Caué	São Joao Angolares	267	4.972
Lemba	Neves	229	8.537
Lobata	Guadalupe	105	12.717
Mé-zóchi	Trinidade	122	26.200
TOTAL		1.001	104.364

Demografía

Población (1989): 118.000.
Densidad (1989): Personas por km² 117,9.
Índice de urbanización (1985): Urbana 37,6%; rural 62,1%.
Distribución por sexo (1985): Varones 49,72%; mujeres 50,28%.
Estructura por edades (1985): Menos de 15, 46,3%; 15-29, 25,0%; 30-44, 11,6%; 45-59, 10,0%; 60-74, 5,3%; 75 y más, 1,8%.
Proyección demográfica: (2000) 157.000; (2010) 203.000.
Tiempo de duplicación: 23 años.
Composición étnica: Mestizos, angolares (descendientes de esclavos angolanos), forros (descendientes de esclavos libertos), serviçais (trabajadores contratados extranjeros), tongas (hijos de serviçais) y europeos.
Afiliación religiosa (1986): Católicos, aproximadamente el 89%; el resto en su mayoría protestantes, predominantemente adventistas del Séptimo Día y de una iglesia evangelista indígena.
Principales ciudades (1984): São Tomé 34.997.
Tasa de natalidad por 1.000 habitantes (1989): 38,0 (media mundial 27,1).
Tasa de mortalidad por 1.000 habitantes (1989): 7,0 (media mundial 9,9).
Tasa de crecimiento por 1.000 habitantes (1989): 31,0 (media mundial 17,2).
Esperanza de vida al nacer (1987): Varones 63,0 años; mujeres 67,0 años.
Principales causas de muerte por 100.000 habitantes (1984-85): Enfermedades infecciosas parasitarias 138,0; enfermedades del sistema circulatorio 95,4; enfermedades del sistema digestivo 52,0; accidentes, intoxicaciones y violencia 48,1; neoplasias malignas (cánceres) 36,1; enfermedades del sistema nervioso 18,5; trastornos endémicos y metabólicos 5,6.

Economía nacional

Presupuesto (1987). Ingresos: 673.100.000 Db (impuestos indirectos 36,3%, impuestos directos 18,4%, otras fuentes 45,3%). Gastos: 1.832.200.000 Db (1977; gastos actualizados 53,4%, del que el 24,7% corresponden a salarios; 45,3% inversiones; 1,3% préstamos netos).
Turismo (1986): Ingresos por visitantes 1.000.000 dlr. EUA; gastos de nacionales en el exterior 1.000.000 dlr. EUA.
Producción (toneladas métricas, excepto cuando se indique). Agricultura, silvicultura, pesca (1988): Cocos 37.000, cacao 5.000, copra 4.000, fruta (melones excluidos) 4.000, mandioca 4.000, plátanos 3.000, palmitos 3.000, verduras y melones 3.000, cereales 1.000, taro 742[2], frutos de palma 500; ganadería (número de animales vivos): 4.000 cabras, 3.000 reses, 3.000 cerdos, 2.000 ovejas; madera (1987) 6.000 m³; pesca, capturas (1987) 2.982, principalmente peces y mariscos marinos. Minas y canteras: Algunas extracciones de canteras para apoyo de la construcción local. Industria manufacturera: Pan 2.459; jabón 604; aceite de coco 330, aceite de palma 177, hielo 191[3], cal 22[3], harina de maíz 28[3], entre otros productos se incluyen prendas de vestir, ladrillos y productos de arcilla. Construcción (1972): Edificios autorizados 44 (5.561 m², de los que 3.628 corresponden a residencial, 1.361 a mezcla de residencial y comercial y 502 a comercial). Producción energética (consumo): Electricidad (kwh; 1987) 15.000.000 (15.000.000); carbón, no produce (n.d.); petróleo crudo, no produce (n.d.); productos petrolíferos (1987), no produce (11.000); gas natural, no produce (n.d.).
Producto nacional bruto (a precios corrientes de mercado; 1987): 32.000.000 dlr. EUA (280 dlr. EUA per cápita).

Estructura del producto nacional bruto y de la población activa

	1986		1987	
	Valor (000.000 Db)	% del valor total	Población activa	% de la pobl. activa
Agricultura	451	26,8	8.448	40,4
Minería	4	0,2		
Industria	159	9,5	1.129[4]	5,4[4]
Servicios públicos	144	2,6		
Construcción	149	8,9	742	3,5
Transportes y comunicaciones	196	11,7	455	2,2
Comercio	168	10,0	[4]	[4]
Administración pública, defensa	21	1,2	[4]	[4]
Finanzas	489	29,1		
Servicios		0,0	3.708	17,7
Otros	—	—	6.430[5]	30,7[5]
TOTAL	1.681	100,0	20.912	100,0[6]

Deuda pública (externa, pendiente; 1987): 83.900.000 dlr. EUA.
Población económicamente activa (1987): Total 20.912; tasa de actividad de la población total 18,5% (tasas de participación [1981]: 15-64 años 61,1%; mujeres 32,4%; desempleados 30,7%[2]).

Comercio exterior

Balanza comercial (precios corrientes)

	1983	1984	1985	1986	1987	1988
Millones dlr. EUA	−3,6	−4,6	−7,6	−252,6	−168,4	−127,4
% del total	23,1	25,4	42,7	26,9	25,8	8,3

Importaciones (1988): 831.400.000 Db (1987; maquinaria y equipos eléctricos 59,0%; alimentos y otros productos agrícolas 32,0%; combustibles minerales y lubricantes 9,0%). *Principales proveedores* (1987): Portugal 33,7%; Alemania democrática 12,1%; España 11,3%; Angola 8,8%; Alemania federal 8,4%; Francia 6,5%; Países Bajos 5,4%; Noruega 4,2%; Bélgica-Luxemburgo 3,5%.
Exportaciones (1988): 704.000.000 Db (1984; cacao 80,8%; copra 15,0%; café 1,0%; frutos de palma 0,4%). *Principales clientes:* Alemania federal 52,3%; Alemania democrática 20,2%; Países Bajos 12,7%.

Transportes y comunicaciones

Transportes. Ferrocarriles: Ninguno. Carreteras (1988): Longitud total 380 km (pavimentadas 66%). Vehículos (1975): Automóviles 1.774; camiones y autobuses 265. Marina mercante (1988): Barcos (100 toneladas brutas y más 3; peso muerto total 1.172 toneladas. Transporte aéreo (1985): Pasajeros-km 6.100.000; carga toneladas métricas-km 100.000; aeropuertos (1989) con vuelos regulares 1.
Comunicaciones. Diarios: Ninguno; 3 semanarios gubernamentales (circulación, n.d.). Radio (1988): Número total de receptores 30.343 (1 por cada 3,9 personas). Televisión: Ninguna. Teléfonos (1987): 2.616 (1 por cada 44 personas).

Educación y sanidad

Escolaridad (1981). Porcentaje de la población total de 25 años y más: Sin escolarización formal 56,6%; con enseñanza primaria incompleta 18,0%; primaria 19,2%; secundaria incompleta 4,6%; secundaria 1,3%; postsecundaria 0,3%. *Alfabetización* (1981): Población total de 15 años y más alfabetizada 28.114 (54,2%); varones alfabetizados 17.689 (70,2%); mujeres alfabetizadas 10.425 (39,1%).
Sanidad (1987): Médicos 40 (1 por cada 2.819 habitantes); camas hospitalarias (1983) 640 (1 por cada 158 habitantes); tasa de mortalidad infantil por cada 1.000 nacidos vivos 70.
Alimentación (1984-86): Ingesta calórica diaria per cápita 2.385 (productos vegetales 93%, productos animales 7%); 100% de las necesidades mínimas recomendadas por la FAO.

Fuerzas armadas

Personal en servicio activo (1988): 1.000 de las que 100 son tropas angoleñas (desglose por rama de servicio, n.d.). *Presupuesto de defensa en porcentaje del PNB* (1980) 1,6% (mundo 5,4%).

[1] El cargo de primer ministro fue reimplantado en enero de 1988, aunque no como jefe de gobierno. [2] 1987. [3] 1983. [4] Incluye comercio y finanzas. [5] Desempleados. [6] El desglose no se corresponde con el total a causa del redondeo.

Senegal

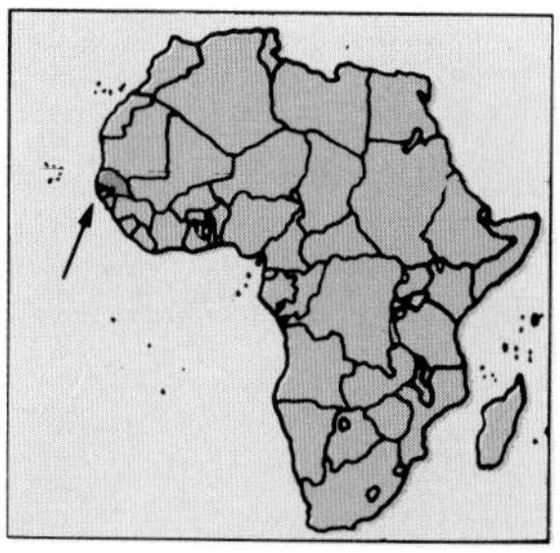

Nombre oficial: República de Senegal.
Forma de gobierno: República con una cámara legislativa (Asamblea Nacional).
Jefe del estado y del gobierno: Presidente.
Capital: Dakar.
Lengua oficial: Francés.
Religión oficial: Ninguna.
Moneda: 1 franco CFA (CFAF) = 100 centimes; cambio (2 oct. 1989) 1 dlr. EUA = 317,90 CFAF.

Área y población

Regiones	Capitales	área km²	población estimada 1988
Dakar	Dakar	550	1.608.700
Diourbel	Diourbel	4.359	558.700
Fatick	Fatick	7.935	577.600
Kaolack	Kaolack	16.010	842.100
Kolda	Kolda	21.011	601.300
Louga	Louga	29.188	541.900
Saint-Louis	Saint-Louis	44.127	686.000
Tambacounda	Tambacounda	59.602	421.800
Thiés	Thiés	6.601	949.300
Ziguinchor	Ziguinchor	7.339	399.700
TOTAL		196.722	7.187.200

Demografía

Población (1989): 7.400.000.
Densidad (1989): Personas por km² 37,6.
Índice de urbanización (1986): Urbana 40,0%; rural 60,0%.
Distribución por sexo (1986): Varones 49,61%; mujeres 50,39%.
Estructura por edades (1986): Menos de 15, 46,5%; 15-19, 25,6%; 30-44, 14,9%; 45-59, 8,4%; 60 y más, 4,6%.
Proyección demográfica: (2000) 10.193.000; (2010) 13.639.000.
Composición étnica (1983): Wolof 36,2%, fulani (peul) 17,8%; serer 17,0%; tukulor 9,7%; diola (jola) 8,1%; mandingo 6,5%; soninke 2,1%; árabes 1,0%; otros 1,6%.
Afiliación religiosa (1980): Musulmanes sunníes 91,0%; católicos 5,6%; creencias tradicionales 3,2%; otros 2,0%.
Principales ciudades (1985): Dakar 1.382.000; Thiès 156.200; Kaolack 132.400; Ziguinchor 106.500; Saint-Louis 91.500.
Tasa de natalidad por 1.000 habitantes (1985-90): 45,7 (media mundial 27,1).
Tasa de mortalidad por 1.000 habitantes (1985-90): 18,9 (media mundial 9,9).
Tasa de crecimiento por 1.000 habitantes (1985-90): 26,8 (media mundial 17,2).
Esperanza de vida al nacer (1985-90): Varones 44,2 años; mujeres 47,4 años.
Principales causas de muerte por 100.000 habitantes (sólo enfermedades transmisibles oficialmente confirmadas; 1983): Paludismo 5,9; meningitis 5,5; tétanos 3,7; tuberculosis 1,9; sarampión 1,7.

Economía nacional

Presupuesto (1989). Ingresos: 350.095.000.000 CFAF (ingresos actualizados 67,9%, del que el 26,1% corresponde a derechos de importación, el 15,4% al impuesto sobre el valor añadido, el 14,8% al impuesto sobre la renta personal, el 1,9% a impuestos de consumo y el 1,9% a impuestos sobre propiedades personales; nueva deuda 32,1%, del que el 27,4% corresponde a deuda externa y el 27,4% a deuda nacional). Gastos: 350.095.000.000 CFAF (gastos recurrentes 64,8%, del que el 14,7% corresponde a educación, el 8,6% a defensa, el 3,1% a sanidad y el 0,8% a seguridad social y bienestar; inversiones 35,2%).
Turismo (1987): Ingresos por visitantes 123.000.000 dlr. EUA; gastos de nacionales en el exterior 42.000.000 dlr. EUA.
Producción (toneladas métricas excepto cuando se indique). Agricultura, silvicultura, pesca (1988-89): Caña de azúcar 700.000, cacahuates 604.504, mijo y sorgo 594.200, arroz con cáscara 134.100, frijoles o judías 130.000[1], maíz 123.300, semillas de algodón 38.000, algodón 36.000[1]; ganadería (número de animales vivos; 1988): 3.792.000 ovejas, 2.608.000 reses, 1.150.000 cabras, 470.000 cerdos; madera (1987) 4.196.000 m³; pesca, capturas (1987) 299.000. Minas y canteras (1988): Fosfato de calcio 2.326.600; cemento 389.000; fosfato de aluminio 119.300. Industria manufacturera (1986): Aceite de cacahuate 300.000; harina de trigo 86.400; fertilizantes nitrogenados 62.400; azúcar refinado 50.700; jabón 29.700; conservas de pescado 26.705; tejidos de algodón 16.100; bebidas carbónicas 261.200 hectólitros; cerveza 197.100 hectólitros; calzado 2.659.900 pares. Construcción (autorizaciones; 1985): Residencial 228.000 m²; no residencial 37.000 m². Producción energética (consumo): Electricidad (kwh; 1987) 752.000.000 (752.000.000); carbón, no produce (n.d.); petróleo crudo (barriles; 1987), no produce (3.872.000); productos petrolíferos (1987) 488.000 (654.000); gas natural, no produce (n.d.).
Producto nacional bruto (a precios corrientes de mercado; 1987): 3.545.000.000 dlr. EUA (510 dlr. EUA per cápita).

Estructura del producto nacional bruto y de la población activa

	1984		1982	
	Valor (000.000.000 CFAF)	% del valor total	Población activa[2]	% de la pobl. activa
Agricultura	232,6	21,5	10.654	9,1
Minería	14,9	1,4	1.918	1,6
Industria	205,9	19,0	30.736	26,4
Servicios públicos	21,9	2,0	3.221	2,8
Construcción	77,2	7,1	8.402	7,2
Transportes y comunicaciones	96,5	8,9	24.789	21,2
Comercio	156,9	14,5	14.648	12,6
Finanzas	42,6	4,0	7.921	6,8
Servicios	69,0	6,4	14.339	12,3
Administración pública, defensa	164,1	15,2		
Otros				
TOTAL	1.081,6	100,0	116.628	100,0

Deuda pública (externa, pendiente; 1987): 3.068.000.000
Población económicamente activa (1985): Total 3.095.000; tasa de actividad de la población total 47,1% (tasas de participación: 15-64 años 78,1%; mujeres 41,8%; desempleados, [1984] 12,896[3].

Comercio exterior

Balanza comercial (precios corrientes)

	1982	1983	1984	1985	1986	1987
Miles mil. CFAF	−145,9	−174,4	−203,1	−100,1	−93,0	−130,3
% del total	28,8	27,5	30,3	21,4	18,7	28,8

Importaciones (1986): 295.179.000.000 CFAF (petróleo crudo y productos petrolíferos 18,1%; equipo agrícola e industrial 16,3%; productos químicos y farmacéuticos 4,9%; cereales 4,4%; aceites comestibles 3,3%; productos lácteos 2,9%). *Principales proveedores:* Francia 34,2%; Nigeria 9,5%; Italia 6,4%; Alemania federal 6,2%; EUA 4,9%; Costa de Marfil 4,9%; Países Bajos 4,2%; España 3,9%; Japón 3,4%.
Exportaciones (1986): 202.166.000.000 CFAF (productos petrolíferos 16,8%; crustáceos, moluscos y marisco 10,5%; pescado fresco 8,9%; fosfatos 8,9%; conservas de pescado 7,4%; algodón y tejidos de algodón 5,0%; torta de aceite de cacahuate 2,3%; verduras frescas 1,4%; fertilizantes 0,7%). *Principales clientes:* Francia 30,8%; Países Bajos 4,5%; Costa de Marfil 4,2%; Mauritania 3,7%; Japón 3,1%; Malí 2,9%; Italia 2,9%; Reino Unido 2,7%; España 2,5%.

Transportes y comunicaciones

Transportes. Ferrocarriles (1984-85): Longitud de vías (1987-88) 905 km; pasajeros-km 30.482.827[4]; carga toneladas métricas-km 462.000.000. Carreteras (1987): Longitud total 15.000 km (pavimentadas 30%). Vehículos (1985): Automóviles 76.142; camiones y autobuses 37.105. Marina mercante (1988): Barcos (100 toneladas brutas y más) 155; peso muerto total 37.561 toneladas. Transporte aéreo[5] (1988): Pasajeros-km 208.567.000; carga toneladas métricas-km 35.223.000; aeropuertos (1989) con vuelos regulares 10.
Comunicaciones. Diarios (1984): Número total 1; circulación total 31.000; circulación por 1.000 habitantes 4,9. Radio (1987): Número total de receptores 824.210 (1 por cada 8,7 personas). Televisión (1987): Número total de televisores 234.408 (1 por cada 31 personas). Teléfonos (1985): 33.633 (1 por cada 192 personas).

Educación y sanidad

Escolaridad (1970): Porcentaje de la población total de 6 años y más: sin escolarización formal 95,3%; con enseñanza primaria 3,9%; secundaria 0,7%; superior 0,1%. *Alfabetización* (1980): Población total de 15 años y más alfabetizada 1.274.000 (22,5%); varones alfabetizados 1.755.000 (31,0%); mujeres alfabetizadas 804.000 (14,2%).
Sanidad (1984): Médicos 311[6] (1 por cada 20.569 habitantes); camas hospitalarias (1982) 6.200 (1 por cada 973 habitantes); tasa de mortalidad infantil por cada 1.000 nacidos vivos (1986) 110,0.
Alimentación (1987): Ingesta calórica diaria per cápita 2.577 (1984-86; productos vegetales 93%, productos animales 7%); (1984-86) 103% de las necesidades mínimas recomendadas por la FAO.

Fuerzas armadas

Personal en servicio activo (1988)[7]: 9.700 (ejército 87,6%, armada 7,2%, fuerza aérea 5,2%). *Presupuesto de defensa en porcentaje del PNB* (1987): 2,2% (mundo 5,4%); gasto per cápita 14 dlr. EUA.

[1] 1987-88. [2] Asalariados, con exclusión únicamente de las fuerzas armadas. [3] Sólo Dakar. [4] Excluye pasajeros en viajes internacionales. [5] Vuelos internacionales únicamente. [6] Sólo sector público. [7] Fuerzas armadas confederadas de Senegal y Gambia.

Seychelles

Nombre oficial: República de Seychelles.
Forma de gobierno: República unitaria unipartidista con una cámara legislativa (Asamblea Popular).
Jefe del estado y del gobierno: Presidente.
Capital: Victoria.
Lengua oficial[1]*:* Criollo, inglés; francés.
Religión oficial: Ninguna.
Moneda: 1 rupia de Seychelles (SR) = 100 cents; cambio (2 oct. 1989) 1 dlr. EUA = 5,75 SR.

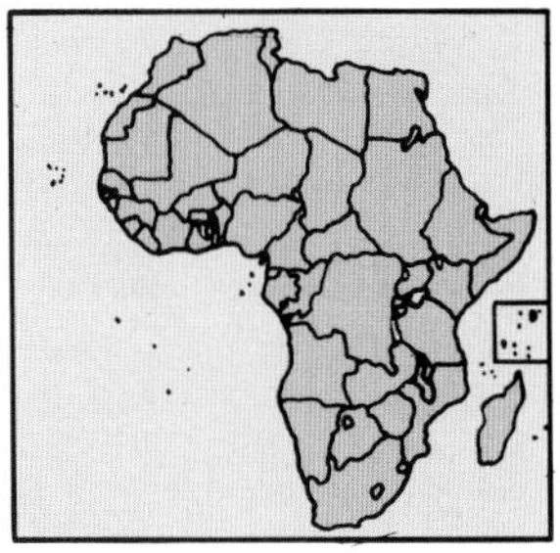

Área y población		área km²	población estimada 1984
Grupos de islas	**Capital**		
Grupo central (graníticas)			
La Digue y satélites	—	15	2.000
Mahé y satélites	Victoria	158	57.400
Praslin y satélites	—	42	4.650
Silhouette	—	20	200
Otras islas	—	4	50
Islas exteriores (coralinas)	—	214	400
TOTAL		453	64.700

Demografía

Población (1989): 67.100.
Densidad (1989): Personas por km² 148,1.
Índice de urbanización (1986): Urbana 47,2 %; rural 52,8 %.
Distribución por sexo (1986): Varones 50,15 %; mujeres 49,85 %.
Estructura por edades (1986): Menos de 15, 38,8 %; 15-29, 26,9 %; 30-44, 16,4 %; 45-59, 10,4 %; 60 y más, 7,5 %.
Proyección demográfica: (2000) 73.000; (2010) 78.000.
Tiempo de duplicación: 39 años.
Composición étnica (1983): Criollos de Seychelles (mezcla de asiáticos, africanos y europeos) 89,1 %; indios 4,7 %; malgaches 3,1 %; chinos 1,6 %; ingleses 1,5 %.
Afiliación religiosa (1977): Católicos 90,9 %; otras confesiones cristianas (principalmente anglicanos) 7,5 %; hindúes 0,7 %; otros 0,9 %.
Principales ciudades (1977): Victoria 23.012.
Tasa de natalidad por 1.000 habitantes (1987): 25,4 (media mundial 27,1).
Tasa de mortalidad por 1.000 habitantes (1987): 7,6 (media mundial 9,9).
Tasa de crecimiento por 1.000 habitantes (1987): 17,8 (media mundial 17,2).
Esperanza de vida al nacer (1980-85): Varones 66,2 años; mujeres 73,5 años.
Principales causs de muerte por 100.000 habitantes (1985-87): Enfermedades cardiovasculares 236,4, de los que 59,1 corresponden a enfermedades cerebrovasculares; neoplasias malignas (cánceres) 110,6; enfermedades del sistema respiratorio 78,8, de los que 42,4 corresponden a neumonía; accidentes y efectos adversos 66,7; enfermedades gastrointestinales 24,2.

Economía nacional

Presupuesto (1989). Ingresos: 750.100.000 SR (impuestos y derechos arancelarios 53,6 %; dividendos e intereses 13,0 %. Gastos: 735.100.000 SR (educación e información 20,6 %; servicio de la deuda 20,0 %, defensa 10,1 %; sanidad 6,6 %; turismo y transportes 4,6 %; desarrollo nacional 4,1 %).
Turismo (1988): Ingresos por visitantes 80.450.000 dlr. EUA; gastos de nacionales en el exterior 13.100.000 dlr. EUA.
Producción (toneladas métricas, excepto cuando se indique). Agricultura, silvicultura, pesca (1987): Cocos 21.000, copra 2.866, plátanos 2.000, canela en rama 847, té 109; ganadería (número de animales vivos) 15.000 cerdos, 4.000 cabras, 2.000 reses, 185.200[2] pollos; pesca, capturas 3.953, de las que 1.240 corresponden a chicharros, 889 a lutianos, 287 a kawakawa y 247 a caballas. Minas y canteras (1985): Guano 4.500. Industria manufacturera (1987): Cervezas 46.500 hectolitros; bebidas refrescantes 44.120 hectolitros; cigarrillos 67.800.000 unidades. Producción energética (consumo): Electricidad (kwh; 1987) 70.400.000 (70.400.000); carbón, no produce (n.d.); petróleo, no produce (n.d.); productos petrolíferos (toneladas métricas; 1987), no produce (36.000); gas natural, no produce (n.d.).
Producto nacional bruto (a precios corrientes de mercado; 1987): 210.000.000 dlr. EUA (3.180 dlr. UEA per cápita).

Estructura del producto nacional bruto y de la población activa

	1987		1985	
	Valor (000.000 SR)	% del valor total	Población activa[3]	% de la pobl. activa
Agricultura	64,5	4,7	2.282	9,5
Minería e industria	132,9	9,6	1.672	7,0
Construcción	61,7	4,5	1.063	4,4
Servicios públicos	19,3	1,4	633	2,6
Transportes y comunicaciones	592,4[4]	43,1[4]	2.256	9,4
Comercio	127,6	9,3	3.054	12,8
Finanzas	118,9	8,6	814	3,4
Administración pública, defensa	223,5	16,2 }	3.587	15,0
Servicios	35,8	2,6 }		
Otros	—	—	8.582[5]	35,8[5]
TOTAL	1.376,2	100,0	23.943	100,0[6]

Deuda pública (externa, pendiente; 1987): 84.200.000 dlr. EUA.
Población económicamente activa (1985): Total 27.700; tasa de actividad de la población total 42,4 % (tasas de participación: 15 y más años 66,8 %; mujeres 42,4 %; desempleados 20,6 %).

Comercio exterior

Balanza comercial (precios corrientes)

	1983	1984	1985	1986	1987	1988
Millones SR	− 379,3	− 356,6	− 422,1	− 447,2	− 511,6	− 546,4
% del total	58,0	49,6	52,0	66,1	67,3	61,7

Importaciones (1988): 823.012.000 SR (maquinaria y equipos de transporte 32,0 %, del que el 13,8 % corresponde a equipos de transporte y el 4,6 % a equipos de telecomunicación; bienes manufacturados 27,3 %, del que el 2,9 % corresponde a hilados textiles, tejidos y artículos terminados y el 2,7 % a productos de minerales no metálicos; alimentos, bebidas y tabaco 21,3 %; petróleo y productos petrolíferos 10,6 %; productos químicos y afines 6,1 %). *Principales proveedores:* Reino Unido 15,3 %; Sudáfrica 11,0 %; EUA 11,0 %; Francia 10,8 %; Singapur 10,7 %; Japón 6,8 %; Alemania federal 3,8 %; Hong Kong 2,4 %; Italia 2,4 %; Países Bajos 2,2 %.
Exportaciones (1988): 169.217.000[7] (productos petrolíferos 43,1 %; atún en conserva 33,4 %; pescado 6,1 %; alimentos, bebidas y tabaco 1,8 %[8]; copra 1,7 %; canela en rama 0,6 %). *Principales clientes*[9] (1987): Italia 33,6 %; Tailandia 22,5 %; EUA 16,1 %; Reino Unido 2,0 %; Australia 1,5 %; Pakistán 1,4 %.

Transportes y comunicaciones

Transportes. Ferrocarriles: Ninguno. Carreteras (1987): Longitud total 269 km (pavimentadas 61 %). Vehículos (1985): Automóviles 3.531; camiones y autobuses 2.77. Marina mercante (1988): Barcos (100 toneladas brutas y más) 6; peso muerto total 2.491 toneladas. Transporte aéreo (1987): Llegadas de pasajeros 78.000, salidas 77.000; cargamento descargado 1.149 toneladas métricas, cargado 417 toneladas métricas; aeropuertos (1989) con vuelos regulares 6.
Comunicaciones. Diarios (1987): Número total 1; circulación total 4.000; circulación por 1.000 habitantes 60. Radio (1988): Número total de receptores 22.255 (1 por cada 3,0 personas). Televisión (1988): Número total de televisores 5.500 (1 por cada 12 personas). Teléfonos (1987): 13.200 (1 por cada 5,0 personas).

Educación y sanidad

Escolaridad (1977). Porcentaje de la población total de 15 años y más: sin escolarización formal 13,7 %; con enseñanza primaria 50,1 %; secundaria parcial 32,4 %; secundaria completa 1,4 %; postsecundaria 1,8 %. *Alfabetización* (1971): Población total de 15 años y más alfabetizada 17.066 (57,3 %); varones alfabetizados 8.103 (54,9 %); mujeres alfabetizadas 8.963 (59,6 %).
Sanidad (1988): Médicos[10] 68 (1 por cada 980 habitantes); camas hospitalarias 353 (1 por cada 189 habitantes); tasa de mortalidad infantil por cada 1.000 nacidos vivos (1987) 18,4.
Alimentación (1984-86): Ingesta calórica diaria per cápita 2.261 (productos vegetales 8,3 %, productos animales 17 %); necesidades mínimas recomendadas por la FAO, n.d.

Fuerzas armadas

Personal en servicio activo (1989): 1.300 (ejército 76,9 %, armada 15,4 %, fuerza aérea 7,7 %). *Presupuesto de defensa en porcentaje del PNB* (1984): 5,6 % (mundo 5,7 %); gasto per cápita 206 dlr. EUA.

[1] Desde julio de 1981, el criollo reemplazó al inglés y al francés como lengua nacional recomendada pero, según fuentes oficiales, «se siguen considerando todas ellas lenguas oficiales». [2] 1986. [3] Excluye autónomos y servicio doméstico. [4] Incluye derechos de importación. [5] Incluye 5.713 desempleados. [6] El desglose no se corresponde con el total a causa del redondeo. [7] Incluye 95.290.000 SR de reexportaciones [8] Artículos reexportados. [9] Sólo exportaciones nacionales. [10] Incluye dentistas.

Sierra Leona

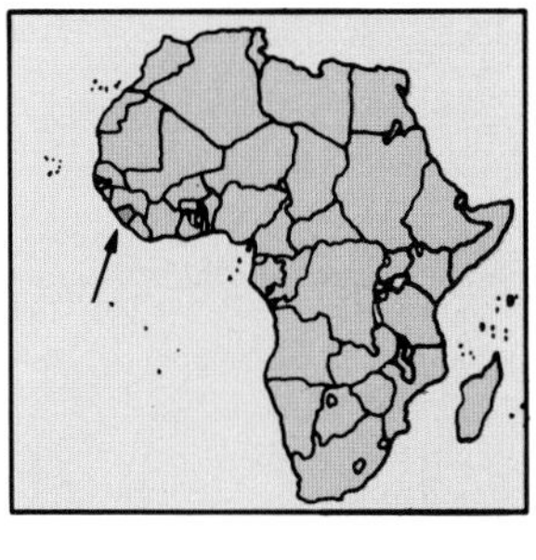

Nombre oficial: República de Sierra Leona.
Forma de gobierno: República unitaria unipartidista con una cámara legislativa (Cámara de Representantes[1]).
Jefe del estado y del gobierno: Presidente.
Capital: Freetown.
Lengua oficial: Inglés.
Religión oficial: Ninguna.
Moneda: 1 leone (Le) = 100 cents; cambio (2 oct. 1989) 1 dlr. EUA = 65,36 Le.

Área y población

Provincias / Distritos	Capitales	área km²	población censo[2] 1985
Área Occidental[3]	Freetown	705	554.243
Provincia meridional	Bo	19.694	740.510
Bo	Bo	5.219	268.671
Bonthe (incl. Sherbro)	Bonthe	3.468	105.007
Moyamba	Moyamba	6.902	250.514
Pujehun	Pujehun	4 105	116.318
Provincia Oriental	Kenema	15.553	960.551
Kailahun	Kailahun	3.859	233.839
Kenema	Kenema	6.053	337.055
Kono	Sefadu	5.641	389.657
Provincia Septentrional	Makeni	35.936	1.262.226
Bombali	Makeni	7.985	315.914
Kambia	Kambia	3.108	186.231
Komaduga	Kabala	12.121	183.286
Port Loko	Port Loko	5.719	329.344
Tonkolili	Magburaka	7.003	247.451
TOTAL		71.740	3.517.530

Demografía

Población (1989): 3.957.000.
Densidad (1989): Personas por km² 55,2.
Índice de urbanización (1985): Urbana 28,3%; rural 71,7%.
Distribución por sexo (1985): Varones 49,06%; mujeres 50,94%.
Estructura por edades (1985): Menos de 15, 41,4%; 15-29, 26,1%; 30-44, 17,1%; 45-59, 10,3%; 60-74, 4,5%; 75 y más, 0,6%.
Proyección demográfica: (2000) 4.874.000; (2010) 5.892.000.
Tiempo de duplicación: 28 años.
Composición étnica (1983): Mende 34,6%; temne 31,7%; limba 8,4%; kono 5,2%; bullom 3,7%; fulani 3,7%; koranko 3,5%; yalunka 3,5%; kissi 2,3%; otros 3,4%.
Afiliación religiosa (1980): Creencias tradicionales 51,5%; musulmanes sunníes 39,4%; protestantes 4,7%; católicos 2,2%; anglicanos 1,2%; otros 1,0%.
Principales ciudades (1985): Freetown 469.776; Koidu-New Sembehun 80.000; Bo 26.000; Kenema 13.000; Makeni 12.000.
Tasa de natalidad por 1.000 habitantes (1985-90): 48,2 (media mundial 27,1).
Tasa de mortalidad por 1.000 habitantes (1985-90): 23,4 (media mundial 9,9).
Tasa de crecimiento por 1.000 habitantes (1985-90): 24,8 (media mundial 17,2).
Esperanza de vida al nacer (1985-90): Varones 39,4 años; mujeres 42,6 años.
Principales causas de muerte por 100.000 habitantes: n.d.; sin embargo, entre las principales enfermedades se incluyen paludismo, tuberculosis, lepra, tosferina, sarampión, tétanos y diarrea.

Economía nacional

Presupuesto (1989-90). Ingresos: 5.618.000.000 Le (impuestos 83,5%; ayudas 10,5%; ingresos no fiscales 6,0%). Gastos: 8.350.000.000 Le (gastos recurrentes 86,8%; gastos de desarrollo 13,2%).
Turismo (1987): Ingresos por visitantes 10.000.000 dlr. EUA; gastos de nacionales en el exterior, 6.000.000 dlr. EUA.
Producción (toneladas métricas, excepto cuando se indique). Agricultura, silvicultura, pesca (1988): Arroz 430.000, mandioca 116.000, caña de azúcar 70.000, aceite de palma 44.000, legumbres 35.000, frutos de palma 30.000, mijo 22.000, taros 22.000, sorgo 19.000, cacahuates 19.000, batatas o camotes 14.000, maíz 13.000, cacao en grano 11.000, café 9.000; ganadería (número de animales vivos): 333.000 reses, 330.000 ovejas, 180.000 cabras, 50.000 cerdos, 6.000.000 pollos; madera (1987) 8.071.000 m³; pesca, capturas (1987) 53.000. Minas y canteras (1988): Bauxita 1.379.000; rutilo (mineral de titanio) 126.331; mineral de hierro 70.000[4]; diamantes 17.492 quilates[5]. Industrias manufactureras (1984): Sal 19.200; clavos 2.300; pintura 1.140 hectólitros; cervezas 35.670 hectólitros; calzado de plástico 497.000 pares[6]; cigarrillos 1.346.000 unidades. Construcción (valor añadido en Le; 1981): 56.000.000. Producción energética (consumo): Electricidad (kwh; 1987) 196.000.000 (196.000.000); carbón, no produce (n.d.); petróleo crudo (barriles; 1987) no produce (1.722.000); productos petrolíferos (1987) 233.000 (196.000); gas natural, no produce (n.d.).
Producto nacional bruto (a precios corrientes de mercado; 1987): 1.172.000.000 dlr. EUA (300 dlr. EUA per cápita).

Estructura del producto nacional bruto y de la población activa

	1985		1986	
	Valor (000.000 Le)	% del valor total	Población activa	% de la pobl. activa
Agricultura	2.777,4	43,7	7.051	9,6
Minería	787,2	12,4	6.357	8,6
Industria	312,0	4,9	8.314	11,3
Construcción	112,0	1,8	9.181	12,4
Servicios públicos	20,1	0,3	2.182	3,0
Transportes y comunicaciones	601,3	9,5	8.019	10,9
Comercio	803,7	12,6	4.685	6,4
Finanzas	939,0	14,8	2.297	3,1
Administración pública, defensa; Servicios; Otros			25.626	34,7
TOTAL	6.352,7	100,0	73.712	100,0

Deuda pública (externa, pendiente; 1987): 513.000.000 dlr. EUA.
Población económicamente activa (1985): Total 1.352.000; tasa de actividad de la población total 36,9% (tasas de participación: 15-64 años 62,9%; mujeres 33,7%; desempleados [registrados; 1984] 7,6%).

Comercio exterior

Balanza comercial (precios corrientes)

	1983	1984	1985	1986	1987	1988
Millones Le	−85,0	−46,7	−249,0	172,4	962,5	−981,2
% del total	17,4	5,9	18,7	4,6	11,5	12,4

Importaciones (1985): 778.654.000 Le (alimentos y animales vivos 29,8%; maquinaria y equipos de transporte 23,3%; minerales, combustibles y lubricantes 21,3%; bienes manufacturados básicos 13,4%; productos químicos 4,2%). *Principales proveedores:* Reino Unido 11,4%; Alemania federal 11,0%; Japón 6,1%; Países Bajos 5,0%; Francia 4,9%; EUA 4,6%; China 2,3%.
Exportaciones (1985): 649.266.000 Le (rutilo 21,8%; café 20,3%; diamantes 18,8%; bauxita 17,4%; cacao 15,6%; oro 4,2%). *Principales clientes:* Países Bajos 30,9%; Reino Unido 14,6%; Alemania federal 11,2%; EUA 9,5%.

Transportes y comunicaciones

Transportes. Ferrocarriles (1985): Longitud de vías 84 km. Carreteras (1986): Longitud total 8.300 km (pavimentadas 17%). Vehículos (1985): Automóviles 23.500; camiones y autobuses 6.763 . Marina mercante (1988): Barcos (100 toneladas brutas y más) 40; peso muerto total 8.690 toneladas. Transporte aéreo (1985): Pasajeros-km 109.903.000; carga toneladas métricas-km 2.044.000; aeropuertos (1989) con vuelos regulares 1.
Comunicaciones. Diarios (1987): Número total 1; circulación total 10.000; circulación por 1.000 habitantes 2,6. Radio (1988): Número total de receptores 935.915 (1 por cada 4,2 personas). Televisión (1988): Número total de televisores 34.104 (1 por cada 114 personas). Teléfonos (1986): 14.900 (1 por cada 251 personas).

Educación y sanidad

Escolaridad (1984). Porcentaje de la población total de 5 años y más: Sin escolarización formal 81,3; con enseñanza primaria 12,1%; secundaria 5,9%; superior 0,7%. *Alfabetización* (1980): Población total de 15 años y más alfabetizada 460.300 (23,6%); varones alfabetizados 294.500 (31,2%); mujeres alfabetizadas 165.800 (16,5%).
Sanidad (1984): Médicos 262 (1 por cada 13.736 habitantes); camas hospitalarias (1983) 4.754 (1 por cada 742 habitantes); tasa de mortalidad infantil por cada 1.000 nacidos vivos (1985-90) 154.
Alimentación (1984-86): Ingesta calórica diaria per cápita 1.868 (productos vegetales 96%, productos animales 4%); 90% de las necesidades mínimas recomendadas por la FAO.

Fuerzas armadas

Personal en servicio activo (1988): 3.150 (ejército 95,2%, armada 4,8%, fuerza aérea, ninguna). *Presupuesto de defensa en porcentaje del PNB* (1986): 0,5% (mundo 5,5%); gasto per cápita 1 dlr. EUA.

[1] Incluye 22 escaños no electivos. [2] El total ajustado es 3.700.000. [3] Oficialmente no es una provincia; la administración del Área Occidental la comparten Gran Freetown (ciudad y suburbios) y otros órganos administrativos. [4] 1985; las minas de hierro están inactivas desde 1985 por falta de financiación. [5] Producción oficial; se calcula que supone menos del 10% del total. El resto se desvía hacia el contrabando. [6] 1983.

Singapur

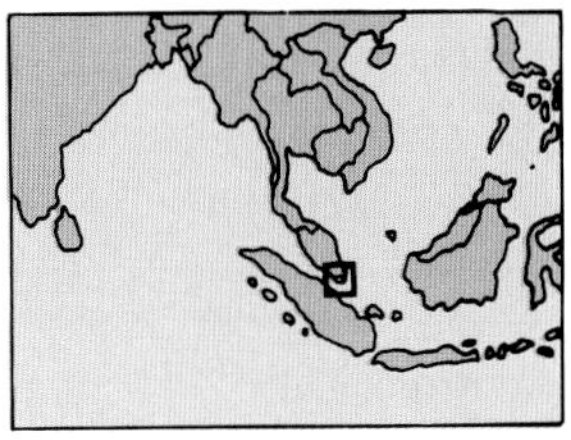

Nombre oficial: República de Singapur.
Forma de gobierno: República unitaria multipartidista con una cámara legislativa (Parlamento).
Jefe del estado: Presidente.
Jefe del gobierno: Primer ministro.
Capital: Singapur.
Lengua oficial: Chino, malayo, tamil, inglés.
Religión oficial: Ninguna.
Moneda: 1 dólar de Singapur (S$) = 100 cents; cambio (10 oct. 1988) 1 dlr. EUA = 1,96.

Área y población

Áreas censales[1]	área km^2	población estimada 1984
Extrarradio	437	674.600
Este	118	301.100
Norte	137	177.500
Oeste	182	196.000
Periferia urbana	46	942.800
Nordeste	9	301.500
Norte	19	228.100
Oeste	18	431.200
Suburbios	127	754.700
Este	19	195.000
Norte	34	309.900
Oeste	74	249.800
Zona central de la ciudad	8	157.000
TOTAL	622[2]	2.529.100

Demografía

Población (1989): 2.677.000.
Densidad (1989): Personas por km^2 4.276,4.
Índice de urbanización (1989): Urbana 100%.
Distribución por sexo (1988): Varones 50,90%; mujeres 49,10%.
Estructura por edades (1988): Menos de 15, 23,1%; 15-29, 29,5%; 30-44, 25,9%; 45-59, 13,2%; 60 y más, 8,3%.
Proyección demográfica: (2000) 3.035.000; (2010) 3.402.000.
Tiempo de duplicación: 47 años.
Composición étnica (1988): Chinos 76,0%; malayos 15,2%; indios[3] 6,5%; otros 2,3%.
Afiliación religiosa (1988): Budistas 28,3%; cristianos 18,7%; musulmanes 16,0%; taoístas 13,4%; hindúes 4,9%; sin afiliación 17,6%; otros 1,1%.
Principales ciudades: Singapur es una ciudad-estado unitaria que carece de ciudades delimitadas por separado dentro de sus fronteras.
Tasa de natalidad por 1.000 habitantes (1988): 20,0 (media mundial 27,1).
Tasa de mortalidad por 1.000 habitantes (1988): 5,2 (media mundial 9,9).
Tasa de crecimiento por 1.000 habitantes (1988): 14,8 (media mundial 17,2).
Esperanza de vida al nacer (1988): Varones 70,3 años; mujeres 75,8 años.
Principales causas de muerte por 100.000 habitantes[4] (1987): Enfermedades cardiovasculares 178,9; neoplasias malignas (cánceres) 119,8; enfermedades del sistema respiratorio 74,3; accidentes, intoxicaciones y actos de violencia 35,6; desarreglos endocrinos y metabólicos 19,8.

Economía nacional

Presupuesto (1988-89). Ingresos: 11.555.900.000. S$ (ingresos por impuestos 49,6%; ingresos no impositivos 28,5%; cuenta del fondo de desarrollo 13,3%; fondo de amortización 8,5%). Gastos: 12.466.100.000 S$ (servicios públicos 26,3%; defensa 21,1%; desarrollo gubernamental 16,3%; personal 13,6%; servicio de deuda 13,1%; ayudas 6,8%).
Turismo (1987): Ingresos por visitantes 2.216.000.000 dlr. EUA; gastos de nacionales en el exterior, 791.000.000 dlr. EUA.
Producción (toneladas métricas, excepto cuando se indique). Agricultura, silvicultura, pesca (1987): Verduras 17.000, frutas 5.000, ganadería (número de animales vivos): 459.000 cerdos, 2.000 cabras, 1.000.000 patos, 7.000.000 pollos; pesca, capturas (1988) 13.152. Minas y canteras (valor añadido en S$; 1988): Granito 55.900.000. Industria manufacturera (valor añadido en S$; 1988): Productos y componentes electrónicos 6.547.900.000; equipos de transporte 1.365.400.000; productos químicos y gases industriales 1.194.500.000; productos metálicos fabricados exceptuando maquinaria y equipos 1.007.500.000; maquinaria no eléctrica 902.100.000; pinturas, fármacos y productos químicos 875.600.000; refinos de petróleo y productos petrolíferos 743.500.000. Construcción (1988): Residencial 30.853 unidades; no residencial 1.518.830 m^2. Producción energética (consumo): Electricidad (kwh; 1988) 13.017.500 (11.734.800.000); carbón, no produce (sin consumo); petróleo crudo (barriles; 1987), no produce (254.248.000); productos petrolíferos (1987) 30.341.000 (8.697.000); gas natural, no produce (sin comsumo).
Producto nacional bruto(1987): 20.717.000.000 dlr. EUA (7.940 dlr. EUA per cápita).

Estructura del producto nacional bruto y de la población activa

	1986			
	Valor (000.000 S$[4])	% del valor total	Población activa	% de la pobl. activa
Agricultura	206,7	0,4	5.416	0,5
Minería	88,1	0,2	778	0,1
Industria	13.821,1	28,9	352.594	28,5
Construcción	2.742,4	5,7	83.302	6,7
Servicios públicos	1.012,1	2,1	7.802	0,6
Transportes y comunicaciones	6.806,2	14,2	120.195	9,7
Comercio	8.586,1	17,9	283.582	22,9
Finanzas	13.151,2	27,5	111.427	9,0
Servicios	5.280,8	11,0	271.597	21,9
Otros	3.766,3[6]	−7,9[6]	1.770	0,1
TOTAL	47.906,4	100,0	1.238.463	100,0

Deuda pública: (externa, pendiente; 1987): 2.543.000.000 dlr. EUA.
Población económicamente activa (1987): Total 1.251.723; tasa de actividad de la población total 47,9% (tasas de participación: 15-64 años 66,2%; mujeres 37,8%; desempleados 4,7%).

Comercio exterior[7]

Balanza comercial (precios corrientes)

	1983	1984	1985	1986	1987	1988
Millones S$	−10.140	−6.497	−4.521	−3.384	−4.265	−4.159
% del total	9,9	6,0	4,3	3,3	3,4	2,6

Importaciones (1988): 88.226.700.000 S$ (Petróleo crudo 9,4%; máquinas de oficina 5,4%; aparatos de telecomunicaciones 5,2%; productos petrolíferos 4,7%; maquinaria electrógena 4,1%; instrumentos científicos y ópticos 2,7%; instrumentos musicales 2,5%; textiles 2,4%). *Principales proveedores:* Japón 21,9%; EUA 15,5%; Malasia 14,7%; Taiwán 4,5%; Arabia Saudita 4,4%; China 3,8%; Alemania federal 3,7%; Reino Unido 2,9%.
Exportaciones (1988): 79.051.300.000 S$ (máquinas de oficina 13,8%; productos petrolíferos 12,2%; aparatos de telecomunicaciones 9,6%; ropa 3,2%; caucho en bruto 2,9%; aparatos de circuito eléctrico 2,3%; instrumentos científicos y ópticos 2,0%). *Principales clientes:* EUA 23,8%; Malasia 13,6%; Japón 8,6%; Hong Kong 6,3%, Tailandia 5,5%; Alemania federal 3,5%; China 3,0%; Reino Unido 2,9%; Taiwán 2,8%.

Transportes y comunicaciones

Transportes. Ferrocarriles (1988): Longitud de vías 26 km. Carreteras (1988): Longitud total 2.686 km (pavimentadas 96%). Vehículos (1988): Automóviles 251.414; camiones y autobuses 117.401. Marina mercante (1988): Barcos (100 toneladas brutas y más) 715; peso muerto total 11.793.498 toneladas. Transporte aéreo (1987): Pasajeros-km 24.948.000.000 carga toneladas métricas-km 1.298.616.000; aeropuertos (1989) con vuelos regulares 1.
Comunicaciones. Diarios (1987): Número total 7; circulación total 700.900; circulación por 1.000 habitantes 268. Radio (1988): Número total de receptores 745.907 (1 por cada 3,5 personas). Televisión (1988): Número total de televisores 538.196 (1 por cada 4,9 personas). Teléfonos (1988): 1.271.000 (1 por cada 2,1 personas).

Educación y sanidad

Escolaridad (1980). Porcentaje de la población total de 25 años y más: sin escolarización o sin certificado de enseñanza primaria 43,7%; con enseñanza primaria 38,3%; secundaria 14,6%; postsecundaria 3,4%. *Alfabetización* (1980): Población total de 15 años y más alfabetizada 1.459.828 (82,9%); varones alfabetizados 818.864 (91,6%); mujeres alfabetizadas 640.964 (74,0%). *Sanidad* (1987): Médicos 2.941 (1 por cada 888 habitantes); camas hospitalarias 9.793 (1 por cada 267 habitantes); tasa de mortalidad infantil por cada 1.000 nacidos vivos (1988) 7,0.
Alimentación (1984-86): Ingesta calórica diaria per cápita 2.854 (productos vegetales 73%, productos animales 27%); (1984) 120%de las necesidades mínimas recomendadas por la FAO.

Fuerzas armadas

Personal en servicio activo (1988): 55.500 (ejército 81,1%, armada 8,1%, fuerza aérea 10,8%). *Presupuesto de defensa en porcentaje del PNB* (1986)[8]: 5,5% (mundo 5,5%); gasto per cápita 402 dlr. EUA.

[1] Las áreas censales no tienen funciones administrativas. [2] Incluye 4 km^2 sin distribuir por áreas censales. [3] Incluye Sri Lanka. [4] A precios de 1985. [5] Sólo empleados. [6] Cargos por servicios bancarios imputados. [7] Las cifras de importación son f.o.b. en la balanza co-

Siria

Nombre oficial: República Árabe Siria.
Forma de gobierno: República unitaria multipartidista[1] con una cámara legislastiva (Consejo del Pueblo).
Jefe del estado y del gobierno: Presidente.
Capital: Damasco.
Lengua oficial: Árabe.
Religión oficial: Ninguna[2].
Moneda: 1 libra siria (LS) = 100 piastras; cambio (2 oct. 1989) 1 dlr. EUA = 11.225 LS.

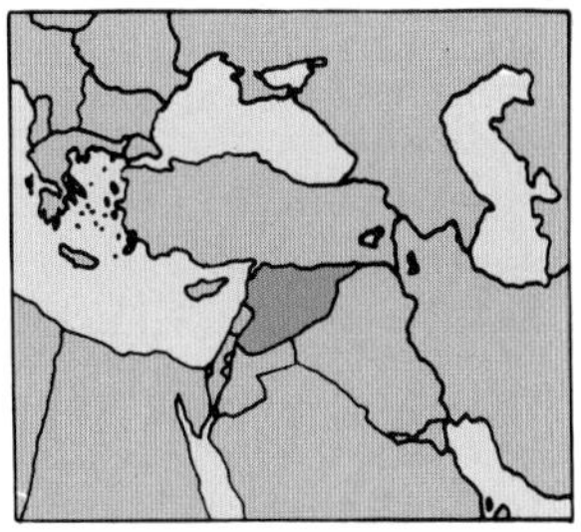

Área y población

Gobernaciones	Capitales	área km²	población estimada 1989
Dara	Dara	3.730	499.000
Dayr al-Zawr	Dayr Al-Zawr	33.060	517.000
Dimashq	Damasco	18.032	1.216.000
Halab	Alepo	18.500	2.421.000
Hama	Hama	8.883	943.000
al-Hasaka	al-Hasaka	23.334	865.000
Hims	Homs	42.223	1.084.000
Idlib	Idlib	6.097	777.000
al-Ladhiqiya	Latakia	2.297	712.000
al-Qunaytira	al-Qunaytira	1.861[3]	37.000
al-Raqa	al-Raqa	19.616	450.000
al-Suwayda	al-Suwayda	5.550	256.000
Tartus	Tartus	1.892	581.000
Municipio			
Dimashq	Damasco	105	1.361.000
TOTAL		185.180[3]	11.719.000

Demografía

Población (1989): 11.719.000.
Densidad (1989): Personas por km² 63,3.
Índice de urbanización (1988): Urbana 50,0%; rural 50,0%.
Distribución por sexo (1988): Varones 51,09%; mujeres 48,91%.
Estructura por edades (1988): Menos de 15, 49,3%; 15-29, 22,4%; 30-44, 14,3%; 45-59, 7,5%; 60-74, 4,8%; 75 y más, 1,7%.
Proyección demográfica: (2000) 16.857.000; (2010) 22.533.000.
Tiempo de duplicación: 21 años.
Composición étnica (1981): Árabes 88,8; kurdos 6,3%; otros 4,9%.
Afiliación religiosa (1980): Musulmanes (en su mayoría sunníes) 89,6%; cristianos 8,9%; otros 1,5%.
Principales ciudades (1989): Damasco 1.361.000; Aleppo 1.308.000; Homs 464.000; Latakia 258.000; Hamah 214.000[4].
Tasa de natalidad por 1.000 habitantes (1985-90): 44,1 (media mundial 27,1).
Tasa de mortalidad por 1.000 habitantes (1985-90): 7,0 (media mundial 9,9).
Tasa de crecimiento por 1.000 habitantes (1985-90): 37,1 (media mundial 17,2).
Esperanza de vida al nacer (1985-90): Varones 63,2 años; mujeres 66,9 años.
Principales causas de muerte por 100.000 habitantes (1981): Signos, síntomas y cuadros clínicos mal definidos 207,3; enfermedades cardiovasculares 60,7; enfermedades infecciosas y parasitarias 15,1.

Economía nacional

Presupuesto (1988). Ingresos: 51.545.000.000 LS (impuestos y aranceles 32,6%, del que el 24,0% corresponde a impuestos directos; superávit presupuestario 23,4%; préstamos y ayudas 12,1%; ingresos especiales 3,2%). Gastos: 51.545.000.000 LS (defensa 28,2%; administración 14,6; agricultura 9,0%; educación 8,1%; transportes y comunicaciones 3,3%).
Turismo (1987): Ingresos por visitantes 477.000.000 dlr. EUA; gastos de nacionales en el exterior 250.000.000 dlr. EUA.
Producción (valor añadido en millones de LS, excepto cuando se indique). Agricultura, silvicultura, pesca (1987): Verduras 8.290,7, frutas 7.625,1, cereales 7.569,0, cultivos industriales 3.696,0, legumbres 1.441,8; ganadería (número de animales vivos): 12.669.000 ovejas, 1.002.000 cabras, 710.000 reses; madera 48.000 m³; pesca, capturas 4.850. Minas y canteras (1987): Fosfatos 1.985.000; yeso 248.000; sal 81.000; asfalto 54.000; arena y grava 13.122.000 m³; piedra 608.000 m³. Industria manufacturera (toneladas; 1987): Cemento 3.870.000; harina 1.016.000; azúcar 108.000; fertilizantes 101.000; vidrio y cerámica 43.000; jabón 41.000; seda y textiles de algodón 25.000. Construcción (1987): Residencial 3.912.000 m²; no residencial 382.000 m². Producción energética (consumo): Electricidad (kwh; 1987) 7.161.000.000 (7.031.000.000); carbón (toneladas métricas), no produce (sin consumo); petróleo crudo (barriles; 1987) 89.000.000 (84.000.000); productos petrolíferos (toneladas métricas; 1987) 10.086.000 (7.769.000); gas natural (m³; 1987) 189.640.000 (189.640.000).
Producto nacional bruto (a precios corrientes de mercado; 1987): 20.421.000.000 dlr. EUA (1.820 dlr. EUA per cápita).

Estructura del producto nacional bruto y de la población activa

	1987		1986	
	Valor (000.000 LS)	% del valor total	Población activa	% de la pobl. activa
Agricultura	34.369	27,2	745.550	30,0
Minería } Industria }	17.099	13,5	2.936	0,2
			330.223	13,3
Construcción	6.772	5,3	385.967	15,5
Servicios públicos	—	—	25.968	1,0
Transportes y comunicaciones	11.793	9,3	157.595	6,3
Comercio	29.719	23,5	257.887	10,4
Finanzas	5.545	4,4	22.572	0,9
Administración pública	17.808	14,1 }	558.510	2,4
Servicios	3.220	2,6 }		
Otros				
TOTAL	126.325	100,0[5]	2.488.206	100,0

Deuda pública (externa, pendiente; 1987): 51.545.000 dlr. EUA.
Población económicamente activa (1986): Total 2.488.000; tasa de actividad de la población total 23,2% (tasas de participación: 15-64 años 46,7%; mujeres 12,8%; desempleados [1987] 13,3%).

Comercio exterior

Balanza comercial (precios corrientes)

	1983	1984	1985	1986	1987	1987
Millones de LS	−10.281	−8.879	−7.857	−5.510	−12.723	−7.798
% del total	40,5	37,9	37,9	34,6	29,5	20,5

Importaciones (1987): 27.915.000.000 LS (maquinaria y equipos 30,2%; productos químicos 21,2%; alimentos, bebidas y tabaco 11,5%; metales básicos industriales 7,9%; textiles 3,2%; papel y derivados 1,9%). *Principales proveedores:* Francia 9,8%; URSS 8,3%; Irán 8,2%; Alemania federal 8,2%; Italia 6,7%; Libia 5,6%; EUA 5,3%; Suiza 3,3%.
Exportaciones (1987): 15.192.000.000 LS (petróleo crudo y gas natural 33,2%; productos químicos 29,4%; textiles, accesorios del vestido y cueros 25,5%; alimentos, bebidas y tabaco 3,6%). *Principales clientes:* Italia 31,1%; URSS 20,8%; Francia 9,9%; Rumania 8,6%; Irán 5,0%; Alemania federal 5,0%; Reino Unido 1,2%.

Transportes y comunicaciones

Transportes. Ferrocarriles (1987): Longitud de vías 2.052 km; pasajeros-km 900.000.000; carga toneladas métricas-km 1.416.000.000. Carreteras (1987): Longitud total 30.208 km (pavimentadas 94%). Vehículos (1987): Automóviles 112.595; camiones y autobuses 127.420. Marina mercante (1988): Barcos (100 toneladas brutas y más) 59; peso muerto total 97.380 toneladas. Transporte aéreo (1987): Pasajeros-km 847.836.000; carga toneladas métricas-km 89.817.000; aeropuertos (1989) con vuelos regulares 5.
Comunicaciones. Diarios (1986): Número total 9; circulación total 201.400; circulación por 1.000 habitantes 19,0. Radio (1986): Número total de receptores 2.000.000 (1 por cada 5,3 personas). Televisión (1986): Número total de televisores 400.000 (1 por cada 26,5 personas). Teléfonos (1987): 653.000 (1 por cada 17 personas).

Educación y sanidad

Escolaridad (1984). Porcentaje de la población total de 10 años y más: Sin escolarización formal 32,0%; que sabe leer y escribir 28,4%; con enseñanza primaria 31,3%; secundaria 4,9%; diplomada 2,0%; superior 1,9%. *Alfabetización* (1986): Población total de 15 años y más alfabetizada 3.393.164 (61,1%); varones alfabetizados 2.144.085 (76,5%); mujeres alfabetizadas 1.249.079 (45,5%).
Sanidad (1987): Médicos 8.146 (1 por cada 1.347 habitantes); camas hospitalarias 12.606 (1 por cada 870 habitantes); tasa de mortalidad infantil por cada 1.000 nacidos vivos (1985-90) 48,0.
Alimentación (1984-86): Ingesta calórica diaria per cápita 3.259 (productos vegetales 86%, productos animales 14%); (1984) 128% de las necesidades mínimas recomendadas por la FAO.

Fuerzas armadas

Personal en servicio activo (1988): 404.000 (ejército 74,3%, armada 1,0%, fuerza aérea 24,7%). *Presupuesto de defensa en porcentaje del PNB* (1987) 11,9% (mundo 5,4%); gasto per cápita 302 dlr. EUA.

[1] Los partidos, con excepción del comunista, forman una coalición (Frente Progresista Nacional). [2] Se exige que el jefe del estado pertenezca a la religión islámica, base del sistema legal. [3] Incluye el territorio de las alturas del Golán, internacionalmente reconocido como perteneciente a Siria (situado entre la línea de armisticio Israel-Siria de 1949 [oeste] y la zona de las fuerzas de disuasión de la ONU de 1974 [este]); está ocupado por Israel desde 1967. La anexión unilateral del territorio por parte de Israel, en diciembre de 1981, no cuenta con el reconocimiento internacional. [4] 1987. [5] El desglose no se corresponde con el total a causa del redondeo.

Somalia

Nombre oficial: República Democrática Somalí.
Forma de gobierno: República de partido único con una cámara legislativa (Asamblea Popular[1]).
Jefe del estado y del gobierno: Presidente.
Capital: Mogadiscio.
Lengua oficial: Somalí; árabe.
Religión oficial: Islámica.
Moneda: 1 chelín somalí (So.Sh.) = 100 cents; cambio (2 oct. 1989) 1 dlr. EUA = 410 So.Sh.

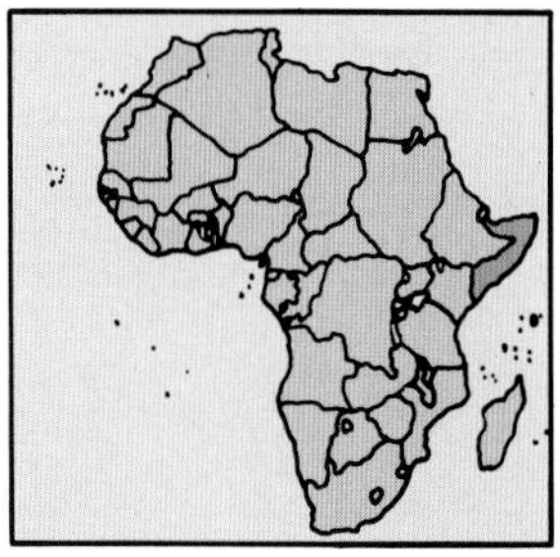

Área y población

Regiones	Capitales	área km²	población estimada 1980
Bakool	Xuddur	27.000	148.700
Banaadir	Mogadiscio	1.000	520.100
Bari	Boosaaso	70.000	222.300
Bay	Baydhabo	39.000	451.000
Galguduud	Dhuusa Mareeb	43.000	255.900
Gedo	Garbahaarrey	32.000	235.000
Hiiraan	Beled Weyne	34.000	219.300
Jubbada Dhexe	Buaale	23.000	147.800
Jubbada Hoose	Kismaayo	61.000	272.400
Mudug	Gaalkacyo	70.000	311.200
Nugaal	Garoowe	50.000	112.200
Sanaag	Ceerigaabo	54.000	216.500
Shabeellaha Dhexe	Towhar	22.000	352.000
Shabeellaha Hoose	Marca	25.000	570.700
Togdheer	Burko	41.000	383.900
Woqooyi Galbeed	Hargeysa	45.000	655.000
TOTAL		637.000	5.074.000

Demografía

Población (1989): 7.339.000.
Densidad (1989): Personas por km² 11,5.
Índice de urbanización (1985): Urbana 32,5%; rural 67,5%.
Distribución por sexo (1985): Varones 47,53%; mujeres 52,47%.
Estructura por edades (1985): Menos de 15, 43,7%; 15-29, 25,0%; 30-44, 14,7%; 45-59, 10,1%; 60-74, 5,9%; 75 y más, 0,6%.
Proyección demográfica: (2000) 9.803.000; (2010) 13.247.000.
Tiempo de duplicación: 23 años.
Composición étnica (1983): Somalíes 98,3%; árabes 1,2%; bantúes 0,4%; otros 0,1%.
Afiliación religiosa (1980): Musulmanes sunníes 99,8%; cristianos 0,1%; otros 0,1%.
Principales ciudades (1981): Mogadiscio 500.000; Hargeysa 70.000; Kismaayo 70.000; Berbera 65.000; Marca 60.000.
Tasa de natalidad por 1.000 habitantes (1985-90): 50,2 (media mundial 27,1).
Tasa de mortalidad por 1.000 habitantes (1985-90): 20,1 (media mundial 9,9).
Tasa de crecimiento por 1.000 habitantes (1985-90): 30,1 (media mundial 17,2).
Esperanza de vida al nacer (1985-90): Varones 43,4 años; mujeres 46,6 años.
Principales causas de muerte por 100.000 habitantes: n.d.; sin embargo, entre las enfermedades más importantes se incluyen lepra, paludismo, tétanos y tuberculosis.

Economía nacional

Presupuesto (1988). Ingresos: 17.807.000.000 So.Sh. (ingresos internos, principalmente impuestos indirectos y derechos de importación 67,0%; ayudas externas y transferencias 33,0%). Gastos: 17.807.000.000 So.Sh. (equipamiento y servicios 67,5%, del cual el 21,5% corresponde al servicio de la deuda; salarios 13,2%).
Turismo: Ingresos por visitantes (1986) 8.000.000 dlr. EUA; gastos de nacionales en el exterior (1983) 13.000.000 dlr. EUA.
Producción (toneladas métricas, excepto cuando se indique). Agricultura, silvicultura, pesca (1988): Caña de azúcar 370.000, maíz 282.000, sorgo 220.000, plátanos 120.000, verduras 55.000, semillas de sésamo 50.000, raíces y tubérculos 48.000, cítricos 27.000, frijoles o judías 25.000, arroz 12.000, dátiles 7.000, semillas de algodón 3.000, cacahuates 1.000; ganadería (número de animales vivos): 20.000.000 cabras, 13.195.000 ovejas, 6.680.000 camellos, 5.000.000 reses; madera (1987) 4.625.000 m³; pesca, capturas (1987) 17.000. Minas y canteras (1986): Sal 30.000. Industria manufacturera (valor añadido en millones de So.Sh.; 1986)[2]: Alimentos 79; impresos y ediciones 42; bebidas 38; tabaco 31; textiles 20; ropa y calzado 14; productos petrolíferos 11; accesorios metálicos 6. Construcción (valor añadido en So.Sh.; 1986): 1.687.200.000. Producción energética (consumo): Electricidad (kwh; 1987) 255.000.000 (255.000.000); carbón, no produce (n.d.); petróleo crudo (barriles; 1987), n.d. (1.810.000); productos petrolíferos (1987) 211.000 (280.000); gas natural, no produce (n.d.).
Producto nacional bruto (a precios corrientes de mercado; 1987): 1.657.000.000 dlr. EUA (290 dlr. EUA per cápita).

Estructura del producto nacional bruto y de la población activa

	1986 Valor (000.000 So.Sh.[2])	1986 % del valor total	1985 Población activa	1985 % de la pobl. activa
Agricultura	3.707	54,9	1.475.000	73,8
Minería	21	0,3		
Industria	334	4,9	176.000	8,8
Construcción	318	4,7		
Servicios públicos	62	0,9		
Transportes y comunicaciones	427	6,3		
Comercio	580	8,6		
Finanzas	349	5,2		
Administración pública, defensa	461	6,8	348.000	17,4
Servicios	194	2,9		
Otros	302	4,5		—
TOTAL	6.755	100,0	1.999.000	100,0

Deuda pública (externa, pendiente; 1988): 1.762.000.000 dlr. EUA.
Población económicamente activa (1985): Total 1.999.000; tasa de actividad de la población total 42,9% (tasas de participación: 15-64 años, n.d.; mujeres [1980] 22,1%; desempleados, n.d.).

Comercio exterior

Balanza comercial (precios corrientes)

	1982	1983	1984	1985	1986	1987
Millones So Sh	−74,5	−1.421,4	−793,4	−275,0	−1.446,6	−1.209,5
% del total	1,8	33,3	26,6	3,7	10,2	5,3

Importaciones (1987): 12.109.400.000 So.Sh. (1984; alimentos 25,5%; maquinaria y equipos de transporte 22,0%, del que el 15,1% corresponde a equipos de transporte y el 2,5% a equipos eléctricos; materiales de construcción 20,4%; combustibles minerales 7,8%; materias primas de fabricación 5,6%; bebidas y tabaco 2,0%; productos químicos 1,72%; ropa y calzado 1,5%). *Principales proveedores:* Italia 35,7%; EUA 10,5%; Alemania federal 8,5%; Francia 4,7%; Reino Unido 4,6%; Tailandia 3,3%; Kenia 2,9%; Japón 2,6%; Singapur 1,0%; China 0,8%.
Exportaciones (1987): 10.899.900.000 So.Sh. (animales vivos 67,0%; plátanos 22,6%; pieles, curtidos y pescados). *Principales clientes:* Italia 27,7%; EUA 3,2%; China 1,1%.

Transportes y comunicaciones

Transportes. Ferrocarriles: Ninguno. Carreteras (1985): Longitud total 17.215 km (pavimentadas 15%). Vehículos (1985): Automóviles 17.754; camiones y autobuses 9.533. Marina mercante (1988): Barcos (100 toneladas brutas y más 26; peso muerto total 15.860 toneladas. Transporte aéreo (1988): Pasajeros-km 136.138.000; carga toneladas métricas-km 1.978.000; aeropuertos (1989) con vuelos regulares 14.
Comunicaciones. Diarios (1988): Número total 1; circulación total, n.d. Radio (1988): Número total de receptores 362.292 (1 por cada 20 personas). Televisión[3]: Número total de televisores, n.d. Teléfonos (1985): 6.000 (1 por cada 1.066 personas).

Educación y sanidad

Escolaridad, n.d. *Alfabetización* (1975): Población total de 10 años y más alfabetizada 54,8%; varones alfabetizados 60,9%; mujeres alfabetizadas 47,9%.
Sanidad: Médicos (1986) 450 (1 por cada 13.315 habitantes); camas hospitalarias (1985) 5.536 (1 por cada 1.053 habitantes); tasa de mortalidad infantil por cada 1.000 nacidos vivos (1985-90) 132.
Alimentación (1984-86): Ingesta calórica diaria per cápita 2.088 (productos vegetales 69%, productos animales 31%); 90% de las necesidades mínimas recomendadas por la FAO.

Fuerzas armadas

Personal en servicio activo (1989): 65.000 (ejército 94,3%, armada 1,8%, fuerza aérea 3,9%). *Presupuesto de defensa en porcentaje del PNB* (1984) 3,0% (mundo 5,7%); gasto per cápita 5 dlr. EUA.

[1] Incluye 6 escaños no electivos. [2] A precios de 1977. [3] Desde finales de 1983, el servicio de televisión cubre el área de Mogadiscio y Hargeysa.

Sri Lanka

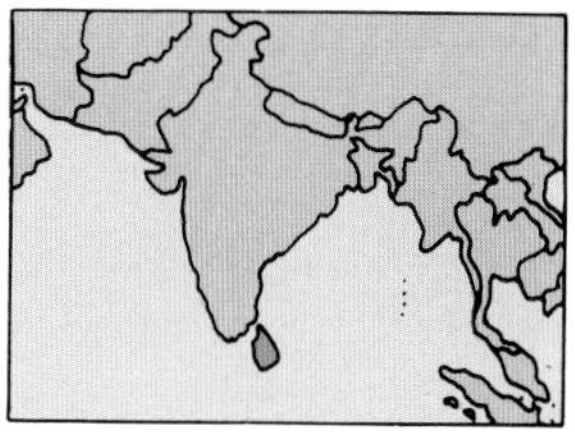

Nombre oficial: República Socialista Democrática de Sri Lanka.
Forma de gobierno: República unitaria multipartidista con una cámara legislativa (Parlamento).
Jefe del estado y del gobierno: Presidente.
Capital: Colombo (administrativa), Sri Jayawardenapura (legislativa y judicial).
Lengua oficial: Cingalés.
Religión oficial: Ninguna.
Moneda: 1 rupia de Sri Lanka (SL Rs) = 100 cents; cambio (2 oct. 1989) 1 dlr. EUA = 32,50 SL Rs.

Área y población

Distritos	Capitales	área km²	población estimada 1986
Amparai	Amparai	4.604	439.000
Anuradhapura	Anuradhapura	7.275	659.000
Badulia	Badulia	2.822	668.000
Batticaloa	Batticaloa	2.633	379.000
Colombo	Colombo	695	1.836.000
Galle	Galle	1.689	881.000
Gampaha	Gampaha	1.399	1.466.000
Hambantota	Hambantota	2.623	477.000
Jaffna	Jaffna	2.158	915.000
Kalutara	Kalutara	1.615	892.000
Kandy	Kandy	2.158	1.188.000
Kegalle	Kegalle	1.663	720.000
Kurunegala	Kurunegala	4.776	1.333.000
Mannar	Mannar	2.014	120.000
Matale	Matale	1.989	392.000
Matara	Matara	1.247	717.000
Monaragala	Monaragala	5.666	320.000
Mullaitivu	Mullaitivu	2.066	86.000
Nuwara Eliya	Nuwara Eliya	1.437	514.000
Polonnaruwa	Polonnaruwa	3.449	294.000
Puttalam	Puttalam	3.036	552.000
Ratnapura	Ratnapura	3.239	868.000
Trincomalee	Trincomalee	2.714	292.000
Vavuniya	Vavuniya	2.645	108.000
TOTAL		65.610[1]	16.117.000[1]

Demografía

Población (1988): 16.606.000.
Densidad (1988): Personas por km² 253,1.
Índice de urbanización (1985): Urbana 21,1%; rural 78,9%.
Distribución por sexo (1986): Varones 50,97%; mujeres 49,03%.
Estructura por edades (1986): Menos de 15, 35,3%; 15-24, 21%; 25-44, 26,5%; 45-59, 10,6%; 60-69, 4,0%; 70 o más, 2,6%.
Proyección demográfica: (1990) 17.108.000; (2000) 19.227.000.
Tiempo de duplicación: 41 años.
Composición étnica (1981): Cingaleses 74,0%; tamiles 18,2%; moros de Sri Lanka 7,1%; otros 0,7%.
Afiliación religiosa (1981): Budistas 69,3%; hindúes 15,5%; musulmanes 7,6%; cristianos 7,5%; otros 0,1%.
Principales ciudades (1985): Colombo 664.000; Dehiwala-Mount Lavinia 188.000; Moratuwa 138.000; Jaffna 138.000; Kandy 125.000.
Tasa de natalidad por 1.000 habitantes (1987): 23,4 (media mundial 26,0).
Tasa de mortalidad por 1.000 habitantes (1987): 6,1 (media mundial 9,9).
Tasa de crecimiento por 1.000 habitantes (1987): 17,3 (media mundial 16,1).
Esperanza de vida al nacer (1987): Varones 68,3 años; mujeres 71,5 años.
Principales causas de muerte por 100.000 habitantes (1982): Enfermedades cardiovasculares 87,7; lesiones e intoxicación 64,9; enfermedades infecciosas y parasitarias 50,4; enfermedades respiratorias 43,2[2]; neoplasias malignas 24,6.

Economía nacional

Presupuesto (1987). Ingresos: 44.810.000.000 SL Rs (impuestos generales sobre ventas y facturación 26,5%; derechos de importación 20,7%; impuestos de utilidades 13,8%; impuesto de lujo 12,1%; ingresos de empresas comerciales 6,2%). Gastos: 59.777.000.000 SL Rs (servicio de la deuda pública 15,0%; pagos por transferencias individuales 9,8%; educación 7,7%; administración civil 7,7%; sanidad 4,7%).
Turismo (1986): Ingresos por visitantes 75.000.000 dlr. EUA; gastos de nacionales en el exterior 55.000.000 dlr. EUA.
Producción (toneladas métricas, excepto cuando se indique). Agricultura, silvicultura, pesca (1986): Arroz 2.594.000, cocos 2.285.000, mandioca 650.000, copra 230.000, té 211.000, borra de algodón 189.000, batatas o camotes 147.000; ganadería (número de animales vivos): 1.783.000 reses, 964.000 búfalos, 534.000 cabras; madera (1984) 8.687.000 m³; pesca, capturas 168.000. Minas y canteras (1985): Arcillas 18.353; ilmenita 114.854; sal 76.858; rutilo 8.558; grafito 7.413; piedras preciosas 20.000.000 dlr. EUA. Industria manufacturera (valor añadido en SL Rs; 1985): Alimentos, bebidas y tabaco 6.166.000.000; textiles y accesorios del vestido 2.594.000.000; productos petroquímicos 1.402.000.000; productos minerales no metálicos 1.089.000.000. Construcción (1985): Residencial 833.200 m². Producción energética (consumo): Electricidad (kwh; 1986) 2.682.000.000 (2.652.000.000); carbón (1986), no produce (1.000); petróleo crudo (barriles; 1986), no produce (12.432.000); productos petrolíferos (1986) 1.467.000 (1.082.000); gas natural, no produce (n.d.).
Producto nacional bruto (1986): 6.460.000.000 dlr. EUA (400 dlr. EUA per cápita).

Estructura del producto nacional bruto y de la población activa

	1986			
	Valor (000.000 SL Rs)	% del valor total	Población activa	% de la pobl. activa
Agricultura	38.672,7	22,5	2.530.967	42,4
Minería	1.622,0	0,9	66.726	1,1
Industria	28.517,9	16,6	648.459	10,9
Construcción	13.369,0	7,8	226.913	3,8
Servicios públicos	3.073,5	1,8	21.484	0,3
Transportes y comunicaciones	18.982,1	11,0	220.025	3,7
Comercio	33.138,8	19,3	513.872	6,6
Finanzas	10.248,2	6,0	65.094	1,1
Administración pública, defensa	11.610,8	6,8 }	631.408	10,6
Servicios	4.289,9	2,5 }		
Otros	8.266,4	4,6	1.047.043[3]	17,5[3]
TOTAL	171.811,3	100,0	5.972.001	100,0

Deuda pública (externa, pendiente; 1985): 3.448.200.000 dlr. EUA.
Población económicamente activa (1985): Total 5.920.000; tasa de actividad de la población total 36,5% (tasas de participación: 15 años y más 48,3%; mujeres 13,0%; desempleados [1981] 13,5%).

Comercio exterior

Balanza comercial (precios corrientes)

	1982	1983	1984	1985	1986	1987
Millones SL Rs	−15.021	−14.519	−3.933	−9.890	−12.773	−13.146
% del total	25,9	22,4	5,1	12,0	15,8	13,8

Importaciones (1986): 51.282.000.000 SL Rs (maquinaria y equipos de transporte 15,1%; petróleo 12,6%; trigo 3,9%; azúcar 3,5%; arroz 1,9%). *Principales proveedores:* Japón 17,4%; EUA 6,4%; Reino Unido 5,6%; China 4,7%; Alemania federal 4,7%; India 4,3%.
Exportaciones (1986): 33.092.000.000 SL Rs (té 27,8%; caucho 7,9%; piedras preciosas y semipreciosas 5,4%; coco desecado 2,6%; aceite de coco 2,0%). *Principales clientes:* EUA 25,6%; Alemania federal 7,0%; Reino Unido 5,7%; Japón 5,5%; Países Bajos 3,9%.

Transportes y comunicaciones

Transportes. Ferrocarriles (1986): Longitud de vías (1985) 1.944 km; pasajeros-km 1.972.000.000; carga toneladas métricas-km 203.620. Carreteras (1984): Longitud total 86.218 km (pavimentadas 35%). Vehículos (1986): Automóviles 165.224; camiones y autobuses 138.253. Marina mercante (1987): Barcos (100 toneladas brutas y más) 99; peso muerto total 908.456 toneladas. Transporte aéreo (1986): Pasajeros-km 2.112.000.000; carga toneladas métricas-km 56.148.000; aeropuertos (1988) con vuelos regulares 1.
Comunicaciones. Diarios (1985): Número total 15; circulación total 850.000; circulación por 1.000 habitantes 53. Radio (1986): Número total de receptores 2.073.432[5] (1 por cada 7,8 personas). Televisión (1987): Número total de televisores 500.000 (1 por cada 33 personas). Teléfonos (1987): 125.250 (1 por cada 130 personas).

Educación y sanidad

Escolaridad (1981). Porcentaje de la población total de 25 años y más: sin escolarización formal 15,5%; con menos que enseñanza primaria completa 12,1%; primaria completa 52,3%; postprimaria 14,7%; secundaria 3,0%; superior 1,1%; sin especificar 1,3%. *Alfabetización* (1981): Población total de 15 años y más alfabetizada 86,1%; varones alfabetizados 90,8%; mujeres alfabetizadas 81,2%.
Sanidad (1986): Médicos 2.222 (1 por cada 7.253 habitantes); camas hospitalarias 45.006 (1 por cada 358 habitantes); tasa de mortalidad infantil por cada 1.000 nacidos vivos (1987) 29,0.
Alimentación (1983-85): Ingesta calórica diaria per cápita 2.410 (productos vegetales 96%, productos animales 4%); 104% de las necesidades mínimas recomendadas por la FAO.

Fuerzas armadas

Personal en servicio activo (1987): 48.000 (ejército 83,3%, armada 8,4%, fuerza aérea 8,3%). *Presupuesto de defensa en porcentaje del PNB* (1985) 2,7% (mundo 6,1%); gasto per cápita 11 dlr. EUA.

[1] El desglose no se corresponde con el total a causa del redondeo. [2] 1981. [3] Incluye desempleados. [4] Índices agrícolas mínimos. [5] Licencias.

Suazilandia

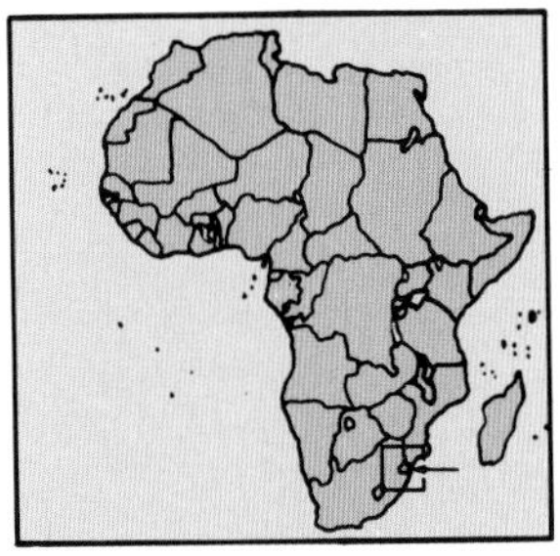

Nombre oficial: Reino de Suazilandia.
Forma de gobierno: Monarquía con dos cámaras legislativas (Senado; Cámara de la Asamblea).
Jefe del estado y del gobierno: Rey, asistido por el primer ministro.
Capital: Mbabane (administrativa); Lobamba (real y legislativa).
Lengua oficial: Suazi; inglés.
Religión oficial: Ninguna.
Moneda: 1 lilangeni (plural, emalangem [E]) = 100 cents; cambio (2 oct. 1989) 1 dlr. EUA = 2,69 E[1].

Área y población

Distritos	Capitales	área km²	población censo 1986[2]
Hhonhho	Mbabane	3.569	178.936
Lumbombo	Siteki	5.947	153.958
Manzini	Manzini	4.068	192.596
Shiselweni	Nhlangano	3.780	155.569
TOTAL		17.364	681.059

Demografía

Población (1989): 746.000.
Densidad (1989): Personas por km² 42,9.
Índice de urbanización (1986): Urbana 22,8%; rural 77,2%.
Distribución por sexo (1986): Varones 47,22%; mujeres 52,78%.
Estructura por edades (1986): Menos de 15, 47,3%; 15-29, 26,6%; 30-44, 13,4%; 45-59, 7,4%; 60-74, 3,4%; 75 y más, 1,3%; edad desconocida 0,6%.
Proyección demográfica: (2000) 1.082.000; (2010) 1.488.000.
Tiempo de duplicación: 21 años.
Composición étnica (1983): Suazis 84,3%; zulúes 9,9%; tsonga 2,5%; indios 0,8%; paquistaníes 0,8%; portugueses 0,2%; otros 1,5%.
Afiliación religiosa (1980): Cristianos 77,0%, del que el 37,3% corresponde a protestantes y el 10,8% a católicos; indígenas africanos 28,9%; creencias tradicionales 20,9%; otros 2,1%.
Principales ciudades (1986): Manzini 52.000; Mbabane 40.000; Nhlangano 3.000; Siteki 1.800; Hlatikulu 1.600.
Tasa de natalidad por 1.000 habitantes (1985-90): 46,8 (media mundial 27,1).
Tasa de mortalidad por 1.000 habitantes (1985-90): 12,5 (media mundial 9,9).
Tasa de crecimiento por 1.000 habitantes (1985-90): 34,3 (media mundial 17,2).
Esperanza de vida al nacer (1985-90): Varones 53,7 años; mujeres 57,3 años.
Principales causas de muerte por 100.000 habitantes (1985)[3]: Enfermedades del sistema respiratorio 11,3%; enfermedades intestinales infecciosas 10,4%; enfermedades circulatorias 7,5%; tuberculosis 7,1%; malnutrición 6,5%; accidentes y heridas 6,0%; condiciones perinatales 5,6%.

Economía nacional

Presupuesto (1988-89). Ingresos: 359.700.000 E (ingresos de la Unión Aduanera de Sudáfrica 45,1%; impuestos sobre rentas y beneficios 27,9%; impuesto sobre ventas 10,4%; ayudas extranjeras 6,4%; renta de propiedades 3,5%; honorarios, servicios y sanciones 1,3%). Gastos: 369.200.000 E (gastos recurrentes 74,0%, del que el 20,8% corresponde a educación, el 12,1% a administración general, el 11,5% a servicios económicos, el 7,5% a policía y justicia, el 7,3% a sanidad, el 5,1% a defensa y el 5,0% a pagos de la deuda pública).
Turismo (1987): Ingresos por visitantes 19.000.000 dlr. EUA; gastos de nacionales en el exterior 14.000.000 dlr. EUA.
Producción (toneladas métricas, excepto cuando se indique). Agricultura, silvicultura, pesca (1987): Caña de azúcar 4.000.000, maíz 92.000, cítricos 82.700, semillas de algodón 32.000, borra de algodón 11.000, raíces y tubérculos 9.000 (de las que 7.000 corresponden a papas o patatas y 2.000 a batatas o camotes), legumbres 3.000; ganadería (número de animales vivos): 655.000 reses, 275.000 cabras, 35.000 ovejas, 18.000 cerdos, 1.000.000 pollos; madera 2.223.000 m³; pesca, capturas 44. Minas y canteras (1986): Amianto 23.093; diamantes 39.144 quilates. Industria manufacturera (valor añadido en E; 1983): Productos de papel 65.068.000; productos alimenticios y bebidas 57.520.000; productos químicos industriales 46.043.000; productos de madera, muebles y accesorios 18.477.000; productos metálicos 13.452.000; textiles 10.097.000. Construcción (valor en E; 1986)[4]: Residencial 11.000.000; no residencial 5.000.000. Producción energética (consumo): Electricidad (kwh; 1986) 149.300.000 (650.000.000); carbón (1986) 172.199 (23.408); petróleo crudo, n.d. (n.d.); productos petrolíferos, n.d. (n.d.); gas natural, n.d. (n.d.).
Producto nacional bruto (a precios corrientes de mercado; 1987): 496.000.000 dlr. EUA (700 dlr. EUA per cápita).

Estructura del producto nacional bruto y de la población activa

	1986			
	Valor (000.000 E)	% del valor total	población activa[5]	% de la pobl. activa
Agricultura	201.698	21,1	23.072	30,2
Minería	21.477	2,3	2.455	3,2
Industria	166.337	17,4	10.944	14,3
Construcción	33.205	3,5	5.210	6,8
Servicios públicos	26.762	2,8	1.426	1,9
Transportes y comunicaciones	54.882	5,7	5.643	7,4
Comercio	99.646	10,4	7.479	9,8
Finanzas	127.633	13,4	3.469	4,5
Administración pública, defensa	130.156	13,6		
Servicios	24.248	2,5	16.707	21,9
Otros	69.908[6]	7,3[6]		
TOTAL	955.952	100,0	76.405	100,0

Deuda pública (externa, pendiente; 1987): 272.700.000 dlr. EUA.
Población económicamente activa (1985): Total 273.000; tasa de actividad de la población total 41,4% (tasas de participación: 15-64 años, n.d.; mujeres [1982] 51,7%; desempleados [1983] 4,0%).

Comercio exterior[7]

Balanza comercial (precios corrientes)

	1982	1983	1984	1985	1986	1987
Millones E	−123,6	−177,4	−205,2	−229,2	−198,3	−232,4
% del total	14,9	20,7	23,1	22,9	15,5	15,5

Importaciones (1986): 809.204.000 E (maquinaria y equipos de transportes 15,4%; combustibles, minerales y lubricantes 15,4%; bienes manufacturados 11,8%; alimentos y animales vivos 9,3%; productos químicos 6,5%; materiales crudos no comestibles 1,6%). *Principales proveedores:* Sudáfrica 90,1%; Reino Unido 3,1%; Australia 1,3%; Japón 1,3%; Alemania federal 0,9%; EUA 0,8%.
Exportaciones (1986): 610.000.000 E[8] (azúcar 33,7%; madera y productos derivados 20,0%, del que el 17,1% corresponde a pulpa de madera; combustibles, minerales y lubricantes 6,6%; frutas y zumos enlatados 5,0%; manufacturas 4,5%; bebidas y tabaco 0,7%; maquinaria y equipos de transporte 0,6%). *Principales clientes:* Sudáfrica 37,8%; Reino Unido 22,1%.

Transportes y comunicaciones

Transportes. Ferrocarriles (1987): Longitud de vías 515 km; pasajeros-km, n.d.; carga toneladas métricas-km 107.000.000[9]. Carreteras (1986): Longitud total 2.853 km (pavimentadas 18%). Vehículos (1986): Automóviles 20.883; camiones y autobuses 7.271. Marina mercante: Ninguna; estado interior. Transporte aéreo (1984)[10]: Pasajeros-km 22.494.000; carga toneladas métricas-km 2.201.000; aeropuertos (1989) con vuelos regulares 1.
Comunicaciones. Diarios (1986): Número total 2; circulación total 16.000; circulación por 1.000 habitantes 24. Radio (1988): Número total de receptores 114.682 (1 por cada 6,3 personas). Televisión (1988): Número total de televisores 12.500 (1 por cada 58 personas). Teléfonos (1987): 20.667 (1 por cada 34 personas).

Educación y sanidad

Escolaridad (1976). Porcentaje de la población total de 25 años y más: Sin escolarización formal 53,6%; con enseñanza primaria parcial 25,4%; primaria completa 9,2%; secundaria parcial 7,9%; secundaria y superior 3,9%. *Alfabetización* (1986): Población total de 15 años y más alfabetizada 240.171 (67,0%); varones alfabetizados 112.578 (69,0%); mujeres alfabetizadas 127.593 (65,0%).
Sanidad (1984): Médicos 80 (1 por cada 7.971 habitantes); camas hospitalarias 1.608 (1 por cada 396 habitantes); tasa de mortalidad infantil por cada 1.000 nacidos vivos (1985-90) 118,0.
Alimentación (1987): Ingesta calórica diaria per cápita 2.520 ([1984-86] productos vegetales 89%, productos animales 11%); (1984) 111% de las necesidades mínimas recomendadas por la FAO.

Fuerzas armadas

Personal en servicio activo (1983): 2.657. *Presupuesto de defensa en porcentaje del PNB* (1987) 1,3% (mundo 5,4%); gasto per cápita 11 dlr. EUA.

[1] El lilangeni está a la par con el rand sudafricano. [2] Preliminar. [3] Porcentajes de fallecimientos por causas conocidas en hospitales estatales, de las misiones y privados. [4] Únicamente zonas urbanas bajo la jurisdicción de los concejos municipales del Manzini y Mbabane. [5] Sólo asalariados. [6] Incluye cargos por servicios bancarios imputados. [7] Las cifras de importación son f.o.b. en la balanza comercial y c.i.f. para los artículos y asociados comerciales. [8] Las reexportaciones ascendieron al 5,0% de las exportaciones totales. [9] 1984. [10] Sólo Royal Swazi National Airways.

Sudáfrica, República de

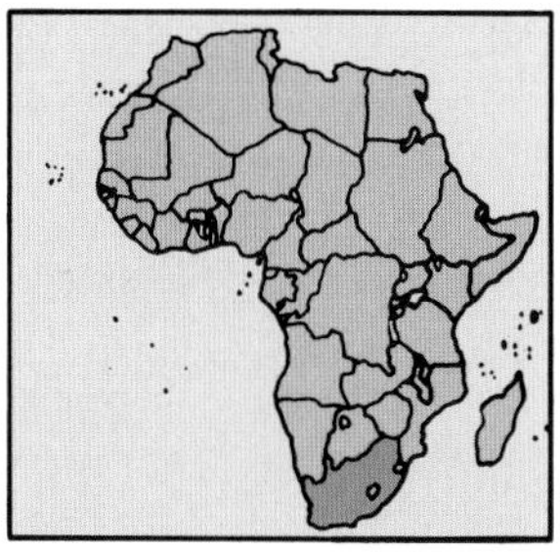

Nombre oficial: República de Sudáfrica.
Forma de gobierno: República multipartidista con tres cámaras legislativas (Cámara de la Asamblea; Cámara de Representantes y Cámara de Delegados[1]).
Jefe del estado y del gobierno: Presidente del Estado.
Capital: Pretoria (ejecutiva); Bloemfontein (judicial); Ciudad de El Cabo (legislativa).
Lengua oficial: Afrikaans; inglés.
Religión oficial: Ninguna.
Moneda: 1 rand (R) = 100 cents.; cambio (2 oct. 1989) 1 dlr. EUA = 2,69 R.

Área y población[2]

Provincias	Capitales	área km²	población[3] estimada 1983	censo 1985
El Cabo	Ciudad de El Cabo	641.379	5.374.000	5.041.137
Estado Libre de Orange	Bloemfontein	127.338	2.080.000	1.776.903
Natal	Pietermaritsburg	55.281	2.842.000	2.145.018
Transvaal	Pretoria	227.034	8.950.000	7.532.179
Estados nacionales				
Gazankulu	Giyani	6.565	585.000	497.213
KaNgwane	Louieville	3.823	184.000	392.782
KwaNdebele	Siyabuswa	3.244	200.000	235.855
KwaZulu	Ulundi	36.074	3.792.000	3.747.015
Lebowa	Lebowakgomo	21.833	1.869.000	1.835.984
Qwaqwa	Phuthaditjhaba	655	306.000	181.559
TOTAL		1.123.226	26.182.000	23.385.645

Demografía

Población (1989): 32.224.000[4].
Densidad (1989): Personas por km² 26,9.
Índice de urbanización (1985)[5]: Urbana 55,9%; rural 44,1%.
Distribución por sexo (1985): Varones 49,37%; mujeres 50,63%.
Estructura por edades (1985)[5]: Menos de 15, 41,0%; 15-29, 26,9%; 30-44, 16,1%; 45-59, 9,8%; 60-74, 5,0%; 75 y más, 1,2%.
Proyección demográfica: (2000) 37.783.000; (2010) 46.283.000.
Tiempo de duplicación: 30 años.
Composición étnica (1984): Negros 68,2%, del que el 23,8% corresponde a zulúes, el 9,8% a sotho septentrionales, el 9,7% a xhosa, el 7,3% a sotho meridionales, el 5,7% a tswana y el 11,9% a otros; blancos 18,0%; mestizos 10,5%; asiáticos 3,3%.
Afiliación religiosa (1980): Creencias tradicionales 20,4%; afrikaners reformados 15,5%; católicos 9,5%; metodistas 8,5%; anglicanos 6,5%; otros 39,6%.
Principales ciudades (municipios; 1985): Ciudad de El Cabo 1.911.521; Johannesburgo 1.609.408; Durban 982.075; Pretoria 822.925.
Tasa de natalidad por 1.000 habitantes (1985): 33,4 (media mundial 27,1).
Tasa de mortalidad por 1.000 habitantes (1985): 10,4 (media mundial 9,9).
Tasa de crecimiento por 1.000 habitantes (1985): 23,0 (media mundial 17,2).
Esperanza de vida al nacer (1985-90)[5]: Varones 57,5 años; mujeres 63,5 años.
Principales causas de muerte por 100.000 habitantes (1977)[6]: Enfermedades cardiacas 215,3; neoplasias malignas (cánceres) 107,3; enfermedades cerebrovasculares 90,2; neumonía 75,2.

Economía nacional

Presupuesto (1988-89). Ingresos: 42.840.000.000 R (impuestos sobre la renta 57,7%; impuesto sobre ventas 27,1%; aranceles y consumos 9,7%). Gastos: 52.933.000.000 R (educación 18,7%; defensa 16,2%; servicio de la deuda 14,1%; sanidad 9,4%; servicios sociales 9,2%).
Turismo (1987): Ingresos por visitantes 587.000.000 dlr. EUA; gastos de nacionales en el exterior 835.000.000 dlr. EUA.
Producción (toneladas métricas, excepto cuando se indique). Agricultura, silvicultura, pesca (1988): Caña de azúcar 20.332.000, maíz 6.900.000, trigo 3.400.000; ganadería (número de animales vivos): 29.800.000 ovejas, 11.820.000 reses; madera (1987) 27.000.000 m³; pesca, capturas (1987) 902.079. Minas y canteras (1988): Mineral de hierro 24.676.069; cromo 3.749.285; mineral de manganeso 3.480.659; oro 617.900 kg; plata 179.100 kg; platino 131.240 kg[7]; diamantes 8.382.257 quilates. Industria manufacturera (valor añadido en millones de R; 1985): Productos metálicos 5.553, de los que 2.435 corresponden a hierro y acero; productos químicos 5.198; alimentos y bebidas 3.770; maquinaria y equipos de transporte 3.726, de los que 1.461 corresponden a maquinaria eléctrica y 939 a equipos de transporte; textiles 980; impresos y publicaciones 795; prendas de vestir 622. Construcción (1987): Residencial 4.905.088 m²; no residencial 1.050.496 m². Producción energética (consumo)[8]: Electricidad (kwh; 1987) 122.465.000.000 (122.165.000.000); carbón (1987) 177.282.000 (134.532.000); petróleo (barriles; 1987), no produce (117.000.000); productos petrolíferos (1987) 13.690.000 (10.492.000).
Producto nacional bruto (1987): 62.926.000.000 dlr. EUA (1.890 dlr. EUA per cápita).

Estructura del producto nacional bruto y de la población activa

	1987 Valor (000.000 R)	1987 % del valor total	1985 Población activa	1985 % de la pobl. activa
Agricultura	8.831	5,5	1.179.590	13,6
Minería	21.321	13,2	743.065	8,6
Industria	37.302	23,2	1.379.518	15,8
Construcción	4.925	3,0	556.339	6,4
Servicios públicos	7.152	4,4	92.720	1,1
Transportes y comunicaciones	13.486	8,4	418.156	4,8
Comercio	19.270	12,0	941.867	10,8
Finanzas	24.544	15,2	339.204	3,9
Administración pública, defensa	22.370	13,9	1.965.040	22,6
Servicios	2.851	1,8	1.076.864	12,4
Otros	−1.021[9]	−0,6[9]		
TOTAL	161.031	100,0	8.692.363	100,0

Deuda pública (1989)[10]: 29.000.000.000 dlr. EUA.
Población económicamente activa (1985): Total 8.692.363; tasa de actividad de la población total 37,2% (tasas de participación: 20-64 años [1970] 65,4%; mujeres [1981] 36,4%; desempleados, 8,4%).

Comercio exterior

Balanza comercial (precios corrientes)

	1983	1984	1985	1986	1987	1988
Millones R	4.479	3.705	13.748	15.246	15.167	9.643
% del total	12,1	7,9	23,0	22,1	20,9	10,9

Importaciones (1988): 39.528.300.000 R (maquinaria y equipos de transporte 45,5%, del que el 14,2% corresponde a vehículos a motor; productos químicos 10,6%; productos metálicos 4,9%; productos de plástico y de caucho 4,8%). *Principales proveedores* (1987): EUA 68,6%; Alemania federal 18,2%; Japón 13,5%; Reino Unido 11,1%.
Exportaciones (1988): 48.800.700.000 R (oro 39,2%; metales y productos metálicos 13,8%; piedras preciosas 8,2%; alimentos y tabaco 5,4%; productos químicos 3,3%). *Principales clientes* (1987): EUA 43,6%; Japón 10,6%; Italia 7,7%; Alemania federal 6,4%; Canadá 6,0%; Reino Unido 4,6%.

Transportes y comunicaciones

Transportes. Ferrocarriles (1987): Longitud de vías 23.607 km; pasajeros-km 15.195.600.000; carga toneladas métricas-km 91.690.592.000. Carreteras (1987): Longitud total 182.968 km (pavimentadas 29%). Vehículos (1987): Automóviles 3.107.031; camiones y autobuses 1.217.214. Marina mercante (1988): Barcos 241; peso muerto total 522.723 toneladas. Transporte aéreo (1986)[11]: Pasajeros-km 4.508.783.000; carga toneladas métricas-km 189.264.000; aeropuertos (1989) 39.
Comunicaciones. Diarios (1987): Número total 23; circulación total 1.445.000; circulación por 1.000 habitantes 41. Radio (1988): Número total de receptores 10.000.000 (1 por cada 3,6 personas). Televisión (1986): Número total de televisores 2.629.000 (1 por cada 13 personas). Teléfonos (1987): 4.235.022 (1 por cada 8,5 personas).

Educación y sanidad

Escolaridad (1985). Porcentaje de la población económicamente activa: sin escolarización formal o con enseñanza primaria incompleta 49,4%; primaria completa 9,1%; secundaria parcial 27,5%; secundaria completa 12,4%; grado postsecundario 1,6%. *Alfabetización*[5] (1984): población total adulta alfabetizada 50%; blancos 93%; asiáticos 69%; mestizos 62%; negros 32%.
Sanidad: Médicos (1986) 22.525 (1 por cada 1.510 habitantes); camas hospitalarias (1980) 98.308 (1 por cada 246 habitantes); tasa de mortalidad infantil por cada 1.000 nacidos vivos (1985) 59,2.
Alimentación (1984-86): Ingesta calórica diaria per cápita 2.941 (productos vegetales 86%, productos animales 14%); 120% de las necesidades mínimas recomendadas por la FAO.

Fuerzas armadas

Personal en servicio activo (1989): 103.000 (ejército 75,2%, armada 6,3%, fuerza aérea 10,7%, servicio médico 7,8%). *Presupuesto de defensa en porcentaje del PNB* (1987): 4,4% (mundo 5,4%); gasto per cápita 99 dlr. EUA.

[1] Para la representación de blancos, mestizos y asiáticos (principalmente indios), respectivamente. [2] Los datos excluyen Bophuthatswana, Ciskei, Transkei y Venda, reconocidas por el gobierno de Sudáfrica como naciones soberanas. En conjunto, estas entidades tienen un área de 102.589 km² y una población (1986) de 6.724.000 habitantes. [3] Los datos de 1985 representaban una cifra a la que faltaban 4,336.455 habitantes. Se puede obtener cierta aproximación de su extensión y distribución comparando las estimaciones de 1983 (basadas en el censo de 1980, más preciso) con las cifras de 1985. [4] La estimación de 1989 parte de una serie que incorpora el censo de 1980, las estimaciones de 1983 y el censo corregido de 1985. [5] Incluye Bophuthatswana, Ciskei, Transkei y Venda. [6] Blancos, asiáticos y mestizos únicamente. [7] 1987. [8] Datos aplicables a la Unión Aduanera de Sudáfrica, que incluye a Sudáfrica, Botswana, Lesotho, África del Sudoeste/Namibia y Suazilandia. [9] Incluye cargos financieros imputados. [10] 1 de mayo. [11] Sólo hasta el mes de julio.

Sudán

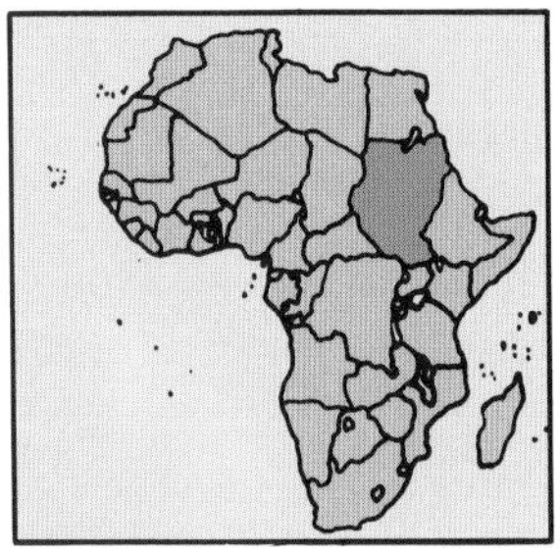

Nombre oficial: República de Sudán.
Forma de gobierno: República multipartidista con una cámara legislativa (Asamblea Popular).
Jefe del estado y del gobierno: Presidente y comandante del Consejo de la Revolución Nacional.
Capital: Jartum.
Lengua oficial: Árabe.
Religión oficial: Situación de suspensión de la constitución y de la *sharia* ley islámica.
Moneda: 1 libra sudanesa (LSd) = 100 piastras; cambio (2 oct. 1989) 1 dlr. EUA = 4,50 LSd.

Área y población

Regiones / Provincias	Capitales	área km²	población censo 1983
Alto Nilo	Malaka	238.792	1.599.605
Alto Nilo	Nasir	117.148	802.354
Jongley	Bor	121.644	797.251
Bahr al-Gazal	Waw	200.894	2.265.510
Bahr al-Gazal Occidental	Raga	134.576	1.492.597
Bahr al-Gazal Oriental	Uwayl		
al-Buhayrah	Rumbek	66.318	772.913
Darfur	al-Fasher	508.684	3.093.699
Darfur Meridional	Nyala	162.529	1.765.752
Darfur Septentrional	al-Fasher	346.155	1.327.947
al-Istiwaiya	Yuba	197.969	1.406.181
al-Istiwaiya Occidental	Yambio	78.732	359.056
al-Istiwaiya Oriental	Yuba	119.237	1.047.125
Kordofán	al-Obeid	380.255	3.093.294
Kordofán Meridional	Kadugli	158.355	1.287.525
Kordofán Septentrional	al-Obeid	221.900	1.805.769
Norte	al-Damir	476.040	1.083.024
Nilo	al-Damir	127.343	649.633
Norte	Dongola	348.697	433.391
al-Sharqiya	Kasala	334.074	2.208.209
Kasala	Kasala	114.154	1.512.335
Mar Rojo	Port Sudan	219.920	695.874
al-Wasta	Uad Medani	139.017	4.012.543
al-Gezira	Uad Medani	35.057	2.023.094
Nilo Azul	al-Damazin	62.135	1.056.313
Nilo Blanco	al-Duwaim	41.825	933.136
Capital nacional			
Jartum	Jartum	28.165	1.802.299
TOTAL		2.503.890[1]	20.564.364

Demografía

Población (1989): 27.268.000.
Densidad (1989): Personas por km² 10,9.
Índice de urbanización (1985): Urbana 29,4%; rural 70,6%.
Distribución por sexo (1985): Varones 50,13%; mujeres 49,87%.
Estructura por edades (1985): Menos de 15, 44,6%; 15-29, 26,0%; 30-44, 15,7%; 45-59, 8,9%; 60-74, 4,0%; 75 y más, 0,8%.
Proyección demográfica: (2000) 37.607.000; (2010) 49.063.000.
Tiempo de duplicación: 24 años.
Composición étnica (1983): Árabes sudaneses 49,1%; dinka 11,5%; nuba 8,1%; beja 6,4%; nuer 4,9%; azandi 2,7%; bari 2,5%; fur 2,1%; shilluk 1,7%; lotuco 1,5%; otros 9,5%.
Afiliación religiosa (1980): Musulmanes sunníes 73,0%; creencias tradicionales 16,7%; católicos 5,6%; anglicanos 2,3%; otros 2,4%.
Principales ciudades (1983): Omdurman 526.287; Jartum 476.218; Jartum Norte 341.146; Port Sudan 206.727.
Tasa de natalidad por 1.000 habitantes (1985-90): 44,6 (media mundial 27,1).
Tasa de mortalidad por 1.000 habitantes (1985-90): 15,8 (media mundial 9,9).
Tasa de crecimiento por 1.000 habitantes (1985-90): 28,8 (media mundial 17,1).
Esperanza de vida al nacer (1985-90): Varones 48,6 años; mujeres 49,0 años.
Principales causas de muerte por 100.000 habitantes (1979)[2]: Neumonía 26,4; tuberculosis 1,8; meningitis 1,3; hepatitis infecciosa 1,1.

Economía nacional

Presupuesto (1988-89). Ingresos: 5.885.000.000 LSd (1987-88; ingresos por impuestos 60,9%; ingresos no fiscales 34,5%). Gastos: 9.767.000.000 LSd (gastos actualizados 77,1%; presupuesto de desarrollo 22,6%, del que el 6,2% corresponde a agricultura, el 3,5% a transportes y comunicaciones y el 0,5% a energía y minas).
Turismo (1987): Ingresos por visitantes 14.000.000 dlr. EUA; gastos de nacionales en el exterior 51.000.000 dlr. EUA.
Producción (toneladas métricas, excepto cuando se indique). Agricultura, silvicultura, pesca (1988): Sorgo 4.690.000, caña de azúcar 4.500.000, mijo 550.000, cacahuates 527.000, algodón para semilla 394.000, sésamo 278.000, algodón 130.000, ñames 120.000, mandioca 65.000; ganadería (número de animales vivos): 22.500.000 reses, 19.000.000 ovejas, 13.500.000 cabras, 2.850.000 camellos; madera (1987) 20.678.000 m³; pesca, capturas (1987) 24.000. Minas y canteras (1987): Sal 40.000; concentrado de cromita 20.000; yeso y anhidrita 7.000. Industria manufacturera (1986-87): Azúcar refinada 471.889, harina de trigo 342.800, cemento 198.800; plásticos 12.195, hilados 9.700; perfumes 2.500; calzado 9.000.000 de pares[3]; cigarrillos 1.700.000.000[3]. Construcción: n.d. Producción energética (consumo): Electricidad (kwh; 1987) 1.052.000.000 (1.052.000.000); petróleo crudo (barriles; 1987), no produce (7.370.000); productos petrolíferos (1987) 832.000 (975.000).
Producto nacional bruto (1987): 7.746.000.000 dlr. EUA (330 dlr. EUA per cápita).

Estructura del producto nacional bruto y de la población activa

	1986-87		1985	
	Valor (000.000 LSd)	% del valor total	Población activa	% de la pobl. activa
Agricultura	7.138,3	34,4	4.786.000	68,5
Minería / Industria	1.475,8	7,1	587.000	8,4
Construcción	1.130,0	5,4		
Servicios públicos	420,8	2,0	1.618.000	23,1
Transportes y comunicaciones	2.212,0	10,7		
Comercio y finanzas	3.038,2	14,6		
Administración pública, defensa / Servicios	5.348,7	25,8		
TOTAL	20.763,8	100,0	6.991.000	100,0

Deuda pública (externa, pendiente; 1987): 5.885.000.000 dlr. EUA.
Población económicamente activa (1985): Total 6.991.000; tasa de actividad de la población total 32,4% (tasas de participación: 15 años y más 55,6%; mujeres 20,8%; desempleados, n.d.).

Comercio exterior

Balanza comercial (precios corrientes)

	1982	1983	1984	1985	1986	1987
Millones LSd	−621,3	−791,6	−550,6	−786,5	−1.569	−1.115,9
% del total	36,8	32,8	25,2	31,8	48,5	27,2

Importaciones (1987): 2.612.900.000 LSd (maquinaria y equipos de transportes 32,7%, del que el 14,1% corresponde a equipos de transporte; bienes manufacturados 19,2%; productos petrolíferos 18,5%; alimentos y tabaco 15,8%; productos químicos 9,5%; textiles 3,2%). *Principales proveedores:* Arabia Saudita 14,9%; Reino Unido 10,4%; EUA 7,4%; Japón 7,4%; Alemania federal 7,3%.
Exportaciones (1987): 1.497.100.000 LSd (algodón 30,4%; goma arábiga 17,8%; semillas de sésamo 9,0%; ovejas y corderos 2,6%). *Principales clientes:* Italia 10,8%; Países Bajos 10,4%; Arabia Saudita 9,5%; Reino Unido 8,2%; Alemania federal 7,3%

Transportes y comunicaciones

Transportes. Ferrocarriles (1987-88): Longitud de vías 5.503 km; pasajeros-km 357.000.000[5]; carga toneladas métricas-km 699.000.000[5]. Carreteras (1985): Longitud total 6.599 km (pavimentadas 59%). Vehículos (1985): Automóviles 99.400; camiones y autobuses 17.211. Marina mercante (1988): Barcos (100 toneladas brutas y más 25; peso muerto total 127.655 toneladas. Transporte aéreo (1988)[6]: Pasajeros-km 657.000.000; carga toneladas métricas-km 6.000.000; aeropuertos (1989) con vuelos regulares 10.
Comunicaciones. Diarios (1984): Número total 6; circulación total 105.000; circulación por 1.000 habitantes 4,6. Radio (1988): Número total de receptores 5.737.465 (1 por cada 4,6 personas). Televisión (1988): Número total de televisores 165.780 (1 por cada 23 personas). Teléfonos (1988): 76.347 (1 por cada 338 personas).

Educación y sanidad

Escolaridad, n.d. *Alfabetización* (1980): Población total de 15 años y más alfabetizada 2.507.200 (21,6%); varones alfabetizados 36,5%; mujeres alfabetizadas 6,5%.
Sanidad (1981): Médicos[7] 2.169 (1 por cada 9.369 habitantes); camas hospitalarias 17.328 (1 por cada 1.110 habitantes); tasa de mortalidad infantil por cada 1.000 nacidos vivos (1985-90) 108.
Alimentación (1984-86): Ingesta calórica diaria per cápita 2.074 (productos vegetales 78%, productos animales 22%); 88% de las necesidades mínimas recomendadas por la FAO.

Fuerzas armadas

Personal en servicio activo (1989): 72.800 (ejército 89,3%, armada 2,5%, fuerza aérea 8,2%). *Presupuesto de defensa en porcentaje del PNB* (1987) 2,7% (mundo 5,4%); gasto per cápita 10 dlr. EUA.

[1] El desglose no se corresponde con el total a causa del redondeo. [2] Según informes de hospitales y dispensarios. [3] 1985-86. [4] Primer trimestre. [5] 1987. [6] Líneas aéreas de Sudán únicamente. [7] Incluye dentistas.

Suecia

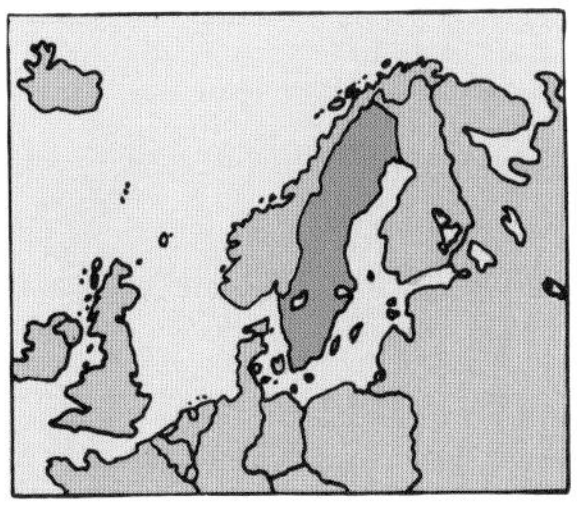

Nombre oficial: Reino de Suecia.
Forma de gobierno: Monarquía constitucional y estado parlamentario con una cámara legislativa (Parlamento).
Jefe del estado: Rey.
Jefe del gobierno: Primer ministro.
Capital: Estocolmo.
Lengua oficial: Sueco.
Religión oficial: Iglesia de Suecia (luterana).
Moneda: 1 corona sueca (SKr) = 100 ore; cambio (2 oct. 1989) 1 dlr. EUA = 6,43 SKr.

Área y población

Condados	Capitales	área km^2	población estimada[1] 1989
Älvsborg	Vänersborg	11.395	433.417
Blekinge	Karlskrona	2.941	149.544
Gävleborg	Gävle	18.191	287.004
Göteborg och Bohus	Gotemburgo	5.141	729.629
Gotland	Visby	3.140	56.383
Halland	Halmstad	5.454	247.417
Jämtland	Östersund	49.443	134.116
Jönköping	Jönköping	9.944	304.021
Kalmar	Kalmar	11.170	237.781
Kopparberg	Falun	28.194	284.407
Kristianstad	Kristianstad	6.087	283.818
Kronoberg	Växjö	8.458	175.427
Malmöhus	Malmö	4.938	763.349
Norrbotten	Luleä	98.913	261.536
Örebro	Örebro	8.519	270.031
Östergotland	Linköping	10.562	396.919
Skaraborg	Mariestad	7.937	272.126
Södermanland	Nyköping	6.060	251.423
Stockholm	Estocolmo	6.488	1.617.038
Uppsala	Uppsala	6.989	260.476
Värmland	Karlstad	17.584	280.694
Västerbotten	Umeä	55.401	247.521
Västernorrland	Härnösand	21.678	259.964
Västmanland	Västerås	6.302	254.847
ÁREA TERRITORIAL TOTAL		410.929	8.458.888
AGUAS INTERIORES		39.035	
TOTAL		449.964	

Demografía

Población (1989): 8.498.000.
Densidad (1989)[2]: Personas por km^2 20,7.
Índice de urbanización (1985): Urbana 83,4%; rural 16,6%.
Distribución por sexo (1989): Varones 49,37%; mujeres 50,63%.
Estructura por edades (1989): Menos de 15, 17,8%; 15-29, 20,7%; 30-44, 21,8%; 45-59, 16,6%; 60-74, 15,1%; 75 y más, 8,0%.
Proyección demográfica: (2000) 8.780.000; (2010) 9.046.000.
Composición étnica (1988): Suecos 90,8%; finlandeses 3,1%; otros 6,1%.
Afiliación religiosa (1987): Iglesia de Suecia 88,9% (nominal; alrededor del 30% no practica); católicos 1,5%; pentecostales 1,2%; otros 8,4%.
Principales ciudades (1989): Estocolmo 669.485; Gotemburgo 430.763; Malmö 231.575; Uppsala 161.828; Örebro 119.824; Norrköping 119.370.
Tasa de natalidad por 1.000 habitantes (1988): 13,3 (media mundial 27,1).
Tasa de mortalidad por 1.000 habitantes (1988): 9,0 (media mundial 9,9).
Tasa de crecimiento por 1.000 habitantes (1988): 4,3 (media mundial 17,2).
Esperanza de vida al nacer (1987): Varones 74,2 años; mujeres 80,2 años.
Principales causas de muerte por 100.000 habitantes (1986): Enfermedades cardiacas 424,2; neoplasias malignas (cánceres) 231,2; enfermedades cerebrovasculares 116,7.

Economía nacional

Presupuesto (1987-88). Ingresos: 347.092.000.000 SKr (impuestos sobre el consumo y el valor añadido 42,2%; impuesto sobre la renta y ganancias de capital 25,9%; contribuciones a la seguridad social 15,7%; impuestos sobre la propiedad 5,0%; ingresos no impositivos 11,2%). Gastos: 353.567.000.000 SKr (sanidad y asuntos sociales 27,3%; intereses de la deuda nacional 15,3%; educación y cultura 13,1%; defensa 8,5%).
Turismo (1987): Ingresos por visitantes 2.033.000.000 dlr. EUA; gastos de nacionales en el exterior 3.781.000.000 dlr. EUA.
Producción (toneladas métricas, excepto cuando se indique). Agricultura, silvicultura, pesca (1988): Remolacha azucarera 2.353.000, cebada 1.942.000, avena 1.402.000, trigo 1.357.000, papas o patatas 1.241.000; ganadería (número de animales vivos): 2.217.000 cerdos, 1.667.000 reses, 402.000 ovejas; madera 53.374.000 m^3; pesca, capturas 214.538, de las que 119.871 corresponden al arenque del Atlántico. Minas y canteras (1988): Mineral de hierro 13.290.000[3], zinc 344.000[4], cobre 311.000[4], plomo 122.000[4]. Industria manufacturera (valor añadido en millones de SKr; 1986): Maquinaria y equipos de transporte 102.150, de los que 23.250 corresponden a automóviles; alimentos y bebidas 23.110, de los que 7.597 corresponden a carne y productos lácteos; papel y productos derivados 20.099; industria editorial 14.308. Construcción (1987): 30.884 viviendas terminadas. Producción energética (consumo): Electricidad (kwh; 1987) 146.625.000.000 (142.609.000.000); carbón (1987) 25.000 (4.168.000); petróleo crudo (barriles; 1987) 21.700 (118.200.000); productos petrolíferos (1987) 14.367.000 (14.136.000); gas natural (m^3; 1987), no produce (283.300.000).
Producto nacional bruto (1987): 131.142.000.000 dlr. EUA (15.690 dlr. EUA per cápita).

Estructura del producto nacional bruto y de la población activa

	1987			
	Valor (000.000 SKr)	% del valor total	Población activa	% de la pobl. activa
Agricultura	28.314	3,2	171.000	3,9
Minería	3.375	0,4	12.000	0,3
Industria	206.021	23,5	960.000	21,7
Construcción	60.163	6,9	278.000	6,3
Servicios públicos	28.985	3,3	40.000	0,9
Transportes y comunicaciones	64.682	7,4	310.000	7,0
Comercio	110 971	12 7	606.000	13,7
Finanzas	128.377	14,6	330.000	7,5
Administración pública, defensa }	235.601	26,9	204.000	4,6
Servicios }			1.423.000	32,2
Otros	9.955[5]	1,1[5]	88.000[6]	2,0[6]
TOTAL	876.444	100,0	4.421.000[7]	100,0[7]

Deuda pública (1988): 81.607.000.000 dlr. EUA.
Población económicamente activa (1987): Total 4.421.000; tasa de actividad de la población total 52,6% (tasas de participación: 16-64 años 83,4%; mujeres 48,0%; desempleados, 1,9%).

Comercio exterior

Balanza comercial (precios corrientes)

	1983	1984	1985	1986	1987	1988
Millones SKr	10.150	24.710	16.080	37.910	29.827	31.208
% del total	2,5	5,4	3,2	7,7	5,6	5,4

Importaciones (1988): 280.200.000.000 SKr (maquinaria y equipos de transporte 35,9%, del que el 12,8% corresponde a equipos de transporte y el 9,3% a maquinaria eléctrica; productos químicos 10,2%; alimentos y productos de tabaco 6,3%; ropa y calzado 5,5%). *Principales proveedores:* Alemania federal 21,2%; Reino Unido 8,6%; EUA 7,5%; Dinamarca 7,5%; Finlandia 6,6%; Noruega 6,0%.
Exportaciones (1988): 304.970.000.000 SKr (maquinaria y equipos de transporte 42,8%, del que el 15,8% corresponde a equipos de transporte y el 8,3% a maquinaria eléctrica; productos de papel 11,1%; madera y pulpa de madera 7,2%; productos químicos 7,1%; productos de hierro y acero 6,3%). *Principales clientes:* Alemania federal 12,1%; Reino Unido 11,2%; EUA 9,9%; Noruega 9,3%; Dinamarca 6,9%; Finlandia 6,6%.

Transportes y comunicaciones

Transportes. Ferrocarriles (1988): Longitud de vías (1987) 11.715 km; pasajeros-km 5.964.000.000; carga toneladas métricas-km 18.168.000.000. Carreteras (1987): Longitud total 130.191 km (pavimentadas 70%). Vehículos (1987): Automóviles 3.366.570; camiones y autobuses 259.576. Marina mercante (1988): Barcos (100 toneladas brutas y más) 633; peso muerto total 1.926.589 toneladas. Transporte aéreo (1987): Pasajeros-km 5.712.000.000; carga toneladas métricas-km 176.472.000; aeropuertos (1989) 43.
Comunicaciones. Diarios (1986): Número total 186; circulación total 4.902.000; circulación por 1.000 habitantes 586. Radio (1987): Número total de receptores 7.271.556 (1 por cada 1,2 personas). Televisión (1987): Número total de televisores 3.292.126 (1 por cada 2,5 personas). Teléfonos (1983): 7.410.000 (1 por cada 1,1 personas).

Educación y sanidad

Escolaridad (1979). Porcentaje de la población total de 25 años y más: con enseñanza secundaria baja 7,3%; secundaria alta 35,7%; postsecundaria parcial 15,4%. *Alfabetización* (1988): Prácticamente el 100%.
Sanidad (1987): Médicos 22.485 (1 por cada 373 habitantes); camas hospitalarias 56.848 (1 por cada 148 habitantes); tasa de mortalidad infantil por cada 1.000 nacidos vivos (1988) 5,8.
Alimentación (1984-86): Ingesta calórica diaria per cápita 3.049 (productos vegetales 61%, productos animales 39%); (1984) 115% de las necesidades mínimas recomendadas por la FAO.

Fuerzas armadas

Personal en servicio activo (1988): 67.000 (ejército 70,2%, armada 17,9%, fuerza aérea 11,9%). *Presupuesto de defensa en porcentaje del PNB* (1987): 2,9% (mundo 5,4%); gasto per cápita 529 dlr. EUA.

[1] 1 de enero. [2] Densidad basada en área territorial únicamente. [3] Contenido metálico. [4] Concentrados minerales. [5] Incluye discrepancias estadísticas e impuestos indirectos no asignados. [6] Incluye 85.000 desempleados. [7] El desglose no se corresponde con el total a causa del redondeo.

Suiza

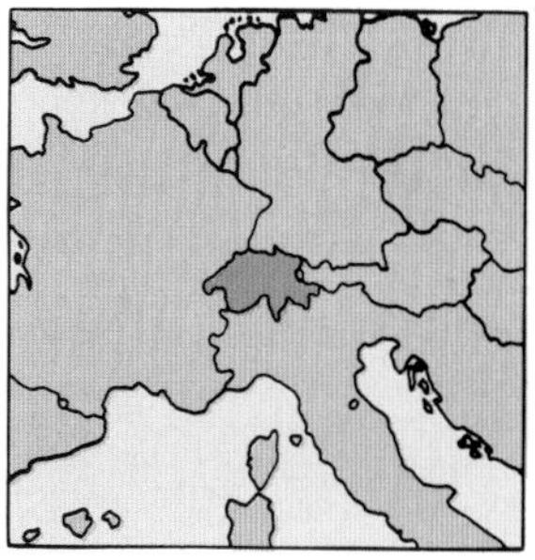

Nombre oficial: Confederación Helvética.
Forma de gobierno: Estado federal con dos cámaras legislativas (Consejo de los Estados; Consejo Nacional).
Jefe del estado y del gobierno: Presidente.
Capital: Berna.
Lengua oficial: Francés; alemán; italiano.
Religión oficial: Ninguna.
Moneda: 1 franco suizo (Sw F) = 100 centimes; cambio (2 oct. 1989) 1 dlr. EUA = 1,62 Sw F.

Área y población

Cantones	Capitales	área km²	población estimada[1] 1988
Argovia	Argovia	1.405	478.511
Appenzell Ausser-Rhoden[2]	Herisau	243	49.782
Appenzell Inner-Rhoden[2]	Appenzell	172	13.140
Basilea (ciudad)[2]	Basilea	37	192.559
Basilea (comarca)[2]	Liestal	428	227.126
Berna	Berna	6.049	928.758
Friburgo	Friburgo	1.670	197.175
Ginebra	Ginebra	282	365.525
Glaris	Glaris	684	36.674
Grisones	Chur	7.106	167.143
Jura	Delémont	837	64.645
Lucerna	Lucerna	1.492	308.741
Neuchâtel	Neuchâtel	797	156.943
Nidwalden[2]	Stans	276	31.347
Obwalden[2]	Sarnen	491	27.749
Sankt Gallen	Sankt Gallen	2.014	407.012
Schaffhausen	Schaffhausen	298	70.094
Schwyz	Schwyz	908	104.634
Solothurn	Solothurn	791	220.252
Turgovia	Frauenfeld	1.013	195.219
Ticino	Bellinzona	2.811	278.647
Uri	Altdorf	1.076	33.435
Valais	Sion	5.226	235.390
Vaud	Lausana	3.219	556.942
Zug	Zug	239	82.790
Zurich	Zurich	1.729	1.136.566
TOTAL		41.293	6.566.799[3]

Demografía

Población (1989): 6.689.000.
Densidad (1989): Personas por km² 162.
Índice de urbanización (1987): Urbana 60,4%; rural 39,6%.
Distribución por sexo (1987): Varones 49,13%; mujeres 50,87%.
Estructura por edades (1988): Menos de 15, 17,1%; 15-29, 22,9%; 30-44, 22,8%; 45-59, 17,8%; 60-74, 12,8%; 75 y más, 6,6%.
Proyección demográfica: (2000) 6.911.000; (2010) 6.932.000.
Composición étnica (etnolingüística; 1980): Alemanes 65,0%; franceses 18,4%; italianos 9,8%; españoles 1,6%; romanches 0,8%; turcos 0,6%; otros 3,8%.
Afiliación religiosa (1980): Católicos 47,6%; protestantes 44,3%; judíos 0,3%; otros 7,8%.
Principales ciudades (1988): Zurich 346.879; Basilea 171.574; Ginebra 161.473.
Tasa de natalidad por 1.000 habitantes (1988): 12,3 (media mundial 27,1).
Tasa de mortalidad por 1.000 habitantes (1988): 9,2 (media mundial 9,9).
Tasa de crecimiento por 1.000 habitantes (1988): 3,1 (media mundial 17,2).
Esperanza de vida al nacer (1986-87): Varones 73,8 años; mujeres 80,5 años.
Principales causas de muerte por 100.000 habitantes (1987): Enfermedades cardiovasculares 265,4, del que 148,1 corresponde a cardiopatías isquémicas; neoplasias malignas (cánceres) 243,4.

Economía nacional

Presupuesto (1987). Ingresos: 24.902.000.000 Sw F (impuestos indirectos 54,7%, del que el 31,8% corresponde a impuestos sobre facturación; impuestos sobre renta y propiedades 38,9%). Gastos: 23.846.000.000 Sw F (seguridad social 22,3%; defensa 19,8%; transportes 14,1%; educación 9,1%).
Turismo (1988): Ingresos por visitantes 5.615.000.000 dlr. EUA; gastos de nacionales en el exterior 5.019.000.000 dlr. EUA.
Producción (toneladas métricas, excepto cuando se indique). Agricultura, silvicultura, pesca (1987): Leche 3.700.000, remolacha azucarera 800.000, papas o patatas 720.000, trigo 460.000, manzanas 350.000, cebada 250.000, uva 165.000; ganadería (número de animales vivos): 1.973.000 cerdos, 1.880.000 reses; madera 4.885.000 m³; pesca, capturas 4.807. Minas y canteras (1987): Sal 400.000. Industria manufacturera (valor añadido en millones de Sw F): Maquinaria y equipos de transporte 10.364; artículos eléctricos, electrónicos y ópticos 8.764; productos químicos 7.969; productos metálicos 5.711; artes gráficas 4.058; alimentos 3.806; productos de la madera 3.172; relojes y joyería 2.469. Construcción (en millones de Sw F; 1986): Residencial 14.663; no residencial 20.151. Producción energética (consumo)[4]: Electricidad (kwh; 1987) 56.976.000.000 (47.521.000.000); carbón (1987), no produce (521.000); petróleo crudo (barriles; 1987), no produce (28.330.000); productos petrolíferos (1987) 3.998.000 (11.076.000); gas natural (m³; 1987) 8.585.000 (1.659.169.000).
Producto nacional bruto (a precios corrientes de mercado; 1987): 138.163.000.000 dlr. EUA (21.250 dlr. EUA per cápita).

Estructura del producto nacional bruto y de la población activa

	1985		1986	
	Valor (000.000 Sw F)	% del valor total	Población activa	% de la pobl. activa
Agricultura	8.180	3,6	209.200	6,4
Industria, minería	58.625	25,7	966.200	29,8
Construcción	17.325	7,6	225.900	7,0
Servicios públicos	5.023	2,2	21.300	0,7
Transportes y comunicaciones	14.763	6,5	198.500	6,1
Comercio	39.742	17,4	603.300	18,6
Finanzas	36.994	16,2	303.300	9,3
Administración pública, defensa	26.065	11,4	271.400	8,4
Servicios	27.933	12,3	419.600	12,9
Otros	−6.700[5]	−2,9[5]	25.700[6]	0,8[6]
TOTAL	227.950	100,0	3 244.400	100,0

Deuda pública (a finales de 1987): 27.671.000.000 dlr. EUA.
Población económicamente activa (1986): Total 3.244.400; tasa de actividad de la población total 49,4% (tasas de participación: 15 años y más [1984] 58,9%; mujeres 37,2%; desempleados [1988] 0,7%).

Comercio exterior[7]

Balanza comercial (precios corrientes)

	1983	1984	1985	1986	1987	1988
Millones Sw F	−6.871	−7.852	−7.359	−5.781	−6.933	−7.834
% del total	6,0	6,1	5,2	4,1	4,9	5,0

Importaciones (1987): 75.171.000.000 Sw F (maquinaria 20,3%; productos químicos 11,0%; ropa y textiles 10,5%; metales preciosos y joyería 7,4%; automóviles 6,6%). *Principales proveedores:* Alemania federal 34,3%; Francia 10,8%; Italia 10,2%; Reino Unido 6,1%; EUA 5,3%; Japón 4,6%.
Exportaciones (1987): 67.477.000.000 Sw F (maquinaria no eléctrica 20,3%; maquinaria eléctrica 11,9%; productos farmacéuticos 8,1%; artículos de metales preciosos y joyería 6,9%; relojes 6,4%). *Principales clientes:* Alemania federal 21,3%; Francia 9,1%; EUA 8,8%; Italia 8,3%; Reino Unido 7,5%; Japón 3,8%.

Transportes y comunicaciones

Transportes. Ferrocarriles (1988): Longitud de vías[8] 5.016 km; pasajeros-km 10.853.000.000[9]; carga toneladas métricas-km 7.500.000.000[9]. Carreteras (1987): Longitud total 71.058 km. Vehículos (1987): Automóviles 2.732.720; camiones y autobuses 228.757. Marina mercante (1988): Barcos (100 toneladas brutas y más) 25; peso muerto total 434.041 toneladas. Transporte aéreo (1988)[10]: Pasajeros-km 14.325.000.000; carga toneladas métricas-km 813.400.000; aeropuertos (1989) 5.
Comunicaciones. Diarios (1988): Número total 96; circulación total 2.869.518; circulación por 1.000 habitantes 429. Radio (1988): Número total de receptores 2.553.700 (1 por cada 2,6 personas). Televisión (1988): Número total de televisores 2.316.413 (1 por cada 2,9 personas). Teléfonos (1986): 5.622.976 (1 por cada 1,2 personas).

Educación y sanidad

Escolaridad (1970). Porcentaje de la población total de 25 años y más: sin escolarización formal 0,4%; con enseñanza primaria y secundaria baja /3,1%; secundaria alta 7,2%; postsecundaria parcial 10,2%; grado universitario 3,1%. *Alfabetización:* Virtualmente el 100%.
Sanidad: Médicos (1986) 10.602 (1 por cada 620 habitantes); camas hospitalarias (1983) 66.192 (1 por cada 98 habitantes); tasa de mortalidad infantil por cada 1.000 nacidos vivos (1987) 6,8.
Alimentación (1984-86): Ingesta calórica diaria per cápita 3.432 (productos vegetales 59%, productos animales 41%); (1984) 128% de las necesidades mínimas recomendadas por la FAO.

Fuerzas armadas

Personal en servicio activo[11] (1988): 605.000 (ejército 89,6%, fuerza aérea 10,4%). *Presupuesto de defensa en porcentaje del PNB* (1987): 2,1% (mundo 5,4%); gasto per cápita 563 dlr. EUA.

[1] 1 de enero. [2] Semicantón: su funcionamiento y prerrogativas legales son los mismos que en el cantón completo. [3] Incluye 999.688 residentes extranjeros. [4] Incluye Liechtenstein. [5] Cargos bancarios imputados menos derechos de importación. [6] Desempleados. [7] Los datos de importación son f.o.b. (franco a bordo) en la balanza comercial y c.i.f. (costo seguro, flete) para artículos y asociados comerciales. [8] 1986. [9] Ferrocarriles Federales Suizos. [10] Swissair únicamente. [11] Personal movilizado.

Suriname

Nombre oficial: República de Suriname.
Forma de gobierno: República pluripartidista con una cámara legislativa (Asamblea Nacional[1]).
Jefe del estado y del gobierno: Presidente del Consejo Supremo.
Capital: Paramaribo.
Lengua oficial: Neerlandés.
Religión oficial: Ninguna.
Moneda: 1 florín de Suriname (Sf) = 100 cents.; cambio (2 oct. 1989) 1 dlr. EUA = 1,79 Sf.

Área y población

Provincias	Capitales	área[2] km^2	población censo[3] 1986
Brokopondo	Brokopondo	21.440	20.249
Commewijne	Nieuw Amsterdam	4.110	14.351
Coronie	Tottness	1.620	2.777
Marowijne	Albina	45.980	23.402
Nickerie	Nieuw Nickerie	64.610	34.480
Para	Onverwacht	980	14.867
Saramacca	Groningen	23.420	10.335
Suriname		1.628	166.494
Distrito urbano			
Paramaribo	Paramaribo	32	67.905
TOTAL		163.820	354.860

Demografía

Población: 405.000.
Densidad (1989): Personas por km^2 2,5.
Índice de urbanización (1987): Urbana 69,7%; rural 35,3%.
Distribución por sexo (1985): Varones 49,60%; mujeres 50,40%.
Estructura por edades (1985): Menos de 15, 40,2%; 15-29, 36,1%; 30-44, 9,2%; 45-59, 8,4%; 60-74, 4,6%; 75 y más, 1,5%.
Proyección demográfica: (2000) 469.000; (2010) 535.000.
Tiempo de duplicación: 36 años.
Composición étnica (1983): Indopaquistaníes 37,0%; criollos de Suriname 31,3%; javaneses 14,2%; negros 8,5%; amerindios 3,1%; chinos 2,8%; holandeses 1,4%; otros 1,7%.
Afiliación religiosa (1980): Hindúes 27,4%; católicos 22,8%; musulmanes 19,6%; protestantes (principalmente moravos 18,8%); otros 11,4%.
Principales ciudades (1980): Paramaribo 67.905[4]; Nieuw Nickerie 6.078; Meerzorg 5.355; Marienburg 3.633.
Tasa de natalidad por 1.000 habitantes (1985-90): 25,9 (media mundial 27,1).
Tasa de mortalidad por 1.000 habitantes (1985-90): 6,1 (media mundial 9,9).
Tasa de crecimiento por 1.000 habitantes (1985-90): 19,8 (media mundial 17,2).
Esperanza de vida al nacer (1985-90): Varones 67,1 años; mujeres 72,1 años.
Principales causas de muerte por 100.000 habitantes (1985): Enfermedades cardiovasculares 149,1, de los que 51,6 corresponden a cardiopatías isquémicas y 41,9 a enfermedades de la circulación pulmonar y otros cuadros cardiológicos; neoplasias malignas (cánceres) 48,0; enfermedades del sistema respiratorio 42,2; cuadros patológicos mal definidos 67,6.

Economía nacional

Presupuesto (1988). Ingresos: 713.000.000 Sf ([1986][5] ingresos por impuestos 75,4%, del que el 20,9% corresponde a impuestos sobre renta personal, el 20,0% a derechos de importación y el 14,4% a impuestos a empresas; ingresos no impositivos 24,0%, del que el 10,5% corresponde a renta sobre propiedades). Gastos: 1.124.000.000 Sf (1986[5]; servicios públicos generales 30,6%; servicios económicos 25,2%; educación 17,6%; seguridad social 6,2%; defensa 4,4%; sanidad 3,7%).
Turismo (1987): Ingresos por visitantes 4.000.000 dlr. EUA; gastos de nacionales en el exterior 8.000.000 dlr. EUA.
Producción (toneladas métricas, excepto cuando se indique). Agricultura, silvicultura, pesca (1988): Arroz 300.000, caña de azúcar 45.000, plátanos 45.000, cocos 11.000, naranjas 9.000, aceite de palma 6.800, plátanos machos 5.000, mandioca 4.000, tomates 1.000, pepinos 1.000; ganadería (número de animales vivos): 74.000 reses, 20.000 cerdos; madera (1987) 196.000 m^3; pesca, capturas (1987) 5.187. Minas y canteras (1987): Bauxita 2.522.000; oro 100 onzas troy[6]. Industria manufacturera (1987): Cemento 40.418; aluminio 1.913[7]; alúmina 1.363[7]; azúcar 1.210; madera contrachapada 1.043 m^3; zapatos 206.595 pares; bebidas refrescantes 287.060 hectólitros; cerveza 123.350 hectólitros; cigarrillos 492.000.000 unidades. Construcción (edificios autorizados; 1985): Residencial 46.500.000 Sf; no residencial 8.100.000 Sf. Producción energética (consumo): Electricidad (kwh; 1987) 1.300.000.000 (1.300.000.000); antracita (1987), no produce (1.000); petróleo crudo (barriles; 1987) 967.000 (893.000); productos petrolíferos (1987), no produce (254.000); gas natural, no produce (sin consumo).
Producto nacional bruto (a precios corrientes de mercado; 1987): 972.000.000 dlr. EUA (2.360 dlr. EUA per cápita).

Estructura del producto nacional bruto y de la población activa

	1987		1985	
	Valor (000.000 Sf)[8]	% del valor total	Población activa	% de la pobl. activa
Agricultura, silvicultura	97	10,4	16.700	16,8
Minería	40	4,3	4.600	4,7
Industria	124	13,3	10.960	11,1
Construcción	55	5,9	2.800	2,8
Servicios públicos	33	3,6	1.420	1,4
Transportes y comunicaciones	85	9,2	3.830	3,9
Comercio	106	11,4	12.840	12,9
Finanzas, bienes raíces	98	10,5	2.100	2,1
Administración pública, defensa	279	30,0	40.190	40,5
Servicios	13	1,4	3.800	3,8
TOTAL	930	100,0	99.240	100,0

Deuda pública (externa, pendiente; 1986): 69.600.000 dlr. EUA.
Población económicamente activa (1985): Total 99.240; tasa de actividad de la población total 25,9% (tasas de participación: [1980]: 10-64 años 38,7%; mujeres 27,2%; desempleados [1986] 25,0%).

Comercio exterior

Balanza comercial (precios corrientes)

	1982	1983	1984	1985	1986	1987
Millones Sf	−147,7	−153,8	17,7	54,1	−5,0	17,3
% del total	8,8	10,5	1,4	4,8	0,6	1,6

Importaciones (1987): 525.400.000 Sf (combustibles y lubricantes 21,5%; maquinaria y equipos de transporte 17,4%). *Principales proveedores:* EUA 31,2%; Países Bajos 19,7%; Trinidad y Tabago 9,7%; Brasil 8,9%.
Exportaciones (1987): 542.700.000 Sf (alúmina 62,4%; camarones 14,6%; arroz 13,0%; plátanos 3,3%, aluminio 1,2%). *Principales clientes:* Países Bajos 24,7%; Noruega 21,8%; EUA 20,1%; Japón 13,0%; Brasil 6,9%.

Transportes y comunicaciones

Transportes. Ferrocarriles (1987): Longitud de vías 87 km; pasajeros, n.d.; carga, n.d. Carreteras (1985): Longitud total 8.917 km (pavimentadas 26%). Vehículos (1987): Automóviles 32.102; camiones y autobuses 12.137. Marina mercante (1988): Barcos (100 toneladas brutas y más) 23; peso muerto total 13.706 toneladas. Transporte aéreo (1987)[9]: Pasajeros-km 372.793.000; toneladas métricas-km de carga 11.988.000; aeropuertos (1989) con vuelos regulares 5.
Comunicaciones. Diarios (1988): Número total 2; circulación total 23.000. Radio (1988): Número total de receptores 247.741 (1 por cada 1,6 personas). Televisión (1988): Número total de televisores 40.000 (1 por cada 10 personas). Teléfonos (1987): 38.146 (1 por cada 10 personas).

Educación y sanidad

Escolaridad, n.d. *Alfabetización* (1980): Población total de 15 años y más alfabetizada 170.817 (79,2%); varones alfabetizados 88.351 (83,8%); mujeres alfabetizadas 82.466 (74,8%).
Sanidad (1985): Médicos 219 (1 por cada 1.798 habitantes); camas hospitalarias 1.964 (1 por cada 200 habitantes); tasa de mortalidad infantil por cada 1.000 nacidos vivos 27,6.
Alimentación (1984-86): Ingesta calórica diaria per cápita 2.713 (productos vegetales 86%, productos animales 14%); 120% de las necesidades mínimas recomendadas por la FAO.

Fuerzas armadas

Personal en servicio activo (1989): 3.050[10] (ejército 88,5%, armada 8,2%, fuerza aérea 3,3%). *Presupuesto de defensa en porcentaje del PNB* (1986): 2,6% (mundo 5,5%); gasto per cápita 81 dlr. EUA.

[1] El Consejo de Estado, controlado por el ejército, tiene poderes constitucionales para anular leyes sancionadas por la Asamblea Nacional en caso de «circunstancias excepcionales». [2] La superficie excluye 17.635 km^2 de territorio disputado a Guyana. [3] Preliminar. [4] Área metropolitana en 1988: 246.000. [5] Los gastos e ingresos de 1986 fueron respectivamente de 498.000.000 y 926.000.000 Sf. [6] 1986. [7] Producción reducida como consecuencia de la guerra civil. [8] A costo de factor. [9] SLM (Líneas Aéreas de Suriname). [10] Todos los servicios son parte del ejército.

Tailandia

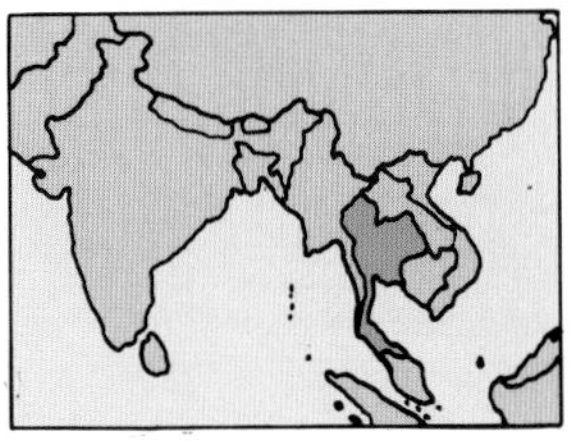

Nombre oficial: Reino de Tailandia.
Forma de gobierno: Monarquía constitucional con una Asamblea Nacional multipartidista (Senado; Cámara de Representantes).
Jefe del estado: Rey.
Jefe del gobierno: Primer ministro.
Capital: Bangkok.
Lengua oficial: Thai.
Religión oficial: Budismo.
Moneda: 1 baht (B) = 100 stangs; cambio (2 oct. 1989) 1 dlr. EUA = 25,96 B.

Área y población

Regiones	área km^2	población estimada 1987
Central[1]	18.742	5.126.000
Meridional	70.715	6.996.000
Metrópolis de Bangkok	1.565	5.972.000
Nororiental	168.854	18.622.000
Occidental	46.088	3.169.000
Oriental	37.507	3.232.000
Septentrional	169.644	10.488.000
TOTAL	513.115	53.605.000

Demografía

Población (1989): 55.258.000.
Densidad (1989): Personas por km^2 107,7.
Índice de urbanización (1985): Urbana 19,8%; rural 80,2%.
Distribución por sexo (1988): Varones 50,6%; mujeres 49,94%.
Estructura por edades (1985): Menos de 15, 36,2%; 15-29, 30,7%; 30-44, 17,2%; 45-59, 10,2%; 60-69, 3,5%; 70 y más, 2,2%.
Proyección demográfica: (2000) 63.402.000; (2010) 71.594.000.
Tiempo de duplicación: 47 años.
Composición étnica (1983): Thai 79,5%, del que el 52,6% corresponde a siameses y el 26,9% a laosianos; chinos 12,1%; malayos 3,7%; jmer 2,7%; otros 2,0%.
Afiliación religiosa (1986): Budistas 95,0%; musulmanes 3,8%; cristianos 0,5%; otros 0,7%.
Principales ciudades (1983): Bangkok 5.363.378[2]; Chiang Mai 150.499; Hat Yai 113.964; Khon Kaen 115.515; Nakhon Ratchasima 190.692.
Tasa de natalidad por 1.000 habitantes (1988): 22,1 (media mundial 27,1).
Tasa de mortalidad por 1.000 habitantes (1988): 7,0 (media mundial 9,9).
Tasa de crecimiento por 1.000 habitantes (1988): 15,1 (media mundial 17,2).
Esperanza de vida al nacer (1988): Varones 63,2 años; mujeres 67,3 años.
Principales causas de muerte por 100.000 habitantes (1984): cardiopatías 22,8; enfermedades del sistema digestivo 18,4; neoplasias malignas (cánceres) 16,8; enfermedades de la circulación pulmonar 12,4; homicidios 10,2; tuberculosis 9,8.

Economía nacional

Presupuesto (1987-88). Ingresos: 243.500.000.000 B (impuestos 73,3%; préstamos 18,1%; empresas estatales 3,6%; venta de bienes y servicios 2,2%). Gastos: 243.500.000.000 B (servicio de la deuda 24,7%; educación 18,0%; defensa 17,7%; servicios económicos 15,6%; servicios públicos y sanidad 11,2%; seguridad interna 4,8%; administración general 2,7%).
Turismo (1987): Ingresos por visitantes 1.947.000.000 dlr. EUA; gastos de nacionales en el exterior 381.000.000 dlr. EUA.
Producción (toneladas métricas, excepto cuando se indique). Agricultura, silvicultura, pesca (1987): Caña de azúcar 24.450.000, mandioca 19.554.000, arroz 17.650.000, maíz 2.736.000, cocos 1.350.000, caucho 860.000, algodón para semilla 75.000, tabaco 63.000, café 20.000; ganadería (número de animales vivos): 6.350.000 búfalos, 4.931.000 reses, 4.200.000 cerdos, 80.000.000 pollos; madera 37.600.00 m^3; pesca, capturas 2.165.100. Minas y canteras (1987): Piedra caliza 11.391.249; yeso 3.030.919; zinc 341.145; fluorita 104.552; mineral de plomo 55.300; barita 33.370; estaño 20.486. Industria manufacturera (1986): Cemento 8.004.726; azúcar refinado 2.491.343; detergentes sintéticos 107.308; estaño en planchas 104.738; motocicletas 241.148 unidades. Construcción (1986): Residencial 5.812.000 m^2; no residencial 4.356.000 m^2. Producción energética (consumo): Electricidad (kwh; 1987) 29.992.000.000 (30.390.000.000); carbón (1987) 6.901.000 (7.099.000); petróleo crudo (barriles; 1987) 6.461.000 (59.261.000); productos petrolíferos (1987) 9.169.000 (11.851.000); gas natural (m^3; 1987) 4.391.000.000 (4.391.000.000).
Producto nacional bruto (a precios corrientes de mercado; 1987): 44.785.000.000 dlr. EUA (840 dlr. EUA per cápita).

Estructura del producto nacional bruto y de la población activa

1987	Valor (000.000 B)	% del valor total	Población activa[3]	% de la pobl. activa
Agricultura	195.059	15,9	14.924.300	53,9
Minería	37.606	3,1	76.600	0,3
Industria	294.496	24,1	2.832.300	10,2
Construcción	62.087	5,1	1.050.800	3,8
Servicios públicos	31.497	2,6	116.600	0,4
Transportes y comunicaciones	96.523	7,9	692.900	2,5
Comercio	193.116	15,8	3.065.900	11,1
Finanzas	91.088	7,4	}	}
Administración pública, defensa	53.127	4,3	2.924.100	10,6
Servicios	168.619	13,8	}	}
Otros		'	1 999.600[4]	7,2[4]
TOTAL	1.223.218	100,0	27.674.100	100,0

Deuda pública (externa, pendiente; 1987): 14.023.000.000 dlr. EUA.
Población económicamente activa (1987): Total 28.715.800; tasa de actividad de la población total 53,7% (tasas de participación: 15 años y más 79,7%; mujeres 45,6%; desempleados 6,9%).

Comercio exterior[5]

Balanza comercial (precios corrientes)

	1983	1984	1985	1986	1987	1988
Millones B	−66.497	−45.425	−33.285	−10.233	−1.900	−59.529
% del total	18,5	11.5	7,9	2,1	0,3	6,9

Importaciones (1987): 334.340.000.000 B (maquinaria y equipos de transporte 32,4%; manufacturas básicas 19,6%; productos químicos 15,2%; combustibles minerales y lubricantes 13,4%; materiales crudos no comestibles 7,8%; alimentos y animales vivos 4,2%). *Principales proveedores:* Japón 26,0%; EUA 12,4%; Singapur 7,8%; Alemania federal 5,9%; Malasia 4,2%; China 3,9%; Taiwán 3,7%; Reino Unido 3,2%; Corea del sur 2,4%; Australia 1,7%.
Exportaciones (1987): 299.853.000.000 B (alimentos y animales vivos 36,5%; manufacturas básicas 19,6%; maquinaria y equipos de transporte 11,8%; materiales crudos no comestibles 8,9%; productos químicos 1,5%). *Principales clientes:* EUA 18,6%; Japón 14,9%; Singapur 9,0%; Países Bajos 6,7%; Alemania federal 4,9%; Hong Kong 4,2%; Reino Unido 3,6%; China 3,3%; Malasia 3,3%; Arabia Saudita 2,5%.

Transportes y comunicaciones

Transportes. Ferrocarriles (1987)[6]: Longitud de vías 3.735 km; pasajeros-km 9.582.740.000; carga toneladas métricas-km 2.736.460.000. Carreteras (1987): Longitud total 84.764 km (pavimentadas 40%). Vehículos (1986): Automóviles 572.107; camiones y autobuses 898.310. Marina mercante (1988): Barcos (100 toneladas brutas y más) 258; peso muerto total 776.727 toneladas. Transporte aéreo (1987): Pasajeros-km 13.452.000.000; carga toneladas métricas-km 523.512.000; aeropuertos (1989) con vuelos regulares 23.
Comunicaciones. Diarios (1985): Número total 31; circulación total 2.564.000[7]; circulación por 1.000 habitantes 50[7]. Radio (1988): Número total de receptores 9.567.402 (1 por cada 5,7 personas). Televisión (1986): Número total de televisores 4.819.200 (1 por cada 11 personas). Teléfonos (1986): 999.678 (1 por cada 53 personas).

Educación y sanidad

Escolaridad (1980). Porcentaje de la población total de 25 años y más: sin escolarización formal 20,5%; con enseñanza primaria 67,3%; secundaria 9,3%; postsecundaria 2,9%. *Alfabetización* (1985): Población total de 15 años y más alfabetizada 28.451.390 (88,8%); varones alfabetizados 14.877.240 (93,2%); mujeres alfabetizadas 13.574.150 (84,5%).
Sanidad (1986): Médicos 9.464 (1 por cada 5.564 habitantes); camas hospitalarias 84.438 (1 por cada 624 habitantes); tasa de mortalidad infantil por cada 1.000 nacidos vivos (1988) 38,0.
Alimentación (1984-86): Ingesta calórica diaria per cápita 2.328 (productos vegetales 93%, productos animales 7%); 111% de las necesidades mínimas recomendadas por la FAO.

Fuerzas armadas

Personal en servicio activo (1988): 256.000 (ejército 64,8%, armada 16,4%, fuerza aérea 18,8%). *Presupuesto de defensa en porcentaje del PNB* (1987): 3,7% (mundo 5,4%); gasto per cápita 31 dlr. EUA.

[1] Excluyendo la metrópolis de Bangkok. [2] 1986. [3] Febrero; personas económicamente activas de 11 años y más. [4] Principalmente desempleados. [5] Las cifras de importación son f.o.b. (franco a bordo) en la balanza comercial y c.i.f. (costo, seguro y flete) para los artículos y asociados comerciales. [6] Los datos del tráfico se refieren al año fiscal terminado el 30 de septiembre. [7] Excluye la circulación de 2 diarios.

Taiwán

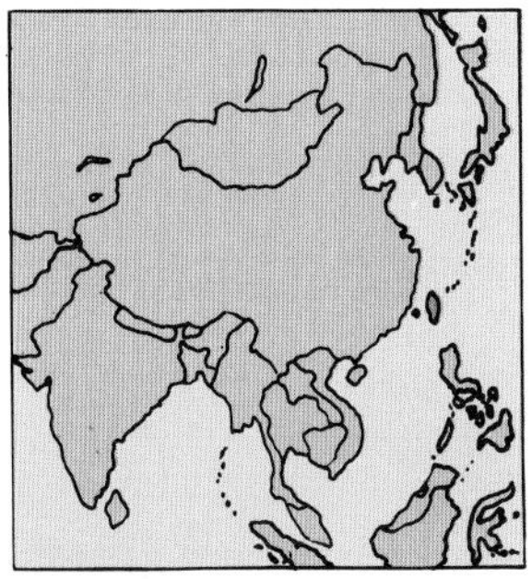

Nombre oficial: República de China.
Forma de gobierno: República unitaria con una Asamblea Nacional[1].
Jefe del estado: Presidente.
Jefe del gobierno: Primer ministro.
Capital: Taipei.
Lengua oficial: Chino mandarín.
Religión oficial: Ninguna.
Moneda: 1 dólar nuevo de Taiwán (NT$) = 100 cents; cambio (2 octubre 1989) 1 dlr. EUA = 25,53 NT$.

Área y población

Condados	Capitales	área km^2	población estimada[2,3] 1987
Chang-hua	Chang-hua	1.074	1.231.848
Chia-i	Chia-i	1.902	552.946
Hsin-chu	Hsin-chu	1.428	368.249
Hua-lien	Hua-lien	4.629	351.849
I-lan	I-lan	2.137	447.232
Kao-hsiung	Feng-shan	2.793	1.095.790
Miao-li	Miao-li	1.820	545.452
Nan-t'ou	Nan-t'ou	4.106	533.128
P'eng-hu	Ma-kung	127	97.327
P'ing-tung	P'ing-tung	2.776	890.730
T'ai-chung	Feng-yuan	2.051	1.213.382
T'ai-nan	Hsin-ying	2.016	1.009.036
T'ai-pei	Pan-chi'ao	2.052	2.903.199
T'ai-tung	T'ai-tung	3.515	258.953
T'ao-yüan	T'ao-yüan	1.221	1.292.888
Yün-lin	Tou-liu	1.291	762.705
Municipios			
Chia-i	—	60	255.800
Chi-lung	—	133	348.685
Hsin-chu	—	104	315.414
Kao-hsiung	—	154	1.364.356
T'ai-chung	—	163	732.974
Ta'i-nan	—	176	668.867
Taipei	—	272	2.687.352
TOTAL	—	36.000	19.928.162

Demografía

Población (1989): 20.024.000.
Densidad (1988): Personas por km^2 556,2.
Índice de urbanización[3] (1987): Urbana 73,1 %; rural 26,9%.
Distribución por sexo[3] (1988): Varones 51,80%; mujeres 48,20%.
Estructura por edades[3] (1987): Menos de 15, 28,7%; 15-29, 29,5%; 30-44, 20,5%; 45-59, 12,6%; 60-74, 7,1%; 75 y más, 1,6%.
Proyección demográfica: (2000) 22.810.000; (2010) 25.677.000.
Tiempo de duplicación: 58 años.
Composición étnica (1986): Taiwaneses 84,0%; chinos continentales 14,0%; aborígenes 2,0%.
Afiliación religiosa (1980): Cultos populares chinos 48,5%; budistas 43,0%; cristianos 7,4%; musulmanes 0,5%; otros 0,6%.
Principales ciudades (1988): Taipei 2.637.100; Kao-hsiung 1.342.797; T'ai-chung 715.107; T'ai-nan 656.927; Chi-lung 348.541; Hsin-chu 309.899.
Tasa de natalidad por 1.000 habitantes (1988): 17,2 (media mundial 27,1).
Tasa de mortalidad por 1.000 habitantes (1988): 5,1 (media mundial 9,9).
Tasa de crecimiento por 1.000 habitantes (1988): 12,1 (media mundial 17,2).
Esperanza de vida al nacer (1987): Varones 71,1 años; mujeres 76,3 años.
Principales causas de muerte por 100.000 habitantes (1987): Neoplasias malignas (cánceres) 88,6; enfermedades cardiovasculares 74,0; accidentes y suicidio 66,6; cardiopatías 57,3; diabetes 16,8; enfermedades hepáticas 16,7; hipertensión 15,8.

Economía nacional

Presupuesto (1987)[4]. Ingresos: 707.843.000.000 NT$ (superávit de las empresas públicas 14,5%; impuestos sobre la renta 12,9%; aranceles 10,8%; impuestos territoriales 9,2%; impuestos comerciales 8,8%). Gastos: 662.135.000.000 (administración y defensa 33,4%; educación 20,3%; comunicaciones 17,3%; bienestar social 15,5%).
Turismo (1987): Ingresos por visitantes 1.619.000.000 dlr. EUA.
Producción (toneladas métricas, excepto cuando se indique). Agricultura, silvicultura, pesca (1987): Caña de azúcar 5.162.920, verduras 3.283.889, arroz 1.900.475, cítricos 522.865, batatas o camotes 344.816, maíz 306.906, plátanos 204.486, piñas tropicales 193.337, cacahuates 111.700; ganadería (número de animales vivos): 7.129.034 cerdos, 245.369 reses, 207.024 cabras; madera 422.644 m^3; pesca, capturas 1.236.170. Minas y canteras (1987): Plata 9.856 kg; oro 536 kg. Industria manufacturera (1988): Cemento 17.280.809; acero en lingotes 2.533.855; cartulina 2.161.478; fibras artificiales 1.339.608; fertilizantes 1.269.136; plásticos de PVC 779.342; calculadoras electrónicas 68.263.519; receptores de televisión 5.030.722 unidades; microcomputadoras 3.067.702 unidades; máquinas de coser 2.272.651 unidades; vídeos 1.784.381 unidades. Construcción (1988): Total residencial y no residencial 29.766.000 m^2. Producción energética (consumo): Electricidad (kwh; 1988) 71.643.000.000 (45.221.434.000[5]); carbón (1988) 1.225.487 (3.202.000[6]); petróleo (barriles; 1986) 704.700 (n.d.); gas natural (m^3; 1988) 1.157.495.000 (n.d.).
Producto nacional bruto (1988)[7]: 119.135.000.000 dlr. EUA (6.020 dlr. EUA per cápita).

Estructura del producto nacional bruto y de la población activa[3]
1988

	Valor (000.000 NT$)	% del valor total	Población activa	% de la pobl. activa
Agricultura	169.262	5,1	1.113.000	15,3
Minería	16.336	0,5	28.000	0,4
Industria	1.276.648	38,4	2.798.000	35,0
Construcción	142.386	4,3	588.000	6,9
Servicios públicos	107.794	3,2	35.000	0,4
Transportes y comunicaciones	201.019	6,0	431.000	5,3
Comercio	471.908	14,2	1.539.000	17,9
Finanzas	386.020	11,6	269.000	2,9
Administración pública, defensa	319.987	9,6	1.308.000	15,9
Servicios	189.447	5,7		
Otros	44.645[9]	1,3[9]		
TOTAL	3.325.452	100,0[10]	8.108.000[10]	100,0[10]

Deuda pública (externa; 1987): 2.845.000.000[5] dlr. EUA.
Población económicamente activa (1987): Total 9.640.318; tasa de actividad de la población total 49,0% (tasas de participación: 15-64 años 71,6%; mujeres 37,2%; desempleados 2,0%).

Comercio exterior

Balanza comercial (precios corrientes)

	1983	1984	1985	1986	1987	1988
Millones NT$	191.518	333.836	421.057	590.181	592.545	306.852
% del total	10,5	16,1	20,8	24,4	21,0	9,7

Importaciones (1988): 1.422.614.000.000 NT$ (componentes electrónicos 7,9%; petróleo crudo 4,5%, hierro y acero, 2,3%, maquinaria no eléctrica 2,2%, equipos de telecomunicaciones 1,9%, repuestos para vehículos a motor 1,9%, algodón en rama 1,0%). *Principales proveedores:* Japón 29,8%; EUA 26,2%; Alemania federal 4,3%; Australia 2,7%; Arabia Saudita 2,5%; Reino Unido 2,2%.
Exportaciones (1988): 1.729.466.000.000 NT$ (productos y accesorios electrónicos 11,6%, artículos de plástico 8,2%, accesorios del vestido y ropa 6,2%, hilados textiles y tejidos 3,8%, madera, bambú y roten 2,4%, alimentos elaborados 2,0%, muñecas y juguetes 1,1%. *Principales clientes:* EUA 38,7%; Japón 14,4%; Hong Kong 9,2%; Alemania federal 3,9%; Reino Unido 3,1%; Canadá 2,6%.

Transportes y comunicaciones

Transportes. Ferrocarriles (1988): Longitud de vías 4.800 km; pasajeros-km 8.233.000.000; carga toneladas métricas-km 2.278.000.000. Carreteras (1987): Longitud total 19.945 km (pavimentadas 85%). Vehículos (1988): Automóviles 1.579.121; camiones y autobuses 524.144. Marina mercante (1988): Barcos (100 toneladas brutas y más) 617; peso muerto total 6.810.588 toneladas. Transporte aéreo (1988): Pasajeros-km 17.609.482.000; carga toneladas métricas-km 3.218.500.000; aeropuertos (1989).
Comunicaciones. Diarios (1987): Número total 31; circulación total 3.500.000; circulación por 1.000 habitantes 179. Radio (1988): Número total de receptores 13.593.818 (1 por cada 1,5 personas). Televisión (1987): Número total de televisores 6.085.000 (1 por cada 3,2 personas). Teléfonos (1987): 6.549.000 (1 por cada 3,0 personas).

Educación y sanidad

Escolaridad (1987): Porcentaje de la población total de 25 años y más: sin escolarización formal 3,2%; con menos que enseñanza primaria 8,0%; primaria 35,9%; secundaria incompleta 19,5%; secundaria 20,7%; con enseñanza universitaria parcial 6,8%; superior 5,9%. *Alfabetización* (1987): Población total de 15 años y más alfabetizada 12.886.638 (91,2%); varones alfabetizados 7.042.812 (96,0%); mujeres alfabetizadas 5.843.826 (86,0%).
Sanidad (1987): Médicos 19.369 (1 por cada 1.010 habitantes); camas hospitalarias 86.328 (1 por cada 227 habitantes); tasa de mortalidad infantil por cada 1.000 nacidos vivos 5,1.
Alimentación (1983): Ingesta calórica diaria per cápita (1987) 2.999 (productos vegetales 77%, productos animales 23%); 118% de las necesidades mínimas recomendadas por la FAO.

Fuerzas armadas

Personal en servicio activo (1988): 405.000 (ejército 66,6%, armada 16,1%, fuerza aérea 17,3%). *Presupuesto de defensa en porcentaje del PNB* (1987): 4,6% (mundo 5,4%); gasto per cápita 238 dlr. EUA.

[1] A 4 de septiembre de 1987. [2] Finales de febrero. [3] Para el área de Taiwan únicamente, con exclusión de Quemoy y Matsu. [4] Gobierno general. [5] Sólo por las industrias. [6] 1986. [7] Basada en el tipo de cambio medio. [8] Personal civil únicamente. [9] Derechos de importación menos cargos por servicios bancarios imputados. [10] El desglose no se corresponde con el total a causa del redondeo.

Tanzania

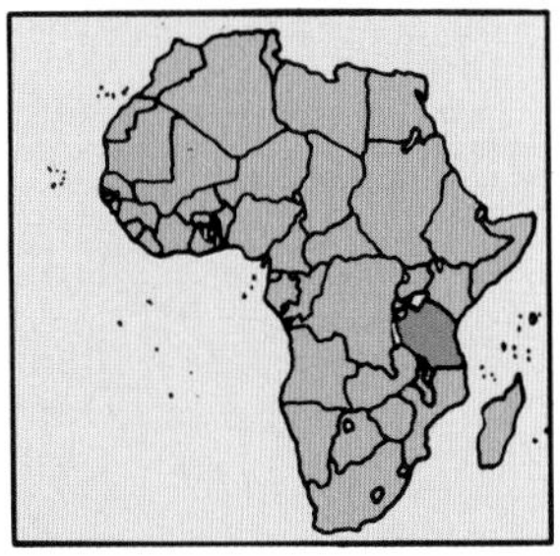

Nombre oficial: República Unida de Tanzania.
Forma de gobierno: República unitaria unipartidista con una cámara legislativa (Asamblea Nacional[1]).
Jefe del estado: Presidente.
Jefe del gobierno: Primer ministro.
Capital: Dar es Salaam (capital designada, Dodoma).
Lengua oficial: Swahili; inglés.
Religión oficial: Ninguna.
Moneda: 1 shilling de Tanzania (T Sh) = 100 cents; cambio (2 oct. 1989) 1 dlr. EUA = 144,25 T Sh.

Área y población

Regiones	Capitales	area km²	población estimada 1987
Arusha	Arusha	82.098	1.274.000
Bukoba	Bukoba	28.456	1.397.000
Dar es Salaam	Dar es Salaam	1.393	1.605.000
Dodoma	Dodoma	41.311	1.239.000
Íringa	Iringa	56.850	1.167.000
Kigoma	Kigoma	37.040	828.000
Kilimanjaro	Moshi	13.250	1.159.000
Lindi	Lindi	66.040	631.000
Mara	Musoma	21.760	908.000
Mbeya	Mbeya	60.350	1.421.000
Morogoro	Morogoro	70.624	1.202.000
Mtwara	Mtwara	16.710	916.000
Mwanza	Mwanza	19.683	1.836.000
Pemba Norte Pemba Sur	Wete Chake Chake	984	[2]
Pwani	Dar es Salaam	32.547	600.000
Rukwa	Sumbawanga	68.635	656.000
Ruvuma	Songea	63.669	725.000
Shinyanga	Shinyanga	50.760	1.779.000
Singida	Singida	49.340	770.000
Tabora	Tabora	76.150	1.185.000
Tanga	Tanga	26.677	1.305.000
Zanzíbar Norte Zanzíbar Oeste Zanzíbar Sur y Central	Mkokotoni Zanzíbar Koani	1.660	605.000[2]
ÁREA TERRITORIAL TOTAL		885.987	23.208.000
AGUAS INTERIORES		59.050	
TOTAL		945.037	

Demografía

Población (1989): 23.729.000.
Densidad[3] (1989): Personas por km² 26,8.
Índice de urbanización (1987): Urbana 17,9 %; rural 82,1%.
Distribución por sexo (1985): Varones 49,32 %; mujeres 50,68%.
Estructura por edades (1985): Menos de 15, 48,8%; 15-29, 25,5%; 30-44, 14,2%; 45-59, 7,7%; 60-74, 3,2%; 75 y más, 0,6%.
Proyección demográfica: (2000) 32.292.000 (2010) 42.232.000.
Tiempo de duplicación: 19 años.
Composición étnica (1983): Nyamwezi y sukuma 21,1%; swahili 8,8%; hehet y bena 6,9%; makonde 5,9%; hava 5,9%; otros 51,4%.
Afiliación religiosa (1984): Cristianos 40%; del que el 26% corresponde a católicos; musulmanes 30%; creencias tradicionales y otros 30%.
Principales ciudades (1984): Dar es Salaam 1.100.000; Mwanza 252.000; Tabova 214.000; Mbeya 194.000; Tanga 172.000.
Tasa de natalidad por 1.000 habitantes (1985-90): 50,5 (media mundial 27,1).
Tasa de mortalidad por 1.000 habitantes (1985-90): 14,0 (media mundial 9,9).
Tasa de crecimiento por 1.000 habitantes (1985-90): 36,5 (media mundial 17,2).
Esperanza de vida al nacer (1985-90): Varones 51,3 años; mujeres 54,7 años.
Principales causas de muerte por 100.000 habitantes: n.d.; sin embargo, entre las enfermedades más importantes se incluyen paludismo, esquitosomiasis, tuberculosis y enfermedad del sueño.

Economía nacional

Presupuesto (1988-89). Ingresos: 115.572.000.000 T Sh[4](impuestos sobre ventas 46,4; impuesto sobre la renta 21,2%; aranceles y consumos 11,7%). Gastos: 118.672.000.000 T Sh (administración pública 25,5%, defensa 20,1%, educación 16,4%, sanidad 3,7%).
Turismo (1986): Ingresos por visitantes 15.000.000 dlr. EUA; gastos de nacionales en el exterior (1983) 12.000.000 dlr. EUA.
Producción (toneladas métricas, excepto cuando se indique). Agricultura, (1988): Mandioca 5.000.000, maíz 2.339.000, plátanos 1.300.000, plátanos machos 1.300.000, caña de azúcar 1.190.000, arroz 628.000, sorgo 420.000, cocos 350.000, batatas o camotes 340.000, mijo 280.000, algodón 245.000, frijoles o judías, 240.000, mangos 184.000; ganadería (número de animales vivos): 13.500.000 reses, 6.600.000 cabras, 4.200.000 ovejas, 30.000.000 pollos; madera (1987) 24.754.000; pesca, capturas (1987) 313.545. Minas y canteras (1987): Fosfatos minerales 18.400, diamantes 150.000 quilates. Industria manufacturera (1987): Carne 220.000, fertilizantes 47.032[5]; hierro laminado 8.557[5]; pieles y curtidos 39.500; aluminio 6.000[6], textiles 55.770.000 m² [5]. Construcción: n.d. Producción energética (consumo): Electricidad (kwh; 1987) 874.000.000); carbón (1985) 1.000 (1.000); petróleo crudo (barriles; 1985), no produce (4.470.000); productos petrolíferos (1985) 520.000 (569.000).
Producto nacional bruto (1985): 5.840.000.000 dlr. EUA (270 dlr. EUA per cápita).

Estructura del producto nacional neto y de la población activa

	1987		1985	
	Valor (000.000 T Sh)	% del valor total	Población activa	% de la pobl. activa
Agricultura	120,180	53,1	9.091.000	83,3
Minería	563	0,2	469.000	4,3
Industria	9,044	4,0		
Construcción	3,658	1,6		
Servicios públicos	2,259	1,0		
Transportes y comunicaciones	16,794	7,4	1.353.000	12,4
Comercio	27,453	12,0		
Finanzas Administración pública, defensa Servicios Otros	47,167	20,7		
TOTAL	227,879	100,0	10.913.000	100,0

Deuda pública (externa, pendiente; 1987): 4.068.000.000 dlr. EUA.
Población económicamente activa (1985): Total 10.913.000; tasa de actividad de la población total 48,5 % (tasas de participación: 15-64 años 85,7%; mujeres 48,9%; desempleados, n.d.).

Comercio exterior

Balanza comercial (precios corrientes)

	1983	1984	1985	1986	1987	1988
Millones T Sh	−3.384,0	−5.506,0	−10.314	−12.505	−31.947	−41.463
% del total	32,3	32,3	51,0	36,0	46,3	43,2

Importaciones (1988): 68.731.000.000 T Sh (maquinaria, equipos de transporte y artículos industriales 73,2%; bienes de consumo 7,1%; materiales de construcción 6,9%). *Principales proveedores* (1987): Reino Unido 14,4%; Japón 8,6%; Italia 7,4%; Alemania federal 6,3%; Irán 5,2%; Dinamarca 4,4%; Países Bajos 3,7%; EUA 3,3%; Yugoslavia 1,7%.
Exportaciones (1988): 27.268.000.000 T Sh (café 25,9%; algodón 23,6%; agave 1,4%). *Principales clientes* (1987): Alemania federal 19,3%; Reino Unido 11,6%; Países Bajos 10,1%; EUA 3,8%; Singapur 3,7%; Portugal 3,2%.

Transportes y comunicaciones

Transportes. Ferrocarriles (1988): Longitud de vías 3.580 km; pasajeros-km 3.420.000.000 (4,2% pavimentadas); carga toneladas métricas-km 1.248.000.000. Carreteras (1986): Longitud total 82.114 km. Vehículos (1986): Automóviles 49.000, camiones y autobuses 33.000. Marina mercante (1988): Barcos (100 toneladas brutas y más) 39; peso muerto total 33.638 toneladas. Transporte aéreo (1988): Pasajeros-km 261.123.000; carga toneladas métricas-km 27.122.000; aeropuertos (1989) 19.
Comunicaciones. Diarios: Número total (1988) 2; circulación total 180.000 circulación por 1.000 habitantes 7,8. Radio (1988): Número total de receptores 2.000.000 (1 por cada 12 personas). Televisión (1988): Número total de televisores 10.000 (1 por cada 2.300 personas). Teléfonos (1987): 122.600 (1 por cada 186 personas).

Educación y sanidad

Escolaridad (1978). Porcentaje de la población total de 10 años y más: sin escolarización 48,6%; con enseñanza primaria parcial 40,7%; primaria completa 8,7%; secundaria y superior 1,9%. *Alfabetización* (1987): 85%.
Sanidad (1984): Médicos 1.065 (1 por cada 19.775 habitantes); camas hospitalarias 22.800 (1 por cada 924 habitantes); tasa de mortalidad infantil por cada 1.000 nacidos vivos (1985-90) 106.
Alimentación (1984-86): Ingesta calórica diaria per cápita 2.214 (productos vegetales 93%, productos animales 7%); 95% de las necesidades mínimas recomendadas por la FAO.

Fuerzas armadas

Personal en servicio activo (1989): 45.300 (ejército 96,3%, armada 1,5%, fuerza aérea 2,2%). *Presupuesto de defensa en porcentaje del PNB* (1985): 3,3% (mundo 5,4%); gasto per cápita 9 dlr. EUA.

[1] Incluye 169 miembros de elección directa, 35 de elección indirecta, 15 de designación presidencial y 25 miembros de oficio. [2] Pemba Norte y Pemba Sur están incluidas en Zanzíbar. [3] Basada en el área territorial. [4] Incluye 45.360.000.000 T Sh de préstamos y ayudas exteriores. [5] 1986. [6] 1984.

Togo

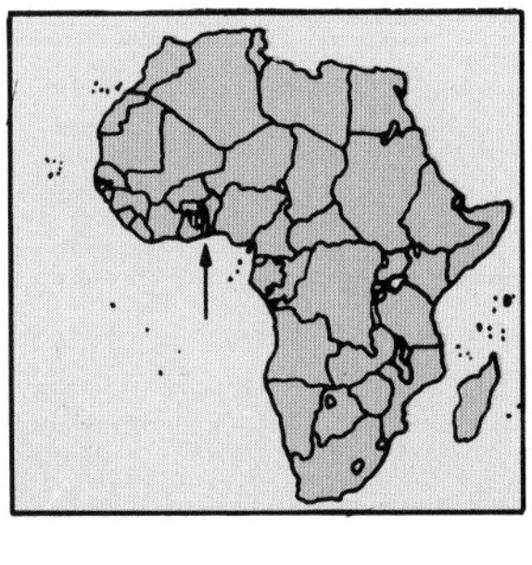

Nombre oficial: República de Togo.
Forma de gobierno: República con una cámara legislativa (Asamblea Nacional).
Jefe del estado y del gobierno: Presidente.
Capital: Lomé.
Lengua oficial: Francés.
Religión oficial: Ninguna.
Moneda: 1 franco CFA (CFAF) = 100 centimes; cambio (2 oct. 1989) 1 dlr. EUA = 317,90 CFAF.

Área y población

Regiones / Prefecturas	Capitales	área km^2	población censo 1981
Centrale	Sokodé		269.174
Sotouboua	Sotouboua	7.490	128.617
Tchamba	Tchamba	[1]	44.912
Tchaoudjo	Sokodé	5.692[1]	95.645
De la Kara	Kara		432.626
Assoli	Bafilo	938	32.444
Bassar	Bassar	6.330	118.345
Binah	Pagouda	465	50.077
Doufelgou	Niamtougou	1.120	66.120
Kéran	Kandé	1.692	44.762
Kozah	Kara	1.085	120.878
Des Plateaux	Atakpamé		561.656
Amou	Amlamé	4.382[2]	72.951
Haho	Notsé	3.658	109.995
Kloto	Kpalimé	2.790	106.429
Ogou	Atakpamé	6.145	163.906
Wawa	Badou	[2]	108.375
Des Savanes	Dapaong		326.826
Oti	Sansanné-Mango	3.762	77.747
Tône	Dapaong	4.840	249.079
Maritime	Lomé		1.039.700
Golfe	Lomé	345	438.110
Lacs	Aného	712	140.006
Vo	Vogan	750	150.313
Yoto	Tabligbo	1.250	100.387
Zio	Tsévié	3.339	210.884
TOTAL		56.785	2.700.982[3]

Demografía

Población (1989): 3.622.000.
Densidad (1989): Personas por km^2 63,8.
Índice de urbanización (1986): Urbana 22,5%; rural 77,2%.
Distribución por sexo (1986): Varones 25,2%; mujeres 51,45%.
Estructura por edades (1986): Menos de 15, 43,7%; 15-29, 25,2%; 30-44, 15,8%; 45-49, 9,8%; 60 y más, 5,9%.
Proyección demográfica: (2000) 5.125.000; (2010) 6.942.000.
Tiempo de duplicación: 23 años.
Composición étnica (1983): Ewe 45,4%; kabre 23,9%; gurma 10,5%; tem 7,3%; otros africanos 8,5%; nativos 3,6%; europeos 0,8%.
Afiliación religiosa (1981): creencias tradicionales 58,8%; católicos 21,5%; musulmanes 12,1%; protestantes 6,8%; otros 0,8%.
Principales ciudades (1983): Lomé 366.476; Sokodé 48.098[4]; Kpalimé 27.669[4].
Tasa de natalidad por 1.000 habitantes (1985-90): 44,9 (media mundial 27,1).
Tasa de mortalidad por 1.000 habitantes (1985-90): 14,1 (media mundial 9,9).
Tasa de crecimiento por 1.000 habitantes (1985-90): 30,8 (media mundial 17,2).
Esperanza de vida al nacer (1985-90): Varones 51,3 años; mujeres 54,8 años.
Principales causas de muerte por 100.000 habitantes (casos de enfermedad consignados; 1978): Enfermedades infecciosas y parasitarias 26.926; enfermedades del sistema respiratorio 9.296; enfermedades gastrointestinales 8.007; accidentes, intoxicaciones y traumatismos 7.172.

Economía nacional

Presupuesto (1989). Ingresos: 92.500.000.000 CFAF (ingresos por impuestos 90,1%, ingresos no impositivos 9,9%). Gastos: 92.500.000.000 CFAF; (administración 79,0%, servicio de la deuda 17,2%, bienes de equipo y suministro 3,8%).
Turismo: Ingresos por visitantes (1987) 21.000.000 dlr. EUA; gastos de nacionales en el exterior 33.000.000 dlr. EUA.
Producción (toneladas métricas, excepto cuando se indique). Agricultura, silvicultura, pesca (1988): Mandioca 410.000, ñames 378.000, maíz 296.000, sorgo 120.000, semilla de algodón 68.000, mijo 50.000, cacao 36.000, arroz 27.000, legumbres 25.000, cacahuates 17.000, plátanos 16.000, cocos 14.000, aceite de palma 14.000, naranja 12.000, café 11.000; ganadería (número de animales vivos): 1.000.000 ovejas, 900.000 cabras, 300.000 cerdos, 290.000 reses, 3.000.000 pollos; madera 813.000 m^3; pesca, capturas 15.176. Minas y canteras (1988): Roca fosfática 3.464.000; sal 600.000[5]; mármol 5.000[6]. Industria manufacturera (1985): Cemento 284.000; cerveza 423.000 hectólitros; bebidas no alcohólicas 68.000 hectólitros; calzado 520.000 pares[8]. Construcción (valor añadido en CFAF; 1981): 11.000.000.000. Producción energética (consumo): Electricidad (kwh; 1987) 40.000.000 (278.000.000); petróleo crudo, no produce (n.d.); productos petrolíferos (1987), no produce (92.000).
Producto nacional bruto (a precios corrientes de mercado; 1986): 963.000.000 dlr. EUA (300 dlr. EUA per cápita).

Estructura del producto nacional bruto y de la población activa

	1983		1985	
	Valor (000.000 CFAF)	% del valor total	Población activa	% de la pobl. activa
Agricultura	90.100	32,0	883.000	71,0
Minería	28.700	10,2		
Industria	20.100	7,1		
Construcción	8.100	2,9		
Servicios públicos	5.700	2,0		
Transportes y comunicaciones	18.100	6,4		
Comercio	61.900	22,0	361.000	29,0
Finanzas	—	—		
Administración pública, defensa	27.800	10.0		
Servicios	—	—		
Otros	20.800	7,4		
TOTAL	281.300	100.0	1.244.000	100,0

Deuda pública (externa, pendiente; 1987): 1.042.000.000 dlr. EUA.
Población económicamente activa (1985): Total 1.244.000; tasa de actividad de la población total 41,6% (tasas de participación: 15 años y más [1981] 76,7%; mujeres [1980] 34,9%; desempleados [1980] 2,3%).

Comercio exterior

Balanza comercial (precios corrientes)

	1981	1982	1983	1984	1985	1986
Miles de mill. CFAF	− 60,3	− 70,2	− 46,2	− 34,9	− 8,7	− 29,7
% del total	34,4	37,6	27,2	17,3	3,8	13,2

Importaciones (1986): 300.000.000 dlr. EUA (alimentos y productos animales 16,6%; tabaco 4,6%; pescado y derivados 2,7%; bebidas 1,7%). *Principales proveedores:* Francia 29,8%; Países Bajos 8,6%; Alemania federal 7,7%; Japón 5,4%; Hong Kong 5,1%; Reino Unido 4,9%; Italia 3,9%; EUA 3,8%.
Exportaciones (1986): 235.000.000 dlr. EUA (fertilizantes 32,8%; café, té, cacao y especias 22,9%; fibras textiles 15,3%; semillas oleosas 4,8%; pescado y derivados 0,4%). *Principales clientes:* Francia 11,2%; EUA 10,1%; Países Bajos 7,6%; Italia 7,3%; España 7,3%; Alemania federal 5,9%.

Transportes y comunicaciones

Transportes. Ferrocarriles (1987): Longitud de vías 403 km; pasajeros-km 109.000.000; carga toneladas métricas-km 11.000.000[6]. Carreteras (1987): Longitud total 7.547 km (pavimentadas 22 %). Vehículos (1988): Automóviles 47.083; camiones y autobuses 22.230. Marina mercante (1988): Barcos (100 toneladas brutas y más) 12; peso muerto total 74.682 toneladas. Transporte aéreo (1987): Pasajeros-km 213.706.000; carga toneladas métricas-km 36.119.000; aeropuertos (1989) con vuelos regulares 1.
Comunicaciones. Diarios (1988): Número total 2; circulación total 10.000[9]; circulación por 1.000 habitantes 3,3[9]: Radio. (1988): Número total de receptores 693.000 (1 por cada 5 personas). Televisión (1988): Número total de televisores 23.000 (1 por cada 152 personas). Teléfonos (1983): 11.105 (1 por cada 255 personas).

Educación y sanidad

Escolaridad (1981). Porcentaje de la población total de 15 años y más: sin escolarización formal 76,5%; con enseñanza primaria 13,5%; secundaria 8,7%; superior 1,3%. *Alfabetización* (1985): Población total de 15 años y más alfabetizada 631.700 (39,1%); varones alfabetizados 401.800 (51,7%); mujeres alfabetizadas 229.900 (27,5%).
Sanidad: Médicos (1985) 230 (1 por cada 12.992 habitantes); camas hospitalarias (1982) 3.655 (1 por cada 752 habitantes); tasa de mortalidad infantil por cada 1.000 nacidos vivos (1985-90) 94,0.
Alimentación (1984-86): Ingesta calórica diaria per cápita 2.224 (productos vegetales 96%, productos animales 4%); 94% de las necesidades mínimas recomendadas por la FAO.

Fuerzas armadas

Personal en servicio activo (1989): 4.350 (ejército 92,0%, armada 2,3%, fuerza aérea 5,7%). *Presupuesto de defensa en porcentaje del PNB* (1987): 3,3% (mundo 5,4%); gasto per cápita 12 dlr. EUA.

[1] Tchaoudjo incluye Tchamba. [2] Amou incluye Wawa. [3] El total incluye 71.000 personas no incluidas en el desglose. [4] 1981. [5] 1982. [6] 1986. [7] 1984. [8] Excluido caucho. [9] Para un diario únicamente.

Tonga

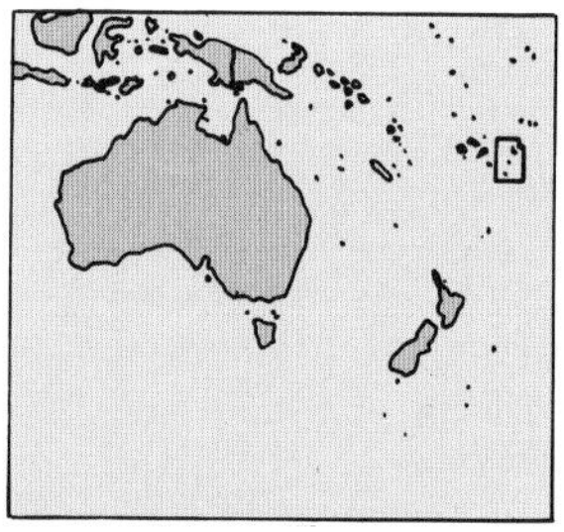

Nombre oficial: Reino de Tonga.
Forma de gobierno: Monarquía constitucional con una cámara legislativa (Asamblea Legislativa[1]).
Jefe del estado y del gobierno: Rey.
Capital: Nukualofa.
Lengua oficial: Tongano; inglés.
Religión oficial: Ninguna.
Moneda: 1 paanga (T$)[2] = 100 seniti; cambio (2 oct. 1989) 1 dlr. EUA = 1,29 T$.

Área y población		área km²	población censo 1986
Divisiones Distritos	**Capitales**		
Eua	Ohonu	87,4	4.393
Eua Foou		—	1.995
Eua Motua		—	2.398
Haapai	Pangai	110,0	8.979
Foa		—	1.409
Haano		—	892
Lulunga		—	1.588
Muomua		—	897
Pangai		—	2.840
Uiha		—	1.353
Niuas	Hihifo	71,7	2.379
Niuafoou		—	763
Niuatoputapu		—	1.616
Tongatapu	Nukualofa	260,5	63.614
Kolofoou		—	15.782
Kolomotua		—	13.117
Kolovai		—	4.023
Lapaha		—	6.992
Nukunuku		—	5.790
Takamotonga		—	6.778
Vaini		—	11.132
Vavau	Neiafu	119,2	15.170
Hahake		—	2.292
Hihifo		—	2.095
Leimatua		—	2.875
Motu		—	1.387
Neiafu		—	5.273
Pangaimotu		—	1.248
ÁREA TERRITORIAL TOTAL		749,9[3]	94.535
AGUAS INTERIORES		29,6	
TOTAL		779,5	

Demografía

Población (1989): 95.900.
Densidad[4] (1989): Personas por km² 127,9.
Índice de urbanización (1986): Urbana 30,7%; rural 69,3%.
Distribución por sexo (1986): Varones 50,30%; mujeres 49,70%.
Estructura por edades (1986): Menos de 15, 40,6%; 15-29, 29,0%; 30-44, 13,8%; 45-59, 10,2%; 60-74, 5,0%; 75 y más, 1,4%.
Proyección demográfica: (2000) 101.000; (2010) 106.000.
Tiempo de duplicación: 30 años.
Composición étnica (1986): Tonganos 95,5%; parcialmente tonganos 2,8%; otros 1,7%.
Afiliación religiosa (1986): Wesleyanos libres 43,0%; católicos 16,0%; mormones 12,1%; Iglesia Libre de Tonga 11,0%; Iglesia de Tonga 7,3%; otros 10,6%.
Principales ciudades (1986): Nukualofa 21.383.
Tasa de natalidad por 1.000 habitantes (1988): 30,4 (media mundial 27,1).
Tasa de mortalidad por 1.000 habitantes (1988): 7,3 (media mundial 9,9).
Tasa de crecimiento por 1.000 habitantes (1988): 23,1 (media mundial 17,2).
Esperanza de vida al nacer (1980-85): Varones 61,0 años; mujeres 64,8 años.
Principales causas de muerte por 100.000 habitantes (1985): Enfermedades cardiovasculares 81,9%; neoplasias malignas (cánceres) 42,6%; enfermedades del sistema respiratorio 27,7%; desórdenes metabólicos y endocrinos 14,9%.

Economía nacional

Presupuesto (1987). Ingresos: 29.819.000 T$ (ingresos no impositivos 70,3%; ingresos por impuestos 29,7%). Gastos: 32.018.000 T$ (servicios públicos 33,8%; transportes y comunicaciones 17,3%; educación 13,2%; sanidad 10,4%; agricultura 5,0%; defensa 3,6%).
Turismo (1987): Ingresos por visitantes 9.000.000 dlr. EUA; gastos de nacionales en el exterior 3.000.000 dlr. EUA.
Producción (toneladas métricas, excepto cuando se indique). Agricultura, silvicultura, pesca (1988): Cocos 53.000, ñames 35.000, taro 30.000, batatas o camotes 18.000, mandioca 17.000, frutas excluyendo melón 14.000, verduras y melones 7.000, copra 6.000; ganadería (número de animales vivos): 65.000 cerdos, 11.000 cabras, 9.000 caballos, 8.000 reses; madera (1987) 5.000 m³; pesca, capturas (1987) 2.800. Minas y canteras (1982): Coral 150.000; arena 25.000. Industria manufacturera (valor añadido T$; 1983): Productos alimenticios y bebidas 2.623.000; accesorios para muebles y productos de madera 328.000; productos metálicos 525.000; productos de vidrio y porcelana 203.000; papel y derivados 26.000. Construcción (valor en T$; 1984): Residencial 9.552.300; no residencial 11.377.100. Producción energética (consumo): Electricidad (kwh; 1987) 16.000.000 (16.000.000); carbón, no produce (n.d.); petróleo, no produce (n.d.); productos petrolíferos (1987), no produce (22.000); gas natural, no produce (n.d.).
Producto nacional bruto (a precios corrientes de mercado; 1987): 72.000.000 dlr. EUA (720 dlr. EUA per cápita).

Estructura del producto nacional bruto y de la población activa	1983		1986	
	Valor (000 T$)	% del valor total	Población activa	% de la pobl. activa
Agricultura	35.790	41,5	10.429	42,9
Minería	394	0,5	27	0,1
Industria	4.271	4,9	622	2,6
Construcción	3.354	3,9	1.741	7,2
Servicios públicos	404	0,5	326	1,3
Transportes y comunicaciones	4.950	5,7	1.176	4,8
Comercio	12.774	14,8	1.612	6,6
Finanzas	5.198	6,0	465	1,9
Administración pública, defensa	—	— }	5.492	22,6
Servicios	—	— }		
Otros	19.149[5]	22,2[5]	2.434	10,0
TOTAL	86.275	100,0	24.324	100,0

Deuda pública (externa, pendiente; 1985): 24.180.000 dlr. EUA.
Población económicamente activa (1986): Total 24.324; tasa de actividad de la población total 25,8% (tasas de participación: 15-64 años, 44,7%; mujeres 21,5%; desempleados 9,1%).

Comercio exterior

Balanza comercial (precios corrientes)	1982	1983	1984	1985	1986	1987
Millones T$	−37,0	−35,2	−36,6	−51,8	−47,7	−58,0
% del total	81,5	73,2	64,7	78,3	72,7	74,4

Importaciones (1987): 68.460.000 T$ (manufacturas básicas 18,3%; alimentos y animales vivos 21,6%; maquinaria y equipos de transporte 23,6%; combustibles minerales 10,2%; productos químicos 6,5%; bebidas y tabaco 5,3%). *Principales proveedores:* Nueva Zelanda 45,8%; Reino Unido 9,1%; Japón 7,6%.
Exportaciones (1988): 9.553.000 T$ (productos de aceite de coco 16,9%; plátanos 15,4%; vainilla 12,7%; coco desecado 5,8%). *Principales clientes:* Nueva Zelanda 56,4%; Australia 29,1%.

Transportes y comunicaciones

Transportes. Ferrocarriles: Ninguno. Carreteras (1988): Longitud total 433 km (pavimentadas 65%). Vehículos (1984): Automóviles 1.561; vehículos comerciales 3.397. Marina mercante (1988): Barcos (100 toneladas brutas y más) 16; peso muerto total 17.991 toneladas. Transporte aéreo (1988): Pasajeros-km 5.546.000; carga toneladas métricas-km 16.000; aeropuertos (1989) con vuelos regulares 6.
Comunicaciones. Diarios: Ninguno. Radio (1988): Número total de receptores 79.716 (1 por cada 1,2 personas). Televisión: Número total de televisores, n.d.[6]. Teléfonos (1984): 3.996 (1 por cada 24 personas).

Educación y sanidad

Escolaridad (1976). Porcentaje de la población total de 25 años y más: Sin escolarización formal 0,4%; con enseñanza primaria incompleta 37,3%; primaria completa 12,4; secundaria baja 45,6%; secundaria 0,1%; postsecundaria 0,1%; superior 0,6%; educación especial 2,4%; otros 1,1%. *Alfabetización* (1976): Población total de 15 años y más alfabetizada 46.456 (92,8%); varones 23.372 (92,9%); mujeres 23.084 (92,8%).
Sanidad (1987): Médicos 47 (1 por cada 2.020 habitantes); camas hospitalarias 307 (1 por cada 309 habitantes); tasa de mortalidad infantil por cada 1.000 nacidos vivos (1988) 49,0.
Alimentación (1984-86): Ingesta calórica diaria per cápita 2.942 (productos vegetales 85%, productos animales 15%); 108% de las necesidades mínimas recomendadas por la FAO.

Fuerzas armadas

Personal en servicio activo: Tonga tenía, a principios de la década de 1980, una fuerza de defensa nacional de unos 250 hombres.

[1] Incluye 11 escaños no electivos. [2] La moneda, paanga, está a la par con el dólar australiano. [3] Incluye, además, 101,1 km² de islas deshabitadas. [4] Densidad basada en el área territorial. [5] Incluye impuestos indirectos menos subsidios. [6] Tonga no tiene servicio de televisión autorizado; sin embargo, a mediados de 1984 empezó a funcionar una emisora «pirata».

Trinidad y Tabago

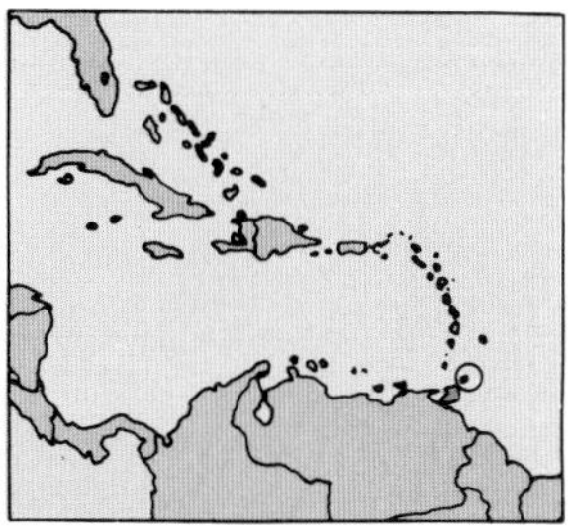

Nombre oficial: República de Trinidad y Tabago.
Forma de gobierno: República multipartidista con dos cámaras legislativas (Senado; Cámara de Representantes).
Jefe del estado: Presidente.
Jefe del gobierno: Primer ministro.
Capital: Puerto España.
Lengua oficial: Inglés.
Religión oficial: Ninguna.
Moneda: 1 dólar de Trinidad y Tabago (TT$) = 100 cents; cambio (2 oct. 1989) 1 dlr. EUA = 4,25 TT$.

Área y población

		área km²	población estimada 1987
Condados	**Capitales**		
Caroni	Chaguanas	554,3	167.300
Nariva/Mayaro	Rio Claro	911,7	33.200
St. Andrew/St. David	Sangre Grande	936,8	57.800
	—	907,5	435.800
St. George	Siparia	650,1	122.800
St. Patrick	Scarborough	301,0	44.300
Tabago	Princes Town	813,5	218.700
Victoria			
Ciudades	—		
Puerto España	—		
San Fernando		9,6	58.300
	—	6,5	33.100
Municipios	—		
Arima		12,2	28.500
Point Fortin		25,4	17.300
TOTAL		5.128,4[1]	1.217.100

Demografía

Población (1989): 1.285.000.
Densidad (1989): Personas por km² 250,6.
Índice de urbanización (1987): Urbana 54,0%; rural 50,9%.
Distribución por sexo (1985): Varones 49,90%; mujeres 50,10%.
Estructura por edades (1985): Menos de 15, 34,0%; 15-29, 30,2%; 30-44, 17,9%; 45-59, 10,0%; 60-74, 6,1%; 75 y más, 1,8%.
Proyección demográfica: (2000) 1.608.000; (2010) 1.931.000.
Tiempo de duplicación: 35 años.
Composición étnica (1980): Negros 40,8%; indios orientales 40,7%; mestizos 16,3%; blancos 0,9%; chinos 0,5%; árabes 0,1%; otros 0,7%.
Afiliación religiosa (1980): Católicos 32,2%; protestantes 27,6% (incluyendo anglicanos 14,4%, presbiterianos 3,7%, pentecostales 3,4%); hindúes 24,3%; musulmanes 5,9%; sin afiliación 1,0%; desconocida 6,0%; otros 3,0%.
Principales ciudades (1987): Puerto España 58.300; San Fernando 33.100; Arima 28.500; Point Fortin 17.300; Scarborough 6.089[2].
Tasa de natalidad por 1.000 habitantes (1986): 27,0 (media mundial 27,1).
Tasa de mortalidad por 1.000 habitantes (1986): 7,0 (media mundial 9,9).
Tasa de crecimiento por 1.000 habitantes (1986): 20,0 (media mundial 17,2).
Esperanza de vida al nacer (1987): Varones 68,0 años; mujeres 72,0 años.
Principales causas de muerte por 100.000 habitantes (1986): Enfermedades cardiovasculares 253,9; neoplasias malignas (cánceres) 83,6; trastornos endocrinos y metabólicos 76,6; accidentes y actos de violencia 56,8.

Economía nacional

Presupuesto (1988). Ingresos: 4.775.500.000 TT$ (renta corriente 99,6%, del que el 83,2% corresponde a ingresos por impuestos y el 16,4% a ingresos no impositivos; ingresos de desarrollo 0,4%). Gastos: 5.977.300.000 TT$ (gastos corrientes 80,6%, del que el 8,7% corresponde a pagos de intereses; gastos de desarrollo 19,4%).
Turismo (1988): Ingresos por visitantes 89.000.000 dlr. EUA; gastos de nacionales en el exterior 173.000.000 dlr. EUA.
Producción (toneladas métricas, excepto cuando se indique). Agricultura, silvicultura, pesca (1988): Caña de azúcar 1.100.000[3], cocos 62.000, naranjas 7.000, arroz 7.000, maíz 3.000, café 1.842[3], cacao 1.501[3]; ganadería (número de animales vivos): 84.000 cerdos, 78.000 reses, 50.000 cabras; madera (1987) 65.000 m³; pesca, capturas (1987) 3.200. Minas y canteras (1987): Asfalto natural 26.000. Industria manufacturera (1987): Amoniaco anhidro 1.363.400; urea 473.400; metanol 424.300; lingotes de hierro y acero 375.500; cemento 326.000; azúcar 85.500; televisores 9.200 unidades; vehículos motores 5.900 unidades; ron 137.500 hectólitros. Construcción (nuevas edificaciones autorizadas; 1987): Residencial 320.800 m²; no residencial 27.700 m². Producción energética (consumo): Electricidad (kwh; 1987) 3.315.000 (3.315.000); carbón, no produce (sin consumo); petróleo crudo (barriles; 1988) 54.130.000 (34.442.000[4]); productos petrolíferos (1987) 5.143.000 (1.136.000); gas natural (m³; 1987) 4.066.000.000 (4.066.000.000).
Producto nacional bruto (a precios corrientes de mercado; 1987): 5.130.000.000 dlr. EUA (4.220 dlr. EUA per cápita).

Estructura del producto nacional bruto y de la población activa

	1985			
	Valor (000.000 TT$)[5]	% del valor total	Población activa[6]	% de la pobl. activa
Agricultura	547	3,4	47.000[7]	9,8[7]
Petróleo[8], gas natural	3.580	22,1	20.300	4,2
Industria	1.702	10,5	46.000	9,6[9]
Construcción[10]	1.736	10,7	82.700	17,2
Servicios públicos	406	2,5	8.600	1,8
Transportes y comunicaciones	1.894	11,7	33.100	6,9
Comercio	1.091	6,7	78.200	16,2
Finanzas, bienes raíces	1.895	11,7	30.000	6,2
Administración pública, defensa	2.653	16,4 }	134.100	27,9
Servicios	1.302	8,1 }		
Otros	−617[11]	3,8[11]	800	0,2
TOTAL	16.189	100,0	480.000	100,0

Deuda pública (externa, pendiente; 1987): 1.635.000.000 dlr. EUA.
Población económicamente activa (1987): Total 478.850; tasa de actividad de la población total 39,3% (tasas de participación: 15-64 años 63,0%; mujeres 33,8%; desempleados [1987] 22,3%).

Comercio exterior[12]

Balanza comercial (precios corrientes)

	1983	1984	1985	1986	1987	1988
Millones TT$	77	1.079	1.882	615	1.316	1.545
% del total	0,7	11,5	21,9	6,6	14,3	16,6

Importaciones (1987): 4.387.500.000 TT$ (maquinaria y equipos de transporte 29,2%, del que el 11,3% corresponde a maquinaria industrial y para minería; alimentos 19,0%; productos químicos 12,2%). *Principales proveedores:* EUA 41,0%; Reino Unido 9,2%; Canadá 6,7%; Alemania federal 5,8%; Japón 5,3%.
Exportaciones (1987): 5.264.600.000 TT$ (exportaciones nacionales 98,4%, del que el 35,5% corresponde a petróleo crudo, el 35,3% a productos petrolíferos, el 7,7% a amoniaco anhidro, el 5,0% a barras de hierro y acero, el 2,3% a fertilizantes y el 1,6% a metanol; reexportaciones 1,6%). *Principales clientes:* EUA 56,4%; Barbados 3,1%; Reino Unido 3,1%; Jamaica 2,5%; Japón 2,4%.

Transportes y comunicaciones

Transportes. Ferrocarriles: Ninguno. Carreteras (1985): Longitud total 7.900 km (pavimentadas 46%). Vehículos (1985): Automóviles 241.595; camiones y autobuses 82.361. Marina mercante (1988): Barcos (100 toneladas brutas y más) 51; peso muerto total 13.715 toneladas. Transporte aéreo (1986)[13]: Pasajeros-km 2.155.000.000; carga toneladas métricas-km 12.563.000; aeropuertos (1989) con vuelos regulares 2.
Comunicaciones. Diarios (1988): Número total 4; circulación total 172.634; circulación por 1.000 habitantes 138. Radio (1988): Número total de receptores 401.078 (1 por cada 3,1 personas). Televisión (1986): Número total de televisores 345.000 (1 por cada 3,6 personas). Teléfonos (1987): 199.840 (1 por cada 6,2 personas).

Educación y sanidad

Escolaridad (1980). Porcentaje de la población total de 25 años y más: sin escolarización formal 7,1%; con enseñanza primaria 66,5%; secundaria 21,7%; superior 2,7%; otros 2,0%. *Alfabetización* (1980): Población total de 15 años y más alfabetizada 653.122 (95,1%); varones alfabetizados 328.645 (96,7%); mujeres alfabetizadas 324.477 (93,6%).
Sanidad (1987): Médicos 1.164 (1 por cada 1.055 habitantes); camas hospitalarias 4.241 (1 por cada 290 habitantes); tasa de mortalidad infantil por cada 1.000 nacidos vivos (1984) 13,7.
Alimentación (1984-86): Ingesta calórica diaria per cápita 3.058 (productos vegetales 79%, productos animales 21%); (1984) 124% de las necesidades mínimas recomendadas por la FAO.

Fuerzas armadas

Personal en servicio activo (1988): 2.750 (ejército 100,0%). *Presupuesto de defensa en porcentaje del PNB* (1984): 2,7% (mundo 5,7%); gasto per cápita 93 dlr. EUA.

[1] El desglose no se corresponde con el total a causa del redondeo. [2] 1980. [3] Producción sólo para exportación. [4] 1987. [5] Al coste del factor. [6] Promedio del cuarto trimestre. [7] Incluye la industria azucarera. [8] Incluye petróleo refinado. [9] Excluye la industria azucarera. [10] Incluye canteras. [11] Menos cargos por servicios bancarios imputados. [12] Las cifras de importación son f.o.b. (franco a bordo) en la balanza comercial y c.i.f. (costo, seguro y flete) para los artículos y asociados comerciales. [13] Sólo líneas aéreas BWIA International.

Túnez

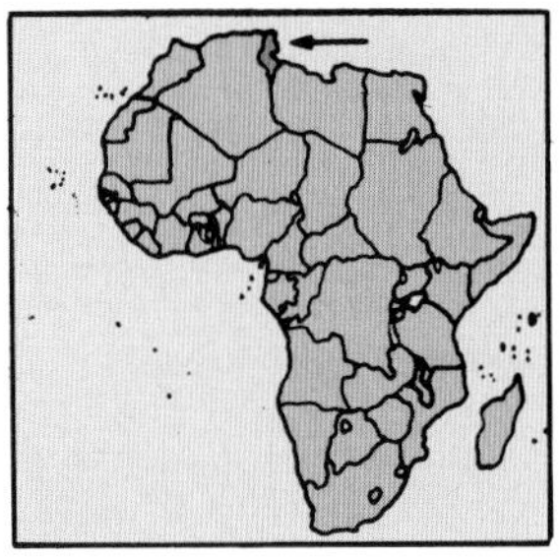

Nombre oficial: República de Túnez.
Forma de gobierno: República multipartidista con una cámara legislativa (Cámara de los Diputados).
Jefe del estado: Presidente.
Jefe del gobierno: Primer ministro.
Capital: Túnez.
Lengua oficial: Árabe.
Religión oficial: Islámica.
Moneda: 1 dinar (D) = 1.000.000 millimes; cambio (2 oct. 1989) 1 dlr. EUA = 1,05 D.

Estructura del producto nacional bruto y de la población activa

	1986		1984	
	Valor (000.000 D)	% del valor total	Población activa	% de la pobl. activa
Agricultura	960,0	13,5	475.370	22,2
Minería	608,0	8,6	22.500	1,1
Industria	924,1	13,0	345.120	16,1
Construcción	403,0	5,7	237.490	11,1
Servicios públicos	115,4	1,6	15.530	0,7
Transportes y comunicaciones	390,5	5,5	86.700	4,1
Comercio	1.614,2	22,7	153.860	7,2
Finanzas	301,4	4,2	13.060	0,6
Administración pública, defensa	865,0	12,2	129.510	6,1
Servicios	924,4	13,0	212.200	9,9
Otros	—	—	445.870[2]	20,9[2]
TOTAL	7.106,8[1]	100,0	2.137.210	100,0

Área y población

Gobernaciones	Capitales	área km²	población estimada 1986
Ariana	Ariana	1.558	455.800
Béja	Béja	3.558	290.400
Bin Arus	Bin Arus	761	296.200
Bizerta	Bizerta	3.685	426.200
Gabes	Gabes	7.175	276.200
Gafsa	Gafsa	8.990	265.700
Jendouba	Jendouba	3.102	390.600
al-Kef	al-Kef	4.965	261.200
al-Mahdia	al-Mahdia	2.966	300.300
Médenjne	Médenjne	8.588	336.800
al-Monastir	al-Monastir	1.019	309.800
Nabul	Nabul	2.788	510.000
al-Qasrayn	al-Qasrayn	8.066	338.200
al-Qayrawan	al-Qayrawan	6.712	469.000
Qibili	Qibili	22.084	109.100
Sfax	Sfax	7.545	650.700
Sidi Bu Zayd	Sidi Bu Zayd	6.994	329.100
Siliana	Siliana	4.631	236.900
Susa	Susa	2.621	364.300
Tataouine	Tataouine	38.889	114.200
Tawzar	Tawzar	4.719	77.600
Túnez	Túnez	346	831.200
Zaghouan	Zaghouan	2.768	130.400
TOTAL		154.530	7.769.900

Demografía

Población (1989): 7.973.000.
Densidad (1989): Personas por km² 51,6.
Indice de urbanización (1985): Urbana 53,0%; rural 47,0%.
Distribución por sexo (1988): Varones 51,07%; mujeres 48,93%.
Estructura por edades (1988): Menos de 15, 38,1%; 15-29, 29,4%; 30-44, 15,4%; 45-59, 10,2%; 60-74, 5,5%; 75 y más, 1,4%.
Proyección demográfica: (2000) 10.594.000; (2010) 13.099.000.
Tiempo de duplicación: 34 años.
Composición étnica (1983): Árabes 98,2%; beréberes 1,2%; franceses 0,2%; italianos 0,1%; otros 0,3%.
Afiliación religiosa (1980): Musulmanes sunníes 99,4%; cristianos 0,3%; judíos 0,1%; otros 0,2%.
Principales ciudades (comunas; 1984): Túnez 596.654; Sfax 231.911; Ariana 98.655; Bizerta 94.509; Susa 83.509.
Tasa de natalidad por 1.000 habitantes (1988): 27,6 (media mundial 27,1).
Tasa de mortalidad por 1.000 habitantes (1988): 6,1 (media mundial 9,9).
Tasa de crecimiento por 1.000 habitantes (1988): 21,5 (media mundial 17,2).
Esperanza de vida al nacer (1985-90): Varones 64,6 años; mujeres 66,1 años.
Principales causas de muerte por 100.000 habitantes: n.d.; sin embargo, de las aproximadamente 7.000 muertes en 1986 de las cuales se conocía la causa, enfermedades cardiovasculares 20,1%, enfermedades infecciosas y parasitarias 17,1%; lesiones del nacimiento y dificultades del parto 14,0%; accidentes e intoxicaciones 11,0%.

Economía nacional

Presupuesto (1987). Ingresos: 2.235.600.000 D (impuestos indirectos 54,8%, inversiones 19,6%, impuestos directos 14,6%). Gastos: 1.696.600.000 D (educación 19,9%, finanzas 19,0%, asuntos interiores 11,2%, sanidad 9,3%, defensa 6,7%, agricultura 4,2%).
Turismo (1987): Ingresos por visitantes 672.000.000 dlr. EUA; gastos de nacionales en el exterior 94.000.000 dlr. EUA.
Producción (toneladas métricas, excepto cuando se indique). Agricultura, silvicultura, pesca (1988): Aceitunas 500.000, tomates 400.000, sandías 270.000, remolacha azucarera 256.000, trigo 220.0000, papas o patatas 180.000, naranjas 120.000, cebada 70.000, dátiles 70.000, alfalfa 70.000, uva 45.000, almendras 30.000, tabaco 5.000; ganadería (número de animales vivos): 5.900.000 ovejas, 1.115.000 cabras, 612.000 reses; madera (1987): Roca fosfatada 6.026.400; mineral de hierro 325.200; zinc 16.270; plomo 3.540. Industria manufacturera (1988): Cemento 3.600.000; ácido fosfórico 855.600; harina 532.800; acero sin refinar 274.800; agua mineral 496.800 hectólitros. Construcción (1982): Edificios residenciales autorizados 2.679.000 m². Producción energética (consumo): Electricidad (kwh; 1987) 4.549.000.000 (4.546.0000); carbón (1987), no produce (16.000); petróleo crudo (barriles; 1987) 38.449.613 (12.300.000); productos petrolíferos (1987) 1.452.000 (2.653.000; gas natural (m³; 1987) 366.950.000 (649.200.000).
Producto nacional bruto (1987): 9.019.000.000 dlr. EUA (1.210 dlr. EUA per cápita).

Deuda pública (externa, pendiente; 1987): 6.415.000.000 dlr. EUA.
Población económicamente activa (1984): Total 2.137.210; tasa de actividad de la población total 30,6% (tasas de participación: 15-64 52,9%; mujeres 21,3%; desempleados 16,4%).

Comercio exterior

Balanza comercial (precios corrientes)

	1983	1984	1985	1986	1987	1988
Millones D	−704,2	−909,6	−690,4	−737,3	−569,9	−898,9
% del total	21,8	24,6	19,3	20,8	13,9	17,9

Importaciones (1988): 3.167.018.000 D (textiles 8,2%; trigo 5,4%; material plástico 2,8%; productos farmacéuticos 2,2%; productos de hierro y acero 2,0%). *Principales proveedores:* Francia 24,8%; Italia 13,1%; Alemania federal 12,6%; EUA 7,1%; Bélgica-Luxemburgo 4,8%; España 4,4%; Países Bajos 2,4%.
Exportaciones (1988): 2.055.474.000 D (ropa y accesorios 16,8%; petróleo y productos petrolíferos 16,1%; fosfatos 11,1%; ácido fosfórico 6,9%; aceite de oliva 3,4%; pescado y crustáceos 3,1%). *Principales clientes:* Francia 25,9%; Italia 19,2%; Alemania federal 14,0%; Bélgica Luxemburgo 5,9%; España 3,4%.

Transportes y comunicaciones

Transportes. Ferrocarriles (1988): Longitud de vías (1987) 2.115 km; pasajeros-km 1.014.000.000; carga toneladas métricas-km 2.156.000.000. Carreteras (1987): Longitud total 27.371 km (pavimentadas 57%). Vehículos (1987): Automóviles 281.201; camiones y autobuses 193.963. Marina mercante (1988): Barcos (100 toneladas brutas y más) 72; peso muerto total 447.420 toneladas. Transporte aéreo (1987): Pasajeros-km 2.374.581.000; carga toneladas métricas-km 21.545.010; aeropuertos (1989) 6.
Comunicaciones. Diarios (1987): Número total 6; circulación total 230.000[3]; circulación por 1.000 habitantes 33[3]. Radio (1988): Número total de receptores 1.693.527 (1 por cada 4,7 personas). Televisión (1987): Número total de televisores 500.000 (1 por cada 15 personas). Teléfonos (1987): 312.029 (1 por cada 24 personas).

Educación y sanidad

Escolaridad (1984). Porcentaje de la población de 25 años y más: sin escolarización formal 65,8%; con enseñanza coránica 1,2%; primaria 17,5%; secundaria 11,2%; profesional 0,8%; superior 1,7%; sin especificar 1,8%. *Alfabetización* (1984): Población total de 15 años y más alfabetizada 2.023.500 (48,2%); varones alfabetizados 1.282.700 (60,4%); mujeres alfabetizadas 740.800 (35,7%).
Sanidad (1987): Médicos 3.474 (1 por cada 2.198 habitantes); camas hospitalarias 15.838 (1 por cada 482 habitantes); tasa de mortalidad infantil por cada 1.000 nacidos vivos (1985-90) 59,0.
Alimentación (1984-86): Ingesta calórica diaria per cápita 2.942 (productos vegetales 91%, productos animales 9%); (1984) 119% de las necesidades mínimas recomendadas por la FAO.

Fuerzas armadas

Personal en servicio activo (1988): 38.000 (ejército 79%, armada 11,8%, fuerza aérea 9,2%). *Presupuesto de defensa en porcentaje del PNB* (1987): 3,1% (mundo 5,4%); gasto per cápita 38 dlr. EUA.

[1] El desglose no se corresponde con el total a causa del redondeo. [2] Incluye 350.790 desempleados. [3] Sólo para cuatro diarios.

[1] El desglose no se corresponde con el total a causa del redondeo. [2] Incluye 350.790 desempleados. [3] Sólo para cuatro diarios.

Turquía

Nombre oficial: República de Turquía.
Forma de gobierno: República multipartidista con una cámara legislativa (Gran Asamblea Nacional Turca).
Jefe del estado: Presidente.
Jefe del gobierno: Primer ministro.
Capital: Ankara.
Lengua oficial: Turco.
Religión oficial: Ninguna.
Moneda: 1 lira turca (LT) = 100 kurush; cambio (2 oct. 1989) 1 dlr. EUA = 2.230 LT.

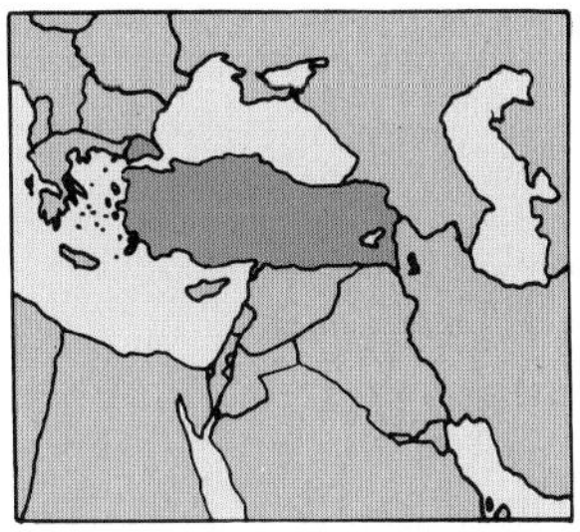

Estructura del producto nacional bruto y de la población activa

	1988			
	Valor (000.000 LT$)	% del valor total	Población activa	% de la pobl. activa
Agricultura	15.690.000	17,2	9.300.000	47,4
Minería	1.834.000	2,0	123.000	0,6
Industria	23.961.000	26,2	2.116.000	10,8
Construcción	3.563.000	3,9	721.000	3,7
Servicios públicos	4.025.000	4,4	153.000	0,8
Transportes y comunicaciones	9.286.000	10,2	614.000	3,1
Comercio	16.075.000	17,6	928.000	4,7
Finanzas	2.596.000	2,8	258.000	1,3
Administración pública, defensa	5.326.000	5,8	2.653.000	13,5
Servicios	4.955.000	5,4		
Otros	4.074.000	4,5	2.748.000[1]	14,0[1]
TOTAL	91.385.000	100,0	19.615.000[2]	100,0[2]

Deuda pública (externa, pendiente; 1987): 30.490.000.000 dlr. EUA.
Población económicamente activa (1988): Total 19.615.000; tasa de actividad de la población total 36,2% (tasas de participación: 15-64 años 58,5%; mujeres 30,1%; desempleados 14,0%).

Área y población

Regiones geográficas	área km^2	población censo 1985
Akdeniz kiyisi (Costa mediterránea)	59.395	4.653.426
Bati Anadolu (Anatolia occidental)	77.031	3.538.253
Doğu Anadolu (Anatolia oriental)	176.311	6.290.086
Güneydogu Anadolu (Anatolia sudoriental)	39.749	2.413.593
Iç Anadolu (Anatolia central)	236.347	12.193.155
Karadeniz kiyisi (Costa del mar Negro)	81.295	6.652.172
Marmara ve Ege kiyilari (Costas de Mármara y el Egeo)	85.560	9.834.576
Trakya (Tracia)	23.764	5.089.197
TOTAL	779.452	50.664.458

Comercio exterior

Balanza comercial (precios corrientes)

	1983	1984	1985	1986	1987	1988
Millones dlr. EUA	−3.507	−3.624	−3.386	−3.648	−3.973	−1.800
% del total	23,4	20,3	17,5	19,7	16,3	7,1

Importaciones (1988): 14.340.000.000 dlr. EUA (combustibles 18,9%; maquinaria 16,7%; productos químicos 13,8%; hierro y acero 11,5%; productos farmacéuticos 7,1%). *Principales proveedores:* Alemania federal 14,3%; EUA 10,6%; Irak 10,0%; Italia 7,0%; Reino Unido 5,8%; Francia 5,2%; Irán 4,6%; Japón 3,9%.
Exportaciones (1988): 11.662.000.000 dlr. EUA (textiles 27,4%; productos agrícolas 20,1%; hierro y metales no férricos 14,0%; alimentos 6,6%; productos químicos 6,3%; cuero 4,4%; maquinaria 2,9%). *Principales clientes:* Alemania federal 18,4%; Irak 8,4%; Italia 8,2%; EUA 6,5%; Reino Unido 4,9%; Irán 4,7%; Francia 4,3%; Arabia Saudita 3,1%.

Demografía

Población (1989): 55.541.000.
Densidad (1989): Personas por km^2 71,3.
Indice de urbanización (1985): Urbana 45,9%; rural 54,1%.
Distribución por sexo (1985): Varones 50,40%; mujeres 49,60%.
Estructura por edades (1985): Menos de 15, 37,1%; 15-29, 26,3%; 30-44, 17,1%; 45-59, 12,6%; 60 y más, 6,9%.
Proyección demográfica: (2000) 73.029.000; (2010) 83.963.000.
Tiempo de duplicación: 35 años.
Composición étnica (1983): Turcos 85,7%; kurdos 10,6%; árabes 1,6%; otros 2,1%.
Afiliación religiosa (1980): Musulmanes sunníes 99,2%; ortodoxos orientales 0,3%; otros 0,5%.
Principales ciudades (1985): Estambul 5.475.982; Ankara 2.235.000; Esmirna 1.489.772; Adana 777.554; Bursa 612.500.
Tasa de natalidad por 1.000 habitantes (1985-90): 28,4 (media mundial 27,1).
Tasa de mortalidad por 1.000 habitantes (1985-90): 8,4 (media mundial 9,9).
Tasa de crecimiento por 1.000 habitantes (1985-90): 20,0 (media mundial 17,2).
Esperanza de vida al nacer (1980-85): Varones 62,5 años; mujeres 65,8 años.
Principales causas de muerte por 100.000 habitantes: n.d.; sin embargo, de las 134.025 muertes (apoximadamente el 30% del total) cuya causa fue reconocida en 1987, hay que destacar enfermedades cardiacas 41,6%, neoplasias malignas (cánceres) 9,5%, lesiones del nacimiento y dificultades del parto 9,3%, accidentes 3,4%.

Economía nacional

Presupuesto (1988). Ingresos: 17.831.000.000.000 LT (impuestos indirectos 40,4%; impuestos directos 39,7; ingresos no fiscales 15,2%). Gastos: 21.271.000.000.000 LT (personal 23,6%; inversiones 16,6%; servicio de la deuda 14,8%).
Turismo (1987): Ingresos por visitantes 1.721.000.000 dlr. EUA; gastos de nacionales en el exterior 448.000.000 dlr. EUA.
Producción (toneladas métricas, excepto cuando se indique). Agricultura, silvicultura, pesca (1988): Trigo 20.500.000, remolacha azucarera 11.534.000, cebada 7.500.000, papas o patatas 4.350.000, uva 3.350.000, maíz 2.000.000, manzanas 1.950.000, cebollas secas 1.345.0000, semillas de girasol 1.150.000, aceitunas 1.100.000, lentejas 1.040.000, garbanzos 778.000, hojas de té 756.000, naranjas 740.000, centeno 280.000, avena 276.000, arroz 158.000; ganadería (número de animales vivos; 1987): 40.400.000 ovejas, 12.400.000 reses, 13.100.0000 cabras; madera (1987) 16.171.000 m^3; pesca, capturas (1987) 625.722. Minas y canteras (1988): Mineral de hierro 5.597.000; mineral de cromo 1.227.000. Industria manufacturera (1988): Cemento 22.675.000; lingotes de acero 8.009.000; fertilizantes comerciales 7.840.000; hierro en bruto 4.462.000, acero laminado 2.614.000; hierro y acero en barras 1.033.000; hierro fundido 454.000; cerveza 237.483.000 litros; vino 22.624.000 litros; tejidos de algodón 202.931.000 m. Construcción (licencias; 1987): Residencial 57.535.000 m^2; no residencial 13.377.000 m^2. Producción energética (consumo): Electricidad (kwh; 1987) 44.353.000.000 (44.925.000.000); carbón (1987) 46.988.000 (48.504.000); petróleo crudo (barriles; 1987) 18.804.000 (166.538.000); productos petrolíferos (1987) 19.066.000 (17.605.000); gas natural (m^3; 1987) 283.563.000 (283.563.000).
Producto nacional bruto (a precios corrientes de mercado; 1987): 63.643.000.000 dlr. EUA (1.200 dlr. EUA per cápita).

Transportes y comunicaciones

Transportes. Ferrocarriles (1987): Longitud de vías 8.169 km; pasajeros-km 6.168.000.000; carga toneladas métricas-km 7.260.000.000. Carreteras (1986): Longitud total 319.133 km (pavimentadas 19%). Vehículos (1987): Automóviles 1.193.121; camiones y autobuses 559.220. Marina mercante (1988): Barcos (100 toneladas brutas y más) 872; peso muerto total 5.441.307 toneladas. Transporte aéreo (1986): Pasajeros-km 2.617.761.000; carga toneladas métricas-km 45.469.000; aeropuertos (1989) con vuelos regulares 14.
Comunicaciones. Diarios (1986)[3]: Número total 338; circulación total 4.188.262; circulación por 1.000 habitantes 81,3. Radio (1988): Número total de receptores 7.092.693 (1 por cada 7,8 personas). Televisión (1988): Número total de televisores 8.074.758 (1 por cada 6,8 personas). Teléfonos (1987): 3.703.000 (1 por cada 14 personas).

Educación y sanidad

Escolaridad (1980). Porcentaje de la población de 25 años y más: sin escolarización formal 52,4%; con enseñanza primaria 35,3%; secundaria 8,7%; superior 3,6%. *Alfabetización* (1980): Población total de 15 años y más alfabetizada 8.561.370 (65,6%); varones alfabetizados 6.530.035 (81,3%); mujeres alfabetizadas 2.031.335 (49,8%).
Sanidad (1987): Médicos 38.829 (1 por cada 1.360 habitantes); camas hospitalarias 111.135 (1 por cada 476 habitantes); tasa de mortalidad infantil por cada 1.000 nacidos vivos (1986) 84,0.
Alimentación (1984-86): Ingesta calórica diaria per cápita 3.146 (productos vegetales 91%, productos animales 9%); (1984) 126% de las necesidades mínimas recomendadas por la FAO.

Fuerzas armadas

Personal en servicio activo (1988): 635.300 (ejército 82,3%, armada 8,7% fuerza aérea 9,0%). *Presupuesto de defensa en porcentaje del PNB* (1987): 4,4% (mundo 5,4%); gasto per cápita 55 dlr. EUA.

[1] Desempleados. [2] El desglose no se corresponde con el total a causa del redondeo. [3] Principales diarios únicamente.

Tuvalu

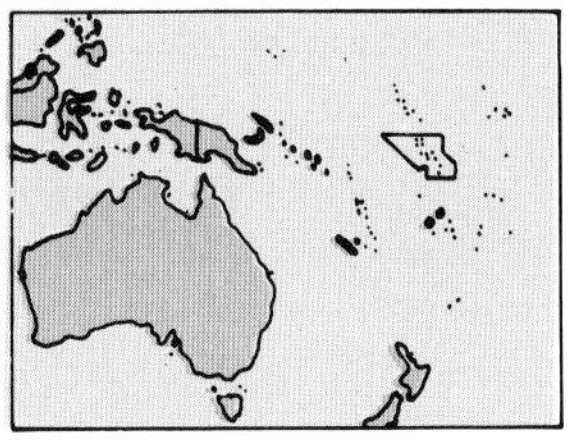

Nombre oficial: Tuvalu.
Forma de gobierno: Monarquía constitucional con una cámara legislativa (Parlamento).
Jefe del estado: Monarca británico representado por el gobernador general.
Jefe del gobierno: Primer ministro.
Capital: Fongafale, en el atolón Funafuti.
Lengua oficial: Inglés.
Religión oficial: Ninguna.
Moneda[1]: 1 dólar de Tuvalu = 1 dólar australiano ($T = $A) = 100 cents de Tuvalu y australianos; cambio (2 oct. 1989) 1 dlr. EUA = 1,29 $A.

Área y población

Islas[2]	área km²	población censo 1985
Funafuti	2,36	2.810
Nanumaga	2,59	672
Nanumea	3,57	879
Niulakita	0,41	74
Niutao	2,12	904
Nui	3,29	604
Nukufetua	3,06	694
Nukulaelae	1,66	315
Vaitupu	4,90	1.231
TOTAL	23,96	8.229[3,4]

Demografía

Población (1989): 8.900.
Densidad (1989): Personas por km² 371,5.
Índice de urbanización (1985): Urbana 34,2%; rural 65,8%.
Distribución por sexo (1985): Varones 47,42%; mujeres 52,58%.
Estructura por edades (1979): Menos de 15, 33,8%; 15-29, 31,0%; 30-44, 14,3%; 45-59, 13,2%; 60-74, 6,1%; 75 y más, 1,6%.
Proyección demográfica: (2000) 11.000; (2010) 14.000.
Tiempo de duplicación: 41 años.
Composición étnica (1979): Tuvaluanos (polinesios) 91,2%; mestizos (polinesios/micronesios/otros) 7,2%; europeos 1,0%; otros 0,6%.
Afiliación religiosa (1979): Iglesia de Tuvalu (congregacionista) 96,9%; adventistas del Séptimo Día 1,4%; bahaístas 1,0%; católicos 0,2%; otros 0,5 %.
Principales ciudades (1985): Fongafale, en el atolón Funafuti, 2.810.
Tasa de natalidad por 1.000 habitantes (1989): 27,0 (media mundial 27,1).
Tasa de mortalidad por 1.000 habitantes (1989): 10,0 (media mundial 9,9).
Tasa de crecimiento por 1.000 habitantes (1989): 17,0 (media mundial 17,2).
Esperanza de vida al nacer (1989): Varones 60,0 años; mujeres 63,0 años.
Principales causas de muerte por 100.000 habitantes (1985): Enfermedades gastrointestinales 170,1; enfermedades cardiovasculares 150,0; enfermedades del sistema respiratorio 120,0; enfermedades del sistema nervioso 120,0; neoplasias malignas (cánceres) 70,0; enfermedades infecciosas y parasitarias 40,0; alteraciones endocrinas y metabólicas 24,3; condiciones mal definidas 430,0.

Economía nacional

Presupuesto (1987). Ingresos: 13.498.000 $A (ingreso corriente 31,1%, del que el 25,4% corresponde a fuentes locales y el 5,7% a ayudas británicas; ingreso de capital [desarrollo] 68,9%, todo él de ayudas y préstamos extranjeros). Gastos: 13.498.000 $A (gastos corrientes 31,1%; gastos de capital [desarrollo] 68,9%, del que el 20,7% corresponde a transporte marítimo, el 13,0% a educación, el 5,6% a pesquerías y el 3,1% a sanidad).
Turismo (1987): Número de visitantes 258.
Producción (toneladas métricas, excepto cuando se indique). Agricultura[5], silvicultura, pesca (1988): Cocos 3.000, huevos de gallina 16, otros productos agrícolas incluyen fruto del pan, pulaka (taro), plátanos, pandáneas y papayas; ganadería (número de animales vivos): 10.000 cerdos[6]; productos forestales, n.d.; pesca, capturas (1987) 793. Minas y canteras: n.d. Industria manufacturera (1984): Copra 840; artesanía; artículos de repostería. Construcción: n.d. Producción energética (consumo): Electricidad (kwh; 1987) 3.000.000 (3.000.000); carbón, no produce (sin consumo); petróleo crudo, no produce (sin consumo); productos petrolíferos, no produce (n.d.); gas natural, no produce (sin consumo).
Producto nacional bruto (a precios corrientes de mercado; 1985): 3.427.000 dlr. EUA (420 dlr. EUA per cápita).

Estructura del producto nacional neto y de la población activa

	1985		1979	
	Valor ($A)	% del valor total	Población activa[7]	% de la pobl. activa
Agricultura, pesca	549.000	10,9	38	1,0
Minería	—	—	1	—
Industria	106.000	2,1	62	1,6
Construcción	483.000	9,6	224	5,6
Servicios públicos	90.000	1,8	14	0,3
Transportes y comunicaciones	40.000	0,8	107	2,7
Comercio	559.000	11,1	98	2,4
Finanzas			11	0,3
Administración pública, defensa	3.207.000	63,7	177	4,4
Servicios			170	4,2
Desempleados	—	—	162	4,0
Economía no monetaria	—	—	2.946[8]	73,5
TOTAL	5.034.000	100,0	4.010	100,0

Deuda pública: n.d.
Población económicamente activa (1979)[7]: Total 4.010; tasa de actividad de la población total 55,2% (tasas de participación: 15 años y más 81,1%; mujeres 51,3%; desempleados 4,0%).

Comercio exterior

Balanza comercial (precios corrientes)

	1981	1982	1983	1984	1985	1986
Millones $A	−2.556	−2.853	−2.877	−3.637	−3.969	−4.034
% del total	98,6	97,5	95,0	85,4	92,7	98,9

Importaciones (1986): 4.056.000 $A (alimentos y animales vivos 29,5%; artículos manufacturados 23,2%; maquinaria y equipos de transporte 15,1%, petróleo y productos petrolíferos 13,8%; bebidas y tabaco 7,0%; productos químicos 6,6%). *Principales proveedores:* Australia 40,6%; Nueva Zelanda 10,9%; Reino Unido 5,1%; Japón 3,0%; EUA 1,0%.
Exportaciones (1986): 22.000 $A (copra 86,4 %). *Principales clientes:* n.d.

Transportes y comunicaciones

Transportes. Ferrocarriles: Ninguno. Carreteras (1985): Longitud total 8 km (pavimentadas, ninguna). Vehículos: Automóviles, n.d.; camiones y autobuses, n.d.[9] Marina mercante (1988): Barcos (100 toneladas brutas y más) 2; peso muerto total 458 toneladas. Transporte aéreo (1977): Pasajeros llegados (Funafuti) 1.443; carga, n.d.; aeropuertos (1987) con vuelos regulares 1.
Comunicaciones. Diarios: Ninguno. Radio (1988): Número total de receptores 4.000 (1 por cada 2,2 personas). Televisión: Ninguna. Teléfonos (1987): 160 (1 por cada 54 personas).

Educación y sanidad

Escolaridad (1979). Porcentaje de la población total de 25 años y más: sin escolarización formal 0,4%; con enseñanza primaria 93,0%; secundaria 6,1%; superior 0,5%. *Alfabetización* (1983): Población total alfabetizada 5.509 (95,5%); varones alfabetizados 2.443 (95,5%); mujeres alfabetizadas 3.066 (95,5%).
Sanidad (1986): Médicos 3 (1 por cada 2.798 habitantes); camas hospitalarias (1987) 36 (1 por cada 238 habitantes); tasa de mortalidad infantil por cada 1.000 nacidos vivos (1989) 30.
Alimentación: Ingesta calórica diaria per cápita, n.d.

Fuerzas armadas

Personal en servicio activo (1987): Existe una fuerza policial de 32 hombres.

[1] El valor del dólar de Tuvalu está vinculado al del dólar australiano, que también es moneda de curso legal en Tuvalu. [2] Se han establecido consejos gubernamentales en todas las islas, excepto en Niulakita. [3] El total incluye 46 personas no contadas en las poblaciones isleñas. [4] Población *de facto*; unos 1.500 tuvaluanos residen en el extranjero, principalmente en Nauru, o trabajan en barcos pesqueros de otras nacionalidades. [5] En las islas sólo es posible una agricultura de subsistencia limitada a causa de la mala calidad del suelo. [6] Otro ganado incluye cabras. [7] Basada en la población indígena *de facto* únicamente. [8] En su mayoría pescadores de subsistencia y artesanos. [9] En Funafuti hay algunos automóviles, tractores, remolques y camiones ligeros; en la mayoría de las islas se utilizan algunas motocicletas.

Uganda

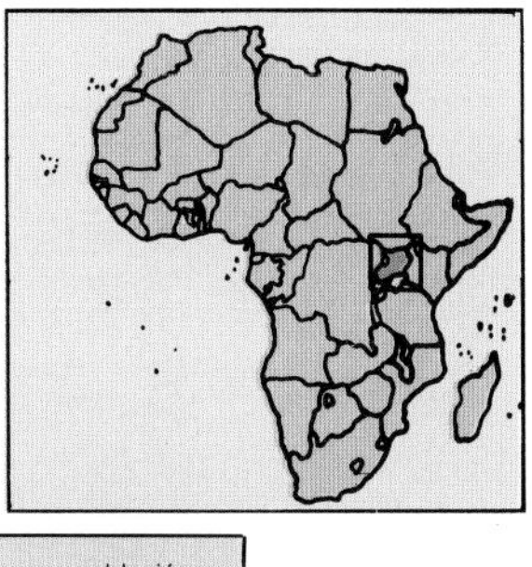

Nombre oficial: República de Uganda.
Forma de gobierno: Régimen militar con cuerpo legislativo provisional. (Consejo de Resistencia Nacional)[1,2].
Jefe del estado: Presidente.
Jefe del gobierno: Primer ministro.
Capital: Kampala.
Lengua oficial: Inglés, swahili.
Religión oficial: Ninguna.
Moneda: 1 chelín de Uganda (U Sh) = 100 cents; cambio (2 oct. 1989) 1 dlr. EUA = 200[3] U Sh.

Área y población

Provincias / Distritos	Capitales	área km^2	población estimada 1985
Buganda Norte	Bombo	33.750	1.802.800
Luwero	Luwero	9.200	477.800
Mubende	Bageza	10.310	616.500
Mukono	Kawuga Mukono	14.240	708.500
Buganda Sur	Masaka	21.300	1.071.200
Masaka	Kaswa Bukoto	16.330	741.600
Rakai	Byakabanda	4.970	329.600
Busoga	Jinja	18.200[2]	1.408.600
Iganga	Bulamogi	13.110	755.100
Jinja	Jinja	730	253.400
Kamuli	Namwendwa	4.350	400.100
Central	Kampala	6.400	1.298.000
Kampala	Kampala	180	560.000
Mpigi	Mpigi	6.220	738.000
Este	Mbale	21.766	2.316.000
Kapchorwa	Kaptanya	1.740	83.100
Kumi	Kumi	2.860	273.100
Mbaie	Bunkoko	2.550	647.400
Soroti	Soroti	10.060	545.300
Tororo	Sukulu	4.550	767.100
Karamoja	Moroto	27.320	405.600
Kotido	Kotido	13.210	194.700
Moroto	Katikekile	14.110	210.900
Nilo	Arua	15.730	921.500
Arua	Olaki	7.830	543.300
Moyo	Moyo	5.010	119.600
Nebbi	Nebbi	2.890	258.600
Norte	Gulu	41.610[2]	1.459.200
Apac	Apac	6.490	369.000
Gulu	Bungatira	11.740	305.500
Kitgum	Labongo	16.140	354.100
Lira	Lira	7.250	430.600
Oeste	Butebe	33.440	1.725.600
Bundibugyo	Busaru	2.340	134.500
Hoima	Hoima	9.900	358.400
Kabarole	Karanbe	8.360	630.500
Kasede	Rukoki	3.200	342.400
Masindi	Nyangeya	9.640	259.800
Sur	Mbarara	21.480	2.270.500
Bushenyi	Bumbaire	5.400	600.300
Kabale	Rubale	2.490	503.700
Mbarara	Kakika	10.800	829.100
Rukungiri	Kagunga	2.750	337.400
ÁREA TERRITORIAL TOTAL		197.040	14.679.800
AGUAS INTERIORES[4]		44.000	
TOTAL		241.400[5]	

Demografía

Población (1989): 16.452.000.
Densidad[6] (1989): Personas por km^2 83,5.
Índice de urbanización (1986): Urbana 9,7%; rural 90,3%.
Distribución por sexo (1986): Varones 46,70%; mujeres 53,30%.
Estructura por edades (1985): Menos de 15, 48,5%; 15-29, 25,8%; 30-44, 14,1%; 45-59, 7,4%; 60-74, 3,6%; 75 y más, 0,6%.
Proyección demográfica: (2000) 22.399.000; (2010) 29.638.000.
Tiempo de duplicación: 20 años.
Composición étnica (1983): Ganda 17,8%; teso 8,9%; nkole 8,2%; soga 8,2%; gisu 7,2%; chiga 6,8%; lango 6,0%; rwanda 5,8%; acholi 4,6%; otros 26,5%.
Afiliación religiosa (1980): Católicos 49,6%; protestantes 28,7%; musulmanes 6,6%; otros 15,1%.
Principales ciudades (1980): Kampala 458.503; Jinja 45.060; Masaka 29.123; Mbale 28.039; Mbarara 23.160.
Tasa de natalidad por 1.000 habitantes (1985-90): 50,1 (media mundial 27,1).
Tasa de mortalidad por 1.000 habitantes (1985-90): 15,4 (media mundial 9,9).
Tasa de crecimiento por 1.000 habitantes (1985-90): 34,7 (media mundial 17,2).
Esperanza de vida al nacer (1985-90): Varones 49,4 años; mujeres 52,7 años.
Principales causas de muerte por 100.000 habitantes: n.d.; sin embargo, entre las principales enfermedades se incluyen paludismo, sarampión, venéreas y disentería.

Economía nacional

Presupuesto (1988-89). Ingresos: 45.290.000.000 U Sh (impuestos sobre ventas 39,0%; aranceles 17,0%; otros 44,0%). Gastos: 58.351.000.000 U Sh (1985-86; defensa 26,3%; servicios públicos 21,7%; educación 15,0%; servicios económicos 14,8%).
Turismo: Ingresos por visitantes (1987) 8.000.000 dlr. EUA; gastos de nacionales en el exterior 10.000.000 dlr. EUA.
Producción (toneladas métricas, excepto cuando se indique). Agricultura, silvicultura, pesca (1988): Plátanos y plátanos machos 8.450.000, mandioca 4.500.000, batatas o camotes 2.540.000, caña de azúcar 600.000, legumbres 528.000, mijo 490.000, frijoles o judías 400.000, maíz 357.000, sorgo 330.000, café 205.000, cacahuates 120.000; ganadería: 4.260.000 reses, 2.110.000 cabras, 690.000 ovejas; madera (1987) 13.385.000 m^3; pesca, capturas 214.700. Minas y canteras (1988): Volframio 75, mineral de cobre 64. Industria manufacturera (1988): Carne 107.000; azúcar 40.000; cemento 14.960; pienso 10.996; productos metálicos 3.000; calzado 363.000 pares; textiles 11.472.000 m^2, cigarrillos 1.638.000.000 unidades; cerveza 214.930 hectolitros. Construcción: n.d. Producción energética (consumo): Electricidad (kwh; 1987) 655.000.000 (548.000.000); productos petrolíferos (1987), no produce (213.000).
Producto nacional bruto (1987): 4.086.000.000 dlr. EUA (260 dlr. EUA per cápita).

Estructura del producto nacional bruto y de la población activa

	1988		1985	
	Valor (000.000 U Sh[7])	% del valor total	Población activa	% de la pobl. activa
Agricultura	3,952	49,9	5.940.000	84,2
Industria y minería	366	4,6		
Construcción	219	2,8	317.00	4,5
Servicios públicos	99	1,2		
Transportes y comunicaciones	328	4,1		
Comercio	743	9,4		
Finanzas	780	9,8	797.000	11,3
Administración pública, defensa	959	12,1		
Servicios	481	6,1		
TOTAL	7,927	100,0	7.054.000	100,0

Deuda pública (externa, pendiente; 1987): 1.116.060 dlr. EUA.
Población económicamente activa (1985): Total 7.054.000; tasa de actividad de la población total 45,6% (tasas de participación: 15-64 años 78,9%[8]; mujeres 41,9%).

Comercio exterior

Balanza comercial (precios corrientes)

	1983	1984	1985	1986	1987	1988
Millones U Sh	6.997	27.245	109,5	85,4	−170,8	−226,3
% del total	6,3	10,9	10,7	12,1	20,4	23,9

Importaciones (1988): 499.200.000.000 U Sh (1984: azúcar 16,0%, vehículos a motor 10,8%, ropa y tejidos 9,6%, materiales de construcción 8,0%, alimentos 5,4%). *Principales proveedores* (1987): Kenya 24,7%; Reino Unido 13,6%; Italia 12,7%; Alemania federal 9,5%; Japón 7,1%.
Exportaciones (1988): 272.900.000 U Sh (café sin tostar 96,8%). *Principales clientes:* (1987) EUA 25,1%; Reino Unido 17,8%; Francia 11,3%; España 9,7%; Países Bajos 9,0%; Alemania federal 5,7%.

Transportes y comunicaciones

Transportes. Ferrocarriles (1988). Longitud de vías 1.300 km; pasajeros 118.000.000; carga 83.000.000 toneladas métricas. Carreteras (1986): Longitud total 28.332 km (pavimentadas 22%). Vehículos (1986): Automóviles 32.913, camiones y autobuses 5.646[8]. Marina mercante (1988): Barcos (100 toneladas brutas y más) 3; peso muerto total 8.600 toneladas. Transporte aéreo[9] (1988): Pasajeros-km 130.000.000; carga toneladas métricas-km 16.000.000; aeropuertos (1989) 5.
Comunicaciones. Diarios (1988): Número total 6; circulación total 100.000; circulación por 1.000 habitantes 6,3. Radio (1988): Número total de receptores 600.000 (1 por cada 46 personas). Televisión (1988): Número total de televisores 90.000 (1 por cada 178 personas). Teléfonos (1983): 54.439 (1 por cada 255 personas).

Educación y sanidad

Escolaridad (1969). Porcentaje de la población total de 25 años y más: sin escolarización formal o menos de un curso completo 58,2%; con enseñanza primaria 33,9%; secundaria baja 5,0%; secundaria alta 2,5%; superior 0,4%. *Alfabetización* (1985): Población total de 15 años y más alfabetizada 4.822.000 (57,0%); varones alfabetizados 2.880.000 (69,7%); mujeres alfabetizadas 1.942.000 (45,3%).
Sanidad: Médicos (1984) 700 (1 por cada 20.300 habitantes); camas hospitalarias (1983) 20.343 (1 por cada 683 habitantes); tasa de mortalidad infantil por cada 1.000 nacidos vivos (1985) 103,0.
Alimentación (1984-86): Ingesta calórica diaria per cápita 2.225 (productos vegetales 94%, productos animales 6%); 95% de las necesidades mínimas recomendadas por la FAO.

Fuerzas armadas

Personal en servicio activo (1989): 70.000 (ejército 100%). *Presupuesto de defensa en porcentaje del PNB* (1985): 1,4% (mundo 5,7%); gasto per cápita 5 dlr. EUA.

[1] Incluye 68 escaños no electivos. [2] La constitución de 1967 fue suspendida en julio de 1985. [3] El 24 de octubre de 1989 el chelín de Uganda fue devaluado en aproximadamente un 41%. [4] Incluidas tierras pantanosas. [5] El desglose no se corresponde con el total a causa del redondeo. [6] Basado en la superficie de tierra firme. [7] A precios de 1966. [8] 1986. [9] Uganda Airlines únicamente.

Unión Soviética

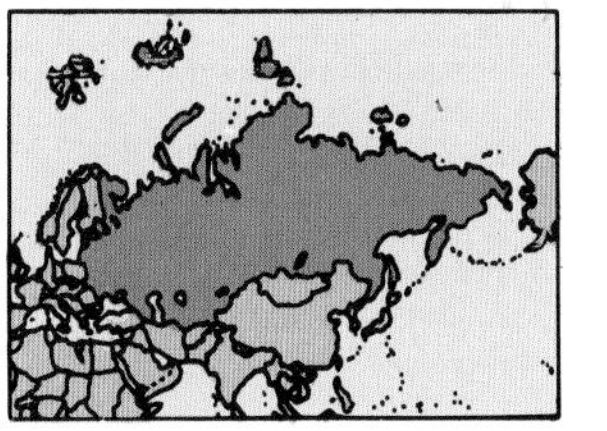

Nombre oficial: Unión de Repúblicas Socialistas Soviéticas.
Forma de gobierno: República socialista federal con una cámara legislativa (Soviet Supremo) que comprende dos cámaras (Soviet de la Unión y Soviet de las Nacionalidades).
Jefe del estado: Presidente (del Soviet Supremo).
Jefe del gobierno: Primer ministro (presidente del Consejo de Ministros).
Capital: Moscú.
Lengua oficial: Ruso.
Religión oficial: Ninguna.
Moneda: 1 rublo = 100 kopecks; cambio (2 oct. 1989) 1 dlr. EUA = 1,59 rublos.

Área y población

		área km^2	población estimada 1989
República Socialista Soviética Federada	**Capitales**		
R.S.S.F. Rusa	Moscú	17.075.400	147.386.000
Repúblicas Socialistas Soviéticas			
Armenia	Ereván	29.800	3.283.000
Azebaiján	Bakú	86.600	7.029.000
Bielorrusia	Minsk	207.600	10.200.000
Estonia	Tallínn	45.100	1.573.000
Georgia	Tbilisi	69.700	5.449.000
Kazajstán	Alma-Atá	2.717.300	16.538.000
Kirguizistán	Frunze	198.500	4.291.000
Letonia	Riga	64.500	2.681.000
Lituania	Vilnius	65.200	3.690.000
Moldavia	Kishiniov	33.700	4.341.000
Tadzhikistán	Dushanbe	143.100	5.112.000
Turkmenistán	Asjhabad	488.100	3.534.000
Ucrania	Kiev	603.700	51.704.000
Uzbekistán	Tashkent	447.400	19.906.000
ÁREA TERRITORIAL TOTAL		22.275.700	286.717.000
AGUAS INTERIORES		127.300	
TOTAL		22.403.000	

Demografía

Población (1989): 287.800.000.
Densidad (1989): Personas por km^2 12,8.
Índice de urbanización (1989): Urbana 65,9%; rural 34,1%.
Distribución por sexo (1989): Varones 47,26%; mujeres 52,74%.
Estructura por edades (1987): Menos de 15, 22,5%; 15-29, 24,0%; 30-44, 18,7%; 45-59, 18,3%; 60-69, 7,1%; 70 y más, 6,4%.
Proyección demográfica: (2000) 311.078.000; (2010) 333.404.000.
Tiempo de duplicación: 70 años.
Composición étnica (1983): Rusos 51,9%; ucranianos 15,8%; uzbekos 5,1%; bielorrusos 3,6%; kazakos 2,6%; tártaros 2,4%; azerbaijanos 2,2%; armenios 1,7%; georgianos 1,4%; tadzhikos 1,2%; moldavos 1,1%; lituanos 1,1%; otros 9,9%.
Afiliación religiosa (1989): Cristianos 36,7%; del que el 31,5% corresponde a ortodoxos, el 3,3% a protestantes y el 1,9% a católicos; musulmanes 11,9%; judíos 1,1%; sin afiliación 29,7%; ateos 20,5%; otros 0,1%.
Principales ciudades (1989): Moscú 8.769.000; Leningrado 4.456.000; Kiev 2.587.000; Tashkent 2.073.000; Bakú 1.757.000; Járkov 1.611.000.
Tasa de natalidad por 1.000 habitantes (1987): 19,8 (media mundial 27,1).
Tasa de mortalidad por 1.000 habitantes (1987): 9,9 (media mundial 9,9).
Tasa de crecimiento por 1.000 habitantes (1987): 9,9 (media mundial 17,2).
Esperanza de vida al nacer (1987): Varones 65,1 años; mujeres 73,8 años.
Principales causas de muerte por 100.000 habitantes (1986): Enfermedades cardiovasculares 544,3; neoplasias malignas (cánceres) 155,2; accidentes, intoxicaciones y actos de violencia 88,6; enfermedades del sistema respiratorio 81,3.

Economía nacional

Presupuesto (1989). Ingresos: 459.814.445.000 rublos (participación en beneficios de empresas estatales y cooperativas 91,4%). Gastos: 494.797.545.000 rublos (economía nacional 51,4%; bienestar social, educación y cultura 33,0%; defensa 15,6%.
Turismo (1987): Ingresos por visitantes 198.000.000 dlr. EUA; gastos de nacionales en el extranjero 175.000.000 dlr. EUA.
Producción (toneladas métricas, excepto cuando se indique). Agricultura, silvicultura, pesca (1988): Remolacha azucarera 87.855.000, trigo 84.445.000, papas o patatas 62.705.000, cebada 44.463.000, verduras 29.330.000, centeno 18.715.000, maíz 16.030.000, avena 15.287.000; ganadería (número de animales vivos): 140.500.000 ovejas, 120.500.000 reses, 77.300.000 cerdos, 6.700.000 caballos, 6.500.000 cabras, 1.168.300.000 aves de corral; madera (1987) 297.000.000 m^3; pesca, capturas 10.900.000. Minas y canteras (1988): Mineral de hierro 248.000.000; roca fosfática 94.000.000; sal 15.500.000; sales potásicas 11.000.000; bauxita 4.600.000; mineral de cromo 3.700.000; manganeso (contenido metálico) 2.700.000; amianto 2.600.000. Industria manufacturera (1988): Acero sin refinar 163.000.000; cemento 139.000.000; acero laminado 116.000.000; hierro en lingotes 112.000.000; fertilizantes minerales 37.100.000; ácido sulfúrico 29.000.000; tubos de acero 21.400.000; carne 19.300.000; azúcar 12.100.000; papel y cartón 6.300.000; pescado en conserva 4.600.000; resinas y plásticos 5.488.800[1]; ceniza de sosa 5.100.000; sosa cáustica 3.288.000[1]; aceites vegetales 2.950.000[1]; fibra de algodón 2.840.000; hilados de algodón 1.747.000[1]; fibras artificiales 2.055.000. Construcción (1987): Residencial 131.500.000 m^2, de los que 90.400.000 m^2 corresponden a urbanas y 41.100.000 m^2 a rurales. Producción energética (consumo): Electricidad (kwh; 1988) 1.705.000.000.000 (1.630.300.000.0000[1]); carbón (1988), 772.000.000 (694.897.000.000[1]); petróleo crudo (barriles; 1988) 4.477.000.000 (3.676.000.000[1]); productos petrolíferos (1987) 436.453.000 (373.593.000; gas natural (m^3; 1988) 770.000.000.000 (568.000.000.000).
Producto nacional bruto[2] (a precios corrientes de mercado, 1987): 2.310.000.000.000 dlr. EUA (8.160 dlr. EUA per cápita).

Estructura del producto material neto y de la población activa

1987	Valor (000.000 rublos)	% del valor total	Población activa	% de la pobl. activa
Agricultura	122,9	20,5	24.840.000	19,0
Minería e industria }	268,6	44,8	38.139.000	29,1
Servicios públicos }			5.057.000	3,9
Construcción	75,0	12,5	11.955.000	9,1
Transportes y comunicaciones	36,6	6,1	12.048.000	9,2
Comercio	96,5	16,1	10.334.000	7,9
Finanzas	—	—	674.000	0,5
Administración pública, defensa	—	—	1.987.000	1,5
Servicios	—	—	23.812.000	18,2
Otros	—	—	2.106.000	1,6
TOTAL	599,6	100,0	130.952.000	100,0

Deuda pública (1989): 55.800.000.000 dlr. EUA[3].
Población económicamente activa (1987): Total 130.952.000; tasa de actividad de la población total 46,3% (tasas de participación: edades [varones] 16-59 años, [mujeres] 16-54 años 82,9%; mujeres 49,9%; desempleados, n.d.).

Comercio exterior

Balanza comercial (precios corrientes)

	1981	1982	1983	1984	1985	1986	1987
Miles de mill. rublos	4,5	6,7	8,3	9,1	3,2	5,7	7,4
% del total	4,1	5,6	6,5	6,5	2,3	4,4	5,8

Importaciones (1987): 60.741.000.000 rublos (maquinaria y equipos de transporte 41,4%; cereales y productos alimenticios 16,1%; bienes de consumo 13,0%; materias primas 8,1%; combustibles minerales y lubricantes 5,2%; productos químicos y afines 5,3%; textiles y ropa 1,5%). *Principales proveedores:* Alemania democrática 11,7%; Checoslovaquia 11,4%; Bulgaria 10,8%; Polonia 10,4%; Hungría 8,4%; Japón 7,8%; Cuba 6,3%.
Exportaciones (1987): 68.142.000.000 rublos (petróleo crudo y productos petrolíferos 35,7%; maquinaria y equipos de transporte 15,5%; combustibles minerales y gas natural 10,8%; materias primas 8,5%; productos químicos, fertilizantes y resinas 3,4%; productos de madera y papel 3,3%). *Principales clientes:* Alemania democrática 11,2%; Checoslovaquia 9,9%; Polonia 9,6%; Bulgaria 9,2%; Hungría 6,8%; Alemania federal 3,4%; Yugoslavia 2,8%; Italia 2,6%; Finlandia 2,5%; Francia 2,2%.

Transportes y comunicaciones

Transportes. Ferrocarriles (1987): Longitud de vías 146.144 km; pasajeros-km 402.300.000.000; carga toneladas métricas-km 3.824.700.000.000. Carreteras (1988): Longitud total 971.200 km (pavimentadas 74%). Vehículos (1980): Automóviles 8.255.000; camiones y autobuses 7.254.000. Vías fluviales (1987): Longitud 123.200 km; pasajeros-km 5.700.000.000; carga toneladas métricas-km 252.500.000.000. Marina mercante (1988): Barcos (100 toneladas brutas y más) 6.741; peso muerto total 29.199.278 toneladas. Transporte aéreo (1988): Pasajeros-km 213.171.000.000; carga toneladas métricas-km 2.722.800.000; aeropuertos (1989) con vuelos regulares 52.
Comunicaciones. Diarios (1987): Número total 726; circulación total 105.900.000; circulación por 1.000 habitantes 374. Radio (1987): Número total de receptores 191.574.000 (1 por cada 1,5 personas). Televisión (1987): Número total de televisores 88.000.000 (1 por cada 3,2 personas). Teléfonos (1987): 42.100.000 (1 por cada 6,7 personas).

Educación y sanidad

Escolaridad (1984). Porcentaje de la población de 10 años y más: con menos que enseñanza primaria completa 0,2%; primaria o secundaria 91,0%; del que el 60,4% corresponde a secundaria; postsecundaria parcial y superior 8,2%; posgraduados 0,6%. *Alfabetización* (1984): Población total de 15 años y más alfabetizada 99,0%.
Sanidad (1988): Médicos 1.098.000 (1 por cada 259 habitantes); camas hospitalarias 3.965.000 (1 por cada 72 habitantes); tasa de mortalidad infantil por cada 1.000 nacidos vivos (1987) 25,4.
Alimentación (1984-86): Ingesta calórica diaria per cápita 3.205 (productos vegetales 74%, productos animales 26%); (1984) 105% de las necesidades mínimas recomendadas por la FAO.

Fuerzas armadas

Personal en servicio activo (1988): 5.096.600 (ejército 37,3, comandos y tropas generales de apoyo 29,1%, fuerzas de la defensa aérea 10,2%, armada 9,0%, fuerza aérea 8,6%, fuerzas de misiles estratégicos 5,8%). *Presupuesto de defensa en porcentaje del PNB* (1987): 12,3%[2] (mundo 5,4%); gasto per cápita 1.067 dlr. EUA.

[1] 1987. [2] Estimación de fuentes occidentales. [3] Deuda externa a comienzos del año; 33.600.000.000 rublos al cambio oficial de 1 rublo = 1,66 dlr. EUA.

Uruguay

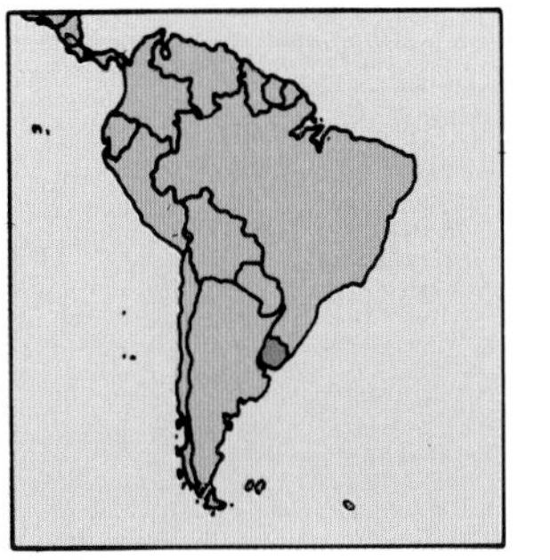

Nombre oficial: República Oriental del Uruguay.
Forma de gobierno: República con dos cámaras legislativas (Senado; Cámara de Representantes).
Jefe del estado y del gobierno: Presidente.
Capital: Montevideo.
Lengua oficial: Español.
Religión oficial: Ninguna.
Moneda: 1 peso nuevo uruguayo (NUr$) = 100 centésimos; cambio (2 oct. 1989) 1 dlr. EUA = 687,00 NUr$.

Área y población

Departamentos	Capitales	área km^2	población censo[1] 1985
Artigas	Artigas	11.928	68.400
Canelones	Canelones	4.536	359.700
Cerro Largo	Melo	13.648	78.000
Colonia	Colonia del Sacramento	6.106	112.100
Durazno	Durazno	11.643	54.700
Flores	Trinidad	5.144	24.400
Florida	Florida	10.417	65.400
Lavalleja	Minas	10.016	61.700
Maldonado	Maldonado	4.793	93.000
Montevideo	Montevideo	530	1.309.100
Paysandú	Paysandú	13.922	104.500
Río Negro	Fray Bentos	9.282	47.500
Rivera	Rivera	9.370	88.400
Rocha	Rocha	10.551	68.500
Salto	Salto	14.163	107.300
San José	San José de Mayo	4.992	91.900
Soriano	Mercedes	9.008	77.500
Tacuarembó	Tacuarembó	15.438	82.600
Treinta y Tres	Treinta y Tres	9.529	45.500
ÁREA TERRITORIAL TOTAL		175.016	2.940.200
AGUAS INTERIORES		1.199	
ÁREA TOTAL		176.215	

Demografía

Población (1989): 3.017.000.
Densidad (1989): Personas por km^2 17,2.
Índice de urbanización (1985): Urbana 86,2%; rural 13,8%.
Distribución por sexo (1985): Varones 48,68%; mujeres 51,32%.
Estructura por edades (1985): Menos de 15, 26,6%; 15-29, 22,9%; 30-44, 18,3%; 45-59, 16,5%; 60-74, 11,4%; 75 y más, 4,3%.
Proyección demográfica: (2000) 3.207.000; (2010) 3.391.000.
Tiempo de duplicación: 87 años.
Composición étnica (1980): Mestizos hispano-italianos 85,9%; mestizos 3,0%; italianos 2,6%; judíos 1,7%; mulatos 1,2%, otros 5,6%.
Afiliación religiosa (1980): Cristianos 62,9%, del que el 59,5% corresponde a católicos; sin afiliación y ateos 35,1%; judíos 1,7%; otros 0,3%.
Principales ciudades (1985): Montevideo 1.246.500; Salto 77.400; Paysandú 75.200; Las Piedras 61.300; Rivera 55.400.
Tasa de natalidad por 1.000 habitantes (1987): 17,9 (media mundial 27,1).
Tasa de mortalidad por 1.000 habitantes (1987): 9,8 (media mundial 9,9).
Tasa de crecimiento por 1.000 habitantes (1987): 8,1 (media mundial 17,2).
Esperanza de vida al nacer (1985-90): Varones 67,8 años; mujeres 74,4 años.
Principales causas de muerte por 100.000 habitantes (1987): Enfermedades cardiovasculares 401,3; neoplasias malignas (cánceres) 216,2; accidentes 46,9; enfermedades respiratorias 38,6; diabetes 21,2; causas perinatales 20,3.

Economía nacional

Presupuesto (1988). Ingresos: 456.675.200.000 NUr$ (impuestos directos 77,1%; ingresos del comercio exterior 13,8%). Gastos: 510.651.400.000 NUr$ (seguridad social y bienestar 57,9%; servicios públicos generales 13,6%; intereses sobre la deuda pública 8,7%; subsidios 6,0%).
Turismo (1987): Ingresos 208.000.000 dlr. EUA; gastos 129.000.000 dlr. EUA.
Producción (toneladas métricas, excepto cuando se indique). Agricultura, silvicultura, pesca (1988): Caña de azúcar 494.700, arroz 380.600, trigo 307.800, remolacha azucarera 256.100, sorgo 121.200, maíz 118.300; ganadería (número de animales vivos): 25.560.000 ovejas, 10.323.000 reses, 500.000 caballos; madera (1987) 3.289.000 m^3; pesca, capturas 107.348. Minas y canteras (1987): Cemento hidráulico 401.000; yeso 110.000. Industria manufacturera (valor añadido en millones de NUr$; 1987): Productos alimenticios excluyendo bebidas 73.085; textiles 47.375; productos petrolíferos 47.053; productos químicos 40.322; bebidas 33.906; equipos de transporte 32.641; productos de tabaco 19.829; cueros 17.540; papel y productos derivados 15.729. Construcción (licencias; 1987): Residencial 479.845 m^2; no residencial 127.188 m^2. Producción energética (consumo): Electricidad (kwh; 1987) 4.526.000.000 (4.520.000.000); carbón, no produce (sin consumo); petróleo crudo (barriles; 1987), no produce (9.492.000); productos petrolíferos (1987) 1.147.000 (1.025.000); gas natural, no produce (n.d.).
Producto nacional bruto (1987): 6.556.000.000 dlr. EUA (2.180 dlr. EUA per cápita).

Estructura del producto nacional bruto y de la población activa

	1988		1985	
	Valor (000.000 NUr$)	% del valor total	Población activa	% de la pobl. activa
Agricultura	267.457	9,4	179.200	15,3
Minería	[2]	[2]	1.900	0,2
Industria	566.651	19,8	211.600	18,0
Construcción	62.635	2,2	63.300	5,4
Servicios públicos	74.485	2,6	17.100	1,5
Transportes y comunicaciones	176.354	6,2	59.100	5,0
Comercio	279.509	9,8	136.800	11,7
Finanzas	363.162	12,7	42.100	3,6
Administración pública, defensa	289.263	10,1	361.000 (Administración pública, defensa y Servicios)	30,8
Servicios	323.084[2]	11,3[2]		
Otros	452.724[3]	15,9[3]	99.400[4]	8,5[4]
TOTAL	2.855.324	100.0	1.171.500	100,0

Deuda pública (externa, pendiente; 1987): 3.048.000.000 dlr. EUA.
Población económicamente activa (1985): Total 1.172.300; tasa de actividad de la población total 39,9% (tasas de participación: 20-64 años 71,3%; mujeres 33,1%; desempleados [1987] 9,1%).

Comercio exterior[5]

Balanza comercial (precios corrientes)

	1983	1984	1985	1986	1987	1988
Millones dlr. EUA	305,4	183,6	179,1	305,2	99,6	300,3
% del total	17,1	11,0	11,7	16,3	4,4	12,0

Importaciones (1988): 1.176.949.000 dlr. EUA (maquinaria y accesorios 17,1%; productos químicos 16,1%; productos minerales 15,1%; equipos de transporte 15,0%; plásticos sintéticos, resinas y caucho 8,3%; metales y productos básicos 6,5%; productos vegetales 4,2%). *Principales proveedores:* Brasil 24,4%; Argentina 13,7%; Alemania federal 8,1%; EUA 7,9%; México 7,5%.
Exportaciones (1988): 1.404.727.000 dlr. EUA (textiles y derivados 35,1%; animales vivos y productos de animales vivos 19,5%; cueros y pieles 15,0%; productos vegetales 11,3%; alimentos, bebidas y tabaco 2,7%; plásticos sintéticos, resinas y caucho 2,2%). *Principales clientes:* Brasil 17,2%; EUA 14,8%; Alemania federal 10,3%; Argentina 9,5%; Italia 5,0%.

Transportes y comunicaciones

Transportes. Ferrocarriles (1987): Longitud de vías (1988) 2.991 km; pasajeros-km 140.600.000; carga toneladas métricas-km 212.000.000. Carreteras (1984): Longitud total 52.000 km (pavimentadas 23%). Vehículos (1981): Automóviles 281.275; camiones y autobuses 49.813. Marina mercante (1988): Barcos (100 toneladas brutas y más) 87; peso muerto total 282.234 toneladas. Transporte aéreo (1985): Pasajeros-km 389.326.000; carga toneladas métricas-km 37.037.000; aeropuertos (1989) 7.
Comunicaciones. Diarios (1985): Número total 21; circulación total 556.100[6]; circulación por 1.000 habitantes 185[6]. Radio (1988): Número total de receptores 1.780.162 (1 por cada 1,7 personas). Televisión (1987): Número total de televisores 500.000 (1 por cada 6,0 personas). Teléfonos (1987): 437.035 (1 por cada 6,8 personas).

Educación y sanidad

Escolaridad (1985). Porcentaje de la población total de 25 años y más: sin escolarización formal 7,5%; con menos que enseñanza primaria 26,6%; primaria 31,2%; secundaria 19,9%; superior 14,8%. *Alfabetización* (1985): Población total de 10 años y más alfabetizada 95,3%; varones 1.102.000 (94,8%); mujeres 1.196.400 (95,8%).
Sanidad (1987): Médicos 6.679 (1 por cada 447 habitantes); camas hospitalarias 23.400 (1 por cada 127 habitantes); tasa de mortalidad infantil por cada 1.000 nacidos vivos 23,8.
Alimentación (1984-86): Ingesta calórica diaria per cápita 2.676 (productos vegetales 64%, productos animales 36%); 100% de las necesidades mínimas recomendadas por la FAO.

Fuerzas armadas

Personal en servicio activo (1988): 24.400 (ejército 70,5%, armada 17,2%, fuerza aérea 12,3%). *Presupuesto de defensa en porcentaje del PNB* (1986): 2,5% (mundo 5,5%); gasto per cápita 55 dlr. EUA.

[1] Preliminar. [2] Minería está incluida en servicios. [3] Incluye impuestos indirectos menos subsidios. [4] Incluye desempleados en busca del primer empleo. [5] Las cifras de importación son f.o.b. en la balanza comercial y c.i.f. para los artículos y asociados comerciales. [6] Circulación parcial únicamente.

Vanuatu

Nombre oficial: República de Vanuatu.
Forma de gobierno: República con una cámara legislativa (Parlamento).
Jefe del estado: Presidente
Jefe del gobierno: Primer ministro.
Capital: Vila.
Lengua oficial: Bislama; francés; inglés.
Religión oficial: Ninguna.
Moneda: 1 vatu (VT); cambio (2 oct. 1989) 1 dlr. EUA = 119,04 VT.

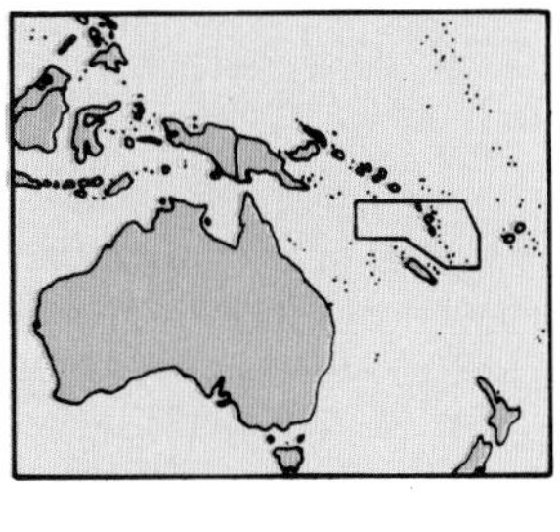

Área y población

Regiones	Capitales	área km²	población estimada 1987
Ambrym	Eas	666	8.100
Ambae/Maéwo	Longana	699	11.780
Banks/Torres	Sola	882	6.400
Éfaté	Vila	923	28.590
Épi	Ringdove	446	3.090
Malekula	Lakatoro	2.053	18.850
Paama	Liro	60	2.420
Pentecost	Loltong	499	11.780
Santo/Malo	Luganville	4.248	26.310
Shepherd	Morua	86	5.160
Taféa	Isangel	1.628	22.400
TOTAL		12.190	144.880

Demografía

Población (1989): 154.000.
Densidad (1989): Personas por km² 12,6.
Índice de urbanización (1987): Urbana 14,5%; rural 85,5%.
Distribución por sexo (1979): Varones 53,10%; mujeres 46,90%
Estructura por edades (1985): Menos de 15, 45,1%; 15-29, 26,3%; 30-44, 16,5%; 45-59, 8,3%; 60-74, 3,0%; 75 y más, 0,8%.
Proyección demográfica: (2000) 217.000; (2010) 296.000.
Tiempo de duplicación: 21 años.
Composición étnica (1988): Ni-vanuatu 97,0%; no ni-vanuatu 3,0%.
Afiliación religiosa (1979): Cristianos 81,5%, del que el 36,7% corresponde a presbiterianos, el 15,1% a anglicanos, el 14,8% a católicos y el 6,2% a adventistas del Séptimo Día; creencias tradicionales (la mayoría seguidores de cultos cargo) 7,6%; sin afiliación 1,1%; desconocida 9,8%.
Principales ciudades (1987): Vila (Port-Vila) 15.100; Luganville (Santo) 5.900; Port Orly 884[1]; Isangel 752[1].
Tasa de natalidad por 1.000 habitantes (1988): 40,7 (media mundial 27,1).
Tasa de mortalidad por 1.000 habitantes (1988): 7,8 (media mundial 9,9).
Tasa de crecimiento por 1.000 habitantes (1988): 32,9 (media mundial 17,2).
Esperanza de vida al nacer (1985): Varones 61,1 años; mujeres 59,3 años.
Principales causas de muerte por 100.000 habitantes (1985)[2]: enfermedades infecciosas y parasitarias 69,3; enfermedades del sistema respiratorio 60,5; enfermedades del sistema circulatorio 37,6; accidentes y actos de violencia 23,6; neoplasias malignas (cánceres) 22,9; condiciones mal definidas 117,3.

Economía nacional

Presupuesto (1986). Ingresos: 3.321.600.000 VT (derechos de importación 45,5%, impuesto nacional de consumo 19,6%, ayudas externas 16,4%, ingresos locales no impositivos 16,3%). Gastos: 4.131.800.000 (educación 27,1%, servicios públicos 19,4%, sanidad 12,4%, transportes y comunicaciones 12,3%, agricultura 9,6%, orden público 7,6%).
Turismo (1987): Ingresos por visitantes 4.000.000 dlr. EUA; gastos de nacionales en el exterior 2.000.000 dlr. EUA.
Producción (toneladas métricas, excepto cuando se indique). Agricultura, silvicultura, pesca (1987): Cocos 33.000, copra 40.000, raíces y tubérculos 30.000, verduras y melones 8.000, plátanos 1.000, cacao en grano 1.000, maíz 1.000; ganadería (número de animales vivos): 103.000 reses, 73.000 cerdos, 12.000 cabras; madera 38.000 m³; pesca, capturas 3.240. Minas y canteras (1985): Pequeñas cantidades de piedra caliza de los arrecifes coralíferos, piedra triturada, arena y grava. Industria manufacturera (valor añadido en miles de VT; 1984): Alimentos, bebidas y tabaco 358.000; productos de madera 96.000; productos fabricados de metal 60.000; productos de papel, incluyendo impresos y ediciones, 48.800; productos minerales no metálicos 24.600; artesanía 14.600; textiles, ropa y cuerpo 12.900. Construcción (aprobadas en Vila y Luganville; 1988): Residencial 14.469 m²; no residencial 14.520 m². Producción energética (consumo): Electricidad (kwh; 1987) 26.000.000 (26.000.000); carbón, no produce (sin consumo); petróleo crudo, no produce (sin consumo); productos petrolíferos (1987), no produce (17.000); gas natural, no produce (sin consumo).
Producto nacional bruto (a precios corrientes de mercado; 1985): 118.000.000 dlr. EUA (880 dlr. EUA per cápita).

Estructura del producto nacional bruto y de la población activa

	1985		1979	
	Valor (000.000 VT)	% del valor total	Población activa	% de la pobl. activa
Agricultura	4.335	33,8	39.296	76,8
Minería	—	—	76	0,1
Industria	491	3,8	990	1,9
Construcción	239	1,9	1.103	2,2
Servicios públicos	202	1,6	62	0,1
Transportes y comunicaciones } Comercio	4.219	32,9	1.323	2,6
Comercio			2.178	4,3
Finanzas	76	0,6	326	0,6
Administración pública, defensa	1.893	14,8 }	5.492	10,8
Servicios } Otros	1.355	10,6 }		
Otros			306	0,6
TOTAL	12.810	100,0	51.130	100,0

Deuda pública (externa, pendiente; 1987): 14.600.000 dlr. EUA.
Población económicamente activa (1979): Total 51.130; tasa de actividad de la población total 46,0% (tasas de participación: 15-64 años 84,3%; mujeres 43,4%; desempleados, n.d.).

Comercio exterior[3]

Balanza comercial (precios corrientes)

	1983	1984	1985	1986	1987	1988
Millones VT	−3.352	−2.416	−4.115	−4.264	−5.696	−5.247
% del total	36,3	21,6	38,7	53,7	59,5	55,4

Importaciones (1988): 7.361.000.000 VT (manufacturas básicas y diversas 31,0%; maquinaria y equipos de transporte 24,4%; alimentos y animales vivos 17,2%; combustibles minerales 7,9%; productos químicos 5,7%; bebidas y tabaco 5,0%). *Principales proveedores:* Australia 41,7%, Nueva Zelanda 10,1%; Japón 9,0%; Viti (Fitji) 6,6%; Francia 4,7%; Nueva Caledonia 3,9%; Hong Kong 3,8%; Singapur 3,6%.
Exportaciones (1988): 2.114.000.000 VT (exportaciones nacionales 76,0%; del que el 45,1% corresponde a copra, el 11,4% a carne de vaca y ternera, el 5,5% a cacao, el 5,0% a madera aserrada; reexportaciones 24,0%). *Principales clientes:* Países Bajos 39,3%; Japón 11,6%; Francia 4,7%; Bélgica 3,1%; Nueva Caledonia 2,6%; Singapur 1,4%.

Transportes y comunicaciones

Transportes. Ferrocarriles: Ninguno. Carreteras (1984): Longitud total 1.062 km (pavimentadas 24%). Vehículos (1984): Automóviles 3.087; camiones y autobuses, n.d. Marina mercante (1984): Barcos (100 toneladas brutas y más) 127; peso muerto total 1.429.699 toneladas. Transporte aéreo (1987): Llegadas de pasajeros nacionales 91.348; llegadas de pasajeros internacionales 20.131; carga internacional descargada 432 toneladas métricas; aeropuertos (1989) con vuelos regulares 27.
Comunicaciones. Diarios: Ninguno. Radio (1988): Número total de receptores 20.000 (1 por cada 7,5 personas). Televisión: Ninguna. Teléfonos (1986): 3.240 (1 por cada 44 personas).

Educación y sanidad

Escolaridad (1979). Porcentaje de población total de 25 años y más: sin escolarización formal 37,2%; con enseñanza primaria incompleta 34,3%; primaria completa 6,5%; secundaria nivel bajo 14,7%; secundaria nivel alto y superior 7,3%. *Alfabetización* (1979): Población total de 15 años y más alfabetizada 32.120 (52,9%); varones 18.550 (57,3%); mujeres 13.570 (47,8%).
Sanidad : Médicos (1986) 27 (1 por cada 5.191 habitantes); camas hospitalarias (1983) 437 (1 por cada 294 habitantes); tasa de mortalidad infantil por cada 1.000 nacidos vivos (1988) 55.
Alimentación (1984-86): Ingesta calórica diaria per cápita 2.344 (productos vegetales 79%, productos animales 21%); 103% de las necesidades mínimas recomendadas por la FAO.

Fuerzas armadas

Personal en servicio activo: Vanuatu tiene una fuerza paramilitar de unos 300 hombres.

[1] 1979. [2] Únicamente número de fallecimientos suministrado por el Ministerio de Sanidad. [3] Importaciones c.i.f.; exportaciones f.o.b.

Venezuela

Nombre oficial: República de Venezuela.
Forma de gobierno: República federal multipartidista con dos cámaras legislativas (Senado; Cámara de Diputados).
Jefe del estado y del gobierno: Presidente.
Capital: Caracas.
Lengua oficial: Español.
Religión oficial: Ninguna.
Moneda: 1 bolívar (B, plural Bs) = 100 céntimos; cambio (2 oct. 1989) 1 dlr. EUA = 38,02 Bs.

Área y población

Estados	Capitales	área km²	población estimada 1989
Anzoátegui	Barcelona	43.300	857.058
Apure	San Fernando de Apure	76.500	247.874
Aragua	Maracay	7.014	1.287.424
Barinas	Barinas	35.200	454.500
Bolívar	Ciudad Bolívar	238.000	969.916
Carabobo	Valencia	4.650	1.550.235
Cojedes	San Carlos	14.800	191.012
Falcón	Coro	24.800	622.576
Guárico	San Juan de los Morros	64.986	474.041
Lara	Barquisimeto	19.800	1.214.590
Mérida	Mérida	11.300	608.408
Miranda	Los Teques	7.950	1.966.467
Monagas	Maturín	28.900	499.117
Nueva Esparta	La Asunción	1.150	273.811
Portuguesa	Guanare	15.200	589.421
Sucre	Cumaná	11.800	735.048
Táchira	San Cristóbal	11.100	837.293
Trujillo	Trujillo	7.400	543.869
Yaracuy	San Felipe	7.100	372.555
Zulia	Maracaibo	63.100	2.160.149
Otras entidades federales			
Amazonas	Puerto Ayacucho	175.750	83.160
Delta Amacuro	Tucupita	40.200	95.788
Dependencias Federales	—	120	[1]
Distrito Federal	Caracas	1.930	2.611.209
TOTAL		912.050	19.245.521

Demografía

Población (1989): 19.246.000.
Densidad (1989): Personas por km² 21,1.
Índice de urbanización (1989): Urbana 83,6%; rural 16,4%.
Distribución por sexo (1989): Varones 50,46%; mujeres 49,54%.
Estructura por edades (1989): Menos de 15, 38,5%; 15-29, 28,2%; 30-44, 18,4%; 45-59, 9,2%; 60-74, 4,5%; 75 y más, 1,2%.
Proyección demográfica: (2000) 24.715.000; (2010) 30.006.000.
Tiempo de duplicación: 29 años.
Composición étnica (1981): Mestizos 69%; blancos 20%; negros 9%; indios 2%.
Afiliación religiosa (1987): Católicos 91,7%; otros 8,3%.
Principales ciudades (1989): Caracas 1.275.591; Maracaibo 1.179.384; Valencia 922.138; Barquisimeto 702.764; Maracay 524.952; Petare 519.866.
Tasa de natalidad por 1.000 habitantes (1987): 28,3 (media mundial 27,1).
Tasa de mortalidad por 1.000 habitantes (1987): 4,4 (media mundial 9,9).
Tasa de crecimiento por 1.000 habitantes (1987): 23,9 (media mundial 17,2).
Esperanza de vida al nacer (1985-90): Varones 66,7 años; mujeres 72,8 años.
Principales causas de muerte por 100.000 habitantes (1987): Enfermedades cardiacas 64,8; neoplasias malignas (cánceres) 46,4; accidentes 45,4; problemas perinatales 31,1; enfermedades infecciosas y parasitarias 29,2; enfermedades cerebrovasculares 25,9.

Economía nacional

Presupuesto (1988). Ingresos: 175.172.000.000 Bs (ingresos por petróleo 38,2%, ingresos no impositivos 22,4%, impuestos indirectos 16,2%, impuestos directos 14,5%, préstamos internos 8,0%). Gastos: 188.334.000.000 Bs (gastos operativos 93,0%; servicio de la deuda pública 7,0%).
Turismo (1987): Ingresos por visitantes 409.000.000 dlr. EUA; gastos de nacionales en el exterior 521.000.000 dlr. EUA.
Producción (toneladas métricas, excepto cuando se indique). Agricultura, silvicultura, pesca (1987): Caña de azúcar 7.000.000 maíz 1.200.000, plátanos 1.000.000, sorgo 850.000, naranjas 392.000, arroz 300.000, semillas de sésamo 80.000, café 66.000, cacao 14.000; ganadería (número de animales vivos): 12.654.000 reses; madera (1984) 1.328.000 m³; pesca, capturas 290.562. Minas y canteras (1987): Mineral de hierro 10.973.000; aluminio 427.363; oro 107.030 onzas troy; diamantes 106.000 quilates. Industria manufacturera (valor añadido en miles de Bs; 1987): metales de base 18.452.468; productos químicos 18.187.493; alimentos 17.053.850; bebidas 9.647.189; minerales no metálicos 7.167.588; textiles 6.356.088; productos metálicos 6.329.515; tabaco 5.606.202; maquinaria eléctrica y equipos 5.200.809; equipos de transporte 5.160.961. Construcción (en Bs; 1987): Residencial 12.945.000.000 m²; no residencial 42.466.000.000 m². Producción energética (consumo): Electricidad (kwh; 1986) 46.724.000.000 (46.716.000.000); carbón (1986) 57.000 (307.000); petróleo crudo (barriles; 1987) 665.030.000 [1986] (304.151.000); productos petrolíferos (1986) 43.347.000 (18.671.000); gas natural (m³; 1987) 36.350.000.000 [1986] (19.545.335.000).
Producto nacional bruto (1987): 48.241.000.000 dlr. EUA (3.230 dlr. EUA per cápita).

Estructura del producto nacional bruto y de la población activa

	1987			
	Valor (000.000 Bs)	% del valor total	Población activa	% de la pobl. activa
Agricultura	42.616	5,9	857.141	13,6
Petróleo y gas natural	63.004	8,8 }	62.126	1,0
Minería	5.579	0,8 }		
Industria	158.859	22,1	1.072.785	17,0
Construcción	34.624	4,8	589.928	9,3
Servicios públicos	11.035	1,5	70.489	1,1
Transportes y comunicaciones	49.132	6,8	396.204	6,3
Comercio	131.542	18,3	1.210.416	19,1
Finanzas	88.083	12,2	320.712	5,1
Administración pública, defensa	55.858	7,8 }	1.646.928	26,0
Servicios	57.599	8,0 }		
Otros	21.492	3,0	94.837	1,5
TOTAL	719.423	100,0	6.321.566	100,0

Deuda pública (externa, pendiente; 1987): 25.245.000.000 dlr. EUA.
Población económicamente activa (1987): Total 6.321.566; tasa de actividad de la población total 34,4% (tasas de participación: 15-64 años 58,1%; mujeres 27,7%; desempleados 9,1%).

Comercio exterior

Balanza comercial (precios corrientes)

	1982	1983	1984	1985	1986	1987
Millones Bs	20.765	31.427	49.665	36.786	11.429	7.510
% del total	26,0	31,8	34,3	25,0	7,8	3,2

Importaciones (1987): 115.135.549.400 Bs (maquinaria y equipos de transporte 43,7%, productos químicos 16,6%, alimentos y animales vivos 11,2%, metales básicos y productos metálicos 7,4%, productos de papel 4,1%). *Principales proveedores:* EUA 44,2%; Alemania federal 8,6%; Japón 6,4%; Italia 5,1%; Brasil 4,4%; Francia 3,6%; Reino Unido 3,5%.
Exportaciones (1987): 122.553.000.000 Bs (petróleo crudo y productos petrolíferos 82,3%, metales básicos 10,4%). *Principales clientes:* EUA 35,8%; Japón 14,6%; Colombia 7,9%; Países Bajos 3,4%; Puerto Rico 2,6%; Alemania federal 2,0%.

Transportes y comunicaciones

Transportes. Ferrocarriles (1987): Longitud de vías 439 km; pasajeros-km 22.239.031; carga toneladas métricas-km 17.821.351. Carreteras (1986): Longitud total 100.571 km (pavimentadas 33%). Vehículos (1986): Automóviles 2.300.000; camiones y autobuses 1.248.000. Marina mercante (1988): Barcos (100 toneladas brutas y más) 286; peso muerto total 1.428.629 toneladas. Transporte aéreo (1987): Pasajeros-km 3.540.000.000; carga toneladas métricas-km 1.428.629. Aeropuertos (1989) con vuelos regulares 29.
Comunicaciones. Diarios (1984): Número total 61; circulación total 2.739.000; circulación por 1.000 habitantes 163. Radio (1988): Número total de receptores 8.025.590 (1 por cada 2,3 personas). Televisión (1987): Número total de televisores 2.760.000 (1 por cada 6,6 personas). Teléfonos (1987): 1.581.063 (1 por cada 11 personas).

Educación y sanidad

Escolaridad (1987). Porcentaje de la población total de 15 años y más: sin escolarización formal 12,4%; con enseñanza primaria 41,2%; secundaria 37,5%; superior 8,9%. *Alfabetización* (1987): Población total de 15 años y más alfabetizada 10.055.776 (89,6%); varones 5.146.691 (91,4%); mujeres 4.909.085 (87,8 %).
Sanidad (1987): Médicos 28.400 (1 por cada 643 habitantes); camas hospitalarias 47.535 (1 por cada 384 habitantes); tasa de mortalidad infantil 25,1.
Alimentación (1984-86): Ingesta calórica diaria per cápita 2.532 (productos vegetales 80%, productos animales 20%); (1984) 105% de las necesidades mínimas recomendadas por la FAO.

Fuerzas armadas

Personal en servicio activo (1988): 69.000 (ejército 78,3%, armada 14,5%, fuerza aérea 7,2%). *Presupuesto de defensa en porcentaje del PNB* (1987): 3,6% (mundo 5,4%); gasto per cápita 75 dlr. EUA.

[1] Las fuentes consultadas no incluyen la población estimada.

Vietnam

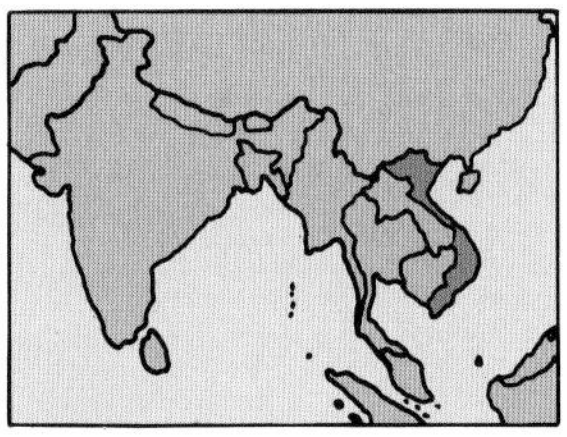

Nombre oficial: República Socialista de Vietnam.
Forma de gobierno: República socialista unitaria unipartidista con una cámara legislativa (Asamblea Nacional).
Jefe del estado: Presidente del Consejo de Estado.
Jefe del gobierno: Presidente del Consejo de Ministros.
Capital: Hanoi.
Religión oficial: Ninguna.
Moneda: 1 dong (D) = 10 hao = 100 xu; cambio (2 oct. 1989) 1 dlr. EUA = 4.500 D.

Área y población		área km²	población censo 1984
Provincias	**Capitales**		
An Giang	Long Xuyen	3.493	1.764.500
Bac Thai	Thai Nguyen	6.494	903.000
Ben Tre	Ben Tre	2.225	1.163.600
Binh Tri Thien	Hue	18.340	2.020.500
Cao Bang	Cao Bang	8.445	540.400
Cuu Long	Vihn Long	3.854	1.685.600
Dac Lac	Buon Me Throat	19.800	611.100
Dong Nai	Bien Hoa	7.578	1.314.400
Dong Thap	Cao Lamh	3.391	1.501.700
Gia Lai-Cong Tum	Cong Tum	25.538	692.400
Ha Bac	Bac Giang	4.609	1.891.700
Ha Nam Ninh	Nam Dinh	3.763	3.060.900
Ha Son Binh	Hanoi	5.978	1.704.800
Ha Tuyen	Ha Giang	13.631	880.800
Hai Hung	Hai Duong	2.555	2.396.300
Hau Giang	Can Tho	6.126	2.495.200
Hoang Lien Son	Lao Cai	14.852	865.600
Kien Giang	Rach Gia	6.358	1.122.900
Lai Chau	Lai Chau	17.068	378.200
Lam Dong	Da Lat	9.933	487.300
Lang Son	Lang Son	8.187	534.000
Long An	Tan An	4.355	1.081.200
Minh Hai	Bac Lieu	7.697	1.549.500
Nghe Tinh	Vinh	22.502	3.397.700
Nghia Binh	Qui Nhon	11.900	2.355.000
Phu Khanh	Nha Trang	9.804	1.332.300
Quand Nam-Da Nang	Da Nang	11.989	1.678.300
Quang Ninh	Hai Duong	5.938	811.500
Son La	Son La	14.468	562.100
Song Be	Thu Dau Mo	9.859	734.200
Tay Ninh	Ho Chi Minh City	4.030	758.100
Thai Binh	Thai Binh	1.495	1.652.900
Thanh Hoa	Thanh Hoa	11.138	2.779.500
Thuan Hai	Phan Thiet	11.374	1.084.600
Tien Giang	My Tho	2.377	1.388.300
Vinh Phu	Viet Tri	4.626	1.656.300
Municipios			
Haiphong	—	1.503	1.397.400
Hanoi	—	2.139	2.878.300
Ciudad Ho Chi Minh	—	2.029	3.563.900
Zona especial			
Vung Tau-Con Dao	—	249	94.300
TOTAL		331.688	58.770.300

Demografía

Población (1989): 64.747.000.
Densidad (1989): Personas por km² 195,2.
Índice de urbanización (1988): Urbana 19,8%; rural 80,2%.
Distribución por sexo (1989): Varones 48,62%; mujeres 51,38%.
Estructura por edades (1985): Menos de 15, 39,3%; 15-29, 31,3%; 30-44, 13,7%; 45-59, 9,4%; 60-74, 5,1%; 75 y más, 1,2%.
Proyección demográfica: (2000) 81.542.000; (2010) 96.183.000.
Tiempo de duplicación: 33 años.
Composición étnica (1979): Vietnamitas 87,3%; chinos (hoa) 1,8%; tai 1,7%; thai 1,5%; jmer 1,4%; muong 1,3%; nung 1,1%; otros 4,0%.
Afiliación religiosa (1980): Budistas 55,3%; católicos 7,0%; musulmanes 1,0%; otros 36,7%.
Principales ciudades (1989): Ciudad Ho Chi Minh 3.900.000; Hanoi 3.100.000; Haiphong 330.755[1]; Da Nang 318.655[1]; Bien Hoa 190.086[1].
Tasa de natalidad por 1.000 habitantes (1988): 31,7 (media mundial 27,1).
Tasa de mortalidad por 1.000 habitantes (1988): 9,4 (media mundial 9,9).
Tasa de crecimiento por 1.000 habitantes (1988): 22,3 (media mundial 17,2).
Esperanza de vida al nacer (1988): Varones 59,4 años; mujeres 63,8 años.
Principales causas de muerte por 100.000 habitantes (1979): Enfermedades cardiovasculares 123,8; neoplasias malignas (cánceres) 54,0; enfermedades infecciosas y parasitarias 48.0.

Economía nacional

Presupuesto (1987). Ingresos: 3.200.000.000 dlr. EUA (transferencias de empresas estatales 72,0%; ingresos por impuestos 20,0%; otros 8,0%). Gastos: 4.300.000.000 dlr. EUA (gastos corrientes 87,7%, gastos de capital 12,3%).
Turismo: Ingresos por visitantes (est. 1987) 15.000.000 dlr. EUA; gastos de nacionales en el exterior, n.d.
Producción (toneladas métricas, excepto cuando se indique). Agricultura, silvicultura, pesca (1988): Arroz 15.300.000, caña de azúcar 6.600.000, frutas 3.828.000, verduras 3.096.000, mandioca 2.950.000, batatas o camotes 2.150.000, cocos 605.000, maíz 550.000, cacahuates 278.000, papas o patatas 255.000; ganadería (número de animales vivos) 12.051.000 cerdos, 5.732.000 reses, 414.000 ovejas y cabras, 95.900.000 aves de corral; madera 25.844.000 m³; pesca, capturas 871.404. Minas y canteras (1986): Roca fosfática 530.000; sal 450.000; cromita 15.000; bauxita 6.000; mineral de zinc 5.000. Industria manufacturera (1987): Cemento 1.635.000; fertilizantes 484.000; azúcar 340.000; papel y cartulina 87.600; acero sin refinar 69.100; jabón 51.300; caucho natural 26.000; textiles 357.000.000 m²; cerveza 872.000 hectólitros; calzado de piel 3.200.000 pares. Construcción: n.d. Producción energética (consumo): Electricidad (kwh; 1987) 6.194.000.000 (6.194.000.000); carbón (1987) 6.777.000 (6.277.000); petróleo crudo, no produce (n.d.); productos petrolíferos, no produce (1.406.000); gas natural, no produce (n.d.).
Producto nacional bruto (1987): 12.600.000.000 dlr. EUA (198 dlr. EUA per cápita).

Estructura del producto nacional bruto y de la población activa

	1987			
	Por valor	% del valor total	Población activa	% de la pobl. activa
Agricultura	—	41,6	19.015.000	62,6
Minería e industria	—	33,1[2]	964.000	3,2
Construcción	—	2,6	545.000	1,8
Servicios públicos	—	[2]	33.000	0,1
Transportes y comunicaciones	—	0,7	188.000	0,7
Comercio	—	18,5	483.000	1,6
Servicios	—	—	950.000	3,1
Otros	—	3,5[3]	8.174.000[4]	26,9[4]
TOTAL	—	100,0	30.352.000	100,0

Deuda pública (externa, pendiente; 1987): 10.700.000.000 dlr. EUA.
Población económicamente activa (1987): Total 30.352.000; tasa de actividad de la población total 48,6 % (tasas de participación [1985]: 15-64 años 80,1%; mujeres 47,2%; desempleados [1987] 30%).

Comercio exterior

Balanza comercial (precios corrientes)

	1982	1983	1984	1985	1986	1987
Millones dlr. EUA	−1.199	−1.112	−1.345	−1.498	−2.115	−2.467
% del total	51,5	48,9	50,5	50,5	44,7	46,5

Importaciones (1987): 3.884.900.000 dlr. EUA [1985] combustible y materias primas 44,7%; maquinaria 23,2%; harina de trigo y productos alimenticios 17,2%). *Principales proveedores* (1985): URSS 69,2%; Japón 8,2%; Singapur 7,0%; Hong Kong 3,0%; países de la CEE 3,0%; Checoslovaquia 3,0%; Hungría 1,0%.
Exportaciones (1987): 1.418.400.400 dlr. EUA [1985]; materias primas 46,0%; artesanía 24,1%; productos agrícolas 9,5%). *Principales clientes* (1985): URSS 51,1%; Hong Kong 13,8%; Japón 9,1%; Singapur 8,6%; Checoslovaquia 4,6%; países de la CEE 3,1%; Polonia 2,3%; Hungría 1,5%.

Transportes y comunicaciones

Transportes. Ferrocarriles (1987): Longitud de vías 3.218 km; pasajeros-km 4.854.000.000; carga toneladas métricas-km 1.001.000.000. Carreteras (1988): Longitud total 85.700 km (pavimentadas 11 %). Vehículos (1976): Automóviles 100.000; camiones y autobuses 200.000. Marina mercante (1988): Barcos (100 toneladas brutas y más) 164; peso muerto total 501.493 toneladas. Transporte aéreo (1987): Pasajeros-km 10.387.000.000; carga toneladas métricas-km 6.000.000[5]; aeropuertos (1989) con vuelos regulares 3.
Comunicaciones. Diarios (1987): Número total 4; circulación total 2.250.000; circulación por 1.000 habitantes 38,3. Radio (1988): Número total de receptores 6.600.000 (1 por cada 10 personas). Televisión (1988): Número total de televisores 2.200.000 (1 por cada 30 personas). Teléfonos (1988): 116.000 (1 por cada 544 personas).

Educación y sanidad

Escolaridad (1979). Porcentaje de la población de 25 años y más: sin educación formal (analfabetos) 22,5%; primaria parcial 5,9%; primaria completa 42,8%; secundaria 20,0%; postsecundaria y superior 7,7%. *Alfabetización* (1979): Población total de 15 años y más alfabetizada 28.903.500 (94,0%).
Sanidad (1988): Médicos 20.100[6] (1 por cada 3.140 habitantes); camas hospitalarias 216.000 (1 por cada 292 habitantes); tasa de mortalidad infantil por cada 1.000 nacidos vivos (1988) 63.
Alimentación (1984-86): Ingesta calórica diaria per cápita 2.290 (productos vegetales 94%, productos animales 6 %); (1984) 104% de las necesidades mínimas recomendadas por la FAO.

Fuerzas armadas

Personal en servicio activo (1989): 1.249.000 (ejército 96,1%, armada 3,0%, fuerza aérea 0,9%). *Presupuesto de defensa en porcentaje del PNB* (1986): 19,4% (mundo 5,5%); gasto per cápita 39 dlr. EUA.

[1] 1979. [2] Minería e industria incluye servicios públicos. [3] Otras actividades materiales. [4] Incluye finanzas y administración pública y defensa. [5] 1985. [6] Incluye dentistas.

Viti

Nombre oficial: República de Viti.
Forma de gobierno: República[1].
Jefe del estado: Presidente[2].
Jefe del gobierno: Primer ministro[2].
Capital: Suva.
Lengua oficial: Inglés.
Religión oficial: Ninguna.
Moneda: 1 dólar de Viti (F$) = 100 cents; cambio (2 oct. 1989) 1 dlr. EUA = 1,50 F$.

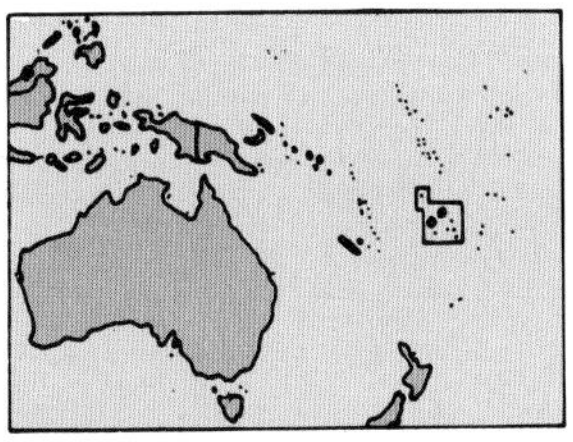

Estructura del producto nacional bruto y de la población activa

	1987		1986	
	Valor (000.000.000 F$)	% del valor total	Población activa (000)	% de la pobl. activa
Agricultura	303,0	21,3	106.305	44,1
Minería	29,0	2,0	1.345	0,5
Industria	130,0	9,2	18.106	7,5
Construcción	62,0	4,4	11.786	4,9
Servicios públicos	54,0	3,8	2.154	0,9
Transportes y comunicaciones	133,0	9,4	13.151	5,4
Comercio	207,0	14,6	26.010	10,8
Finanzas			6.016	2,5
Administración pública, defensa y servicios	502,0	35,3	36.619	15,2
Otros	—	—	19.668[4]	8,2[4]
TOTAL	1.420,0	100,0	241.160	100,0

Área y población

Divisiones Provincias[3]	Capitales	área km²	población censo 1986
Central	Suva		
Naitasiri		1.666	100.227
Namosi		570	4.836
Rewa		272	97.442
Serua		830	13.356
Tailevu		955	44.249
Este	Levuka		
Kandavu		478	9.805
Lau		487	14.203
Lomaiviti		411	16.066
Rotuma		46	2.688
Norte	Labasa		
Mathuata		2.004	74.735
Mbua		1.379	13.986
Thakaundrove		2.816	40.433
Oeste	Lautoka		
Mba		2.634	197.633
Nandronga-Navosa		2.385	54.431
Ra		1.341	31.285
TOTAL		18.274	715.375

Demografía

Población (1989): 734.000.
Densidad (1989): Personas por km² 40,2.
Índice de urbanización (1986): Urbana 38,7%; rural 61,3%.
Distribución por sexo (1986): Varones 50,68%; mujeres 49,32%.
Estructura por edades (1986): Menos de 15, 38,2%; 15-29, 29,5%; 30-44, 17,8%; 45-59, 9,6%; 60-74, 3,8%; 75 y más, 1,1%.
Proyección demográfica: (2000) 837.000; (2010) 931.000.
Tiempo de duplicación: 32 años.
Composición étnica (1986): Indios 48,6%; vitianos 46,3%; otros 5,1%.
Afiliación religiosa (1986): Cristianos 52,9%; hindúes 38,1%; musulmanes 7,8%; sikhs 0,7%; otros 0,5%.
Principales ciudades (1986): Suva 69.665; Latouka 28.728; Lami 8.601; Nadi 7.679; Ba 6.518.
Tasa de natalidad por 1.000 habitantes (1988): 26,8 (media mundial 27,1).
Tasa de mortalidad por 1.000 habitantes (1988): 5,0 (media mundial 9,9).
Tasa de crecimiento por 1.000 habitantes (1988): 21,8 (media mundial 17,2).
Esperanza de vida al nacer (1987): Varones 68,3 años; mujeres 72,8 años.
Principales causas de muerte por 100.000 habitantes (1985): Enfermedades cardiovasculares 109,8; traumatismos del parto 169,5; neoplasias malignas (cánceres) 53,3; accidentes, intoxicaciones y actos de violencia 48,5; enfermedades del sistema respiratorio 43,1; enfermedades infecciosas y parasitarias 31,3; diabetes mellitus 29,1.

Economía nacional

Presupuesto (1987). Ingresos: 341.247.000 F$ (impuestos sobre la renta, sobre bienes raíces y derechos de donaciones 39,6%; aranceles y derechos portuarios 36,9%; derechos, royalties y ventas 11,1%). Gastos: 393.903.000 F$ (gasto departamental 71,3%; cargos de la deuda pública 22,8%; pensiones y gratificaciones 5,9%).
Turismo: Ingresos por visitantes (1988) 180.600.000 dlr. EUA; gastos de nacionales en el exterior (1987) 24.000.000 dlr. EUA.
Producción (toneladas métricas, excepto cuando se indique). Agricultura, silvicultura, pesca (1987): Caña de azúcar 2.960.000, arroz con cáscara 23.477, copra 12.999, jengibre 4.865; ganadería (número de animales vivos) 159.000 reses, 59.000 cabras, 29.000 cerdos; madera 249.000 m³; pesca, capturas 35.266. Minas y canteras (1987): Oro 2.647 kilogramos; plata (1986) 774 kilogramos. Industria manufacturera (1987): Azúcar refinado 401.000; cemento 58.700; harina 25.720; piensos para el ganado 16.145; aceite de coco 8.417; jabón 7.406; cerveza 147.400 hectólitros; pintura 16.430 hectólitros. Construcción (1987): Residencial 60.000 m²; no residencial 60.000 m². Producción energética (consumo): Electricidad (kwh; 1987) 430.000.000 (430.000.000); carbón (1987), no produce (16.000); petróleo crudo, no produce (n.d.); productos petrolíferos (1987), no produce (152.000); gas natural, no produce (n.d.).
Producto nacional bruto (a precios corrientes de mercado, 1987): 1.091.000.000 dlr. EUA (1.510 dlr. EUA per cápita).

Deuda pública (externa pendiente; 1987): 334.200.000 dlr. EUA.
Población económicamente activa (1986): Total 241.160; tasa de actividad de la población total 33,7% (tasas de participación: 15-64 años 56,0%; mujeres 21,2%; desempleados [1987] 10,2%).

Comercio exterior

Balanza comercial (precios corrientes)

	1983	1984	1985	1986	1987	1988
Millones F$	−189,0	−148,4	−183,2	−124,7	−131,4	−61,76
% del total	27,8	20,9	25,8	16,6	16,4	5,6

Importaciones (1988): 658.744.000 F$ (maquinaria y equipos de transporte 21,1%; alimentos, bebidas y tabaco 17,6; combustibles minerales y productos afines 13,5%; productos químicos 10,0%; artículos de consumo manufacturados diversos 8,7%).*Principales proveedores:* Australia 29,4%; Nueva Zelanda 18,9%; Japón 10,2%; Taiwán 5,3%; EUA 4,9%; Francia 4,3%; Singapur 4,2%; Reino Unido 3,7%; Corea del sur 3,5%.
Exportaciones (1988)[5]: 434.883.000 F$ (azúcar 45,6%; oro 18,7%; pescado 9,2%; madera aserrada 5,8%; ropa 4,2%; melaza 2,6%; aceite de coco 0,8%). *Principales clientes*[6]: Reino Unido 34,9%; Australia 25,6%; Nueva Zelanda 7,7%; Japón 5,5%; Canadá 4,4%; China 3,9%; EUA 3,3%; Taiwán 2,5%.

Transportes y comunicaciones

Transportes. Ferrocarriles[7] (1986): Longitud de vías 1.062 km. Carreteras (1988): Longitud total 4.821 km (pavimentadas 13%). Vehículos (1987): Automóviles 34.380; camiones y autobuses 24.318. Marina mercante (1988): Barcos (100 toneladas brutas y más) 57; peso muerto total 36.752 toneladas. Transporte aéreo (1988)[8]: Pasajeros-km 540.000.000; carga toneladas métricas-km 19.115.000; aeropuertos (1989) con vuelos regulares 18.
Comunicaciones. Diarios (1985): Número total 2; circulación total 53.000; circulación por 1.000 habitantes 74. Radio (1988): Número total de receptores 431.355 (1 por cada 1,7 personas). Televisión: n.d. Teléfonos (1987): 60.017 (1 por cada 12 personas).

Educación y sanidad

Escolaridad (1986). Porcentaje de la población total de 25 años y más: sin escolarización 28,3%; con enseñanza primaria únicamente 19,1%; secundaria parcial 44,1%; secundaria 4,1%; postsecundaria 3,3%; otros 1,1%. *Alfabetización* (1985): Población total de 15 años y más alfabetizada 374.300 (85,5%); varones alfabetizados 197.300 (90,2%); mujeres alfabetizadas 177.000 (80,9%).
Sanidad (1987): Médicos 271 (1 por cada 2.649 habitantes); camas hospitalarias 1.721 (1 por cada 417 habitantes); tasa de mortalidad infantil por cada 1.000 nacidos vivos (1988) 27,0.
Alimentación (1984-86): Ingesta calórica diaria per cápita 2.901 (productos vegetales 87%, productos animales 13%); (1984) 110% de las necesidades mínimas recomendadas por la FAO.

Fuerzas armadas

Personal en servicio activo (1988): 3.500 (ejército 91,4%, armada 8,6%, fuerza aérea, ninguna). *Presupuesto de defensa en porcentaje del PNB* (1986): 1,2% (mundo 5,5%); gasto per cápita 20 dlr. EUA.

[1] A finales de 1988 se redactó una nueva constitución que proponía un cuerpo legislativo unicameral. A finales de 1989 todavía no estaba en vigor. [2] El primer presidente civil de Viti y el primer ministro fueron nombrados el 5 de diciembre de 1987, devolviéndose así el poder a gobernantes civiles. [3] Las provincias son autónomas sólo en lo que se refiere a asuntos locales. [4] No especificados y desempleados. [5] Excluye las reexportaciones, valoradas en 83.235.000 F$. [6] Basado en exportaciones de productos locales únicamente. [7] Propiedad de Fiji Sugar Corporation. [8] Sólo Air Pacific.

Yemen, República Árabe de

Nombre oficial: República Árabe de Yemen.
Forma de gobierno: República unitaria de partido único con una cámara legislativa (Consejo Consultivo[1]).
Jefe del estado y del gobierno: Presidente.
Capital: Sana.
Lengua oficial: Árabe.
Religión oficial: Islámica.
Moneda: 1 rial yemení (YRl) = 100 fils; cambio (2 oct. 1989) 1 dlr. EUA = 9,76 YRls.

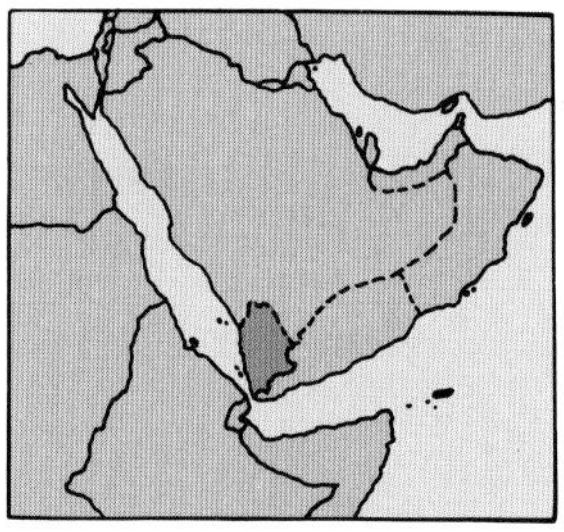

Área y población		área km²	población censo 1986
Gobernaciones	**Capitales**		
al-Bayda	al-Bayda	11.170	381.249
Damar	Damar	8.870	812.981
Haya	Haya	9.590	897.814
Hudayda	Hudayda	13.580	1.294.359
Ib	Ib	6.430	1.511.879
al-Mawit	al-Mawit	2.160	322.226
Marib	Marib	39.890	121.437
Sada	Sada	12.810	344.152
Sana	Sana	20.310	1.856.876
Taiz	Taiz	10.420	1.643.901
al-Yawf	al-Yawf	—	87.299
TOTAL		135.230[2]	9.274.173[3]

Demografía

Población (1989)[4]: 8.834.000.
Densidad (1989): Personas por km² 65,3.
Índice de urbanización (1986): Urbana 21,0%; rural 79,0%.
Distribución por sexo (1986): Varones 50,11%; mujeres 49,89%.
Estructura por edades (1986): Menos de 15, 50,4%; 15-29, 20,3%; 30-44, 14,5%; 45-59, 9,1%; 60-74, 4,3%; 75 y más, 1,4%.
Proyección demográfica: (2000) 11.660.000; (2010) 15.006.000.
Tiempo de duplicación: 25 años.
Composición étnica (1984): Predominantemente árabes.
Afiliación religiosa (1980): Musulmanes chiitas 60%; musulmanes sunníes 40%.
Principales ciudades (1986): Sana 427.150; Taiz 178.043; Hudayda 155.110.
Tasa de natalidad por 1.000 habitantes (1986): 49,1 (media mundial 27,1).
Tasa de mortalidad por 1.000 habitantes (1986): 20,8 (media mundial 9,9).
Tasa de crecimiento por 1.000 habitantes (1986): 28,3 (media mundial 17,2).
Esperanza de vida al nacer (1986): Varones 45,6 años; mujeres 48,9 años.
Principales causas de muerte por 100.000 habitantes: n.d.; sin embargo, entre las principales enfermedades se incluyen paludismo, tuberculosis, infecciones intestinales, lepra, esquistosomiasis, fiebres tifoideas y paratifoideas, hepatitis vírica y filariasis.

Economía nacional

Presupuesto (1987-88). Ingresos: 9,069.500.000 YRls (derechos de importación 24,6%; ingresos no fiscales 24,1%; ayudas exteriores 16,1%; impuestos sobre la renta 11,2%; impuestos de consumo 9,2%). Gastos: 15.052.600.000 (defensa 22,2%; servicios públicos generales 21,1%; educación 16,5%; servicios económicos 6,3%; transportes y comunicaciones 3,9%).
Turismo (1987): Ingresos por visitantes 48.000.000 dlr. EUA; gastos de nacionales en el exterior 37.000.000 dlr. EUA.
Producción (toneladas métricas, excepto cuando se indique). Agricultura, silvicultura, pesca (1987): Sorgo 477.000, verduras y melones 455.000, uva 129.000, papas o patatas 110.000, trigo 100.000, leche de cabra 76.000, maíz 48.000, cebada 40.000, legumbres 39.000, dátiles 15.000, huevos 12.500; ganadería (número de animales vivos) 2.604.000 ovejas, 1.594.000 cabras, 1.023.000 reses, 520.000 burros, 61.000 camellos; pesca, capturas 22.254. Minas y canteras (1987): sal 163.000; yeso 53.000. Industria manufacturera (1987): Harina 129.700; galletas 56.400; jabones y detergentes 20.468; jarabe de fruta 72.026.000 litros; bebidas refrescantes 48.000.000 litros; cigarrillos 467.500 cartones. Construcción (valor añadido en millones de YRls; 1985): 1.550. Producción energética (consumo): Electricidad (kwh; 1987) 718.000.000 (718.000.000); carbón, no produce (n.d.); petróleo (barriles; 1987) 6.597.000 (2.932.000); productos petrolíferos (1987), 350.000 (920.000); gas natural, no produce (n.d.).
Producto nacional bruto (1987): 4.918.000.000 dlr. EUA (580 dlr. EUA per cápita).

Estructura del producto nacional bruto y de la población activa	1987		1986	
	Valor (000.000 YRls)	% del valor total	Población activa	% de la pobl. activa
Agricultura	12.153	27,9	894.655	59,9
Minería	697	1,6	1.305	0,1
Industria	4.835	11,1	46.439	3,1
Construcción	1.437	3,3	122.338	8,2
Servicios públicos	479	1,1	22.386	1,5
Transportes y comunicaciones	4.748	10,9	75.717	5,1
Comercio	5.184	11,9	201.606	13,5
Finanzas	—	—	8.206	0,5
Administración pública, defensa	5.314	12,2	—	—
Servicios	5.271	12,1	119.742	8,0
Otros	3.441[5]	7,9	—	—
TOTAL	43.559	100,0	1.492.394	100,0[6]

Deuda pública (externa, pendiente; 1987): 2.155.000.000 dlr. EUA.
Población económicamente activa (1986): Total 1.492.394; tasa de actividad de la población total 18,2% (tasas de participación: 15-64 años 38,5%; mujeres 12,5%; desempleados, n.d.).

Comercio exterior

Balanza comercial (precios corrientes)	1982	1983	1984	1985	1986	1987
Millones YRls	−8.235	−9.439	−8.449	−7.782	−8.466	−13.460
% del total	78,4	83,1	79,0	77,2	78,4	90,4

Importaciones (1987): 1.370.700.000 YRls (alimentos y animales vivos 31,6%; artículos manufacturados básicos 28,6%; maquinaria y equipos de transporte 21,9%; productos químicos 9,3%; materias primas 5,8%; bebidas y tabaco 2,4%). *Principales proveedores:* Japón 12,0%; EUA 10,8%; Países Bajos 10,0%; Alemania federal 7,1%; Francia 6,3%; Italia 5,3%; Arabia Saudita 5,3%.
Exportaciones (1987): 69.000.000 YRls (café 16,6%; cigarrillos 15,6%; galletas 13,6%; cuero 12,5%; uva 8,6%; semillas de sésamo 4,2%; azúcar y miel 1,6%). *Principales clientes:* Arabia Saudita 53,6%; República Popular Democrática de Yemen 4%; Italia 8,2%; Japón 4,0%.

Transportes y comunicaciones

Transportes. Ferrocarriles: Ninguno. Carreteras (1987): Longitud total 37.285 km (pavimentadas 6%). Vehículos (1987): Automóviles 125.464; camiones y autobuses 183.582. Marina mercante (1988): Barcos (100 toneladas brutas y más) 11; peso muerto total 408.490 toneladas. Transporte aéreo (1987)[7]: Pasajeros-km 584.461.000; carga toneladas métricas-km 60.267.000; aeropuertos (1989) con vuelos regulares 5.
Comunicaciones. Diarios (1986): Número total 2; circulación total n.d.; circulación por 1.000 habitantes, n.d. Radio (1988): Número total de receptores 149.886 (1 por cada 57 personas). Televisión (1987): Número total de televisores 150.000 (1 por cada 56 personas). Teléfonos (1984): 63.255 (1 por cada 104 personas).

Educación y sanidad

Escolaridad (1975). Porcentaje de la población total de 10 años y más: sin escolarización formal 82,6%; sabiendo leer únicamente 5,3%; sabiendo leer y escribir 10,6%; con enseñanza primaria 0,8%; secundaria 0,2%; superior 0,1%; sin especificar 0,4%. *Alfabetización* (1986): Población total de 15 años y más alfabetizada 768.200 (18,9%); varones alfabetizados 698.021 (38,5%); mujeres alfabetizadas 70.179 (3,1%).
Sanidad (1986): Médicos 1.234 (1 por cada 6.637 habitantes); camas hospitalarias 5.986 (1 por cada 1.367 habitantes); tasa de mortalidad infantil por cada 1.000 nacidos vivos 164,0.
Alimentación (1984-86): Ingesta calórica diaria per cápita 2.275 (productos vegetales 90%, productos animales 10%); 93% de las necesidades mínimas recomendadas por la FAO.

Fuerzas armadas

Personal en servicio activo (1989): 36.500 (ejército 95,0%, armada 1,4%, fuerza aérea, 2,7%). *Presupuesto de defensa en porcentaje del PNB* (1987): 7,2% (mundo 5,4%); gasto per cápita 39 dlr. EUA.

[1] Incluye 31 miembros no electivos. [2] El área corresponde a datos del Swiss Technical Co-operation Service. La mayor parte de la frontera oriental con Arabia Saudita y la República Popular Democrática de Yemen no está oficialmente delimitada ni marcada; sin embargo, el gobierno de la República Árabe de Yemen emplea una estimación superior, 200.000 km². [3] Incluye nacionales en el extranjero. [4] Basada en el resultado consignado del censo de 1986 con una población residente de 8.105.974 personas. [5] Incluye derechos de importación e impuestos indirectos. [6] El desglose no se corresponde con el total a causa del redondeo. [7] Sólo Yemen Airways.

Yemen, República Popular Democrática de

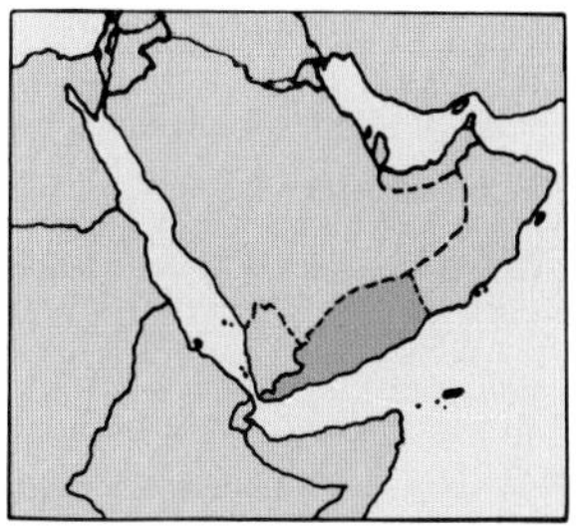

Nombre oficial: República Popular Democrática de Yemen.
Forma de gobierno: República socialista unipartidista con una cámara legislativa (Consejo Popular Supremo).
Jefe del estado: Presidente del presídium del Consejo Popular Supremo.
Jefe del gobierno: Primer ministro.
Capital: Adén.
Lengua oficial: Árabe.
Religión oficial: Islámica.
Moneda: 1 dinar yemení (YD) = 1.000 fils; cambio (2 oct. 1989) 1 YD = 2,86 dlr. EUA.

Área y población

Gobernaciones	Capitales	área km²	población estimada 1986
Abyan	Zinyibar	21.489	434.000
Adan	Adén	6.980	407.000
Hadramawt	Muqalla	155.376	686.000
Lahiy	Lahiy	12.766	382.000
al-Mahray	al-Gayda	66.350	85.000
Shabwa'	Ataq	73.908	226.000
TOTAL		336.869	2.220.000[1]

Demografía

Población (1989): 2.406.000[1].
Densidad (1989): Personas por km² 7,1.
Índice de urbanización (1986): Urbana 40,6%; rural 59,4%.
Distribución por sexo (1987): Varones 49,47%; mujeres 50,53%.
Estructura por edades (1986): Menos de 15, 47,8%; 15-29, 21,0%; 30-44, 15,9%; 45-59, 8,8%; 60-74, 5,5%; 75 y más, 1,0%.
Proyección demográfica: (2000) 3.191.000; (2010) 4.124.000.
Tiempo de duplicación: 21 años.
Composición étnica (1983): Árabes 95,7%; indopaquistaníes 1,8%; somalíes 1,4%; amhara y swahili 0,7%; judíos 0,1%; persas 0,1%; otros 0,2%.
Afiliación religiosa (1980): Predominante musulmanes sunníes 99,5%; hindúes 0,2%; cristianos 0,1%; sin afiliación 0,1%; otros 0,1%.
Principales ciudades (1984): Adén 318.000; Muqalla 59.100; Sayun 25.400; al-Shihr 23.000; Tarim 22.500.
Tasa de natalidad por 1.000 habitantes (1989): 48,0 (media mundial 27,1).
Tasa de mortalidad por 1.000 habitantes (1989): 15,0 (media mundial 9,9).
Tasa de crecimiento por 1.000 habitantes (1989): 33,0 (media mundial 17,2).
Esperanza de vida al nacer (1989): Varones 50,0 años; mujeres 53,0 años.
Principales causas de muerte por 100.000 habitantes: n.d.; sin embargo, entre las principales enfermedades se incluyen poliomielitis, difteria, esquistosomiasis, fiebres tifoideas y paratifoideas, fiebre amarilla, hepatitis, asfixia, tracoma, dolencias cardiacas, enfermedades gastrointestinales, enfermedades respiratorias, salmonelosis, lepra, sarampión, tosferina, cólera, tuberculosis, esquistosomiasis, gripe, anemia y desnutrición, shigellosis y paludismo.

Economía nacional

Presupuesto (1986). Ingresos: 7.200.000.000 YD (aranceles e impuestos indirectos 83,3%). Gastos: 9.900.000.000 YD (gastos ordinarios 60,6%, desarrollo 39,4%).
Turismo: Ingresos por visitantes (1986) 7.000.000 dlr. EUA; gastos de nacionales en el exterior (1981) 10.000.000 dlr. EUA.
Producción (toneladas métricas, excepto cuando se indique). Agricultura, silvicultura, pesca (1988): Mijo 85.000, sandías 56.000, plátanos 24.000, maíz 16.000, trigo 15.000, semilla de algodón 15.000, tomates 13.000, dátiles 12.000, cebollas 10.000, papas o patatas 8.000, borra de algodón 5.000, semilla de sésamo 3.000; ganadería (número de animales vivos) 1.427.000 cabras, 938.000 ovejas, 171.000 burros, 97.000 reses, 81.000 camellos, 2.000.000 pollos; madera (1987) 306.000 m³; pesca, capturas (1987) 48.492. Minas y canteras (1987): Sal 80.000. Industria manufacturera (valor añadido en miles de YD; 1984): Alimentos, bebidas y tabaco 61.586; electricidad 14.100; productos químicos, petróleo, carbón, caucho y productos plásticos 9.469; ropa y accesorios 5.164; productos metálicos fabricados, maquinaria y equipos 5.097; productos minerales no metálicos, excepto petróleo y carbón 2.918; papel y derivados, impresos y ediciones 2.022; madera y productos de la madera, incluyendo muebles, 1.950. Construcción: (valor total; 1984): 93.400.000 YD. Producción energética (consumo): Electricidad (kwh; 1987) 465.000.000 (465.000.000); carbón, no produce (n.d.); petróleo crudo (barriles; 1987), no produce (24.922.000); productos petrolíferos (1987) 3.101.000 (1.437.000); gas natural, no produce (n.d.).
Producto nacional bruto (a precios corrientes de mercado; 1987): 956.000.000[3] dlr. EUA (420 dlr. EUA per cápita).

Estructura del producto nacional bruto y de la población activa
1986

	Valor (000.000 $EUA)	% del valor total	Población activa	% de la pobl. activa
Agricultura	120,9	24,0	256.693	46.6
Minería	1,4	0,3	10.466	1,9
Industria	64,6	12,8	48.474	8,8
Construcción	82,3	16,4	38.614	7,0
Servicios públicos	12,5	2,5	10.466	1,9
Transportes y comunicaciones	79,4	15,8	31.894	5,8
Comercio	102,0	20,3	47.373	8,6
Finanzas	11,6	2,3	551	0,1
Administración pública, defensa; Servicios; Otros	28,4	5,6	106.312	19,3
TOTAL	503,2[2]	100,0	550.843	100,0

Deuda pública (externa pendiente; 1987): 1.669.000.000 dlr. EUA.
Población económicamente activa (1986): Total 550.843; tasa de actividad de la población total 24,7% (tasas de participación: 15-64 años, 50,8%; mujeres 10%; desempleados, n.d.).

Comercio exterior

Balanza comercial (precios corrientes)

	1982	1983	1984	1985	1986	1987
Millones YD	−248,3	−250,4	−278,7	−106,0	−66,7	49,5
% del total	31,1	35,0	38,5	32,7	27,5	13,7

Importaciones (1986): 154.357.000 YD (alimentos y animales vivos 31,9%, maquinaria y equipos de transporte 20,5%, artículos manufacturados 19,5%, productos petrolíferos 15,3%, productos químicos 6,2%, aceites y grasas 4,1%, minerales crudos 1,7%, bebidas y tabaco 0,8%). *Principales proveedores:* URSS 16,4%; Reino Unido 7,4%; Japón 5,6%; China 5,5%; Dinamarca 5,5%; Singapur 4,9%; Países Bajos 4,8%; Arabia Saudita 3,7%; Alemania federal 3,5%; Emiratos Árabes 3,3%; Irán 2,9%; Francia 2,8%.
Exportaciones (1986): 10.021.000 (alimentos y animales vivos 70,2%, productos petrolíferos 12,1%, bebidas y tabaco 6,2%). *Principales clientes:* Japón 27,3%; Francia 23,2%; Arabia Saudita 12,9%; Emiratos Árabes 11,2%; República Árabe de Yemen 10,2%; Italia 4,3%; Singapur 1,6%.

Transportes y comunicaciones

Transportes. Ferrocarriles: Ninguno. Carreteras (1984): Longitud total 10.932 km (pavimentadas 18%). Vehículos (1986): Automóviles 26.500; vehículos comerciales 43.500. Marina mercante (1988): Barcos (100 toneladas brutas y más) 22; peso muerto total 12.353 toneladas. Transporte aéreo (1982): Pasajeros-km 100.000.000; carga toneladas métricas-km 1.700.000; aeropuertos (1989) con vuelos regulares 9.
Comunicaciones. Diarios (1988): Número total 2; circulación total 49.000; circulación por 1.000 habitantes, 21. Radio (1988): Número total de receptores 171.143 (1 por cada 14 personas). Televisión (1987): Número total de televisores 47.000 (1 por cada 49 personas). Teléfonos (1985): 31.000 (1 por cada 70 personas).

Educación y sanidad

Escolaridad, n.d. *Alfabetización* (1980): población total de 15 años y más alfabetizada 411.900 (38,9%); varones alfabetizados 354.700 (66,6%); mujeres alfabetizadas 57.200 (10,9%).
Sanidad (1986): Médicos 652 (1 por cada 3.416 habitantes); camas hospitalarias 4.499 (1 por cada 495 habitantes); tasa de mortalidad infantil por cada 1.000 nacidos vivos (1989) 113,0.
Alimentación (1984-86): Ingesta calórica diaria per cápita 2.331 (productos vegetales 88%, productos animales 12%); 97% de las necesidades mínimas recomendadas por la FAO.

Fuerzas armadas

Personal en servicio activo (1989): 27.500 (ejército 87,3%, armada 3,6%, fuerza aérea, 9,1%). *Presupuesto de defensa en porcentaje del PNB* (1986): 22,0% (mundo 5,5%); gasto per cápita 88 dlr. EUA.

[1] El censo realizado en marzo de 1988 establece un total de 2.345.266 habitantes. [2] El desglose no se corresponde con el total a causa del redondeo. [3] De acuerdo con las estimaciones de la Organización Árabe del Trabajo, las remesas enviadas por los trabajadores expatriados constituyeron cerca del 70% del producto nacional bruto entre 1975 y 1987.

Yibuti

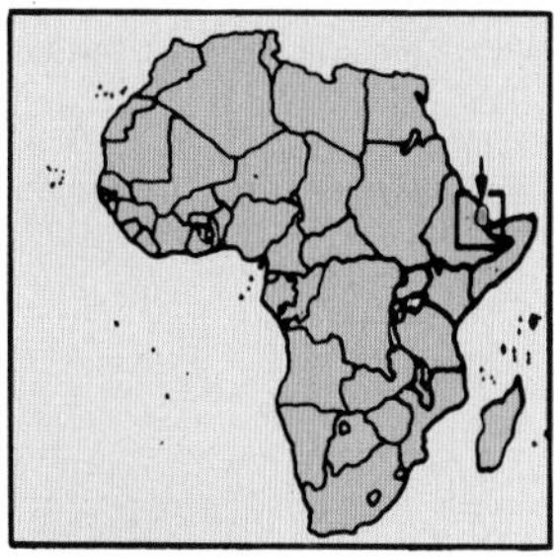

Nombre oficial: República de Yibuti.
Forma de gobierno: República unitaria unipartidista con una cámara legislativa (Asamblea Nacional).
Jefe del estado: Presidente
Jefe del gobierno: Primer ministro.
Capital: Yibuti.
Lengua oficial: Árabe; francés
Religión oficial: Ninguna.
Moneda: 1 franco de Yibuti (DF) = 100 centimes; cambio (2 oct. 1989). 1dlr. EUA = 287,55 DF.

Área y población

Distritos	Capitales	área[1] km²	población estimada 1982
Alí Sabí	Alí Sabí	2.400	15.000
Dijil	Dijil	7.200	30.000
Obock	Obock	5.700	15.000
Tayura	Tayura	7.300	30.000
Yibuti	Yibuti	600	200.000
TOTAL		23.200	335.000[2]

Demografía

Población (1989): 512.000.
Densidad (1989): Personas por km² 22,1.
Índice de urbanización (1983): Urbana 75,0%; rural 25,0%.
Distribución por sexo (1983): Varones 51,80%; mujeres 48,20%
Estructura por edades (1983): Menos de 15, 38,4%; 15-29, 33,5%; 30-44, 16,9%; 45-50, 3,0%; 51 y más, 8,2%.
Proyección demográfica: (2000) 709.000; (2010) 953.000.
Tiempo de duplicación: 23 años.
Composición étnica (1983): Somalíes 61,7%, del que el 33,4% corresponde a issa, el 15,0% a gadaboursi y el 13,3% a issaq; afar 20,0%; árabes (en su mayoría yemeníes) 6,0%; europeos 4,0%; otros (refugiados) 8,3%.
Afiliación religiosa (1983): Musulmanes sunníes 94%; cristianos 6%, del que el 4% corresponde a católicos, el 1% a protestantes y el 1% a ortodoxos.
Principales ciudades y poblaciones (1982): Yibuti 200.000[3]; Alí Sabí 4.000; Tayura 3.500; Dijil 3.000.
Tasa de natalidad por 1.000 habitantes (1985-90): 47,3 (media mundial 27,1).
Tasa de mortalidad por 1.000 habitantes (1985-90): 17,7 (media mundial 9,9).
Tasa de crecimiento por 1.000 habitantes (1985-90): 29,6 (media mundial 17,2).
Esperanza de vida al nacer (1985-90): Varones 45,4 años; mujeres 48,7 años.
Principales causas de muerte[4] (porcentaje del total de muertes; 1984): Diarrea y deshidratación aguda 16,0%; desnutrición 16,0%; intoxicación 11,0%; tuberculosis 6,0%; enfermedades respiratorias agudas 6,0%; paludismo 6,0%; arritmia 6,0%; cardiopatías 2,0%; enfermedades renales 1,0%; otras dolencias 19,0%; sin diagnóstico 11,0%.

Economía nacional

Presupuesto (1988). Ingresos: 23.267.000.000 DF (ingresos actualizados 93,3%, del que el 60,6% corresponde a impuestos indirectos, el 21,5% a impuestos directos y el 11,2% a ingresos no impositivos; ayudas externas al desarrollo 6,0%). Gastos: 23.266.000.000 (salarios 57,7%; bienes y servicios 27,9%; gastos de desarrollo 3,9%).
Turismo ingresos por visitante (1987): 6.000.000 dlr. EUA; gastos de nacionales en el exterior n.d.
Producción (toneladas métricas excepto cuando se indique). Agricultura, silvicultura, pesca (1988): Verduras y melones 16.000, de las que 1.225 corresponden a tomates y 66 a berenjenas; ganadería (número de animales vivos) 500.000 cabras, 412.000 ovejas, 70.000 reses, 58.000 camellos, 8.000 burros; pesca, capturas (1987) 44. Minas y canteras: La producción de mineral está limitada a materiales de construcción y sales evaporadas que se utilizan localmente. Industria manufacturera (1984): Detalle n.d.; los principales artículos son muebles, bebidas refrescantes, artículos electromecánicos ligeros y agua mineral. Construcción (1985): residencial 32.214 m²; no residencial 21.722 m². Producción energética (consumo): Electricidad (kwh; 1987) 172.000.000 (172.000.000); carbón, no produce (n.d.); petróleo crudo, no produce (n.d.); productos petrolíferos (1987), no produce (86.000); gas natural, no produce (n.d.).
Producto nacional bruto (a precios corrientes de mercado; 1984): 301.540.000 dlr. EUA (740 dlr. EUA per cápita).

Estructura del producto nacional bruto y de la población activa

	1984		1985	
	Valor (000.000 DF)	% del valor total	Población activa	% de la pobl. activa
Agricultura	2.690	4,5	125.000	77,5
Minería	—	—		
Industria	4.920	8,2		
Construcción	4.490	7,5	12.000	7,3
Servicios públicos	1.942	3,2		
Transportes y comunicaciones	6.010	10,0		
Comercio	9.400	15,6		
Finanzas	6.530	10,8		
Administración pública defensa	16.170	26,8	24.000	15,2
Servicios	950	1,6		
Otros	7.132[5]	11,8[5]		
TOTAL	60.234	100,0	161.000	100,0

Deuda pública (externa, pendiente; 1988): 157.000.000 dlr. EUA.
Población económicamente activa (1985): Total 161.000; tasa de actividad de la población total 44,5% (tasas de participación: más de 10 años 65,2%; mujeres 39,1%; desempleados [1987] alrededor del 40%).

Comercio exterior[6]

Balanza comercial (precios corrientes)

	1980	1981	1982	1983	1984	1985	1986
Millones DF	−35.699	−28.311	−37.965	−12.599	−37.063	−33.182	−29.847
% del total	88,9	90,1	89,5	24,7	88,7	87,0	80,4

Importaciones (1986): 188.357.000 dlr. EUA (alimentos y bebidas 27,9%; maquinaria 10,8%; tejidos y calzado 10,3%; kat [hojas de efecto narcotizante] 9,0%; combustibles fósiles 7,0%; metales y productos metálicos 5,9%; equipos de transporte y vehículos 5,6%). *Principales proveedores:* Francia 19,9; Bahrein 17,1%; Reino Unido 8,7%; Japón 8,4%; Corea del sur 5,8%; Etiopía 5,3%.
Exportaciones (1987): 39.000.000 dlr EUA (1983; operaciones especiales no especificadas 89,6%, del que el 30,8% corresponde a animales vivos [incluyendo camellos] y el 18,6% a alimentos y productos alimenticios). Yemen del sur 34,9%; Yemen del norte 26,4%; Somalia 10,8%; Seychelles 6,4%; Etiopía 4,8%; Italia 4,4,%; Francia 3,6%.

Transportes y comunicaciones

Transportes. Ferrocarriles (1984): Longitud de vías 106 km; carga toneladas métricas-km 131.600.000[7]. Carreteras (1988): Longitud total 2.905 km (pavimentadas 10%). Vehículos (1985): Automóviles 12.049; camiones y autobuses 951. Marina mercante (1988): Barcos (100 toneladas brutas y más) 7; peso muerto total 2.650 toneladas. Transporte aéreo[8] (1987): entradas 67.581, salidas 61.518; carga embarcada 1.612 toneladas métricas-km, desembarcada 6.036 toneladas métricas; aeropuertos (1989) con vuelos regulares 3.
Comunicaciones. Semanarios (1987): Número total 1; circulación total 4.000; circulación por 1.000 habitantes 8,5. Radio (1987): Número total de receptores 30.000 (1 por cada 16 personas). Televisión (1988): Número total de televisores 14.000 (1 por cada 35 personas). Abonados al teléfono (1987): 8.699 (1 por cada 55 personas).

Educación y sanidad

Escolaridad, n.d. *Alfabetización* (1987): Población total de 20 años y más alfabetizada 33,7%.
Sanidad (1987): Médicos 89 (1 por cada 5.427 habitantes); camas hospitalarias 1.985[9] (1 por cada 335 habitantes); tasa de mortalidad infantil por cada 1.000 nacidos vivos (1985-90) 122.
Alimentación: n.d.

Fuerzas armadas

Personal en servicio activo (1989): 3.030[10] (ejército 94,7%; armada 2,0%, fuerza aérea 3,3%). *Presupuesto de defensa en porcentaje de PNB* (1984): 9,0% (mundo 5,7%); gasto per cápita 67 dlr. EUA.

[1] Las cifras, en km², redondeadas al nivel apropiado de generalidad. [2] Incluyendo 45.000 sin contar ni mostrar por separado. [3] Población del distrito. [4] Lactantes y niños hasta 10 años de edad, distrito de Yibuti únicamente. [5] Derechos de importación menos cargos bancarios imputados. [6] El valor de las importaciones incluye las mercancías destinadas a Etiopía y el norte de Somalia; el de las exportaciones incluye reexportaciones procedentes de esos países. [7] Basado en la magnitud total de importaciones y exportaciones que pasan por el puerto de Yibuti. [8] Únicamente aeropuerto internacional de Yibuti. [9] Únicamente sanidad pública. [10] Excluidos 3.650 soldados franceses.

Yugoslavia

Nombre oficial: República Federativa Socialista de Yugoslavia.
Forma de gobierno: República socialista federal unipartidista con dos cámaras legislativas (Cámara de las Repúblicas y Provincias y Cámara Federal).
Jefe del estado y del gobierno: Presidente.
Capital: Belgrado.
Lengua oficial: Esloveno; macedonio, servocroata.
Religión oficial: Ninguna.
Moneda: 1 dinar yugoslavo (Din) = 100 paras; cambio (2 oct. 1989) 1 dlr EUA = 37.050 Din.

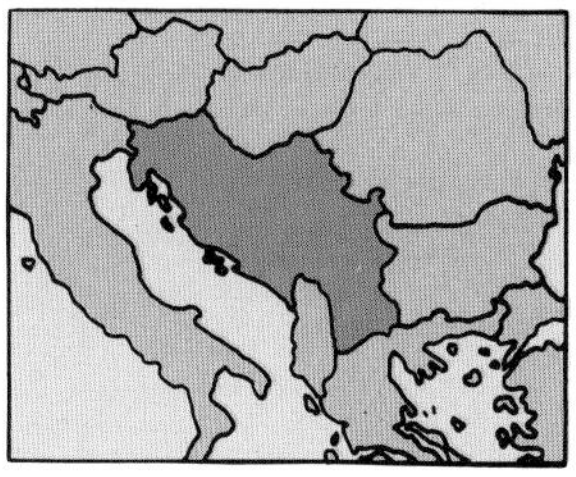

Área y población

Repúblicas socialistas	Capitales	área km²	población estimada 1988
Bosnia y Hercegovina	Sarajevo	51.129	4.441.000
Croacia	Zagreb	56.538	4.679.000
Macedonia	Skopje	25.713	2.088.000
Montenegro	Titogrado	13.812	632.000
Servia	Belgrado	55.968	5.831.000
Eslovenia	Ljubljana	20.251	1.943.000
Provincias autónomas[1]			
Kosovo	Pristina	10.887	1.893.000
Voivodina	Novi Sad	21.506	2.052.000
TOTAL		255.804	23.559.000

Demografía

Población (1989): 23.565.000.
Densidad (1989): Personas por km² 101,3.
Índice de urbanización (1985): Urbana 46,5%; rural 53,5%.
Distribución por sexo (1985): Varones 49,36%; mujeres 50,64%.
Estructura por edades (1985): Menos de 15, 23,5%; 15-29, 23,9%; 30-44, 21,0%; 45-59, 18,8%; 60-74, 9,4%; 75 y más, 3,4%.
Proyección demográfica: (2000) 25.494.000; (2010) 27.221.000.
Tiempo de duplicación: 99 años.
Composición étnica (1981): Servios 36,3%; croatas 19,7%; musulmanes bosnios 8,9%; eslovenos 7,8%; albaneses 7,7%; macedonios 6,0%; montenegrinos 2,6%; otros 11,0%.
Afiliación religiosa (1980): Ortodoxos servios 34,6%; católicos 26,0%; criptocristianos 11,3%; musulmanes 10,4%; otros 17,7%.
Principales ciudades (1981): Belgrado 1.087.915; Zagreb 649.586; Skopje 408.143; Sarajevo 319.017, Ljubljana 224.817.
Tasa de natalidad por 1.000 habitantes (1987): 15,3 (media mundial 27,1).
Tasa de mortalidad por 1.000 habitantes (1987): 9,2 (media mundial 9,9).
Tasa de crecimiento por 1.000 habitantes (1987): 6,1 (media mundial 17,2).
Esperanza de vida al nacer (1982-83): Varones 66,0 años; mujeres 74,0 años.
Principales causas de muerte por 100.000 habitantes (1985): Enfermedades cardiovasculares 463,7; neoplasias 141,6; enfermedades del sistema respiratorio 53,3; enfermedades gastrointestinales 35,3.

Economía nacional

Presupuesto (1987). Ingresos: 3.008.605.700.000 Din (participación en los beneficios de las empresas estatales 71,8%; derechos de importación 26,2%; otros ingresos 2,0%). Gastos 3.008.605.700.000 Din (defensa nacional 65,5%; bienestar social y sanidad 21,8%).
Turismo (1986): Ingresos por visitantes 1.337.000.000 dlr. EUA; gastos de nacionales en el exterior 132.000.000 dlr. EUA.
Producción (toneladas métricas, excepto cuando se indique). Agricultura, silvicultura, pesca (1987): Maíz 8.863.000, remolacha azucarera 6.238.000, trigo 5.272.000, papas o patatas 2.210.000, uva 1.255.000, ciruelas 757.000, cebada 504.000, semillas de girasol 486.000, tomates 480.000, melones 436.000, manzanas 423.000, avena 232.000, centeno 69.000, tabaco 61.204, arroz 49.000; ganadería (número de animales vivos; 1988) 8.323.000 cerdos, 7.824.00 ovejas, 4.881.000 reses, 78.589.000 aves de corral; madera 22.263.000 m³; pesca capturas 81.332. Minas y canteras (1988): Mineral de cobre 310.056.000; mineral de hierro 5.545.000; mineral de plomo y zinc 3.847.000; bauxita 3.034.000; antimonio 38.000; manganeso 25.000; plata refinada 139. Industria manufacturera (1988): Cemento 8.840.000; acero sin refinar 4.487.000; acero laminado 4.120.000; pulpa y papel 2.860.600; hierro en lingotes 2.787.000; ácido sulfúrico 1.731.000; neumáticos para automóviles 13.747.000 unidades; receptores de radio y televisión 678.443 unidades; cuero 23.079.000 m³; tejidos de algodón 350.964 m². Construcción (1987): Residencial 13.137.000 m²; industrial 1.694.000 m²; comercial 855.000 m². Producción energética (consumo): Electricidad (kwh; 1987) 80.792.000.000 (81.167.000.000); carbón (1987) 71.133.000 (75.080.000); petróleo crudo (barriles; 1987) 28.819.000 (107.835.000); productos petrolíferos (1987) 12.467.000 (12.716.000); gas natural (m³; 1987) 2.179.905.000 (5.738.852.000).
Producto nacional bruto (1988): 153.573.000.000 dlr. EUA (6.540 dlr. EUA per cápita).

Estructura del producto nacional bruto y de la población activa

	1987		1981	
	Valor (000.000 Din)	% del valor total	Población activa	% de la pobl. activa
Agricultura	5.815.962	11,8	2.682.828	28,7
Minería e industria	24.272.978	49,3	2.209.693[2]	23,6[2]
Construcción	3.299.509	6,7	689.291	7,4
Servicios públicos	538.770	1,1	[2]	[2]
Transportes y comunicaciones	3.496.777	7,1	445.362	4,8
Comercio	10.000.130	20,3	827.575	8,8
Finanzas	—	—	204.866	2,2
Administración pública, defensa y servicios	—	—	1.585.205	16,9
Otros	1.788.301[3]	3,6[3]	713.851[4]	7,6[4]
TOTAL	49.212.427	100,0[5]	9.358.671	100,0

Deuda pública (externa pendiente; 1987): 14.446.000.000 dlr. EUA.
Población económicamente activa (1981): Total 9.358.671; tasa de actividad de la población total 43,4% (tasas de participación: 20-64 años 68,7%; mujeres 38,7%; desempleados [1986] 10,6%).

Comercio exterior

Balanza comercial (precios corrientes)

	1982	1983	1984	1985	1986	1987	1988
Miles mill. Din	−98,2	−119,2	−114,4	−114,8	−135,9	127,0	1.372,5
% del total	8,5	5,9	3,4	1,9	1,7	0,7	2,0

Importaciones (1988): 34.150.200.000.000 Din (maquinaria y equipos de transporte 27,2; combustibles minerales 17,6%; productos químicos 17,3%; artículos manufacturados 16,0%; materias primas 11,0%; alimentos y tabaco 6,4%). *Principales proveedores* (1987): Alemania federal 18,3%; URSS 15,3%; Italia 10,3%; EUA 5,7%; Austria 4,5%; Francia 4,5%; Checoslovaquia 4,3%; Irak 3,4%.
Exportaciones (1988): 32.779.700.000.000 Din (maquinaria y equipos de transporte 30,8%; bienes manufacturados 28,6%; productos químicos 9,1%; productos alimenticios 7,5%; materias primas 5,5%; combustibles minerales 1,6%). *Principales clientes* (1987): URSS 19,4%; Italia 13,0%; Alemania federal 11,6%; Checoslovaquia 3,7%.

Transportes y comunicaciones

Transportes. Ferrocarriles (1988): Longitud de vías 9.270 km; pasajeros-km 11.542.000.000; carga toneladas métricas-km 25.413.000.000. Carreteras (1988): Longitud total 120.747 km (pavimentadas 59%). Vehículos (1987): Automóviles 3.023.693; camiones y autobuses 290.466. Marina mercante (1988): Barcos (100 toneladas brutas y más) 499; peso muerto total 5.487.671 toneladas. Transporte aéreo (1988): Pasajeros-km 8.869.000.000; carga toneladas métricas-km 138.853.000; aeropuertos (1989) 17.
Comunicaciones. Diarios (1987): Número total 28; circulación total 2.585.800; circulación por 1.000 habitantes, 110. Radio (1987): Número total de receptores 4.772.000 (1 por cada 4,9 personas). Televisión (1987): Número total de televisores 4.089.000 (1 por cada 5,7 personas). Teléfonos (1987): 3.909.000 (1 por cada 6,0 personas).

Educación y sanidad

Escolaridad (1981). Porcentaje de la población total de 15 años y más: menos que enseñanza primaria completa 44,7%; primaria 24,2%; secundaria 25,5%; superior 5,6%. *Alfabetización* (1981): Población total de 15 años y más alfabetizada 15.172.877 (89,6%); varones 95,5%; mujeres 83,9%.
Sanidad (1986): Médicos 32.691 (1 por cada 712 habitantes); camas hospitalarias 142.597 (1 por cada 163 habitantes); tasa de mortalidad infantil por cada 1.000 nacidos vivos 26,2.
Alimentación (1984-86): Ingesta calórica diaria per cápita 3.599 (productos vegetales 77%, productos animales 23%); 139% de las necesidades mínimas recomendadas por la FAO.

Fuerzas armadas

Personal en servicio activo (1988): 188.000 (ejército 76,6%, armada 5,9%, fuerza aérea 17,5%). *Presupuesto de defensa en porcentaje del PNB* (1987): 2,2% (mundo 5,4%); gasto per cápita 56 dlr. EUA.

[1] Las provincias autónomas forman parte administrativamente de la República Socialista de Servia. [2] Servicios públicos incluidos en minería e industria. [3] Otras actividades materiales. [4] Incluye desempleados. [5] El desglose no se corresponde con el total a causa del redondeo.

Zaire

Nombre oficial: República de Zaire.
Forma de gobierno: República unipartidista con una cámara legislativa (Consejo Legislativo).
Jefe del estado y del gobierno: Presidente.
Capital: Kinshasa.
Lengua oficial: Francés.
Religión oficial: Ninguna.
Moneda: 1 zaire (Z) = 100 makuta (singular, likuta); cambio (2 oct. 1989) 1 dlr. EUA = 418,23 Z.

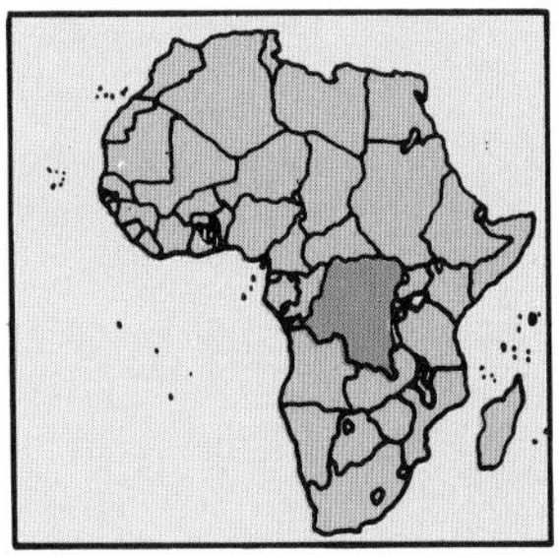

Área y población[1, 2]

Regiones	Capitales	área km²	población censo 1989
Bandundu	Bandundu	295.658	4.078.978
Bas-Zaire	Matadi	54.078	2.163.817
Equateur	Mbandaka	403.292	3.705.769
Haute-Zaire	Kisangani	503.239	4.609.795
Kasai-Occidental	Kananga	156.967	2.355.696
Kasai-Oriental	Mbuji-Mayi	168.216	2.622.808
Kinshasa		9.965	3.391.628
Maniema	Kindu	131.871[1]	860.299
Nord-Kivu	Goma	60.057[1]	2.771.876
Shaba	Lubumbashi	496.877	4.342.394
Sud-Kivu	Bukavu	64.875[1]	2.433.275
TOTAL		2.345.095	33.336.235[2]

Demografía

Población (1989): 33.336.235.
Densidad (1989): Personas por km² 14,2.
Indice de urbanización (1985): Urbana 44,2%; rural 55,8%.
Distribución por sexo (1984): Varones 49,18%; mujeres 50,82%.
Estructura por edades (1988): Menos de 15, 45,2%; 15-29, 26,0%; 30-44, 15,5%; 45-59, 8,7%; 60-74, 3,9%; 75 y más, 0,7%.
Proyección demográfica: (2000) 42.980.000; (2010) 54.112.000.
Tiempo de duplicación: 24 años.
Composición étnica (1983): Luba 18,0%; kongo 16,1%; mongo 13,5%; rwanda 10,3%; azande 6,1%; bangi y ngale 5,8%; rundi 3,8%; teke 2,7%; boa 2,3%; chokwe 1,8%; lugbara 1,6%; banda 1,4%; konzo 1,4%; otros 15,2%.
Afiliación religiosa (1980): Católicos 48,4%; protestantes 29,0%; cristianos indígenas 17,1%; creencias tradicionales 3,4%; musulmanes 1,4%; otros 0,7%.
Principales ciudades (1984): Kinshasa 2.653.558; Lubumbashi 543.268; Mbuji-Mayi 423.363; Kananga 290.898; Kisangani 282.650.
Tasa de natalidad por 1.000 habitantes (1985-90): 45,6 (media mundial 27,1).
Tasa de mortalidad por 1.000 habitantes (1985-90): 13,9 (media mundial 9,9).
Tasa de crecimiento por 1.000 habitantes (1985-90): 31,7 (media mundial 17,2).
Esperanza de vida al nacer (1985-90): Varones 50,8 años; mujeres 54,2 años.
Principales causas de muerte por 100.000 habitantes[4] (1977): Sarampión 9,6; meningitis 1,1; gripe 0,4; tos ferina 0,3.

Economía nacional

Presupuesto (1988). Ingresos: 147.777.000.000 Z (impuestos directos e indirectos 91,4%, del que 33,7% corresponde a impuestos sobre el comercio exterior, el 31,4% a impuesto sobre la renta y el 22,8% a impuestos sobre ventas; otros ingresos 8,6%). Gastos: 152.777.000.000 Z (servicio de la deuda externa 26,4%, salarios gubernamentales 22,4%, inversiones 11,5%, defensa 8,4%, educación 5,2%).
Turismo (1987): Ingresos por visitantes (1987) 14.000.000 dlr. EUA; gastos de nacionales en el exterior 22.200.000 dlr. EUA.
Producción (toneladas métricas, excepto cuando se indique). Agricultura, silvicultura, pesca (1988): Mandioca 16.254.000, plátanos machos 1.520.000, caña de azúcar 1.200.000, maíz 730.000, cacahuates 400.000, batatas o camotes 372.000, plátanos 345.000, arroz 300.000, ñames 264.000, papayas 180.000, piña tropical 180.000, mangos 155.000, naranjas 150.000, legumbres 131.000, café 97.000, frijoles o judías 80.000, algodón de semilla 77.000, frutos de palma 70.000, tomates 38.000, caucho natural 21.000; ganadería (número de animales vivos) 3.040.000 cabras, 1.400.000 reses, 800.000 cerdos, 800.000 ovejas, 18.000.000 pollos; madera (1987) 32.304.000 m³; pesca, capturas (1987) 166.000. Minas y canteras (1988): Cobre 438.000; cal 102.600; zinc 61.000; cobalto 10.032; casiterita 2.687; volframita 20; oro 3.533 kg; diamantes industriales 18.318.639 quilates; diamantes gema 4.032.000 quilates. Industria manufacturera (1987): Cemento 491.600; ácido sulfúrico 140.255; harina de maíz 89.685; azúcar 69.410; jabón 67.946; pienso 15.436; explosivos 12.909; plásticos 7.586; hierro y acero 3.694; pinturas 3.060. Construcción (1985): Residencial 20.000 m²; no residencial 39.000 m². Producción energética (consumo): Electricidad (kwh; 1987) 5.295.000.000 (5.188.000.000); carbón (1987) 95.000 (136.000); petróleo crudo (barriles; 1987) 9.453.000.000 (2.263.000); productos petrolíferos (1987) 287.000 (808.000); gas natural, no produce (n.d.).
Producto nacional bruto (1987): 5.287.000.000 dlr. EUA (160 dlr. EUA per cápita).

Estructura del producto nacional bruto y de la población activa

	1987		1985	
	Valor (000.000 Z)	% del valor total	Población activa	% de la pobl. activa
Agricultura	102.444,5[5]	31,3[5]	8.844.000	68,0
Minería	78.192,8	24,1	1.886.000	14,5
Industria	4.409,7	1,3		
Construcción	18.061,5[6]	5,5[6]		
Servicios públicos	179,4	[7]		
Transportes y comunicaciones	2.528,9	0,8		
Comercio	58.076,2	17,8	2.276.000	17,5
Finanzas; Administración pública, defensa; Servicios	53.460,0	16,4		
Otros	8.993,6[8]	2,8[8]		
TOTAL	326.946,3	100,0	13.006.000	100,0

Deuda pública (externa, pendiente; 1987): 7.334.000.000 dlr. EUA.
Población económicamente activa (1985): Total 13.006; tasa de actividad de la población total 40,7% (tasas de participación: 15-64 años, 75,1; mujeres 33,4%; desempleados, n.d.).

Comercio exterior

Balanza comercial (precios corrientes)

	1983	1984	1985	1986	1987	1988
Millones Z	7.102,7	11.554,3	13.339,7	13.228	36.258	86.582
% del total	34,2	18,9	16,4	11,3	19,8	26,0

Importaciones (1988): 123.016.000.000 Z (1987; maquinaria y equipos de transporte 45,5%, del que 32,0% corresponde a equipamiento minero y 7,8% a equipos de transporte; alimentos bebida, tabacos 14,6%, energía 13,8%; bienes de consumo 7,4%; minerales 5,4%; productos químicos 4,4%; tejidos, prendas de vestir 3,7%). *Principales proveedores:* China 37,4%; Bélgica-Luxemburgo 15,6%; Francia 7,9%; Alemania federal 7,2%; EUA 5,5%; Japón 2,5%.
Exportaciones (1988): 209.598.000.000 Z (1987: cobre 51,5%; café 16,0%; diamantes 10,5%; petróleo crudo 8,4%; cobalto 4,6%). *Principales clientes:* (1987) Bélgica-Luxemburgo 39,1%; EUA 19,5%; Alemania federal 11,9%; Francia 6,8%.

Transportes y comunicaciones

Transportes. Ferrocarriles (1988)[9]: Longitud de vías 5.254 km; pasajeros-km 359.400.000; carga toneladas métricas-km 1.954.976.000. Carreteras (1988): Longitud total 146.500 km (pavimentadas 12%). Vehículos (1985): Automóviles 24.253; camiones y autobuses 60.258. Marina mercante (1988): Barcos (100 toneladas brutas y más) 30; peso muerto total 75.932 toneladas.Transporte aéreo (1988)[10]: Pasajeros-km 506.214; carga toneladas métricas-km 55.315.000; aeropuertos (1989) con vuelos regulares 22.
Comunicaciones. Diarios (1988): Número total 7; circulación total 45.000; circulación por 1.000 habitantes 1,4. Radio (1988): Número total de receptores 3.349.356 (1 por cada 9,7 personas). Televisión (1988): Número total de televisores 16.000 (1 por cada 2.035 personas). Teléfonos (1986): 38.845 (1 por cada 800 personas).

Educación y sanidad

Escolaridad, n.d. *Alfabetización* (1985): Población total de 15 años y más alfabetizada 11.004.000 (61,2%); varones alfabetizados 6.872.000 (78,6%); mujeres alfabetizadas 4.132.000 (44,7%).
Sanidad (1985): Médicos 1.318 (1 por cada 23.193 habitantes); camas hospitalarias 64.071 (1 por cada 476 habitantes); tasa de mortalidad infantil por cada 1.000 nacidos vivos (1985-90) 98.
Alimentación (1984-86): Ingesta calórica diaria per cápita 2.160 (productos vegetales 97%, productos animales 3%); 97% de las necesidades mínimas recomendadas por la FAO.

Fuerzas armadas

Personal en servicio activo (1989): 26.000 (ejército 84,6%, armada 5,8%, fuerza aérea 9,6). *Presupuesto de defensa en porcentaje del PNB* (1986): 1,7% (mundo 5,5%); gasto per cápita 5 dlr. EUA.

[1] Estimación aproximada. [2] El desglose no se corresponde con el total a causa del redondeo. [3] Unicamente matrimonios registrados. [4] Sólo enfermedades infecciosas. [5] Incluye 58.591.700.000 Z en el sector de subsistencia. [6] Incluye 6.020.500.000 Z en el sector de subsistencia. [7] Menos del 0,1%. [8] Aranceles y derechos de importación menos cargos por servicios bancarios imputados. [9] Las estadísticas de tráfico corresponden a servicios explotados por Zaire National Railways (SNCZ), que controla más del 90% de la actividad ferroviaria total del país. [10] Air Zaire únicamente.

Zambia

Nombre oficial: República de Zambia.
Forma de gobierno: República con una cámara legislativa (Asamblea Nacional).
Jefe del estado y del gobierno: Presidente.
Capital: Lusaka.
Lengua oficial: Inglés.
Religión oficial: Ninguna.
Moneda: 1 kwacha (K) = 100 ngwee; cambio (2 oct. 1989) 1 dlr. EUA = 16,07 K.

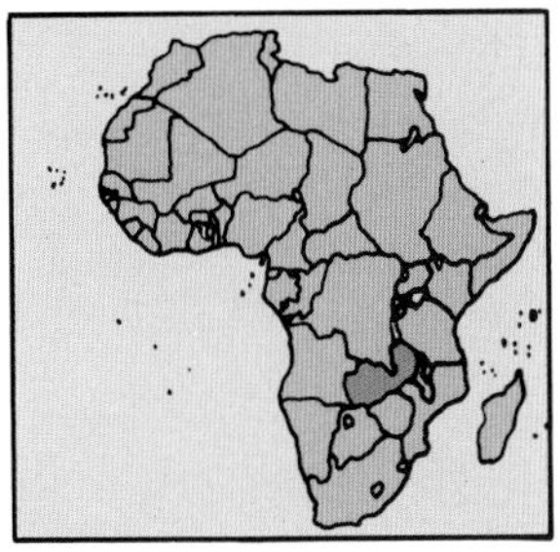

Área y población		área km²	población estimada 1987[1]
Provincias	**Capitales**		
Central	Kabwe	94.395	669.432
Copperbelt	Ndola	31.328	1.707.559
Este	Chipata	69.106	783.398
Luapula	Mansa	50.567	500.833
Lusaka	Lusaka	21.896	1.030.615
Norte	Kasama	147.826	795.003
Norte-Oeste	Solwezi	125.827	376.480
Oeste	Mongu	126.386	555.104
Sur	Livingstone	85.283	849.103
TOTAL		752.614	7.267.527

Demografía

Población (1989): 8.148.000[2].
Densidad (1989): Personas por km² 10,8.
Indice de urbanización (1986): Urbana 50,7%; rural 49,3%.
Distribución por sexo (1986): Varones 49,11%; mujeres 50,89%.
Estructura por edades (1986): Menos de 15, 47,0%; 15-29, 25,8%; 30-44, 14,6%; 45-59, 8,3%; 60 y más, 4,3%.
Proyección demográfica: (2000) 12.197.000; (2010) 17.152.000.
Tiempo de duplicación: 19 años.
Composición etnolingüística (1980): Tribus bemba 36,2%; tribus maravi (nianja) 17,6%; tribus tonga 15,1%; tribus noroccidentales 10,1%; tribus barotze 8,2%; tribus mambue 4,6%; tribus tumbuka 4,6%; otros 3,6%.
Afiliación religiosa (1980): Cristianos 72,0%, del que el 34,2% corresponde a protestantes, el 26,2% a católicos y el 8,3% a cristianos africanos; creencias tradicionales 27,0%; musulmanes 0,3%; otros 0,7%.
Principales ciudades (1988): Lusaka 870.030; Kitwe 472.255; Ndola 442.666; Mufulira 199.368.
Tasa de natalidad por 1.000 habitantes (1985-90): 51,2 (media mundial 27,1).
Tasa de mortalidad por 1.000 habitantes (1985-90): 13,7 (media mundial 9,9).
Tasa de crecimiento por 1.000 habitantes (1985-90): 37,5 (media mundial 17,2).
Esperanza de vida al nacer (1985-90): Varones 52,4 años; mujeres 54,5 años.
Principales causas de muerte por 100.000 habitantes: n.d.; sin embargo, entre los casi 7.000.000 de visitas a pacientes en ambulatorios en 1982, dos terceras partes de las enfermedades consignadas estaban relacionados con deficiencias nutricionales y enfermedades infecciosas y parasitarias.

Economía nacional

Presupuesto (1988). Ingresos: 5.552.000.000 K (aranceles e impuestos de consumo 44,5%; impuesto sobre la renta 33,1%; ingresos por minerales 0,2%%). Gastos: 6.350.000.000 K (gastos constitucionales y estatutarios 36,6%; otros, incluyendo educación, sanidad, desarrollo territorial y policía 63,4%).
Turismo: Ingresos por visitantes (1987) 6.000.000 dlr. EUA; gastos de nacionales en el exterior 46.000.000 dlr. EUA.
Producción (toneladas métricas, excepto cuando se indique). Agricultura, silvicultura, pesca (1987): Caña de azúcar 1.250.000, maíz 954.000, frutas y verduras 347.000 (de las que 28.000 corresponden a tomates, 26.000 a cebollas y 4.000 a naranjas), mandioca 230.000, semillas de girasol 43.000, mijo 30.000, sorgo 26.0000,batatas o camotes 23.000, borra de algodón 21.000, cacahuates 14.000, legumbres 6.000, tabaco 4.000; ganadería (número de animales vivos) 2.850.000 reses, 420.0000 cabras, 221.000 cerdos, 80.000 ovejas, 14.000.000 pollos; madera 9.960.000 m³; pesca, capturas 68.000. Minas y canteras (producción del año terminado el 31 marzo 1988): Cobre 422.224; plomo 38.153; zinc 26.078; cobalto 6.580; oro 11.445 onzas. Industria manufacturera (1984): Ácido sulfúrico 276.900; azúcar sin refinar 1411.000; fertilizantes nitrogenados[3] 86.013. Construcción (valor en K; 1985): Edificios 151.100.000; otras construcciones 43.200.000. Producción energética (consumo): Electricidad (kwh; 1987) 8.479.000.000 (6.999.000.000); carbón (1987) 495.000 (490.000); petróleo crudo (barriles; 1987); no produce (4.215.000); productos petrolíferos (1987) 495.000 (434.000); gas natural, no produce (n.d.).
Producto nacional bruto (a precios corrientes de mercado; 1987): 1.696.000.000 dlr. EUA (240 dlr. EUA per cápita).

Estructura del producto nacional bruto y de la población activa	1988		1987	
	Valor (000.000 K)	% del valor total	Población activa	% de la pobl. activa
Agricultura	3.196,6	15,1	1.859.794	70,3
Minería	3.359,6	15,9	56.050	2,1
Industria	5.576,9	26,4	49.190	1,9
Construcción	515,2	2,5	29.320	1,1
Servicios públicos	213,0	1,0	8.810	0,3
Transportes y comunicaciones	962,4	4,6	23.460	0,9
Comercio	3.392,8	16,1	29.320	1,1
Finanzas	866,6	4,1	22.110	
Administración pública, defensa	1.794,9	8,5 }	104.800	4,0
Servicios	1.230,2	5,8 }		
Otros	—	—	461.414	17,5
TOTAL	21.108,2	100,0	2.644.268	100,0

Deuda pública (externa pendiente; 1987): 4.354.000.000 dlr. EUA.
Población económicamente activa (1987): Total 2.644.268; tasa de actividad de la población total 35,0% (tasas de participación: 15-64 años 60,1%[4]; mujeres 28,2%[4]; desempleados 17,4%).

Comercio exterior

Balanza comercial (precios corrientes)	1982	1983	1984	1985	1986	1987
Millones K	20,5	154,4	80,4	−124,0	−1.373,3	1.431,1
% del total	1,1	8,0	3,5	4,0	18,2	10,2

Importaciones (1984): 1.107.866.000 K (maquinaria y equipos de transporte 28,7%; manufacturas básicas 16,3%; productos químicos 14,5%; alimentos 4,6%; combustibles minerales, lubricantes y electricidad 4,5%). *Principales proveedores:* Sudáfrica 21,1%; Reino Unido 12,5%; EUA 6,4%; Alemania federal 5,4%; Japón 3,3%; China 0,2%.
Exportaciones (1984): 1.188.098.000 K (cobre 86,8%; zinc 4,3%; cobalto 1,6%; plomo 0,5%; tabaco 0,4%). *Principales clientes:* Japón 23,4%; EUA 9,5%; China 9,4%; Reino Unido 5,8%; Alemania federal 3,6%; Sudáfrica 0,8%.

Transportes y comunicaciones

Transportes. Ferrocarriles (1985): Longitud de vías[5] 2.157 km; pasajeros-km 558.176.000; carga toneladas métricas-km 1.565.496.000. Carreteras (1987): Longitud total 37.359 km (pavimentadas 19%). Vehículos (1982): Automóviles 105.783; camiones y autobuses 94.780. Marina mercante: Barcos (100 toneladas brutas y más), ninguno. Transporte aéreo (1987): Pasajeros-km 609.040.000; carga toneladas métricas-km 25.662.000; aeropuertos (1989) con vuelos regulares 9.
Comunicaciones. Diarios (1987): Número total 2; circulación total 88.954; circulación por 1.000 habitantes, 12. Radio (1986): Número total de receptores 1.000.000 (1 por cada 7,3 personas). Televisión (1988): Número total de televisores 200.000 (1 por cada 39 personas). Teléfonos (1987): 80.865 (1 por cada 94 personas).

Educación y sanidad

Escolaridad (1980). Porcentaje de la población total de 25 años y más: sin escolarización formal 54,7%; con enseñanza primaria parcial 34,4%; secundaria parcial 10,5%; superior 0,4%. *Alfabetización* (1980): Población total alfabetizada 2.128.500 (68,6%); varones alfabetizados 1.207.300 (79,3%); mujeres alfabetizadas 921.200 (58,3%).
Sanidad: Médicos (1984) 798 (1 por cada 10.008 habitantes); camas hospitalarias 21.668 (1 por cada 297 habitantes); tasa de mortalidad infantil por cada 1.000 nacidos vivos (1985-90) 80,0.
Alimentación (1984-86): Ingesta calórica diaria per cápita 2.126 (productos vegetales 95%, productos animales 5%); (1984) 93% de las necesidades mínimas recomendadas por la FAO.

Fuerzas armadas

Personal en servicio activo (1988): 16.200 (ejército 92,6%, armada, ninguno; fuerza aérea 7,4%). *Presupuesto de defensa en porcentaje del PNB* (1985): 6,8% (mundo 5,7%); gasto per cápita 24 dlr. EUA.

[1] Estimación de la Oficina Central de Estadística, basada en el censo de 1980. [2] Estimación de las Naciones Unidas. [3] 1983. [4] 1985. [5] 1986.

Zimbabwe

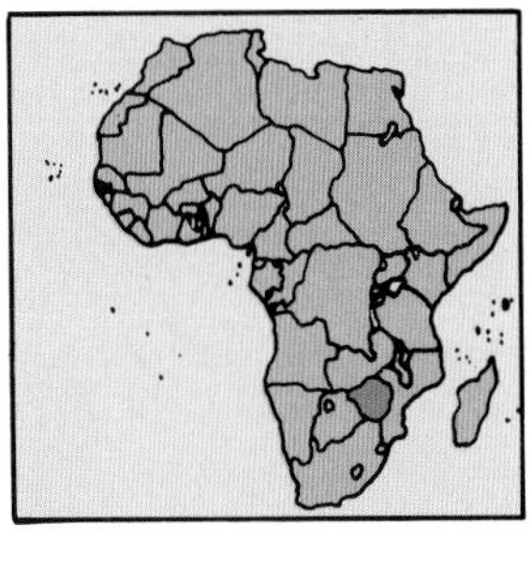

Nombre oficial: República de Zimbabwe.
Forma de gobierno: República unitaria de partido único con dos cámaras legislativas (Senado; Cámara de Representantes).
Jefe del estado y del gobierno: Presidente[1].
Capital: Harare.
Lengua oficial: Inglés.
Religión oficial: Ninguna.
Moneda: 1 dólar de Zimbabwe (Z$) = 100 cents; cambio (2 oct. 1989) 1 dlr EUA = 2,21 Z$.

Área y población

Provincias	Capitales	área km²	población censo 1982
Manicaland	Mutare	34.870	1.103.837
Mashonaland Central	Bindura	27.284	560.847
Mashonaland Este	Harare	24.934	1.496.500
Mashonaland Oeste	Chinhoyi	60.467	854.098
Masvingo (Victoria)	Masvingo	44.310	1.029.504
Matabeleland Norte	Bulawayo	73.537	962.064
Matabeleland Sur	Gwanda	66.390	515.298
Midlands	Gweru	58.967	1.086.284
TOTAL		390.759	7.608.432

Demografía

Población (1989): 9.122.000.
Densidad (1989): Personas por km² 23,3.
Índice de urbanización (1982): Urbana 25,7%; rural 74,3%.
Distribución por sexo (1987): Varones 49,07%; mujeres 50,93%.
Estructura por edades (1987): Menos de 15, 44,9%; 15-29, 29,2%; 30-44, 14,6%; 45-59, 7,3%; 60-74, 3,1%; 75 y más, 0,9%.
Proyección demográfica: (2000) 11.943.000; (2010) 14.739.000.
Tiempo de duplicación: 20 años.
Composición étnica (1982): Africanos 97,6%; del que el 70,8% corresponde a bantúes de lengua shona; bantúes de lengua ndebele 15,8%; europeos 2,0%; asiáticos 0,1%; otros 0,3%.
Afiliación religiosa (1980): Cristianos 44,8%, del que el 17,5% corresponde a protestantes (incluyendo anglicanos), el 13,6% a indígenas africanos y el 11,7% a católicos; animistas 40,4%; otros 14,8%.
Principales ciudades (1987): Harare 863.000; Bulawayo 495.317[2]; Chitungwiza 229.000; Gweru 78.940[2]; Mutare 75.358[2].
Tasa de natalidad por 1.000 habitantes (1982-87): 37,9 (media mundial 26,0).
Tasa de mortalidad por 1.000 habitantes (1982-87): 11,2 (media mundial 9,9).
Tasa de crecimiento por 1.000 habitantes (1982-87): 26,7 (media mundial 16,1).
Esperanza de vida al nacer (1987): Varones 57,9 años; mujeres 61,4 años.
Principales causas de muerte por 100.000 habitantes[3] (1982): Accidentes y actos de violencia 46,6; enfermedades infecciosas y parasitarias 32,2; enfermedades del sistema respiratorio 25,4; enfermedades infecciosas y parasitarias 32,2; enfermedades del sistema respiratorio 25,4; desnutrición 15,5.

Economía nacional

Presupuesto (1988-89). Ingresos: 3.235.032.000 Z$ (impuesto sobre la renta 57,7%; impuesto sobre ventas 22,1%; aranceles 21,6%; consumo 11,4%; ingresos de inversiones y propiedades 6,2%; contribución a las pensiones 3,7%; ayudas internacionales 2,8%). Gastos: 6.127.219.000 Z$ (educación 16,5%; defensa 12,7%; vivienda 6,1%; sanidad 4,8%; transporte 4,3%; seguridad social y bienestar 0,5%).
Turismo (1987): Ingresos por visitantes 32.000.000 dlr. EUA; gastos de nacionales en el exterior 38.000.000 dlr. EUA.
Producción (valor de producción en Z$, excepto cuando se indique). Agricultura, silvicultura, pesca (1986-87): Tabaco 365.035.000, maíz 283.586.000, algodón 183.919.000, carne de vacuno 148.908.000, azúcar 146.940.000, leche y productos lácteos 86.882.000, trigo 74.107.000, café 73.890.000, soya o soja 28.059.000; ganadería (número de animales vivos; 1987) 5.500.000 reses, 1.600.000 cabras, 570.000 ovejas, 180.000 cerdos, 10.000.000 pollos; madera 7.634.000[4] m³; pesca, capturas 17.500[4] toneladas métricas. Minas y canteras (1987): Oro 349.800.000; carbón 103.400.000; amianto 97.000.000; níquel 73.400.000; cobre 45.900.000; cromo 44.100.000; mineral de hierro 27.171.000; plata 10.812.000; estaño 10.767.000. Industria manufacturera (1985-86): Productos alimenticios 1.057.000.000; metales y productos metálicos 910.700.000; productos químicos y petrolíferos 786.800.000; bebidas y tabaco 574.900.000; textiles, lonas e hilados 551.200.000; ropa y calzado 306.800.000; papel, impresos y ediciones 251.400.000; equipos de transporte 143.500.000; productos minerales no metálicos 120.800.000; madera y muebles 111.400.000; otros artículos manufacturados 54.000.000. Construcción (Z$, 1987): Residencial 140.552.000; comercial 80.212.000; industrial 32.957.000. Producción energética (consumo): Electricidad (kwh; 1987) 7.645.000.000 (8.995.000.000); carbón (toneladas métricas; 1987) 4.843.000 (4.818.000); petróleo crudo, no produce (sin consumo); productos petrolíferos (toneladas métricas; 1987), no produce (705.000); gas natural, no produce (sin consumo).
Producto nacional bruto (1987): 5.265.000.000 dlr. EUA (590 dlr. EUA per cápita).

Estructura del producto nacional bruto y de la población activa

	1987		1985	
	Valor (000.000 Z$)	% del valor total	Población activa[5]	% de la pobl. activa
Agricultura	947	10,9	276.800	26,1
Minería	476	5,5	54.100	5,1
Industria	2.720	31,3	171.400	16,2
Construcción	213	2,4	45.700	4,3
Servicios públicos	364	4,2	7.800	0,7
Transportes y comunicaciones	416	4,8	50.400	4,8
Comercio	1.118	12,8	78.800	7,4
Finanzas	475	5,4	15.500	1,5
Administración pública, defensa	590	6,8	91.800	8,7
Servicios	1.615	18,6	266.400	25,2
Otros	−233[6]	−2,7[6]	—	—
TOTAL	8.701	100,0	1.058.700	100,0

Deuda pública (externa pendiente; 1987): 2.044.000.000 dlr. EUA.
Población económicamente activa (1982): Total 2.484.070; tasa de actividad de la población total 33,1% (tasas de participación: 15 años y más 63,5; mujeres 39,2%; desempleados 27,2%[4]).

Comercio exterior

Balanza comercial (precios corrientes)

	1982	1983	1984	1985	1986	1987
Millones Z$	160,0	84,0	185,0	349,0	529,9	590,3
% del total	5,7	3,8	8,6	10,8	13,9	14,5

Importaciones (1987): 1.741.763.000 Z$ (maquinaria y equipos de de transporte 34,7; productos químicos 17,8%; manufacturas básicas 16,1%, del que el 4,0% corresponde a hilados textiles y tejidos y el 3,0% a planchas de hierro y acero). *Principales proveedores:* Sudáfrica 20,8%; Reino Unido 11,5%; EUA 9,4%; Alemania federal 8,7%; Botswana 5,7%; Japón 3,9%; Francia 3,7%; Italia 3,0%; Países Bajos 2,8%; Suiza 2,2%; Zambia 1,5%.
Exportaciones (1987): 2.332.100.000 Z$ (tabaco 19,0%; oro 18,9%; ferroaleaciones 10,7%; algodón 5,2%; metal de níquel 4,0%; amianto 3,9%. *Principales clientes:* Reino Unido 12,9%; Alemania federal 10,2%; Sudáfrica 9,8%; EUA 6,8%; Botswana 5,5%; Japón 5,0%; Italia 4,4%; Bélgica 3,7%; Países Bajos 3,7%; Mozambique 3,7%; Zambia 2,8%.

Transportes y comunicaciones

Transportes. Ferrocarriles (1987): Longitud de vías 3.394 km; pasajeros-km 2.650.000; carga toneladas métricas-km 11.239.000.000. Carreteras (1985): Longitud total 77.927 km (pavimentadas 17%). Vehículos (1985): Automóviles 253.470; camiones y autobuses 28.839. Marina mercante: Ninguna. Transporte aéreo (1987): Pasajeros-km 648.000.000[7]; carga toneladas métricas-km 9.142.400; aeropuertos (1988) con vuelos regulares 8.
Comunicaciones. Diarios (1985): Número total 3; circulación total 191.000; circulación por 1.000 habitantes, 23. Radio (1988): Número total de receptores 421.062 (1 por cada 23 personas). Televisión (1988): Número total de televisores 137.090 (1 por cada 71 personas). Teléfonos (1986): 256.369 (1 por cada 33 personas).

Educación y sanidad

Escolaridad (1969). Porcentaje de la población total de 17 años y más: sin escolarización formal 41,6%; con enseñanza primaria parcial 36,5%; primaria completa 13,6%; secundaria 3,3%; otros 5,0%. *Alfabetización* (1985): Población total de 15 años y más alfabetizada 3.413.000 (76,0%); varones alfabetizados 1.846.000 (81,5%); mujeres alfabetizadas 1.567.000 (66,8%).
Sanidad: Médicos (1986) 1.257 (1 por cada 6.687 habitantes); camas hospitalarias (1984) 19.407 (1 por cada 433 habitantes); tasa de mortalidad infantil por cada 1.000 nacidos vivos (1985) 61,0.
Alimentación (1984-86): Ingesta calórica diaria per cápita 2.120 (productos vegetales 93%, productos animales 7%); (1984) 86% de las necesidades mínimas recomendadas por la FAO.

Fuerzas armadas

Personal en servicio activo (1988): 47.000 (ejército 97,9%, fuerza aérea 2,1%). *Presupuesto de defensa en porcentaje del PNB* (1987): 5,0% (mundo 5,4%); gasto per cápita 30 dlr. EUA.

[1] Desde octubre del 1987 el presidente de la república ejerce además el cargo de primer ministro. [2] 1982. [3] Muertes registradas. [4] 1987. [5] Sólo asalariados. [6] Cargos por servicios bancarios imputados. [7] 1986.

Cuadros generales

CUADROS GENERALES

ATLETISMO

Campeones olímpicos, 1896-1988

Atletismo masculino

100 metros

			s
1896	T. Burke	EUA	12,0
1900	F. Jarvis	EUA	11,0
1904	A. Hahn	EUA	11,0
1908	R. Walker	Sudáfr.	10,8
1912	R. Craig	EUA	10,8
1920	C. Paddock	EUA	10,8
1924	H. Abrahams	RU	10,6
1928	P. Williams	Can.	10,8
1932	E. Tolan	EUA	10,3
1936	J. Owens	EUA	10,3
1948	H. Dillard	EUA	10,3
1952	L. Remigino	EUA	10,4
1956	R. Morrow	EUA	10,5
1960	A. Hary	Alem.*	10,2
1964	R. Hayes	EUA	10,0
1968	J. Hines	EUA	9,9
1972	V. Borzov	URSS	10,14†
1976	H. Crawford	Trin.	10,06
1980	A. Wells	RU	10,25
1984	C. Lewis	EUA	9,99
1988	C. Lewis	EUA	9,92

200 metros

			s
1900	J. Tewksbury	EUA	22,2
1904	A. Hahn	EUA	21,6
1908	R. Kerr	Can.	22,6
1912	R. Craig	EUA	21,7
1920	A. Woodring	EUA	22,0
1924	J. Scholz	EUA	21,6
1928	P. Williams	Can.	21,8
1932	E. Tolan	EUA	21,2
1936	J. Owens	EUA	20,7
1948	M. Patton	EUA	21,1
1952	A. Stanfield	EUA	20,7
1956	R. Morrow	EUA	20,6
1960	L. Berruti	Ital.	20,5
1964	H. Carr	EUA	20,3
1968	T. Smith	EUA	19,8
1972	V. Borzov	URSS	20,00†
1976	D. Quarrie	Jam.	20,23
1980	P. Mennea	Ital.	20,19
1984	C. Lewis	EUA	19,80
1988	J. Deloach	EUA	19,75

400 metros

			s
1896	T. Burke	EUA	54,2
1900	M. Long	EUA	49,4
1904	H. Hillman	EUA	49,2
1908	W. Halswelle	RU	50,0
1912	C. Reidpath	EUA	48,2
1920	B. Rudd	Sudáfr.	49,6
1924	E. Liddell	RU	47,6
1928	R. Barbuti	EUA	47,8
1932	W. Carr	EUA	46,2
1936	A. Williams	EUA	46,5
1948	A. Wint	Jam.	46,2
1952	G. Rhoden	Jam.	45,9
1956	C. Jenkins	EUA	46,7
1960	O. Davis	EUA	44,9
1964	M. Larrabee	EUA	45,1
1968	L. Evans	EUA	43,8
1972	V. Matthews	EUA	44,66†
1976	A. Juantorena	Cuba	44,26
1980	V. Markin	URSS	44,60
1984	A. Babers	EUA	44,27
1988	S. Lewis	EUA	43,87

800 metros

			min	s
1896	E. Flack	Austral.	2	11,0
1900	A. Tysoe	RU	2	1,2
1904	J. Lightbody	EUA	1	56,0
1908	M. Sheppard	EUA	1	52,8
1912	J. Meredith	EUA	1	51,9
1920	A. Hill	RU	1	53,4
1924	D. Lowe	RU	1	52,4
1928	D. Lowe	RU	1	51,8
1932	T. Hampson	RU	1	49,7
1936	J. Woodruf	EUA	1	52,9
1948	M. Whitfield	EUA	1	49,2
1952	M. Whitfield	EUA	1	49,2
1956	T. Courtney	EUA	1	47,7
1960	P. Snell	N. Zel.	1	46,3
1964	P. Snell	N. Zel.	1	45,1
1968	R. Doubell	Austral.	1	44,3
1972	D. Wottle	EUA	1	45,9
1976	A. Juantorena	Cuba	1	43,5
1980	S. Ovett	RU	1	45,4
1984	J. Cruz	Bras.	1	43,0
1988	P. Ering	Kenia	1	43,4

1.500 metros

			min	s
1896	E. Flack	Austral.	4	33,2
1900	C. Bennett	RU	4	6,2
1904	J. Lightbody	EUA	4	5,4
1908	M. Sheppard	EUA	4	3,4
1912	A. Jackson	RU	3	56,8
1920	A. Hill	RU	4	1,8
1924	P. Nurmi	Finl.	3	53,6
1928	H. Larva	Finl.	3	53,2
1932	L. Beccali	Ital.	3	51,2
1936	J. Lovelock	N. Zel.	3	47,8
1948	H. Eriksson	Suec.	3	49,8
1952	J. Barthel	Lux.	3	45,1
1956	R. Delany	Irl.	3	41,2
1960	H. Elliott	Austral.	3	35,6
1964	P. Snell	N. Zel.	3	38,1
1968	K. Keino	Kenia	3	34,9
1972	P. Vasala	Finl.	3	36,3
1976	J. Walker	N. Zel.	3	39,2
1980	S. Coe	RU	3	38,4
1984	S. Coe	RU	3	32,5
1888	K. Rono	Kenia	3	35,9

5.000 metros

			min	s
1912	H. Kolehmainen	Finl.	14	36,6
1920	J. Guillemont	Fr.	14	55,6
1924	P. Nurmi	Finl.	14	31,2
1928	V. Ritola	Finl.	14	38,0
1932	L. Lehtinen	Finl.	14	30,0
1936	G. Höckert	Finl.	14	22,2
1948	G. Reiff	Bélg.	14	17,6
1952	E. Zátopek	Chec.	14	6,6
1956	V. Kuts	URSS	13	39,6
1960	M. Halberg	N. Zel.	13	43,4
1964	R. Schul	EUA	13	48,8
1968	M. Gammoudi	Túnez	14	5,0
1972	L. Viren	Finl.	13	26,4
1976	L. Viren	Finl.	13	24,8
1980	Miruts Yifter	Etiop.	13	21,0
1984	S. Aouita	Marr.	13	5,6
1988	O. Ngugi	Kenia	13	11,7

10.000 metros

			min	s
1912	H. Kolehmainen	Finl.	31	20,8
1920	P. Nurmi	Finl.	31	45,8
1924	V. Riola	Finl.	30	23,2
1928	P. Nurmi	Finl.	30	18,8
1932	J. Kusocinski	Pol.	30	11,4
1936	I. Salminen	Finl.	30	15,4
1948	E. Zátopek	Chec.	29	59,6
1952	E. Zátopek	Chec.	29	17,0
1956	V. Kuts	URSS	28	45,6
1960	P. Bolotnikov	URSS	28	32,2
1964	W. Mills	EUA	28	24,4
1968	N. Temu	Kenia	29	27,4
1972	L. Viren	Finl.	27	38,4
1976	L. Viren	Finl.	27	40,4
1980	Miruts Yifter	Etiop.	27	42,7
1984	A. Cova	Ital.	27	47,5
1988	M. Boutaib	Marr.	27	21,6

maratón

			h	min	s
1896	S. Louis	Grec.	2	58	50,0
1900	M. Theato	Fr.	2	59	45,0
1904	T. Hicks	EUA	3	28	53,0
1908	J. Hayes	EUA	2	55	18,4
1912	K. McArthur	Sudáfr.	2	36	54,8
1920	H. Kolehmainen	Finl.	2	32	35,8
1924	A. Stenroos	Finl.	2	41	22,6
1928	A. El Ouafi	Fr.	2	32	57,0
1932	J. Zabala	Argent.	2	31	36,0
1936	K. Son	Jap.	2	29	19,2
1948	D. Cabrera	Argent.	2	34	51,6
1952	E. Zátopek	Chec.	2	23	3,2
1956	A. Mimoun	Fr.	2	25	0
1960	A. Bikila	Etiop.	2	15	16,2
1964	A. Bikila	Etiop.	2	12	11,2
1968	M. Wolde	Etiop.	2	20	26,4
1972	F. Shorter	EUA	2	12	19,8
1976	W. Clerpinski	RDA	2	9	55,0
1980	W. Clerpinski	RDA	2	11	3,0
1984	C. Lopes	Port.	2	9	21,0
1988	G. Bordin	Ital.	2	10	32,0

110 m vallas

			s
1896‡	T. Curtis	EUA	17,6
1900	A. Kraenzlein	EUA	15,4
1904	F. Schule	EUA	16,0
1908	F. Smithson	EUA	15,0
1912	F. Kelly	EUA	15,1
1920	E. Thomson	Can.	14,8
1924	D. Kinsey	EUA	15,0
1928	S. Atkinson	Sudáfr.	14,8
1932	G. Saling	EUA	14,6
1936	F. Towns	EUA	14,2
1948	W. Porter	EUA	13,9
1952	H. Dillard	EUA	13,7
1956	L. Calhoun	EUA	13,5
1960	L. Calhoun	EUA	13,8
1964	H. Jones	EUA	13,6
1968	W. Davenport	EUA	13,3
1972	R. Milburn	EUA	13,24†
1976	G. Drut	Fr.	13,30
1980	T. Munkelt	RDA	13,30
1984	R. Kingdom	EUA	13,20
1988	R. Kingdom	EUA	12,99

400 m vallas

			s
1900	J. Tewksbury	EUA	57,6
1904§	H. Hillman	EUA	53,0
1908	C. Bacon	EUA	55,0
1920	F. Loomis	EUA	54,0
1924	F. Taylor	EUA	52,6
1928	Lord Burghley	RU	53,4
1932	R. Tisdall	Irl.	51,7
1936	G. Hardin	EUA	52,4
1948	R. Cochran	EUA	51,1
1952	C. Moore	EUA	50,8
1956	G. Davis	EUA	50,1
1960	G. Davis	EUA	49,3
1964	W. Cawley	EUA	49,6
1968	D. Hemery	RU	48,1
1972	J. Akii-Bua	Uganda	47,82†
1976	E. Moses	EUA	47,64
1980	V. Beck	RDA	48,70
1984	E. Moses	EUA	47,75
1988	A. Phillips	EUA	47,19

3.000 m obstáculos

			min	s
1920	P. Hodge	RU —	10	0,4
1924	V. Ritola	Finl.	9	33,6
1928	T. Loukola	Finl.	9	21,8
1932	V. Iso-Hollo	Finl.	10	33,4‖
1936	V. Iso-Hollo	Finl.	9	3,8
1948	T. Sjöstrand	Suec.	9	4,6
1952	H. Ashenfelter	EUA	8	45,4
1956	C. Brasher	RU	8	41,2
1960	Z. Krzyszkowiak	Pol.	8	34,2
1964	G. Roelants	Bélg.	8	30,8
1968	A. Biwott	Kenia	8	51,0
1972	K. Keino	Kenia	8	23,6
1976	A. Garderud	Suec.	8	8,0
1980	B. Malinowski	Pol.	8	9,7
1984	J. Korir	Kenia	8	11,8
1988	J. Karinki	Kenia	8	5,5

4 × 100 metros

		s
1912	RU	42,4
1920	EUA	42,2
1924	EUA	41,0
1928	EUA	41,0
1932	EUA	40,0
1936	EUA	39,8
1948	EUA	40,6
1952	EUA	40,1
1956	EUA	39,5
1960	Alem.*	39,0
1964	EUA	38,2
1968	EUA	38,19†
1972	EUA	38,33
1976	EUA	38,26
1980	URSS	37,83
1984	EUA	38,19
1988	URSS	

4 × 400 metros

		min	s
1912	EUA	3	16,6
1920	RU	3	22,2
1924	EUA	3	16,0
1928	EUA	3	14,2
1932	EUA	3	8,2
1936	RU	3	9,0
1948	EUA	3	10,4
1952	Jam.	3	3,9
1956	EUA	3	4,8
1960	EUA	3	2,2
1964	EUA	3	0,7
1968	EUA	2	56,1
1972	Kenia	2	59,8
1976	EUA	2	58,7
1980	URSS	3	1,1
1984	EUA	2	57,9
1988	EUA	2	56,1

20 km marcha

		h	min	s
1956	L. Spirin	1	31	27,4
1960	V. Golubnichy	1	34	7,2
1964	K. Matthews	1	29	34,0
1968	V. Golubnichy	1	33	58,4
1972	P. Frenkel	1	26	42,6
1976	D. Bautista	1	24	40,6
1980	M. Damilano	1	23	35,5
1984	E. Canto	1	23	13,0
1988	J. Pribilinec	1	19	57,0

* Equipo conjunto RFA-RDA. † Primera carrera en que se cronometraron centésimas de segundo. ‡ Distancia, 100 metros. § La altura de las vallas era de 762 cm en lugar de 914 cm. ‖ Por error, se corrió una vuelta (460 m) de más.

Atletismo masculino (cont.)

50 km marcha

			h	min	s
1932	T. Green	RU	4	50	10,0
1936	H. Whitlock	RU	4	30	41,4
1948	J. Ljunggren	Suec.	4	41	52,0
1952	G. Dordoni	Ital.	4	28	7,8
1956	N. Read	N. Zel.	4	30	42,8
1960	D. Thompson	RU	4	25	30,0
1964	A. Pamich	Ital.	4	11	12,4
1968	C. Hohne	RDA	4	20	13,6
1972	B. Kannenberg	RFA	3	56	11,6
1980	H. Gauder	RDA	3	49	24,0
1984	R. Gonzales	Méx.	3	47	26,0
1988	G. Ivanenko	URSS	3	38	29,0

salto de altura

			m
1896	E. Clark	EUA	1,81
1900	I. Baxter	EUA	1,90
1904	S. Jones	EUA	1,80
1908	H. Porter	EUA	1,90
1912	A. Richards	EUA	1,93
1920	R. Landon	EUA	1,93
1924	H. Osborn	EUA	1,98
1928	R. King	EUA	1,94
1932	D. McNaughton	Can.	1,97
1936	C. Johnson	EUA	2,03
1948	J. Winter	Austral.	1,98
1952	W. Davies	EUA	2,04
1956	C. Dumas	EUA	2,12
1960	R. Shavlakadze	URSS	2,16
1964	V. Brumel	URSS	2,18
1968	R. Fosbury	EUA	2,24
1972	Yu. Tarmak	URSS	2,23
1976	J. Wszola	Pol.	2,25
1980	G. Wessig	RDA	2,36
1984	D. Moegenburg	RFA	2,35
1988	G. Avdeienko	URSS	2,38

salto con pértiga

			m
1896	W. Hoyt	EUA	3,30
1900	I. Baxter	EUA	3,30
1904	C. Dvorak	EUA	3,50
1908	E. Cooke		
	A. Gilbert	EUA	3,71
1912	H. Babcock	EUA	3,95
1920	F. Foss	EUA	4,09
1924	L. Barnes	EUA	3,95
1928	S. Carr	EUA	4,20
1932	W. Miller	EUA	4,31
1936	E. Meadows	EUA	4,35
1948	O. Smith	EUA	4,30
1952	R. Richards	EUA	4,55
1956	R. Richards	EUA	4,56
1960	D. Bragg	EUA	4,70
1964	F. Hansen	EUA	5,10
1968	B. Seagren	EUA	5,40
1972	W. Nordwig	RDA	5,50
1976	T. Slusarski	Pol.	5,78
1980	W. Kozakiewicz	Pol.	5,75
1984	P. Quinon	Fr.	5,90
1988	S. Bubka	URSS	**6,06**

salto de longitud

			m
1896	E. Clark	EUA	6,35
1900	A. Kraenzlein	EUA	7,18
1904	M. Prinstein	EUA	7,34
1908	F. Irons	EUA	7,48
1912	A. Gutterson	EUA	7,60
1920	W. Pettersson	Suec.	7,15
1924	H. de Hubbard	EUA	7,44
1928	E. Hamm	EUA	7,73
1932	E. Gordon	EUA	7,64
1936	J. Owens	EUA	8,06
1948	W. Steele	EUA	7,82
1952	J. Biffle	EUA	7,57
1956	G. Bell	EUA	7,83
1960	R. Boston	EUA	8,12
1964	L. Davies	RU	8,07
1968	R. Beamon	EUA	8,90
1972	R. Williams	EUA	8,24
1976	A. Robinson	EUA	8,35
1980	L. Dombrowski	RDA	8,54
1984	C. Lewis	EUA	8,54
1988	C. Lewis	EUA	8,72

triple salto

			m
1896	J. Connolly	EUA	13,71
1900	M. Prinstein	EUA	14,47
1904	M. Prinstein	EUA	14,35
1908	T. Ahearne	RU	14,91
1912	G. Lindblom	Suec.	14,76
1920	V. Tuulos	Finl.	14,50
1924	A. Winter	Austral.	15,53
1928	M. Oda	Jap.	15,21
1932	C. Nambu	Jap.	15,72
1936	N. Tajima	Jap.	16,00
1948	A. Ahman	Suec.	15,40
1952	A. da Silva	Bras.	16,22
1956	A. da Silva	Bras.	16,35
1960	J. Schmidt	Pol.	16,81
1964	J. Schmidt	Pol.	16,85
1968	V. Saneiev	URSS	17,39
1972	V. Saneiev	URSS	17,35
1976	V. Saneiev	URSS	17,29
1980	Ya. Uudmae	URSS	17,35
1984	A. Joyneer	EUA	17,26
1988	C. Markov	Bulg.	17,61

lanzamiento de peso

			m
1896	R. Garrett	EUA	11,22
1900	R. Sheldon	EUA	14,10
1904	R. Rose	EUA	14,81
1908	R. Rose	EUA	14,21
1912	R. McDonald	EUA	15,34
1920	C. Pörhölä	Finl.	14,81
1924	C. Houser	EUA	14,99
1928	J. Kuck	EUA	15,87
1932	L. Sexton	EUA	16,00
1936	H. Woellke	Alem.	16,20
1948	W. Thompson	EUA	17,12
1952	P. O'Brien	EUA	17,41
1956	P. O'Brien	EUA	18,57
1960	W. Neider	EUA	19,68
1964	D. Long	EUA	20,33
1968	R. Matson	EUA	20,54
1972	W. Komar	Pol.	21,18
1976	U. Beyer	RDA	21,05
1980	V. Kizelikov	URSS	21,35
1984	A. Andrei	Ital.	21,26
1988	U. Timmermann	RDA	**23,06**

lanzamiento de disco

			m
1896	R. Garret	EUA	29,15
1900	R. Bauer	Hung.	36,04
1904	M. Sheridan	EUA	39,28
1908	M. Sheridan	EUA	40,89
1912	A. Taipale	Finl.	45,21
1920	E. Niklander	Finl.	44,68
1924	C. Houser	EUA	46,15
1928	C. Houser	EUA	47,32
1932	J. Anderson	EUA	49,49
1936	K. Carpenter	EUA	50,48
1948	A. Consolini	Ital.	52,78
1952	S. Iness	EUA	55,03
1956	A. Oerter	EUA	56,36
1960	A. Oerter	EUA	59,18
1964	A. Oerter	EUA	61,00
1968	A. Oerter	EUA	64,78
1972	L. Danek	Chec.	64,40
1976	M. Wilkins	EUA	67,50
1980	V. Rashchupkin	URSS	66,64
1984	R. Danneberg	RFA	66,60
1988	J. Schuli	RDA	68,82

lanzamiento de martillo

			m
1900	J. Flanagan	EUA	49,73
1904	J. Flanagan	EUA	51,23
1908	J. Flanagan	EUA	51,92
1912	M. McGrath	EUA	54,74
1920	P. Ryan	EUA	52,87
1924	F. Tootell	EUA	53,30
1928	P. O'Callaghan	Irl.	51,39
1932	P. O'Callaghan	Irl.	53,92
1936	K. Hein	Alem.	56,49
1948	I. Németh	Hung.	56,07
1952	J. Csermák	Hung.	60,34
1956	H. Connolly	EUA	63,19
1960	V. Rudenkov	URSS	67,10
1964	R. Klim	URSS	69,74
1968	G. Zsivótzky	Hung.	73,36
1972	A. Bondarchuk	URSS	75,50
1976	Yu. Sedij	URSS	77,52
1980	Yu. Sedij	URSS	81,80
1984	J. Iainen	Finl.	78,08
1988	S. Litvinov	URSS	

lanzamiento de jabalina

			m
1908	E. Lemming	Suec.	54,83
1912	E. Lemming	Suec.	60,64
1920	J. Myyrä	Finl.	65,78
1924	J. Myyrä	Finl.	62,96
1928	E. Lundkvist	Suec.	66,60
1932	M. Järvinen	Finl.	72,71
1936	G. Stöck	Alem.	71,84
1948	T. Rautavaara	Finl.	69,77
1952	C. Young	EUA	73,78
1956	E. Danielson	Nor.	85,71
1960	V. Tsibulenko	URSS	84,64
1964	P. Nevala	Finl.	82,66
1968	Ya. Lusis	URSS	90,10
1972	K. Wolfermann	RFA	90,48
1976	M. Nemeth	Hung.	94,58
1980	D. Kula	URSS	91,20
1984	A. Haerkoenen	Finl.	86,76
1988	T. Korjus	Finl.	84,28

decatlón

1912	H. Wieslander	Suec.
1920	H. Lövland	Nor.
1924	H. Osborn	EUA
1928	P. Yrjölä	Finl.
1932	J. Bausch	EUA
1936	G. Morris	EUA
1948	R. Mathias	EUA
1952	R. Mathias	EUA
1956	M. Campbell	EUA
1960	R. Johnson	EUA
1964	W. Holdorf	Alem.†
1968	W. Toomey	EUA
1972	N. Avilov	URSS
1976	B. Jenner	EUA
1980	D. Thompson	RU
1984	D. Thompson	RU
1988	L. Schenk	RDA

Atletismo femenino

100 metros

			s
1928	E. Robinson	EUA	12,2
1932	S. Walasiewicz	Pol.	11,9
1936	H. Stephens	EUA	11,5
1948	F. Blankers-Koen	P. Bajos	11,9
1952	M. Jackson	Austral.	11,5
1956	B. Cuthbert	Austral.	11,5
1960	W. Rudolph	EUA	11,0
1964	W. Tyus	EUA	11,4
1968	W. Tyus	EUA	11,0
1972	R. Stecher	RDA	11,07‡
1976	A. Richter	RFA	11,08
1980	L. Kondratieva	URSS	11,06
1984	E. Ashford	EUA	10,97
1988	F. Griffith	EUA	10,54

200 metros

			s
1948	F. Blankers-Koen	P. Bajos	24,4
1952	M. Jackson	Austral.	23,7
1956	B. Cuthbert	Austral.	23,4
1960	W. Rudolph	EUA	24,0
1964	E. McGuire	EUA	23,0
1968	I. Szewinska	Pol.	22,5
1972	R. Stecher	RDA	22,40‡
1976	B. Eckert	RDA	22,37
1980	B. Ecken-Wockel	RDA	22,03
1984	V. Briscoe-Hooks	EUA	21,81
1988	F. Griffith	EUA	21,34

400 metros

1964	B. Cuthbert	Austral.	52,0
1968	C. Besson	Fr.	52,0
1972	M. Zehrt	RDA	51,08‡
1976	I. Szewinska	Pol.	49,29
1980	M. Koch	RDA	48,88
1984	V. Briscoe-Hooks	EUA	48,83
1988	O. Brizguina	URSS	48,65

800 metros

			min	s
1828	L. Radke-Batschauer	Alem.	2	16,8
1960	L. Lisnko-Shevtsova	URSS	2	4,3
1964	A. Packer	RU	2	1,1
1968	M. Manning	EUA	2	0,9
1972	H. Falck	RDA	1	58,6
1976	T. Kazankina	URSS	1	54,9
1980	N. Olizarenko	URSS	1	53,5
1984	D. Melinte	Rum.	1	57,6
1988	S. Wodars	RDA	1	56,1

* Prueba no celebrada en 1976. † Equipo conjunto RFA-RDA. ‡ Primera carrera en que se cronometraron centésimas de segundo.

Atletismo femenino (cont.)

1.500 metros			min	s
1972	L. Bragina	URSS	4	01,4
1976	T. Kazankina	URSS	4	05,5
1980	T. Kazankina	URSS	3	56,6
1984	G. Dorio	Ital.	4	03,3
1988	P. Ivan	Rum.	3	53,9

3.000 metros			min	s
1984	M. Puica	Rum.	8	35,96
1988	T. Samolenko	URSS	8	26,53

maratón			h.	min	s
1984	J. Benoit	EUA	2	24	52,00
1988	R. Mota	Port.	2	25	40,00

4 × 100 metros		s
1928	Can.	48,4
1932	EUA	47,0
1936	EUA	46,9
1948	P. Bajos	47,5
1952	EUA	45,9
1956	Austral.	44,5
1960	EUA	44,5
1964	Pol.	43,6
1968	EUA	42,8
1972	RFA	42,8
1976	RDA	42,55*
1980	RDA	41,60
1984	EUA	41,65
1988	EUA	41,98

4 × 400 metros		min	s
1972	RDA	3	23,0
1976	RDA	3	19,2
1980	URSS	3	20,2
1984	EUA	3	18,3
1988	URSS	3	15,1

80 m vallas (100 m desde 1972)			s
1932	M. Didrikson	EUA	11,7
1936	T. Valla	Ital.	11,7
1948	F. Blankers-Koen	P. Bajos	11,2
1952	S. Strickland de La Hunty	Austral.	10,9
1956	S. Strickland de La Hunty	Austral.	10,7
1960	I. Press	URSS	10,8
1964	K. Balzer	Alem.†	10,5
1968	M. Caird	Austral.	10,3
1972	A. Ehrhardt	RDA	12,6
1976	J. Schaller	RDA	12,77
1980	V. Komisova	URSS	12,56
1984	B. Fitzgerald-Brown	EUA	12,84
1988	G. Donkova	Bulg.	12,38

400 m vallas			min	s
1984	N. el Moutawakel	Marr.	54	61,0
1988	F. Lintthoff-King		53	17,0

salto de altura			m
1928	E. Catherwood	Can.	1,59
1932	J. Shiley	EUA	1,66
1936	I. Csák	Hung.	1,60
1948	A. Coachman	EUA	1,68
1952	E. Brand	Sudáfr.	1,67
1956	M. McDaniel	EUA	1,76
1960	I. Balas	Rum.	1,85
1964	I. Balas	Rum.	1,90
1968	M. Rezkova	Chec.	1,82
1972	U. Meyfarth	RFA	1,92
1976	R. Ackermann	RDA	1,93
1980	S. Simeoni	Ital.	1,97
1984	U. Meyfarth	RFA	2,02
1988	A. Ritter	EUA	2,03

salto de longitud			m
1948	V. Gyarmati	Hung.	5,69
1952	Y. Williams	N. Zel.	6,24
1956	E. Krzesinska	Pol.	6,35
1960	V. Krepkina	URSS	6,37
1964	M. Rand	RU	6,76
1968	V. Viscopoleanu	Rum.	6,82
1972	H. Rosendahl	RFA	6,78
1976	A. Voigt	RDA	6,72
1980	T. Kolpakova	URSS	7,06
1984	A. Stanciu	Rum.	6,96
1988	J. Joyner	EUA	7,40

lanzamiento de disco			m
1928	H. Konopacka	Pol.	39,62
1932	L. Copeland	EUA	40,58
1936	G. Mauermayer	Alem.	47,63
1948	M. Ostermeyer	Fr.	41,92
1952	N. Romashkova	URSS	51,42
1956	O. Fikotova	Chec.	53,69
1960	N. Ponomareva-Romashkova	URSS	55,10
1964	T. Press	URSS	57,27
1968	L. Manoliu	Rum.	58,28
1972	F. Melnik	URSS	66,62
1976	E. Schlaak	RDA	69,00
1980	E. Jahl	RDA	69,96
1984	R. Stalman	P. Bajos	65,36
1988	M. Hellermann	RDA	72,30

lanzamiento de peso			m
1948	M. Ostermeyer	Fr.	13,75
1952	G. Zibina	URSS	15,28
1956	T. Tishkevich	URSS	16,59
1960	T. Press	URSS	17,32
1964	T. Press	URSS	18,14
1968	M. Gummel	RDA	19,61
1972	N. Chizhova	URSS	21,03
1976	I. Christova	Bulg.	21,16
1980	I. Slupianek	RDA	22,41
1984	C. Losch	RFA	20,48
1988	N. Lisovskaia	URSS	22,24

lanzamiento de jabalina			m
1932	M. Didrikson	EUA	43,68
1936	T. Fleischer	Alem.	45,18
1948	H. Bauma	Austria	45,57
1952	D. Zatopkova	Chec.	50,47
1956	I. Yaunzeme	URSS	53,86
1960	E. Ozolina	URSS	55,98
1964	M. Penes	Rum.	60,54
1968	A. Nemeth	Hung.	60,36
1972	R. Fuchs	RDA	63,88
1976	R. Fuchs	RDA	65,94
1980	M. Colon	Cuba	68,40
1984	T. Sanderson	RU	69,56
1988	U. Felke	RDA	74,68

pentatlón (heptatlón desde 1984)		
1964	I. Press	URSS
1968	I. Becker	RFA
1972	M. Peters	RU
1976	S. Siegl	RDA
1980	N. Tkachenko	URSS
1984	G. Nunn	Austral.
1988	J. Joyner-Kersee	EUA

* Primera carrera en que se cronometraron centésimas de segundo.

BADMINTON

Campeonato del mundo
establecido en 1977 por la Federación Internacional de Badminton

año	individual masc.	individual fem.	dobles masc.	dobles fem.
1977	F. Delfs; Din.	L. Koppen; Din.	Tjun, Wahjudi, Indon.	Toganu, Ueno; Jap.
1980	R. Hartono; Indon.	W. Verawaty; Indon.	Chandra, Hadinata; Indon.	Perry, Webster; RU
1983	I. Sugiarto; Indon.	Li Lingwei; China	Fladberg, Helledi; Din.	Lin Ying, Wu Dixi; China
1985	Hahn Jian; China	Han Aiping; China	Park Joo Bong, Kim Moon Soo; Cor. S.	Han Aiping, Li Lingwei; China
1987	Yang Yang; China	Han Aiping; China	Li Yongbo, Tian Hinghi; China	Lin Ying, Guan Weizhen; China

Campeonato internacional masculino (Thomas Cup)

año	vencedor
1948-49	Fed. Malaya
1951-52	Fed. Malaya
1954-55	Fed. Malaya
1957-58	Indonesia
1960-61	Indonesia
1963-64	Indonesia
1966-67	Malasia (por incomp.)
1969-70	Indonesia
1972-73	Indonesia
1975-76	Indonesia
1978-79	Indonesia
1981-82	China
1983-84	Indonesia
1985-86	China

Campeonato internacional femenino (Uber Cup)

año	vencedor
1956-57	EUA
1959-60	EUA
1962-63	EUA
1965-66	Japón
1968-69	Japón
1971-72	Japón
1974-75	Indonesia
1977-78	Japón
1980-81	Japón
1983-84	China
1985-86	China

BALONMANO

Campeones olímpicos

año	equipo masc.	equipo fem.
1936	Alemania	
1952	Suecia	
1972	Yugoslavia	
1976	URSS	URSS
1980	RDA	URSS
1984	Yugoslavia	Yugoslavia
1988	URSS	Corea del Sur

BASQUETBOL

Campeonatos del mundo de basquetbol aficionado

Hombres			Mujeres		
año	equipo vencedor	ciudad	año	equipo vencedor	ciudad
1951	Argentina	Buenos Aires	1953	EUA	Santiago, Chile
1952*	EUA	Helsinki	1957	EUA	Río de Janeiro
1954	EUA (Central Peoria Cats)	Río de Janeiro	1959	URSS	Moscú
1956*	EUA	Melbourne	1964	URSS	Lima
1959	Brasil	Santiago, Chile	1967	URSS	Praga
1960*	EUA	Roma	1971	URSS	São Paulo, Bras.
1963	Brasil	Río de Janeiro	1975	URSS	Cali, Col.
1964*	EUA	Tokio	1976*	URSS	Montreal
1967	URSS	Montevideo	1979	EUA	Seúl
1968*	EUA	Ciudad de México	1980*	URSS	Moscú
1970	Yugoslavia	Ljubljana, Yug.	1983	URSS	São Paulo, Bras.
1972*	URSS	Munich	1984*	EUA	Los Ángeles
1974	URSS	San Juan, P. Rico	1986	EUA	Moscú
1976*	EUA	Montreal	1988*	EUA	Seúl
1978	Yugoslavia	Manila			
1980*	Yugoslavia	Moscú			
1982	URSS	Cali, Col.			
1984*	EUA	Los Ángeles			
1986	EUA	Madrid			
1988*	URSS	Seúl			

* Campeonatos olímpicos, equiparados a los del mundo.

BASQUETBOL PROFESIONAL

Campeones de la NBA*

1946-47	Philadelphia Warriors	1957-58	St. Louis Hawks	1968-69	Boston Celtics	1979-80	Los Angeles Lakers
1947-48	Baltimore Bullets	1958-59	Boston Celtics	1969-70	N.Y. Knickerbockers	1980-81	Boston Celtics
1948-49	Minneapolis Lakers	1959-60	Boston Celtics	1970-71	Milwaukee Bucks	1981-82	Los Angeles Lakers
1949-50	Minneapolis Lakers	1960-61	Boston Celtics	1971-72	Los Angeles Lakers	1982-83	Philadelphia 76ers
1950-51	Rochester Royals	1961-62	Boston Celtics	1972-73	N.Y. Knickerbockers	1983-84	Boston Celtics
1951-52	Minneapolis Lakers	1962-63	Boston Celtics	1973-74	Boston Celtics	1984-85	Los Angeles Lakers
1952-53	Minneapolis Lakers	1963-64	Boston Celtics	1974-75	Golden State Warriors	1985-86	Boston Celtics
1953-54	Minneapolis Lakers	1964-65	Boston Celtics	1975-76	Boston Celtics	1986-87	Los Angeles Lakers
1954-55	Syracuse Nationals	1965-66	Boston Celtics	1976-77-	Portland Trail Blazers	1987-88	Los Angeles Lakers
1955-56	Philadelphia Warriors	1966-67	Philadelphia 76ers	1977-78	Washington Bullets	**1988-89**	**Detroit Pistons**
1956-57	Boston Celtics	1967-68	Boston Celtics	1978-79	Seattle SuperSonics		

* National Basketball Association, EUA.

BEISBOL

Resultados de la serie mundial

año	campeón y n.º de partidos ganados		subcampeón y n.º de partidos ganados		año	campeón y n.º de partidos ganados		subcampeón y n.º de partidos ganados		año	campeón y n.º de partidos ganados		subcampeón y n.º de partidos ganados	
1903	Boston (LA)	5	Pittsburgh (LN)	3	1934	St. Louis (LN)	4	Detroit (LA)	3	1965	Los Angeles (LN)	4	Minnesota (LA)	3
1904	no series				1935	Detroit (LA)	4	Chicago (LN)	2	1966	Baltimore (LA)	4	Los Angeles (LN)	0
1905	New York (LN)	4	Philadelphia (LA)	1	1936	New York (LA)	4	New York (LN)	2	1967	St. Louis (LN)	4	Boston (LA)	3
1906	Chicago (LA)	4	Chicago (LN)	2	1937	New York (LA)	4	New York (LN)	1	1968	Detroit (LA)	4	St. Louis (LN)	3
1907†	Chicago (LN)	4	Detroit (LA)	0	1938	New York (LA)	4	Chicago (LN)	0	1969	New York (LN)	4	Baltimore (LA)	1
1908	Chicago (LN)	4	Detroit (LA)	1	1939	New York (LA)	4	Cincinnati (LN)	0	1970	Baltimore (LA)	4	Cincinnati (LN)	1
1909	Pittsburgh (LN)	4	Detroit (LA)	3	1940	Cincinnati (LN)	4	Detroit (LA)	3	1971	Pittsburgh (LN)	4	Baltimore (LA)	3
1910	Philadelphia (LA)	4	Chicago (LN)	1	1941	New York (LA)	4	Brooklyn (LN)	1	1972	Oakland (LA)	4	Cincinnati (LN)	3
1911	Philadelphia (LA)	4	New York (LN)	2	1942	St. Louis (LN)	4	New York (LA)	1	1973	Oakland (LA)	4	New York (LN)	3
1912†	Boston (LA)	4	New York (LN)	3	1943	New York (LA)	4	St. Louis (LN)	1	1974	Oakland (LA)	4	Los Angeles (LN)	1
1913	Philadelphia (LA)	4	New York (LN)	1	1944	St. Louis (LN)	4	St. Louis (LA)	2	1975	Cincinnati (LN)	4	Boston (LA)	3
1914	Boston (LN)	4	Philadelphia (LA)	0	1945	Detroit (LA)	4	Chicago (LN)	3	1976	Cincinnati (LN)	4	New York (LA)	0
1915	Boston (LA)	4	Philadelphia (LN)	1	1946	St. Louis (LN)	4	Boston (LA)	3	1977	New York (LA)	4	Los Angeles (LN)	2
1916	Boston (LA)	4	Brooklyn (LN)	1	1947	New York (LA)	4	Brooklyn (LN)	3	1978	New York (LA)	4	Los Angeles (LN)	2
1917	Chicago (LA)	4	New York (LN)	2	1948	Cleveland (LA)	4	Boston (LN)	2	1979	Pittsburgh (LN)	4	Baltimore (LA)	3
1918	Boston (LA)	4	Chicago (LN)	2	1949	New York (LA)	4	Brooklyn (LN)	1	1980	Philadelphia (LN)	4	Kansas City (LA)	2
1919	Cincinnati (LN)	5	Chicago (LA)	3	1950	New York (LA)	4	Philadelphia (LN)	0	1981	Los Angeles (LN)	4	New York (LA)	2
1920	Cleveland (LA)	5	Brooklyn (LN)	2	1951	New York (LA)	4	New York (LN)	2	1982	St. Louis (LN)	4	Milwaukee (LA)	3
1921	New York (LN)	5	New York (LA)	3	1952	New York (LA)	4	Brooklyn (LN)	3	1983	Baltimore (LA)	4	Philadelphia (LN)	1
1922†	New York (LN)	4	New York (LA)	0	1953	New York (LA)	4	Brooklyn (LN)	2	1984	Detroit (LA)	4	San Diego (LN)	1
1923	New York (LA)	4	New York (LN)	2	1954	New York (LN)	4	Cleveland (LA)	0	1985	Kansas City (LA)	4	St. Louis (LN)	3
1924	Washington (LA)	4	New York (LN)	3	1955	Brooklyn (LN)	4	New York (LA)	3	1986	New York (LN)	4	Boston (LA)	3
1925	Pittsburgh (LN)	4	Washington (LA)	3	1956	New York (LA)	4	Brooklyn (LN)	3	1987	Minnesota (LA)	4	St. Louis (LN)	3
1926	St. Louis (LN)	4	New York (LA)	3	1957	Milwaukee (LN)	4	New York (LA)	3	1988	Los Angeles (LN)	4	**Oakland (LA)**	1
1927	New York (LA)	4	Pittsburgh (LN)	0	1958	New York (LA)	4	Milwaukee (LN)	3					
1928	New York (LA)	4	St. Louis (LN)	0	1959	Los Angeles (LN)	4	Chicago (LA)	2					
1929	Philadelphia (LA)	4	Chicago (LN)	1	1960	Pittsburgh (LN)	4	New York (LA)	3					
1930	Philadelphia (LA)	4	St. Louis (LN)	2	1961	New York (LA)	4	Cincinnati (LN)	1					
1931	St. Louis (LN)	4	Philadelphia (LA)	3	1962	New York (LA)	4	San Francisco (LN)	3					
1932	New York (LA)	4	Chicago (LN)	0	1963	Los Angeles (LN)	4	New York (LA)	0					
1933	New York (LN)	4	Washington (LA)	1	1964	St. Louis (LN)	4	New York (LA)	3					

BOXEO

Campeones del mundo de peso pesado

					AMB	CMB
1892	James J. Corbett*; EUA	1935	James J. Braddock; EUA	1963	Ernest Terell ‡; EUA	Cassius Clay; EUA
1897	Bob Fitsimmons; RU	1937	Joe Louis; EUA	1967	Título vacante hasta 1968	Cassius Clay (Mohammad Ali)†; EUA
1899	James J. Jeffries; EUA	1949	Ezzard Charles; EUA	1968	Jimmy Ellis; EUA	Título vacante hasta 1970
1905	Marvin Hart; EUA	1950	Lee Savold; EUA	1970	Joe Frazier; EUA	Joe Frazier; EUA
1906	Tommy Burns; Can.	1950	Ezzard Charles; EUA	1973	George Foreman; EUA	George Foreman; EUA
1908	Jack Johnson; EUA	1951	Jersey Joe Walcott; EUA	1974	Muhammad Ali; EUA	Muhammad Ali; EUA
1915	Jess Willard; EUA	1952	Rocky Marciano; EUA	1978	Leon Spinks; EUA	Ken Norton; EUA
	Jack Dempsey; EUA	1956	Floyd Patterson; EUA	1978	Muhammad Ali; EUA	Larry Holmes; EUA
1926	Gene Tunney; EUA	1959	Ingemar Johansson; Suec.	1979	John Tate; EUA	Larry Holmes; EUA
1930	Max Schmeling; Alem.	1960	Floyd Patterson; EUA	1980	Mike Weaver; EUA	Larry Holmes; EUA
1932	Jack Sharkey; EUA	1962	Sonny Liston; EUA	1982	Michael Dokes; EUA	Larry Holmes; EUA
1933	Primo Carnera; Ital.	1964	Cassius Clay; EUA	1983	Gerrie Coetzee; Sudáfr.	Larry Holmes; EUA
1934	Max Baer; EUA			1984	Gerrie Coetzee; Sudáfr.	Tim Witherspoon; EUA
				1984	Greg-Page; EUA	Tim Witherspoon; EUA
				1984	Greg Page; EUA	Pinklon Thomas; EUA
				1985	Tony Tubbs; EUA	Trevor Berbick; Can.
				1986	Tim Witherspoon; EUA	Mike Tyson; EUA
				1986	James Smith; EUA	
				1987	Mike Tyson; EUA	

* Derrotó por K.O. a John Sullivan (EUA), el último de los campeones que boxeaba sin guantes, en un combate a 21 asaltos celebrado en NuevaOrleans el 7 de septiembre de 1892. † Desposeído del título en 1967. ‡ Derrotado por Clay el 6 de febrero de 1967.

Campeones del mundo de peso semipesado (79,37 kg)

					AMB	CMB
1903	Jack Root; Austria	1935	John Henry Lewis; EUA	1971	Bob Foster; EUA	Vicente Rondón; Ven.
1903	George Gardner; Irl.	1939	*Melio Bettina;* EUA	1972	Bob Foster; EUA	Bob Foster; EUA
1903	Bob Fitzsimmons; RU	1939	*Len Harvey;* RU	1974	Víctor Galíndez; Argent.	John Conteh; RU
1905	«Philadelphia» Jack O'Brien; EUA	1939	*Billy Conn;* EUA	1977	Víctor Galíndez; Argent.	Miguel Cuello; Argent.
1907	*Tommy Burns;* Can.	1941	*Anton Christoforidis;* Grec.	1978	Mike Rossman; EUA	Mate Parlov; Yug.
1914	Jack Dillon; EUA	1941	*Gus Lesnevich;* EUA	1978	Mike Rossman; EUA	Marvin Johnson; EUA
1916	Battling Levinsky; EUA	1942	*Freddie Mills;* RU	1979	Víctor Galíndez; Argent.	Mathew Saad Muhammad; EUA
1920	Georges Carpentier; Fr.	1946	Gus Lesnevich; EUA	1979	Marvin Johnson; EUA	Mathew Saad Muhammad; EUA
1922	Battling Siki; Sen.	1948	Freddie Mills; RU	1980	Eddie Gregory; EUA	Mathew Saad Muhammad; EUA
1923	Mike McTigue; Irl.	1950	Joey Maxim; EUA	1981	Mike Spinks; EUA	Dwight Braxton; EUA
1925	Paul Berlenbach; EUA	1952	Archie Moore; EUA	1983	Mike Spinks; EUA	J. B. Williamson; EUA
1926	Jack Delaney; Can.	1962	Harold Johnson; EUA	1985	**Vacante**	Dennis Andries; RU
1927	Tommy Loughran; EUA	1963	Willie Pastrano; EUA	1986	**Marvin Johnson; EUA**	**Dennis Andries; RU**
1930	Jimmy Slattery; EUA	1965	José Torres; P. Rico	1987	**Leslie Stewart; Trinidad**	**Thomas Hearns; EUA**
1930	Maxie Rosenbloom; EUA	1966	Dick Tiger; Nigeria	1987	**Virgil Hill; EUA**	**Donny Lalonde; Can.**
1934	Bob Olin; EUA	1968	Bob Foster; EUA			

Campeones del mundo de peso medio (72,57 kg desde 1915; antes, 71,66 kg)

1884	Jack Dempsey; Irl.	1936	*Freddie Steele;* EUA	1961	*Terry Downes;* RU	1966	Emile Griffith; EUA
1891	Bob Fitzsimmons; RU	1937	*Fred Apostoli;* EUA	1962	*Paul Pender;* EUA	1967	Nino Benvenuti; Ital.
1898	Tommy Ryan; EUA	1938	*Al Hostak;* EUA	1962	Dick Tiger; Nigeria	1967	Emile Griffith; EUA
1907	*Stanley Ketchel;* EUA	1938	*Solly Krieger;* EUA	1963	Joey Giardello; EUA	1968	Nino Benvenuti; Ital.
1908	Stanley Ketchel; EUA	1939	*Al Hostak;* EUA	1965	Dick Tiger; Nigeria	1970	Carlos Monzón; Argent.
1908	Billy Papke; EUA	1939	*Ceferino Garcia;* Fil.				
1908	Stanley Ketchel; EUA	1940	*Tony Zale;* EUA				
1911	Billy Papke; EUA	1940	*Ken Overlin;* EUA				
1912	*Frank Mantell;* Alem.	1941	*Billy Soose;* EUA				
1913	*Frank Klaus;* EUA	1941	Tony Zale; EUA				
1913	*George Chip;* EUA	1947	Rocky Graziano; EUA				
1914	*Al McCoy;* EUA	1948	Tony Zale; EUA				
1917	*Mike O'Dowd;* EUA	1948	Marcel Cerdan; Argel.				
1920	*Johnny Wilson;* EUA	1949	Jake La Motta; EUA				
1921	Johnny Wilson; EUA	1951	Ray Robinson; EUA				
1923	Harry Greb; EUA	1951	Randy Turpin; RU				
1926	Tiger Flowers; EUA	1951	Ray Robinson; EUA				
1926	Mickey Walker; EUA	1953	*Carl Olson;* EUA				
1931	*Gorilla Jones;* EUA	1955	Ray Robinson; EUA				
1932	*Marcell Thil;* Fr.	1957	Gene Fullmer; EUA				
1932	*Ben Jeby;* EUA	1957	Ray Robinson; EUA				
1933	*Lou Brouillard;* Can.	1957	Carmen Basilio; EUA				
1933	*Vince Dundee;* Ital.	1958	Ray Robinson; EUA				
1934	*Teddy Yarosz;* EUA	1959	*Gene Fullmer;* EUA				
1935	*Babe Risko;* EUA	1960	*Paul Pender;* EUA				

	AMB	CM
1974	Carlos Monzón; Argent.	Rodrigo Valdés; Col.
1976	Carlos Monzón; Argent.	Carlos Monzón; Argent.
1977	Rodrigo Valdés; Col.	Rodrigo Valdés; Col.
1978	Hugo Corro; Argent.	Hugo Corro; Argent.
1979	Vito Antuofermo; Ital.	Vito Antuofermo; Ital.
1980	Alan Minter; RU	Alan Minter; RU
1980	Marvin Hagler; EUA	Marvin Hagler; EUA
1987	S. Kalambay; Ital.	Thomas Hearns; EUA
1988	**S. Kalambay; Ital.**	**Iran Barkley; EUA**

Campeones del mundo de peso welter (66,67 kg; antes, 65,77 kg)

1892	«Mysterious» Billy Smith; EUA	1931	Young Jack Thompson; EUA	1960	Benny Paret; Cuba	1963	Emile Griffith; EUA
1894	Tommy Ryan; EUA	1931	Lou Brouillard; Can.	1961	Emile Griffith; EUA	1966	Curtis Cokes; EUA
1896	Kid McCoy; EUA	1932	Jackie Fields; EUA	1961	Benny Paret; Cuba	1969	José Napoles; Méx.
1897	«Mysterious» Billy Smith; EUA	1933	Young Corbett III; Ital.	1962	Emile Griffith; EUA	1970	Billy Backus; EUA
1900	Rube Ferns; EUA	1933	Jimmy McLarnin; RU	1963	Luis Rodríguez; Cuba	1971	José Napoles; Méx.
1900	Matty Matthews; EUA	1934	Barney Ross; EUA				
1901	Rube Ferns; EUA	1934	Jimmy McLarnin; RU				
1901	Joe Walcott; Barb.	1935	Barney Ross; EUA				
1904	Dixie Kid; EUA	1938	Henry Armstrong; EUA				
1904	*Joe Walcott;* Barb.	1940	Fritzie Zivic; EUA				
1906	Honey Mellody; EUA	1941	Freddie Cochrane; EUA				
1907	Mike Twin Sullivan; EUA	1946	Marty Servo; EUA				
1910	Título vacante hasta 1915	1946	Ray Robinson; EUA				
1915	Ted Kid Lewis; RU	1951	*Johnny Bratton;* EUA				
1919	Jack Britton; EUA	1951	Kid Gavilan; Cuba				
1922	Mickey Walker; EUA	1954	Johnny Saxton; EUA				
1926	Pete Latzo; EUA	1955	Tony DeMarco; EUA				
1927	Joe Dundee; Ital.	1955	Carmen Basilio; EUA				
1928	*Young Jack Thompson;* EUA	1956	Johnny Saxton; EUA				
1929	Jackie Fields; EUA	1956	Carmen Basilio; EUA				
1930	Young Jack Thompson; EUA	1958	Virgil Akins; EUA				
1930	Tommy Freeman; EUA	1958	Don Jordan; EUA				

	AMB	CM
1975	Ángel Espada; P. Rico	John Stracey; RU
1976	José (Pipino) Cuevas; Méx.	Carlos Palomino; EUA
1979	José (Pipino) Cuevas; Méx.	Wilfredo Benítez; P. Rico
1979	José (Pipino) Cuevas; Méx.	Sugar Ray Leonard; EUA
1980	José (Pipino) Cuevas; Méx.	Roberto Durán; Pan.
1980	Thomas Hearns; EUA	Sugar Ray Leonard; EUA
1981	Sugar Ray Leonard; EUA	Sugar Ray Leonard; EUA
1983	Donald Curry; EUA	Milton McCroy; EUA
1985	Donald Curry; EUA	Donald Curry; EUA
1986	Lloyd Honeyghan; RU	Lloyd Honeyghan; RU
1987	Mark Breland; EUA	Jorge Vaca; Méx.
1987	Marlon Starling; EUA	Jorge Vaca; Méx.
1988	**Tomás Mohnares; Colombia**	**Lloyd Honeyghan; RU**

Campeones del mundo de peso ligero (61,23 kg; antes, 60,32 kg)

1896	George (Kid) Lavigne; EUA
1899	Frank Erne; Suiza
1902	Joe Gans; EUA
1908	Battling Nelson; Din.
1910	Ad Wolgast; EUA
1912	Willie Ritchie; EUA
1914	Freddie Welsh; RU
1917	Benny Leonard; EUA
1925	Jimmy Goodrich; EUA
1925	Rocky Kansas; EUA
1926	Sammy Mandell; EUA
1930	Al Singer; EUA
1930	Tony Canzonery; EUA
1933	Barney Ross; EUA
1935	Tony Canzoneri; EUA
1936	Lou Ambers; EUA
1938	Henry Armstrong; EUA
1939	Lou Ambers; EUA
1940	Lew Jenkins; EUA
1941	Sammy Angott; EUA
1942	*Beau Jack;* EUA
1943	*Bob Montgomery;* EUA
1943	*Beau Jack;* EUA
1944	*Bob Montgomery;* EUA
1944	*Juan Zurita;* Méx.
1945	*Ike Williams;* EUA
1947	Ike Williams; EUA
1951	Jimmy Carter; EUA
1952	Lauro Salas; Méx.
1952	Jimmy Carter; EUA
1954	Paddy DeMarco; EUA
1954	Jimmy Carter; EUA
1955	Wallace Bud Smith; EUA
1956	Joe Brown; EUA
1962	Carlos Ortiz; P. Rico
1965	Ismael Laguna; Pan.
1965	Carlos Ortiz; P. Rico
1968	Carlos Cruz; R. Dom.
1969	Mando Ramos; EUA
1970	Ismael Laguna; Pan.

	AMB	CMB
1970	Ken Buchanan; RU	Título vacante hasta 1972
1972	Roberto Durán; Pan.	Mando Ramos; EUA
1972	Roberto Durán; Pan.	Chango Carmona; Méx.
1972	Roberto Durán; Pan.	Rodolfo Gonzales; EUA
1974	Roberto Durán; Pan.	Gattu Ishimatsu; Jap.
1976	Roberto Durán; Pan.	Esteban de Jesús; P. Rico
1978	Roberto Durán; Pan.	Roberto Durán; Pan.
1979	Ernesto España; Ven.	Jim Watt; RU
1980	Hilmer Kenty; EUA	Jim Watt; RU
1981	Sean O'Grady; EUA	Alexis Argüello; Nicar.
1981	Claude Noel; Trin.	Alexis Argüello; Nicar.
1981	Arturo Frías; EUA	Alexis Argüello; Nicar.
1982	Ray Mancini; EUA	Alexis Argüello; Nicar.
1983	Ray Mancini; EUA	Edwin Rosario; P. Rico
1984	Livingstone Bramble; EUA	Edwin Rosario; P. Rico
1984	Livingstone Bramble; EUA	José Luis Ramírez; Méx.
1985	Livingstone Bramble; EUA	Héctor Camacho; P. Rico
1986	Edwin Rosario; P. Rico	Héctor Camacho; P. Rico
1987	Julio César Chávez; Méx.	José Luis Ramírez; P. Rico

Campeones del mundo de peso pluma (57,15 kg; antes, 53,52 y 55,33 kg)

1892	George Dixon; Can.
1896	Frank Erne; Suiza
1897	George Dixon: Can.
1897	Solly Smith; EUA
1900	Terry McGovern; EUA
1901	Young Corbett II; EUA
1904	Abe Attell; EUA
1904	*Tommy Sullivan;* EUA
1908	*Abe Attell;* EUA
1912	Johnny Kilbane; EUA
1923	Eugene Criqui; Fr.
1923	Johny Dundee; Ital.
1925	Louis (Kid) Kaplan; Rus.
1927	*Benny Bass;* Rus.
1928	Tony Canzoneri; EUA
1928	Andre Routis; Fr.
1929	Battling Battalino; EUA
1932	*Tommy Paul;* EUA
1932	*Kid Chocolate;* Cuba
1933	*Freddie Miller;* EUA
1936	*Petey Sarron;* EUA
1937	*Henry Armstrong;* EUA
1938	*Joey Archibald;* EUA
1938	*Leo Rodak;* EUA
1939	Joey Archibald; EUA
1940	*Harry Jeffra;* EUA
1940	*Petey Scalzo;* EUA
1941	*Joey Archibald;* EUA
1941	*Richie Lemos;* EUA
1941	*Chalky Wright;* Méx.
1941	*Jackie Wilson;* EUA
1942	*Willie Pep;* EUA
1943	*Jackie Callura;* Can.
1943	*Phil Terranova;* EUA
1944	*Sal Bartole;* EUA
1946	Willie Pep; EUA
1948	Sandy Saddler; EUA
1949	Willie Pep; EUA
1950	Sandy Saddler; EUA
1957	Hogan Bassey; Nigeria
1959	Davey Moore; EUA
1963	Sugar Ramos; Cuba
1964	Vicente Saldívar; Méx.
1968	*Howard Winstone;* EUA
1968	*Raul Rojas;* EUA
1968	*José Legrá;* Esp.
1968	*Shozo Saijo;* Jap.

	AMB	CMB
1969	Shozo Saijo; Jap.	Johnny Famechon; Austral.
1970	Shozo Saijo; Jap.	Vicente Saldívar; Méx.
1970	Shozo Saijo; Jap.	Kuniaki Shibata; Jap.
1971	Antonio Gómez; Ven.	Kuniaki Shibata; Jap.
1972	Ernesto Marcel; Pan.	Clemente Sánchez; Méx.
1972	Ernesto Marcel; Pan.	José Legrá; Esp.
1973	Ernesto Marcel; Pan.	Eder Jofre, Bras.
1974	Rubén Olivares; Méx.	Bobby Chacon; EUA
1974	Alexis Argüello; Nicar.	Bobby Chacon; EUA
1975	Alexis Argüello; Nicar.	Rubén Olivares, Méx.
1975	Alexis Argüello; Nicar.	David Kotey; Ghana
1976	Alexis Argüello; Nicar.	Danny López; EUA
1977	Rafael Ortega; Pan.	Danny López; EUA
1977	Cecilio Lastra; Esp.	Danny López; EUA
1978	Eusebio Pedroza; Pan.	Danny López; EUA
1980	Eusebio Pedroza; Pan.	Salvador Sánchez; Méx.
1982	Eusebio Pedroza; Pan.	Juan LaPorte; P. Rico
1984	Eusebio Pedroza; Pan.	Wilfred Gómez; P. Rico
1984	Eusebio Pedroza; Pan.	Azuma Nelson; Ghana
1985	Barry McGuigan; Irl.	Azuma Nelson; Ghana
1986	Steve Cruz; EUA	Azuma Nelson; Ghana
1987	Antonio Esparragoza; Ven.	Azuma Nelson; Ghana
1988	Antonio Esparragoza; Ven.	Jeff Fenech; Austral.

Campeones del mundo de peso gallo (53,52 kg; antes, 47,62, 50,80 y 52,61 kg)

1890	George Dixon; Can.
1892	*Billy Plimmer;* RU
1894	*Jimmy Barry;* EUA
1895	*Pedlar Palmer;* RU
1897	*Jimmy Barry;* EUA
1899	*Terry McGovern;* EUA
1901	*Harry Harris;* EUA
1901	*Harry Forbes;* EUA
1903	*Frankie Neil;* EUA
1904	*Joe Bowker;* RU
1904	*Digger Stanley;* RU
1905	Jimmy Walsh; EUA
1906	Título vacante hasta 1910
1910	Johny Coulon; Can.
1914	Kid Williams; Din.
1915	*Johnny Ertle;* Austria
1917	Pete Herman; EUA
1920	Joe Lynch; EUA
1921	Pete Herman; EUA
1921	Johnny Buff; EUA
1922	Joe Lynch; EUA
1924	Abe Goldstein; EUA
1924	Eddie Martin; EUA
1925	Charley Phil Rosenberg; EUA
1927	*Bud Taylor;* EUA
1928	Bushy Graham; Ital.
1929	*Al Brown;* Pan.
1932	Al Brown; Pan.
1934	*Sixto Escobar;* P. Rico
1935	*Baltasar Sangchili;* Esp.
1935	*Lou Salica;* EUA
1935	*Sixto Escobar;* P. Rico
1937	*Harry Jeffra;* EUA
1938	*Sixto Escobar;* P. Rico
1941	Lou Salica; EUA
1942	Manuel Ortiz; Méx.
1947	Harold Dade; EUA
1947	Manuel Ortiz; Méx.
1950	Vic Toweel; EUA
1952	Jimmy Carruthers; Austral.
1954	Robert Cohen; Argel.
1956	Mario d'Agata; Ital.
1957	Alphonse Halimi; Argel.
1959	José Becerra; Méx.
1960	*Alphonse Halimi;* Argel
1960	*Eder Jofre;* Bras.
1961	Eder Jofre; Bras.
1965	Fighting Harada; Jap.
1968	Lionel Rose; Austral.
1969	Rubén Olivares; Méx.
1970	Chuco Castillo; Méx.
1971	Rubén Olivares; Méx.
1972	Rafael Herrera; Méx.
1972	Enrique Pinder; Pan.

	AMB	CMB
1973	Romeo Anaya; Méx.	Rafael Herrera; Méx.
1973	Arnold Taylor; Sudáfr.	Rafael Herrera; Méx.
1974	Soo Hwan-Hong; Cor. S.	Rudolfo Martínez; Méx.
1975	Alfonso Zamora; Méx.	Rudolfo Martínez; Méx.
1976	Alfonso Zamora; Méx.	Carlos Zárate; Méx.
1977	Jorge Luján; Pan.	Carlos Zárate; Méx.
1979	Jorge Luján; Pan.	Lupe Pintor; Méx.
1980	Julián Solís; P. Rico	Lupe Pintor; Méx.
1980	Jeff Chandler; EUA	Lupe Pintor; Méx.
1983	Jeff Chandler; EUA	Alberto Dávila; Méx.
1984	Richard Sandoval; EUA	Alberto Dávila; Méx.
1985	Richard Sandoval; EUA	Daniel Zaragoza; Méx.
1985	Richard Sandoval; EUA	Miguel Lora; Col.
1986	Bernardo Pinango; Ven.	Miguel Lora; Col.
1987	Takuyama Muguruma; Jap.	Miguel Lora; Col.
1987	Park Chang Young; Cor. S.	Miguel Lora; Col.
1987	Wilfredo Vásquez; P. Rico	Miguel Lora; Col.

Campeones del mundo de peso mosca (50,80 kg)

1913	Sid Smith; RU
1913	Bill Ladbury; RU
1914	Percy Jones; RU
1914	Joe Symonds; RU
1916	Jimmy Wilde; RU
1923	Pancho Villa; Fil.
1925	Fidel la Barba; EUA
1927	Izzy Schwartz; EUA
1930	Midget Wolgast; EUA
1930	Frankie Genaro; EUA
1931	Young Perez; Tún.
1932	Jackie Brown; RU
1935	Benny Lynch; RU
1938	Peter Kane; RU
1943	Jackie Paterson; RU
1947	Rinty Monaghan; RU
1950	Terry Allen; RU
1950	Dado Marino; Haw.
1952	Yoshio Shirai; Jap.
1954	Pascual Pérez; Argent.
1960	Pone Kingpetch; Tail.
1962	Fighting Harada; Jap.
1963	Pone Kingpetch; Tail.
1963	Hiroyuki Ebihara; Jap.
1964	Pone Kingpetch; Tail.
1965	Savatore Burruni; Ital.
1966	Walter McGowan; RU
1966	*Chartchai Choinoi;* Tail.

	AMB	CMB
1967	Horacio Accavallo; Argent.	Chartchai Choinoi; Tail.
1969	Hiroyuki Ebihara; Jap.	Efren Torres; Méx.
1969	Banabe Villacampo; Fil.	Efren Torres; Méx.
1970	Berkrerk Chartvanchai; Tail.	Erbito Salavarría; Fil.
1970	Masao Ohba; Jap.	Erbito Salavarría; Fil.
1971	Masao Ohba; Jap.	Betulio González; Ven.
1972	Masao Ohba; Jap.	Venice Borkorso; Tail.
1973	Chartchai Choinoi; Tail.	Betulio González; Ven.
1974	Susumu Hanagata; Jap.	Shoji Oguma; Jap.
1975	Erbito Salavarria; Fil.	Miguel Canto; Méx.
1976	Guty Espadas; Méx.	Miguel Canto; Méx.
1978	Betulio González; Ven.	Miguel Canto; Méx.
1979	Betulio González; Ven.	Chang-Hee Park; Cor. S.
1979	Luis Iberra; Pan.	Chang-Hee Park; Cor. S.
1980	Tae-Shik Kim; Cor. S.	Shoji Oguma; Jap.
1980	Peter Mathelbula; Sudáfr.	Shoji Oguma; Jap.
1981	Santos Laciar; Argent.	Antonio Avelar; Méx.
1981	Luis Ibarra; Pan.	Antonio Avelar; Méx.
1981	Juan Herrera; Méx.	Antonio Avelar; Méx.
1982	Santos Laciar; Argent.	Prudencio Cardona; Col.
1982	Santos Laciar; Argent.	Freddie Castillo; Méx.
1982	Santos Laciar; Argent.	Eleoncio Mercedes; R. Dom.
1983	Santos Laciar; Argent.	Frank Cedeno; Fil.
1984	Santos Laciar; Argent.	Koji Kobayashi; Jap.
1984	Santos Laciar; Argent.	Gabriel Bernal; Méx.
1985	Hilario Zapata; Pan.	Sot Chitalada; Tail.
1987	Fidel Bassa; Col.	Sot Chitalada; Tail.

CARRERAS DE AUTOMÓVILES

Competiciones de la Federación Internacional de Automovilismo (FIA)
Gran Premio de Fórmula 1
Estados Unidos

año	vencedor	coche	vel. media km/h	circuito
1959	B. McLaren	Cooper-Climax	159,12	Sebring, Florida
1960	S. Moss	Lotus-Climax	159,33	Riverside, California
1961	I. Ireland	Lotus	166,12	Watkins Glen, Nueva York
1962	J. Clark	Lotus	174,79	Watkins Glen, Nueva York
1963	G. Hill	BRM	176,88	Watkins Glen, Nueva York
1964	G. Hill	BRM	178,80	Watkins Glen, Nueva York
1965	G. Hill	BRM	173,70	Watkins Glen, Nueva York
1966	J. Clark	Lotus-BRM	184,98	Watkins Glen, Nueva York
1967	J. Clark	Lotus-Ford	194,65	Watkins Glen, Nueva York
1968	J. Stewart	Matra-Ford	200,99	Watkins Glen, Nueva York
1969	J. Rindt	Lotus-Ford	203,36	Watkins Glen, Nueva York
1970	E. Fittipaldi	Lotus-Ford	204,05	Watkins Glen, Nueva York
1971	F. Cevert	Tyrrell-Ford	185,22	Watkins Glen, Nueva York
1972	J. Stewart	Tyrrell-Ford	187,97	Watkins Glen, Nueva York
1973	R. Peterson	JPS Lotus-Ford	190,07	Watkins Glen, Nueva York
1974	C. Reutemann	Brabham-Ford	191,70	Watkins Glen, Nueva York
1975	N. Lauda	Ferrari	186,84	Watkins Glen, Nueva York
1976	C. Regazzoni	Ferrari	137,71	Long Beach, California
1976	J. Hunt	McLaren-Ford	187,37	Watkins Glen, Nueva York
1977	M. Andretti	Lotus 78	139,83	Long Beach, California
1977	J. Hunt	McLaren M23	162,48	Watkins Glen, Nueva York
1978	C. Reutemann	Ferrari 312T	140,17	Long Beach, California
1978	C. Reutemann	Ferrari 312T	190,82	Watkins Glen, Nueva York
1979	G. Villeneuve	Ferrari 312T4	141,31	Long Beach, California
1979	G. Villeneuve	Ferrari 312T4	171,40	Watkins Glen, Nueva York
1980	N. Piquet	Brabham Bt49 06	142,39	Long Beach, California
1980†	A. Jones	Williams FW07 9	203,49	Watkins Glen, Nueva York
1981	A. Jones	Williams FW07B	140,98	Long Beach, California
1981	A. Jones	Williams FW07C	157,55	Las Vegas, Nevada
1982	N. Lauda	McLaren MP4	131,00	Long Beach, California
1982	J. Watson	McLaren MP4	125,85	Detroit, Michigan
1982	M. Alboreto	Tyrrell OII	161,09	Las Vegas, Nevada
1983	J. Watson	McLaren MP4	129,75	Long Beach, California
1983	M. Alboreto	Tyrrell OII	130,40	Detroit, Michigan
1983	M. Andretti	Lola T-700	140,32	Las Vegas, Nevada
1984	N. Piquet	Brabham-BMW	131,50	Detroit, Michigan
1984	K. Rosberg	Williams Honda FW09	129,26	Dallas, Texas
1985	K. Rosberg	Williams Honda	131,48	Detroit, Michigan
1986	A. Senna	Lotus-Renault 98T	136,74	Detroit, Michigan
1987	A. Senna	Lotus-Honda	137,91	Detroit, Michigan

† Último año de utilización del circuito indicado.

República Federal de Alemania

Todas las pruebas se celebraron en Nürburg, salvo la de 1959, celebrada en Avus, y las de 1970 y 1977-88, en Hockenheim

año	vencedor	coche	vel. media km/h
1956	J. Fangio	Lancia-Ferrari	137,71
1957	J. Fangio	Maserati	142,89
1958	T. Brooks	Vanwall	145,40
1959	T. Brooks	Ferrari	231,10
1960	J. Bonnier	Porsche	129,20
1961	S. Moss	Lotus	148,60
1962	G. Hill	BRM	129,20
1963	J. Surtees	Ferrari	154,22
1964	J. Surtees	Ferrari	153,30
1965	J. Clark	Lotus	160,60
1966	J. Brabham	Repco-Brabham	139,53
1967	D. Hulme	Repco-Brabham	163,19
1968	J. Stewart	Matra-Ford	139,72
1969	J. Ickx	Brabham-Ford	174,50
1970	J. Rindt	Lotus-Ford	226,42
1971	J. Stewart	Tyrrell-Ford	184,27
1972	J. Ickx	Ferrari	187,70
1973	J. Stewart	Tyrrell-Ford	188,00
1974	C. Regazzoni	Ferrari	188,82
1975	C. Reutemann	Brabham	189,35
1976	J. Hunt	McLaren-Ford	182,10
1977	N. Lauda	Ferrari	208,50
1978	M. Andretti	Lotus 79	208,23
1979	A. Jones	Williams FW	216,09
1980	J. Lafitte	Ligier JS11 15 03	220,83
1981	N. Piquet	Brabham BT49C	213,29
1982	P. Tambay	Ferrari 126C2	209,90
1983	R. Arnoux	Ferrari 126C	210,32
1984	A. Prost	McLaren-TAG MP	211,89
1985	M. Alboreto	Ferrari	191,14
1986	N. Piquet	Williams Honda	229,53
1987	N. Piquet	Williams Honda	220,39
1988	A. Senna	McLaren-Honda	

Francia

año	vencedor	coche	vel. media km/h	circuito
1956	P. Collins	Lancia-Ferrari	196,81	Reims
1957	J. Fangio	Maserati	160,97	Ruán
1958	M. Hawthorn	Ferrari	201,91	Reims
1959	T. Brooks	Ferrari	205,09	Reims
1960	J. Brabham	Cooper	212,74	Reims
1961	G. Baghetti	Ferrari	192,86	Reims
1962	D. Gurney	Porsche	163,98	Ruán
1963	J. Clark	Lotus	201,67	Reims
1964	D. Gurney	Brabham	175,42	Ruán
1965	J. Clark	Lotus	143,55	Clermont-Ferrand
1966	J. Brabham	Repco-Brabham	220,00	Reims
1967	J. Brabham	Repco-Brabham	159,16	Le Mans
1968	J. Ickx	Ferrari	161,58	Ruán
1969	J. Stewart	Matra-Ford	157,23	Clermont-Ferrand
1970	J. Rindt	Lotus-Ford	158,30	Clermont-Ferrand
1971	J. Stewart	Tyrrell-Ford	179,76	Le Camp-du-Castellet
1972	J. Stewart	Tyrrell-Ford	163,45	Clermont-Ferrand
1973	R. Peterson	JPS Lotus-Ford	185,27	Le Camp-du-Castellet
1974	R. Peterson	JPS Lotus-Ford	192,72	Dijon
1975	N. Lauda	Ferrari	187,66	Le Camp-du-Castellet
1976	J. Hunt	McLaren-Ford	186,57	Le Camp-du-Castellet
1977	M. Andretti	Lotus 78	183,01	Dijon
1978	M. Andretti	Lotus 79	190,41	Paul Ricard
1979	J. P. Jabouille	Renault RS	191,32	Dijon-Prenois
1980	A. Jones	Williams-Ford	203,02	Le Camp-du-Castellet
1981	A. Prost	Renault RE32	190,36	Dijon-Prenois
1982	R. Arnoux	Renault RE38B	201,20	Le Camp-du-Castellet
1983	A. Prost	Renault RE40	199,87	Le Camp-du-Castellet
1984	N. Lauda	McLaren-TAG-Porsche	202,10	Dijon
1985	N. Piquet	Brabham BMW	201,32	Paul Ricard
1986	N. Mansell	Williams Honda FW11	118,05	Dijon
1987	N. Mansell	Williams Honda	188.56	Le Camp-du-Castellet

Italia

Todas las pruebas se celebraron en Monza menos la de 1980, en Imola

año	vencedor	coche	vel. media km/h
1956	S. Moss	Maserati	208,81
1957	S. Moss	Vanwall	193,60
1958	T. Brooks	Vanwall	195,00
1959	S. Moss	Cooper-Climax	200,20
1960	P. Hill	Ferrari	215,53
1961	P. Hill	Ferrari	209,34
1962	G. Hill	BRM	198,95
1963	J. Clark	Lotus	205,58
1964	J. Surtees	Ferrari	205,50
1965	J. Stewart	BRM	209,96
1966	L. Scarfiotti	Ferrari	218,71
1967	J. Surtees	Honda	226,11
1968	D. Hulme	McLaren-Ford	234,16
1969	J. Stewart	Matra-Ford	235,77
1970	C. Regazzoni	Ferrari	236,69
1971	P. Gethin	BRM	242,61
1972	E. Fittipaldi	JPS Lotus-Ford	211,81
1973	R. Peterson	JPS Lotus-Ford	212,98
1974	R. Peterson	JPS Lotus-Ford	217,92
1975	C. Regazzoni	Ferrari	218,02
1976	R. Peterson	March-Ford	199,75
1977	M. Andretti	JPS Lotus-Ford	206,01
1978	N. Lauda	Brabham BT46	207,53
1979	J. Scheckter	Ferrari 312T4	212,19
1980	N. Piquet	Brabham BT49 9	183,44
1981	A. Prost	Renault RE34	209,00
1982	R. Arnoux	Renault RE35B	219,50
1983	N. Piquet	Brabham BT52	217,55
1984	N. Lauda	McLaren-TAG-Porsche	220,51
1985	A. Prost	McLaren-TAG-Porsche	227,56
1986	N. Piquet	Williams Honda FW11	228,37
1987	N. Piquet	Williams Honda	232,63

Campeones del mundo de Formula 1

año	*vencedor*	*país*	*coche*	*año*	*vencedor*	*país*	*coche*
1980	*G. Farina*	*Italia*	*Alfa Romeo*	*1970*	*J. Rindt*	*Austria*	*Lotus-Ford*
1951	*J. Fangio*	*Argentina*	*Alfa Romeo*	*1971*	*J. Stewart*	*RU*	*Tyrrell-Ford*
1952	*A. Ascari*	*Italia*	*Ferrari*	*1972*	*E. Fittipaldi*	*Brasil*	*JPS Lotus-Ford*
1953	*A. Ascari*	*Italia*	*Ferrari*	*1973*	*J. Stewart*	*RU*	*Tyrrell-Ford*
1954	*J. Fangio*	*Argentina*	*Mercedes & Maserati*	*1974*	*E. Fittipaldi*	*Brasil*	*McLaren-Ford*
1955	*J. Fangio*	*Argentina*	*Mercedes*	*1975*	*N. Lauda*	*Austria*	*Ferrari*
1956	*J. Fangio*	*Argentina*	*Ferrari*	*1976*	*J. Hunt*	*RU*	*McLaren-Ford*
1957	*J. Fangio*	*Argentina*	*Maserati*	*1977*	*N. Lauda*	*Austria*	*Ferrari*
1958	*M. Hawthorn*	*RU*	*Ferrari*	*1978*	*M. Andretti*	*EUA*	*Lotus*
1959	*J. Brabham*	*Australia*	*Cooper-Climax*	*1979*	*J. Scheckter*	*R. Sudafri.*	*Ferrari*
1960	*J. Brabham*	*Australia*	*Cooper-Climax*	*1980*	*A. Jones*	*Australia*	*Williams*
1961	*P. Hill*	*EUA*	*Ferrari*	*1981*	*N. Piquet*	*Brasil*	*Brabham*
1962	*G. Hill*	*RU*	*BRM*	*1982*	*K. Rosberg*	*Finlandia*	*Williams*
1963	*J. Clark*	*RU*	*Lotus-Climax*	*1983*	*N. Piquet*	*Brasil*	*Brabham*
1964	*J. Surtees*	*RU*	*Ferrari*	*1984*	*N. Lauda*	*Austria*	*McLaren-TAG-Porsche*
1965	*J. Clark*	*RU*	*Lotus-Climax*	*1985*	*A. Prost*	*Francia*	*McLaren-TAG-Porsche*
1966	*J. Brabham*	*Australia*	*Repco-Brabham*	*1986*	*A. Prost*	*Francia*	*McLaren-TAG-Porsche*
1967	*D. Hulme*	*Nueva Zelanda*	*Repco-Brabaham*	*1987*	*N. Piquet*	*Brasil*	*Williams-Honda*
1968	*G. Hill*	*RU*	*Lotus-Ford*	*1988*	*A. Senna*	*Brasil*	*McLaren-Honda*
1969	*J. Stewart*	*RU*	*Matra-Ford*				

Rally de Monte Carlo. Tiene la salida en diferentes ciudades europeas y la llegada en Monaco.

año	*vencedor*	*coche*	*año*	*vencedor*	*coche*
1911	*H. Rougier*	*Turcat Méry*	*1960*	*Schock, Moll*	*Mercedes*
1912	*J. Beutler*	*Berliet*	*1961*	*Martin, Bateau*	*Panhard*
1924	*Ledure*	*Bignan*	*1962*	*Carlsson, Häggbom*	*Saab*
1925	*F. Repusseau*	*Renault*	*1963*	*Carlsson, Palm*	*Saab*
1926	*V. Bruce*	*A.C.*	*1964*	*Hopkirk, Liddon*	*Mini-Cooper*
1927	*Lefébvre, Despeaux*	*Amilcar*	*1965*	*Makinen, Easter*	*Mini-Cooper*
1928	*J. Bignan*	*Fiat*	*1966*	*Toivonen, Mikander*	*Citroën*
1929	*S. Van Eijk*	*Graham Paige*	*1967*	*Aaltonen, Liddon*	*Mini-Cooper*
1930	*H. Petit*	*Licorne*	*1968*	*Elford, Stone*	*Porsche*
1931	*D. Healey*	*Invicta*	*1969*	*Waldegard, Helmer*	*Porsche*
1932	*M. Vasselle*	*Hotchkiss*	*1970*	*Waldegard, Helmer*	*Porsche*
1933	*M. Vasselle*	*Hotchkiss*	*1971*	*Andersson, Stone*	*Renault*
1934	*Gas, Trevoux*	*Hotchkiss*	*1972*	*Munari, Mannucci*	*Lancia Fulvia*
1935	*Lahaye, Quatresous*	*Renault*	*1973*	*Andruet, Petit*	*Alpine-Renault*
1936	*Zamfirescu, Cristea*	*Ford*	*1975*	*Munari, Mannucci*	*Lancia Stratos*
1937	*Le Begue, Quinlin*	*Delahaye*	*1976*	*Munari, Maiga*	*Lancia Stratos*
1938	*Schut, Ton*	*Ford*	*1977*	*Munari, Maiga*	*Lancia Stratos*
1939	*Trevoux, Lesurque*	*Hotchkiss*	*1978*	*Nicolas, Laverne*	*Porsche Carerra*
	Paul, Contet	*Delahaye*	*1979*	*Darniche, Mahé*	*Lancia Stratos*
1949	*Trevoux, Lesurque*	*Hotchkiss*	*1980*	*Rörhl, Geistdorfer*	*Fiat Abarths*
1950	*Becquart, Secret*	*Hotchkiss*	*1981*	*Ragnotti, Andrie*	*Renault Turbo*
1951	*Trevoux, Corvetto*	*Delahaye*	*1982*	*Rörhl, Geistdorfer*	*Opel Ascona*
1952	*Allard, Warbuton*	*Allard*	*1983*	*Rörhl, Geistdorfer*	*Lancia Rally*
1953	*Gatsonidas, Worledge*	*Ford Zephir*	*1984*	*Rörhl, Geistdorfer*	*Audi Quattro*
1954	*Chiron Basadonna*	*Lancia Aurelia*	*1985*	*Vatanen*	*Peugeot 205*
1955	*Malling, Fadum*	*Sunbeam-Talbot*	*1986*	*Vatanen*	*Peugeot 205*
1956	*Adams, Bigger*	*Jaguar*	*1987*	*Biasion*	*Lancia Delta*
1958	*Monraisse, Feret*	*Renault*	*1988*	*Saby*	*Lancia Delta*
1959	*Contelloni, Alexandre*	*Citroën*			

No se corrió en los años 1913-23, 1940-48. 1957 y 1974.

Campeonato del mundo de constructores de Formula 1

año	*coche*
1955	*Mercedes*
1956	*Ferrari*
1957	*Maserati*
1958	*Ferrari*
1959	*Cooper-Climax*
1960	*Cooper-Climax*
1961	*Ferrari*
1962	*BRM*
1963	*Lotus-Climax*
1964	*Ferrari*
1965	*Lotus-Climax*
1966	*Repco-Brabham*
1967	*Repco-Brabham*
1968	*Lotus-Ford*
1969	*Matra-Ford*
1970	*Lotus-Ford*
1971	*Tyrrell-Ford*
1972	*JPS Lotus-Ford*
1973	*JPS Lotus-Ford*
1974	*McLaren-Ford*
1975	*Ferrari*
1976	*Ferrari*
1977	*Ferrari*
1978	*Lotus*
1979	*Ferrari*
1980	*Williams-Cosworth-Ford*
1981	*Williams-Cosworth-Ford*
1982	*Ferrari*
1983	*Ferrari*
1984	*McLaren-TAG-Porsche*
1985	*McLaren-Porsche*
1986	*McLaren-Porsche*
1987	*Williams-Honda*
1988	*McLaren-Honda*

Campeonatos internacionales de rallies de marcas de la FIA

Gran Premio de resistencia de las 24 horas de Le Mans Celebrado en el circuito de Sarthe, Le Mans, Francia

año	*vencedores*	*coche*	*año*	*vencedores*	*coche*	*año*	*vencedor*	*coche*
1923	*Legache, Léonard*	*Chenard-Walcker*	*1952*	*Lang, Riess*	*Mercedes-Benz*	*1971*	*Marko, Van Lennep*	*Porsche**
1924	*Duff, Clément*	*Bentley*	*1953*	*Hamilton, Rolt*	*Jaguar*	*1972*	*Hill, Pescarolo*	*Matra-Simca*
1925	*Courcelles, Rossignol*	*Lorraine-Dietrich*	*1954*	*Gonzalez, Trigtinant*	*Ferrari*	*1973*	*Pescarolo, Larousse*	*Matra-Simca*
1926	*Block, Rossignol*	*Lorraine-Dietrich*	*1955*	*Hawthorn, Bueb*	*Jaguar*	*1974*	*Pescarolo, Larousse*	*Matra Simca*
1927	*Benjafield, Davis*	*Bentley*	*1956*	*Flockhart, Sanderson*	*Jaguar*	*1975*	*Ickx, Bell*	*Gulf-Ford*
1928	*Barnato, Rubin*	*Bentley*	*1957*	*Flockhart, Bueb*	*Jaguar*	*1976*	*Ickx, Van Lennep*	*Porsche*
1929	*Barnato, Birkin*	*Bentley*	*1958*	*Gendebien, Hill*	*Ferrrari*	*1977*	*Ickx, Barth/Haywood*	*Porsche*
1930	*Barnato, Kidston*	*Bentley*	*1959*	*Salvadori, Shelby*	*Aston Martin*	*1978*	*Jaussaud, Pironi*	*Renault-Alpine*
1931	*Howe, Birkin*	*Alfa Romeo*	*1960*	*Frére, Gendebien*	*Ferrari*	*1979*	*Ludwig, Whittington*	*Porsche*
1932	*Sommer, Chinetti*	*Alfa Romeo*	*1961*	*Hill, Hendebien*	*Ferrari*	*1980*	*Rondeau, Jaussaud*	*Porsche*
1933	*Sommer, Nuvolari*	*Alfa Romeo*	*1962*	*Hill, Hendebien*	*Ferrari*	*1981*	*Bell, Ickx*	*Porsche*
1934	*Chinetti, Etancelin*	*Alfa Romeo*	*1963*	*Scarfiotti, Bandini*	*Ferrari*	*1982*	*Bell, Ickx*	*Porsche*
1935	*Hindmarsh, Fontés*	*Lagonda*	*1964*	*Guichet, Vaccaralla*	*Ferrari*	*1983*	*Holbert, Hayward/Schu*	*Porsche*
1937	*Wimille, Benoist*	*Bugatti*	*1965*	*Gregori, Rindt*	*Ferrari*	*1984*	*Pescarolo, Ludwig*	*Porsche*
1938	*Chauboud, Tremoulet*	*Delahaye*	*1966*	*McLaren, Amon*	*Ford Mk II*	*1985*	*Ludwig, Winter*	*Porsche 956*
1939	*Wimille, Veyron*	*Bugatti*	*1967*	*Gurney, Foyt*	*Ford Mk IV*	*1986*	*Bell, Stuck*	*Porsche 956*
1949	*Chinetti, Selsdon*	*Ferrari*	*1968*	*Rodriguez, Bianchi*	*Ford G.T. 40*	*1987*	*Bell, Stuck*	*Porsche 956*
1950	*Rosier, Rosier*	*Talbot*	*1969*	*Ickx, Oliver*	*Ford G.T. 40*	*1988*	*Lamers, Dumfries*	*Jaguar*
1951	*Walker, Whitehead*	*Jaguar*	*1970*	*Attwood, Herrmann*	*Porsche*			

* *Record 5.335,2 km (media 222,25 km/h).*

CICLISMO

Campeonato mundial de ciclismo en pista

Hombres. La prueba de velocidad se celebró por primera vez en 1893 para aficionados y en 1895 para profesionales

año	ciudad	velocidad (afic.)	velocidad (prof.)	persecución (afic.)	persecución (prof.)
1946	Zurich	O. Plattner; Suiza	J. Derksen; P. Bajos	R. Rioland; Fr.	G. Peters; P. Bajos
1947	París	R. Harris; RU	J. Scherens; Bélg.	G. Messina; Ital.	F. Coppi; Ital.
1948	Amsterdam	M. Ghella; Italy	A. van Vliet; P. Bajos	G. Messina; Ital.	G. Schulte; P. Bajos
1949	Copenhague	S. Patterson; Austral.	R. Harris; RU	K.E. Anderson; Din.	F. Coppi; Ital.
1950	Lieja, Bélg.	M. Verdeun; Fr.	R. Harris; RU	S. Patterson; Austral	A. Bevilacqua; Ital.
1951	Milán	E. Sacchi; Ital.	R. Harris; RU	N. de Rossi; Ital.	A. Bevilacqua; Ital.
1952	París	E. Sacchi; Ital.	O. Plattner; Suiza	P. van Hensden; P. Bajos	S. Patterson; Austral.
1953	Zurich	M. Morettini; Ital.	A. van Bliett; P. Bajos	G. Messina; Ital.	S. Patterson; Austral.
1954	Colonia	C. Peacock; RU	R. Harris; RU	L. Faggin; Ital.	G. Messina; Ital.
1955	Milán	G. Ogna; Ital.	A. Maspes; Ital.	N. Sheil; RU	G. Messina; Ital.
1956	Copenhague	M. Rousseau; Fr.	A. Maspes; Ital.	E. Baldini; Ital.	G. Messina; Ital.
1957	Lieja, Bélg.	M. Rousseau; Fr.	J. Derksen; P. Bajos	C. Simonigh; Ital.	R. Rivière; Fr.
1958	París	V. Gasparella; Ital.	M. Rousseau; Fr.	N. Sheil; RU	R. Rivière; Fr.
1959	Amsterdam	V. Gasparella; Ital.	A. Maspes; Ital.	R. Altig; RFA	R. Rivière; Fr.
1960	Leipzig	S. Gaiardoni; Ital.	A. Maspes; Ital.	M. Delattre; Fr.	R. Altig; RFA
1961	Zurich	S. Bianchetto; Ital.	A. Maspes; Ital.	H. Nydam; P. Bajos	R. Altig; RFA
1962	Milán	S. Bianchetto; Ital.	A. Maspes; Ital.	K. Jensen; Din.	H. Nydam; P. Bajos
1963	Lieja, Bélg.	P. Sercu; Bélg.	S. Gaiardoni; Ital.	J. Walschaerts; Bélg.	L. Faggin; Ital.
1964	París	P. Trentin; Fr.	A. Maspes; Ital.	T. Groen; P. Bajos	F. Bracke; Bélg.
1965	San Sebastián, Esp.	O. Fakadze; URSS	G. Beghetto; Ital.	T. Groen; P. Bajos	L. Faggin; Ital.
1966	Francfort	D. Morelon; Fr.	G. Beghetto; Ital.	T. Groen; P. Bajos	L. Faggin; Ital.
1967	Amsterdam	D. Morelon; Fr.	P. Sercu; Bélg.	G. Bongers; P. Bajos	T. Groen; P. Bajos
1968	*	L. Borghetti; Ital.	G. Beghetto; Ital.	M. Frey-Jensen; Din.	H. Porter; RU
1969	†	D. Morelon; Fr.	P. Sercu; Bélg.	X. Kurmann; Suiza	F. Bracke; Bélg.
1970	Leicester, RU	D. Morelon; Fr.	G. Johnson; Austral.	X. Kurmann; Suiza	H. Porter; RU
1971	Varese, Ital.	D. Morelon; Fr.	L. Loeveseijn; P. Bajos	M. Rodríguez; Col.	D. Baert; Bélg.
1972	Marsella	‡	R. Van Lancker; Bélg.	‡	H. Porter; RU
1973	San Sebastián, Esp.	D. Morelon; Fr.	R. Van Lancker; Bélg.	K. Knudsen; Nor.	H. Porter; RU
1974	Montreal	A. Tkac; Chec.	P. Pedersen; Din.	H. Lutz; RFA	R. Schuiten; P. Bajos
1975	Lieja, Bélg.	D. Morelon; Fr.	J. Nicholson; Austral.	T. Huschke; RDA	R. Schuiten; P. Bajos
1976	Monteroni de Lecce, Ital.	‡	J. Nicholson; Austral.	‡	F. Moser; Ital.
1977	San Cristóbal, Ven.	H. J. Geschke; DDR	K. Nakano; Jap.	N. Durpisch; RDA	G. Braun; RFA
1978	Munich	A. Tkac; Chec.	K. Nakano; Jap.	D. Macha; RDA	G. Braun; RFA
1979	Amsterdam	L. Hesslich; DDR	K. Nakano; Jap.	N. Marakov; URSS	B. Oosterbosch; P. Bajos
1980	Besançon, Fr.	‡	K. Nakano; Jap.	‡	A. Doyle; RU
1981	Brno, Chec.	S. Kopylov; URSS	K. Nakano; Jap.	D. Macha; RDA	A. Bondue; Fr.
1982	Goodwood, RU	S. Kopylov; URSS	K. Nakano; Jap.	D. Macha; RDA	A. Bondue; Fr.
1983	Zurich	L. Hesslich; DDR	K. Nakano; Jap.	V. Koupovets; URSS	S. Bishop; Austral.
1984	Barcelona	‡	K. Nakano; Jap.	‡	H.-H. Oersted; Din.
1985	Bassano del Grappa, Ital.	L. Hesslich; DDR	K. Nakano; Jap.	V. Ekimov; URSS	H.-H. Oersted; Din.
1986	Colorado Springs, EUA	M. Hübner; DDR	K. Nakano; Jap.	V. Ekimov; URSS	T. Doyle; RU
1987	Viena	L. Hesslich; DDR	N. Tawara; Jap.	G. Umaras; URSS	H.-H. Oersted; Din.

* Aficionado en Montevideo; profesional en Roma. † Afcionado en Brno, profesional en Amberes. ‡ No celebrado por coincidir con los Juegos Olímpicos.

Mujeres

año	ciudad	velocidad (afic.)	persecución (afic.)
1958	París	G. Yermolaieva; URSS	L. Kochetova; URSS
1959	Amsterdam	G. Yermolaieva; URSS	B. Burton; RU
1960	Leipzig	G. Yermolaieva; URSS	B. Burton; RU
1961	Zurich	G. Yermolaieva; URSS	Y. Reynders; Bélg.
1962	Milán	V. Savina; URSS	B. Burton; RU
1963	Lieja, Bélg.	I. Kirichenko; URSS	B. Burton; RU
1964	París	V. Sabina; URSS	Y. Reynders; Bélg.
1965	San Sebastián, Esp.	G. Yermolaieva; URSS	Y. Reynders; Bélg.
1966	Francfort	I. Kirichenko; URSS	B. Burton; RU
1967	Amsterdam	V. Savina; URSS	T. Garkushina; URSS
1968	Montevideo, Ital.	A. Baguiniantz; URSS	R. Obodovskaia; URSS
1969	Brno, Chec.	G. Tsariova; URSS	R. Obodovskaia; URSS
1970	Leicester; RU	G. Tsariova; URSS	T. Garkushina; URSS
1971	Varese, Ital.	G. Tsariova; URSS	T. Garkushina; URSS
1972	Marsella	G. Yermolaieva; URSS	T. Garkushina; URSS
1973	San Sebastián, Esp.	S. Young; URSS	T. Garkushina; URSS
1974	Montreal	T. Piltsikova; URSS	T. Garkushina; URSS
1975	Lieja, Bélg.	S. Novarra; EUA	K. van Oosten-Hage; P. Bajos
1976	Monteroni de Lecce, Ital.	S. Young; EUA	K. van Oosten-Hage; P. Bajos
1977	San Cristóbal, Ven.	G. Tsariova; URSS	V. Kuznetsova; URSS
1978	Munich	G. Tsariova; URSS	K. van Oosten-Hage; P. Bajos
1979	Amsterdam	G. Tsariova; URSS	K. van Oosten-Hage; P. Bajos
1980	Besançon, Fr.	S. Novarra-Reber; EUA	N. Kibardina; URSS
1981	Brno, Chec.	S. Young-Ochowicz; EUA	N. Kibardina; URSS
1982	Goodwood; RU	C. Paraskevin; EUA	R. Twigg; EUA
1983	Zurich	C. Paraskevin; EUA	C. Carpenter; EUA
1984	Barcelona	C. Paraskevin; EUA	R. Twigg; EUA
1985	Bassano del Grappa, Ital.	I. Nicoloso; Fr.	R. Twigg; EUA
1986	Colorado Springs, EUA	C. Rothenburger; DDR	J. Longo; Fr.
1987	Viena	E. Salumiae; URSS	R. Twigg-Whitehead; EUA

Campeones del *Tour* de Francia desde 1947

año	vencedor	km
1947	J. Robic; Fr.	4.640
1948	G. Bartali, Ital.	4.922
1949	F. Coppi; Ital.	4.813
1950	F. Kubler; Suiza	4.776
1951	H. Koblet; Suiza	4.474
1952	F. Coppi; Ital.	4.807
1953	L. Bobet; Fr.	4.479
1954	L. Bobet; Fr.	4.855
1955	L. Bobet; Fr.	4.495
1956	R. Walkowiak; Fr.	4.528
1957	J. Anquetil; Fr.	4.555
1958	C. Gaul; Lux.	4.319
1959	F. Bahamontes; Esp.	4.363
1960	G. Nencini; Ital.	4.272
1961	J. Anquetil; Fr.	4.394
1962	J. Anquetil; Fr.	4.272
1963	J. Anquetil; Fr.	4.141
1964	J. Anquetil; Fr.	4.505
1965	F. Gimondi; Ital.	4.176
1966	L. Aimar; Fr.	4.329
1967	R. Pingeon; Fr.	4.780
1968	J. Janssen; P. Bajos	4.662
1969	E. Merckx; Bélg.	4.102
1970	E. Merckx; Bélg.	4.367
1971	E. Merckx; Bélg.	3.690
1972	E. Merckx; Bélg.	3.847
1973	L. Ocaña; Esp.	4.140
1974	E. Merckx; Bélg.	4.098
1975	B. Thévenet; Fr.	3.999
1976	L. van Impe; Bélg.	4.016
1977	B. Thévenet; Fr.	4.092
1978	B. Hinault; Fr.	3.913
1979	B. Hinault; Fr.	3.720
1980	J. Zoetemelk; P. Bajos	3.949
1981	B. Hinault; Fr.	3.756
1982	B. Hinault; Fr.	3.253
1983	L. Fignon; Fr.	3.808
1984	L. Fignon; Fr.	3.921
1985	B. Hinault; Fr.	4.100
1986	G. Le Mond; EUA	4.091
1987	S. Roche; Irl.	4.100

Campeones mundiales de ciclismo en carretera

año	ciudad	hombres (afic.)	hombres (prof.)	mujeres (prof.)
1946	Zurich	H. Aubry; Fr.	H. Knecht; Suiza	
1947	Reims, Fr.	A. Ferrari; Ital.	T. Middelkamp; P. Bajos	
1948	Valkenburg, P. Bajos	H. Snell; Suec.	A. Schotte; Bélg.	
1949	Copenhague	H. J. Faanhof; P. Bajos	H. van Stenbergen; Bélg.	
1950	Moorslede, Bélg.	J. Houbin; Austral.	A. Schotte; Bélg.	
1951	Varese, Ital.	G. Ghidini, Ital.	F. Kubler; Suiza	
1952	Luxemburgo	L. Ciancola; Ital.	H. Müller; RFA	
1953	Lugano, Suiza	R. Filippi; Ital.	F. Coppi; Ital.	
1954	Solingen, RFA	E. van Cautier; Bélg.	L. Bobet; Fr.	
1955	Roma	S. Ranucci; Ital.	S. Ockers; Bélg.	
1956	Ballerup, Din.	F. Mahn; P. Bajos	R. van Steenbergen; Bélg.	
1957	Waregem, Bélg.	L. Proost; Bélg.	R. van Steenbergen; Bélg.	
1958	Reims, Fr.	G. Schur; DDR	E. Baldini; Ital.	E. Jacobs; Lux.
1959	Zandvoort, P. Bajos	G. Schur; DDR	A. Darrigade,; Fr.	Y. Reynders; Bélg.
1960	Sachsenring, RFA	B. Eckstein; DDR	R. van Looy; Bélg.	B. Burton; RU
1961	Berna	J. Jourden; Fr.	R. van Looy; Bélg.	Y. Reynders; Bélg.
1962	Salo, Fin.	R. Bongioni; Ital.	J. Stablenski; Fr.	M. R. Gaillard; Bélg.
1963	Renaix, Bélg.	F. Vicentini; Ital.	B. Beheyt; Bélg.	Y. Reynders; Bélg.
1964	Sallanches, Fr.	E. Merckx; Bélg.	J. Janssen; P. Bajos	E. Sonk; URSS
1965	San Sebastián, Esp.	J. Botherell; Fr.	T. Simpson; RU	E. Eicholz; DDR
1966	Nürburgring, RFA	E. Dolman; P. Bajos	R. Altig; RFA	Y. Reynders; Bélg.
1967	Heerlen, P. Bajos	G. Webb; RU	E. Merckx; Bélg.	B. Burton; RU
1968	*	V. Marcelli; Ital.	V. Adorni; Ital.	K. Hage; P. Bajos
1969	†	L. Mortensen; Din.	H. Ottenbros; P. Bajos	A. McElmury; EUA
1970	Leicester	J. Schmidt; Din.	J. Montseré; Bélg.	A. Konkina; URSS
1971	Mendrisio, Suiza	R. Ovion; Fr.	E. Merckx; Bél.	A. Konkina; URSS
1972	Gap, Fr.	‡	M. Basso; Ital.	G. Gambillon; Fr.
1973	Barcelona	R. Szurkowski; Pol.	F. Gimondi; Ital.	N. van Den Broeck; Bélg.
1974	Montreal	J. Kowalski; Pol.	E. Merckx; Bélg.	G. Gambillon; Fr.
1975	Yvoir, Bélg.	A. Gevers; P. Bajos	H. Kuiper; P. Bajos	T. Fopma; P. Bajos
1976	Ostuni, Ital.	‡	F. Maertens; Bélg.	K. van Oosten-Hage; P. Bajos
1977	San Cristóbal	C. Corti; Ital.	F. Moser; Ital.	J. Bost; Fr.
1978	Nürburgring, RFA	G. Glaus; Suiza	G. Knetemann; P. Bajos	B. Habetz; RFA
1979	Valkenburg, P. Bajos	G. Giacomini; Ital.	J. Raas; P. Bajos	P. de Bruin; P. Bajos
1980	Sallanches, Fr.	‡	B. Hinault; Fr.	B. Heiden; EUA
1981	Praga	A. Vedernikov; URSS	F. Maertens; Bélg.	U. Enzenauer; RFA
1982	Goodwood, RU	B. Drogan; DDR	G. Saronni; Ital.	A. Jones; RU
1983	Altenrhein, Suiza	U. Raab; DDR	G. Lemond; EUA	M. Berglund; Suec.
1984	Barcelona	‡	C. Criquelion; Bélg.	‡
1985	Véneto, Ital.	L. Piasecki; Pol.	J. Zoetemelk; P. Bajos	J. Longo; Fr.
1986	Colorado Springs, EUA	U. Ampler; DDR	M. Argentin; Ital.	J. Longo; Fr.
1987	Viena	R. Vivien; Fr.	S. Roche; Irl.	J. Longo; Fr.

* Aficionado en Montevideo; profesional en Oniola, Ital. † Aficionado en Brno, Checoslovaquia; profesional en Zolder, Países Bajos. ‡ No celebrado por coincidir con los Juegos Olímpicos.

ESGRIMA

Campeonatos del mundo*

año	ciudad	individual florete (masc.)	espada	sable	florete (fem.)	por equipos florete (masc.)	espada	sable	florete (fem.)
1947	Lisboa	C. d'Oriola; Fr.	E. Artigas; Fr.	A. Montano; Ital.	E. Müller-Preiss; Austria	Francia	Francia	Italia	Dinam.
1948†	Londres	J. Buhan; Fr.	L. Cantone; Ital.	A. Gerevich; Hung.	I. Elek; Hung.	Francia	Francia	Hungría	—
1949	El Cairo	C. d'Oriola; Fr.	D. Mangiarotti; Ital.	G. Daré; Ital.	E. Müller-Preiss; Austria	Italia	Italia	Italia	—
1950	Montecarlo	R. Nosini; Ital.	M. Luchow; Din.	J. Levavasseur; Fr.	R. Garilhe; Fr.; E. Müller-Preiss; Austria (empate)	Italia	Italia	Italia	Francia
1951	Estocolmo	M. di Rosa; Ital.	E. Mangiarotti; Ital.	A. Gerevich; Hung.	I. Elek; Hung.	Francia	Francia	Hungría	Francia
1952†	Helsinki	C. d'Oriola; Fr.	E. Mangiarotti; Ital.	P. Kovács; Hung.	I. Camber; Ital.	Francia	Italia	Hungría	—
1953	Bruselas	C. d'Oriola; Fr.	J. Sakovits Hung.	P. Kovács; Hung.	I. Camber; Ital.	Francia	Italia	Hungría	Hungría
1954	Luxemburgo	C. d'Oriola; Fr.	E. Mangiarotti; Ital.	R. Kárpáti; Hung.	K. Lachmann; Din.	Italia	Italia	Hungría	Hungría
1955	Roma	J. Gyuricza; Hung.	G. Anglesio; Ital.	A. Gerevich; Hung.	L. Domolki; Hung.	Italia	Italia	Hungría	Hungría
1956†	Melbourne	C. d'Oriola; Fr.	C. Pavesi; Ital.	R. Kárpáti; Hung.	G. Sheen; RU	Italia	Italia	Hungría	—
1957	París	M. Fulop; Hung.	A. Movyal; Fr.	J. Pawlowski; Pol.	A. Zabelina; URSS	Hungría	Italia	Hungría	Italia
1958	Filadelfia	G. C. Bergamini; Ital.	H. W. F. Hoskyns; RU	Y. Rilski; URSS	V. Kisseleva; URSS	Francia	Italia	Hungría	URSS
1959	Budapest	A. Jay; RU	B. Jabarov; URSS	R. Kárpáti; Hung.	E. Efimova; URSS	URSS	Hungría	Polonia	Hungría
1960†	Roma	V. Zhdanovich; URSS	G. Delfino; Ital.	R. Kárpáti; Hung.	A. Schmid; Alem.‡	URSS	Italia	Hungría	URSS
1961	Turín, Ital.	R. Parulski; Pol.	J. Guittet; Fr.	Y. Rilski; URSS	H. Schmid; RFA	URSS	URSS	Polonia	URSS
1962	Buenos Aires	G. Sveshnikov; URSS	I. Kausz; Hung.	Z. Horvath; Hung.	O. Orban-Szabo; Rum.	URSS	Francia	Polonia	Hungría
1963	Gdańsk, Pol.	J. C. Magnan; Fr.	R. Losert; Austria	Y. Rilski; URSS	I. Rejtö; Hung.	URSS	Polonia	Polonia	URSS
1964†	Tokio	E. Franke; Pol.	G. Kriss; URSS	T. Pézsa; Hung.	I. Ujlaki-Rejtö; Hung.	URSS	Hungría	URSS	Hungría
1965	París	J. C. Magnan; Fr.	Z. Nemere; Hung.	J. Pawlowski; Pol.	G. Gorojova; URSS	URSS	Francia	URSS	URSS
1966	Moscú	G. Sveshnikov; URSS	A. Nikanchikov; URSS	J. Pawlowski; Pol.	T. Samusenko; URSS	URSS	Francia	Hungría	URSS
1967	Montreal	V. Putiatin; URSS	A. Nikanchikov; URSS	M. Rakita; URSS	A. Zabelina; URSS	Rumania	URSS	URSS	Hungría
1968†	C. de México	I. Drimba; Rum.	G. Kulcsár; Hung.	J. Pawlowski; Pol.	E. Novikova; URSS	Francia	Hungría	URSS	URSS
1969	La Habana	F. Wessel; RFA	B. Andrejevski; Pol.	V. Sidiak; URSS	E. Novikova; URSS	URSS	URSS	URSS	Rumania
1970	Ankara	F. Wessel; RFA	A. Nikanchikov; URSS	T. Pézsa; Hung.	G. Gorojova; URSS	URSS	Hungría	URSS	URSS
1971	Viena	V. Stankovich; URSS	G. Kriss; URSS	M. Maffei; Ital.	M. C. Demaille; Fr.	Francia	Hungría	URSS	URSS
1972†	Munich	W. Woyda; Pol.	C. Fenyvési; Hung.	V. Sidiak; URSS	A. Ragno Lonzi; Ital.	Polonia	Hungría	Italia	URSS
1973	Göteborg, Suec.	C. Noel; Fr.	R. Edling; Suec.	A. Montano; Ital.	V. Nikolova; URSS	URSS	RFA	Hungría	Hungría
1974	Grenoble, Fr.	A. Romankov; URSS	R. Edling; Suec.	A. Montano; Ital.	I. Bobis; Hung.	URSS	Suecia	URSS	URSS
1975	Budapest	C. Noel; Fr.	A. Pusch; RFA	V. Nazlimov; URSS	K. Jencsik-Stahl; Rum.	Francia	Suecia	URSS	URSS
1976†	Montreal	F. dal Zotto; Ital.	A. Pusch; RFA	V. Krovopuskov; URSS	I. Schwarczenberger; Hung.	RFA	Suecia	URSS	URSS
1977	Buenos Aires	A. Romankov; URSS	J. Harmenberg; Suec.	P. Gerevich; Hung.	V. Sidorova; URSS	RFA	Suecia	URSS	URSS
1978	Hamburgo	D. Flament; Fr.		V. Krovopuskov; URSS	V. Sidorova; URSS	Polonia	Hungría	Hungría	URSS
1979	Melbourne	A. Romankov; URSS	A. Pusch; RFA	V. Nazlimov; URSS	C. Hanisch; RFA	URSS	URSS	URSS	URSS
1980†	Moscú	V. Smirnov; URSS	P. Riboud; Fr.	V. Krovopuskov; URSS	P. Trinquet; Fr.	Francia	Francia	URSS	Francia
1981	Clermont-		J. Harmenberg, Suec.	M. Wodke; Pol.	C. Hanisch; RFA				
	Ferrand, Fr.	V. Smirnov; URSS	Z. Szekely; Hung.	V. Krovopuskov; URSS	N. Guliazova; URSS	URSS	URSS	Hungría	URSS
1982	Roma	A. Romankov; URSS	J. Pap; Hung.			URSS	Francia	Hungría	Italia
1983	Viena	A. Romankov; URSS	E. Bormann; RFA	V. Etropolski; Bulg.	D. Vaccaroni; Ital.	RFA	Francia	URSS	Italia
1984†	Los Ángeles	M. Numa; Ital.	P. Boisse; Fr.	J. F. Lamour; Fr.	Luan Jujie; China	Italia	RFA	Italia	RFA
1985	Barcelona	M. Numa; Ital.	P. Boisse; Fr.	G. Nebald; Hung.	C. Hanish; RFA	Italia	RFA	URSS	RFA
1986	Sofía	A. Borella; Ital.	P. Riboud; Fr.	S. Mindirgasov; URSS	A. Fichtel; RFA	Italia	RFA	URSS	URSS
1987	Lausana	M. Gey; RFA	V. Fischer; RFA	J. F. Lamour; Fr.	E. Tufan; Rum.	RFA	URSS	URSS	Hungría

* El campeonato europeo, iniciado en 1921, se convirtió en mundial a partir de 1931. † Los títulos olímpicos están reconocidos como mundiales. ‡ Equipo conjunto RFA-RDA.

ESQUÍ

Campeones olímpicos 1896-1988

Esquí nórdico (hombres)

fondo	*(15 km)**		h	min	s
1924	T. Haug	Nor.	1	14	31,0
1928	J. Gröttumsbraaten	Nor.	1	37	1,0
1932	S. Utterström	Suec.	1	23	7,0
1936	E.-A. Larsson	Suec.	1	14	38,0
1948	M. Lundström	Suec.	1	13	50,0
1952	H. Brenden	Nor.	1	1	34,0
1956	H. Brenden	Nor.		49	39,0
1960	H. Brusveen	Nor.		51	55,5
1964	E. Mäntyranta	Finl.		50	54,1
1968	H. Groenningen	Nor.		47	54,2
1972	S.-A. Lundbäck	Suec.		45	28,2
1976	N. Bazhukov	URSS		43	58,5
1980	T. Wassberg	Suec.		41	57,63
1984	G. Svan	Suec.		41	25,6
1988	M. Deviatiarov	URSS		41	18,9

fondo	*(30 km)*		h	min	s
1956	V. Hakulinen	Finl.	1	44	6,0
1960	S. Jernberg	Suec.	1	51	3,9
1964	E. Mäntyranta	Finl.	1	30	50,7
1968	F. Nones	Ital.	1	35	39,2
1972	V. Vedenin	URSS	1	36	31,2
1976	S. Saveliev	URSS	1	30	29,4
1980	N. Zimiatov	URSS	1	27	2,80
1984	N. Zimiatov	URSS	1	28	56,3
1988	A. Prokurorov	URSS	1	24	26,3

fondo	*(50 km)*		h	min	s
1924	T. Haug	Nor.	3	44	32,0
1928	P. Hedlund	Suec.	4	52	3,3
1932	V. Saarinen	Finl.	4	28	0
1936	E. Viklund	Suec.	3	30	11,0
1948	N. Karlsson	Suec.	3	47	48,0
1952	V. Hakulinen	Finl.	3	33	33,0
1956	S. Jernberg	Suec.	2	50	27,0
1960	K. Hämälainen	Finl.	2	59	6,3
1964	S. Jernberg	Suec.	2	43	52,6
1968	O. Ellefsaeter	Nor.	2	28	45,8
1972	P. Tyldum	Nor.	2	43	14,8
1976	I. Formo	Nor.	2	37	30,01
1980	N. Zimiatov	URSS	2	27	24,60
1984	T. Wassberg	Suec.	2	15	55,8
1988	G. Svan	Suec.	2	4	30,9

relevos (4 × 10 km)		h	min	s
1936	Finl.	2	41	33,0
1948	Suec.	2	32	8,0
1952	Finl.	2	20	16,0
1956	URSS	2	15	30,0
1960	Finl.	2	18	45,6
1964	Suec.	2	18	34,6
1968	Nor.	2	8	33,5
1972	URSS	2	4	47,9
1976	Finl.	2	7	59,7
1980	URSS	1	57	3,46†
1984	Suec.	1	55	6,30
1988	Suec.	1	43	58,60

salto (70)‡		
1924	J. Tullin Thams	Nor.
1928	A. Andersen	Nor.
1932	B. Ruud	Nor.
1936	B. Ruud	Nor.
1948	P. Hugsted	Nor.
1952	A. Bergmann	Nor.
1956	A. Hyvärinen	Finl.
1960	H. Recknagel	Alem. §
1964(70)	V. Kankkonen	Finl.
1968	J. Raska	Chec.
1972	Y. Kasaya	Jap.
1976	H.-G. Aschenbach	RDA
1980	A. Innauer	Austria
1984	J. Weissflog	RDA
1988	M. Nykänen	Finl.

salto (90)‡		
1964(80)	T. Engan	Nor.
1968	V. Belousov	URSS
1972	W. Fortuna	Pol.
1976	K. Schnabl	Austria
1980	J. Tormanen	Finl.
1984	M. Nykänen	Finl.
1988	M. Nykänen	Finl.

prueba combinada‖		
1924	T. Haug	Nor.
1928	J. Gröttumsbraaten	Nor.
1932	J. Gröttumsbraaten	Nor.
1936	O. Hagen	Nor.
1948	H. Hasu	Nor.
1952	S. Slättvik	Nor.
1956	S. Stenersen	Nor.
1960	G. Thoma	Alem.§
1964	T. Knutsen	Nor.
1968	F. Keller	RFA
1972	U. Wehling	RDA
1976	U. Wehling	RDA
1980	U. Wehling	RDA
1984	T. Sandberg	Nor.
1988	H. Kempf	Suiza

Esquí alpino (hombres)

slalom			min	s
1948	E. Reinalter	Suiza	2	10,3
1952	O. Schneider	Aust.	2	0
1956	A. Sailer	Aust.	3	14,7
1960	E. Hinterseer	Aust.	2	8,9
1964	J. Stiegler	Aust.	2	21,13†
1968	J.-C. Killy	Fr.	1	39,73
1972	F. Ochoa	Esp.	1	49,27
1976	P. Gros	Ital.	2	03,29
1980	I. Stenmark	Suec.	1	44,26
1984	P. Mahre	EUA	1	39,41
1988	A. Tomba	Ital.	1	39,47

slalom gigante			min	s
1952	S. Eriksen	Nor.	2	25,0
1956	A. Sailer	Aust.	3	0,1
1960	R. Staub	Suiza	1	48,3
1964	F. Bonlieu	Fr.	1	46,71†
1968	J.-C. Killy	Fr.	3	29,28
1972	G. Thoeni	Ital.	3	9,62
1976	H. Hemmi	Suiza	3	26,97
1980	I. Stenmark	Suec.	2	40,74
1984	M. Julen	Suiza	2	41,18
1988	A. Tomba	Ital.	2	6,37

descenso			min	s
1948	H. Oreiller	Fr.	2	55,0
1952	Z. Colo	Ital.	2	30,8
1956	A. Sailer	Austria	2	52,2
1960	J. Vuarnet	Fr.	2	6,0
1964	E. Zimmermann	Austria	2	18,16†
1968	J.-C. Killy	Fr.	1	59,85
1972	B. Russi	Suiza	1	51,43
1976	F. Klammer	Austria	1	45,73
1980	L. Stock	Austria	1	45,50
1984	B. Johnson	EUA	1	45,59
1988	P. Zurbriggen	Suiza	1	59,63

prueba combinada‖		
1936	F. Pfnür	Alem.
1948	H. Oreiller	Fr.
1972	G. Thoeni	Ital.
1976	G. Thoeni	Ital.
1988	H. Strolz	Austria

Esquí nórdico (mujeres)

fondo (5 km)			min	s
1964	K. Boyarskij	URSS	17	50,5
1968	T. Gustafsson	Suec.	16	45,2
1972	G. Kulakova	URSS	17	0,5
1976	H. Takalo	Finl.	15	48,7
1980	R. Smetanina	URSS	15	6,92
1984	M.-L. Hämälainen	Finl.	17	4,0
1988	M. Matikainen	Finl.	15	4,0

fondo (10 km)			min	s
1952	L. Wideman	Finl.	41	40,0
1956	L. Kozireva	URSS	38	11,0
1960	M. Gusakova	URSS	39	46,6
1964	K. Boyarskij	URSS	40	24,3
1968	T. Gustafsson	Suec.	36	46,5
1972	G. Kulakova	URSS	34	17,8
1976	R. Smetanina	URSS	30	13,4
1980	B. Petzold	RDA	30	31,54
1984	M.-L. Hämälainen	Finl.	31	44,2
1988	V. Ventsene	URSS	30	8,03

relevos (4 × 5 km)¶		h	min	s
1956	Finl.	1	9	01,0
1960	Suecia	1	4	21,4
1964	URSS		59	20,2
1968	Nor.		57	30,0
1972	URSS		48	46,2
1976	URSS	1	7	49,8
1980	RDA	1	2	11,10†
1984	Nor.	1	6	49,70
1988	URSS		59	51,1

fondo	*(20 km)*		h	min	s
1984	M.-L. Hämälainen	Finl.	1	1	45,0
1988	T. Tijonova	URSS		55	53,6

Esquí alpino (mujeres)

slalom			min	s
1948	G. Fraser	EUA	1	57,2
1952	A. Lawrence	EUA	2	10,6
1956	R. Colliard	Suiza	1	52,3
1960	A. Heeggtveit	Can.	1	49,6
1964	C. Goitschel	Fr.	1	29,86†
1968	M. Goitschel	Fr.	1	59,85
1972	B. Cochran	EUA	1	31,24
1976	R. Mittermaier	RFA	1	30,54
1980	H. Wenzel	Liecht.	1	25,09
1984	P. Magoni	Ital.	1	36,47
1988	V. Schneider	Suiza	1	36,69

slalom gigante			*min*	*s*
1952	A. Lawrnce	EUA	2	6,8
1956	O. Reichert	Alem.§	2	56,5
1960	Y. Ruegg	Suiza	1	39,9
1964	M. Goitschel	Fr.	1	52,24†
1968	N. Greene	Can.	1	51,97
1972	M.-T. Nadig	Suiza	1	29,90
1976	K. Kreiner	Can.	1	29,13
1980	H. Wenzel	Liecht.	1	41,66
1984	D. Armstrong	EUA	2	20,98
1988	V. Schneider	Suiza	2	6,49

descenso			min	s
1948	H. Schlunegger	Suiza	2	28,2
1952	T. Jochom-Beiser	Aust.	1	47,1
1956	M. Berthod	Suiza	1	40,7
1960	H. Beibl	*Alem.§*	1	37,6
1964	C. Haas	Aust.	1	55,39†
1968	O. Pall	Aust.	1	40,87
1972	M.-T. Nadig	Suiza	1	36,68
1976	R. Mittermaier	RFA	1	46,16
1980	A. Moser-Proell	Aust.	1	37,52
1984	M. Figini	Suiza	1	13,36
1988	M. Kiehl	RFA	**1**	**25,86**

* De 1924 a 1952, 18 kilómetros. † Primera carrera en que se cronometraron centésimas de segundo. ‡ De 1924 a 1960 la prueba de salto se disputaba en un trampolín; en 1964 hubo dos pruebas, una sobre trampolín de 70 m y otra sobre trampolín de 80 m; desde 1968 hay pruebas de 70 y 90 m. § Equipo conjunto RFA-RDA. ‖No disputada en 1980 y 1984. ¶ Relevos 3×5 kilómetros. hasta 1972.

FÚTBOL

Copa del Mundo (trofeo Jules Rimet)

año	resultado				ciudad
1930	Uruguay	4	Argentina	2	Montevideo
1934	Italia	2	Checoslovaquia	1	Roma
1938	Italia	4	Hungría	2	París
1950	Uruguay	2	Brasil	1	Río de Janeiro
1954	RFA	3	Hungría	2	Berna
1958	Brasil	5	Suecia	2	Estocolmo
1962	Brasil	3	Checoslovaquia	1	Santiago de Chile
1966	Inglaterra	4	RFA	2	Londres
1970	Brasil	4	Italia	1	Ciudad de México
1974	RFA	2	Países Bajos	1	Munich
1978	Argentina	3	Países Bajos	1	Buenos Aires
1982	Italia	3	RFA	1	Madrid
1986	Argentina	3	RFA	2	Ciudad de México

Copa Libertadores de América

año	vencedor (país)	año	vencedor (país)
1960	Peñarol (Urug.)	1974	Independiente (Argent.)
1961	Peñarol (Urug.)	1975	Independiente (Argent.)
1962	Santos (Bras.)	1976	Cruzeiro (Bras.)
1963	Santos (Bras.)	1977	Boca Juniors (Argent.)
1964	Independiente (Argent.)	1978	Boca Juniors (Argent.)
1965	Independiente (Argent.)	1979	Olimpia (Parag.)
1966	Peñarol (Urug.)	1980	Nacional (Urug.)
1967	Racing (Argent.)	1981	Flamingo (Bras.)
1968	Estudiantes (Argent.)	1982	Peñarol (Urug.)
1969	Estudiantes (Argent.)	1983	Gremio (Bras.)
1970	Estudiantes (Argent.)	1984	Independiente (Argent.)
1971	Nacional (Urug.)	1985	Argentinos Juniors (Argent.)
1972	Independiente (Argent.)	1986	River Plate (Argent.)
1973	Independiente (Argent.)	1987	Peñarol (Urug.)

Copa de Europa de Campeones de Copa

año	resultado				ciudad
1962-63	Tottenham Hotspur	5	Atlético de Madrid	1	Rotterdam
1963-64	Sporting Lisboa	1	MTK Budapest	0	Amberes
1964-65	West-Ham United	2	TSV Munich	0	Londres
1965-66	Borussia (Dortmund)	2	Liverpool	1	Glasgow
1966-67	Bayern Munich	1	Glasgow Rangers	0	Nürnberg
1967-68	AC Milan	2	SV Hamburg	0	Rotterdam
1968-69	Slovan Bratislava	3	FC Barcelona	2	Basilea
1969-70	Manchester City	2	Gornik Zabrze	1	Viena
1970-71	Chelsea	2	Real Madrid*	1	Atenas
1971-72	Glasgow Rangers	3	Dinamo Moscú	2	Barcelona
1972-73	AC Milan	1	Leeds United	0	Tesalónica
1973-74	FC Magdeburg	2	AC Milan	0	Rotterdam
1974-75	Dinamo Kiev	3	Ferencvaros	0	Basilea
1975-76	Anderlecht	4	West-Ham United	2	Bruselas
1976-77	SV Hamburg	2	Anderlecht	0	Amsterdam
1977-78	Anderlecht	4	FC Austria Viena	0	París
1978-79	Barcelona	4	Fortuna Düsseldorf	3	Basilea
1979-80	Valencia	5	Arsenal	4	Bruselas
1980-81	Dinamo Tbilisi	2	Carl Zeiss Jena	1	Düsseldorf
1981-82	FC Barcelona	2	Standard Liège	1	Barcelona
1982-83	Aberdeen	2	Real Madrid	1	Göteborg
1983-84	Juventus, Italia	2	Porto, Port.	1	Basilea
1984-85	Everton	3	Rapid Viena	1	París
1985-86	Dinamo Kiev	3	Atlético de Madrid	0	Lyon
1986-87	Ajax Amsterdam	1	Lokomotiv Leipzig	0	Atenas
1987-88	KV Mechelen	1	Ajax Amsterdam	0	Estrasburgo

* Repetición del encuentro tras un resultado 1-1.

Copa de Europa de Campeones de Liga

año	resultado				ciudad
1955-56	Real Madrid	4	Reims	3	París
1956-57	Real Madrid	2	Fiorentina	0	Madrid
1957-58	Real Madrid	3	Milano	2	Bruselas
1958-59	Real Madrid	2	Stade de Reims	0	Stuttgart
1959-60	Real Madrid	7	Eintracht Frankfurt	3	Glasgow
1960-61	Benfica, Port.	3	Barcelona	2	Berna
1961-62	Benfica, Port.	5	Real Madrid	3	Amsterdam
1962-63	Milano	2	Benfica, Port.	1	Londres
1963-64	Inter-Milan	3	Real Madrid	1	Viena
1964-65	Inter-Milan	1	Benfica, Port.	0	Milán
1965-66	Real Madrid	2	Partizan Belgrade	1	Bruselas
1966-67	Glasgow Celtic	2	Inter-Milan	1	Lisboa
1967-68	Manchester United	4	Benfica, Port.	1	Londres
1968-69	AC Milan	4	Ajax Amsterdam	1	Madrid
1969-70	Feyenoord, P. Bajos	2	Celtic	1	Milán
1970-71	Ajax Amsterdam	2	Panathinaikos	0	Londres
1971-72	Ajax Amsterdam	2	Inter-Milan	0	Rotterdam
1972-73	Ajax Amsterdam	1	Juventus Torino	0	Belgrado
1973-74	Bayern Munich	4	Atlético de Madrid	0	Bruselas
1974-75	Bayern Munich	2	Leeds United	0	París
1975-76	Bayern Munich	1	Saint-Étienne	0	Glasgow
1976-77	Liverpool	3	Borussia Mönchen-gladbach	1	Roma
1977-78	Liverpool	1	FC Bruges	0	Londres
1978-79	Nottingham Forest	1	FC Malmö	0	Munich
1979-80	Nottingham Forest	1	SV Hamburg	0	Madrid
1980-81	Liverpool	1	Real Madrid	0	París
1981-82	Aston Villa	1	Bayern Munich	0	Rotterdam
1982-83	SV Hamburg	1	Juventus Torino	0	Atenas
1983-84	Liverpool*	1	Roma	1	Roma
1984-85	Juventus	1	Liverpool	0	Bruselas
1985-86	Steaua Bucarest*	1	Barcelona	0	Sevilla
1986-87	Porto, Port.	2	Bayern Munich	1	Viena

* Victoria en la tanda de penalties.

Fútbol americano

Super Bowl (Campeonato de la liga profesional estadounidense)

año	resultado				ciudad
1966-67	Green Bay	35	Kansas City	10	Los Ángeles
1967-68	Green Bay	33	Oakland	14	Miami
1968-69	New York	16	Baltimore	7	Miami
1969-70	Kansas City	23	Minnesota	7	Nueva Orleans
1970-71	Baltimore	16	Dallas	13	Miami
1971-72	Dallas	24	Miami	3	Nueva Orleans
1972-73	Miami	14	Washington	7	Los Ángeles
1973-74	Miami	24	Minnesota	7	Houston
1974-75	Pittsburgh	16	Minnesota	6	Nueva Orleans
1975-76	Pittsburgh	21	Dallas	17	Miami
1976-77	Oakland	32	Minnesota	14	Pasadena, Calif.
1977-78	Dallas	27	Denver	10	Nueva Orleans
1978-79	Pittsburgh	35	Dallas	31	Miami
1979-80	Pittsburgh	31	Los Ángeles	19	Pasadena, Calif.
1980-81	Oakland	27	Philadelphia	10	Nueva Orleans
1981-82	San Francisco	26	Cincinnati	21	Pontiac, Mich.
1982-83	Washington	27	Miami	17	Pasadena, Calif.
1983-84	Los Angeles Raiders	38	Washington	9	Tampa
1984-85	San Francisco	38	Miami	16	Stanford, Calif.
1985-86	Chicago	46	New England	10	Nueva Orleans
1986-87	New York	39	Denver	20	Pasadena, Calif.
1987-88	Washington	42	Denver	10	San Diego, Calif.

GIMNASIA

Gimnasia masculina

prueba combinada (individual)

1900	S. Sandras	Fr.
1904	J. Lenhardt	EUA
1908	A. Braglia	Ital.
1912	A. Braglia	Ital.
1920	G. Zampori	Ital.
1924	L. Stukelj	Yug.
1928	G. Miez	Suiza
1932	R. Neri	Ital.
1936	A. Schwarzmann	Alem.
1948	V. Huhtanen	Finl.
1952	V. Chukarin	URSS
1956	V. Chukarin	URSS
1960	B. Shajlin	URSS
1964	Y. Endo	Jap.
1968	S. Kato	Jap.
1972	S. Kato	Jap.
1976	N. Andrianov	URSS
1980	A. Ditiatin	URSS
1984	K. Gushiken	Jap.
1988	V. Artemov	URSS

prueba combinada (equipos)

1920	Italia
1924	Italia
1928	Suiza
1932	Italia
1936	Alemania
1948	Finlandia
1952	URSS
1956	URSS
1960	Japón
1964	Japón
1968	Japón
1972	Japón
1976	Japón
1980	URSS
1984	EUA
1988	URSS

ejercicios en el suelo

1932	I. Pelle	Hung.
1936	G. Miez	Suiza
1948	F. Pataki	Hung.
1952	K. Thoresson	Suec.
1956	V. Muratov	URSS
1960	N. Aihara	Jap.
1964	F. Menichelli	Ital.
1968	S. Kato	Jap.
1972	N. Andrianov	URSS
1976	N. Andrianov	URSS
1980	R. Bruckner	RDA
1984	N. Li	China
1988	**S. Jarikov**	URSS

barra fija

1896	H. Weingärtner	Alem.
1904	A. Heida	EUA
	E. Henning (empate)	EUA
1924	L. Stukelj	Yug.
1928	G. Miez	Suiza
1932	D. Bixler	EUA
1936	A. Saarvala	Finl.
1948	J. Stalder	Suiza
1952	J. Günthard	Suiza
1956	T. Ono	Jap.
1960	T. Ono	Jap.
1964	B. Shajlin	URSS
1968	M. Voronin	URSS
	A. Nakayama (empate)	Jap.
1972	M. Tsukahara	Jap.
1976	M. Tsukahara	Jap.
1980	S. Deltchev	Bulg.
1984	S. Morisue	Jap.
1988	V. Artemov	URSS
	V. Liukin	**URSS**

barras paralelas

1896	A. Flatow	Alem.
1904	G. Eyser	EUA
1924	A. Güttinger	Suiza
1928	L. Vácha	Chec.
1932	R. Neri	Ital.
1936	K. Frey	Alem.
1948	M. Reusch	Suiza
1952	H. Eugster	Suiza
1956	V. Chukarin	URSS
1960	B. Shajlin	URSS
1964	Y. Endo	Jap.
1968	A. Nakayama	Jap.
1972	S. Kato	Jap.
1976	S. Kato	Jap.
1980	A. Tkachyov	URSS
1984	B. Conner	EUA
1988	**V. Artemov**	URSS

potro con aros

1896	L. Zutter	Suiza
1904	A. Heida	EUA
1924	J. Wilhelm	Suiza
1928	A. Hanggi	Suiza
1932	I. Pelle	Hung.
1936	K. Frey	Alem.
1948	P. Aaltonen	Finl.
	V. Huhtanen	
	H. Savolainen	
1952	V. Chukarin	URSS
1956	B. Shajlin	URSS
1960	B. Shajlin	URSS
	E. Ekman	Finl.
1964	M. Cerar	Yug.
1968	M. Cerar	Yug.
1972	V. Klimenko	URSS
1976	Z. Magyar	Hung.
1980	Z. Magyar	Hung.
1984	N. Li	China
	P. Vidmar (empate)	EUA
1988	**L. Guerasov**	Bulg.

salto de plinto

1896	K. Schuhmann	Alem.*
1904	A. Heida	EUA
	G. Eyser (empate)	EUA
1924	F. Kriz	Suiza
1928	E. Mack	Ital.
1932	S. Guglielmetti	Alem.
1936	K. Schnorzmann	Finl.
1948	P. Aaltonen	URSS
1952	V. Chukarin	URSS
1956	V. Muratov	Alem.*
	H. Bantz	Jap.
1960	T. Ono	URSS
	B. Shajlin	Jap.
1964	H. Yamashita	URSS
1968	M. Voronin	RDA
1972	K. Koeste	URSS
1976	N. Andrianov	URSS
1980	N. Andrianov	China
1984	Lou Yun	China
1988	Lou Yun	**China**

anillas

1896	J. Mitropoulos	Grec.
1904	H. Glass	EUA
1924	F. Martino	Ital.
1928	L. Stukecj	Yug.
1932	G. Gulack	EUA
1936	A. Hudec	Chec.
1948	K. Frei	Suiza
1952	G. Shaginian	URSS
1956	A. Azarian	URSS
1960	A. Azarian	URSS
1964	T. Hayata	Jap.
1968	A. Nakayama	Jap.
1972	A. Nakayama	Jap.
1976	N. Andrianov	URSS
1980	A. Ditiatin	URSS
1984	N. Li	China
	K. Gushiken	Jap.
1988	**H. Behrendt**	RDA
	D. Bilozercher	URSS

Gimnasia femenina

prueba combinada (individual)

1952	M. Gorojovskaia	URSS
1956	L. Latinina	URSS
1960	L. Latinina	URSS
1964	V. Cáslavská	Chec.
1968	V. Cáslavská	Chec.
1972	L. Turishcheva	URSS
1976	N. Comaneci	Rum.
1980	Y. Davidova	URSS
1984	M. L. Retton	EUA
1988	E. Shushunova	URSS

prueba combinada (equipos)

1928	P. Bajos
1936	Alem.
1948	Chec.
1952	URSS
1956	URSS
1960	URSS
1964	URSS
1968	URSS
1972	URSS
1976	URSS
1980	URSS
1984	Rumania
1988	URSS

barra de equilibrio

1952	N. Bocharova	URSS
1956	Á. Keleti	Hung.
1960	E. Bosáková	Chec.
1964	V. Cáslavská	Chec.
1968	N. Kuchinskaya	URSS
1972	O. Korbut	URSS
1976	N. Comaneci	Rum.
1980	N. Comaneci	Rum.
1984	E. Szabo	Rum.
	S. Pauca	Rum.
1988	E. Shushunora	URSS

paralelas asimétricas

1952	M. Korondi	Hung.
1956	Á. Keleti	Hung.
1960	P. Astajova	URSS
1964	P. Astajova	URSS
1968	V. Cáslavská	Chec.
1972	K. Janz	RDA
1976	N. Comaneci	Rum.
1980	M. Gnauck	RDA
1984	J. McNamara	EUA
	Y. Ma	China
1988	D. Silivas	Rum.

salto de plinto

1952	Y. Kalinchuk	URSS
1956	L. Latinina	URSS
1960	M. Nikolaieva	URSS
1964	V. Cáslavská	Chec.
1968	V. Cáslavská	Chec.
1972	K. Janz	RDA
1976	N. Kim	URSS
1980	N. Shaposhnikova	URSS
1984	E. Szabo	Rum.
1988	**S. Boguinskaia**	URSS

gimnasia rítmica

1984	L. Fung	Can.
1988	M. Lobatch	URSS

ejercicios en el suelo

1952	A. Kleti	Hung.
1956	L. Latinina	URSS
	Á. Keleti (empate)	Hung.
1960	L. Latinina	URSS
1964	L. Latinina	URSS
1968	V. Cáslavská	Chec.
	L. Ptrik (empate)	URSS
1972	O. Korbut	URSS
1976	N. Kim	URSS
1980	N. Comaneci	Rum.
	N. Kim (empate)	URSS
1984	E. Szabo	Rum.
1988	D. Silivas	Rum.

* Equipo conjunto RFA-RDA.

GOLF

Campeones de torneos abiertos y para aficionados

Estados Unidos

año	Abierto	Aficionado
1895	H. Rawlins	C. B. Macdonald
1896	J. Foulis	H. J. Whigham
1897	J. Lloyd	H. J. Whigham
1898	F. Herd	F. S. Douglas
1899	W. Smith	H. M. Harriman
1900	H. Vardon (RU)	W. J. Travis
1901	W. Anderson	W. J. Travis
1902	L. Auchterlonie	L. N. James
1903	W. Anderson	W. J. Travis
1904	W. Anderson	H. C. Egan
1905	W. Anderson	H. C. Egan
1906	A. Smith	E. M. Byers
1907	A. Ross	J. D. Travers
1908	F. McLeod	J. D. Travers
1909	G. Sargent	R. Gardner
1910	A. Smith	W. C. Fownes, Jr.
1911	J. J. McDermott	H. H. Hilton
1912	J. J. McDermott	J. D. Travers
1913	F. Quimet	J. D. Travers
1914	W. Hagen	F. Ouimet
1915	J. D. Travers	R. A. Gardner
1916*	C. Evans	C. Evans
1919	W. Hagen	S. D. Herron
1920	E. Ray (RU)	C. Evans
1921	J. Barnes	J. Guildford
1922	G. Sarazen	J. Sweetser
1923	R. T. Jones, Jr.	M. Marston
1924	G. Walker	R. T. Jones, Jr.
1925	W. MacFarlane, Jr.	R. T. Jones, Jr.
1926	R. T. Jones, Jr.	G. von Elm
1927	T. D. Armour	R. T. Jones, Jr.
1928	J. Farrell	R. T. Jones, Jr.
1929	R. T. Jones, Jr.	H. R. Johnston
1930	R. T. Jones, Jr.	R. T. Jones, Jr.
1931	B. Burke	F. Ouimet
1932	G. Sarazen	C. R. Somerville
1933	J. Goodman	G. T. Dunlap
1934	O. Dutra	W. L. Little, Jr.
1935	S. Parks	W. L. Little, Jr.
1936	T. Manero	J. Fischer
1937	R. Guldahl	J. Goodman
1938	R. Guldahl	W. P. Turnesa
1939	B. Nelson	M. H. Ward
1940	W. L. Little, Jr.	R. D. Chapman
1941*	C. Wood	M. H. Ward
1946	L. Mangrum	S. E. Bishop
1947	L. Worsham	R. H. Riegel
1948	B. Hogan	W. P. Turnesa
1949	C. Middlecoff	C. R. Coe
1950	B. Hogan	S. Urzetta
1951	B. Hogan	W. J. Maxwell
1952	J. Boros	J. Westland
1953	B. Hogan	G. Littler
1954	E. Furgol	A. Palmer
1955	J. Fleck	J. H. Ward
1956	C. Middlecoff	J. H. Ward
1957	D. Mayer	H. Robbins
1958	T. Bolt	C. R. Coe
1959	W. Casper	J. Nicklaus
1960	A. Palmer	D. R. Beman
1961	G. Littler	J. Nicklaus
1962	J. Nicklaus	L. E. Harris, Jr.
1963	J. Boros	D. R. Beman
1964	K. Venturi	W. Campbell
1965	G. Player (Sudáfr.)	R. Murphy
1966	W. Casper	G. Cowan (Can.)
1967	J. Nicklaus	B. Dickson
1968	L. Trevino	B. Fleisher
1969	O. Moody	S. Melnyk
1970	A. Jacklin (RU)	J. Wadkins
1971	L. Trevino	G. Cowan (Can.)
1972	J. Nicklaus	M. Giles
1973	J. Miller	C. Stadler
1974	H. Irwin	J. Pate
1975	L. Graham	F. Ridley
1976	J. Pate	W. Sander
1977	H. Green	J. Fought
1978	A. North	J. Cook
1979	H. Irwin	M. O'Meara
1980	J. Nicklaus†	H. Sutton
1981	D. Graham	N. Crosby
1982	T. Watson	J. Sigel
1983	L. Nelson	J. Sigel
1984	F. Zoeller	S. Verplank
1985	A. North	S. Randolph
1986	R. Floyd	B. Alexander
1987	S. Simpson	B. Mayfair
1988	C. Strange	E. Meeks

* No se celebraron torneos en 1917 y 1918, ni entre 1942 y 1945. † Puntuación máxima (272).

Reino Unido

año	Abierto	Aficionado
1860	W. Park	
1861	T. Morris, Sr.	
1862	T. Morris, Sr.	
1863	W. Park	
1864	T. Morris, Sr.	
1865	A. Strath	
1866	W. Park	
1867	T. Morris, Sr.	
1868	T. Morris, Jr.	
1869	T. Morris, Jr.	
1970*	T. Morris, Jr.	
1872	T. Morris, Jr.	
1873	T. Kidd	
1874	M. Park	
1875	M. Park	
1876	B. Martin	
1877	J. Anderson	
1878	J. Anderson	
1879	J. Anderson	
1880	B. Ferguson	
1881	B. Ferguson	
1882	B. Ferguson	
1883	W. Fernie	
1884	J. Simpson	
1885	B. Martin	A. F. Macfie
1886	D. Brown	H. G. Hutchinson
1887	W. Park, Jr.	H. G. Hutchinson
1888	J. Burns	J. Ball
1889	W. Park, Jr.	J. E. Laidlay
1890	J. Ball	J. Ball
1891	H. Kirkdaldy	J. E. Laidlay
1892	H. H. Hilton	J. Ball
1893	W. Auchterlonie	P. Anderson
1894	J. H. Taylor	J. Ball
1895	J. H. Taylor	J. M. Melville
1896	H. Vardon	F. G. Tait
1897	H. H. Hilton	A. J. T. Allan
1898	H. Vardon	F. G. Tait
1899	H. Vardon	J. Ball
1900	J. H. Taylor	H. H. Hilton
1901	J. Braid	H. H. Hilton
1902	A. Herd	C. Hutchings
1903	H. Vardon	R. Maxwell
1904	J. White	W. J. Travis (EUA)
1905	J. Braid	A. G. Barry
1906	J. Braid	J. Robb
1907	A. Massy (Fr.)	J. Ball
1908	J. Braid	E. A. Lassen
1909	J. H. Taylor	R. Maxwell
1910	J. Braid	J. Ball
1911	H. Vardon	H. H. Hilton
1912	E. Ray	J. Ball
1913	J. H. Taylor	H. H. Hilton
1914*	H. Vardon	J. L. C. Jenkins
1920	G. Duncan	C. J. H. Tolley
1921	J. Hutchinson (EUA)	W. I. Hunter
1922	W. Hagen (EUA)	E. W. E. Holderness
1923	A. G. Havers	R. H. Wethered
1924	W. Hagen (EUA)	E. W. E. Holderness
1925	J. Barnes (EUA)	R. Harris
1926	R. T. Jones (EUA)	J. Sweetser (EUA)
1927	R. T. Jones (EUA)	W. Tweddell
1928	W. Hagen (EUA)	T. P. Perkins
1929	W. Hagen (EUA)	C. J. H. Tolley
1930	R. T. Jones (EUA)	R. T. Jones (EUA)
1931	T. D. Armour (EUA)	E. Martin Smith
1932	G. Sarazen (EUA)	H. de Forest
1933	D. Shute (EUA)	M. Scott
1934	T. H. Cotton	W. Little (EUA)
1935	A. Perry	W. Little (EUA)
1936	A. H. Padgham	H. Thomson
1937	T. H. Cotton	R. Sweny, Jr. (EUA)
1938	R. A. Whitcombe	C. R. Yates (EUA)
1939*	R. Burton	A. T. Kyle
1946	S. Snead (EUA)	J. Bruen
1947	F. Daly	W. P. Turnesa (EUA)
1948	T. H. Cotton	F. R. Stranahan (EUA)
1949	A. D. Locke (Sudáfr.)	S. M. M'Cready
1950	A. D. Locke (Sudáfr.)	F. R. Stranahan (EUA)
1951	M. Faulkner	R. D. Chapman (EUA)
1952	A. D. Locke (Sudáfr.)	E. H. Ward (EUA)
1953	B. Hogan (EUA)	J. B. Carr (Irl.)
1954	P. W. Thomson (Austral.)	D. W. Bachli
1955	P. W. Thomson (Austral.)	J. W. Conrad (EUA)
1956	P. W. Thomson (Austral.)	J. C. Beharrell
1957	A. D. Locke (Sudáfr.)	R. Reid Jack
1958	P. W. Thomson (Austral.)	J. B. Carr (Irl.)
1959	G. Player (Sudáfr.)	D. Beman (EUA)
1960	K. D. G. Nagle (Austral.)	J. B. Carr (Irl.)
1961	A. Palmer (EUA)	M. F. Bonallack
1962	A. Palmer (EUA)	R. D. Davies (EUA)
1963	R. J. Charles (N. Zel.)	M. S. R. Lunt
1964	T. Lema (EUA)	G. J. Clark
1965	P. W. Thomson (Austral.)	M. F. Bonallack
1966	J. Nicklaus (EUA)	R. Cole (Sudáfr.)
1967	R. de Vicenzo (Argent.)	B. Dickson (EUA)
1968	G. Player (Sudáfr.)	M. F. Bonallack
1969	A. Jacklin	M. F. Bonallack
1970	J. Nicklaus (EUA)	M. F. Bonallack
1971	L. Trevino (EUA)	S. Melnyk (EUA)
1972	L. Trevino (EUA)	T. Homer
1973	T. Weskopf (EUA)	R. Siderowf (EUA)
1974	G. Player (Sudáfr.)	T. Homer
1975	T. Watson (EUA)	M. Giles (EUA)
1976	J. Miller (EUA)	R. Siderowf (EUA)
1977	T. Watson (EUA)	P. McEvoy
1978	J. Nicklaus (EUA)	P. McEvoy
1979	S. Ballesteros (Esp.)	J. Sigel (EUA)
1980	T. Watson (EUA)	D. Evans
1981	B. Rogers (EUA)	P. Ploujoux (Fr.)
1982	T. Watson (EUA)	M. Thompson
1983	T. Watson (EUA)	P. Parkin
1984	S. Ballesteros (EUA)	J.-M. Olazábal (Esp.)
1985	S. Lyle	G. McGimpsey (Irl.)
1986	G. Norman (Austral.)	D. Curry
1987	N. Faldo	P. Mayo
1988	S. Ballesteros (Esp.)	C. Hardin (Suec.)

* No se celebraron torneos en 1871, entre 1915 y 1919 y entre 1940 y 1945.

HALTEROFILIA

Plusmarcas oficiales del mundo

categoría	modalidad	nombre	plusmarca kg	ciudad	fecha
peso mosca (hasta 52 kg)	arrancada	He Zhuoqiang; China	117,5	Shi Long, China	22 nov. 1987
	dos tiempos	He Zhuoqiang; China	153	Ostrava, Chec.	6 sep. 1987
	total	S. Mazinor; Bulg.	270	Seúl, Cor. S.	sept. 1988
peso gallo (56 kg)	arrancada	He Yinqian; China	133,5	Shi Long, China	22 nov. 1987
	dos tiempos	N. Terzynski; Bulg.	171	Ostrava, Chec.	6 sept. 1987
	total	N. Suleimanov; Bulg.	300	Varna, Bulg.	11 mayo 1984
peso pluma (60 kg)	arrancada	N. Suleymanoglu; Turq.	152,5	Seúl, Cor. S.	sept. 1988
	dos tiempos	N. Suleymanoglu; Turq.	190	Seúl, Cor. S.	sept. 1988
	total	N. Suleymanoglu; Turq.	342,5	Seúl, Cor. S.	sept. 1988
peso ligero (67,5 kg)	arrancada	M. Petrov; Bulg.	158	Seúl, Cor. S.	5 dic. 1987
	dos tiempos	M. Petrov; Bulg.	200,5	Ostrava, Chec.	8 sept. 1987
	total	M. Petrov; Bulg.	355	Seúl, Cor. S.	5 dic. 1987
peso medio (75 kg)	arrancada	A. Genchev; Bulg.	170	Miskolc, Hung.	11 dic. 1987
	dos tiempos	A. Varbanov; Bulg.	215	Seúl, Cor. S.	5 dic. 1987
	total	A. Varbanov; Bulg.	380	Seúl, Cor. S.	5 dic. 1987
peso pesado ligero (82,5 kg)	arrancada	A. Zlatev; Bulg.	183	Melbourne, Austral.	14 dic. 1986
	dos tiempos	A. Zlatev; Bulg.	225	Sofía, Bulg.	12 nov. 1986
	total	Y. Vardanian: URSS	405	Varna, Bulg.	14 sept. 1984
peso semipesado (90 kg)	arrancada	B. Blagoev; Bulg.	195,5	Varna, Bulg.	1 mayo 1983
	dos tiempos	V. Jrapati; URSS	233,5	Ostrava, Chec.	10 sept. 1987
	total	V. Solodov; URSS	422,5	Varna, Bulg.	15 sept. 1984
peso pesado (1.º) (100 kg)	arrancada	N. Vlad; Rum.	200,5	Sofía, Bulg.	14 nov. 1986
	dos tiempos	P. Kuznietsov; URSS	241,5	Varna, Bulg.	15 sept. 1984
	total	Y. Zajarevich; URSS	440	Odessa, URSS	4 marzo 1983
peso pesado (2.º) (110 kg)	arrancada	Y. Zajarevich; URSS	203	Ostrava, Chec.	13 sept. 1987
	dos tiempos	Y. Zajarevich; URSS	248	Sofía, Bulg.	15 nov. 1986
	total	Y. Zajarevich; URSS	455	Seúl, Cor. S.	sept. 1988
peso superpesado (más de 110 kg)	arrancada	A. Krastev; URSS	216	Ostrava, Chec.	13 sept. 1987
	dos tiempos	L. Taranenko; URSS	265,5	Ostrava, Chec.	13 sept. 1987
	total	A. Kurlovich; URSS	472,5	Ostrava, Chec.	13 sept. 1987

HÍPICA

Campeones olímpicos 1896-1988

Equitación

doma (individual)

1900	C. Haegeman	Bélg.
1912	C. Bonde	Suec.
1920	J. Lundblad	Suec.
1924	E. Linder	Suec.
1928	C. von Langen	Alem.
1932	F. Lesage	Fr.
1936	H. Pollay	Alem.
1948	H. Moser	Suiza
1952	H. St. Cyr	Suec.
1956	H. St. Cyr	Suec.
1960	S. Filatov	URSS
1964	H. Chammartin	Suiza
1968	I. Klzimov	URSS
1972	L. Linsenhoff	RFA
1976	C. Stueckelberger	Suiza
1980	E. Theurer	Austria
1984	R. Klimke	RFA
1988	N. Uphoff	RFA

doma (equipos)

1928	Alem.
1932	Fr.
1936	Alem.
1948	Fr.
1952	Suec.
1956	Suec.
1964	Alem.*
1968	RFA
1972	URSS
1976	RFA
1980	URSS
1984	RFA
1988	RFA

saltos (individual)

1912	J. Cariou	Fr.
1920	T. Lequio	Ital.
1924	A. Gemuseus	Suiza
1928	F. Ventura	Chec.
1932	T. Nishi	Jap.
1936	K. Hasse	Alem.
1948	H. Mariles Cortes	Méx.
1952	P. Jonquères d'Oriola	Fr.
1956	H. Winkler	Alem.*
1960	R. d'Inzeo	Ital.
1964	P. Jonquères d'Oriola	Fr.
1968	W. Steinkraus	EUA
1972	G. Mancinelli	Ital.
1976	A. Schockemoehle	RFA
1980	J. Kowalczyk	Pol.
1984	J. Fargis	EUA
1988	P. Durand	Fr.

saltos (equipos)†

1912	Suec.
1920	Suec.
1924	Suec.
1928	Esp.
1936	Alem.
1948	Méx.
1952	RU
1956	Alem.*
1960	Alem.*
1964	Alem.*
1968	Can.
1972	RFA
1976	Fr.
1980	URSS
1984	EUA
1988	RFA

concurso completo (individual)

1912	A. Nordlander	Suec.
1920	H. Mörner	Suec.
1924	A. van der Voort van Zijp	P. Bajos
1928	F. Pahud de Mortanges	P. Bajos
1932	F. Pahud de Mortanges	P. Bajos
1936	L. Stubbendorff	Alem.
1948	B. Chevallier	Fr.
1952	H. von Blixen-Finecke	Suec.
1956	P. Kastenman	Suec.
1960	L. Morgan	Austral.
1964	M. Checcoli	Ital.
1968	J. Goyon	Fr.
1972	R. Meade	RU
1976	E. Coffin	EUA
1980	F. Roman	Ital.
1984	M. Todd	N. Zel.
1988	M. Todd	N. Zel.

concurso completo (equipos)

1912	Suec.
1920	Suec.
1924	P. Bajos
1928	P. Bajos
1932	EUA
1936	Alem.
1948	EUA
1952	Suec.
1956	RU
1960	Austral.
1964	Ital.
1968	RU
1972	RU
1976	EUA
1980	URSS
1984	EUA
1988	RFA

* Equipo conjunto RFA-RDA. †En 1932 ningún equipo completó el recorrido de la prueba.

LUCHA

Campeones del mundo de lucha grecorromana

Categoría	1950 Estocolmo	1952* Helsinki	1953 Nápoles	1955 Karlsruhe, RFA	1956* Melbourne
peso mosca	B. Johansson; Suec.	B. Gurevich; URSS	B. Gurevich; URSS	I. Fabra; Ital.	N. Soloviev; URSS
peso gallo	M. Hassan; Eg.	I. Hódos; Hung.	A. Teian; URSS	V. Stashkevich; URSS	K. Virupaiev; URSS
peso pluma	O. Anderberg; Suec.	Y. Punkin; URSS	O. Anderberg; Suec.	I. Polyak; Hung.	R. Mäkinen; Finl.
peso ligero	J. Gal; Hung.	C. Safin; URSS	K. Freii; Suec.	G. Gamarnik; URSS	K. Lehtonen; Finl.
peso welter	M. Simanainen; Finl.	M. Szilvási; Hung.	G. Chatvorgian; URSS	V. Maneiev; URSS	M. Bayrak; Turq.
peso medio	A. Gronberg; Suec.	A. Gronberg; Suec.	G. Kartoziya; URSS	G. Kartoziya; URSS	G. Kartoziya; URSS
peso pesado ligero	M. Candas; Turq.	K. Gröndahl; Finl.	A. Englas; URSS	V. Nikolaiev; URSS	V. Nikolaiev; URSS
peso pesado	B. Antonsson; Suec.	J. Kotkas; URSS	B. Antonsson; Suec.	A. Mazur; URSS	A. Parfenov; URSS

Categoría	1958 Budapest	1960* Roma	1961 Yokohama	1962 Toledo, EUA	1963 Helsingborg, Suec.
peso mosca	B. Gurevich; URSS	D. Pirvulescu; Rum.	A. Saidov; URSS	S. Ribalko; URSS	B. Vukov; Yug.
peso gallo	O. Karavaiev; URSS	O. Karavaiev; URSS	O. Karavaiev; URSS	M. Ichiguchi; Jap.	J. Varga; Hung.
peso pluma	I. Polyak; Hung.	M. Sille; Turq.	H. Mostafia; RAU	I. Polyak; Hung.	G. Sapunov; URSS
peso ligero	R. Dogan; Turq.	A. Koridze; URSS	A. Kridze; URSS	K. Ayvaz; Turq.	S. Horvat; Yug.
peso welter	K. Ayvaz; Turq.	M. Bayrak; Turq.	V. Bularca; Rum.	A. Kolesov; URSS	A. Kolesov; URSS
peso medio	G. Kartoziya; URSS	D. Dobrev; Bulg.	V. Zenin; URSS	T. Kis; Turq.	T. Kis; Turq.
peso pesado ligero	R. Abashidze; URSS	T. Kis; Turq.	I. Gooris; Hung.	R. Abashidze; URSS	R. Abashidze; URSS
peso pesado	I. Bogdan; URSS	I. Bogdan; URSS	I. Bogdan; URSS	I. Kozma; Hung.	A. Roschin; URSS

Categoría	1964* Tokio	1965 Tampere, Finl.	1966 Toledo, EUA	1968* Ciudad de México	1969 Mar de Plata, Argent.
peso mosca	T. Hanahara; Jap.	S. Ribalko; URSS	A. Keresov; Bulg.	P. Kirov; Bulg.	F. Aluzadeh; Irán
peso gallo	M. Ichiguchi; Jap.	I. Chernya; Rum.	F. Stange; RFA	J. Varga; Hung.	R. Kasakov; URSS
peso pluma	I. Polyak; Hung.	Y. Grigorie; URSS	R. Rurua; URSS	R. Rurua; URSS	R. Rurua; URSS
peso ligero	K. Ayvaz; Turq.	G. Sapunov; URSS	S. Horvat; Yug.	M. Mumemura; Jap.	S. Popescu; Rum.
peso welter	A. Kolesov; URSS	A. Kolesov; URSS	V. Igumenov; URSS	R. Vesper; RDA	V. Igumenov; URSS
peso medio	B. Simic; Yug.	R. Bogdanas; URSS	V. Olenik; URSS	L. Metz; RDA	P. Kroumov; Bulg.
peso pesado ligero	B. Radev; Bulg.	J. Anisimov; URSS	B. Radev; Bulg.	B. Radev; Bulg.	A. Yurkevich; URSS
peso pesado	I. Kozma; Hung.	N. Shmakov; URSS	I. Kozma; Hung.	I. Kozma; Hung.	N. Iakovenko; URSS

Categoría	1970 Edmonton, Can.	1971 Sofía	1972* Munich	1973 Teherán	1974 Katowice, Pol.
peso minimosca	G. Berceanu; Rum.	S. Zubkov; URSS	G. Berceanu; Rum.	V. Zubkov; URSS	V. Zubkov; URSS
peso mosca	P. Kirov; Bulg.	P. Kirov; Bulg.	P. Kirov; Bulg.	G. Guergue; Rum.	P. Kirov; Bulg.
peso gallo	J. Varga; Hung.	R. Kazakov; URSS	R. Kazakov; URSS	J. Lipien; Pol.	F. Mustafin; URSS
peso pluma	H. Fujimoto; Jap.	G. Markov; Bulg.	G. Markov; Bulg.	K. Lipien; Pol.	K. Lipien; Pol.
peso ligero	R. Rurua; URSS	S. Damyanovic; Yug.	S. Jisamutdinov; URSS	S. Jisamutdinov; URSS	N. Davidian; URSS
peso welter	V. Igumenov; URSS	V. Igumenov; URSS	V. Mácha; Chec.	I. Kolev; Bulg.	V. Mácha; Chec.
peso medio	A. Nazarenko; URSS	C. Hegedus; Hung.	C. Hegedus; Hung.	L. Liberman; URSS	A. Nazarenko; URSS
peso pesado ligero	V. Rezantsev; URSS	V. Rezantsev; URSS	V. Rezantsev; URSS	V. Rezantsev; URSS	V. Rezantsev; URSS
peso pesado	P. Svensson; Suec.	N. Martinescu; Rum.	N. Martinescu; Rum.	N. Balboshin; URSS	N. Balboshin; URSS
peso superpesado		P. Svensson; Suec.	A. Roshchin; URSS	A. Tomov; Bulg.	A. Tomov; Bulg.

Categoría	1975 Minsk, URSS	1976* Montreal	1977 Göteborg, Suec.	1978 Ciudad de México	1979 San Diego, EUA
peso minimosca	V. Zubkov; URSS	A. Shumakov; URSS	A. Shumakov; URSS	C. Alexandru; Rum.	C. Alexandru; Rum.
peso mosca	V. Konstantinov; URSS	V. Konstantinov; URSS	N. Ginga; Rum.	V. Blagidze; URSS	L. Racz; Hung.
peso gallo	F. Mustafin; URSS	P. Ukkola; Finl.	P. Ukkola; Finl.	S. Serikov; URSS	S. Serikov; URSS
peso pluma	N. Davidian; URSS	K. Lipien; Pol.	L. Reczi; Hung.	B. Kramarenko; URSS	I. Toth; Hung.
peso ligero	S. Jisamutdinov; URSS	S. Nalbandian; URSS	H. Wehling; RDA	S. Rusu; Rum.	A. Supron; Pol.
peso welter	A. Bikov; URSS	A. Bikov	V. Mácha; Chec.	A. Niftulaiev; URSS	F. Kocsis, Hung.
					I. Chopov, Bulg.
peso medio	A. Nazarenko; URSS	M. Petkoviċ; Yug.	V. Sarov; URSS	I. Draica; Rum.	G. Korban; URSS
peso pesado ligero	V. Rezantsev; URSS	V. Rezantzev; URSS	F. Andersson; Suec.	S. Nikolov; Bulg.	F. Andersson; Suec.
peso pesado	K. Losano; Bulg.	N. Balboshin; URSS	N. Balboshin; URSS	N. Balboshin; URSS	N. Balboshin; URSS
peso superpesado	A. Tomov; Bulg.	A. Kolchinski; URSS	N. Dinev; Bulg.	A. Kolchinsky; URSS	A. Tomov; URSS

Categoría	1980* Moscú	1981 Oslo	1982 Katowice, Pol.	1983 Kiev	1984* Los Ángeles
peso minimosca	Z. Ushkempirov; URSS	Z. Ushkempirov; URSS	T. Kazarashvili; URSS	B. Tsenov; Bulg.	V. Maenza; Ital.
peso mosca	V. Blagidze; URSS	V. Blagidze; URSS	B. Pashaian; URSS	B. Pashaian; URSS	A. Miyahara; Jap.
peso gallo	S. Serikov; URSS	P. Passarelli; RFA	P. Mikhalik; Pol.	M. Ito; Jap.	P. Passarelli; RFA
peso pluma	S. Migiakis; Grec.	I. Toth; Hung.	R. Swierad; Pol.	H. Lahtinen; Finl.	W. K. Kim; Cor. S.
peso ligero	S. Rusu; Rum.	G. Yermilov; URSS	G. Yermilov; URSS	T. Sipila; Finl.	V. Lisjak; Yug.
peso welter	F. Kocsis; Hung.	A. Kudriavtsev; URSS	S. Rusa; Rum.	M. Mamiashvili; URSS	J. Salomaki; Finl.
peso medio	G. Korban; URSS	G. Korban; URSS	T. Abjasava; URSS	T. Abjasava; URSS	I. Draica; Rum.
peso pesado ligero	N. Nottny; Hung.	I. Kanigin; URSS	R. Anderson; Suec.	I. Kanigin; URSS	S. Fraser; EUA
peso pesado	G. Raikov; Bulg.	M. Saladze; URSS	R. Wroclawski; Pol.	A. Dimitrov; Bulg.	V. Andrei; Rum.
peso superpesado	A. Kolchinski; URSS	R. Memisevic; Yug.	N. Dinev; Bulg.	E. Arthuine; URSS	J. Blatnick; EUA

Categoría	1985 Folboth, Nor.	1986 Budapest	1987 Clermont-Ferrand, Fr.	1988* Seúl, Cor. S.
peso minimosca	M. Allajverdiev; URSS	M. Allajverdiev; URSS	M. Allajverdiev; URSS	V. Maenza; Ital.
peso mosca	J. Ronningen; Nor.	S. Dudiaev; URSS	P. Roque; Cuba	J. Ronningen; Nor.
peso gallo	S. Balov; Bulg.	E. Ivanov; Bulg.	P. Mourier; Fr.	A. Sike; Hung.
peso pluma	J. Vangelov; Bulg.	K. Madszidov; URSS	J. Vangelov; Bulg.	K. Madszidor; URSS
peso ligero	S. Negrisan; Rum.	L. Dzulfalakian; URSS	A. Abaev; URSS	L. Dzulfalakian; URSS
peso welter	M. Mamiachvili; URSS	M. Mamiachvili; URSS	J. Salomaki; Finl.	Kim Young Nam; Cor. S.
peso medio	B. Daras; Pol.		T. Koimaromi; Hung.	M. Mamiachvili; URSS
peso pesado ligero	M. Houck; EUA	A. Malina; Pol.	V. Popov; URSS	A. Komcher; Bulg.
peso pesado	A. Dimitrov; Bulg.	T. Gaspar; Hung.	G. Guedejaorni; URSS	A. Wronski; Pol.
peso superpesado	I. Rostortski	T. Johansson; Suec.	I. Rostorotski; URSS	A. Karelin; URSS

* Campeones olímpicos reconocidos como campeones del mundo.

MOTOCICLISMO

Campeonato del mundo (500 cc)

año	vencedor	máquina	año	vencedor	máquina	año	vencedor	máquina
1949	W. A. Lomas; RU	Norton	1962	S. M. B. Hailwood; RU	M.V.	1975	G. Agostini; Ital.	Yamaha
1950	U. Masetti; Ital.	Norton	1963	S. M. B. Hailwood; RU	M.V.	1976	B. Sheene; RU	Suzuki
1951	G. E. Duke; RU	Norton	1964	S. M. B. Hailwood; RU	M.V.	1977	B. Sheene; RU	Suzuki
1952	U. Masetti; Ital.	Gilera	1965	S. M. B. Hailwood; RU	M.V.	1978	K. Roberts; EUA	Yamaha
1953	G. E. Duke; RU	Gilera	1966	G. Agostini; Ital.	M.V.	1979	K. Roberts; EUA	Yamaha
1954	G. E. Duke; RU	Gilera	1967	G. Agostini; Ital.	M.V.	1980	K. Roberts; EUA	Yamaha
1955	G. E. Duke; RU	Gilera	1968	G. Agostini; Ital.	M.V.	1981	M. Lucchinelli; Ital.	Suzuki
1956	J. Surtees; RU	M.V.	1969	G. Agostini; Ital.	M.V.	1982	F. Uncini; Ital.	Suzuki
1957	L. Liberati; Ital.	Gilera	1970	G. Agostini; Ital.	M.V.	1983	F. Spencer; EUA	Honda
1958	J. Surtees; RU	M.V.	1971	G. Agostini; Ital.	M.V.	1984	E. Lawson; EUA	Yamaha
1959	J. Surtees; RU	M.V.	1972	G. Agostini; Ital.	M.V.	1985	F. Spencer; EUA	Honda
1960	J. Surtees; RU	M.V.	1973	P. Read; RU	M.V.	1976	E. Lawson; EUA	Yamaha
1961	G. Hocking; Rod.	M.V.	1974	P. Read; RU	M.V.	1987	W. Gardner; Austral.	Honda

NATACIÓN

Campeones olímpicos, 1896-1988
Natación (hombres)

100 m libres			min	s
1896	A. Hajos	Hung.	1	22,2
1904	Z. Halmay	Hung.	1	2,8*
1908	C. Daniels	EUA	1	5,6
1912	D. Kahanamoku	EUA	1	3,4
1920	D. Kahanamoku	EUA	1	0,4
1924	J. Weissmuller	EUA		59,0
1928	J. Weissmuller	EUA		58,6
1932	Y. Miyazaki	Jap.		58,2
1936	F. Csik	Hung.		57,6
1948	W. Ris	EUA		57,3
1952	C. Scholes	EUA		57,4
1956	J. Henricks	Austral.		55,4
1960	J. Devitt	Austral.		55,2
1964	D. Schollander	EUA		53,4
1968	M. Wenden	Austral.		52,2
1972	M. Spitz	EUA		51,22†
1976	J. Montgomery	EUA		49,99
1980	J. Woithe	RDA		50,40
1984	A. Gaines	EUA		49,80
1988	M. Biondi	EUA		48,63

200 m libres			min	s
1900	F. Lane	Austral.	2	25,2
1904	C. Daniels	EUA	2	44,2‡
1968	M. Wenden	Austral.	1	55,2
1972	M. Spitz	EUA	1	52,78†
1976	B. Furniss	EUA	1	50,29
1980	S. Kopliakov	URSS	1	49,81
1984	M. Gross	RFA	1	47,44
1988	D. Armstrong	Austral.	1	47,25

400 m libres			min	s
1904	C. Daniels	EUA	6	16,2§
1908	H. Taylor	RU	5	36,8
1912	G. Hodgson	Can.	5	24,4
1920	N. Ross	EUA	5	26,8
1924	J. Weissmuller	EUA	5	4,2
1928	A. Zorilla	Argent.	5	1,6
1932	C. Crabbe	EUA	4	48,4
1936	J. Medica	EUA	4	44,5
1948	W. Smith	EUA	4	41,0
1952	J. Boiteux	Fr.	4	30,7
1956	M. Rose	Austral.	4	27,3
1960	M. Rose	Austral.	4	18,3
1964	D. Schollander	EUA	4	12,2
1968	M. Burton	EUA	4	9,0
1972	B. Cooper	Austral.	4	0,26†
1976	B. Goodell	EUA	3	51,93
1980	V. Salnikov	URSS	3	51,31
1984	G. DiCarlo	EUA	3	51,23
1988	U. Dassler	RDA	3	46,95

1.500 m libres			min	s
1904	E. Rausch	Alem.	27	18,2‖
1908	H. Taylor	RU	22	48,4
1912	G. Hodgson	Can.	22	0,0
1920	N. Ross	EUA	22	23,2
1924	A. Charlton	Austral.	20	6,6
1928	A. Borg	Suec.	19	51,8
1932	K. Kitamura	Jap.	19	12,4
1936	N. Terada	Jap.	19	13,7
1948	J. McLane	EUA	19	18,5
1952	F. Konno	EUA	18	30,0
1956	M. Rose	Austral.	17	58,9
1960	J. Konrads	Austral.	17	19,6
1964	R. Windlo	Austral.	17	1,7
1968	M. Burton	EUA	16	38,9
1972	M. Burton	EUA	15	52,6
1976	B. Goodell	EUA	15	2,4
1980	V. Salnikov	URSS	14	58,27†
1984	M. O'Brien	EUA	15	5,20
1988	V. Salnikov	URSS	15	0,40

100 m mariposa			min	s
1968	D. Russell	EUA		55,9
1972	M. Spitz	EUA		54,27†
1976	M. Vogel	EUA		54,35
1980	P. Arvidsson	Suec.		54,92
1984	M. Gross	RFA		53,08
1988	A. Nesty	Surin.		53,00

200 m mariposa				
			2	
1956	W. Yorzyk	EUA	2	19,3
1960	M. Troy	EUA	2	12,8
1964	K. Berry	Austral.	2	6,6
1968	C. Robie	EUA	2	8,7
1972	M. Spitz	EUA	1	0,70†
1976	M. Bruner	EUA	1	59,23
1980	S. Fesenko	URSS	1	59,76
1984	J. Sieben	Austral.	1	57,04
1988	M. Gross	RFA	1	56,94

100 m espalda			min	s
1904	W. Brack	Alem.	1	16,8*
1908	A. Bieberstein	Alem.	1	24,6
1912	H. Hebner	EUA	1	21,2
1920	W. Kealoha	EUA	1	15,2
1924	W. Kealoha	EUA	1	13,2
1928	G. Kojac	EUA	1	8,2
1932	M. Kiyokawa	Jap.	1	8,6
1936	A. Kiefer	EUA	1	5,9
1948	A. Stack	EUA	1	6,4
1952	Y. Oyakawa	Jap.	1	5,4
1956	D. Theile	Austral.	1	2,2
1960	D. Theile	Austral.	1	1,9
1968	R. Matthes	RDA		58,7
1972	R. Matthes	RDA		56,58†
1976	J. Naber	EUA		55,49
1980	B. Baron	Suec.		56,53
1984	R. Carey	EUA		55,79
1988	D. Suzuki	Jap.		55,05

200 m espalda			min	s
1900	E. Hoppenberg	Alem.	2	47,0
1964	J. Graef	EUA	2	10,3
1968	R. Matthes	RDA	2	9,6
1972	R. Matthes	RDA	2	2,82†
1976	J. Naber	EUA	1	59,19
1980	S. Wladar	Hung.	2	1,93
1984	R. Carey	EUA	2	0,23
1988	I. Polianski	URSS	1	59,37

100 m braza				
1968	D. McKenzie	EUA	1	7,7
1972	N. Tagushi	Jap.	1	4,94†
1976	J. Hencken	EUA	1	3,11
1980	D. Goodhew	RFA	1	3,34
1984	S. Lundquist	EUA	1	1,65
1988	A. Moorhouse	RU	1	2,04

200 m braza			min	s
1908	F. Holman	RU	3	9,2
1912	W. Bathe	Alem.	3	1,8
1920	H. Malmroth	Suec.	3	4,4
1924	R. Skelton	EUA	2	56,6
1928	Y. Tsuruta	Jap.	2	48,8
1932	Y. Tsuruta	Jap.	2	45,4
1936	T. Hamuro	Jap.	2	42,5
1948	J. Verdeur	EUA	2	39,3
1952	J. Davies	Austral.	2	34,4
1956	M. Furukawa	Jap.	2	34,7
1960	W. Mulliken	EUA	2	37,4
1964	I. O'Brien	Austral.	2	27,8
1968	F. Muñoz	Méx.	2	28,7
1972	J. Hencken	EUA	2	21,55†
1976	D. Wilkie	RU	2	15,11
1980	R. Zulpa	URSS	2	15,85
1984	V. Davis	Can.	2	13,34
1988	J. Szabo	Hung.	2	13,52

* 91,44 m (100 yardas). †Primera carrera en que se cronometraron centésimas de segundo. ‡201,6 m (220 yardas). §402,33 m (440 yardas). ‖1.609,34 m (1 milla).

Natación (hombres) (cont.)

*200 m estilos**

			min	s
1968	C. Hickcox	EUA	2	12,0
1972	G. Larsson	Suec.	2	7,17†
1984	A. Baumann	Can.	2	1,42
1988	T. Darnyi	Hung.	2	0,17

400 m estilos

			min	s
1964	R. Roth	EUA	4	45,4
1968	C. Hickcox	EUA	4	48,4
1972	G. Larsson	Suec.	4	31,98†
1976	R. Strachan	EUA	4	23,68
1980	A. Sidorenko	URSS	4	22,89
1984	A. Baumann	Can.	4	17,41
1988	T. Darnyi	Hung.	4	14,75

4×100 m estilos

		min	s
1960	EUA	4	5,4
1964	EUA	3	58,4
1968	EUA	3	54,9
1972	EUA	3	48,16†
1976	EUA	3	42,22
1980	Austral.	3	45,70
1984	EUA	3	39,30
1988	EUA	3	36,93

4×100 m libres

		min	s
1964	EUA	3	33,2
1968	EUA	3	31,7
1972	EUA	3	26,42†
1984	EUA	3	19,03
1988	EUA	3	16,53

4×200 m libres

		min	s
1908	RU	10	55,6
1912	Austral.	10	11,2
1920	EUA	10	04,4
1924	EUA	9	53,4
1928	EUA	9	36,2
1932	Japón	8	58,4
1936	Japón	8	51,5
1948	EUA	8	46,0
1952	EUA	8	31,1
1956	Austral.	8	23,6
1960	EUA	8	10,2
1964	EUA	7	52,1
1968	EUA	7	52,3
1972	EUA	7	35,8
1976	EUA	7	23,2
1980	URSS	7	23,50†
1984	EUA	7	15,69
1988	EUA	7	12,51

Natación (mujeres)

100 m libres

			min	s
1912	F. Durack	Austral.	1	22,2
1920	E. Bleibtrey	EUA	1	13,6
1924	E. Lackie	EUA	1	12,4
1928	A. Osipowich	EUA	1	15,0
1932	H. Madison	EUA	1	6,8
1936	H. Mastenbroek	P. Bajos	1	6,9
1948	G. Andersen	Din.	1	6,3
1952	K. Szöke	Hung.	1	6,8
1956	D. Fraser	Austral.	1	2,0
1960	D. Fraser	Austral.	1	1,2
1964	D. Fraser	Austral.		59,5
1968	J. Henne	EUA	1	0,0
1972	S. Neilson	EUA		58,59†
1976	K. Ender	RDA		55,65
1980	B. Krause	RDA		54,79
1984	C. Steinseifer	EUA		55,92
	N. Hogshead (empate)	EUA		55,92
1988	K. Otto	RDA		54,93

200 m libres

			min	s
1968	D. Meyer	EUA	2	10,5
1972	S. Gould	Austral.	2	03,56†
1976	K. Ender	RDA	1	59,26
1980	B. Krause	RDA	1	58,33
1984	M. Wayte	EUA	1	59,23
1988	H. Friedrich	RDA	1	57,65

400 m libres

			min	s
1924	M. Norelius	EUA	6	2,2
1928	M. Norelius	EUA	5	42,8
1932	H. Madison	EUA	5	28,5
1936	H. Mastenbroek	P. Bajos	5	26,4
1948	A. Curtis	EUA	5	17,8
1952	V. Gyenge	Hung.	5	12,1
1956	L. Crapp	Austral.	4	54,6
1960	C. von Saltza	EUA	4	50,6
1964	V. Duenkel	EUA	4	43,3
1968	D. Meyer	EUA	4	31,8
1972	S. Gould	Austral.	4	19,04†
1976	P. Thümer	RDA	4	9,89
1980	I. Diers	RDA	4	8,76
1984	T. Cohen	EUA	4	7,10
1988	J. Evans	EUA	4	3,85

800 m libres

			min	s
1968	D. Meyer	EUA	9	24,0
1972	K. Rothhammer	EUA	8	53,7
1976	P. Thümer	RDA	8	37,1
1980	M. Ford	Austral.	8	28,90†
1984	T. Cohen	EUA	8	24,95
1988	J. Evans	EUA	8	20,20

100 m mariposa

			min	s
1956	S. Mann	EUA	1	11,0
1960	C. Schuler	EUA	1	9,5
1964	S. Stouder	EUA	1	4,7
1968	L. McClements	Austral.	1	5,5
1972	M. Aoki	Jap.	1	3,34†
1976	K. Ender	RDA	1	0,13
1980	C. Metschuck	RDA	1	0,42
1984	M. Meagher	EUA		59,26
1988	K. Otto	RDA		59,00

200 m mariposa

			min	s
1968	A. Kok	P. Bajos	2	24,7
1972	K. Moe	EUA	2	15,57
1976	A. Pollack	RDA	2	11,41
1980	I. Geissler	RDA	2	10,44
1984	M. Meagher	EUA	2	6,90
1988	K. Nord	RDA	2	9,51

100 m espalda

			min	s
1924	S. Bauer	EUA	1	23,2
1928	M. Braun	P. Bajos	1	22,0
1932	E. Holm	EUA	1	19,4
1936	D. Senff	P. Bajos	1	18,9
1948	K. Harup	Din.	1	14,4
1952	J. Harrison	Sudáfr.	1	14,3
1956	J. Grinham	RU	1	12,9
1960	L. Burke	EUA	1	9,3
1964	C. Ferguson	EUA	1	7,7
1968	K. Hall	EUA	1	6,2
1972	M. Belote	EUA	1	5,78†
1976	U. Richter	RDA	1	1,83
1980	R. Reinisch	RDA	1	0,86
1984	T. Andrews	EUA	1	2,55
1988	K. Otto	RDA	1	0,89

200 m espalda

			min	s
1968	L. Watson	EUA	2	24,8
1972	M. Belote	EUA	2	19,19†
1976	U. Richter	RDA	2	13,43
1980	R. Reinisch	RDA	2	11,77
1984	J. De Rover	P. Bajos	2	12,38
1988	M. Egerszegi	Hung.	2	9,29

100 m braza

			min	s
1968	B. Bjedov	Yug.	1	15,8
1972	C. Carr	EUA	1	13,58†
1976	H. Anke	RDA	1	11,16
1980	U. Geveniger	RDA	1	10,22
1984	P. van Staveren	P. Bajos	1	9,88
1988	T. Dangalakova	Bulg.	1	7,95

200 m braza

			min	s
1924	L. Morton	RU	3	33,2
1928	H. Schrader	Alem.	3	12,6
1932	C. Dennis	Austral.	3	6,3
1936	H. Maehata	Jap.	3	3,6
1948	H. van Vliet	P. Bajos	2	57,2
1952	E. Székecy	Hung.	2	51,7
1956	U. Happe	Alem.‡	2	53,1
1960	A. Lonsbrough	RU	2	49,5
1964	G. Prozumenshchikova	URSS	2	46,4
1968	S. Wichman	EUA	2	44,4
1972	B. Whitfield	Austral.	2	41,71†
1976	M. Koshevaia	URSS	2	33,35
1980	L. Kachushite	URSS	2	29,54
1984	A. Ottenbrite	Can.	2	30,38
1988	S. Hoerner	RDA	2	26,71

200 m estilos†

			min	s
1968	C. Kolb	EUA	2	24,7
1972	S. Gould	Austral.	2	23,07†
1984	T. Caulkins	EUA	2	12,64
1988	D. Hunger	RDA	2	12,59

400 m estilos

			min	s
1964	D. De Varona	EUA	5	18,7
1968	C. Kolb	EUA	5	8,5
1972	G. Neall	Austral.	5	2,97†
1976	U. Tauber	RDA	4	42,77
1980	P. Schneider	RDA	4	36,29
1984	T. Caulkins	EUA	4	39,24
1988	J. Evans	EUA	4	37,76

4×100 m libres

		min	s
1912	RU	5	52,8
1920	EUA	5	11,6
1924	EUA	4	58,8
1928	EUA	4	47,6
1932	EUA	4	38,0
1936	P. Bajos	4	36,0
1948	EUA	4	29,2
1952	Hung.	4	24,4
1956	Austral.	4	17,1
1960	EUA	4	8,9
1964	EUA	4	3,8
1968	EUA	4	2,5
1972	EUA	3	55,19†
1976	EUA	3	44,82
1980	RDA	3	42,71
1984	EUA	3	43,43
1988	RDA	3	40,63

4×100 m estilos

		min	s
1960	EUA	4	41,1
1964	EUA	4	33,9
1968	EUA	4	28,3
1972	EUA	4	20,75†
1976	RDA	4	7,95
1980	RDA	4	6,67
1984	EUA	4	8,34
1988	RDA	4	3,74

natación sincronizada (indiv.)

1984	T. Ruiz	EUA
1988	N. Waldo	Can.

natación sincronizada (dúo)

1984	EUA
1988	Can.

* Prueba no celebrada en 1976 y 1980. † Primera carrera en que se cronometraron centésimas de segundo. ‡ Equipo conjunto RFA-RDA.

Polo

Jugadores de todos los tiempos clasificados con 10 puntos

EUA (clasificación establecida en 1891)		RU (clasificación establecida en 1910)		Argentina (clasificación establecida en 1910)	
F. Keene	1891-1920	F.W. Barrett	1912	L.J. Duggan	1943
T. Hitchcock, Sr.	1894-1901	E.W.E. Palmes	1912	E. Alberdi	1943
J. E. Cowdin	1894-95	L.S.C. Cheape	1912	C. Menditeguy	1943
R. L. Agassiz	1894	R.G. Ritson	1912	J.C. Alberdi	1944
L. Waterbury	1900-20	W.S. Buckmaster	1913	J. Menditeguy	1944
J. M. Waterbury	1902-18	V.N. Lockett	1913	R. Cavanagh	1954
D. Milburn	1917-28	J.H. Lloyd	1913	J.C. Harriott	1961
H. P. Whitney	1917-21	Lord Wodehouse	1914	F. Dorignac	1963
L.E. Stoddard	1922-23	L. Lacey	1919	H. Heguy	1969
J.W. Webb	1922-25	C.T.I. Roark	1932	G. Dorignac	1969
T. Hitchcock, Jr.	1922-40			G. Tanoira	1970
E. Boeseke, Jr.	1934			A. Harriott	1974
C. Smith	1934-62			A.P. Heguy	1974
S.B. Iglehart	1937-60			E. Moore (en RU)	1978
M.G. Phipps	1939-47			A. Pieres	1984
R. Skene	1951-65			E. Trotz (en EUA)	1984
G. Memo Gracida	1983				
T. Wayman	1983				

Remo

Campeones olímpicos, 1896-1988
Remo (hombres)*

scull			min	s
1900	M. Barrelet	Fr.	7	35,6
1904	F. Greer	EUA	10	8,5
1908	H. Blackstaffe	RU	9	26,0
1912	W. Kinnear	RU	7	47,6
1920	J. Kelly	EUA	7	35,0
1924	J. Beresford	RU	7	49,2
1928	H. Pearce	Austral.	7	11,0
1932	H. Pearce	Austral.	7	44,4
1936	G. Schäfer	Alem.	8	21,5
1948	M. Wood	Austral.	7	24,4
1952	Y. Tiukalov	URSS	8	12,8
1956	V. Ivanov	URSS	8	2,5
1960	V. Ivanov	URSS	7	13,96
1964	V. Ivanov	URSS	8	22,51
1968	A. Wienese	P. Bajos	7	47,8
1972	Yu. Malishev	URSS	7	10,12
1976	P. Karppinen	Finl.	7	29,03
1980	P. Karppinen	Finl.	7	9,61
1984	P. Karppinen	Finl.	7	0,24
1988	T. Lange	RDA	6	49,86

doble scull		min	s
1904	EUA	10	3,2
1920	EUA	7	9,0
1924	EUA	7	45,0
1928	EUA	6	41,4
1932	EUA	7	17,4
1936	RU	7	20,8
1948	RU	6	51,3
1952	Argentina	7	32,2
1956	URSS	7	24,0
1960	Checoslov.	6	47,50
1964	URSS	7	10,66
1968	URSS	6	51,82
1972	URSS	7	1,77
1976	Noruega	7	13,20
1980	RDA	6	24,33
1984	EUA	6	36,87
1988	P. Bajos	6	21,13

cuádruple scull		min	s
1976	RDA	6	18,65
1980	RDA	5	49,81
1984	RFA	5	57,55
1988	Italia	5	53,37

dos sin timonel		min	s
1904	EUA	10	57,0
1908	RU	9	41,0
1920	Italia	7	56,0
1924	P. Bajos	8	19,4
1928	Alemania	7	6,4
1932	RU	8	0,0
1936	Alemania	8	16,1
1948	RU	7	21,1
1952	EUA	8	20,7
1956	EUA	7	55,4
1960	URSS	7	2,0
1964	Canadá	7	32,9
1968	RDA	7	26,5
1972	RDA	6	53,1
1976	RDA	7	23,31
1980	RDA	6	48,01
1984	Rumania	6	45,39
1988	RU	6	36,84

dos con timonel		min	s
1900	P. Bajos	7	34,2
1924	Suiza	8	39,0
1928	Suiza	7	42,6
1932	EUA	8	25,8
1936	Alemania	8	36,9
1948	Dinamarca	8	0,5
1952	Francia	8	28,6
1956	EUA	8	26,1
1960	Alemania†	7	29,14
1964	EUA	8	21,33
1968	Italia	8	4,81
1972	RDA	7	17,25
1976	RDA	7	58,99
1980	RDA	7	2,54
1984	Italia	7	5,99
1988	Italia	6	58,79

cuatro sin timonel		min	s
1900	Francia	7	11,0
1904	EUA	9	53,8
1908	RU	8	34,0
1920	RU	7	8,6
1928	RU	6	36,0
1932	RU	6	58,2
1936	Alemania	7	1,8
1948	Italia	6	39,0
1952	Yugoslavia	7	16,0
1956	Canadá	7	8,8
1960	EUA	6	26,26
1964	Dinamarca	6	59,30
1968	RDA	6	39,18
1972	RDA	6	24,27
1976	RDA	6	37,42
1980	RDA	6	8,17
1984	N. Zelanda	6	3,48
1988	RDA	6	3,11

cuatro con timonel		min	s
1900	Alemania	5	59,0
1912	Alemania	6	59,4
1920	Suiza	6	54,0
1924	Suiza	7	18,4
1928	Italia	6	47,8
1932	Alemania	7	19,0
1936	Alemania	7	16,2
1948	EUA	6	50,3
1952	Checoslov.	7	33,4
1956	Italia	7	19,4
1960	Alemania†	6	39,12
1964	Alemania†	7	0,44
1968	N. Zelanda	6	45,62
1972	RFA	6	31,85
1976	URSS	6	40,22
1980	RDA	6	14,51
1984	RU	6	18,64
1988	RDA	6	10,74

ocho con timonel		min	s
1900	EUA	6	9,8
1904	EUA	7	50,0
1908	RU	7	52,0
1912	RU	6	15,0
1920	EUA	6	2,6
1924	EUA	6	33,4
1928	EUA	6	3,2
1932	EUA	6	37,6
1936	EUA	6	25,4
1948	EUA	5	56,7
1952	EUA	6	25,9
1956	EUA	6	35,2
1960	Alemania†	5	57,18
1964	EUA	6	18,23
1968	RFA	6	7,00
1972	N. Zelanda	6	8,94
1976	RDA	5	58,29
1980	RDA	5	49,05
1984	Canadá	5	41,32
1988	RFA	5	46,05

Remo (mujeres)

scull			min	s
1976	C. Scheiblich	RDA	4	5,56
1980	S. Toma	Rum.	3	40,69
1984	V. Racila	Rum.	3	40,68
1988	J. Berhrendt	RDA	7	47,19

dos sin timonel		min	s
1976	Bulgaria	4	1,22
1980	RDA	3	30,49
1984	Rumania	3	32,60
1988	Rumania	7	28,13

cuatro con timonel		min	s
1976	RDA	3	45,08
1980	RDA	3	19,27
1984	Rumania	3	19,30
1988	RDA	6	56,00

doble scull		min	s
1976	Bulgaria	3	44,36
1980	URSS	3	16,27
1984	Rumania	3	26,75
1988	RDA	7	0,48

cuádruple scull		min	s
1976	RDA	3	29,99
1980	RDA	3	15,32
1984	Rumania	3	14,11
1988	RDA	6	21,06

ocho con timonel		min	s
1976	RDA	3	33,32
1980	RDA	3	3,32
1984	EUA	2	59,80
1988	RDA	6	15,17

* La distancia de las pruebas masculinas de remo ha sufrido modificaciones. En 1904 fue de 3.218,6 m (2 millas); en 1908, 2.414 m (1,5 millas); de 1912 a 1936, 2.000 m; en 1948, 1.928,9 m (1 milla y 350 yardas), y desde 1952, 2.000 m. La distancia en las pruebas femeninas de remo es de 1.000 m. † Equipo conjunto RFA-RDA.

TENIS

Copa Davis

año	país vencedor	año	país vencedor	año	país vencedor	año	país vencedor	año	país vencedor	año	país vencedor
1900	Estados Unidos	1920	Estados Unidos	1934	Reino Unido	1954	Estados Unidos	1968	Estados Unidos	1982	Estados Unidos
1902	Estados Unidos	1921	Estados Unidos	1935	Reino Unido	1955	Australia	1969	Estados Unidos	1983	Australia
1903	Islas Británicas	1922	Estados Unidos	1936	Reino Unido	1956	Australia	1970	Estados Unidos	1984	Suecia
1904	Islas Británicas	1923	Estados Unidos	1937	Estados Unidos	1957	Australia	1971	Estados Unidos	1985	Suecia
1905	Islas Británicas	1924	Estados Unidos	1938	Estados Unidos	1958	Estados Unidos	1972	Estados Unidos	1986	Australia
1906	Islas Británicas	1925	Estados Unidos	1939	Australia	1959	Australia	1973	Australia	1987	Suecia
1907	Australasia†	1926	Estados Unidos	1946	Estados Unidos	1960	Australia	1974	Sudáfrica‡	1988	RFA
1908	Australasia	1927	Francia	1947	Estados Unidos	1961	Australia	1975	Suecia	1989	RFA
1909	Australasia	1928	Francia	1948	Estados Unidos	1962	Australia	1976	Italia		
1911	Australasia	1929	Francia	1949	Estados Unidos	1963	Estados Unidos	1977	Australia		
1912	Islas Británicas	1930	Francia	1950	Australia	1964	Australia	1978	Estados Unidos		
1913	Estados Unidos	1931	Francia	1951	Australia	1965	Australia	1979	Estados Unidos		
1914	Australasia	1932	Francia	1952	Australia	1966	Australia	1980	Checoslovaquia		
1919	Australasia	1933		1953	Australia	1967	Australia	1981	Estados Unidos		

* Incluida Irlanda hasta 1922. † Incluida Nueva Zelanda hasta 1923. ‡ La India se retiró de la final.

Campeonatos nacionales

Wimbledom

Individual masculino*

1877	S. W. Gore	1900	R. F. Doherty	1927	H. Cochet; Fr.	1956	L. A. Hoad; Austral.	1979	B. Borg; Suec.
1878	P. F. Hadow	1901	A. W. Gore	1928	R. Lacoste; Fr.	1957	L. A. Hoad; Austral.	1980	B. Borg; Suec.
1879	J. T. Hartley	1902	H. L. Doherty	1929	H. Cochet; Fr.	1958	A. J. Cooper; Austral.	1981	J. McEnroe; EUA
1880	J. T. Hartley	1903	H. L. Doherty	1930	W. T. Tilden; EUA	1959	A. Olmedo; Perú	1982	J. Connors; EUA
1881	W. Renshaw	1904	H. L. Doherty	1931	S. B. Wood; EUA	1960	N. A. Fraser; Austral.	1983	J. McEnroe; EUA
1882	W. Renshaw	1905	H. L. Doherty	1932	H. E. Vines; EUA	1961	R. G. Laver; Austral.	1984	J. McEnroe; EUA
1883	W. Renshaw	1906	H. L. Doherty	1933	J. H. Crawford; Austral.	1962	R. G. Laver; Austral.	1985	B. Becker; RFA
1884	W. Renshaw	1907	N. E. Brookes; Austral.	1934	F. J. Perry	1963	C. R. McKinley; EUA	1986	I. Lendl; Chec.
1885	W. Renshaw	1908	A. W. Gore	1935	F. J. Perry	1964	R. Emerson; Austral.	1987	I. Lendl; Chec.
1886	W. Renshaw	1909	A. W. Gore	1936	F. J. Perry	1965	R. Emerson; Austral.	1988	S. Edberg; Suec.
1887	H. F. Lawford	1910	A. F. Wilding; N. Zel.	1937	J. D. Budge; EUA	1966	M. Santana; Esp.	1989	B. Becker; RFA
1888	E. Renshaw	1911	A. F. Wilding; N. Zel.	1938	J. D. Budge; EUA	1967	J. Newcombe; Austral.		
1889	W. Renshaw	1912	A. F. Wilding; N. Zel.	1939	R. L. Riggs; EUA	1968†	R. G. Laver; Austral.		
1890	W. J. Hamilton	1913	A. F. Wilding; N. Zel.	1946	Y. Petra; Fr.	1969	R. G. Laver; Austral.		
1891	W. Baddeley	1914	N. E. Brookes; Austral.	1947	J. A. Kramer; EUA	1970	J. Newcombe; Austral.		
1892	W. Baddeley	1919	G. L. Patterson; Austral.	1948	R. Falkenburg; EUA	1971	J. Newcombe; Austral.		
1893	J. L. Pim	1920	W. T. Tilden; EUA	1949	F. R. Schroeder; EUA	1972	S. Smith; EUA		
1894	J. L. Pim	1921	W. T. Tilden; EUA	1950	J. E. Patty; EUA	1973	J. Kodeš; Chec.		
1895	W. Baddeley	1922	G. L. Patterson; Austral.	1951	R. Savitt; EUA	1974	J. Connors; EUA		
1896	H. S. Mahony	1923	W. M. Johnston; EUA	1952	F. A. Sedgman; Austral.	1975	A. Ashe: EUA		
1897	R. F. Doherty	1924	J. Borotra; Fr.	1953	E. V. Seixas; EUA	1976	B. Borg; Suec.		
1898	R. F. Doherty	1925	R. Lacoste; Fr.	1954	J. Drobny; Chec.	1977	B. Borg; Suec.		
1899	R. F. Doherty	1926	H, Borotra; Fr.	1955	M. A. Trabert; EUA	1978	B. Borg; Suec.		

* Vencedor británico cuando no se indica otro país. † Abierto desde 1968.

Individual femenino*

1884	M. E. A. Watson	1904	D. K. Douglass	1928	H. N. Wills; EUA	1954	M. C. Conolly; EUA	1974	C. Evert; EUA
1885	M. E. A. Watson	1905	M. G. Sutton; EUA	1929	H. N. Wills; EUA	1955	A. L. Brough; EUA	1975	B. J. Moffitt King; EUA
1886	B. Bingley	1906	D. K. Douglass	1930	H. Wills Moody; EUA	1956	S. J. Fry; EUA	1976	C. Evert; EUA
1887	C. Dod	1907	M. G. Sutton; EUA	1931	C. Aussem; Alem.	1957	A. Gibson; EUA	1977	V. Wade
1888	C. Dod	1908	C. Cooper Sterry	1932	H. Wills Moody; EUA	1958	A. Gibson; EUA	1978	M. Navratilova; Chec.
1889	B. Bingley Hillyard	1909	D. P. Boothby	1933	H. Wills Moody; EUA	1959	M. E. Bueno; Bras.	1979	M. Navratilova; Chec.
1890	L. Rice	1910	D. Douglass Chambers	1934	D. E. Round	1960	M. E. Bueno; Bras.	1980	E. Goolagong Cawley; Austral.
1891	C. Dod	1911	D. Douglass Chambers	1935	H. Wills Moody; EUA	1961	A. Mortimer	1981	C. Evert Lloyd; EUA
1892	C. Dod	1912	E. W. Larcombe	1936	H. Hull Jacobs; EUA	1962	J. R. Susman; EUA	1982	M. Navratilova; EUA
1893	C. Dod	1913	D. Douglass Chambers	1937	D. E. Round	1963	M. Smith; Austral.	1983	M. Navratilova; EUA
1894	B. Bingley Hillyard	1914	D. Douglass Chambers	1938	H. Wills Moody; EUA	1964	M. E. Bueno; Bras.	1984	M. Navratilova; EUA
1895	C. Cooper	1919	S. Lenglen; Fr.	1939	A. Marble; EUA	1965	M. Smith; Austral.	1985	M. Navratilova; EUA
1896	C. Cooper	1920	S. Lenglen; Fr.	1946	P. M. Betz; EUA	1966	B. J. Moffitt King; EUA	1986	M. Navratilova; EUA
1897	B. Bingley Hillyard	1921	S. Lenglen; Fr.	1947	M. E. Osborne; EUA	1967	B. J. Moffitt King; EUA	1987	M. Navratilova; EUA
1898	C. Cooper	1922	S. Lenglen; Fr.	1948	A. L. Brough; EUA	1968†	B. J. Moffitt King; EUA	1988	S. Graf; RFA
1899	B. Bingley Hillyard	1923	S. Lenglen; Fr.	1949	A. L. Brough; EUA	1969	A. Jones	1989	S. Graf; RFA
1900	B. Bingley Hillyard	1924	K. McKane	1950	A. L. Brough; EUA	1970	M. Smith Court; Austral.		
1901	C. Cooper Sterry	1925	S. Lenglen; Fr.	1951	D. J. Hart; EUA	1971	E. Goolagong; Austral.		
1902	M. E. Robb	1926	K. McKane Godfree	1952	M. C. Connolly; EUA	1972	B. J. Moffitt King; EUA		
1903	D. K. Douglass	1927	H. N. Wills; EUA	1953	M. C. Connolly; EUA	1973	B. J. Moffitt King; EUA		

* Vencedora británica cuando no se indica otro país. † Abierto desde 1968.

EUA

Individual masculino*

1881	R. D. Sears	1903	H. L. Doherty; RU	1925	W. T. Tilden	1947	J. A. Kramer	1969	R. G. Laver; Austral.
1882	R. D. Sears	1904	H. Ward	1926	R. Lacoste; Fr.	1948	R. A. Gonzales	1970	K. Rosewall; Austral.
1883	R. D. Sears	1905	B. C. Wright	1927	R. Lacoste; Fr.	1949	R. A. Gonzales	1971	S. Smith
1884	R. D. Sears	1906	W. J. Clothier	1928	H. Cochet; Fr.	1950	A. Larsen	1972	I. Nastase; Rum.
1885	R. D. Sears	1907	W. A. Larned	1929	W. T. Tilden	1951	F. Sedgman; Austral.	1973	J. Newcombe; Austral.
1886	R. D. Sears	1908	W. A. Larned	1930	J. H. Doeg	1952	F. Sedgman; Austral.	1974	J. Connors
1887	R. D. Sears	1909	W. A. Larned	1931	H. E. Vines, Jr.	1953	M. A. Trabert	1975	M. Orantes; Esp.
1888	W. Slocum, Jr.	1910	W. A. Larned	1932	H. E. Vines, Jr.	1954	E. V. Seixas, Jr.	1976	J. Connors
1889	W. Slocum, Jr.	1911	W. A. Larned	1933	F. J. Perry; RU	1955	M. A. Trabert	1977	G. Vilas; Argent.
1890	O. S. Campbell	1912	M. E. McLoughlin	1934	F. J. Perry; RU	1956	K. R. Rosewall; Austral.	1978	J. Connors
1891	O. S. Campbell	1913	M. E. McLoughlin	1935	W. L. Allison	1957	M. Anderson; Austral.	1979	J. McEnroe
1892	O. S. Campbell	1914	R. N. Williams	1936	F. J. Perry; RU	1958	A. J. Cooper; Austral.	1980	J. McEnroe
1893	R. D. Wrenn	1915	W. M. Johnston	1937	J. D. Budge	1959	N. A. Fraser; Austral.	1981	J. McEnroe
1894	R. D. Wrenn	1916	R. N. Williams	1938	J. D. Budge	1960	N. A. Fraser; Austral.	1982	J. Connors
1895	F. H. Hovey	1917	R. L. Murray	1939	R. L. Riggs	1961	R. Emerson; Austral.	1983	J. Connors
1896	R. D. Wrenn	1918	R. L. Murray	1940	W. D. McNeill	1962	R. G. Laver; Austral.	1984	J. McEnroe
1897	R. D. Wrenn	1919	W. M. Johnston	1941	R. L. Riggs	1963	R. H. Osuna; Méx.	1985	I. Lendl; Chec.
1898	M. D. Whitman	1920	W. T. Tilden	1942	F. R. Schroder, Jr.	1964	R. Emerson; Austral.	1986	I. Lendl; Chec.
1899	M. D. Whitman	1921	W. T. Tilden	1943	J. R. Hunt	1965	M. Santana; Esp.	1987	I. Lendl; Chec.
1900	M. D. Whitman	1922	W. T. Tilden	1944	F. A. Parker	1966	F. S. Stolle; Austral.	1988	M. Wilander; Suec.
1901	W. A. Larned	1923	W. T. Tilden	1945	F. A. Parker	1967	J. Newcombe; Austral.		
1902	W. A. Larned	1924	W. T. Tilden	1946	J. A. Kramer	1968†	A. Ashe		

* Vencedor estadounidense cuando no se indica otro país. † Abierto desde 1968.

Individual femenino*

1887	E. F. Hansell	1908	M. Bargar-Wallach	1929	H. N. Wills	1950	M. Osborne du Pont	1971	B. J. Moffitt King
1888	B. L. Townsend	1909	H. V. Hotchkiss	1930	B. Nuthall; RU	1951	M. C. Connolly	1972	B. J. Moffitt King
1889	B. L. Townsend	1910	H. V. Hotchkiss	1931	H. Wills Moody	1952	M. C. Connolly	1973	M. Smith Court; Austral.
1890	E. C. Roosevelt	1911	H. V. Hotchkiss	1932	H. Hull Jacobs	1953	M. C. Connolly	1974	B. J. Moffitt King
1891	M. E. Cahill	1912	M. K. Browne	1933	H. Hull Jacobs	1954	D. J. Hart	1975	C. Evert
1892	M. E. Cahill	1913	M. K. Browne	1934	H. Hull Jacobs	1955	D. J. Hart	1976	C. Evert
1893	A. M. Terry	1914	M. K. Browne	1935	H. Hull Jacobs	1956	S. J. Fry	1977	C. Evert
1894	H. R. Helwig	1915	M. J. Bjurstedt; Nor.	1936	A. Marble	1957	A. Gibson	1978	C. Evert
1895	J. P. Atkinson	1916	M. J. Bjurstedt; Nor.	1937	A. Lizana; Chile	1958	A. Gibson	1979	T. Austin
1896	E. H. Moore	1917	M. J. Bjurstedt; Nor.	1938	A. Marble	1959	M. E. Bueno; Bras.	1980	C. Evert Lloyd
1897	J. P. Atkinson	1918	M. J. Bjurstedt; Nor.	1939	A. Marble	1960	D. R. Hard	1981	T. Austin
1898	J. P. Atkinson	1919	H. Hotchkiss Wightman	1940	A. Marble	1961	D. R. Hard	1982	C. Evert Lloyd
1899	M. Jones	1920	M. J. Bjurstedt Mallory	1941	S. Palfrey Cooke	1962	M. Smith; Austral.	1983	M. Navratilova
1900	M. McAteer	1921	M. J. Bjurstedt Mallory	1942	P. M. Betz	1963	M. E. Bueno; Bras.	1984	M. Navratilova
1901	E. H. Moore	1922	M. J. Bjurstedt Mallory	1943	P. M. Betz	1964	M. E. Bueno; Bras.	1985	H. Mandlikova; Chec.
1902	M. Jones	1923	H. N. Wills	1944	P. M. Betz	1965	M. Smith; Austral.	1986	M. Navratilova
1903	E. H. Moore	1924	H. N. Wills	1945	S. Palfrey Cooke	1966	M. E. Bueno; Bras.	1987	M. Navratilova
1904	M. G. Sutton	1925	H. N. Wills	1946	P. M. Betz	1967	B. J. Moffitt King	1988	S. Graf; RFA
1905	E. H. Moore	1926	M. Bjurstedt Mallory	1947	A. L. Brough	1968†	V. Wade; RU	1989	S. Graf; RFA
1906	H. Homans	1927	H. N. Wills	1948	M. Osborne du Pont	1969	M. Smith Court; Austral.		
1907	E. Sears	1928	H. N. Wills	1948	M. Osborne du Pont	1970	M. Smith Court; Austral.		

* Vencedora estadounidense cuando no se indica otro país. † Abierto desde 1968.

Francia

Individual masculino*

1925	R. Lacoste	1937	H. Henkel; Alem.	1955	M. A. Traber; EUA	1967	R. Emerson; Austral.	1979	B. Borg; Suec.
1926	H. Cochet	1938	J. D. Budge; EUA	1956	K. A. Hoad; Austral.	1968	K. Rosewall; Austral.	1980	B. Borg; Suec.
1927	R. Lacoste	1939	W. D. McNeil; EUA	1957	S. Davidson; Suec.	1969	R. G. Laver; Austral.	1981	B. Borg; Suec.
1928	H. Cochet	1946	M. Bernard	1958	M. G. Rose; Austral.	1970	J. Kodeš; Chec.	1982	M. Wilander; Suec.
1929	R. Lacoste	1947	J. Asboth; Hung.	1959	N. Pietrangeli; Ital.	1971	J. Kodeš; Chec.	1983	Y. Noah
1930	H. Cochet	1948	F. A. Parker; EUA	1960	N. Pietrangeli; Ital.	1972	A. Gimeno; Esp.	1984	I. Lendl; Chec.
1931	J. Borotra	1949	F. A. Parker; EUA	1961	M. Santana; Esp.	1973	I. Nastase; Rum	1985	M. Wilander; Suec.
1932	H. Cochet	1950	J. E. Patty; EUA	1962	R. G. Laver; Austral.	1974	B. Borg; Suec.	1986	I. Lendl; Chec.
1933	J. H. Crawford; Austral.	1951	J. Drobny; Chec.	1963	R. Emerson; Austral.	1975	B. Borg; Suec.	1987	I. Lendl; Chec.
1934	G. von Cramm; Alem.	1952	J. Drobny; Chec.	1964	M. Santana; Esp.	1976	A. Panatta; Ital.	1988	M. Wilander; Suec.
1935	F.J. Perry; RU	1953	K. Rosewall; Austral.	1965	F. S. Stolle; Austral.	1977	G. Vilas; Argent.	1989	M. Chang; EUA
1936	G. von Cramm; Alem.	1954	M. A. Trabert; EUA	1966	T. Roche; Austral.	1978	B. Borg; Suec.		

* Vencedor francés cuando no se indica otro país.

Individual femenino

1925	S. Lenglen	1937	H. K. Sperling; Din.	1955	A. Mortimer; RU	1967	F. Durr	1979	C. Evert Lloyd; EUA
1926	S. Lenglen	1938	S. Mathieu	1956	A. Gibson; EUA	1968	N. Richey; EUA	1980	C. Evert Lloyd; EUA
1927	K. Bouman; P. Bajos	1939	S. Mathieu	1957	S. J. Bloomer; RU	1969	M. Smith Court; Austral.	1981	H. Mandikova; Chec.
1928	H. N. Wills; EUA	1946	M. E. Osborne; EUA	1958	S. Kormorczi; Hung.	1970	M. Smith Court; Austral.	1982	M. Navratilova; EUA
1929	H. N. Wills; EUA	1947	P. C. Todd; EUA	1959	C. C. Truman; RU	1971	E. Goolagong; Austral.	1983	C. Evert Lloyd; EUA
1930	H. Wills Moody; EUA	1948	N. Landry; Bélg.	1960	D. R. Hard; EUA	1972	B. J. Moffitt King; EUA	1984	M. Navratilova; EUA
1931	C. Aussem; Alem.	1949	M. Osborne du Pont; EUA	1961	A. S. Haydon; RU	1973	M. Smith Court; Austral.	1985	C. Evert Lloyd; EUA
1932	H. Wills Moody; EUA	1950	D. J. Hart; EUA	1962	M. Smith; Austral.	1974	C. Everth; EUA	1986	C. Evert Lloyd; EUA
1933	M. C. Scriven; RU	1951	S. J. Fry; EUA	1963	L. R. Turner; Austral.	1975	C. Evert; EUA	1987	S. Graf; RFA
1934	M. C. Scriven; RU	1952	D. J. Hart; EUA	1964	M. Smith; Austral.	1976	S. Barker; RU	1988	S. Graf; RFA
1935	H. K. Sperling; Din.	1953	M. C. Conolly; EUA	1965	L. R. Turner; Austral.	1977	M. Jausovez; Yug.	1989	A. Sánchez Vicario; Esp.
1936	H. K. Sperling; Din.	1954	M. C. Conolly; EUA	1966	A. Haydon Jones; RU	1978	V. Ruzici; Rum.		

* Vencedora francesa cuando no se indica otro país.

Australia

Individual masculino*

1905	R. W. Heath	1925	J. O. Anderson	1946	J. E. Bromwich	1962	R. G. Laver	1978†	V. Gerulaitis; EUA
1906	A. F. Wilding; N. Zel.	1926	J. B. Hawkes	1947	D. Pails	1963	R. Emerson	1979	G. Vilas; Argent.
1907	H. M. Rice	1927	G. L. Patterson	1948	A. K. Quist	1964	R. Emerson	1980	G. Vilas; Argent.
1908	F. B. Alexander; EUA	1928	J. Borotra; Fr.	1949	F. A. Sedgman	1965	R. Emerson	1981	B. Teacher; EUA
1909	A. F. Wilding; N. Zel.	1929	J. C. Gregory; RU	1950	F. A. Sedgman	1966	R. Emerson	1982	J. Kriek; Sudáfr.
1910	R. W. Heath	1930	E. F. Moon	1951	R. Savitt; EUA	1967	R. Emerson	1983	J. Kriek; Sudáfr.
1911	N. E. Brookes	1931	J. H. Crawford	1952	K. McGregor	1968	W. Bowry	1984	M. Wilander; Suec.
1912	J. Cecil Parker; RU	1932	J. H. Crawford	1953	K. Rosewall	1969	R. G. Laver	1985	M. Wilander; Suec.
1913	E. F. Parker	1933	J. H. Crawford	1954	M. G. Rose	1970	A. Ashe; EUA	1986	S. Edberg; Suec.
1914	P. O'Hara Wood	1934	F. J. Perry; RU	1955	K. Rosewall	1971	K. Rosewall	1987	S. Edberg; Suec.
1915	F. Gordon Lowe; RU	1935	J. H. Crawford	1956	L. A. Hoad	1972	K. Rosewall	1988	M. Wilander; Suec.
1920	A. R. F. Kingscote; RU	1936	A. K. Quist	1957	A. J. Cooper	1973	J. Newcombe	1989	I. Lendl; Chec.
1921	R. H. Gemmell	1937	V. B. McGrath	1958	A. J. Cooper	1974	J. Connors; EUA	1990	I. Lendl; Chec.
1922	J. O. Anderson	1938	J. D. Budge; EUA	1959	A. Olmedo; Perú	1975	J. Newcombe		
1923	P. O'Hara Wood	1939	J. E. Bromwich	1960	R. G. Laver	1976	M. Edmondson		
1924	J. O. Anderson	1940	A. K. Quist	1961	R. Emerson	1977	R. Tanner; EUA		

* Vencedor australiano cuando se indica otro país. † Campeonato celebrado en septiembre de 1977; los subsiguientes se adaptaron al mismo calendario.

Individual femenino*

1922	B. H. Molesworth	1936	J. Hartigan	1955	B. Penrose	1969	M. Smith Court	1983	C. Evert Lloyd; EUA
1923	B. H. Molesworth	1937	N. Wynne	1956	M. Carter	1970	M. Smith Court	1984	M. Navratilova; EUA
1924	S. Lance	1938	D. M. Bundy; EUA	1957	S. J. Fry; EUA	1971	M. Smith Court	1985	C. Evert Lloyd; EUA
1925	D. Akhurst	1939	V. Wetscott	1958	A. Mortimer; RU	1972	V. Wade; RU	1986	M. Navratilova; EUA
1926	D. Akhurst	1940	N. Wynne	1959	M. Carter Reitano	1973	M. Smith Court	1987	H. Mandlikova; Chec.
1927	E. Boyd	1946	N. W. Bolton	1960	M. Smith	1974	E. Goolagong	1988	S. Graf; RFA
1928	D. Akhurst	1947	N. W. Bolton	1961	M. Smith	1975	E. Goolagong	1989	S. Graf; RFA
1929	D. Akhurst	1948	N. W. Bolton	1962	M. Smith	1976	E. Goolagong Cawley	1990	S. Graf; RFA
1930	D. Akhurst	1949	D. J. Hart; EUA	1963	M. Smith	1977	K. Reid		
1931	C. Buttsworth	1950	A. L. Brough; EUA	1964	M. Smith	1978†	E. Goolagong Cawley		
1832	C. Buttsworth	1951	N. W. Bolton	1965	M. Smith	1979	C. O'Neill		
1933	J. Hartigan	1952	T. D. Long	1966	M. Smith	1980	B. Jordan; EUA		
1934	J. Hartigan	1953	M. C. Connolly; EUA	1967	N. Richey; EUA	1981	H. Mandikova; Chec.		
1935	D. E. Round; RU	1954	T. D. Long	1968	B. J. Moffitt King; EUA	1982	M. Navratilova; EUA		

* Vencedora australiana cuando no se indica otro país. † Campeonato celebrado en septiembre de 1977; los subsiguientes se adaptaron al mismo calendario.

TENIS DE MESA

Campeonatos del mundo
No celebrados entre 1940 y 1946; bianuales desde 1957

año	ciudad	individual masculino	dobles masculinos	individual femenino
1927	Londres	R. Jacobi; Hung.	R. Jacobi, R. Pecsi; Hung.	M. Mednyanszky; Hung.
1928	Estocolmo	Z. Mechlovits; Hung.	A. Liebster, R. Thum; Austral.	M. Mednyanszky; Hung.
1929	Budapest	F. J. Perry; RU	G. V. Barna, M. Szabados; Hung.	M. Mednyanszky; Hung.
1930	Berlín	G. V. Barna; Hung.	G. V. Barna, M. Szabados; Hung.	M. Mednyanszky; Hung.
1931	Budapest	M. Szabados; Hung.	G. V. Barna, M. Szabados; Hung.	M. Mednyanszky; Hung.
1932	Praga	G. V. Barna; Hung.	G. V. Barna, M. Szabados; Hung.	A. Sipós; Hung.
1933	Baden, Austria	G. V. Barna; Hung.	G. V. Barna, S. Glancz; Hung.	A. Sipós; Hung.
1934	París	G. V. Barna; Hung.	G. V. Barna, M. Szabados; Hung.	M. Kettnerová; Chec.
1935	Londres	G. V. Barna; Hung.	G. V. Barna, M. Szabados; Hung.	M. Kettnerová; Chec.
1936	Praga	S. Kolář; Chec.	R. G. Blattner, J. H. McClure; EUA	R. H. Aarons; EUA
1937	Baden, Austria	R. Bergmann; Austria	R. G. Blattner, J. H. McClure; EUA	Título vacante
1938	Londres	B. Váňa; Chec.	J. H. McClure, S. Schiff; EUA	T. Pritzi; Austria
1939	El Cairo	R. Bergmann; RU	R. Bergmann; Austria-G. V. Barna; Hung.	V. Depetrisová; Chec.
1947	París	V. Vaňa; Chec.	B. Váňa, A. Slár; Chec.	G. Farkas; Hung.
1948	Londres	R. Bergman; RU	B. Váňa, L. Stípek; Chec.	G. Farkas; Hung.
1949	Estocolmo	J. Leach; RU	F. Tokár, I. Andreadis; Chec.	G. Farkas; Hung.
1950	Budapest	R. Bergman; RU	F. Sidó, F. Soos; Hung.	A. Roseanu; Rum.
1951	Viena	J. Leach; RU	B. Váňa, I. Andreadis; Chec.	A. Roseanu; Rum.
1952	Bombay	H. Satoh; Jap.	N. Fujii, T. Hayashi; Jap.	A. Roseanu; Rum.
1953	Bucarest	F. Sido; Hung.	F. Sidó, J. Koczian; Hung.	A. Roseanu; Rum.
1954	Londres	I. Ogimura; Jap.	V. Harangozo, Z. Dolimar; Yug.	A. Roseanu; Rum.
1955	Utrecht, P. Bajos	T. Tanaka; Jap.	I. Andreadis, L. Stípek; Chec.	A. Roseanu; Rum.
1956	Tokio	I. Ogimura; Jap.	I. Ogimura, Y. Tomita; Jap.	T. Okawa; Jap.
1957	Estocolmo	T. Tanaka; Jap.	I. Andreadis, L. Stípek; Chec.	F. Eguchi; Jap.
1959	Dortmund, RFA	Jung Kuo-tuan; China	I. Ogimura, T. Murakami; Jap.	K. Matsuzaki; Jap.
1961	Pekín	Chuang Tse-tung; China	N. Hoshino, K. Kimura; Jap.	Chiu Chung-hui; China
1963	Praga	Chuang Tse-tung; China	Chiang Shih-lin, Wang Chin-liang; China	K. Matsuzaki; Jap.
1965	Ljubljana, Yug.	Chuang Tse-tung; China	Chuang Tse-tung, Hsü Yin-sheng; China	N. Fakazu; Jap.
1967	Estocolmo	N. Hasegawa; Jap.	K. Johansson, H. Asler; Suec.	S. Morisawa; Jap.
1969	Munich	S. Ito; Jap.	K. Johansson, H. Asler; Suec.	T. Kowada; Jap.
1971	Nagoya, Jap.	S. Bengtsson; Suec.	T. Klampar, I. Jonyer; Hung.	Liu Hui-ching; China
1973	Sarajevo, Yug.	Hsi En-Ting; China	K. Johansson, S. Bengtsson; Suec.	Hu Yu-lan; China
1975	Calcuta	I. Jonyer; Hung.	I. Jonyer, G. Gergely; Hung.	Pak Yung Sun; Cor. N.
1977	Birmingham	M. Kono; Jap.	Li Chen-shih, Liang Ko-liang; China	Pak Yung Sun; Cor. N.
1979	Pyongyang, Cor. N.	S. Ono; Jap.	A. Stipancic, D. Surbek; Yug.	Ge Xinai; China
1981	Novi Sad, Yug.	Guo Yuehua; China	Cai Zhenhua, Li Zhenshi; China	Tong Ling; China
1983	Tokio	Guo Yuehua; China	D. Surbek, Z. Kalinic; Yug.	Cao Yanhua; China
1985	Göteborg, Suec.	Jiang Jialiang; China	M. Appelgren, U. Carlsson; Suec.	Cao Yanhua; China
1987	Nueva Delhi	Jiang Jialiang; China	Chen Longian, Wei Qingguang; China	He Zhili; China

año	ciudad	dobles femeninos	dobles mixtos (partic. masc. , partic. fem.)
1927	Londres	M. Mednyanszky; Hung. -F. Flamm; Austria	Z. Mechlovits, M. Mednyanszky; Hung.
1928	Estocolmo	E. Metzger, E. Ruester; Alem.	Z. Mechlovits, M. Mednyanszky; Hung.
1929	Budapest	M. Mednyanszky, A. Sipós; Hung.	I. Kelén, A. Sipós; Hung.
1930	Berlín	M. Mednyanszky, A. Sipós; Hung.	M. Szabados, M. Mednyanszky; Hung.
1931	Budapest	M. Mednyanszky, A. Sipós; Hung.	M. Szabados, M. Mednyanszky; Hung.
1932	Praga	M. Mednyanszky, A. Sipós; Hung.	G. V. Barna, A. Sipós; Hung.
1933	Baden, Austria	M. Mednyanszky, A. Sipós; Hung.	I. Kelén, M. Mednyanszky; Hung.
1934	París	M. Mednyanszky, A. Sipós; Hung.	M. Szabados, M. Mednyanszky; Hung.
1935	Londres	M. Kettnerová, M. Smídová; Chec.	G. V. Barna, A. Sipós; Hung.
1936	Praga	V. Depetrisová, V. Votrubcová; Chec.	M. Hamr, G. Kleinová; Chec.
1937	Baden, Austria	V. Depetrisová, V. Votrubcová; Chec.	B. Váňa, V. Votrubcová; Chec.
1938	Londres	T. Pritzi, D. Bussnann; Austria	L. Bellak; Hung.-W. Woodhead; RU
1939	El Cairo	Prueba no celebrada	B. Váňa, V. Votrubcová; Chec.
1947	París	T. Pritzi; Austria-G. Farkas; Hung.	F. Soos, G. Farkas; Hung.
1948	Londres	V. Thomas, P. Franks; RU	R. Miles, T. Thall; EUA
1949	Estocolmo	H. Elliot; RU-G. Farkas; Hung.	F. Sidó, G. Farkas; Hung.
1950	Budapest	D. Beregi, H. Elliot; RU	F. Sidó, G. Farkas; Hung.
1951	Viena	D. Dowe, R. Rowe; RU	B. Váňa; Chec.-A. Roseanu; Rum.
1952	Bombay	T. Nashimura, S. Narahara; Jap.	F. Sidó; Hung.-A. Roseanu; Rum.
1953	Bucarest	A. Roseanu; Rum.-G. Farkas; Hung.	F. Sidó; Hung.-A. Roseanu; Rum.
1954	Londres	D. Rowe, R. Rowe; RU	I. Andreadis; Chec.-G. Farkas; Hung.
1955	Utrecht, Neth.	A. Roseanu, E. Zeller; Rum.	K. Szepési, E. Koczian; Hung.
1956	Tokio	A. Roseanu, E. Zeller; Rum.	E. Klein, L. T. Neuberger; EUA
1957	Estocolmo	L. Mosoczy, A. Simon; Hung.	I. Ogimura, F. Eguchi; Jap.
1959	Dortmund, RFA	T. Namba, K. Yamaizumi; Jap.	I. Ogimura, F. Eguchi; Jap.
1961	Pekín	M. Alexandru, G. Pitica; Rum.	I. Ogimura, K. Matsuzaki; Jap.
1963	Praga	K. Matsuzaki, M. Seki; Jap.	K. Kimura, K. Ito; Jap.
1965	Ljubljana, Yug.	Liu Hui-ching, Cheng Min-chin; China	K. Kimura, M. Seki; Jap.
1967	Estocolmo	S. Morisawa, S. Hirota; Jap.	N. Hasegawa, N. Yamanaka; Jap.
1969	Munich	Z. Rudnova, S. Grinberg; URSS	N. Hasegawa, Y. Konno; Jap.
1971	Nagoya, Jap.	Liu Hui-ching, Chng Min-chin; China	Chang Shin-lin, Liu Hui-ching; China
1973	Sarajevo, Yug.	M. Alexandru; Rum.-M. Hamada; Jap.	Liang Ko-liang, Li Li; China
1975	Calcuta	M. Alexandru; Rum.-S. Takahashi; Jap.	S. Gomozkov, T. Ferdman; URSS
1977	Birmingham	Pak Yong Ok; Cor. N.-Yang Ying; China	J. Secretin, C. Bergeret; Fr.
1979	Pyongyang, Cor. N.	Zhang Deying, Zhang Li; China	Liang Geliang, Ge Xinai; China
1981	Novi Sad, Yug.	Cao Yanhua, Zhang Deying; China	Xie Saike; Huang Junqun; China
1983	Tokio	Shen Jianping, Dai Lili; China	Guo Yuehua, Ni Xialian; China
1985	Göteborg, Suec.	Dai Lili, Geng Lijuan; China	Cai Zhenhua, Cao Yanhua; China
1987	Nueva Delhi	Hyun Jung Hwa, Yang Young Ja, Cor. S.	Hui Jun, Geng Lijuan; China

TIRO

Plusmarcas oficiales del mundo*

prueba	puntos	nombre	ciudad	año
fusil libre, 300 m, 3×40 disparos	1.160	L. Wigger; EUA	Río de Janeiro	1981
fusil libre de pequeño calibre, 50 m, 3×40 disparos	1.173	V. Vlasov; URSS	Moscú	1980
	1.173	A. Luov; URSS	Bucarest	1983
	1.173	M. Cooper; RU	Los Ángeles	1984
fusil libre de pequeño calibre, 50 m, 3×40 disparos, tendido	600	A. Allan; RU	Titograd, Yug.	1981
	600	E. Van de Zande; EUA	Río de Janeiro	1981
blanco móvil, 50 m, 60 disparos	595	J. Sokolov; URSS	Miskolc, Hung.	1981
fusil estándar, 300 m, 3×20 disparos	580	L. Wigger; EUA	Río de Janeiro	1981
pistola libre, 50 m, 60 disparos	581	A. Melentev; URSS	Moscú	1980
pistola de tiro rápido, 25 m, 60 disparos	599	L. Puzirev; URSS	Titograd, Yug.	1981
pistola de puntería, 25 m, 60 disparos	597	T. D. Smith III; EUA	São Paulo, Bras.	1963
skeet, 200 platos	200	E. Petrov; URSS	Phoenix, EUA	1970
	200	J. Tsuranov; URSS	Bologna, Ital.	1971
	200	T. Zhgenti; URSS	Turín, Ital.	1973
	200	H. Rasmussen; Din.	Viena	1975
	200	W. Gawlikowski; Pol.	Viena	1975
	200	M. Dryke; EUA	São Paulo, Bras.	1981
foso, 200 platos	200	D. Carlisle; EUA	Caracas	1983

* Unión Internacional de Tiro.

TIRO CON ARCO

Plusmarcas mundiales*

prueba	vencedor	puntos	año
individual masc.	D. Pace; EUA	1.341	1979
equipo masc.	EUA	3.908	1983
individual fem.	N. Butuzova; URSS	1.324	1982
equipo fem.	URSS	3.925	1983

Campeonatos del mundo

año	individual masculino		equipo masc.		individual fem.		equipo fem.	
	vencedor	puntos	vencedor	puntos	vencedora	puntos	vencedor	puntos
1957	O. K. Smathers; EUA	2.231	EUA	6.591	C. Meinhart; EUA	2.120	EUA	6.187
1958	S. Thysell; Suec.	2.101	Finl.	5.936	S. Johansson; Suec.	2.053	EUA	—
1959	J. Caspers; EUA	2.247	EUA	6.634	A. Weber Corby; EUA	2.023	EUA	5.847
1961	J. Thornton; EUA	2.310	EUA	6.601	N. Vonderheide; EUA	2.173	EUA	6.376
1963	C. Sandlin; EUA	2.332	EUA	6.887	V. Cook; EUA	2.253	EUA	6.508
1965	M. Haikonen; Finl.	2.313	EUA	6.792	M. Lindholm; Finl.	2.214	EUA	6.358
1967	R. Rogers; EUA	2.298	EUA	6.816	M. Maczynska; Pol.	2.240	Pol.	6.686
1969	H. Ward; EUA	2.423	EUA	7.194	D. Lidstone; Can.	2.361	URSS	6.897
1971	J. Williams; EUA	2.445	EUA	7.050	E. Gapchenko; URSS	2.380	Pol.	6.907
1973	V. Sidoruk; URSS	2.185	EUA	6.400	L. Myers; EUA	2.204	URSS	6.389
1975	D. Pace; EUA	2.548	EUA	7.436	Z. Rustamova; URSS	2.465	URSS	7.252
1977	R. McKinney; EUA	2.501	EUA	7.444	L. Ryon; EUA	2.515	URSS	7.379
1979	D. Pace; EUA	2.474	EUA	7.409	J. H. Kim; Cor. S.	2.507	URSS	7.341
1981	K. Laasonen; Finl.	2.541	EUA	7.547	N. Butuzova; URSS	2.514	EUA	7.455
1983	R. McKinney; EUA	2.617	EUA	7.812	J. H. Kim; Cor. S.	2.616	Cor. S.	7.704
1985	R. McKinney; EUA	2.601	Cor. S.	7.660	J. Soldatova; URSS	2.595	URSS	7.721
1987	V. Esheiev; URSS	329	RFA	891	Ma Xiangjun; China	330	URSS	884

* Una sola serie.

VELA

Campeones olímpicos, 1896-1988

windsurfing

1984	S. van den Berg	P. Bajos
1988	B. Kendall	N. Zelanda

Finn

1952	P. Elvström	Dinamarca
1956	P. Elvström	Dinamarca
1960	P. Elvström	Dinamarca
1964	W. Kuhweide	Alemania
1968	V. Mankin	URSS
1972	S. Maury	Francia
1976	J. Shumann	RDA
1980	E. Rechardt	Finlandia
1984	R. Coutts	N. Zelanda
1988	J. L. Doreste	España

470

1976	RFA
1980	Brasil
1984	Brasil
1988	España

Flying Dutchman

1960	Noruega
1964	N. Zelanda
1968	RU
1972	RU
1976	RFA
1980	URSS
1984	EUA
1988	Dinamarca

Star

1932	EUA
1936	Alemania
1948	EUA
1952	Italia
1956	EUA
1960	URSS
1964	Bahamas
1968	EUA
1972	Australia
1980	URSS
1984	EUA
1988	RU

Tornado

1976	RU
1980	Brasil
1984	N. Zelanda
1988	Francia

Soling

1972	EUA
1976	Dinamarca
1980	Dinamarca
1984	EUA
1988	RDA

*Dragon**

1948	Noruega
1952	Noruega
1956	Suecia
1960	Grecia
1964	Dinamarca
1968	EUA
1972	Australia

Tempest

1972	URSS
1976	Suecia

* Prueba no disputada desde 1972.

VOLEIBOL

Campeonatos del mundo

año	ciudad	hombres	mujeres	año	ciudad	hombres	mujeres
1949	Praga	URSS	—	1970	Sofía	RDA	URSS
1952	Moscú	URSS	URSS	1972*	Munich	Japón	URSS
1956	París	Checoslovaquia	URSS	1974	Ciudad de México	Polonia	Japón†
1960	Río de Janeiro	URSS	URSS	1976*	Montreal	Polonia	Japón
1962	Moscú	URSS	Japón	1978	Roma	URSS	Cuba
1964*	Tokio	URSS	Japón	1980	Moscú	URSS	URSS
1966	Praga	Checoslovaquia	Japón	1982	Buenos Aires	URSS	China‡
1967	Tokio	No celebrado	Japón	1984*	Los Ángeles	EUA	China
1968*	Ciudad de México	URSS	URSS	1986	París	EUA	China

WATERPOLO

Campeones olímpicos, 1896-1988

1900	RU	1920	RU	1936	Hungría	1960	Italia	1976	Hungría
1904	EUA	1924	Francia	1948	Italia	1964	Hungría	1980	URSS
1908	RU	1928	Alemania	1952	Hungría	1968	Yugoslavia	1984	Yugoslavia
1912	RU	1932	Hungría	1956	Hungría	1972	URSS	1988	Yugoslavia

Área y población

Esta tabla ofrece el área y la población de todos los países del mundo y de todos los territorios dependientes que cuentan con población civil permanente. Únicamente se han omitido el Estado de la Ciudad del Vaticano, el Territorio Británico del Océano Índico y otros casos similares. Los datos son los últimos, tanto publicados como inéditos, sobre el área y la población de los países estudiados; en el caso de la población, figuran el dato del último año (1987), para facilitar la comparación, y el del censo más reciente, que permite comparar determinadas medidas demográficas no siempre disponibles en forma de estimaciones para los períodos intercensales. Las estimaciones para 1987 constituyen una combinación de las nacionales, las realizadas por las Naciones Unidas (ONU) u otra organización internacional y las de *Encyclopaedia Britannica,* a fin de ajustarlas al máximo a las series publicadas, tener en cuenta información inédita procedente de corresponsales e incorporar los resultados de censos muy recientes sobre los que todavía no se han publicado análisis ni proyecciones.

Al consultar estas estadísticas hay que tener presente que todas ellas, sea cual sea el grado de precisión derivado del rigor de las cifras, son estimaciones; en consecuencia, se trata de datos de variada, y en ocasiones dudosa, exactitud. Ni siquiera un país como los Estados Unidos, con larga tradición tanto en la realización de censos como en el uso de las más complejas técnicas analíticas para el tratamiento de los datos, es capaz de determinar su población total con un margen de error inferior al 2,5%. Y en general los errores de recuento son por defecto. En las grandes ciudades, en las que es más difícil censar a determinados grupos de población, tanto legales como ilegales, el margen de error del recuento puede superar el 5%. Cuando en un país como Nigeria, el más populoso de África, hay una diferencia del 20% en la población real y las circunstancias políticas demoran o impiden la realización de un censo, es muy probable que tanto la cantidad como el margen de error aumenten. Se ha procurado tener en cuenta la amplitud de variación y la exactitud en los datos publicados, pero es difícil establecer un valor para muchas fuentes imprecisas, a menos que algún país u organismo haya hecho un esfuerzo consciente por determinar tanto la exactitud relativa (precisión) de sus estimaciones como la magnitud absoluta de la cantidad que intenta medir. Por ejemplo, ¿cuántas personas murieron en Kampuchea (Camboya) a manos de los jmer rojos? ¿Fueron 1.000.000, 2.000.000, 3.000.000? Si se ofrece la cifra de 1.000.000, ¿cuál es el error admitido: ±1%, ±10%, ±50%? La fuente de información, ¿es Vietnam (posible desviación al alza para justificar su invasión), China (posible desviación a la baja dadas sus conexiones políticas con los jmer rojos) o los Estados Unidos (país que no está en condiciones de obtener, directamente o por medio de análisis, datos precisos sobre el sudeste asiático, a los que se une su desviación política)?

Los problemas similares son múltiples y con infinitas variaciones: ¿Qué alcance tiene la inmigración a Europa occidental de ciudadanos del sur del continente europeo en busca de trabajo? ¿Cuántos refugiados de Uganda o Afganistán se encuentran en los países que los rodean? ¿Cuántos inmigrantes ilegales hay en los Estados Unidos? ¿Cuántos palestinos viven en el cercano oriente (por razones políticas, no están censados)? ¿Cuántos amerindios habitan en los países de América del sur (cualquier respuesta precisa a esta pregunta provoca otra: «¿A dónde fueron?»)? ¿Cuántas personas han muerto o emigrado como consecuencia de la violencia civil en Centroamérica?

Pese a todo, gran parte de la información es precisa y está bien fundamentada y actualizada. Las fuentes de estos datos son los censos; los re-

Área y población

país	área			población (última estimación)					población (censo más reciente)				
	millas cuadradas	kilómetros cuadrados	posición	total a mediados 1987	posición	densidad		tasa anual de crecimiento % 1982-87	año del censo	total	varones (%)	mujeres (%)	urbana (%)
						por milla cuadrada	por kilómetro cuadrado						
Afganistán	251.825	652.225	40	14.184.000	53	56,3	21,7	−1,2	1979	13.051.358[1]	51,4	48,6	15,1
Albania	11.100	28.748	126	3.087.000	109	278,1	107,4	2,1	1982	2.786.100	51,6	48,4	33,6
Alemana, República Democrática	41.827	108.333	101	16.598.000	44	396,8	153,2	−0,1	1981	16.705.635	47,0	53,0	76,4
Alemania, República Federal de	96.026	248.708	74	60.924.000	13	634,4	245,0	−0,2	1986[16]	61.020.500	47,8	52,2	85,5[4]
Andorra	181	468	177	48.800	187	269,6	104,3	5,4	1986	45.877	53,1	46,9	64,7
Angola	481.350	1.246.700	21	9.105.000	67	18,9	7,3	3,0	1970	5.673.046	52,1	47,9	14,2
Antigua y Barbuda	171	442	179	82.400	177	481,9	186,4	1,3	1970	65.525	47,2[3]	52,8[3]	30,8[4]
Arabia Saudita	865.000	2.240.000	12	12.483.000	56	14,4	5,6	4,0	1974	6.726.466	53,2	46,8	65,9[2]
Argelia	919.595	2.381.741	10	23.116.000	36	25,1	9,7	3,1	1987	22.971.558	49,7[4]	50,3[4]	40,6[5]
Argentina, República	1.073.399	2.780.092	8	31.497.000	29	29,3	11,3	1,6	1980	27.947.446	49,2	50,8	86,3
Australia	2.966.200	7.682.300	6	16.188.000	48	5,5	2,1	1,3	1981	14.576.330	49,9	50,1	89,0
Austria	32.376	83.865	109	7.554.000	77	233,3	90,1	−0,1	1981	7.555.338	47,4	52,6	55,1
Bahamas	5.382	13.939	140	245.000	156	45,5	17,6	2,4	1980	209.505[6]	48,8	51,2	54,4
Bahrein	267	691	169	481.000	142	1.801,5	696,1	5,2	1981	350.798	58,4	41,6	80,7
Bangladesh	55.598	143.998	90	105.307.000	9	1.894,1	731,3	2,5	1981	89.912.000	51,5	48,5	15,7
Barbados	166	430	180	254.000	155	1.530,1	590,7	0,3	1980	248.983	47,6	52,4	40,1[2]
Bélgica	11.783	30.518	124	9.861.000	66	836,9	323,1	−0,0	1981	9.848.647	48,7	51,3	72,4[2]
Belice	8.867	22.965	133	176.000	163	19,8	7,7	2,7	1980	145.353	50,6	49,4	52,0
Benín	43.450	112.600	96	4.307.000	97	99,1	38,3	3,1	1979	3.331.210	47,9	52,1	38,3
Bermudas	21	54	206	57.900	185	2.757,1	1.072,2	0,9	1980[7]	54.050	48,9	51,1	100,0
Birmania	261.228	676.577	39	39.218.000	24	150,1	58,0	2,0	1983	35.313.905	49,6	50,4	24,0
Bolivia	424.164	1.098.581	27	6.799.000	81	16,0	6,2	2,8	1976	4.613.486	49,1	50,9	41,7
Botswana	224.607	581.730	45	1.168.000	131	5,2	2,0	3,7	1981	941.027	47,1	52,9	15,9
Brasil	3.286.488	8.511.965	5	141.302.000	6	43,0	16,6	2,2	1980[3]	119.002.706	49,7	50,3	67,6
Brunei	2.226	5.765	150	241.000	158	108,3	41,8	3,6	1981	192.832	53,4	46,6	59,4
Bulgaria	42.823	110.912	98	8.983.000	68	209,8	81,0	0,3	1985	8.942.976	49,5	50,5	58,0[10]
Burkina Faso	105.869	274.200	68	8.308.000	73	78,5	30,3	3,2	1985[3]	7.976.019	48,3	51,7	9,0[10]
Burundi	10.747	27.834	128	4.989.000	92	464,2	179,2	2,8	1979[11]	4.114.135	48,3	51,7	5,3[2]
Bután	18.150	47.000	118	1.338.000	126	73,7	28,5	2,0	1969	931.514	51,4[2]	48,6[2]	3,9
Cabo Verde	1.557	4.033	152	350.000	149	224,8	86,8	2,4	1980[3]	295.073	46,3	53,7	35,1
Camerún	179.714	465.468	49	10.759.000	59	59,9	23,1	3,0	1976	7.663.246	49,0	51,0	28,5
Canadá	3.849.675	9.970.610	2	25.853.000	31	6,7	2,6	1,0	1981	24.343.181	49,6	50,4	76,4
Centroafricana, República	240.324	622.436	42	2.774.000	112	11,5	4,5	2,5	1975	2.054.610	48,0	52,0	34,6
Colombia	440.831	1.141.748	26	28.655.000	30	65,0	25,1	1,7	1985	27.867.326	49,5	50,5	63,6[14]
Comores, Islas	719	1.862	158	422.000	145	586,9	226,6	3,4	1980	335.150	49,9	50,1	23,2
Congo, República Popular del	132.047	342.000	57	2.180.000	120	16,5	6,4	3,9	1984	1.912.429	48,5[15]	51,5[15]	51,1
Corea, República de	38.279	99.143	103	42.082.000	23	1.09,3	424,5	1,4	1985[3]	40.466.577	50,1	49,9	65,4
Corea, Rep. Pop. Dem. de	47.250	122.370	94	21.390.000	39	452,7	174,8	2,5	31	31	49,6[4]	50,4[4]	63,8[4]
Costa de Marfil	123.847	320.763	63	11.154.000	57	90,1	34,8	4,2	1975	6.702.866	51,8	48,2	32,0
Costa Rica	19.730	51.100	116	2.613.000	115	132,4	51,1	2,5	1984	2.416.809	50,0	50,0	43,9

gistros nacionales de población (acumulados periódicamente); los registros de migraciones, nacimientos y muertes, etc.; muestreos para determinar las condiciones demográficas; y otras similares.

Junto al área y la población de cada país figura su posición en sendas clasificaciones de los países del mundo de acuerdo con estos datos. Para facilitar las comparaciones dentro de la tabla se ha calculado la densidad de población utilizando la estimación para 1987 y el área de cada país. En las páginas de este volumen dedicadas a los diferentes países encontrará el lector datos sobre densidad calculados a partir de cifras de población y de extensión más específicas: superficie terrestre de Finlandia (país que cuenta con numerosísimos lagos) o área no cubierta por los hielos en Groenlandia (cuyo territorio está ocupado en su mayor parte por un casquete glaciar).

La sección dedicada a los datos del censo comprende el censo total (generalmente la población *de facto,* las personas presentes en el momento de realizarse el censo, y no la *de iure,* o residentes habituales); la estructura por sexos; la proporción de población urbana (según la definición que de ella hace el país de que se trate y que presenta grandes diferencias de unos países a otros); y, finalmente, un análisis de la estructura por edades de la población en grupos de edades de quince años. Este último es especialmente útil para distinguir tipos generales de población: las naciones jóvenes, en rápido crecimiento, presentan una elevada proporción de personas menores de treinta años (en algunas, como Jordania, el 50% de la población tiene menos de quince años), mientras que otros (por ejemplo, Suecia, que no sufrió grandes pérdidas humanas durante la segunda guerra mundial) muestran grupos de edad bastante uniformes.

En la última sección se ofrece la población de cada país al final de las décadas comprendidas entre 1930 y el año 2000. Los datos de años pasados representan el mejor análisis disponible de los datos publicados por el propio país, los demógrafos de las Naciones Unidas o los editores de *Britannica.* De igual modo, en las proyecciones para 1990 y el año 2000 se han ajustado los datos disponibles hasta mediados de la década de 1980 con la estructura de población y las tasas de crecimiento previstas para los próximos quince años. Sin embargo, la diferencia entre estimaciones similares publicadas alrededor de 1970 y lo ocurrido realmente en los últimos quince años es prueba de la cautela con que deben tomarse estas cifras. En 1970 ningún analista occidental se hubiera atrevido a afirmar seriamente que China continental iba a alcanzar el grado de control de la natalidad que ha manifestado desde entonces (como demuestra el censo de 1982); por otra parte, incluso los chinos admiten que sus métodos han sido un tanto draconianos y que esperan cierto retroceso, es decir, tasas de natalidad más altas, entre quienes han postergado hasta ahora la ampliación de sus familias. ¿Cuánto supone «cierto» para el año 2000? Súmense a este problema todos los factores sociales, económicos, políticos y biológicos que pueden afectar a las poblaciones de casi 200 países y se comprenderán las dificultades que plantean tales proyecciones.

Los datos específicos sobre tasas demográficas que afectan a los contenidos en esta tabla se encuentran, más detallados, tanto en los recuadros estadísticos por país en la sección «Naciones del mundo» y en la tabla *Estadísticas demográficas.*

Los porcentajes de población masculina y femenina de esta tabla suman siempre 100, pero con los referidos a grupos de edad puede no ocurrir lo mismo por ausencia de respuesta en los formularios del censo (respuestas «no sabe») en países con deficientes sistemas de registros de nacimientos y similares.

distribución por edades (%)						población (por décadas, en miles)								país
0-14	15-29	30-44	45-59	60-74	75 y más	1930	1940	1950	1960	1970	1980	proyección 1990	proyección 2000	
44,5	26,9	15,8	8,6	3,6	0,6	...	...	8.958	10.775	13.623	15.372	14.805	17.081	Afganistán
37,3[2]	28,9[2]	16,6[2]	10,2[2]	5,5[2]	1,5[2]	1.003	1.008	1.215	1.607	2.136	2.671	3.286	4.044	Albania
19,4	24,2	20,0	17,3	12,8	6,3	15.400	16.800	18.387	17.240	17.058	16.737	16.530	16.303	Alemana, República Democrática
15,0	24,4	20,1	20,1	13,5	6,9	37.500	40.600	49.986	55.433	60.714	61.566	60.500	59.107	Alemania, República Federal de
19,0	27,3	26,4	14,8	9,4	3,1	5	5	6	8	19	33	57	96	Andorra
41,7	23,2	17,0	7,4	3,8	1,0	3.344	3.738	4.145	4.841	5.673	7.426	9.978	13.280	Angola
44,0	24,2	12,0	11,7	——8,0——		30	34	45	55	66	75	86	98	Antigua y Barbuda
46,7	23,9	15,2	7,9	——6,3——		...	...	3.200	4.175	6.120	9.372	13.988	19.824	Arabia Saudita
46,0[4]	27,2[4]	12,8[4]	8,3[4]	4,4[4]	1,4[4]	6.489	7.628	8.753	10.800	14.330	18.741	25.280	34.064	Argelia
30,4	23,9	18,8	15,1	9,0	2,8	11.896	14.169	17.150	20.611	23.788	28.237	32.880	37.197	Argentina, República
25,1	25,3	20,5	15,2	10,4	3,5	6.503	7.079	8.219	10.315	12.552	14.798	16.913	19.078	Australia
19,9	23,6	20,1	17,1	13,2	6,1	6.435	6.684	6.935	7.048	7.447	7.549	7.549	7.530	Austria
38,1	27,8	17,9	9,8	5,1	1,3	61	70	79	113	169	210	262	327	Bahamas
32,9	34,5	20,0	8,8	3,1	0,7	...	90	127	162	215	337	527	715	Bahrein
46,6	24,6	14,9	8,2	——5,7——		35.353	41.259	45.482	54.699	68.171	88.507	113.005	139.693	Bangladesh
28,9	32,3	14,2	11,2	——13,3——		159	179	209	232	235	249	256	263	Barbados
20,0	23,7	19,1	18,6	12,8	5,8	8.129	8.301	8.639	9.153	9.690	9.859	9.864	9.875	Bélgica
46,2	27,1	11,8	8,4	4,7	1,8	51	56	68	90	120	145	190	249	Belice
45,9[2]	25,4[2]	15,1[2]	8,6[2]	3,9[2]	0,9[2]	1.099	1.355	1.538	1.990	2.686	3.494	4.733	6.532	Benin
22,7	27,5	22,2	15,7	9,0	2,9	28	31	37	43	53	55	59	65	Bermudas
37,6[4]	28,4[4]	17,6[4]	9,8[4]	5,6[4]	1,1[4]	14.282	16.119	18.489	22.063	26.997	33.938	41.114	48.553	Birmania
41,5	27,0	15,4	9,8	4,6	1,7	2.153	2.508	2.765	3.405	4.265	5.600	7.400	9.837	Bolivia
56,7	19,9	10,2	6,6	3,4	3,4	212	278	387	522	650	889	1.303	1.817	Botswana
39,1	28,6	16,4	10,0	——5,9——		33.718	41.525	52.901	71.539	93.139	121.286	150.368	179.487	Brasil
38,5	32,7	16,4	7,9	——4,5——		30	36	48	84	129	187	269	388	Brunei
21,8[10]	22,4[10]	20,6[10]	18,6[10]	13,0[10]	3,4[10]	5.997	6.624	7.273	7.906	8.515	8.829	9.050	9.276	Bulgaria
47,4[10]	21,1[10]	16,1[10]	9,3[10]	——6,1[10]——		...	...	3.584	4.350	5.412	6.604	8.994	11.719	Burkina Faso
42,4	29,4	13,4	8,2	4,8	1,8	...	...	2.435	2.908	3.350	4.120	5.425	7.170	Burundi
39,2[8]	26,5[8]	16,3[8]	10,9[8]	——7,1[8]——		440	500	726	853	1.045	1.165	1.420	1.731	Bután
46,0	27,6	9,1	9,0	6,3	2,0	146	181	147	200	272	296	377	479	Cabo Verde
43,4	24,3	16,6	9,9	4,3	1,5	...	...	4.888	5.609	6.727	8.727	11.757	15.801	Camerún
23,4	28,9	20,0	15,0	9,6	3,1	10.498	11.693	13.737	17.909	21.324	24.070	26.599	29.243	Canadá
43,5	23,5	17,1	12,4	2,7	0,8	...	...	1.311	1.500	1.793	2.333	2.987	3.823	Centroafricana, República
36,1	31,2	17,2	9,5	4,6	1,4	7.280	9.097	11.268	15.321	20.884	25.559	30.095	35.436	Colombia
47,2	23,2	14,8	7,6	5,1	1,8	...	...	...	177	245	333	466	650	Comores, Islas
45,6[15]	22,2[15]	15,5[15]	11,3[15]	4,7[15]	0,7[15]	...	...	736	933	1.182	1.664	2.447	3.600	Congo, República Popular del
29,9	31,1	19,5	12,6	5,5	1,3	...	...	21.147	25.142	32.976	38.124	43.773	49.914	Corea, República de
38,7[4]	29,2[4]	16,6[4]	9,8[4]	4,7[4]	1,0[4]	...	...	9.740	10.526	13.892	18.025	22.939	28.166	Corea, Rep. Pop. Dem. de
44,5	27,0	16,7	7,8	2,8	1,2	2.075	2.350	2.775	3.865	5.550	8.320	12.657	16.194	Costa de Marfil
37,9	31,5	15,8	9,2	4,4	1,2	499	619	866	1.250	1.737	2.206	2.811	3.587	Costa Rica

Área y población

país	área: millas cuadradas	área: kilómetros cuadrados	área: posición	población (última estimación): total a mediados 1987	población (última estimación): posición	densidad: por milla cuadrada	densidad: por kilómetro cuadrado	tasa anual de crecimiento % 1982-87	población (censo más reciente): año del censo	total	varones (%)	mujeres (%)	urbana (%)
Cuba	42.804	110.861	99	10.302.000	63	240,7	92,9	1,0	1981	9.723.605	50,6	49,4	69,0
Chad	495.755	1.284.000	20	5.265.000	90	10,6	4,1	2,4	1975	4.029.917	47,7	52,3	16,0
Checoslovaquia	49.384	127.905	92	15.591.000	49	315,7	121,9	0,3	1980	15.283.095	48,7	51,3	65,5
Chile	292.135	756.626	37	12.536.000	55	42,9	16,6	1,8	1982	11.329.736	49,0	51,0	82,2
China	3.696.100	9.572.900	3	1.072.330.000	1	290,1	112,0	1,2	1982	1.008.175.288	51,5	48,5	21,2
Chipre	3.572	9.251	147	719.000	138	201,3	77,7	1,9	1982[3]	642.731	49,7	50,3	63,5
Dinamarca	16.638	43.092	119	5.127.000	91	308,2	119,0	−0,0	1987[16]	5.124.794	49,3	50,7	84,3[17]
Dominica	290	750	166	87.700	176	302,4	116,9	2,0	1981[7]	73.795	49,8	50,2	...
Dominicana, República	18.704	48.443	117	6.708.000	83	358,6	138,5	2,5	1981	5.647.977	50,1	49,9	52,0
Ecuador	103.930	269.178	69	9.923.000	65	95,5	36,9	2,9	1982	8.060.712	49,9	50,1	49,2
Egipto	385.229	997.739	29	49.143.000	21	127,6	49,3	2,7	1986	50.455.049[3]	50,1[3]	49,9[3]	43,8[19,20]
Emiratos Árabes Unidos	30.000	77.700	110	1.856.000	123	61,9	23,9	8,9	1985	1.622.464	64,9	35,1	80,8[13]
España	194.898	504.783	48	38.832.000	25	199,2	76,9	0,4	1981	37.746.260	49,1	50,9	72,8[2]
Estados Unidos de América	3.679.192	9.529.063	4	243.773.000	4	66,3	25,6	1,0	1980[49]	226.545.805	48,6	51,4	73,7
Etiopía	472.400	1.223.500	23	45.997.000	22	97,4	37,6	2,6	1984	42.184.966	49,8	50,2	10,2
Filipinas	115.800	300.000	67	57.357.000	14	495,3	191,2	2,5	1980	48.098.460	50,2	49,8	37,3
Finlandia	130.559	338.145	58	4.942.000	94	37,9	14,6	0,5	1980	4.784.710	48,3	51,7	59,9
Francia	210.026	543.965	46	55.623.000	17	264,8	102,3	0,4	1982	54.334.871	49,0	51,0	73,2[2]
Gabón	103.347	267.667	70	1.195.000	130	11,6	4,5	1,8	1960-61	448.564	49,1[2]	50,9[2]	35,8[2]
Gambia	4.127	10.689	145	787.000	136	190,7	73,6	3,1	1983	695.886	50,7[14]	49,3[14]	21,2
Ghana	92.098	238.533	78	13.482.000	54	146,4	56,5	2,6	1984	12.205.574	49,1	50,9	31,3
Granada	133	345	186	104.000	172	782,0	301,4	3,1	1981	89.088	47,1[2]	52,9[2]	25,3[24]
Grecia	50.949	131.957	91	10.010.000	64	196,5	75,9	0,5	1981	9.740.417	49,1	50,9	58,1
Guatemala	42.042	108.889	100	8.434.000	70	200,6	77,5	2,9	1981[3]	6.043.559	49,8	50,2	34,3
Guinea	94.926	245.857	75	6.380.000	86	67,2	26,0	2,4	1983	5.781.014	48,6	51,4	26,0
Guinea-Bissau	13.948	36.125	122	912.000	133	65,4	25,2	2,2	1979	767.739	48,2	51,8	14,0
Guinea Ecuatorial	10.831	28.051	127	328.000	153	30,3	11,7	2,2	1983	300.000	48,1	51,9	27,6
Guyana	83.000	215.000	81	802.000	135	9,7	3,7	0,8	1980	758.619	49,7[24]	50,3[24]	31,9[24]
Haití	10.579	27.400	130	5.532.000	89	522,9	201,9	1,9	1982	5.053.792	48,5	51,5	20,6
Honduras	43.277	112.088	97	4.657.000	95	107,6	41,5	3,3	1974	2.656.948	49,5	50,5	37,5
Hong Kong	400	1.037	162	5.602.000	88	14.005,0	5.402,1	1,3	1986[26]	5.396.000	51,4	48,6	93,1
Hungría	35.921	93.036	105	10.608.000	60	295,3	114,0	−0,2	1980	10.709.463	48,4	51,6	53,2
India	1.222.559	3.166.414	7	783.044.000	2	640,5	247,3	1,8	1981	685.184.692	50,3	49,7	23,7
Indonesia	741.101	1.919.443	15	172.245.000	5	232,4	89,7	2,2	1980	147.490.298	49,7	50,3	22,3
Irak	169.235	438.317	53	16.476.000	46	97,4	37,4	3,3	1977	12.000.497	51,5	48,5	63,7
Irán	636.372	1.648.196	17	49.930.000	20	78,5	30,3	3,6	1976	33.708.744	51,5	48,5	47,0
Irlanda	27.137	90.285	113	3.560.000	103	131,2	50,7	0,5	1986	3.537.195	50,2[13]	49,8[13]	55,6[13]
Islandia	39.769	103.000	102	245.000	157	6,2	2,4	0,9	1986[16]	243.698	50,2	49,8	89,7
Israel[27]	7.992	20.700	135	4.449.000	96	445,7	214,9	2,1	1983[3,28]	4.037.620	49,8	50,2	86,9
Italia	116.324	301.278	65	57.256.000	15	492,2	190,0	0,2	1981[3]	56.556.911	48,6	51,4	66,5[2]
Jamaica	4.244	10.991	144	2.372.000	116	558,9	215,8	1,5	1982	2.190.357	49,1	50,9	47,8
Japón	145.870	377.801	56	122.100.000	7	837,0	323,2	0,6	1985	121.047.196	49,2	50,8	76,7
Jordania[29]	34.443	89.206	107	2.853.000	111	82,8	32,0	3,9	1979	2.132.997	52,3	47,7	59,5
Kampuchea	69.898	181.035	85	7.688.000	74	110,0	42,5	2,9	1981	6.684.000	50,0[30]	50,0[30]	10,3[30]
Katar	4.400	11.400	143	414.000	147	94,1	36,3	9,3	1986	369.079	67,2	32,8	88,0[4]
Kenia	224.961	582.646	44	22.000.000	38	97,9	37,8	4,0	1979	15.327.061	49,7	50,3	15,1
Kiribati	328	849	164	66.800	180	203,7	78,7	2,0	1985	63.980	49,6	50,4	33,5
Kuwait	6.880	17.818	138	1.873.000	122	272,2	105,1	4,5	1985	1.697.301	56,9	43,1	100,0
Laos	91.400	236.800	80	3.757.000	102	41,1	15,9	2,0	1985	3.584.803	50,4[4]	49,6[4]	15,9[4]
Lesotho	11.720	30.355	125	1.628.000	125	138,9	53,6	2,6	1986[3]	1.577.536	48,2	51,8	17,2[20]
Líbano	3.950	10.230	146	2.762.000	113	699,2	270,0	0,9	1970	2.126.325	50,8	49,2	60,1
Liberia	38.250	99.067	104	2.356.000	117	61,6	23,8	3,4	1984	2.101.628	50,6	49,4	38,8
Libia	685.524	1.775.500	16	4.132.000	99	6,0	2,3	4,4	1984	3.637.488	53,0[14]	47,0[14]	59,8[14]
Liechtenstein	62	160	198	27.500	194	443,5	171,9	0,9	1980	25.215	49,6	50,4	...
Luxemburgo	999	2.586	155	367.000	148	367,4	141,9	0,1	1981	364.602	48,8	51,2	77,6[2]
Macao	6,5	16,9	210	452.000	144	69.538,5	26.745,6	7,5	1981[3]	241.729	50,9	49,1	95,4
Madagascar	226.658	587.041	43	10.605.000	61	46,8	18,1	2,8	1974-75	7.603.790	50,0	50,0	16,3
Malasia	127.581	330.434	61	16.538.000	45	129,6	50,0	1,3	1980	13.136.109	50,2	49,8	34,2
Malawi	45.747	118.484	95	7.499.000	78	163,9	63,3	3,2	1977	5.547.460	48,2	51,8	8,5
Maldivas	115	298	188	195.000	159	1.695,7	654,4	3,3	1985	181.453	51,8	48,2	25,5
Mali	478.841	1.240.192	22	7.653.000	76	16,0	6,2	1,7	1987	7.620.225	48,9	51,1	16,8[20]
Malta	122	316	187	345.000	150	2.827,9	1.091,8	1,2	1985	345.418	49,2	50,8	94,3[32]
Marruecoa	177.117	458.730	51	23.119.000	35	130,5	50,4	2,8	1982	20.419.555[35]	50,1	49,9	42,7
Mauricio	788	2.040	157	1.040.000	132	1.319,8	509,8	1,1	1983	1.002.178	49,8	50,2	41,7[33]
Mauritania	398.000	1.030.700	28	1.844.000	124	4,6	1,8	2,5	1976-77	1.419.939	50,1	49,9	21,9
México	756.066	1.958.201	14	81.323.000	11	107,6	41,5	2,2	1980	66.846.833	49,4	50,6	66,3
Micronesia, Estados Federados de	271	702	168	97.400	173	359,4	138,7	3,4	1980	73.160	51,1	48,9	19,4
Mongolia	604.000	1.565.000	18	1.989.000	121	3,3	1,3	2,6	1979	1.594.800	50,1	49,9	51,2
Mozambique	308.642	799.380	34	14.516.000	52	47,0	18,2	2,6	1980	12.130.000	48,7	51,3	13,2
Namibia	317.818	823.144	33	1.198.000	129	3,8	1,5	2,4	1981	1.040.708	49,2	50,8	26,0

distribución por edades (%)						población (por décadas, en miles)								país
0-14	15-29	30-44	45-59	60-74	75 y más	1930	1940	1950	1960	1970	1980	proyección 1990	proyección 2000	
30,3	27,6	19,1	12,1	8,2	2,7	3.837	4.566	5.752	7.019	8.565	9.724	10.614	11.727	Cuba
40,6	28,3	17,2	9,5	4,4		...	2.351	2.639	3.032	3.643	4.477	5.668	7.308	Chad
24,3	22,9	19,8	17,2	11,5	4,3	13.964	14.713	12.389	13.654	14.334	15.265	15.728	16.194	Checoslovaquia
31,9	29,1	19,1	11,7	6,3	1,9	4.365	5.063	6.091	7.585	9.368	11.104	13.218	15.768	Chile
33,6	29,1	17,5	12,2	6,3	1,3	500.000	530.000	556.613	682.024	838.396	981.235	1.112.000	1.253.000	China
25,0	26,6	20,1	13,8	14,5		357	413	494	573	615	628	762	926	Chipre
17,9	22,8	22,7	16,2	13,8	6,6	3.542	3.852	4.271	4.581	4.929	5.123	5.137	5.165	Dinamarca
39,8	28,6	11,9	9,2	7,4	3,1	41	45	51	60	70	74	93	114	Dominica
43,9[2]	29,3[2]	14,2[2]	8,2[2]	3,5[2]	1,0[2]	1.400	1.759	2.313	3.160	4.343	5.643	7.223	9.247	Dominicana, República
41,9	28,1	15,4	8,6	4,5	1,5	2.102	2.546	3.307	4.421	5.958	8.123	10.782	13.939	Ecuador
39,9[19,20]	26,7[19,20]	16,6[19,20]	10,6[19,20]	5,2[19,20]	1,0[19,20]	14.822	16.942	20.461	26.085	33.329	40.642	52.536	63.941	Egipto
31,9[4]	24,9[4]	32,1[4]	8,7[4]	1,9[4]	0,5[4]	...	...	70	90	223	980	2.419	5.849	Emiratos Árabes Unidos
25,6[3]	23,2[3]	17,9[3]	17,6[3]	11,4[3]	4,2[3]	23.445	25.757	27.868	30.303	33.779	37.386	39.322	40.747	España
22,6	27,4	19,1	15,2	11,3	4,4	123.616	132.594	152.271	180.671	204.879	227.757	249.657	267.995	Estados Unidos de América
46,6	22,7	15,6	8,9	4,5	1,7	...	...	16.675	20.024	24.068	38.521	50.087	66.509	Etiopía
42,0	28,5	15,6	8,6	4,3	1,0	13.094	16.459	20.988	27.561	36.850	48.316	61.483	74.057	Filipinas
20,2	24,4	22,1	16,8	12,4	4,1	3.449	3.698	4.009	4.430	4.606	4.780	5.013	5.255	Finlandia
22,0	23,5	19,6	17,3	11,6	6,0	41.150	41.300	41.736	45.684	50.770	53.880	56.320	58.707	Francia
33,4[2]	24,5[2]	19,0[2]	13,5[2]	7,7[2]	1,8[2]	...	...	...	...	950	1.064	1.273	1.603	Gabón
41,3[14]	26,5[14]	17,6[14]	8,3[14]	4,3[14]	1,7[14]	211	193	232	357	458	632	860	1.156	Gambia
46,7[4]	26,1[4]	14,5[4]	8,2[4]	3,8[4]	0,7[4]	3.110	3.636	5.297	6.958	8.789	11.294	14.545	18.730	Ghana
39,4[2]	31,2[2]	10,1[2]	9,2[2]	7,3[2]	2,8[2]	68	71	76	90	95	91	111	134	Granada
21,3[23]	22,0[23]	19,1[23]	19,8[23]	12,4[23]	5,4[23]	6.367	7.319	7.566	8.327	8.793	9.643	10.145	10.608	Grecia
44,9	26,8	14,8	8,5	3,9	1,1	1.771	2.201	3.024	4.005	5.263	6.917	9.197	12.222	Guatemala
43,1[4]	26,2[4]	16,3[4]	9,6[4]	4,2[4]	0,7[4]	...	...	3.245	3.660	4.388	5.407	6.876	8.879	Guinea
44,3	25,5	15,1	8,2	4,7	2,2	...	341	411	520	653	787	972	1.200	Guinea-Bissau
38,1[4]	26,0[4]	17,7[4]	11,5[4]	5,6[4]	1,1[4]	...	...	211	244	291	281	351	445	Guinea Ecuatorial
47,1[24]	25,1[24]	13,4[24]	9,0[24]	4,4[24]	1,0[24]	309	344	423	560	702	759	821	888	Guyana
39,2	26,9	15,6	10,0	5,4	2,9	2.422	2.827	3.097	3.723	4.234	4.922	5.863	7.118	Haití
48,1	25,8	13,9	7,8	3,6	0,9	948	1.146	1.390	1.873	2.553	3.691	5.105	6.978	Honduras
23,1	29,9	21,2	14,3	9,1	2,4	821	1.786	1.974	3.074	3.942	5.063	5.814	6.665	Hong Kong
21,8	20,7	40,6		16,9		8.649	9.280	9.338	9.984	10.353	10.708	10.553	10.369	Hungría
39,5	25,9	17,4	10,7	6,5		278.000	317.000	352.664	427.802	543.132	687.057	814.749	941.008	India
40,8	27,0	16,4	10,2	4,5	1,1	60.750	70.500	75.449	92.701	119.467	148.000	183.457	222.753	Indonesia
48,9	24,5	12,3	8,2	4,2	1,9	...	3.745	5.180	6.847	9.356	13.108	18.165	25.151	Irak
44,5	25,2	14,8	10,1	3,8	1,0	12.400	14.000	16.913	21.554	28.359	38.715	52.745	64.822	Irán
30,3[13]	24,6[13]	17,2[13]	13,1[13]	10,9[13]	3,8[13]	2.927	2.958	2.969	2.834	2.954	3.415	3.618	3.817	Irlanda
25,5	26,1	20,8	13,2	9,9	4,5	107	121	143	176	204	228	252	277	Islandia
32,6	26,4	18,0	12,3	9,4	3,1	...	...	...	2.114	2.958	3.896	4.739	5.475	Israel[27]
21,4	22,4	20,0	18,7	12,7	4,7	40.293	43.840	46.769	50.223	53.565	56.232	57.361	57.388	Italia
38,4	28,8	13,8	9,4	6,9	2,6	1.009	1.212	1.403	1.629	1.891	2.133	2.481	2.282	Jamaica
21,5	20,7	23,9	19,2	10,8	3,9	64.450	73.075	83.200	93.419	103.720	116.807	124.275	132.589	Japón
51,6	23,4	13,4	7,4	3,1	1,1	...	...	1.095	1.384	1.795	2.181	3.202	4.705	Jordania[29]
43,8[30]	24,9[30]	16,8[30]	9,8[30]	4,1[30]	0,6[30]	2.800	3.400	4.163	5.364	7.060	6.400	8.246	9.772	Kampuchea
27,8	29,3	32,3	8,6	1,6	0,4	...	...	47	59	151	225	444	560	Katar
51,4	24,8	13,2	7,0	3,0	0,6	3.400	4.470	6.018	8.115	11.225	16.667	24.810	36.950	Kenia
38,9	29,9	16,1	9,3	4,9	0,9	27	29	33	41	49	59	68	77	Kiribati
36,8	28,3	24,1	8,6	1,8	0,4	...	...	145	292	748	1.370	2.143	3.007	Kuwait
42,5[4]	26,6[4]	16,2[4]	9,7[4]	4,3[4]	0,7[4]	930	1.075	1.949	2.383	2.962	3.292	4.010	4.906	Laos
39,1[20]	25,5[20]	15,5[20]	10,4[20]	5,2[20]	2,3[20]	537	566	766	885	1.043	1.358	1.760	2.282	Lesotho
42,6	23,8	16,7	9,1	7,7		...	965	1.364	1.786	2.470	2.669	2.967	3.617	Líbano
43,2	28,2	14,7	7,7	4,4	1,8	...	...	758	1.004	1.393	1.864	2.605	3.642	Liberia
44,3[14]	22,2[14]	15,4[14]	8,2[14]	4,0[14]	1,6[14]	800	900	1.029	1.349	1.982	3.043	4.710	7.292	Libia
23,0	26,5	24,1	14,1	9,2	3,1	10	11	14	16	21	26	28	31	Liechtenstein
18,5	23,7	21,2	18,7	12,8	5,1	297	296	296	314	339	364	369	372	Luxemburgo
22,9	36,2	16,7	12,7	8,8	2,6	196	375	188	169	221	284	539	837	Macao
44,4	25,7	14,2	10,0	4,6	1,1	3.722	4.034	4.330	5.370	6.720	8.714	11.575	15.550	Madagascar
39,5	29,1	16,5	9,2	4,6	1,1	...	...	6.187	7.908	10.466	13.765	17.894	23.271	Malasia
44,6	25,7	14,2	9,0	4,3	2,0	1.394	1.696	3.033	3.481	4.511	6.046	8.289	11.631	Malawi
44,6[5]	24,8[5]	16,4[5]	9,6[5]	3,5[5]	0,6[5]	78	81	82	106	128	155	215	283	Maldivas
44,0[20]	24,9[20]	16,1[20]	8,7[20]	4,8[20]	1,5[20]	2.815	3.388	3.426	4.224	4.590	7.653	8.052	9.541	Malí
24,1	23,2	23,0	15,4	10,5	3,8	239	270	308	329	326	319	352	370	Malta
42,2	28,3	14,1	9,2	4,8	1,5	6.980	7.750	8.953	11.640	15.126	19.082	25.100	33.018	Marruecos
32,6	31,7	17,8	10,9	5,7	1,3	413	428	479	662	824	957	1.075	1.202	Mauricio
45,7	26,1	14,8[2]	8,7[2]	4,0[2]	0,6[2]	...	...	781	970	1.245	1.548	1.999	2.673	Mauritania
43,0	27,8	14,9	8,4	4,0	1,8	16.589	19.815	26.006	36.369	50.313	69.655	86.215	99.604	México
46,4	26,8	12,6	8,5	4,5	1,1	32	...	30	40	57	77	108	151	Micronesia, Estados Federados de
43,1[2]	20,2[2]	10,3[2]	9,4[2]	4,1[2]	0,9[2]	725	750	747	931	1.248	1.663	2.146	2.704	Mongolia
44,4	26,7	15,9	8,7	3,6	0,7	3.890	5.086	5.742	7.046	9.140	12.103	15.696	20.463	Mozambique
44,0[2]	26,0[2]	15,5[2]	9,3[2]	4,3[2]	0,9[2]	283	336	405	522	761	989	1.288	1.639	Namibia

Área y población (continuación)

país	área			población (última estimación)					población (censo más reciente)				
	millas cuadradas	kilómetros cuadrados	posición	total a mediados 1987	posición	densidad por milla cuadrada	densidad por kilómetro cuadrado	tasa anual de crecimiento % 1982-87	año del censo	total	varones (%)	mujeres (%)	urbana (%)
Nauru	8,2	21,4	209	8.100	205	987,8	382,1	−0,7	1983	8.042	52,1[5,36]	47,9[5,36]	—
Nepal	56.827	147.181	89	17.567.000	43	309,1	119,4	2,6	1981	15.022.839	51,2	48,8	6,4
Nicaragua	49.363	127.849	93	3.502.000	104	70,9	27,4	3,4	1971	1.877.952	48,3	51,7	48,0
Níger	458.074	1.186.408	25	6.947.000	80	15,2	5,9	3,4	1977	5.098.427	49,3	50,7	11,8
Nigeria	356.669	923.768	31	100.596.000	10	282,0	108,9	2,5	1963[37]	55.670.055	50,5	49,5	16,1
Noruega	125.050	300.000	62	4.180.000	98	33,4	12,9	0,3	1986[16]	4.159.187	49,4	50,6	70,3[38]
Nueva Zelanda	103.288	267.515	71	3.341.000	106	32,3	12,5	0,8	1986	3.307.084	49,7[13]	50,3[13]	83,6[13]
Omán	120.000	300.000	66	1.331.000	127	11,1	4,4	4,1	[31]	[31]	52,9[4]	47,1[4]	8,8[4]
Países Bajos	16.133	41.785	120	14.615.000	51	905,9	349,8	0,4	1986[16]	14.529.430	49,4	50,6	88,4
Pakistán	307.374	796.095	35	106.187.000	8	345,5	133,4	3,0	1981[39]	84.253.644	52,5	47,5	28,3
Panamá	29.762	77.082	111	2.274.000	119	76,4	29,5	2,2	1980	1.831.399	50,7	49,3	49,7
Papúa Nueva Guinea	178.704	462.840	50	3.500.000	105	19,6	7,6	2,3	1980	3.010.727	52,3	47,7	13,1
Paraguay	157.048	406.752	54	3.897.000	100	24,8	9,6	2,9	1982	3.035.360	50,1	49,9	42,8
Perú	496.225	1.285.216	19	20.727.000	40	41,8	16,1	2,6	1981	17.005.210	49,7	50,3	64,9
Polonia	120.727	312.683	64	37.769.000	26	312,8	120,8	0,8	1978	35.061.450	48,7	51,3	57,5
Portugal	35.672	92.389	106	10.312.000	62	289,1	111,6	0,8	1981[3]	9.833.014	48,2	51,8	29,7
Puerto Rico	3.515	9.104	148	3.277.000	107	932,3	360,0	0,1	1980	3.196.520	48,7	51,3	66,8
Reino Unido	94.251	244.110	76	56.878.000	16	603,5	233,0	0,2	1981[48]	56.379.000	48,6	51,4	89,6
Ruanda	10.169	26.338	131	6.488.000	85	638,0	246,3	3,4	1978	4.830.984	48,9	51,1	4,5
Rumania	91.699	237.500	79	22.913.000	37	249,9	96,5	0,4	1977	21.559.910	49,3	50,7	47,5
Salomón, Islas	10.640	27.556	129	292.000	154	27,4	10,6	3,5	1976	196.823	52,2	47,8	9,3
Salvador, El	8.124	21.041	134	4.974.000	93	512,3	236,4	1,3	1971	3.554.648	49,6	50,4	39,4
Samoa Occidental	1.093	2.831	154	161.000	164	147,3	56,9	0,6	1981	156.349	51,8	48,2	21,2
San Cristóbal y Nieves	103	267	190	46.500	188	451,5	174,2	0,6	1980	43.309	48,1	51,9	37,1
San Marino	24	61	205	22.100	196	920,8	362,3	0,2	1976	19.149	50,4	49,6	90,1[41]
Santa Lucía	238	617	171	142.000	167	596,6	230,1	2,0	1980	120.300	47,2	52,8	25,7[2]
San Vicente y las Granadinas	150	389	182	112.000	169	746,7	287,9	1,2	1980	97.845	48,5[2]	51,5[2]	...
São Tomé y Príncipe	386	1.001	163	112.000	170	290,2	111,9	2,6	1981	96.611	49,7	50,3	...
Senegal	75.955	196.722	82	6.793.000	82	89,4	34,5	2,6	1976	4.907.057	49,5	50,5	26,7
Seychelles	175	453	178	66.000	181	377,1	145,7	0,5	1977	61.898	50,4	49,6	37,2
Sierra Leona	27.699	71.740	112	3.803.000	101	137,3	53,0	1,9	1985	3.517.530	49,6	50,4	28,3[4]
Singapur	240	622	170	2.616.000	114	10.900,0	4.205,8	1,1	1980	2.413.945	51,0	49,0	100,0
Siria	71.498	185.180	84	10.969.000	58	153,4	59,2	3,3	1981	9.052.628	51,1	48,9	47,0
Somalia	246.000	637.000	41	6.160.000	87	25,0	9,7	2,8	1975	3.253.024[1]	49,4[2]	50,6[2]	30,2[2]
Sri Lanka	25.332	65.610	114	16.353.000	47	645,5	249,2	1,5	1981	14.848.364	50,8	49,2	21,5
Suazilandia	6.704	17.364	139	716.000	139	106,8	41,2	3,7	1986	676.089	46,7[20]	53,3[20]	15,2[20]
Sudán	966.757	2.503.890	9	25.562.000	32	26,4	10,2	3,9	1983	20.564.364	50,8	49,2	20,6[4]
Suecia	173.732	449.964	52	8.387.000	71	48,3	18,6	0,1	1986[16]	8.381.515	49,4	50,6	83,1[38]
Suiza	15.943	41.293	121	6.586.000	84	413,1	159,5	0,4	1980[46]	6.365.960	48,9	51,1	57,1
Sudáfrica, República de[42]	470.412	1.218.363	24	34.975.000	27	74,3	28,7	2,7	1985[43]	23.149.790[43]	51,0[44]	49,0[44]	53,2[45]
Suriname	63.251	163.820	87	415.000	146	6,6	2,5	2,7	1980	354.860	49,5	50,5	44,8[2]
Tailandia	198.115	513.115	47	53.722.000	18	271,2	104,7	1,9	1980	44.824.540	49,8	50,2	17,0
Taiwán	13.900	36.000	123	19.630.000	41	1.412,2	545,3	1,4	1980[3]	17.968.797	52,2	47,8	70,6[2]
Tanzania	364.881	945.037	30	23.217.000	34	63,6	24,6	3,2	1978	17.512.611	49,0	51,0	18,8
Togo	21.925	56.785	115	3.158.000	108	144,0	55,6	2,8	1981	2.705.250	48,7	51,3	15,2
Tonga	288	747	167	94.800	174	329,2	126,9	0,5	1986	94.535	50,3	49,7	24,7[20]
Trinidad y Tabago	1.978	5.124	151	1.221.000	128	617,3	238,3	1,8	1980	1.079.791	50,0	50,0	56,9[2]
Túnez	59.664	154.530	88	7.662.000	75	128,4	49,6	2,6	1984	6.975.450	50,8	49,2	52,8
Turquía	300.948	779.452	36	52.845.000	19	175,6	67,8	2,5	1985	50.664.558	50,7[38]	49,3[38]	53,7
Tuvalu	9,3	24,0	208	8.200	204	881,7	341,7	1,3	1985	8.229	47,4	52,6	...
Uganda	93.070	241.040	77	15.514.000	50	166,7	64,4	2,8	1980	12.636.179	49,5	50,5	8,1
Unión Soviética	8.649.500	22.402.200	1	282.811.000	3	32,7	12,6	0,9	1979	262.436.227	46,6	53,4	62,3
Uruguay	68.037	176.215	86	3.058.000	110	44,9	17,4	0,8	1985	2.940.200	48,7	51,3	86,2
Vanuatu	4.707	12.190	141	145.000	166	30,8	11,9	3,2	1979	111.251	53,1	46,9	17,8
Venezuela	352.144	912.050	32	18.272.000	42	51,9	20,0	2,8	1981	14.516.735	50,0	50,0	85,7
Vietnam	128.052	331.653	60	62.468.000	12	487,8	188,4	2,2	1979	52.741.766	48,5	51,5	19,2
Viti	7.056	18.274	137	726.000	137	102,9	39,7	2,0	1986	715.375	50,7	49,3	38,7
Yemen, República Árabe de	75.300	195.000	83	8.386.000	72	111,4	43,0	2,5	1986	9.274.173[50]	47,3[13]	52,7[13]	10,2[13]
Yemen, Rep. Pop. Dem. de	130.066	336.869	59	2.285.000	118	17,6	6,8	2,6	1973	1.590.275	49,5	50,5	33,3
Yibuti	8.950	23.200	132	470.000	143	52,5	20,3	4,7	1960-61	81.200	...	...	75,0[18]
Yugoslavia	98.766	255.804	72	23.433.000	33	237,3	91,6	0,7	1981	22.424.711	49,4	50,6	47,3
Zaire	905.365	2.344.885	11	31.804.000	28	35,1	13,6	2,2	1984	29.671.407	49,2	50,8	36,6[4]
Zambia	290.586	752.614	38	7.135.000	79	24,6	9,5	3,4	1980	5.679.808	49,0	51,0	43,0
Zimbabwe	150.873	390.759	55	8.640.000	69	57,3	22,1	2,8	1982	7.532.000	49,3	50,7	23,0

[1] Sólo población asentada. [2] Estimado 1980. [3] Datos correspondientes a la población de jure. [4] Estimado 1985. [5] Censo 1977. [6] Incluye residentes en el exterior; excluye visitantes. [7] Excluye población institucional. [8] Estimado 1982. [9] Excluyue la población institucional, los residentes en el extranjero y los visitantes. [10] Censo 1975. [11] Incluye los residentes en el extranjero y los visitantes. [12] Excluye los visitantes. [13] Censo 1981. [14] Censo 1973. [15] Censo 1974. [16] Registro civil; no es censo. [17] Registro 1985. [18] Estimado 1983. [19] Excluye el Sinaí y los residentes en el extranjero. [20] Censo 1976. [21] Excluye el destacamento de marina. [22] Excluye los visitantes, transeuntes y miembros de las familias de funcionarios británicos. [23] Estimado 1984. [24] Censo 1970. [25] Los datos excluyen Alderney (población estimada 1981, 2.100) y Sark (población estimada 1981, 500) [26] Excluye los residentes en el extranjero, los visitantes y los refugiados vietnamitas. [27] Excluye el territorio ocupado después de 1967. [28] Incluye Jerusalén Este y los israelitas residentes en los territorios ocupados.

distribución por edades (%) 0-14	15-29	30-44	45-59	60-74	75 y más	población (por décadas, en miles) 1930	1940	1950	1960	1970	1980	proyección 1990	proyección 2000	país
44,1[5,36]	33,1[5,36]	11,4[5,36]	8,5[5,36]	1,9[5,36]	1,0[5,36]	3	3	4	5	7	8	8	7	Nauru
41,4	25,5	17,4	10,0	4,7	1,0	6.250	7.000	8.000	9.180	11.232	14.642	18.910	23.176	Nepal
48,1	25,6	14,1	7,4	3,8	1,1	700	825	1.109	1.472	1.972	2.771	3.871	5.261	Nicaragua
45,9[2]	25,6[2]	14,7[2]	8,2[2]	4,6[2]	1,0[2]	1.490	1.700	2.291	2.913	4.016	5.510	7.702	10.382	Niger
43,0	31,9	16,5	5,1	2,5	1,0	...	...	33.320	42.366	56.346	84.446	108.430	139.230	Nigeria
19,8	23,2	21,3	14,4	14,7	6,6	2.807	2.973	3.265	3.581	3.877	4.086	4.220	4.356	Noruega
26,7[13]	25,9[13]	19,1[13]	14,3[13]	10,5[13]	3,5[13]	1.491	1.636	1.908	2.372	2.820	3.100	3.423	3.712	Nueva Zelanda
44,3[4]	24,8[4]	18,0[4]	8,9[4]	3,5[4]	0,6[4]	...	...	390	494	657	984	1.457	1.973	Omán
19,2	25,6	22,7	15,7	11,7	5,1	7.936	8.834	10.027	11.417	12.958	14.150	14.739	15.245	Países Bajos
44,5	23,9	15,4	9,3	5,3	1,6	23.600	28.300	36.450	45.851	64.449	86.143	112.236	137.651	Pakistán
39,1	28,1	16,7	9,5	5,1	1,5	523	620	800	1.082	1.458	1.956	2.418	2.893	Panamá
43,0	25,9	17,0	10,4	3,5	0,2	1.306	1.308	1.613	1.920	2.419	2.999	3.741	4.673	Papúa Nueva Guinea
41,1	28,1	15,4	9,1	4,8	1,5	880	1.111	1.371	1.778	2.290	3.168	4.231	5.405	Paraguay
41,2	27,9	15,6	9,3	4,4	1,6	5.752	6.784	7.975	9.993	13.248	17.295	22.332	27.952	Perú
23,9	27,4	18,5	16,9	9,9	3,4	29.500	31.500	24.824	29.561	32.657	35.578	38.726	42.094	Polonia
25,5	23,5	18,0	17,2	11,9	3,9	6.804	7.696	8.405	8.826	9.040	9.781	10.547	10.877	Portugal
31,6	26,4	18,5	12,3	8,3	2,9	1.552	1.880	2.219	2.358	2.718	3.206	3.285	3.312	Puerto Rico
20,6	22,8	19,4	16,9	14,4	5,8	46.038	48.226	50.290	52.372	55.632	56.330	57.224	58.392	Reino Unido
47,7[2]	25,7[2]	14,2[2]	8,4[2]	3,4[2]	0,6[2]	1.600	1.910	2.189	2.740	3.679	5.144	7.179	10.123	Ruanda
25,7	23,7	19,6	17,1	10,9	3,0	14.141	15.907	16.311	18.407	20.799	22.201	23.181	24.098	Rumania
47,8	24,1	14,5	8,4	3,6	1,3	94	94	104	125	163	229	324	457	Salomón, Islas
46,2	25,1	15,2	8,2	4,3	1,0	1.350	1.550	1.931	2.527	3.534	4.508	5.171	6.717	Salvador, El
44,3	29,1	12,2	9,0	3,8	1,0	45	61	82	111	143	155	164	173	Samoa Occidental
37,2	30,4	9,5	9,4	10,0	3,5	38	43	49	51	46	44	48	51	San Cristóbal y Nieves
24,4	23,0	19,9	17,4	11,4	3,9	10	10	13	15	19	21	22	23	San Marino
41,7[2]	33,3[2]	11,5[2]	7,3[2]	5,2[2]	1,0[2]	53	61	67	80	86	103	116	132	Santa Lucía
49,6	21,3	11,6	9,8	5,5	2,2	60	70	79	94	100	124	151	185	San Vicente y las Granadinas
46,3	25,0	11,6	10,0	5,3	1,8	...	60	60	64	74	93	122	157	São Tomé y Príncipe
43,1	26,2	15,3	9,1	4,6	1,5	...	...	2.600	3.076	4.267	5.672	7.377	9.765	Senegal
39,6	26,3	14,0	10,8	6,8	2,1	27	32	34	42	54	63	67	70	Seychelles
40,7[15]	24,8[15]	17,4[15]	9,2[15]	—7,9[15]—		1.600	1.700	1.809	2.165	2.692	3.333	4.025	4.861	Sierra Leona
27,0	34,7	19,8	11,3	5,9	1,3	596	751	1.022	1.639	2.075	2.414	2.706	3.030	Singapur
47,5[2]	27,4[2]	12,4[2]	7,9[2]	3,6[2]	1,1[2]	...	2.597	3.495	4.561	6.305	8.704	12.107	16.827	Siria
44,1[2]	25,5[2]	15,8[2]	9,5[2]	4,3[2]	0,7[2]	...	...	1.826	2.226	2.790	5.074	6.693	8.827	Somalia
35,3	29,6	17,9	10,6	5,2	1,4	5.253	5.972	7.678	9.889	12.514	14.747	17.081	19.572	Sri Lanka
47,7[20]	25,2[20]	13,7[20]	7,9[20]	3,7[20]	1,4[20]	139	154	253	320	409	559	828	1.098	Suazilandia
45,1[4]	26,1[4]	15,6[4]	8,7[4]	3,8[4]	0,7[4]	7.500	8.500	9.322	11.256	14.090	19.553	28.651	41.905	Sudán
17,9	20,7	22,2	16,1	15,5	7,6	6.142	6.371	7.041	7.498	8.081	8.310	8.432	8.539	Suecia
19,2	23,1	22,0	17,4	12,7	5,6	4.066	4.234	4.715	5.429	6.270	6.385	6.666	6.939	Suiza
37,7[45]	—46,3[45]—		—14,7[35]—		1,3[45]	8.541	10.353	12.458	15.925	22.460	29.077	37.984	50.494	Sudáfrica, República de[42]
39,3	29,5	13,8	10,0	4,5	2,8	170	193	215	247	292	357	448	579	Suriname
38,3	30,1	16,1	10,1	4,3	1,1	11.838	15.296	20.010	26.392	35.745	46.961	56.300	64.132	Tailandia
32,1	32,1	16,5	12,6	5,7	1,0	4.614	5.987	7.619	10.792	14.676	17.642	20.476	23.569	Taiwán
46,2	24,9	14,4	8,5	4,5	1,6	...	...	7.892	10.073	13.273	18.580	25.635	36.008	Tanzania
44,4[2]	25,8[2]	15,6[2]	9,1[2]	4,3[2]	0,8[2]	750	834	1.201	1.465	1.954	2.601	3.431	4.522	Togo
44,4[20]	26,2[20]	14,8[20]	9,5[20]	4,0[20]	1,1[20]	28	37	50	65	80	92	96	101	Tonga
34,2	30,9	16,3	10,0	6,2	1,7	408	503	668	828	941	1.082	1.289	1.544	Trinidad y Tabago
39,7	28,8	14,2	10,7	5,4	1,2	2.381	2.887	3.530	4.221	5.137	6.392	8.285	10.751	Túnez
39,0[38]	27,7[38]	15,5[38]	10,9[38]	5,0[38]	1,5[38]	14.448	17.723	20.809	27.509	35.321	44.438	56.941	73.029	Turquía
31,8[47]	31,7[47]	15,2[47]	13,2[47]	6,3[47]	1,7[47]	4	4	5	5	6	8	8	8	Tuvalu
47,8[2]	26,0[2]	14,0[2]	8,0[2]	3,5[2]	0,6[2]	...	...	5.969	7.551	9.806	12.786	16.928	22.400	Uganda
24,3[2]	26,6[2]	19,0[2]	2 16,9[2]	9,6[2]	3,4[2]	179.000	195.000	180.075	214.335	241.700	265.542	290.761	318.909	Unión Soviética
26,6	22,8	18,3	16,5	11,4	4,3	1.734	1.974	2.194	2.531	2.824	2.908	3.128	3.364	Uruguay
45,3	27,5	15,0	7,7	3,4	1,1	...	43	52	65	86	118	159	215	Vanuatu
40,5	29,9	15,8	8,7	4,0	1,1	2.980	3.740	5.145	7.635	10.559	15.020	19.735	24.715	Venezuela
42,5[2]	28,6[2]	13,2[2]	9,6[2]	5,0[2]	1,1[2]	...	...	24.600	30.200	40.064	53.722	66.573	82.310	Vietnam
38,2	29,5	17,8	9,6	3,8	0,8	181	218	289	394	520	634	770	936	Viti
45,7[13]	23,2[13]	15,1[13]	10,5[13]	4,7[13]	0,8[13]	...	...	3.622	4429	4.840	7.059	9.029	11.550	Yemen, República Árabe de
47,3	20,8	15,8	8,6	—6,6—		...	...	907	1.109	1.436	1.910	2.468	3.191	Yemen, Rep. Pop. Dem. de
38,0[18]	34,0[18]	17,0[18]		—11,0[18]—		70	44	60	78	158	355	513	690	Yibuti
24,5	25,0	19,8	18,3	8,3	3,5	14.360	16.425	16.346	18.402	20.371	22.304	23.925	25.641	Yugoslavia
45,2[4]	25,9[4]	15,5[4]	8,7[4]	3,9[4]	0,7[4]	8.764	10.370	13.055	16.151	21.368	27.406	34.138	42.980	Zaire
46,9[2]	25,7[2]	14,7[2]	8,3[2]	3,6[2]	0,7[2]	1.272	1.484	2.473	3.219	4.295	5.648	7.912	11.237	Zambia
51,0	26,3	13,4	6,5	1,2	1,6	1.100	1.461	2.276	3.538	5.308	7.100	9.369	11.943	Zimbabwe

[29] Excluye la Orilla Occidental. [30] Censo 1962. [31] Nunca se ha realizado censo. [32] Censo 1967. [33] Isla Mauricio únicamente. [34] Censo 1978. [35] Incluye 163.868 en Sahara Occidental. [36] Sólo población indígena. [37] Se realizó un censo en 1973, pero los resultados han sido rechazados. [38] Censo 1980. [39] Excluye refugiados afganos. [40] Excluye la isla de Tristan da Cuhna y el personal militar. [41] Estimado 1987. [42] Incluye los estados negros, que aparecen por separado. [43] Excluye Bophuthatswana, Ciskey, KwaNdebele, Transkei y Venda. [44] Censo 1980; excluye Bophuthatswana, Ciskey, Transkey y Venda. [45] Censo 1980; excluye Bophuthatswana, Transkey y Venda. [46] Incluye extranjeros residentes; excluye trabajadores temporeros. [47] Censo 1979. [48] Incluye residentes en el extranjero y personal militar extranjero; excluye visitantes. [49] Excluye 515.000 militares en el exterior. [50] Incluye nacionales en el exterior.

Cultura

Esta tabla aporta estadísticas mundiales de los elementos principales y más comparables de la actividad cultural: ediciones, bibliotecas, cines, artes interpretativas, museos y conservación de la naturaleza. En su mayor parte, los datos recopilados y comparados son las medidas producidas como consecuencia de una actividad o gasto gubernamental, como por ejemplo derechos de propiedad intelectual y depósito, establecimiento de fondos públicos, impuestos y política del uso del suelo.

Sin embargo, es necesario enfocar con precaución las comparaciones internacionales de tales datos. En las naciones más antiguas y prósperas, donde las necesidades físicas vitales están aseguradas, se dispone de más dinero para destinarlo a actividades culturales (y, naturalmente, para recoger datos sobre ellas) que en los menos desarrollados. Sin embargo, un país en desarrollo con un sistema estadístico en embrión puede tener una vida cultural floreciente que incluya representaciones teatrales, música en directo o la práctica de artes que ya no son dominantes en la cultura occidental, tales como tradición oral, danzas ceremoniales, rituales comunitarios tradicionales o marionetas. Dichas actividades pueden estar más plenamente integradas en la vida del pueblo que otros logros culturales más medibles de una sociedad desarrollada.

Las estadísticas realmente consignadas pueden incluir libros publicados (con derechos de autor), instalaciones culturales, fondos de bibliotecas, número de asientos en teatros y cines, audiencia (entradas vendidas), etc. Aunque estas cifras se han recalculado per cápita, las aparentes diferencias entre países pueden estar más en función del sistema de informes estadísticos de cada país que por diferencias en los hábitos y preferencias culturales de sus gentes.

Además, determinados tipos de datos carecen de significación por sí mismos. Por ejemplo, los disponibles sobre gastos gubernamentales en actividades culturales representan una amplia variedad de políticas de los gobiernos. Algunos no sufragan actividades culturales a ningún nivel; otros las apoyan o patrocinan directamente. Los hay que ofrecen incentivos fiscales; otros emplean a los artistas como profesores, intérpretes, estudiosos o archiveros. La mayoría de los datos nacionales sobre la población activa dedicada a actividades culturales se han recogido basándolos en la principal fuente de ingresos del individuo, sin tener en cuenta sus aspiraciones o pasatiempos, sus actividades pagadas a tiempo parcial o sin paga u otras medidas menos apropiadas. Una parte importante de los datos se obtuvo de los estudios periódicos de la UNESCO y se refieren a una amplia escala de años. En toda la tabla, los datos en negrita corresponden a 1983 o más tarde; los que aparecen en cursiva son anteriores a 1983.

Las cifras sobre producciones de libros incluyen, en general, todas las obras publicadas en encuadernaciones separadas, excepto por lo que se refiere a trabajos publicitarios, horarios, guías telefónicas, listas de precios, catálogos comerciales o de exposiciones, partituras, mapas, atlas y similares. Las cifras incluyen publicaciones gubernamentales, textos escolares, tesis, separatas, obras seriadas, ilustradas, e, incluso, las formadas principalmente por ilustraciones. Se refieren a obras realmente publicadas durante el año del estudio, generalmente por un editor colegiado y con depósito por derechos de propiedad intelectual. Se define al libro como una obra de 49 páginas o más; al folleto como la que sólo tiene de 5 a 48 páginas. Una obra publicada simultáneamente en más de un país cuenta como publicada en cada uno. Los datos sobre periódicos aparecen en la tabla Comunicaciones.

Los correspondientes a las bibliotecas se refieren a las públicas y excluye cualquier otro tipo de colecciones, como nacionales (excepto cuando se trata únicamente de biblioteca pública), escolares y universitarias,

Cultura

país	edición de libros								librerías públicas			
	número de títulos				número de ejemplares (miles)							
	libros		periódicos	folletos	libros		periódicos	folletos	número	volúmenes (miles)	tomadores registrados (miles)	préstamos por 1.000 habitantes
	total	de los cuales son libros de texto escolares			total	de los cuales son libros de texto escolares						
Afganistán	415[3]	108[3]	51	...	5.981[3]	...	1.094	...	55	350	11	...
Albania	972	497	8	158	6.012	3.547	2.894	494	45	3.723	...	...
Alemana, Rep. Democrática	5.398	163	1.191	777	103.766	17.892	23.116	26.130	7.260	43.016	3.878	5.200
Alemana, Rep. Federal de	42.012	429	6.702	6.824	...	...	255.905	...	13.806[18]	75.660	6.174	3.195
Andorra	...	...	15	...	...	...	15	...	1	...	...	631
Angola	33[3]	...	...	24[3]	239[3]	...	...	191[3]	2	41	...	...
Antigua y Barbuda	...	...	...	...	...	...	...	...	1	...	...	...
Arabia Saudita	207	—	58	11	...	—	...	...	28	36	...	...
Argelia	551	39	27	167	1.300[5]	1.194	476	—	35	165	...	...
Argentina, República	4.216[8]	243[8]	...	8	13.526[8]	1.298	...	8	1.528	9.532	4.201	360
Australia	2.309	190	3.534	599	...	...	...	...	350	24.500	...	...
Austria	7.725	86	2.315	1.334	...	...	...	...	2.172	7.022	813	1.800
Bahamas	...	...	...	...	...	...	...	...	37	60	...	...
Bahrein	78	78	...	...	843	843	...	...	1	183	50	722
Bangladesh	542[8]	43	388	8	...	...	657	...	69	500	...	...
Barbados	18	...	120	69	...	...	...	...	1[15]	173	64	2.212
Bélgica	6.584[8]	...	11.256	8	...	...	...	...	2.351	24.140	1.731	4.300
Belice	...	...	...	...	...	...	...	...	1	100	...	...
Benin	13	...	...	—	18	...	...	...	1	32	...	...
Bermudas	...	...	...	...	...	...	...	...	1	149	3	...
Birmania	1.400	...	26	...	...	...	823	...	6	154	...	...
Bolivia	274	4[3]	106	27	...	...	...	...	99[18]	125	1.120	37
Botswana	70[3]	...	...	27[3]	35	...	...	33	1	108	30	190
Brasil	16.370	...	3.720	3.718	181.346	...	900.332	108.136	3.291	9.600	2.744	58
Brunei	50	25[3]	19	22	341	249[3]	128	19	1	97	6	230
Bulgaria	4.440	1.076	1.758	927	54.423	13.874	10.211	6.510	5.699	52.100	2.225	5.800
Burkina Faso	4	...	...	—	...	...	...	—	—	—	—	—
Burundi	...	...	...	...	...	...	...	...	2	34	...	...
Bután	...	...	...	...	...	...	...	...	—	—	—	—
Cabo Verde	...	...	4	...	...	...	...	...	—	—	...	...
Camerún	22[3]	7[3]	41	...	94[3]	7[3]	...	...	5	6	...	...
Canadá	8.600	...	1.382	429	...	...	59.071	...	777	51.812	...	6.216
Centroafricana, República	...	...	...	...	...	...	...	...	—	—	—	—
Colombia	6.500	2.570	1 034	8.541	48.005	25.750	...	25.750	...	...	...	...
Comores, Islas	...	...	...	...	...	...	...	...	2	8	...	...
Congo, República Popular del	9	...	...	118	285	...	...	1.471	1	11	14	22
Corea, República de	33.156	3.497	870	2.290	110.498	43.991	...	7.111	137	2.510	16.513	155
Corea, Rep. Pop. Dem. de	...	...	...	...	...	...	...	...	...	...	...	...
Costa de Marfil	46	13	...	...	3.766	3.517	...	...	1	25	2	3
Costa Rica	1.759	825	274	...	641	...	163	...	18	707	...	...

privadas, profesionales, comerciales y gubernamentales, aun cuando pueden desempeñar un importante papel a escala local o nacional. Se pensó que las bibliotecas aportarían la serie de cifras más representativa. Los datos de «volúmenes» pueden reflejar los fondos reales o una estimación basada en la longitud de estantes ocupados.

La estadística sobre asistencia de espectadores a los cines puede tener su origen en una variedad de instalaciones con pantalla, incluyendo las fijas, móviles o para automovilistas. El aforo corresponde únicamente a las instalaciones fijas. Los datos sobre películas de larga duración pueden referirse a copias que midan de 1.000 a 3.000 metros, dependiendo del tipo de informe de cada país individual. Sin embargo, entre todos ellos existe cierto consenso sobre una longitud estándar (a efectos de clasificación) de 2.000 metros.

En las artes representativas, muchos países (si es que llegan a informar sobre tales datos) incluyen no sólo las representaciones occidentales acostumbradas (música, teatro, ópera, musicales, danza), sino también otros tipos de representaciones en directo, tales como observancias tradicionales, ceremoniales, coyunturales, festivales y días festivos, y diversiones como circos, marionetas y sombras chinescas. Los datos sobre el número de representaciones y la audiencia se refieren tanto a las de tipo profesional como a las de aficionados, salvo que se haga constar otra cosa en nota a pie de página. La estadística sobre el número de teatros se refiere a los edificios y teatros al aire libre destinados principalmente a representaciones teatrales y de otros tipos. Las instalaciones que sólo ocasional o parcialmente se usan para representaciones de este tipo, como centros culturales, casas de cultura, centros juveniles, establecimientos deportivos, salas de conciertos, salas de proyección cinematográfica, instalaciones universitarias y escolares, instalaciones al aire libre, teatros de antigüedades, edificios históricos y emplazamientos antiguos están excluidas.

Los datos sobre los museos se han obtenido en gran parte de los estudios de la UNESCO y del Consejo Internacional de Museos (CIM). Los números de museos y de visitantes se refieren a instituciones públicas y privadas cuyos fondos y colecciones están dedicados principalmente al arte, la arqueología y la historia, historia natural y ciencia y tecnología de la naturaleza, o etnología y antropología; pueden ser especializados (monotemáticos), regionales o generales. No se han contado como museos los parques y reservas naturales, los zoológicos, acuarios y jardines botánicos toda vez que están incluidos en la sección de la tabla dedicada a la conservación de la naturaleza.

Los datos referidos a estos tipos de instalaciones se refieren, en general, a las gestionadas por la autoridad nacional de conservación (aunque en muchos países, particularmente en los de sistema federal, dicha autoridad puede estar incluida en algún otro nivel gubernamental). Los referidos al número de instalaciones cubren todos los tipos de éstas gestionados por la autoridad correspondiente, incluyendo parques y monumentos nacionales, reservas científicas, reservas de caza, paisajes protegidos, reservas de recursos y antropológicas y zonas de gestión de usos múltiples. Los datos sobre el área incluyen únicamente las que superan los 10 km^2.

Los datos sobre parques nacionales y reservas naturales han sido obtenidos de la información recopilada por la Unión Internacional para la Conservación de la Naturaleza y los Recursos Naturales (UICN) y de los fondos de datos nacionales, publicados e inéditos, de Britannica. Los referidos a zoológicos, acuarios y jardines botánicos proceden principalmente del Sistema Internacional de Inventario de Especies (zoológicos y acuarios) y de la Asociación Internacional de Jardines Botánicos.

cine					representaciones				museos			conservación de la naturaleza			país
asistencia anual (todos los cines)		cines estables		número de largometrajes producidos	número de instalaciones	número de funciones	asistencia anual		número	asistencia anual		parques nacionales y reservas naturales		zoológicos, jardines botánicos, etc. (número)	
número (millones)	por 1.000 habitantes	número	capacidad sentados (miles)				número (miles)	por 1.000 habitantes		número (miles)	por 1.000 habitantes	número	metros cuadrados per cápita		
4,9	300	34	19	2	...	...	...	...	7	7	0,5	6	120	1	Afganistán
...	9.000	105	29	14	28	2.913[4]	1.676	590	2.034	...	...	4	110	...	Albania
73,4	4.400	2.095	334	15	188	75.830	9.800	591	684	33.700	2.000	13	12	39	Alemana, Rep. Democrática
122,8	2.000	3.664	821	83	325	51.300[11]	21.400[11]	350[11]	2.025	56.748	930	45	87	126	Alemania, Rep. Federal de
0,2	6.900	5	2	...	...	14	6	190	2	9	300	—	—	...	Andorra
6,4	900	55	34	1	...	...	...	...	10	...	...	5	1.800	1	Angola
...	...	3	...	...	...	...	...	...	3	...	...	1	250	...	Antigua y Barbuda
...	...	...	...	...	94	89[46]	90[46]	11[46]	1	40	4	1	400	2	Arabia Saudita
23,8	1.200	259	...	5	...	...	...	...	11[6]	391[6]	18[6]	5	100	3	Argelia
49,6[9,10]	1.700[9,10]	919[10]	622[10]	15	399	330	4.136[11]	160[11]	318	5.215[12]	200[12]	29	850	16	Argentina, República
...	...	703	333	10	...	1.419[11]	...	...	15	5.279[14]	360[14]	580	22.500	41	Australia
16,1[9]	2.100[9]	532	137	16	...	...	...	...	209	8.943	1.200	27	390	21	Austria
...	...	13	6	...	...	...	...	...	7	...	...	4	5.300	1	Bahamas
1,2	3.100	313	...	...	...	...	...	...	2	99	250	...	...	...	Bahrein
...	...	444	273	18	...	...	...	...	38	...	...	3	3	1	Bangladesh
1,2	5.200	6	5	...	1	8	...	...	1	30	120	1	10	...	Barbados
20,7[9]	2.100[9]	472	...	14	...	...	...	...	132[16]	3.454[16]	350[16]	4	12	12	Bélgica
...	...	...	...	...	...	...	...	...	5	9	64	2	320	...	Belice
0,9[9]	300[9]	4[10]	4[10]	...	...	...	...	...	5	8[17]	2[17]	2	2.100	...	Benín
0,2	4.200	4	2	...	3	64	17	320	14	...	...	10	5	1	Bermudas
...	...	175[10]	136[10]	47	...	...	...	...	12	...	...	5	87	2	Birmania
31,1[9]	5.700[9]	209	160	1	13	500[11]	123[11]	22[11]	28	...	...	12	7.300	4	Bolivia
0,1[10]	200[10]	1[10]	0,8[10]	...	...	29	...	...	2	52	59	8	107.000	...	Botswana
136,4	1.100	2.221	906	103	267	1.563	...	...	647	15.656	121	50	880	31	Brasil
2,6	13.000	7	6	...	...	78	9	41	3	112	510	...	...	1	Brunei
95,6	10.700	3.253	715	31	63	17.139	5.800	650	206	15.535	1.700	12	62	4	Bulgaria
3,8	600	12	14	...	...	...	...	...	1	...	...	6	1.000	...	Burkina Faso
0,1	24	7	3	...	44		77	19	2[20]	6[20]	1[20]	7	210	...	Burundi
...	...	12	5	...	...	...	...	...	1	16	13	11	6.700	...	Bután
...	...	...	...	...	...	...	...	...	...	...	...	...	...	...	Cabo Verde
...	...	52	29	1	...	44[21]	39[21]	5	12	4.641	560	15	2.300	2	Camerún
98,6	4.000	983	620	32	476	14.882[11,22]	5.307[11,12]	220[11,22]	661	16.165[23]	640[23]	78	9.000	104	Canadá
...	...	...	...	...	...	...	...	...	65	...	...	4	15.000	...	Centroafricana, República
66,4[9]	2.400[9]	323	184	—	14	159[11]	90[11]	3[11]	73	1.442[27]	57[27]	30	1.400	8	Colombia
...	...	...	...	...	...	...	...	...	...	...	...	...	...	...	Comores, Islas
...	...	...	...	1	1	74	...	...	5[20]	57[28]	29[28]	10	7.800	1	Congo, Rep. Pop. del
43,9	1.100	301	232	91	16	3.449	402	10	146	665[47]	16[47]	14	120	4	Corea, República de
...	...	...	...	...	...	...	...	...	17	...	...	...	...	2	Corea, Rep. Pop. Dem. de
7,0	900	72	42	2	...	...	...	...	1	...	...	10	1.800	2	Costa de Marfil
...	...	...	...	...	9	347[11]	50[11]	24[11]	16	473[29]	200[29]	21	1.700	1	Costa Rica

Cultura (continuación)

país	edición de libros								librerías públicas			
	número de títulos				número de ejemplares (miles)							
	libros		periódicos	folletos	libros		periódicos	folletos	número	volúmenes (miles)	tomadores registrados (miles)	préstamos por 1.000 habitantes
	total	de los cuales son libros de texto escolares			total	de los cuales son libros de texto escolares						
Cuba	1.684	851	47	385	41.204	22.522	2.279	3.418	296	3.711	554	1.041
Chad	...	...	4	...	...	...	...	...	1	4	0,2	...
Checoslovaquia	8.581	2.981[3,31]	926	1.330	98.325	19.871[31]	22.123	18.625	9.674	53.963	2.821	5.900
Chile	1.207	90	89	446	15.118	1.500	...	4.770	179	783	18	367
China	34.920[8]	5.574[8]	3.100	[8]	5.444.660[8]	2.358.720[8]	138.852	[8]	1.889	210.000	...	...
Chipre	180[30]	12	35	957[30]	290[30]	120	93	1.936[30]	130[18]	180	...	230
Dinamarca	7.296	903[32]	...	3.364	...	...	...	...	249	33.408	...	17.087
Dominica	...	...	...	...	...	...	...	...	1	15	4	660
Dominicana, República	1.504	...	...	715	3.017	...	...	1.320	15	9	533	120
Ecuador	...	...	284	...	...	...	...	...	97	324	...	...
Egipto	1.503	...	204	177	46.620	...	1.841	6.380	223	1.329	6	10
Emiratos Árabes Unidos	84	63	8	—	1.590	1.535	25	—	7	15	...	...
España	25.518	2.465	5.508	5.246	212.874	37.556	55.352	37.652	1.396	11.730	1.308	170
Estados Unidos de América	51.058[65]	...	3.731	...	...	...	...	...	8.768	509.250	...	4.300
Etiopía	192	57	1	157	993	...	2	66	3	80	...	...
Filipinas	265	175	...	277	14.516[5]	14.464	507[18]	...	507[18]	...	194	...
Finlandia	6.268	604	...	2.295	...	...	...	...	461	29.900	2.100	15.567
Francia	25.448	...	13.716	11.741	...	...	183.379	...	1.141	64.379	6.094	1.957
Gabón	...	...	...	...	...	...	...	...	—	—	—	—
Gambia	21	...	3	125	8	...	...	...	1	89	2	29
Ghana	338	27	74	12	163	...	254	91	9	1.119	55	54
Granada	2[3]	...	...	8[3]	2[3]	...	...	9[3]	1	15	0,8	...
Grecia	3.618	114	868	430	...	...	...	...	498[18]	...	...	...
Guatemala	312	...	...	181	...	...	...	...	1	27	...	...
Guinea	...	...	1	...	...	...	...	...	1	12	...	...
Guinea-Bissau	...	...	...	...	...	...	...	...	—	—	...	...
Guinea Ecuatorial	...	...	...	...	...	...	...	...	3[18]	12	...	...
Guyana	17	...	65	38	...	...	53	...	1	10	...	...
Haití	...	...	...	...	...	...	...	...	1	12	...	...
Honduras	...	...	...	...	...	...	...	...	1	20	...	5
Hong Kong	3.642	538	495	2.039	27.483	7.771	...	16.829	48	2.260	1.601	1.900
Hungría	9.128	959	1.535	1.293	100.490	29.052	13.278	15.103	10.272[40]	46.370[40]	2.251[40]	4.731[40]
India	9.954	362	19.937	...	...	...	50.094	...	17.024[18]	...	...	...
Indonesia	4.020	265	...	1.234	...	...	...	...	275	468	2.768	...
Irak	82	...	...	...	452	...	...	...	15	240	17	...
Irán	4.835	...	180	...	...	...	...	...	385	2.161	...	8
Irlanda	609	20	252	190	...	...	2.958	...	31	8.221	651	4.254
Islandia	1.121	...	...	...	...	...	...	...	238	1.426	...	...
Israel	4.161	1.189	890	243	11.654[8]	5.263[8]	...	[8]	983	12.603	1.063	4.776
Italia	12.620	1.103	8.265	1.692	123.529	45.940	...	9.273	8.686	17.000	2.944	...
Jamaica	81	38	...	18	...	...	...	380	14	1.170	656	980
Japón	44.253	2.044	2.318	...	717.480	224.169	36.293	...	1.028	97.172	10.947	1.579
Jordania	...	...	41	...	...	...	211	...	1	70	1	6
Kampuchea	...	...	3	...	...	...	...	...	...	...	...	...
Katar	316	219	16	21	2.100	1.533	191	105	7	263	11	67
Kenia	235	...	...	...	...	...	...	...	2	511	98	34
Kiribati	...	...	...	...	...	...	...	...	1	40	...	...
Kuwait	22	...	45	3	325	...	982	34	22	319	...	60
Laos	...	...	...	...	...	...	...	...	...	...	...	...
Lesotho	...	...	2	...	...	...	10	...	1	...	3	14
Líbano	...	...	...	...	...	...	...	...	6	94	...	...
Liberia	...	...	...	...	...	...	...	...	3	78	...	...
Libia	481[8]	...	...	[8]	2.405[8]	...	...	[8]	5	100	...	...
Liechtenstein	...	...	...	...	...	...	...	...	1	...	10	1.000
Luxemburgo	297	6[3]	427	44	...	...	...	...	...	...	...	...
Macao	...	...	...	...	...	...	...	...	4	250	120	...
Madagascar	242	44	...	79	335	100	...	158	56	76	69	2
Malasia	2.348	392	1.631	1.627	7.951	3.040	1.689	6.122	20	2.785	811	329
Malawi	18	...	121	...	74	...	...	...	6	130	20	51
Maldivas	3[3]	...	...	...	...	...	...	—	1	8	...	...
Malí	—	...	...	160[5]	—	...	...	92[5]	46	552	...	...
Malta	220	173	264	93	...	...	...	...	2	274	44	2.000
Marruecos	...	...	63	...	...	145	145	145	8	448	...	...
Mauricio	65	27[3]	...	59	104	69	...	63	4	210	...	...
Mauritania	21	21	...	20	...	...	...	...	1	26	...	...
México	4.505	...	1.964	...	...	...	...	...	557	3.720	8.492	174
Micronesia, Estados Federados de	...	...	...	...	...	...	...	...	...	...	...	...
Mongolia	861[8]	...	38	8	6.009[8]	...	6.200	[8]	397	8.700	...	...
Mozambique	87	41	...	1	5.542	4.985	...	2	2	105	...	...
Namibia	...	...	3	...	...	...	18	...	8	157	...	...

cine					representaciones				museos			conservación de la naturaleza			país
asistencia anual (todos los cines)		cines estables		número de largometrajes producidos	número de instalaciones	número de funciones	asistencia anual		número	asistencia anual		parques nacionales y reservas naturales		zoológicos, jardines botánicos, etc. (número)	
número (millones)	por 1.000 habitantes	número	capacidad sentados (miles)				número (miles)	por 1.000 habitantes		número (miles)	por 1.000 habitantes	número	metros cuadrados per cápita		
85,7	8.500	518	276	10	51	51.638	25.600	2.559	241	8.159	816	4	24	6	Cuba
25,2	6.000	13	12	...	4	120[24]	...	...	5	3[25]	0,6[25]	1	230	...	Chad
78,9	5.100	2.836	861	61	82	24.163[11]	8.600[11]	558[11]	348	17.666	1.100	28	750	42	Checoslovaquia
11,7[9]	1.000[9]	161	100	2	...	811[11]	299[11]	—	69	...	...	64	10.500	10	Chile
18.250	18.100	143.650[26]	...	112	...	...	...	...	409	...	...	62	22	47	China
...	...	...	...	...	12	793	206	330	26	95	150	—	—	1	Chipre
13,8	2.700	453	92	11	77[33]	9.727[11,33]	2.522[11,33]	490[11,33]	277	7.828[34]	1.530[34]	23	250	19	Dinamarca
...	...	3	...	...	...	...	...	...	...	...	...	1	810	1	Dominica
7,0[9,10]	1.500[9,10]	83[10]	46[10]	...	2	41	74	14	6	...	...	5	350	1	Dominicana, República
...	...	330	...	...	75	148	...	...	23	...	...	12	3.000	1	Ecuador
41,5	900	202	185	52	...	1.941	364	9	45	1.613	44	1	4	9	Egipto
7,1	10.300	74	29	...	1	12[38]	36[38]	40[17]	2	...	...	...	...	2	Emiratos Árabes Unidos
141,4[9]	3.700[9]	4.861	...	99	366	18.862	6.702	180	554	11.697	320	56	440	22	España
1.053,1	4.500	16.032	5.611	396	...	21.596	40.200	170	4.440	329.083	1.500	200	1.270	652	Estados Unidos de América
...	...	40	36	...	...	253	224	7	1[6]	6[6]	0,1[6]	10	700	3	Etiopía
...	...	...	...	136	6[51]	121[51]	29[51]	0,6[51]	61	...	...	26	72	5	Filipinas
7,0	1.400	378	86	15	47	11.242[11]	2.588[11]	527[11]	572	2.897	590	33	1.600	7	Finlandia
191,5[10]	3.500	6.304	1.311	131	...	19.300[11,35]	10.700[11,35]	200[11,35]	1.434[20]	11.000[6]	210[6]	26	270	79	Francia
1,1	2.100	...	...	...	...	...	...	...	1	...	...	5	14.000	...	Gabón
...	...	...	...	...	...	...	...	...	...	...	...	1	32	...	Gambia
3,9[9]	340[9]	7	9	1	11	3.672	653	61	4	69	6	8	920	3	Ghana
1,2	12.500	6	4	...	28	...	...	...	1	8	86	1	140	2	Granada
57,4	5.900	...	...	47	91	14.760	5.230	560	83	3.174	321	14	63	3	Grecia
9,5	1.300	115	72	...	...	206[38]	50[38]	7[38]	18	58[39]	7[39]	2	75	2	Guatemala
...	...	4	...	...	...	...	...	...	5	21	4	1	24	...	Guinea
...	...	...	...	...	...	...	...	...	...	...	...	...	...	...	Guinea-Bissau
0,5	1.600	10	4	...	...	21[11]	16[11]	47[11]	1	...	...	...	...	...	Guinea Ecuatorial
13,3[9]	14.700[9]	50	40	4	3	...	...	...	2	97[25]	130[25]	1	120	2	Guyana
2,0	400	28	14	...	...	...	...	...	4	73[17]	16[17]	2	10	...	Haití
...	...	...	...	...	...	...	...	...	3	22	7	4	970	3	Honduras
58,0	10.700	90	103	105	8	424[11]	362[11]	93[11]	5	565	130	...	...	3	Hong Kong
71,0	6.700	3.659	547	24	40	12.898[11]	6.000[11]	562[11]	594	19.200	1.800	36	400	14	Hungría
4.800,0	6.600	12.284	5.660	741	...	...	...	...	422	...	...	239	140	42	India
144,9[9]	1.000[9]	1.560	978	76	34	4.600	2.800	19	100	7.171	45	140	830	12	Indonesia
...	...	84	65	2	36	743[11]	228[11]	19[11]	13	63	4	...	...	1	Irak
165,0[9]	4.200[9]	398[10]	181[10]	24	19	84[11]	...	...	44	...	...	24	680	3	Irán
18,0	5.800	177	...	2	34	10.260[11]	...	...	49	...	...	3	57	5	Irlanda
2,2	9.400	39	12	4	4	528	154	658	16	108	462	21	32.000	2	Islandia
24,2	6.600	214	152	14	5	275[11,41]	...	...	95	6.780[42]	1.600[42]	5	79	13	Israel
164,8	2.900	6.361	...	128	313	64.238[11]	18.055[11]	320[11]	1.122	22.912[43]	410[43]	34	91	57	Italia
...	...	...	...	...	16	839	1.143	540	5	44[17]	22[17]	2[44]	2	5	Jamaica
155	1.300	2.137	...	319	140	39.768[11]	...	...	571	57.386	480	50	180	105	Japón
15,0	4.900	41	20	...	5	64	180	84	16	147[45]	58[45]	2	130	...	Jordania
...	...	...	...	...	...	...	...	...	2	...	...	1	15	...	Kampuchea
0,3	840	4	4	1	1	4	1	5	1	60	300	1	...	1	Katar
9,2	600	40	20	...	...	...	...	...	6	531	27	28	1.500	5	Kenia
...	...	...	...	...	—	23[46]	...	...	...	...	...	2	870	...	Kiribati
3,6	2.500	14	600	...	5	...	95	66	3	296	173	...	...	1	Kuwait
...	...	...	...	...	...	...	...	...	...	...	...	...	...	...	Laos
...	...	...	...	...	...	...	...	...	1	...	...	1	45	...	Lesotho
...	...	...	...	...	...	...	...	...	7	...	...	...	...	1	Líbano
1,5	800	13	9	...	...	...	...	...	7	...	...	1	590	1	Liberia
10,2	3.500	49	22	2	14	439	160	51	26	50	16	2	340	2	Libia
...	...	...	...	...	...	...	...	...	4	...	1.500	6	410	...	Liechtenstein
1,1	3.000	...	...	...	...	337[48]	225[48]	613[48]	14	41	630	4	3.100	...	Luxmburgo
3,0	9.300	8	9	...	4	84	...	...	1	18	55	...	...	...	Macao
...	...	...	...	...	70	140	60	7	4[6]	21[6,17]	2[6,17]	14	670	3	Madagascar
34,0	2.700	425	...	13	12	1.303	312	25	16	...	...	34	1.000	6	Malasia
1,5	300	4	2	...	2	...	...	...	2	80	12	9	1.500	...	Malawi
...	...	7	3	...	11	...	...	...	1	3	17	...	...	...	Maldivas
...	...	...	...	1	...	...	...	...	...			6	1.100	1	Mali
1,0	3.000	22	16	...	...	...	...	...	18	...	...	2	1,1	2	Malta
39,8	1.800	267	162	12	...	...	...	12	11	562	1.700	2	17	5	Marruecos
10,6	10.600	46	42	...	6	136	36	38	3	1.580	74	3	39	1	Mauricio
...	...	19	8	...	...	...	...	...	...	237	236	2	9.000	...	Mauritania
292,4	3.900	2.963	...	105	94	17.069[49]	6.549[49]	97[49]	216	13.070	170	29	120	11	México
...	...	...	...	...	...	...	...	...	...	...	...	—	—	...	Micronesia, Estados Federados de
17,7	9.400	59	...	6	21	...	3.600	1.700	4	7.400	4.400	4	24.000	...	Mongolia
9,2[9]	700[9]	70	27	...	...	...	...	9	...	...	...	6	1.300	4	Mozambique
...	...	...	...	...	...	...	...	...	9	...	...	9	60.000	1	Namibia

Cultura (continuación)

país	edición de libros: número de títulos: libros: total	de los cuales son libros de texto escolares	periódicos	folletos	número de ejemplares (miles): libros: total	de los cuales son libros de texto escolares	periódicos	folletos	librerías públicas: número	volúmenes (miles)	tomadores registrados (miles)	préstamos por 1.000 habitantes
Nauru	...	...	...	...	...	...	...	...	...	...	...	...
Nepal	43	—	94	—	70	—	...	—	400[18]	...	...	...
Nicaragua	26	...	...	...	146	...	...	...	41	...	...	...
Niger	...	4	...	...	8	8	...	0,1	—	—	...	...
Nigeria	940	360	...	896	...	...	...	...	18	481	206	2
Noruega	4.152[50]	...	4.010	1.388[50]	...	...	...	...	1.391	16.502	1.198	4.360
Nueva Zelanda	1.601	14	5.788	1.851	...	...	...	...	209	6.062	2.666	8.000
Omán	...	...	...	...	...	...	...	...	1	20	...	...
Países Bajos	13.209	2.039	...	...	...	...	...	...	470	41.828	4.162	11.900
Pakistán	1.600	...	1.461	...	...	...	...	...	98	1.340	...	6
Panamá	114	9[3]	...	57	38[3]	...	...	5[3]	18	26	...	29
Papúa Nueva Guinea	...	...	72	...	...	...	...	...	24	186	...	...
Paraguay	...	...	...	...	...	...	...	...	15	45	...	...
Perú	481	41	507	65	...	...	...	...	557	1.950	...	123
Polonia	7.341	321	2.718	1.854	155.288	32.478	39.057	74.467	9.700	113.900	7.397	4.009
Portugal	7.964	775[32]	915	1.077	92.395	8.078[32]	...	4.418	178	7.546	...	513
Puerto Rico	...	...	...	...	...	...	...	...	121[40]	715	...	...
Reino Unido	52.994	1.824	6.408	3.840	...	...	...	...	167	131.338	...	11.300
Ruanda	...	...	8	...	...	...	...	...	5	...	...	...
Rumania	5.632[8]	...	435	8	64.608[8]	...	221.000	8	6.821	66.672	4.507	2.300
Salomón, Islas	...	...	2	...	...	...	4	...	8	22	5	...
Salvador, El	59	6[3]	...	85	...	...	...	...	113	111	...	...
Samoa Occidental	79	...	...	156	39	...	...	43	1	61	...	...
San Cristóbal y Nieves	2[3]	—	...	3[3]	—	—	...	2[3]	2	...	...	...
San Marino	14	...	11	1	...	...	...	...	...	...	...	...
Santa Lucía	5	6[8]	...	11	15	12[8]	...	18	4	...	...	...
S. Vicente y las Granadinas	...	...	...	...	...	...	...	...	1	...	...	...
São Tomé y Príncipe	...	...	...	...	...	...	...	...	1	...	...	...
Senegal	42[3,8]	8[3,8]	...	8	169[3,8]	70[3,8]	...	3,8	1	7	...	...
Seychelles	2[3]	...	4	31[3]	...	...	...	...	1	35	...	1.672
Sierra Leona	17[3]	2[3]	...	44[3]	9[3]	4[3]	...	12[3]	11	392	...	...
Singapur	1.524[54]	389	1.786	403[54]	8.947[54]	4.081	...	2.179[54]	1	2.162	655	2.372
Siria	119	1[3]	48	—	553	...	454	—	...	...	...	...
Somalia	...	...	...	...	...	...	...	...	...	...	...	...
Sri Lanka	707	111	454	1.244	12.340	10.895	42.511	5.273	650	...	197	...
Suazilandia	...	...	1	...	...	...	2.600	...	1	51	...	...
Sudán	...	138[57]	25	...	...	12.905[57]	195	—	7	36	...	...
Suecia	10.373[8]	...	3.690	[8]	...	...	...	...	404	42.886	...	9.262
Suiza	11.806[8]	241[32]	1.533	[8]	...	...	...	...	79[58]	24,000[58]	...	1.400
Suráfrica, República de	...	...	...	...	...	...	...	...	85	7.857	...	...
Suriname	...	...	22	...	...	...	44	...	2	268	54	2.100
Tailandia	8.392	319	1.189	241	...	...	...	...	375	1.599	31	...
Taiwán	9.256	...	2.661	...	...	...	...	...	148	...	...	...
Tanzania	166	12[3]	69	197	...	...	646	...	19	454	10	9
Togo	...	...	...	...	...	...	...	...	1	8	...	...
Tonga	33	5	...	287	0,4	0,1	...	...	...	...	...	...
Trinidad y Tabago	101	7	...	85	...	...	...	...	3	246	73	345
Túnez	...	172	230	—	...	6.000	...	...	280	1.315	65	174
Turquía	6.741	387	2.568	259	...	...	...	...	638	6.260	486	40
Tuvalu	...	...	...	...	...	...	...	...	...	...	...	...
Uganda	...	...	...	...	...	...	...	...	1	73	157	31
Unión Soviética	54.569	2.836[32]	5.357	28.221	1.465.747	293.085[32]	4.279.930	619.597	133.700	2.050.400	148.000	11.500
Uruguay	711	152	545	495	...	...	...	...	72	166	...	...
Vanuatu	...	...	...	...	...	...	...	...	1	12	0,7	...
Venezuela	3.596	...	160	604	1.194	...	4.649	...	23	1.130	66	160
Vietnam	2.060[8]	300[8]	173	[8]	42.800[8]	[8]	323	[8]	427	8.900	...	...
Viti	84	...	13	26	229	...	...	44	9	91	33	520
Yemen, Rep. Arabe de	...	...	...	...	...	...	...	...	...	...	...	...
Yemen, Rep. Pop. Dem. de	...	...	...	...	...	...	...	...	2	40	...	...
Yibuti	...	...	2	...	...	...	1	...	2	16	...	64
Yugoslavia	8.546	1.387	1.474	2.372	46.034	19.769	4.968	10.378	1.972	26.424	...	1.200
Zaire	194[3]	5[3]	106	37[3]	...	...	225	...	11	177	9	1
Zambia	454	215[3]	...	—	235[68]	...	...	—	11	240	18	28
Zimbabwe	183	41	...	10	2.017	...	...	134	6	523	18	74

[1] Cálculos basados en zonas estatutarias, sean de tierra firme o agua. [2] Excluye las colecciones zoológicas y acuáticas de los museos. [3] Sólo primeras ediciones. [4] Ópera y ballet, teatro y variedades solamente. [5] Libros escolares de texto, tesis universitarias y publicaciones gubernamentales solamente. [6] Museos nacionales solamente. [7] Excluye libros de texto infantiles. [8] Libros incluye folletos. [9] Excluye cines para automovilistas, móviles o ambos. [10] Sin datos sobre 16 milímetros. [11] Solamente profesionales. [12] Informan 214. [13] Antillas Holandesas incluye Aruba. [14] Informan 14. [15] La bibilioteca pública sirve al mismo tiempo de biblioteca nacional. [16] Museos del Ministerio de Cultura Flamenca solamente. [17] Informan 3. [18] Puntos de servicio bibliotecario. [19] En miles de asistentes. [20] Museos nacionales y públicos solamente. [21] Teatro, ballet y danza solamente. [22] Teatro, ópera, ballet y danza solamente. [23] Informan 644. [24] Ballet, danza y teatro de aficionados solamente. [25] Informa 1. [26] Unidades de proyección cinematográfica. [27] Informan 57. [28] Informan 4. [29] Informan 11. [30] Excluye algunas publicaciones turcas. [31] Incluye tesis universitarias. [32] Incluye folletos escolares. [33] Teatro Real y teatros regionales solamente. [34] Informan 263. [35] Teatro y ópera solamente. [36] Incluye la biblioteca nacional y bibliotecas escolares. [37] 13.400.000 metros cuadrados per cápita; un sólo parque nacional cubre alrededor de un tercio del área

cine				representaciones					museos			conservación de la naturaleza			país
asistencia anual (todos los cines)		cines estables		número de largometrajes producidos	número de instalaciones	número de funciones	asistencia anual		número	asistencia anual		parques nacionales y reservas naturales		zoológicos, jardines botánicos, etc. (número)	
número (millones)	por 1.000 habitantes	número	capacidad sentados (miles)				número (miles)	por 1.000 habitantes		número (miles)	por 1.000 habitantes	número			
...	...	...	...	...	...	...	...	...	...	...	...	...	...	...	Nauru
...	...	...	...	1	16	65	...	5	...	...	...	10	590	1	Nepal
5,2	1.900	127	74	1	...	...	...	...	9	...	...	2	53	1	Nicaragua
...	...	...	...	...	...	...	...	...	1[6]	600[6]	110[6]	3	590	...	Níger
8,6	100	240	...	20	23	...	...	...	18	...	...	3	90	8	Nigeria
12,8[9]	3.100[9]	461	127	8	13	5.098[11]	1.073[11]	260[11]	434	4.768	1.150	55	2.900	7	Noruega
...	...	172	103	9	...	2.287[11]	515[11]	120[11]	110	...	...	147	8.300	15	Nueva Zelanda
0,9	1.100	12	1	...	...	...	...	...	1	...	...	1	190	...	Omán
15,3	1.060	471	117	11	...	32.851	8.343	575	538	15.879	1.096	47	100	36	Países Bajos
182,0	2.200	850	...	60	12	...	48[11]	0,6[11]	18	2.270	23	52	650	6	Pakistán
7,1	4.800	...	...	...	1	55	...	...	10	...	...	6	3.000	2	Panamá
...	...	...	...	...	7	122	265	91	2	100	32	2	9	3	Papúa Nueva Guinea
...	...	...	...	...	...	...	...	...	18	...	...	9	3.300	1	Paraguay
32,9	1.900	425	...	1	35	2.388	...	...	12	201	10	11	1.200	2	Perú
128,0	3.400	1.769	484	37	116	120.000[11]	10.600[11]	286[11]	525	19.642	530	15	30	26	Polonia
24,3[9]	2.400[9]	477	197	10	76	3.707	1.126	120	139	3.800[52]	380[52]	12[53]	380[53]	10	Portugal
...	...	165	...	...	...	...	...	...	24	...	...	2	1	8	Puerto Rico
62,0	1.100	1.327	505	39	404	...	40.242[11,22]	720[11,22]	1.768[63]	c. 52.000[64]	920	57	270	155	Reino Unido
0,5	100	12	4	1	9	31	58	12	4	...	...	2	430	...	Ruanda
216,0	9.500	5.529	256	28	90	55.056[11]	13.100[11]	578[11]	456	16.015	710	9	43	9	Rumania
0,1[9]	300[9]	2	1	...	...	3	1	5	1	29	150	1	46	...	Salomón, Islas
15,9[9]	3.700[9]	...	...	...	...	...	...	...	20	1.333	290	—	—	1	Salvador, El
0,5	3.200	6	6	...	...	9	2	11	...	...	...	1	180	1	Samoa Occidental
...	...	3	...	...	...	...	...	...	...	...	...	...	...	...	San Cristóbal y Nieves
0,1	4.600	7	3	...	1	26[11]	10[11]	460[11]	11	741	35.000	...	...	...	San Marino
...	...	6	...	...	...	...	...	...	1	7	58	1	120	...	Santa Lucía
...	...	2	...	...	...	...	...	...	...	...	...	...	...	1	S. Vicente y las Granadinas
...	...	...	...	...	...	...	...	...	...	...	...	...	...	...	São Tomé y Príncipe
3,6[9]	700[9]	60[10]	...	...	1	122[11]	52[11]	9[11]	4	55	10	9	3.300	4	Senegal
...	...	...	...	...	2	6[46]	3[46]	40[46]	1	8	130	3	3.400	...	Seychelles
...	...	...		...	...	...	...	...	19	178[25]	55[25]	1	250	1	Sierra Leona
27,4	10.800	51	58	4	3	523	645	270	3	940	390	1	10	4	Singapur
12,4	1.300	84	48	24	5	411	165	20	16	321[59]	42[59]	...	...	...	Siria
...	...	...	...	...	...	...	...	...	1	...	...	1	570	...	Somalia
41,6	2.700	329	...	33	22	1.002[46]	600[46]	41[46]	9	466	34	37	400	4	Sri Lanka
...	...	...	...	...	...	...	...	...	1	...	...	4	610	...	Suazilandia
13,2	600	56	97	2	...	...	...	...	7	221	10	3	810	2	Sudán
18,0	2.200	1.165	315	24	27	12.009	2.335	280	181	15.800	1.900	67	1.800	18	Suecia
19,3	3.000	437	128	22	18[11]	3.895[11]	1.747[11]	270[11]	585	...	...	19	190	32	Suiza
31,2	1.200	260	...	12	51	3.597	1.348[55]	54[55]	22[56]	2.477[56]	96[56]	136	2.000	35	Suráfrica, República de
...	...	...	...	...	...	...	...	...	3	...	...	9	15.000	1	Suriname
...	...	651[10]	439[10]	55	...	...	...	...	64	...	...	45	530	3	Tailandia
128,0	6.500	602	516	...	...	...	...	...	10	...	...	28	84	3	Taiwán
3,8	200	34	15	...	5	21	15	1	6	119[60]	7[60]	15	4.900	...	Tanzania
...	...	...	...	...	...	...	...	...	1	48	21	7	1.600	...	Togo
0,1	1.000	3	2	...	...	...	...	...	...	...	...	5	320	...	Tonga
...	...	72	57	...	...	49[46]	...	...	1	8	7	8	140	1	Trinidad y Tabago
4,4	700	79	38	...	12	598	164	26	35	367[61]	52[61]	3	46	3	Túnez
56,3	1.159	853	476	72	...	3.573[11,62]	1.160[11,62]	24[11,62]	127	5.476	110	15	58	7	Turquía
...	...	...	...	...	...	...	...	...	...	...	...	...	...	...	Tuvalu
2,3[9]	200[9]	17[10]	10[10]	...	...	...	...	...	16	...	...	18	900	2	Uganda
3.968,0	14.800	141.665	25.387	321	628	281.800[11]	24.000[11]	449[11]	1.479	174.363	630	163	660	144	Unión Soviética
6,1	2.100	120	80	2	25	3.097	...	...	19	17[66]	6[66]	6	100	4	Uruguay
0,1	1.000	3	1	...	...	...	...	...	...	...	...	...	...	...	Vanuatu
22,8[9]	4.700	535	...	12	9	372	206	16	133	...	...	34	4.300	12	Venezuela
375,0	6.300	430	178	15	81	...	57.400[11]	1.000[11]	9	1.918[67]	37[67]	12	27	2	Vietnam
0,3	500	50	40	...	3	255	57	90	1	40	58	2	76	1	Viti
14,5[9]	2.500[9]	35	28	...	...	...	...	...	...	...	...	...	...	...	Yemen, Rep. Árabe de
3,9[9]	1.900[9]	24	24	...	...	...	...	...	5	...	...	...	...	...	Yemen, Rep. Pop. Dem. de
0,6	5.200	4	6	...	...	...	...	...	...	...	...	—	—	...	Yibuti
89,0	3.860	1.307	440	29	149	18.506	4.906	220	358	11.264	497	20	140	19	Yugoslavia
...	...	...	...	...	4	...	...	...	4	...	...	9	2.700	4	Zaire
1,6	300	12	4	...	...	...	...	...	3	12	2	19	10.000	1	Zambia
...	...	...	...	...	...	...	...	...	9	162[69]	20[69]	17	3.400	4	Zimbabwe

de Groenlandia. [38] Teatro solamente. [39] Informan 12. [40] Las bibliotecas educativas públicas incluyen puntos de servicio y bibliotecas sindicales. [41] Ópera y ballet solamente. [42] Informan 67. [43] Informan 1.083. [44] Parques marinos solamente. [45] Informan 10. [46] Aficionados solamente. [47] Informan 58. [48] Dos instalaciones solamente. [49] Excluye ópera y comedia musical de aficionados. [50] Excluye material de texto colonial. [51] Manila metropolitana solamente. [52] Informan 139. [53] Excluye las Azores y Madeira. [54] Excluye publicaciones gubernamentales. [55] Representaciones de consejos artísticos regionales patrocinados por el estado solamente. [56] Los museos designados como «instituciones culturales declaradas» solamente. [57] Incluye libros infantiles. [58] Bibliotecas públicas con 50.000 volúmenes o más solamente. [59] Informan 13. [60] Informan 5. [61] Informan 32. [62] Teatro estatal solamente. [63] 1980. [64] Estimado 1982. [65] Excluye publicaciones gubernamentales, libros vendidos solamente mediante suscripción, conferencias y folletos. [66] Informan 2. [67] Informan 8. [68] Libros de texto escolares y publicaciones gubernamentales solamente. [69] Informan 6.

Comunicaciones

Prácticamente todos los estados del mundo ponen a disposición de sus ciudadanos diversos medios de comunicación: periódicos (aunque en esta tabla se incluyen sólo los diarios), sistemas de radiodifusión y servicios telefónicos, postales y telegráficos; la mayoría cuenta también con televisión y télex. Esta tabla refleja, por tanto, la densidad relativa y la distribución de los servicios de comunicaciones. Lamentablemente, la información disponible sobre la infraestructura y el volumen de tráfico de estos sistemas nacionales está muy por detrás de la capacidad de los sistemas propiamente dichos. Determinados países no publican tal información; otros dan a conocer los datos analizados de acuerdo con diferentes años fiscales, naturales, religiosos o de otro tipo; finalmente otros, aunque posean dichos datos casi al cierre del ejercicio económico, no los publican, salvo en informes empresariales de distribución restringida. Incluso cuando aparecen en resúmenes estadísticos nacionales, su publicación se puede retrasar varios años.

Además, los datos no proceden siempre de fuentes completas y fiables. Los referidos a determinados medios de comunicación son relativamente fáciles de seguir; en el caso del teléfono, por ejemplo, incluso cuando se trata de aparatos móviles, ha de registrarse tanto la instalación como el servicio para poder facturarlos. Sin embargo, en la mayoría de los países cualquier persona puede comprar un receptor de radio y encenderlo cuando lo desee; los autorradios rara vez se censan o se venden en establecimientos autorizados. En consecuencia, la recopilación de datos sobre distribución y uso de receptores de radio y televisión puede realizarse de varias formas: basándose en el número de abonados, en el de licencias emitidas, en muestreos periódicos, en encuestas o censos de viviendas, o en estudios de consumo privados.

La Organización de las Naciones Unidas para la Educación, la Ciencia y la Cultura (UNESCO) publica en su *Anuario estadístico* abundantes datos sobre prensa, radio y televisión recopilados por medio de cuestionarios normalizados. Sin embargo, la exhaustividad y actualidad de tales datos depende de que los cuestionarios sean devueltos puntualmente; las tasas de respuesta son muy variables. En general, no obstante, las tasas de respuesta de las encuestas realizadas por organismos internacionales son más altas en el campo de las comunicaciones que en otros, puesto que estos organismos deben negociar frecuentemente con los responsables del sector en cada país, lo que contribuye a mejorar sus relaciones con ellos.

Especial dificultad revisten la elaboración y comparación de estadísticas sobre periódicos. Continuamente surgen nuevas publicaciones y desaparecen otras, o se producen fusiones y cambios de periodicidad en las existentes. A menudo los datos sobre circulación, venta y número de lectores son incompletos o se retrasa la aparición de los totales nacionales; con frecuencia estos datos se consideran propiedad de alguna publicación oficial o privada. En algunos países prácticamente no existen datos sobre circulación. En otros ni siquiera hay diarios.

Una valiosa fuente de información sobre radio y televisión es el anua-

Comunicaciones

país	periódicos diarios (últimas cifras)			radio, 1986			televisión, 1986			teléfonos, 1985				
	número	circulación total (miles)	circulación por 1.000 habitantes	transmisores (últimas cifras)	receptores (todo tipo) (miles)	personas por receptor	transmisores (últimas cifras)	receptores (todo tipo) (miles)	personas por receptor	receptores (miles)	personas por receptor	tráfico, 1985 (miles de llamadas) local	conferencia	internacional
Afganistán	12	106	7	14	150	115	1	20	860	32[1]	496[1]	——110[2]——		18[2]
Albania	2	145	52	14	210	14	176	50	60	4,8[4]	580[4]	...	...	...
Alemana, Rep. Democrática	39	9.300	559	117	6.510	2,6	505	5.985	2,8	3.630	4,7	1.316.883	754.179	12.609
Alemania, Rep. Federal de	633	...	...	469[33]	25.483[17]	2,4[17]	5.718	22.908[17]	2,7[17]	37.899	1,7	17.172.160	10.012.026	432.128
Andorra	1	...	...	4	8,0	5,8	...	4,0	12	21[7]	1,9[7]	...	...	...
Angola	4	112	14	55	400	22	2	32	276	40[4]	197[4]	66.080[1]	260[1]	320[1]
Antigua y Barbuda	—	—	—	5[11]	35	2,3	2	27	3,0	11[7]	7,2[7]	36.400[5,7]	3.600[5,7]	3.223[12]
Arabia Saudita	10	488	42	...	3.230	3,7	121	3.700	3,2	1.382	8,4	2.258.000[5]	280.611	41.929
Argelia	4	480	23	55	3.250	6,9	44	1.540	15	769	28	——1.430.954[5]——		880.802[5]
Argentina, República	227	...	...	202	19.866	1,6	75	5.925	5,3	3.594[7]	8,3[7]	16.698.605[5,8]	30.237[8,15]	3.580[8]
Australia	61	4.740	308	284	30.000	0,5	386	4.974[17]	3,2[17]	8.727	1,8	6.860.064	1.092.312	27.400
Austria	33	...	...	567	2.619[17]	2,9[17]	864	3.024[19]	2,5[19]	3.720	2,0	——26.064.267[12]——		306.499[12]
Bahamas	3	32	136	5	120	2,0	1	40	5,9	97	2,4	...	...	3.642
Bahrein	5	...	...	3	200	2,2	1	135	3,2	115	3,6	122.572[4,5]	...	34.359
Bangladesh	54	554	6	23	4.120	25	8	302	340	122[4]	763[4]	——347.600[21]——		84[12,21]
Barbados	2	40	156	4	335	0,8	2	60	4,2	75[7]	3,4[7]	——483.000[8]——		1.182
Bélgica	26	2.204	224	41	4.526[17]	2,2[17]	31	3.041[17]	3,2[17]	4.346	2,3	1.673.686[7]	2.389.357[5]	97.113
Belice	—	—	—	11	88	1,9	...	...	...	8,6[8]	18[8]	...	28.382[4,5]	844[12]
Benín	3	...	...	7	300	14	2	16	268	17	238	...	7.103[12]	2.603[12]
Bermudas	1	17	297	5	100	0,6	2	67	0,9	52[7]	1,1[7]	43.805[4]	...	18.397[12]
Birmania	6	509	14	7	800	48	2	64	601	51[8]	711[8]	——65.000[21]——		72[8]
Bolivia	14	253	40	184	3.000	2,2	42	300	22	214[7]	29[7]	——2.879[21]——		2.435[8,12]
Botswana	1	24	22	9	80	14	...	...	...	19[7]	55[7]	——66.180[7,12]——		5.570[7,12]
Brasil	279	8.528	62	1.818	50.540	2,7	...	36.000	3,8	11.428	12	16.185.456	2.114.600	10.398
Brunei	—	—	—	8	74	3,1	2	48	4,8	33	6,8	...	22.720[1,5]	7.898[12]
Bulgaria	17	2.274	254	35	2.400	3,7	339	2.100	4,3	1.790[8]	5,0[8]	25.800[8]	344[4]	6.130[8]
Burkina Faso	1	2	0,2	9	311	26	2	41	196	14[7]	542[7]	——16.132[5,7]——		1.130[7,12]
Burundi	1	20	4	5	230	21	1	4,0	1.207	6,0[8]	754[8]	1.205[8]	533[8]	538[8]
Bután	—	—	—	1	13	113	...	...	...	15[4]	89	...	...	...
Cabo Verde	—	—	—	3	50	6,8	...	0,5[19]	668[19]	2,4[7]	136[7]	——126.000[7]——		377[7]
Camerún	1	35	4	19	800	12	...	2,0	4.937	49[7]	192[7]	...	...	22.905[12]
Canadá	108	5.412	211	1.540	21.810	1,2	1.231	15.300	1,7	16.510[7]	1,5[7]	31.204.785[7]	1.640.932[7]	112.198[8]
Centroafricana, República	—	—	—	4	125	22	...	...	...	7,0	377	9.016[12]	3[12]	750[12]
Colombia	31	1.324	47	...	7.980	3,5	84	3.800	7,4	2.097	13	12.276.900[12]	1.059.900[12]	32.400[12]
Comores, Islas	—	—	—	7	41	10	...	...	...	0.50[8]	738[8]	—940[3]——		14[3]
Congo, República Popular del	3	24	11	10	200	10	1	5,5	381	18[8]	104[8]	47.582[8]	31.722[8]	1.979[8]
Corea, República de	25	6.748	171	118	23.000	1,8	126	7.312[17]	5,7[17]	7.539	5,4	42.206.000[5]	176.032[5]	9.900
Corea, Rep. Pop. Dem. de	10	...	...	...	1.920	11	...	175	119	...	...	...	...	...
Costa de Marfil	1	80	8	24	1.210	8,8	12	550	19	88[1]	99[1]	...	...	...
Costa Rica	5	201	78	123	200	13	11	470	5,4	315	7,9	412.228	217.128	2.159

rio *World Radio TV Handbook* (J.M. Frost, editor), de cobertura completa y actualizada. Se basa en datos procedentes de las emisoras pero, como algunas no los proporcionan, en muchos países cuenta con corresponsales locales e incluye como estimaciones datos sin confirmar o no oficiales. Los datos sobre transmisores se complican por las innovaciones o cambios tecnológicos que se producen en áreas tales como el uso de repetidores de baja energía (instalaciones secundarias) para la retransmisión local, o el uso de satélites.

Las estadísticas sobre teléfonos, telégrafos y télex se han obtenido fundamentalmente del *Yearbook of Common Carrier Telecommunication Statistics* de la Unión Internacional de Telecomunicaciones (UIT), organismo especializado de las Naciones Unidas; a ellas se han añadido estadísticas procedentes de fuentes intergubernamentales nacionales y regionales. Los datos sobre teléfonos de varios países son incompletos: están excluidas del total nacional las cifras de algunas compañías telefónicas o de parte del territorio nacional; otros países únicamente facilitan estadísticas sobre centralitas; en algunos estados insulares se registran sólo los radioteléfonos. Varios países más omiten los datos sobre teléfonos de pago previo; sus estadísticas, por tanto, presentan errores por defecto. Los datos sobre el tráfico telefónico están basados en cualquiera de las tres cantidades siguientes: «pasos», que constituyen más una medida de la actividad mecánica que un recuento de las conversaciones reales; tiempo de conexión, en minutos; y «llamadas», equivalente práctico de una conversación entre individuos. Según cuál sea su sistema de medida por contador, es posible que en un país una sola llamada se cuente como varias. En el tráfico telegráfico se registran casi siempre «mensajes» y en ocasiones palabras. El registro del tráfico de télex se realiza habitualmente en minutos de conexión y algunas veces en palabras pero, dependiendo del sistema nacional de medida por contador, también se puede realizar en «pasos» o minutos.

Las estadísticas postales están tomadas principalmente del resumen anual de la Unión Postal Universal: *Statistique des services postaux*. A diferencia de los medios de comunicación mencionados anteriormente, los servicios de correos suelen estar en manos de una única entidad nacional, cubren todo el país y siguen esquemas similares para el registro de los datos (aunque presenten diferencias de detalle en cuanto a los criterios de clasificación del correo). En algunos países no se especifica el tráfico interno o se registra únicamente el tráfico internacional que supone gastos de manipulación.

También se han utilizado para la elaboración de esta tabla estudios de la UNESCO, las fuentes comerciales citadas y los resultados de diversas encuestas nacionales, ya que ninguna fuente resulta, por sí sola, completa.

... No hay datos.

– Ninguno, nada, no es aplicable.

oficinas de correos, 1985			telégrafos, 1985			télex, 1985				país
número	personas por oficina	objetos postales expedidos (miles)	tráfico total (miles)	tráfico nacional (miles)	tráfico internacional (miles)	líneas abonadas	tráfico (miles de minutos): total	nacional	salida internacional	
349[3]	36.447[3]	11.218[3]	183[2]	95[2]	88[2]	78[4]	...	...	132[4]	Afganistán
292[3]	7.328[3]	...	...	...	...	...	...	...	...	Albania
11.977	1.390	1.457.375	13.340	11.295	2.045	16.476	...	...	9.288	Alemana, Rep. Democrática
17.967	3.398	14.645.967	5.710	3.859	1.851	161.482	572.856	383.033	189.823	Alemania, Rep. Federal de
...	...	3.483[8]	...	...	...	...	...	...	...	Andorra
133	53.263	7.453	198[1]	154[1]	44[1]	587[1]	...	...	1.599[1]	Angola
15[3]	5.333[3]	2.262[9,10,13,14]	...	...	315[6]	108	...	...	189	Antigua y Barbuda
443	15.830	572.836	953	447	506	16.535	50.062	29.830	20.232	Arabia Saudita
2.185	10.516	358.480	2.966[6]	2.695[6]	271[6]	7.404	32.338	23.270	9.068	Argelia
5.600	4.975	680.283	11.357[8]	11.141[8]	216[8]	8.816[8]	...	135.982[2,5]	9.190[8]	Argentina, República
4.630	3.379	3.210.331	3.614	3.009	605	45.884	65.094[18]	50.336[18]	14.758[18]	Australia
2.650[20]	2.851[20]	2.915.155	1.372	1.137	235	25.015	113.344	76.321	37.023	Austria
127	1.649	40.667	41	21	20	501	1.317	68	1.249	Bahamas
11	31.890	54.200	141	18	123	2.051	10.678	2.170	8.508	Bahrein
7.627	12.980	546.311	3.998[21]	3.470[21]	528[21]	701[4]	...	90[18,21]	1.230[4]	Bangladesh
16[8]	15.875[8]	17.009[8,10]	...	...	29	353	741	2,6	738	Barbados
1.842[20]	5.352[20]	3.013.783	912	677	235	26.464	128.264	57.369	70.895	Bélgica
105	1.385	4.619	20[8]	10[8]	10[8]	97	...	...	138	Belice
162	22.962	2.347[22]	...	53	...	236	679	76	603	Benín
15[3]	3.333[3]	...	...	...	12[7]	530	...	...	1.616	Bermudas
1.113	33.346	100.127	1.028[8]	997[8]	31[8]	106[7]	...	...	434[7]	Birmania
458[3]	11.572[3]	54.609[3]	244[8]	210[8]	34[8]	930[1]	2.087[8]	1.152[8]	935[8]	Bolivia
147	7.649	65.859	...	...	42[8]	451[7]	2.283	896	1.387	Botswana
10.075	13.454	4.025.945[24]	21.375	21.187	188	70.582	476.000	457.000	19.000	Brasil
12	18.333	8.398	...	3	27[6]	491	...	...	814	Brunei
2.857[3]	3.101[3]	...	7.593[8]	7.393[8]	199[8]	6.030[8]	30.733[8]	27.463[8]	3.270[8]	Bulgaria
216	37.037	22.891	...	...	22[7]	227[7]	...	...	501[7]	Burkina Faso
17	266.088	1.616[9]	9[8]	4[8]	5[8]	100[8]	...	...	224[8]	Burundi
81[3]	16.728[3]	2.266[23]	...	...	...	...	...	...	...	Bután
59[20]	5.593[20]	2.183	527	41[7]	11[7]	79[7]	170[7]	0,67	169[7]	Cabo Verde
261	33.823	64.248[23]	917[7]	889[7]	28[7]	1.650	...	...	3.002	Camerún
7.941	3.204	7.598.103[24]	...	1.423[2,26]	567[7,27]	48.820[7]	...	...	15.435[7]	Canadá
76[8]	32.310[8]	34.525[28]	64	48	16	139	...	...	450	Centroafricana, República
...	...	209.461[28]	19.611	19.520	89	5.950	27.364	21.545	5.819	Colombia
9[3]	38.889[3]	1.732[29]	...	17[3]	...	42[8]	...	...	60[8]	Comores, Islas
133	14.394	19.700	260[8]	116[8]	144[8]	329[8]	...	...	798[8]	Congo, Rep. Pop. del
2.553[20]	16.081[20]	1.259.958[24]	10.868	10.759	109	8.938	11.423[18]	3.125[18]	8.298[18]	Corea, República de
...	...	...	...	...	...	...	...	...	...	Corea, Rep. Pop. Dem. de
1.145	8.515	60.817[9,10,14]	581[2]	508[2]	73[2]	1.800[7]	...	...	3.433[7]	Costa de Marfil
330	7.879	29.039	272	227	45	1.534	2.351	444	1.907	Costa Rica

Comunicaciones (continuación)

país	periódicos diarios (últimas cifras): número	circulación total (miles)	circulación por 1.000 habitantes	radio, 1986: transmisores (últimas cifras)	receptores (todo tipo) (miles)	personas por receptor	televisión, 1986: transmisores (últimas cifras)	receptores (todo tipo) (miles)	personas por receptor	teléfonos, 1985: receptores (miles)	personas por receptor	tráfico, 1985 (miles de llamadas): local	conferencia	internacional
Cuba	17	1.409	140	150	3.232	3,2	58	1.525	6,7	515	20	—117.900—		1.600
Chad	1	2	0.3	7	100	51	...	...	...	3,0	1.673	3.572[12]	230[12]	267[12]
Checoslovaquia	30	4.263	275	123	4.210[17]	3,7[17]	74	4.360[17]	3,6[17]	3.591	4,3	5.091.000	374.000	7.000
Chile	66	1.407	120	109	4.100	3,0	131	2.000	6,1	761	16	1.544.966	62.919	13.585
China	222	...	...	...	223.730[19]	4,6[19]	c. 5.300	69.000	15	6.260	166	—849.500—		12.600
Chipre	11	123	92	6	171	3,9	29	88	7,6	220	3,0	—713.913[5]—		1.031.931[5]
Dinamarca	47	1.837	359	49	2.052[17]	2,5[17]	32	1.953[17]	2,6[17]	4.005	1,3	2.445.000	1.510.000	55.000
Dominica	—	—	—	3	32	14	1	14	...	6,9	12	—6.000[5,7]—		779[12]
Dominicana, República	9	208	33	188	800	8,0	19	500	13	186[7]	33[7]	2.017.011[4]	8.460[4]	2.933[4]
Ecuador	7	538	57	...	1.900	5,1	26	600	16	339	28	...	...	12.249[12]
Egipto	17	...	...	154	15.000	3,2	74	2.010	24	1.155	40	3.129.000[12]	92.000[12]	24.800[12]
Emiratos Árabes Unidos	12	291	171	15[45]	434	3,9	15[45]	3,9	12	338	4,6	...	301.477[6]	114.694[12]
España	113	3.400	89	264	11.410	3,4	1.027	10.145	3,8	14.259	2,7	...	2.819.680	87.789
Estados Unidos de América	1.657	62.502	259	10.808	507.000	0,5	6.526	145.000[19]	1,7[19]	81.091[17]	1,3[7]	365.304.830	37.525.289	419.725[7]
Etiopía	3	47	1	9	2.000	22	2	40	1.119	122	357	316.767[5]	4.422	2.150[12]
Filipinas	22	...	...	295	7.500	7,5	43	3.997	14	820	67	—17.463[7]—		4.378[7]
Finlandia	67	2.600	533	101	2.500	2,0	172	1.792[17]	2,7[17]	3.028	1,6	1.914.390	407.470	18.110
Francia	102	13.490	244	840	20.000	2,8	10.670	17.951[17]	3,1[17]	34.347	1,6	—82.894.000—		
Gabón	2	33	35	16	145	8,1	8	37	32	14[7]	81[7]	13.560[5,8]	34.800[5,8]	288.000[5,8]
Gambia	—	—	—	3	110	7,0	...	...	...	3,5	212	3.700	475	350
Ghana	4	460	35	4	3.000	4,4	9	140	94	72[7]	174[7]	183[7,15]	49[7,15]	113[7,15]
Granada	—	—	—	3	50	1,9	1	...	...	6,4	15	—148[8]—		1.124[12]
Grecia	124	...	...	55	4.000	2,5	84	1.725	5,8	3.529[7]	2,8[7]	4.761.691[7]	648.702[7]	26.338[7]
Guatemala	9	...	...	115	500	16	24	300	27	128	62	8.583	12.468	2.301
Guinea	1	20	4	8	200	31	1	11	566	10[1]	553[1]	...	96[8,12]	986[8,12]
Guinea-Bissau	1	6	7	2	25	36	...	...	...	5,0[1]	161[1]	...	...	...
Guinea Ecuatorial	2	1	3	3	35	9,1	...	2,5	128	1,4[4]	210[4]	...	...	...
Guyana	1	60	76	8	350	2,3	...	...	...	33	24	—88.458[5]—		289
Haití	6	22	4	48	200	27	1	25	217	38[8]	135[8]	...	452[4]	818[4]
Honduras	7	293	65	153	300	15	20	90	50	46[7]	92[7]	189.200[7,12]	121.000[7,12]	10.900[7,12]
Hong Kong	69	...	...	24	2.740	2,0	52	1.312	4,0	2.315	2,4	—4.100.000—		144.761[12]
Hungría	29	2.512	236	51	5.500	1,9	98	3.500	3,0	1.485	7,2	...	...	...
India	1.423	...	...	162	50.000	16	19	5.000	155	3.761	203	12.069.000[5]	202.000	5.350
Indonesia	89	2.603	17	301	32.800	5,1	231	4.900	34	720[7]	222[7]	4.949.040[4,5]	10.632[4]	2.481[4]
Irak	6	324	21	46	2.800	5,7	35	605	26	886	17	—1.518.817[4,5]—		13.329[12]
Irán	14	...	...	193	10.000	4,6	478	2.100	22	1.884[36]	24[36]	7.801.075[12,36]	617.641[12,36]	44.900[12,36]
Irlanda	7	709	200	21	996[17]	3,6[17]	21	918[17]	3,9[17]	942	3,8	—2.329.000[37]—		28.000[12,38]
Islandia	5	114	507	26	73	3,3[17]	130[17]	65[17]	3,7[17]	125[7]	1,9[7]	...	...	1.323
Israel	25	843	196	63	700	6,3	48	620	7,1	1.780[36]	2,5[36]	1.850.000[5,36]	4.850.000[5,36]	41.210[12,36]
Italia	66	...	...	2.151	15.000	3,8	2.445	14.521[17]	3,9[17]	25.615	2,3	13.151.711	5.363.517	128.156
Jamaica	2	84	36	19	910	2,6	8	350	6,7	126[4]	18[4]	...	1.888[4]	55.725[7,12]
Japón	124	68.653	569	1.070	95.000	1,3	12.756	30.250	4,0	66.636	1,8	—42.000.000[21]—		253.000[12,36]
Jordania	5	195	71	17	700	3,9	46	240	11	71[1]	32[1]	...	...	...
Kampuchea	16	...	...	6	200[19]	36[19]	2	52[19]	140[19]	7,3[1]	886[1]	...	...	...
Katar	5	56	184	11	120	2,8	8	150	2,2	110	2,9	...	...	25.391[12]
Kenia	5	255	13	22	2.100	10	4	192	110	248[7]	79[7]	7.007[7]	6.755[7,15]	936[7]
Kiribati	—	—	—	1	10	6,5	...	11[4]	5,5[4]	1,1	58	6[4,12]	17[12]	43[12]
Kuwait	7	453	253	6	500	3,9	13	450	4,0	274[7]	5,8[7]	...	...	7.770[8,12]
Laos	2	12	3	4	232	16	2	31	119	8,1	445	3.879	2	23
Lesotho	3	44	28	4	100	16	1	1,0	1.586	14	110	...	3.854[7,12,40]	...
Líbano	38	583	215	10	2.000	1,4	10	500	5,4	150[4]	18[4]	...	...	...
Liberia	4	283	124	9[41]	500	4,6	5	42	55	7,7[4]	263[4]	...	...	...
Libia	1	40	10	20	500	7,9	13	235	17	102[4]	33[4]	...	...	...
Liechtenstein	2	15	547	...	9,2	3,0	...	8,7	3,2	27[36]	1,0[36]	7.266[4]	12.727[4,12]	5.242[4,12]
Luxemburgo	6	130	365	7	228	1,6	3	91	4,0	234[7]	1,6[7]	—165.917—		80.865[12]
Macao	10	...	...	5	84	5,2	4	...	...	50	7,7	...	...	15.447[12]
Madagascar	7	46	5	21	2.020	5,1	24	96	107	37[7]	263[7]	9.487[7]	69[7]	47[7]
Malasia	42	...	...	83	1.660[7]	9,2[7]	59	1.583	10	1.279	12	—7.679.106[5]—		19.084[12]
Malawi	2	32	5	16	1.060	6,9	...	...	...	41	172	—134.700[3,5]—		2.449[12]
Maldivas	2	...	...	3	13	15	2	3,7	51	2,5	73	...	68[12]	260[12]
Malí	1	40	5	14	300	28	1	0,8	10.575	9,5[8]	815[8]	...	90[4]	97[4]
Malta	4	81	245	3	92[17]	3,7[17]	4	116[17]	3,0[17]	122	2,7	—72.385—		1.506
Marruecos	8	282	12	36	3.000	7,6	51	1.099[17]	21[17]	311	71	—715.594[5]—		...
Mauricio	8	77	74	5	200	5,2	4	110	9,4	65	16	—60.059[8]—		2.600[12]
Mauritania	1	...	...	4	200	8,5	1	1,0	1.691	4,8[8]	331[8]	7.712[5,8]	85[8,12]	310[8,12]
México	...	...	...	872	25.278	3,2	405	9.490	8,4	6.796[7]	11[7]	2.964.630	608.361	25.587
Micronesia, Estados Fed. de	—	—	—	4	17	5,4	3	1,1	86	...	...	...	...	...
Mongolia	2	96	85	...	181	11	...	60	32	43[8]	42[8]	...	...	...
Mozambique	2	77	5	39	500	28	1	20	707	60	230	101.317[7,12]	2.635[4]	334
Namibia	3	20	19	c. 40	200	6,0	8	17	71	64[7]	17[7]	...	29.146[12]	1.017[12]

oficinas de correos, 1985			telégrafos, 1985			télex, 1985				país
número	personas por oficina	objetos postales expedidos (miles)	tráfico total (miles)	tráfico nacional (miles)	tráfico internacional (miles)	líneas abonadas	tráfico (miles de minutos) total	nacional	salida internacional	
700[3]	13.271[3]	86.991[1,10]	15.986[21]	17.333	7.128[6]	3.599	34.400	32.653	1.747	Cuba
27	174.444	1.148[14]	294[6]	59[6]	235[6]	90	236	9	227	Chad
6.635	2.339	74.410[25]	9.533	9.243	290	10.818	...	71.625[5]	6.309	Checoslovaquia
749	15.053	150.385[10]	2.655	2.594	61	5.974	16.611	11.638	4.973	Chile
51.209	20.433	4.780.567[10,14,24]	207.412	206.100	1.312	2.062	...	...	8.885	China
697	943	35.879	149	99	50	3.344	6.660	2.164	4.496	Chipre
1.293	3.956	1.570.051	329	211	118	13.307	55.673	17.800	37.873	Dinamarca
63[8]	1.274[8]	2.051[8]	...	...	244[6]	49	...	...	82	Dominica
154[3]	25.807[3]	21.741[30]	...	...	...	...	...	...	...	Dominicana, República
480[8]	18.635[8]	37.260[8]	2.134[8]	2.021[8]	56	2.573	6.971[8]	3.882	3.116	Ecuador
9.016	5.666	523.981	10.553	9.715	838	5.297	33.700	23.600	10.100	Egipto
53	30.612	112.264	533	55	478	6.129	19.438	7.957	11.481	Emiratos Árabes Unidos
12.535	3.075	4.219.486	7.029	6.642	387	36.910	109.622	64.939	44.683	España
39.327	6.706	39.554.164[24]	37.386[7]	33.805[7]	3.581[7]	151.996[7]	...	...	185.909[7]	Estados Unidos de América
480	68.281	31.221[9,10,14]	269	252	17	693	1.833	774	1.059	Etiopía
2.094	26.743	427.831	13.456[7]	13.243[7]	213[7]	12.860[7]	11.782[7]	3.463[7]	8.319[7]	Filipinas
3.632[8]	1.340[8]	1.098.005[8]	662	586	76	8.400	26.202	11.100	15.102	Finlandia
17.223[32]	3.227[32]	16.351.500[32]	12.549	10.887	1.662	124.515	519.886	373.421	146.465	Francia
...	...	13.435[3]	272[8]	146[8]	126[8]	647[7]	2.721[8]	876[8]	2.033[7]	Gabón
...	...	...	11	3	8	85	122	12	110	Gambia
990	12.329	118.125	1.760[21]	3.320[6,7]	187[7]	310[7]	76[18]	6[18]	70[18]	Ghana
51[3]	2.157[3]	...	...	0,2[4]	29	53	...	...	117	Granada
1.219[20]	8.150[20]	418.144	3.427[7]	3.167[7]	260[7]	18.232	52.964	32.223	20.741	Grecia
...	...	54.301[35]	...	...	2.907[6]	1.182	...	...	597[18]	Guatemala
...	...	30.809[13]	50[8]	21[8]	29[8]	195[8]	...	...	415[8]	Guinea
...	...	...	...	...	...	...	...	...	...	Guinea-Bissau
19	20.473	...	...	...	...	...	...	...	...	Guinea Ecuatorial
128	6.237	21.031	...	...	1.391	142	365[18]	52[18]	313[18]	Guyana
132[3]	33.106[3]	1.046.472[13]	...	...	...	...	...	...	...	Haití
508[3]	7.264[3]	60.689[3]	19[7]	1[7]	18[7]	700[7]	2.072[7]	1.087[7]	985[7]	Honduras
142	38.239	562.939	1.156	7	1.149	26.993	75.514	31.521	43.993	Hong Kong
3.216	3.308	1.855.494	12.110	11.703	407	10.782	172.017[2,5]	73.525[5]	9.718	Hungría
144.875	4.729	12.068.468	63.485	61.519	1.966	26.287	...	209.462[5]	22.730	India
16.071	10.244	447.811	7.281[4]	7.142[4]	139[4]	8.853[8]	...	440.683[4,5]	10.480[8]	Indonesia
288[8]	48.995[8]	193.996[8]	...	844[4]	426	2.187	7.668	1.652	6.016	Irak
3.815	12.389	256.751[9,10,14]	5.613[36]	5.543[36]	70[36]	4.079	22.746[36]	16.272[36]	6.474[36]	Irán
2.096[3]	1.662[3]	482.153[10,13]	235	188	47	7.269	31.097	24.194	6.903	Irlanda
150[8]	1.586[8]	38.823[8]	571	555	16	442	1.730	288	1.442	Islandia
1.404	3.050	410.000	612[36]	414[36]	198[36]	5.440[36]	21.937[36]	15.500[36]	6.437[36]	Israel
14.348	3.986	7.191.975	23.996	22.625	1.371	65.416	325.794	203.873	121.921	Italia
788	2.779	...	273[7]	195[7]	78[7]	442[7]	...	...	938[7]	Jamaica
23.615	5.131	17.160.121	41.454[36]	40.660[36]	794[36]	47.000[36]	...	111.103[4]	61.529[36]	Japón
770	3.246	100.244	...	...	...	...	...	...	...	Jordania
...	...	10.320[29]	...	...	...	...	...	...	...	Kampuchea
24	10.416	29.340[25]	133	9	124	1.072	2.808	844	1.964	Katar
829	24.524	231.213[9,10,14]	...	1.034[8]	3.452[6,8]	1.856[7]	5.424[7]	2.220[7]	3.204[7]	Kenia
5[3]	10.800[3]	374[31,39]	38	35	3	28	...	57[7]	72	Kiribati
51	33.280	145.876[9,10,14]	621[8]	86[8]	535[8]	3.692[8]	12.513[8]	3.324[8]	9.189[8]	Kuwait
...	...	4.496[3]	5.066	4.894	172	37	...	...	47	Laos
130	10.769	26.837[10]	56[7]	7[7]	49[7]	219	287	...	...	Lesotho
...	...	...	156	91	65	...	...	...	...	Líbano
54	38.055	8.453	...	...	...	...	...	...	...	Liberia
317	10.943	92.348	...	...	...	...	...	...	...	Libia
12	2.256	14.596[24]	...	...	...	...	...	...	...	Liechtenstein
107	3.419	147.925	46	18	28	2.391	10.474	2.105	8.369	Luxemburgo
7	57.142	10.092	...	...	36	613	883	155	728	Macao
8.783	1.223	35.112[7]	1.069[7]	984[7]	85[7]	341[7]	128[7,18]	22[7,18]	106[7,18]	Madagascar
5.689	2.755	959.197	1.183[7]	657	5.650[6]	10.881	...	...	9.932	Malasia
263	23.828	113.975	...	...	1.504[6]	482	...	...	815	Malawi
26	6.978	1.367	...	...	6	150	...	...	256	Maldivas
119[8]	53.738[8]	5.466[8]	...	...	...	...	...	...	...	Mali
16[3]	22.500[3]	37.366[3]	45	22	23	832	2.440	285	2.155	Malta
1.095	19.602	179.615	1.130	984	146	6.444	3.788[18]	1.931[18]	1.857[18]	Marruecos
106	9.757	29.504	...	...	41	444	1.315	141	1.174	Mauricio
...	...	3.035[3]	42[8]	28[8]	14[8]	227[7]	...	3.560[5,8]	257[7]	Mauritania
7.076	10.946	674.990	25.072	24.805	267	23.319	186.932[1]	171.343[1]	13.306[7]	México
...	...	...	...	...	...	...	...	...	...	Micronesia, Estados Federados de
382[3]	3.900[3]	...	...	...	...	...	...	...	...	Mongolia
609	22.626	20.133	...	117[21]	40	680	...	788[5]	1.361	Mozambique
81[3]	12.914[3]	...	...	...	...	...	...	...	...	Namibia

Comunicaciones (continuación)

país	periódicos diarios (últimas cifras)			radio 1986			televisión 1986			teléfonos 1985				
	número	circulación total (miles)	circulación por 1.000 habitantes	transmisores (últimas cifras)	receptores (todo tipo) (miles)	personas por receptor	transmisores (últimas cifras)	receptores (todo tipo) (miles)	personas por receptor	receptores (miles)	personas por receptor	tráfico 1985 (miles de llamadas) local	conferencia	internacional
Nauru	—	—	—	1	4	2.0	...	...	...	1.6[4]	5.2[4]	——1.304[21]——		130[21]
Nepal	51	...	...	7	2.012	8.5	1	18	952	18[7]	905[7]	——4.432[12]——		1.002[12]
Nicaragua	3	144	42	87	300	11	7	171	20	50[7]	63[7]	...	8.400[2.12]	5.069[7]
Niger	1	3	0.4	19	160[19]	41[19]	12	25	269	12	541	——57.366[4.5]——		2.231[12]
Nigeria	19	...	...	111	15.680	6.3	41	500	196	260	368	86.947[5]	1.140[15]	25.257[12]
Noruega	64	1.882	454	764	1.505	2.8	1.389	1.339.4	3.1	2.579[7]	1,6[7]	——6.131.368[5]——		176.257[12]
Nueva Zelanda	34	1.055	324	65	2.800	1.2	567	931[17]	3.5[17]	2.203[36]	1,5[36]	——766.485[12.36]——		56.850[12.36]
Omán	3	30	24	12	500	2.6	11	400	3.2	66	19	307.045[5]	61[12]	11.735[12]
Países Bajos	79	4.500	312	50	4.809[17]	3,0[17]	29	4.633[17]	3,1[17]	8.840	1,7	3.255.000	2.639.000	126.758
Pakistán	118	1.991	22	75	5.250	20	19	1.880	55	517	194	——3.107.840[5]——		1.888
Panamá	7	132	62	97	900	2,5	16	300	7,4	223	9,8	472.362	115.227	3.725
Papúa Nueva Guinea	1	28	8	26	225	15	...	...	...	58	57	35.510	19.010	2.740
Paraguay	5	198	60	56	624	6,1	4	231	16	83[7]	43[7]	260.084[5.7]	20.053[5.7]	1.029[7]
Perú	66	...	...	189	3.969	5,1	138	1.701	12	600	33	1.804.270[12]	165.568[12]	19.469[12]
Polonia	45	7.714	207	...	9.300	4,0	118	9.466[17]	4,0[17]	4.215	9,2	——1.139.248[7]——		3.385
Portugal	28	...	...	83	2.439	4,2	23	1.585	6,5	1.835	5,5	1.794.121	3.244.194	55.334[12]
Puerto Rico	5	577	175	90	2.000	1,6	14	820	4,0	710[7]	4,6[7]	1.135.406[4]	68.538[4]	1.375[4]
Reino Unido	112	30.412	538	487	63.528	0,9	1.643	18.716[17]	3,0[17]	29.518[7]	1,9[7]	20.315.000	4.328.000	199.400
Ruanda	1	...	...	8[43]	250	25	...	...	...	9,0	697	8.214[5]	450[12]	371[12]
Rumania	36	3.078	135	71	3.211	7,1	344	3.910	5,8	2.027[1]	11[1]	...	...	...
Salomón, Islas	—	—	—	3	60	4,6	...	...	...	4,5	59	3.400	400	535[12]
Salvador, El	6	300	62	75	1.200	4,6	5	400	14	124[7]	42[7]	255.147[5.7]	170.098[5.7]	19.072[12]
Samoa Occidental	—	—	—	6	18	8,9	...	2,5[8]	63[8]	7,5[8]	21[8]	...	78[4]	208[4]
San Cristóbal de las Nieves	—	—	—	2	22	2,0	4	7,0	6,6	3,8	12	...	...	1.065[12]
San Marino	—	—	—	—	8[2]	2,7[2]	...	5[1]	4,3[1]	12	1,9	——6.840——		2.201
Santa Lucía	—	—	—	4	92	1,5	...	...	...	12	11	——13.073[5.7]——		353
S. Vicente y las Granadinas	—	—	—	1	66	1,7	...	10	11	8,5	13	——5.500[5.7]——		1.169[12]
São Tomé y Príncipe	—	—	—	5	28	3,9	...	...	...	2,5[7]	42[7]	2.384[7]	24[7]	18[7]
Senegal	1	31	5	11	450	15	1	55	122	40[2]	142[2]	...	...	9.502[12]
Seychelles	1	3	48	1	19	3,5	1	3,8	17	11	5,9	——3.955——		671[12]
Sierra Leona	1	10	3	3	225	17	2	25	149	16[4]	216[4]	...	...	838[12]
Singapur	11	714	279	21	593[17]	4,4[17]	8	486[17]	5,3[17]	1.074	2,4	4.016.090	21.060	15.725
Siria	9	201	19	29	2.000	5,3	40	400	27	616	17	586.000	70.000[12]	15.000[12]
Somalia	1	...	...	4	250	24	1	...	...	4,8[1]	1.086[1]	...		
Sri Lanka	15	850	53	61	2.073[17]	7,8[17]	4	350	46	109[7]	142[7]	3.010[5.8]	1.090[5.8]	4.005[7.12]
Suazilandia	3	23	35	8	96	7,1	11	12	55	18	37	39[4]	262[4]	52[4]
Sudán	2	120	5	6	1.500	16	20	250	93	78	304	122.460[4]	999[4]	1.654[4.12]
Suecia	169	4.782	574	340	3.330	2,5	803	3.265[17]	2,6[17]	7.410[7]	1,1[7]	——22.536.865[5]——		6.345.114[5]
Suiza	101	3.208	491	215	2.513[17]	2,6[17]	825	2.216[17]	3,0[17]	5.436	1,2	5.025.000[12]	5.895.000[12]	730.000[12]
Sudáfrica, República de	20	1.277	47	301	8.550[44]	3,9[44]	465	2.500[14]	13[44]	3.890	8,5	——12.636.427[5]——		15.444
Suriname	2	...	...	16	246	1,6	6	48	8,4	36	11	——113.624[5]——		2.183[5]
Tailandia	31	...	...	217	7.700	6,8	74	3.300	16	755	68	1.229.092[5]	64.238	2.507
Taiwán	31	4.917	259	...	13.500	1,4	28	6.085	3,2	4.855[7]	3,9[7]	8.665.315[4]	7.987[4]	30.278[4.12]
Tanzania	3	101	5	19	1.500	15	2	8	2.808	114	191	5.151[15]	2.898[15]	561[15]
Togo	2	...	...	11	250	12	4	17	181	12[7]	239[7]	4.572[4.5]	54[7]	104[7]
Tonga	—	—	—	2	50	2,0	...	...	...	4,0[7]	24[7]	1.566[7]	60[7]	716[7]
Trinidad y Tabago	4	173	144	5	552	2,2	6	345	3,5	109[7]	11[7]	2.700[8]	8.200[8]	550[8]
Túnez	5	272	37	12	1.160	6,4	20	400	19	272	27	——656.156[5]——		511.199[5]
Turquía	364	3.878	89	44	8.227	6,3	153	5.010	10	3.455	15	——6.957.020[5]——		65.868[12]
Tuvalu	—	—	—	1	2,2	3,7	...	1,1[8]	7,6[8]	0,15	55		36[12]	3[12]
Uganda	1	25	2	13	600	26	8	90	174	54[8]	262[8]	...	...	196[8]
Unión Soviética	727	96.414	345	...	170.000	1,6	2.882	90.000	3,1	26.667[4]	10[4]	...	1.454.400[4]	2.130[4]
Uruguay	21	...	...	94	1.800	1,7	33	500	6,0	374	8,1	624.358	46.141	4.920
Vanuatu	—	—	—	4	18	7,6	...	...	...	3,0	44	——4.329[5]——		96
Venezuela	61	2.739	172	210	6.747	2,6	63	2.750	6,5	1.451	12	9.612.000[6]	1.212.000[6]	75.745[6]
Vietnam	4	500	9	39	6.045	10	...	500	122	109	550	——7.528[1]——		930[6]
Viti	2	53	76	12	400	1,8	...	...	...	53	13	——155.821[5]——		2.974[12]
Yemen, Rep. Árabe de	2	...	...	6	200	35	14	50	141	90[4]	70[4]	...	...	...
Yemen, Rep. Pop. Dem. de	2	25	11	6	300	7,9	5	44	54	238	94[8]	40[4]	18[4]	71[4]
Yibouti	—	—	—	3	32	14	1	14	33	8,1	53	——7.179[5]——		2.106[12]
Yugoslavia	28	2.498	107	803	4.460[17]	5,1[17]	1.040	4.000	5,8	3.031[7]	7,6[7]	3.845.000[7]	7.978.000[7]	2.970.000[7]
Zaire	4	45	1,6	22	525	59	...	15	2.072	32	949	788	684	3.685
Zambia	2	109	16	16	528	13	9	66	104	75	89	——3.788[12]——		6.249[12]
Zimbabwe	3	191	23	31	315	27	14	112	75	248	33	213.815[5]	396.448[5]	320.405[5]

[1] 1981. [2] 1980. [3] 1978. [4] 1982. [5] Número de impulsos (000). [6] Número de palabras (000). [7] 1984. [8] 1983. [9] Excluye tarjetas postales. [10] Excluye pequeños paquetes. [11] Excluye transmisores de la BBC y «Deustche Welle». [12] Número de minutos (001). [13] 1977. [14] Excluye impresos. [15] Sólo llamadas controladas por operadora. [16] Antillas Holandesas incluye Aruba. [17] Basado en apartados con licencia únicamente . [18] Número de llamadas (000). [19] 1985. [20] Sólo oficinas de correos permamentes. [21] 1979. [22] Excluye paquetes pequeños interiores. [23] 1972. [24] Sólo envíos interiores y extranjeros. [25] Sólo recepciones y envíos del y al extranjero. [26] Los telegramas a EUA están incluidos en los nacionales. [27] Excluye los telegramas a EUA. [28] 1974. [29] 1973. [30] 1975. [31] 1971. [32] Incluye los departamentos de ultramar. [33] Excluye los

oficinas de correos, 1985			telégrafos, 1985			télex, 1985				país
número	personas por oficina	objetos postales expedidos (miles)	tráfico total (miles)	tráfico nacional (miles)	tráfico internacional (miles)	líneas abonadas	tráfico (miles de minutos) total	nacional	salida internacional	
1	7.000	168	...	...	7[21]	10[21]	...	...	27[21]	Nauru
...	...	...	1.196	1.111	85	230	...	...	581	Nepal
...	...	35.890[29]	770[7]	755[7]	15[7]	391[1]	1.572[7]	425[7]	1.147[7]	Nicaragua
159[8]	37.735[8]	5.704[8]	621	598	23	297	...	...	529	Niger
3.371	28.537	1.119.673[9,10]	484	431	53	4.848	...	11.502[5]	3.661	Nigeria
2.753	1.510	1.602.438	430	322	108	10.817	40.217	19.109	21.108	Noruega
1.287	2.464	639.850[9,10,14,24]	1.988[36]	1.573[36]	415[36]	6.480	21.434	11.071	10.363	Nueva Zelanda
103	14.563	41.846[9]	198	13	185	1.520	5.217	1.881	3.336	Omán
2.913	4.987	5.319.300	767	435	332	39.306	...	375.705[5]	88.100	Países Bajos
11.898	7.875	702.589[24]	...	1.286[7]	387	5.210	...	30[4,18]	2.397[18]	Pakistán
268	6.833	22.247	670	646	24	1.700	3.656	763	2.893	Panamá
116	33.593	31.824	...	61[6]	19	1.371	3.412	1.800	1.612	Papúa Nueva Guinea
382	7.931	5.610	295[7]	259[7]	36[7]	793[7]	...	...	997[7]	Paraguay
2.626	10.084	65.906	11.752	11.724	28	3.336	22.521	18.008	4.513	Perú
8.262	4.519	1.685.286	18.256	17.475	781	29.606	...	...	10.098	Polonia
7.999	1.273	493.783	1.173	1.062	111	18.427	70.927	50.668	20.259	Portugal
124[3]	24.677[3]	...	...	...	...	...	...	...	...	Puerto Rico
21.240[20]	2.660[20]	14.158.609	1.028[36]	...	1.028[36]	104.886[36]	218.746[7,18]	110.296[7,18]	342.668[36]	Reino Unido
24	262.555	12.752	17	14	3	100	...	522[1]	327	Ruanda
5.046[3]	4.429[3]	795.199[13]	5.393[21]	5.150[21]	243[21]	6.750[1]	...	...	3.683[1]	Rumania
99[8]	2.121[8]	5.595[8]	20	15	5	124	264	15	249	Salomón, Islas
400	13.070	32.538	1.131[7]	1.097[7]	34[7]	756[7]	1.812[7]	1.012[7]	800[7]	Salvador, El
47	3.326	2.087[9,25]	...	...	...	...	...	...	...	Samoa Occidental
9[3]	5.000[3]	6.381[3]	...	10	172[6]	59	...	...	118	San Cristóbal y Nieves
8[8]	2.750[8]	...	...	4,7	...	84	40[18]	2[18]	38[18]	San Marino
55	1.818	4.320	19[4]	...	285[6]	149	...	...	233	Santa Lucía
49	2.632	1.967[25]	...	...	208[6]	93	...	...	127	S. Vicente y las Granadinas
57	1.684	249	0,5[7]	0,2[7]	0,3[7]	38[7]	55[7]	0,1[7]	55[7]	São Tomé y Príncipe
530[8]	11.118[8]	44.391[8]	...	...	142	870	...	...	2.277	Senegal
...	...	1.618[31]	...	...	2	172	325	78	247	Seychelles
113[8]	24.661[8]	27.262[8]	...	20[2]	11	300	485	30	455	Sierra Leona
126	20.423	348.277	283	12	271	16.795	60.727	29.420	31.307	Singapur
543	18.909	22.759	265	168	97	1.961	...	...	2.186	Siria
...	...	...	...	...	...	...	...	...	...	Somalia
3.690	4.303	611.978	2.095[4]	1.870[4]	193[7]	1.040[7]	1.826[7,18]	252[7,18]	1.574[7,18]	Sri Lanka
72[8]	8.405[8]	17.267[8]	46	3	43	308	83[18]	36[18]	47[18]	Suazilandia
790	27.848	67.730	...	...	...	775[4]	...	...	1.379[4]	Sudán
2.034[8]	4.097[8]	3.333.607	252	110	142	18.174	48.548	16.240	32.308	Suecia
3.796	1.721	4.240.643	1.733	1.053	680	39.011	157.425	83.261	74.164	Suiza
2.227[3,44]	13.529[3,44]	1.678.751[3,44]	8.172	7.900	272	32.014	...	280.731[5]	16.320	Sudáfrica, República de
...	...	...	62[7]	6[7]	56[7]	289	449	117	332	Suriname
4.036	12.833	477.251	8.197	8.088	109	5.372	12.843	4.817	8.026	Tailandia
12.441	1.538	1.327.631	1.029	878	151	...	...	...	...	Taiwán
707	30.739	171.354	1.145	1.103	42	1.195	3.140[18]	2.684[18]	456[18]	Tanzania
390	6.935	...	32[7]	7[7]	25[7]	387	518	110	408	Togo
...	...	1.063[25,29]	152[7]	81[7]	71[7]	74[7]	...	...	186[7]	Tonga
229[8]	5.126[8]	27.230[8]	...	217[4]	...	267[8]	...	...	1.053[8]	Trinidad y Tabago
600	11.833	174.073	537	418	119	2.963	6.724	2.052	4.672	Túnez
55.876	881	973.447	9.333	9.203	130	14.775	...	...	14.022	Turquía
...	...	2.313[13]	17	5	12	4	...	...	24	Tuvalu
...	...	28.275[30]	57[8]	52[8]	5[8]	419[8]	262[8,18]	114[8,18]	148[8,18]	Uganda
90.723[3]	2.951[3]	5.925.000[3]	541.012[4]	540.110[4]	902[4]	1.611[7]	...	...	9.581[7]	Unión Soviética
1.277[3]	2.323[3]	35.356[13]	1.104	1.060	44	1.489	2.246	154	2.092	Uruguay
6[8]	20.833[8]	3.000[8]	...	...	4	104	...	...	247	Vanuatu
809[3]	7.215[3]	347.500[28]	3.244	2.928	316	17.465	40.331	31.237	0.094	Venezuela
...	—	...	...	5[1]	250	...	...	10[1,18]	376	Vietnam
217	2.709	28.206[10]	143	134	9	589	...	997[5]	1.126	Viti
122	76.017	17.185	...	...	...	...	...	...	...	Yemen, Rep. Árabe de
111	20.243	4.097	...	17[4]	...	80[7]	371[4]	4[4]	447[7]	Yemen, Rep. Pop. Dem. de
5[8]	60.000[8]	1.623[8]	21[7]	0,07[7]	21[7]	175	585	55	530	Yibouti
3.841	6.043	1.249.797	12.833[7]	11.702[7]	1.131[7]	11.462[7]	...	258.755[5,7]	5.005[7,18]	Yugoslavia
362[8]	83.592[8]	...	52	43	9	1.697	2.068	66	2.002	Zaire
232[8]	23.578[8]	69.175[8]	24.912[6]	22.908[6]	2.004[6]	1.476	6.103	4.099	2.004	Zambia
294	25.561	184.022	579	530	49	2.065	89.422[5]	12.824[5]	3.366	Zimbabwe

transmisores de red de los servicios armados extranjeros. [34] La mayoría de las ciudades tienen servicio por cable. [35] 1976. [36] 1986. [37] Incluye el tráfico al Reino Unido. [38] Excluye el tráfico al Reino Unido. [39] Incluye Tuvalu. [40] Incluye el tráfico con Sudáfrica. [41] Excluye ocho transmisores de la Voice of America. [42] Excluye transmisores de Transworld Radio y «Radio Netherland». [43] Excluye transmisores de «Deutsche Welle». [44] Sudáfrica incluye Bophuthatswana, Ciskey, KwaNdebele, Transkei y Venda. [45] Sólo Abu Dhabi.

Educación

Esta tabla presenta datos internacionales sobre educación, analizados de forma que permitan comparar al máximo los distintos sistemas educativos que se usan en el mundo. Naturalmente, los principales datos son números de escuelas, profesores y estudiantes dispuestos en cuatro niveles principales de enseñanza: el primero o primaria; el segundo nivel general (secundaria); el segundo nivel vocacional; y el tercero (superior). Para cada nivel se ha calculado la relación estudiantes-profesores. Estos datos se suplementan en cada nivel con la cifra de la relación de ingresos, indicador de la capacidad alcanzada por cada país para educar al número total de niños potencialmente educables en el grupo de edades representado, por lo general, por dicho nivel. En los niveles primero y segundo se da esta cifra como relación neta de ingresos, mientras que en el tercero aparece como relación bruta. En este tercer nivel se dan, además, dos medidas comparativas adicionales: estudiantes por 100.000 habitantes y proporción (porcentaje) de adultos de veinticinco años y más que ha alcanzado algún nivel de enseñanza superior o postsecundaria. Los datos de este último grupo se han limitado, hasta donde ha sido posible, a quienes han concluido su educación y no asisten ya a clase. No se ofrece relación de ingresos en la formación vocacional del segundo nivel, ya que el nivel académico en que se produce en cada país tiene grandes variaciones a escala mundial, dada la necesidad de las naciones de alentar o dirigir a los estudiantes hacia los programas vocacionales (para sostener el desarrollo nacional) y, más particularmente, por la escala de edades de los estudiantes que constituyen normalmente tales sistemas nacionales (algunos no tendrán siquiera catorce años y habrán acabado su ciclo primario hace escaso tiempo; otros serán mucho mayores).

Las diferencias en la práctica estadística nacional, en la estructura educativa del país, en la mezcla de instituciones públicas-privadas, en la formación y desarrollo de los maestros y las fechas de los ciclos de admisión a terminación de los grados o niveles particulares contribuyen, en cada nivel educativo, a los problemas de comparar los sistemas educativos nacionales entre sí.

Consignar el número de escuelas de un país no es simplemente contar los edificios permanentes de ladrillo que tienen aulas. Con frecuencia, los recursos de un país menos desarrollado son tan escasos que todo lo que se puede permitir son instalaciones temporales o clases a la intemperie, mientras que en un país desarrollado, pero con escasos asentamientos, los estudiantes quizá se ven obligados a viajar 80 km al día para encontrar un aula con otros veinte condiscípulos de su misma edad, lo que provoca la institución de medidas tales como maestros ambulantes, enseñanza por radio y televisión en el hogar bajo la supervisión de los padres o sistemas similares. Por tanto, una «escuela» es, según la definición de la UNESCO, «un cuerpo de estudiantes... organizado para recibir instrucción».

Tales dificultades también limitan la posibilidad de comparar las estadísticas sobre el número de maestros, con las complicaciones adicionales de que muchos, a cualquier nivel, se ven precisados a trabajar a tiempo parcial, o que las instituciones en las que trabajan realizan una mezcla de funciones que no se desglosa en las categorías definidas que exige una tabla de este tipo. En determinados países, la formación de maestros está limitada a la enseñanza superior; en otros, como forma vocacional de la segunda formación, etc. Para los fines de esta tabla, la formación de maestros a nivel secundario ha sido tratada como educación vocacional. Al nivel superior, dicha formación se clasifica como una especialización de la enseñanza superior propiamente dicha.

El número de estudiantes puede ocultar grandes variaciones en lo que cada país defina como «nivel» educativo particular. De hecho, muchos

Educación

país	año	primer nivel (primaria)					segundo nivel general (secundaria)					vocacional (segundo nivel)	
		escuelas	maestros	estudiantes	relación estudiantes/ maestros	relación neta de ingresos	escuelas	maestros	estudiantes	relación estudiantes/ maestros	relación neta de ingresos	escuelas	maestros
Afganistán	1984	754	14.865	545.959	36,7	14	332	6.943	99.729	14,4	...	16	666
Albania	1984	1.631	27.387	540.332	19,7	...	20	1.552	35.643	23,0	...	313	5.405
Alemana, República Democrática	1984	5.666	54.971	766.745	13,9	...	5.711	112.172	1.265.349	11,3	...	4.500	56.577
Alemania, República Federal de	1986	22.420	304.702	4.316.760	14,2	80[4]	5.359	189.561	2.840.938	15,0	...	8.224	91.215
Andorra	1987	13	214[7]	5.344	24,8[7]	...	10	53[7]	2.253	20,5[7]	...	5	37[7]
Angola	1983	6.308	32.004	1.178.430	36,8	66[1]	...	3.870[1]	124.858	...	...	...	410[1]
Antigua y Barbuda	1983	48	426	9.933	23,3	...	16	331	4.197	12,7	...	1	...
Arabia Saudita	1986	7.566	77.480	1.285.433	16,6	53[2]	2.946	37.096	524.738	14,1	26[2]	22	881[6]
Argelia	1984	10.266	109.173	3.336.536	30,6	84	1.429[2]	61.098	1.452.389	23,8	28[3]	71[4]	2.292[4]
Argentina, República	1984	20.619	218.520	4.430.520	20,3	96[9]	1.987[10]	86.874[10]	656.521[10]	7,6[10]	42[9]	3.117[10]	119.309[10]
Australia	1987	8.466	95.606	1.711.932	17,9	97[6]	1.619	101.115	1.289.457	12,8	84[6]	234[11]	52.587[11]
Austria	1987	3.738	33.100	350.726	10,6	86[6]	1.714	52.430	473.467	9,0	68[12]	1.209	22.880
Bahamas	1983	187	1.972	37.097	18,8	...	38	1.334	23.202	17,4	...	...	...
Bahrein	1985	114	2.963	49.644	16,8	90[6]	21	951	32.927	34,6	61[2]	5	233
Bangladesh	1985	44.488	184.575	10.082.000	54,6	54	8.649	97.774	2.638.000	27,0	17	158[13]	2.851[6]
Barbados	1985	130	1.464	30.792	21,0	99[1]	36	1.449	28.815	19,9	89[6]	3	154
Bélgica	1985	4.790	45.261[6]	768.207	...	93[6]	2.272	56.719[2]	858.625	...	86[6]	209[2]	6.364[2]
Belice	1985	225	1.582	38.512	24,3	...	24	504	6.676	13,2	...	5[15]	62[15]
Benín	1984	2.667	13.269	444.232	33,5	46	133[1]	2.409	112.267	46,6	...	30[1]	609
Bermudas	1987	22	314	5.258	16,7	...	12	337	4.005	11,9	...	[16]	[16]
Birmania	1985	27.499	104.754	4.855.963	46,4	65[12]	2.238	41.668	1.251.482	30,0	16[12]	74	1.036
Bolivia	1983	8.514	50.703	1.154.819	22,8	81[6]	845	8.091	174.982	21,6	25[6]	...	...
Botswana	1986	528	6.980	223.608	32,0	76[2]	65	1.283	32.172	25,1	18[2]	24	283
Brasil	1985	187.274	1.040.566	24.769.736	23,8	83[6]	9.260	206.111	3.016.138	14,6	14[2]	...	...
Brunei	1984	178	2.131	34.373	16,1	...	28	1.526	18.565	12,2	...	7[15]	275[15]
Bulgaria	1986	3.040	71.400[17]	1.248.000[17]	17,4[17]	97[6]	481	17	17	17	78[6]	506	17.884[6]
Burkina Faso	1985	1.037	5.354	313.520	58,6	25[6]	68	1.213	41.559	26,8	3[6]	27	504
Burundi	1986	1.023	7.245	387.710	53,5	39[6]	62	795	13.037	16,4	2[4]	47	1.064
Bután	1985	143	1.082	33.934.000	31,4	8[3]	30	589	16.377	27,8	...	8	103
Cabo Verde	1983	436	1.459	50.000	34,3	89	16	603	10.454	17,3	...	...	...
Camerún	1985	5.582[6]	32.582	1.638.569	51,1	75[3]	365[6]	8.381	238.075	28,4	15[5]	199[6]	3.239
Canadá	1988	15.512[17]	273.190[17]	4.959.000[17]	18,1[17]	97[2]	17	17	17	17	88[4]	...	...
Centroafricana, República	1985	960	4.263[6]	308.022	...	60[1]	39	675	55.787	82,6	...	4	122
Colombia	1986	36.979	135.924	4.002.543	29,4	75[11]	6.336[19]	107.084[19]	2.136.239[19]	19,9[19]	...	[19]	[19]
Comores, Islas	1981	236	1.292	59.709	46,2	...	32	434	13.528	31,2	...	4	27
Congo, República Popular del	1985	1.522	7.612	458.338	60,2	...	247	5.188	199.073	38,4	...	19	1.073
Corea, República de	1987	6.535	126.677	4.798.323	37,9	93[11]	3.408	114.658	4.111.043	35,9	76[1]	736	34.189
Corea, Rep. Pop. Dem. de	1982	4.700[18]	...	2.500.000	...	...	...	100.000[19]	2.500.000[19]	25,0[19]	...	...	[19]
Costa de Marfil	1985	4.419[5]	31.297[1]	1.179.456	...	...	218[5]	4.569[5]	245.342	...	...	38[5]	1.947[4]
Costa Rica	1984	3.068	12.223	353.958	29,0	89[1]	241[19]	9.152[19]	148.032[19]	16,2[19]	37[1]	[19]	[19]

países tienen un sistema primario formado por los grados 1 a 6 (o bien 1 a 8), que permite al estudiante acceder a algún tipo de educación postprimaria. Sin embargo, determinar aisladamente una sencilla cifra de ingreso es tarea difícil, si se tiene en cuenta la edad en que se accede, la capacidad de los padres para enviar a sus hijos al colegio o para permitirles terminar sus estudios, o la necesidad de retirarles en temporada para realizar labores agrícolas, por ejemplo. Todas estas dificultades se acumulan en los casos de países que tienen enseñanza en más de una lengua, o cuando el establecimiento educativo es tan pequeño que no se puede realizar la enseñanza superior o, a veces, ni siquiera la secundaria, dentro del país. Por tanto, las cifras de esta tabla pueden incluir estudiantes inscritos fuera de su patria.

Sin embargo, la relación estudiante-maestro suele aportar una buena medida de la ratio educadores formados-educables inscritos. En general, en cada nivel educativo se han contado tanto estudiantes como maestros, basándonos en la inscripción o el empleo plenos, o el equivalente del pleno empleo cuando lo permiten las estadísticas de los países. En los niveles primario y secundario, la relación neta de inscripción es la que corresponde al número de niños, dentro del grupo de edades usual para un nivel determinado, realmente inscritos sobre el número total dentro de dicho grupo (×100). Esta ratio suele ser menor de (ocasionalmente igual) 100, y es la medida más precisa de la totalidad de inscripciones a dicho nivel determinado. No siempre es, pese a todo, la mejor indicación del buen aprovechamiento del personal y las instalaciones docentes. Dicho aprovechamiento, que en esta tabla se refiere sólo a la enseñanza superior, se considera mejor como relación bruta de inscripciones, comparando la población estudiantil total (todas las edades) con la que se encuentra dentro de los límites de edad para dicho nivel. En un país con importante nivel de alfabetización adulta, o con programas educativos generales, dicha diferencia puede resultar sorprendente: típicamente, para una nación menos desarrollada, incluso si tiene una buena relación neta de inscripciones de 90 a 95, la relación bruta puede ser el 20 %, el 25 %, incluso, el 30% más alta, lo que indica el amplio uso de las instalaciones y maestros a dicho nivel en el país en cuestión.

Los datos de alfabetización facilitados han sido recopilados, hasta donde fue posible, de los datos de población de quince y más años, a efectos de mejor comparación internacional. También las normas de lo que supone alfabetización pueden diferir marcadamente; en ocasiones se considera que completar un número determinado de años de escolaridad constituye alfabetización; en otras, sólo implica la capacidad de leer o escribir a un nivel mínimo comprobable por el funcionario que realiza el censo; en otros países se han realizado estudios para determinar los diversos grados de alfabetización funcional.

Finalmente, los datos sobre gasto público en educación están completos en cuanto que incluyen todos los niveles del gasto (nacional, estatal, local), pero incompletos para ciertos países toda vez que no incluyen datos sobre el gasto privado y, en algunos, esta fracción del establecimiento educativo puede ser considerable. En ocasiones se pueden haber incluido datos sobre ayuda exterior a la educación por añadidura al gasto interno.

a. Incluye, por lo general, formación de maestros al segundo nivel.

b. Últimos datos.

c. Plena dedicación.

d. Plena dedicación; puede incluir estudiantes inscritos en escuelas extranjeras.

		tercer nivel (superior)					alfabetización[b]			gasto	país			
estudiantes	relación estudiantes/ maestros	instituciones	maestros[c]	estudiantes[d]	relación estudiantes/ maestros	relación bruta de ingresos	estudiantes por 10.000 habitantes	porcentaje de población de 25 años o más con educación postsecundaria	edad más de	total (%)	varón (%)	mujer (%)	gasto público en educación (porcentaje del PNB)[b]	país
7.360	11,1	5	1.283	13.450	10,5	1,4[1]	121	3,0	15	20,0	33,2	5,8	1,8	Afganistán
123.797	22,9	8	1.502	21.285	14,2	7,0	713	...	15	71,5	79,9	63,1	...	Albania
414.044	7,3	54	29.700	434.326	14,6	30,3	2.582	17,3	15	100,0	100,0	100,0	5,5	Alemana, República Democrática
2.776.435	30,4	110	327.055	1.336.395	4,1	29,1[6]	2.465	4,9[21]	15	100,0	100,0	100,0	4,5	Alemania, República Federal de
1.248	18,7[7]	...	...	...	...	...	...	...	15	100,0	...	...	...	Andorra
7.060	...	1	316	2.764	8,7	0,4[1]	33	...	15	28,0	36,2	19,3	5,2	Angola
...	...	...	...	...	...	...	...	1,3	15	90,0	...	...	3,0	Antigua y Barbuda
9.938	...	77	9.724	102.709	10,6	9,8[2]	830	...	15	48,8	58,0	34,6	7,1	Arabia Saudita
26.216[4]	11,4[4]	15[1]	12.509	104.285	8,3	5,8	529	0,3	15	49,6	63,0	36,9	4,7	Argelia
905.755[10]	7,6[10]	1.251	64.230	677.535	10,5	36,4[11]	2.253	6,1	15	94,9	95,5	94,4	4,3	Argentina, República
859.195[11]	16,3[11]	95	26.036	390.706	15,0	27,1[6]	2.313	21,5	15	99,5	...	...	6,0	Australia
366.055	16,0	53	10.352	175.171	16,9	25,9[6]	2.205	3,3	15	100,0	100,0	100,0	5,9	Austria
...	...	1[11]	135[11]	2.000[11]	14,8[11]	...	...	...	15	89,0	...	...	8,0	Bahamas
2.846	12,2	2	159	3.650	22,9	10,4[6]	1.031	3,8	14	74,0	81,1	61,8	3,3	Bahrein
27.624[6]	9,9[6]	677[6]	15.205[6]	436.615[6]	28,7[6]	4,9[6]	443	0,9	15	33,1	43,3	22,2	1,9	Bangladesh
3.592	23,3	1	108	1.617	15,0	19,4[6]	2.065	3,3	15	98,0	98,3	97,7	5,7	Barbados
218.717[2]	31,9[2]	6[14]	...	102.354[14]	...	30,6[6]	2.486	7,5	...	100,0	...	...	6,0	Bélgica
765[15]	12,3[15]	[15]	[15]	[15]	[15]	...	...	2,3	15	93,0	...	...	...	Belice
8.315	13,7	1[2]	803[2]	6.818[2]	8,5[2]	2,1[2]	179	0,3	15	27,9	39,8	16,6	5,1	Benín
[16]	[16]	1[16]	67[16]	638[16]	9,5[16]	...	...	7,4	15	96,9	96,7		3,1	Bermudas
14.570	14,1	35	5.524	174.279	31,5	5,1[4]	470	0,2	15	65,9	75,9	56,3	1,6	Birmania
...	...	25	1.487	13.388	9,0	16,4[1]	1.429	5,0	15	63,2	75,8	51,4	3,0	Bolivia
3.099	11,0	1	142	1.434	10,1	1,9[2]	166	0,5	15	70,8	72,6	69,5	7,2	Botswana
...	...	859	122.486	1.367.609	11,2	11,3[2]	1.140	5,0	15	79,3	80,4	78,3	3,3	Brasil
1.362[15]	5,0[15]	[15]	[15]	[15]	[15]	...	...	9,4	15	80,3	86,5	72,8	1,8	Brunei
216.000	...	33	11.800	80.400	6,8	16,8[6]	1.158	5,2	15	95,5	...	...	6,6	Bulgaria
4.186	8,3	1	255	3.669	14,4	0,7[6]	57	...	15	13,2	20,7	6,1	2,9	Burkina Faso
12.902	12,1	8	468	2.783	5,9	0,7[2]	54	...	10	33,8	42,8	25,7	3,4	Burundi
688	6,7	2	18[2]	55[2]	3,1[2]	0,1[2]	25	...	15	18,0	31,0	9,0	...	Bután
923	12,1	—	—	—	—	—	...	...	15	49,3	55,3	43,4	7,5	Cabo Verde
77.555	23,9	1[6]	572	13.753	24,0	2,2[6]	185	0,3	15	55,2	70,2	41,0	3,6	Camerún
...	...	266	59.300	795.300	13,4	44,0[6]	4.203	37,4	14	95,6	95,6	95,7	7,4	Canadá
2.514	20,6	7[1]	297[1]	4.571[1]	15,4[1]	1,2[2]	98	...	15	38,5	58,8	20,4	5,7	Centroafricana, República
[19]	[19]	231	43.447	402.438	9,3	12,9[11]	1.384	3,3	18	69,1	...	...	3,3	Colombia
327	12,1	—	—	—	—	—	...	...	15	46,3	54,2	39,0	5,4	Comores, Islas
5.477	22,2	5[2]	297[2]	7.255[2]	24,8	6,7[4]	552	...	15	62,9	71,4	55,4	6,0	Congo, República Popular de
1.007.272	29,5	459	35.573	1.332.455	37,5	26,1[6]	2.930	8,9	15	92,7	97,5	87,9	4,8	Corea, República de
[19]	[19]	175	9.244	200.000	21,6	...	...	...	...	90,0	...	...	3,6	Corea, Rep. Pop. Dem. de
44.481[5]	...	1	1.204[1]	12.755	...	2,4[2]	207	...	15	57,3	...	...	8,4	Costa de Marfil
[19]	[19]	14[2]	...	54.466	...	...	2.381	5,8	15	92,6	92,7	92,6	6,3	Costa Rica

Educación (continuación)

país	año	primer nivel (primaria)					segundo nivel general (secundaria)					vocacional (segundo nivel)	
		escuelas	maestros	estudiantes	relación estudiantes/ maestros	relación neta de ingresos	escuelas	maestros	estudiantes	relación estudiantes/ maestros	relación neta de ingresos	escuelas	maestros
Cuba	1986	10.187	77.100	1.077.200	14,0	95[6]	1.287	65.900	807.600	12,3	61[20]	639	27.500
Chad	1984	783[12]	2.610[12]	288.478	77,0[12]	25[18]	...	590[12]	43.053	31,2[12]	...	...	...
Checoslovaquia	1987	6.274	97.385	2.088.750	21,4	...	343	9.723	134.103	13,8	...	561	17.044
Chile	1984	8.862	62.746[1]	2.092.069	...	92	1.401	...	581.243	...	46[2]	369	...
China	1985	832.309	5.370.000	133.702.000	24,9	...	93.221	2.652.000	47.060.000	17,7	...	11.627	315.000
Chipre	1986	380	2.225	50.990	22,9	...	92	2.622	41.399	15,8	...	15	463
Dinamarca	1985	2.557	34.541	415.148	12,0	...	3.247	36.105	339.835	9,4	75[2]	282	...
Dominica	1983	58	635	18.370	28,9	...	8	145	3.234	22,3	...	1	13
Dominicana, República	1984	4.846	20.607	1.121.851	54,4	73[2]	...	...	352.328	...	...	...	635
Ecuador	1985	15.969	58.584	1.973.445	33,7	87[3]	2.056[19]	49.641[19]	860.419[19]	17,3[19]	28[9]	[19]	[19]
Egipto	1983	12.613	170.904	5.349.579	31,3	...	2.715[4]	101.107	2.436.646	24,1	...	519[4]	48.605
Emiratos Árabes Unidos	1984	327[17]	5.278[13]	125.923	...	76[6]	[17]	3.462[13]	50.244	...	...	9	273
España	1985	23.105[2]	221.071	5.640.938	25,5	100[2]	2.595	73.388	1.182.154	16,1	75[1]	2.397[6]	45.339[6]
Estados Unidos de América	1987	101.050[17]	1.469.000	31.555.000	21,5	96[6]	[17]	1.061.000[19]	13.703.000[19]	12,9[19]	85[6]	[19]	[19]
Etiopía	1984	7.096	46.674	2.497.114	53,5	...	1.066	13.192	579.834	44,0	...	...	...
Filipinas	1985	32.791	286.246	8.793.773	30,7	88[6]	5.388	103.493	3.323.063	32,1	51[6]	[16]	[16]
Finlandia	1984	4.238	25.139	369.047	14,7	...	1.082	22.356	316.740	14,2	...	550	15.000
Francia	1985	66.107	300.575	6.652.059	22,1	97[1]	11.181[19]	321.128[19]	5.310.295[19]	16,5[19]	81[1]	[19]	[19]
Gabón	1985	940	3.837	178.811	46,6	...	51	1.894	25.815	13,6	...	29	720
Gambia	1985	189	2.640	66.257	25,1	63[6]	8	235	4.348	18,5	19[6]	16	502
Ghana	1985	8.965	51.631[6]	1.464.624	31,8[6]	...	5.589	32.795[6]	723.385	24,8[6]	...	61	1.727[4]
Granada	1984	64	775	20.460	26,4	...	20[1]	321	6.799	21,2	...	...	...
Grecia	1985	9.229	36.093	904.426	25,1	91[1]	2.613	36.851	701.711	19,0	76[4]	601	8.427
Guatemala	1985	8.121	28.467	1.046.043	36,7	62[2]	1.310[19]	14.629[19]	204.049[19]	13,9[19]	14[1]	[19]	[19]
Guinea	1986	2.285	7.605	276.438	36,3	26[6]	233	3.764	63.016	16,7	...	...	744[1]
Guinea-Bissau	1985	658	3.153	81.444	25,8	53[2]	12	718	11.710	16,3	3[2]	4	107
Guinea Ecuatorial	1981	511	647	40.110	62,0	...	14[19]	288[19]	3.013[19]	10,5[19]	...	[19]	[19]
Guyana	1980	424	6.021	164.830	27,4	904	87	2.513	46.595	18,5	...	15	348
Haití	1984	3.403	18.483	783.070	42,4	39[2]	314	5.781	134.278	23,2	...	[10]	...
Honduras	1985	6.492	20.724	858.061	41,4	87[6]	452[19]	6.799[19]	130.277[19]	19,2[19]	20[6]	[19]	[19]
Hong Kong	1987	714	19.368	531.993	27,5	95[6]	397	18.323	434.145	23,7	64[6]	27	1.174
Hungría	1986	3.546	88.106	1.297.818	14,7	97[6]	178	7.923	105.794	13,4	71[6]	737	22.120
India	1985	519.701	1.458.140	61.168.620	41,9	92[6]	188.713	1.980.694	64.533.244	32,6	41[6]	5.215[15]	...
Indonesia	1985	136.706	986.638	26.567.688	26,9	98[6]	20.299	433.750	7.042.001	16,2	17[9]	2.708	70.026
Irak	1985	10.463	119.734	2.827.109	23,6	92[1]	2.109	33.466	996.622	29,8	49[4]	228	6.266
Irán	1986	48.982	268.606	6.343.300	23,6	88[6]	13.818	167.769	2.922.576	17,4	...	1.325	20.683
Irlanda	1985	3.387	20.933	566.289	27,0	89[1]	565	14.078	249.253	17,7	79[1]	257	5.126
Islandia	1983	187	2.600	25.000	9,6	...	157	...	21.800	...	...	44	...
Israel	1986[22]	1.843	45.016	622.056	13,8	92[2]	936[23]	37.717[23]	348.262[23]	9,2[23]	...	369	3.654
Italia	1986	27.748	230.698	3.715.597	16,1	98[9]	10.033	129.980	2.764.635	21,3	66[9]	7.564	112.876
Jamaica	1985[13]	785	...	337.231	...	94[2]	132	7.435	228.241	30,7	57[5]	11	501
Japón	1987	24.933	448.978	10.226.325	22,8	100[6]	16.738	566.976	11.456.437	20,2	95[6]	...	...
Jordania	1986	1.239	16.979	530.906	31,3	88[2]	1.671	17.074	305.046	17,9	71[1]	52[24]	1.012[24]
Kampuchea	1984	3.629[1]	36.520	1.504.840	41,2	...	207	4.494	145.730	32,4	...	13	278
Katar	1985[13]	92	2.505	30.515	12,2	100[6]	70	2.090	18.261	8,7	54[6]	3	88
Kenia	1984	12.539	122.788	4.380.232	35,7	69[4]	2.396	19.368	510.943	26,4	8[9]	40	1.551
Kiribati	1986	112	457	13.331	29,2	...	8	128	2.167	16,9	...	3	43
Kuwait	1987	282	9.704	175.767	18,1	86[6]	401	19.158	245.865	12,8	74[1]	6[7]	788[7]
Laos	1984	6.544	17.789	485.741	27,3	...	419	6.219	88.775	14,3	...	60	2.200
Lesotho	1985[13]	1.141	5.663	314.003	55,4	71[2]	143	1.676	35.423	21,1	12[2]	9	221
Líbano	1982	1.116	[26]	398.977	[26]	...	1.405	53.450[26]	250.028	12,1[26]	...	181	3.563
Liberia	1980	1.232	9.099	227.431	25,0	...	419	1.129	51.666	45,8	...	6	63
Libia	1983	2.744	42.202	741.502	17,6	...	1.555	25.044	301.415	12,0	...	195	3.883
Liechtenstein	1988	14	102	1.754	17,2	...	9	98	1.707	17,4	...	1	30[27]
Luxemburgo	1986	...	1.713	24.183	14,1	88[1]	...	3.482[2,27,28]	8.548[11]	...	59[1]	...	[28]
Macao	1986	74	1.080	31.669	29,3	...	31	769	13.849	18,0	...	2[24]	13[24]
Madagascar	1984	13.973	42.462	1.625.216	38,3	...	104[29]	10.383	288.543	27,8	...	126[29]	1.302
Malasia	1986	6.652	98.061	2.232.575	22,8	...	1.136	58.223	1.297.734	22,3	...	54	1.909
Malawi	1985	3.962	23.132	899.459	38,9	44[6]	73	1.150	24.343	21,2	...	10[2]	173
Maldivas	1986	243	1.138	41.812	36,7	...	9	291	3.581	12,3	...	10	52
Mali	1983	1.558	10.912	348.373	31,9	16[1]	20	3.870	64.148	16,6	...	11	890
Malta	1986	124	1.665	36.240	21,8	87[2]	65	1.800	21.421	11,9	71[2]	24	592
Marruecos	1986	3.443[11]	79.300[31]	2.279.887	...	63[6]	1.145[11]	56.106[19,31]	1.200.383	...	20[5]	...	[19]
Mauricio	1986	273	6.161	138.765	22,5	97[6]	125	3.572	68.604	19,2	34[9]	7[6]	69[1]
Mauritania	1984	756	2.629	119.337	45,4	...	30	1.013	27.924	27,6	...	13	372
México	1987	75.184	444.620	14.951.302	33,6	97[6]	16.426	224.732[7]	4.384.616	...	...	5.811[7]	139.391[7]
Micronesia, Estados Federados de	1981	...	...	15.423	...	...	...	...	3.881	...	...	...	...
Mongolia	1986	[26]	[26]	[26]	[26]	99[1]	678[26]	17.000[26]	428.000[26]	25,2[26]	84[3]	40	1.200
Mozambique	1986	4.382	20.756	1.251.391	60,3	43[2]	208	3.422	144.012	42,1	4[4]	34	864
Namibia	1986	1.114[17]	11.121[17]	273.500	31,5[17]	...	[17]	[17]	76.580	[17]	...	6[1]	81[1]

estudiantes	relación estudiantes/maestros	tercer nivel (superior): instituciones	maestros[c]	estudiantes[d]	relación estudiantes/maestros	relación bruta de ingresos	estudiantes por 10.000 habitantes	porcentaje de población de 25 años o más con educación postsecundaria	alfabetización[b]: edad más de	total (%)	varón (%)	mujer (%)	gasto público en educación (porcentaje del PNB)[b]	país
307.100	11,2	35	19.600	235.200	12,0	20,1[6]	2.123	5,9	15	91,1	91,1	91,1	5,9	Cuba
2.559	...	1[1]	85[1]	550[1]	6,5[1]	0,4	34	...	15	17,8	35,6	0,5	2,3	Chad
257.968	15,1	36	19.459	169.011	8,7	15,9[6]	1.129	6,0	15	99,6	99,6	99,5	5,1	Checoslovaquia
129.817	...	24	10.372[1]	126.197	...	15,8[11]	1.660	3,8	12	94,4	95,0	93,8	4,8	Chile
3.866.000	12,3	1.016	344.000	1.703.000	5,0	1,4[6]	138	1,0	15	72,6	83,5	61,2	2,8	China
4.907	10,6	16	289	3.134	10,8	...	391	7,7	10	93,1	97,9	88,4	3,9	Chipre
144.024	...	96[2]	10.411[2]	124.144	...	29,2[2]	2.209	...	14	100,0	100,0	100,0	6,5	Dinamarca
121	9,3	...	59	284	4,8	...	...	1,7	15	94,9	...	...	...	Dominica
27.670	43,6	6[7,14]	3.107[7,14]	88.024[7,14]	28,3[7,14]	10,1[9]	900	1,9	15	77,3	77,7	76,8	2,0	Dominicana, República
[19]	[19]	17[6]	11.186[6]	267.900[6]	23,9[6]	33,1[6]	3.072	7,6	15	69,1	86,8	56,9	3,9	Ecuador
765.057	15,7	12[1]	33.200	873.565	26,3	21,0[2]	1.957	3,4	15	43,0	58,9	26,8	4,1	Egipto
2.442	8,9	...	443	4.502	10,2	7,8[6]	557	6,0	15	71,2	72,7	66,3	1,7	Emiratos Árabes Unidos
695.180[6]	15,3[6]	33[2]	43.037[2]	692.152[2]	16,1[2]	25,8[2]	2.607	7,1	15	92,8	95,9	89,0	2,5	España
[19]	[19]	3.280	690.000	12.164.000	17,6	57,3[6]	5.281	32,2	15	95,5	95,7	95,3	6,7	Estados Unidos de América
...	...	11	1.446	15.776	10,9	0,4[2]	39	...	15	4,8	9,3	0,5	4,1	Etiopía
[16]	[16]	1.178[16]	33.935[16]	1.127.968[16]	33,2[16]	29,1[1]	2.781	15,2	15	88,7	88,9	87,5	1,3	Filipinas
116.906	7,8	21[14]	5.191[14]	119.902[14]	23,1[14]	30,6[6]	2.459	11,9	15	100,0	100,0	100,0	5,7	Finlandia
[19]	[19]	1.094[4]	46.648	1.163.903	25,0	26,8[2]	2.114	...	...	98,8	98,9	98,7	5,8	Francia
13.529	18,8	1[6]	616[6]	3.228[6]	5,2[6]	3,6[2]	290	...	15	77,0	...	...	4,6	Gabón
10.102	20,1	9	177	1.489	8,4	—	...	0,2	15	74,9	35,6	15,1	4,4	Gambia
24.827	19,3[4]	3	1.041[4]	7.878	...	1,5[6]	152	0,4	15	53,2	64,1	42,8	1,5	Ghana
...	...	2	92	1.350	14,7	...	...	1,5	15	85,0	...	...	4,6	Granada
101.558	12,0	102	11.735	167.957	14,3	17,7[4]	1.281	7,6	14	93,8	97,3	90,6	2,6	Grecia
[19]	[19]	5[2]	4.490[2]	51.556[2]	11,4[2]	7,4[1]	647	1,2	15	51,1	58,6	43,5	1.8	Guatemala
5.411	8,2[4]	...	1.373[1]	13.182[1]	9,6[1]	2,1[6]	180	...	15	28,3	39,7	17,2	3,3	Guinea
1.027	9,6	...	...	...	...	—	...	0,1	7	26,8	...	...	2,9	Guinea-Bissau
[19]	[19]	—	—	—	—	3,8[4]	324	...	...	55,0	...	...	...	Guinea Ecuatorial
4.647	13,4	1	...	1.889	...	2,0[2]	230	1,8	15	95,5	97,1	94,0	7,4	Guyana
859	...	...	818	5.492	6,7	1,1[2]	100	0,7	15	34,7	37,1	32,5	1,2	Haití
[19]	[19]	7	2.692	34.478	14,0	9,1[6]	798	3,3	15	68,6	71,1	66,2	4,3	Honduras
21.593	18,4	11	3.530	34.434	0,8	12,8[6]	1.410	7,1	15	88,1	94,7	80,9	2,8	Hong Kong
316.529	14,3	58	14.850	99.344	6,7	15,2[6]	936	7,0	15	98,9	99,2	98,6	5,4	Hungría
3.033.592[15]	...	[15]	...	[15]	...	8,7[3]	776	2,5	15	40,8	54,8	25,7	3,2	India
1.002.465	14,3	475[5]	74.044[6]	806.470[6]	10,9	6,5[6]	600	0,8	15	74,1	83,0	65,4	2,2	Indonesia
106.312	17,0	25[2]	6.952	116.179	16,7	10,0[2]	856	...	15	45,9	65,9	26,0	4,3	Irak
277.609	13,4	114[2]	13.698	145.809	10,6	4,4[6]	409	...	15	42,8	55,4	30,1	5,7	Irán
81.900	16,0	25	3.690[6]	46.618	...	22,1	1.838	4,6	15	100,0	100,0	100,0	6,9	Irlanda
4.280	...	4	280	4.780	17,1	22,8[6]	2.136	3,7	15	100,0	100,0	100,0	4,1	Islandia
111.674	...	7[14]	8.112	87.293	10,8	34,2[6]	2.769	23,1	15	91,8	95,0	88,7	8,4	Israel
2.607.749	23,1	...	...	1.184.142	...	26,3[6]	2.065	2,6	15	97,0	97,9	96,3	5,7	Italia
7.856	15,7	17	...	14.581	...	7,4[1]	668	1,1	14	88,6	88,2	89,1	7,5	Jamaica
...	...	1.097	138.587	2.597.073	18,7	29,6[6]	2.006	14,3	15	100,0	100,0	100,0	5,7	Japón
27.042[24]	26,7[24]	3	1.295	26.711	20,6	37,4[2]	1.722	0,8	15	79,4	81,7	64,4	7,1	Jordania
7.334	26,4	2[2]	...	586[2]	...	...	...	...	15	48,0	...	...	...	Kampuchea
581	6,6	1	401	4.621	11,5	18,3[6]	1.588	11,6	10	51,1	51,2	50,1	4,7	Katar
24.984	16,1	4	...	19.798	...	...	75	...	15	59,2	69,6	49,2	5,6	Kenia
534	12,4	...	...	85[25]	...	...	...	...	15	90,0	...	...	8,7	Kiribati
12.272[7]	15,6[7]	1	887	17.414	19,6	15,6[6]	1.287	10,1	10	77,5	80,5	73,1	4,2	Kuwait
16.237	7,4	51	452	4.790	10,6	1,4[2]	122	...	15	45,2	52,8	37,6	0,5	Laos
2.221	10,0	1	146	1.119	7,7	1,8[6]	155	0,1	15	73,6	62,4	84,5	3,9	Lesotho
39.045	11,0	18	7.976	70.314	8,8	28,9	2.715	3,1	10	73,4	82,6	64,2	3,0	Líbano
2.322	36,9	3	190	3.789	19,9	2,5[3]	203	1,5	15	22,4	27,4	18,4	6,3	Liberia
50.363	12,9	8	1.340[5]	25.700[1]	...	10,8[1]	859	1,0	10	74,4	85,0	72,0	3,7	Libia
117	...	—	—	—	—	—	...	5,4	15	100,0	100,0	100,0	...	Liechtenstein
16.507[11]	...	...	28	934[11]	...	3,4[2]	270	...	15	100,0	100,0	100,0	5,3	Luxemburgo
52[24]	4,0[24]	5	75	5.840	77,9	—	...	1,4	10	61,3	76,4	46,2	...	Macao
11.041	8,5	3	1.059	37.746	35,6	4,6	388	...	15	67,5	73,7	61,6	3,9	Madagascar
21.337	11,2	41[11]	8.415[1]	96.212[11]	11,4[11]	6,1[6]	614	...	15	72,6	82,2	63,2	6,4	Malasia
2.420	14,0	4	270	1.964	7,3	0,7[6]	58	0,2	15	41,2	...	...	2,5	Malawi
462	8,9	—	—	—	—	...	...	0,4	15	81,1	80,2	82,0	0,6	Maldivas
12.612	14,2	7	499	5.792	11,6	0,9[1]	78	0,2	15	10,1	18,6	1,8	3,5	Malí
6.358	10,7	1	156	1.474	9,4	4,4[6]	372	2,4	15	96,0	96,2	95.9	3,2	Malta
27.674	...	19[1]	4.456	134.640	30,2	7,8[6]	723	...	15	70,7	82,4	58,7	7,4	Marruecos
444[6]	...	2[6]	184[1]	344	...	0,6[6]	77	3,6	15[30]	83,1[30]	90,0[30]	76,4[30]	4,2	Mauricio
3.572	9,6	7	25[4]	4.434	...	...	...	...	6	17,0	...	...	8,0	Mauritania
2.088.292[7]	15,0[7]	1.347[7]	98.061[7]	1.072.764[7]	13,7[7]	15,2[2]	1.425	4,9	15	92,0	...	...	2,8	México
...	...	...	...	1.200[25]	...	...	...	8,0	25	75,2	79,8	70,5	...	Micronesia, Estados Federados de
27.700	23,1	8	1.500	24.500	16,4	25,5[4]	2.173	...	15	89,5	93,4	85,5	7,0	Mongolia
10.485	12,2	—	330	1.569	4,8	0,1[11]	11	0,1	15	16,6	20,0	13,3	1,2	Mozambique
1.200[1]	14,8[1]	4[1]	137[1]	537[1]	3,9[1]	...	...	...	15	72,5	74,2	70,8	1,9	Namibia

Educación (continuación)

país	año	primer nivel (primaria)					segundo nivel general (secundaria)					vocacional (segundo nivel)	
		escuelas	maestros	estudiantes	relación estudiantes/ maestros	relación neta de ingresos	escuelas	maestros	estudiantes	relación estudiantes/ maestros	relación neta de ingresos	escuelas	maestros
Nauru	1985	7	102	1.451	14,2	...	2	36	465	12,9	...	1	4
Nepal	1986	11.873	51.266	1.812.098	35,3	56[6]	4.899	18.362	496.821	27,1	18[6]	5	117
Nicaragua	1985	4.102	15.273	524.020	34,3	73[6]	431[19]	4.778[19]	151.269[19]	31,7[19]	21[2]	[19]	[19]
Niger	1981	1.708	5.475	233.441	42,6	21[5]	...	...	42.967	...	4[5]	...	...
Nigeria	1983	37.692	424.717	15.021.100	35,4	...	5.498	78.117	2.421.625	31,0	...	470[4]	12.156[4]
Noruega	1986	3.525	31.459	534.000	17,0	98[4]	920[11.19]	17.087[11.19]	204.199[11.19]	12,0[11.19]	84[4]	[19]	[19]
Nueva Zelanda	1985	2.500	18.188	452.426	24,9	100[2]	428	13.045	230.970	17,7	79[9]	28	2.989
Omán	1986	351	7.109	177.685	25,0	69[6]	290	4.840	48.828	10,1	14[4]	14	707
Paises Bajos	1986	9.388	102.388	1.568.265	15,3	87[6]	1.382	53.361	803.782	15,1	85[2]	2.002	55.931
Pakistán	1986	86.142	199.700	7.735.000	38,7	...	11.099	153.400	2.571.000	16,8	...	293	4.190
Panamá	1986	2.574	14.176	341.914	24,1	87[6]	334	10.113	187.312	18,5	47[6]	70	644
Papua Nueva Guinea	1986	2.461	12.318	374.950	30,4	...	122	2.025	49.974	24,7	...	112	745
Paraguay	1985	3.993	22.764	570.775	25,1	90[1]	740[19]	9.044[6.19]	172.132[19]	16,5[6.19]	21[3]	[19]	[19]
Perú	1986	31.186	123.000	4.060.000	33,0	97[11]	4.831	74.000	1.676.000	22,6	...	288	7.000
Polonia	1986	16.791	267.600	4.879.100	18,2	99[6]	896	21.300	338.000	15,9	72[6]	7.328	82.900
Portugal	1984	13.111	74.320	1.288.163	17,3	97[2]	510	36.628	568.839	15,5	28[9]	345	2.971
Puerto Rico	1986	1.542	18.359	427.582	23,3	...	395	13.612	334.661	24,6	...	52	...
Reino Unido	1985	24.993	205.000	4.513.600	22,0	93[1]	5.262	267.700	4.243.600	15,9	81[1]	748[34]	93.000[34]
Ruanda	1985	1.573	14.394	790.198	54,9	59[4]	...	1.082[6]	16.549	...	2[2]	...	...
Rumania	1986	14.076	147.147	3.030.666	20,6	...	1.734[19]	50.210[19]	1.514.745[19]	30,2[19]	...	[19]	[19]
Salomón, Islas	1986	430	1.849	39.563	21,4	...	20	276	2.718	9,8	...	2[6]	63[6]
Salvador, El	1985	2.883	24.295	940.963	38,7	62[6]	285	3.880	90.288	23,3	14[6]	17[2]	667[2]
Samoa Occidental	1983	164	1.502	31.457	20,9	...	38[1]	520	20.404	39,2	...	4	69
San Cristóbal y Nieves	1985	32	339	7.655	22,6	...	7	286	4.436	15,5	...	2	29
San Marino	1987	13	171	1.363	8,0	...	5	179	1.222	6,8	...	...	...
Santa Lucia	1983	62	1.251	24.551	19,6	...	19	292	5.170	17,7	...	5	39
San Vicente y las Granadinas	1987	83	1.103	32.944	29,9	...	13	337	6.508	19,3	...	5	54
São Tomé y Principe	1985	63	517	19.086	36,9	...	11	300	6.186	20,6	...	2	35
Senegal	1984	2.150	12.934	533.394	42,8	44[6]	192	4.380	103.510	23,6	...	...	600
Seychelles	1987	26[7]	698	14.553	20,8	...	4[7]	204	2.590	12,7	...	1[7]	163
Sierra Leona	1985	1.219	10.451	350.160	33,5	...	171	3.829	81.879	21,4	...	12	406
Singapur	1986	236	10.515	268.820	25,6	100[6]	157	8.695	203.088	23,4	58[3]	16	2.718
Siria	1987	8.945	77.456	1.995.183	25,8	95[6]	1.816	46.443	798.208	17,2	52[6]	155	7.840
Somalia	1985	1.121	14.521	274.610	18,9	18[1]	80	2.522	65.186	25,8	7[4]	23	725
Sri Lanka	1984	9.289	136.280[17]	2.145.343[13]	...	...	...	73.388	1.182.154	16,1	75[1]	2.397[6]	45.339[6]
Suazilandia	1986	937	8.397	281.551	33,5	85[6]	194	3.353	62.297	18,6	21[9]	2	100
Sudán	1985	6.707	47.750	1.653.491	34,6	...	2.167	17.591	490.583	27,9	...	98	968[33]
Suecia	1985	4.770	100.748[6]	959.627	...	96[1]	520	28.636[6]	267.477	...	81[1]	...	...
Suiza	1987	...	...	405.800	...	...	...	...	368.600	...	...	...	...
Sudáfrica, República de	1985	17.430[17]	199.949[17]	4.722.832	...	...	[17]	[17]	1.539.213	...	...	132	3.733
Suriname	1985	321	3.880	89.624	23,1	98[6]	63	839	22.814	27,2	...	64[6]	1.178[6]
Tailandia	1983	33.712[5]	355.984	7.272.153	20,4	...	1.437[5]	85.081	1.754.925	20,6	...	1.528[5]	19.795
Taiwán	1986	2.459	71.853	2.313.240	32,2	...	839	60.346	1.250.840	20,7	...	200	15.783
Tanzania	1985	10.173	93.157	3.169.759	34,0	61[1]	193	4.329	83.098	19,2	...	41	1.152
Togo	1987	2.345	10.209	474.998	46,5	67[6]	248[1]	4.200[2]	95.941[2]	22,8[2]	...	18	198
Tonga	1984	111	810	16.921	20,9	...	50	789	14.549	18,4	...	12	14[2]
Trinidad y Tabago	1985	468	7.627	168.308	22,1	91[6]	93[6]	4.744	92.595	19,5	63[6]	...	...
Túnez	1987	3.503	40.978	1.326.541	32,4	94[6]	420	21.561	459.034	21,3	32[6]	...	...
Turquía	1986	47.630	212.717	6.635.821	31,2	82[6]	5.734	93.384	2.282.537	24,4	...	2.075	44.298
Tuvalu	1984	11	61	1.349	22,1	100[1]	1	15[2]	243	16,7[2]	...	8[2]	16[2]
Uganda	1984	6.420	58.377	1.908.564	32,7	40[1]	297	5.603	114.828	20,5	...	118	1.039
Unión Soviética	1986	66.800	2.800.000[17]	36.000.000	...	...	60.900	[17]	4.500.000	...	...	4.495	246.000
Uruguay	1984	2.321	15.027	350.390	23,3	88[2]	268	...	152.304	...	...	93	5.632
Vanuatu	1983	246[6]	934	23.465[6]	...	...	9	126[1]	2.186	...	...	2	40[1]
Venezuela	1986	19.868	130.227	3.332.366	25,6	86[6]	2.277[19]	60.112[19]	1.037.950[19]	17,3[19]	38[6]	[19]	[19]
Vietnam	1986	13.596[17]	414.000[17]	12.203.000[17]	29,5[17]	96[5]	[17]	[17]	[17]	[17]	...	298	11.400
Viti	1986	672	4.315	131.221	30,4	100[6]	140	2.551	42.200	16,5	...	44	257
Yemen, República Árabe de	1984	5.095	13.305	675.402	50,8	22[9]	611	3.679	71.819	19,5	3[9]	52	674
Yemen, Rep. Pop. Dem. de	1984	900	10.986	237.904	21,7	...	51	1.555	27.908	17,9	...	29	528[2]
Yibuti	1986	58	514	25.212	49,1	...	8	306	6.234	20,4	...	12	110
Yugoslavia	1985	12.741	138.633	2.848.470	20,5	80[5]	...	62.643	938.218	15,0	76[5]	...	...
Zaire	1986	10.065[6]	112.077[6]	4.993.523[6]	44,6[6]	75[2]	3.972[6]	49.459[6]	3.198.051	...	49[2]	20[20]	...
Zambia	1984	2.894[1]	23.870[1]	1.121.769[1]	47,0[1]	84[5]	142[1]	4.602[1]	104.859[1]	22,8[1]	...	28	1.041
Zimbabwe	1986	4.297	57.823	2.260.367	39,1	100[6]	1.262[19]	19.560	545.841	27,9	...	14[24]	1.031[24]

[1] 1982. [2] 1983. [3] 1979. [4] 1981. [5] 1980. [6] 1984. [7] 1986. [8] 30 años y más. [9] 1975. [10] El segundo nivel general incluye formación de maestros al segundo nivel. [11] 1985. [12] 1977. [13] Sólo escuelas públicas. [14] Sólo universidades. [15] El segundo nivel vocacional incluye el tercer nivel. [16] El tercer nivel incluye el segundo nivel vocacional. [17] El primer nivel incluye el segundo nivel. [18] 1975. [19] El segundo nivel general incluye el segundo nivel vocacional. [20] 1978. [21] Enseñanza universitaria completa. [22] Incluye Jerusalén Este. [23] Incluye enseñanza intermedia (12-14 años). [24] Sólo formación de maestros. [25] Estudiantes registrados

		tercer nivel (superior)							alfabetización[b]				gasto público en educación (porcentaje del PNB)[b]	país
estudiantes	relación estudiantes/maestros	instituciones	maestros[c]	estudiantes[d]	relación estudiantes/maestros	relación bruta de ingresos	estudiantes por 10.000 habitantes	porcentaje de población de 25 años o más con educación postsecundaria	edad más de	total (%)	varón (%)	mujer (%)		
60	15,0	—	—	88[25]	—	—	...	...	15	99,0	...	...	...	Nauru
648	5,5	116	4.165	67.555	16,2	4,8[2]	406	6,8	15	20,7	31,9	9,2	2,8	Nepal
[19]	[19]	16	2.527	29.001	11,5	11,0[6]	916	...	15	88,0	...	...	6,0	Nicaragua
1.281	...	1	322	2.450	7,6	0,6[6]	48	0,1	15	9,8	14,0	5,8	4,3	Níger
359.817[4]	29,6[4]	80	...	124.247	...	3,3[2]	204	...	15	42,4	53,8	31,5	2,2	Nigeria
[19]	[19]	228[11]	6.961[11]	93.535[11]	13,4[11]	29,3[2]	2.217	11,9	15	100,0	100,0	100,0	7,0	Noruega
131.044	43,8	7[14]	2.945[14]	34.431[14]	11,7[14]	28,5[2]	2.599	30,6	15	100,0	100,0	100,0	4,9	Nueva Zelanda
3.141	4,4	—	—	2.316[25]	...	—	...	...	6	38,0	55,0	20,0	3,9	Omán
635.493	11,4	453	30.952	307.537	9,9	31,4[6]	2.737	7,2	15	100,0	100,0	100,0	7,7	Países Bajos
59.000	14,1	590	22.737	498.613	21,9	2,0[3]	182	1,9	15	25,6	36,0	15,2	2,1	Pakistán
10.548	16,4	8	4.650	56.227	12,1	25,1[6]	2.444	8,4	15	85,6	86,3	84,9	5,5	Panamá
10.078	13,5	2	400	3.029	7,6	2,1[6]	177	...	15	42,3	52,4	31,3	4,7	Papúa Nueva Guinea
[19]	[19]	2	2.694	29.154	10,8	9,7[6]	929	2,0	15	85,7	88,7	82,9	1,6	Paraguay
151.000	21,6	46	22.000	394.000	17,9	21,5[1]	2.001	10,1	15	81,6	89,9	73,5	3,2	Perú
1.359.800	16,4	92	57.300	265.800	4,6	15,9[6]	1.241	5,7	15	99,2	...	...	...	Polonia
27.946	9,4	51	10.930	95.414	8,7	11,5[1]	989	1,6	15	79,4	84,8	74,6	4,8	Portugal
149.191	...	45	9.045	156.818	17,3	45,4[3]	3.256	18,4	15	89,1	89,7	88,5	8,2	Puerto Rico
486.140[34]	5,2[34]	46[14]	31.043	345.760	11,1	20,3[2]	1.600	11,0	15	100,0	100,0	100,0	5,3	Reino Unido
4.015	...	3	184[6]	1.570	6,6[6]	0,3[2]	30	0,3	15	49,4	62,2	37,2	3,1	Ruanda
[19]	[19]	44	12.961	159.738	12,3	11,7[6]	729	4,6	15	95,8	...	...	2,1	Rumania
1.142[6]	18,1[6]	1	...	...	...	...	...	1,6	15	54,1	62,4	44,9	3,6	Salomón, Islas
9.505	...	34	3.404	60.994	17,9	11,9[2]	1.095	2,3	15	69,0	73,2	65,3	3,0	Salvador, El
651	9,4	6	37	562	15,2	...	...	2,2	10	98,3	98,5	98,1	5,9	Samoa Occidental
240	8,3	—	—	—	—	...	...	2,1	15	91,5	90,8	92,2	6,7	San Cristóbal y Nieves
744[25]	—	—	...	332[25]	...	...	...	2,4	15	98,0	98,2	97,7	5,9	San Marino
275	7,1	1	19	105	5,5	...	...	1,4	14	85,0	...	...	5,0	Santa Lucía
927	18,0	1	16	123	7,7	...	...	1,3	15	59,7	...	...	7,8	San Vicente y las Granadinas
370	10,6	...	...	700[25]	—	...	...	0,3	15	54,2	70,2	39,1	5,9	São Tomé y Príncipe
10.051	16,8	...	925[4]	11.809	13,5[4]	2,2[2]	193	0,1	15	22,5	31,0	14,2	4,7	Senegal
1.412	8,7	...	...	...	...	...	...	2,6	15	57,3	54,9	59,6	9,0	Seychelles
4.774	11,8	2	296	2.445	8,3	0,6[5]	55	...	15	23,6	31,2	16,5	3,8	Sierra Leona
20.873	7,7	5	3.812	42.007	11,0	11,8[2]	1.406	3,4	15	82,9	91,6	74,0	4,4	Singapur
59.085	7,5	80	1.456	169.155	116,2[2]	16,4[2]	1.568	1,3	15	44,6	64,8	24,3	6,1	Siria
10.203	14,1	1	262[4]	3.405	...	0,9[3]	72	...	15	11,6	18,4	6,5	1,4	Somalia
8.382[2]	18,0[2]	8[2]	5.629[2]	63.460[2]	11,3[2]	4,1[2]	405	2,3	15	86,1	90,8	81,2	2,9	Sri Lanka
1.257	12,6	2	291	2.997	10,3	3,3[2]	278	...	15	67,9	70,3	65,7	5,3	Suazilandia
29.650	...	16	1.934[5]	35.596	...	2,0[2]	175	...	15	21,6	36,5	6,5	4,6	Sudán
...	...	...	17.608[6]	221.200	...	38,2[6]	2.651	15,4	15	100,0	100,0	100,0	8,0	Suecia
249.900	...	...	...	117.000	...	21,2[6]	1.664	2,9	15	100,0	100,0	100,0	5,1	Suiza
35.394	9,5	96	15.245	204.546	13,3	...	...	3,7[14]	15	79,3	80,6	78,0	3,8	Sudáfrica, República de
15.428[6]	13,1[6]	6	357	1.704	4,8	6,9[6]	783	...	15	79,2	83,8	74,8	7,0	Suriname
436.788	22,1	62[5]	28.865	1.120.084	38,8	22,5[2]	2.264	2,9	15	88,8	93,2	84,5	3,9	Tailandia
420.212	26,6	105	20.848	428.576	20,6	...	2.225	...	15	89,9	95,2	84,6	3,6	Taiwán
13.760	11,9	2	877	3.414	3,9	0,4[6]	29	0,2	15	79,0	...	...	5,8	Tanzania
5.050	25,5	1	308	4.500	14,6	1,8[6]	156	1,3	15	39,1	51,7	27,5	5,9	Togo
645	...	1[1]	...	125[1]	...	—	...	...	15	92,8	92,9	92,8	7,8	Tonga
...	...	1	...	2.684	...	4,4[1]	483	2,9	15	95,1	96,7	93,6	5,1	Trinidad y Tabago
...	...	...	5.171	40.830	7,9	5,6[6]	559	2,8	15	48,2	60,4	35,7	4,5	Túnez
635.847	14,4	310	22.968	449.416	19,6	8,9[6]	863	3,6	15	65,9	81,7	50,0	2,5	Turquía
354[2]	22,1[2]	—	—	100[4,25]	—	—	...	...	15	95,5	95,5	95,5	...	Tuvalu
23.335	22,5	14	934	8.126	8,8	0,6[1]	52	0,1	15	57,3	69,7	45,3	1,3	Uganda
2.866.000	11,7	894	377.000	2.763.000	7,3	21,4[6]	1.918	8,3	15	99,0	...	...	6,6	Unión Soviética
55.359	9,8	1	4.537	63.734	14,0	31,7[11]	2.588	6,3	15	96,3	...	...	2,4	Uruguay
718	...	...	...	...	...	—	...	...	15	52,9	57,3	47,8	...	Vanuatu
[19]	[19]	82	31.735	444.450	14,0	23,4[6]	2.267	7,0	15	89,0	90,7	87,2	8,1	Venezuela
128.000	11,2	97	18.800	88.600	4,7	2,2[5]	212	...	15	94,0	...	...	3,0	Vietnam
3.793	14,8	5[2]	...	3.947[2]	...	3,3[1]	351	3,3	15	85,5	90,2	80,9	6,4	Viti
23.970	35,6	1	245	9.024	36,8	1,2[5]	76	...	15	8,3	15,9	0,5	6,6	Yemen, República Árabe de
5.601	...	1	486[2]	4.791	...	2,3[4]	185	...	15	38,9	66,6	10,9	7,4	Yemen, Rep. Pop. Dem. de
1984	12,5	—	—	161[6]	...	...	...	...	14	11,9	...	...	3,9	Yibuti
...	...	340	25.882	359.175	13,9	20,2[2]	1.650	6,8	15	89,6	95,5	83,9	3,9	Yugoslavia
319.805	...	36	3.072	37.706	12,3	1,3	115	...	15	61,2	78,6	44,7	5,8	Zaire
9.563	9,2	1	650	3.621	5,6	1,6[2]	141	0,6	15	68,6	79,3	58,3	5,7	Zambia
30.935	...	1	431[6]	5.866	..	2,6[6]	224	0,6	15	76,0	81,5	66,8	8,3	Zimbabwe

en el extranjero. [26] El segundo nivel general incluye el primer nivel. [27] Incluye maestros a tiempo parcial. [28] El segundo nivel general incluye el segundo nivel vocacional y el tercer nivel. [29] 1972. [30] Sólo la isla Mauricio. [31] Sólo maestros de escuelas públicas. [32] Incluye preescolar. [33] Sólo vocacional. [34] Tercer nivel vocacional y formación de maestros. [35] Excluye Jerusalén Este.

Empleo y trabajo

En esta tabla se ofrecen comparaciones internacionales sobre las poblaciones activas nacionales del mundo; incluyen el tamaño, composición por componentes demográficos, estado del empleo e industria, además de las tasas conjuntas de crecimiento.

La primera parte de la tabla ha sido centrada en el concepto «población económicamente activa», que la Organización Internacional del Trabajo (OIT) define como personas de todas las edades empleadas o en busca de empleo. En general, la «población económicamente activa» no incluye estudiantes, personas que se dedican exclusivamente a las tareas domésticas, jubilados, personas que viven totalmente de sus propios medios o las que dependen por completo de otros. Las personas que se dedican a actividades económicas ilegales (contrabandistas, prostitutas, narcotraficantes, traficantes del mercado negro y otros) también quedan fuera de la definición de la OIT. Los países difieren marcadamente en el tratamiento, como parte de la población activa, de grupos tales como miembros de las fuerzas armadas, internos de instituciones, personas en busca de su primer empleo, trabajadores migratorios temporeros e internacionales y personas que se dedican a actividades económicas a tiempo parcial. Algunos incluyen parte, o la totalidad, de estos grupos entre la población económicamente activa, mientras que otros países los tratan como inactivos.

Se ofrecen tres desgloses principales del total de población económicamente activa: (1) la tasa de participación, o la proporción de la población económicamente activa que posee alguna característica determinada: mujeres y personas en edad laboral (15 a 64 años de edad); (2) tasa de actividad, la proporción de la población total que es económicamente activa: ambos sexos y total; y (3) estado del empleo, por lo general (y aquí) agrupado por empresarios, autónomos, empleados, trabajadores familiares (usualmente sin sueldo) y otros.

Cada una de estas medidas indica ciertas características de un mercado de trabajo nacional determinado; ninguna debe ser interpretada aisladamente, sin embargo, ya que cada una sufre la influencia de una variedad de incentivos y trabas (la estructura y cambios demográficos, las costumbres sociales o religiosas, oportunidades educativas, diferenciación sexual en las pautas de empleo, grado de desarrollo tecnológico y similares). Por ejemplo, la participación y las tasas de actividad pueden ser altas en un país porque posee una población de más edad y menos niños; por tanto, una mayor proporción en edad de trabajar; o porque, a pesar de la juventud de la población con muchas personas por debajo de la edad laboral, la economía atrae a trabajadores inmigrantes aceptables, también ellos casi exclusivamente en edad laboral. Al mismo tiempo, las tasas bajas de actividad y participación pudieran ser características de un país con población joven y escasas posibilidades de empleo, o de otro con un buen mercado de trabajo distorsionado por la presencia de gran número de trabajadores «invitados» o contratados que no forman parte de la población activa interna. Lo probable es que una mujer analfabeta que forme parte de una población activa fuertemente diferenciada por sexos se inicie y termine su vida laboral como trabajadora doméstica o agrícola tradicional. A la estructura de un mercado laboral determinado también le puede afectar la pérdida de hombres en edad laboral a causa de la guerra, violencias civiles o emigración en busca de oportunidades laborales.

La distribución de la población económicamente activa por estado de

Empleo y población activa

país	año	población económicamente activa										población empleada por sector económico			
		total (miles)	tasa de participación		tasa de actividad (%)			estado de empleo (%)				agricultura, silvicultura, pesca		minería, canteras	
			mujeres	edades 15-64	total	varones	mujeres	empresarios, autónomos	empleados	trabajadores, familiares sin sueldo	otros	número (miles)	% de la población activa	número (miles)	% de la población activa
Afganistán	1979	3.946	7,9	49,1	30,2	54,1	4,9	...	...	...	...	2.369	61,3	59	1,5
Albania	1983	698	42,5	41,8[3]	24,6	27,2	21,8	...	...	...	...	152	21,8	...	...
Alemana, República Democrática	1985	8.539	49,3	...	51,3	55,0	48,0	...	...	...	...	922	10,8	8	8
Alemania, República Federal de	1985	29.012	39,4	67,1	47,6	60,3	35,9	8,8	87,2	3,1	0,9	1.416	5,2	329	1,2
Andorra	1986	21	...	...	46,8	...	...	...	...	...	...	0,1	0,6	0,6	2,7
Angola	1980	3.414	40,6	73,4	44,2	53,4	35,3	...	...	...	...	2.518	73,8	8	8
Antigua y Barbuda	1983	31	39,6	56,2[12]	39,4	49,6	30,0	12,3[13]	69,9[13]	0,6[13]	17,2[13]	2,1[7]	9,0[7]	0,1[7]	0,3[7]
Arabia Saudita	1984	2.673	3,9	45,1	24,5	40,9	2,3	...	...	...	...	223	8,4	164	6,1
Argelia	1984[4]	3.758	6,8[5]	31,0[6,7]	18,0[5]	33,8[5]	2,4[5]	21,0	72,2	6,4	0,4	857	22,8	8	8
Argentina, República	1985	11.452	26,8	59,2	37,5	55,3	19,9	25,1[14]	71,2[14]	3,3[14]	0,4[14]	1.201[14]	12,0[14]	47[14]	0,5[14]
Australia	1985	7.217	38,5	68,9	60,2	75,2	45,7	14,7	77,0	0,4	7,9	435	6,3	107	1,5
Austria	1985	3.355	39,5	65,5	44,4	56,7	33,3	10,2	85,5	4,3	—	294	8,8	15	0,4
Bahamas	1980	87	44,5	70,5	41,6	47,4	36,0	81,4	3,4	0,5	14,8	5	5,6	0,3	0,4
Bahrein	1984	177	13,7	65,9	43,1	63,2	14,4	9,8[15]	88,7[15]	0,1[15]	1,4[15]	4	2,1	5	2,9
Bangladesh	1984	28.493	8,9	49,4	29,9	53,5	5,4	38,1	44,1	15,6	2,2	16.448	58,8	46	0,2
Barbados	1985	113	46,5	73,7[16]	45,6[16]	52,2[16]	39,7[16]	8,8[7]	76,4[7]	0,27	14,6[7]	8	8,1	—	—
Bélgica	1984	4.214	39,2	60,6[14]	42,8	53,3	32,8	11,9	71,1	3,2	13,8	106	2,9	26	0,7
Belice	1980	47	22,7	63,0	32,6	49,7	15,0	27,2[17]	64,1[17]	8,7[17]	—	15	37,1	—	0,1
Benín	1985	1.964	48,3	86,6	48,5	51,1	46,0	...	...	...	...	1.093[7]	64,0[7]	8	8
Bermudas	1985	32	45,8	82,1[14,18]	56,6	62,8	50,7	7,7[14]	88,6[14]	0,5[14]	3,2[14]	0,2	0,7	0,1	0,4
Birmania	1984	14.497	39,1[14]	71,0[14]	45,0[14]	54,7[14]	35,2[14]	...	...	...	...	9.590	66,2	85	0,5
Bolivia	1985	1.996	23,4	53,2	31,1	48,1	14,4	48,9[20]	38,2[20]	9,1[20]	3,8[20]	806[17,21]	47,3[17,21]	80[17,21]	4,7[17,21]
Botswana	1985	368	53,0	72,7	37,0	38,1	36,0	3,1[15]	41,0[15]	45,5[15]	10,5[15]	154[15]	54,0[15]	11[15]	3,9[15]
Brasil	1984	52.433	33,1	49,2[6,14]	39,5	53,0	26,1	27,0[14]	65,3[14]	5,2[14]	2,5[14]	14.974	29,8	7.998[22]	15,9[22]
Brunei	1982	71[15]	23,8[15]	61,1[15]	36,7[15]	52,3[15]	18,7[15]	7,4[15]	88,4[15]	0,6[15]	3,6[15]	3	5,0	4	5,7
Bulgaria	1985	4.802	47,6	75,3[24]	51,0[24]	54,3[24]	47,6[24]	...	99,2	...	0,8	816	17,0	8	8
Burkina Faso	1985	3.765	47,0	88,6	54,2	58,0	50,5	...	...	...	...	2.964[14]	86,7[14]	8	8
Burundi	1984	2.752	52,6	94,4[25]	60,9	59,5	62,2	35,7[25]	5,6[25]	58,5[25]	0,2[25]	2.246[26]	93,1[25]	1,4[25]	0,1[25]
Bután	1982	574[14]	33,6[14]	69,4[14]	44,8[14]	57,8[14]	31,0[14]	...	...	...	...	613	94,3	8	8
Cabo Verde	1985	121	28,9	60,0	37,1	54,4	17,7	...	...	...	...	53[14]	52,0[14]	8	8
Camerún	1982	3.543	37,5	65,6	39,9	50,0	29,8	60,2	14,6	18,0	7,1	2.595	76,7	2	0,1
Canadá	1985	12.639	42,6	65,2[26]	49,8	57,9	42,0	9,0	89,4	0,8	0,8	659	5,3	210	1,7
Centroafricana, República	1985	1.282	47,0	81,6	49,8	54,5	45,3	...	...	...	...	543[24]	83,7[24]	7[24]	1,0[24]
Colombia	1985	9.558	32,8	49,4[27]	34,3	46,6	22,3	...	...	...	...	2.412[14]	28,5[14]	50[14]	0,6[14]
Comores, Islas	1985	117	26,2	53,1	29,6	43,5	15,6	47,6[14]	25,6[14]	— 26.8[14] —		53[14]	53,3[14]	0,1[14]	0,1[14]
Congo, Rep. Popular del	1985	710	39,3	69,4	40,8	50,2	31,6	...	...	...	...	405[14]	62,5[14]	8	8
Corea, República de	1985	15,554	38,4	56,7	37,9	46,3	29,3	30,0	52,0	14,0	4.0	3.722	24,9	154	1,0
Corea, Rep. Pop. Dem. de	1985	9.084	46,0	75,3	44,6	48,6	40,6	...	...	...	...	3.355[14]	42,8[14]	8	8
Costa de Marfil	1985	4.053	34,7	71,4	41,3	52,8	29,3	...	...	...	...	2.792	70,9	8	8
Costa Rica	1985	887	26,1	55,8[29]	35,7	53,2	18,5	20,0	69,1	4,1	6,8	249[17]	31,4[17]	1,5[17]	0,2[17]

empleo revela que un gran porcentaje de personas económicamente activas en algunos países menos desarrollados entran en el epígrafe «empresarios, autónomos». Esto se produce porque los países implicados tienen economías pobres, ampliamente agrarias, en las que el trabajador medio es un campesino que cultiva su propia parcela. En los países con economías bien desarrolladas, el epígrafe «empleados» incluirá usualmente la mayor porción de los económicamente activos.

Cuando se empleen los datos sobre económicamente activos debe procederse cautamente al hacer comparaciones entre países, ya que éstos difieren frecuentemente en su elección de esquemas de clasificación, definiciones y grupos de cobertura, así como en sus métodos de recogida y tabulación de datos. Los referidos a la actividad de las trabajadoras, en particular, no suelen ser comparables. En muchos países poco desarrollados, particularmente en los dominados por la fe islámica, la desviación cultural que favorece los papeles tradicionales de la mujer da lugar a que las económicamente activas arrojen un menor número de la realidad.

La siguiente sección importante de la tabla ofrece datos sobre la distribución, por sectores industriales, de la «población empleada», formada por todas las personas que superan una edad específica y que, durante un período igualmente específico, trabajaban o estaban formalmente relacionadas con un puesto de trabajo. Siempre que ha sido posible, se ha considerado que «población empleada» se refiere a la fracción activamente laboral de la población activa, es decir, excluyendo los desempleados o quienes están infra o fraccionalmente (coyunturalmente) empleados. Los datos incluyen usualmente a grupos tales como trabajadores familiares sin sueldo y miembros de las fuerzas armadas y, por lo general, excluyen a los desempleados y a las personas que trabajan en condiciones extremadas de subempleo.

La categorización de sectores industriales en la tabla se ha basado en gran medida en las divisiones relacionadas en la Clasificación Estándar Internacional de Todas las Actividades Económicas. La categoría «Servicios, otros» incluye actividades como administración pública y defensa, servicios educativos, servicios médicos y odontológicos, cine y otros servicios de entretenimiento, servicios domésticos y actividades no definidas adecuadamente.

Finalmente, por lo que se refiere a la sección de crecimiento de la población activa, debe reconocerse que en muchas economías los cambios en la estructura de edades y sexos, en las pautas y volumen del desempleo e infraempleo, en las migraciones internacional e interna o en el desarrollo tecnológico pueden alterar de forma importante las proyecciones.

Una parte importante de los datos presentados en esta tabla se han resumido de varios números del «Anuario de Estadísticas Laborales» de la OIT. La OIT compila sus estadísticas a partir tanto de las publicaciones oficiales como de la información facilitada directamente por las autoridades nacionales. Los editores han suplementado y actualizado los datos de la OIT con información estadística de los fondos de Britannica tomados de publicaciones oficiales y de correspondencia directa con las autoridades correspondientes. El «Informe sobre el Desarrollo Mundial», publicado anualmente por el Banco Mundial, aporta los datos de la última sección de la tabla «Crecimiento medio anual de la población activa».

industria manufacturera, construcción		electricidad, gas, agua		transportes, comunicaciones		comercio, hoteles, restaurantes		finanzas, bienes raíces		servicios, otros		crecimiento medio anual de la población activa			país
												1965-1980 (%)	1980-1985 (%)	1985-2000 (%)	
número (miles)	% de la población activa	número (miles)	% de la población activa	número (miles)	% de la población activa	número (miles)	% de la población activa	número (miles)	% de la población activa	número (miles)	% de la población activa				
474	12,3	11	0,3	66	1,7	138	3,6	1	1	749[1]	19,3[1]	1,7	...	...	Afganistán
333	47,8	...	...	33	4,8	54	7,7	...	...	125	17.9	2,8	2,9	2,4	Albania
4.077[8]	47,8	8	8	630	7,4	869	10,2	1	1	2.041[1]	23.9[1]	0.5	0.9	0.2	Alemana, República Democrática
10.350	37,7	239	0,9	1.561	5,7	4.158	ı5,2	1.715	6,3	7.664	27.8	0.3	0.7	0.5	Alemania, República Federal de
2,7	12,7	1,3	5,9	1,8	8,5	5,8[10]	26,9[10]	1,3	6,0	7,9[10]	36,7[10]	...	...	...	Andorra
326[8]	9,6[8]	8	8	11	11	11	11	11	11	569[11]	16.7[11]	2.2	1.7	2.1	Angola
4,3[7]	18,5[7]	0,3[7]	1,5[7]	2,6[7]	11,1[7]	5,2[7]	22,4[7]	0,8[7]	3,3[7]	7.9[7]	33.9[7]	...	...	...	Antigua y Barbuda
923	34,5	62	2,3	117	4,4	730	27,3	104	3.9	350	13.1	4.9	4.4	3.5	Arabia Saudita
1.234[8]	32,8[8]	8	8	240	6,4	373	9.9	1	1	1.055[1]	28.1[1]	2.2	3.6	3.7	Argelia
2.989[14]	30,0[14]	103[14]	1,0[14]	460[14]	4,6[14]	1.702[14]	17,0[14]	396[14]	4,0[14]	3.090[14]	30.9[14]	1.1	1.1	1.5	Argentina, República
1.673	24,1	141	2,0	141	2,0	541	7,8	1.389	20,0	680	28.5	2.4	1.8	1.3	Australia
1.237	36,9	42	1,3	212	6,3	606	18,1	182	5,4	767	22.9	0.2	0.8	0.1	Austria
12	14,4	1,3	1,6	6	7,7	24	30,3	6	8,0	26	32.0	...	...	...	Bahamas
52	29,9	3	1,9	16	9,2	24	13,5	7	3,8	64	36.7	...	...	...	Bahrein
2.970	10,6	64	0,2	1.088	3,9	3.255	11,6	136	0.5	3.965	14.2	1.9	2.8	3.0	Bangladesh
19	20,8	2	2,4	5	5,6	20	22,1	3	3,4	35	37.6	...	0.3	...	Barbados
1.025	27,9	33	0,9	263	7,2	697	19,0	271	7,4	1.248	34.0	0.7	0.7	0.1	Bélgica
6	14,9	0,6	1,5	2	4,3	6	14,2	0,4	0,9	11	27.0	...	...	...	Belice
172[7,8]	10,1[7,8]	8	8	11	11	11	11	11	11	442[7,11]	25.9[7,11]	1.9	2.0	2.5	Benin
3,6	11,0	0,4	1,3	2,2	6,8	11	34,2	4	13.6	10	32.0	...	...	...	Bermudas
1.423	9,8	16	0,1	480	3,3	1.413	9,7	872	6,0	618	4.4	2.2	1.9	1.8	Birmania
198[17,21]	11,6[17,21]	8[17,21]	0,5[17,21]	95[17,21]	5,6[17,21]	126[17,21]	7,4[17,21]	15[17,21]	0,9[17,21]	378[17,21]	22.0[17,21]	2.0	2.7	2.7	Bolivia
22[15]	7,6[15]	2[15]	0,8[15]	3[15]	1,1[15]	12[15]	4,3[15]	1[15]	0,5[15]	79[15]	27.7[15]	2.4	3.5	3.4	Botswana
2.926[23]	5,8[23]	22	22	1.818	3,6	5.354	10,7	1	1	17.138[1]	34.2[1]	3.3	2.3	2.1	Brasil
15	22,6	2	2,9	4	6,6	7	10,8	2	3,0	29	43.4	...	...	...	Brunei
2.154[8]	44,9[8]	8	8	326	6,8	397	8,3	1	1	1.108[1]	23.1[1]	0.2	0.0	0.2	Bulgaria
146[8,14]	4,3[8,14]	8	8	11	11	11	11	11	11	310[11,14]	9.1[11,14]	1.6	1.9	2.2	Burkina Faso
51[25]	2,1[25]	1,7[25]	0,1[25]	6[25]	0,3[25]	21[25]	0,9[25]	1,3[25]	0,1[25]	84[25]	3.5[25]	1.2	2.0	2.4	Burundi
6[8]	0,9[8]	8	8	19	19	9	1,4	19	19	22[19]	3.4[19]	1.8	1.9	1.9	Bután
23[8,14]	22,5[8,14]	8	8	11	11	11	11	11	11	26[11,14]	25.5[11,14]	...	...	...	Cabo Verde
222	6,6	3	0,1	47	1,4	141	4,2	8	0.2	363	10.7	1.7	1.8	2.2	Camerún
2.936	23,4	131	1,0	821	6.6	2.196	17,5	1.219	9.7	4.359	34.8	3.2	1.4	0.9	Canadá
18[24]	2,8[24]	1[24]	0,2[24]	5[24]	0,8[24]	27[24]	4,1[24]	0,6[24]	0,1[24]	47[24]	7,3[24]	1.2	1.3	1.8	Centroafricana, República
1.379[14]	16,3[14]	44[14]	0,5[14]	353[14]	4,2[14]	1.540[14,28]	18,1[14,28]	28	28	2.689[14]	31.8[14]	2.6	2.8	2.3	Colombia
7[14]	7,3[14]	0,1[14]	0,1[14]	2[14]	2,1[14]	2[14]	1,9[14]	0.2[14]	0,2[14]	35[14]	35.0[14]	...	...	...	Comores, Islas
77[8,14]	11,9[8,14]	8	8	11	11	11	11	11	11	166[11,14]	25,6[11,14]	2,0	1,8	2,2	Congo, Rep. Popular del
4.408	29,5	41	0,3	698	4,7	3.370	22,6	561	3,8	1.980	13,3	2,8	2,7	1,9	Corea, República de
2.373[8,14]	30,3[8,14]	8	8	11	11	11	11	11	11	2.110[11,14]	26,9[11,14]	2,7	3,0	2,8	Corea, Rep. Pop. Dem. de
347[8]	8,8[8]	8	8	11	11	11	11	11	11	799[11]	20,3[11]	2,7	2,6	2,6	Costa de Marfil
148[17]	18,6[17]	9[17]	1,1[17]	20[17]	2,6[17]	88[17]	11,0[17]	20[17]	2,6[17]	258[17]	32,5[17]	3,8	3,1	2,4	Costa Rica

Empleo y población activa (continuación)

país	año	población económicamente activa: total (miles)	tasa de participación: mujeres	tasa de participación: edades 15-64	tasa de actividad (%): total	tasa de actividad (%): varones	tasa de actividad (%): mujeres	estado de empleo (%): empresarios, autónomos	estado de empleo (%): empleados	estado de empleo (%): trabajadores, familiares sin sueldo	estado de empleo (%): otros	población empleada por sector económico: agricultura, silvicultura, pesca: número (miles)	agricultura, silvicultura, pesca: % de la población activa	minería, canteras: número (miles)	minería, canteras: % de la población activa
Cuba	1985	3.618[15]	31,5[15]	58,5[15]	37,2[15]	50,5[15]	23,7[15]	9,9[13]	88,2[13]	1,3[13]	0,6[13]	581[2]	18,3[2]	709[2,22]	22,3[2,22]
Chad	1985	1.790	21,7	57,4	35,7	56,7	15,3	...	...	...	...	1.361	83,3	[8]	[8]
Checoslovaquia	1985	7.649	46,1	78,9[14]	49,3	54,6	44,3	0,1[14]	91,2[14]	8,5[14]	0,2[14]	1.040	13,7	191	2,5
Chile	1984	3.890	30,7	52,9	33,0	46,8	19,9	23,6	51,5	10,9	13,9	567	15,1	71	1,9
China	1986	513.625[7]	44,1[7]	83,2[7]	51,2[7]	55,7[7]	46,4[7]	0,9	24,8	—— 73,4 ——		311.870	62,5	1.060	0,2
Chipre	1984	248	36,9	67,2[14]	37,0	47,1	27,1	21,1[7]	56,0[7]	10,8[7]	12,1[7]	43	18,1	1,1	0,5
Dinamarca	1985	2.753	45,6	79,6	53,9	59,4	48,6	9,3	87,9	2,3	0,5	176	6,4	5	0,2
Dominica	1981	25	34,1	61,7	34,3	45,4	23,3	29,4	49,8	1,9	18,9	7,8	38,1	—	—
Dominicana, República	1981	1.915	28,9	53,6	33,9	48,1	19,7	36,5	51,3	3,3	8,9	420	23,6	5	0,3
Ecuador	1982	2.346	20,6	49,6	29,1	46,3	12,0	37,3	47,6	5,8	9,3	787	34,8	7	0,3
Egipto	1984	11.133	7,0	41,9	24,5	44,8	3,5	26,0[16]	51,5[16]	16,0[16]	6,6[16]	4.348	41,2	40	0,4
Emiratos Árabes Unidos	1984	738	5,8	77,0	54,5	74,6	10,2	6,8[14]	92,7[14]	0,1[14]	0,5[14]	36	4,9	15	2,0
España	1985	13.346	30,7	56,8[18]	35,7[16]	52,0[16]	20,0[16]	18,0	67,3	5,6	9,1	2.007	16,5	91	0,7
Estados Unidos de América	1985	117.167	43,7	72,2	49,1	56,8	41,8	8,1	90,6	0,4	0,9	3.603	3,1	1.036	0,9
Etiopía	1984	18.492	39,2	74,3	43,9	53,5	34,3	...	...	...	...	...	...	...	...
Filipinas	1985	21.643	30,1	65,4	36,9[3]	46,3	27,5[3]	36,3	42,1	15,5	6,1	10.085	49,6	129	0,6
Finlandia	1985	2.630	47,5	78,0	53,6	58,2	49,3	12,6	84,0	1,4	2,0	295	11,3	[8]	[8]
Francia	1984	23.880	40,9	65,1	43,5	52,7	34,8	14,3	75,9	...	9,8	1.659	7,8	122	0,6
Gabón	1985	518	38,4	68,2	45,0	56,4	34,0	...	...	...	...	379[14]	75,5[14]	[8]	[8]
Gambia	1983	326	46,3	78,2	47,3	51,1	43,6	...	...	...	...	240	73,7	0,1	—
Ghana	1985	4.963	40,6	68,1	36,5	43,8	29,4	...	...	...	...	2.143[17]	45,0[17]	[8]	[8]
Granada	1984	46	...	...	48,2	...	...	21,3[15]	77,7[15]	1,0[15]	—	8,0[15]	28,7[15]	0,1[15]	0,3[15]
Grecia	1984	3.868	34,6	57,4	39,1	52,0	26,6	32,9	45,1	13,9	8,1	1.047	27,9	27	0,7
Guatemala	1981	1.696	14,6	49,1	28,0	48,0	8,1	42,5	47,2	6,8	3,5	909	53,9	2	0,1
Guinea	1980	2.626	41,7	77,9	48,6	57,3	40,0	...	...	...	...	2.119	80,6	[8]	[8]
Guinea-Bissau	1979	213	3,6	41,0	38,7	78,4	2,6	...	...	...	...	153	71,9	0,1	—
Guinea Ecuatorial	1980	159	40,9	72,2	45,2	54,1	36,1	...	...	...	...	104	65,8	[8]	[8]
Guyana	1980[36]	239	24,7	57,3	31,5	47,9	15,5	19,8[13]	77,6[13]	2,1[13]	0,5[13]	49	25,0	9	4,8
Haití	1983	2.264	42,9	69,1	44,2	52,1	36,9	59,3	16,6	10,5	13,6	1.299	65,4	20	1,0
Honduras	1984	1.256	16,7	53,6	29,7	49,3	9,9	...	...	...	...	719	57,2	4	0,3
Hong Kong	1985	2.637	36,3	70,6	50,0	61,9	37,4	10,0	84,5	1,9	3,6	45	1,7	0,3	—
Hungría	1986	4.877	45,9	72,5[14]	45,8	51,3	40,7	3,2[37]	80,2[37]	2,5[37]	14,1[37]	1.113[37]	22,7[37]	[8]	
India	1981[38]	244.605	26,0	57,4[26]	36,8	52,7	19,8	10,0[39]	17,1[39]	3,3[39]	69,6[39]	153.015	62,6	1.264	0,5
Indonesia	1982	59.599	36,1	64,6	36,5[14]	48,0[14]	23,2[14]	20,6	53,9	22,5	3,0	31.593	54,7	391	0,7
Irak	1985	4.259	19,9	50,2	26,8	42,1	10,9	25,4[33]	59,5[33]	11,4[33]	3,7[33]	1.122[17]	29,9[17]	47[17]	1,3[17]
Irán	1976	9.796	14,8	50,2	29,1	48,1	8,9	30,5	48,4	10,4	10,6	3.615	38,1	90	0,9
Irlanda	1984	1.314	29,4	60,4	37,2	52,3	21,9	18,4	72,2	2,6	6,8	186	14,5	11	0,9
Islandia	1984	117	31,5[16]	79,1[3]	48,7	60,6[3]	44,5[3]	...	...	...	...	24	20,3	...	...
Israel	1985	1.467	38,1	61,2[40]	34,4	42,6	26,2	18,2	73,8	1,3	6,7	80	5,6	326[35]	23,0[35]
Italia	1985	23.364	35,3	58,2[30]	41,1	54,6	28,2	21,3	63,4	4,7	10,6	2.296	11,0	209	1,0
Jamaica	1984	971	46,6	72,2[30]	42,6	49,6	40,4	31,2[13]	67,1[13]	1,7[13]	–	237	32,7	7	0,9
Japón	1985	59.630	39,7	68,8	49,4	60,5	38,6	15,4	72,3	9,4	2,9	5.090	8,8	90	0,2
Jordania	1984	552	11,1	42,2	21,3	36,1	5,0	22,8[25]	67,2[25]	0,8[25]	9,2[25]	22	4,3	7	1,3
Kampuchea	1962	2.500	42,0	74,4	43,6	50,6	36,7	36,4	12,2	50,0	1,4	2.008	80,2	2	0,1
Katar	1984	113	9,8	63,8	40,3	60,8	9,8	...	...	...	...	0,3	0,2	7	5,9
Kenia	1985	8.389	40,9	76,2	40,7	48,4	33,2	...	...	...	...	241[21]	20,5[21]	5[21]	0,4[21]
Kiribati	1985	26	36,1	67,8[26]	41,2	53,1	29,5	71,0	26,5	...	2,5	0,5	6,9	—	0,2
Kuwait	1985	670	19,7	62,5[26]	39,5	55,8	18,1	10,0[14]	88,4[14]	0,1[14]	1,5[14]	13	1,9	7	1,1
Laos	1980	1.839	46,2	86,4	49,9	53,3	46,5	...	...	...	...	1.393	75,7	8	[8]
Lesotho	1976	424	32,3	56,1	34,8	48,9	21,7	7,5	50,0	36,8	5,7	99	23,3	129	30,5
Líbano	1984	702	25,6	44,6	26,5	40,9	13,2	...	...	...	...	238[7]	20,7[7]	223[7,35]	19,4[7,35]
Liberia	1984	669	31,4[15]	62,9[41]	31,8	...	...	...	...	...	...	481	71,9	18	2,6
Libia	1985	1.062	7,3[14]	50,9[14]	24,1[42]	42,3[42]	3,5[42]	23,7[42]	69,6[42]	4,2[42]	2,6[42]	178	16,8	25	2.3
Liechtenstein	1986	13	35,6	67,6	47,9	63,0	33,4	9,0[14]	87,2[14]	3,8[14]	...	0,4	2,8	0,1	0,4
Luxemburgo	1985	164	33,3[15]	61,3[15]	42,2[15]	57,7[15]	27,4[15]	9,4[15]	85,1[15]	3,5[15]	2,0[15]	7	4,3	0,2	0,1
Macao	1981	127	37,1	61,5[6]	48,6	...	...	9,9	86,4	3,5	0,2	8	6,0	0,1	0,1
Madagascar	1985	4.510	40,4	74,9	45,1	54,2	36,1	...	...	...	...	3.314[14]	80,9[14]	[8]	[8]
Malasia	1980	4.924	33,7	62,1	37,5	49,6	25,3	28,7	54,3	10,2	6,7	1.855	40,4	47	1,0
Malawi	1985	3.074	42,6	74,3	44,3	51,9	36,9	79,9[33]	17,8[33]	0,3[33]	2,0[33]	178[21]	46,7[21]	0,3[21]	0,1[21]
Maldivas	1985	79	37,2[33]	78,3[33]	43,6	56,2[33]	37,1[33]	86,4[33]	13,4[33]	...	0,2[33]	36	45,5	—	—
Mali	1976	2.266	17,0	52,3	35,4	60,2	11,8	45,8	4,1	42,5	7,5	1.862	84,9	[8]	0,4
Malta	1985	123	24,3	52,2[14]	36,7	57,0	17,4	14,1[16]	77,4[16]	...	8,5[16]	5	4,8	1,5	1,3
Marruecos	1982	5.999	19,7	49,7	29,6	47,9	11,6	27,1	40,5	17,6	14,8	2.352	43,1	63	1,2
Mauricio	1986	367[17]	25,8[17]	59,0[17]	37,6[17]	55,8[17]	19,4[17]	10,3[7]	73,7[7]	0,9[7]	15,1[7]	52[21]	21,8[21]	0,2[21]	1,2[21]
Mauritania	1985	590	21,0	55,7	31,2	49,8	13,0	...	...	...	...	358[14]	69,4[14]	0,2[8]	0,1[21]
México	1980	22.066	27,8	57,1	33,0	48,2	18,2	27,0	44,3	6,6	22,1	5.700	26,0	477	2,2
Micronesia, Estados Federados de	1980	10	29,8	26,1[12]	13,4	18,4	8,2	2,9	77,8	0,4	18,9	0,2	2,5	—	—
Mongolia	1985	671	...	...	...	...	...	...	...	...	...	321	47,8	43	[43]
Mozambique	1980	5.671	52,4	87,3[26]	35,8[13]	53,4[13]	18,7[13]	44,4[13]	40,0[13]	14,5[13]	1,1[13]	4.755	85,3	347[35]	6,2[35]
Namibia	1985	477	23,9	55,4	30,8	47,3	14,6	...	...	...	...	185[14]	43,4[14]	[8]	[8]

industria manufacturera, construcción: número (miles)	industria manufacturera, construcción: % de la población activa	electricidad, gas, agua: número (miles)	electricidad, gas, agua: % de la población activa	transportes, comunicaciones: número (miles)	transportes, comunicaciones: % de la población activa	comercio, hoteles, restaurantes: número (miles)	comercio, hoteles, restaurantes: % de la población activa	finanzas, bienes raíces: número (miles)	finanzas, bienes raíces: % de la población activa	servicios, otros: número (miles)	servicios, otros: % de la población activa	crecimiento medio anual de la población activa: 1965-1980 (%)	1980-1985 (%)	1985-2000 (%)	país
315[2,23]	9,9[2,23]	22	22	216[2]	6,8[2]	367[2]	11,6[2]	19[2]	0,7[2]	801[2]	25,3[2]	2,3	2,3	1,7	Cuba
76[8,14]	4,7[8,14]	[8]	[8]	[11]	[11]	[11]	[11]	[11]	[11]	197[11,14]	12,1[11,14]	1,6	1,8	2,1	Chad
3.214	42,3	70	0,9	507	6,7	858	11,3	284	3,7	1.442	18,9	0,9	0,4	0,7	Checoslovaquia
714	18,9	29	0,8	236	6,3	698	18,5	124	3,3	1.330	35,3	2,2	2,6	1,7	Chile
104.180	20,9	4.370	0,9	12.220	2,5	23.630	4,7	1.380	0,3	40.020	8,0	2,4	2,5	1,4	China
66	27,8	1,5	0,6	12	4,8	41	17,1	9	3,6	65	27,5	...	...	...	Chipre
739	27,0	19	0,7	188	6,9	419	15,3	199	7,3	993	36,2	1,2	0,6	0,2	Dinamarca
3,7	18,1	0,2	1,2	0,9	4,4	1,6	7,8	0,3	1,2	6,0	29,1	...	...	...	Dominica
305	17,1	14	0,8	40	2,3	192	10,8	22	1,3	785	44,0	2,8	3,5	2,9	Dominicana, República
445	19,6	13	0,6	101	4,5	272	12,0	44	1,9	594	26,2	2,7	3,1	2,9	Ecuador
2.292	21,7	77	0,7	616	5,8	954	9,0	123	1,2	2.099	20,0	2,2	2,6	2,7	Egipto
235	31,9	14	1,9	55	7,4	100	13,5	22	3,0	261	13,1	4,9	4,4	3,5	Emiratos Árabes Unidos
4.000	32,9	91	0,8	671	5,5	2.475	20,3	494	4,1	2.341	19,2	0,6	1,3	0,8	España
30.435	26,2	1.529	1,3	6.387	5,5	24.027	20,7	11.562	10,0	37.496	32,3	2,2	1,2	0,8	Estados Unidos de América
...	...	...	...	...	...	...		...	...	...	...	2,1	1,7	2,2	Etiopía
2.604	12,8	79	0,4	913	4,5	2.650	13,0	351	1,7	3.516	17,3	2,5	2,5	2,4	Filipinas
842[8]	32,3[8]	[8]	[8]	194	7,4	374	14,4	159	6,1	741	28,5	0,7	0,9	0,3	Finlandia
6.571	30,9	217	1,0	1.370	6,4	3.454	16,3	1.656	7,8	6.206	29,2	0,8	0,9	0,5	Francia
54[8,14]	10,8[8,14]	[8]	[8]	[11]	[11]	[11]	[11]	[11]	[11]	69[11,14]	13,7[11,14]	...	...	...	Gabón
13	3,8	1	0,4	[8]	2,5	17	5,1	1	[1]	47[1]	14,5[1]	...	...	...	Gambia
380[8,17]	8,0[8,17]	[8]	[8]	[11]	[11]	[11]	[11]	[11]	[11]	2.240[11,17]	47,0[11,17]	1,9	2,7	2,9	Ghana
4,4[15]	15,9[15]	0,4[15]	1,3[15]	1,7[15]	6,1[15]	3,9[15]	14,0[15]	0,4[15]	1,3[15]	9,0[15]	32,4[15]	...	...	...	Granada
1.007	26,9	31	0,8	279	7,4	569	15,2	131	3,5	656	17,6	0,5	0,6	0,3	Grecia
264	15,7	[8]	0,5	43	2,6	147	8,7	21	1,3	290	17,2	2,3	2,8	3,3	Guatemala
237[8]	9,0[8]	[8]	[8]	[11]	[11]	[11]	[11]	[11]	[11]	270[11]	10,3[11]	1,7	1,6	1,8	Guinea
5	2,2	0,1	0,1	2	1,2	5	2,3	0,1	—	47	22,3	...	...	...	Guinea-Bissau
188	11,4[8]	[8]	[8]	[11]	[11]	[11]	[11]	[11]	[11]	36[11]	22,8[11]	...	...	...	Guinea Ecuatorial
35	17.7	2	1,5	9	4,7	15	7,5	3	1,5	73	37,3	...	...	...	Guyana
152	7,6	2	0,1	18	0,9	303	15,3	5	0,2	188	9,5	1,0	2,0	2,2	Haití
211	16,8	5	0,4	38	3,0	107	8,5	12	1,0	160	12,8	2,8	3,9	3,9	Honduras
1.131	43,2	19	0,7	215	8,2	601	23,0	151	5,8	454	17,4	3,9	2,5	1,4	Hong Kong
1.896[8,37]	38,6[8,37]	[8]	[8]	396[37]	8,1[37]	509[37]	10,4[37]	1	[1]	999[1,37]	20,2[1,37]	0,1	0,0	0,3	Hungría
28.708	11,7	974	0,4	6.069	2,5	12.165	5,0	1.764	0,7	40.645	16,6	1,7	2,0	1,8	India
8.168	14,1	62	0,1	1.796	3,1	8.554	14,8	113	0,2	7.126	12,3	2,1	2,4	2,2	Indonesia
739[17]	19,8[17]	30[17]	0,8[17]	229[17]	6,1[17]	286[17]	7,6[17]	40[17]	1,1[17]	1.252[17]	33,4[17]	3,6	3,7	4,0	Irak
2.884	30,3	61	0,7	433	4,6	672	7,0	101	1,1	1.640	17,3	3,2	3,3	3,2	Irán
359	28,0	16	1,2	74	5,8	210	16,4	82	6,4	342	26,8	0,8	1,6	1,6	Irlanda
39	33,9	...	...	...	...	17	14,5	...	...	37	31,3	...	...	...	Islandia
82[23]	5,7[23]	12	0,8	89	6,3	177	12,5	135	9,5	518	36,6	3,0	2,2	2,1	Israel
6.687	32,0	...	...	1.091	5,2	4.365	20,9	716	3,4	5.530	26,5	0,3	0,7	0,2	Italia
125	17,2	[9]	[9]	33[9]	4,6[9]	103	14,2	...	...	220	30,3	2,0	2,9	2,4	Jamaica
19.830	34,1	330	0,6	3.430	5,9	13.180	22,7	3.920	6,8	12.200	21,0	1,0	0,9	0,5	Japón
93	17,9	2	0,5	47	9,0	58	11,2	16	3,0	274	52,8	1,7	4,4	4,2	Jordania
91	3,6	2	0,1	29	1,2	144[28]	5,8[28]	28	[28]	224	9,0	1,2	...	..	Kampuchea
41	36,3	7	6,2	5	4,2	16	14,3	4	3,3	34	29,6	...	...	...	Katar
209[21]	17,8[21]	18[21]	1,5[21]	56[21]	4,7[21]	90[21]	7,6[21]	53[21]	4,5[21]	504[21]	42,9[21]	3,6	3,5	3,7	Kenia
0,6	8,2	0,2	3,3	1,1	15,0	1,1	16,1	0,1	1,3	3,4	48,7	...	...	...	Kiribati
175	26,4	7	1,1	37	5,6	76	11,5	20	3,1	327	49,3	6,9	6,2	3,5	Kuwait
130[8]	7,1[8]	8	[8]	[11]	[11]	[11]	[11]	[11]	[11]	316[11]	17,2[11]	1,6	1,8	2,2	Laos
23	5,5	1	0,2	4	1,1	[8]	2,0	—	0,1	159	37,4	1,8	2,0	2,1	Lesotho
72[7,23]	6,2[7,23]	9[7]	0,7[7]	62[7]	5,4[7]	203[7]	17,7[7]	1	[1]	342[1,7]	29,8[1,7]	1,7	...	...	Líbano
15	2,2	3	0,4	14	2,1	47	7,0	2	0,3	90	13,5	2,6	2,2	2,7	Liberia
368	34,7	26	2,4	93	8,7	41	3,9	13	1,2	318	30,0	3,6	3,7	3,5	Libia
5,5	42,3	0,1	1,0	0,4	3,0	1,6	12,3	1,6	12,3	0,8	31,8	...	...	...	Liechtenstein
52	32,4	1,4	0,9	[11]	6,6	35	22,0	18	11,0	36	22,7	...	...	...	Luxemburgo
66	53,0	0,9	0,7	6	4,6	23	18,5	2	1,8	19	15,4	...	...	...	Macao
244[8,14]	6,0[8,14]	[8]	[8]	[11]	[11]	[11]	[11]	[11]	[11]	539[11,14]	13,1[11,14]	2,1	1,9	2,3	Madagascar
804	17,5	[8]	0,2	161	3,5	560	12,2	80	1,7	1.078	23,5	3,4	2,9	2,6	Malasia
75[21]	19,7[21]	5[21]	1,3[21]	22[21]	5,8[21]	32[21]	8,3[21]	12[21]	3,0[21]	58[21]	15,1[21]	2,2	2,6	2,6	Malawi
24	30,5	0,4	0,5	5	6,1	2,5	3,2	1	[1]	11[1]	14,3[1]	...	...	...	Maldivas
26	1,2	1,2	0,1	12	0,5	45	2,0	0,2	—	239	10,9	1,7	2,5	2,7	Mali
39	34,6	1,4	1,2	[8]	7,2	12	10,3	4	3,1	42	37,4	...	...	...	Malta
1.368	25,1	22	0,4	141	2,6	498	9,1	1	[1]	1.007[1]	18,5[1]	2,9	3,3	3,1	Marruecos
90[21]	37,9[21]	4[21]	1,6[21]	9[21]	3,8[21]	10[21]	4,2[21]	5[21]	2,2[21]	67[21]	28,4[21]	2,6	3,3	2,1	Mauricio
46[8,14]	8,9[8,14]	[8]	[8]	[11]	[11]	[11]	[11]	[11]	[11]	112[11,14]	21,7[11,14]	1,8	2,7	3,1	Mauritania
3.871	17,6	116	0,5	672	3,1	1.729	7,9	406	1.8	8.970	40.9	3.9	3.2	3.0	México
1,1	11,6	9	[9]	0,5[9]	5,1[9]	0,9	9,2	0.1	1.3	6.9	70.4	...	...	...	Micronesia, Estados Federados de
120[43]	18,0[43]	17	2,6	36	5,4	42	6,2	...	...	135	20.0	2.7	3.0	2.8	Mongolia
42[23]	0,8[23]	...	...	77	1,3	112	2,0	...	...	243	4.4	3.2	...	...	Mozambique
93[8,14]	21,8[8,14]	[8]	[8]	[11]	[11]	[11]	[11]	[11]	[11]	148[11,14]	34.7[11,14]	...	...	...	Namibia

Empleo y población activa (continuación)

país	año	población económicamente activa: total (miles)	tasa de participación: mujeres	tasa de participación: edades 15-64	tasa de actividad (%): total	tasa de actividad (%): varones	tasa de actividad (%): mujeres	estado de empleo (%): empresarios, autónomos	estado de empleo (%): empleados	estado de empleo (%): trabajadores familiares sin sueldo	estado de empleo (%): otros	población empleada por sector económico: agricultura, silvicultura, pesca: número (miles)	agricultura, silvicultura, pesca: % de la población activa	minería, canteras: número (miles)	minería, canteras: % de la población activa
Nauru	1977	2,2	...	...	30,5	...	...	...	...	...	...	...	...	...	...
Nepal	1986	7.760	34,7	82,5	45,5	57,8	32,5	86,2[15]	9,1[15]	2,5[15]	2,2[15]	6.244[15]	91,1[15]	1,0[15]	—
Nicaragua	1980	864	21,6	54,0	29,8	46,8	12,9	...	...	...	...	392	45,4	7	0,7
Niger	1985	3.203	47,4	89,7	52,4	55,6	49,2	...	...	...	...	2[21]	8,2[21]	5[21]	24,1[21]
Nigeria	1983	29.453	31,9	59,4	32,0	43,1	20,6	...	...	...	...	9.296	33,5	103	0,4
Noruega	1985	2.063	43,5	75,8[18]	49,9[14]	69,1[14]	40,9[14]	9,0	86,3	2,0	2,7	147	7,2	24	1,2
Nueva Zelanda	1981	1.332	34,2	66,1	42,4	56,1	28,8	12,9	81,7	0,5	4,9	144	10,8	5	0,3
Omán	1982	231	7,1[14]	50,1[14]	28,5[14]	50,8[14]	4,2[14]	...	...	...	...	9	3,9	4	1,6
Países Bajos	1986	6.022	35,6	60,1	41,2[17]	54,2[17]	28,5[17]	7,8[37]	77,4[37]	2,0[37]	12,8[37]	268[37]	5,2[37]	11[37]	0,2[37]
Pakistán	1985	25.596	11,5	51,0	30,2	51,5	7,2	40,9	27,5	27,7	3,9	14.490	52,7	27	0,1
Panamá	1984	683	30,9	52,2[14]	32,1[14]	45,8[14]	18,2[14]	25,6	66,1	4,0	4,3	178	27,2	0,9	0,1
Papúa Nueva Guinea	1980	749	39,5	35,6[6]	24,9	28,8	20,6	71,1	27,9	—	1,0	564	77,0	4	0,6
Paraguay	1982	1.039	19,7	57,5	34,3	54,8	13,6	43,1	37,7	9,2	10,0	446	43,2	1,4	0,1
Perú	1982	5.978	28,6	53,1[15]	31,8	45,4	18,2	49,1	45,1	5,8	—	2.296	38,4	68	1,2
Polonia	1985	17.137	45,4[3]	73,7[3]	51,2[3]	57,4[3]	45,4[3]	13,2[3]	74,0[3]	12,1[3]	0,7[3]	5.112	29,8	548	3,2
Portugal	1985	4.696	41,6	67,8	46,1	56,0	37,0	24,0	62,4	5,3	8,3	1.013	23,6	24	0,6
Puerto Rico	1986	963	35,6	47,6[18]	29,5[37]	39,2[37]	20,3[37]	13,7	84,1	0,9	1,4	56	5,9	0,9	0,1
Reino Unido	1984	27.012	40,1	71,9[15]	47,8	58,8	37,4	8,4	80,4	...	11,2	628	2,6	327	1,4
Ruanda	1978	2.661	51,5	94,3	55,1	54,6	55,6	38,8	7,2	53,8	0,2	2.472	92,9	12	0,4
Rumania	1985	10.586	45,6[33]	76,6[33]	50,1[33]	55,2[33]	45,1[33]	...	...	...	...	3.060	28,9	[8]	[8]
Salomón, Islas	1985[21]	25	16,8	86,3	42,7	...	...	...	...	...	...	8	32,4	0,1	0,3
Salvador, El	1980	1.593	34,8	62,4	35,4	47,5	24,0	28,2	59,2	10,9	1,7	637	40,6	4	0,3
Samoa Occidental	1981	42	15,0	48,6	26,5	43,5	8,3	21,1	43,5	35,0	0,4	25	60,4	—	—
San Cristóbal y Nieves	1984	17[14]	41,0[14]	69,5[14]	39,5[14]	48,5[14]	31,3[14]	12,4[13]	86,6[13]	1,1[13]	—	4	29,6	—	—
San Marino	1986	11	40,2	70,3	50,0	59,3	40,6	20,6	78,2	1,2	—	0,4	3,5	[8]	[8]
Santa Lucía	1970	49	55,2	54,4[13]	41,1	39,0	43,0	27,3[13]	70,8[13]	2,0[13]	—	6,9	29,0	—	0,1
S. Vicente y las Granadinas	1980	24	35,9	58,9[30]	27,5	37,6	18,7	16,0	82,5	1,5	—	10,4	35,9	—	0,2
Sao Tomé y Príncipe	1981	31	32,4	61,1	31,7	43,1	20,4	15,9	79,9	0,1	4,1	16	56,2	2[35]	5,5[35]
Senegal	1985	3.095	41,8	78,1	47,1	55,3	39,1	...	...	...	...	11[7,21]	9,1[7,21]	2[7,21]	1,6[7,21]
Seychelles	1985	28	42,4	66,8[27]	42,4	49,0	35,9	10,7[15]	76,6[15]	0,3[15]	12,4[15]	5[15]	19,5[15]	—	—
Sierra Leona	1985	1.352	33,7	62,9	37,5	50,8	24,8	...	...	...	...	6[17,21]	8,5[17,21]	6[17,21]	8,9[17,21]
Singapur	1985	1.204	36,4	65,6	47,1	59,8	34,3	13,0	80,9	1,9	4,1	[8]	0,7	2,4	0,2
Siria	1984	2.384	10,6	47,7	23,6	41,5	5,1	34,0[16]	56,2[16]	7,4[16]	2,4[16]	1.064	46,0	18	0,8
Somalia	1985	1.999	39,7	72,8	43,0	52,5	33,7	...	...	...	...	1.366[14]	75,6[14]	[8]	[8]
Sri Lanka	1981	5.017	25,5	53,6	44,4	64,8	23,1	24,7	55,2	2,2	17,9	1.876	45,5	34	0,8
Suazilandia	1985	273	39,9	72,1	42,0	51,2	33,1	...	...	...	...	23[21]	31,6[21]	2[21]	3,3[21]
Sudán	1980	5.973[15]	20,0[42]	55,1[26,42]	29,4[42]	46,7[42]	11,9[42]	59,2[42]	25,3[42]	9,9[42]	5,6[42]	3.433	65,8	183[35]	3,5[35]
Suecia	1985	4.424	47,1	82,6[18]	52,3[7]	56,9[7]	47,9[7]	6,8	90,1	0,3	2,8	208	4,8	15	0,3
Suiza	1980	3.092	36,2	70,7	48,6	63,4	34,4	9,6	90,3	...	...	218	7,2	6	0,2
Sudáfrica, Rep. de	1980	8.690	23,3	68,3[13]	34,7	46,2	22,8	...	...	...	...	1.306	15,0	836	9,6
Suriname	1984	99	27,9[14]	38,7[14]	25,9	...	...	...	...	...	...	17	16,8	5	4,7
Tailandia	1982	25.749	47,6	83,1[26]	53,0	55,2	50,6	29,1	24,1	43,3	3,5	16.985	68,4	65	0,3
Taiwán	1985	9.234	36,4	71,1	47,9	58,8	36,2	21,5	66,6	11,9	—	2.232	24,7	41	0,5
Tanzania	1985	10.913	48,9	85,7	48,5	50,2	46,8	...	...	...	...	137[7,21]	20,3[7,21]	7[7,21]	1,7[7,21]
Togo	1985	1.244	37,5	69,5	42,0	53,3	31,1	...	...	...	...	813[14]	73,0[14]	[8]	[8]
Tonga	1976	21	15,7	43,7	23,8	39,3	7,6	32,7	33,3	13,1	20,9	9,5	51,2	—	0,1
Trinidad y Tobago	1985	465	33,3	64,5	39,4	52,6	26,2	18,0	74,5	5,3	2,2	44	9,7	65[35]	14,4[35]
Túnez	1982	1.810[14]	20,1[14]	51,4[14]	28,4[14]	45,1[14]	11,5[14]	24,7[14]	50,1[14]	10,5[14]	14,7[14]	539	30,2	16	0,9
Turquía	1980	19.212	36,1	68,2	42,9	54,1	31,4	23,2	32,1	40,9	3,8	11.105	60,0	132	0,7
Tuvalu	1979[46]	4,0	51,3	81,0[26]	55,2	57,6	53,1	0,3	22,2	—— 77,5 ——		—	4,2[21]	—	0,1[21]
Uganda	1985	7.054	41,9	78,9	45,6	53,4	37,9	...	...	...	...	5.292[14]	85,9[14]	[8]	[8]
Unión Soviética	1985	135.424[25]	49,8[25]	72,7[14]	51,7[25]	55,7[25]	48,1[25]	...	82,8[24]	...	17,2[24,27]	25.198	19,3	[8]	[8]
Uruguay	1985	1.172	29,6[14]	60,3[14]	39,0[14]	55,6[14]	22,8[14]	...	...	...	...	179	15,3	2	0,2
Vanuatu	1979	51	43,4	84,3	46,0	49,0	42,5	...	...	...	...	39	76,8	0,1	0,1
Venezuela	1985	5.828	27,3	57,8	33,9	48,8	18,7	25,6	57,2	3,2	14,0	846	14,8	78	1,4
Vietnam	1985	28.755	47,2	80,1	48,2	52,3	44,2	...	...	...	...	17.502	60,9	870[35]	3,0[35]
Viti	1986	241	21,2	54,6[26]	33,7	52,4	14,5	33,6	42,2	16,3	7,9	106	48,0	1	0,6
Yemen, Rep. Árabe de	1984	1.472	12,5	41,4	21,3	38,8	5,1	45,2[24]	34,0[24]	19,1[24]	1,7[24]	830[15]	69,1[15]	1,3[15]	0,1[15]
Yemen, Rep. Pop. Dem. de	1984	450	6,8	43,0	19,2	40,2	2,9	29,8[42]	34,2[42]	15,1[42]	20,9[42]	166	36,9	[8]	19
Yibuti	1982[21]	...	...	...	...	...	...	...	...	...	...	0,1	0,4	—	—
Yugoslavia	1981	9.359	38,7	68,7[48]	43,4	54,3	32,9	17,2	65,7	10,5	6,6	2.683	30,6	[8]	[8]
Zaire	1980	10.434	37,6	67,8	40,4	51,3	29,8	...	...	...	...	7.460	71,5	[8]	[8]
Zambia	1984	2.032	27,9	59,2[26]	31,6	46,0	17,4	...	...	...	...	1.462[16]	64,6[16]	58[16]	2,5[16]
Zimbabwe	1985	2.484[7]	39,2[7]	63,5[7,26]	33,1[7]	41,1[7]	25,4[7]	...	...	...	...	277[21]	26,1[21]	54[21]	5,1[21]

[1] Servicios incluye finanzas, bienes raíces. [2] Sector estatal únicamente. [3] 1978. [4] Excluye los argelinos en el exterior. [5] 1983. [6] Más de 10 años de edad. [7] 1982. [8] Industria, construcción incluye minería, canteras, y electricidad, gas y agua. [9] Transportes, comunicaciones incluye electricidad, gas y agua. [10] Servicios incluye hoteles. [11] Servicios incluye transportes, comunicaciones; comercio, hoteles y restaurantes; y finanzas, bienes raíces. 12 Más de 12 años de edad. [13] 1970. [14] 1980. [15] 1981. [16] 1983. [17] 1984. [18] 16-64 años. [19] Servicios incluye transportes, comunicaciones y finanzas, bienes raíces. [20] 1976. [21] Sólo asalariados. [22] Minería, canteras incluye industria manufacturera, y electricidad, gas y agua. [23] Únicamente construcción. [24] 1975. [25] 1979. [26] Más de 15 años. [27] Más de 12 años.

industria manufacturera, construcción		electricidad, gas, agua		transportes, comunicaciones		comercio, hoteles, restaurantes		finanzas, bienes raíces		servicios, otros		crecimiento medio anual de la población activa			país
												1965-1980 (%)	1980-1985 (%)	1985-2000 (%)	
número (miles)	% de la población activa	número (miles)	% de la población activa	número (miles)	% de la población activa	número (miles)	% de la población activa	número (miles)	% de la población activa	número (miles)	% de la población activa				
...	...	...	...	...	...	...	...	...	...	...	...	...	...	...	Nauru
36[15]	0,5[15]	3,0[15]	—	7[15]	0,1[15]	109[15]	1,6[15]	10[15]	0,1[15]	441[15]	6,4[15]	1,6	2,3	2,3	Nepal
129	14,9	7	0,8	30	3,4	105	12,2	17	2,0	178	20,6	2,9	3,8	3,9	Nicaragua
5[21]	22,8[21]	3[21]	11,3[21]	2[21]	8,7[21]	2[21]	8,8[21]	12[1]	6,2[21]	2[21]	10,0[21]	1,8	2,3	2,6	Níger
2.252	8,1	318	1,1	1.123	4,0	6.534	23,5	204	0,7	7.946	28,6	3,0	2,6	2,9	Nigeria
525	25,6	21	1,0	174	8,5	351	17,1	133	6,5	676	32,9	1,8	0,8	0,7	Noruega
397	29,8	15	1,1	108	8,1	218	16,4	92	6,9	354	26,5	1,9	1,8	1,2	Nueva Zelanda
54	23,7	2	0,9	6	2,6	101	43,9	4	1,6	50	21,8	3,8	5,2	2,7	Omán
1.379[37]	26,8[37]	44[37]	0,9[37]	323[37]	6,3[37]	907[37]	17,6[37]	457[37]	8,9[37]	1.756[37]	34,1[37]	1,4	1,4	0,5	Países Bajos
5.012	18,2	311	1,1	1.261	4,6	3.281	11,9	225	0,8	2.874	10,6	2,6	3,2	2,8	Pakistán
103	15,7	9	1,3	39	5,9	99	15,1	24	3,7	202	30,9	2,7	3,0	2,6	Panamá
26	4,8	3	0,4	17	2,4	25	3,4	4	0,6	79	10,8	1,9	2,2	2,0	Papúa Nueva Guinea
196	18,8	3	0,3	31	3,0	86	8,3	18	1,7	254	24,6	3,2	3,1	2,8	Paraguay
992	16,6	13	0,2	282	4,7	976	16,3	105	1,8	1.245	20,8	2,9	2,9	2,8	Perú
5.603	32,7	166	1,0	1.303	7,6	1.386	8,1	368	2,1	2.650	15,5	1,1	0,7	0,7	Polonia
1.413	32,9	30	0,7	188	4,4	596	13,9	117	2,7	920	21,2	1,2	1,0	0,8	Portugal
230	24,2	14	1,5	43	4,5	176	18,6	31	3,3	397	41,9	...	...	...	Puerto Rico
7.222	30,4	333	1,4	1.426	6,0	4.753	20,0	2.033	8,5	7.071	29,7	0,3	0,5	0,2	Reino Unido
61	2,3	1	—	7	0,3	26	1,0	1	—	81	3,1	2,9	2,8	2,9	Ruanda
4.716[8]	44,5[8]	[8]	[8]	721	6,8	617	5,8	...	...	1.474	14,0	0,2	0,7	0,7	Rumania
3	12,9	0,3	1,3	2	8,7	3	10,3	0,5	2,1	[8]	32,0	...	...	...	Salomón, Islas
328	21,0	10	0,6	66	4,2	256	16,3	16	1,0	250	16,0	3,3	2,9	3,3	Salvador, El
3	7,3	0,5	1,1	1	3,2	2	4,4	1	3,1	[8]	20,4	...	...	...	Samoa Occidental
3	17,4	1	7,0	0,5	3,0	0,9	6,3	0,3	1,9	5	34,8	...	...	...	S. Cristóbal y Nieves
4,9[8]	46,8[8]	[8]	[8]	0,1	1,2	1,6	15,1	0,2	1,9	3,3	31,6	...	...	...	San Marino
5,2	17,8	0,5	1,7	1,1	3,7	3,1	10,6	...	...	8,7	30,0	...	...	...	Santa Lucía
4,7	19,9	0,2	0,9	1,1	4,5	2,9	12,1	1	1	7,9[1]	33,4[1]	...	...	...	S. Vicente y las Granadinas
2[23]	6,1[23]	0,3	1,0	1	3,5	2	6,9	0,2	0,6	6	20,1	...	...	...	Sao Tomé y Príncipe
39[7,21]	33,6[7,21]	3[7,21]	2,8[7,21]	25[7,21]	21,3[7,21]	15[7,21]	12,6[7,21]	8[7,21]	6,8[7,21]	14[7,21]	12,3[7,21]	3,1	1,9	2,1	Senegal
6[15]	23,2[15]	0,2[15]	0,8[15]	2[15]	8,4[15]	4[15]	15,6[15]	0,5[15]	1,8[15]	8[15]	30,5[15]	...	...	...	Seychelles
17[17,21]	24,9[17,21]	2[17,21]	3,1[17,21]	7[17,21]	10,6[17,21]	6[17,21,28]	9,0[17,21,28]	28	[28]	24[17,21]	34,9[17,21]		1,1	1,4	Sierra Leona
397	34,4	[8]	0,7	117	10,1	271	23,5	101	8,7	251	21,7		1,9	0,8	Singapur
500	21,6	7	0,3	111	4,8	248	10,7	21	0,9	345	14,9		3,5	4,0	Siria
152[8,14]	8,4[8,14]	[8]	[8]	[11]	[11]	[11]	[11]	[11]	[11]	290[11,14]	16,0[11,14]		2,0	1,7	Somalia
543	13,2	16	0,4	200	4,8	437	10,6	57	1,4	957	23,3		1,6	1,6	Sri Lanka
14[21]	19,5[21]	1[21]	1,8[21]	5[21]	7,4[21]	7[21]	9,7[21]	3[21]	4,5[21]	16[21]	22,2[21]	...	...	...	Suazilandia
108[23]	2,1[23]	59	1,1	199	3,8	221[28]	4,2[28]	28	[28]	1.020	19,5	2,4	2,8	3,1	Sudán
1.228	28,6	40	0,9	300	7,0	591	13,7	321	7,5	1.594	37,2	1,1	0,3	0,3	Suecia
1.162	38,5	22	0,7	180	6,0	586	19,4	246	8,2	592	19,6	0,8	0,7	0,1	Suiza
1.925	22,2	80	0,9	428	4,9	1.011	11,6	287	3,3	2.816	32,4	1,8	2,8	2,8	Sudáfrica, República de
14	13,9	1,4	1,4	4	3,9	13	12,9	2	2,1	44	44,3	...	...	...	Suriname
2.527	10,2	76	0,3	501	2,0	2.298	9,3	...	...	2.378	9,6	2,8	2,5	1,7	Tailandia
2.867	31,8	58	0,6	420	4,6	1.241	13,7	200	2,2	1.968	21,8	...	2,9	...	Taiwán
170[7,21]	25,1[7,21]	21[7,21]	3,2[7,21]	60[7,21]	8,9[7,21]	38[7,21]	5,6[7,21]	17[7,21]	2,5[7,21]	225[7,21]	33,3[7,21]	2,8	2,8	3,0	Tanzania
110[8,14]	9,9[8,14]	[8]	[8]	[11]	[11]	[11]	[11]	[11]	[11]	190[11,14]	17,1[11,14]	2,7	2,3	2,5	Togo
1,5	8,3	0,1	0,6	0,8	4,5	0,8	4,4	0,1	0,3	5,7	30,7	...	...	...	Tonga
34,45	34,45	102[45]	22,3[45]	30	6,7	105	23,1	...	...	109	23,8	1,9	2,5	2,1	Trinidad y Tabago
561	31,5	10	0,6	65	3,6	155	8,7	[11]	0,6	346	19,4	2,8	3,1	2,8	Túnez
2.741	14,8	33	0,2	531	2,9	1.084	5,9	294	1,6	2.602	13,9	1,7	2,3	2,0	Turquía
0,3[21]	31,7[21]	—	1,6[21]	0,1[21]	11,9[21]	0,1[21]	10,9[21]	—	1,2[21]	0,3[21]	38,5[21]	...	...	...	Tuvalu
272[8,14]	4,4[8,14]	[8]	[8]	[11]	[11]	[11]	[11]	[11]	[11]	599[11,14]	9,7[11,14]	3,0	2,7	3,0	Uganda
54,489[8]	41,8[8]	[8]	[8]	12.549	9,6	10.031	7,7	679	0,5	27.324	21,0	1,2	0,9	0,5	Unión Soviética
275	23,4	17	1,5	59	5,0	137	11,7	42	3,6	461	39,3	0,4	0,6	0,9	Uruguay
2	4,1	0,1	0,1	1	2,6	2	4,3	0,3	0,6	6	11,3	...	...	...	Vanuatu
1.413	24,7	73	1,3	379	6,6	1.090	19,0	288	5,0	1.557	27,2	4,2	3,5	3,0	Venezuela
517[23]	1,8[23]	37	0,1	188	0,7	447	1,6	[1]	[1]	9.194[1]	32,0[1]	1,8	...	...	Vietnam
30	13,5	2	1,0	13	5,9	26	11,7	6	2,7	37	16,6	...	...	...	Viti
125[15]	10,4[15]	4[15]	0,3[15]	32[15]	2,6[15]	71[15]	6,0[15]	5[15]	0,4[15]	134[15]	11,1[15]	0,7	2,6	3,4	Yemen, Rep. Árabe de
80	17,7	9	2,0	29	6,5	39	8,8	0,3	0,1	118	26,2	1,6	2,8	3,1	Yemen, Rep. Pop. Dem. de
3	18,8	0,5	2,9	3	17,0	3	19,5	1,3	8,0	5	33,5	...	...	...	Yibuti
2.899[8]	33,0[8]	[8]	[8]	445	5,1	828	9,4	205	2,3	1.720	10,6	0,9	1,0	0,7	Yugoslavia
1.346[8]	12,9[8]	[8]	[8]	[11]	[11]	[11]	[11]	[11]	[11]	1.620[11]	15,6[11]	1,7	2,3	2,5	Zaire
81[16]	3,6[16]	8[16]	0,3[16]	24[16]	1,1[16]	30[16]	1,3[16]	22[16]	1,0[16]	578[16]	25,6[16]	2,7	3,2	3,5	Zambia
217[21]	20,5[21]	8[21]	0,7[21]	50[21]	4,8[21]	79[21]	7,4[21]	16[21]	1,5[21]	358[21]	33,9[21]	3,0	2,7	3,0	Zimbabwe

[28] Comercio incluye finanzas y bienes raíces. [29] 15-69 años. [30] 14-64. [31] Excluye desempleados. [32] 150-60 años. [33] 1977. [34] Más de 14 años. [35] Minería, canteras incluye industria manufacturera. [36] Las cifras económicamente activas corresponden únicamente a personas de 15-64 años de edad. [37] 1985. [38] Excluye Assam. [39] 1971. [40] 18-64 años. [41] 15-59 años. [42] 1973. [43] Industria manufacturera, construcción incluye minería y canteras. [44] Antillas Holandesas incluye Aruba. [45] Electricidad, gas y agua incluye construcción. [46] Sólo la población indígena de facto. [47] Incluye trabajadores comunales y sus familias. [48] 20-64 años.

Estadísticas demográficas

Esta tabla ofrece algunas de las medidas básicas que indican el estado y el movimiento de la población de cada país. La exactitud de los datos depende fundamentalmente de la eficacia del sistema nacional respectivo para recopilar la información relativa a acontecimientos demográficos (nacimientos, muertes, matrimonios, etc.) y de la complejidad del análisis que se lleve a cabo a partir de los datos compilados. Para determinar la esperanza de vida, por ejemplo, es necesario contar con información detallada sobre la estructura por edades y los antecedentes de mortalidad, pero el cálculo se puede realizar de diferentes formas sobre una misma base informativa.

Así, los datos sobre tasas de natalidad dependen no sólo de la exhaustividad de los registros correspondientes en un país determinado, sino también de las condiciones en que se recopilan tales datos: ¿Se producen todos los nacimientos en hospitales? ¿Es homogénea la información sobre nacimientos en todo el país? ¿Se tabulan los registros de nacimientos de forma centralizada con el fin de suprimir incoherencias en los datos referidos, por ejemplo, a mortalidad perinatal? Idénticas dificultades plantean las tasas de mortalidad, con la complicación añadida que supone tener que identificar la «causa del fallecimiento» en un país donde, por ejemplo, hay sólo un médico por cada 1.000 habitantes, proporción a todas luces insuficiente, tanto para realizar autopsias que determinen con precisión la causa de muerte como para proporcionar un grado de atención permanente que permita deducir la causa de muerte a partir del estado de salud o el diagnóstico previo.

La determinación del crecimiento natural, que en esencia no es más que la diferencia entre la tasa de natalidad y la de mortalidad, se complica cuando en determinado país el registro de nacimientos y el de defunciones no tienen el mismo grado de exhaustividad. La tasa general de fertilidad puede entenderse como el promedio de hijos que daría a luz cada mujer si todas las mujeres en edad de procrear vivieran hasta el final de ese período y tuvieran a lo largo de él el promedio de hijos calculado para cada grupo de edad. El cálculo de la tasa de fertilidad se complica por el cambio que sufre la estructura por edades de la población a lo largo del tiempo, por la evolución de las tasas de mortalidad entre las madres y por la mejora de la atención médica, que da lugar a un aumento del número de niños nacidos vivos y de los que superan el primer año de vida (base para determinar la mortalidad infantil, otra medida básica del crecimiento de la población).

Como se ha señalado anteriormente, los datos sobre las causas de muerte son no sólo particularmente difíciles de obtener, toda vez que muchos países no están en condiciones de recopilarlos, sino también muy difíciles de valorar, pues su exactitud puede ser dudosa y su significado estar sujeto a diversas interpretaciones. Tomemos el caso de un ciudadano de un país poco desarrollado que muere de una infección pulmonar: ¿Contribuyó a su muerte una malnutrición crónica complicada, a su vez, por una infestación parasitaria y esta conjunción de factores debilitó al sujeto hasta el punto de llevarle a la muerte por una infección que podría haber superado si su estado general hubiera sido mejor? De la misma forma, cuando en un país desarrollado se identifica en la autopsia como causa de la muerte de un individuo un accidente cerebrovascular, pero éste tiene lugar en un sistema vascular debilitado por la diabetes, ¿cuál es la causa real de muerte? En las estadísticas sobre causas de muerte se intenta determinar la causa «subyacente» (la que desencadena la secuencia de acontecimientos que concluye con la muerte) pero a menudo sólo se refleja la causa o síntoma más próximos. Incluso este tipo de análisis puede inducir a error a los encargados de interpretar los datos con vistas a es-

Estadísticas demográficas

país	tasas demográficas						causas de muerte (tasa por 100.000 habitantes)								
	año	tasa de natalidad por 1.000 habitantes	tasa de mortalidad por 1.000 habitantes	tasa de mortalidad infantil por 1.000 nacidos	tasa de crecimiento natural por 1.000 habi-	tasa de fertilidad general	año	enfermedades infecciosas y parasitarias	neoplasias malignas (cáncer)	alteraciones endocrinas y metabólicas	enfermedades del sistema nervioso	enfermedades cardiovasculares	enfermedades del sistema respiratorio	enfermedades gastrointestinales	accidentes, intoxicaciones y violencia
Afganistán	1986-85	48,9	27,3	194,0	21,6	6,9	...	...	...	...	...	...	...	...	...
Albania	1985	26,2	5,8	44,0[2]	20,4	3,6[3]	...	...	...	...	...	...	...	...	...
Alemana, República Democrática	1986	13,7	13,5	10,0[6]	—0,2	1,6	1984	4,9	215,1	36,4	9,9	774,0	77,6	30,6	37,3
Alemania, República Federal de	1986	10,2	11,5	8,9	—1,3	1,3[6]	1985	8,0	266,3	20,6	13,3	588,3	72,9	54,1	58,0
Andorra	1984	11,4	4,0	16,0[3]	7,4	...	...	...	...	...	...	...	...	...	...
Angola	1984	47,0	25,0	144,0	22,0	6,4	1973	73,2	6,5	4,9	3,6	19,2	24,6	3,6	89,0
Antigua y Barbuda	1985	14,8	5,0	19,8	9,8	2,1[6]	1983	21,7	46,0	34,5	26,4[7]	171,3	40,3[7]	18,7[7]	31,8[8]
Arabia Saudita	1980-85	42,1	8,9	109,8[6]	33,2	7,1	...	...	...	...	...	...	...	...	...
Argelia	1984	40,2	8,6	81,2	31,6	6,1	...	...	...	...	...	...	...	...	...
Argentina, República	1985	25,0	9,0	36,0[6]	16,0	3,4	1981	29,5	148,8	8,2	10,1	371,9	45,7	43,8	58,4
Australia	1986	15,7	7,4	10,0	8,3	1,9[10]	1984	3,3	167,8	15,2	9,8	349,0	50,2	23,5	46,6
Austria	1986	11,6	11,9	11,2[10]	—0,3	1,5[10]	1985	5,2	253,9	18,1	14,9	634,0	65,0	60,1	54,6
Bahamas	1984	22,2	5,0	23,1[11]	17,2	3,1[6]	1984	12,8	102,2	25,2	14,6	128,8	52,7	28,8	65,5
Bahrein	1984	36,8	5,9	30,0[10]	30,9	5,3	1983	4,7	23,9	6,2	3,9	97,3	17,2	6,5	30,2
Bangladesh	1986	42,7	16,3	133,0	26,4	5,7	1976	15,5	19,8	...	...	5,9	25,7	...	...
Barbados	1986	16,1	8,2	9,2	7,9	1,9[4]	1984	20,6	142,1	56,0	12,7	364,7	38,9	21,0	36,9
Bélgica	1986	11,8	11,1	9,4[10]	0,7	1,6	1984	7,7	273,5	27,0	22,1	480,0	81,2	43,0	74,8
Belice	1985	40,1	4,0	18,9	36,1	4,6[6]	1983	43,1	38,7	25,4	16,5	95,1	52,0	12,7	26,6
Benin	1984	49,0	17,0	116,0	32,0	6,5	1977	...	...	...	...	...	206,5	200,7	...
Bermudas	1986	15,6	7,3	13,5	8,3	1,7	1984	3,5	163,0	50,0	7,0[8]	354,0	37,0	19,6[7]	39,0
Birmania	1985	33,2	13,7	106,0	19,5	4,5	1978	32,6	6,5	6,1	...	14,1	19,8	1,7	7,3
Bolivia	1980-85	44,0	15,9	110,0[10]	28,1	6,3	...	...	...	...	...	...	...	...	...
Botswana	1986	45,6	11,1	68,4[12]	34,5	6,8	1977	23,9	6,0	...	...	8,4	...	...	...
Brasil	1985	32,0	7,0	64,0	25,0	3,6[6]	1980[13]	57,4	49,3	8,7	3,0	156,2	36,9	10,3	57,9
Brunei	1985	30,1	3,6	12,1	26,5	4,4[4]	1985	48,0	64,0	...	...	132,0	25,0	3,1[12]	21,0
Bulgaria	1985	13,2	12,0	15,8	1,2	2,0[6]	1984	7,6	160,6	17,2	5,5	673,0	82,0	34,7	41,6
Burkina Faso	1980-85	47,8	20,1	137,0[10]	27,7	6,5	...	...	...	...	...	...	...	...	...
Burundi	1980-85	47,2	19,0	124,0	28,2	6,4	...	...	...	...	...	...	...	...	...
Bután	1986	37,8	17,3	137,0	20,5	5,5	...	...	...	...	...	...	...	...	...
Cabo Verde	1986	32,0	8,7	76,5[10]	13,1	2,4[4]	1980	153,7	43,8	20,6	16,5	135,8	72,3	27,7	30,1
Camerún	1980-85	42,9	15,8	103,0	27,1	5,8	...	...	...	...	...	...	...	...	...
Canadá	1986	14,8	7,3	9,3[6]	7,5	1,7[6]	1984	4,0	178,2	17,5	18,3	311,3	51,2	26,4	37,2
Centroafricana, República	1983	41,0	17,0	142,0	24,0	5,5	1978	59,0	...	...	...	...	...	...	...
Colombia	1982	30,6	5,8	60,9[12]	24,8	2,2[10]	1977[17]	86,6	54,1	7,2	5,9	129,2	60,7	9,9	70,1
Comores, Islas	1980	44,0	15,0	111,0	29,0	7,0	...	...	...	...	...	...	...	...	...

tablecer un orden de prioridades en los cuidados sanitarios de un país determinado. Los ocho grupos principales de causas de muerte que siguen incluyen la mayoría, aunque no la totalidad, de las contenidas en la clasificación de la Organización Mundial de la Salud, por lo que su suma no coincide con la tasa bruta de mortalidad anual del país de que se trate. Entre las causas menores excluidas de la presente clasificación se encuentran: neoplasias benignas; alteraciones nutricionales; anemias; alteraciones mentales; enfermedades renales genitourinarias no clasificables en los grupos principales; muertes como consecuencia del parto; enfermedades de la piel y del sistema musculoesquelético, enfermedades congénitas y perinatales; y senilidad y otras alteraciones mal definidas (mal diagnosticadas).

Probablemente sea la esperanza de vida la medida aislada más precisa de la calidad de vida en una sociedad determinada. Resume, en una sola cifra, todas las tensiones naturales y sociales que afectan al individuo en esa sociedad. Oscila entre los cuarenta años de los países menos desarrollados y los ochenta para las mujeres de los más avanzados. El potencial perdido en los años que separan estas dos cifras es prodigioso, con independencia de cuál sea la causa de la pérdida (guerras y violencia civil, deficiencias de la sanidad pública, ausencia de una educación sanitaria adecuada en cuanto a nutrición, ejercicio, estrés, etc.).

Los datos sobre matrimonio y tasas de nupcialidad son probablemente menos apropiados para establecer comparaciones entre los distintos países que algunas de las medidas mencionadas anteriormente, puesto que la cantidad y variedad de relaciones sociales que sustituyen al matrimonio dependen de numerosas variables: ingresos, grado de control social, heterogeneidad de la sociedad (raza, clase, comunidades lingüísticas) y nivel de desarrollo de la administración civil (si es necesario emplear un día, o más, en el viaje hasta el lugar donde se celebran los matrimonios civiles, es probable que se renuncie a realizarlo). No obstante, los datos de cada país proporcionan información específica sobra la práctica local en cuanto a la edad de los contrayentes y la tasa general refleja, al menos, el número de matrimonios civiles, aunque nada diga de las situaciones no legalizadas (en este caso, la tasa de hijos legítimos permite identificar algunas de las sociedades en las que actúan imperativos económicos o sociales que limitan el número de matrimonios registrados legalmente). Los datos disponibles abarcan habitualmente tanto el primer matrimonio como los que se producen tras anulación, divorcio o viudedad.

En cuanto a los datos sobre familias, ofrecen información sobre el tamaño medio de la unidad familiar (individuos unidos por lazos de sangre o por vínculos legales) y el promedio de hijos de edad inferior a la especificada (establecida en 15 años, de acuerdo con lo que se considera internacionalmente como minoría de edad social, aunque la minoría legal depende de las leyes de cada país). Cuando el censo o las encuestas demográficas nacionales no ofrecen datos precisos sobre familias, se han sustituido éstos por los referidos a hogares, ya que ambas entidades son, en cierto modo, intercambiables. En varios países de Europa y Norteamérica es cada vez más alto el número de hogares compuestos por individuos no unidos por lazos familiares (parejas heterosexuales no casadas, grupos con ingresos reducidos que comparten gastos o parejas homosexuales); esta situaciones no son todavía tan habituales en el resto del mundo como para tener, en conjunto, un peso considerable. Son muy pocos los programas censales, aun en los países desarrollados, que permiten identificar adecuadamente estos hogares.

esperanza de vida al nacer (último año)		nupcialidad, familia y planificación familiar															país
		matrimonios			edad de los contrayentes (último matrim.)						familias (F), hogares (H) (último)						
		año	número total	tasa por 1.000 habitantes	novio (porcentaje)			novia (porcentaje)			familias (hogares)		hijos		abortos legales		
varón	mujer				menos de 20	20-29	más de 29	menos de 20	20-29	más de 29	total (miles)	tamaño	menores 15 años (número)	porcentaje legítimos	número	relación por 100 nacidos vivos	
36,6	37,3	1970	6.212	0,4	...	...	...	...	...	...	H 2.110	H 6,2	H 2,8[1]	...	...	...	Afganistán
67,9	72,9	1984	26.397	9,1	2,0	81,2	16,8	23,0	73,7	3,4	...	F 5,4	...	...	...	...	Albania
69,6	75,4	1985	133.898[6]	7,8	4,1	71,9	24,0	18,5	65,0	16,5	F 4.781	H 3,5	H 0,7	66,4	80.100	35,0	Alemana, República Democrática
71,2	77,8	1985	364.684	6,0	2,2	63,2	34,6	11,3	66,7	22,0	F 22.882	F 2,7	F 0,5	90,4	86.298	14,8	Alemania, República Federal de
——70,0——		1984	130	3,1	...	...	...	...	...	...	...	...	...	...	...	...	Andorra
40,4	43,6	1972	26.278	4,5	...	...	...	...	...	...	...	H 4,8	...	...	...	...	Angola
70,4	74,2	1984	203	2,6	0,5	41,1	58,5	10,6	54,8	34,6	H 15	H 4,2	H 1,9	18,7	...	...	Antigua y Barbados
59,2	62,7	...	...	...	...	...	...	...	...	...	H 1.513	H 6,6	...	...	...	...	Arabia Saudita
61,6	63,3	1983	143.169	6,2	3,4	68,3	28,3	37,7	53,5	8,8	...	H 4,9	...	...	...	...	Argelia
67,3	74,0	1983	177.010	6,0	5,6	71,5	22,9	26,0	58,6	15,4	H 7.104	H 3,9	H 1,2	70,2	...	...	Argentina, República
72,6	79,1	1985	108.655	7,0	1,9	64,8	33,3	10,8	55,0	23,2	F 4.140	H 3,1	H 0,5	84,5	...	...	Australia
69,2	76,4	1985	44.867	5,9	2,7	67,5	29,8	12,5	69,5	18,0	F 2.020	F 3,7	F 0,7	77,6	...	...	Austria
66,9	70,9	1984	1.681	7,4	3,7	62,4	34,0	17,6	59,3	23,1	H 40	H 4,3	H 1,8	37,8	...	...	Bahamas
68,3	73,0	1983	2.396	6,2	6,2	74,4	19,4	45,9	48,5	5,6	H 61	H 6,7	H 3,0	...	...	...	Bahrein
50,2	49,2	1982	...	9,4	...	...	...	...	...	...	...	H 5,8	...	...	...	...	Bangladesh
70,0	75,4	1983	1.252	5,0	0,6	49,9	49,5	5,5	66,7	27,8	H 67	H 3,7	H 1,5	27,9	...	...	Barbados
70,0	76,8	1985	57.200	5,8	4,3	79,8	15,9	22,1	67,1	10,8	F 3.613	F 2,7	F 0,5	93,9	...	...	Bélgica
63,3	67,1	1984	860	5,3	...	...	...	...	...	...	H 29	H 5,2	H 2,4	46,1	...	...	Belice
47,0	51,0	80-85	...	12,8	...	...	...	...	...	...	...	H 5,4	...	...	...	...	Benín
68,8	76,3	1985	696	12,2	—	42,4	57,5	2,1	53,1	44,9	H 18	H 2,7	H 0,7	68,7	92	11,0	Bermudas
51,2	54,3	...	...	...	...	...	...	...	...	...	...	H 5,1	...	...	...	...	Birmania
48,6	53,0	1980	26.990	4,8	8,3	75,1	16,6	26,1	55,4	18,5	H 1.050	H 4,4	H 1,8	80,9	...	...	Bolivia
54,7	61,2	...	...	...	...	...	...	...	...	...	H 125	H 5,7	H 2,0	28,0	...	...	Botswana
62,3	67,6	1984	937.070	7,1	7,4	69,1	23,5	33,4	51,7	14,9	F 31.076	F 4,1	H 1,6	...	...	...	Brasil
70,1	72,7	1984	1.626	7,5	10,0	72,8	17,2	18,4	71,5	10,1	H 23	H 5,8	H 2,5	99,3	...	...	Brunei
68,3	73,5	1985	66.227	7,4	6,4	75,6	18,0	37,7	51,4	10,9	F 2.627	F 3,3	F 0,7	89,1	131.140	107,2	Bulgaria
43,7	46,8	1975	...	9,4	...	...	...	...	...	...	...	H 4,9	...	...	...	...	Burkina Fasso
44,9	48,1	...	...	...	...	...	...	...	...	...	...	H 4,9	...	...	...	...	Burundi
47,7	46,3	...	...	...	...	...	...	...	...	...	...	H 5,4	...	...	...	...	Butáb
59,9	63,3	1975	1.604	5,4	...		...	...	...	...	F 59	F 5,1	...	55,2	...	...	Cabo Verde
49,2	52,6	...	...	...	...	...	...	...	...	...	...	H 5,2	...	...	...	...	Camerún
73,0	79,0	1985	180.200	7,1	3,1	68,1	28,8	13,3	67,3	19,4	H 9.255	H 2,8	H 1,4	91,0	61.750	16,5	Canadá
46,0	49,0	...	...	...	...	...	...	...	...	...	...	H 4,3	...	...	...	...	Centroafricana, República
62,6	64 0	1977	88.401	3,5	5,6	69,5	24,9	33,6	55,3	11,1	F 4.772	F 5,4	F 2,5	75,2	...	...	Colombia
50,3	53,8	1964	1.959	8,5	...	...	...	...	...	...	...	H 5,3	...	...	...	...	Comores, Islas

Estadísticas demográficas (continuación)

país	tasas demográficas						causas de muerte (tasa por 100.000 habitantes)								
	año	tasa de natalidad por 1.000 habitantes	tasa de mortalidad por 1.000 habitantes	tasa de mortalidad infantil por 1.000 nacidos	tasa de crecimiento natural por 1.000 habi-	tasa de fertilidad general	año	enfermedades infecciosas y parasitarias	neoplasias malignas (cáncer)	alteraciones endocrinas y metabólicas	enfermedades del sistema nervioso	enfermedades cardiovasculares	enfermedades del sistema respiratorio	enfermedades gastrointestinales	accidentes, intoxicaciones y violencia
Congo, República Popular del	1985-85	44,5	18,6	81,0	25,9	6,0	...	...	...	...	...	...	...	...	...
Corea, República de	1986	21,8	6,3	27,0	15,5	2,1	...	...	...	...	...	...	...	...	...
Corea, Rep. Pop. Democrática de	1984	30,0	6,0	28,0	24,0	3,8	...	...	...	...	...	...	...	...	...
Costa de Marfil	1984	45,0	14,0	106,0	31,0	6,5	...	...	...	...	...	...	...	...	...
Costa Rica	1984	31,4	4,1	18,9	27,3	3,3	1983	17,5	78,4	8,7	1,9	111,5	39,5	8,5	37,2
Cuba	1986	16,3	6,1	13,6	10,2	2,0[6]	1985	12,7	116,6	15,3	8,3	252,2	48,4	21,2	63,8
Chad	1984	43,0	21,0	139,0	22,0	5,6	...	...	...	...	...	...	...	...	...
Checoslovaquia	1986	14,2	11,8	14,0	2,4	2,3[2]	1985	4,1[1]	234,0	...	7,8	665,5	86,4	...	79,6
Chile	1985	21,7	6,1	19,6	15,6	3,0[12]	1984	23,1[14]	100,9	13,6[14]	8,5[14]	177,6	65,8	56,6[14]	76,6
China	1985	17,8	6,6	39,0[4]	11,2	2,4[4]	1981[15]	23,7	113,0	6,3	9,4	251,1	43,0	25,9	31,3
Chipre	1986	19,5	7,9	11,6	12,6[6]	2,5[14]	...	...	...	...	...	...	...	...	...
Dinamarca	1986	10,8	11,4	7,9	—0,6	1,4	1985	4,9	283,9	19,5	11,6	523,8	89,3	37,1	78,3
Dominica	1984	20,8	5,2	16,3[11]	15,6	3,4	1984	13,4	88,6	26,7	14,6	197,8	27,9	9,7	8,5
Dominicana, República	1985-90	30,9	7,1	67,0	23,8	4,2[10]	1982	47,0	26,8	14,9	10,6	85,6	29,4	22,1	34,7
Ecuador	1984	36,8	8,1	68,4	28,7	4,8[10]	1980	122,1	41,7	10,8	10,5	87,4	103,2	28,0	70,6
Egipto	1984	37,4	10,9	93,0[10]	26,5	5,4	1980	25,2	19,2	7,6	10,4	200,1	165,6	254,5	21,6
Emiratos Árabes Unidos	1980-85	29,8	4,3	35,0[10]	25,5	5,9	...	...	...	...	...	...	...	...	...
España	1984	12,1	7,7	9,0	4,4	2,1[4]	1982	14,2	153,7	20,5	11,8	361,2	67,4	42,7	43,2
Estados Unidos de América	1987	15,5	8,9	10,2	6,6	1,8[27]	1986-87	15,7	194,8	15,1	0,6	394,9	59,4	15,6	60,4
Etiopía	1985	49,7	23,1	155,0	26,6	6,7	1978	39,5	3,8	24,6	2,7	5,6	16,3	28,9	15,8
Filipinas	1986	33,8	8,2	59,0	25,6	4,2	1984	179,8	30,2	13,4	...	100,6	...	...	16,8
Finlandia	1986	12,4	9,6	6,3[10]	2,8	1,6	1985	8,1	198,6	12,0	11,9	531,5	79,7	26,7	79,7
Francia	1986	14,1	9,9	8,0	4,2	1,8[6]	1984	12,6	238,3	21,8	18,3	356,7	59,3	59,7	91,6
Gabón	1980-85	33,8	18,1	121,6	15,7	4,5	...	...	...	...	...	...	...	...	...
Gambia	1980-85	48,4	29,0	174,0	19,4	6,4	...	...	...	...	...	...	...	...	...
Ghana	1980-85	46,9	14,6	98,0	32,3	6,5	...	...	...	...	...	...	...	...	...
Granada	1983	31,4	6,9	16,5[21]	24,5	3,5[6]	1981	26,7	90,9	48,3	...	186,3	41,5	31,4	30,0
Grecia	1986	11,3	9,2	14,1[10]	2,1	2,2[10]	1985	6,7	182,6	35,8	13,5	450,8	55,5	32,5	49,1
Guatemala	1985	41,7	7,5	56,0	34,2	5,8[6]	1981	256,8	28,2	12,4	11,3	57,2	143,2	24,8	195,9
Guinea	1980-85	46.8	23,5	159,0	23,3	6,2	...	...	...	...	...	...	...	...	...
Guinea-Bissau	1980-85	40,7	21,7	143,0	19,0	5,4	...	...	...	...	...	...	...	...	...
Guinea Ecuatorial	1980-85	42,5	21,0	137,0[14]	21,5	5,7	...	...	...	...	...	...	...	...	...
Guyana	1984	29,3	7,6	41,0[10]	21,7	3,3	1977	88,1	45,6	46,4	10,4	236,2	69,3	35,9	67,3
Haití	1985	36,0	13,0	107,0	23,0	4,5[6]	...	...	...	...	...	...	...	...	...
Honduras	1985	41,0	8,0	73,0	33,0	6,2[6]	1981	80,9	14,9	4,9	9,8	53,1	31,9	21,6	53,9
Hong Kong	1986	13,0	4,7	7,6	8,3	1,8[6]	1986	14,7	146,0	5,6	3,4	136,2	76,8	19,7	29,3
Hungría	1986	12,1	13,8	20,4	—1,7	1,7[6]	1985	10,4	267,6	20,5	10,8	749,1	71,1	75,6	124,7
India	1986	29,6	11,5	111,0	18,1	3,9	...	...	...	...	...	...	...	...	...
Indonesia	1986	29,8	11,7	77,0	18,1	3,7	...	...	...	...	...	...	...	...	...
Irak	1980-85	44,4	8,7	73,0[10]	35,7	6,7	...	...	...	...	...	...	...	...	...
Irán	1985	39,7	11,4	111,0	28,3	5,4	...	...	...	...	...	...	...	...	...
Irlanda	1986	17,4	9,5	10,1[6]	7,9	3,2[4]	1983	7,0	185,7	11,4	15,7	475,2	128,2	22,9	45,3
Islandia	1985	16,0	6,9	5,7	9,1	1,9	1984	4,2	162,0	5,0	10,9	293,9	79,8	18,4	53,4
Israel	1986	23,1	6,7	11,2	16,4	2,9[10]	1984	13,1	122,5	10,3	8,6	280,4	42,8	18,8	40,5
Italia	1985	10,1	9,5	10,9	0,6	1,8[6]	1984	5,9	226,0	36,1	14,0	429,7	60,9	54,7	46,0
Jamaica	1985	24,3	6,0	13,2[6]	18,3	3,3[6]	1978	39,3	74,8	40,5[22]	12,0	210,9	41,7	21,4	28,0
Japón	1986	11,4	6,2	5,3	5,2	1,8[6]	1985	9,6	155,5	9,1	5,2	245,5	60,3	31,5	46,7
Jordania	1980-85	44,7	7,9	49,0[10]	36,8	7,4	...	...	...	...	...	...	...	...	...
Kampuchea	1986	42,3	17,6	140,0	24,3	4,8	...	...	...	...	...	...	...	...	...
Katar	1985	30,6	2,6	35,0	28,0	4,6[6]	1985	6,0	27,6	11,3	3,3	45,8	10,6	8,0	61,5
Kenia	1980-85	55,1	14,0	92,0[6]	41,1	7,7[6]	...	...	...	...	...	...	...	...	...
Kiribati	1980-85	34,9	13,9	82,0[2]	21,0	4,4[6]	...	...	...	...	...	...	...	...	...
Kuwait	1986	29,5	2,4	22,0[10]	27,1	5,2[4]	1985	10,3	29,7	6,6	5,7	79,9	18,6	7,0	44,7
Laos	1986	41,9	17,9	116,0[10]	24,0	5,8	...	...	...	...	...	...	...	...	...
Lesotho	1980-85	41,8	16,5	109,0[14]	25,3	5,8	...	...	...	...	...	...	...	...	...
Libano	1984	29,8	8,8	44,4	21,0	3,8	...	...	...	...	...	...	...	...	...
Liberia	1984-89	46,8	12,2	122,0	34,2	6,9	...	...	...	...	...	...	...	...	...
Libia	1980-85	47,3	12,7	107,0	34,6	7,4	...	...	...	...	...	...	...	...	...
Liechtenstein	1986	12,8	6,7	7,4[6]	6,1	...	1986	11,3	171,5	18,8	—	229,9	32,8	52,5	54,7
Luxemburgo	1985	11,2	11,0	9,0	0,2	1,4	1985	4,4	271,6	21,8	17,5	533,1	64,6	54,0	73,6
Macao	1985	19,6	3,8	12,6	15,8	3,4[4]	1983	31,4	80,8	12,2	2,4	138,7	40,2	21,0	36,9
Madagascar	1985-90	44,1	15,2	110,0[6]	28,9	6,1	...	...	...	...	...	...	...	...	...
Malasia	1986	30,6	5,7	27,0	24,9	3,8	1981[25]	19,2	18,6	2,7	1,5	43,5	10,6	3,3	21,0
Malawi	1984	54,0	22,0	152,0[10]	32,0	7,6[10]	1982[24]	45,9	3,6	16,0	4,7	3,6	18,6	2,8	6,1
Maldivas	1985	49,5	8,8	63	40,7	6,5	...	...	...	...	...	...	...	...	...
Malí	1980-85	50,2	22,4	149,0	27,8	6,7	...	...	...	...	...	...	...	...	...
Malta	1985	15,9	8,3	13,6	7,6	2,0[4]	1985	0,6	100,8	65,7	4,8	308,8	28,2	20,2	18,7
Marruecos	1980-85	44,1	11,7	97,0	32,4	6,4	...	...	...	...	...	...	...	...	...
Mauricio	1986	18,3	6,7	23,8[10]	11,6	1,9[10]	1985	17,3	24,0	33,0	...	308,2	60,2	22,0	...
Mauritania	1985-90	50,0	19,2	133,0[6]	30,8	6,2[6]	...	...	...	...	...	...	...	...	...

esperanza de vida al nacer (último año)		nupcialidad, familia y planificación familiar															país
		matrimonios			edad de los contrayentes (último matrimonio)						familias (F), hogares (H) (último)						
		año	número total	tasa por 1.000 habitantes	novio (porcentaje)			novia (porcentaje)			familias (hogares)		hijos		abortos legales		
varón	mujer				menores de 20	20-29	más de 29	menores de 20	20-29	más de 29	total (miles)	tamaño	menores de 15 años	porcentaje legítimos	número	relación por 100 nacidos vivos	
44,9	48,1	...	...	...	...	...	...	...	...	...	H 326	H 4,7	H 2,0	...	...	...	Congo, República Popular del
65,2	71,5	1982	326.004	8,3	1,7	81,4	16,9	10,1	85,2	4,7	F 7.969	F 4,8	F 1,6	...	...	...	Corea, República de
65,0	72,0	...	...	...	...	...	...	...	...	...	...	H 5,7	...	...	...	...	Corea, Rep. Pop. Democrática de
51,0	54,0	...	...	...	...	...	...	...	...	...	...	H 4,5	...	...	...	...	Costa de Marfil
70,5	75,7	1983	19.171	7,9	9,2	69,3	21,5	36,2	51,1	12,7	F 472	F 5,0	F 1,7	64,9	...	...	Costa Rica
72,6	76,1	1985	79.800	8,1	11,3	57,7	31,0	31,9	47,0	21,1	F 2.002	H 4,2	H 1,6	...	116.956	70,8	Cuba
43,0	45,0	...	...	...	...	...	...	...	...	...	...	H 3,9	...	...	...	...	Chad
67,2	74,4	1985	121.340	7,7	6,7	73,1	20,2	27,3	57,4	15,3	F 4.187	H 3,6	F 0,9	93,1	119.325	52,8	Checoslovaquia
68,1	75,1	1985	91.099	7,5	6,5	74,4	19,1	26,4	60,7	12,9	H 1.690	H 4,5	H 2,0	72,4	2.346	1,0	Chile
66,4	69,3	1985	8.290.588	8,0	...	...	...	...	...	...	H 241,3[6]	H 4,3	...	...	...	...	China
72,6	76,1	1984	5.100	7,8	1,3	75,5	23,2	18,2	70,2	11,6	H 160	H 3,5	H 1,1	99,7	...	...	Chipre
71,6	77,5	1985	29.322	5,7	0,6	48,8	50,6	3,1	61,9	35,0	F 2.563	F 2,0	F 0,4	58,1	20.742	40,0	Dinamarca
72,8	76,5	1969	234	3,3	...	...	...	...	...	...	H 18	H 4,3	H 2,2	35,0	...	...	Dominicana
60,7	64,6	1985	21.301	3,4	8,0	63,0	29,0	29,7	51,0	19,3	H 753	H 5,1	H 2,5	32,8	...	...	Dominica, República
59,8	63,6	1984	53.800	5,9	13,0	65,7	21,3	39,1	47,9	13,0	...	H 5,1	...	67,9	...	...	Ecuador
58,0	61,1	1980	384.941	9,4	8,7	61,6	29,7	46,4	42,1	11,5	H 8.411	H 5,4	H 2,1	...	...	...	Egipto
65,4	69,8	...	...	...	...	...	...	...	...	...	...	H 3,8	...	...	...	...	Emiratos Árabes Unidos
71,3	77,5	1983	183.490	4,8	5,7	80,8	13,5	20,8	71,7	7,5	F 10.665	F 3,5	...	97,9	...	...	España
72,0	78,9	1986	2.433.000	9,7	8,5	59,5	32,0	21,1	55,8	23,1	F 63.558	F 2,6	F 1,0	77,8	1.553.900	42,8	Estados Unidos de América
39,5	42,6	...	...	...	...	...	...	...	...	...	...	H 4,5	...	...	...	...	Etiopía
61,9	65,5	1983	351.663	6,8	10,4	70,3	19,3	30,0	58,0	12,0	F 9.566	F 5,7	F 2,4	96,3	...	...	Filipinas
70,3	78,6	1985	25.727	5,3	2,5	68,5	29,0	10,6	69,4	20,0	F 1.163	H 2,8	F 0,9	84,9	13.642	21,0	Finlandia
70,9	79,0	1986	265.340	4,8	1,8	75,4	22,8	14,2	70,2	15,6	H 19.590	H 2,7	H 1,0	82,2	181.735	23,9	Francia
48,0	51,4	...	...	...	...	...	...	...	...	...	H 136	H 4,0	...	...	...	...	Gabón
40,9	44,1	...	...	...	...	...	...	...	...	...	H 123	H 4,9	H 3,4	...	...	...	Gambia
50,3	53,8	...	...	...	...	...	...	...	...	...	H 2.272	H 5,1	H 2,2	...	...	...	Ghana
65,4	69,4	1979	360	3,9	...	...	...	...	...	...	H 20	H 2,9	H 2,2	22,5	...	...	Granada
72,2	76,4	1985	62.547	6,3	2,0	65,6	32,4	29,1	57,1	13,8	H 2.990	H 3,3	H 0,7	98,2	220	0,2	Grecia
56,8	61,3	1985	38.199	4,8	18,3	55,7	26,0	46,2	36,2	17,6	H 1.185	H 4,5	H 2,7	34,8	...	...	Guatemala
38,7	41,8	...	...	...	...	...	...	...	...	...	H 1.064	H 4,7	...	...	...	...	Guinea
41,4	44,6	...	...	...	...	...	...	...	...	...	H 124	H 4,1	H 2,8	11,3	...	...	Guinea-Bissau
42,4	45,6	1966	209	0,8	...	...	...	...	...	...	...	H 4,5	...	...	...	...	Guinea Ecuatorial
66,9	70,9	1968	2.760	4,2	...	...	...	...	...	...	H 178	H 5,0	H 2,5	61,4	...	...	Guyana
51,2	54,4	1980	...	0,7	...	...	...	...	...	...	H 1.147	H 4,4	H 1,8	...	...	...	Haití
58,2	61,7	1983	19.875	4,9	7,7	65,1	27,2	27,9	58,5	13,6	H 463	H 5,7	H 2,8	...	...	...	Honduras
73,2	79,0	1986	43.280	8,0	1,1	60,8	38,1	6,4	72,9	20,7	H 1.245	H 3,9	H 1,0	90,4	10.600	12,0	Hong Kong
65,6	73,6	1985	73.238	6,9	6,9	69,3	23,8	31,0	51,8	17,2	F 3.028	F 3,4	F 0,8	91,2	82.191	65,6	Hungría
56,2	57,0	...	...	...	...	...	...	...	...	...	H 97.093	H 5,6	H 2,4	...	492.696	2,0	India
53,9	56,7	1984	...	7,2	...	...	...	...	...	...	H 30.263	H 4,9	H 2,0	...	...	...	Indonesia
61,5	63,3	1982	56.440	4,0	4,0	49,1	46,9	23,9	47,2	28,9	H 2.128	H 6,9	H 3,2	...	...	...	Irak
58,0	58,3	1984	384.876	8,9	...	...	...	...	...	...	H 6.709	H 4,3	H 2,2	...	...	...	Irán
70,1	75,6	1985	18.590[6]	5,2	5,2	77,1	17,7	14,9	75,2	9,9	H 726	H 3,9	H 1,3	92,2	...	...	Irlanda
74,7	80,2	1985	1.252	5,2	2,4	75,8	21,8	11,1	73,4	15,5	H 49	H 3,3	H 1,3	52,9	687	15,7	Islandia
73,5	77,1	1985	29.158	6,9	3,3	75,4	21,3	24,0	65,2	10,8	H 1.026	H 3,7	H 1,3	97,5	18.948	19,2	Israel
71,0	77,8	1985	295.990	5,2	1,7	75,2	23,1	18,7	70,1	11,2	F 17.615	F 3,2	F 0,7	94,7	227.809	38,9	Italia
67,9	71,9	1985	11.800	5,1	...	...	...	...	...	...	H 509	H 4,3	H 2,0	...	...	...	Jamaica
75,1	80,8	1985	735.900	6,1	1,0[5]	64,2[5]	34,8[5]	3,5[5]	82,0[5]	14,5[5]	F 22.240	F 5,4	F 1,2	99,2	598.100	37,9	Japón
61,9	65,5	1984	18.189	7,1	6,0	71,6	22,4	46,7	47,8	5,5	H 375	H 6,9	H 3,4	...	...	...	Jordania
45,3	48,2	...	...	...	...	...	...	...	...	...	...	H 5,6	...	...	...	...	Kampuchea
66,9	71,6	1985	1.092	3,6	4,7	71,2	24,1	39,7	54,5	5,8	...	H 6,4	...	...	...	...	Katar
51,2	54,7	...	...	...	...	...	...	...	...	...	H 1.938	H 6,2	H 2,7	...	...	...	Kenia
50,6	55,6	1973	291[23]	4,5	9,9	66,7	23,5	34,7	54,5	10,8	H 10	H 6,3	F 2,0	...	...	...	Kiribati
68,0	72,9	1985	9.426	5,3	5,3	69,3	25,4	39,9	50,0	10,1	H 143	H 7,2	H 1,6	...	...	...	Kuwait
49,4	52,4	...	...	...	...	...	...	...	...	...	...	H 5,3	...	...	...	...	Laos
46,3	52,3	...	...	...	...	...	...	...	...	...	H 242	H 4,4	H 2,0	...	...	...	Lesotho
65,0	68,9	1973	18.601	7,0	...	...	...	...	...	...	H 405	H 5,3	H 2,2	...	...	...	Líbano
53,9	56,3	...	...	...	...	...	...	...	...	...	...	H 5,8	...	...	...	...	Liberia
56,6	60,0	1979	17.236	6,0	...	...	...	...	...	...	F 383	F 5,4	F 2,9	...	...	...	Libia
77,6	82,6	1986	296	10,8	...	...	...	...	...	...	H 8	H 3,0	H 0,7	93,4	...	...	Liechtenstein
70,0	76,7	1985	1.962	5,3	1,7	68,2	30,1	10,2	71,9	17,9	H 128	H 2,8	H 0,5	91,8	...	...	Luxemburgo
68,0	73,0	1985	3.254	8,5	0,4	44,7	54,9	4,3	73,5	22,2	H 50	H 4,8	H 1,8	99,3	...	...	Macao
48,9	50,4	1975	19.800	2,6	14,5	60,3	25,2	49,5	36,9	13,6	H 1.709	H 4,7	H 2,0	...	...	...	Madagascar
67,0	71,2	1979[26]	23.030	1,7	0,5[26]	65,3[26]	34,2[26]	7,9[26]	77,0[26]	15,1[26]	...	H 5,2	...	...	...	...	Malasia
44,0	46,0	1977	4.300	7,8	...	...	...	...	...	...	...	H 4,5	...	...	...	...	Malawi
57,4	58,4	1982	1.404	8,9	12,3	54,1	33,6	39,5	41,4	19,1	H 23	H 6,1	H 2,7	...	...	...	Maldivas
40,4	43,6	1983	21.785	2,8	...	...	...	...	...	...	H 1.254	H 5,1	...	...	...	...	Malí
70,8	76,0	1985	2.549	7,5	1,9	79,2	18,9	11,3	77,8	10,9	H 76	H 3,6	H 1,2	99,3	...	...	Malta
56,1	59,4	...	...	...	...	...	...	...	...	...	H 2.819	H 5,8	H 2,5	...	...	...	Marruecos
64,4	71,2	1985	11.245	11,0	1,6	56,8	41,6	24,4	57,9	17,7	F 155	F 5,3	F 2,0	55,4	...	...	Mauricio
45,0	48,0	...	...	...	...	...	...	...	...	...	H 246	H 5,0	...	...	...	...	Mauritania

Estadísticas demográficas (continuación)

país	tasas demográficas						causas de muerte (tasa por 100.000 habitantes)								
	año	tasa de natalidad por 1.000 habitantes	tasa de mortalidad por 1.000 habitantes	tasa de mortalidad infantil por 1.000 nacidos	tasa de crecimiento natural por 1.000 habi-	tasa de fertilidad general	año	enfermedades infecciosas y parasitarias	neoplasias malignas (cáncer)	alteraciones endocrinas y metabólicas	enfermedades del sistema nervioso	enfermedades cardiovasculares	enfermedades del sistema respiratorio	enfermedades gastrointestinales	accidentes, intoxicaciones y violencia
México	1984	33,2	5,4	53,0[10]	27,8	4,0[4]	1982	68,4	40,3	30,9	8,7	95,1	66,3	44,9	92,5
Micronesia, Estados Federados	1984	29,4	2,7	95,0	26,7	...	1984	20,4	27,1	6,8	4,5	53,2	47,5	5,7	23,8
Mongolia	1985	36,8	9,9	47,0[27]	26,9	4,0[27]	...	...	...	...	...	...	...	...	...
Mozambique	1980-85	45,1	19,7	153,0	25,4	6,1	...	...	...	...	...	...	...	...	...
Namibia	1980-85	44,9	11,5	110,0	33,5	6,0	...	...	...	...	...	...	...	...	...
Nauru	1983	31,2	5,8	31,2[12]	25,4	...	1976-81[28]	33,0	38,0	24,0	13,0	89,0	16,0	53,0	116,0
Nepal	1986	42,2	16,0	111,5	26,2	6,0	...	...	...	...	...	...	...	...	...
Nicaragua	1985	44,2	9,7	76,4	34,5	5,7[6]	1978	52,3	13,5	2,9	4,5	62,1	18,6	14,2	59,2
Niger	1980-85	51,0	22,9	146,0	28,1	7,1	...	...	...	...	...	...	...	...	...
Nigeria	1980-85	50,4	17,1	114,0	33,3	7,1	...	...	...	...	...	...	...	...	...
Noruega	1986	12,6	10,5	8,5	22,1	1,7	1985	7,5	231,9	13,0	16,1	518,5	105,2	30,4	65,0
Nueva Zelanda	1986	16,3	8,3	10,8[10]	8,0	1,9	1984	4,7	180,6	13,4	11,9	368,4	79,6	21,1	54,3
Omán	1980-85	47,0	14,3	113,4[6]	32,7	7,1	...	...	...	...	...	...	...	...	...
Países Bajos	1986	12,7	8,3	8,0[10]	4,4	1,5[10]	1984	4,4	227,5	15,9	13,4	369,6	58,5	29,2	41,7
Pakistán	1986	41,4	14,8	126,0	26,6	5,5	...	...	...	...	...	...	...	...	...
Panamá	1985	26,0	5,0	23,0	21,0	3,3[6]	1985	23,8	48,8	9,5	3,4	102,9	23,1	6,5	45,3
Papúa Nueva Guinea	1985	35,0	12,5	68,0	22,5	5,2[27]	...	...	...	...	...	...	...	...	...
Paraguay	1980-85	36,0	7,2	52,9[6]	28,8	4,9	1984	40,5	25,6	14,3	6,5	95,7	30,0	13,4	26,0
Perú	1985	35,5	10,0	92,7	25,5	4,7	1982	88,2	33,5	13,5	10,5	58,0	97,9	24,1	30,5
Polonia	1986	16,9	10,0	18,5[10]	6,9	2,3[6]	1984	11,4	179,0	16,2	9,5	492,9	52,0	34,0	72,4
Portugal	1985	12,8	9,6	11,6	3,2	2,3[6]	1985	9,3	158,3	20,4	9,2	424,7	69,2	47,5	70,1
Puerto Rico	1985	18,9	6,6	15,7[6]	12,3	2,4[6]	1983	11,6	105,3	35,0	9,1	260,7	72,5	43,6	54,8
Reino Unido	1986	13,3	12,2	9,3	1,1	1,8	1985	4,2	281,7	14,2	20,2	568,5	131,2	36,4	40,1
Ruanda	1984	52,0	19,0	128,0	33,0	8,0	...	...	...	...	...	...	...	...	...
Rumania	1985	15,8	10,9	25,6	4,9	2,4[2]	1984	8,4	128,4	7,4	8,3	603,7	115,4	50,0	66,3
Salomón, Islas	1982	44,6	11,7	46,0	32,9	7,3	...	...	...	...	...	...	...	...	...
Salvador, El	1984	29,8	6,0	35,1	23,8	5,3	1984	60,0	21,6	9,9	9,0	63,9	34,8	26,1	124,6
Samoa Occidental	1984	10,2	2,3	52,0[27]	7,9	4,5[10]	1984	6,9	17,6	4,4	1,9	47,2	22,6	20,7	9,4
San Cristóbal y Nieves	1985	22,3	9,6	30,2	12,7	3,2[6]	1984	35,1	114,0	37,9[14]	6,8[3]	462,7	41,7	6,6	28,5
San Marino	1986	8,1	7,7	6,4[36]	0,4	1,3[6]	1982-86[28]	—	256,2	10,0	—	297,9	27,2	22,6	48,9
Santa Lucía	1984	26,2	6,5	35,1[11]	19,7	3,2[6]	1984	28,7	78,6	37,0	10,2	192,3	26,8	22,2	45,3
San Vicente y las Granadinas	1985	30,6	5,9	21,7[18]	24,7	3,9	1984	19,4	73,8	25,4	6,7	193,9	35,1	14,2	39,5
São Tomé y Príncipe	1985	36,3	8,8	61,7	27,5	5,1[4]	...	...	...	...	...	...	...	...	...
Senegal	1984	48,6	18,5	131,0[4]	30,1	7,0	...	...	...	...	...	...	...	...	...
Seychelles	1986	26,2	7,6	17,4	18,6	3,5[6]	1985	40,2	115,0	6,1	19,9	200,8	64,4	35,3	69,0
Sierra Leona	1980-85	47,4	29,7	134,0[6]	17,7	6,1	...	...	...	...	...	...	...	...	...
Singapur	1986	14,8	5,0	9,4	9,9	1,4	1985	14,2	112,5	19,0	3,4	177,5	84,8	15,1	48,9
Siria	1985	44,2	5,0	48[4]	39,2	6,8[4]	1981	15,1	8,4	5,0	4,0	60,7	13,2	4,5	20,0
Somalia	1984	49,0	20,0	152,0[10]	29,0	6,8	...	...	...	...	...	...	...	...	...
Sri Lanka	1986	23,9	6,2	23,5	17,7	2,8	1980	49,1	27,9	8,3	46,2	99,0	47,2	14,4	69,2
Suazilandia	1980-85	47,5	17,2	129,0	30,3	6,5	...	...	...	...	...	...	...	...	...
Sudán	1980-85	45,9	17,4	118,0	28,5	6,6	...	...	...	...	...	...	...	...	...
Suecia	1986	12,2	11,2	6,8[10]	1,0	1,7[10]	1985	7,9	235,6	18,4	10,2	614,6	92,5	29,5	59,2
Suiza	1986	11,7	9,2	6,9[10]	2,5	1,8[10]	1985	5,6	250,5	24,7	15,2	417,8	50,1	29,6	75,7
Sudáfrica, República de	1983	33,6	11,0	83,0	22,6	5,1	...	...	...	...	...	...	...	...	...
Suriname	1985	29,7	6,8	27,6	22,9	3,0[4]	1982	42,1	57,3	17,6	5,2	192,3	39,1	30,3	76,0
Tailandia	1986	25,3	7,4	52,0	17,9	3,0	1984	29,2	26,1	...	...	68,3	10,2	20,1	37,4
Taiwán	1986	15,9	4,9	6,8[10]	11,0	1,9[10]	1985	11,2	85,0	14,2	...	138,0	13,1	16,7	70,9
Tanzania	1984	50,0	16,0	111,0	34,0	7,0	...	...	...	...	...	...	...	...	...
Togo	1980-85	45,2	15,7	102,0	29,5	6,1	...	...	...	...	...	...	...	...	...
Tonga	1985	28,9	3,5	26,0[14]	25,4	6,6	...	...	...	...	...	...	...	...	...
Trinidad y Tabago	1983	29,2	6,6	14,9[21]	22,6[7]	2,8[6]	1983	16,3	74,5	71,8	10,2	271,1	48,5	29,3	59,4
Túnez	1985	31,3	6,7	71,0[4]	24,6	4,3[6]	1980	18,2	8,9	3,9	5,2	29,3	10,0	6,2	12,4
Turquía	1980-85	33,6	9,3	84,0[10]	24,3	4,5	1983	16,8	25,2	2,3	1,4	107,3	19,8	3,9	7,4
Tuvalu	1985	23,8	10,7	35,0	13,1	2,7	1985	40.0	70.0	20.0	120,0	140,0	120.0	160,0	—
Uganda	1984	50,0	16,0	110,0	34,0	7,0	...	...	...	...	...	...	...	...	...
Unión Soviética	1986	19,6	9,7	26,0	9,9	2,3[6]	1983	...	148,1	...	...	554,3	...	...	...
Uruguay	1984	17,9	10,2	30,3	7,7	2,6[2]	1984	24,3	213,1	21,1	...	419,7	39,6	10,0	49,7
Vanuatu	1984	45,0	12,0	94,0	33,0	6,5	1985	71,0	23,4	16,6	12,1	38,5	61,9	12,8	24,2
Venezuela	1985	29,0	4,6	27,3[6]	24,4	3,8[4]	1983	47,4	54,3	17,4	10,0	132,0	35,6	19,0	71,4
Vietnam	1986	33,6	10,3	69,0	23,3	4,4	1979	48,0	54,0	...	...	123,8	...	...	...
Viti	1985	27,9	5,3	18,5	22,6	3,3	1983	22,2	44,8	22,6	4,9	185,9	41,8	18,9	45,2
Yemen, República Árabe de	1980-85	48,6	18,4	135,0	30,2	7,0	...	...	...	...	...	...	...	...	...
Yemen, Rep. Pop. Democrática de	1980-85	47,0	17,4	137,0[6]	29,6	6,8	...	...	...	...	...	...	...	...	...
Yibuti	1980-85	49,2	18,3	c.200	30,9	6,8	...	...	...	...	...	...	...	...	...
Yugoslavia	1986	15,4	9,0	27,1	6,4	2,1[6]	1982	13,5	135,8	9,1	6,9	450,7	52,3	39,5	63,0
Zaire	1980-85	45,1	15,8	106,0[14]	29,3	6,1	...	...	...	...	...	...	...	...	...
Zambia	1980-85	48,1	15,1	88,0	33,0	6,8	...	...	...	...	...	...	...	...	...
Zimbabwe	1983	53,0	13,0	61,0[10]	40,0	7,0	1979	7,3	152,9	7,0	1,6	310,6	64,7	6,6	102,4

[1] Excluye las tribus nómadas. [2] 1982. [3] 1980. [4] 1985-90. [5] Primeros matrimonios solamente. [6] 1984. [7] 1977. [8] 1978 [9] Antillas Holandesas incluye Aruba. [10] 1985. [11] 1982-84 promedio. [12] 1981. [13] Los datos excluyen muertes por causas desconocidas. [14] 1983. [15] Estimados basados en estudios rurales. [16] Millones de hogares. [17] Basado en permisos de enterramiento. [18] 1983-85 promedio. [19] 1975-80. [20] 1984-86 promedio. [21] 1981-83 promedio. [22] Incluye desarreglos nutricionales. [23] 1968. [24] Consignadas muertes de pacientes internos únicamente. [25] Muertes médicamente certificadas únicamente. [26] Incluye Sarawak;

esperanza de vida al nacer (último año)		nupcialidad, familia y planificación familiar																	país
		matrimonios			edad de los contrayentes (último matrimonio)						familias (F), hogares (H) (último)								
		año	número total	tasa por 1.000 habitantes	novio (porcentaje)			novia (porcentaje)			familias (hogares)		hijos		abortos legales				
varón	mujer				menores de 20	20-29	más de 29	menores de 20	20-29	más de 29	total (miles)	tamaño	menores de 15 años (número)	porcentaje de legítimos	número	relación por 100 nacidos vivos			
64,9	71,4	1982	582.963	7,2	17,3	63,5	19,2	40,7	46,9	12,4	H 9.851	H 5,3	H 2,3	91,0	...	...			México
...	...	...	...	...	...	...	...	...	...	...	H 11	H 7,0	...	...	...	...			Micronesia, Estados Federados de
61,1	65,2	1985	12.500	6,6	...	...	...	...	...	...	F 311	F 5,1	...	...	...	...			Mongolia
44,4	46,2	1974	6.037	0,7	...	...	...	...	...	...	F 1.860	F 4,4	F 2,0	73,1	...	...			Mozambique
46,6	49,9	...	...	...	...	...	...	...	...	...	...	H 4,8	...	...	...	...			Namibia
48,9	62,1	1977	43[29]	6,3	...	...	...	...	...	...	H 1	H 8,0	H 2,6	...	...	...			Nauru
50,6	53,4	...	...	...	...	...	...	...	...	...	...	F 5,8	H 2,2	...	...	...			Nepal
58,7	61,0	1985	11.822	3,6	—18,1[31]—		81,9[32]	—48,2[31]—		51,8[32]	...	H 6,9	...	...	...	...			Nicaragua
40,9	44,1	...	...	...	...	...	...	...	...	...	H 1.029	H 5,2	H 2,4	...	...	...			Níger
46,9	50,2	...	...	...	...	...	...	...	...	...	...	H 5,0	...	...	...	...			Nigeria
72,8	79,5	1985	20.221	4,8	1,4	65,9	32,7	8,1	71,8	20,1	F 1.684	F 2,4	F 0,6	74,2	14.599	28,0			Noruega
71,8	77,8	1985	24.657	7,5	1,6	64,3	34,1	9,4	67,0	23,6	H 1.004	H 3,2	H 0,8	76,2	7.275	14,1			Nueva Zelanda
51,0	53,7	...	...	...	...	...	...	...	...	...	H 161	H 5,5	...	...	...	...			Omán
73,1	79,7	1985	82.747	5,7	0,4	68,7	30,9	3,9	76,4	19,7	H 5.509	H 2,6	H 0,6	81,7	19.623	11,5			Países Bajos
52,0	50,2	1971	62.900	10,7[19]	...	...	...	...	...	...	...	H 6,7	...	...	...	...			Pakistán
69,2	72,9	1985	9.986	4,6	4,6[35]	55,6[35]	39,8[35]	19,2[35]	53,6[35]	27,2[35]	F 347	F 4,9	...	28,6	12	...			Panamá
56,2	54,2	...	...	...	...	...	...	...	...	...	H 674	H 4,6	...	...	...	...			Papúa Nueva Guinea
62,8	67,5	1985	18.370	5,8	3,2	64,3	32,5	32,5	47,7	19,8	H 345	H 5,2	...	68,7	...	...			Paraguay
58,3	62,2	1982	109.200	6,0	5,5	60,4	34,1	25,9	51,4	22,6	H 2.772	H 4,8	...	57,8	...	...			Perú
66,5	74,8	1985	266.800	7,2	3,5	79,0	17,5	19,2	68,2	12,6	F 9.435	F 3,6	F 0,9	95,3	132.844	19,0			Polonia
68,6	75,3	1985	68.461	6,7	6,8	76,3	16,9	28,3	60,0	11,7	H 2.954	H 3,8	H 0,8	88,5	...	...			Portugal
70,8	76,9	1983	29.632	9,1	11,5	56,5	32,0	28,0	48,9	23,1	F 563	H 4,1	F 1,8	79,0	...	...			Puerto Rico
71,4	77,2	1985	393.117	6,9	7,7[31]	59,3[41]	33,0	20,9[31]	55,3[41]	23,8	H 21.672	H 2,7	H 1,7	81,1	...	...			Reino Unido
46,0	49,0	1980	13.890	2,7	...	...	...	...	...	...	H 894	H 5,2	...	...	...	...			Ruanda
67,0	72,6	1985	161.094	7,1	3,3	74,9	21,8	37,2	48,2	14,6	H 7.115	H 3,1	...	...	404.000	99,0			Rumania
54,0	54,0	...	...	...	...	...	...	...	...	...	F 41	F 5,6	F 2,3	...	...	...			Salomón, Islas
61,7	65,3	1984	16.786	3,5	7,2	57,2	35,6	27,1	49,1	23,8	H 686	H 5,4	H 2,4	32,5	...	...			Salvador, El
62,6	65,6	1984	555	5,0	0,9	58,7	40,4	7,2	68,8	24,0	F 20	F 7,8	F 3,8	43,5	...	...			Samoa Occidental
62,0	67,0	1977	150	3,5	...	...	...	...	...	...	H 11	H 3,7	H 1,9	18,6	...	...			San Cristóbal y Nieves
70,7	76,2	1985	202	9,0	2,8	80,8	16,4	19,9	72,6	7,5	F 6	F 3,2	F 0,8	94,6	...	...			San Marino
67,5	71,4	1984	394	3,6	0,7	44,2	55,1	11,1	57,2	31,7	H 20	H 5,0	...	...	...	...			Santa Lucía
68,6	75,5	1985	423	3,1	0,7	46,9	52,4	8,8	53,6	37,6	H 27	H 4,6	...	15,9	...	...			San Vicente y las Granadinas
48,2	51,6	...	...	...	...	...	...	...	...	...	...	...	...	...	...	...			São Tomé y Príncipe
45,0	48,0	...	...	...	...	...	...	...	...	...	H 1.167	H 4,8	...	...	...	...			Senegal
66,2	73,5	1984	390	6,0	1,8	55,9	42,3	15,6	60,8	23,6	H 13	H 4,8	H 1,9	33,2	221	12,7			Seychelles
46,7	50,0	...	...	...	...	...	...	...	...	...	H 722	H 4,9	...	...	...	...			Sierra Leona
69,9	76,2	1986	20.075	7,8	0,6	72,0	27,4	7,7	80,1	12,2	H 510	H 3,9	H 1,3	...	19.100	47,1			Singapur
63,3	67,0	1984[38]	81.460	8,2	...	...	...	...	...	...	F 1.151	H 6,2	F 2,4	...	...	...			Siria
44,0	47,0	...	...	...	...	...	...	...	...	...	...	H 4,9	...	...	...	...			Somalia
68,0	71,2	1983	121.553	7,9	0,4	72,4	27,2	17,8	73,4	8,8	H 2.721	H 5,2	H 1,9	92,5	...	...			Sri Lanka
45,3	52,2	...	...	...	...	...	...	...	...	...	H 112	H 5,0	...	...	...	...			Suazilandia
49,0	46,6	...	...	...	...	...	...	...	...	...	H 3.471	H 5,3	...	...	...	...			Sudán
73,3	79,4	1985	38.297	4,6	0,5	44,6	54,9	2,4	58,2	39,4	H 3.498	H 2,4	H 0,5	56,4	30.755	32,8			Suecia
72,8	79,7	1985	38.776	5,9	0,3	59,0	40,7	3,8	71,3	24,9	H 2.500	H 2,5	...	94,4	...	...			Suiza
51,8	55,2	1977	64.979[37]	...	3,5[37]	69,4[37]	27,1[37]	22,1[37]	58,6[37]	19,3[37]	F 1.403	H 5,1	...	75,9	...	...			Sudáfrica, República de
63,2	67,0	1985	2.400[3]	6,1	...	...	...	...	...	...	...	H 3,9	...	...	...	...			Suriname
61,3	67,3	1985	343.134	6,6	...	...	...	...	...	...	H 8.419	H 5,3	H 2,0	...	...	...			Tailandia
70,8	75,8	1986	145.592	7,5	2,4	76,6	21,0	11,2	81,5	7,3	H 4.288	H 4,6	H 0,5	...	...	...			Taiwán
50,0	53,0	1967	3.475	9,8	...	...	...	...	...	...	H 3.435	H 5,1	H 2,3	...	...	...			Tanzania
48,8	52,2	1979[39]	5.753	2,3	...	...	...	...	...	...	H 479	H 5,6	...	...	...	...			Togo
61,0	64,8	1983	699	6,7	...	...	...	...	...	...	F 15	F 6,1	F 2,7	...	...	...			Tonga
66,2	71,3	1984	8.403	7,2	3,8	65,2	31,0	23,4	57,9	18,7	H 193	H 4,2	H 2,1	56,9	...	...			Trinidad y Tabago
60,1	61,1	1985	50.000	7,0	1,4	72,5	26,1	35,9	54,7	9,4	H 1.313	H 5,5	...	99,8	20.500	9,5			Túnez
62,5	65,8	1983	308.256	6,4	7,7[40]	72,4[40]	19,9[40]	35,9[40]	52,1[40]	12,0[40]	H 8.601	H 5,2	H 2,0	...	...	...			Turquía
56,9	60,1	...	...	...	...	...	...	...	...	...	H 1	H 6,4	H 2,2	82,2	...	...			Tuvalu
49,0	53,0	...	...	...	...	...	...	...	...	...	...	H 5,2	...	...	...	...			Uganda
64,0	73,0	1985	2.717.800	9,8	3,9	78,6	17,5	25,0	58,0	17,0	F 66.307	F 3,9	...	...	10.000.000	230,0			Unión Soviética
69,1	73,8	1983	19.168	6,5	8,3	62,7	29,0	28,3	51,7	20,0	H 829	H 3,4	...	74,4	...	...			Uruguay
56,2	53,7	...	...	...	...	...	...	...	...	...	H 23	H 5,0	...	...	...	...			Vanuatu
65,1	70,6	1985	93.939	5,4	10,7[1]	66,0[1]	23,3[1]	37,3[1]	49,3[1]	13,4[1]	...	H 5,3	...	47,0	...	...			Venezuela
58,1	62,5	...	...	...	...	...	...	...	...	...	...	...	...	...	...	...			Vietnam
67,8	72,1	1985	6.593	10,1	7,3	72,5	20,2	14,4	75,0	10,6	F 97	F 6,0	F 2,5	82,7	...	...			Viti
42,7	44,8	...	...	...	...	...	...	...	...	...	...	H 5,8	...	...	...	...			Yemen, República Árabe de
46,9	49,9	...	...	...	...	...	...	...	...	...	...	H 5,5	...	...	...	...			Yemen, Rep. Pop. Democrática de
—45,0—		1982	2.500	6,7	...	...	...	...	...	...	...	H 5,6	...	96,8	...	...			Yibuti
66,0	74,0	1984	168.290	7,3	2,9	76,2	20,9	27,2	60,9	11,9	H 6.187	H 3,6	H 0,9	91,6	288.100	74,0			Yugoslavia
48,3	51,7	1975	185.300	7,5	...	...	...	...	...	...	...	H 6,0	...	...	...	...			Zaire
49,6	53,1	...	...	...	...	...	...	...	...	...	H 873	H 5,8	H 2,1	...	...	...			Zambia
57,9	61,4	...	...	...	...	...	...	...	...	...	...	H 5,8	...	95,8	...	...			Zimbabwe

referente a matrimonios civiles no musulmanes y a matrimonios por rituales cristianos únicamente. [27] 1986. [28] Tasas medias anuales para el período. [29] 1973. [30] Sólo Curaçao. [31] Menos de 21 años de edad. [32] Más de 21 años de edad. [33] 1981-85 promedio. [34] 1976. [35] Excluye tribus indias. [36] 1982-86 promedio. [37] Blancos, asiáticos y personas de color únicamente. [38] Árabes sirios únicamente. [39] Población africana únicamente. [40] Áreas urbanas únicamente. [41] 21-29 años de edad. [42] Excluye Irlanda del Norte.

Gobiernos y organismos internacionales

Esta tabla resume los datos principales sobre los gobiernos de los países del mundo, sus ramas y organismos, las capas superiores de la administración local, que comprenden las subdivisiones administrativas de primer y segundo orden de cada país, y la participación de los gobiernos centrales en las principales organizaciones intergubernamentales del mundo.

En esta tabla, la «fecha de independencia» puede hacer referencia a diferentes circunstancias. En el caso de los países más recientes, los que alcanzaron su independencia total después de la segunda guerra mundial, la fecha consignada suele ser precisamente la que se deduce del encabezamiento: la fecha que, el país, con sus fronteras actuales, accedió a la plena soberanía sobre sus asuntos, tanto internos como exteriores. En el caso de los países que llevan más tiempo establecidos, resulta más complicado elegir una sola fecha y frecuentemente está justificado emplear varias. El lector interesado en este tema debe recurrir a los artículos de MACROPEDIA y MICROPEDIA que se refieren a la historia nacional y a sus acontecimientos más relevantes. En los casos de anexión o separación de territorios, la fecha mencionada corresponde al acta final de unión de un estado compuesto por entidades menores o al acta final de separación de una entidad más amplia (por ejemplo, la separación de Bangladesh de Pakistán en 1971).

La fecha de la constitución actual, o última, plantea, en cierto sentido, menos problemas, pero determinados gobiernos, al acceder al poder, no se adhieren a las formas constitucionales existentes ni se preocupan de derogar el documento previo y legitimarse mediante la instauración de nuevas formas constitucionales. Con frecuencia, sin embargo, el deseo de dar legitimidad a la actividad política extraconstitucional asociándola con las formas establecidas desemboca en una modificación, suspensión o revocación parcial o incompleta de una constitución, por lo que la actuación cotidiana del gobierno puede guardar muy escasa relación con las disposiciones de la constitución que, en teoría, está en vigor. Cuando la fecha de esta columna aparece en cursiva, se refiere a un documento que ha sido suspendido, abolido por una acción extraconstitucional o modificado en profundidad.

Las categorías elegidas para clasificar los tipos de gobierno suponen un término medio entre las formas ideales que figuran en las constituciones nacionales y el lenguaje, más pragmático, que adoptaría un experto en ciencias políticas para describir esos mismos sistemas.

Los cargos a los que se alude con las expresiones «jefe del estado» y «jefe del gobierno» son habitualmente los que la constitución identifica con dichas funciones. Es muy frecuente que el cargo de jefe del estado sea en gran medida honorario y que su autoridad sobre las acciones cotidianas del gobierno sea escasa o nula, aunque la constitución establezca formalmente que debe sancionar las decisiones de los poderes ejecutivo y legislativo. En otros casos, como ocurre en algunas monarquías del cercano oriente, el jefe del estado es también el jefe efectivo del gobierno. En determinados países un líder de un partido político o de un movimiento revolucionario ejerce de forma efectiva los poderes de ambos cargos, prescindiendo de la estructura constitucional.

El número de miembros de la(s) cámara(s) legislativa(s) de cada país reflejado en la tabla comprende tanto a los miembros elegidos o designados como a los que los son *ex oficio* (aquellos que, en virtud de algún otro cargo o título, forman parte de la corporación).

El cuerpo legislativo de los países con sistema unicameral aparece en la columna que corresponde al número de miembros de la cámara alta.

Gobiernos y organizaciones internacionales

país	fecha de independencia[a]	fecha de la constitución actual o última	clase de gobierno	rama ejecutiva[e]: jefe del estado	rama ejecutiva[e]: jefe del gobierno	rama legislativa: cámara alta (miembros)	rama legislativa: cámara baja (miembros)	subdivisiones administrativas: primer orden (número)	subdivisiones administrativas: segundo orden (número)	reclamaciones marítimas: territorial (millas náuticas)	reclamaciones marítimas: pesca/económica (millas náuticas)
Afganistán	ag. 19, 1919	no. 30, 1987	república popular	presidente		…	…	29	185	—	—
Albania	no. 28, 1912	dc. 27, 1976	república socialista	presidente del PPA		250	—	26	3.315	15	[1]
Alemana, República Democrática	oc. 11, 1949	ab. 9, 1968	república socialista	pres. del Cons. de Estado	pres. del Cons. de Ministros	500	—	15	227	12	200
Alemania, República Federal de	ma. 5, 1955	ma. 23, 1949	república federal	presidente	canciller	45	520	11	30	3	200
Andorra	di. 6, 1288	—	coprincipado	[3]	ejecutivo jefe	28	—	7	—	—	—
Angola	no. 11, 1975	no. 11, 1975	república popular	presidente		223	—	18	139	20	200
Antigua y Barbuda	no. 1, 1981	no. 1, 1981	monarquía constitucional	monarca británico	primer ministro	17	17	8	—	12	200
Arabia Saudita	se. 23, 1932	—	monarquía	rey		—	—	14	—	12	
Argelia	ju. 3, 1962	en. 16, 1986	república socialista	presidente		295	—	48	1.111	12	[1]
Argentina, República	jl. 9, 1816	jl. 9, 1853	república federal	presidente		46	254	24	488	200	[1]
Australia	en. 1, 1901	jl. 9, 1900	estado fed. parlamentario[5]	monarca británico	primer ministro	76	148	8	866	3	20
Austria	oc. 30, 1918	oc. 1, 1920	república federal	presidente	canciller	63	183	9	98	—	—
Bahamas	jl. 10, 1973	jl. 10, 1973	monarquía constitucional	monarca británico	primer ministro	16	49	—	15	3	200
Bahrein	ag. 15, 1971	dc. 6, 1973	monarquía (emirato)	emir	primer ministro	x	—	11	—	3	[1]
Bangladesh	mr. 26, 1971	dc. 16, 1972	república	presidente		330	—	4	64	12	200
Barbados	no. 30, 1966	no. 30, 1966	monarquía constitucional	monarca británico	primer ministro	21	27	11	—	12	200
Bélgica	oc. 4, 1830	1831	monarquía constitucional	monarca	primer ministro	183	212	3	9	3	200[6]
Belice	se. 21, 1981	se. 21, 1981	monarquía constitucional	monarca británico	primer ministro	9	28	6	—	3	[1]
Benin	ag. 1, 1960	ag. 26, 1977	república popular	presidente		196	—	6	84	200	[1]
Bermudas	—	ju. 8, 1968	colonia (RU)	monarca británico	[7]	11	40	11	—	3	200
Birmania	en. 4, 1948	en. 4, 1974	república popular	presidente	primer ministro	489	—	14	314	12	200
Bolivia	ag. 6, 1825	fe. 1967	república	presidente		27	130	9	99	—	—
Botswana	se. 30, 1966	mr. 3, 1965	república	presidente		15[9]	39	14	—	—	—
Brasil	se. 7, 1822	en. 24, 1967	república federal	presidente		72	487	27	3.963	200	200[10]
Brunei	en. 1, 1984	se. 29, 1959	monarquía (sultanato)	sultán		21	—	4	—	12	200
Bulgaria	oc. 5, 1908	ma. 18, 1971	república socialista	presidente SC	pres. del Cons. de Ministros	400	—	28	4.823	12	200
Burkina Faso	ag. 5, 1960	no. 27, 1977	estado	presidente		x	—	30	300	—	—
Burundi	jl. 1, 1962	no. 20, 1981	república	presidente		65	—	15	114	—	—
Bután	mr. 24, 1910	—	[8]	rey		150	—	18	—	—	—
Cabo Verde	jl. 5, 1975	se. 7, 1980	república	presidente	primer ministro	83	—	14	—	12[12]	200
Camerún	en. 1, 1960	ju. 2, 1972	república	presidente		120	—	10	40	50	[1]
Canadá	jl. 1, 1867	ab. 17, 1982	estado fed. parlamentario[5]	monarca británico	primer ministro	104	282	12	4.740	12	200
Centroafricana, República	ag. 13, 1960	no. 21, 1986	república	presidente del CMRN		52	—	17	47	—	—
Colombia	jl. 20, 1810	ag. 5, 1886	república	presidente		114	199	32	990	12	200
Comores, Islas	jl. 6, 1975	oc. 1, 1978	república islámica fed.	presidente		42	—	3	7	12	200
Congo, República Popular del	ag. 15, 1960	jl. 8, 1979	república popular	presidente		153	—	15	45	200	1
Corea, República de	ag. 15, 1948	oc. 27, 1980	república	presidente	primer ministro	276	—	13	97	12[25]	12
Corea, Rep. Pop. Democrática de	se. 9, 1948	dc. 27, 1972	república socialista	presidente	primer ministro	655	—	13	152	12	200
Costa de Marfil	ag. 7, 1960	oc. 31, 1960	república	presidente		175	—	49	—	12	200
Costa Rica	sc. 15, 1821	no. 9, 1949	república	presidente		57	—	7	80	12	200

La relación de subdivisiones administrativas de cada país abarca hasta el segundo nivel. Dependiendo de la extensión, complejidad y antecedentes históricos de cada país, los niveles de subordinación administrativa oscilan entre cinco (como en el caso de la URSS) y ninguno. Dentro de cada nivel de subordinación puede haber, a su vez, varios tipos de subdivisiones.

Finalmente, en la segunda parte de la tabla se refleja la pertenencia o no de cada país a las principales organizaciones intergubernamentales del mundo. Reordenando datos se puede obtener, además, una relación completa de países afiliados a cada una de estas organizaciones.

Organismos, convenciones internacionales

ACP	Convención de Africa, el Caribe y el Pacífico (Lomé III).
ASEAN	Asociación de Naciones del Sureste Asiático.
CE	Las Comunidades Europeas.
CEE	Comunidad Económica Europea.
COMECON	Consejo de Ayuda Económica Mutua.
CPS	Comisión del Pacífico Sur.
ECOWAS	Comunidad Económica de Países de Africa Occidental.
FAO	Organización de Alimentos y Agricultura.
FMI	Fondo Monetario Internacional.
GATT	Acuerdo General sobre Tarifas y Comercio.
I-ADB	Banco Interamericano de Desarrollo.
IAEA	Agencia Internacional para la Energía Atómica.
IBRD	Banco Internacional para la Reconstrución y el Desarrollo.
ICAO	Organización Internacional de Aviación Civil.
ICJ	Tribunal Internacional de Justicia.
IDA	Asociación Internacional para el Desarrollo.
IDB	Banco para el Desarrollo Islámico.
IFC	Corporación Financiera Internacional.
ILO	Organización Internacional del Trabajo.
LEA	Liga de Estados Arabes.
OEA	Organización de Estados Americanos.
OMI	Organización Marítima Internacional.
OMS	Organización Mundial de la Salud.
OPEP	Organización de Países Exportadores de Petróleo.
OTAN	Organización del Tratado del Atlántico Norte.
OUA	Organización para la Unidad Africana.
UIT	Unión Internacional de Telecomunicaciones.
UNCTAD	Conferencia de las Naciones Unidas para el Comercio y el Desarrollo.
UNESCO	Organización Educativa, Científica y Cultural de las Naciones Unidas.
UNIDO	Organización de las Naciones Unidas para el Desarrollo Industrial.
UPU	Unión Postal Universal.
WIPO	Organización Mundial para la Propiedad Intelectual.
WMO	Organización Meteorológica Mundial.
WTO	Tratado de Varsovia para la Amistad, Cooperación y Ayuda Mutua (Pacto de Varsovia).

Abreviaturas utilizadas en la columna de ramas ejecutivas

AFRC	Consejo Regulador de las Fuerzas Armadas.
CM	Consejo de Ministros.
CM	Consejo de Ministros.
CMRN	Comité Militar para la Recuperación Nacional.
CMSN	Comité Militar para la Salvación Nacional.
CP	Presidencia colectiva.
CS	Consejo de Estado.
FEC	Consejo Ejecutivo Federal.
GG	Gobernador general.
GPC	Comité Popular General.
MC	Consejo Militar.
PC	Consejo Administrativo del Consejo Presidencial.
PNDC	Consejo Nacional Provisional de Defensa.
PPA	Presidium, Asamblea Popular.
PPGH	Presidium, Gran Hural Popular.
PRC	Consejo Popular de Redención.
PSPC	Presidium, Consejo Supremo Popular.
PSSU	Presidium, Soviet Supremo de la URSS.
RC	Consejo Revolucionario.
SC	Consejo de Estado.
SMC	Consejo Supremo Militar.
SUC	Consejo Supremo.

pertenencia a organizaciones internacionales

Naciones Unidas	órganos* y organizaciones especializadas de la ONU																				Comunidad Británica	regionales						económicas							militares		
(fecha de admisión)	UNTACD*[e]	UNICEF*[f]	ICJ*	FAO	GATT	IAEA[e]	IBRD	ICAO	IDA	IFC	ILO	IMF	IMO	ITU[e]	UNESCO	UNIDO	UPU[e]	WHO	WIPO[e]	WMO	de Naciones	ASEAN	EC	LAS[g]	OAS	OAU	SPC	ACP	COMECON	ECOWAS	EEC	BID	IDB[g]	OPEC	NATO	WTO	país
1946	•	•	•	•		•	•	•	•	•	•	•		•	•	•	•	•		•																	Afganistán
1955	•		•	•		•								•	•		•	•		•																	Albania
1973	•	•	•			•					•		•	•	•	•	•	•	•	•									•							•	Alemana, República Democrática
1973	•	•	•	•	•	•	•	•	•	•	•	•	•	•	•	•	•	•	•	•		•								•	•			•			Alemania, República Federal de
—																																					Andorra
1976	•	•	•	•	•[2]			•			•		•	•	•	•	•	•	•	•						•		•									Angola
1981	•	•	•	•			•	•		•	•	•	•		•		•[2]	•			•				•			•									Antigua y Barbuda
1945	•	•	•	•		•	•	•	•	•	•	•	•	•	•	•	•	•	•	•				•									•	•			Arabia Saudita
1962	•	•	•	•	•[2]	•	•	•	•		•	•	•	•	•	•	•	•	•	•				•		•							•	•			Argelia
1945	•	•	•	•	•	•	•	•	•	•	•	•	•	•	•	•	•	•	•	•					•							•					Argentina, República
1945	•	•	•	•	•	•	•	•	•	•	•	•	•	•	•	•	•	•	•	•	•						•										Austrlia
1955	•	•	•	•	•	•	•	•	•	•	•	•	•	•	•	•	•	•	•	•												•					Austria
1973	•	•	•	•	•[2]		•	•		•	•	•	•	•	•	•	•	•	•	•	•				•			•				•					Bahamas
1971	•	•	•	•	•[2]		•	•			•	•	•	•	•	•	•	•		•				•										•			Bahrein
1974	•	•	•	•	•	•	•	•	•	•	•	•	•	•	•	•	•	•	•	•	•													•			Bangladesh
1966	•	•	•	•	•		•	•		•	•	•	•	•	•	•	•	•	•	•	•				•			•				•					Barbados
1945	•	•	•	•	•	•	•	•	•	•	•	•	•	•	•	•	•	•	•	•			•								•	•			•		Bélgica
1981	•	•	•	•	•[2]		•		•	•	•	•		•	•	•	•			•	•							•									Belice
1960	•	•	•	•	•		•	•	•	•	•	•	•	•	•	•	•	•	•	•						•		•		•				•			Benin
—														•			•			•	•																Bermudas
1948	•	•	•	•	•	•	•	•	•	•	•	•	•	•	•		•	•		•																	Birmania
1945	•	•	•	•		•	•	•	•	•	•	•		•	•	•	•	•	•	•					•							•					Bolivia
1966	•	•	•	•	•[2]		•	•	•	•	•	•		•	•	•	•	•		•	•					•		•									Botswana
1945	•	•	•	•	•	•	•	•	•	•	•	•	•	•	•	•	•	•	•	•					•							•					Brasil
1984	•		•			•		•					•	•			•	•		•	•	•												•			Brunei
1955	•	•	•	•		•		•			•		•	•	•	•	•	•	•	•									•							•	Bulgaria
1960	•	•	•	•	•		•	•	•	•	•		•	•	•	•	•	•	•	•						•		•		•				•			Burkina Faso
1962	•	•	•	•	•		•	•	•	•	•		•	•	•	•	•	•	•	•						•		•									Burundi
1971	•	•	•	•			•		•			•			•	•	•	•																			Bután
1975	•	•	•	•	•[2]		•	•	•		•	•	•	•	•	•	•	•		•						•		•		•							Cabo Verde
1960	•	•	•	•	•	•	•	•	•	•	•	•	•	•	•	•	•	•	•	•						•		•					•				Camerún
1945	•	•	•	•	•	•	•	•	•	•	•	•	•	•	•	•	•	•	•	•	•											•			•		Canadá
1960	•	•	•	•	•		•	•	•		•	•		•	•	•	•	•	•	•						•		•									Centroafricana, República
1945	•	•	•	•	•	•	•	•	•	•	•	•	•	•	•	•	•	•	•	•					•							•					Colombia
1975	•	•	•	•			•	•	•		•	•		•	•	•	•	•		•						•		•					•				Comores, Islas
1960	•	•	•	•	•		•	•	•	•	•	•	•	•	•	•	•	•	•	•						•		•									Congo, Repúblico Popular del
—	•	•		•	•	•	•	•	•	•		•	•	•	•	•	•	•	•	•																	Corea, República de
—	•	•		•		•		•	•				•	•	•	•	•	•	•	•																	Corea, Rep. Pop. Democrática de
1960	•	•	•	•	•	•	•	•	•	•	•	•	•	•	•	•	•	•	•	•						•		•		•							Costa de Marfil
1945	•	•	•	•		•	•	•	•	•	•	•	•	•	•	•	•	•	•	•					•							•					Costa Rica

Gobiernos y organizaciones internacionales (continuación)

país	fecha de independencia[a]	fecha de la constitución actual o última[b]	clase de gobierno	rama ejecutiva[e] jefe del estado	rama ejecutiva[e] jefe del gobierno	rama legislativa cámara alta (miembros)	rama legislativa cámara baja (miembros)	subdivisiones administrativas primer orden (número)	subdivisiones administrativas segundo orden (número)	reclamaciones marítimas territorial (millas náuticas)	reclamaciones marítimas pesca/económica (millas náuticas)
Cuba	ma. 20, 1902	fe. 24, 1976	república socialista	presidente		510	—	15	169	12	200
Chad	ag. 11, 1960	ag. 29, 1978	república	presidente		x	—	14	53	—	—
Checoslovaquia	oc. 28, 1918	jl. 11, 1960	república socialista fed.	presidente	primer ministro	150	200	2	12	—	—
Chile	se. 18, 1810	mr. 11, 1981[13]	república	presidente		—	—	13	51	12	200
China	1523 a.C.	dc. 4, 1982	república popular	presidente	primer ministro SC	2.978	—	29	327	12	1
Chipre	ag. 16, 1960	ag. 16, 1960	república	presidente		106[15]	—	6[15]	...	12	1
Dinamarca	c. 800	ju. 5, 1953	monarquía constitucional	monarca	primer ministro	179	—	16	275	3	200
Dominica	no. 3, 1978	no. 3, 1978	república	presidente	primer ministro	31	—	10	27	12	200
Dominicana, República	fe. 27, 1844	no. 28, 1966	república	presidente		30	120	30	97	6	200
Ecuador	ma. 24, 1822	ag. 10, 1979	república	presidente		71	—	20	147	200	1
Egipto	fe. 28, 1922	se. 11, 1971	república	presidente	primer ministro	458	—	26	...	12	200
Emiratos Árabes Unidos	dc. 2, 1971	dc. 2, 1971[32]	federación de emiratos	presidente	primer ministro	40	—	7	—	3[40]	200
España	1492	dc. 29, 1978	monarquía constitucional	rey	primer ministro	257	350	17	50	12	200
Estados Unidos de América	jl. 4, 1776	mr. 4, 1789	república federal	presidente		100	435	51	3.137	3	200
Etiopía	c. 1000 a.C.	se. 12, 1987	república popular	presidente del Consejo de Ministros		835	—	14	103	12	1
Filipinas	jl. 4, 1946	fe. 11, 1987	república	presidente		24	200	73	1.500	28	200
Finlandia	dc. 6, 1917	jl. 17, 1919	república	presidente	primer ministro	200	—	12	461	4	12
Francia	ag. 843	oc. 4, 1958	república	presidente	primer ministro	319	577	22	96	12	200
Gabón	ag. 17, 1960	fe. 21, 1961	república	presidente	primer ministro	120	—	9	37	100	150
Gambia	fe. 18, 1965	ab. 24, 1970	república	presidente		36	—	7	35	200	1
Ghana	mr. 6, 1957	se. 24, 1979	república	presidente del PNDC		(...)	—	10	154	200	1
Granada	fe. 7, 1974	mr. 3, 1967	monarquía constitucional	monarca británico	primer ministro	13	15	7	—	12	200
Grecia	fe. 3, 1830	ju. 11, 1975	república	presidente	primer ministro	300	—	15	51	6	1
Guatemala	se. 15, 1821	en. 14, 1986	república	presidente		100	—	22	327	12	200
Guinea	oc. 2, 1958	ma. 14, 1982	república	presidente		x	—	8	33	12	200
Guinea-Bissau	se. 10, 1974	ma. 16, 1984	república	presidente		150	—	9	37	12	200
Guinea Ecuatorial	oc. 12, 1968	oc. 12, 1982	república	presidente		60	—	7	—	12	1
Guyana	ma. 26, 1966	oc. 6, 1980	república cooperativa	presidente	primer ministro	65	—	10	98	12	200
Haití	en. 1, 1804	ag. 27, 1983	república	presidente		(59)	—	9	41	12	200
Honduras	no. 5, 1838	en. 20, 1982	república	presidente		134	—	18	282	12	200
Hong Kong	—	—	colonia (RU)	monrca británico	gobernador	57	30	3	18	3	1
Hungría	no. 16, 1918	ag. 20, 1949	república socialista	presidente PC	primer ministro	386	—	25	103	—	—
India	ag. 15, 1947	en. 26, 1950	república federal	presidente	primer ministro	244	544	32	386	12	200
Indonesia	ag. 17, 1945	ag. 17, 1945	república	presidente		1.000	500	27	301	12[12]	200
Irak	oc. 3, 1932	se. 22, 1968	república	presidente		250	—	18	157	12	1
Irán	oc. 7, 1906	dc. 2-3, 1979	república islámica	presidente	primer ministro	270	—	24	195	12	50[22]
Irlanda	dc. 6, 1921	dc. 29, 1937	república	presidente	primer ministro	60	166	27	49	3	200
Islandia	ju. 17, 1944	ju. 17, 1944	república	presidente	primer ministro	21	42	24	229	12	200
Israel	ma. 14, 1948	ju. 1950[23]	república	presidente	primer ministro	120	—	6	13	6	1
Italia	mr. 17, 1861	en. 1, 1948	república	presidente	primer ministro	323	630	20	94	12	1
Jamaica	ag. 6, 1962	ag. 6, 1962	monarquía constitucional	monarca británico	primer ministro	21	60	14	—	12	1
Japón	c. 660 a.C.	ma. 3, 1947	monarquía constitucional	emperador	primer ministro	252	512	47	3.256	12[24]	200
Jordania	mr. 22, 1946	en. 1, 1952	monarquía constitucional	rey	primer ministro	30	130	5	14	3	1
Kampuchea	no. 9, 1953	ju. 1981	república popular	presidente CS	primer ministro	117	—	20	...	12	200
Katar	se. 3, 1971	jl. 1970[32]	monarquía constitucional	emir		—	—	—	—	3	33
Kenia	dc. 12, 1963	dc. 12, 1963	república	presidente		172	—	8	40	12	200
Kiribati	jl. 12, 1979	jl. 12, 1979	república	presidente		41	—	23	—	12	200
Kuwait	ju. 19, 1961	no. 16, 1962	monarq. const. (emirato)	emir	primer ministro	(64)	—	4	—	12	1
Laos	oc. 23, 1953	ma. 11, 1947	república popular	presidente	pres. del Consejo de Ministros	264	—	17	...	—	—
Lesotho	oc. 4, 1966	ag. 16, 1993	monarquía	rey	pres. del Consejo de Ministros	(30)	(80)	10	22	—	—
Líbano	no. 26, 1941	ma. 23, 1926	república	presidente	primer ministro	99	—	6	26	12	1
Liberia	jl. 26, 1847	jl. 20, 1984	república	presidente		26	64	13	50	200	1
Libia	dc. 24, 1951	mr. 2, 1977	estado socialista[26]	líder revolucionario	secretario geneneral GPC	1.112	—	24	201	12[27]	1
Liechtenstein	jl. 12, 1806	oc. 5, 1921	monarquía constitucional	príncipe	jefe del gobierno	15	—	11	—	—	—
Luxemburgo	ma. 10, 1867	oc. 17, 1868	monarquía constitucional	gran duque	primer ministro	21[9]	64	3	12	—	—
Macao	—	ag. 1976	territorio de ultr. (Port.)	presidente portugués	gobernador	17	—	3	5	6	12
Madagascar	ju. 26, 1960	dc. 30, 1975	república	presidente	primer ministro	137	—	6	18	50	150
Malasia	ag. 31, 1957	ag. 31, 1957	monarquía fed. constit.	legislador supremo	primer ministro	69	177	14	126	12	200
Malawi	jl. 6, 1964	jl. 6, 1966	república	presidente		123	—	3	24	—	—
Maldivas	jl. 26, 1965	no. 11, 1968	república	presidente		48	—	19	202	12,28	28
Malí	se. 22, 1960	ju. 19, 1979	república	presidente		82	—	8	42	—	—
Malta	se. 21, 1964	se. 21, 1964	república	presidente	primer ministro	69	—	—	—	12	25
Marruecos	mr. 2, 1956	mr. 10, 1972	monarquía constitucional	rey	primer ministro	306	—	38	133	12	200
Mauricio	mr. 12, 1968	mr. 12, 1968	monarquía constitucional	monarca británico	primer ministro	70	—	10	...	12	200
Mauritania	no. 28, 1960	ma. 20, 1961	república	presidente CMSN		x	—	13	44	70	200
México	se. 16, 1810	fe. 5, 1917	república federal	presidente		64	400	32	2.389	12	200
Micronesia, Estados Federados de	no. 3, 1986	ma. 10, 1979	república federal	presidente		14	—	4	...	3	200
Mongolia	mr. 13, 1921	jl. 6, 1960	república popular	presidente del PPGH	primer ministro	370	—	21	331	—	—
Mozambique	ju. 25, 1975	ju. 25, 1975	república popular	presidente		250	—	11	112	12	200
Namibia	—	—	dependiente de Sudáfrica	presidente del estado	[37]	62	—	26	—	6	12

pertenencia a organizaciones internacionales

Naciones Unidas (fecha de admisión)	Órganos* y organismos especializados de la ONU																				Comunidad Británica de Naciones	regionales						económicas							militares		país
	UNTACD*[e]	UNICEF*[f]	ICJ*	FAO	GATT	IAEA[e]	IBRD	ICAO	IDA	IFC	ILO	IMF	IMO	ITU[e]	UNESCO	UNIDO	UPU[e]	WHO	WIPO[e]	WMO		ASEAN	EC	LAS[g]	OAS	OAU	SPC	ACP	COMECON	ECOWAS	EEC	BID	IDB[g]	OPEC	NATO	WTO	
1945	●	●	●	●	●	●		●			●		●	●	●	●	●	●	●	●					●				●								Cuba
1960	●	●	●	●	●		●	●	●		●	●		●	●		●	●	●	●						●		●					●				Chad
1945	●	●	●	●	●	●		●			●		●	●	●	●	●	●	●	●									●							●	Checoslovaquia
1945	●	●	●	●	●	●	●	●	●	●	●	●	●	●	●	●	●	●	●	●					●							●					Chile
1945	●	●	●	●		●	●	●	●	●	●	●	●	●	●	●	●	●	●	●																	China
1960	●	●	●	●	●	●	●	●	●	●	●	●	●	●	●	●	●	●	●	●											●[11]						Chipre
1945	●	●	●	●	●	●	●	●	●	●	●	●	●	●	●	●	●	●	●	●			●								●	●			●		Dinamarca
1978	●	●	●	●	●[2]		●		●	●	●	●	●		●	●	●	●		●	●				●			●									Dominica
1945	●	●	●	●	●	●	●	●	●	●	●	●	●	●	●	●	●	●	●	●					●							●					Dominicana, República
1945	●	●	●	●		●	●	●	●	●	●	●	●	●	●	●	●	●	●	●					●							●		●			Ecuador
1945	●	●	●	●	●	●	●	●	●	●	●	●	●	●	●	●	●	●	●	●				●[2]		●							●				Egipto
1971	●		●	●	●[2]	●	●	●	●	●	●	●	●	●	●	●	●	●	●	●				●									●	●			Emiratos Árabes Unidos
1955	●	●	●	●	●	●	●	●	●	●	●	●	●	●	●	●	●	●	●	●			●								●	●			●		España
1945	●	●	●	●	●	●	●	●	●	●	●	●	●	●	●	●	●	●	●	●					●		●					●			●		Estados Unidos de América
1945	●	●	●	●		●	●	●	●	●	●	●	●	●		●	●	●	●	●						●		●									Etiopía
1945	●	●	●	●	●	●	●	●	●	●	●	●	●	●	●	●	●	●	●	●		●															Filipinas
1955	●	●	●	●	●	●	●	●	●	●	●	●	●	●	●	●	●	●	●	●												●					Finlandia
1945	●	●	●	●	●	●	●	●	●	●	●	●	●	●	●	●	●	●	●	●			●				●				●	●			●		Francia
1960	●	●	●	●	●	●	●	●	●	●	●	●	●	●	●	●	●	●	●	●						●		●					●	●			Gabón
1965	●	●	●	●	●		●	●	●	●		●	●	●	●	●	●	●	●	●	●					●		●		●			●				Gambia
1957	●	●	●	●	●	●	●	●	●	●	●	●	●	●	●	●	●	●	●	●	●					●		●		●							Ghana
1974	●	●	●	●	●[2]		●	●	●	●	●	●		●	●	●	●	●			●				●			●									Granada
1945	●	●	●	●	●	●	●	●	●	●	●	●	●	●	●	●	●	●	●	●			●								●				●[19]		Grecia
1945	●	●	●	●		●	●	●	●	●	●	●	●	●	●	●	●	●	●	●					●							●					Guatemala
1958	●	●	●	●		●	●	●	●	●	●	●	●	●	●	●	●	●	●	●						●		●		●			●				Guinea
1974	●	●	●	●	●[2]		●	●	●	●	●	●	●	●	●	●	●	●		●						●		●		●			●				Guinea-Bissau
1968	●	●	●	●	●[2]		●	●	●		●	●	●	●	●	●	●	●	●							●		●									Guinea Ecuatorial
1966	●	●	●	●	●		●	●	●	●	●	●	●	●	●	●	●	●		●	●							●				●					Guyana
1945	●	●	●	●	●	●	●	●	●	●	●	●	●	●	●	●	●	●	●	●					●							●					Haití
1945	●	●	●	●			●	●	●	●	●	●	●	●	●	●	●	●	●	●					●							●					Honduras
—		●			●								●[1]				●			●	●																Hong Kong
1955	●	●	●	●	●	●	●	●	●	●	●	●	●	●	●	●	●	●	●	●									●							●	Hungría
1945	●	●	●	●	●	●	●	●	●	●	●	●	●	●	●	●	●	●	●	●	●																India
1950	●	●	●	●	●	●	●	●	●	●	●	●	●	●	●	●	●	●	●	●		●											●	●			Indonesia
1945	●	●	●	●		●	●	●	●	●	●	●	●	●	●	●	●	●	●	●				●									●	●			Irak
1945	●		●	●		●	●	●	●	●	●	●	●	●	●	●	●	●	●	●														●			Irán
1955	●	●	●	●	●	●	●	●	●	●	●	●	●	●	●	●	●	●	●	●			●								●						Irlanda
1946	●	●	●	●	●	●	●	●	●	●	●	●	●	●	●		●	●	●	●															●		Islandia
1949	●	●	●	●	●	●	●	●	●	●	●	●	●	●	●	●	●	●	●	●												●					Israel
1955	●	●	●	●	●	●	●	●	●	●	●	●	●	●	●	●	●	●	●	●			●								●	●			●		Italia
1962	●	●	●	●	●	●	●	●		●	●	●	●	●	●	●	●	●	●	●	●				●			●				●					Jamaica
1956	●	●	●	●	●	●	●	●	●	●	●	●	●	●	●	●	●	●	●	●												●					Japón
1955	●	●	●	●		●	●	●	●	●	●	●	●	●	●	●	●	●		●				●									●				Jordania
1955	●	●	●	●	●[2]	●	●	●	●		●	●	●	●	●		●	●		●																	Kampuchea
1971	●		●	●	●[2]	●	●	●			●	●	●	●	●	●	●	●	●	●				●									●	●			Katar
1963	●	●	●	●	●	●	●	●	●	●	●	●	●	●	●	●	●	●	●	●	●					●		●									Kenia
—		●			●[2]		●	●	●			●					●	●			●						●	●									Kiribati
1963	●	●	●	●	●	●	●	●	●	●	●	●	●	●	●	●	●	●		●				●									●	●			Kuwait
1955	●	●	●	●			●	●	●		●	●		●	●	●	●	●		●																	Laos
1966	●	●	●	●	●[2]		●	●	●	●	●	●		●	●	●	●	●	●	●	●					●		●									Lesotho
1945	●	●	●	●		●	●	●	●	●	●	●	●	●	●	●	●	●	●	●				●									●				Líbano
1945	●	●	●	●		●	●	●	●	●	●	●	●	●	●		●	●		●						●		●		●							Liberia
1955	●		●	●		●	●	●	●	●	●	●	●	●	●	●	●	●	●	●				●		●							●	●			Libia
—	●		●			●								●			●		●																		Liechtenstein
1945	●	●	●	●	●	●	●	●	●	●	●	●		●	●	●	●	●	●	●			●								●				●		Luxemburgo
—																	●																				Macao
1960	●	●	●	●	●	●	●	●	●	●	●	●	●	●	●	●	●	●	●	●						●		●									Madagascar
1957	●	●	●	●	●	●	●	●	●	●	●	●	●	●	●	●	●	●		●	●	●											●				Malasia
1964	●	●	●	●	●		●	●	●	●	●	●		●	●	●	●	●	●	●	●					●		●									Malawi
1965	●	●	●	●	●		●	●	●	●		●	●	●	●		●	●	●	●	●												●				Maldivas
1960	●	●	●	●	●[2]	●	●	●	●	●	●	●		●	●	●	●	●	●	●						●		●		●			●				Malí
1964	●	●	●	●	●		●	●			●	●	●	●	●	●	●	●	●	●	●										●[11]						Malta
1956	●	●	●	●	●	●	●	●	●	●	●	●	●	●	●	●	●	●	●	●																	Marruecos
1968	●	●	●	●	●	●	●	●	●	●	●	●	●	●	●	●	●	●	●	●	●																Mauricio
1961	●	●	●	●	●		●	●	●	●	●	●	●	●	●	●	●	●	●	●																	Mauritania
1945	●	●	●	●	●	●	●	●	●	●	●	●	●	●	●	●	●	●	●	●					●							●					México
—		●																									●										Micronesia, Estados Federados de
1961	●	●	●	●		●					●			●	●	●	●	●	●	●									●								Mongolia
1975	●	●	●	●	●[2]		●	●	●	●	●	●	●	●	●	●	●	●	●	●						●		●									Mozambique
—	●			●		●					●			●	●	●		●[11]																			Namibia

Gobiernos y organizaciones internacionales (continuación)

país	fecha de independencia[a]	fecha de la constitución actual o última[b]	clase de gobierno	rama ejecutiva[e]: jefe del estado	rama ejecutiva[e]: jefe del gobierno	rama legislativa: cámara alta (miembros)	rama legislativa: cámara baja (miembros)	subdivisiones administrativas: primer orden (número)	subdivisiones administrativas: segundo orden (número)	reclamaciones marítimas: territorial (millas náuticas)	reclamaciones marítimas: pesca/económica (millas náuticas)
Nauru	en. 31, 1968	en. 31, 1968	república	presidente		18	—	—	—	12	200
Nepal	no. 13, 1769	dc. 16, 1962	monarquía constitucional	rey	primer ministro	140	—	14	75	—	—
Nicaragua	ab. 30, 1838	en. 9, 1987	república	presidente		(96)	—	17	136	200	[1]
Níger	ag. 3, 1960	no. 8, 1960[31]	república	presidente SMC		150	—	7	32	—	—
Nigeria	oc. 1, 1960	oc. 1, 1979	república federal	presidente AFRC		x	x	20	271	30	200
Noruega	ju. 7, 1905	ma. 17, 1814	monarquía constitucional	rey	primer ministro	157	—	19	454	4	200
Nueva Zelanda	se. 26, 1907	ju. 30, 1852[23]	monarquía constitucional	monarca británico	primer ministro	97	—	239	—	12	200
Omán	dc. 20, 1951	—	monarquía (sultanato)	sultán		55	—	11	41	12	200
Países Bajos	mr. 30, 1814	mr. 29, 1814	monarquía constitucional	monarca	primer ministro	75	150	12	912	12	200
Pakistán	ag. 14, 1947	ag. 14, 1973	república islámica fed.	presidente		87	237	6	16	12	200
Panamá	no. 3, 1903	oc. 11, 1972	república	presidente		67	—	10	65	200	[1]
Papua Nueva Guinea	se. 16, 1975	se. 16, 1975	monarquía constitucional	monarca británico	primer ministro	109	—	20	86	12[12]	200
Paraguay	ma. 14, 1811	ag. 25, 1967	república	presidente		30	60	20	190	—	—
Perú	jl. 28, 1821	jl. 28, 1980	república	presidente		60	180	25	152	200	[1]
Polonia	no. 10, 1918	jl. 22, 1952	república socialista	pres. del Cons. de Estado	pres. del Cons. de Ministros	460	—	49	261	12	200
Portugal	c. 1140	ab. 25, 1976	república	presidente	primer ministro	250	—	20	305	12	200
Puerto Rico	jl. 25, 1952	jl. 25, 1952	comunidad (EUA)	pres. de Estados Unidos	gobernador	27	51	78	...	3	200
Reino Unido	oc. 14, 1066	[35]	monarquía constitucional	monarca	primer ministro	1.180	650	4	...	3	200
Ruanda	jl. 1, 1962	dc. 20, 1978	república	presidente		70	—	10	143	—	—
Rumania	ma. 21, 1877	ag. 21, 1965	república socialista	presidente	primer ministro	369	—	41	237	12	200
Salomón, Islas	jl. 7, 1978	jl. 7, 1978	monarquía constitucional	monarca británico	primer ministro	38	—	8	174	12[12]	200
Salvador, El	en. 30, 1841	dc. 20, 1983	república	presidente		60	—	14	261	200	[1]
Samoa Occidental	en. 1, 1962	oc. 28, 1960	[43]	jefe de estado	primer ministro	47	—	21	—	12	200
San Cristóbal y Nieves	se. 19, 1983	se. 19, 1983	monarquía constitucional	monarca británico	primer ministro	15	—	14	—	12	200
San Marino	855	oc. 8, 1600	república	capitanes regentes (2)		60	—	9	—	—	—
Santa Lucía	fe. 22, 1979	fe. 22, 1979	monarquía constitucional	monarca británico	primer ministro	11	17	10	—	3	12
San Vicente y las Granadinas	oc. 27, 1979	oc. 27, 1979	monarquía constitucional	monarca británico	primer ministro	19	—	—	—	3	12
São Tomé y Príncipe	jl. 12, 1975	dc. 15, 1982	república	presidente		40	—	2	7	12[6]	200
Senegal	ag. 20, 1960	mr. 7, 1963	república	presidente		120	—	10	30	12	200
Seychelles	ju. 29, 1976	ju. 5, 1979	república	presidente		25	—	—	—	12	200
Sierra Leona	ab. 27, 1961	ju. 14, 1978	república	presidente		127	—	4	12	200	[1]
Singapur	ag. 9, 1965	ju. 3, 1959	república	presidente	primer ministro	79	—	—	—	3,	12
Siria	ab. 17, 1946	mr. 12, 1973	república	presidente	primer ministro	195	—	14	41	35	[1]
Somalia	jl. 1, 1960	ag. 25, 1979	república	presidente		177	—	16	60	200	[1]
Sri Lanka	fe. 4, 1948	se. 7, 1978	república	presidente		168	—	24	682	12	200
Suazilandia	se. 6, 1968	se. 6, 1968	monarquía	rey	primer ministro	20	50	4	40	—	—
Sudán	en. 1, 1956	ma. 8, 1973	república	presidente SUC	primer ministro	301)	—	8	19	12	[1]
Suecia	a. 836	en. 1, 1975	monarquía constitucional	rey	primer ministro	349	—	24	279	12	200
Suiza	se. 22, 1499	ma. 29, 1874	estado federal	presidente		46	200	26	177	—	—
Sudáfrica	ma. 31, 1910	se. 3, 1984	república	presidente del estado	primer ministro[35]	308	—	10	358	12	200
Suriname	no. 25, 1975	no. 25, 1987	república	presidente SUC		51	—	9	—	12	200
Tailandia	1350	dc. 22, 1978	monarquía constitucional	rey	primer ministro	261	347	72	576	12	200
Taiwán	oc. 25, 1945	oc. 25, 1947	república	presidente	primer ministro	946	—	23	—	12	200
Togo	ab. 27, 1960	en. 13, 1980	república	presidente		77	—	5	21	30	200
Tonga	ju. 4, 1970	1875	monarquía constitucional	monarca		28	—	5	23	12	200
Trinidad y Tabago	ag. 31, 1962	ag. 1, 1976	república	presidente	primer ministro	31	36	11	30	12	200
Túnez	mr. 20, 1956	ju. 1, 1959	república	presidente		138	—	23	243	12	[1]
Turquía	oc. 29, 1923	no. 7, 1982	república	presidente	primer ministro	400	—	67	580	12[38]	200[38]
Tuvalu	oc. 1, 1978	oc. 1, 1978	monarquía constitucional	monarca británico	primer ministro	13	—	9	—	12	200
Uganda	oc. 9, 1962	se. 8, 1967	república	presidente	primer ministro	156)	—	10	34	—	—
Unión Soviética	c. 900	oc. 7, 1977	república fed. socialista	presidente del PSSU	pres. del Cons. de Ministros	750	750	15	167	12	200
Uruguay	ag. 25, 1828	fe. 15, 1967	república	presidente		31	99	19	...	200	[1]
Vanuatu	jl. 30, 1980	jl. 30, 1980	república	presidente	primer ministro	39	—	4	11	12[12]	200
Venezuela	jl. 5, 1811	en. 23, 1961	república federal	presidente		47	200	23	156	12	200
Vietnam	se. 2, 1954	dc. 18, 1980	república socialista	pres. del Cons. de Estado	pres. del Cons. de Ministros	496	—	40	391	12	200
Viti	oc. 10, 1970	oc. 10, 1970	república	presidente	primer ministro	...	...	4	14	12[12]	200
Yemen, República Árabe de	dc. 1918	ju. 19, 1974[32]	república	presidente	primer ministro	159	1.000	11	41	12	[1]
Yemen, Rep. Pop. Democrática de	no. 30, 1967	dc. 27, 1978	república popular	presidente del PSPC	primer ministro	111	—	6	27	12	200
Yibuti	ju. 27, 1977	—	república	presidente	primer ministro	65	—	5	11	12	200
Yugoslavia	dc. 1, 1918	fe. 21, 1974	república fed. socialista	presidente CP	presidente FEC	88	220	8	527	12	[1]
Zaire	ju. 30, 1960	fe. 15, 1978	república	presidente		210	—	9	41	12	200
Zambia	oc. 24, 1964	ag. 25, 1973	república	presidente		136	—	9	53	—	—
Zimbabwe	ab. 18, 1980	ab. 18, 1980	república	presidente	primer ministro	40	100	8	—	—	—

1 Reclamación de aguas terrritoriales asumidas para reclamar derechos económicos y de pesca en la misma zona. 2 Pendiente de derechos plenos de adhesión 3 Presidente de Francia y obispo de Urgel, España. 4 Responsabilidades ejecutivas divididas entre (por el RU) el gobernador y (localmente) el oficial supremo del Consejo Ejecutivo. 5 Formalmente una monarquía constitucional. 6 Definido por una línea equidistante. 7 Responsabilidades ejecutivas divididas entre (por el RU) el gobernador y (localmente) el primer ministro. 8 Semejante a una monarquía constitucional sin constitución formal. 9 Organismo con autoridad legislativa limitada. 10 Zona de pesca exclusiva dentro de las 100 millas naúticas. 11 Miembro asociado. 12 Medidas desde los límites del archipiélago que hay en contencioso. 13 No entraron efectivamente en vigor hasta 1989. 14 Estado con autogobierno en asociación libre con Nueva Zelanda. 15 Incluye la República Turca de Chipre Septentrional. 16 Responsabilidades ejecutivas divididas entre (por Dinamarca) el Alto Comisionado y (localmente) el Jefe del Gobierno Interior. 17 Responsabilidades ejecutivas divididas (por Francia) el Comisionario y (localmente) los presidentes de los Consejo General y Regional. 18 Responsabilidades ejecutivas divididas entre (por Francia) el Alto Comisionado y (localmente) el Presidente de la Asamblea Territorial (llamado Congreso Territorial en Nueva Caledonia). 19 Suspendida su plena participación. 20 Responsabilidades ejecutivas divididas entre (por Dinamarca) el Alto Comisionado y (localmente) el Primer Ministro. 21 En parte 12 millas náuticas o las coordenadas espe-

pertenencia a organizaciones internacionales																																					país
Naciones Unidas (fecha de admisión)	órganos* y organismos especializados de la ONU																				Comunidad Británica de Naciones	regionales						económicas							militares		
	UNTACD*[e]	UNICEF*[f]	ICJ*	FAO	GATT	IAEA[e]	IBRD	ICAO	IDA	IFC	ILO	IMF	IMO	ITU[e]	UNESCO	UNIDO	UPU[e]	WHO	WIPO[e]	WMO		ASEAN	EC	LAS[g]	OAS	OAU	SPC	ACP	COMECON	ECOWAS	EEC	BID	IDB[g]	OPEC	NATO	WTO	
—								•						•			•				•						•										Nauru
1955	•	•	•	•			•	•	•	•	•	•	•	•	•	•	•	•		•																	Nepal
1945	•	•	•	•	•	•	•	•	•	•	•	•	•	•	•	•	•	•	•	•					•							•					Nicaragua
1960	•	•	•	•	•	•	•	•	•	•	•	•		•	•	•	•	•	•	•						•		•		•			•				Níger
1960	•	•	•	•	•	•	•	•	•	•	•	•	•	•	•	•	•	•	•	•	•					•		•		•				•			Nigeria
1945	•	•	•	•	•	•	•	•	•	•	•	•	•	•	•	•	•	•	•	•												•			•		Noruega
1945	•	•	•	•	•	•	•	•	•	•	•	•	•	•	•	•	•	•	•	•	•						•										Nueva Zelanda
1971	•	•	•	•			•	•	•	•	•	•	•	•	•	•	•	•		•				•									•				Omán
1945	•	•	•	•	•	•	•	•	•	•	•	•	•	•	•	•	•	•	•	•			•								•	•			•		Países Bajos
1947	•	•	•	•	•	•	•	•	•	•	•	•	•	•	•	•	•	•	•	•													•				Pakistán
1945	•	•	•	•		•	•	•	•	•	•	•	•	•	•	•	•	•	•	•					•							•					Panamá
1975	•	•	•	•	•[2]		•	•	•	•	•	•	•	•	•	•	•	•		•	•						•	•									Papúa Nueva Guinea
1945	•	•	•	•		•	•	•	•	•	•	•		•	•	•	•	•		•					•							•					Paraguay
1945	•	•	•	•	•	•	•	•	•	•	•	•	•	•	•	•	•	•	•	•					•							•					Perú
1945	•	•	•	•	•	•	•	•			•	•	•	•	•	•	•	•	•	•									•							•	Polonia
1955	•	•	•	•	•	•	•	•		•	•	•	•	•	•	•	•	•	•	•			•								•	•			•		Portugal
—																	•																				Puerto Rico
1945	•	•	•	•	•	•	•	•	•	•	•	•	•	•		•	•	•	•	•	•		•				•				•	•			•		Reino Unido
1962	•	•	•	•	•		•	•	•	•	•	•		•	•	•	•	•	•	•						•		•									Ruanda
1955	•	•	•	•	•	•	•	•		•	•	•	•	•	•	•	•	•	•	•									•							•	Rumania
1978	•	•	•	•	•[2]		•	•	•	•	•	•					•	•		•							•	•									Salomón, Islas
1945	•	•	•	•		•	•	•	•	•	•	•	•	•	•		•	•	•	•					•							•					Salvador, El
1976	•	•	•	•			•		•	•		•			•		•	•									•	•									Samoa Occidental
1983	•	•	•	•			•					•			•	•	•[2]	•			•				•			•									San Cristóbal y Nieves
—	•	•	•								•			•	•		•	•	•																		San Marino
1979	•	•	•	•	•[2]		•	•	•	•	•	•	•		•	•	•	•		•	•				•			•									Santa Lucía
1980	•	•	•	•	•[2]		•	•				•	•	•	•	•	•	•			•				•			•									San Vicente y las Granadinas
1975	•	•	•	•	•[2]		•	•	•		•	•		•	•	•	•	•		•						•		•									São Tomé y Príncipe
1960	•	•	•	•	•	•	•	•	•	•	•	•	•	•	•	•	•	•	•	•						•		•		•			•				Senegal
1976	•	•	•	•	•[2]		•	•	•	•	•	•	•		•	•	•	•		•	•					•		•									Seychelles
1961	•	•	•	•	•	•	•	•	•	•	•	•	•	•	•	•	•	•		•	•					•		•		•			•				Sierra Leona
1965	•		•		•	•	•	•		•	•	•	•	•			•	•		•	•	•															Singapur
1945	•	•	•	•		•	•	•	•	•	•	•	•	•	•	•	•	•							•								•				Siria
1960	•	•	•	•		•	•	•	•	•	•	•	•	•	•	•	•	•	•	•				•		•		•					•				Somalia
1955	•	•	•	•	•	•	•	•	•	•	•	•	•	•	•	•	•	•	•	•	•																Sri Lanka
1968	•	•	•	•	•[2]		•	•	•	•	•	•		•	•	•	•	•		•	•					•		•									Suazilandia
1956	•	•	•	•		•	•	•	•	•	•	•	•	•	•	•	•	•	•	•				•		•		•					•				Sudán
1946	•	•	•	•	•	•	•	•	•	•	•	•	•	•	•	•	•	•	•	•													•				Suecia
—	•	•	•	•	•	•		•			•		•	•	•	•	•	•	•	•												•					Suiza
1945	•		•		•	•	•	•	•	•		•		•		•		•	•																		Sudáfrica, República de
1975	•	•	•	•	•		•	•			•	•	•	•	•	•	•	•	•	•					•			•				•					Suriname
1946	•	•	•	•	•	•	•	•	•	•	•	•	•	•	•	•	•	•	•	•	•																Tailandia
—																																					Taiwán
1961	•	•	•	•	•	•	•	•	•	•	•	•	•	•	•	•	•	•	•	•	•					•		•									Tanzania
1960	•	•	•	•	•		•	•	•	•	•	•	•	•	•	•	•	•	•	•						•		•		•							Togo
—	•	•		•	•[2]		•	•		•		•		•	•	•	•	•			•						•	•									Tonga
1962	•	•	•	•	•		•	•	•	•	•	•	•	•	•	•	•	•		•	•				•			•				•					Trinidad y Tabago
1956	•	•	•	•	•[2]	•	•	•	•	•	•	•	•	•	•	•	•	•	•	•				•		•							•				Túnez
1945	•	•	•	•	•	•	•	•	•	•	•	•	•	•	•	•	•	•	•	•											•[11]		•		•		Turquía
—		•			•[2]												•				•[30]						•	•									Tuvalu
1962	•	•	•	•	•	•	•	•	•	•	•	•		•	•	•	•	•	•	•	•					•		•					•				Uganda
1945[39]	•[39]	•[39]	•[39]			•[39]		•[39]			•[39]		•	•[39]	•[39]	•[39]	•[39]	•[39]	•[39]	•[39]									•							•	Unión Soviética
1945	•	•	•	•	•	•	•	•		•	•	•	•	•	•	•	•	•	•	•					•							•					Uruguay
1981	•	•	•	•			•	•		•		•	•				•	•		•	•						•	•									Vanuatu
1945	•	•	•	•		•	•	•		•	•	•	•	•	•	•	•	•	•	•					•							•		•			Venezuela
1977	•		•	•		•	•	•	•	•		•	•	•	•	•	•	•	•	•									•								Vietnam
1970	•	•	•	•	•[2]		•	•	•	•	•	•	•	•	•	•	•	•	•	•							•	•									Viti
1947	•	•	•	•			•	•	•	•	•	•	•	•	•	•	•	•	•	•				•									•				Yemen, República Árabe de
1967	•	•	•	•	•[2]		•	•	•		•	•	•	•	•	•	•	•		•				•									•				Yemen, Rep. Pop. Democrática de
1977	•	•	•	•			•	•	•	•	•	•	•	•			•	•		•				•		•		•					•				Yibuti
	•	•	•	•	•	•	•	•	•	•	•	•	•	•	•	•	•	•	•	•										•[1]			•				Yugoslavia
1960	•	•	•	•	•	•	•	•	•	•	•	•	•	•	•	•	•	•	•	•						•		•									Zaire
1964	•	•	•	•	•[2]	•	•	•	•	•	•	•	•	•	•	•	•	•	•	•	•					•		•									Zambia
1980	•	•	•	•	•	•	•	•	•	•	•	•		•	•	•	•	•	•	•	•					•		•									Zimbabwe

cíficas. 22 Mar de Omán solamente; límitados por líneas divisorias intermedias del Golfo Pérsico. 23 Cuerpo de leyes constitucionales en desarrollo. 24 3 millas náuticas en 5 estrechos. 25 3 millas náuticas en el estrecho de Corea. 26 Formalmente una *jamahiriya*, traducible como "las masas populares". 27 Basada en la línea que cierra parcialmente el golfo de Sidra (32º30'N), 28 Zona definida por coordenadas geográficas. 29 Responsabilidades ejecutivas divididas entre (por Francia) el Comisionado y (localmente) el Presidente del Consejo General. 30 Miembro especial. 31 Carta nacional, antecedente de la futura constitución aprobada por referendum el 14 de junio de 1987. 32 Constitución provisional. 33 Límite de la plataforma continental o líneas fronterizas intermedias. 34 Excluye los consejos locales de Ascensión y Tristan da Cunha. 35 Basado en un cuerpo de estatutos y derecho común en evolución. 36 Reconocimiento mutuo entre Sudáfrica y cada país individual solamente. 37 Responsabilidades ejecutivas divididas entre (por Sudáfrica) el administrador-general y (localmente) el Gabinete. 38 Mar Negro solamente; existen complejos contenciosos marítimos con Grecia en el mar Egeo. 39 Las Repúblicas Socialistas soviéticas de Bielorusia y Ucrania son también miembros. 40 Para Sharjah, 12 millas naúticas. 41 Responsabilidades ejecutivas divididas (para Francia) el Administrador Superior y (localmente) el presidente de la Asamblea Territorial. 42 Afiliación en poder de la República Arabe Saharahui Democrática 43 Sistema político mixto semejante a una monarquía constitucional.

Lenguas

Esta tabla ofrece datos sobre las principales comunidades idiomáticas de cada país del mundo. Los países, y las principales lenguas utilizadas en cada uno, se relacionan alfabéticamente; un bolito (•) indica las lenguas designadas como oficiales por cada país. La suma de las poblaciones estimadas para cada comunidad lingüística y del grupo «Otros» es igual a la población de facto estimada en cada país y que aparece en la tabla «Area y población».

Hasta donde permiten los sistemas de acopio de datos, los estimados representan la distribución de las lenguas maternas (la lengua que habla primero y, por lo general, con más fluidez, un individuo). Sin embargo, muchos países recogen los datos sobre esta base, por lo que, en estos casos, se han utilizado diversas técnicas para acercarse a la distribución de la lengua materna. Algunos recopilan sus datos referidos a grupos étnicos o «nacionales»; para tales países se dio por supuesto, con frecuencia, que sus distribuciones étnicas respondían, a *grosso* modo, a las de las comunidades lingüísticas. Sin embargo, es necesario emplear precaución para usar este enfoque, dado que una población minoritaria no siempre tiene libertad para educar a sus hijos en su propia lengua y porque las mejores oportunidades económicas suelen arrastrar a quienes pertenecen a aquélla para integrarlos en la comunidad de la lengua mayoritaria. En algunos países, puede que un individuo determinado sólo sea visible en las estadísticas nacionales como tenedor del pasaporte de una nación extranjera, por mucho tiempo que haga que reside en el país. En ocasiones ha habido que suponer que tales personas, con frecuencia trabajadores contratados, hablan la lengua principal de su país natal. Por ejemplo, como los Países Bajos no recogen datos lingüísticos, se ha dado por supuesto que los poseedores de pasaportes marroquíes hablan árabe (aunque quizá la cuarta parte pueden ser de ascendencia berébere). Para otros países, el mosaico lingüístico puede ser tan complejo, las comunidades idiomáticas tan reducidas, los estudios eruditos tan inadecuados y la base censal tan anticuada que sólo fue posible asignar porcentajes a grupos de lenguas afines, a pesar de no entenderse mutuamente (las lenguas papúes y melanesias en Papúa, Nueva Guinea, por ejemplo). En algunos países de las Américas quedan tan pocos hablantes de las lenguas indígenas individuales que se hizo necesario combinarlas en grupos como «amerindias» para dar una impresión siquiera aproximada del tamaño conjunto dentro de sus respectivas naciones.

No se ha hecho intento sistemático alguno para tener en cuenta a las poblaciones que podrían, legítimamente, ser descritas como bilingües, a menos que el país mismo recoja datos sobre esa base, como sucede con Bolivia o las Comores, por ejemplo. Sin embargo, cuando una lengua no indígena oficial o ex colonial constituye una lingua franca del país, quienes la hablan como segunda lengua aparecen en cursivas, aun cuando sean pocos los que la tengan como lengua materna. De igual modo, tampoco se ha intentado distinguir entre grados de variación dialectal en las comunidades usualmente clasificadas como pertenecientes a la misma lengua: por ejemplo, francés y occitano (dialecto del sur de Francia) o entre los diversos dialectos chinos.

Al dar los nombres bantúes se han omitido partículas gramaticales específicas de la autonimia de la lengua (la forma que usamos aquí es rwanda, por ejemplo, en vez de kinyarwanda, y tswana en vez de setswana). Para determinado número de lenguas que difieren marcadamente de los nombres de los pueblos que las hablan (como la kurukh, hablada por las tribus oraon de la India), o que puedan ser combinadas con otros grupos a veces discernibles en los datos nacionales, pero que aparecen aquí bajo el nombre del miembro más importante (por ejemplo, «tamil», ¡y otras lenguas idias!, que combinan datos de poblaciones indias surasiáticas en Singapur), se dan las alternativas parentéticas. Tal y como se emplea aquí, el término «patois» se refiere a comunidades dialectales distinguibles relacionadas con una lengua nacional, oficial o antigua colonial (como el patois francés que sobrevive en la isla de Granada desde el final de la gobernación francesa en 1783).

Lenguas

principales lenguas por país	número de hablantes
Afganistán[1]	
• Dari (persa), del que	
Chahar aimaq	410.000
Hazara	1.240.000
Tadzhik	2.880.000
• Pashto	7.410.000
Turcos	290.000
Uzbek	1.240.000
Otros (incluyendo Dari)	720.000
Albania[1]	
• Albanés	2.987.000
Griego	58.000
Macedonio	10.000
Montenegrino	5.000
Rumano	16.000
Otros	11.000
Alemania, República Democrática	
Alemán	16.550.000
Otras	50.000
Alemana, República Federal de	
• Alemán	57.090.000
Español	180.000
Griego	370.000
Inglés	120.000
Italiano	610.000
Neerlandés	300.000
Turco	1.040.000
Otros	1.220.000
Andorra	
• Catalán	15.000
Español (castellano)	29.0000
Francés	3.000
Otros	2.000
Angola[1]	
Ambo (ovambo)	220.000
Chokwe	380.000
Herero	70.000
Kongo	1.200.000
Luchazi	220.000
Luimbe-nganguela	490.000
Lunda	110.000
Luvale (luena)	330.000
Mbunda	110.000
Mbundu	1.970.000
Nyakena-humbe	490.000
Ovimbundu	3.380.000
• Portugués	...
Otros	140.000
Antigua y Barbuda	
• Inglés	79.000
Otros	3.000
Arabia Saudita[1]	
• Arabe	11.860.000
Otros	620.000
Argelia[1]	
• Arabe	19.080.000
Berébere	3.920.000
Francés	30.000
Otros	80.000
Argentina, República	
• Español	30.140.000
Guaraní	280.000
Italiano	850.000
Otros	220.000
Australia	
• Inglés	15.992.000
Otros (incluyendo lenguas aborígenes)	196.000
Austria	
• Alemán	7.370.000
Checo	10.000
Esloveno	23.000
Húngaro	19.000
Servocroata	32.000
Otros	99.000
Bahamas	
Francés (haitiano) criollo	25.000
• Inglés	...
Inglés criollo	208.000
Otros	12.000
Bahrein	
• Arabe	350.000
Otros	130.000
Bangladesh	
• Bengalí	102.920.000
Chakma	390.000
Garo	90.000
Khasi	80.000
Magh	200.000
Santal	70.000
Tippera	70.000
Otros	1.470.000
Barbados	
• Inglés	20.000
Inglés criollo	232.000
Otros	2.000
Bélgica	
• Alemán	60.000
• Francés	3.310.000
Italiano	260.000
• Neerlandés	5.770.000
Otros	460.000
Belice	
Alemán	4.000
Español	44.000
• Inglés	...
Inglés criollo	90.000
Maya	23.000
Negro carib (garífuna)	16.000
Benín	
Bariba	420.000
Fon	2.820.000
• Francés	670.000
Fulani (peul)	170.000
Somba	230.000
Yoruba (nago)	380.000
Otros	280.000
Bermudas	
• Inglés	54.000
Otros	4.000
Birmania	
• Birmano	26.670.000
Karen	2.590.000
Rakhine (arakanés)	1.730.000
Shan	3.490.000
Otros	4.750.000
Bolivia	
• Aymara	512.000
Aymara-quechua	85.000
• Español	2.474.000
Español-aymara	1.416.000
Español-aymara-quechua	179.000
Español-quechua	1.113.000
Español-otros	82.000
• Quechua	927.000
Otros	11.000
Botswana[1]	
• Inglés	...
Khoikhoin (hotentote)	29.000
Ndebele	15.000
San (bosquimano)	41.000
Shona	145.000
Tswana	881.000
Otros	57.000
Brasil[1]	
Alemán	780.000
Amerindias	240.000
Italiano	590.000
Japonés	680.000
• Portugués	137.700.000
Otros	1.310.000
Brunei[1]	
Chino	48.000
• Inglés	...
• Malayo	156.000
Otros	37.000
Bulgaria[1]	
• Búlgaro	7.660.000
Romaní	220.000
Turco	760.000
Otros	330.000
Burkina Faso[1, 2]	
Bobo	570.000
• Francés	490.000
Fulani	690.000
Grusi	430.000
Gurma	400.000
Lobi	580.000
Mande	730.000
Mossi	3.990.000
Senufo	440.000
Tuareg	280.000
Otros	210.000
Burundi[1]	
• Francés	340.000
• Rundi	4.940.000
Otros	50.000
Bután[1]	
Assamese	177.000
• Dzongkha (bhutia)	836.000
Gurung	207.000
Otros	118.000
Cabo Verde	
Crioulo (criollo portugués)	350.000
• Portugués	...
Camerún[1]	
Bamikele-widekum-bamum	2.000.000
Duala-lunda-basa	1.580.000
Fang	2.110.000
• Francés	1.620.000
Fulani	1.030.000
• Inglés	...
Maka	420.000
Mandara	610.000
Tikar	800.000
Otros	2.210.000
Canadá	
Alemán	553.000
Amerindias, de las que	132.000
Cree	70.000
Ojibway	21.000
Arabe	54.000
Checo	26.000
Chino	240.000
Danés	28.000
Eslovaco	21.000
Español	75.000
Esquimo (inuktitut)	21.000
Filipino	41.000
Finlandés	36.000
• Francés	6.632.000
Griego	132.000
Húngaro	90.000
• Inglés	15.837.000
Italiano	571 000
Japonés	21.000
Neerlandés	160.000
Noruego	21.000
Polaco	137.000
Portugués	176.000
Punjabí	57.000
Ruso	34.000
Servocroata	41.000
Ucraniano	305.000
Vietnamita	31.000
Yiddish	34.000
Otros	349.000
Centroafricana, República[1]	
Banda	790.000
Baya (gbaya)	680.000
• Francés	320.000
Kare	70.000
Mbaka	120.000
Mbum	110.000
Ngbandi	290.000
Sando (lingua franca)	...
Sara	190.000
Zande (azande)	270.000
Otros	240.000
Colombia	
Arakawan	181.000
Cariban	83.000
Chibchan	186.000
• Español	28.136.000
Otros	69.000
Comores, islas	
• Arabe	...
Comoriano	317.000
Comoriano-árabe	7.000
Comoriano-francés	54.000
Comoriano-francés-otros	16.000
Comoriano-malgache	23.000
Comoriano-swahili	2.000
• Francés	20.000
Otros	2.000
Congo, República Popular del	
Bubangi	26.000
• Francés	640.000
Kongo	1.122.000
Kota	20.000
Lingala (lingua franca)	...
Maka	40.000
Mbete	106.000
Mboshi	251.000

Lenguas (continuación)

principales lenguas por país	número de hablantes
Monokutuba (lingua franca)	...
Punu	66.000
Sanga	60.000
Teke	376.000
Otros	113.000
Corea, República de[1]	
• Coreano	42.040.000
Otros	42.000
Corea, República Popular Democrática de[1]	
• Coreano	21.347.000
Chino	43.000
Costa de Marfil[1]	
Akan	4.620.000
• Francés	2.930.000
Kru	1.860.000
Malinke	1.660.000
Mande meridional	1.140.000
Voltaico (incluyendo senufo)	1.750.000
Otros	130.000
Costa Rica	
Chibchan	5.000
Chino	5.000
• Español	2.540.000
Español-chibcha	10.000
Inglés criollo	52.000
Cuba	
• Español	10.302.000
Chad[1]	
Arabe	1.374.000
Dagu	121.000
• Francés	310.000
Hausa	121.000
Kanuri	121.000
Kotoko	110.000
Masa	121.000
Masalit, maba y mimi	330.000
Mbum	341.000
Mubi	220.000
Sara, bagirmi y kreish	1.605.000
Tama	330.000
Teda (tubu)	385.000
Otros	86.000
Checoslovaquia[1]	
Alemán	56.000
• Checo	9.852.000
• Eslovaco	4.910.000
Húngaro	596.000
Polaco	72.000
Ruso	8.000
Ucraniano	47.000
Otros	51.000
Chile[1]	
Amerindias (principalmente araucano)	860.000
• Español	11.490.000
Otros	190.000
China[1]	
Achang	21.000
Bulan (blang)	62.000
Coreano	1.885.000
Chiang (qiang)	109.000
Chingpo (jingpo)	100.000
Chino (han)	1.000.510.000
Chuang (zhuang)	14.295.000
Daghur (daur)	101.000
Evenk (ewenik)	20.000
Gelo	58.000
Hani (woni)	1.131.000
Hui	7.721.000
Kazakh	969.000
Kirgiz	121.000
Lahu	325.000
Li	948.000
Lisu	515.000
Manchú	4.598.000
Maonan	41.000
Miao	5.364.000
Mongol	3.644.000
Mulam	97.000
Nakhi (naxi)	269.000
Nu	25.000
Pai (bai)	1.210.000
Pumi	26.000
Puyi (chung-chia)	2.264.000
Salar	74.000
She	398.000
Shui	307.000
Sibo (xibe)	89.000
Tadzhik	28.000
Tai (dai)	896.000
Tibetano	4.110.000
Tu	171.000
Tu-chia (tujia)	3.030.000
Tung (dong)	1.524.000
Tung-hsiang (dongxiang)	298.000

principales lenguas por país	número de hablantes
Vighur	6.370.000
Wa (va)	318.000
Yao	1.508.000
Yi	5.825.000
Otros	957.000
Chipre[1]	
• Griego	570.000
• Turco	130.000
Otros	20.000
Dinamarca[1]	
Alemán	8.000
• Danés	4.999.000
Inglés	15.000
Noruego	10.000
Sueco	8.000
Turco	23.000
Otros	64.000
Dominica	
Francés criollo	62.000
Francés criollo-inglés	26.000
• Inglés	...
Dominicana, República	
• Español	6.570.000
Francés (haitiano) criollo	130.000
Ecuador	
• Español	9.230.000
Quechua (y otras lenguas indias)	690.000
Egipto[1]	
• Arabe	48.550.000
Otros	590.000
Emiratos Arabes Unidos[1]	
• Arabe	1.620.000
Otros	240.000
España	
• Castellano	28.270.000
Catalán	6.370.000
Euskera	890.000
Gallego	3.180.000
Otros	120.000
Estados Unidos	
Alemán	1.837.000
Arabe	269.000
Armenio	114.000
Coreano	330.000
Checo	137.000
Chino	741.000
Eslovaco	96.000
Español	13.627.000
Filipinos	586.000
Finlandés	78.000
Francés	1.828.000
Griego	468.000
Húngaro	201.000
Indios americanos o nativos de Alaska	417.000
Indios asiáticos	306.000
• Inglés	216.180.000
Italiano	1.836.000
Japonés	391.000
Letón	81.000
Neerlandés	174.000
Noruego	126.000
Persa	126.000
Polaco	917.000
Portugués	416.000
Ruso	197.000
Servocroata	173.000
Sueco	113.000
Thai	110.000
Ucraniano	137.000
Vietnamita	238.000
Yiddish	358.000
Otros	1.165.000
Etiopía	
• Amárico	17.340.000
Gurage	1.470.000
Oromo (galla)	16.280.000
Tigrinya	3.860.000
Otros	7.040.000
Filipinas	
Aklanon	560.000
Bicol	3.990.000
Bolinao (zambal)	250.000
Cebuano	13.990.000
Chavacano	300.000
Chino	140.000
Davaweno	170.000
Filipino (tagalo)	13.660.000
Hamtikanon	470.000
Hiligaynon/ilongo	5.730.000
Ibanag	340.000
Ifugao	180.000
Ilocanao	6.390.000
• Inglés	20.000
Kangkanai	210.000

principales lenguas por país	número de hablantes
Maguindanao	690.000
Manobo	180.000
Maranao	820.000
Masbate	420.000
Pampago	1.970.000
Pangasinan	1.290.000
Romblon	240.000
Samal	330.000
Samar-leyte (waray-waray)	2.650.000
Subanon	190.000
Sulu-moro (tau sug)	450.000
Otros	1.730.000
Finlandia	
• Finlandés	4.626.000
• Sueco	306.00
Otros	10.000
Francia	
Arabe[5]	1.450.000
Español[5]	330.000
• Francés[5, 6, 7]	51.850.000
Alemán (alsaciano)	1.270.000
Bretón	550.000
Catalán (rosellonés)	200.000
Corso	160.000
Neerlandés (flamenco)	100.000
Occitano	1.510.000
Vascuence	80.000
Italiano[5]	340.000
Polaco[5]	70.000
Portugués[5]	780.000
Turco[5]	130.000
Otros[5]	670.000
Gabón[1]	
Fang	420.000
• Francés	400.000
Mbote	170.000
Mpongwe	180.000
Punu	140.000
Otros	280.000
Gambia	
Dyola	81.000
Fulani	148.000
• Inglés	...
Malinke	318.000
Soninke	65.000
Wolof	115.000
Otros	61.000
Ghana[1]	
Akan	7.070.000
Ewe	1.600.000
Ga-Adangme	1.050.000
• Inglés	...
Mossi	2.140.000
Otros	1.630.000
Granada	
• Inglés	100.000
Otros	4.000
Grecia	
Albanés	60.000
• Griego	9.560.000
Macedonio	150.000
Turco	90.000
Otros	140.000
Guatemala	
• Español	5.572.000
Mayas	2.843.000
Cakchiquel	543.000
Kekchi	343.000
Quiché	1.127.000
Negro carib (carifuna)	19.000
Guinea[1]	
• Francés	540.000
Fulani (peul)	2.460.000
Kissi	380.000
Mande, de la cual	3.250.000
Malinke	1.480.000
Susu	700.000
Otros	1.070.000
Otros	280.000
Guinea-Bissau[1]	
Balante	250.000
Fulani	210.000
Malinke	110.000
Mandyako	100.000
Pepel	90.000
• Portugués	...
Otros	160.000
Guinea Ecuatorial[1]	
Bubi	48.000
Duala	9.000
• Español	...
Fang	236.000
Ibibio	4.000
Maka	4.000
Otros	26.000

principales lenguas por país	número de hablantes
Guyana	
Amerindios	15.000
Arawakan	6.000
Cariban	10.000
• Inglés	...
Inglés criollo	626.000
Otros (incluyendo hindi e inglés caribeño)	160.000
Haití	
• Francés	50.000
Francés-francés criollo	670.000
Francés criollo	4.820.000
Honduras	
• Español	4.531.000
Inglés criollo	15.000
Miskito	14.000
Negro carib (garífuna)	95.000
Otros	2.000
Hong Kong[1]	
• Chino (cantonés)[1]	5.433.000
Filipino	37.000
• Inglés	...
Otros	132.000
Hungría[1]	
• Húngaro	10.540.000
Otros	60.000
India	
Anga (angika)	580.000
Assames	12.820.000
Baghelkhandi	330.000
Bagri	1.510.000
Banjari	670.000
Barei	330.000
Bengalí	63.690.000
Bhili (bhilali)	350.000
Bhili (bhilodi)	1.790.000
Bhojpuri	20.510.000
Bodo	730.000
Bundelkhandi	540.000
Chhattisgarhi	9.580.000
Dogri	1.860.000
Garhwali	1.830.000
Garo	590.000
Gojri	470.000
Gondi	2.210.000
Gujarati	36.700.000
Halbi	500.000
Harauti	480.000
• Hindi	219.920.000
Ho	1.070.000
• Inglés	...
Kachchi	670.000
Kannada	30.860.000
Kashmiri	3.460.000
Khasi	550.000
Khortha (khotta)	720.000
Konkani	2.180.000
Korku	410.000
Koya	300.000
Kul	500.000
Kumauni	1.770.000
Kurukh (oraon)	1.770.000
Lamani (bajari)	1.720.000
Lushai (mizo)	390.000
Maghi (magadhi)	9.500.000
Maithili	8.760.000
Malayajam	31.350.000
Malvi	920.000
Mandeali	350.000
Marathi	59.690.000
Marwari	6.740.000
Meithel (manipuri)	1.120.000
Mewari	1.170.000
Mikir	290.000
Munda	310.000
Mundari	1.100.000
Nagpuri	480.000
Nepalí (gorkhali)	1.840.000
Nimadi	1.140.000
Oriya	28.220.000
Pahari	1.820.000
Punjabí	19.890.000
Rajasthani	3.000.000
Sadani (sadri)	1.150.000
Santali	5.280.000
Savara (dora)	320.000
Sindhi	1.720.000
Surgujia	770.000
Tamil	53.780.000
Telugu	63.960.000
Tripuri	380.000
Tuju	1.660.000
Urdu	40.910.000
Otros	11.070.000
Indonesia	
• Bahasa indonesia	20.700.000
Balinés	3.510.000
Banjarés	2.310.000
Batak	3.670.000
Bugi	3.310.000
Javanés	69.070.000
Madurés	8.280.000

principales lenguas por país	número de hablantes
Minang	4.340.000
Sondanés	26.270.000
Otros	30.780.000
Irak[1]	
• Arabe	12.700.000
Asirio	140.000
Kurdo	3.130.000
Persa	140.000
Turco	60.000
Turcomano	220.000
Otros	100.000
Irán[1]	
Armenio	240.000
Iranianas	36.990.000
Bakhtyari (luri)	840.000
Baluchi	1.140.000
• Farsi (persa)	22.780.000
Gilaki	2.640.000
Kurdo	4.560.000
Luri	2.160.000
Mazandarani	1.800.000
Otros	1.080.000
Semíticas	1.200.000
Arabe	1.080.000
Otros	120.000
Turcas	11.130.000
Afshari	560.000
Azebaijani	8.390.000
Qashqai	630.000
Shahsavani	300.000
Turco (principalmente pishagchi, bayat y qajar)	360.000
Turcomano	780.000
Otros	100.000
Otros	370.000
Irlanda	
• Inglés	3.380.000
• Irlandés	180.000
Islandia[1]	
• Islandés	237.000
Otros	8.000
Israel	
Alemán	29.000
• Arabe	818.000
Español	38.000
Francés	36.000
• Hebrero	3.060.000
Húngaro	25.000
Inglés	53.000
Rumano	69.000
Ruso	77.000
Yiddish	95.000
Otros	148.000
Italia[1]	
Albanés	120.000
Alemán	300.000
Catalán	30.000
Esloveno	120.000
Francés	300.000
Griego	40.000
• Italiano	53.850.000
Raecio	730.000
Friuliano	710.000
Ladino	20.000
Sardo	1.520.000
Otros	230.000
Jamaica	
Chino	22.000
Español	5.000
Hindi y otras lenguas indias	49.000
• Inglés	635.000
Inglés criollo	1.660.000
Japón[1]	
Coreano	580.000
Chino	60.000
• Japonés	121.370.000
Otros	90.000
Jordania[1]	
• Arabe	2.830.000
Otros	20.000
Kampuchea[1]	
Chino	360.000
• Jmer	6.770.000
Vietnamita	360.000
Otros[1]	200.000
Katar[1]	
• Arabe	344.000
Otros	35.000
Kenia[1]	
Arabe	57.000
Bajun (rajun)	53.000
Basuba	86.000
Boran	99.000
Degodia	134.000
Embu	260.000

Lenguas (continuación)

principales lenguas por país	número de hablantes
Gabbra	44.000
Gurreh	119.000
Gusil (kisil)	1.356.000
Kalenjin	2.374.000
Kamba	2.479.000
Kikuyu	4.602.000
Kuria	128.000
Luhya	3.045.000
Luo	2.810.000
Masai	346.000
Mbere	88.000
Meru	1.207.000
Nyika (mijikenda)	1.053.000
Ogaden	37.000
Orma	46.000
Pokomo	57.000
Sambur	106.000
Somalí	225.000
• Swahili	13.200.000
Taita	220.000
Teso	189.000
Turkana	297.000
Otros[1, 2]	502.000
Kiribati[1]	
• Inglés	...
Kiribati (gilbertés)	65,200
Tuvaulan (ellice)	400
Otros	400
Kuwait[1]	
• Arabe	1.697.000
Otras	176.000
Laos[1]	
• Lao	2.520.000
Miao (hmong)-man (yao)	200.000
Mon-jmer	170.000
Palaung-wa	450.000
Tai	290.000
Otras[1, 3]	130.000
Lesotho[1]	
• Inglés	...
• Sesotho	1.623.000
Otras	5.000
Líbano[1]	
• Arabe	2.513.000
Armenio	19.000
Francés	660.000
Kurdo	14.000
Otras	215.000
Liberia[1]	
• Inglés	350.000
Kwa (kru)	
Bassa	326.000
Belle	12.000
Dey	8.000
Grebo	211.000
Krahn	89.000
Kru	173.000
Mande (norte)	
Gbandi	66.000
Kpelle	458.000
Loma	133.000
Mandingo	120.000
Mende	18.000
Val	84.000
Mande (sur)	
Gio	185.000
Mano	167.000
Atlántico Occidental (mel)	
Gola	93.000
Kisi	95.000
Otras	116.000
Libia[1]	
• Arabe	3.476.000
Berébere	217.000
Otras	169.000
Liechtenstein[1]	
• Alemán	23.000
Otras	4.000
Luxemburgo[1]	
• Alemán	10.000
Belga	10.000
• Francés	15.000
Italiano	22.000
Luxemburgués	258.000
Portugués	31.000
Otras	21.000
Macao	
Chino	442.000
• Portugués	...
Otras	10.000
Madagascar[1]	
• Francés	1.090.000
Malgache	10.490.000
Otras	110.000

principales lenguas por país	número de hablantes
Malasia	
Bajau	104.000
Chino	958.000
Chino y otras	542.000
Dusan	172.000
Iban	394.000
Iban y otras	64.000
Inglés	83.000
Inglés y otras	184.000
• Malayo	7.130.000
Malayo y otras	2.534.000
Tamil	642.000
Tamil y otras	10.000
Otras	3.723.000
Malawi	
• Chewa (maravi)	4.370.000
• Inglés	...
Lomwe	1.380.000
Ngoni	500.000
Yao	990.000
Otras	260.000
Maldivas	
• Divoki (maldivo)	195.000
Mali[1]	
Bambara	2.770.000
Bobo	210.000
Dogon	350.000
Dyula	250.000
• Francés	690.000
Fulani	1.210.000
Malinke	580.000
Senufo	1.040.000
Songhai	620.000
Soninke	760.000
Tuareg	640.000
Otras	260.000
Malta[1]	
• Inglés	7.000
• Maltés	330.000
Otras	8.000
Marruecos[1]	
• Arabe	17.177.000
Berébere	5.780.000
Otras[1]	162.000
Mauricio	
Bhojpuri	205.000
Francés	38.000
Francés criollo	577.000
Hindi	116.000
• Inglés	2.000
Tamil	37.000
Urdu	25.000
Otras	41.000
Mauritania[1]	
• Arabe	...
Arabe hassaniyah	1.500.000
• Francés	100.000
Fulani	20.000
Soninke	50.000
Tukulor	100.000
Wolof	120.000
Otras	50.000
México	
Azteca (nahuatl)	1.948.000
Chinantec	109.000
Chol	137.000
Español	73.995.000
Huastec	147.000
Huichol	73.000
Inglés	...
Mazahua	275.000
Mazatec	176.000
Mayo	80.000
Mixe	105.000
Mixtec	457.000
Otomi	433.000
Tarahumara	89.000
Tarasco	168.000
Tlapanec	78.000
Totonac	277.000
Tzeltal	304.000
Tzotzil	189.000
Yucatec (maya)	941.000
Zapotec	599.000
Otras	745.000
Micronesia, Estados Federados de	
• Inglés	500
Kosraean	7.100
Mortlockese	7.400
Palauan	400
Ponapean	23.000
Trukese	40.300
Woleaian	3.600
Yapese	5.600
Otras	9.100

principales lenguas por país	número de hablantes
Mongolia[1]	
Bayad	40.000
Buryat	38.000
Dariganga	30.000
Dorbed	56.000
Dzakhchin	24.000
Kazakh	105.000
• Khaikha (mongol)	1.541.000
Ould	12.000
Torgut	10.000
Uryankhal	24.000
Otras	109.000
Mozambique[1]	
Makua	6.870.000
Malawi	1.740.000
• Portugués	...
Shona	1.640.000
Tsonga	3.380.000
Yao	550.000
Otras	340.000
Namibia	
• Afrikaans	...
Alemán	...
Bergdama (damara)	90.000
Caprivian oriental (princ. Lozi)	45.000
Herero	90.000
• Inglés	128.000
Kavango (okavango)	111.000
Nama	58.000
Ovambo (ambo ¡kwanyama¿)	111.000
San (bosquimano)	34.000
Otras	176.000
Nauru	
• Nauruano	4.900
Otras[1, 2]	3.100
Nepal	
Bhojpurí	1.337.000
Bhutia (sherpa)	88.000
Gurung	204.000
Hindi (dialecto awadhi)	274.000
Limbu	151.000
Magar	249.000
Maithili	1.952.000
• Nepalí	10.252.000
Newari	525.000
Rai, kirati	258.000
Tamang	611.000
Tharu	638.000
Otras	1.028.000
Nicaragua	
• Español	3.318.000
Misumalpanas	
Miskito	138.000
Sumo	8.000
Inglés criollo	35.000
Otras	3.000
Níger[1]	
• Francés	340.000
Fulani	720.000
Hausa	3.610.000
Kanuri	600.000
Songhai	570.000
Tuareg	200.000
Zerma y dendi	1.020.000
Otras	220.000
Nigeria[1]	
Arabe	300.000
Bura	1.600.000
Edo	3.400.000
Fulani	11.300.000
Hausa	21.500.000
Ibibio	5.700.000
Igbo (ibo)	18.100.000
Ijaw	1.800.000
• Inglés	...
Kanuri	4.200.000
Nupe	1.200.000
Tiv	2.300.000
Yoruba	21.500.000
Otras	7.900.000
Noruega[1]	
Danés	16.000
Inglés	23.000
• Noruego	4.078.000
Sueco	10.000
Otras	53.000
Nueva Zelanda	
• Inglés	3.120.000
Maorí	107.000
Otras	114.000
Omán[1]	
• Arabe (omaní)	1.020.000
Bengalí	30.000
Indio	200.000
Pakistaní (princ. baluchi)	50.000
Otras	30.000

principales lenguas por país	número de hablantes
Países Bajos[1]	
Alemán	41.000
Arabe	120.000
• Neerlandés	14.081.000
Neerlandés y frisio	400.000
Turco	158.000
Otras	237.000
Pakistán	
Baluchi	3.200.000
Brahui	1.270.000
Pashto	13.950.000
Punjabí, del que	
Hindko	2.580.000
Punjabí	51.150.000
Sindhi, del que	
Sindhi	12.500.000
Siraki	10.440.000
• Urdu	8.070.000
Otras[1, 2]	3.030.000
Panamá	
Amerindias	106.000
Chibchan	95.000
Cuna	42.000
Guaymí	54.000
Choco	11.000
Chino	7.000
• Español	1.840.000
Inglés criollo	318.000
Otras	3.000
Papúa Nueva Guinea[1]	
• Inglés	...
Melanesias	530.000
Papuanas	2.940.000
Otras[1, 5]	30.000
Paraguay	
• Español	152.000
Guaraní	1.578.000
Guaraní y español	1.695.000
Otras	472.000
Perú	
Aymara	1.578.000
• Español	14.092.000
• Quechua	5.509.000
Otras	472.000
Polonia	
Bielorruso	190.000
• Polaco	37.280.000
Ucraniano	230.000
Otras	80.000
Portugal[1]	
• Portugués	10.199.000
Otras	113.000
Puerto Rico	
• Español	1.859.000
• Inglés	12.000
Inglés y español	1.360.000
Otras	46.000
Reino Unido	
Escocés-gaélico	70.000
Galés	520.000
• Inglés	52.860.000
Otras	3.420.000
Ruanda	
• Francés	440.000
• Ruanda	6.490.000
Rumania[1]	
Alemán	363.000
Búlgaro	10.000
Eslovaco	22.000
Hebreo	26.000
Húngaro	1.764.000
Romaní	232.000
• Rumano	20.263.000
Ruso	32.000
Serbio	34.000
Tatar	23.000
Turco	23.000
Ucraniano	55.000
Otras	65.000
Salomón, Islas[1]	
• Inglés	...
Melanesias	248.000
Papúes	25.000
Polinesias	12.000
Otras[1, 7]	8.000
Salvador, El	
• Español	4.974.000
Samoa Occidental	
• Inglés	1.000
• Samoano	77.000
Samoano e inglés	83.000
Otras	200

principales lenguas por país	número de hablantes
San Cristóbal y Nieves	
• Inglés	...
Inglés criollo	46.000
San Marino[1]	
• Italiano	22.000
Santa Lucía	
Francés/inglés criollo	134.000
• Inglés	...
Otras	8.000
San Vicente y las Granadinas	
• Inglés	...
Inglés criollo	111.000
Otras	8.000
Sao Tomé y Príncipe	
Crioulo (criollo portugués)	112.000
• Portugués	...
Senegal[1]	
Arabe	70.000
Dyola	550.000
• Francés	340.000
Fulani	1.210.000
Mandingo (malinke)	440.000
Serer	1.150.000
Soninke	140.000
Tukulor	660.000
Wolof	2.460.000
Otras	120.000
Seychelles	
• Francés	10.000
Francés criollo	63.000
• Inglés	...
Otras	3.000
Sierra Leona	
Bullom	142.000
Fulani	142.000
• Inglés	...
Kissi	87.000
Kono	197.000
Koranko	132.000
Krio (criollo inglés, ¿lingua franca?)	...
Limba	318.000
Mende	1.314.000
Temne	1.205.000
Yalunka	132.000
Otras	134.000
Singapur[1]	
• Bahasa malasia	392.000
Chino	1.995.000
• Chino mandarín	...
• Inglés	...
• Tamil (y otras lenguas indias)	169.000
Otras	61.000
Siria[1]	
• Arabe	9.740.000
Armenio	307.000
Kurdo	691.000
Otras	230.000
Somalia[1]	
• Arabe	...
Inglés	...
• Somalí	6.060.000
Otras	100.000
Sri Lanka	
• Cingalés	9.869.000
Cingalés y tamil	1.527.000
Inglés	11.000
Inglés y cingalés	899.000
Inglés y tamil	186.000
Inglés, cingalés y tamil	590.000
Tamil	3.213.000
Otras	56.000
Suazilandia[1]	
• Inglés	...
• Suazi	600.0000
Zulú	70.000
Otras[1, 9]	40.000
Sudán[1]	
• Arabe	12.620.000
Azande	690.000
Bari	630.000
Beja	1.630.000
Dinka	2.950.000
Fur	530.000
Lotuko	380.000
Nubio	2.070.000
Nuer	1.260.000
Shilluk	440.000
Otras	2.380.000

Lenguas (continuación)

principales lenguas por país	número de hablantes
Suecia[1]	
Finalandés	263.000
• Sueco	7.643.000
Otras	481.000
Suiza	
• Alemán	4.284.000
• Francés	1.213.000
• Italiano	643.000
Rético	53.000
Otras	393.000
Sudáfrica, República de[1,8]	
• Afrikaans	5.003.000
• Inglés	1.851.000
Nguni	11.750.000
Shangana-tsonga	870.000
Sotho	6.184.000
Venda	475.000
Otras	2.471.000
Suriname	
• Inglés	...
• Neerlandés	...
Sranantonga	170.000
Sranantonga-otras	170.000
Otras (princip. hindi, javanés y saramacca)	80.000
Tailandia[1]	
Chino	6.510.000
Karen	190.000
Malayo	1.950.000
Mon-jmeres	1.440.000
Jmer	680.000
Kuy	570.000
Otras	190.000
Thais	43.000.000
Lao	14.430.000
• Thai (siamés)	28.200.000
Otras	370.000
Otras	550.000
Taiwán[1]	
Chino fukien meridional	13.152.000
Chino hakka y hokkien	1.963.000
• Chino mandarín	4.103.000
Otras	412.000
Tanzania[1]	
Chagga (chaga), pare	1.140.000
Gogo	910.000
Ha	800.000
Haya	1.370.000
Hehet	1.600.000
Inglés	...
Iramba	660.000
Luguru	1.140.000
Luo	190.000
Makonde	1.370.000
Masai	230.000
Ngoni	310.000
Nyakyusa	1.250.000
Nyamwezi (sukuma)	4.900.000
Shambala	990.000
• Swahili	2.050.000
Tatoga	170.000
Yao	570.000
Otras	3.570.000
Togo[1]	
Ewe	1.432.000
• Francés	540.000
Gurma	332.000
Kabre	756.000
Tem	229.000
Otras	408.000
Tonga	
• Inglés	...
• Tongano	93.000
Otras	2.000
Trinidad y Tabago	
Español	...
Francés criollo	...
• Inglés	...
Inglés criollo	1.221.000
Hindi	...
Túnez	
• Arabe	5.358.000
Arabe-francés	2.010.000
Arabe-francés-inglés	241.000
Arabe-otras	9.000
Otras no árabes	21.000
Otras	22.000
Turquía[1]	
Arabe	840.000
Kurdo	5.590.000
• Turco	45.270.000
Otras	1.150.000
Tuvalu	
• Inglés	...
Kiribati (gilbertés)	600
Tuvaluano (ellice)	7.400
Uganda[1]	
Acholi	720.000
Chiga (kiga)	1.060.000
Ganda (luganda)	2.760.000
Gisu	1.110.000
Gwere	450.000
• Inglés	...
Karamojong	320.000
Lango	930.000
Lugbara	590.000
Nkole	1.270.000
Nyoro	510.000
Rundi	480.000
Ruanda	900.000
Soga	1.270.000
Teso	1.380.000
Toro	500.000
Otras[3]	1.260.000
Unión Soviética	
Alemán	1.191.000
Armenio	4.063.000
Avar	509.000
Azerbaijani	5.786.000
Bashkir	991.000
Bielorruso	7.577.000
Búlgaro	265.000
Buryat	344.000
Coreano	232.000
Chechen	804.000
Chuvashi	1.544.000
Dargin	304.000
Estoniano	1.049.000
Gagauz	167.000
Georgiano	3.788.000
Griego	141.000
Hebrero	277.000
Húngaro	176.000
Ingush	195.000
Kabardiniano	340.000
Kara-kalpak	314.000
Kazakh	6.897.000
Kirgiz	2.014.000
Komi	269.000
Komi-permiak	126.000
Kumyk	242.000
Lak	102.000
Letón	1.475.000
Lezgiano	376.000
Lituano	3.012.000
Mari	582.000
Moldavo	2.985.000
Mordoviniano	934.000
Osseliano	516.000
Polaco	361.000
• Ruso	165.639.000
Tadzhik	3.058.000
Tatar	5.855.000
Turkmeniano	2.160.000
Tuviniano	177.000
Ucraniano	37.836.000
Udmurt	589.000
Vighur	196.000
Uzbek	13.240.000
Yakut	337.000
Otras	3.776.000
Uruguay	
• Español	2.952.000
Otras	106.000
Vanuatu	
Bislama (inglés criollo)	120.000
• Francés	40.000
• Inglés	...
Melanesias	137.000
Otras	8.000
Venezuela	
• Español	17.800.000
Otras	480.000
Vietnam[1]	
Bahnar	120.000
Chino	1.040.000
Jarai	220.000
Jmer	860.000
Muong	490.000
Nung	670.000
Rhadé	160.000
Tai	920.000
Tay (tho)	1.070.000
• Vietnamita	54.650.000
Yao	410.000
Otras	1.850.000
Viti[1]	
• Inglés	...
Fijiano	334.000
Hindi	354.000
Otras	38.000
Yemen, República Árabe de[1]	
• Arabe	8.250.000
Otras	140.000
Yemen, República Popular Democrática de[1]	
• Arabe	2.190.000
Otras	100.000
Yibuti[1]	
Afar	174.000
• Arabe	28.000
Francés	40.000
Issa	221.000
Otras	47.000
Yugoslavia[1]	
Albanés	1.810.000
• Esloveno	1.830.000
Húngaro	450.000
• Macedonio	1.400.000
Servocroata	16.310.000
Otras	1.640.000
Zaire[1]	
Azande	1.940.000
Boa	740.000
Chokwe	580.000
• Francés	2.470.000
Kongo	5.100.000
Luba	5.720.000
Lugbara	510.000
Mongo	4.290.000
Ngala y bangi	1.840.000
Rundi	1.220.000
Ruanda	3.270.000
Teke	870.000
Otras	5.720.000
Zambia[1]	
Bemba	2.520.000
• Inglés	...
Lozi	690.000
Luena	370.000
Lunda	460.000
Malawi	970.000
Ngoni	260.000
Tonga	1.180.000
Otras[2, 0]	700.000
Zimbabwe	
• Inglés	669.000
Ndebele (nguni)	1.362.000
Nyanja	448.000
Shona	6.121.000
Otras	41.000

[1]Las cifras representan grupos etnolingüísticos. [2]La mayoría de la población habla moré (lengua de los mossi); el dyula es el idioma comercial. [3]También se habla swahili. [4]También se habla inglés pidgin y patois portugués. [5]Basado en las «nacionalidades» del censo de 1982. [6]Incluye ciudadanos naturalizados. [7]El francés es el idioma universal en toda Francia; sin embargo, las regiones retienen los dialectos regionales y las lenguas minoritarias en las cifras aproximadas que se muestran. [8]Lengua materna. [9]La mayoría de las lenguas polinesias no tahitianas y chinas son bilingües o multilingües con el francés o el tahitiano. [10]Incluye algunos hablantes de kan-hakka y mandarín. [11]También se habla francés. [12]También se habla inglés. [13]También se hablan inglés y francés. [14]También se hablan inglés e italiano. [15]Alrededor de la mitad de la población también habla pisin (inglés pidgin); también se hablan inglés y hiri (pollce motu). [16]También se hablan gujarati y chino. [17]El pidgin (inglés) de las islas Salomón es lingua franca. [18]Excluye los estados negros. [19]También se hablan afrikaans y portugués. [20]El swahili, tahiluba, lingala y kikongo son idiomas nacionales.

Principales ciudades y capitales nacionales

La tabla que sigue relaciona las principales ciudades o municipios (los que sobrepasan los 100.000 habitantes) de los países del mundo, junto con cifras de cada capital nacional (indicada con un asterisco), cualquiera que sea su tamaño.

La mayoría de las poblaciones relacionadas se refieren a la denominada ciudad propiamente dicha, es decir, un área legalmente definida, creada o con cédula que tiene límites administrativos, o considerada «ciudad» por las leyes nacionales o estatables (en determinados casos, sólo como localidad que es «urbana» por naturaleza o, quizá, en los países más pequeños, sencillamente como «asentamiento»). Sin embargo, en este concepto básico existen múltiples variaciones. Una que se encuentra con frecuencia es el municipio, o comuna, similar a la ciudad-estado medieval, en que la ciudad es gobernada junto con las áreas contiguas, económicamente dependientes, sean de naturaleza urbana o rural. Algunos países no definen otras entidades demográficas o legales dentro de tales comunes o municipios, pero pueden identificar un centro, sede, cabecera o localidad que corresponde al núcleo contiguo más densamente poblado y compacto del municipio. También es posible definir centros secundarios, que en determinados países pueden ser lugares de tamaño considerable, dependiendo del tiempo que haga que no se cambiaron los límites del término municipal. Puesto que el trabajo que implica difinir cuidadosamente estos «centros» puede ser considerable, sólo con ocasión de elaborarse un censo nacional (generalmente a distancia de cinco o diez años) se cuenta con el personal, los datos de empleo y cambios y los recursos cartográficos necesarios. Por tanto, entre censos únicamente es posible seguir el crecimiento de un municipio en su conjunto. En consecuencia, a fin de aportar los datos más actualizados para las ciudades contenidas en esta tabla, solamente se pueden dar las cifras referidas a municipios o comunas (identificándolas con la abreviatura «MU»), aunque el país pueda definir como ciudad a una urbanización más pequeña y densa. La identificación específica de los municipios de esta tabla sólo se ofrece cuando el país publica también datos de una ciudad definida más estrechamente como tal, pero no cuando la única cifra publicada es la del municipio, sea éste o no el término administrativo local apropiado para la entidad.

Como muchas capitales nacionales, en su jerarquía nacional de gobierno local son subdivisiones administrativas de primer orden (equivalentes a un estado de Estados Unidos), se ha cuidado la aportación de datos referidos al núcleo urbano real de la subdivisión (la «ciudad propiamente dicha» demográficamente hablando). Por tanto, se aportan datos sobre la ciudad de Brasilia, o Kuala Lumpur, pero no sobre las áreas de capital federal donde se encuentran. También surgen problemas para la identificación de ciudades en términos de las entidades legales denominadas. Hay, por ejemplo, una municipalidad (comuna) individual denominada Bruselas en el centro de la aglomeración de Bruselas, Bélgica; la comuna sólo cuenta con 140.000 habitantes, mientras que la aglomeración, lo que la mayoría entiende que constituye la ciudad, se acerca al millón. Se ofrecen ambas cifras para que el lector comprenda que existe este problema.

Para algunos países se da más de una forma de nombre a la ciudad, por lo general para permitir reconocer los recientes cambios de denominación o las formas del nombre del lugar que se pueden encontrar en los artículos de prensa si la entrada de la ciudad en hispánica se deletrea según una romanización o grafía distintas. Uno de estos casos es China; los nombres de sus ciudades se deletrean primero (salvo que el uso haya sancionado un nombre en español) de acuerdo con el erudito sistema denomiando Wades-Giles, de larga tradición, mientras que es probable que las referencias aparezcan en la prensa diaria según el sistema chino de romanización, más reciente. (Pekín, a la española, se deletrea Pei-ching en Wade-Giles y Beijing en pinyin.) El uso de la grafía española convencional de Pekín, en esta tabla, se suplementa aportando la alternativa en pinyin.

Las fuentes de datos han sido, en general, los censos nacionales y los extractos estadísticos de los países de que se trate, con la adición de la correspondencia con la mayoría de las oficinas estadísticas para requerir datos todavía no publicados como parte del probrama nacional.

Principales ciudades y capitales nacionales

país / ciudad	población
Afganistán (1984 est.)	
Herat	159.804
★ Kabul	1.179.341
Mazar-e Sharif	117.723
Qandahar	203.177
Albania (1983 est.)	
★ Tirana	206.100
Alemana, República Democrática (1876 est.)	
★ Berlín (Este)	1.215.586
Cottbus	124.752
Dessau	103.569
Dresde	519.769
Erfurt	216.046
Gera	131.843
Halle	235.169
Jena	107.401
Karl-Marx-Stadt	315.452
Leipzig	553.660
Magdeburgo	288.965
Potsdam	139.497
Rostock	244.444
Schwerin	127.538
Zwickau	120.206
Alemania, República Federal de (1987 est.)	
Aquisgrán	239.170
Augsburgo	245.962
Bergisch Gladbach	101.776
Berlín (Oeste)	1.879.225
Bielefeld	229.360
Bochum	381.216
★ Bonn	291.439
Bottrop	112.256
Braunschweig	247.836
Bremen	521.976
Bremerhaven	132.194
Coblenza	110.277
Colonia	914.336
Darmstadt	133.572
Dortmund	568.164
Duisburg	514.628
Düsseldorf	560.572
Erlangen	100.200
Essen	615.421
Francfort del Meno	592.411
Freiburg im Breisgau	186.156
Gelsenkirchen	283.560
Gotinga	133.796
Hagen	206.070
Hamburgo	1.571.267
Hamm	165.957
Hannover	505.718
Heidelberg	136.227
Heilbronn	111.713
Herne	171.274
Hildesheim	100.558
Karlsruhe	268.309
Kassel	184.353
Kiel	243.626
Krefeld	216.598
Leverkusen	154.703
Lübeck	209.159
Ludwigshafen	152.162
Maguncia	189.005
Mannheim	294.648
Mönchengladbach	255.087
Münheim an der Ruhr	170.392
Munich	1.274.716
Münster	267.628
Neuss	143.832
Nuremberg	467.392
Oberhausen	221.542
Offenbach am Main	107.078
Oldenburg	139.256
Osnabrück	153.776
Paderborn	110.296
Pforzheim	104.452
Recklingshausen	117.585
Regensburg	123.821
Remscheid	121.005
Saarbrücken	184.353
Salzgitter	105.392
Siegen	107.319
Solingen	157.401
Stuttgart	565.486
Ulm	100.745
Wiesbaden	266.542
Witten	102.232
Wolfsburg	121.951
Wuppertal	376.217
Würzburg	127.050
Andorra (1986)	
★ Andorra la Vella	15.639
Angola (1987 est.)	
★ Luanda	1.134.000
Lubango	105.000[3]
Antigua y Barbuda (1982 est.)	
★ Saint John's	30.000
Arabia Saudita (1980 est.)	
al-Damán	200.000[12]
★ El Riad	1.000.000[11]
La Meca	550.000
Medina	290.000
Taif	300.000
Yida	1.308.000[11]
Argelia (1987)	
Anaba	310.000
Argel	1.483.000
Batna	182.000
Bejaïa	124.122[1]
Blida	165.000
Boufarik	112.002[2]
Constantina	438.000
Ech-Chlef	118.996[1]
Orán	590.000
Sétif	168.000
Sidi beni Abés	146.653[1]
Skikda	141.159[1]
Tizi Ouzou	100.749[1]
Tlemcen	146.089[1]
Argentina (1980)	
Almirante Brown	322.548
Avellaneda	330.654
Bahía Blanca	220.765
Berazategui	200.926
★ Buenos Aires	2.922.829
Caseros	340.343
Córdoba	968.829
Corrientes	180.612
Esteban Echeverría	187.969
Florencio Varela	172.654
General San Martín	384.306
General Sarmiento	499.648
Godoy Cruz	141.553
Guaymallén	157.334
Lanús	465.891
La Plata	454.884
Lomas de Zamora	508.620
Mar del Plata	407.024
Mendoza	118.427
Merlo	282.828
Moreno	193.626
Morón	596.769
Paraná	161.638
Posadas	143.889
Quilmes	441.780
Resistencia	218.438
Río Cuarto	110.254
Rosario	875.664
Salta	260.744
San Fernando	134.156
San Isidro	287.048
San Juan	117.731
San Justo	946.715
San Miguel de Tucumán	392.888
San Salvador de Jujuy	124.950
Santa Fe	287.240
Santiago del Estero	148.758
Tigre	205.926
Vicente López	289.815
Australia (1986 est.)[4]	
Adelaida	993.100
Brisbane	1.171.300
★ Canberra	285.800
Geelong	148.300
Gold Coast	219.300
Hobart	180.300
Melbourne	2.942.000
Newcastle	429.300
Perth	1.025.300
Sydney	3.430.600
Townsville	103.700
Wollongong	237.600
Austria (1981)	
Graz	243.166
Innsbruck	117.287
Linz	199.910
Salzburgo	139.426
★ Viena	1.531.346
Bahamas (1980)	
★ Nassau	110.000
Bahrein (1987 est.)	
★ Manama	146.994
Bangladesh (1981)[5]	
Bakerganj (Barisai)	159.298
Comilla	126.130
Chittagong	1.388.476
★ Dhaka	3.458.602
Jessore	149.426
Khulna	623.184
Mymensingh	107.863
Pabna	101.080
Rajshahi	171.600
Rangpur	155.964
Saidpur	128.085
Sirajganj	104.522
Sylhet	166.847
Barbados (1980)	
★ Bridgetown	7.552
Bélgica (1986 est.)	
Amberes	483.199
Brujas	117.799
★ Bruselas	137.211[3]
Conurbación	976.536
Charleroi	210.234
Gante	234.251
Lieja	201.749
Namur	102.501
Schaerbeek	105.346[3]
Belice (1985 est.)	
★ Belmopan	4.500
Benin (1982 est.)	
★ Cotonou (oficial)	487.020
★ Porto Novo *(de facto)*	208.258
Bermudas (1985 est.)	
★ Hamilton	1.676
Birmania (1983)	
Bassein	144.092
Mandalay	532.895
Monywa	106.873
Moulmein	219.991
Pegu	150.447
★ Rangún	2.458.712
Sittwe (Akyab)	107.907
Taunggye	107.607
Bolivia (1985 est.)	
Cochabamba	317.251
★ La Paz (administrativa)	992.592
Oruro	178.393
Potosí	109.876[3]
Santa Cruz	441.717
★ Sucre	86.609
Botswana (1986 est.)	
★ Gaborone	96.100
Brasil (1980)	
Americana	121.794
Anápolis	160.520
Aracaju	288.106
Araçatuba	113.486
★ Barra Mansa	123.421
Bauru	178.861
Belém	758.117
Belo Horizonte	1.442.483
Blumenau	144.819
★ Brasilia	411.305
Campina Grande	222.229
Campinas	566.517
Campo Grande	282.844
Campos	174.218
Canoas	214.115
Carapicuiba	185.763
Caruaru	137.636
Cascavel	100.351
Caxias do Sul	198.824
Contagem	111.697
Culaba	167.894
Curitiba	843.733
Diadema	228.594
Divinópolis	108.344
Duque de Caxias	306.057
Feira de Santana	225.003
Florianópolis	153.547
Fortaleza	648.815
Franca	143.630
Goiânia	703.263
Governador Valadares	173.699
Guarulhos	395.117
Imperatriz	111.818
Ipatinga	105.083
Itabuna	129.938
Jacareí	103.652
João Pessoa	290 424
Joinville	217.074
Juàzeiro do Norte	125.248
Juiz de Fora	299.728
Jundiaí	210.015
Lages	108.768
Limeira	137.812
Londrina	258.054
Maceló	376.479
Manaus	613.068
Marilía	103.904
Maringá	158.047
Mauá	205.817
Mogi das Cruzes	122.265
Montes Claros	151.881
Mossoró	188.007
Natal	376.552
Nilópolis	103.033
Niterói	386.185
Nova Iguaçu	491.802
Novo Hamburgo	132.066
Olinda	266.392
Osasco	473.856
Passo Fundo	103.121
Pelotas	197.092
Petrópolis	149.427

país ciudad	población
Piracicaba	179.395
Ponta Grossa	171.111
Porto Alegre	1.108.883
Porto Velho	101.644
Presidente Prudente	127.623
Recife	1.184.215
Ribeirão Prêto	300.704
Rio Claro	103.174
Rio de Janeiro	5.090.700
Rio Grande	124.706
Salvador	1.506.602
Santa Maria	151.202
Santarém	101.534
Santo Andre	549.278
Santos	411.023
São Bernardo do Campo	381.261
São Caetano do Sul	163.030
São Carlos	109.231
São Gonçalo	221.278
São João de Meriti	210.548
São José do Rio Prêto	171.982
São José dos Campos	268.073
São Luis	182.466
São Paulo	7.033.529
São Vicente	192.770
Sorocaba	254.718
Taubaté	155.371
Teresina	339.264
Uberaba	180.296
Uberlândia	230.400
Vitória	144.143
Vitória da Conquista	125.717
Volta Redonda	177.772
Brunei (1985 est.)	
★ Bandar Seri Begawan	55.000
Bulgaria (1986 est.)	
Burgas	182.570
Pleven	129.782
Plovdiv	342.131
Ruse	183.746
Shurmen	100.122
★ Sofía	1.114.962
Sliven	102.455
Stara Zagora	150.906
Tolbukhin	109.069
Varna	302.211
Burkina Faso (1985)	
Bobo-Dioulasso	231.162
★ Ouagadougou	442.223
★ Bujumbura	272.622
Bután (1985 est.)	
★ Paro (administrativa)	3.000
★ Timbú (oficial)	20.000
Cabo Verde (1985 est.)	
★ Praia	49.500
Camerún (1985 est.)	
Douala	852.700
Maroua	100.200
Nkongsamba	105.200
★ Yaoundé	583.500
Canadá (1981)	
Brampton	149.030
Burlington	114.853
Burnaby	136.494
Calgary	592.743
East York	101.974
Edmonton	532.246
Etobicoke	298.713
Halifax	114.594
Hamilton	306.434
Kitchener	139.734
Laval	268.335
London	254.280
Longueuil	124.320
Mississauga	315.056
Montreal	980.354
North York	559.521
Oshawa	117.519
★ Ottawa	295.163
Quebec	166.474
Regina	162.613
Saint Catharines	124.018
Saskatoon	154.210
Scarborough	443.353
Thunder Bay	112.486
Toronto	599.217
Vancouver	414.281
Windsor	192.083
Winnipeg	564.473
York	134.617
Centroafricana, República (1985 est.)	
★ Bangui	473.817
Colombia (1985)	
Armenia	180.221
Barrancabermeja	137.406
Barranquilla	986.649
Bello	206.297
★ Bogotá	3.974.813
Bucaramanga	341.513
Buenaventura	160.342
Cali	1.323.944
Cartagena	491.368
Cúcuta	357.026
Floridablanca	137.975
Ibagué	269.495
Itagüí	135.797
Manizales	275.067
Medellín	1.418.554
Montería	157.466
Neiva	178.130
Palmiar	175.186
Pasto	197.407
Pereira	233.271
Popayán	141.964
Santa Marta	177.922
Sincelejo	120.537
Soledad	164.494
Valledupar	142.771
Villavicencio	161.166
Comores, Islas	
★ Moroni	17.267
Congo, República Popular del (1984)	
★ Brazzaville	585.812
Pointe-Noire	294.203
Corea, República de (1985)	
Andong	114.340
Anyang	361.530
Changwon	111.676[10]
Cheju	203.298
Chinhae	121.406
Chinju	227.441
Chonan	170.088
Chongju	350.279
Chonju	426.498
Chunchon	163.217
Chungju	113.345
Inchon	1.387.491
Iri	192.275
Kangnung	132.995
Kumi	142.148
Kunsan	185.661
Kuangju	906.129
Kyongju	127.684
Masan	449.247
Mokpo	236.078
Pohang	261.256
Puchon	456.318
Pusan	3.516.807
★ Seúl	9.645.932
Songnam	447.839
Sunchon	121.938
Suwon	430.834
Taegu	2.030.672
Taejon	886.695
Tonghae	104.310[10]
Uijongbu	162.701
Ulsan	551.320
Wonju	151.372
Yosu	171.929
Corea, República Popular Democrática de (1981 est.)	
Chongjin	490.000
Haeju	213.000[1]
Hamhung-Hungnam	775.000
Kaesong	240.000
Kimchaek (Songjin)	490.000[1]
★ Pyongyang	1.283.000
Sinuiju	200.000
Wonsan	240.000
Costa de Marfil (1984 est.)	
★ Abidján	1.850.000
Bouaké	220.000
Yamoussoukro	120.000
Costa Rica (1984)	
★ San José	241.464
Cuba (1986 est.)	
Bayamo	105.302
Camagüey	260.782
Cienfuegos	109.304
Guantánamo	174.383
★ Habana	2.014.806
Holguín	194.728
Matanzas	105.382
Pinar del Río	100.906
Santa Clara	178.278
Santiago de Cuba	358.764
Chad (1986 est.)	
★ N'Djamena	511.700
Sarh	100.000
Checoslovaquia (1986 est.)	
Bratislava	417.103
Brno	385.684
Košice	222.175
Liberec	100.919
Olomouc	106.086
Ostrava	327.791
Plzen	175.244
★ Praga	1.193.513
Chile (1987 est.; MU)	
Antofagasta	204.577
Arica	169.774
Calama	109.645
Concepción	294.375
Coquimbo	105.252
Chillán	148.805
Gran Santiago	4.858.342
Iquique	132.948
La Serena	106.617
Los Ángeles	126.122
Osorno	122.462
Puente Alto	165.534
Puerto Montt	113.488
Punta Arenas	111.724
Quilpué	103.004
Rancagua	172.489
San Bernardo	168.534
★ Santiago	421.900
Talca	164.482
Talcahuano	231.356
Temuco	217.789
Valdivia	117.205
Valparaíso	278.762
Viña del Mar	297.294
China (1985 est.)[6]	
An-ch'ing (Anging)	207.200
An-shan (Anshan)	1.088.900
An-shun (Anshun)	126.700
An-ta (Anda)	150.000
An-yang (Anyang)	348.100
Cantón (Guangzhou)	2.486.100
Chan-chiang (Zhanjiang)	312.300
Ch'ang-chi (Changji)	100.800
Chang-chia-k'ou (Zhangjiakou)	483.200
Ch'ang-chih (Changzhi)	261.200
Chang-chou (Changzhou)	446.900
Chang-chou (Zhangzhou)	155.300
Ch'ang-ch'un (Changchun)	1.424.500
Ch'ang-sha (Changsha)	919.200
Ch'ang-shu (Changshu)	245.500
Ch'ang-te (Changde)	170.500
Ch'ao-an (Chao'an)	130.000
Chao-ch'ing (Zhaoqing)	137.600
Ch'ao-chou (Chaozhou)	257.500
Ch'ao-hu (Chaohu)	111.500
Ch'ao-yang (Chaoyang)	168.200
Chen-chiang (Zhenjiang)	319.300
Chen-chou (Chenzhou)	138.900
Cheng-chou (Zhengzhou)	962.500
Ch'eng-te (Chengde)	222.600
Ch'eng-tu (Chengdu)	1.523.400
Chi-an (Ji'an)	127.900
Chi-hsi (Jixi)	626.300
Chi-lin (Jilin)	882.700
Chi-nan (Jinan)	1.110.500
Chi-ning (Jining) (*Mongolia Interior*)	141.000
Chi-ning (Jining) (*Shandong*)	207.200
Ch'i-t'ai-ho (Qitaihe)	151.700
Chia-hsing (Jiaxing)	168.300
Chia-mu-ssu (Jiamusi)	419.700
Chiang-men (Jiangmen)	159.800
Chiao-tso (Jiaozuo)	320.000
Ch'ih-feng (Chifeng)	270.300
Chin-chou (Jinzhou)	584.800
Chin-hua (Jinhua)	132.600
Ch'in-huang-tao (Qinhuangdao)	293.900
Ch'ing-chiang (Qingjiang)	150.000
Ching-men (Jingmen)	211.700
Ch'ing-tao (Qingdao)	1.140.000
Ching-te-chen (Jingdezhen)	294.700
Chiu-chiang (Jiujiang)	243.900
Chou-k'ou (Zhoukou)	102.200
Chou-k'ou-chen (Zhoukouzhen)	150.000
Ch'u-ching (Qujing)	124.600
Chu-chou (Zhuzhou)	333.700
Ch'ü-chou (Quzhou)	102.100
Ch'u-chou (Chuzhou)	110.100
Ch'ü-hsien (Quxian)	120.000
Ch'üan-chou (Quanzhou)	150.000
Chungking (Chongqing)	2.030.800
Chung-shan (Zhongshan)	208.900
E-chou (Ezhou)	195.800
Feng-ch'eng (Fengcheng)	100.000
Fo-shan (Foshan)	229.700
Fu-chou (Fuzhou) (*Kiangsi*)	105.100
Fu-chou (Fuzhou)	754.500
Fu-hsin (Fuxin)	551.300
Fu-shun (Fushun)	1.077.300
Fu-yang (Fuyang)	118.900
Ha-mi (Hami)	141.100
Hai-k'ou (Haikou)	198.900
Hai-la-erh (Hailar)	149.000
Han-chung (Hanzhong)	148.900
Han-ku (Hangu)	100.000
Han-tan (Handan)	727.500
Hang-chou (Hangzhou)	973.400
Harbin	2.217.300
Heng-yang (Hengyang)	401.900
Ho-fei (Hefei)	594.200
Ho-kang (Hegang)	472.000
Ho-pi (Hebi)	156.000
Ho-tse (Heze)	109.300
Hsi-ch'ang (Xichang)	101.300
Hsi-ning (Xining)	473.000
Hsia-men (Xiamen)	328.100
Hsiang-fan (Xiangfan)	294.400
Hsiang-t'an (Xiangtan)	377.100
Hsiao-kan (Xiaogan)	109.000
Hsien-ning (Xianning)	124.600
Hsien-yang (Xianyang)	272.800
Hsin-hsiang (Xinxiang)	397.100
Hsin-t'ai (Xintai)	143.500
Hsin-yang (Xinyang)	159.800
Hsin-yu (Xinyu)	120.200
Hsing-t'ai (Xingtai)	251.400
Hsü-ch'ang (Xuchang)	156.700
Hsü-chou (Xuzhou)	709.400
Hsüan-hua (Xuanhua)	140.000
Hu-chou (Huzhou)	184.900
Hu-ho-hao-t'e (Hohhot)	542.800
Huai-nan (Huainan)	603.200
Huai-pei (Huaibei)	272.300
Huai-yin (Huaiyin)	191.700
Huang-shih (Huangshi)	380.200
Hui-chou (Huizhou)	107.700
Hun-chiang (Hunjiang)	436.100
I-ch'ang (Yichang)	317.100
I-ch'un (Yichun)	758.200
I-ning (Yining)	150.700
I-pin (Yibin)	214.400
I-yang (Yiyang)	150.900
K'ai-feng (Kaifeng)	447.800
Kan-chou (Ganzhou)	185.300
Kashgar (Kashi)	138.800
Ko-chiu (Gejiu)	189.900
K'o-erh-ch'in-yu-i-ch'ien-ch'i (Horqin Youyi Qianqi)	100.000
Kuei-lin (Guilin)	314.100
Kuei-yang (Guiyang)	871.300
K'un-ming (Kunming)	950.000
Lai-wu (Laiwu)	132.700
Lan-chou (Lanzhou)	1.144.500
Lang-fang (Langfang)	113.300
Le-shan (Leshan)	295.500
Leng-shui-chiang (Lengshuijiang)	150.000
Liao-ch'eng (Liaocheng)	114.800
Liao-yang (Liaoyang)	430.100
Liao-yüan (Liaoyuan)	319.100
Lien-yün-kang (Lianyungang)	277.400
Lin-fen (Linfen)	151.900
Lin-i (Linyi)	176.000
Liu-chou (Liuzhou)	501.000
Liu-p'an-shui (Liupanshui)	317.100
Lo-yang (Luoyang)	624.000
Long-yen (Longyan)	102.200
Lu-chou (Luzhou)	228.000
Lü-ta (Lüda)	1.270.000[1]
Ma-an-shan (Ma'anshan)	249.100
Man-chou-li (Manzhouli)	104.100
Mao-ming (Maoming)	103.100
Mei-hsien (Meixian)	154.600
Mien-yang (Mianyang)	220.700
Mu-tan-chiang (Mudanjiang)	486.900
Nan-ch'ang (Nanchang)	880.500
Nan-ch'ung (Nanchong)	149.900
Nan-ning (Nanning)	564.900
Nan-p'ing (Nanping)	153.000
Nan-t'ung (Nantong)	297.000
Nan-yang (Nanyang)	180.600
Nanking (Nanjing)	1.865.100
Nei-chiang (Nejiang)	179.500
Ning-po (Ningbo)	422.000
Pal-ch'eng (Balcheng)	193.500
Pang-pu (Bengbu)	390.900
Pao-chi (Baoji)	278.700
Pao-ting (Baoding)	411.300
Pao-t'ou (Baotou)	866.200
Pei-an (Bei'an)	197.400
Pei-hai (Beihai)	115.700
Pei-piao (Beipiao)	100.000
★ Pekín (Beijing)	4.983.000
Pen-shi (Benxi)	678.500
P'ing-hsiang (Oubfziang)	332.400
P'ing-ting-shan (Pingdingshan)	338.000
Po-shan (Boshan)	100.000
P'u-ling (Puling)	138.400
P'u-yang (Puyang)	113.700
San-ming (Sanming)	141.700
Sha-shih (Shashi)	213.400
Shan-t'ou (Shantou)	476.600
Shao-hsing (Shaoxing)	148.700
Shao-kuan (Shaoguan)	286.100
Shao-yang (Shaoyang)	210.900
Shang-ch'iu (Shangqiu)	129.800
Shang-jao (Shangrao)	111.200
Shanghai	6.725.700
Shen-chen (Shenzhen)	152.600
Shen-yang (Shenyang)	3.173.200
Shih-chia-chuang (Shijazhuang)	902.000
Shih-ho-tzu (Shihezi)	294.500
Shih-tsui-shan (Shizuishan)	199.200
Shih-yen (Shiyan)	203.900
Shuang-ya-shan (Shuangyashan)	340.700
Sian (Xi'an)	1.686.300
Ssu-p'ing (Siping)	274.400
Su-chou (Suzhou)	114.400
Su-chou (Suzhou)	611.500
Sui-chou (Suizhou)	147.500
Sui-hua (Suihua)	195.800
Ta-ch'ing (Daqing)	500.900
Ta-hsien (Daxian)	132.500
Ta-li (Dali)	110.000
Ta-lien (Dalian)	1.334.300
Ta-t'ung (Datong)	688.200
T'ai-an (Tai'an)	194.500
T'ai-chou (Taizhou)	135.300
T'ai-yüan (Taiyuan)	1.355.900
Tan-tung (Dandong)	449.800
T'ang-shan (Tangshan)	921.100
Te-chou (Dezhou)	153.400
Te-yang (Deyang)	171.100
T'ieh-ling (Tieling)	313.000
T'ien-shui (Tianshui)	121.400
Tientsin (Tianjin)	4.123.800
Tsa-chuang (Zaozhuang)	269.400
Tsa-lan-t'un (Zalantun)	109.100
Ts'ang-chou (Cangzhou)	190.800
Tsitsihar (Qiqihar)	955.200
Tsun-i (Zunyi)	233.700
Tu-k'ou (Dukou)	355.900
Tu-yün (Duyun)	121.100
T'ung-ch'uan (Tongchuan)	234.300
T'ung-hua (Tonghua)	285.100
T'ung-liao (Tongliao)	184.400
Tung-ling (Tongling)	169.500
Tung-ying (Dongying)	163.600
Tzu-kung (Zigong)	353.400
Tzu-po (Zibo)	762.500
Wan-hsien (Wanxian)	134.100
Wei-fang (Weifang)	296.500
Wei-nan (Weinan)	102.000
Wen-chou (Wenzhou)	365.600
Wu-chou (Wuzhou)	190.300
Wu-hai (Wuhai)	226.600
Wu-han (Wuhan)	2.899.000
Wu-hsi (Wuxi)	696.300
Wu-hu (Wuhu)	385.800
Wu-lu-mu-ch'i (Urümqi)	947.000
Ya-k'o-she (Yakeshe)	323.100
Yang-chou (Yangzhou)	286.600
Yang-ch'üan (Yangqan)	291.400
Yen-an (Yan'an)	150.000
Yen-ch'eng (Yancheng)	248.300
Yen-chi (Yanji)	167.500
Yen-t'ai (Yantai)	311.200
Yin-ch'uan (Yinchuan)	256.200
Ying-k'ou (Yingkou)	355.700
Yü-lin (Yulin)	109.000
Yü-men (Yumen)	150.000
Yü-tz'u (Yuci)	168.600
Yüeh-yang (Yueyang)	228.300
Chipre (1982)	
Limassol	100.254[7]
★ Nicosia	123.298[7]
Dinamarca (1985)	
Ålborg	113.865
Århus	194.348
★ Copenhague	1.358.540[4]
Odense	136.803
Dominica (1981)	
★ Roseau	8.346
Dominicana, República (1983 est.)	
La Romana	101.000
Santiago de los Caballeros	285.000
★ Santo Domingo	1.410.000
Ecuador	
Ambato	126.067
Cuenca	201.490
Guayaquil	1.572.615
Machala	144.396
Portoviejo	141.568
★ Quito	1.137.705
Egipto (1986 est.)	
Alejandría	2.893.000
Asiut	291.300
Asuán	195.700
Bani Suwayf	162.500
Benha	120.200
Bur Said (Port Said)	382.000
★ El Cairo	6.325.000
Damanhur	225.900
Damieta	121.200
al-Fayum	227.300
Giza	1.670.800
Helwán	352.300
Ismailia	236.200
Kafr al-Dawar	160.554[1]
Kafr al-Sayj	104.200
Kaná	141.700
Luxor	147.900
al-Mahala al-Kubra	385.300
al-Mansura	357.800
al-Minya	203.300
Sawhaj	141.500
Shabim al-Qawm	135.900
Shubra al-Jaima	533.300
Suez	265.000
Tanta	373.500
Zagazig	274.400
Emiratos Árabes Unidos (1980)	
★ Abu Dabi	243.000
al-Ayn	102.000
Dubai	266.000
Sharya	125.000
España (1986 est.; MU)	
Albacete	126.594
Alcalá de Henares	142.862[11]
Alcorcón	140.657[11]
Alicante	258.707
Almería	154.242
Badajoz	119.220
Badalona	227.744[11]
Barcelona	1.699.231
Bilbao	379.107
Burgos	158.610
Cádiz	155.219
Castellón de la Plana	127.578
Córdoba	296.075
Coruña, La	239.505
Gerona	126.030[11]
Getafe	127.060[11]
Gijón	225.969[11]
Granada	256.528
Hospitalet de Llobregat	294.033[11]
Huelva	135.576
Jaén	103.291

Principales ciudades y capitales nacionales (continuación)

país / ciudad	población
Laguna, La	112.635[11]
Leganés	163.426[11]
León	135.014
Lérida	107.787
Logroño	115.922
★ Madrid	3.053.101
Málaga	566.480
Móstoles	149.649[11]
Murcia	304.185
Orense	100.430
Oviedo	185.920
Palma (de Mallorca)	295.351
Palmas de Gran Canaria, Las (islas Canarias)	356.730
Pamplona	183.340
Sabadell	194.943[11]
Salamanca	152.766
San Sebastián	175.267
Santa Coloma de Gramanet	140.588[11]
Santa Cruz de Tenerife	212.523
Santander	186.456
Sevilla	651.299
Tarragona	106.361
Tarrasa	155.360[11]
Valencia	728.622
Valladolid	327.786
Vigo	258.724[11]
Vitoria	199.936
Zaragoza	573.711
Estados Unidos (1986 est.)	
Abilene	112.430
Akron	222.060
Albuquerque	366.750
Alexandria	107.800
Allentown	104.360
Amarillo	165.850
Anaheim	240.730
Anchorage	235.000
Ann Arbor	107.800
Arlington	249.770
Atlanta	421.910
Aurora	217.990
Austin	466.550
Bakersfield	150.400
Baltimore	752.800
Baton Rouge	241.130
Beaumont	119.900
Berkeley	104.110
Birmingham	277.510
Boise City	108.390
Boston	573.600
Bridgeport	141.800
Brownsville	102.110
Buffalo	324.820
Cedar Rapids	108.370
Cincinnati	369.750
Cleveland	535.830
Colorado Springs	272.000
Columbus (Georgia)	180.180
Columbus (Ohio)	566.030
Concord	105.980
Corpus Christi	263.900
Charlotte	352.070
Chattanooga	162.170
Chesapeake	134.400
Chicago	3.009.530
Chula Vista	118.840
Dallas	1.003.520
Dayton	178.920
Denver	505.000
Des Moines	192.060
Detroit	1.086.220
Durham	113.890
Elizabeth	106.560
El Paso	491.800
Erie	115.270
Eugene	105.410
Evansville	129.480
Filadelfia	1.642.900
Flint	145.590
Fort Lauderoale	148.660
Fort Wayne	172.900
Fort Worth	429.550
Fremont	153.580
Fresno	284.660
Fullerton	108.750
Garden Grove	134.850
Garland	176.510
Gary	136.790
Glendale (Arizona)	125.820
Glendale (California)	153.660
Grand Rapids	186.530
Greensboro	176.650
Hampton	126.000
Hartford	137.980
Hayward	101.520
Hialeah	161.760
Hollywood	120.940
Honolulu	372.330
Houston	1.728.910
Huntington Beach	183.620
Huntsville	163.420
Independence	112.950
Indianapolis	719.820
Inglewood	102.550
Ircing	128.530
Jackson	208.440
Jacksonville	610.030
Jersey City	219.480
Kansas City (Kansas)	162.070
Kansas City (Montana)	441.170

país / ciudad	población
Knoxville	173.210
Lakewood	122.140
Lansing	128.980
Laredo	117.060
Las Vegas	193.240
Lexington	213.600
Lincoln	183.050
Little Rock	181.030
Livonia	100.540
Long Beach	396.280
Los Ángeles	3.259.300
Louisville	287.460
Lubbock	186.400
Macon	118.420
Madison	175.850
Memphis	652.640
Mesa	251.430
Miami	373.940
Milwaukee	605.090
Minneapolis	356.840
Mobile	203.260
Modesto	132.940
Montgomery	194.290
Nashville	473.670
Newark	316.300
New Haven	123.450
Newport News	161.700
Norfolk	274.800
Nueva Orleans	554.500
Nueva York	7.262.700
Oakland	356.960
Odessa	101.210
Oklahoma City	466.120
Omaha	349.270
Ontario	114.310
Orange	100.740
Orlando	145.940
Oxnard	130.800
Pasadena (California)	129.900
Pasadena (Texas)	118.050
Peoria	110.290
Peterson	139.160
Phoenix	894.070
Pittsburgh	387.400
Plano	111.030
Pomona	115.540
Portland	387.870
Portsmouth	111.000
Providence	157.200
Pueblo	101.240
Raleigh	180.430
Reno	111.420
Richmond	217.700
Riverside	196.750
Roanoke	101.900
Rockford	135.760
Rochester	235.970
Sacramento	323.550
Saint Louis	426.300
Saint Paul	263.680
Saint Petersburg	239.480
Salt Lake City	158.440
San Antonio	914.350
San Bernardino	138.610
San Diego	1.015.190
San Francisco	749.000
San José	712.080
Santa Ana	236.780
Savannah	146.800
Scottsdale	111.140
Seattle	486.200
Shreveport	220.380
South Bend	107.190
Spokane	172.890
Springfield (Illinois)	149.410
Springfield (Massachusetts)	100.290
Springfield (Montana)	139.360
Stanford	101.080
Sterling Heights	111.960
Stockton	183.430
Sunnyvale	112.130
Syracuse	160.750
Tacoma	158.950
Tallahassee	119.480
Tampa	277.580
Tempe	136.840
Toledo (Ohio)	340.680
Topeka	118.580
Torrance	135.570
Tucson	358.850
Tulsa	373.750
Virginia Beach	333.400
Waco	105.220
Warren	149.800
★ Washington D. C.	626.000
Waterbury	102.300
Wichita	288.070
Winston-Salem	148.080
Worcester	157.770
Yonkers	186.080
Youngstown	104.690
Etiopía (1984)	
★ Addis Abeba	1.423.111
Asmara	275.385
Filipinas (1984 est.)	
Ángeles	213.305
Bacolod	287.830
Baguio	133.726[1]
Batangas	155.064[1]
Butuan	172.489

país / ciudad	población
Cabanatuán	153.899
Cádiz	133.791[1]
Cagayán de Oro	275.938
Calbayog	113.594
Caloocan	524.624
Cebú	552.155
Dagupan	103.401
Davao	179.521
General Santos	183.255
Iligan	181.865
Iloilo	263.422
Las Piñas	190.364
Legaspi	108.864
Lipa	133.540
Lucena	124.355
Makati	408.991
Malabón	212.930
Mandaluyong	226.670
Mandaue	137.300
★ Manila	1.728.441
Metro Manila	6.720.050
Marikina	248.183
Muntilupa	172.421
Navotas	146.899
Olongapo	173.701
Ormoc	116.474
Parañaque	252.791
Pasay	320.889
Pasig	318.853
Quezón	1.326.035
San Carlos	107.080
San Juan del Monte	139.126
San Pablo	143.023
Taclobán	117.243
Tagig	130.719
Toledo	102.565
Valenzuela	275.725
Zamboanga	379.194
Finlandia (1987 est.)	
Espoo	162.106
★ Helsinki	487.749
Tampere	170.097
Turku	160.974
Vantaa	147.225
Francia (1982)	
Aix-en-Provence	100.221
Amiens	130.302
Angers	135.293
Besançon	112.023
Boulogne-Biliancourt	102.582
Brest	154.110
Burdeos	201.965
Caen	112.332
Clermont-Ferrand	145.901
Dijon	139.188
El Havre	198.700
Estrasburgo	247.068
Grenoble	156.437
Le Mans	145.976
Lille	167.791
Limoges	137.809
Lyon	410.455
Marsella	868.435
Metz	113.236
Montpellier	190.423
Mulhouse	111.742
Nantes	237.789
Nimes	120.515
Niza	331.165
★ París	2.165.892
Perpiñán	107.812
Reims	176.419
Rennes	190.861
Roubaix	101.488
Ruán	100.696
Saint-Étienne	193.938
Toulon	177.443
Toulouse	344.917
Tours	131.265
Villeurbanne	115.378
Gabón (1985 est.)	
★ Libreville	235.700
Port Gentil	124.400
Gambia (1986)	
★ Banjui	44.188[1]
Serekunda	102.600
Ghana (1984)	
★ Accra	859.640
Kumasi	348.880
Tamale	136.828
Granada (1981)	
★ Saint George's	4.788
Grecia (1981)	
★ Atenas	885.737
Iráklion	102.398
Kallithéa	117.319
Larisa	102.426
Patrás	142.163
Peristérion	140.858
Pireo	193.389
Tesalónica	406.413
Guatemala (1981)	
★ Guatemala	754.243
Guinea (1983)	
★ Conakry	705.280
Guinea-Bissau (1979)	
★ Bissau	109.214
Guinea Ecuatorial (1983)	
★ Malabo	30.710
Guyana (1980)	
★ Georgetown	167.839

país / ciudad	población
Haití (1987 est.)	
★ Puerto Príncipe	472.895
Honduras (1985 est.)	
San Pedro Sula	372.800
★ Tegucigalpa	571.400
Hong Kong (1987 est.)	
Hong Kong	5.602.000[8]
Hungría (1986 est.)	
★ Budapest	2.076.000
Debrecen	211.800
Györ	129.000
Kecskemét	102.900
Miskolc	211.700
Nyíregyháza	116.800
Pécs	177.100
Szeged	182.100
Székesfehérvár	111.500
India (1981)	
Adoni	108.939
Agartala	132.186
Agra	694.191
Ahmadabad	2.059.725
Ahmadnagar	143.937
Ajmer	375.593
Akola	225.412
Aligarh	320.861
Alwar	145.795
Allahabad	616.051
Alleppey	169.940
Ambala	104.565
Ambattur	114.915
Amravati	261.404
Amritsar	594.844
Amroha	112.682
Anantapur	119.531
Arrah	125.111
Asansol	183.375
Aurangabad	284.607
Avadi	124.574
Balurghat	104.648
Bally	147.735
Bangalore	2.476.335
Baranagar	170.343
Bareilly	386.734
Barrackpur	115.253
Belgaum	274.430
Bellary	201.579
Bhagalpur	225.062
Bharatpur	105.274
Bharuch	110.070
Bhatinda	124.453
Bhatpara	260.761
Bhavnagar	307.121
Bhilai (Nagar)	290.090
Bhimavaram	101.894
Bhiwandi	115.298
Bhiwani	101.277
Bhopal	671.018
Bhubaneswar	219.211
Bhusawal	123.133
Bihar	151.343
Bijapur	147.313
Bikaner	253.174
Bilaspur	147.218
Bilwara	122.625
Bokaro Steel City	224.099
Bombay (Gran)	8.243.405
Brahmapur	162.550
Bulandshahr	103.436
Burdwan	167.364
Burhanpur	140.986
Calcuta	3.305.006
Cochin	513.249
Coimbatore	704.514
Cuddalore	127.625
Cuddapah	103.125
Cuttack	269.950
Chandernagore	101.925
Chandigarh	373.789
Chandrapur	115.777
Chapra	111.564
Darbhanga	176.301
Davangere	196.621
Dehra Dun	211.416
Delhi	4.884.234
Dhanbad	120.221
Dharwar-Hubli	527.108
Dhulia	210.759
Dindigul	164.103
Dombivli	103.222
Durg	114.637
Durgapur	311.798
Eluru	168.154
Erode	142.252
Etawah	212.174
Faizabad	101.873
Faridabad	330.864
Farrukhabad-Fetehgarh	145.793
Firozabad	202.338
Gadag-Betigeri	117.368
Ganganagar	123.692
Garden Reach	191.107
Gaya	247.075
Ghaziabad	271.730
Gondia	100.423
Gorakhpur	290.814
Gulbarga	221.325
Guntur	367.699
Gwalior	539.015
Hapur	102.837
Hardwar	114.180
Hissar	131.309

país / ciudad	población
Howrah (Haora)	744.429
Hugli Chinsurah	125.193
Hyderabad	2.150.580
Ichalkaranji	133.751
Imphal	156.622
Indore	829.327
Jabalpur	614.162
Jadabpur	251.968
Jaipur	977.165
Jalgaon	145.335
Jaina	122.276
Jammu	206.135
Jamnagar	277.615
Jamshedpur	438.385
Jaunpur	105.140
Jhansi	246.172
Jodhpur	506.345
Jullundur	408.196
Junagadh	118.646
Kakinada	226.409
Kalyan	136.052
Kamarhati	234.951
Kanchipuram	130.926
Kanpur	1.481.789
Karnal	132.107
Katihar	104.781
Khandwa	114.725
Kharagpur	150.475
Kolhapur	340.625
Kota	358.241
Kozhikode (Calicut)	394.447
Kumbakonam	132.832
Kurnool	206.362
Latur	111.986
Lucknow	895.721
Ludhiana	607.052
Madrás	3.276.622
Madurai	820.891
Malegaon	245.883
Mandya	100.285
Mangalore	172.252
Masulipatam	138.530
Mathura	147.493
Meerut	417.395
Miraj	105.455
Mirzapur-cum-Vindnyachal	127.787
Monghyr	129.260
Moradabad	330.051
Muzaffarnagar	171.816
Muzaffarpur	190.416
Mysore	441.754
Nabadwip	109.108
Nadiad	142.689
Nagercoil	171.648
Nagpur	1.219.461
Naihati	114.607
Nanded	191.269
Nasik (Nashik)	262.428
Navsari	106.793
Nellore	237.065
Nizamabad	183.061
★ Nueva Delhi	273.036
Palghat	111.245
Panihati	205.718
Panipat	137.927
Parbhani	109.364
Pathankot	110.039
Patiala	205.141
Patna	776.371
Pimpri-Chinchwad	220.966
Pondicherry	162.639
Porbander	115.182
Proddatur	107.070
Pune	1.203.351
Puri	100.942
Quilon	137.943
Raichur	124.762
Raipur	338.245
Rajahmundry	203.358
Rajapalaiyam	101.640
Rajkot	445.076
Rampur	204.610
Ranchi	489.626
Ratlam	142.319
Raukela Steel Township	206.281
Rewa	100.641
Rohtak	166.767
Sagar	160.392
Saharanpur	295.355
Salem	364.394
Sambalpur	110.282
Sambhal	108.232
Sangli	152.389
Secunderabad (Acuartelamiento)	135.994
Shajahanpur	185.396
Shillong	109.244
Shimoga	151.783
Shirampur	127.304
Sholapur (Solapur)	511.103
Sikar	102.970
Siliguri	154.378
Sitapur	101.210
Sonepat	109.369
South Dum-Dum	230.266
South Suburban	378.765
Srinagar	586.038
Surat	776.583
Tamkur	108.670
Tenali	119.257
Thana (Thane)	309.897

país ciudad	población
Thanjavur	184.015
Tiruchchirappalli	362.045
Tirunelveli	128.850
Tirupati	115.292
Tiruppur	165.223
Tiruvottiyur	134.014
Titagarh	104.534
Trivandrum	483.086
Tumkur	108.670
Tuticorin	192.949
Udaipur	232.588
Ujjain	278.454
Ulhasnagar	273.668
Vadodara (Baroda)	734.473
★ Valparai	115.452
Varanasi (Benarés)	708.647
Vellore	174.247
Vijayawada	454.577
Vishakhapatnam	565.321
Vizianagaram	114.806
Warangal	335.150
Yamanagar	109.304
Indonesia (1980)	
Ambon	208.898
Balikpagan	280.675
Bandung	1.462.637
Banjarmasin	381.286
Bogor	247.409
Cirebon	223.776
Jambi	230.373
Jember	122.712
Kediri	221.830
Madiun	150.562
Magelang	123.484
Malang	511.780
Manado	217.159
Medan	1.378.955
Padang	480.922
Pakanbaru	186.262
Palembang	787.187
Pekalongan	132.558
Pematangsiantar	150.376
Pontianak	304.778
Probolinggo	100.296
Samarinda	264.718
Semarang	1.026.671
Sukabumi	109.994
Surabaya	2.027.913
Surakarta	469.888
Tanjung Karang-Telukbetung	284.275
Tegal	131.728
Ujung Pandang	709.038
★ Yakarta	6.503.449
Yogyakarta	398.727
Irak (1985 est.)	
Amara	131.758
★ Bagdad	4.648.609
Baquba	114.516
Basora	616.700
Hilla	215.249
Irbil	333.903
Karbala	184.574
Kirkuk	207.900[9]
Mosul	570.926
al-Nasiriya	138.842
al-Nayaf	242.603
al-Ramadi	137.388
al-Sulaymaniya	279.424
Irán (1985 est.)	
Ahvaz	508.500
Amol	106.500
Arak	244.300
Ardabil	258.100
Bajtarán	536.500
Bandar Abás	212.300
Buruyird	162.800
Dizful	123.000
Gurgán	113.200
Isfahán	1.121.200
Jurramabad	235.600
Karaj	431.900
Kashán	136.000
Kerman	266.800
Mashad	1.103.300
Orumiye	298.400
Qazvin	205.700
Qum	637.700
Rasht	266.300
Sabzawar	129.600
Sananday	207.500
Shiraz	834.800
Tabriz	929.200
★ Teherán	5.751.500
Yazd	223.300
Zahedán	220.500
Zenyan	205.900
Irlanda (1986)	
Cork	133.196
★ Dublín	502.337
Islandia (1986 est.)	
★ Reikiavik	91.394
Israel (1983)	
Bat Yam	129.700
Beersheba	111.100
Haifa	227.900
Holon	133.900
★ Jerusalén	431.800
Natanya	101.600
Petah Tiqwa	124.600
Ramat Gan	117.600
Rishon le-Ziyyon	102.500
Tel Aviv-Yafo	330.400
Italia (1986 est.; MU)	
Ancona	104.600
Bari	363.970
Bérgamo	119.251
Bolonia	435.248
Bolzano	101.841
Brescia	200.227
Cagliari	222.897
Catania	371.749
Catanzaro	103.533
Cosenza	105.958
Ferrara	144.504
Florencia	428.443
Foggia	158.949
Forlì	110.578
Génova	731.484
La Spezia	109.673
Lecce	100.093
Livorno	174.590
Messina	267.782
Milán	1.507.877
Módena	177.369
Monza	122.476[3]
Nápoles	1.204.021
Novara	102.719
Padua	226.998
Palermo	722.095
Parma	176.347
Perugia	146.101
Pescara	131.292
Piacenza	105.894
Pisa	104.477
Prato	161.705[3]
Rávena	136.116
Reggio di Calabria	178.778
Reggio nell'Emilia	130.198
Rímini	129.506[3]
★ Roma	2.823.927
Salerno	155.539
Sassari	119.888
Siracusa	121.286
Taranto	244.533
Terni	111.288
Torre del Greco	104.654[3]
Turín	1.030.011
Trieste	239.978
Udine	100.372
Venecia	332.762
Verona	259.636
Vicenza	110.869
Jamaica (1982)	
★ Kingston	104.041
Japón (1986 est.)	
Abiko	113.044
Ageo	181.794
Aizuwakamatsu	118.561
Akashi	263.031
Akita	298.139
Amagasaki	507.882
Anjo	134.882
Aomori	293.969
Asahikawa	365.843
Ashikaga	168.134
Atsugi	180.150
Beppu	134.071
Chiba	796.668
Chigasaki	188.217
Chofu	193.951
Daito	123.541
Fuji	216.188
Fujieda	113.627
Fujinomiya	113.447
Fujisawa	333.622
Fukui	251.324
Fukuoka	1.175.707
Fukushima	272.305
Fukuyama	361.828
Funabashi	512.973
Futyu	205.252
Gifu	411.299
Habikino	111.798
Hachinohe	241.920
Hachioji	432.431
Hadano	145.086
Hakodate	318.734
Hamamatsu	518.787
Higashi-Kurume	111.011
Higashi-Murayama	127.301
Higashi-Osaka	522.144
Himeji	453.636
Hino	158.609
Hirakata	385.525
Hiratsuka	232.485
Hirosaki	176.084
Hiroshima	1.055.176
Hitachi	205.672
Hôfu	118.225
Ibaraki	253.493
Ichihara	240.790
Ichikawa	407.548
Ichinomiya	259.123
Ikeda	101.862
Imabari	124.574
Iruma	122.157
Ise	105.336
Isesaki	113.121
Ishinomaki	123.740
Itami	183.476
Iwaki	351.508
Iwakuni	111.894
Iwatsuki	101.338
Izumi *(pref. de Miyagi)*	129.329
Izumi *(pref. de Osaka)*	140.223
Joetsu	130.912
Kadoma	141.221
Kagoshima	531.188
Kakamigahara	125.870
Kakogawa	230.397
Kamakura	175.975
Kanazawa	433.012
Kariya	114.649
Kashihara	113.578
Kashiwa	279.892
Kasugai	259.689
Kasukabe	174.940
Katsuta	104.214
Kawagoe	289.218
Kawaguchi	407.520
Kawanishi	137.936
Kawasaki	1.106.148
Kushiro	216.313
Kiryu	130.537
Kisarazu	120.824
Kishiwada	186.330
Kita-Kyushu	1.053.010
Kitami	107.434
Kobe	1.422.922
Kochi	313.204
Kodaira	159.831
Kofu	202.565
Koganei	105.275
Komaki	114.860
Komatsu	106.269
Koriyama	304.435
Koshigaya	261.150
Kumagaya	145.082
Kumamoto	560.263
Kurashiki	414.737
Kure	225.357
Kurume	224.480
Kioto	1.480.355
Machida	328.567
Maebashi	279.877
Matsubara	136.465
Matsudo	432.677
Matsue	140.749
Matsumoto	198.496
Matsusaka	117.047
Matsuyama	430.396
Minakoyojo	131.722
Mino	116.796
Misato	110.668
Mishima	101.044
Mitaka	166.876
Mito	230.695
Miyazaki	281.526
Moriguchi	159.157
Morioka	234.688
Muroran	138.663
Musashino	139.199
Nagano	339.086
Nagaoka	183.981
Nagareyama	127.952
Nagasaki	448.554
Nagoya	2.130.632
Naha	305.727
Nara	333.222
Narashino	139.061
Neyagawa	259.280
Niigata	477.782
Niihama	131.621
Niiza	130.792
Nishinomiya	423.131
Nobeoka	135.510
Noda	107.288
Numazu	211.315
Obihiro	164.292
Odawara	187.352
Ogaki	146.411
Oita	395.346
Okayama	577.910
Okazaki	289.028
Okinawa	102.669
Ome	113.047
Omiya	378.108
Omuta	158.171
Onomichi	100.019
Osaka	2.643.213
Ota	134.772
Otaru	174.695
Otsu	238.000
Oyama	135.218
Saga	168.760
Sagamihara	491.224
Sakai	818.537
Sakata	101.169
Sakura	124.205
Sapporo	1.567.724
Sasebo	249.973
Sayama	147.295
Sendai	692.404
Seto	124.437
Shimizu	241.406
Shimonoseki	268.667
Shizouka	470.025
Soka	195.333
Suita	351.681
Suzuka	166.949
Tachikawa	149.015
Takamatsu	328.210
Takaoka	175.895
Takarazuka	197.493
Takasaki	233.090
Takatsuki	351.988
Tama	127.641
Tokuuama	112.525
★ Tokio	8.379.385
Tokorozawa	282.869
Tokushima	259.293
Tomakomai	158.324
Tondabayashi	103.917
Tottori	138.080
Toyama	315.338
Toyoshashi	325.451
Toyokawa	108.180
Toyonaka	416.829
Toyota	314.222
Tsu	151.135
Tsuchiura	120.794
Tsuruoka	100.021
Ube	175.367
Ueda	116.795
Uji	168.550
Urawa	382.440
Utsunomiya	411.056
Wakayama	401.117
Yachiyo	142.205
Yaizu	109.358
Yamagata	246.128
Yamaguchi	125.371
Yamato	180.685
Yao	276.797
Yatsushiro	108.901
Yokkaichi	265.974
Yokohama	3.049.782
Yokosuka	427.690
Yanago	131.856
Zama	101.292
Jordania (1986 est.)	
★ Aman	833.500
Irbid	150.000
al-Zarqa	285.000
Kampuchea (1982 est.)	
★ Phnom Penh	600.000
Katar (1986)	
★ Doha	217.294
Kenia (1984 est.)	
Kisumu	167.100
Mombasa	425.600
★ Nairobi	1.103.600
Nakuru	101.700
Kiribati (1985)	
★ Bairiki	21.393
Kuwait (1985)	
Hawalli	145.126
★ Kuwait (al-Kuwayt)	44.335
al-Salimiya	153.369
Laos (1984 est.)	
★ Vientiane	200.000
Lesotho (1986)[4]	
★ Maseru	109.382
Líbano (1985 est.)	
★ Beirut	1.500.000
al-Nabatiya	100.000
Sidón	100.000
Trípoli	500.000
Zahlah	200.000
Liberia (1984 est.)	
★ Monrovia	425.000
Libia (1981 est.)	
Bengazi	367.600
Misurata	116.900
★ Trípoli	858.500
Liechtenstein (1986)	
★ Vaduz	4.927
Luxemburgo (1986 est.)	
★ Luxemburgo	86.200
Macao (1986 est.)	
★ Macao (Santo Nome de Deus)	416.200
Madagascar (1985 est.)	
★ Antananarivo	662.600
Malasia (1980)	
Ipoh	293.849
Johor Baharu	246.395
Kelang	192.080
Kota Baharu	167.872
★ Kuala Lumpur	565.329
Kuala Terengganu	180.296
Kuantan	131.547
Petaling Jaya	207.805
Pinang (George Town)	248.241
Port Kelang	192.080
Seremban	132.911
Taiping	146.002
Malawi (1986 est.)	
Blantyre	378.100
★ Lilongwe	202.900
Maldivas (1985)	
★ Male	46.334
Malí (1985 est.)	
★ Bamako	801.910
Malta (1986 est.)	
★ La Valletta	9.263
Marruecos (1982)	
Agadir	110.479
Casablanca	2.139.204
Fez	448.823
Kénitra	188.194
Khouribga	127.181
Marrakech	439.728
Meknés	319.783
Mohamedia	105.120
Oujda	260.082
★ Rabat	518.616
Safi	197.309
Salé	289.391
Tánger	266.346
Tetuán	199.615
Mauricio (1987 est.)	
★ Port Louis	139.730
Mauritania (1984 est.)	
★ Nouackchott	350.000
México (1980)	
Acapulco	301.902
Aguascalientes	293.152
Atizapán de Zaragoza (Ciudad López Mateos)	188.497
Campeche	128.434
Celaya	141.675
Chihuahua	385.603
Ciudad Madero	132.444
Ciudad Obregón	165.572
Ciudad Victoria	140.161
Coatzacoalcos	127.170
Cuernavaca	192.770
Culiacán	304.826
Ensenada	120.483
Durango	257.915
Gómez Palacio	116.967
Guadalajara	1.626.152
Guadalupe	370.524
Hermosillo	297.175
Irapuato	170.138
Jalapa	204.594
Juárez	544.496
León	593.002
Los Mochis	122.531
Matamoros	188.745
Mazatlán	199.830
Mérida	400.142
Mexicali	341.559
★ México, ciudad de	8.831.079
Minatitlán	106.765
Monclova	115.786
Monterrey	1.090.009
Morelia	297.544
Nezahualcóyotl	1.341.230
Nuevo Laredo	201.731
Oaxaca	154.223
Orizaba	114.848
Pachuca	110.351
Poza Rica	166.759
Puebla	835.759
Querétaro	215.976
Reynosa	194.693
Saltillo	284.937
San Luis Potosí	362.371
San Nicolás de los Garza	280.696
Tampico	267.957
Tepic	145.741
Tijuana	429.500
Tiaquepaque	133.500
Toluca	199.778
Torreón	328.086
Tuxtla	131.096
Uruapan	122.828
Veracruz	284.822
Villahermosa	158.216
Zapopan	345.390
Micronesia, Estados Federados de (1980)	
★ Kolonia	5.549
Mongolia (1985 est.)	
★ Ulan Bator	488.200
Mozambique (1986 est.)	
Beira	269.700
★ Maputo (Lourenço Marques)	882.814
Nampula	182.553
Namibia (1985 est.)	
★ Windhoek	110.000
Nauru (1983)	
★ Yaren	559
Nepal (1981)	
★ Katmandú	235.160
Nicaragua (1985 est.)	
León	100.982
★ Managua	682.111
Níger (1983 est.)	
★ Niamey	399.100
Nigeria (1983 est.)	
Aba	216.000
Abeokuta	308.000
Ado-Ekiti	265.800
Akure	117.300
Benin City	165.900
Calabar	126.000
Ede	221.900
Effon-Alaiye	110.600
Enugu	228.400
Gusau	114.100
Ibadán	1.060.000
Ife	214.500
Ijebu-Ode	113.110
Ikare	101.700
Ikerre	176.800
Ilesha	273.400
Ilobu	143.800
Ilorin	343.900
Iseyin	157.000
Iwo	261.600
Jos	149.000

Principales ciudades y capitales nacionales (continuación)

país ciudad	población
Kaduna	202.000
Kano	487.100
Katsina	149.300
Kumo	107.000
★ Lagos	1.097.000
Maiduguri	230.900
Mushin	240.700
Offa	142.300
Ogbomosho	527.400
Oka	103.500
Ondo	122.600
Onitsha	268.700
Oshogbo	344.500
Oyo	185.300
Port Harcourt	296.200
Sapele	100.600
Shaki	125.800
Shomolu	106.800
Sokoto	148.000
Zaria	274.000
Noruega (1987 est.)	
Bergen	209.299
★ Oslo	451.484
Trondheim	135.005
Nueva Zelanda (1986)	
Auckland	149.046
Christchurch	168.200
Mamukau	177.248
★ Wellington	137.495
Omán (1981 est.)	
★ Muscat	50.000
Países Bajos (1986 est.)	
★ Amsterdam	679.140
Apeldoorn	145.773
Arnhem	127.968
Breda	119.174
Dordrecht	106.968
Eindhoven	190.839
Enschede	144.048
Groningen	168.006
Haarlem	149.776
Leiden	105.262
Maastricht	114.579
Nijmegen	147.182
Rotterdam	571.372
Tilburg	153.703
Utrecht	229.933
Zaanstad	128.248
Pakistán (1981)	
Bahawalpur	180.263
Chiniot	105.559
Dera Ghazi Khan	102.007
Faisalabad (Lyallpur)	1.104.209
Gujranwala	658.753
Gujrat	155.058
Hyderabad	751.529
★ Islamabad	204.364
Jhang	195.558
Jhelum	106.462
Karachi	5.208.132
Kasur	155.523
Lahore	2.952.689
Lahore (acuartelamiento)	237.000
Larkana	123.890
Mardan	147.977
Mirpur Khas	124.371
Multan	730.070
Nawabshah	102.139
Okara	153.483
Peshawar	566.248
Quetta	285.719
Rahim Yar Khan	119.036
Rawalpindi	794.843
Sahiwal	150.954
Sargodha	291.362
Sheikhupura	141.168
Sialkot	302.009
Sukkur	190.551
Wah	122.335
Panamá (1987 est.)	
★ Panamá	439.996
San Miguelito	231.920
Papúa Nueva Guinea (1987 est.)	
★ Port Moresby	152.100
Paraguay (1985 est.)	
★ Asunción	477.065
Perú (1987 est.)	
Arequipa	572.000
Callao	545.000
Cusco	245.000
Chiclayo	379.000
Chimbote	270.000
Huancayo	195.000
Ica	140.000
Iquitos	237.000
★ Lima	375.957[11]
Metro Lima-Callao	5.875.900
Piura	284.000
Pucallpa	134.000
Tacna	131.000
Trujillo	476.000
Polonia (1986 est.)	
Bialystok	250.800
Bielsko-Biala	175.900
Bydgoszcz	366.400
Bytom	238.900
Cracovia	740.100
Czestochowa	249.100
Chorzów	142.000
Dąbrowo Górnicza	138.000
Elbląg	118.500
Gdańsk	468.600
Gdynia	246.500
Gliwice	209.700
Gorzów Wielkopolski	115.700
Jastrzebie-Zdrój	100.500
Kalisz	104.100
Katowice	363.300
Kielce	203.400
Koszalin	101.300
Lódź	847.900
Lublin	327.000
Olsztyn	149.900
Opole	126.100
Plock	114.700
Poznań	575.100
Radom	216.500
Ruda Śląska	166.100
Rybnik	137.600
Rzeszów	141.900
Sosnowiec	256.500
Szczecin	392.300
Tarnów	115.900
Toruń	119.300
Tychy	183.800
Varsovia	1.659.400
Walbrzych	138.700
Wloclawek	116.700
Wodzisław Śląskie	109.200
Wroclaw	637.200
Zabrze	198.400
Zielona Góra	109.900
Portugal (1985 est.)	
★ Lisboa	827.800
Oporto	344.500
Puerto Rico (1984 est.; MU)	
Bayamón	202.500
Caguas	121.100
Carolina	165.700
Ponce	190.900
★ San Juan	428.900
Reino Unido (1981)	
Aberdeen, Escocia	190.465
Belfast, Irlanda del Norte	354.400
Birmingham	1.024.118
Blackburn	110.254
Blackpool	149.012
Bolton	143.921
Bournemouth	148.382
Bradford	295.048
Brighton	137.985
Bristol	420.234
Cardiff, Gales	266.267
Coventry	322.573
Derby	220.681
Dudley	187.367
Dundee, Escocia	174.345
Edinburgo, Escocia	420.169
Glasgow, Escocia	765.030
Gloucester	108.150
Huddersfield	148.544
Ipswich	131.131
Kingston upon Hull	325.485
Leeds	451.841
Leicester	328.835
Liverpool	544.861
★ Londres	6.677.928
Luton	164.743
Manchester	448.604
Middesbrough	159.421
Newcastle upon Tyne	203.591
Newport	116.658
Northampton	155.694
Norwich	173.286
Nottingham	277.203
Oldbury Smethwick	153.461
Oldham	107.830
Oxford	119.909
Peterborough	114.733
Plymouth	242.560
Poole	124.974
Portsmouth	177.905
Preston	168.405
Reading	198.341
Rotherham	123.312
Saint Helens	114.822
Sheffield	477.257
Slough	106.822
Southampton	214.802
Southend-on-Sea	156.969
Stockport	136.792
Stoke-on-Trent	275.168
Sunderland	195.896
Sutton Colfield	103.097
Swansea, Gales	175.172
Swindon	128.493
Walsall	178.852
West Bromwich	154.531
Wolverhampton	265.631
York	126.377
Ruanda (1981 est.)	
★ Kigali	156.700
Rumania (1985 est.)	
Arad	185.892
Bacău	175.299
Baia Mare	135.536
Botoşani	104.836
Brăila	234.600
Braşov	346.640
★ Bucarest	1.975.808
Buzău	132.311
Cluj-Napoca	309.843
Constanţa	323.236
Craiova	275.098
Galaţi	292.805
Iaşi	314.156
Oradea	208.507
Piatra Neamţ	107.581
Piteşti	154.112
Ploieşti	234.021
Reşiţa	104.362
Satu Mare	128.115
Sibiu	176.928
Timişoara	318.955
Tirgu Mureş	157.411
Salomón, Islas (1986 est.; MU)	
★ Honiara	30.499
Salvador, El (1985 est.)	
★ San Salvador	459.902
Santa Ana	137.879
Samoa Occidental (1981)	
★ Apia	33.170
San Cristóbal y Nieves (1985 est.)	
★ Basseterre	18.500
San Marino (1986 est.)	
★ San Marino	2.397
Santa Lucía (1986 est.)	
★ Castries	52.868
San Vicente y las Granadinas (1984 est.)	
★ Kingstown	18.378
São Tomé y Príncipe (1984 est.)	
★ São Tomé	34.997
Senegal (1984 est.)	
★ Dakar	671.000
Kaolack	126.900
Thiès	126.900[13]
Ziguinchor	105.200
Seychelles (1977)	
★ Victoria	23.012
Sierra Leona (1985)	
★ Freetown	469.776
Singapur (1987 est.)[8]	
★ Singapur	2.616.000
Siria (1987 est.)	
Alepo	1.216.000
★ Damasco	1.292.000
Hama	214.000
Homs (Hims)	431.000
Latakia	241.000
Somalia (1981 est.)	
★ Mogadishu	500.000
Sri Lanka (1984 est.)	
★ Colombo	643.000
Dehiwala-Mount Lavinia	184.000
Jaffna	133.000
Kandy	120.000
Kotte	102.000
Moratuwa	138.000
Suazilandia (1986 est.)	
★ Mbabane	48.000
Sudán (1983)	
★ Jartum	476.218
Jartum Norte	341.146
Port Sudan	206.727
Omdurman	526.287
Suecia (1987 est.; MU)	
Borås	100.054
★ Estocolmo	663.217
Göteborg	429.339
Helsingborg	106.275
Jönköping	108.235
Linköping	117.835
Malmö	230.056
Norrköping	118.801
Örebro	118.443
Uppsala	157.675
Västerås	117.732
Suiza (1986 est.)	
Basilea (Bâle)	174.606
★ Berna (Berne)	138.574
Ginebra (Genève)	159.895
Lausana	125.004
Zurich	351.545
Sudáfrica, República de (1986)	
★ Bloemfontein (judicial)	104.381
Boksburg	110.832
★ Ciudad de El Cabo (legislativa)	776.617
Metro Ciudad de El Cabo	1.911.521
Durban	634.301
Metro Durban	982.075
Germiston	116.718
Johannesburgo	632.369
Metro Johannesburgo	1.609.408
Pietermaritzburg	133.809
Port Elizabeth	272.844
★ Pretoria (ejecutiva)	443.059
Metro Pretoria	822.925
Roodepoort	141.764
Soweto	864.000[10]
Suriname (1986 est.)	
★ Paramaribo	77.558
Tailandia (1983 est.)	
★ Bangkok	5.018.327
Chiang Mai	150.499
Hat Yai	113.964
Khon Kaen	115.515
Nakhon Ratchasima	190.692
Ubon Ratchathani	100.255
Taiwán (1986 est.)	
Chang-hua	201.103
Chi-lung (Keelung)	351.524
Chia-i	253.573
Chung-ho	324.930
Chung-li	237.271
Feng-shan (Kao-hsiung-hsien)	267.022
Fèng-yüan	139.747
Hsin-chu	304.010
Hsin-chuang	232.438
Hsin-tien	190.579
Hua-lien	105.177
Kao-hsiung	1.302.849
Pan-ch'iao (T'ai pei-hsien)	479.748
P'ing-tung	200.441
San-chu'ung	353.957
T'ai-chung	674.936
T'ai-nan	639.888
T'ai-tung	111.206
★ Taipei (T'ai-pei)	2.507.620
T'ao-yuan	204.700
Yung-ho	232.438
Tanzania (1978)	
★ Dar es Salaam	769.445
Mwanza	110.553
Tanga	103.399
Zanzibar	110.506
Togo (1983)	
★ Lomé	366.476
Tonga (1986)	
★ Nukualofa	28.899
Trinidad y Tabago (1986 est.)	
★ Puerto España	57.400
Túnez (1984)	
Sfax	231.911
★ Túnez	596.654
Turquía (1985)	
Adana	777.554
Adapazari	155.041
★ Ankara	2.235.000
Antakya	109.233
Antalya	258.139
Balikesir	152.402
Batman	114.210
Bursa	612.500
Denizli	171.360
Diyarbakir	305.259
Elaziğ	181.523
Erzurum	252.648
Eskişehir	367.328
Esmirna	1.489.772
Estambul	5.475.982
Gaziantep	466.302
Içel	314.105
Iskenderum	173.607
Isparta	101.784
Izmit	236.144
Kahramanmaraş	212.206
Kayseri	378.458
Konya	438.839
Kütahya	120.354
Malatya	251.257
Manisa	126.319
Osmaniye	107.748
Samsun	280.068
Sanliurfa	206.385
Sivas	197.266
Trabzon	155.960
Van	121.306
Zonguldak	119.125
Tuvalu (1985 est.)	
★ Funafuti	2.810
Uganda (1980)	
★ Kampala	458.503
Unión Soviética (1986 est.)	
Abakán	148.000
Achinsk	120.000
Aktiúbinsk	239.000
Alma-Atá	1.088.000
Almalik	117.000
Almetievsk	125.000
Andizhán	281.000
Andropóv	252.000
Angarsk	259.000
Angren	126.000
Anzhero-Súdzhensk	111.000
Arjánguelsk	412.000
Armavir	170.000
Arzamas	107.000
Ashjabad	366.000
Astraján	503.000
Bakú	1.114.000
Balakovo	184.000
Balashija	130.000
Baranóvichi	152.000
Barnaúl	586.000
Batumi	133.000
Belaia Tserkov	187.000
Belgorod	286.000
Belovo	117.000
Beltsi	151.000
Benderi	126.000
Berdiansk	131.000
Berezniki	198.000
Biisk	228.000
Blagovéschensk	199.000
Bobruisk	227.000
Borisov	136.000
Bratsk	245.000
Brest	230.000
Brézhnev	459.000
Briansk	437.000
Bujara	214.000
Chardzhou	162.000
Cheboksari	402.000
Cheliábinsk	1.107.000
Cherépovets	309.000
Cherkassi	280.000
Cherkessk	105.000
Chernigov	285.000
Chernovtsi	249.000
Chimkent	379.000
Chirchik	156.000
Chita	342.000
Daugavpils	126.000
Dimitrovgrad	119.000
Dneprodzerzhinsk	275.000
Dniepropetrovsk	1.166.000
Donetsk	1.081.000
Dushanbe	567.000
Dzerzhinsk	277.000
Dzhambul	308.000
Dzhezkazgán	103.000
Ekibastuz	130.000
Elektrostal	149.000
Engels	180.000
Ereván	1.148.000
Fergana	199.000
Frunze	617.000
Gomel	478.000
Gorki	1.049.000
Gorlovka	343.000
Grodno	255.000
Grozni	399.000
Gúriev	147.000
Irkutsk	601.000
Ivano-Frankovsk	218.000
Ivánovo	476.000
Izhevsk	620.000
Jabárovsk	584.000
Jarkov	1.567.000
Jersón	352.000
Jimki	127.000
Jmelnitski	223.000
Kalinin	442.000
Kaliningrado	389.000
Kaliningrado (Moscú)	144.000
Kaluga	302.000
Kamensk-Uralski	202.000
Kamishin	118.000
Kansk	106.000
Karaganda	624.000
Karshi	137.000
Kaunas	410.000
Kazán	1.057.000
Kémerovo	514.000
Kerch	170.000
Kiev	2.495.000
Kineshma	105.000
Kirov	415.000
Kirovabad	265.000
Kirovakán	167.000
Kirovogrado	266.000
Kiselevsk	127.000
Kishiniov	643.000
Kislovodsk	108.000
Kláipeda	197.000
Kokand	169.000
Kokchetav	123.000
Kolomna	158.000
Kolpino	131.000
Kommunarsk	125.000
Komsomolsk-na-Amure	309.000
Konstantinovka	114.000
Kostroma	273.000
Kovrov	155.000
Kramatorsk	195.000
Krasni Luch	111.000
Krasnoiarsk	885.000
Krasnodar	615.000
Kremenchug	227.000
Krivói Rog	691.000
Kurgán	348.000
Kursk	426.000
Kustanái	207.000
Kutaisi	217.000
Kuibishev	1.267.000
Kzil-Ordá	185.000
Leninabad	153.000
Leninakán	226.000
Leningrado	4.359.000
Léninsk-Kuznetski	167.000
Liépaia	113.000
Lipetsk	456.000
Lisichansk	123.000
Liubertsi	162.000
Lutsk	179.000
Lvov	753.000
Magadán	145.000
Magnitogorsk	425.000
Maikop	142.000
Makéievka	453.000
Majashkalá	311.000
Marguelán	124.000
Melitopol	172.000
Mezhdurechensk	103.000
Miass	162.000
Michurinsk	103.000
Minsk	1.510.000

país ciudad	población
Mogilyov	351.000
★ Moscú	8.527.000
Múrmansk	426.000
Múrom	122.000
Mitischi	151.000
Najodka	152.000
Nalchik	231.000
Namangán	283.000
Navoi	103.000
Nevinnomissk	115.000
Nikoláiev	493.000
Nikopol	156.000
Nizhneiamsk	177.000
Nizhnevartovsk	200.000
Nizhni Tagil	423.000
Noguinsk	121.000
Norilsk	181.000
Nóvgorod	224.000
Novocheboksarsk	106.000
Novocherkask	187.000
Novokuibishevsk	111.000
Novokuznetsk	583.000
Novomoskovsk	147.000
Novorossiisk	177.000
Novoshájtinsk	106.000
Novosibirsk	1.405.000
Novotroitsk	104.000
Nukús	146.000
Odessa	1.132.000
Odintsovo	118.000
Oktiabrski	104.000
Omsk	1.122.000
Ordzhonikidze	308.000
Orejovo-Zuievo	136.000
Orenburg	527.000
Oriol	331.000
Orsha	120.000
Orsk	270.000
Osh	204.000
Panevejis	119.000
Pavlodar	302.000
Pavlograd	122.000
Penza	532.000
Perm	1.065.000
Pervouralsk	138.000
Petropávlovsk	229.000
Petropávlovsk-Kamchatski	248.000
Petrouralsk	138.000
Petrozavodsk	259.000
Piatigorks	120.000
Pinsk	113.000
Podolsk	208.000
Poltava	305.000
Prokópievsk	276.000
Pskov	197.000
Riazán	500.000
Riga	890.000
Rostov del Don	992.000
Rovno	226.000
Rubtsovsk	167.000
Rudni	116.000
Rustavi	145.000
Salavat	151.000
Samarcanda	380.000
Saransk	315.000
Sarápul	110.000
Saratov	907.000
Semipalátinsk	324.000
Serov	103.000
Sérpujov	142.000
Sebastopol	345.000
Severodonetsk	125.000
Severodvinsk	234.000
Shajti	223.000
Shchelkovo	106.000
Shevchenko	152.000
Siauliai	137.000
Simferópol	333.000
Siktivkar	218.000
Sizran	173.000
Sláviansk	143.000
Smolensk	334.000
Sochi	313.000
Solikansk	107.000
Stajánov	110.000
Stary Oskol	161.000
Stavropol	299.000
Sterlitamak	245.000
Sujumi	128.000
Sumgait	228.000
Sumi	262.000
Surgut	215.000
Sverdlovsk	1.315.000
Tagonrog	291.000
Taldi-Kurgán	109.000
Tallinn	472.000
Tambov	300.000
Tartu	111.000
Tashauz	107.000
Tashkent	2.077.000
Tbilisi	1.174.000
Termirtau	226.000
Ternópol	189.000
Tiráspol	166.000
Tiumén	440.000
Togliatti	610.000
Tomsk	483.000
Tselinograd	269.000
Tula	534.000
Ufá	1.077.000
Ujtá	102.100
Ulán-Udé	342.000
Uliánovsk	566.000
Uralsk	197.000
Urgench	120.000
Usolie-Sibirskoie	109.000
Ussuriisk	157.000
Ust-Ilimsk	101.000
Ust-Kamenogorsk	313.000
Uzhgorod	108.000
Velikie Luki	111.000
Vilnius	555.000
Vinnitsa	375.000
Vitebsk	340.000
Vladimir	336.000
Vladivostok	608.000
Volgodonsk	172.000
Volgogrado	981.000
Vólogda	273.000
Volzhski	250.000
Vorkutá	110.000
Vorónezh	860.000
Voroshilovgrad	503.000
Vótkinsk	100.000
Yakutsk	184.000
Yaroslavl	630.000
Yelets	117.000
Yenákievo	117.000
Yevpatoriia	104.000
Yoshkar-Olá	236.000
Yuzhno-Sajalinsk	163.000
Zagorsk	112.000
Zaporozhie	863.000
Zelenograd	144.000
Zhdánov	525.000
Zhitómir	282.000
Zlatoúst	205.000
Uruguay (1985 est.)	
★ Montevideo	1.246.000
Vanuatu (1987 est.)	
★ Vila	15.100
Venezuela (1987 est.)	
Acarigua	119.611
Barcelona	216.964
Barinas	158.309
Barquisimeto	661.265
Baruta	256.058
Cabimas	162.097
★ Caracas	1.246.677
Ciudad Bolívar	240.954
Ciudad Guayana (San Félix de Guayana)	458.789
Coro	124.317
Cumaná	218.413[11]
Guarenas	101.742[11]
Los Teques	148.602
Maracaibo	1.124.432
Maracay	496.662
Maturín	205.076
Mérida	188.160
Petare	494.196
San Cristóbal	234.905
Turmero	110.186[11]
Valencia	856.455
Valera	131.279
Vietnam (1979)	
Bien Hoa	190.086
Can Tho	182.856
Ciudad Ho Chi Minh (Saigón)	2.441.185
Da Nang	318.655
Haiphong	330.755
★ Hanoi	819.913
Hon Gai	115.312
Hue	165.865
Long Xuyen	112.488
My Tho	101.496
Nha Trang	172.663
Quy Nohn	130.534
Tha Nguyen	138.023
Thanh Hoa	103.981
Vinh	154.040
Viti (1986)	
★ Suva	69.481
Yemen, República Árabe de (1986)	
Hudayda	155.110
★ Sana	427.185
Taiz	178.430
Yemen, República Popular Democrática de (1984 est.)	
★ Adén	318.000
Yibuti (1985 est.)	
★ Yibouti	200.000
Yugoslavia (1981)	
Banja Luka	123.937
★ Belgrado (Beograd)	1.087.915
Ljubljana	224.817
Maribor	106.113
Niš	161.376
Novi Sad	170.020
Osijek	104.775
Priština	108.083
Rijeka	159.433
Sarajevo	319.017
Skopje (Skoplje)	408.143
Split	169.322
Subotica	100.516
Zagreb	649.586
Zaire (1984)	
Bukavu	171.064
Kananga	290.898
Kikwit	146.784
★ Kinshasa	2.653.558
Likasi	194.465
Lubumbashi	543.268
Matadi	144.742
Mbandaka	125.263
Mbuji-Mayi	423.363
Zambia (1980)	
Chingola	145.869
Kabwe	143.635
Kitwe	314.794
Luanshya	132.164
★ Lusaka	538.469
Murfulira	149.778
Ndola	282.439
Zimbabwe (1983 est.)	
Bulawayo	429.000
Chitungwiza	202.000
★ Harare	681.000

[1] 1983. [2] 1977. [3] 1984. [4] Todas las poblaciones citadas corresponden a las oficialmente definidas. las mayores aglomeraciones de las areas metropolitanas. [5] Chittagong. Dhaka y Khulna son areas metropolitanas. Las restantes son aglomeraciones (no ciudades propiamente dichas). [6] Excluye la población agricola de la division civil denominada. [7] Excluye la poblacion de Lefkose (Nicosia ocupada por Turquia). estimada en 37.400 habitantes en 1985. [8] Administrativamente no se distinguen como ciudades las zonas separadas dentro del estado. [9] 1970. [10] 1970. [11] 1980. [12] 1978. [13] 1979.

Premios Nobel[1]

	física			química			literatura	
1901	Wilhelm Röntgen	Alem.	descubrimiento de los rayos X	Jacobus van't Hoff	P. Bajos	leyes de dinámica química y presión osmótica	Sully Prudhomme; poeta	Fr.
1902	Hendrik Antoon Lorentz Pieter Zeeman	P. Bajos P. Bajos	investigación de la influencia del magnetismo en la radiación	Emil Fischer	Alem.	trabajos en la síntesis de azúcares y purinas	Theodor Mommsen; historiador	Alem.
1903	Henri Becquerel	Fr.	descubrimiento de la radiactividad natural	Svante Arrhenius	Suec.	teoría de la disociación electrolítica	B. Bjornson; novelista, poeta, dramaturgo	Nor.
	Pierre Curie Marie Curie[2]	Fr. Fr.[2]	investigación de los fenómenos de radiación descubiertos por H. Becquerel					
1904	*Lord* Rayleigh	RU	descubrimiento del argón	*Sir* William Ramsay	RU	descubrimiento de gases nobles y ubicación en el sistema periódico de elementos	Frédéric Mistral; poeta J. Echegaray y Eizaguirre; dramaturgo	Fr. Esp.
1905	Philipp Lenard	Alem.	estudio de los rayos catódicos	Adolf von Baeyer	Alem.	trabajos sobre colorantes orgánicos	H. Sienkiewicz; novelista	Pol.
1906	*Sir* J. J. Thomson	RU	investigaciones sobre la conductividad eléctrica de los gases	Henri Moissan	Fr.	aislamiento del flúor; introducción del horno moissan	Giosuè Carducci; poeta	Ital.
1907	A. A. Michelson	EUA[3]	investigaciones espectroscópicas y metrológicas	Eduard Buchner	Alem.	descubrimiento del carácter no celular de la fermentación	Rudyard Kipling; poeta, novelista	RU
1908	Gabriel Lippmann	Fr.	reproducción fotográfica de los colores	*Lord* Rutherford	RU	investigaciones sobre la desintegración de elementos y la química de las sustancias radiactivas	Rudolf Eucken; filósofo	Alem.
1909	Guglielmo Marconi Karl Braun	Ital. Alem.	desarrollo de la telegrafía sin hilos	Wilhelm Ostwald	Alem.	trabajos sobre catálisis, equilibrio químico y velocidades de reacción	Selma Lagerlöf; novelista	Suec.
1910	J. van der Waals	P. Bajos	investigaciones relacionadas con la ecuación de estado de gases y líquidos	Otto Wallach	Alem.	trabajos sobre compuestos alicíclicos	Paul von Heyse; poeta, novelista, dramaturgo	Alem.
1911	Wilhelm Wien	Alem.	descubrimientos relacionados con las leyes que rigen la radiación.	Marie Curie[2]	Fr.[3]	descubrimiento del radio y el polonio; aislamiento del radio	Maurice Maeterlinck; dramaturgo	Belg.
1912	Nils Gustaf Dalén	Suec.	invención de reguladores automáticos para la iluminación de faros	Victor Grignard	Fr.	descubrimiento de los reativos Grignard	Gerhart Hauptmann; dramaturgo	Alem.
				Paul Sabatier	Fr.	método de hidrogenación de compuestos orgánicos		
1913	H. Kamerlingh Onnes	P. Bajos	investigación de las propiedades de la materia a bajas temperaturas; producción de helio líquido	Alfred Werner	Suiza[3]	trabajos sobre el enlace molecular	*Sir* R. Tagore; poeta	India
1914	Max von Laue		descubrimiento de la difracción de los rayos X por los cristales	Theodore Richards	EUA	determinación exacta del peso atómico de numerosos elementos	(no concedido)	
1915	*Sir* William Bragg *Sir* Lawrence Bragg	RU RU	análisis de la estructura de los cristales por medio de rayos X	Richard Willstätter	Alem.	investigaciones sobre los pigmentos de las plantas, en especial la clorofila	Romain Rolland; novelista	Fr.
1916	(no concedido)			(no concedido)			V. von Heidenstam; poeta	Suec.
1917	Charles Barkla	RU	descubrimiento del espectro X característico de los elementos	(no concedido)			Karl Gjellerup; novelista H. Pontoppidan; novelista	Din. Din.
1918	Max Planck	Alem.	descubrimiento de los cuantos elementales	Frita Haber	Alem.	síntesis del amoniaco	(no concedido)	
1919	Johannes Stark	Alem.	descubrimiento del efecto Doppler en las radiaciones sónicas positivas y división de las líneas del espectro por el campo eléctrico	(no concedido)			Carl Spitteler; poeta, novelista	Suiza
1920	Charles Guillaume	Suiza	descubrimiento de anomalías en las aleaciones	Walther Nernst	Alem.	trabajos de termoquímica	Knut Hamsun; novelista	Nor.
1921	Albert Einstein	Suiza[3]	servicios a la física teórica	Frederick Soddy	RU	química de las sustancias radiactivas; naturaleza de los isótopos	Anatole France; novelista	Fr.
1922	Niels Bohr	Din.	investigación de la estructura y la radiación atómica	Francis Aston	RU	trabajo con el espectrógrafo de masas; regla de los números enteros	J. Benavente y Martínez; dramaturgo	Esp.
1923	Robert Milikan	EUA	trabajos sobre la carga eléctrica elemental y el efecto fotoeléctrico	Fritz Pregl	Aust.	método de microanálisis de sustancias orgánicas	William Butler Yeats; poeta	Irl.
1924	Karl Siegbahn	Suec.	trabajo sobre espectroscopia de los rayos X	(no concedido)			Wladyslaw Reymont; novelista	Pol.

Premios Nobel[1]

	fisiología y medicina			paz	
1901	Emil von Behring	Alem.	investigaciones en sueroterapia	Jean Henri Dunant Frédéric Passy	Suiza Fr.
1902	*Sir* Ronald Ross	RU	descubrimiento de la forma de transmisión del paludismo	Élie Ducommun Charles Albert Gobat	Suiza Suiza
1903	Niels R. Finsen	Din.	tratamiento de las enfermedades de la piel con radiación luminosa	*Sir* William Cremer	RU
1904	Iván Pávlov	Rusia	investigaciones sobre fisiología de la digestión	Instituto de Derecho Internacional	(fundado en 1873)
1905	Robert Koch	Alem.	investigación de la tuberculosis	Bertha von Suttner	Austria
1906	Camillo Golgi S. Ramón y Cajal	Ital. Esp.	trabajos sobre la estructura del sistema nervioso	Theodore Roosevelt	EUA
1907	Alphonse Laveran	Fr.	investigación de las enfermedades protozoarias	Ernesto Teodoro Moneta Louis Renault	Ital. Fr.
1908	Paul Ehrlich Elie Méchnikov	Alem. Rusia	trabajos sobre inmunidad	Klas Pontus Arnoldson Fredrik Bajer	Suec. Din.
1909	Emil Kocher	Suiza	fisiología, patología y cirugía de la glándula tiroides	Barón d'Estournelles de Constant Auguste Beernaert	Fr. Bélg.
1910	Albrecht Kossel	Alem.	investigaciones en química celular	Oficina Internacional de la Paz	(fundada en 1891)
1911	Allvar Gullstrand	Suec.	estudio de la dióptrica del ojo	Tobias Asser Alfred Fried	P. Bajos Austria
1912	Alexis Carrel	Fr.	investigaciones sobre suturas vasculares; trasplante de órganos	Elihu Root	EUA
1913	Charles Richet	Fr.	estudios sobre anafilaxia	Henri Lafontaine	Bélg.
1914	Robert Bárány	Austria	estudios sobre el sistema vestibular	(no concedido)	
1915	(no concedido)			(no concedido)	
1916	(no concedido)			(no concedido)	
1917	(no concedido)			Comité Internacional de la Cruz Roja[4]	(fundado en 1863)
1918	(no concedido)			(no concedido)	
1919	Jules Bordet	Bélg.	descubrimientos relacionados con la inmunidad	Woodrow Wilson	EUA
1920	August Krogh	Din.	descubrimiento del mecanismo regulador capilar	Léon Bourgeois	Fr.
1921	(no concedido)			Karl Branting Christian Lous Lange	Suec. Nor.
1922	Archibald Hill	RU	investigaciones relacionadas con la producción de calor en los músculos	Fridtjof Nansen	Nor.
	Otto Meyerhof	Alem.	estudio sobre el metabolismo del ácido láctico en los músculos		
1923	*Sir* F. G. Banting J. J. R. Macleod	Can. RU	descubrimiento de la insulina	(no concedido)	
1924	Willem Einthoven	P. Bajos	estudios sobre electrocardiografía	(no concedido)	

Premios Nobel[1]

	física			química			literatura	
1925	James Franck Gustav Hertz	Alem. Alem.	descubrimiento de las leyes que rigen el impacto de un electrón sobre un átomo	Richard Zsigmondy	Aust.	determinación de la naturaleza heterogénea de las soluciones coloidales	George Bernard Shaw; dramaturgo	Irl.
1926	Jean-Baptiste Perrin	Fr.	trabajos sobre estructura discontinua de la materia	Theodor Svedberg	Suec.	trabajo *sobre sistemas dispersos*	Grazia Deledda; novelista	Ital.
1927	Arthur Holly Compton	EUA	descubrimiento de los cambios de longitud de onda en la difusión de los rayos X	Heinrich Wieland	Alem.	investigaciones sobre la composición de los ácidos biliares	Henri Bergson; filósofo	Fr.[3]
1928	*Sir* Owen Richardson	RU	formulación de la ley de Richardson	Adolf Windaus	Alem.	composición de los esterobes y la relación con las vitaminas	Sigrid Undset; novelista	Nor.
	Charles Wilson	RU	método de visualización de las trayectorias de las cargas eléctricas					
1929	Louis de Broglie	Fr.	descubrimiento de la natuuraleza ondular de los electrones	*Sir* Arthur Harden H. von Euler-Chelpin	RU Suec.	investigaciones sobre la fermentación de los azúcares y las enzimas que intervienen en este proceso	Thomas Mann; novelista	Alem.
1930	*Sir* C. Raman	India	trabajos sobre difusión de la luz; descubrimiento del efecto Raman	Hans Fischer	Alem.	estudio de la hemina y la clorofila; síntesis de hemina	Sinclair Lewis; novelista	EUA
1931	(no concedido)			Karl Bosch Friedrich Bergius	Alem. Alem.	investigación y desarrollo de métodos químicos de altas presiones	Erik Axel Karlfeldt; poeta	Suec.
1932	Werner Heisenberg	Alem.	formulación del principio de indeterminación de la mecánica cuántica	Irving Langmuir	EUA	descubrimientos e investigaciones en química de superficie	John Galsworthy; novelista	RU
1933	P. A. M. Dirac Erwin Schrödinger	RU Austria	introducción de ecuaciones ondulares en la mecánica cuántica	(no concedido)			Iván Bunin; novelista	URSS
1934	(no concedido)			Harold Urey	EUA	descubrimiento del hidrógeno pesado	Luigi Pirandello; dramaturgo	Ital.
1935	*Sir* James Chadwick	RU	descubrimiento del neutrón	Frédéric Joliot-Curie Irène Joliot-Curie	Fr. Fr.	síntesis de nuevos elementos radiactivos	(no concedido)	
1936	Victor Hess	Austria	descubrimiento de la radiación cósmica	Peter Debye	P. Bajos	trabajo sobre momentos dipolares y difracción de rayos X y electrones en gases	Eugene O'Neill; dramaturgo	EUA
1937	Carl Anderson Clinton Davisson *Sir* George Paget Thomson	EUA EUA RU	descubrimiento del positrón demostración experimental del fenómeno de interferencia en cristales irradiados con electrones	*Sir* Walter Haworth Paul Karrer	RU Suiza	investigación de los carbohidratos y la vitamina C investigaciones sobre carotenoides, flavinas y vitaminas	Roger Martin du Gard; novelista	Fr.
1938	Enrico Fermi	Ital.	obtención de elementos radiactivos artificiales mediante irradiación de neutrones	Richard Kuhn (no aceptado)[5]			Pearl Buck; novelista	EUA
1939	Ernest Lawrence	EUA	invención del ciclotrón	Adolf Butenandt (no aceptado)[5] Leopold Ruzicka	Alem. Suiza	estudio de las hormonas sexuales investigaciones sobre metilenos y altos terpenos	Frans Eemil Sillanpää; novelista	Finl.
1943[6]	Otto Stern	EUA[3]	descubrimiento del momento magnético del protón	George de Hevesy	Hung.	empleo de los isótopos como trazadores	(no concedido)	
1944	Isidor Rabi	EUA[3]	método de resonancia para el registro de las propiedades magnéticas del núcleo atómico	Otto Hahn	Alem.	descubrimiento de la fisión de núcleos pesados	J. V. Jensen; novelista	Din.
1945	Wolfgang Pauli	Austria	formulación del principio de exclusión	Artturi Virtanen	Finl.	invención de un método de conservación del forraje	Gabriela Mistral; poetisa	Chile
1946	Percy Bridgman	EUA	investigaciones en el campo de la física de altas presiones	James Sumner	EUA	descubrimiento de la cristalización de enzimas	Hermann Hesse; novelista	Suiza
				John Northrop Wendell Stanley	EUA EUA	preparación de enzimas y proteínas víricas puras		
1947	*Sir* Edward Appleton	RU	descubrimiento de la capa de Appleton en la ionosfera	*Sir* Robert Robinson	RU	investigaciones sobre alcaloides y otros productos de las plantas	André Gide; novelista, ensayista	Fr.
1948	Patrick Blackett	RU	investigaciones en el campo de la física nuclear y las radiaciones cósmicas	Arne Tiselius	Suec.	investigaciones sobre electroforesis y análisis de absorción; proteínas séricas	T. S. Eliot; poeta, crítico	RU

Premios Nobel[1]

	fisiología y medicina			paz	
1925	(no concedido)			*Sir* Austen Chamberlain Charles G. Dawes	RU EUA
1926	Johannes Fibiger	Din.	contribuciones a la investigación del cáncer	Aristide Briand Gustav Stresemann	Fr. Alem.
1927	J. Wagner von Jauregg	Austria	tratamiento de la parálisis general	Ferdinand Buisson Ludwig Quidde	Fr. Alem.
1928	Charles Nicolle	Fr.	investigaciones sobre el tifus	(no concedido)	
1929	Christiaan Eijkman	P. Bajos	descubrimiento de la vitamina antineurítica	Frank B. Kellogg	EUA
	Sir F. Hopkins	RU	descubrimiento de las vitaminas estimuladoras del crecimiento		
1930	Karl Landsteiner	EUA[3]	determinación de los grupos sanguíneos humanos	Nathan Söderblom	Suec.
1931	Otto Warburg	Alem.	descubrimiento de la naturaleza y acción de la enzima de la respiración	Jane Addams Nicholas Murray Butler	EUA EUA
1932	Edgar D. Adrian *Sir* C. Sherrington	RU RU	descubrimientos relacionados con la función de las neuronas	(no concedido)	
1933	Thomas Hunt Morgan	EUA	funciones de los cromosomas en la transmisión hereditaria	*Sir* Norman Angell	RU
1934	George R. Minot William P. Murphy George H. Whipple	EUA EUA EUA	descubrimientos relacionados con la terapéutica hepática frente a la anemia	Arthur Henderson	RU
1935	Hans Spemann	Alem.	estudio del desarrollo estructural del embrión	Carl von Ossietzky	Alem.
1936	*Sir* H. H. Dale Otto Loewl	RU Alem.	trabajos sobre la transmisión química de los impulsos nerviosos	Carlos Saavedra Lamas	Argent.
1937	Albert Szent-Györgyi	Hung.	estudio de la combustión biológica	Vizconde Cecil of Chelwood	RU
1938	Corneille Heymans	Bélg.	descubrimiento de la función de los senos carotídeos y los mecanismos aórticos en la regulación de la respiración	Oficina Internacional Nansen para Refugiados	(fundada en 1931)
1939	Gerhard Domagk (no aceptado)[5]	Alem.	efecto antibacteriano del prontosil	(no concedido)	
1943[6]	Henrik Dam	Din.	descubrimiento de la vitamina K	(no concedido)	
	Edward A. Doisy	EUA	descubrimiento de la naturaleza química de la vitamina K		
1944	Joseph Erlanger Herbert S. Gasser	EUA EUA	investigaciones sobre la diferenciación de funciones de las fibras nerviosas	Comité Internacional de la Cruz Roja[4]	(fundado en 1931)
1945	*Sir* A. Fleming Ernst Boris Chain *Lord* Florey	RU RU[3] Austral.	descubrimiento de la penicilina y de su acción terapéutica	Cordell Hull	EUA
1946	Hermann J. Muller	EUA	producción de mutaciones por irradiación con rayos X	Emily Greene Balch John R. Mott	EUA EUA
1947	Carl F. Cori Gerty T. Cori	EUA[3] EUA[3]	descubrimiento de la conversión catalítica del glucógeno	Comité Estadounidense de los Amigos Consejo de los Amigos	EUA Londres
	Bernardo Houssay	Argent.	función de la hormona pituitaria en el metabolismo de los azúcares		
1948	Paul Müller	Suiza	propiedades del DDT	(no concedido)	

Premios Nobel[1]

	física			química			literatura	
1949	Yukawa Hideki	Jap.	predicción de la existencia de mesones	William Giauque	EUA	comportamiento de sustancias a muy bajas temperaturas	William Faulkner; novelista	EUA
1950	Cecil Powell	RU	método fotográfico para el estudio de los procesos nucleares; investigaciones sobre los mesones	Otto Diels Kurt Alder	RFA RFA	descubrimiento y desarrollo de la síntesis de dienos	Bertrand Russell; filósofo	RU
1951	*Sir* John Cockcroft Ernest Walton	RU Irl.	transmutación del núcleo atómico mediante aceleración de partículas	Edwin McMillan Glenn Seaborg	EUA EUA	investigación de elementos transuránicos	Pär Lagerkvist; novelista	Suec.
1952	Felix Bloch Edward Purcell	EUA[3] EUA	descubrimiento de la resonancia magnética nuclear en sólidos	Archer Martin Richard Synge	RU RU	desarrollo de la cromatografía de reparto	François Mauriac; poeta, novelista, dramaturgo	Fr.
1953	Frits Zernike	P. Bajos	microscopia de contraste de fase	Hermann Staudinger	RFA	investigaciones sobre macromoléculas	*Sir* Winston Churchill; historiador, orador	RU
1954	Max Born	RU[3]	estudios estadísticos sobre funciones de ondas	Linus Pauling[7]	EUA	estudio de la naturaleza del enlace químico	Ernest Hemingway; novelista	EUA
	Walther Bothe	RFA	invención del método de coincidencia					
1955	Willis Lamb, Jr.	EUA	estudios sobre el espectro electromagnético del hidrógeno	Vincent Du Vigneaud	EUA	primera síntesis de una hormona polipeptídica	Halldór Laxness; novelista	Isl.
	Polykarp Kusch	EUA[3]	medición del momento magnético del electrón					
1956	William Shockley John Bardeen[9] Walter Brattain	EUA EUA EUA	investigaciones sobre semiconductores y descubrimiento del efecto transistor	Nikolái Semiónov *Sir* Cyril Hinshelwood	URSS RU	trabajos sobre cinética de las reacciones químicas	Juan Ramón Jiménez; poeta	Esp.
1957	Tsung-Dao Lee Chen Ning Yang	China China	descubrimiento de excepciones al principio de paridad	*Sir* Alexander Todd	RU	investigación sobre los nucleótidos y sus coenzimas	Albert Camus; novelista dramaturgo	Fr.
1958	Pável A. Cherencov Iliá M. Frank Igor Y. Tamm	URSS URSS URSS	descubrimiento e interpretación del efecto Cherenkov	Frederik Sanger[10]	RU	determinación de la estructura de la molécula de insulina	Boris Pasternak; novelista	URSS
1959	Emilio Segrè Owen Chamberlain	EUA[3] EUA	confirmación de la existencia del antiprotón	Jaroslav Heyrovsky	Chec.	descubrimiento y desarrollo de la polarimetría	Salvatore Quasimodo; poeta	Ital.
1960	Donald Glaser	EUA	desarrollo de la cámara de burbuja	Willard Libby	EUA	desarrollo de la datación con radiocarbono	Saint-John Perse; poeta	Fr.
1961	Robert Hofstadter	EUA	determinación de la forma y el tamaño de los nucleones	Melvin Calvin	EUA	estudio de las etapas químicas de la fotosíntesis	Ivo Andrić; novelista	Yug.
	Rudolf Mössbauer	RFA	descubrimiento del efecto mössbauer					
1962	Lev D. Landau	URSS	contribuciones al esclarecimiento de los estados de condensación de la materia	John C. Kendrew Max F. Perutz	RU RU[3]	determinación de la estructura de las hemoproteínas	John Steinbeck; novelista	EUA
1963	J. H. D. Jensen Maria Goeppert Mayer Eugene Paul Wigner	RFA EUA[3] EUA[3]	desarrollo de la estructura en capas del núcleo atómico principios que rigen la interacción de protones y neutrones en el núcleo	Gliulio Natta Karl Ziegler	Ital. RFA	estructura y síntesis de polímeros plásticos	George Seferis; poeta	Grec.
1964	Charles H. Townes Nikolái G. Basov Alexandr M. Projorov	EUA URSS URSS	investigaciones en electrónica cuántica aplicadas a la construcción de instrumentos basados en los principios máser-láser	Dorothy M. C. Hodgkin	RU	determinación de la estructura de los compuestos bioquímicos esenciales en la terapéutica de la anemia perniciosa	Jean-Paul Sartre; filósofo, dramaturgo (no aceptado)	Fr.
1965	Julian S. Schwinger Richard P. Feynman Tomonaga Shin'ichirō	EUA EUA Jap.	principios básicos de electrodinámica cuántica	Robert B. Woodward	EUA	síntesis de esteroles, clorofila y otras sustancias que anteriormente se consideraban producidas sólo por los seres vivos	Mijail Sholojov; novelista	URSS
1966	Alfred Kastler	Fr.	descubrimiento de métodos ópticos para el estudio de resonancias herzianas en los átomos	Robert S. Mulliken	EUA	investigaciones relacionadas con los enlaces químicos y la estructura electrónica de las moléculas	Samuel Yosef Agnon; novelista Nelly Sachs; poetisa	Isr.[3] Suec.[3]
1967	Hans A. Bethe	EUA[3]	descubrimientos relacionados con la producción de energía por las estrellas	Manfred Eiger Ronald G. W. Norrish George Porter	RFA RU RU	estudio de las reacciones químicas extremadamente rápidas	Miguel Ángel Asturias; novelista	Guat.
1968	Luis W. Álvarez	EUA	investigaciones con partículas elementales, descubrimiento de los estados resonantes	Lars Onsager	EUA[3]	trabajo teórico sobre las transformaciones termodinámicas irreversibles	Kawabata Yasunari; novelista	Jap.
1969	Murray Gell-Mann	EUA	estudios sobre la clasificación de las partículas elementales y sus interacciones	Derek H. R. Barton Odd Hassel	RU Nor.	determinación de la estructura tridimensional de ciertos compuestos orgánicos	Samuel Beckett; novelista, dramaturgo	Irl.

Premios Nobel[1]

	fisiología y medicina			paz		economía		
1949	Walter Rudolf Hess António Egas Moniz	Suiza Port.	descubrimiento de la función del mesencéfalo valor terapéutico de la leucotomía en la psicosis	*Lord* Boyd-Orr	RU			
1950	Philip S. Hench Edward C. Kendall Tadeusz Reichstein	EUA EUA Suiza[3]	investigación de la estructura y efectos biológicos de las hormonas corticoadrenales	Ralph Bunche	EUA			
1951	Max Theiler	Sudáfr.	investigaciones sobre la fiebre amarilla	Léon Jouhaux	Fr.			
1952	Selman A. Waksman	EUA[3]	descubrimiento de la estreptomicina	Albert Schweitzer	Fr.			
1953	Fritz A. Lipmann *Sir* H. A. Krebs	EUA[3] RU[3]	descubrimiento del ciclo del ácido cítrico de la coenzima A en el metabolismo de los carbohidratos	George C. Marshall	EUA			
1954	John F. Enders Thomas H. Weller Frederick Robbins	EUA EUA EUA	cultivo tisular del virus de la poliomielitis	Oficina del Alto Comisionado de las Naciones Unidas para los Refugiados[8]	(fundada en 1951)			
1955	Axel Hugo Theorell	Suec.	naturaleza y acción de las enzimas oxidativas	(no concedido)				
1956	Werner Forssmann Dickinson Richards André F. Cournand	RFA EUA EUA[3]	descubrimientos relacionados con la cateterización cardiaca y las alteraciones circulatorias	(no concedido)				
1957	Daniel Bovet	Ital[3]	producción de curare sintético	Lester B. Pearson	Can.			
1958	George W. Beadle Edward L. Tatum Joshua Lederberg	EUA EUA EUA	regulación genética de procesos químicos recombinación genética	Dominique Georges Pire	Bélg.			
1959	Severo Ochoa Arthur Kornberg	EUA[3] EUA	producción artificial de ácidos nucleicos	Philip Noel-Baker	RU			
1960	*Sir* Macfarlane Burnet Peter B. Medawar	Austral. RU	inmunidad adquirida en los trasplantes de tejidos	Albert Lutuli	Sudáfr.			
1961	Georg von Békésy	EUA[3]	funciones del oído interno	Dag Hammarskjöld	Suec.			
1962	Francis H. C. Crick James D. Watson Maurice Wilkins	RU EUA RU	descubrimientos relacionados con la estructura molecular del ácido desoxirribonucleico	Linus Pauling[7]	EUA			
1963	*Sir* John Eccles Alan Lloyd Hodgkin Andrew Huxley	Austral. RU RU	estudio de la transmisión de los impulsos nerviosos a lo largo de las fibras nerviosas	Comité Internacional de la Cruz Roja[4] Liga de Sociedades de la Cruz Roja	(organismos con sede en Ginebra)			
1964	Konrad Bloch Feodor Lynen	EUA[3] RFA	investigaciones relacionadas con el metabolismo del colesterol y de los ácidos grasos	Martin Luther King, Jr.	EUA			
1965	François Jacob Jacques Monod André Lwoff	Fr. Fr. Fr.	descubrimientos relacionados con la actividad reguladora de las células	Fondo de las Naciones Unidas para la Infancia (UNICEF)	(fundado en 1946)			
1966	Charles B. Huggins Francis Peyton Rous	EUA[3] EUA	investigación de las causas y tratamiento del cáncer	(no concedido)				
1967	Haldan Keffer Hartline George Wald Ragnar A. Granit	EUA EUA Suec.	descubrimientos sobre los procesos químicos y fisiológicos del ojo	(no concedido)				
1968	Robert W. Holley H. Gobind Khorana Marshall W. Nirenberg	EUA EUA[3] EUA	desciframiento del código genético	René Cassin	Fr.			
1969	Max Delbrück Alfred D. Hershey Salvador E. Luria	EUA[3] EUA EUA[3]	investigación y descubrimientos en relación con los virus y las enfermedades víricas	Organización Internacional del Trabajo	(fundada en 1919)	Ragnar Frisch Jan Tinbergen	Nor. P. Bajos	trabajos sobre econometría

Premios Nobel[1]

	física			química			literatura	
1970	Hannes Alfvén Louis Néel	Suec. Fr.	trabajos sobre magnetohidrodinámica y antiferromagnetismo y ferrimagnetismo	Luis F. Leloir	Argent.[3]	descubrimiento de los nucleótidos glucídicos y de su papel en la biosíntesis de los carbohidratos	Alexandr Solzhenitsin; novelista	URSS
1971	Dennis Gabor	RU[3]	invención de la holografía	Gerhard Herzberg	Can.[3]	investigaciones sobre la estructura de las moléculas	Pablo Neruda; poeta	Chile
1972	John Bardeen[9] Leon N. Cooper John R. Schrieffer	EUA EUA EUA	desarrollo de la teoría de superconductividad	Christian B. Anfinsen Stanford Moore William H. Stein	EUA EUA EUA EUA	contribuciones fundamentales a la química de las enzimas	Heinrich Böll; novelista	RFA
1973	Leo Esaki Ivar Giaever Brian Josephson	Japón EUA[3] RU	efecto túnel en superconductores y semiconductores	Ernst Fischer Geoffrey Wilkinson	RFA RU	química organometálica	Patrick White; novelista	Austral.
1974	*Sir* Martin Ryle Antony Hewish	RU RU	estudios de radioastronomía	Paul J. Flory	EUA	estudios sobre moléculas de cadena larga	Eyvind Johnson; novelista Harry Martinson; novelista poeta	Suec. Suec.
1975	Aage Bohr Ben R. Mottelson L. James Rainwater	Din. Din[3] EUA	avances en la comprensión del núcleo atómico que hicieron posible la fusión nuclear	J. W. Cornforth Vladimir Prelog	RU Suiza	trabajo en estereoquímica	Eugenio Montale; poeta	Ital.
1976	Burton Richter Samuel C.C. Ting	EUA EUA	descubrimiento de una nueva clase de partículas elementales (psi o J)	William N. Lipscomb	EUA	estructura de los boranos	Saul Bellow; novelista	EUA[3]
1977	Philip W. Anderson *Sir* Nevill Mott John H. Van Vleck	EUA RU EUA	contribuciones a la comprensión del comportamiento de los electrones	Ilya Prigogine	Bélg.	ampliación de las perspectivas de la termodinámica	Vicente Aleixandre; poeta	Esp.
1978	Piotr L. Kapitsa	URSS	invención y aplicación del licuador de helio	Peter D. Mitchell	RU	formulación de una teoría de los procesos de transferencia de energía en sistemas biológicos	Isaac Bashevis Singer; novelista	EUA
	Arno A. Penzias Robert W. Wilson	EUA[3] EUA[3]	descubrimiento de la radiación de fondo cósmica de microondas, elemento de apoyo de la teoría del *big-bang*					
1979	Sheldon Glashow Abdus Salam Steven Weinberg	EUA Pak. EUA	establecimiento de analogías entre el electromagnetismo y las interacciones «débiles» de partículas subatómicas	Herbert C. Brown Georg Wittig	EUA[3] RFA	introducción de compuestos de boro y fósforo en la síntesis de sustancias orgánicas	Odysseus Elytis; poeta	Grec.
1980	James W. Cronin Val L. Fitch	EUA EUA	demostración de excepciones simultáneas a las simetrías de carga-conjugación de paridad-inversión	Paul Berg Walter Gilbert Frederick Sanger[10]	EUA EUA RU	preparación del primer ADN hibridado desarrollo del análisis químico y biológico de la estructura del ADN	Czeslaw Milosz; poeta	EUA[3]
1981	Kai M. Siegbahn Nicolaas Bloembergen Arthur L. Schawlow	Suec. EUA[3] EUA	espectroscopia electrónica para análisis químicos aplicaciones del láser en espectroscopia	Fukui Kenichi Roald Hoffmann	Jap. EUA[3]	interpretación de la simetría orbital de las reacciones químicas	Elias Canetti; novelista y ensayista	Bulg.
1982	Kenneth G. Wilson	EUA	análisis de transiciones continuas de fase	Aaron Klug	RU[3]	determinación de la estructura de sustancias biológicas	Gabriel García Márquez; novelista, periodista, crítico social	Col.
1983	Subrahmanyan Chandrasekhar William A. Fowler	EUA EUA	contribuciones a la comprensión de la evolución e involución de las estrellas	Henry Taube	Can.	estudio de las reacciones de transferencia de electrones	William Golding; novelista	RN
1984	Carlo Rubbia Simon van der Meer	Ital. P. Bajos	descubrimiento de las partículas subatómicas *W* y *Z*	Bruce Merrifield	EUA	desarrollo de un método de síntesis de polipéptidos	Jaroslav Seifert; poeta	Chec.
1985	Klaus von Klitzing	RFA	descubrimiento del efecto Hall cuantizado, que posibilita la medición exacta de la resistencia eléctrica	Herbert A. Hauptman Jerome Karle	EUA EUA	desarrollo de un método para representar la estructura química de las moléculas pequeñas	Claude Simon; novelista	Fr.
1986	Ernst Ruska	RFA	investigaciones en óptica electrónica y construcción del primer microscopio electrónico	Dudley R. Herschbach Yuan T. Lee John C. Polanyi	EUA EUA Can.	contribuciones al conocimiento de la dinámica de los procesos químicos elementales	Wole Solyinka; poeta, dramaturgo	Níger.
	Gerd Binning Heinrich Rohrer	RFA Suiza	construcción del microscopio de efecto túnel					
1987	Johannes Bednorz Karl Müller	RFA Suiza	descubrimiento de la superconductividad de materiales cerámicos	Donald J. Cram Jean-Marie Leha Charles J. Pedersen	EUA Fr. EUA	síntesis de moléculas de comportamiento similar al de las moléculas biológicas naturales	Joseph Brodsky; poeta, ensayista	EUA
1988	Leon Lederman Melvin Schwartz Jack Steinberger	EUA EUA EUA	técnica de rayos de neutrinos y demostración de la doble estructura de los leptones a través del descubrimiento del neutrino muónico	Harnut Michel Johann Deisenhofer Robert Huber	RFA RFA RFA	trabajos sobre la estructura tridimensional del centro de reacción de una fotosíntesis	Naguib Mahfuz; novelista, poeta	Eg.
1989	Hans G. Dehmelt Wolfgang Paul Norman F. Ramsey	RFA RFA EUA	Desarrollo de la espectroscopia atómica de precisión	Sidney Altman Thomas R. Cech	Can. EUA	Descubrimiento de las propiedades catalizadoras del ácido ribonucleico	Camilo José Cela; novelista	Esp.

Premios Nobel[1]

	fisiología y medicina			paz		economía		
1970	Julius Axelirod *Sir* Bernard Katz Ulf von Euler	EUA RU[3] Suec.	investigaciones sobre los aspectos químicos de la transmisión nerviosa	Norman E. Borlaug	EUA	análisis científico de la teoría económica	Paul A. Samuelson	EUA
1971	Earl W. Sutherland, Jr.	EUA	acción de las hormonas	Willy Brandt	RFA	investigación sobre el crecimiento económico de las naciones	Simon Kuznets	EUA[3]
1972	Gerald M. Edelman Rodney Porter	EUA RU	investigaciones sobre la estructura química de los anticuerpos	(no concedido)		contribuciones a la teoría del equilibrio económico general y del bienestar	*Sir* John Hicks Kenneth J. Arrow	RU EUA
1973	Karl von Frisch Konrad Lorentz Nikolaas Tinbergen	Austria Austria P. Bajos	investigaciones sobre patrones de comportamiento animal	Henry Kissinger Le Duc Tho (no aceptado)	EUA Vietn.	análisis *input-output*	Wassily Leontief	EUA
1974	Albert Claude Christian R. de Duve George E. Palade	EUA[3] Bélg. EUA[3]	investigación de la estructura y la función celular	Satō Eisaku Sean MacBride	Jap. Irl.	análisis de la interdependencia de los fenómenos económicos, sociales e institucionales	Gunnar Myrdal Friedrich von Hayeck	Suec. RU
1975	Renato Dulbecco Howard M. Temin David Baltimore	EUA[3] EUA EUA	interacción entre los virus tumorales y el material genético celular	Andrei D. Sajárov	URSS	contribuciones a la teoría de la asignación óptima de recursos	Leonid V. Kantoróvich Tjalling C. Koopmans	URSS EUA[3]
1976	Baruch S. Blumberg D. Carleton Gajdusek	EUA EUA	estudios sobre el origen y la diseminación de las enfermedades infecciosas	Mairead Corrigan[11] Betty Williams[11]	RU RU	análisis del consumo, teoría monetaria y estabilización económica	Milton Friedman	EUA
1977	Rosalyn S. Yalow Roger Guillemin Andrew Schally	EUA EUA EUA	desarrollo del radioinmunoensayo; investigación de las hormonas de la pituitaria	Amnistía Internacional	(fundada en 1961)	contribuciones a la teoría del comercio internacional	Bertin Ohlin James Meade	Suec. RU
1978	Werner Arber Daniel Nathans Hamilton O. Smith	Suiza EUA EUA	descubrimiento y aplicación de enzimas que fragmentan ácidos desoxirribonucleicos	Menachem Begin Anwar al-Sadat	Isr. Eg.	trabajos sobre los procesos de decisión en las organizaciones económicas	Herbert A. Simon	EUA
1979	Allan M. Cormack Godfrey N. Hounsfield	EUA[3] RU	desarrollo de la TAC (tomografía axial computadorizada), una técnica de diagnóstico radiográfico)	Madre Teresa de Calcuta	India	análisis de los procesos económicos de los países en vías de desarrollo	W. Arthur Lewis Theodore W. Schultz	RU EUA
1980	Baruj Benacerraf George D. Snell Jean Dausset	EUA[3] EUA Fr.	investigaciones sobre control genético de la respuesta del sistema inmunológico a sustancias extrañas	Adolfo Pérez Esquivel	Argent.	desarrollo y análisis de modelos econométricos de coyuntura	Lawrence R. Klein	EUA
1981	Roger W. Sperry	EUA	funciones de los hemisferios cerebrales					
	Torsten N. Wielsen David H. Hubel	Suec. EUA[3]	transformación de la información visual en el cerebro	Oficina del Alto Comisionado de las Naciones Unidas para los Refugiados[8]	(fundada en 1951)	teorías macroeconómicas empíricas	James Tobin	EUA
1982	Sune K. Bergström Bengt I. Samuelsson John R. Vane	Suec. Suec. RU	bioquímica y fisiología de las prostaglandinas	Alva Myrdal Alfonso García Robles	Suec. Méx.	consecuencias económicas de la normativa oficial	George Stigler	EUA
1983	Barbara McClintock	EUA	descubrimiento de genes de planta móvil que afectan a la herencia	Lech Walesa	Pol.	prueba matemática de la teoría de la oferta y la demanda	Gerard Debreu	EUA
1984	Niels K. Jerne Georges J. F. Köhler César Milstein	RU-Din. RFA Argent.	teoría y desarrollo de una técnica para la producción de anticuerpos monoclonales	Desmond Tutu	Sudáfr.	desarrollo de un sistema de contabilidad nacional	*Sir* Richard Stone	RU
1985	Michael S. Brown Joseph L. Goldstein	EUA EUA	descubrimiento de receptores celulares relacionados con el metabolismo del colesterol	Asociación Internacional de médicos para la Prevención de la Guerra Nuclear	(fundada en 1980)	análisis del ahorro familiar y de los mercados financieros	Franco Modigliani	EUA
1986	Rita Levi-Montalcini Stanley Cohen	Ital.-EUA EUA	descubrimiento de una sustancia natural que favorece el crecimiento de las células nerviosas	Elie Wiesel	EUA	desarrollo de nuevos métodos para el análisis del proceso de decisión, en especial la «teoría de la elección pública»	James M. Buchanan	EUA
1987	Susumu Tonegawa	Jap.	descubrimiento de los fundamentos genéticos de la formación de anticuerpos	Oscar Arias	C. Rica	aportaciones a la teoría del crecimiento económico	Robert M. Solow	EUA
1988	James W. Black Gertrude B. Elion George H. Hitchings	RU EUA EUA	descubrimiento de importantes principios de terapéutica médica	Fuerzas de Paz de las Naciones Unidas		trabajos pioneros sobre teorías de los mercados y utilización eficiente de los recursos	Maurice Allais	Fr.
1989	J. Michael Bishop Harold E. Varnus	EUA EUA	Descubrimiento del origen celular de los oncogenes retrovirales	Tenzin Gyatso, Dalai Lama		Establecimiento de las bases de la econometría	Trygve Haavelmo	Nor.

[1] El país que se indica es el correspondiente a la nacionalidad del galardonado en el momento de la concesión del premio. [2] Galardonado con dos Premios Nobel: física (1903) y química (1911). [3] País en el que estaba naturalizado el galardonado. [4] Galardonado con tres Premios Nobel de la paz (1917, 1944 y 1963). [5] Hitler prohibió a los ciudadanos alemanes aceptar los Premios Nobel (enero de 1937). [6] Entre 1940 y 1942 no se concedieron premios. [7] Galardonado con dos Premios Nobel: química (1954) y paz (1962). [8] Galardonada con dos Premios Nobel de la paz. (1954 y 1981). [9] Compartió dos Premios Nobel de física (1956 y 1972). [10] Galardonado con dos Premios Nobel de química (1958 y 1980). [11] Premio no entregado hasta 1977.

Producto y cuentas nacionales

La tabla de producto y cuentas nacionales ofrece un desglose de la forma en que la población de un país produce, distribuye y gasta su renta acumulada (producción), así como de los principales elementos de la balanza de pagos nacional (comercio de mercancías, invisibles y turismo).

Medidas de la producción nacional.

Las dos medidas de la producción nacional más frecuentemente utilizadas (excepto en ciertas economías de planificación central) son el PIB y el PNB, cada uno de los cuales representa un valor agregado de los bienes y servicios producidos en un determinado país. El PIB, la medida básica, indica el valor de los bienes y servicios producidos enteramente dentro de cada país. Equivale a la suma de todos los costos de los factores (rentas de los factores) o de todo el valor añadido que aporta la capacidad productiva conjunta del trabajo y el capital dentro de cada sistema económico. El PNB, la medida más amplia, está compuesto tanto por la producción nacional como por el valor añadido neto (rentas netas de los factores) de las operaciones con otros países.

En la primera parte de la tabla aparecen los datos relativos al PNB nominal (valor a los precios corrientes en el año indicado, junto con el valor per cápita de este producto, expresado en ambos casos en dólares EUA para facilitar las comparaciones. A continuación figuran las cifras del PIB expresado en moneda nacional, tanto al valor nominal como al real (es decir, ajustado para corregir casi siempre el efecto de la inflación y en ocasiones el de la deflación). Los valores reales se han obtenido dividiendo el PIB nominal por un factor de deflación del PIB (esencialmente un índice de precios al consumo que cubre las modificaciones de precios de toda la economía) y se han ajustado al año base común de 1980. El PNB per cápita aporta una medida aproximada de la renta monetaria anual por habitante, pero la comparación de los valores debe realizarse con cautela por las distorsiones a que están sujetos, especialmente en cuanto a la paridad adquisitiva (la diferencia de capacidad de dos monedas para la compra de productos en sus respectivos mercados nacionales no se puede anular aplicando sencillamente el tipo de cambio) y a la existencia de elementos de la producción nacional que no forman parte de la economía monetaria.

En diversos países con economías de planificación central, el concepto correspondiente a la renta/producto nacional bruto acumulado es el producto material neto (PMN), que comprende únicamente los bienes materiales y los servicios «productivos».

Origen, distribución y gasto del producto nacional.

Aunque de los valores PNB/PIB puede extraerse una visión de conjunto del desarrollo económico relativo, se obtiene más información cuando se analizan estos agregados por tipo de gasto, componentes de costo y sectores industriales de origen.

En el PIB existen tres componentes principales de gasto interno: consumo privado, gasto público e inversión interior bruta. El cuarto componente, no interno, del gasto del PIB es el comercio exterior neto; en él se consignan tanto las exportaciones (valor positivo) como las impor-

Productos y cuentas nacionales

país	producto nacional bruto (PNB), 1985		producto interior bruto (PIB), 1985		PIB por tipo de gasto, 1984 (%)					componentes de costo del PIB, 1984 (%)			
	nominal (millones de dólares EUA)	per cápita (dólares EUA)	nominal (mil millones de moneads nacional	real (precios constantes de 1980) (mil millones de moneda nacional)	consumo		inversión interior bruta	comercio exterior		impuestos indirectos netos	consumo de capital fijo	retribuciones	superávit de explotación neto
					privado	público		exportaciones	importaciones				
Afganistán	3.520	230	...	100,4[1.2]	...	...	...	...	...	...	...	...	...
Albania	2.580[6]	930[6]	...	...	...	...	...	...	...	...	...	...	...
Alemana, Rep. Democrática	93.631[10]	5.600[10]	...	233,6[2]	57	11	18	——13——		10[2.6]	9[2.6]	40[2.6]	41[2.6]
Alemania, Rep. Fed de	667.970	10.950	1.839,9	1.580,9	57	20	21	34	−31	11	13	54	22
Andorra	360[7]	9.000[7]	...	...	...	...	...	...	...	...	...	...	...
Angola	6.930[10]	830[10]	202,0[7]	...	58[7]	27[7]	9[7]	45[7]	−39[7]	...	...	...	...
Antigua y Barbuda	160	1.990	0,435[10]	0,316[10]	68	19	27	91	−104	...	...	...	...
Arabia Saudita	102.120	8.850	330,9	353,2	39	33	31	45	−47	—	11	17[5]	83[5.11]
Argelia	55.230	2.530	202,0[7]	...	45	16	38	26	−25	20[5]	8[5]	37[5]	35[5]
Argentina, República	65.080	2.130	0,683[7]	0,026[7]	72	14	14	13	−9	8[7]	11	34[7]	57[7.11]
Australia	171.170	10.860	222,0	148,2	60	17	24	15	−16	13	8	52	28
Austria	69.060	9.140	1.366,6	1.076,3	57	19	24	39	−39	14	12	53	21
Bahamas	1.670	7.140	1.978[10]	...	61	13	18	64	−56	...	...	...	...
Bahrein	4.040	9.290	1.876	...	30[7]	17[7]	45[7]	78[7]	−70[7]	3[6]	9[6]	28[6]	60[6]
Bangladesh	14.770	150	417,0	238,7	89	8	13	6	−16	...	...	...	...
Barbados	1.180	4.660	2.474	1.682	62	17	16	74	−69	14[5]	6[5]	57[5]	24[5]
Bélgica	82.230	8.440	4.812,0	3.604,0	66	18	16	75	−75	10	9	56	25
Belice	180	1.080	0,368[10]	0,335[10]	70	24	16	56	−66	12	9	——79——→	
Benin	1.080	270	439,4[7]	...	78	10	7	18	−28	9[15]	7[15]	23[15]	61[15]
Bermudas	1.030	18.100	1.058	...	68	12	20	60	−60	...	...	...	...
Birmania	7.080	190	56.081	49.852	88	—	16	6	−9	8	9	38	45
Bolivia	3.010	470	2.769	0,109	76	8	11	23	−18	10[5]	6[5]	36[5]	47[5]
Botswana	900	830	1.524	1.171	49	27	25	60	−61	13[6]	11[6]	39[6]	37[6]
Brasil	222.010	1.640	1.406.065	13.750	— 74 —		19	16	−9	10[6]	5[6]	——85[6]——	
Brunei	3.940	17.570	7.529	...	...	...	...	...	...	...	...	...	...
Bulgaria	25.530	2.860	25.451[2]	24.610[2]	58	11	24	——7——		...	...	...	...
Burkina Faso	1.080	140	363,8[10]	260,0[10]	89	16	21	21	−47	8[7]	7[7]	24[7]	61[7]
Burundi	1.110	240	139.640	103.668	83	13	18	11	−25	10[6]	2[6]	21[6]	66[6]
Bután	190	150	2.013[10]	1.850[10]	...	...	...	...	...	...	...	...	...
Cabo Verde	140	420	0,104[7.23]	...	67	23	83	46	−119	...	...	...	...
Camerún	8.300	810	3.195,0[10]	...	63	10	26	20	−19	13[7]	5[7]	27[7]	54[7]
Canadá	347.360	13.700	476,4	351,4	57	20	20	29	−25	10	12	54	24
Centroafricana, República	700	270	318,7	202,7	91	13	12	25	−41	12[24]	—	24[24]	64[24]
Colombia	37.610	1.360	4.865,1	1.753,2	71	11	19	12	−12	9	11	44	47[11]
Comores, Islas	110	280	48.750	...	66[7]	22[7]	32[7]	——20[7]——		...	...	...	...
Congo, República Popular del	1.910	950	920,1[10]	574,0[10]	36	14	27	57	33	13	14	28	45
Corea, República de	88.440	2.150	75.511,0	54.674,0	59	10	31	38	−38	13	9	41	38
Corea, Rep. Pop. Dem. de	14.700[10]	760[10]	11,8[6]	...	93[5]	36[5]	...	...	...	...	...	...	...
Costa de Marfil	6.250	610	2.855,8[10]	...	62	16	11	45	35	23[16]	8[16]	33[16]	36[16]
Costa Rica	3.340	1.340	192.425	42.093	61	16	23	34	34	15	3	46	36

taciones (valor negativo que representa las obligaciones contraídas con otros países).

La distribución del PIB por componentes de costo comprende habitualmente cuatro categorías generales: impuestos indirectos (impuestos sobre el consumo o sobre el valor añadido), consumo de capital fijo (depreciación), retribuciones (salarios) y superávit de explotación neto («beneficios», intereses, rentas, etc); las dos últimas son dos categorías de ingresos.

La distribución del PIB para diez sectores industriales se ha agregado en tres grupos principales de industrias:

1. Sector primario, formado por la agricultura y la producción minera (incluidos los combustibles fósiles).
2. Sector secundario, compuesto por la industria manufacturera, la construcción y los servicios públicos.
3. Sector terciario, que comprende los transportes y las comunicaciones, el comercio (al por mayor y al por menor), los servicios financieros (banca, bienes, raíces, etc.), los de otro tipo (personales y comerciales) y los de la Administración.

Tasa de crecimiento medio anual del PIB real.

En estas columnas figuran las tasas medias de crecimiento anual del producto real correspondientes a la década de 1970 a 1980, así como a los cinco años que median entre 1980 y 1985. Las tasas reales de crecimiento del PIB permiten obtener una visión de conjunto del crecimiento alcanzado en la producción final por los diversos países durante los períodos mencionados.

Balanza de pagos (transacciones exteriores corrientes).

La cuenta externa registra la suma (neta) de todas las transacciones económicas corrientes realizadas por un país con el resto del mundo. En ella figuran los ingresos y obligaciones exteriores netos de un país, incluyendo, además del intercambio de bienes y servicios, partidas invisibles tales como intereses y dividendos, inversiones a corto y a largo plazo, turismo, transferencias procedentes de los residentes en el extranjero o destinadas a ellas, etc. Cada transacción da lugar a una reclamación exterior de pago, que se registra com déficit (salidas de capital derivadas de las importaciones) o a una obligación de pago, que se registra como superávit (entradas de capital procedentes de las exportaciones). Todo déficit de la balanza de pagos de un país originado por una transacción va acompañado de un superávit de la de otro país. Para facilitar las comparaciones, se han expresado los valores en dólares EUA.

Turismo.

Los ingresos por turismo son, en muchos casos, un elemento importante en la balanza económica de un país. Los ingresos procedentes de extranjeros reflejan pagos de bienes y servicios en moneda extranjera realizados por los turistas en un país determinado. Los gastos de nacionales en el exterior también son pagos de bienes y servicios, pero, en este caso, realizados por residentes del país de que se trate como turistas en el extranjero. La Organización Mundial de Turismo utiliza el dólar EUA como moneda común a efectos de comparación.

origen del PIB por sectores económicos, 1984 (%)										tasa media de crecimiento anual del PIB real (%)		balanza de pagos, 1985 (transacciones exteriores corrientes, millones de dólares (EUA)			turismo, 1985 (millones dlr. EUA)		país
primario		secundario			terciario					1970-1980	1980-1985	transferencias netas		balanza de pagos por cuenta corriente	ingresos procedentes de extranjeros	gastos de nacionales en el exterior	
agricultura	minería	industria manufac-	construcción	servicios públicos	trans., comunica-	comercio	serv. financieros	otros servicios	servicios de la administración			artículos, mercancías	invisibles				
65[2]	3	15[2,3]	4[2]	3	4[2]	10[2]		2[2]		2,1[2]	2,2[2,4]	-200[5]	7[5]	-193[5]	1	...	Afganistán
...	...	...	...	...	...	...	...	...	...	6,3[2]	5,7[2,4]	...	...	...	...	...	Albania
8[2]	3	70[2,3]	6[2]	3	4[2]	9[2]		3[2,20]		4,9[2]	4,2[2,4]	...	...	...	...	...	Alemania, Rep. Democrática
2	1	31	6	3	6	11		41		2,7	1,3	53.630	-17.860	35.770	5.899	14.607	Alemania, Rep. Fed. de
...	...	...	...	...	...	...	...	...	...	...	...	...	...	...	...	...	Andorra
28[7]	23[7]	4[7]	3[7]	1[7]			41[7]			-2,2	-2,5[4]	-34[6]	-175[6]	-209[6]	...	...	Angola
5	1	5	6	3	17	28	19	5	16	2,3	3,0[4]	-157	81	-76	84	6[7]	Antigua y Barbuda
2	41	4	14	—	8	10	7	3	11	11,1	-1,5	7.032[9]	-20.287[9]	-13.255[9]	2.378	3.152[7]	Arabia Saudita
8[7]	31[7]	11[7]	15[7]	1[7]	6[7]	16[7]		13[7]		7,8	-1,9[8]	4.223[9]	-3.208[9]	1.015[9]	143	574	Argelia
16	3	24	4	4	12	13	8		17	2,4	-2,1	4.877[9]	-5.831[9]	-954[9]	673	681[10]	Argentina, República
5	5	18	6	4	6	13	23	17	4	3,3	3,1	-2.170	-7.062	-9.232	1.051	1.813	Australia
4	13	28[13]	7	3	6	16	14	3	14	3,7	1,6	-4.394	4.366	-28	6.041	3.333	Austria
4	3	11[3]	3	3	11	27	12	16	17	6,3	...	-727	723	-4	870	106[10]	Bahamas
1	19	11	10	...	10	10	15		24	4,6	5,3[4]	-15[9]	181[9]	196[9]	101	99[7]	Bahrein
48	13	9[13]	5	1	7	9	2	16	4	4,5	3,8	-1.374	737	-637	38	23[7]	Bangladesh
6	1	11	6	3	7	27	12		17	4,3	-0,5	-259[9]	299[9]	40[9]	312	26[7]	Barbados
2	1	24	5	4	8	20	5	20	8	3,3	0,6	-1.121[14]	2.483[14]	3.604[14]	1.661	2.048	Bélgica
21	—	15	6	2	11	17	11	11	10	4,9	-0,5[4]	-17	38	21	11	...	Belice
35[6]		6[3,6]	7[6]	3	10[6]	20[6]	8[6]	...	14[6]	3,9	3,4	-156[16]	104[16]	-52[16]	10	4[10]	Benin
1[16]	—	4[16]	5[16]	2[16]	7[16]	33[16]	22[16]	18[16]	8[16]	3,0	-1,4[4]	-348[9]	344[9]	-4[9]	349	...	Bermudas
48		9	2	—	4	25			11	4,3	5,3	-202[9]	-4[9]	-206[9]	12	5	Birmania
27	5	21	4	1	5	14	10	4	8	4,5	-2,3	161[9]	-443	-282[9]	36	38	Bolivia
6	32	7	4	3	2	23	4	4	16	15,8	11,2	272	-103	169	51	16[7]	Botswana
10[9]	1[9]	28[9]	6[9]	4[9]	8[9]	16[9]	10[9]	11[9]	7[9]	8,6	1,8	12.466[9]	-12.739[9]	-273[9]	1.739	1.145	Brasil
1	61	10	3	—	3	11		11		...	-3,0[4]	...	...	...	...	...	Brunei
18[2]	3	57[2,3]	10[2]	3	8[2]	5[2]		2[2,20]		6,7[2]	4,0[2]	...	...	...	343	...	Bulgaria
43	—	14	1	1	6	12		22		5,3	2,4	-196[7]	136[7]	-60[7]	4	23[10]	Burkina Faso
52	1[21]	5	6	21	3	9	2	5	8	4,0	4,0	-11	...	...	27[10]	18[7]	Burundi
50	—	4	13	—	2	11	9	...	11	4,1	5,6[4]	-52[17]	-27[17]	-79[17]	2	...	Bután
21[7]	1[7]	5[7]	16[7]	3[7]			54[7]			-0,2	3,1[4]	-66[16]	64[16]	-2[16]	...	...	Cabo Verde
22	16	11	6	1	5	13	12	2	7	4,5	5,7[22]	524[10]	-689[10]	-165[10]	59[10]	70[7]	Camerún
3	6	17	4	4	7	9		50		4,1	2,5	7.718	-13.708	-5.990	3.056	4.125	Canadá
41[9]	2[9]	7[9]	2[9]	1[9]	4[9]	21[9]		20[9]		2,6	1,5	-37[9]	-8[9]	-45[9]	3[25]	26[7]	Centroafricana, República
18	3	22	5	2	8	14		27		5,5	2,1	1.890	-1.467	423	286	168	Colombia
37[9]	...	4[9]	—	—	4[9]	25[9]	...		20[9]	2,0	4,0[4]	-10[9]	-4[9]	-14[9]	...	...	Comores, Islas
8	43	5	7	1	7	11		18		4,7	7,8	651[10]	-441[10]	210[10]	13	55	Congo, República Popular del
14[9]	1[9]	31[9]	8[9]	3[9]	8[9]	13[9]	11[9]	5[9]	6[9]	8,3	7,6	4.206	411	4.617	784	606	Corea, República de
...	...	...	...	...	...	...	...	...	...	5,9[2]	8,5[2,4]	...	...	...	103	1.988	Corea, Rep. Pop. Dem. de
28	3	12	2	1	7			47		6,5	-1,7	1.388[9]	-1.338[9]	50[9]	74	180[7]	Costa de Marfil
21	13	23'3	4	3	5	20		25		5,7	0,5	41	-227	186	118	36[7]	Costa Rica

Productos y cuentas nacionales (continuación)

país	producto nacional bruto (PNB), 1985		producto interior bruto (PIB), 1985		PIB por tipo de gasto, 1984 (%)					componentes de costo del PIB, 1984 (%)			
	nominal (millones de dólares EUA)	per cápita (dólares EUA)	nominal (mil millones de moneads nacional	real (precios constantes de 1980) (mil millones de moneda nacional)	consumo		inversión interior bruta	comercio exterior		impuestos indirectos netos	consumo de capital fijo	retribuciones empleados	superávit de explotación
					privado	público		exportaciones	importaciones				
Cuba	26.920[10]	2.690[10]	13.940,3[2]	14.779,2[2]	78	8	26	12		...	...	...	...
Chad	560[10]	110[10]	0,612[7.23]	...	83[7]	24[7]	7[7]	14[7]		6[19]	7[19]	13[19]	75[19]
Checoslovaquia	85.960	5.550	548,7[2]	524,3[2]	55	10	26	9		...	...	...	...
Chile	17.230	1.430	2.576,6	1.054,6	73	14	14	24	-25	14[6]	11[6]	42[6]	34[6]
China	318.920	310	682,2[27]	558,3[27]	71[2.7]		30[2.7]	1[2.7]		...	...	...	...
Chipre	2.650	3.980	1.423	0,967	62	16	35	56	-68	7	11	82	
Dinamarca	57.330	11.210	605,3	414,3	54	26	18	37	-36	15	9	55	22
Dominica	90	1.070	0,231[10]	0,203[10]	71	25	39	37	-72	...	...	...	...
Dominicana, República	5.050	790	14.477	7.155	73	8	21	13	-15	7	6	87	
Ecuador	10.880	1.160	1.111,7	326,4	66	12	18	25	-22	8	11	21	71[11]
Egipto	32.220	690	32.516	...	69	18	24	22	-33	6[6]	11	36[6]	59[6.11]
Emiratos Árabes Unidos	26.400	16.970	101,5[10]	101,8[10]	25	18	30	59	-32	-3	17	24	61
España	168.820	4.370	25.935,0[10]	16.129,0[10]	67	12	18	23	-20	6	12	48	34
Estados Unidos de América	3.915.350	16.360	3.957,0	3.162,3	65	18	20	8	-10	8	13	60	19
Etiopía	4.630	110	10.031[7]	9.583[7]	79	18	13	13	-23	...	...	...	...
Filipinas	32.630	600	609,5	257,6	75	7	19	22	-22	8	10	82	
Finlandia	53.450	10.900	334,9	219,4	53	19	24	31	-29	11	14	54	21
Francia	526.630	9.550	4.597,2	2.937,8	65	17	19	24	-24	13	12	55	20
Gabón	3.330	2.890	1.455,6[10]	982,2[10]	31[7]	13[7]	33[7]	23[7]		18[16]	14[16]	30[16]	37[16]
Gambia	170	230	0,491[6]	0,418[6]	102[7]	27[7]	37[7]	-66[7]		...	...	...	...
Ghana	4.960	390	373,0	41,9	90	6	7	8	-11	5[15]	3[15]	91[15]	
Granada	90	900	0,260	0,189	76	26	34	45	-82	...	...	...	...
Grecia	32.250	3.550	4.614,2	1.826,3	67	20	22	23	-31	12	9	41	38
Guatemala	9.890	1.240	11.130	7.443	84	8	10	13	-15	...	...	...	...
Guinea	1.950	320	2.367[7.23]	...	73	14	10	25	-22	...	...	...	...
Guinea-Bissau	150	170	0,083[7.23]	...	75	26	23	6	-30	...	...	...	...
Guinea Ecuatorial	60[7]	200[7]	0,019[7.23]	...	116[7]	53[7]	11[7]	-79[7]		...	...	...	...
Guyana	460	580	1.700[10]	...	58	32	23	55	-68	17	7	76	
Haití	1.900	360	10.047	6.828	84	12	16	24	-35	10[6]	3[6]	87[6]	
Honduras	3.190	730	6.959	5,347	72	15	21	26	-34	11	5	84	
Hong Kong	33.770[18]	6.190[18]	266,6	182,2	64	7	24	106	-102	4	96		
Hungría	20.720	1.950	1.033,7	786,7	61	10	26	41	-38	...	...	...	...
India	194.820	260	2.435,5	1.665,9	68	11	25	7	-9	11	7	82	
Indonesia	86.590	520	96.066,4	56.543,0	58	11	27	27	-23	1	5	94	
Irak	34.470[10]	2.310[10]	12.617[6]	...	91[6]		42[6]	24[6]	-57[6]	4[19]	7[19]	21[19]	68[19]
Irán	159.138[7]	3.830[7]	15.305,8	9.044,3	54	14	32	10	-11	2	7	91	
Irlanda	17.250	4.900	17.254	10.226	57	19	24	61	-61	12	9	56	23
Islandia	2.580	10.700	111.023	15.292	59	17	23	42	-42	22	13	65	
Israel	21.140	4.910	25.966	0,119	57	32	21	38	-48	10	13	51	28
Italia	271.050	6.500	684.843,0	334.679,0	64	20	19	24	-26	9	10	56	25
Jamaica	2.090	900	11,263	4,764	65	17	22	55	-60	11[6]	10[6]	58[6]	22[6]
Japón	1.366.040	11.310	316.115,0	291.207,0	59	10	29	17	-14	6	14	55	24
Jordania	4.010	1.520	1,573	1,210	92	25	32	50	-99	12	8	43	36
Kampuchea	600[25]	90[25]	...	...	...	...	...	...	...	...	...	...	...
Katar	5.110	15.720	23.542[7]	...	24[7]	35[7]	22[7]	54[7]	-35[7]	...	...	...	...
Kenia	5.960	290	94.836	60.226	62	18	22	27	-29	14	11	37	50[11]
Kiribati	30[10.18]	480[10.18]	0,021[5]	...	93[5]	36[5]	44[5]	23[5]	-96[5]	5[5]	5[5]	30[5]	61[5]
Kuwait	24.760	14.460	5,943	...	46	21	21	59	-47	...	...	...	...
Laos	765[10]	220[10]	...	...	...	...	...	...	...	...	...	...	...
Lesotho	730	470	0,432[7]	0,293[7]	192[7]	25[7]	34[7]	11[7]	-161[7]	22[7]	3[7]	45[7]	30[7]
Líbano	5.000[7]	1.900[7]	12,599[6]	...	110[16]		18[16]	28[16]		8[35]	5[35]	88[35]	
Liberia	1.040	470	0,811	0,797	47	24	19	60	-50	14[6]	86[6]		
Libia	27.000	7.130	8,846[6]	8,682[6]	31[7]	34[7]	23[7]	43[7]	-31[7]	4[6]	5[6]	30[6]	61[6]
Liechtenstein	524[5]	20.960[5]	...	...	...	...	...	...	...	...	...	...	...
Luxemburgo	4.900	13.360	195,3[10]	142,4[10]	59	15	26	93	-93	12	11	58	19
Macao	1.030	2.680	...	...	...	...	...	...	...	...	...	...	...
Madagascar	2.510	250	1.553,4	...	78	14	13	15	-19	12[16]	1[16]	87[16]	
Malasia	31.930	2.040	77,547	68,443	50	15	34	54	-52	16[15]	11	32[15]	52[11.15]
Malawi	1.160	170	2,024	1,105	67	16	15	28	-25	9[15]	7[16]	27[16]	58[16]
Maldivas	50	270	0,537[10]	0,511[10]	63	18	31	68	-80	...	...	...	...
Malí	1.070	130	790,7[7]	...	75[7]	27[7]	17[7]	23[7]	-41[7]	8[6]	7[6]	25[6]	60[6]
Malta	1.190	3.540	0,476	0,426	69	17	29	70	-85	9	5	47	40
Marruecos	13.390	610	119,7	80,6	70	18	23	25	-36	14[5]	11	33[5]	53[5.11]
Mauricio	1.110	1.090	16,380	...	69	13	21	50	-52	16	11	42	42[11]
Mauritania	700	420	44,500	...	75	23	37	42	-76	9[19]	6[19]	27[19]	58[19]
México	163.790	2.100	45.588,8	4.630,0	61	10	22	18	-10	10	6	28	56
Micronesia, Estados Federados de	...	...	...	...	...	...	...	...	...	...	...	...	...
Mongolia	1.820[10]	1.000[10]	...	...	...	...	...	...	...	...	...	...	...
Mozambique	2.200	160	111,5[7]	...	83[7]	17[7]	8[7]	15[7]	-24[7]	...	...	...	...
Namibia	990	870	1.952[10]	1,316[10]	...	...	...	...	...	...	...	...	...

origen del PIB por sectores económicos, 1984 (%)										tasa media de crecimiento anual del PIB real (%)		balanza de pagos, 1985 (transacciones exteriores corrientes, millones de dólares (EUA)			tráfico turístico, 1985 (millones dlr. EUA)		país
primario		secundario			terciario					1970-1980	1980-1985	transferencias netas		balanza de pagos corriente	ingresos de nacionales extranjeros	gastos de nacionales en el	
agricultura	minería	industria manufac-	construcción	servicios públicos	trans., comunica-	comercio	serv. financieros	otros servicios	servicios de la administración			artículos, mercancías	invisibles				
10[2]	3	35[2,3]	10[2]	3	8[2]	37[2]		1[2,20]		5,8[2]	8,5[2]	...	...	...	88	...	Cuba
52[7]	—	7[7]	1[7]	—			39[7]			0,5	...	-105[9]	18[9]	-87[9]	2[25]	19[10]	Chad
8[2]	3	60[2,3]	11[2]	3	4[2]	16[2]		1[2,20]		4,6[2]	1,7[2]	...	...	...	307	229[7]	Checoslovaquia
10[26]	8[26]	21[26]	6[26]	3[26]	6[26]	17[26]		30[26]		2,8	-0,1	1.100	-2.191	-1.091	115	269	Chile
44[27]	3	41[3,27]	5[27]	3	3[27]	7[27]	...	...	...	5,8	9,8	-1[illegible].123[9]	1.706[9]	-11.417[9]	1.290	...	China
9	1	16	10	2	9	18		35		4,2	4,5[4]	-696	682	-14	298	53[10]	Chipre
6	1	20	6	1	8	15	2	19	23	2,4	2,1	-1.178	-3.143	-4.321	1.326	1.410	Dinamarca
30	1	7	8	3	11	9	10	1	24	2,9	6,2[4]	-11	7	-4	5	0,7[7]	Dominica
17	4	18	7	2	8	16	9	9	10	7,0	1,6	-544	425	-119	297	87[7]	Dominicana, República
14	16	19	5	1	7	17	6	8	7	9,1	2,2	555	-1.168	-613	130	155[10]	Ecuador
18	13	33[13]	5	3	4		11	25		7,1	5,2	-4.503[9]	2.258[9]	-2.245[9]	990	146[10]	Egipto
1	46	10	10	2	4	9		18		15,1	-2,8	...	...	...	...	...	Emiratos Árabes Unidos
7	13	27[13]	7	3	6	20		30		3,8	1,6	-6.251	10.348	4.097	8.151	1.010	España
3	3	21	4	3	6	17	16	15	12	2,5	2,6	144.340	2.880	141.460	11.663	17.043	Estados Unidos de América
44	—	11	4	1	7	11	4	7	9	2,6	0,3	-383[10]	251[10]	-132[10]	9	4[10]	Etiopía
25	2	25	6	1	6	18	8	9		6,1	-0,5	-202	1.224	1.022	507	37	Filipinas
8	—	25	7	3	7	10	14	5	14	3,7	2,6	1.664	-2.718	-867	501	776	Finlandia
4	2	26	6	3	5	10	12	33		3,6	1,5	-2.247	5.747	3.500	7.942	4.557	Francia
6[7]	4[77]	4[7]	7[7]	2[7]	4[7]	8[7]	1[7]	7[7]	8[7]	7,5	-0,2[22]	1.097[9]	-1.260[9]	-163[9]	4[10]	92[7]	Gabón
27[7]	—	7[7]	8[7]	—	8[7]	24[7]	11[7]	3[7]	14	2,2	4,5[4]	-357	2[7]	-33[7]	5	2[7]	Gambia
41[9]	1[9]	11[9]	3[9]	1[9]	7[9]	28[9]		8[9]		1,3	-0,4	61	-104	-43	2	25[7]	Ghana
22	1	3	8	2	8	23	7	6	22	3,4	2,2	-47	37	-10	21	3	Granada
18	2	18	6	2	8	13	3	7	17	4,8	1,3	-5.053[9]	1.777[9]	-3.276[9]	1.428	368	Grecia
26	—	16	2	2	7	26	—	22	—	5,7	-0,9	-17[9]	-229[9]	-246[9]	67	77	Guatemala
40[9]	13[9]	2[9]	6[9]	—	1[9]	21[9]	3[9]	—	12[9]	2,7	0,9	...	...	...	...	...	Guinea
49[7]	1[7]	1[7]	3[7]	—				46[7]		1,4	2,8[4]	-41[7]	15[7]	-26[7]	...	...	Guinea-Bissau
41[7]	28	12[7,28]	28	28	28			47[7]		-9,4	1,2[4]	-15[25]	-3[25]	-18[25]	...	...	Guinea Ecuatorial
20	4	11[31]	6	31	6	7		46		1,8	-5,6[22]	5[9]	-102[9]	-97[9]	4	11[7]	Guyana
32	—	17	6	1	2	18	5	8	11	4,8	-1,0	-135	72	-63	69	39[7]	Haití
24	2	13	5	2	7	12	11	8	5	4,8	1,0	-1	-154	-155	24	23[10]	Honduras
1	—	25	5	2	8	21	27	16		9,6	5,8	74	...	...	1.831	...	Hong Kong
13[2]	3	38[2,3]	11[2]	3	7[2]	12[2]		20[2,20]		5,0	1,7	-529	-760	-1.289	512	208	Hungría
33	5		23		6	16	6	6	6	3,3	5,5	-5.616[9]	1.439[9]	-4.177[9]	1.098	227[7]	India
24	18	13	6	1	6	16		17		8,0	4,5	5.822[9]	-7.662[9]	-1.840[9]	488	577[7]	Indonesia
14	23	10	9	1	6	11		25		9,3	-3,1[4]	...	...	...	181	...	Irak
17	11	8	7	1	8	21		27		3,6	5,7	2.358[10]	-2.772[10]	-414[10]	27	...	Irán
11	33	35[33]	33	33	19		28		7	4,6	1,8	1.307	-1.752	-445	549[34]	422	Irlanda
24	—	16	10	32	19	17[32]	32	25		4,9	0,3	73	-90	-17	41	76	Islandia
4	13	23[13]	5	2	6	13		46		3,4	2,3	-1.924	3.186	1.262	1.109	531	Israel
5	3	24	8	5	7	16	13	8	14	3,2	1,6	-4.341	216	4.557	8.758	2.283	Italia
6	9	18	9	3	7	20	15	1	12	-0,7	0,1	-246	138	-108	407	20[10]	Jamaica
3	—	30	7	3	6	14	15	19	5	4,7	4,0	92.820	-6.990	85.830	1.137	4.814	Japón
6	3	24	12	2	14	12	6	3	13	7,1	4,3	-1.426	1.386	-40	555	452	Jordania
...	...	...	...	...	...	...	...	...	...	-8,8	-2,1[4]	...	...	...	...	...	Kampuchea
2[9]	...	12[9]	11[9]	1[9]	4[9]	11[9]	14[9]	2[9]	46[9]	4,0	-2,2[4]	1.842[7]	-1.432[7]	410[7]	...	...	Katar
27	—	11	5	2	5	11	7	9	12	6,1	2,7	-291	189	-102	128	16[10]	Kenia
37	—	2	3	3	14	12	3			0,6	3,9[4]	...	...	...	...	...	Kiribati
—	46[9]	6[9]	3[9]	3[9]	4[9]	10[9]	10[9]	19[9]		2,3	0,3	1.979	4.181	6.160	103	1.988	Kuwait
...	...	...	...	...	...	...	...	...	...	0,8	2,4[4]	...	...	...	...	...	Laos
18[9]	—	10[9]	9[9]	1[9]	2[9]	14[9]	12[9]	24[9]	10[9]	9,0	0,5	-318	309	-9	9	5[10]	Lesotho
9[19]	13	13[13,19]	3[19]	5[19]	8[19]	28[19]		23[19]	10[19]	1,5	-8,6[4]	...	...	...	...	...	Líbano
17	17	8	2	3	6	6		41		0,6	-2,7	184[9]	-109[9]	75[9]	6	...	Liberia
2[6]	48[6]	3[6]	12[6]	1[6]	4[6]	6[6]		23[6]		7,5	-6,1	4.640[9]	-2.750[9]	1.890[9]	12	405[7]	Libia
...	...	...	...	...	...	...	...	...	...	...	...	...	...	...	...	...	Liechtenstein
3	13	30[13]	6	3	6	17		36		4,4	1,7[4]	14	14	14	...	...	Luxemburgo
...	...	...	...	...	...	...		...	...	...	...	...	...	...	...	...	Macao
42[9]	33	16[9,33]	33	33	—	—	—	—	—	0,7	-0,8	13[7]	-164[7]	-151[7]	5[10]	38[7]	Madagascar
21	5	18	5	3	8	14	8	3	13	8,1	5,2	3.369	-3.665	-296	545	1.119[10]	Malasia
36[9]	—	12[9]	4[9]	2[9]	6[9]	18[9]	7[9]	4[9]	13[9]	5,1	2,0	28[6]	-101[6]	-73[6]	6[10]	...	Malawi
29	1	5[31]	8	31	6	10		42		13,2	9,5[4]	-36[9]	27[9]	-9[9]	41	5	Maldivas
52	13	7[13]	5	...	5	16			8	0,3	-0,5	-115	-34	149	12	18[7]	Malí
5	33	30	3	6	6	16	4	8	13	10,6	2,3	-261	267	6	149	33[10]	Malta
17	7	16	7	1	5	14	—	13	12	5,6	2,8	-1.368[9]	477[9]	891[9]	600	70[10]	Marruecos
12	—	15	5	2	9	11	—	45	—	5,9	3,9	69	36	105	65	19	Mauricio
19	10	9[21]	8	21	7	13	—	34	—	2,2	0,2	38[9]	-147[9]	109[9]	7	22[7]	Mauritania
9	10	24	5	1	7	23		22		6,6	1,7	4.599	-5.869	1.270	2.900	2.262	México
...	...	...	...	...	...	...	...	...	...	...	...		...			...	Micronesia, Estados Federados de
18[2]	33	38[2,33]	33	33	11[2]	33[2]	...		...	6,3[2]	7,1[2,4]		...			...	Mongolia
40[25]	—	8[25]	6[25]	1[25]	4[25]	24[25]		...	8[25]	-0,6	-9,6	-372[7]	178[7]	194[7]		...	Mozambique
7	26	5	3	4	7	14	8	2	21	4,8	-0,7[4]		...		46[25]	...	Namibia

Productos y cuentas nacionales (continuación)

país	producto nacional bruto (PNB), 1985: nominal (millones de dólares EUA)	producto nacional bruto (PNB), 1985: per capita (dólares EUA)	producto interior bruto (PIB), 1985: nominal (mil millones de moneads nacional)	producto interior bruto (PIB), 1985: real (precios constantes de 1980) (mil millones de moneda nacional)	PIB por tipo de gasto, 1984 (%): consumo privado	consumo público	inversión interior bruta	comercio exterior: exportaciones	comercio exterior: importaciones	componentes de costo del PIB, 1984 (%): impuestos indirectos netos	consumo de capital fijo	retribuciones	superávit de explotación
Nauru	160[10]	20.000[10]	...	...	...	...	...	...	...	...	...	...	...
Nepal	2.610	160	41,738	28,263	82	8	19	11	-20	6	5	89	
Nicaragua	2.760	840	35,783[7]	23,939[7]	55	35	18	18	-25	9[15]	4[15]	56[15]	31[15]
Niger	1.250	190	697,2[7]	...	82[7]	11[7]	19[7]	22[7]	-35[7]	9[5]	7[5]	16[5]	68[5]
Nigeria	75.940	790	56,716[17]	41,754[17]	71	10	12	17	-10	4[7]	2[7]	29[7]	65[7]
Noruega	57.580	13.870	501,8	336,4	47	19	26	47	-38	11	14	48	27
Nueva Zelanda	23.720	7.290	44,255	26,056	56	15	32	33	-37	10	8	49	33
Omán	8.360	6.730	3,575	...	30	25	29	48	-32	1[25]	99[25]		
Países Bajos	132.920	9.170	412,5	345,2	59	17	19	63	-58	9	10	53	28
Pakistán	36.230	360	478,0	322,5	82	12	17	11	-22	10	6	85	
Panamá	4.400	2.020	4,882	4,070	63	22	17	36	-37	8	8	50	34
Papúa Nueva Guinea	2.470	740	2,292	...	63	...	28	41	-55	8	10	40	42
Paraguay	3.180	860	1.393,9	627,1	78	6	23	18	-25	5	10	32	53
Perú	17.830	910	157.977	4,842	68	11	16	22	-18	9[7]	7[7]	31[7]	53[7]
Polonia	78.960	2.120	10.367,2	...	63	10	26	18	-16	...	...	...	...
Portugal	20.140	1.980	3.524,8	1.319,5	71	14	23	36	-45	10	4	47	39
Puerto Rico	15.940	4.860	21,109	17,657	75	15	12	59	-61	7	6	45	42
Reino Unido	474.190	8.380	351,6	252,8	61	22	17	29	-29	14	12	57	18
Ruanda	1.730	290	158,9[10]	...	77	16	15	10	-17	7	4	19	69
Rumania	45.536[10]	2.020[10]	...	300,0[2]	48	7	36	9		...	...	...	...
Salomón, Islas	140	510	0,178[7]	0,128[7]	...	...	...	...	...	9[5]	12[5]	25[5]	54[5]
Salvador, El	3.940	820	14,331	8,115	79	16	12	22	-29	8	4	87	
Samoa Occidental	110	690	...	...	...	...	...	...	...	...	...	...	...
San Cristobal y Nieves	70	1.530	0,167[10]	0,146[10]	78	22	32	56	-87	17[37]	4[37]	67[37]	13[37]
San Marino	177[5]	8.250[5]	...	...	...	...	...	...	...	...	...	...	...
Santa Lucia	160	1.170	0,408[10]	0,342[10]	62	25	35	64	-86	...	...	...	...
San Vicente y las Granadinas	100	910	0,269[10]	0,199[10]	57	29	31	71	-89	17[16]	8[16]	49[16]	26[16]
São Tomé y Príncipe	30	280	1,178[7]	...	36[7]	30[7]	22[7]			...	...	...	...
Senegal	2.400	370	1.186,9	763,1	79	20	13	36	-49	17[25]	6[25]	77[25]	
Seychelles	160	2.450	1,074[10]	879,2[10]	60	31	21	64	-76	18	6	39	37
Sierra Leona	1.380	380	1,939[7]	1,277[7]	102	7	9	9	-28	9[5]	10[5]	27[5]	55[5]
Singapur	18.970	7.420	38,521	33,647	43	11	48	2		...	...	...	...
Siria	17.060	1.660	79,549	57,094	65	23	24	13	-24	4	3	93	
Somalia	1.450	250	1,102[7,23]	...	69[7]	32[7]	11[7]	-12[7]		...	...	...	...
Sri Lanka	5.980	380	157,763	87,678	72	8	26	29	-35	13[7]	5[7]	45[7]	37[7]
Suazilandia	490	740	0,716[10]	...	80	24	24	74	-103	20[25]	6[25]	44[25]	30[25]
Sudán	7.350	310	6,218[7]	...	91	12	11	10	-23	11[15]	7[15]	39[15]	43[15]
Suecia	99.050	11.860	862,5	574,2	50	28	18	36	-32	11	12	58	19
Suiza	105.180	16.100	227,8	168,3	62	13	24	38	-38	6	10	63	22
Sudáfrica, República de	65.320	1.990	120,175	65,511	55	17	24	27	-25	8	15	54	23
Suriname	1.010	2.570	1,719[10]	1,542[10]	67	25	12	44	-48	14	10	68	9
Tailandia	42.100	810	1.047,6	885,9	66	13	24	24	-27	11	8	27	54
Taiwán	60.380	3.160	2.357,1	...	51	16	21	58	-46	13[25]	8[25]	50[25]	28[25]
Tanzania	5.840	270	108,091	43,931	82	12	15	8	-17	11	2	15	72
Togo	750	250	281,3[7]	206,6[7]	82[7]	15[7]	19[7]	36[7]	-51[7]	14[6]	7[6]	28[6]	51[6]
Tonga	70	720	0,073[7]	0,073[7]	96[7]	18[7]	28[7]	-41[7]		11[7]	3[7]	37[7]	48[7]
Trinidad y Tabago	7.140	6.040	18,140	12.472	58	22	22	32	-33	-1	7	58	36
Túnez	8.730	1.200	6.859	4.320	63	17	32	34	-46	14	10	76	
Turquía	56.060	1.110	27.509,0	5.465,7	79	10	20	12	-21	4	5	90	
Tuvalu	5[25]	680[25]	0,004[7]	...	...	...	...	...	...	...	...	...	...
Uganda	3.290[10]	230[10]	518,8[25]	...	86[7]	14[7]	9[7]	-9[7]		16[19]	8[19]	26[19]	49[19]
Unión Soviética	1.925.000[10]	7.000[10]	567,9[2]	540,4[2]	72[2.7]		26[2.7]	2[2.7]		...	...	...	...
Uruguay	4.980	1.650	520,158	78,967	75	12	9	25	-20	12	3	85	
Vanuatu	118	880	7,742[25]	...	...	...	...	...	...	...	...	...	...
Venezuela	53.800	3.110	372,0	238,2	60	13	16	30	-19	6	8	37	50
Vietnam	18.100[10]	310[10]	20,742[15]	...	...	...	...	...	...	...	...	...	...
Viti	1.190	1.700	1,212	0,954	63	19	19	43	-44	10	7	48	36
Yemen, República Árabe de	4.140	600	17,950[10]	14,996[10]	82	40	21	7	-50	15[6]	2[6]	31[6]	52[6]
Yemen, República Popular de	1.130	490	0,311[6]	...	106[5]	42[5]	49[5]	14[5]	-111[5]	16[5]	8[5]	58[5]	19[5]
Yibuti	300[10]	740[10]	67,2[25]	...	72[7]	38[7]	25[7]	-35[7]		17[25]	11	35[25]	48[11,25]
Yugoslavia	47.900	2.070	11.951,3	...	52	15	36	20	-22	...	...	...	...
Zaire	5.220	170	147,214	18,294	35	15	29	77	-56	9[19]	7[19]	84[19]	
Zambia	2.620	390	7,049	3,193	56	25	15	37	-33	14	13	44	30
Zimbabwe	5.450	670	8,099	4,419	58[9]	19[9]	23[9]	26[9]	-26[9]	11[6]	11	58[6]	31[6,11]

[1] Precios reales. [2] Producto material neto. [3] Industria incluye minería y servicios públicos. [4] 1980-84. [5] 1980. [6] 1982. [7] 1983. [8] 1980-82. [9] 1985. [10] 1984. [11] Superávit operativo neto incluye consumo de capital fijo. [12] Antillas Holandesas incluye Aruba. [13] Industria incluye minería. [14] Los datos se refieren a la Unión Económica Béglica-Luxemburgo (BLEU) y excluyen las operaciones entre ambos países. [15] 1978. [16] 1979. [17] 1984-85. [18] PIB. [19] 1977. [20] Actividades en la esferaz material no especificadas en otros lugares. [21] Minería incluye servicios públicos.

origen del PIB por sectores económicos, 1984 (%)										tasa media de crecimiento anual del PIB real (%)		balanza de pagos, 1985 (transacciones exteriores corrientes, millones de dólares (EUA)			turismo, 1985 (millones dlr. EUA)		país
primario		secundario			terciario					1970-1980	1980-1985	transferencias netas		balanza de pagos por corriente	ingresos procedentes extranjeros	gastos de nacionales en el exterior	
agricultura	minería	industria	construcción	servicios públicos	trans., comunicación	comercio	serv. financieros	otros servicios	gobierno			artículos, mercancías	invisibles				
...	...	...	...	...	...	...	...	...	...	...	...		...	-113		...	Nauru
58	—	4	7	—	6	4		21		2,1	4,0	-297	184	-745[9]	33	23[10]	Nepal
24	1	25	3	2	6	19	7	5	9	1,8	0,2	-540[9]	-205[9]	-6	5	7[7]	Nicaragua
44	9	4	3	2	4		13	8	-9	3,9	-3,6	-41	35	365	3	...	Níger
25[7]	20[7]	5[7]	7[7]	1[7]	4[7]	22[7]		16[7]		4,9	-3,4	2.535	-2.170		102	454[7]	Nigeria
4	20	14	5	4	9	13	8	8	14	4,8	3,4	4.680[9]	-1.754[9]	2.926[9]	828	1.925	Noruega
9	1	23	5	3	9	21	15	4	12	2,4	2,5	239	-1.674	-1.435	276	401	Nueva Zelanda
3	48	3	7	1	3	12	9	1	15	3,6	4,0	607	-1.576	-969		...	Omán
5	9	18	6	2	7	15		29	15	3,4	0,7	6.999	-2.351	4.648	1.503	3.118	Países Bajos
25	1	20	5	2	8	17	3	8	8	4,7	6,6	-2.819	2.119	-700	186	207	Pakistán
9	—	9	5	4	20	14	17	10	15	5,6	2,8	-542	984	442	200	65	Panamá
33[7]	11[7]	9[7]	4[7]	1[7]	4[7]	8[7]	10[7]	13[7]	8[7]	4,0	1,3	-50[10]	-274[10]	-324[10]	13	31[10]	Papúa Nueva Guinea
29	—	16	6	2	4	25		17		8,6	2,4	-192[9]	-34[9]	-226[9]	80	47	Paraguay
8	11	25	3	2	8	17		27		3,5	-0,3	-16	-1.014	277	277	165	Perú
17[2]	3	50[2,3]	12[2]	3	6[2]	14[2]		2[2,20]		5,6[2]	-0,8[2]	902[36]	-1.209[36]	-307[36]	118	195[7]	Polonia
9	13	32[13]	6	2	20		6	13	12	4,8	1,0	-1.634	2.778	1.144	1.137	235	Portugal
2	—	39	2	3	5	15		34		4,9	2,2	-720[10]	-1.668[10]	-2.388[10]	710	618	Puerto Rico
2	13	24[13]	6	11	7	13	19	16	7	2,0	1,9	12.144	11.904	-240	6.988	6.253	Reino Unido
43	—	16	5	1	3	14		18		3,0	1,8	-75	6	-69	4[25]	11[10]	Ruanda
15[2]	3	61[2,3]	8[2]	3	6[2]	—	—	10[2]	—	9,2[2]	4,4[2]	1.917[36]	-509	1.408[36]	153	85[10]	Rumania
59[38]	3	1[3,38]	2[38]	3	2[38]	8[38]	8[38]		14[38]	8,6	4,7[4]	1[9]	-20[9]	-19[9]	2[15]	...	Salomon, Islas
21	—	15	3	2	4	26	9	8	11	3,4	-1,8	-216[9]	187[9]	-29[9]	10	74[7]	Salvador, El
...	...	...	...	...	...	...	...	...	...	3,0	-3,2[22]	-32	39	7	7	...	Samoa Occidental
17	—	13	8	1	13	15	17	16		3,0	2,7	-28[7]	14[7]	-14[7]	13	3[7]	San Cristóbal y Nieves
...	...	...	...	...	...	...	...	...	...	...	...		...			...	San Marino
14	1	10	7	4	11	22	7	10	21	5,8	2,9[4]	-47[7]	36[7]	-11[7]	69	44	Santa Lucía
17	—	10	11	3	16	14	10	3	20	2,8	5,2	-237	20[7]	-3[7]	23	8[7]	San Vicente y las Granadinas
51[6]	—	5[6]	3[6]	1[6]	3[6]	9[6]	6[6]	1[6] —	22[6]	-1,1	1,5[4]	-6[7]	-2[7]	-8[7]		...	São Tomé y Príncipe
17	33	28[33]	33	33			55			2,0	3,3	-379[6]	-21[6]	-400[6]	81	45[10]	Senegal
7	13	9[13]	5	2	42	8	8	3	16	6,2	-1,6[4]	-87	55	-32	51	9	Seychelles
33[6]	5[6]	5[6]	6[6]	1[6]	13[6]	13[6]	10[6]	4[6]	11[6]	2,0	2,1	-9[9]	17[9]	8[9]	7	4[7]	Sierra Leona
1	—	24	11	2	14	18	23	13		9,2	6,1	-2.328	2.807	479	1.754	615	Singapur
20	8	9	7	—	8	23		25		9,9	2,3	-1.951[9]	999[9]	-952[9]	154	118	Siria
52	—	5	3	1	6	7	6	11	9	1,7	4,9	-240[9]	143[9]	-97[9]	13[6]	13[7]	Somalia
24	1	17	8	2	11	20	4	6		4,7	5,1	-555	143	-412	70	50	Sri Lanka
25[7]	3[7]	23[7]	4[7]	1[7]	6[7]	9[7]	7[7]	4[7]	17[7]	6,9	3,9[8]	-88	37	-51	12	11[10]	Suazilandia
28	13	9[13]	6	2	10	23	...	10	12	2,2	-0,7	-307	289	-18	58	44	Sudán
3	—	22	7	3	6	11	12	15	22	2,0	1,8	5.098	-4.278	820	1.332	2.270	Suecia
...	...	...	...	...	...	...	...	...	...	1,3	1,4	-1.561[9]	7.767[9]	6.206[9]	3.145	2.399	Suiza
5	13	23	4	4	10	12	14	4	13	3,4	1,2	7.063	-3.869	3.194	630[7]	651[10]	Sudáfrica, República de
7	5	12	6	5	6	16		43		5,2	-0,9[4]	16[9]	-39[9]	-23[9]	20	35[7]	Suriname
20	2	20	5	2	8	22		21		6,9	5,0	-1.332[9]	-205[9]	-1.537[9]	1.171	280	Tailandia
7	1	42	4	4	6	14	9	6	10	9,7	6,0	16.857	-640	16.217	1.066[10]	1.229[7]	Taiwán
49	—	6	2	1	5	12		24		5,4	0,8	-350[25]	71[25]	-279[25]	13	12[7]	Tanzania
32[7]	7[7]	5[7]	5[7]	2[7]			49[7]			3,2	-4,2[22]	-94	-20	-114	20	23[8]	Togo
41[7]	—	5[7]	4[7]	—	6[7]	15[7]	6[7]	22[7]		4,1	8,6[4]	-21[9]	15[9]	-6[9]	6	1[7]	Tonga
3	25	7	13	2	11	9	10	7	14	4,4	-4,1	765[9]	-843[9]	-78[9]	197	219	Trinidad y Tabago
13	11	12	6	1	5	18		34		7,1	4,1	-936	316	-620	551	65[7]	Túnez
19	2	25	4	3	10	17		20		5,2	4,5	-3.081	1.553	-1.528	1.482	324	Turquía
16[16]	—	1[16]	13[16]	...	4[16]	34[16]		32[16]		...	...	...	...	...	...	...	Tuvalu
76[6]	—	4[6]	—	—	2[6]	5[6]	6[6]	2[6]	5[6]	-1,6	1,1	-49[25]	57[25]	91	8[10]	10[7]	Uganda
20[2]	3	46[2,3]	11[2]	3	6[2]	18[2]	...	...	...	5,1[2]	3,5[2]	...	...	-3	...	...	Unión Soviética
12	13	20[13]	3	3	6	12	13	10	8	3,1	-3,0	297	-205	1.628	129	304[7]	Uruguay
20[6]	8[6,21]	5[6]	2[6]	21	3[6]	10[6]		52[6]		3,5	7,6[4]	-38	35		...	...	Vanuatu
7	20	19	3	2	11	11		27		4,1	-1,3	986	-2.614		367	995[10]	Venezuela
58[2]	3	24[2,3]	3[2]	3	2[2]	12[2]		2[2,20]		0,5[2]	10,7[2,4]	...	...	...	...	...	Vietnam
19	1	10	6	2	10	18	14	24		3,9	1,3	-122	127	5	157	18[7]	Viti
26[6]	1[6]	7[6]	8[6]	1[6]	4[6]	17[6]		37[6]		8,0	4,5	-1.016	860	-156	17	58	Yemen, República Arabe de
10[5]	—	12[5]	8[5]	1[5]	10[5]	13[5]	11[5]	1[5]	27	1,2	1,6	-794[10]	426[10]	-368[10]	7	127	Yemen, República Popular de
4	—	8	7	3	10	16	11	2		0,9	2,84	-100[6]	75[6]	-25[6]	...	...	Yibuti
11[9]	11[9]	34[9]	7[9]	2[9]	7[9]	11[9]		24[9]		5,8	0,8	-1.231[7]	1.506[7]	275[7]	1.050	86[7]	Yugoslavia
32	25	2	5	—	1	19		15		0,5	1,3	940[10]	-563[10]	377[10]	23[10]	38[7]	Zaire
16	15	23	3	2	6	14		19		1,4	0,9	209[9]	-439	-284[9]	49[10]	43[7]	Zambia
14	6	27	4	3	7	14	6	16	8	3,5	5,3	315	-262	53	26	104[7]	Zimbabwe

22 1980. 23 Dólares EUA. 24 1970. 25 1981. 26 1986. 27 Renta nacional. 28 Industria incluye minería, construcción, servicios públicos y transportes y comunicaciones. 29 1968-80. 30 Guernsey y Jersey. 31 Industria incluye servicios públicos. 32 Comercio incluye servicios públicos y finanzas. 33 Industria incluye minería, construcción y servicios públicos. 34 Incluye Irlanda del Norte. 35 1973. 36 Sólo operaciones en monedas convertibles. 37 1975. 38 1972.

Tabla I. Disponibilidad y distribución mundial de cereales

En miles de toneladas métricas

	1984-85	1985-86	1986-87	1987-88[1]
Producción				
Trigo	512	499	529	501
Granos gruesos	814	842	833	798
Arroz, descascarillado	319	320	317	302
Total	1.644	1.661	1.679	1.601
Uso				
Trigo	496	487	519	521
Granos gruesos	783	767	803	818
Arroz, descascarillado	314	316	319	309
Total	1.593	1.570	1.641	1.648
Exportaciones				
Trigo	107	85	91	100
Granos gruesos	101	83	84	86
Arroz, descascarillado	12	13	13	10
Total	219	181	188	196
Existencias finales[2]				
Trigo	125	137	147	127
Granos gruesos	108	183	213	193
Arroz, descascarillado	22	26	24	17
Total	256	347	385	337
Existencias en % del uso				
Trigo	25,3%	28,2%	28,4%	24,3%
Granos gruesos	13,8%	23,9%	26,6%	23,7%
Arroz, descascarillado	7,1%	8,3%	7,6%	5,4%
Total	16,1%	22,1%	23,5%	20,4%
Existencias en EUA en % del total mundial				
Trigo	30,9%	37,8%	33,7%	27,7%
Granos gruesos	53,8%	69,3%	71,6%	70,2%
Arroz	9,4%	9,5%	7,4%	5,4%
Total	38,7%	52,3%	53,0%	51,0%

[1] Previsión.

[2] No incluyen la estimación de las existencias totales chinas o soviéticas, pero están ajustadas para los cambios estimados en las existencias de la URSS.

Fuente: Servicio Agrícola Exterior, USDA, diciembre de 1987.

Tabla II. Producción final de semillas oleaginosas y sus productos

En miles de toneladas métricas

	1985-86	1986-87[1]	1987-88[2]
Producción de semillas oleaginosas	196,0	194,1	203,0
Soja	96,9	98,3	102,4
EUA	57,1	52,8	53,3
China	10,5	11,7	11,8
Argentina	7,3	7,3	8,5
Brasil	14,1	17,3	18,3
Algodón	30,4	26,9	29,5
EUA	4,8	3,5	5,1
URSS	4,9	4,7	4,4
China	7,1	6,0	6,7
Cacahuate	20,6	20,3	19,3
EUA	1,9	1,7	1,6
China	6,7	5,9	6,4
India	5,6	5,9	4,4
Girasol	19,3	19,0	19,7
EUA	1,4	1,2	1,0
URSS	5,2	5,3	5,5
Argentina	4,1	2,2	2,8
Colza	18,6	19,7	22,4
Canadá	3,5	3,8	3,9
China	5,6	5,9	6,1
CEE	3,6	3,7	5,9
India	2,6	2,8	2,9
Lino	2,4	2,7	2,4
Copra	5,3	4,7	4,6
Frutos de palma	2,6	2,5	2,7
Molturación de semillas oleaginosas	153,8	158,5	163,4
Soja	76,2	83,2	85,5
Existencias finales de semillas oleaginosas	26,8	23,7	22,8
Soja	23,2	20,1	18,2
Producción mundial[3]			
Total de grasas y aceites	61,1	61,0	62,8
Aceites vegetales comestibles	47,1	47,5	49,3
Aceite de soja	13,6	14,8	15,2
Aceite de palma	8,1	8,0	8,7
Grasas animales	12,0	11,6	11,4
Aceites industriales y marinos	2,1	1,9	2,1
Harinas con alto contenido proteínico[4]	99,8	103,9	107,5

[1] Preliminar.

[2] Previsión.

[3] Potencial de elaboración según las cosechas del año indicado.

[4] Convertidas, basado en el contenido proteínico del producto, para que el peso sea el equivalente al de la soja con un contenido proteínico del 4 %.

Fuente: Servicio Agrícola Exterior, USDA, junio y diciembre de 1987.

Tabla III. Producción mundial de azúcar centrifugada (desprovista del líquido)

En millones de toneladas métricas, valor en crudo

Región y país	1985-86	1986-87	1987-88[1]
América del Norte	9,4	10,4	10,8
EUA	5,6	6,2	6,5
México	3,9	4,0	4,2
Caribe	8,7	8,6	8,7
Cuba	7,2	7,2	7,3
América Central	1,8	1,8	1,8
América del Sur	13,1	13,8	14,2
Argentina	1,2	1,1	1,0
Brasil	8,4	8,8	9,2
Colombia	1,2	1,3	1,3
Europa	21,3	21,6	19,8
Europa Occidental	15,5	15,8	14,3
CEE	14,4	14,9	13,4
Alemania federal	3,4	3,5	2,9
Francia	4,3	3,7	4,0
Europa Oriental	5,9	5,8	5,6
Polonia	1,8	1,9	1,8
URSS	8,3	8,7	8,3
Africa y Cercano Oriente	10,0	10,0	10,1
Sudáfrica	2,2	2,1	2,2
Turquía	1,4	1,5	1,6
Asia	22,6	24,0	23,8
China	5,5	5,8	5,7
Filipinas	1,6	1,4	1,4
India	8,0	9,1	8,9
Indonesia	1,7	1,8	1,9
Pakistán	1,2	1,4	1,4
Tailandia	2,6	2,6	2,5
Oceanía	3,7	3,9	3,7
Australia	3,4	3,4	3,4
Producción total[2]	99,0	102,8	101,2
Consumo total[2]	98,4	100,4	101,7
Existencias finales totales[2]	28,3	27,5	[3]
Excluyendo EUA[2]	26,8	26,1	23,2

[1] Preliminar.

[2] Serie revisada de años anteriores para hacerla más completa. Los totales mundiales cambian relativamente poco, excepto las existencias revisadas sustancialmente por bajo.

[3] Sin estimar, debido a que en el momento de hacer las estimaciones no se había anunciado aún la cuota de importancia de EUA.

Fuente: Servicio Agrícola Exterior, USDA, diciembre de 1987.

Tabla IV. Producción mundial de café verde

En miles de sacos de 60 kg

Región y país	1985-86	1986-87[1]	1987-88[2]
América del Norte	15.119	16.844	16.523
Costa Rica	1.514	2.460	2.300
El Salvador	2.300	2.375	2.350
Guatemala	2.650	2.838	2.700
Honduras	1.062	1.500	1.480
México	4.750	4.850	4.850
América del Sur	49.608	29.913	54.162
Brasil	33.000	13.900	38.000
Colombia	12.000	11.000	11.500
Ecuador	1.966	2.268	1.960
África	19.986	20.213	20.221
Camerún	2.067	2.417	1.700
Costa de Marfil	4.420	4.250	4.500
Etiopía	2.833	2.700	2.900
Kenia	2.011	1.814	1.900
Uganda	2.700	2.700	2.800
Zaire	1.610	1.965	1.830
Asia y Oceanía	10.757	11.565	10.301
India	2.033	3.080	2.000
Indonesia	5.800	5.800	5.500
Producción total	95.470	78.535	101.207
Exportable[3]	74.411	57.186	78.453
Existencias iniciales[4]	37.271	42.037	32.747
Exportaciones	69.645	66.264	69.027

[1] Preliminar.

[2] Previsión.

[3] Producción menos uso nacional.

[4] En los países exportadores.

Fuente: Servicio Agrícola Exterior, USDA, diciembre de 1987.

Tabla V. Número de cabezas de ganado y producción de carne en los principales países productores

En miles de cabezas y millones de toneladas métricas (peso en canal)

Región y país	1986	1987[1]	1986	1987[1]
	Reses y búfalo		Vaca y ternera	
Total mundial	1.042,7	1.045,4	43,42	42,96
Canadá	10,4	10,3	1,04	,90
EUA	102,0	100,0	11,29	10,80
México	33,6	35,6	1,20	1,21
Argentina	55,7	55,0	2,85	2,65
Brasil	97,0	98,3	2,00	2,30
Uruguay	10,3	11,0	,36	,29
Europa Occidental	89,5	87,0	8,66	8,68
CEE	81,8	79,5	7,98	8,03
Europa Oriental	37,1	37,0	2,51	2,48
URSS	122,1	121,5	7,70	8,10
Australia	23,6	23,7	1,48	1,42
India	273,6	275,1	,36	,37
China	91,7	96,7	,63	,69
	Cerdos		Carne de porcino	
Total mundial	749,1	748,7	56,24	55,88
Canadá	10,8	11,3	,91	,94
EUA	51,2	55,5	6,38	6,42
México	12,4	11,4	,91	,91
Europa Occidental	113,4	115,4	12,67	12,85
CEE	104,0	106,0	11,52	11,72
URSS	79,4	78,0	5,90	5,85
Japón	11,4	11,6	1,55	1,58
China	336,9	329,3	17,97	16,91
	Aves de corral		Carne de aves de corral	
Total mundial	...	...	27,30	29,00
EUA	...	...	8,26	9,07
Brasil	...	...	1,68	1,90
CEE	...	...	5,41	5,55
URSS	...	...	2,90	3,10
Japón	..	...	1,42	1,46
	Ovejas		Carne de oveja y cabra	
Total mundial	...	...	5,03	5,03
			Todas las carnes	
Total	...	...	131,99	132,86

[1] Número preliminar de cabezas de ganado a fin de año. Formado por 51 países en cuanto a carne de vaca y ternera, 38 de cerdo, 50 de aves de corral y 30 de oveja y cabra; la cobertura para el número de animales es, más o menos, la misma. Incluye a la práctica totalidad de los productores europeos, los más importantes pertenecientes al hemisferio occidental; la cobertura en el resto es dispersa.
Fuente: Servicio Agrícola Exterior, USDA, septiembre de 1987.

Tabla VI. Producción mundial y existencias de productos lácteos[1]

Región y país	1985	1986	1987[2]
	Producción de leche de vaca y de búfala En millones de toneladas métricas		
América del Norte	79,7	81,3	81,5
EUA	64,9	85,5	64,5
América del Sur	19,6	19,6	20,9
Brasil	10,4	9,8	11,0
Europa Occidental	131,0	132,0	126,6
CEE	114,6	115,8	110,7
Alemania federal	25,7	26,4	24,8
Francia	26,8	27,4	26,3
Italia	10,2	10,3	10,3
Países Bajos	12,6	12,7	11,7
Reino Unido	16,3	16,2	15,3
Otros países Europa Occidental	16,4	16,1	15,9
Europa Oriental	43,5	42,7	42,8
Polonia	16,6	15,7	15,4
URSS	98,6	102,2	103,2
China	2,5	2,9	3,5
India	19,0	19,5	17,7
Australia/Nueva Zelanda[3]	14,1	14,4	13,6
Japón/Sudáfrica	9,7	9,7	9,5
Total	417,8	424,2	419,2

Producto/Región	Producción 1986	Producción 1987[2]	Existencias a fin de año 1986	Existencias a fin de año 1987[2]
	En miles de toneladas métricas			
Mantequilla	6.978	6.492	2.077	1.792
CEE	2.175	1.904	1.577	1.364
EUA	545	495	114	70
Queso	9.801	10.023	1.541	1.415
CEE	4.057	4.152	809	839
EUA	2.363	2.385	358	210
Leche seca sin desnatar	4.186	3.574	1.663	1.108
CEE	2.165	1.716	1.037	796
EUA	582	465	312	60

[1] Basado en 38 países productores principales. Los que no se muestran individualmente incluyen (América del Norte) Canadá y México; (América del Sur) Argentina, Chile, Perú y Venezuela; (CEE) Bélgica-Luxemburgo, Dinamarca, España, Grecia, Irlanda y Portugal; (Otros Europa Occidental) Austria, Finlandia, Noruega, Suecia y Suiza; y (Europa Oriental) Alemania democrática, Checoslovaquia y Yugoslavia.
[2] Preliminar.
[3] Año terminado el 30 de junio para Australia y el 31 de mayo para Nueva Zelanda.
Fuente: USDA, Servicio Agrícola Exterior, USDA, noviembre de 1987.

Tabla VII. Índices de producción minera

(1980 = 100)

	1982	1983	1984	1985	1986	1987 1.º trimestre	1987 2.º trimestre
Producción minera total							
Mundial[1]	85,6	84,9	87,9	86,5	89,1	90,6	...
Países de economía planificada[2]	102,7	105,1	106,9	108,6	110,3	112,9	113,5
Países de economía de mercado desarrollada[3]	98,9	98,3	102,4	104,1	101,5	104,5	100,3
Países de economía de mercado poco desarrollada[4]	74,4	73,1	75,7	71,8	77,8	78,2	...
Carbón							
Mundial[1]	102,2	101,7	100,3	105,6	107,1	108,0	...
Países de economía planificada[2]	102,9	105,2	107,0	108,9	110,4	112,1	112,9
Países de economía de mercado desarrollada[3]	100,8	97,7	92,7	100,4	101,6	100,2	99,5
Países de economía de mercado poco desarrollada[4]	112,3	115,8	125,8	133,8	138,8	157,8	...
Petróleo y gas natural							
Mundial[1]	80,6	79,4	82,3	79,0	81,9	83,6	...
Países de economía planificada[2]	104,8	106,5	107,5	108,0	108,8	112,0	111,3
Países de economía de mercado desarrollada[3]	101,4	100,4	105,8	106,6	101,8	108,9	98,0
Países de economía de mercado poco desarrollada[4]	71,5	70,1	72,1	67,3	73,0	72,5	...
Metales							
Mundial[1]	96,1	96,3	102,9	104,8	106,9	109,3	...
Países de economía planificada[2]	90,5	92,9	93,2	95,5	96,6	101,0	101,9
Países de economía de mercado desarrollada[3]	93,8	94,9	104,7	104,8	104,5	108,4	109,7
Países de economía de mercado poco desarrollada[4]	101,1	99,1	101,9	106,8	112,9	112,4	...
Manufacturas (total)	98,5	101,9	108,7	112,8	117,0	118,8	...

[1] Excluidos Albania, China, Corea del Norte y Vietnam.
[2] Bulgaria, Checoslovaquia, Hungría, Polonia, República Democrática Alemana, Rumania y Unión Soviética.
[3] América del norte, Europa (excepto los países de economía planificada y Yugoslavia), Australia, Israel, Japón, Nueva Zelanda y Sudáfrica.
[4] África (excepto Sudáfrica), América central y del sur, Asia oriental y sudoriental (excepto Israel y Japón), Caribe, Cercano oriente y Yugoslavia.
Fuente: Naciones Unidas, *Boletín Estadístico Mensual* (noviembre de 1987).

Tabla VIII. Producción mundial de cacao en grano

En miles de toneladas métricas

Región y país	1985-86	1986-87	1987-88[1]
América del Norte y Central	97	100	96
América del Sur	555	496	563
Brasil	375	355	400
Ecuador	112	70	85
África	1.095	1.089	1.098
Camerún	119	125	120
Costa de Marfil[2]	580	590	590
Ghana	219	225	225
Nigeria[3]	130	100	115
Asia y Oceanía	215	250	272
Malasia	130	165	185
Producción total	1.963	1.935	2.029
Granos molidos	1.829	1.855	1.900

[1] Previsión.
[2] Incluye cacao vendido por Ghana.
[3] Incluye cacao vendido por mediación de Benín.
Fuente: Servicio Agrícola Exterior, USDA, octubre de 1987.

Tabla IX. Producción mundial de algodón

En millones de balas de 480 libras

Región y país	1985-86	1986-87	1987-88
Hemisferio occidental	21,0	15,6	21,7
EUA	13,4	9,7	14,3
México	1,0	0,6	1,0
Brasil	3,8	3,0	3,3
Europa	1,1	1,4	1,2
URSS	12,3	11,7	11,0
África	5,7	6,0	6,0
Egipto	2,0	1,8	1,6
Sudán	0,7	0,7	0,8
Asia y Oceanía[1]	38,9	34,9	37,0
China	19,0	16,3	18,0
India	8,4	7,4	7,7
Pakistán	5,7	6,1	5,8
Turquía	2,4	2,2	2,3
Australia	1,2	1,0	1,1
Total	79,1	69,6	76,8

[1] Incluye el Cercano Oriente.
Fuente: Servicio Agrícola Exterior, USDA, diciembre de 1987.

Tabla X. Pesquerías mundiales, 1985[1]

En miles de toneladas métricas

	Capturas		Comercio	
País	Total	Interior	Importaciones	Exportaciones
Japón	11.443,7	205,2	1.490,1	776,7
URSS	10.552,9	905,6	421,4	640,2
China	6.778,8	2.943,7	...	132,9
Chile	4.804,4	0,6	1,0	1.312,5
EUA	4.766,8	74,3	1.422,9	452,4
Perú	4.168,4	23,1	6,2	690,8
India	2.810,0	1.080,0	—	78,5
Corea del sur	2.649,9	51,9	112,8	396,9
Tailandia	2.123,6	165,6	152,4	456,8
Noruega	2.106,8	0,4	117,8	712,7
Indonesia	2.067,1	265,7	53,1	70,5
Filipinas	1.867,7	534,1	19,2	55,8
Corea del norte	1.700,0	110,0	—	20,6
Dinamarca	1.696,3	24,0	317,6	743,7
Islandia	1.680,2	0,5	4,4	688,8
Canadá	1.425,8	44,0	118,0	533,3
España	1.337,7	26,2	321,9	227,3
México	1.226,2	113,0	7,7	46,1
Brasil	959,3	211,5	37,2	58,6
Ecuador	901,1	—	—	308,1
Francia	844,5	29,8	569,9	199,1
Reino Unido	832,5	13,4	891,2	304,1
Vietnam	800,0	230,0	—	14,8
Bangla Desh	763,7	573,3	—	20,6
Polonia	683,5	28,9	177,8	119,1
Sudáfrica	649,9	0,8	143,0	44,7
Birmania	643,7	146,8	—	7,1
Malasia	632,2	9,3	218,0	163,5
Turquía	576,1	43,5	0,9	23,0
Países Bajos	504,2	3,8	525,8	511,8
Italia	504,1	41,3	586,6	151,3
Marruecos	473,1	1,3	—	159,9
Argentina	410,9	7,6	13,2	146,0
Pakistán	408,4	75,1	0,1	37,3
Islas Faroe	361,6	—	2,7	135,6
Portugal	298,5	...	144,6	65,2
Nueva Zelanda	283,0	...	6,9	145,0
Venezuela	282,8	15,3	1,2	44,7
Panamá	282,5	—	3,3	41,2
Tanzania	270,8	230,0	6,1	0,3
Ghana	254,2	40,0	21,0	28,6
Suecia	247,6	10,8	213,4	107,9
Senegal	244,0	15,0	...	94,0
Nigeria	241,6	87,4	167,6	0,7
Otros	6.385,2	1.737,3	4.170,7	1.574,1
Mundial	84 945.3	10.120,1	12.467,7	12.542,8

[1] Excluye la caza de ballenas.
Fuente: Organización de Alimentos y Agricultura, Naciones Unidas, *Yearbook of Fishery Statistics*, vols. 60 y 61.

Tabla XI. Producción mundial de hierro

País	1982	1983	1984	1985	1986
Total	452.350	457.830	489.740	498.955	488.840
URSS	106.720	110.450	110.800	109.980	113.600
Japón	77.660	72.940	80.400	80.570	74.650
EUA	39.281	44.210	47.090	45.760	39.770
China	35.510	37.380	40.000	43.540	47.000
RFA	27.620	26.600	30.200	31.530	28.590
Francia	14.720	13.500	14.710	15.070	13.710
Italia	11.540	10.310	11.630	11.660	11.900
Brasil	10.830	12.950	17.220	18.960	15.840
India	9.640	9.160	9.460	9.840	10.510
Checoslovaquia	9.530	9.470	9.560	9.560	9.600
Rumania	8.640	8.180	9.560	9.210	9.500
Corea del Sur	8.440	8.020	8.760	8.830	9.000
Reino Unido	8.330	9.480	9.490	10.380	9.713
Polonia	8.110	9.470	9.540	9.440	10.220
Canadá	8.000	8.570	9.640	9.670	9.250
Bélgica	7.830	8.070	9.010	8.750	8.090
Sudáfrica	6.760	5.220	5.530	5.040	5.770
España	6.000	5.420	5.340	5.480	4.803
Australia	5.950	5.060	5.330	5.600	5.850
Corea del norte	5.250	5.500	5.750	7.750*	8.500*
Países Bajos	3.620	3.750	4.930	4.820	4.630
México	3.600	3.540	3.870	3.530	3.730
Austria	3.120	3.320	3.745	3.700	3.350
Yugoslavia	2.700	2.840	2.850	3.110	3.070
Taiwán	2.700	3.420	3.290	3.430	3.740
Luxemburgo	2.590	2.320	2.770	2.750	2.650
Hungría	2.200	2.060	2.100	2.100	2.080
Turquía	2.170	2.720	2.900	3.190	3.670
RDA	2.150	2.210	2.360	2.580	2.625
Finlandia	1.940	1.900	2.030	1.900	1.980
Suecia	1.780	2.010	2.210	2.420	2.440
Bulgaria	1.560	1.630	1.580	1.710	1.600
Argelia	1.100	1.100	1.100	1.100	1.100
Egipto	1.070	990	940	950	950
Argentina	1.020	910	920	1.310	1.640
Noruega	480	600	550	610	570
Zimbabwe	480	580	400	670	640
Chile	450	540	590	580	590
Venezuela	200	170	330	440	490

* Estimaciones.
Fuente: Instituto Internacional del Hierro y el Acero.

Religión

La siguiente tabla presenta las estadísticas de afiliación religiosa de cada país del mundo. Se ha hecho la valoración de los datos disponibles sobre distribución de las comunidades religiosas dentro de la población toal de cada nación; las mejores cifras disponisbles, sean originadas como datos censales, cifras de miembros de las iglesias de que se trate, o estimaciones realizadas por analistas externos, a falta de datos locales fiables, han sido aplicadas a los porcentajes de población del país a mediados de 1987, con el fin de obtener los dato que aparecen más abajo.

Varios conceptos determinan la naturaleza de los datos disponibles, cada uno útil por separado, pero ninguno que sirva de base para cualquier norma de la práctica internacional de recopilación de tales datos. Se ha empleado la voz «afiliación» para describir la naturaleza de las relaciones que unen a las diversas corporaciones religiosas con las poblaciones consignadas. Este término implica cierto tipo de conexión formal, usualmente documentada, entre la religión y el individuo (un certificado de bautismo, un niño al que en un impreso del censo se le asigna la religión de sus progenitores, el mantenimiento del nombre de una persona en el registro de impuestos de una religión estatal, etc.), pero nada dice sobre la naturaleza de la práctica religiosa personal del individuo, toda vez que éste puede haberla interrumpido, no haber sido confirmado siendo adulto, haberse afiliado a otra religión o ingresado en una organización formalmente atea.

El usuario de estas estadísticas debe tomar buena nota de que la naturaleza de afiliación (en una religión organizada), no sólo difiere grandemente de un país a otro, sino que también sucede otro tanto con el contexto social de la práctica religiosa. Un país en el que una sola religión haya sido predominante largo tiempo frecuentemente mostrará que más del 90 % de su población está «afiliada» a ella, cuando, en realidad, puede que más del 10 % «practique» realmente dicha religión con regularidad. Tal situación conduce frecuentemente a reducir el número de las religiones minoritarias (donde ni siquiera se cuenta a nadie: ¡cabeza de familia, comunicante, niño!), a difuminar las distinciones que se perciben claramente en otras partes (un país hindú puede no distinguir las denominaciones protestantes, ¡o incluso cristianas!; un país cristiano tal vez no establezca distinciones entre sus ciudadanos musulmanes o budistas), o a duplicar el recuento en países donde un individuo puede practicar conscientemente más de una «religión» a la vez.

Los países comunistas tratan deliberadamente de ignorar, suprimir o hacer invisible la práctica religiosa dentro de sus fronteras. Los países que tienen gran número de adeptos de las religiones y sistemas de credos tradicionales, frecuentemente animistas, por lo general tienen escasa metodología formal, o ninguna, para definir la naturaleza de la práctica religiosa loal. Por otra parte, los que tienen fuertes tradiciones misioneras, o buenas organizaciones censales, o pocas sensibilidades religiosas, pueden disponer de buenos datos, detallados y significativos.

Religión

afiliación religiosa	población 1986
Afganistán	
Musulmanes sunni	10.500.000
Musulmanes chiíes	3.550.000
Otros	140.000
Albania	
Musulmanes	630.000
Cristianos[1]	170.000
Ateos	580.000
Sin afiliación	1.710.000
Alemana, República Democrática	
Protestantes	7.800.000
Católicos	1.160.000
Sin afiliación y otros	7.640.000
Alemania, República Federal de	
Protestantes	28.820.000
Católicos	26.680.000
Otros cristianos	1.040.000
Sin afiliación	2.250.000
Musulmanes	1.460.000
Ateos	550.000
Otros	120.000
Andorra	
Católicos	46.000
Otros	3.000
Angola	
Cristianos[1]	8.190.000
Credos tradicionales	860.000
Otros	50.000
Antigua y Barbuda	
Anglicanos	36.000
Otros protestantes	35.000
Católicos	8.000
Otros	3.000
Arabia Saudita	
Musulmanes (en su mayoría sunni)	12.330.000
Otros	150.000
Argelia	
Musulmanes sunni	22.910.000
Otros	210.000
Argentina, República	
Católicos	29.240.000
Otros	2.260.000
Australia[2]	
Anglicanos	4.230.000
Católicos	4.210.000
Iglesia unitaria	790.000
Presbiterianos	710.000
Metodistas	550.000
Ortodoxos	470.000
Otros protestantes	1.310.000
Sin afiliación	1.750.000
Otros	2.170.000
Austria	
Católicos	6.370.000
Protestantes	420.000
Ateos y sin afiliación	450.000
Otros	310.000
Bahamas	
Anglicanos	50.000
Otros protestantes	120.000
Católicos	60.000
Otros	10.000
Bahrein	
Musulmanes chiíes	290.000
Musulmanes sunni	120.000
Otros	80.000
Bangladesh	
Musulmanes	91.250.000
Hindúes	12.770.000
Otros	1.290.000
Barbados	
Anglicanos	101.000
Otros protestantes	65.000
Otros	88.000
Bélgica	
Católicos	8.870.000
Otros	990.000
Belice	
Católicos	109.000
Anglicanos	21.000
Otros	47.000
Benín	
Credos tradicionales	2.640.000
Católicos	800.000
Musulmanes	650.000
Otros	200.000
Bermudas	
Anglicanos	22.000
Metodistas	9.000
Católicos	8.000
Otros	19.000
Birmania	
Budistas	35.080.000
Cristianos	1.930.000
Musulmanes	1.500.000
Otros	710.000
Bolivia	
Católicos	6.390.000
Otros	410.000
Botswana	
Cristianos[1]	590.000
Credos tradicionales	570.000
Otros	10.000
Brasil	
Católicos	124.060.000
Protestantes	8.620.000
Espiritistas afroamericanos	2.830.000
Espiritistas	2.400.000
Ateos y sin afiliación	1.980.000
Otros	1.410.000
Brunei	
Musulmanes	150.000
Budistas	30.000
Otros	60.000
Bulgaria	
Ortodoxos orientales	2.400.000
Musulmanes	670.000
Ateos	5.790.000
Otros	110.000
Burkina Faso	
Credos tradicionales	3.720.000
Musulmanes	3.570.000
Cristianos	1.010.000
Burundi	
Católicos	3.910.000
Credos tradicionales	670.000
Otros	400.000
Bután	
Budistas	930.000
Hindúes	330.000
Otros	80.000
Cabo Verde	
Católicos	342.000
Protestantes	8.000
Camerún	
Católicos	3.770.000
Protestantes	2.210.000
Credos tradicionales	2.320.000
Musulmanes	2.370.000
Otros	90.000
Canadá	
Católicos	12.020.000
Protestantes	10.650.000
Ortodoxos orientales	390.000
Judíos	310.000
Musulmanes	100.000
Sijs	80.000
Hindúes	80.000
Sin afiliación	1.910.000
Otros	310.000
Centroafricana, República	
Protestantes	1.390.000
Católicos	920.000
Credos tradicionales	330.000
Otros	130.000
Colombia	
Católicos	27.170.000
Otros	1.480.000
Comores, Islas	
Musulmanes sunni	421.000
Cristianos	1.000
Congo, República Popular del	
Católicos	1.180.000
Protestantes	540.000
Cristianos africanos	310.000
Otros	150.000
Corea, República de	
Budistas	20.280.000
Protestantes	14.390.000
Católicos	4.290.000
Confucionistas	2.100.000
Wonbulgyo	250.000
Chondogyo	170.000
Otros	590.000
Corea, República Popular Democrática de	
Ateos y sin afiliación	14.520.000
Credos tradicionales	3.340.000
Chondogyo	2.970.000
Otros	550.000
Costa de Marfil	
Credos tradicionales	4.890.000
Cristianos[1]	3.570.000
Musulmanes	2.680.000
Otros	20.000
Costa Rica	
Católicos	2.410.000
Otros	200.000
Cuba	
Sin afiliación	5.020.000
Católicos	4.080.000
Ateos	660.000
Otros	540.000
Chad	
Musulmanes	2.320.000
Cristianos[1]	1.740.000
Credos tradicionales	1.200.000
Otros	10.000
Checoslovaquia	
Católicos	10.230.000
Ateos	3.130.000
Iglesia checoslovaca	690.000
Otros	1.540.000
Chile	
Católicos	9.930.000
Otros	2.600.000
China	
Sin afiliación	634.800.000
Religionistas populares chinos	215.500.000
Ateos	128.700.000
Budistas	64.300.000
Musulmanes	25.700.000
Otros	3.200.000
Chipre	
Ortodoxos griegos	548.000
Musulmanes	133.000
Otros	38.000
Dinamarca	
Luteranos evangélicos	4.670.000
Otros	460.000
Dominica	
Católicos	68.000
Otros	21.000
Dominicana, República	
Católicos	6.290.000
Otros	420.000
Ecuador	
Católicos	9.140.000
Otros	780.000
Egipto	
Musulmanes sunni	40.200.000
Cristianos[1]	8.750.000
Otros	200.000
Emiratos Árabes Unidos	
Musulmanes sunni	1.410.000
Musulmanes chiíes	350.000
Otros	90.000
España	
Católicos	37.670.000
Otros	1.160.000
Estados Unidos	
Cristianos	214.520.000
Protestantes	135.780.000
Católicos	73.130.000
Ortodoxos orientales	5.360.000
Ateos y sin afiliación	16.820.000
Judíos	7.800.000
Otros	4.630.000
Etiopía	
Ortodoxos etíopes	24.150.000
Musulmanes (en su mayoría sunni)	14.440.000
Credos tradicionales	5.240.000
Otros	2.160.000
Filipinas	
Católicos	48.240.000
Aglipayanos	3.560.000
Musulmanes	2.470.000
Protestantes	2.240.000
Otros	850.000
Finlandia	
Luteranos	4.420.000
Otros	520.000
Francia	
Católicos	42.500.000
Sin afiliación	6.790.000
Ateos	1.890.000
Musulmanes	1.670.000
Otros	2.770.000
Gabón	
Católicos	780.000
Otros	410.000
Gambia	
Musulmanes (en su mayoría sunni)	751.000
Otros	36.000
Ghana	
Cristianos	8.440.000
Credos tradicionales	2.890.000
Musulmanes	2.120.000
Otros	40.000
Granada	
Católicos	67.000
Anglicanos	22.000
Otros	15.000
Grecia	
Ortodoxos griegos	9.770.000
Musulmanes	150.000
Otros	90.000
Guatemala	
Católicos	6.300.000
Protestantes	2.100.000

Religión (continuación)

afiliación religiosa	población 1986
Guinea	
Musulmanes	4.400.000
Credos tradicionales	1.880.000
Otros	100.000
Guinea-Bissau	
Credos tradicionales	590.000
Musulmanes	270.000
Cristianos	50.000
Guinea Ecuatorial	
Católicos	270.000
Otros	60.000
Guyana	
Cristianos[1]	420.000
Hindúes	280.000
Musulmanes	70.000
Otros	40.000
Haití	
Católicos	4.440.000
Baptistas	540.000
Otros (princip. protestantes)	550.000
Honduras	
Católicos	4.480.000
Otros	180.000
Hong Kong	
Budistas (algunos confucionistas y taoístas)	5.120.000
Cristianos	480.000
Hungría	
Católicos	5.720.000
Protestantes	2.290.000
Sin afiliación	920.000
Ateos	760.000
Otros	920.000
India	
Hindúes	647.090.000
Musulmanes	88.880.000
Cristianos	19.030.000
Sijs	15.390.000
Budistas	5.550.000
Jain	3.770.000
Otros	3.330.000
Indonesia	
Musulmanes	150.030.000
Protestantes	9.990.000
Católicos	5.170.000
Hindúes	3.440.000
Budistas	1.550.000
Otros	2.070.000
Irak	
Musulmanes chiíes	8.810.000
Musulmanes sunni	6.970.000
Otros	700.000
Irán	
Musulmanes chiíes	46.430.000
Musulmanes sunni	2.500.000
Otros	1.000.000
Irlanda	
Católicos	3.313.000
Otros	248.000
Islandia	
Luteranos	237.000
Otros	8.000
Israel	
Judíos	3.670.000
Musulmanes (princip. sunni)	600.000
Otros	180.000
Italia	
Católicos	47.640.000
Sin afiliación	7.790.000
Ateos	1.490.000
Otros	340.000
Jamaica	
Protestantes	1.900.000
Católicos	230.000
Otros	240.000
Japón	
Sintoístas[3]	113.740.000
Budistas[3]	90.260.000
Cristianos	1.680.000
Otros	14.590.000
Jordania	
Musulmanes sunni	2.650.000
Otros	200.000
Kampuchea	
Budistas	6.800.000
Otros	890.000
Katar	
Musulmanes (princ. sunni)	350.000
Otros	29.000
Kenia	
Católicos	5.810.000
Credos tradicionales	4.160.000
Cristianos africanos	3.880.000
Anglicanos	1.590.000
Otros protestantes	4.250.000
Musulmanes	1.320.000
Otros	1.000.000
Kiribati	
Católicos	35.000
Congregaciones	27.000
Otros	5.000
Kuwait	
Musulmanes sunni	1.370.000
Musulmanes chiíes	340.000
Otros	160.000
Laos	
Budistas	2.170.000
Credos tradicionales	1.260.000
Otros	320.000
Lesotho	
Católicos	710.000
Protestantes	680.000
Otros	240.000
Líbano	
Musulmanes chiíes	880.000
Cristianos maronitas	680.000
Musulmanes sunni	580.000
Druzos	190.000
Otros	430.000
Liberia	
Cristianos	1.600.000
Credos tradicionales	400.000
Musulmanes	330.000
Libia	
Musulmanes sunni	4.010.000
Otros	120.000
Liechtenstein	
Católicos	23.500
Otros	3.500
Luxemburgo	
Católicos	341.000
Otros	26.000
Macao	
Budistas y taoístas	316.000
Otros	136.000
Madagascar	
Cristianos[1]	5.410.000
Credos tradicionales	4.980.000
Otros	210.000
Malasia	
Musulmanes	8.750.000
Budistas	2.860.000
Religionistas populares chinos	1.920.000
Hindúes	1.160.000
Cristianos	1.060.000
Otros	790.000
Malawi	
Cristianos[1]	4.840.000
Credos tradicionales	1.420.000
Musulmanes	1.210.000
Otros	20.000
Maldivas	
Musulmanes sunni	195.000
Mali	
Musulmanes	7.820.000
Credos tradicionales	780.000
Cristianos	90.000
Malta	
Católicos	336.000
Otros	9.000
Marruecos	
Musulmanes (en su mayoría sunni)	22.820.000
Otros	300.000
Mauricio	
Hindúes	550.000
Católicos	270.000
Musulmanes	130.000
Otros	90.000
Mauritania	
Musulmanes sunni	1.830.000
Otros	10.000
México	
Católicos	75.310.000
Protestantes	2.680.000
Sin afiliación	2.520.000
Otros	810.000
Micronesia, Estados Federados de	
Protestantes	84.000
Católicos	78.000
Otros	9.000
Mongolia	
Ateos y sin afiliación	1.300.000
Credos tradicionales	610.000
Otros	70.000
Mozambique	
Credos tradicionales	6.940.000
Católicos	4.560.000
Musulmanes	1.890.000
Otros	1.130.000
Namibia	
Luteranos	613.000
Católicos	237.000
Otros	347.000
Nauru	
Congregacionistas	4.400
Católicos	1.900
Otros	1.700
Nepal	
Hindúes	15.720.000
Budistas	930.000
Musulmanes	470.000
Otros	440.000
Nicaragua	
Católicos	3.040.000
Otros	460.000
Níger	
Musulmanes sunni	6.770.000
Otros	170.000
Nigeria	
Musulmanes	45.270.000
Protestantes	26.460.000
Católicos	12.170.000
Cristianos africanos	10.660.000
Credos tradicionales	5.630.000
Otros	400.000
Noruega	
Luteranos	3.674.000
Otros	506.000
Nueva Zelanda	
Anglicanos	860.000
Presbiterianos	550.000
Católicos	480.000
Metodistas	160.000
Otros	1.290.000
Omán	
Musulmanes	1.140.000
Hindúes	170.000
Otros	10.000
Países Bajos	
Católicos	5.300.000
Sin afiliación	5.080.000
Iglesia Reformada Neerlandesa	2.650.000
Iglesias Reformadas	1.210.000
Otros	400.000
Pakistán	
Musulmanes	102.790.000
Otros	3.400.000
Panamá	
Católicos	2.024.000
Otros	250.000
Papúa Nueva Guinea	
Protestantes	2.233.000
Católicos	1.148.000
Otros	120.000
Paraguay	
Católicos	3.741.000
Otros	156.000
Perú	
Católicos	19.160.000
Otros	1.570.000
Polonia	
Católicos	35.580.000
Otros	2.190.000
Portugal	
Católicos	9.740.000
Otros	570.000
Puerto Rico	
Católicos	2.800.000
Otros	480.000
Reino Unido	
Cristianos[1]	49.430.000
Iglesia de Inglaterra	32.310.000
Católicos	7.450.000
Sin afiliación	5.010.000
Musulmanes	800.000
Judíos	460.000
Otros	1.190.000
Ruanda	
Católicos	3.630.000
Credos tradicionales	1.490.000
Protestantes	780.000
Musulmanes	580.000
Rumania	
Ortodoxos rumanos	16.040.000
Ortodoxos griegos	2.290.000
Sin afiliación	2.060.000
Ateos	1.600.000
Otros	920.000
Salomón, Islas	
Protestantes	223.000
Católicos	56.000
Otros	13.000
Salvador, El	
Católicos	4.560.000
Otros	410.000
Samoa Occidental	
Congregaciones	76.000
Católicos	35.000
Otros	50.000
San Cristóbal y Nieves	
Anglicanos	17.000
Metodistas	15.000
Otros	14.000
San Marino	
Católicos	21.000
Otros	1.000
Santa Lucía	
Católicos	123.000
Otros	19.000
San Vicente y las Granadinas	
Anglicanos	40.000
Metodistas	23.000
Católicos	22.000
Otros	28.000
Sao Tomé y Príncipe	
Católicos	90.000
Protestantes	20.000
Senegal	
Musulmanes sunni	6.180.000
Otros	610.000
Seychelles	
Católicos	59.000
Otros	6.000
Sierra Leona	
Credos tradicionales	1.960.000
Musulmanes sunni	1.500.000
Otros	344.000
Singapur	
Taoístas	766.000
Budistas	698.000
Musulmanes	426.000
Sin afiliación	345.000
Cristianos	326.000
Otros	110.000
Siria	
Musulmanes (princip. sunni)	9.830.000
Cristianos	980.000
Otros	160.000
Somalia	
Musulmanes sunni	6.148.000
Otros	12.000
Sri Lanka	
Budistas	11.333.000
Hindúes	2.535.000
Musulmanes	1.243.000
Cristianos	1.226.000
Otros	16.000
Suazilandia	
Cristianos[1]	550.000
Credos tradicionales	150.000
Otros	20.000
Sudán	
Musulmanes sunni	18.660.000
Credos tradicionales	4.270.000
Cristianos	2.330.000
Otros	310.000
Suecia	
Iglesia de Suecia	7.670.000
Otros	717.000
Suiza	
Católicos	3.135.000
Protestantes	2.920.000
Otros	531.000
Sudáfrica, República de[4]	
Iglesias negras independientes	5.830.000
Otras iglesias cristianas	8.960.000
Sin afiliación[5]	5.390.000
Afrikaans reformados (NGK)	4.430.000
Católicos	2.710.000
Hindúes	590.000
Musulmanes	370.000
Otros	340.000
Suriname	
Hindúes	114.000
Católicos	95.000
Musulmanes	81.000
Protestantes	78.000
Otros	47.000
Tailandia	
Budistas	51.40.000
Musulmanes	2.040.000
Otros	650.000
Taiwán	
Religionistas populares chinos	9.520.000
Budistas	8.440.000
Cristianos	1.450.000
Otros	220.000
Tanzania	
Cristianos	9.290.000
Musulmanes	6.970.000
Credos tradicionales	6.970.000
Togo	
Credos tradicionales	1.450.000
Cristianos[1]	1.170.000
Musulmanes sunni	540.000
Otros	10.000
Tonga	
Weyselianos libres	45.000
Católicos	15.000
Otros	34.000
Trinidad y Tabago	
Católicos	402.000
Protestantes	346.000
Hindúes	304.000
Otros	168.000
Túnez	
Musulmanes sunni	7.620.000
Otros	50.000
Turquía	
Musulmanes (princip. sunni)	52.420.000
Otros	420.000
Tuvalu	
Congregacionistas	7.750
Otros	250
Uganda	
Católicos	7.690.000
Protestantes	4.440.000
Credos tradicionales	1.950.000
Musulmanes (princip. sunni)	1.020.000
Otros	410.000
U.R.S.S.	
Cristianos	102.940.000
Ortodoxos	89.060.000
Protestantes	8.770.000
Católicos	5.090.000
Sin afiliación	83.990.000
Ateos	60.520.000
Musulmanes	31.670.000
Judíos	3.110.000
Otros	570.000
Uruguay	
Católicos	1.820.000
Otros	1.230.000
Vanuatu	
Presbiterianos	53.000
Anglicanos	22.000
Católicos	22.000
Otros	48.000
Venezuela	
Católicos	16.570.000
Otros	1.710.000
Vietnam	
Budistas	34.540.000
Ateos y sin afiliación	11.560.000
Católicos	4.370.000
Otros	11.990.000
Viti	
Cristianos	384.000
Hindúes	277.000
Musulmanes	57.000
Otros	8.000
Yemen, República Árabe de	
Musulmanes chiíes	5.030.000
Musulmanes sunni	3.350.000
Yemen, República Popular Democrática de	
Musulmanes (princip. sunni)	2.274.000
Otros	11.000
Yibuti	
Musulmanes sunni	442.000
Cristianos[1]	28.000
Yugoslavia	
Ortodoxos	8.110.000
Católicos	6.090.000
Ateos y sin afiliación	3.910.000
Criptocristianos	2.650.000
Musulmanes	2.440.000
Otros	230.000
Zaire	
Católicos	15.390.000
Protestantes	9.220.000
Cristianos africanos	5.440.000
Credos tradicionales	1.080.000
Otros	670.000
Zambia	
Cristianos[1]	5.140.000
Credos tradicionales	1.930.000
Otros	70.000
Zimbabwe	
Cristianos[1]	5.010.000
Credos tradicionales	3.500.000
Otros	130.000

[1]Incluye cristianos afiliados y nominales. [2]Basado en la autoidentificación de las respuestas al censo de 1981. [3]Muchos japoneses están adheridos tanto al sintoísmo como al budismo. [4]Excluye las repúblicas negras. [5]Incluye credos tradicionales y religiones no conocidas.

Tablas de historia

PRIMERAS CIVILIZACIONES

EGIPTO

Antes del 3500	Desarrollo del neolítico en Fayum, Merimde, Tasa y Badari. Primeras formas de agricultura y ganadería, desarrollo de la cerámica, asentamientos urbanos, aparición de la división del trabajo y una organización política compleja. Cultos religiosos relacionados con el ciclo agrícola y la vida de ultratumba.
3500-2850	Cultura de Gerze. Influencia mesopotámica. Perfección en las técnicas metalúrgicas y en la decoración de cerámica.
3100	Inicio del imperio antiguo. El rey Menes unifica el alto y el bajo Egipto.
3100-2686	Dinastías I y II con capital en Tinis. Expediciones a Nubia y Biblos.
2686-2160	Traslado de la capital a Menfis con la III dinastía.
2650	El arquitecto Imhotep concluye la construcción de la pirámide escalonada de Zoser, en Saqara.
2613-2494	Snefru funda la IV dinastía, con la que se alcanza el mayor esplendor de la civilización egipcia. Construcción de las pirámides de Giza.
2270-2180	Reinado del faraón Pepi II, durante el cual se debilita el poder del estado en favor de los gobernadores locales.
2160-2040	Primer período intermedio. Dinastías VII y VIII en Menfis, IX y X en Heracleópolis y XI en Tebas.
2040-1786	Imperio medio. Mentuhotep II, de la XI dinastía, unifica desde Tebas el territorio egipcio y expulsa a los invasores del delta.
1878-1841	Sesostris III fortifica la frontera de Nubia y conquista Palestina.
1786-1567	Segundo período intermedio, con las dinastías XIII-XVII. Los hicsos invaden Egipto y establecen su capital en Avaris.
1600-1567	La XVII dinastía, de Tebas, vence a los hicsos y reunifica el país.
1567-1085	Imperio nuevo, con las dinastías XVIII-XX y capital en Tebas. Kamosis expulsa a los hicsos.
1545-1525	Amenofis I reorganiza el estado y fortalece las fronteras.
1525-1512	Tutmosis I dirige brillantes campañas en Asia y Nubia.
1501-1480	Florecimiento económico y cultural con la reina Hatshepsut.
1480-1448	Con Tutmosis III el imperio egipcio alcanza su máxima extensión.
1448-1379	Amenofis II y Amenofis III mantienen el esplendor del imperio.
1372	Amenofis IV, o Akenatón, impulsa el culto a Atón y establece su capital en Aketatón (Tell al-Amarna). Sublevaciones en Fenicia y Palestina e invasión de los hititas en Siria.
1355	Tutankamón restablece la religión tradicional y devuelve la capitalidad a Tebas.
1347-1320	El general Horemheb, proclamado faraón, consolida el poderío del sacerdotado de Amón. Victorias contra los hititas en Siria.
1320	Ramsés I inaugura la XIX dinastía.
1318-1304	Seti I reconquista las tierras asiáticas a los hititas.
1304-1237	Ramsés II prosigue la lucha contra los hititas y construye importantes edificios en todo el país.
1198-1166	Ramsés II, de la XX dinastía, rechaza la invasión de los pueblos del mar. Con sus sucesores comienza la decadencia.
1085-945	Con la XXI dinastía, Egipto se divide entre el poder faraónico de Tanis y el sacerdocio de Amón en Tebas.
950	Sheshonq I ataca Palestina.
800	Enfrentamiento entre reinos y principados autónomos.
715	Comienza la baja época con la XXV dinastía, de origen etíope.
663	Asurbanipal conquista Tebas y convierte a Egipto en una provincia asiria.
663-609	Psamético I, fundador de la XXVI dinastía, con capital en Sais, expulsa a los asirios.
609	Necao II restaura el poder egipcio en Siria y se enfrenta al rey Nabucodonosor de Babilonia.
525	Psamético III es derrotado por Cambises I y Egipto pasa a ser provincia persa.
404-339	Amirteo de Sais, único rey de la XXVII dinastía, recupera la independencia egipcia.
343-332	Persia vuelve a dominar Egipto.
332	Alejandro Magno de Macedonia arrebata Egipto a Darío.

PRIMERAS CIVILIZACIONES

MESOPOTAMIA

Antes del 4000	Primeros núcleos urbanos en la alta Mesopotamia: Carchemish, en el Éufrates; Harran, en el Balij, y Gozan, en el Jabur. Presencia de grupos hurritas. Establecimiento de pueblos protosumerios creadores de la cultura de al-Obeid, en la baja Mesopotamia.
4000-2850	Llegada de los sumerios. Fundación de ciudades-estado (Ur, Eridu, Lagash, Uma, Larsa) con formas de gobierno de carácter civil-religioso, bajo la autoridad del rey (*lugal*) y de los sacerdotes. Deidades vinculadas a fenómenos naturales. Fabricación de ladrillos y cerámica. Comienza a usarse la escritura.
2850-2500	Dinastías primitivas. Aparición de pueblos semitas. Poder político disperso. Desarrollo del comercio. Construcción de la muralla de Uruk. Mesilim de Kish, primer rey importante.
2500-2360	Primeras dinastías y edad sumeria clásica. Dinastía I de Ur fundada por Mesanepada. Dinastía I de Lagash fundada por Urnanshe. Primer monumento sumerio: la «Estela de los buitres».
2360-2180	Dinastía de Acad. Sargón I el Grande establece el primer imperio mesopotámico bajo una forma de gobierno centralizado. Uso del arco y la flecha.
2180-2082	Dinastía guti.
2112-2004	Dinastía III de Ur fundada por Ur-Namu. Unificación del imperio y reconstrucción de los templos. Invasión de Sumer y Acad por pueblos semitas. Edad de oro de la literatura sumeria. Desarrollo de las matemáticas.
1960-1728	Período de Isin-Larsa. Independencia de Babilonia y primera dinastía amorrita, fundada por Sumuabum.
1728-1686	Hamurabi. Hegemonía babilónica en Mesopotamia tras la conquista del reino de Mari. Redacción del Código de Hamurabi.
1700-1500	Invasiones hurritas en la alta Mesopotamia. Utilización del carro tirado por caballos.
1686-1600	Fin de la dinastía amorrita e invasión de los casitas.
1600-1150	Dinastía casita.
1500-1380	Reino de Mitani.
1380-1209	Decadencia del estado hurrita. Imperio medio de Asiria. Salmanasar I emprende campañas de conquista y ataca Babilonia.
1208-1115	Decadencia del poder asirio.
1150-1025	Segunda dinastía de Isin. Su rey más importante fue Nabucodonosor I.
1115-935	Imperio de Tiglat-Pileser I, apogeo del imperio asirio medio.
935-860	Resurgimiento de Asiria con el imperio nuevo. Invasiones punitivas de Babilonia por Asurnasirpal II utilizando la caballería. Creación de un estado centralizado y burocratizado.
858-824	Reinado de Salmanasar III y sus sucesores. Intentos de expansión hacia el Mediterráneo.
746-721	Reinado de Tiglat-Pileser III, que reformó el régimen tributario, y de Salmanasar V, que invadió Samaria.
721-669	Reinados de Sargón II y Senaquerib. Este último embelleció Nínive, saqueó Babilonia e invadió Fenicia y Filistea. Su hijo Asarhadón conquistó Egipto y Nubia, logrando la máxima expansión territorial del imperio asirio.
668-627	Asurbanipal, último gran rey asirio, mecenas de las artes y las letras, bajo cuyo reinado se fundó la biblioteca de Nínive. La arquitectura alcanzó un extraordinario desarrollo.
624-605	Último período del imperio asirio. Revueltas interiores e invasión de los babilonios. Inicio del imperio neobabilónico. Aparición de la dinastía caldea neobabilónica fundada por Nabopolasar.
604-562	Reinado de Nabucodonosor II el Grande. Campañas contra Egipto y Siria y toma de Jerusalén. Período muy próspero en el que se reconstruyó Babilonia y se edificaron sus famosos jardines en terraza.
561-539	Fin del imperio asirio. Invasión de sus territorios por parte de Ciro el Grande.
539-323	Mesopotamia permanece bajo el poder de los persas y posteriormente, en el 332, es conquistada por Alejandro Magno.

PRIMERAS CIVILIZACIONES

CRETA, MICENAS Y GRECIA ARCAICA

Antes del 2600	A partir del sexto milenio, pueblos procedentes del Asia menor se asientan en la cuenca del Egeo. La cultura de Dímini (3000), en Tesalia, introduce el megarón, edificio del caudillo guerrero. Cerámica con motivos espirales. Oleadas de invasiones indoeuropeas en la Grecia continental. Cultura de las Cícladas, de gran influencia en las civilizaciones minoica y micénica.
2600-2000	Período minoico antiguo: desarrollo de la civilización cretense, basada en la actividad marítima y comercial. Aparición de la escritura y utilización del cobre y el bronce. En la Grecia continental se desarrolla la cultura heládica antigua, de carácter agrícola y protagonizada por pueblos no indoeuropeos; cerámica Urfirnis.
2000-1700	Período minoico medio. El imperio comercial cretense se extiende por todo el Mediterráneo. Construcción de los palacios de Cnosos, Festo y Malia. Escritura lineal *A*. Período heládico medio en la Grecia continental (2000-1600); cerámica Minia.
1700-1600	Declive temporal de la civilización minoica.
1600-1450	Primera fase del minoico reciente. Creta impone su poder en el Egeo y otros puntos del Mediterráneo. Predominio de Cnosos. Una serie de invasiones procedentes del continente acaba con el esplendor de las ciudades cretenses. Períodos heládico reciente y micénico antiguo en la Grecia continental, adonde llegan pueblos guerreros conocedores de las técnicas metalúrgicas; fortalezas de Micenas y Tirinto.
1400-1200	En el período micénico reciente, la ciudad de Micenas alcanza la hegemonía. Son características las ciudades amuralladas, los palacios del tipo megarón, los sepulcros de falsa cúpula o *thóloi*, y la orfebrería (máscara de Agamenón). La influencia de Micenas en Creta queda atestiguada por la aparición de la escritura lineal *B*, de origen continental.
1200-1150	Ocaso de las civilizaciones minoica y micénica como consecuencia de la invasión de los dorios.
1150-800	Edad media griega. Oscurecimiento cultural provocado por la invasión doria. Desaparece la escritura, aunque se mantiene la tradición en la cerámica, que se vuelve más dura de formas y adopta un estilo de decoración geométrica. En este período las *polis* adoptan una configuración típica, con un rey o *basileus* como gobernante. La poesía épica expresa la tradición común del pueblo heleno.
800-650	Época arcaica. El florecimiento comercial, artesanal y cultural favorece la expansión colonial por el Mediterráneo. La cerámica evoluciona suavizando sus formas y motivos decorativos. La influencia cultural fenicia se manifiesta en la adopción del alfabeto, adaptado a la lengua griega. La aparición de una nueva clase de ricos artesanos y comerciantes favorece la evolución política con la sustitución de las monarquías por aristocracias. Esparta se convierte en una potencia militar tras conquistar Mesenia. Argos impone su dominio en el Peloponeso oriental. Homero escribe la *Ilíada* y la *Odisea*. Se adopta la acuñación de moneda.
650-550	Surgimiento de las tiranías griegas, lo que provoca la disminución del poder de las aristocracias y favorece los intereses populares. Corinto se convierte en un centro comercial importante bajo las tiranías de Cistelo, Periandro y Psamético. En arte se introducen motivos orientales en cerámica (cerámica negra), edificaciones y trabajo del metal. Desarrollo de la lírica (yámbica, elegíaca y monódica) con figuras como Arquíloco y Safo. Surge la escuela filosófica de Mileto (Tales, Anaximandro y Anaxímenes) y, en Elea, Parménides dicta sus enseñanzas. El templo (jónico o dórico) se convierte en la manifestación artística más importante del período. La escultura, principalmente la que sirve como decoración de los templos, alcanza un alto grado de perfección. Esparta emprende la segunda guerra mesenia (650-630) y adopta una rígida organización estatal, a la par que refuerza su ejército creando la falange doria.
620	Dracón inicia su gobierno en Atenas.
594	Solón introduce reformas legales en Atenas.
561	Pisístrato inicia su gobierno en Atenas.

PRIMERAS CIVILIZACIONES

ASIA OCCIDENTAL

Antes del 2900	Poblaciones neolíticas en al-Natuf y Jericó (Palestina), Jarmo y Çatal Hüyük (Turquía). Asentamientos cananeos en Siria-Palestina.
2900-2300	Campañas egipcias en Siria-Palestina. Inscripciones egipcias en Biblos. Conquista de Siria por Sargón I de Acad.
2300-1850	Movimientos amorritas en Siria-Palestina y hacia Babilonia, que terminan con el imperio de Ur. Los hititas pueblan el Asia menor, poseen una escritura jeroglífica y se organizan en ciudades-estado. En Persia, los sumerios y acadios derrotan a los elamitas.
1850-1500	La llamada edad de oro de Palestina, en la cual príncipes sirio-palestinos crean un centro de poder coincidente con la época de Mari en Mesopotamia. Los hititas, establecidos en Anatolia y Capadocia, constituyen el antiguo imperio, cuya fundación se atribuye a Labarna I. Hattusilis I establece la capital en Hattusa y Mursilis I saquea Babilonia. Hamurabi arrebata a Rimsin el trono de Larsa.
1500-1200	Tutmosis III ocupa y ejerce el poder en Siria; la dominación egipcia dura hasta tiempos de Amenofis III. Época conocida como de al-Amarna, en la que Siria está poblada por cananeos, amorritas y hurritas. De esta época son los textos de Ugarit, adaptación cuneiforme del alfabeto cananeo. Industrias del tinte en púrpura. Tribus hebreas procedentes del desierto se empiezan a instalar en Palestina, y crean la liga israelita.
1380-1346	El imperio hitita, bajo el reinado de Suppiluliumas, se convierte en una potencia y derrota a Mitani, mientras Carchemish y Alepo, en Siria, quedan al mando de sus hijos. Se establece un poder muy centralizado y se desarrolla el comercio.
1320-1294	Muwatallis derrota a Ramsés II y conserva el control sobre Siria.
1294-1200	Últimos reyes, decadencia y desaparición del imperio hitita. Pese a la paz firmada con Ramsés II para defenderse de los asirios, las revueltas interiores y la invasión de pueblos del mar acaban con el imperio.
1200-1020	Los pueblos del mar, filisteos y tikarios, ocupan zonas de Palestina, contituyendo una confederación de ciudades-estado. En la Siria septentrional se establecen los últimos principados hititas. El pueblo hebreo conoce el llamado período de los jueces, durante el cual se va estableciendo un estado independiente. Se producen numerosos enfrentamientos contra filisteos, moabitas, madianitas y cananeos. Nabucodonosor I derrota a los elamitas.
1040-961	Saúl y David gobiernan en Israel. Durante el reinado de este último se conquista Jerusalén y se somete a los filisteos. Firma de un tratado de paz con Hiram de Tiro.
961-922	Reinado de Salomón en Israel, quien intenta crear una gran monarquía. Construye diversas fortificaciones e industrias, fortalece al ejército introduciendo el carro y, junto al rey Hiram de Tiro, crea una flota que domina el Mediterráneo oriental.
922-842	División de Israel en dos reinos: Judá e Israel. En Israel se suceden la dinastía de Jeroboam I, durante la que se produce una reorganización religiosa, y de Basá. Durante la dinastía de Omrí se libran luchas contra los asirios de Salmanasar III y se producen diversos conflictos religiosos en los que participa el profeta Elías. Josafat, rey de Judá, tras un período de conflictos internos, firma la paz con Ajab de Israel. Salmanasar consigue derrotar a Arame, rey de Urartu. El estado arameo se convierte en una potencia bajo el reinado de Ben Hadad. Entre tanto, Hiram de Tiro y sucesores suyos como Itobaal, asientan el poder fenicio mediante conquistas o alianzas diplomáticas.
842-715	En Israel, durante la dinastía de Jehú y bajo el reinado de Jeroboam III, se producen los últimos momentos de esplendor que acabarán con la conquista de Israel por los asirios de Tiglat-Pileser III, quien también derrota a Azarías, rey de Judá.
715-587	Senaquerib derrota a Ezequías y establece el poder asirio en Judá. Este dominio se prolonga hasta el breve reinado de Josías, durante el que Judá vivió un nuevo esplendor. Tras este período Judá cae en manos de los asirios al mando de Nabucodonosor II. El poder asirio se extiende también a Fenicia. Últimos reyes de Urartu. Ciaxares funda el imperio medo, que, bajo Astiages, cae bajo dominio asirio.
587-332	Judá permanece bajo dominio babilónico, en una época de gran esplendor literario en la que se prepara la edición canónica del Pentateuco. Posteriormente fue ocupada, junto con Fenicia, por Ciro el Grande, extediéndose el dominio persa en todo este territorio, incluyendo Media, Lidia y Babilonia. El máximo esplendor del imperio se alcanza bajo el reinado de Darío I, quien pacifica el reino y emprende diversas reformas, entre ellas la construcción de un canal entre el Nilo y el mar Rojo. Se inicia una prolongada guerra contra Grecia, en la que participan reyes como Jerjes I y Artajerjes II, hasta que, en tiempos de Darío III, Alejandro Magno conquista Persia.

PRIMERAS CIVILIZACIONES

LEJANO ORIENTE

Antes del 2500	Culturas neolíticas en el valle del Indo: Mohenjo-daro, Harappa, Amri, Nal, Quetta y Kulli. En China se suceden también diversas culturas neolíticas, como Linxi, Chihfeng y Yangshao, que producen diversos tipos de cerámica: primero una cerámica basta de color gris, posteriormente una cerámica roja y negra, que evoluciona hasta una cerámica negra de gran finura.
2500-1500	China vive el esplendor de la importante dinastía Xia. En la India se producen las primeras aglomeraciones urbanas bajo el poder de un rajá o un maharajá. Se realizan edificaciones ordenadas en cuadrícula, se trabajan los metales, la agricultura está bastante evolucionada y se posee una escritura.
1500-1000	Los arios conquistan gradualmente la India, mezclándose con pueblos anteriormente asentados, como los dravídicos negros o los munda.
1500-800	Primer período védico en la India. Los arios terminan por imponer su dominio sobre los dravídicos, apoyándose en el uso del arco, la flecha y el carro. Se racionaliza la explotación ganadera y agrícola, repatiéndose tierras y rebaños. Organización aristocrática y reyes hereditarios.
1100-771	Dinastía Zhou occidental en China. Organización feudal, en la que la aristocracia va tomando un progresivo poder.
800-550	Segundo período védico en la India. Asentados los arios en el territorio del Ganges, período conocido a través de los comentarios en prosa sobre los *Vedas* llamados *Brahmanas,* comienza la organización social en castas: *brahmanes* o sacerdotes, los *ksatriya* o nobles guerreros, los *vaishya* o campesinos, los *shudra* o esclavos y los parias o sin casta. Asentamiento de la religión védica, cuyas enseñanzas se recogen en diversos textos, entre ellos los *Upanishads.*
770-256	La dinastía china Zhou oriental gobierna en Luoyang con continuos conflictos entre el poder real y la nobleza, que acaban devastando el país. Aumento del comercio.
550-221	El norte de la India permanece dividido en pequeños reinos, entre los cuales el de Kosala y Magahda son los más importantes. Se producen las primeras disidencias del brahmanismo, y Siddharta Gautama, conocido como Buda, funda el budismo, religión que propone la liberación del hombre a traves de la autoperfección, que conduce al *nirvana.* Sus discípulos aglutinan sus enseñanzas y las propagan rápidamente. Escritura propia basada en el arameo y aparición de los *Sutras,* textos que proponen normas de conducta, en uno de los cuales, atribuido a Panini, figura la más antigua gramática sánscrita conocida. En China se vive el llamado período de los anales, en el que se forman los diversos estados. Aparecen las figuras de Confucio y Laozi. Tras diferentes fases de expansión de los distintos principados, se forma la alianza de seis estados que intenta frenar el expansionismo del reino Qin. El príncipe Wu Ling de Zhao no consigue imponer su supremacía militar y el estado Qin, bajo el mando del rey Zheng, acaba por imponer su dominio.
321-184	Chandragupta unifica el norte de la India y funda la dinastía Maurya. Fuerte organización estatal y desarrollo de importantes obras públicas. Los seguidores de Bhadrabahu, sacerdote jainista, redactan el canon de la secta, el *Siddharta,* que se conserva incompleto. A partir del 206 la dinastía Han inicia un período de expansión comercial y agrícola.

PRIMERAS CIVILIZACIONES

AMÉRICA

Antes del 5000 a. C.	Durante el amplio período del paleolítico inferior (40000 -15000) y superior (150005000) se producen sucesivas migraciones a América procedentes de Asia, en las que distintas tribus atraviesan el estrecho de Bering para asentarse en el nuevo territorio. Durante el primero de ellos tiene lugar la glaciación Wisconsin. Las tribus que pueblan el continente poseen una economía basada en la caza de mamíferos desaparecidos posteriormente, como los mamuts y mastodontes, aunque también de caballos y bisontes. También practican la pesca y formas rudimentarias de recolección. Se conocen métodos elementales para tallar la piedra: *choppers* y *chopping tools*, según se tallaran, respectivamente, una o dos caras. En el paleolítico superior tienen lugar nuevas corrientes migratorias procedentes del continente asíatico, coincidentes con el final de la glaciación y el período posglacial. La economía sigue basada en la caza, la pesca, la recolección y la captura de moluscos. Se perfeccionan los métodos de percusión de la piedra, que dan lugar a la aparición de diferentes tipos de puntas bifaciales y cuchillos de piedra. Los más importantes son el tipo Sandia, propio de Nuevo México, que posee una escotadura lateral derecha; el tipo Clovis, extendido a todo el continente, de forma lanceolada y acanaladura central en uno o ambos lados; y el Folsom, igualmente presente en toda América, de forma foliácea y acanaladura a ambos lados. Aparece la llamada tradición del desierto, que dará lugar a la cultura cochise.
5000-1500	Revolución neolítica. Se vive una fase paralela a la neolitización del Viejo Mundo. Coincidiendo con un período de sedentarización se inicia una fase de recolección sistemática y una posterior siembra rudimentaria (judías o porotos, calabazas, etc.). Primeras cerámicas, cesterías y tejidos. La caza sigue siendo una actividad económica básica, pero se empiezan a domesticar animales (guanaco y cobaya). Los yacimientos arqueológicos conocidos más importantes son los de La Perra (Tamaulipas, México), Abejas (Valle de Tehuacán, México, Ocós (Guatemala), Yarumela (Honduras) y Omepete (Nicaragua). Durante el último milenio de este período la agricultura está bastante organizada y se producen las primeras construcciones con ladrillo y adobe. Entre las edificaciones más importantes se cuentan las pirámides de Río Seco, la construcción ceremonial del valle del paraíso y el templo de Kotosh. Aparece la cerámica en la cordillera central andina.
1500-900	Período formativo de las culturas preclásicas andinas y mesoamericanas. Primeros asentamientos estables en la costa mexicana y guatemalteca del Pacífico; los de Ocós y Cuadros son los más conocidos. Agricultura primitiva con plantaciones de maíz. En Ocós se desarrolla la cerámica que representa motivos femeninos, al parecer un culto a la fertilidad. Primeras muestras de vida religiosa, con estatuillas en terracota que podrían representar deidades de las cosechas (Zacatenco, Ticomán). Primer monumento en piedra de la altiplanicie mexicana, la pirámide a Cuicuilco. Nacimiento de la cultura olmeca en la costa del golfo de México: San Lorenzo es el centro más importante. Muestras de escultura: cabezas colosales. Cerámica artística. Utilización de la obsidiana para puntas de lanza y cuchillos. Cultura de Chavín en los Andes centrales desde el año 1000, con técnicas agrícolas avanzadas y conocimientos astronómicos; motivos felinos en todas las manifestaciones artísticas. Cultura de Paracas en la costa meridional de la zona andina.
900-200	Período formativo medio de las culturas mesoamericanas. Esplendor de la cultura olmeca (Tres Zapotes, La Venta y Los Tuxtlas). Uso de la yuca y el algodón. Figurillas de jade, estatuas colosales, pirámides escalonadas. Organización política teocrática, dirigida por sacerdotes. Cultura zapoteca en la costa occidental de México (Monte Albán), y maya en el sur de la península de Yucatán. En la zona andina se desarrolla la cultura de Paracas, que posee altos conocimientos en las técnicas de la cerámica, el tejido y la medicina. Entre el 400 y el 200 tiene lugar el período intermedio temprano de las civilizaciones andinas, o período de las civilizaciones clásicas, caracterizado por la aparición de centros culturales independientes que perfeccionan las técnicas agrícolas, artesanales y artísticas. Destacan las culturas de Nazca, en la costa meridional, Moche en la costa septentrional, y Pucará y la fase antigua de Tihuanaco en la sierra meridional. Característico de esta última es el motivo decorativo de la puerta del Sol, una divinidad rodeada de figuras aladas.

ANTIGÜEDAD

GRECIA Y EL MUNDO HELENÍSTICO

550-500 a. C. Fundación de la Liga del Peloponeso, en la que Esparta impone su dominio militar en la zona (con excepción de Acaya y Argos), después de la batalla de los 300 campeones, aunque los demás estados conservan su independencia política. La liga alcanza su apogeo bajo Cleómenes. Pisístrato se erige en tirano de Atenas: fomenta las obras públicas, inicia las construcciones de la Acrópolis y favorece el culto de Dioniso. Alianza de Atenas y Platea contra Tebas. El almeóclida Clístenes toma el poder (510) emprende una reforma de la constitución, estableciendo una democracia basada en la reordenación del pueblo en 10 tribus que eligen sus representantes para la Asamblea. Fue derrotado (507) por Cleómenes de Esparta, que apoya a Iságoras.

500-460 Levantamiento de las ciudades jónicas bajo el mando de Aristágoras de Mileto, con apoyo de Atenas. Darío de Persia les derrota en la batalla de Lade (494) y saquea Mileto. Primera expedición persa bajo el mando de Mardonio, que concluye con el hundimiento de la flota persa en una tormenta (492). La segunda expedición persa, a las órdenes de Artafernes, es derrotada por los atenienses en la batalla de Maratón (490). Se produce una reforma de la constitución ateniense, creándose el ostracismo. Temístocles emprende la construcción de su flota naval (trirremes). Comienza la campaña de las Termópilas contra los persas dirigidos por Jerjes (480). Destrucción de Atenas por los persas y batalla de Salamina, que significó una severa derrota de los persas por las tropas griegas. Hieron I, hermano de Gelón de Siracusa, derrota a los cartaginenses en la batalla naval de Cumas (480). Batalla de Platea y victoria naval de Micala (479), que hacen desistir a los persas de sus intentos de conquista. Liberación de las ciudades jónicas por las tropas del espartano Pausanias (479), Temístocles fortifica Atenas y El Pireo (479). Los jonios fundan junto con Atenas la Liga de Delos (477). Cimón condena a Temístocles al ostracismo (470). Atenas impone un severo control sobre sus aliados de la liga (467) y Cimón derrota a los persas en el río Eurimedonte, pero, al no poder imponer su política favorable a Esparta, es derrocado por el partido popular de Efialtes y Pericles.

460-430 Pericles promueve un importante desarrollo de la democracia, reduciendo los poderes de la aristocracia e instaurando la elegibilidad de los zeugitas para el arcontado. Se promulga la ley de ciudadanía (451). Grecia se expande hacia el norte. Período imperial ateniense, que introduce sus sistemas monetario y métrico en toda la Liga de Delos. Fracaso del congreso de paz panhelénico (448) y firma de la paz de los 30 años. Corcira y Corinto se enfrentan en guerra.

430-400 La guerra del Peloponeso. Esparta y Atenas se enfrentan por sus distintos intereses políticos y económicos. Se desata la peste en Atenas, entre cuyas víctimas se encuentra Pericles (429). Derrotas de uno y otro bando hasta la firma de la paz de Nicias (421), que habría de durar cincuenta años, pero Esparta rompe los acuerdos y recupera su supremacía en el Peloponeso tras derrotar a los atenienses en la batalla de Mantinea.

400-335 Guerra entre Esparta y Persia, donde reinaba Artajerjes II. Coalición entre Atenas y Persia para luchar contra los espartanos: guerra de Corinto y victoria de Esparta sobre sus enemigos en la batalla de Cnido. Las ciudades jónicas recuperan la democracia. Se firma la paz de Antálcidas entre Esparta y Atenas (377). Se funda la segunda Liga de Delos contra Esparta, en un intento de Atenas de hacer frente, junto a sus aliados (Tebas), a las violaciones de la paz cometidas por Esparta. Tebas funda la Liga Beocia sobre bases democráticas. Atenas y Esparta firman una tregua. El ejército tebano, al mando de Epaminondas, vence a los espartanos en la batalla de Leucra. Aumenta la hegemonía tebana, consolidada definitivamente tras la derrota del ejército coaligado de espartanos y atenienses en la batalla de Mantinea (362). Filipo II consigue la unificación de Macedonia (358), que se establece como un estado hereditario. Se crea un fuerte ejército basado en la falange de infantería. Se inicia la guerra sagrada de los tebanos contra los focios. Tebas conquista Tesalia. Se firma la paz de Filócrates, gestionada por él, junto a Esquives y Demóstenes, con Filipo II (346). Filipo es admitido en la anfictonía de Delfos y los macedonios conquistan Tracia. Demóstenes escribe las Filípicas (339). Fundación de la liga helénica y de la Liga de Corinto. Filipo muere asesinado.

335-275 Alejandro Magno sucede a su padre, Filipo II. Destrucción de Tebas y esclavitud de sus habitantes. Alejandro vence en Gránico a los sátrapas (333) y en Iso a las tropas persas de Darío III. Somete Siria, Egipto y Mesopotamia. Derrota a los persas en Gaugamela e incendia Persépolis (331). Emprende campañas en el Irán oriental y en la India en un proyecto de imperio mundial. Muere en Babilonia (323). Distintas luchas sucesorias que desencadenan la guerra de los diádocos (315), en la que resulta decisiva la batalla de Ipso (301) y que concluye con la de Corupedio (281). Antígono inicia su dinastía en Macedonia. Tolomeo I funda en Egipto la dinastía de los tolomeos. Creación de la biblioteca de Alejandría. Seleuco I funda en Persia la dinastía de los seleúcidas.

275-30 Antígono II Gonatas rechaza la invasión de Pirro de Epiro. Primera y segunda guerras macedónicas. En el curso de la última de ellas Filipo V derrota a los cinocéfalos. Los etolios declaran la guerra a Roma, pero son derrotados en la batalla de las Termópilas (191). Se inician la tercera y cuarta guerras macedónicas, como consecuencia de las cuales Macedonia se convierte en provincia romana. La paulatina desmembración del reino seléucida frente a partos y romanos, termina con su conversión en provincia romana (64).

ANTIGÜEDAD

ROMA

Antes del 750 a. C.	Durante la edad del hierro (cultura de Vilanova) se producen diversas migraciones indoeuropeas (grupo latino-falisco, umbro-sabello y tribus ilirias). Posteriormente se produce la inmigración de los etruscos.
750-550	Se establecen colonias griegas en Sicilia y en el sur de Italia bajo la protección de Cartago. Fundación de Roma y comienzo del período de los siete reyes de Roma. Se crea un gobierno a las órdenes de un rey, un Senado de cien ancianos, la *comitia curiata*, a modo de poder legislativo.
550-280	Se funda la primera república romana (509), que posee un complejo y organizado entramado administrativo, judicial, ejecutivo y legislativo. Se suceden diferentes generaciones de cónsules y se firma un tratado con los cartagineses que respeta los intereses de Roma en el Lacio. Guerra latina que concluye con la aceptación de los romanos a la autonomía de las ciudades del Lacio (493). Se dicta la Ley de las Doce Tablas (que derrocará la Ley Canuleya). Guerra contra Veyes. Los celtas invaden Italia estableciéndose en la llanura del Po. Derrota de los romanos frente a los celtas en la batalla de Alia. Saqueo de Roma (390). Publicación de las Leyes Licinio-Sextias. Segundo tratado entre Roma y Cartago. Primera guerra samnita (343-341).
280-135	En la guerra de Tarento se produce la victoria de Pirro en Heraclio y Ausculum (280-279). La guerra termina tras la derrota de Benevento y la rendición de Tarento: dominio romano en el sur de Italia. Primera guerra púnica; batalla naval de Milas y batalla de Túnez. Los cartagineses invaden la península ibérica a las órdenes de Amílcar Barca y Asdrúbal; se produce el conflicto romano-cartaginés de Sagunto (221). Promulgación de la Ley Claudia. Segunda guerra púnica (218), Aníbal cruza los Apeninos e inflige a Roma la más severa derrota de su historia en la batalla de Cannas. Primera guerra macedónica. Aníbal toma Tarento. Tras varias campañas victoriosas (Capua), Escipión el Africano expulsa a los cartagineses de la península ibérica (batalla de Metauro). El general romano llega a África y aniquila al ejército cartaginense en la batalla de Zama (202). Capitulación de Cartago (201), expansión colonial de Roma en la Italia meridional. La administración de las provincias obliga a la creación de un ejército profesionalizado. Enfrentamientos contra ligas griegas: segunda guerra macedónica (200-197) y guerra contra Antíoco III de Siria (192-189). Paz de Apamea tras la que Roma se convierte en principal potencia del Mediterráneo oriental. Tercera guerra macedónica (171-168), desmembración de Macedonia en cuatro confederaciones independientes. Ley Calpurnia, que protegía los derechos tributarios de las provincias (149). Tercera guerra púnica (149-146) y destrucción de Cartago por Escipión Emiliano.
133-31	Ultimo período de la república; época de las dictaduras y de las guerras civiles. Reforma de los hermanos Tiberio y Cayo Graco (133-121) en favor de los derechos de la plebe frente a la aristocracia. Promulgación de la lex agraria que posteriormente sería reformada en el 111 devolviendo sus anteriores derechos a los propietarios terratenientes. Se inician las tres guerras contra Mitrídates del Ponto. Guerra civil en Roma entre Cayo Mario y Lucio Cornelio Sila que se resuelve con la dictadura de este último (83-79). Consulado de Cneo Pompeyo y Marco Licinio Craso (70), con la reorganización de los dominios en Asia. Primer triunvirato de Julio César, Craso y Pompeyo (60). Conquista de las Galias, invasión de Britania y disolución del triunvirato. Pompeyo es elegido único cónsul (52), iniciándose la guerra civil. Victoria de César en Farsalia. César es elegido único cónsul y dictador. Muere asesinado (44). Segundo triunvirato de Marco Antonio, Marco Emilio Lépido y Cayo Octavio.
27 a. C.-192 d. C	Primer imperio. Octavio adopta el nombre de Augusto, es reconocido príncipe y asume el poder absoluto. Paz interna, consolidación de las instituciones imperiales y desarrollo económico. Establecimiento de fronteras estables en el Rin y el Danubio bajo la dinastía Julio-Claudia (Tiberio, Calígula, Claudio y Nerón). Vespasiano funda la dinastía Flavia (69-94), sucediéndolo sus hijos Tito y Domiciano. Construcción del Coliseo. Trajano (98-117) lleva al imperio a su máxima extensión. Inicio de las guerras con los partos. Adriano (117-138) emprende distintas reformas, entre ellas la primera codificación del derecho civil romano. Dinastía Antonina (138-192), durante la cual se inicia la pérdida de la hegemonía de Roma sobre el imperio.
193-285	Septimio Severo funda la dinastía de los Severos. Caracalla dicta la Constitución antonina (212), que otorga la ciudadanía romana a los habitantes libres del imperio. Severo Alejandro (222-235) debe hacer frente a las agresiones del imperio sasánida.
284-587	El bajo imperio. Progresiva división del imperio en oriente y occidente. Diocleciano (284-305); reorganización administrativa del imperio en doce distritos. Establecimiento de la tetrarquía: dos augustos, dos cesares. Constantino el Grande (306-337). Conversión al cristianismo; primer concilio ecuménico en Nicea (325). Juliano el Apóstata (361-363) intenta restaurar el paganismo. Comienzan las grandes migraciones bárbaras. Con Teodosio I el Grande (379-395) el cristianismo se declara religión oficial del estado. Reino visigodo de Toulouse (419-507). Luchas intestinas entre generales de origen bárbaro. Los hunos invaden la Galia e Italia y se retiran tras la muerte de Atila (450-453). La muerte de Rómulo Augústulo (476), último emperador de occidente, pone fin al Imperio Romano, que pervive en oriente.

ANTIGÜEDAD

AMÉRICA		ASIA	
200 a. C.- 600 d. C.	Continúa la evolución de la cultura de Nazca en los valles de la costa meridional del Perú, conocida por la riqueza decorativa de sus tejidos, por la calidad de sus piezas de cerámica y por los grandes dibujos realizados sobre extensos territorios mediante la excavación de las piedras superficiales.	247-227 a. C.	Arsaces I se independiza de los seleúcidas y funda el reino parto, que pretende restablecer la tradición aqueménida.
100 a. C.- 700 d. C.	Período clásico de las civilizaciones mesoamericanas, con un momento de mayor esplendor entre los siglos I y III d. C. El avance en las técnicas hidraúlicas y agrícolas permite un fuerte crecimiento demográfico. Estados teocráticos en Teotihuacan y Monte Albán; esta última ciudad es el centro de la cultura zapoteca. Grandes construcciones arquitectónicas, como pirámides escalonadas, palacios y juegos de pelota.	221-206 a. C.	Dinastía Qin en China que, pese a su breve duración, establece las bases del imperio. Construcción de la Gran Muralla.
200-550	Formación de la cultura de Huari en los Andes centrales. Florecimiento de la cultura de Tiahuanaco en el altiplano boliviano.	206 a. C.- 9 d. C.	Dinastía Han occidental o antigua en China, establecida por Liu Pang tras derrocar a los emperadores Qin. El confucionismo se convierte en la religión oficial del estado.
300-800	Viejo imperio o período clásico de la civilización maya. Expansión hacia el oeste y el sudeste y creación de varias ciudades (Uaxactún, Tikal, Palenque, Piedras Negras, Copán). Construcción de templos monumentales, creación de un calendario y un sistema jeroglífico de escritura, conocimiento de las matemáticas y la astronomía. Son características de la cultura maya las estelas con relieves e inscripciones fechadas. Al final del período, los mayas abandonan las ciudades y su cultura entra en un proceso temporal de decadencia.	171-138	Mitrídates I conquista los dominios seleúcidas de Babilonia y Media y extiende el imperio parto de los arsácidas desde la orilla del Éufrates al Indo.
600-800	Horizonte medio de las civilizaciones andinas, con centros en Tiahuanaco y en Huari. Los motivos decorativos propios del arte de Tiahuanaco (figuras de la puerta del Sol) se extienden por el altiplano, la zona central de los Andes y las costas meridionales. La influencia de Tiahuanaco se transmite a Huari.	50 a. C.	Pueblos nómadas de habla indoeuropea establecen en el norte de la India el reino de Kusana.
650-700	La llegada de los toltecas desde el norte provoca la decadencia de la cultura de Teotihuacan y la dispersión de sus habitantes hacia la región maya.	25 a. C.- 220 d. C.	Dinastía Han o moderna en China. Se inicia la introducción al budismo. Panchao (74-94) somete el Turkestán y abre el camino a la ruta de la seda.
700	Huari se convierte en el centro de un imperio extendido por las sierras septentrionales de los Andes.	20 a. C.	Tratado de paz entre Roma y el imperio parto que fija la frontera en el Éufrates.
800	Se inicia la decadencia del horizonte medio andino con el abandono de Huari, Tiahuanaco, Cajamarquilla y otros centros urbanos de la zona meridional.	50 d. C.	En la India comienza el dominio de la dinastía Satavahana sobre el Decán occidental.
		113-117	Guerra entre Cosroes de Partia y el emperador romano Trajano, que da inicio a un largo período de enfrentamientos.
		220	Fin de la dinastía Han en China y fragmentación del imperio. Difusión del budismo y el taoísmo.
		224-241	Ardashir I derroca al último rey parto y funda el imperio sasánida de Persia, que pervivirá hasta la invasión árabe. Recuperando la tradición aqueménida, el zoroastrismo se establece como religión del estado.
		240	El reino Kusana queda sometido a la Persia sasánida. Disgregación de la India en pequeños reinos.
		241-272	El sasánida Shapur I extiende el imperio sasánida del Caúcaso al Indo.
		300-500	Clanes feudales en Japón bajo la supremacía de la corte de Yamato. Auge del sintoísmo.
		320-535	La dinastía Gupta, iniciada por Candra Gupta I, logra, tras siglos de división, la unificación del norte de la India en un poderoso imperio. Vigoroso renacimiento del hinduismo.
		550	Inicio de la difusión del budismo en Japón consolidada bajo el dominio del clan Soga (590-645).

ALTA EDAD MEDIA

EUROPA OCCIDENTAL

450 Se inicia la invasión de las islas británicas por pueblos teutónicos (jutos, anglos y sajones), que se dividen en siete reinos, la heptarquía anglosajona.

496 Conversión del rey franco Clodoveo I, fundador de la dinastía merovingia, al cristianismo. División del imperio entre sus hijos.

507 Fundación del reino visigodo de España.

533-554 Reconquista temporal de Italia por Bizancio y fin del reino ostrogodo.

558-561 Clotario I logra la unificación del reino franco. Tras su muerte se forman tres reinos (Austrasia, Neustria y Borgoña) y se acentúa la descentralización feudal.

568 Conquista lombarda de gran parte de Italia, dividida desde ese momento en tres jurisdicciones: la papal, con capital en Roma; la bizantina, con capital en Rávena, y la lombarda, con capital en Pavía.

586-601 El rey visigodo español Recaredo I se convierte al catolicismo, adoptado como religión oficial a raíz del tercer concilio de Toledo (589).

590-615 Agilulfo consolida el poder lombardo, firma la paz con los francos e impulsa la conversión de la corte al cristianismo con el apoyo de san Gregorio Magno.

597 La llegada a las islas británicas de Agustín, primer arzobispo de Canterbury, inicia la rápida conversión al cristianismo de los anglosajones.

621-631 Suintila unifica la España visigoda y conquista las últimas posesiones bizantinas.

649-741 Pipino de Heristal y su hijo Carlos Martel, que frena la invasión musulmana en la batalla de Poitiers (732), inician el ascenso de los carolingios en el reino franco.

711 Invasión musulmana de la península ibérica. Tras la batalla de Guadalete, desaparece el reino visigodo.

718-737 Creación del reino de Asturias en el norte de España.

749-756 Astolfo, rey lombardo, conquista los territorios bizantinos de Italia.

752 Tras el derrocamiento de Childerico III, último monarca merovingio, Pipino el Breve, hijo de Carlos Martel, es elegido rey de todos los francos e inicia la dinastía carolingia. Su intervención en Italia obliga a los lombardos a entregar al papado el antiguo exarcado bizantino, creándose los estados pontificios.

EUROPA ORIENTAL

474-491 Tras la extinción del Imperio Romano de occidente, Zenón queda como único emperador del Imperio Romano de oriente o imperio bizantino con capital en Constantinopla.

527-561 Reinado de Justiniano I, que extiende sus dominios a África del norte, Italia y el sudeste de España y rechaza las invasiones hunas y eslavas. Bajo sus auspicios, el jurista Triboniano dirige la recopilación del derecho romano en el *Corpus Iuris Civilis.*

610-717 Dinastía de los heraclios fundada por Heraclio I (610-641), que derrota definitivamente a la Persia sasánida (628). Sus sucesores pierden gran parte del cercano oriente, Egipto y el norte de África ante la expansión del Islam.

675-680 Crecientes asentamientos en el norte de Grecia y los Balcanes de eslavos y búlgaros, que se fusionan gradualmente.

717-802 Dinastía isáurica fundada por León III. El apoyo de los emperadores a los iconoclastas contrarios al culto a las imágenes genera grandes enfrentamientos con la iglesia romana.

ALTA EDAD MEDIA

MUNDO MUSULMÁN

570	Fecha tradicional del nacimiento de Mahoma.
622	Hégira (huida) de Mahoma a Medina, que marca el inicio de la cronología islámica. El profeta organiza la comunidad musulmana.
630	Captura de La Meca por el profeta y sus seguidores.
632	Muerte de Mahoma.
632-661	Los cuatro califas electivos (Abú Bakr, Omar, Otman y Alí) inician la expansión del Islam, cuyo propósito básico es la propagación y predicación de la fe, y toman Siria, Mesopotamia, Persia (poniendo fin a la dinastía sasánida), Egipto y Cirenaica.
661	El asesinato del califa Alí, yerno de Mahoma, cuya elección ya había generado conflictos internos, da pie a luchas sucesorias. Se abre la división tradicional del Islam en chiitas (partidarios de Alí), sunníes (ortodoxos) y otras sectas menores.
661-680	Muawiya I marca el inicio de la dinastía omeya y traslada la capital a Damasco. Conquista de Afganistán oriental y Samarcanda.
685-705	Abd a el-Malik derrota a los chiitas y otros grupos rebeldes (jariyíes) y expande el dominio musulmán en el norte de África hasta Marruecos.
705-715	Walid I lleva el imperio omeya a su máxima extensión con la toma de las regiones del Indo y Transoxania. Pacificación del norte de África y conquista de la España visigoda tras la batalla de Guadalete (711).
718	Fracasa el sitio de Constantinopla. La expansión del poderío islámico y las controversias sociales entre árabes y otros pueblos convertidos generan crisis internas.
732	La victoria del carolingio Carlos Martel en Poitiers impide la expansión musulmana por Europa.
750	Rebeldes de Jorasán e Irak derrocan al último califa omeya, Marwán II. Abú al-Abás inicia la dinastía abasí, que refuerza la primacía del califa, combina la tradición islámica con el refinamiento persa y conoce un extraordinario florecimiento de las ciencias y de las letras.

ASIA

581	Yang Jian, ministro del reino septentrional Zhou, conquista la región del sur y reunifica China bajo la dinastía Sui.
606	Se establece en China la clase funcionarial de los letrados, cuyo ingreso en la administración se basa en el conocimiento de los clásicos confucianos, según pautas vigentes hasta el siglo XX.
618	Las derrotas frente a coreanos y turcos provocan la caída de la dinastía Sui y el inicio de la dinastía Tang, que prosigue la unificación de China.
627-649	Tai Tsong vence a turcos, mongoles, coreanos y japoneses llevando a China a un período de máximo esplendor.
645	Tras la caída del clan Soga, el emperador Kotoku, apoyado por el clan Fujiwara, establece la reforma Taika inspirada en la China Tang: monarquía absoluta, propiedad real de las tierras de labranza —que se arriendan bajo tributo a los campesinos—, establecimiento de un cuerpo de funcionarios para la administración del estado.
670	Con apoyo chino, el reino de Silla impone su hegemonía en toda Corea.
710-784	Período Nara del Japón. Traslado de la capital imperial a Nara. Impulso del budismo y de la cultura china. Redacción de las primeras crónicas tradicionales japonesas (*Koji-ki, Nihon shoki*).
725	Creación en China de la academia de letras.
740	Comienzo de la dinastía Pratihara, que durante más de dos siglos conserva amplios territorios del norte de la India frente a los embates musulmanes.
745	Se inicia la decoración mural de las cuevas de Ajanta en la India septentrional.
751	Derrota china frente a los árabes en la frontera noroccidental que da el Turkestán al Islam.

ALTA EDAD MEDIA

EUROPA OCCIDENTAL

756	Abderramán I, de la dinastía omeya, funda el emirato de Córdoba, tras independizarse del califato de Damasco.
771-814	Reinado de Carlomagno, que extiende los dominios del reino franco a Italia, donde pone fin al reino lombardo y somete a los pueblos germanos, excepto Britania y Escadinavia. Su coronación por el papa León III (800) supone la teórica restauración del Impero Romano de occidente. Apoyo a la política del papado. Impulso de artes y letras en el llamado renacimiento carolingio. Por el tratado de Aquisgrán (812) Bizancio reconoce a Carlomagno como emperador de occidente.
814-843	Ludovico Pío sucede a su padre Carlomagno y se abre un período de luchas internas, que culmina en el tratado de Verdún con la división del imperio en tres reinos: central (Lotaringia), occidental y oriental. Estos reinos soportan sucesivos ataques de normandos y húngaros.
871-899	Alfredo el Grande, rey de Wessex, unifica el sur de Inglaterra y rechaza a los invasores daneses.
911	El rey franco Carlos III el Simple concede al normando Rollón el título de duque de Normandía. El reino franco oriental, agotada la sucesión carolingia, elige rey a Enrique I, duque de Sajonia, que inicia la dinastía otónica.
912-1035	Califato independiente de Córdoba que lleva a al-Andalus a su máximo esplendor político y cultural.
962	La coronación de Otón I por el papa supone el punto de partida del Sacro Imperio Romano germánico.
970-1035	Sancho el Mayor de Navarra une Castilla y Navarra e inicia la conquista de León.
987	Hugo Capeto funda en Francia la dinastía capeta, que consolida el poder real y establece la monarquía hereditaria.
993-1024	Olaf Skötkonung, primer rey cristiano de Suecia.
1013	Conquista de Inglaterra por los daneses. Canuto el grande (1016-1035), rey de Inglaterra y Dinamarca.
1024-1039	Conrado II, primer emperador sálico.
1035	Desmembración del califato de Córdoba en los reinos de taifas. Fernando I de Castilla une definitivamente los reinos de Castilla y León.
1066	Batalla de Hastings, que da el dominio de Inglaterra al duque normando Guillermo I el Conquistador.

EUROPA ORIENTAL

800-860	En Rusia, formación del principado varego (normando) de Nóvgorod.
802	El comienzo del reinado de Nicéforo I inicia un período de inestabilidad en el orbe bizantino.
808-814	Los búlgaros, al mando de Krum, derrotan a las tropas bizantinas y llegan a las puertas de Constantinopla.
863-866	Conversión al cristianismo de los búlgaros y algunos pueblos rusos.
867	Fundación de la dinastía macedónica por Basilio I. Bajo sus sucesores se reorganiza la administración del estado y se reconquistan Siria, Jerusalén y Creta. Los conflictos con la iglesia romana, latentes desde el concilio de Constantinopla (867), culminan en el cisma de oriente (1054).
882	Creación por Oleg el Sabio del reino ruso de Kiev.
893	Simeón de Bulgaria toma el título de zar e inicia un largo período de enfrentamientos con el imperio bizantino, hasta que, tras la derrota búlgara en 1014, Bulgaria occidental se convierte en provincia bizantina.
935	Tras la muerte de Wenceslao I el Santo, el reino de Bohemia se convierte en vasallo del imperio germánico.
989	Completa conversión de Rusia al cristianismo.
997-1038	Esteban I el Santo sienta las bases del estado húngaro y se hace bautizar.
1025	Tras establecer un tratado con el imperio germánico, Boleslao I se convierte en rey de Polonia.
1054	Tras la muerte de Yaroslav de Kiev, Rusia se divide en diversos principados.
1057	El derrocamiento de Miguel VI pone fin a la dinastía macedónica.

ALTA EDAD MEDIA

MUNDO MUSULMÁN

754-777 Al-Mansur consolida el poder abasí y traslada la capital a Bagdad (Irak) en el 752.

786-809 Bajo Harún al-Rashid comienza la disgregación práctica del imperio provocada por la delegación en visiratos y acentuada tras su muerte. Guerra con Bizancio e independencia del reino idrisí de Marruecos.

756-788 Abderramán I, único omeya superviviente, crea en la España musulmana (al-Andalus) el emirato independiente de Córdoba.

813-833 Durante el reinado de al-Mamún crece la influencia de persas y turcos mercenarios. Apogeo de las letras y la filosofía (Avicena).

870 La dinastía safarita se independiza en Persia.

929 Abderramán III crea el califato independiente de Córdoba, unifica el al-Andalus y detiene la expansión cristiana.

932 Los califas ceden prácticamente el poder a los buyíes, que se adueñan de Mesopotamia y gran parte de Irán y gobiernan en Bagdad como ministros supremos.

940-1000 Fragmentación del imperio. Creación del reino gaznawí en Afganistán y norte de la India (962), reino fatimí de Egipto (969), reinos independientes del Magreb.

1035 Las crisis internas ponen fin al califato de Córdoba. Surgen los reinos de taifas, sometidos a continuos enfrentamientos.

1055 Los turcos selyúcidas asumen el poder en Bagdad.

ASIA

794 Con el traslado de la capital a Heian-kio (Kioto), comienza el período Heian, marcado por el dominio del clan Fujiwara sobre los emperadores. Paulatino ascenso del budismo. Adopción de un sistema de escritura propio. Aparición de la clase guerrera de los *samurais*.

907-959 Período de las cinco dinastías chinas que suceden a la dinastía Tang. Invención de la imprenta.

935 Con la abdicación del último rey de Silla, el reino de Korio asume el control absoluto de Corea, si bien rinde sucesivos vasallajes a China, el reino de Kitan.

938 El reino mongol de Kitan afianza su poder en Manchuria.

960 La dinastía Song septentrional unifica China, excepto el reino de Kitan, al que paga tributo.

962 La dinastía islámica gaznawí se apodera del Turkestán occidental.

985-1074 El reino Cola logra unificar por primera vez el sur de la India e invade Ceilán, antes gobernada por la dinastía budista de Pala.

985-1028 Fujiwara Michinaga marca el apogeo de su clan, al tiempo que se produce el ascenso de las familias Minamoto y Taira.

990 Establecimiento del reino autónomo xixia en el noroeste de China.

998-1030 Mahmud de Ghazna crea en el noroeste de la India el sultanato gaznawí y conquista el Panjab.

BAJA EDAD MEDIA

EUROPA OCCIDENTAL

1075	El *dictatus papae* de Gregorio VII inicia la querella de las investiduras entre el papado y el Sacro Imperio Romano germánico.
1098	Roberto de Molesmes funda la orden del Cister.
1122	El concordato de Worms pone fin a la querella de las investiduras y marca la supremacía intelectual de la iglesia.
1138	Conrado III, primer emperador germánico de la dinastía Hohenstaufen.
1154	Enrique II de Inglaterra comienza la dinastía Plantagenet.
1187	Tercera cruzada.
1198	Creación de la orden de los caballeros teutónicos.
1198-1216	Inocencio III reorganiza las instituciones eclesiásticas y lleva a su apogeo el papado medieval.
1212	Victoria de Castilla, Navarra y Aragón en las Navas de Tolosa: declive almohade y avance de la Reconquista cristiana en la península ibérica.
1231	Gregorio IX crea la Inquisición.
1275	El veneciano Marco Polo llega a la corte de Kublai Kan.

EUROPA ORIENTAL

1057-1059	Isaac I, primer emperador bizantino de la dinastía Comneno.
1059-1081	Dinastía de los Ducas en Bizancio.
1081-1118	Alejo I restaura la dinastía Comneno y emprende la reorganización administrativa y económica del imperio bizantino.
1102-1138	Boleslao III de Polonia somete a Pomerania, derrota a las tropas imperiales en Hundsfeld y establece la capital en Cracovia.
1143	Ascenso al trono de Manuel I Comneno que fortifica las fronteras bizantinas, lo que produce una crisis económica, y es derrotado por los turcos en Misiocefalón (1176).
1151	Creación del reino servio.
1185-1204	Con la dinastía Ángel, apoyada por la aristocracia, el imperio bizantino entra en una fase de inexorable decadencia.
1204	Venecianos y cruzados nombran emperador del imperio latino de oriente a Balduino de Flandes, Alejo I Comneno ocupa el trono del imperio de Trebisonda, Miguel I Ángel se alza como déspota en Epiro, mientras Teodoro I funda en Nicea la dinastía de los Lascáridas.
1251	Se establece en Rusia el kanato mongol de la Horda de Oro.
1261	Miguel VIII Paleólogo, emperador de Nicea, reconquista Constantinopla y pone fin al imperio latino de oriente.

CERCANO ORIENTE

1096-1099	La primera cruzada, formada bajo los auspicios del papa Urbano II tras el concilio de Clermont, invade Antioquía. La conquista se realiza tras derrotar a las familias de turcos selyúcidas de Rum y a otros grupos musulmanes, entre ellos los egipcios del sultán Saladino.
1120	Hugues de Payns funda la orden de los templarios.
1130	Los almohades desplazan del poder en España y el Magreb a los almorávides.
1147-1149	Segunda cruzada al mando de Bernardo de Claraval y Roger de Sicilia. Fracaso de la campaña contra Damasco.
1169	Saladino funda en Egipto la dinastía ayubí.
1187	Reconquista de Jerusalén por el sultán egipcio Saladino.
1202-1204	Cuarta cruzada, inspirada por Enrique VI de Sicilia.
1206	Los ejércitos mongoles al mando de Gengis Kan asolan diversos territorios asiáticos.
1236-1242	Los mongoles conquistan Rusia y devastan Hungría y Polonia.
1270	Octava cruzada, segunda de san Luis, fracasada definitivamente tras la caída de San Juan de Acre en poder de las fuerzas mamelucas.

BAJA EDAD MEDIA

ASIA

1115-1126 Los juchen se independizan del reino de Kitan, al que posteriormente someten, derrotan a la dinastía Song y se apoderan de toda la China septentrional.

1127 Se establece en el sur de China la dinastía Song meridional. Zhou Xi sienta las bases del neoconfucianismo.

1192 Yoritomo, caudillo del clan Minamoto, inicia en Japón el período feudal de Kamakura.

1206-1227 El caudillo Temujin, reconocido bajo el nombre de Gengis Kan, soberano de todas las tribus mongolas.

1260-1294 Kublai, elegido gran kan, se proclama además emperador de China, establece su capital en Khanbalik (Pekín) y funda la dinastía Yuan.

1330-1340 La expansión del sultanato de Delhi hacia el sur de la India queda frenada por la creación del reino hindú de Vijayanagar.

1369-1405 Tamerlán, caudillo mongól islamizado del Turkestán, somete la meseta iraní y asola el kanato de la Horda de Oro.

1421-1500 La dinastía Ming establece definitivamente su capital en Pekín.

ÁFRICA

1054 Los almorávides comienzan sus conquistas en el África occidental.

1079 Las incursiones de tropas islámicas ponen fin al imperio de Ghana, que se divide en diferentes estados (mandina, songhai) alguno de los cuales se islamiza.

h. 1200 Fundación del reino bantú del Congo.

1235 Sundiata Kenia, gran dirigente mandinga, crea un poderoso imperio con capital en Malí.

1307-1332 Apogeo del imperio mandinga en tiempos de Mansa Musa, que ha sometido al imperio Songai. Se produce el desarrollo de una brillante cultura autóctona centrada en su capital, Tombouctou.

1402 El reino de Etiopía envía diferentes embajadas a distintas capitales de reinos europeos en un intento de firmar alianzas contra los mamelucos egipcios.

AMÉRICA

1000-1350 Período intermedio tardío de las civilizaciones andinas, caracterizado por la dispersión de los centros culturales, el perfeccionamiento de las técnicas agrícolas y la difusión de las aleaciones de bronce.

1100 Pueblos nahuas se establecen en la altiplanicie mexicana. Los aztecas penetran por el norte.

1160 Los chichimecas, procedentes del norte, provocan la decadencia de Tula, que queda despoblada.

1194 Una guerra entre Chichén Itzá y Mayapán implanta la hegemonía de esta última ciudad en la zona maya.

1200 Xólotl conquista Tula y unifica el imperio chichimeca.

1200-1540 Período posclásico tardío de la civilización maya.

1250 Los incas se asientan en Cusco (o Cuzco).

1276 Huitzilihuitl el Viejo guía a los aztecas a Chapultepec, donde se hacen famosos por sus crueldades.

1290 Los toltecas fundan Cholula.

1319 Los culhuas y otros pueblos del lago de Texcoco derrotan a los aztecas, que quedan confinados en Tizapán.

1325 Huyendo de los culhuas, los aztecas se establecen en una isla del lago de Texcoco, donde fundan Tenochtitlan.

1350-1532 Horizonte tardío de las civilizaciones andinas, iniciado con la creación del estado de Tahuantinsuyo en las montañas centrales.

1400-1438 Reinado de Viracocha en Cusco.

1428 Tenochtitlan se impone sobre Azcapotzalco en el dominio del valle de México.

BAJA EDAD MEDIA

EUROPA OCCIDENTAL		EUROPA ORIENTAL		CERCANO ORIENTE	
1285-1314	Felipe IV de Francia consolida el poder monárquico frente al orden feudal.	1302	Andrónico II Paleólogo llama en su ayuda a los mercenarios catalanes (almogávares).	1290-1326	Osmán I extiende los dominios otomanos.
1309	Traslado de la sede papal a la ciudad francesa de Avignon.				
1328	Felipe VI de Francia, primer monarca Valois.	1326-1362	Expansión otomana, que comienza con la ocupación turca de Asia menor.	1326-1369	Orján I reorganiza el imperio otomano.
1337	Comienzo de la guerra de los cien años entre Francia e Inglaterra.	1348	Creación de la universidad de Praga, centro de un brillante movimiento intelectual de Bohemia.	1350	Conquista de Gallípoli por Osmar I, príncipe otomano que había implantado una organizada administración en Bitinia, primer dominio turco en Europa.
1367	Roma, sede definitiva del papado.				
1378-1417	Cisma de occidente que divide a la cristiandad en varias facciones.	1380	El príncipe ruso Dmitri Donskoi derrota a los mongoles de la Horda de Oro en la batalla de Kulikovo.		
		1386	Ladislao II funda la dinastía de los Jaguellón, que incorpora Lituania a Polonia.		
1399-1413	Enrique IV de Inglaterra, primer soberano de la casa de Lancaster.			1389	El imperio otomano extiende su poder hasta el Danubio. Murat I toma el título de sultán.
1414-1418	El concilio de Constanza pone fin al cisma de occidente.				
1438	Alberto II, primer emperador de la dinastía Habsburgo.	1439-1444	Juan VIII Paleólogo acepta en el concilio de Florencia la unión con Roma y solicita la ayuda de occidente.		
				1451-1481	Mehmet II el Conquistador unifica bajo su mando los territorios turcos de Asia menor. Tras la toma de Constantinopla (1453), convertida en capital de su reino, se funda en la práctica el imperio otomano, dotado de una administración, un sistema educativo y un ejército centralizado. El dominio turco sobre el Mediterráneo se impone por la fuerza a los venecianos, extiendiéndose en Asia hasta el Éufrates.
1453	Con la victoria francesa de Castilo concluye la guerra de los cien años.	1453	El sultán otomano Mehmet II conquista Constantinopla, poniendo fin al imperio bizantino.		
1455	Guerra de las dos rosas en Inglaterra entre las casas de Lancaster y York.	1457-1504	Esteban III mantiene la independencia de Moldavia frente a otomanos y polacos.		
1469	Matrimonio de los Reyes Católicos, Isabel de Castilla y Fernando de Aragón, origen de la unidad del estado español.	1478	Iván III de Rusia somete el territorio de Nóvgorod.	1479	Venecianos y turcos firman la paz.
		1480	Iván III rechaza en Moscú la invasión de los tártaros.	1481-1512	Reinado de Bayaceto II en el imperio otomano.
1485	Ascenso al trono inglés de Enrique VII, que une en su persona las casas de Lancaster y York e inicia la dinastía Tudor.				
1492	Rendición de Boabdil, conquista castellana del reino de Granada, último enclave musulmán en la península ibérica. Cristobal Colón descubre América.	1492	Los rusos invaden Lituania.		
1493	Maximiliano I es nombrado emperador romano elegido.			1499-1503	Guerra entre Venecia y el imperio otomano.

BAJA EDAD MEDIA

ASIA		ÁFRICA		AMÉRICA	
1435-1467	Jehang Sha domina el noroeste de Persia.	1433	Tribus tuaregs saquean la capital del reino mandinga, que se desmorona.	1438	Pachacútec Inca Yupanqui inicia la expansión del imperio inca; introducción del cultivo en terrazas.
1451	Muerte de Sejong, monarca coreano que favoreció la cultura y fortaleció el estado.	1445	Dinis Dias dobla el cabo Verde.	1440-1469	Moctezuma I Ilhuicamina extiende las conquistas aztecas e inicia el esplendor de Tenochtitlan.
1458-1511	El sultanato de Delhi, en decadencia tras las incursiones de Tamerlán, conoce un nuevo esplendor con Mahmud I.	1455	Los protugueses inician el comercio en las costas occidentales de Africa.		
1476-1477	La guerra civil en Japón entre los partidos Kosokawa y Yamana abre un período de enfrentamientos entre señores feudales.	1482	La llegada del portugués Diogo Cão a las costas africanas del Congo supone el punto de partida de un período de conquistas que acabarán en la independencia de la mayoría de los estados africanos.	1471-1493	Túpac Yupanqui conquista los territorios del altiplano boliviano, el norte de Chile y el noroeste de la Argentina, con lo que el imperio inca alcanza su momento de máximo esplendor.
				1486-1502	Ahuízotl lleva las fronteras del imperio azteca a su máxima extensión, implantando su poder en Oaxaca, Tehuantepec y parte de Guatemala.
1488	Sublevación de la secta Ikko en Kioto.	1487	El marino portugués Bartolomeu Dias consigue doblar el cabo de Buena Esperanza.	1492	Cristóbal Colón llega a las Antillas.
		1493	Comienza la época de máximo esplendor del imperio Songai gobernado por Mohamed I, quien, tras arrebatar Tombouctou a los tuaregs, ocupa la mayor parte de los territorios del antiguo imperio mandinga.		
1502	Ismail I, fundador de la dinastía autóctona safawí, crea en Persia el imperio chiita.			1502-1520	Comienza el reinado de Moctezuma II Xocoyotzin, que continúa la política expansionista de su predecesor y fortalece el poder monárquico.
				1513	Vasco Núñez de Balboa atraviesa el istmo de Panamá y descubre el océano Pacífico.
				1519	Hernán Cortés desembarca en México y avanza hacia Tenochtitlan, donde apresa a Moctezuma.
		1520	Los protugueses se establecen en Pemba y Malindi en la costa oriental de Africa.	1520	Cortés conquista Tenochtitlan.
				1524	Primera expedición de Francisco Pizarro en tierras sudamericanas.
		1528	Termina el reinado de Askia Mohamed en el territorio de Mali. 1733 Creación de la Casa de la Moneda en Guatemala.	1525	Huayna Cápac divide el imperio inca entre sus dos hijos, Huáscar, que recibe el reino de Cusco, y Atahualpa, que hereda el de Quito.
				1530	Guerra entre Huáscar y Atahualpa.
				1531	Francisco Pizarro emprende la campaña de conquista del Perú.

LA EXPANSIÓN EUROPEA

LATINOAMÉRICA		NORTEAMÉRICA	
1492	Primer viaje de Cristóbal Colón a América.		
1493-1502	Segundo, tercer y cuarto viajes de Colón en los que se hacen nuevos descubrimientos en el Caribe.		
1499	Primer viaje de Alonso de Ojeda y Américo Vespucio que alcanza el cabo de San Roque.		
1500	El marino portugués Pedro Álvares Cabral desembarca en Brasil procedente de Cabo Verde.	1500	El portugués Gaspar de Corte-Real alcanza las costas del Labrador y organiza exploraciones en tierra firme.
1501	Américo Vespucio explora en su segundo viaje toda la costa brasileña.		
1511	Diego de Velázquez conquista Cuba y funda Santiago. Se funda la Audiencia de Santo Domingo.		
1515	Vasco Núñez de Balboa descubre el océano Pacífico.		
1515-1519	Se completan las exploraciones de Yucatán, Florida y Carolina del Sur. Juan Díaz de Solís alcanza el río de la Plata.		
1519	Hernán Cortés entra en Tenochtitlan, donde es pacíficamente recibido por Moctezuma II Xocoyotzin.		
1519-1522	Fernando de Magallanes y Juan Sebastián Elcano completan la primera circunnavegación de la Tierra.		
1520	Levantamientos de los aztecas en Tenochtitlan contra el despotismo de los españoles, que abandonan la ciudad.		
1521	Las tropas españolas arrasan Tenochtitlan.		
1522-1546	Hernán Cortés amplía las conquistas españolas hacia el sur (Yucatán, Honduras y El Salvador) y hacia el norte (Querétaro). Fuerte represión sobre los mayas.		
1524-1535	Conquista de Perú por Francisco Pizarro, quien, tras tomar Cusco (capital del imperio inca) y asesinar a su monarca Atahualpa, funda Lima como capital del Virreinato del Perú.	1524	Descubrimiento de la desembocadura del Hudson por Giovanni da Verrazano.
		1534-1541	Viajes de exploración franceses a las órdenes de Jacques Cartier recorren territorios de Canadá e intentan infructuosamente establecer una colonia en Quebec. Exploraciones del río San Lorenzo.
1542	Se crea el Virreinato del Perú y se funda una audiencia en Lima. Viaje de Francisco de Orellana por el Marañón y el Amazonas.	1540	Descubrimiento del Gran Cañón del Colorado por Francisco Vázquez de Coronado.
1542-1543	Promulgación de las Leyes Nuevas.		
1548	Aplastamiento de la rebelión en el Perú, a cuyo frente se había puesto Gonzalo Pizarro. Se funda la Audiencia de Nueva Galicia.		
1550-1565	Luis de Velasco, virrey de Nueva España, funda durante su mandato la ciudad de México.		

LA EXPANSIÓN EUROPEA

ÁFRICA

1500 Comienzan los primeros envíos de esclavos negros a las colonias americanas de Portugal y España.

1517 El turco Selim I se apodera de Egipto, donde los mamelucos conservan, pese a la administración turca, el control del país.
En los territorios del Níger se establece la confederación hausa.

1527 Invasión de Etiopía por las tropas musulmanas del somalí Ahmed Gran.

1534 Los turcos invaden Túnez, que les será arrebatada un año después por tropas españolas.

1571-1603 Época de máximo esplendor del imperio Bornu, ubicado en los territorios del lago Chad, durante el reinado de Idris III.

1578 Establecimiento de la dinastía sharifian en Marruecos, tras las derrotas infligidas a las tropas portuguesas de Sebastián de Portugal.

1591 Un ejército de renegados españoles y portugueses destruye el imperio Songhai.

ASIA Y OCEANÍA

1500 Vasco da Gama llega a Calicut, en la India.

1502 Ismaíl funda la dinastía safawí en Persia.

1503 El portugués Afonso de Alburquerque penetra en la India y funda Cochín. El sultán turco Bayaceto II firma un tratado de paz con la república de Venecia.

1505-1507 Expedición del portugués Francisco de Almeida a la India. Se consolida el monopolio comercial portugués en Asia.

1512-1520 Selim I extiende el imperio otomano por Asia y África.

1514 Victoria otomana sobre el sha Ismaíl de Persia.

1520-1566 Solimán el Magnífico protagoniza el período de máximo esplendor del imperio otomano.

1521 Hernando de Magallanes descubre las Filipinas.

1526 Baber derrota al sultán de Delhi en Panipat. Los portugueses llegan a Nueva Guinea.

1527 Baber funda el imperio mogol de la India.

1534 Solimán conquista Bagdad.

1534-1582 Oda Nobunaga crea un estado unificado en Japón.

1549 San Francisco Javier viaja a Japón y funda las primeras misiones jesuitas.

1550 Los mongoles atacan China desde el norte.

1555 Los piratas japoneses saquean Hangzhou.

1556-1605 Reinado de Akbar en la India.

1557 China permite a los europeos establecer factorías en Macao.

1563 Los japoneses atacan Fujian, pero son aniquilados en Corea por los chinos.

1566 Solimán muere en el asalto a Sigetz, en Hungría.

1571 Derrota de los otomanos en Lepanto frente a las fuerzas navales de España, Venecia y Malta; fin de la expansión turca por el Mediterráneo.

1573-1620 Reinado de Wanli en China.

1577-1589 Guerra entre Persia y el imperio otomano.

LA EXPANSIÓN EUROPEA

LATINOAMÉRICA

1565-1567 Mem de Sá funda Río de Janeiro.

1569 El nombramiento de Francisco Álvarez de Toledo como virrey del Perú pone fin a un período de guerras entre diferentes personalidades españolas por el control del territorio.

1607 Los jesuitas se hacen cargo del gobierno en Paraguay.

1621 Fundación de la Compañía Holandesa de las Indias Occidentales, que regulará el comercio de los Países Bajos con el continente americano.

1628 Se suceden los ataques de los Países Bajos a barcos españoles. Navíos holandeses, al mando de Piet Heyn, se apoderan de una flota mercante española que transportaba numerosos tesoros a la metrópoli.

1629 Comienzan las exploraciones portuguesas en el sur de Brasil.

1642-1649 Juan de Palafox y Mendoza ejerce como virrey de la Nueva España. Durante su mandato se construye la catedral de Puebla y se redacta el reglamento de la Universidad de México.

1664 Creación de la Compañía Francesa de las Indias Occidentales.

1680 En España se promulga la Recopilación de las Leyes de Indias, que aglutinaba los códigos coloniales más importantes.

1687 Un terremoto destruye la ciudad de Lima.

1710-1711 Guerra de los mascates entre nativos brasileños y los colonizadores portugueses.

1713 La Gran Bretaña obtiene en el Tratado de Utrecht la exclusiva para enviar esclavos negros africanos a las colonias españolas.

1722-1734 Durante el mandato del virrey de Nueva España Juan de Acuña se construye la Casa de la Moneda en ciudad de México.

1726 Fundación de Montevideo.

1733 Creación de la Casa de la Moneda en Guatemala.

1744 Libre comercio de Perú y Nueva Granada con la metrópoli.

NORTEAMÉRICA

1562 Jean Ribaut funda el Fuerte Carolina junto al río San Juan.
El inglés John Hawkins organiza los primeros viajes de esclavos desde África.

1572-1580 Francis Drake atraviesa el estrecho de Magallanes y llega hasta las costas de California, desde donde proseguirá hasta completar la circunnavegación del globo.

1585-1587 El inglés John Davis explora el norte de Canadá y los archipiélagos del estrecho que la une con Groenlandia.

1606 Envío de colonos ingleses a las costas de Virginia organizado por la Compañía de Londres.

1608 Fundación de Quebec por Samuel de Champlain.

1620 Desembarco en Massachusetts de los «peregrinos» llegados en el barco «Mayflower».

1627 Fundación de la Compañía de los Cien Socios por el cardenal de Richelieu, que debía emprender la colonización de Nueva Francia.

1630 Los ingleses ocupan Quebec. Fundación de la colonia de Maryland.

1642 Fundación de Montreal por Paul de Chomedey Maisonneuve.

1662 La corona de Inglaterra concede a Connecticut su carta de constitución.

1679-1682 Robert de La Salle dirige las exploraciones en la desembocadura del Mississippi.

1701 Fundación de Detroit por Antoine de Cadillac. La ciudad se convertiría en el centro comercial del territorio de Illinois.

1713 El Tratado de Utrecht reconoce los derechos ingleses sobre la bahía del Hudson, Terranova y Acadia.

LA EXPANSIÓN EUROPEA

ÁFRICA

1595 Primeros asentamientos portugueses en las costas de Guinea.

1598 Asentamientos holandeses en isla Mauricio

1616 Exploraciones portuguesas al mando del portugués Gaspar Boccaro en el alto Zambeze.

1626 Fundación de Saint-Louis, en la desembocadura del Senegal, por exploradores franceses.

1637 Exploradores holandeses levantan un buen número de fortificaciones en Costa de Oro.

1652 Un grupo holandés, al mando de Jan van Rieebeck, funda Ciudad de El Cabo.

1660-1670 El auge de los reinos Bambara pone fin al imperio mandinga.

1662 Portugal cede Tánger a Inglaterra.

1662-1683 Diversas expediciones europeas al continente africano: los británicos alcanzan Gambia, los franceses se asientan en Senegal, los holandeses exploran el territorio sudafricano y los portugueses llegan hasta Mozambique.

ASIA

1596-1602 Los chinos rechazan una nueva invasión japonesa en Corea.

1603 Ieyasu funda en Japón el shogunato Tokugawa.

1610 Se permite en China la libertad de culto a los católicos.

1614 Los británicos vencen a los portugueses en Surat.

1621-1627 Con el emperador Tianqi comienza el declive de la dinastía Ming en China.

1623-1640 Murat IV sofoca los levantamientos de distintos pueblos sometidos al imperio otomano.

1636 El imperio mogol de la India extiende sus dominios al Decán.

1639 Los británicos penetran en Madrás (India).

1644 Los manchúes invaden el norte de China y derrocan a la dinastía Ming. El primer emperador de la dinastía Qing es Shunzhi. En Francia se crea la Compañía de las Indias Orientales.

1648-1687 Reinado de Mehmet IV en el imperio otomano.

1650-1680 Los holandeses conquistan Java.

1651 Fin del poder portugués en el golfo Pérsico.

1658-1707 Aurangzeb lleva el imperio mogol de la India a su máxima extensión.

1662 Los británicos se adueñan de Bombay.

1662-1722 El emperador Kangshi realiza importantes reformas y extiende los dominios chinos.

1665 Extensión del imperio chino al norte del río Amur.

1674 Los franceses se instalan en Pondicherry (India).

1680 Taiwán, último reducto de los Ming, es anexada al imperio chino de los Ming.

1686 Los franceses fundan la colonia de Chandernagar, en la India.

1687-1690 Guerra entre Aurangzeb y la Compañía Británica de las Indias Orientales.

1688 El británico William Dampier recorre las costas australianas del océano Índico.

1694 Los británicos fundan la colonia de Calcuta.

1696 China establece un protectorado en Mongolia.

LA EXPANSIÓN EUROPEA

LATINOAMÉRICA		NORTEAMÉRICA	
1745	Se funda Puerto Príncipe.		
1748	Se establece la capitanía de Mato Grosso.	1748	Fundación de la ciudad de Halifax para defender los territorios de Nueva Escocia de los ataques franceses.
1749	Guerra de los guaraníes en Brasil.	1749	Fundación de Fort Rouillé por el ejército francés. En torno a él se formaría la ciudad de Toronto.
1750	Se fija la capital de Brasil en Río de Janeiro.		
1751	Tratado de límites entre España y Portugal.		
		1754	La convención de Albany reunió a representantes de los estados del norte con la pretensión de detener los avances franceses en esa zona. Las propuestas de Benjamin Franklin no fueron aceptadas.
1755	Los jesuitas son expulsados de Paraguay.	1755-1763	Los colonos de Virginia, Pennsylvania, Nueva York y Massachusetts organizan un ejército propio y declaran a la guerra a los franceses, a los que derrotan.
		1757	Fundación de la Compañía de Santo Domingo
		1762	**Tropas británicas conquistan la Habana.**
1763	Francia cede a la Gran Bretaña en el Tratado de París el control de Canadá y de la Lousiana.	**1763**	**Tras la firma del tratado de París, los franceses conservan únicamente las Antillas de entre todas sus posesiones en el Caribe.**
1763-1765	La promulgación del Acta del Azúcar y de la Ley del Timbre en la Gran Bretaña levanta fuertes protestas entre los colonos americanos, que las consideran muy perjudiciales para sus intereses comerciales. Como consecuencia de ello, una reunión de representantes de todas las asambleas coloniales redacta la Declaración de Derechos y Libertades y consigue que sea derogada la Ley del Timbre.	1764	Por orden real se reparten tierras entre los colonos en Puerto Rico.
		1765	Introducción del cultivo de café en Cuba.
1770	Matanza de ciudadanos en Boston por tropas británicas tras los enfrentamientos de soldados y civiles.		
1774	La resistencia de los colonos a permitir el desembarco de productos británicos provoca la promulgación en la Gran Bretaña de las actas coercitivas que imponían duras medidas contra los rebeldes. A consecuencia de ello se convoca el primer congreso continental, que redacta un memorial de agravios.		
1775	Fracasan los intentos de conciliación con las colonias promovidos por la Gran Bretaña, dando pie al comienzo de la guerra de la independencia.		

LA EXPANSIÓN EUROPEA

ÁFRICA

1684	Ataques de las potencias europeas a los otomanos piratas de Argel.
1697	Francia culmina la conquista de Senegal.
1705	En Túnez se funda la dinastía husaynita desplazando el dominio turco.
1714	El bey (gobernador) turco Ahmet funda en Trípoli la dinastía Karamanlia.
1757	Sube al trono de Marruecos Mohamed ibn Abdalá.
1758	Los británicos arrebatan a los franceses Senegal, que éstos recuperarían veinte años después.
1766	El bey Alí declara la independencia de Egipto de los turcos.
1768-1773	Decadencia del reino etíope.

ASIA

1699	Por la paz de Carlowitz, el imperio otomano cede territorios a Austria y a Rusia. Nueva exploración de las costas australianas a cargo de Dampier.
1724	China establece un protectorado en el Tíbet.
1725	El danés Vitus Jonassen Bering descubre el estrecho que lleva su nombre.
1716-1727	Expedición de Bering a Kamchatka.
1727	Un tratado fija las fronteras entre China y Rusia.
1733	Fundación de la colonia española de las Filipinas.
1736-1796	Reinado de Quianlong, con quien la dinastía de los Qing alcanza su momento de mayor esplendor.
1742	Benedicto XIV condena la política de los jesuitas en China.
1757	Los británicos adquieren Bengala. China conquista Dzungaria.
1766-1769	Viaje del conde de Bouganville por el Pacífico.
1768	James Cook inicia su expedición al Pacífico.
1770	Cook llega a la bahía Botany, en Australia.
1771-1773	Expedición del francés Ives-Joseph de Kerguélen al océano Índico.
1772-1775	Segundo viaje de Cook.
1776-1779	Tercer viaje de Cook, en el que descubre las islas Hawaii.
1778	Los británicos ocupan Chandernagar y Pondicherry.
1785-1788	Expedición del conde de La Pérouse al Pacífico.
1788	Fundación de Sydney y desembarco de la primera colonia de penados británicos.
1789-1807	Selim III intenta modernizar el aparato administrativo del imperio otomano.
1791	George Vancouver toma posesión de la Australia sudoccidental en nombre de la Gran Bretaña.
1795-1798	George Bass y Matthew Flinders reconocen las costas de Tasmania y el sur de Australia.
1798-1801	La invasión de Egipto por los franceses provoca una reacción tradicionalista en el estado otomano.

LOS ESTADOS MODERNOS EUROPEOS

PENÍSULA IBÉRICA

1495-1521 Reinado de Manuel I el Afortunado de Portugal, auténtico impulsor de la expansión portuguesa en el continente americano, donde envía sucesivamente las expediciones de Vasco da Gama, Pedro Alvares Cabral y Fernando de Magallanes.

1500-1650 Período de máximo esplendor de la cultura en España y Portugal con manifestaciones en todos los campos.

1504 Muere Isabel la católica dejando el reino a su hija Juana.

1516 Carlos I de España, hijo de Juana y Felipe, hereda de sus abuelos, los Reyes Católicos, los reinos de Navarra, Castilla y Aragón y el resto de sus posesiones en Europa y América.

1520-1523 Sublevaciones en Castilla (comuneros) y en Mallorca y Valencia (Germanías).

1521-1529 Guerra entre Carlos I de España y el rey francés Francisco I, que cae preso tras la derrota francesa en la batalla de Pavía (1525). Por el Tratado de Madrid, Francisco I renuncia al Milanesado, Génova, Borgoña y Nápoles, pero no respeta el acuerdo, una vez libre y se reanuda la guerra.

1529 La paz de Cambrai pone fin momentáneamente a las hostilidades entre franceses y españoles.

1530 Carlos I de España es coronado emperador.

1534 Fundación de la Compañía de Jesús por Ignacio de Loyola.

FRANCIA

1498 Luis XII asciende al trono francés y reclama sus derechos sobre el ducado de Milán, de donde expulsa a Ludovico Sforza.

1513 Los enfrentamientos entre Francia y la Santa Liga, formada por el papado, España, Inglaterra, Venecia y el emperador Maximiliano I concluyen con la victoria de los coaligados en Guinegate. Luis XII se ve obligado a firmar la paz con cada uno de sus rivales.

1520 Primeras manifestaciones del protestantismo en Francia.

ISLAS BRITÁNICAS

1509 Enrique VIII accede al trono de Inglaterra.

1511 Entrada de Inglaterra en la Liga Santa, formada por España, el papado y el emperador Maximiliano I contra los franceses. Enrique VIIse enfrenta contra al ejército de Jacobo IV de Escocia, a quien derrota en la batalla de Flodden Field.

1513 Victoria de la Liga Santa sobre las tropas francesas en Guinegate.

1514 Paz con Francia.

1521 Enrique VIII toma partido contra Martín Lutero y recibe del papa el título de defensor de la fe.

1527 Enrique VIII, molesto al no conseguir que su favorito Thomas Wolsey alcance el solio pontificio, se casa con Ana Bolena y rompe las relaciones con la iglesia de Roma, que lo excomulga.

1534 El Estatuto de Supremacía coloca al rey a la cabeza de la Iglesia de Inglaterra. Comienzo de la Reforma inglesa.

LOS ESTADOS MODERNOS EUROPEOS

ALEMANIA		PENÍNSULA ITALIANA		RESTO DE EUROPA	
				1490-1516	Reinado de Ladislao II, elegido rey de Hungría por los nobles.
		1499	Milán se convierte en posesión francesa, tras la derrota de Ludovico Sforza por Luis XII de Francia.	1505	Por la constitución de Radom, la dieta nacional polaca se convierte en el órgano legislativo supremo.
		1508	Formación de la Liga de Cambrai por el emperador Maximiliano I, Fernando el Católico, Luis XII y el papa Julio II, para despojar a Venecia de sus posesiones en el continente.	1506-1548	Reinado de Segismundo I en Polonia.
		1511	El emperador Maximiliano I y Enrique VIII de Inglaterra se unen contra Francia en la Liga Santa, a la que también se incorporan España, el papa Julio II, Venecia y Suiza. Milán es recuperada por la familia Sforza.		
1512	La dieta de Colonia impulsa la reorganización del imperio basada en la creación de diez territorios. Formación de un consejo aúlico.	1512	Julio II convoca el concilio de Letrán.	1512-1520	Reinado de Selim I en el imperio otomano.
		1513	Derrota total de las tropas francesas en Novara.	1513-1523	Reinado de Cristián II de Dinamarca, que en 1520 invade Suecia.
1515	Los tratados de sucesión con Bohemia y Hungría ponen las bases de una gran monarquía de los Habsburgo.	1516	Por el Tratado de Noyon, firmado entre Francisco I de Francia y Carlos I de España, los franceses conservan Milán y renuncian a sus pretensiones sobre Nápoles.		
1517	Martín Lutero clava en la puerta de la iglesia de Wittenberg sus 95 tesis contra la venta de indulgencias, punto de partida de la Reforma. Durante la dieta de Augsburgo se niega a retractarse de ellas.	1522-1525	Primera guerra entre Carlos I de España y Francisco I de Francia. Termina con la derrota francesa de Pavía y la firma del Tratado de Madrid, por el cual Francia había de renunciar al dominio de Italia.	1520-1566	Reinado del sultán otomano Solimán I que realiza incursiones constantes en Hungría y Austria, y derrota a Luis II de Hungría en la batalla de Mohacs.
				1523-1560	Reinado de Gustavo I Vasa en Suecia, durante el que se extiende la Reforma protestante
1526	La Liga de Torgau, formada por príncipes alemanes partidarios del protestantismo, consigue la promulgación de la dieta de Spira.	1526	Formación de la Liga de Cognac. Francisco I, el papa Clemente VII, el duque de Milán, Venecia y Florencia se unen contra el dominio español en Italia.	1525	Huldrych Zwingli funda en Zurich una teocracia.
1530	La dieta de Augsburgo, dictada por Carlos V (I de España), trata de salvar la unidad de los cristianos, intentando el regreso de los reformadores al seno de la iglesia. Los príncipes protestantes forman la Liga de Smalkalda.	1530	Carlos V (I de España) es coronado emperador y rey de Italia por el papa Clemente VII. El emperador nombra a Alejandro de Medici gobernante hereditario de Florencia.		

LOS ESTADOS MODERNOS EUROPEOS

PENÍNSULA IBÉRICA		FRANCIA		ISLAS BRITÁNICAS	
1545	Se inicia el concilio de Trento.			1542	Enrique VIII se declara rey de Irlanda.
1546-1547	Guerra entre el emperador y la Liga de Smalkalda, constituida en 1531 por los estados protestantes europeos. Termina con la rendición protestante en la batalla de Mühlberg.	1547-1559	Reinado de Enrique II, quien consigue anexionar definitivamente Bretaña. La guerra con España se salda con la derrota francesa en San Quintín. Persecuciones de los protestantes.	1551	Redacción de los cuarenta y dos artículos de religión de Thomas Cranmer, base del protestantismo anglicano.
				1553	María Tudor es proclamada reina de Inglaterra.
1555	Por la paz de Augsburgo Carlos V (I de España reconoce la libertad de culto a los príncipes alemanes («*culus regio, eius religio*»).			1555	Regreso al catolicismo y represión de los protestantes, varios de cuyos dirigentes, entre ellos Thomas Cranmer, son ejecutados.
1556	Carlos V (I de España) abdica en su hijo Felipe.			1558	Isabel I, coronada reina de Inglaterra, regresa al protestatismo.
1559	El Tratado de Cateau-Cambrésis pone fin a la guerra con Francia,	1559	Paz de Cateau-Cambrésis que concluye los enfrentamientos entre los Habsburgo y los Valois. Francia conserva Bretaña.	1559	El tratado de Cateau-Cambrésis devuelve Calais a Inglaterra. María Estuardo, esposa del francés Francisco II, se da el título de reina de Escocia y de Inglaterra.
		1560	Carlos IX sube al trono francés.		
		1562	Comienzan las guerras de religión en Francia entre católicos y hugonotes (protestantes).	1567	Abdicación de María Estuardo en favor de su hijo Jacobo VI.
1571	Batalla de Lepanto. Derrota de los turcos ante la flota de la Liga Santa (españoles, venecianos y ejércitos papales) al mando de don Juan de Austria.	1570	Las fuerzas hugonotes logran la aceptación de la libertad religiosa.	1571	Se abre en Londres una bolsa de valores.
		1572	Matanza de hugonotes en París (noche de San Bartolomé).		
		1585-1589	Octava guerra religiosa en Francia, conocida como de los tres Enriques: Enrique III de Francia, rey católico, Enrique de Guisa, dirigente católico, y el hugonote Enrique III de Navarra.	1586	Isabel I alienta las incursiones de Francis Drake contra las colonias españolas en América.
1588	Felipe II envía a Inglaterra la Armada Invencible, flota de invasión que es destruída frente a las costas inglesas.	1589	Enrique III de Navarra es nombrado rey de Francia (Enrique IV de Borbón). Su primera alianza con los protestantes se rompe al aceptar la ayuda de los ejércitos españoles y de la Liga Santa. Conversión del rey al catolicismo (1594).	1587	Guerra contra España, que se salda con la derrota de la Armada Invencible enviada por Felipe II.
1595-1598	Guerra contra Francia que concluye con la firma del Tratado de Vervins.				
1609-1614	Los moriscos son expulsados de España.	1598	El Edicto de Nantes concede a los hugonotes plenos derechos políticos, libertad religiosa restringida y el control de varias plazas.	1604	España e Inglaterra firman la paz. La conferencia de Hampton Court refuerza la Iglesia Anglicana.

LOS ESTADOS MODERNOS EUROPEOS

ALEMANIA	PENÍNSULA ITALIANA	RESTO DE EUROPA
		1533-1584 Reinado de Iván el Terrible en Rusia, coronado zar en 1547.
	1534-1549 Pontificado de Paulo III, que, ante el auge alcanzado por la Reforma, reconoce a los jesuitas y convoca el concilio de Trento.	1534-1559 Reinado de Cristián III de Dinamarca, hijo de Federico I. La Reforma se impone en el país y se confiscan las propiedades de la Iglesia Católica.
	1538 Francisco I y Carlos V acuerdan la tregua de Niza, que confirma la paz de Cambrai, aunque Francia conserva parte del Piamonte.	1541-1564 Juan Calvino organiza la ciudad de Ginebra como un estado teocrático. Ejecución de Miguel Servet (1553).
1545-1563 Celebración del concilio de Trento, en el que no participan los protestantes. Reforzamiento de las estructuras de la Iglesia Católica y confirmación de sus dogmas. La intervención de los jesuitas resultó decisiva en la defensa y aplicación de las tesis dogmáticas.	1544 La paz de Crépy pone fin a un nuevo enfrentamiento entre Francia y España por el dominio de Italia.	
1546-1547 Enfrentamiento entre la Liga de Smalkalda y el emperador Carlos V (I de España), que termina con la victoria de éste en la batalla de Mühlberg.		1548-1572 Durante el reinado de Segismundo II se divulga en Polonia la Reforma protestante, aunque finalmente queda establecida la supremacía de la Iglesia Católica.
1552 Guerra entre el emperador y Enrique II de Francia, aliado de los príncipes protestantes. Derrotadas las tropas imperiales en Innsbruck, Carlos V (I de España) abandona Alemania.		1552-1556 La conquista por Rusia de todo el curso del Volga abre el camino de su expansión hacia el este.
1555 Paz religiosa de Augsburgo, que supone la confirmación plena de la libertad religiosa.	1555-1559 Pontificado de Paulo IV, durante el cual se inicia la contrarreforma y se redacta el *Índice de libros prohibidos*.	1557-1571 Guerra de Livonia. Polonia, Rusia, Suecia y Dinamarca se disputan esta región.
1564-1576 Durante el reinado del emperador Maximiliano II, la posición neutral de la corona favorece el continuo avance del luteranismo en Alemania.	1569 Florencia, que se ha anexionado previamente Siena, toma el nombre de gran ducado de Toscana.	1564 Conflictos internos en Rusia entre Iván el Terrible y los boyardos (familias nobles más influyentes).
		1571 En la batalla de Lepanto, la flota turca es destruida.
1576-1612 Reinado del emperador Rodolfo II, durante el que continuan los enfrentamientos entre católicos y protestantes dentro del imperio.	1582 Reforma del calendario por el papa Gregorio XIII.	1575-1586 Reinado de Esteban Báthory en Polonia. Aliado con Suecia lucha contra Iván el Terrible.
	1585-1590 Durante el pontificado de Sixto V se reorganiza el Vaticano y se emprenden numerosas obras en Roma.	1585 Inicio de la decadencia del imperio otomano durante el reinado de Murad III.
		1604-1613 Período de desórdenes en Rusia.

LOS ESTADOS MODERNOS EUROPEOS

PENÍNSULA IBÉRICA		FRANCIA		ISLAS BRITÁNICAS	
		1610	Asesinato de Enrique IV. Luis XIII es proclamado rey de Francia, lo que supone el punto de partida del absolutismo, basado en las ideas de Thomas Hobbes.	1611	Jacobo I disuelve el parlamento ante el fracaso del Gran Convenio, que le garantizaba ciertas rentas al renunciar a determinados privilegios feudales.
				1614	Segundo parlamento de Jacobo I, en el que se prolongan sus disensiones con la nobleza en relación a los impuestos.
1618	Comienza la guerra de los treinta años, en la que España apoya al emperador Fernando II.				
1621	Felipe IV sube al trono español y deja la política del reino en manos de su valido, el conde-duque de Olivares. Se reanuda la guerra con los Países Bajos.			1621	Tercer parlamento de Jacobo I, que da lugar a la Gran Protesta de la nobleza.
		1624-1642	Administración del cardenal de Richelieu, que asienta definitivamente el poder absoluto de la monarquía. Lucha contra los privilegios políticos de los hugonotes, que son completamente aplastados tras la toma de La Rochelle. Disminución de los poderes de los *parlements* regionales en favor del poder central.	1624	Carlos I es proclamado rey. Resistencia del parlamento a las atribuciones concedidas al monarca y a los impuestos de la corona. Prestamos y expropiaciones forzosas para financiar la guerra contra Francia. Disolución del parlamento, que no volverá a convocarse hasta once años después. Persecución de los adversarios políticos del monarca.
				1630	Firma de la paz con Francia y España.
		1631	Comienza la intervención francesa en la guerra de los treinta años, en apoyo del rey Gustavo II Adolfo de Suecia y de Bernardo de Weimar.		
				1640	Parlamento corto y parlamento largo convocados por Carlos I para hacer frente a sus dificultades en Escocia y a los problemas financieros de Inglaterra.
				1641.	Abolición de la Cámara Estrellada y tratado de pacificación de Escocia. Los enfrentamientos entre Carlos I y el parlamento se agudizan.
				1642-1646	Guerra civil en Inglaterra entre el parlamento y Carlos I. Los ejércitos parlamentarios, organizados por Oliver Cromwell, derrotan a las fuerzas realistas en Manston Moor y Naseby. Carlos I recibe la ayuda de los escoceses, pero su rechazo a las peticiones de los parlamentarios hace estallar de nuevo las hostilidades. Derrota de los escoceses ante el ejército de Cromwell en la batalla de Preston.
1643	La derrota de las tropas españolas en Rocroi, marca el comienzo del declive de la supremacía española en Europa.	1643	El cardenal Mazarino sustituye a Richelieu al frente de la política francesa.		
1647	Revuelta en Nápoles contra el dominio español.				
1648	En la paz de Westfalia, que pone fin a la guerra de los treinta años, las potencias europeas reconocen la independencia de Portugal. Firma del Tratado de Münster, por el que España reconoce la independencia de las provincias unidas.	1648	Paz de Westfalia. Francia obtiene la Alsacia meridional, varios obispados, el control de la frontera del Rin y Lorena.		
				1649	Carlos I es juzgado, sentenciado a muerte y ejecutado.

LOS ESTADOS MODERNOS EUROPEOS

ALEMANIA		PENÍNSULA ITALIANA		RESTO DEL MUNDO	
1612	Matías, sucesor en el trono de Rodolfo II, intenta restablecer la autoridad imperial.			1611-1632	Gustavo II Adolfo de Suecia emprende una política de reorganización del estado.
1617	El reino de Bohemia reconoce como emperador a Fernando de Estiria (Fernando II), defensor de los intereses católicos.			1613-1645	Reinado de Miguel III, elegido zar por una asamblea nacional. Iniciador de la dinastía Románov, su gobierno pone fin a los conflictos internos en Rusia.
1618	Inicio de la guerra de los treinta años, consecuencia de las disensiones entre el emperador y las ciudades imperiales, por una parte, y entre la casa de Habsburgo y la monarquía francesa, por otra, en el marco del enfrentamiento entre católicos y protestantes.				
1619	Los nobles de Bohemia proclamar emperador a Federico V y avanzan sobre Viena.				
1620	Fernando II, con la ayuda del papado, Baviera y Sajonia, derrota a los rebeldes protestantes en la batalla de la Montaña Blanca.	1623-1644	Durante el pontificado de Urbano VIII se amplían los dominios vaticanos. En los conflictos de la guerra de los treinta años, el papa mantiene una postura neutral.	1625-1629	Cristián IV de Dinamarca, aliado con Inglaterra, los Países Bajos y los príncipes protestantes de Alemania, se enfrenta a las tropas de Fernando II, Maximiliano de Baviera y Felipe IV de España.
1629	Se promulga el Edicto de Restitución, que devuelve a la Iglesia Católica los territorios arrebatados por los protestantes.				
1630-1634	Intervención de Gustavo II Adolfo de Suecia junto al bando protestante, que es derrotado y obligado a firmar la paz de Praga.	1632	Galileo publica su *Diálogo sobre los dos máximos sistemas del mundo, tolemaico y copernicano*.	1631	A la muerte de Gustavo II Adolfo de Suecia, su canciller Axel Greve Oxenstierna se convierte en regente.
1635-1648	El cardenal de Richelieu interviene directamente en la guerra, aliado con Suecia, los Países Bajos, Saboya y Sajonia-Weimar.				
1637	Fernando III es elegido para el trono imperial por los príncipes alemanes.			1644	Los suecos comienzan en Osnabrück negociaciones para firmar la paz con el imperio.
1648	Por la paz de Westfalia, Baviera, Brandeburgo y Mecklemburgo amplían sus territorios a costa del imperio. Los estados imperiales obtienen plena soberanía y el derecho a aliarse libremente, salvo contra el emperador.			1648	Paz de Westfalia. Suecia obtiene Pomerania occidental, el ducado de Bremen y el derecho de asistencia a la dieta en la que dispondrá de tres votos. Suiza y los Países Bajos se convierten en estados independientes.

LA EUROPA ABSOLUTISTA

PENÍNSULA IBÉRICA

1656-1668 Prosigue la guerra entre Portugal y España en la que se suceden una serie de derrotas españolas. Tras la firma del Tratado de Lisboa, España reconoce la independencia de Portugal.

1658-1659 La batalla de las Dunas supone la derrota definitiva de las fuerzas españolas ante los franceses. Se firma la paz de los Pirineos en la que España cede a Francia varias plazas fuertes en Flandes y Artois, junto al Rosellón y Cerdeña. Fin de las pretensiones hegemónicas españolas en Europa.

1665 Carlos II recibe la corona española. Será el último rey de la dinastía de los Habsburgo en España.

1667-1678 Guerra con Francia. Durante su primer período, que concluye con la paz de Aquisgrán, España recobra el Franco Condado.

1674 Pedro II disuelve las cortes de Lisboa, comenzando en Portugal el período absolutista.

FRANCIA

1648-1653 Disturbios de la Fronda. Suponen una unión circunstancial entre la nobleza y la burguesía para contrarrestar el creciente poder de la corte. El cardenal Julio Mazarino es desterrado dos veces, pero la conspiración termina por ser aplastada.

1659 La paz de los Pirineos supone la ascensión de Francia al lugar de primera potencia europea.

1661 Tras la muerte de Julio Mazarino, Luis XIV asume el poder absoluto en Francia. Su reinado estará enfocado a engrandecer la posición francesa en Europa.

1667-1668 Primera guerra contra España o guerra de la devolución. Emprendida por Luis XIV para hacerse con los territorios españoles en los Países Bajos, que reclama para su esposa.

1678-1679 Después de firmar acuerdos por separado con Carlos II de Inglaterra e Irlanda y con Suecia, Luis XIV declara la guerra a los Países Bajos.

1679 El tratado de Nimega pone fin a la guerra. Los Países Bajos conservan sus territorios a cambio de su neutralidad; España cede el Franco Condado el imperio austriaco hace lo propio con Friburgo; y el electorado de Brandeburgo pierde la Pomerania sueca. El poder de Luis XIV alcanza así su cenit.

ISLAS BRITÁNICAS

1649-1660 Tras la ejecución de Carlos I se abre un período de corte republicano, la Commonwealth. Se abole el título de rey y se disuelve la cámara de los lores. Oliver Cromwell aumenta su poder hasta convertir el gobierno en una dictadura personal.

1650 Carlos II, al frente del ejército escocés, es derrotado por Oliver Cromwell en la batalla de Worcester y se ve obligado a huir a Francia.

1653 Oliver Cromwell disuelve el parlamento y el consejo de estado, nombrando otros elegidos por él (Parlamento corto).

1658 Muerte de Oliver Cromwell.

1660 Carlos II es nombrado rey. Se dictan varios decretos derogatorios de leyes dictadas durante el período anterior, tras las que el estado queda constituido como una monarquía con un parlamento moderado.

1655-1667 Nueva guerra contra los Países Bajos.
Los tratados de Breda suponen la aceptación por holandeses e ingleses de los dominios y conquistas mutuas.

1668 Se constituyen los partidos *tory* (realista) y *whig* (parlamentarista).

1677 Matrimonio de Guillermo de Orange, estatúder de Holanda, con María, hija del duque de York.

1679 El tercer parlamento de Carlos II dicta normas para que el católico duque de York pueda acceder al trono. Se redacta el acta de *habeas corpus*, que obliga a que los detenidos fueran presentados ante el juez. Represión de levantamientos presbiterianos.

LA EUROPA ABSOLUTISTA

ALEMANIA	PENINSULA ITALIANA	RESTO DE EUROPA
	1638 Carlos Manuel II es elegido rey de Saboya. La influencia de su madre durante el reinado marca un proceso de decadencia de este reino, disputado por Francia y España.	
	1644-1655 Pontificado de Inocencio X, que realiza una pésima gestión económica y abre la controversia jansenista al condenar varias tesis de esta corriente opuesta a los jesuitas.	1648-1671 Federico III asciende al trono danés, que a partir de entonces tendrá carácter hereditario.
		1654 Asciende al trono sueco Carlos X Gustavo. Alexis Románov inicia la guerra con Polonia, como consecuencia de la cual Rusia obtiene Ucrania occidental.
		1655 Suecia entra en guerra con Polonia intentando ampliar sus posesiones en el Báltico.
		1656 Guerra entre cantones católicos y protestantes en la Confederación Suiza.
1658 Leopoldo I es nombrado emperador, en competencia con Luis XIV El imperio es en realidad una agregación de principados independientes, cuyo órgano legislativo, la dieta permanente de Regensburg, carece de poder real. La autoridad del emperador se asienta exclusivamente en aquellos estados sobre los que mantiene derechos patrimoniales.		1657 Los Países Bajos participan en la guerra entre Suecia y Dinamarca para impedir la supremacía sueca en el Báltico.
		1660-1697 Reinado absolutista de Carlos XI de Suecia, quien promueve una confiscación de bienes de la aristocracia sueca.
1662-1674 El imperio entra en conflicto con Francia a través de su participación en la guerra de devolución y en la guerra holandesa.	1670-1676 La política del papa Clemente X se orienta en favor de los Habsburgo y en contra de Francia.	1672 Tropas francesas, con apoyo del ejército inglés que se ha pasado al lado de Francia, invaden los Países Bajos.
1682-1699 Austria inicia la guerra de liberación de Hungría, que había sido atacada por los turcos. Austria se pone en este conflicto del lado polaco.	1676-1689 Inocencio IX inicia una política de racionalización de los asuntos internos vaticanos. En política exterior se produce el apoyo a la guerra de Austria contra los turcos y un enfrentamiento político religioso con el rey francés Luis XIV, impulsor de una serie de medidas que reducen la importancia del papa dentro de la iglesia francesa.	1678 Tratado de Nimega. Los franceses se ven obligados a retirarse de los Países Bajos que conserva todos sus territorios.
1683 Las tropas otomanas de kara Mustafá ponen sitio a Viena. La ardua resistencia de los vieneses logra su objetivo de impedir la toma de la capital austriaca al acudir en su ayuda las tropas polaco-germanos a las órdenes de Juan III Sobieski.		1683 Tropas polacas participan en la reconquista de Hungría.

LA EUROPA ABSOLUTISTA

	PENÍNSULA IBÉRICA		FRANCIA		ISLAS BRITÁNICAS
				1685	A la muerte de de Carlos II accede al trono su hermano Jacobo II, un católico. Se produce la unión de *whigs* y *tories* en defensa de la iglesia anglicana.
		1688-1697	Guerra del Palatinado.	1687-1689	Jacobo II promulga dos declaraciones sobre la libertad de conciencia. La resistencia de los obispos anglicanos, -que sufrieron diferentes juicios-, y de la nobleza conducen a que la aristocracia ofrezca a Guillermo II de Orange, estatúder de Holanda, el trono de Inglaterra. Guillermo de Orange desembarca en Inglaterra y provoca la huida de Jacobo II.
1698	Las frecuentes muestras de locura de Carlos II —que carece de descendencia— y las pretensiones francesas de convertirse en primera potencia europea, desencadenan luchas internas por su sucesión.	1698-1700	Primeros movimientos en torno a la sucesión española. Pretenden el trono, que la falta de descendencia de Carlos II de España iba a dejar vacante, arguyendo razones de parentesco: Luis XIV de Francia, Leopoldo I de Austria y el príncipe elector de Baviera.		
1700	Carlos II nombra sucesor al francés Felipe de Anjou, nieto de Luis XIV, quien ocupa el trono ese mismo año, tras el fallecimiento del rey español, fundando la dinastía de los Borbones.	1701	Gran Alianza contra Francia a cuya cabeza se colocan Inglaterra y los Países Bajos, Francia cuenta con el apoyo de Saboya y Baviera. Comienza la guerra de sucesión en España.	1702	Ana, reina de Inglaterra, entra a formar parte de la Gran Alianza en la guerra de sucesión española. El duque de Marlborough se hace cargo de los asuntos de estado.
1703	Firma del tratado anglo-portugués de Methuen, que supone grandes ventajas para el comercio entre los dos países: intercambio de tejidos ingleses por vinos portugueses.	1703	Saboya ocupa los territorios alemanes del Rin, los bávaros invaden el Tirol e Inglaterra toma los Países Bajos.		
1705-1715	Guerra de sucesión en España. Para contrarrestar el creciente poder francés en Europa se forma la Gran Alianza (Gran Bretaña Prusia, el imperio alemán, Austria y Países Bajos), que declara rey de España a Carlos de Austria.	1704	Derrotas de franceses y bávaros ante los ejércitos de Inglaterra y Saboya, que ha cambiado de bando, en las batallas de Hüchstadt y Blenheim.	1707	Se produce la unión de Escocia e Inglaterra bajo el nombre de Gran Bretaña.
1717	El cardenal Alberoni, confesor de la segunda esposa de Felipe V, Isabel de Farnesio, hace crecer su influencia en la corte española. Por indicación suya se produce la ocupación de Sicilia por Felipe V.	1713	Tratado de Utrecht. La Gran Bretaña conserva Gibraltar y diversos territorios franceses en América, aunque cede Menorca a los españoles. Holanda recibe los territorios españoles en los Países Bajos. Saboya obtiene el reino de Sicilia. Prusia debe ceder a Francia el principado de Orange. Felipe V es reconocido como rey de España, excepto por el imperio austriaco que conservá (tras adherirse al tratado de Utrecht con la firma del Tratado de Rastatt) Nápoles, Cerdeña y Milán.	1714	La muerte de Ana y de Sofía de Hannover produce enfrentamientos entre *whigs* y *tories*, que se saldan con la extinción de la casa de los Estuardo y la subida al trono de Inglaterra de los Hannover.
1718	La Cuádruple Alianza (Gran Bretaña, Francia, Países Bajos y Austria) infringe serias derrotas a las tropas españolas.				
1720	El Tratado de La Haya supone la renuncia de Felipe V a Sicilia y Cerdeña, aunque conserva para su hijo Carlos los ducados de Parma, Placencia y Toscana.	1720	A instancias del inglés John Law se funda el Banco Real y se crean diferentes sociedades accionariales para la gestión de los intereses franceses en América. Se produce una fuerte inflación y la bancarrota del estado.	1720	Firma de la paz con España. Durante el gobierno de *sir* Robert Walpole se fundan las bases del sistema parlamentario moderno: el primer ministro será un miembro de la mayoría parlamentaria, que tan sólo responderá de sus actos ante el parlamento.

LA EUROPA ABSOLUTISTA

ALEMANIA

1684	Venecia entra a formar parte de la Santa Alianza.Continúan los avances aliados, recuperándose Budapest y los territorios de Morea.
1688-1697	Austria reduce su participación en la guerra contra los turcos dedicando sus mayores efectivos a la guerra emprendida por la Liga de Augsburgo contra Francia. Francia invade y devasta el Palatinado. Se produce la toma de Belgrado por los austriacos.
1690	Derrota de las tropas aliadas frente a las francesas. Los turcos recuperan Belgrado y expulsan a los austriacos de Servia, Bulgaria y Transilvania.
1697	El Tratado de Carlowitz pone fin a la guerra austro-turca. El imperio austriaco recibe Hungría, Transilvania, Croacia y Eslavonia, mientras su aliado polaco obtiene Podolia. Augusto II, elector de Sajonia, es nombrado rey de Polonia en sucesión de Juan III Sobeski.
1701	Federico III, elector de Brandeburgo, se corona a sí mismo rey de Prusia, con el título de Federico I, y contando con la aprobación del emperador.
1713	Tras el Tratado de Utrecht, Austria no reconoce la monarquía de los Borbones en España y pasa a controlar los Países Bajos y los dominios españoles en Italia.
1718	Cuádruple Alianza (Gran Bretaña, el imperio, Francia y los Países Bajos) que obliga a España a respetar el Tratado de Utrecht: devolución de Cerdeña y Sicilia (Reino de Cerdeña) a cambio del reconocimiento de la monarquía borbónica en España.

PENÍNSULA ITALIANA

1684-1689	Conquista de Morea por tropas venecianas.
1685	Persecuciones de herejes en Saboya, cuyo rey, Víctor Amadeo II había subido al trono en 1675 bajo la regencia de su madre, Jean de Nemours. Ésta tomá abiertamente partido por Luis XIV de Francia que influía directamente en la política interna de Saboya.
1690-1701	Conflictos de la guerra de sucesión española que tienen lugar en Italia. Victor Amadeo cambia varias veces de bando, apoyando alternativamente a Francia y a la Gran Alianza.
1700-1721	Clemente XI toma partido por Francia en la controversia entre Borbones y los Habsburgo. Su condena del jansenismo agrava las disputas en el interior de la iglesia.
1707	En el curso de la guerra de sucesión española, los austriacos invaden Nápoles.
1713	Tratado de Utrecht. Saboya recibe Sicilia y Víctor Amadeo es proclamado rey. Nápoles y Cerdeña, junto con Milán, pasan a depender de Austria.
1718	Venecia pierde Morea en el Tratado de Passarowitz. La importancia de este estado en Europa se reduce enormemente.

RESTO DE EUROPA

1689	Guillermo II de Orange es nombrado rey de Inglaterra. Pedro I el Grande sube al trono ruso: reorganiza el estado en detrimento de la aristocracia y el clero, a la par que emprenderá el fomento de la industria, el comercio y la educación.
1689-1697	Participación de los Países Bajos en la Liga de Augsburgo contra los franceses.
1696	Las tropas rusas toman Azov, controlando así la entrada al mar Negro.
1697	Tratado de Rijswijk. Holanda conserva sus posesiones de antes de la guerra. Sube al trono de Suecia Carlos XII.
1700	Estalla la gran guerra del norte, promovida por una alianza entre Polonia, Dinamarca y Rusia para evitar la supremacía sueca en el mar Báltico.
1702-1713	Participación de los Países Bajos y de los cantones protestantes suizos en apoyo de la Gran Bretaña durante la guerra de sucesión española.
1709	Derrota definitiva de las tropas suecas en el frente ruso durante la batalla de Poltava. Pedro I el Grande obliga a Carlos XII a retirarse a Turquía.
1718	Muerte de Carlos XII de Suecia durante una expedición militar.
1720	El Tratado de Estocolmo pone fin a la guerra del norte.
1721	Tratado de Nystad. Rusia cede Finlandia a cambio de varios territorios suecos en el Báltico.
1733	Guerra de sucesión en Polonia.

LA EUROPA ABSOLUTISTA

PENÍNSULA IBÉRICA		FRANCIA		ISLAS BRITÁNICAS	
1734	La intervención española en la guerra de sucesión polaca trae como consecuencia la cesión por Austria de Nápoles y Sicilia.	1733-1738	Participación de franceses y españoles en la guerra de sucesión polaca.	1729	Tratado de Sevilla con España por el que, a cambio de reconocer los derechos españoles en Italia, la Gran Bretaña conserva Gibraltar.
1740	Entrada de España en la guerra de sucesión austriaca.	1740-1748	Francia toma parte en la guerra de sucesión austriaca en defensa de los intereses del elector de Baviera.	1740-1748	Participación de la Gran Bretaña en la guerra de sucesión austriaca.
1743	Pacto de familia entre España, Francia, Dos Sicilias y Prusia contra la coalición de la Gran Bretaña. Austria y Saboya.			1748	La Gran Bretaña firma el tratado de Aquisgrán, por el que las naciones participantes en la guerra de sucesión austriaca se devuelven recíprocamente las conquistas realizadas.
1755	Terremoto en Lisboa, que destruye por completo la capital portuguesa. El marqués de Pombal, a la sazón secretario de asuntos exteriores, persona fuertemente influida por el pensamiento ilustrado, se hace cargo de la gestión del estado.	1756-1763	Participación de Francia en la guerra de los siete años en alianza con Prusia.	1756-1763	Guerra de los siete años contra Francia, motivada por los conflictos surgidos en torno a los territorios norteamericanos de ambas potencias.
1759	Carlos de las Dos Sicilias ocupa el trono español con el nombre de Carlos III.				
1766	La política de Carlos III favorece los intereses de la pequeña burguesía en detrimento de los del clero y la nobleza. Como consecuencia de ello estalla el motín de Esquilache, que consigue la destitución de este consejero real y la subida al poder de los reformistas (Aranda, Floridablanca, Campomanes).				
1767	Decreto de expulsión de España de los jesuitas.	1774	Luis XVI es nombrado rey. Contrae matrimonio con María Antonieta, hija de la emperatriz María Teresa de Austria, que se hizo muy impopular. Durante su reinado, bajo la influencia del despotismo ilustrado, se realizan diferentes reformas financieras.	1775-1783	Guerra por la independencia de los Estados Unidos, donde la Gran Bretaña tiene como enemigos a franceses, españoles y holandeses.
1779	Francia y España se alian contra la Gran Bretaña en la guerra de independencia estadounidense.				
1788	Carlos IV sucede a su padre en el reino de España. Manuel Godoy, favorito de la reina, se hace cargo de los asuntos de estado.	1781-1787	Progresivo endeudamiento del estado. La resistencia de la nobleza y de los parlamentos regionales a asumir nuevos préstamos y a soportar nuevos impuestos, provocan el destierro del parlamento de París y la convocatoria de un antiguo cuerpo legislativo, los Estados Generales, que hacía más de siglo y medio que permanecían inactivos.	1783	El Tratado de París pone fin a la en los Estados Unidos. Se reconoce la independencia de trece estados americanos.

LA EUROPA ABSOLUTISTA

ALEMANIA		PENÍNSULA ITALIANA		RESTO DE EUROPA	
		1735	Tratado de Viena. La situación de Saboya en el contexto europeo no sufre modificaciones. Nápoles y Sicilia pasan a ser dominadas por España, a condición de que ambas coronas no se unan nunca.		
1740	Federico II el Grande asciende al trono prusiano, al tiempo que María Teresa de Austria sucede a su padre, Carlos VI, a la cabeza del imperio, rompiendo la tradicional línea masculina de los Habsburgo.	1735-1759	Carlos III, hijo del monarca español Felipe V, es nombrado rey de Nápoles y Sicilia.	1739	Rusia consigue retener Azov tras el tratado de Belgrado, territorio que había vuelto a conquistar en el curso de la guerra de sucesión polaca.
1740-1748	Como consecuencia de la elección de María Teresa estalla la guerra de sucesión austriaca.	1742	Saboya apoya a los Austria en la guerra de sucesión austriaca.		
1745	Alianza de Austria con la Gran Bretaña, los Países Bajos y Sajonia contra Prusia. Sucesivas derrotas de los ejércitos imperiales. María Teresa casa con Francisco de Lorena-Toscana (Francisco I). El tratado de Dresde entre Prusia y Austria pone fin al conflicto.	1745	Francisco de Lorena-Toscana es nombrado emperador austriaco a causa de su matrimonio con María Teresa.	1745	Los Países Bajos entran a formar parte de la alianza entre la Gran Bretaña y Austria contra Prusia y Francia.
		1745-1790	El reinado en Toscana de Leopoldo I se caracteriza por las abundantes reformas administrativas y económicas emprendidas. Leopoldo es nombrado emperador en 1790.		
1748	Firma del Tratado de Aquisgrán.	1748	Tratado de Aquisgrán. Saboya recibe el ducado de Milán.	1748	Guillermo IV de Orange-Nassau es nombrado estatúder de Holanda y funda la dinastía de Orange-Nassau, que conservará hereditariamente el cargo.
				1756-1763	Guerra de los siete años: Rusia se alía con Austria para combatir el creciente poder de Fede-
1762	Federico firma una tregua parcial con Suecia en el Tratado de Hamburgo.	1759	Subida al trono de Nápoles de Fernando I, al asumir su padre Carlos III, la corona española.		
		1769-1774	El papa Clemente XIV ordena la disolución de la Compañía de Jesús.	1771	Gustavo III de Suecia acaba, mediante un golpe de estado con el período de gobierno parlamentario en su país. Se instaura en Suecia una monarquía absolutista influida por el pensamiento ilustrado.
1778-1779	Guerra de sucesión en Baviera y Tratado de Teschen, por el que Prusia, Austria y Sajonia se reparten la soberanía de diversos territorios.	1773-1789	Las alianzas de Víctor Amadeo III de Saboya con los austriacos para frenar los avances de la revolución francesa, concluyen con la ocupación de Italia por las tropas de Napoleón Bonaparte.		
1785	Liga de los príncipes alemanes bajo los auspicios de Federico II de Prusia, en un intento de oponerse al proyecto imperial de intercambiar Baviera por los Países Bajos austriacos y trasladar a Viena la corona húngara.			1785	Conflictos internos en los Países Bajos entre el estatúder y políticos pro-franceses.
				1788	Gustavo III de Suecia emprende una guerra contra Rusia en la que pierde Finlandia.

REVOLUCIÓN Y RESTAURACIÓN

FRANCIA		PENÍNSULA IBÉRICA		ISLAS BRITÁNICAS	
		1788-1808	Reinado de Carlos IV de España, que supone un retroceso con respecto a la política ilustrada de su predecesor.	1783	Por la paz de Versalles, la Gran Bretaña reconoce la independencia de los Estados Unidos.
1789	Se reúne por iniciativa del tercer estado una Asamblea Nacional que poco después se convierte en constituyente. Asalto a la Bastilla por el pueblo. Abolición del régimen feudal. Declaración de los Derechos del Hombre y del Ciudadano.	1789	Abolición de la Ley Sálica que impedía la sucesión femenina al trono español.	1789	Comienza la mecanización de la industria británica.
1790	Promulgación de la constitución civil del clero, cuyos miembros pasan a ser funcionarios del estado.	1790	En España, el ministro Floridablanca emprende una campaña contra la propaganda revolucionaria francesa que no impide la difusión de las nuevas ideas.		
1791	La Asamblea Nacional proclama una nueva constitución.				
1792	Declaración de guerra a Austria. Inicio de la primera guerra de coalición. Formación de la Comuna de París y convocatoria de una Convención Nacional que instaura la república.	1792	Juan VI asume la regencia de Portugal. En España, Manuel Godoy decreta la expulsión de los súbditos franceses. La Convención declara la guerra a España. Se firma una alianza hispano-británica. Tropas españolas invaden la región francesa del Rosellón.		
1793	Ejecución de Luis XVI. Declaración de guerra a la Gran Bretaña y las Provincias Unidas. Comienzo del terror.			1793	Intervención de la Gran Bretaña en la primera guerra de coalición contra Francia.
1794	Breve dictadura de Maximilien de Robespierre, que muere ejecutado.	1794	El ejército francés ocupa algunos enclaves del norte de España.		
1795	Supresión del tribunal revolucionario. Constitución del año III. Fin de la Convención. Instauración del Directorio.	1795	Bilbao y Vitoria caen en manos francesas. Aparición de focos insurgentes entre los partidarios de las ideas revolucionarias. Firma de la paz de Basilea con Francia.		
1796	Napoleón Bonaparte se hace cargo del ejército de Italia.	1796	Mediante el Tratado de San Ildefonso, España se alía con el Directorio francés. Derrota de la flota española por la británica.		
1799	Golpe de estado de Napoleón . Comienzo del Consulado y fin de la primera república.				
1799-1802	Segunda guerra de coalición. Derrota austriaca y firma de la Paz de Amiens con el Reino Unido, España y las Provincias Unidas. Francia amplía sus fronteras.	1801	Inicio de la «guerra de las naranjas» entre España y Portugal, ante la negativa portuguesa a cerrar sus puertos al comercio británico. La paz de Badajoz pone fin a la guerra.	1801	Irlanda se incorpora al Reino Unido mediante la Ley de la Unión.
1804	Napoleón se corona emperador.	1804	Carlos IV de España declara la guerra al Reino Unido.		

REVOLUCIÓN Y RESTAURACIÓN

EUROPA CENTRAL		PENÍNSULA ITALIANA		RESTO DE EUROPA	
1791	Formación de una alianza austro-prusiana para impedir la difusión en Europa de las ideas revolucionarias francesas (Declaración de Pilnitz).				
1792	Francia declara la guerra a Austria.				
1792-1797	Primera guerra de coalición. Todas las potencias europeas, excepto Rusia, se unen contra Francia.	1796	Napoleón Bonaparte inicia una victoriosa campaña en Italia.		
		1797	Firma de la paz de Tolentino entre Napoleón y el papa Pío VIPor la paz de Campo Formio, Austria reconoce la República de Liguria, entrega Lombardía a Francia y recibe a cambio Venecía.		
1798	Invasión de Suiza por las tropas francesas y proclamación de la República Helvética, de carácter unitario.	1798	Napoleón conquista Roma y convierte el estado pontificio en República Romana.		
1799	Comienza la segunda guerra de coalición.	1799	Se proclama en Nápoles la República Partenopea.	1799-1802	Rusia, Austria, Sicilia y Turquía se alían al Reino Unido en la segunda coalición contra Francia.
1801	Mediante la paz de Lunéville, Napoleón Bonaparte reorganiza el Sacro Imperio Romano germánico.			1801	Rusia se coaliga con Suecia, Dinamarca y Prusia para proteger el comercio neutral. El Reino Unido bombardea Copenhague como represalia.
1802	Por la paz de Amiens, Austria es obligada a aceptar las condiciones de Campo Formio.				
1803	En Suiza, una reacción federalista obliga a Napoleón a retirar sus tropas y promulgar el Estatuto de Mediación, que reconstituye la organización federal del país.				
1804	Francisco II adopta el título de emperador de Austria.			1804-1813	Primera insurrección en Servia frente al imperio otomano. Concluye con la ocupación militar turca.
1805	Tercera guerra de coalición. Derrota austriaca en Ulm y ocupación de Viena por Napoleón. Victoria francesa en Austerlitz. Firma del tratado de Schönbrunn entre Francia y Prusia; a cambio de concesiones territoriales, Prusia se integra en el sistema defensivo napoleónico.	1806	Anexión de Venecia al Reino de Italia (República Cisalpina).		
1807	Paz de Tilsit. Prusia sufre grandes pérdidas territoriales y queda bajo control francés.	1807	Fundación de la sociedad secreta de los carbonarios, contraria al absolutismo, para combatir la dominación francesa de Italia.	1807	Paz de Tilsit. Francia accede a no intervenir en las relaciones rusas con Suecia.

REVOLUCIÓN Y RESTAURACIÓN

FRANCIA

1805	Inicio de la tercera guerra de coalición. Victoria británica en Trafalgar y derrota de los coaligados en Austerlitz. Hegemonía francesa sobre la Europa centrooriental.
1806-1807	Cuarta guerra de coalición como consecuencia del intento, por parte de Napoleón, de prohibir el comercio europeo con el Reino Unido. Rusia y Francia se reparten Europa.
1812	El imperio napoleónico alcanza su máxima expansión.
1814	Ataque aliado contra Francia. Napoleón es depuesto y confinado en Elba. Se restaura la monarquía borbónica en Francia con Luis XVIII.
1815	Napoleón regresa a París, reúne un ejército y vence a los aliados en Ligny. Poco después es derrotado definitivamente en Waterloo. El Congreso de Viena establece el nuevo mapa político europeo.
1824-1830	Reinado de Carlos X, que cuenta con el apoyo de la iglesia y sectores conservadores. Su enfrentamiento con la mayoría liberal de la Asamblea, a partir de 1828, desencadena la revolución de julio de 1830, tras la cual el rey abdica y huye a Inglaterra.

PENÍNSULA IBÉRICA

1805	La flota hispano-francesa es derrotada en Trafalgar.
1807	Firma del tratado de Fontainebleau, pacto entre Napoleón y Manuel Godoy que prevé la conquista y el reparto de Portugal y autoriza para ello el paso por España del ejército francés.
1808	Motín de Aranjuez. Revuelta popular que pone fin a la dictadura de Manuel Godoy y fuerza la abdicación de Carlos IV, quien finalmente cede todos sus derechos dinásticos al emperador francés. Napoleón proclama rey de España a su hermano José.
1809-1811	El ejército francés ocupa la mayor parte del territorio peninsular, en el que se multiplican los focos guerrilleros. Levantamientos independentistas en las colonias americanas.
1812	Inicio de la contraofensiva hispano-británica. Aprobación de la Constitución de Cádiz, de carácter liberal.
1814-1820	Fernando VII de España abole la constitución de 1812, e ins-
1820-1823	Los liberales gobiernan en España, tras un pronunciamiento militar que obliga al rey a jurar la constitución. Fernando VII recupera el poder absoluto con la ayuda de las potencias de la Cuádruple Alianza.

ISLAS BRITÁNICAS

1805	Victoria del almirante Horatio Nelson en Trafalgar.
1806	El bloqueo del comercio continental impuesto por Napoleón obliga al Reino Unido a buscar nuevos mercados para sus productos e impulsa su poderío naval.
1808-1814	Guerra de independencia española, tras la que el Reino Unido se apodera de la mayor parte de las colonias francesas y holandesas.
1815-1820	El gobierno *tory* promulga las Leyes del Trigo, de carácter proteccionista y contrarias a los intereses de los trabajadores. Como reacción a las manifestaciones de descontento, los conservadores imponen restricciones a la libertad de prensa y de asociación.
1824	Reconocimiento legal de los sindicatos británicos (Trade Unions).
1829	Revocación de la Unión angloirlandesa de 1801. El norte de Irlanda siguió anexionada al Reino Unido.

REVOLUCIÓN Y RESTAURACIÓN

EUROPA CENTRAL		PENÍNSULA ITALIANA		RESTO DE EUROPA	
1809	Austria, apoyada por España, Portugal y el Reino Unido, se levanta contra Francia.			1809	Tras dos años de guerra, Suecia cede al zar Finlandia, que no se incorpora al imperio ruso y conserva sus instituciones.
				1810	Rusia abandona el bloqueo continental ante la crisis económica Napoleón crea el ducado de Varsovia. Carlos XIII de Suecia, quien carece de herederos, nombra su sucesor al mariscal francés Jean-Baptiste Bernadotte.
		1812	Sólo Cerdeña y Sicilia quedan fuera de la influencia del imperio napoleónico.	1812	Acuerdo entre Jean-Baptiste Bernadotte y el zar Alejandro I. El primero reconoce el dominio ruso sobre Finlandia a cambio del compromiso de Rusia de arrebatar Noruega a Dinamarca.
1814-1815	Celebración del Congreso de Viena presidido por el ministro austriaco Metternich. Anexión de la mayor parte de Polonia por Rusia. Austria recibe la región de Galitzia, una porción de Polonia y el dominio indirecto de varios ducados italianos. Prusia se anexiona una pequeña extensión de Sajonia, además de Westfalia, los territorios de la orilla izquierda del Rin y Pomerania.	1815	El nuevo equilibrio europeo establecido por el Cogreso de Viena consagra el predominio austriaco en Italia (reino lombardo-véneto y ducados de Parma, Módena y Toscana). Se inicia el *Risorgimento,* movimiento que pretende la unificación italiana de acuerdo con las ideas liberales y que cuenta con el apoyo de numerosos intelectuales, organizados en sociedades secretas.	1814-1815	Congreso de Viena. Rusia conserva Finlandia y el este de Moldavia y obtiene la mayor parte de Polonia. Suecia se anexiona Noruega, que pertenecía a Dinamarca, con la excepción de Islandia, Groenlandia y las islas Feroe.
1815-1830	Período de predominio del absolutismo y de aplastamiento de los movimientos nacionalistas y liberales, inspirados en la revolución francesa, que suponen una amenza para la precaria estabilidad política de la Europa central derivada del Congreso de Viena.			1818-1844	Reinado de Carlos XIV de Suecia caracterizado por su política conservadora.
1819	Metternich consigue de la Confederación Germánica la firma de los acuerdos de Karlsbad, conjunto de medidas tendentes a sofocar el movimiento nacionalista liberal que tenía en la Universidad de Berlín uno de sus principales focos.	1820	Insurrección de Nápoles, durante la cual Fernando I de Borbón concede una constitución. La intervención del ejército austriaco pone fin al gobierno	1821	Sublevación de nacionalistas griegos en el Peloponeso.
				1826	Tratado de Akkerman. Reconocimiento de autonomía limitada para Servia.
				1827	Tratado de Londres. Rusia, la Gran Bretaña y Francia apoyan con las armas la independencia griega.
				1831	Guerra entre Polonia y Rusia por el dominio de Lituania. Derrota polaca y abolición de su constitución.

INDEPENDENCIA DE AMÉRICA

NORTEAMÉRICA		MÉXICO	
1763	Por el Tratado de París, que da fin a la guerra de los siete años, Francia cede Canadá a la Gran Bretaña.		
1764	Nueva reglamentación comercial británica sobre el azúcar, la moneda y el timbre, que perjudica a los intereses de las trece colonias británicas en Norteamérica.	1764-1771	El visitador general José de Gálvez impulsa una serie de reformas para liberalizar el comercio y reorganizar la administración.
1765	Congreso representativo de las trece colonias, que rechaza los impuestos de la metrópoli.	1766-1771	El marqués de Croix gobierna el Virreinato de la Nueva España junto con el visitador Gálvez. Reestructuración del sistema fiscal.
		1767	Expulsión de los jesuitas del virreinato.
		1771-1779	Gobierno del virrey Antonio María Bucareli.
1774	Representantes de las colonias se reúnen en el primer congreso continental de Filadelfia, que establece un gobierno. Por el Estatuto de Quebec, la Gran Bretaña reconoce las instituciones francocanadienses, al objeto de evitar la propagación del movimiento independentista de las trece colonias.		
1775	Se inicia la guerra de la independencia en las trece colonias. George Washington es nombrado comandante en jefe del ejército colonial.		
1776	El 4 de julio se declara la independencia. Los británicos son derrotados en Trenton.		
1777	El general norteamericano Horacio Gates vence a los británicos en Saratoga. Benjamin Franklin pide en París el apoyo a la causa independentista.		
1778	Francia entra en la guerra en contra de la Gran Bretaña.		
1781	El ejército del general británico Charles Cornwallis se rinde en Yorktown.		
1783	Por la paz de Versalles, la Gran Bretaña reconoce la independencia de sus antiguas colonias y cede diversos territorios a Francia y España.	1784	Se crean 18 intendencias en sustitución de las alcaldías mayores y los corregimientos.
1787	La Convención de Filadelfia elabora la constitución de los Estados Unidos.		
1789	La constitución entra en vigor y George Washington toma posesión del cargo presidencial.	1789-1794	El virrey Juan Vicente de Güemes, conde de Revillagigedo, introduce importantes reformas.
1801-1909	El republicano Thomas Jefferson asume la presidencia. Democratización de las instituciones y conquista del oeste.		
1803	Francia vende la Louisiana a los Estados Unidos.	1803-1808	Gobierno del virrey José de Iturrigaray, simpatizante de las ideas liberales.
		1808	La invasión de España por el ejército de Napoleón provoca la formación de una junta de gobierno en la capital, con la aprobación del virrey. Los grupos conservadores disuelven la junta y nombran virrey al mariscal de campo Pedro de Garibay.

INDEPENDENCIA DE AMÉRICA

CENTROAMÉRICA Y EL CARIBE		SUDAMÉRICA	
1763	El Tratado de París permite a los británicos cortar madera en Belice.		
1773	Un terremoto destruye la antigua ciudad de Guatemala.		
1775	Una cédula real autoriza la construcción de la nueva ciudad de Guatemala. Las provincias de Nicaragua, Costa Rica y la alcaldía mayor de Nicoya se unen para formar la intendencia de Nicaragua.	1776	El río de la Plata se convierte en virreinato.
1777	El Tratado de Aranjuez fija los límites entre los territorios de España y Francia en la isla de La Española.	1778	El comercio se liberaliza en los puertos hispanoamericanos.
		1780	Sublevación india de Túpac Amaru en el Perú, que coincide con la de Tomás Catari en territorio boliviano.
		1781	Revuelta de los comuneros en Nueva Granada.
		1782	José Antonio Galán y otros comuneros son ejecutados en Santa Fe.
1786	Se crea la intendencia de San Salvador.	1782-1788	El virrey Antonio Caballero y Góngora promueve la reconciliación y la actividad cultural en Nueva Granada.
1787	Costa Rica recibe el monopolio del tabaco.		
1790	Primeros brotes independentistas en Cuba.	1789	Intento independentista de Tiradentes en Brasil.
1794	Los franceses declaran la abolición de la esclavitud en Haití.	1794	Antonio Nariño traduce y publica la Declaración de los Derechos del Hombre y del Ciudadano. Primera conjura independentista en Quito.
1795	España entrega a Francia la parte oriental de La Española por el Tratado de Basilea.	1795	Rebelión de esclavos en Coro (Nueva Granada).
1797	El gobernador, Tomás de Acosta, introduce el cultivo del café en el territorio costarricense. Los británicos atacan Puerto Rico.	1797	Se descubre en Venezuela la conjuración de Manuel Gual y José María España.
1801	Toussaint-Louverture es elegido gobernador de Haití y ocupa toda la isla.	1806	Una fuerza británica ataca y ocupa Buenos Aires; los rioplatenses reconquistan la ciudad y destituyen al virrey Rafael de Sobremonte. Francisco de Miranda ataca sin éxito Coro, en Nueva Granada.
		1807	Nuevo ataque británico a Buenos Aires y Montevideo, rechazado por los rioplatenses.
1808	El movimiento nacional dirigido por Juan Sánchez Ramírez derrota a los franceses en Santo Domingo.	1808	Se debilita el poder español en los virreinatos sudamericanos como consecuencia de la invasión francesa de la península. Se forma una junta de gobierno en Montevideo contra el virrey Santiago de Liniers.
1809	Santo Domingo vuelve a poder español (período de la "España boba").	1809	Las autoridades españolas disuelven la junta de Montevideo. Se crean otras juntas en La Paz y Charcas (Bolivia), que son reducidas por tropas realistas procedentes del río de la Plata y del Perú. El movimiento criollo autonomista de Quito instala una junta que también es vencida por las fuerzas realistas.

INDEPENDENCIA DE AMÉRICA

NORTEAMÉRICA

1809-1817	Presidencia de James Madison.
1812	Guerra entre la colonia británica de Canadá y los Estados Unidos, que concluye con la fijación definitiva de las fronteras entre ambos países.
1812-1814	Guerra de los Estados Unidos contra el Reino Unido, provocada por disputas fronterizas en Canadá.
1817-1825	Presidencia de James Monroe.
1819	Los Estados Unidos adquieren de España el territorio de Florida.
1822	Los Estados Unidos reconocen la independencia de las repúblicas hispanoamericanas.
1823	La doctrina Monroe rechaza cualquier intervención de las potencias europeas en América.
1825-1829	Presidencia de John Quincy Adams.
1827	Construcción del primer ferrocarril estadounidense, entre Baltimore y el río Ohio.
1829	Gobierno del demócrata Andrew Jackson.

MÉXICO

1809	La Junta Suprema de Sevilla nombra virrey al arzobispo de México, Francisco Javier Lizana y Beaumont.
1810	Nombramiento de Francisco Javier Venegas como virrey. Con el "grito de Dolores" (15-16 de septiembre), el cura Miguel Hidalgo inicia la sublevación campesina de Querétaro.
1811	Tras ser derrotado en Puente Calderón, Hidalgo es apresado y fusilado, junto con Juan Aldama y José Mariano Jiménez, en Chihuahua. José María Morelos prosigue la insurreción.
1813	Reunión del Congreso Nacional Constituyente de Chilpancingo, que nombra a Morelos general en jefe y declara la independencia de México.
1814	Constitución republicana de Apatzingán.
1815	Fuerzas criollas y españolas vencen en Texmalaca a Morelos, que es ejecutado en San Cristóbal Ecatepec.
1816-1821	El virrey Juan Ruiz de Apodaca restablece la autoridad española e intenta atraerse a los rebeldes. Vicente Guerrero continúa la lucha por la independencia.
1820	Tras el pronunciamiento liberal de Rafael del Riego en España, el ejército y los sectores criollos conservadores abrazan la causa independentista en contra de Apodaca, que jura la Constitución de Cádiz.
1821	Agustín de Iturbide, jefe del ejército español, pacta el plan de Iguala con Guerrero y se une a los insurgentes. Iturbide negocia con el virrey Juan O'Donojú la retirada española y, el 28 de septiembre, se proclama la independencia.
1822	Iturbide da un golpe de estado y se hace proclamar emperador de México con el nombre de Agustín I.
1823	Las sublevaciones de Vicente Guerrero y de Antonio López de Santa Anna provocan la abdicación y el destierro de Iturbide.
1824	Iturbide vuelve a México y es ejecutado. El congreso aprueba la constitución federal de los Estados Unidos Mexicanos, cuyo primer presidente es Guadalupe Victoria.
1825	Se decreta la abolición de la esclavitud.
1827	Se desbarata la conjuración españolista de fray Joaquín Arenas; expulsión de residentes españoles.
1829	Se rechaza una invasión española en Tampico. Guerrero se alza en armas contra el gobierno.

INDEPENDENCIA DE AMÉRICA

CENTROAMÉRICA Y EL CARIBE		SUDAMÉRICA	
		1810	Se forman juntas en las principales ciudades. Los revolucionarios de Charcas son detenidos y ejecutados. En Caracas es destituido el capitán general Vicente de Emparán. En Buenos Aires, el virrey Baltasar Hidalgo de Cisneros convoca un cabildo abierto cuyos participantes protagonizan la revolución de mayo. La junta de Cartagena de Indias (Nueva Granada) expulsa al gobernador; en Santa Fe se forma la Junta Suprema del Reino de Granada y se expulsa al virrey.
		1811	José Gervasio Artigas inicia la insurrección en la Banda Oriental del Uruguay. Se declara la independencia en Cundinamarca y Cartagena (Colombia). Tropas realistas procedentes del Perú ocupan el territorio boliviano. Se proclama en Caracas la independencia y se elabora una constitución.
1812	Sublevación de esclavos en Cuba, que envía dos diputados a las Cortes de Cádiz.	1812	Se proclama el Reino de Quito, desarticulado por los españoles. Francisco de Miranda capitula en San Mateo y Simón Bolívar inicia una campaña en el bajo Magdalena.
1814	Fracasa la rebelión de Arce y Manuel Rodríguez.		
		1816	Santa Fe cae en poder de los realistas. Bolívar libera la parte oriental y central de Venezuela.
		1817	El ejército de José de San Martín y Bernardo O'Higgins entra en Chile y vence en Chacabuco.
		1819	El virrey de Nueva Granada, Juan de Samano, abandona Bogotá. Simón Bolívar derrota a los realistas en Boyacá. Reunión del Congreso de Angostura y proclamación de la Gran Colombia.
1821	El 15 de septiembre la Capitanía General de Guatemala proclama la independencia con el apoyo de los sectores conservadores opuestos al régimen liberal instaurado en España. El territorio de Chiapas queda unido a México, mientras que los territorios de Nicaragua, El Salvador, Honduras y Costa Rica se adhieren al movimiento. José Núñez de Cáceres, teniente y gobernador de Santo Domingo, proclama la independencia de Haití Español. En Cuba fracasa un movimiento independentista.	1821	San Martín proclama la independendencia en Lima. El congreso de Cúcuta elabora la constitución de la Gran Colombia y nombra presidente a Bolívar. Derrota de los realistas en Carabobo.
		1822	La victoria de Antonio José de Sucre en Pichincha sella la independencia de Quito, cuya audiencia se integra en la Gran Colombia. Se proclama en Lima la República del Perú. El regente don Pedro proclama la independencia de Brasil y se proclama emperador.
1823	San José se impone sobre Cartago como capital de Costa Rica. Tropas mexicanas ocupan San Salvador en febrero. El general mexicano Vicente Filisola convoca un congreso y el 24 de junio se declara la independencia de las Provincias Unidas de Centroamérica.		
1825	El salvadoreño Manuel José Arce es elegido presidente de las Provincias Unidas, en contra de los grupos liberales de Guatemala y San Salvador. Francia reconoce la independencia de Haití.	1825	Se proclama en Chuquisaca la República Bolívar (Bolivia), cuyo primer presidente es Simón Bolívar. Juan Antonio Lavalleja proclama la independencia de la Banda Oriental.
1826	Arce disuelve el congreso federal. Manuel Antonio de la Cerda es nombrado presidente del estado federado de Nicaragua, que adopta una constitución propia.	1826	Sucre es elegido presidente de Bolivia. José Antonio Páez se subleva en Venezuela. Se reúne en Panamá el primer Congreso Interamericano. Los patriotas colombianos conquistan Cartagena.
1830	El hondureño Francisco Morazán es elegido presidente de las Provincias Unidas.	1830	Bolívar renuncia a la presidencia de la Gran Colombia, de la que se separan Venezuela y el Ecuador. Muere Bolívar.

NACIONALISMOS EN EUROPA Y AMÉRICA

EUROPA OCCIDENTAL.		EUROPA ORIENTAL	
		1828-1829	Guerra ruso-turca. El ejército del zar Nicolás I llega hasta las puertas de Constantinopla. Por el Tratado de Adrianópolis (1829) entre Austria, Prusia y Rusia, esta última obtiene importantes concesiones territoriales y el derecho de protección sobre Servia y Grecia.
1830	Revolución de julio en Francia. Carlos X abdica y huye a Inglaterra. Levantamiento de Bruselas. Proclamación de la independencia de Bélgica por el gobierno y el consejo nacional provisionales. Abolición de la constitución aristocrática en diez cantones suizos. Introducción del sufragio indirecto.	1830	La Conferencia de Londres reconoce la independencia de Grecia. La revolución de julio en Francia supone el fin de los principios absolutistas de la Santa Alianza y estimula la aparición de movimientos liberales y nacionalistas en el resto de Europa. Insurrección de Varsovia. Formación de un gobierno nacional.
1830-1848	Reinado de Luis Felipe I, proclamado rey de los franceses por el partido de la burguesía.		
1831	Proclamación de la constitución liberal belga, que es acatada por Leopoldo I.	1831	El ejército polaco es derrotado por los rusos en Ostrolenka. Varsovia es ocupada.
1832	Fundación de la sociedad secreta Joven Italia por Giuseppe Mazzini.	1832	Promulgación por el zar Nicolás I de los estatutos orgánicos que convierten a Polonia en provincia del imperio ruso.
		1833	Intervención rusa en el conflicto entre Egipto y el imperio otomano. Por la firma del Tratado de Unkiar-Iskelesi los estrechos del mar Negro (Bósforo y Dardanelos) quedan abiertos a los navíos de guerra rusos.
1834	Fundación de la Joven Europa en Berna; su objetivo es la formación de una federación democrática europea.		
1837	Promulgación en España de una constitución liberal. Ascensión al trono británico de la reina Victoria.		
1839	Concluye en España la primera guerra carlista.		
1841-1843	Regencia del general Baldomero Espartero en España. Termina con un pronunciamiento militar moderado y la declaración de la mayoría de edad de Isabel II.	1841	Firma de la Convención de los Estrechos, que quedan cerrados a la circulación de buques de guerra extranjeros en tiempo de paz.
		1846	Insurrección de la ciudad libre de Cracovia, que queda anexionada a Austria.
1847-1860	Segunda guerra carlista en España.		
1848	La revolución de febrero en Francia abre un período de intensas luchas políticas. La Asamblea Nacional Constituyente, de mayoría conservadora, redacta la constitución de la segunda república. Insurrección de Viena. Huida del príncipe de Metternich Insurrección liberal en Sicilia. Insurrección de Milán, que acaba con la capitulación ante Austria. Insurrección en Roma contra el papa; proclamación de la república romana bajo un triunvirato en el que participa Giuseppe Mazzini. Los levantamientos obreros obligan a Federico IV de Prusia, tras infructuosos intentos de represión, a formar un gobierno liberal. Luis Napoleón Bonaparte es elegido presidente de la república francesa.	1848	Movimientos revolucionarios en Viena, Budapest, Bohemia, Moravia, Galitzia, Dalmacia y Transilvania. La familia imperial huye de Viena y se refugia en Innsbruck. Reunión en Praga del primer Congreso Paneslavo que proclama la solidaridad de estos pueblos frente a los germanos, haciendo hincapié al mismo tiempo en la igualdad de todos los pueblos. Establecimiento de una dictadura militar en Bohemia. Reconocimiento por el gobierno austriaco de un nuevo estatuto para Hungría por el que ésta se convierte en un reino unitario, parlamentario y democrático. Reunión del Reichstag en Viena. Promulgación de una constitución democrática que otorga a los campesinos la emancipación de las cargas feudales.
		1848-1916	Reinado de Francisco José I de Austria.

NACIONALISMOS EN EUROPA Y AMÉRICA

NORTEAMÉRICA

1829-1837 Presidencia de Andrew Jackson, del Partido Democrático. Desarrollo del capitalismo liberal.

1831 Guerra en los Estados Unidos contra los indios de Black Hawk.
La fundación en Boston del diario *Liberator* marca el inicio del movimiento abolicionista.

1835 Comienzo de la guerra contra los indios seminolas.

1836 Texas se proclama independiente.

1837 Levantamientos en el Alto y Bajo Canadá, encaminados a aumentar la autonomía política de ambas provincias y conseguir la instauración de un régimen republicano.

1839 Compra a Rusia de Fort Ross (California)

1840 Promulgación en Canadá del Estatuto Único, basado en la coexistencia entre las comunidades francófona y anglófona.

1842 Fijación de la frontera nororiental entre Canadá y los Estados Unidos por el Tratado de Webster-Ashburton.

1845 Texas se incorpora a la Unión.

1846-1848 Guerra entre los Estados Unidos y México. Finaliza con la firma del Tratado de Guadalupe-Hidalgo por el que México cede a los Estados Unidos todos los territorios situados al suroeste de las montañas Rocallosas, incluidos Nuevo México y California, a cambio de una compensación económica.

1850 Por el Compromiso de Clay, California y Nuevo México son admitidos en la Unión.

1854 El Congreso concede a los nuevos estados de la Unión libertad para decidir sobre la abolición de la esclavitud. Fundación del Partido Republicano, cuyo triunfo electoral divide la Unión.

LATINOAMÉRICA

1829-1852 Dictadura en la Argentina de Juan Manuel de Rosas. Victorias militares sobre los indios en el sur, sobre Francia y el Reino Unido, que apoyaban al gobierno uruguayo, y sobre la confederación peruano-boliviana.

1831-1861 Se suceden en Chile las presidencias de Joaquín Prieto, Manuel Bulnes y Manuel Montt que coinciden con un período de estabilidad política y expansión económica.

1832 En México, Antonio López de Santa Anna asume la presidencia. Reforma de la constitución para adaptarla a un modelo centralista.

1833 Promulgación en Chile de una constitución que crea un sistema centralizado.
Ocupación británica de las islas Malvinas.

1838 El general Rafael Carrera se hace con el poder en Guatemala al frente de un ejército popular.
Costa Rica abandona las Provincias Unidas de Centroamérica tras el golpe de estado de Braulio Carrillo.
Declaración de independencia de Nicaragua.

1839-1851 Guerra civil uruguaya que finaliza con un acuerdo entre blancos y colorados para la reunificación del país.

1840 Ruptura definitiva de las Provincias Unidas de Centroamérica.

1841-1889 Reinado de Pedro II de Brasil. Período de gran prosperidad económica. Decreto de la abolición de la esclavitud (1888).

1842 El hondureño Francisco Morazán derroca al presidente de Costa Rica Braulio Carrillo, en un intento fallido por restablecer la federación centroamericana. Muere fusilado.

1844 En Santo Domingo, los nacionalistas fundan la República Dominicana.

1848 Rafael Carrera proclama formalmente la independencia de Guatemala.
Costa Rica proclama su independencia.

1852 El general argentino Justo José de Urquiza derrota a Rosas en la batalla de Caseros con ayuda de tropas brasileñas y uruguayas.

1855 Antonio López de Santa Anna abandona México tras una reacción nacionalista como consecuencia de la venta de territorios a los Estados Unidos. Inicio de un gobierno liberal en el que destacará la personalidad de Benito Juárez.

NACIONALISMOS EN EUROPA Y AMÉRICA

EUROPA OCCIDENTAL

1850 Austria consigue el restablecimiento de la dieta de la Confederación Alemana, disolviéndose la unión prusiana.

1851 Se celebra en Londres la primera exposición universal.

1852 Inicio del segundo imperio en Francia con Napoleón III al frente.

1853-1856 Guerra de Crimea, en la que intervienen Francia, Rusia, Austria, el Reino Unido y Turquía. Finaliza con el Tratado de París, por el que la hegemonía europea pasa de Rusia a Francia.

1853-1861 Regencia de Fernando de Coburgo-Gotha en Portugal.

1854 En España concluye una década de gobiernos moderados con un levantamiento de militares progresistas.

1858 El conde de Cavour consigue el apoyo de Napoleón III a la unidad italiana.

1859 Victorias piamontesas sobre Austria. El Milanesado, Toscana, Romaña, Parma y Módena se unen al nuevo reino.

1860 Giuseppe Garibaldi invade Sicilia y expulsa al rey Francisco II de Nápoles. Un plebiscito une las Dos Sicilias al reino de Víctor Manuel II, a quien Garibaldi reconoce como rey de Italia.

1864 Por iniciativa de Karl Marx se funda en Londres la Primera Internacional.

1866 En Italia, el Tratado de Viena ratifica la anexión al reino de Italia del Véneto, arrebatado a los austriacos.

1867 Francisco José I de Austria es coronado rey de Hungría. Inicio del imperio austro-húngaro. Su hermano Maximiliano acepta el trono de México, donde muere fusilado.
Proclamación de la constitución de la Federación Alemana del Norte.

1869 Promulgación en España de una nueva constitución, tras un levantamiento de militares liberales y la huida a Francia de la reina Isabel II.

1871 El levantamiento de la Comuna de París pone fin al segundo imperio.
Los enfrentamientos entre marxistas y anarquistas provocan el fracaso de la Primera Internacional.
Otto von Bismarck proclama a Guillermo I de Prusia emperador de Alemania, iniciándose el Segundo Reich.

EUROPA ORIENTAL

1849 Proclamación de la república húngara. Intervención rusa en ayuda de los austriacos frente a Hungría y derrota de los húngaros en Temesvar que fue seguida de una sangrienta represión.

1853 Comienzo de la guerra de Crimea. Nicolás II invade las provincias danubianas (futura Rumania). Turquía, con el apoyo del Reino Unido, declara la guerra a Rusia, pero su flota es destruida en Sinope por la armada rusa.

1854 El Reino Unido y Francia declaran la guerra a Rusia. Austria y Prusia establecen una alianza para defender sus fronteras y oponerse a posibles anexiones rusas en el Danubio.

1855-1881 Reinado del zar Alejandro II.

1856 Fin de la guerra de Crimea. Rusia renuncia a lograr el acceso al Mediterráneo, el Reino Unido asegura sus rutas marítimas y los Balcanes y el cercano oriente quedan bajo influencia francesa. El Tratado de París, firmado poco después, ratifica esta situación.

1864 Reforma administrativa y judicial en Rusia.
Promulgación de la primera constitución rumana.

1867 Compromiso (*Ausgleich*) entre Austria y Hungría, por el que se divide el imperio en dos partes: Cislethania (Austria) y Translethania (Hungría).
Firma de un tratado secreto servio-rumano para la consecución de la independencia.

1868 Croacia se convierte en el reino de Croacia-Eslavonia, que queda vinculado a la corona húngara, aunque conserva cierta autonomía.

NACIONALISMOS EN EUROPA Y AMÉRICA

NORTEAMÉRICA

1860	Abraham Lincoln accede a la presidencia de los Estados Unidos. Carolina del Sur se separa de la Unión.
1861	Mississippi, Florida, Alabama, Georgia, Louisiana, Texas, Virginia, Arkansas, Tennessee y Carolina del Norte abandonan la Unión y forman, junto con Carolina del Sur, los Estados Confederados de América, con capital en Richmond (Virginia). Jefferson Davis es nombrado presidente. Comienza la guerra de secesión.
1862	Victorias sudistas en el frente del Potomac. Abraham Lincoln proclama la emancipación de los negros. Victoria confederada de Robert Lee en Fredericksburg.
1863	Derrota confederada en Gettysburg. Los territorios situados al oeste del Mississippi caen bajo control de la Unión.
1864	Ulysses S. Grant asume el mando de los ejércitos del norte. Captura de Atlanta y Savannah (Georgia). El territorio sureño queda dividido en dos.
1865	Captura de Richmond. Fin de la guerra de secesión con la capitulación de Robert Lee ante Ulysses S. Grant. Promulgación de la Decimotercera Enmienda a la Constitución de los Estados Unidos que prohíbe la esclavitud.
1866	El Congreso estadounidense garantiza la igualdad de derechos civiles de los negros.
1867-1896	Gobierno en Canadá del conservador John MacDonald. Período de crecimiento económico.
1870	Creación en Canadá de la provincia de Manitoba.
1871	Columbia Británica se adhiere al Estatuto de la América del Norte Británica.
1876	Derrota del general George Armstrong Custer en Little Big Horn frente a los sioux.

LATINOAMÉRICA

1857	Promulgación en México de una constitución laica y progresista. Ante la presión de la iglesia, el presidente Ignacio Comonfort renuncia y el partido clerical proclama presidente a Félix Zuloaga, mientras los liberales hacen lo propio con Benito Juárez.
1861	Entrada triunfal de Benito Juárez en ciudad de México. Expropiación de los bienes de la iglesia y suspensión de los pagos de la deuda externa, lo que provocará la intervención armada de algunas potencias europeas. Durante el último período del gobierno de Pedro Santana, la República Dominicana se une de nuevo a España.
1862-1868	Presidencia de Bartolomé Mitre en la Argentina. Prosperidad económica y guerra de la Triple Alianza contra Paraguay.
1862-1870	Gobierno de Francisco Solano López en Paraguay. Guerra de la Triple Alianza.
1863	Tropas francesas toman la ciudad de México e instauran un imperio en el país. Promulgación de la constitución de los Estados Unidos de Colombia.
1864	El archiduque austriaco Maximiliano de Habsburgo, candidato de Napoleón III al trono de México, instala su corte en la ciudad de México. Promulgación de una nueva constitución venezolana por la que el país pasa a denominarse Estados Unidos de Venezuela.
1867	El emperador Maximiliano I de México es derrotado por Juárez en Querétaro y fusilado.
1867-1872	Nueva presidencia de Benito Juárez, caracterizada por la profunda reforma administrativa, judicial y educativa.
1869	España reconoce la independencia del Perú. Se reúne en Cuba el Congreso constituyente de Camagüey. Promulgación en Guáimaro de una constitución provisional.
1870-1876	Ocupación brasileña de Paraguay tras la guerra de la Triple Alianza.
1870-1888	El general Antonio Guzmán Blanco ejerce de hecho el poder en Venezuela.
1872-1876	La muerte de Benito Juárez abre en México un período de discordia civil. El general Porfirio Díaz se hace con el poder.
1878	La paz de Zanjón pone fin a la primera guerra de independencia cubana.

NACIONALISMOS EN EUROPA Y AMÉRICA

EUROPA OCCIDENTAL		EUROPA ORIENTAL	
1873	Inicio en el Reino Unido de una etapa de depresión económica. Proclamación en España de la primera república, presidida por Francisco Pi y Margall.	1873	Alianza del káiser Guillermo I, Alejandro II de Rusia y Francisco José I de Austria.
1874	Una sublevación dirigida por el general Arsenio Martínez Campos restaura la monarquía española en la persona de Alfonso XII de Borbón.		
1875	Fundación del Partido Socialdemócrata Alemán en el congreso de Gotha.	1875	Estallido de una insurrección contra el dominio turco en Herzegovina y Bosnia.
1876	La reina Victoria es proclamada emperatriz de la India. Se promulga en España una nueva constitución.	1876-1878	Agitación en los Balcanes. Tras vencer a Turquía, Rusia intenta aumentar su influencia en la zona, a lo que se oponen Austria-Hungría y el Reino Unido.
1878	Otto von Bismarck actúa como mediador en el Congreso de Berlín.	1878	Congreso de Berlín. Se reconoce la independencia de Moldavia, Valaquia, Servia y Montenegro, y se consagra la autonomía parcial de Bulgaria.
1879	Se constituye en España el núcleo inicial del Partido Socialista con Pablo Iglesias al frente. Alianza de Alemania con Austria-Hungría.	1879	Austria-Hungría ocupa Bosnia-Herzegovina.
1881-1918	Reinado del káiser Guillermo II.	1881	Asesinato del zar Alejandro II.
1882	Alianza entre Austria, Italia y Alemania.		
		1883	Rumania se une a la Triple Alianza.
		1886	Bulgaria consigue definitivamente su independencia.
		1887	Disolución de la liga de los tres emperadores, creada en 1873, a causa del apoyo de Austria-Hungría a las monarquías nacionales de Servia y Rumania en contra de los intereses de Rusia.
1889	Fundación de la Segunda Internacional, con sede en Bruselas; se disolverá al comenzar la primera guerra mundial.		
1890	Independencia de Luxemburgo. Destitución de Otto von Bismarck por Guillermo II.		
1891	El Partido Socialdemócrata Alemán adopta el programa de Erfurt.	1891-1893	Alianza franco-rusa.
1900	Fundación del Tribunal Internacional de La Haya.		
1901	Muerte de la reina Victoria de Inglaterra.	1901	Fundación del Partido Socialista Revolucionario en Rusia.
1904	Acuerdo colonial franco-británico.	1904-1905	Guerra ruso-japonesa.
1906	Fundación en el Reino Unido del Partido Laborista con representantes de todos los grupos obreros.		
1906-1907	Disolución del Reichstag.		
		1912	Declaración de guerra de los estados balcánicos (Grecia, Bulgaria, Servia y Montenegro) al imperio otomano.
		1913	Por el Tratado de Londres, Turquía se ve obligada a ceder la mayor parte de sus posesiones europeas y la isla de Creta a los estados balcánicos.

NACIONALISMOS EN EUROPA Y AMÉRICA

NORTEAMÉRICA

1887 Promulgación en los Estados Unidos de la Ley Dawes, por la que se entregan lotes de tierras a las familias indias. Se disuelve la organización tribal.

1889 Inicio de las conferencias panamericanas inspiradas en la doctrina Monroe (1823) que, con el pretexto de fomentar la unidad continental, favorecerán en realidad la hegemonía de los Estados Unidos sobre America central y meridional.

1901-1909 Presidencia de Theodore Roosevelt. Promulgación de leyes contrarias a los trusts y adopción de una política expansionista en el continente americano. Tras apoyar la secesión de Panamá de la República de Colombia, los Estados Unidos obtienen una franja de terreno panameño en la que se construiría el canal interoceánico.

1905 Creación de las provincias canadienses de Alberta y Saskatchewan.

1909-1913 Ratificación de las leyes antimonopolio por el presidente William H. Taft.

LATINOAMÉRICA

1879-1883 Guerra del Pacífico. Conflicto que enfrenta a Chile con Bolivia y el Perú por la posesión de los yacimientos de salitre del desierto de Atacama. Derrota de la flota peruana en Iquique (1879). Victoria chilena en la batalla de Tacna (1880). Toma de Lima por las tropas chilenas (1881). Fin de la guerra con la firma del Tratado de Ancón (1883), por el que Chile adquiere la provincia peruana de Tarapacá y la administración, por diez años, de las de Tacna y Arica.

1887-1911 Tras proclamarse presidente de México, Porfirio Díaz abre un período de progreso material y corrupción administrativa en el interior y consodilación del prestigio nacional en el exterior.

1898 Guerra hispano-estadounidense. Se inicia con la voladura en la Habana del acorazado "Maine" y concluye con el Tratado de París, por el que España cede a los Estados Unidos Cuba, Puerto Rico, Guam y Filipinas.

1899 Los Estados Unidos asumen el gobierno de Cuba.

1899-1920 Gobierna en Bolivia el Partido Liberal. Resolución de problemas fronterizos.

1902 Tomás Estrada Palma es proclamado primer presidente de Cuba.

1903 Firma del tratado de Petrópolis, por el que Bolivia entrega a Brasil el territorio de Acre.
Construcción del canal de Panamá.

1903-1925 La figura de José Batlle y Ordóñez domina la política uruguaya. Ocupa la presidencia en 1903-1907 y 1911-1915. Grandes progresos económicos y sociales.

1904-1909 El gobierno del presidente colombiano Rafael Reyes inicia una lenta recuperación económica del país.

1908-1912 Primer mandato de Augusto Leguía en el Perú. Firma de un acuerdo de límites con Brasil.

1909 Fin de la intervención de los Estados Unidos en Cuba.

1910 Comienzo de la revolución mexicana.

1911 Porfirio Díaz abandona México.

1914 Instauración en la Argentina del voto obligatorio y secreto para todos los varones.
Colombia reconoce la independencia de Panamá.

1917 La Ley Jones otorga la nacionalidad estadounidense a los puertorriqueños.

ÁFRICA Y ASIA EN LA ÉPOCA DEL COLONIALISMO

ÁFRICA		ASIA Y OCEANÍA	
1794	La Convención francesa proclama la abolición de la esclavitud.	1795	Malaca se une al imperio británico.
1798	Los franceses desembarcan en Alejandría (Egipto).		
1802	Napoleón restablece la esclavitud.	1802	Por el Tratado de Amiens, el Reino Unido adquiere Ceilán.
		1803	Los británicos conquistan Delhi, Agra y Bengala meridional.
		1804	Guerra ruso-persa.
1814	Por el Tratado de París, Francia recupera Gorée, Saint-Louis, las orillas del Senegal, Podor, Galam, Arguin, Portendic, la isla Bourbon y los derechos sobre Madagascar.	1814-1816	Tras la guerra de los gurkas, los británicos se apoderan de Nepal.
		1828-1830	En Australia, Charles Stuart alcanza la desembocadura del Murray desde el río Darwin.
		1829-1830	Viaje de Alexander von Humboldt hacia el Ural, el Altai y el mar Caspio.
1830	Ocupación de Argelia por tropas francesas.		
1834	Inicio de la marcha bóer hacia el nordeste.		
1839	Bula apostólica de Gregorio XVI contra el comercio de esclavos.	1840-1842	Guerra del opio en China.
1842	Anexión británica de la República de Natal.	1842	Tropas británicas ocupan Kabul y penetran en Beluchistán. El tratado de Nankín pone fin a la guerra del opio. China cede Hong Kong al Reino Unido. Apertura china al comercio occidental.
1844	Guerra franco-marroquí. Derrota de Marruecos en la batalla de Isly.		
1848	El gobierno provisional francés decide abolir la esclavitud en sus colonias. Derrota de los bóers, que se retiran al Transvaal, donde fundarán la República de Sudáfrica.	1848	Anexión británica del Panjab.
		1851	Descubrimiento de yacimientos de oro en Australia.
		1853	Francia toma posesión de Nueva Caledonia en Australia.
1854	En la convención de Bloemfontein, celebrada en Africa del sur, las autoridades británicas reconocen la independencia del Estado Libre de Orange. David Livingstone llega a Luanda desde el cabo de Buena Esperanza.		
		1857	Comienzo de la sublevación de los cipayos, que toman Delhi, de donde son expulsados a los pocos meses por tropas británicas.
		1857-1860	Segunda guerra del opio, que finaliza con el Tratado de Pekín.
1858-1863	John H. Speke y James A. Grant exploran las fuentes del Nilo.	1858	Fin de la sublevación de los cipayos. Supresión de la Compañía Británica de las Indias Orientales.
1859	Guerra hispano-marroquí provocada por la disputa fronteriza sobre el enclave de Ceuta. Derrotada Marruecos, promete a España el enclave de Ifni.	1859	Tropas francesas ocupan Saigón. Reanudación de las operaciones militares franco-británicas contra China.
		1859-1879	Rusia conquista el Cáucaso y continúa su expansión por Asia central.

ÁFRICA Y ASIA EN LA ÉPOCA DEL COLONIALISMO

ÁFRICA		ASIA Y OCEANÍA	
		1860	Desembarco de tropas francesas en Siria.
		1860-1861	En Australia, el irlandés Robert O'Hara Burke llega al golfo de Carpentaria, partiendo de Melbourne.
1861	Los franceses ocupan Obock en la costa somalí.	1861	Las tropas francesas abandonan Siria.
1863	Creación de una compañía comercial e industrial francesa en Madagascar.	1863	Francia impone su protectorado sobre Camboya.
1864	Gerhard Rohlfs explora el Sahara.	1864	Bombardeo de la ciudad japonesa de Shiminoseki por navíos occidentales.
1867	Descubrimiento de yacimientos de diamantes en el Estado Libre de Orange. Expedición británica a Etiopía.		
1868	Inicio de la última expedición de David Livingstone.	1868	Estalla una revuelta de maoríes en Nueva Zelanda. El geógrafo alemán Ferdinand Richthofen explora China.
		1870	Formación de un gobierno representativo en Australia Occidental.
1871	Insurrección de Mokrani en Argelia. Basutolandia se incorpora a la colonia de El Cabo. Anexión de la región diamantífera de Kimberley por el Reino Unido. Henry Morton Stanley encuentra a David Livingstone a orillas del lago Tangañica.		
1872	Los Países Bajos venden sus asentamientos en Costa de Oro al Reino Unido.	1872	Primera sublevación contra los españoles en Filipinas. Anexión de las islas Riu-kiu por Japón.
1873	Comienzo de la guerra entre los ocupantes británicos y los achanti en Costa de Oro. El sultán de Zanzíbar prohíbe el comercio de esclavos.	1873	Breve ocupación de Hanoi por los franceses.
1875	El explorador francés Pierre Savorgnan de Brazza inicia sus expediciones por África central. El Reino Unido se convierte en propietario del canal de Suez.	1875	Promulgación de una constitución para Nueva Zelanda.
		1876	La reina Victoria de Inglaterra se proclama emperatriz de la India, a la que se habían añadido los territorios de Birmania, el Panjab y Beluchistán.
1879	Comienza en África del sur la guerra entre británicos y zulúes.		
		1880	Anexión francesa de Tahití.
1881	Victoria bóer sobre las tropas británicas en Majuba Hill. Invasión francesa de Túnez. Por la paz de Pretoria, el Transvaal se convierte en estado autónomo bajo soberanía de la corona británica.		
1882	Revueltas en Alejandría. Los británicos ocupan El Cairo.		
1883	Comienzo de la guerra en Madagascar. Tropas francesas culminan la ocupación de Madagascar.	1883	Por el Tratado de Hué se establece un protectorado francés sobre Annam.
1885	Descubrimiento de yacimientos auríferos en el Transvaal. Anexión de Tangañica y Zanzíbar por Alemania. Creación del estado del Congo por el acta final de la Conferencia de Berlín.	1885	Se reúne por primera vez el Congreso Nacional Indio, con el objeto de lograr una participación más activa en la administración.
		1886	Anexión británica de la alta Birmania.

ÁFRICA Y ASIA EN LA ÉPOCA DEL COLONIALISMO

ÁFRICA		ASIA Y OCEANÍA	
1887	Creación por Cecil Rhodes de la Compañía Británica Sudafricana. Fracaso italiano en Eritrea. Constitución del África oriental británica. Anexión de Zululandia por el Reino Unido.	1887	Creación del gobierno general de Indochina. Condominio franco-británico sobre las Nuevas Hébridas.
		1888	Protectorado británico sobre el norte de Borneo.
1889	Firma del tratado entre Italia y Menelik II de Etiopía.		
1890	Creación del Comité del África francesa.		
1895	Promulgación en Francia de un decreto que instaura un gobierno general para el África occidental francesa. En Madagascar, tropas francesas toman Antananarivo. Comienzo de las revueltas en Mozambique.	1894-1895	Guerra chino-japonesa, que acaba con la victoria de Japón y la firma del Tratado de Shiminoseki, por el que este país obtiene Formosa, Port Arthur y las islas Pescadores, y China reconoce la independencia de Corea.
1896	Menelik II derrota a las tropas italianas en Adua.	1896	Acuerdo franco-británico de delimitación de fronteras entre Birmania y Laos. Estalla en Filipinas una insurrección dirigida por Emilio Aguinaldo.
1899	Comienzo de la guerra entre el Reino Unido y los bóers.		
1900	Toma de Pretoria y anexión del Transvaal por los británicos. Acuerdo secreto franco-italiano sobre Marruecos y Tripolitania.	1900	Constitución de la Commonwealth de Australia. En China se produce la sublevación de los bóxers, sofocada por la intervención armada de una expedición militar internacional.
1902	Fin de la guerrra de los bóers con la firma de la paz de Vereeniging. Sudáfrica se convierte en dependencia británica, integrada por cuatro colonias (Natal, El Cabo, Transvaal, Orange) y tres protectorados (Bechuanalandia, Basutolandia, Suazilandia).		
1903	El Reino Unido conquista el norte de Nigeria.		
1904	Tratado franco-español sobre Marruecos.		
1904-1906	Exterminio de los pueblos herero en el África del Sudoeste.	1904-1905	Guerra ruso-japonesa que termina con el Tratado de Portsmouth.
1906	Autogobierno en el Transvaal. Acuerdo entre Francia, Italia y el Reino Unido sobre la independencia de Etiopía. Apertura de la Conferencia de Algeciras sobre Marruecos.	1906	Fundación en la India de la Liga Musulmana.
1908	El Estado Libre del Congo se constituye en colonia belga. Creación del gobierno general del África ecuatorial francesa.		
1910	Constitución de la Unión Sudafricana. Revuelta en Costa de Marfil.	1910	Robert Edwin Peary alcanza el polo norte. Anexión de Corea por Japón.
1911	Ocupación de Fez por Francia.	1911	Roald Amundsen alcanza el polo sur.
1912	Protectorados francés y español (el Rif e Ifni) en Marruecos. Mohandas Gandhi desarrolla una campaña no violenta en Sudáfrica contra la expulsión de indios.	1912	En China, un movimiento revolucionario culmina con la proclamación de la república.
1914	Egipto de convierte en protectorado británico.		
		1916	El Congreso y la Liga Musulmana se unen para solicitar la autonomía de la India.

ÁFRICA Y ASIA EN LA ÉPOCA DEL COLONIALISMO

	ÁFRICA		ASIA Y OCEANÍA
		1917	*Lord* Edwin Samuel Montagu promete medidas de autonomía para la India. Primera reunión en Indonesia del Volksraad, consejo elegido por sufragio restringido. Toma de Damasco por los británicos. Levantamientos musulmanes en Calcuta.
1919	Revueltas independentistas en El Cairo.	1918	Comienza la predicación de Mohandas Gandhi en la India.
1920	El Reino Unido se anexiona el protectorado de África oriental con el nombre de colonia de Kenia. Acuerdo franco-británico sobre Togo.	1920	Mohandas Gandhi promueve una campaña de desobedencia civil en la India. Discurso de Ho Chi Minh en el Congreso de Tours en favor de la liberación de los pueblos colonizados.
1921	Derrota de las tropas españolas en Annual y fundación de la República del Rif por Abd al-Krim.	1921	Primera reunión del parlamento indio. Independencia de Irán.
1922	Fin del protectorado británico sobre Egipto. El Reino Unido conserva el control sobre el canal de Suez y el territorio sudanés.	1922	Los británicos crean el emirato de Transjordania.
		1924	Levantamientos en Delhi. Comienza la insurrección de los drusos en Siria.
1926	Derrota de Abd al-Krim por tropas franco-españolas.	1926	Francia proclama la República del Líbano.
1927	Abolición de la esclavitud en Sierra Leona. Prohibición de matrimonios interraciales en Sudáfrica.	1927	Fundación del Partido Nacionalista Vietnamita. Sukarno funda el Partido Nacional Indonesio. Celebración en Bruselas del Congreso anticolonialista.
		1928	Ultimátum de Mohandas Gandhi reclamando para la India el estatuto de gobierno.
1930	Haile Selassie es coronado emperador de Etiopía.	1930	El Reino Unido reconoce la independencia de Irak. Inicio en Londres de una conferencia sobre la India.
		1931	El estatuto de Westminster reconoce la Comunidad Británica de Naciones. Los japoneses obtienen de Chiang Kai-shek el territorio de Manchuria.
1934	Creación en Túnez del partido Neo-Destour, acaudillado por Habib Bourguiba.	1932	El Congreso Nacional indio es declarado ilegal y Mohandas Gandhi detenido. Se inicia en Londres una nueva conferencia sobre la India.
1935	Invasión italiana de Etiopía.		
1936	Ocupación de Addis Abeba por tropas italianas.	1937	Entra en vigor la nueva constitución india.
1938	Revuelta en Túnez.	1940	La Liga Musulmana pide la independencia de Pakistán con respecto a la India. Insurrección comunista en Cochinchina y Tonkín.
1941	Fin de la ocupación italiana en Etiopía.	1941	Ho Chi Minh funda el Viet Minh.
1943	Creación en el protectorado francés de Marruecos de un partido independentista.	1943	Transferencia a Siria y el Líbano de los poderes ejercidos por Francia. Japón proclama la república en Filipinas. En la Conferencia de El Cairo los aliados deciden arrebatar a Japón todas sus conquistas y colonias.
1944	Apertura de la Conferencia de Brazzaville. Fundación de la Liga Arabe.		

LA ÉPOCA DE LAS GUERRAS MUNDIALES

EUROPA		RESTO DEL MUNDO	
1914	El asesinato del archiduque Francisco Fernando de Austria-Hungria en Sarajevo hace estallar la primera guerra mundial. Formación de dos bloques, el aliado (Rusia, el Reino Unido Francia, Bulgaria, Grecia, Japón, Italia y Rumania) y el de los imperios centrales (Austria, Alemania y Turquía). Avances alemanes en el frente occidental, ocupando Bélgica y parte de Francia. Primeros bombardeos alemanes sobre París y la costa inglesa. En el frente oriental, los rusos rechazan los primeros avances austro-húngaros en Galitzia (batalla de Lemberg). Los alemanes detienen la ocupación rusa de Prusia oriental. Ocupación del Durazzo por los italianos. Los aliados declaran la guerra a Turquía por el apoyo brindado a los alemanes en el ataque a la costa rusa del mar Negro.	1914	Intervención de los Estados Unidos en México en apoyo de Venustiano Carranza. Se abre oficialmente al tráfico el canal de Panamá. Japón declara la guerra a Alemania. Canadá, Australia, Nueva Zelanda, la Unión Sudafricana, el Estado Libre de Irlanda y Terranova se alinean con el Reino Unido frente a Alemania. Derrota naval alemana en las islas Malvinas.
1915	Éxitos alemanes en el frente occidental (batalla de Ypres), que siguen manteniendo sus posiciones frente a la ofensiva aliada. Ataques de zepelines alemanes sobre Londres. En el frente oriental, los alemanes rompen la eficaz defensa rusa de Prusia oriental, arrebantándoles Polonia y Lituania y obligándoles también a retirarse de Galitzia.	1915	Tras el asesinato del presidente haitiano Vilbrun Guillaume Sam, los marines estadounidenses ocupan militarmente la isla. Participación de tropas australianas y neozelandesas en la campaña de los Dardanelos. Desembarco en Gallípolli.
1916	En el frente occidental se libra la batalla de Verdún, que se termina sin una ventaja clara para ningún bando. Incursiones aéreas alemanas sobre Londres pese a la superioridad de la aviación británica.	1916	Ofensiva británica en el cercano oriente. Ocupación de Bagdad.
		1916-1924	Ocupación militar estadounidense de la República Dominicana que finaliza con la elección de Horacio Vázquez como presidente.
1917	Fracaso de la ofensiva francesa en el frente occidental (tercera batalla de la Champagne). Comienza la ofensiva británica en el frente de Flandes, sin éxitos importantes (tercera batalla de Ypres). Estalla en Rusia la revolución, tras la llegada a Petrogrado de Lenin y otros dirigentes bolcheviques. Rusia inicia conversaciones de paz con los imperios centrales en Brest-Litovsk. Prosiguen los constantes ataques de los submarinos alemanes a mercantes británicos.	1917	Los Estados Unidos declaran la guerra a Alemania. Uruguay expresa su solidaridad con los Estados Unidos al entrar éstos en la guerra y rompe poco después sus relaciones con Alemania. Brasil declara la guerra a Alemania, suministra alimentos y materias primas a los aliados y participa con sus buques en operaciones navales.
1918	Avance alemán en el frente occidental, hasta las puertas de París. La contraofensiva aliada, con apoyo estadounidense, evita la invasión de Flandes (batalla del Marne) y significa el comienzo de la derrota alemana definitiva. Nuevas conversaciones de paz ruso-alemanas en Brest-Litovsk. Alemania cede a Rusia Ucrania, Polonia, Lituania, Finlandia, Transcaucasia y otros provincias en el Báltico. Abdicación de Guillermo II de Alemania y declaración de una república en Alemania.	1918	Las divisiones australianas que combaten en Francia se organizan en un cuerpo de ejército australiano.
1919	Se inicia la conferencia de paz en París. Se crea la Sociedad de Naciones. Alemania firma el tratado de Versalles que le obliga a restituir Alsacia- Lorena a Francia, los territorios belgas ocupados a Bélgica y Prusia occidental a Polonia. Los alemanes aceptan limitar el tamaño de su ejército y otras medidas de orden político y económico.	1919	Promulgación en los Estados Unidos de la Ley Volstead sobre la prohibición de venta de alcohol. Japón participa en la Conferencia de Versalles junto a las potencias victoriosas. El senado estadounidense rechaza el Tratado de Versalles.

LA ÉPOCA DE LAS GUERRAS MUNDIALES

	EUROPA		RESTO DEL MUNDO
1920	El gobierno británico aprueba un tratado con Irlanda, por el que se divide este país en dos territorios, cada uno de ellos con parlamento y gobierno propios, aunque con representación en el parlamento británico.	1920	Elección para la presidencia de los Estados Unidos del repubicano Warren G. Harding.
1921	Los nacionalistas irlandeses del sur, agrupados en el Sinn Féin, consiguen que el gobierno de Londres les reconozca como estado libre de Irlanda. Se produce en la Unión Soviética el motín de los marineros de Kronstadt, a la par que se inicia el periodo conocido como Nueva Política Económica.	1921	Fundación del Partido Comunista Chino. Sun Zhongshan proclama en Cantón un gobierno independiente de carácter nacionalista.
1922	El gobierno del francés Raymond Poincaré invade el Ruhr para forzar a los alemanes al pago de los compromisos adquiridos en la paz de Versalles. El congreso fascista reunido en Nápoles exige la dimisión del gabinete demócrata-liberal, y al no obtenerla, marchan sobre Roma consiguiendo su objetivo. El rey encarga a Mussolini la formación de gobierno, otorgándole poderes dictatoriales.	1922	Fundación del Partido Comunista Japonés.
1923	Irlanda es aceptada en la Sociedad de Naciones. Golpe de estado de Miguel Primo de Rivera en España donde instaura una dictadura. Ocupación del Ruhr por tropas franco-belgas, que acusan a Alemania de no abonar las compensaciones de guerra a las que se había comprometido.	1923	Formación en China de un frente democrático entre nacionalistas (Guomindang) y comunistas.
1924	Primer gobierno laborista en el Reino Unido que reconoce a la Unión Soviética. En las elecciones italianas, los fascistas consiguen fraudulentamente una amplia mayoría, iniciándose un periodo dictatorial en este país. Muerte de Lenin.		
1925	El gobierno de Stanley Baldwin establece la frontera entre Irlanda del Norte e Irlanda del Sur. Elecciones en Alemania que dan la mayoría a la derecha. Paul von Hindenburg es elegido presidente.	1925	Creación en China de un sindicato general. Muerte de Sun Zhongshan. El general Chiang Kai-shek conquista el poder mediante un golpe de estado.
1926	Huelga general en el Reino Unido convocada por las Trade Unions. Alemania es aceptada en la Sociedad de Naciones. Stalin se hace con el poder en la Unión Soviética iniciando un período de reimplantación de la política económica socialista y una feroz persecución de sus enemigos políticos.	1926	Coronación de Hirohito como emperador de Japón. La intervención militar estadounidense en Nicaragua impulsa a los líderes liberales José María Moncada, Juan Bautista Sacasa y César Augusto Sandino a lanzarse a la guerrilla.
		1927-1930	En México, la aplicación de leyes anticlericales lleva a una sangrienta rebelión campesina.
		1927-1936	Guerra civil en China, entre nacionalistas y comunistas. Tras el aplastamiento del movimiento obrero por los nacionalistas en Shanghai, Cantón y el Hunam, el ejército campesino de Mao Zedong avanza hacia el norte ("larga marcha") hasta alcanzar la región de Shenxi.
		1929	Espectacular caída de la Bolsa de Nueva York, que se mantendría hasta 1932. La crisis financiera se extendió por todo el mundo y afectó también al comercio y a la industria, provocando altas tasas de desempleo.
1931	Gabinete de coalición en el Reino Unido para hacer frente a la grave crisis económica que padece el país. En España el rey Alfonso XIII se ve obligado a abdicar, la coalición republicana gana ampliamente las elecciones y redacta una nueva constitución.		

LA ÉPOCA DE LAS GUERRAS MUNDIALES

EUROPA		RESTO DEL MUNDO	
1932	La Conferencia económica imperial de Ottawa y la conferencia económica mundial intentan encontrar soluciones a la crisis económica general. El Reino Unido pone en pie una serie de medidas proteccionistas que se extienden también a sus colonias y áreas de influencia.	1932	La Conferencia imperial de Ottawa establece acuerdos comerciales y arancelarios preferenciales entre los países de la Comunidad Británica de Naciones. Franklin D. Roosevelt, presidente de los Estados Unidos, lanza el programa de reconstrucción económica conocido como *New Deal*
		1932-1935	Guerra del Chaco entre Bolivia y Paraguay, originada por la necesidad del primero de conseguir una salida al Atlántico. La existencia de yacimientos petrolíferos en la zona complicá el conflicto, que finalizá con la firma de un armisticio.
1933	Triunfo de la derecha en las elecciones celebradas en España. El ascenso al poder en Alemania del nacionalsocialismo inicia un período de estrecha colaboración entre alemanes e italianos.	1933	Japón se retira de la Sociedad de Naciones, disconforme con el tratamiento dado al problema de Manchuria. Dimite en Cuba Gerardo Machado, presidente desde 1925, al desencadenarse una huelga general.
1934	A la muerte de Paul von Hindenburg, Adolf Hitler es nombrado presidente de la república adoptando el título de *Führer* El reconocimiento de la Unión Soviética por los Estados Unidos y su entrada en la Sociedad de Naciones rompe el aislamiento al que había estado sometido este país durante largo tiempo.	1934-1940	Lázaro Cárdenas, presidente de México, nacionaliza los ferrocarriles y la industria petrolera, ayuda al gobierno republicano en la guerra civil española y lleva a cabo un acercamiento a los Estados Unidos.
1935	Invasión de Etiopía por tropas italianas. Adolfo Hitler denuncia los acuerdos de Versalles que impedían el rearme alemán.		
1936	Tras la disolución de las Cortes Generales en España y el triunfo del Frente Popular en las elecciones convocadas inmediatamente, se inicia un proceso que desemboca en una guerra civil. Creación del Eje Berlín-Roma y de la alianza entre alemanes y japoneses. En la nueva constitución soviética, el nuevo estado adopta la forma de unión de repúblicas socialistas.	1936	Nuevo intento de golpe de estado ultranacionalista en Japón. En la Conferencia Interamericana celebrada en Buenos Aires, 21 países firman un pacto de renuncia a la guerra como medio para resolver los conflictos internacionales.
1937	Gobierno de Arthur Neville Chamberlain en el Reino Unido que pone en práctica la llamada política de apaciguamiento frente al rearme de los alemanes. La guerra en España se desarrolla con éxitos de las tropas de Francisco Franco en los frentes del norte (Bilbao y Gijón). El gobierno republicano se retira a Barcelona e inicia una contraofensiva en el frente de Teruel.	1937	Al apoderarse los japoneses de todas las grandes ciudades del norte de China, los comunistas y nacionalistas se alían para hacer frente al enemigo común. El presidente brasileño Getúlio Vargas proclama una nueva constitucion que consagra el Estado Novo.
1938	Un acuerdo de Irlanda del Sur (Eire) con el Reino Unido pone fin a la guerra de tarifas aduaneras, muy perjudicial para la economía irlandesa. Caída del Frente Popular en Francia. Derrotas de los ejércitos republicanos españoles en el frente del Ebro, lo que permite que el ejército de Franco avance hacia Cataluña. Las tropas alemanas invaden y se anexionan Austria. En el interior de Alemania se intensifican las persecuciones contra los judíos.	1938	Firma de un tratado de paz entre Bolivia y Paraguay, por el que el primer país conserva el acceso al río Paraguay y una cuarta parte del territorio del Chaco, quedando el resto de la región en poder del segundo.

LA ÉPOCA DE LAS GUERRAS MUNDIALES

EUROPA		RESTO DEL MUNDO	
1939	Tras la invasión de Polonia por tropas alemanas, el Reino Unido y Francia declaran la guerra a Alemania. Aniquilamiento sistemático de los judíos polacos en campos de concentración. Italia invade y se anexiona Albania, a la par que firma tratados de cooperación política y militar con Alemania.	1939-1945	Bajo la presidencia de Manuel Prado, Perú ocupa la provincia ecuatoriana de El Oro y, por el tratado de Río de Janeiro, obtiene importantes territorios amazónicos.
1940	Las tropas alemanas consiguen ocupar Noruega, Holanda, Bélgica y Luxemburgo y el norte de Francia. Los ejércitos italianos ocupan el sur del territorio francés. Alemania desembarca en Libia divisiones acorazadas al mando del general Erwin Rommel.	1940	Se prohíben en Japón todos los partidos políticos. Firma del acuerdo de Ogdensburg, pacto militar de defensa entre Canadá y los Estados Unidos. En Cuba, Fulgencio Batista es elegido presidente.
		1940-1946	Bajo la presidencia de Manuel Ávila Camacho, México se alinea con los aliados en la segunda guerra mundial, contribuyendo con materias primas a la industria bélica estadounidense.
1941	Los ataques alemanes sobre el Reino Unido remite en intensidad al abrirse el frente ruso. El avance alemán en territorio ruso alcanza Riga, prosiguiendo después hacia Leningrado, Kiev, Odessa y poniendo cerco a Moscú.	1941	Alemania e Italia declaran la guerra a los Estados Unidos. Tras el derrocamiento del presidente Arnulfo Arias, Panamá inicia su beligerancia en la guerra mundial concediendo numerosos emplazamientos a los Estados Unidos para la defensa del canal.
1942	Tropas estadounidenses al mando del general Dwight D. Eisenhower desembarcan en Marruecos. Se firma el pacto de Washington, por el cual las potencias aliadas que combaten al Eje, se comprometen a no firmar armisticios por separado. Las ofensivas japonesas en el Pacífico resultan un éxito en todos los frentes. La batalla de Midway y el desembarco en Guadalcanal marcan el primer hito de la contraofensiva aliada.	1942	Victoria británica en El Alamein sobre el Afrika Korps de Erwin Rommel. Desembarco aliado en el norte de África. Los países participantes en la Conferencia Interamericana de Río de Janeiro, a excepción de la Argentina y Chile, deciden intervenir en la guerra contra las potencias del Eje.
1943	Contraofensiva soviética en dos fases. Durante el invierno recupera Leningrado y Stalingrado. Posteriormente, y gracias a la ayuda de el Reino Unido y los Estados Unidos, la superioridad material soviética les permite avanzar hasta el Dniéper.	1943	Las tropas alemanas capitulan en Túnez. Stalin, Winston Churchill y Franklin D. Roosevelt se reúnen en la Conferencia de Teherán.
		1943-1944	El avance de la flota estadounidense del Pacífico, dirigida por el general Douglas MacArthur, culmina con la derrota japonesa en la batalla del golfo de Leyte (Filipinas) y la captura de Manila.
1944	Desembargo de las tropas aliadas en el norte francés (Normandía). El ejército al mando de Dwight D. Eisenhower rompe la resistencia alemana y avanza hacia París. Las tropas alemanas que ocupan la capital se rinden ante la resistencia francesa. Charles de Gaulle entra en París.	1944	Envío de tropas brasileñas a Italia. Una huelga general fuerza la dimisión de Jorge Ubico, presidente de Guatemala desde 1931.
1945	Comienza la conferencia de Yalta, a la que asisten Winston Churchill y Franklin D. Roosevelt y Stalin. En ella se fijan las fronteras de la Unión soviética y Polonia, la división de Alemania bajo el control de un consejo aliado y el establecimiento de un gobierno prosoviético en Yugoslavia. En el frente del Pacífico, los aliados consiguen conquistar Filipinas y Birmania, desembarcando por primera vez en Japón. Los Estados Unidos arroja bombas atómicas sobre Hiroshima y Nagasaki, tras lo que que produce la capitulación sin condiciones de los japoneses. Adolf Hitler se suicida. Se produce la capitulación incondicional, de las fuerzas armadas alemanas.	1945	Con apoyo estadounidense, los nacionalistas chinos ocupan las posiciones dejadas por los japoneses. Los Estados Unidos y la Unión Soviética establecen la división del territorio coreano en el paralelo 38°. Tropas estadounidenses toman las islas de Iwo Jima y Okinawa.

EL MUNDO CONTEMPORÁNEO

EVOLUCIÓN HISTÓRICA DESDE 1945 A 1954

1945 Por la Conferencia de Potsdam, los aliados acuerdan la partición de Alemania en cuatro zonas y fijan las nuevas fronteras de Polonia.
Instauración en Polonia de un gobierno de unión nacional que pronto es dominado por los comunistas.
Tras la capitulación japonesa, Sukarno proclama la independencia indonesia.
Proclamación de la independencia de Vietnam y nacimiento de la República Democrática.

1945-1946 Abolición de la monarquía en Yugoslavia y constitución de una república federativa popular.

1946 Un referéndum instaura la república en Italia.
Abolición de la monarquía en Bulgaria y proclamación de la república popular.
Independencia de las Filipinas.
Francia bombardea Haiphong. Inicio de la guerra de Indochina.

1946-1949 Guerra civil en Grecia.

1946-1955 Presidencia de Juan Domingo Perón en la Argentina. La oposición al régimen de la Iglesia Católica y el ejército culmina con la sublevación encabezada por el general Eduardo Lonardi.

1947 Mediante la doctrina Truman y el plan Marshall, los Estados Unidos proporcionan ayuda económica y militar a los países de la Europa occidental frente a la amenaza del comunismo.
Se funda el Kominform, organismo que coordina las actividades de los distintos partidos comunistas.
Proclamación de la República Popular Rumana.
Independencia de la India y Pakistán. Conflicto entre ambos países a causa de Cachemira.

1948 Durante el bloqueo de Berlín por las fuerzas soviéticas, los Estados Unidos organizan un puente aéreo para abastecer a la ciudad.
Creación de la Organización Europea de Cooperación Económica (OECE).
Irlanda se declara independiente del Reino Unido.
Firma en Moscú de un tratado de amistad y cooperación entre la Unión Soviética y Finlandia.
La Unión Soviética rompe relaciones con Yugoslavia y le impone un bloqueo económico. Tito acepta ayuda económica de los países occidentales.
La Unión Soviética se retira del cosejo aliado que administra la Alemania dividida e impone un bloqueo a Berlín.
Creación del Partido Obrero Unificado Polaco.
Firma en Bogotá del documento fundacional de la Organización de Estados Americanos (OEA).
Breve guerra civil en Costa Rica que finaliza con la victoria de José Figueres Ferrer, líder socialdemócrata, sobre las fuerzas gubernamentales.
El asesinato de Jorge Eliécer Gaitán, episodio conocido como "bogotazo", provoca graves desórdenes en Colombia.
Asesinato de Mohandas Gandhi.
Independencia de Birmania.
Implantación en Sudáfrica del *apartheid* (segregación racial).
Proclamación del estado de Israel.

1948-1964 Bélgica, los Países Bajos y Luxemburgo crean el Benelux, unión aduanera que luego será también económica y de fronteras y se completará con la formación de un tribunal supremo.

1949 Constitución de la Organización del Tratado del Atlántico Norte (OTAN).
Proclamación de la República Federal de Alemania.
Noruega abandona su política de neutralidad y se integra en la OTAN.
Creación del Consejo de Asistencia Económica Mutua (Comecon), cuya finalidad es conseguir la unión económica de los países del este de Europa. Posteriormente se incorporarían algunos países del resto del mundo.
Alemania queda dividida en dos estados: República Federal de Alemania y República Democrática Alemana.
Promulgación de la constitución de la República Democrática Alemana.
Tras la victoria de los comunistas sobre los nacionalistas de Chiang Kai-shek se proclama en China la república popular.

1950-1953 Guerra de Corea.

1951 Se constituye la Comunidad Europea del Carbón y del Acero (CECA).
Creación de la Organización de Estados Centroamericanos (ODECA).
Independencia de Libia.
Sudán pasa a manos egipcias.

1952 Turquía y Grecia se incorporan a la OTAN.
El parlamento polaco aprueba una constitución idéntica a la soviética.
Inicio de la llamada revolución nacional boliviana. Nacionalización de las principales empresas mineras.
Entra en vigor la constitución de Puerto Rico, que es proclamado Estado Libre Asociado.
Eritrea se federa a Etiopía.
Comienzo de las revueltas del Mau-Mau en Kenia.

1953 Ejecución en los Estados Unidos del matrimonio Rosenberg.
Muere Stalin. Nikita Jrushchev es nombrado primer secretario del PCUS.
Proclamación de la república en Egipto.
Golpe de estado en Colombia del general Gustavo Rojas Pinilla.

1953-1958 Grave conflicto entre Nicaragua y Costa Rica que requiere la intervención de la OEA y el gobierno estadounidense.

1954 Reconocimiento por la Unión Soviética de la soberanía de la República Democrática Alemana.
En la X Conferencia Interamericana celebrada en Caracas, los Estados Unidos promueven una resolución contra cualquier tentativa de implantación

EL MUNDO CONTEMPORÁNEO

EVOLUCIÓN HISTÓRICA DESDE 1954 A 1961

1954 de regímenes comunistas en América.
El general Alfredo Stroessner, con el apoyo del ejército y del Partido Colorado, es nombrado presidente de Paraguay.
Tras la derrota francesa en Dien Bien-Phu, la firma de los acuerdos de Ginebra pone fin a la guerra de Indochina. Proclamación de la independencia de Laos, Vietnam y Camboya.
Gamal Abder Naser asume el cargo de primer ministro en Egipto.

1954-1962 Guerra de liberación en Argelia.

1955 Austria recupera la independencia plena y proclama su neutralidad permanente como principio constitucional.
La República Federal de Alemania adquiere la soberanía, comienza el rearme e ingresa en la OTAN.
Firma del Tratado de Amistad, Cooperación y Asistencia Mutua (Pacto de Varsovia) por los países de la Europa del este.
En la Conferencia de Bandung 29 países de Asia y África condenan el colonialismo, la discriminación racial y el armamento atómico.

1956 Firma de un tratado entre la Unión Soviética y Austria, por el que se pone fin a la ocupación del territorio austriaco.
Celebración del XX Congreso del PCUS, en el que se critica el estalinismo y se inicia una política de coexistencia pacífica con el bloque occidental.
Anastasio Somoza García, presidente de Nicaragua, muere en un atentado. Lo sucede su hijo Luis Somoza Debayle.
Marruecos, Túnez y Sudán se independizan.
La nacionalización del canal de Suez provoca la intervención de tropas francesas, británicas e israelíes que se retiran ante la presión soviética, dejando la zona bajo el control de las fuerzas de las Naciones Unidas.
Disolución del Kominform.
Insurrección popular y militar contra el régimen estalinista en Hungría. Imre Nagy proclama la neutralidad y el abandono del Pacto de Varsovia. La intervención de tropas soviéticas pone fin a este movimiento, causando miles de muertos y grandes pérdidas materiales.

1956-1958 Formación y avance en Cuba del movimiento guerrillero dirigido por Fidel Castro.

1957 Por los tratados de Roma se crea la Comunidad económica europea (CEE), integrada por Francia, la República Federal de Alemania, Bélgica, los Países Bajos, Luxemburgo e Italia, y la Comunidad Europea de la Energía Atómica (CEEA).
Lanzamiento del primer satélite artificial soviético.
Depuesto Rojas Pinilla en Colombia, liberales y conservadores se turnarán en la presidencia de la república durante 16 años.
Ghana se convierte en el primer estado del África negra que accede a la independencia.

1958 Se proclama la quinta república francesa, cuyo primer presidente es Charles de Gaulle.
Juan XXIII accede al solio pontificio.
La Unión Soviética considera nulos los derechos de ocupación de los aliados y propone que Berlín sea declarada ciudad libre desmilitarizada.
En Nicaragua inicia sus acciones guerrilleras el Frente Sandinista de Liberación Nacional (FSLN).
Fundación de la República Arabe Unida (Egipto y Siria).
Intervención de tropas estadounidenses en el Líbano.
En China se emprende el programa del "gran salto adelante" como medio para lograr una rápida expansión económica.

1958-1960 Se retiran de Rumania las tropas soviéticas estacionadas allí desde 1945.

1959 Se reúnen los cuatro grandes en la Conferencia de Ginebra para solucionar el problema de Berlín sin que se consigan resultados positivos.
Instauración en Cuba de un gobierno revolucionario.

1960 Creación de la Asociación Europea de Libre Comercio (EFTA).
Conferencia de Moscú. Comienzan las disensiones entre el partido comunista chino y el soviético.
El derribo de un avión espía estadounidese en los Urales provoca una grave crisis en las relaciones entre los Estados Unidos y la Unión Soviética.
Por el Tratado de Montevideo, se crea la Asociación Latinoamericana de Libre Comercio (ALALC).
Resolución del Tribunal Internacional de Justicia de La Haya sobre la disputa fronteriza entre Nicaragua y Honduras a favor de esta última.
Las antiguas colonias belgas y francesas del África negra, junto con Nigeria y Mauritania, consiguen la independencia.
China rompe relaciones con la Unión Soviética y emprende una política exterior autónoma frente a las dos superpotencias.

1960-1961 El gobierno de Venezuela rompe relaciones con la República Dominicana y con Cuba, ante el apoyo de Fidel Castro a la guerrilla venezolana

1960-1965 Guerra civil en el Congo belga.

1961 Creación de la Organización de Cooperación y Desarrollo Económico (OCDE) que sustituye a la OECE.
John F. Kennedy ocupa la presidencia de los Estados Unidos. Ruptura de las relaciones con Cuba.
La Unión Soviética lanza al espacio la primera nave tripulada. La Unión Soviética rompe relaciones con Albania ante el apoyo de este país a la ideología política del partido comunista chino.
Construcción del muro de Berlín.
Creación del Mercado Común Centroamericano dentro de la ODECA

EL MUNDO CONTEMPORÁNEO

EVOLUCIÓN HISTÓRICA DESDE 1961 A 1969

1961	El gobierno estadounidense rompe las relaciones con Cuba, apoya el fallido intento de invasión de la isla por tropas mercernarias que desembarcan en la bahía de Cochinos y decreta el bloqueo comercial. Sierra Leona y Tangañica se independizan. Patrice Lumumba, líder de la independencia del Congo, es asesinado. U Thant es nombrado secretario general de las Naciones Unidas.
1962	Los Estados Unidos promueven la Alianza para el Progreso en Latinoamérica. Al descubrir la instalación en Cuba de misiles nucleares soviéticos, los Estados Unidos deciden el bloqueo naval de la isla y adoptan un plan de invasión. La Unión Soviética retira los misiles a cambio de la promesa estadounidense de no intervenir en la isla. Cuba es excluida de la OEA. Independencia de Argelia, Ruanda y Burundi.
1962-1965	El concilio Vaticano II introduce importantes reformas en la Iglesia Católica.
1963	Asesinato de John F. Kennedy. Paulo VI sucede a Juan XXIII en la santa sede. Kenia accede a la independencia. Creación de la Federación de Malasia. Formación de la Organización para la Unidad Africana (OUA).
1964	Leonid Brézhnev sustituye a Jrushchev en la dirección del PCUS. Firma de un tratado de alianza bilateral entre la Unión Soviética y la República Democrática Alemana, por el que el primer país reconoce la inviolabilidad de las fronteras del segundo. El golpe de estado del general René Barrientos pone fin en Bolivia a una década de reformas. Una intervención militar pone fin en Brasil al gobierno de João Goulart. El mariscal Humberto Castelo Branco ocupa la presidencia. Tangañica y Zanzíbar se unen para formar Tanzania. Los Estados Unidos inician su intervención en la guerra del Vietnam.
1964-1968	Disturbios raciales en los Estados Unidos que culminan con el asesinato del dirigente negro Martin Luther King.
1965	Proclamación de una constitución socialista en Rumania. Nicolae Ceausescu es elegido secretario general del Partido Obrero Rumano. Formación de un gobierno blanco independiente en Rhodesia del Sur. Singapur se separa de Malasia y se constituye como estado independiente.
1965-1966	Independencia de Gambia.
1966	Retirada de Francia de la estructura militar de la OTAN. Los protectorados de Bechuanalandia (Botswana) y Basutolandia (Lesotho) consiguen la independencia. Indira Gandhi es nombrada primera ministra en la India. Se inicia la revolución cultural en China. El general Suharto toma el poder en Indonesia.
1967	Golpe de estado en Grecia. Nicolae Ceausescu es elegido presidente del Consejo de Estado de Rumania. Celebración en la Habana de la conferencia de solidaridad latinoamericana. Muere en Bolivia Ernesto *Che* Guevara. Anastasio Somoza Debayle ocupa la presidencia de Nicaragua a la muerte de su hermano Luis. Julius Nyerere introduce medidas económicas socialistas en Tanzania. Independencia de Yemen del sur. Se organiza la guerrilla de los jmer rojos en Camboya. Como consecuencia de la guerra de los seis días, Jerusalén queda en poder de Israel.
1967-1970	Guerra civil en Nigeria.
1968	Movimientos estudiantiles en todo el mundo occidental. Ante las reformas propuestas en Checoslovaquia por Alexander Dubček, tropas del Pacto de Varsovia invaden el país y el gobierno soviético deja efectivos militares permanentemente estacionados. El gobierno albanés condena la invasión soviética de Checoslovaquia y se separa del Pacto de Varsovia. En Polonia se producen disturbios y manifestaciones obreras de protesta contra el partido. Puesta en marcha en Hungría del Nuevo Mecanismo Económico, cuyos principios de liberalización estimularán la economía en la década siguiente. En ciudad de México, la matanza de la plaza de las Tres Culturas pone fin a una oleada de protestas estudiantiles. Independencia de Mauricio y Guinea Ecuatorial.
1969	Renuncia de De Gaulle a la presidencia de Francia. Astronautas estadounidenses pisan por primera vez la Luna. En la República Federal de Alemania, el gobierno socialdemócrata de Willy Brandt inicia la *Östpolitik* para mejorar las relaciones con la Europa oriental. Rumania se retira del Comecon. Comienzo de incidentes fronterizos entre tropas soviéticas y chinas. Se inicia un conflicto armado entre Honduras y El Salvador ("guerra del fútbol"), en el que media la OEA para conseguir el alto el fuego. El gobierno peruano, presidido por el general Juan Velasco Alvarado, establece relaciones diplomáticas con la Unión Soviética.

EL MUNDO CONTEMPORÁNEO

EVOLUCIÓN HISTÓRICA DESDE 1970 A 1980

1970	Proclamación del estado de guerra en Canadá ante los actos terroristas de un grupo separatista de Quebec. Firma en Moscú de un acuerdo entre la Unión Soviética y la República Federal de Alemania por el que este último país reconoce las fronteras de la República Democrática Alemana. Por escaso margen triunfa la Unidad Popular (socialistas, comunistas y pequeños grupos de izquierda) en las elecciones chilenas. Golpe de estado en Camboya contra Norodom Sihanouk.
1971	Ingreso de la República Popular China en las Naciones Unidas en sustitución de Taiwán. Invasión por la India de Pakistán oriental, que obtiene la independencia y pasa a llamarse Bangladesh.
1972	Firma del SALT I, tratado entre la Unión Soviética y los Estados Unidos, sobre la limitación de misiles antibalísticos. Firma de un tratado de reconocimiento mutuo entre la República Federal de Alemania y la República Democrática Alemana. Integración de Cuba en el Comecon. El presidente uruguayo, Juan María Bordaberry, declara el estado de guerra para luchar contra el movimiento guerrillero tupamaro.
1973	Ampliación de la CEE con la incorporación de Dinamarca, Irlanda y el Reino Unido. Golpe militar en Chile. Salvador Allende muere durante el asalto al palacio presidencial. Tras cuarenta años de gobierno constitucional en Uruguay, Juan María Bordaberry disuelve la Asamblea General. El SWAPO (South West Africa People's Organization) obtiene el reconocimiento de las Naciones Unidas y la OUA como único representante legítimo de la población de Namibia. Las tropas estadounidenses se retiran de Vietnam. La Organización de Países Exportadores de Petróleo (OPEP) provoca una crisis económica internacional al subir los precios del petróleo. Un ataque combinado de fuerzas egipcias, sirias e iraquíes provoca la guerra del Yom Kipur.
1974	Un movimiento militar acaba con el régimen de António Oliveira Salazar en Portugal y restablece la democracia. El gobierno griego apoya un golpe de estado en Chipre y Turquía ocupa la parte septentrional de la isla. Se restaura la democracia en Grecia. Renuncia del presidente Richard Nixon tras el escándalo de Watergate. El general Augusto Pinochet asume los poderes presidenciales en Chile.
1975	Muerte del general Francisco Franco en España y coronación de Juan Carlos I como rey. Se celebra en Helsinki la primera Conferencia sobre seguridad y cooperación en Europa.
1975	Creación del Sistema Económico Latinoamericano (SELA). Readmisión de Cuba en la OEA.
1976	El presidente de Uruguay es destituido y reemplazado por un consejo de militares y civiles. En México, el gobierno de Luis Echeverría devalúa drásticamente el peso por el fuerte aumento de la deuda externa.
1977	Primeras elecciones democráticas en España. Brasil cancela el acuerdo de ayuda militar que mantenía con los Estados Unidos. Firma de un nuevo tratado del canal que prevé su cesión completa a Panamá en el año 2000.
1978	Promulgación de una nueva constitución en España. Juan Pablo I ocupa brevemente el trono de san Pedro y es sucedido por Juan Pablo II. En Nicaragua, un comando sandinista dirigido por Edén Pastora retiene a más de mil rehenes en el Palacio Nacional, liberándolos cuando Somoza satisface sus exigencias. Ataque de Israel al sur del Líbano.
1979	Margaret Thatcher inicia un período de gobiernos conservadores en el Reino Unido. Firma del tratado SALT II entre los Estados Unidos y la Unión Soviética sobre la reducción de armas estratégicas ofensivas. Retirada de los efectivos militares soviéticos en la República Democrática Alemana. Leonid Brézhnev y Jimmy Carter firman el Tratado de Limitación de Armas Nucleares. El Congreso Nacional brasileño restaura los derechos políticos suprimidos tras la intervención militar de 1964. Anastasio Somoza abandona Nicaragua. Los sandinistas forman gobierno. Proclamación de la República Popular de Kampuchea e instauración de un gobierno provietnamita. China ataca a Vietnam. Se restablecen las relaciones diplomáticas con los Estados Unidos. Triunfa la revolución islámica del *ayatolá* Ruholá Jomeini en Irán. Tropas soviéticas invaden Afganistán. Tratado de paz entre Egipto e Israel.
1980	Movimientos de protesta en Polonia desecadenados por la huelga en los astilleros de Gdańsk. Reconocimiento del sindicato Solidaridad. Muere Tito. La Asociación Latinoamericana de Integración (ALADI) sustituye a la ALAC. Zimbabwe (Rhodesia del Sur) accede a la independencia. Disputas fronterizas provocan la guerra entre Irán e Irak. La mayoría de los países del Tercer Mundo abogan por una nueva orientación en la política internacional de la UNESCO a la que se oponen los Estados Unidos y el Reino Unido.

EL MUNDO CONTEMPORÁNEO

EVOLUCIÓN HISTÓRICA DESDE 1981 A 1989

1981 Grecia se integra en la CEE.
François Miterrand ocupa la presidencia de Francia.
Ronald Reagan llega a la presidencia de los Estados Unidos.
El recién nombrado secretario del partido comunista polaco general Wojciech Jaruzelski instaura la ley marcial en Polonia y declara ilegal al sindicato Solidaridad.
En la cumbre de Cancún, los jefes de estado de 22 países acuerdan emprender una negociación global entre países ricos y países pobres.
Tropas sudafricanas invaden el sur de Angola y atacan campamentos guerrilleros en Mozambique.

1982 España se integra en la OTAN. Triunfo electoral del Partido Socialista Obrero Español (PSOE).
El peruano Javier Pérez de Cuéllar es designado secretario general de las Naciones Unidas.
Se aprueba en Uruguay una ley que regula los partidos políticos.
México no puede hacer frente a su deuda exterior y consigue, con grandes dificultades, evitar la bancarrota del país.
Proclamación de una nueva constitución en China que abandona los principios de la revolución cultural.
Invasión del Líbano por tropas israelitas.

1983 Intervención de Francia en Chad en contra de las guerrillas apoyadas por Libia.
Triunfo electoral en la Argentina de la Unión Cívica Radical. El presidente electo, Raul Alfonsín, inicia un programa de recuperación económica y reducción de la inflación.
El Congreso de los Estados Unidos concede ayuda económica encubierta a los movimientos guerrilleros antisandinistas.
México, Venezuela, Panamá y Colombia forman el Grupo de Contadora ante la amenaza de extensión a toda Centroamérica del conflicto civil nicaragüense.

1984 El arbitraje papal pone fin al conflicto de Beagle entre Chile y la Argentina.
José Napoleón Duarte, presidente electo de El Salvador, inicia negociaciones con la guerrilla izquierdista, encabezada por el Frente de Liberación Nacional Farabundo Martí.
El gobierno uruguayo acuerda con varios grupos políticos la vuelta a la normalidad constitucional.
Las elecciones celebradas en Nicaragua dan la victoria al Frente Sandinista.
El presidente colombiano Belisario Betancourt firma una tregua con algunos movimientos guerrilleros.
Firma de un pacto de no agresión entre Mozambique y Sudáfrica.
El ejército indio asalta el templo de Oro de Amritsar. Asesinato de Indira Gandhi por dos miembros de su guardia personal pertenecientes al grupo religioso sikh.

1985 Apertura de la frontera entre España y Gibraltar.
Reelección de Reagan a la presidencia de los Estados Unidos.
Embargo comercial del presidente Reagan a Nicaragua.
Mijaíl Gorbachev es elegido secretario general del PCUS.
Muere en Albania Enver Hoxha, jefe del partido comunista desde 1941. El país inicia una tímida apertura hacia el bloque occidental.
El Congreso Nacional brasileño establece el sufragio directo en las elecciones presidenciales.
Daniel Ortega accede a la presidencia de Nicaragua. En respuesta a los ataques de la oposición armada desde las fronteras de Honduras y Costa Rica, el gobierno impone el estado de emergencia.
Nicaragua obtiene préstamos de varios países comunistas y de la Europa occidental.

1986 España y Portugal se integran en la CEE.
Se descubre la implicación de altos funcionarios del gobierno estadounidense en la venta ilegal de armas a Irán y la desviación de fondos a la guerrilla contrarrevolucionaria nicaragüense. La VI flota lanza un ataque contra las ciudades libias de Trípoli y Bengazi.
En el XXVII Congreso del PCUS se lleva a cabo la reorganización política del partido.
Comienzo de la resistencia civil en los territorios palestinos ocupados.

1987 Tratado entre los Estados Unidos y la Unión Soviética sobre la reducción de misiles de alcance intermedio.
Entrada en vigor de una ley que autoriza la iniciativa privada en determinadas actividades de producción y servicios en la Unión Soviética.
Enfrentamientos en la provincia yugoslava de Kosovo entre la mayoría albanesa y las minorías servias y montenegrinas.
El Grupo de Contadora, reunido en Esquipulas (Guatemala) llega a nuevos acuerdos para la pacificación de Centroamérica.
Concesión a Oscar Arias, presidente de Costa Rica, del Premio Nobel de la paz.
Estallan en la Unión Soviética graves incidentes de carácter nacionalista en Armenia y otras repúblicas.

1988 Elección del candidato republicano George Bush a la presidencia de los Estados Unidos.
Tras el acuerdo de Esquipulas II, el gobierno sandinista restaura las libertades cívicas y accede a negociar con la oposición armada.
Alto el fuego en la guerra entre Irán e Irak.
Retirada de las tropas soviéticas de Afganistán.

1989 Muerte del *ayatollá* Ruholá Jomeini.
Sangrienta represión de las revueltas populares en China.
Las elecciones libres en Polonia suponen un gran triunfo del sindicato Solidaridad.
Retorno del peronismo en Argentina con la elección como presidente de Carlos Saúl Menem.

Atlas

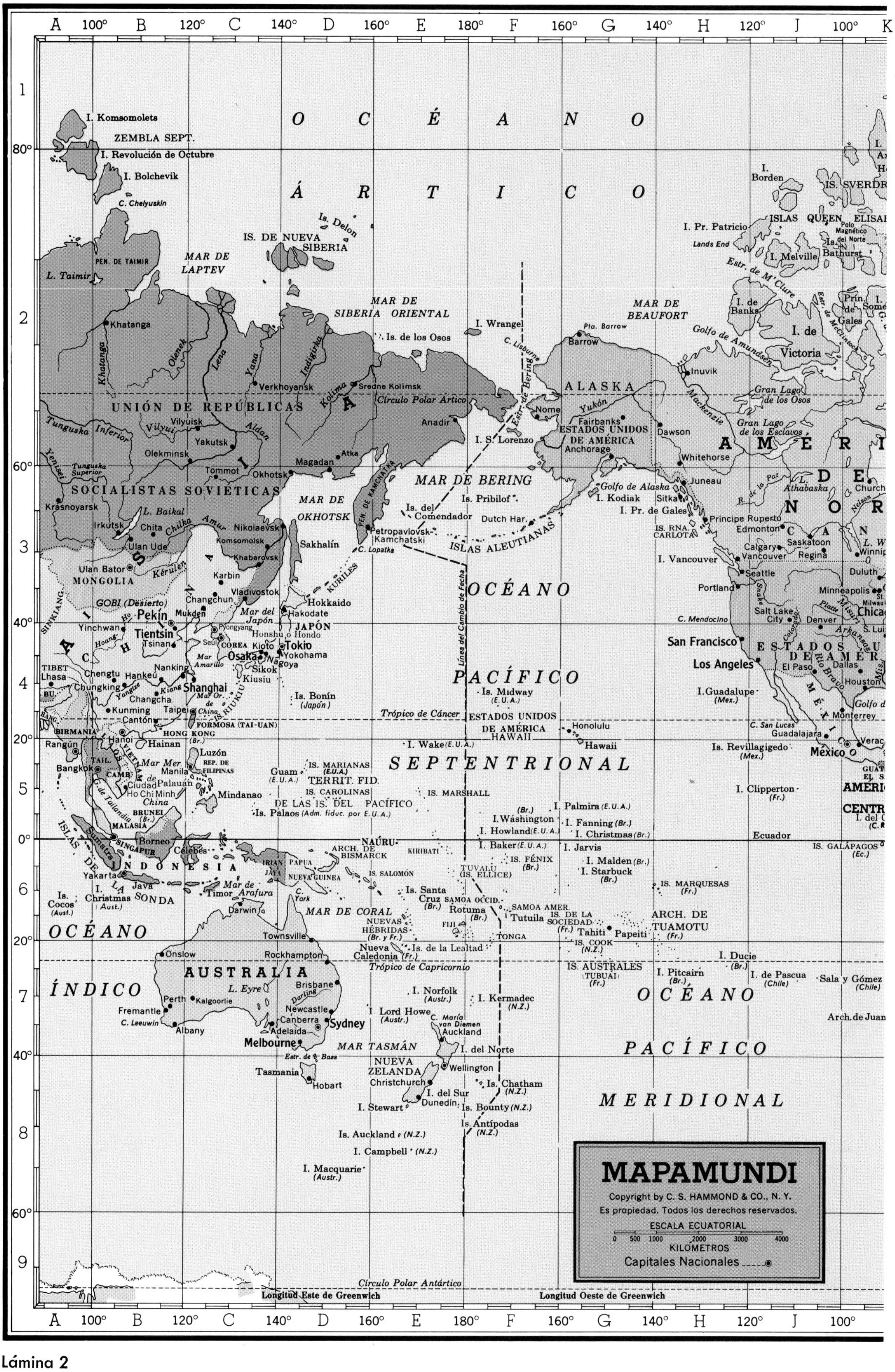
MAPAMUNDI
Copyright by C. S. HAMMOND & CO., N. Y.
Es propiedad. Todos los derechos reservados.
ESCALA ECUATORIAL
0 500 1000 2000 3000 4000
KILOMETROS
Capitales Nacionales
A 100° B 120° C 140° D 160° E 180° F 160° G 140° H 120° J 100°
1
2
3
4
5
6
7
8
9
80°
60°
40°
20°
0°
20°
40°
60°
OCÉANO ÁRTICO
OCÉANO PACÍFICO SEPTENTRIONAL
OCÉANO PACÍFICO MERIDIONAL
OCÉANO ÍNDICO
UNIÓN DE REPÚBLICAS SOCIALISTAS SOVIÉTICAS
CHINA
MONGOLIA
JAPÓN
AUSTRALIA
NUEVA ZELANDA
INDONESIA
ALASKA
ESTADOS UNIDOS DE AMÉRICA
ESTADOS UNIDOS DE AMÉRICA HAWAII
I. Komsomolets
ZEMBLA SEPT.
I. Revolución de Octubre
I. Bolchevik
C. Chelyuskin
PEN. DE TAIMIR
L. Taimir
MAR DE LAPTEV
IS. DE NUEVA SIBERIA
Is. Delon
MAR DE SIBERIA ORIENTAL
I. Wrangel
Is. de los Osos
Khatanga
Verkhoyansk
Sredne Kolimsk
Círculo Polar Ártico
Anadir
Vilyuisk
Yakutsk
Olekminsk
Magadan
Atka
Tommot
Okhotsk
Krasnoyarsk
Irkutsk
Chita
Ulan Ude
Ulan Bator
Nikolaevsk
Komsomolsk
Khabarovsk
Karbin
Vladivostok
Changchun
Mukden
Pekín
Tientsin
Tsinan
Yinchwan
Lhasa
TIBET
Chengtu
Hankeú
Nanking
Chungking
Shanghai
Changcha
Kunming
Cantón
Taipei
Hanoi
HONG KONG
Hainan
FORMOSA (TAI-UAN)
Rangún
Bangkok
Ciudad Ho Chi Minh
Manila
Luzón
Mindanao
Sakhalín
Hokkaido
Hakodate
Honshu o Hondo
Tokio
Yokohama
Nagoya
Osaka
Kioto
Sikok
Kiusiu
Seúl
COREA
Pyongyang
MAR DE OKHOTSK
Petropavlovsk-Kamchatski
C. Lopatka
KURILES
MAR DE BERING
Is. del Comendador
Is. Pribilof
Dutch Har.
ISLAS ALEUTIANAS
I. S. Lorenzo
Nome
Estr. de Bering
C. Lisburne
Pta. Barrow
Barrow
Fairbanks
Anchorage
Yukón
MAR DE BEAUFORT
Golfo de Amundsen
Inuvik
Dawson
Whitehorse
Juneau
Golfo de Alaska
I. Kodiak
Sitka
I. Pr. de Gales
Príncipe Ruperto
Edmonton
Saskatoon
Calgary
Vancouver
Regina
IS. RNA. CARLOTA
I. Vancouver
Seattle
Portland
C. Mendocino
Salt Lake City
Denver
San Francisco
Los Angeles
El Paso
Dallas
Houston
Monterrey
Guadalajara
México
I. Guadalupe (Mex.)
C. San Lucas
Is. Revillagigedo (Mex.)
I. Clipperton (Fr.)
Ecuador
I. Borden
IS. QUEEN ELISABETH
I. Pr. Patricio
Lands End
I. Melville
Estr. de M'Clure
I. de Banks
I. de Victoria
Gran Lago de los Osos
Gran Lago de los Esclavos
Mackenzie
L. Athabaska
Línea del Cambio de Fecha
Trópico de Cáncer
Is. Midway (E.U.A.)
Honolulu
Hawaii
I. Wake (E.U.A.)
Is. Bonín (Japón)
IS. MARIANAS (E.U.A.)
Guam (E.U.A.)
TERRIT. FID. DE LAS IS. DEL PACÍFICO
IS. CAROLINAS
Is. Palaos (Adm. fiduc. por E.U.A.)
IS. MARSHALL
I. Palmira (E.U.A.)
I. Wáshington
I. Fanning (Br.)
I. Howland (E.U.A.)
I. Christmas (Br.)
I. Baker (E.U.A.)
I. Jarvis
IS. FÉNIX (Br.)
I. Malden (Br.)
I. Starbuck (Br.)
IS. MARQUESAS (Fr.)
NAURU
KIRIBATI
TUVALU (IS. ELLICE)
ARCH. DE BISMARCK
IS. SALOMÓN
PAPUA NUEVA GUINEA
IRIAN JAYA
Is. Santa Cruz (Br.)
NUEVAS HÉBRIDAS (Br. y Fr.)
Nueva Caledonia (Fr.)
Is. de la Lealtad
FIJI
Rotuma
SAMOA OCCID.
SAMOA AMER.
Tutuila
TONGA
IS. DE LA SOCIEDAD (Fr.)
Tahití
Papeití
IS. COOK (N.Z.)
ARCH. DE TUAMOTU (Fr.)
IS. AUSTRALES (TUBUAI) (Fr.)
I. Pitcairn (Br.)
I. Ducie (Br.)
I. de Pascua (Chile)
Sala y Gómez (Chile)
Trópico de Capricornio
MAR DE CORAL
Borneo
Célebes
Sumatra
SINGAPUR
MALASIA
BRUNEI
Java
Yakarta
ISLAS DE LA SONDA
Mar de Timor
Arafura
C. York
Darwin
Townsville
Rockhampton
Brisbane
Onslow
L. Eyre
Darling
Perth
Kalgoorlie
Fremantle
C. Leeuwin
Albany
Adelaida
Canberra
Newcastle
Sydney
Melbourne
Estr. de Bass
Tasmania
Hobart
Is. Christmas (Aust.)
Is. Cocos (Aust.)
I. Norfolk (Austr.)
I. Lord Howe (Austr.)
I. Kermadec (N.Z.)
C. María van Diemen
Auckland
I. del Norte
Wellington
MAR TASMÁN
Christchurch
I. del Sur
Dunedin
I. Stewart
Is. Chatham (N.Z.)
Is. Bounty (N.Z.)
Is. Antípodas (N.Z.)
Is. Auckland (N.Z.)
I. Campbell (N.Z.)
I. Macquarie (Austr.)
Círculo Polar Antártico
Longitud Este de Greenwich
Longitud Oeste de Greenwich
GOBI (Desierto)
SINKIANG
Kérulen
Amur
L. Baikal
Lena
Yana
Indigirka
Kolima
Olenek
Khatanga
Aldan
Vilyui
Yenisei
Tunguska Inferior
Tunguska Superior
Mar del Japón
Mar Amarillo
Mar Mer. de China
Mar de Palauán
G. de Tailandia
IS. RIUKIU
BIRMANIA
TAIL.
CAMB.
LAOS
VIETNAM
REP. DE FILIPINAS
Minneapolis
Duluth
Winnipeg
Church
Is. Galápagos (Ec.)
Arch. de Juan

Lámina 2

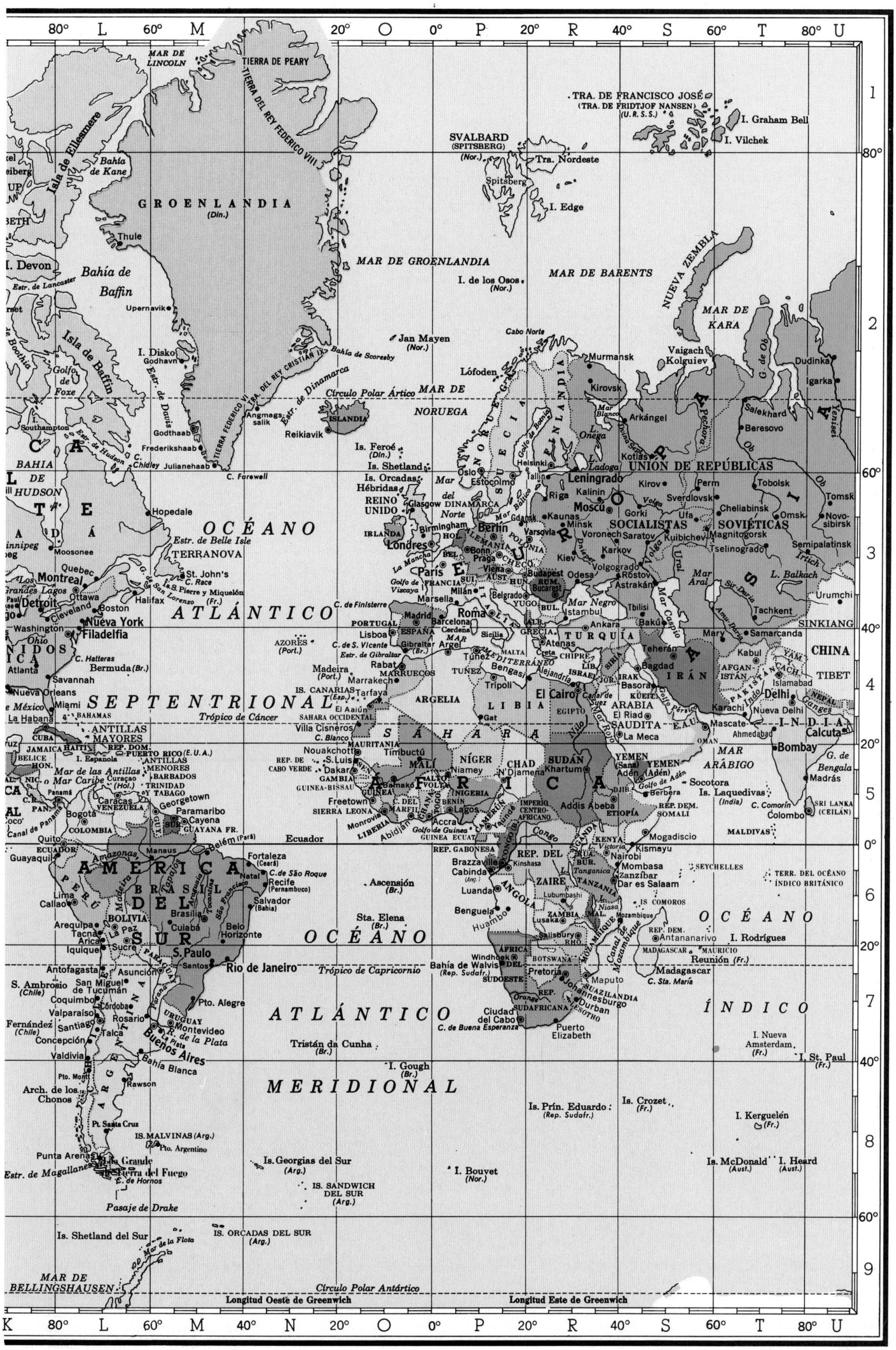
80° L 60° M 40° N 20° O 0° P 20° R 40° S 60° T 80° U
MAR DE LINCOLN
TIERRA DE PEARY
TIERRA DEL REY FEDERICO VIII
Isla de Ellesmere
Bahía de Kane
GROENLANDIA
(Din.)
Thule
I. Devon
Bahía de Baffin
Upernavik
Isla de Baffin
I. Disko
Godhavn
Estr. de Davis
Golfo de Foxe
TIERRA DEL REY CRISTIAN IX
Bahía de Scoresby
Estr. de Dinamarca
TIERRA FEDERICO VI
Angmagssalik
Godthaab
Frederikshaab
Julianehaab
C. Farewell
Southampton
Estr. de Hudson
C. Chidley
BAHÍA DE HUDSON
Hopedale
Moosonee
Quebec
Montreal
Ottawa
Grandes Lagos
Detroit
Cleveland
Boston
Nueva York
Filadelfia
Washington
Halifax
St. John's
C. Race
Is. S. Pierre y Miquelón (Fr.)
Estr. de Belle Isle
TERRANOVA
OCÉANO ATLÁNTICO SEPTENTRIONAL
C. Hatteras
Bermuda (Br.)
Savannah
Atlanta
Nueva Orleans
Miami
La Habana
BAHAMAS
ANTILLAS MAYORES
CUBA
JAMAICA
HAITÍ
REP. DOM.
PUERTO RICO (E. U. A.)
ANTILLAS MENORES
BARBADOS
TRINIDAD Y TABAGO
BELICE
HON.
NIC.
Mar de las Antillas o Mar Caribe
Curaçao (Hol.)
Caracas
VENEZUELA
Georgetown
Paramaribo
Cayena
GUAYANA FR.
Bogotá
COLOMBIA
Quito
ECUADOR
Guayaquil
Ecuador
Manaus
Belém (Pará)
Fortaleza (Ceará)
C. de São Roque
Natal
Recife (Pernambuco)
Salvador (Bahia)
AMÉRICA DEL SUR
BRASIL
PERÚ
BOLIVIA
Lima
Callao
La Paz
Brasilia
Cuiabá
Belo Horizonte
Arequipa
Tacna
Arica
Iquique
Sucre
PARAGUAY
S. Paulo
Santos
Río de Janeiro
Antofagasta
Asunción
S. Ambrosio (Chile)
San Miguel de Tucumán
Coquimbo
Córdoba
Pto. Alegre
Valparaíso
Santiago
Rosario
URUGUAY
Montevideo
R. de la Plata
Buenos Aires
Fernández (Chile)
Talca
Concepción
Valdivia
Bahía Blanca
Pto. Montt
Rawson
ARGENTINA
Arch. de los Chonos
Pt. Santa Cruz
IS. MALVINAS (Arg.)
Pto. Argentino
Punta Arenas
Isla Grande
Estr. de Magallanes
Tierra del Fuego
C. de Hornos
Pasaje de Drake
Is. Shetland del Sur
Mar de la Flota
IS. ORCADAS DEL SUR (Arg.)
MAR DE BELLINGSHAUSEN
Círculo Polar Antártico
Longitud Oeste de Greenwich
Longitud Este de Greenwich
SVALBARD (SPITSBERG) (Nor.)
Spitsberg
Tra. Nordeste
I. Edge
TRA. DE FRANCISCO JOSÉ (TRA. DE FRIDTJOF NANSEN) (U. R. S. S.)
I. Graham Bell
I. Vilchek
MAR DE GROENLANDIA
I. de los Osos (Nor.)
MAR DE BARENTS
NUEVA ZEMBLA
MAR DE KARA
Jan Mayen (Nor.)
Cabo Norte
Murmansk
Lófoden
Círculo Polar Ártico
MAR DE NORUEGA
ISLANDIA
Reikiavik
Is. Feroé (Din.)
Is. Shetland
Is. Orcadas
Hébridas
REINO UNIDO
Glasgow
Mar del Norte
IRLANDA
Birmingham
Londres
La Mancha
París
FRANCIA
Golfo de Vizcaya
Marsella
Milán
ESPAÑA
PORTUGAL
Madrid
Barcelona
Lisboa
Gibraltar (Br.)
Argel
C. de Finisterre
AZORES (Port.)
C. de S. Vicente
Estr. de Gibraltar
Madeira (Port.)
Rabat
MARRUECOS
Marrakech
IS. CANARIAS (Esp.)
Tarfaya
El Aaiún
SAHARA OCCIDENTAL
Villa Cisneros
C. Blanco
Trópico de Cáncer
NORUEGA
SUECIA
FINLANDIA
Golfo de Botnia
Oslo
Estocolmo
Helsinki
DINAMARCA
Mar Báltico
Copenhague
Riga
Kaunas
Gdansk
Minsk
Varsovia
POLONIA
Berlín
ALEMANIA
BEL.
HOL.
Bonn
Praga
CHECO.
Viena
AUST.
SUI.
HUN.
Budapest
RUM.
Bucarest
Belgrado
YUGO.
BUL.
ALB.
GRECIA
Atenas
Roma
ITALIA
Cerdeña
Sicilia
MALTA
Creta
Túnez
TÚNEZ
MAR MEDITERRÁNEO
Bengasi
Trípoli
LIBIA
ARGELIA
Gat
Alejandría
El Cairo
EGIPTO
CHIPRE
LÍB.
ISRAEL
SIRIA
JOR.
IRAK
Bagdad
Basora
KUEIT
ARABIA SAUDITA
El Riad
La Meca
TURQUÍA
Ankara
Istambul
Mar Negro
Odesa
Kiev
Kalinin
Leningrado
Ladoga
Onega
Kirovsk
Mar Blanco
Arkángel
Kotlas
Moscú
Gorki
Kirov
Perm
Sverdlovsk
Cheliabinsk
Ufa
Kuibichev
Saratov
Voronech
Karkov
Volgogrado
Rostov
Astrakán
Tbilisi
Bakú
Mar Caspio
Mar de Aral
UNIÓN DE REPÚBLICAS SOCIALISTAS SOVIÉTICAS
EUROPA
ASIA
Pechora
Vaigach
Kolguiev
G. de Ob
Salekhard
Beresovo
Dudinka
Igarka
Tobolsk
Tomsk
Omsk
Novosibirsk
Magnitogorsk
Tselinogrado
Semipalatinsk
L. Baljach
Tachkent
Samarcanda
Mary
Urumchi
SINKIANG
CHINA
TIBET
Teherán
IRÁN
Kabul
AFGANISTÁN
Islamabad
PAKISTÁN
Karachi
Delhi
Nueva Delhi
NEPAL
INDIA
Ahmedabad
Bombay
Calcuta
Mascate
OMÁN
E.A.U.
YEMEN
Adén
MAR ARÁBIGO
Socotora
Is. Laquedivas (India)
C. Comorín
Colombo
SRI LANKA (CEILÁN)
MALDIVAS
G. de Bengala
Madrás
SÁHARA
MAURITANIA
Nouakchott
Tombuctú
MALÍ
NÍGER
Niamey
CHAD
N'Djamena
SUDÁN
Khartum
REP. DE CABO VERDE
Dakar
S. Luis
GAMBIA
GUINEA-BISSAU
GUINEA
Bamako
ALTO VOLTA
Freetown
SIERRA LEONA
Monrovia
LIBERIA
C. DEL MARFIL
Abidján
GHANA
TOGO
BENIN
NIGERIA
Lagos
Accra
Golfo de Guinea
GUINEA ECUAT.
CAMERÚN
IMPERIO CENTROAFRICANO
ÁFRICA
ETIOPÍA
Addis Abeba
DJIB.
SOMALI
Berbera
Mogadiscio
KENYA
Nairobi
Kismayu
Mombasa
UGANDA
Victoria
RUA.
BUR.
Tanganica
TANZANIA
Zanzíbar
Dar es Salaam
Congo
REP. GABONESA
REP. DEL CONGO
Brazzaville
Kinshasa
ZAIRE
Cabinda (Ang.)
Luanda
ANGOLA
Benguela
Huambo
Lubumbashi
ZAMBIA
Lusaka
MAL.
Niasa
Salisbury
RHO.
MOZAMBIQUE
Canal de Mozambique
Windhoek
ÁFRICA DEL SUDOESTE
BOTSWANA
Pretoria
Johannesburgo
Maputo
SUAZILANDIA
Durban
LESOTHO
Orange
REP. SUDAFRICANA
Ciudad del Cabo
C. de Buena Esperanza
Puerto Elizabeth
Bahía de Walvis (Rep. Sudafr.)
Ascensión (Br.)
Sta. Elena (Br.)
OCÉANO ATLÁNTICO MERIDIONAL
Trópico de Capricornio
Tristán da Cunha (Br.)
I. Gough (Br.)
Is. Georgias del Sur (Arg.)
IS. SANDWICH DEL SUR (Arg.)
I. Bouvet (Nor.)
Is. Prín. Eduardo (Rep. Sudafr.)
Is. Crozet (Fr.)
I. Kerguelén (Fr.)
Is. McDonald (Aust.)
I. Heard (Aust.)
SEYCHELLES
IS. COMOROS
TERR. DEL OCÉANO ÍNDICO BRITÁNICO
REP. DEM. MADAGASCAR
Antananarivo
MAURICIO
I. Rodrígues
Reunión (Fr.)
Madagascar
C. Sta. María
OCÉANO ÍNDICO
I. Nueva Amsterdam (Fr.)
I. St. Paul (Fr.)
1 2 3 4 5 6 7 8 9
80° 60° 40° 20° 0° 20° 40° 60°

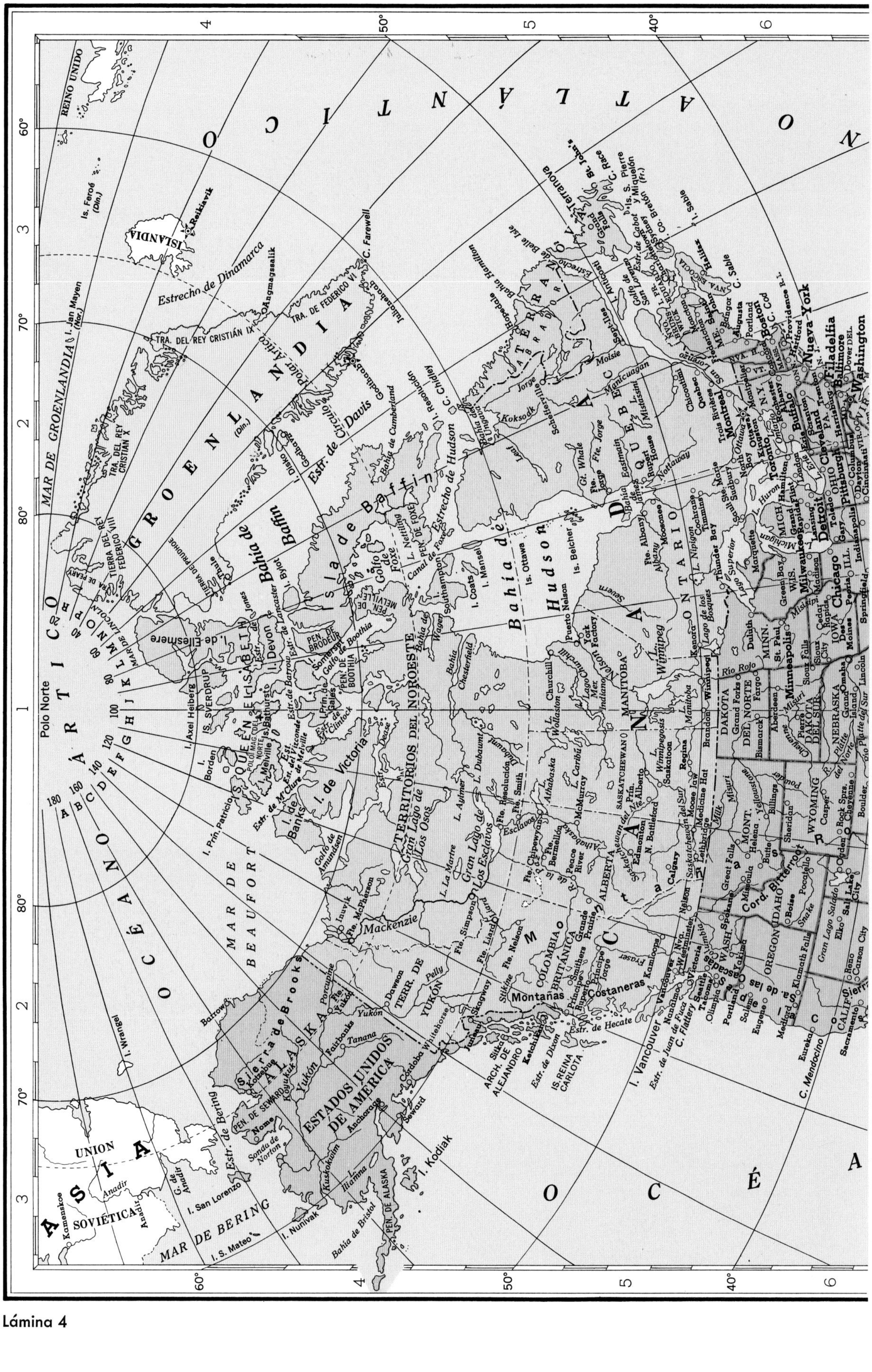
OCÉANO ÁRTICO
OCÉANO ATLÁNTICO
OCÉANO
GROENLANDIA
(Din.)
ISLANDIA
Reikiavik
Is. Feroé (Din.)
REINO UNIDO
I. Jan Mayen (Nor.)
MAR DE GROENLANDIA
Estrecho de Dinamarca
Círculo Polar Ártico
Bahía de Baffin
Estr. de Davis
Isla de Baffin
Bahía de Hudson
Estrecho de Hudson
Golfo de Foxe
Canal de Foxe
Is. Belcher
I. Southampton
TERRITORIOS DEL NOROESTE
Gran Lago de Los Osos
Gran Lago de Los Esclavos
I. de Victoria
I. de Banks
I. de Ellesmere
I. Devon
I. Axel Heiberg
IS. SVERDRUP
I. Melville
Polo Norte
MAR DE BEAUFORT
Mackenzie
TERR. DE YUKÓN
Yukón
ALASKA
ESTADOS UNIDOS DE AMÉRICA
Sierra de Brooks
Anchorage
Fairbanks
Nome
Barrow
I. Kodiak
PEN. DE ALASKA
Bahía de Bristol
MAR DE BERING
Estr. de Bering
I. Wrangel
I. San Lorenzo
I. Nunivak
I. S. Mateo
ASIA
UNIÓN SOVIÉTICA
CANADÁ
COLOMBIA BRITÁNICA
ALBERTA
SASKATCHEWAN
MANITOBA
ONTARIO
QUEBEC
LABRADOR
TERRANOVA
Montañas Costaneras
I. Vancouver
Vancouver
Edmonton
Calgary
Regina
Winnipeg
L. Winnipeg
Churchill
Montreal
Quebec
Ottawa
Toronto
Halifax
St. John's
Nueva York
Filadelfia
Washington
Boston
Chicago
Detroit
Cleveland
Pittsburgh
Buffalo
Minneapolis
Milwaukee
Seattle
Portland
L. Superior
DAKOTA DEL NORTE
DAKOTA DEL SUR
MINN.
WASH.
OREGÓN
IDAHO
MONT.
WYOMING
NEBRASKA
IOWA
WIS.
MICH.
OHIO
PA.
N.Y.
ILL.
CALIF.
Gran Lago Salado
Salt Lake City
C. Mendocino
60°
70°
80°
50°
40°

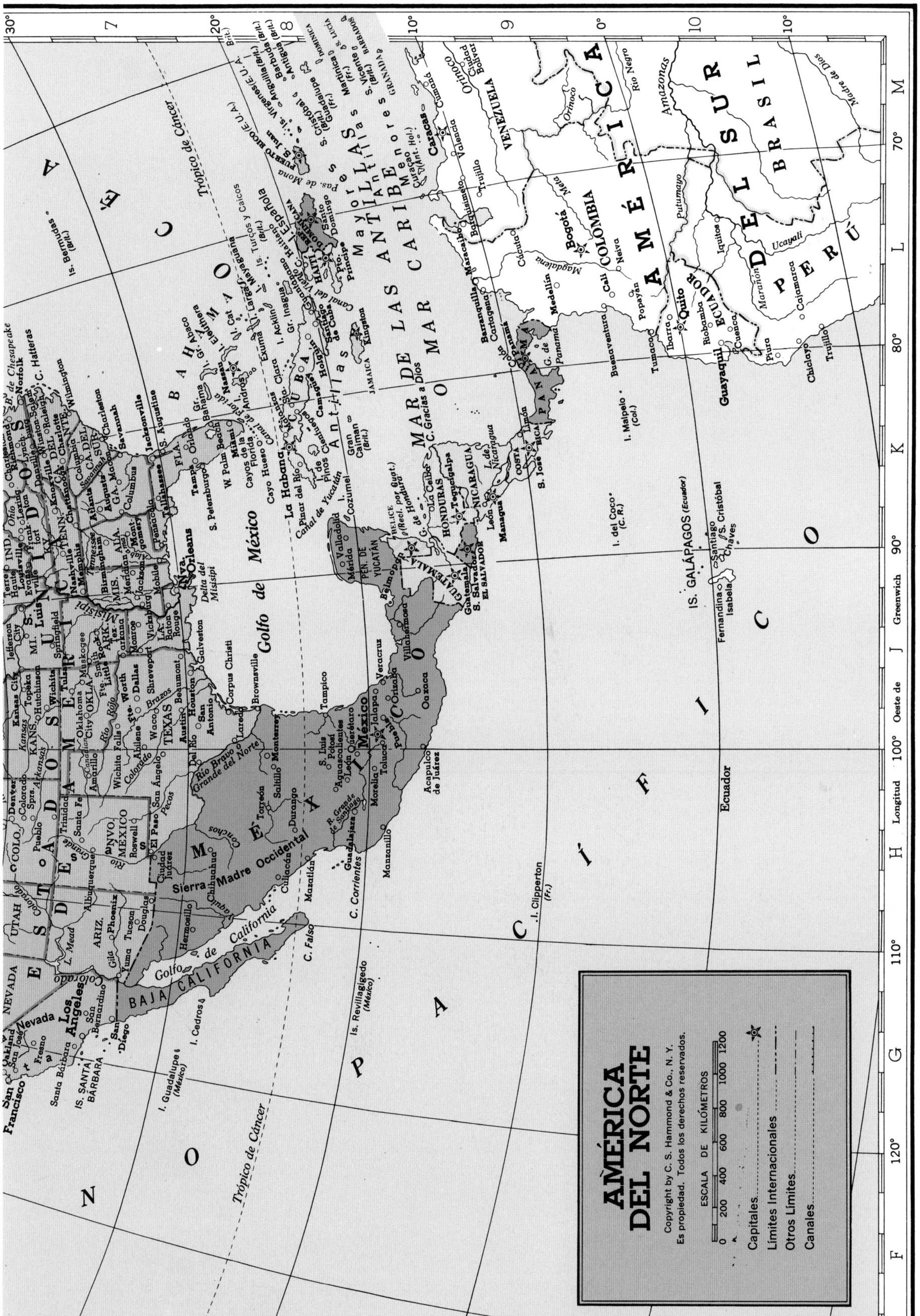

AMÉRICA DEL NORTE
Copyright by C. S. Hammond & Co., N. Y.
Es propiedad. Todos los derechos reservados.
ESCALA DE KILÓMETROS
0 200 400 600 800 1000 1200
Capitales
Límites Internacionales
Otros Límites
Canales
Longitud 100° Oeste de Greenwich
ESTADOS UNIDOS
MÉXICO
OCÉANO PACÍFICO
OCÉANO ATLÁNTICO
Golfo de México
MAR DE LAS ANTILLAS O MAR CARIBE
AMÉRICA DEL SUR
Trópico de Cáncer
Sierra Madre Occidental
Golfo de California
BAJA CALIFORNIA
BAHAMAS
CUBA
ANTILLAS MAYORES
Antillas Menores
GUATEMALA
HONDURAS
NICARAGUA
EL SALVADOR
COSTA RICA
PANAMÁ
VENEZUELA
COLOMBIA
ECUADOR
PERÚ
BRASIL
IS. GALÁPAGOS (Ecuador)
Ecuador

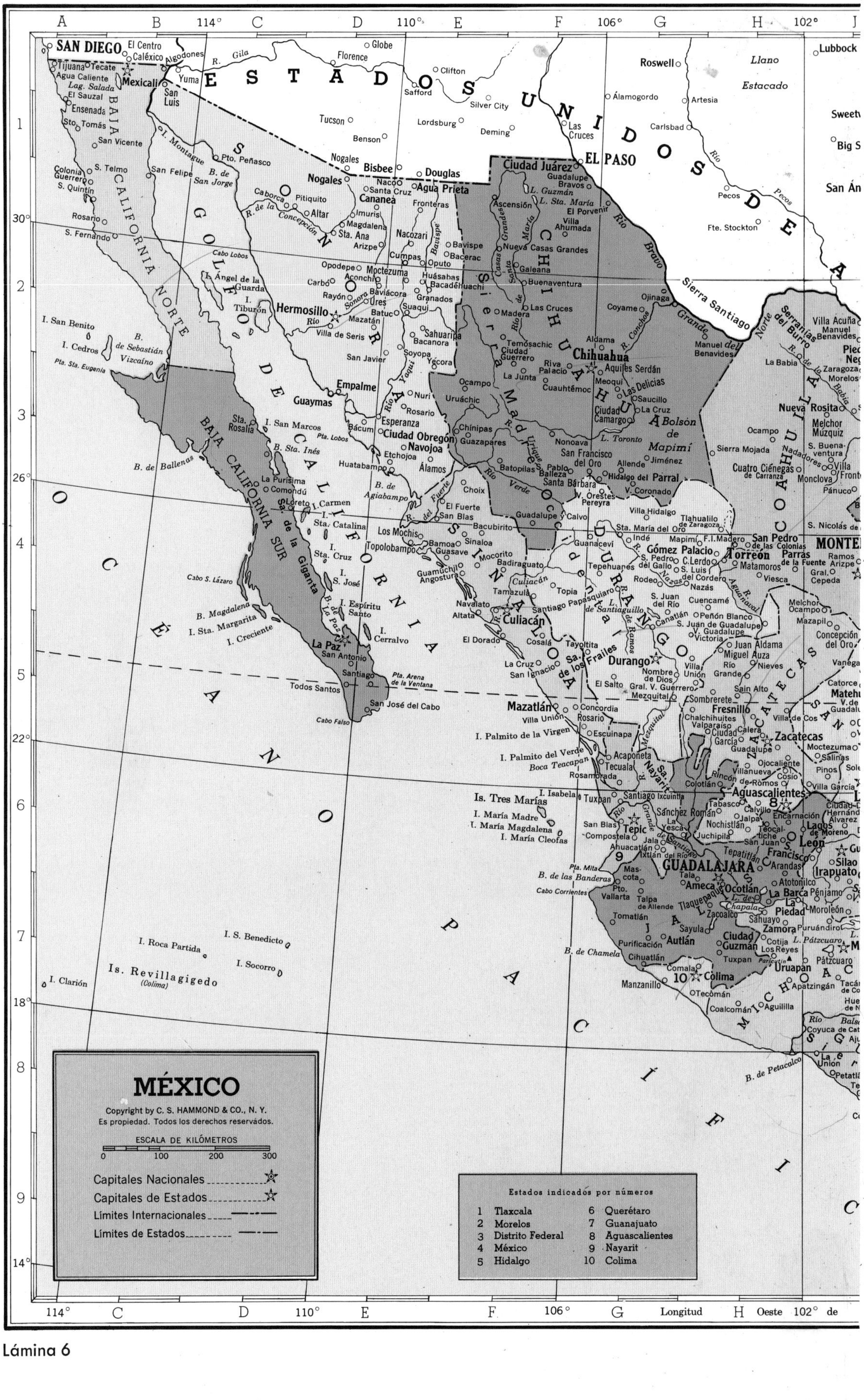
MÉXICO
Copyright by C. S. HAMMOND & CO., N. Y.
Es propiedad. Todos los derechos reservados.
ESCALA DE KILÓMETROS
0 100 200 300
Capitales Nacionales
Capitales de Estados
Límites Internacionales
Límites de Estados
Estados indicados por números
1 Tlaxcala
2 Morelos
3 Distrito Federal
4 México
5 Hidalgo
6 Querétaro
7 Guanajuato
8 Aguascalientes
9 Nayarit
10 Colima
ESTADOS UNIDOS DE A
OCÉANO PACÍFICO
GOLFO DE CALIFORNIA
BAJA CALIFORNIA NORTE
BAJA CALIFORNIA SUR
SONORA
CHIHUAHUA
SINALOA
DURANGO
COAHUILA
ZACATECAS
NAYARIT
JALISCO
MICHOACÁN
Sierra Madre Occidental
Bolsón de Mapimí
Is. Revillagigedo (Colima)
Is. Tres Marías
SAN DIEGO
Mexicali
Tijuana
Ensenada
Hermosillo
Guaymas
Nogales
Ciudad Juárez
EL PASO
Chihuahua
Culiacán
Mazatlán
Durango
Torreón
Zacatecas
Tepic
GUADALAJARA
Colima
La Paz
Longitud Oeste de
114° 110° 106° 102°
30° 26° 22° 18° 14°
A B C D E F G H J
1 2 3 4 5 6 7 8 9

Lámina 6

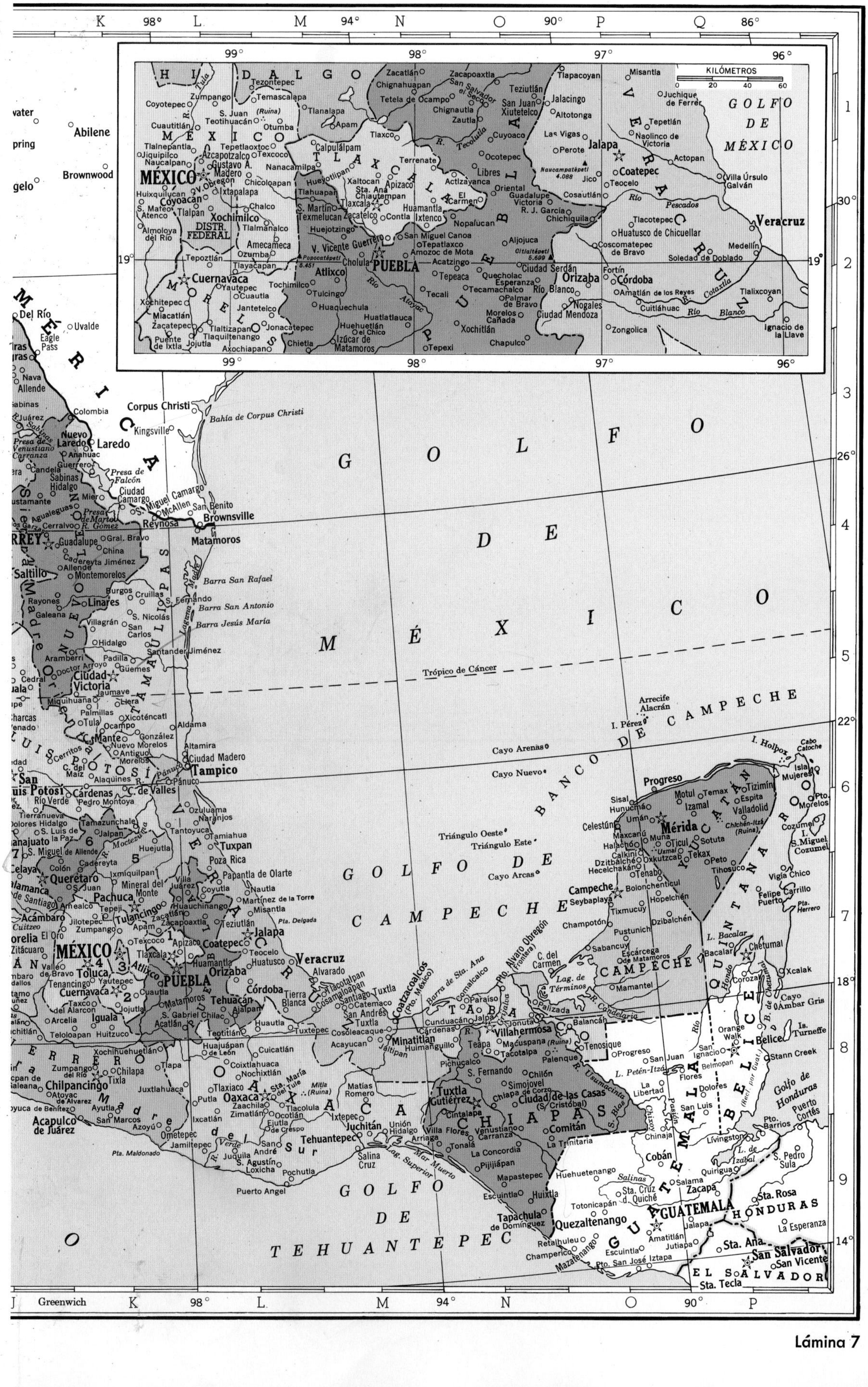

K 98° L M 94° N O 90° P Q 86°
99° 98° 97° 96°
KILÓMETROS
0 20 40 60
H I D A L G O
M É X I C O
T L A X C A L A
P U E B L A
V E R A C R U Z
M O R E L O S
DISTR. FEDERAL
GOLFO DE MÉXICO
MÉXICO
PUEBLA
Jalapa
Veracruz
Orizaba
Córdoba
Cuernavaca
Tlaxcala
Atlixco
Cholula
Popocatépetl 5.451
Citlaltépetl 5.699
Naucampatépetl 4.088
Abilene
Brownwood
Uvalde
Eagle Pass
Corpus Christi
Bahía de Corpus Christi
Kingsville
Laredo
Nuevo Laredo
Brownsville
Matamoros
Reynosa
Monterrey
Saltillo
Linares
Barra San Rafael
Barra San Antonio
Barra Jesús María
Ciudad Victoria
Trópico de Cáncer
Tampico
Ciudad Madero
San Luis Potosí
Querétaro
Pachuca
Tuxpan
Poza Rica
Toluca
Tehuacán
Chilpancingo
Acapulco de Juárez
Oaxaca
Juchitán
Tehuantepec
Coatzacoalcos
Minatitlán
Villahermosa
Tuxtla Gutiérrez
Ciudad de las Casas
Comitán
Tapachula
Campeche
Mérida
Progreso
Chetumal
Belice
GOLFO DE MÉXICO
BANCO DE CAMPECHE
GOLFO DE CAMPECHE
GOLFO DE TEHUANTEPEC
Cayo Arenas
Cayo Nuevo
Triángulo Oeste
Triángulo Este
Cayo Arcas
Arrecife Alacrán
I. Pérez
Cabo Catoche
Isla Mujeres
Cozumel
TAMAULIPAS
VERACRUZ
OAXACA
CHIAPAS
TABASCO
CAMPECHE
YUCATÁN
QUINTANA ROO
GUERRERO
BELICE
GUATEMALA
HONDURAS
EL SALVADOR
San Salvador
Sta. Ana
Quezaltenango
Cobán
Flores
Golfo de Honduras
Puerto Barrios
Puerto Cortés
San Pedro Sula
30° 26° 22° 18° 14°
1 2 3 4 5 6 7 8 9
J Greenwich K 98° L M 94° N O 90° P

Lámina 7

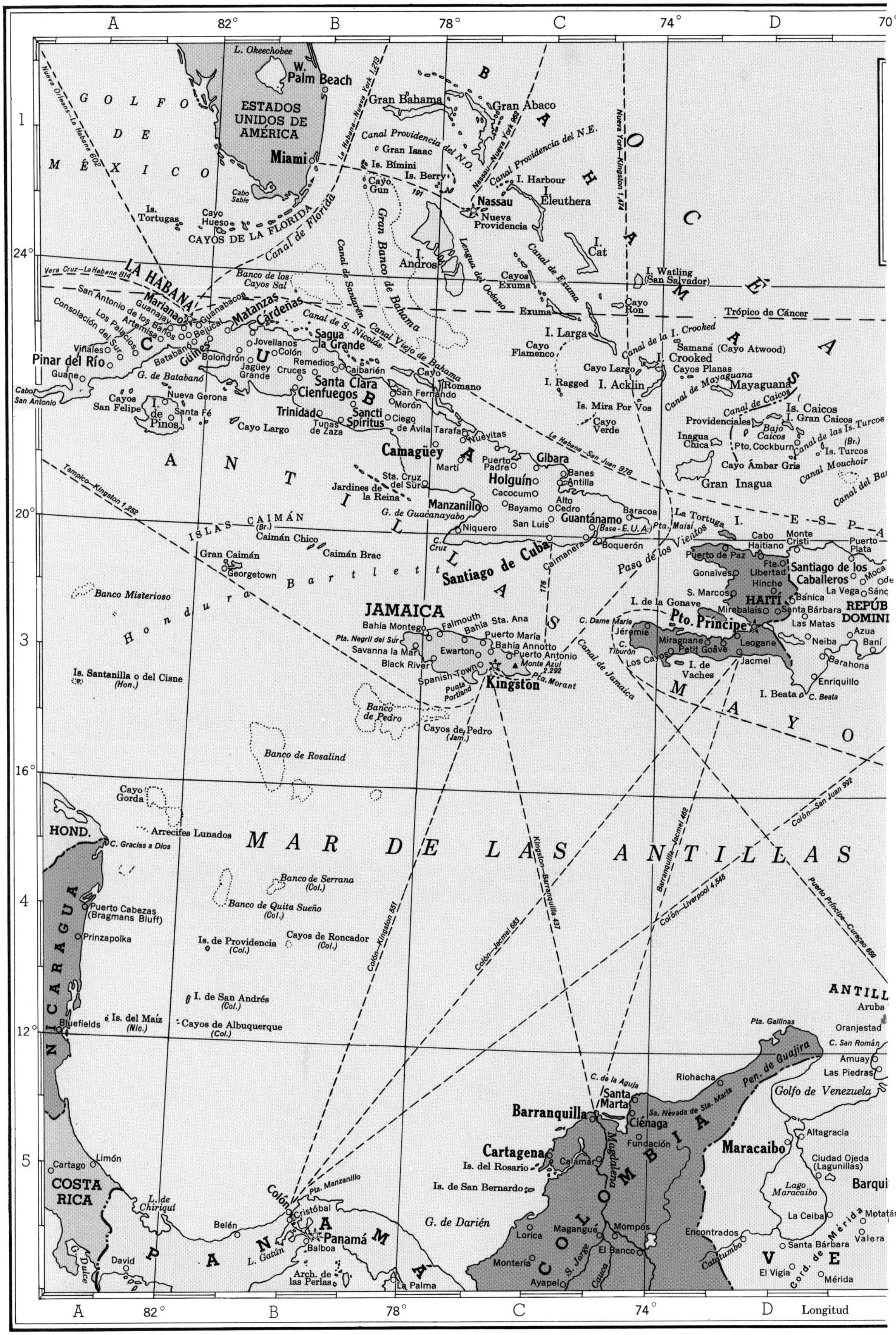

A 82° B 78° C 74° D 70°
1
3
4
5
24°
20°
16°
12°
L. Okeechobee
W. Palm Beach
ESTADOS UNIDOS DE AMÉRICA
Miami
Cabo Sable
GOLFO DE MÉXICO
Nueva Orleans—La Habana 602
Is. Tortugas
Cayo Hueso
CAYOS DE LA FLORIDA
Canal de Florida
La Habana—Nueva York 1,273
Gran Bahama
Gran Abaco
Canal Providencia del N.O.
Gran Isaac
Is. Bímini
Is. Berry
Cayo Gun
191
Canal Providencia del N.E.
Nassau—Nueva York 960
I. Harbour
Nassau
Nueva Providencia
I. Eleuthera
BAHAMA
OCÉANO
ATLÁNTICO
Nueva York—Kingston 1,474
Gran Banco de Bahama
Lengua del Océano
I. Andros
Canal de Santarén
Canal de Exuma
I. Cat
Cayos Exuma
Exuma
I. Watling (San Salvador)
Cayo Ron
Trópico de Cáncer
Vera Cruz—La Habana 814
Banco de los Cayos Sal
LA HABANA
Marianao
San Antonio de los Baños
Guanajay
Artemisa
Los Palacios
Consolación del Sur
Viñales
Pinar del Río
Guane
Cabo San Antonio
Guanabacoa
Bejucal
Matanzas
Cárdenas
Güines
Batabanó
G. de Batabanó
Bolondrón
Jovellanos
Colón
Jagüey Grande
Cruces
Remedios
Sagua la Grande
Caibarién
Santa Clara
Cienfuegos
Trinidad
Tunas de Zaza
Sancti Spíritus
Canal de S. Nicolás
Canal Viejo de Bahama
Cayo Romano
San Fernando
Morón
Ciego de Ávila
Tarafa
Nuevitas
Camagüey
Puerto Padre
Gibara
Holguín
Martí
Banes
Antilla
Cacocum
Alto Cedro
Bayamo
Manzanillo
Niquero
G. de Guacanayabo
Jardines de la Reina
Sta. Cruz del Sur
Nueva Gerona
I. de Pinos
Santa Fé
Cayos San Felipe
Cayo Largo
CUBA
I. Larga
Cayo Flamenco
Cayo Largo
I. Ragged
I. Acklin
Canal de la I. Crooked
I. Crooked
Samaná (Cayo Atwood)
Cayos Planas
Is. Mira Por Vos
Cayo Verde
Canal de Mayaguana
Mayaguana
Canal de Caicos
Is. Caicos
Providenciales
I. Gran Caicos
Bajo Caicos
Canal de las Is. Turcos
Inagua Chica
Pto. Cockburn
(Br.)
Is. Turcos
Cayo Ámbar Gris
Canal Mouchoir
Canal del Banco
Gran Inagua
La Habana—San Juan 978
Tampico—Kingston 1,252
ANTILLAS
ISLAS CAIMÁN (Br.)
Caimán Chico
Caimán Brac
Gran Caimán
Georgetown
Bartlett
Honduras
Banco Misterioso
Guantánamo
(Base-E.U.A.)
Baracoa
Pta. Maisí
San Luis
Boquerón
C. Cruz
Santiago de Cuba
Caimanera
176
Paso de los Vientos
La Tortuga
I. ESPAÑOLA
Cabo Haitiano
Monte Cristi
Puerto Plata
Puerto de Paz
Fte. Libertad
Gonaïves
Hinche
Santiago de los Caballeros
Moca
S. Marcos
HAITÍ
La Vega
I. de la Gonave
Mirebalais
Santa Bárbara
REPÚB. DOMINI.
Pto. Príncipe
Las Matas
C. Dame Marie
Jérémie
Miragoane
Petit Goâve
Leogane
Neiba
Azua
Baní
C. Tiburón
Los Cayos
I. de Vaches
Jacmel
Barahona
Enriquillo
I. Beata
C. Beata
JAMAICA
Bahía Montego
Falmouth
Bahía Sta. Ana
Puerto María
Bahía Annotto
Puerto Antonio
Monte Azul 2,292
Pta. Negril del Sur
Savanna la Mar
Ewarton
Black River
Spanish Town
Kingston
Punta Portland
Pta. Morant
Canal de Jamaica
Banco de Pedro
Cayos de Pedro (Jam.)
Banco de Rosalind
Is. Santanilla o del Cisne (Hon.)
MAYO
Colón—San Juan 992
Cayo Gorda
HOND.
Arrecifes Lunados
C. Gracias a Dios
MAR DE LAS ANTILLAS
Banco de Serrana (Col.)
Banco de Quita Sueño (Col.)
Puerto Cabezas (Bragmans Bluff)
Prinzapolka
Cayos de Roncador (Col.)
Is. de Providencia (Col.)
I. de San Andrés (Col.)
Bluefields
Is. del Maíz (Nic.)
Cayos de Albuquerque (Col.)
NICARAGUA
Colón—Kingston 551
Colón—Jacmel 683
Kingston—Barranquilla 437
Barranquilla—Jacmel 462
Colón—Liverpool 4,545
Puerto Príncipe—Curaçao 659
ANTILLAS
Aruba
Oranjestad
C. San Román
Amuay
Las Piedras
Pta. Gallinas
Pen. de Guajira
Riohacha
Golfo de Venezuela
C. de la Aguja
Santa Marta
Barranquilla
Ciénaga
Sa. Nevada de Sta. Marta
Fundación
COLOMBIA
Altagracia
Maracaibo
Ciudad Ojeda (Lagunillas)
Lago Maracaibo
Barquisimeto
Cartagena
Calamar
Is. del Rosario
Is. de San Bernardo
Magdalena
La Ceiba
Motatán
Valera
Encontrados
Santa Bárbara
Catatumbo
Cord. de Mérida
El Vigía
Mérida
VE
Cartago
Limón
COSTA RICA
L. de Chiriquí
Colón
Pta. Manzanillo
Cristóbal
Belén
Panamá
Balboa
L. Gatún
PANAMÁ
G. de Darién
Arch. de las Perlas
La Palma
G. Dulce
David
Lorica
Magangué
Mompós
El Banco
Montería
S. Jorge
Cauca
Ayapel
A 82° B 78° C 74° D Longitud

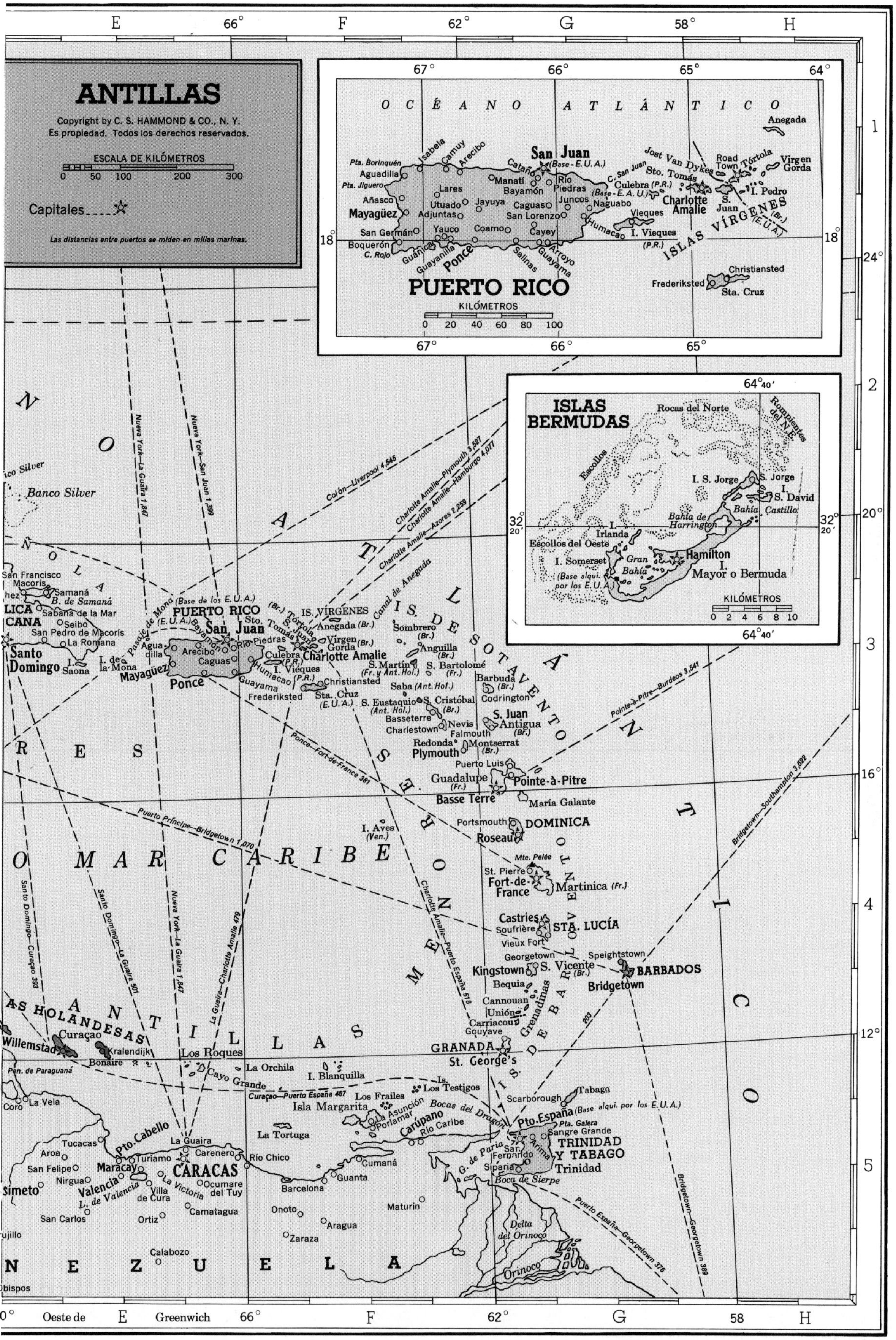

ANTILLAS
Copyright by C. S. HAMMOND & CO., N. Y.
Es propiedad. Todos los derechos reservados.
ESCALA DE KILÓMETROS
0 50 100 200 300
Capitales
Las distancias entre puertos se miden en millas marinas.
E
66°
F
62°
G
58°
H
1
2
3
4
5
24°
20°
16°
12°
OCÉANO ATLÁNTICO
Anegada
Pta. Borinquén
Aguadilla
Pta. Jiguero
Añasco
Mayagüez
San Germán
Boquerón
C. Rojo
Isabela
Camuy
Arecibo
Lares
Utuado
Adjuntas
Jayuya
Yauco
Coamo
Manatí
Bayamón
San Juan
(Base - E. U. A.)
Cataño
Río Piedras
Caguas
Juncos
San Lorenzo
Cayey
Guánica
Guayanilla
Ponce
Salinas
Arroyo
Guayama
Humacao
Naguabo
C. San Juan
Culebra (P.R.)
(Base - E. A. U.)
Vieques
I. Vieques
(P.R.)
Jost Van Dykes
Road Town
Tórtola
Virgen Gorda
Sto. Tomás
Charlotte Amalie
S. Juan
I. Pedro
(Br.)
(E.U.A.)
ISLAS VÍRGENES
Christiansted
Frederiksted
Sta. Cruz
PUERTO RICO
KILÓMETROS
0 20 40 60 80 100
67°
65°
64°
18°
ISLAS BERMUDAS
Rocas del Norte
Rompientes del N.E.
Escollos
I. S. Jorge
S. Jorge
I. S. David
Bahía Castillo
Bahía de Harrington
I. Irlanda
Escollos del Oeste
I. Somerset
(Base alqui. por los E. U. A.)
Gran Bahía
Hamilton
I. Mayor o Bermuda
KILÓMETROS
0 2 4 6 8 10
64°40′
32° 20′
Banco Silver
San Francisco Macorís
Samaná
B. de Samaná
Sabana de la Mar
Seibo
San Pedro de Macorís
La Romana
Santo Domingo
I. Saona
I. de la Mona
Pasaje de Mona
Aguadilla
Mayagüez
Arecibo
Caguas
Ponce
(Base de los E. U. A.)
PUERTO RICO
(E. U. A.)
San Juan
Bayamón
Río Piedras
Humacao
Guayama
Sto. Tomás
S. Juan
Tórtola
(Br.)
IS. VÍRGENES
Anegada (Br.)
Virgen Gorda (Br.)
Culebra
(P.R.)
Charlotte Amalie
I. Vieques
(P.R.)
Christiansted
Frederiksted
Sta. Cruz
(E. U. A.)
Canal de Anegada
Sombrero (Br.)
Anguilla (Br.)
S. Martín
(Fr. y Ant. Hol.)
S. Bartolomé (Fr.)
Saba (Ant. Hol.)
S. Eustaquio
(Ant. Hol.)
S. Cristóbal (Br.)
Basseterre
Charlestown
Nevis
Barbuda (Br.)
Codrington
S. Juan
Antigua (Br.)
Falmouth
Redonda
Montserrat (Br.)
Plymouth
Puerto Luis
Guadalupe (Fr.)
Pointe-à-Pitre
Basse Terre
María Galante
Portsmouth
DOMINICA
Roseau
I. Aves (Ven.)
Mte. Pelée
St. Pierre
Fort-de-France
Martinica (Fr.)
Castries
Soufrière
STA. LUCÍA
Vieux Fort
Georgetown
Kingstown
S. Vicente (Br.)
Bequia
Speightstown
BARBADOS
Bridgetown
Cannouan
Unión
Carriacou
Gouyave
Granadinas
GRANADA
St. George's
Tabago
Scarborough
(Base alqui. por los E. U. A.)
Pto. España
Pta. Galera
Sangre Grande
Arima
TRINIDAD Y TABAGO
San Fernando
Siparia
Trinidad
Boca de Sierpe
G. de Paria
Bocas del Dragón
Los Testigos
Los Frailes
La Asunción
Porlamar
Isla Margarita
Carúpano
Río Caribe
La Tortuga
La Orchila
I. Blanquilla
Los Roques
Cayo Grande
La Guaira
Carenero
Río Chico
Cumaná
Guanta
Barcelona
Maturín
Onoto
Aragua
Zaraza
Delta del Orinoco
Orinoco
Willemstad
Curaçao
Kralendijk
Bonaire
Pen. de Paraguaná
La Vela
Coro
Tucacas
Pto. Cabello
Aroa
San Felipe
Nirgua
Maracay
Turiamo
CARACAS
Valencia
L. de Valencia
Villa de Cura
La Victoria
Ocumare del Tuy
Camatagua
Ortiz
San Carlos
Trujillo
Calabozo
Obispos
Barquisimeto
ANTILLAS HOLANDESAS
REPÚBLICA DOMINICANA
MAR CARIBE
ANTILLAS MENORES
ISLAS DE SOTAVENTO
ISLAS DE BARLOVENTO
OCÉANO ATLÁNTICO
VENEZUELA
Colón—Liverpool 4,545
Charlotte Amalie—Plymouth 3,527
Charlotte Amalie—Hamburgo 4,077
Charlotte Amalie—Azores 2,259
Nueva York—La Guaira 1,847
Nueva York—San Juan 1,399
Ponce—Fort-de-France 381
Puerto Príncipe—Bridgetown 1,070
Pointe-à-Pitre—Burdeos 3,541
Bridgetown—Southampton 3,622
Santo Domingo—Curaçao 393
Santo Domingo—La Guaira 501
Nueva York—La Guaira 1,847
La Guaira—Charlotte Amalie 479
Charlotte Amalie—Puerto España 518
Curaçao—Puerto España 467
Puerto España—Georgetown 376
Bridgetown—Georgetown 389
70°
Oeste de Greenwich
58

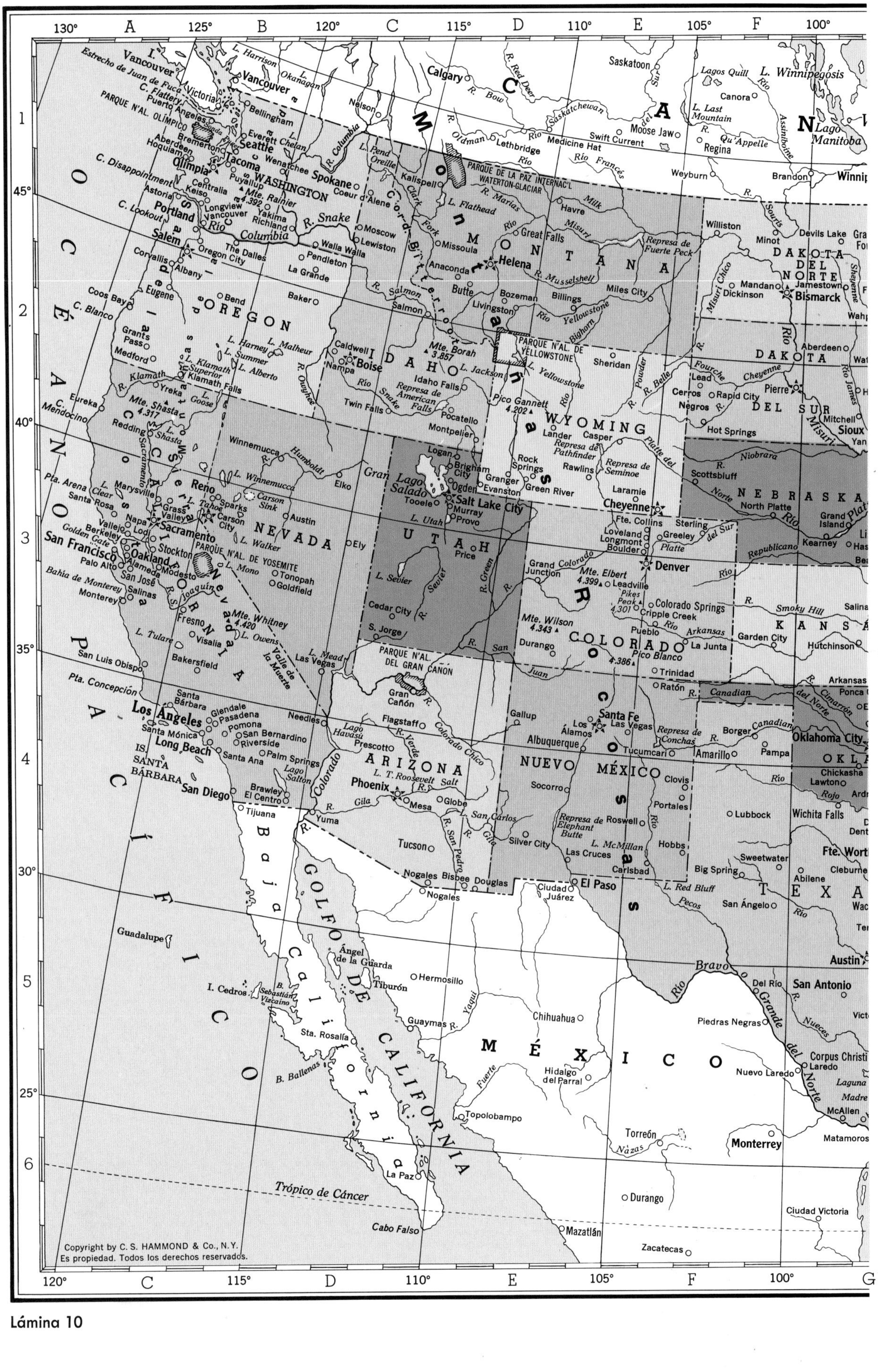
130° A 125° B 120° C 115° D 110° E 105° F 100°
120° C 115° D 110° E 105° F 100° G
1
2
3
4
5
6
45°
40°
35°
30°
25°
OCÉANO PACÍFICO
CANADÁ
MÉXICO
WASHINGTON
OREGON
CALIFORNIA
NEVADA
IDAHO
MONTANA
WYOMING
UTAH
COLORADO
ARIZONA
NUEVO MÉXICO
DAKOTA DEL NORTE
DAKOTA DEL SUR
NEBRASKA
KANSAS
TEXAS
Montañas Rocosas
Sierra Nevada
Cordillera de las Cascadas
Montes Bitterroot
GOLFO DE CALIFORNIA
Baja California
Trópico de Cáncer
Estrecho de Juan de Fuca
I. Vancouver
Vancouver
Victoria
C. Flattery
Puerto Angeles
PARQUE N'AL. OLÍMPICO
Bellingham
Everett
Seattle
Bremerton
Tacoma
Olimpia
Aberdeen
Hoquiam
C. Disappointment
Centralia
Puyallup
Mte. Rainier 4.392
Wenatchee
Spokane
Coeur d'Alene
Astoria
Kelso
Longview
Vancouver
Yakima
Richland
Portland
C. Lookout
Salem
Río Columbia
R. Snake
Walla Walla
Pendleton
The Dalles
Oregon City
Corvallis
Albany
La Grande
Baker
Eugene
Bend
Coos Bay
C. Blanco
Grants Pass
Medford
L. Harney
L. Malheur
L. Summer
L. Alberto
L. Klamath
L. Superior
Klamath Falls
Klamath
Yreka
Mte. Shasta 4.317
L. Goose
Eureka
C. Mendocino
Redding
L. Shasta
Río Sacramento
Pta. Arena
Marysville
L. Clear
Santa Rosa
Reno
L. Tahoe
Carson Sink
Sparks
Carson City
Grass Valley
Napa
Sacramento
Vallejo
Lodi
Berkeley
Golden Gate
San Francisco
Oakland
Stockton
Alameda
Modesto
Palo Alto
San José
PARQUE N'AL. DE YOSEMITE
L. Mono
L. Walker
Tonopah
Goldfield
Bahía de Monterey
Salinas
Monterey
R. San Joaquín
Fresno
Mte. Whitney 4.420
L. Owens
Visalia
L. Tulare
Bakersfield
Valle de la Muerte
San Luis Obispo
Pta. Concepción
Santa Bárbara
Los Ángeles
Glendale
Pasadena
Pomona
San Bernardino
Riverside
Santa Mónica
Long Beach
Santa Ana
Palm Springs
Lago Salton
IS. SANTA BÁRBARA
San Diego
Brawley
El Centro
Tijuana
Winnemucca
Humboldt
L. Winnemucca
Elko
Austin
Ely
Las Vegas
L. Mead
Needles
Lago Havasu
Calgary
R. Red Deer
R. Bow
Oldman
Lethbridge
Medicine Hat
Swift Current
Moose Jaw
Saskatoon
Regina
Río Saskatchewan
Río Francés
PARQUE DE LA PAZ INTERNAC'L WATERTON-GLACIAR
Weyburn
Brandon
Winnipeg
L. Last Mountain
Lagos Quill
L. Winnipegosis
Canora
Lago Manitoba
Qu'Appelle
Assiniboine
Nelson
L. Harrison
L. Okanagan
R. Columbia
Chelan
L. Pend Oreille
Kalispell
L. Flathead
Clark Fork
R. Marias
Milk
Havre
Misuri
Great Falls
Missoula
Helena
Anaconda
Butte
R. Musselshell
Bozeman
Livingston
Billings
Río Yellowstone
Miles City
Represa de Fuerte Peck
Moscow
Lewiston
R. Salmon
Salmon
Caldwell
Boise
Nampa
Mte. Borah 3.857
Río Snake
Represa de American Falls
Idaho Falls
Twin Falls
Pocatello
Montpelier
R. Owyhee
L. Jackson
PARQUE N'AL. DE YELLOWSTONE
Sheridan
Río Bighorn
Powder
Belle Fourche
Pico Gannett 4.202
Lander
Casper
Represa de Pathfinder
Rawlins
Represa de Seminoe
Rock Springs
Green River
Granger
Evanston
Laramie
Cheyenne
Platte del Norte
Logan
Brigham City
Lago Salado
Gran Lago Salado
Ogden
Tooele
Salt Lake City
Murray
Provo
L. Utah
Price
L. Sevier
R. Sevier
R. Green
Cedar City
S. Jorge
PARQUE N'AL. DEL GRAN CAÑÓN
Gran Cañón
Flagstaff
Prescott
R. Verde
Colorado Chico
L. T. Roosevelt
R. Salt
Phoenix
Mesa
Globe
R. Gila
L. San Carlos
Yuma
Tucson
R. San Pedro
Nogales
Bisbee
Douglas
Fte. Collins
Sterling
Loveland
Longmont
Greeley
Boulder
Platte del Sur
Denver
Grand Junction
Mte. Elbert 4.399
Leadville
Pikes Peak 4.301
Colorado Springs
Cripple Creek
Mte. Wilson 4.343
Pueblo
Río Arkansas
La Junta
Durango
R. San Juan
Pico Blanco 4.386
Trinidad
Ratón
Gallup
Santa Fe
Los Álamos
Las Vegas
Represa de Conchas
Albuquerque
Tucumcari
Clovis
Socorro
Portales
Roswell
Represa de Elephant Butte
Silver City
L. McMillan
Las Cruces
Hobbs
Carlsbad
El Paso
Ciudad Juárez
L. Red Bluff
Pecos
Williston
Minot
Devils Lake
Jamestown
Mandan
Dickinson
Bismarck
Misuri Chico
Aberdeen
Lead
Cerros Negros
Rapid City
Pierre
Cheyenne
Hot Springs
Mitchell
Sioux
Niobrara
Scottsbluff
North Platte
Grand Island
Kearney
Republicano
Smoky Hill
Garden City
Hutchinson
Salina
Arkansas
Ponca
Cimarrón
Canadian
Borger
Amarillo
Pampa
Oklahoma City
Chickasha
Lawton
Río Rojo
Wichita Falls
Lubbock
Big Spring
Sweetwater
Abilene
Fte. Worth
San Ángelo
Austin
Del Río
San Antonio
Río Bravo
Río Grande del Norte
Nueces
Piedras Negras
Corpus Christi
Nuevo Laredo
Laredo
Laguna Madre
McAllen
Matamoros
Monterrey
Torreón
Nazas
Durango
Ciudad Victoria
Zacatecas
Mazatlán
Chihuahua
Hidalgo del Parral
Río Fuerte
Río Yaqui
Hermosillo
Guaymas
Topolobampo
La Paz
Cabo Falso
Tiburón
Ángel de la Guarda
Sta. Rosalía
B. Ballenas
B. Sebastián Vizcaíno
I. Cedros
Guadalupe
Copyright by C. S. HAMMOND & Co., N.Y.
Es propiedad. Todos los derechos reservados.

ESTADOS UNIDOS
DE AMÉRICA
excluye Alaska y Hawaii
ESCALA DE KILÓMETROS
0 100 200 300 400 500
Capitales de Países
Capitales de Estados
Límites Internacionales
Límites de Estados
GOLFO DE MÉXICO
OCÉANO ATLÁNTICO
CANADÁ
CUBA
BAHAMAS
Lago Superior
L. Michigan
L. Hurón
Lago Ontario
Lago Erie
Lago Winnipeg
Lago de los Bosques
Lago Nipigon
Canal de Florida
Canal de Santarén
Longitud 95° Oeste de H Greenwich 90° J 85° K 80° L 75°
G 95° H 90° J 85° K 80° L 75° M 70° N 65°
WISCONSIN
ILLINOIS
INDIANA
OHIO
KENTUCKY
TENNESSEE
MISISIPI
ALABAMA
GEORGIA
FLORIDA
CAROLINA DEL NORTE
CAROLINA DEL SUR
VIRGINIA
VIRGINIA OCC.
PENSILVANIA
NUEVA YORK
NUEVA JERSEY
MAINE
MISURI
ARKANSAS
LUISIANA
IOWA
MINNESOTA
Chicago
Detroit
Milwaukee
Cleveland
Pittsburgh
Filadelfia
Nueva York
Boston
Washington
Baltimore
Montreal
Ottawa
Toronto
Quebec
Atlanta
Memphis
Nashville
Louisville
Indianapolis
Cincinnati
Columbus
Minneapolis
S. Paul
Kansas City
S. Luis
Nva. Orleans
Houston
Dallas
Miami
La Habana
Jacksonville
Tampa
Charleston
Richmond
Norfolk
Birmingham
Montgomery
Jackson
Little Rock
Des Moines
Omaha
Duluth
Buffalo
Rochester
Albany

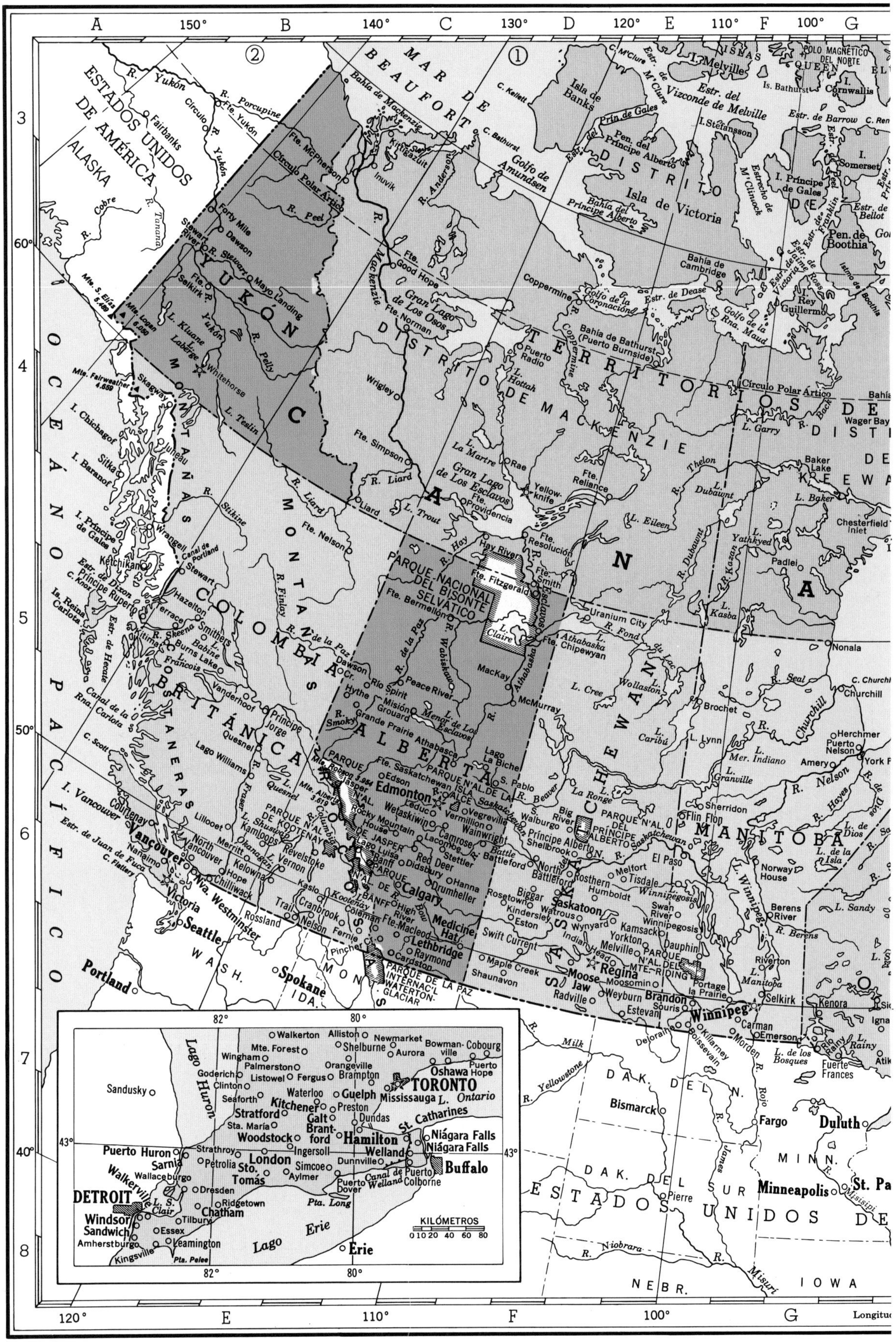
MAR DE BEAUFORT
ESTADOS UNIDOS DE AMÉRICA
ALASKA
Fairbanks
R. Yukón
R. Porcupine
Fte. Yukón
Círculo Polar Ártico
R. Tanana
R. Cobre
Mte. S. Elías 5.489
Mte. Logan 6.050
Mte. Fairweather 4.659
YUKÓN
Forty Mile
Dawson
Stewart River
Mayo Landing
Fte. Selkirk
L. Kluane
L. Laberge
Whitehorse
Skagway
L. Teslin
R. Pelly
R. Peel
Fte. McPherson
Bahía de Mackenzie
Inuvik
R. Mackenzie
R. Anderson
C. Bathurst
C. Kellett
Isla de Banks
Golfo de Amundsen
Isla de Victoria
I. Melville
Estr. del Vizconde de Melville
I. Stefansson
Pen. del Príncipe Alberto
Bahía del Príncipe Alberto
Estr. del Príncipe de Gales
Estrecho de M'Clintock
I. Príncipe de Gales
I. Somerset
Pen. de Boothia
I. Cornwallis
I. Bathurst
POLO MAGNÉTICO DEL NORTE
Estr. de Barrow
Bahía de Cambridge
Golfo de la Coronación
Estr. de Dease
Golfo de la Rna. Maud
I. Rey Guillermo
Coppermine
Bahía de Bathurst (Puerto Burnside)
Fte. Good Hope
Gran Lago de Los Osos
Fte. Norman
Puerto Radio
L. Hottah
Wrigley
DISTRITO DE MACKENZIE
TERRITORIOS DEL NOROESTE
Fte. Simpson
R. Liard
Liard
L. La Martre
Rae
Gran Lago de Los Esclavos
Fte. Providencia
Yellowknife
Fte. Reliance
L. Garry
Wager Bay
Baker Lake
L. Dubawnt
R. Thelon
L. Baker
Chesterfield Inlet
L. Yathkyed
Padlei
L. Eileen
Fte. Resolución
Hay River
Fte. Smith
Fte. Fitzgerald
PARQUE NACIONAL DEL BISONTE SELVÁTICO
L. Claire
Uranium City
Fte. Chipewyan
L. Athabaska
L. Kasba
Nonala
L. Wollaston
L. Cree
Churchill
C. Churchill
Brochet
L. Caribú
L. Lynn
Herchmer
Puerto Nelson
Amery
R. Nelson
L. Mer. Indiano
L. Granville
Sherridon
Flin Flop
Norway House
Berens River
L. Winnipeg
MANITOBA
L. Winnipegosis
Winnipegosis
Swan River
Dauphin
Riverton
Selkirk
Portage la Prairie
Winnipeg
Brandon
Souris
Morden
Emerson
Carman
Kenora
L. de los Bosques
Fuerte Frances
CANADÁ
COLUMBIA BRITÁNICA
MONTAÑAS ROCOSAS
Juneau
Sitka
I. Chichagof
I. Baranof
I. Príncipe de Gales
Wrangell
Ketchikan
Canal de Portland
Stewart
Hazelton
Smithers
Terrace
Prince Rupert
Kitimat
Estr. de Dixon
Is. Reina Carlota
Estr. de Hécate
Burns Lake
Fte. St. James
Vanderhoof
Príncipe Jorge
Quesnel
Lago Williams
Fte. Nelson
R. Stikine
R. Finlay
R. de la Paz
Dawson Cr.
Hythe
Grande Prairie
Río Spirit
Peace River
Fte. Vermilion
MacKay
McMurray
ALBERTA
Athabasca
Lago La Biche
Edson
Jasper
Mte. Robson 3.954
Mte. Alberta 3.619
Edmonton
Leduc
Wetaskiwin
Camrose
Vegreville
Vermilion
Wainwright
Rocky Mountain House
Lacombe
Red Deer
Stettler
Didsbury
Drumheller
Hanna
Banff
Calgary
High River
Medicine Hat
Lethbridge
Fte. Macleod
Cardston
Raymond
Pincher
Coleman
Fernie
Cranbrook
Kimberley
Nelson
Trail
Rossland
Kaslo
Revelstoke
Kamloops
Vernon
Kelowna
Merritt
Lillooet
Hope
Chilliwack
Vancouver
North Vancouver
Nanaimo
Courtenay
I. Vancouver
Victoria
Nva. Westminster
Estr. de Juan de Fuca
C. Flattery
C. Scott
SASKATCHEWAN
La Ronge
Prince Albert
Saskatoon
North Battleford
Battleford
Lloydminster
Rosthern
Humboldt
Melfort
Tisdale
Kindersley
Rosetown
Biggar
Swift Current
Maple Creek
Shaunavon
Moose Jaw
Regina
Yorkton
Melville
Indian Head
Weyburn
Estevan
Moosomin
OCÉANO PACÍFICO
Seattle
Portland
WASH.
Spokane
IDA.
MONT.
PARQUE INTERNAC'L DE LA PAZ WATERTON-GLACIAR
ESTADOS UNIDOS DE AMÉRICA
R. Milk
R. Yellowstone
DAK. DEL N.
Bismarck
Fargo
Duluth
MINN.
Minneapolis
St. Pa
DAK. DEL SUR
Pierre
R. Misuri
R. Niobrara
NEBR.
IOWA
Lago Huron
Sandusky
Walkerton
Alliston
Newmarket
Bowmanville
Cobourg
Mte. Forest
Shelburne
Aurora
Oshawa
Puerto Hope
Wingham
Palmerston
Orangeville
TORONTO
Goderich
Clinton
Listowel
Fergus
Brampton
Mississauga
L. Ontario
Seaforth
Waterloo
Guelph
Kitchener
Preston
Stratford
Galt
Dundas
St. Catharines
Sta. María
Brantford
Hamilton
Niágara Falls
Woodstock
Ingersoll
Welland
Puerto Huron
Sarnia
Strathroy
London
Simcoe
Dunnville
Buffalo
Petrolia
Sto. Tomás
Aylmer
Puerto Dover
Canal de Welland
Puerto Colborne
Walkerville
Wallaceburg
DETROIT
L. S. Clair
Dresden
Ridgetown
Chatham
Pta. Long
Windsor
Sandwich
Tilbury
Essex
Lago Erie
Amherstburg
Leamington
Kingsville
Pta. Pelee
Erie
KILÓMETROS
0 10 20 40 60 80
A
B
C
D
E
F
G
150°
140°
130°
120°
110°
100°
3
4
5
6
7
8
60°
50°
40°
43°
82°
80°
Longitud

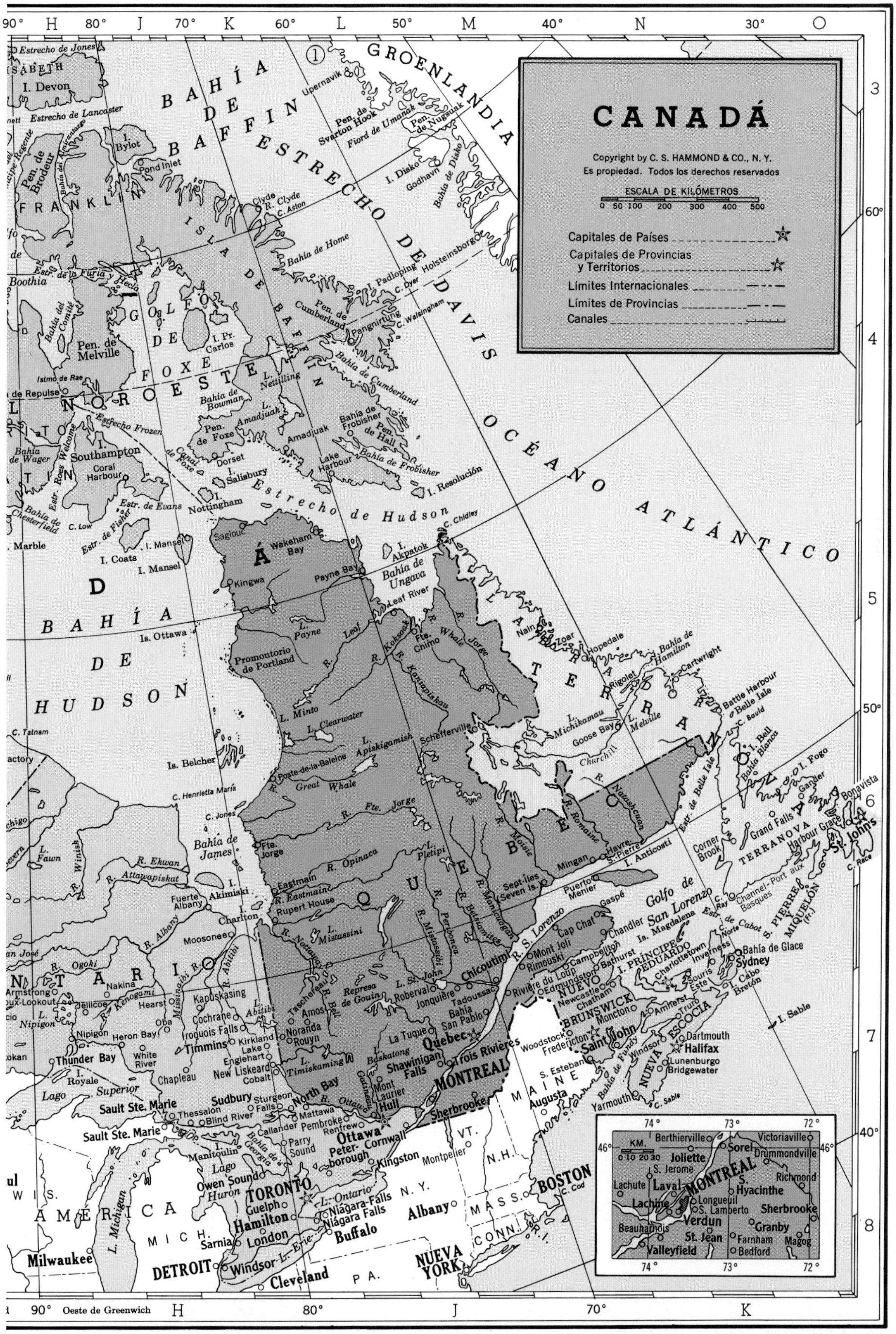
CANADÁ
Copyright by C. S. HAMMOND & CO., N. Y.
Es propiedad. Todos los derechos reservados
ESCALA DE KILÓMETROS
0 50 100 200 300 400 500
Capitales de Países
Capitales de Provincias y Territorios
Límites Internacionales
Límites de Provincias
Canales
GROENLANDIA
BAHÍA DE BAFFIN
ESTRECHO DE DAVIS
ISLA DE BAFFIN
OCÉANO ATLÁNTICO
GOLFO DE FOXE
NOROESTE
BAHÍA DE HUDSON
Estrecho de Hudson
LABRADOR
TERRANOVA
QUEBEC
ONTARIO
NUEVO BRUNSWICK
NUEVA ESCOCIA
I. PRÍNCIPE EDUARDO
MAINE
AMÉRICA
Golfo de San Lorenzo
I. Devon
Estrecho de Jones
Estrecho de Lancaster
I. Bylot
Pond Inlet
Pen. de Brodeur
Boothia
Pen. de Melville
Istmo de Rae
I. Southampton
Coral Harbour
Bahía de Wager
Estr. Roes Welcome
Bahía de Chesterfield
C. Low
I. Coats
I. Mansel
Marble
Upernavik
Pen. de Svarton Hook
Fiord de Umanak
Pen. de Nugsuak
I. Disko
Godhavn
Bahía de Disko
Clyde
R. Clyde
C. Aston
Bahía de Home
I. Padloping
C. Dyer
Holsteinsborg
Pen. de Cumberland
Pangnirtung
C. Walsingham
Bahía de Cumberland
L. Nettilling
Bahía de Bowman
L. Amadjuak
Amadjuak
Pen. de Foxe
Dorset
Estrecho Frozen
Canal de Foxe
I. Salisbury
I. Nottingham
Estr. de Evans
Estr. de Fisher
Lake Harbour
Bahía de Frobisher
Pen. de Hall
I. Resolución
Sagloue
Wakeham Bay
Kingwa
I. Akpatok
C. Chidley
Payne Bay
Bahía de Ungava
Leaf River
L. Payne
R. Leaf
R. Koksoak
Fte. Chimo
R. Whale
R. Jorge
Is. Ottawa
Promontorio de Portland
R. Kaniapiskau
L. Minto
L. Clearwater
Schefferville
L. Apiskigamish
Is. Belcher
Poste-de-la-Baleine
R. Great Whale
C. Henrietta María
C. Jones
R. Fte. Jorge
Fte. Jorge
Bahía de James
Eastmain
R. Eastmain
R. Opinaca
L. Pletipi
Rupert House
L. Mistassini
Nain
Zoar
Hopedale
Bahía de Hamilton
Cartwright
Rigolet
L. Michikamau
Goose Bay
L. Melville
Churchill
Battle Harbour
Belle Isle
C. Bauld
I. Bell
Bahía Blanca
I. Fogo
Gander
Bonavista
Grand Falls
Harbour Grace
St. John's
C. Race
Corner Brook
Channel-Port aux Basques
S. PIERRE Y MIQUELÓN (Fr.)
R. Natashquan
R. Romaine
R. Moisie
Mingan
Havre-S. Pierre
I. Anticosti
Sept-Îles Seven Is.
Puerto Menier
Gaspé
Cap Chat
Chandler
Is. Magdalena
Estr. de Cabot
C. Ray
C. Norte
Bahía de Glace
Sydney
I. Cabo Bretón
I. Sable
Mont Joli
Rimouski
Campbellton
Bathurst
Charlottetown
Inverness
Souris
Este
Rivière du Loup
Edmundston
Newcastle
Chatham
Moncton
Amherst
Truro
Woodstock
Fredericton
Saint John
Dartmouth
Halifax
Windsor
Lunenburgo
Bridgewater
Yarmouth
C. Sable
Bahía de Fundy
S. Esteban
Augusta
Chicoutimi
R. S. Lorenzo
R. Manicuagan
R. Betsiamites
R. Peribonca
R. Mistassibi
L. St. John
Roberval
Jonquière
Tadoussac
Bahía San Pablo
Represa de Gouin
Taschereau
Amos
Noranda
Rouyn
La Tuque
Quebec
Trois Rivières
Shawinigan Falls
L. Baskatong
Mont Laurier
L. Timiskaming
MONTREAL
Sherbrooke
Hull
Ottawa
R. Ottawa
North Bay
Mattawa
Pembroke
Renfrew
Callander
Parry Sound
Peterborough
Cornwall
Kingston
Montpelier
VT.
N.H.
MASS.
CONN.
R.I.
N. Y.
PA.
BOSTON
C. Cod
Albany
NUEVA YORK
Buffalo
Cleveland
Niagara Falls
L. Ontario
L. Erie
TORONTO
Guelph
Hamilton
London
Sarnia
Windsor
DETROIT
MICH.
Lago Huron
Owen Sound
Bahía de Georgia
I. Manitoulin
Sault Ste. Marie
Thessalon
Blind River
Sudbury
Sturgeon Falls
Chapleau
Lago Superior
I. Royale
Thunder Bay
White River
Heron Bay
Nipigon
L. Nipigon
Hearst
Kapuskasing
Cochrane
Iroquois Falls
Timmins
Kirkland Lake
Englehart
New Liskeard
Cobalt
Nakina
Armstrong
Sioux-Lookout
Bellicoe
R. Kenogami
R. Ogoki
L. Abitibi
R. Abitibi
R. Missinaibi
Moosonee
R. Albany
Fuerte Albany
I. Akimiski
I. Charlton
R. Attawapiskat
R. Ekwan
R. Winisk
L. Fawn
C. Tatnam
L. Michigan
Milwaukee
WIS.
Berthierville
Victoriaville
Sorel
Drummondville
Joliette
S. Jerome
Lachute
Laval
S. Hyacinthe
Richmond
Longueuil
S. Lamberto
Lachine
Beauharnois
Verdun
St. Jean
Granby
Farnham
Magog
Bedford
Valleyfield
KM.
0 10 20 30
90° Oeste de Greenwich

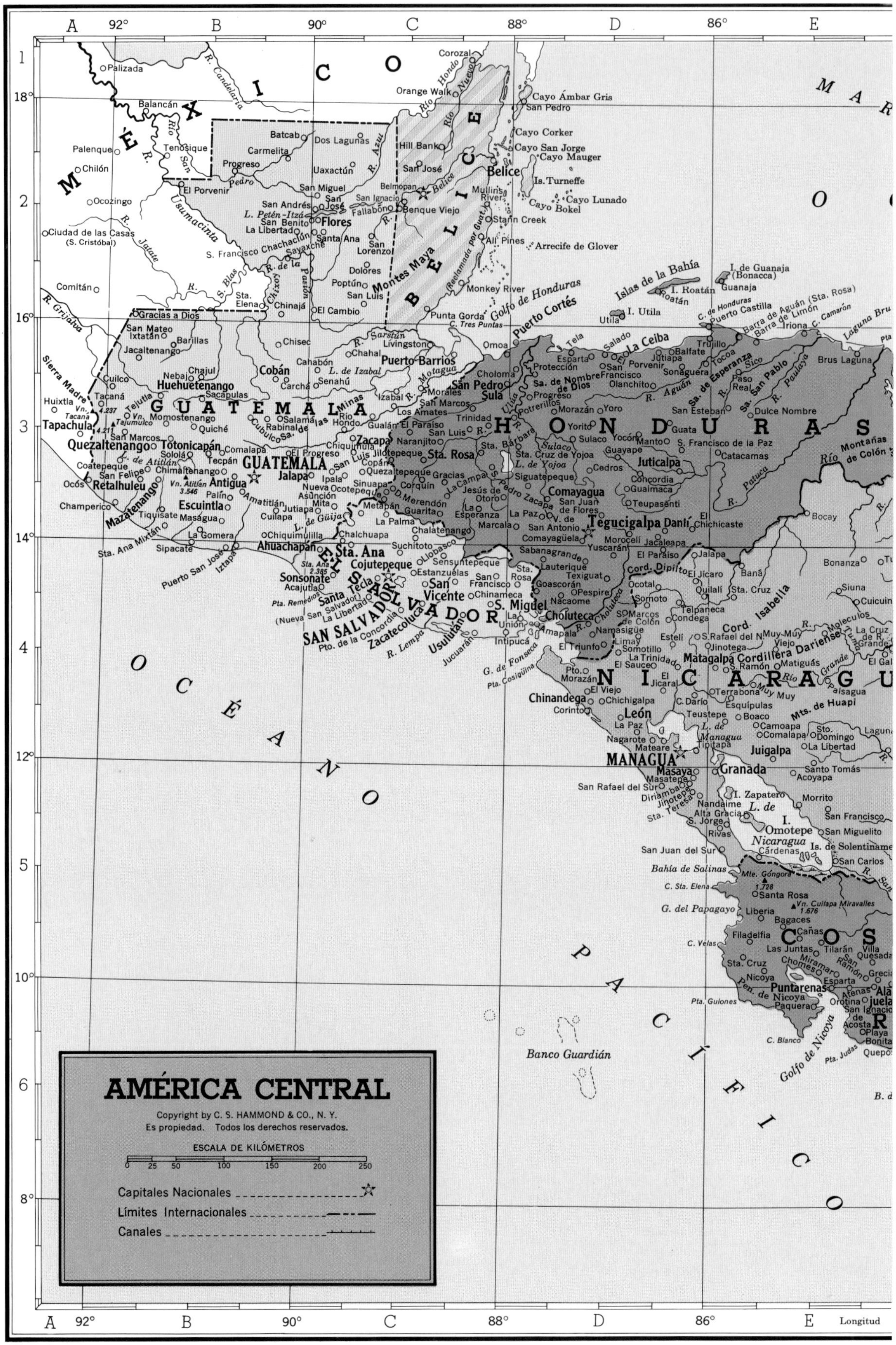
AMÉRICA CENTRAL
Copyright by C. S. HAMMOND & CO., N. Y.
Es propiedad. Todos los derechos reservados.
ESCALA DE KILÓMETROS
0 25 50 100 150 200 250
Capitales Nacionales
Límites Internacionales
Canales
A 92° B 90° C 88° D 86° E
Longitud
18°
16°
14°
12°
10°
8°
1
2
3
4
5
6
MÉXICO
BELICE
GUATEMALA
HONDURAS
EL SALVADOR
NICARAGUA
OCÉANO PACÍFICO
MAR
Golfo de Honduras
Golfo de Nicoya
G. de Fonseca
G. del Papagayo
Bahía de Salinas
Banco Guardián
Islas de la Bahía
I. de Guanaja (Bonacca)
I. Roatán
I. Utila
Cayo Ámbar Gris
Cayo Corker
Cayo San Jorge
Cayo Mauger
Is. Turneffe
Cayo Lunado
Cayo Bokel
Arrecife de Glover
Montes Maya
Sierra Madre
Montañas de Colón
Mts. de Huapí
Cord. Isabella
Cordillera Dariense
Lago de Nicaragua
L. de Managua
L. Petén-Itzá
L. de Izabal
L. de Atitlán
L. de Yojoa
L. de Güija
I. Zapatero
I. Ometepe
Is. de Solentiname
Belice
Belmopan
Corozal
Orange Walk
Stann Creek
Punta Gorda
Flores
GUATEMALA
Quezaltenango
Huehuetenango
Cobán
Puerto Barrios
Antigua
Escuintla
Mazatenango
Retalhuleu
Tapachula
Totonicapán
Jalapa
Zacapa
SAN SALVADOR
Sta. Ana
Sonsonate
S. Miguel
Usulután
San Vicente
Cojutepeque
Tegucigalpa
San Pedro Sula
Puerto Cortés
La Ceiba
Trujillo
Comayagua
Sta. Rosa
Juticalpa
Choluteca
Danlí
MANAGUA
León
Chinandega
Corinto
Granada
Masaya
Matagalpa
Jinotega
Juigalpa
Rivas
San Juan del Sur
Liberia
Puntarenas
Nicoya
Lámina 14

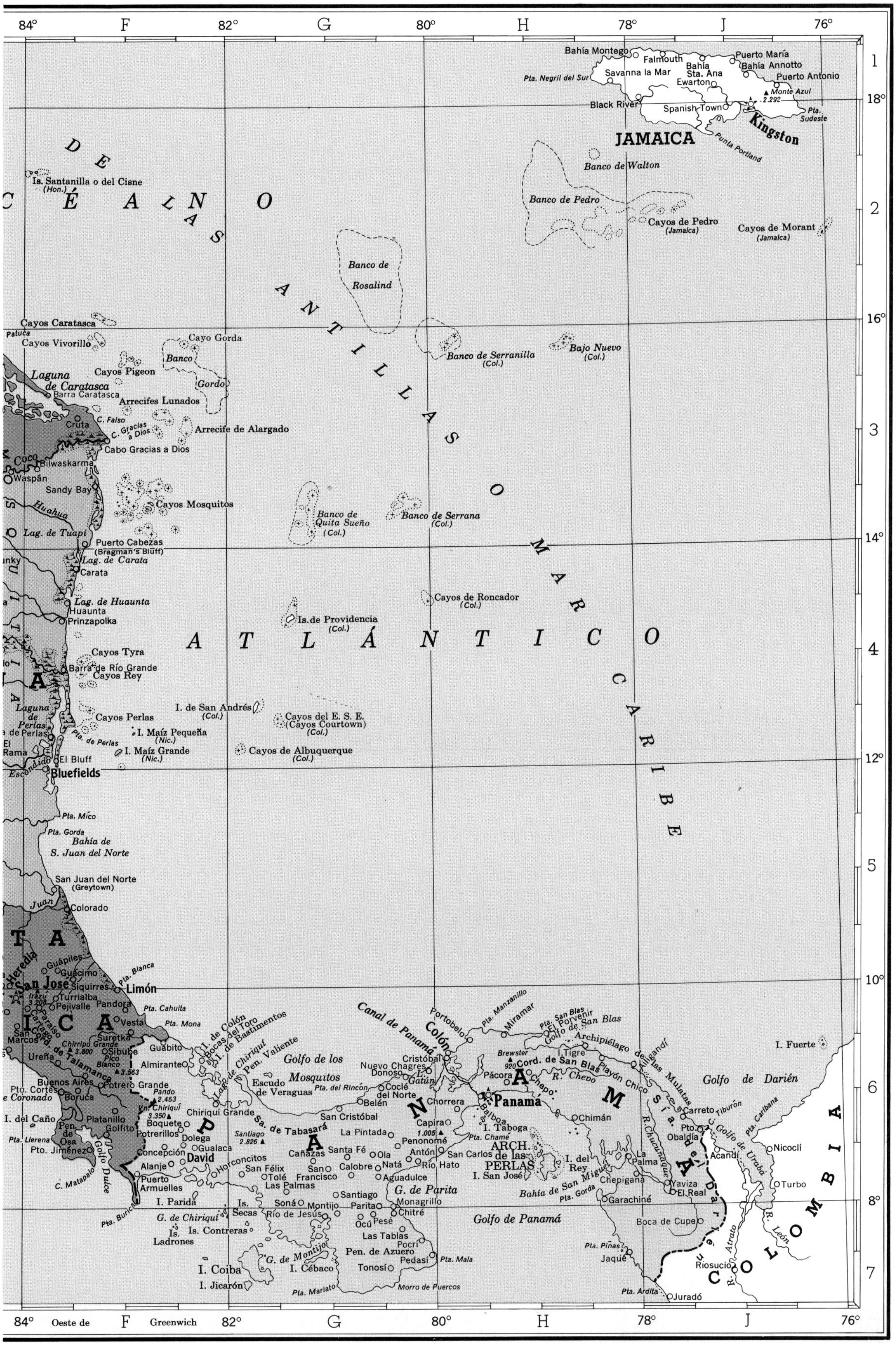

84°
F
82°
G
80°
H
78°
J
76°
1
2
3
4
5
6
7
8
10°
12°
14°
16°
18°
Bahía Montego
Falmouth
Puerto María
Bahía Annotto
Puerto Antonio
Pta. Negril del Sur
Savanna la Mar
Bahía Sta. Ana
Ewarton
Monte Azul
2.292
Black River
Spanish Town
Pta. Sudeste
Kingston
JAMAICA
Punta Portland
Banco de Walton
Banco de Pedro
Cayos de Pedro
(Jamaica)
Cayos de Morant
(Jamaica)
Is. Santanilla o del Cisne
(Hon.)
D E
L A S
A N T I L L A S
O
M A R
C A R I B E
C É A N O
Banco de Rosalind
Cayos Caratasca
Patuca
Cayos Vivorillo
Cayo Gorda
Banco Gordo
Banco de Serranilla
(Col.)
Bajo Nuevo
(Col.)
Laguna de Caratasca
Cayos Pigeon
Barra Caratasca
Arrecifes Lunados
C. Falso
Cruta
C. Gracias a Dios
Arrecife de Alargado
Cabo Gracias a Dios
Coco
Bilwaskarma
Waspán
Sandy Bay
Cayos Mosquitos
Huahua
Lag. de Tuapi
Banco de Quita Sueño
(Col.)
Banco de Serrana
(Col.)
Puerto Cabezas
(Bragman's Bluff)
Lag. de Carata
Carata
Cayos de Roncador
(Col.)
Lag. de Huaunta
Huaunta
Is. de Providencia
(Col.)
Prinzapolka
A T L Á N T I C O
Cayos Tyra
Barra de Río Grande
Cayos Rey
Laguna de Perlas
Cayos Perlas
I. de San Andrés
(Col.)
Cayos del E. S. E.
(Cayos Courtown)
(Col.)
I. Maíz Pequeña
(Nic.)
Pta. de Perlas
I. Maíz Grande
(Nic.)
Cayos de Albuquerque
(Col.)
El Rama
El Bluff
Escondido
Bluefields
Pta. Mico
Pta. Gorda
Bahía de S. Juan del Norte
San Juan del Norte
(Greytown)
Juan
Colorado
T A
I C A
Heredia
Guápiles
Guácimo
San José
Siquirres
Limón
Pta. Blanca
Irazú 3.432
Turrialba
Pejivalle
Pandora
Pta. Cahuita
Pta. Mona
Vesta
San Marcos
Chirripó Grande 3.800
Sibube
Pico Blanco 3.563
Ureña
Cord. de Talamanca
Guabito
Almirante
Buenos Aires
Potrero Grande
Pto. Cortés
Coronado
Boruca
Pando 2.463
Vn. Chiriquí 3.350
I. del Caño
Pen. de Osa
Platanillo
Golfito
Pta. Llerena
Pto. Jiménez
Golfo Dulce
C. Matapalo
Puerto Armuelles
Pta. Burica
Chiriquí Grande
Boquete
Potrerillos
Dolega
Gualaca
Concepción
David
Alanje
I. de Colón
Bocas del Toro
I. de Bastimentos
Lag. de Chiriquí
Pen. Valiente
Golfo de los Mosquitos
Escudo de Veraguas
Sa. de Tabasará
Santiago 2.826
Horconcitos
I. Parida
G. de Chiriquí
Is. Secas
Is. Ladrones
Is. Contreras
I. Coiba
I. Jicarón
G. de Montijo
I. Cébaco
Canal de Panamá
Portobelo
Pta. Manzanillo
Miramar
Colón
Cristóbal
Nuevo Chagres
Donoso
L. Gatún
Pta. del Rincón
Coclé del Norte
Belén
San Cristóbal
Capira
1.005
La Pintada
Penonomé
Santa Fé
Cañazas
Ola
Antón
San Carlos
Río Hato
Natá
Calobre
San Félix
Tolé
Francisco
Las Palmas
Aguadulce
Soná
Montijo
Santiago
Río de Jesús
Parita
Monagrillo
G. de Parita
Chitré
Ocú
Pesé
Las Tablas
Pocrí
Pen. de Azuero
Pedasí
Tonosí
Pta. Mala
Pta. Mariato
Morro de Puercos
Golfo de Panamá
P A N A M Á
Chorrera
Panamá
Balboa
Pácora
I. Taboga
Pta. Chamé
ARCH. de las PERLAS
I. San José
I. del Rey
Brewster 920
Cord. de San Blas
Chepo
R. Chepo
Pta. San Blas
El Porvenir
Golfo de San Blas
I. Tigre
Archipiélago de las Mulatas
Mandinga
Playón Chico
Chimán
Bahía de San Miguel
Pta. Gorda
R. Chucunaque
La Palma
Chepigana
Yaviza
El Real
Garachiné
Boca de Cupe
Sa. del Darién
Pta. Piñas
Jaqué
Pta. Ardita
Jurado
I. Fuerte
Golfo de Darién
Carreto
C. Tiburón
Pto. Obaldía
Acandí
Golfo de Urabá
Pta. Caribana
Nicoclí
Turbo
R. León
R. Atrato
Riosucio
C O L O M B I A
84°
Oeste de
F
Greenwich
82°
G
80°
H
78°
J
76°

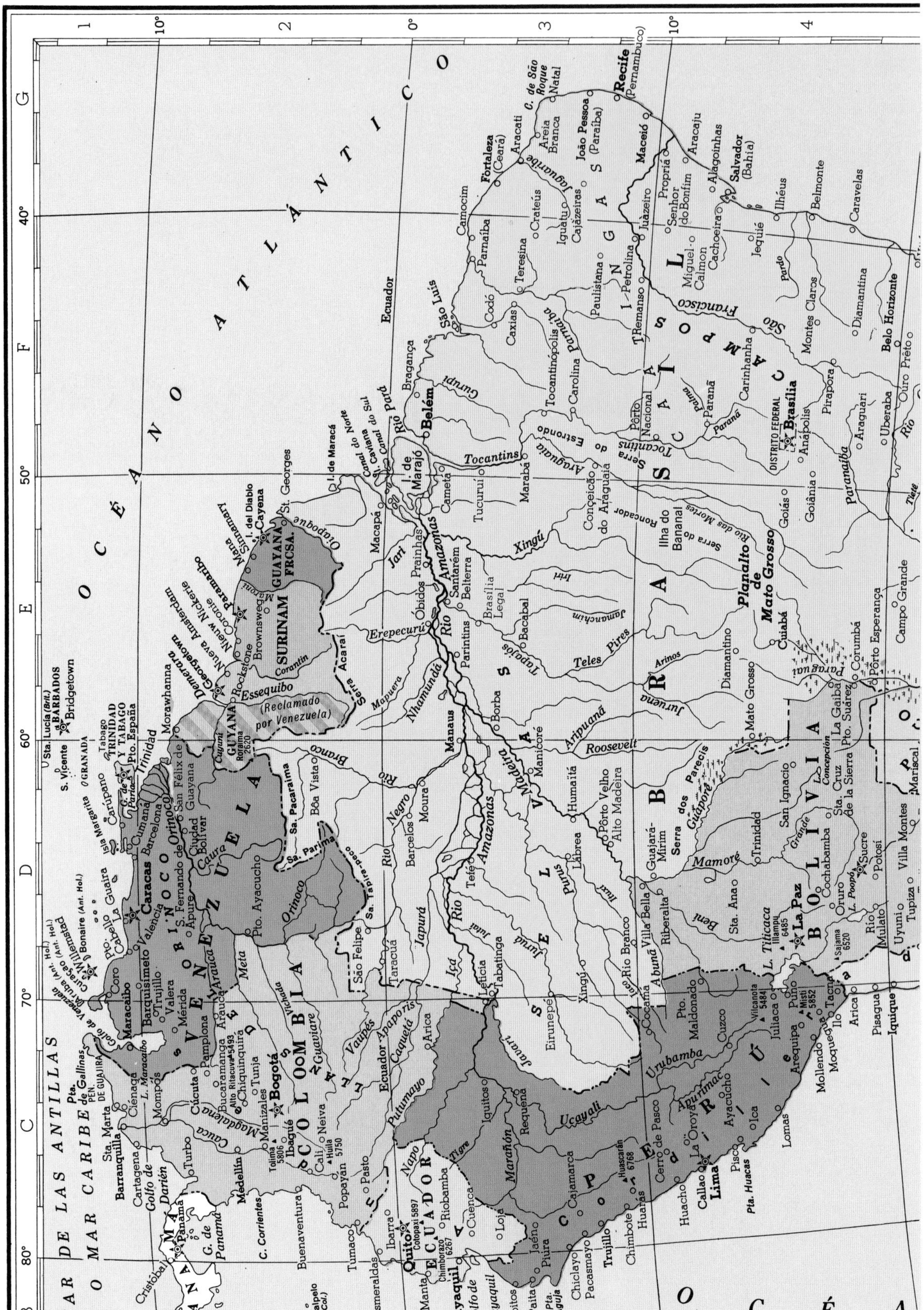

MAR DE LAS ANTILLAS
O MAR CARIBE
OCÉANO ATLÁNTICO
VENEZUELA
COLOMBIA
ECUADOR
PERÚ
BOLIVIA
BRASIL
GUYANA
SURINAM
GUAYANA FRCSA.
PANAMÁ
Caracas
Bogotá
Quito
Lima
La Paz
Brasília
Belém
Manaus
Recife
Salvador
Fortaleza
Georgetown
Paramaribo
Cayena
Planalto de Mato Grosso
Amazonas
Orinoco

Lámina 16

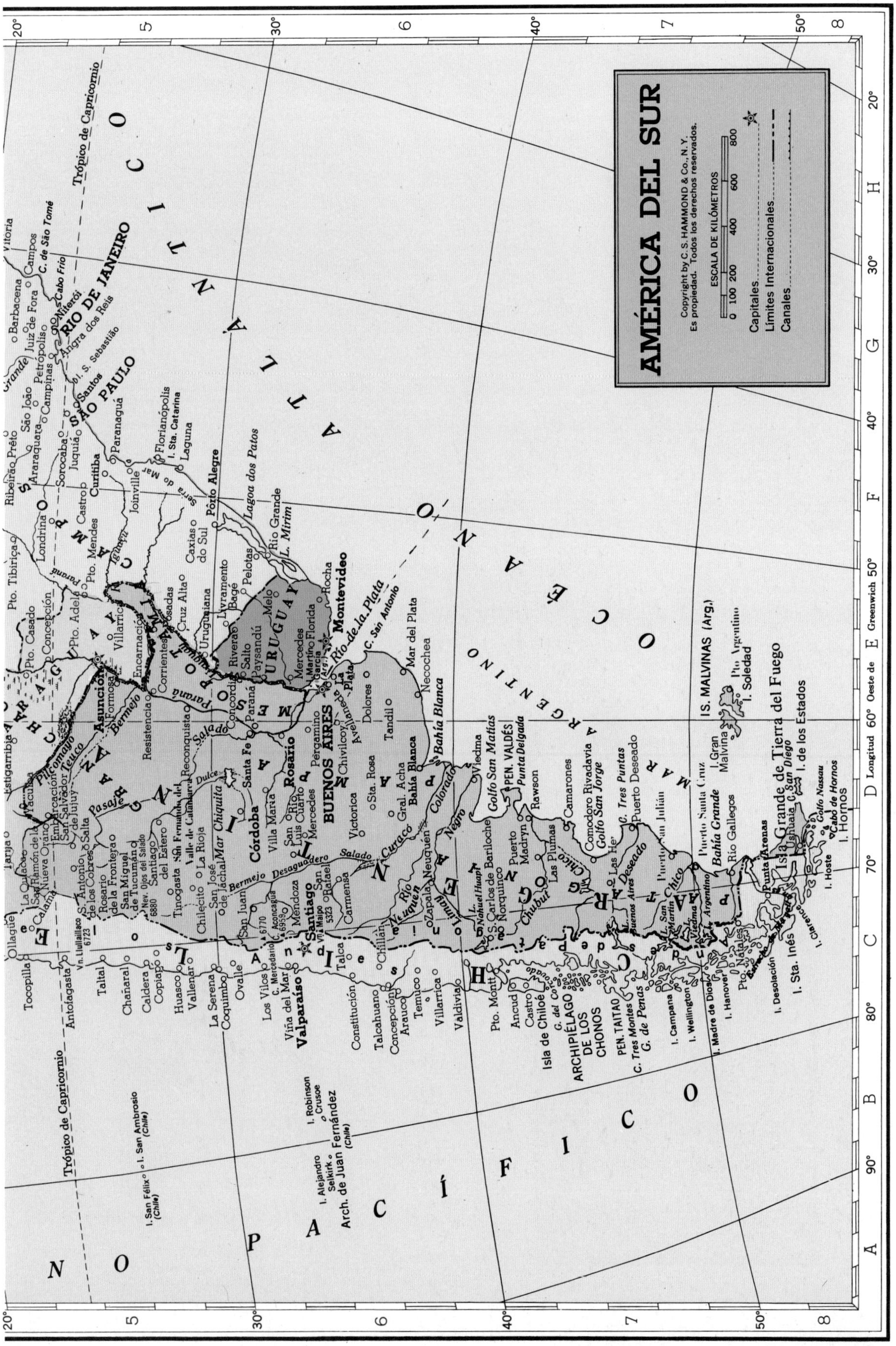
AMÉRICA DEL SUR
Copyright by C. S. HAMMOND & Co., N. Y.
Es propiedad. Todos los derechos reservados.
ESCALA DE KILÓMETROS
0 100 200 400 600 800
Capitales
Límites Internacionales
Canales
OCÉANO ATLÁNTICO
OCÉANO PACÍFICO
MAR ARGENTINO
Trópico de Capricornio
Longitud 60° Oeste de Greenwich
ARGENTINA
CHILE
URUGUAY
PARAGUAY
SÃO PAULO
RIO DE JANEIRO
Asunción
Montevideo
BUENOS AIRES
Santiago
Valparaíso
Córdoba
Rosario
Pôrto Alegre
Curitiba
Mendoza
Bahía Blanca
Mar del Plata
Río de la Plata
Lagoa dos Patos
IS. MALVINAS (Arg.)
Isla Grande de Tierra del Fuego
I. de los Estados
Cabo de Hornos
I. Hornos
Estrecho de Magallanes
ARCHIPIÉLAGO DE LOS CHONOS
Isla de Chiloé
PEN. VALDÉS
Golfo San Matías
Golfo San Jorge
Arch. de Juan Fernández (Chile)
I. San Félix (Chile)
I. San Ambrosio (Chile)
A B C D E F G H
20° 30° 40° 50° 60° 70° 80° 90°

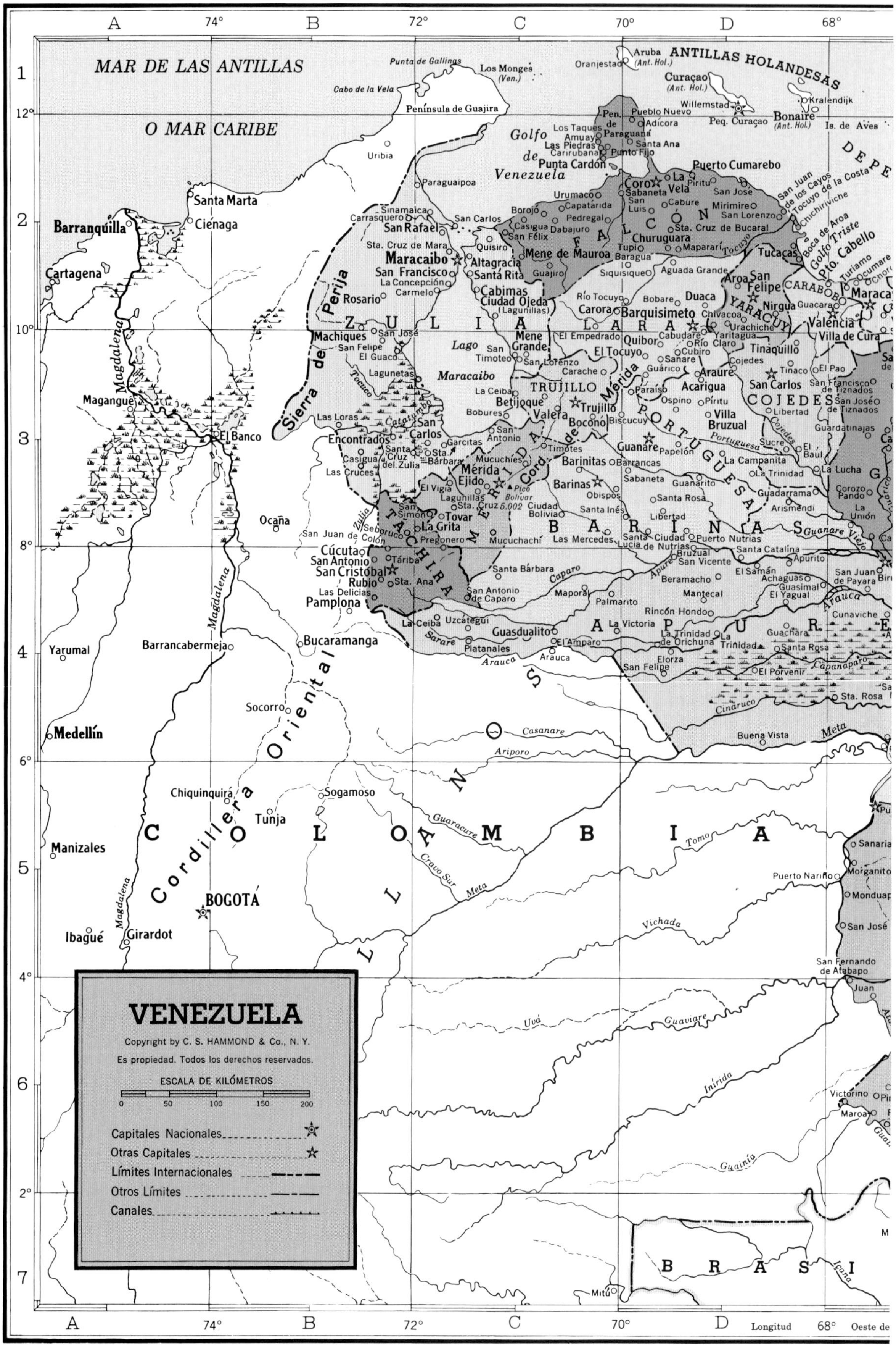
VENEZUELA
Copyright by C. S. HAMMOND & Co., N. Y.
Es propiedad. Todos los derechos reservados.
ESCALA DE KILÓMETROS
0 50 100 150 200
Capitales Nacionales
Otras Capitales
Límites Internacionales
Otros Límites
Canales
MAR DE LAS ANTILLAS
O MAR CARIBE
ANTILLAS HOLANDESAS
Aruba (Ant. Hol.)
Oranjestad
Curaçao (Ant. Hol.)
Willemstad
Bonaire (Ant. Hol.)
Kralendijk
Is. de Aves
Los Monges (Ven.)
Punta de Gallinas
Cabo de la Vela
Península de Guajira
Golfo de Venezuela
Golfo Triste
Lago de Maracaibo
ZULIA
FALCÓN
LARA
TRUJILLO
YARACUY
CARABOBO
COJEDES
PORTUGUESA
BARINAS
MÉRIDA
TÁCHIRA
APURE
Sierra de Perijá
Cord. de Mérida
Cordillera Oriental
LLANOS
COLOMBIA
BRASIL
Maracaibo
San Francisco
Cabimas
Ciudad Ojeda
Coro
Barquisimeto
Mérida
Trujillo
San Cristóbal
Barinas
Guanare
San Felipe
San Carlos
Valencia
Tucacas
Pto. Cabello
Punto Fijo
Carora
El Tocuyo
Acarigua
Valera
Cúcuta
Pamplona
Bucaramanga
Barrancabermeja
Socorro
Sogamoso
Tunja
Chiquinquirá
BOGOTÁ
Girardot
Ibagué
Manizales
Medellín
Yarumal
Magangué
El Banco
Ocaña
Barranquilla
Cartagena
Santa Marta
Ciénaga
Uribia
Guasdualito
Puerto Nutrias
San Fernando de Atabapo
Puerto Nariño
Mitú
Magdalena
Meta
Vichada
Guaviare
Inírida
Guainía
Casanare
Arauca
Apure
Capanaparo
Cinaruco
A 74° B 72° C 70° D 68°
1 2 3 4 5 6 7
12° 10° 8° 6° 4° 2°
Longitud 68° Oeste de

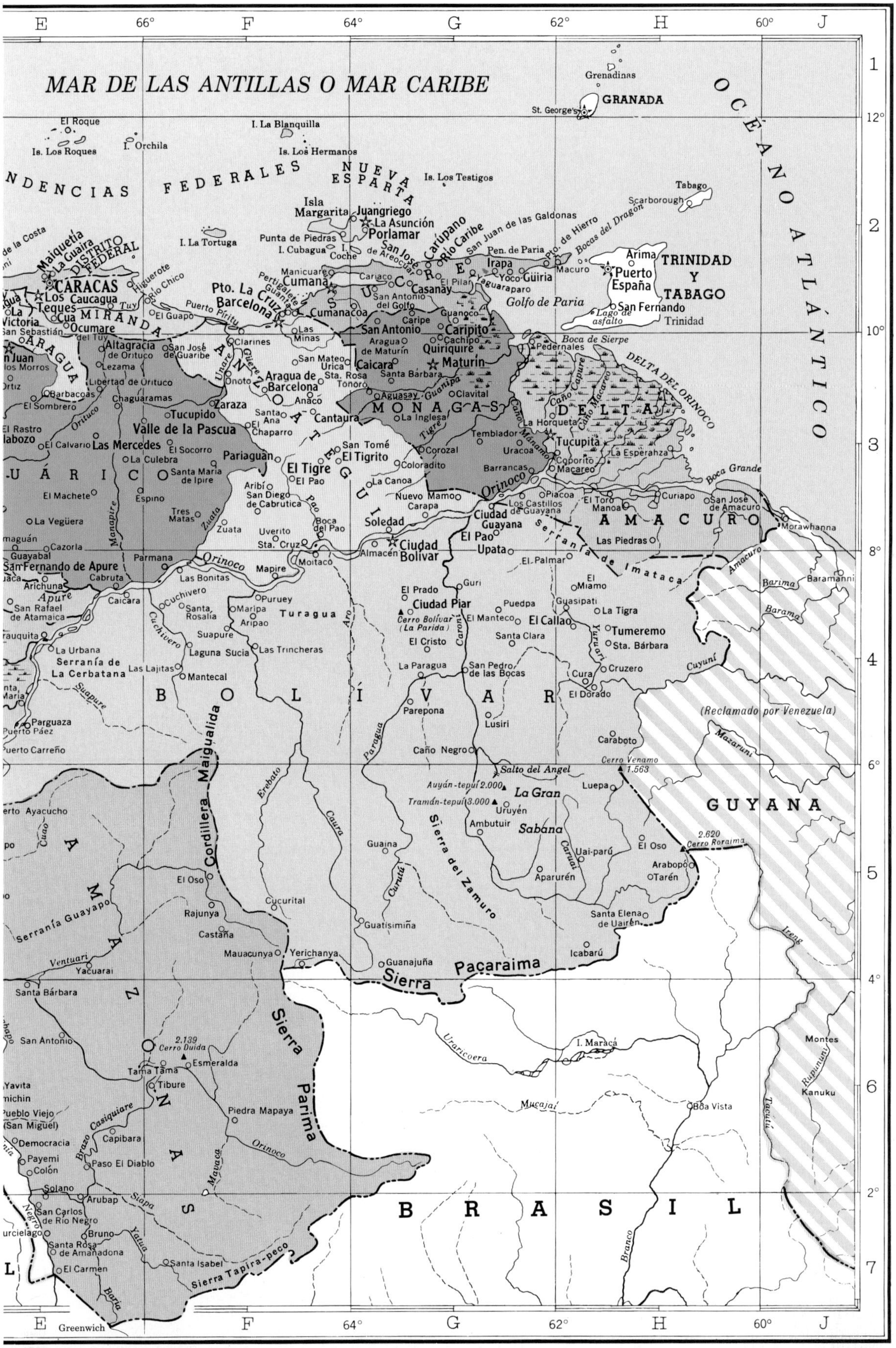

MAR DE LAS ANTILLAS O MAR CARIBE
OCÉANO ATLÁNTICO
GRANADA
Grenadinas
St. George's
TRINIDAD Y TABAGO
Tabago
Scarborough
Arima
Puerto España
San Fernando
Trinidad
Golfo de Paria
Lago de asfalto
Bocas del Dragón
Boca de Sierpe
DELTA DEL ORINOCO
Boca Grande
El Roque
Is. Los Roques
I. Orchila
I. La Blanquilla
Is. Los Hermanos
Is. Los Testigos
I. La Tortuga
DEPENDENCIAS FEDERALES
NUEVA ESPARTA
Isla Margarita
Juangriego
La Asunción
Porlamar
Punta de Piedras
I. Cubagua
I. Coche
DISTRITO FEDERAL
Maiquetía
La Guaira
CARACAS
Los Teques
Caucagua
MIRANDA
Cua
Ocumare del Tuy
San Sebastián
La Victoria
ARAGUA
SUCRE
Cumaná
Carúpano
Río Caribe
Cariaco
Casanay
Cumanacoa
El Pilar
Irapa
Yoco
Güiria
Macuro
Pen. de Paria
Yaguaraparo
San Antonio del Golfo
Guanoco
Caripe
San Antonio
Caripito
Cachipo
Pedernales
Aragua de Maturín
Quiriquire
Maturín
Caicara
Santa Bárbara
Aguasay
Clavital
La Inglesa
MONAGAS
Temblador
Caño Mánamo
Tucupita
La Horqueta
Caño Macareo
Caño Capure
DELTA AMACURO
La Esperanza
Coporito
Macareo
Barrancas
Uracoa
Piacoa
Los Castillos de Guayana
El Toro
Manoa
Curiapo
San José de Amacuro
Morawhanna
Las Piedras
Pto. La Cruz
Barcelona
Guanta
Puerto Píritu
El Guapo
Clarines
Las Minas
ANZOÁTEGUI
Unare
Onoto
San Mateo
Urica
Sta. Rosa
Tonoro
Aragua de Barcelona
Anaco
Santa Ana
Cantaura
El Chaparro
Pariaguán
San Tomé
El Tigrito
El Tigre
El Pao
Coloradito
La Canoa
Aribí
San Diego de Cabrutica
Nuevo Mamo
Carapa
Soledad
Boca del Pao
Uverito
Zuata
Sta. Cruz
Ciudad Bolívar
Almacén
Moitaco
Mapire
Ciudad Guayana
El Pao
Upata
Serranía de Imataca
El Palmar
El Miamo
Guri
El Prado
Ciudad Piar
Cerro Bolívar (La Parida)
El Manteco
El Cristo
Puedpa
Guasipati
El Callao
La Tigra
Tumeremo
Sta. Bárbara
Santa Clara
La Paragua
San Pedro de las Bocas
Cura
Cruzero
El Dorado
Cuyuní
(Reclamado por Venezuela)
Mazaruni
Barima
Baramanni
Amacuro
Parepona
Lusiri
Caño Negro
Caraboto
Salto del Angel
Cerro Venamo 1.563
Auyán-tepuí 2.000
Tramén-tepuí 3.000
La Gran Sabana
Uruyén
Luepa
Ambutuir
Uai-parú
Aparurén
El Oso
2.620 Cerro Roraima
Arabopó
Tarén
Santa Elena de Uairén
Icabarú
GUYANA
Sierra Pacaraima
Sierra del Zamuro
Guaina
Cucurital
Guatisimiña
Guanajuña
Yerichanya
Mauacunya
Caura
Erebato
Paragua
Caroní
Turagua
Aro
Altagracia de Orituco
San José de Guaribe
Lezama
Libertad de Orituco
Barbacoas
El Sombrero
Chaguaramas
Tucupido
Zaraza
Valle de la Pascua
El Rastro
Calabozo
El Calvario
Las Mercedes
El Socorro
La Culebra
Santa María de Ipire
GUÁRICO
El Machete
Espino
Tres Matas
La Vegüera
Cazorla
Guayabal
San Fernando de Apure
Arichuna
Cabruta
Parmana
Las Bonitas
Caicara
Cuchivero
Santa Rosalía
Maripa
Puruey
Aripao
Suapure
Laguna Sucia
Las Trincheras
La Urbana
Serranía de La Cerbatana
Las Lajitas
Mantecal
San Rafael de Atamaica
Apure
Parguaza
Puerto Páez
Puerto Carreño
BOLÍVAR
Cordillera Maigualida
Puerto Ayacucho
AMAZONAS
Serranía Guayapo
Ventuari
Yacuarai
El Oso
Rajunya
Castaña
Santa Bárbara
San Antonio
2.139 Cerro Duida
Esmeralda
Tama Tama
Tibure
Sierra Parima
Piedra Mapaya
Casiquiare
Capibara
Paso El Diablo
Orinoco
Mavaca
Siapa
Arubap
Yatua
Democracia
Payemi
Colón
Solano
San Carlos de Río Negro
Bruno
Santa Rosa de Amanadona
El Carmen
Santa Isabel
Sierra Tapira-peco
Baria
Yavita
Maroa
Pueblo Viejo (San Miguel)
Uraricoera
I. Maracá
Mucajaí
Boa Vista
Montes
Rupununi
Kanuku
Takutu
Branco
BRASIL
Greenwich
E
F
G
H
J
66°
64°
62°
60°
12°
10°
8°
6°
4°
2°
1
2
3
4
5
6
7

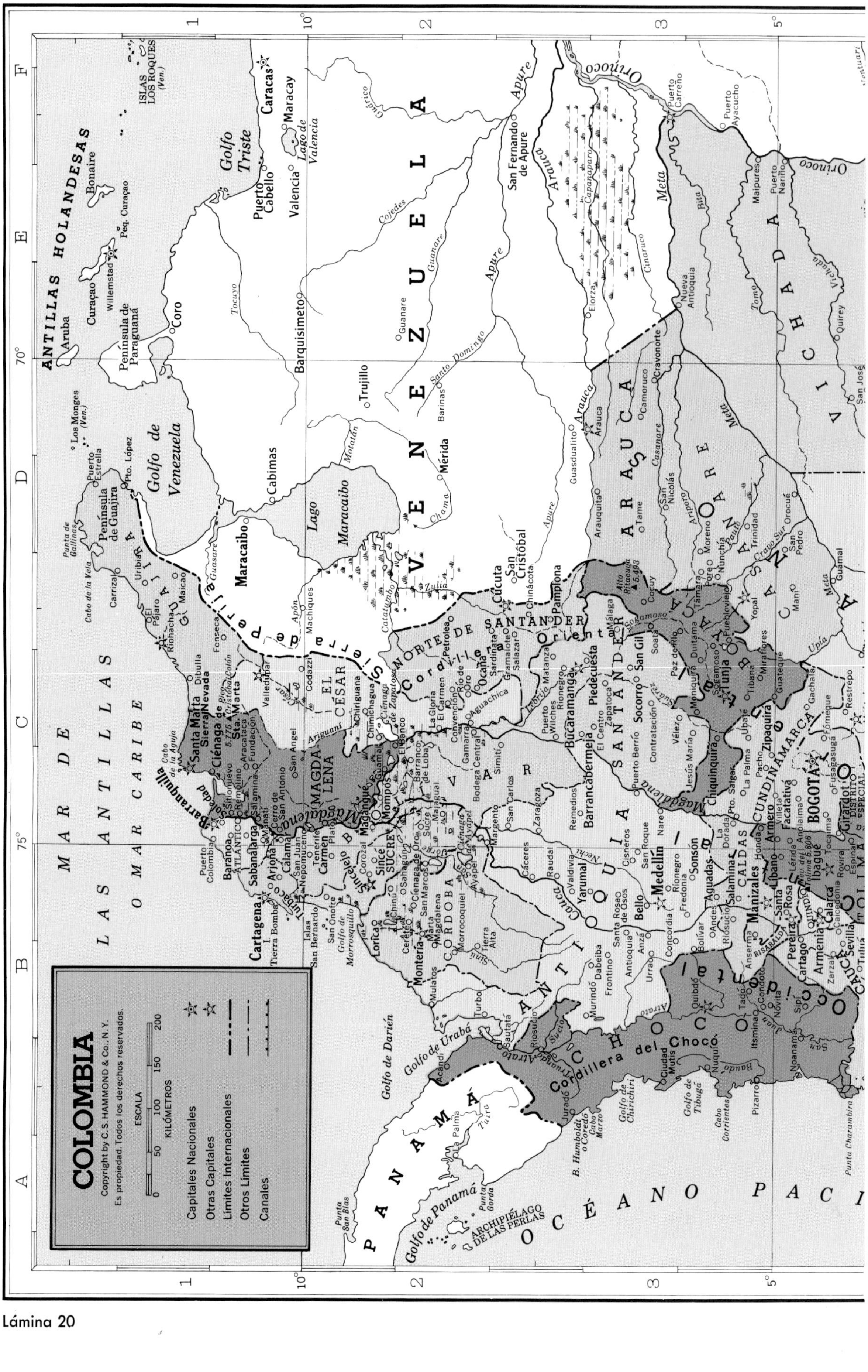
COLOMBIA
Copyright by C.S. HAMMOND & Co., N.Y.
Es propiedad. Todos los derechos reservados.
ESCALA
0 50 100 150 200
KILÓMETROS
Capitales Nacionales
Otras Capitales
Límites Internacionales
Otros Límites
Canales
MAR DE LAS ANTILLAS O MAR CARIBE
OCÉANO PACÍFICO
ANTILLAS HOLANDESAS
VENEZUELA
PANAMÁ
Golfo de Venezuela
Lago Maracaibo
Golfo de Urabá
Golfo de Darién
Golfo de Panamá
ARCHIPIÉLAGO DE LAS PERLAS
Sierra de Perijá
Cordillera del Chocó
Caracas
Maracaibo
Bogotá
Medellín
Cartagena
Barranquilla
Santa Marta
Cúcuta
Bucaramanga
Tunja
Manizales
Ibagué
Pereira
Armenia
Montería
Sincelejo
Valledupar
Arauca
Yopal
Quibdó
Riohacha
ATLÁNTICO
MAGDALENA
EL CESAR
BOLÍVAR
SUCRE
CÓRDOBA
ANTIOQUIA
CHOCÓ
CALDAS
CUNDINAMARCA
NORTE DE SANTANDER
SANTANDER
BOYACÁ
ARAUCA
CASANARE
VICHADA
META
TOLIMA
GUAJIRA

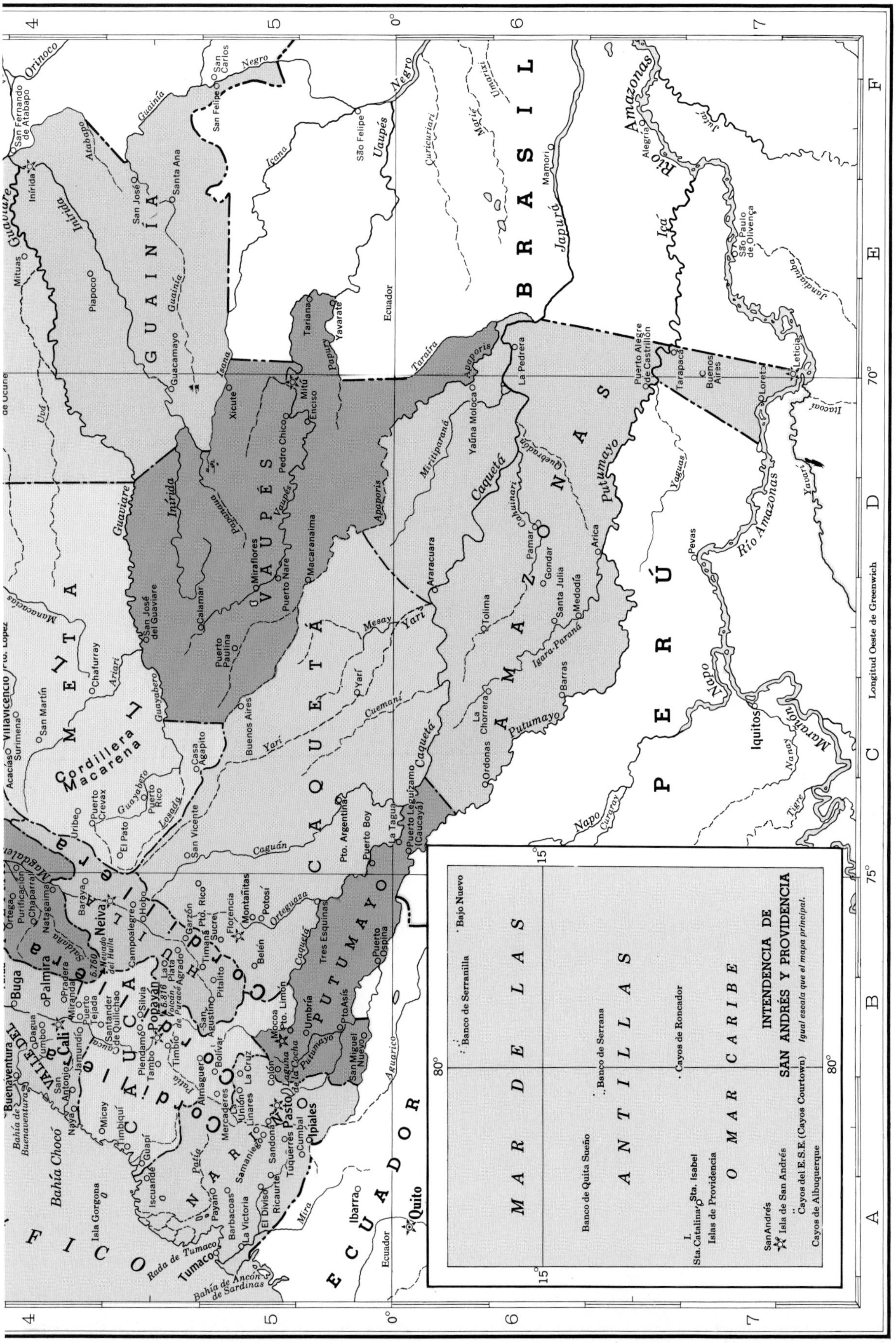
M E T A
G U A I N Í A
V A U P É S
C A Q U E T Á
P U T U M A Y O
A M A Z O N A S
B R A S I L
P E R Ú
E C U A D O R
N A R I Ñ O
C A U C A
H U I L A
VALLE DEL CAUCA
Cordillera Macarena
Villavicencio
Pto. López
San José del Guaviare
Mitú
Inírida
Puerto Carreño
San Fernando de Atabapo
San Felipe
San Carlos
São Felipe
Yavaraté
Leticia
Puerto Nariño
Tarapacá
Puerto Alegre de Castrillón
La Pedrera
Araracuara
La Chorrera
Florencia
Mocoa
Puerto Asís
Puerto Leguízamo (Caucayá)
Pasto
Ipiales
Tumaco
Popayán
Cali
Buenaventura
Neiva
Quito
Iquitos
Pevas
Bahía Chocó
Isla Gorgona
Rada de Tumaco
Bahía de Ancón de Sardinas
Río Amazonas
Putumayo
Caquetá
Japurá
Guaviare
Vaupés
Inírida
Apaporis
Orinoco
Negro
Napo
Marañón
Longitud Oeste de Greenwich
MAR DE LAS ANTILLAS O MAR CARIBE
INTENDENCIA DE SAN ANDRÉS Y PROVIDENCIA
Igual escala que el mapa principal.
Banco de Serranilla
Bajo Nuevo
Banco de Serrana
Cayos de Roncador
Banco de Quita Sueño
Sta. Catalina
Sta. Isabel
Islas de Providencia
San Andrés
Isla de San Andrés
Cayos del E.S.E. (Cayos Courtown)
Cayos de Albuquerque

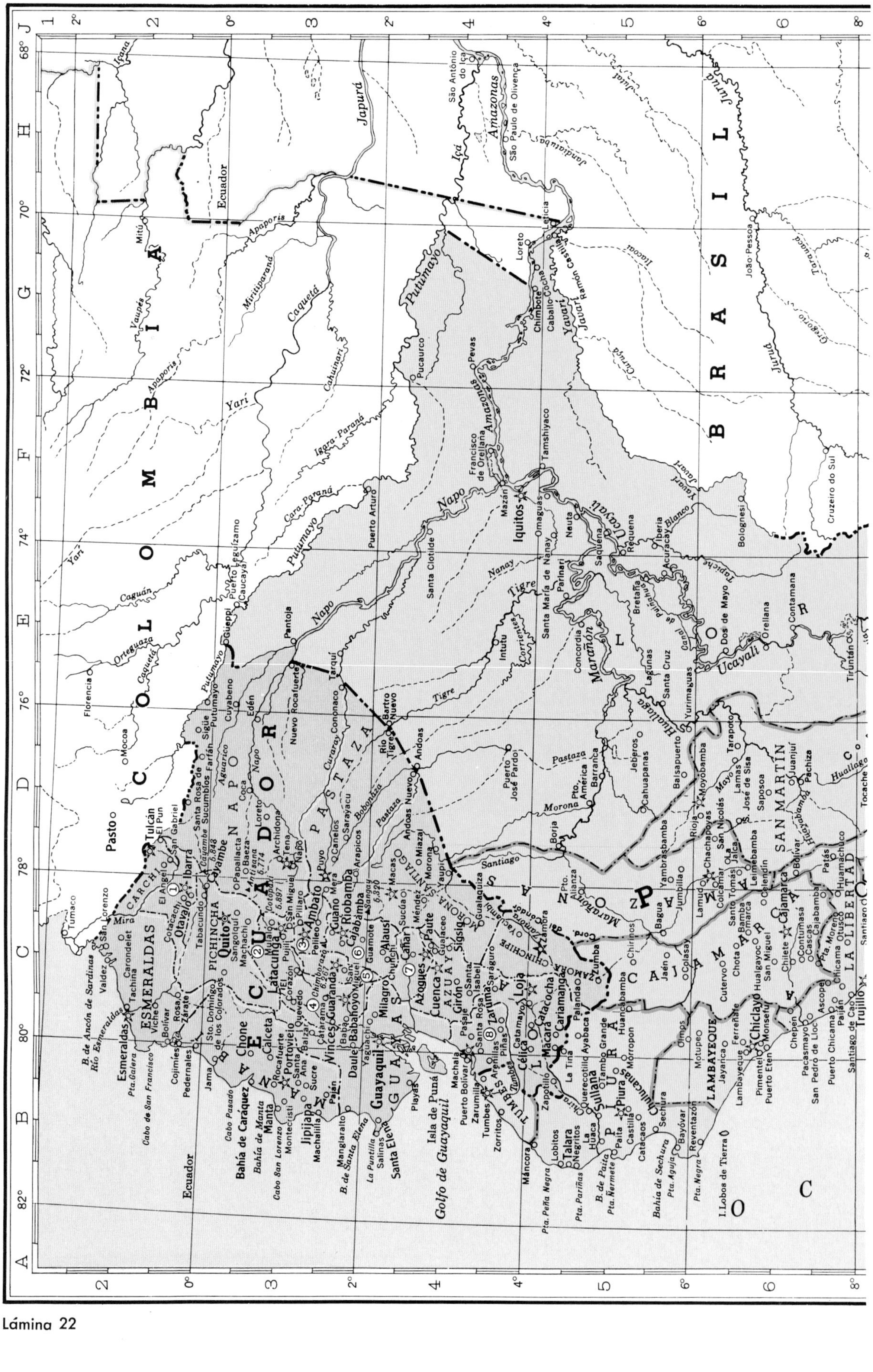

C O L O M B I A
E C U A D O R
B R A S I L
P E R Ú
Ecuador
Pasto
Tulcán
Ibarra
Otavalo
Cayambe
Quito
PICHINCHA
Latacunga
Ambato
Riobamba
Guaranda
Azogues
Cuenca
AZUAY
Loja
Zamora
Macas
Puyo
Tena
NAPO
PASTAZA
ESMERALDAS
Esmeraldas
Portoviejo
Manta
Bahía de Caráquez
Chone
Jipijapa
Guayaquil
GUAYAS
Milagro
Babahoyo
Santa Elena
Salinas
Isla de Puná
Golfo de Guayaquil
Machala
Tumbes
TUMBES
Piura
PIURA
Sullana
Talara
Paita
Sechura
LAMBAYEQUE
Chiclayo
Lambayeque
CAJAMARCA
Cajamarca
Jaén
Chachapoyas
Moyobamba
SAN MARTÍN
Tarapoto
LA LIBERTAD
Trujillo
LORETO
Iquitos
Nauta
Requena
Pevas
Leticia
Amazonas
Marañón
Ucayali
Napo
Putumayo
Caquetá
Japurá
Tigre
Pastaza
Morona
Santiago
Huallaga
Yavarí
Içá
Florencia
Mocoa
Mitú
Yarí
Caguán
Apaporis
Vaupés
São Paulo de Olivença
Benjamin Constant
Cruzeiro do Sul
João Pessoa
Juruá
Jandiatuba
Golfo de Guayaquil

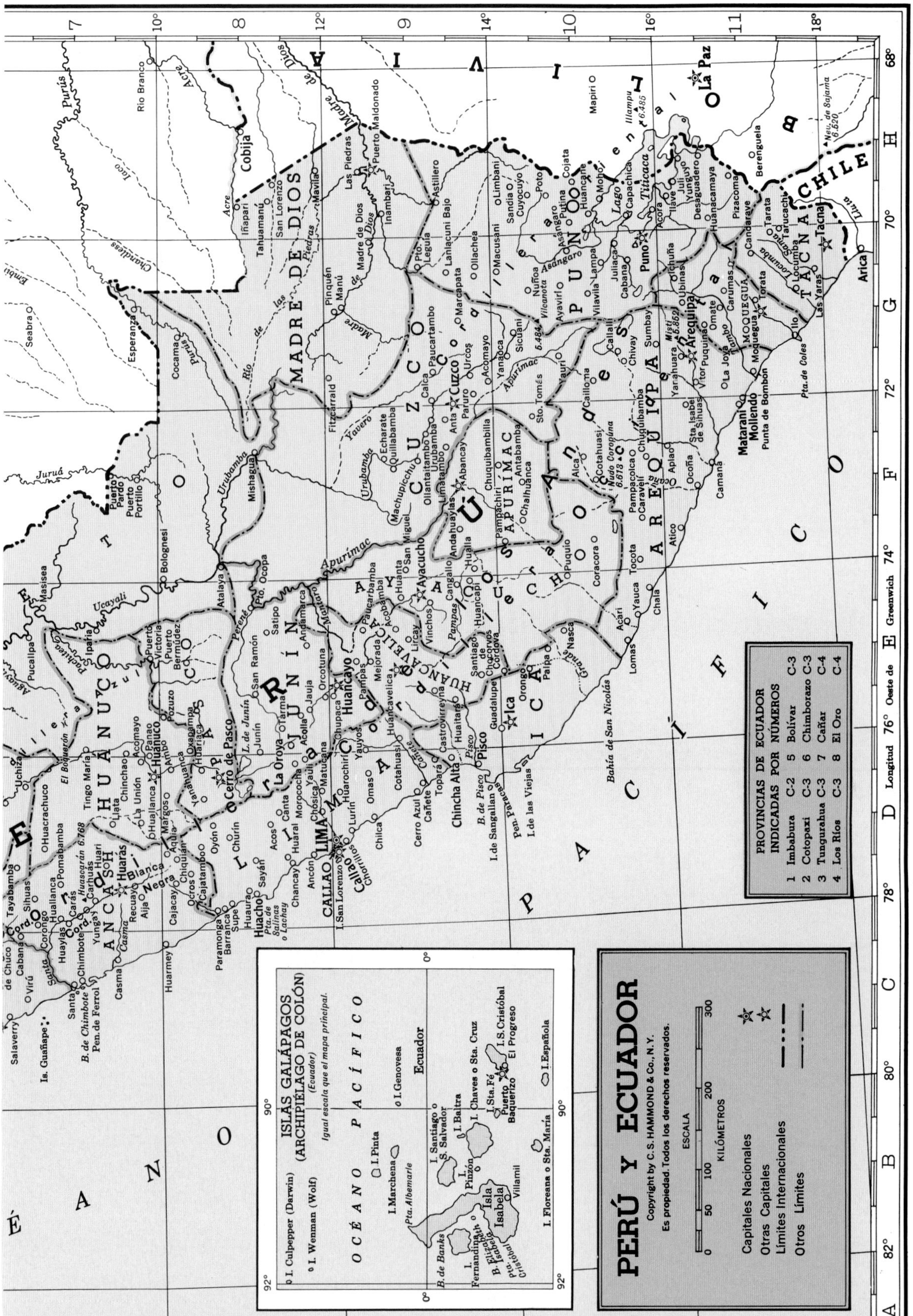
PERÚ Y ECUADOR
Copyright by C. S. HAMMOND & Co., N. Y.
Es propiedad. Todos los derechos reservados.
ESCALA
0 50 100 200 300
KILÓMETROS
Capitales Nacionales
Otras Capitales
Límites Internacionales
Otros Límites
ISLAS GALÁPAGOS
(ARCHIPIÉLAGO DE COLÓN)
(Ecuador)
Igual escala que el mapa principal.
OCÉANO PACÍFICO
PROVINCIAS DE ECUADOR INDICADAS POR NÚMEROS
1 Imbabura C-2
2 Cotopaxi C-3
3 Tungurahua C-3
4 Los Ríos C-3
5 Bolívar C-3
6 Chimborazo C-3
7 Cañar C-4
8 El Oro C-4
Longitud 76° Oeste de Greenwich
OCÉANO PACÍFICO
LIMA
CALLAO
Cuzco
Arequipa
Puno
Tacna
La Paz
Cobija
Lago Titicaca
CHILE
BOLIVIA
MADRE DE DIOS
CUZCO
APURÍMAC
AYACUCHO
HUANCAVELICA
JUNÍN
LIMA
ICA
AREQUIPA
MOQUEGUA
TACNA
PUNO
HUÁNUCO
ANCASH
PASCO
UCAYALI
Arica
Mollendo
Matarani
Pisco
Huancayo
Ayacucho
Huancavelica
Cerro de Pasco
Huánuco
Huaraz
Huacho
Chimbote
Moquegua
Ilo

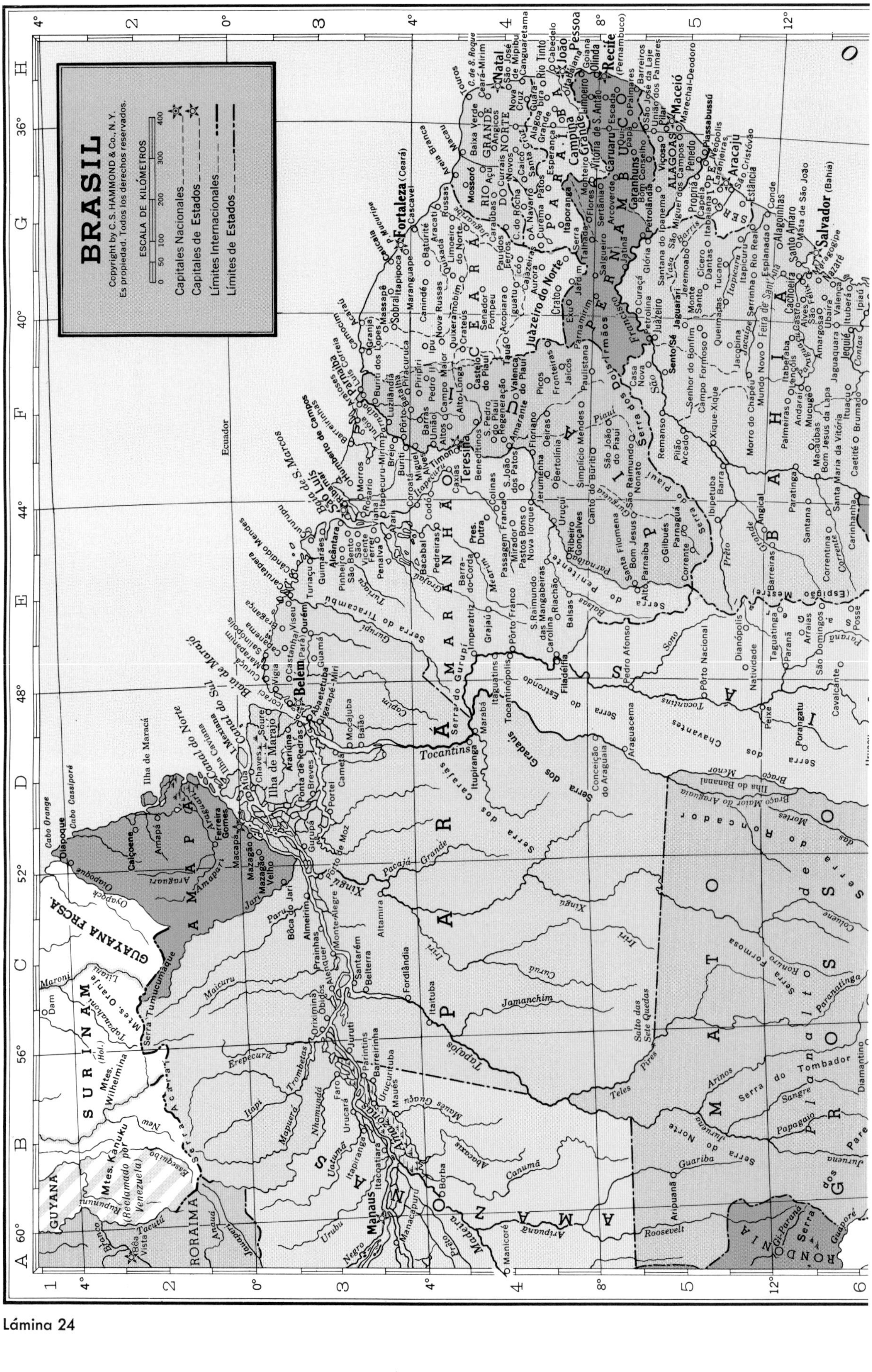
BRASIL
Copyright by C. S. HAMMOND & Co., N.Y.
Es propiedad. Todos los derechos reservados.
ESCALA DE KILÓMETROS
0 50 100 200 300 400
Capitales Nacionales
Capitales de Estados
Límites Internacionales
Límites de Estados
Ecuador
GUYANA
SURINAM
GUAYANA FRCSA.
RORAIMA
AMAPÁ
AMAZONAS
PARÁ
MARANHÃO
PIAUÍ
CEARÁ
RIO GRANDE DO NORTE
PARAÍBA
PERNAMBUCO
ALAGOAS
SERGIPE
BAHIA
GOIÁS
MATO GROSSO
RONDÔNIA
Ilha de Marajó
Ilha de Maracá
Manaus
Belém
São Luís
Teresina
Fortaleza (Ceará)
Natal
João Pessoa
Recife (Pernambuco)
Maceió
Aracaju
Salvador (Bahia)
Macapá
Tocantins
Xingu
Tapajós
Madeira
Amazonas
São Francisco
Araguaia

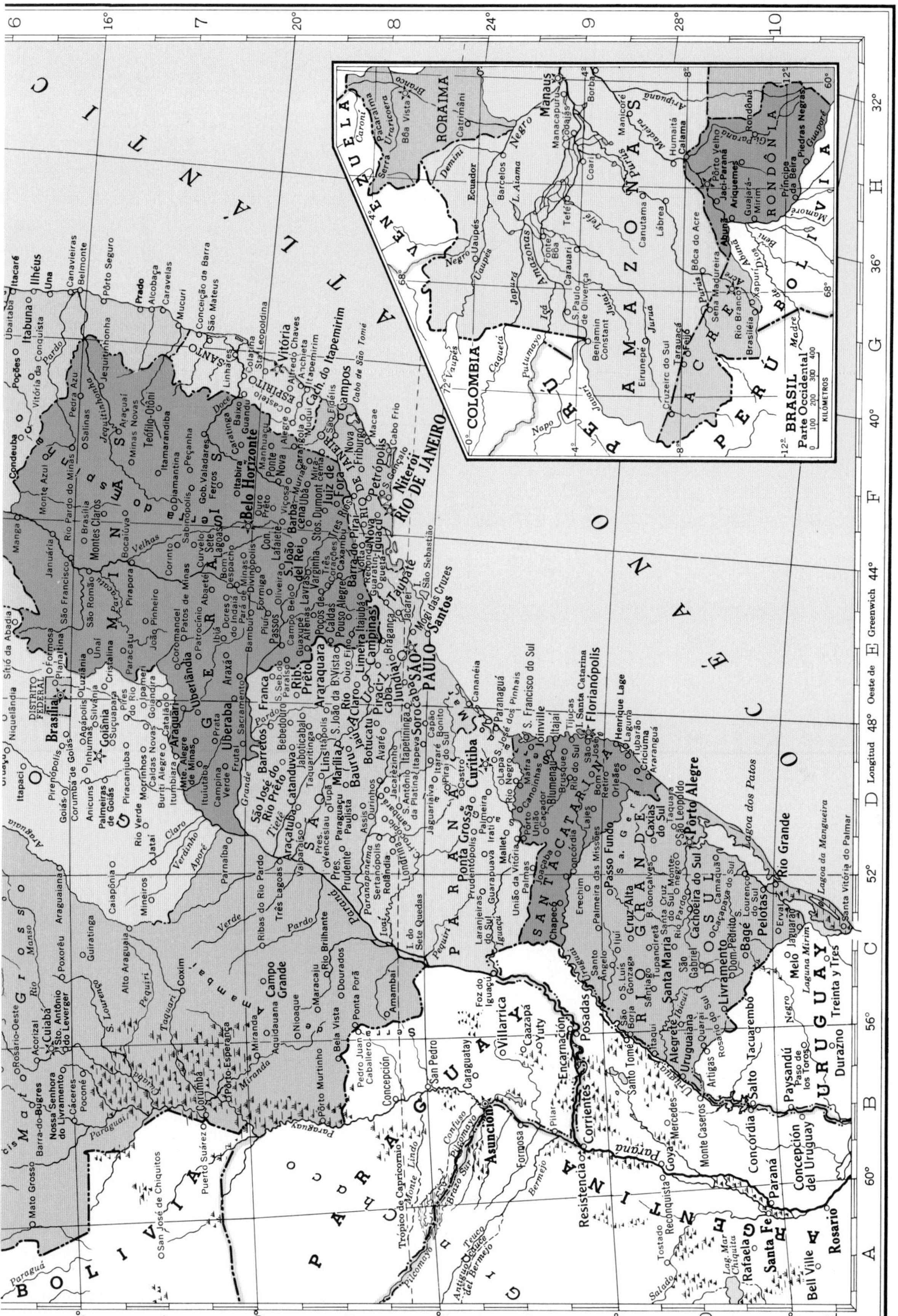
BRASIL
Parte Occidental
KILÓMETROS
COLOMBIA
VENEZUELA
RORAIMA
AMAZONAS
ACRE
RONDÔNIA
PERÚ
BOLIVIA
Manaus
MATO GROSSO
GOIÁS
MINAS GERAIS
ESPÍRITO SANTO
RIO DE JANEIRO
SÃO PAULO
PARANÁ
SANTA CATARINA
RIO GRANDE DO SUL
PARAGUAY
URUGUAY
OCÉANO ATLÁNTICO
Brasília
Goiânia
Belo Horizonte
Vitória
Niterói
Curitiba
Florianópolis
Porto Alegre
Cuiabá
Campo Grande
Asunción
Santos
Longitud Oeste de Greenwich

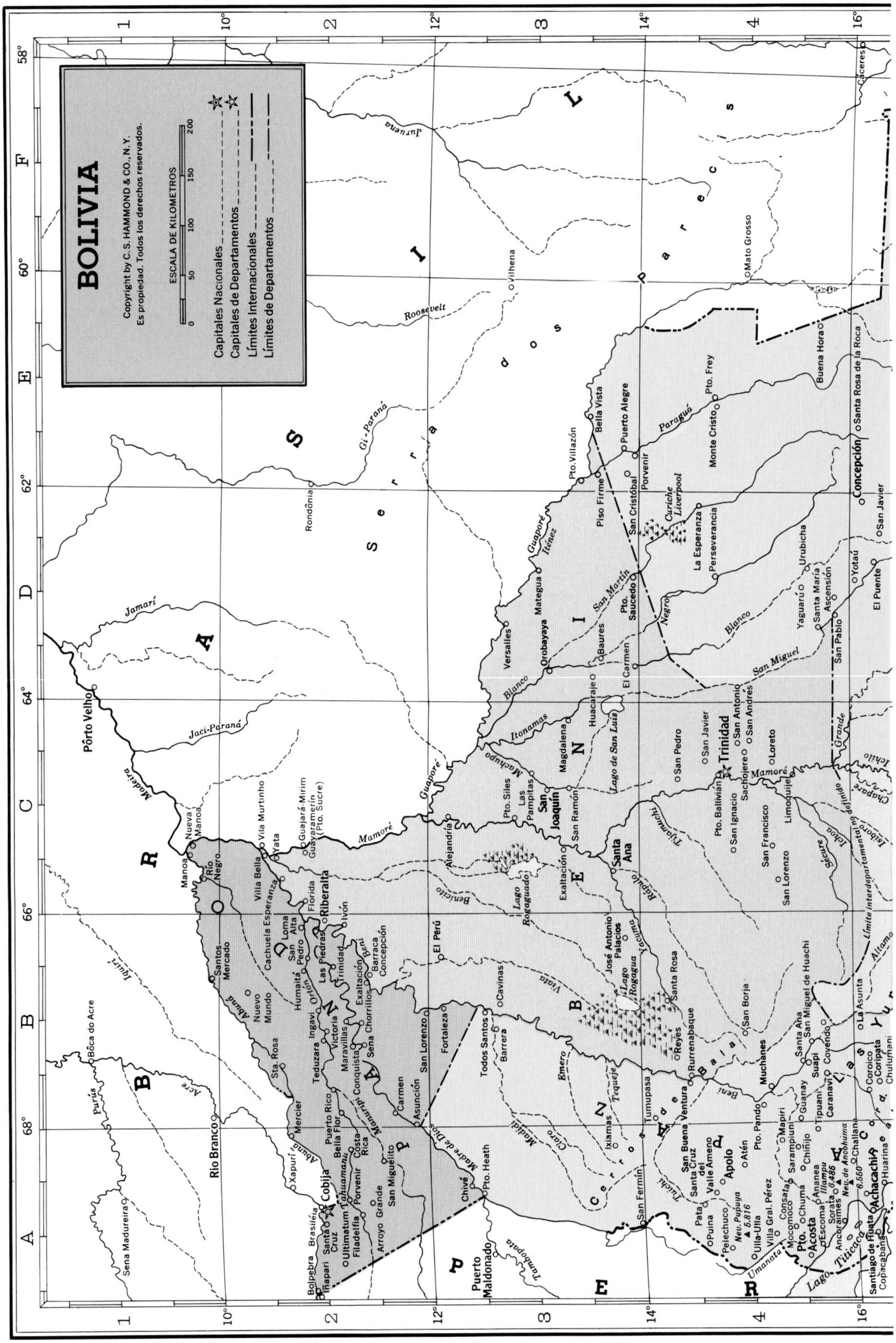
BOLIVIA
Copyright by C. S. HAMMOND & CO., N.Y.
Es propiedad. Todos los derechos reservados.
ESCALA DE KILOMETROS
0 50 100 150 200
Capitales Nacionales
Capitales de Departamentos
Límites Internacionales
Límites de Departamentos
B R A S I L
Serra dos Parecis
P E R Ú
Pôrto Velho
Rio Branco
Bôca do Acre
Sena Madureira
Rondônia
Vilhena
Mato Grosso
Cáceres
Puerto Maldonado
Cobija
Riberalta
Trinidad
Concepción
Santa Ana
San Joaquín
Apolo
Achacachi
Madeira
Mamoré
Guaporé
Beni
Madre de Dios
Lago de San Luis
Lago Rogaguado
Lago Titicaca

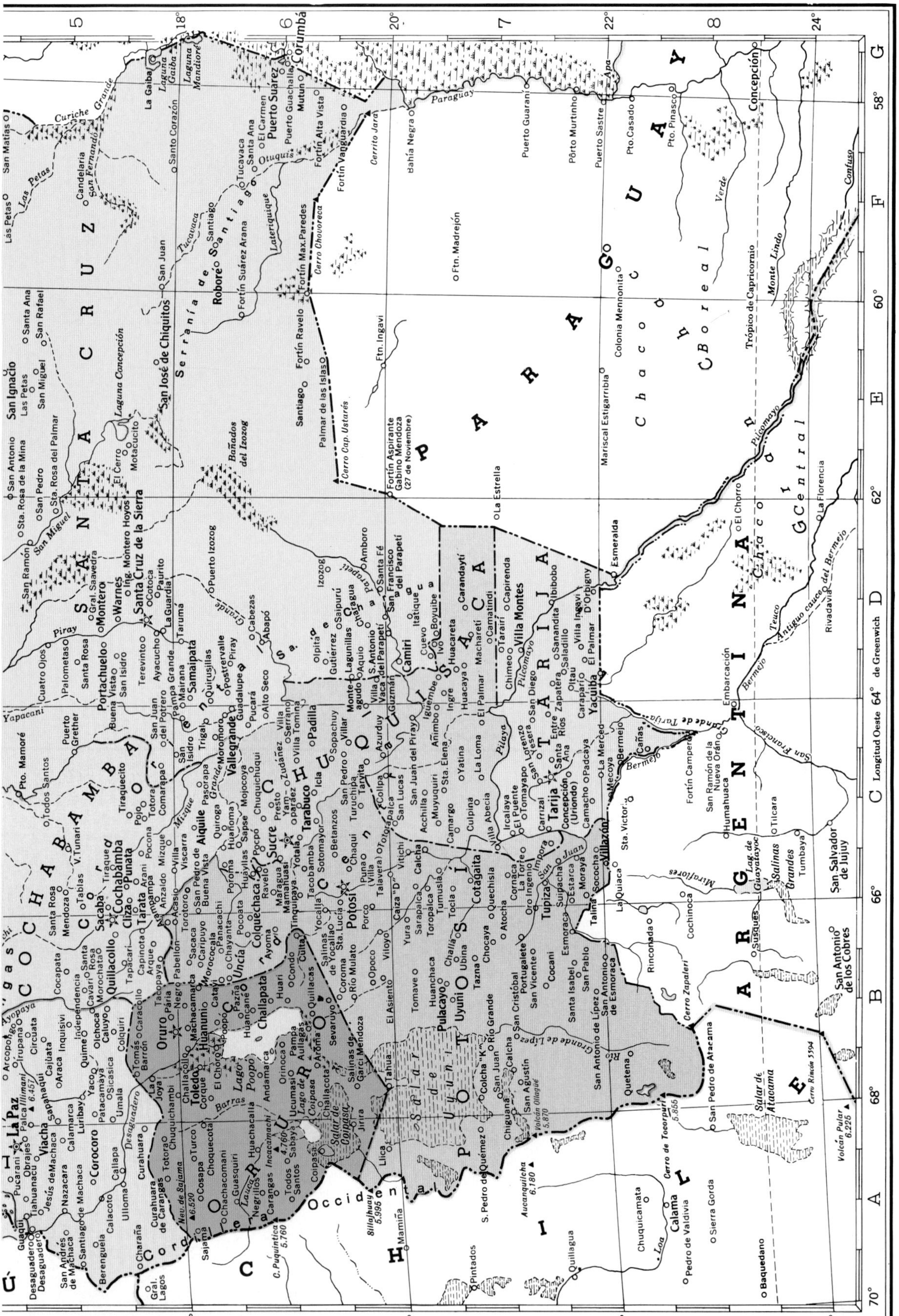

La Paz
Oruro
Cochabamba
Sucre
Potosí
Tarija
Santa Cruz de la Sierra
Uyuni
Villazón
Tupiza
Camiri
Yacuiba
Villa Montes
Roboré
San José de Chiquitos
San Ignacio
Puerto Suárez
Corumbá
Concepción
Lago Poopó
Salar de Uyuni
Salar de Coipasa
Salar de Atacama
Calama
San Salvador de Jujuy
San Antonio de los Cobres
Humahuaca
Tilcara
La Quiaca
Embarcación
Tartagal
Esmeralda
Pilcomayo
Bermejo
Paraguay
C H A C O   B O R E A L
C H A C O   C E N T R A L
Trópico de Capricornio
S A N T A   C R U Z
C O C H A B A M B A
P O T O S Í
T A R I J A
C H U Q U I S A C A
O R U R O
P A R A G U A Y
A R G E N T I N A
C H I L E
Longitud Oeste 64° de Greenwich

Lámina 27

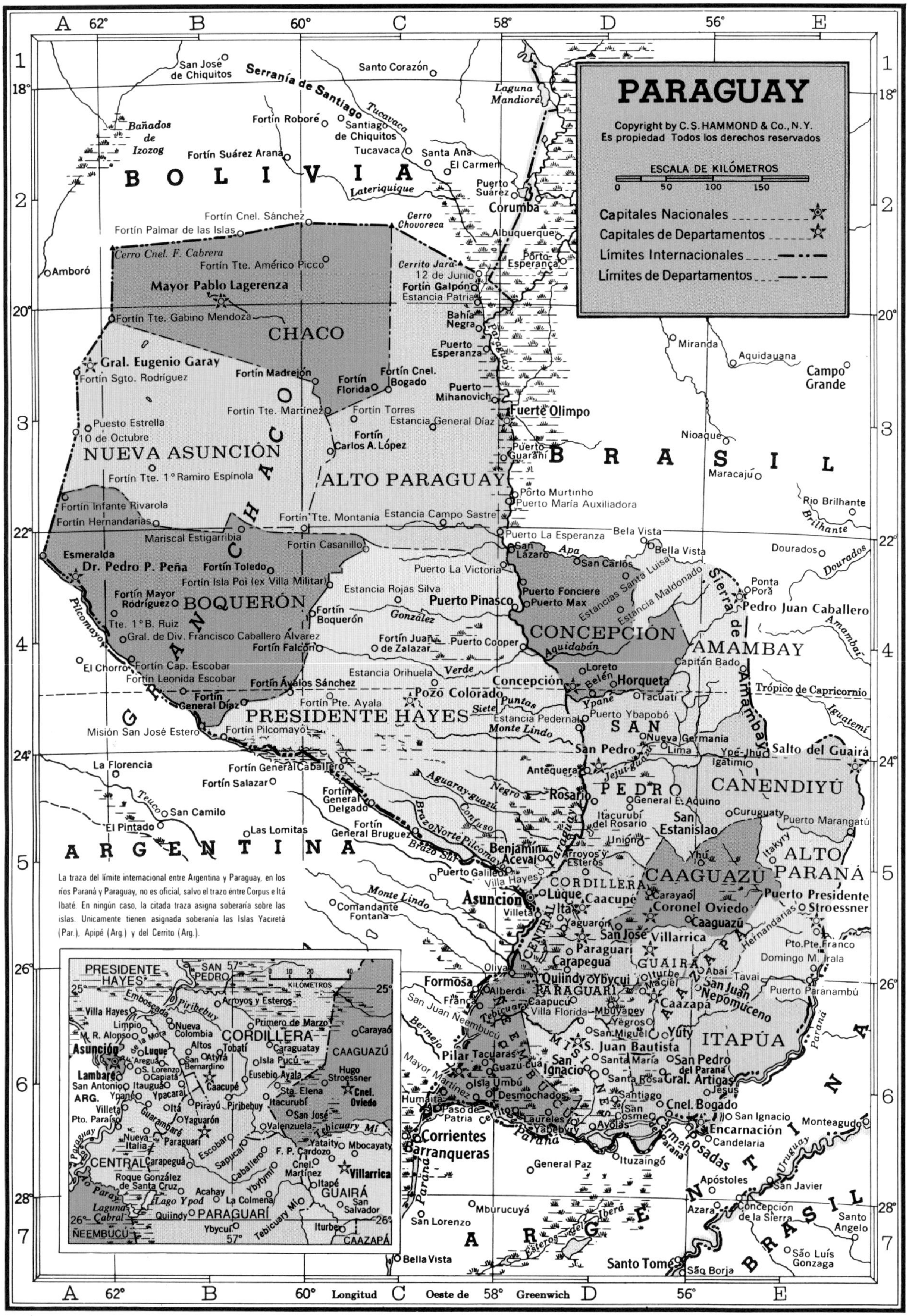

PARAGUAY
Copyright by C. S. HAMMOND & Co., N. Y.
Es propiedad Todos los derechos reservados
ESCALA DE KILÓMETROS
0 50 100 150
Capitales Nacionales
Capitales de Departamentos
Límites Internacionales
Límites de Departamentos
BOLIVIA
BRASIL
ARGENTINA
CHACO
NUEVA ASUNCIÓN
ALTO PARAGUAY
BOQUERÓN
PRESIDENTE HAYES
CONCEPCIÓN
AMAMBAY
SAN PEDRO
CANENDIYÚ
CORDILLERA
CAAGUAZÚ
ALTO PARANÁ
CENTRAL
PARAGUARÍ
GUAIRÁ
CAAZAPÁ
ÑEEMBUCÚ
MISIONES
ITAPÚA
GRAN CHACO
Asunción
Concepción
Encarnación
Pilar
Villarrica
Caacupé
Paraguarí
San Juan Bautista
Coronel Oviedo
Caazapá
Pedro Juan Caballero
Salto del Guairá
Puerto Presidente Stroessner
Fuerte Olimpo
Pozo Colorado
Mayor Pablo Lagerenza
Dr. Pedro P. Peña
Gral. Eugenio Garay
Longitud Oeste de Greenwich
La traza del límite internacional entre Argentina y Paraguay, en los ríos Paraná y Paraguay, no es oficial, salvo el trazo entre Corpus e Itá Ibaté. En ningún caso, la citada traza asigna soberanía sobre las islas. Únicamente tienen asignada soberanía las Islas Yacíretá (Par.), Apipé (Arg.) y del Cerrito (Arg.).

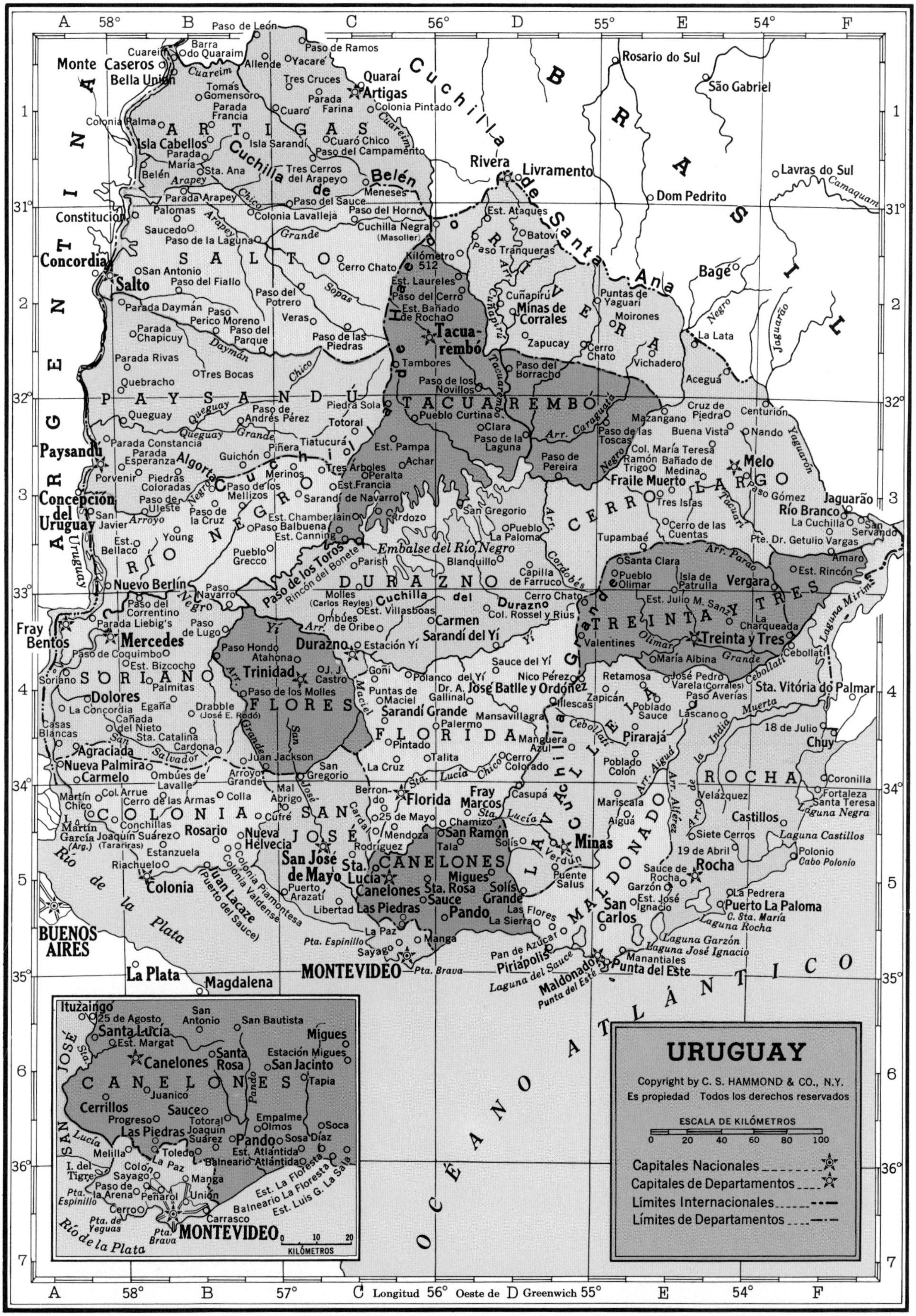
URUGUAY
Copyright by C. S. HAMMOND & CO., N.Y.
Es propiedad Todos los derechos reservados
ESCALA DE KILÓMETROS
0 20 40 60 80 100
Capitales Nacionales
Capitales de Departamentos
Límites Internacionales
Límites de Departamentos
C Longitud 56° Oeste de D Greenwich 55°
A 58° B 57° C 56° D 55° E 54° F
31° 32° 33° 34° 35° 36°
ARGENTINA
BRASIL
OCÉANO ATLÁNTICO
ARTIGAS
SALTO
PAYSANDÚ
RÍO NEGRO
TACUAREMBÓ
RIVERA
CERRO LARGO
TREINTA Y TRES
DURAZNO
SORIANO
FLORES
FLORIDA
LAVALLEJA
ROCHA
COLONIA
SAN JOSÉ
CANELONES
MALDONADO
Cuchilla de Santa Ana
Cuchilla de Haedo
Cuchilla Grande
Cuchilla del Durazno
Embalse del Río Negro
Río de la Plata
Laguna Mirim
Monte Caseros
Bella Unión
Artigas
Quaraí
Rosario do Sul
São Gabriel
Rivera
Livramento
Dom Pedrito
Lavras do Sul
Bagé
Concordia
Salto
Tacuarembó
Minas de Corrales
Paysandú
Concepción del Uruguay
Melo
Fraile Muerto
Jaguarão
Río Branco
Nuevo Berlín
Fray Bentos
Mercedes
Vergara
Treinta y Tres
Durazno
Carmen
Sarandí del Yí
Trinidad
Dolores
José Batlle y Ordóñez
Sta. Vitória do Palmar
Chuy
Nueva Palmira
Carmelo
Florida
Fray Marcos
Rosario
Nueva Helvecia
Colonia
San José de Mayo
Canelones
Sta. Lucía
Minas
San Ramón
Rocha
Castillos
Puerto La Paloma
San Carlos
Maldonado
Punta del Este
Piriápolis
Pando
Las Piedras
MONTEVIDEO
BUENOS AIRES
La Plata
Magdalena
Santa Lucía
Canelones
Santa Rosa
San Jacinto
Tapia
Migues
Cerrillos
Sauce
Progreso
Totoral
Empalme Olmos
Soca
Joaquín Suárez
Sosa Díaz
Toledo
Balneario Atlántida
Melilla
Colón
La Paz
Sayago
Manga
Peñarol
Unión
Cerro
Carrasco
KILÓMETROS

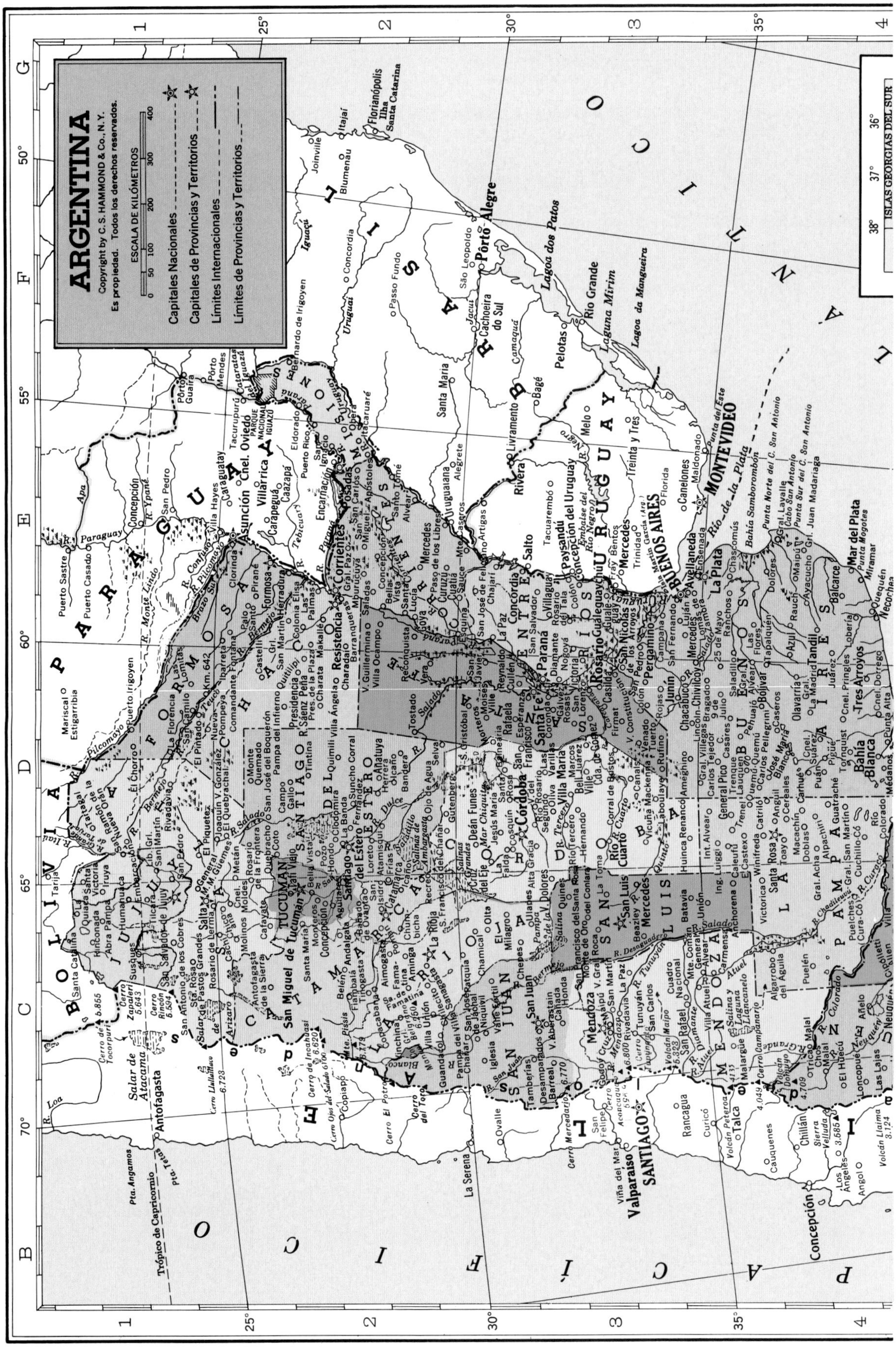
ARGENTINA
Copyright by C. S. HAMMOND & Co., N. Y.
Es propiedad. Todos los derechos reservados.
ESCALA DE KILÓMETROS
0 50 100 200 300 400
Capitales Nacionales
Capitales de Provincias y Territorios
Límites Internacionales
Límites de Provincias y Territorios
ISLAS GEORGIAS DEL SUR

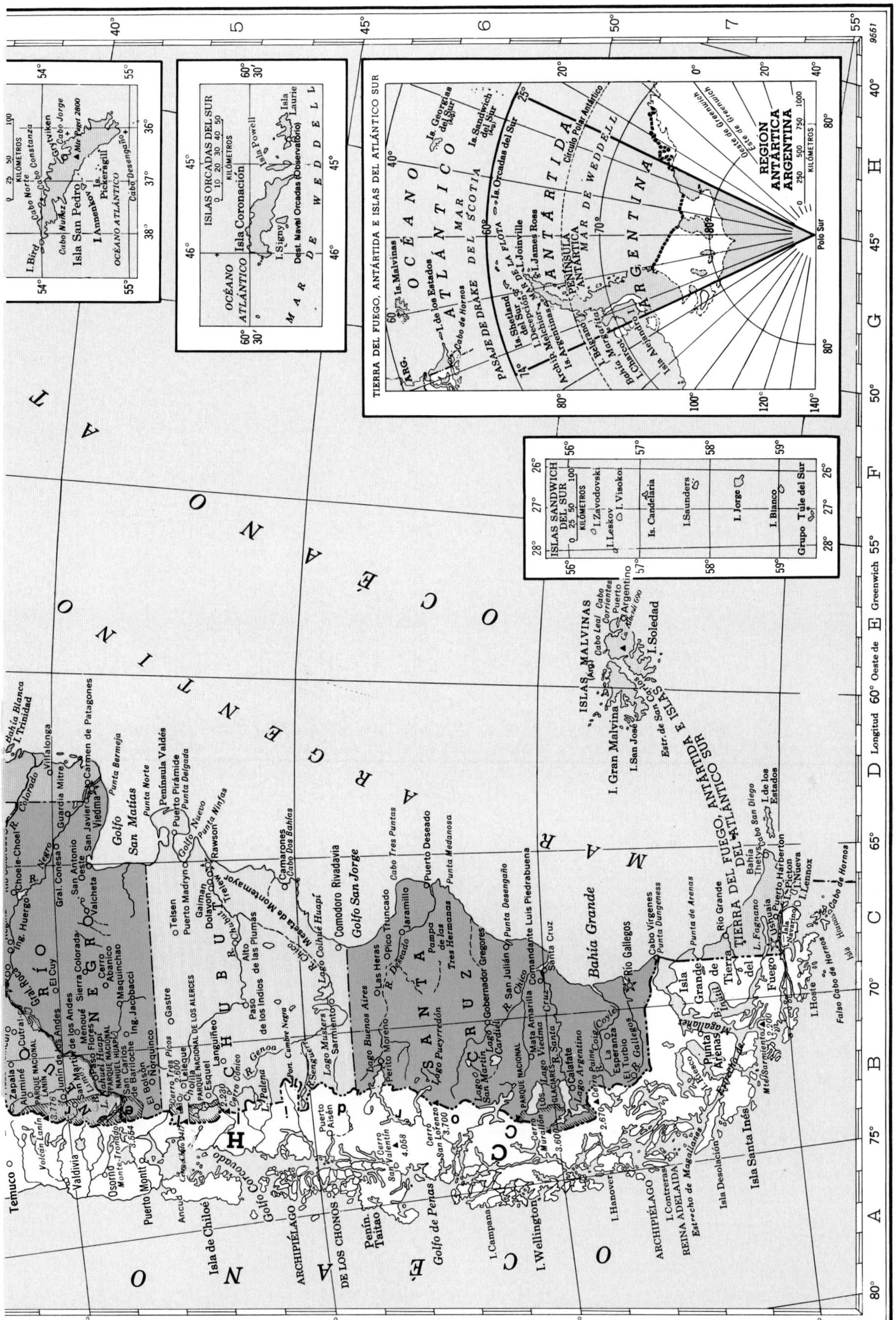

TIERRA DEL FUEGO, ANTÁRTIDA E ISLAS DEL ATLÁNTICO SUR
REGIÓN ANTÁRTICA ARGENTINA
Polo Sur
Círculo Polar Antártico
PASAJE DE DRAKE
MAR DEL SCOTIA
MAR DE WEDDELL
PENÍNSULA ANTÁRTICA
Is. Malvinas
I. de los Estados
Cabo de Hornos
Is. Georgias del Sur
Is. Sandwich del Sur
Is. Orcadas del Sur
Is. Shetland del Sur
I. Joinville
I. James Ross
I. Decepción
Arch. Melchior
Is. Argentinas
I. Belgrano
I. Margarita
Bahía Margarita
I. Charcot
Isla Alejandro I
Oeste de Greenwich
Este de Greenwich
ISLAS ORCADAS DEL SUR
KILÓMETROS
OCÉANO ATLÁNTICO
Isla Coronación
Isla Powell
Isla Laurie
I. Signy
Dest. Naval Orcadas (Observatorio)
MAR DE WEDDELL
ISLAS SANDWICH DEL SUR
I. Zavodovski
I. Leskov
I. Visokoi
Is. Candelaria
I. Saunders
I. Jorge
I. Blanco
Grupo Tule del Sur
I. Bird
Cabo Norte
Cabo Nuñez
Isla San Pedro
I. Annenkov
Is. Pickersgill
Grytviken
Cabo Jorge
OCÉANO ATLÁNTICO
Cabo Desengaño
OCÉANO ATLÁNTICO
MAR ARGENTINO
ISLAS MALVINAS
I. Gran Malvina
I. Soledad
Puerto Argentino
Estr. de San Carlos
I. San José
ISLAS DEL ATLÁNTICO SUR
TIERRA DEL FUEGO, ANTÁRTIDA E ISLAS DEL ATLÁNTICO SUR
RÍO NEGRO
CHUBUT
SANTA CRUZ
CHILE
Temuco
Valdivia
Osorno
Puerto Montt
Isla de Chiloé
Golfo Corcovado
ARCHIPIÉLAGO DE LOS CHONOS
Penín. Taitao
Golfo de Penas
I. Wellington
I. Hanover
ARCHIPIÉLAGO REINA ADELAIDA
Isla Desolación
Isla Santa Inés
Estrecho de Magallanes
Punta Arenas
Isla Grande de Tierra del Fuego
Ushuaia
Isla Hoste
Isla Navarino
I. Picton
I. Nueva
I. Lennox
Falso Cabo de Hornos
Cabo de Hornos
Isla de los Estados
Río Grande
Río Gallegos
Bahía Grande
Cabo Vírgenes
Punta Dungeness
Santa Cruz
Puerto San Julián
Puerto Deseado
Golfo San Jorge
Comodoro Rivadavia
Cabo Dos Bahías
Camarones
Rawson
Trelew
Puerto Madryn
Golfo Nuevo
Península Valdés
Golfo San Matías
Viedma
Carmen de Patagones
San Antonio Oeste
Bahía Blanca
Río Colorado
Río Negro
Choele-Choel
Gral. Conesa
Valcheta
Maquinchao
Ing. Jacobacci
San Carlos de Bariloche
El Bolsón
Esquel
Gobernador Gregores
Lago Argentino
Lago Viedma
Calafate
Lago Buenos Aires
Lago Musters
Lago Colhué Huapí
Sarmiento
Meseta de Montemayor
Pampa de las Tres Hermanas
Bahía Thetys
Puerto Harberton
Cabo San Diego
I. de los Estados
Longitud 60° Oeste de Greenwich

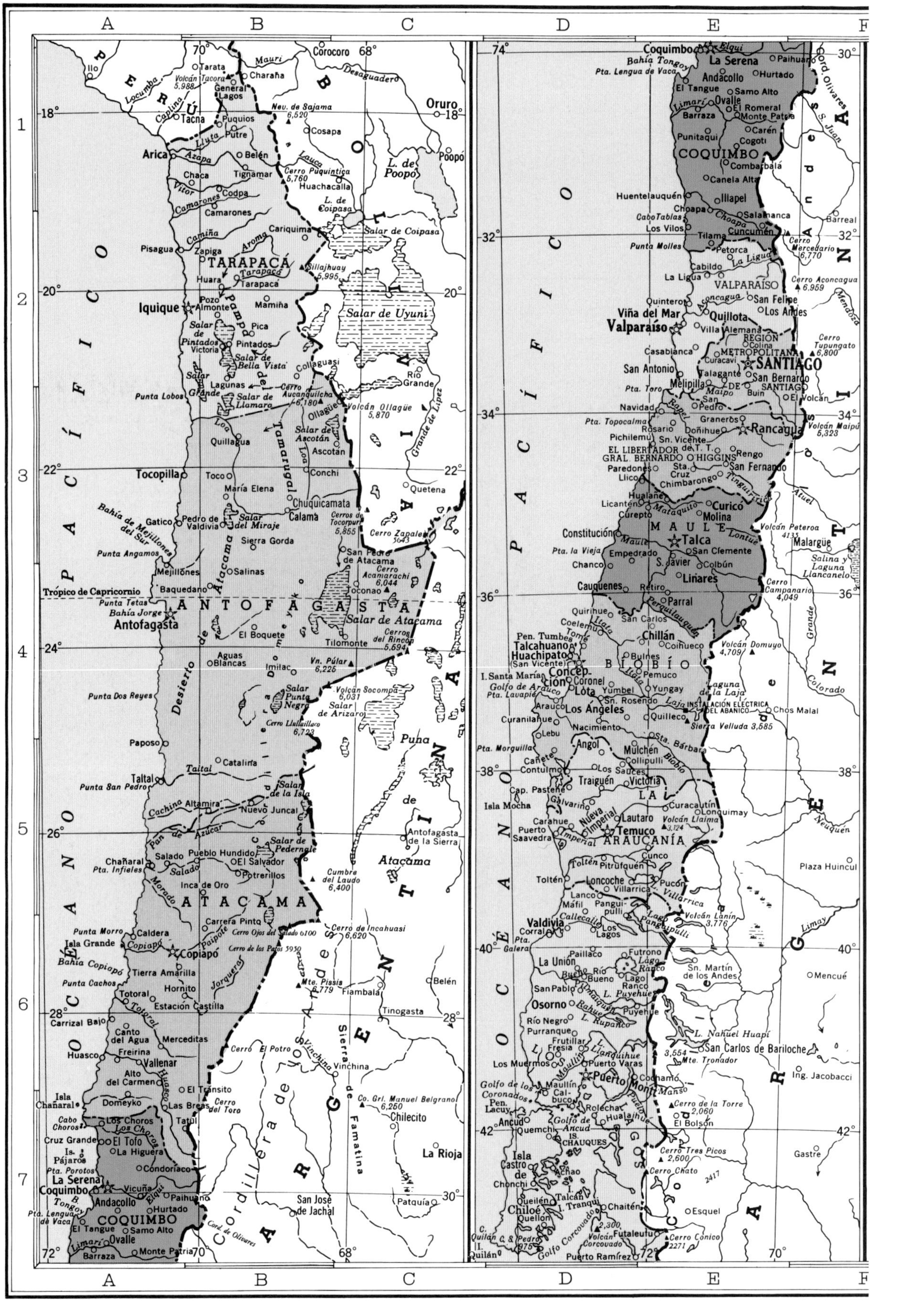

A
B
C
D
E
F
PERÚ
BOLIVIA
ARGENTINA
OCÉANO PACÍFICO
Tacna
Arica
Tarata
Volcán Tacora 5,988
General Lagos
Charaña
Corocoro
Desaguadero
Oruro
Nev. de Sajama 6,520
Putre
Belén
Cosapa
Poopó
L. de Poopó
Chaca
Tignamar
Cerro Puquintica 5,760
Huachacalla
Codpa
Camarones
L. de Coipasa
Salar de Coipasa
Pisagua
Zapiga
Cariquima
TARAPACÁ
Huara
Tarapacá
Sillajhuay 5,995
Iquique
Pozo Almonte
Mamiña
Salar de Uyuni
Pica
Salar de Pintados
Pintados
Victoria
Salar de Bella Vista
Collaguasi
Río Grande
Salar Grande
Lagunas
Punta Lobos
Salar de Llamara
Cerro Aucanquilcha 6,180
Ollagüe
Volcán Ollagüe 5,870
Quillagua
Salar de Ascotán
Ascotán
Tocopilla
Toco
Conchi
María Elena
Chuquicamata
Quetena
Bahía de Mejillones del Sur
Gatico
Pedro de Valdivia
Salar del Miraje
Calama
Cerros de Tocorpuri 5,855
Cerro Zapaleri 5643
Sierra Gorda
Punta Angamos
San Pedro de Atacama
Mejillones
Salinas
Cerro Acamarachi 6,044
Baquedano
Toconao
Trópico de Capricornio
Punta Tetas
ANTOFAGASTA
Bahía Jorge
Antofagasta
Salar de Atacama
El Boquete
Tilomonte
Cerros del Rincón 5,694
Aguas Blancas
Imilac
Vn. Púlar 6,225
Desierto de Atacama
Punta Dos Reyes
Salar Punta Negra
Volcán Socompa 6,031
Salar de Arizaro
Cerro Llullaillaco 6,723
Paposo
Catalina
Puna de Atacama
Taltal
Punta San Pedro
Salar de la Isla
Altamira
Nuevo Juncal
Antofagasta de la Sierra
Salar de Pedernales
Chañaral
Pta. Infieles
Salado
Pueblo Hundido
El Salvador
Potrerillos
Cumbre del Laudo 6,400
Inca de Oro
ATACAMA
Carrera Pinto
Cerro Ojos del Salado 6100
Cerro de Incahuasi 6,620
Punta Morro
Caldera
Isla Grande
Bahía Copiapó
Copiapó
Cerro de los Patos 5950
Tierra Amarilla
Punta Cachos
Hornito
Mte. Pissis 6,779
Fiambalá
Belén
Totoral
Estación Castilla
Carrizal Bajo
Tinogasta
Canto del Agua
Merceditas
Huasco
Freirina
Vallenar
Cerro El Potro
Vinchina
Sierra de Famatina
Alto del Carmen
El Tránsito
Isla Chañaral
Domeyko
Las Breas
Cerro del Toro
Co. Grl. Manuel Belgrano 6,260
Chilecito
Cabo Choros
Los Choros
Tatul
Cruz Grande
El Tofo
Is. Pájaros
La Higuera
La Rioja
Pta. Porotos
Condoriaco
La Serena
Coquimbo
Vicuña
Elqui
Paihuano
San José de Jachal
Patquía
Andacollo
Hurtado
COQUIMBO
El Tangue
Samo Alto
Ovalle
Limarí
Barraza
Monte Patria
Cord. de Olivares
Cordillera de los Andes
Bahía Tongoy
Pta. Lengua de Vaca
Paihuano
Ovalle
El Romeral
Punitaqui
Carén
Cogotí
Combarbalá
Canela Alta
Huentelauquén
Illapel
Chioapa
Salamanca
Cabo Tablas
Los Vilos
Tilama
Cuncumén
Barreal
Cerro Mercedario 6,770
Punta Molles
Petorca
Cabildo
La Ligua
Cerro Aconcagua 6.959
VALPARAÍSO
Quintero
San Felipe
Viña del Mar
Valparaíso
Quillota
Los Andes
Villa Alemana
REGIÓN METROPOLITANA DE SANTIAGO
Colina
Casablanca
Curacaví
Cerro Tupungato 6,800
San Antonio
SANTIAGO
Talagante
San Bernardo
Melipilla
Maipo
Buin
El Volcán
Pta. Toro
Navidad
San Pedro
Graneros
Pta. Topocalma
Rosario
Doñihue
Rancagua
Volcán Maipú 5,323
Pichilemu
Sn. Vicente
EL LIBERTADOR GRAL. BERNARDO O'HIGGINS
Rengo
Paredones
Sta. Cruz
San Fernando
Lolol
Chimbarongo
Tinguiririca
Atuel
Hualañé
Licantén
Mataquito
Curicó
Curepto
Molina
Volcán Peteroa 4135
Constitución
MAULE
Lontué
Malargüe
Talca
Pta. la Vieja
Empedrado
San Clemente
Chanco
S. Javier
Colbún
Salina y Laguna Llancanelo
Cauquenes
Retiro
Linares
Cerro Campanario 4,049
Parral
Quirihue
Perquilauquén
Coelemu
San Carlos
Pen. Tumbes
Chillán
Talcahuano
Coihueco
Volcán Domuyo 4,709
Huachipato (San Vicente)
Bulnes
BÍO BÍO
Concepción
Pemuco
I. Santa María
Coronel
Yungay
Golfo de Arauco
Lota
Pta. Lavapié
Arauco
Sn. Rosendo
Laguna de la Laja
INSTALACIÓN ELÉCTRICA DEL ABANICO
Chos Malal
Curanilahue
Los Ángeles
Quilleco
Nacimiento
Sierra Velluda 3,585
Lebu
Pta. Morguilla
Angol
Mulchén
Sta. Bárbara
Cañete
Collipulli
Contulmo
Los Sauces
Traiguén
Victoria
Cap. Pastene
Isla Mocha
Galvarino
Curacautín
Lonquimay
Nueva Imperial
Lautaro
Volcán Llaima 3,124
Carahue
Puerto Saavedra
Temuco
LA ARAUCANÍA
Neuquén
Cunco
Toltén
Pitrufquén
Plaza Huincul
Loncoche
Pucón
Villarrica
Lanco
Máfil
Panguipulli
Volcán Lanín 3,776
Valdivia
Corral
Los Lagos
Limay
Pta. Galera
Paillaco
Futrono
La Unión
Río Bueno
Lago Ranco
Sn. Martín de los Andes
Mencué
San Pablo
Osorno
L. Puyehue
Río Negro
L. Rupanco
Purranque
Frutillar
L. Nahuel Huapí
Fresia
San Carlos de Bariloche
Los Muermos
Puerto Varas
Mte. Tronador
Golfo de los Coronados
Maullín
Puerto Montt
Cochamó
Ing. Jacobacci
Pen. Lacuy
Calbuco
Rolecha
Hualaihué
Cerro de la Torre 2,060
Ancud
Golfo de Ancud
El Bolsón
Quemchi
IS. CHAUQUES
Cerro Tres Picos 2,600
Gastre
Isla Castro de Chiloé
Achao
Cerro Chato
Chonchi
Quellén
Talcán
I. Tranqui
Chaitén
Chiloé
Quellón
Esquel
Futaleufú
Volcán Corcovado
Golfo Corcovado
Cerro Cónico 2271
C. Quilán
I. Quilán
Puerto Ramírez

Lámina 32

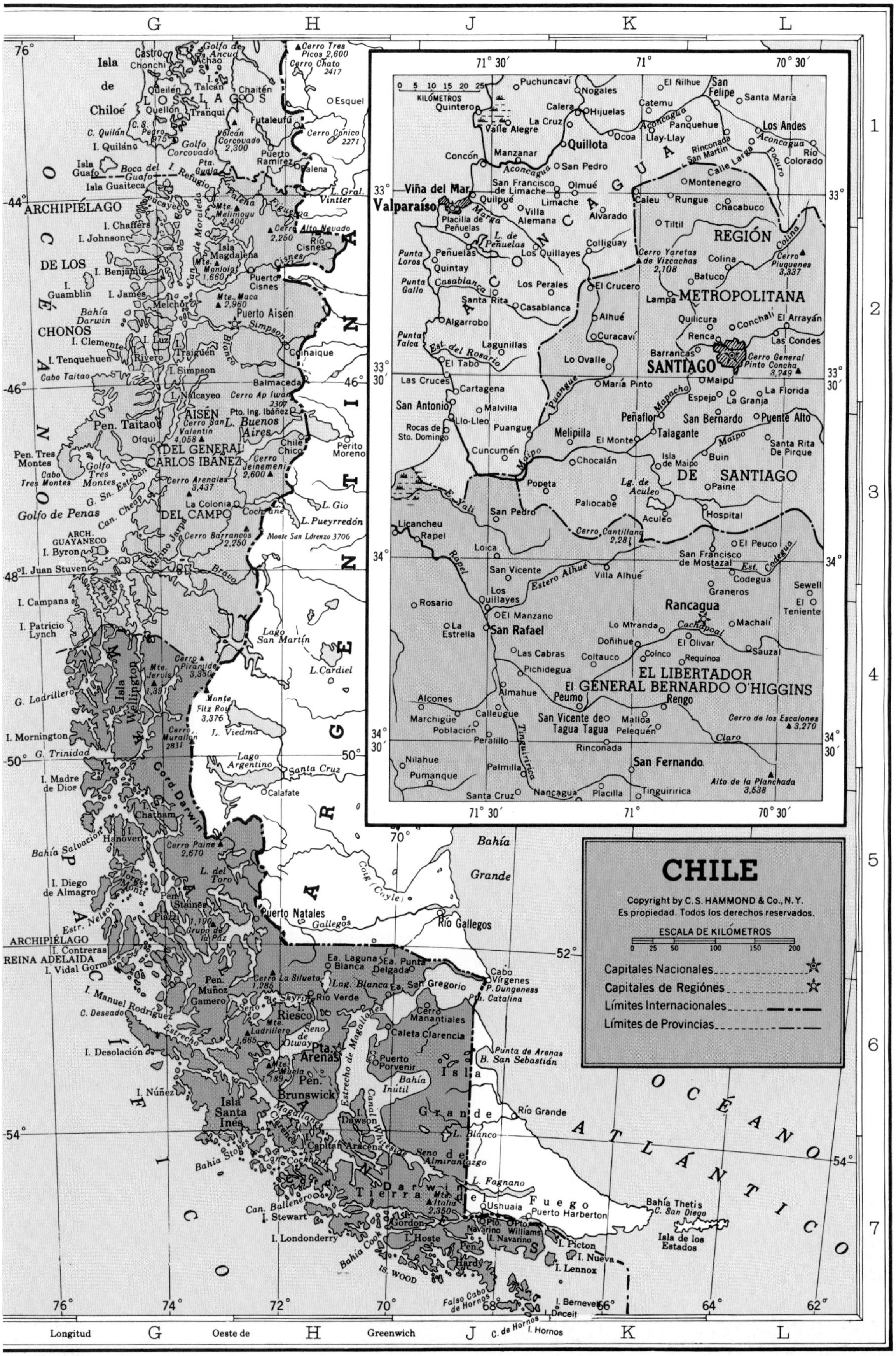
CHILE
Copyright by C. S. HAMMOND & Co., N. Y.
Es propiedad. Todos los derechos reservados.
ESCALA DE KILÓMETROS
Capitales Nacionales
Capitales de Regiónes
Límites Internacionales
Límites de Provincias
Longitud
Oeste de
Greenwich
G
H
J
K
L
1
2
3
4
5
6
7
76°
74°
72°
70°
68°
66°
64°
62°
44°
46°
48°
50°
52°
54°
Isla de Chiloé
Castro
Chonchi
Quellón
Golfo de Ancud
LOS LAGOS
Chaitén
Futaleufú
Esquel
Golfo Corcovado
I. Quilán
Isla Guafo
Boca del Guafo
Isla Guaiteca
ARCHIPIÉLAGO DE LOS CHONOS
I. Chaffers
I. Johnson
I. Benjamín
I. Guamblin
I. James
Bahía Darwin
I. Clemente
I. Tenquehuen
Cabo Taitao
Puerto Cisnes
Puerto Aisén
Coihaique
Balmaceda
Isla Magdalena
Pen. Taitao
AISÉN DEL GENERAL CARLOS IBÁÑEZ DEL CAMPO
L. Buenos Aires
Chile Chico
Perito Moreno
Pen. Tres Montes
Golfo Tres Montes
Golfo de Penas
Cochrane
La Colonia
L. Pueyrredón
ARCH. GUAYANECO
I. Byron
I. Juan Stuven
I. Campana
I. Patricio Lynch
Lago San Martín
L. Cardiel
Isla Wellington
G. Ladrillero
I. Mornington
G. Trinidad
Monte Fitz Roy 3,376
L. Viedma
Lago Argentino
Santa Cruz
Calafate
I. Madre de Dios
Cord. Darwin
Chatham
Hanover
Bahía Salvación
Cerro Paine 2,670
L. del Toro
I. Diego de Almagro
Estr. Nelson
Puerto Natales
Río Gallegos
Bahía Grande
ARCHIPIÉLAGO REINA ADELAIDA
I. Contreras
I. Vidal Gormaz
I. Manuel Rodríguez
C. Deseado
Pen. Muñoz Gamero
Riesco
Río Verde
Pta. Arenas
Pen. Brunswick
Estrecho de Magallanes
Cabo Vírgenes
P. Dungeness
Pta. Catalina
Caleta Clarencia
Puerto Porvenir
Bahía Inútil
I. Desolación
I. Núñez
Isla Santa Inés
I. Dawson
Isla Grande de Tierra del Fuego
Punta de Arenas
B. San Sebastián
Río Grande
L. Blanco
Seno del Almirantazgo
L. Fagnano
Ushuaia
Puerto Harberton
Bahía Thetis
C. San Diego
Isla de los Estados
I. Stewart
I. Londonderry
I. Hoste
Navarino
Pto. Williams
I. Navarino
I. Picton
I. Nueva
I. Lennox
Bahía Cook
Is. Wood
Falso Cabo de Hornos
I. Bernevelt
Deceit
C. de Hornos
I. Hornos
OCÉANO ATLÁNTICO
OCÉANO PACÍFICO
ARGENTINA
0 5 10 15 20 25 KILÓMETROS
71° 30′
71°
70° 30′
33°
33° 30′
34°
34° 30′
Puchuncaví
Quintero
Nogales
Calera
Hijuelas
La Cruz
Valle Alegre
Quillota
Concón
Viña del Mar
Valparaíso
Quilpué
Villa Alemana
Limache
Olmué
San Pedro
Placilla de Peñuelas
L. de Peñuelas
Los Quillayes
Quintay
Punta Gallo
Casablanca
Los Perales
Santa Rita
Algarrobo
Punta Talca
Est. del Rosario
El Tabo
Lagunillas
Las Cruces
Cartagena
San Antonio
Llo-Lleo
Malvilla
Puangue
Rocas de Sto. Domingo
Cuncumén
Maipo
Melipilla
Chocalán
Popeta
Paliocabe
San Pedro
Licancheu
Rapel
Loica
San Vicente
Estero Alhué
Villa Alhué
Los Quillayes
Rosario
El Manzano
La Estrella
San Rafael
Las Cabras
Pichidegua
Coltauco
Almahue
Peumo
Alcones
Marchigüe
Calleugue
Población
Peralillo
San Vicente de Tagua Tagua
Malloa
Pelequén
Rengo
Nilahue
Pumanque
Palmilla
Santa Cruz
Nancagua
Placilla
Tinguiririca
San Fernando
Alto de la Planchada 3,538
Cerro de los Escalones 3,270
Claro
Rinconada
EL LIBERTADOR GENERAL BERNARDO O'HIGGINS
Rancagua
Machalí
El Teniente
Sewell
Graneros
Codegua
San Francisco de Mostazal
El Peuco
Los Mtranda
Doñihue
El Olivar
Coínco
Requínoa
Sauzal
Cachapoal
Hospital
Aculeo
Lg. de Aculeo
Paine
Cerro Cantillana 2,281
REGIÓN METROPOLITANA DE SANTIAGO
SANTIAGO
Lampa
Batuco
Colina
Quilicura
Conchalí
El Arrayán
Renca
Las Condes
Barrancas
Cerro General Pinto Concha 3,249
Maipú
Espejo
La Granja
La Florida
Peñaflor
San Bernardo
Puente Alto
Talagante
El Monte
Isla de Maipo
Buin
Santa Rita De Pirque
María Pinto
Mapocho
Puangue
Lo Ovalle
Curacaví
Alhué
El Crucero
Colliguay
Cerro Yaretas de Vizcachas 2,108
Cerro Piuquenes 3,337
Tiltil
Caleu
Rungue
Chacabuco
Montenegro
Alvarado
Llay-Llay
Ocoa
Catemu
Panquehue
Aconcagua
San Felipe
Santa María
Los Andes
Rinconada de San Martín
Calle Larga
Río Colorado
El Ñilhue
ACONCAGUA

Los cambios de territorio causados por la guerra mundial que están representados en este mapa no indican necesariamente el estado final de las fronteras. Los cambios podrán considerarse fijos y autorizados solamente después que se firmen los tratados de paz.
40° A 30° B 20° C 10° D 0° E 10° F
60°
50°
40°
3
4
5
2
Longitud Oeste D de Greenwich
0°
Longitud Este E de Greenwich
10°
F
OCÉANO ATLÁNTICO
Círculo Polar Ártico
Jan Mayen (Nor.)
ISLANDIA
Reikiavik
Keflavik
Vestmannaeyjar
Mte. Hekla
Akureyri
Husavik
Siglufiordur
Isafiordur
Cabo Norte
Fiord de Breida
B. de Huna
Langanes
Seydisfiordur
Neskaupstadur
Fiord de Horna
Is. Feroe (Din.)
Thorshavn
Rockall
Is. Shetland
Lerwick
Is. Orcadas
Kirkwall
Is. Hébridas
Golfo de Moray
Inverness
Aberdeen
Dundee
ESCOCIA
Glasgow
Edimburgo
ISLAS BRITÁNICAS
REINO UNIDO
IRLANDA DEL NORTE
IRLANDA
B. de Donegal
Belfast
Dundalk
Galway
Dublin
Limerick
Waterford
Cork
Cobh
C. Clear
Newcastle upon Tyne
Carlisle
Leeds
Hull
MAR DE IRLANDA
Liverpool
Manchester
Sheffield
El Wash
Birmingham
GALES
INGLATERRA
Swansea
Cardiff
Bristol
LONDRES
Southampton
Portsmouth
Plymouth
Land's End
Canal de S. Jorge
MAR DEL NORTE
La Mancha
Cherburgo
Is. del Canal (Br.)
El Havre
I. de Ouessant
Brest
Rennes
Bella Isla
S. Nazario
Nantes
Angers
Tours
Orleans
Versalles
PARÍS
Ruan
Amiens
Lila
Calais
Boulogne
Reims
Nancy
Estrasburgo
Dijon
Mulhouse
Loira
Sena
Marne
FRANCIA
La Rochela
I. de Olerón
Limoges
Vichy
Clermont-Ferrand
Lyon
S. Etienne
Grenoble
Burdeos
Dordoña
Garona
Montalbán
Tolosa
Nimes
Montpellier
Marsella
Niza
MÓNACO
Ródano
Bayona
Biarritz
Pirineos
ANDORRA
G. de León
Golfo de Vizcaya
C. de Finisterre
El Ferrol
La Coruña
Gijón
Oviedo
Santander
San Sebastián
Bilbao
Vigo
Miño
León
Valladolid
Burgos
Ebro
Zaragoza
Pôrto
Braga
Douro
Duero
Salamanca
Coimbra
PORTUGAL
ESPAÑA
MADRID
Sa. de Guadarrama
Tajo
Toledo
Lisboa
Setúbal
Évora
Badajoz
Guadiana
Albacete
Valencia
C. de S. Vicente
Sierra Morena
Córdoba
Guadalquivir
Sevilla
Murcia
Lorca
Granada
Sa. Nevada
Alicante
Cartagena
Almería
Málaga
G. de Cádiz
Cádiz
Jerez
Estr. de Gibraltar
GIBRALTAR (Br.)
Tánger
Ceuta (Esp.)
Tetuán
Melilla (Esp.)
Ouahrán (Orán)
Barcelona
Tarragona
Is. Baleares
Palma
Mallorca
Menorca
Ibiza
MAR MEDITERRÁNEO
Argel
ARGELIA
Constantina
Skikda (Philippeville)
Annaba (Bona)
Biskra
MARRUECOS
Rabat
Casablanca
Fez
Meknes
Marrakech
Mina Hassan Tani
Bizerta
Túnez
TÚNEZ
Susa
C. Bueno
Pantellería
La Valette
MALTA
Córcega
Ajaccio
Cerdeña
Sassari
Olbia
Iglesias
Cagliari
MAR TIRRENO
Palermo
Sicilia
Etna
Catania
Siracusa
Mesina
Reggio
Catanzaro
MAR JÓNICO
Corfú
Nápoles
Vesubio
Foggia
Bari
Tarento
Bríndisi
G. de Tarento
ROMA
CIUDAD DEL VATICANO
Tíber
Elba
SAN MARINO
Perusa
Ancona
Florencia
Liorna
La Spezia
Siena
Bolonia
Módena
Parma
Ferrara
Padua
Venecia
Verona
Brescia
Milán
Turín
Génova
Trento
Bolzano
ITALIA
MAR ADRIÁTICO
Trieste
Rijeka (Fiume)
Zadar (Zara)
Spalato
Sarajevo
Mostar
Dubrovnik (Ragusa)
Cetiñe
Escutari
Durazo
Tirana
Banja Luka
Zagreb
Ljubljana
Drave
Sava
Pécs
Szeged
L. Balatón
Novi Sad
YUGOSLAVIA
SUIZA
Berna
Zurich
Basilea
Ginebra
Mte. Blanco
L. Ginebra
Lucerna
L. Constanza
LIECHTENSTEIN
Innsbruck
Salzburgo
Linz
VIENA
Graz
Maribor
AUSTRIA
Alpes
HUNGRÍA
Sopron
Gyor
Bratislava
Brno
Olomouc
Ostrava
CHECOSLOVAQUIA
Praga
Plzen
Karl-Marx-Stadt (Chemnitz)
Dresde
Leipzig
Munich
Augsburgo
Ratisbona
Danubio
Nuremberg
Stuttgart
Karlsruhe
Friburgo
Mannheim
Francfort
Maguncia
Wiesbaden
Saarbruck
Rhin
Bonn
Colonia
Dusseldorf
Essen
Dortmund
Aquisgrán
LUX.
Lieja
BÉLGICA
Bruselas
Amberes
Gante
La Haya
Rotterdam
Utrecht
Amsterdam
HOLANDA
Islas Frisias
Munster
ALEMANIA
Cassel
Halle
Erfurt
Plauen
Magdeburgo
Brunswick
Hannover
Bremen
Hamburgo
Weser
Elba
Helgoland
Lubeck
Kiel
Rostock
Stralsund
BERLÍN
Oder
Szczecin (Stettin)
Kolobrzeg
Slupsk
Bydgoszcz
Poznan
Warta
Wroclaw (Breslau)
Czestochowa
Zabrze
Lódz
POLONIA
Bornholm
Flensburgo
Esbjerg
Aarhus
Odense
Copenhague
DINAMARCA
Kattegat
Aalborg
Skager Rak
Lindesnas
Cristiansand
Goteborg
Borås
Jonkoping
L. Vetter
Linkoping
Norrkoping
Helsingborg
Lund
Malmoe
Karlskrona
Oland
Visby
MAR BÁLTICO
Vener
Orebro
Eskilstuna
Vesteras
Upsala
Karlstad
Halden
Larvik
Fredrikstad
Drammen
Oslo
Arendal
Stavanger
Haugesund
Fiord de Hardanger
Bergen
Fiord de Sogne
Lillehammer
Alesund
Kristiansund
Trondheim
Fiord de Trondheim
Namsos
Östersund
Sundsvall
Söderhamn
Falun
Gefle
Umea
Angerman
Golfo de Botnia
NORUEGA
SUECIA
Vest Fiord
Lófoden
Vesteralen
Senja
Gellivare

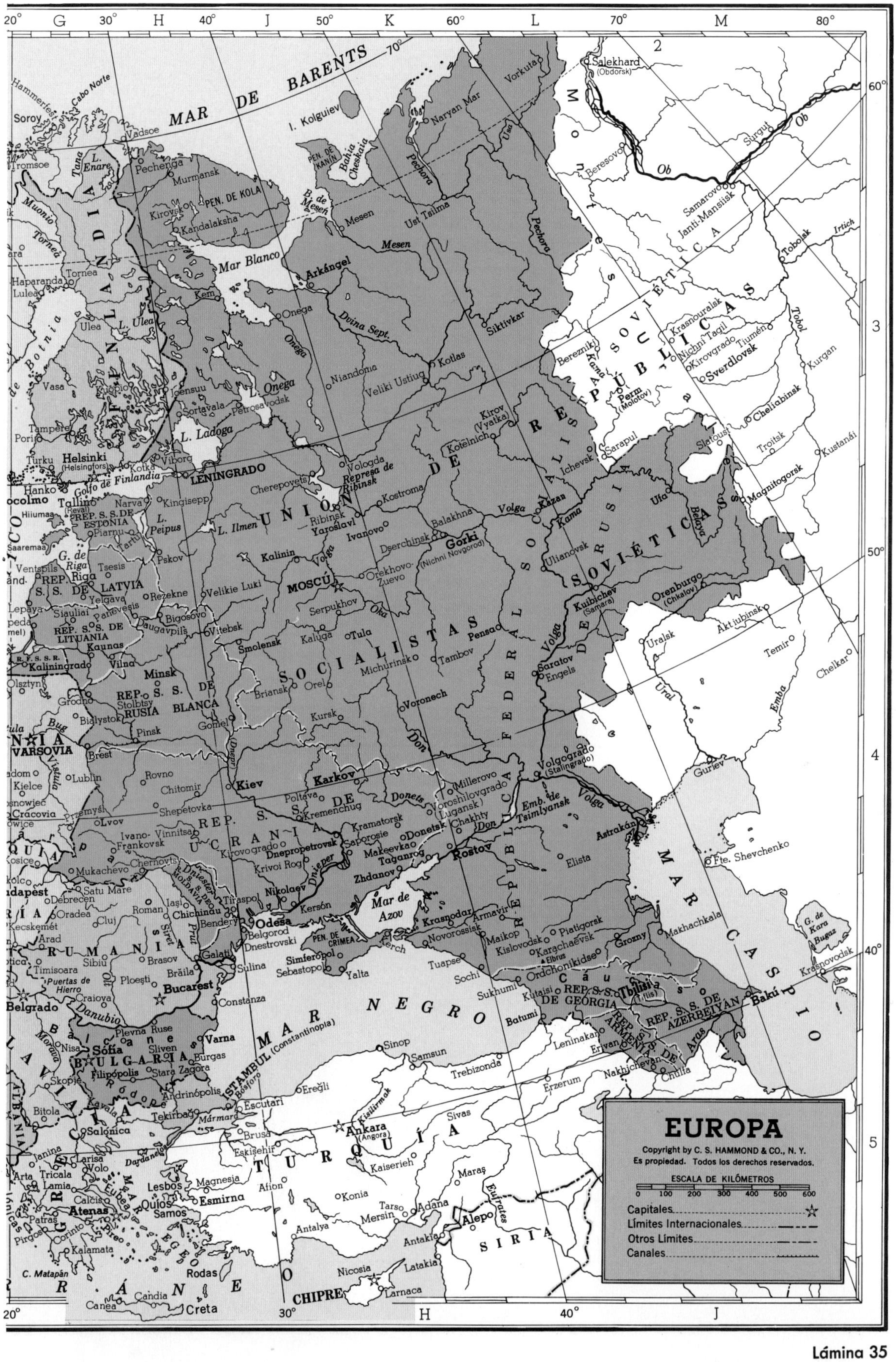
EUROPA
Copyright by C. S. HAMMOND & CO., N. Y.
Es propiedad. Todos los derechos reservados.
ESCALA DE KILÓMETROS
0 100 200 300 400 500 600
Capitales
Límites Internacionales
Otros Límites
Canales
MAR DE BARENTS
MAR NEGRO
MAR CASPIO
UNIÓN DE REPÚBLICAS SOCIALISTAS SOVIÉTICAS
REPÚBLICA FEDERAL SOCIALISTA SOVIÉTICA DE RUSIA
REP. S. S. DE UCRANIA
REP. S. S. DE RUSIA BLANCA
REP. S. S. DE LITUANIA
REP. S. S. DE LATVIA
REP. S. S. DE ESTONIA
REP. S. S. DE GEORGIA
REP. S. S. DE ARMENIA
REP. S. S. DE AZERBEIJAN
FINLANDIA
RUMANIA
BULGARIA
TURQUÍA
SIRIA
CHIPRE
Montes Urales
Cáucaso
MOSCÚ
LENINGRADO
Helsinki (Helsingfors)
Tallinn (Reval)
Riga
Kaunas
Vilna
Minsk
Kiev
Karkov
Odesa
Rostov
Volgogrado (Stalingrado)
Astrakán
Kazan
Gorki (Nichni Novgorod)
Kuibichev (Samara)
Saratov
Voronech
Arkángel
Murmansk
Salekhard (Obdorsk)
Sverdlovsk
Perm (Molotov)
Cheliabinsk
Magnitogorsk
Orenburgo (Chkalov)
Ufa
Tbilisi (Tiflis)
Bakú
Bucarest
Sofía
Ankara (Angora)
Esmirna
Atenas
Estambul (Constantinopla)
Alepo
VARSOVIA
Belgrado
L. Ladoga
L. Onega
Mar Blanco
Mar de Azov
Volga
Don
Dniéper
Ural
Ob
Emba
20° 30° 40° 50° 60° 70° 80°
G H J K L M
2 3 4 5

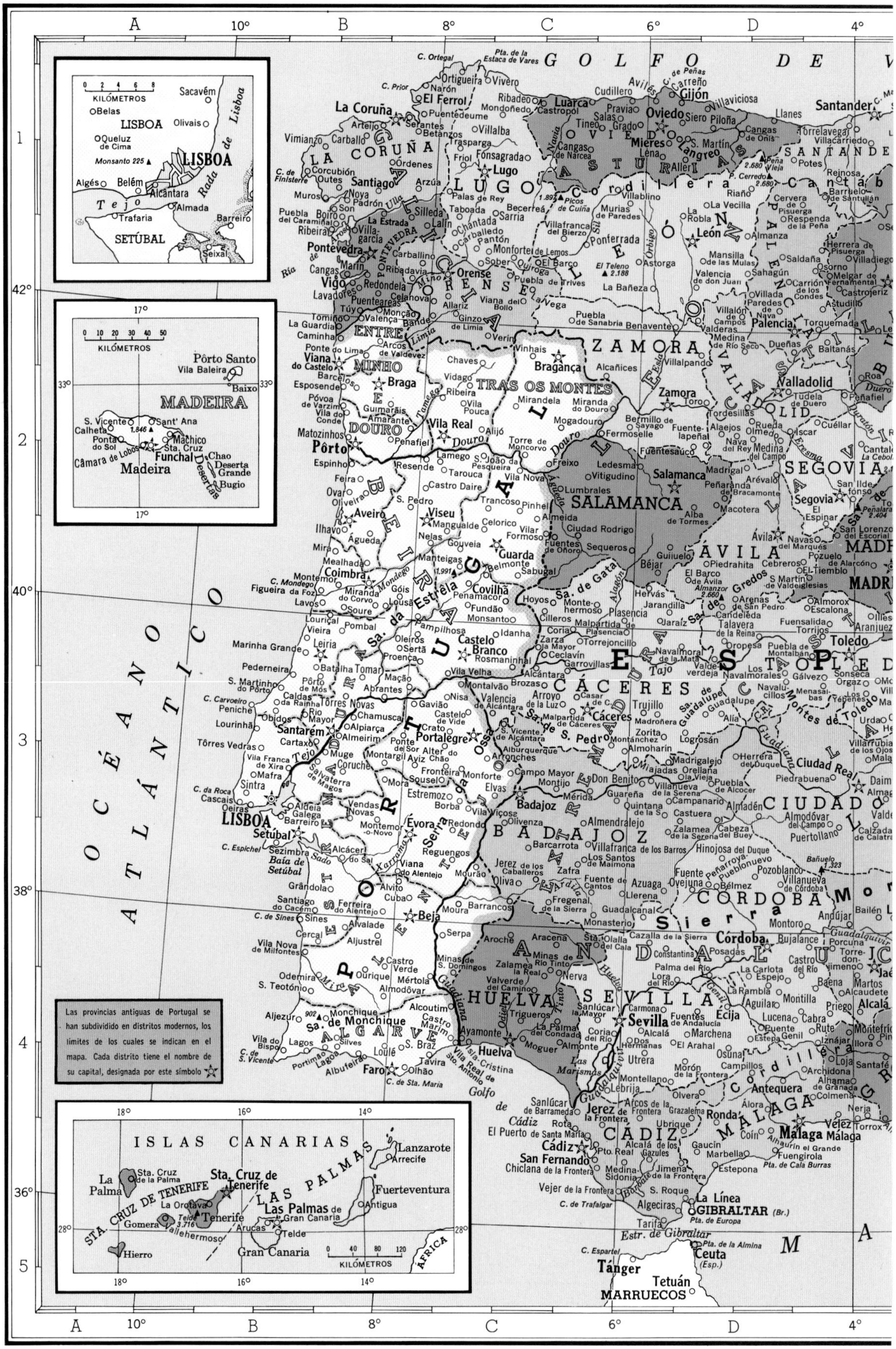
GOLFO DE V
OCÉANO ATLÁNTICO
PORTUGAL
ESPAÑA
Las provincias antiguas de Portugal se han subdividido en distritos modernos, los límites de los cuales se indican en el mapa. Cada distrito tiene el nombre de su capital, designada por este símbolo
LISBOA
Sacavém
Belas
Olivais
Queluz de Cima
Monsanto 225
Algés
Belém
Alcântara
Tejo
Almada
Trafaria
Barreiro
SETÚBAL
Seixal
Rada de Lisboa
KILÓMETROS
MADEIRA
Pôrto Santo
Vila Baleira
Baixo
S. Vicente
Sant' Ana
Calheta
Ponta do Sol
Machico
Sta. Cruz
Funchal
Câmara de Lobos
Madeira
Chao
Deserta Grande
Bugio
Desertas
ISLAS CANARIAS
STA. CRUZ DE TENERIFE
LAS PALMAS
La Palma
Sta. Cruz de la Palma
Sta. Cruz de Tenerife
La Orotava
Tenerife
Teide 3.716
Gomera
Vallehermoso
Hierro
Lanzarote
Arrecife
Fuerteventura
Antigua
Las Palmas de Gran Canaria
Arucas
Telde
Gran Canaria
ÁFRICA
ENTRE MINHO E DOURO
TRAS OS MONTES
BEIRA
ESTREMADURA
ALENTEJO
ALGARVE
GALICIA
LA CORUÑA
LUGO
ORENSE
PONTEVEDRA
ASTURIAS
LEÓN
ZAMORA
SALAMANCA
VALLADOLID
PALENCIA
SEGOVIA
ÁVILA
CÁCERES
BADAJOZ
CIUDAD REAL
CÓRDOBA
SEVILLA
HUELVA
CÁDIZ
MÁLAGA
La Coruña
El Ferrol
Santiago
Lugo
Orense
Pontevedra
Vigo
Oviedo
Gijón
Santander
León
Zamora
Valladolid
Salamanca
Viana do Castelo
Braga
Bragança
Vila Real
Pôrto
Aveiro
Viseu
Guarda
Coimbra
Castelo Branco
Leiria
Santarém
Portalegre
Évora
Setúbal
Beja
Faro
Badajoz
Cáceres
Mérida
Toledo
Huelva
Sevilla
Córdoba
Cádiz
Jerez de la Frontera
Málaga
Algeciras
Tarifa
GIBRALTAR (Br.)
La Línea
Estr. de Gibraltar
Ceuta (Esp.)
Tánger
Tetuán
MARRUECOS
Golfo de Cádiz
Sa. da Estrêla
Sa. de Gata
Sa. de Gredos
Montes de Toledo
Sierra Morena
Cordillera Cantábrica
Sa. de Monchique
C. de Finisterre
C. da Roca
C. Espichel
C. de Sines
C. de S. Vicente
C. de Trafalgar
Douro
Tejo
Tajo
Guadiana
Guadalquivir
Miño
Mondego
Sado

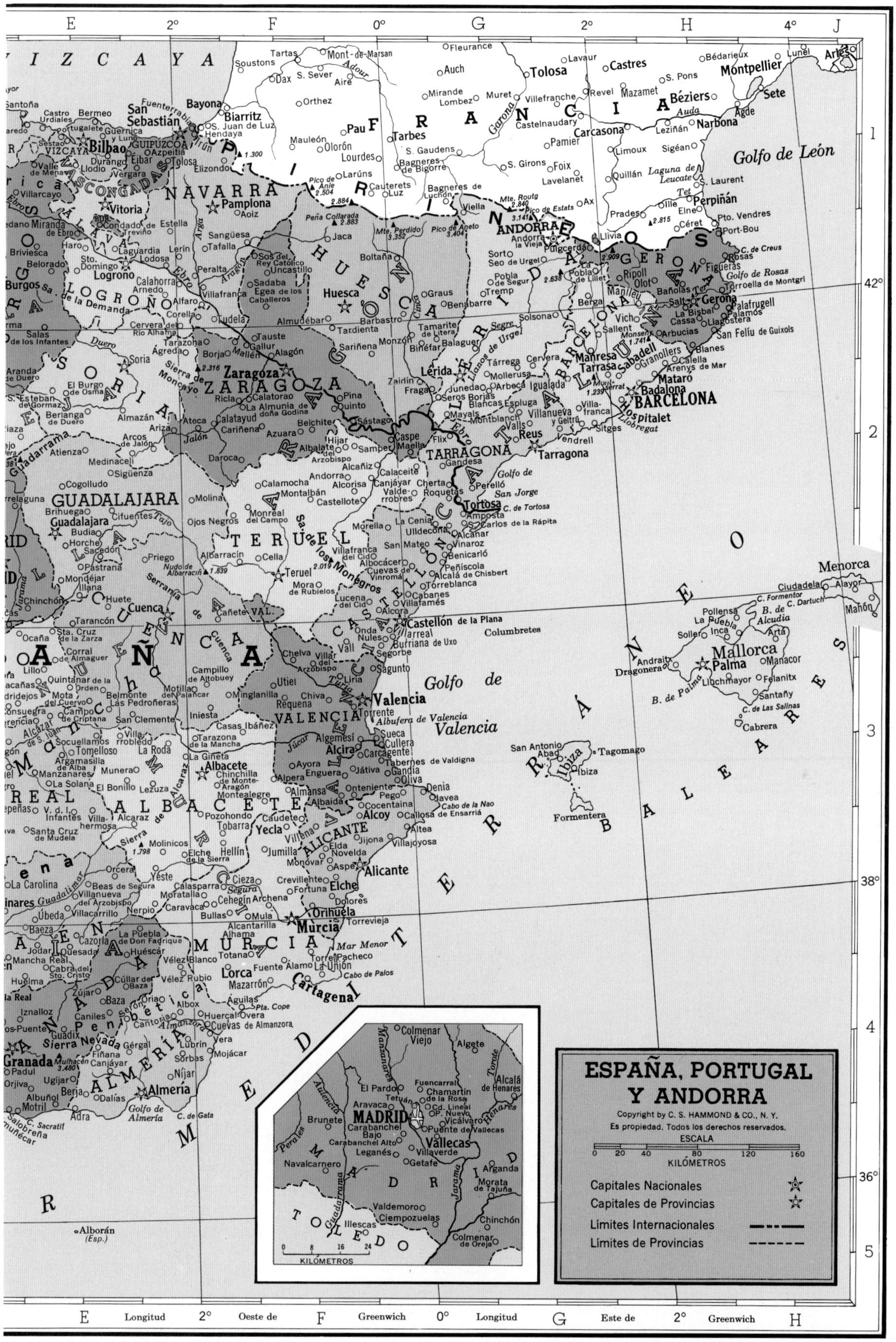
ESPAÑA, PORTUGAL Y ANDORRA
Copyright by C. S. HAMMOND & CO., N. Y.
Es propiedad. Todos los derechos reservados.
ESCALA
0 20 40 80 120 160
KILÓMETROS
Capitales Nacionales
Capitales de Provincias
Límites Internacionales
Límites de Provincias
Longitud
Oeste de
Greenwich
Este de
Golfo de León
Golfo de Valencia
Golfo de Rosas
Golfo de San Jorge
Golfo de Almería
Menorca
Mallorca
Ibiza
Formentera
Cabrera
Columbretes
Alborán (Esp.)
MADRID
BARCELONA
Valencia
Zaragoza
Bilbao
San Sebastián
Pamplona
Vitoria
Logroño
Burgos
Soria
Huesca
Lérida
Gerona
Tarragona
Castellón de la Plana
Teruel
Cuenca
Guadalajara
Albacete
Alicante
Murcia
Cartagena
Almería
Granada
Palma
ANDORRA
Tolosa
Montpellier
Béziers
Narbona
Carcasona
Perpiñán
Bayona
Pau
Tarbes
Vallecas
Colmenar Viejo
El Pardo
Chamartín de la Rosa
Carabanchel Bajo
Carabanchel Alto
Getafe
Villaverde
Leganés
Navalcarnero
Valdemoro
Ciempozuelas
Illescas
Chinchón
Colmenar de Oreja
Arganda
Alcalá de Henares
Morata de Tajuña
KILÓMETROS

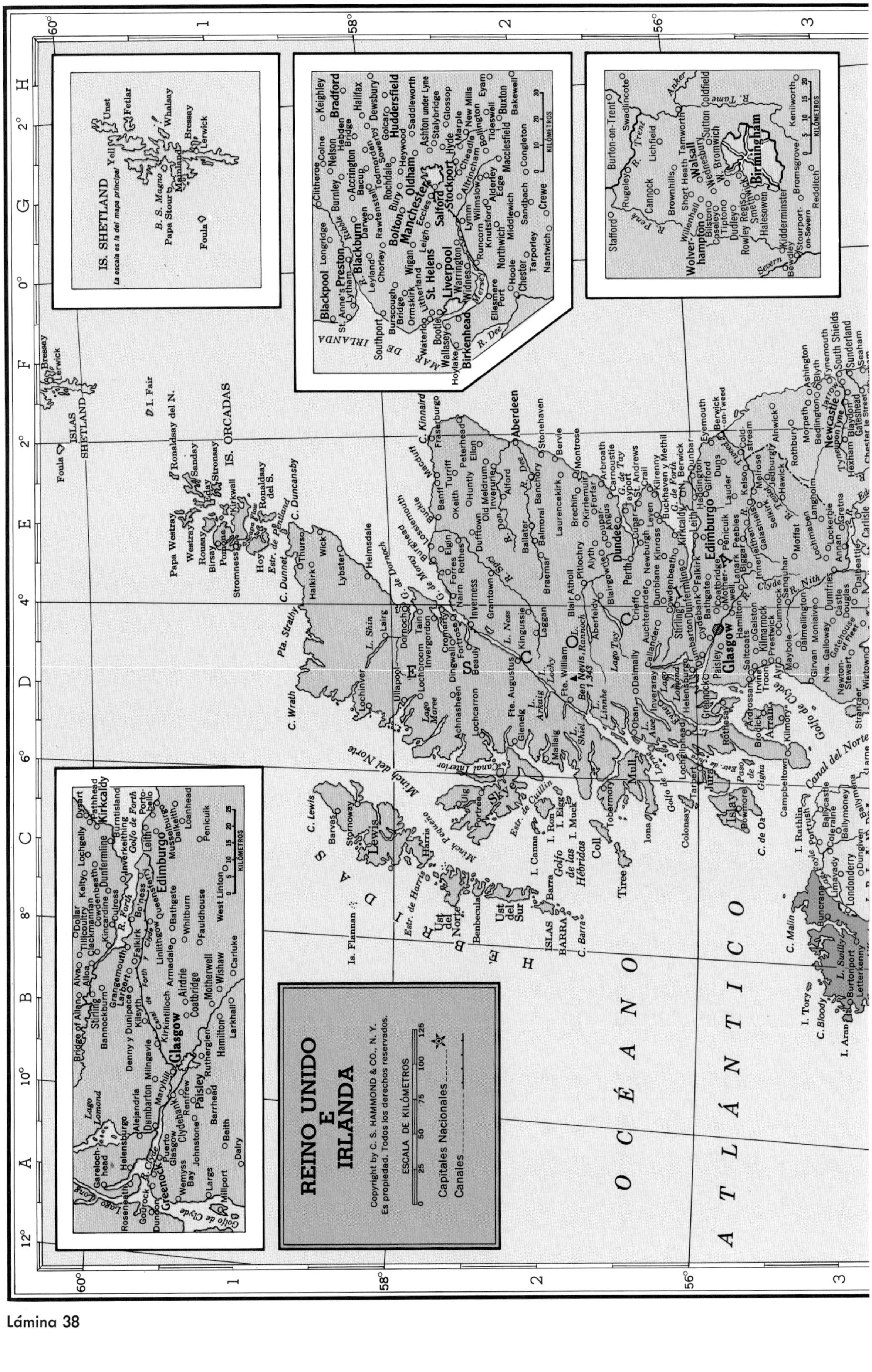

REINO UNIDO E IRLANDA
Copyright by C. S. HAMMOND & CO., N. Y.
Es propiedad. Todos los derechos reservados.
ESCALA DE KILÓMETROS
0 25 50 75 100 125
Capitales Nacionales
Canales
IS. SHETLAND
La escala es la del mapa principal
OCÉANO ATLÁNTICO
HÉBRIDAS
IS. ORCADAS
ISLAS SHETLAND
Edimburgo
Glasgow
Aberdeen
Dundee
Inverness
Liverpool
Manchester
Birmingham
Newcastle

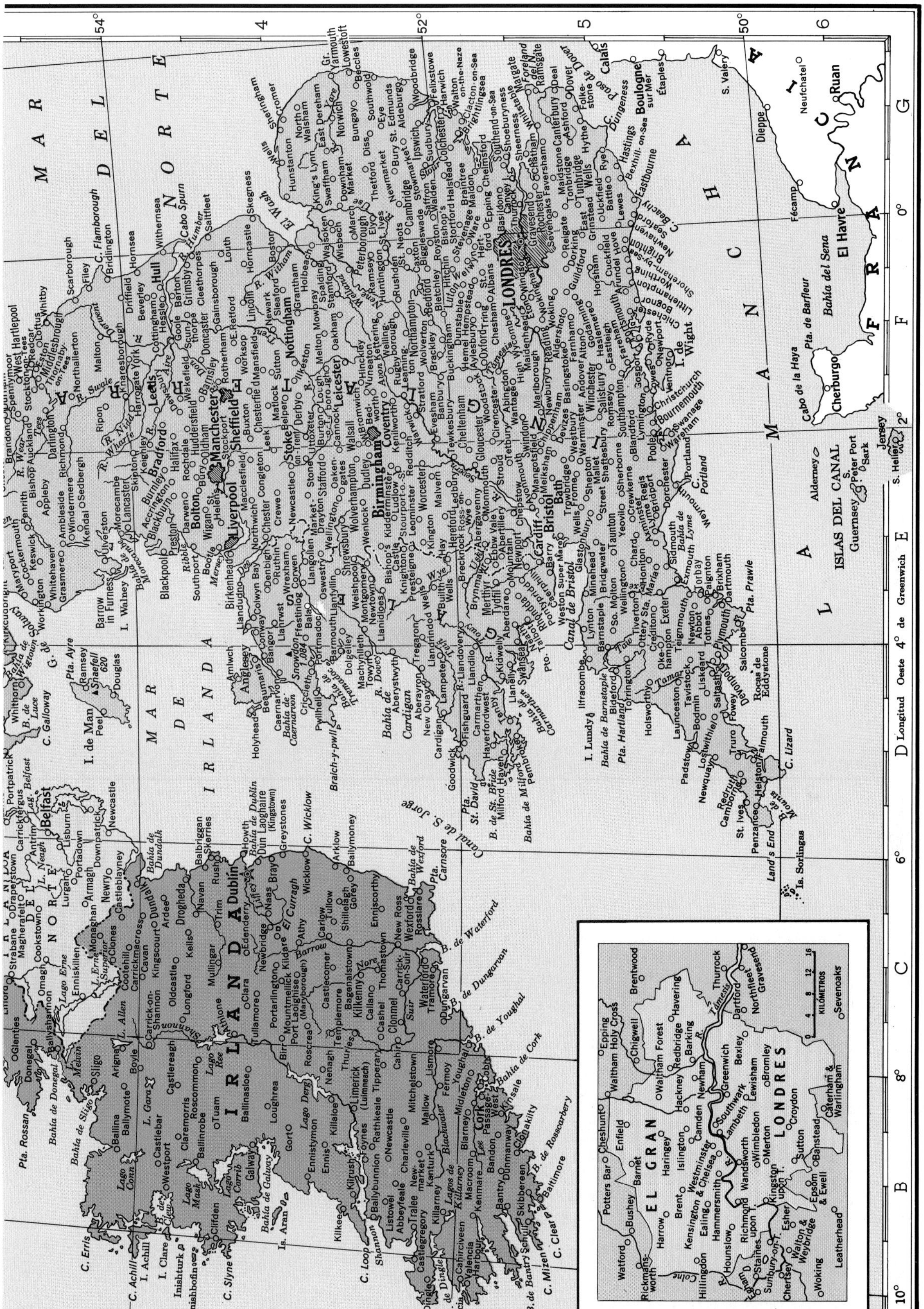
MAR DEL NORTE
MAR DE IRLANDA
IRLANDA
IRLANDA DEL NORTE
LONDRES
Dublin
Belfast
Liverpool
Manchester
Sheffield
Birmingham
Leeds
Bristol
Cardiff
Nottingham
Leicester
Coventry
Hull
Cork
Limerick
Galway
I. de Man
I. de Wight
ISLAS DEL CANAL
Jersey
Guernsey
Alderney
Canal de S. Jorge
Canal de Bristol
Paso de Dover
Bahía del Sena
El Havre
Cherburgo
Calais
Boulogne
Dieppe
Ruan
Longitud Oeste de Greenwich
EL GRAN LONDRES

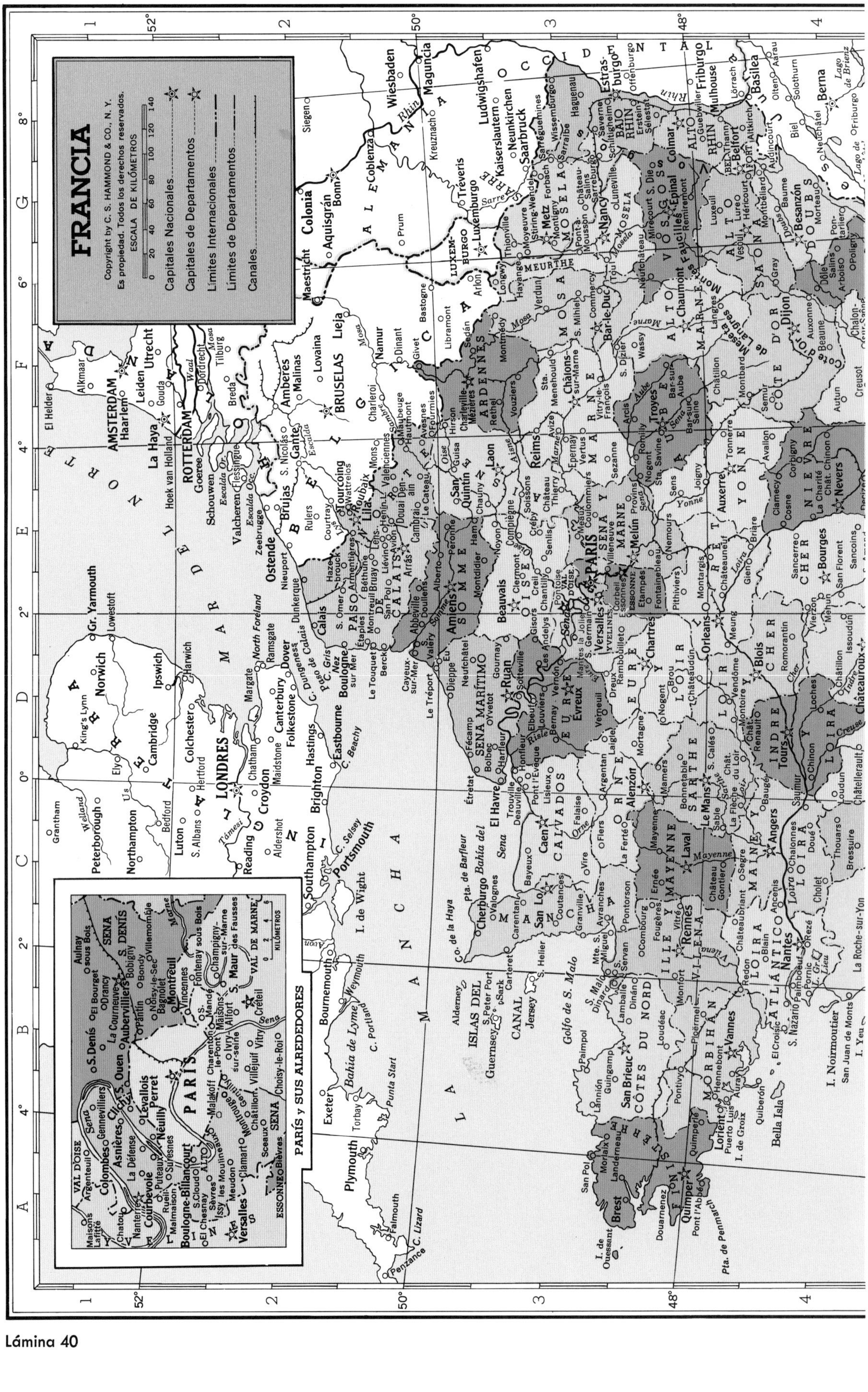

FRANCIA
Copyright by C. S. HAMMOND & CO., N. Y.
Es propiedad. Todos los derechos reservados.
ESCALA DE KILÓMETROS
0 20 40 60 80 100 120 140
Capitales Nacionales
Capitales de Departamentos
Límites Internacionales
Límites de Departamentos
Canales
PARÍS y SUS ALREDEDORES
MAR DEL NORTE
LA MANCHA
AMSTERDAM
LA HAYA
ROTTERDAM
BRUSELAS
LONDRES
PARÍS
LUXEMBURGO

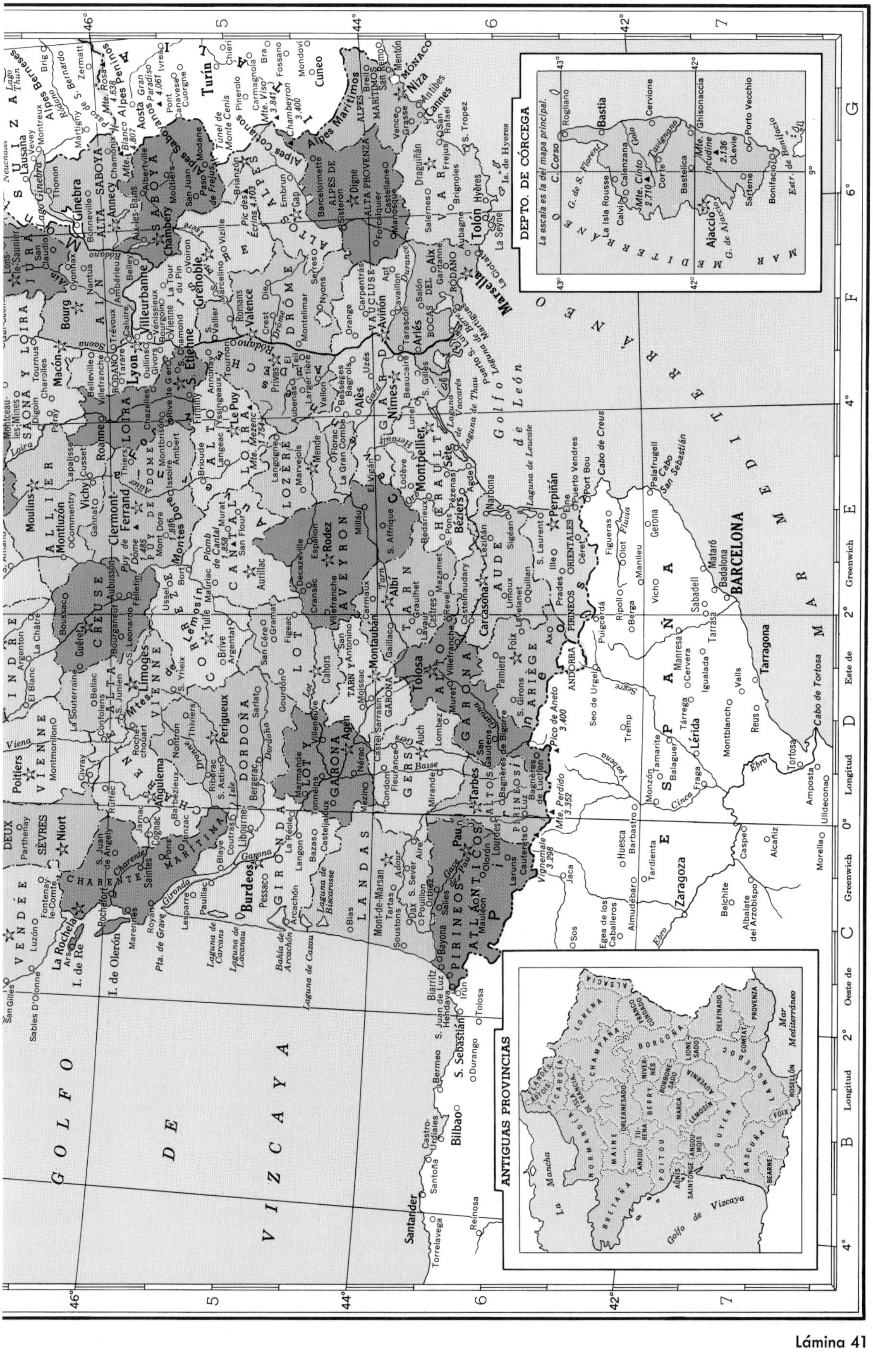
GOLFO DE VIZCAYA
MAR MEDITERRÁNEO
Golfo de León
SUIZA
ITALIA
ESPAÑA
ANDORRA
MÓNACO
PIRINEOS
Alpes Marítimos
Alpes Cotianos
Alpes Saboyanos
Alpes Peninos
Alpes Berneses
Burdeos
Tolosa
Marsella
Lyon
Montpellier
Perpiñán
Niza
Grenoble
Limoges
Clermont-Ferrand
Ginebra
Turín
BARCELONA
Zaragoza
Bilbao
Santander
S. Sebastián
Tarragona
Lérida
Tortosa
Cabo de Creus
Cabo de Tortosa
Greenwich
Longitud Oeste de Greenwich
Longitud Este de Greenwich
DEPTO. DE CÓRCEGA
La escala es la del mapa principal.
Bastia
Ajaccio
Corte
Bonifacio
Porto Vecchio
ANTIGUAS PROVINCIAS
La Mancha
Golfo de Vizcaya
Mar Mediterráneo
BRETAÑA
NORMANDÍA
PICARDÍA
ARTOIS
CHAMPAÑA
LORENA
ALSACIA
BORGOÑA
FRANCO CONDADO
DELFINADO
PROVENZA
LANGUEDOC
GUYENA
GASCUÑA
BEARNE
FOIX
ROSELLÓN
AUVERNIA
LIMOSÍN
POITOU
ANJOU
MAINE
ORLEANESADO
BERRY
NIVERNÉS
BORBONESADO
LIONESADO
MARCA
SAINTONGE
ANGOUMOIS
AUNIS
TURENA
ISLA DE FRANCIA

Lámina 41

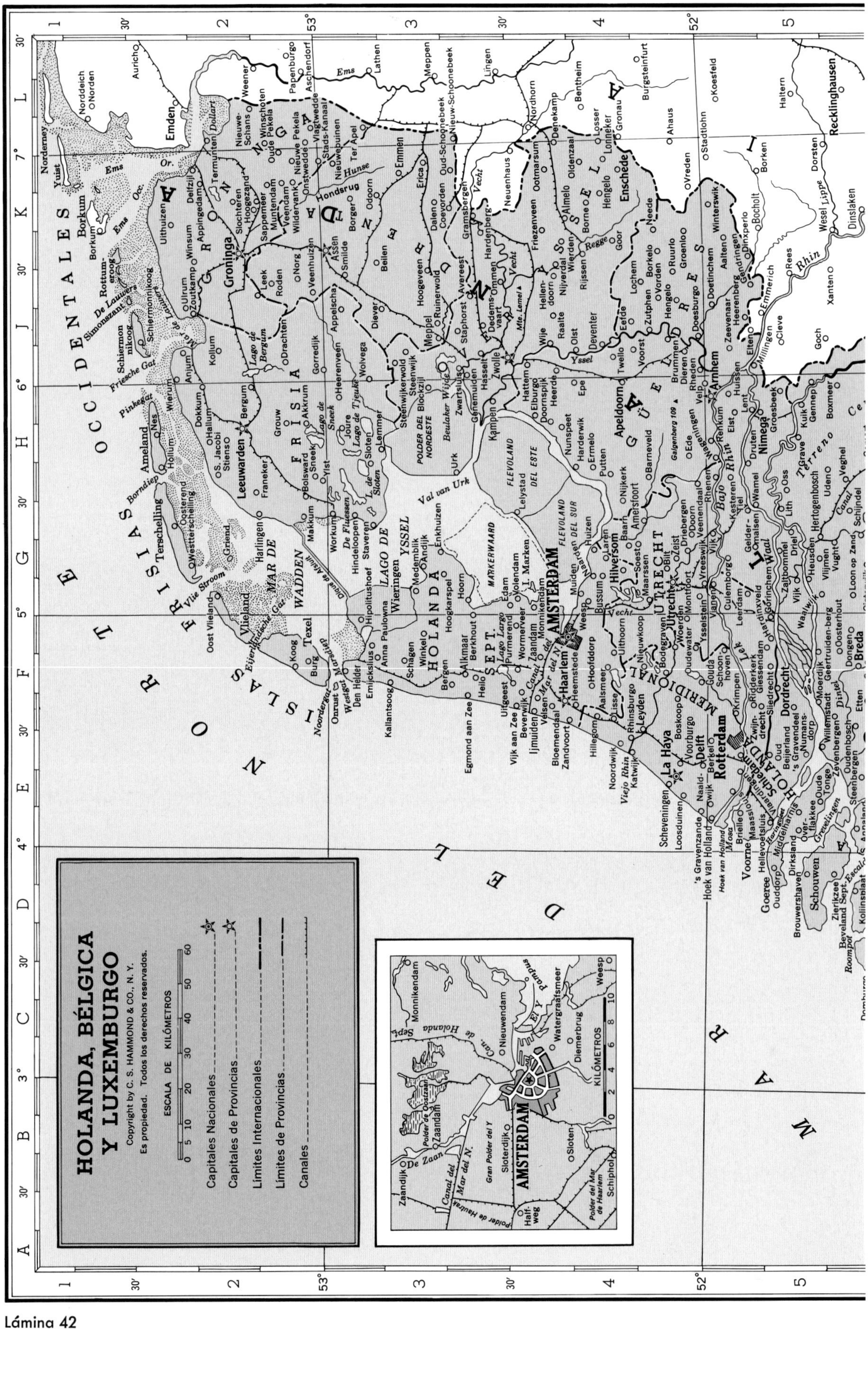
HOLANDA, BÉLGICA
Y LUXEMBURGO
Copyright by C. S. HAMMOND & CO., N. Y.
Es propiedad. Todos los derechos reservados.
ESCALA DE KILÓMETROS
0 5 10 20 30 40 50 60
Capitales Nacionales
Capitales de Provincias
Límites Internacionales
Límites de Provincias
Canales
MAR DEL NORTE
ISLAS FRISIAS OCCIDENTALES
MAR DE WADDEN
LAGO DE YSSEL
AMSTERDAM
Rotterdam
La Haya
Utrecht
Haarlem
Leeuwarden
Groninga
Arnhem
Nimega
Dordrecht
Delft
Leyden
Apeldoorn
Hilversum
Texel
Vlieland
Terschelling
Ameland
Borkum
Emden
FLEVOLAND
POLDER DEL NORDESTE
MARKERWAARD
KILÓMETROS
0 2 4 6 8 10

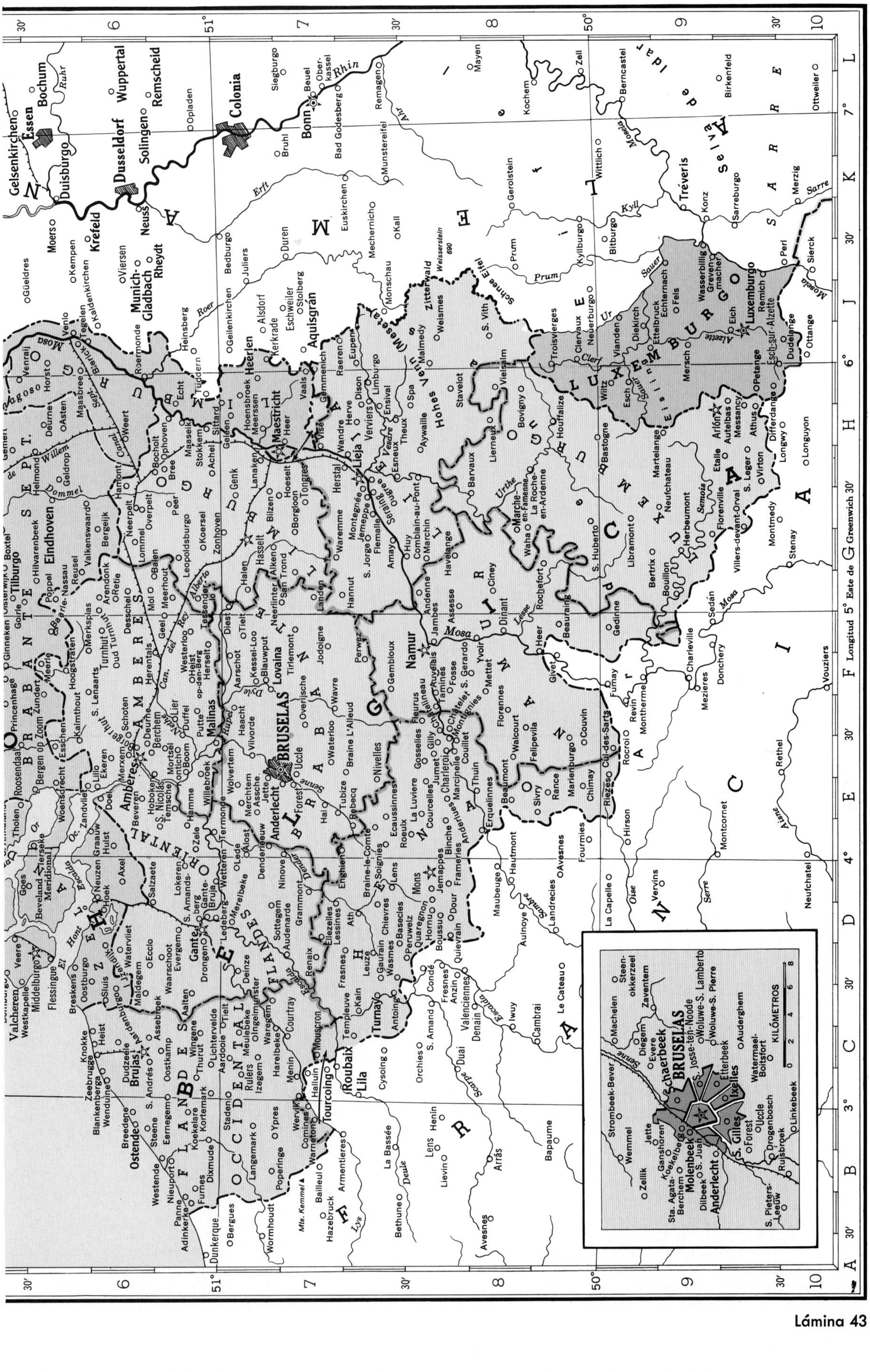
BRUSELAS
Amberes
Gante
Brujas
Lieja
Namur
Malinas
Lovaina
Maestricht
Aquisgrán
Colonia
Dusseldorf
Essen
Luxemburgo
Tréveris
Lila
Roubaix
Tourcoing
Mons
Charleroi
Ostende
Eindhoven
Tilburgo
Dunkerque
FLANDES OCCIDENTAL
FLANDES ORIENTAL
AMBERES
BRABANTE
LIMBURGO
LIEJA
NAMUR
LUXEMBURGO
HAINAUT
ALEMANIA
FRANCIA
Mosa
Rhin
Mosela
Sambre
Escalda
Lys
Ardenas
Eifel
Longitud 5° Este de Greenwich 30'
KILÓMETROS

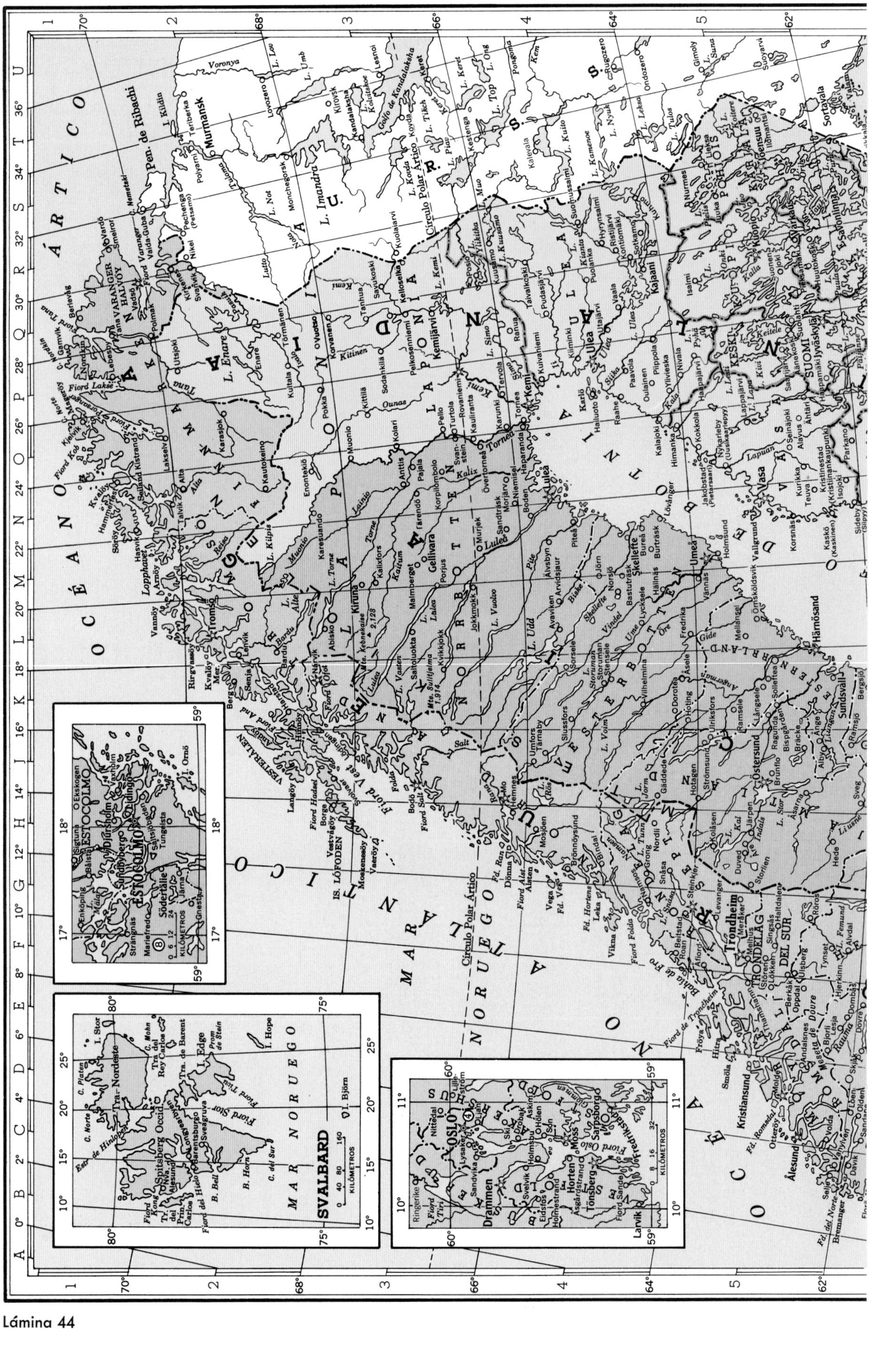

OCÉANO ÁRTICO
MAR NORUEGO
GOLFO DE BOTNIA
LAPONIA
NORRBOTTEN
VÄSTERBOTTEN
NORRLAND
JÄMTLAND
TRONDELAG DEL SUR
SUOMI
U. R. S. S.
Murmansk
Pen. de Ribachi
Círculo Polar Ártico
Tromsö
Narvik
Kiruna
Gellivara
Luleå
Umeå
Skellefteå
Vasa
Uleå
Kajaani
Kemi
Tornea
Hammerfest
Vardö
Vadsö
Bodö
Trondheim
Östersund
Sundsvall
Härnösand
Kristiansund
Ålesund
IS. LÓFODEN
VESTERÅLEN
Kandalaksha
L. Imandra
L. Enare
L. Kilpis
Mte. Kebnekaise
ESTOCOLMO
Södertälje
KILÓMETROS
SVALBARD
Spitsbergen Occid.
Tra. Nordeste
I. Edge
I. Hope
I. Björn
OSLO
Drammen
Moss
Sarpsborg
Fredrikstad
Horten
Tönsberg
Larvik

Lámina 44

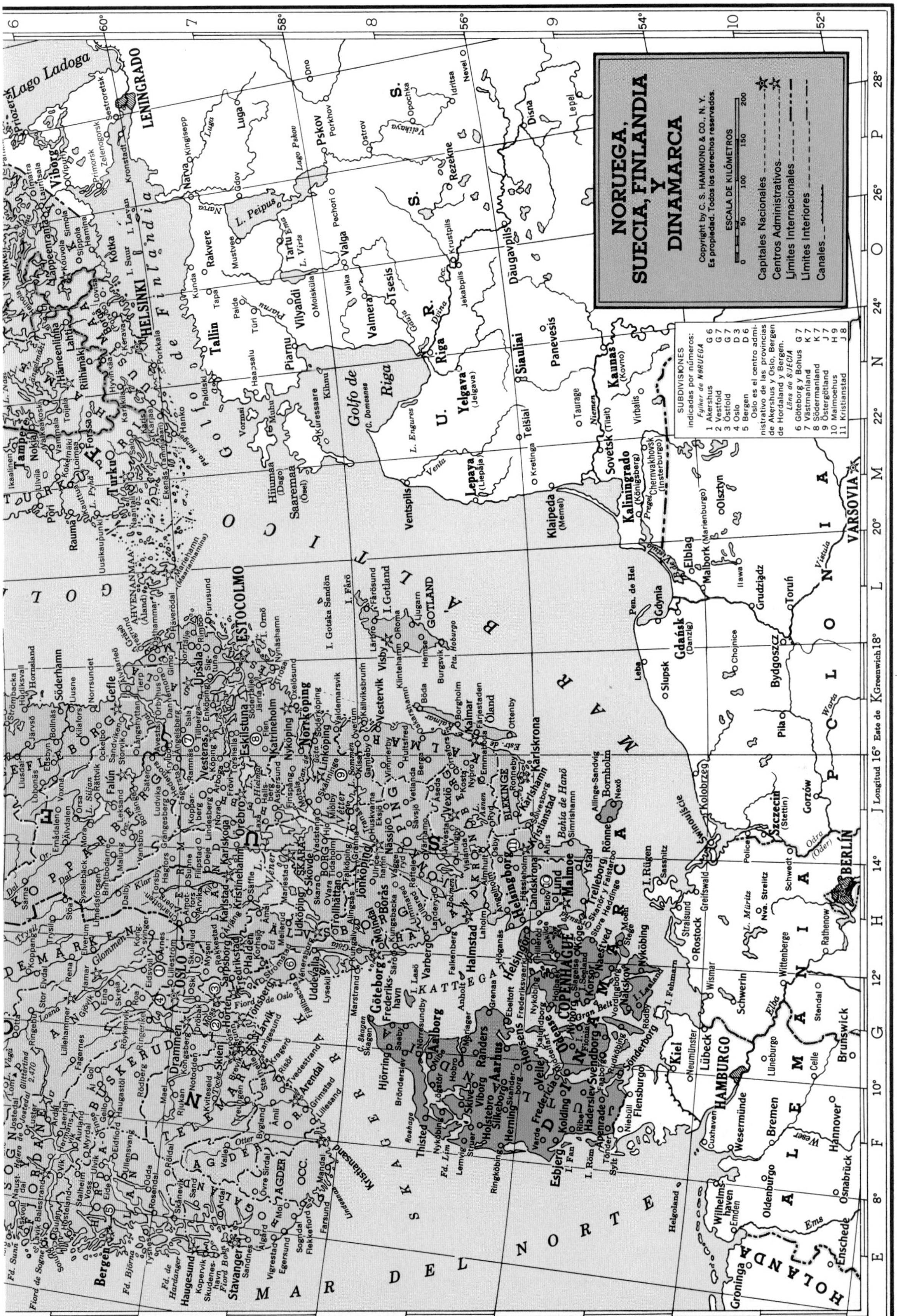
NORUEGA, SUECIA, FINLANDIA Y DINAMARCA
Copyright by C. S. HAMMOND & CO., N. Y.
Es propiedad. Todos los derechos reservados.
ESCALA DE KILÓMETROS
0 50 100 150 200
Capitales Nacionales
Centros Administrativos
Límites Internacionales
Límites Interiores
Canales
SUBDIVISIONES
indicadas por números:
Fylker de NORUEGA
1 Akershus G 6
2 Vestfold G 7
3 Östfold G 7
4 Oslo D 3
5 Bergen D 6
Oslo es el centro administrativo de las provincias de Akershus y Oslo, Bergen de Hordaland y Bergen.
Läns de SUECIA
6 Göteborg y Bohus G 7
7 Västmanland K 7
8 Södermanland K 7
9 Östergötland J 7
10 Malmoehus H 9
11 Kristianstad J 8

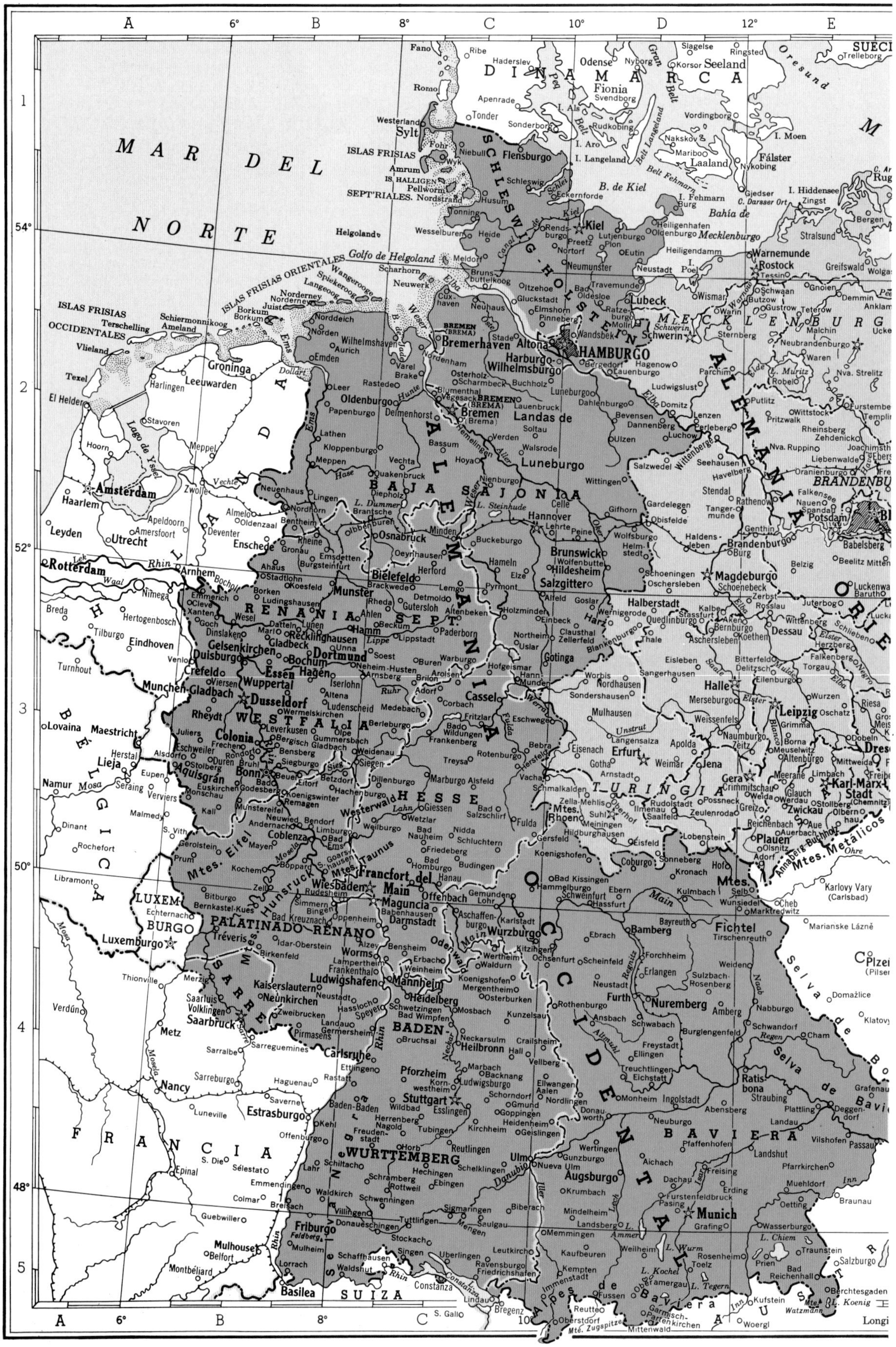

MAR DEL NORTE
DINAMARCA
ALEMANIA OCCIDENTAL
ALEMANIA ORIENTAL
HOLANDA
BÉLGICA
LUXEMBURGO
FRANCIA
SUIZA
SUECIA
BAJA SAJONIA
SCHLESWIG-HOLSTEIN
MECKLENBURGO
RENANIA SEPT.
WESTFALIA
HESSE
TURINGIA
PALATINADO RENANO
SARRE
BADEN
WURTTEMBERG
BAVIERA
BRANDENBURGO
ISLAS FRISIAS
ISLAS FRISIAS ORIENTALES
ISLAS FRISIAS OCCIDENTALES
IS. HALLIGEN
SEPT'RIALES.
Golfo de Helgoland
B. de Kiel
Bahía de Mecklenburgo
Selva de Bohemia
Selva de Baviera
Alpes de Baviera
Mtes. Metálicos
Landas de Luneburgo
HAMBURGO
Bremen
Bremerhaven
Kiel
Lubeck
Flensburgo
Rostock
Schwerin
Hannover
Brunswick
Magdeburgo
Munster
Bielefeld
Dortmund
Essen
Dusseldorf
Colonia
Bonn
Aquisgrán
Francfort del Main
Wiesbaden
Maguncia
Cassel
Gotinga
Halle
Leipzig
Erfurt
Jena
Gera
Karl-Marx-Stadt
Zwickau
Plauen
Nuremberg
Wurzburgo
Mannheim
Heidelberg
Carlsruhe
Stuttgart
Ulm
Augsburgo
Munich
Ratisbona
Friburgo
Basilea
Estrasburgo
Saarbruck
Luxemburgo
Amsterdam
Rotterdam
Utrecht
Groninga
Lieja
Lovaina
Maestricht
Namur
Metz
Nancy
Mulhouse
Constanza
A
B
C
D
E
6°
8°
10°
12°
54°
52°
50°
48°
1
2
3
4
5

Lámina 46

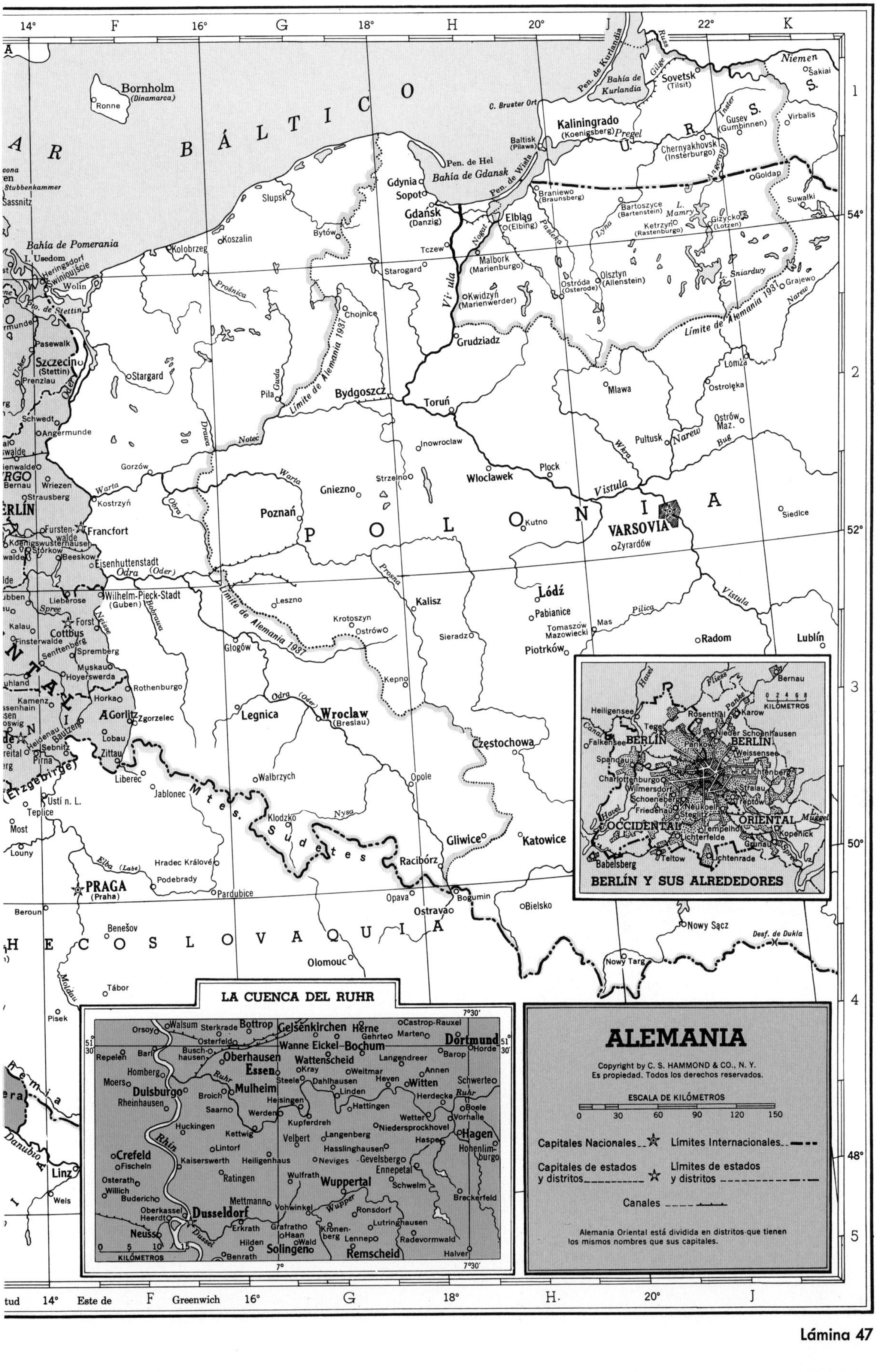

ALEMANIA
Copyright by C. S. HAMMOND & CO., N. Y.
Es propiedad. Todos los derechos reservados.
ESCALA DE KILÓMETROS
0 30 60 90 120 150
Capitales Nacionales
Límites Internacionales
Capitales de estados y distritos
Límites de estados y distritos
Canales
Alemania Oriental está dividida en distritos que tienen los mismos nombres que sus capitales.
LA CUENCA DEL RUHR
BERLÍN Y SUS ALREDEDORES
MAR BÁLTICO
POLONIA
CHECOSLOVAQUIA
U. R. S. S.
Bornholm (Dinamarca)
Ronne
Bahía de Pomerania
Bahía de Gdansk
Pen. de Hel
Bahía de Kurlandia
Pen. de Kurlandia
C. Bruster Ort
Kaliningrado (Koenigsberg)
Baltisk (Pilawa)
Sovetsk (Tilsit)
Chernyakhovsk (Insterburgo)
Gusev (Gumbinnen)
Niemen
Sakiai
Virbalis
Goldap
Suwalki
Gdynia
Sopot
Gdańsk (Danzig)
Slupsk
Koszalin
Kolobrzeg
Bytów
Tczew
Starogard
Elbląg (Elbing)
Braniewo (Braunsberg)
Malbork (Marienburgo)
Kwidzyń (Marienwerder)
Bartoszyce (Bartenstein)
Ketrzyn (Rastenburgo)
Gizycko (Lotzen)
L. Mamry
L. Sniardwy
Olsztyn (Allenstein)
Ostróda (Osterode)
Grajewo
Narew
Límite de Alemania 1937
Chojnice
Grudziadz
Vístula
Szczecin (Stettin)
Pasewalk
Prenzlau
Wolin
Stargard
Pila
Bydgoszcz
Toruń
Lomża
Ostrolęka
Mlawa
Pultusk
Ostrów Maz.
Bug
Noteć
Drawa
Warta
Inowroclaw
Wloclawek
Plock
Gorzów
Kostrzyń
Poznań
Gniezno
Strzelno
Kutno
VARSOVIA
Zyrardów
Siedlce
Francfort
Eisenhuttenstadt
Odra (Oder)
Wilhelm-Pieck-Stadt (Guben)
Leszno
Kalisz
Krotoszyn
Ostrów
Sieradz
Lódź
Pabianice
Tomaszów Mazowiecki
Piotrków
Pilica
Radom
Lublín
Cottbus
Forst
Spremberg
Hoyerswerda
Glogów
Kepno
Rothenburgo
Horka
Gorlitz
Zgorzelec
Lobau
Zittau
Legnica
Wroclaw (Breslau)
Częstochowa
Walbrzych
Opole
Liberec
Jablonec
Mtes. Sudetes
Klodzko
Nysa
Gliwice
Katowice
Racibórz
Opava
Ostrava
Bogumin
Bielsko
Nowy Sącz
Nowy Targ
Desf. de Dukla
Ustí n. L.
Teplice
Most
Louny
Elba (Labe)
Hradec Králové
Podebrady
Pardubice
PRAGA (Praha)
Beroun
Benešov
Olomouc
Tábor
Pisek
Moldau
Linz
Wels
Danubio
Walsum
Sterkrade
Bottrop
Gelsenkirchen
Herne
Castrop-Rauxel
Osterfeld
Wanne Eickel
Bochum
Dortmund
Repelen
Oberhausen
Wattenscheid
Langendreer
Essen
Witten
Schwerte
Duisburgo
Mulheim
Rheinhausen
Hattingen
Werden
Kettwig
Velbert
Hagen
Crefeld
Fischeln
Lintorf
Ratingen
Wuppertal
Mettmann
Dusseldorf
Neuss
Erkrath
Hilden
Solingen
Remscheid
Haan
Benrath
Rhin
Ruhr
Berlín
Spandau
Charlottenburgo
Wilmersdorf
Schoeneberg
Friedenau
Neukoelln
Steglitz
Treptow
Tempelhof
Lichterfelde
Teltow
Lichtenrade
Babelsberg
Pankow
Weissensee
Lichtenberg
Köpenick
Grünau
Heiligensee
Tegel
Rosenthal
Karow
Nieder Schoenhausen
Falkensee
Bernau
OCCIDENTAL
ORIENTAL

ITALIA
Copyright by C. S. HAMMOND & CO., N. Y.
Es propiedad. Todos los derechos reservados.
ESCALA DE KILÓMETROS
0 30 60 90 120 150
Capitales Nacionales
Capitales Regionales
Capitales Provinciales
Límites Internacionales
Límites Regionales
Para fines administrativos Italia está dividida en 20 regiones representadas en colores distintos en el mapa. Las regiones de Friuli-Venecia Giulia, Cerdeña, Sicilia, Trentino-Alto Adigio y Valle de Aosta gozan de autonomía especial.
Las regiones están divididas en provincias cuyos nombres son los mismos que sus capitales respectivas excepto en :
PROVINCIA
IONIO
MASSA-CARRARA
PESARO Y URBINO
CAPITAL
Tarento
Massa
Pesaro

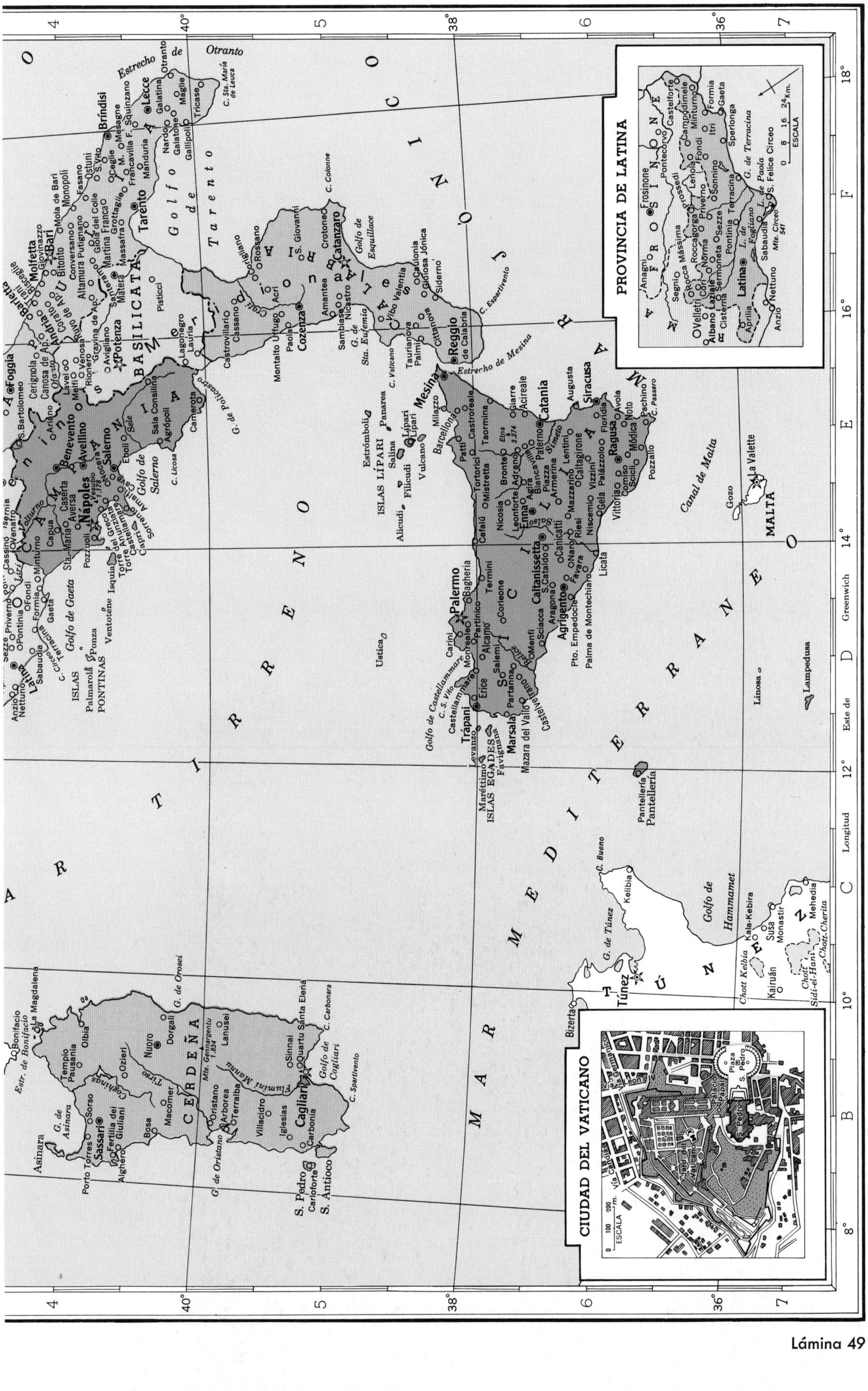
PROVINCIA DE LATINA
CIUDAD DEL VATICANO
MAR TIRRENO
MAR MEDITERRÁNEO
MAR JÓNICO
SICILIA
CERDEÑA
CAMPANIA
BASILICATA
CALABRIA
PUGLIA
TÚNEZ
MALTA
ISLAS LÍPARI
ISLAS EGADES
ISLAS PONTINAS
Canal de Malta
Golfo de Tarento
Golfo de Gaeta
Golfo de Salerno
Golfo de Hammamet
Estrecho de Mesina
Estrecho de Otranto
Palermo
Nápoles
Mesina
Catania
Siracusa
Cagliari
Sassari
Reggio de Calabria
Catanzaro
Cozenza
Bari
Brindisi
Lecce
Tarento
Foggia
Potenza
Túnez
Bizerta
Longitud Este de Greenwich

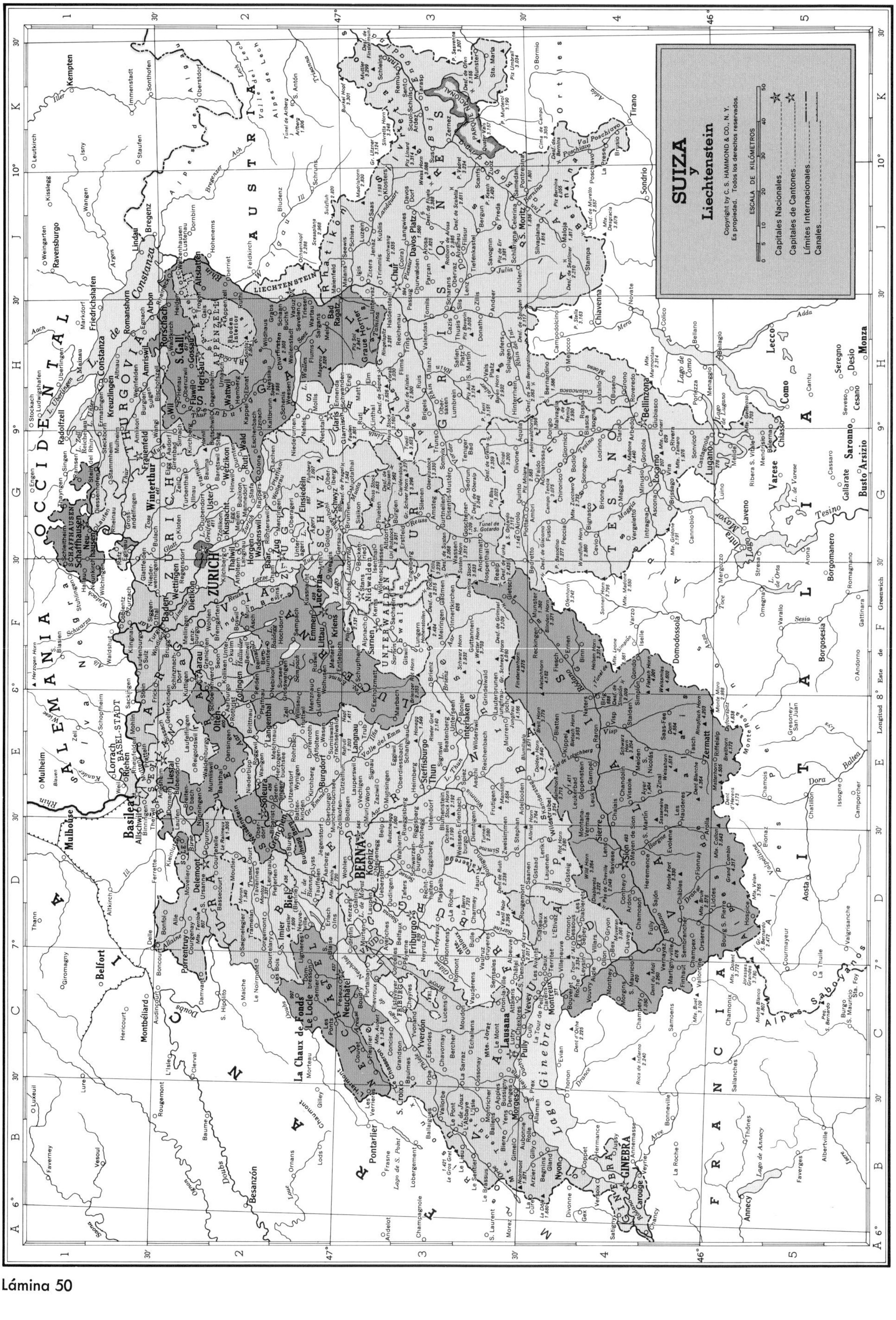
SUIZA
y
Liechtenstein
Copyright by C. S. HAMMOND & CO., N. Y.
Es propiedad. Todos los derechos reservados.
ESCALA DE KILÓMETROS
Capitales Nacionales
Capitales de Cantones
Límites Internacionales
Canales
Longitud 8° Este de Greenwich

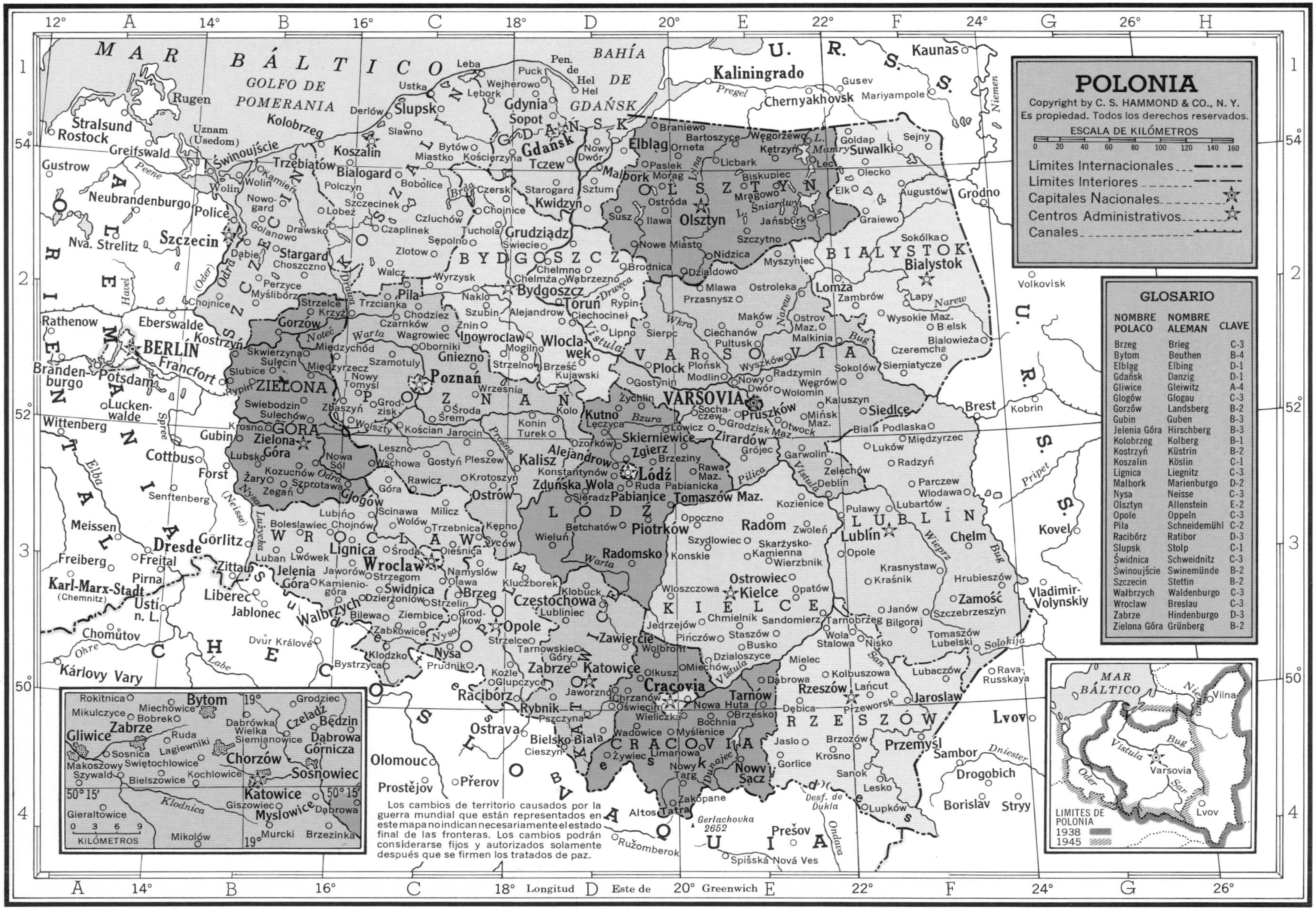
POLONIA
Copyright by C. S. HAMMOND & CO., N. Y.
Es propiedad. Todos los derechos reservados.
ESCALA DE KILÓMETROS
0 20 40 60 80 100 120 140 160
Límites Internacionales
Límites Interiores
Capitales Nacionales
Centros Administrativos
Canales
GLOSARIO
NOMBRE POLACO | NOMBRE ALEMAN | CLAVE
Brzeg Brieg C-3
Bytom Beuthen B-4
Elbląg Elbing D-1
Gdańsk Danzig D-1
Gliwice Gleiwitz A-4
Glogów Glogau C-3
Gorzów Landsberg B-2
Gubin Guben B-3
Jelenia Góra Hirschberg B-3
Kolobrzeg Kolberg B-1
Kostrzyń Küstrin B-2
Koszalin Köslin C-1
Lignica Liegnitz C-3
Malbork Marienburgo D-2
Nysa Neisse C-3
Olsztyn Allenstein E-2
Opole Oppeln C-3
Pila Schneidemühl C-2
Racibórz Ratibor D-3
Slupsk Stolp C-1
Świdnica Schweidnitz C-3
Swinoujście Swinemünde B-2
Szczecin Stettin B-2
Walbrzych Waldenburgo C-3
Wroclaw Breslau C-3
Zabrze Hindenburgo D-3
Zielona Góra Grünberg B-2
LIMITES DE POLONIA
1938
1945
Los cambios de territorio causados por la guerra mundial que están representados en este mapa no indican necesariamente el estado final de las fronteras. Los cambios podrán considerarse fijos y autorizados solamente después que se firmen los tratados de paz.
Longitud Este de Greenwich
KILÓMETROS

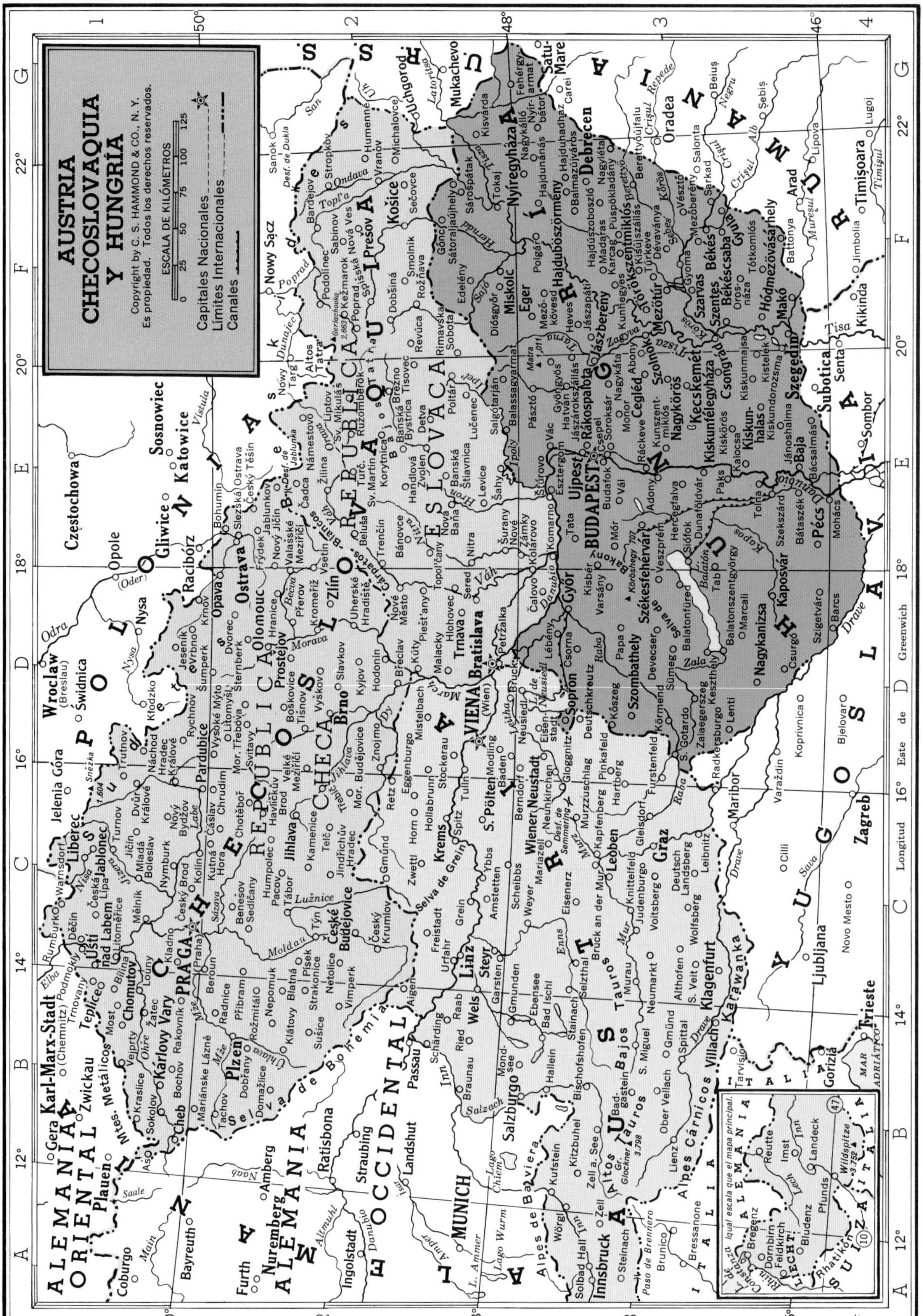

AUSTRIA
CHECOSLOVAQUIA
Y HUNGRÍA
Copyright by C. S. HAMMOND & CO., N. Y.
Es propiedad. Todos los derechos reservados.
ESCALA DE KILÓMETROS
0 25 50 75 100 125
Capitales Nacionales
Límites Internacionales
Canales
ALEMANIA ORIENTAL
ALEMANIA OCCIDENTAL
POLONIA
REPÚBLICA CHECA
REPÚBLICA ESLOVACA
AUSTRIA
HUNGRÍA
RUMANIA
YUGOSLAVIA
ITALIA
SUIZA
U.R.S.S.
VIENA (Wien)
PRAGA (Praha)
BUDAPEST
Bratislava
Brno
Ostrava
Košice
Graz
Linz
Salzburgo
Innsbruck
Klagenfurt
Debrecen
Szeged
Miskolc
Pécs
Győr
MUNICH
Nuremberg
Wroclaw (Breslau)
Katowice
Zagreb
Ljubljana
Trieste
Timișoara
Oradea
Arad
Danubio
Tisa
Drave
Balatón
MAR ADRIÁTICO
Longitud 16° Este de Greenwich
Igual escala que el mapa principal.

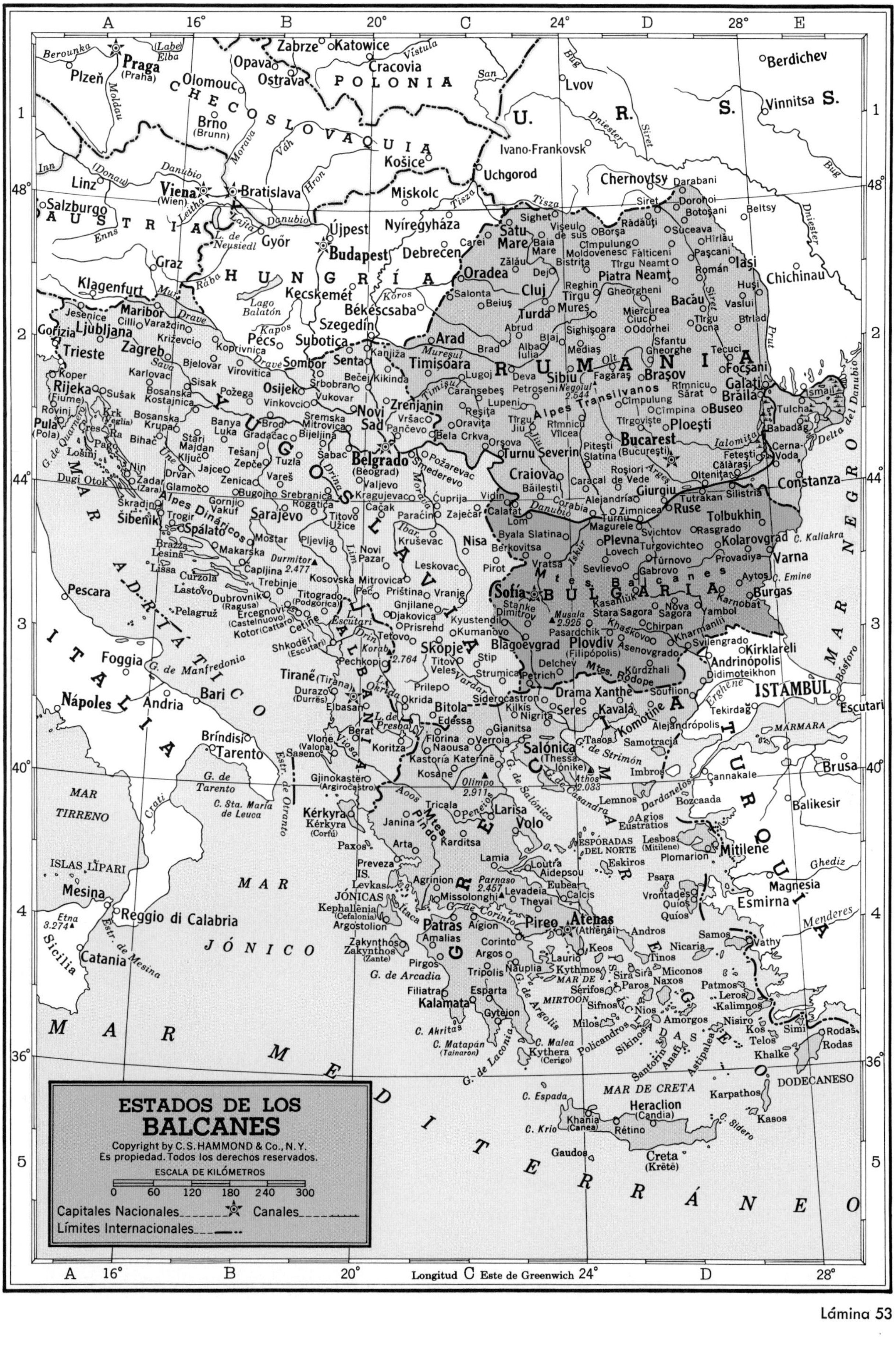
ESTADOS DE LOS
BALCANES
Copyright by C. S. HAMMOND & Co., N. Y.
Es propiedad. Todos los derechos reservados.
ESCALA DE KILÓMETROS
0 60 120 180 240 300
Capitales Nacionales
Canales
Límites Internacionales
Longitud C Este de Greenwich 24°
A 16° B 20° C 24° D 28° E
48° 44° 40° 36°
POLONIA
CHECOSLOVAQUIA
U. R. S. S.
AUSTRIA
HUNGRÍA
RUMANIA
YUGOSLAVIA
BULGARIA
ALBANIA
GRECIA
TURQUÍA
ITALIA
MAR NEGRO
MAR ADRIÁTICO
MAR TIRRENO
MAR JÓNICO
MAR MEDITERRÁNEO
MAR DE CRETA
MAR EGEO
MÁRMARA
Praga (Praha)
Viena (Wien)
Budapest
Belgrado (Beograd)
Bucarest (Bucureşti)
Sofía
Tiranë (Tirana)
Atenas (Athénai)
ISTAMBUL
Zabrze
Katowice
Cracovia
Berdichev
Lvov
Vinnitsa
Olomouc
Opava
Ostrava
Brno (Brunn)
Košice
Ivano-Frankovsk
Uchgorod
Chernovtsy
Linz
Salzburgo
Bratislava
Miskolc
Nyíregyháza
Debrecen
Újpest
Győr
Graz
Klagenfurt
Kecskemét
Békéscsaba
Szegedín
Oradea
Cluj
Iaşi
Chichinau
Satu Mare
Bacău
Maribor
Ljubljana
Zagreb
Trieste
Gorizia
Rijeka (Fiume)
Pula (Pola)
Pécs
Subotica
Sombor
Senta
Arad
Timişoara
Osijek
Novi Sad
Zrenjanin
Sibiu
Braşov
Galaţi
Brăila
Buseo
Ploeşti
Constanza
Craiova
Turnu Severin
Giurgiu
Ruse
Tolbukhin
Varna
Plevna
Kolarovgrad
Burgas
Plovdiv (Filipópolis)
Sarajevo
Spálato
Šibenik
Mostar
Dubrovnik (Ragusa)
Nisa
Skopje
Bitola
Salónica (Thessalónike)
Kavala
Andrinópolis
Kirklareli
Brusa
Larisa
Volo
Patras
Pireo
Kérkyra (Corfú)
Kalamata
Heraclion (Candia)
Creta (Krētē)
Esmirna
Mitilene
Foggia
Bari
Nápoles
Andria
Bríndisi
Tarento
Pescara
Mesina
Reggio di Calabria
Catania
Sicilia
Rodas
Danubio
Vístula
Dniester
Prut
Tisza
Drave
Sava
Morava
DODECANESO
C. Matapán (Tainaron)
G. de Tarento
Estr. de Otranto
Estr. de Mesina

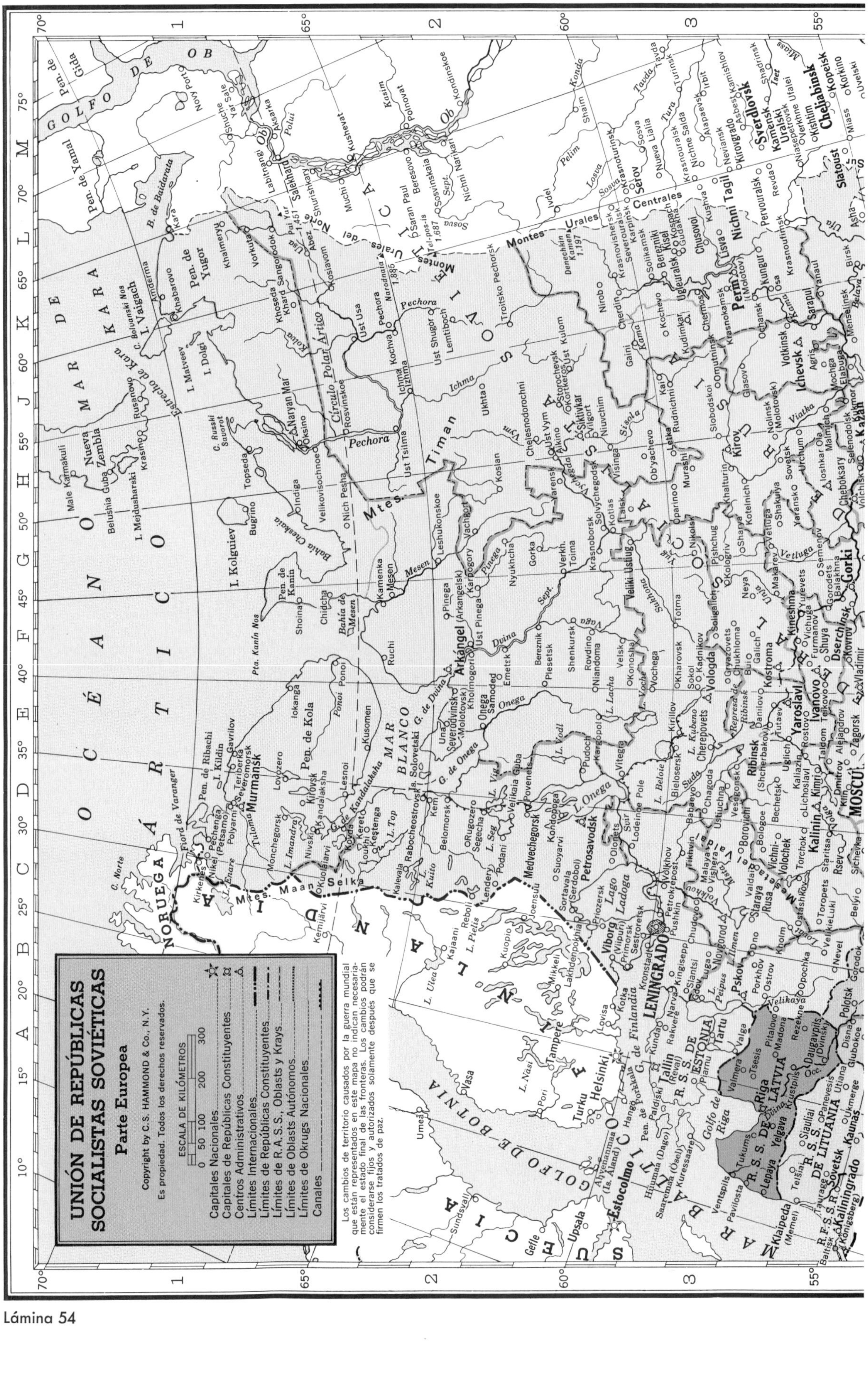
UNIÓN DE REPÚBLICAS SOCIALISTAS SOVIÉTICAS
Parte Europea
Copyright by C.S. HAMMOND & Co., N.Y.
Es propiedad. Todos los derechos reservados.
ESCALA DE KILÓMETROS
0 50 100 200 300
Capitales Nacionales
Capitales de Repúblicas Constituyentes
Centros Administrativos
Límites Internacionales
Límites de Repúblicas Constituyentes
Límites de R.A.S.S., Oblasts y Krays
Límites de Oblasts Autónomos
Límites de Okrugs Nacionales
Canales
Los cambios de territorio causados por la guerra mundial que están representados en este mapa no indican necesariamente el estado final de las fronteras. Los cambios podrán considerarse fijos y autorizados solamente después que se firmen los tratados de paz.

Lámina 54

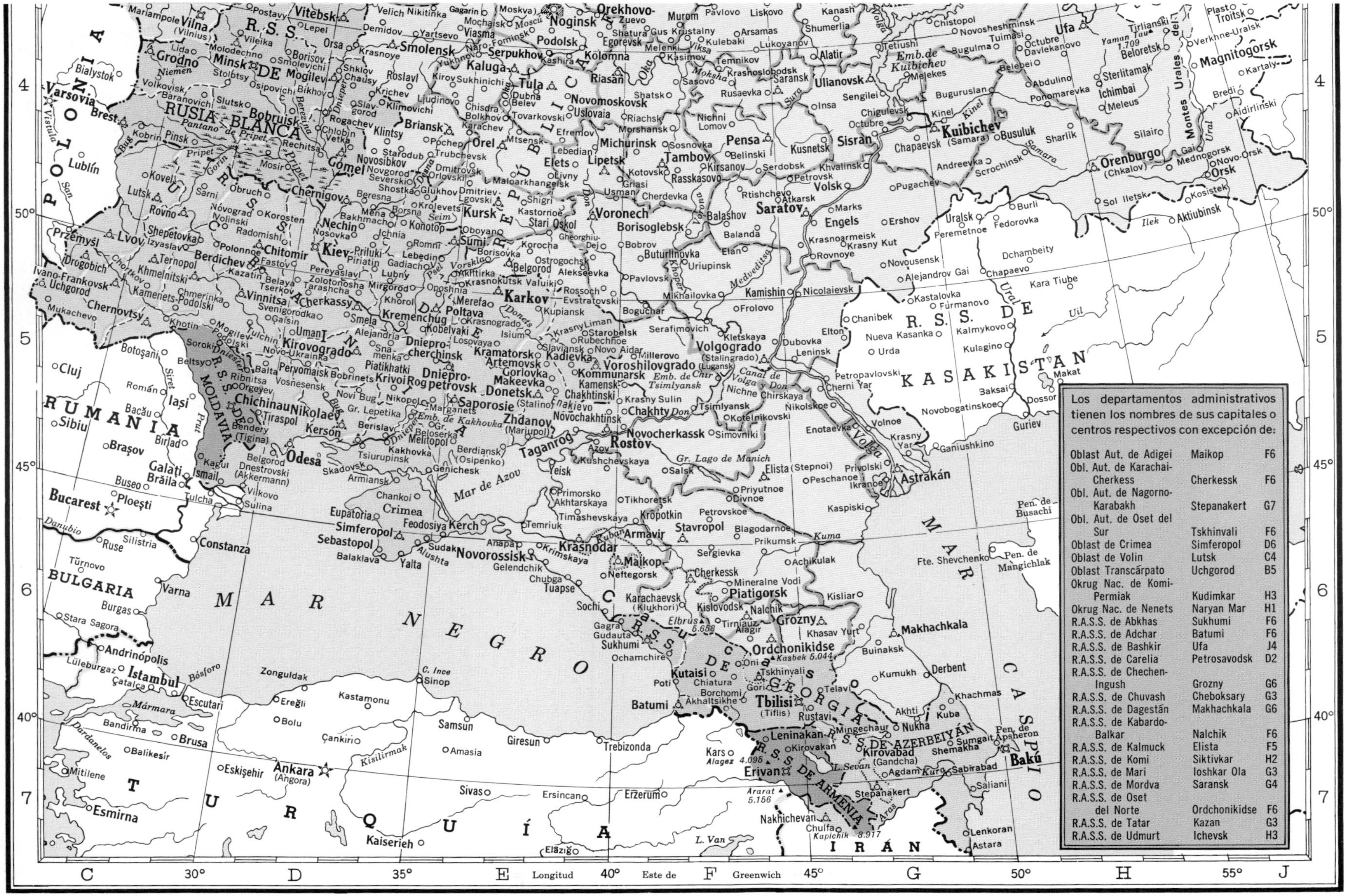
Los departamentos administrativos tienen los nombres de sus capitales o centros respectivos con excepción de:
Oblast Aut. de Adigei — Maikop — F6
Obl. Aut. de Karachai-Cherkess — Cherkessk — F6
Obl. Aut. de Nagorno-Karabakh — Stepanakert — G7
Obl. Aut. de Oset del Sur — Tskhinvali — F6
Oblast de Crimea — Simferopol — D6
Oblast de Volin — Lutsk — C4
Oblast Transcárpato — Uchgorod — B5
Okrug Nac. de Komi-Permiak — Kudimkar — H3
Okrug Nac. de Nenets — Naryan Mar — H1
R.A.S.S. de Abkhas — Sukhumi — F6
R.A.S.S. de Adchar — Batumi — F6
R.A.S.S. de Bashkir — Ufa — J4
R.A.S.S. de Carelia — Petrosavodsk — D2
R.A.S.S. de Chechen-Ingush — Grozny — G6
R.A.S.S. de Chuvash — Cheboksary — G3
R.A.S.S. de Dagestán — Makhachkala — G6
R.A.S.S. de Kabardo-Balkar — Nalchik — F6
R.A.S.S. de Kalmuck — Elista — F5
R.A.S.S. de Komi — Siktivkar — H2
R.A.S.S. de Mari — Ioshkar Ola — G3
R.A.S.S. de Mordva — Saransk — G4
R.A.S.S. de Oset del Norte — Ordchonikidse — F6
R.A.S.S. de Tatar — Kazan — G3
R.A.S.S. de Udmurt — Ichevsk — H3
MAR NEGRO
MAR CASPIO
Mar de Azov
RUMANIA
BULGARIA
TURQUÍA
IRÁN
POLONIA
RUSIA BLANCA
R.S.S. DE KASAKISTÁN
R.S.S. DE GEORGIA
R.S.S. DE ARMENIA
R.S.S. DE AZERBEIYÁN
R.S.S. DE MOLDAVIA
Longitud 40° Este de Greenwich

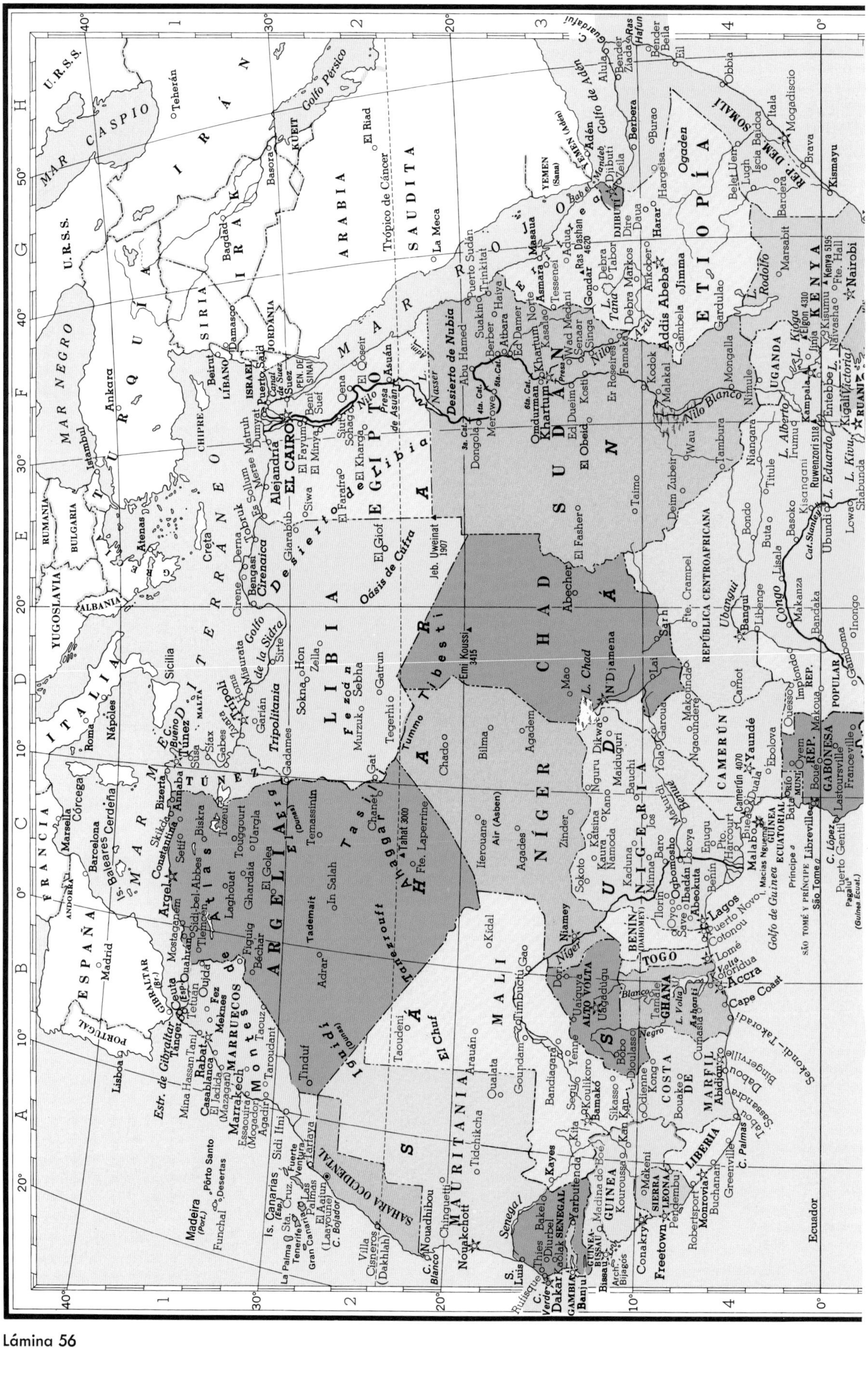

MAR CASPIO
MAR NEGRO
MAR MEDITERRÁNEO
MAR ROJO
Golfo Pérsico
Golfo de Adén
Golfo de Guinea
U.R.S.S.
TURQUÍA
IRÁN
IRAK
SIRIA
LÍBANO
ISRAEL
JORDANIA
KUBEIT
ARABIA SAUDITA
YEMEN
CHIPRE
ESPAÑA
PORTUGAL
FRANCIA
ANDORRA
ITALIA
YUGOSLAVIA
ALBANIA
BULGARIA
RUMANIA
GRECIA
MALTA
MARRUECOS
ARGELIA
TÚNEZ
LIBIA
EGIPTO
SUDÁN
ETIOPÍA
DJIBUTI
REP. DEM. SOMALI
KENYA
UGANDA
RUANDA
CHAD
NÍGER
MALI
MAURITANIA
SAHARA OCCIDENTAL
SENEGAL
GAMBIA
GUINEA-BISSAU
GUINEA
SIERRA LEONA
LIBERIA
COSTA DE MARFIL
ALTO VOLTA
GHANA
TOGO
BENIN (DAHOMEY)
NIGERIA
CAMERÚN
REPÚBLICA CENTROAFRICANA
GUINEA ECUATORIAL
REP. GABONESA
REP. POPULAR DEL CONGO
SÃO TOMÉ Y PRÍNCIPE
SAHARA
Madrid
Lisboa
Roma
Nápoles
Atenas
Ankara
Istambul
Teherán
Bagdad
Damasco
Beirut
EL CAIRO
Alejandría
Trípoli
Túnez
Argel
Rabat
Khartum
Addis Abeba
Nairobi
Mogadiscio
Dakar
Lagos
Accra
Tropico de Cáncer
Ecuador
Lámina 56

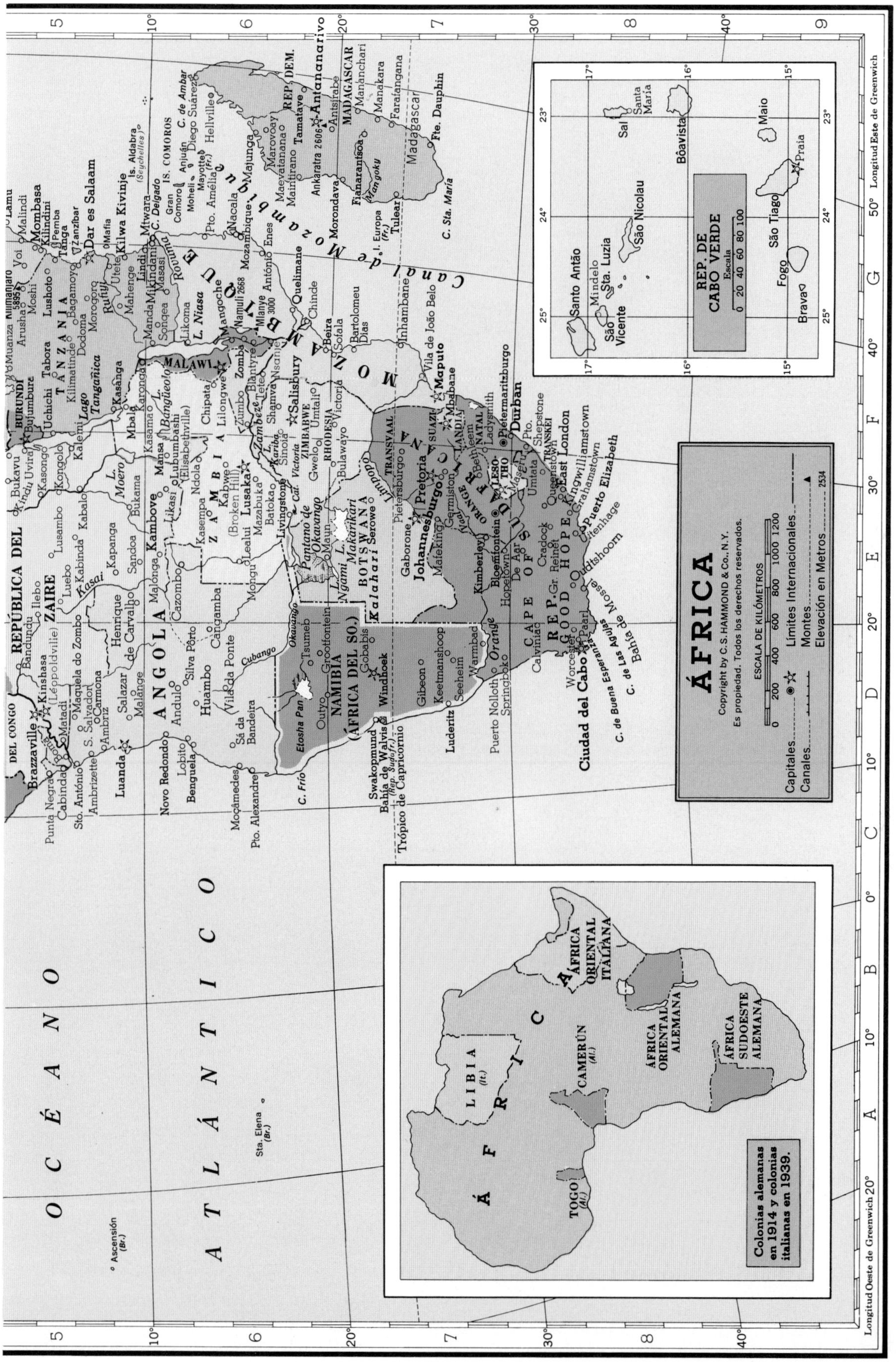
ÁFRICA
Copyright by C.S. HAMMOND & Co., N.Y.
Es propiedad. Todos los derechos reservados.
ESCALA DE KILÓMETROS
0 200 400 600 800 1000 1200
Capitales
Canales
Límites Internacionales
Montes
Elevación en Metros 2534
Colonias alemanas en 1914 y colonias italianas en 1939.
LIBIA (It.)
CAMERÚN (Al.)
TOGO (Al.)
ÁFRICA ORIENTAL ITALIANA
ÁFRICA ORIENTAL ALEMANA
ÁFRICA SUDOESTE ALEMANA
REP. DE CABO VERDE
Escala
0 20 40 60 80 100
Santo Antão
Mindelo
São Vicente
Sta. Luzia
São Nicolau
Sal
Santa Maria
Bôavista
Maio
São Tiago
Praia
Fogo
Brava
OCÉANO ATLÁNTICO
Ascensión (Br.)
Sta. Elena (Br.)
REPÚBLICA DEL ZAIRE
DEL CONGO
Brazzaville
Kinshasa (Léopoldville)
ANGOLA
Luanda
Benguela
Huambo
NAMIBIA (ÁFRICA DEL SO.)
Windhoek
Trópico de Capricornio
BOTSWANA
Gaborone
ZAMBIA
Lusaka
ZIMBABWE RHODESIA
Salisbury
MALAWI
Lilongwe
MOZAMBIQUE
Maputo
TANZANIA
Dar es Salaam
BURUNDI
Bujumbura
Lago Tanganica
L. Niasa
Canal de Mozambique
REP. DEM. MADAGASCAR
Antananarivo
IS. COMOROS
REP. DE SUDÁFRICA
Pretoria
Johannesburgo
Ciudad del Cabo
Durban
Puerto Elizabeth
East London
Bloemfontein
LESOTHO
Maseru
SUAZILANDIA
Mbabane
Kalahari
Okavango
Longitud Oeste de Greenwich
Longitud Este de Greenwich

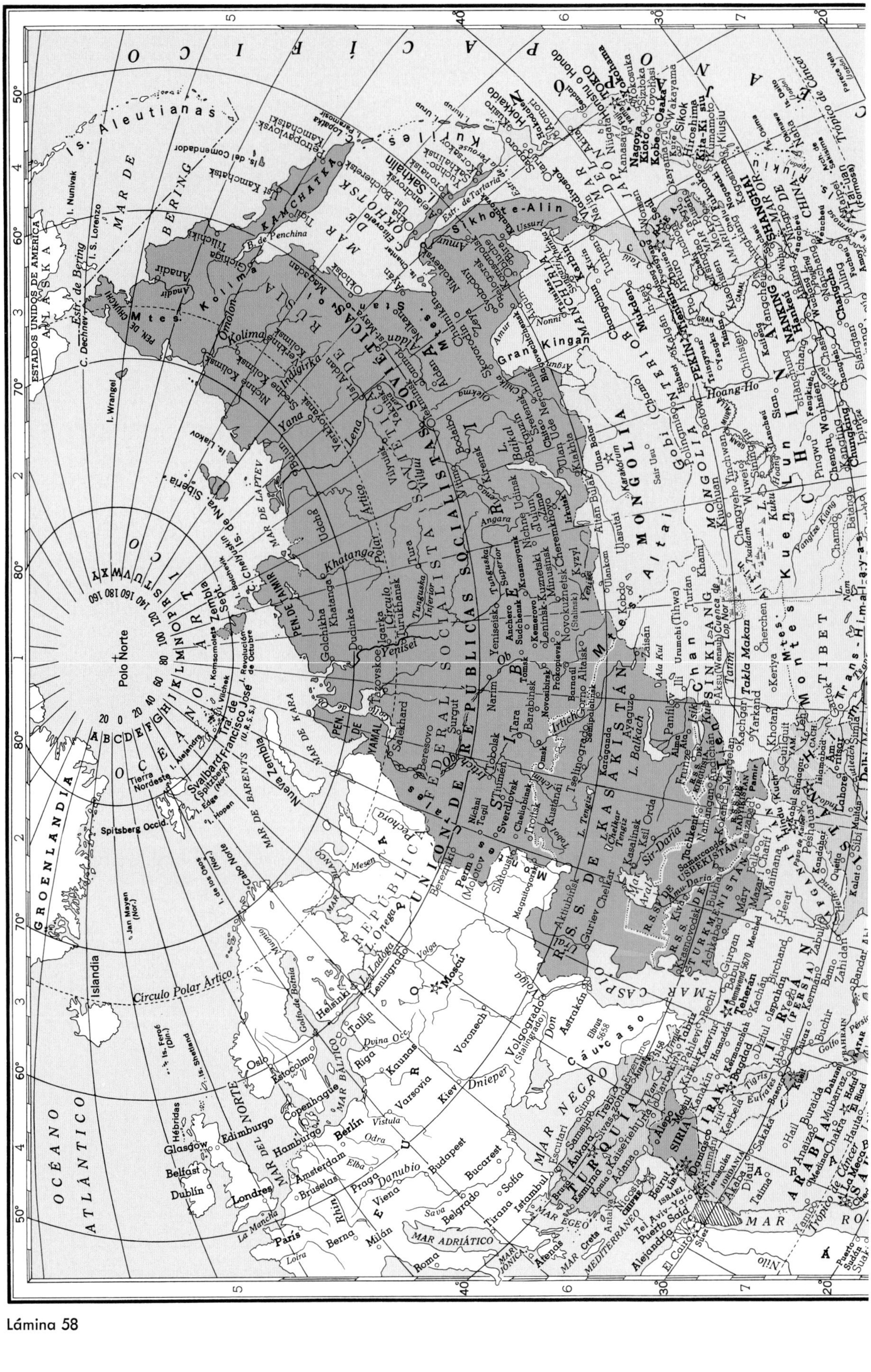
OCÉANO ATLÁNTICO
OCÉANO ÁRTICO
OCÉANO PACÍFICO
Polo Norte
Círculo Polar Ártico
Trópico de Cáncer
GROENLANDIA
Islandia
ESTADOS UNIDOS DE AMÉRICA
ALASKA
MAR DE BERING
Estr. de Bering
Is. Aleutianas
Kamchatka
MAR DE OKHOTSK
Sakhalin
Kuriles
Hokkaido
Honshu
Tokio
Yokohama
Nagoya
Kioto
Osaka
Kobe
Hiroshima
Kiusiu
MAR DEL JAPÓN
Vladivostok
Seúl
Mukden
MANCHURIA
PEKÍN
Tientsin
SHANGHAI
NANKING
Hankeu
Chungking
Chengtu
MONGOLIA
Ulan Bator
Gobi
Altai
SINKIANG
TIBET
Takla Makan
Himalaya
Kuen Lun
UNIÓN DE REPÚBLICAS SOCIALISTAS SOVIÉTICAS
RUSIA
SIBERIA
Yakutsk
Lena
Yenisei
Ob
Irtich
Novosibirsk
Omsk
Sverdlovsk
Perm
Tobolsk
Krasnoyarsk
Irkutsk
L. Baikal
MAR DE LAPTEV
MAR DE KARA
MAR DE BARENTS
Nueva Zembla
Tierra de Francisco José
Svalbard (Spitzberg)
Zembla Sept.
PEN. DE TAIMIR
PEN. DE YAMAL
Urales
KAZAKSTÁN
L. Balkach
Mar Aral
UZBEKISTÁN
TURKMENISTÁN
Tashkent
Samarcanda
CASPIO
Cáucaso
MAR NEGRO
TURQUÍA
Ankara
Istambul
SIRIA
Damasco
IRAK
Bagdad
IRÁN (PERSIA)
Teherán
AFGANISTÁN
Kabul
ARABIA
La Meca
MAR MEDITERRÁNEO
El Cairo
Moscú
Leningrado
Stalingrado
Kiev
Dnieper
Volga
Helsinki
Estocolmo
Oslo
Copenhague
Berlín
Varsovia
Praga
Viena
Budapest
Bucarest
Sofía
Belgrado
Atenas
Roma
Berna
Milán
París
Londres
Dublín
Edimburgo
Bruselas
Amsterdam
Hamburgo
MAR DEL NORTE
MAR BÁLTICO
MAR ADRIÁTICO
MAR EGEO

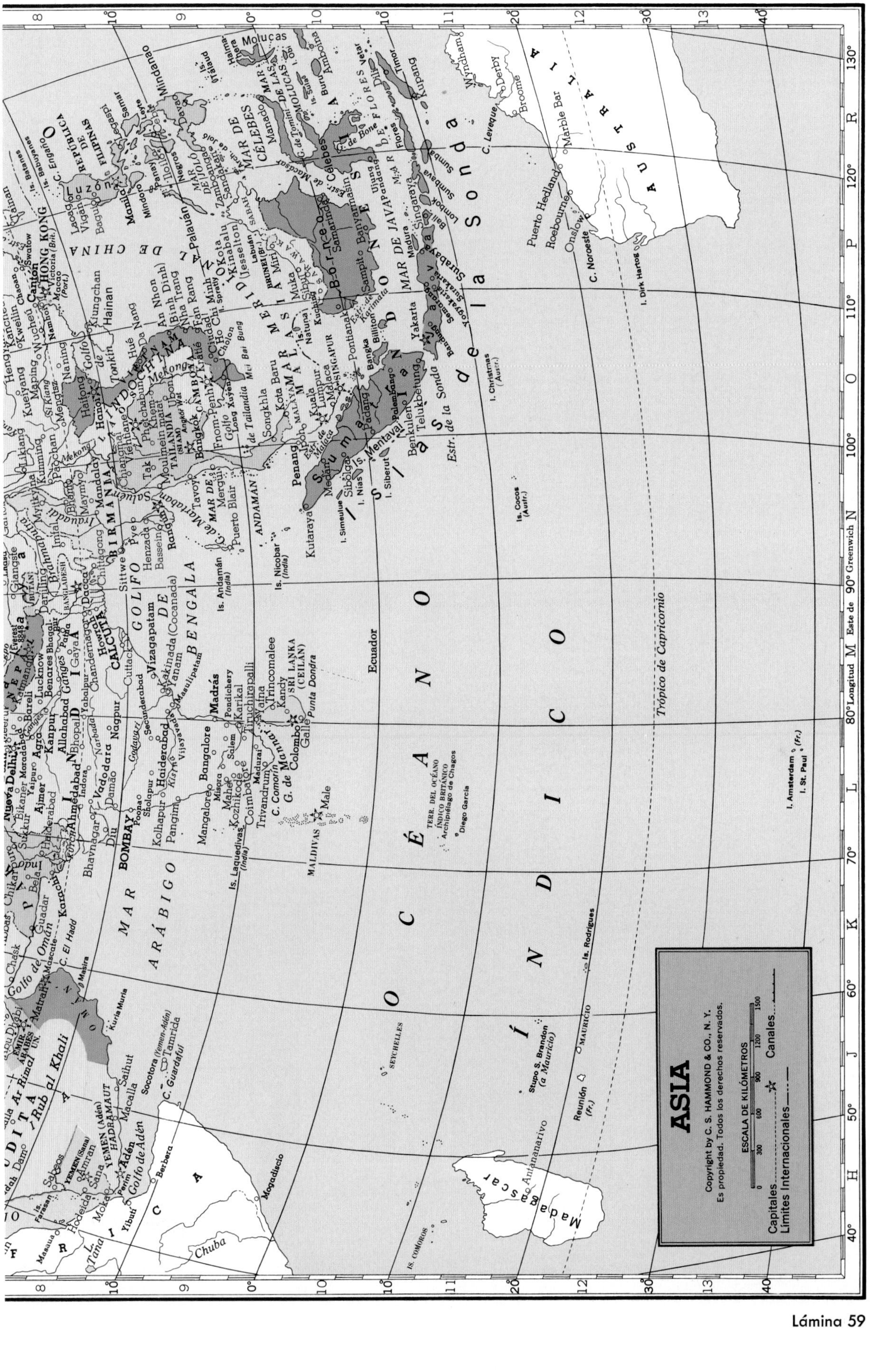
ASIA
Copyright by C. S. HAMMOND & CO., N. Y.
Es propiedad. Todos los derechos reservados.
ESCALA DE KILÓMETROS
0 300 600 900 1200 1500
Capitales
Límites Internacionales
Canales
OCÉANO ÍNDICO
MAR ARÁBIGO
GOLFO DE BENGALA
MAR DE CHINA
MAR DE JAVA
MAR DE CÉLEBES
MAR DE FLORES
MAR DE ANDAMAN
Islas de la Sonda
INDIA
INDONESIA
MALASIA
AUSTRALIA
ÁFRICA
FILIPINAS
Trópico de Capricornio
Ecuador
Longitud Este de Greenwich
BOMBAY
CALCUTA
Madrás
Colombo
Male
Karachi
Bangkok
Rangún
Singapur
Yakarta
Manila
Adén
Mogadiscio
Madagascar
Antananarivo
Reunión (Fr.)
MAURICIO
SEYCHELLES
IS. COMORES
MALDIVAS
Is. Andamán (India)
Is. Nicobar (India)
Is. Cocos (Austr.)
I. Christmas (Austr.)
I. Amsterdam (Fr.)
I. St. Paul (Fr.)
Is. Rodrigues
SRI LANKA (CEILÁN)
Molucas
Célebes
Borneo
Sumatra
Java
Timor
Mindanao
Luzón
Hainan
HONG KONG
Macao (Port.)
Golfo de Adén
Golfo de Omán
Golfo de Tailandia
Estr. de Malaca
Socotora (Yemen-Adén)

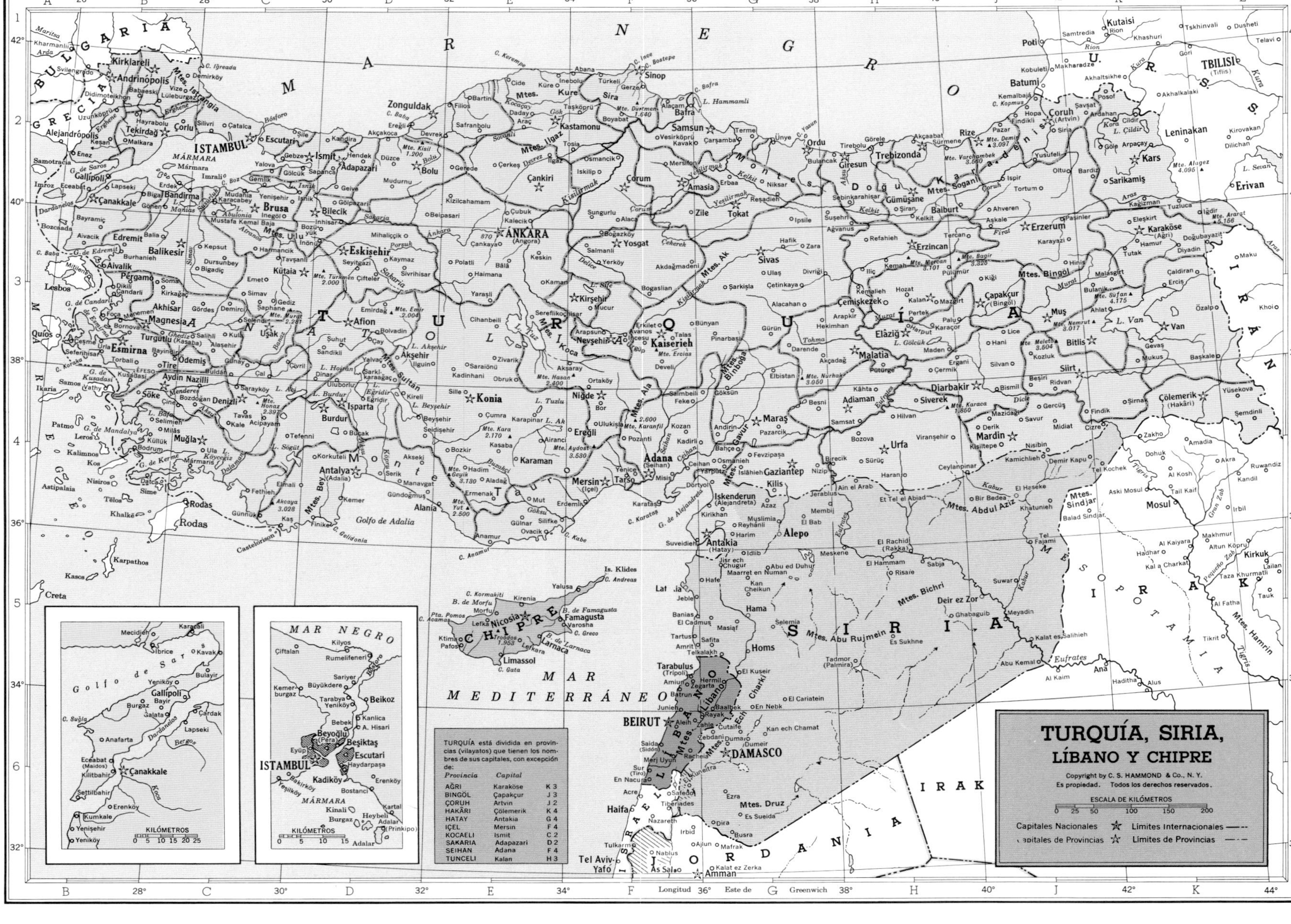
TURQUÍA, SIRIA,
LÍBANO Y CHIPRE
Copyright by C. S. HAMMOND & Co., N. Y.
Es propiedad. Todos los derechos reservados.
ESCALA DE KILÓMETROS
0 25 50 100 150 200
Capitales Nacionales
Límites Internacionales
Capitales de Provincias
Límites de Provincias
TURQUÍA está dividida en provincias (vilayatos) que tienen los nombres de sus capitales, con excepción de:
Provincia Capital
AĞRI Karaköse K 3
BINGÖL Çapakçur J 3
ÇORUH Artvin J 2
HAKÂRI Çölemerik K 4
HATAY Antakia G 4
IÇEL Mersin F 4
KOCAELI Ismit C 2
SAKARIA Adapazari D 2
SEIHAN Adana F 4
TUNCELI Kalan H 3
MAR NEGRO
MAR MEDITERRÁNEO
Longitud Este de Greenwich
KILÓMETROS

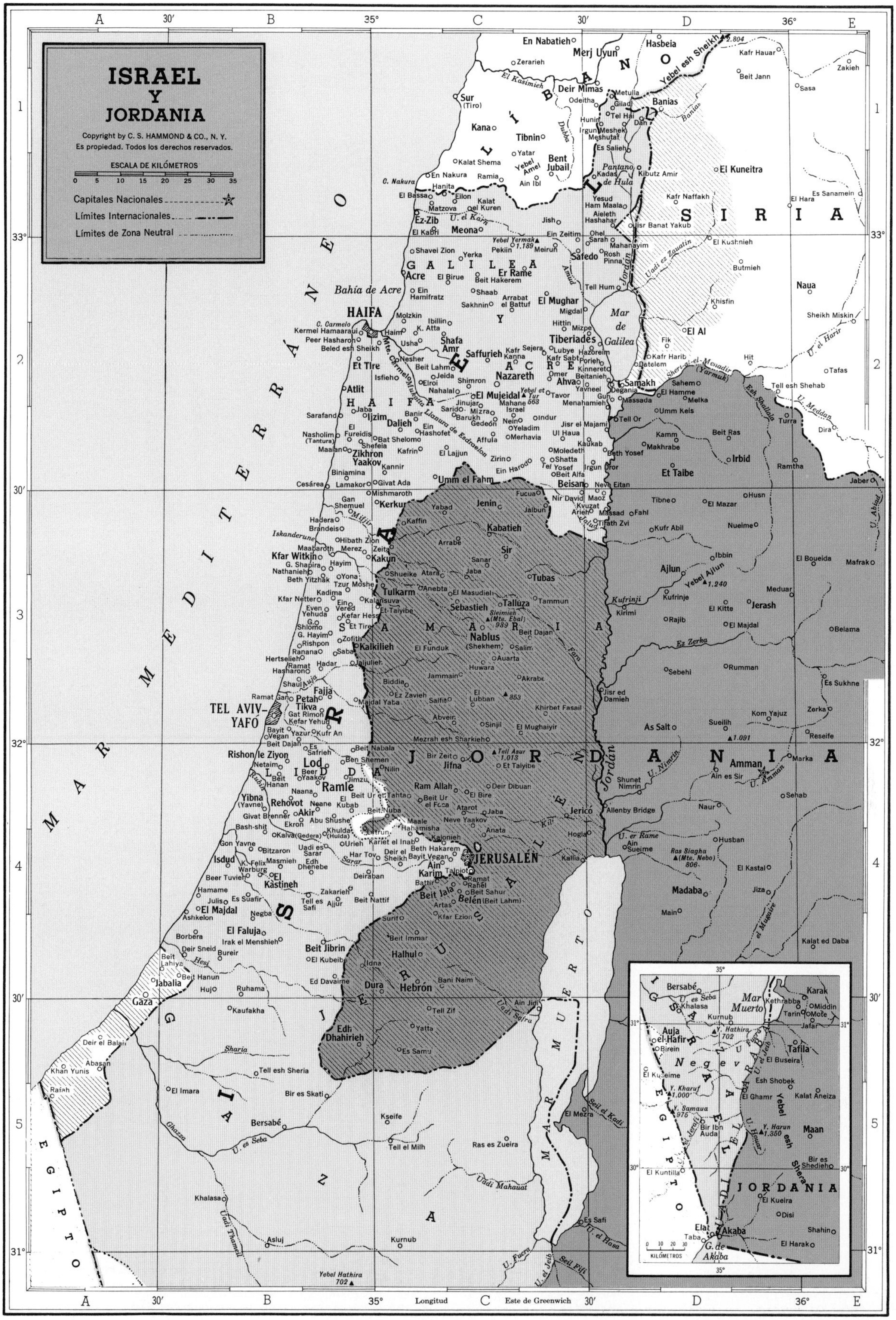
ISRAEL
Y
JORDANIA
Copyright by C. S. HAMMOND & CO., N. Y.
Es propiedad. Todos los derechos reservados.
ESCALA DE KILÓMETROS
Capitales Nacionales
Límites Internacionales
Límites de Zona Neutral
MAR MEDITERRÁNEO
LÍBANO
SIRIA
ISRAEL
JORDANIA
EGIPTO
GALILEA
SAMARIA
JUDEA
NEGEV
MAR MUERTO
Mar de Galilea
TEL AVIV-YAFÓ
JERUSALÉN
HAIFA
Amman
Longitud
Este de Greenwich

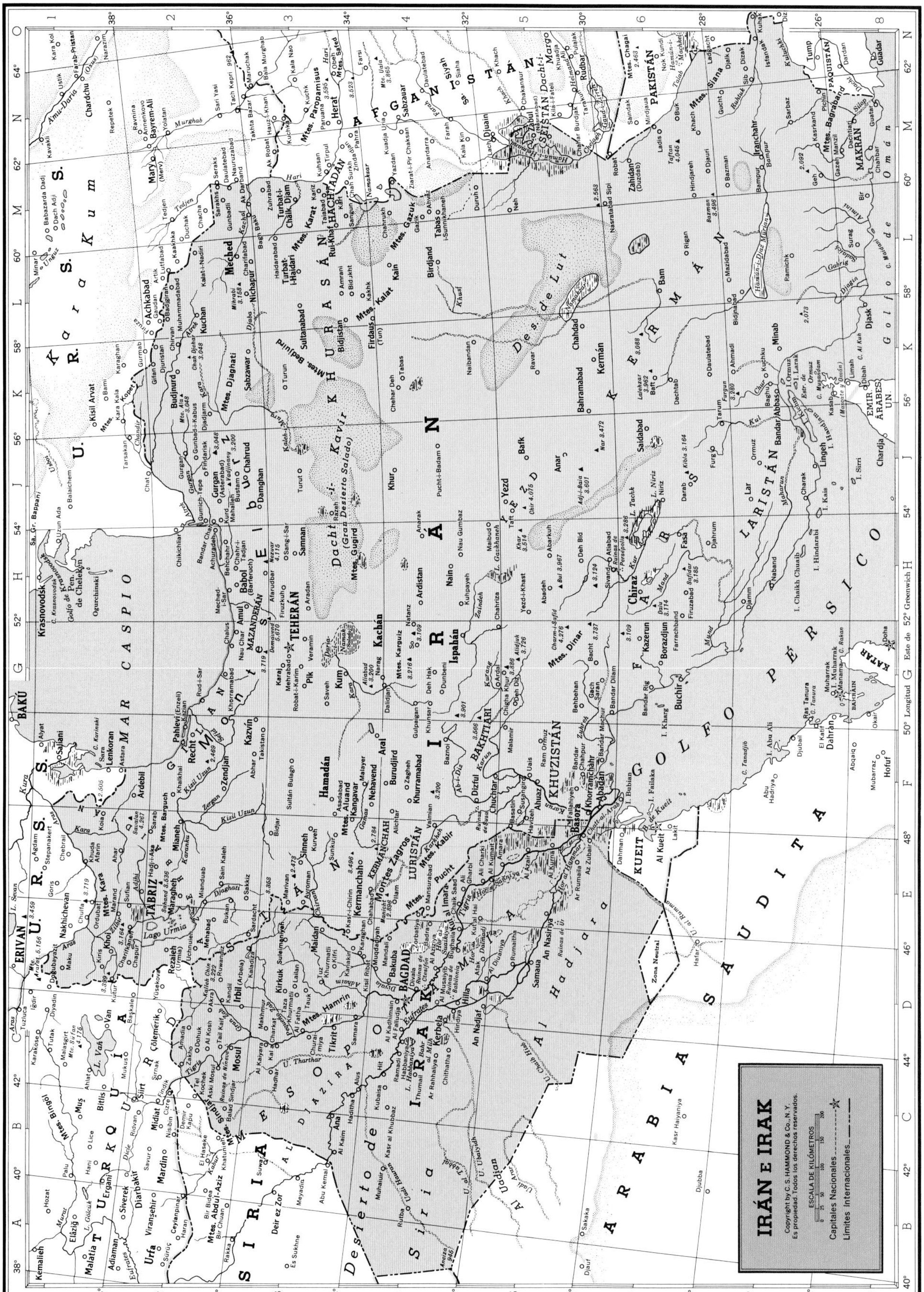
IRÁN E IRAK
Copyright by C. S. HAMMOND & Co., N.Y.
Es propiedad. Todos los derechos reservados.
ESCALA DE KILÓMETROS
0 25 50 100 150 200
Capitales Nacionales
Límites Internacionales

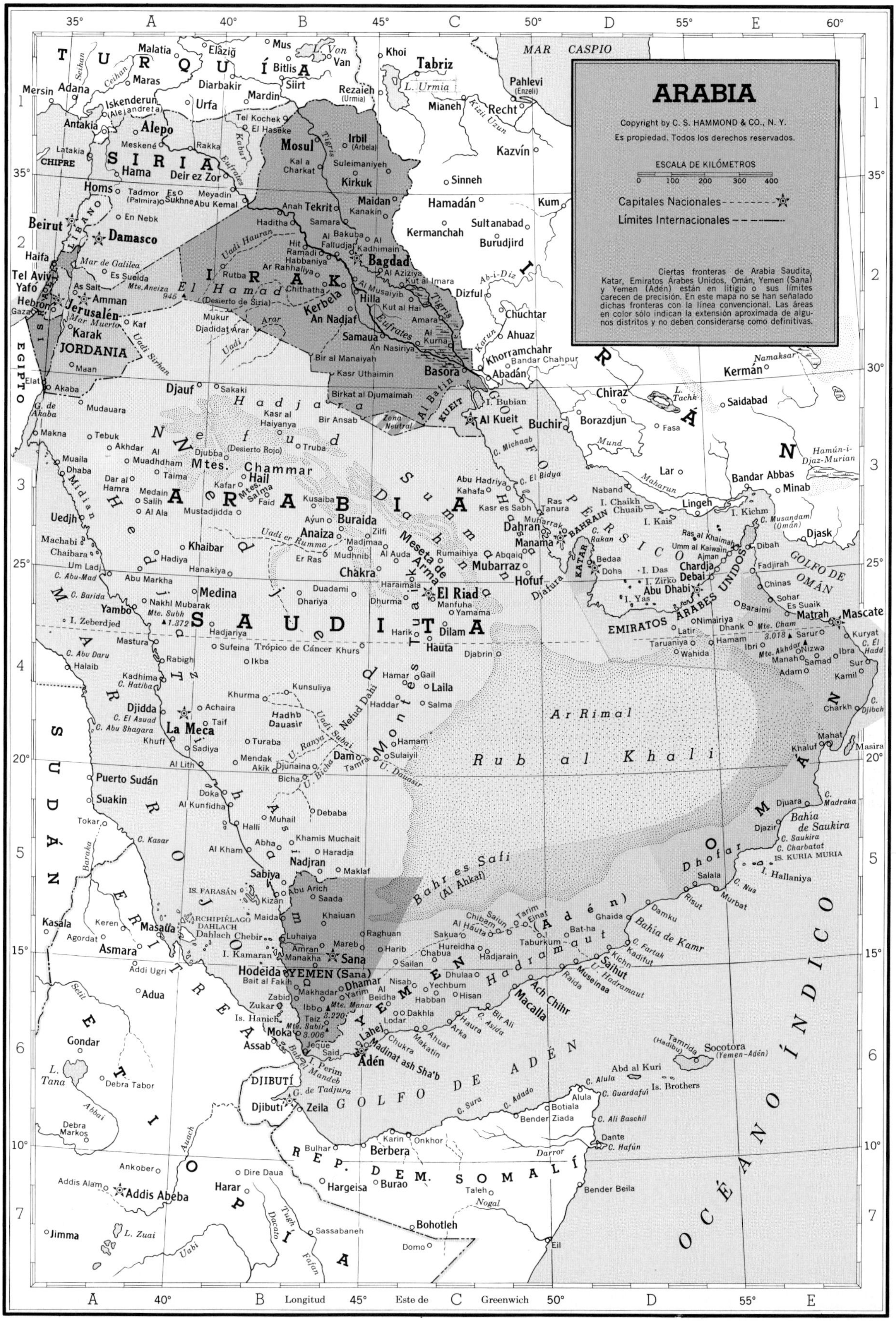
ARABIA
Copyright by C. S. HAMMOND & CO., N. Y.
Es propiedad. Todos los derechos reservados.
ESCALA DE KILÓMETROS
0 100 200 300 400
Capitales Nacionales
Límites Internacionales
Ciertas fronteras de Arabia Saudita, Katar, Emiratos Árabes Unidos, Omán, Yemen (Sana) y Yemen (Adén) están en litigio o sus límites carecen de precisión. En este mapa no se han señalado dichas fronteras con la línea convencional. Las áreas en color sólo indican la extensión aproximada de algunos distritos y no deben considerarse como definitivas.
TURQUÍA
SIRIA
IRAK
IRÁN
JORDANIA
LÍBANO
ISRAEL
EGIPTO
ARABIA SAUDITA
KUEIT
Zona Neutral
BAHRAIN
KATAR
EMIRATOS ÁRABES UNIDOS
OMÁN
YEMEN
ADÉN
SUDÁN
ETIOPÍA
DJIBUTÍ
REP. DEM. SOMALÍ
MAR CASPIO
MAR ROJO
GOLFO PÉRSICO
GOLFO DE OMÁN
GOLFO DE ADÉN
OCÉANO ÍNDICO
Mar Muerto
Mar de Galilea
El Hamad (Desierto de Siria)
Nefud
Hedjaz
Nedjd
Hadjara
Mtes. Chammar
Dahana
Summan
Meseta de Arma
Mtes. Tuwaik
Ar Rimal
Rub al Khali
Bahr es Safi (Al Ahkaf)
Hadramaut
Dhofar
Trópico de Cáncer
Mersin
Adana
Malatia
Elâzig
Mus
Bitlis
Van
L. Van
Khoi
Tabriz
L. Urmia
Rezaieh (Urmia)
Siirt
Diarbakir
Mardin
Urfa
Maras
Iskenderun (Alejandreta)
Antakia
Alepo
Latakia
CHIPRE
Hama
Homs
Deir ez Zor
Meskené
Rakka
Tadmor (Palmira)
Sukhne
Abu Kemal
Meyadin
En Nebk
Beirut
Damasco
Haifa
Tel Aviv-Yafó
Hebrón
Gaza
Jerusalén
Amman
As Salt
Karak
Maan
Elat
Akaba
G. de Akaba
Mosul
Irbil
Kirkuk
Suleimaniyeh
Tekrit
Samara
Haditha
Anah
Hit
Ramadi
Habbaniya
Falludja
Bagdad
Kadhimain
Rutba
Kerbela
Hilla
An Nadjaf
Kut al Imara
Amara
Samaua
An Nasiriya
Kurna
Basora
Bir al Manaiyah
Kasr Uthaimin
Birkat al Djumaimah
Al Batin
Pahlevi (Enzeli)
Recht
Mianeh
Kazvín
Sinneh
Hamadán
Kermanchah
Sultanabad
Burudjird
Kum
Dizful
Chuchtar
Ahuaz
Khorramchahr
Bandar Chahpur
Abadán
Chiraz
L. Tachk
Kermán
Saidabad
Borazdjun
Buchir
Fasa
Lar
Bandar Abbas
Minab
Djask
Hamún-i-Djaz-Murian
Djauf
Sakaki
Mudauara
Tebuk
Makna
Akhdar
Muadhdham
Djubba
Taima
Hail
Kafar
Faid
Medain Salih
Al Ala
Dar al Hamra
Mustadjidda
Uedjh
Khaibar
Hadiya
Hanakiya
Medina
Abu Markha
Yambo
Nakhl Mubarak
Mte. Subh 1.372
Mastura
Rabigh
Kadhima
Djidda
La Meca
Taif
Achaira
Khurma
Turaba
Lith
Al Lith
Kunfidha
Doka
Muhail
Abha
Khamis Muchait
Nadjran
Sabiya
Abu Arich
Djizan
Buraida
Anaiza
Zilfi
Madjmaa
Mudhnib
Er Ras
Chakra
Duadami
Dhariya
Dhurma
El Riad
Manfuha
Yamama
Dilam
Hauta
Harik
Laila
Hamar
Gail
Salma
Haddar
Sulaiyil
Dam
Hadhb Dauasir
Kuwait
Al Kueit
Jahra
Buraida
Djabrin
Kasr es Sabh
Ras Tanura
Dahran
Al Khobar
Manama
Muharrak
Abqaiq
Mubarraz
Hofuf
Dohá
Doha
Dubai
Debai
Chardja
Abu Dhabi
Ras al Khaimah
Ajman
Umm al Kaiwain
Fadjirah
Chinas
Sohar
Matrah
Mascate
Nimairiya
Baraimi
Dhank
Ibri
Nizwa
Samad
Ibra
Sur
Kamil
Adam
Mte. Akhdar 3.018
Mte. Cham
Kuryat
Masira
Chârkh
Mahat
Khaluf
Djuara
Djazir
Bahía de Saukira
IS. KURIA MURIA
Salala
Murbat
Damku
Bahía de Kamr
Saihut
Kichn
Mukalla
Chihr
Ach Chihr
Macalla
Raida
Ghaida
Tarim
Sáiun
Chibam
Hadjarain
Bat-ha
Marib
Harib
Mareb
Sana
Hodeida
Bait al Fakih
Zabid
Dhamar
Yarim
Ibb
Taiz
Moka
Lahej
Adén
Madinat ash Sha'b
Perim
Bab el Mandeb
Dhalaa
Yechbum
Habban
Hisan
Beidha
Nisab
Dakhla
Lodar
Chukra
Ahuar
Haura
Azzan
Mte. Sabir 3.006
Mte. Manar 3.220
Socotora (Yemen-Adén)
Tamrida (Hadibu)
Abd al Kuri
Is. Brothers
C. Guardafuí
Alula
Botiala
Bender Ziada
Bender Beila
Dante
C. Hafún
Eil
Bohotleh
Domo
Sassabaneh
Burao
Hargeisa
Berbera
Bulhar
Zeila
Djibutí
G. de Tadjura
Assab
Massaua
Asmara
Keren
Agordat
Kasala
Adua
Gondar
L. Tana
Debra Tabor
Debra Markos
Addis Abeba
Ankober
Harar
Dire Daua
Jimma
L. Zuai
Puerto Sudán
Suakin
Tokar
Halaib
Kamaran
Is. FARASÁN
ARCHIPIÉLAGO DAHLACH
Longitud Este de Greenwich
35° 40° 45° 50° 55° 60°
A B C D E
1 2 3 4 5 6 7

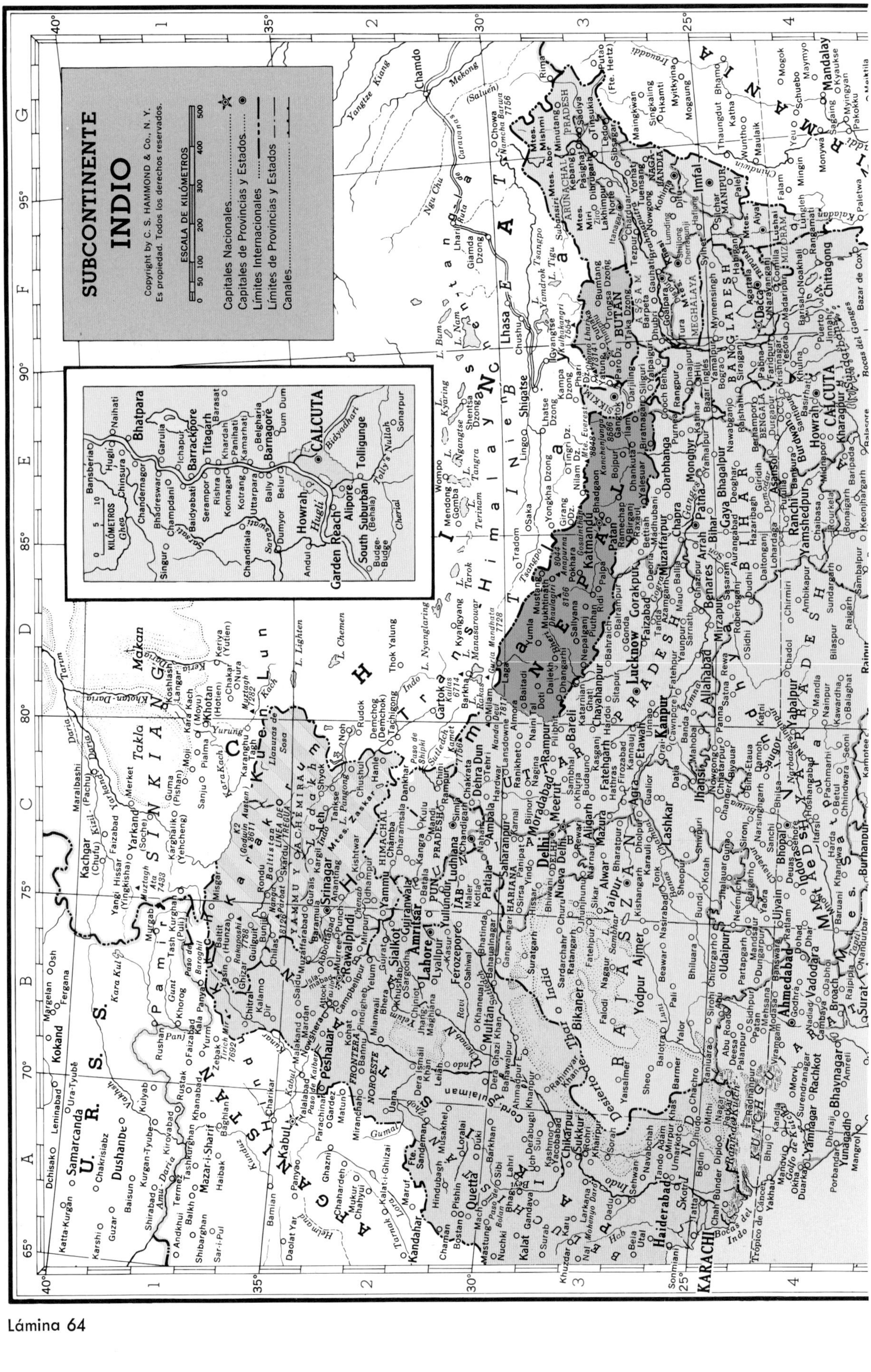
SUBCONTINENTE
INDIO
Copyright by C. S. HAMMOND & Co., N. Y.
Es propiedad. Todos los derechos reservados.
ESCALA DE KILÓMETROS
0 50 100 200 300 400 500
Capitales Nacionales
Capitales de Provincias y Estados
Límites Internacionales
Límites de Provincias y Estados
Canales

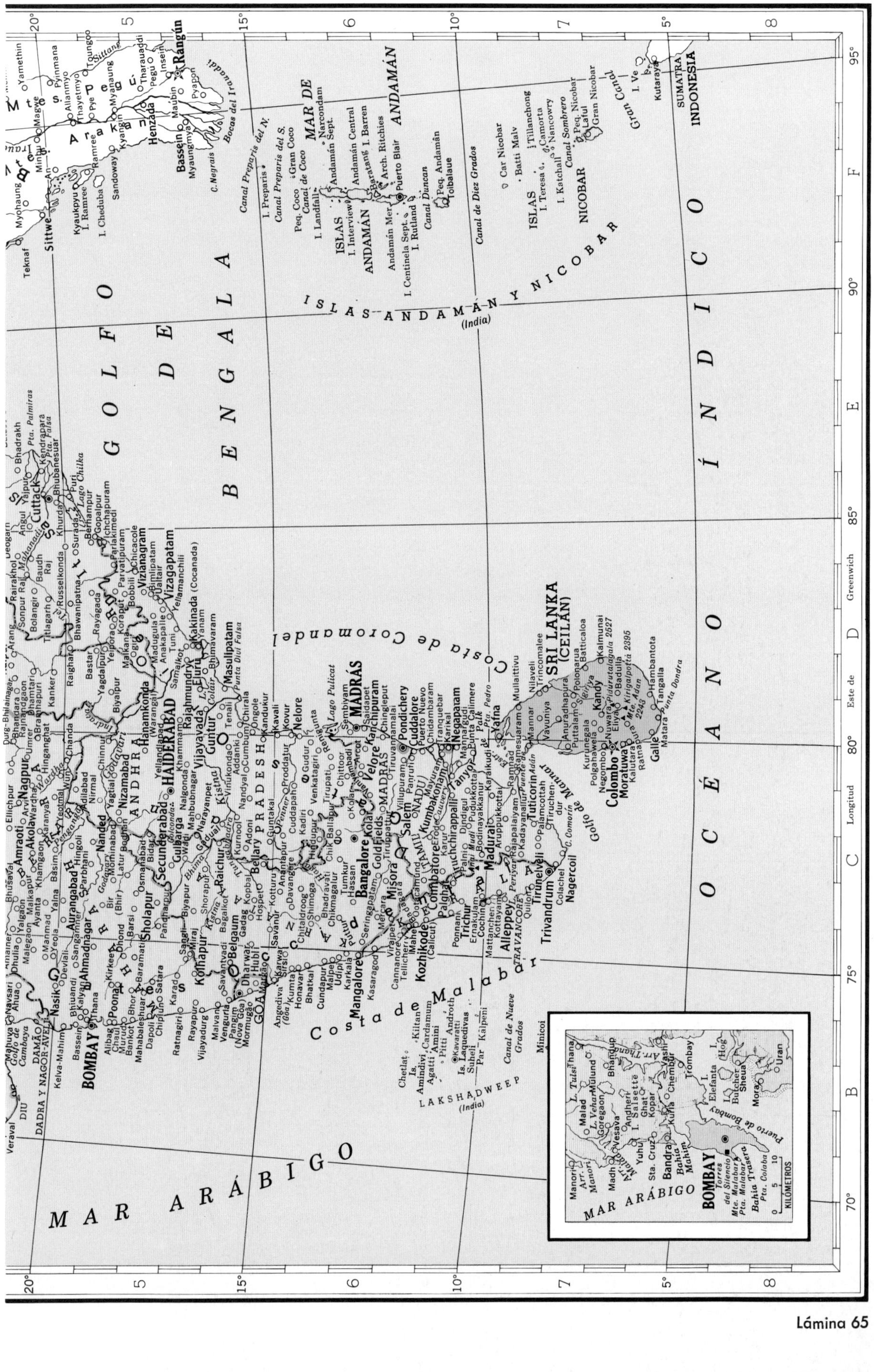

GOLFO DE BENGALA
MAR ARÁBIGO
OCÉANO ÍNDICO
MAR DE ANDAMÁN
ISLAS ANDAMÁN Y NICOBAR
(India)
LAKSHADWEEP
(India)
SRI LANKA
(CEILÁN)
INDONESIA
SUMATRA
Costa de Malabar
Costa de Coromandel
Golfo de Mannar
BOMBAY
MADRÁS
HAIDERABAD
Bangalore
Colombo
Rangún
Vizagapatam
Cuttack
Nagpur
Golfo de Cambaya
DAMÁN
DIU
DADRA Y NAGOR-AVELI
GOA
Canal de Diez Grados
Canal de Nueve Grados
Gran Canal
Canal Sombrero
ISLAS NICOBAR
ISLAS ANDAMÁN
Puerto Blair
Longitud Este de Greenwich
MAR ARÁBIGO
BOMBAY
Puerto de Bombay
KILÓMETROS

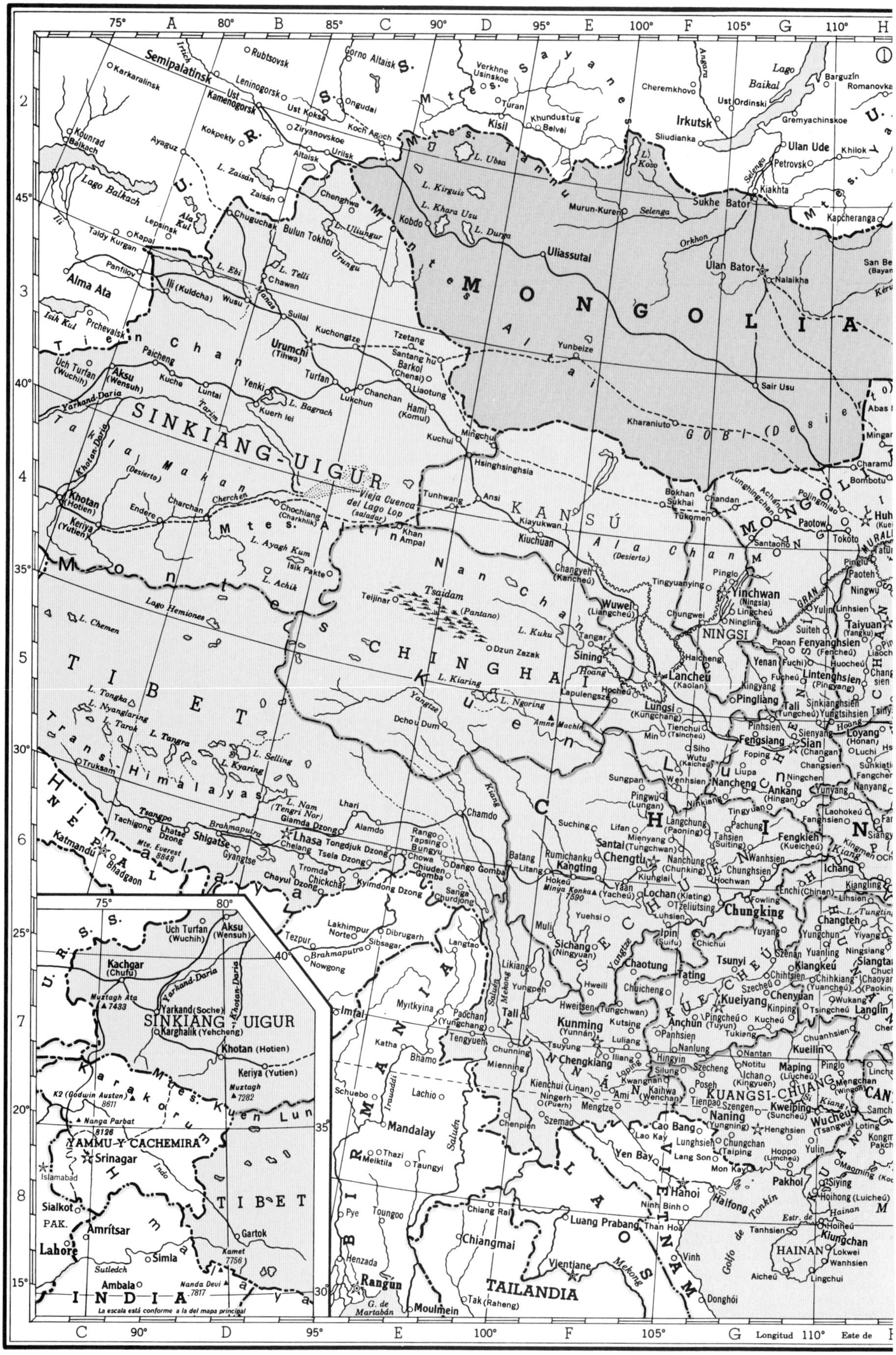

MONGOLIA
SINKIANG-UIGUR
TIBET
CHINGHAI
KANSÚ
NINGSI
SECHUÁN
KUEICHEÚ
YUNNÁN
KUANGSI-CHUANG
HAINAN
TAILANDIA
LAOS
VIETNAM
BIRMANIA
INDIA
NEPAL
U. R. S. S.
Semipalatinsk
Irkutsk
Lago Baikal
Ulan Ude
Kiakhta
Ulan Bator
Uliassutai
Kobdo
Alma Ata
Lago Balkach
Urumchi (Tihwa)
Turfan
Hami (Komul)
Aksu (Wensuh)
Khotan (Hotien)
Keriya (Yutien)
Vieja Cuenca del Lago Lop (saladar)
Yinchwan
Lancheú
Sining
Tsaidam
Lhasa
Shigatse
Chamdo
Katmandú
Mte. Everest 8848
Chengtu
Chungking
Kunming (Yunnán)
Sian
Hanoi
Haifong
Golfo de Tonkín
Mandalay
Rangún
Moulmein
Luang Prabang
Vientiane
Chiangmai
Trans-Himalayas
Tien Chan
Takla Makan (Desierto)
Mtes. Altin Tagh
Montes Kuen Lun
Nan Chan
Ala Chan (Desierto)
GOBI (Desierto)
Mtes. Tannu Ola
Yangtze
Mekong
Saluén
Brahmaputra
Irauaddi
Tarim
Yarkand-Daria
Khotan-Daria
SINKIANG-UIGUR
Kachgar (Chufu)
Yarkand (Soche)
Karghalik (Yehcheng)
Muztagh Ata 7433
K2 (Godwin Austen) 8611
Nanga Parbat 8126
YAMMU Y CACHEMIRA
Srinagar
Islamabad
Lahore
Amrítsar
Simla
Ambala
Sialkot
PAK.
Karakorum
Mtes. Kuen Lun
Nanda Devi 7817
Kamet 7756
Gartok
La escala está conforme a la del mapa principal
Longitud Este de Greenwich

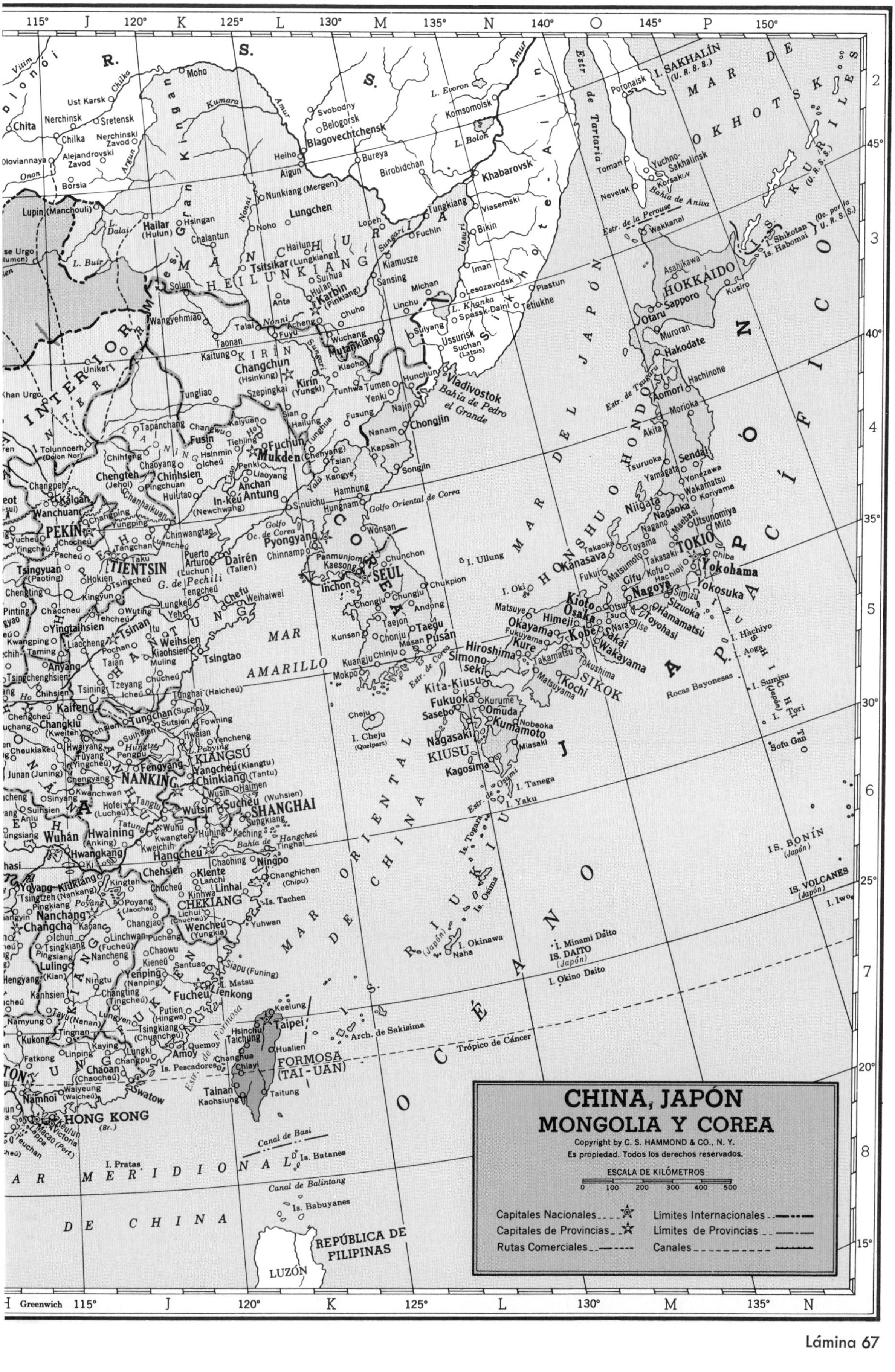
CHINA, JAPÓN
MONGOLIA Y COREA
Copyright by C. S. HAMMOND & CO., N. Y.
Es propiedad. Todos los derechos reservados.
ESCALA DE KILÓMETROS
0 100 200 300 400 500
Capitales Nacionales
Capitales de Provincias
Rutas Comerciales
Límites Internacionales
Límites de Provincias
Canales
MAR DE OKHOTSK
OCÉANO PACÍFICO
MAR DEL JAPÓN
MAR AMARILLO
MAR ORIENTAL DE CHINA
MAR MERIDIONAL DE CHINA
COREA
MANCHURIA
HEILUNKIANG
KIRIN
HOKKAIDO
HONSHU O HONDO
SIKOK
KIUSU
FORMOSA (TAI-UAN)
REPÚBLICA DE FILIPINAS
LUZÓN
HONG KONG
PEKÍN
TIENTSIN
NANKING
SHANGHAI
SEÚL
TOKIO
Mukden
Dairén
Vladivostok
Khabarovsk
Tsingtao
Yokohama
Osaka
Kioto
Nagoya
Hiroshima
Nagasaki
Taipei
Amoy
Fucheu
Hangcheu
I. SAKHALÍN (U. R. S. S.)
IS. BONÍN (Japón)
IS. VOLCANES (Japón)
Trópico de Cáncer
Greenwich

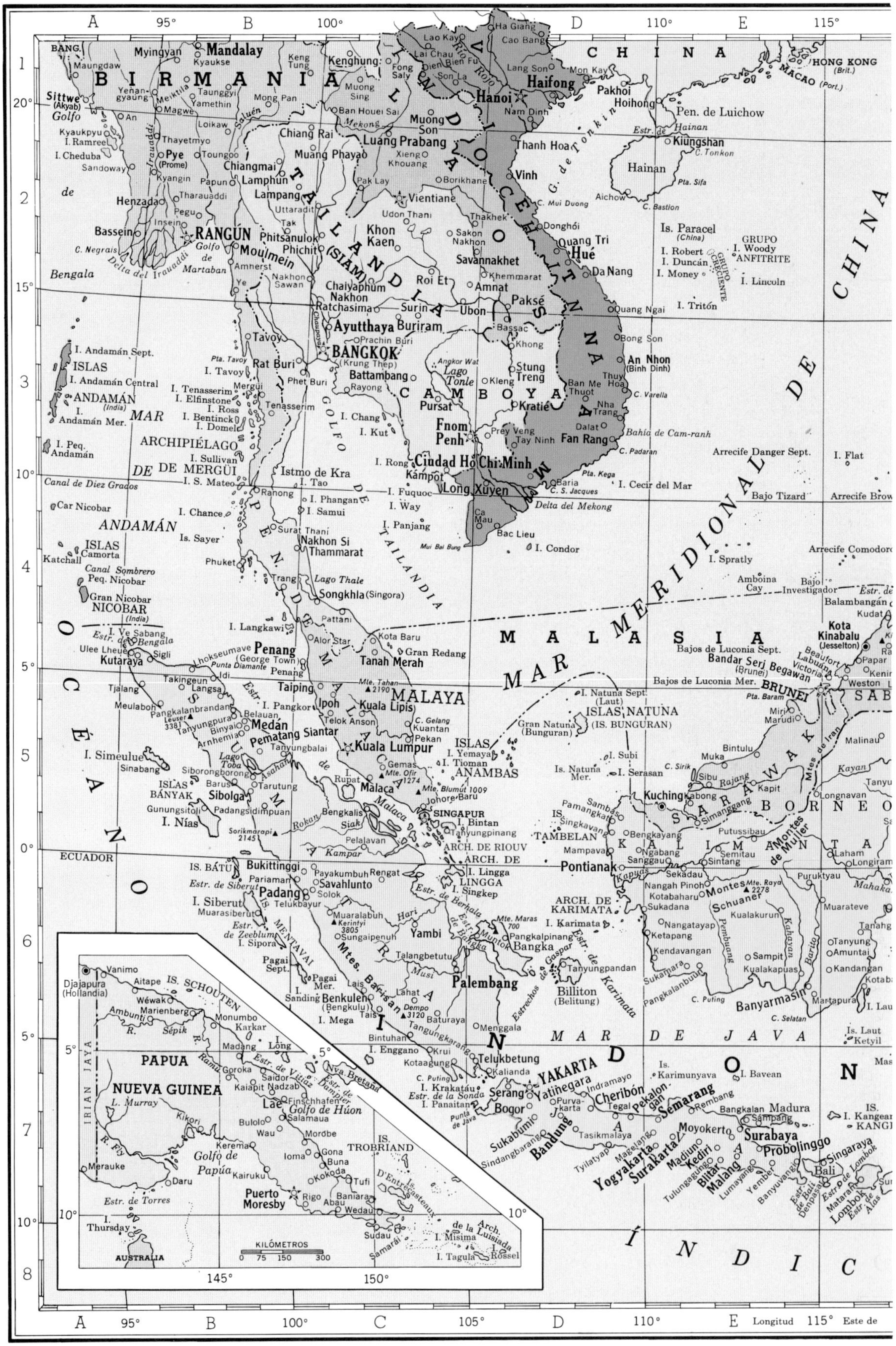
BIRMANIA
TAILANDIA (SIAM)
VIETNAM
LAOS
CAMBOYA
CHINA
MALASIA
MALAYA
INDONESIA
SARAWAK
BRUNEI
BORNEO
KALIMANTAN
SUMATRA
Mandalay
RANGÚN
BANGKOK
Hanoi
Haifong
Vientiane
Luang Prabang
Fnom Penh
Ciudad Ho Chi Minh
Hué
Da Nang
Kuala Lumpur
SINGAPUR
Medán
Palembang
YAKARTA
Bandung
Semarang
Surabaya
Kuching
Pontianak
Penang
Malaca
Padang
Golfo de Bengala
MAR DE ANDAMÁN
GOLFO DE TAILANDIA
MAR MERIDIONAL DE CHINA
MAR DE JAVA
OCÉANO ÍNDICO
Estr. de Malaca
Hainan
Is. Paracel
HONG KONG (Brit.)
MACAO (Port.)
ISLAS ANDAMÁN (India)
ISLAS NICOBAR (India)
ECUADOR
PAPUA NUEVA GUINEA
IRIAN JAYA
Puerto Moresby
Golfo de Papúa
Estr. de Torres
AUSTRALIA
KILÓMETROS
Longitud Este de

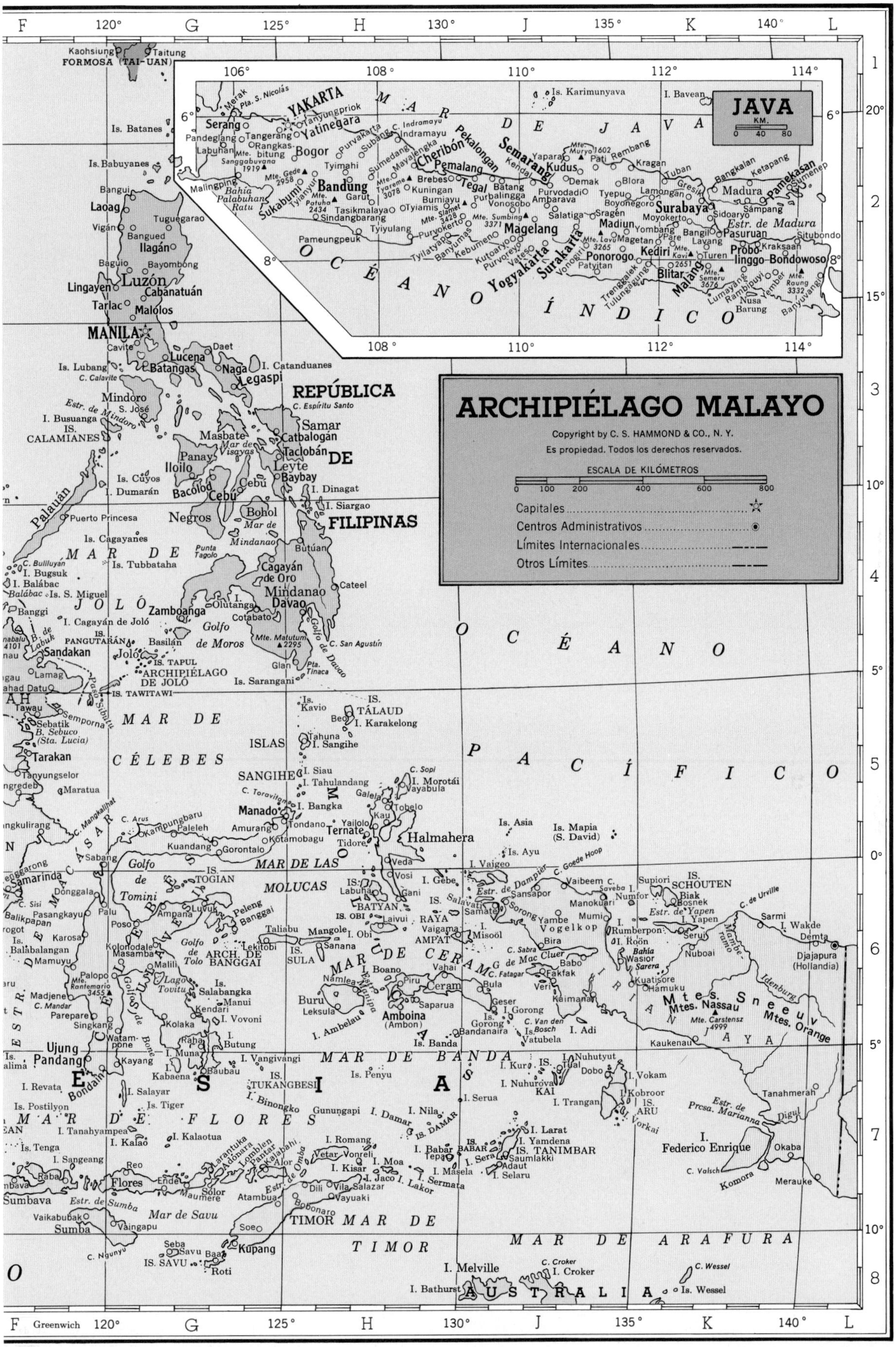
ARCHIPIÉLAGO MALAYO
Copyright by C. S. HAMMOND & CO., N. Y.
Es propiedad. Todos los derechos reservados.
ESCALA DE KILÓMETROS
0 100 200 400 600 800
Capitales
Centros Administrativos
Límites Internacionales
Otros Límites
JAVA
KM.
0 40 80
MAR DE JAVA
OCÉANO ÍNDICO
YAKARTA
Bandung
Cheribón
Semarang
Surabaya
Yogyakarta
Surakarta
Madura
REPÚBLICA DE FILIPINAS
MANILA
Luzón
Mindanao
MAR DE JOLÓ
MAR DE CÉLEBES
MAR DE LAS MOLUCAS
MAR DE CERAM
MAR DE BANDA
MAR DE FLORES
Mar de Savu
MAR DE TIMOR
MAR DE ARAFURA
OCÉANO PACÍFICO
Halmahera
FORMOSA (TAI-UAN)
AUSTRALIA
Greenwich

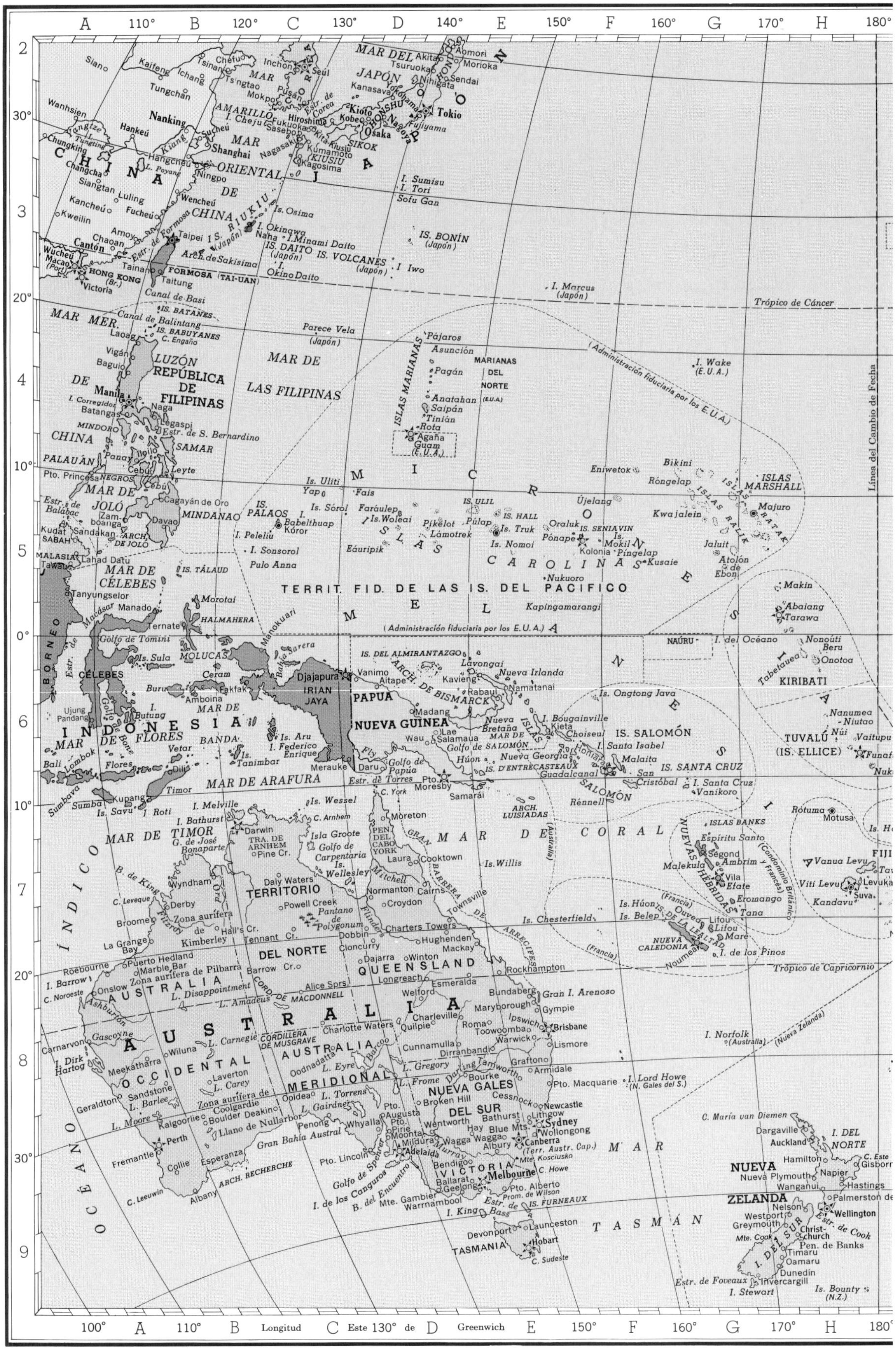

A 110° B 120° C 130° D 140° E 150° F 160° G 170° H 180°
100° A 110° B Longitud C Este 130° de D Greenwich E 150° F 160° G 170° H 180°
30°
20°
10°
0°
10°
20°
30°
MAR DEL JAPÓN
Akita
Aomori
Morioka
Tsuruoka
Sendai
Niigata
Kanasava
Yokohama
Tokio
Fujiyama
HONSHU
JAPÓN
Seúl
Inchon
Chefú
Tsinan
Kaifeng
Ichang
Siano
Tungchán
Tsingtao
Mokpo
Pusán
Estr. de Corea
MAR AMARILLO
I. Cheju
Fukuoka
Sasebo
Hiroshima
Kobe
Kioto
Osaka
Nagoya
SIKOK
KIUSIU
Kumamoto
Kagosima
Nagasaki
Wanhsien
Nanking
Hankeú
Suchéu
Shanghai
Chungking
Changsha
Hangchéu
L. Poyang
Ningpo
CHINA
MAR ORIENTAL DE CHINA
Siangtan
Luling
Wencheú
Kancheú
Fucheú
Kweilin
Amoy
Chaoan
Cantón
Wucheú
Macao (Port.)
HONG KONG (Br.)
Victoria
Estr. de Formosa
Taipei
Tainan
FORMOSA (TAI-UAN)
Taitung
IS. RIUKIU
I. Osima
I. Okinawa
Naha
I. Minami Daito
Arch. de Sakisima
IS. DAITO (Japón)
Okino Daito
I. Sumisu
I. Tori
Sofu Gan
IS. BONÍN (Japón)
IS. VOLCANES (Japón)
I. Iwo
I. Marcus (Japón)
Trópico de Cáncer
Canal de Basi
IS. BATANES
Canal de Balintang
IS. BABUYANES
C. Engaño
MAR MER.
Laoag
Vigán
Baguio
LUZÓN
REPÚBLICA DE FILIPINAS
Manila
I. Corregidor
Batangas
Naga
Legaspi
Estr. de S. Bernardino
MINDORO
SAMAR
MAR DE CHINA
PALAUÁN
Panay
Iloilo
Leyte
NEGROS
Cebú
Pto. Princesa
MAR DE JOLÓ
Cagayán de Oro
MINDANAO
Davao
Zamboanga
Estr. de Balabac
Kudat
Sandakan
SABAH
ARCH. DE JOLÓ
MALASIA
Tawau
Lahad Datu
MAR DE CÉLEBES
IS. TÁLAUD
Parece Vela (Japón)
MAR DE LAS FILIPINAS
Pájaros
Asunción
MARIANAS DEL NORTE (E.U.A.)
Pagán
Anatahan
Saipán
Tinián
Rota
ISLAS MARIANAS
Agaña
Guam (E.U.A.)
(Administración fiduciaria por los E.U.A.)
I. Wake (E.U.A.)
Línea del Cambio de Fecha
MICRONESIA
Is. Uliti
Yap
Fais
IS. PALAOS
Is. Sórol
Faráulep
Is. Woleai
Babelthuap
Kóror
I. Peleliu
I. Sonsorol
Pulo Anna
Éauripik
IS. ULIL
IS. HALL
Pikelot
Púlap
Is. Truk
Lámotrek
Is. Nomoi
Oraluk
IS. SENIAVIN
Pónape
Is. Mokil
Kolonia
Pingelap
Kusaie
CAROLINAS
Eniwetok
Bikini
Róngelap
Újelang
Kwajalein
ISLAS RALIK
ISLAS RATAK
ISLAS MARSHALL
Majuro
Jaluit
Atolón de Ebon
TERRIT. FID. DE LAS IS. DEL PACÍFICO
Nukuoro
Kapingamarangi
(Administración fiduciaria por los E.U.A.)
Makin
Abaiang
Tarawa
NAURU
I. del Océano
Nonouti
Beru
Onotoa
Tabiteuea
KIRIBATI
Tanyungselor
Manado
Morotai
HALMAHERA
Ternate
Golfo de Tomini
Manokuari
BORNEO
Estr. de Macasar
CÉLEBES
Is. Sula
MOLUCAS
Bahía Sarera
Ceram
Buru
Amboina
Fakfak
Djajapura
IRIAN JAYA
Vanimo
Aitape
PAPÚA NUEVA GUINEA
IS. DEL ALMIRANTAZGO
Lavongai
Kavieng
Nueva Irlanda
ARCH. DE BISMARCK
Rabaul
Namatanai
Madang
Nueva Bretaña
Lae
Salamaua
Wau
Golfo de Salomón
Húon
Is. Ongtong Java
I. Bougainville
Kieta
Choiseul
IS. SALOMÓN
I. Santa Isabel
Nueva Georgia
Malaita
Guadalcanal
San Cristóbal
IS. SANTA CRUZ
I. Santa Cruz
Vanikoro
Rénnell
IS. D'ENTRECASTEAUX
Samarai
ARCH. LUISIADAS
Moresby
Pto. Moresby
Golfo de Papúa
Fly
Daru
Merauke
Estr. de Torres
Ujung Pandang
Butung
INDONESIA
MAR DE BANDA
MAR DE FLORES
Bali
Lombok
Sumbawa
Flores
Vetar
Is. Aru
I. Federico Enrique
Is. Tanimbar
Dili
Timor
MAR DE ARAFURA
Sumba
Kupang
Is. Savu
I. Roti
I. Melville
I. Bathurst
Darwin
Is. Wessel
C. Arnhem
TRA. DE ARNHEM
Pine Cr.
MAR DE TIMOR
G. de José Bonaparte
C. York
PEN. DEL CABO YORK
Moreton
Isla Groote
Golfo de Carpentaria
Is. Wellesley
Laura
Cooktown
Is. Willis
MAR DE CORAL
GRAN BARRERA
Mitchell
Normanton
Cairns
Croydon
Townsville
ARRECIFES
Is. Chesterfield
OCÉANO ÍNDICO
B. de King
C. Leveque
Derby
Wyndham
Ord
Fitzroy
Broome
Zona aurífera de Kimberley
Hall's Cr.
Daly Waters
TERRITORIO DEL NORTE
Powell Creek
Pantano de Polygonum
Tennant Cr.
Flinders
Charters Towers
Hughenden
Dobbin
Cloncurry
Mackay
Rockhampton
La Grange Bay
Puerto Hedland
Marble Bar
Roebourne
Zona aurífera de Pilbarra
I. Barrow
C. Noroeste
Onslow
Barrow Cr.
Dajarra
Winton
QUEENSLAND
Longreach
Alice Sprs.
L. Amadeus
CORD. DE MACDONNELL
L. Disappointment
AUSTRALIA
Ashburton
Esmeralda
Welford
Bundaberg
Gran I. Arenoso
Maryborough
Gympie
Charleville
Quilpie
Roma
Ipswich
Brisbane
Toowoomba
Warwick
Lismore
Charlotte Waters
L. Carnegie
CORDILLERA DE MUSGRAVE
Gascoyne
Carnarvon
I. Dirk Hartog
Wiluna
AUSTRALIA OCCIDENTAL
Meekatharra
Laverton
L. Carey
Oodnadatta
L. Eyre
AUSTRALIA MERIDIONAL
Cunnamulla
Dirranbandi
L. Gregory
Darling
Tamworth
Grafton
Armidale
Bourke
NUEVA GALES DEL SUR
Cessnock
Newcastle
Sydney
Wollongong
Lithgow
Bathurst
Blue Mts.
Canberra (Terr. Austr. Cap.)
Mte. Kosciusko
L. Torrens
L. Gairdner
Oldea
Zona aurífera de Coolgardie
Kalgoorlie
Boulder
Deakin
Llano de Nullarbor
Penong
Whyalla
Pto. Augusta
Pto. Pirie
Broken Hill
Wentworth
Hay
Wagga Wagga
Albury
Mildura
Murray
Sandstone
L. Barlee
L. Moore
Geraldton
Perth
Fremantle
Collie
Esperanza
ARCH. RECHERCHE
Gran Bahía Austral
Pto. Lincoln
Golfo de Spencer
I. de los Canguros
B. del Encuentro
Adelaida
Mte. Gambier
Warrnambool
Ballarat
Geelong
Bendigo
VICTORIA
Melbourne
C. Howe
Pto. Alberto
Prom. de Wilson
Estr. de Bass
I. King
IS. FURNEAUX
C. Leeuwin
Albany
Devonport
Launceston
TASMANIA
Hobart
C. Sudeste
MAR TASMÁN
Pto. Macquarie
I. Lord Howe (N. Gales del S.)
I. Norfolk (Australia)
(Nueva Zelanda)
Trópico de Capricornio
NUEVA CALEDONIA
Nouméa
I. de los Pinos
(Francia)
Is. Húon
Is. Belep
IS. DE LA LEALTAD
Ouvea
Lifou
Mare
NUEVAS HÉBRIDAS
(Condominio Británico y Francés)
ISLAS BANKS
Espíritu Santo
Segond
Malekula
Ambrim
Vila
Efate
Eromango
Tana
Rótuma
Motusa
Vanua Levu
Viti Levu
Levuka
Suva
Kandavu
FIJI
Nanumea
Niutao
Nui
Vaitupu
TUVALU (IS. ELLICE)
Funafuti
C. María van Diemen
Dargaville
I. DEL NORTE
Auckland
Hamilton
C. Este
Gisborne
NUEVA ZELANDA
Nueva Plymouth
Napier
Wanganui
Hastings
Palmerston del Norte
Wellington
Nelson
Westport
Greymouth
Mte. Cook
Christchurch
Estr. de Cook
Pen. de Banks
I. DEL SUR
Timaru
Oamaru
Dunedin
Invercargill
Estr. de Foveaux
I. Stewart
Is. Bounty (N.Z.)

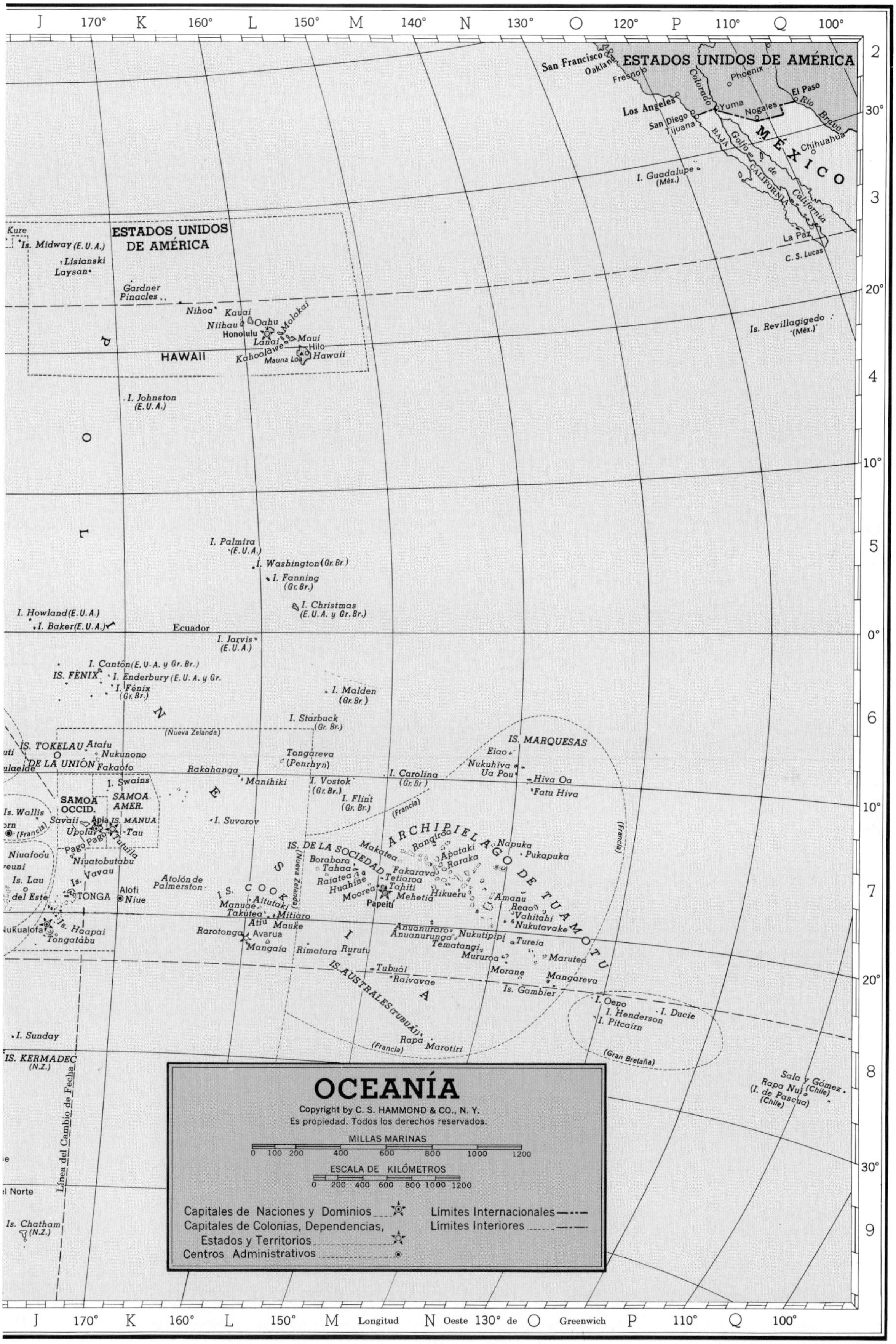

OCEANÍA
Copyright by C. S. HAMMOND & CO., N. Y.
Es propiedad. Todos los derechos reservados.
MILLAS MARINAS
0 100 200 400 600 800 1000 1200
ESCALA DE KILÓMETROS
0 200 400 600 800 1000 1200
Capitales de Naciones y Dominios
Capitales de Colonias, Dependencias, Estados y Territorios
Centros Administrativos
Límites Internacionales
Límites Interiores
J 170° K 160° L 150° M 140° N 130° O 120° P 110° Q 100°
Longitud Oeste 130° de Greenwich
30° 20° 10° 0° 10° 20° 30°
ESTADOS UNIDOS DE AMÉRICA
San Francisco
Oakland
Fresno
Phoenix
Colorado
El Paso
Río Bravo
Los Angeles
San Diego
Tijuana
Yuma
Nogales
MÉXICO
Chihuahua
BAJA CALIFORNIA
Golfo de California
I. Guadalupe (Méx.)
La Paz
C. S. Lucas
Is. Revillagigedo (Méx.)
Kure
Is. Midway (E. U. A.)
Lisianski
Laysan
ESTADOS UNIDOS DE AMÉRICA
Gardner Pinacles
Nihoa
Kauai
Niihau
Oahu
Honolulu
Molokai
Lanai
Maui
Kahoolawe
Hilo
Mauna Loa
Hawaii
HAWAII
I. Johnston (E. U. A.)
P O L I N E S I A
I. Palmira (E. U. A.)
I. Washington (Gr. Br.)
I. Fanning (Gr. Br.)
I. Christmas (E. U. A. y Gr. Br.)
I. Howland (E. U. A.)
I. Baker (E. U. A.)
Ecuador
I. Jarvis (E. U. A.)
I. Cantón (E. U. A. y Gr. Br.)
IS. FÉNIX
I. Enderbury (E. U. A. y Gr. Br.)
I. Fénix (Gr. Br.)
I. Malden (Gr. Br.)
I. Starbuck (Gr. Br.)
(Nueva Zelanda)
IS. TOKELAU
Atafu
Nukunono
DE LA UNIÓN
Fakaofo
Tongareva (Penrhyn)
Rakahanga
Manihiki
I. Vostok (Gr. Br.)
I. Flint (Gr. Br.)
I. Carolina (Gr. Br.)
IS. MARQUESAS
Eiao
Nukuhiva
Ua Pou
Hiva Oa
Fatu Hiva
I. Swains
SAMOA OCCID.
SAMOA AMER.
Is. Wallis
Savaii
Apia
IS. MANUA
Upolu
Pago Pago
Tutuila
Tau
I. Suvorov
(Francia)
Niuafoou
Niuatobutabu
Vavau
Is. Lau
Is. del Este
TONGA
Alofi
Niue
Atolón de Palmerston
IS. COOK
Aitutaki
Manuae
Takutea
Mitiaro
Atiu
Mauke
Rarotonga
Avarua
Mangaia
Is. Haapai
Nukualofa
Tongatabu
IS. DE LA SOCIEDAD
Borabora
Tahaa
Raiatea
Huahine
Moorea
Tahiti
Papeití
Mehetia
Tetiaroa
Makatea
Rangiroa
Apataki
Fakarava
Raraka
ARCHIPIÉLAGO DE TUAMOTU
Napuka
Pukapuka
Hikueru
Amanu
Reao
Vahitahi
Nukutavake
Anuanuraro
Anuanurunga
Nukutipipi
Tematangi
Tureia
Mururoa
Maruteá
Morane
Mangareva
Is. Gambier
Rimatara
Rurutu
Tubuái
Raivavae
IS. AUSTRALES (TUBUÁI)
Rapa
Marotiri
(Francia)
(Nueva Zelanda)
I. Oeno
I. Henderson
I. Ducie
I. Pitcairn
(Gran Bretaña)
Sala y Gómez (Chile)
Rapa Nui (I. de Pascua) (Chile)
I. Sunday
IS. KERMADEC (N.Z.)
Línea del Cambio de Fecha
Is. Chatham (N.Z.)
2 3 4 5 6 7 8 9

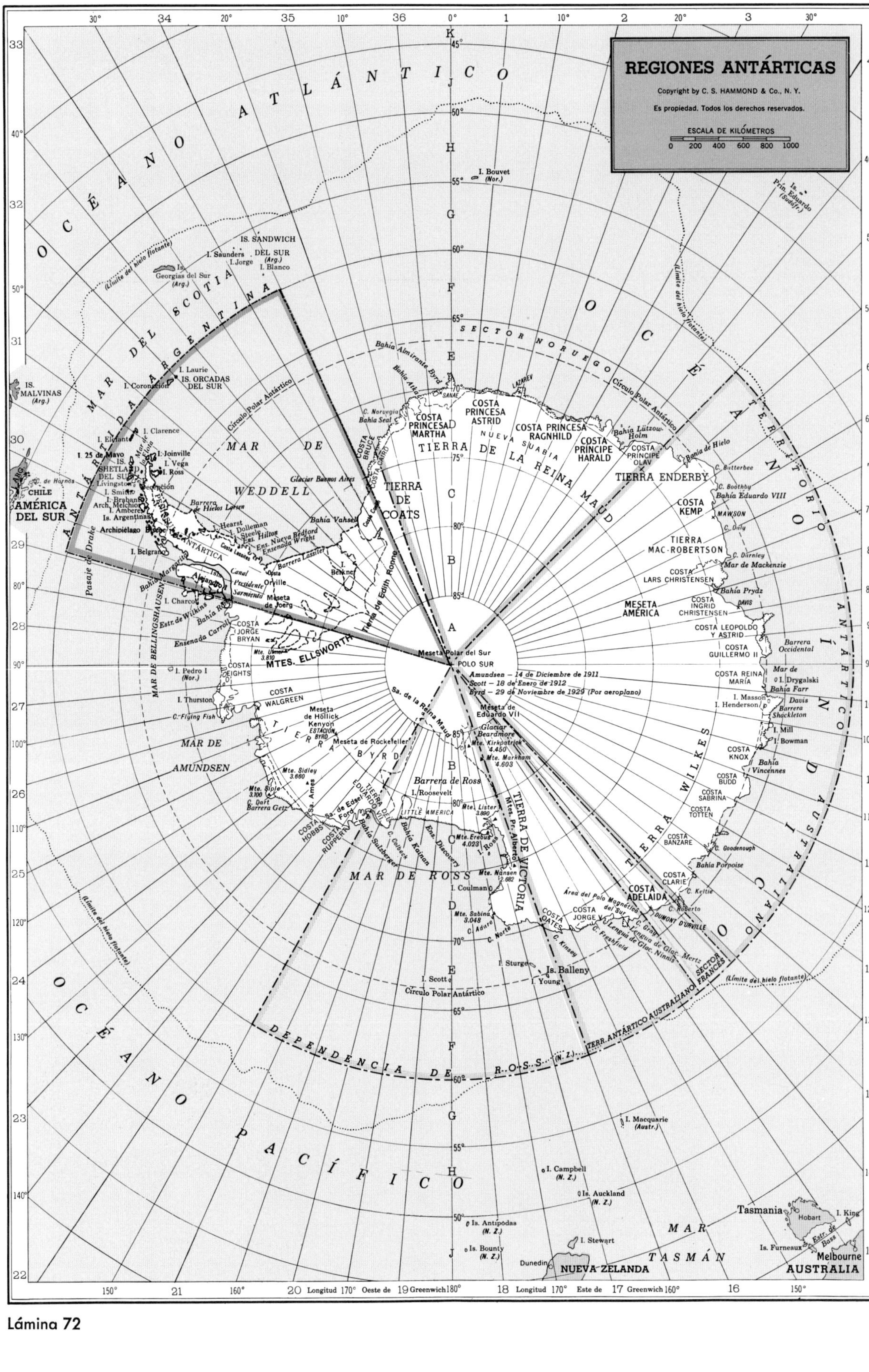
REGIONES ANTÁRTICAS
Copyright by C. S. HAMMOND & Co., N. Y.
Es propiedad. Todos los derechos reservados.
ESCALA DE KILÓMETROS
0 200 400 600 800 1000
OCÉANO ATLÁNTICO
OCÉANO ÍNDICO
OCÉANO PACÍFICO
MAR DEL SCOTIA
MAR DE WEDDELL
MAR DE BELLINGSHAUSEN
MAR DE AMUNDSEN
MAR DE ROSS
MAR TASMÁN
ANTÁRTIDA ARGENTINA
TERRITORIO ANTÁRTICO AUSTRALIANO
DEPENDENCIA DE ROSS (N. Z.)
SECTOR NORUEGO
SECTOR FRANCÉS
TERR. ANTÁRTICO AUSTRALIANO
Círculo Polar Antártico
(Límite del hielo flotante)
I. Bouvet (Nor.)
Is. Prín. Eduardo (Sudáfr.)
IS. SANDWICH DEL SUR (Arg.)
I. Saunders
I. Jorge
I. Blanco
Is. Georgias del Sur (Arg.)
IS. MALVINAS (Arg.)
I. Laurie
IS. ORCADAS DEL SUR
I. Coronación
I. Clarence
I. Elefante
I. 25 de Mayo
IS. SHETLAND DEL SUR
I. Joinville
I. Vega
I. Ross
Livingston
Decepción
I. Smith
I. Brabant
I. Amberes
Arch. Melchior
Is. Argentinas
Archipiélago Biscoe
C. de Hornos
CHILE
ARG.
AMÉRICA DEL SUR
Pasaje de Drake
I. Belgrano
Barrera de Hielos Larsen
Hearst
I. Dolleman
I. Steele
I. Hilton
Ens. Nueva Bedford
Ensenada Wright
Costa Lassiter
Barrera Lassiter
I. Berkner
Bahía Vahsel
Glaciar Buenos Aires
Bahía Margarita
I. Alejandro I
Isla
Canal Presidente Sarmiento
Costa Orville
Meseta de Joerg
I. Charcot
Estr. de Wilkins
Bahía Carroll
Ensenada Carroll
COSTA JORGE BRYAN
Mte. Umnoy 3.810
MTES. ELLSWORTH
Tierra de Edith Ronne
Meseta Polar del Sur
POLO SUR
I. Pedro I (Nor.)
COSTA EIGHTS
I. Thurston
C. Flying Fish
COSTA WALGREEN
Meseta de Hollick Kenyon
ESTACIÓN BYRD
Meseta de Rockefeller
TIERRA BYRD
Mte. Sidley 3.660
Mte. Siple 3.100
C. Dart
Barrera Getz
Sa. Ames
COSTA HOBBS
COSTA RUPPERT
Sa. de Edsel Ford
TIERRA DE EDUARDO VII
Bahía Sulzberger
C. Colbeck
Bahía Kainan
Ens. Discovery
LITTLE AMERICA
I. Roosevelt
Barrera de Ross
Sa. de la Reina Maud
Amundsen — 14 de Diciembre de 1911
Scott — 18 de Enero de 1912
Byrd — 29 de Noviembre de 1929 (Por aeroplano)
Meseta de Eduardo VII
Glaciar Beardmore
Mte. Kirkpatrick 4.450
Mte. Markham 4.603
Mte. Lister 3.990
Mte. Erebus 4.023
I. Ross
Mtes. Pr. Alberto
TIERRA DE VICTORIA
Mte. Nansen 2.682
I. Coulman
Mte. Sabine 3.048
C. Adare
C. Norte
I. Sturge
Is. Balleny
I. Young
I. Scott
COSTA OATES
COSTA JORGE V
C. Kinsey
C. Freshfield
Lengua de Glac. Mertz
Lengua de Glac. Ninnis
Área del Polo Magnético del Sur
COSTA ADELAIDA
DUMONT D'URVILLE
C. Robert
C. Keltie
COSTA CLARIE
Bahía Porpoise
C. Goodenough
COSTA BANZARE
COSTA TOTTEN
COSTA SABRINA
COSTA BUDD
TIERRA WILKES
COSTA KNOX
Bahía Vincennes
I. Bowman
I. Mill
Barrera Shackleton
Davis
Bahía Farr
I. Drygalski
Mar de
I. Masson
I. Henderson
COSTA REINA MARÍA
COSTA GUILLERMO II
Barrera Occidental
COSTA LEOPOLDO Y ASTRID
COSTA INGRID CHRISTENSEN
MESETA AMÉRICA
DAVIS
Bahía Prydz
COSTA LARS CHRISTENSEN
Mar de Mackenzie
C. Darnley
TIERRA MAC-ROBERTSON
C. Daly
MAWSON
COSTA KEMP
Bahía Eduardo VIII
C. Boothby
C. Batterbee
TIERRA ENDERBY
Bahía de Hielo
COSTA PRÍNCIPE OLAV
Bahía Lützow-Holm
COSTA PRÍNCIPE HARALD
COSTA PRINCESA RAGNHILD
COSTA PRINCESA ASTRID
LAZAREV
SANAE
COSTA PRINCESA MARTHA
Bahía Seal
C. Noruega
Bahía Atka
Bahía Almirante Byrd
TIERRA DE LA REINA MAUD
NUEVA SUABIA
COSTA BRUCE
COSTA CAIRD
TIERRA DE COATS
I. Macquarie (Austr.)
I. Campbell (N. Z.)
Is. Auckland (N. Z.)
Is. Antípodas (N. Z.)
I. Stewart
Is. Bounty (N. Z.)
Dunedin
NUEVA ZELANDA
Tasmania
Hobart
I. King
Estr. de Bass
Is. Furneaux
Melbourne
AUSTRALIA
150° 21 160° 20 Longitud 170° Oeste de 19 Greenwich 180° 18 Longitud 170° Este de 17 Greenwich 160° 16 150°

Indice atlas

En la siguiente lista alfabética de países, estados, ciudades y accidentes geográficos se hacen constar primero las coordenadas y luego el número de la lámina correspondiente. Los lugares conocidos por varios nombres, o con un solo nombre que se escribe en formas diferentes, aparecen mencionados en este índice con todas, o casi todas, sus grafías. Se han utilizado, además, abreviaturas de uso común o de fácil interpretación.

ABREVIATURAS

EMPLEADAS EN EL SIGUIENTE ÍNDICE DEL ATLAS

Amér. .... América
Amér. Cent. .... América Central
Antárt. .... Antártica, Antártida
Ant. Hol .... Antillas Holandesas
Arabia Saud. .... Arabia Saudita
arch. .... archipiélago
Arg. .... Argentina
Austral. .... Australia
Brit. .... Británica
Can. .... Canadá
cap. .... capital
Col. .... Colombia
Checoslov. .... Checoslovaquia
dep. o depto. .... departamento
depen. .... dependencia
E.A.U. .... Emiratos Arabes Unidos
Ec. .... Ecuador
Ecuat. .... Ecuatorial
El Salv. .... El Salvador
est. .... estado
E.U.A. .. Estados Unidos de América
fed. .... federación
fr. .... francesa
Gui. Ec. .... Guinea Ecuatorial
Hol. .... Holanda
i., is. .... isla, islas
imp. .... imperio
Indon. .... Indonesia
inten. .... intendencia
Ingl. .... Inglaterra
l. .... lago
Lux. .... Luxemburgo
merid. .... meridional
Mex. .... México
mte., mtes. .... monte, montes
n. .... norte
Nueva Caled. .... Nueva Caledonia
nva., nov. .... nueva, nuevo
Nva. Zel. .... Nueva Zelanda
oc. u occid. .... occidental
or. .... oriental
Pak. .... Pakistán
P.N.G. .... Papua Nueva Guinea
Polinesia Fr. .... Polinesia Francesa
Port. .... Portugal, portuguesa
pref. .... prefectura
prom. .... promontorio
prov. .... provincia
R.A.S.S. República Autónoma Socialista Soviética
reg. .... región
reg. metr. .... región metropolitana
rep. .... república
Rep. Dem. ... República Democrática
Ref. Dom. ..... República Dominicana
Rep. Pop. del Congo . República Popular del Congo
Rep. Sud. .... República Sudafricana
R.F.S.S. . República Federal Socialista Soviética
Rhod. .... Rhodesia
R.S.S. .. República Socialista Soviética
R. U. .... Reino Unido
s. .... sur
sept. .... septentrional
Tail. .... Tailandia
terr., territ. .... territorio
Terr. Is. Pac . Territorio fiduciario de las Islas del Pacífico
Trin. y Tab. .... Trinidad y Tabago
U.R.S.S. Unión de Repúblicas Socialistas Soviéticas
v. .... véase
Ven. .... Venezuela
Yugoslav. .... Yugoslavia

A

B

C

CH

D

E

F

G

H

I

J

K

L

LL

M

N

Ñ

O

P

Q

R

T

U

V

W

X

Y

Z